TRIBUTAÇÃO, LIBERDADE E IGUALDADE

AS CONTRIBUIÇÕES DO MINISTRO LUÍS ROBERTO BARROSO

FERNANDA DE PAULA
NINA PENCAK
Coordenadoras

Ministra Regina Helena Costa
Prefácio

TRIBUTAÇÃO, LIBERDADE E IGUALDADE

AS CONTRIBUIÇÕES DO MINISTRO LUÍS ROBERTO BARROSO

Belo Horizonte
FORUM
CONHECIMENTO JURÍDICO
2025

FÓRUM
CONHECIMENTO JURÍDICO

Luís Cláudio Rodrigues Ferreira
Presidente e Editor

Coordenação editorial: Leonardo Eustáquio Siqueira Araújo
Thaynara Faleiro Malta
Revisão: Gabriela Sbeghen
Capa e projeto gráfico: Walter Santos
Diagramação: Derval Braga

Rua Paulo Ribeiro Bastos, 211 – Jardim Atlântico – CEP 31710-430
Belo Horizonte – Minas Gerais – Tel.: (31) 99412.0131
www.editoraforum.com.br – editoraforum@editoraforum.com.br

Técnica. Empenho. Zelo. Esses foram alguns dos cuidados aplicados na edição desta obra. No entanto, podem ocorrer erros de impressão, digitação ou mesmo restar alguma dúvida conceitual. Caso se constate algo assim, solicitamos a gentileza de nos comunicar através do *e-mail* editorial@editoraforum.com.br para que possamos esclarecer, no que couber. A sua contribuição é muito importante para mantermos a excelência editorial. A Editora Fórum agradece a sua contribuição.

Dados Internacionais de Catalogação na Publicação (CIP) de acordo com ISBD

T822 Tributação, liberdade e igualdade: as contribuições do Ministro Luís Roberto Barroso / Fernanda de Paula, Nina Pencak (coord.). Belo Horizonte: Fórum, 2025.

1116 p. 17x24cm
ISBN impresso 978-65-5518-952-0
ISBN digital 978-65-5518-951-3

1. Direito tributário. 2. Justiça fiscal. 3. Constituição Brasileira. 4. Liberdade econômica. 5. Direitos fundamentais. 6. Impacto social da tributação. 7. Responsabilidade fiscal. 8. Federalismo. 9. Políticas tributárias. 10. Igualdade de gênero. 11. Tributação. 12. Direito e sociedade. I. Paula, Fernanda de. II. Pencak, Nina. III. Título.

CDD: 341.39
CDU: 336

Ficha catalográfica elaborada por Lissandra Ruas Lima – CRB/6 – 2851

Informação bibliográfica deste livro, conforme a NBR 6023:2018 da Associação Brasileira de Normas Técnicas (ABNT):

PAULA, Fernanda de; PENCAK, Nina (coord.). *Tributação, liberdade e igualdade:* as contribuições do Ministro Luís Roberto Barroso. Belo Horizonte: Fórum, 2025. 1116p. ISBN 978-65-5518-952-0.

SUMÁRIO

DISCIPLINA CONSTITUCIONAL DAS TAXAS: A RAZOABILIDADE E A PROPORCIONALIDADE NA TRIBUTAÇÃO PELOS ESTADOS

ACADÊMICOS, ADVOGADOS E ASSESSORES

DELIMITAÇÃO DA "SANÇÃO POLÍTICA": PROTESTO E AVERBAÇÃO DE CDA (CERTIDÃO DA DÍVIDA ATIVA) (ADI Nº 5.135 E ADIS NºS 5.881, 5.886, 5.890, 5.925, 5.931 E 5.932)

TRIBUTAÇÃO E IGUALDADE: A REALIZAÇÃO DA JUSTIÇA TRIBUTÁRIA PELO SUPREMO TRIBUNAL FEDERAL

A tributação é uma atividade desenvolvida por quase todos os Estados contemporâneos e emerge da concepção de Estado democrático de direito, uma vez que todos devem sustentar o aparelhamento estatal na medida de suas possibilidades econômicas.

Tarefa gigantesca e multifacetada, constitui seu principal meio de arrecadação de recursos, propiciando-lhe o desenvolvimento de seus serviços e a manutenção do patrimônio público.

Tal atividade compreende, assim, a instituição de tributos, atividade de natureza legislativa, bem como sua arrecadação e a fiscalização de seu recolhimento – funções administrativas.

A Constituição da República, como sabido, é a fonte primordial do direito tributário no Brasil, disciplinando o sistema tributário nacional em extenso capítulo próprio (arts. 145 a 162).

A par disso, contempla várias normas sobre tributação esparsas em outras partes de seu texto, dentre as quais podemos lembrar aquelas que hospedam, no rol de direitos e deveres individuais e coletivos, as imunidades a taxas pela prestação de diversos serviços públicos (art. 5º, incs. XXXIV, "a" e "b"; LXXIII; LXXIV, LXXVI e LXXVII), bem como as que, no título dedicado à ordem social, abrigam a minudente regulamentação das contribuições destinadas ao financiamento da seguridade social (art. 195, *caput* e parágrafos).

Tal moldura sobreleva, uma vez mais, a preocupação do legislador constituinte em estabelecer-se rígido estatuto da ação estatal de exigir tributos.

Vale registrar que, tal como nenhum outro texto constitucional contemporâneo, a Constituição da República Federativa do Brasil estampa o regramento dessa atividade estatal em profundidade, dele extraindo-se, em apertada síntese, quatro temas fundamentais que demarcam os limites de tal atividade estatal.

São eles: 1) a previsão das regras-matrizes de incidência, ao apontar as situações fáticas que poderão ser apreendidas pelo legislador infraconstitucional para a instituição de tributos; 2) a classificação dos tributos, ao estabelecer as espécies tributárias – impostos, taxas, contribuição de melhoria, empréstimos compulsórios e outras contribuições; 3) a repartição de competências tributárias, aspecto especialmente importante num Estado constituído sob a forma federativa, com a peculiaridade do convívio de três ordens jurídicas distintas (federal, estadual/distrital e municipal), visando evitar que se estabeleçam conflitos entre as pessoas políticas; e, ainda, 4) as limitações ao poder de tributar, que são as contenções impostas ao exercício da tributação, traduzidas, essencialmente, em princípios e imunidades.

Diante de tal realidade, tradicional entre nós desde a Constituição de 1946, vale recordar a lição do saudoso mestre Geraldo Ataliba: direito tributário é, antes de mais nada, direito constitucional.

Cabe observar, outrossim, que, conquanto não tão detalhada, a dicção constitucional é generosa quanto às normas de direito financeiro, ao regular a aplicação dos recursos públicos: cuida da repartição das receitas tributárias (arts. 157 a 162) e dedica capítulo regente das finanças públicas (arts. 163 a 169), com destaque para as múltiplas normas sobre a elaboração dos orçamentos.

Nesse ambiente de intensa normatividade no mais elevado patamar da hierarquia jurídica, desponta o papel do Supremo Tribunal Federal no exercício da jurisdição constitucional relativa ao exame de controvérsias de natureza tributária e financeira, submetidas com grande frequência à sua apreciação.

Dito isso, algumas breves palavras sobre o ilustre homenageado por esta obra.

Luís Roberto Barroso graduou-se na faculdade de Direito da Universidade Estadual do Rio de Janeiro, instituição da qual se tornou Professor Titular de Direito Constitucional. Lapidou sua formação nas universidades de Yale e Harvard e publicou dezenas de inspiradas obras, entre livros e artigos, de todos conhecidos, voltados especialmente à temática da interpretação e aplicação da Constituição, bem como do princípio da dignidade da pessoa humana.

Paralelamente, exerceu a advocacia pública, na qualidade de Procurador do Estado do Rio de Janeiro, e assim também a advocacia privada, com atuação relevante e larga experiência.

Há onze anos ocupando a cadeira de Ministro do Supremo Tribunal Federal, conduziu a orientação adotada pela Corte sobre numerosos temas de relevo, dos quais vale lembrar, dentre outros, os seguintes: na seara tributária, o reconhecimento da imunidade em relação ao Imposto de Importação para entidades que executam atividades fundadas em preceitos religiosos (Tema nº 336); a definição dos limites da coisa julgada nessa seara (Temas nºs 881 e 885); a possibilidade de a pessoa com deficiência que supere o limite etário e seja capacitada para o trabalho ser considerada como dependente na apuração do Imposto sobre a Renda de Pessoa Física (ADI nºs 5.583); a inconstitucionalidade de lei estadual anterior à EC nº 87/2015 que estabeleça a cobrança de ICMS no estado de destino nas operações interestaduais de circulação de mercadorias realizadas de forma não presencial e destinadas a consumidor final não contribuinte desse imposto (ADI nº 4.565); a inconstitucionalidade da lei estadual que disciplina a responsabilidade por infrações de forma diversa das regras gerais estabelecidas pelo Código Tributário Nacional (ADI nº 6.284); a constitucionalidade e legitimidade do protesto das Certidões de Dívida Ativa por não restringir de forma desproporcional quaisquer direitos fundamentais garantidos aos contribuintes e não constituir sanção política (ADI nº 5.135); e a inconstitucionalidade da taxa de polícia ambiental que exceda flagrante e desproporcionalmente os custos da atividade estatal de fiscalização, por violação ao princípio da capacidade contributiva (ADI nº 5.374).

Na seara financeira, por sua vez, norteou, dentre outros, o entendimento firmado pelo tribunal sobre os temas do teto de gastos (ADI nº 6.930); da constitucionalidade da Lei Complementar nº 179/2021, que dispõe sobre o Banco Central do Brasil (ADI nº 6.696); e da inconstitucionalidade da lei estadual que concede benefício fiscal sem a prévia estimativa de impacto orçamentário e financeiro exigida pelo art. 113 do ADCT (ADI nº 6.303).

Extrai-se, desse rápido excerto biográfico, que o Brasil conta com integrante da mais alta Corte do país que, além de qualificado julgador é, igualmente, proeminente cultor e docente de direito constitucional, fato que, induvidosamente, merece ser comemorado: nosso homenageado traduz essa conexão "doutrina-jurisprudência" com proficiência.

Esta obra, que congrega trabalhos de destacados juristas de todo o país, é uma feliz celebração ao talento de Luís Roberto Barroso, às suas ideias e ao seu expressivo legado à jurisdição constitucional, com olhar para as áreas tributária e financeira.

Saudações ao homenageado e a todas e todos que colaboraram com a publicação desta obra.

Brasília, junho de 2024.

Regina Helena Costa

Livre-Docente em Direito Tributário e Professora Associada da PUC-SP. Ministra do Superior Tribunal de Justiça.

AS CONTRIBUIÇÕES DO PROFESSOR E MINISTRO LUÍS ROBERTO BARROSO AO DIREITO TRIBUTÁRIO E FINANCEIRO

O direito constitucional brasileiro, em sua configuração atual, deve muito à contribuição do Ministro Luís Roberto Barroso. Sua influência no desenvolvimento da dogmática e do processo constitucional é amplamente reconhecida e se evidencia tanto em suas obras acadêmicas como nos votos proferidos nos mais de onze anos em que integra o Supremo Tribunal Federal (STF).

A biografia do homenageado é um testemunho eloquente de seus feitos. Natural de Vassouras, no Estado do Rio de Janeiro, Luís Roberto Barroso graduou-se em Direito pela Universidade do Estado do Rio de Janeiro (UERJ) em 1980. No ano seguinte, deu início à sua trajetória como professor de Direito Constitucional na mesma instituição. Em 1984, foi aprovado em primeiro lugar no concurso para Procurador do Estado do Rio de Janeiro, função que desempenhou com maestria por quase três décadas, conciliando-a com a docência e a advocacia privada. Mestre pela Yale Law School em 1990 e Livre-Docente pela UERJ no mesmo ano – novamente como primeiro colocado –, tornou-se Professor Titular de Direito Constitucional em 1995. Em 2008, obteve o título de Doutor em Direito Público pela UERJ e, em 2011, realizou estudos pós-doutorais na Harvard Kennedy School, em que atua como *Senior Fellow*. Nomeado Ministro do STF em junho de 2013, exerceu ainda as funções de Ministro e Presidente do Tribunal Superior Eleitoral (TSE) entre 2018 e 2022. Desde 28.9.2023, exerce a Presidência do STF e do Conselho Nacional de Justiça (CNJ).

Desde sua chegada ao STF, sua visão humanista e progressista tem moldado a jurisdição constitucional e orientado a tomada de decisões em temas variados. Barroso se destaca por buscar decisões bem fundamentadas, que fortaleçam a solidez institucional do Tribunal, assegurem sua coerência interna e, acima de tudo, promovam o bom e o justo. Sua atuação é guiada pelos valores da certeza, justiça e legitimidade, especialmente na solução dos casos complexos que chegam à Corte – afinal, como ele costuma dizer, "os fáceis já foram todos". Sua marca registrada é julgar com base no melhor direito e em um olhar atento aos impactos concretos sobre a vida das pessoas.

Nessa seara, o Ministro Barroso é reconhecido por sua atuação em processos que envolvem liberdade de expressão, democracia e Estado de direito, igualdade de gênero, direitos indígenas, direitos das populações LGBTQIA+, violações sistemáticas de direitos no sistema prisional, desmatamento da Amazônia, entre outros. Muito já se escreveu sobre seus votos e decisões nesses temas. Há, no entanto, uma faceta menos conhecida, mas igualmente notável, com a qual tivemos a honra de conviver e, agora, temos o prazer de apresentar: a do ministro tributarista e "financeirista". Durante os anos em que trabalhamos em seu gabinete, testemunhamos de perto sua análise técnica e minuciosa de ações tributárias, financeiras e orçamentárias. Por isso, podemos afirmar com plena segurança: o Ministro Barroso é uma referência na jurisdição constitucional tributária e financeira de nosso país.

Como bem destacou a Ministra Regina Helena Costa – que nos honrou com o prefácio desta obra –, com base nas lições de Geraldo Ataliba, o "direito tributário é, antes de mais nada, direito constitucional". O constitucionalismo, em si, tem raízes históricas nas disputas sobre tributação e financiamento das estruturas de poder, e o direito tributário e financeiro – delineado essencialmente na Constituição brasileira – é informado por categorias constitucionais fundamentais, como os direitos de liberdade e igualdade, o pacto federativo e os princípios da responsabilidade fiscal.

A partir dessas categorias, a contribuição do Ministro Barroso a essas áreas – sobre a qual esta coletânea busca lançar novas luzes – pode ser sistematizada em três eixos principais: (i) o fortalecimento do chamado "estatuto do contribuinte", por meio da reafirmação de regras e princípios constitucionais que visam a proteger as liberdades fundamentais do indivíduo contra arbítrios no exercício do poder de tributar; (ii) a promoção da justiça fiscal, com o reconhecimento de que os direitos fundamentais de igualdade devem nortear a interpretação e aplicação do direito tributário; e (iii) a reafirmação do pacto federativo e dos princípios de responsabilidade fiscal como parâmetros de validade para o exercício da competência tributária, incluindo a concessão de benefícios fiscais.

No primeiro eixo, relativo aos direitos de liberdade, destacam-se suas intervenções para sedimentar a aplicação das anterioridades constitucionais às majorações "indiretas" de tributos; para limitar o valor de penalidades tributárias a patamares razoáveis em observância à vedação ao confisco; e para reafirmar a incidência da legalidade tributária em casos de majoração de taxas. No campo da segurança jurídica, Barroso foi pioneiro ao propor a modulação de efeitos das decisões do STF que alteram jurisprudência dominante do Superior Tribunal de Justiça e ao liderar a construção de jurisprudência pelos efeitos prospectivos da declaração de inconstitucionalidade de benefícios fiscais de ICMS concedidos sem amparo em convênios do Confaz.

No segundo eixo, relativo aos direitos de igualdade, Barroso conduziu julgamento em que se decidiu que pessoas com deficiência que tenham mais de 21 anos e sejam aptas ao trabalho podem ser incluídas como dependentes na declaração do imposto de renda, quando sua remuneração não exceder as deduções autorizadas por lei. Proferiu votos paradigmáticos sobre as características das taxas; a base de cálculo da contribuição para o PIS e da Cofins; e a progressividade das contribuições previdenciárias dos servidores públicos, introduzida pela última Reforma da Previdência. Também decidiu sobre a interrupção dos efeitos da coisa julgada, em relações tributárias de trato continuado, pela superveniência de decisão vinculante do STF em sentido contrário, enfatizando o risco à isonomia e os desequilíbrios concorrenciais que adviriam de solução contrária.

Por fim – e, como mulheres, não poderíamos deixar de destacar especialmente –, foi vanguardista em introduzir uma perspectiva de gênero no direito tributário. Nesse sentido, conduziu julgamento pela inconstitucionalidade da incidência de contribuição previdenciária sobre o salário maternidade, apontando que o Estado não pode impor entraves fiscais que dificultem a inclusão das mulheres no mercado de trabalho ou as coloquem em posição de desvantagem em relação aos homens. Sob fundamentos semelhantes, votou pela inconstitucionalidade da incidência de imposto de renda sobre pensão alimentícia, destacando que a sociedade impõe às mulheres o papel de cuidadoras, motivo por que tal incidência as penalizava desproporcionalmente, comprometendo valores destinados à subsistência de seus dependentes.

No terceiro eixo, relativo ao pacto federativo e aos princípios da responsabilidade fiscal, são notórios os seus votos em temas relativos ao federalismo fiscal brasileiro, com respeito à autonomia dos entes subnacionais que, diante da declaração de inconstitucionalidade de leis que veiculavam benefícios fiscais de ICMS sem aval do Confaz, editaram novos atos, com amparo em convênio, para remitir os créditos tributários correspondentes. No campo do processo legislativo orçamentário, o ministro reforçou a necessidade de aplicação do art. 113 do ADCT, que exige estimativa de impacto orçamentário e financeiro para a criação de benefícios fiscais, promovendo maior transparência e responsabilidade fiscal.

É uma honra coordenar esta obra, que se dedica a avaliar e destacar o impacto dessas relevantes intervenções. Ministros, professores, acadêmicos, advogados públicos e privados, servidores públicos, assessores e ex-assessores da Suprema Corte, todos se reuniram para homenagear o Ministro Luís Roberto Barroso e enaltecer a sua contribuição ao direito (constitucional) tributário e financeiro.

Somos imensamente gratas aos autores, renomados juristas e profissionais da área, que se dispuseram a concretizar este projeto. Agradecemos especialmente à Ministra Regina Helena Costa, cujo prefácio confere brilho e profundidade a esta coletânea. Nossa gratidão estende-se também aos acadêmicos Rebeca Lima e Fausto Neiva, cujo apoio foi indispensável para a organização deste livro.

A trajetória de vida e a formação do Ministro Barroso foram determinantes para a construção de precedentes tributários que conciliam técnica jurídica e sensibilidade social. No exercício da jurisdição constitucional, o constitucionalista Luís Roberto Barroso tem proporcionado ao direito tributário e financeiro um patrimônio jurisprudencial marcado por rigor técnico, estabilidade institucional e humanidade.

Esperamos que todas e todos desfrutem das homenagens ao nosso querido Professor e Ministro e que esta obra inspire novas reflexões sobre o seu legado, bem como sobre o papel fundamental do direito tributário e financeiro para a construção de uma sociedade mais justa e igualitária.

Fernanda de Paula
Nina Pencak

MINISTROS DO STF E TRIBUNAIS SUPERIORES

DIREITOS FUNDAMENTAIS DE PESSOAS OU GRUPOS VULNERÁVEIS E TRIBUTAÇÃO: RUMO À SUPERAÇÃO DO DOGMA DO LEGISLADOR NEGATIVO

JOSÉ ANTONIO DIAS TOFFOLI

LUCILENE RODRIGUES SANTOS

Introdução

A ordem constitucional instaurada em 1988 estabeleceu, entre os objetivos da República Federativa do Brasil, construir uma sociedade livre, justa e solidária, erradicar a pobreza e a marginalização e reduzir as desigualdades sociais e regionais. Para tanto, a Carta foi generosa na previsão de direitos individuais, sociais, econômicos e culturais para o cidadão.

Correlatos a esses direitos, existe o dever fundamental de pagar tributos, fundado na ideia de solidariedade como condição *sine qua non* para a realização do projeto de sociedade inscrito na Carta Magna.

Nessa configuração, o conceito de tributo se relaciona com a liberdade, os direitos fundamentais e os princípios constitucionais vinculados às ideias de segurança jurídica, capacidade contributiva, custo/benefício e solidariedade.[1]

No tocante à tributação extrafiscal na vertente de benefícios e incentivos fiscais – quando utilizados com a finalidade de implementar políticas públicas que tenham por base a concretização de direitos fundamentais de pessoas ou grupos vulneráveis –, os limites constitucionais ao poder de tributar sobressaem da ideia de justiça como valor essencial, espelhada na ideia de igualdade material como ideais de aplicação do princípio da dignidade da pessoa humana.

---

[1] TORRES, Ricardo Lobo. *Tratado de direito constitucional e tributário*. Os tributos na Constituição. Rio de Janeiro: Renovar, 2007. v. IX. p. 25.

O tema suscita reflexões sobre a adequação e o alcance das decisões emanadas do Supremo Tribunal Federal no processo de implementação de políticas públicas instrumentalizadas por meio da tributação.

O objetivo deste artigo é investigar se, no controle de constitucionalidade de normas tributárias marcadamente extrafiscais, a Corte Constitucional está caminhando para a superação do dogma do legislador negativo na tutela de direitos fundamentais de pessoas ou grupos vulneráveis.

As contribuições do Ministro Roberto Barroso relativas à igualdade material e à dignidade da pessoa humana serão de fundamental importância para as reflexões compartilhadas neste artigo. A perspectiva da igualdade de gênero, inaugurada no voto de Sua Excelência na Ação Direta de Inconstitucionalidade nº 5.422/DF, receberá especial atenção por ampliar os debates sobre a igualdade de gênero no processo de concepção da política fiscal brasileira.

1 Políticas públicas e direitos fundamentais: uma concepção finalística da democracia

É "dever do Poder Judiciário atuar para que as políticas públicas dirigidas a minorias cumpram com seu desiderato e satisfaçam um direito tido como pressuposto para qualquer existência digna e sadia". Essas palavras do Ministro Edson Fachin expressam o entendimento de que é dever do Poder Judiciário guardar e garantir os direitos fundamentais, os quais devem estar subjacentes às leis e às políticas públicas, e não chancelar uma concepção rasteira de democracia de cega deferência às escolhas legislativas ou administrativas, algumas das quais violadoras de direitos de titularidade de minorias não muito notadas.[2]

Importantes também são as lições sempre precisas do Ministro Celso de Mello, para quem a alta significação que o princípio da isonomia assume no âmbito do Estado democrático de direito impõe, quando ele é transgredido, "o reconhecimento da absoluta desvalia jurídico-constitucional dos atos estatais que o tenham desrespeitado". Para Sua Excelência, o princípio da isonomia tem por função precípua, consideradas as razões de ordem jurídica, social, ética e política que lhe são inerentes, a de obstar discriminações e extinguir privilégios, devendo ser analisado sob a dupla perspectiva da igualdade na lei e da igualdade perante a lei.[3]

A jurisprudência do Supremo Tribunal Federal tem evoluído significativamente na utilização de novas técnicas decisórias no controle de constitucionalidade, de forma que o debate atual não está mais centrado em sua admissibilidade, "mas nos limites que elas devem respeitar".[4] Em variados julgados, o Tribunal considera legítima, ante

---

[2] BRASIL. Supremo Tribunal Federal. Tribunal Pleno. Recurso Extraordinário nº 592.581/RS. Rel. Min. Ricardo Lewandowski, *DJe*, 1º/2/16. Disponível em: https://portal.stf.jus.br/processos/downloadPeca.asp?id=308563123&ext=.pdf. Acesso em: 26 jul. 2024.

[3] BRASIL. Supremo Tribunal Federal. Segunda Turma. Agravo de Instrumento nº 360.461/MG-AgR. Rel. Min. Celso de Mello, *DJe*, 28/3/08. Disponível em: https://portal.stf.jus.br/processos/detalhe.asp?incidente=1952527. Acesso em: 26 jul. 2024.

[4] Conforme voto proferido pelo Ministro Gilmar Mendes, no Recurso Extraordinário nº 405.579/PR. Rel. Min. Joaquim Barbosa, *DJe*, 4/8/11. Disponível em: https://portal.stf.jus.br/processos/detalhe.asp?incidente=2169998. Acesso em: 26 jul. 2024.

a inércia ou a morosidade da Administração Pública, a implementação ou o aperfeiçoamento de *políticas públicas* pelo Poder Judiciário, como medidas assecuratórias de direitos fundamentais de pessoas ou grupos vulneráveis.[5] De acordo com essa orientação, o princípio da separação dos poderes, por si só, não constitui óbice à atuação proativa do Poder Judiciário. Em situações emergenciais, inclusive, o Tribunal ressalta a impossibilidade de se suscitar a teoria da reserva do "orçamento/financeiro" possível.[6]

As dificuldades apresentam-se quando o Tribunal é chamado a definir os limites constitucionais à utilização extrafiscal da tributação – *um dos problemas centrais do constitucionalismo moderno* –,[7] por meio de benefícios e incentivos fiscais, muito em razão do princípio da reserva legal em matéria tributária[8] e da teoria tradicional da tripartição dos poderes.

A Professora Misabel Derzi defende que a Constituição de 1988 justifica a adoção de uma nova posição pelo STF, que não pode se manter como simples legislador negativo. Segundo a autora, "diante de ofensa intolerável à igualdade, em norma concessiva de benefícios arbitrários, a supressão pura e simples da isenção significa, sem dúvida, a outorga de pedra ao invés de pão, pleiteado pelo contribuinte lesado". A ilustre professora adota a mesma posição do Ministro Gilmar Mendes, que considera a solução do Tribunal Constitucional alemão bastante razoável, porque desenvolve fórmulas decisórias intermediárias, conciliando a constituição com a margem de discricionariedade do legislador, que tem, a partir da declaração da inconstitucionalidade, o dever de corrigir a norma.[9]

2 O princípio da isonomia e o dogma do legislador negativo na jurisprudência tradicional do STF

Historicamente, no exercício da função de guardião maior dos princípios e das normas constitucionais, o Supremo Tribunal Federal se recusa a fazer qualquer incursão sobre o trabalho do legislador que não seja declarar a inconstitucionalidade da norma tributária e reconhecê-la como inválida, afastando-a do mundo jurídico. Vão nesse sentido as palavras do saudoso Ministro Luiz Gallotti: "podemos interpretar a lei de modo a arredar a inconstitucionalidade. Mas interpretar interpretando-a e, não, mudando-lhe o texto".[10]

---

5 BRASIL. Supremo Tribunal Federal. Recurso Extraordinário nº 592.581/RS; Relator: Min. Ricardo Lewandowski; Ação Direta de Inconstitucionalidade nº 855/PR; Redator p/ acórdão: Min. Gilmar Mendes; Agravo de Instrumento nº 708.667/SP-AgR. Rel. Min. Dias Toffoli; Recurso Extraordinário nº 684612 / RJ. Rel. Min. Ricardo Lewandowski, Red. p/ acórdão: Min. Roberto Barroso. Ação de Descumprimento de Preceito Fundamental nº 1013/DF. Rel. Min. Roberto Barroso. Disponível em: https://portal.stf.jus.br/processos/. Acesso em: 27 jul. 2024.

6 BRASIL. Supremo Tribunal Federal. Primeira Turma. Agravo em Recurso Extraordinário nº 1431159 AgR/SC. Rel. Min. Alexandre de Moraes. Redator do acórdão: Min. Roberto Barroso. *DJe*, 26/10/2023. Disponível em: https://jurisprudencia.stf.jus.br/pages/search/sjur490241/false. Acesso em: 25 jul. 2024.

7 CALIENDO, Paulo. Tributação e ordem econômica: os tributos podem ser utilizados como instrumentos de indução econômica? *Revista de Direitos Fundamentais e Democracia*, v. 20, n. 20, p. 193-234, jul./dez. 2016. Disponível em: www.rdft.com.br. Acesso em: 27 jul. 2024.

8 Art. 150, §6º, CF: "Qualquer subsídio ou isenção, redução de base de cálculo, concessão de crédito presumido, anistia ou remissão, relativos a impostos, taxas ou contribuições, só poderá ser concedido mediante lei específica, federal, estadual ou municipal, que regule exclusivamente as matérias acima enumeradas ou o correspondente tributo ou contribuição, sem prejuízo do disposto no art. 155, §2º, XII, g".

9 DERZI, Misabel Abreu Machado. O princípio da igualdade e o direito tributário. *Revista da Faculdade de Direito Milton Campos*, v. 1, n. 1, p. 185-222, 1994.

10 *RTJ*, 66/165.

Como regra, as decisões do Tribunal se limitam a empregar os critérios da igualdade e da proporcionalidade para declarar a constitucionalidade ou inconstitucionalidade da norma, não aduzindo novas técnicas decisórias que sofistiquem o exercício da função jurisdicional no que tange ao caráter impositivo ou exonerativo da norma extrafiscal.[11]

Essa autolimitação encontra eco no dogma *kelseniano* do legislador negativo. Por esse dogma o Poder Judiciário não pode, a pretexto de garantir isonomia, estender benefício fiscal a destinatários não contemplados na lei, sob pena de ferir os princípios da reserva legal em matéria tributária e o da separação dos poderes.

Ao se deparar com "situações em que a interpretação conforme possa descambar para uma decisão interpretativa corretiva da lei",[12] o Tribunal costuma afirmar que o emprego de instrumentos tributários para concretizar finalidades distintas da arrecadação seria condizente com o exercício da competência discricionária do Poder Executivo, não podendo ser sindicada pelo Poder Judiciário.

Em julgado atinente à gratuidade de atos necessários ao exercício da cidadania, por exemplo, o Tribunal não vislumbrou afronta ao princípio da isonomia e reiterou a orientação de não caber ao Poder Judiciário criar ou estender benefício fiscal sem amparo legal e "com base em eventual isonomia cívica entre brasileiros e estrangeiros residentes no país, mesmo que o critério isentivo seja a hipossuficiência econômica".[13]

Vide dois outros casos de autocontenção da Corte diante de potencial afronta ao princípio da igualdade e de outros direitos fundamentais. O primeiro caso envolveu a análise da legislação que estabelece limites à dedução com gastos de educação na apuração do imposto de renda pessoa física.[14] O segundo, discussão sobre a possibilidade de ampliação de isenção do imposto de renda para o deficiente visual não aposentado.[15]

Sob o ângulo da extrafiscalidade econômica, em julgado endereçado à possibilidade de se estender a meras importadoras de pneus benefício fiscal concedido a fabricantes e montadoras de veículos na importação de pneumáticos,[16] o Ministro Gilmar Mendes defendeu que o Tribunal deveria encontrar solução que preservasse os "estímulos aos investimentos e à produção, pelo menos até que o legislador elabore novas regras para disciplinar a matéria".

---

11 AZEVEDO, Euro Sabino; SANTOS, Lucilene Rodrigues. Extrafiscalidade e o dogma do legislador negativo: avanços na jurisprudência do STF. *In*: MORAES, Alexandre de; MENDONÇA, André Luiz de Almeida (Coord.). *Democracia e sistema de justiça*. Obra em homenagem ao Ministro Dias Toffoli. Belo Horizonte: Fórum, 2020. p. 179-191. Livro digital.

12 Conforme voto do Ministro Gilmar Mendes no Recurso Extraordinário nº 405.579/PR. Rel. Min. Joaquim Barbosa, *DJe*, 4/8/11. Disponível em: https://portal.stf.jus.br/processos/detalhe.asp?incidente=2169998. Acesso em: 26 jul. 2024.

13 BRASIL. Supremo Tribunal Federal. Segunda Turma. Recurso Extraordinário nº 1.052.420/SP. Rel. Min. Edson Fachin, *DJe*, 5/12/17. Disponível em: https://portal.stf.jus.br/processos/downloadPeca.asp?id=313426771&ext=.pdf. Acesso em: 26 jul. 2024.

14 BRASIL. Supremo Tribunal Federal. Recurso Extraordinário nº 606.179-AgR, Relator o Ministro Teori Zavascki, Segunda Turma, *DJe*, 4.6.2013; Recurso Extraordinário nº 1101907 ED-AgR/SP, Relator(a): Min. Edson Fachin. *DJe*, 17/09/2021. Disponível em: https://jurisprudencia.stf.jus.br/pages/search/. Acesso em: 27 jul. 2024.

15 BRASIL. Supremo Tribunal Federal. Primeira Turma. Agravo em Recurso Extraordinário nº 787.994-AgR, Relator o Ministro Dias Toffoli, *DJe*, 23.6.2014. Disponível em: https://jurisprudencia.stf.jus.br/pages/search. Acesso em: 27 jul. 2024.

16 BRASIL. Supremo Tribunal Federal. Tribunal Pleno. Recurso Extraordinário nº 405.579/PR. Rel. Min. Joaquim Barbosa, *DJe*, 4/8/11. Disponível em: https://portal.stf.jus.br/processos/detalhe.asp?incidente=2169998. Acesso em: 26 jul. 2024.

Da perspectiva de Sua Excelência, simplesmente declarar a nulidade das normas que reduziram a alíquota do imposto de importação para determinado segmento da indústria nacional resultaria na extinção de estímulos extrafiscais da política econômica. Tampouco seria adequada a declaração de inconstitucionalidade sem pronúncia da nulidade, já que isso ensejaria "a suspensão das relações jurídicas configuradas de forma indefinida". Nessa linha, a extensão do benefício aos não contemplados pela lei satisfaria, de modo mais apropriado, os mandamentos constitucionais, destacando que sua eliminação acarretaria impactos negativos mais contundentes na economia nacional.

Não obstante, prevaleceu a orientação tradicional de que, "[s]ob o pretexto de tornar efetivo o princípio da isonomia tributária, não pode o Poder Judiciário estender benefício fiscal sem que haja previsão legal específica". Reafirmou-se, portanto, a tese de que o Poder Judiciário só pode atuar como legislador negativo, "sendo que a extensão do benefício àqueles que não foram expressamente contemplados não poderia ser utilizada para restaurar a igualdade de condições tida por desequilibrada".

Excepcionalmente, em julgamento conjunto de dois recursos extraordinários concernentes ao tratamento tributário favorecido da Zona Franca de Manaus (ZFM), o Supremo Tribunal Federal reconheceu crédito presumido do Imposto sobre Produtos Industrializados (IPI) na entrada de insumos, matérias-primas e materiais de embalagem adquiridos com isenção do imposto.[17]

Na ocasião, prevaleceu o entendimento de que a regra da não cumulatividade deveria ceder espaço para a realização da igualdade, do pacto federativo, dos objetivos fundamentais da República Federativa do Brasil, de modo a potencializar o cumprimento e o desempenho dos papéis da ZFM na implementação de políticas públicas voltadas à implementação desses valores e princípios constitucionais.

Houve ali, após severa ponderação dos princípios e interesses envolvidos, o reconhecimento do direito ao crédito tributário, o que, sob a perspectiva da técnica tradicional de decisão, equivaleria à concessão de benefício fiscal autônomo não expresso em lei.[18]

Sob a perspectiva do controle concentrado de constitucionalidade, em variados casos, o Supremo Tribunal Federal adota uma postura mais ativa na delimitação da extrafiscalidade, reconhecendo violação da igualdade material.

Vide, por exemplo, julgado em que o Tribunal reconheceu violação do princípio da igualdade em ação direta que tratava de isenção de IPVA para proprietários de veículos de transporte escolar filiados a determinada cooperativa, uma vez que o critério de diferenciação (associados x não associados) não teria uma correlação lógica com o tratamento desigual que se estabeleceu.[19] A solução encontrada, no entanto, não foi a extensão do benefício – o que normalmente se pretende –, mas sua extinção.

---

[17] BRASIL. Supremo Tribunal Federal. Tribunal Pleno. Recurso Extraordinário nº 592.891/SP. Rel. Min. Rosa Weber, e Recurso Extraordinário nº 596.614/SP. Rel. originário Min. Marco Aurélio. Redator p/ acórdão Min. Edson Fachin. *DJe*, 20/9/19. Disponível em: https://portal.stf.jus.br/processos/. Acesso em: 27 jul. 2024.

[18] AZEVEDO, Euro Sabino; SANTOS, Lucilene Rodrigues. Extrafiscalidade e o dogma do legislador negativo: avanços na jurisprudência do STF. *In*: MORAES, Alexandre de; MENDONÇA, André Luiz de Almeida (Coord.). *Democracia e sistema de justiça*. Obra em homenagem ao Ministro Dias Toffoli. Belo Horizonte: Fórum, 2020. p. 179-191. Livro digital.

[19] BRASIL. Supremo Tribunal Federal. Tribunal Pleno. Ação Direta de Inconstitucionalidade nº 1.655/AP. Rel. Min. Maurício Corrêa, *DJ*, 2/4/04. Disponível em: https://portal.stf.jus.br/processos/detalhe.asp?incidente=1680192. Acesso em: 26 jul. 2024.

Noutra ação direta em que se impugnava dispositivo de lei que retirava do campo de abrangência do regime tributário diferenciado, simplificado e favorecido (Simples Federal) determinadas sociedades civis de prestação de serviços, o entendimento foi o de não haver ofensa ao princípio da isonomia tributária, visto que a lei tributária pode discriminar, por motivo extrafiscal, ramos de atividade econômica, desde que a distinção seja razoável, derivada de uma finalidade objetiva, e se aplique a todas as pessoas da mesma classe ou categoria.[20]

Merece destaque, ainda, ação direta de inconstitucionalidade em que se questionou a validade da limitação de benefício fiscal às pessoas acometidas de doenças graves já aposentadas. Pretendia-se o reconhecimento desse direito também para aqueles trabalhadores que, apesar de apresentarem as mesmas doenças ou incapacidades referidas no dispositivo legal questionado, permanecem em atividade.[21]

Pertinente para o avanço dos debates sobre a superação do dogma do legislador negativo é a compreensão do Ministro Edson Fachin, para quem a "referida jurisprudência está a merecer ser revisitada". Na visão de Sua Excelência, a verificação de possível arbitrariedade ao se prever um benefício fiscal é passível de aferição, "especialmente ao se antever, ainda que de forma prefacial, eventual contrariedade aos princípios da isonomia e da dignidade da pessoa humana". Além disso, a técnica decisória, no caso, envolveria a interpretação da norma isentiva à luz dos princípios constitucionais, e não a "criação de uma norma distinta que estenda os efeitos da primeira a grupo de destinatários por ela vedados".

Avançando na interpretação conforme à Constituição, o Ministro Edson Fachin registrou sua compreensão de que a interpretação que limita a concessão de isenção do imposto de renda somente aos trabalhadores inativos viola os princípios da dignidade da pessoa humana, dos valores sociais do trabalho e da igualdade, ante o objetivo revelado pela norma em tutelar a redução da capacidade de pagar tributos por parte da pessoa física acometida de moléstia grave e a ausência de diferenciação constitucionalmente aferível entre ativos e inativos portadores das mesmas moléstias.

Não obstante, o pedido foi julgado improcedente, sob o fundamento central de que o cenário apresentado não se revelava apto a legitimar que o Poder Judiciário atuasse na função anômala de legislador positivo. De acordo com o voto do relator, Ministro Alexandre de Moraes, em respeito ao princípio da separação dos poderes e da reserva legal, não cabe ao Poder Judiciário interferir no mérito (conveniência e oportunidade) da concessão ou ampliação de benefícios fiscais em favor de contribuintes não diretamente contemplados na lei, mesmo que a pretexto de estabelecer tratamento isonômico.

Em acréscimo, entendeu-se haver razoabilidade na adoção da aposentadoria ou reforma como critério decisório e, consequentemente, fundamento válido da diferenciação estabelecida entre portadores de enfermidade grave que, tendo condições, mantêm-se em atividade laboral e outros que, desprovidos das condições necessárias, já não mais a exercem.

---

20 BRASIL. Supremo Tribunal Federal. Tribunal Pleno. Ação Direta de Inconstitucionalidade nº 1.643/DF. Rel. Min. Maurício Corrêa, *DJ*, 14/3/03. Disponível em: https://portal.stf.jus.br/processos/. Acesso em: 26 jul. 2024.

21 BRASIL. Supremo Tribunal Federal. Tribunal Pleno. Ação Direta de Inconstitucionalidade nº 6025/DF. Rel. Min. Alexandre de Moraes. Disponível em: https://portal.stf.jus.br/processos/. Acesso em: 26 jul. 2024.

3 Direitos fundamentais e tributação: rumo à superação do dogma do legislador negativo?

No controle de constitucionalidade de normas extrafiscais, parece não haver dúvidas quanto à possibilidade de o Poder Judiciário declarar a inconstitucionalidade de desonerações ou onerações fiscais quando elas estão em conflito com princípios constitucionais que limitam o poder de tributar, a partir da aplicação do princípio da razoabilidade, pelo viés da proporcionalidade, com seus subprincípios da adequação, da necessidade e da proporcionalidade em sentido estrito.[22]

A respeito da evolução no emprego de outras modalidades de técnicas decisórias, como anteviu o Ministro Gilmar Mendes, "a assunção de atuação criativa" tem sido "determinante para a solução de antigos problemas relacionados à inconstitucionalidade por omissão, que muitas vezes causa entraves para a efetivação de direitos e garantias assegurados pelo texto constitucional".[23]

O Ministro Roberto Barroso tem suscitado debates acerca dos limites da atuação do Poder Judiciário para estender determinado tratamento legal a grupo originariamente não contemplado pelo legislador. Essa questão "se torna ainda mais sensível em matéria tributária, dados os efeitos sistêmicos que uma decisão judicial pode produzir nesse campo".

Na compreensão de Sua Excelência, "não estando em jogo a proteção de direitos fundamentais e os pressupostos da democracia, o Judiciário deve adotar uma postura autocontida, que seja deferente às opções políticas manifestadas em um ambiente de liberdade de conformação do legislador".[24]

Nas hipóteses envolvendo "de forma clara e direta, a tutela de direitos fundamentais de um grupo de pessoas vulneráveis que recebem especial proteção constitucional", a Corte estaria "autorizada a adotar uma conduta mais proativa, sem que incorra em ofensa ao princípio da separação de poderes".

Partindo dessa concepção, o Ministro Roberto Barroso defendeu a inconstitucionalidade das limitações impostas no art. 35, incs. III e V, da Lei nº 9.250/1995, que não qualifica como dependentes, para fins de apuração do imposto sobre a renda, as pessoas que superem o limite etário e que sejam capacitadas física e mentalmente para o trabalho.[25]

Na compreensão de Sua Excelência, a ofensa a normas constitucionais na política pública dirigidas às pessoas com deficiência "impede que se identifique o benefício da dedução da base de cálculo simplesmente como uma técnica de concretização de uma política fiscal segundo os juízos de conveniência e de oportunidade do Poder Legislativo ou do Poder Executivo". Em suas palavras,

---

[22] AZEVEDO, Euro Sabino; SANTOS, Lucilene Rodrigues. Extrafiscalidade e o dogma do legislador negativo: avanços na jurisprudência do STF. *In*: MORAES, Alexandre de; MENDONÇA, André Luiz de Almeida (Coord.). *Democracia e sistema de justiça*. Obra em homenagem ao Ministro Dias Toffoli. Belo Horizonte: Fórum, 2020. p. 179-191. Livro digital.

[23] Conforme voto do Ministro Gilmar Mendes no Recurso Extraordinário nº 405.579/PR. Rel. Min. Joaquim Barbosa, *DJe*, 4/8/11. Disponível em: https://portal.stf.jus.br/processos/detalhe.asp?incidente=2169998. Acesso em: 26 jul. 2024.

[24] BRASIL. Supremo Tribunal Federal. Tribunal Pleno. Ação Direta de Inconstitucionalidade nº 5583/DF. Rel. Min. Roberto Barroso. *DJe*, 28/6/21. Disponível em: https://portal.stf.jus.br/processos/. Acesso em: 26 jul. 2024.

[25] BRASIL. Supremo Tribunal Federal. Tribunal Pleno. Ação Direta de Inconstitucionalidade nº 5583/DF. Rel. Min. Roberto Barroso. *DJe*, 28/6/21. Disponível em: https://portal.stf.jus.br/processos/. Acesso em: 26 jul. 2024.

a Constituição veda que o tratamento tributário cause uma discriminação indireta, em afronta à isonomia, prejudique o direito ao trabalho das pessoas com deficiência e afronte o conceito constitucional de renda e a capacidade contributiva de quem arca com as despesas.[26]

As contribuições do Ministro Gilmar Mendes também são relevantes na superação do dogma do legislador negativo ao vislumbrar outras técnicas decisórias adotadas no âmbito do Tribunal Constitucional Federal da Alemanha (BVerfG), que desenvolveu "fórmulas decisórias intermediárias que serviram de alternativa para questões em que a declaração de inconstitucionalidade acompanhada da nulidade da lei (uma Nichtigkeitserklärung) geraria um resultado ainda mais inconstitucional". Sua Excelência acompanhou o voto divergente do Ministro Roberto Barroso, apenas ressalvando seu entendimento de que a interpretação conforme à Constituição não seria a única técnica decisória possível.

Ao estabelecer que, "na apuração do imposto sobre a renda de pessoa física, a pessoa com deficiência que supere o limite etário e seja capacitada para o trabalho pode ser considerada como dependente quando a sua remuneração não exceder as deduções autorizadas por lei", o Tribunal avança significativamente na superação do dogma do legislador negativo, ao se deparar com políticas públicas extrafiscais defeituosas ou incompletas e a necessidade de concretizar direitos fundamentais de pessoas ou grupos vulneráveis.

Outro julgado em que o Tribunal buscou solução que concilia a Constituição com a margem de discricionariedade do legislador, que tem, a partir da declaração da inconstitucionalidade, o dever de corrigir a norma, envolveu uma política de isenção tributária para a aquisição de veículos por pessoas com determinadas deficiências.[27]

Analisando a finalidade da política pública, a Corte reconheceu omissão inconstitucional e assegurou que as pessoas com deficiência auditiva pudessem gozar do benefício fiscal enquanto perdurasse a omissão inconstitucional.[28] A política por trás daquele benefício fiscal era, justamente, o fortalecimento do processo de inclusão social das pessoas com necessidades especiais, de modo a alcançarem autonomia e independência.

4 Tributação e igualdade de gênero: o caso da pensão alimentícia decorrente do direito de família

O Supremo Tribunal Federal recentemente julgou ação direta de inconstitucionalidade na qual se questionava a constitucionalidade da cobrança, em face dos alimentandos, do imposto de renda sobre os valores por eles recebidos a título de pensão alimentícia instituída com base no direito de família.[29]

---

[26] BRASIL. Supremo Tribunal Federal. Tribunal Pleno. Ação Direta de Inconstitucionalidade nº 5583/DF. Rel. Min. Roberto Barroso. *DJe*, 28/6/21. Disponível em: https://portal.stf.jus.br/processos/. Acesso em: 26 jul. 2024.

[27] BRASIL. Supremo Tribunal Federal. Tribunal Pleno. Ação Direta por Omissão nº 30/DF. Rel. Min. Dias Toffoli, *DJe*, 6/10/2020. Disponível em: https://portal.stf.jus.br/processos/. Acesso em: 27 jul. 2024.

[28] O legislador sanou a omissão inconstitucional por meio da Lei nº 14.287, de 2021, incluindo expressamente os deficientes auditivos como beneficiários da isenção.

[29] BRASIL. Supremo Tribunal Federal. Tribunal Pleno. Ação Direta de Inconstitucionalidade nº 5422/DF. Rel. Min. Dias Toffoli. *DJe*, 23/08/22. Disponível em: https://portal.stf.jus.br/processos/. Acesso em: 26 jul. 2024.

Sem dúvida, tratou-se de discussão impregnada de grande repercussão social, que gira em torno do direito de família, a qual constitui a base da sociedade.

Na ocasião, o Tribunal assentou que os valores recebidos a título de pensão alimentícia não podem ser tributados pelo imposto de renda por não ensejarem acréscimo patrimonial para o alimentando, sendo certo que tais alimentos são destinados à satisfação de suas necessidades básicas, de modo que não há como enquadrá-los na categoria de proventos que acrescem seu patrimônio.

Note-se a orientação dirigida ao legislador ordinário: as pensões recebidas a título de alimentos no âmbito do direito de família não integram a materialidade constitucional do imposto de renda.

Ainda sob o enfoque do conceito constitucional de renda, importante mencionar outro aspecto bem colocado pelo Ministro Roberto Barroso. As pensões alimentícias oriundas do direito de família possuem a característica da alternatividade. Isso significa que o provedor, no lugar de pagar os alimentos em dinheiro, pode fazê-lo *in natura*, "sendo admitido, assim, que se considere cumprida a obrigação alimentar com o pagamento direto de serviços, como educação e saúde, e de um valor fixo para outras despesas". Se sobre o valor correspondente aos alimentos recebidos *in natura* não incide o imposto de renda, não haveria justificativa para a cobrança da exação se esses são recebidos pelo alimentando em dinheiro.

Outro fundamento utilizado para se assentar a inconstitucionalidade da incidência do imposto de renda sobre os valores recebidos a título de pensão alimentícia oriunda do direito de família foi o de que a tributação não deve comprometer a fruição de direitos fundamentais dos cidadãos.

Os Ministros Roberto Barroso e Alexandre de Moraes bem acentuaram essa questão no julgamento da ação direta. Suas Excelências consignaram que essa tributação resulta em violação da garantia do mínimo existencial, tendo-se presente a noção de que tais verbas são necessárias à manutenção da existência digna do alimentando. Suas Excelências lembraram, além disso, que a essencialidade da obrigação de pagar alimentos é tamanha que sua inadimplência voluntária e inescusável possibilita a prisão civil.

A inconstitucionalidade da tributação em análise também foi reconhecida sob a perspectiva da igualdade de gênero, suscitada pelo Ministro Roberto Barroso.

Com base em dados do IBGE, Sua Excelência ressaltou que, em 2019, "em 66,91% dos divórcios concedidos em primeira instância a casais com filhos menores de idade, coube à mulher a guarda do(s) filho(s)", do que se inferiria que grande parte das pensões alimentícias seria paga pelos homens, mas o imposto, por elas.

Nesse cenário, a afronta ao direito fundamental da igualdade de gênero parte da própria sistemática adotada na legislação. Como se sabe, pode o alimentante, observado o art. 4º, II, da Lei nº 9.250/95, deduzir da base de cálculo de seu imposto de renda o valor pago a título de alimentos. Há, assim, um benefício fiscal instituído em seu favor. Por outro lado, fica a mãe como responsável pelo filho para efeito de declaração do imposto de renda, sendo a pensão alimentícia por ele recebida em dinheiro acrescida aos rendimentos dela.

O primeiro ponto relevante conectado com isso é que a alíquota efetiva do imposto de renda da mãe passa a ser maior, mormente quando se tem o fato de que o acréscimo em questão importa alteração, para maior, da faixa de tributação da tabela do imposto de renda.

De outro giro, a legislação tributária enseja menor alíquota efetiva do imposto de renda devido pelo pai, em razão de ele poder gozar daquela dedução.

À luz dessas considerações, aduziu-se que a legislação tributária não só penaliza as mulheres, aprofundando as desigualdades de gêneros, mas também vulnera o melhor interesse das crianças e dos adolescentes. Nas palavras do Ministro Roberto Barroso, são as mulheres que "além de criar, assistir e educar os filhos, ainda devem arcar com ônus tributários dos valores recebidos a título de alimentos". Para o Ministro Gilmar Mendes, "a aplicação dessa legislação traz uma distorção fática substancial, a qual, efetivamente, onera quase que exclusivamente a mulher".

O Ministro Roberto Barroso observou que "a tributação não pode ser um fator que aprofunde as desigualdades de gênero, colocando as mulheres em situação social e econômica pior do que a dos homens", sendo necessário "conferir à discussão sobre o impacto da tributação sobre o gênero feminino o status constitucional que ela merece".

A ação direta foi julgada procedente para dar interpretação conforme à Constituição Federal a diversos dispositivos legais, de modo a afastar a incidência do imposto de renda sobre valores decorrentes do direito de família percebidos pelos alimentados a título de alimentos ou de pensões alimentícias.

Em um julgado de relatoria do Ministro Roberto Barroso, tributação e igualdade de gênero também se cruzaram. A discussão envolveu a incidência da contribuição previdenciária sobre o salário-maternidade. Na ocasião, prevaleceu a posição defendida por Sua Excelência de que as normas que definiam a necessidade de tributação, ao imporem tributação que incide somente quando a trabalhadora é mulher e mãe, criam obstáculo geral à contratação de mulheres, por questões exclusivamente biológicas, uma vez que torna a maternidade um ônus.

Em acréscimo, realçou que o discrímen legal não encontra "amparo na Constituição, que, ao contrário, estabelece isonomia entre homens e mulheres, bem como a proteção à maternidade, à família e à inclusão da mulher no mercado de trabalho".[30]

Conclusão

Na análise de controvérsias envolvendo políticas públicas instrumentalizadas por meio da tributação, o Supremo Tribunal Federal costuma adotar uma posição de autocontenção (*self restraint*), calcada no dogma kelseniano do legislador negativo.

Mais recentemente, especialmente no âmbito do controle concentrado de constitucionalidade, ao se deparar com questionamentos acerca de políticas públicas insuficientes ou incompletas, por excluírem de determinado benefício fiscal pessoas ou grupos vulneráveis que se encontram em situação idêntica, o Tribunal vem se utilizando de técnicas inovadoras de decisão que restabelecem a ordem jurídica afetada pela decisão de inconstitucionalidade.

No julgamento da ADI nº 5.583/DF, a solução aventada pelo Ministro Roberto Barroso busca fixar parâmetros objetivos para a atuação do Supremo Tribunal Federal ao se deparar com questionamentos relativos às opções políticas do legislador na concessão de incentivos e benefícios tributários. São eles:

---

[30] BRASIL. Supremo Tribunal Federal. Tribunal Pleno. Recurso Extraordinário nº 576967/PR. Rel. Min. Roberto Barroso. *DJe*, 21/10/20. Disponível em: https://jurisprudencia.stf.jus.br/pages/search/. Acesso em: 28 jul. 2024.

a) "não estando em jogo a proteção de direitos fundamentais e os pressupostos da democracia, o Judiciário deve adotar uma postura autocontida, que seja deferente às opções políticas manifestadas em um ambiente de liberdade de conformação do legislador";
b) quando, no entanto, a controvérsia envolver "de forma clara e direta, a tutela de direitos fundamentais de um grupo de pessoas vulneráveis que recebem especial proteção constitucional", a Corte estaria "autorizada a adotar uma conduta mais proativa, sem que incorra em ofensa ao princípio da separação de poderes".

É possível afirmar que o Supremo Tribunal Federal tem avançado nos debates necessários à superação do "vetusto dogma do legislador negativo" quando provocado a se manifestar sobre a constitucionalidade de políticas fiscais concretizadoras de direitos fundamentais. Mesmo considerando, por exemplo, os possíveis impactos da renúncia fiscal, o Tribunal procura se aliar "à mais progressiva linha jurisprudencial das decisões interpretativas com eficácia aditiva, já adotada pelas principais cortes constitucionais europeias".[31]

Referências

AZEVEDO, Euro Sabino; SANTOS, Lucilene Rodrigues. Extrafiscalidade e o dogma do legislador negativo: avanços na jurisprudência do STF. *In*: MORAES, Alexandre de; MENDONÇA, André Luiz de Almeida (Coord.). *Democracia e sistema de justiça*. Obra em homenagem ao Ministro Dias Toffoli. Belo Horizonte: Fórum, 2020. p. 179-191. Livro digital.

BARROSO, Luís Roberto. Prefácio. *In*: SARMENTO, Daniel (Org.). *Interesses públicos vs. interesses privados*: desconstruindo o princípio da supremacia do interesse público. Rio de Janeiro: Lumen Juris, 2005.

BRASIL. Supremo Tribunal Federal. Primeira Turma. Agravo em Recurso Extraordinário nº 1.431.159-AgR/SC. Rel. Min. Alexandre de Moraes. Redator do acórdão: Min. Roberto Barroso. *DJe*, 26/10/2023. Disponível em: https://jurisprudencia.stf.jus.br/pages/search/. Acesso em: 25 jul. 2024.

BRASIL. Supremo Tribunal Federal. Segunda Turma. Agravo de Instrumento nº 360.461/MG-AgR. Rel. Min. Celso de Mello, *DJe*, 28/3/08. Disponível em: https://portal.stf.jus.br/processos/. Acesso em: 26 jul. 2024.

BRASIL. Supremo Tribunal Federal. Segunda Turma. Recurso Extraordinário nº 1.052.420/SP. Rel. Min. Edson Fachin, *DJe*, 5/12/17. Disponível em: https://portal.stf.jus.br/processos/. Acesso em: 26 jul. 2024.

BRASIL. Supremo Tribunal Federal. Tribunal Pleno. Ação de Descumprimento de Preceito Fundamental nº 1013/DF. Rel. Min. Roberto Barroso. *DJe*, 5/2/24. Disponível em: https://jurisprudencia.stf.jus.br/pages/search/. Acesso em: 28 jul. 2024.

BRASIL. Supremo Tribunal Federal. Tribunal Pleno. Ação Direta de Inconstitucionalidade nº 3.334/RN. Rel. Min. Ricardo Lewandowski, *DJe*, 5/4/11. Disponível em: https://portal.stf.jus.br/processos/. Acesso em: 26 jul. 2024.

BRASIL. Supremo Tribunal Federal. Tribunal Pleno. Ação Direta de Inconstitucionalidade nº 1.655/AP. Rel. Min. Maurício Corrêa, *DJ*, 2/4/04. Disponível em: https://portal.stf.jus.br/processos/. Acesso em: 26 jul. 2024.

BRASIL. Supremo Tribunal Federal. Tribunal Pleno. Ação Direta de Inconstitucionalidade nº 1.643/DF. Rel. Min. Maurício Corrêa, *DJ*, 14/3/03. Disponível em: https://portal.stf.jus.br/processos/. Acesso em: 26 jul. 2024.

BRASIL. Supremo Tribunal Federal. Tribunal Pleno. Ação Direta de Inconstitucionalidade nº 6025/DF. Rel. Min. Alexandre de Moraes. Disponível em: https://portal.stf.jus.br/processos/. Acesso em: 26 jul. 2024.

[31] Conforme voto do Ministro Gilmar Mendes na ADI 1.351/DF, p. 160.

BRASIL. Supremo Tribunal Federal. Tribunal Pleno. Ação Direta de Inconstitucionalidade nº 5583/DF. Rel. Min. Roberto Barroso. *DJe*, 28/6/21. Disponível em: https://portal.stf.jus.br/processos/. Acesso em: 26 jul. 2024.

BRASIL. Supremo Tribunal Federal. Tribunal Pleno. Ação Direta de Inconstitucionalidade nº 5422/DF. Rel. Min. Dias Toffoli. *DJe*, 23/08/22. Disponível em: https://portal.stf.jus.br/processos/. Acesso em: 26 jul. 2024.

BRASIL. Supremo Tribunal Federal. Tribunal Pleno. Ação Direta por Omissão nº 30/DF. Rel. Min. Dias Toffoli, *DJe*, 6/10/2020. Disponível em: https://portal.stf.jus.br/processos/. Acesso em: 27 jul. 2024.

BRASIL. Supremo Tribunal Federal. Tribunal Pleno. Recurso Extraordinário nº 592.581/RS. Rel. Min. Ricardo Lewandowski, *DJe*, 1º/2/16. Disponível em: https://portal.stf.jus.br/processos/. Acesso em: 26 jul. 2024.

BRASIL. Supremo Tribunal Federal. Tribunal Pleno. Recurso Extraordinário nº 405.579/PR. Rel. Min. Joaquim Barbosa, *DJe*, 4/8/11. Disponível em: https://portal.stf.jus.br/processos/. Acesso em: 26 jul. 2024.

BRASIL. Supremo Tribunal Federal. Tribunal Pleno. Recurso Extraordinário nº 592.891/SP. Rel. Min. Rosa Weber, e Recurso Extraordinário nº 596.614/SP. Rel. originário Min. Marco Aurélio. Redator do acórdão Min. Edson Fachin. *DJe*, 20/9/19. Disponível em: https://portal.stf.jus.br/processos/. Acesso em: 27 jul. 2024.

BRASIL. Supremo Tribunal Federal. Tribunal Pleno. Recurso Extraordinário n 684612/RJ. *DJe*, 7/8/23. Disponível em: https://jurisprudencia.stf.jus.br/pages/search/. Acesso em: 28 jul. 2024.

BRASIL. Supremo Tribunal Federal. Tribunal Pleno. Recurso Extraordinário nº 580252/RS. Rel. Min. Gilmar Mendes. *DJe*, 11/9/17. Disponível em: https://jurisprudencia.stf.jus.br/pages/search/. Acesso em: 28 jul. 2024.

BRASIL. Supremo Tribunal Federal. Tribunal Pleno. Recurso Extraordinário nº 576967/PR. Rel. Min. Roberto Barroso. *DJe*, 21/10/20. Disponível em: https://jurisprudencia.stf.jus.br/pages/search/. Acesso em: 28 jul. 2024.

CALIENDO, Paulo. Tributação e ordem econômica: os tributos podem ser utilizados como instrumentos de indução econômica? *Revista de Direitos Fundamentais e Democracia*, v. 20, n. 20, p. 193-234, jul./dez. 2016. Disponível em: www.rdft.com.br. Acesso em: 27 jul. 2024.

DERZI, Misabel Abreu Machado. O princípio da igualdade e o direito tributário. *Revista da Faculdade de Direito Milton Campos*, v. 1, n. 1, p. 185-222, 1994.

Informação bibliográfica deste texto, conforme a NBR 6023:2018 da Associação Brasileira de Normas Técnicas (ABNT):

TOFFOLI, José Antonio Dias; SANTOS, Lucilene Rodrigues. Direitos fundamentais de pessoas ou grupos vulneráveis e tributação: rumo à superação do dogma do legislador negativo. *In*: PAULA, Fernanda de; PENCAK, Nina (coord.). *Tributação, liberdade e igualdade*: as contribuições do Ministro Luís Roberto Barroso. Belo Horizonte: Fórum, 2025. p. 35-46. ISBN 978-65-5518-952-0.

EFICIÊNCIA NA COBRANÇA DO CRÉDITO TRIBUTÁRIO: UMA ANÁLISE DA ADI Nº 5.881/DF

LUIZ FUX

Introdução

É com desvanecimento que participo desta justa e merecida homenagem ao Ministro e Professor Luís Roberto Barroso, homem público que ostenta nobreza de caráter e independência olímpica, tolera a verdade alheia e carrega no coração o senso de justiça e caridade.

Deveras, de todos os seus atributos, toca-me de perto nossa amizade longínqua, que remonta aos bancos acadêmicos da Faculdade de Direito da UERJ. Somos amigos da vida toda, seremos, juntos, crianças de 100 anos, jovens dos cabelos brancos.

Com tais qualidades, pessoais e profissionais, Sua Exa. tem contribuído para a ciência jurídica em proporções de ordem enciclopédica, inclusive na seara do direito tributário e financeiro, como pretende demonstrar a presente obra.

Destaco, dentre tantos exemplos possíveis de suas contribuições, o salutar voto médio que apresentara na Ação Direta de Inconstitucionalidade nº 5.881/DF,[1] conduzindo o Supremo Tribunal Federal na apreciação dos arts. 20-B, §3º, II, e 20-E da Lei nº 10.522/2002, com a redação dada pela Lei nº 13.606/2018, que possibilitavam (i) "a averbação da certidão de dívida ativa em órgãos de registros de bens e direitos, tornando-os indisponíveis, após a conclusão do processo administrativo fiscal, mas em momento anterior ao ajuizamento da execução fiscal"; e conferiam (ii) "à Procuradoria-Geral da Fazenda Nacional o poder de editar atos regulamentares".

Tratava-se de ação proposta pelo Partido Socialista Brasileiro (PSB), que arguiu a violação dos seguintes preceitos constitucionais: (i) "reserva de lei complementar para o estabelecimento de normas sobre crédito tributário (art. 146, III, "b")"; (ii) "devido processo legal substantivo e reserva de jurisdição (art. 5º, LIV e XXXV)";

---

[1] Julgada em conjunto com: ADI nº 5932, ADI nº 5886, ADI nº 5890, ADI nº 5925, ADI nº 5931, red. p/ acórdão Min. Luís Roberto Barroso, j. 9.12.2020. *DJe*, 5.4.2021.

(iii) "contraditório e ampla defesa (art. 5º, LV)"; (iv) "direito de propriedade (art. 5º, *caput* e inciso XXII, e art. 170, II)"; (v) "livre iniciativa (art. 170, *caput* e parágrafo único)"; e (vi) "isonomia (art. 5º, *caput* e 150, II)".

Diante desse contexto, com base em revisão bibliográfica e análise documental, o presente artigo realiza um estudo de caso examinando os contornos teóricos e operacionais discutidos no acórdão proferido pelo Supremo Tribunal Federal na ADI nº 5.881/DF.

Na primeira parte, serão elucidados os elementos doutrinários da Análise Econômica dos Processos Tributários e seus meios de racionalização, expressos na adoção de instrumentos para lhes conferir eficiência. Em seguida, a segunda parte do texto aborda especificamente a ADI nº 5.881/DF, máxime a ponderação necessária sobre o poder da Fazenda Nacional de garantir o crédito tributário por meio da averbação da certidão de dívida ativa nos órgãos de registro de bens e direitos sujeitos a arresto ou penhora, tornando-os indisponíveis. O texto conclui com a exposição das premissas e das teses extraídas do julgamento da mencionada ação.

1 Análise econômica do processo tributário

De acordo com dados do relatório *Justiça em Números 2024*, produzido pelo Conselho Nacional de Justiça (CNJ), "as execuções fiscais correspondem a 31% de todos os casos pendentes da Justiça e a 59% do total das execuções pendentes", indicando uma taxa de congestionamento de 87,8%, ao considerar-se que o "tempo médio de tramitação das execuções baixadas foi de 7 anos e 9 meses, o triplo do tempo médio global do processo baixado".[2]

O diagnóstico é alarmante, porquanto demonstra a necessidade de pensarmos a utilização de novos instrumentais para o aprimoramento do fluxo dos processos tributários no Brasil. Um grande aliado, para este propósito, é o estudo da Análise Econômica do Direito (AED), que se vale de diversos conceitos da economia, notadamente o da *eficiência*, para incrementar as condições de operabilidade dos sistemas jurídicos ao redor do mundo.

Como tenho repetido, a Análise Econômica do Direito não é uma mera divagação acadêmica, na linha do que alerta o Professor Simeon Djankov, ao recordar que o *ranking Doing Business*, realizado pelo Banco Mundial, avalia a *confiabilidade* e a *eficiência* da Justiça de cada país a fim de mensurar sua aptidão para receber investimentos.[3]

Destarte, recente estudo publicado no *Journal of Policy Modeling*[4] aponta que os índices de eficiência nos processos tributários parametrizados pela Organização para a Cooperação e Desenvolvimento Econômico (OCDE) têm sido resultantes da promoção de quatro cânones em seus países membros: a) *descentralização*, dinamizando a arrecadação tributária por meio da distribuição dos seus encargos; b) *educação*, conscientizando a sociedade acerca dos mecanismos de cobranças de tributos; c) *simplificação*, evitando o aumento dos custos de transação tributários; e d) *digitalização*, conferindo maior

---

[2] BRASIL. Conselho Nacional de Justiça. *Justiça em Números 2024*. Brasília: CNJ, 2024. p. 22.

[3] DJANKOV, Simeon. The Doing Business project: how it started. *Journal of Economic Perspective*, v. 30, n. 1, Winter 2016. p. 247-248.

[4] UBAGO MARTÍNEZ, Yolanda; PASCUAL ARZOZ, Pedro; ZABALETA ARREGUI, Idoia. Tax collection efficiency in OECD countries improves via decentralization, simplification, digitalization and education. *Journal of Policy Modeling*, v. 44, 2022.

transparência e facilidade à arrecadação por meio da diminuição de possíveis lapsos na interação entre contribuinte e autoridade tributária.

Outros indicadores de aferição de eficiência, ainda na linha das recomendações da OCDE, são a) o cálculo da relação entre a despesa total do órgão arrecadador e o valor do PIB, ou mesmo b) a comparação custo agregado da administração tributária por 100 unidades de receita líquida arrecadada.[5]

Deveras, na realidade brasileira, para além de tais imperativos de moralidade política, defrontamo-nos com a eficiência na condição de princípio constitucional, destinado a pautar toda e qualquer atividade do Estado, conforme previsto no art. 37 da Constituição Federal de 1988, mediante inclusão da Emenda Constitucional nº 19, de 1998.

Na esteira das lições de Diogo de Figueiredo de Moreira Neto, deve a eficiência, no campo dos serviços estatais, ser entendida como a

> melhor realização possível da gestão dos interesses públicos, posta em termos de plena satisfação dos administrados com os menores custos para a sociedade, ela se apresenta, simultaneamente, como um atributo técnico da administração, como uma exigência ética a ser atendida, no sentido weberiano de resultados, e, coroando a relação, como uma característica jurídica exigível, de boa administração dos interesses públicos.[6]

A gradual incorporação de tal princípio ao sistema tributário, conferindo-lhe funcionalidade, é matéria que tem suscitado a atenção da doutrina, de sorte que "os custos de administração fiscal (*administration costs*) contam na escolha das formas de tributação, especialmente na capacidade do Estado em realizar a cobrança de tributos".[7]

Consectariamente, "o que distingue, pelo prisma da eficiência, uma política de arrecadação de uma política tributária é que, a primeira, gera pouco desenvolvimento econômico e social, além de injustiça tributária", enquanto a "segunda propicia o crescimento econômico e social e a justiça fiscal".[8]

Os reflexos deste aparato conceitual na formulação de uma política tributária eficiente, como sugere Rafael Gaia Pepe, ensejam a ponderação de estratégias para o aperfeiçoamento dos processos tributários, porquanto imprescindíveis à racionalização da cobrança dos créditos tributários:

1) *Redução da judicialização:*

> observa-se uma tendência em permitir que a constrição patrimonial seja levada a efeito através de procedimentos administrativos, aliando-se ao ajuizamento seletivo de execuções fiscais. Essas providências, de um lado, incentivam o pagamento e, de outro, reservam a participação do magistrado para aquelas situações em que é imprescindível a resolução de uma questão controvertida;

---

5 OCDE/IDB. *Government at a Glance*: Latin America and the Caribbean 2014: Towards Innovative Public Financial Management. Paris: OECD Publishing, 2014.

6 MOREIRA NETO, Diogo de Figueiredo. *Curso de direito administrativo*. 16. ed. Rio de Janeiro: Forense, 2014. p. 116.

7 CALIENDO, Paulo. *Direito tributário e análise econômica do direito*: uma visão crítica. Rio de Janeiro: Elsevier, 2009. p. 92-93.

8 MARTINS, Ives Gandra da Silva. O princípio da eficiência em matéria tributária. *Scientia Ivridica*, t. LVI, n. 312, out./dez. 2007. p. 655.

2) *Incorporação de inovações tecnológicas:*

> basta pensar na otimização do processamento da grande massa de informações disponíveis nos bancos de dados aos quais a Fazenda Pública tem acesso. Valendo-se de soluções de *big data*, o Poder Público pode estabelecer um 'ranking' de devedores, criando um índice de probabilidade de recuperação do seu crédito. Esse ganho pode ser escalado ainda mais com o compartilhamento de informações entre as unidades da federação, franqueando-se, mediante a celebração de convênios, o acesso remoto aos sistemas umas das outras, conforme previsto no art. 199 do CTN. Além disso, considerando o acúmulo de questões repetitivas, a inteligência artificial (AI) pode ter um campo fértil de aplicação no processo tributário;

3) *Adoção de soluções consensuais:*

> observa-se uma tendência em permitir que a constrição patrimonial seja levada a efeito através de procedimentos administrativos, aliando-se ao ajuizamento seletivo de execuções fiscais. Essas providências, de um lado, incentivam o pagamento e, de outro, reservam a participação do magistrado para aquelas situações em que é imprescindível a resolução de uma questão controvertida.[9]

Imbuído deste espírito inovador, o nosso homenageado, Ministro Luís Roberto Barroso, no exercício de sua profícua gestão à frente do CNJ, engendrou a seminal Resolução nº 547, em 22.2.2024.[10] Nesta, é prevista a extinção das execuções fiscais que

---

9 PEPE, Rafael Gaia. Breves considerações sobre a análise econômica do processo tributário. *In*: FUX, Luiz; FUX, Rodrigo; PEPE, Rafael Gaia (Coord.). *Temas de análise econômica direito processual*. Rio de Janeiro: GZ Editora, 2021. p. 441-449.

10 "*O PRESIDENTE DO CONSELHO NACIONAL DE JUSTIÇA (CNJ)*, no uso de suas atribuições legais e regimentais, *CONSIDERANDO* que, segundo o Relatório Justiça em Números 2023 (ano-base 2022), as execuções fiscais têm sido apontadas como o principal fator de morosidade do Poder Judiciário, respondendo por 34% do acervo pendente, com taxa de congestionamento de 88% e tempo médio de tramitação de 6 anos e 7 meses até a baixa; *CONSIDERANDO* o julgamento, em 19/12/2023, pelo Plenário do Supremo Tribunal Federal, do Recurso Extraordinário nº 1.355.208, rel. Min. Cármen Lúcia, em regime de repercussão geral (tema 1184); *CONSIDERANDO* que, no referido precedente, ficou decidido que: "1. É legítima a extinção de execução fiscal de baixo valor pela ausência de interesse de agir tendo em vista o princípio constitucional da eficiência administrativa, respeitada a competência constitucional de cada ente federado. 2. O ajuizamento da execução fiscal dependerá da prévia adoção das seguintes providências: a) tentativa de conciliação ou adoção de solução administrativa; e b) protesto do título, salvo por motivo de eficiência administrativa, comprovando-se a inadequação da medida. 3. O trâmite de ações de execução fiscal não impede os entes federados de pedirem a suspensão do processo para a adoção das medidas previstas no item 2, devendo, nesse caso, o juiz ser comunicado do prazo para as providências cabíveis"; *CONSIDERANDO* o exposto nas Notas Técnicas nº 06/2023 e 08/2023, ambas do Núcleo de Processos Estruturais e Complexos do STF, citadas no julgado acima, segundo as quais o custo mínimo de uma execução fiscal, com base no valor da mão de obra, é de R$9.277,00 (nove mil, duzentos e setenta e sete reais), e que o protesto de certidões de dívida ativa costuma ser mais eficaz que o ajuizamento de execuções fiscais; *CONSIDERANDO* que, segundo levantamento do CNJ também citado no julgamento, estima-se que mais da metade (52,3%) das execuções fiscais tem valor de ajuizamento abaixo de R$10.000,00 (dez mil reais); *CONSIDERANDO* a interpretação do STJ (tema 566 dos recursos especiais repetitivos), validada pelo STF (tema 390 da repercussão geral) sobre o termo inicial do prazo prescricional após a propositura da ação; *CONSIDERANDO* a decisão tomada pelo Plenário do CNJ no julgamento do Ato Normativo nº 0000732-68.2024.2.00.0000, na 1ª Sessão Ordinária, realizada em 20 de fevereiro de 2024; *RESOLVE*: Art. 1º É legítima a extinção de execução fiscal de baixo valor pela ausência de interesse de agir, tendo em vista o princípio constitucional da eficiência administrativa, respeitada a competência constitucional de cada ente federado. §1º Deverão ser extintas as execuções fiscais de valor inferior a R$10.000,00 (dez mil reais) quando do ajuizamento, em que não haja movimentação útil há mais de um ano sem citação do executado ou, ainda que citado, não tenham sido localizados bens penhoráveis. §2º Para aferição do valor previsto no §1º, em cada caso concreto, deverão ser somados os valores

tenham por objeto valores inferiores a R$10.000,00, nas quais não se observe movimentação útil por mais de um ano, sem que haja citação do devedor ou, conquanto citado, não tenha havido localização de bens sujeitos à penhora.

Trata-se de importante iniciativa, que corrobora a tendência já observada alhures,[11] anotando haver, nos tempos hodiernos, mais do que nunca, o reclamo por uma justiça acessível, que conceda ao cidadão uma resposta justa e tempestiva. No contexto atual, em que o volume quantitativo de processos é manifestamente inassimilável por juízes e tribunais, o deslocamento de competências do Poder Judiciário para órgãos extrajudiciais – o que consubstancia a chamada *desjudicialização* –, deixa de corresponder a uma mera possibilidade de melhoria do acesso à justiça e passa a ostentar *status* de estratégia imprescindível.

Destarte, urge a adoção de uma concepção mais ampla de acesso à justiça, que pressupõe um "ir além". Ir além do tradicional espaço judicial, ir além dos procedimentos judiciais e ir além da tutela dos Tribunais. Esta tendência, de imenso relevo, foi discutida no Supremo Tribunal Federal, quando do julgamento da já citada ADI nº 5.881/DF, que será abordada a seguir.

2 O caso da ADI nº 5.881/DF

Como visto, a ação ora em comento tratava de questionamento quanto às medidas então previstas na Lei nº 10.522/2002, com redação dada pela Lei nº 13.606/2018, relativamente ao poder da Fazenda Nacional de garantir o crédito tributário por meio da averbação da Certidão de Dívida Ativa nos órgãos de registro de bens e direitos sujeitos a arresto ou penhora, tornando-os indisponíveis:

---

de execuções que estejam apensadas e propostas em face do mesmo executado. §3º O disposto no §1º não impede nova propositura da execução fiscal se forem encontrados bens do executado, desde que não consumada a prescrição. §4º Na hipótese do §3º, o prazo prescricional para nova propositura terá como termo inicial um ano após a data da ciência da Fazenda Pública a respeito da não localização do devedor ou da inexistência de bens penhoráveis no primeiro ajuizamento. §5º A Fazenda Pública poderá requerer nos autos a não aplicação, por até 90 (noventa) dias, do §1º deste artigo, caso demonstre que, dentro desse prazo, poderá localizar bens do devedor. Art. 2º O ajuizamento de execução fiscal dependerá de prévia tentativa de conciliação ou adoção de solução administrativa. §1º A tentativa de conciliação pode ser satisfeita, exemplificativamente, pela existência de lei geral de parcelamento ou oferecimento de algum tipo de vantagem na via administrativa, como redução ou extinção de juros ou multas, ou oportunidade concreta de transação na qual o executado, em tese, se enquadre. §2º A notificação do executado para pagamento antes do ajuizamento da execução fiscal configura adoção de solução administrativa. §3º Presume-se cumprido o disposto nos §§1º e 2º quando a providência estiver prevista em ato normativo do ente exequente. Art. 3º O ajuizamento da execução fiscal dependerá, ainda, de prévio protesto do título, salvo por motivo de eficiência administrativa, comprovando-se a inadequação da medida. Parágrafo único. Pode ser dispensada a exigência do protesto nas seguintes hipóteses, sem prejuízo de outras, conforme análise do juiz no caso concreto: I – comunicação da inscrição em dívida ativa aos órgãos que operam bancos de dados e cadastros relativos a consumidores e aos serviços de proteção ao crédito e congêneres (Lei nº 10.522/2002, art. 20-B, §3º, I); II – existência da averbação, inclusive por meio eletrônico, da certidão de dívida ativa nos órgãos de registro de bens e direitos sujeitos a arresto ou penhora (Lei nº 10.522/2002, art. 20-B, §3º, II); ou III – indicação, no ato de ajuizamento da execução fiscal, de bens ou direitos penhoráveis de titularidade do executado. Art. 4º Os cartórios de notas e de registro de imóveis deverão comunicar às respectivas prefeituras, em periodicidade não superior a 60 (sessenta) dias, todas as mudanças na titularidade de imóveis realizadas no período, a fim de permitir a atualização cadastral dos contribuintes das Fazendas Municipais. Art. 5º Esta Resolução entra em vigor na data da sua publicação. Ministro *Luís Roberto Barroso*".

[11] FUX, Luiz. *Curso de direito processual civil*. 6. ed. Rio de Janeiro: Forense, 2023. p. 48.

> Art. 20-B Inscrito o crédito em dívida ativa da União, o devedor será notificado para, em até cinco dias, efetuar o pagamento do valor atualizado monetariamente, acrescido de juros, multa e demais encargos nela indicados. [...]
> §3º Não pago o débito no prazo fixado no *caput* deste artigo, a Fazenda Pública poderá: [...]
> II - averbar, inclusive por meio eletrônico, a certidão de dívida ativa nos órgãos de registro de bens e direitos sujeitos a arresto ou penhora, tornando-os indisponíveis. [...]
> Art. 20-E. A Procuradoria-Geral da Fazenda Nacional editará atos complementares para o fiel cumprimento do disposto nos arts. 20-B, 20-C e 20-D desta Lei.

Discutia-se, no aspecto formal, se as medidas exorbitariam a competência da lei ordinária; sob o aspecto material, se violariam a inafastabilidade da jurisdição para atingir bens dos cidadãos, bem como a proporcionalidade em relação à cobrança do crédito, constituindo-se de sanção política.

O relator, Ministro Marco Aurélio, julgou procedentes os pedidos formulados na ação direta, sendo acompanhado pelos Ministros Edson Fachin e Ricardo Lewandowski, com os seguintes argumentos:

> CRÉDITO TRIBUTÁRIO GARANTIA INSTITUIÇÃO LEI COMPLEMENTAR. Discrepa do previsto no artigo 146, inciso III, alínea b, da Constituição Federal, no que remete a lei complementar a instituição de normas gerais em matéria de legislação tributária, a introdução, sob o figurino de lei ordinária, de instituto alusivo à concretização da indisponibilidade de bens e renda do contribuinte mediante simples averbação de certidão de dívida ativa, ante a ampliação do rol de instrumentos franqueados ao Fisco voltados à satisfação do crédito, conferindo-lhe nova garantia.
> AVERBAÇÃO PRÉ-EXECUTÓRIA JURISDIÇÃO INAFASTABILIDADE IMPOSSIBILIDADE. Tendo em vista os princípios constitucionais do devido processo legal, da separação dos poderes e da inafastabilidade da jurisdição, surge inadequada previsão de espécie de execução administrativa dos débitos a denominada averbação pré-executória ausente intervenção do Estado-Juiz, em desarmonia com as balizas constitucionais no sentido de impedir ao máximo o exercício da autotutela pelo Estado.
> TRIBUTO COBRANÇA AVERBAÇÃO INDISPONIBILIDADE DE BENS PROPORCIONALIDADE INOBSERVÂNCIA SANÇÃO POLÍTICA INSUBSISTÊNCIA. Revela-se incompatível com o estatuto tributário-constitucional a tomada de empréstimo, por parte do Fisco, de meio coercitivo objetivando, por via oblíqua, a satisfação de débito tributário, com a adoção de método potencialmente inviabilizador da própria atividade econômica a indisponibilidade de bens e direitos sujeitos a arresto e penhora, presentes meios típicos de cobrança menos gravosos aos contribuintes.
> A divergência foi inaugurada pelo Ministro Dias Toffoli, no sentido da improcedência, ao que fora acompanhado pelos Ministros Alexandre de Moraes, Rosa Weber e Cármen Lúcia, sob o entendimento de que:
> a) não há ofensa à cláusula de reserva de jurisdição: essa cláusula só se aplicaria aos casos especificados na Constituição Federal, sendo certo que não existe no texto constitucional cláusula de reserva de jurisdição quanto à indisponibilidade de bens;
> b) não há ofensa ao art. 5º, inciso XXXV: inexiste necessidade de se acionar o Poder Judiciário para a averbação pré-executória, pois ela consiste em mero ato de registro. Fora isso, a averbação pré-executória em nenhum momento afasta a possibilidade de o devedor se socorrer do Poder Judiciário para questioná-la. Aliás, a portaria da PGFN prevê como uma das hipóteses de cancelamento da averbação a decisão judicial (art. 32, inciso IV);
> c) não há ofensa ao art. 5º, LIV, no sentido material: a averbação pré-executória atende ao objetivo de instaurar novo modelo de cobrança de dívida ativa da União e de prevenir

fraudes à execução fiscal, sendo certo que as restrições dela decorrentes, além de proporcionais e razoáveis, são inferiores aos benefícios gerados;

d) não há ofensa ao contraditório nem à ampla defesa: antes da constituição definitiva do crédito tributário, o devedor é notificado para, querendo, impugnar o lançamento. Ademais, antes da averbação, a Portaria PGFN nº 33/18 prevê um procedimento administrativo em que o devedor é noticiado para pagar, parcelar, ofertar antecipadamente garantia em execução fiscal ou apresentar pedido de revisão de dívida inscrita. A mesma portaria também prevê que o devedor pode impugnar a averbação pré-executória;

e) a averbação pré-executória é compatível com o direito de propriedade, pois ela não resulta em expropriação de bens, mas sim na indisponibilidade temporária de determinados bens;

f) não há ofensa ao princípio da livre iniciativa: a averbação pré-executória não invade, de modo desarrazoado, a atividade empresarial. Nesse ponto, vale ressaltar ter a Portaria PGFN nº 33/18 previsto que, no caso de o devedor ser pessoa jurídica, a averbação pré-executória recairá sobre bens e direitos de sua propriedade integrantes do ativo não circulante sujeitos a registro público;

g) não há ofensa ao princípio da isonomia: a averbação pré-executória evita o ajuizamento indiscriminado de execuções fiscais.

Por outro lado, julgaram parcialmente procedentes os pedidos veiculados na ação os Ministros Nunes Marques[12] e Luís Roberto Barroso, sendo este último acompanhado por mim e pelo Ministro Gilmar Mendes, declarando (i) *inconstitucional* a indisponibilidade dos bens de devedores de débitos fiscais em sede administrativa; e (ii) *constitucional* a averbação da certidão de dívida ativa nos órgãos de registro de bens e direitos sujeitos a arresto ou penhora.

O Ministro Barroso, aliás, liderou a corte no julgamento de outro precedente semelhante, no qual também o acompanhei (ADI nº 5.135/DF, Rel. Min. Luís Roberto Barroso, j. 9.11.2016, *DJe* 7.2.2018), considerando constitucional o art. 1º, parágrafo único, da Lei nº 9.492/1997, que inclui as certidões de dívida ativa no rol dos títulos sujeitos a protesto, demonstrando: (i) "a maior eficiência e economicidade na recuperação dos créditos tributários"; (ii) "a garantia da livre concorrência, evitando-se que agentes possam extrair vantagens competitivas indevidas da sonegação de tributos"; e (iii) "o alívio da sobrecarga de processos do Judiciário, em prol da razoável duração do processo."

Já no tocante à ADI nº 5.881, ora em comento no presente estudo, S. Exa. afirmara *ratio* similar:

> 20. No entanto, a meu ver, não se trata de normas gerais em matéria de crédito tributário, pois não se altera a necessária regulamentação uniforme dos elementos essenciais para a definição de crédito. Trata-se de normas procedimentais, que determinam o modo como a Fazenda Pública federal tratará o crédito tributário após a sua constituição definitiva, assim como o fazem, por exemplo, a lei de execuções fiscais (Lei nº 6.830/1980) o Decreto nº 70.235/1972, que regulamenta o processo administrativo fiscal, e a Lei nº 9.492/1997 [...].

---

[12] O Ministro Nunes Marques, no entanto, julgou procedentes pedidos distintos daqueles julgados pelo Ministro Luís Roberto Barroso, declarando "a inconstitucionalidade material do art. 25 da Lei nº 13.606/2018, no que inseriu o art. 20-B, §3º, inciso II, na Lei nº 10.522/2002. Declaro, também, a inconstitucionalidade parcial, sem redução de texto, do art. 20-E da Lei nº 10.522/2002, tão somente para afastar possibilidade de edição de ato complementar referente ao art. 20-B, §3º, inciso II, do mesmo diploma legal, bem assim, por arrastamento, a inconstitucionalidade dos artigos correlatos da Portaria nº 33/2018 da Procuradoria da Fazenda Nacional".

> 22. No que se refere apenas à possibilidade de indisponibilidade de bens do devedor (art. 20-B, §3º, II, parte final), tenho que a medida não passa no teste de proporcionalidade quanto ao subprincípio da necessidade. Isso porque há meios menos gravosos a direitos fundamentais do contribuinte que podem ser utilizados para atingir o mesmo objetivo: impedir a dilapidação patrimonial pelo devedor.
>
> 23. Um exemplo é a possibilidade de ajuizamento da cautelar fiscal, regida pela Lei nº 8.397/92, que pode ser feito, inclusive, antes do fim do processo administrativo fiscal em determinadas hipóteses a fim de tornar indisponíveis os bens do devedor. Entendo que o objetivo de simplificar os procedimentos executórios não pode ser colocado à frente do direito de propriedade, que é ameaçado com a constrição de bens sem indícios de fraude por parte do contribuinte e sem determinação judicial. Nesse ponto, a norma não guarda semelhança com a previsão legal de protesto extrajudicial, chancelada por esta Corte na ADI nº 5.135, uma vez que, neste último caso, os bens do devedor não sofrem constrição.
>
> 24. Por outro lado, a averbação sem indisponibilidade é medida proporcional que visa à proteção da boa-fé de terceiros adquirentes de bens do devedor, uma vez que dá publicidade à existência da dívida, aproximando-se, assim, do protesto.

Em meu voto, acompanhando o lapidar entendimento do nosso homenageado, recordei-me, no plano da execução civil, das lições do Professor Enrico Tullio Liebman, vaticinando que a responsabilidade patrimonial, por ele denominada de *primária*, abrange em seu objeto "os bens que se encontram no patrimônio do devedor e também todos eles na medida que for necessária para a satisfação integral do direito do credor". Advertia-nos, entretanto, serem admissíveis, excepcionalmente, casos de responsabilidade patrimonial denominada de *secundária*, quando terceiros impossibilitados de serem "executados pessoalmente, respondem com algum ou com todos seus bens, no sentido que estes podem ser abrangidos pela execução que está sendo processada contra o devedor".[13]

O referido professor, fundador da escola processual brasileira, ainda à luz do Código de Processo Civil de 1939, dava como exemplos de responsabilidade patrimonial *secundária*: (i) "o terceiro proprietário de bem vinculado pelos assim chamados direitos de garantia"; (ii) "o sócio, quando, nos termos da legislação civil e comercial, responda subsidiariamente pelas obrigações da sociedade"; (iii) "a mulher casada, nos casos em que os seus bens próprios ou a sua meação respondam pela dívida"; (iv) "o proprietário dos bens alienados em fraude de execução"; (v) "o proprietário dos bens alienados em fraude contra os credores"; (vi) "o terceiro que adquiriu bens submetidos a medidas preventivas".[14]

No domínio das execuções fiscais, o próprio Código Tributário Nacional fixou um regime diverso, estabelecendo a hipótese de fraude à dívida ativa, em seu art. 185, como "a alienação ou oneração de bens ou rendas, ou seu começo, por sujeito passivo em débito para com a Fazenda Pública, por crédito tributário regularmente inscrito como dívida ativa".

No entanto, fazia-se mister uma observação de ordem prática: nas tais execuções fiscais, em havendo alienação de bens, constatávamos serem reiteradamente opostos embargos de terceiro. Alegava-se, com frequência, que os bens objetados não poderiam

[13] LIEBMAN, Enrico Tullio. *Processo de execução*. 3. ed. São Paulo: Saraiva, 1968. p. 67-68; 74-75.

[14] LIEBMAN, Enrico Tullio. *Processo de execução*. 3. ed. São Paulo: Saraiva, 1968. p. 75.

ser retirados do patrimônio destes terceiros, porquanto desconheciam a execução ajuizada, na verdade, pela Fazenda, em face do alienante.

Surgiram, então, medidas protetivas dos terceiros adquirentes, impedindo que fossem alvos de possíveis surpresas. Na execução civil contra devedor solvente, por exemplo, nos termos do Código de Processo Civil de 2015, admite-se o registro da penhora, e, "para presunção absoluta de conhecimento por terceiros, cabe ao exequente providenciar a averbação do arresto ou da penhora no registro competente, mediante apresentação de cópia do auto ou do termo, independentemente de mandado judicial" (art. 844).

Deveras, no caso das execuções fiscais, a Lei nº 13.606/2018 veio a reforçar essa tendência, visando, por meio da averbação da certidão de dívida ativa, evitar a oposição de embargos por parte de terceiros, com alegações de desconhecimento da execução fiscal, ensejando os pedidos de exclusão de seus bens. Prezou-se, desse modo, pela manutenção da finalidade essencial do processo executório – seja no âmbito civil, seja fiscal – que é exatamente expropriar bens do devedor para a satisfação do credor.[15]

Contudo, também pontuei que o poder atribuído à Fazenda de tornar tais bens indisponíveis *infirmaria* o direito de propriedade e seus componentes: o *jus utendi, fruendi et abutendi.* A impossibilidade de dispor do bem significaria limitar a faculdade do devedor de aliená-lo com vistas ao pagamento da dívida, de sorte que não se constituísse em insolvência.

A indisponibilidade dos bens, nestes termos, criaria uma restrição ao direito fundamental de propriedade, razão pela qual me manifestei em consonância com a observação lançada pelo Ministro Gilmar Mendes, quando ponderou haver ofensas ao princípio da proporcionalidade:

> Penso que a estipulação de indisponibilidade genérica, pelo simples não pagamento do débito tributário, é medida ofensiva do princípio da proporcionalidade, por desconsiderar diversas condições acima citadas, que reputo plenamente aplicáveis à espécie (peculiaridades do bem, valor do débito, significado do bem para o proprietário, incidência de outras normas obstativas de indisponibilidade, etc.). [...]
>
> Há que se notar, em acréscimo, que a indisponibilidade de bens e direitos do devedor será eventualmente alcançável, desde que conte com a participação do Poder Judiciário, consoante a disciplina do Art. 185-A do CTN. A previsão legal do Código Tributário, parece-me, ao exigir a intervenção judicial, busca propriamente assegurar a aferição da proporcionalidade na determinação de indisponibilidade e, em última análise, busca assegurar a observância do devido processo legal.

Destarte, após a exposição de tais argumentos, aderi ao entendimento do Ministro Luís Roberto Barroso, seguido, também, pelo Ministro Gilmar Mendes, julgando parcialmente procedentes os pedidos para o fim de excluir a indisponibilidade dos bens em sede administrativa, mas, manter a averbação da certidão de dívida ativa, porquanto medida de grande utilidade ao Fisco e aos terceiros adquirentes.[16]

---

[15] MOREIRA, José Carlos Barbosa. *O novo processo civil brasileiro*. 29. ed. Rio de Janeiro: Forense, 2012. p. 206.

[16] Os parágrafos acima representam uma versão adaptada do voto proferido na ação ora em comento.

Conclusão

Defrontávamos, como narrado acima, situação de dispersão qualitativa de votos na ação em questão, nos sentidos de (i) procedência (três votos), (ii) improcedência (quatro votos) e (iii) procedência parcial dos pedidos (quatro votos). Diante daquela circunstância, presidindo o julgamento, ponderei ser o caso de aplicação do critério da continência, que serve para o desempate e apuração do voto médio, afigurando-se natural a verificação do dissenso – e não da discórdia – no colegiado.

Ora, para atingir-se a procedência dos pedidos, teria de se passar, necessariamente, pela sua procedência parcial. Utilizando-se de tal premissa, concluiu o Plenário ser a procedência parcial a síntese intermediária do entendimento da Corte naquele julgamento.

Designou-se, por isso, o Ministro Luís Roberto Barroso para redigir o acórdão – com a clareza e didatismo que lhe são peculiares – tendo conduzido a corrente que melhor exprimia o posicionamento do Tribunal, considerando: (i) *inconstitucional*, a indisponibilidade dos bens de devedores de débitos fiscais em sede administrativa; e (ii) *constitucional*, a averbação da certidão de dívida ativa nos órgãos de registro de bens e direitos sujeitos a arresto ou penhora.[17]

Constitui esse julgamento, ao lado de tantos outros (*v.g.* a ADI nº 5.135, citada *supra*), exemplo da magnífica contribuição do Ministro e Professor Luís Roberto Barroso para a construção do direito tributário e financeiro na jurisprudência constitucional brasileira.

Afinal, sua atuação concretiza o que enunciava o inesquecível Ministro Aliomar Baleeiro, no clássico *Limitações constitucionais ao poder de tributar*, ao lembrar que "nenhuma Constituição excede a brasileira, a partir da redação de 1946, pelo zelo com que

[17] Veja-se, a propósito, ementa transcrita no acórdão pelo nosso homenageado: "Direito Constitucional, tributário e processual civil. Ações diretas de inconstitucionalidade. Averbação da Certidão de Dívida Ativa (CDA) em órgãos de registro e indisponibilidade de bens do devedor em fase pré-executória. 1. Ações diretas contra os arts. 20-B, §3º, II, e 20-E da Lei nº 10.522/2002, com a redação dada pela Lei nº Lei nº 13.606/2018, que (i) possibilitam a averbação da certidão de dívida ativa em órgãos de registros de bens e direitos, tornando-os indisponíveis, após a conclusão do processo administrativo fiscal, mas em momento anterior ao ajuizamento da execução fiscal; e (ii) conferem à Procuradoria-Geral da Fazenda Nacional o poder de editar atos regulamentares. 2. Ausência de inconstitucionalidade formal. Matéria não reservada à lei complementar. Os dispositivos impugnados não cuidam de normas gerais atinentes ao crédito tributário, pois não interferem na regulamentação uniforme acerca dos elementos essenciais para a definição de crédito. Trata-se de normas procedimentais, que determinam o modo como a Fazenda Pública federal tratará o crédito tributário após a sua constituição definitiva. 3. Constitucionalidade da averbação da certidão de dívida ativa em registros de bens e direitos em fase anterior ao ajuizamento da execução fiscal. A mera averbação da CDA não viola o devido processo legal, o contraditório e a ampla defesa, a reserva de jurisdição e o direito de propriedade. É medida proporcional que visa à proteção da boa-fé de terceiros adquirentes de bens do devedor, ao dar publicidade à existência da dívida. Além disso, concretiza o comando contido no art. 185, *caput*, do Código Tributário Nacional, que presume fraudulenta a alienação ou oneração de bens ou rendas, ou seu começo, por sujeito passivo em débito para com a Fazenda Pública, por crédito tributário regularmente inscrito como dívida ativa. Tal presunção legal é absoluta, podendo ser afastada apenas na hipótese de terem sido reservados, pelo devedor, bens ou rendas suficientes ao total pagamento da dívida inscrita. 4. Inconstitucionalidade material da indisponibilidade de bens do devedor na via administrativa. A indisponibilidade tem por objetivo impedir a dilapidação patrimonial pelo devedor. Todavia, tal como prevista, não passa no teste de proporcionalidade, pois há meios menos gravosos a direitos fundamentais do contribuinte que podem ser utilizados para atingir a mesma finalidade, como, por exemplo, o ajuizamento de cautelar fiscal. A indisponibilidade deve respeitar a reserva de jurisdição, o contraditório e a ampla defesa, por se tratar de forte intervenção no direito de propriedade. 5. Procedência parcial dos pedidos, para considerar inconstitucional a parte final do inciso II do §3º do art. 20-B, onde se lê tornando-os indisponíveis, e constitucional o art. 20-E da Lei nº 10.522/2002, ambos na redação dada pela Lei nº 13.606/2018".

reduziu a disposições jurídicas aqueles princípios tributários. Nenhuma outra contém tantas limitações expressas em matéria financeira". Por tais razões – pontuava – "o sistema tributário movimenta-se sob complexa aparelhagem de freios e amortecedores, que limitam os excessos acaso detrimentosos à economia e à preservação do regime e dos direitos individuais".[18]

Referências

BALEEIRO, Aliomar. *Limitações constitucionais ao poder de tributar*. 5. ed. Rio de Janeiro: Forense, 1977.

BRASIL. Conselho Nacional de Justiça. *Justiça em Números 2024*. Brasília: CNJ, 2024.

CALIENDO, Paulo. *Direito tributário e análise econômica do direito*: uma visão crítica. Rio de Janeiro: Elsevier, 2009.

DJANKOV, Simeon. The Doing Business project: how it started. *Journal of Economic Perspective*, v. 30, n. 1, Winter 2016.

FUX, Luiz. *Curso de direito processual civil*. 6. ed. Rio de Janeiro: Forense, 2023.

LIEBMAN, Enrico Tullio. *Processo de execução*. 3. ed. São Paulo: Saraiva, 1968.

MARTINS, Ives Gandra da Silva. O princípio da eficiência em matéria tributária. *Scientia Ivridica*, t. LVI, n. 312, out./dez. 2007.

MOREIRA NETO, Diogo de Figueiredo. *Curso de direito administrativo*. 16. ed. Rio de Janeiro: Forense, 2014.

MOREIRA, José Carlos Barbosa. *O novo processo civil brasileiro*. 29. ed. Rio de Janeiro: Forense, 2012.

OCDE/IDB. *Government at a Glance*: Latin America and the Caribbean 2014: Towards Innovative Public Financial Management. Paris: OECD Publishing, 2014.

PEPE, Rafael Gaia. Breves considerações sobre a análise econômica do processo tributário. *In*: FUX, Luiz; FUX, Rodrigo; PEPE, Rafael Gaia (Coord.). *Temas de análise econômica direito processual*. Rio de Janeiro: GZ Editora, 2021.

UBAGO MARTÍNEZ, Yolanda; PASCUAL ARZOZ, Pedro; ZABALETA ARREGUI, Idoia. Tax collection efficiency in OECD countries improves via decentralization, simplification, digitalization and education. *Journal of Policy Modeling*, v. 44, 2022.

Informação bibliográfica deste texto, conforme a NBR 6023:2018 da Associação Brasileira de Normas Técnicas (ABNT):

FUX, Luiz. Eficiência na cobrança do crédito tributário: uma análise da ADI nº 5.881/DF. *In*: PAULA, Fernanda de; PENCAK, Nina (coord.). *Tributação, liberdade e igualdade*: as contribuições do Ministro Luís Roberto Barroso. Belo Horizonte: Fórum, 2025. p. 47-57. ISBN 978-65-5518-952-0.

[18] BALEEIRO, Aliomar. *Limitações constitucionais ao poder de tributar*. 5. ed. Rio de Janeiro: Forense, 1977. p. 2.

PRECEDENTES VINCULANTES, GESTÃO JUDICIÁRIA DAS EXECUÇÕES FISCAIS E SISTEMA DE JUSTIÇA MULTIPORTAS

LUIZ EDSON FACHIN

LUCAS BEVILACQUA

1 Introdução

Ao tribunal que tem a função precípua de ser o guardião da Constituição como decorrência de um expresso comando constitucional, também se dirigem as exigências da eficiência, simplicidade e transparência. À luz do parâmetro maior do controle de constitucionalidade – a própria Constituição –, desempenha o encargo de comunicar, no diálogo entre o conhecimento e a experiência, diretrizes de gestão judiciária. Ao bem cumprir essa missão, legitima-se como produtor da confiança.

Nos dias presentes, a guarda da Constituição é um desafio no Brasil e em diversos países das Américas e da Europa continental. Não menos interpelante é a necessidade de apresentar indicadores satisfatórios na jurisdição e na gestão. Por isso, *embedded in reality*, eis a *accountability*, que a oportunidade destas singelas reflexões oferece.

Homenagear o Ministro Presidente Luís Roberto Barroso é oportunidade singular de reconhecer seu notório saber e elevada capacidade de gestão revelados, respectivamente, pela vasta contribuição doutrinária e importantes aportes à política pública judiciária.

Em menos de um ano à frente do STF, o ministro-presidente já entregou importantes resultados que, ainda que parciais, revelam seu denodo em alcançar um sistema de justiça mais racional e célere, a citar o mapeamento das causas da alta litigiosidade em demandas do Poder Público.

O exercício da presidência do Supremo Tribunal Federal (STF), como "corte de precedentes", é cumulado com a presidência do Conselho Nacional de Justiça (CNJ); órgão de gestão judiciária incumbido, desde a Reforma do Judiciário (EC nº 45/2004), pela formulação e execução de políticas judiciárias com finalidade precípua de aprimorar a entrega jurisdicional ao cidadão.

De acordo com levantamento do Conselho Nacional de Justiça (CNJ), disponível em seu Painel de Estatística,[1] o contencioso judicial tributário constitui uma das matérias de mais alta litigiosidade e congestionamento do Poder Judiciário; o que não passa despercebido de providências jurisdicionais e de política judiciária do Supremo Tribunal Federal e do CNJ, respectivamente.

O atual cenário de macrolitigância fiscal encontra raízes não só na complexidade das relações jurídico-tributárias, mas, também, no direito processual tributário erigido a partir do dogma do monopólio da jurisdição pelo Poder Judiciário e de uma postura predominantemente contenciosa do Poder Público e contribuintes, que ora se encontra em transformação.

No final de 2023, o Supremo Tribunal Federal, por iniciativa do Ministro Roberto Barroso, afetou à sistemática de repercussão geral, o Tema nº 1.184, que versa sobre a cobrança da dívida ativa tributária mediante o clássico instrumento da execução fiscal; encontrando resposta pelo STF na fixação de tese que remete ao emprego de métodos adequados de resolução de controvérsias para aqueles créditos tributários de pequeno valor: "o ajuizamento da execução fiscal dependerá da prévia adoção das seguintes providências: a) tentativa de conciliação ou adoção de solução administrativa; e b) protesto do título".

Questões imediatas que surgem são: qual o respaldo constitucional de uma política judiciária que estabeleça o emprego de métodos alternativos de resolução de conflitos fiscais antes do acesso à Justiça, diante da garantia constitucional da inafastabilidade do Poder Judiciário (art. 5º, XXXV)? Pode um sistema processual como o brasileiro ser administrado a partir do princípio da *panprocessualidade*, com a imposição obrigatória de procedimentos prévios à Fazenda Pública?

O presente ensaio, de natureza exclusivamente acadêmica, tem por propósito não apenas discorrer sobre a formação e (con)formação constitucional do precedente fixado no Tema nº 1.184, mas, também, conjecturar prognósticos de sua aplicação diante do desafio próprio de uma incipiente cultura de precedentes, embora as importantes contribuições da doutrina processualista pátria aqui adotadas como referenciais.[2]

2 Execuções fiscais num cenário de macrolitigância

De acordo com o relatório do *Justiça em Números 2024*, disponibilizado pelo CNJ, o número de execuções fiscais em tramitação chegou a 26.400.000 (vinte e seis milhões e quatrocentos mil), representando 31% do acervo do total de casos pendentes do Poder Judiciário, e teve como taxa de congestionamento o percentual de 87,8%, o que corresponde ao dado de que, a cada cem processos de execução fiscal que tramitaram no ano de 2023, apenas 12 foram baixados.[3]

---

1 BRASIL. Conselho Nacional de Justiça. *Resolução CNJ n. 333, de 21 de setembro de 2020*. Disponível em: https://www.cnj.jus.br/programas-e-acoes/estatistica/. Acesso em: 15 jul. 2024.

2 Cf. ARENHART, Sérgio Cruz; MITIDIERO, Daniel (Coord.); DOTT, Rogéria (Org.). *O processo civil entre a técnica processual e a tutela dos direitos* – Estudos em homenagem a Luiz Guilherme Marinoni. São Paulo: RT, 2017.

3 BRASIL. Conselho Nacional de Justiça. *Justiça em Números*. Brasília: CNJ, 2024. p. 204-209. Disponível em: https://www.cnj.jus.br/pesquisas-judiciarias/. Acesso em: 8 jun. 2024.

A penhora de bens, ainda no princípio da ação de execução, é pouco eficaz.[4] O tempo médio entre a distribuição da ação e quando alcançada a constrição de bens mediante a penhora é de 582 dias;[5] o que permite prazo suficiente para ocultação de patrimônio pelos devedores, implicando, assim, a baixa efetividade de recuperação de créditos: apenas em aproximadamente 2% das execuções há a satisfação integral do crédito tributário.

No exercício de suas atribuições do CNJ, apurou que as execuções fiscais correspondem a 31% dos casos pendentes de decisão no Poder Judiciário, correspondendo a uma taxa de congestionamento de 87,8%; "com um tempo médio de tramitação de 7 anos e 9 meses, o triplo da média global de processo baixado".[6]

O cenário diagnosticado reclama a adoção de uma política judiciária nacional com vistas à otimização do processo de recuperação de créditos pelas fazendas públicas; o que passa, necessariamente, pelo levantamento do custo para cobrança mediante execução fiscal, antes mesmo da aferição do interesse processual e sua subsistência ao longo do iter processual.

Com esse propósito, a partir de levantamento anterior realizado pelo Instituto de Pesquisas Econômicas Aplicadas (Ipea), apurou-se um custo médio de cobrança de R$10.000,00, a indicar a inviabilidade material de cobrança, mediante execução fiscal, de créditos de pequeno valor.[7]

Tal dado, ainda que não apurado numericamente, já recebera, inclusive, tratamento na ordem das finanças públicas quando da edição da Lei de Responsabilidade Fiscal (LRF), que prevê expressamente que não se aplica o disposto à renúncia de receita "ao cancelamento de débito cujo montante seja inferior ao dos respectivos custos de cobrança".[8]

Ainda que o disposto na LRF a título de "cancelamento do débito" tenha acepção substantiva atinente à própria extinção da obrigação, ao afastar o regramento da renúncia de receita, o critério dos "custos de cobrança" deve, também, ser aplicável ao direito adjetivo diante da ausência de autonomia do direito processual que, também, é dirigido pelos princípios da eficiência e proporcionalidade.

3 Panprocessualidade e gestão judiciária

Diante do cenário de elevada litigância e considerada morosidade do Poder Judiciário em promover respostas céleres às demandas judicializadas, cada vez mais complexas, há alguns anos o processo civil encontra-se em reforma na Europa

---

[4] FONSECA, Rafael Campos Soares da. Sistema multiportas no Novo Código de Processo Civil e a crise da execução fiscal. *In*: BUISSA, Leonardo; BEVILACQUA, Lucas (Coord.). *Processo tributário*. 2. ed. Belo Horizonte: Fórum, 2020. p. 117-128.

[5] Prazo calculado a partir de uma base de 117.193 processos identificados com essas características dentre toda amostra do *Diagnóstico do contencioso judicial tributário* (Disponível em: https://www.cnj.jus.br/wp-content/uploads/2022/02/relatorio-contencioso-tributario-final-v10-2.pdf. Acesso: 15 jul. 2024).

[6] BRASIL. Conselho Nacional de Justiça. *Diagnóstico do contencioso judicial tributário brasileiro*: relatório final de pesquisa. Brasília: CNJ; Ipea, 2022. p. 272-273. Disponível em: https://www.cnj.jus.br/wp-content/uploads/2022/02/relatorio-contencioso-tributario-final-v10-2.pdf. Acesso em: 15 fev. 2022.

[7] RESENDE, Guilherme Mendes. *Nota Técnica n. 6, de 2023*. p. 15. Disponível em: https://portal.stf.jus.br/textos/verTexto.asp?servico=cmc&pagina=nupec_apresentacao#litigio_em_analise. Acesso em: 16 fev. 2024.

[8] Lei complementar nº 101, de 10.5.2000, art. 14, §3º.

continental.[9] Novos conceitos e práticas antigas desafiam o diálogo entre tradição e movimento.

Fenômeno esse que se repete em nosso país, que, em alguma medida, reproduz traços culturais, sobretudo, da Itália: bacharelismo crescente aliado à "[...] hiperlitigiosidade brasileira que leva em conta o comportamento humano e o sistema de incentivos dos atores processuais".[10]

Na tentativa de conter a crescente litigiosidade na justiça civil, a Itália implementou a mediação obrigatória e negociação assistida (ADRs) como requisitos para a judicialização; o que recebeu algumas críticas considerando eventual mitigação à inafastabilidade do Poder Judiciário mediante a instituição de novos requisitos de prejudicialidade ao acesso à Justiça.[11]

Remo Caponi, professor titular da Faculdade de Direito de Florença, sustenta com segurança que a introdução de tais requisitos não represente de per se uma mitigação ao acesso ao Poder Judiciário, na medida em que tais instrumentos representam uma otimização da prestação jurisdicional *lato sensu*.

Diante da inviabilidade material da garantia do amplo acesso ao Poder Judiciário, condiciona-se, por medida de eficiência, a prestação jurisdicional aos requisitos prévios de métodos alternativos de resolução de conflitos (ADRs); o que encontra fundamento na proporcionalidade que, por sua vez, tem como consectário a panprocessualidade.[12]

A aplicação no Brasil de métodos alternativos de resolução de conflitos (ADRs), como requisitos de acesso ao Poder Judiciário, é um tanto mais desafiadora em matéria de conflitos fiscais.

A experiência comparada não passou despercebida dos profícuos debates quando do julgamento no plenário do STF do Tema nº 1.184 (RG): em dado momento, foi citada a panprocessualidade como razão de decidir para aferição da presença e/ou subsistência do interesse processual no ajuizamento e/ou prosseguimento de execução fiscal de pequeno valor considerando os custos da cobrança.[13]

4 Precedentes vinculantes a partir de um sistema multiportas para as execuções fiscais

Entre os estudos mundialmente reconhecidos, o Projeto Florença permitiu a consolidação das ondas renovatórias italianas que enaltece a universalização da tutela jurisdicional e o acesso à justiça.[14]

---

[9] CAPONI, Remo. Modelli e riforme del processo di cognizione in Europe. *Revista da Faculdade de Direito da UFMG*, Belo Horizonte, n. 77, p. 367-386, jul./dez. 2022.

[10] Cf. VILAR, Natália Ribeiro Machado. *Comportamento litigioso* – Como a neurociência, a psicologia e a economia explicam o excesso de processos no Brasil. São Paulo: Foco, 2021.

[11] MAIA, Renata Vieira. Mediação obrigatória e negociação assistida na Itália – Uma alternativa para mediação no Brasil? *Revista da Faculdade de Direito da UFMG*, Belo Horizonte, n. 82, p. 261-290, jan./jun. 2023.

[12] CAPONI, Remo. *Il principio di proporcionalita nella giustiza civille* – prime note sistematiche. Disponível em: https://uni-koln.academia.edu/RemoCaponi. Acesso em: 13 jul. 2024.

[13] SUPREMO TRIBUNAL FEDERAL. *Recurso Extraordinário n. 1.355.208*. Rel. Min. Cármen Lúcia, julgado em 19 de dezembro de 2023, publicado em 02 de abril de 2024. Inteiro teor. Disponível em: https://portal.stf.jus.br/processos/downloadPeca.asp?id=15365774434&ext=.pdf. Acesso em: 14 jul. 2024.

[14] CAPPELLETTI, Mauro; GARTH, Bryant G. Access to Justice: The Newest Wave in the Worldwide Movement to Make Rights Effective. *Articles by Maurer Faculty*, Paper 1142, 1978.

Alinhada à segunda onda renovatória, a coletivização da tutela jurisdicional brasileira busca (além dos direitos transindividuais consolidados pela legislação extravagante) a ampliação dos efeitos das decisões judiciais, o que foi instituído, no atual Código processual (CPC 2015), por meio da cultura dos precedentes. Sua sistematização pelo CPC 2015 resulta na valoração vinculativa das razões de decidir e dos fatos juridicamente relevantes para o julgamento dos recursos especiais ou extraordinários repetitivos (CPC, art. 1.036 e seguintes), dos incidentes de resolução de demandas repetitivas (CPC, art. 978 e seguintes) e dos incidentes de assunção de competência (CPC, art. 947), sem embargo aos instrumentos constitucionais de controle concentrado de constitucionalidade e a súmula vinculante (CF, art. 103-A), como verdadeiras fontes do direito.[15]

Antes mesmo da sistematização dos precedentes pelo CPC 2015, o STF afetou na sistemática de repercussão geral, no ano de 2008, o Tema nº 109 para decidir acerca da constitucionalidade da "adoção pelo Poder Judiciário de critérios normativos estaduais como fundamento para extinguir ações de execução fiscal ajuizadas pelo Município".[16]

Quando do julgamento de mérito do Tema nº 109, ano de 2010, entendeu-se pela (in)constitucionalidade da extinção de execuções fiscais de pequeno valor ajuizadas por município paulista com fundamento na falta de interesse de agir aferido a partir de lei do Estado de São Paulo, que fixava valor mínimo para cobrança via execução fiscal.[17]

Dentre as razões de decidir, além da questão da autonomia federativa entre os entes, constava a inconstitucionalidade da adoção de outros mecanismos de cobrança pelas municipalidades como via alternativa à execução fiscal; o que representaria "[...] sanção política contra os contribuintes inadimplentes".[18]

No ano de 2012, no âmbito normativo do microssistema de cobrança da dívida ativa tributária, foi instituído o protesto da certidão de dívida ativa (CDA) como mecanismo alternativo de cobrança; o que submetido, inclusive, a controle de constitucionalidade perante o Supremo Tribunal Federal.

---

[15] DINAMARCO, Cândido R. *Instituições de direito processual civil*. 8. ed. rev. e atual. segundo o Novo Código de Processo Civil. São Paulo: Malheiros, 2016. v. I. p. 93-94.

[16] SUPREMO TRIBUNAL FEDERAL. *Recurso Extraordinário n. 591.033*. Rel. Min. Ellen Gracie. Julgado em 17/11/2010, publicado em 25/02/2011. Disponível em: https://redir.stf.jus.br/paginadorpub/paginador.jsp?docTP=AC&docID=619654 Acesso em: 14 jul. 2024.

[17] "TRIBUTÁRIO. PROCESSO CIVIL. EXECUÇÃO FISCAL. MUNICÍPIO. VALOR DIMINUTO. INTERESSE DE AGIR. SENTENÇA DE EXTINÇÃO ANULADA. APLICAÇÃO DA ORIENTAÇÃO AOS DEMAIS RECURSOS FUNDADOS EM IDÊNTICA CONTROVÉRSIA. 1. O Município é ente federado detentor de autonomia tributária, com competência legislativa plena tanto para a instituição do tributo, observado o art. 150, I, da Constituição, como para eventuais desonerações, nos termos do art. 150, §6º, da Constituição. 2. As normas comuns a todas as esferas restringem-se aos princípios constitucionais tributários, às limitações ao poder de tributar e às normas gerais de direito tributário estabelecidas por lei complementar. 3. A Lei nº 4.468/84 do Estado de São Paulo - que autoriza a não-inscrição em dívida ativa e o não-ajuizamento de débitos de pequeno valor - não pode ser aplicada a Município, não servindo de fundamento para a extinção das execuções fiscais que promova, sob pena de violação à sua competência tributária. 4. Não é dado aos entes políticos valerem-se de sanções políticas contra os contribuintes inadimplentes, cabendo-lhes, isto sim, proceder ao lançamento, inscrição e cobrança judicial de seus créditos, de modo que o interesse processual para o ajuizamento de execução está presente. 5. Negar ao Município a possibilidade de executar seus créditos de pequeno valor sob o fundamento da falta de interesse econômico viola o direito de acesso à justiça. 6. Sentença de extinção anulada. 7. Orientação a ser aplicada aos recursos idênticos, conforme o disposto no art. 543-B, §3º, do CPC".

[18] Súmulas nºs 70, 323 e 547 do Supremo Tribunal Federal.

Em julgamento paradigmático, o STF fixou entendimento, a partir de voto magistral do Ministro Roberto Barroso, que não consubstancia sanção política aos contribuintes o protesto da CDA pela Fazenda Pública:[19]

> Direito tributário. Ação direta de inconstitucionalidade. Lei nº 9.492/1997, art. 1º, parágrafo único. Inclusão das certidões de dívida ativa no rol de títulos sujeitos a protesto. Constitucionalidade. 1. O parágrafo único do art. 1º da Lei nº 9.492/1997, inserido pela Lei nº 12.767/2012, que inclui as Certidões de Dívida Ativa - CDA no rol dos títulos sujeitos a protesto, é compatível com a Constituição Federal, tanto do ponto de vista formal quanto material. 2. [...] 3. Tampouco há inconstitucionalidade material na inclusão das CDAs no rol dos títulos sujeitos a protesto. Somente pode ser considerada "sanção política" vedada pelo STF (cf. Súmulas nº 70, 323 e 547) a medida coercitiva do recolhimento do crédito tributário que restrinja direitos fundamentais dos contribuintes devedores de forma desproporcional e irrazoável, o que não ocorre no caso do protesto de CDAs. 3.1. Em primeiro lugar, não há efetiva restrição a direitos fundamentais dos contribuintes. De um lado, inexiste afronta ao devido processo legal, uma vez que (i) o fato de a execução fiscal ser o instrumento típico para a cobrança judicial da Dívida Ativa não exclui mecanismos extrajudiciais, como o protesto de CDA, e (ii) o protesto não impede o devedor de acessar o Poder Judiciário para discutir a validade do crédito. De outro lado, a publicidade que é conferida ao débito tributário pelo protesto não representa embaraço à livre iniciativa e à liberdade profissional, pois não compromete diretamente a organização e a condução das atividades societárias (diferentemente das hipóteses de interdição de estabelecimento, apreensão de mercadorias, etc). Eventual restrição à linha de crédito comercial da empresa seria, quando muito, uma decorrência indireta do instrumento, que, porém, não pode ser imputada ao Fisco, mas aos próprios atores do mercado creditício. 3.2. Em segundo lugar, o dispositivo legal impugnado não viola o princípio da proporcionalidade. A medida é adequada, pois confere maior publicidade ao descumprimento das obrigações tributárias e serve como importante mecanismo extrajudicial de cobrança, que estimula a adimplência, incrementa a arrecadação e promove a justiça fiscal. A medida é necessária, pois permite alcançar os fins pretendidos de modo menos gravoso para o contribuinte (já que não envolve penhora, custas, honorários, etc.) e mais eficiente para a arrecadação tributária em relação ao executivo fiscal (que apresenta alto custo, reduzido índice de recuperação dos créditos públicos e contribui para o congestionamento do Poder Judiciário). A medida é proporcional em sentido estrito, uma vez que os eventuais custos do protesto de CDA (limitações creditícias) são compensados largamente pelos seus benefícios, a saber: (i) a maior eficiência e economicidade na recuperação dos créditos tributários, (ii) a garantia da livre concorrência, evitando-se que agentes possam extrair vantagens competitivas indevidas da sonegação de tributos, e (iii) o alívio da sobrecarga de processos do Judiciário, em prol da razoável duração do processo. 4. Nada obstante considere o protesto das certidões de dívida constitucional em abstrato, a Administração Tributária deverá se cercar de algumas cautelas para evitar desvios e abusos no manejo do instrumento. Primeiro, para garantir o respeito aos princípios da impessoalidade e da isonomia, é recomendável a edição de ato infralegal que estabeleça parâmetros claros, objetivos e compatíveis com a Constituição para identificar os créditos que serão protestados. Segundo, deverá promover a revisão de eventuais atos de protesto que, à luz do caso concreto, gerem situações de inconstitucionalidade (e.g., protesto de créditos cuja invalidade tenha sido assentada em julgados de Cortes Superiores por meio das sistemáticas da repercussão geral e de recursos repetitivos) ou de ilegalidade (e.g., créditos prescritos, decaídos, em excesso,

[19] SUPREMO TRIBUNAL FEDERAL. ADI 5135. Rel. Roberto Barroso, Tribunal Pleno, julgado em 09-11-2016, Processo Eletrônico *DJe*-022 Divulg 06-02-2018 Public 07-02-2018.

> cobrados em duplicidade). 5. Ação direta de inconstitucionalidade julgada improcedente. Fixação da seguinte tese: "O protesto das Certidões de Dívida Ativa constitui mecanismo constitucional e legítimo, por não restringir de forma desproporcional quaisquer direitos fundamentais garantidos aos contribuintes e, assim, não constituir sanção política".

O julgamento realizado há praticamente uma década, no ano de 2015 já considerava, em alguma perspectiva, um sistema de justiça multiportas (*multidoor model*) para cobrança da dívida ativa tributária, na medida em que considerava a alternativa do protesto da CDA como mecanismo adequado de cobrança de créditos de pequeno valor preferível ao ajuizamento da execução fiscal.

As razões de decidir lançadas quando do julgamento do Tema nº 109 restam superadas, a partir do novo microssistema de cobrança de dívida ativa que prevê o protesto como alternativa à execução fiscal; o que culmina na ausência de interesse processual para o ajuizamento de execuções de pequeno valor.

Já em um novo cenário normativo,[20] foi proferido o julgamento do Tema nº 1.184 em repercussão geral, após longos debates que se estenderam por mais de uma sessão de julgamento, para ao final restar assim enunciada a tese:

> 1. É legítima a extinção de execução fiscal de baixo valor pela ausência de interesse de agir tendo em vista o princípio constitucional da eficiência administrativa, respeitada a competência constitucional de cada ente federado. 2. O ajuizamento da execução fiscal dependerá da prévia adoção das seguintes providências: a) tentativa de conciliação ou adoção de solução administrativa; e b) protesto do título, salvo por motivo de eficiência administrativa, comprovando-se a inadequação da medida. 3. O trâmite de ações de execução fiscal não impede os entes federados de pedirem a suspensão do processo para a adoção das medidas previstas no item 2, devendo, nesse caso, o juiz ser comunicado do prazo para as providências cabíveis.

Posteriormente, considerando a natureza de *norma* do precedente,[21] foi editada a Resolução nº 547/2024 pelo Conselho Nacional de Justiça (CNJ), sob a presidência do Ministro Roberto Barroso, com vistas à otimização da aplicação do precedente recém-formado; o que está a nos remeter à melhor compreensão da política nacional de gestão judiciária das execuções fiscais pelo CNJ.

5 Políticas judiciárias do Conselho Nacional de Justiça (CNJ) para as execuções fiscais

Já há algum tempo o CNJ encontra-se focado na gestão judiciária do vasto contencioso judicial tributário, sendo as execuções fiscais aquelas que representam os piores indicadores, conforme levantado no *Diagnóstico do contencioso judicial tributário brasileiro*.[22]

---

[20] BRASIL. Congresso Nacional. *Projeto de Lei (PL) n. 2488/2022 que prevê um nova Lei de Execução Fiscal.*

[21] Cf. MARINONI, Luiz Guilherme. *A ética dos precedentes* – Justificativa do novo CPC. São Paulo: RT, 2014.

[22] BRASIL. Conselho Nacional de Justiça. *Diagnóstico do contencioso judicial tributário brasileiro*: relatório final de pesquisa. Brasília: CNJ; Ipea, 2022. p. 29. Disponível em: https://www.cnj.jus.br/wp-content/uploads/2022/02/relatorio-contencioso-tributario-final-v10-2.pdf. Acesso em: 15 fev. 2022.

A partir desse diagnóstico, formulou-se a Política Judiciária Nacional de Tratamento Adequado à Alta Litigiosidade do Contencioso Tributário,[23] com o estímulo da adoção de métodos alternativos de resolução de conflitos fiscais, com destaque para mediação e conciliação.

Nesse contexto, algumas "boas práticas" foram apresentadas para melhor gestão judiciária das execuções fiscais, a exemplo da utilização do Centro Judiciário de Solução de Conflitos e Cidadania (Cejusc) para realização de audiências de conciliação entre contribuintes e Fazendas Públicas, com propostas de isenção de custas judiciais e parcelamento dos créditos inscritos em dívida ativa.[24]

Diante do elevado e crescente número de execuções fiscais de pequeno valor, foi instituída a "Política de tratamento racional e eficiente na tramitação das Execuções Fiscais em trâmite no Poder Judiciário" (Resolução nº 547, de 22.2.2024) que, entre os "considerandos", indica o julgamento do Tema nº 1.184 de repercussão geral a vincular não apenas os juízes e tribunais, mas a própria Fazenda Pública na gestão da dívida ativa.

Em seu dispositivo inaugural, a Resolução nº 547/2024 prevê que "é legítima a extinção de execução fiscal de baixo valor pela ausência de interesse de agir, tendo em vista o princípio constitucional da eficiência administrativa, respeitada a competência constitucional de cada ente federado".

Ao regulamentar o precedente do Tema nº 1.184, o CNJ prevê, em homenagem à consensualidade no sistema de justiça multiportas, que antes do ajuizamento da execução fiscal deve haver "prévia tentativa de conciliação ou adoção de solução administrativa".

Recentemente, foi introduzida alteração no Código Tributário Nacional (CTN) para prever expressamente o protesto da CDA como causa de interrupção da prescrição;[25] o que o torna mais eficaz e propicia segurança jurídica à Fazenda Pública e aos contribuintes.

Nesse cenário, em sobrevindo extinção de execução fiscal de pequeno valor, diante da ausência de citação ou bens penhoráveis, o protesto da CDA confere à Fazenda Pública prazo adequado para cobrança de seus créditos mediante a propositura de nova execução fiscal porventura encontrados bens do executado passíveis de penhora.

O tratamento nacional conferido pela Resolução nº 547/2024 (CNJ) promove racionalidade e eficiência às execuções fiscais de pequeno valor, permitindo, assim, prioridade e agilidade da prestação jurisdicional em um ambiente de justiça multiportas.

6 Considerações finais

A experiência comparada[26] demonstra que a cobrança da dívida ativa tributária por meio de métodos alternativos de resolução de conflitos (ADRs) confere eficiência à prestação jurisdicional, que não se realiza exclusivamente pelo Poder Judiciário.

---

[23] BRASIL. Conselho Nacional de Justiça. *Política Judiciária Nacional de Tratamento Adequado à Alta Litigiosidade do Contencioso Tributário*. Resolução CNJ n. 471/2022.

[24] BRASIL. Conselho Nacional de Justiça. *Resolução CNJ 261 de 11/09/2018*. Disponível em: https://boaspraticas.cnj.jus.br/pratica/863. Acesso em: 13 jul. 1024.

[25] Lei Complementar nº 208, de 2.7.2024.

[26] Cf. ALONSO GONZÁLEZ, Luis Manuel; ANDRÉS AUCEJO, Eva (Dir.). *Resolucion alternativa de conflitos (ADR) en Derecho tributário comparado*. Madrid: Marcial Pons, 2017.

Para tanto, impende superar o dogma do monopólio da jurisdição; o que não corresponde à mitigação da inafastabilidade do acesso à Justiça.

A partir do momento que assimilado e implementado um Sistema de Justiça Multiportas, sobretudo, mediante práticas de consensualidade, há efetiva prestação jurisdicional à Fazenda Pública e contribuintes que não estão obstados de recorrer ao Poder Judiciário em *ultima ratio*.

A panprocessualidade não eleva os interesses do Estado-Gestor (Judiciário), ao adotar uma política judiciária adequada, sobre os direitos da Fazenda Pública de cobrança dos créditos tributários de pequeno valor, nem mesmo vulnera a garantia do direito de defesa do contribuinte perante Poder Judiciário, considerando que apenas prevê requisito prévio para atuação judicial mediante a consensualidade e o protesto, práticas com total respaldo nos princípios constitucionais da eficiência (art. 37, *caput*) e da proporcionalidade.

Essas eram as reflexões que estão embebidas do sentido de aporte acadêmico exclusivamente, a fim de prestar homenagem ao Ministro Luís Roberto Barroso.

Referências

ALONSO GONZÁLEZ, Luis Manuel; ANDRÉS AUCEJO, Eva (Dir.). *Resolucion alternativa de conflitos (ADR) en Derecho tributário comparado*. Madrid: Marcial Pons, 2017.

ARENHART, Sérgio Cruz; MITIDIERO, Daniel (Coord.); DOTT, Rogéria (Org.). *O processo civil entre a técnica processual e a tutela dos direitos* – Estudos em homenagem a Luiz Guilherme Marinoni. São Paulo: RT, 2017.

BUISSA, Leonardo; BEVILACQUA, Lucas (Coord.). *Processo tributário*. 2. ed. Belo Horizonte: Fórum, 2020.

CAPONI, Remo. *Il principio di proporcionalita nella giustiza civille* – prime note sistematiche. Disponível em: https://uni-koln.academia.edu/RemoCaponi. Acesso em: 13 jul. 2024.

CAPONI, Remo. Modelli e riforme del processo di cognizione in Europe. *Revista da Faculdade de Direito da UFMG*, Belo Horizonte, n. 77, p. 367-386, jul./dez. 2022.

CAPPELLETTI, Mauro; GARTH, Bryant G. Access to Justice: The Newest Wave in the Worldwide Movement to Make Rights Effective. *Articles by Maurer Faculty*, Paper 1142, 1978.

DINAMARCO, Cândido R. *Instituições de direito processual civil*. 8. ed. rev. e atual. segundo o Novo Código de Processo Civil. São Paulo: Malheiros, 2016.

MAIA, Renata Vieira. Mediação obrigatória e negociação assistida na Itália – Uma alternativa para mediação no Brasil? *Revista da Faculdade de Direito da UFMG*, Belo Horizonte, n. 82, p. 261-290, jan./jun. 2023.

MARINONI, Luiz Guilherme. *A ética dos precedentes* – Justificativa do novo CPC. São Paulo: RT, 2014.

VILAR, Natália Ribeiro Machado. *Comportamento litigioso* – Como a neurociência, a psicologia e a economia explicam o excesso de processos no Brasil. São Paulo: Foco, 2021.

Informação bibliográfica deste texto, conforme a NBR 6023:2018 da Associação Brasileira de Normas Técnicas (ABNT):

FACHIN, Luiz Edson; BEVILACQUA, Lucas. Precedentes vinculantes, gestão judiciária das execuções fiscais e sistema de justiça multiportas. *In*: PAULA, Fernanda de; PENCAK, Nina (coord.). *Tributação, liberdade e igualdade*: as contribuições do Ministro Luís Roberto Barroso. Belo Horizonte: Fórum, 2025. p. 59-67. ISBN 978-65-5518-952-0.

DIREITOS FUNDAMENTAIS E SUSTENTABILIDADE DAS CONTAS PÚBLICAS: UMA APROXIMAÇÃO NECESSÁRIA

CRISTIANO ZANIN

1 A eficácia dos objetivos fundamentais da República e dos direitos fundamentais na Constituição de 1988

A Constituição brasileira de 1988 é celebrada internacionalmente por ser uma das cartas constitucionais mais generosas do mundo no que diz respeito à positivação de direitos e garantias fundamentais dos cidadãos.

O impulso progressista que orientou o legislador constituinte de 1988 reflete a forte carga simbólica do documento que marcaria o fim de um longo regime de exceção, com toda sorte de expectativas que o retorno à ordem democrática propiciava em termos de liberdades, igualdade, justiça social e incremento do bem-estar coletivo.

Logo em seu preâmbulo, a Carta de 1988 estabelece, como missão do Estado democrático, "assegurar o exercício dos direitos sociais e individuais, a liberdade, a segurança, o bem-estar, o desenvolvimento, a igualdade e a justiça como valores supremos de uma sociedade fraterna, pluralista e sem preconceitos".

Mais adiante, desdobra-se um amplo catálogo de direitos individuais e coletivos (art. 5º), o qual conta, atualmente, com setenta e nove incisos (a Emenda Constitucional nº 115/2022 adicionou ao rol o direito à proteção dos dados pessoais), ao qual se soma um leque igualmente respeitável de direitos sociais, previsto nos arts. 6º a 11.

Sobre o rol dos direitos fundamentais expressamente protegidos, Ingo Wolfgang Sarlet observa que:[1]

---

1 SARLET, Ingo Wolfgang. Notas introdutórias ao sistema constitucional de direito e deveres fundamentais. *In*: CANOTILHO, J. J. Gomes *et al*. *Comentários à Constituição do Brasil*. 3. ed. rev. e atual. São Paulo: Saraivajur, 2023. p. 132.

> A própria amplitude do catálogo dos direitos fundamentais, já que houve um aumento expressivo e sem precedentes do número de direitos protegidos, é outra característica preponderantemente positiva digna de referência, embora tal amplitude não tenha impedido fossem levadas a efeito, pelo processo de reforma constitucional, algumas inserções importantes no campo dos direitos fundamentais, como é o caso, na seara dos direitos sociais, do direito à moradia, do direito à alimentação e do direito ao transporte (todos incorporados ao art. 6º), do direito à razoável duração do processo judicial e administrativo (art. 5º, LXXVIII) do direito à proteção de dados pessoais (art. 5º, LXXVIX) e, por último, do direito à renda básica familiar para todo brasileiro em situação de vulnerabilidade social (art. 6º, §1º). Da mesma forma merecedora de referência é a inclusão, igualmente no art. 5º, de um parágrafo 3º, prevendo a possibilidade de aprovação, com status de emenda constitucional, de tratados em matéria de direitos humanos, bem a inserção, no mesmo dispositivo, de um parágrafo 4º, este dispondo sobre o reconhecimento da jurisdição do Tribunal Penal Internacional [...].

Além dos direitos fundamentais, a Constituição também tornou expressos, em seu art. 3º, objetivos fundamentais da República Federativa do Brasil, que contemplam metas nobres e complexas, como a garantia do desenvolvimento nacional, a erradicação da pobreza e da marginalização e a redução das desigualdades sociais e regionais. Como já tive oportunidade de afirmar, os objetivos da República compreendem a razão de ser do Estado brasileiro. Não são, portanto, "simples normas programáticas, destinadas apenas a pacificar o conflito social pela positivação, e cuja ineficácia deveria ser objeto de puro inconformismo. Esses objetivos fundamentais da República são obrigações a serem cumpridas".[2]

A realização dessa vasta e necessária gama de direitos e objetivos é atividade constante que implica responsabilidades tanto para os indivíduos quanto para o Estado. O efetivo cumprimento dessas responsabilidades é essencial para que o projeto de sociedade proposto pela Constituição se torne realidade.

Não se pode perder de vista que a mera abstenção estatal em respeito à autonomia dos cidadãos não é, hoje, considerada medida suficiente sequer para assegurar os assim chamados direitos fundamentais de primeira geração ou dimensão (liberdades negativas clássicas).

Stephen Holmes e Cass R. Sunstein, na obra *O custo dos direitos*, argumentam que a ideia de que as liberdades públicas implicam apenas deveres de abstenção por parte do Estado negligencia que há de ser desse mesmo Estado a responsabilidade de garantir condições para que os cidadãos possam exercê-las em concreto, concluindo os autores que "todos os direitos são positivos".[3] As liberdades públicas não são apenas exercidas *contra* o Estado, mas devem ser ativamente protegidas e garantidas *pelo* Estado. O mesmo dever estatal se aplica, de forma mais evidente e direta, quanto aos direitos sociais, econômicos e culturais, bem como em relação aos direitos difusos e coletivos.

Portanto, todo o espectro de direitos fundamentais reclama a adoção de políticas públicas eficazes e sustentáveis, que promovam não apenas sua contínua proteção, mas

---

[2] MARTINS, Cristiano Zanin. Erradicação da pobreza e combate à fome à luz da Constituição de 1988. *In*: FACHIN, Luiz Edson; BARROSO, Luís Roberto; CRUZ, Álvaro Ricardo de Souza (Coord.). *A Constituição da democracia em seus 35 anos*. Belo Horizonte: Fórum, 2023. p. 109.

[3] HOLMES, Stephen; SUNSTEIN, Cass R. *O custo dos direitos*: por que a liberdade depende dos impostos. São Paulo: WMF Martins Fontes, 2019. p. 23-35.

também a implementação das condições necessárias para o seu efetivo exercício e para sua universalização.

O Ministro Luís Roberto Barroso sempre esteve atento a essa necessidade. No julgamento do Recurso Extraordinário nº 1.140.005/RJ, Tema nº 1.002 da Repercussão Geral, Sua Excelência pontuou, com maestria:

> 15. A pobreza e a desigualdade extrema são marcas profundas da formação social do Brasil. Apesar de a Constituição de 1988 consagrar um rol extenso de direitos fundamentais e todas as dimensões do princípio da igualdade – igualdade formal, material e como reconhecimento –, o acesso a direitos no país permanece profundamente assimétrico. Mesmo formalmente assegurados, os direitos fundamentais mais básicos, como saúde, moradia, educação e previdência, são rotineiramente negados para grande parcela da população.
> 16. Apesar dos significativos avanços, sobretudo nas últimas décadas, ainda estamos longe dos padrões mínimos de igualdade exigíveis em uma sociedade que se pretenda democrática, justa para todos e fundada na dignidade da pessoa humana. [...].
> 17. Os direitos fundamentais, além da perspectiva subjetiva – que atribui ao seu titular a possibilidade de impor seus interesses juridicamente tutelados – possuem uma eficácia objetiva, da qual se extrai uma ordem permanente, dirigida ao Estado, de concretização e efetivação desses direitos. O reconhecimento dessa eficácia parte de uma constatação óbvia: a concretização de direitos e o combate à desigualdade exigem mais do que a proclamação de uma carta generosa de direitos fundamentais. Para que os direitos proclamados nas normas jurídicas sejam efetivados no mundo concreto a todas as parcelas da população é indispensável que o Estado crie condições favoráveis para o seu exercício, ou seja, que sejam criadas estruturas organizacionais e procedimentais adequadas para que eles possam gerar seus efeitos. (RE nº 1.140.005, Rel. Min. Luís Roberto Barroso, Tribunal Pleno, julgado em 26.06.2023)

A eficácia objetiva dos direitos fundamentais a que se refere Luís Roberto Barroso pressupõe uma ordem jurídica que cobre do Estado a adoção de medidas concretas para a realização desses direitos. O Estado não pode se limitar a reconhecê-los formalmente em normas constitucionais ou legais. Da mesma forma, a persecução dos fins do Estado estipulados no art. 3º da Constituição reclama o compromisso do Poder Público com a implementação de políticas públicas voltadas à realização do programa constitucional.

Nesse contexto, é oportuno lembrar a constatação de Norberto Bobbio, ao se referir à Declaração Universal dos Direitos do Homem:[4]

> Deve-se recordar que o mais forte argumento adotado pelos reacionários de todos os países contra os direitos do homem, particularmente contra os direitos sociais, não é a sua falta de fundamento, mas a sua inexequibilidade. Quando se trata de enunciá-los, o acordo é obtido com relativa facilidade, independentemente do maior ou menor poder de convicção de seu fundamento absoluto; quando se trata de passar à ação, ainda que o fundamento seja inquestionável, começam as reservas e as oposições.
> O problema fundamental em relação aos direitos do homem, hoje, não é tanto o de justificá-los, mas o de protegê-los. Trata-se de um problema não filosófico, mas político.

[4] BOBBIO, Norberto. *A era dos direitos*. 7. reimpr. Rio de Janeiro: Elsevier, 2004. p. 15.

De volta ao contexto dos direitos fundamentais enumerados na Constituição brasileira, Luís Fernando Sgarbossa salienta que o constituinte de 1988 não esteve alheio a esse problema político da sua efetividade:[5]

> Do conjunto das disposições constitucionais jusfundamentais depreende-se a adoção, pelo Poder Constituinte originário, de um modelo de Estado Social, nas palavras de Botempo "necessariamente intervencionista e planejador, com objetivos expressos de realizar a promoção da justiça social no País", de caráter nitidamente dirigente. Nesse sentido, constata Luciano Benetti Timm que
> Não há como negar que a Constituição obriga a implementação pelo Estado de direitos sociais de natureza fundamental como educação, saúde e mesmo um certo grau de assistencialismo social. Nem poderia ser diferente diante da preocupação do constituinte com a justiça social e da adoção de modelo social de Estado (Welfare State).
> De se repisar que o Constituinte de 1988, cioso da necessidade de propiciar meios de efetivação do modelo de Estado Social constitucionalmente delineado da histórica síndrome de ineficácia das disposições jusfundamentais sociais contidas em Cartas Constitucionais anteriores, como as de 1934 e 1946, em face da ausência de previsão de tais mecanismos, instituiu novos instrumentos, como o mandado de injunção, o mandado de segurança coletivo e a ação direta de inconstitucionalidade por omissão.

A inauguração desses novos meios de provocação da jurisdição constitucional, principalmente do mandado de injunção e da ação direta de inconstitucionalidade por omissão, revela um importante desdobramento da afirmação dos objetivos fundamentais da República e dos direitos fundamentais como verdadeiras obrigações do Estado brasileiro: trata-se do significativo e delicado papel reservado ao Poder Judiciário como último refúgio do cidadão e da coletividade na busca pelo cumprimento de tais obrigações fundamentais, caracterizadoras do Estado Social delineado pelo legislador constituinte.

Com a Constituição de 1988, o Brasil busca finalmente se afastar daquilo que Luís Roberto Barroso chamou de "insinceridade normativa", que durante décadas normalizou que o Estado simplesmente deixasse de cumprir promessas "abstratas" do texto constitucional. O eminente Ministro do Supremo Tribunal Federal assim discorreu sobre a chamada "doutrina brasileira da efetividade",[6] que se desenvolveu no país a partir da década de 1980:

> Uma das disfunções históricas mais graves do constitucionalismo brasileiro, desde a Carta de 1824, sempre foi a "insinceridade normativa", isto é, a previsão no texto constitucional de promessas que de antemão se sabia não seriam cumpridas. Na verdade, seguindo a tradição que vigorou na Europa até o segundo pós-guerra, a Constituição não era vista como uma norma invocável perante os tribunais. As proposições nela contidas funcionavam como mera convocação à atuação do Legislativo e do Executivo. Ao Judiciário não se reconhecia qualquer papel relevante na realização do conteúdo da Constituição. Somente quando tais conteúdos eram desenvolvidos por atos do parlamento ou administrativos é que se

---

5 SGARBOSSA, Luís Fernando. *Crítica à teoria dos custos dos direitos*: reserva do possível. Porto Alegre: Sergio Antonio Fabris, 2010. v. 1. p. 83.

6 BARROSO, Luís Roberto. Trinta e cinco anos da Constituição de 1988: as voltas que o mundo dá. *In*: FACHIN, Luiz Edson; BARROSO, Luís Roberto; CRUZ, Álvaro Ricardo de Souza (Coord.). *A Constituição da democracia em seus 35 anos*. Belo Horizonte: Fórum, 2023. p. 48-49.

tornavam exigíveis judicialmente. Ao longo da década de 80 do século passado, sob o rótulo de doutrina brasileira da efetividade, articulou-se um movimento cuja essência foi tornar as normas constitucionais aplicáveis direta imediatamente, na extensão máxima de sua densidade normativa. Como consequência, sempre que violado um mandamento constitucional, a ordem jurídica deve prover mecanismos adequados de tutela - por meio da ação e da jurisdição -, disciplinando os remédios jurídicos próprios e a atuação efetiva de juízes e tribunais. O Poder Judiciário, como consequência, passa a ter atuação decisiva na realização da Constituição. Essa tornou-se uma das marcas do constitucionalismo pós-88 no Brasil.

A Constituição Cidadã de 1988 representa, portanto, um marco no sentido do compromisso do Estado brasileiro com a efetivação dos direitos fundamentais. O texto constitucional não apenas estabeleceu uma gama extensa de direitos individuais e sociais, como também fortaleceu o papel do Poder Judiciário na garantia desses direitos, inaugurando uma era de maior responsabilidade estatal para assegurar que as promessas constitucionais se tornem realidades palpáveis para todos os brasileiros.

2 Custo dos direitos e equilíbrio fiscal

Não se pode perder de vista, porém, que toda prestação tem um custo. Nem todo custo é financeiro, mas a provisão das utilidades sociais e individuais no Estado de bem-estar social, ainda que de valor inestimável, normalmente exige o dispêndio de valores monetários por parte do ente governamental responsável por viabilizá-las. E os recursos disponíveis sempre são escassos, diante da amplitude das necessidades sociais.

Afirma-se que, ao menos desde o século VI d.C., quando do II Concílio de Tours (ano 576), já era conhecido o princípio *nec ultra vires* ou *secundum vires*, derivado da expressão latina *ut unaquaeque civitas pauperes et egenos incolas alimentis congruentibus pascat secundum vires*, segundo a qual "toda comunidade deve nutrir convenientemente seus habitantes pobres ou necessitados, na proporção de seus recursos". Subjacente ao brocardo de cunho filantrópico, residia a ideia de que toda e qualquer proteção ou assistência social condicionava-se à disponibilidade de recursos.[7]

Holmes e Sunstein,[8] por sua vez, afirmam que nenhum direito pode ser absoluto, pois todos eles, enquanto direitos positivos, demandam proteção, estímulo ou suprimento por meio da atividade estatal, a qual tem limitações inerentes, sendo uma das principais a limitação financeira:

> Diz-se habitualmente que os direitos são invioláveis, conclusivos e têm caráter preventivo, mas essas palavras são meros floreios retóricos. Nada que custa dinheiro pode ser absoluto. Nenhum direito cuja garantia pressuponha um gasto seletivo do dinheiro dos contribuintes poderá, no fim das contas, ser protegido unilateralmente pelo poder judiciário sem levar em consideração as consequências orçamentárias pelas quais os outros poderes do Estado são, em última análise, responsáveis. Uma vez que a proteção contra a violência cometida por particulares não é barata e necessariamente utilizará recursos escassos, o direito a uma

---

[7] SGARBOSSA, Luís Fernando. *Crítica à teoria dos custos dos direitos*: reserva do possível. Porto Alegre: Sergio Antonio Fabris, 2010. v. 1. p. 128.

[8] HOLMES, Stephen; SUNSTEIN, Cass R. *O custo dos direitos*: por que a liberdade depende dos impostos. São Paulo: WMF Martins Fontes, 2019. p. 77-78.

> tal proteção, supondo-se que de fato exista, não pode ser completo ou absoluto. O mesmo vale para os direitos individuais à proteção contra os abusos do Estado, direitos esses que são mais conhecidos. Meu direito a uma indenização caso o Estado desaproprie meu bem imóvel de nada valerá, por exemplo, se o Tesouro estiver vazio. Se todo direito tem um custo, a imposição dos direitos sempre será influência da pelo interesse do contribuinte em economizar seu dinheiro. Os direitos diminuirão quando os recursos diminuírem e poderão se expandir à medida que se expandam os recursos públicos. [...]
> As finanças públicas constituem uma ciência ética, pois nos obrigam a prestar contas em público daqueles sacrifícios que nós, enquanto comunidade, decidimos fazer; nos obrigam a explicar a que estamos dispostos a renunciar, a fim de buscar objetivos mais importantes. Para que a teoria dos direitos tenha a esperança de entender o modo pelo qual um determinado regime de direitos estrutura e governa o comportamento das pessoas na prática, ela tem de levar em conta essa realidade. Os órgãos judiciais que decidem acerca da imposição de direitos em situações específicas também serão capazes de raciocinar de modo mais inteligente e transparente caso reconheçam com franqueza o modo pelo qual o custo afeta a extensão, a intensidade e a regularidade dessa imposição. A teoria jurídica, por fim, será mais realista caso examine com toda a clareza a competição por recursos escassos que necessariamente ocorre entre os direitos básicos, e também entre estes e outros valores sociais.

De fato, nas finanças públicas, talvez mais do que em qualquer outra seara, reina o adágio segundo o qual cada escolha implica uma renúncia. Em um contexto de orçamento sempre restrito, cada política implementada ou recurso alocado com vistas à realização de uma das finalidades essenciais do Estado traz consigo uma decisão fundamental sobre priorizar certos objetivos em detrimento de outros. Escolher financiar um programa de atendimento à saúde, por exemplo, pode significar menos investimentos em infraestrutura e saneamento básico. Esse processo de escolha demanda uma análise criteriosa e transparente para garantir a legitimidade das decisões e a eficiência na gestão dos recursos públicos.

É certo que, consoante jurisprudência consolidada do Supremo Tribunal Federal, a Constituição não permite que se sacrifique por completo qualquer dos objetivos e direitos fundamentais, negando proteção ou efetividade ao seu núcleo essencial, por meio da invocação da cláusula conhecida como "reserva do possível" (ADPF nº 45 MC. Rel. Min Celso de Mello, publicada em 4.5.2004).[9] Noutro giro, não há dúvida,

---

[9] Assim ponderou o Ministro Celso de Mello na ocasião: "Cumpre advertir, desse modo, que a cláusula da 'reserva do possível' – ressalvada a ocorrência de justo motivo objetivamente aferível – não pode ser invocada, pelo Estado, com a finalidade de exonerar-se do cumprimento de suas obrigações constitucionais, notadamente quando, dessa conduta governamental negativa, puder resultar nulificação ou, até mesmo, aniquilação de direitos constitucionais impregnados de um sentido de essencial fundamentalidade. Daí a correta ponderação de ANA PAULA DE BARCELLOS ('A Eficácia Jurídica dos Princípios Constitucionais', p. 245-246, 2002, Renovar): 'Em resumo: a limitação de recursos existe e é uma contingência que não se pode ignorar. O intérprete deverá levá-la em conta ao afirmar que algum bem pode ser exigido judicialmente, assim como o magistrado, ao determinar seu fornecimento pelo Estado. Por outro lado, não se pode esquecer que a finalidade do Estado ao obter recursos, para, em seguida, gastá-los sob a forma de obras, prestação de serviços, ou qualquer outra política pública, é exatamente realizar os objetivos fundamentais da Constituição. A meta central das Constituições modernas, e da Carta de 1988 em particular, pode ser resumida, como já exposto, na promoção do bem-estar do homem, cujo ponto de partida está em assegurar as condições de sua própria dignidade, que inclui, além da proteção dos direitos individuais, condições materiais mínimas de existência. Ao apurar os elementos fundamentais dessa dignidade (o mínimo existencial), estar-se-ão estabelecendo exatamente os alvos prioritários dos gastos públicos. Apenas depois de atingi-los é que se poderá discutir, relativamente aos recursos remanescentes, em que outros projetos se deverá investir. O mínimo existencial, como se vê, associado ao estabelecimento de prioridades orçamentárias, é capaz de conviver produtivamente com a reserva do possível'".

tampouco, de que a formulação e a implementação de políticas públicas pressupõem um balanceamento constante entre valores, projetos e objetivos a serem atendidos com primazia em cada momento político, impondo ao legislador e ao administrador público *trade-offs* financeiros que exigem escolhas difíceis a fim de maximizar o bem-estar coletivo e atender às necessidades mais prementes da sociedade.

A definição adequada de prioridades orçamentárias e sua viabilização financeira são, por assim dizer, antecedentes necessários para alcançar os objetivos fundamentais da República e garantir a efetivação dos direitos fundamentais. Para isso, é essencial que exista uma gestão financeira e orçamentária responsável dos recursos públicos.

Nesse sentido, quando do deferimento da medida cautelar na Ação Direta de Inconstitucionalidade nº 7.633/DF, ponderei o seguinte:

> A necessidade de equilíbrio fiscal relaciona-se diretamente com a capacidade de implementar e manter importantes políticas públicas, inclusive aquelas relacionadas à redução das desigualdades sociais. Sendo assim, para que se possa assegurar a concretude dos direitos sociais previstos na Constituição, é fundamental que se preserve o equilíbrio das contas públicas.
>
> Essa ponderação traduz a noção de sustentabilidade, segundo a qual é relevante e desejável que o desenvolvimento social buscado possa se prolongar ao longo do tempo, o que somente ocorrerá diante de um quadro de contas públicas equilibradas. Assim, para que as políticas públicas possam ser contínuas, exige-se um mínimo de controle e planejamento, evitando-se o endividamento público exagerado que pode, em última análise, comprometer a atividade estatal e os serviços prestados à sociedade.
>
> Pode-se concluir, nessa linha, que assegurar direitos tem custo para o Estado e, sem equilíbrio financeiro (ou sem solvência), não há como realizar as necessárias entregas à população brasileira. (ADI nº 7.633 MC. Rel. Min. Cristiano Zanin, publicada em 26.04.2024)

Assim, conforme sustentam Holmes e Sunstein, os direitos "não são nem dons de Deus nem frutos da natureza; não se garantem por si mesmos e não podem ser protegidos de modo confiável por um Estado insolvente ou incapaz".[10] A gestão adequada e sustentável dos recursos estatais é indispensável para tornar plenos o exercício e o gozo dos direitos fundamentais.

3 A Lei de Responsabilidade Fiscal

Do exposto deflui que a consecução das finalidades do Estado, sejam as voltadas à garantia das liberdades individuais, sejam as voltadas à implementação dos direitos sociais e coletivos, não pode prescindir de um orçamento equilibrado.

A realização dos valores básicos da nossa democracia está condicionada à existência de um arcabouço normativo financeiro e orçamentário capaz de garantir a conformidade, a governança, o equilíbrio e a sustentabilidade das contas públicas, requisitos essenciais para que se viabilizem, ao mesmo tempo, a continuidade dos serviços prestados pelo Estado brasileiro e os investimentos públicos necessários ao desenvolvimento da nação (art. 3º, II, da Constituição).

---

[10] HOLMES, Stephen; SUNSTEIN, Cass R. *O custo dos direitos*: por que a liberdade depende dos impostos. São Paulo: WMF Martins Fontes, 2019. p. 187.

Essa percepção, reforçada pelas crises que desequilibraram brutalmente os tradicionalmente desorganizados orçamentos públicos na década de 1990, culminou com a promulgação da Lei Complementar nº 101, de 2000 (Lei de Responsabilidade Fiscal).

Fernando Facury Scaff e Raquel Lamboglia Guimarães[11] contextualizaram as razões e os objetivos do legislador:

> No Brasil, os anos 90 foram marcados (i) pelos reflexos das crises vividas no cenário internacional, (ii) por um imenso déficit público, que determinava o emprego de vultosas quantias no pagamento dos juros das dívidas externa e interna, e (iii) por uma sequência de atos de improbidade administrativa.
>
> Diante disso, a edição da lei objetivava estabelecer um regime de "gestão fiscal responsável", por meio da imposição de limites ao endividamento público e à expansão de despesas continuadas, além de mecanismos para o cumprimento das metas fiscais, de modo a garantir maior estabilidade de preços e um desenvolvimento sustentável, conforme detalhado em sua exposição de motivos. [...]
>
> O texto legal manteve o enfoque contábil, constatado já no §1º do art. 1º da LRF, que determina que "a responsabilidade na gestão fiscal pressupõe a ação planejada e transparente, em que se previnem riscos e corrigem desvios capazes de afetar o equilíbrio das contas públicas", o que deve ocorrer por meio do "cumprimento de metas de resultados entre receitas e despesas" e da "obediência a limites e condições" para renúncias de receita, geração de despesas e dívidas, operações de crédito, concessões de garantias e inscrição em restos a pagar.

Há que se fazer menção às respeitáveis críticas direcionadas à rigidez imposta aos orçamentos pela Lei de Responsabilidade Fiscal, acusada de "não ser capaz de enfrentar situações de maior pressão pela garantia dos direitos fundamentais e sociais",[12] como a gerada pela recente pandemia do coronavírus, bem como de se orientar por um enfoque excessivamente formalista da execução orçamentária, sem atentar para o caráter instrumental do orçamento público, cuja finalidade há de ser, ao fim e ao cabo, a realização e a proteção dos valores e direitos estabelecidos na Constituição.[13]

Nesse contexto, o Supremo Tribunal Federal já se manifestou sobre o necessário cotejo entre medidas de austeridade/conformidade fiscal e prestações que visem às garantias mínimas do núcleo essencial de direitos fundamentais, e reconheceu que as primeiras, por necessárias que sejam, não podem representar percalço intransponível quando em jogo as últimas.

Veja-se a elucidativa ementa do acórdão proferido na Ação Direta de Inconstitucionalidade nº 6.357 MC/DF, da relatoria do Ministro Alexandre de Moraes:

---

[11] SCAFF, Fernando Facury; GUIMARÃES, Raquel Lamboglia. Impactos da Covid na Lei de Responsabilidade Fiscal. *In*: SCAFF, Fernando Facury; SILVA, Maria Stela Campos da; SCAFF, Luma Cavaleiro de Macêdo (Org.). *A trajetória de 20 anos da Lei de Responsabilidade Fiscal*. Belo Horizonte, São Paulo: D'Plácido, 2020. p. 127.

[12] SCAFF, Fernando Facury; GUIMARÃES, Raquel Lamboglia. Impactos da Covid na Lei de Responsabilidade Fiscal. *In*: SCAFF, Fernando Facury; SILVA, Maria Stela Campos da; SCAFF, Luma Cavaleiro de Macêdo (Org.). *A trajetória de 20 anos da Lei de Responsabilidade Fiscal*. Belo Horizonte, São Paulo: D'Plácido, 2020. p. 126.

[13] PINTO, Élida Graziane. Responsabilidade fiscal e máxima eficácia dos direitos fundamentais. *In*: SCAFF, Fernando Facury; SILVA, Maria Stela Campos da; SCAFF, Luma Cavaleiro de Macêdo (Org.). *A trajetória de 20 anos da Lei de Responsabilidade Fiscal*. Belo Horizonte, São Paulo: D'Plácido, 2020. p. 251.

> 1. A Lei de Responsabilidade Fiscal instituiu um inovador modelo regulatório das finanças públicas, baseado em medidas gerais de transparência, de programação orçamentária, de controle e de acompanhamento da execução de despesas e de avaliação de resultados, destinadas, entre outros pontos, a incrementar a prudência na gestão fiscal e a sincronizar as decisões tomadas pelos Estados e pelos Municípios com os objetivos macroeconômicos estabelecidos nacionalmente pela União.
> 2. No entanto, existem situações nas quais o surgimento de condições supervenientes absolutamente imprevisíveis afetam radicalmente a possibilidade de execução do orçamento planejado. Inteligência do art. 65 da LRF.
> 3. O surgimento da pandemia de COVID-19 representa uma condição superveniente absolutamente imprevisível e de consequências gravíssimas, que afetará, drasticamente, a execução orçamentária anteriormente planejada.
> 4. O excepcional afastamento da incidência dos arts. 14, 16, 17 e 24 da LRF e 114, caput, in fine, e §14, da LDO/2020, durante o estado de calamidade pública e para fins exclusivos de combate integral da pandemia de COVID-19, não conflita com a prudência fiscal e o equilíbrio orçamentário intertemporal consagrados pela LRF. Realização de gastos orçamentários destinados à proteção da vida, da saúde e da própria subsistência dos brasileiros afetados pela gravidade da situação vivenciada. (ADI nº 6.357 MC-Ref. Rel. Min. Min. Alexandre de Moraes. Tribunal Pleno, julgado em: 13.05.2020)

Todavia, ressalvadas situações excepcionais, se reconhece, de maneira geral, que "o equilíbrio intertemporal das contas públicas envolve um bem coletivo, do interesse geral da sociedade, por ser condição necessária para a retomada do crescimento sustentável",[14] sendo esse equilíbrio orçamentário o mote principal das regras de responsabilidade fiscal.

Vale dizer que regras desse gênero não são exclusividade brasileira. Diversos países adotaram normas semelhantes em seus ordenamentos jurídicos, como Estados Unidos, Inglaterra, Alemanha, Áustria, Bélgica, Nova Zelândia, Argentina, Chile, Equador e México.[15]

Entre as regras instituídas pela Lei de Responsabilidade Fiscal, talvez as mais comezinhas e, ainda assim, das mais necessárias, são as que obrigam a indicação do impacto fiscal e da respectiva fonte de recursos, ou medidas de compensação, para financiar a renúncia de receitas ou o aumento de despesas.

Trata-se dos arts. 14 a 17 da lei:

> Art. 14. A concessão ou ampliação de incentivo ou benefício de natureza tributária da qual decorra renúncia de receita deverá estar acompanhada de estimativa do impacto orçamentário-financeiro no exercício em que deva iniciar sua vigência e nos dois seguintes, atender ao disposto na lei de diretrizes orçamentárias e a pelo menos uma das seguintes condições:
> I - demonstração pelo proponente de que a renúncia foi considerada na estimativa de receita da lei orçamentária, na forma do art. 12, e de que não afetará as metas de resultados fiscais previstas no anexo próprio da lei de diretrizes orçamentárias;
> II - estar acompanhada de medidas de compensação, no período mencionado no caput, por meio do aumento de receita, proveniente da elevação de alíquotas, ampliação da base de cálculo, majoração ou criação de tributo ou contribuição. [...]

[14] SCAFF, Fernando Facury; SILVA, Maria Stela Campos da; SCAFF, Luma Cavaleiro de Macêdo (Org.). *A trajetória de 20 anos da Lei de Responsabilidade Fiscal*. Belo Horizonte, São Paulo: D'Plácido, 2020. p. 13.

[15] ABRAHAM, Marcus. *Lei de Responsabilidade Fiscal comentada*. 3. ed. Rio de Janeiro: Forense, 2021. p. 7.

> Art. 15. Serão consideradas não autorizadas, irregulares e lesivas ao patrimônio público a geração de despesa ou assunção de obrigação que não atendam o disposto nos arts. 16 e 17.
>
> Art. 16. A criação, expansão ou aperfeiçoamento de ação governamental que acarrete aumento da despesa será acompanhado de:
>
> I - estimativa do impacto orçamentário-financeiro no exercício em que deva entrar em vigor e nos dois subseqüentes;
>
> II - declaração do ordenador da despesa de que o aumento tem adequação orçamentária e financeira com a lei orçamentária anual e compatibilidade com o plano plurianual e com a lei de diretrizes orçamentárias. [...]
>
> Art. 17. Considera-se obrigatória de caráter continuado a despesa corrente derivada de lei, medida provisória ou ato administrativo normativo que fixem para o ente a obrigação legal de sua execução por um período superior a dois exercícios.
>
> §1º Os atos que criarem ou aumentarem despesa de que trata o caput deverão ser instruídos com a estimativa prevista no inciso I do art. 16 e demonstrar a origem dos recursos para seu custeio.
>
> §2º Para efeito do atendimento do §1º, o ato será acompanhado de comprovação de que a despesa criada ou aumentada não afetará as metas de resultados fiscais previstas no anexo referido no §1º do art. 4º, devendo seus efeitos financeiros, nos períodos seguintes, ser compensados pelo aumento permanente de receita ou pela redução permanente de despesa. [...]

Sobre tais dispositivos, Marcus Abraham, em sua *Lei de Responsabilidade Fiscal comentada*,[16] afirma que:

> A fixação de limites e condições para renúncias de receitas e geração de despesas é mais um dos mecanismos instituídos pela LRF para manter o equilíbrio fiscal, retirando do administrador público a liberdade plena e irrestrita que possuía para gastar ilimitadamente ou para conceder incentivos fiscais sem qualquer controle. Se antes bastava a previsão de crédito orçamentário para a realização de uma determinada despesa, a partir da LRF, através do presente art. 14, impõem-se limites, prazos e condições para tanto.
>
> As exigências para a realização de gastos e a concessão de desonerações fiscais se justificam porque, por muito tempo, a irresponsabilidade do administrador público, aliada às suas pretensões eleitoreiras de cunho populista e ao descaso em relação às gestões subsequentes, ensejava práticas extremamente danosas às contas públicas. Não era incomum, sobretudo em finais de mandatos, os gestores deixarem os chamados "testamentos políticos", oferecendo graciosos aumentos ao funcionalismo, comprometendo a gestão dos seus sucessores. Igualmente, as concessões de incentivos ou renúncias fiscais muitas vezes eram feitas desprovidas de necessidade ou interesse público, com nítido atendimento a interesses particulares. [...]
>
> Preocupando-se com a manutenção do equilíbrio fiscal e utilizando o princípio da prudência, o art. 16 da LRF estabelece condições para a realização de ações governamentais que gerem aumento de despesas, exigindo uma estimativa de impacto orçamentário e uma declaração do ordenador de despesas de que o aumento é compatível com as leis orçamentárias. [...]
>
> Percebe-se claramente a preocupação da LRF com aquelas despesas fixas e contínuas que se repetem e se protraem sucessivamente no tempo por mais de dois exercícios financeiros e que, por isso, podem afetar o planejamento orçamentário e comprometer a manutenção do

[16] ABRAHAM, Marcus. *Lei de Responsabilidade Fiscal comentada*. 3. ed. Rio de Janeiro: Forense, 2021. p. 162-181.

equilíbrio fiscal. Tais despesas caracterizam-se por serem obrigatórias e independerem da lei orçamentária, já que a obrigação de pagamento precede e determina a sua inclusão na LOA. Por essa razão o art. 17 da LRF estabelece condições para a sua criação ou majoração, tais como a sua estimativa trienal, a indicação da origem dos recursos que as suportarão, a comprovação de que não afetarão as metas fiscais e um plano de compensação mediante aumento permanente de receitas ou diminuição de despesas.

Ao decidir pela constitucionalidade dos arts. 14 e 17 da Lei de Responsabilidade Fiscal, no julgamento da Ação Direta de Inconstitucionalidade nº 2.238/DF, o Ministro Relator Alexandre de Moraes assentou, com propriedade, que:

> O que o art. 14 da LRF se propõe a fazer é justamente organizar uma estratégia, dentro do processo legislativo, para que os impactos fiscais de um projeto de concessão de benefícios tributários sejam melhor quantificados, avaliados e assimilados em termos orçamentários.
> Esse mecanismo reflete uma preocupação, crescente no Brasil, em promover um diagnóstico mais preciso do montante de recursos públicos de que o Estado abre mão por atos de renúncia de receita. Esses incentivos nada mais são do que gastos indiretos, ou gastos tributários, cuja expressividade atinge cifras notáveis. [...]
> Os arts. 17 e 24 positivam mecanismo de prudência fiscal para as despesas obrigatórias continuadas, de modo geral, e ações de seguridade social, de modo específico, que trabalham com lógica semelhante à do art. 14, já referido, exigindo que a criação dessas espécies de gastos obedeça a certas condições. [...]
> Tal como acontece com o art. 14, que trata das renúncias de receitas, o art. 17 representa um dos capítulos normativos que melhor formula a ideia de equilíbrio intertemporal, sobre o qual se assenta a base da LRF. (ADI nº 2.238, Rel. Min. Alexandre de Moraes. Tribunal Pleno, julgado em 24.06.2020)

Da doutrina e da jurisprudência acima transcritas se pode concluir que o novo regramento tem por finalidade convocar não apenas gestores e proponentes das leis orçamentárias e criadoras de despesas, mas sobretudo o próprio legislador, a zelar pela prudência e pela sustentabilidade orçamentária, reduzindo o espaço para que políticas populistas, irresponsáveis ou simplesmente mal formuladas quanto à sua viabilidade financeira comprometam o equilíbrio intertemporal das contas públicas.

4 O art. 113 do Ato das Disposições Constitucionais Transitórias

Não obstante a clareza e o detalhamento dessa obrigação no texto da Lei de Responsabilidade Fiscal, entendeu por bem o Congresso Nacional, em 2016, quando da instituição do novo conjunto de regras de austeridade que ficou conhecido como Novo Regime Fiscal, reforçar a necessidade de que o aumento de despesas e a renúncia de receitas sejam precedidos de estimativa de seu impacto orçamentário e financeiro.

A Emenda Constitucional nº 95/2016 inseriu, no Ato das Disposições Constitucionais Transitórias, o art. 113, o qual, de maneira mais genérica e abrangente, repetiu a essência dos comandos previstos nos arts. 14 a 17 da Lei de Responsabilidade Fiscal, nos seguintes termos: "Art. 113. A proposição legislativa que crie ou altere despesa obrigatória ou renúncia de receita deverá ser acompanhada da estimativa do seu impacto orçamentário e financeiro".

Eis o registro da Comissão Especial da Câmara dos Deputados, destinada a proferir parecer à Proposta de Emenda à Constituição nº 241-A, de 2016 (que originou a Emenda Constitucional nº 95/2016):[17]

> Para finalizar esse ponto, peço especial atenção de meus Pares. As despesas obrigatórias só surgem com a concordância e a autorização do Congresso Nacional. Para que a estrutura do Novo Regime Fiscal se mantenha, e para que consigamos os resultados esperados, é fundamental que o Congresso, ao debater as proposições, tenha a oportunidade de conhecer os respectivos impactos orçamentário e financeiro.
>
> Pensando nisso, acrescentamos dispositivos que aplicam ao processo legislativo as vedações de que falamos (§4º do art. 104), com vistas a promover uma apreciação rigorosa de todas as proposições. De nada adianta estabelecer tetos financeiros se não se combate a origem do aumento da despesa primária, que é a edição de legislação que cria despesa obrigatória. Observe-se que, atualmente, mais de 4/5 das despesas primárias são obrigatórias, ou seja, decorrem de legislação preexistente.
>
> Caso o Congresso não se comprometa com essa lógica, poderemos ter conflitos entre o Novo Regime Fiscal e novas despesas obrigatórias, criadas em meio ao descumprimento de limites, o que desembocaria na judicialização de questões fiscais, na proliferação de exceções legais e em fragilidades que minariam o alicerce do sistema. Dentro desse raciocínio, sugerimos também o acréscimo dos arts. 108 e 109 ao ADCT [que vieram a se tornar os arts. 113 e 114 quando da promulgação da Emenda], que permitem que os parlamentares estejam cientes, no momento da apreciação das proposições, do custo das decisões a serem tomadas, bem como de sua compatibilidade com o Novo Regime Fiscal.

Para Élida Graziane Pinto,[18] a reafirmação dessa norma prudencial no Ato das Disposições Constitucionais Transitórias teria sido inócua:

> [...] repetir uma norma já vigente, trazendo-a para o escopo do ADCT, não tem o condão de assegurar automaticamente seu pleno cumprimento. A realidade do pós-Emenda 95/2016 já contradisse a ilusão de que bastaria alterar a estatura normativa do dever de apresentação de estimativas de impacto orçamentário e financeiro para que fosse possível, em tese, controlar os desajustes significativos na concessão de renúncias fiscais.
>
> A repetição normativa em comento se revela infelizmente como farsa, basta ver que, até o momento, o Governo federal deixa de arrecadar mais de 4% do PIB com os gastos tributários, patamar esse que supera os pisos de custeio da saúde e educação.

Entretanto, a constitucionalização da diretriz da predição do impacto orçamentário como imperativo para a edição de normas que veiculam novas despesas ou renúncias de receitas tem sua importância. A uma, torna mais nítida a necessária relação entre a prudência na gestão financeira e orçamentária das contas públicas e a continuidade do atendimento das obrigações constitucionais assumidas pelo Estado brasileiro, consubstanciadas, principalmente, na consecução dos objetivos fundamentais

---

[17] BRASIL. Câmara dos Deputados. *Parecer da Comissão Especial da Câmara dos Deputados à Proposta de Emenda à Constituição n. 241-A, de 2016*. Disponível em: https://www.camara.leg.br/proposicoesWeb/prop_mostrarintegra?codteor=1495741. Acesso em: 25 jun. 2024.

[18] PINTO, Élida Graziane. Responsabilidade fiscal e máxima eficácia dos direitos fundamentais. *In*: SCAFF, Fernando Facury; SILVA, Maria Stela Campos da; SCAFF, Luma Cavaleiro de Macêdo (Org.). *A trajetória de 20 anos da Lei de Responsabilidade Fiscal*. Belo Horizonte, São Paulo: D'Plácido, 2020. p. 247.

da República e na efetivação dos direitos fundamentais. A duas, amplia a possibilidade de intervenção direta do Supremo Tribunal Federal como árbitro no sopesamento dessa relação, quando instalado o conflito.

Importa ressaltar, também, que a inserção do art. 113 no Ato das Disposições Constitucionais Transitórias promoveu um adensamento normativo quanto à indispensabilidade de que quaisquer despesas ou gastos tributários criados ou aumentados sejam objeto de cuidadosa, transparente e documentada avaliação pelo proponente da norma e pelo legislador quanto aos custos associados e quanto às fontes de financiamento disponíveis.

Nesse sentido, cabe notar que a jurisprudência tradicional do Supremo Tribunal Federal, interpretando o art. 169, §1º, da Constituição Federal,[19] sempre considerou que, na hipótese de lei que conceda vantagem ou aumento de remuneração ou que autorize admissão ou contratação de pessoal pelo Poder Público, a ausência de prévia dotação orçamentária na Lei Orçamentária Anual (LOA) e/ou de autorização específica na Lei de Diretrizes Orçamentárias (LDO), exigidas no referido dispositivo constitucional, apenas impede a aplicabilidade da norma no respectivo exercício financeiro, não dando causa, todavia, à sua invalidade. Além disso, a eventual incompatibilidade da lei em concreto com as normas orçamentárias do ente federativo costuma ser considerada violação indireta às normas constitucionais (veja-se: ADI nº 1.585, Rel. Min. Sepúlveda Pertence, Tribunal Pleno, julgado em 19.12.1997; ADI nº 1.440, Rel. Min. Teori Zavascki, Tribunal Pleno, julgado em 15.10.2014; ADI nº 3.599, Rel. Min. Gilmar Mendes, Tribunal Pleno, julgado em 21.5.2007).

Diferentemente, a constatação da inobservância do aspecto formal do processo legislativo referente à existência de estimativa do impacto orçamentário e financeiro da norma independe do confronto entre a lei objeto de impugnação e normas de natureza infraconstitucional, como a LOA e a LDO.

Nesse sentido, a jurisprudência do Supremo Tribunal Federal já contempla razoável número de decisões proferidas em ações diretas de inconstitucionalidade que tomaram o referido art. 113 como parâmetro de controle. E, nesses casos, diversamente do que ocorre em relação ao art. 169, §1º, da Constituição, a Suprema Corte tem entendido que sua inobservância opera efeitos no plano de validade da norma, ensejando sua inconstitucionalidade formal.

Cite-se, por exemplo, o acórdão da lavra do Ministro Luís Roberto Barroso na Ação Direta de Inconstitucionalidade nº 6.303/RR, cuja ementa é a seguinte:

> Direito constitucional e tributário. Ação direta de inconstitucionalidade. IPVA. Isenção. Ausência de estudo de impacto orçamentário e financeiro.
>
> 1. Ação direta contra a Lei Complementar nº 278, de 29 de maio de 2019, do Estado de Roraima, que acrescentou o inciso VIII e o §10 ao art. 98 da Lei estadual nº 59/1993.

---

[19] "Art. 169. A despesa com pessoal ativo e inativo e pensionistas da União, dos Estados, do Distrito Federal e dos Municípios não pode exceder os limites estabelecidos em lei complementar. §1º A concessão de qualquer vantagem ou aumento de remuneração, a criação de cargos, empregos e funções ou alteração de estrutura de carreiras, bem como a admissão ou contratação de pessoal, a qualquer título, pelos órgãos e entidades da administração direta ou indireta, inclusive fundações instituídas e mantidas pelo poder público, só poderão ser feitas: I - se houver prévia dotação orçamentária suficiente para atender às projeções de despesa de pessoal e aos acréscimos dela decorrentes; II - se houver autorização específica na lei de diretrizes orçamentárias, ressalvadas as empresas públicas e as sociedades de economia mista".

As normas impugnadas versam sobre a concessão de isenção do imposto sobre a propriedade de veículos automotores (IPVA) às motocicletas, motonetas e ciclomotores com potência de até 160 cilindradas.

2. Inconstitucionalidade formal. Ausência de elaboração de estudo de impacto orçamentário e financeiro. O art. 113 do ADCT foi introduzido pela Emenda Constitucional nº 95/2016, que se destina a disciplinar "o Novo Regime Fiscal no âmbito dos Orçamentos Fiscal e da Seguridade Social da União". A regra em questão, porém, não se restringe à União, conforme a sua interpretação literal, teleológica e sistemática.

3. Primeiro, a redação do dispositivo não determina que a regra seja limitada à União, sendo possível a sua extensão aos demais entes. Segundo, a norma, ao buscar a gestão fiscal responsável, concretiza princípios constitucionais como a impessoalidade, a moralidade, a publicidade e a eficiência (art. 37 da CF/1988). Terceiro, a inclusão do art. 113 do ADCT acompanha o tratamento que já vinha sendo conferido ao tema pelo art. 14 da Lei de Responsabilidade Fiscal, aplicável a todos os entes da Federação.

4. A exigência de estudo de impacto orçamentário e financeiro não atenta contra a forma federativa, notadamente a autonomia financeira dos entes. Esse requisito visa a permitir que o legislador, como poder vocacionado para a instituição de benefícios fiscais, compreenda a extensão financeira de sua opção política.

5. Com base no art. 113 do ADCT, toda "proposição legislativa [federal, estadual, distrital ou municipal] que crie ou altere despesa obrigatória ou renúncia de receita deverá ser acompanhada da estimativa do seu impacto orçamentário e financeiro", em linha com a previsão do art. 14 da Lei de Responsabilidade Fiscal.

6. A Lei Complementar do Estado de Roraima nº 278/2019 incorreu em vício de inconstitucionalidade formal, por violação ao art. 113 do ADCT.

7. Pedido julgado procedente, para declarar a inconstitucionalidade formal da Lei Complementar nº 278, de 29 de maio de 2019, do Estado de Roraima, por violação ao art. 113 do ADCT.

8. Fixação da seguinte tese de julgamento: "É inconstitucional lei estadual que concede benefício fiscal sem a prévia estimativa de impacto orçamentário e financeiro exigida pelo art. 113 do ADCT". (ADI nº 6.303, Rel. Min. Luís Roberto Barroso, Tribunal Pleno, julgado em 14.03.2022)

No mesmo sentido, vejam-se também:

Ação direta de inconstitucionalidade. Artigos 26, 27, 28, 29, 30, 31 e 33 da Lei 1.257/18 do Estado de Roraima. Novo plano de cargos, carreiras e remuneração (PCCR) dos servidores públicos do quadro de pessoal do Instituto de Terras e Colonização de Roraima (ITERAIMA). Alegação de ofensa ao art. 169, §1º, inciso I, da Constituição Federal, e ao art. 113 do Ato das Disposições Constitucionais Transitórias (ADTC). Ausência de prévia dotação orçamentária. Não conhecimento da ação direta. Violação do art. 169, §1º, inciso I, da Constituição Federal. Estimativa de impacto orçamentário e financeiro da lei impugnada. Obrigatoriedade. Artigo 113 do ADCT. Alcance. União e demais entes federativos. Inconstitucionalidade formal. Conhecimento parcial. Procedência. Modulação dos efeitos da decisão.

1. Segundo a firme jurisprudência da Suprema Corte, eventual descumprimento do disposto no art. 169, §1º, da CF não repercute no plano de validade da norma de modo a ensejar sua inconstitucionalidade, mas apenas em sua ineficácia. Precedentes. Não conhecimento da ação direta quanto à suposta violação do art. 169, §1º, inciso I, da Constituição Federal.

2. Na linha dos precedentes do Supremo Tribunal Federal, a norma do art. 113 do ADCT tem caráter nacional e se aplica a todos os entes federativos. Precedentes.

3. *In casu*, a Lei nº 1.257, de 6 de março de 2018, do Estado de Roraima, dispõe sobre o novo plano de cargos, carreiras e remuneração (PCCR) dos servidores públicos do quadro de pessoal do Instituto de Terras e Colonização de Roraima (ITERAIMA). De sua leitura depreende-se que os arts. 26, 27, 28, 29, 30, 31 e 33, ora impugnados, versam, respectivamente, sobre adicionais de qualificação, de penosidade, de insalubridade e de atividade em comissão, além de fixar o vencimento básico dos cargos efetivos que integram o quadro de pessoal do INTEIRAMA. A lei, porém, não foi instruída com a devida estimativa de seu impacto financeiro e orçamentário, o que enseja sua inconstitucionalidade formal. [...]
5. Ação direta de inconstitucionalidade da qual se conhece parcialmente e, quanto a essa parte, julgada procedente para declarar a inconstitucionalidade formal dos arts. 26, 27, 28, 29, 30, 31 e 33 da Lei 1.257/18 do Estado de Roraima, com efeitos ex nunc, a contar da data da publicação da ata do julgamento. (ADI nº 6.090, Rel. Min. Dias Toffoli, Tribunal Pleno, julgado em 13.06.2023)

AÇÃO DIRETA DE INCONSTITUCIONALIDADE. DIREITO FINANCEIRO. [...] ALEGAÇÃO DE OFENSA AOS ARTIGOS 169, §1º, DA CONSTITUIÇÃO FEDERAL, E 113 DO ATO DAS DISPOSIÇÕES CONSTITUCIONAIS TRANSITÓRIAS – ADCT. A AUSÊNCIA DE PRÉVIA DOTAÇÃO ORÇAMENTÁRIA NÃO IMPLICA INCONSTITUCIONALIDADE. IMPEDIMENTO DE APLICAÇÃO DA LEI CONCESSIVA DE VANTAGEM OU AUMENTO DE REMUNERAÇÃO A SERVIDORES PÚBLICOS NO RESPECTIVO EXERCÍCIO FINANCEIRO. NÃO CONHECIMENTO DA AÇÃO DIRETA QUANTO À SUPOSTA VIOLAÇÃO DO ARTIGO 169, §1º, DA CONSTITUIÇÃO FEDERAL. O ARTIGO 113 DO ADCT DIRIGE-SE A TODOS OS ENTES FEDERATIVOS. AUSÊNCIA DE ESTIMATIVA DE IMPACTO ORÇAMENTÁRIO E FINANCEIRO DA LEI IMPUGNADA. INCONSTITUCIONALIDADE FORMAL. CONHECIMENTO PARCIAL DA AÇÃO E, NA PARTE CONHECIDA, JULGADO PROCEDENTE O PEDIDO. MODULAÇÃO DOS EFEITOS DA DECISÃO.
1. A jurisprudência desta Casa firmou-se no sentido de que a ausência de dotação orçamentária prévia apenas impede a aplicação da legislação que implique aumento de despesa no respectivo exercício financeiro, sem que disso decorra a declaração de sua inconstitucionalidade. Precedentes. Ação direta não conhecida quanto à suposta violação do artigo 169, §1º, da Constituição Federal.
2. O artigo 113 do ADCT tem caráter nacional e irradia obrigações a todos os entes federativos. Precedentes.
3. A Lei nº 1.237/2018 do Estado de Roraima cria e altera despesas obrigatórias de forma a gerar impacto orçamentário. A ausência de prévia instrução da proposta legislativa com a estimativa do impacto financeiro e orçamentário, nos termos do art. 113 do ADCT, aplicável a todos os entes federativos, implica inconstitucionalidade formal. [...]
5. Conhecimento parcial da ação direta e, na parte conhecida, julgado procedente o pedido para declarar a inconstitucionalidade formal da Lei nº 1.237, de 22 de janeiro de 2018, do Estado de Roraima, com efeitos ex nunc a contar da data da publicação da ata do julgamento. (ADI nº 6.102, Rel. Min. Rosa Weber, Tribunal Pleno, julgado em 21.12.2020)

Não obstante o sentido firme em que caminha a jurisprudência do Supremo Tribunal Federal acerca do art. 113, merece destaque a pertinente ponderação feita pelo Ministro Gilmar Mendes no julgamento monocrático da Medida Cautelar na Arguição de Descumprimento de Preceito Fundamental nº 662/DF, julgada em 3.4.2020, sobre possíveis desdobramentos da aplicação desse dispositivo ao processo legislativo:

> Se considerarmos que a exigência de estimativa de impacto orçamentário e financeiro passa a compor as normas constitucionais relativas ao processo legislativo, caso não seja apresentada a referida estimativa, a legislação aprovada padeceria de vício de inconstitucionalidade formal.
>
> Nesse sentido, inclusive, manifestou-se a Corte ao julgar a Ação Direta de Inconstitucionalidade 5.816, de relatoria do Ministro Alexandre de Moraes, inclusive consignando que o Novo Regime Fiscal da EC 95 dirige-se a todos os entes federados. [...]
>
> No entanto, o artigo traz como requisito a apresentação do impacto orçamentário junto com o projeto de lei ou emenda constitucional com o intuito de fomentar o debate legislativo, especialmente chamando atenção para as consequências econômicas e financeiras da implementação da legislação futura.
>
> Talvez, especialmente tendo em vista a temporalidade de vigência do novo regime fiscal e sua aplicação inclusive para Emendas Constitucionais, a declaração de inconstitucionalidade formal seja demasiada, especialmente se a legislação, uma vez aprovada, satisfizer os demais requisitos constitucionais relacionados ao orçamento.
>
> Afinal, o impacto orçamentário e financeiro da proposição legislativa não parece vincular os nossos parlamentares no momento de votação da proposta. Ou seja, satisfeito o requisito formal de apresentação do impacto orçamentário e financeiro da proposta legislativa, sendo o estudo indicativo de grande custo para o Estado e necessidade de reorganização do orçamento, estariam os parlamentares obrigados a não aprovar o projeto? Essas discussões certamente demandam aprofundamento doutrinário e a colmatação jurisprudencial decorrentes da adaptação do sistema ao novo regime fiscal. (ADPF nº 662 MC. Rel. Min. Gilmar Mendes, publicada em 07.04.2020)

Assim, apesar de algumas arestas que ainda precisam ser objeto de melhor escrutínio pela doutrina e pela jurisprudência, observa-se que a elevação da regra prudencial prevista nos arts. 14 a 17 da Lei Complementar nº 101/2000 ao nível constitucional, com a inclusão do art. 113 no Ato das Disposições Constitucionais Transitórias, teve o condão de instar o Supremo Tribunal Federal a realizar um controle mais rigoroso para que as leis editadas pelas casas legislativas respeitem sempre ditames de ponderação e cautela na gestão das contas públicas.

5 Sustentabilidade e justiça intergeracional

Normas como as referidas acima, que exigem dos agentes públicos uma postura mais responsável quanto à gestão financeira dos recursos públicos, inclusive ensejando que tal postura seja objeto do crivo do Poder Judiciário, podem ser compreendidas, num escopo mais amplo, como desdobramentos incipientes da noção de sustentabilidade financeira e orçamentária que tem ganhado corpo na doutrina nacional e estrangeira, como um compromisso da geração presente com as gerações futuras.

Luciana Ribeiro Campos, na obra *Direito orçamentário em busca da sustentabilidade*, preleciona que:[20]

> A sustentabilidade composta de três pilares, entre os quais o da sustentabilidade econômica (financeira) e, mais especificamente, a sustentabilidade orçamentária, no atual cenário de crise, surge, tal como no passado, como resposta para ponderação dos valores em jogo e

[20] CAMPOS, Luciana Ribeiro. *Direito orçamentário em busca da sustentabilidade*: do planejamento à execução orçamentária. Porto Alegre: Núria Fabris, 2015. p. 237.

> princípio orientador na tomada de decisão, no planejamento e na execução do orçamento, reconduzindo as finanças públicas a um caminho que resguarde as gerações presentes e futuras. As finanças públicas equilibradas no longo prazo, considerado este como o intervalo entre gerações, está a serviço da maximização da implementação de direitos, sejam individuais ou coletivos, que dependem de uma ação estatal. [...]
>
> A preocupação com a sustentabilidade financeira se revela tomando como ponto de partida a problematização levantada por Allen Schick (2005, p. 109), quando, apesar da situação corrente das finanças se mostrar saudável no presente, há a indicação de que as políticas públicas empreendidas no presente agravarão a situação das finanças do futuro ao ponto de impor ônus financeiro limitante da próxima geração desvinculada dos benefícios por elas conferidos. Por isso, há uma clara necessidade de se ter uma perspectiva de longo prazo, na medida em que curtos ou médios lapsos são insuficientes para trabalhar com os conceitos de sustentabilidade financeira (SCHICK, 2005, p. 109), que garanta o bem-estar (inter) geracional mediante uma ação estatal prudente.

Por sua vez, Fernando Facury Scaff ressalta o direito ao desenvolvimento econômico (Declaração sobre o Direito ao Desenvolvimento Econômico, ONU, 1986, Preâmbulo) como uma "nova dimensão dos direitos fundamentais que deve estar presente em nossa mente ao interpretar a norma do *equilíbrio orçamentário como um instrumento de sustentabilidade financeira* e não como uma equação contábil-matemática". Nesse contexto, o professor de Direito Financeiro da Faculdade de Direito da Universidade de São Paulo anota que:[21]

> Não se pode deixar o direito das futuras gerações ser violado pelo jogo político do *aqui e agora*, das lutas políticas do presente. É necessário que sejam adotados limites financeiros para a sustentabilidade econômica dos Estados nacionais, a fim de evitar que estas gerações sejam obrigadas a arcar com enormes custos para a manutenção do Estado *lato sensu* e desenvolvimento das políticas públicas.
>
> A luta política entre Governo e Parlamento, bem como as autonomias locais, devem se subordinar à responsabilidade fiscal na condução dos negócios públicos. Gastos públicos que conseguem a obtenção de maiorias parlamentares devem se subordinar à regra da *sustentabilidade financeira* diferida no tempo. Serão sustentáveis os aumentos salariais concedidos? Será sustentável a construção de estádios de futebol para abrigar a Copa do Mundo de 2014 onde localmente não mais se joga futebol? Como será feita a manutenção desse gasto público e qual seu interesse para a presente e as futuras gerações? Responder a estas questões olhando apenas para a presente geração não é mais suficiente. Impõe-se a análise intergeracional do gasto público, com os olhos voltados à sustentabilidade financeira. [...]
>
> Adotada a norma de *equilíbrio orçamentário*, os orçamentos devem ser *projetados* de forma equilibrada – não no sentido contábil-matemático da expressão, mas como um instrumento de *sustentabilidade financeira*.

Assim, a introdução de regras prudenciais, como as dos arts. 14 a 17 da Lei de Responsabilidade Fiscal e a do art. 113 do Ato das Disposições Constitucionais Transitórias, com os temperamentos necessários e justificados para o enfrentamento de situações excepcionais, também se revela como importante passo para que não se

---

[21] SCAFF, Fernando Facury. Equilíbrio orçamentário, sustentabilidade financeira e justiça intergeracional. *Interesse Público – IP*, Belo Horizonte, ano 16, n. 85, p. 37-50, maio/jun. 2014. p. 40.

perpetuem para as gerações futuras os infortúnios evitáveis de uma gestão pública inconsequente e perdulária no presente.

6 Conclusão

A realização dos objetivos fundamentais da República, previstos no art. 3º da Constituição, e a efetivação e proteção dos direitos e garantias fundamentais não se operam pela sua mera previsão abstrata, nem se garantem simplesmente pela atuação negativa do Estado sobre a esfera jurídica dos particulares.

Todos os direitos são positivos e demandam do Poder Público ações, serviços e políticas que custam caro. O planejamento orçamentário-financeiro e a alocação efetiva dos recursos públicos são, portanto, tarefas de extrema responsabilidade que exigem eficiência e prudência do gestor e do legislador.

Nesse contexto, a diretriz da sustentabilidade financeira e orçamentária, que visa compatibilizar a criação de despesas e de gastos tributários (renúncias fiscais) com a realidade e as capacidades econômico-financeiras do Estado, é essencial.

Conquanto o equilíbrio orçamentário não possa ser concebido como um fim em si mesmo, de modo a obstaculizar a efetivação do núcleo essencial dos direitos fundamentais no momento presente, há também que se considerar que uma gestão financeira tendente a comprometer o equilíbrio intertemporal das contas públicas, inexoravelmente, fulminará de morte a efetividade dos direitos fundamentais no porvir, seja para esta, seja para as próximas gerações.

O desenvolvimento social e a implementação do bem-estar da população, valores que fundamentam a própria razão de ser do Estado de hoje, demandam expectativa de perenidade, com seus alicerces prolongando-se no tempo sem retrocessos. Isso somente é possível diante de um quadro de contas públicas equilibradas, evitando-se as rotineiras crises de solvência que acometem sobretudo os países emergentes e que conduzem, de tempos em tempos, contingentes consideráveis da população à condição de penúria e à falta de assistência estatal adequada.

Dessa forma, é indeclinável que o legislador, ao propor ou aprovar novas despesas ou novas renúncias de receitas, considere, com cautela e na melhor medida possível, o impacto fiscal que essas medidas terão sobre o orçamento público, nos termos determinados no art. 113 do Ato das Disposições Constitucionais Transitórias.

O Ministro Luís Roberto Barroso captou, com precisão e lucidez, a intenção do legislador e a importância da norma em comento no voto proferido na já mencionada Ação Direta de Inconstitucionalidade nº 6.303/RR:

> 3. A opção do Constituinte de disciplinar a temática nesse sentido explicita a prudência na gestão fiscal, sobretudo na concessão de benefícios tributários que ensejam a renúncia de receita. Isso ocorre porque a elaboração do referido estudo faculta ao Poder Legislativo, como órgão vocacionado a versar sobre a instituição de benefícios fiscais, o controle não somente dos objetivos constitucionais que se pretendem atingir por meio dessa benesse, como também o controle financeiro dessa escolha política. A concessão de benefícios fiscais, ao atingir a receita do ente, afeta os meios financeiros pelos quais o Estado custeia as suas atividades. Uma opção política consciente do legislador perpassa por uma compreensão múltipla sobre o tema, especialmente acerca dos efeitos financeiros produzidos. (ADI nº 6.303, Rel. Min. Luís Roberto Barroso, Tribunal Pleno, julgado em 14.3.2022)

Observa-se, portanto, que o intuito do constituinte derivado foi justamente o de possibilitar que o debate legislativo não se restrinja apenas a analisar as finalidades da despesa criada ou da atividade encorajada pela renúncia de receitas (que geralmente se supõem nobres), mas que também se debruce sobre as consequências econômicas e financeiras da implementação da legislação a ser aprovada.

Além de incrementar a prevenção contra dispêndios irresponsáveis, a medida de transparência fiscal determinada pelo art. 113 do Ato das Disposições Constitucionais Transitórias confere, ainda que de soslaio, uma oportunidade para que o legislador realize o escrutínio de outros gastos do ente interessado, que porventura se mostrem ineficientes e que tragam pouco ou nenhum retorno à sociedade, e que podem ceder espaço fiscal para a implementação de medidas mais prementes.

Espera-se, assim, que o dispositivo constitucional atue como um freio na expansão desorganizada das despesas governamentais vista nas últimas décadas, particularmente no contexto dos gastos tributários, contribuindo assim para a prevenção de crises fiscais. Espera-se, ao mesmo tempo, que a norma garanta um debate mais informado sobre a alocação dos recursos públicos, potencializando a eficácia das políticas públicas essenciais à concretização dos objetivos da República e dos direitos fundamentais.

Referências

ABRAHAM, Marcus. *Lei de Responsabilidade Fiscal comentada*. 3. ed. Rio de Janeiro: Forense, 2021.

BARROSO, Luís Roberto. Trinta e cinco anos da Constituição de 1988: as voltas que o mundo dá. *In*: FACHIN, Luiz Edson; BARROSO, Luís Roberto; CRUZ, Álvaro Ricardo de Souza (Coord.). *A Constituição da democracia em seus 35 anos*. Belo Horizonte: Fórum, 2023. p. 37-66.

BOBBIO, Norberto. *A era dos direitos*. 7. reimpr. Rio de Janeiro: Elsevier, 2004.

BRASIL. Câmara dos Deputados. *Parecer da Comissão Especial da Câmara dos Deputados à Proposta de Emenda à Constituição n. 241-A, de 2016*. Disponível em: https://www.camara.leg.br/proposicoesWeb/prop_mostrarintegra?codteor=1495741. Acesso em: 25 jun. 2024.

CAMPOS, Luciana Ribeiro. *Direito orçamentário em busca da sustentabilidade*: do planejamento à execução orçamentária. Porto Alegre: Núria Fabris, 2015.

HOLMES, Stephen; SUNSTEIN, Cass R. *O custo dos direitos*: por que a liberdade depende dos impostos. São Paulo: WMF Martins Fontes, 2019.

MARTINS, Cristiano Zanin. Erradicação da pobreza e combate à fome à luz da Constituição de 1988. *In*: FACHIN, Luiz Edson; BARROSO, Luís Roberto; CRUZ, Álvaro Ricardo de Souza (Coord.). *A Constituição da democracia em seus 35 anos*. Belo Horizonte: Fórum, 2023. p. 103-121.

PINTO, Élida Graziane. Responsabilidade fiscal e máxima eficácia dos direitos fundamentais. *In*: SCAFF, Fernando Facury; SILVA, Maria Stela Campos da; SCAFF, Luma Cavaleiro de Macêdo (Org.). *A trajetória de 20 anos da Lei de Responsabilidade Fiscal*. Belo Horizonte, São Paulo: D'Plácido, 2020. p. 243-257.

SARLET, Ingo Wolfgang. Notas introdutórias ao sistema constitucional de direito e deveres fundamentais. *In*: CANOTILHO, J. J. Gomes *et al*. *Comentários à Constituição do Brasil*. 3. ed. rev. e atual. São Paulo: Saraivajur, 2023.

SCAFF, Fernando Facury. Equilíbrio orçamentário, sustentabilidade financeira e justiça intergeracional. *Interesse Público – IP*, Belo Horizonte, ano 16, n. 85, p. 37-50, maio/jun. 2014.

SCAFF, Fernando Facury; GUIMARÃES, Raquel Lamboglia. Impactos da Covid na Lei de Responsabilidade Fiscal. *In*: SCAFF, Fernando Facury; SILVA, Maria Stela Campos da; SCAFF, Luma Cavaleiro de Macêdo (Org.). *A trajetória de 20 anos da Lei de Responsabilidade Fiscal*. Belo Horizonte, São Paulo: D'Plácido, 2020. p. 125-142.

SCAFF, Fernando Facury; SILVA, Maria Stela Campos da; SCAFF, Luma Cavaleiro de Macêdo (Org.). *A trajetória de 20 anos da Lei de Responsabilidade Fiscal*. Belo Horizonte, São Paulo: D'Plácido, 2020.

SGARBOSSA, Luís Fernando. *Crítica à teoria dos custos dos direitos*: reserva do possível. Porto Alegre: Sergio Antonio Fabris, 2010. v. 1.

Informação bibliográfica deste texto, conforme a NBR 6023:2018 da Associação Brasileira de Normas Técnicas (ABNT):

ZANIN, Cristiano. Direitos fundamentais e sustentabilidade das contas públicas: uma aproximação necessária. *In*: PAULA, Fernanda de; PENCAK, Nina (coord.). *Tributação, liberdade e igualdade*: as contribuições do Ministro Luís Roberto Barroso. Belo Horizonte: Fórum, 2025. p. 69-88. ISBN 978-65-5518-952-0.

A IRRETOCÁVEL CONTRIBUIÇÃO DO VOTO DO MIN. LUÍS ROBERTO BARROSO NA OCASIÃO DO JULGAMENTO DO TEMA Nº 390/STF PARA O APERFEIÇOAMENTO DA DINÂMICA DAS EXECUÇÕES FISCAIS NO BRASIL

LUIS FELIPE SALOMÃO

MARCUS LÍVIO GOMES

1 Introdução

O contencioso tributário brasileiro carece de especial atenção, notadamente pelo impacto que possui no dia a dia dos entes federativos, dos contribuintes e do ambiente de negócios. É o que recentes evidências empíricas apontam. Dados obtidos anualmente pelo relatório *Justiça em Números* do Conselho Nacional de Justiça indicam que, historicamente, as execuções fiscais são o principal fator de morosidade do Poder Judiciário.

No ano de 2024, o referido relatório constatou alarmantes números, vale dizer, 35% do total de casos pendentes correspondem a execuções fiscais, sendo também 65% das execuções pendentes, com taxa de congestionamento de 90%.[1]

Na pesquisa *Diagnóstico do Contencioso Judicial Tributário*,[2] dentre outros dados relevantes, restou evidente que o tradicional procedimento executivo fiscal possui baixa eficácia, com elevado tempo de tramitação, tendo sido considerado uma das causas do elevado contencioso judicial. Demonstrou-se, também, o impacto da litigiosidade no ambiente de negócios, comparativamente, em relação ao faturamento de empresas, os valores em litígio tributário no Brasil são de 57%, já nos demais países, em que as mesmas empresas atuam, os valores são apenas de 3,33%.

---

1 Disponível em: https://www.cnj.jus.br/pesquisas-judiciarias/justica-em-numeros/. Acesso em: 18 jul. 2024.

2 Disponível em: https://www.cnj.jus.br/agendas/diagnostico-do-contencioso-tributario/#:~:text=O%20Conselho%20Nacional%20de%20Justi%C3%A7a%20e%20a%20Procuradoria,a%20pesquisa%20realizada%20acerca%20do%20contencioso%20judicial%20tribut%C3%A1rio. Acesso em: 18 jul. 2024.

Sem embargo dos dados empíricos levantados pelo CNJ, o rito das execuções fiscais, instituído no ordenamento jurídico brasileiro pela Lei nº 6.830 de 1980, tem sido a ferramenta para a cobrança judicial dos débitos tributários inscritos em dívida ativa pela União, dos estados, do Distrito Federal e dos municípios. Desde sua promulgação, a LEF tem desempenhado um papel fundamental na estrutura arrecadatória do país, permitindo que o Poder Público recupere créditos tributários e não tributários – essenciais para a manutenção das políticas públicas e o funcionamento das administrações públicas –, bem como estabelecendo uma distinção procedimental entre os ritos de cobrança judicial por constrição patrimonial praticados pela Fazenda Pública e aquele utilizado pelos demais credores. Tal distinção, embora relativamente recente, representa um incontestável avanço do sistema jurídico brasileiro, tendo em vista ser expressão inequívoca da evolução normativa em atenção às demandas individualizadas ensejadas por créditos e partes de naturezas variadas.

Contudo, apesar de sua importância, a LEF enfrenta desafios significativos em termos de eficiência e adequação às mudanças sociais, econômicas e jurídicas. As críticas se concentram principalmente na morosidade do processo executivo fiscal, e, por conseguinte, na insuficiência e ineficácia de mecanismos que garantam a efetiva recuperação dos créditos.

Nesse contexto, aliando a teoria à prática, interpretações e decisões judiciais tornam-se vitais para aprimorar a aplicação do rito das execuções fiscais. Afinal, inexiste resposta mais direta às lacunas e déficits normativos do que as decisões do Poder Judiciário ante os pleitos a ele encaminhados pelos contribuintes. Não por outra razão, acredita-se que as ações ajuizadas e os rumos delineados pelas controvérsias envolvendo o binômio fisco-contribuintes são a via mais adequada a um diagnóstico eficaz dos impasses sobre os quais devem se debruçar eventuais reformas de ordem legislativa. Isso especialmente quando se examinam questões resolvidas em sede de repercussão geral.

Nessa linha, o voto do Ministro Luís Roberto Barroso, no Recurso Extraordinário (RE) nº 636.562, que deu origem ao Tema nº 390 da repercussão geral, destacou-se por sua abordagem inovadora e pela ênfase na necessidade de interpretar a LEF de forma autônoma. O Ministro Barroso defendeu que a LEF possui um conjunto normativo específico, que deve ser respeitado em sua aplicação, em vez de ser subsumido indiscriminadamente às disposições do Código de Processo Civil (CPC) ou às normas de direito material. Essa visão reforça a particularidade da execução fiscal e busca garantir que seus procedimentos atendam às finalidades específicas para as quais foram concebidos.

Dessa forma, o presente artigo cuida de referenciar a importância do voto do Ministro Luís Roberto Barroso, destacando suas contribuições para a interpretação autônoma da LEF e para o aperfeiçoamento das normas que regem o procedimento de execução fiscal no Brasil.

Para tanto, será realizada uma análise detalhada dos argumentos e fundamentos apresentados pelo ministro, evidenciando como sua interpretação pode impactar positivamente a jurisprudência e a prática judicial no âmbito das execuções fiscais. Além disso, será traçado um paralelo com o novo projeto de lei de execuções fiscais, que também busca modernizar e aprimorar o sistema de cobrança judicial da dívida ativa no Brasil.

2 Tema nº 390 da Repercussão Geral

Na origem, o caso envolve uma ação de execução fiscal ajuizada pela União Federal contra um contribuinte para a cobrança de créditos tributários relativos a contribuições previdenciárias não recolhidas tempestivamente. Em 8.5.2003, a União solicitou a suspensão da execução pelo prazo de 90 dias para proceder à pesquisa de endereço e bens do executado. Em 24.7.2003, o magistrado de primeira instância determinou a suspensão do processo pelo prazo de um ano, conforme o art. 40, §1º, da Lei nº 6.830/1980, com arquivamento posterior dos autos caso não houvesse novas requisições pela exequente.

Em 16.11.2009, a União foi intimada a se manifestar sobre a ocorrência de prescrição intercorrente, conforme o §4º do art. 40 da Lei de Execuções Fiscais. A União sustentou que não foram cumpridos os requisitos do art. 40 e que não foi responsável pela paralisação do processo, requerendo o prosseguimento da execução fiscal. No entanto, a sentença de mérito reconheceu a prescrição intercorrente, visto que mais de cinco anos se passaram desde o encerramento da suspensão anual sem movimentação útil por parte da União e sem ocorrência de causa interruptiva da prescrição. Assim, a execução fiscal foi extinta, conforme o art. 40, §4º, da Lei nº 6.830/1980.

Irresignada, a União interpôs recurso de apelação, alegando que não deu causa à paralisação do processo e que não foi intimada da decisão que determinou o arquivamento do feito, o que contrariaria os arts. 25 da Lei nº 6.830/1980 e 20 da Lei nº 11.033/2004. Requereu o provimento do recurso para afastar a prescrição e dar seguimento à execução fiscal. Após vista ao apelado, os autos foram remetidos ao Tribunal Regional Federal da 4ª Região.

Ao apreciar a apelação, a Primeira Turma do TRF da 4ª Região negou provimento ao recurso, entendendo que o art. 40, *caput* e §4º, da Lei nº 6.830/1980 conflita com o art. 174 do Código Tributário Nacional (CTN), que prevê o prazo prescricional de cinco anos, sem elencar hipótese de suspensão. Declarou-se a inconstitucionalidade do *caput* e do §4º do art. 40 da Lei nº 6.830/1980, por conflitar com a prescrição quinquenal prevista no art. 174 do CTN, que não aponta hipótese de suspensão do prazo.

A União interpôs recurso extraordinário, sustentando que a sistemática da suspensão processual preconizada pelo art. 40 da Lei de Execuções Fiscais é compatível com o art. 174 do CTN; que o §4º do art. 40 da LEF trouxe segurança jurídica aos contribuintes ao limitar a suspensão do processo pelo prazo de um ano, findo o qual passa a fluir a prescrição intercorrente; que as normas têm natureza processual, não versando sobre a suspensão do prazo da prescrição em si, mas constituindo causa legal suspensiva do processo executivo; e que a regra de procedimento que determina a suspensão da execução fiscal por um ano é um corolário lógico.

Em 21.4.2011, foi reconhecida a repercussão geral da matéria em exame, conforme proposta do então relator, Ministro Joaquim Barbosa. Para melhor compreensão da controvérsia, é necessário esmiuçar as características da prescrição intercorrente tributária, que ocorre no curso dos processos executivos quando não se localiza o devedor ou não se identificam bens passíveis de penhora, inviabilizando a satisfação do crédito. O sistema jurídico, voltado à pacificação dos conflitos sociais, não pode conviver com a permanência indefinida do poder persecutório do Estado em face dos indivíduos, considerando os princípios da segurança jurídica e do devido processo legal e a necessidade de que as demandas sejam solucionadas em um tempo razoável.

A controvérsia central do caso está na constitucionalidade do art. 40 da Lei de Execuções Fiscais no que tange à prescrição intercorrente e a competência legislativa para regular esse instituto. A União defende que a suspensão do processo por um ano, conforme o art. 40 da LEF, é compatível com o art. 174 do CTN e que, após esse período de suspensão, a prescrição intercorrente deve ser reconhecida, garantindo assim a segurança jurídica aos contribuintes ao estabelecer um limite para a suspensão do processo. Por outro lado, o TRF da 4ª Região argumenta que o art. 40 da LEF conflita com o art. 174 do CTN, que prevê o prazo prescricional de cinco anos sem hipótese de suspensão, e que a manutenção de um processo paralisado por mais de cinco anos, sem causa de suspensão ou interrupção, resulta em prescrição intercorrente, contrariando o princípio da segurança jurídica.

2.1 O voto do Min. Luís Roberto Barroso

O voto do Ministro Luís Roberto Barroso no Recurso Extraordinário nº 636.562, oriundo do Estado de Santa Catarina, apresenta uma abordagem detalhada e fundamentada acerca da questão da prescrição intercorrente tributária. Barroso é reconhecido por sua clareza e profundidade jurídica, dividindo seu voto em quatro tópicos principais.

Barroso inicia seu voto esclarecendo a distinção entre a prescrição ordinária tributária e a prescrição intercorrente tributária. A prescrição ordinária tributária refere-se à perda da pretensão do crédito tributário pela inércia do titular durante o período estabelecido em lei. Em contrapartida, a prescrição intercorrente ocorre durante o curso do processo de execução fiscal, quando há paralisação por mais de cinco anos sem que o devedor seja localizado ou não sejam encontrados bens penhoráveis. Barroso destaca que essa perda implica a extinção do crédito tributário, conforme o art. 156, V, do Código Tributário Nacional (CTN) (Barroso, 2016).

Em relação à necessidade de lei complementar para dispor sobre normas gerais tributárias, especialmente acerca da prescrição, Barroso argumenta que a Lei de Execuções Fiscais (Lei nº 6.830/1980) trata de aspectos processuais e, portanto, pode dispor validamente sobre a suspensão e a prescrição intercorrente da execução fiscal. Ele sustenta que "a necessidade de lei complementar para dispor sobre normas gerais tributárias não implica, necessariamente, que toda e qualquer norma referente à prescrição tenha que ser veiculada por meio de lei complementar".

Outro ponto central no voto de Barroso é a desnecessidade de uma lei complementar para a positivação da prescrição intercorrente tributária. Ele argumenta que a legislação ordinária já oferece bases suficientes para sua aplicação e que a exigência de uma lei complementar específica para esse fim não se justifica. Segundo Barroso, "a prescrição intercorrente tem por objetivo evitar que a execução fiscal se perpetue indefinidamente, obrigando a Fazenda Pública a atuar com eficiência e celeridade na cobrança dos créditos tributários".

Barroso defende a automaticidade da prescrição intercorrente após o prazo de um ano de suspensão da execução fiscal. Ele argumenta que "a contagem do prazo prescricional tributário de cinco anos deve iniciar-se automaticamente após o decurso do prazo de suspensão", sem a necessidade de um ato específico da Fazenda Pública ou do Judiciário para o seu reconhecimento.

2.2 Principais argumentos e fundamentos do voto

Barroso estruturou seu voto em torno de alguns pontos fundamentais:

- Autonomia normativa da LEF: o ministro destacou que a Lei de Execuções Fiscais (LEF) foi concebida com um conjunto de normas específicas, destinadas a regular de maneira eficiente e célere a cobrança judicial de dívidas ativas. Ele afirmou que "a aplicação subsidiária do CPC deve ser feita de maneira a não prejudicar a celeridade e a eficácia da execução fiscal".
- Princípios constitucionais: Barroso ressaltou a importância de interpretar a LEF à luz dos princípios constitucionais, como a eficiência administrativa e a garantia dos direitos fundamentais dos contribuintes. Ele argumentou que a interpretação autônoma da LEF contribui para um equilíbrio justo entre a celeridade na cobrança dos créditos públicos e a proteção dos direitos dos devedores. O ministro declarou que "a interpretação da LEF deve ser feita de maneira a compatibilizá-la com a Constituição, evitando-se uma leitura que gere inconstitucionalidade".
- Efetividade do processo executivo fiscal: o voto enfatizou a importância de se garantir a efetividade das execuções fiscais, evitando interpretações que possam prolongar indevidamente o processo e dificultar a recuperação dos créditos públicos. Ele argumentou que "a prescrição intercorrente tem por objetivo evitar que a execução fiscal se perpetue indefinidamente, obrigando a Fazenda Pública a atuar com eficiência e celeridade na cobrança dos créditos tributários".
- Segurança jurídica e previsibilidade: em uma análise consequencialista, Barroso argumentou que a interpretação autônoma da LEF promove maior segurança jurídica e previsibilidade, pois permite que as normas específicas da execução fiscal sejam aplicadas de forma coerente e uniforme. Ele enfatizou que "a contagem do prazo prescricional tributário de cinco anos deve iniciar-se automaticamente após o decurso do prazo de suspensão".

Ao fim, o voto do Ministro Barroso é exemplar pela clareza e profundidade com que aborda a temática, demonstrando um rigor técnico-jurídico e uma sensibilidade para os impactos práticos da decisão. Ele destaca a importância de se preservar a segurança jurídica e a eficiência administrativa, equilibrando os interesses do Fisco com os direitos dos contribuintes. O Ministro Barroso, com sua argumentação sólida e bem fundamentada, mostrou-se, na ocasião, um defensor da coerência e integridade do sistema jurídico, contribuindo significativamente para o desenvolvimento da jurisprudência tributária no Brasil.

2.3 Contribuições para a interpretação autônoma da LEF

O voto do Ministro Barroso trouxe contribuições significativas para a interpretação autônoma da LEF, ao defender uma aplicação que respeite suas especificidades e finalidades. Sua abordagem promove uma maior coerência e eficácia na aplicação das normas de execução fiscal.

Barroso também destacou a importância de considerar a natureza peculiar dos créditos tributários e não tributários inscritos em dívida ativa, argumentando que a execução fiscal deve ser tratada de forma diferenciada em relação às demais execuções cíveis e em aprimoramento aos ditames materiais do CTN. Essa visão incentiva uma aplicação mais adequada das normas, promovendo, em última análise, um ambiente jurídico mais eficiente, estável e equilibrado.

2.4 Impactos do voto na jurisprudência e na prática judicial

O voto do Ministro Barroso tem potencial para impactar significativamente a jurisprudência e a prática judicial no âmbito das execuções fiscais. Sua defesa da autonomia normativa da LEF pode servir de referência para futuras decisões, contribuindo para a consolidação de um entendimento mais coerente e eficaz sobre a aplicação da lei.

Além disso, a ênfase na interpretação autônoma da LEF pode incentivar uma revisão das práticas processuais, promovendo uma aplicação mais eficiente e justa das normas de execução fiscal. Isso beneficia não apenas a administração tributária, que ganha maior celeridade e efetividade na recuperação de créditos, mas também os contribuintes, que têm seus direitos fundamentais mais bem protegidos.

O voto do Ministro Luís Roberto Barroso representa um avanço significativo na interpretação e aplicação da Lei de Execuções Fiscais. Sua abordagem inovadora e fundamentada promove uma maior coerência e eficácia na execução fiscal, respeitando as especificidades e finalidades próprias da LEF. Ao defender a autonomia normativa da lei, Barroso contribui para um sistema jurídico mais justo e equilibrado, que beneficia tanto a administração pública quanto os contribuintes.

2.5 Conclusão do julgamento

Como adiantado, a controvérsia do julgamento do Recurso Extraordinário nº 636.562 gira em torno da constitucionalidade do art. 40 da Lei nº 6.830/1980, que trata da prescrição intercorrente em execuções fiscais. A União pleiteou o reconhecimento dessa constitucionalidade, argumentando que a lei ordinária é suficiente para regulamentar a prescrição intercorrente, enquanto os críticos apontavam a necessidade de uma lei complementar para tal regulação, conforme o art. 146, III, "b", da Constituição Federal de 1988.

A prescrição intercorrente ocorre no curso da execução fiscal, após a suspensão do processo por um ano, quando não se encontra o devedor ou bens penhoráveis. Esse prazo de um ano, conforme a lei, não deveria ser contado para efeitos de prescrição, o que gerou debates sobre a natureza jurídica desse período de suspensão e sua compatibilidade com o sistema constitucional tributário brasileiro.

Os críticos do dispositivo legal argumentavam que a prescrição, sendo uma matéria tributária, deveria ser regulamentada por lei complementar, em vez de lei ordinária. Eles sustentavam que o art. 40 da Lei nº 6.830/1980 infringia a Constituição ao não observar essa exigência. Por outro lado, a União defendia que a suspensão de um ano é uma medida processual necessária para estabilizar o processo e garantir a eficácia da execução fiscal.

Na decisão, o Supremo Tribunal Federal, por unanimidade, e congruência ao voto proferido pelo Ministro Luís Roberto Barroso, reconheceu a constitucionalidade do art. 40 da Lei de Execuções Fiscais, declarando que a prescrição intercorrente tem natureza processual e pode ser regulamentada por lei ordinária. O Tribunal também fixou a tese de que o prazo de um ano de suspensão da execução fiscal é constitucional e, após esse período, inicia-se automaticamente a contagem do prazo prescricional tributário de cinco anos.

Assim, o julgamento reafirmou a validade do art. 40 da Lei nº 6.830/1980, assegurando que a prescrição intercorrente em execuções fiscais pode ser regulamentada por lei ordinária, desde que observadas as peculiaridades do crédito tributário e os princípios constitucionais. Essa decisão trouxe maior clareza e segurança jurídica para as execuções fiscais, delimitando de forma precisa os prazos e condições para a contagem da prescrição tributária.

3 Comentários ao voto do Ministro Barroso

O voto do Ministro Luís Roberto Barroso, proferido em um acórdão relevante, merece exame aprofundado não apenas pelo impacto do pronunciamento, como pela clareza e coerência de sua argumentação, mas também pela sua capacidade de inovar e modernizar a interpretação da Lei de Execuções Fiscais (LEF).

A seguir, destacam-se os principais aspectos do voto que merecem reconhecimento.

3.1 Coerência e fundamentação jurídica

Um dos aspectos mais notáveis do voto do Ministro Barroso é a sua coerência e robusta fundamentação jurídica. Barroso construiu seu voto com base em uma análise detalhada da LEF, destacando a importância de se preservar a autonomia dessa legislação específica. Sua argumentação é fundamentada em princípios constitucionais e na própria lógica do sistema jurídico, o que confere solidez e consistência ao seu posicionamento.

Barroso também fez uso de um amplo embasamento em precedentes jurisprudenciais e doutrinários, demonstrando um profundo conhecimento da matéria e uma capacidade de articular esses conhecimentos de maneira clara e persuasiva. Essa abordagem não só fortalece a validade de seus argumentos, como também oferece uma base sólida para futuras interpretações e aplicações da LEF.

3.2 Defesa dos princípios constitucionais

O voto do Ministro Barroso é exemplar na defesa dos princípios constitucionais, particularmente os princípios da eficiência administrativa e da proteção dos direitos fundamentais dos contribuintes. Barroso argumenta que a interpretação autônoma da LEF é essencial para garantir que o processo executivo fiscal seja conduzido de maneira eficiente e justa.

A ênfase na eficiência administrativa reflete uma preocupação com a celeridade e a eficácia na recuperação de créditos públicos, o que é fundamental para a sustentabilidade financeira dos entes públicos. Ao mesmo tempo, Barroso não perde de vista a importância de proteger os direitos dos contribuintes, assegurando que o processo executivo fiscal não se torne arbitrário ou excessivamente oneroso.

3.3 Inovação e modernização na interpretação da LEF

Barroso destaca-se por sua capacidade de inovar e modernizar a interpretação da LEF. Seu voto propõe uma visão contemporânea e dinâmica da lei, que leva em consideração as mudanças sociais, econômicas e jurídicas que ocorreram desde a promulgação da LEF em 1980. Essa abordagem é crucial para manter a relevância e a eficácia da lei no contexto atual.

Uma das inovações propostas por Barroso é a aplicação criteriosa e limitada do Código de Processo Civil (CPC) no âmbito das execuções fiscais. Ele argumenta que, embora o CPC possa ser aplicado subsidiariamente, essa aplicação deve ser feita de maneira a respeitar a autonomia e as especificidades da LEF. Essa visão evita a diluição das características próprias da execução fiscal e promove uma aplicação mais adequada e eficiente das normas.

3.4 Reflexos positivos na segurança jurídica

A interpretação autônoma da LEF, defendida por Barroso, traz reflexos positivos significativos para a segurança jurídica. Ao promover uma aplicação coerente e específica das normas de execução fiscal, Barroso contribui para um ambiente jurídico mais previsível e estável. Isso é benéfico tanto para a Administração Pública, que ganha maior clareza e consistência na aplicação da lei, quanto para os contribuintes, que podem confiar em um tratamento justo e equilibrado.

A ênfase na segurança jurídica é particularmente importante em um contexto de cobrança de dívidas públicas, em que a estabilidade e a previsibilidade das normas são essenciais para garantir a confiança dos cidadãos no sistema jurídico. O voto de Barroso, ao reforçar a autonomia da LEF, promove essa segurança jurídica, oferecendo uma base sólida para a aplicação das normas de execução fiscal.

Em suma, o voto do Ministro Luís Roberto Barroso é um exemplo notável de como a interpretação jurídica pode ser inovadora, coerente e profundamente fundamentada. Sua defesa da autonomia da LEF, aliada à ênfase nos princípios constitucionais e à busca por uma aplicação eficiente e justa das normas, merece elogios e reconhecimento. Barroso não só contribui para a modernização da interpretação da LEF, mas também promove um ambiente jurídico mais seguro e previsível, beneficiando tanto a Administração Pública quanto os contribuintes.

4 A interpretação autônoma da LEF

A interpretação autônoma da Lei de Execuções Fiscais (LEF) é um tema crucial para a aplicação eficaz e justa das normas que regulam a cobrança judicial da dívida ativa. A autonomia da LEF é defendida para garantir que as especificidades e finalidades próprias dessa legislação sejam respeitadas, promovendo maior segurança jurídica e eficiência na recuperação de créditos públicos.

A interpretação autônoma da LEF refere-se à aplicação das disposições da lei de forma independente, considerando suas particularidades e objetivos específicos, sem subordinação irrestrita às normas do Código de Processo Civil (CPC) e do Código Tributário Nacional (CTN). Embora tais regras possam ser aplicadas subsidiariamente, essa aplicação deve ser feita com cautela, de modo a não esvaziar a eficácia e a finalidade da LEF.

A importância da interpretação autônoma reside na necessidade de garantir que o processo executivo fiscal seja conduzido de maneira eficiente. Isso porque a LEF foi concebida para atender às demandas específicas da cobrança de dívidas públicas, o que inclui procedimentos mais ágeis e adequados à natureza dos créditos tributários e não tributários.

A distinções que devem nortear essa diferenciação são muitas: há a necessidade de adequação do procedimento aos novos paradigmas processuais, para promover a cooperação entre as partes, igualdade, eficiência e a instrumentalidade das formas. Notadamente, a execução fiscal requer um rito específico, distinto das normas processuais gerais estabelecidas pelo Código de Processo Civil (CPC) para a cobrança judicial de títulos privados e mais atento à instrumentalidade do que as normas de direito material às quais se propõe o CTN.

Ademais, enquanto o título em dívida ativa possui presunção de certeza e liquidez devido à sua inscrição, a aplicação efetiva do princípio de legalidade é crucial para manter o equilíbrio na relação entre a Fazenda Pública e os contribuintes.

Subordinar a LEF indiscriminadamente ao CPC ou ao CTN naturalmente compromete esses objetivos, tornando o processo executivo mais lento e menos eficaz. Afinal, a interpretação autônoma da Lei de Execuções Fiscais é essencial para garantir a eficácia e a justiça no processo de cobrança judicial da dívida ativa. Ao respeitar as particularidades e finalidades específicas da LEF, essa abordagem promove maior eficiência, segurança jurídica e proteção dos direitos dos contribuintes. Dessa forma, a defesa da autonomia normativa da LEF, como realizada pelo Ministro Luís Roberto Barroso, é fundamental para a modernização e aprimoramento do sistema de execuções fiscais no Brasil.

5 Contribuições do voto do Ministro Barroso para a LEF

O voto do Ministro Luís Roberto Barroso traz importantes contribuições para a interpretação e aplicação da Lei de Execuções Fiscais (LEF), reforçando a necessidade de uma abordagem que respeite a autonomia normativa dessa legislação. A seguir, destacam-se as principais contribuições do voto do Ministro Barroso para a LEF, evidenciando seu impacto na jurisprudência e na prática judicial.

Nesse sentido, uma das principais contribuições do voto do Ministro Barroso é a reafirmação da autonomia da LEF. Barroso argumenta que a execução fiscal possui características e finalidades específicas, que devem ser respeitadas para garantir a eficácia e a justiça no processo de cobrança da dívida ativa. Segundo ele, a aplicação subsidiária do CPC e do CTN deve ser feita de forma criteriosa, evitando que as peculiaridades da LEF sejam diluídas por normas processuais civis ou materiais tributárias genéricas.

Essa posição é fundamental para preservar a identidade normativa da LEF, assegurando que seus procedimentos sejam adequados às necessidades da administração tributária e dos contribuintes. Ao defender a autonomia da LEF, o Ministro Barroso contribui para a construção de uma jurisprudência mais coerente e específica no âmbito das execuções fiscais, promovendo maior segurança jurídica e previsibilidade nas decisões judiciais.

Assim, o voto enfatiza a importância de garantir a efetividade das execuções fiscais, evitando interpretações que possam comprometer a celeridade e a eficiência do processo. Barroso argumenta que a LEF foi concebida para proporcionar uma recuperação rápida e eficaz dos créditos públicos, sendo essencial que suas normas sejam aplicadas de maneira a maximizar essa eficiência.

Essa contribuição é particularmente relevante em um contexto de sobrecarga do Judiciário e de crescente necessidade de recuperação de créditos públicos. Ao defender a aplicação autônoma da LEF, Barroso promove uma abordagem que busca conciliar a celeridade processual com a proteção dos direitos dos contribuintes, garantindo que o processo executivo fiscal seja conduzido de maneira justa e eficiente.

Ademais, tal posicionamento destaca a importância de proteger os direitos dos contribuintes no âmbito das execuções fiscais. Barroso argumenta que, embora a recuperação de créditos públicos seja essencial, isso não deve ocorrer em detrimento dos direitos fundamentais dos devedores. Ele defende que a LEF deve ser interpretada de forma a assegurar o devido processo legal, a ampla defesa e o contraditório, promovendo um equilíbrio justo entre a celeridade na cobrança e a proteção dos direitos dos contribuintes.

Tal abordagem contribui para a construção de um sistema de execuções fiscais mais equilibrado e justo, que respeita os princípios constitucionais e garante a proteção dos direitos fundamentais dos cidadãos. Ao enfatizar a importância de proteger os direitos dos contribuintes, o voto de Barroso promove um ambiente jurídico mais seguro e previsível, beneficiando tanto a Administração Pública quanto os contribuintes.

Em linha, uma das contribuições mais significativas do voto do Ministro Barroso é a busca por um equilíbrio entre a celeridade e a justiça no processo executivo fiscal. Barroso argumenta que a interpretação autônoma da LEF é essencial para garantir que o processo seja conduzido de maneira eficiente, sem comprometer a justiça e a proteção dos direitos dos contribuintes.

Isso porque essa visão promove uma abordagem que valoriza tanto a necessidade de uma rápida recuperação de créditos públicos quanto a garantia de um processo justo e equilibrado. Ao defender a autonomia da LEF e a proteção dos direitos dos contribuintes, Barroso contribui para a construção de um sistema de execuções fiscais mais eficiente e justo, que atende às necessidades da administração tributária e dos cidadãos.

Portanto, o voto traz importantes contribuições para a interpretação e aplicação da Lei de Execuções Fiscais, reforçando a necessidade de uma abordagem que respeite a autonomia normativa da LEF. Ao defender a autonomia da LEF em relação ao CPC, garantir a efetividade das execuções fiscais, proteger os direitos dos contribuintes e buscar um equilíbrio entre celeridade e justiça, Barroso promove uma interpretação que contribui para a construção de um sistema de execuções fiscais mais eficiente, justo e equilibrado. Essas contribuições são fundamentais para modernizar e aprimorar o processo de cobrança da dívida ativa no Brasil, promovendo maior segurança jurídica e previsibilidade nas decisões judiciais e reafirmando a necessidade de constante adaptação e readequação do sistema de execuções fiscais no Brasil.

6 O Novo Projeto de Lei de Execuções Fiscais

Diante das dificuldades apresentadas que o atual procedimento encontra na satisfação dos objetivos executórios perante a constrição patrimonial, uma resposta natural do Poder Legislativo é, justamente, visando à alocação mais eficiente dos esforços públicos e privados, elaborar alterações no rito vigente.

Por meio do Ato Conjunto Senado/STF nº 1/2022,[3] foi instalada a Comissão Especial de Juristas do Senado Federal para a Reforma do Processo Tributário Administrativo e Judicial, a qual se subdividiu entre a Subcomissão de Processo Administrativo e a Subcomissão de Processo Tributário. Esta, portanto, empenhou-se na importante missão de reformar o processo tributário. A referida Comissão foi presidida pela Ministra Regina Helena Costa, que assumiu o compromisso com a premissa de buscar a convivência harmoniosa entre o interesse público e os interesses particulares na solução da elevada litigância.

É exatamente nesse sentido que o Novo Projeto de Lei de Execuções Fiscais (PL nº 2.488/2022) se estabelece como iniciativa destinada a reformular e modernizar a Lei de Execuções Fiscais (LEF). Fazendo coro à reforma tributária sobre o consumo, inaugurada pela promulgação da EC nº 132/2023, o mencionado projeto compõe a chamada Reforma do Processo Tributário, que busca reduzir o teor beligerante e a postura altamente litigiosa que tem predominado na interação fisco-contribuintes no Brasil. Nessa toada, com vistas a tornar o feito executivo mais atinente aos seus próprios objetivos, o PL nº 2.488/2022 propõe mudanças significativas nos procedimentos de cobrança da dívida ativa, com o objetivo de torná-los mais eficientes, justos e compatíveis com as necessidades atuais da administração pública e da sociedade civil.

Referido projeto concentra a remodelação do rito das execuções fiscais em cinco pontos norteadores, quais sejam: (i) a determinação da inscrição em dívida ativa como o momento de maior centralidade para a estipulação da legalidade do crédito tributário; (ii) a compreensão da preponderância formal na construção de uma cultura cooperativa entre as partes; (iii) a expansão da noção de satisfação do objetivo executivo para além do mero adimplemento; (iv) a ampliação da cobrança da dívida ativa com a previsão de meios alternativos anteriores à execução fiscal; e (v) a dinamização das execuções fiscais, com o objetivo último de tornar mais célere e simples o procedimento.

A Comissão Temporária para Exame de Projetos de Reforma dos Processos Administrativo e Tributário Nacional da Comissão de Assuntos Econômicos (CAE) do Senado Federal aprovou recentemente, em 12.6.2024,[4] o projeto que cria a nova Lei de Execução Fiscal (PL nº 2.488/2022). A principal novidade é a possibilidade de cobrança extrajudicial de débitos de menor valor. O texto aprovado pela comissão é um substitutivo (texto alternativo) elaborado pelo relator, Senador Efraim Filho (União-PB). O texto tem por base o PL nº 2.488/2022, mas com acréscimo de sugestões de juristas, de especialistas e da sociedade.

Destaca-se, em especial, que não poderão ser inscritos na dívida ativa créditos relacionados a matérias já decididas a favor do contribuinte com trânsito em julgado (fim da possibilidade de recursos) e com pronunciamento vinculante (que criam regra a ser

---

[3] Disponível em: https://www25.senado.leg.br/web/atividade/materias//materia/152139#:~:text=Ato%20do%20Presidente%20do%20Senado%20Federal%20n%C2%B0%201%2C%20de%202022&text=2022%20Descri%C3%A7%C3%A3o%2FEmenta,Institui%20Comiss%C3%A3o%20de%20Juristas%20respons%C3%A1vel%20pela%20elabora%C3%A7%C3%A3o%20de%20anteprojetos%20de,processo%20administrativo%20e%20tribut%C3%A1rio%20nacional. Acesso em: 18 jul. 2024.

[4] Disponível em: https://www12.senado.leg.br/noticias/materias/2024/06/12/aprovado-projeto-da-nova-lei-de-execucao-fiscal-inclui-cobranca-de-debitos. Acesso em: 18 jul. 2024.

seguida em decisões seguintes) pelo Supremo Tribunal Federal (STF) ou pelo Superior Tribunal de Justiça (STJ) ou em contraste com orientação vinculante dada em âmbito administrativo pelo próprio ente público. O devedor poderá fazer a oferta antecipada de garantia em execução fiscal indicando bens próprios ou de terceiros (desde que devidamente autorizados por eles) que forem sujeitos a registro público e passíveis de penhora (como imóveis e veículos) ou carta de fiança ou apólice de seguro-garantia.

Quanto à cobrança extrajudicial, caso o devedor não pague o valor devido, não solicite revisão da dívida nem ofereça garantia antecipada nos prazos estabelecidos, o fisco poderá encaminhar a dívida para protesto, inscrever seu nome nos cadastros de proteção ao crédito, averbar a dívida nos cadastros de bens, usar os serviços de instituições de cobrança amigável e utilizar os meios disponíveis para a cobrança extrajudicial ou judicial. A cobrança extrajudicial (sem abertura de processo na Justiça) de dívidas de menor valor é a principal inovação em relação à lei atual e tem o objetivo de agilizar os processos e desafogar o Judiciário. Essa cobrança fora da Justiça será a forma obrigatória quando o valor consolidado da dívida for inferior a 60 salários-mínimos ou, no caso dos conselhos profissionais e da OAB, 40 salários-mínimos.

6.1 Principais alterações propostas pelo projeto de lei

Como adiantado, o PL nº 2.488/2022 propõe uma série de mudanças na legislação vigente. Entre as principais alterações, destacam-se a desjudicialização das execuções fiscais, a implementação de meios alternativos de cobrança, a modernização dos procedimentos de penhora e os incentivos ao pagamento voluntário.

Nesse sentido, a proposta destaca a desjudicialização das execuções fiscais, como meio de possibilitar que a cobrança da dívida ativa seja realizada administrativamente, sem a necessidade de intervenção do Poder Judiciário. Tal medida se mostra essencial para amenização do cenário de alta demanda do Judiciário e para conferência de algum grau de celeridade ao processo de recuperação de créditos públicos.

O projeto também prevê a utilização de meios alternativos de cobrança, como a mediação e a conciliação, para resolver conflitos de forma mais célere e eficiente. A implementação de medidas autocompositivas reitera a iniciativa de promover acordos entre a administração tributária e os contribuintes, reduzindo o número de processos judiciais e a postura litigante, notadamente ineficiente, que tem pautado essas relações.

Além disso, o projeto propõe a modernização dos procedimentos de penhora, incluindo a penhora eletrônica de ativos financeiros. Isso visa tornar o processo de garantia do crédito mais ágil e eficaz, permitindo a rápida localização e bloqueio de bens do devedor. São previstos, ainda, incentivos para o pagamento voluntário da dívida, como a redução de multas e juros. Essas medidas têm como objetivo incentivar os contribuintes a regularizarem suas pendências de forma espontânea, evitando a necessidade de execução forçada.

Com efeito, o novo projeto de Lei de Execuções Fiscais tem o potencial de transformar significativamente a forma como a cobrança da dívida ativa é conduzida no Brasil. Entre os principais impactos esperados, destacam-se o aumento da eficiência na recuperação de créditos, a redução da sobrecarga do Judiciário, a melhoria na relação entre administração tributária e contribuintes e a maior segurança jurídica.

Ao permitir a cobrança administrativa e a utilização de meios alternativos de resolução de conflitos, o projeto se volta àquilo que poderíamos diagnosticar como o maior déficit, senão o cerne da maioria dos déficits, do atual sistema de cobrança das dívidas fazendárias: a sobrecarga do Judiciário. Desse modo, isto é, ao voltar seus esforços à desjudicialização, o iminente rito abrirá portas para uma nova alocação de recursos, possivelmente em outras áreas, contribuindo para uma justiça mais célere e eficaz.

Já os incentivos ao pagamento voluntário e a possibilidade de negociação podem melhorar a relação entre a administração tributária e os contribuintes, promovendo uma cultura de cooperação e *compliance* fiscal. Essa modernização dos procedimentos e a clareza das novas regras propostas pelo projeto podem e devem contribuir para uma maior segurança jurídica, proporcionando previsibilidade e estabilidade nas decisões relacionadas à execução fiscal.

6.2 Paralelos com o voto do Ministro Barroso

O voto do Ministro Luís Roberto Barroso e o projeto elaborado pela Comissão Especial do Senado compartilham, em parte, uma visão comum de modernização e eficiência na cobrança da dívida ativa. Ambos defendem a necessidade de adaptações que tornem o processo mais célere e justo, na visão de Barroso, respeitando as especificidades da execução fiscal, em face não só do rito executivo de títulos privados (regido pelo Código de Processo Civil), como também do direito material, em geral disciplinado pelo Código Tributário Nacional (CTN).

Com efeito, diferentemente do projeto recém-aprovado, o voto reconhece uma importância maior em preservar a autonomia da LEF, evitando a subordinação irrestrita ao CPC e ao CTN. Essa abordagem busca garantir que as particularidades da execução fiscal sejam respeitadas, promovendo uma recuperação mais eficiente dos créditos públicos. O projeto recém-aprovado tem um viés mais voltado à aplicação mais efetiva e menos subsidiária das premissas e balizas do CPC à execução fiscal. Não obstante as distinções, o voto do ministro e o projeto de lei enfatizam a necessidade de proteger os direitos dos contribuintes, assegurando o devido processo legal e a ampla defesa, sem descuidar da eficiência da cobrança forçada.

As medidas propostas no projeto, como os incentivos ao pagamento voluntário e a mediação, refletem essa preocupação com a justiça e a equidade no processo executivo fiscal. Ainda, ambos destacam a importância de promover a eficiência e a celeridade na recuperação dos créditos públicos. As propostas de desjudicialização e modernização dos procedimentos de penhora, por exemplo, estão alinhadas com a visão de Barroso sobre a necessidade de uma execução fiscal mais ágil e eficaz.

6.3 Reflexões sobre o futuro das execuções fiscais no Brasil

A combinação das ideias defendidas pelo Ministro Barroso e as inovações propostas pelo Novo Projeto de Lei de Execuções Fiscais aponta para um futuro mais eficiente e justo para a cobrança da dívida ativa no Brasil. A adoção de medidas que modernizem os procedimentos, proteja os direitos dos contribuintes e garantam a autonomia normativa da LEF, sem prejuízo da aplicação subsidiária do CPC, pode transformar significativamente o panorama das execuções fiscais.

Essa visão integrada promove um sistema de execução fiscal que atende às necessidades da administração tributária e dos contribuintes, equilibrando eficiência, celeridade e justiça. Os caminhos apontados por Barroso e pelo projeto de lei oferecem uma oportunidade de aprimorar o processo de cobrança da dívida ativa, contribuindo para a sustentabilidade financeira do Estado e para um ambiente jurídico mais seguro, célere, eficiente e previsível.

7 Conclusão

O presente artigo cuidou de discutir os principais efeitos esperados dessa nova legislação, com base nas alterações propostas e na visão inovadora defendida pelo Ministro Luís Roberto Barroso em voto percussor da compreensão autônoma das execuções fiscais no Brasil.

No ponto, uma das principais contribuições do voto do Ministro Barroso é a reafirmação da autonomia da LEF. Barroso argumenta que a execução fiscal possui características e finalidades específicas, que devem ser respeitadas para garantir a eficácia e a justiça no processo de cobrança da dívida ativa. Segundo ele, a aplicação subsidiária do CPC e do CTN deve ser feita de forma criteriosa, evitando que as peculiaridades da LEF sejam diluídas por normas processuais civis ou materiais tributárias genéricas.

Prosseguindo, o artigo pretendeu analisar as possíveis soluções *de lege ferenda*.

A implementação do Novo Projeto de Lei de Execuções Fiscais (PL nº 2.488/2022) trará impactos significativos na forma como as execuções fiscais são conduzidas no Brasil. Esses impactos se refletem tanto na eficiência administrativa quanto na relação entre o fisco e os contribuintes.

Nessa esteira, um dos impactos mais significativos da nova legislação será o aumento da eficiência administrativa na cobrança da dívida ativa, sem descuidar do devido processo legal e segurança jurídica. A desjudicialização das execuções fiscais, uma das principais inovações do projeto de lei, permitirá que a cobrança de créditos públicos de pequeno valor seja realizada administrativamente, sem a necessidade de intervenção do Poder Judiciário. Isso deve resultar em uma significativa redução da sobrecarga judicial, liberando recursos e esforços do sistema judiciário para outras demandas mais complexas e relevantes.

Essa mudança, ademais, promove uma maior celeridade no processo de execução fiscal, uma vez que a tramitação tende a ser mais rápida, além de a desjudicialização poder reduzir os custos envolvidos na cobrança da dívida ativa, tanto para o Estado quanto para os contribuintes, promovendo uma gestão mais eficiente dos recursos públicos.

Outro impacto relevante da nova legislação é um maior diálogo entre a Fazenda Nacional e os contribuintes. As inovações propostas no projeto de lei, como a mediação e a conciliação, oferecem aos contribuintes a oportunidade de resolver suas pendências de maneira mais célere e amigável, bem como menos onerosa. Essas medidas promovem um ambiente de cooperação e diálogo entre a administração tributária e os contribuintes, incentivando a regularização voluntária das dívidas e estabelecendo o feito executivo, notadamente dispendioso para os cofres públicos, como uma espécie de *ultima ratio* do processo tributário.

A eficiência na busca de bens penhoráveis é reforçada pela modernização dos procedimentos de penhora, que se tornam mais transparentes e eficientes. A penhora eletrônica, por exemplo, permite uma rápida localização e bloqueio de ativos financeiros, evitando medidas excessivas e garantindo que a cobrança seja proporcional e justa. Essa abordagem equilibrada contribui para um sistema de execução fiscal mais justo e respeitoso dos direitos dos cidadãos.

A nova legislação também deve trazer maior segurança jurídica e previsibilidade para o sistema de execuções fiscais, implantando preocupações, inclusive externalizadas por Barroso em seu voto. As regras claras e transparentes propostas no projeto de lei proporcionam um ambiente jurídico mais estável. Tal previsibilidade é essencial para garantir a confiabilidade dos cidadãos no sistema tributário e para promover um ambiente de negócios mais favorável.

Os incentivos ao pagamento voluntário propostos no projeto de lei, como a redução de multas e juros, têm o potencial de aumentar significativamente a arrecadação de créditos públicos. Esses incentivos estimulam os contribuintes a regularizarem suas pendências de forma espontânea, evitando a necessidade de execução forçada. Isso não só acelera a recuperação de créditos, mas também reduz os custos e os conflitos associados ao processo executivo.

A possibilidade de acordos extrajudiciais, por meio de mediação e conciliação, também incentiva o pagamento voluntário e promove um ambiente de resolução amigável de conflitos. Essas medidas reforçam a visão de Barroso sobre a importância de proteger os direitos dos contribuintes e de promover uma execução fiscal justa e equilibrada.

Finalmente, a implementação da nova legislação deve gerar reflexos positivos na jurisprudência e na prática judicial. Isso porque as mudanças propostas contribuem para a construção de uma jurisprudência mais coerente e específica no âmbito das execuções fiscais, alinhada com a visão de modernização e eficiência defendida pelo Ministro Barroso. Afinal, a clareza das normas promove uma aplicação mais uniforme e previsível das regras de execução fiscal, beneficiando tanto a administração tributária quanto os contribuintes.

No mais, a nova legislação também deve influenciar a prática judicial, incentivando uma abordagem mais pragmática e eficiente na resolução de conflitos fiscais tangentes à fase executiva. A desjudicialização e a mediação, por exemplo, promovem soluções rápidas e consensuais, que podem reduzir a litigiosidade e melhorar a relação entre o fisco e os contribuintes.

Em suma, a implementação, ainda que não por definitivo, do Novo Projeto de Lei de Execuções Fiscais é reflexo de uma busca incessante para aprimorar o sistema de cobrança da dívida ativa no Brasil. A maior eficiência administrativa, a proteção dos direitos dos contribuintes, a segurança jurídica, os incentivos ao pagamento voluntário e os reflexos na jurisprudência são alguns dos principais benefícios esperados dessa nova legislação.

Informação bibliográfica deste texto, conforme a NBR 6023:2018 da Associação Brasileira de Normas Técnicas (ABNT):

SALOMÃO, Luis Felipe; GOMES, Marcus Lívio. A irretocável contribuição do voto do Min. Luís Roberto Barroso na ocasião do julgamento do Tema nº 390/STF para o aperfeiçoamento da dinâmica das execuções fiscais no Brasil. *In*: PAULA, Fernanda de; PENCAK, Nina (coord.). *Tributação, liberdade e igualdade*: as contribuições do Ministro Luís Roberto Barroso. Belo Horizonte: Fórum, 2025. p. 89-103. ISBN 978-65-5518-952-0.

O PAPEL DO *COMPLIANCE* TRIBUTÁRIO PARA A PROMOÇÃO DA TRANSPARÊNCIA NAS RELAÇÕES COMERCIAIS E DO COMBATE À SONEGAÇÃO FISCAL

BENEDITO GONÇALVES

CAMILE SABINO BEZERRA CORRÊA

1 Introdução

A vida e a carreira do Ministro Luís Roberto Barroso são marcadas por uma indelével contribuição para o desenvolvimento do campo jurídico no Brasil. Sua sólida formação acadêmica e dedicação à defesa dos direitos fundamentais fazem dele um dos juristas mais proeminentes do país.

Sua atuação no Superior Tribunal de Justiça – STF tem sido de extrema importância para a consolidação de uma jurisprudência mais progressista e comprometida com a justiça social.

Com o escopo de homenagear o árduo e profícuo trabalho do Ministro Luís Roberto Barroso em prol da moralidade administrativa, o artigo traz a lume o tema *compliance*, abordando especificamente o *compliance* tributário para a prevenção de sonegação e para a identificação de erros fiscais.

O chamamento normativo para que as empresas públicas e privadas instituam mecanismos internos de conformidade é de inestimável valia no combate da figura do corruptor privado, caminhando em sintonia com a moralização da Administração Pública brasileira.

Tais mecanismos, que já se fazem presentes em maior intensidade no setor privado, e passam a compor mais intensamente a Administração Pública direta e indireta, têm como núcleo a conformação ou conformidade normativa da ação institucional.

Sob o prisma do presente artigo, as regras de *compliance* e, especificamente, as de *compliance* tributário, se sobrepõem ao organismo no qual são estabelecidas, de forma que a instituição passa a se guiar segundo a aplicação de um regramento superior e diretivo, abandonando o modo de agir desvencilhado de determinação impositiva de controle.

Por fim, ao abordar o *compliance* tributário para a promoção da transparência nas relações comerciais e do combate à sonegação fiscal, o presente artigo conclui que os mecanismos de *compliance* tributário não implicam uma relativização da liberdade, em benefício da moralidade.

2 Conceito de *compliance*

O termo *compliance* – com origem no verbo em inglês *to comply*, significa conformar-se com uma norma – e é utilizado para delimitar o conjunto de procedimentos internos, nos âmbitos institucional e corporativo, para fazer cumprir as normas legais e regulamentares, bem como, de maneira profilática, evitar qualquer tipo de desvio dos padrões de moralidade e correção estabelecidos para o empreendimento.

Vários empreendimentos privados possuem setores ou comitês de *compliance*, cuja missão é a de assegurar que as regras a serem seguidas pela empresa, internas ou externas (Lei Anticorrupção, Lei de Licitações, Improbidade, dentre outras),[1] sejam de fato cumpridas.

Trata-se, desse modo, de uma gestão interna de conformidade, perante a qual o empreendimento conforma suas ações de acordo com o que determinam as normas jurídicas e determinações regulamentares.

No âmbito da Administração Pública, a denominada *Lei Anticorrupção* compõe um sistema normativo próprio, protetivo da probidade na Administração, ao lado da Lei de Improbidade Administrativa (Lei nº 14.230/2021)[2] e de outros normativos que definem arquétipos ilícitos, criminais e administrativos.

Nesse sentido, a Lei nº 12.846/2013,[3] que dispõe sobre a responsabilização administrativa e civil de pessoas jurídicas pela prática de atos contra a administração pública, nacional ou estrangeira, e dá outras providências, assim traz em seu art. 7º, VIII:

> Art. 7º Serão levados em consideração na aplicação das sanções: [...]
> VIII - a existência de mecanismos e procedimentos internos de integridade, auditoria e incentivo à denúncia de irregularidades e a aplicação efetiva de códigos de ética e de conduta no âmbito da pessoa jurídica; [...].

Ocorreu, assim, a inserção de um instrumento específico de *compliance* na Lei nº 12.846/2013, que visa estimular a adoção de um sistema de gestão de conformidade nas empresas. Em outras linhas, a empresa que passa a agir perante sistemas de conformidade normativa, por meio de instrumentos de *compliance*, recebe um tratamento diferenciado.

---

1 GONÇALVES, Benedito; GRILLO, Renato Cesar Guedes. A utilização dos mecanismos de compliance para a realização do princípio da moralidade administrativa. *In*: DAL POZZO, Augusto Neves; MARTINS, Ricardo Marcondes (Coord.). *Compliance no direito administrativo*. São Paulo: Revista dos Tribunais, 2020. v. 1. p. 41-54.

2 BRASIL. *Lei nº 14.230, de 25 de outubro de 2021*. Altera a Lei nº 8.429, de 2 de junho de 1992, que dispõe sobre improbidade administrativa. Disponível em: https://www.planalto.gov.br/ccivil_03/_ato2019-2022/2021/lei/l14230.htm. Acesso em: 23 jul. 2023.

3 BRASIL. *Lei nº 12.846, de 1º de agosto de 2013*. Dispõe sobre a responsabilização administrativa e civil de pessoas jurídicas pela prática de atos contra a administração pública, nacional ou estrangeira, e dá outras providências. Disponível em: https://www.planalto.gov.br/ccivil_03/_ato2011-2014/2013/lei/l12846.htm. Acesso em: 23 jul. 2023.

Antes da referida lei, já havia uma série de medidas administrativas voltadas ao *compliance* e ao combate à corrupção, como a Estratégia Nacional de Combate à Corrupção e Lavagem de Dinheiro, estabelecida em 2003 com o escopo de promover discussões e ações voltadas ao combate aos crimes de corrupção.[4]

Além disso, o Estatuto Jurídico das Estatais (Lei nº 13.303/2016)[5] prevê a inserção, nas respectivas estruturas das empresas estatais integrantes da Administração Pública indireta, de área responsável pela verificação do cumprimento de suas obrigações e de gestão de riscos, senão vejamos:

> Art. 9º A empresa pública e a sociedade de economia mista adotarão regras de estruturas e práticas de gestão de riscos e controle interno que abranjam:
> I - ação dos administradores e empregados, por meio da implementação cotidiana de práticas de controle interno;
> II - área responsável pela verificação de cumprimento de obrigações e de gestão de riscos;
> III - auditoria interna e Comitê de Auditoria Estatutário.
> §1º Deverá ser elaborado e divulgado Código de Conduta e Integridade, que disponha sobre:
> I - princípios, valores e missão da empresa pública e da sociedade de economia mista, bem como orientações sobre a prevenção de conflito de interesses e vedação de atos de corrupção e fraude;
> II - instâncias internas responsáveis pela atualização e aplicação do Código de Conduta e Integridade;
> III - canal de denúncias que possibilite o recebimento de denúncias internas e externas relativas ao descumprimento do Código de Conduta e Integridade e das demais normas internas de ética e obrigacionais;
> IV - mecanismos de proteção que impeçam qualquer espécie de retaliação a pessoa que utilize o canal de denúncias;
> V - sanções aplicáveis em caso de violação às regras do Código de Conduta e Integridade;
> VI - previsão de treinamento periódico, no mínimo anual, sobre Código de Conduta e Integridade, a empregados e administradores, e sobre a política de gestão de riscos, a administradores.
> §2º A área responsável pela verificação de cumprimento de obrigações e de gestão de riscos deverá ser vinculada ao diretor-presidente e liderada por diretor estatutário, devendo o estatuto social prever as atribuições da área, bem como estabelecer mecanismos que assegurem atuação independente.
> §3º A auditoria interna deverá:
> I - ser vinculada ao Conselho de Administração, diretamente ou por meio do Comitê de Auditoria Estatutário;
> II - ser responsável por aferir a adequação do controle interno, a efetividade do gerenciamento dos riscos e dos processos de governança e a confiabilidade do processo de coleta, mensuração, classificação, acumulação, registro e divulgação de eventos e transações, visando ao preparo de demonstrações financeiras.

---

4 DIAS, Karem; SILVEIRA, Francisco. O compliance e o exercício da fiscalização tributária. *In*: CARVALHO, Paulo. *Compliance no direito tributário*. São Paulo: Revista dos Tribunais, 2019. Disponível em: https://www.jusbrasil.com.br/doutrina/compliance-no-direito-tributário/1294659851. Acesso em: 25 jul. 2024.

5 BRASIL. *Lei nº 13.303, de 30 de junho de 2016*. Dispõe sobre o estatuto jurídico da empresa pública, da sociedade de economia mista e de suas subsidiárias, no âmbito da União, dos Estados, do Distrito Federal e dos Municípios. Disponível em: https://www.planalto.gov.br/ccivil_03/_ato2015-2018/2016/lei/l13303.htm. Acesso em: 23 jul. 2023.

> §4º O estatuto social deverá prever, ainda, a possibilidade de que a área de *compliance* se reporte diretamente ao Conselho de Administração em situações em que se suspeite do envolvimento do diretor-presidente em irregularidades ou quando este se furtar à obrigação de adotar medidas necessárias em relação à situação a ele relatada.

Desse modo, as decisões tomadas passam a conter, em si mesmas, uma conformação normativa, ou seja, o gestor não agirá por impulso ou personalismo, ou atuando do modo que lhe parecer mais correto.

Antes, porém, precisará adequar sua ação à política de gestão de conformidade institucional, cujos passos estão sincronizados com o empreendimento privado ou órgão da Administração Pública adotantes de mecanismos de *compliance*.

3 O *compliance* tributário

O *compliance* não se restringe às normas de combate à lavagem de dinheiro e à corrupção. O conceito envolve nuances de várias áreas em que há uma relação entre Estado, empresa e cidadão, e, sob tal perspectiva, a discussão sobre o *compliance* passou a ser relevante no direito tributário.

O *compliance* tributário é uma ferramenta essencial para garantir o cumprimento das obrigações fiscais no Brasil. Com o crescente aumento da complexidade e rigidez das leis tributárias, é imprescindível que as empresas adotem medidas de conformidade para evitar riscos e prejuízos financeiros decorrentes de irregularidades fiscais.

No Brasil, a carga tributária é alta e as exigências do fisco são frequentemente atualizadas. Nesse contexto, o *compliance* tributário se mostra eficiente na gestão e controle das obrigações fiscais, auxiliando as empresas a se manterem em conformidade com a legislação tributária e evitando sanções e multas.

Importa destacar que o *tax compliance* ou *fiscal compliance* é normalmente relacionado ao grau em que os contribuintes se adequam ou agem em conformidade com as normas tributárias. O desafio para a sua implementação está em como se estimular o contribuinte a cumprir as normas tributárias e como sancioná-lo adequadamente em caso de não cumprimento.

S. Frey e Torgler[6] partem da premissa de que a tributação é um fenômeno social. Desse modo, a ótica de um contribuinte sobre o comportamento dos demais definiria a *tax compliance* ou a *tax morality*.

Desse modo, se os contribuintes creem que a sonegação é comum, sua *tax morale* diminui. No entanto, se acreditam que os demais contribuintes são honestos, sua *tax morale* aumenta.

Um dos aspectos mais relevantes do *compliance* tributário é a redução de riscos. O não cumprimento das obrigações fiscais pode acarretar uma série de consequências negativas para as empresas, como autuações fiscais, bloqueio de contas bancárias e até mesmo processos criminais. Além disso, a reputação da empresa também pode ser afetada, o que pode resultar em perda de clientes e parceiros comerciais.

---

6 FREY, S.; TORGLER, Benno. Tax morale and condicional cooperation. *Journal of Comparative Ecocnomics*, 35, p. 136-159, mar. 2007. Disponível em: https://www.sciencedirect.com/science/article/abs/pii/S0147596706000849. Acesso em: 24 jul. 2024.

O *compliance* tributário também contribui para a melhoria da gestão financeira das empresas. Por meio de um controle eficiente das obrigações fiscais, é possível identificar oportunidades de economia de impostos, bem como evitar o pagamento de tributos indevidos. Dessa forma, as empresas podem otimizar seus recursos financeiros e aumentar sua competitividade no mercado.

Além disso, o *compliance* tributário promove a transparência nas relações comerciais. Ao estar em conformidade com a legislação tributária, a empresa demonstra comprometimento com a ética e com a responsabilidade social. Essa postura transparente e íntegra atrai a confiança de parceiros comerciais, investidores e consumidores, fortalecendo a imagem da empresa no mercado.

Outro ponto importante é que o *compliance* tributário contribui para o combate à sonegação fiscal, um problema crônico no Brasil. Ao adotar medidas de conformidade, as empresas contribuem para aumentar a arrecadação de impostos, garantindo recursos necessários para os investimentos em áreas essenciais, como saúde, educação e infraestrutura.

Não obstante sua inquestionável relevância, apesar da importância do, muitas empresas ainda enfrentam desafios na implementação do *compliance* tributário. A complexidade da legislação tributária brasileira, aliada à burocracia e à falta de infraestrutura das empresas, dificulta a adoção de práticas de conformidade eficientes.

Para superar esses desafios, é fundamental investir em capacitação e treinamento dos profissionais envolvidos na área tributária das empresas. Além disso, é importante contar com o apoio de novas tecnologias, como a inteligência artificial, que facilitem o controle e o acompanhamento das obrigações fiscais.

Em suma, o *compliance* tributário desempenha um papel fundamental para a garantia do cumprimento das obrigações fiscais no Brasil. Além de evitar riscos e prejuízos financeiros, promove a transparência nas relações comerciais, contribui para o combate à sonegação fiscal e melhora a gestão financeira das empresas. Portanto, é essencial que as empresas reconheçam a importância do *compliance* tributário e invistam em sua implementação eficiente.

4 As empresas e o sistema tributário brasileiro

Lidar com o intricado sistema tributário brasileiro é uma tarefa difícil para as empresas, exigindo conhecimento jurídico aprofundado e uma estratégia de *compliance* inteligente.[7]

O Brasil apresenta um cenário desafiador, com uma teia complexa de leis, regulamentos e normas fiscais, o que torna a conformidade tributária um exercício contínuo de diligência.

O relatório de Daniel Belmiro Fontes, *Abordagem comportamental no compliance tributário*,[8] destaca uma mudança na interação entre a Receita Federal e os contribuintes,

---

[7] NAGURNHAK, Gilmara. Estratégias de compliance tributário para empresas. *Migalhas*. Disponível em: https://www.migalhas.com.br/arquivos/2024/1/07A373E21FE7D0_ARTIGO-COMPLIANCE.pdf. Acesso em: 25 jul. 2024.

[8] FONTES, Daniel Belmiro. *Abordagem comportamental no compliance tributário*. Disponível em: http://repositorio.enap.gov.br/handle/1/6197. Acesso em: 18 jul. 2024.

passando de uma abordagem regulatória e punitiva para uma mais comunicativa e orientada ao comportamento.

Tradicionalmente, a Receita Federal baseava-se em mecanismos de fiscalização e penalização para garantir a conformidade tributária, transmitindo aos contribuintes o medo de sanções.

No entanto, o mencionado relatório destaca a importância de entender e influenciar o comportamento dos contribuintes para alcançar a conformidade. A Receita Federal passou a adotar estratégias que incentivam a conformidade voluntária, como uma comunicação mais efetiva, educação fiscal e simplificação dos processos tributários.

Um aspecto importante dessa nova abordagem é a ênfase na transparência e na comunicação. A Receita Federal tem se esforçado para fornecer informações claras e acessíveis sobre as obrigações tributárias, bem como orientações sobre como cumpri-las. Além disso, tem procurado entender melhor os fatores que influenciam o comportamento dos contribuintes e desenvolver estratégias mais eficazes.

Outra maneira pela qual a abordagem comportamental é implementada é por meio da adoção de tecnologias que facilitam a conformidade. Sistemas eletrônicos foram aprimorados para tornar o processo de declaração e pagamento de impostos mais intuitivo e menos oneroso para os contribuintes.

A legislação tributária brasileira está sempre em mutação, e as empresas devem estar preparadas para as mudanças frequentes que podem afetar significativamente o panorama fiscal. Isso requer uma capacidade de resposta rápida e eficaz, sob pena de enfrentar penalidades financeiras e danos reputacionais.

A alta carga tributária do Brasil representa um desafio adicional para as empresas. Ela não apenas impacta a estrutura de custos, mas também exige uma gestão fiscal meticulosa para identificar oportunidades de otimização tributária dentro dos limites da legalidade.

Nesse contexto, o *compliance* tributário se destaca como um guia, ajudando as empresas a navegarem pelo ambiente complexo da legislação fiscal brasileira. Empresas que adotam uma abordagem proativa e estratégica de *compliance* não apenas se protegem nesse ambiente desafiador, mas também se posicionam para aproveitar oportunidades e fortalecer sua sustentabilidade e competitividade no mercado.

5 O papel do *compliance* tributário na prevenção e identificação de erros fiscais

Como afirmado anteriormente, o sistema tributário brasileiro é complexo. Ele envolve o cumprimento de obrigações principais e acessórias, conforme a atividade exercida pela empresa. Por isso, o *compliance* tributário existe e é essencial.

A partir do *compliance* tributário, fica assegurado à empresa, na condição de contribuinte, o recolhimento correto dos tributos, com o escopo de evitar penalidades aplicadas pela Receita Federal, o que aumentará o custo com impostos.

O principal objetivo do *compliance* tributário é prevenir e identificar erros fiscais. A partir disso, a empresa poderá adotar controles efetivos para rastrear a origem dos erros, aprimorar as estratégias de gestão e a eficiência tributária, e, consequentemente, reduzir os riscos tributários.

De acordo com reportagem publicada pela *Forbes*[9] em outubro de 2023:

> O Brasil é o segundo país que mais tributa empresas em todo o mundo, perdendo apenas para Malta [...].
> Além de enfrentar essa alta carga tributária, as empresas brasileiras estão pagando mais impostos do que o devido. Outra pesquisa conduzida pela e-Auditoria com 52 mil empresas constatou que, desde 2018, elas pagaram R$5,5 bilhões a mais do que deveriam. A média é de R$104 mil em excesso por CNPJ.

A diversidade de tributos e o envolvimento de diferentes entes federativos que fazem a cobrança e fiscalização resultam em uma variedade de leis tributárias e obrigações.

Ao contrário dos empresários que agem de má-fé, com o intuito sonegatório, estamos tratando, nesse ponto, de empresas que realizam a classificação fiscal de suas mercadorias de maneira equivocada, gerando sérias consequências.

Ou seja, o pagamento de tributos a menor leva a uma autuação fiscal, na qual a empresa é obrigada a pagar retroativamente os tributos devidos, acrescidos de juros e multas.

Em contrapartida, a ausência do *compliance* tributário também pode resultar no pagamento a maior de tributos, como destacou a revista *Forbes*.

6 O princípio da moralidade administrativa

O princípio da moralidade, presente no *caput* do art. 37 da Constituição Federal, assim dispõe:

> Art. 37. A administração pública direta e indireta de qualquer dos Poderes da União, dos Estados, do Distrito Federal e dos Municípios obedecerá aos princípios de *legalidade, impessoalidade, moralidade, publicidade e eficiência* e, também, ao seguinte: [...].

Logo, resta estabelecido que o administrador público deve seguir os princípios éticos em sua conduta. Portanto, os atos administrativos devem obedecer não apenas à legalidade, mas também à moralidade, impessoalidade, publicidade e eficiência.

A lição de Maria Sylvia Zanella Di Pietro[10] assim preconiza:

> sempre que em matéria administrativa se verificar que o comportamento da Administração ou do Administrado que com ela se relaciona juridicamente, embora em consonância com a lei, ofende a moral, os bons costumes, as regras de boa administração, os princípios de justiça e de equidade, a ideia de honestidade, estará havendo ofensa ao princípio da moralidade administrativa.

É importante considerar que um ato pode ser legal, mas, se for imoral, pode ser anulado. Assim, a moralidade administrativa adquire um significado jurídico,

---

[9] SANTOS, Poliana. Empresas pagam R$5 bilhões a mais de impostos; confira principais erros. *Forbes*, 2023. Disponível em: https://forbes.com.br/forbes-money/2023/10/empresas-pagam-r-5-bilhoes-a-mais-de-impostos-confira-principais-erros/#foto4. Acesso em: 25 jul. 2024.

[10] DI PIETRO, Maria Sylvia Zanella. *Curso de direito administrativo*. São Paulo: Atlas, 2014. p. 79.

permitindo até mesmo o controle judicial do ato. Portanto, se uma autoridade administrativa agir de forma imoral, o Judiciário pode anular tal ato.

Isso não significa que os princípios da legalidade e da moralidade são inseparáveis. De fato, eles possuem estreita relação, e muitas vezes são violados concomitantemente. É comum que atos imorais sejam ilegais, e atos ilegais também sejam imorais.

Importante ressaltar que o princípio da moralidade se aplica tanto nas relações entre a Administração e os administrados quanto nas atividades internas da Administração.

É especialmente relevante considerar sua aplicação aos particulares, uma vez que são frequentes os casos de conluio para fraudar licitações públicas, quando um pequeno grupo de empresas se une para obter vantagens em seus contratos com a Administração.

A adoção de práticas de *compliance* tributário pode minimizar riscos, como equívocos, fraudes e corrupção nas empresas brasileiras. A participação do Estado contribui para diminuir essas práticas ilegais, bem como a realização de auditorias e controles internos que estanquem possíveis fraudes e os equívocos que as empresas podem cometer.

Outro aspecto salutar remonta à sonegação fiscal, que demanda do Estado muito esforço e consequente aplicação de medidas punitivas. Nesse ponto, ressalta-se que a adoção do *compliance* tributário é extremamente eficaz, pois combina maior transparência e uma fiscalização mais efetiva por meio de auditores e auditoria interna e externa, bem como maior eficácia da fiscalização por meio dos tribunais de contas dos estados, municípios e do Distrito Federal.

7 O princípio da liberdade e a sua relação com o *compliance*

A Constituição Federal de 1988, em seu art. 5º, III, consagra o princípio constitucional da liberdade, como direito individual, ao dispor que "ninguém será obrigado a fazer ou deixar de fazer alguma coisa senão em virtude de lei".

Cecília Meireles, na reunião de poemas *Romanceiro da Inconfidência*,[11] assim eternizou:

> Liberdade – essa palavra
> que o sonho humano alimenta:
> que não há ninguém que explique,
> e ninguém que não entenda!

A compreensão da liberdade é algo que marca o agir das pessoas e instituições, enquanto os seus próprios mecanismos de contenção estabelecem os limites de seu agir.

Tradicionalmente, de acordo com princípios normativos e a perspectiva mais liberal, costuma-se entender que os cidadãos podem fazer tudo o que a lei não proíbe; em contrapartida, o poder público deve se restringir às ações autorizadas pela lei. Em outras palavras, para os cidadãos, a liberdade de ação está limitada apenas pelas

---

[11] MEIRELES, Cecília. Romanceiro da Inconfidência. *In*: MEIRELES, Cecília. *Obra Poética*. Rio de Janeiro: Nova Aguilar, 1977. Disponível em: https://professor.pucgoias.edu.br/SiteDocente/admin/arquivosUpload/5628/material/Cec%C3%83%C2%ADlia%20Meireles%20-%20Romanceiro%20da%20Inconfid%C3%83%C2%AAncia%20%5BRev%5D%5B1%5D.pdf. Acesso em: 24 jul. 2024.

proibições legais, enquanto, para o poder público, a liberdade é estritamente definida pelas disposições expressas na lei.

Assim, a liberdade é moldada pela interpretação do princípio da legalidade. De acordo com os ensinamentos do Ministro Luís Roberto Barroso, a liberdade de conformidade com a lei adquire um novo paradigma no Estado Constitucional, o neoconstitucionalismo.[12]

Sob tal ótica, que supera aquelas puramente liberais, a noção de vinculação positiva do administrador à lei, de acordo com a leitura tradicional do princípio da legalidade, é superada. Anteriormente, sua atuação era determinada pelo que era expressamente autorizado pelo legislador.

Assim, o princípio da legalidade é transmudado com o princípio da constitucionalidade ou da juridicidade, consistindo na sua subordinação à Constituição e à lei, nessa ordem.

Nesse sentido, a liberdade fica sujeita ao princípio da juridicidade. No contexto das organizações privadas, o paradigma do neoconstitucionalismo representa uma realidade nova e menos liberal.

Não é mais permitido ao agente econômico privado ter uma ampla liberdade de ação, além das disposições legais.

Segundo o Ministro Luís Roberto Barroso, a atual fase é caracterizada pela transição da Constituição para o centro do sistema jurídico, tendo o papel de filtro axiológico para a interpretação das relações civis. Logo, mesmo na ausência de previsão explícita na legislação, as relações civis devem respeitar os limites estabelecidos pelos princípios constitucionais.

Assim, o princípio constitucional da liberdade jurídica não se restringe mais à mera conformidade formal com a lei, seja no âmbito da Administração Pública, seja na atuação de agentes privados sem regulação específica.

Dessa forma, tanto as entidades privadas quanto as instituições públicas genuinamente livres devem se submeter à aplicação efetiva da Constituição. A implantação de mecanismos de *compliance* é capaz de garantir essa ação voltada para a juridicidade, legitimidade, constitucionalidade e moralidade na conduta.

Por conseguinte, a instituição de um sistema interno de gestão de controle ou conformidade não deve se limitar ao cumprimento das regras e disposições legais, mas também à aplicação do poder normativo da Constituição, tanto em uma empresa privada como no ambiente interno da Administração Pública direta e indireta.

8 A liberdade sob a ótica de Montesquieu

No que concerne ao escopo do presente artigo, partimos do conceito de liberdade de Montesquieu, que está conectado a um "dever" normativo: "a liberdade é o direito de fazer tudo o que as leis permitem; se um cidadão pudesse fazer tudo o que elas proíbem, não teria mais liberdade, porque os outros também teriam tal poder".[13]

---

12 BARROSO, Luís Roberto. *Neoconstitucionalismo* – O triunfo tardio do direito constitucional no Brasil. Disponível em: https://www.migalhas.com.br/arquivo_artigo/art20060502.htm. Acesso em: 24 jul. 2024.

13 MONTESQUIEU. *O espírito das leis*. São Paulo: Martins Fontes, 2000.

Assim, "liberdade" ilimitada, ou que se adapte aos costumes ou inclinações pessoais, não é liberdade. Esse ponto é fundamental para enfatizar o argumento de que, fora da conformidade normativa na ação, ou seja, da conformidade normativa que deve compor a própria ação, como um mecanismo interno ou inerente a ela, não há uma ação verdadeiramente livre.[14]

Nesse ponto, merecem destaque as lições de Gonçalves e Grillo:[15]

> A base do estudo do livro Décimo Primeiro de O Espírito das Leis, de Montesquieu é precisamente essa diferença, entre *independência e liberdade*. A liberdade política é encontrada em um agir regrado, no sentido de respeitar limites estabelecidos de modo heterônomo. Ou seja, *não é o indivíduo que estabelece os seus próprios limites, mas as limitações lhe são impostas pela ordem jurídica vigente*.
>
> Acaso coubesse ao próprio cidadão ou instituição firmar os seus próprios limites, o que se tem (na terminologia usada por Montesquieu) é a independência. *O agir independente não se encontra dentro de uma realidade deontológica; os limites poderiam ser definidos por cada um e o resultado disso é a opressão de todos.*
>
> O poder vai até onde encontra limites; para haver liberdade, portanto, é preciso um espaço de conformação de seu exercício, de modo que se firmem limitações. Montesquieu afirma que "a própria virtude tem necessidade de limites".
>
> Assim, de acordo com a doutrina de Montesquieu, liberdade é um conceito deontológico; independência é o arbítrio um dos outros (a opressão de todos). Para haver liberdade é preciso existir limites.
>
> Estamos tomando os conceitos de Montesquieu para justificar a necessidade de aplicação heteronormativa de sistemas de controles internos (*compliance*) pela Administração Pública e por empresas privadas.
>
> É importante destacar, em arremate, que esse sistema de controle não pode ter o seu regramento eleito por quem o aplica, mas precisa sim representar a aplicação das normas, regras e princípios, constitucionais e legais. (Grifos nossos)

A liberdade, portanto, não é fazer tudo o que se deseja. Para que a ação seja efetivamente livre e, portanto, moral, ela precisa estar de acordo com a ordem jurídica estabelecida. Não há liberdade na ação impulsiva, mas sim na ação em conformidade com o direito.

Portanto, sem mecanismos internos de cumprimento, ou seja, sem que o organismo ou a instituição tenha um sistema próprio e eficiente para garantir que sua ação, em direção a seus objetivos, esteja sempre acompanhada de uma constante engenharia de conformidade normativa, não há uma ação livre.

A concepção de liberdade que apresentamos é deontológica, o que significa que ser livre não é o mesmo que ser independente de deveres e obrigações; a liberdade só é encontrada e praticada quando é delimitada pelo dever de ser.

---

[14] GRILLO, Renato Cesar Guedes. A recomendação 1/20 da Corregedoria Nacional do Ministério Público e os conceitos de 'liberdade política' e 'independência' da teoria de organização dos poderes de Montesquieu. *Migalhas*. Disponível em: https://www.migalhas.com.br/depeso/319710/a-recomendacao-1-20-da-corregedoria-nacional-do-ministerio-publico-e-os-conceitos-de--liberdade-politica--e--independencia--da-teoria-de-organizacao-dos-poderes-de-montesquieu. Acesso em: 19 jul. 2024.

[15] GONÇALVES, Benedito; GRILLO, Renato Cesar Guedes. A utilização dos mecanismos de compliance para a realização do princípio da moralidade administrativa. *In*: DAL POZZO, Augusto Neves; MARTINS, Ricardo Marcondes (Coord.). *Compliance no direito administrativo*. São Paulo: Revista dos Tribunais, 2020. v. 1. p. 41-54.

A independência, por outro lado, é a conformação das coisas de acordo com as próprias inclinações dos indivíduos, instituições e organismos, que fazem tudo o que desejam.

Ocorre que, se um cidadão ou instituição pode fazer tudo o que tem inclinação para fazer, independentemente de haver conformidade deontológica, não haverá liberdade, porque os outros também teriam o mesmo poder.

O poder, por conseguinte, chega até onde encontra limites; para haver liberdade, portanto, é necessário um espaço de conformidade para seu exercício, de forma a fixar limitações.

Portanto, de acordo com a doutrina de Montesquieu, a liberdade é um conceito deontológico; independência é a arbitrariedade dos outros (a opressão de todos). Para haver liberdade, é necessário que existam limites.

Observa-se, nesse ponto, a utilização dos conceitos de Montesquieu para justificar a necessidade de aplicação normativa externa de sistemas de controle interno pela Administração Pública e empresas privadas.

É importante reiterar, por fim, que o sistema de controle estabelecido não pode ter suas regras ditadas por quem o aplica, mas deve, outrossim, representar a aplicação das normas, regras e princípios constitucionais e legais.

9 A ação institucional em conformidade com o direito

A conduta livre, que segue as regras e é regulada pela conformidade ao agir normativo, não deve ser confundida com a utilização de instrumentos de auditoria interna ou externa.

A gestão da conformidade, por meio de instrumentos de *compliance*, deve visar ser integrada, de forma indissociável, ao agir institucional, de modo que cada passo dado pelo organismo ou instituição esteja acompanhado por essa conformação constitucional e legal.

A auditora interna ou externa, por outro lado, não tem como objetivo integrar-se a cada conduta institucional ou orgânica, mas sim examinar se os instrumentos de conformidade estão sendo cumpridos.

A auditoria, portanto, avalia a conformidade legal e o cumprimento dos procedimentos legais, sem a pretensão de estar presente em cada ação tomada pela instituição.

Assim, quando se fala em conformidade de ação, por meio de instrumentos de *compliance*, a ideia é ter a presença constante, no dia a dia institucional, de um grupo técnico capaz de dar validade jurídica ao agir institucional.

Nas empresas privadas, essa função pode ser bem realizada por um corpo jurídico permanente, que participe de cada decisão do empreendimento.

10 O *compliance* e a moralidade administrativa

A fim de garantir que o administrador público cumpra o princípio da moralidade administrativa em suas ações, é necessário que ele utilize medidas de *compliance* integradas em sua conduta.

Isso ocorre porque, como mencionado anteriormente, a ação livre consiste no fiel cumprimento do direito, incluindo não apenas a legalidade, mas também a eficácia normativa dos princípios e regras extraídos da ordem constitucional vigente.

Portanto, cabe ao Estado, seja no Poder Executivo por meio da advocacia pública, seja nos Poderes Judiciário e Legislativo, por meio de uma equipe de servidores jurídicos qualificados e dedicados à gestão de conformidade, assegurar que sua atuação esteja de acordo com a Constituição Federal e as leis.

Dessa forma, a fim de tornar a moralidade administrativa uma realidade na vida cotidiana, é essencial que tudo o que o Poder Público ofereça em termos de serviços públicos incorpore uma eficiente gestão de conformidade normativa com os princípios e regras constitucionais.

11 Conclusão

Não há ação livre que não seja conforme às normas legais: liberdade e moralidade, portanto, fazem parte de uma indissociável realidade.

Portanto, conclui-se que somente o agir moral é livre: não há liberdade na ação que se processa fora dos parâmetros da normatividade posta. Desse modo, o organismo empresarial privado ou a instituição pública apenas será capaz de cumprir, com liberdade, suas atribuições na medida em que tenha mecanismos eficientes de conformação dos seus atos às normas jurídicas garantidoras da probidade.

Os mecanismos de *compliance* funcionam, concomitantemente, para trazer um agir livre e moral e, especialmente, a fim de permitir que a instituição entregue de forma efetiva à sociedade a utilidade para a qual existe.

Para que um serviço público seja bem prestado, ou para que uma sociedade empresarial de fato traga crescimento econômico para o país, o agir precisa ser livre, ou seja, delimitado por mecanismos internos de gestão de conformidade, que imponham à instituição ou organismo privado a observância cotidiana e constante das normas, princípios e regras jurídicas vigentes.

Para os organismos privados, a crescente conformação da sua conduta às normas jurídicas, compreendidas nos termos não apenas das regras legais, mas também toda carga de princípios da Constituição Federal, é um marco da constitucionalização de todas as relações jurídicas, sejam elas civis, sejam públicas.

Quando uma organização privada ou instituição governamental implementa normas de *compliance*, ela se compromete a seguir um conjunto de diretrizes estabelecidas, utilizando um sistema interno de vigilância ou gerenciamento para garantir conformidade.

Ao priorizar esses mecanismos de conformidade, a instituição não só se torna ética em suas ações, mas também cria as condições necessárias para fornecer um serviço mais eficiente, alcançando seus objetivos com justiça e eficácia.

No Brasil, o neoconstitucionalismo desenvolveu-se após a promulgação da Constituição de 1988.[16] Baseado no pós-positivismo, o neoconstitucionalismo trouxe mudanças teóricas significativas, como o reconhecimento da força normativa da

[16] BARROSO, Luís Roberto. *Neoconstitucionalismo* – O triunfo tardio do direito constitucional no Brasil. Disponível em: https://www.migalhas.com.br/arquivo_artigo/art20060502.htm. Acesso em: 24 jul. 2024.

Constituição, a expansão da jurisdição constitucional e a formulação de novas abordagens na interpretação constitucional.

Um dos resultados desse processo é a constitucionalização do direito, que consiste na difusão dos valores e princípios constitucionais por todo o sistema jurídico, principalmente por meio da jurisdição constitucional em diferentes instâncias. Isso implica a aplicação direta da Constituição em diversas situações, na declaração de inconstitucionalidade de normas que não estejam de acordo com a Carta Constitucional e, principalmente, na interpretação das leis infraconstitucionais de acordo com a Constituição, definindo seu sentido e alcance.

Esse processo de constitucionalização, somado ao aumento da demanda por justiça na sociedade brasileira e ao fortalecimento do Poder Judiciário como instituição, resultou em uma intensa judicialização das relações políticas e sociais no Brasil.

Diante desse contexto, surge a necessidade de debater, na teoria constitucional, o equilíbrio entre a supremacia constitucional, a interpretação judicial da Constituição e o processo político majoritário.

As circunstâncias atuais do Brasil destacam o papel do STF, e nesse ponto as lições impecáveis do Ministro Luís Roberto Barroso, principalmente considerando a crise de legitimidade enfrentada pelo Legislativo e Executivo, que vai além de ser apenas um fenômeno passageiro, mas sim uma disfunção institucional crônica.

A chamada normativa para que tanto as empresas públicas quanto as privadas implementem mecanismos internos de conformidade é de extrema importância na luta contra o comportamento corrupto por parte de atores privados, alinhando-se com os esforços para tornar a Administração Pública brasileira mais ética.

De acordo com as concepções abordadas neste artigo, os mecanismos de *compliance* têm como base a adesão às normas e regulamentos da instituição e, assim como as regras de *compliance* tributário, têm um poder superior em relação à entidade em que são adotadas, fazendo com que a empresa seja guiada pela aplicação de uma regulamentação superior e abdicando, assim, do comportamento de agir sem um controle determinativo.

Por fim, conclui-se que o *compliance* tributário seja responsável pela promoção de transparência nas relações comerciais e, sobretudo, no combate à sonegação fiscal. E, considerando o conceito de liberdade aqui abordado, resta claro que a instituição de mecanismos de *compliance* e de *compliance* tributário não há uma relativização da liberdade em benefício da moralidade.

Referências

BARROSO, Luís Roberto. *Neoconstitucionalismo* – O triunfo tardio do direito constitucional no Brasil. Disponível em: https://www.migalhas.com.br/arquivo_artigo/art20060502.htm. Acesso em: 24 jul. 2024.

BRANCO, Paulo Gustavo Gonet; MENDES, Gilmar Ferreira. *Curso de direito constitucional*. 13. ed. São Paulo: Saraiva Educação, 2018.

BRASIL. *Lei nº 12.846, de 1º de agosto de 2013*. Dispõe sobre a responsabilização administrativa e civil de pessoas jurídicas pela prática de atos contra a administração pública, nacional ou estrangeira, e dá outras providências. Disponível em: https://www.planalto.gov.br/ccivil_03/_ato2011-2014/2013/lei/l12846.htm. Acesso em: 23 jul. 2023.

BRASIL. *Lei nº 13.303, de 30 de junho de 2016*. Dispõe sobre o estatuto jurídico da empresa pública, da sociedade de economia mista e de suas subsidiárias, no âmbito da União, dos Estados, do Distrito Federal e dos Municípios. Disponível em: https://www.planalto.gov.br/ccivil_03/_ato2015-2018/2016/lei/l13303.htm. Acesso em: 23 jul. 2023.

BRASIL. *Lei nº 14.230, de 25 de outubro de 2021*. Altera a Lei nº 8.429, de 2 de junho de 1992, que dispõe sobre improbidade administrativa. Disponível em: https://www.planalto.gov.br/ccivil_03/_ato2019-2022/2021/lei/l14230.htm. Acesso em: 23 jul. 2023.

DI PIETRO, Maria Sylvia Zanella. *Curso de direito administrativo*. São Paulo: Atlas, 2014.

DIAS, Karem; SILVEIRA, Francisco. O compliance e o exercício da fiscalização tributária. *In*: CARVALHO, Paulo. *Compliance no direito tributário*. São Paulo: Revista dos Tribunais, 2019. Disponível em: https://www.jusbrasil.com.br/doutrina/compliance-no-direito-tributário/1294659851. Acesso em: 25 jul. 2024.

FONTES, Daniel Belmiro. *Abordagem comportamental no compliance tributário*. Disponível em: http://repositorio.enap.gov.br/handle/1/6197. Acesso em: 18 jul. 2024.

FREY, S.; TORGLER, Benno. Tax morale and condicional cooperation. *Journal of Comparative Ecocnomics*, 35, p. 136-159, mar. 2007. Disponível em: https://www.sciencedirect.com/science/article/abs/pii/S0147596706000849. Acesso em: 24 jul. 2024.

GONÇALVES, Benedito; GRILLO, Renato Cesar Guedes. A utilização dos mecanismos de compliance para a realização do princípio da moralidade administrativa. *In*: DAL POZZO, Augusto Neves; MARTINS, Ricardo Marcondes (Coord.). *Compliance no direito administrativo*. São Paulo: Revista dos Tribunais, 2020. v. 1. p. 41-54.

GRILLO, Renato Cesar Guedes. A recomendação 1/20 da Corregedoria Nacional do Ministério Público e os conceitos de 'liberdade política' e 'independência' da teoria de organização dos poderes de Montesquieu. *Migalhas*. Disponível em: https://www.migalhas.com.br/depeso/319710/a-recomendacao-1-20-da-corregedoria-nacional-do-ministerio-publico-e-os-conceitos-de--liberdade-politica--e--independencia--da-teoria-de-organizacao-dos-poderes-de-montesquieu. Acesso em: 19 jul. 2024.

MEIRELES, Cecília. Romanceiro da Inconfidência. *In*: MEIRELES, Cecília. *Obra Poética*. Rio de Janeiro: Nova Aguilar, 1977. Disponível em: https://professor.pucgoias.edu.br/SiteDocente/admin/arquivosUpload/5628/material/Cec%C3%83%C2%ADlia%20Meireles%20-%20Romanceiro%20da%20Inconfid%C3%83%C2%AAncia%20%5BRev%5D%5B1%5D.pdf. Acesso em: 24 jul. 2024.

MONTESQUIEU. *O espírito das leis*. São Paulo: Martins Fontes, 2000.

NAGURNHAK, Gilmara. Estratégias de compliance tributário para empresas. *Migalhas*. Disponível em: https://www.migalhas.com.br/arquivos/2024/1/07A373E21FE7D0_ARTIGO-COMPLIANCE.pdf. Acesso em: 25 jul. 2024.

SANTOS, Poliana. Empresas pagam R$5 bilhões a mais de impostos; confira principais erros. *Forbes*, 2023. Disponível em: https://forbes.com.br/forbes-money/2023/10/empresas-pagam-r-5-bilhoes-a-mais-de-impostos-confira-principais-erros/#foto4. Acesso em: 25 jul. 2024.

Informação bibliográfica deste texto, conforme a NBR 6023:2018 da Associação Brasileira de Normas Técnicas (ABNT):

GONÇALVES, Benedito; CORRÊA, Camile Sabino Bezerra. O papel do *compliance* tributário para a promoção da transparência nas relações comerciais e do combate à sonegação fiscal. *In*: PAULA, Fernanda de; PENCAK, Nina (coord.). *Tributação, liberdade e igualdade*: as contribuições do Ministro Luís Roberto Barroso. Belo Horizonte: Fórum, 2025. p. 105-118. ISBN 978-65-5518-952-0.

TRANSAÇÃO TRIBUTÁRIA NO ÂMBITO DO SUPERIOR TRIBUNAL DE JUSTIÇA EM NÚMEROS (2019-2023)

TEODORO SILVA SANTOS

Introdução

Na sessão de encerramento do ano judiciário de 2023, a Corte Especial do Superior Tribunal de Justiça (STJ) apresentou os números de processos recebidos e julgados ao longo do ano – totalizando cerca de 458 mil novos processos, dos quais 426 mil foram julgados –, bem como algumas das iniciativas adotadas para promover uma justiça mais célere e eficiente no âmbito recursal.

A Presidência do Tribunal informou que, embora o número de processos recebidos no ano passado tenha superado em 10% o recorde registrado em 2022 e, somente em relação ao mês de abril de 2024, o aumento é de aproximadamente 78% em dois anos, o compromisso com soluções rápidas para melhorar a prestação jurisdicional foi uma das metas da gestão estratégica. Entre os mecanismos implementados pelo STJ, estão os acordos de desjudicialização.

A Advocacia-Geral da União (AGU), o Conselho Nacional do Ministério Público (CNMP), os Ministérios Públicos de Minas Gerais (MPMG) e de São Paulo (MPSP), a Defensoria Pública de São Paulo (DPSP), as Procuradorias-Gerais do Estado de São Paulo (PGESP) e do Distrito Federal (PGDF) e o Banco do Brasil (BB) – atualmente, o maior litigante na Corte entre as entidades de direito privado – são algumas das instituições que aderiram ao esforço de racionalização da atuação judicial com foco na redução do volume de recursos e na resolução consensual de conflitos, por meio de acordos de cooperação com a Justiça (BRASIL, 2023b).

O acordo de cooperação entre o STJ e a AGU, por exemplo, se tornou uma das maiores iniciativas de desjudicialização em andamento no Poder Judiciário. Desde 2020, a parceria resultou na solução definitiva de mais de 2 milhões de processos, mediante desistências e abstenções recursais em todas as instâncias judiciais, após a implementação de quatro etapas, trazendo benefícios e ganhos de eficiência para os tribunais e, principalmente, para a sociedade (BRASIL, 2023a).

Mesmo que já tenham sido adotadas medidas para reduzir o expressivo volume de processos no Tribunal Superior, ainda há cerca de 318 mil deles em tramitação. Considerando o número de 33 ministros, o acervo do STJ conta, em média, com quase 10 mil processos distribuídos para cada um. Apesar de contarem com uma equipe de assessoria, dar vazão a esse volume processual não é uma tarefa fácil.

No âmbito do direito privado, não há maiores discussões acerca do uso de meios de solução extrajudicial de conflitos. Contudo, na seara pública, ainda há grande divergência doutrinária, uma vez que a supremacia do interesse público sobre o privado e a indisponibilidade do interesse púbico são os dois pilares da Administração Pública, sendo, portanto, inegociáveis.

De todo modo, nos últimos anos, parte significativa da academia, da jurisprudência e da legislação brasileiras tem dado ênfase à diminuição de litigiosidade e à utilização de métodos consensuais e/ou extrajudiciais de solução de controvérsias envolvendo entes públicos. Especialmente após a publicação do Novo Código de Processo Civil (Lei nº 13.105/2015) e da Lei de Mediação (Lei nº 13.140/2015), tem-se estudado com maior rigor a mediação no âmbito da Administração Pública (MOREIRA; CUÉLLAR, 2020).

Considerando que estamos diante de um conflito de interesses, é preciso investigar se a ordem jurídica brasileira incentiva a transação nas matérias de direito público, visto que, via de regra, não se admite a autocomposição quando o direito litigado for, por sua natureza, indisponível.

Desse modo, o objetivo desta pesquisa empírica é extrair, a partir dos números de acordos celebrados com a Fazenda Pública na esfera do Superior Tribunal de Justiça no interregno de 2019 a 2023, a eficácia da adoção de técnicas negociais em causas tributárias nas cortes superiores.

Primeiro, será realizada uma releitura dos princípios da supremacia e da indisponibilidade do interesse público à luz da Constituição brasileira para desvendar se a ordem jurídica pátria põe obstáculos à transação no âmbito da Administração Pública. A partir das reflexões sobre consensualidade e mediação, serão analisados os dados do STJ para confrontá-los com os resultados divulgados pelo CNJ e pela AGU com relação à transação tributária.

Releitura dos princípios da supremacia e da indisponibilidade do interesse público à luz da Constituição brasileira

A dogmática jurídica brasileira, sobretudo do direito administrativo e tributário, sustenta que um dos principais princípios que regulam a relação entre o Estado e o particular é o "princípio da supremacia do interesse público sobre o particular" (ÁVILA, 2005, p. 171). Segundo os publicistas, tal princípio deve existir para que o Estado atinja os fins buscados pelo direito administrativo, isto é, a satisfação dos interesses de toda a coletividade.

> O princípio da supremacia do interesse público sobre o particular, também conhecido por princípio da finalidade pública ou do interesse coletivo, predica que a atuação estatal somente pode voltar-se ao alcance de resultados de interesse público e, na hipótese de eventual conflito entre interesse coletivo e interesse particular, a prevalência será sempre do primeiro, exatamente por sua natureza supraindividual. (COSTA, 2019, p. 90-91)

Para Rafael Oliveira (2010, p. 110), seria mais adequado falar em "princípio da finalidade pública" em vez da tradicional "supremacia do interesse público", pois "não existe um interesse público único, estático e abstrato, mas finalidades públicas previstas no ordenamento jurídico, como objetivo a ser alcançado pelo Estado" que representariam a unidade de uma multiplicidade de interesses públicos, os quais não estariam em confronto direto com os interesses privados.

Com efeito, a ideia de supremacia deve ser baseada na ponderação de interesses de acordo com os bens constitucionalmente protegidos,[1] já que o poder público tem por obrigação preservá-los, e não deve ser interpretada como regra de prevalência, excluindo o interesse privado em contraposição ao público. Isso porque ambos os interesses se encontram indissociavelmente interligados, por serem fins que o Estado deve perseguir e não simplesmente excluir (TORQUATO, 2012, p. 39).

Já o princípio da indisponibilidade, que norteia a administração pública, não é absoluto – como os demais princípios, inclusive os constitucionais – e, portanto, podem ser mitigados em prol do próprio interesse público. Isso com arrimo nos princípios do acesso à justiça e da duração razoável do processo, de maneira que, excepcionalmente, deve ser mitigado, desde que se consiga uma solução menos dolorosa e seja alcançado o desiderato do Estado, que é a salvaguarda dos direitos fundamentais protegidos pela Constituição.

Daniel Augusto Mesquita (2016, p. 19) observa que nem mesmo os prestigiados princípios da indisponibilidade e da supremacia do interesse público impossibilitam a utilização de meios alternativos de resolução de conflitos. Pelo contrário, "obrigam o Estado a pesar os princípios da legalidade, a boa-fé e a eficiência à luz da juridicidade administrativa para que o melhor interesse público seja atingido no caso concreto".

Consoante Diogo de Figueiredo Moreira Neto (2003, p. 154), "no âmbito do Direito Administrativo jamais se cogita de negociar o *interesse público*, mas de negociar os *modos de atingi-lo com maior eficiência*". Pois:

> coexiste, com o interesse público deduzido no conflito, o interesse público, não menos importante, de compô-lo. Esse interesse de dirimir o conflito, e retomar a normalidade nas relações sujeitas à disciplina administrativa, é indubitavelmente da maior importância, tanto na esfera social como na econômica, justificando que sejam encontrados modos alternativos de atendimento ao interesse público envolvido, que não aqueles que deveriam ser unilateralmente aplicados pelo Poder Público. (MOREIRA NETO, 2003, p. 154)

Assiste-se, pois, à passagem da administração unilateral e soberana à consensual e dialógica, de modo a assegurar o pleno desenvolvimento das potencialidades individuais, bem como garantir maior eficiência na consecução do interesse público. Há, nesse contexto, maior necessidade de conciliar a eficiência do agir estatal com a preservação dos direitos fundamentais da pessoa humana (TORQUATO, 2012, p. 40).

Afinal, a administração não pode, na resolução das pendengas do interesse público, ser excludente e unilateral, deixando de conviver harmonicamente com aqueles a quem deve servir. Nesse sentido, os princípios norteadores do direito administrativo não podem se sobrepor a princípios constitucionais com estatura de cláusula pétrea.

---

1 Para aprofundar, cf. Barroso (2024, p. 122-124).

Até porque o interesse público não se restringe aos interesses arrecadatórios do estado, mas principalmente aos interesses de toda a coletividade, visando ao bem-estar geral e ao bem comum.

Com isso, é preciso distinguir os interesses primários (saúde, educação, segurança e saneamento) daqueles secundários (arrecadação, fiscalização etc.). Somente os primeiros têm prevalência sobre os interesses privados, de maneira que os direitos dos particulares não podem ser tolhidos sempre que a administração assim desejar, em contrariedade ao que é melhor para todos.

No caso das empresas, há que se destacar o relevante papel social que elas cumprem na produção de riquezas, na geração de empregos e no desenvolvimento econômico do país, razão pela qual as suas dívidas com o ente estatal não podem ser vistas puramente como "interesses privados", dado o seu impacto difuso na esfera de atuação de parcela significativa da sociedade.

Por conseguinte, a partir da simples leitura da Lei de Mediação, a antiga fórmula "Administração Pública = supremacia do interesse público + interesse indisponível = impossibilidade de conciliação" é, atualmente, *contra legem* (MOREIRA; CUÉLLAR, 2020) e, ainda, inconstitucional. Inclusive, na Constituição Imperial brasileira, a tentativa de reconciliação já era um pressuposto de admissibilidade para dar início ao processo judicial (BRASIL, 1824).

Portanto, defende-se a possibilidade de mediação no âmbito do direito público, mesmo que o processo esteja em grau de recurso, propondo uma releitura do princípio da supremacia e da indisponibilidade do interesse público à luz dos direitos e garantias fundamentais estabelecidos na Constituição, notadamente do acesso à justiça e da razoável duração do processo (art. 5º, incs. XXXV e LXXVIII, CF/1988), bem como aos princípios constitucionais fundantes da Administração Pública: publicidade, transparência e eficiência (art. 37, *caput*, CF/1988).

Consensualidade e mediação no âmbito da Administração Pública

A Lei nº 13.140/2015, que dispõe sobre a autocomposição, também na Administração Pública, em seu art. 32, e o Código de Processo Civil, em seu art. 174, afirmam que os entes federativos têm como prerrogativa criar câmaras de prevenção e resolução administrativa de conflitos. Esta disposição abre margem para que os cidadãos tenham a oportunidade de compor disputas sem o ingresso de uma demanda no Judiciário, passando o direito administrativo contemporâneo a ser "permeado e combinado com a lógica do consenso, negociação e multilateralidade" (OLIVEIRA, 2020, p. 106-107).

Agora, as técnicas extrajudiciais de solução de controvérsias são regra a ser observada pela Administração, nos conflitos de interesses, e pelo Judiciário, como requisito ao processamento de ações judiciais e na deferência às decisões tomadas nessa sede. Não há mais que questionar o cabimento ou não da mediação, da conciliação e da arbitragem em questões envolvendo os Poderes Públicos. Esta fase já passou (MOREIRA; CUÉLLAR, 2020).

A gestão dos conflitos administrativos por meios consensuais interrompe a lógica da "cultura da hostilidade" pela via única do processo, marca da administração pública adversarial (FREITAS, 2020, p. 27), que, além de trazer danos ao Poder Judiciário – em razão do alto congestionamento causado pelo excesso de litigância –, coloca o cidadão comum em situação de invisibilidade, sem que seja visto como sujeito de direitos e efetivamente escutado (GOULART, 2021).

Numerosas são as vantagens da solução dialogada: maior eficiência e transparência quanto aos critérios decisórios, maior *accountability* e compromisso no cumprimento do pactuado comparado ao que é imposto. O debate dialógico também favorece a compreensão global dos vários pontos de vista interessados, contribuindo para a descoberta da melhor escolha possível à luz dos interesses em jogo e, por conseguinte, favorecendo a descoberta de qual será efetivamente o interesse público naquela situação concreta. Ademais, a decisão administrativa consensual reduz sobremaneira o risco de judicialização do tema, poupando tempo e dinheiro de ambas as partes (FERNANDES; CAVALCANTE, 2018, p. 57-58).

> A participação e a consensualidade tornaram-se decisivas para as democracias contemporâneas, pois contribuem para aprimorar a governabilidade (eficiência); propiciam mais freios contra o abuso (legalidade); garantem a atenção de todos os interesses (justiça); proporcionam decisão mais sábia e prudente (legitimidade); desenvolvem a responsabilidade das pessoas (civismo); e tornam os comandos estatais mais aceitáveis e facilmente obedecidos (ordem). (MOREIRA NETO, 2006, p. 41)

Não se pode esperar que a consensualidade solucione milagrosamente todos os conflitos entre Estado e particular. Seu intuito não é sanar tais litígios por completo, mas sim fomentar outros métodos de pacificação no plano administrativo, incluindo a participação do administrado e as parceiras público-privadas (TORQUATO, 2012, p. 58).

Nesse cenário, os meios não litigiosos de resolução de conflitos se apresentam como técnica preciosa para diminuir os custos (públicos e privados) do litígio, ao mesmo tempo em que conferem eficiência e agilidade à tutela do interesse público. Por meio da mediação, a Administração Pública transaciona diretamente com a parte interessada, em um espaço chancelado por instituições imparciais – câmaras de mediação e os próprios mediadores –, que funcionam como incentivadores e facilitadores para a solução pacífica da controvérsia (MOREIRA; CUÉLLAR, 2020).

Daí surge um enorme desafio: diagnosticar quais os casos mais adequados para se utilizar das formas consensuais, além de criar os meios materiais para a sua efetiva implementação, com os parâmetros definidos em lei e normativas administrativas a fim de garantir segurança jurídica e respeito ao princípio da legalidade, bem como "as autoridades responsáveis pela análise de risco e de custo-benefício da escolha autocompositiva, o treinamento de gestores e servidores, a elaboração do quadro de mediadores, entre outros" (GOULART, 2021).

Isso porque esses ambientes envolvem práticas que precisam contar com o ensino de habilidades e competências historicamente negligenciados pela cultura da análise normativa da contenda, a partir de conhecimentos técnicos dos administradores. Assim, é desejável o aperfeiçoamento permanente de "servidores não apenas a respeito dos meios consensuais, mas também das *soft skills*, que são competências subjetivas, como a escuta ativa, a cooperação e a comunicação" (GOULART, 2021).

"Com efeito, os métodos não-adversariais de solução de conflitos envolvendo a Administração Pública aproximam-se muito do que se pode compreender como Estado Democrático de Direito" (MOREIRA; CUÉLLAR, 2020), eis que determinam aos Poderes Públicos ouvir as partes interessadas, de modo transparente, republicano, democrático e impessoal. Nesse contexto, o "mediador exerce a função de atenuador de divergências, por meio de estímulos à influência, mútua e autônoma, entre as partes" (MOREIRA; CUÉLLAR, 2020).

A proposta de um processo político de educação e liderança para o diálogo pode trazer novas perspectivas para a Administração Pública e trazer mudanças positivas em várias dimensões, porque se desdobra diretamente na cultura e nas práticas profissionais (SALM; ORDWAY, 2010). Na perspectiva da consensualidade, o princípio da eficiência acaba ganhando novos contornos (GOULART, 2021).

> A eficiência, no contexto dos meios consensuais, pode significar: agir de acordo com as finalidades administrativas; preservar o relacionamento harmônico entre Estado e cidadão; propiciar uma gestão democrática com disponibilização de diversos métodos para solução de conflitos; e, também, resolver conflitos com celeridade e economicidade. (GOULART, 2021)

No embate entre os princípios da legalidade e da eficiência sob o prisma financeiro, este último deve prevalecer, uma vez que, mesmo quando paga integralmente, a cobrança de uma dívida pode gerar prejuízo ao Estado, se for de valor inferior ao desembolsado para cobrá-la. A *ratio* subjacente a esse raciocínio é a de que atente melhor ao interesse público celebrar um "mau" acordo para receber desde logo parcela da dívida e encerrar o litígio (FERNANDES; CAVALCANTE, 2018, p. 62) do que partir para uma morosa briga judicial.

Outro fator econômico é a crescente judicialização no Brasil. Em grande parte, há vantagens econômicas e financeiras para levar uma demanda em juízo. O processo, seja administrativo, seja judicial, é muito barato quando comparado a outros países. Então, os agentes privados maximizam sua utilidade, postergando suas obrigações por meio do sistema jurisdicional (GICO JR., 2014).

Para além dos ganhos pedagógicos e econômicos, outra importante mudança ocorre na "dimensão política, pois os meios consensuais propiciam a escuta do cidadão e sua participação ativa na solução dos conflitos, fortalecendo-se a noção de autonomia" (GOULART, 2021) e de solidariedade. Trata-se de importante conquista da cidadania, alcançada em razão do desenvolvimento da ideia de "consenso como modalidade substitutiva de uma ação unilateral e imperativa do Estado" (MOREIRA NETO, 2003, p. 153).

Mencione-se ainda a mudança que ocorre na dimensão gerencial da Administração Pública. Esta passa a oferecer alternativas plurais de acesso à justiça (multiportas), para que o cidadão possa resolver conflitos administrativos internamente, também de forma amigável. Por fim, há também uma mudança social, na medida em que a consensualidade propicia a relação de convivência harmônica entre o administrador e o administrado sem intimidação, violência, opressão ou qualquer outra hostilidade (GOULART, 2021).

Com a mediação, abandona-se a lógica do "ganha-perde", típica dos jogos de "soma zero", nos quais o que um ganha é igual ao que o outro perde – como é próprio ao contencioso judicial –, passando-se à lógica do "ganha-ganha", cujos jogos são de soma "não nula" ou diferente de zero, em que se buscam ganhos recíprocos às partes. O escopo é que todos vençam, de forma cooperativa e equânime. Nessa óptica, todas as partes envolvidas no conflito têm ganhos efetivos, e a mediação deve ser pautada pela busca do resultado satisfatório para todos (MOREIRA; CUÉLLAR, 2020).

Com o incentivo para pautar sua atuação também por meios consensuais, recupera-se o poder de decisão do administrador para dirimir conflitos, passando a refletir seus modos e formas de atendimento não adversarial na superação da crise enfrentada pelo Judiciário. Esses meios trazem novos caminhos para Administração Pública, no sentido de contribuírem para a construção de uma ordem democrática (GOULART, 2021) e concorrerem para a prevenção de riscos, ao tornarem mais equânime e horizontal a posição das partes envolvidas, "a fim de que efetivamente transacionem os interesses e direitos passíveis de negociação, em vista dos objetivos maiores da segurança jurídica, paz social e eficiência" (MOREIRA; CUÉLLAR, 2020).

Segundo Moreira Neto (2003, p. 156), é necessário desenvolver estudos sobre o princípio da consensualidade no direito brasileiro:

> [A] partir dos *princípios fundamentais constitucionais* expressos (Título I), mais especificamente de três dos arrolados no art. 1º - a *cidadania*, a *dignidade da pessoa humana* e o valor da *livre iniciativa* - sem perder de vista que o homem é a *fonte do poder do Estado* (parágrafo único), que objetivo fundamental da república é a construção de uma *sociedade livre* (art. 3º, 11) e que se a *solução pacífica dos conflitos* é um princípio internacional a prevalecer nas relações internacionais, com idêntica razão haverá de sê-lo nas relações intranacionais (art. 4º, VII).

"Pela consensualidade, o Poder Público vai além de estimular a prática de *condutas privadas* de interesse público, passando a estimular a criação de *soluções privadas* de interesse público". Com isso, acrescentam-se às potencialidades da máquina burocrática as inúmeras pluralidades da sociedade e de suas "organizações sociais, que deixa de ser mera súdita para ser sócia e parceira da atuação estatal, passando a ter no consenso e não na coerção a primeira das opções relacionais" (MOREIRA NETO, 2003, p. 156).

> No caso dos acordo[s] de transação, a busca pela eficiência da cobrança do débito também repercute na economia dos seus custos, o que pode ser bem entendido em relação ao próprio objetivo da transação de término dos litígios administrativos e judiciais, já que quanto mais tempo estes demorarem para serem concluídos mais custosos serão. (SOUZA, 2021, p. 121)

Considerando que a Administração Pública é o maior litigante do Poder Judiciário, o próprio sistema de justiça tende a se beneficiar enormemente dessa atitude dialógica. Logo, a elaboração compartilhada com o administrado do sentido e alcance das normas se revela nitidamente mais vantajosa do que uma escolha interpretativa discricionária imposta verticalmente pelo Estado (FERNANDES; CAVALCANTE, 2018, p. 58).

Na prática, devem sempre ser averiguados os interesses em jogo, os riscos, os históricos e as vantagens que poderão ser obtidas pelas partes, inclusive em prestígio à dignidade da pessoa humana, em busca do meio mais eficiente de solução possível para o caso concreto. Do mesmo modo, é claro que deverão ser analisados os eventuais impedimentos normativos à incidência da mediação (MOREIRA; CUÉLLAR, 2020), pois não se está a defender a aplicação desse instituto em toda e qualquer hipótese, já que há circunstâncias em que, por sua natureza, impedem a autocomposição, como é o caso da liberdade.

Contudo, a Lei de Mediação avançou pouco ao restringir a transação em matéria tributária apenas para os casos que tenham por objeto "dirimir conflitos entre órgãos e entidades da administração pública" (art. 32, I), excluindo a composição no caso de controvérsia entre particular e pessoa jurídica de direito público e, quando couber, a celebração de termo de ajustamento de conduta, nos termos do art. 36, inc. I, da Lei nº 13.140/2015.

Negar a possibilidade de adotar meios mais efetivos e eficazes para a solução de conflitos pela administração fazendária é uma subversão da lógica constitucional e de estruturação do próprio Estado (CASELLA, 2016, p. 744). Dito isso, ver-se-á os impactos dessa opção legislativa nos processos em trâmite no Superior Tribunal de Justiça para, em seguida, avaliar os efeitos da nova legislação.

Acordos judiciais no âmbito do Superior Tribunal de Justiça

Conforme leciona Luciane Moessa de Souza (2012, p. 55), a mediação "pode ser definida como a intervenção construtiva de um terceiro imparcial junto às partes nele envolvidas, com vistas à busca de uma solução pelas próprias partes". Isto é, trata-se da colaboração ativa de uma pessoa habilitada que, "ao se abster de tomar partido, incentiva que as partes construam autonomamente a solução consensual para aquele conflito de interesses", sem resolver o conflito pelas "próprias partes, pois o mediador apenas as auxilia a quebrar as barreiras – subjetivas, idiossincráticas, econômicas, técnicas, etc." (MOREIRA; CUÉLLAR, 2020).

Ao contrário da arbitragem – que exige a prévia convenção (cláusula compromissória ou compromisso arbitral) e, em existindo, não pode ser recusada pelos signatários –, a mediação é de livre escolha e não exige tal previsão. Sempre pode ser instalada, qualquer que seja o estágio da controvérsia, desde que de modo consensual e dentro dos limites legais, até porque as partes podem acordar mesmo em grau de recurso e, em seguida, postular a homologação do acordo. Além disso, podem abdicar dela a qualquer tempo (MOREIRA; CUÉLLAR, 2020).

Dessa forma, a mediação é mais vantajosa para a Administração em relação à arbitragem, porque não é desenvolvida num cenário adversarial, com terceiros substituindo-se às partes, similarmente ao que acontece no Poder Judiciário. Ao revés: o terceiro é um pacificador, respeitado institucionalmente, neutro e incentivador da negociação dos direitos e interesses "postos em jogo, agindo por meio de processo e agenda predefinidos de comum acordo entre os envolvidos" (MOREIRA; CUÉLLAR, 2020).

De fato, a mediação ostenta previsão nos arts. 288-A a C do Regimento Interno do Superior Tribunal de Justiça (RISTJ), que institui o Centro de Soluções Consensuais de Conflitos, por meio da Emenda Regimental nº 22 de 2016, e na Resolução nº 790 de 2022 do Supremo Tribunal Federal, que cria o Centro de Soluções Alternativas de Litígios.

Um dos casos paradigmáticos e propulsores dessa prática pacificadora nos tribunais superiores foi dada pelo Ministro Luiz Fux, na Medida Cautelar nº 10.302/SP, julgada em 19.9.2005, cuja homologação foi fruto de acordo inédito lavrado entre o Instituto Nacional de Colonização e Reforma Agrária – Incra e o proprietário das terras expropriadas referente à reforma agrária. O teor dessa decisão foi confirmado pelo colegiado no Agravo Regimental na Reclamação nº 2.254/SP (BRASIL, 2007).

Atualmente, a Resolução nº 14/2024-STJ/GP implementou o Centro Judiciário de Solução de Conflitos (Cejusc/STJ), unidade responsável pelas conciliações, mediações processuais ou outras formas adequadas de solução de conflitos no âmbito do tribunal. Antes disso, alguns ministros capitaneados pelo Corregedor-Geral de Justiça, Luis Felipe Salomão, já adotavam a praxe de designar o advogado Aldir Passarinho Júnior (ex-ministro do STJ) e a advogada Juliana Loss de Andrade Rodrigues como mediadores nos casos em que a autocomposição se apresenta como uma alternativa desejável para a solução do litígio.

Mediante pesquisa realizada no sistema externo de jurisprudência do Tribunal, foram encontrados 15 processos em que eles foram designados nos últimos 5 anos, dentre os quais 6 deles tiveram acordos homologados.

Com efeito, no ambiente dos sistemas informatizados do STJ, é possível extrair dados gerais e mais reveladores acerca do crescimento da pacificação dos conflitos em grau recursal, ainda que os números sejam incipientes quando comparados aos processos julgados autoritariamente por ministros togados.

Advirta-se, desde logo, que as informações colhidas não refletem com exatidão a realidade das decisões homologatórias. Isso porque, embora a maioria das petições de transação sejam classificadas como "acordo" no sistema interno, nem todo acordo é oriundo de mediação ou conciliação, bem como há a possibilidade de postulantes classificarem equivocadamente a sua petição.

Por outro lado, nem todas as decisões homologatórias são classificadas de "homologação de transação", pois há casos em que o relator julga prejudicado o recurso e determina a baixa dos autos à origem para apreciação do pedido de transação. Assim, optou-se por trazer os números das petições de acordo protocolados, em vez de as decisões transitadas em julgado sobre eles.

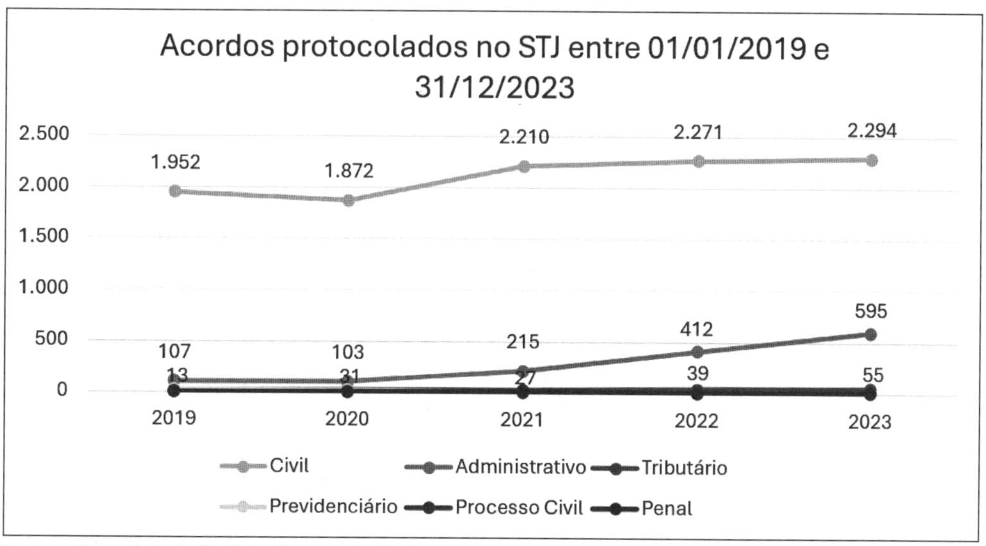

Fontes: Secretaria Judiciária; Secretaria de Processamento de Feitos; Assessoria de Apoio a Julgamento Colegiado; Gabinetes de Ministros; ARP e STI (BI, Sistema Justiça).

De acordo com o gráfico acima, nota-se que a quantidade de acordos protocolados no âmbito do STJ vem crescendo nos últimos 5 anos, nos principais ramos do direito, seja com relação a pessoas físicas ou jurídicas, na ordem de 41%. Com especial destaque, estão as matérias abrangidas pelo direito civil, as quais representam mais do que o triplo das outras disciplinas.

No entanto, quando considerado o número total de decisões terminativas em processos principais, o percentual se revela bastante inexpressivo, representando menos de 1% dos casos julgados no ano, salvo se tomados os direitos civil e administrativo isoladamente.

Comparativamente aos números divulgados pelo Conselho Nacional de Justiça (CNJ), a série histórica do índice de conciliação possui um percentual de aproximadamente 12%, incluindo-se as fases de conhecimento e execução em primeiro e segundo graus jurisdicionais (CONSELHO NACIONAL DE JUSTIÇA, 2024, p. 253).

Outro dado interessante é que o tempo médio entre a primeira distribuição do processo e a sua baixa por decisão terminativa irrecorrível foi de 247,6 dias entre 2019 e 2024. Já para a homologação de petição de acordo, no mesmo período, foi de 550,5 dias. Isso pode indicar que os processos que demandam autocomposição são mais complexos, levando mais tempo para uma solução judicial, motivo pelo qual a mediação deve ocorrer de forma preventiva, e não depois de longos anos de tramitação sem desfecho.

Nas cortes superiores, pode-se mediar apenas o caso concreto, com efeitos entre as partes. Porém, o principal objetivo das mediações nessa instância especial deve ser em larga escala, partindo da seleção de casos para obter um acordo global sobre a tese. São denominadas de "transações de teses nacionais" (VEIGA, 2024), que, uma vez homologadas, passam a ser divulgadas para fins de adesão pelas partes interessadas dos termos negociados.

Feitas essas considerações, conclui-se que o número de transações em matérias de direito público ainda é muito tímido, devendo ser adotadas medidas para incrementar a autocomposição, sobretudo no campo tributário, que figura até mesmo atrás do direito administrativo. É o que se verá a seguir.

Transação com a Fazenda Pública em matéria de direito tributário

"Na seara tributária, a supremacia do interesse público sobre o interesse particular pode ser traduzida, singelamente, na convivência harmônica entre a adequada realização da arrecadação fiscal e o respeito aos direitos dos contribuintes" (COSTA, 2019, p. 91), notadamente da sua capacidade contributiva (art. 145, §1º, CF/88).

> O emprego da transação em relação a obrigações tributárias sempre deu margem à polêmica, diante do entendimento, algo generalizado, de que a figura é incompatível com o regime de direito público, no qual exsurge, como princípio de maior importância, a indisponibilidade do interesse público, que predicaria a impossibilidade de transação. Entretanto, a objeção não nos parece válida, uma vez que a transação, nesse contexto, somente poderá ser efetuada observados os parâmetros fixados na Constituição e na lei, em consonância com o aludido princípio. Autêntico instrumento de praticabilidade tributária, por vezes a transação revelar-se-á mais vantajosa ao interesse público do que o prolongamento ou a eternização do conflito. (COSTA, 2019, p. 302)

O art. 171 do Código Tributário Nacional, no capítulo que trata da extinção do débito fiscal, faculta, nas condições que a lei "estabeleça, aos sujeitos ativo e passivo da obrigação tributária celebrar transação que, mediante concessões mútuas, importe em determinação de litígio e conseqüente extinção de crédito tributário" (BRASIL, 1996).

Durante décadas, os aspectos centrais desse instituto foram amplamente discutidos pela doutrina, "a exemplo da sua natureza jurídica, do seu conceito e, mesmo, da sua análise comparativa com a transação do direito privado" (SOUZA, 2021, p. 110). Porém, a discussão finalmente saiu do plano teórico quando foi publicada a norma geral para regulamentar a matéria.

Visando dar maior eficácia a esse dispositivo no período de crise sanitária e financeira ocasionado pela pandemia da Covid-19, foi aprovada a Lei nº 13.988, de 14.4.2020, fruto da conversão da Medida Provisória nº 899/2019, que dispõe sobre a transação nas hipóteses especificadas, inaugurando uma nova fase na relação – muitas vezes conturbada – do Fisco com o contribuinte.

Para que seja possível a transação no direito tributário, impõe-se já tenha sido instaurado o litígio, que não se caracteriza necessariamente pela propositura de ação judicial.

> Basta que tenha sido impugnado, pelo sujeito passivo da obrigação tributária, um auto de infração contra o mesmo lavrado. É necessário pelo menos que se tenha estabelecido uma pendência, dando lugar a instauração de um procedimento administrativo a ser julgado pelo órgão administrativo competente. (FERNANDES, 2013, p. 206)

Segundo parcela da doutrina, ainda seria necessário cumprir, além da preexistência do conflito, o requisito de "direitos duvidosos em litígio", o que, somente então, autorizaria o fisco a transacionar os seus interesses indisponíveis (CATARINO; ROSSINI, 2016, p. 161-163). Contudo, essa exigência não consta da lei, razão pela qual se entende que a dúvida interpretativa é dispensável, até para atender à otimização do sistema.

De início, em atendimento aos princípios constitucionais anteriormente citados, a lei dispõe, nos parágrafos do art. 1º, que:

> §1º A União, em juízo de oportunidade e conveniência, poderá celebrar transação em quaisquer das modalidades de que trata esta Lei, sempre que, motivadamente, entender que a medida atende ao interesse público.
> §2º Para fins de aplicação e regulamentação desta Lei, serão observados, entre outros, os princípios da isonomia, da capacidade contributiva, da transparência, da moralidade, da razoável duração dos processos e da eficiência e, resguardadas as informações protegidas por sigilo, o princípio da publicidade.
> §3º A observância do princípio da transparência será efetivada, entre outras ações, pela divulgação em meio eletrônico de todos os termos de transação celebrados, com informações que viabilizem o atendimento do princípio da isonomia, resguardadas as legalmente protegidas por sigilo.

Já o §3º do art. 3º esclarece que o crédito transacionado apenas será extinto após o cumprimento integral do acordado, afastando a ideia de que a transação seria uma hipótese de novação – defendida por alguns tributaristas – e evitando também que, em uma eventual rescisão, o débito original não mais pudesse ser cobrado na sua integralidade (SOUZA, 2021, p. 124).

São três as modalidades de transação introduzidas pela lei, a saber: a transação na cobrança dos créditos das pessoas de direito público, a transação por adesão no contencioso tributário de relevante e disseminada controvérsia jurídica e a transação por adesão no contencioso tributário de pequeno valor.

Na redação inicial, havia a vedação, no §2º do art. 11, de transação individual ou por adesão que implicasse a redução superior a 50% do valor total dos créditos a serem transacionados, bem como que concedesse prazo de quitação dos créditos superior a 84 meses. Porém, com o advento da Lei nº 14.375/2022, esses parâmetros foram aumentados para 65%, assim como a 120 meses, ambos em benefício dos contribuintes, acrescentando ainda a possibilidade de uso de precatórios ou de créditos transitados em julgado para a amortização da dívida tributária.

Já na modalidade de negócio por adesão à relevante e disseminada controvérsia jurídica no contencioso tributário, "afasta-se do objetivo meramente arrecadatório, visando à redução de custos também por parte dos contribuintes, que muitas vezes optam por litigar justamente porque a legislação tributária admite interpretações em seu favor" (SOUZA, 2021, p. 119).

Finalmente, a última modalidade por adesão no contencioso tributário de pequeno valor "tem por fundamentos os princípios da racionalidade, economicidade e eficiência, que, embora também estejam presentes nas demais modalidades, nesta se mostram ainda mais evidentes" (SOUZA, 2021, p. 130). Os processos assim considerados são aqueles cujo valor não ultrapasse 60 salários-mínimos e tenha como sujeito passivo pessoa natural, microempresa ou empresa de pequeno porte, consoante dispõe o parágrafo único do art. 24.

Após analisar as três modalidades de transação regidas pela nova legislação, conclui-se que, a despeito de cada uma delas terem diferentes propósitos, todas possuem características em comum: a celebração de acordos que envolvem concessões recíprocas e impliquem a extinção do crédito tributário após o cumprimento de todas as suas condições, sem resultar em novação do crédito tributário, tendo como pressuposto a existência de litígios administrativos e judiciais, dos quais os aderentes deverão desistir, sem implicar suspensão da exigibilidade, a menos que tenha sido concedido moratória ou parcelamento (SOUZA, 2021, p. 131).

Em seguida, a Lei nº 14.112/2020 introduziu nova disciplina acerca do parcelamento para empresários ou sociedades empresárias em recuperação judicial, trazendo diversas medidas que objetivam facilitar a reorganização da empresa recuperanda no que toca aos débitos tributários, quais sejam:

> i) parcelamento do débito consolidado em 120 (cento e vinte) meses; ii) utilização dos créditos decorrentes de prejuízo fiscal e de base de cálculo negativa da CSLL para a liquidação de parte do débito, autorizando-se o parcelamento do saldo remanescente em 84 (oitenta e quatro) meses; iii) opção de liquidação dos débitos tributários por intermédio de outra modalidade de parcelamento instituído por lei federal, caso se revele mais vantajosa; iv) possibilidade de utilização de transação que envolva os créditos inscritos em dívida ativa da União após o deferimento do processamento da recuperação judicial; v) faculdade de excluir do parcelamento débitos sujeitos a outros parcelamentos ou que, comprovadamente, sejam objeto de discussão judicial; e vi) previsão legal no sentido de que os atos de constrição de bens sejam supervisionados pelo juízo da recuperação, mediante cooperação judicial, malgrado as execuções fiscais não se suspendam. (BRASIL, 2024)

Com efeito, "os dados referentes à arrecadação da dívida ativa da União relativa a devedores em recuperação judicial em 2022 comprovam que os resultados esperados pela política de possibilitar a transação de créditos públicos federais" para esses clientes têm sido bastante satisfatórios, promovendo substancial aumento arrecadatório, na ordem de 215,50% comparado a 2020. Contudo, ainda representa apenas 0,91% do total (PEREIRA, 2023, p. 263-264).

Recentemente, nessa mesma linha, a Procuradoria-Geral da Fazenda Nacional (PGFN) publicou o Edital PGDAU nº 2, de 10.5.2024, que apresenta novas oportunidades de transação tributária para contribuintes com débitos inscritos em dívida ativa da União, inclusive os que estiverem em fase de execução ou que tenham sido objeto de parcelamento anterior rescindido, cujo valor consolidado seja igual ou inferior a R$45 milhões.

O edital prevê três modalidades de transação: por adesão na cobrança da dívida ativa da União; do contencioso de pequeno valor relativo ao processo de cobrança de dívida ativa da União; e de inscrições garantidas por seguro-garantia ou carta-fiança. A adesão poderá ser feita até 30.8.2024 e será realizada exclusivamente por meio do portal Regularize.

Na modalidade de transação por adesão, os débitos podem ser negociados com entrada equivalente a 6% do total da dívida em até 6 parcelas mensais. O restante poderá ser pago em até 114 prestações, podendo haver redução de juros, multa e encargos de até 100%, de acordo com a capacidade de pagamento do contribuinte, observado o limite de 65% sobre o valor total de cada inscrição objeto da negociação. Tratando-se de débitos previdenciários, a quantidade máxima de prestações é de 60 meses.

Há, também, previsão específica para os débitos existentes há mais de 15 anos que não estejam com a exigibilidade suspensa, que estejam com a exigibilidade suspensa por decisão judicial há mais de 10 anos ou, ainda, de titularidade de empresas em liquidação judicial ou extrajudicial, falida ou inapta, mesmo que a situação cadastral no Cadastro Nacional das Pessoas Jurídicas (CNPJ) seja baixada.

Por fim, o edital prevê a possibilidade de utilização de precatórios federais para quitação ou amortização do saldo devedor, oferecendo uma alternativa vantajosa para os contribuintes.

Um ponto negativo é que, quando a transação é proposta unilateralmente pela Fazenda, as chances de adesão não são potencializadas se comparadas àquelas em que houve ampla discussão da proposta, em razão do envolvimento direto dos sujeitos passivos na construção de uma tese mediada. Aliás, a mediação ajuda a evitar a criação de precedentes vinculantes que poderiam ser desfavoráveis a ambas as partes, reforçando a importância de métodos plurais de resolução de conflitos nas disputas tributárias (VEIGA, 2024).

Portanto, esse panorama se revela mais benéfico do que a instituição reiterada de parcelamentos extraordinários, pois evita "que devedores com plena capacidade de pagamento também renegociem as suas dívidas com obtenção de descontos" (SOUZA, 2021, p. 119), já que é direcionado àqueles que estão desprovidos dessa possibilidade, voltando-se aos créditos irrecuperáveis ou de difícil recuperação.[2]

> Com efeito, a despeito de haver entendimentos doutrinários favoráveis à classificação dos parcelamentos extraordinários de créditos tributários federais como hipóteses de

[2] Para uma tentativa de definição desse conceito, cf. Souza (2021, p. 126).

> transação, verifica-se que se fundamentam na ideia de que a adesão a estes programas garante benefícios, mas, também, pressupõe assunção de ônus, correspondente à exigência de desistência de eventuais defesas e recursos administrativos ou judiciais por parte dos devedores. No entanto, além de esta exigência não ser obrigatória, não foi demonstrada a presença de todos os requisitos da transação, dispostos no art. 171 do CTN. (SOUZA, 2021, p. 117)

Esta é a linha prevalente no STJ, no sentido de que o parcelamento não constitui espécie de transação, vez que não representa uma forma de extinção do crédito tributário vinculada à vontade das partes, mas de suspensão da sua exigibilidade em caráter temporário, o que obsta tão somente o curso do feito executivo, sem jamais extinguir a ação fiscal.

Ressalte-se, contudo, que não há direito subjetivo a uma transação que atenda prioritariamente aos interesses do devedor. Há apenas uma possibilidade, dependente de um ato discricionário, "que só será consumada se a proposta também atender o interesse público parametrizado em atos normativos e confirmado pelas condições materiais do devedor interessado" (BOCCATO, 2022).

Em resumo, é preciso compreender que a transação sempre será celebrada como medida realizadora do princípio da supremacia do interesse público, "já que apenas o interesse público poderia justificar a flexibilização da cobrança do débito tributário, compulsório por natureza e cuja principal finalidade também é o atendimento ao interesse público" (SOUZA, 2021, p. 120-121).

Afinal, a arrecadação tributária destina-se, ultimamente, a fazer frente aos gastos estatais despendidos na satisfação das necessidades da sociedade (SOUZA, 2021, p. 121). E tal mister não poderia ser alcançado sem a adequação das regras gerais para hipóteses excepcionais que exijam flexibilização, como é o caso dos ativos de difícil ou improvável recuperação.

Prova disso é que as transações tributárias foram responsáveis por quase metade dos valores recuperados pela PGFN em 2023, segundo dados da AGU. Foram obtidos, dessa maneira, R$20,7 bilhões dos R$48,3 bilhões recuperados (42,8% do total). Esse valor é 46,8% maior do que o de 2022, quando foram recuperados R$14,1 bilhões via transação fiscal (ANGELO, 2024).

Por outro lado, a execução fiscal representa aproximadamente 31% do total de casos pendentes de julgamento e 59% das execuções pendentes no Poder Judiciário, contando com mais de 26,4 milhões de processos e taxa de congestionamento de 87,8%. O montante arrecado em decorrência dessa atividade jurisdicional foi de R$26,2 bilhões, correspondendo a 48,7% do total recebido (CONSELHO NACIONAL DE JUSTIÇA, 2024, p. 204-205; 375).

Entretanto, quando comparado o custo-benefício, o modelo negocial se mostra muito mais vantajoso economicamente, já que não exige operar a máquina judicial inteira. A execução em juízo custa caro, pois corresponde a quase um terço das despesas da Justiça, proporcionalmente ao volume de processos em trâmite.

Conclusão

A crescente litigiosidade é a realidade enfrentada pelos tribunais brasileiros hoje. E não há como o Poder Judiciário dar igual andamento a todas essas demandas em um tempo célere, como determina a Constituição, quando também é preciso analisar as matérias com prudência e profundidade, sem açodamentos.

Para isso, o instituto da transação no âmbito do direito público tem mostrado resultado animadores, sobretudo na consecução da tão sonhada justiça fiscal. Esse mecanismo negocial também ajuda na contenção de danos, ao reduzir a taxa de congestionamento, desafogando as despesas da Justiça brasileira.

Conforme visto, a recuperação de ativos pela transação tributária já representa 79% dos valores arrecadados pela via judicial, sendo, todavia, um meio muito menos oneroso para o Estado. No âmbito do STJ, essa forma de solucionar conflitos ainda é pequena, bem como as transações envolvendo empresas em recuperação judicial, representando ainda menos de 1% do total.

Em que pese a prova de que o instituto jurídico da mediação representa uma alternativa célere e eficaz para a solução de litígios, lamentavelmente, no âmbito dos tribunais superiores, os números ainda se revelam aquém do esperado, quando comparados os dados das instâncias inferiores.

É preciso mudar a mentalidade de que o Judiciário é a única via segura para se recuperar ativos financeiros. Enfim, para enriquecer a cultura jurídica brasileira, recorrer à jurisdição deve ser considerada a *ultima ratio*, notadamente para aquelas demandas mais complexas do ponto de vista jurídico, estimulando-se, por conseguinte, a transação entre as partes, titulares do bem jurídico, a facilitar a solução rápida e pacífica do conflito.

Referências

ANGELO, Tiago. Transação tributária já equivale a quase metade do valor recuperado pela PGFN. *Consultor Jurídico*, 6 maio 2024. Disponível em: https://www.conjur.com.br/2024-mai-06/transacao-tributaria-ja-equivale-a-quase-metade-do-valor-recuperado-pela-pgfn/. Acesso em: 24 maio 2024.

ÁVILA, Humberto. Repensando o princípio da supremacia do interesse público sobre o particular. *In*: SARMENTO, Daniel (Org.). *Interesses públicos versus interesses privados*: desconstruindo o princípio da supremacia do interesse público. Rio de Janeiro: Lumen Juris, 2005.

BARROSO, Luís Roberto. *Curso de direito constitucional contemporâneo*. 12. ed. São Paulo: SaraivaJur, 2024.

BOCCATO, Esdras. Pode-se muito, mas não se pode tudo: transação tributária não é parcelamento. *Consultor Jurídico*, 25 dez. 2022. Disponível em: https://www.conjur.com.br/2022-dez-25/processo-tributario-transacao-nao-parcelamento/. Acesso em: 24 maio 2024.

BRASIL. Acordo com AGU intensifica desjudicialização e alcança mais de dois milhões de processos. *STJ Notícias*, Brasília, 18 ago. 2023a. Disponível em: https://www.stj.jus.br/sites/portalp/Paginas/Comunicacao/Noticias/2023/17082023-Acordo-com-AGU-intensifica-desjudicializacao.aspx. Acesso em: 23 maio 2024.

BRASIL. *Constituição da República Federativa do Brasil, 5 de outubro de 1988*.

BRASIL. *Constituição Politica do Imperio do Brazil, 25 de março de 1824*.

BRASIL. *Edital PGDAU nº 2, de 10 de maio de 2024*. Torna públicas propostas da Procuradoria-Geral da Fazenda Nacional para transação por adesão, nos termos da Lei n. 13.988, de 14 de abril de 2020, e da Portaria PGFN nº 6.757, de 29 de julho de 2022, de créditos inscritos em dívida ativa da União.

BRASIL. *Lei nº 13.105, de 16 de março de 2015. Código de Processo Civil*.

BRASIL. *Lei nº 13.140, de 26 de junho de 2015*. Dispõe sobre a mediação entre particulares como meio de solução de controvérsias e sobre a autocomposição de conflitos no âmbito da administração pública; altera a Lei nº 9.469, de 10 de julho de 1997, e o Decreto nº 70.235, de 6 de março de 1972; e revoga o §2º do art. 6º da Lei nº 9.469, de 10 de julho de 1997.

BRASIL. *Lei nº 13.988, de 14 de abril de 2020*. Dispõe sobre a transação nas hipóteses que especifica; e altera as Leis nºs 13.464, de 10 de julho de 2017, e 10.522, de 19 de julho de 2002.

BRASIL. *Lei nº 14.112, de 24 de dezembro de 2020*. Altera as Leis nºs 11.101, de 9 de fevereiro de 2005, 10.522, de 19 de julho de 2002, e 8.929, de 22 de agosto de 1994, para atualizar a legislação referente à recuperação judicial, à recuperação extrajudicial e à falência do empresário e da sociedade empresária.

BRASIL. *Lei nº 14.375, de 21 de junho de 2022*. Altera as Leis nºs 10.260, de 12 de julho de 2001, 10.522, de 19 de julho de 2002, e 12.087, de 11 de novembro de 2009, para estabelecer os requisitos e as condições para realização das transações resolutivas de litígio relativas à cobrança de créditos do Fundo de Financiamento Estudantil (Fies), a Lei nº 10.861, de 14 de abril de 2004, para estabelecer a possibilidade de avaliação in loco na modalidade virtual das instituições de ensino superior e de seus cursos de graduação, a Lei nº 13.988, de 14 de abril de 2020, para aperfeiçoar os mecanismos de transação de dívidas, e a Lei nº 13.496, de 24 de outubro de 2017; e revoga dispositivos das Leis nºs 13.530, de 7 de dezembro de 2017, 13.682, de 19 de junho de 2018, 13.874, de 20 de setembro de 2019, e 14.024, de 9 de julho de 2020.

BRASIL. *Lei nº 5.172, de 25 de outubro de 1966*. Dispõe sobre o Sistema Tributário Nacional e institui normas gerais de direito tributário aplicáveis à União, Estados e Municípios.

BRASIL. STJ encerra ano judiciário apontando caminhos para o alto número de processos. *STJ Notícias*, Brasília, 19 dez. 2023b. Disponível em: https://www.stj.jus.br/sites/portalp/Paginas/Comunicacao/Noticias/2023/19122023-STJ-encerra-ano-judiciario-apontando-caminhos-para-o-alto-numero-de-processos.aspx. Acesso em: 23 maio 2024.

BRASIL. Superior Tribunal de Justiça. AgRg na Rcl n. 2.254/SP, relator Ministro Luiz Fux, Primeira Seção, julgado em 28/2/2007. *DJ*, p. 207, 2 abr. 2007.

BRASIL. Superior Tribunal de Justiça. REsp n. 1.955.325/PE, relator Ministro Antonio Carlos Ferreira, Quarta Turma, julgado em 12/3/2024. *DJe*, 22 abr. 2024.

CASELLA, Paulo Borba. Arbitragem tributária e a Câmara de Conciliação e Arbitragem da Administração Federal. *In*: SCHOUERI, Luís Eduardo; BIANCO, João Francisco (Coord.). *Estudos de direito tributário*: em homenagem ao prof. Gerd Weilli Rothmann. São Paulo: Quartier Latin, 2016. p. 739-757.

CATARINO, João Ricardo; ROSSINI, Guilherme de Mello. A transação tributária e o mito da (in)disponibilidade dos interesses fazendários. *Revista da AGU*, v. 15, n. 2, 2016. Disponível em: https://revistaagu.agu.gov.br/index.php/AGU/article/view/636. Acesso em: 29 maio 2024.

CONSELHO NACIONAL DE JUSTIÇA. *Justiça em números 2024*. Brasília: CNJ, 2024.

COSTA, Regina Helena. *Curso de direito tributário*: Constituição e Código Tributário Nacional. 9. ed. São Paulo: Saraiva. 2019.

FERNANDES, André Dias; CAVALCANTE, Denise Lucena. Administração fiscal dialógica. *Revista de Direito Administrativo*, Rio de Janeiro, v. 277, n. 3, p. 49-70, 2018. Disponível em: https://periodicos.fgv.br/rda/article/view/77676. Acesso em: 24 maio 2024.

FERNANDES, Tarsila Ribeiro Marques. Transação como forma de extinção do crédito tributário: eficiência e celeridade. *Revista do Mestrado em Direito*, Brasília, v. 7, n. 1, p. 195-220, jan./jun. 2013.

FREITAS, Juarez. Direito administrativo não adversarial: a prioritária solução consensual de conflito. *Revista de Direito Administrativo*, Rio de Janeiro, v. 276, p. 25-46, dez. 2017.

GICO JR., Ivo Teixeira. A tragédia do Judiciário. *Revista de Direito Administrativo*, Rio de Janeiro, v. 267, p. 163-198, 2014. Disponível em: https://periodicos.fgv.br/rda/article/view/46462. Acesso em: 29 maio. 2024.

GOULART, Juliana Ribeiro. Consenso e humanização da Administração Pública para a resolução de conflitos. *Migalhas*, 5 jan. 2021. Disponível em: https://www.migalhas.com.br/depeso/338544/consenso-e-humanizacao-da-administracao-publica-para-a-resolucao-de-conflitos. Acesso em: 23 maio 2024.

MESQUITA, Daniel Augusto. A participação do advogado público em mediações: parâmetros para a celebração de acordo que atenda ao interesse público. *Revista Jurídica da Procuradoria-Geral do Distrito Federal*, Brasília, v. 41, n. 2, p. 9-32, jul./dez. 2016.

MOREIRA NETO, Diogo de Figueiredo. *Mutações do direito público*. 1. ed. Rio de Janeiro: Renovar, 2006.

MOREIRA NETO, Diogo de Figueiredo. Novos institutos consensuais da ação administrativa. *Revista de Direito Administrativo*, Rio de Janeiro, v. 231, p. 129-154, jan./mar. 2003.

MOREIRA, Egon Bockmann; CUÉLLAR, Leila. A Administração Pública e a mediação: notas fundamentais. *In*: CUÉLLAR, Leila; MOREIRA, Egon Bockmann; GARCIA, Flávio Amaral; CRUZ, Elisa Schmidlin. *Direito administrativo e alternative dispute resolution*: arbitragem, dispute board, mediação e negociação. Com comentários à legislação do Rio de Janeiro, São Paulo e União sobre arbitragem e mediação em contratos administrativos e desapropriações. Belo Horizonte: Fórum, 2020. p. 43-74.

OLIVEIRA, Gustavo Justino de. Os acordos administrativos na dogmática brasileira. *In*: MOREIRA, António Júdice *et al*. *Mediação e arbitragem na administração pública*: Brasil e Portugal. São Paulo: Almedina, 2020.

OLIVEIRA, Rafael. *Constitucionalização do direito administrativo*: o princípio da juridicidade, a releitura da legalidade administrativa e a legitimidade das agências reguladoras. 2. ed. Rio de Janeiro: Lumen Juris, 2010.

PEREIRA, Igor Guimarães. Impacto das transações de créditos públicos na arrecadação da Procuradoria-Geral da Fazenda Nacional referente a devedores em recuperação judicial. *Revista da Advocacia Pública Federal*, v. 7, n. 1, p. 249-267, dez. 2023.

SALM, João; ORDWAY, Jared L. New perspectives in public administration: a political process of education and leadership through mediation. *Administrative Theory & Praxis*, v. 32, n. 3, p. 438-444, 2010.

SOUZA, Luciane Moessa de. *Meios consensuais de solução de conflitos envolvendo entes públicos*: negociação, mediação e conciliação na esfera administrativa e judicial. Belo Horizonte: Fórum, 2012.

SOUZA, Priscila Maria Fernandes Campos de. Transação tributária: definição, regulamentação e principais desafios. *Revista da PGFN: Procuradoria-Geral da Fazenda Nacional*, v. 11, n. 1, p. 109-136, jan./jun. 2021.

TORQUATO, Leylane de Deus. *Releitura do princípio da supremacia do interesse público sobre o privado numa administração pública consensual*. Fortaleza, 2012. 63 f. TCC (Graduação em Direito) – Faculdade de Direito, Universidade Federal do Ceará, Fortaleza (CE), 2012.

VEIGA, Guilherme. *Mediação nas cortes superiores*: da teoria à prática. Londrina: Thoth, 2024.

Informação bibliográfica deste texto, conforme a NBR 6023:2018 da Associação Brasileira de Normas Técnicas (ABNT):

SANTOS, Teodoro Silva. Transação tributária no âmbito do Superior Tribunal de Justiça em números (2019-2023). *In*: PAULA, Fernanda de; PENCAK, Nina (coord.). *Tributação, liberdade e igualdade*: as contribuições do Ministro Luís Roberto Barroso. Belo Horizonte: Fórum, 2025. p. 119-135. ISBN 978-65-5518-952-0.

REFLEXÕES ACERCA DA PROTEÇÃO E CONSOLIDAÇÃO DOS DIREITOS FUNDAMENTAIS DO CONTRIBUINTE SOB A ÓTICA DO MINISTRO LUÍS ROBERTO BARROSO

AFRÂNIO VILELA

1 O Professor e Ministro Luís Roberto Barroso: uma desnecessária, mas justa apresentação

A honra em participar de uma obra sobre o impacto e o legado do Ministro do Supremo Tribunal Federal – STF, Luís Roberto Barroso, no campo do direito tributário e financeiro, vem acompanhada da responsabilidade de referenciar o jurista, cuja vasta produção acadêmica e brilhante atuação institucional nos provoca reflexões além do âmbito jurídico.

Luís Roberto Barroso nasceu em 11.3.1958, em Vassouras, cidade histórica localizada no Vale do Paraíba, interior fluminense. Concluiu a graduação em Direito, na Universidade do Estado do Rio de Janeiro – UERJ, em 1980, e se especializou nas Universidades de Georgetown e Harvard, nos Estados Unidos, e na Academie de Droit International de Lahye, na Holanda.

Um dos grandes constitucionalistas de nosso tempo, concluiu Mestrado na Universidade de Yale, nos Estados Unidos, e defendeu sua tese de Doutorado, acerca das transformações e dos conceitos fundamentais do direito constitucional contemporâneo, na UERJ, onde foi professor titular de Direito Constitucional. Esteve, ainda, como professor visitante na Universidade de Poitiers, França, em fevereiro de 2010, e da Universidade de Wroclaw, Polônia, em outubro de 2009, e professor visitante da Universidade de Brasília – UnB, no período de 2009 a 2013.

Foi procurador do Estado do Rio de Janeiro, aprovado em concurso público no ano de 1985, e assessor jurídico da Secretaria de Justiça do Rio de Janeiro.

Teve atuação destacada na advocacia, atento à complexidade e pluralidade do ser humano, participando de importantes e singulares julgamentos no Supremo Tribunal

Federal, como a liberação de pesquisas com células-tronco embrionárias, a proibição do nepotismo no Poder Judiciário, a defesa do reconhecimento das uniões homoafetivas e o direito de a gestante interromper a gravidez em caso de feto anencéfalo, sempre relacionados à defesa dos direitos fundamentais.

É ministro do Supremo Tribunal Federal desde 2013, e tem sua atuação pautada pela forma justa e humana de pensar o direito, as mazelas sociais e a defesa do meio ambiente.

Chegou ao Tribunal Superior Eleitoral – TSE como ministro titular, em 2018, e exerceu a presidência da Corte no biênio 2020-2022, destacando-se pela defesa incondicionada da Constituição e da democracia. Participou ativamente de julgamentos cujo resultado fortaleceu o sistema democrático e eleitoral do país, como os casos de desvio de finalidade nas verbas destinadas a candidaturas femininas.

Na presidência do TSE, conseguiu conciliar, nas eleições de 2020, a expressão máxima de nossa democracia, o voto popular, com a preocupação em face da saúde pública, diante do quadro de pandemia do coronavírus, e a preocupação relativa à desinformação e às *fake news*, que visavam enfraquecer as instituições e abalar a confiança dos cidadãos no processo eleitoral.

Desde setembro de 2023, Barroso é Presidente do Supremo Tribunal Federal, em uma gestão que já se descortina como voltada à melhoria do desenho institucional do STF, notadamente em relação à eficiência na prestação jurisdicional e à transparência nas ações da Corte, com sensibilidade à relação do Supremo com o jurisdicionado, o que se depreende das propostas de facilitação da comunicação dos tribunais em todo o país – o Pacto pela Linguagem Simples – e da preocupação com o altíssimo número de processos judiciais contra o Poder Público, o que define como "uma epidemia geral de litigiosidade".

As palestras, as entrevistas, as declarações e os votos do Professor e Ministro do STF Luís Roberto Barroso, sempre em três eixos, para melhor compreensão, não deixam pairar dúvidas acerca da sua ótica protetiva dos direitos fundamentais em diversas áreas, e no campo do direito tributário não poderia ser diferente.

Este artigo propõe examinar a indelével marca deixada pelo Ministro Barroso nessa seara, a partir de sua contribuição para consolidar e proteger os direitos fundamentais do contribuinte em importantes julgamentos no Supremo Tribunal Federal, promovendo o equilíbrio justo entre o papel arrecadador do Estado e a efetividade da cobrança do crédito tributário e a proteção dos cidadãos, a partir de uma visão progressista, contemporânea e afeita às realidades econômicas e sociais do Brasil.

2 A tributação e os direitos fundamentais – Uma breve exposição

O Ministro Barroso tem sido um defensor incansável da necessidade de coerência, racionalidade e simplicidade na legislação tributária, buscando assegurar que as normas fiscais estejam alinhadas com os princípios e as garantias constitucionais.

Nas diversas fases que conduziram à globalização, o capitalismo suportou avanços e até recuos que resultaram na integração de conceitos mundiais, principalmente diante do grande desenvolvimento de ferramentas de comunicação (coleta, tratamento e utilização de dados), tecnologia e informática.

Novas demandas surgiram de cada período do desenvolvimento social e, com elas, novas ofertas e novos avanços científicos, que geraram novas máquinas, novos instrumentos e meios de prestação de serviços, segundo fases evolutivas bem delineadas. Por exemplo, as grandes navegações possibilitaram a exploração de territórios, o intercâmbio de ideias e o acesso direto e rápido por um povo às tradições de outro; também à riqueza cultural, econômica e técnica. E, evidente, no intercâmbio sempre ocorrente, inclusive na fase recente, cuja economia foi marcada pelo surgimento das empresas transnacionais e a criação de grandes blocos/grupos econômicos. Na indústria, instrumentos tão bem usados nas fases do desenvolvimento caracterizaram inovações e provocaram avanços tecnológicos cada vez mais céleres e dinâmicos.

O desenvolvimento tecnológico aplicado à indústria é um marco importante na história, assim como foram outras grandes descobertas, como a da letalidade de objetos; a criação da escrita como forma de registros; a criação da pólvora e a arte de fabricar grandes naus para a navegação.

Cada sociedade moldou a história à sua forma, e todas estimularam a evolução. As mudanças ocorridas no século XVIII, que se estenderam pelos séculos XIX e XX, alteraram a organização social, modificaram culturas e instituíram nova sistemática na relação trabalho-capital, resultando em diversos novos elementos de direito, e valorizando especialmente os fundamentais dentro de um princípio democrático.

O Estado de direito democrático exige a participação da sociedade, pressupondo a tributação como um meio para que sejam alcançados os direitos assegurados. Na Constituição brasileira, adotou-se esse modelo de Estado, tendo por objetivo construir uma sociedade livre, justa e solidária, de forma que a arrecadação tributária é a principal forma de financiamento das necessidades do Estado e do custeio dos direitos do povo, fonte e destino de todo o poder.

A tributação compreende o conjunto de atividades do Estado que consubstanciam o exercício da competência tributária, inclusive a legislativa, abrangendo a instituição, a fiscalização, o lançamento, a cobrança, a arrecadação e o recolhimento de tributos, bem como a execução de leis, os serviços, os atos e as decisões administrativas em matéria tributária.

Nesse sentido, conforme lição do Ministro Luís Roberto Barroso,[1] "ao longo dos séculos, as formas mais brutas de expropriação foram substituídas pelo Estado de Direito, que submeteu a atividade de arrecadar recursos a fórmulas que se considerem válidas pela ordem jurídica em vigor e, sobretudo, pelo sistema constitucional".

A tributação também pode ser entendida – quanto às suas três principais bases tributárias – como a aplicação de tributos sobre: (1) a renda; (2) o consumo de bens e serviços ou (3) o patrimônio.

No Brasil, a Emenda Constitucional nº 18, de 1965, instituiu o Sistema Tributário Nacional, cujas regras gerais encontram-se previstas na Lei nº 5.172, de 1966, denominada Código Tributário Nacional – CTN.

A Constituição Federal de 1967, em seu Capítulo V, dispôs sobre o Sistema Tributário Nacional, com poucas modificações em relação à Emenda Constitucional nº 18.

---

[1] BARROSO, Luís Roberto; BARCELLOS, Ana Paula de. Inconstitucionalidade da aplicação de sanções políticas em razão de débito tributário. *In*: OSÓRIO, Fábio Medina (Coord.). *Direito sancionador*: sistema financeiro nacional. Belo Horizonte: Fórum, 2007.

A Constituição Federal de 1988 é mais minuciosa, dedicando o Capítulo I de seu Título VI ao Sistema Tributário Nacional, alterado por várias emendas constitucionais.

Os direitos fundamentais, especialmente nas falas do homenageado, podem ser entendidos como direitos humanos positivados na Constituição, materialmente pela sua importância para a vida. São formalmente fundamentais porque estão consagrados na norma fundante do Brasil. Por isso a Constituição de 1988, em seu art. 5º, §1º, dispõe que as normas definidoras dos direitos e das garantias fundamentais possuem aplicabilidade imediata, ou seja, deixam de ser meros programas e vinculam os poderes públicos. E eu diria mais: vincula ao próprio mandato que o povo concedeu aos administradores e legisladores. Além disso, esses direitos foram incluídos no rol das cláusulas pétreas, o que significa dizer que não podem ser suprimidos, conforme o art. 60, §4º.

Os direitos humanos fundamentais são reconhecidos em documentos internacionais – a Declaração Universal dos Direitos Humanos (1948); a Declaração Americana dos Direitos e Deveres Fundamentais do Homem (1948); o Pacto Internacional dos Direitos Civis e Políticos (1966); o Pacto Internacional dos Direitos Econômicos, Sociais e Culturais (1966); a Convenção Americana sobre Direitos Humanos (1969); e também nas Constituições, especialmente na brasileira –, devem ser concedidos e carecem de fonte de custeio.

A Constituição de 1988 reconhece diversos direitos fundamentais, classificando-os em cinco grupos, a saber: 1) direitos individuais; 2) direitos coletivos; 3) direitos sociais; 4) direitos à nacionalidade; e 5) direitos políticos.

Enfim, os direitos fundamentais, intrínsecos à cidadania, são universais, e todos têm custos, a serem financiados principalmente com o produto da arrecadação de tributos, em sua face fiscal.

A ordem constitucional instaurada em 1988 estabeleceu, dentre os objetivos da República Federativa do Brasil, a construção de uma sociedade livre, justa e solidária, assim como a erradicação da pobreza e da marginalização, e a redução das desigualdades sociais e regionais. Para tanto, a Carta foi generosa na previsão de direitos individuais, sociais, econômicos e culturais para o cidadão.

Ocorre que, correlatos a esses direitos, existem também deveres, cujo atendimento é condição *sine qua non* para a realização do projeto de sociedade esculpido na Carta Federal. Dentre esses deveres, consta o dever fundamental de pagar tributos, visto que são estes que, majoritariamente, financiam as ações estatais voltadas à concretização dos direitos do cidadão, como dito.

A prerrogativa de tributar, que o ordenamento positivo reconhece ao Estado, não lhe outorga, contudo, o poder de suprimir ou de inviabilizar direitos de caráter fundamental, constitucionalmente assegurados ao contribuinte. Este possui, nos termos da própria Carta Política, um sistema de proteção destinado a ampará-lo contra eventuais excessos cometidos pelo poder tributante ou, ainda, contra exigências desarrazoadas veiculadas em diplomas normativos editados pelo Estado (ADI nº 2.551/MG, Rel. Min. Celso de Mello).

Em outra lição, o Ministro Celso de Mello registra:

> Não são absolutos os poderes de que se acham investidos os órgãos e agentes da administração tributária, pois o Estado, em tema de tributação, inclusive em matéria de fiscalização tributária, está sujeito à observância de um complexo de direitos e prerrogativas que assistem, constitucionalmente, aos contribuintes e aos cidadãos em geral. Na realidade,

> os poderes do Estado encontram, nos direitos e nas garantias individuais, limites intransponíveis, cujo desrespeito pode caracterizar ilícito constitucional. Por isso, a administração tributária, embora podendo muito, não pode tudo. É que, ao Estado, é somente lícito atuar, "respeitados os direitos individuais e nos termos da lei" (CF, art. 145, §1º), consideradas, sobretudo, e para esse específico efeito, as limitações jurídicas decorrentes do próprio sistema instituído pela Lei Fundamental, cuja eficácia - que prepondera sobre todos os órgãos e agentes fazendários - restringem-lhes o alcance do poder de que se acham investidos, especialmente quando exercido em face do contribuinte e dos cidadãos da República, que são titulares de garantias impregnadas de estatura constitucional e que, por essa razão, não podem ser transgredidas por aqueles que exercem a autoridade em nome do Estado (HC nº 82.788/RJ, Rel. Min. Celso de Mello).

Em uma rápida digressão, registro que, no âmbito do STJ – Tribunal Superior que possui a função precípua de uniformizar a interpretação do direito federal infraconstitucional, conforme os valores e as normas fundamentais estabelecidos na Constituição Federal –, há inúmeros precedentes jurisprudenciais que explicitam a estreita correlação entre tributação e concretização dos direitos fundamentais, na esteira do entendimento do ministro festejado por esta obra.

A título ilustrativo, em sede de recurso especial repetitivo interposto nos autos de execução fiscal ajuizada para a cobrança de tributo, à luz da Convenção Americana sobre Direitos Humanos e do direito fundamental à liberdade, foi fixada a tese de que "descabe a prisão civil do depositário judicial infiel" (REsp nº 914.253/SP, Rel. Min. Luiz Fux).

No que concerne à tributação reduzida do Imposto de Renda de Pessoa Jurídica - IRPJ e da Contribuição sobre Lucro Líquido — CSLL, atinentes aos serviços hospitalares, o Superior Tribunal de Justiça firmou que a Lei nº 9.249/1995, em seus arts. 15, §1º, III, "a", e 20, concede o benefício fiscal de forma objetiva, com foco nos serviços que são prestados, e não no contribuinte que os executa. A tributação reduzida não teve em conta os custos arcados pelo contribuinte, mas, sim, a natureza dos serviços hospitalares, essenciais à população por estarem ligados à garantia do direito fundamental à saúde, nos termos do art. 6º da Constituição Federal (REsp nº 951.251/PR, Rel. Min. Castro Meira).

O STJ também já assentou que a imunidade dos templos, prevista no art. 150, VI, "b", da CF/88, visa garantir a liberdade de culto e impede que a tributação reduza o patrimônio e as rendas, ou que onere as atividades religiosas. Pretende-se, com isso, assegurar o exercício desse direito fundamental (RMS nº 22.582/CE, Rel. Min. Herman Benjamin).

A jurisprudência do STJ orienta-se, ainda, no sentido de que ofende os princípios básicos da razoabilidade e da justiça o fato de o Estado omitir-se no seu dever de garantia do direito fundamental de propriedade e, concomitantemente, exercer a sua prerrogativa de constituir ônus tributário sobre imóvel expropriado por particulares (REsp nº 1.144.982/PR, Rel. Min. Mauro Campbell Marques).

Visto e dito assim, em sede doutrinária, os tributos atingem, obrigatoriamente, dois direitos fundamentais: o direito à propriedade e o direito de liberdade na área econômica. O primeiro é alcançado direta e imediatamente pela tributação, porque o tributo consiste em prestação pecuniária compulsória, devida por força de lei, implicando sua satisfação, obrigatoriamente, à diminuição do patrimônio do sujeito passivo, diminuição essa que, no entanto, jamais poderá caracterizar confisco (art. 150, IV). Por outro lado, o direito de liberdade é alcançado pelo tributo de modo indireto, de acordo com os objetivos a serem perseguidos pelo Estado, porquanto sua exigência pode modular comportamentos dos contribuintes. Outros direitos fundamentais também devem ser considerados pela tributação, uma vez que alcançados de forma indireta por ela.

Visando demonstrar a conexão entre tributação e direitos fundamentais, a Ministra Regina Helena Costa afirma que os direitos fundamentais dão suporte à atividade tributante do Estado, ao mesmo tempo em que configuram limites intransponíveis a essa mesma atividade, e identifica um princípio derivado da noção de legalidade, que ela batiza de "princípio da não obstância do exercício de direitos fundamentais por via da tributação". Esse princípio, que se encontra implícito no texto constitucional, é extraído das normas que afirmam que os direitos e liberdades nele contemplados devem conviver harmonicamente com a atividade tributante do Estado. Em outras palavras, se a Lei Maior assegura o exercício de determinados direitos, que qualifica como fundamentais, não pode tolerar que a tributação, também constitucionalmente disciplinada, seja desempenhada em desapreço a esses mesmos direitos. Uma das maneiras pelas quais, indesejavelmente, pode o exercício de direitos vir a ser amesquinhado é por intermédio da tributação, porquanto o tributo, necessariamente, interfere com o direito de liberdade e o direito de propriedade.

Veja-se, portanto, que os direitos fundamentais que têm relação direta com a tributação apontam para verdadeiras garantias fundamentais do contribuinte, como a legalidade, a isonomia, a anterioridade, a irretroatividade, o não confisco, o devido processo legal e a ampla defesa. Enquanto os direitos configuram normas jurídicas e prerrogativas, as garantias visam possibilitar e assegurar a fruição do direito.

Conforme definição do Professor Luís Roberto Barroso:

> Direitos fundamentais são direitos subjetivos. Isso significa que são posições jurídicas protegidas pelo Direito, e que podem ser sindicáveis judicialmente. Cabe relembrar aqui os atributos típicos de um direito subjetivo: (i) a ele corresponde um dever jurídico de alguém para com o seu titular; (ii) este dever jurídico pode ser descumprido, importando na violação do direito; e (iii) diante da violação, nasce para o titular uma pretensão, que pode ser exercida mediante a propositura de uma ação judicial. Vale dizer: direitos fundamentais são vinculantes e podem ser tutelados pelo Poder Judiciário. Porém, a interpretação e aplicação de direitos subjetivos com caráter de direitos fundamentais podem envolver complexidades e sutilezas. Normas de direito fundamental ora se apresentam com estrutura de regra, ora de princípios. Muito frequentemente, terão a natureza de princípios, o que significa que podem sofrer restrições, podem ter de ceder parcial ou inteiramente diante de certas situações fáticas ou jurídicas e estarão sujeitas à ponderação com outros direitos fundamentais ou interesses coletivos.

As garantias podem ser entendidas como a possibilidade de o contribuinte exigir a proteção aos seus direitos constitucionalmente instituídos.

3 A ADI nº 939/DF e a interpretação constitucional dos direitos fundamentais do contribuinte

Na seara tributária, é de suma importância o precedente emanado da Suprema Corte no julgamento da Ação Direta de Inconstitucionalidade nº 939/DF, proposta pela

Confederação Nacional dos Trabalhadores do Comércio – CNTC em face do art. 2º da Emenda Constitucional nº 3/1993, e de dispositivos da Lei Complementar nº 77/1993, que regulamentava os dispositivos da referida emenda constitucional.

O objetivo da ação era declarar inconstitucional o art. 2º da Emenda Constitucional nº 3/1993, considerando a violação ao princípio da anterioridade, da imunidade recíproca, das imunidades gerais, da vedação de confisco e da bitributação, insculpidos respectivamente no art. 150, III, "b", VI, "a", VI, "b" a "d", e IV; e no art. 154, I, todos da Constituição Federal. Isso sob o fundamento de que a citada emenda constitucional não poderia afastar a aplicabilidade dos referidos princípios.

No mérito, a ADI nº 939/DF foi julgada parcialmente procedente, tendo o Supremo Tribunal Federal declarado, pela primeira vez, a inconstitucionalidade de uma emenda constitucional, ao registrar a violação ao princípio da anterioridade, como garantia individual do contribuinte, e ao princípio da imunidade tributária recíproca.

Em importante lição, o Ministro Luís Roberto Barroso[2] indica a importância do julgamento da ADI nº 939/DF, notadamente porque foi dada interpretação ao termo "direitos e garantias fundamentais" presente no art. 60, §4º, IV, da Constituição Federal, de forma que o rol de garantias do contribuinte que pode servir como parâmetro para o controle de constitucionalidade não se resume àquele constante do art. 5º da Carta Magna.

Nas palavras do ministro, "o Supremo Tribunal Federal afirmou nesse precedente que a proteção contra a atuação ilegítima do poder constituinte reformador abrange os direitos e as garantias individuais espalhados pela Constituição, e não apenas aqueles constantes do art. 5º, da CF".

À guisa de ilustração, faço o necessário apontamento do seguinte excerto do voto proferido pelo Ministro Celso de Mello:

> O respeito incondicional aos princípios constitucionais evidencia-se como dever inderrogável do Poder Público. A ofensa do Estado a esses valores – que desempenham, enquanto categorias fundamentais que são, um papel subordinante na própria configuração dos direitos individuais ou coletivos – introduz um perigoso fator de desequilíbrio sistêmico e rompe, por completo, a harmonia que deve presidir as relações, sem tão estruturalmente desiguais, entre as pessoas e o Poder. Não posso desconhecer – especialmente neste momento em que se amplia o espaço do dissenso e se intensificam, em função de uma norma tão claramente hostil a valores constitucionais básicos, as relações de antagonismo entre Fisco e os indivíduos – que os princípios constitucionais tributários, sobre representarem importante conquista político-jurídica dos contribuintes, constituem expressão fundamental dos direitos outorgados, pelo ordenamento positivo, aos sujeitos passivos das obrigações fiscais. Desde que existem para impor limitações ao poder de tributar, esses postulados têm por destinatário o poder estatal, que se submete, quaisquer que sejam os contribuintes, à imperatividade de suas restrições.

Nessa linha, sobressai-se a contribuição do Ministro Barroso para a constitucionalização do direito tributário. Marcus Vinícius Barbosa,[3] ao examinar esse fenômeno,

---

2 BARROSO, Luís Roberto; BARBOSA, Marcus Vinicius Cardoso. Direito tributário e o Supremo Tribunal Federal: passado, presente e futuro. *Univesitas JUS*, v. 27, n. 1, p. 1-20, 2016.

3 BARBOSA, Marcus Vinicius. Constitucionalização do direito tributário e o Supremo Tribunal Federal: aportes doutrinários e jurisprudenciais para um direito tributário renovado. *Revista da EMERJ*, Rio de Janeiro, v. 21, n. 3, t. 2, p. 394-442, set./dez. 2019.

identifica três características da atuação jurisdicional do homenageado em matéria tributária: (i) construir soluções a partir de raciocínios e ferramentas também disponíveis à interpretação constitucional em geral, desde que compatíveis com o direito tributário; (ii) extração de normatividade reforçada da capacidade contributiva, do dever fundamental de pagar tributos e do mandamento de manutenção do equilíbrio concorrencial; (iii) introdução no processo decisório de gramática típica do direito dos contribuintes em contraposição ao direito individual de um contribuinte, aproximando de uma ideia mais ampla de justiça fiscal.

No recorte proposto no presente estudo, chama à atenção os paradigmáticos votos do Ministro Luís Roberto Barroso nas Ações Diretas de Inconstitucionalidade nº 5.139/DF e nº 5.886/DF, nas quais Sua Excelência analisa, pormenorizadamente, em que medida poderia ter havido a violação a direitos e garantias fundamentais do contribuinte e ao princípio da proporcionalidade, e, mediante o sopesamento dos referidos parâmetros, a necessidade de se declarar a inconstitucionalidade das normas indicadas.[4]

4 O protesto das certidões de dívida ativa e a averbação pré-executória: contextualização e controle de constitucionalidade das normas

Em palestra apresentada na Universidade de Harvard acerca da eficiência na Justiça brasileira, o Ministro Barroso registrou que o grande gargalo dos nossos tribunais está no processo de execução, isto é, no cumprimento do julgado depois da decisão definitiva do juiz ou tribunal. Apontou que 53,3% dos 77 milhões dos processos pendentes – à época – encontram-se na fase de execução. As execuções fiscais, isto é, as cobranças de tributos e outros valores pela Fazenda Pública, são responsáveis, sozinhas, por 65% do estoque de execuções e de 35% do total de casos pendentes, e que 43% dos devedores em execuções fiscais sequer são encontrados para citação.

Durante sessão solene que celebrou a assinatura do acordo de cooperação técnica com o Tribunal de Justiça do Estado de São Paulo – TJSP, que envolve o programa

[4] Conforme definição do Professor Luís Roberto Barroso: "Embora tenham origens históricas diversas, a razoabilidade e a proporcionalidade abrigam valores que se aproximam ou se identificam, razão pela qual, com frequência, os termos eram utilizados de maneira intercambiável. Assim foi o meu entendimento desde lá detrás, quando os conceitos estavam sendo introduzidos no Brasil. Todavia, razoabilidade e proporcionalidade percorreram trajetórias doutrinárias e jurisprudenciais distintas. A razoabilidade passou a expressar um conceito material de justiça, de não arbítrio ou capricho, de racionalidade e justificação dos atos do Poder Público. Sua invocação se dá de forma mais difusa, sem maior detalhamento quanto ao conteúdo e elementos. Não é razoável, por exemplo, pagar gratificação de férias a servidor inativo; exigir a pesagem do botijão de gás no ato da venda ao consumidor; cobrar contribuição previdenciária de servidor sobre verba que não integrará sua aposentadoria. Há um desencontro entre meio e fim, entre causa e efeito, entre intenção e resultado. A proporcionalidade, por sua vez, evoluiu, sobretudo, como um mecanismo instrumental para aferir a legitimidade das restrições a direitos fundamentais. Referida como princípio, máxima ou postulado, ela se tornou um mecanismo de controle dividido em três etapas, nas quais se vai verificar: (i) a adequação de uma medida para produzir determinado resultado (idoneidade do meio para realizar o fim visado); (ii) a necessidade da providência, sendo vedado o excesso (se houver meio menos gravoso para atingir o mesmo fim é ilegítimo o emprego do meio mais gravoso); e (iii) a proporcionalidade em sentido estrito, pela qual se afere se o fim justifica o meio, vale dizer, se o que se ganha é mais valioso do que aquilo que se sacrifica. Alguns autores denominam essa terceira etapa de razoabilidade, porque esta é a parte verdadeiramente substantiva e valorativa da justiça da ponderação. Como se vê, a linguagem será sempre produto de uma convenção" (BARROSO, Luís Roberto. *Curso de direito constitucional contemporâneo*. 12. ed. São Paulo: SaraivaJur, 2024. p. 206).

"Execução Fiscal Eficiente" e pretende viabilizar a extinção de cerca de 2 milhões de processos no estado, o Ministro Luís Roberto Barroso ilustrou[5] que nenhum país no mundo tem um índice de judicialização tão alto quanto o Brasil, registrando que de cada 100 execuções fiscais, apenas 8 chegam ao final.

A pertinente preocupação do Ministro Barroso advém de um quadro de esgotamento e insuficiência dos métodos tradicionais de cobrança do crédito tributário, notadamente decorrente da inefetividade das execuções fiscais, que contribui sobremaneira para o congestionamento dos tribunais.

Nesse contexto, da necessidade de racionalização da cobrança do crédito tributário, exsurge a necessidade de aportar medidas alternativas, especialmente na seara administrativa, com o fito de incremento da arrecadação estatal, como, no recorte aqui proposto, o protesto da certidão de dívida ativa – CDA, Lei nº 12.767/2012, e a averbação pré-executória com lançamento de indisponibilidade de bens do devedor, Lei nº 13.606/2018.

A Lei Federal nº 12.767/2012 incluiu o parágrafo único do art. 1º da Lei nº 9.492/1997,[6] possibilitando que as certidões de dívida ativa da União, dos estados, do Distrito Federal, dos municípios e das respectivas autarquias e fundações públicas fossem incluídas entre os títulos sujeitos a protesto.

A Confederação Nacional da Indústria – CNI ajuizou ADI, com vistas a declarar a inconstitucionalidade do referido dispositivo, apontando, em síntese, que a inclusão da CDA como título apto a protesto consubstanciaria sanção política, implicando restrição a direitos fundamentais do contribuinte. Além disso, violaria o devido processo legal, a livre-iniciativa e a proporcionalidade.

A Lei Federal nº 13.606/2018, por sua vez, criou nova forma de cobrança extrajudicial do crédito tributário federal, denominada averbação pré-executória. Ao inserir o art. 20-B[7] na Lei nº 10.522/2002, possibilitou que em caso de não pagamento do débito tributário após inscrição em dívida ativa, a Fazenda Pública poderia "averbar, inclusive por meio eletrônico, a certidão de dívida ativa nos órgãos de registro de bens e direitos sujeitos a arresto ou penhora, tornando-os indisponíveis", sem qualquer ingerência do Poder Judiciário.

Na ADI nº 5.886/DF, foi apontada a inconstitucionalidade do dispositivo, sob a alegação de violação ao devido processo legal, ao contraditório e à ampla defesa, à

---

[5] CARVALHO, Mirielle. Barroso: 'Justiça brasileira vive hoje uma epidemia de judicialização'. *Jota*, São Paulo, 10 maio 2024. Disponível em: https://www.jota.info/justica/barroso-justica-brasileira-vive-hoje-uma-epidemia-de-judicializacao-10052024?non-beta=1. Acesso em: jul. 2024.

[6] "Art. 25. A Lei nº 9.492, de 10 de setembro de 1997, passa a vigorar com as seguintes alterações:
'Art. 1º (...)
Parágrafo único. Incluem-se entre os títulos sujeitos a protesto as certidões de dívida ativa da União, dos Estados, do Distrito Federal, dos Municípios e das respectivas autarquias e fundações públicas'".

[7] "Art. 25. A Lei nº 10.522, de 19 de julho de 2002, passa a vigorar acrescida dos seguintes arts. 20-B, 20-C, 20-D e 20-E: 'Art. 20-B. Inscrito o crédito em dívida ativa da União, o devedor será notificado para, em até cinco dias, efetuar o pagamento do valor atualizado monetariamente, acrescido de juros, multa e demais encargos nela indicados. §1º A notificação será expedida por via eletrônica ou postal para o endereço do devedor e será considerada entregue depois de decorridos quinze dias da respectiva expedição. §2º Presume-se válida a notificação expedida para o endereço informado pelo contribuinte ou responsável à Fazenda Pública. §3º Não pago o débito no prazo fixado no *caput* deste artigo, a Fazenda Pública poderá: I - comunicar a inscrição em dívida ativa aos órgãos que operam bancos de dados e cadastros relativos a consumidores e aos serviços de proteção ao crédito e congêneres; e II - averbar, inclusive por meio eletrônico, a certidão de dívida ativa nos órgãos de registro de bens e direitos sujeitos a arresto ou penhora, tornando-os indisponíveis'".

reserva de jurisdição e ao direito de propriedade. Veja-se que a norma introduziu duas obrigações distintas às serventias de registro de bens, quais sejam, a possibilidade de averbação da CDA e o registro da indisponibilidade de bens, que foram devidamente tratadas pelo Ministro Barroso em substancial voto que será analisado a seguir.

No que toca à violação ao devido processo legal, Lourival Vilanova aponta que a autotutela é medida excepcional, ponderando que "desde que o Estado-Juiz chamou a si o monopólio da função jurisdicional, somente como exceção restrita se concede ao titular de direito a defesa (a autodefesa) dele de mão própria".[8]

O Ministro Barroso assim conceitua o referido princípio:[9]

> O princípio do devido processo legal estabelece que ninguém será privado de sua liberdade ou de seus bens sem ser submetido a um processo justo e imparcial, que siga as normas previstas no ordenamento e ofereça a todos os envolvidos oportunidade de influenciar na decisão (CF, art. 5º, LIV). Trata-se de norma densificada por diversos outros princípios, tais como o princípio do juiz natural e da vedação a tribunais de exceção, abordados acima; bem como os princípios do contraditório, da ampla defesa e da vedação ao uso de provas obtidas por meios ilícitos, tratados adiante. A garantia engloba o que a doutrina denomina devido processo legal formal ou procedimental, pertinente ao desenrolar legítimo do processo; bem como o devido processo legal substantivo, relacionado à ideia de razoabilidade e à justiça material, que devem nortear a interpretação das normas e que podem ensejar a declaração da sua inconstitucionalidade.

Sua Excelência aponta que o devido processo legal, em sua dimensão procedimental,

> significa a exigência de observância dos ritos próprios na apreciação judicial ou administrativa dos casos, respeitando-se todas as etapas previstas na legislação. Em sentido substantivo, o devido processo legal se identifica com o princípio da razoabilidade, pelo qual se exige que os atos legislativos e administrativos não sejam arbitrários ou caprichosos, mas que estejam sempre informados pela ideia de justiça. De acordo com decisão do STF, ele funciona como instrumento de limitação do poder do Estado, sob o prisma da necessidade, razoabilidade e justificação das restrições à liberdade individual.[10]

Corolários do devido processo legal, o contraditório e a ampla defesa garantem que todas as partes do processo tenham igual oportunidade de apresentar a sua versão dos fatos, de refutar alegações e provas trazidas pela parte contrária, bem como de ter seus argumentos efetivamente considerados pelo juízo, com o fito de garantir a defesa de forma plena, com a produção de todas as provas admitidas em direito, sendo aplicáveis tanto em processos judiciais quanto em processos administrativos (CF, art. 5º, LV)[11] e com igual razão nas searas dos tributos.

Acerca do direito de propriedade, o Ministro Barroso o decompõe – e não poderia ser diferente da clássica divisão que sempre faz em "três eixos" – em três elementos: (i) um núcleo econômico, que são as faculdades de usar, gozar e dispor; (ii) um núcleo

---

8 VILANOVA, Lourival. *Relação e causalidade no direito*. 3. ed. São Paulo: Noeses, [s.d.]. p. 152.

9 BARROSO, Luís Roberto. *Curso de direito constitucional contemporâneo*. 12. ed. São Paulo: SaraivaJur, 2024. p. 320.

10 BARROSO, Luís Roberto. *Curso de direito constitucional contemporâneo*. 12. ed. São Paulo: SaraivaJur, 2024. p. 275.

11 BARROSO, Luís Roberto. *Curso de direito constitucional contemporâneo*. 12. ed. São Paulo: SaraivaJur, 2024. p. 320.

jurídico, que são as ações de tutela de domínio de que dispõe o titular para a proteção da propriedade; e (iii) um aspecto funcional, que é a exigência de atender à sua função social.

Observa-se que os fundamentos para declarar a inconstitucionalidade dos dispositivos legais nos casos aqui mencionados podem ser resumidos à ideia da sanção política, atuação ilegítima do poder estatal para cobrar tributos por vias transversas.

O Professor e Ministro Luís Roberto Barroso, com a habitual didática, aponta que as sanções políticas importam em violação injustificada da livre-iniciativa, da livre concorrência e do livre exercício de atividade proporcional, além de representar desprestígio ao valor do trabalho humano, em oposição ao que determina a Constituição Federal. Constituem-se como um meio pelo qual a Administração tenta conferir autoexecutoriedade à cobrança de prestações pecuniárias, sem se submeter ao devido processo legal.[12]

Com efeito, as sanções políticas tributárias são restrições que implicam ofensa ou violação ao direito à propriedade, à livre-iniciativa ou a outra garantia fundamental do contribuinte, mediante coerção estatal, para que seja impulsionado ao pagamento do tributo ou de obrigação tributária acessória.

O Supremo Tribunal Federal vem, desde sempre, repudiando a ideia, conforme se pode observar dos seguintes enunciados sumulares:

> Súmula 70
> É inadmissível a interdição de estabelecimento como meio coercitivo para cobrança de tributo.
>
> Súmula 323
> É inadmissível a apreensão de mercadorias como meio coercitivo para pagamento de tributos.
>
> Súmula 547
> Não é lícito à autoridade proibir que o contribuinte em débito adquira estampilhas, despache mercadorias nas alfândegas e exerça suas atividades profissionais.

Partindo dessas premissas e de uma abordagem própria acerca da violação a direitos fundamentais, o Ministro Barroso examinou os meios alternativos de cobrança do crédito tributário, chegando a conclusões diferentes, conforme veremos a seguir.

5 Uma análise dos votos do Ministro Barroso nas Ações Diretas de Inconstitucionalidade nº 5.135/DF e nº 5.886/DF

No julgamento da Ação Direta de Inconstitucionalidade nº 5.135/DF, o Supremo Tribunal Federal fixou o entendimento de que o protesto das certidões de dívida ativa constitui mecanismo constitucional e legítimo por não restringir de forma desproporcional quaisquer direitos fundamentais e, assim, não constituir sanção política.

---

[12] BARROSO, Luís Roberto; BARCELLOS, Ana Paula de. Inconstitucionalidade da aplicação de sanções políticas em razão de débito tributário. *In*: OSÓRIO, Fábio Medina (Coord.). *Direito sancionador*: sistema financeiro nacional. Belo Horizonte: Fórum, 2007.

No voto do relator, nosso homenageado, encontramos condensadas as ideias apresentadas até o momento, aproximando o direito tributário à proteção das garantias fundamentais sob a ótica constitucionalista. Vejamos a ementa do julgado:

> Direito tributário. Ação direta de inconstitucionalidade. Lei nº 9.492/1997, art. 1º, parágrafo único. Inclusão das certidões de dívida ativa no rol de títulos sujeitos a protesto. Constitucionalidade. 1. O parágrafo único do art. 1º da Lei nº 9.492/1997, inserido pela Lei nº 12.767/2012, que inclui as Certidões de Dívida Ativa - CDA no rol dos títulos sujeitos a protesto, é compatível com a Constituição Federal, tanto do ponto de vista formal quanto material. 2. Em que pese o dispositivo impugnado ter sido inserido por emenda em medida provisória com a qual não guarda pertinência temática, não há inconstitucionalidade formal. É que, muito embora o STF tenha decidido, na ADI 5.127 (Rel. Min. Rosa Weber, Rel. p/ acórdão Min. Edson Fachin, j. 15.10.2015), que a prática, consolidada no Congresso Nacional, de introduzir emendas sobre matérias estranhas às medidas provisórias constitui costume contrário à Constituição, a Corte atribuiu eficácia ex nunc à decisão. Ficaram, assim, preservadas, até a data daquele julgamento, as leis oriundas de projetos de conversão de medidas provisórias com semelhante vício, já aprovadas ou em tramitação no Congresso Nacional, incluindo o dispositivo questionado nesta ADI. 3. Tampouco há inconstitucionalidade material na inclusão das CDAs no rol dos títulos sujeitos a protesto. Somente pode ser considerada "sanção política" vedada pelo STF (cf. Súmulas nº 70, 323 e 547) a medida coercitiva do recolhimento do crédito tributário que restrinja direitos fundamentais dos contribuintes devedores de forma desproporcional e irrazoável, o que não ocorre no caso do protesto de CDAs. 3.1. Em primeiro lugar, não há efetiva restrição a direitos fundamentais dos contribuintes. De um lado, inexiste afronta ao devido processo legal, uma vez que (i) o fato de a execução fiscal ser o instrumento típico para a cobrança judicial da Dívida Ativa não exclui mecanismos extrajudiciais, como o protesto de CDA, e (ii) o protesto não impede o devedor de acessar o Poder Judiciário para discutir a validade do crédito. De outro lado, a publicidade que é conferida ao débito tributário pelo protesto não representa embaraço à livre-iniciativa e à liberdade profissional, pois não compromete diretamente a organização e a condução das atividades societárias (diferentemente das hipóteses de interdição de estabelecimento, apreensão de mercadorias, etc). Eventual restrição à linha de crédito comercial da empresa seria, quando muito, uma decorrência indireta do instrumento, que, porém, não pode ser imputada ao Fisco, mas aos próprios atores do mercado creditício. 3.2. Em segundo lugar, o dispositivo legal impugnado não viola o princípio da proporcionalidade. A medida é adequada, pois confere maior publicidade ao descumprimento das obrigações tributárias e serve como importante mecanismo extrajudicial de cobrança, que estimula a adimplência, incrementa a arrecadação e promove a justiça fiscal. A medida é necessária, pois permite alcançar os fins pretendidos de modo menos gravoso para o contribuinte (já que não envolve penhora, custas, honorários, etc.) e mais eficiente para a arrecadação tributária em relação ao executivo fiscal (que apresenta alto custo, reduzido índice de recuperação dos créditos públicos e contribui para o congestionamento do Poder Judiciário). A medida é proporcional em sentido estrito, uma vez que os eventuais custos do protesto de CDA (limitações creditícias) são compensados largamente pelos seus benefícios, a saber: (i) a maior eficiência e economicidade na recuperação dos créditos tributários, (ii) a garantia da livre concorrência, evitando-se que agentes possam extrair vantagens competitivas indevidas da sonegação de tributos, e (iii) o alívio da sobrecarga de processos do Judiciário, em prol da razoável duração do processo.

Em um primeiro momento, o Ministro Barroso afasta a caracterização do protesto das certidões de dívida ativa como sanção política, ponderando que não basta que a medida coercitiva restrinja direitos dos contribuintes, mas que essas medidas sejam reprovadas em exame de proporcionalidade e razoabilidade.

Propôs, então, um exame em duas etapas, aferindo o nível de violação dos direitos fundamentais dos contribuintes em razão dos dispositivos questionados e, posteriormente, aplicando o princípio da proporcionalidade, em suas três dimensões.

Quanto à violação aos direitos fundamentais, o voto do Ministro Barroso pondera que a utilização do protesto da certidão de dívida ativa não viola o devido processo legal, porquanto se trata de medida extrajudicial de cobrança, expediente que não foi vedado pela Lei nº 6.830/1980.

Sob outro aspecto, o protesto da CDA não alija o devedor tributário de discutir o débito perante o Poder Judiciário, sendo que se mostra possível, inclusive, pleitear verba indenizatória nos casos em que se comprova ser indevido o protesto. Não há mácula, portanto, ao devido processo legal.

Da mesma forma, não se vislumbrou violação à livre-iniciativa e à liberdade profissional, porquanto o protesto não representaria efetivo embaraço ao regular exercício das atividades empresariais, mas sim publicidade à existência de débitos fiscais.

Conquanto a existência de débito tributário protestado possa influir na disponibilidade de crédito por parte de instituições financeiras, essa dificuldade não seria responsabilidade do Estado, mas dos atores dos mercados de crédito, a ensejar a exigência de maiores garantias ou a elevação de juros.

Ultrapassada a análise de violação dos direitos fundamentais, o Ministro Barroso percorre os subprincípios da adequação, necessidade e proporcionalidade em sentido estrito, concluindo pela constitucionalidade do dispositivo questionado.

Podemos observar, ao longo da construção do raciocínio do Ministro Barroso, a preocupação em ampliar a discussão, trazendo diversos conceitos sopesados no processo decisório, como o estímulo à adimplência, ao incremento da arrecadação e à promoção de justiça fiscal, de forma a não premiar devedores contumazes.

Ao ponderar a necessidade do protesto das CDAs, por exemplo, apontou que o protesto é mecanismo que causa menor sacrifício ao contribuinte em relação aos demais meios de cobrança, em especial a execução fiscal, considerando os custos processuais inerentes e os honorários advocatícios, uma vez que não se vê risco imediato de penhora de bens, renda ou faturamento.

Nesse ponto, podemos ver, em retrospectiva, que a preocupação do ministro com o cenário macro do Judiciário já se mostrava presente, uma vez que Sua Excelência denuncia o estado de crise das execuções fiscais no país, representando componente decisivo para o congestionamento do Judiciário e retardamento de alcance da receita.

Diante dessa quadra, o protesto se mostrou como medida necessária, possibilitando alcançar os fins de cobrança do crédito tributário de modo menos gravoso e mais eficiente.

Por fim, e não menos importante, ao avaliar a norma jurídica questionada sob a ótica da proporcionalidade em sentido estrito, o Ministro Barroso realizou um cotejo entre a restrição aos direitos fundamentais do contribuinte e os benefícios alcançados pela Fazenda Pública, concluindo ser evidente que os protestos de certidões de dívida ativa proporcionam ganhos que compensam as restrições.

Registrou, nesse sentido, que i) a cobrança eficiente dos créditos estatais não atende apenas ao interesse secundário do Estado, mas de toda a coletividade, considerando o benefício advindo da arrecadação tributária; ii) o protesto visa coibir a inadimplência e, também, promover justiça fiscal, impedindo que a sonegação fiscal constitua vantagem competitiva; e iii) a medida tem o condão de promover a diminuição de execuções fiscais e aliviar a sobrecarga de processos do Poder Judiciário.

O voto foi ainda esclarecido pelo Ministro Barroso, em regime de discussão entre os pares, em distinta fala:

> A Jurisprudência do Supremo, como observou Sua Excelência, e eu havia observado no meu voto, considera sanção política, nos termos de súmulas já editadas, aquelas situações em que a atuação do Poder Público para a cobrança do tributo impede o funcionamento normal da empresa. Portanto, a interdição da empresa, a apreensão da mercadoria, a não emissão de um selo necessário a operar. Portanto, se o protesto de CDA gerasse uma impossibilidade de operação na empresa, eu não teria dúvida em qualificar como sanção política. Mas, com todas as vênias ao Ministro Lewandowski e à divergência, em geral, eu penso que o protesto não interfere com a possibilidade de a empresa operar normalmente. Além do que, eu tenho dúvida sobre o argumento de violação do devido processo legal. Quer dizer, a Fazenda tem um mecanismo judicial de cobrança, que é a execução fiscal, de modo que ela, então, não tem a possibilidade de cobrar ou receber extrajudicialmente? Portanto, eu não acho que a existência de uma via alternativa viola o devido processo legal. E, com todas as vênias, eu entendo que, no momento em que a desjudicialização é um pouco a palavra de ordem, a redução do número de execuções fiscais deve fazer parte de uma visão de qual seja o papel do Judiciário, inclusive para contribuir para a desjudicialização. Até mesmo porque, Ministro Lewandowski, como Vossa Excelência bem sabe, foi sob a Presidência de Vossa Excelência que o CNJ produziu a informação de que aproximadamente quarenta por cento dos processos em curso no país são execuções fiscais.[13]

Por sua vez, na Ação Direta de Inconstitucionalidade nº 5.886/DF, o Supremo julgou parcialmente procedentes os pedidos, para considerar inconstitucional a parte final do inc. II do §3º do art. 20-B, no que toca, portanto, à possibilidade de tornar indisponíveis os bens do devedor tributário:

> Direito Constitucional, tributário e processual civil. Ações diretas de inconstitucionalidade. Averbação da Certidão de Dívida Ativa (CDA) em órgãos de registro e indisponibilidade de bens do devedor em fase pré-executória. 1. Ações diretas contra os arts. 20-B, §3º, II, e 20-E da Lei nº 10.522/2002, com a redação dada pela Lei nº Lei nº 13.606/2018, que (i) possibilitam a averbação da certidão de dívida ativa em órgãos de registros de bens e direitos, tornando-os indisponíveis, após a conclusão do processo administrativo fiscal, mas em momento anterior ao ajuizamento da execução fiscal; e (ii) conferem à Procuradoria-Geral da Fazenda Nacional o poder de editar atos regulamentares. 2. Ausência de inconstitucionalidade formal. Matéria não reservada à lei complementar. Os dispositivos impugnados não cuidam de normas gerais atinentes ao crédito tributário, pois não interferem na regulamentação uniforme acerca dos elementos essenciais para a definição de crédito. Trata-se de normas procedimentais, que determinam o modo como a Fazenda Pública federal tratará o crédito tributário após a sua constituição definitiva. 3. Constitucionalidade da averbação da certidão de dívida ativa em registros de bens e direitos em fase anterior ao ajuizamento da execução fiscal. A mera averbação da CDA não viola o devido processo

[13] ADI nº 5.135/DF.

legal, o contraditório e a ampla defesa, a reserva de jurisdição e o direito de propriedade. É medida proporcional que visa à proteção da boa-fé de terceiros adquirentes de bens do devedor, ao dar publicidade à existência da dívida. Além disso, concretiza o comando contido no art. 185, caput, do Código Tributário Nacional, que presume "fraudulenta a alienação ou oneração de bens ou rendas, ou seu começo, por sujeito passivo em débito para com a Fazenda Pública, por crédito tributário regularmente inscrito como dívida ativa". Tal presunção legal é absoluta, podendo ser afastada apenas "na hipótese de terem sido reservados, pelo devedor, bens ou rendas suficientes ao total pagamento da dívida inscrita". 4. Inconstitucionalidade material da indisponibilidade de bens do devedor na via administrativa. A indisponibilidade tem por objetivo impedir a dilapidação patrimonial pelo devedor. Todavia, tal como prevista, não passa no teste de proporcionalidade, pois há meios menos gravosos a direitos fundamentais do contribuinte que podem ser utilizados para atingir a mesma finalidade, como, por exemplo, o ajuizamento de cautelar fiscal. A indisponibilidade deve respeitar a reserva de jurisdição, o contraditório e a ampla defesa, por se tratar de forte intervenção no direito de propriedade. 5. Procedência parcial dos pedidos, para considerar inconstitucional a parte final do inciso II do §3º do art. 20-B, onde se lê "tornando-os indisponíveis", e constitucional o art. 20-E da Lei nº 10.522/2002, ambos na redação dada pela Lei nº 13.606/2018.

No voto proferido, o Ministro Barroso novamente apontou que a medida de indisponibilidade de bens não passaria no teste de proporcionalidade, quanto ao subprincípio da necessidade, considerando que poderiam ser utilizados meios menos gravosos a direitos fundamentais do contribuinte para impedir a dilapidação patrimonial do devedor.

Conquanto a averbação pré-executória tenha natureza jurídica de ônus real, com o fito de dar publicidade à existência da dívida fiscal do proprietário do imóvel e proteger a boa-fé de terceiros adquirentes, a indisponibilidade de bens e direitos dos contribuintes inscritos em dívida ativa configura sanção política, representando afronta ao princípio do devido processo legal e o direito de propriedade sem que seja respeitado o contraditório e a ampla defesa.

Veja-se, portanto, que o Supremo Tribunal Federal, na ADI nº 1.454, julgou pela constitucionalidade da Lei nº 10.522/2002, ao criar o Cadastro de Inadimplentes – Cadin e, como já diversamente mencionado, reconheceu também constitucional o protesto das certidões de dívida ativa (ADI nº 5.135/DF), mas entendeu inconstitucional a indisponibilidade administrativa de bens do devedor tributário, de modo a traçar uma diferença entre a necessidade de se promover a efetividade na cobrança do crédito tributário e o respeito às garantias fundamentais do contribuinte.

O Ministro Luís Roberto Barroso[14] aponta a necessidade de se salvaguardar a efetividade da execução, mediante outros métodos de persecução do crédito tributário, notadamente o ajuizamento da Cautelar Fiscal, com requerimento judicial de indisponibilidade de bens do devedor nos termos do art. 65 da Lei nº 9.352/1997.

---

[14] Nesse sentido, confira-se a manifestação do Ministro Barroso no julgamento da ADI nº 5.135/DF, em regime de discussão: "O SENHOR MINISTRO LUÍS ROBERTO BARROSO (RELATOR) – Presidente, embora não conste da tese, eu, no final do meu voto, fiz questão de criar um capítulo de orientação à Administração Pública quanto às cautelas que deve tomar em relação à impessoalidade, à moralidade administrativa e à igualdade. No final, Ministro Lewandowski, eu até conclamo a uma regulamentação que torne o protesto impessoal e marcado por moralidade e igualdade, para que a Administração não escolha arbitrariamente quais os créditos irá protestar sem um critério prévio e objetivo. Portanto, a Lei é constitucional, mas é de todo conveniente que haja esse tipo de regulamentação. Eu só não coloquei na tese, porque não é o objeto da discussão".

Podemos citar, ainda, a possibilidade de arrolamento de bens conforme art. 64 e 64-A da Lei nº 9.532/1997, a indisponibilidade de bens no curso de execução fiscal, a teor do art. 185-A do CTN, a inclusão de dados do devedor no Cadin (Lei nº 10.522/2002, art. 2º), ou mesmo a negativa de emissão de certidão de regularidade fiscal, impedindo o contribuinte de participar de licitações, benefícios fiscais e financiamentos públicos (art. 205 do CTN), todos estes colocados à disposição da Fazenda Pública.

Em arremate, vistos os fundamentos e o raciocínio jurídico desenvolvido pelo Ministro Barroso, não há outra conclusão senão a de que o homenageado foi, é e será protagonista na constitucionalização do direito tributário, aproximando os dois campos e ampliando as possibilidades de discussões na seara tributária quando se trata do controle de constitucionalidade.

6 Conclusão

A trajetória profissional e acadêmica de Luís Roberto Barroso, inegável referência jurídica no país, aliada à sua visão humanística, é digna de todas as homenagens. A defesa incansável da democracia e dos direitos fundamentais tem sido crucial, pela forma justa e humana de pensar o direito, as mazelas sociais e a defesa do meio ambiente.

Os votos e a atuação institucional do Ministro Barroso têm proporcionado a aproximação entre o direito constitucional e o direito tributário, de forma que esse seja tratado em consonância com os princípios constitucionais e as necessidades da sociedade contemporânea.

O quadro de congestionamento dos tribunais, causado, também, pela enorme quantidade de execuções fiscais, deu ensejo a uma racionalização da cobrança do crédito tributário, mas não pode dar azo ao cometimento de arbitrariedades e sanções políticas em face do contribuinte.

Conforme magistral voto do Ministro Luís Roberto Barroso na ADI nº 5.886/DF, o objetivo de simplificar os procedimentos executórios não pode ser colocado à frente do direito de propriedade, que poderia ser ameaçado com a constrição de bens sem indícios de fraude por parte do contribuinte e sem determinação judicial.

É, portanto, inegável a contribuição marcante do Ministro Barroso no campo tributário e financeiro do direito brasileiro, notadamente em relação à constitucionalização dos conteúdos dessas searas.

A boa oratória e o elevado conhecimento cultural de Sua Excelência aumentam o alcance de suas exposições, não só para os acadêmicos e operadores do direito, mas para a sociedade em geral, possibilitando a construção de soluções transversais e ampliando a ideia de justiça fiscal.

A didática das manifestações do homenageado torna compreensíveis as suas lições jurídicas, seja na docência, na doutrina ou como juiz da Suprema Corte.

Referências

BARBOSA, Marcus Vinicius. Constitucionalização do direito tributário e o Supremo Tribunal Federal: aportes doutrinários e jurisprudenciais para um direito tributário renovado. *Revista da EMERJ*, Rio de Janeiro, v. 21, n. 3, t. 2, p. 394-442, set./dez. 2019.

BARBOSA, Ricardo dos Santos; LUCA, Guilherme Domingos de. Princípio da legalidade tributária: garantia constitucional e tutela do contribuinte. *Revista Tributária e de Finanças Públicas*, São Paulo, v. 122, n. 23, p. 85-98, maio/jun. 2015.

BARROSO discursa sobre tempos difíceis: "façam o mundo melhor". *Migalhas*. Disponível em: https://www.migalhas.com.br/quentes/359298/barroso-discursa-sobre-tempos-dificeis--facam-o-mundo-melhor Acesso em: jul. 2024.

BARROSO palestra em Harvard sobre eficiência da Justiça brasileira. *Migalhas*. Disponível em: https://www.migalhas.com.br/quentes/384141/barroso-palestra-em-harvard-sobre-eficiencia-da-justica-brasileira Acesso em: jul. 2024.

BARROSO, Luís Roberto. *Curso de direito constitucional contemporâneo*. 12. ed. São Paulo: SaraivaJur, 2024.

BARROSO, Luís Roberto; BARBOSA, Marcus Vinicius Cardoso. Direito tributário e o Supremo Tribunal Federal: passado, presente e futuro. *Univesitas JUS*, v. 27, n. 1, p. 1-20, 2016.

BARROSO, Luís Roberto; BARCELLOS, Ana Paula de. Inconstitucionalidade da aplicação de sanções políticas em razão de débito tributário. *In*: OSÓRIO, Fábio Medina (Coord.). *Direito sancionador*: sistema financeiro nacional. Belo Horizonte: Fórum, 2007.

BRASIL. *Constituição da República Federativa do Brasil de 1988*. Brasília: DF, Presidência da República.

BRASIL. *Emenda Constitucional n. 18, de 1º de dezembro de 1965*. Dispõe sobre o sistema tributário nacional e dá outras providências. Brasília, DF: Presidência da República.

BRASIL. *Emenda Constitucional n. 3, de 17 de março de 1993*. Altera os arts. 40, 42, 102, 103, 155, 156,160 e 167 da Constituição Federal. Brasília, DF: Presidência da República.

BRASIL. *Lei Complementar n. 77, de 13 de julho de 1993*. Institui o Imposto Provisório sobre a Movimentação ou a Transmissão de Valores e de Créditos e Direitos de Natureza Financeira (IPMF) e dá outras providências.

BRASIL. *Lei n. 10.522 de 19 de julho de 2002*. Dispõe sobre o Cadastro Informativo dos créditos não quitados de órgãos e entidades federais e dá outras providências.

BRASIL. *Lei n. 12.767, de 27 de dezembro de 2012*. Dispõe sobre a extinção das concessões de serviço público de energia elétrica e a prestação temporária do serviço e sobre a intervenção para adequação do serviço público de energia elétrica; altera as Leis nºs 8.987, de 13 de fevereiro de 1995, 11.508, de 20 de julho de 2007, 11.484, de 31 de maio de 2007, 9.028, de 12 de abril de 1995, 9.492, de 10 de setembro de 1997, 10.931, de 2 de agosto de 2004, 12.024, de 27 de agosto de 2009, e 10.833, de 29 de dezembro de 2003; e dá outras providências.

BRASIL. *Lei n. 13.606, de 9 de janeiro de 2018*. Institui o Programa de Regularização Tributária Rural (PRR) na Secretaria da Receita Federal do Brasil e na Procuradoria-Geral da Fazenda Nacional; altera as Leis nº s 8.212, de 24 de julho de 1991, 8.870, de 15 de abril de 1994, 9.528, de 10 de dezembro de 1997, 13.340, de 28 de setembro de 2016, 10.522, de 19 de julho de 2002, 9.456, de 25 de abril de 1997, 13.001, de 20 de junho de 2014, 8.427, de 27 de maio de 1992, e 11.076, de 30 de dezembro de 2004, e o Decreto-Lei nº 2.848, de 7 de dezembro de 1940 (Código Penal); e dá outras providências.

BRASIL. *Lei n. 5.172, de 25 de outubro de 1966*. Dispõe sobre o Sistema Tributário Nacional e institui normas gerais de direito tributário aplicáveis à União, Estados e Municípios.

BRASIL. *Lei n. 6.830, de 22 de setembro de 1980*. Dispõe sobre a cobrança judicial da Dívida Ativa da Fazenda Pública, e dá outras providências.

BRASIL. *Lei n. 9.249, de 26 de dezembro de 1995*. Altera a legislação do imposto de renda das pessoas jurídicas, bem como da contribuição social sobre o lucro líquido, e dá outras providências.

BRASIL. *Lei n. 9.352 de 10 de dezembro de 1997*. Altera a legislação tributária federal e dá outras providências.

BRASIL. Superior Tribunal de Justiça. *Recurso em Mandado de Segurança n. 22.582/CE*. Relator Ministro Herman Benjamin, 24 de março de 2010.

BRASIL. Superior Tribunal de Justiça. *Recurso Especial n. 1.144.982/PR*. Relator Ministro Mauro Campbell Marques, 15 de outubro de 2009.

BRASIL. Superior Tribunal de Justiça. *Recurso Especial n. 914.253/SP*. Relator Ministro Luiz Fux, 4 de fevereiro de 2010.

BRASIL. Superior Tribunal de Justiça. *Recurso Especial n. 951.251/PR*. Relator Ministro Castro Meira, 22 de abril de 2009.

BRASIL. Supremo Tribunal Federal. *Ação Direta de Inconstitucionalidade n. 5.886/DF*. Relator para o acórdão Ministro Luís Roberto Barroso, 9 de dezembro de 2020.

BRASIL. Supremo Tribunal Federal. *Ação Direta de Inconstitucionalidade n. 5.135/DF*. Relator Ministro Luís Roberto Barroso, 9 de novembro de 2016.

BRASIL. Supremo Tribunal Federal. *Ação Direta de Inconstitucionalidade n. 939/DF*. Relator Ministro Sidney Sanches, 15 de dezembro de 1993.

BRASIL. Supremo Tribunal Federal. *Ação Direta de Inconstitucionalidade n. 2.551/MG*. Relator Ministro Celso de Mello.

BRASIL. Supremo Tribunal Federal. *Habeas Corpus n. 82.788/RJ*. Relator Ministro Celso de Mello.

BRIGAGÃO, Gustavo; GRILLO, Pedro. Breves considerações sobre a inconstitucionalidade e ilegalidade da averbação pré-executória criada pela Lei 13.606/18 *In*: CARDOSO, Alessandro Mendes; MACHADO SEGUNDO, Hugo de Brito; RODRIGUES, Raphael Silva (Org.). *Processo tributário na contemporaneidade*. Belo Horizonte: D'Plácido, 2021.

CARRAZA, Roque Antônio. *Curso de direito constitucional tributário*. 35. ed. rev., atual. e ampl. São Paulo: JusPodivm, 2024.

CARVALHO, Mirielle. Barroso: 'Justiça brasileira vive hoje uma epidemia de judicialização'. *Jota*, São Paulo, 10 maio 2024. Disponível em: https://www.jota.info/justica/barroso-justica-brasileira-vive-hoje-uma-epidemia-de-judicializacao-10052024?non-beta=1. Acesso em: jul. 2024.

CASSONE, Vittorio *et al*. *Processo tributário*: teoria e prática. 15. ed. [s.l.]: STJ Minha Biblioteca, Grupo GEN, 2017.

CAVALCANTI, Eduardo Muniz M. *Processo tributário*: administrativo e judicial. [s.l.]: STJ Minha Biblioteca, Grupo GEN, 2022.

CINCO lições sobre a vida e o direito, por ministro Barroso. *Migalhas*. Disponível em: https://www.migalhas.com.br/quentes/217918/cinco-licoes-sobre-a-vida-e-o-direito--por-ministro-barroso. Acesso em: jul. 2024.

CONRADO, Paulo Cesar. *Execução fiscal*. 5. ed. rev. e ampl. São Paulo: Noeses, 2021.

COSTA, Regina Helena. *Tributação e direitos fundamentais*. São Paulo: [s.n.], 2013.

DOMENE, Vanessa Pereira Rodrigues; VALIO, Marina Garcia. O cenário atual do protesto da certidão de dívida ativa sob a ótica dos direitos fundamentais dos contribuintes. *In*: MARQUES, Renata Elainé Silva Ricetti; JESUS, Isabela Bonfá (Org.). *Novos rumos do processo tributário*: judicial, administrativo e métodos alternativos do crédito tributário. 1. ed. São Paulo: Noeses, 2020. v. II.

GABRIEL, Ivana Mussi; RODRIGUES NETO, Assuero. Averbação pré-executória como meio alternativo de cobrança de tributos. *Revista Direito Tributário Atual*, São Paulo, ano 40, n. 5, p. 189-207, 3º quadrimestre 2022.

MAIA, Flávia. Com Barroso na Presidência, STF prioriza julgamentos de pautas humanistas e econômicas. *Valor Econômico*, 2024. Disponível em: https://valor.globo.com/politica/noticia/2024/07/01/com-barroso-na-presidencia-stf-prioriza-julgamentos-de-pautas-humanistas-e-economicas.ghtml Acesso em: jul. 2024.

MASCITTO, Andréa *et al*. Garantias judiciais no processo tributário: cenários, perspectivas e desafio. [s.l.]: STJ Minha Biblioteca, Editora Blucher, 2018.

MCNAUGHTON, Charles William. Da inconstitucionalidade da averbação pré-executória. *In*: MARQUES, Renata Elainé Silva Ricetti; JESUS, Isabela Bonfá (Org.). *Novos rumos do processo tributário*: judicial, administrativo e métodos alternativos do crédito tributário. 1. ed. São Paulo: Noeses, 2020. v. II.

MENDES NETO, João Paulo. A eficácia da execução fiscal e o dever de garantir os direitos fundamentais diante de métodos alternativos de cobrar o crédito tributário à luz do princípio da proibição ao confisco no processo tributário: invocação do princípio em tese como direito fundamental. *In*: MARQUES, Renata Elainé Silva Ricetti; JESUS, Isabela Bonfá (Org.). *Novos rumos do processo tributário*: judicial, administrativo e métodos alternativos do crédito tributário. 1. ed. São Paulo: Noeses, 2020. v. II.

MINISTRO Barroso discursa em Harvard sobre papel das Supremas Cortes na democracia. *Migalhas*. Disponível em: https://www.migalhas.com.br/quentes/269503/ministro-barroso-discursa-em-harvard-sobre-papel-das-supremas-cortes-na-democracia. Acesso em: jul. 2024.

OLIVEIRA, Phelippe Toledo Pires de; CAMPOS, Rogério. Averbação pré-executória: contextualização normativa e constitucionalidade. *Revista Fórum de Direito Tributário*, Belo Horizonte, ano 16, n. 94, p. 91-104, jul./ago. 2018.

PONTALTI, Mateus Benato. Indisponibilidade pré-executória e averbação pré-executória: análise sobre a legalidade e constitucionalidade do art. 20-B da Lei n. 10.522/2002. *Revista Direito Tributário Atual*, São Paulo, ano 37, n. 42, p. 349-366, 2º semestre 2019.

ROSA, Íris Vânia Santos; TENÓRIO, Mariane Targa de Moraes. Averbação pré-executória, indisponibilidade administrativa de bens e a Súmula 266 do Supremo Tribunal Federal. *Revista de Direito Tributário Contemporâneo*, São Paulo, ano 7, v. 32, p. 59-77, jan./mar. 2022.

SEGUNDO, Hugo de Brito M. *Processo Tributário*. [s.l.]: STJ Minha Biblioteca, Grupo GEN, 2023.

VILANOVA, Lourival. *Relação e causalidade no direito*. 3. ed. São Paulo: Noeses, [s.d.].

ZAVASCKI, Liane Tabarelli. A interpretação constitucional e os direitos fundamentais do contribuinte: a ADIN 939. *Revista de Direito Social*, ano X, n. 41, jan./mar. 2011.

Informação bibliográfica deste texto, conforme a NBR 6023:2018 da Associação Brasileira de Normas Técnicas (ABNT):

VILELA, Afrânio. Reflexões acerca da proteção e consolidação dos direitos fundamentais do contribuinte sob a ótica do Ministro Luís Roberto Barroso. *In*: PAULA, Fernanda de; PENCAK, Nina (coord.). *Tributação, liberdade e igualdade*: as contribuições do Ministro Luís Roberto Barroso. Belo Horizonte: Fórum, 2025. p. 137-155. ISBN 978-65-5518-952-0.

DISCIPLINA CONSTITUCIONAL DAS TAXAS: A RAZOABILIDADE E A PROPORCIONALIDADE NA TRIBUTAÇÃO PELOS ESTADOS

ANDRÉ RAMOS TAVARES

1 Introdução

Em 1º.8.2022, o Supremo Tribunal Federal, por maioria, entendeu pela proporcionalidade da base de cálculo referente à TFRM. Todavia o tema exige uma análise a partir de *perspectiva divergente*. O entendimento adotado pelo Ministro Luís Roberto Barroso, neste tema, constitui uma importante contribuição para que se possa avançar na construção e consolidação da razoabilidade constitucional exigível na seara tributária, objeto deste estudo.

Dessa forma, pretende-se investigar a (in)constitucionalidade da Taxa de Controle, Monitoramento e Fiscalização das Atividades de Pesquisa, Lavra, Exploração e Aproveitamento de Recursos Minerários – TFRM, instituída pelos Estados de Minas Gerais, Pará e Amapá, objeto das ADI nº 4.785/MG, ADI nº 4.786/PA e ADI nº 4.787/AP, especificamente quanto ao tema da "proporcionalidade" entre os custos gerados pelo exercício do poder de polícia e a efetiva arrecadação auferida com a TFRM.

As referidas taxas foram instituídas pela Lei nº 19.976/2011, do Estado de Minas Gerais, pela Lei nº 7.591/2011, do Estado do Pará e pela Lei nº 1.613/2011, do Estado do Amapá. Essas imposições ocorreram, basicamente, sob o fundamento jurídico de os estados-membros deterem poder de polícia sobre as atividades de pesquisa, lavra, exploração e aproveitamento de recursos minerários que, dessa forma, não estaria inserido na competência exclusiva da União. Dessa forma, este estudo analisa o caso a partir desta premissa, ou seja, volta-se para a adequada conformação da TFRM, e, assim, concentra-se em perscrutar os limites das entidades federativas envolvidas nessa taxação quando estabelecem o *quantum* exigível de empresas atuantes no respectivo setor.

Assim, referidas ações diretas de inconstitucionalidade questionavam as leis estaduais, no que interessa a esta investigação, quanto à (i) desproporcionalidade entre as despesas realizadas no exercício do poder de polícia com a atividade minerária, de um lado, e, de outro, o montante da arrecadação ou remuneração efetivamente auferida com a respectiva taxa (art. 5º, LIV e art. 150, IV, CB), e (ii) utilização de base de cálculo inadequada no caso concreto, sendo própria de imposto (art. 145, §2º, CB, art. 146, CB e art. 77, CTN).

A Confederação Nacional da Indústria – CNI, autora das ações diretas de inconstitucionalidade, pontua, em síntese, que, ao estabelecer como base de cálculo a tonelada de minério, a taxa passa a ter caráter arrecadatório e não extrafiscal, pois os valores arrecadados são desproporcionalmente superiores ao custo de fiscalização.

Os estados-membros, guardadas as particularidades de cada região, sustentam, em síntese, haver proporcionalidade entre os valores a serem arrecadados com a TFRM e a atividade fiscalizatória. A complexidade e o impacto da atividade mineradora justificariam a instituição da TFRM nos moldes atuais, pois estariam a capacitar os estados-membros a realizarem uma tarefa que se teria tornado crucial à sociedade, ou seja, seria por meio dessa taxa que se possibilitaria criar e "manter a estrutura adequada para fazer frente ao amplo e complexo trabalho de cadastramento e fiscalização da atividade".

Ademais, sustentam que, como a quantidade maior de minério extraído estaria a elevar a demanda por atividade fiscalizatória, a base de cálculo da TFRM não estaria em desacordo com os limites constitucionais. Somar-se-ia a esse entendimento a Súmula Vinculante nº 29 do STF, que considera ser "constitucional a adoção, no cálculo do valor da taxa, de um ou mais elementos da base de cálculo própria de determinado imposto, desde que não haja integral identidade entre uma base e outra". Mas esse posicionamento, adianto, cinge-se apenas a considerar possível "(viabilidade constitucional) de uso de alguns elementos adotados em impostos para fixação da alíquota da taxa".[1]

Assim apresentada a problemática em discussão, este estudo será desenvolvido de maneira incremental, com especial foco nos argumentos e no espectro aberto a partir das peças e do processo objetivo da ADI nº 4.785/MG, da ADI nº 4.786/PA e da ADI nº 4.787/AP.

A análise adiante será verticalizada pelo prisma constitucional, para alcançar uma posição firme sobre os elementos constitucionais essenciais (mandatórios) quanto ao estabelecimento de taxas, sobretudo quanto à exigência da proporcionalidade entre custos auferidos pelo exercício do poder de polícia e o valor arrecadado pelos estados e, especialmente, sobre o que deve ser entendido como proporcionalidade no caso.

Com esse objetivo, o estudo seguirá a seguinte ordem de apresentações e discussões: (i) inicialmente, como base geral, é preciso realizar a análise da disciplina constitucional das taxas, com especial preocupação em (i.a) elucidar os elementos constitucionalmente determinantes das taxas, considerando os argumentos construídos pelos estados-membros para os julgamentos objetivos em questão, e, ainda, (i.b) verticalizar os estudos sobre o significado e alcance da "proporcionalidade" para o tema em causa, de maneira a que esse quadro permita-nos, ao final, alcançar (ii) o teste da constitucionalidade concreta das taxas conforme formatadas pelos estados-membros envolvidos nas ações diretas, de maneira a possibilitar – e aqui já estou a antecipar conclusões obtidas mais adiante – a identificação das inconstitucionalidades e inconsistências jurídicas dessas taxas como estão sendo estruturadas e cobradas atualmente, com realce para (iii) as características do processo objetivo.

---

[1] TAVARES, André Ramos. *Novo direito sumular brasileiro*. São Paulo: Liquet, 2021. p. 172.

2 A disciplina constitucional das taxas

Encontra-se plasmado na Constituição brasileira de 1988 que as taxas são tributos instituídos em "*razão* do exercício do poder de polícia ou pela utilização, efetiva ou potencial, de serviços públicos específicos e divisíveis, prestados ao contribuinte ou postos a sua disposição".[2] Em outras palavras, a hipótese de incidência das taxas depende de uma atuação estatal dirigida ao contribuinte, seja por meio da prestação efetiva ou potencial de um serviço público[3] especial e divisível ou pelo exercício regular do poder de polícia,[4] sendo esta a espécie tributária que interessa diretamente ao presente estudo.

Já aqui se pode registrar um tópico central ao presente estudo: *deve haver uma "razão", quer dizer, uma pertinência e correspondência (nos termos em que detalharei cada um desses conceitos mais adiante)* entre o exercício do poder de polícia ou os serviços públicos mencionados e a tributação respectiva (sua base de cálculo e seu índice). Constitui, em grande medida, o cerne deste estudo, escrutinar o significado e alcance dessa "razão constitucional" impositiva ao estabelecimento legítimo das taxas e verificar se ela vem sendo observada pelas legislações estaduais sob controle nas ações diretas de inconstitucionalidade.

A referida "razão" constitucional também decorre do comando constitucional do art. 145, §2º da Constituição brasileira. Este dispositivo estabelece uma *limitação jurídico-constitucional* dirigida ao legislador ao determinar que as taxas "não poderão ter base de cálculo própria de impostos". Trata-se, como já pude registrar em outro momento, de proibição "taxativa".[5]

Em termos contextuais, pois, a Constituição determina que a base de cálculo deve ser *o custo da atividade*, tendo em vista o caráter retributivo e vinculado das taxas.[6] O custo da atividade é o elemento central que permitirá aquilatar a razão[7] que deve haver entre a tributação exercida sobre o contribuinte e a taxa.

Ademais, as taxas cobradas em virtude do exercício do poder de polícia são caracterizadas como tributos "extrafiscais", porque operam "como instrumento de intervenção ou regulação pública".[8]

Exatamente por isso as taxas podem ser traduzidas, por exemplo, em uma intervenção do Estado em determinado segmento mercadológico, operando em benefício do próprio setor assim delineado, além do benefício geral, como ocorre ao se controlar, nessa fiscalização, o cumprimento de padrões de segurança da atividade e de proteção ambiental.

---

2 Art. 145, II, da Constituição do Brasil, grifos nossos.

3 As taxas de serviço são cobradas em virtude da prestação de um serviço público específico e divisível, ou seja, "serviços que podem ser destacados em unidades autônomas de intervenção, de utilização ou de necessidades públicas, e divisíveis, quando passíveis de utilização separadamente por parte de cada um dos usuários" (BASTOS, Celso. *Curso de direito financeiro e direito tributário*. 4. ed. São Paulo: Saraiva, 1995. p. 150).

4 Cf. BALEEIRO, Aliomar. *Direito tributário brasileiro*. 12. ed. Atualizada por Misabel Abreu Machado Derzi. Rio de Janeiro: Forense, 2013. p. 844.

5 TAVARES, André Ramos. *Novo direito sumular brasileiro*. São Paulo: Liquet, 2021. p. 171.

6 É expressiva a jurisprudência do Supremo Tribunal Federal que estabelece serem taxas tributos contraprestacionais, que, assim, devem guardar relação com o custeio da atividade de poder de polícia.

7 Esta razão será detalhada adiante, como disse.

8 BALEEIRO, Aliomar. *Direito tributário brasileiro*. 12. ed. Atualizada por Misabel Abreu Machado Derzi. Rio de Janeiro: Forense, 2013. p. 873.

Ou seja, a *função das taxas* deve ser, sempre, a de custear a atuação estatal destinada a fiscalizar ou a regular determinadas atividades, o que equivale a dizer que as taxas *não podem apresentar caráter meramente arrecadatório*. Elas representam a contraprestação dos particulares por provocarem uma atividade estatal específica.[9]

Assim, não basta haver alguma correspondência qualquer entre a taxa e o exercício do poder de polícia. A exação deve corresponder ao custo dessa atividade estatal, significando, aqui, o "caráter indenizatório" da taxa, pelo qual fica proibido o Estado valer-se das taxas como forma de auferir receitas não relacionadas aos *custos* do efetivo exercício do poder de polícia (terceira condição). Estamos diante, portanto, de uma condição de caráter econômico muito específica, mas impositiva, por força constitucional, e que será detalhada ao longo deste estudo.

As taxas decorrentes da fiscalização ou para concessão de alvarás são, por exemplo, hipóteses decorrentes do exercício do poder de polícia pela Administração Pública.

Exatamente a Taxa de Controle, Acompanhamento e Fiscalização das Atividades de Pesquisa, Lavra, Exploração e Aproveitamento de Recursos Minerários – TFRM, aqui sob escrutínio, possui como fato gerador, inequivocamente, o exercício do poder de polícia de algum estado-membro e tem como contribuinte a pessoa física ou jurídica autorizada a realizar pesquisa, lavra, exploração ou aproveitamento de recursos minerais naquele Estado.

Assim, as taxas decorrentes do poder de polícia são tributos vinculados, no sentido de que a hipótese de incidência é uma "atuação estatal direta e imediatamente referida ao contribuinte".[10] Daí decorre, aliás, outra exigência constitucional: as taxas só podem incidir sobre pessoas físicas ou jurídicas *efetivamente fiscalizadas*.

Desta feita, as taxas são entendidas, em face de todo esse arcabouço constitucional – não é demais reforçar este ponto –, como contraprestação de uma atividade estatal, havendo em sua instituição uma *discricionariedade tutelada*, quer dizer, aceitável sempre dentro das condicionantes constitucionais que envolvem o aspecto econômico desse tributo e exigem uma correspondência entre custos estatais e valor da imposição tributária.

Mas não é só. Essa correspondência específica, quer dizer, não qualquer relação entre o exercício do poder de polícia e a tributação, mas a correspondência entre custos e imposição tributária, há de ser proporcional, no sentido de que não há de ser matemática.

Ao contrário, portanto, do que se costuma sugerir em uma leitura apressada (ou em conclusões enviesadas), a proporcionalidade, assim exigida, vem em socorro da Administração Pública, para que não se inviabilize o estabelecimento dessas taxas.

Exatamente por isso, como benefício que é, não pode a proporcionalidade ser ainda mais flexibilizada, alargada ou desviada de seu rigor mínimo, com o intuito de abarcar quaisquer interesses econômicos do Estado. Para tanto, e conforme os ditames das circunstâncias fáticas em cada realidade concreta, dispõem os estados de outros mecanismos, que podem e devem ser utilizados, sem gerar quebra do Estado de Direito. Já tive a oportunidade de expor esse entendimento, especificamente para as taxas, ao comentar a Súmula Vinculante nº 29:

---

9 Cf. CAVALCANTI, Themistocles Brandão. *Instituições de direito administrativo brasileiro*. 2. ed. São Paulo: Editora Freitas Bastos, 1938. v. I. p. 635.

10 ATALIBA, Geraldo. *Hipótese de incidência tributária*. 5. ed. São Paulo: Malheiros, 1995. p. 138.

> [...] realmente, não se tratando de uma mera regra de estrutura tributária, que, aí sim, poderia ser interpretada sem constrições constitucionais interpretativas, é inaceitável criar um decréscimo de garantia constitucional por meio de uma interpretação flexibilizadora de limitações, ou seja, uma leitura tipicamente pró-Fisco.[11]

Neste ponto, chegamos ao que vem sendo denominado, de maneira geral, como critério ou exigência de proporcionalidade (por vezes se fala apenas de "razoabilidade") quanto ao montante final arrecadado por tais taxas. A esse propósito, utilizo, aqui, preliminarmente, as lições certeiras de Celso Bastos:

> As taxas, como já vimos, atrelam-se a uma atividade cuja prática pelo Estado é pressuposto necessário da sua cobrança. Portanto, o *seu montante deve guardar correspondência com o custo dessa atividade*. No entanto, é reconhecido o fato de que esse cálculo não é fácil de ser feito. Daí falarem os autores *no princípio da razoabilidade*, o que significa dizer que, embora aceite uma fixação discricionária, esta, contudo, não pode, de forma alguma, *exorbitar do tipo e da quantidade de trabalho que o contribuinte, no fundo, está contraprestando.*[12]

A razão ou correspondência (que mencionei inicialmente) na específica dimensão indenizatória da taxa, portanto, *agrega um elemento adicional*, em virtude da inviabilidade em aferir-se, matematicamente, o montante exato do custo dessa fiscalização estatal.[13] Realmente, não se trata de exigir do Estado um demonstrativo de custos, porque, como já disse, a proporcionalidade vem estabelecida em benefício da Administração Pública, para que se tenha uma correspondência não matemática. E exatamente por isso resta absolutamente vedado ao Estado (i) flexibilizar ainda mais a correspondência ou razoabilidade que deve haver, bem como (ii) inviabilizar a aferição do cumprimento dessa proporcionalidade específica, seja pelo contribuinte, seja, evidentemente, pelo próprio Poder Judiciário.[14]

Assim, em síntese, o valor auferido pela cobrança das taxas deve observar *a razoabilidade*, seja em virtude do próprio "caráter indenizatório" dessa categoria constitucional, seja pela vedação de uso como instrumento arrecadatório, seja pela especial racionalidade jurídica a presidir a legitimidade dessa exação. Em outras palavras, como a função constitucional das taxas é remunerar apenas a atuação estatal efetiva, o valor auferido não pode exorbitar a quantia necessária e razoável para o concreto exercício do poder de polícia, pelo que se faz impositivo o uso da proporcionalidade.[15]

---

[11] TAVARES, André Ramos. *Novo direito sumular brasileiro*. São Paulo: Liquet, 2021. p. 173.

[12] BASTOS, Celso. *Curso de direito financeiro e direito tributário*. 4. ed. São Paulo: Saraiva, 1995. p. 152, grifos nossos.

[13] "Sob o padrão da realidade, os comandos da Administração, sejam abstratos ou concretos, devem apresentar condições objetivas de serem efetivamente cumpridos em favor da sociedade a que se destinam. O sistema legal-administrativo não pode ser um repositório de determinações utópicas, irrealizáveis, inatingíveis, mas um instrumento dedicado à modelagem dentro do possível" (MOREIRA NETO, Diogo de Figueiredo. *Legitimidade e discricionariedade*: novas reflexões sobre os limites e controle da discricionariedade. 3. ed. Rio de Janeiro: Forense, 1998. p. 54).

[14] Este ponto será objeto de análise detida, mais adiante, ao tratar do "ônus da prova" em processo objetivo.

[15] Não pretendo, com isso, afirmar que se trata de tributo com fácil delimitação para a Administração Pública, mas certamente esta, decidindo pela sua cobrança, fica adstrita a cumprir todas as condições constitucionais, como forma de respeitar o Estatuto Constitucional de garantias do contribuinte.

2.1 A tonelada de minério como critério que viola o critério constitucional

Neste tópico pretendo desenvolver raciocínio a partir da seguinte indagação preliminar ao estudo da proporcionalidade: pode a base, para o dimensionamento quantitativo da taxa, ser escolhida livremente pelo legislador? A resposta, antecipo, é negativa, e apresenta nuances relevantes para as conclusões deste estudo.

Assim, passo à análise, previamente ao tema "proporcionalidade", deste aspecto extremamente grave das exações assim fixadas, que é saber qual a *pertinência* ou correlação que se exige entre a base de cálculo escolhida e a atividade de fiscalização, antes de passarmos à análise do valor fixado a partir dessa base de cálculo (elemento de *correspondência*).

A análise dessa pertinência da taxa com a atividade de fiscalização, certamente, deve-se realizar previamente à análise da própria proporcionalidade da correspondência, porque é indiferente ao resultado final constatar a desproporcionalidade se o critério (ainda que proporcional), em si mesmo considerado, é já inadmissível e imprestável perante a Constituição em vigor:

> A falta de efetividade das sucessivas Constituições brasileiras decorreu do não reconhecimento de força normativa aos seus textos e da falta de vontade política de dar-lhes aplicabilidade direta e imediata. Prevaleceu entre nós a tradição européia da primeira metade do século, que via a Lei Fundamental como mera ordenação de programas de ação, convocações ao legislador ordinário e aos poderes públicos em geral. Daí porque as Cartas brasileiras sempre se deixaram inflacionar por promessas de atuação e pretensos direitos que jamais se consumaram na prática. Uma história marcada pela insinceridade e pela frustração.[16]

A exigência constitucional elementar quanto à escolha da base de cálculo das taxas de polícia, como a taxa minerária aqui sob escrutínio, é a de que essa base *deve* guardar *pertinência* com a atividade de fiscalização. Não há necessidade de pertença, quer dizer, de que a base de cálculo seja elemento que pertence à atividade fiscalizatória propriamente dita, muito menos que seja exatamente a totalidade dos elementos ou atividades relevantes à fiscalização. Mas é imprescindível que haja pertinência, no sentido que passo a desenvolver e pelas razões jurídicas adiante expostas.

Deve ocorrer alguma relação entre o elemento factual eleito como base de cálculo e a própria atividade estatal consistente no exercício do poder de polícia. E que seja uma pertinência direta, não indireta ou remota. O que se deve evitar, porque vedado, é a escolha totalmente livre de alguma base de cálculo, exatamente porque estamos diante de uma taxa. Em outras palavras, a taxa deve ter como base de cálculo algum elemento ou alguns elementos *realmente conectados ao custo do exercício do poder de polícia*. Assim, não se pode ter como base de cálculo, por exemplo, o faturamento ou o capital[17] da empresa, elementos externos ao efetivo exercício do poder de polícia em questão.

---

[16] BARROSO, Luís Roberto; BARCELLOS, Ana Paula de. O começo da história. A nova interpretação constitucional e o papel dos princípios no direito brasileiro. *In*: BARROSO, Luís Roberto (Org.). *A nova interpretação constitucional*: ponderação, direitos fundamentais e relações privadas. 3. ed. rev. Rio de Janeiro: Renovar, 2018. p. 328.

[17] Aliás, quanto a este elemento, há expressa proibição do CTN, art. 77, parágrafo único.

Já a quantidade do mineral extraído apresenta relação com a fiscalização desse mesmo material, ao menos *prima facie*.

Nas taxas em comento, é bom registrar, a base de cálculo é a tonelada de mineral ou de minério bruto extraído pelas empresas, multiplicada por alguma unidade fiscal estabelecida pelos estados-membros.[18] Em Minas Gerais corresponde a 1 (uma) Ufemg, no Pará corresponde a 3 (três) UPF-PA e no Amapá corresponde a 3 (três) UPF-AP.

Sobre essa pertinência ou correlação direta entre elementos, podemos colher a mesma lição em Aliomar Baleeiro:

> No caso das taxas, a base de cálculo deve mensurar o custo da atividade estatal, ou seja, a sua intensidade em relação ao contribuinte, refletindo o caráter sinalagmático que lhe é inerente. *A graduação nas taxas não se opera, tecnicamente, de acordo com o rendimento do contribuinte, seu patrimônio, ou capacidade financeira em geral, elementos estranhos*. Tecnicamente, as taxas devem ser graduadas segundo a intensidade da utilização do serviço pelo contribuinte ou dos gastos provocados.[19]

O Ministro Roberto Barroso bem explicitou, em mais de uma oportunidade, que a base de cálculo da taxa de polícia deve ter, sim, relação com a atividade fiscalizatória, mas que "não é necessário que haja uma identidade ou conexão *absoluta*"[20] entre elas. Na ADI nº 5.374/PA, o Ministro Roberto Barroso manteve o mesmo posicionamento externado e reconheceu que o volume hídrico poderia ser utilizado para quantificar a taxa de polícia.[21]

Neste ponto, podemos falar de uma correlação ou *razoabilidade, em sentido qualitativo*, entre o elemento escolhido pelo estado como base de cálculo e o teor da respectiva taxa.[22]

No caso específico da TFRM, sendo a base de cálculo a tonelada de mineral ou minério bruto efetivamente extraído, tem-se um elemento, portanto, relacionado à fiscalização estatal. Aliás, os estados-membros alegam mesmo que, quanto maior for a quantidade de minério extraído, maior será a necessidade de fiscalização da respectiva empresa e, consequentemente, também maior haveria de ser a taxa de polícia paga pelo contribuinte.

Mas, se considerarmos válido o argumento dos estados-membros assim apresentado, poderíamos concluir que as empresas que exploram ouro ou nióbio gerariam menos custos de fiscalização do que as empresas que exploram ferro, por exemplo.[23]

---

[18] O Estado do Amapá estabeleceu unidades de medidas diferentes, a depender do minério extraído, para mensurar a base de cálculo: (i) forro, manganês, cromo, alumínio, caulim, bauxita, galena terão como unidade de medida a tonelada; (ii) prata e tantalita terão como unidade de medida o quilograma; (iii) ouro ou outros materiais nobres de valor equivalente terão como unidade de medida o grama (art. 6º, *caput* e §4º e art. 6º-A da Lei nº 1.613/2011).

[19] BALEEIRO, Aliomar. *Direito tributário brasileiro*. 12. ed. Atualizada por Misabel Abreu Machado Derzi. Rio de Janeiro: Forense, 2013. p. 860, grifos nossos.

[20] ADI nº 5.489/RJ, Rel. Min. Luís Roberto Barroso, j. 24.02.2021, grifos nossos.

[21] ADI nº 5.374/PA, Rel. Min. Luís Roberto Barroso, j. 20.04.2021.

[22] Aliás, o uso de números que representam dimensão, volume ou potência parece ser aceitável na jurisprudência do STF para fins de ter-se uma base de cálculo das taxas.

[23] BRASIL. Agência Nacional de Mineração. *Anuário Mineral Brasileiro*: principais substâncias metálicas. Coordenação técnica de Marina Dalla Costa. Brasília: ANM, 2021. Disponível em: https://www.gov.br/anm/pt-br/centrais-de-conteudo/publicacoes/serie-estatisticas-e-economia-mineral/anuario-mineral/anuario-mineral-brasileiro/amb-2021-ano-base-2020.pdf. Acesso em: 23 jul. 2022.

A CNI, na ADI nº 4.785/MG, chamou essa tese de "proporcionalidade inversa", pois "quanto maior o risco teórico de não contabilização da extração, menor a base de cálculo. Como a intensidade da fiscalização deve considerar o risco envolvido, resta clara a imprestabilidade da base eleita".[24]

Realmente, o exercício do poder de polícia deve atender a sua finalidade precípua, que é promover a fiscalização e eventual regulação. A adequada verificação de que as empresas estão a cumprir com seus deveres regulatórios, legais e constitucionais, já intuitivamente indica que a quantidade de minério extraído, embora *prima facie* pertinente, não pode ser o único critério, sob pena de violar-se o tratamento tributário isonômico entre contribuintes, onerando muito mais determinada categoria comparativamente a outras.

O argumento defensivo dos estados-membros não leva em consideração um dado basilar da mineração: quanto mais raro um minério, maior o seu valor de mercado em virtude dos esforços materiais, operacionais e tecnológicos empreendidos para sua obtenção. E, consequentemente, mais intensa, atenta e profissional deveria ser a fiscalização sobre essa atividade.

A escolha da tonelada de minério, portanto, não é elemento constitucionalmente aceitável, porque coloca pessoas, que deveriam receber o mesmo tratamento tributário, a receber tratamento diverso, gerando privilégios inaceitáveis de uns em detrimento de outros em relação ao custeio das respectivas atividades de poder de polícia.

Embora se possa, *prima facie,* aceitar esse critério, como disse inicialmente, em virtude da conexão direta com a atividade fiscalizatória, certamente que não é constitucional essa escolha no contexto aqui narrado; ao menos não é se realizada como *critério aplicado linearmente do setor minerário.*[25] Não se trata, portanto, de exigir correspondência absoluta, porque, como já restou sublinhado pelo STF, esta correspondência não é exigível constitucionalmente. Mas, no caso dos minérios, o critério exclusivamente quantitativo merece reprimenda, porque insuficiente para atender à Constituição quanto à isonomia.

Cumpre reforçar, ainda, um aspecto de processo constitucional objetivo relevante neste tema. É que a inconstitucionalidade há de ser aferida amplamente, como a apresento aqui, quer dizer, *em um esforço intelectual para abarcar todas as situações concretas possíveis, e não apenas o caso de uma ou outra empresa.* Estamos em sede de ações diretas de inconstitucionalidade na Corte Suprema. E é exatamente esse tipo de análise abrangente que se espera em uma fiscalização abstrata de constitucionalidade das leis. A aplicação linear torna a exigência inconstitucional, nessa perspectiva do processo abstrato de controle das leis.

Porém, ainda que se considere legítima a escolha da tonelada de minério, isoladamente, como base de cálculo para a TFRM, ou ao menos para fins dos minérios extraídos por alguma específica empresa no âmbito dos estados-membros envolvidos nas referidas ADIs, a aplicação prática dos índices escolhidos para compor a base de cálculo viola a razoável equivalência (ou correspondência) entre as duas grandezas envolvidas: o efetivo valor a ser recolhido a título de TFRM e o efetivo custo da atividade

---

[24] ADI nº 4.785/MG, Rel. Min. Edson Fachin.

[25] Não constitui objeto deste estudo indicar possíveis bases de cálculo constitucionais, mas certamente da análise decorre a constitucionalidade na eventual combinação entre determinados elementos, capazes de reestruturar o tributo, reequilibrando o desnível indicado no texto.

estatal de fiscalização. É o tema que se passa descortinar, e que comporá, doravante, o espectro central deste estudo.

3 Proporcionalidade: pressupostos conceituais

Tem sido comum o uso não apenas da expressão "razoabilidade" para se referir ao tema central deste estudo, acima apresentado em suas linhas gerais preliminares. É também rotineira a referência ao termo "proporcionalidade", por vezes utilizado sem maiores esclarecimentos conceituais, o que pode provocar falsas divergências e distorções de análise, bem como conclusões absolutamente inadequadas ou incompatíveis com os pressupostos, jurídicos e fáticos, existentes no tema objeto deste estudo.

Exatamente este é um dos pontos questionados nas ações diretas de inconstitucionalidade, que anunciam a *desproporcionalidade* entre as despesas realizadas no exercício do poder de polícia minerário e a arrecadação auferida com a respectiva taxa em termos reais.

A Procuradoria-Geral do Estado de Minas Gerais utiliza o termo "razoabilidade" e fala também em "coerência lógica" ao defender a base de cálculo da instituição da TFRM naquele estado:

> Portanto, resta claro que a TFRM, conforme art. 1º da Lei ora impugnada, tem como fato gerador o "exercício regular do poder de polícia conferido ao Estado sobre a atividade de pesquisa, lavra, exploração ou aproveitamento" e a base de cálculo, em critério que *demonstra a mais absoluta pertinência e coerência lógica*, toma a quantidade de minério extraído como mero parâmetro de aferição da intensidade da atuação de polícia do Estado, em consonância com todos os *princípios* e regras constitucionais tributários, inclusive o da *razoabilidade*.[26]

Em sua manifestação, o Governo do Estado do Pará faz uso da chamada "proporcionalidade constitucional", com referência a uma obra teórica específica, a fim de, por essa via, infirmar a inconstitucionalidade apresentada na peça inicial da ADI nº 4.786/PA:

> Além disso, no que alude ao que Alexy chama de "regra da proporcionalidade", a petição inicial dela se afasta em seu sentido essencial quando tenta trabalhar com o conceito. Peca ao aplicar de fato o juízo de proporcionalidade ao caso concreto ou aplicá-lo de maneira insatisfatória. Afinal, quais os "princípios colidentes", *in casu*, a demandar do intérprete a aplicação da regra da proporcionalidade?[27]

O Estado do Amapá, por meio de sua Procuradoria-Geral, também utiliza o termo "proporcionalidade", porém no sentido, digamos, mais próximo do sentido comum do termo que assume o sentido técnico e específico que convém explicitar:

> No mais, quanto às alegações que a arrecadação da TFRM superará o Orçamento das Secretarias de Fazenda, Ciência e Tecnologia, Meio Ambiente, da Procuradoria Geral do Estado e da SEICOM destacada para exercer o poder de polícia sobre a atividade mine-

---

[26] Manifestação na ADI nº 4.785/MG, Rel. Min. Edson Fachin, grifos nossos.

[27] Manifestação na ADI nº 4.786/MG, Rel. Min. Nunes Marques, grifos nossos.

> rária, são inadmissíveis sequer por exercício de adivinhação, data vênia, tendo em vista o fato gerador da taxa denominada TFRM, variar de um a três UF do Estado, por tonelada de minério finito, hoje, no valor de R$1,5035 (um real e cinquenta centavos), afasta de plano a própria concepção de onerosidade excessiva, porquanto, proporcional à despesa correlata, bem como, qualquer efeito confiscatório.[28]

Para a exata compreensão do tema, torna-se necessário estabelecer e sistematizar os pressupostos conceituais da proporcionalidade e da razoabilidade, de maneira a permitir que possamos avançar na análise adequada do caso concreto.

Primeiramente, como tenho afirmado reiteradamente, a *razoabilidade* e a *proporcionalidade*, nos sentidos usualmente aceitos e consolidados pela doutrina e jurisprudência, não são sinônimas. Mas essa advertência não se aplica integralmente ao estudo da proporcionalidade objeto deste estudo. É o que explico detalhadamente adiante.

A dualidade acima referida origina-se em raízes históricas nitidamente diversas. O conceito de razoabilidade (*reasonableness*) remonta ao direito administrativo inglês, no qual se entendia que os juízes poderiam controlar os atos do Estado que denotassem uma "irrazoabilidade extrema" (*extreme unreasonableness*).[29] Já a noção de proporcionalidade, como critério jurídico amplamente utilizado na Justiça Constitucional, tem origem no direito público europeu, mais especificamente no direito administrativo prussiano. A sua utilização pelo Tribunal Constitucional alemão, com o objetivo de solucionar controvérsias envolvendo direitos fundamentais, contudo, só vai ocorrer de forma mais acentuada no Pós-Segunda Guerra Mundial[30] e alcança um elevado nível de circulação pelo mundo.

Além disso, o chamado "critério da razoabilidade" possui conteúdo mais próximo de um sentido comum, e (talvez por isso) costuma ter uma evocação mais ampla, enquanto que o chamado "princípio da proporcionalidade", como vem comumente referido na literatura e nas fontes jurisdicionais, está conectado aos conhecidos testes de adequação, necessidade e proporcionalidade em sentido estrito, sendo seu uso materialmente localizado, isto é, instrumental ao sopesamento dos princípios e à garantia dos direitos fundamentais, com larga difusão no mundo ocidental, especialmente no âmbito da justiça constitucional.

Mesmo estabelecidos esses parâmetros para fins de trabalho, a divergência na doutrina é, ainda, notável. Enquanto alguns autores[31] concluem que a razoabilidade é mais ampla que a proporcionalidade, outros assumem que a razoabilidade está contida na proporcionalidade, havendo mesmo quem considere que esta não se reduz àquela.[32]

---

[28] Manifestação na ADI nº 4.787/AP, Rel. Min. Luiz Fux, grifos nossos.

[29] BARAK, Aharon. *Proportionality*: constitutional rights and their limitations. Cambridge: Cambridge University Press, 2012. p. 376.

[30] Cf. BARAK, Aharon. *Proportionality*: constitutional rights and their limitations. Cambridge: Cambridge University Press, 2012. p. 178-179 e DALY, Tom Gerald. *The alchemists*. Questioning our faith in Court as democratic-builders. Cambridge: Cambridge Press, 2017. p. 61 e ss.

[31] "A diferença reside na classificação e nos elementos constitutivos desses princípios, já que a razoabilidade é mais ampla que a proporcionalidade. Sustentar a fungibilidade entre os termos no Brasil, é dar à proporcionalidade um raio de aplicação maior que suas possibilidades" (QUEIROZ, Raphael. *Os princípios da razoabilidade e proporcionalidade das normas e sua repercussão no processo civil brasileiro*. Rio de Janeiro: Lumen Juris, 2000. p. 45, grifos nossos).

[32] Isso para não falar da crítica à própria teoria da proporcionalidade, como na conhecida imputação de irracionalidade apresentada por Schlink (cf. SCHLINK, B. Proportionality. *In*: ROSENFELD, M.; SAJÓ, A. (Org.). *The Oxford Handbook of Comparative Constitutional Law*. Oxford: Oxford University Press, 2012. p. 718 e ss.).

O "princípio da razoabilidade" ou proibição do excesso, que mais de perto interessa a este estudo, embora de largo uso histórico no âmbito do direito administrativo,[33] constitui-se, na realidade, em um instituto amplo, uma categoria do direito. E tem como objetivo, portanto, "evitar restrições desnecessárias ou abusivas por parte da Administração Pública",[34] com incidência especial quando se está diante de atos discricionários: "A razoabilidade, contudo, abre ao Judiciário uma estratégia de ação construtiva para produzir o melhor resultado, ainda quando não seja o único possível ou mesmo aquele que, de maneira mais óbvia, resultaria da aplicação acrítica da lei".[35]

Rigorosamente falando, o critério da proporcionalidade, concebido na linhagem histórica acima delineada, encontra ampla utilização e reconhecimento como método para aferir a constitucionalidade dos atos do Poder Público que visem a restringir ou limitar as liberdades e os direitos fundamentais do cidadão, e não de quaisquer atos do Estado.[36] A proporcionalidade estabelece sempre um comparativo entre grandezas aferidas a partir de cada caso envolvendo a redução ou constrição de direitos fundamentais.

"Esse" critério ou princípio da proporcionalidade abarca três necessários elementos ou testes bem conhecidos:[37] (i) a conformidade ou adequação dos meios empregados;[38] (ii) a necessidade ou exigibilidade da medida adotada;[39] e (iii) a proporcionalidade em sentido estrito.[40] Entende-se que os dois primeiros elementos citados correspondem aos pressupostos fáticos do princípio, enquanto a proporcionalidade em sentido estrito equivale à ponderação jurídica destes.[41]

Oportuno esclarecer, portanto, que, no caso em análise, os estados-membros criaram a TFRM com o intuito de remunerar a atuação estatal de fiscalização sobre as atividades de pesquisa, lavra, exploração e aproveitamento de recursos minerários, atendendo, quanto à previsão do tributo, a um permissivo constitucional. Não se trata, pois, propriamente, de um ato estatal digamos, "avulso", de escolha necessária, que atribua mais peso a um direito fundamental em detrimento de outro, ou que limite direitos fundamentais a fim de alcançar finalidades abertas.

Estamos diante, seguramente, do conhecido exercício do poder tributário que, nessas condições, sempre afeta os direitos patrimoniais dos cidadãos, mas, como se sabe, por expresso consentimento e mesmo mandado constitucional. A tributação é

---

33 Nesse sentido a clássica tese de WEIL, Prosper. *Les conséquences de l'annulation d'un acte administratif pour excès de pouvir*. Paris: A. Predone, 1952.

34 MEIRELLES, Hely Lopes. *Direito administrativo brasileiro*. 42. ed. São Paulo: Malheiros, 2016. p. 99.

35 BARROSO, Luís Roberto. *Temas de direito constitucional*. Rio de Janeiro: Renovar, 2001. p. 163.

36 O princípio da proporcionalidade, nas lições de Gomes Canotilho, é um "princípio de controle exercido pelos tribunais sobre a adequação dos meios administrativos (sobretudo coativos) à prossecução do escopo e ao balanceamento concreto dos direitos ou interesses em conflito" (CANOTILHO, J. J. Gomes. *Direito constitucional e teoria da Constituição*. Coimbra: Almedina, 2003. p. 268, grifos no original).

37 TAVARES, André Ramos. *Curso de direito constitucional*. 22. ed. São Paulo: SaraivaJur, 2024. p. 664-665.

38 A *conformidade* ou *adequação* é a correlação entre os meios e os fins a serem alcançados. Uma medida será considerada "proporcional" se for apta a alcançar os fins constitucionalmente exigidos.

39 A *necessidade* ou *exigibilidade* equivale à melhor escolha possível, entre os meios adequados, para atingir os fins almejados. Logo, a medida deve ser a menos onerosa aos direitos do cidadão. Para identificar a medida menos gravosa, o intérprete deverá buscar, abstratamente, medidas alternativas para fins de comparação e conclusão.

40 A *proporcionalidade em sentido estrito* impõe uma otimização de possibilidades jurídicas, ou seja, o intérprete deverá realizar um sopesamento dos valores do ordenamento jurídico, para buscar uma solução que não venha ferir o "conteúdo essencial" do direito fundamental em colisão.

41 BARAK, Aharon. *Proportionality*: constitutional rights and their limitations. Cambridge: Cambridge University Press, 2012. p. 375.

inerente à existência do próprio Estado, dos serviços públicos, do aparato humano direcionado ao bem coletivo e, certamente, do poder de polícia.[42] A questão central está no cumprimento exato das condicionantes constitucionais expressas para o exercício desse poder de tributar, em cada uma de suas categorias tributárias. O uso do chamado teste da proporcionalidade, no sentido colhido das lições do direito alemão acima descritas brevemente, é desnecessário[43] para aquilatar violações diretas a mandados ou a proibições constitucionais expressas e específicas.

Exatamente por isso adoto a opção de endereçar o tema pelo critério da razoabilidade ou, se se quiser, *pela proporcionalidade constitucional específica existente na seara constitucional-tributária*. Assim, não se trata da proporcionalidade como apresentada pela doutrina acima referida, nem há nada que exija um uso exclusivo dessa terminologia, até porque não se pode pretender o aprisionamento de uma palavra por determinada proposta doutrinária.[44]

Não se trata, pois, aqui, de invocar os testes da proporcionalidade como concebida pela doutrina majoritária, a partir das lições germânicas. E isso exatamente porque, no caso, temos o direito constitucional brasileiro positivado, em vigor, e concretizado expressamente por leis, que tratam diretamente de estabelecer e exigir uma proporcionalidade específica, mandatória, independentemente de adotarmos esta ou aquela doutrina como referência e, mais ainda, independentemente de haver circulação mundial desse mecanismo específico, tal como efetivamente há – deve-se reconhecer este aspecto – quanto à proporcionalidade na vertente alemã mais conhecida e divulgada.[45]

Aliás, o uso da "proporcionalidade" em sentido próprio e diverso da teoria alemã acima mencionada não é propriamente uma novidade no direito brasileiro em vigor. Esse sentido encontra-se determinado pela Lei nº 13.655/2018 (LINDB), ao estabelecer, por exemplo, a exigência de se observar a *proporcionalidade*, a equidade e o interesse geral na regularização de ato, processo, contrato ou ajuste inválido nas esferas administrativa, controladora ou judicial.[46] Assim também no caso de decisão administrativa que inovar na interpretação da norma abstrata, para impor dever ou condicionamento de direito que inexistia até então. Nesses casos, conforme o art. 23 da LINDB, deve haver

---

[42] Aliás, nesse sentido colho entendimento do próprio STF, ao tratar das taxas: "[...] A prerrogativa institucional de tributar, que o ordenamento positivo reconhece ao Estado, *não lhe outorga* o poder de suprimir (ou inviabilizar) direitos de caráter fundamental constitucionalmente assegurados ao contribuinte. *É que este* dispõe, nos termos da própria Carta Política, *de um sistema de proteção* destinado a ampará-lo *contra eventuais excessos* cometidos pelo poder tributante *ou*, ainda, *contra exigências irrazoáveis* veiculadas em diplomas normativos editados pelo Estado" (ADI nº 2.551-1/MG, Rel. Min. Celso de Mello, j. 2.4.2003, grifos no original).

[43] Como já pude expor sobre o tema, há, aqui, exclusivamente inconstitucionalidade e, em termos tradicionais, não sendo necessário socorrer-se da chamada proporcionalidade no sentido do teste de violação de direitos fundamentais. "Neste estudo, contudo, optou-se por considerar a chamada 'licitude do meio' e a 'licitude do fim' como análises típicas de constitucionalidade. Integram, assim, a chamada teoria da (in)constitucionalidade das leis" (cf. TAVARES, André Ramos. *Curso de direito constitucional*. 22. ed. São Paulo: SaraivaJur, 2024. p. 663). A licitude do meio, que é a taxa com a respectiva base de cálculo e índice, poderia, portanto, ser considerada incluída em um sentido amplo de proporcionalidade, hipótese não utilizada aqui, até para evitar-se a confusão com o efetivo teste da proporcionalidade como amplamente concebido a partir do direito alemão.

[44] Apesar disso, não desconheço traços semelhantes e de aproximação existentes em ambas as vertentes de proporcionalidade, como o pensamento voltado para o concreto ou até mesmo o teste de exigibilidade.

[45] Como tenho dito, não se pode ignorar o papel da divulgação científica para fins de consolidação ou mesmo estabelecimento dos padrões e critérios gerais dos sistemas jurídicos. Mas essa é uma função dinâmica, sempre aberta a novos influxos, e cumpre à academia e à ciência avançarem permanentemente no estabelecimento e esclarecimento desses padrões comportamentais do sistema.

[46] Art. 21, parágrafo único da Lei nº 4.467 de 1942 (incluído pela Lei nº 13.655, de 2018).

um regime de transição, a fim de assegurar uma incidência *proporcional*, equânime e eficiente da nova posição administrativa.[47]

Mais ainda, a Lei nº 9.784/99, em seu art. 2º, incorpora expressamente a exigência da proporcionalidade e razoabilidade como "princípio" impositivo à Administração Pública. Embora a lei esteja a tratar do processo administrativo no âmbito específico da Administração Pública federal, na realidade apenas faz explicitar algo que é inerente aos deveres da Administração Pública em geral.

É possível assumir esse sentido especial de proporcionalidade para a Administração tributária estadual como a exigência de uma *correlação equilibrada*, no caso das taxas, entre o que é cobrado e o que é necessário à prestação dos serviços. É a razoabilidade como uma exigência geral de *moderação*, visando a combater situações de excesso ou de abuso.[48] Assim, toda correlação devidamente equilibrada (proporcional) é moderada (razoável). Esse sentido é também adotado pela jurisprudência consolidada do STF, como veremos.

A violação ao mandamento de proporcionalidade tributária (proporcionalidade, digamos, em sentido setorizado ou específica) é tanto uma violação de deveres próprios do Estado (o que veremos com maior detalhamento adiante) como também, é certo, interfere, indevidamente, no direto fundamental de propriedade e na legítima liberdade empresarial,[49] por excesso ou desvio do poder de tributar. Mas essa violação é uma decorrência exatamente do descumprimento da razoabilidade acima mencionada, pelo que há de se considerar este como o teste primeiro e central a ser desenvolvido para o caso concreto.

Ainda que estejamos adstritos, portanto, a esse plano mais direto e imediato, da razoabilidade ou proporcionalidade específica, com isso não quer dizer que estejamos diante de um critério autoevidente ou autoexplicativo, que dispense maiores elucidações. Pelo contrário, há, também aqui, grande complexidade, tanto conceitual como fática, em boa medida esta última decorrente da enorme variedade de situações que devem obediência à chamada razoabilidade, para além da sua origem administrativa, como ocorre, *v.g.*, com o próprio poder de punir e o estabelecimento de penas pelo Estado-Juiz. Essas outras vertentes acabam gerando elementos que são tomados como comuns ao critério da razoabilidade, quando são, em realidade, muito próprios de cada setor.

Ao falarmos desta proporcionalidade específica, por assim dizer, devemos, pois, estabelecer os marcos correspondentes ao seu desenho, a fórmula pela qual deve aplicar-se essa exigência constitucional para o âmbito tributário, que assume um aspecto essencialmente quantitativo, nos termos a seguir expostos.

---

[47] Cf. TAVARES, André Ramos. *Curso de direito constitucional*. 22. ed. São Paulo: SaraivaJur, 2024. p. 1162.

[48] "A atividade estatal quase sempre demandará *prestações* ou *restrições* por parte de algum segmento de administrados em benefício geral ou no de outro segmento, conforme o determine a *lei*, que as institui em tese, e a *ação administrativa*, que as impõe em concreto, mas quaisquer *prejuízos de fato* que vierem a ser impostos, deverão estar sempre *limitados* pela justa (ou razoável) *compensação* entre a redução exigida e a vantagem decorrente. Quando esta relação for *desequilibrada*, seja na própria formulação da lei (*desproporcionalidade legislativa)*, seja na sua aplicação concreta (*desproporcionalidade administrativa)* [...] fica caracterizada a agressão ao princípio [da proporcionalidade], que se apresenta, assim, como uma derivação maior do princípio da justiça distributiva e o da própria legitimidade" (MOREIRA NETO, Diogo de Figueiredo. *Curso de direito administrativo*. 14. ed. Rio de Janeiro: Forense, 2005. p. 101-102, grifos no original).

[49] Retomo muito brevemente – por não ser este o escopo desta investigação – a liberdade empresarial, para recordar que, dentre seu conteúdo, deve haver a possibilidade de livremente escolher o destino do excedente realizado, inclusive e especialmente para fins de (re)investimento, o que vem diretamente violado pela impossibilidade de ter à sua disposição a totalidade desses valores.

4 Razoabilidade e proporcionalidade das taxas: detalhamentos conceituais

É necessário falar – para o estabelecimento legítimo das taxas em virtude do exercício efetivo do poder de polícia – em *exigência de razoável equivalência*, não em equivalência aritmética, como adiantei anteriormente. Esse entendimento atende ao que também ficou estabelecido no julgamento da ADI nº 2.551-1/MG,[50] no qual o assunto restou assim endereçado:

> *TAXA: CORRESPONDÊNCIA ENTRE O VALOR EXIGIDO E O CUSTO DA ATIVIDADE ESTATAL.*
> - A taxa, enquanto contraprestação a uma atividade do Poder Público, *não pode superar* a relação *de razoável equivalência* que deve existir *entre o custo real* da atuação estatal *referida* ao contribuinte e o *valor que o Estado pode exigir* de cada contribuinte, considerados, para esse efeito, os elementos pertinentes às alíquotas e à base de cálculo fixadas em lei.[51]

Ao proceder à aferição dessa *razoável equivalência financeira* entre a atuação estatal e os valores das taxas, o STF passa a se referir à proporcionalidade, nos seguintes termos:

> *TRIBUTAÇÃO E OFENSA AO PRINCÍPIO DA PROPORCIONALIDADE*
> - O poder público, especialmente em sede de tributação, *não pode agir imoderadamente*, pois a atividade estatal acha-se *essencialmente condicionada* pelo princípio da razoabilidade, *que traduz* limitação material à ação normativa do Poder Legislativo.
> - O Estado não pode legislar abusivamente. A atividade legislativa *está necessariamente sujeita* à rígida observância de diretriz fundamental, que *encontrando* suporte teórico no princípio da proporcionalidade, *veda excessos normativos e as prescrições irrazoáveis* do Poder Público.
> O *princípio da proporcionalidade*, nesse contexto, *acha-se vocacionado a inibir e a neutralizar os abusos do Poder Público* no exercício de suas funções, *qualificando-se* como parâmetro de aferição da própria *constitucionalidade material* dos atos estatais.[52]

O julgado demonstra como a proporcionalidade foi referida (proporcionalidade específica) e utilizada como critério para aferir a razoabilidade e, assim, limitar a atuação do Poder Público na formatação da taxa, em especial quanto à ação normativa do Poder Legislativo estadual na instituição de taxas que não observavam o seu caráter contraprestacional. Aliás, aproveito para registrar que não importa tanto diferenciar proporcionalidade da razoabilidade, para o objetivo deste estudo, sendo muito mais adequado conceber o conteúdo exato dessa correspondência especial exigida constitucionalmente, venha chamada de proporcionalidade ou de razoabilidade. Aliás, como veremos, no recorte aqui sob análise, os conceitos se fundem.

---

50 Ação direta ajuizada pela Confederação Nacional do Comércio e outras, na qual se discutiu a constitucionalidade da Lei estadual nº 12.425/1996, de Minas Gerais, que instituía a taxa de expediente pela emissão de guias do DPVAT e pelo fornecimento de dados cadastrais de proprietários de veículos automotores, tendo por base de cálculo o número de veículos. Alegava-se, em síntese, que a taxa de expediente excedia o custo dos serviços e, portanto, violava tanto a *proporcionalidade* como a *razoabilidade*.

51 ADI nº 2.551-1/MG, Rel. Min. Celso de Mello, j. 02.04.2003, grifos no original.

52 ADI nº 2.551-1/MG, Rel. Min. Celso de Mello, j. 02.04.2003, grifos no original.

Assim, a proporcionalidade pode ser concebida como um mecanismo para aferir a razoável equivalência entre custos e tributação efetivos. E assim é aqui adotada.[53] No mesmo sentido (quer dizer, testar a existência da razoabilidade ou correlação, via uso da proporcionalidade) acentua José Casalta Nabais, em lição plenamente aplicável ao caso da TFRM:

> Uma terceira nota para aludirmos ao montante das taxas que, ao contrário do montante dos impostos, não pode ter por critério aferidor o princípio da capacidade contributiva, mas sim o *princípio da proporcionalidade pelo qual há-de ser testada a relação entre a prestação e a contraprestação em que se consubstanciam as taxas* [...] Pelo que um tributo, para poder ser considerado como taxa, há-de consistir numa contraprestação devida por uma prestação pública *lato sensu, cujo montante tenha por base,* no seu núcleo essencial, as vantagens que proporciona ao indivíduo ou *os custos que provoca a entidade pública.*[54]

Ainda nesse mesmo sentido temos a decisão decorrente do julgamento da ADI nº 6.211/AP, na qual o STF declarou a inconstitucionalidade da Taxa de Controle, Acompanhamento e Fiscalização das Atividades de Exploração e Aproveitamento de Recursos Hídricos – TFRH, instituída pela Lei nº 2.388/2018, do Estado do Pará.[55] Neste caso, o ministro relator ressaltou a *limitação jurídico-constitucional* para o estabelecimento das taxas (art. 145, II da CB), orientado pelo princípio da retributividade. Trata-se de compreender que há, no caso, um mandamento constitucional expresso de vinculação (caráter contraprestacional), que é violado quando se violam os "limites do razoável", a razoável equivalência, na relação entre valores e custos envolvidos:

> Daí afirmar-se que a taxa possui caráter contraprestacional e.sinalagmático: atrelando-se à execução efetiva ou potencial de um serviço público específico e divisível, ou, como é o caso, ao exercício regular do poder de polícia, *o valor do tributo deve refletir, nos limites do razoável, o custeio da atividade estatal de que decorre.*[56]

Nesse sentido, poder-se-ia chegar à mesma conclusão exposta em Zaccaria: "Uma limitação não proporcional deve ser considerada constitucionalmente inválida".[57]

Reforçando esses aspectos, o ministro relator, no julgamento dessa mesma ADI indicada por último, elencou as características do princípio da proporcionalidade

---

53 Alguma divergência terminológica que ainda se verifique é, neste assunto, irrelevante, desde que devidamente fixados os sentidos aqui adotados e explicitadas as diferenças terminológicas eventualmente encontradas em outros estudos, como faço aqui neste estudo.

54 NABAIS, José Casalta. *O dever fundamental de pagar impostos*: contributo para a compreensão constitucional do estado fiscal contemporâneo. Coimbra: Almedina, 2012. p. 263-264.

55 A Associação Brasileira dos Produtores Independentes de Energia Elétrica, autora da ADI, elencou, entre outros argumentos, que a base de cálculo se dissociava dos custos de atuação estatal fiscalizatória, adquirindo feição de "verdadeiro imposto considerada a capacidade econômica do contribuinte" (ADI nº 6.211/AP, Rel. Min. Marco Aurélio, j. 04.12.2019). A taxa possuía como fato gerador o exercício regular do poder de polícia sobre a atividade de exploração e aproveitamento de recursos hídricos em território amapaense. A base de cálculo foi estabelecida em função do volume de recursos hídricos utilizados, correspondendo a 0,2 UPF-AP por metro cúbico. Alegou-se a ofensa aos princípios da *proporcionalidade* e da *razoabilidade*, em virtude da desproporção verificada entre os valores auferidos com a taxa e o custeio dos serviços de fiscalização prestados pela Secretaria de Estado e do Meio Ambiente – Sema.

56 ADI nº 6.211/AP, Rel. Min. Marco Aurélio, j. 04.12.2019, grifos nossos.

57 ZACCARIA, Giuseppe. *Postdiritto*: nuove fonti, nuove categorie. Bologna: Il Mulino, 2022. p. 247.

aplicado à disciplina constitucional taxas: "Sob tal ângulo, cumpre perquirir a *proporcionalidade*, isto é, a *razoável e necessária equivalência entre o valor da Taxa sob análise e o custo da atividade estatal no exercício do poder de polícia*".[58]

No julgamento da ADI nº 5.480/RJ,[59] o Ministro Relator Alexandre de Moraes reafirmou a necessidade de a lei estadual passar pelo crivo da *razoabilidade* e da *proporcionalidade*:

> No entanto, a norma deve passar ainda pelo *crivo da razoabilidade*, no sentido de ser aferida tendo como baliza o cotejo entre o *valor da taxa fixada em lei e os custos da atividade efetivamente realizada pelo ente fiscalizador*, isto é, torna-se necessária a análise da *proporcionalidade* do valor da taxa em si mesma.[60]

No mesmo sentido votou o Ministro Dias Toffoli, ainda na ADI nº 5.480/RJ, reforçando que as taxas são tributos orientados pelo *princípio da justiça comutativa*, para, assim, significar a necessária proporção razoável:

> Fundamentalmente, as taxas são tributos orientados pelo *princípio da justiça comutativa*. Essa ideia de justiça econômica, nos casos de fiscalização, de exercício do poder de polícia, quando transposta para o plano técnico-jurídico, tem basicamente duas consequências. A primeira, no plano do fato gerador, é que é necessário que o Estado tenha competência administrativa para realizar a fiscalização e que efetivamente realize as atividades fiscalizatórias por meio de órgãos administrativos em funcionamento. A segunda consequência, no plano da base de cálculo ou da quantificação da taxa, *é que deve haver uma proporção razoável entre a taxa e os custos dessa atuação do Estado, conforme vem indicando a jurisprudência da Corte*.[61]

O STF, assim, reafirma amplamente a aplicação da regra da retributividade (com razoabilidade) às taxas, que é especificamente revelada (a existência dessa retributividade necessária) pela aplicação da proporcionalidade. Em outras palavras, conforme o entendimento consolidado de nossa Suprema Corte, o valor da taxa deve guardar *razoável equivalência financeira* com os custos suportados pelo Estado no exercício do poder de polícia, sob pena de violar os princípios da proporcionalidade e da razoabilidade, entre outros.

Aproveito para reforçar mais esse aspecto central. As taxas de poder de polícia possuem caráter contraprestacional e extrafiscal, como visto. Em outras palavras, a TFRM

---

[58] ADI nº 6.211/AP, Rel. Min. Marco Aurélio, j. 04.12.2019, grifos nossos.

[59] A Lei nº 7.182/2015, do Estado do Rio de Janeiro, instituía a Taxa de Controle, Monitoramento e Fiscalização Ambiental das Atividades de Pesquisa, Lavra, Exploração e Produção de Petróleo e Gás – TFPG. Esta taxa possuía como fato gerador o exercício do regular poder de polícia ambiental conferido ao Instituto Estadual Fluminense – Inea sobre a atividade de pesquisa, lavra, exploração e produção de petróleo e gás, realizada no âmbito da entidade federativa. A lei definiu como base cálculo da TFPG *a quantidade* de barris de petróleo extraídos ou o equivalente de gás extraído. O STF a considerou inconstitucional. A Associação Brasileira de Empresas de Exploração e Produção de Petróleo e Gás (ABEP), autora da ADI, sustentava, no mérito, que a base de cálculo da TFPG levava em consideração, em realidade, a capacidade contributiva das concessionárias da indústria de petróleo, e não os custos da atividade estatal de polícia, configurando-se, assim, base típica de imposto, vedada constitucionalmente. Ademais, sustentou, na linha deste estudo, que a legislação estadual estava a violar os *princípios da proporcionalidade* e *razoabilidade* ao não estabelecer uma "equivalência razoável" entre a taxa cobrada e o valor despendido na atuação estatal de polícia.

[60] ADI nº 5.480/RJ, Rel. Min. Alexandre de Moraes, j. 20.04.2020, grifos nossos.

[61] ADI nº 5.480/RJ, Rel. Min. Alexandre de Moraes, j. 20.04.2020, grifos nossos.

deve *apenas ressarcir* os estados-membros pelos gastos na fiscalização das empresas responsáveis pelas atividades de pesquisa, lavra, exploração e aproveitamento de recursos minerários. E esse ressarcimento, embora não seja matematicamente estabelecido com precisão absoluta, há de guardar razoabilidade no mundo dos fatos.

As taxas de poder de polícia que apresentam perfil arrecadatório perdem, com isso, a vinculação com o custo do exercício do poder de polícia e, assim, são inconstitucionais.

É interessante a esse respeito notar o julgamento bifásico ocorrido na ADI nº 5.489/RJ,[62] na qual o Ministro Roberto Barroso analisou a inconstitucionalidade material em dois momentos: (i) primeiramente, verificou se o volume de energia elétrica produzido pelo ente fiscalizado poderia servir como base de cálculo para a taxa de polícia ambiental (pressuposto, como já vimos, para passar-se ao critério da proporcionalidade tributária); e, (ii) em um segundo momento, verificou "se valores de grandeza fixados pela lei como base de cálculo estão em conformidade com os *princípios da proporcionalidade* e da capacidade contributiva, na dimensão do custo/benefício".[63]

Considerando que neste momento do raciocínio aqui empregado interessa falar da segunda fase, nota-se que foi verificada a aplicação prática dos índices de referência para a base de cálculo, com o que o ministro relator apurou excessos, que violavam o caráter contraprestacional das taxas de polícia:

> Embora os índices apresentados pela lei, de forma abstrata, sejam aparentemente baixos, a *aplicação prática* de tais índices conduz a valores acentuadamente elevados. *Como as usinas de energia elétrica produzem quantidades substanciais de energia, o quantum debeatur necessariamente irá apresentar valores altíssimos, muito maiores do que o custo da atividade estatal.*[64]

Verificou-se que "o valor de grandeza fixado pela lei estadual (megawatt-hora) fez com que o tributo *excedesse desproporcionalmente* o custo da atividade estatal de fiscalização", e, portanto, havia uma violação ao "princípio da capacidade contributiva na dimensão do custo/benefício".[65] Diante do quadro apresentado, o Ministro Roberto

[62] A Lei nº 7.184/2015, do Estado do Rio de Janeiro, instituía a Taxa de Controle, Monitoramento e Fiscalização Ambiental das Atividades de Geração, Transmissão e ou Distribuição de Energia Elétrica de Origem Hidráulica, Térmica e Termonuclear – TFGE. Essa lei estadual estabelecia como fato gerador o exercício regular do poder de polícia ambiental conferido ao Instituto Estadual do Ambiente – Inea sobre a atividade de geração, transmissão e ou distribuição de energia, realizada no âmbito do Estado do Rio de Janeiro. A base de cálculo, por sua vez, correspondia ao MegaWatt-hora de energia elétrica gerada no Estado do Rio de Janeiro. A Confederação Nacional da Indústria – CNI sustentou, em síntese, que a lei estadual estabelecia um tributo sem relação de *razoabilidade* com o custo da atividade de fiscalização realizada pelo Inea. A expectativa de arrecadação correspondia a quase o dobro do orçamento para as atividades de fiscalização do Inea. O STF declarou inconstitucional a Lei nº 7.184/2015.

[63] ADI nº 5.489/RJ, Rel. Min. Luís Roberto Barroso, j. 24.02.2021, grifos nossos. No mesmo sentido a decisão na ADI nº 5.374/PA: "Assim sendo, se a exação tributária excede de forma *desproporcional/excessiva* os custos da atividade estatal, haverá a descaracterização da própria natureza contraprestacional da taxa, violando o princípio da capacidade contributiva, na dimensão do custo/benefício – *princípio da equivalência* –, bem como o *princípio da proporcionalidade*, decorrentes do inciso II do art. 145 da Constituição" (Min. Rel. Luís Roberto Barroso, j. 20.04.2021, grifos nossos).

[64] ADI nº 5.489/RJ, Rel. Min. Luís Roberto Barroso, j. 24.02.2021, grifos nossos.

[65] Conforme ficou registrado pela autora da ação, "a receita estimada da taxa de polícia ambiental, considerando a geração de energia realizada no ano de 2014 para o Estado do Rio de Janeiro, seria de quase 300 milhões de reais", enquanto as despesas do Inea seriam na faixa dos 150 milhões de reais (ADI nº 5.489/RJ, Rel. Min. Luís Roberto Barroso, j. 24.02.2021).

Barroso propôs a seguinte tese, adotada pelo Tribunal em julgamento por unanimidade: "Viola o princípio da capacidade contributiva, na dimensão do custo/benefício, a instituição de taxa de polícia ambiental que exceda *flagrante* e *desproporcionalmente* os custos da atividade estatal de fiscalização".[66]

Para os fins do presente estudo, nota-se que o STF aplicou *reiteradamente* a necessária razoabilidade na disciplina legal dos valores exigíveis a título de taxa, bem como apresentou o critério da proporcionalidade específica acima delineado para a sua verificação.[67]

Assim, denota-se que o ponto fulcral de análise nas ADI nº 4.785, ADI nº 4.786 e ADI nº 4.787 está na compreensão sobre *como* e *em que momento* surge a desproporcionalidade das taxas estaduais em virtude do exercício de poder de polícia em estudo.

Fixamos, aqui, os seguintes aspectos impositivos constitucionalmente, na linha da própria jurisprudência do STF: (i) deve haver uma *razoável* e *necessária equivalência* entre o valor da taxa sob análise e o custo da atividade estatal no exercício do poder de polícia; (ii) essa razoabilidade será aferida pelo critério da proporcionalidade dos valores em relação aos custos e, como veremos a seguir, (iii) a proporcionalidade deve considerar o *contexto fático* da *aplicação prática* dos índices escolhidos para compor a base de cálculo da taxa de polícia e, em caminho reverso, chegar-se-á à constitucionalidade ou inconstitucionalidade das taxas.[68]

Assim apresentada a especificação do regime das taxas, aplicaremos os critérios *jurídicos-constitucionais* construídos para identificar as inconstitucionalidades e inconsistências jurídicas da TFRM, tomando sempre os parâmetros e realidades das taxas dos três estados-membros envolvidos nas ações diretas aqui sob estudo.[69]

5 A inconstitucionalidade da TFRM

Este estudo, doravante, irá verificar se há, efetivamente, *proporcional equivalência* entre o valor da TFRM e o custo da atividade estatal no exercício do poder de polícia, tomando como base os casos concretos julgados pelo STF. Trata-se da aplicação das premissas e detalhamentos anteriormente fixados, para encaminhar uma conclusão sobre esse tema central. É sabido que o Supremo Tribunal Federal julgou proporcionais as bases de cálculo referentes à TFRM. No entanto, analiso a questão a partir de uma perspectiva divergente ao quanto decidido majoritariamente pelo STF.[70]

---

[66] ADI nº 5.489/RJ, Rel. Min. Luís Roberto Barroso, j. 24.02.2021, grifos nossos.

[67] Uma mudança em qualquer dos elementos dessa jurisprudência que, como resultado, gere uma mudança do entendimento consolidado do STF, merece, certamente, uma modulação de efeitos, de maneira que um novo entendimento pela constitucionalidade não prejudique a segurança jurídica a lastrear o comportamento e planejamento dos agentes econômicos. Deixo, porém, de avançar sobre esse tema, por não constituir o objeto de preocupação deste estudo.

[68] Sobre a importância do concreto na interpretação e compreensão do direito, em linhas mais verticalizadas do que as noções aqui expostas, *vide*: TAVARES, André Ramos. *Fronteiras da hermenêutica constitucional*. São Paulo: Método, 2006. Cap. II.

[69] *Quando* e *se* houver alguma particularidade digna de nota, para fins de análise e conclusões, no regime legal de algum dos estados-membros sob consideração, será ela destacada, excepcionada, analisada e justificada expressamente neste estudo.

[70] ADI nº 4.785/MG, Rel. Min. Edson Fachin, Tribunal Pleno, j. 01.08.2022.

5.1 O concreto no processo objetivo: preliminares

Embora a TFRM possa ser estabelecia de forma discricionária[71] pelos estados-membros, sabemos que o custo da atividade estatal deve guardar *razoável equivalência financeira* com o valor cobrado do contribuinte.

Os conceitos de razoável equivalência financeira, razoabilidade e proporcionalidade são mecanismos cujos contornos restaram delineados no item anterior deste parecer, mas a verificação do cumprimento da proporcionalidade depende de manejarmos as situações concretas.[72] Este aspecto, aliás, encontra-se amplamente consolidado na jurisprudência do STF: a única forma de conferir substância aos critérios da razoabilidade ou razoável equivalência financeira e a respectiva proporcionalidade é incorporar amplamente o concreto, a realidade fática, no cálculo normativo.

A razoabilidade e a proporcionalidade devem ser verificadas com base no contexto fático, conforme ficou determinado na ADI nº 5.480/RJ, anteriormente referida, nos termos do voto do ministro relator:

> Segundo documentação anexada aos autos (peça 74), o comparativo entre o *valor que seria arrecadado com a TFPG (R$3.215.008.220,18) e o orçamento anual do INEA (R$467.761.579,00)*, para o exercício de 2019, revela que a exação superaria em muito o orçamento anual do órgão de fiscalização, pelo que é evidente a *desproporcionalidade* no tocante ao *valor da taxa* e o *custo da atividade fiscalizatória* e o caráter meramente arrecadatório da taxa em questão.[73]

Na ADI nº 2.551-1/MG, já mencionada, para comprovar a falta de razoabilidade, o STF interpretou o contexto fático a partir dos dados trazidos pelos interessados, como exemplo, os pareceres que indicaram um lucro de 236% sobre o valor da execução do serviço de emissão de guia do DPVAT.

Igualmente, para conferir conteúdo à proporcionalidade, na ADI nº 6.211/AP, também anteriormente referida neste estudo, o ministro relator analisou o caso a partir de elementos concretos. Segundo a documentação acostada aos autos, ficou determinado tratar-se de "montante quase dez vezes superior ao orçamento anualmente destinado à Secretaria do Meio Ambiente", órgão este incumbido de exercer o poder de polícia naquele caso.

O Ministro Ricardo Lewandowski ressaltou a importância do contexto fático para a correta aferição da razoabilidade e aplicação da proporcionalidade:

---

[71] "É preciso desde logo observar que discricionária não quer dizer arbitrária. Dentro do Estado de Direito não há lugar para o arbítrio. O que acontece é que as situações de fato são muitas e a lei às vezes institui mais de uma forma de proceder, dando à administração a faculdade de escolha [...] Essa opção ou escolha há de ser entre um dos meios permitidos, não poderá se desviar para escolher fora do campo já múltiplo da lei, nem *exceder* o meio ou método escolhido porque no primeiro caso haverá um desvio de poder e no segundo um *abuso* ou *excesso* do próprio poder discricionário" (NOGUEIRA, Ruy Barbosa. *Curso de direito tributário*. 4. ed. São Paulo: Instituto Brasileiro de Direito Tributário, 1976. p. 136, grifos nossos).

[72] "O *princípio da razoabilidade* tem especial importância prática, não apenas quando da criação da norma como de sua aplicação quando no exercício da *discricionariedade administrativa*, funcionando como um *critério de limite*, trabalhando ao lado do *princípio da realidade*, para a garantia da *legitimidade* da ação administrativa" (MOREIRA NETO, Diogo de Figueiredo. *Curso de direito administrativo*. 14. ed. Rio de Janeiro: Forense, 2005. p. 101, grifos no original).

[73] ADI nº 5.480/RJ, Rel. Min. Alexandre de Moraes, j. 20.04.2020, grifos nossos.

> O *contexto fático* revela, portanto, *desproporção e ausência de correlação (referibilidade) entre os fatos geradores do tributo, os valores a serem arrecadados e o custeio dos serviços de fiscalização prestados pela SEMA* (calculado em função do volume de produção, nos termos do art. 6º, da legislação impugnada), de modo que, *na dimensão do custo/benefício, aplicável às taxas,* vislumbra-se também a violação do princípio da capacidade contributiva (art. 145, §2º, da CF/88).[74]

Na ADI nº 5.374/PA,[75] em caso muito semelhante aos demais que aqui analiso, o Ministro Roberto Barroso entendeu que a aplicação *prática* dos índices de grandeza previstos em abstrato na lei geraria uma onerosidade excessiva, violando a proporcionalidade:

> Apresentando dados concretos relevantes, o *amicus curiae* Centrais Elétricas do Norte do Brasil – Eletronorte afirma que do orçamento total da SEMAS, em 2019, de *R$93.822.194,00* encontram-se reservados para a "Gestão de Recursos Hídricos" apenas *R$2.076.639,00.* É notório que esse valor excede em muito a arrecadação esperada da *TFRH de R$250.095.704,96, no mesmo período.* Tal contribuinte, inclusive, salienta que apenas no mês de junho de 2019, dado o volume de água de 10.212.480.000 m³, a TFRH por ele devida atingirá o valor de R$7.070.508,00.[76]

Diante do quadro fático, o Ministro Roberto Barroso apresentou a seguinte tese, que denota o raciocínio reverso[77] necessário para o teste da razoabilidade/proporcionalidade das taxas. É que, a partir da constatação de que se viola concretamente a proporcionalidade, volta-se para a base de cálculo e respectivo índice escolhido pelo legislador para imputar-lhes, com segurança, o vício da inconstitucionalidade da taxa assim prevista em lei: "Viola o princípio da capacidade contributiva, na dimensão do custo/benefício, a instituição de taxa de polícia ambiental cuja base que exceda flagrante e desproporcionalmente os custos da atividade estatal de fiscalização".[78]

Verifica-se, portanto, a importância dos *fatos* no âmbito do controle de constitucionalidade e, mais especificamente, na caracterização da inconstitucionalidade

---

[74] ADI nº 6.211/AP, Rel. Min. Marco Aurélio, j. 04.12.2019, grifos nossos.

[75] No julgamento da ADI nº 5.374/PA, o STF declarou inconstitucional a Lei nº 8.091/2014, do Estado do Pará, que instituía a Taxa de Controle, Acompanhamento e Fiscalização de Atividades de Exploração e Aproveitamento de Recursos Hídricos – TFRH. O caso guarda semelhança com as demais ações diretas analisadas neste estudo. A lei estadual estabelecia como fato gerador da TFRH o "exercício regular do Poder de Polícia conferido ao Estado sobre a atividade de exploração e aproveitamento de recursos hídricos em território paraense". A base de cálculo, por sua vez, seria a metragem cúbica de água utilizada. A Confederação Nacional da Indústria – CNI, requerente, alegou que a lei era materialmente inconstitucional, pois a taxa não guardaria *razoável equivalência* com o custo da atividade estatal de fiscalização e a base de cálculo adotada não seria apta a mensurar o custo da atividade estatal em questão.

[76] ADI nº 5.374/PA, Rel. Min. Luís Roberto Barroso, j. 20.04-2021.

[77] "Em um primeiro momento, realizam-se dois *processos parciais* (não-sequenciais nem totalmente discerníveis como individualidades). Em um deles, com análise do texto (elementos linguísticos), obtém-se o que a doutrina passou a chamar de *programa normativo.* No outro, que analisa principalmente os dados da realidade (elementos empíricos), alcança-se o *domínio (ou âmbito) normativo.* Este será formado por um conjunto de elementos fáticos influenciados pela disposição normativa (Müller, 1992). O concreto (ou realidade) influencia a disposição e 'produz' uma norma (ou programa normativo) que irá interagir, por sua vez, com a realidade (não qualquer realidade, mas aquela realidade iluminada pela disposição normativa)" (TAVARES, André Ramos. *Fronteiras da hermenêutica constitucional.* São Paulo: Método, 2006. p. 62, grifos no original).

[78] ADI nº 5.374/PA, Rel. Min. Luís Roberto Barroso, j. 20.04.2021.

material das leis aqui examinadas.[79] Como já afirmei em outra oportunidade, o juízo de averiguação de constitucionalidade das leis não é puramente normativo, mas também considera *elementos factuais* para fins de julgamento.[80]

Os fatos podem ser entendidos como "todo e qualquer 'fato real' que tenha relevo para aplicação da norma".[81] Em outros termos, são elementos da realidade que permitem aferir se o Estado atuou de acordo com os parâmetros constitucionais exigíveis, como a razoabilidade.

Os elementos factuais podem emergir mais adequadamente, em determinadas situações, com análises empíricas por meio de pareceres, da opinião de peritos ou de dados estatísticos, como as informações utilizadas pelo próprio STF no julgamento das ADIs aqui examinadas, ou por meio de "argumentos relacionados com a experiência comum (não empíricos)".[82]

Aliás, não por outro motivo a Lei nº 9.868/99 passou a contemplar, para o sistema brasileiro de controle abstrato da constitucionalidade das leis, previsão expressa acerca de questões que podem ser consideradas "probatórias" *lato sensu*. Em seu art. 9º encontra-se determinado que:

> §1º Em caso de necessidade de esclarecimento de matéria ou circunstância *de fato* ou de notória insuficiência das *informações existentes* nos autos, poderá o relator requisitar informações adicionais, designar perito ou comissão de peritos para que emita parecer sobre a questão, ou fixar data para, em audiência pública, ouvir depoimentos de pessoas com experiência e autoridade na matéria.

A razoabilidade, nos moldes aqui propostos, não pode prescindir deste suporte empírico, porque esses dados compõem a própria estrutura do que se quer por razoável. Em outras palavras, a razoabilidade depende do enquadramento do caso concreto, pois só dessa forma é possível aferir a correspondência ou conformidade das normas com a realidade fática e, consequentemente, com o próprio ordenamento jurídico.

A proporcionalidade constitucional específica existente na seara tributária é um critério para aferir a correlação (quantitativa) equilibrada entre o que é cobrado e o que é necessário ao exercício do poder de polícia. Reafirmo que se trata de uma exigência geral de moderação, mas que a sua correta aplicação só poderá ocorrer com base em elementos concretos. Nem a proporcionalidade é uma opção para o operador do direito, nem o é, tampouco, seu perfil concreto, que exige uma incursão nos fatos.

---

79 "A partir da concretização (conceito moderno de interpretação), incluem-se, no processo de compreensão da norma, os fatos, como elementos inseparáveis desse mesmo processo (e da norma), e não apenas como um objeto sobre o qual se debruça ou em relação ao qual se reporta a disposição normativa (cf. Müller, 1989:115). Ao falar de norma de decisão, a ideia de concretização envolve, num contexto de obrigatoriedade, o problema *concreto* (real ou hipotético). Adota-se um 'critério prático normativo adequado de decisão dos casos concretos' (Castanheira Neves, 1993: 84). O *concreto* passa a ser considerado como constitutivo da normatividade, parte integrante da norma de decisão (Müller, 2000:33), indispensável para a compreensão do Direito" (TAVARES, André Ramos. *Fronteiras da hermenêutica constitucional*. São Paulo: Método, 2006. p. 61, original grifado).

80 TAVARES, André Ramos. *Curso de direito constitucional*. 22. ed. São Paulo: SaraivaJur, 2024. p. 284.

81 MENDES, Gilmar. *Direitos fundamentais e controle de constitucionalidade*. 2. ed. São Paulo: Celso Bastos Editor, 1999. p. 507.

82 "Restou demonstrado, então, que até mesmo no chamado controle abstrato de normas não se procede a um simples contraste entre disposição do direito ordinário e os princípios constitucionais. Ao revés, também aqui fica evidente que se aprecia a relação entre a lei e o problema que se lhe apresenta em face do parâmetro constitucional" (MENDES, Gilmar; BRANCO, Paulo Gonet. *Curso de direito constitucional*. 16. ed. São Paulo: Saraiva, 2021. p. 1258-1259).

Estabelecida a importância do concreto no processo objetivo de constitucionalidade, passamos à análise dos elementos factuais presentes nas ADI nº 4.785/MG, ADI nº 4.786/PA e ADI nº 4.787/AP que questionam a constitucionalidade da TFRM.

5.2 A falta de proporcionalidade concreta das taxas em análise

A Confederação Nacional da Indústria – CNI, legitimada ativa e autora das ações diretas que questionam a constitucionalidade da TFRM, a partir de elementos empíricos trazidos aos autos, desincumbiu-se do ônus fático inerente à demanda por proporcionalidade tributária, apresentando projeções sobre os valores a serem auferidos com a taxa e os comparou com os custos do exercício do poder de polícia pelos órgãos fiscalizatórios em cada um dos estados-membros.

Segundo os dados trazidos na ADI nº 4.785/MG, a receita projetada da TFRM instituída pelo Estado de Minas Gerais "corresponderia a 321,30% da soma de todas as despesas realizadas pelas três Secretarias do Estado que, segundo o art. 3º, exercem o poder de polícia que legitimaria a ação". Em números, "no acumulado desses quatro anos, ter-se-ia uma receita de R$1.841.108.009,80 para uma despesa de R$519.183.102,45, que representa apenas 28,20% do valor que teria sido arrecadado pela empresa".

A CNI também projetou os valores da TFRM instituída pelo Estado do Pará. Segundo os dados trazidos nos autos, o valor "corresponderia *a toda a despesa prevista para integralidade das quatro secretarias juntas*". Ou seja:

> Caso se queira ver a realidade prevista para 2012, tem-se que a soma da despesa prevista para as *quatro secretarias mencionadas* no art. 3º da lei (Secretaria de Indústria, Comércio e Mineração; Secretaria de Fazenda; Secretaria de Meio Ambiente; e Secretaria de Ciência, Tecnologia e Inovação) chega a *R$423.656.415,00.*
>
> Já a receita da TFRM, se tomada pela média da projeção dos valores para 2007 a 2010, sem atualização, apontaria para R$723.696.905,64. *Se a receita da TFRM for estimada pela média de tonelada extraída, multiplicada pela UPF-PA do ano 2012, o valor passaria para R$872.954.466,56, ou seja, mais do que o dobro da soma de toda a despesa das quatro secretarias juntas.*[83]

A CNI, legitimada ativa da ADI nº 4.787/AP, também realizou estimativas sobres os valores que poderiam ser auferidos pela TFRM instituída pelo Estado do Amapá. Segundo os dados trazidos nos autos:

> Veja-se que, comparando as despesas do órgão de defesa de recursos naturais – que é o objeto tutelado, *cf. inciso III do art. 3.º da Lei n.º 1.613/11* - ou seja, as despesas em *Gestão Ambiental foram de R$1.346.543,003*, enquanto que a receita estimada da TFRM é 156 milhões de reais, ou seja, mais de *4.853% maior do que todos os recursos aplicados em 2010.*
>
> Ou ainda é possível aferir a desproporção da cobrança da TFRM quando se sabe que a arrecadação total de CFEM em 2010 - isto é, de todo o Brasil, antes de qualquer repartição - foi de R$1.083.142.321,46; a parcela que coube ao Estado do Amapá, em 2010, foi de *R$2.288.652,674* (dois milhões, duzentos e oitenta e oito mil, seiscentos e cinqüenta e dois reais e sessenta e sete centavos), e *se pretende cobrar R$156.000.000,00 (cento e cinqüenta e seis milhões) de taxa relativa à toda atividade minerária, ou seja, desproporcionalmente maior do que os próprios royalties cobrados pela União para a exploração dos minérios no Estado.*[84]

---

[83] ADI nº 4.786/PA, Rel. Min. Nunes Marques.

[84] ADI nº 4.787/AP, Rel. Min. Luiz Fux, grifos no original.

As ADI nº 4.785/MG, ADI nº 4.786/PA e ADI nº 4.787/AP guardam identidade com as demais ações julgadas em controle concentrado pelo STF envolvendo taxas de poder de polícia e violação da proporcionalidade referidas neste estudo e que conformam a base conceitual do tema, aqui amplamente desenvolvida. Vejamos os pontos centrais.

As projeções devidamente apresentadas no bojo do processo objetivo revelavam que o valor grandeza fixado pelas leis estaduais em conjunto com a tonelada de minério tornava o tributo excessivamente oneroso, violando a proporcionalidade que deve existir entre o custo da atividade estatal e o valor das taxas de poder de polícia, de acordo com a própria jurisprudência do STF.

É nesse sentido que o Ministro Roberto Barroso abriu divergência no julgamento das referidas ações:

> No caso de Minas Gerais, que não é diferente dos outros casos discutidos – o do Pará, igualmente –, há uma evidente desproporcionalidade. Da minha leitura, para se ficar no caso de Minas Gerais, as três secretarias responsáveis pela fiscalização – as três! – tinham orçamento de 157 milhões para a fiscalização de toda a matéria relacionada ao meio ambiente e demais atribuições da secretaria. O valor da taxa arrecadada era de 450 milhões.[85]

Trata-se da violação da relação de correspondência entre a grandeza e o parâmetro adotado pelo legislador para instituir a TFRM. Essa é a principal característica da noção de razoabilidade e proporcionalidade adotada nesta investigação.

Como visto, embora não seja possível estabelecer uma equivalência matemática entre o custo da atividade estatal e a TFRM, os dados trazidos nos autos já demonstravam que os valores das taxas excedem desproporcionalmente o orçamento das secretarias ou órgãos responsáveis pela fiscalização.

A razoável e necessária *equivalência financeira* entre o custo da atividade e o valor da taxa, um dos principais elementos para determinar a constitucionalidade do tributo, principalmente em virtude do seu caráter contraprestacional e extrafiscal, perdia-se. A TFRM viola essas duas características, que compõem a proporcionalidade, pois não se limita a ressarcir o Estado pela atividade fiscalizatória e, como excede significativamente os custos, acaba possuindo caráter arrecadatório vedado:

> Há um ponto ótimo, e eu sou a favor desse ponto ótimo, *mas, nesse caso específico, se as três secretarias custam 157 milhões e a arrecadação estimada é de mais de 500 milhões – 570 milhões –, tem alguma coisa errada aqui*, com todas as vênias e com todo respeito às compreensões diferentes, cujo entendimento entendo – sem mencionar o argumento trazido agora pelo Ministro André Mendonça, que não constava da minha própria argumentação, relativamente a um *bis in idem* em matéria tributária.
>
> Portanto, como a desproporcionalidade que apontei no caso de Minas detecto igualmente no caso do Pará e no caso do Amapá, estou, na parte conhecida dessas ações, julgando-as procedentes. Apenas, reiterando, entendo que o Estado pode e deve instituir a taxa, mas ela tem que ser em um valor proporcional à atividade estatal. Do contrário, deixa de ser taxa e passa a ser um tipo de tributação, seja sob a mesma base de cálculo ou não. A questão aqui é que a taxa só se legitima pelo custo da fiscalização.[86]

---

[85] ADI nº 4.785/MG, Rel. Min. Edson Fachin, Tribunal Pleno, j. 01.08.2022, trecho do voto divergente apresentado pelo Ministro Roberto Barroso, p. 85-86.

[86] ADI nº 4.785/MG, Rel. Min. Edson Fachin, Tribunal Pleno, j. 01.08.2022, trecho do voto divergente apresentado pelo Ministro Roberto Barroso, p. 88-89, grifos nossos.

Esses aspectos já deveriam ter sido suficientes para que o STF, no passado, pudesse certificar a inconstitucionalidade das leis em comento. *Mas o julgamento ocorreu muitos anos depois* das projeções, quer dizer, quando já estavam estabelecidas e efetivamente praticadas as taxas pelas entidades subnacionais. Nessas circunstâncias, *seria dever de todos os envolvidos no processo objetivo contribuir* para o que pode ser denominado como a busca pela verdade real. Exatamente aqui se inserem os laudos técnicos, com cunho científico, preparados por entidade privada com larga experiência e reconhecimento internacional, como é o caso da Ernest & Young.

O laudo técnico é um meio legítimo de produção probatória no processo objetivo de constitucionalidade pois, como já ressaltado, a inconstitucionalidade envolve, simultaneamente, a avaliação de questões de fato e de direito.

A utilização de documentos privados na jurisdição constitucional possui contornos próprios que a diferem da jurisdição comum. Nesses casos, "o valor probatório desloca-se do sujeito para o conteúdo", de modo que o juiz constitucional deve orientar-se pela "máxima eficácia probatória do documento" buscando, "por seu conteúdo, o mais próximo da realidade".[87] Em outras palavras, o fato de algum laudo possuir origem privada não gera qualquer negatividade, como parecem pretender os representantes dos estados-membros, pois, no processo objetivo, o conteúdo, tecnicamente fornecido, é o aspecto que possui maior relevância.

Ademais, o estudo vem preparado com base em dados públicos, oficiais, concernentes aos órgãos e entidades envolvidos, pelas leis, na fiscalização e exercício do poder de polícia, com métodos cientificamente comprováveis e devidamente explicitados. E a conclusão final é estarrecedora, superando em muito as estimativas iniciais de desproporcionalidade. Como bem observaram mui ilustres juristas consultados pela CNI, o Professor Sacha Calmon Navarro Coêlho, a Professora Misabel Abreu Machado Derzi e o Professor André Mendes Moreira, restou não apenas uma desproporção, mas uma "desproporção em níveis assustadores".

Aliás, em tais situações, certamente é o Poder Público quem mais pode colaborar para a formação da verdade no processo objetivo, porque é quem conhece os reais custos de fiscalização e detém todos os dados efetivos, desde que, evidentemente, tenha se organizado para os coletar e armazenar, podendo apresentá-los com transparência, precisão e comprovação. Não é, contudo, o que ocorreu nas três ações diretas que carecem do apoio fático específico das entidades públicas subnacionais envolvidas.

Em raciocínio reverso, pode-se concluir, a partir da falha concreta da arrecadação dessas taxas, que houve a escolha de uma grandeza e de um parâmetro específico inconstitucionais pela lei, acarretando a violação da *razoável equivalência financeira* que deve existir entre o valor gasto pelo poder público e o exercício do poder de polícia correspondente. O Ministro Roberto Barroso votou em sentido divergente ao entender pela *inconstitucionalidade material* da taxa, uma vez que "a extensão do exercício do poder de polícia é que dá validade à taxa", de modo que é necessário haver proporcionalidade "entre o valor cobrado a título de taxa e o custo da atividade estatal de fiscalização".[88]

Note-se, em síntese retrospectiva, que a TFRM é *inconstitucional*, porque viola a proporcionalidade, não sendo razoável nem necessária para a finalidade legítima da

[87] HERANI, Renato Gugliano. *A prova da inconstitucionalidade*. Curitiba: Prisma, 2015. p. 294.

[88] ADI nº 4.785/MG, Rel. Min. Edson Fachin, Tribunal Pleno, j. 01.08.2022, trechos do voto divergente apresentado pelo Ministro Roberto Barroso, p. 85.

taxa. Trata-se – insisto – da dimensão da *razoável equivalência financeira* que deve existir entre o custo da atividade fiscalizatória e o valor a ser auferido pela respectiva taxa.

5.3 A questão do ônus da "prova" no processo objetivo no STF

É comum imaginar que, em um processo dito abstrato, o concreto estaria vedado. Vimos, acima, que essa conclusão é um grave equívoco, jamais aceito em âmbito de controle abstrato de constitucionalidade.

Assim, fatos tornam-se relevantes e legítimos para a definição da constitucionalidade ou inconstitucionalidade de um texto normativo. Mais do que isso, em muitas oportunidades, certos fatos específicos tornam-se cruciais na definição decisória.[89] Em algumas hipóteses, portanto, surgirá a necessidade da busca pelos fatos, ou seja, da juntada de documentos, de apresentação de esclarecimentos empíricos, dados, comprovantes e até mesmo realização de colheita probatória.

Já sabemos qual é o ponto empírico em emergência na análise da inconstitucionalidade das leis estaduais em comento neste estudo, a saber, a correspondência (comprovação de proporcionalidade) entre custos e valores arrecadados. Vale registrar, uma vez mais, que se constatou, de maneira legítima e inequívoca, que essa comprovação de proporcionalidade é prova impossível, porque se tem, efetivamente, um desequilíbrio desarrazoado entre custos da atividade fiscalizatória e valores arrecadados dos contribuintes. Mais ainda, essa constatação, que poderia ter sido, hipoteticamente falando, fustigada de imediato pelos entes subnacionais que são detentores dos dados verdadeiros, completos e detalhados, não o foi, exatamente porque estamos diante de novo imposto, revestido formalmente como taxa.

Mas ainda cumpre, aqui, esclarecer um ponto adicional, quer dizer, sobre quem deve fornecer dados ou os comprovantes empíricos em caso de divergência ou contestação dos fatos já devidamente apresentados ao longo do processo objetivo.

Para compreender melhor os deveres envolvidos nesse processo, recordo que estamos diante de um ato normativo do Poder Público, no caso, de leis estaduais devidamente aprovadas, em vigor e aplicadas pelo Poder Executivo.

Cabe sempre ao Poder Público envolvido apresentar ou reapresentar, com atualizações, os números pelos quais entende ser razoável e proporcional a taxa que criou. Até porque apenas o Poder Público pode fornecer, com acurácia máxima, os dados. Insisto: não foi o que se viu no presente processo objetivo. As defesas restringiram-se a atacar os dados ou, em sustentações orais, a buscar desqualificar os estudos realizados, inclusive afirmando-se, de maneira contundente, que haveria vedação de controle abstrato quando a inconstitucionalidade necessitar de dados reais ou fatos.

É um erro considerar que o resultado dessas teses tenha sido a criação de um (aparente) impasse, a militar a favor da presunção de constitucionalidade das leis. Esse não é nem poderia ser o modelo decisório do STF em sede de processo objetivo.

---

[89] "Dito de outro modo, quando se realiza o trâmite do controle de constitucionalidade, o operador-intérprete da Constituição maneja normas (as constitucionais em um primeiro momento), mas também condutas [...]" (SAGÜÉS, Nestor Pedro. *La interpretación judicial de la Constitución*. Buenos Aires: Ediciones Depalma, 1998. p. 114, tradução livre).

Cabe, neste ponto, reafirmar um pressuposto do controle das leis via ação direta no STF: não existe imunidade para nenhuma lei. Todas as leis podem ser submetidas ao controle abstrato. É absolutamente inadequado e incorreto para o direito brasileiro afirmar que se a inconstitucionalidade depende de dados concretos, a lei estará imune ao controle abstrato ou, ainda, o que seria pior, que a falta desses dados ou fatos gerará a proclamação da constitucionalidade da lei por uma certificação final do STF (com improcedência da ação direta de inconstitucionalidade).

A lógica própria do clássico processo civil comum não pode prevalecer no processo objetivo, caso se pretenda extrair a inconstitucionalidade ou constitucionalidade de uma lei pela mera manipulação do sistema probatório. Mesmo no processo civil atual, a questão probatória é dinâmica, como se sabe. E no processo objetivo, como já afirmei anteriormente, busca-se sobretudo a verdade, a fim de eliminar do sistema leis que com este sejam incompatíveis (que gerem a sua inconsistência interna, a partir da violação da supremacia constitucional).

Independentemente desses aspectos centrais do processo objetivo, no caso presente temos dados concretos, reais, atuais, confiáveis, que jamais poderiam ser descartados ou ignorados pela Corte. Ademais, como também já restou afirmado anteriormente, esta detém o poder de ouvir diretamente as autoridades, delas exigindo a apresentação do que se faça necessário em caso de haver dúvidas sobre os dados já coletados e apresentados nos processos objetivos por referidos laudos. Aliás, este seria um caminho necessário, não dispusesse o STF dos dados que já lhe foram ofertados no bojo desse processo objetivo. E insisto em um ponto final: havendo dados reais, porque as taxas não são mais meras projeções, mas realidades implementadas há anos, não poderia o STF deixar de considerar esses dados, constantes de laudo cientificamente formulado a partir de informações oficiais obtidas em virtude do dever de transparência das entidades subnacionais.

Por tudo o que restou apresentado, especialmente por força de laudo realizado com base em dados reais e métodos cientificamente rigorosos, no momento atual, *era imperioso reconhecer a inconstitucionalidade da cobrança realizada com base nas leis em escrutínio nas referidas ações diretas.*

6 Decorrências da falta de proporcionalidade: poder de polícia não efetivamente realizado e apropriação indevida de valores

Ao se reconhecer a exigência constitucional de proporcionalidade acima descrita, e o seu desatendimento, por parte do Poder Público, inevitavelmente se caracteriza a inconstitucionalidade por violação da exigência constitucional assim reconhecida.

O percurso da análise de inconstitucionalidade, porém, não se encerra nesse ponto. É que esse falhar no cumprimento do critério da proporcionalidade significa, de maneira mais direta, que o estado-membro não cumpre com as exigências para exercer legitimamente seu poder de tributar.

Ao abandonar os limites do poder de tributar, o estado se lança a uma série de aventuras inconstitucionais. É que a exigência de extrair valores dos particulares sem fundamento constitucional significa uma apropriação indevida da propriedade, situação que se traduz, constitucionalmente, como uso do tributo com efeito de confisco (art. 150, inc. IV, da CB). Trata-se, aqui, de conceito que não pode ser reduzido ao conhecido debate acerca da carga tributária excessiva no Brasil.

Visto o fenômeno por outro prisma, temos também, em termos práticos, a cobrança por uma atividade que não foi efetivamente realizada, o que reforça a inconstitucionalidade dessa cobrança. Dizer que o valor arrecadado não corresponde ao custo da atividade estatal é dizer que a arrecadação não custeou o poder de polícia, sendo certo que os valores amealhados de particulares encontraram aplicações diversas no orçamento público, violando todas as salvaguardas constitucionais em matéria orçamentária do Estado.

Mas poderia ser ampliada a atividade do poder de polícia a fim de garantir os excessos de arrecadação? Poderia haver incremento na intensidade em que se realiza o poder de polícia, para que se superasse todo o impasse constitucional acima abordado?

Na realidade, já há uma multiplicidade de órgãos envolvidos com a fiscalização da atividade minerária, todos referidos expressamente nas leis estaduais que constituem o objeto das ações diretas aqui em análise. Neste ponto, não é possível falar em um poder de polícia com estrutura insuficiente à sua efetiva e necessária realização.[90]

Apesar dessa realidade, temos de reconhecer que é perfeitamente possível surgir a necessidade, em algum momento, de incrementar essa estrutura ou mesmo ampliar os recursos humanos envolvidos na atividade. Este tipo de arranjo, porém, jamais poderia ser justificado apenas *pro forma*, de maneira a validar, *a posteriori*, uma arrecadação excessiva, arbitrária, obtida por erro de cálculo, por falta de planejamento ou por excesso da Administração Pública.

7 Conclusão

As taxas são entendidas como uma contraprestação de uma atividade estatal, havendo em sua instituição uma discricionariedade tutelada, quer dizer, aceitável desde que sempre esteja contida dentro das condicionantes constitucionais que envolvem o aspecto econômico desse tributo e exigem uma correspondência entre custos estatais e valor da imposição tributária.

O estudo explicita o tema da razoabilidade necessária, inerente a essa pertinência, por intermédio de comando constitucional específico existente na seara constitucional-tributária.

A exigência constitucional elementar quanto à escolha da base de cálculo das taxas de polícia, como a taxa minerária aqui sob escrutínio, é a de que essa base deva guardar pertinência específica com a atividade de fiscalização.

As taxas de poder de polícia são tributos extrafiscais, vinculados e retributivos. Ou seja, a *função única legítima das taxas de polícia* há de ser a de custear a atuação estatal destinada a fiscalizar ou a regular determinadas atividades, só podendo incidir sobre as pessoas físicas ou jurídicas efetivamente fiscalizadas ou reguladas.

Assim, as taxas representam a contraprestação dos particulares por provocarem uma atuação estatal, no caso da TFRM, a fiscalização. O tributo, portanto, deve corresponder ao custo dessa atividade estatal, sendo vedada a adoção de um caráter meramente arrecadatório.

---

[90] Não abordarei aqui problemas relacionados à eficiência da estrutura pública, mas certamente devem também ingressar no cálculo do que é legitimamente possível repassar ao contribuinte.

Umas das questões centrais enfrentadas nesta investigação foi como estabelecer o montante exato dos custos da fiscalização estatal. Restou demonstrado que não se pode exigir, constitucionalmente falando, uma correlação matemática entre custos de fiscalização e montante devido a título de taxa, sob pena de inviabilizar-se essa espécie tributária prevista na Constituição. É nesse momento e com essa finalidade de estabelecer uma específica correspondência que surgem os critérios da proporcionalidade e da razoabilidade.

A *desproporcionalidade* entre as despesas realizadas no exercício do poder de polícia minerário e a arrecadação auferida com a TFRM foi um dos principais pontos questionados nas ADI nº 4.785/MG, ADI nº 4.786/PA e ADI nº 4.787/AP.

Para verificar se, de fato, há *desproporcionalidade concreta* entre as grandezas e os parâmetros adotados pelos estados-membros para instituir a TFRM, foi imprescindível aprofundar o estudo do significado da proporcionalidade e da razoabilidade no direito em vigor. Este estudo optou por desenvolver o tema pelo critério da razoabilidade e da proporcionalidade constitucional específica existente na seara constitucional-tributária.

Assim, a proporcionalidade traduz-se em uma *correlação equilibrada* (quantitativa), no caso das taxas, entre o que é cobrado e o que é necessário à prestação dos serviços. A desproporcionalidade pode estar já nas escolhas da lei ou nas opções práticas levadas a efeito pela Administração Pública. No caso presente, estamos verificando a inconstitucionalidade dos parâmetros adotados pela lei.

São os seguintes os critérios fixados para aplicar a proporcionalidade e a razoabilidade à disciplina constitucional das taxas: (i) deve haver uma *razoável* e *necessária equivalência* entre o valor da taxa sob análise e o custo da atividade estatal no exercício do poder de polícia; (ii) essa razoabilidade será aferida pelo critério da proporcionalidade dos valores em relação aos custos; (iii) a proporcionalidade deve considerar o *contexto fático* da *aplicação prática* dos índices escolhidos para compor a base de cálculo da taxa de polícia.

Os estados-membros referidos aqui instituíram como base de cálculo a tonelada de mineral ou de minério bruto extraído pelas empresas, multiplicada por alguma unidade fiscal estabelecida pelos estados-membros.[91] Essa escolha meramente quantitativa não é suficiente para gerar a constitucionalidade do critério.

Ademais, ao controlar os parâmetros e grandezas estabelecidos pelos estados-membros para instituir e cobrar a TFRM, restou a flagrante desproporcionalidade real entre os custos da atividade fiscalizatória e os valores auferidos com a cobrança da taxa de polícia.

A aplicação concreta dos índices gera uma situação de onerosidade excessiva para os particulares, conforme comprovado pelos dados e laudos trazidos nos autos das ADIs sob estudo, que não podem ser ignorados e, mais do que isso, caracterizam o processo objetivo como o processo amplo e aberto que é.

A discrepância entre os valores auferidos e o custo da atividade fiscalizatória descaracteriza o caráter extrafiscal das taxas de poder polícia, pois institui um quadro arrecadatório do estado-membro. Esse quadro insatisfatório é decorrência da falta de

---

91 Em Minas Gerais corresponde a 1 (uma) Ufemg, no Pará corresponde a 3 (três) UPF-PA e no Amapá corresponde a 3 (três) UPF-AP.

proporcionalidade e gera, consequentemente, violação às limitações jurídico-constitucionais expressas do poder de tributar. Há de prevalecer, em processo constitucional dito objetivo, a busca pela análise técnica, rigorosa, que tutele a supremacia constitucional e o objetivo de sanar e harmonizar os elementos do sistema positivo de direito e, assim, preservar o próprio Estado de direito contra falsas perspectivas niilistas e visões dúcteis dos mandamentos constitucionais.

No âmbito do controle abstrato de constitucionalidade, aspectos fáticos como os mencionados acima são componentes essenciais para alcançar-se uma decisão constitucionalmente adequada, quer dizer, que imponha a supremacia constitucional em sentido efetivo, e não meramente protocolar. Também constitui componente essencial para combater pretensões de fraude ao sistema de controle da constitucionalidade das leis, como seria o caso de imunizar leis que dependam (como sempre dependem, em maior ou menor grau) de elementos do concreto para aferir-se sua legitimidade constitucional.

Pode-se concluir, na esteira dessas considerações, que a TFRM, conforme instituída pela Lei nº 19.976/2011, do Estado de Minas Gerais, pela Lei nº 7.591/2011, do Estado do Pará e pela Lei nº 1.613/2011, do Estado do Amapá, deveria ter sido declarada *inconstitucional* em sua estrutura tributária, porque viola a razoabilidade e a proporcionalidade constitucional-tributária e, assim, deixa de atender às limitações jurídico-constitucionais do poder de tributar.

Referências

ATALIBA, Geraldo. *Hipótese de incidência tributária*. 5. ed. São Paulo: Malheiros, 1995.

BALEEIRO, Aliomar. *Direito tributário brasileiro*. 12. ed. Atualizada por Misabel Abreu Machado Derzi. Rio de Janeiro: Forense, 2013.

BARAK, Aharon. *Proportionality*: constitutional rights and their limitations. Cambridge: Cambridge University Press, 2012.

BARROSO, Luís Roberto. *Temas de direito constitucional*. Rio de Janeiro: Renovar, 2001.

BARROSO, Luís Roberto; BARCELLOS, Ana Paula de. O começo da história. A nova interpretação constitucional e o papel dos princípios no direito brasileiro. *In*: BARROSO, Luís Roberto (Org.). *A nova interpretação constitucional*: ponderação, direitos fundamentais e relações privadas. 3. ed. rev. Rio de Janeiro: Renovar, 2018.

BASTOS, Celso. *Curso de direito financeiro e direito tributário*. 4. ed. São Paulo: Saraiva, 1995.

BRASIL. Agência Nacional de Mineração. *Anuário Mineral Brasileiro*: principais substâncias metálicas. Coordenação técnica de Marina Dalla Costa. Brasília: ANM, 2021. Disponível em: https://www.gov.br/anm/pt-br/centrais-de-conteudo/publicacoes/serie-estatisticas-e-economia-mineral/anuario-mineral/anuario-mineral-brasileiro/amb-2021-ano-base-2020.pdf. Acesso em: 23 jul. 2022.

CANOTILHO, J. J. Gomes. *Direito constitucional e teoria da Constituição*. Coimbra: Almedina, 2003.

CAVALCANTI, Themistocles Brandão. *Instituições de direito administrativo brasileiro*. 2. ed. São Paulo: Editora Freitas Bastos, 1938. v. I.

DALY, Tom Gerald. *The alchemists*. Questioning our faith in Court as democratic-builders. Cambridge: Cambridge Press, 2017.

HERANI, Renato Gugliano. *A prova da inconstitucionalidade*. Curitiba: Prisma, 2015.

MEIRELLES, Hely Lopes. *Direito administrativo brasileiro*. 42. ed. São Paulo: Malheiros, 2016.

MENDES, Gilmar. *Direitos fundamentais e controle de constitucionalidade*. 2. ed. São Paulo: Celso Bastos Editor, 1999.

MENDES, Gilmar; BRANCO, Paulo Gonet. *Curso de direito constitucional*. 16. ed. São Paulo: Saraiva, 2021.

MOREIRA NETO, Diogo de Figueiredo. *Curso de direito administrativo*. 14. ed. Rio de Janeiro: Forense, 2005.

MOREIRA NETO, Diogo de Figueiredo. *Legitimidade e discricionariedade*: novas reflexões sobre os limites e controle da discricionariedade. 3. ed. Rio de Janeiro: Forense, 1998.

NABAIS, José Casalta. *O dever fundamental de pagar impostos*: contributo para a compreensão constitucional do estado fiscal contemporâneo. Coimbra: Almedina, 2012.

NOGUEIRA, Ruy Barbosa. *Curso de direito tributário*. 4. ed. São Paulo: Instituto Brasileiro de Direito Tributário, 1976.

QUEIROZ, Raphael. *Os princípios da razoabilidade e proporcionalidade das normas e sua repercussão no processo civil brasileiro*. Rio de Janeiro: Lumen Juris, 2000.

SAGÜÉS, Nestor Pedro. *La interpretación judicial de la Constitución*. Buenos Aires: Ediciones Depalma, 1998.

SCHLINK, B. Proportionality. *In*: ROSENFELD, M.; SAJÓ, A. (Org.). *The Oxford Handbook of Comparative Constitutional Law*. Oxford: Oxford University Press, 2012.

TAVARES, André Ramos. *Curso de direito constitucional*. 22. ed. São Paulo: SaraivaJur, 2024.

TAVARES, André Ramos. *Fronteiras da hermenêutica constitucional*. São Paulo: Método, 2006.

TAVARES, André Ramos. *Novo direito sumular brasileiro*. São Paulo: Liquet, 2021.

WEIL, Prosper. *Les conséquences de l'annulation d'un acte administratif pour excès de pouvir*. Paris: A. Predone, 1952.

ZACCARIA, Giuseppe. *Postdiritto*: nuove fonti, nuove categorie. Bologna: Il Mulino, 2022.

Informação bibliográfica deste texto, conforme a NBR 6023:2018 da Associação Brasileira de Normas Técnicas (ABNT):

TAVARES, André Ramos. Disciplina constitucional das taxas: a razoabilidade e a proporcionalidade na tributação pelos estados. *In*: PAULA, Fernanda de; PENCAK, Nina (coord.). *Tributação, liberdade e igualdade*: as contribuições do Ministro Luís Roberto Barroso. Belo Horizonte: Fórum, 2025. p. 157-186. ISBN 978-65-5518-952-0.

ACADÊMICOS, ADVOGADOS E ASSESSORES

DELIMITAÇÃO DA "SANÇÃO POLÍTICA": PROTESTO E AVERBAÇÃO DE CDA (CERTIDÃO DA DÍVIDA ATIVA) (ADI Nº 5.135 E ADIS NºS 5.881, 5.886, 5.890, 5.925, 5.931 E 5.932)

AGOSTINHO DO NASCIMENTO NETTO

1 Notas introdutórias

1.1 Nota biográfica: um humanista

O sempre professor de muitos, ora o Ministro do Supremo Tribunal Federal, Luís Roberto Barroso, é, mais que tudo, um humanista. A sua trajetória, que precisa ser reconhecida e homenageada, como homem público, seja a partir dos bancos universitários, passando pela condição de jurista, repita-se, mestre de muitos e advogado, alcançando a condição de juiz constitucional, confirma-o.

Não foram poucos os momentos em que, ao se pronunciar, e, mais, buscar consequência a tanto, deu mostras da sua compreensão daquilo que relevante e distintivo aos anseios próprios à condição humana e à sua dignificação, e de como se afigura essa valoração em propósito, antes de jurídico constitucional, de natureza essencialmente humanística.

Em seus pareceres firmados na condição de advogado, em suas decisões judiciais e em suas obras jurídicas, sempre com espaço para a atenção à imprescindível materialidade das vivências e aos seus desafios cotidianos, os registros do referido compromisso são múltiplos e frequentes. A se relembrar: *o princípio da dignidade humana identifica um espaço de integridade a ser assegurado a todas as pessoas por sua só existência no mundo.* É um respeito à criação, independente da crença que se professe quanto à sua origem. *"A dignidade relaciona-se tanto com a liberdade e valores do espírito quanto com as condições materiais de subsistência"*[1] (grifos nossos).

---

[1] BARROSO, Luís Roberto. *Curso de direito constitucional contemporâneo*: os conceitos fundamentais e a construção do novo modelo. São Paulo: Saraiva, 2009. p. 252.

Na mesma via por uma construção teórica robusta, sem, todavia, descurar do desafio da atenção mais que necessária à dura busca por sua concreção, o Professor Barroso leciona:

> O princípio da dignidade da pessoa humana expressa um conjunto de valores civilizatórios que se pode considerar incorporado ao patrimônio da humanidade, sem prejuízo da persistência de violações cotidianas ao seu conteúdo. Dele se extrai o sentido mais nuclear dos direitos fundamentais, para tutela da liberdade, da igualdade e para a promoção da justiça. *No seu âmbito se inclui a proteção do mínimo existencial, locução que identifica o conjunto de bens e utilidades básicas para a subsistência física e indispensável ao desfrute dos direitos em geral.*[2] (Grifos nossos)

Dessa lição, a se confirmar que a despeito das suas atenções permanentes e dos seus compromissos inquebrantáveis com os direitos do cidadão, com os direitos humanos e com os direitos fundamentais, todas essas expressões que são preenchidas a partir da sobrelevação da dignidade da pessoa humana, o Ministro Luís Roberto Barroso não se deixa enredar pela reduzida visão de que tal compreensão, se não se incompatibiliza, desarmoniza-se em muito com as questões que somente de longe dialogam com os ramos da ciência jurídica, por assim dizer, mais duros.

Ao tratar do princípio da efetividade constitucional, anotou sem tergiversar que "o direito existe para realizar-se",[3] "[a]o jurista cabe[ndo] formular estruturas lógicas e prover mecanismos técnicos aptos a dar efetividade às normas jurídicas".[4] [5] E confirmou esse entendimento, afirmando que

> A efetividade significa, portanto, a realização do Direito, o desempenho concreto de sua função social. Ela representa a materialização, no mundo dos fatos, dos preceitos legais e simboliza a aproximação, tão íntima quanto possível, entre o *dever-ser* normativo e o *ser* da realidade social.[6] (Grifos no original)

É o distanciamento para com a realidade e a concreta evidente miopia que somente acomete aqueles que deixam de perceber que a concretude das políticas públicas voltadas à proteção e ao desenvolvimento da dignidade humana em todas as suas variadas expressões demanda recursos, sendo esses incontornavelmente marcados pela carência, pela finitude e, sobretudo, pela disputa.

1.2 A homenagem: o objeto

O presente escrito, que singela, mas muito sinceramente, pretende prestar homenagem ao Professor Luís Roberto Barroso, tem por objeto a análise de um conjunto

---

2 BARROSO, Luís Roberto. *Curso de direito constitucional contemporâneo*: os conceitos fundamentais e a construção do novo modelo. São Paulo: Saraiva, 2009. p. 253.

3 BARROSO, Luís Roberto. *Interpretação e aplicação da Constituição*. São Paulo: Saraiva, [s.d.]. p. 227.

4 BARROSO, Luís Roberto. *Interpretação e aplicação da Constituição*. São Paulo: Saraiva, [s.d.]. p. 226.

5 Uma advertência, contudo, feita pelo Ministro Luís Roberto Barroso é de que esse compromisso para com a realização efetiva do direito deve considerar ser "o mínimo e o máximo" da atuação do jurista. Conforme BARROSO, Luís Roberto. *Interpretação e aplicação da Constituição*. São Paulo: Saraiva, [s.d.]. p. 226.

6 BARROSO, Luís Roberto. *Interpretação e aplicação da Constituição*. São Paulo: Saraiva, [s.d.]. p. 221.

de decisões firmadas pelo Supremo Tribunal Federal com votos condutores da lavra do ministro e julgador constitucional.

Esse exame se inserirá no duro campo jurídico do direito tributário, mais propriamente no campo do direito tributário administrativo processual.

Serão, assim, objeto de análise as resultantes das Ações Diretas de Inconstitucionalidade (ADIs) nºs 5.135, 5.881, 5.886, 5.890, 5.925, 5.931 e 5.932, todas ostentando por objeto discussão acerca de eventual carência de higidez constitucional das iniciativas que estabeleceram processos de protesto extrajudicial e de averbação em registros públicos do constante em certidões da dívida ativa (CDAs), instrumento a exigências fiscais, destacadamente ante a vedação, para tais fins, de medidas constritivas na forma de sanções conceituadas como políticas e sua eventual desproporcionalidade.

Observe-se que esses pontos são parte do aspecto dinâmico do direito tributário na pretensão de o tornar efetivo em seu propósito, qual seja, o de concorrer efetivamente para a viabilização financeira das políticas públicas tomadas por eleitas.

A partir de tal expressão – aspecto dinâmico –, assume-se a regulação das relações entre o cidadão como contribuinte e sujeito passivo de relação jurídica, colocada a Fazenda Pública como credora por receitas (derivadas), mas, sobremaneira, a partir de que verificado o momento, após a concretização da hipótese de incidência, avança-se para além do espaço para sua realização espontânea. Está-se, assim, no âmbito de a pretensão fazendária suportar uma resistência.

2 As ações diretas de inconstitucionalidade: os conteúdos

Tem por ponto inaugural o debate empreendido nos julgamentos das ADIs nºs 5.135, 5.881, 5.886, 5.890, 5.925, 5.931 e 5.932, após formalizada a exigência fiscal em âmbito administrativo e esgotadas as possibilidades nesse âmbito de obtenção da receita, eventual autorização jurídica para o Poder Tributante lançar mão do protesto do título extrajudicial representado pela certidão da dívida ativa e, ainda, a anotação ou averbação, para fins constritivos ou de indisponibilidade, em registro próprio do conteúdo de título extrajudicial.

A questão avança para a análise de tais providências fazendárias sob os reflexos da consagrada posição do Supremo Tribunal Federal pela inadmissão de toda e qualquer medida que assumisse a feição de sanção de natureza política.

2.1 A Ação Direta de Inconstitucionalidade (ADI) nº 5.135: uma descrição

Dos autos da Ação Direta de Inconstitucionalidade nº 5.135,[7] de relatoria do Ministro Luís Roberto Barroso, colhe-se como seu objeto a pretensão à censura ao parágrafo único do art. 1º da Lei nº 9.492/1997, incluído pela Lei nº 12.767/2012. Ao

---

[7] "BRASIL. Supremo Tribunal Federal (Plenário). Ação Direta de Inconstitucionalidade nº 5135. DIREITO TRIBUTÁRIO. AÇÃO DIRETA DE INCONSTITUCIONALIDADE. LEI Nº 9.492/1997, ART. 1º, PARÁGRAFO ÚNICO. INCLUSÃO DAS CERTIDÕES DE DÍVIDA ATIVA NO ROL DE TÍTULOS SUJEITOS A PROTESTO. CONSTITUCIONALIDADE. REQTE.: CONFEDERAÇÃO NACIONAL DA INDÚSTRIA - CNI. Relator: Min. Luís Roberto Barroso, 9 de novembro de 2016" (Disponível em: https://portal.stf.jus.br/processos/detalhe.asp?incidente=4588636. Acesso em: 21 jun. 2024).

dispositivo: "Parágrafo único. Incluem-se entre os títulos sujeitos a protesto as Certidões de Dívida Ativa da União, dos Estados, do Distrito Federal, dos Municípios e das respectivas autarquias e fundações públicas. (Incluído pela Lei nº 12.767, de 2012)".

Alega-se como fundamento ao pedido de declaração de inconstitucionalidade, a par com a inconstitucionalidade de natureza formal,[8] a de natureza material consistente na identificação de se mostrar a inovação normativa como autêntica sanção política. Como razões a essa compreensão a

> restrição ilegítima a direitos fundamentais do contribuinte para coagir o devedor ao pagamento da dívida tributária, em contrariedade às Súmulas nº 70, 323 e 547, e em violação aos seguintes princípios: (a) *devido processo legal* (CF, art. 5º, XXXV), porque não haveria justificativa jurídica para o manejo do protesto pelo Fisco, que já dispõe de sistema de proteção e privilégio na cobrança de seu crédito; (b) *livre iniciativa e à liberdade profissional* (CF, arts. 5º, XIII, 170, III e parágrafo único, e 174), porque o protesto provocaria restrições ao crédito comercial do devedor e, no limite, poderia inviabilizar o desempenho de sua atividade econômica e levá-lo à falência; e (c) *proporcionalidade*, porque o protesto de CDAs constituiria meio inadequado para alcançar as finalidades do instituto, e desnecessário, uma vez que a execução fiscal seria meio de cobrança menos gravoso para o contribuinte.

No âmbito do processamento da ação direta, manifestou-se a Presidência do Congresso Nacional pela inexistência de qualquer inconstitucionalidade, entendendo a alegação voltada à materialidade impertinente de vez que tão somente ser conferida ao poder público igual prerrogativa da detida pelos particulares, restando contemplados os princípios da isonomia, da proporcionalidade e da eficiência.

A Presidência da República defendeu a constitucionalidade da medida sob a alegação de não se tratar de sanção política, sem qualquer violação dos direitos dos contribuintes, observados os princípios da isonomia, da eficiência e da economicidade, reforçado o "dever de cobrança e arrecadação efetiva de tributos, requisito da responsabilidade na gestão fiscal". Ainda nos termos da manifestação da Presidência da República, o protesto seria uma forma direta de cobrança extrajudicial, assim em harmonia com os deveres públicos de eficiência, celeridade e economicidade.

Para a Advocacia-Geral da União, não se cuida o protesto de sanção política, não terminando atingida a atividade econômica, não obstado o acesso ao Poder Judiciário e tampouco ferido o princípio da proporcionalidade.

Finalmente, a Procuradoria-Geral da República, defendendo o desconhecimento da ação direta, opinou no mérito pela improcedência da pretensão, entendendo ser o protesto de CDAs compatíveis com a Constituição. Não há traço de sanção política, não inviabilizada a atividade econômica do contribuinte, não impedido o acesso ao Poder Judiciário e não verificada desproporcionalidade na medida. Para o mesmo órgão ministerial, a inovação normativa "antes, constitui exigência que decorre dos princípios da eficiência e da economicidade".

---

[8] A inconstitucionalidade de natureza formal se daria ao se ter por ofendido o *devido processo legislativo* (CF, arts. 59 e 62) e ofendida a *separação de poderes* (CF, art. 2º), na medida em que o dispositivo foi inserido por emenda em medida provisória que versava sobre matéria diversa (serviço público de energia elétrica).

2.2 As Ações Diretas de Inconstitucionalidade (ADIs) nºs 5.890, 5.881, 5.886, 5.925, 5.931 e 5.932: uma descrição

Dada a identidade de objeto, a opção de processamento para esse julgamento foi pela análise conjunta da Ação Direta de Inconstitucionalidade nº 5.886[9] com as Ações Diretas de Inconstitucionalidade nºs 5.881, 5.890, 5.925, 5.931 e 5.932.

Figurou como relator original o Ministro Marco Aurélio Mello. Como redator para o acórdão, o Ministro Luís Roberto Barroso.

A Ação Direta de Inconstitucionalidade foi proposta tendo por objeto a censura ao art. 25 da Lei nº 13.606, de 9.1.2018, que inovou a redação da Lei nº 10.522, de 19.7.2002, acrescentando os arts. 20-B, §3º, inc. II, e 20-E, autorizando tais dispositivos a averbação, para fins de indisponibilidade, do conteúdo de certidão da dívida ativa (CDA) em órgãos de registro de bens e direitos sujeitos a arresto e penhora. Confira-se:

> Art. 25. A Lei nº 10.522, de 19 de julho de 2002, passa a vigorar acrescida dos seguintes arts. 20-B, 20-C, 20-D e 20-E:
> Art. 20-B. Inscrito o crédito em dívida ativa da União, o devedor será notificado para, em até cinco dias, efetuar o pagamento do valor atualizado monetariamente, acrescido de juros, multa e demais encargos nela indicados.
> §1º A notificação será expedida por via eletrônica ou postal para o endereço do devedor e será considerada entregue depois de decorridos quinze dias da respectiva expedição.
> §2º Presume-se válida a notificação expedida para o endereço informado pelo contribuinte ou responsável à Fazenda Pública.
> §3º Não pago o débito no prazo fixado no caput deste artigo, a Fazenda Pública poderá:
> I - comunicar a inscrição em dívida ativa aos órgãos que operam bancos de dados e cadastros relativos a consumidores e aos serviços de proteção ao crédito e congêneres; e
> II - averbar, inclusive por meio eletrônico, a certidão de dívida ativa nos órgãos de registro de bens e direitos sujeitos a arresto ou penhora, tornando-os indisponíveis. [...]
> Art. 20-E. A Procuradoria-Geral da Fazenda Nacional editará atos complementares para o fiel cumprimento do disposto nos arts. 20-B, 20-C e 20-D desta Lei.

Tanto quanto alegada inconstitucionalidade formal, em termos de inconstitucionalidade material, apontou-se a violação do pacto federativo, de vez que admitido "tratamento diferenciado conferido aos créditos tributários da União em relação àqueles titularizados pelos demais entes federados, considerada a aplicação restrita, à Fazenda Pública Federal, dos preceitos impugnados", a violação dos princípios da separação dos poderes e da inafastabilidade da jurisdição. São referidas ainda restrições à propriedade, a partir do desrespeito a esse direito fundamental, somente sendo admitida alguma forma de limitação presente desatenção à função social da propriedade ou ao interesse público, e ao devido processo legal.

---

9 "BRASIL. Supremo Tribunal Federal (Plenário). Ação Direta de Inconstitucionalidade nº 5886. DIREITO CONSTITUCIONAL, TRIBUTÁRIO E PROCESSUAL CIVIL. AÇÕES DIRETAS DE INCONSTITUCIONALIDADE. AVERBAÇÃO DA CERTIDÃO DE DÍVIDA ATIVA (CDA) EM ÓRGÃOS DE REGISTRO E INDISPONIBILIDADE DE BENS DO DEVEDOR EM FASE PRÉ-EXECUTÓRIA. REQTE.: ASSOCIAÇÃO BRASILEIRA DE ATACADISTAS E DISTRIBUIDORES DE PRODUTOS INDUSTRIALIZADOS – ABAD. RELATOR: Min. Marco Aurélio. REDATOR DO ACÓRDÃO: Min. Luís Roberto Barroso, 9 de dezembro de 2020" (Disponível em: https://portal.stf.jus.br/processos/detalhe.asp?incidente=5344151. Acesso em: 21 jun. 2024).

Apontados outros desrespeitos aos princípios da ampla defesa e do contraditório, há registro de que confirmada sanção de natureza política.

Argumentou-se, também, com o desrespeito ao princípio da proporcionalidade, uma vez que disponíveis outros meios, cujo objetivo é o mesmo de exigência de débitos fiscais.

Da manifestação demandada pelo rito processual da Presidência da República, observa-se ser a "averbação pré-executória" (art. 20-B, §3º, inc. II) instrumento próprio a novo modelo de cobrança da dívida ativa da União, cujo escopo é a racionalização e a desjudicialização. É no mesmo pronunciamento confirmada a atenção aos princípios do devido processo legal, da proporcionalidade, da reserva de jurisdição, da isonomia e da livre-iniciativa, sem qualquer violação ao direito à propriedade. Nesse último aspecto, anotado não se dever confundir a medida com ato expropriatório.

Por sua vez, para a Câmara dos Deputados e para o Senado Federal, o processo legislativo transcorreu de modo regular, observadas as normas regimentais e constitucionais.

Da Advocacia-Geral da União, manifestação pela improcedência do pedido:

> Tributário. Artigos 20-B, §3º, inciso II; e 20-E da Lei nº 10.522/2002. Averbação pré-executória. Preliminar. Ausência de pertinência temática. Mérito. Inocorrência de violação aos artigos 1º; 2º; 5º, *caput* e incisos XXII, XXIII, XXXV, LIV e LV; 60, §4º, inciso I; 131; 146, inciso III, alínea "b"; 170, incisos II e III; e 184 a 191, todos da Constituição.

Reafirmou a Advocacia-Geral da União como garantidos o acesso à jurisdição, a proporcionalidade, a ampla defesa e o contraditório.

A Procuradoria-Geral da República defendeu a tese de que a inovação normativa se afigura como sanção política, com restrição indevida ao direito de propriedade e ao livre exercício de atividade econômica e profissional, quadro que atentaria contra jurisprudência do Supremo Tribunal Federal que as toma por inadmitidas pela Constituição.

2.3 As ações diretas de inconstitucionalidade: o essencial

A leitura atenta dos argumentos e contra-argumentos, sejam os apresentados na ADI nº 5.135, sejam nas ADIs nºs 5.890, 5.881, 5.886, 5.925, 5.931 e 5.932, parecem apontar, secundarizados pelas noções de eficiência,[10] [11] de economicidade

---

[10] Tratando do conceito de eficiência, mas em termos econômicos, o que pela natureza do direito tributário é de clara serventia, tive oportunidade de assim opinar: "A forma por meio da qual os recursos escassos de uma realidade econômica são alocados e distribuídos é a medida da eficiência desse mercado. Tomando-se como premissa um quadro econômico em que as forças que o compõem agem de forma livre, mas sobretudo, de forma equilibrada, a confirmação da eficiência é dos principais objetivos a serem perseguidos. Trata-se, assim, de uma abordagem em que prevalecendo uma visão normativa, defende-se que certos modelos de estruturação de mercado devem ceder lugar àquele tomado por ideal, repise-se, o modelo onde mercado não se abre para desequilíbrios ou disfuncionalidades. Assimetrias informacionais, externalidade, dominância artificial, etc. são patologias que devem ser combatidas e expurgadas". No terreno das atividades determinadas ao Poder Tributante, a forma por intermédio da qual se realizam as receitas públicas desde a sua exigência deve observar necessariamente, parece de difícil questionamento, formato que menos interfira nas atividades dos agentes ou sujeitos passivos da relação jurídica tributária e que mais equalize as posições daqueles que inseridos em mesmo quadro situacional. Conforme NETTO, Agostinho do Nascimento. *Análise econômica do direito à elisão fiscal*. Rio de Janeiro: Lumen Juris, 2017. p. 79-80.

e de isonomia,[13] como aspectos essenciais ao debate a prevalência ou não de estrita atenção à rejeição da figura da sanção política e à submissão ao princípio da proporcionalidade.

3 A sanção política: o conceito

Do ponto de vista doutrinário, o conceito de sanção política aplicável ao campo da tributação é bem assentado. Para doutrina a mais consagrada, "[...] nem a lei, nem atos administrativos podem atribuir ao crédito [tributário] vantagens e prerrogativas que configurem obstáculo ao pleno exercício dos direitos fundamentais".[14] A essas alternativas ou ferramentas injurídicas se dá a denominação de sanção política.

Assim é que seriam sanções políticas quaisquer artifícios que limitem "[...] o acesso ao Poder Judiciário, ou ao livre exercício das atividades comerciais ou profissionais, que impõem tratamento discriminatório ou desigual, quebrando a livre concorrência".[15]

Em igual trilha, o seguinte pronunciamento:[16]

> Em Direito Tributário a expressão sanções políticas corresponde a restrições ou proibições impostas ao contribuinte, como forma indireta de obrigá-lo ao pagamento do tributo, tais como a interdição do estabelecimento, a apreensão de mercadorias, o regime especial de fiscalização, entre outras.
>
> Qualquer que seja a restrição que implique cerceamento da liberdade de exercer atividade lícita é inconstitucional, porque contraria o disposto nos artigos 5º, inciso XIII, e 170, parágrafo único, do Estatuto Maior do País.

Submeter o contribuinte, ainda que ele sob a situação de inadimplente renitente em suas obrigações fiscais tributárias, a restrições de cunho gravoso como instrumento

---

11 Vale, contudo, a advertência: "Como um regime tributário aperfeiçoado e eficiente deve estar sempre alinhado com preocupações para com a neutralidade máxima possível, posto que a premissa do desenvolvimento teórico é de que a incidência fiscal promove distorções nas relações econômicas, a busca pelo arrefecimento de tal característica ocupa papel central". Em outro dizer, a realização das tarefas a si cometidas pelo Poder Tributante deve ser a mais efetiva, mas sem que se descure do mais que necessário empenho no prestígio à neutralidade. Conforme NETTO, Agostinho do Nascimento. *Análise econômica do direito à elisão fiscal.* Rio de Janeiro: Lumen Juris, 2017. p. 139.

12 Cuidando, segundo as lições consagradas por Smith, dos melhores critérios para que mais se aproxime um sistema tributário da noção de tributação ótima, anotei como fundamental a busca por situação na qual "os custos para o cumprimento das obrigações [fossem] os menores ao contribuinte. Neste último aspecto, ainda incluídos os especiais esforços de modo a que o custo da tributação no conjunto dos custos relativos às atividades de fato finalísticas desenvolvidas pelo agente e contribuinte seja igualmente o menor, arrefecendo as consequentes distorções alocativas". Conforme NETTO, Agostinho do Nascimento. *Análise econômica do direito à elisão fiscal.* Rio de Janeiro: Lumen Juris, 2017. p. 124.

13 Calha trazer a lição do também Professor e Ministro do Supremo Tribunal Federal Alexandre de Moraes sobre igualdade ou seu sinônimo a isonomia: "O princípio da igualdade opera em dois planos distintos. De uma parte, frente ao legislador e ao próprio executivo, na edição, respectivamente, de leis, atos normativos e medidas provisórias, impedindo que possam criar tratamentos abusivamente diferenciados a pessoas que encontram-se em situações idênticas. Em outro plano, na obrigatoriedade ao intérprete, basicamente, a autoridade pública, de aplicar a lei e atos normativos de maneira igualitária, sem estabelecimento de diferenciações [...]". Conforme MORAES, Alexandre. *Direito constitucional.* 33. ed. rev. e atual. até a EC nº 95, de 15 de dezembro de 2016. São Paulo: Atlas, 2017. p. 36.

14 BALEEIRO, Aliomar. *Direito tributário brasileiro.* 11. ed. atualizada por Misabel Abreu Machado Derzi. Rio de Janeiro: Forense, 1999. p. 985.

15 BALEEIRO, Aliomar. *Direito tributário brasileiro.* 11. ed. atualizada por Misabel Abreu Machado Derzi. Rio de Janeiro: Forense, 1999. p. 985.

16 MACHADO, Hugo de Brito. Sanções políticas no direito tributário. *Revista Dialética de Direito Tributário,* n. 30, p. 46-47, citado na fundamentação para o RE nº 374.981, de relatoria do Ministro Celso de Mello.

indireto de imposição e coerção afigura-se como sanção política, meio injurídico e censurável constitucionalmente.

Em âmbito judicial, chancelada por súmulas de jurisprudência predominante lavradas pelo próprio Supremo Tribunal Federal,[17] [18] [19] há copioso registro de conceituação e de censura à prática de restrições e gravames, cujos conteúdos se inserem no conceito de sanção política. Indicativo preciso dessa linha é a decisão proferida no Recurso Extraordinário (RE) nº 374.981, relatado pelo Ministro Celso de Mello:[20]

> EMENTA:
> SANÇÕES POLÍTICAS NO DIREITO TRIBUTÁRIO. *INADMISSIBILIDADE DA UTILIZAÇÃO, PELO PODER PÚBLICO, DE MEIOS GRAVOSOS E INDIRETOS DE COERÇÃO ESTATAL DESTINADOS A COMPELIR O CONTRIBUINTE INADIMPLENTE A PAGAR O TRIBUTO (SÚMULAS 70, 323 E 547 DO STF). RESTRIÇÕES ESTATAIS, QUE, FUNDADAS EM EXIGÊNCIAS QUE TRANSGRIDEM OS POSTULADOS DA RAZOABILIDADE E DA PROPORCIONALIDADE EM SENTIDO ESTRITO, CULMINAM POR INVIABILIZAR, SEM JUSTO FUNDAMENTO, O EXERCÍCIO, PELO SUJEITO PASSIVO DA OBRIGAÇÃO TRIBUTÁRIA, DE ATIVIDADE ECONÔMICA OU PROFISSIONAL LÍCITA.* LIMITAÇÕES ARBITRÁRIAS QUE NÃO PODEM SER IMPOSTAS PELO ESTADO AO CONTRIBUINTE EM DÉBITO, SOB PENA DE OFENSA AO "SUBSTANTIVE DUE PROCESS OF LAW". IMPOSSIBILIDADE CONSTITUCIONAL DE O ESTADO LEGISLAR DE MODO ABUSIVO OU IMODERADO (RTJ 160/140-141 - RTJ 173/807-808 - RTJ 178/22-24). O PODER DE TRIBUTAR - QUE ENCONTRA LIMITAÇÕES ESSENCIAIS NO PRÓPRIO TEXTO CONSTITUCIONAL, INSTITUÍDAS EM FAVOR DO CONTRIBUINTE - "NÃO PODE CHEGAR À DESMEDIDA DO PODER DE DESTRUIR" (MIN. OROSIMBO NONATO, RDA 34/132). *A PRERROGATIVA ESTATAL DE TRIBUTAR TRADUZ PODER CUJO EXERCÍCIO NÃO PODE COMPROMETER A LIBERDADE DE TRABALHO, DE COMÉRCIO E DE INDÚSTRIA DO CONTRIBUINTE.* A SIGNIFICAÇÃO TUTELAR, EM NOSSO SISTEMA JURÍDICO, DO "ESTATUTO CONSTITUCIONAL DO CONTRIBUINTE". DOUTRINA. PRECEDENTES. RECURSO EXTRAORDINÁRIO CONHECIDO E PROVIDO. (Grifos nossos)

Desse mesmo *decisum*, a se destacar o seguinte definidor trecho:

> [...] restrições estatais, que, fundadas em exigências que transgridem os postulados da razoabilidade e da proporcionalidade em sentido estrito, culminam por inviabilizar, sem justo fundamento, o exercício, pelo sujeito passivo da obrigação tributária, de atividade econômica ou profissional lícita.

Não admite, resta claro, e assim se deve conceituar uma sanção como política e porquanto censurável, o direito tributário brasileiro sob qualquer pretexto, em qualquer das suas expressões, seja substantiva, seja instrumental, uma vez que flagrante o

---

[17] Súmula nº 70: "É inadmissível a interdição de estabelecimento como meio coercitivo para cobrança de tributo".

[18] Súmula nº 323: "É inadmissível a apreensão de mercadorias como meio coercitivo para pagamento de tributos".

[19] Súmula nº 547: "Não é lícito à autoridade proibir que o contribuinte em débito adquira estampilhas, despache mercadorias nas alfândegas e exerça suas atividades profissionais".

[20] BRASIL. Supremo Tribunal Federal. *Recurso Extraordinário nº 374.981*. Relator: Min. Celso de Mello, 29 de março de 2005. Disponível em: https://www.stf.jus.br/arquivo/informativo/documento/informativo381.htm#transcricao1. Acesso em: 21 jun. 2024.

desalinhamento ante a principiologia constitucional, toda espécie de iniciativa que nulifique o núcleo essencial dos direitos fundamentais do cidadão contribuinte, notadamente, ao caso, em seus termos de liberdade de iniciativa, de liberdade negocial, de liberdade de auto-organização e de liberdade de contratar.

4 O princípio da proporcionalidade: o conceito

O segundo pilar argumentativo no debate instalado com o processamento das Ações Diretas de Inconstitucionalidade nºs 5.135, 5.890, 5.881, 5.886, 5.925, 5.931 e 5.932 ergue-se por sobre o princípio da proporcionalidade.

Há importante e até majoritária visão de ter o princípio da proporcionalidade, que, da mesma forma para não poucos, é vocábulo e acepção a serem sinonimizados à razoabilidade, origem na jurisprudência construída pela Corte Constitucional alemã.[21] Teria sido nesse Tribunal que as inaugurais decisões fundadas na noção de proporcionalidade teriam ocorrido e assim a partir do sopesamento entre os direitos da liberdade e outros bens jurídicos.[22] Derivaria o princípio da proporcionalidade do confronto entre a liberdade e pretensões, nas quais se destacariam as estatais, vocacionadas à restrição, sob as mais variadas justificativas, desse mesmo direito ou mais propriamente valor.

Dentre os mais qualificados ensinamentos voltados à temática, tem-se a compreensão, já agora com apoio em decisões do próprio Supremo Tribunal Federal, de que, com destaque para as iniciativas do Poder Executivo, é sempre incontornável um atento esforço de contenção quando atingido ou mesmo somente ameaçado um traço ou momento qualquer da liberdade ou dos direitos fundamentais. Confira-se:[23]

> [...] pode-se afirmar que tanto a atividade do Poder Legislativo quanto a do Poder Executivo podem ser controladas pela proporcionalidade. Basta que exista uma relação de causalidade entre um meio e um fim externo. A proporcionalidade tem grande relevo prático no procedimento administrativo: os fiscais não podem adotar medidas que não sejam adequadas para atingir um fim; eles são obrigados a escolher, entre as medidas adequadas, aquela que restringir menos os direitos do contribuinte; as vantagens jurídicas devem superar as desvantagens provocadas pela adoção da medida. E, em qualquer caso, os direitos fundamentais não poderão ser excessivamente restringidos [...].

A anotação, feita a opção por uma leitura que coloque em lugar do vocábulo "fiscais" a expressão "autoridades fiscais", lança luz sobre o essencial no papel da proporcionalidade: um equilíbrio, dirigido pela proteção necessária da liberdade, em sua dimensão que se abriga nas relações tributárias, entre a medida tomada ou pretendida e o seu escopo, consideradas a sua adequação, a sua necessidade e a sua proporcionalidade estrito senso ou a "comparação entre a importância da realização do fim e a intensidade da restrição aos direitos fundamentais".[24] Ensinando sobre o denominado teste da proporcionalidade, o Professor Barroso anota que, "Se a lei contravier valores

---

[21] Por todos, confira-se ÁVILA, Humberto. *Sistema constitucional tributário*. São Paulo: Saraiva, 2004. p. 528-530.

[22] ÁVILA, Humberto. *Sistema constitucional tributário*. São Paulo: Saraiva, 2004. p. 528.

[23] ÁVILA, Humberto. *Sistema constitucional tributário*. São Paulo: Saraiva, 2004. p. 398-399.

[24] ÁVILA, Humberto. *Sistema constitucional tributário*. São Paulo: Saraiva, 2004. p. 407.

expressos ou implícitos no Texto Constitucional, não será legítima nem razoável à luz da Constituição [...]".[25]

Avançando na mesma lição, ao falar sobre o segundo momento do teste da proporcionalidade, o professor, que registra ser também conhecido como "princípio da menor ingerência possível" ou como "proibição de excesso", explica consistir esse "no imperativo de que os meios utilizados para atingimento dos fins visados sejam os menos onerosos para o cidadão".[26]

Por fim, sempre com foco no teste da proporcionalidade, tem-se a proporcionalidade em sentido estrito, que, nas palavras do Professor Barroso, cuida-se "de uma verificação da relação custo-benefício da medida, isto é, da ponderação entre os danos causados e os resultados a serem obtidos".[27]

Mas confirmada para alguns ter a proporcionalidade como princípio ou postulado[28] [29] surgido em terras alemãs, presentes igualmente os que buscam e identificam o seu nascimento do outro lado do Canal da Mancha e o seu desenvolvimento do outro lado do Atlântico. Para esses, destacadamente dentre os quais o Professor Barroso, a proporcionalidade, que poderia ser também denominada de razoabilidade,[30] [31] [32] é expressão para o conceito que estofa a cláusula do devido processo legal:[33]

> O princípio da razoabilidade tem sua origem e desenvolvimento ligados à garantia do devido processo legal, instituto ancestral do direito anglo-saxão. De fato, sua matriz remonta à cláusula *law of the land*, inscrita na *Magna Charta*, de 1251, documento que é reconhecido como um dos grandes antecedentes do constitucionalismo. Modernamente, sua consagração em texto positivo se deu através das emendas 5ª e 14ª à Constituição norte-americana. A cláusula do *due processo of law* tornou-se uma das principais fontes da expressiva jurisprudência da Suprema Corte dos Estados Unidos ao longo dos últimos dois séculos.

---

[25] BARROSO, Luís Roberto. *Interpretação e aplicação da Constituição*. São Paulo: Saraiva, [s.d.]. p. 207.

[26] BARROSO, Luís Roberto. *Interpretação e aplicação da Constituição*. São Paulo: Saraiva, [s.d.]. p. 208.

[27] BARROSO, Luís Roberto. *Interpretação e aplicação da Constituição*. São Paulo: Saraiva, [s.d.]. p. 208-209.

[28] Essa classificação é explicada por Humberto Ávila: "A interpretação de qualquer objeto cultural submete-se a algumas condições essenciais, sem s quais o objeto não pode ser sequer apreendido. A essas condições essenciais dá-se o nome de postulados". Conforme ÁVILA, Humberto. *Sistema constitucional tributário*. São Paulo: Saraiva, 2004. p. 41.

[29] O mesmo doutrinador denomina postulado como norma de segundo grau, significando isso dizer que orienta "a aplicação dos princípios e das regras sem conflituosidade necessária com outras normas". Conforme ÁVILA, Humberto. *Sistema constitucional tributário*. São Paulo: Saraiva, 2004. p. 41-42.

[30] O Professor Barroso, ao tratar do conceito de proporcionalidade e de razoabilidade, informa empregar as denominações de "modo fungível". Conforme BARROSO, Luís Roberto. *Curso de direito constitucional contemporâneo*: os conceitos fundamentais e a construção do novo modelo. São Paulo: Saraiva, 2009. p. 304.

[31] "De logo é conveniente ressaltar que a doutrina e a jurisprudência, assim na Europa continental como no Brasil, costumam fazer referência, igualmente, ao princípio da proporcionalidade, conceito que em linhas gerais mantém uma relação de fungibilidade com o princípio da razoabilidade". Conforme BARROSO, Luís Roberto. *Interpretação e aplicação da Constituição*. São Paulo: Saraiva, [s.d.]. p. 204.

[32] Ainda sobre a indistinção terminológica, confira-se BARROSO, Luís Roberto. *Curso de direito constitucional contemporâneo*: os conceitos fundamentais e a construção do novo modelo. São Paulo: Saraiva, 2009. p. 304, nota de rodapé nº 87, parte final.

[33] BARROSO, Luís Roberto. *Interpretação e aplicação da Constituição*. São Paulo: Saraiva, [s.d.]. p. 198-199.

Sejam quais forem as suas origens históricas ou denominações adotadas, como leciona o Professor Barroso, os valores cuidados são os mesmos: "racionalidade, justiça, medida adequada, senso comum, rejeição aos atos arbitrários ou caprichosos".[34]

Não se admitem a incongruência, a desmedida e a incontinência de qualquer iniciativa, normativa ou administrativa, que afronte a cidadania em todas as suas dimensões, incluída e com destaque, por suas evidentes repercussões para a liberdade, a tributária.

5 A Ação Direta de Inconstitucionalidade nº 5.135: o voto do relator

Teve como objeto a Ação Direta de Inconstitucionalidade (ADI) nº 5.135 a censura ao parágrafo único do art. 1º da Lei nº 9.492/1997, incluído pela Lei nº 12.767/2012.

Designado relator para a ADI nº 5.135 o Ministro Luís Roberto Barroso, ao fundamentar a decisão, foi rigoroso na atenção às suas igualmente precisas e aprofundadas lições acadêmicas.

Ao iniciar o seu voto, o ministro relator apontou como argumento central da autoria da ADI o de que o protesto da certidão de dívida ativa se afiguraria sanção política, uma vez que o protesto de tal título, por sua natureza, terminaria por restringir "de forma desproporcional os direitos fundamentais dos contribuintes ao devido processo legal, à livre iniciativa e ao livre exercício profissional", impondo de forma indireta a solução do devido tributariamente.

Referindo-se a consolidado entendimento do Supremo Tribunal Federal relativamente ao conceito próprio às sanções políticas no campo da tributação, o ministro relator primeiramente indicou as antigas mas mantidas Súmulas de Jurisprudência Predominante nºs 70, 323 e 547.

Em segundo momento, a partir da vigência da Constituição Federal de 5 de outubro, o Ministro Barroso trouxe o registro de que seguiu a Corte Suprema na rejeição a "medidas oblíquas de arrecadação tributária, na linha de referidas súmulas". Afirmou:

> 10. Analisando-se a jurisprudência deste STF sobre o tema, é possível concluir que não basta que uma medida coercitiva do recolhimento do crédito tributário restrinja direitos dos contribuintes devedores para que ela seja considerada uma sanção política. Exige-se, além disso, que tais restrições sejam reprovadas no exame de proporcionalidade e razoabilidade. Por isso, tem-se definido as sanções políticas como "*restrições estatais, que, fundadas em exigências que transgridem os postulados da razoabilidade e da proporcionalidade em sentido estrito, culminam por inviabilizar, sem justo fundamento, o exercício, pelo sujeito passivo da obrigação tributária, de atividade econômica ou profissional lícita*" (RE 374.981, Rel. Min. Celso de Mello).
>
> 11. Essa leitura é confirmada por diversos precedentes que tratam do tema. No RE 413.782, o Ministro Cezar Peluso destacou que o princípio constitucional que subjaz às Súmulas nº 70, 323 e 547 é justamente o "*princípio da proporcionalidade, porque o Estado se está valendo de um meio desproporcional com força coercitiva, para obter o adimplemento do tributo*". Nesse mesmo julgado, o Ministro Gilmar Mendes sustentou que a definição de uma determinada medida como sanção política é "*uma questão de proporcionalidade mais do que uma questão*

[34] BARROSO, Luís Roberto. *Curso de direito constitucional contemporâneo*: os conceitos fundamentais e a construção do novo modelo. São Paulo: Saraiva, 2009. p. 304, nota de rodapé nº 87, parte final.

> *tributária*". No mesmo sentido, a ementa do AgR no RE 370.212, relatado pelo Ministro Joaquim Barbosa, enuncia que "[e]*sta Corte firmou uma série de precedentes fundados, entre outros pontos, no direito constitucional ao exercício de atividade econômica lícita e de livre concorrência, que impedem a adoção de medidas constritivas desproporcionais e indiretas destinadas a dar efetividade à arrecadação tributária (sanções políticas)*". Igualmente, na ADI 173, o Ministro Joaquim Barbosa destacou que "[p]*ara ser tida como inconstitucional, a restrição ao exercício de atividade econômica deve ser desproporcional e não-razoável*".
>
> 12. Um caso recente e especialmente ilustrativo é o do RE 550.769, no qual o Supremo Tribunal Federal apreciou a constitucionalidade do art. 2º do Decreto-Lei nº 1.593/1977, que autorizava o cancelamento do registro especial para a fabricação de cigarros de empresa tabagista, em razão de contumaz inadimplência no pagamento do Imposto sobre Produtos Industrializados – IPI. Muito embora a medida importasse graves restrições à atividade econômica da companhia, a Corte entendeu, por maioria de votos, que ela não constituía uma sanção política no caso. Concluiu-se, em um juízo de ponderação, que a restrição era proporcional à luz dos impactos negativos do reiterado inadimplemento das obrigações tributárias sobre a livre concorrência, a saúde pública e sobre a arrecadação fiscal. (Grifos no original)

Para o Ministro Roberto Barroso, o STF manteve-se na linha de identificar as sanções políticas como restrições irrazoáveis ou desproporcionais utilizadas como forma indireta de coação ou indução à quitação dos tributos.

Daí que, necessariamente, para um exame naquilo que respeitante à eventual imputação de inconstitucionalidade tal qual defendida na ação direta, necessária a submissão da pretensão aos limites formais e materiais da reserva legal, da proporcionalidade e da preservação do núcleo essencial dos direitos restringidos.

Dessa forma, sem prejuízo dos demais pontos, para os quais firmado o entendimento de que não verificado fundamento constitucional a impossibilitar o protesto "como modalidade extrajudicial e alternativa de cobrança de créditos tributários" ou de que afetada negativamente a organização e a condução das atividades societárias, o ministro relator faz a opção por verificar se as referidas restrições seriam adequadas, se as menos gravosas e com benefícios alcançados superando os ônus consequentes.

Daí, a relatoria avança para o teste da proporcionalidade.

Iniciando pelo, como denominado pelo ministro, subprincípio da adequação, afirma que o protesto de certidão da dívida ativa é medida adequada, conferindo maior publicidade ao descumprimento das obrigações tributárias e servindo como mecanismo extrajudicial de cobrança. Contribuiria, sempre segundo o ministro, "para estimular a adimplência, incrementar a arrecadação e promover a justiça fiscal, impedindo que devedores contumazes possam extrair vantagens competitivas indevidas da sonegação de tributos".

Já em termos de atendimento ao subprincípio da necessidade, esclarece entender o protesto como "mecanismo que causa menor sacrifício ao contribuinte do que os demais instrumentos de cobrança disponíveis, em especial a Execução Fiscal". É que como esse instrumento não se cogita de penhora de bens, dispensa-se o pagamento de custas, honorários e se tem uma redução do encargo legal. Para o relator, portanto, é o protesto medida necessária, uma vez que "permite alcançar os fins pretendidos de modo menos gravoso e mais eficiente em relação ao executivo fiscal e demais instrumentos judiciais de cobrança do crédito público".

Por fim, focalizando a eventual presença do subprincípio da proporcionalidade em sentido estrito, aponta o ministro relator como identificados ganhos com

> (i) a realização dos princípios constitucionais da eficiência e da economicidade na recuperação dos créditos tributários (arts. 37 e 70, CF), (ii) a garantia da livre concorrência, evitando-se que alguns agentes possam extrair vantagens competitivas indevidas da sonegação de tributos (art. 170, IV, CF), e (iii) a redução do congestionamento do Judiciário, em benefício da realização do princípio da razoável duração do processo (art. 5º, LXXVIII, CF).

Em conclusão do voto, o Ministro Luís Roberto Barroso aponta para a preservação do princípio da proporcionalidade e para a insubmissão do protesto de certidões de dívida ativa ao conceito de "sanção política", fixada como tese a seguinte: "O protesto das Certidões de Dívida Ativa constitui mecanismo constitucional e legítimo, por não restringir de forma desproporcional quaisquer direitos fundamentais garantidos aos contribuintes e, assim, não constituir sanção política".

Assim ementado o acórdão para o julgamento, sob a relatoria do Ministro Luís Roberto Barroso, da Ação Direta de Inconstitucionalidade nº 5.135:

> *Ementa*:
>
> DIREITO TRIBUTÁRIO. AÇÃO DIRETA DE INCONSTITUCIONALIDADE. LEI Nº 9.492/1997, ART. 1º, PARÁGRAFO ÚNICO. INCLUSÃO DAS CERTIDÕES DE DÍVIDA ATIVA NO ROL DE TÍTULOS SUJEITOS A PROTESTO. CONSTITUCIONALIDADE.
>
> 1. O parágrafo único do art. 1º da Lei nº 9.492/1997, inserido pela Lei nº 12.767/2012, que inclui as Certidões de Dívida Ativa - CDA no rol dos títulos sujeitos a protesto, é compatível com a Constituição Federal, tanto do ponto de vista formal quanto material.
>
> 2. Em que pese o dispositivo impugnado ter sido inserido por emenda em medida provisória com a qual não guarda pertinência temática, não há inconstitucionalidade formal. É que, muito embora o STF tenha decidido, na ADI 5.127 (Rel. Min. Rosa Weber, Rel. p/ acórdão Min. Edson Fachin, j. 15.10.2015), que a prática, consolidada no Congresso Nacional, de introduzir emendas sobre matérias estranhas às medidas provisórias constitui costume contrário à Constituição, a Corte atribuiu eficácia *ex nunc* à decisão. Ficaram, assim, preservadas, até a data daquele julgamento, as leis oriundas de projetos de conversão de medidas provisórias com semelhante vício, já aprovadas ou em tramitação no Congresso Nacional, incluindo o dispositivo questionado nesta ADI.
>
> 3. Tampouco há inconstitucionalidade material na inclusão das CDAs no rol dos títulos sujeitos a protesto. Somente pode ser considerada "sanção política" vedada pelo STF (cf. Súmulas nº 70, 323 e 547) a medida coercitiva do recolhimento do crédito tributário que restrinja direitos fundamentais dos contribuintes devedores de forma desproporcional e irrazoável, o que não ocorre no caso do protesto de CDAs.
>
> 3.1. Em *primeiro lugar*, não há efetiva restrição a direitos fundamentais dos contribuintes. De um lado, inexiste afronta ao devido processo legal, uma vez que (i) o fato de a execução fiscal ser o instrumento típico para a cobrança judicial da Dívida Ativa não exclui mecanismos *extrajudiciais*, como o protesto de CDA, e (ii) o protesto não impede o devedor de acessar o Poder Judiciário para discutir a validade do crédito. De outro lado, a publicidade que é conferida ao débito tributário pelo protesto não representa embaraço à livre iniciativa e à liberdade profissional, pois não compromete *diretamente* a organização e a condução das atividades societárias (diferentemente das hipóteses de interdição de estabelecimento, apreensão de mercadorias, etc). Eventual restrição à linha de crédito comercial da empresa seria, quando muito, uma decorrência indireta do instrumento, que, porém, não pode ser imputada ao Fisco, mas aos próprios atores do mercado creditício.

3.2. Em *segundo lugar*, o dispositivo legal impugnado não viola o princípio da proporcionalidade. A medida é *adequada*, pois confere maior publicidade ao descumprimento das obrigações tributárias e serve como importante mecanismo extrajudicial de cobrança, que estimula a adimplência, incrementa a arrecadação e promove a justiça fiscal. A medida é *necessária*, pois permite alcançar os fins pretendidos de modo menos gravoso para o contribuinte (já que não envolve penhora, custas, honorários, etc.) e mais eficiente para a arrecadação tributária em relação ao executivo fiscal (que apresenta alto custo, reduzido índice de recuperação dos créditos públicos e contribui para o congestionamento do Poder Judiciário). A medida é *proporcional em sentido estrito*, uma vez que os eventuais custos do protesto de CDA (limitações creditícias) são compensados largamente pelos seus benefícios, a saber: (i) a maior eficiência e economicidade na recuperação dos créditos tributários, (ii) a garantia da livre concorrência, evitando-se que agentes possam extrair vantagens competitivas indevidas da sonegação de tributos, e (iii) o alívio da sobrecarga de processos do Judiciário, em prol da razoável duração do processo.

4. Nada obstante considere o protesto das certidões de dívida constitucional em abstrato, a Administração Tributária deverá se cercar de algumas cautelas para evitar desvios e abusos no manejo do instrumento. Primeiro, para garantir o respeito aos princípios da impessoalidade e da isonomia, é recomendável a edição de ato infralegal que estabeleça parâmetros claros, objetivos e compatíveis com a Constituição para identificar os créditos que serão protestados. Segundo, deverá promover a revisão de eventuais atos de protesto que, à luz do caso concreto, gerem situações de inconstitucionalidade (*e.g.*, protesto de créditos cuja invalidade tenha sido assentada em julgados de Cortes Superiores por meio das sistemáticas da repercussão geral e de recursos repetitivos) ou de ilegalidade (*e.g.*, créditos prescritos, decaídos, em excesso, cobrados em duplicidade).

5. Ação direta de inconstitucionalidade julgada improcedente.

6 As Ações Diretas de Inconstitucionalidade (ADIs) nºs 5.890, 5.881, 5.886, 5.925, 5.931 e 5.932: o voto prevalecente

A Ação Direta de Inconstitucionalidade (ADI) nº 5.886, submetida a julgamento, teve como relator o Ministro Marco Aurélio Mello.

Versando sobre o mesmo objeto que a Ação Direta de Inconstitucionalidade nº 5.886 as Ações Diretas de Inconstitucionalidade nºs 5.881, 5.890, 5.925, 5.931 e 5.932, isto é, a compatibilidade eventual para com a Constituição Federal do art. 25 da Lei federal nº 13.606, de 9.1.2018, que inseriu os arts. 20-B, §3º, inc. II; e 20-E na Lei nº 10.522, de 19.7.2002, permitida à Fazenda Pública a averbação do conteúdo de certidão de dívida ativa nos órgãos de registro de bens e direitos, e sujeitando esses à indisponibilidade, encaminhadas a julgamento simultâneo todas as referidas ADIs.

Para o ministro relator, ao examinar a norma sob crivo a partir de um ponto de vista formal, entendeu-a maculada, uma vez tratar, sendo lei ordinária, de matéria reservada à lei complementar.

De igual modo, substantivamente, censurou a inovação legislativa, assentando, primeiramente, que, "ausente intervenção do Estado-Juiz, em desarmonia com as balizas constitucionais no sentido de impedir ao máximo o exercício da autotutela pelo Estado", malferidos, assim, "os princípios constitucionais do devido processo legal, da separação dos poderes e da inafastabilidade da jurisdição".

Acrescentou à sua censura material o, a seu sentir, meio coercitivo que buscaria, "por via oblíqua, a satisfação de débito tributário, com a adoção de método potencialmente inviabilizador da própria atividade econômica".

O Ministro Marco Aurélio julgou como procedentes os pedidos veiculados nas Ações Diretas de Inconstitucionalidade nºs 5.881, 5.886, 5.890, 5.931, 5.932, e, na parte admitida, o do de nº 5.925, declarando a inconstitucionalidade, quer sob o ângulo formal, quer sob o material, do art. 25 da Lei nº 13.606/2018, no que incluiu, na de nº 10.522/2002, os arts. 20-B, §3º, inc. II, e 20-E; e, por arrastamento, dos arts. 6º a 10 e 21 a 32 da Portaria PGFN nº 33, de 8.2.2018, ato editado para a regulamentação prevista pelo referido inc. II do §3º do art. 20-B.

Apurados, todavia, os votos, a Presidência da Corte declarou como necessária a formalização de um voto médio, de vez terem sido identificadas no julgamento das ADIs quatro posições pela procedência, dos Ministros Marco Aurélio, Edson Fachin, Ricardo Lewandowski e Nunes Marques; quatro pela improcedência, dos Ministros Dias Toffoli e Alexandre de Moraes e das Ministras Rosa Weber e Cármen Lúcia; e três por parcial procedência, dos Ministros Roberto Barroso, Gilmar Mendes e Luiz Fux.

Para a redação do acórdão, designado o Ministro Roberto Barroso.

Em seu voto, o Ministro Barroso rejeita a alegação de inconstitucionalidade formal, não vislumbrando exigível ao escopo da norma sob crivo uma lei complementar, posto não estar a cuidar de "elementos do crédito tributário – o que exigiria lei complementar –, mas, sim, uma questão procedimental". Consequentemente, lei ordinária pode efetivamente veicular a matéria.

Prosseguindo agora para o terreno material, o ministro redator para o acórdão, dividindo a sua decisão, trata da questão, primeiramente, da indisponibilidade dos bens e direitos, e, em segundo momento, da averbação do conteúdo da certidão da dívida ativa nos órgãos próprios.

Para a questão da indisponibilidade de bens, afirma o Ministro Barroso restar afrontado o princípio da proporcionalidade quanto à necessidade (teste da proporcionalidade), assim por existirem meios que mais preservam os direitos do cidadão contribuinte.

Quanto à averbação, desde que não procedida qualquer indisponibilidade patrimonial, entende o Ministro Barroso se cuidar de "medida proporcional que visa à proteção da boa-fé de terceiros adquirentes de bens do devedor, uma vez que dá publicidade à existência da dívida, aproximando-se, assim, do protesto", o que remete a argumentação à expendida quando do julgamento da Ação Direta de Inconstitucionalidade nº 5.135, de relatoria direta do Ministro Luís Roberto Barroso.[35]

Dessa forma, firmou o entendimento o ministro redator para o acórdão de deverem ser tomados por parcialmente procedentes os pedidos de declaração de inconstitucionalidade da parte final do inc. II do §3º do art. 20-B, em que se lê "tornando-os indisponíveis", entendendo-se, todavia, como constitucional o art. 20-E da Lei nº 10.522/2002, ambos na redação dada pela Lei nº 13.606/2018.

Por ementa para o acórdão relativo ao julgamento da Ação Direta de Inconstitucionalidade nº 5.886 e das Ações Diretas de Inconstitucionalidade nºs 5.890, 5.881, 5.925, 5.931 e 5.932, a seguinte:

---

[35] *Vide* item nº 5, *supra*.

Ementa:

DIREITO CONSTITUCIONAL, TRIBUTÁRIO E PROCESSUAL CIVIL. AÇÕES DIRETAS DE INCONSTITUCIONALIDADE. AVERBAÇÃO DA CERTIDÃO DE DÍVIDA ATIVA (CDA) EM ÓRGÃOS DE REGISTRO E INDISPONIBILIDADE DE BENS DO DEVEDOR EM FASE PRÉ-EXECUTÓRIA.

1. Ações diretas contra os arts. 20-B, §3º, II, e 20-E da Lei nº 10.522/2002, com a redação dada pela Lei nº Lei nº 13.606/2018, que (i) possibilitam a averbação da certidão de dívida ativa em órgãos de registros de bens e direitos, tornando-os indisponíveis, após a conclusão do processo administrativo fiscal, mas em momento anterior ao ajuizamento da execução fiscal; e (ii) conferem à Procuradoria-Geral da Fazenda Nacional o poder de editar atos regulamentares.

2. Ausência de inconstitucionalidade formal. Matéria não reservada à lei complementar. Os dispositivos impugnados não cuidam de normas gerais atinentes ao crédito tributário, pois não interferem na regulamentação uniforme acerca dos elementos essenciais para a definição de crédito. Trata-se de normas procedimentais, que determinam o modo como a Fazenda Pública federal tratará o crédito tributário após a sua constituição definitiva.

3. Constitucionalidade da averbação da certidão de dívida ativa em registros de bens e direitos em fase anterior ao ajuizamento da execução fiscal. A mera averbação da CDA não viola o devido processo legal, o contraditório e a ampla defesa, a reserva de jurisdição e o direito de propriedade. É medida proporcional que visa à proteção da boa-fé de terceiros adquirentes de bens do devedor, ao dar publicidade à existência da dívida. Além disso, concretiza o comando contido no art. 185, *caput*, do Código Tributário Nacional, que presume "fraudulenta a alienação ou oneração de bens ou rendas, ou seu começo, por sujeito passivo em débito para com a Fazenda Pública, por crédito tributário regularmente inscrito como dívida ativa". Tal presunção legal é absoluta, podendo ser afastada apenas "na hipótese de terem sido reservados, pelo devedor, bens ou rendas suficientes ao total pagamento da dívida inscrita".

4. Inconstitucionalidade material da indisponibilidade de bens do devedor na via administrativa. A indisponibilidade tem por objetivo impedir a dilapidação patrimonial pelo devedor. Todavia, tal como prevista, não passa no teste de proporcionalidade, pois há meios menos gravosos a direitos fundamentais do contribuinte que podem ser utilizados para atingir a mesma finalidade, como, por exemplo, o ajuizamento de cautelar fiscal. A indisponibilidade deve respeitar a reserva de jurisdição, o contraditório e a ampla defesa, por se tratar de forte intervenção no direito de propriedade.

5. Procedência parcial dos pedidos, para considerar inconstitucional a parte final do inciso II do §3º do art. 20-B, onde se lê "tornando-os indisponíveis", e constitucional o art. 20-E da Lei nº 10.522/2002, ambos na redação dada pela Lei nº 13.606/2018.

7 Conclusões

Nos julgamentos das Ações Diretas de Inconstitucionalidade nºs 5.135, 5.886 e 5.881, 5.890, 5.925, 5.931 e 5.932, estampadas as razões para a prestigiosa projeção de Luís Roberto Barroso, não somente como magistrado, mas igualmente como professor e doutrinador. Ali estão confirmadas as caraterísticas do rigor técnico, da coerência, da clareza e também da sintonia com o momento presente do direito como ciência: técnicas de interpretação jurídica sob formatos de extensa e profunda sofisticação.

Tal desafio, como fica demonstrado nos julgamentos examinados, impõe atenção e cautelas sensíveis. É preciso ter como clara a impertinência de apelos que terminam por fragilizar o direito como ciência. Aceitar exigências por subordinação na aplicação do direito a fins transitórios, episódicos ou momentâneos é empurrar o direito a um papel que tende à irrelevância.

Isso não pode significar, todavia, espaço para a insensibilidade. É na somatória de cada das expressões, as quais foram, repise-se, confirmadas nos julgamentos analisados, que se pode ter a certeza de ser o Professor e Ministro Luís Roberto Barroso, antes e mais do que um cientista do direito, um humanista.

Informação bibliográfica deste texto, conforme a NBR 6023:2018 da Associação Brasileira de Normas Técnicas (ABNT):

NASCIMENTO NETTO, Agostinho do. Delimitação da "sanção política": protesto e averbação de CDA (certidão da dívida ativa) (ADI nº 5.135 e ADIs nºs 5.881, 5.886, 5.890, 5.925, 5.931 e 5.932). *In*: PAULA, Fernanda de; PENCAK, Nina (coord.). *Tributação, liberdade e igualdade*: as contribuições do Ministro Luís Roberto Barroso. Belo Horizonte: Fórum, 2025. p. 189-205. ISBN 978-65-5518-952-0.

TRIBUTAÇÃO E IGUALDADE: A REALIZAÇÃO DA JUSTIÇA TRIBUTÁRIA PELO SUPREMO TRIBUNAL FEDERAL

ANDRÉ MENDES MOREIRA

ARTHUR MAIA QUEIROZ

Proêmio

Em boa hora as Professoras Fernanda de Paula e Nina Pencak organizam este *liber amicorum* em louvor ao Professor e Ministro Luís Roberto Barroso. Para além de jurista, o homenageado pode ser qualificado como filósofo, dada a atenção sempre dispensada em seu trabalho às questões fundamentais da existência humana. Dentre todas as virtudes que o ministro busca concretizar com sua atuação jurisdicional, as da justiça e da igualdade desde sempre mereceram cuidado especial. É por essa razão que, iniciando com a temática da justiça e aprofundando com a da igualdade como instrumento de realização da primeira, o presente artigo se desdobra sobre algumas contribuições do homenageado na seara tributária.

1 Introdução

Na filosofia tomista, dentre as quatro virtudes cardeais (prudência, justiça, fortaleza e temperança), a justiça é a virtude principal.[1] Nos tempos modernos, ela é apontada como a primeira virtude das instituições sociais.[2] A ideia de justiça é central não apenas para a filosofia, como também para o direito em geral e, em particular, para o direito tributário brasileiro, cujo sistema agora deve observância ao princípio da justiça tributária, como prevê o art. 145, §3º, da Constituição, com a redação que lhe foi dada pela Emenda Constitucional nº 132, de 20.12.2023.

---

[1] AQUINO, Tomás de. *Sententia Libri Ethicorum*. p. 177. Disponível em: https://documentacatholicaomnia.eu/03d/1225-1274,_Thomas_Aquinas,_Aristotelis_Libri._Sententia_Libri_Ethicorum,_PT.pdf. Acesso em: 30 jul. 2024.

[2] RAWLS, John. *A theory of justice*. Cambridge, MA: Harvard University Press, 1971. p. 3.

A alteração positiva, no texto constitucional, um princípio que o Supremo Tribunal Federal há tempos vem utilizando como parâmetro de constitucionalidade de leis tributárias. Com base nesse parâmetro, a Corte reconheceu, no julgamento do RE nº 576.967, paradigma do Tema de Repercussão Geral nº 72, a inconstitucionalidade da incidência da contribuição previdenciária a cargo do empregador sobre o salário-maternidade. Também com base nesse parâmetro, o Tribunal decidiu, no julgamento da ADI nº 5.583, que, na apuração do imposto sobre a renda de pessoa física, a pessoa com deficiência que supere o limite etário e seja capacitada para o trabalho pode ser considerada dependente quando a sua remuneração não exceder as deduções autorizadas por lei.

O Ministro Luís Roberto Barroso relatou o primeiro caso e foi designado redator para o acórdão no segundo. O entendimento do ministro, que orientou a decisão da Suprema Corte, contribuiu para a construção de um sistema tributário mais justo sem, contudo, perder em segurança.

A ideia de justiça presente nesses julgamentos está fortemente associada à ideia de igualdade, que não é outra coisa senão uma forma de concretização da justiça.[3] As concepções mais correntes de justiça implicam a cada um a mesma coisa, a cada um segundo seus méritos, a cada um segundo suas obras, a cada um segundo suas necessidades, a cada um segundo sua posição, e a cada um segundo o que a lei atribui.[4]

Na busca do elemento comum a esses diversos aspectos da justiça, todos exigem tratar do mesmo modo os seres que são iguais sob um certo ponto de vista, que possuem uma mesma característica, a única que é levada em conta na administração da justiça. Essa definição guarda identidade com o conceito de igualdade formal.

Não esgota, contudo, a igualdade, que, sobre ser formal, deve também ser considerada quanto ao seu conteúdo material, que não consiste senão em tratar desigualmente os desiguais na medida em que se desigualam.[5] E sob essa perspectiva é que o Ministro Luís Roberto Barroso procurou manter em toda a sua atuação como ministro da Suprema Corte o lema de que tudo que é justo deve encontrar um caminho no direito.[6]

Essa visão permitiu às mulheres e aos deficientes buscarem na Suprema Corte a aplicação de um tratamento justo que a Constituição, expressa ou implicitamente, sempre exigiu do sistema tributário. E a resposta da Suprema Corte, sob a relatoria do Ministro Luís Roberto Barroso, foi justa e contribuiu, como se exporá a seguir, para a concretização da justiça, por meio da igualdade, no plano do direito constitucional tributário.

2 A igualdade

2.1 Igualdade como princípio de justiça

O conceito central de justiça, que sintetiza as concepções apresentadas na introdução, pode ser extraído das Institutas de Justiniano: a justiça é a determinação

---

3 COSTA, Alcides Jorge. Capacidade contributiva. *Revista de Direito Tributário*, v. 55, 1991.

4 PERELMAN, Chaim. *Justice*. New York: Random House, 1967.

5 BARBOSA, Ruy. *Oração aos moços*. Prefácios de Randolfe Rodrigues e Cristian Edward Cyril Lyuch. Brasília: Senado Federal, Conselho Editorial, 2019.

6 BRASIL. Supremo Tribunal Federal. *Livro celebra 10 anos do ministro Luís Roberto Barroso no STF*. Disponível em: https://portal.stf.jus.br/noticias/verNoticiaDetalhe.asp?idConteudo=522302&ori=1. Acesso em: 30 jul. 2024.

constante e perpétua de dar a cada um o que lhe é devido. Há aqui quatro elementos importantes na definição de justiça:

(i) a justiça tem a ver como cada pessoa, individualmente, é tratada ("a cada um");
(ii) o tratamento justo é um tratamento devido ("o que lhe é devido");
(iii) a justiça deve ser aplicada de modo consistente ("constante e perpétua");
(iv) a justiça exige a intermediação de um agente, cuja vontade altera uma situação de injustiça ("dar").

Em primeiro lugar, questões de justiça surgem diante da escassez, quando pessoas reivindicam bens ou valores que podem ser conflitantes, e a justiça é chamada para resolver tais conflitos para determinar a que cada pessoa tem direito. Afinal, em um estado hipotético de abundância, em que todos os apetites de um indivíduo podem ser ilimitadamente satisfeitos, sequer haveria espaço para a virtude da justiça.[7]

Em segundo lugar, há um contraste entre a justiça e outras virtudes: enquanto um tratamento justo pode ser exigido, caridade e perdão são pedidos. Isso significa que o tratamento justo é um dever, de modo que o sujeito que não trata com justiça outro sujeito priva este do que lhe é devido. Caracteriza, pois, a justiça que as obrigações que ela cria devem ser exigíveis.

Em terceiro lugar, a justiça exige um tratamento consistente. A justiça não admite, portanto, arbitrariedade. Quando características relevantes para um dado tratamento estão presentes em dois casos, eles devem ser tratados igualmente. Isso explica por que a justiça é um elemento intrínseco da moralidade interna do Estado de direito, que exige, dentre seus princípios formais, que as leis sejam gerais, públicas, prospectivas, coerentes, claras, estáveis e práticas.[8]

Em quarto lugar, a justiça exige a intermediação de um agente: alguém que dê o que é devido. O agente pode ser um indivíduo, um grupo de pessoas ou uma instituição, como o Estado. Portanto, não se podem dizer injustas situações que nenhum agente tenha contribuído para criar. Os agentes ainda podem criar injustiça não só por ação como por omissão – por exemplo, ao não criar as instituições ou ao não promulgar as políticas que entregariam recursos vitais para aqueles que delas precisam ou ao negar o direito.[9]

Dentre esses quatro elementos principais que caracterizam a justiça, a igualdade pode ser encontrada em dois deles: na aplicação consistente e no tratamento devido. Enquanto a aplicação consistente tem a ver com a igualdade no sentido formal, o tratamento devido tem a ver com a igualdade no sentido material.

A igualdade formal garante a aplicação uniforme da lei, sujeitando os contribuintes a uma mesma aplicação da norma, sem qualquer distinção. O princípio da igualdade formal é, pois, norma que impõe o mesmo tratamento aos sujeitos. É, portanto, norma de tratamento, pressupondo a dessemelhança relativa entre todos os seres; a possibilidade de comparação entre eles, que podem ser classificados como relativamente iguais

---

7 HUME, David. *An enquiry concerning the principles of morals*. Edited by L. A. Selby-Bigge, revised by P.H. Nidditch, Oxford: Clarendon Press, 1975. p. 183-184.

8 FULLER, Lon L. *The morality of law*. New Haven: Yale University Press, 1964.

9 MILLER, David. Justice. *In*: ZALTA, Edward N.; NODELMAN, Uri (Ed.). *The Stanford Encyclopedia of Philosophy*. Fall 2023 Edition. Disponível em: https://plato.stanford.edu/archives/fall2023/entries/justice/. Acesso em: 30 jul. 2024.

segundo certo critério ou aspecto determinado; e o caráter axiológico do critério, que só pode ser extraído dos valores e normas fundamentais da Constituição de cada país.[10]

A igualdade material, por sua vez, refere-se ao próprio conteúdo normativo da lei, que não deve promover distinções de forma arbitrária. Disso se dessume que a própria lei não deve diferenciar os contribuintes senão a partir de critérios de discrímen (ou medidas de comparação) ligados a fins que encontrem ressonância na decisão política fundamental positivada na Constituição. São, pois, os critérios que permitirão agrupar os seres em iguais ou desiguais e são eles, portanto, que traçam as linhas mestras da igualdade material.

Pode-se falar, em suma, em cinco parâmetros de distinção:[11]

(i) proibição de distinção na aplicação da lei;
(ii) proibição de distinção no teor da lei com base em privilégios pessoais;
(iii) dever de distinguir no conteúdo da lei entre desiguais, e na medida dessa desigualdade;
(iv) dever de considerar as desigualdades econômico-materiais advindas dos fatos, com o fim de atenuá-las e restabelecer o equilíbrio social;
(v) possibilidade de derrogações parciais ou totais ao princípio da capacidade contributiva pelo acolhimento de outros valores constitucionais como critério de comparação.

Que tipo de igualdade a justiça exige, então? Não se pode pensar que o que a justiça exige é sempre igualdade formal. Bastasse isso, a justiça se contentaria com a aplicação consistente de regras em um Estado de direito, daí decorrendo que, quando duas pessoas forem iguais em todos os aspectos relevantes, sejam tratadas de forma igual.

A justiça exige, no entanto, que se dê a cada um o que lhe é devido. Decorre desse princípio que ninguém deve estar em situação pior do que qualquer outra pessoa em virtude de uma condição sua que seja puramente arbitrária, assim entendida aquela em relação à qual seu titular não pode reivindicar crédito.[12] Isso implica, por exemplo, que as pessoas não possam ser favorecidas ou desfavorecidas em virtude de seu gênero ou condição física ou mental.

E por que tem valor em um Estado de direito proporcionar às pessoas tratamento igual quando iguais ou desigual quando desiguais, mesmo que eventualmente apresentem características que possam parecer justificar um tratamento apenas formalmente isonômico? A resposta está no princípio de justiça material, que exige igual preocupação e respeito pelas pessoas, o que significa em termos mais concretos que cada membro da sociedade deve gozar de iguais recursos e condições para uma vida plena.[13]

Esse princípio de justiça se satisfaz, contudo, apenas quando, além da igualdade formal, se atribua a cada um o que lhe é devido, de modo a favorecer que todos tenham recursos e condições para alcançar um *status* de plenitude de vida. Para isso, a igualdade

---

[10] BALEEIRO, Aliomar. *Limitações constitucionais ao poder de tributar*. 8. ed. Atualizada por Misabel Abreu Machado Derzi. Rio de Janeiro: Forense, 2010. p. 846-921.

[11] BALEEIRO, Aliomar. *Limitações constitucionais ao poder de tributar*. 8. ed. Atualizada por Misabel Abreu Machado Derzi. Rio de Janeiro: Forense, 2010. p. 846-921.

[12] MILLER, David. Justice. *In*: ZALTA, Edward N.; NODELMAN, Uri (Ed.). *The Stanford Encyclopedia of Philosophy*. Fall 2023 Edition. Disponível em: https://plato.stanford.edu/archives/fall2023/entries/justice/. Acesso em: 30 jul. 2024.

[13] DWORKIN, Ronald. *Sovereign virtue*: the theory and practice of equality. Cambridge, MA: Harvard University Press, 2000.

material exsurge como princípio necessário para a concretização do ideal de justiça a cuja realização visa o Estado de direito e, em particular, o Sistema Tributário Nacional.

Os próximos tópicos dedicam-se a examinar analiticamente a igualdade material, instrumento da consecução da justiça.

2.2 Definição de igualdade

A igualdade pode se manifestar por meio de várias espécies normativas: postulado, princípio ou regra. É um postulado quando orienta o intérprete na aplicação de outras normas (metanorma), caso em que a igualdade estabelece que as normas devem ser aplicadas de modo isonômico. É um princípio quando estabelece um estado ideal a ser promovido por meio da adoção de comportamentos que mais promovam do que restrinjam a realização desse ideal. É uma regra quando proíbe o emprego de determinadas medidas de comparação.[14]

2.2.1 Conceito

A igualdade é sempre relativa[15] e não se confunde com identidade de tratamento. Por essa razão, a igualdade envolve dois ou mais sujeitos, comparados de acordo com o mesmo critério, aferido por meio de determinada propriedade, com vistas à consecução de um fim.[16] A propriedade que permite a aferição do critério de comparabilidade entre os sujeitos deve guardar pertinência com o fim cuja realização justifica a comparação entre os sujeitos. Isso significa que os sujeitos devem ser comparados por critérios relevantes em relação à finalidade que se pretende alcançar.

2.2.2 Elementos estruturais

Nesse sentido, costuma-se falar em quatro elementos estruturais da igualdade. São eles o sujeito, a medida de comparação, o elemento indicativo da medida de comparação e a finalidade da diferenciação.[17]

Os sujeitos da igualdade no plano tributário podem ser identificados com os contribuintes, titulares de direitos fundamentais. A propósito, no julgamento da ADI nº 939-7/DF, o Supremo Tribunal Federal considerou o princípio da anterioridade da lei tributária um dos direitos fundamentais mais importantes outorgados pela Constituição ao universo dos contribuintes.

Embora não trate especificamente da igualdade tributária, a *ratio decidendi* lhe é aplicável. A Corte considerou que os princípios constitucionais tributários, sobre representarem importante conquista político-jurídica dos contribuintes, constituem expressão fundamental dos direitos outorgados pelo ordenamento positivo aos sujeitos passivos das obrigações fiscais, de modo que, impondo limitações ao poder de tributar,

---

[14] ÁVILA, Humberto Bergmann. *Teoria da igualdade tributária*. 3. ed. São Paulo: Malheiros, 2015. p. 141-144.

[15] TIPKE, Klaus. Princípio da igualdade e ideia de sistema no direito tributário. *In*: MACHADO, Brandão (Coord.). *Direito tributário*: estudos em homenagem ao Prof. Ruy Barbosa Nogueira. São Paulo: Saraiva, 1984. p. 515-520.

[16] ÁVILA, Humberto Bergmann. *Teoria da igualdade tributária*. 3. ed. São Paulo: Malheiros, 2015. p. 198.

[17] ÁVILA, Humberto Bergmann. *Teoria da igualdade tributária*. 3. ed. São Paulo: Malheiros, 2015. p. 45-66.

têm por destinatário exclusivo o poder estatal, que se submete, quaisquer que sejam os contribuintes, à imperatividade de suas restrições.

A medida de comparação remete, a seu turno, à referência adotada para comparar os sujeitos. Uma medida só será válida quando guardar relação com a finalidade que justifica sua utilização.

O terceiro elemento estrutural é o elemento indicativo da medida de comparação, assim definido como o critério de verificação da medida de comparação. Esse elemento indicativo deve possuir correspondência com a medida de comparação e deve ser o mais relevante dos elementos indicativos vinculados à medida de comparação.

Também se exige uma relação de correspondência e de relevância entre a finalidade da diferenciação e a medida de comparação. A relação de correspondência implica que a medida de comparação deve guardar relação de causa e efeito com a promoção da finalidade, enquanto a relação de relevância exige que a medida de comparação tenha a relação mais próxima com a finalidade buscada.

Além desses fundamentos fáticos (correspondência e relevância), a medida de comparação ainda deve ter fundamentos normativos. Isso significa que a medida de comparação deve ser compatível com a Constituição. A própria Constituição prevê critérios que não são aceitáveis.[18] [19]

O art. 150, II, veda os privilégios das profissões, pelo que proibida qualquer distinção em razão de ocupação profissional ou função exercida, independentemente da denominação jurídica dos rendimentos, títulos ou direito, e, nesse sentido, reforça a garantia do parágrafo único do art. 170, que trata do livre exercício de qualquer atividade econômica. Garantindo a unidade econômico-política do país, o art. 151, inc. I, proíbe a concessão de privilégios pela União, e o art. 152, pelos estados e municípios, excetuados os concedidos pela União para o equilíbrio do desenvolvimento econômico entre as diferentes regiões do país. Finalmente, o art. 173 proíbe, em seu §2º, privilégios para empresas públicas e sociedades de economia mista. Também não é aceitável qualquer discriminação que fira direitos e garantias constitucionalmente assegurados, tal qual previsto no art. 5º, XLI.

Tampouco se aceitarão parâmetros que afrontem outros valores assegurados constitucionalmente, como o sexo, a manifestação do pensamento, consciência, crença e família. Critérios aceitos, a seu turno, são, por exemplo, a capacidade contributiva, a essencialidade, o destino ao exterior, o uso da propriedade segundo sua função social, a localização e uso do imóvel, o ato cooperativo praticado pelas sociedades cooperativas, e o tratamento diferenciado às microempresas e às empresas de pequeno porte.[20]

Por fim, o quarto elemento estrutural da igualdade é a finalidade da diferenciação, que é definida como um estado de coisas que precisa ser atingido. A finalidade será fiscal quando tiver objetivo arrecadatório, e extrafiscal, quando buscar a promoção de um outro fim, de natureza pública, não tributário.

A delimitação do fim a ser realizado deve partir da identificação do seu fundamento constitucional para então certificar-se de que a finalidade não foi excluída nem colide com a finalidade predeterminada pela regra de tributação ou pelo regime

18 SCHOUERI, Luís Eduardo. *Direito tributário brasileiro*. 12. ed. São Paulo: Saraiva, 2023. p. 356-367.

19 TORRES, Ricardo Lobo. *Curso de direito financeiro e tributário*. 15. ed. Rio de Janeiro: Renovar, 2008. p. 375.

20 SCHOUERI, Luís Eduardo. *Direito tributário brasileiro*. 12. ed. São Paulo: Saraiva, 2023. p. 356-367.

constitucional da obrigação tributária objeto de instituição e, por fim, para demonstrar-se, com clareza e adequada fundamentação, a finalidade da diferenciação.[21]

2.3 Igualdade e o Poder Judiciário

Embora a igualdade tributária esteja direcionada ao Estado em favor dos cidadãos, constituindo, assim, um estatuto protetivo dos contribuintes,[22] é o Poder Judiciário, do qual lei não pode excluir a apreciação de lesão ou ameaça a direito, que atua como seu garantidor. Não é livre, contudo, o Poder Judiciário para, com fundamento na igualdade tributária, rever políticas públicas, inclusive fiscais, que estejam dentro do espaço de discricionariedade outorgado pela Constituição aos Poderes Legislativo e Executivo.

Disso decorre que a atuação do Poder Judiciário tem espaço apenas quando se identificar, a partir da análise dos elementos estruturais da igualdade, que a norma editada por qualquer dos poderes é injusta porque anti-isonômica.

Nos casos de normas extrafiscais, por exemplo, o Judiciário não está impedido, entretanto, de controlar a validade da norma sob o argumento de que o Poder Legislativo tem discricionariedade. Afinal, na extrafiscalidade, o fim visado pela norma extrafiscal deve guardar pertinência com a medida de comparação escolhida, e o Judiciário tem competência para, por meio do exercício do controle de constitucionalidade, excluir medidas de comparação incompatíveis com as finalidades previstas pela Constituição e verificar a compatibilidade da diferenciação com os direitos fundamentais dos contribuintes.

Ademais, a igualdade como justa distribuição se utiliza, também, de tributos extrafiscais e do poder de polícia, que, rompendo com critérios limitadores (capacidade contributiva, por exemplo) podem promover a igualdade material. Derroga-se, assim, total ou parcialmente, o princípio da capacidade contributiva, a fim de alargar a eficácia de outros valores constitucionais.

Com efeito, ao lado dos valores próprios da tributação, outros valores concorrem no ordenamento tributário.[23] Além da capacidade contributiva, cuja aplicação sem ressalvas exigiria que contribuintes com idêntica capacidade econômica suportassem idêntico ônus tributário, encontra-se o preceito do desenvolvimento regional; da proteção do mercado de trabalho da mulher, mediante incentivos específicos; proibição de qualquer discriminação no tocante a salário e critérios de admissão do trabalhador portador de deficiência, bem como sua proteção e integração social.

Por conta desses outros valores constitucionalmente prestigiados, é possível admitir que a norma tributária diferencie os contribuintes, não obstante a idêntica capacidade contributiva. O princípio da capacidade contributiva é, portanto, um dentre outros vários critérios que atuam com o fim de distinguir os contribuintes. Nesses casos, dever-se-á identificar se há outro fator, além da capacidade contributiva, que justifique a discriminação.

Nesse sentido, o Supremo Tribunal Federal, no julgamento da ADI nº 5.282, entendeu que é viável e bastante comum a diferenciação da tributação do IPVA de acordo

---

21 ÁVILA, Humberto Bergmann. *Teoria da igualdade tributária.* 3. ed. São Paulo: Malheiros, 2015. p. 66-77.

22 CARRAZZA, Roque Antonio. *Curso de direito constitucional tributário.* 28. ed. São Paulo: Malheiros, 2012. p. 459.

23 SCHOUERI, Luís Eduardo. *Direito tributário brasileiro.* 12. ed. São Paulo: Saraiva, 2023. p. 356-367.

com objetivos constitucionais, como exemplo, estimular a compra de veículos novos, visando ao desenvolvimento e à industrialização no Brasil. Entendeu-se ausente, pois, violação à igualdade tributária.

Feitas essas considerações sobre a natureza, o conceito e os elementos estruturais da igualdade, bem como sobre o papel do Poder Judiciário na sua realização, o estudo analítico de dois casos julgados pelo Supremo Tribunal Federal permitirá compreender a evolução da jurisprudência da Corte sobre a observância da igualdade material pelo sistema tributário.

3 A igualdade tributária e a Suprema Corte

3.1 Igualdade tributária para mulheres

No RE nº 576.967/PR, paradigma do Tema de Repercussão Geral nº 72, o Supremo Tribunal Federal foi instado a se pronunciar sobre a constitucionalidade da incidência da contribuição previdenciária a cargo do empregador sobre o salário-maternidade, prestação paga pela Previdência Social à segurada durante os cento e vinte dias em que permanece afastada do trabalho em decorrência de licença-maternidade, conforme art. 71 da Lei nº 8.213/91.

O contribuinte buscava justificar a inconstitucionalidade da incidência com apoio em vários argumentos. Dentre eles, a ausência de habitualidade da verba, que não poderia compor o conceito de folha de salários e consequentemente a base de cálculo da contribuição social a cargo do empregador; a inconstitucionalidade formal do art. 28, §2º, da Lei nº 8.212/91, por se tratar de mera lei ordinária, quando o art. 195, §4º, da Constituição exige lei complementar para instituir novas fontes de financiamento da seguridade social; e a própria natureza do salário-maternidade, que não configura contraprestação por serviços prestados pela empregada no período de licença-maternidade.

No entanto, a despeito da legitimidade desses outros argumentos apresentados, acolhidos na Suprema Corte no julgamento do recurso, um deles representou um marco na proteção aos direitos fundamentais das mulheres. Em seu voto condutor, o Ministro Luís Roberto Barroso reconheceu a inconstitucionalidade da incidência da contribuição previdenciária sobre o salário-maternidade em virtude da violação ao princípio da igualdade.

A partir dos elementos estruturais do princípio da igualdade, identificados na existência de uma relação entre dois ou mais sujeitos, de um critério de discrímen avaliado por meio de um elemento indicativo e da realização de determinada finalidade, importa verificar em que sentido o Supremo Tribunal Federal entendeu que a incidência da contribuição previdenciária sobre o salário-maternidade violaria a Constituição e por que a decisão é um marco na garantia dos direitos fundamentais das mulheres.

A Constituição, além de prever a igualdade de homens e mulheres no seu art. 5º, I, ainda garantiu a concessão de licença-maternidade de cento e vinte dias à gestante, sem prejuízo do salário (art. 7º, inc. XVIII), com proteção do emprego até cinco meses após o parto (art. 10, II, "b", do ADCT); previu incentivos compensatórios para estimular a inclusão da mulher no mercado de trabalho (art. 7º, inc. XX); e elevou a proteção à maternidade ao *status* de direito social (art. 6º).

A distinção estabelecida pela Constituição se justifica pelas condições biológicas femininas e pelas dificuldades que elas podem gerar para equidade de tratamento da mulher no mercado de trabalho, condição que, historicamente, está associada à reiterada discriminação das mulheres no mercado de trabalho por meio de restrições ao acesso a determinados postos de trabalho, salários e oportunidades.

De acordo com a Corte, como as mulheres são as principais beneficiárias do salário-maternidade e ficam afastadas durante o período de licença, ensejando a necessidade de reposição da mão de obra, é necessário que o Estado não imponha quaisquer ônus adicionais a uma situação que já é mais onerosa para o empregador. Afastou, portanto, a inclusão do salário-maternidade na base de cálculo da contribuição social a cargo do empregador, sob o fundamento de que a incidência do tributo sobre a verba implica violação à igualdade das mulheres.

A Corte se debruçou sobre um dos quatros elementos estruturais da igualdade para reconhecer a violação ao princípio, qual seja, o elemento indicativo da medida de comparação. Como as contribuições sociais são instituídas com finalidade fiscal, ou sejam, visam a arrecadar recursos para o financiamento da seguridade social mais do que promover qualquer medida extrafiscal, a medida de comparação usada para tributar os contribuintes é a sua capacidade contributiva, e, no caso da contribuição a cargo do empregador, a Constituição previu, como um dos elementos indicativos da medida de comparação, a folha de salários (art. 195, I, "a").

Embora a Corte tenha apontado claramente as razões por que a tributação sobre o salário-maternidade torna desvantajosa a contratação de mulheres e perpetua o quadro de desigualdade laboral em relação aos homens, só o exame analítico da igualdade, a partir dos seus elementos estruturais, revela em que medida a incidência da contribuição viola o referido princípio constitucional e vulnera direitos fundamentais das mulheres consagrados no texto constitucional.

A Corte entendeu que o Poder Legislativo não está autorizado a incluir, na definição do elemento indicativo *folha de salários*, o salário-maternidade, uma vez que há mandamento expresso na Constituição que veda a escolha desse elemento indicativo para aferir a medida de comparação escolhida para justificar a incidência das contribuições sociais.

O mandamento pode ser reconstruído a partir do inc. XXX do art. 7º da Constituição, segundo o qual é proibida a diferença de salários, de exercício de funções e de critério de admissão por motivo de sexo, idade, cor ou estado civil. Se a incidência da contribuição previdenciária sobre o salário-maternidade importa em encarecimento da mão de obra feminina, o salário-maternidade torna-se um elemento indicativo inválido para aferir a capacidade contributiva para o pagamento da contribuição ante expressa vedação constitucional.

Ao fim e ao cabo, a medida de comparação adotada pelo legislador fez do sexo o critério de discrímen empregado para fundamentar a incidência da contribuição social a cargo do empregador. E o sexo do contribuinte não guarda relação de correspondência ou relevância com a promoção da finalidade de capturar a capacidade contributiva ou de solidariedade com a comunidade, como entendem os que defendem que a solidariedade é a justificativa para a incidência das contribuições sociais.[24]

---

[24] SCHOUERI, Luís Eduardo. *Direito tributário brasileiro*. 12. ed. São Paulo: Saraiva, 2023. p. 211.

3.2 Igualdade tributária para pessoas com deficiência

Outro marco na realização do princípio da justiça por meio da promoção da igualdade material foi o julgamento pelo Supremo Tribunal Federal da ADI nº 5.583, proposta pelo Conselho Federal da Ordem dos Advogados do Brasil contra o art. 35, III e V, da Lei nº 9.250/1995.

A norma prevê que poderão ser considerados dependentes a filha, o filho, a enteada ou o enteado, até 21 anos, ou de qualquer idade quando incapacitado física ou mentalmente para o trabalho, e o irmão, o neto ou o bisneto, sem arrimo dos pais, até 21 anos, desde que o contribuinte detenha a guarda judicial, ou de qualquer idade quando incapacitado física ou mentalmente para o trabalho.

A norma não autoriza que sejam considerados dependentes, para fins de apuração do imposto sobre a renda, as pessoas que superem o limite etário e que sejam capacitadas física e mentalmente para o trabalho, ainda que sejam deficientes. Ou seja, a deficiência não é um critério de discrímen empregado pela lei para permitir a inclusão de uma pessoa como dependente, mas tão somente a sua capacidade para o trabalho.

A finalidade da norma que autoriza a dedução dos gastos com dependentes é tanto fiscal como extrafiscal. Além de ter como fim capturar mais adequadamente a renda do mantenedor, que assume gastos com dependentes incapacitados física ou mentalmente para o trabalho (função fiscal), a norma ainda funciona, como defendeu a PGR nos autos da ação, como um benefício, que tem por função extrafiscal aliviar o ônus tributário de quem assume gastos com a manutenção das pessoas incapacitadas para o trabalho.

A medida de comparação empregada pela lei – qual seja, a capacidade laborativa – não guarda, contudo, necessária relação de correspondência e de relevância com a finalidade fiscal que a norma busca realizar.

Afinal, quanto à relação de correspondência, a capacidade laborativa não implica, estatisticamente, a independência financeira das pessoas deficientes nem a desoneração do mantenedor de encargos principalmente com a saúde e a instrução do deficiente sob a sua dependência. Os estudos reportados pelo Ministro Luís Roberto Barroso em seu voto revelam a existência de grande disparidade, salarial e de oportunidades de trabalho, para o grupo de pessoas com deficiência, o que reforça a ausência de correspondência necessária entre medida de comparação e finalidade buscada.

Quanto à relação de relevância, que exige que a medida de comparação tenha a relação mais próxima com a finalidade buscada, a capacidade laborativa, no caso das pessoas com deficiência, não é o critério que guarda maior proximidade com a independência financeira e com a capacidade contributiva. Embora o elemento indicativo muitas vezes adotado para aferir a capacidade laborativa – qual seja, a existência de vínculo formal de emprego – seja necessário para aferição, ele não é suficiente.

Normalmente, as pessoas maiores de 21 anos capacitadas física e mentalmente para o trabalho ostentam capacidade contributiva e são independentes financeiramente para fins de apuração e pagamento do imposto sobre a renda. Isso não se aplica às pessoas com deficiência, contudo, que, embora, por meio do trabalho, consigam fortalecer a sua autonomia e caminhar em direção à sua independência financeira, muitas vezes ainda dependem de seus mantenedores para auxiliá-las no pagamento de despesas associadas à sua condição física ou mental.

Esse quadro demonstra que existe um descompasso entre a regra prevista na lei federal, que trata genericamente como iguais todos os capacitados para o trabalho que sejam maiores de 21 anos, e a realidade das pessoas com deficiência com capacidade física e mental para trabalhar. O padrão genérico da lei torna-se, assim, excessivo e violador do direito fundamental de propriedade, principalmente dos mantenedores das pessoas com deficiência sob a sua dependência, que estão impedidos de deduzir da base do cálculo do imposto sobre a renda os gastos autorizados por lei e empregados na manutenção da qualidade de vida daquele grupo, atingindo seu patrimônio e implicando, portanto, confisco.

A dissociação entre o padrão da lei e a realidade da vida torna necessário o ajuste da regra, de modo a que o critério de discrímen considere não apenas a capacidade laborativa, como faz a lei federal, mas também a independência financeira, a partir dos critérios estabelecidos pela própria lei.

Nesse sentido, a Suprema Corte, seguindo a orientação do voto do Ministro Luís Roberto Barroso, atuou no espaço que lhe foi reservado constitucionalmente para assegurar às pessoas com deficiência capacitadas para o trabalho o direito de serem incluídas como dependentes na apuração do imposto sobre a renda dos seus mantenedores enquanto a sua remuneração não exceder as deduções autorizadas por lei.

A dedução de despesas da base de cálculo do imposto sobre a renda observa os seguintes limites: (i) um valor mensal de R$189,59 (cento e oitenta e nove reais e cinquenta e nove centavos) ou um valor anual de R$2.275,08 (dois mil, duzentos e setenta e cinco reais e oito centavos) (arts. 4º, III, "i"; 8º, "c", 9º) por dependente; e (ii) um montante anual individual de até R$3.561,50 (três mil, quinhentos e sessenta e um reais e cinquenta centavos) para os gastos com a educação (art. 8º, "b", item 10, da Lei nº 9.250/1995). As despesas médicas, por outro lado, podem ser descontadas da base de cálculo do imposto sem qualquer limitação de valor (art. 8º, "a", da Lei nº 9.250/1995).

A partir do momento em que a pessoa com deficiência com capacidade laborativa passar a receber mais do que as deduções autorizadas por lei, presumir-se-á a sua independência financeira, não podendo mais ser admitida a sua inclusão como dependente para fins de imposto sobre a renda.

A decisão é justa e não contraria os ideais de segurança e legalidade do direito exigidos para o sistema tributário. Diferentemente do que consignado pela PGR e acolhido pelo Ministro Marco Aurélio em seu voto, não se trata de atuação do Tribunal como legislador positivo, a violar a opção política normativa do Poder Legislativo.

Como votou o Ministro Luís Roberto Barroso, a permissão dada pela lei não é mera técnica de concretização de uma política fiscal, segundo os juízos de conveniência e de oportunidade do Poder Legislativo ou do Poder Executivo. Afinal, é a própria Constituição que atribui ao Poder Judiciário o controle de validade constitucional das normas e delimita o exercício desse poder ao conformar o conceito de renda e sujeitar à tributação apenas o ganho que revele capacidade contributiva.

Se a própria lei autoriza que se deduzam determinados valores como gastos com o dependente, aquele que, capacitado para o trabalho, embora deficiente, receber remuneração superior ao limite de dedução revela a capacidade para contribuir com o erário e, consequentemente, independência financeira, aptas a impedir a sua inclusão como dependente na declaração de imposto sobre a renda de seu mantenedor.

Uma vez que o critério de discrímen empregado pela lei – a capacidade laborativa – não guarda relação de correspondência ou relevância com a finalidade de capturar a capacidade contributiva do mantenedor, deve ser considerado inválido pelo Poder Judiciário, por violação à igualdade material.

A correção da distorção, mediante limitação da inclusão como dependente aos gastos dedutíveis autorizados por lei, longe de representar invasão do Poder Judiciário na esfera de poderes do Legislativo, apenas aplica a regra já definida pelo legislador, ao estabelecer o limite de dedução. Resultado menos ajustado à separação de poderes adviria se a decisão apenas declarasse a inconstitucionalidade da exclusão das pessoas com deficiência sem limitar a sua qualificação como dependente.

A medida de comparação empregada pela lei – qual seja, a capacidade laborativa – também não guarda necessária relação de correspondência e de relevância com a finalidade extrafiscal que a norma busca realizar.

Nos casos de normas extrafiscais, como se viu, o Judiciário não está impedido de fazer o controle de legitimidade da norma sob o fundamento de que há discricionariedade por parte do legislador, uma vez que a introdução do tratamento desigual na lei deve observar a proporcionalidade, que se decompõe em adequação, necessidade e proporcionalidade em sentido estrito.[25]

Como o fim externo – isto é, não jurídico – visado pela norma que autoriza a inclusão de dependentes é promover o alívio do encargo tributário para os mantenedores de pessoas incapacitadas para o trabalho, em virtude da assunção de gastos obrigatórios para a manutenção da sua qualidade de vida, a exclusão das pessoas com deficiência, independentemente da sua remuneração, revela-se como uma medida desproporcional.

Isso porque é inadequada (a inclusão, e não a exclusão, é que promoveria gradualmente o fim extrafiscal a cuja realização a norma de desoneração visa), desnecessária (a exclusão dos deficientes, diante de sua dependência estatística, é uma medida extremamente restritiva ao princípio da igualdade), e desproporcional em sentido estrito (a exclusão produz mais efeitos negativos, ao privar os mantenedores de recursos para assunção de gastos necessários à sadia qualidade de vida dos deficientes sob sua dependência, do que efeitos positivos).

O ônus não é do contribuinte, mas do Estado de comprovar que a exclusão de um grupo de contribuintes – as pessoas com deficiência capacitadas para o trabalho – justifica-se à luz do princípio da igualdade material. O argumento de que se trata de mera política fiscal, concedida ao arbítrio do legislador de acordo com seu juízo de conveniência e oportunidade, revela a falta de fundamentação do discrímen, que se revela, por isso mesmo, inconstitucional.

4 Conclusão

As decisões proferidas pelo Supremo Tribunal Federal, por meio do voto condutor do Ministro Luís Roberto Barroso, no julgamento do RE nº 576.967, paradigma do Tema de Repercussão Geral nº 72, e da ADI nº 5.583 deram concretude, no respeito à igualdade material, ao princípio de justiça que, mesmo implicitamente, já previa a Constituição republicana.

---

[25] ÁVILA, Humberto Bergmann. *Teoria da igualdade tributária*. 3. ed. São Paulo: Malheiros, 2015. p. 167.

Houve um tratamento individualizado das mulheres e das pessoas com deficiência diante da escassez de recursos para o financiamento, respectivamente, da seguridade social e do orçamento fiscal, afastando-se o tratamento genérico da igualdade formal em prol da igualdade substancial de grupos carentes da concretização de direitos.

As decisões, influenciadas pela visão iluminista do ministro que sempre procurou dar espaço ao bom, ao certo, ao legítimo e ao justo no direito, deram concretude também a valores jurídicos positivados na Constituição e cujo respeito as mulheres e as pessoas com deficiência tinham o direito de ver garantido. Os pronunciamentos da Corte não foram inovação na ordem jurídica, ativismo judicial ou realização de políticas públicas pelo Poder Judiciário. Não foram, portanto, um favor político, mera concessão a partir de um juízo de conveniência e oportunidade da Corte, mas se lhes deu, às mulheres e aos deficientes, não mais nem menos do que lhes é devido pelo Estado de direito.

As decisões ainda realizaram o ideal de consistência exigido pelo princípio da justiça ao alinharem-se a vários pronunciamentos anteriores da Corte. Em relação às mulheres, no julgamento do RE nº 629.053, em que reconhecido que a ciência do empregador sobre a gravidez não interfere na estabilidade prevista no art. 10, II, do ADCT, e no RE nº 1.058.333, em que se julgou constitucional que mulheres grávidas, que estejam participando de concurso público, tenham direito à remarcação de teste de aptidão física. Em relação às pessoas com deficiência, dentre outros tantos precedentes, o da ADI nº 7.028, em que declarada a inconstitucionalidade de lei estadual que excluíra o dever de adaptação de unidade escolar para o ensino inclusivo.

A decisão ainda delimitou, como pouco se fizera antes, o papel do Poder Judiciário como agente garantidor, verdadeiro guardião, da realização do princípio da justiça tributária por meio da promoção da igualdade material. Se a justiça exige a intermediação de um agente, cuja vontade altera uma situação de injustiça, a resposta foi dada pela Suprema Corte pela voz de um histórico defensor dos direitos dos grupos desfavorecidos, o Ministro Luís Roberto Barroso.

Essas decisões empurram a história em direção ao progresso, concretizam os direitos fundamentais de grupos com menor poder político para influenciar a formação da vontade legislativa e promovem a realização do princípio da justiça tributária por meio da promoção da igualdade material. São, além disso, um marco hermenêutico para o direito tributário como instrumento de proteção aos direitos fundamentais, sobretudo dos grupos marginalizados da formação da vontade política.

Referências

AQUINO, Tomás de. *Sententia Libri Ethicorum*. Disponível em: https://documentacatholicaomnia.eu/03d/1225-1274,_Thomas_Aquinas,_Aristotelis_Libri._Sententia_Libri_Ethicorum,_PT.pdf. Acesso em: 30 jul. 2024.

ÁVILA, Humberto Bergmann. *Teoria da igualdade tributária*. 3. ed. São Paulo: Malheiros, 2015.

BALEEIRO, Aliomar. *Limitações constitucionais ao poder de tributar*. 8. ed. Atualizada por Misabel Abreu Machado Derzi. Rio de Janeiro: Forense, 2010.

BARBOSA, Ruy. *Oração aos moços*. Prefácios de Randolfe Rodrigues e Cristian Edward Cyril Lyuch. Brasília: Senado Federal, Conselho Editorial, 2019.

BRASIL. Supremo Tribunal Federal. *Livro celebra 10 anos do ministro Luís Roberto Barroso no STF*. Disponível em: https://portal.stf.jus.br/noticias/verNoticiaDetalhe.asp?idConteudo=522302&ori=1. Acesso em: 30 jul. 2024.

CARRAZZA, Roque Antonio. *Curso de direito constitucional tributário*. 28. ed. São Paulo: Malheiros, 2012.

COSTA, Alcides Jorge. Capacidade contributiva. *Revista de Direito Tributário*, v. 55, 1991.

DERZI, Misabel Abreu Machado. *Direito tributário, direito penal e tipo*. 3. ed. Belo Horizonte: Fórum, 2018.

DWORKIN, Ronald. *Sovereign virtue*: the theory and practice of equality. Cambridge, MA: Harvard University Press, 2000.

FULLER, Lon L. *The morality of law*. New Haven: Yale University Press, 1964.

HUME, David. *An enquiry concerning the principles of morals*. Edited by L. A. Selby-Bigge, revised by P.H. Nidditch, Oxford: Clarendon Press, 1975.

MILLER, David. Justice. *In*: ZALTA, Edward N.; NODELMAN, Uri (Ed.). *The Stanford Encyclopedia of Philosophy*. Fall 2023 Edition. Disponível em: https://plato.stanford.edu/archives/fall2023/entries/justice/. Acesso em: 30 jul. 2024.

PERELMAN, Chaim. *Justice*. New York: Random House, 1967.

RAWLS, John. *A theory of justice*. Cambridge, MA: Harvard University Press, 1971.

SCHOUERI, Luís Eduardo. *Direito tributário brasileiro*. 12. ed. São Paulo: Saraiva, 2023.

TIPKE, Klaus. Princípio da igualdade e ideia de sistema no direito tributário. *In*: MACHADO, Brandão (Coord.). *Direito tributário*: estudos em homenagem ao Prof. Ruy Barbosa Nogueira. São Paulo: Saraiva, 1984.

TORRES, Ricardo Lobo. *Curso de direito financeiro e tributário*. 15. ed. Rio de Janeiro: Renovar, 2008.

Informação bibliográfica deste texto, conforme a NBR 6023:2018 da Associação Brasileira de Normas Técnicas (ABNT):

MOREIRA, André Mendes; QUEIROZ, Arthur Maia. Tributação e igualdade: a realização da justiça tributária pelo Supremo Tribunal Federal. *In*: PAULA, Fernanda de; PENCAK, Nina (coord.). *Tributação, liberdade e igualdade*: as contribuições do Ministro Luís Roberto Barroso. Belo Horizonte: Fórum, 2025. p. 207-220. ISBN 978-65-5518-952-0.

FEDERALISMO FISCAL BRASILEIRO: IMPACTOS DA LEI COMPLEMENTAR Nº 159/2017 E IMPLICAÇÕES JURÍDICAS NO PACTO FEDERATIVO

ANELIZE LENZI RUAS DE ALMEIDA

I Introdução

O federalismo é uma forma de organização do Estado em diferentes níveis de governo e está relacionado ao desempenho do setor público, à implementação de políticas públicas e à prestação de serviços públicos à sociedade. Em relação ao federalismo fiscal, que diz respeito à política pública fiscal, Oates (1999), em seu artigo seminal, afirma que os poderes são compartilhados em níveis inferiores e centrais. De acordo com o autor, os governos de nível inferior devem ter algum tipo de autonomia política, fiscal e de gestão, e devem ter a capacidade de fornecer àquela comunidade serviços públicos eficazes e eficientes devido à sua proximidade com a população, aos benefícios relevantes e menores custos (OATES, 1999). Por outro lado, o governo central deve ter entre suas principais responsabilidades o cuidado com a estabilidade macroeconômica (OATES, 1999).

Embora parte da literatura especializada aponte que os países em desenvolvimento são caracterizados por altos graus de centralização fiscal (OATES, 1999), essa não é uma realidade no Brasil, que é uma república federativa descentralizada. Informações divulgadas pelo Ministério da Fazenda indicam que dezoito dos vinte e sete governos subnacionais encontram-se em situação de endividamento fiscal, quando comparada a dívida consolidada líquida (DCL) com a receita corrente líquida (RCL).[1] Os níveis de endividamento e a origem de cada dívida dos entes inferiores com o governo central têm razões que variam de crises econômicas mundiais cíclicas, das crises de dívida subnacional, do aumento das despesas correntes de caráter continuado e dos gastos primários em geral e da baixa capacidade tributária desses entes federadas (DILINGER; WEBB, 1999).

[1] Disponível em: https://www.tesourotransparente.gov.br/visualizacao/painel-de-endividamento-dos-entes-subnacionais.

Este ensaio busca identificar se a política pública brasileira que resultou em uma legislação recente – Lei Complementar nº 159, de 19.5.2017 – ajuda a resolver a questão do aumento das dívidas dos governos subnacionais sob a perspectiva do federalismo fiscal e da jurisprudência do Supremo Tribunal Federal, em especial a repercussão das decisões e votos proferidos pelo Ministro Luís Roberto Barroso. Este trabalho começa com uma revisão de estudos teóricos sobre federalismo fiscal. Passa pela relação entre governos federais e subnacionais, o paradigma da nova legislação e suas regras, compromissos e princípios, e termina com uma visão geral desta recente política pública brasileira à luz do conhecimento existente e da litigância interfederativa na Corte Suprema.

II Federalismo fiscal e o caso brasileiro

O federalismo pressupõe dois níveis de governo e a dinâmica de afrouxamento e aperto político e fiscal entre as entidades envolvidas. Oates (1999) entende que o federalismo fiscal engloba a estrutura vertical do setor público e toda a gama de questões relacionadas à gestão e administração do Estado, ao investimento, implementação e acompanhamento de políticas públicas e aos serviços públicos oferecidos à sociedade. Ele também acrescenta que o equilíbrio entre forças políticas e econômicas é capaz de determinar a organização de uma estrutura intergovernamental.

Como tendência em países desenvolvidos e até em economias em transição, o federalismo fiscal implica a transferência de recursos e autoridade para o governo local visando melhorar "a qualidade da responsabilidade, eficiência, disciplina fiscal e até mesmo o crescimento econômico" (RODDEN, 2002). A construção de uma política pública fiscal para descentralizar poderes, recursos e funções implica a persuasão de todas as partes envolvidas em alcançar um resultado útil (GOODIN; REIN; MORAN, 2008). A razão é a ideia de que os governos locais são mais adequados para governar aquela comunidade e podem oferecer melhores serviços públicos do que o governo nacional.

Apesar das vantagens na descentralização fiscal, a doutrina especializada identifica alguns perigos, especialmente em países em desenvolvimento (FUKASAKU; MELLO JR., 1998). A maior preocupação é o aumento da indisciplina fiscal entre os governos subnacionais. Rodden (2002) alerta que "governos subnacionais gastadores têm acumulado déficits insustentáveis e chamado os governos centrais para fornecer transferências especiais de resgate ou assumir suas responsabilidades". Nos países em desenvolvimento, os governos locais, principalmente, dependem de transferências do governo federal, devido ao seu acesso limitado à tributação e receitas. Se não houver incentivos para a tomada de decisões fiscais responsáveis e limitação ao governo local para tomar dinheiro emprestado do sistema financeiro, déficit orçamentário e instabilidade monetária estão fadados a acontecer (OATES, 1999).

sPara entender como funciona o federalismo fiscal no Brasil, é necessário rastrear suas raízes na história brasileira desde a monarquia até a chamada redemocratização com a promulgação da Constituição brasileira de 1988.

O Estado brasileiro foi centralizado na maior parte de sua história: do período colonial, passando pela monarquia imperial, até a instituição da república federal em 1889. Embora o Brasil seja uma federação desde a Constituição de 1891, apenas o processo de redemocratização dos anos 1980 levou o país a uma verdadeira descentralização fiscal. A Constituição brasileira de 1988 é considerada um divisor de águas devido à adoção de um sistema federativo fiscal altamente descentralizado.

O acordo constitucional federativo no Brasil entende que o governo central apoiará os governos locais sempre que necessário. Portanto, a abordagem de descentralização no Brasil consiste na prescrição de regras gerais pelo governo nacional para permitir os limites de empréstimo dos governos locais (BLONDAL, 1998). Ocorre que, como explicado por Rodden (2002), é comum a pressão política influenciar decisões técnicas no Brasil. Ele também argumenta que esse é o grande desafio do federalismo fiscal, porque, por razões políticas ou mesmo morais, o governo central não pode deixar de ajudar governos subnacionais com problemas de caixa, uma vez que o descontrole fiscal de determinado ente federado pode colocar em risco as políticas públicas e os serviços públicos oferecidos à população local, como também desestabilizar o próprio pacto federativo brasileiro.

A proibição do governo federal de tomar mais dinheiro emprestado do que o necessário para despesas de capital, a conhecida regra de ouro, está estabelecida na Constituição brasileira (art. 167, inc. III). Assim, a regra constitucional impede empréstimos governamentais para cobrir despesas operacionais, o que dá ao governo central controle e monitoramento dos limites de empréstimo subnacional (DILINGER; WEBB, 1999) e o domínio sobre os seus próprios limites de endividamento. Também as regras constitucionais que tratam da prestação de garantia soberana pela União às operações de crédito dos entes e toda a sistemática da Lei Complementar nº 101, de 4.5.2000 – Lei de Responsabilidade Fiscal – para atuação e gestão das contas públicas limitam o acesso dos entes federados ao crédito no mercado financeiro, como forma de conter e acompanhar o grau de endividamento local pelo governo central.

Da mesma forma, na estrutura da federação brasileira, os governos locais têm baixa capacidade tributária ativa, uma vez que a Constituição atribuiu aos estados e municípios impostos determinados. Ocorre que, mesmo no caso do ente que exerce integralmente a sua capacidade tributária, as estruturas da administração tributária local – seja da autoridade lançadora do tributo, seja da procuradoria responsável por inscrever em dívida ativa e realizar a cobrança administrativa e/ou judicial dos créditos públicos – são deficientes e pouco integradas. A insuficiência da implementação adequada das competências e poderes da autoridade tributária local tem repercussão direta no volume da arrecadação e recuperação do crédito tributário em nível local, enfraquecendo a conta das receitas públicas dos entes subnacionais.

Com acesso limitado a crédito no mercado e com baixa capacidade tributária implementada, os entes federados brasileiros são altamente dependentes de resgates federais e complementam seu orçamento com transferências federais.

III Da renegociação da dívida dos estados com a União

Holland (2015) enfatiza que, de 2014 a 2015, um programa fiscal restritivo foi imposto ao governo federal brasileiro devido a uma combinação de crises econômicas e fiscais, contração do produto interno bruto (PIB) e caos político resultante de uma miríade de escândalos de corrupção em todos os níveis de governos.

No contexto de restrição fiscal do governo central, os estados, o Distrito Federal e municípios foram diretamente impactados. As dívidas contratadas com a União, em sua maioria desde a década de 1990, emergiram no debate político e judicial e o equilíbrio federativo foi posto em risco. A limitação das transferências da União aos entes, uma conjuntura de baixa arrecadação tributária federal, que repercute diretamente na repartição constitucional das receitas com estados, Distrito Federal e municípios, e a adoção de uma política pública restritiva na concessão de garantia soberana comprimiu o orçamento fiscal dos entes federados, com graves consequências aos governos locais.

Nesse cenário, dentro da noção do federalismo fiscal cooperativo, a Lei Complementar nº 148, de 5.11.2014, buscou reequilibrar as dívidas dos estados. A nova legislação limitou a taxa de juros dos contratos com a União – que antes variava de 6 a 9% – em 4% ao ano. A atualização monetária, por seu turno, deixou de ser pelo Índice Geral de Preços e Disponibilidade Interna (IGP-DI), calculado pela Fundação Getúlio Vargas, e passou a ser feita pelo Índice Nacional de Preços ao Consumidor Amplo (IPCA), calculado pelo Instituto Brasileiro de Geografia e Estatística – IBGE para medir a inflação do consumo pessoal das famílias.[2] E o somatório desses dois índices, como prescrito na lei, ficaria limitado à Selic, a qual, também, seria utilizada para recalcular o estoque da dívida dos estados.

Pela leitura dos arts. 2º e 3º da referida Lei Complementar nº 148, de 2014, constata-se que a revisão dos encargos contratuais e a limitação da taxa de juros foram revistas desde a assinatura dos contratos entre União e entes subnacionais. Para afastar dúvidas e restringir eventual juízo de conveniência da União prejudicial aos estados, a Lei Complementar nº 151, de 5.8.2015, alterou a redação do art. 3º que autorizava a concessão de descontos para garantir que a União concederia os referidos descontos sobre os saldos devedores dos contratos, desde o momento da sua assinatura, nestes termos:

> Art. 2º A União adotará, nos contratos de refinanciamento de dívidas celebradas entre a União, os Estados, o Distrito Federal e os Municípios, com base, respectivamente, na Lei nº 9.496, de 11 de setembro de 1997, e na Medida Provisória nº 2.185-35, de 24 de agosto de 2001, e nos contratos de empréstimos firmados com os Estados e o Distrito Federal ao amparo da Medida Provisória nº 2.192-70, de 24 de agosto de 2001, as seguintes condições, aplicadas a partir de 1º de janeiro de 2013: (Redação dada Pela Lei Complementar nº 151, de 2015)
>
> I – juros calculados e debitados mensalmente, à taxa nominal de 4% a.a. (quatro por cento ao ano) sobre o saldo devedor previamente atualizado; e
>
> II – atualização monetária calculada mensalmente com base na variação do Índice Nacional de Preços ao Consumidor Amplo (IPCA), apurado pela Fundação Instituto Brasileiro de Geografia e Estatística (IBGE), ou outro índice que venha a substituí-lo.
>
> §1º Os encargos de que trata o caput ficarão limitados à taxa referencial do Sistema Especial de Liquidação e de Custódia (Selic) para os títulos federais.
>
> §2º Para fins de aplicação da limitação referida no §1º, será comparada mensalmente a variação acumulada do IPCA + 4% a.a. (quatro por cento ao ano) com a variação acumulada da taxa Selic.
>
> §3º O IPCA e a taxa Selic estarão referenciados ao segundo mês anterior ao de sua aplicação.
>
> §4º (VETADO).

---

2 Disponível em: https://www.ibge.gov.br/estatisticas/economicas/precos-e-custos/9256-indice-nacional-de-precos-ao-consumidor-amplo.html?=&t=conceitos-e-metodos.

> ~~Art. 3º É a União autorizada a conceder descontos sobre os saldos devedores dos contratos referidos no art. 2º, em valor correspondente à diferença entre o montante do saldo devedor existente em 1º de janeiro de 2013 e aquele apurado utilizando-se a variação acumulada da taxa Selic desde a assinatura dos respectivos contratos, observadas todas as ocorrências que impactaram o saldo devedor no período.~~ (redação original)
>
> Art. 3º A União concederá descontos sobre os saldos devedores dos contratos referidos no art. 2º, em valor correspondente à diferença entre o montante do saldo devedor existente em 1º de janeiro de 2013 e aquele apurado utilizando-se a variação acumulada da taxa Selic desde a assinatura dos respectivos contratos, observadas todas as ocorrências que impactaram o saldo devedor no período. (Redação dada Pela Lei Complementar nº 151, de 2015)

Nota-se, então, que os encargos contratuais originalmente previstos – juros de 6% ao ano e atualização monetária pelo IGP-DI – foram substituídos, respectivamente, por juros de 4% ao ano (art. 2º, I) e atualização monetária pelo IPCA (art. 2º, II). Além disso, conforme determinado pelo art. 2º, §1º, da citada Lei Complementar nº 148, de 2014, esses encargos passaram a ter a Selic como teto. Esse assunto foi bem abordado na *Revista de Audiências Públicas do Senado Federal*, citada na petição de agravo interno protocolizada pela Advocacia-Geral da União nos autos da ACO nº 3.678/RJ, a saber:

> A alternativa seria recalcular os saldos devedores desde o início, ou a partir decerto momento de acordo, com as novas regras, mais favoráveis. Isso geraria uma espécie de crédito para os devedores pelas diferenças a menor em relação ao que eles já pagaram. O somatório dessas diferenças seria deduzido do saldo devedor dos contratos, não necessariamente do valor das novas prestações, sugeriu, em sintonia com o que propõe a Febrafite. Diferentemente do que pensa o governo, Lindbergh já demonstrou que é sensível aos argumentos de prefeitos e governadores: "Acho muito razoável essa proposta de recalcular o estoque da dívida tomando como base a Selic", afirmou o presidente da CAE.[3]

Conclui-se, portanto, que a aplicação da Selic pela Lei Complementar nº 148, de 2014, serviu como um reequilíbrio retroativo e prospectivo dos encargos do refinanciamento das dívidas dos estados. A intenção do legislador foi, sem dúvidas, tornar factível, do ponto de vista orçamentário e financeiro, os pagamentos das parcelas dos contratos de financiamento dos estados com a União e afrouxar a pressão, dessas dívidas, no orçamento público dos entes.

Apesar das vantagens trazidas pela sistemática autorizada pela citada lei, os entes subnacionais questionaram judicialmente a metodologia de cálculo dos benefícios previstos no art. 3º. Basicamente, União e estados divergiam quanto à aplicação da Selic na forma de juros simples ou juros compostos. O Supremo Tribunal Federal firmou o entendimento, como é possível verificar no MS nº 34.137-MC/RJ, de relatoria do Ministro Luís Roberto Barroso, no sentido de que os entes federados calculassem o valor das parcelas à luz do que se entendesse devido, nos termos da Lei Complementar nº 148, de 2014, sem que fossem aplicadas quaisquer sanções pela União ao estado, nestes termos:

---

3 Disponível em: https://portal.stf.jus.br/processos/detalhe.asp?incidente=6911982.

> 1. Trata-se de mandado de segurança, com pedido liminar, no qual se questiona, em síntese, a sistemática de atualização da dívida do Estado impetrante para com a União, para fins de aplicação dos descontos previstos no art. 3º da Lei Complementar nº 148/2014. [...]
> 8. Sem prejuízo da necessidade de reflexão mais aprofundada quando do julgamento final, deve ser adotada, no presente momento processual, a orientação firmada pelo Plenário do Supremo Tribunal Federal em recente julgamento, que reconheceu a plausibilidade das alegações da inicial e deferiu medida liminar semelhante à ora pleiteada em favor do Estado de Santa Catarina. Confira-se (MS 34.023 MC, Rel. Min. Edson Fachin, j. 07.04.2016):
> "[...]
> O Tribunal, por unanimidade, acolhendo proposta do Relator, concedeu a medida liminar para ordenar às autoridades impetradas que se abstenham de impor quaisquer sanções ao impetrante, especialmente aquelas previstas na Cláusula Décima Sexta do Contrato 12/98/STN/COAFI e o bloqueio de recursos de transferências federais, pelo exercício da faculdade constante do parágrafo único do artigo 4º da LC nº 148/14, norma que lhe garante o cálculo e o pagamento da dívida pública com base nos novos parâmetros legais em face da não promoção do aditivo contratual. [...]"
> 9. Na sequência, o Min. Edson Fachin deferiu monocraticamente medidas liminares semelhantes em favor dos Estados do Rio Grande do Sul (MS 34.110 MC) e Minas Gerais (MS 34.122 MC). Todos os casos envolvem as mesmas alegações e autoridades impetradas.
> 10. Enquanto se aguarda a iminente solução da questão pelo Plenário do Supremo Tribunal Federal, em sede de cognição exauriente, considero que o Estado impetrante não deve ficar em situação melhor nem pior relativamente aos demais Estados que têm acionado esta Corte. Essa uniformidade de tratamento atende à isonomia e à coerência esperadas das respostas institucionais do Supremo Tribunal Federal, valendo notar que o risco de bloqueio de recursos e de transferências configura o perigo na demora apto ao deferimento da medida liminar. [...]
> 12. Diante do exposto, defiro parcialmente o pedido liminar, para ordenar às autoridades impetradas que se abstenham de impor quaisquer sanções ao impetrante, especialmente aquelas previstas nas Cláusulas Décima Sexta e Décima Sétima do Contrato nº 004/99/STN/COAFI e o bloqueio de recursos de transferências federais, pelo exercício da faculdade constante do parágrafo único do art. 4º da LC nº 148/2014, norma que lhe garante o cálculo e o pagamento da dívida pública com base nos novos parâmetros legais em face da não promoção do aditivo contratual. (trechos omitidos do original)

No julgamento dos Mandados de Segurança nºs 34.023, 34.110 e 34.122, apesar do voto do Ministro Relator Edson Fachin pela denegação da segurança, o Ministro Luís Roberto Barroso sugeriu uma suspensão do litígio interfederativo para renegociação das dívidas entre União e estados, com a manutenção das decisões liminares vigentes.

Mesmo com decisões judiciais indicando que a metodologia de cálculo dos juros utilizada pelos estados, a saber, juros simples, poderia não representar a melhor exegese da Lei Complementar nº 148, de 2014, a sistemática da conciliação trouxe a possibilidade do exercício efetivo do federalismo fiscal de cooperação. Importante reconhecer o centralismo da posição do Ministro Luís Roberto Barroso que, se por um lado alertou os entes subnacionais que a metodologia dos juros simples não parecia a mais adequada, de outro, indicou à União que a sua posição de concentração do poder de tributar e de desonerar tributos, com impacto nas receitas dos entes, poderia agravar a crise federativa.

Esse é o ensinamento da brilhante Advogada da União Andrea de Quadros Dantas (2020), na obra *O árbitro da federação pode influenciar o jogo do resgate?*, nestes termos:

> despeito do alerta de alguns Ministros no sentido de que os Estados não poderiam contar com o cálculo dos juros simples e que, portanto, tais entes não poderiam ir para a mesa de negociação na condição de superioridade, a forma como a questão foi levada à conciliação indicou claramente um maior poder de barganha dos Estados.
> Isso porque o STF sinalizou de forma bastante clara que a acordo a ser atingido deveria conter regras mais favoráveis aos Estados do que aquelas constantes na LC n. 151/2015. [...]
> O Ministro Marco Aurélio destacou que era preciso esclarecer que a liminar não implicava em reconhecimento do pleito formulado na inicial do mandado de segurança. Nesse ponto, ressaltou que, no mérito, seu voto seria pela denegação da segurança, de modo que tanto os Estados como a União deveriam se esforçar para realizar o acordo. Já o Ministro Roberto Barroso afirmou que nenhum dos entes federados deveria se sentar à mesa de negociação se achando na condição de superior, pois se de um lado os Estados possivelmente não iriam conseguir os juros simples, de outro a União teria tido um comportamento que agrava a crise dos Estados, em razão do centralismo tributário e da política de desoneração dos tributos.

Fruto do consenso nas negociações federativas, foi encaminhado projeto de lei complementar ao Congresso Nacional, bem como foi peticionado ao Supremo Tribunal Federal para que as liminares vigentes fossem adaptadas, enquanto durasse o trâmite legislativo, à ata de reunião assinada pelo Ministro de Estado da Fazenda e à unanimidade por todos os governadores estaduais. O pedido da União foi deferido pelo Ministro Edson Fachin, nos autos do MS nº 34.023 QO, julgado em 1º.7.2016, publicado em 12.6.2017.

Ato contínuo, o Congresso Nacional editou a Lei Complementar nº 156, de 28.12.2016, resultado do entendimento federativo, que autorizou o alongamento do prazo de pagamento das dívidas, de 360 meses para 600 meses, bem como suspendeu os pagamentos das parcelas por 6 meses, com retomada progressiva ao longo de 18 meses. A nova lei autorizou o parcelamento em 24 meses dos valores não pagos antes do acordo e permitiu a supressão do limite de comprometimento da receita líquida real (RLR) e na incorporação dos resíduos acumulados aos respectivos saldos devedores contratuais.

Sob essa perspectiva histórica e com o reconhecimento de que as medidas ajustadas no acordo federativo de 2016 não seriam suficientes para alguns estados em grave crise fiscal, o governo federal propôs uma nova política pública fiscal para equilibrar as contas dos estados em grave situação de endividamento, por meio da implementação de medidas de emergência e reformas institucionais.

Como instrumento para alcançar os objetivos, foi editada uma nova legislação. A Lei Complementar nº 159, de 2017, buscou impor um controle central sobre os gastos e empréstimos subnacionais e dar-lhes margem para renegociar suas responsabilidades e ajustar suas contas. Este novo comando foi baseado em alguns princípios de gestão como sustentabilidade econômica e financeira, equidade intergeracional e solidariedade entre os ramos do governo e órgãos da administração pública.

O resultado mais importante dessa política é o regime chamado Recuperação Fiscal, que se baseia em ações planejadas, transparentes e organizadas pela cooperação mútua entre os três ramos dos governos subnacionais – Poderes Executivo, Legislativo e Judiciário. E, também, pela cooperação entre o governo central e o local para reorganizar as contas públicas. Durante o regime, o estado terá assegurados alguns benefícios e vantagens, como a redução total e extraordinária do pagamento da dívida com o governo federal e a suspensão temporária do cumprimento de disposições legais relacionadas às condições para receber transferência voluntária. Por outro lado, a adesão pelo governo local ao regime pressupõe a implementação de reformas importantes, por exemplo, a adoção de uma reforma da previdência privada para os serviços públicos locais e a privatização de empresas estatais.

A adesão do governo subnacional ao novo programa prevê a elaboração prévia de um Plano de Recuperação que deve trazer o conjunto de leis do governo local que implicará a realização de reformas importantes. O Plano também deve reconhecer "a situação de desequilíbrio financeiro" e propor, de forma detalhada, as medidas de ajuste, indicando os impactos esperados e os prazos necessários. Assim, as regras descritas e as restrições impostas ao governo subnacional são estritas o suficiente para que todos os ramos do governo subnacional, órgãos e instituições públicas cumpram suas obrigações e participem do delicado equilíbrio político.

O Plano de Recuperação é submetido à análise e manifestação técnica pela Secretaria do Tesouro Nacional e pelo Conselho de Supervisão do Regime de Recuperação Fiscal e ao crivo de legalidade e juridicidade da Procuradoria-Geral da Fazenda Nacional. Com a totalidade das manifestações favoráveis, o plano é remetido ao juízo político do Ministério da Fazenda e, finalmente, em assim se entendendo, autorizado pelo Presidente da República. O Plano representa um compromisso firme de que o estado subnacional fará todo o esforço para alcançar os objetivos definidos e reequilibrar a situação fiscal, em benefício da população local, como também da estabilidade do federalismo brasileiro.

Embora a decisão final seja tomada pelo Presidente da República, a concentração de opiniões fiscais e jurídicas no Ministro da Fazenda é considerada um caminho sábio a seguir devido à resposta do Ministro de Estado à política pública fiscal mais do que a interesses geográficos ou setoriais, como, em regra, acontece nas discussões e decisões políticas que têm sede no Parlamento (STEIN, 1998).

Do ponto de vista das contrapartidas, a Lei Complementar nº 159, de 2017, proíbe estritamente o governo local de aumentar as despesas públicas, seja pela concessão de benefícios fiscais ou novas contratações. Limita, também, a concessão de vantagens a servidores públicos e traz regras sobre concursos públicos, criação de cargos e funções públicas e nomeação de pessoal que impliquem aumento de despesa corrente, impedindo que decisões tomadas por um governo possam impactar as contas públicas futuras pela criação das chamadas despesas obrigatórias de caráter continuado, conceituadas no art. 17 da LRF.

A disposição legal é categórica ao afirmar que o Regime de Recuperação Fiscal será extinto se o governo local não cumprir com as vedações tratadas na lei. As duras proibições trazidas pela lei complementar editada pelo Congresso Nacional protegem o governo estadual da eventual pressão política de grupos locais, uma vez que o ônus por impor limitações severas ficou a cargo da União.

Mesmo com todas as vantagens e benefícios implementados pelas legislações analisadas, vários assuntos foram submetidos ao contencioso interfederativo na Suprema Corte. Por exemplo, os requisitos trazidos, respectivamente, no art. 1º, §8º, da Lei Complementar nº 156, de 2016 e no art. 3º, §3º, da Lei Complementar nº 159, de 2017 (na redação original), de desistência e de renúncia de ações judiciais foram analisados e considerados constitucionais pelo Supremo Tribunal Federal, como se vê na ADI nº 5.981 e na ACO nº 3.085:

DIREITO CONSTITUCIONAL E FINANCEIRO. AÇÃO CÍVEL ORIGINÁRIA. ASSINATURA DE ADITIVO AO CONTRATO DE REFINANCIAMENTO DE DÍVIDA. EXIGÊNCIA LEGAL DE DESISTÊNCIA DE AÇÕES JUDICIAIS QUE QUESTIONAM O DÉBITO.
1. Não ofende o princípio da inafastabilidade da jurisdição a exigência legal de renúncia expressa e irrevogável pelos Estados-membros ao direito em que se fundam ações judiciais que discutem dívida ou contrato objeto de renegociação com a União. Precedente.
2. Agravo interno provido. (ACO nº 3.085 AgR, Rel. Roberto Barroso, Tribunal Pleno, julgado em 04.04.2022, Processo Eletrônico DJe-077 Divulg 22.04.2022 Public 25.04.2022)

DIREITO CONSTITUCIONAL E ADMINISTRATIVO. AÇÃO DIRETA DE INCONSTITUCIONALIDADE. ART. 1º, §8º, DA LEI COMPLEMENTAR Nº 156/2016. EXIGÊNCIA DE DESISTÊNCIA DE AÇÕES JUDICIAIS COMO CONDIÇÃO PARA ADESÃO AO PLANO DE AUXÍLIO AOS ESTADOS E AO DISTRITO FEDERAL.
1. Ação direta de inconstitucionalidade contra o art. 1º, §8º, da LC nº 156/2016, que estabeleceu Plano de Auxílio aos Estados e ao Distrito Federal. O dispositivo impugnado condiciona a concessão e a manutenção dos benefícios previstos na lei para o refinanciamento das dívidas com a União à desistência e ao não ajuizamento de ações judiciais que tenham por objeto a dívida ou o contrato renegociado.
2. O Plenário do Supremo Tribunal Federal já reconheceu, em diversos julgados, a legitimidade constitucional do art. 1º, §8º, da LC nº 156/2016. Considerou-se, nesses casos, a facultatividade para a celebração do termo aditivo de repactuação.
3. Nessa linha, não ofende o princípio da inafastabilidade da jurisdição nem viola os postulados da razoabilidade e da proporcionalidade a exigência legal de renúncia expressa e irrevogável pelos Estados-membros ao direito em que se fundam ações judiciais que discutem dívida ou contrato objeto de renegociação com a União.
4. A previsão legal busca conferir previsibilidade aos contratantes e distribuir de forma mais equitativa os ônus do ajuste entre as partes. Caso se permitisse a continuidade das discussões judiciais, não seria possível a apuração e a consolidação segura dos saldos devedores.
5. Além disso, a adesão ao Plano de Auxílio da LC nº 156/2016 pressupõe o reconhecimento da correção do débito pelo ente interessado. Permitir o comportamento contraditório de se anuir aos termos de repactuação de débitos e, ao mesmo tempo, prosseguir com as ações a eles referentes infringiria os deveres de lealdade e colaboração federativa.
6. Pedido julgado improcedente, com a fixação da seguinte tese de julgamento: "É constitucional a exigência legal de renúncia expressa e irrevogável pelos Estados-membros ao direito em que se fundam ações judiciais que discutem dívida ou contrato objeto de renegociação com a União". (ADI nº 5.981, Rel. Roberto Barroso, Tribunal Pleno, julgado em 22.02.2023, Processo Eletrônico DJe-s/n Divulg 01.03.2023 Public 02.03.2023)

Os entes subnacionais fizeram, ao longo dos anos, escolhas locais que levaram à fragilidade das contas públicas em comportamentos contraditórios com os compromissos firmados com o ente central. Argui-se que, em especial desde 2016, alguns estados assumiram uma postura de litigância federativa no âmbito do STF na tentativa de, por meio de decisões judiciais, eximirem-se das contrapartidas propostas pela legislação complementar, que busca o ajuste fiscal decorrente do refinanciamento das dívidas.

Em muitos casos, as decisões judiciais que garantem um regime privilegiado a um estado criam uma rede de desincentivos tanto para a busca da trajetória sustentável das contas públicas estaduais quanto para os demais entes cumprirem as suas próprias obrigações. Menciona-se, como exemplo recente, a decisão liminar proferida nos autos da ACO nº 3.678/RJ, de relatoria do Ministro Dias Toffoli, por meio da qual o Estado do Rio de Janeiro teve assegurado o direito de recolhimento das parcelas devidas, no âmbito do Regime de Recuperação Fiscal, em valor desatualizado correspondente ao ano anterior (2023). Essa decisão judicial mantém o estoque da dívida estadual sendo amortizado por percentual defasado contratualmente, impactando no montante final da dívida e reforçando uma narrativa pública de que os contratos de dívida entre União e estados são desproporcionais ou não têm amortização proporcional.

Por oportuno, vale citar trecho da petição de agravo interno apresentada pela Advocacia-Geral da União, nos autos da ACO nº 3.678/RJ que bem resume a situação, nestes termos:

> Conseguem criar para si, então, a partir de decisões judiciais, exceções ao regime jurídico das dívidas refinanciadas que, além de os impedirem de alcançar o almejado equilíbrio fiscal, geram uma rede de desincentivos, desestimulando os demais entes federados de continuarem a cumprir as obrigações contratuais e legais concernentes às dívidas refinanciadas pela União.
>
> Além de anti-isonômicos, os regimes híbridos formados a partir dessas intervenções judiciais não têm se mostrado aptos a resolver os problemas de endividamento e de desequilíbrio fiscal dos Estados, sendo o ajuizamento desta ação um sintoma da inefetividade das tutelas jurisdicionais que vêm sendo concedidas. [...]
>
> Nesse contexto, a STN acertadamente conclui que "a sucessão de medidas acautelatórias em benefício de Estados descomprometidos com o equilíbrio financeiro, sempre baseadas em princípios diversos daquele da responsabilidade fiscal, aos poucos corrói os incentivos à realização de uma administração prudente dos recursos públicos, plantando as sementes de novas crises econômicas" (Nota Técnica SEI nº 1162/2024/MF – doc. anexo).

Importante registrar que, no âmbito do federalismo fiscal, a relação contratual entre entes – pessoas jurídicas de direito público – está firmemente baseada na legalidade, o que significa que a autonomia de vontades dos contratantes encontra baliza clara nos princípios constitucionais que regem a Administração Pública. Essa premissa é essencial quando da análise – tanto pelo Poder Executivo e, pincipalmente, pelo Poder Judiciário – dos contratos de endividamento firmados entre União e entes subnacionais.

Todavia, o alto volume de dívidas fiscais de entes federados brasileiros não pode ser explicado apenas pela perspectiva econômica. Há um sistema político tradicional no qual os controles e equilíbrios nem sempre buscam o bem-estar comum no Brasil. Além das reformas técnicas necessárias para resolver o alto endividamento dos entes federados, um arranjo institucional e político abrangente é imperativo (BLONDAL, 1999; FUKASAKU; MELLO JR., 1998).

É senso comum que o Brasil precisa de reformas estruturais para cortar gastos ineficientes, benefícios tributários sem prestabilidade aos resultados da política pública que o implementou, uma reforma extensiva no sistema de previdência dos entes subnacionais, a exemplo da Emenda Constitucional nº 103, de 12.11.2019, e compromissos claros entre todos os níveis de governo para induzir comportamento cooperativo (STEIN, 1998), visando consolidar reestruturações fiscais e melhorar a responsabilidade e a prestação de contas nos gastos públicos (HOLLAND, 2015).

Neste contexto, e em resposta à questão deste ensaio, é possível argumentar que a Lei Complementar nº 159, de 2017, é um instrumento importante nessas reformas necessárias e pode ajudar os governos subnacionais a alcançarem seus objetivos e a corrigir a trajetória de suas contas públicas e nível de endividamento. O plano estratégico e transversal do Regime de Recuperação Fiscal é uma das ferramentas legais mais importantes para o equilíbrio das contas públicas dos estados brasileiros que se encontram em grave desorganização fiscal.

As medidas administrativas esperadas podem ajudar a estabelecer um caminho contínuo de melhoria na situação fiscal do Brasil, como resultado de regras rígidas para a concessão de novos créditos aos governos subnacionais, cujos limites e requisitos devem ser aprovados pelo governo central.

Nesse ponto, é relevante reconhecer a atuação segura e competente da Secretaria do Tesouro Nacional (STN), que acompanha detidamente, por meio de relatórios periódicos e da interlocução direta com as secretarias dos governos locais, a situação fiscal dos estados brasileiros. No ano de 2023, foi lançado, pela STN, o novo ciclo de cooperação federativa composto por um "conjunto de iniciativas destinadas a reformular o pacto federativo brasileiro e mitigar eventuais conflitos entre a União, os estados e os municípios".[4] O projeto, que busca redesenhar a relação federativa, investe na colaboração entre União – por meio dos órgãos técnicos do Ministério da Fazenda – e entes subnacionais para implementação de uma cultura de sustentabilidade fiscal a partir do aperfeiçoamento da gestão do fluxo de caixa dos entes, do incentivo às boas práticas contábeis, do aperfeiçoamento da análise e cálculo da capacidade de pagamento dos entes e de todo o arcabouço da contratação de operações de crédito, com ou sem garantia soberana do governo federal. O novo ciclo de cooperação federativa busca prevenir as situações de endividamento e cooperar com a gestão fiscal dos entes subnacionais. Inova, inclusive, ao estimular a estruturação de parcerias público-privadas e concessões, reconhecidos instrumentos de gestão eficiente de recursos e necessidades públicas.

Ainda no contexto do federalismo de cooperação, uma das propostas trazidas é o aprimoramento do regime de recuperação fiscal. A mudança sugerida para alteração legislativa altera o paradigma do modelo existente atualmente. Pretende-se um novo foco no resultado fiscal dos entes subnacionais e não apenas na execução do plano em si. Para isso, propõem-se simplificações no método de acompanhamento da execução do plano de recuperação fiscal, garantindo ao Estado as ferramentas necessárias para concretizar os resultados do plano sem interferências indevidas do governo central em cada etapa e em cada decisão a ser tomada no curso desse processo. Essas novidades fortalecem a autonomia dos entes e o próprio federalismo brasileiro.

As políticas públicas mencionadas representam o federalismo fiscal brasileiro encarregado de criar mecanismos pelos quais o poder central pode incentivar que os governos locais alcancem as reformas estruturais necessárias destinadas a racionalizar a sua gestão, reduzir as despesas públicas, tornar a prestação de serviços públicos mais eficiente com base na sustentabilidade fiscal de longo prazo. A nova legislação parece cumprir o objetivo de dar transparência às contas públicas e impor a adoção de medidas concretas para reduzir o déficit e direcionar os recursos para ações efetivas em benefício da população local do ente subnacional.

4 Disponível em: https://www.gov.br/tesouronacional/pt-br/noticias/medidas-do-novo-ciclo-de-cooperacao-federativa.

IV Considerações finais

Como visto, o Brasil sofre de um dilema em relação ao seu federalismo fiscal, representado pela condição *sui generis* de ser uma república federativa com um alto grau de descentralização fiscal, o que provoca um choque entre governos locais e o governo central na gestão do endividamento fiscal.

Em comparação com a literatura especializada, demonstrou-se que, devido ao seu aspecto de compromisso abrangente, inclusive entre os Poderes Executivo, Legislativo e Judiciário, a Lei Complementar nº 159, de 2017 pode, de fato, ajudar a resolver o aumento das dívidas dos governos subnacionais, principalmente, em se considerando as propostas de aperfeiçoamento constantes do novo ciclo de cooperação federativa proposto pela Secretaria do Tesouro Nacional.

Do ponto de vista da gestão eficaz da política pública fiscal, não há uma única solução para resolver os altos níveis de endividamento nos governos nacional e subnacionais brasileiros. Certamente, é necessário repensar o modelo de descentralização e o desenho institucional de um sistema fiscal, em vez de apenas aumentar os recursos alocados aos governos subnacionais (LIU, 2007). A correta compreensão pelo Supremo Tribunal Federal das questões técnicas que envolvem os contratos de dívidas entre União e entes subnacionais também é ponto central no debate, a partir da percepção dos muitos impactos jurídicos e políticos que uma decisão judicial pode acarretar para a sustentabilidade do pagamento da dívida, como também para todo o equilíbrio do pacto federativo brasileiro e a relação entre União e os demais estados.

Dadas suas limitações, é claro que o presente ensaio não pretende esgotar o tema. Pesquisas empíricas na análise das dívidas dos estados e da trajetória tanto do pagamento quanto do nível de endividamento, além da análise detalhada da legislação e da jurisprudência do Supremo Tribunal Federal parecem necessárias para confirmar as conclusões iniciais apresentadas. Uma possível e interessante análise poderia partir do entendimento da repercussão de determinada decisão judicial oferecida pela Corte Suprema no comportamento dos demais entes da federação, e, eventualmente na renegociação dos contratos já existentes. Tal estudo poderia ser complementar ao presente ensaio, que buscou traçar um paralelo entre as decisões judiciais e a evolução legislativa dos últimos anos.

Referências

BLONDAL, J. Fiscal federalism in OECD member countries. *In*: FUKASAKU, Kiichiro; HAUSMANN, Ricardo (Ed.). *Democracy, decentralization and deficits in Latin America*. Paris: OECD Publishing, 1998. p. 149-160.

DANTAS, A. Q. *O árbitro da federação pode influenciar o jogo do resgate?* Coordenação de Fernando Facury Scaff. São Paulo: D'Plácido, 2020. Coleção Direito Financeiro Atual.

DILLINGER, W.; WEBB, S. B. Fiscal management in federal democracies: Argentina and Brazil. *World Bank Policy Research Working Paper*, 2121, p. 1-38, 1999.

FUKASAKU, K.; MELLO JR., L. R. Fiscal decentralization and macroeconomic stability: The experience of large developing and transition economies. *In*: FUKASAKU, Kiichiro; HAUSMANN, Ricardo (Ed.). *Democracy, decentralization and deficits in Latin America*. Paris: OECD Publishing, 1998. p. 121-148.

GOODIN, R. E.; REIN, M.; MORAN, M. The public and its policies. *In*: GOODIN, R. E.; REIN, M.; MORAN, M. (Ed.). *The Oxford handbook of public policy*. Oxford: Oxford University Press, 2008. p. 2-38.

HOLLAND, M. Fiscal policy in Brazil: From counter-cyclical response to crisis. *Sao Paulo School of Economics Working Paper*, 407, p. 1-46, 2015.

LIU, C. *What type of fiscal decentralization system has better performance?*. PhD Thesis, University of Maryland, 2007. p. 1-120.

OATES, W. E. An essay on fiscal federalism. *Journal of Economic Literature*, 37, 3, p. 1120-1149, 1999.

RODDEN, J. The dilemma of fiscal federalism: Grants and fiscal performance around the world. *American Journal of Political Science*, 46, 3, p. 670-687, 2002.

SENADO FEDERAL. Revisar daqui para afrente é a solução? *Em discussão!: Revista de Audiências Públicas do Senado Federal*, v. 4, n. 16, p. 52-53, jul. 2013.

STEIN, E. Fiscal decentralization and government size in Latin America. *In*: FUKASAKU, Kiichiro; HAUSMANN, Ricardo (Ed.). *Democracy, decentralization and deficits in Latin America*. Paris: OECD Publishing, 1998. p. 95-120.

Informação bibliográfica deste texto, conforme a NBR 6023:2018 da Associação Brasileira de Normas Técnicas (ABNT):

ALMEIDA, Anelize Lenzi Ruas de. Federalismo fiscal brasileiro: impactos da Lei Complementar nº 159/2017 e implicações jurídicas no pacto federativo. *In*: PAULA, Fernanda de; PENCAK, Nina (coord.). *Tributação, liberdade e igualdade*: as contribuições do Ministro Luís Roberto Barroso. Belo Horizonte: Fórum, 2025. p. 221-233. ISBN 978-65-5518-952-0.

A LIMITAÇÃO DA COISA JULGADA TRIBUTÁRIA PELO SUPREMO TRIBUNAL FEDERAL

ARIANE COSTA GUIMARÃES

1 Introdução

O Supremo Tribunal Federal, em julgamento proferido nos Temas de Repercussão Geral nº 885 e 881, considerou que uma decisão definitiva transitada em julgado proferida em uma ação que discuta tributos recolhidos de forma continuada perde seus efeitos caso e assim que a Corte se pronuncie em sentido contrário, seja em sede de controle concentrado, seja em repercussão geral.

De acordo com a visão dos ministros da Corte, em especial dos relatores, Ministros Luís Roberto Barroso e Edson Fachin, uma decisão, ainda que transitada em julgado, somente tem condição de produzir os seus efeitos enquanto perdurar o cenário fático e jurídico que a embasou. Havendo alteração deste quadro, o que ocorre também com uma decisão proferida pelo Supremo Tribunal Federal em sede de controle concentrado ou em repercussão geral, os efeitos da decisão anterior devem deixar de ser produzidos para que a relação jurídica em questão se submeta aos ditames do precedente.

Para o Ministro Luís Roberto Barroso, com a decisão proferida em uma ação de controle concentrado, no caso, a ADI nº 15, as empresas que obtiveram trânsito em julgado deveriam ter considerado o retorno do pagamento da CSLL, tributo em questão, quando do aludido julgamento, em 2007. E assim entende porque, segundo o ministro,

> a insegurança jurídica foi criada pela decisão do empresário de, mesmo depois da orientação do Supremo de que o tributo era devido, continuar a não pagá-lo ou a não provisionar. [...] A partir do momento em que o Supremo diz que o tributo é devido, quem não pagou ou provisionou ou fez uma aposta.

Além disso, definiu-se que, no caso da CSLL, por haver uma inequívoca decisão do Supremo afirmando que o tributo era devido, não haveria de se falar em modulação de efeitos, devendo ser exigida a contribuição dos valores passados, respeitados os prazos de prescrição e anterioridade nonagesimal.

Diante deste cenário, o artigo irá expor as bases jurídicas da diretriz do Supremo Tribunal Federal, bem como tecerá análise crítica sobre o seu conteúdo, indicando as consequências no ordenamento jurídico, com foco na contribuição acadêmica e jurisdicional do Excelentíssimo Ministro Luís Roberto Barroso para a construção deste paradigmático precedente.

2 A orientação do Supremo Tribunal Federal sobre os efeitos das decisões judiciais no ordenamento jurídico

No julgamento dos Temas nºs 881 e 885, o Supremo Tribunal Federal definiu duas diretrizes:

> 1. As decisões do STF em controle incidental de constitucionalidade, anteriores à instituição do regime de repercussão geral, não impactam automaticamente a coisa julgada que se tenha formado, mesmo nas relações jurídicas tributárias de trato sucessivo.
> 2. Já as decisões proferidas em ação direta ou em sede de repercussão geral interrompem automaticamente os efeitos temporais das decisões transitadas em julgado nas referidas relações, respeitadas a irretroatividade, a anterioridade anual e a noventena ou a anterioridade nonagesimal, conforme a natureza do tributo.

A função de uma decisão judicial no ordenamento jurídico não era consenso na doutrina constitucionalista. Na tradição civilista, a decisão judicial consiste em enunciado normativo que serve como orientação, mas sem força vinculante no ordenamento jurídico. De maneira oposta, na corrente anglo-saxônica, o direito é a regra jurídica expedida por uma corte com base na qual se decide uma demanda e, assim, qualquer decisão judicial teria um viés criativo[1] normativo.

Na tradição positivista, a crença de que o juiz complementa o direito é corroborada pelo fato de os adeptos desta linha serem vistos como antiquados ou que se fecham a princípios, sendo "meros" aplicadores, não criadores, do direito. Há dois possíveis caminhos apresentados pelos críticos do positivismo para incrementar o direito: o primeiro seria o retorno ao jusnaturalismo, com a aplicação direta das bases da justiça sem as mediações das normas, e o segundo seria a criação da regra pelo juiz a partir do princípio e dos precedentes, de forma direta e imediata, sem a necessidade de intercâmbio dialógico com o parlamento e o Executivo.[2]

Para suplantar a lacuna típica da limitação jurídica civilista, Luís Roberto Barroso,[3] ainda enquanto professor, apresentou uma proposta acerca da consideração dos preceitos constitucionais e dos precedentes para atribuir-lhes maior efetividade.

---

1 MOTTA, Otávio Verdi. *Justificação da decisão judicial*: a elaboração da motivação e a formação de precedente. São Paulo: Revista dos Tribunais, 2015. p. 51.

2 DIMOULIS, Dimitri. *Positivismo jurídico*: introdução a uma teoria do direito e defesa do pragmatismo jurídico-político. São Paulo: Método, 2006. p. 50.

3 BARROSO, Luís Roberto. *O novo direito constitucional brasileiro*: contribuições para a construção teórica e prática da jurisdição constitucional no Brasil. Belo Horizonte: Fórum, 2012. p. 58.

Trata-se do uso racional (apropriado, termo utilizado no texto) dos princípios, conceitos e elementos.[4] Para assegurar a efetividade das normas constitucionais, propõe: i) *caminho participativo*, que diz respeito à ingerência do indivíduo na esfera política e ao uso de mecanismos como a ação popular, o Ministério Público, todas as formas de associação, e o jurídico na judicialização das pretensões dos direitos constitucionais; ii) *caminho jurídico*, seria a via pela qual a interpretação e a aplicação do direito se realiza no Judiciário.

Há uma importante justificativa para a ampliação normativa de princípios concretizáveis via decisões judiciais. O Judiciário acaba sendo o veículo para suplantar lacunas não preenchidas pelo legislador e pelo Executivo para salvaguarda dos vetores e objetivos constitucionalmente assegurados, mas não tutelados. As decisões, portanto, podem ser conformadas como enunciados dotados de força suficiente para reger comportamentos concretos.[5]

Tais premissas, há bastante tempo enfrentadas no ambiente acadêmico, foram discutidas no julgamento dos referidos Temas nºs 881 e 885.

O Ministro Edson Fachin reputa o juízo definitivo de constitucionalidade em escopo de controle concentrado como apto para alterar o estado de direito de relação tributária de trato continuado, tudo de acordo com o art. 28 da Lei nº 9.868/1999.

Há, no momento da declaração de constitucionalidade ou inconstitucionalidade, uma ruptura com o silogismo original da sentença judicial transitada em julgado, à luz da cláusula *rebus sic stantibus*, cessando os efeitos prospectivos da primeira decisão – a albergada pela coisa julgada – a partir da publicação da ata de julgamento da ação de índole abstrata, momento em que se publiciza.

E assim afirma porque atribui às relações jurídicas passíveis de submissão às decisões de controle concentrado a aptidão de sofrem influxos diretos de um julgamento tomado em sede de controle concentrado, eis que este se equipara a um enunciado normativo, com eficácia vinculante.

Nesse sentido, em sendo novo enunciado, equipara-se a uma nova lei para a relação albergada pela coisa julgada e, portanto, deve ser observado inclusive pela coisa julgada, resguardando-se o passado, mantendo-se a irretroatividade da decisão do STF. O Supremo Tribunal Federal afirma que "o futuro é resguardado pelo grau de vinculatividade e cognoscibilidade das relações jurídicas titularizadas pelos sujeitos de direito".

Há de se destacar que a interrupção dos efeitos da coisa julgada aplica-se apenas às relações de trato continuado. Assim se denominam as relações sucessivas compostas de

> relações instantâneas homogêneas, que, pela sua reiteração e homogeneidade, podem receber tratamento jurídico conjunto ou tutela jurisdicional coletiva. No geral dos casos, as relações sucessivas pressupõem e dependem de uma situação jurídica mais ampla, ou de determinado status jurídico dos seus figurantes, nos quais se inserem, compondo-lhes a configuração.

---

[4] BARROSO, Luís Roberto. *O novo direito constitucional brasileiro*: contribuições para a construção teórica e prática da jurisdição constitucional no Brasil. Belo Horizonte: Fórum, 2012. p. 62.

[5] CAMPOS, Carlos Alexandre de Azevedo. *Dimensões do ativismo judicial do Supremo Tribunal Federal*. Rio de Janeiro: Forense, 2014. p. 278.

Para essas relações, uma nova circunstância fática ou jurídica afeta a relação estabelecida pela sentença e a ela se subsume uma decisão judicial proferida pelo STF em controle concentrado ou em repercussão geral.

Essa diretriz, segundo o Ministro Edson Fachin, já havia sido externalizada na Reclamação nº 4.374, de relatoria do Ministro Gilmar Mendes. Ocorre que, na ocasião, não houve a definição do problema examinado amiúde.

É que referido caso enfrentava a concessão de benefício previdenciário a idoso, havida por meio de ação em concreto por ele proposta. O INSS, por sua vez, arguia a impossibilidade de continuidade de pagamento do referido benefício, porquanto o STF teria reconhecido a constitucionalidade, no bojo da ADI nº 1.232, de um requisito não demonstrado pelo particular para fruição do benefício.

O STF entendeu que o contexto normativo que havia sido declarado constitucional pelo STF na ADI nº 1.232 estaria em vias de ser revisto para que houvesse a declaração de sua inconstitucionalidade; e, no contexto da reclamação em questão, aplicou-se a superação do aludido entendimento jurisprudencial.

Ou seja, o objeto do caso citado não foi o efeito da ADI ao caso concreto, por mais que essa tenha sido uma possível solução a ser conferida à relação examinada naquela ocasião. Não havia como dizer que a ruptura automática dos efeitos de uma decisão transitada em julgado já estaria consolidada por intermédio deste julgado em reclamação.

Tendo em conta essas novas diretrizes sobre os efeitos de uma decisão do STF sobre coisa julgada, que suplantam o efeito da decisão individual definitiva, é relevante a análise do seu impacto no ordenamento jurídico a partir das diretrizes jurisprudenciais anteriores.

3 A coisa julgada até o julgamento dos Temas nºs 881 e 885 e a mudança de orientação nele fixada

É importante destacar a existência de duas decisões tomadas pelo Colendo Supremo Tribunal Federal quanto à CSLL:

- a de constitucionalidade da contribuição social sobre o lucro líquido, definida no âmbito da ADC nº 15, em 2007, não tendo o Tribunal tecido qualquer consideração sobre o impacto dessa decisão em relação a contribuintes que possuíam trânsito em julgado em sentido contrário à constitucionalidade da exação; e
- a que enfrenta os efeitos de decisões do STF em controle concentrado, em sentido contrário ao que fixado em decisões individuais transitadas em julgado, considerando o caso da CSLL, definida no âmbito deste RE nº 949.927, em 2023.

3.1 Constitucionalidade da contribuição social sobre o lucro líquido

No ano de 2007, o STF julgou a Ação Direta de Inconstitucionalidade (ADI) nº 15 e declarou a constitucionalidade da contribuição social sobre o lucro líquido.

Referido entendimento vinculante diz respeito, tão somente, à constitucionalidade da legislação instituidora da CSLL. Jamais foi abordado, naquele julgamento, qual o efeito daquele julgado em relação a decisões transitadas em julgado, em ações individuais, em sentido contrário.

É dizer que, naquela assentada, não foram analisados os efeitos de posicionamentos supervenientes do STF sobre a coisa julgada formada em ações individuais transitadas em julgado – o que apenas veio ocorrer com o julgamento dos Temas nºs 881 e 885 no Supremo Tribunal Federal.

A União, antes mesmo deste julgamento em 2007, passou a autuar diversos contribuintes que possuíam decisões transitadas em julgado que afastavam a referida exação, momento que surge a segunda discussão envolvendo a CSLL.

Nesta empreitada, a Fazenda Nacional arguia que a coisa julgada apenas alcançaria contribuintes para o exercício em que proferida a decisão, nos termos da Súmula nº 239, do STF. Não houve, neste primeiro momento, a invocação do julgamento da ADI nº 15, que declarou a constitucionalidade da exação, como fundamento para a exigência do tributo. O argumento de eventual efeito da decisão prolatada em controle concentrado de constitucionalidade surge apenas em 2011, marco em que o STJ enfrenta a segunda controvérsia envolvendo a CSLL, que é a da força da coisa julgada em ações cujas decisões finais afastavam a obrigação de recolhimento da referida contribuição.

3.2 Efeitos da decisão do STF em controle concentrado, em sentido contrário ao que fixado em decisões individuais transitadas em julgado

No contexto desta nova disputa, agora acerca dos efeitos de uma decisão transitada em julgado para afastar a exigência de determinado tributo, no caso, a CSLL, a Primeira Seção do Superior Tribunal de Justiça (STJ), no julgamento do Recurso Especial nº 1.118.893,[6] sob a sistemática dos recursos repetitivos,[7] definiu que

> o fato de o Supremo Tribunal Federal posteriormente manifestar-se em sentido oposto à decisão judicial transitada em julgado em nada pode alterar a relação jurídica estabilizada pela coisa julgada, sob pena de negar validade ao próprio controle difuso de constitucionalidade.

Contribuintes, portanto, que tiveram sentenças transitadas em julgado para não recolherem a CSLL somente deveriam voltar a pagar o tributo após decisão contrária em uma ação rescisória, sendo ineficaz o julgamento do STF em sentido contrário para cessação da referida coisa julgada formada em seu favor.

Eis a orientação do STJ claramente apresentada na ementa do julgado submetido ao rito do recurso repetitivo:

---

[6] SUPERIOR TRIBUNAL DE JUSTIÇA. REsp nº 1.118.893, Rel. Min. Arnaldo Esteves Lima, 1ª Seção. *DJ*, 23 mar. 2011.

[7] Tema nº 340/STJ: "Controvérsia sobre os limites objetivos da coisa julgada, dadas as alterações legislativas posteriores ao trânsito em julgado de sentença declaratória de inexistência de relação jurídica tributária no tocante à Contribuição Social sobre o Lucro Líquido instituída pela Lei 7.689/88".

> declarada a inexistência de relação jurídico-tributária entre o contribuinte e o fisco, mediante declaração de inconstitucionalidade da Lei 7.689/88, que instituiu a CSLL, afasta-se a possibilidade de sua cobrança com base nesse diploma legal, ainda não revogado ou modificado em sua essência.

Ao fim e ao cabo, o STJ definiu, no aludido *leading case*, pela impossibilidade de a decisão do STF afetar a coisa julgada formada em sentido contrário à sua orientação.

Ou seja, desde 2011, vigia orientação vinculante do STJ no sentido de que estariam resguardados aqueles contribuintes com decisões transitadas em julgado, as quais os exoneravam do pagamento de tributos considerados inconstitucionais em controle difuso de constitucionalidade, ainda que sobreviesse orientação superveniente do STF em sentido contrário.

Isso significa que a decisão do contribuinte em não pagar o tributo se amparou na decisão do STJ sobre o tema, não em uma construção jurídica levada a efeito por este mesmo contribuinte. Não houve "aposta", como alcunhado pelo Ministro Luís Roberto Barroso em entrevista aos canais do Judiciário,[8] pois havia diretriz do órgão institucional competente para definir o alcance da legislação federal – STJ – de que a coisa julgada alcançaria, sim, exercícios futuros e assim seria mesmo diante de um julgamento do STF em sentido contrário.

Este precedente orientou, inclusive, diversos julgamentos no âmbito do Conselho Administrativo de Recursos Fiscais (CARF), os quais afastaram cobranças levadas a efeito pelo Fisco em face de contribuintes que tinham sentenças transitadas em julgado que reconheciam a inconstitucionalidade dos tributos cobrados. O argumento foi a prevalência da coisa julgada, nos exatos termos do recurso repetitivo.

O próprio Supremo Tribunal Federal, quando do julgamento do Agravo Interno no Agravo em Recurso Extraordinário nº 864.746 –[9] que também analisou o alcance da coisa julgada formada em favor de determinado contribuinte para que não recolhesse a CSLL –, ratificou o entendimento pela impossibilidade de ulterior modificação da coisa julgada, "ainda que o Supremo Tribunal Federal venha a consolidar seu entendimento em sentido contrário à decisão transitada em julgado".

Feitos estes esclarecimentos, deve ser examinada a possibilidade de modulação dos efeitos da decisão do STF, a qual definiu pela cessação automática dos efeitos de uma coisa julgada quando e se o Supremo Tribunal Federal decidir em sentido contrário ao que nela se alberga.

3.3 Precedente vinculante do STJ em sentido contrário ao prolatado pelo STF

No ano de 2011, o debate sobre a limitação da eficácia da coisa julgada diante do julgamento pelo STF e da alteração pelos diplomas legais posteriores foi apreciada pela 1ª Seção do STJ, por ocasião do julgamento do Recurso Especial nº 1.118.893, sob a sistemática dos recursos repetitivos (Tema nº 340/STJ), oportunidade na qual foi resguardada a eficácia da coisa julgada formada em ação individual:

---

[8] METRÓPOLES. "Quem não pagou, fez uma aposta", diz Barroso sobre decisão tributária do STF. *YouTube*. Disponível em: https://www.youtube.com/watch?v=bqVflF7lvNo. Acesso em: 24 maio 2023.

[9] SUPREMO TRIBUNAL FEDERAL. AgRg no ARE nº 864.746, Rel. Min. Dias Toffoli, 2ª Turma. *DJ*, 11 dez. 2015.

> CONSTITUCIONAL. TRIBUTÁRIO. PROCESSUAL CIVIL. RECURSO ESPECIAL REPRESENTATIVO DE CONTROVÉRSIA. RITO DO ART. 543-C DO CPC. CONTRIBUIÇÃO SOCIAL SOBRE O LUCRO – CSLL. COISA JULGADA. DECLARAÇÃO DE INCONSTITUCIONALIDADE DA LEI 7.689/88 E DE INEXISTÊNCIA DE RELAÇÃO JURÍDICO-TRIBUTÁRIA. SÚMULA 239/STF. ALCANCE. OFENSA AOS ARTS. 467 E 471, CAPUT, DO CPC CARACTERIZADA. DIVERGÊNCIA JURISPRUDENCIAL CONFIGURADA. PRECEDENTES DA PRIMEIRA SEÇÃO DO STJ. RECURSO ESPECIAL CONHECIDO E PROVIDO. 1. Discute-se a possibilidade de cobrança da Contribuição Social sobre o Lucro – CSLL do contribuinte que tem a seu favor decisão judicial transitada em julgado declarando a inconstitucionalidade formal e material da exação conforme concebida pela Lei 7.689/88, assim como a inexistência de relação jurídica material a seu recolhimento. 2. O Supremo Tribunal Federal, reafirmando entendimento já adotado em processo de controle difuso, encerrando uma discussão conduzida ao Poder Judiciário há longa data, manifestou-se, ao julgar ação direta de inconstitucionalidade, pela adequação da Lei 7.689/88, que instituiu a CSLL ao texto constitucional, à exceção do disposto no art. 8º, por ofensa ao princípio da irretroatividade das leis, e no art. 9º, em razão da incompatibilidade com os arts. 195 da Constituição Federal e 56 do Ato das Disposições Constitucionais Transitórias – ADCT (ADI 15/DF, Rel. Min. SEPÚLVEDA PERTENCE, Tribunal Pleno, DJ 31/8/07). 3. O fato de o Supremo Tribunal Federal posteriormente manifestar-se em sentido oposto à decisão judicial transitada em julgado em nada pode alterar a relação jurídica estabilizada pela coisa julgada, sob pena de negar validade ao próprio controle difuso de constitucionalidade. 4. Declarada a inexistência de relação jurídico-tributária entre o contribuinte e o fisco, mediante declaração de inconstitucionalidade da Lei 7.689/88, que instituiu a CSLL, afasta-se a possibilidade de sua cobrança com base nesse diploma legal, ainda não revogado ou modificado em sua essência. (REsp nº 1.118.893, Rel. Min. Arnaldo Esteves Lima, 1ª Seção. *DJ*, 23 mar. 2011)

O fato de o julgamento do STJ também ser um *leading case*, julgado na sistemática dos recursos repetitivos pelo Superior Tribunal de Justiça, lhe conferiu poderes vinculantes.

Em consequência, os contribuintes com coisa julgada formada em seu favor estariam desonerados da CSLL por força não só do seu trânsito em julgado (ocorrido em 2007) como também por decisão vinculante do STJ, de 2011, que ratificou a desoneração. Ambas as orientações lhe salvaguardavam da obrigação de recolher a contribuição social.

Note-se que (i) o Fisco estava impedido de exigir dos contribuintes a CSLL e (ii) o Judiciário estava obrigado a reconhecer os efeitos do trânsito individual dos contribuintes.

Na prática, a orientação do STJ serviu (até o momento do julgamento levado a efeito pelo STF dos Temas nºs 881 e 885), por força do art. 927, III, do CPC, como um verdadeiro alicerce à discussão envolvendo a cessação dos efeitos da coisa julgada em matéria tributária.

Inegavelmente, tinha-se – até o julgamento de mérito dos Temas nºs 881 e 885 – uma fixação de tese por Tribunal Superior, no sentido da manutenção dos efeitos de suas decisões judiciais transitadas em julgado, ainda que em controle concentrado outra fosse a diretriz sobre o mérito.

Apesar dessa diretriz do STJ, o Supremo Tribunal Federal não enfrentou a consequência da superação do mencionado precedente, consagrado sob a sistemática dos recursos repetitivos, mas tão somente firmou nova orientação e ignorou por completo o legítimo comportamento dos contribuintes que não recolheram o tributo, por confiarem no entendimento vinculante exarado pelo STJ.

3.4 Entendimento do tribunal administrativo (CARF) e dos tribunais judiciais sobre a prevalência da coisa julgada mesmo diante de julgamento posterior do Supremo Tribunal Federal

O Conselho Administrativo de Recursos Fiscais (CARF), desde o julgamento do recurso repetitivo mencionado, sempre se posicionou pela impossibilidade de se alterar a relação jurídica estabilizada pela coisa julgada, ainda que haja decisão superveniente do STF em sentido oposto. Esse entendimento restou mantido até o final do ano de 2022, pouco tempo antes do julgamento dos Temas nºs 881 e 885. Confira-se:

> CSLL. ALCANCE DA COISA JULGADA. SENTENÇA TRANSITADA EM JULGADO. IMPOSSIBILIDADE DO LANÇAMENTO.
> Diante da existência de sentença transitada em julgado, reconhecendo a inconstitucionalidade da Lei nº 7.689/1988, e de outra sentença, igualmente transitada em julgado, negando a restrição dos limites da coisa julgada, conforme pretendia a Fazenda Nacional, cabível a aplicação da tese firmada no tema repetitivo nº 340 do STJ (RESP nº 1.118.893/MG): Não é possível a cobrança da Contribuição Social sobre o Lucro (CSLL) do contribuinte que tem a seu favor decisão judicial transitada em julgado declarando a inconstitucionalidade formal e material da exação conforme concebida pela Lei 7.689/88, assim como a inexistência de relação jurídica material a seu recolhimento. O fato de o Supremo Tribunal Federal posteriormente manifestar-se em sentido oposto à decisão judicial transitada em julgado em nada pode alterar a relação jurídica estabilizada pela coisa julgada, sob pena de negar validade ao próprio controle difuso de constitucionalidade. (CARF, Acórdão 1302-006.132, Rel. Fabiana Okchstein Kelbert, Sessão 21.9.2022)

Não fosse suficiente, o Poder Judiciário também foi responsável por estabelecer esse cenário de confiabilidade àqueles que possuíam decisões transitadas em julgado afastando a exigência da CSLL, na medida em que os tribunais regionais, muito por força do art. 927, inc. III, do Código de Processo Civil,[10] vinham aplicando o Tema nº 340 dos Recursos Repetitivos nos mais diversos processos sobre a temática. A título exemplificativo, observe-se julgado do Tribunal Regional Federal da 1ª Região:

> PROCESSUAL CIVIL. AÇÃO ORDINÁRIA. CONTRIBUIÇÃO SOCIAL SOBRE LUCRO LÍQUIDO - CSLL. LEI Nº 7.689/88. INCONSTITUCIONALIDADE. RECONHECIMENTO DE COISA. INEXIGIBILIDADE. AQUISIÇÃO DE CRÉDITOS DE TERCEIROS. COMPENSAÇÃO. POSSIBILIDADE. APELAÇÃO PROVIDA. 1. A apelante adquiriu créditos de CSLL de empresa que foi vitoriosa em ação que discutiu a constitucionalidade da Lei nº 7.689/88, com trânsito em julgado, e utilizou, para compensação, com débitos de sua titularidade. Em procedimento administrativo, o fisco não reconheceu os créditos de CSLL e glosou-os, impedindo a compensação. 2. O Superior Tribunal de Justiça, por ocasião do julgamento do REsp 1.118.893/MG, Tema nº 340 de sua jurisprudência no regime de Recursos Repetitivos, firmou o entendimento de que a decisão ulterior do Supremo Tribunal Federal rejeitando a inconstitucionalidade da Lei nº 7.689/88 referente à cobrança da CSLL, bem como os diplomas legais supervenientes (Leis nºs 7856/89, 8034/90, 8212/91, 8383/91 e 8541/92, e a LC nº 70/91), não afastam a inconstitucionalidade da referida Lei, anteriormente declarada de forma incidental. Sendo assim, está evidenciada a

[10] "Art. 927. Os juízes e os tribunais observarão: [...] III - os acórdãos em incidente de assunção de competência ou de resolução de demandas repetitivas e em julgamento de recursos extraordinário e *especial repetitivos*; [...]".

impossibilidade da cobrança da CSLL em relação aos contribuintes beneficiários de coisa julgada. 3. Com a razão a apelante, sendo incorreta a cobrança constituída nos autos do Processo Administrativo nº 11543.000784/00-56, em razão da não homologação da compensação por ela levada a efeito, em razão da utilização de créditos de CSLL adquiridos de empresa com trânsito em julgado favorável. [...] 7. Apelação provida. (AC 0012276-10.2005.4.01.3400, TRF1, 7ª Turma. *DJe*, 11 set. 2020)

O próprio STF, como já dito, quando do julgamento do Agravo Interno no Agravo em Recurso Extraordinário nº 864.746 –[11] que também analisou a exigência da CSLL quando houvesse coisa julgada em favor do contribuinte declarando a inconstitucionalidade do tributo –, ratificou o entendimento pela impossibilidade de ulterior modificação da coisa julgada, "ainda que o Supremo Tribunal Federal venha a consolidar seu entendimento em sentido contrário à decisão transitada em julgado". Não bastasse, o STF também chancelou a competência do STJ ao reconhecer, em 2008, que a discussão teria embasamento infraconstitucional, impedindo a análise do recurso extraordinário pela Suprema Corte:

> AGRAVO REGIMENTAL. CONSTITUCIONAL. TRIBUTÁRIO. CONTRIBUIÇÃO SOCIAL SOBRE O LUCRO LÍQUIDO (CSLL). VIOLAÇÃO DA COISA JULGADA. A alegação de ofensa ao inciso XXXVI do artigo 5º da Constituição é indireta ou reflexa, e, portanto, não dá margem ao cabimento do recurso extraordinário. Agravo regimental ao qual se nega provimento. (RE 473214 AgR, Rel. Min. Joaquim Barbosa, Segunda Turma, julgado em 04.03.2008, *DJe*-092 Divulg 21.05.2008 Public 23.05.2008 Ement Vol-02320-04 PP-00673)

O que se percebe é que a orientação firmada pelo Superior Tribunal de Justiça, em recurso repetitivo, serviu como um verdadeiro alicerce à discussão envolvendo a cessação dos efeitos da coisa julgada em matéria tributária, tendo sua força reafirmada pelo próprio Supremo Tribunal Federal quando não conhece o mérito da questão, por compreender a discussão posta como de índole infraconstitucional.

3.5 Superação de entendimento e consequente necessidade de modulação de efeitos da decisão que impõe a cessação de eficácia da coisa julgada diante de julgamento do STJ em sentido contrário, conforme entendimento do STF

Com a tese firmada no julgamento dos Temas nºs 881 e 885, não há dúvidas de que houve substancial mudança de orientação jurisprudencial dominante entre o Superior Tribunal de Justiça e o Supremo Tribunal Federal, o que ensejaria a sua modulação dos efeitos.

A mudança de orientação jurisprudencial pacífica ou a alteração de tese adotada em precedente formalmente vinculante provoca um verdadeiro déficit de confiabilidade no ordenamento jurídico, frustrando previsões e comportamentos anteriormente pautados no entendimento superado, de modo a abalar a segurança jurídica até então existente.

[11] SUPREMO TRIBUNAL FEDERAL. AgRg no ARE nº 864.746, Rel. Min. Dias Toffoli, 2ª Turma. *DJ*, 11 dez. 2015.

E não se afirma que toda e qualquer alteração jurisprudencial é apta a justificar a modulação de efeitos. Somente se impõe a modulação quando a nova posição adotada modifica cenário em que o jurisdicionado tinha a legítima expectativa de que sua conduta seria aceita no ordenamento. E é justamente isso que ocorre quando um precedente repetitivo do STJ é superado por um entendimento firmado em sede de repercussão geral pelo STF.

Certo é que já houve várias oportunidades em que a Suprema Corte modulou os efeitos da decisão sob o fundamento de mudança de jurisprudência entre os Tribunais Superiores.

Tome-se como exemplo o julgamento dos Embargos de Declaração no RE nº 1.072.485, em que se definiu a modulação dos efeitos da decisão que entendeu ser legítima a incidência de contribuição social sobre o valor satisfeito a título de terço constitucional de férias. Na ocasião, o Ministro Luís Roberto Barroso, em seu voto, entendeu que a "mudança da jurisprudência é motivo ensejador de modulação dos efeitos, em respeito à segurança jurídica e ao sistema integrado de precedentes, CPC/2015 e decisões desta Corte". Afirmou também que "com o reconhecimento da repercussão geral e o julgamento de mérito deste recurso, há uma alteração no entendimento dominante, tanto no âmbito do próprio STF, quanto em relação ao que decidiu o STJ em recurso repetitivo".

Não foi outra a decisão dos Embargos de Declaração no RE nº 574.706 (Tema nº 69/STF), de relatoria da Ministra Cármen Lúcia, em que esta Corte modulou os efeitos do acórdão que entendeu pela exclusão do ICMS da base de cálculo do PIS e da Cofins. Nos termos do voto da relatora, a medida foi devida, pois, "antes do julgamento do presente caso, com reconhecimento da repercussão geral, o Superior Tribunal de Justiça tinha firmado entendimento contrário ao que veio a ser concluído por este Supremo Tribunal".

De igual modo, quando do julgamento dos embargos de declaração opostos nos autos do Recurso Extraordinário nº 1.063.187 (Tema nº 962/STF), o STF modulou os efeitos da decisão que declarou a inconstitucionalidade da incidência do IRPJ e da CSLL sobre a Taxa Selic recebida pelo contribuinte na repetição do indébito.

Na oportunidade, assentou o Min. Relator Dias Toffoli que o fato de existir precedente anterior do STJ,

> proferido há quase nove anos, estabeleceu legítima confiança, em prol da Fazenda, de que as tributações em questão eram válidas. Note-se também que tal precedente, por estar submetido à sistemática dos recursos repetitivos, era de observância obrigatória pelas instâncias inferiores.

Os precedentes do Supremo Tribunal Federal, portanto, consideram os julgamentos do STJ como parâmetros para a modulação de efeitos de suas decisões que superem as posições firmadas nessa Corte, pelo que, por coerência e consistência, a cessão automática dos efeitos da coisa julgada deveria ter os seus efeitos também modulados.

3.6 Ausência de jurisprudência anterior do STF sobre a fixação de que decisões em controle concentrado são vetores para a cessação de efeitos em relações jurídicas de trato continuado – Reforço da necessidade de modulação de efeitos diante da novel diretriz fixada nos Temas nºs 881 e 885

Constou na decisão do STF que a cessação automática dos efeitos da coisa julgada, em causas versando sobre relações de trato continuado, já se encontraria "razoavelmente bem equacionada" na jurisprudência da Suprema Corte, por força do julgamento do RE nº 596.663, julgado sob a sistemática da repercussão geral (Tema nº 494/STF), em que se discutiram os limites da coisa julgada em sede de execução. Ou seja, a decisão do STF de agora não teria inovado na posição prevalecente da Corte sobre o tema.

O Ministro Redator Luís Roberto Barroso bem como os Ministros Luiz Fux e Rosa Weber afirmaram em seus votos que

> esta Corte já se pronunciou em recurso extraordinário com repercussão geral, o RE 596.663, redator p/ o acórdão Min. Teori Zavascki, sobre a eficácia de decisão transitada em julgado, que reconheceu ao trabalhador percentual de acréscimo remuneratório, quando dissídio coletivo posterior passou a determinar a incorporação definitiva do percentual aos vencimentos, alterando, portanto, a situação fática e jurídica.

Contudo, em que pese o acórdão do referido precedente também tratasse da cessação dos efeitos da coisa julgada em relações de trato sucessivo, há substancial diferença para com a discussão versada nos Temas nºs 881 e 885.

É que, no precedente invocado, a modificação dos pressupostos jurídicos aptos a cessarem a eficácia temporal da coisa julgada foi consubstanciada em uma alteração legislativa, e não em uma fixação de entendimento pelo Supremo Tribunal Federal.

A limitação da coisa julgada em função de nova lei é expressamente prevista pelo Código de Processo Civil (art. 505, I), o que não ocorre no caso da alteração de entendimento jurisdicional.

De fato, não havia qualquer dúvida de que passa a ser devido o tributo, em caso de alteração legislativa que modifique, substancialmente, a relação jurídico-tributária entre os contribuintes que possuem coisa julgada afastando a tributação e o ente tributante correspondente.

Mas a situação analisada na ocasião é diferente do que ocorre neste julgamento em exame, no qual os limites objetivos das demandas em que formada coisa julgada afastando a exigência de tributos permanecem rigorosamente os mesmos.

Além disso, como já apontado, o STF, em julgado não vinculante e que analisou exatamente a matéria envolvendo a exigência da CSLL quando houvesse coisa julgada em favor do contribuinte, já havia se manifestado a favor da manutenção dos efeitos dessa coisa julgada.

Nada obstante, o Supremo Tribunal Federal rejeitou os embargos de declaração em 4.4.2024, nos quais se pleiteava a modulação de efeitos. Por maioria de 6 votos a 4, a Corte afastou a cobrança das multas punitivas e moratórias, mas manteve a dos juros, utilizando-se como índice de atualização o oficial, ou seja, a Taxa Selic. O Plenário também definiu que, para aqueles contribuintes que já realizaram o pagamento das multas, não será permitida a repetição do indébito.

A corrente vencedora foi encabeçada pelo Ministro André Mendonça, que entendeu pela ausência do caráter finalístico (preventivo e retributivo) da penalidade pecuniária. Isso porque não seria possível vislumbrar má-fé, dolo ou culpa por parte dos sujeitos passivos da obrigação tributária, que se basearam de forma legítima no recurso repetitivo julgado pelo STJ para não recolher o tributo, repetitivo este que assentou a impossibilidade de as decisões do STF cessarem os efeitos da coisa julgada em matéria tributária. Por outro lado, o ministro afirmou que a correção do crédito tributário seria devida e o índice a ser utilizado deve ser a Taxa Selic, que engloba correção monetária e juros.

Os Ministros Luís Roberto Barroso, Nunes Marques, Edson Fachin, Dias Toffoli e Luiz Fux acompanharam, assentando a relevância do repetitivo do STJ para orientar o comportamento dos contribuintes que possuíam decisões transitadas em julgado favoravelmente.

A corrente divergente (vencida) foi inaugurada pelo Min. Gilmar Mendes, que votou no sentido de manter a cobrança das multas, pois, a seu ver, não haveria dúvidas quanto à constitucionalidade da cobrança do tributo quando há pronunciamento do STF. O ministro foi acompanhado pelos Ministros Cristiano Zanin, Alexandre de Moraes e Cármen Lúcia. O acórdão não foi publicado.

Nota-se que a razão para o afastamento das multas se alicerça justamente na boa-fé objetiva, ou seja, do comportamento esperado, permitido, do contribuinte diante do precedente do STJ. O Supremo Tribunal Federal precisou retornar ao momento em que o contribuinte, munido de uma decisão transitada em julgado antes do julgamento dos Temas nºs 881 e 885, para compreender como ele poderia e deveria ter se comportado para, então, chegar à conclusão de que o precedente do STJ produziu objetivamente o efeito de tornar lícita a conduta de não pagar o tributo, afastando, por um critério de justiça atual, a aplicação de multas.

Ora, se o STF concluiu que este contribuinte não praticou qualquer ato ilícito apto a atrair a incidência de multas, também não poderia ser exigido do tributo porque, mais uma vez, àquela altura, vigorava o repetitivo do STJ, o qual, por unanimidade, expressamente afirmava que este mesmo contribuinte não deveria pagar a exação tributária, mesmo diante do julgamento da ADI nº 15 pelo STF reconhecendo a constitucionalidade da contribuição.

Não é desconhecida a diversidade de sentidos, extensão e eficácia dos termos jurídicos e até mesmo das variadas acepções de justiça que possam orientar uma avaliação sobre fatos. Contudo, a pretexto da ampla margem argumentativa propiciada pelos princípios, em especial pela isonomia, base decisória para se afastar o efeito da coisa julgada na relação jurídico-tributária, fato é que o STJ afirmava categoricamente que a coisa julgada formada em favor de um contribuinte impediria que ele pagasse o tributo, mesmo diante da posição do STF em sentido contrário posteriormente ao aludido trânsito em julgado. E salvaguardar este comportamento, completo, de não pagar o tributo (não apenas as multas) é medida que se impõe a fim de proteção da expectativa do contribuinte e da segurança jurídica, ao fim e ao cabo.

4 Considerações sobre a importância da decisão do STF e a necessária modulação de efeitos da decisão que define a cessação automática da coisa julgada

A decisão tomada no âmbito dos Temas nºs 881 e 885 reforça a importância do precedente do Supremo Tribunal Federal, principalmente a missão de uniformização e interpretação das normas constitucionais. A eficácia vinculante e expansiva dos precedentes já vinha recebendo atenção especial dos atores políticos, o que, agora, acaba sendo reforçado pelo próprio Supremo Tribunal Federal ao explicitar o alcance de suas decisões proferidas em sede de controle concentrado e em repercussão geral.

Conforme enalteceu o Ministro Luís Roberto Barroso, a supremacia e a força normativa da Constituição que a todos vincula, a força da autoridade dos precedentes do STF, que externalizam as normas constitucionais, atribuem a última palavra em matéria hermenêutica. Assim, nada mais natural do que atribuir a tais precedentes o impacto substantivo, inclusive com a consequente cessação dos efeitos de uma coisa julgada que esteja em desconformidade com a orientação suprema.

Além disso, o Ministro Luís Roberto Barroso afirma que, em controle concentrado ou em repercussão geral, que seja contrária à coisa julgada favorável ao contribuinte, em relações jurídicas tributárias de trato sucessivo, produz para ele norma jurídica nova. A força do precedente, portanto, é clara: "essa situação se assemelha à criação de novo tributo, que, como se sabe, a depender do tributo, deve observar a irretroatividade, a anterioridade anual e a noventena, e, no caso das contribuições para a seguridade social, a anterioridade nonagesimal".

De outro lado, os efeitos dessa posição do Supremo Tribunal Federal deveriam ser modulados, em razão do precedente do Superior Tribunal de Justiça reconhecendo a força da coisa julgada mesmo diante da ADI nº 15 posteriormente.

A demonstração desses mostra que viola o mais básico senso de justiça a orientação segundo a qual os contribuintes que confiaram na decisão vinculante do STJ, que garantiu a plena eficácia da coisa julgada individual, se vejam obrigados a pagar um tributo desde a data de sua declaração de constitucionalidade pelo STF.

> Como muito bem pontua a Ministra Carmen Lúcia, a segurança jurídica se articula com a garantia da tranquilidade jurídica que as pessoas querem ter, com a sua certeza de que as relações jurídicas não podem ser alteradas numa imprevisibilidade que as deixe instáveis e inseguras quanto ao seu futuro, quanto ao seu presente e até mesmo quanto ao passado.[12]

Assim, a modulação de efeitos da decisão é medida que se impõe, para impedir que nova orientação sobre a possibilidade de interrupção dos efeitos da coisa julgada seja aplicada a fatos pretéritos ao julgamento do presente feito, em inadmissível desconsideração ao cenário de confiança e certeza gerado pelo entendimento do Superior Tribunal de Justiça desde o ano de 2011.

A própria Lei de Introdução às Normas do Direito Brasileiro, em seu art. 24, deixa claro que

---

[12] ROCHA, Cármen Lúcia Antunes. O princípio da coisa julgada e o vício da inconstitucionalidade. *In*: ROCHA, Cármen Lúcia Antunes. *Constituição e segurança jurídica*: direito adquirido, ato jurídico perfeito e coisa julgada – Estudos em homenagem a José Paulo Sepúlveda Pertence. [s.l.]: [s.n.], 2004. v. 2. p. 3.

> a revisão, nas esferas administrativa, controladora ou judicial, quanto à validade de ato, contrato, ajuste, processo ou norma administrativa cuja produção já se houver completado levará em conta as orientações gerais da época, sendo vedado que, com base em mudança posterior de orientação geral, se declarem inválidas situações plenamente constituídas.

Nesse sentido, vale destacar a argumentação desenvolvida na exordial da Arguição de Descumprimento de Preceito Fundamental (ADPF) nº 248. Naquela ação, discute-se a possibilidade da aplicação retroativa de novo critério de prazo prescricional para repetição de tributo declarado inconstitucional pelo STF.

Na ADPF, o autor defende que a:

> aplicação retroativa de nova regra de contagem de prazos prescricionais, a fim de extinguir pretensões validamente exercidas ao seu tempo, afronta os preceitos fundamentais do Estado de Direito, da segurança jurídica (e seus corolários: a proteção do ato jurídico perfeito e da confiança legítima), bem como o direito fundamental de ação e a garantia de acesso à justiça.

O parâmetro para a afirmação é a decisão do Superior Tribunal de Justiça, como ocorre nos Temas nºs 881 e 885.

Ainda, acerca da modulação de efeitos nos casos de alteração jurisprudencial, defendeu-se o seguinte:

> os cidadãos devem poder confiar na orientação adotada pelas Cortes Superiores, até porque dependem cada vez mais delas para saber o que é o direito. Também não se trata aqui de pretender "engessar" a jurisprudência do STJ ou de qualquer outro tribunal. É plenamente admissível e até desejável que os órgãos judiciais corrijam seus rumos quando lhes parecer apropriado.

Nada obstante, ao modificar a sua jurisprudência, superando uma orientação pacificamente observada por muitos anos, o Poder Judiciário não pode ignorar a realidade anterior. A modulação, nessas hipóteses, decorre direta e necessariamente de preceitos fundamentais como os princípios do Estado de direito, da segurança jurídica e da proteção da confiança, cuja efetividade não depende – nem pode depender – apenas do Poder Legislativo. Naturalmente, essa lógica não se aplica apenas ao STF, mas também aos Tribunais Superiores, igualmente sujeitos à observância da Constituição Federal.

Quando do início do julgamento da referida ADPF em ambiente virtual, o Min. Relator Ricardo Lewandowski afirmou que "toda inflexão jurisprudencial que importe restrição a direitos dos cidadãos – como é o caso da definição do termo a quo do prazo prescricional – deve observar, para sua aplicação, certa regra de transição", levando em consideração os comportamentos então tidos como legítimos, porquanto praticados em conformidade com a orientação prevalecente, em homenagem ao princípio da segurança jurídica e aos postulados da lealdade, da boa-fé e da confiança legítima, sobre os quais se assenta o próprio Estado democrático de direito.

Assim, tendo em conta a existência do recurso repetitivo que salvaguardava a prevalência da coisa julgada ainda que haja superveniência de decisão do STF em sentido contrário, a modulação de efeitos diante de nova e drástica ruptura da definição fixada nos Temas nºs 881 e 885 com o estado das coisas ainda é medida que se impõe, apesar do julgamento dos embargos de declaração pela Corte em acórdão ainda não publicado quando da finalização deste artigo, tudo para determinar a aplicação da nova diretriz aos fatos geradores vindouros em 2023.

Se, por um lado, vemos as pretensões arrecadatórias da União diante das dificuldades em relação às contas públicas, igualmente assistimos questionamento das instituições, nunca antes perpetrada e muito bem resistidas, diga-se de passagem, pelos poderes, em especial, o Supremo Tribunal Federal; a força do direito é fundamental, especialmente no momento que vivemos: preservar a força do precedente do STJ até a virada jurisprudencial pelo STF é imperativo e representará mais uma manifestação de que, apesar de todas as ameaças, o Estado de direito prevalece no país.

O julgamento dos embargos de declaração opostos nos Temas nºs 881 e 885 já representa um primeiro passo em relação ao assunto, afastando-se multas em face dos contribuintes que deixaram de recolher o tributo, mas ainda é necessário um segundo enfrentamento da questão, para que, de fato, seja garantida a modulação dos efeitos e afastada a exação tributária antes de 2023. Aguarda-se o novo encontro do Supremo Tribunal Federal com o tema, o que deverá ocorrer com o julgamento dos segundos embargos opostos em face do último acórdão prolatado pela Corte.

Referências

BARROSO, Luís Roberto. *O novo direito constitucional brasileiro*: contribuições para a construção teórica e prática da jurisdição constitucional no Brasil. Belo Horizonte: Fórum, 2012.

CAMPOS, Carlos Alexandre de Azevedo. *Dimensões do ativismo judicial do Supremo Tribunal Federal*. Rio de Janeiro: Forense, 2014.

DIMOULIS, Dimitri. *Positivismo jurídico*: introdução a uma teoria do direito e defesa do pragmatismo jurídico-político. São Paulo: Método, 2006.

METRÓPOLES. "Quem não pagou, fez uma aposta", diz Barroso sobre decisão tributária do STF. *YouTube*. Disponível em: https://www.youtube.com/watch?v=bqVflF7lvNo. Acesso em: 24 maio 2023.

MOTTA, Otávio Verdi. *Justificação da decisão judicial*: a elaboração da motivação e a formação de precedente. São Paulo: Revista dos Tribunais, 2015.

ROCHA, Cármen Lúcia Antunes. O princípio da coisa julgada e o vício da inconstitucionalidade. *In*: ROCHA, Cármen Lúcia Antunes. *Constituição e segurança jurídica*: direito adquirido, ato jurídico perfeito e coisa julgada – Estudos em homenagem a José Paulo Sepúlveda Pertence. [s.l.]: [s.n.], 2004. v. 2.

SUPERIOR TRIBUNAL DE JUSTIÇA. REsp nº 1.118.893, Rel. Min. Arnaldo Esteves Lima, 1ª Seção. *DJ*, 23 mar. 2011.

SUPREMO TRIBUNAL FEDERAL. AgRg no ARE nº 864.746, Rel. Min. Dias Toffoli, 2ª Turma. *DJ*, 11 dez. 2015.

SUPREMO TRIBUNAL FEDERAL. Temas 881 e 885, Rel. Min. Luís Roberto Barroso e Edson Fachin, Plenário. *DJ*, 2 maio 2023.

Informação bibliográfica deste texto, conforme a NBR 6023:2018 da Associação Brasileira de Normas Técnicas (ABNT):

GUIMARÃES, Ariane Costa. A limitação da coisa julgada tributária pelo Supremo Tribunal Federal. *In*: PAULA, Fernanda de; PENCAK, Nina (coord.). *Tributação, liberdade e igualdade*: as contribuições do Ministro Luís Roberto Barroso. Belo Horizonte: Fórum, 2025. p. 235-249. ISBN 978-65-5518-952-0.

O PAPEL DA JUSTIÇA FISCAL NA REFORMA CONSTITUCIONAL TRIBUTÁRIA BRASILEIRA

BETINA TREIGER GRUPENMACHER

GUSTAVO LOPES FERREIRA

1 Introdução

Os autores, por meio do presente artigo, prestam as devidas homenagens ao Ministro Luís Roberto Barroso, pelo merecido reconhecimento diante da sua contribuição ao direito, conferida não apenas ao longo dos anos de exercício de advocacia e ora como integrante do STF (Supremo Tribunal Federal), como também na condição de jurista, autor de produções acadêmicas de significativa relevância.

Neste trabalho, busca-se investigar o papel da justiça fiscal na reforma tributária implementada pela Emenda Constitucional nº 132/2023, estabelecendo-se como hipótese a de que, embora a emenda tenha feito constar expressamente no texto da Constituição Federal que o Sistema Tributário Nacional deve observar o princípio da justiça tributária (art. 145, §3º), não se trata de novidade propriamente dita, uma vez que a justiça fiscal já se encontrava normatizada em vários dispositivos da Constituição Federal mesmo antes do advento da referida emenda constitucional, sendo inclusive adotada como razão de decidir na jurisprudência do STF.

Para tanto, o caminho a ser percorrido no artigo é de, inicialmente, tecer comentários sobre o conceito de justiça fiscal para, na sequência, identificar a sua função no ordenamento jurídico enquanto princípio informador não apenas para a interpretação da norma tributária, como para a própria criação do direito.

Na sequência, discorrer-se-á sobre o papel que tal princípio estruturante do nosso sistema jurídico desempenha em ambiente reformista, a fim de investigar se sobretudo a implementação do IBS (Imposto sobre Bens e Serviços) atende aos fins almejados por um ideal de justiça tributária.

Como metodologia, será pautado o presente estudo exclusivamente na previsão constitucional, já incorporada ao direito positivo, abstendo-se de comentar de modo pormenorizado sobre eventuais repercussões dos projetos de lei complementar que visam à regulamentação da reforma, haja vista que ainda não fora concluído o seu trâmite legislativo à época da produção do presente artigo.

2 O conceito de justiça fiscal

Para se compreender o que se quer dizer ao referir à justiça tributária ou à justiça fiscal, preliminarmente, faz-se necessário comentar sobre o próprio conceito de justiça, o que, por si só, representa tarefa árdua dado o alto grau de indeterminação e vagueza do sentido desse termo que, por vezes, apresenta-se como elemento metafísico. Há separação, portanto, daquilo que é legal (por ser pertencente ao sistema jurídico) daquilo que é justo, apesar de essas noções se coimplicarem.

A relação entre direito e justiça, nesse diapasão, pode ser representada por um diagrama de Venn, em que os conjuntos possuem uma zona de intersecção, em que dados elementos pertencem à justiça e foram juridicizados (portanto, também pertencem ao direito), como também haverá a zona daquilo que é justo, mas não é direito e daquilo que é direito, porém não é justo.

Convém, assim, examinar inicialmente o que se entende por um ideal de justiça para, posteriormente, estudar os seus desdobramentos de justiça social e justiça fiscal.

Nicola Abbagnano explica que são dois os significados principais para uma noção de justiça, quais sejam: a conformidade de determinada conduta humana à norma e a eficiência de uma norma (ou sistema de normas) no sentido de possibilitar as relações intersubjetivas.[1]

O primeiro significado apresentado pelo autor italiano, inclusive, dialoga com a concepção aristotélica de justiça, segundo a qual o injusto está atrelado à ideia do transgressor da lei ou do indivíduo que almeja mais do que lhe é devido, ao passo que o justo é o legal, isto é, que age em conformidade com a lei, bem como aquele indivíduo que almeja a igualdade ou equidade, para o fim de não exigir mais do que lhe diz respeito.[2]

Nesse sentido, Marcus Abraham[3] afirma o seguinte:

> A justiça procura estabelecer a equidade, de modo que cada um receba e possua o que lhe corresponde. Nem mais, nem menos. Pode-se falar em justiça legal, que regula a conduta de todos e a dos governantes em relação aos indivíduos; em justiça distributiva, que leva a comunidade a repartir os bens e encargos conforme a capacidade e os méritos de cada um; e em justiça comutativa, que preside as trocas. No seu conjunto, as três modalidades de justiça constituem o sustentáculo da vida social. É do conceito de "justiça" que se deduz uma primeira acepção da palavra "direito", que significa o reto, o adequado, o bom e o justo.

Não por outra razão é que Aristóteles trata a justiça como sendo "a melhor das virtudes".[4] O ideal de justo, portanto, se refere ao próprio ser humano, que age conforme o direito.

---

1 ABBAGNANO, Nicola. *Dicionário de filosofia*. São Paulo: Martins Fontes, 2012. p. 682-683.

2 ARISTÓTELES. *Ética a Nicômaco*. São Paulo: Edipro, 2014. p. 180.

3 ABRAHAM, Marcus. Justiça fiscal. *In*: ROCHA, Sérgio André (Coord.). *Curso de direito tributário*. São Paulo: Quartier Latin, 2011. p. 40.

4 ARISTÓTELES. *Ética a Nicômaco*. São Paulo: Edipro, 2014. p. 182.

Já no segundo significado apresentado, a noção de justiça deixa de estar vinculada à pessoa para apresentar-se como predicado que é adjudicado à própria norma como condição para regulação da vida das pessoas.

Portanto, sob a perspectiva da justiça social, consideram-se justas aquelas normas que sirvam como instrumento garantidor do Estado social do direito, por meio da observância dos ideais de igualdade, solidariedade e liberdade. É por essa razão que o art. 3º, inc. I, da Constituição Federal (CF) contém, como objetivo da República Federativa do Brasil, o de constituir uma sociedade livre, justa e solidária.[5]

Paulo Caliendo esclarece, nesse diapasão, que o direito (enquanto sistema de normas) pode colaborar com o alcance de um modelo de eficiência econômica e de distribuição de renda a ela associada, seja por meio da prevenção de falhas de mercado por meio do estabelecimento de regras que evitam atos lesivos à livre concorrência, como o surgimento de monopólios e cartéis, garantindo, assim, um ambiente de bem-estar social (*welfare state*).[6]

Por sua vez, uma das formas de se garantir a justiça social é justamente pela via da tributação. Afinal, para atingir o objetivo de constituição de sociedade livre, justa e solidária, faz-se necessário, também, que o sistema tributário seja composto de leis fiscais justas, de modo que a justiça aparece como fio condutor de uma política fiscal da nação.

Portanto, a justiça fiscal apresenta-se como forma de garantir não apenas a eficiência econômica – considerando ser o tributo a principal fonte de custeio do Estado para a consecução de políticas públicas – como também garante-se a distribuição de renda por meio da edição de leis tributárias que venham a repartir a carga impositiva por meio do princípio da capacidade contributiva, isto é, onerando aqueles que tiverem maiores condições de contribuir com o erário e desonerando aqueles que não detiverem tais condições, preservando-se o mínimo existencial.[7] Essa lógica de tributação apresenta-se também como corolário do próprio princípio da dignidade da pessoa humana.

Como é cediço, a história foi marcada pelo desrespeito à vida e à dignidade do próprio ser humano. Séculos de constantes guerras, escravidão, perseguições religiosas, colonização, exclusão das minorias, submissão da mulher, entre outros tipos de discriminação resultaram no reconhecimento dos direitos humanos, que teve como marco a Declaração Universal dos Direitos Humanos de 1948, promulgada logo após o fim da Segunda Guerra Mundial e, por via de consequência, do desmantelamento dos horrores do Holocausto.

Sob o viés nacional, os direitos humanos foram incorporados à Constituição Federal de 1988 sob a denominação de direitos e garantias fundamentais, consagrando o Brasil como um Estado democrático de direito, preocupando-se o legislador constituinte em barrar a opressão do Estado e assegurar o bem-estar dos sujeitos.

No específico caso do direito tributário, a legitimidade da Administração Pública de se apropriar de parcela do patrimônio dos contribuintes encontra a trava

---

5 GRUPENMACHER, Betina Treiger. Justiça fiscal e mínimo existencial. *In*: PIRES, Adilson Rodrigues; TÔRRES, Heleno Taveira (Org.). *Princípios de direito financeiro e tributário*: estudos em homenagem ao Professor Ricardo Lobo Torres. Rio de Janeiro: Renovar, 2006. p. 102.

6 CALIENDO, Paulo. *Direito tributário e análise econômica do direito*: uma visão crítica. Rio de Janeiro: Campus Jurídico, 2009. p. 77.

7 GRUPENMACHER, Betina Treiger. Justiça fiscal e mínimo existencial. *In*: PIRES, Adilson Rodrigues; TÔRRES, Heleno Taveira (Org.). *Princípios de direito financeiro e tributário*: estudos em homenagem ao Professor Ricardo Lobo Torres. Rio de Janeiro: Renovar, 2006. p. 103.

de determinados limites ao poder de tributar, a exemplo dos princípios constitucionais tributários, assim entendidos como normas jurídicas, sobre as quais o legislador – em sentido amplo – ou aplicador do direito atribuem alta carga axiológica, permitindo orientar a atividade interpretativa do exegeta na condução e construção do direito.[8]

Esse conjunto de princípios, eleitos pelo legislador originário para resguardar os direitos do contribuinte quando da exação fiscal, somado às normas de imunidade e ao ideal de que o cidadão receberá o valor pago em tributos sob a forma de serviços públicos consagram o ideal de justiça fiscal[9] como sobreprincípio que norteia o intérprete na atribuição de sentido aos enunciados prescritivos do direito positivo.

E Marcus Abraham[10] arremata essa ideia:

> Assim, o princípio da justiça tributária encontra vida, alma e impulso na virtude da justiça. Esta leva o contribuinte virtuoso a viver como cidadão que luta por uma ordem tributária socialmente mais justa. Para falarmos em Justiça Tributária numa sociedade democrática, precisamos notar a presença de pelo menos duas características: i – uma forte regulação na distribuição de bens na estrutura básica da sociedade; ii – cidadãos-contribuintes que, em uma democracia constitucional, pagam tributos e mantém um fundo comum público, destinado a garantir a oferta de bens e de serviços impossíveis de serem assegurados com equidade a todos os cidadãos, se entregues ao mercado.

Logo, concebendo a justiça como sendo a qualidade daquelas normas que conferem eficiência ao sistema na regulação das condutas intersubjetivas, garantindo tratamento isonômico do ponto de vista material, isto é, tratando-se igualmente os iguais e distintamente os desiguais na medida de sua desigualdade, o princípio da capacidade contributiva apresenta-se como critério para aferir, objetivamente, se as normas tributárias estão satisfazendo ou não o ideal de justiça fiscal.

Desse modo, conferem-se contornos concretos para o exame de determinada norma avaliando se atende ou não ao ideal de justiça tributária, que, por si, representa um valor abstrato:[11] será justa aquela norma que caminhar no sentido de garantir a plena efetividade da capacidade contributiva, enquanto será injusta a norma que possa vir a representar efeitos nefastos à capacidade contributiva, ao tratamento isonômico dos contribuintes ou que possa, de algum modo, agravar as desigualdades sociais que assolam o país.

Dessa feita, a expressa previsão quanto ao dever de observância da justiça tributária pelo sistema tributário nacional, incluída pela Emenda Constitucional nº 132/2023, endossa a importância desse conceito ao sistema jurídico como um todo, inclusive como forma de atingir os objetivos republicanos preconizados no art. 3º da Constituição Federal.

---

[8] REALE, Miguel. *Lições preliminares de Direito*. São Paulo: Saraiva, 2002. p. 304.

[9] CALIENDO, Paulo. *Direito tributário e análise econômica do direito*: uma visão crítica. Rio de Janeiro: Campus Jurídico, 2009. p. 28.

[10] ABRAHAM, Marcus. Justiça fiscal. *In*: ROCHA, Sérgio André (Coord.). *Curso de direito tributário*. São Paulo: Quartier Latin, 2011. p. 51.

[11] É relevante dar objetividade e concretude ao valor de justiça fiscal, sobretudo em razão da previsão do art. 20 da Lei de Introdução às Normas de Direito Brasileiro: "Nas esferas administrativa, controladora e judicial, não se decidirá com base em valores jurídicos abstratos sem que sejam consideradas as consequências práticas da decisão".

Entretanto, deve-se deixar claro que, a despeito da importância de se deixar expresso no texto constitucional, a falta dessa menção até o advento da emenda não significa afirmar que o princípio da justiça fiscal não estivesse normatizado em nosso sistema. É o que passa a ora demonstrar no tópico subsequente.

3 O papel da justiça fiscal enquanto princípio informador do ordenamento jurídico brasileiro

As Constituições são, em si mesmas, expressão da vontade dos indivíduos. É através delas que são impostas limitações à atuação do Estado e entre elas, a observância dos direitos fundamentais.

A primeira Constituição Republicana do Brasil foi a de 1891, e nela se introduziu, pela primeira vez, o princípio da igualdade, nos seguintes termos:

> Art. 1º - A Nação Brazileira adopta como forma de governo, sob regimen representativo, a República Federativa proclamada a 15 de novembro de 1889, e constitui-se, por união perpétua e indissolúvel das suas antigas províncias em Estados Unidos do Brazil.

E ainda:

> Art. 72 – [...]
> §1º - Ninguém pode ser obrigado a fazer, ou deixar de fazer alguma cousa, senão em virtude de lei.
> §2º - Todos são iguais perante a lei.

Buscou-se, naquele momento histórico, impor ao Estado a exigência de, mediante lei prévia e que dispensasse tratamento isonômico aos cidadãos, criar direitos e deveres como forma de implementação de um Estado "justo" e solidário.

A ideia de justiça remonta aos primórdios do direito greco-romano. O direito romano, por sua vez, protegeu ao mesmo tempo o cidadão e o Império, tendo como alicerce a Justiça.

A Constituição brasileira, acompanhando a tendência internacional da positivação dos direitos humanos, assim como ocorreu com várias outras constituições como a italiana, a espanhola, a portuguesa, a americana, entre outras, estabeleceu um conjunto de direitos e garantias dirigidas aos contribuintes e refletidas em princípios norteadores da tributação, como o da igualdade e seu consectário o da capacidade contributiva, o da legalidade, o da anterioridade, o da irretroatividade, o da vedação de cobrança de tributo com efeito de confisco e o da segurança jurídica, que os agrega e deles é decorrente.

Como já exposto, a novel previsão do art. 145, §3º, CF, não constitui uma inovação propriamente dita, posto que o princípio da justiça fiscal já se encontrava normatizado no sistema brasileiro, sendo utilizado como razão de decidir do STF em diversos acórdãos que, inclusive, contaram com a participação do homenageado Ministro Luís Roberto Barroso.

3.1 A separação entre texto e norma

Faz-se necessário, em primeiro lugar, distinguir as dimensões de texto, enunciado, proposição e norma. Nas palavras de Paulo de Barros Carvalho,[12] texto pode ser definido como

> suporte físico, base material para produzir-se a representação mental na consciência do homem (significação) e, também, termo da relação semântica com os objetos significados. O texto é o ponto de partida para a formação das significações e, ao mesmo tempo, para a referência aos entes significados, perfazendo aquela estrutura triádica ou trilateral que é própria das unidades sígnicas.

Dito isso de outro modo, o texto é todo conjunto de sinais que possa ser interpretado, a fim de atribuir sentido, contido em dado suporte físico, a exemplo do livro que contém enunciados em linguagem compreensível ao leitor e intérprete que, em conjunto, formam, entre outros, o Código Tributário Nacional ou a Constituição Federal.

Dentro desse suporte físico do texto de lei (documento normativo), existem os enunciados (frases) que, juntos, formulam os enunciados prescritivos, os quais, por sua vez, visam à regulamentação da conduta humana a partir da prescrição de comportamentos. A significação construída a partir desses enunciados é o que se denomina por "proposição", isto é, "suporte linguístico que traduz os juízos pessoais, a saber, asserções de que algo é algo".[13]

Tecnicamente, embora haja distinção entre os planos do enunciado e da proposição, é de rigor compreender os enunciados como orações que cumprem com o requisito de serem significativas, isto é, de expressar cabalmente uma ideia.[14]

Riccardo Guastini, ademais, esclarece que nem sempre há unicidade na relação entre enunciado e proposição, isto é, nem sempre tais institutos se manifestam em relação de um para um:

> [...] os juristas falam às vezes de "proposição jurídica", "proposição normativa", e similares. Convém, talvez precisar, todavia, que "enunciado" não é sinônimo de "proposição" no sentido gramatical (e tampouco exatamente de "proposição" em sentido lógico). Por um lado, de fato, nem todos os enunciados compõem-se de uma única proposição; e, por outro lado, nem todas as proposições são enunciados. Um enunciado pode ser alternativamente: (a) ou uma "frase simples", isto é, uma proposição independente; (b) ou uma "frase complexa", isto é, um agregado independente de proposições, constituído por uma proposição principal e por uma ou mais proposições a esta subordinadas. [...]
>
> Uma proposição em sentido lógico é um enunciado (interpretado) para o qual convergem os valores de verdade (isto é, "verdadeiro" e "falso").[15]

---

[12] CARVALHO, Paulo de Barros. *Direito tributário*: fundamentos jurídicos da incidência. São Paulo: Noeses, 2021. p. 19.

[13] CARVALHO, Paulo de Barros. *Direito tributário*: linguagem e método. São Paulo: Noeses, 2021. p. 88.

[14] ECHAVE, Delia Teresa; URQUIJO, María Eugenia; GUIBOURG, Ricardo A. *Lógica, proposición y norma*. Buenos Aires: Astrea, 1980. p. 35-36.

[15] GUASTINI, Riccardo. *Das fontes às normas*. São Paulo: Quartier Latin, 2005. p. 25.

O autor italiano, ainda, distingue o enunciado, compreendido como a expressão linguística acabada, de determinado artigo ou parágrafo de lei, o qual pode ser constituído por diversos enunciados.[16]

É exatamente por esse ponto que Paulo de Barros Carvalho estabelece a distinção entre enunciado prescritivo e norma jurídica:

> Uma coisa são os enunciados prescritivos, isto é, usados na função pragmática de prescrever condutas; outra, as normas jurídicas, como significações construídas a partir dos textos positivados e estruturadas consoante a forma lógica dos juízos condicionais, compostos pela associação de duas ou mais proposições prescritivas.[17]

Portanto, não se deve equiparar as instâncias do dispositivo e da norma jurídica. Como esclarece Humberto Ávila, "em alguns casos há norma, mas não há dispositivo. Quais são os dispositivos que preveem os princípios da segurança jurídica e da certeza do Direito? Nenhum. Então há normas, mesmo sem dispositivos específicos que lhe deem suporte físico".[18]

À semelhança do que se verifica com o princípio da segurança jurídica que, embora seja indubitável o seu caráter normativo, inserto no sistema de direito positivo, não esteja expressamente previsto em nenhum dispositivo do texto constitucional, no caso do princípio da justiça fiscal, mesmo antes do advento da aludida emenda constitucional, já encontrava-se positivado como produto de um processo de significação por meio da interpretação de diversos dispositivos constitucionais, a exemplo de, mas sem se limitar a: (i) a previsão, no preâmbulo da Constituição, da justiça como um dos elementos assegurados pela Assembleia Nacional Constituinte; (ii) a referência à justiça social nos arts. 170 e 194 do texto constitucional, da qual se deduz a importância da justiça também sob a perspectiva da política fiscal; e (iii) principalmente, as próprias previsões dos princípios da igualdade tributária e da capacidade contributiva, contidas nos arts. 145, §1º e 150, inc. II da CF.

A assertiva acima comprova-se pela invocação do princípio da justiça fiscal nos próprios acórdãos lavrados pelo STF em data anterior à Emenda Constitucional nº 132/2023, conforme se denota do levantamento exposto a seguir.

3.2 A justiça fiscal na evolução da jurisprudência do Supremo Tribunal Federal

Realizando busca com o indexador "justiça fiscal" no acervo jurisprudencial do eg. STF, constata-se que, há mais de vinte anos,[19] os ministros da Suprema Corte

---

[16] GUASTINI, Riccardo. *Das fontes às normas*. São Paulo: Quartier Latin, 2005. p. 25.

[17] CARVALHO, Paulo de Barros. *Direito tributário*: fundamentos jurídicos da incidência. São Paulo: Noeses, 2021. p. 26.

[18] ÁVILA, Humberto. Legalidade tributária multidimensional. *In*: FERRAZ, Roberto (Coord.). *Princípios e limites da tributação*. São Paulo: Quartier Latin, 2005. p. 279.

[19] O primeiro acórdão localizado foi aquele prolatado por ocasião da Medida Cautelar na Ação Direta de Inconstitucionalidade nº 736, de relatoria do Min. Carlos Velloso, ao enfrentar suposta ofensa do art. 96 da Lei nº 8.383/1991 ao princípio da capacidade contributiva, o Plenário consignou no acórdão que "na medida em que são conhecidos os reais valores dos bens de propriedade dos contribuintes, pode-se alcançar uma melhor justiça fiscal, dado que o princípio da capacidade contributiva exige a cobrança de um maior imposto de quem ganha mais dinheiro" (BRASIL. Supremo Tribunal Federal. *Medida Cautelar na Ação Direta de Inconstitucionalidade nº 736/DF*. Rel. Min. Carlos Velloso. Julgamento: 04.06.1992. Órgão Julgador: Plenário. Publicação: 14.06.2002).

brasileira vêm invocando a justiça fiscal como razão de decidir dos seus acórdãos, entre os quais se destacam aqueles expostos a seguir, que contaram com a participação do Min. Luís Roberto Barroso.

Na Ação Direta de Inconstitucionalidade nº 2.732/DF, de relatoria do Min. Dias Toffoli, o STF afastou a alegação de incompatibilidade entre a técnica de progressividade e o caráter real do IPTU (Imposto Predial e Territorial Urbano), justamente pelo fato de a progressividade constituir forma de consagração dos princípios da justiça fiscal e da isonomia tributária.[20]

Posteriormente, no julgamento da Ação Direta de Inconstitucionalidade nº 5.135/DF, de relatoria do Min. Luís Roberto Barroso, fora reconhecida a compatibilidade da previsão de protesto da CDA com o texto constitucional, haja vista o estímulo à adimplência tributária, o incremento da arrecadação e a promoção da justiça fiscal.[21]

Já no Recurso Extraordinário nº 594.015/SP, no qual o STF concluiu que não se beneficia da imunidade recíproca a sociedade de economia mista ocupante de bem público, para fins de incidência do IPTU, os ministros reconheceram que, com a inserção do princípio da isonomia e da capacidade contributiva ao altiplano constitucional, criou-se uma regra de supradireito na análise de questões tributárias, que é justamente a justiça fiscal. Assim, entenderam que violaria a justiça fiscal impedir que a municipalidade exigisse o imposto de entidade que explora atividade econômica, não justificando que lhe seja alcançada a benesse da imunidade.[22]

Do mesmo modo, no Recurso Extraordinário nº 714.139/SC (Tema nº 745/STF), em que se discutiu a observância obrigatória da seletividade de alíquotas do ICMS incidente sobre energia elétrica. Como ficou evidente do caso paradigma, para além de deter função fiscal – por ser considerado a maior fonte de receita dos estados e do Distrito Federal –, determinados usos do ICMS detêm nítida natureza extrafiscal, como instrumento de garantia de direitos fundamentais do contribuinte e do ideal de justiça fiscal, a exemplo da adoção do princípio da seletividade, em função da essencialidade, previsto no art. 155, §2º, III, da CF/1988.[23]

Como é possível visualizar dos julgados acima apontados, aos quais outros poderiam ser somados, a justiça fiscal já se encontrava prevista enquanto norma do sistema jurídico brasileiro, servindo como critério para exame de temas relativos à matéria tributária pelo STF.

Assim, para ser invocada como razão de decidir pelos ministros do Supremo Tribunal Federal nos acórdãos mencionados, a norma de justiça fiscal fora construída a partir de outros dispositivos constitucionais, sobretudo como corolário das previsões da capacidade contributiva e da igualdade tributária.

Então, indaga-se: a novel previsão do dever de observância da justiça tributária, incluída pela reforma constitucional tributária, seria de todo inócua? Evidente que

---

[20] BRASIL. Supremo Tribunal Federal. *Ação Direta de Inconstitucionalidade nº 2732/DF*. Rel. Min. Dias Toffoli. Julgamento: 07.10.2015. Órgão Julgador: Plenário. Publicação: 11.12.2015.

[21] BRASIL. Supremo Tribunal Federal. *Ação Direta de Inconstitucionalidade nº 5135/DF*. Rel. Min. Luís Roberto Barroso. Julgamento: 09.11.2016. Órgão Julgador: Plenário. Publicação: 07.02.2018.

[22] BRASIL. Supremo Tribunal Federal. *Recurso Extraordinário nº 594.015/SP*. Rel. Min. Marco Aurélio Mello. Julgamento: 06.04.2017. Órgão Julgador: Plenário. Publicação: 25.08.2017.

[23] BRASIL. Supremo Tribunal Federal. *Recurso Extraordinário nº 714.139/SC*. Rel. Min. Marco Aurélio Mello. Julgamento: 18.12.2021. Órgão Julgador: Plenário. Publicação: 15.03.2022.

não. A despeito de ser possível, por esforço hermenêutico, conferir caráter normativo à justiça fiscal, que se apresenta como elemento central do direito, a expressa previsão no texto constitucional confere maior segurança jurídica ao sistema, dirimindo eventual dúvida que se pudesse ter quanto à necessidade de atender à justiça fiscal na criação, interpretação e aplicação das demais normas de direito tributário.

3.3 Função da justiça fiscal no ordenamento jurídico

Em um Estado social de direito, almejam-se leis que sejam materialmente justas, no sentido de que sempre observem a igualdade, a solidariedade e a liberdade.

Esta é a razão pela qual o constituinte inseriu na Constituição Federal o art. 3º, inc. I, que prevê expressamente como objetivo do Estado brasileiro "constituir uma sociedade livre, justa e solidária".

É certo que só há sociedade livre, justa e solidária quando o sistema tributário é composto de leis fiscais justas. A política fiscal há de ser, nessa medida, a política da justiça, aquela que reflita um comportamento revestido de moralidade no exercício do poder de tributar.

Após a demonstração de que a justiça fiscal sempre teve caráter de norma mesmo antes mesmo da inclusão do §3º ao art. 145 da CF, cumpre investigar qual a dimensão normativa a que pertence o ideal de justiça fiscal: princípio ou regra.

As regras são normas comportamentais que indicam determinadas condutas como obrigatórias, permitidas ou proibidas, cuja aplicação demanda a subsunção dos fatos à hipótese normativa.

À contradição ou contrariedade entre duas regras, dá-se o nome de antinomia. No caso das antinomias aparentes, o conflito pode ser solucionado por meio de um dos critérios previstos pelo próprio direito (hierarquia, especialidade e cronologia), enquanto, nas antinomias reais, a solução passa pelas normas de integração, como a analogia e os princípios gerais de direito.

Por outro lado, os princípios são preceitos fundamentais de determinada disciplina, servindo de base, alicerce para seus institutos e sua evolução. São reverenciados como bases ou pilares do ordenamento jurídico.

Robert Alexy entende que, na hipótese de conflito entre princípios, um deles prevalece sobre o outro, dado o seu grau de superior importância, de modo que tal condição atribui-lhe precedência, a qual se verte no critério solucionador da colisão. Segundo entende o autor, ao contrário do que se opera com as regras, na hipótese de conflito de princípios, a tensão não se soluciona declarando-se um deles inválido ou introduzindo-se uma exceção.[24]

O autor adota critério para distinguir os princípios das regras. Segundo seu entendimento, os princípios são "mandados de otimização", o que significa que "ordenam que algo seja realizado na maior medida possível, dentro das possibilidades fáticas e jurídicas existentes".[25] Nessa linha de raciocínio entende Robert Alexy que, ao contrário das regras, em relação às quais vale a lógica do tudo-ou-nada, pois expressam

---

[24] FARIAS, Edilson Pereira de. *Colisão de direitos*. São Paulo: Safe, 2008. p. 26.

[25] ALEXY, Robert. *Teoría de los derechos fundamentales*. Madrid: Centro de Estudios Constitucionales, 1993. p. 67.

mandamentos definitivos, os princípios impõem que determinada conduta deva ser realizada, obedecidas as condições fáticas e jurídicas, até o limite do possível.[26]

Como ensina Paulo de Barros Carvalho: "'princípios' são 'normas jurídicas' carregadas de forte conotação axiológica. É o nome que se dá a regras do direito positivo que introduzem valores relevantes para o sistema, influindo vigorosamente sobre a orientação de setores da ordem jurídica".[27]

Dessa feita, considerando que o direito positivo é o conjunto de normas jurídicas de um dado país e que os princípios jurídicos são elementos do direito, os princípios jurídicos são, também, normas jurídicas, que se apresentam ora como valores, ora como limites objetivos:

> Em direito, utiliza-se o termo "princípio" para denotar as regras de que falamos, mas também se emprega a palavra para apontar normas que fixam importantes critérios objetivos, além de ser usada, igualmente, para significar o próprio valor, independentemente da estrutura a que está agregado e, do mesmo modo, o limite objetivo sem a consideração da norma.[28]

Toda norma jurídica voltada à finalidade de disciplinar condutas traz um valor. Porém, chamam-se "princípios" aqueles valores que hierarquicamente colocamos em um patamar de superioridade, pulsantes ao organizarmos o sistema, de tal modo que eles acabam exercendo significativa influência na construção, estruturação e aplicação das significações normativas.

No sistema jurídico brasileiro, temos como exemplos de "princípios" os valores: justiça, segurança-jurídica, certeza do direito, igualdade, dentre outros. Todos eles são fins que devem ser perseguidos pelas demais normas jurídicas e, por isso, são chamados de "princípios".

Os limites objetivos, por sua vez, são instrumentos jurídicos utilizados pelo legislador para atingir certos fins. Não são valores se considerados em si mesmos, mas voltam-se para implementação de valores, ou seja, o valor está na finalidade a ser alcançada pelo princípio.

Como ensina Luís Roberto Barroso:

> Na trajetória que os conduziu ao centro do sistema, os princípios tiveram de conquistar o status de norma jurídica, superando a crença de que teriam uma dimensão puramente axiológica, ética, sem eficácia jurídica ou aplicabilidade direta e imediata. A dogmática moderna avaliza o entendimento de que as normas em geral, e as normas constitucionais em particular, enquadram-se em duas grandes categorias diversas: os princípios e as regras.[29]

E, para diferenciar os princípios das regras, o autor arremata:

---

[26] ALEXY, Robert. *Teoría de los derechos fundamentales*. Madrid: Centro de Estudios Constitucionales, 1993. p. 80.

[27] CARVALHO, Paulo de Barros. *Direito tributário*: linguagem e método. São Paulo: Noeses, 2021. p. 269.

[28] CARVALHO, Paulo de Barros. *Direito tributário*: linguagem e método. São Paulo: Noeses, 2021. p. 273.

[29] BARROSO, Luís Roberto. O começo da história. A nova interpretação constitucional e o papel dos princípios no direito brasileiro. *In*: BARROSO, Luís Roberto. *Temas de direito constitucional*. Rio de Janeiro: Renovar, 2005. t. III. p. 13.

> Regras são, normalmente, relatos objetivos, descritivos de determinadas condutas e aplicáveis a um conjunto delimitado de situações. Ocorrendo a hipótese prevista no seu relato, a regra deve incidir, pelo mecanismo tradicional da subsunção: enquadram-se os fatos na previsão abstrata e produz-se uma conclusão. A aplicação de uma regra se opera na modalidade tudo ou nada: ou ela regula a matéria em sua inteireza ou é descumprida. Na hipótese do conflito entre duas regras, só uma será válida e irá prevalecer. Princípios, por sua vez, contêm relatos com maior grau de abstração, não especificam a conduta a ser seguida e se aplicam a um conjunto amplo, por vezes indeterminado, de situações. Em uma ordem democrática, os princípios frequentemente entram em tensão dialética, apontando direções diversas. Por essa razão, sua aplicação deverá se dar mediante ponderação: à vista do caso concreto, o intérprete irá aferir o peso que cada princípio deverá desempenhar na hipótese, mediante concessões recíprocas, e preservando o máximo de cada um, na medida do possível. Sua aplicação, portanto, não será no esquema tudo ou nada, mas graduada à vista das circunstâncias representadas por outras normas ou por situações de fato.[30]

Feitas essas distinções, cumpre asseverar que a justiça fiscal pode assumir ora a feição de regra, ora a função de princípio. Será regra ao prescrever comportamento ao destinatário da norma, como é o caso da obrigatoriedade da sua observância para os agentes criadores de normas tributárias, sobretudo diante do reforço dado pela previsão na reforma constitucional.

Dessa feita, fica proibido que o legislador edite norma que viole o princípio da justiça tributária, por meio do desprezo ao tratamento isonômico de contribuintes que se encontrem em igualdade de condições, por exemplo.

Contudo, comumente se verá a justiça fiscal na sua feição principiológica e, portanto, sendo usada em uma dimensão imediatamente finalística ao estabelecer um estado ideal que deve ser promovido pelos participantes do sistema.

Nesse aspecto, a justiça fiscal é usada como parâmetro para aferir a compatibilidade ou incompatibilidade de determinada norma com a Constituição Federal, como se verificou nos julgados indicados do STF, em que a justiça fiscal funcionou como razão de decidir para pensar um modelo ideal de sociedade que seja justa, em atenção ao próprio objetivo da República Federativa do Brasil disposto no art. 3º, inc. I, do texto constitucional, como já explicado.

4 A reforma constitucional tributária sob o olhar da justiça fiscal

Do quanto exposto até então, duas ideias sobressaem-se de alta importância: (i) a justiça fiscal já dispunha de dimensão normativa mesmo antes do advento da Emenda Constitucional nº 132/2023; e (ii) dada a cronologia entre a dimensão normativa-constitucional da justiça fiscal, anterior aos preceitos da reforma constitucional tributária, a justiça fiscal serve de parâmetro para aferir, inclusive, a constitucionalidade da própria reforma, podendo ser utilizada como razão de decidir para esse fim, como se verificou nos diversos precedentes do STF apontados.

---

[30] BARROSO, Luís Roberto. O começo da história. A nova interpretação constitucional e o papel dos princípios no direito brasileiro. *In*: BARROSO, Luís Roberto. *Temas de direito constitucional*. Rio de Janeiro: Renovar, 2005. t. III. p. 15.

Feitos esses esclarecimentos, passa-se ao exame das mudanças promovidas no sistema constitucional tributário à luz do ideal de justiça fiscal.

No art. 156-A da Constituição Federal, introduzido pela citada emenda, encontra-se a previsão de que lei complementar instituirá imposto sobre bens e serviços de competência compartilhada entre estados, Distrito Federal e municípios.

Os incs. V e VII do §1º do mencionado dispositivo preveem, respectivamente, que "cada ente federativo fixará sua alíquota própria por lei específica" e que "será cobrado pelo somatório das alíquotas do Estado e do Município de destino da operação".

No inc. VI, dispõe-se que "a alíquota fixada pelo ente federativo na forma do inciso V será a mesma para todas as operações com bens materiais ou imateriais, inclusive direitos, ou com serviços, ressalvadas as hipóteses previstas nesta Constituição".

Essa disposição foi concebida visando à correção de uma distorção do sistema tributário brasileiro consubstanciada na multiplicidade de alíquotas para variados bens e serviços, o que seria a causa de litígio e de dispêndio de recursos empresariais para planejar seus negócios a fim de alcançar a classificação tributária que melhor lhe aprouver.[31]

Entretanto, é possível ocultar a mais odiosa conduta sob o mais belo véu. Ao uniformizar a alíquota para bens e serviços, a Constituição Federal passou a determinar que itens essenciais à subsistência humana, por serem de primeira necessidade, sejam tributados à mesma intensidade que itens supérfluos.

O art. 145, §1º, CF assim dispõe:

> Sempre que possível, os impostos terão caráter pessoal e serão graduados segundo a capacidade econômica do contribuinte, facultado à administração tributária, especialmente para conferir efetividade a esses objetivos, identificar, respeitados os direitos individuais e nos termos da lei, o patrimônio, os rendimentos e as atividades econômicas do contribuinte.

Como se vê, o princípio da capacidade contributiva, critério medidor do ideal de justiça fiscal, comporta duas dimensões: uma objetiva e outra subjetiva. Inicialmente, em sua dimensão objetiva ou absoluta, o mencionado princípio impõe a eleição, pela autoridade legislativa competente, de fatos que ostentem signos presuntivos de riqueza, no caso, patrimônio, rendimentos e outras atividades econômicas do contribuinte. Afinal, na lição de Luciano Amaro, "onde não houver riqueza é inútil instituir imposto, do mesmo modo que em terra seca não adianta abrir poço à busca de água".[32]

Além disso, também envolve o aspecto objetivo da capacidade contributiva que a tributação seja diretamente proporcional à riqueza manifestada. Portanto, impõe-se que produtos como o pão e o leite sejam sensivelmente menos onerados do que produtos como um colar de diamantes ou um carro de luxo.

Já a dimensão relativa ou subjetiva do princípio da capacidade contributiva implica a repartição da percussão tributária, a fim de que os participantes do acontecimento contribuam de acordo com o tamanho econômico do evento, a qual pode ser identificada, por exemplo, na progressividade do Imposto sobre a Renda (art. 153, §2º, I, CF).

---

[31] PONTALTI, Mateus. *Comentários à reforma tributária* – EC 132/2023: entenda o que mudou e por que mudou. São Paulo: JusPodivm, 2024. p. 98.

[32] AMARO, Luciano. *Direito tributário brasileiro*. São Paulo: Saraiva, 2017. p. 165.

No contexto da reforma constitucional tributária, denota-se que o estabelecimento de alíquota uniforme para todos os bens e serviços acaba por fulminar a dimensão objetiva do princípio da capacidade contributiva e, por consequência, cria-se situação de injustiça fiscal, ao contrário do que vem sendo defendido publicamente.

Com efeito, a situação apenas não se revela ainda mais periclitante em razão da ressalva feita na parte final do inc. VI do art. 156-A da Constituição Federal, quanto à possibilidade de adotar alíquotas diferenciadas para situações taxativamente previstas no texto constitucional, a exemplo dos itens da chamada "Cesta Básica Nacional de Alimentos", a serem definidos por lei complementar (art. 8º da EC nº 132/2023).

Entretanto, ainda assim, a previsão constitucional implicará a tributação sob um prisma de uma igualdade puramente formal, isto é, sem observância dos graus de desigualdades para justificar diferentes níveis de intensidade da carga tributária. Dito isso de outro modo, eventos que denotarem maiores ou menores signos presuntivos de riqueza serão tributados à mesma proporção.

Com isso, fica evidente o retrocesso gerado pela reforma constitucional tributária quanto ao viés da igualdade material e do princípio da capacidade contributiva, que, ao final, provocam ofensa ao próprio ideal de justiça fiscal, elevado ao *status* de direito fundamental dos jurisdicionados.

Por outro lado, deve-se elogiar a tentativa da reforma tributária em implementar ferramentas de modalidade *cashback* tributário, a exemplo do que se verificará na lei complementar no que concerne às "hipóteses de devolução do imposto a pessoas físicas, inclusive os limites e os beneficiários, com o objetivo de reduzir as desigualdades de renda" (art. 156-A, §5º, VIII, CF).

A despeito de restar dúbia a praticabilidade dessa medida, sobretudo quanto à identificação do beneficiário e procedimento de devolução de valores, a preocupação do poder constituinte derivado revela a importância da justiça fiscal como forma de garantir uma sociedade igualitária em termos de redistribuição de riquezas, mitigando os níveis de desigualdade, portanto.

5 Conclusão

Em conclusão ao presente texto, verifica-se que, pela separação entre texto e norma, o ideal de justiça fiscal já é dotado de estado de normatividade mesmo antes da promulgação da Emenda Constitucional nº 132/2023, representando uma decorrência dos próprios objetivos da República Federativa do Brasil, sendo, inclusive, utilizada como razão de decidir pelo Supremo Tribunal Federal para o exame de questões tributárias.

A justiça fiscal, portanto, guarda íntima relação com o princípio da capacidade contributiva – em suas dimensões subjetiva e objetiva – e o da igualdade material, o qual garante tratamento isonômico para aqueles que se encontrem em situação similar, enquanto tratamento desigual na medida que as desigualdades assim justificarem – gerando, assim, eficiência ao sistema jurídico.

Assim, como acima se demonstrou, no caso do ordenamento jurídico brasileiro, as recentes mudanças constitucionais quanto ao sistema tributário, a despeito do discurso no sentido de que a justificativa para a alteração do sistema seria a de garantir maior justiça fiscal, as regras positivadas não revelam uma congruência com essa causa.

No caso do estabelecimento de alíquotas uniformes para o IBS, há nítida ofensa à justiça fiscal por violação à dimensão objetiva da capacidade contributiva, de modo que bens e serviços que manifestam diferentes níveis de riqueza serão objeto de exação sob a mesma alíquota.

Por outro lado, a previsão de devolução de parcela do imposto pago como forma de mitigar as desigualdades sociais visa ao ideal de justiça fiscal, embora se deva aguardar a forma com que a lei complementar tratará dessa disciplina e de quem serão os seus beneficiários.

Nessa toada, o ideal de justiça fiscal constitui eficaz ferramenta de análise da reforma constitucional tributária, seja para verificar a sua constitucionalidade, seja para servir de parâmetro para a criação dos instrumentos legais do porvir, especialmente a lei complementar regulamentadora do IBS e da CBS.

Referências

ABBAGNANO, Nicola. *Dicionário de filosofia*. São Paulo: Martins Fontes, 2012.

ABRAHAM, Marcus. Justiça fiscal. *In*: ROCHA, Sérgio André (Coord.). *Curso de direito tributário*. São Paulo: Quartier Latin, 2011.

ALEXY, Robert. *Teoría de los derechos fundamentales*. Madrid: Centro de Estudios Constitucionales, 1993.

AMARO, Luciano. *Direito tributário brasileiro*. São Paulo: Saraiva, 2017.

ARISTÓTELES. *Ética a Nicômaco*. São Paulo: Edipro, 2014.

ÁVILA, Humberto. Legalidade tributária multidimensional. *In*: FERRAZ, Roberto (Coord.). *Princípios e limites da tributação*. São Paulo: Quartier Latin, 2005.

BARROSO, Luís Roberto. O começo da história. A nova interpretação constitucional e o papel dos princípios no direito brasileiro. *In*: BARROSO, Luís Roberto. *Temas de direito constitucional*. Rio de Janeiro: Renovar, 2005. t. III.

CALIENDO, Paulo. *Direito tributário e análise econômica do direito*: uma visão crítica. Rio de Janeiro: Campus Jurídico, 2009.

CARVALHO, Paulo de Barros. *Direito tributário*: fundamentos jurídicos da incidência. São Paulo: Noeses, 2021.

CARVALHO, Paulo de Barros. *Direito tributário*: linguagem e método. São Paulo: Noeses, 2021.

ECHAVE, Delia Teresa; URQUIJO, María Eugenia; GUIBOURG, Ricardo A. *Lógica, proposición y norma*. Buenos Aires: Astrea, 1980.

FARIAS, Edilson Pereira de. *Colisão de direitos*. São Paulo: Safe, 2008.

GRUPENMACHER, Betina Treiger. Justiça fiscal e mínimo existencial. *In*: PIRES, Adilson Rodrigues; TÔRRES, Heleno Taveira (Org.). *Princípios de direito financeiro e tributário*: estudos em homenagem ao Professor Ricardo Lobo Torres. Rio de Janeiro: Renovar, 2006.

GUASTINI, Riccardo. *Das fontes às normas*. São Paulo: Quartier Latin, 2005.

PONTALTI, Mateus. *Comentários à reforma tributária* – EC 132/2023: entenda o que mudou e por que mudou. São Paulo: JusPodivm, 2024.

REALE, Miguel. *Lições preliminares de direito*. São Paulo: Saraiva, 2002.

Informação bibliográfica deste texto, conforme a NBR 6023:2018 da Associação Brasileira de Normas Técnicas (ABNT):

GRUPENMACHER, Betina Treiger; FERREIRA, Gustavo Lopes. O papel da justiça fiscal na reforma constitucional tributária brasileira. *In*: PAULA, Fernanda de; PENCAK, Nina (coord.). *Tributação, liberdade e igualdade*: as contribuições do Ministro Luís Roberto Barroso. Belo Horizonte: Fórum, 2025. p. 251-264. ISBN 978-65-5518-952-0.

AFERIÇÃO DA PROPORCIONALIDADE CONCRETA PARA VALIDAÇÃO CONSTITUCIONAL DAS TAXAS

BRENO FERREIRA MARTINS VASCONCELOS

CARLA MENDES NOVO

MARIA RAPHAELA DADONA MATTHIESEN

I Introdução

Como reflexo de uma série de disfunções derivadas do sistema tributário, o Supremo Tribunal Federal tem sido crescentemente provocado a decidir sobre as mais diversas questões levadas pelas administrações tributárias e pelos contribuintes.

Um tema que recorrentemente alcança o Plenário da Suprema Corte é a constitucionalidade das taxas. Muito se questiona sobre a adequação, especialmente sob o viés do princípio da proporcionalidade, das taxas instituídas por todos os entes federativos (União, estados, municípios e Distrito Federal) no exercício da competência outorgada pelo art. 145 da Constituição Federal ("CF").

Isso porque as taxas têm natureza contraprestacional, sendo subordinadas ao princípio da retributividade, de modo que, caso verificada a desconexão entre o exercício da atividade estatal e o produto da arrecadação do tributo, poderá ser atestada sua inconstitucionalidade.

Nesse contexto, o presente artigo tem o objetivo de identificar os padrões decisórios da Corte Suprema na análise de constitucionalidade das taxas, sob a perspectiva da proporcionalidade entre o custo da atuação estatal remunerada e os parâmetros para a cobrança do tributo. Ao final, pretendemos demonstrar que os julgamentos proferidos nas Ações Diretas de Inconstitucionalidade ("ADIs") nº 6.211, nº 5.480, nº 6.737, nº 5.374, nº 4.785, nº 4.786 e nº 4.787, em especial os votos proferidos pelo Ministro Luís Roberto Barroso nas últimas quatro ações destacadas, podem estar relacionados a uma mudança de perspectiva do STF na validação constitucional dessa espécie tributária.

II Delimitação da competência para a instituição de taxas

O art. 145 da Constituição Federal (CF) estabelece, em seu inc. II, a competência da União, dos Estados, do Distrito Federal e dos Municípios para a instituição de "taxas, em razão do exercício do poder de polícia ou pela utilização, efetiva ou potencial, de serviços públicos específicos e divisíveis, prestados ao contribuinte ou postos a sua disposição".[1]

Em linha com a delegação conferida pelo art. 146, III, "b", da CF,[2] o Código Tributário Nacional ("CTN") define as normas gerais sobre a obrigação tributária decorrente da competência conferida pelo art. 145, II, e demarca como possíveis fatos geradores das taxas (i) o exercício regular do poder de polícia ou (ii) a utilização, efetiva ou potencial, de serviço público específico e divisível, prestado ao contribuinte ou a ele disponibilizado (art. 77).[3]

A partir desse contorno normativo, o desenho constitucional definido para a instituição e cobrança das taxas é marcado pela vinculação entre o exercício de uma atividade estatal e o contribuinte ao qual essa atividade se refere. Vale dizer: a taxa corresponde a uma contraprestação pecuniária exigida do contribuinte em razão de um ato de fiscalização (no exercício do poder de polícia) ou da prestação de um serviço público.

Considerando que o aspecto quantitativo de um tributo deve corresponder ao fato eleito para dar origem à tributação, sendo uma verdadeira dimensão econômica do critério material da exação, as taxas são subordinadas ao princípio da retributividade, traduzido por Luís Eduardo Schoueri[4] como o dever imposto ao legislador ordinário de que a base de cálculo da taxa meça, "ainda que com certo grau de aproximação, o valor da atividade que o referido contribuinte exigiu do estado".

Como esclarece a Professora Regina Helena Costa, "a taxa ostenta caráter contraprestacional – paga-se a taxa por ter-se provocado o exercício do poder de polícia, em razão de ter sido prestado serviço público indivisível ou, ainda, por ter sido serviço dessa natureza colocado à disposição do sujeito passivo".[5]

Na mesma linha são as lições de Geraldo Ataliba e de Roque Carrazza:

> Efetivamente, se a h.i. da taxa é só uma atuação estatal, referida a alguém, sua base imponível é uma dimensão qualquer da própria atividade do estado: custo, valor ou outra grandeza qualquer (da própria atividade).
>
> [...] a base imponível (ou base de cálculo da taxa é, geralmente, o custo do serviço. Por isso, por exigência do princípio da isonomia – básico de toda a Constituição e fundamental em matéria tributária – esse custo deve ser repartido entre todos os usuários. Daí que cada qual deva pagar sua parte, na proporção da intensidade do uso.[6]

---

1 "Art. 145. A União, os Estados, o Distrito Federal e os Municípios poderão instituir os seguintes tributos: [...] II – taxas, em razão do exercício do poder de polícia ou pela utilização, efetiva ou potencial, de serviços públicos específicos e divisíveis, prestados ao contribuinte ou postos a sua disposição; [...]".

2 "Art. 146. Cabe à lei complementar: [...] III – estabelecer normas gerais em matéria de legislação tributária, especialmente sobre: [...] b) obrigação, lançamento, crédito, prescrição e decadência tributários; [...]".

3 "Art. 77. As taxas cobradas pela União, pelos Estados, pelo Distrito Federal ou pelos Municípios, no âmbito de suas respectivas atribuições, têm como fato gerador o exercício regular do poder de polícia, ou a utilização, efetiva ou potencial, de serviço público específico e divisível, prestado ao contribuinte ou posto à sua disposição".

4 SCHOUERI, Luís Eduardo. *Direito tributário*. 6. ed. São Paulo: Saraiva, 2016. p. 190-191.

5 COSTA, Regina Helena. *Curso de direito tributário* – Constituição e Código Tributário Nacional. São Paulo: Saraiva, [s.d.]. p. 115.

6 ATALIBA, Geraldo. *Hipótese de incidência tributária*. 6. ed. 13. tir. São Paulo: Malheiros, 2012. p. 147.

> Sempre acerca das taxas, temos que seu princípio informador, como observou Geraldo Ataliba, é o da retributividade. Melhor elucidando, o contribuinte, nelas, retribui pecuniariamente o serviço público ou as diligências que levam ao ato de polícia que o alcança, pagando a exação devida. Em nome da segurança jurídica não podemos aceitar que, só porque a pessoa política realizou uma atuação estatal, está autorizada a cobrar uma taxa no valor que quiser e de quem quiser. Muito menos se nem se efetivou a atuação estatal. Pelo contrário, só poderá exigir a taxa daquela pessoa diretamente alcançada pela atuação estatal e desde que o tributo tenha por base de cálculo o custo da atuação.[7]

A taxa, portanto, deve remunerar a atividade estatal. Não fosse assim, haveria nítida distorção de sua natureza tributária para configurar a cobrança de um preço, escapando da lógica pela qual "o Estado institui e arrecada os tributos como poder público e não em consequência de uma relação contratual com o contribuinte".[8]

Nesse cenário normativo, o legislador ordinário encontra um desafio na delimitação do aspecto quantitativo das taxas: como prever, no momento da criação do tributo, qual será o custo do ato de fiscalização ou do serviço público que será custeado e pela taxa – e, consequentemente, que servirá de parâmetro para que a exação atenda ao critério da retributividade?

Visando equacionar esses desafios sem abandonar o caráter contraprestacional das taxas, o Supremo Tribunal Federal elegeu a proporcionalidade como critério para o teste de adequação entre o custo da atividade estatal e o montante cobrado dos contribuintes.[9]

III Aferição da proporcionalidade das taxas na jurisprudência do STF

A fim de traçar o perfil da análise de proporcionalidade das taxas pelo STF, identificamos e sistematizamos as decisões proferidas pelo Plenário da Corte sobre o tema.

O levantamento dos acórdãos foi realizado a partir da base de decisões disponibilizada na busca de jurisprudência no sítio eletrônico do STF, utilizando-se as expressões "tributário taxa proporcionalidade". O resultado da pesquisa foi filtrado para colher apenas as decisões do órgão julgador correspondente ao "Tribunal Pleno".

Com base nesses critérios de busca, obtivemos 55 resultados[10] e, após a análise exploratória das decisões, excluímos 27 acórdãos,[11] pois as decisões proferidas não tinham por objeto a análise de proporcionalidade das taxas.

---

7 CARRAZZA, Roque Antonio. *Curso de direito constitucional tributário*. 21. ed. São Paulo: Malheiros, 2005. p. 515.

8 SOUSA, Rubens Gomes. *Compêndio de legislação tributária*. Belo Horizonte: Resenha Tributária, [s.d.]. p. 162.

9 Vale ressaltar que, como reflexo da verificação do princípio da proporcionalidade, os ministros do STF avaliam que o excesso na cobrança de taxas configura verdadeiro confisco, expressamente vedado pelo art. 150, inc. IV, da Constituição Federal.

10 MS nº 21729, ADI nº 1800, ADI nº 1772, RE nº 232393, ADI nº 1922, ADI nº 1976, ADI nº 2551, RE nº 416601, RE nº 453740, RE nº 573675, ADI nº 4372, ADI nº 4425, ADI nº 4357, RE nº 636941, RE nº 838284, ADI nº 4825, RE nº 597854, RE nº 643247, RE nº 870947, RE nº 597064, RE nº 656089, RE nº 870947, ADI nº 3886, ADI nº 2908, ADI nº 6211, ADI nº 1926, ADI nº 5480, ADI nº 5612, ADI nº 6330, ADI nº 5374, RE nº 666404, ADI nº 5661, ADI nº 5594, ADI nº 3154, ARE nº 906203, RE nº 1187264, ADI nº 6407, ADI nº 6737, ADI nº 5751, ARE nº 875958, ADI nº 5766, ADI nº 5688, RE nº 677725, RE nº 1018911, RE nº 1224374, ADI nº 4017, ADI nº 7063, ADI nº 4785, ADI nº 4786, ADI nº 4787, ADI nº 6145, ADI nº 7063, RE nº 776594, ADI nº 4411, ADI nº 3124.

11 MS nº 21729, ADI nº 1800, ADI nº 1922, ADI nº 1976, ADI nº 2551 MC-QO, RE nº 453740, RE nº 573675, ADI nº 4372, ADI nº 4425, ADI nº 4357, RE nº 636941, ADI nº 4825, RE nº 597854, RE nº 870947, RE nº 597064, RE nº 656089, RE nº 870947, RE nº 666404, RE nº 1187264, ARE nº 875958, ADI nº 5766, RE nº 677725, RE nº 1224374, ADI nº 4017, ADI nº 4411, ADI nº 6407 e RE nº 776594.

III.1 Análise de proporcionalidade em abstrato

Entre os 28 acórdãos selecionados, 15 diziam respeito à cobrança de taxas pela prestação de serviços pelo Poder Judiciário (taxas judiciárias).[12] No entendimento do STF:

> as custas judiciais representam débito tributário em razão da prestação jurisdicional, devendo essa relação guardar proporcionalidade. Ademais, elas compõem receita pública de dedicação exclusiva ao custeio do aparelho do sistema de Justiça, de onde se extrai a relevância fiscal desse tributo para a autonomia financeira do Judiciário. (ADI nº 7063, Min. Edson Fachin, julgado em 06.06.2022)

Em todas as decisões prevaleceu o entendimento de que o valor cobrado a título de taxa judiciária deve equivaler ao custo do serviço prestado e permitir o acesso ao Poder Judiciário. Assim, conforme a orientação firmada nos acórdãos analisados, taxas fixadas em patamar excessivo ou sem a determinação de um teto razoável para sua cobrança devem ser consideradas inconstitucionais.

A aferição do caráter proporcional ou excessivo, por sua vez, passa por um conjunto de elementos que impactam a prestação do serviço público, como a complexidade dos processos, o valor envolvido e o seu tempo de tramitação. Nesse sentido, citamos o voto divergente apresentado pelo Ministro Dias Toffoli no acórdão proferido na ADI nº 5.688, originalmente relatada pelo Ministro Edson Fachin, julgada pelo Plenário do STF em 25.10.2021:

> [...] Os valores que me parecem excessivos, poderão inviabilizar o acesso de muitos à Justiça, com ofensa ao princípio da inafastabilidade do controle judicial de ofensa ou ameaça a direito (C.F., art. 5º, XXXV). a Carta Magna, no art. 145, II, determina, implicitamente, que a base de cálculo das taxas cobradas pela prestação de serviço público específico e divisível deve guardar consonância com o gasto oriundo da atividade estatal. Ou seja, reflete o aspecto material de tributo que, vinculado à prestação de dado serviço, tem por finalidade específica custear o ônus impingido ao Estado. Com efeito, tanto quanto possível, o valor cobrado a título de taxa deve equivaler ao custo do serviço prestado. Porém, há situações em que, por excessiva dificuldade de mensuração do fato gerador, o estabelecimento exato do *quantum debeatur* fica prejudicado. É o caso das custas judiciais e das taxas judiciárias, em razão da diversidade de fatores que poderiam influir no cálculo da prestação do serviço jurisdicional, tais como o tempo e a complexidade do processo, bem assim o tipo de atos nele praticados.

Vale destacar, ainda, o julgamento da ADI nº 7.063, acima citada. No caso, analisava-se a dobra de custas exigida pelo Estado do Rio de Janeiro com base na qualidade do litigante. Assim, nos termos da legislação estadual, o litigante que ultrapassar o limite estabelecido pelo Tribunal de Justiça do Estado do Rio de Janeiro passaria a ser classificado como um litigante contumaz, submetendo-se às custas em dobro.

Ao julgar a constitucionalidade da referida taxa, o Plenário do STF decidiu que "é evidente a falta de referibilidade entre o valor da taxa e o custo do serviço, pois o critério adotado para contagem em dobro não é o serviço prestado, e sim a qualidade

[12] ADI nº 1772, ADI nº 3886, ADI nº 2908, ADI nº 1926, ADI nº 5612, ADI nº 6330, ADI nº 5661, ADI nº 5594, ADI nº 3154, ADI nº 5751, ADI nº 5688, ADI nº 7063, ADI nº 6145, ADI nº 7063 e ADI nº 3124.

do usuário do serviço, havendo violação ao art. 145, II, da CRFB", decidindo-se pela inconstitucionalidade dos arts. 15-A, 15-B, *caput*, 15-F a 15-I, da Lei nº 3.350/99 e 135-D a 135-H, do Decreto-Lei nº 5/1975, do Estado do Rio de Janeiro, acrescidos respectivamente pelos arts. 1º e 2º, da Lei nº 9.507/2021, do Estado do Rio de Janeiro.

Também foram analisadas taxa de coleta de lixo,[13] taxa de controle e fiscalização ambiental ("TCFA"),[14] taxa por anotação de responsabilidade técnica ("ART"),[15] taxa de prevenção e combate a incêndios[16] e taxa anual de segurança contra incêndio e de aprovação de projetos de construção,[17] taxa de fiscalização de localização, instalação e funcionamento.[18]

Assim como para as taxas judiciárias, a avaliação de proporcionalidade feita pelo STF nesses julgamentos se pautou pela análise em abstrato da coerência entre os critérios de cálculo das taxas previstos pela legislação e os custos da atividade.

III.2 Análise da proporcionalidade concreta

Uma diretriz diferente para a aferição da proporcionalidade foi identificada, inicialmente, no julgamento da ADI nº 6.211, em 2019, que levou à declaração de inconstitucionalidade da taxa de controle, acompanhamento e fiscalização das atividades de exploração e aproveitamento de recursos hídricos ("TFRH") instituída pelo Estado do Amapá, em razão da discrepância entre custo da fiscalização e arrecadação da TFRH.

No voto proferido pelo relator da ação, Ministro Marco Aurélio Mello, a análise de (des)proporcionalidade foi amparada pela diferença entre a estimativa de arrecadação anual da TFRH e o orçamento anual da Secretaria de Estado do Meio Ambiente, órgão competente para a atividade de fiscalização:

> Conforme se extrai da documentação apresentada pela requerente, a estimativa de arrecadação anual da Administração estadual com a cobrança do tributo – calculada com base na denominada vazão turbinada média anual em metros cúbicos por segundo referente a três usinas localizadas no Estado – alcançaria o importe de 88,9 milhões de reais.
>
> Tem-se montante quase dez vezes superior ao orçamento anualmente destinado à Secretaria de Estado do Meio Ambiente, órgão incumbido, na forma do artigo 3º do Diploma atacado, de "planejar, organizar, dirigir, coordenar, executar, controlar e avaliar as ações setoriais relativas à utilização de recursos hídricos" e de "registrar, controlar e fiscalizar a exploração e o aproveitamento de recursos hídricos". A partir da análise das peças orçamentárias relativas aos anos de 2018 e 2019, os recursos destinados à Secretaria compreenderam, respectivamente, 8,3 milhões e 10,5 milhões de reais – alcançando-se a média de apenas 9,4 milhões de reais anuais.

Em 2020, ao apreciar a taxa de controle, monitoramento e fiscalização ambiental das atividades de pesquisa, lavra, exploração e produção de petróleo e gás (TFPG), na

[13] RE nº 232393.

[14] RE nº 416601.

[15] RE nº 838284.

[16] RE nº 643247.

[17] ADI nº 2908.

[18] ARE nº 906203. Após a prolação do voto, o julgamento foi suspenso para aguardar a conclusão do Tema nº 1.035 da Repercussão Geral.

ADI nº 5.480, o Tribunal Pleno do STF novamente declarou a inconstitucionalidade de taxa pautado pela falta de proporcionalidade sob o ponto de vista prático.

Conforme as informações destacadas no voto do relator, Ministro Alexandre de Moraes, foram apresentadas nos autos da ADI informações de que o valor arrecadado a título de TFPG corresponderia a R$3.215.008.220,18, enquanto o orçamento anual do órgão de fiscalização (Instituto Estadual do Ambiente – "INEA") alcançava R$467.761.579,00.

A comparação entre os valores, nas palavras do ministro, "revela que a exação superaria em muito o orçamento anual do órgão de fiscalização, pelo que é evidente a desproporcionalidade no tocante ao valor da taxa e o custo da atividade fiscalizatória e o caráter meramente arrecadatório da taxa em questão". O entendimento do relator prevaleceu por unanimidade.

Racional semelhante foi manifestado na ADI nº 6.737, oportunidade em que o STF reconheceu a legitimidade da taxa devida ao departamento de trânsito do Estado do Paraná pelo exercício de poder de polícia pelo Departamento Estadual de Trânsito ("Detran") no registro de contratos, cobrada no valor de R$173,37.

Em seu voto, a relatora, Ministra Cármen Lúcia, destacou que, em estudos técnicos elaborados pelo órgão de fiscalização, "apurou-se o custo de R$143,63 (cento e quarenta e três reais e sessenta e três centavos) como valor razoável para a remuneração total do serviço, incluídos nesse custo, o trabalho das empresas credenciadas e o do Detran/PR".

Considerando a proximidade entre os valores, os ministros concluíram não haver excesso naquela taxa, reconhecendo a constitucionalidade do tributo.

A preocupação com a proporcionalidade concreta foi central, ainda, no julgamento da ADI nº 5.374, em que as perspectivas abstrata e concreta foram contrapostas.

III.2.1 ADI nº 5.374 – Taxa de controle, acompanhamento e fiscalização de atividades de exploração e aproveitamento de recursos hídricos – TFRH

Em 24.1.2021, o Plenário do STF julgou a ADI nº 5.374, de relatoria do Ministro Luís Roberto Barroso, ajuizada pela Confederação Nacional da Indústria – CNI – pleiteando a declaração de inconstitucionalidade da Lei nº 8.091/2014 do Estado do Pará, que instituiu a taxa de controle, acompanhamento e fiscalização de atividades de exploração e aproveitamento de recursos hídricos – TFRH.

Ao apreciar a questão relativa à proporcionalidade da taxa, por unanimidade de votos, os ministros declararam sua inconstitucionalidade, fixando a seguinte tese: "Viola o princípio da capacidade contributiva, na dimensão do custo/benefício, a instituição de taxa de polícia ambiental que exceda flagrante e desproporcionalmente os custos da atividade estatal de fiscalização".

O ministro relator inicia seu voto relembrando que há muito o STF tem entendido que os critérios adotados para estabelecer a base de cálculo da taxa de polícia devem guardar relação com a atividade estatal de fiscalização. Relembra, contudo, que não é necessário que haja (i) identidade ou conexão absoluta entre o custo e o benefício.

Como afirma o ministro, recorrentemente o STF tem afirmado que a taxa de polícia possui caráter *contraprestacional*, ou seja, (ii) o *custo* da atividade estatal deve guardar razoável equivalência com o valor cobrado do contribuinte. Isso porque, em última análise, é o custo *v.* benefício que valida sua instituição e cobrança.

Assim, no entendimento do ministro relator, se a taxa exceder de forma desproporcional os custos da atividade estatal, haverá a descaracterização de sua natureza contraprestacional, o que viola o princípio da capacidade contributiva e o princípio da proporcionalidade.

Transpondo tais conceitos ao caso em julgamento, o Ministro Luís Roberto Barroso julgou que a TFRH é inconstitucional, justamente por violação a tais princípios.

No entendimento manifestado pelo ministro relator, o volume de recurso hídrico, critério eleito pela legislação para o cálculo da taxa de polícia, é adequado sob a perspectiva abstrata. Assim, há constitucionalidade quanto ao *critério* adotado, na medida em que, quanto maior o volume hídrico, maior pode ser o impacto social e ambiental do empreendimento, e, consequentemente, maior deve ser o controle e fiscalização pelo Poder Público.

Na prática, contudo, o valor cobrado pela taxa viola o princípio da capacidade contributiva e da equivalência – desdobramento do princípio da proporcionalidade. Isso porque, como registrado pelo ministro, embora os índices apresentados pela lei sejam aparentemente baixos, resultam concretamente em valores elevados.

Nas palavras do ministro, "como as usinas de energia hidrelétrica utilizam quantidades substanciais de recursos hídricos, o *quantum debeatur* necessariamente apresentará valores muito maiores do que o custo da atividade estatal relativa ao exercício do poder de polícia".

Para alcançar esta conclusão, o ministro embasou o voto em dados numéricos apresentados nos autos, como se verifica do trecho a seguir:

> Apresentando dados concretos relevantes, o amicus curiae Centrais Elétricas do Norte do Brasil – Eletronorte afirma que do orçamento total da SEMAS, em 2019, de R$93.822.194,00 encontram-se reservados para a "Gestão de Recursos Hídricos" apenas R$2.076.639,00. É notório que esse valor excede em muito a arrecadação esperada da TFRH de R$250.095.704,96, no mesmo período. Tal contribuinte, inclusive, salienta que apenas no mês de junho de 2019, dado o volume de água de 10.212.480.000 m³, a TFRH por ele devida atingirá o valor de R$7.070.508,00. Caso esse montante se mantenha constante no ano, alcançar-se-á o total de R$84.846.100,84, o qual equivale a 408,5% do orçamento da SEMAS destinado a esse fim. (p. 28-29)

Assim, ao identificar a relação custo-benefício da taxa, o ministro concluiu por sua inconstitucionalidade, por entender que há "evidente desproporção entre a receita projetada de tal tributo e o custo da atividade a que este se refere".

Já no julgamento das ADIs nº 4.785, nº 4.786 e nº 4.787, a aferição da proporcionalidade concreta das taxas leva a dois importantes desdobramentos: um envolve a transparência dos dados de custo e arrecadação, outro a necessidade de se padronizarem os limites para que a diferença entre tais valores seja entendida como excessiva ou razoável.

III.2.2 ADIs nºs 4.785, 4.786 e 4.787 – Taxas de controle, monitoramento e fiscalização das atividades de pesquisa, lavra, exploração e aproveitamento de recursos minerários ("TFRM")

Em agosto de 2022, o Plenário do STF novamente enfrentou a questão da proporcionalidade sob a ótica das taxas de fiscalização, agora no julgamento das ADIs nº 4.785 (relatoria do Ministro Luiz Edson Fachin), nº 4.786 (relatoria do Ministro Nunes Marques) e nº 4.787 (relatoria do Ministro Luiz Fux).

As ADIs foram ajuizadas pela Confederação Nacional da Indústria – CNI para obter a declaração de inconstitucionalidade das taxas de controle, monitoramento e fiscalização das atividades de pesquisa, lavra, exploração e aproveitamento de recursos minerários ("TFRM"), criadas pelos Estados de Minas Gerais (ADI nº 4.785), do Pará (ADI nº 4.786) e do Amapá (ADI nº 4.787).

Nos votos proferidos pelos relatores nas ADIs nº 4.785 e 4.786,[19] seguidos pela maioria dos ministros, a comparação entre custo e arrecadação tomou como base informações fornecidas pelos governadores de Minas Gerais e do Pará para concluir que haveria um liame razoável entre os respectivos valores. Essa é a leitura que se extrai dos seguintes trechos dos votos:

> ADI 4785
> O Governo de Minas Gerais, em estudo que acompanha as informações prestadas, demonstra que a cobrança da taxa questionada representa menos de 1% da receita bruta e de 2,5% do lucro das empresas do setor minerário, percentual esse que é claramente suportável pelos contribuintes.
> Além disso, ao apresentar a estimativa de *despesa anual equivalente a R$450.000.000,00* (quatrocentos e cinquenta milhões de reais) com a nova atividade fiscalizatória, o requerido demonstra haver equivalência entre o custo da atividade e o *valor da taxa* (cuja arrecadação, segundo estimativa realizada pela autora, corresponderia a uma *média anual de R$570.000.000,00.*
>
> ADI 4786
> Segundo o relatório de análise de contas do Governo do Estado do Pará referente ao exercício de 2019 – último disponível –, a arrecadação dos recursos da TFRM totalizou, naquele ano, *R$521,9 milhões*, ao passo que as despesas totalizaram *R$441,7 milhões*.[20]

O Ministro Luís Roberto Barroso abriu divergência para declarar a inconstitucionalidade material da TFRM, reforçando, em linha com o que já havia feito na ADI nº 5.374, a importância de avaliar a proporcionalidade também de modo concreto.

Para tanto, o ministro confrontou outros dados apresentados nas ADIs, quais sejam, (i) o orçamento das secretarias responsáveis pela fiscalização das atividades envolvendo recursos minerais no Estado de Minas Gerais e (ii) o total da TFRM arrecadada no estado, concluindo pela ausência de proporcionalidade da taxa:

---

19 A proporcionalidade não foi analisada sob essa perspectiva no voto proferido.

20 Disponível em: http://www.tce.pa.gov.br/contasdegoverno/2019/relatorio_analise_contas_governador_2019.pdf.

> No caso de Minas Gerais, que não é diferente dos outros casos discutidos – o do Pará, igualmente –, há uma evidente desproporcionalidade. Da minha leitura, para se ficar no caso de Minas Gerais, as três secretarias responsáveis pela fiscalização – as três! – tinham orçamento de *157 milhões para a fiscalização* de toda a matéria relacionada ao meio ambiente e demais atribuições da secretaria. *O valor da taxa arrecadada era de 450 milhões.*
> Portanto, Ministro Gilmar, arrecada-se um valor que é o triplo do das três secretarias que fiscalizam a matéria, e elas não fiscalizam apenas isso, mas muitas outras coisas.

O Ministro Alexandre de Moraes, por sua vez, aduziu em seu voto um *terceiro* conjunto de informações sobre custo e arrecadação.

Nos termos de seu voto, dados mais atualizados fornecidos pelas partes em memoriais e na sustentação oral "dão conta da arrecadação R$316,6 milhões, para o exercício em que o total de despesas empenhadas pelos órgãos de fiscalização atingiu o patamar de R$362,4 milhões".

Essa divergência de valores foi, inclusive, destacada pela Ministra Cármen Lúcia. Em resposta, o Ministro Barroso foi assertivo ao manifestar seu posicionamento no sentido da violação à proporcionalidade inclusive com base nos dados apresentados pelos governadores. De acordo com ministro, "Mesmo assim, a estimativa de arrecadação é de 570 milhões, portanto, ainda assim, havia 120 milhões de superávit".

O debate entre os ministros, embora breve, levanta dois importantes questionamentos.

O primeiro deles diz respeito a quais dados (e fontes) devem ser considerados para a aferição da proporcionalidade concreta. Na ausência de procedimentos institucionalizados para a aferição dessa proporcionalidade, qual informação deve prevalecer como fonte de análise pelo STF?

A segunda questão, que também surge na esteira dessa análise factual, refere-se à necessidade de que sejam estabelecidos limites para que a diferença entre custo e arrecadação seja considerada excessiva ou não.

Isso porque, mesmo quando adotada a mesma base de dados para a comparação entre custo e arrecadação, a diferença de R$120 milhões foi interpretada de formas diferentes pelos ministros do STF, sendo classificada ora desproporcional, ora como um liame razoável, que não afeta a legitimidade da taxa.

Essa divergência de interpretações reforça a amplitude conceitual dos princípios da proporcionalidade e da razoabilidade, que, adotados como parâmetro para a aferição da constitucionalidade material das taxas, demanda o estabelecimento de limites para que as discussões sobre essa espécie tributária não sejam marcadas pela insegurança.

IV Conclusão – Necessária análise da proporcionalidade das taxas a partir de dados sobre a arrecadação do tributo e o efetivo custo da atividade estatal remunerada (proporcionalidade concreta)

A análise dos 28 acórdãos de mérito proferidos pelo Plenário do STF demonstrou uma tendência crescente nos julgamentos no sentido da prevalência da avaliação de proporcionalidade das taxas sob a perspectiva concreta.

Embora para as taxas judiciárias todas as decisões tenham se restringido aos elementos de proporcionalidade em abstrato, desde 2019 é possível identificar uma crescente utilização de dados para a aferição, na prática, da equivalência entre custo da atividade e arrecadação da taxa, tal como pretendido pelo desenho conferido pela CF a essa espécie de tributo.

A aferição do princípio da proporcionalidade concreta, tal como desenvolvida nos acórdãos acima analisados, nos parece ser a mais adequada para que se verifique a adequação das taxas instituídas pelos entes tributantes aos critérios de validade definidos pela Constituição Federal, respeitando-se a exigida vinculação entre a contraprestação pecuniária do contribuinte e a prestação de uma atividade estatal.

Essa prática, inclusive, é a que melhor se alinha ao princípio da transparência, que norteia o sistema tributário nacional, como previsto no art. 145, §3º, da Constituição Federal, ao direito fundamental de acesso à informação, prestigiado e regulamentado pela Lei nº 12.527/2011, e aos mecanismos previstos nas leis orçamentárias. Isso porque apenas com o pleno (e justo) acesso às informações referentes à arrecadação e aos gastos públicos é possível verificar a efetiva retributividade das taxas, afastando-se eventuais excessos e assegurando seu controle social.

Nesse sentido, durante o recente processo legislativo da reforma tributária, uma proposta de alteração legislativa poderia ter grande impacto na discussão quanto à proporcionalidade das taxas, como forma de incentivar que fosse respeitada a referibilidade exigida pela Constituição Federal e pela legislação complementar.

No Substitutivo apresentado pelo Senado Federal à Proposta de Emenda à Constituição nº 45/2019, relatado pelo Senador Eduardo Braga (MDB/AM), foi incluída garantia constitucional aos contribuintes de acesso aos estudos e pareceres que embasaram a edição de norma infralegal pela União, pelos Estados, pelo Distrito Federal ou pelos Municípios.

Adicionalmente, o dispositivo determinava aos entes tributantes que os referidos estudos, objeto de ampla divulgação à sociedade, contivessem avaliação de seu impacto sobre o grau de complexidade e a capacidade arrecadatória do Sistema Tributário Nacional.

De acordo com esse texto da PEC, o projeto de lei voltado à exigência ou majoração de tributos deveria ser acompanhado de avaliação e demonstração de seu impacto econômico-financeiro.

É o que se extrai da redação conferida pelo Substitutivo ao art. 150 da Constituição Federal, com proposta de inclusão do inc. VII e dos §§8º e 9º:

> Art. 150. Sem prejuízo de outras garantias asseguradas ao contribuinte, é vedado à União, aos Estados, ao Distrito Federal e aos Municípios: [...]
> VII – editar normas infralegais sobre matéria tributária sem dar ampla publicidade aos estudos e pareceres que as embasaram. [...]
> §8º Os estudos e pareceres divulgados na forma do inciso VII deverão conter avaliação de seu impacto sobre o grau de complexidade e a capacidade arrecadatória do Sistema Tributário Nacional.
> §9º O projeto de lei que exigir ou aumentar tributo, na forma do inciso I, deverá conter avaliação e demonstração do seu impacto econômico-financeiro.

O inc. VII e os §§8º e 9º, todavia, não foram mantidos na redação final da PEC, convertida na Emenda Constitucional nº 32/2023, retornando à estaca inicial a proposta de construção de um ambiente que permitisse o adequado diálogo acerca da formulação de políticas públicas. Caso fosse aprovada, a norma poderia ter grande impacto na análise de referibilidade e proporcionalidade das taxas.

Assim, a legislação estaria em consonância com as acertadas decisões proferidas pelo STF – em especial as mais recentes, relatadas pelo Ministro Luís Roberto Barroso –, que reforçam a tendência da Corte de utilizar dados concretos para se aferir a proporção entre custo e arrecadação e, assim, avaliar a constitucionalidade das taxas submetidas ao crivo do Poder Judiciário.

Informação bibliográfica deste texto, conforme a NBR 6023:2018 da Associação Brasileira de Normas Técnicas (ABNT):

VASCONCELOS, Breno Ferreira Martins; NOVO, Carla Mendes; MATTHIESEN, Maria Raphaela Dadona. Aferição da proporcionalidade concreta para validação constitucional das taxas. *In*: PAULA, Fernanda de; PENCAK, Nina (coord.). *Tributação, liberdade e igualdade*: as contribuições do Ministro Luís Roberto Barroso. Belo Horizonte: Fórum, 2025. p. 265-275. ISBN 978-65-5518-952-0.

IGUALDADE ENTRE OS GÊNEROS E O PAPEL DO DIREITO TRIBUTÁRIO (RE Nº 576.967, TEMA Nº 72; E ADI Nº 5.422)

BRUNO GIORDANO PAIVA LIMA

RENILDO ROBERTO DOS SANTOS

Introdução

O texto da Constituição Federal de 1988, em diversas passagens, demonstra a preocupação do constituinte com a busca pela igualdade de gênero. Não por outra razão, o art. 5º, *caput*, norma inaugural do catálogo de direitos e garantias fundamentais, afirma que "todos são iguais perante a lei, sem distinção de qualquer natureza" (BRASIL, 1988). Além disso, o primeiro inciso do dito dispositivo anuncia que "homens e mulheres são iguais em direitos e obrigações, nos termos desta Constituição" (BRASIL, 1988).

Evidentemente, tal igualdade se verifica nos limites das desigualdades existentes, ou seja, indivíduos em situações diversas não poderão ser tratados da mesma maneira, e esse tratamento diferenciado é compatível com a isonomia desde que haja correlação lógica entre o *discrimen* e os interesses protegidos pela Constituição (BANDEIRA DE MELLO, 2000, p. 17).

No caso das diferenças de gênero, a Lei Maior confere à proteção à maternidade o rótulo de direito social (art. 6º, *caput*), com todos os consectários inerentes a tal categorização. No campo dos direitos trabalhistas, o texto constitucional assegura às trabalhadoras: a licença-gestante, por cento e vinte dias, sem prejuízo do salário e emprego (art. 7º, XVIII); a proteção no mercado de trabalho, por meio de incentivos nos termos da lei (art. 7º, XX); a proibição de diferença de salários, de exercício de funções e de critério de admissão por motivo de sexo (art. 7º, XXX).

São enunciados que se justificam a partir da situação da mulher na sociedade brasileira, caracterizada por menores taxas de participação no mercado de trabalho, maiores níveis de informalidade nas relações de trabalho e recebimento de salários inferiores aos dos homens (ALVES, 2016, p. 631). Ademais, existem os fatores culturais e sociais da divisão sexual de trabalho tradicional, ou seja, aquelas tarefas produtivas e de elevado valor social tradicionalmente são realizadas por homens, enquanto as tarefas reprodutivas, domésticas e de cuidado da família são tradicionalmente atribuídas às mulheres (GUIGINSK; WAJNMAN, 2019). Assim, "embora as desigualdades tenham diminuído ao longo das últimas décadas, o ritmo de redução do hiato de gênero tem sido muito lento ou até ficado estagnado" (ALVES, 2016, p. 631).

Como estamos diante de um elemento intrínseco da sociedade, as questões de gênero também são abordadas pelo Poder Judiciário. Nesse sentido, o Supremo Tribunal Federal já teve a oportunidade de reconhecer essa situação particular vivenciada pelas mulheres e, ao analisar certas controvérsias, levou tal questão em consideração.

A Corte, ao apreciar o Tema nº 528 da sistemática da repercussão geral, decidiu pela recepção do art. 384 da CLT pela Constituição Federal de 1988, hoje revogado. Referido artigo estabelecia um intervalo de 15 minutos para mulheres trabalhadoras antes da jornada extraordinária. Em seu voto, o relator assentou que:

> [...] 2. O princípio da igualdade não é absoluto, sendo mister a verificação da correlação lógica entre a situação de discriminação apresentada e a razão do tratamento desigual. 3. A Constituição Federal de 1988 utilizou-se de alguns critérios para um tratamento diferenciado entre homens e mulheres: i) em primeiro lugar, levou em consideração a histórica exclusão da mulher do mercado regular de trabalho e impôs ao Estado a obrigação de implantar políticas públicas, administrativas e/ou legislativas de natureza protetora no âmbito do direito do trabalho; ii) considerou existir um componente orgânico a justificar o tratamento diferenciado, em virtude da menor resistência física da mulher; e iii) observou um componente social, pelo fato de ser comum o acúmulo pela mulher de atividades no lar e no ambiente de trabalho – o que é uma realidade e, portanto, deve ser levado em consideração na interpretação da norma. 4. Esses parâmetros constitucionais são legitimadores de um tratamento diferenciado desde que esse sirva, como na hipótese, para ampliar os direitos fundamentais sociais e que se observe a proporcionalidade na compensação das diferenças. (RE nº 658.312, Rel. Min. Dias Toffoli, Tribunal Pleno, j. 27.11.2014)

No RE nº 629.053 (Tema nº 497 da sistemática da repercussão geral), em que prevaleceu o voto do Min. Alexandre de Moraes, o STF fixou a tese de que "a incidência da estabilidade prevista no art. 10, inc. II, do ADCT, somente exige a anterioridade da gravidez à dispensa sem justa causa". Na apreciação do paradigma, restou assentado que:

> Sob essa ótica, a proteção contra dispensa arbitrária da gestante, caracteriza-se como importante direito social instrumental protetivo tanto da mulher, ao assegurar-lhe o gozo de outros preceitos constitucionais – licença maternidade remunerada, princípio da paternidade responsável –; quando da criança, pois a ratio da norma não só é salvaguardar outros direitos sociais da mulher – como, por exemplo, o pleno gozo do direito a licença maternidade – mas também, efetivar a integral proteção ao recém-nascido, possibilitando sua convivência integral com a mãe, nos primeiros meses de vida, de maneira harmônica e segura – econômica e psicologicamente, em face da garantia de estabilidade no emprego –, consagrada com absoluta prioridade, no artigo 227 do texto constitucional, como dever inclusive da sociedade (empregador). (RE nº 629.053, Rel. p/ Acórdão Min. Alexandre de Moraes, Tribunal Pleno, j. 10.10.2018)

O Supremo, ainda, foi chamado a examinar a situação da gestante em teste de aptidão física de concurso público (RE nº 1.058.333 – Tema nº 973 da sistemática da repercussão geral, Rel. Min. Luiz Fux). A Corte fixou entendimento no sentido de que: "É constitucional a remarcação do teste de aptidão física de candidata que esteja grávida à época de sua realização, independentemente da previsão expressa em edital do concurso público". Na oportunidade, restou consignado que:

> Novamente em benefício da criança e da família, não se pode tolher o direito de a mãe buscar profissionalmente maiores recursos para a criação de seus filhos. A premissa velada de que a genitora estaria menos apta ao desempenho de cargos públicos que exigem compleição ou condicionamento físico é discriminatória, como visto acima, e prejudica não apenas a candidata, mas todo o plexo familiar.
>
> Já o princípio do livre planejamento familiar assegura que o desenvolvimento da família deve ser de decisão exclusiva de seus próprios membros, sem a ocorrência de interferências externas. Para tanto, o constituinte expressamente vedou qualquer forma coercitiva por parte de instituições oficiais ou privadas que obstaculize o planejamento (art. 226, §7º), assim como assegurou o acesso às informações e meios para sua efetivação e impôs o dever de propiciar recursos educacionais e científicos para o exercício desse direito.
>
> Por força desse direito, não se pode admitir qualquer ingerência de outrem com vistas a restringi-lo ou condicioná-lo. O Estado não pode impor escolhas trágicas a quem pretende constituir família. Se disso decorre o dever de intervir nas relações privadas, a fim de horizontalizar os direitos fundamentais, mais ainda quando o obstáculo é constituído diretamente pelo Estado, pelas mãos de administradores públicos que estabelecem os requisitos editalícios. (RE nº 1.058.333, Rel. Min. Luiz Fux, Tribunal Pleno, j. 21.11.2018)

Esses tratamentos diferenciados reconhecidos pela Suprema Corte, bem como presentes no texto da Constituição, legitimam-se a partir das condições biológicas particulares do sexo feminino e pelas questões de gênero que permeiam nossa cultura e sociedade. Aliás, importante destacar que gênero, enquanto categoria, é utilizado para pensar as relações sociais que envolvem homens e mulheres, "relações historicamente determinadas e expressas pelos diferentes discursos sociais sobre a diferença sexual" (GROSSI, 1998).

Nesse contexto, as questões de gênero também reverberam no direito tributário. Em um primeiro momento, pode parecer estranha essa afirmativa, sobretudo diante da noção de tributo, expressa em nosso Código Tributário Nacional, de se tratar de uma prestação pecuniária compulsória, que não constitua sanção por ato ilícito, instituída por lei e cobrada mediante atividade administrativa plenamente vinculada. De fato, é um conceito que carrega consigo uma carga de exercício de força do Estado. Ademais, a tributação já foi utilizada através da história como instrumento de opressão e controle social:

> Por envolver imposição, poder, autoridade, a tributação deu ensejo a muitos excessos e arbitrariedades ao longo da história. Muitas vezes foi sentida como simples confisco. Não raramente, a cobrança de tributos envolveu violência, constrangimentos, restrição a direitos. (PAULSEN, 2019, p. 20)

Não obstante, a relação do contribuinte com a tributação vem sofrendo alterações no tempo. "A tributação, em Estados democráticos e sociais, é instrumento da sociedade para a consecução dos seus próprios objetivos. Pagar tributo não é mais uma submissão ao Estado, tampouco um mal necessário" (PAULSEN, 2019, p. 23). Em outras palavras, será por meio da tributação que o Fisco poderá angariar recursos para atingir as finalidades estabelecidas na Constituição, inclusive a tutela dos direitos e garantias fundamentais.

Diante de tal conjuntura, é fundamental a noção de extrafiscalidade, cuja principal característica é o uso da tributação para estimular ou desestimular determinados comportamentos desejados ou não na sociedade. O caráter extrafiscal da tributação é importante porque ela se revela como um meio para a consecução dos objetivos fundamentais da República Federativa do Brasil (art. 3º, da CF/88), notadamente a de construção de uma sociedade justa, livre e solidária. Assim:

> [...] a extrafiscalidade corresponde a uma forma de efetivar os princípios constitucionais e os direitos fundamentais, sendo que, mediante ela, é possível reduzir as desigualdades fáticas produzidas pelo modelo econômico vigente e alcançar a máxima densidade normativa do princípio da dignidade da pessoa humana. (BUFFON, 2010, p. 566)

O caráter extrafiscal da tributação pode ser uma importante ferramenta na redução da desigualdade de gênero. Isso ficou claro a partir de dois recentes julgados do Supremo Tribunal Federal, que foram um importante passo para a redução das discriminações pelas quais as mulheres são submetidas em nossa sociedade.

O primeiro deles é o RE nº 576.967 – Tema nº 72 da sistemática da repercussão geral, cujo objeto de análise foi a constitucionalidade da incidência de contribuição previdenciária sobre o salário-maternidade. O segundo, a ADI nº 5.422, que teve como pedido a declaração de inconstitucionalidade do art. 3º, §1º, da Lei nº 7.713/88 e dos arts. 5º e 54 do Decreto nº 3.000/99, arcabouço normativo legitimador da incidência de Imposto de Renda sobre os valores recebidos em dinheiro a título de pensão alimentícia.

Ambos os precedentes foram importantes decisões em direção a uma sociedade mais justa e igualitária, tendo em mente a redução das desigualdades de gênero. Além disso, pensaram a tributação em seu caráter extrafiscal, como um instrumento de materialização dos direitos fundamentais e supressão de discriminações não amparadas pelo texto constitucional.

O propósito deste ensaio é fazer uma análise desses importantes precedentes, enaltecendo o caráter vanguardista na busca pela eliminação das desigualdades entre homens e mulheres, elemento indispensável para a existência de uma sociedade evidentemente justa e solidária.

Para tanto, o texto será dividido em três partes. A primeira, representada por esta introdução. A segunda, pela análise dos dois precedentes e seus fundamentos mais relevantes, e, a terceira, pela conclusão.

O RE nº 576.967 – Tema nº 72 da sistemática da repercussão geral

No julgamento do RE nº 576.967, de relatoria do Min. Luís Roberto Barroso, o Plenário do Supremo Tribunal Federal discutiu, em regime de repercussão geral, a possibilidade, ou não, de incidência da contribuição previdenciária patronal sobre os valores recebidos pela mulher a título de salário-maternidade.

No mencionado julgamento, a Suprema Corte, por maioria, afastou a incidência da contribuição previdenciária, no tocante à cota patronal, sobre o salário-maternidade, apreciando as alegações de inconstitucionalidade formal e material do art. 28, §§2º e

9º, "a", parte final, da Lei nº 8.212/91. Em seu voto, o relator se valeu de três argumentos principais para assentar ilegítima a incidência tributária. O primeiro deles buscou investigar a natureza jurídica do salário-maternidade, inclusive traçando o histórico do instituto no Brasil. O segundo argumento objetivou demonstrar, sob uma perspectiva de inconstitucionalidade formal, que o salário-maternidade não compõe a base de cálculo da contribuição do empregador. Já o terceiro argumento, apontando uma inconstitucionalidade material, defendeu que a incidência da contribuição sobre o salário-maternidade onerava demasiadamente a contratação de mulheres pelas empresas, promovendo um efeito discriminatório que contrariava dispositivos constitucionais, a exemplo da proteção ao mercado de trabalho da mulher e a proteção à maternidade.

Ao se observar o histórico da legislação do salário-maternidade no Brasil, constata-se que até o efetivo cumprimento das disposições emanadas da Convenção nº 103 da Organização Internacional do Trabalho (OIT), sobre o amparo à maternidade, a responsabilidade pela remuneração devida à trabalhadora durante a licença-maternidade era exclusiva do empregador, nos termos da antiga redação do art. 393 da Consolidação das Leis do Trabalho (CLT).

A Convenção nº 103 da OIT, não obstante tenha entrado em vigor no plano internacional em 1958, só veio a ser ratificada pelo Brasil em 18.6.1965 e promulgada pelo Decreto nº 58.820, de 14.7.1966. No corpo do texto, especificamente no art. 4º, item 8 da Convenção, há a determinação de que, "Em hipótese alguma, deve o empregador ser tido como pessoalmente responsável pelo custo das prestações devidas às mulheres que ele emprega". Já no art. 4º, item 4, o texto da Convenção preconiza que as prestações devem ser concedidas por meio de um sistema de seguro social ou fundo público. Dessa forma, o pagamento devido à mulher durante o período de licença-maternidade deveria ficar a cargo da Previdência Social.

Entretanto, a despeito de a referida Convenção ter sido internalizada em 1966, até a metade da década de 1970 o empregador continuava obrigado a suportar, por força da CLT, o pagamento de todas as parcelas trabalhistas devidas à mulher durante o período de licença-maternidade.

Foi somente em 1974, atendendo aos compromissos internacionais firmados pelo Brasil, que o legislador editou a Lei nº 6.136/74, classificando o salário-maternidade entre as prestações a cargo da Previdência Social, e retirando do empregador o ônus de arcar com a remuneração da empregada durante o período de afastamento em razão de licença-maternidade. Portanto, com a edição da Lei nº 6.136/74, o salário-maternidade perdeu o caráter de remuneração, pago em contraprestação de um trabalho realizado, e passou a ter natureza eminentemente previdenciária.

O custeio do salário-maternidade inicialmente estava previsto na própria Lei nº 6.136/74 (art. 4º), e era de responsabilidade do empregador, por meio de uma alíquota de 0,3%, aplicada sobre a folha de salários. Posteriormente, a Lei nº 7.787/89 incorporou o referido percentual à alíquota de 20% devida pelas empresas, sistemática que se manteve com edição da Lei nº 8.212/91 (art. 22, I).

Quanto à responsabilidade pelo pagamento do benefício previdenciário, até o fim de 1999 era uma atribuição do empregador. Por determinação da Lei nº 9.876/99, o pagamento passou a ser feito pelo Instituto Nacional do Seguro Social. A partir da Lei nº 10.710/03, o empregador voltou a realizar o pagamento, podendo efetivar a devida compensação.

Trata-se, pois, de um benefício previdenciário a cargo da Previdência Social, e que, por razões de praticidade, é pago pelo empregador, que, em seguida, efetuará a compensação quando do recolhimento das contribuições sobre a folha de salários (art. 72, §1º, da Lei nº 8.213/91).

Uma vez conhecida a evolução histórica da legislação sobre o salário-maternidade, não é difícil perceber por que a incidência de contribuição previdenciária patronal sobre tal benefício contraria a Constituição Federal de 1988.

O art. 18, I, "g", da Lei nº 8.213/91 elenca o salário-maternidade entre as prestações sob responsabilidade da Previdência Social. Ocorre que a Lei nº 8.212/91, que disciplina o plano de custeio da seguridade social, define, em seu art. 28, §2º, o salário-maternidade como salário de contribuição, ou seja, como base de cálculo sobre a qual incide a contribuição previdenciária do empregado. Salário de contribuição é um instituto típico do direito previdenciário, e que, em relação ao segurado empregado, consiste, basicamente, na remuneração auferida em decorrência do trabalho prestado ao empregador. Mais adiante, no §9º, "a", do art. 28 da Lei nº 8.212/91, o legislador declara que os benefícios previdenciários não integram o salário de contribuição, exceto o salário-maternidade.

A análise combinada dos §§2º e 9º, "a", do art. 28 da Lei nº 8.212/91 mostra que, ao incluir o salário-maternidade como salário de contribuição, o legislador equiparou um benefício previdenciário a salário, com intuito de legitimar a incidência da contribuição previdenciária a cargo do empregador sobre a folha de salários. O Fisco, por sua vez, considerou ser possível a cobrança da contribuição previdenciária patronal incidente sobre o salário-maternidade, tendo em vista que o art. 28, §§2º e 9º, "a", da Lei nº 8.212/91 conferiu ao salário-maternidade, equivocadamente, natureza jurídica de remuneração.

Com vistas a afastar a incidência de contribuição previdenciária patronal, o primeiro passo seria infirmar a natureza remuneratória do salário-maternidade. Conquanto o texto da Constituição Federal preveja, em seu art. 195, I, "a", que a contribuição a cargo da empresa incide sobre a folha de salários e demais rendimentos pagos ao trabalhador, ressaltou o relator, Min. Luís Roberto Barroso, que o salário-maternidade não pode ser abarcado no conceito de remuneração, para efeito de incidência da contribuição patronal. A uma, porque não constitui retribuição por um serviço prestado ao empregador, haja vista que o recebimento do salário-maternidade pressupõe o afastamento da mulher do ambiente de trabalho, durante a licença-maternidade, para poder proporcionar à criança toda a atenção requerida na fase inicial de vida. A duas, porque o salário-maternidade não é recebido com habitualidade: por limitações de caráter biológico, as gestações não ocorrem de maneira habitual, não se podendo admitir o salário-maternidade como um ganho habitual da empregada.

Ademais, a contribuição prevista no art. 195, I, "a", da CF/88 pressupõe a incidência sobre remunerações pagas pelo empregador ao trabalhador. Isso, porém, não ocorre no caso do salário-maternidade, tendo em vista que tal verba não é uma obrigação do empregador, mas da Previdência Social. O empregador, por razões de ordem prática, apenas adianta o pagamento do salário-maternidade à empregada, para, em seguida, realizar a compensação junto à Previdência Social.

Nesse contexto, levando-se em conta que o salário-maternidade não possui natureza remuneratória, tem-se que o legislador adotou como fonte de custeio o recebimento, pela segurada empregada, de benefício previdenciário, materialidade não prevista no art. 195, incs. I a IV, da Constituição Federal (CF/88). Assim, para se valer de fonte de custeio não prevista no texto da Carta, o legislador deveria instituir tal fonte por meio de lei complementar, conforme previsão do art. 195, §4º, da CF/88. Resta configurada, portanto, uma inconstitucionalidade formal, na medida em que a adoção de fontes de custeio da seguridade social não previstas entre as materialidades do art. 195, I a IV, da CF/88 demanda necessariamente a edição de lei complementar.

A inconstitucionalidade formal, por si só, já seria uma razão suficiente para a não incidência da contribuição patronal sobre o salário-maternidade. Mas há outro óbice. Pretender a incidência da contribuição a cargo do empregador sobre o salário-maternidade acaba gerando um efeito prático negativo, que contraria todo o arcabouço constitucional de proteção à mulher trabalhadora.

No texto da CF/88, há uma verdadeira rede de proteção à mulher, um conjunto de dispositivos que buscam assegurar a igualdade de gêneros e coibir a discriminação em razão de sexo, como a igualdade entre homens e mulheres (art. 5º, I), a licença à gestante de 120 dias (art. 7º, XVIII), a proteção do mercado de trabalho da mulher, mediante incentivos específicos (art. 7º, XX), bem como a proteção à maternidade (art. 6º, *caput*).

E a norma inscrita nos §§2º e 9º, "a", do art. 28 da Lei nº 8.212/91 inviabilizava essa proteção constitucional, mormente porque tornava mais onerosa a contratação de uma trabalhadora.

Conforme já mencionado, até 1974, a responsabilidade pelo pagamento do salário-maternidade durante o período de afastamento da mulher era do empregador; fato que impingia um custo considerável às empresas. E foi justamente para diminuir o ônus dessa contratação e incentivar a participação feminina no mercado de trabalho que a lei atribuiu ao salário-maternidade a natureza de benefício previdenciário, passando a ser encargo da Previdência Social com o advento da Lei nº 6.136/74.

E mesmo sem a obrigação do pagamento do salário-maternidade durante o período de licença, a contratação de mulheres continuava a apresentar um ônus adicional para as empresas, diante da obrigatoriedade de recolhimento da contribuição previdenciária patronal incidente sobre o benefício. Da práxis observada no mercado de trabalho, quando a mulher se afasta em razão da licença-maternidade, o empregador usualmente contrata um substituto temporário para aquela função, arcando com os salários e contribuições incidentes sobre a remuneração paga. Entretanto, apesar do afastamento da trabalhadora, a empresa (antes do julgamento do RE nº 576.967) permanecia responsável pelo recolhimento da contribuição patronal incidente sobre o benefício previdenciário. A imposição do referido custo adicional implicava o desincentivo à contratação de mulheres ou, quando contratadas, o pagamento de salários era aquém dos pagos aos homens, com a diferença sendo utilizada para financiar os custos adicionais decorrentes da contratação.

Nesse contexto, consoante destacado no voto condutor do RE nº 576.967,

> [...] admitir uma incidência tributária que recai somente sobre a contratação de funcionárias mulheres e mães é tornar sua condição biológica, por si só, um fator de desequiparação de tratamento em relação aos homens, desestimulando a maternidade ou, ao menos, incutindo culpa, questionamentos, reflexões e medos em grande parcela da população, pelo simples fato de ter nascido mulher. Impõe-se gravame terrível sobre o gênero feminino, discriminado na contratação, bem como sobre a própria maternidade, o que fere os direitos das mulheres, dimensão inequívoca dos direitos humanos. (RE nº 576.967-RG, Rel. Min. Luís Roberto Barroso, Tribunal Pleno. *DJe*, 20.10.2020, inteiro teor do acórdão, fl. 31)

Portanto, a aplicação do comando previsto nos §§2º e 9º, "a", parte final, do art. 28 da Lei nº 8.212/91 produzia uma discriminação negativa, porquanto impunha às empresas um ônus adicional na contratação de mulheres. Tal norma, aparentemente neutra, visando à incidência de contribuição previdenciária sobre as diversas espécies de rendimentos, terminou por onerar demasiadamente a contratação da força de trabalho feminina, gerando um efeito discriminatório em relação às mulheres no mercado de trabalho. Criou-se um efeito indesejado, que dificulta a empregabilidade das mulheres e, portanto, contrário aos objetivos estabelecidos no texto constitucional, os quais buscam coibir a discriminação e estimular a contratação feminina, bem como proteger a maternidade. Tal efeito é conhecido na doutrina como discriminação negativa ou teoria do impacto desproporcional, que, segundo a lição do Professor André de Carvalho Ramos,

> [...] consiste na adoção de critério aparentemente neutro (e, então, justificável), mas que, na situação analisada, possui impacto negativo desproporcional em relação a determinado segmento vulnerável. A discriminação indireta levou à consolidação da teoria do impacto desproporcional, pela qual é vedada toda e qualquer conduta (inclusive legislativa) que, ainda que não possua intenção de discriminação, gere, na prática, efeitos negativos sobre determinados grupos e indivíduos. (RAMOS, 2024, p. 703)

Assim, não há fundamento constitucional que justifique aplicar às empresas norma que equipara benefício previdenciário ao salário, legitimando a incidência de contribuição previdenciária patronal e onerando, dessa forma, o empregador com um tributo que recai especialmente em razão da contratação de mulheres. Tal incidência tributária, na medida em que provocava discriminação e desincentivava a contratação de mulheres pelo mercado de trabalho, violava frontalmente todos os dispositivos constitucionais que visam a promover a igualdade entre os gêneros, coibir práticas discriminatórias, bem como proteger o mercado de trabalho da mulher e a maternidade. Nos termos do voto da Ministra Rosa Weber, proferido no julgamento do RE nº 576.967, a oneração do vínculo laboral durante o período de licença-maternidade "[...] teria o condão de desequilibrar ainda mais a constitucionalmente prevista igualdade de gênero, cuja implementação, no plano dos fatos, ainda é de árdua batalha a ser conquistada".

A ADI nº 5.422

Breve síntese

A Ação Direta de Inconstitucionalidade nº 5.422 foi ajuizada pelo Instituto Brasileiro de Direito de Família – IBDFAM, e teve por objeto o art. 3º, §1º, da Lei nº 7.713/88 e os arts. 5º e 54 do Decreto nº 3.000/99 (Regulamento do Imposto de Renda).

O arcabouço normativo impugnado permitia a incidência do Imposto de Renda Pessoa Física – IRPF sobre os valores recebidos em dinheiro a título de alimentos ou pensões em cumprimento de acordo homologado judicialmente ou decisão judicial, inclusive alimentos provisionais ou provisórios. Além disso, a norma estabelecia que, diante da incapacidade civil do alimentado, "a tributação far-se-á em seu nome pelo tutor, curador ou responsável por sua guarda" (BRASIL, 1999).

Na inicial, o requerente afirmou que os alimentos não configuram acréscimo patrimonial, porque são destinados a satisfazer as necessidades mais elementares daqueles que os recebem. Além disso, o sistema, ao passo que permitia a tributação sobre essa realidade, admitia que o alimentando efetivasse deduções em sua própria declaração de Imposto de Renda, onerando sobremaneira o elo mais fraco da relação. Por fim, destacou que a renda já havia sido tributada quando do ingresso no patrimônio do obrigado.

Da legitimidade do requerente

Antes de partir para a análise do mérito, fez-se necessário verificar a legitimidade do IBDFAM para a propositura da ação, uma vez que a Advocacia-Geral da União, a Procuradoria-Geral da República e o Congresso Nacional suscitaram a ilegitimidade da parte, ante o não cumprimento do art. 103, IX, da Constituição Federal, sob o fundamento de que a entidade não seria de classe de âmbito nacional.

Em uma rápida pesquisa no *site* de jurisprudência do Supremo Tribunal Federal, ao se colocar IBDFAM no campo de "parte" da pesquisa avançada, é possível encontrar dezoito acórdãos, todos apreciados pelo Plenário da Corte. São processos, em sua maioria de repercussão geral ou de controle concentrado, em que a entidade tenha participado. No entanto, somente na ADI nº 5.422 foi que o instituto atuou como requerente. Em geral, sua atuação consistia em interessado ou *amicus curiae*.

O Min. Dias Toffoli, relator do feito, reconheceu a legitimidade do requerente sob três fundamentos. O IBDFAM não seria uma associação heterogênea, na medida em que, a partir da leitura de seus atos constitutivos, é possível verificar que seus associados são pessoas físicas ou jurídicas, profissionais, estudantes, órgãos ou entidades que tenham conexão com o direito de família. Como segundo fundamento, o relator destacou, mencionando entendimento exarado pelo Min. Marco Aurélio na ADI nº 5.291, que o Supremo Tribunal Federal vem flexibilizando o entendimento restritivo, outrora estabelecido pela jurisprudência da Corte, acerca do conceito de entidade de classe, de modo a permitir uma ampliação da participação social nas discussões mais relevantes. Por fim, havia pertinência temática, visto que o IBDFAM tem sua atuação guiada pelos interesses da família, elemento intrinsecamente ligado ao objeto da ação.

Por sua vez, em voto-vista, o Min. Luís Roberto Barroso apontou que a entidade tem representação em todos os estados brasileiros e no Distrito Federal, bem como que seus associados ultrapassam a marca de 17 mil pessoas, das mais diferentes áreas, como advogados, defensores públicos, promotores de justiça, psicólogos, dentre outros. O ministro relembrou:

> Ressalto, ainda, que a entidade já foi admitida como amicus curiae em diversas ações de controle concentrado de constitucionalidade e em recursos extraordinários com repercussão geral reconhecida, que tratavam de temas relevantíssimos no âmbito dos direitos fundamentais individuais, dos direitos da personalidade, da proteção constitucional das minorias e da família, tais como: (i) ADPF 132 e ADI 4.277 [3], em que foi reconhecida a constitucionalidade da união estável homoafetiva; (ii) RE 363.889 [4], em que esta Corte julgou a constitucionalidade da repropositura da ação de reconhecimento de paternidade no caso em que a parte interessada não teve meios de realizar o exame de DNA; (iii) ADC 19 [5], em que se assentou a constitucionalidade de dispositivos da Lei nº 11.340/2006, a Lei Maria da Penha; (iv) RE 898.060 [6], em que se afirmou a possibilidade de reconhecimento concomitante da paternidade socioafetiva e biológica; (v) RE 646.721 [7] e RE 878.694 [8],

> em que foram equiparados os regimes sucessórios do casamento e da união estável; (vi) ADI 4.275, em que se reconheceu a possibilidade de alteração do prenome do registro civil, sem a necessidade de realização de cirurgia de transgenitalização ou da realização de tratamentos hormonais, por pessoas transgênero; (vii) ADI 5.543 [10], em que se julgou inconstitucional portaria da ANVISA, que vedava que homossexuais e bissexuais doassem sangue; e (viii) ADO 26 [11] e MI 4.733 [12], em que esta Corte decidiu pela criminalização de todas as formas de homofobia e transfobia. (ADI nº 5.422, voto-vista do Min. Luís Roberto Barroso, j. 6.6.2022)

Além disso, aderindo à propositura do relator, de flexibilização do conceito de entidade de classe, o Min. Luís Roberto Barroso fez menção à importante decisão proferida na ADPF nº 527, de sua relatoria, em que o Supremo Tribunal Federal reconheceu a legitimidade da Associação Brasileira de Gays, Lésbicas e Trasnsgêneros – ALGBT:

> [...] as justificativas que levaram o STF a construir uma interpretação restritiva do significado de "classe" não estão mais presentes. Em segundo lugar, o resultado de tal interpretação implica violação à teleologia e ao sistema da Constituição e impede que o Supremo cumpra uma dimensão fundamental da sua missão institucional: a proteção de direitos fundamentais com celeridade, efetividade e em ampla escala. Em terceiro lugar, trata-se de interpretação que enseja a violação da igualdade por impacto desproporcional sobre grupos minoritários. [...]
>
> É certo que as discussões sobre direitos fundamentais poderiam chegar à Corte por meio dos recursos extraordinários. Entretanto, a prática tem demonstrado que a grande maioria dos recursos admitidos e julgados pelo Supremo têm o Poder Público como recorrente. Qualquer que seja a razão de tal estado de coisas, o fato é que são raros os recursos admitidos e julgados em que figuram como requerentes associações protetoras de direitos fundamentais.
>
> A via do controle concentrado é, ainda, mais célere, permite o conhecimento e a imediata suspensão de um ato violador de direitos fundamentais e produz uma decisão com efeitos vinculantes e gerais, de observância obrigatória para o Judiciário e a Administração Pública como um todo. Portanto, o controle concentrado da constitucionalidade é uma via essencial para que a Corte exerça a proteção de direitos fundamentais com efetividade. Trata-se, contudo, de proteção que só pode ser exercida se for provocada. Se, todavia, as associações de defesa de tais direitos não detêm legitimidade para propor tais ações – por não representarem uma classe econômica ou profissional – o principal autor de tais demandas estará afastado do controle concentrado. (ADPF nº 527 MC, Rel. Min. Luís Roberto Barroso, j. 29.6.2018)

Por fim, o ministro ainda destacou que os alimentados não têm uma associação específica para defender seus direitos, tampouco tiveram seus interesses tutelados pelos legitimados universais (PGR, CFOAB e partidos políticos). Além disso, teriam que enfrentar uma série de percalços para trazer seu pleito até a Suprema Corte.

O reconhecimento da legitimidade do IBDFAM para propositura de demandas do controle concentrado é importante avanço na tutela de direitos e garantias relacionados às famílias, na medida em que o instituto tem sua atuação, como já dito, destinada aos interesses da família, base da sociedade e que goza de especial proteção do Estado (art. 226, *caput*, da CF/88).

Considerações do relator

Antes de abordar o mérito, o relator do feito, Min. Dias Toffoli, apontou que a ação limitar-se-ia a analisar a inconstitucionalidade dos alimentos decorrentes do direito de família, uma vez que a fundamentação do requerente não abarcava os demais tipos de alimentos, como os decorrentes de ilícito civil, por exemplo.

Para o relator, existem dois fundamentos para o reconhecimento da inconstitucionalidade da tributação. Primeiro, ausência de recebimento de renda ou provento de qualquer natureza por parte do credor da pensão alimentícia, e, segundo, a ocorrência de bitributação. Em síntese, segundo a fundamentação do relator, os alimentos consistem em parcela retirada dos rendimentos do devedor para serem dados ao credor, configurando, para este, tão somente, uma entrada de valores. Ademais, esse rendimento já sofreu a incidência do imposto de renda quando do ingresso no patrimônio do alimentante, de modo que, admitir a incidência da exação sobre os alimentos configura nova tributação sobre a mesma realidade. Ao final, o relator concluiu que a percepção destes valores configura hipótese de não incidência do imposto.

Apesar da relevância das considerações do relator, para os fins do presente ensaio, que trata da igualdade entre os gêneros e o papel do direito tributário, é fundamental destacar os apontamentos do Min. Luís Roberto Barroso em seu voto-vista, o qual, inclusive, foi incorporado à ementa do julgado.

Voto-vista do Min. Luís Roberto Barroso: a igualdade entre os gêneros e o papel do direito tributário

O mérito da fundamentação foi estruturado em três partes. Na primeira, foi abordada a legislação civil-constitucional relacionada à pensão alimentícia. Em seguida, foram elencados os fundamentos de direito tributário que afastam a incidência do imposto. Por fim, tratou-se da violação à isonomia sob o viés da desigualdade de gênero.

O Código Civil de 1916, como toda legislação, trazia consigo as marcas e características da sociedade de seu tempo, conservadora e patriarcal (DIAS, 2016). A família do Código Beviláqua era uma família transpessoal, hierarquizada e patriarcal (LEAL; BORGES, 2017). Pode-se dizer que o conjunto das disposições acabaram por transformar a força física do homem em poder pessoal sobre os integrantes da família (DIAS, 2016).

Segundo Leila Linhares Barsted:

> A família descrita no Código era organizada de forma hierárquica, tendo o homem como chefe e a mulher em situação de inferioridade legal. O texto de 196 privilegiou o ramo paterno em detrimento do materno; exigiu a monogamia; aceitou a anulação do casamento face à não-virgindade da mulher; afastou da herança a filha mulher de comportamento "desonesto". O Código também não reconheceu os filhos nascidos fora do casamento. Por esse Código, com o casamento a mulher perdia sua capacidade plena, ou seja, não poderia mais praticar, sem o consentimento do marido, inúmeros atos que praticaria sendo maior de idade e solteira. Deixava de ser civilmente capaz para se tornar "relativamente incapaz". Enfim, esse Código Civil regulava e legitimava a hierarquia de gênero e o lugar subalterno da mulher dentro do casamento civil. (BARSTED, 1999, p. 17)

Com a crescente influência e participação do movimento feminista, diversas proposições legislativas foram apresentadas para fomentar alterações no Código Civil, sobretudo na parte referente ao direito de família (BARSTED, 1999). Essas proposições foram fundamentais para a inscrição no texto da Constituição Federal de 1988 do art. 226, §5º,[1] "que praticamente revogou todo o capítulo relativo ao direito de família do Código Civil" (BARSTED, 1999, p. 20).

Não obstante, no momento da promulgação do texto de 1988, no ordenamento jurídico brasileiro existia um anacronismo. Ao passo que se tinha a igualdade proposta pelo constituinte, ainda vigoravam muitas disposições discriminatórias do Código Civil de 1916. Foi com a entrada em vigor do Código Civil de 2002 que a legislação infraconstitucional passou a estar mais alinhada com a Constituição (PIOVESAN, 2008).

Ademais, foi destacado pelo Min. Luís Roberto Barroso:

> O Código Civil de 2002, por sua vez, trata dos alimentos, no âmbito do direito de família, do art. 1.694 ao art. 1.710, com novos pressupostos em relação ao Código anterior, tendo superado parcialmente, por exemplo, a referida "culpa" como óbice ao seu recebimento. Além disso, fortaleceu a mútua assistência e a solidariedade no momento do fim do casamento e da união estável, pois estabeleceu que o (ex) cônjuge ou companheiro pode receber alimentos "naturais" ou "necessários", ainda que venha a ser responsabilizado pela dissolução do vínculo conjugal. (ADI nº 5.422, voto-vista do Min. Luís Roberto Barroso, j. 6.6.2022)

Com a promulgação da EC nº 66/2010, que permitiu a figura do divórcio direto, a discussão acerca da "culpa" pela dissolução do vínculo conjugal perdeu sua importância, deixando de ter, inclusive, a relevância de outrora na fixação dos alimentos, cujos pressupostos passaram a ser, tão somente, a necessidade de quem recebe, a possibilidade de quem paga e a proporcionalidade do *quantum*. Por sua vez, a EC nº 64/2010 alçou os alimentos à categoria de direito social, a partir da alteração no art. 6º da Constituição Federal.

Não se pode deixar de mencionar a importância que o constituinte conferiu ao adimplemento da obrigação alimentar, na medida em que seu não pagamento permite a restrição da liberdade do devedor (art. 5º, LXVII, CF/1988).

Nesse contexto, após ponderação, o texto constitucional preferiu privilegiar a necessidade daquele que não pode suprir o próprio sustento ao invés da liberdade de locomoção do obrigado. Isso foi lembrado pelo Ministro Luís Roberto Barroso em seu voto-vista, o qual conta, ainda, com análise do entendimento do Superior Tribunal de Justiça acerca do tema dos alimentos.

Em síntese, para o Tribunal da cidadania, os alimentos fazem parte do catálogo de direitos da personalidade do indivíduo, integrando não o patrimônio econômico, mas o moral.[2] Ademais, por se tratar de verba que visa a assegurar o mínimo existencial, a prestação não se sujeita à teoria do adimplemento substancial, tradicionalmente aplicada no direito das obrigações e contratos, uma vez que o não pagamento de qualquer parcela devida pode ocasionar prejuízos irreversíveis ao alimentado.[3]

---

1 "Art. 226. A família, base da sociedade, tem especial proteção do Estado. [...] §5º Os direitos e deveres referentes à sociedade conjugal são exercidos igualmente pelo homem e pela mulher".

2 STJ, Terceira Turma, REsp 1.681.877, Rel. Min. Marco Aurélio Bellizze. *DJe*, 26.02.2019.

3 STJ, Quarta Turma, HC 439.973, Rel. Min. Luis Felipe Salomão, Red. p/ acórdão Min. Antonio Carlos Ferreira. *DJe*, 04.09.2018.

Após essa exposição inicial, o Ministro Luís Roberto Barroso bem resumiu a questão:

> A partir desse arcabouço normativo civil-constitucional, destaca-se que: (i) o direito aos alimentos protege o mínimo existencial e sua prestação será devida a pessoa que, incapaz de prover o seu próprio sustento, não encontra meios, ao menos imediatos, para atender às suas necessidades mais elementares; (ii) para que surja a obrigação de pagar os alimentos, deve existir ou ter existido um vínculo familiar, seja a filiação, o parentesco ou o conjugal; e (iii) a obrigação alimentar deverá ser fixada conforme a necessidade de quem a recebe e a possibilidade de quem a paga e sempre levar em consideração a proporcionalidade. (ADI nº 5.422, voto-vista do Min. Luís Roberto Barroso, j. 6.6.2022)

Partindo dessas premissas, acerca dos alimentos, o voto segue para a análise tributária da questão, ou seja, se a percepção de pensão alimentícia se enquadra na hipótese de incidência do imposto de renda.

Como não podia deixar de ser, o exame parte do texto constitucional. Segundo o art. 153, III, da Constituição Federal, compete à União instituir imposto sobre a "renda e proventos de qualquer natureza". Não há no texto constitucional a definição desse conceito. Não obstante, como bem aponta o Ministro Barroso, a própria materialidade eleita pelo constituinte, aliada ao princípio da capacidade contributiva (art. 145, §1º), aponta que a intenção é que a exação recaia sobre manifestações de riqueza. Justamente por isso que o tributo não recai sobre parcelas de cunho indenizatório, que visam, tão somente, à recomposição patrimonial.

Nesse sentido, de fato, admitir a incidência do Imposto de Renda sobre quantia destinada ao mínimo existencial de um indivíduo não se alinha com as balizas traçadas pelo constituinte, visto que tal concepção se distancia do conceito de renda, acréscimo de riqueza, aumento patrimonial, proventos, enfim, conceitos ligados à hipótese de incidência do imposto.

Como bem lembrado pelo Ministro Luís Roberto Barroso, existe uma incoerência na legislação infraconstitucional que legitima a incidência da tributação: nos casos dos alimentos *in natura*, quando o devedor cumpre com suas obrigações por meio de serviços (pagamento de plano de saúde ou mensalidade escolar, por exemplo), não incide o Imposto de Renda, ao contrário, no caso de alimentos *in pecunia*, há a incidência tributária.

Por fim, ao encerrar a análise tributária da situação, é lembrado que, quando destinados a crianças e adolescentes, os alimentos almejam a proteção integral e o melhor interesse desses indivíduos, conforme estabelecido tanto pelo Estatuto da Criança e do Adolescente quanto pela Constituição Federal de 1988, cujo texto prevê como dever da família, da sociedade e do Estado garantir o direito à vida, à saúde, à alimentação, à educação, ao lazer, à profissionalização, à cultura, à dignidade, ao respeito, à liberdade e à convivência familiar e comunitária (art. 227).

Assim, a incidência do Imposto de Renda sobre parcela destinada à subsistência do alimentado compromete ou, ao menos, torna mais difícil a persecução dos fins pretendidos tanto pelo constituinte como pelo legislador infraconstitucional, revelando a incompatibilidade de tal prática com o ordenamento normativo.

Em que pese o relevo dos fundamentos já expostos, ganha especial importância, sobretudo para os fins pretendidos neste ensaio, o último argumento apresentado no voto-vista, que, como afirmado anteriormente, foi alçado à ementa do julgado, destinada, em regra, às conclusões do relator. Trata-se de análise da matéria à luz das questões de gênero.

Segundo pesquisa do Instituto Brasileiro de Geografia e Estatística – IBGE, a qual foi mencionada no voto-vista, no ano de 2019, em 66,91% dos divórcios concedidos em primeira instância a casais com filhos menores de idade, coube à mãe a guarda dos filhos. Ou seja, em regra, o pagamento da pensão alimentícia ficará a cargo do homem.

Essa alta porcentagem de responsabilidade materna decorre do senso comum de que a mãe é naturalmente mais preparada que o pai para cuidar dos filhos (SCHNEEBELI; MENANDRO, 2014). Não obstante, a mulher e o homem nascem com as mesmas potencialidades, as quais devem ser desenvolvidas e materializadas em capacidades (SCHNEEBELI; MENANDRO, 2014).

Mas, retornando ao *status quo*, enquanto a mãe, geralmente, é responsável civil e tributariamente pela criança ou pelo adolescente, ao pai compete o pagamento da pensão alimentícia.

Para fins tributários, o art. 4º, II, da Lei nº 9.250/1995, admite que o devedor abata da base de cálculo do Imposto de Renda a integralidade desses valores. O responsável pelo credor, por sua vez, deve declarar o recebimento dessas quantias, as quais se irão somar a outros rendimentos para fins de incidência do tributo.

Ora, do ponto de vista estritamente econômico, a legislação parece estimular um comportamento indesejado, qual seja, não querer a guarda do menor. Isso porque o genitor que paga alimentos tem o direito a um abatimento do IRPF, recebendo uma espécie de bonificação por estar arcando financeiramente com aquela situação, enquanto que aquele que gerencia os alimentos deve arcar com uma tributação extra.

Cabe apontar, ainda, que o genitor guardião do menor, além de ter sua parcela financeira no encargo, dado que os alimentos são fixados levando isto em consideração, está encarregado de lidar com as questões da rotina de uma criança ou adolescente, as quais, caso monetarizadas, passariam a representar parcela de cunho significativo.

Nesse sentido, o dever supostamente comum de manutenção da prole é "objeto de desoneração fiscal em favor dos homens que não assumem sua responsabilidade pelos cuidados diários e de oneração sobre as mulheres, que são sobrecarregadas duplamente, seja quanto ao cuidado, seja no âmbito tributário" (SILVA; TAVARES; OKADO, 2023, p. 3).

Segundo pesquisa realizada em 2021, referente ao ano base de 2020, "das declarações realizadas por homens, foram deduzidos pouco mais de 15,3 bilhões de reais de pensões alimentícias pagas, valor muito acima dos 0,0,38 bilhões deduzidos das mulheres" (SILVA; TAVARES; OKADO, 2023, p. 7).

Assim, ainda que a legislação estabeleça um benefício fiscal para quem pagar a pensão, independentemente do gênero do devedor, na verdade, o que se verifica é um claro favorecimento dos homens. Ou seja, conforme conclui pesquisa de Silva, Tavares e Okado (2023, p. 9-10):

> [...] como homens frequentam as alíquotas maiores em maior proporção do que mulheres e como estas são oneradas pelo IRPF do qual eles são exonerados, segue-se que o Estado, em tempos de reformas e ajustes sob o suposto argumento de déficit nas contas públicas, perde receita para manter uma realidade de inconstitucional extrafiscalidade em proveito do gênero masculino.

Esse disparate foi reconhecido pela Suprema Corte dos Estados Unidos em *Douglas v. Wilcuts*, de 1935,[4] conforme bem lembrado pelo Ministro Luís Roberto Barroso, precedente no qual restou assentado que os pagamentos feitos a título de pensão alimentícia, decorrentes do dever de sustento, são obrigatórios e não poderiam ser considerados renda nem seriam passíveis de tributação.

Como já mencionado, a tributação deve ser utilizada como um instrumento de persecução e promoção de direitos e garantias fundamentais e não como ferramenta de manutenção de privilégios ou de incremento de discriminações incompatíveis com a Constituição.

Essa *ratio decidendi* também está presente no julgamento do Tema nº 72 da sistemática da repercussão geral, em que restou assentado que a incidência de contribuição previdenciária sobre o salário-maternidade é fator de aumento da desigualdade de gênero, na medida em que a prática onera sobremaneira, e sem razão compatível com o texto constitucional, as mulheres.

O Min. Luís Roberto Barroso, ao concluir de forma incisiva seu voto-vista, afirma que a "incidência do imposto de renda sobre pensão alimentícia configura, portanto, regra discriminatória que não encontra respaldo no texto constitucional".[5]

Ao final do julgamento, o Supremo Tribunal Federal, por maioria, decidiu pela procedência do pedido, e conferiu interpretação conforme à Constituição ao art. 3º, §1º, da Lei nº 7.713/88, aos arts. 4º e 46 do Anexo do Decreto nº 9.580/18 e aos arts. 3º, *caput* e §1º; e 4º do Decreto-Lei nº 1.301/73 para se afastar a incidência do Imposto de Renda sobre valores decorrentes do direito de família percebidos pelos alimentados a título de alimentos ou de pensões alimentícias.

Inegável que se trata de precedente de extrema relevância para a redução da desigualdade de gênero e para a tutela de direitos e garantias fundamentais, na medida em que desonera aquele genitor, geralmente, mulher, mais envolvido com o cuidado diário da criança e do adolescente ao mesmo tempo que promove o melhor interesse nos termos do Estatuto da Criança e do Adolescente, uma vez que há maior disponibilidade de recursos para atendimento das necessidades básicas.

Além disso, o julgado destaca a atuação da Corte na persecução dos objetivos de desenvolvimento sustentável fixados pela Organização das Nações Unidas – ONU na Agenda 2030,[6] notadamente o objetivo 5 (Igualdade de Gênero),[7] 10 (Redução de

---

[4] Justia › US Law › US Case Law › US Supreme Court › Volume 296 › Douglas v. Willcuts. Disponível em: https://supreme.justia.com/cases/federal/us/296/1/.

[5] ADI 5.422, voto-vista do Min. Luís Roberto Barroso, j. 6.6.2022.

[6] A Agenda 2030 da ONU é um plano global para atingirmos em 2030 um mundo melhor para todos os povos e nações. A Assembleia Geral das Nações Unidas, realizada em Nova York, em setembro de 2015, com a participação de 193 Estados-Membros, estabeleceu 17 objetivos de desenvolvimento sustentável. O compromisso assumido pelos países com a agenda envolve a adoção de medidas ousadas, abrangentes e essenciais para promover o Estado de direito, os direitos humanos e a responsividade das instituições políticas (STF. Disponível em: https://portal.stf.jus.br/hotsites/agenda-2030/).

[7] "Objetivo 5. Alcançar a igualdade de gênero e empoderar todas as mulheres e meninas. 5.1 Acabar com todas as formas de discriminação contra todas as mulheres e meninas em toda parte. 5.2 Eliminar todas as formas de violência contra todas as mulheres e meninas nas esferas públicas e privadas, incluindo o tráfico e exploração sexual e de outros tipos. 5.3 Eliminar todas as práticas nocivas, como os casamentos prematuros, forçados e de crianças e mutilações genitais femininas. 5.4 Reconhecer e valorizar o trabalho de assistência e doméstico não remunerado, por meio da disponibilização de serviços públicos, infraestrutura e políticas de proteção social, bem como a promoção da responsabilidade compartilhada dentro do lar e da família, conforme os contextos nacionais. 5.5 Garantir a participação plena e efetiva das mulheres e a igualdade de oportunidades para a

Desigualdades) e 17 (Parcerias e Meios de Implementação), conforme identificação do próprio *site* do STF.

A sociedade brasileira e nosso ordenamento jurídico têm um longo caminho pela frente para a construção de uma sociedade nos termos propostos pelo contribuinte nos artigos introdutórios da Constituição Federal de 1988. Não obstante, a ADI nº 5.422 foi um importante passo rumo à redução das desigualdades, sobretudo de gênero.

Buscou solucionar uma situação verdadeiramente anacrônica, como é destacado em trabalho do Grupo de Pesquisa de Tributação e Gênero do Núcleo de Direito Tributário do Mestrado Profissional da Escola de Direito de São Paulo da Fundação Getulio Vargas:

> A regra atual de tributação da pensão alimentícia determina que a verba em questão deve ser ofertada como renda tributável pelo contribuinte que a gerência em sua declaração anual de ajuste como condição à utilização da dedução legal do dependente. Assim, acaso opte por promover a declaração da verba da pensão em separado, no nome do próprio menor beneficiado, o contribuinte que recebe/gerencia a verba fica impossibilitado de se utilizar da dedução legal do dependente. [...]
>
> Acuado pela majoração de sua base tributável via acréscimo da verba de pensão, e considerando-se que, via de regra, ela é consideravelmente superior no ano-calendário ao limite anual da dedução de dependente, o contribuinte que recebe a pensão se vê compelido a promover declaração em apartado, perdendo, como consequência, o direito a qualquer dedução, embora também tenha despesas cotidianas relativas à manutenção da prole.
>
> Sabe-se que na imensa maioria das vezes ainda é a mulher que se encontra na posição de recebimento/gerenciamento da pensão alimentícia. No contexto acima retratado, ela é sempre penalizada. Se declara em separado, terá que promover, com seus próprios recursos, pagamento de imposto de renda sobre uma verba destinada a custear despesas da criança e perderá a dedução de dependentes, ainda que ela também promova gastos consideráveis na manutenção do filho. Se declara o valor da pensão em sua própria declaração de ajuste, paga, com seus próprios recursos, imposto sobre uma renda que eleva consideravelmente sua base tributável e que não é, nem de longe, compensada pelo limite anual de dedução de dependentes. (PISCITELLI *et al.*, 2020, p. 22)

O referido precedente, sem dúvidas, é um dos mais importantes na temática de tributos e gênero, juntamente com o Tema nº 72 da sistemática da repercussão geral, e o resultado a que chegou a Corte, em ambos os julgados, materializa a utilização da tributação como ferramenta de redução das desigualdades e promoção dos direitos e garantias fundamentais.

---

liderança em todos os níveis de tomada de decisão na vida política, econômica e pública. 5.6 Assegurar o acesso universal à saúde sexual e reprodutiva e os direitos reprodutivos, como acordado em conformidade com o Programa de Ação da Conferência Internacional sobre População e Desenvolvimento e com a Plataforma de Ação de Pequim e os documentos resultantes de suas conferências de revisão. 5.a Realizar reformas para dar às mulheres direitos iguais aos recursos econômicos, bem como o acesso a propriedade e controle sobre a terra e outras formas de propriedade, serviços financeiros, herança e os recursos naturais, de acordo com as leis nacionais. 5.b Aumentar o uso de tecnologias de base, em particular as tecnologias de informação e comunicação, para promover o empoderamento das mulheres. 5.c Adotar e fortalecer políticas sólidas e legislação aplicável para a promoção da igualdade de gênero e o empoderamento de todas as mulheres e meninas em todos os níveis".

Conclusão

É possível dizer que nos dias de hoje, pelo menos nas sociedades ocidentais, homens e mulheres estão se distanciando dos modelos tradicionais de gênero e desenvolvendo novas formas de subjetividade (ARAÚJO, 2005). Não obstante, a igualdade jurídica entre homens e mulheres ainda representa um dos campos mais difíceis e polêmicos de aplicação do princípio da isonomia (TABORDA, 1998).

O texto da Constituição Federal de 1988 reflete a preocupação do constituinte originário com a busca de uma sociedade justa, livre e solidária, bem como com a redução de desigualdades regionais e sociais.

Nesse contexto, o direito tributário é importante ferramenta para promoção dos direitos fundamentais e redução das desigualdades, na medida em que o caráter extrafiscal da tributação, caso adequadamente utilizado, revela-se um meio de efetivar garantias e direitos fundamentais (BUFFON, 2012).

O Supremo Tribunal Federal, ao apreciar o Tema nº 72 da sistemática da repercussão geral, e a ADI nº 5.422, tendo decidido, respectivamente, pela inconstitucionalidade da incidência de contribuição previdenciária sobre o salário-maternidade e pela inconstitucionalidade da incidência de Imposto de Renda sobre os valores recebidos a título de pensão alimentícia, se valeu do direito tributário como instrumento para a redução da desigualdade de gênero, reforçando que a tributação, de fato, pode ser utilizada como meio para promoção dos direitos fundamentais.

Evidente que há um longo caminho pela frente, mas são precedentes que apontam para um futuro mais igualitário entre homens e mulheres, bem como revelam a preocupação do Supremo Tribunal Federal e de seus integrantes com a questão de gênero.

Referências

ALVES, J. E. D. Desafios da equidade de gênero no século XXI. *Revista de Estudos Feministas*, v. 24, p. 629-638, 2016.

ARAÚJO, M. de F. Diferença e igualdade nas relações de gênero: revisitando o debate. *Psicologia Clínica*, v. 17, p. 41-52, 2005.

BANDEIRA DE MELLO, C. A. *Conteúdo jurídico do princípio da igualdade*. São Paulo: Malheiros, 2000.

BARSTED, L. L. *A legislação civil sobre família no Brasil*. Rio de Janeiro: Cepia, 1999.

BRASIL. *Constituição Federal de 1988*. 5 out. 1988.

BRASIL. *Decreto no 3.000/99*. 1999.

BUFFON, M. A tributação como instrumento de concretização dos direitos fundamentais. *Revista da Faculdade de Direito de Uberlândia*, v. 38, n. 2, p. 555-579, 2010.

BUFFON, M. Tributação e direitos sociais: a extrafiscalidade instrumento de efetividade. *Revista Brasileira de Direito*, v. 8, n. 2, p. 36-68, 2012.

DIAS, M. B. A mulher no Código Civil. *Portal Jurídico Investidura*, 2016.

GROSSI, M. P. Identidade de gênero e sexualidade. *Revista Antropológica em Primeira Mão*, 1998.

GUIGINSK, J.; WAJNMAN, S. A penalidade pela maternidade: participação e qualidade da inserção no mercado de trabalho das mulheres com filho. *Revista Brasileira de Estudos de População*, v. 36, 2019.

LEAL, A.; BORGES, J. P. O Código Civil de 1916: tão liberal quanto era lhe permitido ser. *Revista Brasileira de História do Direito*, v. 3, n. 1, p. 16-35, 2017.

PAULSEN, L. *Curso de direito tributário completo*. 10. ed. São Paulo: Saraiva, 2019.

PIOVESAN, F. *Igualdade de gênero na Constituição Federal*: os direitos civis e político das mulheres no Brasil. Os alicerces da redemocratização. Brasília, DF: Senado Federal: Instituto Legislativo Brasileiro, 2008. v. 1.

PISCITELLI, T. *et al*. *Reforma tributária e desigualdade de gênero*. [s.l.]: Núcleo de Direito Tributário do Mestrado Profissional em Direito, 2020.

RAMOS, A. de C. *Curso de direitos humanos*. 11. ed. São Paulo: Saraiva Jur, 2024.

SCHNEEBELI, F. C. F.; MENANDRO, M. C. S. Com quem as crianças ficarão? Representações sociais da guarda dos filhos após a separação conjugal. *Psicologia e Sociedade*, v. 26, p. 175-184, 2014.

SILVA, J. L. P. da; TAVARES, F. M. M.; OKADO, L. T. A. Um tributo ao patriarcado. *Revista Estudos Feministas*, v. 31, 2023.

TABORDA, M. G. O princípio da igualdade em perspectiva histórica: Conteúdo, alcance e direções. *Revista de Direito Administrativo*, 1998.

Informação bibliográfica deste texto, conforme a NBR 6023:2018 da Associação Brasileira de Normas Técnicas (ABNT):

LIMA, Bruno Giordano Paiva; SANTOS, Renildo Roberto dos. Igualdade entre os gêneros e o papel do direito tributário (RE nº 576.967, Tema nº 72; e ADI nº 5.422). *In*: PAULA, Fernanda de; PENCAK, Nina (coord.). *Tributação, liberdade e igualdade*: as contribuições do Ministro Luís Roberto Barroso. Belo Horizonte: Fórum, 2025. p. 277-294. ISBN 978-65-5518-952-0.

CONTROLE DE CONSTITUCIONALIDADE DE RENÚNCIAS FISCAIS NO SUPREMO TRIBUNAL FEDERAL

CELSO DE BARROS CORREIA NETO

A responsabilidade fiscal é fundamento das economias saudáveis, e não tem ideologia. Desrespeitá-la significa predeterminar o futuro com déficits, inflação, juros altos, desemprego e todas as consequências negativas que dessas disfunções advêm.

(Ministro Luís Roberto Barroso, MS-MC nº 34.448)

Introdução

Este artigo, escrito para integrar obra em homenagem ao Ministro Luís Roberto Barroso, examina a jurisprudência do Supremo Tribunal Federal (STF) em matéria de controle de constitucionalidade das desonerações tributárias, notadamente no que concerne ao aspecto da renúncia de receita.

O estudo concentra-se, essencialmente, nos *leading cases* do STF do tema e chama atenção para a progressiva ampliação do espaço dedicado à discussão do impacto financeiro-orçamentário de leis de incentivo fiscal, especialmente após a introdução do art. 113, no Ato das Disposições Constitucionais Transitórias, pela Emenda Constitucional nº 95, de 15.12.2016.

A pesquisa empreendida é essencialmente qualitativa. A metodologia empregada no estudo baseia-se em pesquisa bibliográfica e na análise de precedentes do STF no tema. O objetivo do trabalho é identificar as tendências e os desafios do controle judicial das renúncias fiscais no STF, a fim de compreender o estado atual do debate no Tribunal e apontar as principais controvérsias jurídicas que ainda aguardam decisão.

1 Desonerações, incentivos e renúncias fiscais: conceito e importância

A definição de "benefício fiscal" nem sempre é posta com clareza na literatura jurídica ou de finanças públicas. Expressões como "desonerações tributárias", "incentivos fiscais", "favores fiscais", "vantagens" ou "privilégios fiscais", e outras como "renúncias fiscais", "renúncia de receita tributária", "gasto tributário" ou "despesa fiscal" costumam ser utilizadas de forma imprecisa em julgados, na legislação e na doutrina.

É muito frequente no pensamento tributário, inclusive o brasileiro, a afirmação de que a cobrança de tributos e instituição de desonerações tributárias – especialmente isenções – são como dois lados da mesma moeda ou medalha.[1] A comparação é útil para ilustrar como a competência tributária inclui tanto o poder de instituir tributos, estabelecendo os critérios necessários à incidência normativa, quanto o de criar desonerações que afastam sua aplicação em certas situações ou para os sujeitos que especifica.

De fato, os impostos e as exonerações tributárias resultam essencialmente da aplicação da mesma regra jurídica – a competência tributária. Mas existem diferenças fundamentais no tratamento jurídico conferido a uns e a outras. Os parâmetros jurídicos (princípios ou regras) que constituem o direito tributário destinam-se fundamentalmente a disciplinar a exigência de tributos – *e.g.* quanto ao momento, ao montante e à forma – e a proteger o contribuinte da tributação indevida, excessiva ou injusta.

Mas nenhuma dessas preocupações está propriamente em questão quando se trata de desonerações tributárias. Em rigor, o problema inverte-se. Já não se trata de limitar o poder tributário e proteger o contribuinte contra a imposição indevida, excessiva ou extemporânea. Antes, o oposto: importa definir parâmetros de controle da "não tributação" e do uso de mecanismos tributários como instrumentos de política pública.

Daí afirmarmos que o estudo dos incentivos e renúncias fiscais implica ver o tributo ao *avesso*,[2] na medida em que não se volta ao objetivo típico da tributação, a fiscalidade, a arrecadação; mas a outros propósitos, os ditos "extrafiscais". É preciso, então, compreender a norma de incentivo-renúncia fiscal como instrumento voltado a objetivos diversos da arrecadação, examinando, todavia, dois aspectos fundamentais: as finalidades perseguidas (função indutora) e os custos orçamentários (renúncia de receita).

Neste artigo, tomamos as expressões "benefício fiscal", "incentivo fiscal" e "desonerações tributárias" para designar um sem-número de situações nas quais o legislador utiliza disposições tributárias especiais, que favorecem contribuintes, setores ou atividades econômicas, a fim de atingir objetivos diversos da arrecadação. São, em certo sentido, instrumentos de política pública que operam no interior do sistema tributário.

Benefícios fiscais podem assumir diferentes estruturas jurídicas, tais como: isenções, deduções, crédito presumido e redução de base de cálculo ou de alíquota. As formas são muitas, a lista não é exaustiva. A noção não indica uma formulação jurídica

[1] Cf. CHIESA, Clélio. *A competência tributária do Estado brasileiro*: desonerações nacionais e imunidades condicionadas. São Paulo: Max Limonad, 2002. p. 32; 63 *et passim*; CARRAZZA, Roque Antonio. *Curso de direito constitucional tributário*. 24. ed. São Paulo: Malheiros, 2008. p. 857; SEIXAS FILHO, Aurélio Pitanga. *Teoria e prática das isenções tributárias*. 2. ed. Rio de Janeiro: Forense, 2003. p. 61-62 *et passim*; HERRERA MOLINA, Pedro Manuel. *La exencion tributaria*. Madrid: Colex, 1990. p. 58; SAINZ DE BUJANDA, Fernando. *Hacienda y derecho*. Madrid: Instituto de Estudios Políticos, 1963. v. III. p. 394-395, entre outros.

[2] Exploramos aqui ideia e conceitos do livro: CORREIA NETO, Celso de Barros. *O avesso do tributo*: incentivos fiscais e renúncia de receita no direito brasileiro. 2. ed. São Paulo: Almedina, 2016.

específica, mas sua eficácia ou finalidade (função). Ou seja, há estruturas ou institutos jurídicos diferentes que podem ser empregados à guisa de benefício ou incentivo fiscal. O que importa para agrupá-los nesse conceito é menos a forma do que a função: estruturas jurídicas diferentes podem produzir efeitos socioeconômicos semelhantes. Em todos os casos, têm-se disposições tributárias especiais, que não compõem o que se chama de "estrutura padrão da regra tributária", mas operam à maneira de subvenções indiretas, pela criação de uma vantagem tributária para certas atividades, mediante redução ou eliminação da carga fiscal.

Essas desonerações geralmente têm custos orçamentários. Daí também serem chamadas de "renúncia fiscal", "renúncia de receita tributária", "gasto tributário" ou "despesa fiscal", de modo a destacar os impactos da lei de incentivo fiscal no orçamento público em termos de perda de arrecadação. Com algum esforço de simplificação, podemos afirmar que as renúncias fiscais são o outro lado dos incentivos fiscais, seu impacto financeiro-orçamentário, isto é, o quanto se deixa de arrecadar em razão da política de incentivo estabelecida.[3]

Nas "Instruções de Procedimentos Contábeis (IPC) 16 – Benefícios Fiscais", editado pela Secretaria do Tesouro Nacional (STN), a expressão "renúncia de receitas" é definida como "efeito concreto, monetariamente quantificável e negativo para o ente, decorrente de alguns tipos de benefícios por ele concedidos (disposições preferenciais da legislação) a um agente econômico ou ator social". Ou seja, trata-se do "efeito financeiro decorrente da concessão de benefícios tributários ou de benefícios relativos a outra natureza de receita, que impliquem diminuição no montante originalmente previsto das receitas públicas relacionadas aos respectivos benefícios concedidos".[4]

O "Demonstrativo de Gastos Tributários", elaborado todos os anos pela Receita Federal em cumprimento ao disposto no §6º do art. 165 da Constituição Federal e no inc. II do art. 5º da Lei Complementar nº 101, de 4.5.2000, utiliza a expressão de "gasto tributário". Define-a como "[...] gastos indiretos do governo realizados por intermédio do sistema tributário, visando a atender objetivos econômicos e sociais e constituem-se em uma exceção ao Sistema Tributário de Referência – STR", tendo por efeito reduzir "a arrecadação potencial" e, por conseguinte, aumentar "a disponibilidade econômica do contribuinte".[5]

As cifras envolvidas não são pequenas. Tomemos o exemplo do orçamento federal. O Orçamento de Subsídios da União de 2022[6] registra um total de R$276,83 bilhões de subsídios tributários, o que corresponde a 3,19% do PIB em 2021. Em 2020, o valor era de R$312,4 bilhões. A redução explica-se mais propriamente pela mudança na forma de cálculo do que pela efetiva redução dos benefícios fiscais federais. Decorre da supressão dos valores relativos ao Simples Nacional e ao Microempreendedor Individual

---

[3] CORREIA NETO, Celso de Barros. *O avesso do tributo*: incentivos fiscais e renúncia de receita no direito brasileiro. 2. ed. São Paulo: Almedina, 2016. p. 203.

[4] BRASIL. Ministério da Economia. Secretaria do Tesouro Nacional. *Instruções de Procedimentos Contábeis (IPC) 16* – Benefícios Fiscais – Conforme o §6º do art. 165 da CF/88 e art. 14 LRF. Brasília: STN, 2020. Disponível em: https://sisweb.tesouro.gov.br/apex/f?p=2501:9::::9:P9_ID_PUBLICACAO_ANEXO:10000. Acesso em: 15 jan. 2024.

[5] BRASIL. Ministério da Economia. Receita Federal do Brasil. Centro de Estudos Tributários e Aduaneiros. *Demonstrativo dos Gastos Tributários PLOA 2022*. Brasília: Receita Federal, set. 2021.

[6] BRASIL. Ministério da Economia. *6º Orçamento de Subsídios da União*: relatório de subsídios tributários, creditícios e financeiros de 2003 a 2022. Brasília: Ministério da Economia, 2022.

no cômputo das renúncias fiscais, a partir de 2021, por força do que estabelece a Lei de Diretrizes Orçamentárias de 2022. Mantidos os parâmetros de cálculo anteriores, a série histórica parece revelar tendência de estabilização dos valores dos subsídios federais em torno de 4% do PIB brasileiro. São valores expressivos, como se percebe.[7]

Apresentados esses conceitos, os tópicos seguintes são dedicados à análise dos precedentes do STF na matéria em exame. Os julgados estão separados em dois grupos: o primeiro inclui as questões jurídicas e os precedentes estabelecidos antes da EC nº 95, de 2016, e o segundo, os julgados posteriores à alteração constitucional. A separação vem aqui para fins meramente didáticos, de modo que se possa compreender, em linhas gerais, as tendências e desafios atuais enfrentados pelo STF na matéria.

2 Controle de constitucionalidade de leis de incentivo fiscal

Os benefícios fiscais não estão entre os temas tributários de judicialização mais frequente no Brasil, tampouco entre os que merecem maior atenção da doutrina nacional. São poucos os casos importantes na temática que galgam o Supremo Tribunal Federal, seja pela via recursal, seja pela via da ação direta. As principais controvérsias versam invariavelmente sobre aspectos de guerra fiscal em matéria de ICMS e quase sempre envolvem disputas entre estados-membros ou entre estes e o Distrito Federal.[8]

Ao longo dos anos, sempre foi reduzido o espaço dedicado nos debates do plenário do STF ao controle de constitucionalidade dos incentivos fiscais, mormente no que se refere a seu impacto financeiro-orçamentário – o que vamos simplesmente chamar aqui de "renúncia de receita". Muitas razões podem ter levado ao esquecimento desse tema, desde a adoção de autocontenção judicial até a falta de parâmetros constitucionais suficientes para autorizar incursões dessa ordem. E, a rigor, outros temas de orçamento público e direito financeiro também restaram esquecidos, por muitos anos – excluídos, em certa medida, do pensamento jurídico e do debate judicial.

De fato, não é difícil perceber certa "assimetria conceitual"[9] existente entre o tratamento jurídico que se confere aos tributos e aos demais elementos da atividade financeira do Estado, como despesa pública, orçamento e renúncia de receita. A expressão "assimetria conceitual" tomamos de Corti[10] para indicar uma forte tendência a afastar do debate jurídico aspectos da atividade financeira que não dizem respeito à tributação, relegando-os ao plano das questões políticas e/ou dos estudos econômicos e contábeis, como se não fossem também eles temas jurídicos. Percebe-se que, de um lado, "o estudo dos gastos públicos se emoldura em uma linguagem baseada na categoria da necessidade e, portanto, alheia e indiferente à linguagem do direto"; de outro, o dos tributos, está firmemente assentando na moldura da linguagem jurídica e constitucional das garantias.[11]

[7] CORREIA NETO, Celso de Barros. Benefícios fiscais: proibição de vantagem em decorrência de patrocínio ou doação. *Economic Analysis of Law Review*, v. 14, p. 117-134, 2023.

[8] Cf. CORREIA NETO, Celso de Barros; MONTENEGRO, E. R. P.; CORDEIRO, K. A. A guerra fiscal em ICMS e o papel do Supremo Tribunal Federal: precedentes e desafios atuais. *Economic Analysis of Law Review*, v. 9, p. 35, 2018.

[9] A expressão é de Horacio Corti: CORTI, Horacio G. *Derecho financeiro*. Buenos Aires: Abeledo-Perot, 1997; CORTI, Horacio G. *Derecho constitucional presupuestário*. Buenos Aires: Lexis Nexis, 2007.

[10] A expressão é de Horacio Corti: CORTI, Horacio G. *Derecho financeiro*. Buenos Aires: Abeledo-Perot, 1997; CORTI, Horacio G. *Derecho constitucional presupuestário*. Buenos Aires: Lexis Nexis, 2007.

[11] CORTI, Horacio G. *Derecho financeiro*. Buenos Aires: Abeledo-Perot, 1997. p. 80.

Tal "assimetria" traz consigo certa irrelevância do fenômeno financeiro, por meio de tripla exclusão: do âmbito do conhecimento, do controle judicial e, por fim, do próprio mundo jurídico. Ou seja, para o mundo jurídico parece ser muito mais importante disciplinar a maneira como os recursos públicos são arrecadados – isto é, os tributos – do que a forma como as receitas são aplicadas – ou seja, as despesas públicas.

A mesma tendência é também constatada – e criticada – por Luís Roberto Barroso e Eduardo Mendonça,[12] em trabalho acadêmico no qual analisam a eficácia da lei orçamentária (autorizativa/impositiva) e discutem a tese da "vinculação mínima" para despesas públicas. Os autores criticam a disparidade de tratamento jurídico entre receita e despesa no regime orçamentário brasileiro. "A lei orçamentária equaciona os dois elementos essenciais da atividade financeira do Estado: receita e despesa", mas apenas "um dos polos da equação orçamentária não está à disposição do Poder Executivo", o polo das receitas públicas.[13] "No extremo oposto [à tributação], a disciplina da despesa pública tem ficado relegada a um imerecido segundo plano",[14] no debate jurídico, inclusive o travado nos tribunais. "Tal descaso", acrescentam os autores, "tem se traduzido em uma combinação perversa de mecanismos ineficazes de controle jurídico da aplicação de recursos, de índole puramente formal, e inexistência de controle político-eleitoral efetivo".[15]

Podermos citar um exemplo da própria jurisprudência do STF: o cabimento de controle abstrato em matéria orçamentária. Como se sabe, por muitos anos, era pacífica na jurisprudência do Tribunal quanto à inviabilidade do controle abstrato de constitucionalidade em relação às leis orçamentárias.[16] Rejeitava-se o cabimento da ação direta, ao fundamento de que seriam leis de efeitos meramente concretos, desprovidas dos requisitos de generalidade e abstração. Prevalecia, assim, o caráter político dos orçamentos públicos em detrimento de seu aspecto jurídico, a despeito de serem atos normativos emanados do Poder Legislativo, mediante ritos e procedimentos legislativos lastreados inclusive na Constituição Federal. "O orçamento é lei formal, mas de natureza e efeitos político-administrativos concretos, hipótese em que [...] descabe o controle concentrado de constitucionalidade", afirmava o Ministro Sydney Sanches, na ADI nº 1.640, de sua relatoria.[17]

Na prática, a negativa do controle abstrato de constitucionalidade tinha o efeito de excluir as normas orçamentárias – lei orçamentária anual, lei de diretrizes orçamentárias,

---

12 BARROSO, Luís Roberto; MENDONÇA, Eduardo. Sistema constitucional orçamentário. *In*: MARTINS, Ives G. da S.; MENDES, Gilmar F.; NASCIMENTO, Carlos V. (Coord.). *Tratado de direito financeiro*. São Paulo: Saraiva, 2013. v. 1. p. 258.

13 BARROSO, Luís Roberto; MENDONÇA, Eduardo. Sistema constitucional orçamentário. *In*: MARTINS, Ives G. da S.; MENDES, Gilmar F.; NASCIMENTO, Carlos V. (Coord.). *Tratado de direito financeiro*. São Paulo: Saraiva, 2013. v. 1. p. 259-260.

14 BARROSO, Luís Roberto; MENDONÇA, Eduardo. Sistema constitucional orçamentário. *In*: MARTINS, Ives G. da S.; MENDES, Gilmar F.; NASCIMENTO, Carlos V. (Coord.). *Tratado de direito financeiro*. São Paulo: Saraiva, 2013. v. 1. p. 259-260.

15 BARROSO, Luís Roberto; MENDONÇA, Eduardo. Sistema constitucional orçamentário. *In*: MARTINS, Ives G. da S.; MENDES, Gilmar F.; NASCIMENTO, Carlos V. (Coord.). *Tratado de direito financeiro*. São Paulo: Saraiva, 2013. v. 1. p. 260.

16 São vários os julgados do STF que podem ser mencionados nessa linha, nos quais o Tribunal sequer conheceu da ação proposta. São exemplos dessa orientação: ADI 1496, Rel. Min. Moreira Alves, julgamento em 21.11.1996; ADI 1640, Rel. Min. Sydney Sanches; ADI 1716, julgamento em 12.2.198; ADI 2057, Rel. Min. Maurício Corrêa, julgamento em 9.12.1999; ADI 2484, Rel. Min. Carlos Velloso, julgamento em 19.12.2001, entre outros.

17 BRASIL. Supremo Tribunal Federal. Questão de Ordem na Ação Direta de Inconstitucionalidade 1.640. Rel. Min. Sydney Sanches. Tribunal Pleno. *DJ*, 03.04.1998.

plano plurianual e créditos adicionais, inclusive extraordinários – de qualquer forma de controle judicial efetivo. Ficavam, então, relegadas ao campo da discricionariedade política, à margem da atuação do Supremo Tribunal Federal e, de certo modo, do próprio pensamento jurídico.

A efetiva mudança na jurisprudência do Tribunal dá-se apenas em 2008, no julgamento da ADI nº 4.048,[18] de relatoria do Ministro Gilmar Mendes. A ação direta foi ajuizada contra abertura de crédito extraordinário, por medida provisória, fora das hipóteses constitucionais que justificam sua adoção. No caso, o Tribunal reconheceu, por apertada maioria, uma revisão de jurisprudência, de modo a admitir o cabimento de ação direta em matéria orçamentária. Desde então, o STF passou a conhecer ações diretas tendo por objeto normas orçamentárias e créditos extraordinários.

Naturalmente, não é este o espaço adequado para discutir as raízes históricas do fenômeno, tampouco parece necessário aqui empreender profundas digressões a respeito dos porquês desse fenômeno. Basta-nos, para os limites deste estudo, chamar atenção para certo "desinteresse" jurídico pelo tema das renúncias fiscais e anotar uma mudança em curso, que parece indicar um caminho de revalorização do tema do orçamento e das finanças públicas no âmbito da comunidade jurídica, tanto em termos do ensino e da pesquisa jurídica quanto da atuação do Poder Judiciário.

No que se refere ao controle das renúncias fiscais, essa mudança é sobretudo impulsionada pela introdução do art. 113 do ADCT pela EC nº 95, de 2016, e pela maneira como o STF vem se posicionando em relação ao controle de constitucionalidade das leis de incentivo fiscal, notadamente quanto à perspectiva de seus custos orçamentários, temática de que tratamos nos tópicos seguintes.

2.1 Incentivos fiscais: discricionariedade política e prevalência do controle de aspectos formais

A análise da jurisprudência consolidada no Supremo Tribunal Federal revela ao menos duas tendências claras e conectadas do controle de constitucionalidade de benefícios fiscais: o reconhecimento da discricionariedade política inerente à sua concessão de benefícios fiscais e a prevalência da análise voltada a aspectos formais e federativos das leis de incentivo fiscal.

A orientação há muito consolidada no Tribunal reconhece a natureza essencialmente *política* e, por conseguinte, *discricionária* da decisão de conceder e revogar benefícios fiscais.[19] É do legislador a prerrogativa de decidir quanto ao instrumento jurídico cabível (*e.g.* isenção ou redução de base de cálculo), à intensidade (*e.g.* isenção total ou parcial) e ao alcance do benefício fiscal (*e.g.* entidades ou segmentos econômicos favorecidos) que se pretende conceder. Lê-se, *e.g.*, no Agravo de Instrumento nº 360.461-7, de relatoria do Ministro Celso de Mello, a propósito das isenções tributárias:

[18] BRASIL. Supremo Tribunal Federal. Medida Cautelar na Ação Direita de Inconstitucionalidade 4.048. Rel. Min. Gilmar Mendes. Tribunal Pleno, julgamento em 14.5.2008.

[19] Ver, por exemplo: Agravo Regimental no Agravo de Instrumento nº 360.461-7, Rel. Min. Celso de Mello, julgamento em 6.12.2005.

> CONCESSÃO DE ISENÇÃO TRIBUTÁRIA E UTILIZAÇÃO EXTRAFISCAL DO IPI. – *A concessão de isenção em matéria tributária traduz ato discricionário*, que, fundado em juízo de conveniência e oportunidade do Poder Público (RE 157.228/SP), *destina-se* – a partir de critérios racionais, lógicos e impessoais estabelecidos de modo legítimo em norma legal – *a implementar objetivos estatais nitidamente qualificados pela nota da extrafiscalidade.* [...] *Essa pessoa política, ao assim proceder, pôs em relevo a função extrafiscal desse tributo, utilizando-o como instrumento de promoção do desenvolvimento nacional e de superação das desigualdades sociais e regionais.*[20] (Grifos nossos)

Não se trata de um julgado isolado. É longa a lista de julgados que adotam esse mesmo entendimento, aplicando-o a diferentes modalidades de desoneração tributária.[21] A mesma premissa é inclusive utilizada com frequência para rechaçar a possibilidade de o Tribunal, com fundamento no princípio da isonomia, estender a aplicação de leis de incentivo fiscal para outros casos nela não previstos.

Para fins essencialmente didáticos, é possível apontar cinco principais questões constitucionais[22] enfrentadas pelo STF a propósito das leis de benefício fiscal: (1) a iniciativa legislativa;[23] (2) a exigência de lei *específica*;[24] (3) a impossibilidade de extensão do alcance dos benefícios fiscais com base no princípio da isonomia;[25] (4) a invalidade da atuação unilateral por parte dos estados-membros e do Distrito Federal no caso do ICMS[26] e (5) o impacto das leis de incentivo na parcela do produto da arrecadação tributária partilhada com outros entes federados.[27]

Nos casos examinados, os debates ficam quase sempre circunscritos a aspectos relacionados à legalidade ou à forma das leis de incentivo, sem avançar no "mérito" das leis de incentivo – a prognose legislativa –[28] ou considerar os impactos financeiro-orçamentários das leis de benefício fiscal, em termos de renúncia de receita tributária, como razão de decidir.

---

[20] Agravo Regimental no Agravo de Instrumento nº 360.461-7, Rel. Min. Celso de Mello, julgamento em 6.12.2005.

[21] Nesse sentido: ADI 6.025 DF, Rel. Min. Alexandre de Moraes, Tribunal Pleno, julgamento: 6.4.2020; AgR MS 343.42, Rel. Min. Dias Toffoli, Tribunal Pleno, Julgamento em 8.8.2017; ARE 1434943 BA, Rel. Min. Cristiano Zanin, julgamento em 2.9.2023.

[22] Cf. CORREIA NETO, Celso de Barros. Controle formal de benefícios fiscais prevalece no Supremo. *Consultor Jurídico – Conjur*, 14 mar. 2015. Disponível em: https://www.conjur.com.br/2015-mar-14/observatorio-constitucional-supremo-prevalece-controle-formal-beneficios-fiscais/. Acesso em: 2 jul. 2024.

[23] ARE 743.480 RG, Rel. Min. Gilmar Mendes, Tribunal Pleno, julgado em 10.10.2013, tema 682 da sistemática de repercussão geral.

[24] ADI 2.688, Rel. Min. Joaquim Barbosa, julgamento em 1.6.2011; ADI 2.345, Rel. Min. Cezar Peluso, julgamento em 30.06.2011; ADI 3.462, Rel. Min. Cármen Lúcia, julgamento em 15.9.2010.

[25] RE 405579, Rel. Min. Joaquim Barbosa, julgamento em 1º.12.2010.

[26] Nesse sentido, por exemplo: ADI 1.247, Rel. Min. Dias Toffoli, julgamento em 1.6.2011; ADI 2.376, Rel. Min. Marco Aurélio, julgamento em 1º.6.2011; ADI 286, Rel. Min. Maurício Corrêa, julgamento em 22.5.2002; ADI 2.722, Relator Min. Gilmar Mendes, julgamento em 22.11.2006; ADI 3.312, Rel. Min. Eros Grau, julgamento em 16.11.2006.

[27] RE 572.772/SC, Rel. Min. Ricardo Lewandowski, processo-paradigma da repercussão geral (tema 42), julgado em 18.6.2008.

[28] Um dos raros casos em que esse debate foi levado do STF está na ADI 5.553, de relatoria do Ministro Edson Fachin, na qual se discute a constitucionalidade de desonerações fiscais de ICMS e IPI em favor defensivos agrícolas no Brasil. O julgamento da ação não foi concluído até a conclusão deste artigo.

2.2 Inviabilidade do controle de constitucionalidade por responsabilidade fiscal

A jurisprudência do STF, até o advento do art. 113 do ADCT, não admitia o impacto orçamentário das leis de incentivo fiscal como fundamento para examinar a validade de leis de benefício fiscal, seja com fundamento no respeito ao equilíbrio orçamentário, seja na preservação da gestão fiscal responsável.

A linha de argumentação mais conhecida defendia que a responsabilidade na gestão fiscal estaria calcada na própria regra de competência prevista no art. 163, I, da Constituição Federal, que prevê a edição de lei complementar para dispor sobre finanças públicas, entre outros dispositivos constitucionais. Portanto, a aprovação de leis de incentivo fiscal desacompanhadas de estimativa de impacto orçamentário e de medidas de compensação da renúncia de receita, requisitos impostos pelo art. 14 da Lei Complementar nº 101, de 4.5.2000 (Lei de Responsabilidade Fiscal), representaria uma afronta direta ao art. 163, I, da Constituição Federal.[29] A tese guarda, aliás, simetria com o entendimento tantas vezes esposado pelo STF em matéria de guerra fiscal de ICMS. Como se sabe, o Tribunal toma a falta de celebração dos convênios a que se refere a Lei Complementar nº 24, de 7.1.1975, para a concessão de benefícios fiscais no referido imposto estadual como afronta direta ao disposto no art. 155, §2º, XII, "g", do texto constitucional.

Em se tratando de renúncias fiscais, no entanto, tese semelhante não logrou ser acolhida pelo Tribunal. Para o STF, o descumprimento do art. 14 da LRF configura mera ofensa reflexa, insuscetível de conhecimento pela via da ação direta.[30] A ausência de estimativa de impacto financeiro-orçamentário da renúncia de receita ou a falta de medidas de compensação não poderiam ensejar a declaração de inconstitucionalidade das leis de incentivo, porque são requisitos da lei apenas, não da própria Constituição. Seria, portanto, um caso de "ofensa reflexa", na terminologia empregada pelo STF, como apontam os diversos julgados do Plenário acolhendo tal orientação.[31]

A bem da verdade, o entendimento adotado em relação ao descumprimento dos requisitos do art. 14 da LRF está afinado com a linha decisória adotada pelo Tribunal em outros tantos julgados, que não admite controle concentrado de constitucionalidade nos casos de ofensa indireta à Constituição. "Firmou a jurisprudência deste Supremo Tribunal o entendimento de que só é cabível a ação direta de inconstitucionalidade para o confronto direto, sem intermediários, entre o ato normativo impugnado e a Constituição Federal", destaca a Min. Ellen Gracie, no julgamento da ADI nº 1.670,[32]

---

[29] Por exemplo, no julgamento do Recurso Extraordinário n. 545830, o relator, Ministro Dias Toffoli, negou seguimento a recurso interposto pelo Estado do Rio Grande do Norte, em que se discutia o descumprimento do art. 14 da Lei Complementar nº 101, de 2000. A decisão monocrática fundamentava-se no fato de que "o exame do cumprimento dos requisitos estabelecidos pelo artigo 14 da Lei Complementar n. 101/2000, notadamente a existência de estimativa do impacto orçamentário-financeiro e de medidas de compensação da renúncia de receita, demandariam a prévia análise da referida legislação infraconstitucional, bem como o exame de fatos e provas, o que não se situa na competência desta Corte em sede de recurso extraordinário". No mesmo sentido: RE 551.766, Rel. Min. Dias Toffoli, julgamento em 11.2.2011; RE 552.686, Rel. Min. Dias Toffoli, julgamento em 11.2.2011; RE 547.478, Rel. Min. Dias Toffoli, julgamento em 29.3.2010.

[30] Cf. *e.g.* ADI 3.796, Rel. Min. Gilmar Mendes, julgamento em 8.3.2017.

[31] ADI 3.796, Rel. Min. Gilmar Mendes, julgamento em 8.3.2017; ADI-AgR 3.789, Rel. Min. Teori Zavascki, julgamento em 18.12.2014; ADI-AgR 3.790, Rel. Min. Menezes Direito, julgamento em 29.11.2007.

[32] ADI 1.670, Rel. Min. Ellen Gracie, Tribunal Pleno, julgado em 10.10.2002.

em que se discutia a validade de decreto do Presidente da República e portaria do Ministro da Educação.

Na mesma linha, salienta o Ministro Roberto Barroso, no julgamento da ADPF nº 559, "A inconstitucionalidade que autoriza o exercício do controle concentrado pelo Supremo Tribunal Federal é aquela decorrente da incompatibilidade frontal e direta com a Constituição".[33] Por outro lado, "A aferição de eventual ilegalidade dos atos normativos secundários editados pelo Poder Executivo estadual deve ser apreciada por intermédio dos meios processuais adequados para tanto", sustenta.

Cumpre reconhecer, por outro lado, que o mesmo tratamento não foi conferido a todas as hipóteses de violação das disposições da Lei Complementar nº 101, de 2000. As previsões que tratam de limitação de despesa com pessoal gozam, segundo o Tribunal, de outro tratamento constitucional, na medida em que encontram fundamento normativo específico no art. 169 da Constituição em vigor.

Foi o que se assentou no referendo da medida cautelar na ADI nº 5.449, de relatoria do Ministro Teori Zavascki, na qual o Tribunal concedeu medida cautelar em ação direta de inconstitucionalidade contra dispositivo de lei de diretrizes orçamentárias estadual em descompasso com limites estabelecidos nos arts. 19 e 20 da Lei de Responsabilidade Fiscal para os gastos com pessoal ativo e inativo da União, dos estados, do Distrito Federal e dos municípios. Nesse caso, o STF entendeu que "A incompatibilidade entre os termos do dispositivo impugnado e os padrões da lei de responsabilidade fiscal (Lei Federal Complementar 101/00) não se resume a uma crise de legalidade", como se lê na ementa da decisão. O descumprimento em questão seria "em verdade, um problema de envergadura maior, a envolver a indevida apropriação de competências da União, em especial a de conceber limites de despesas com pessoal ativo e inativo (art. 169, *caput*, da CF)". Por esse motivo, admitiu-se a via da ação direta de inconstitucionalidade.[34]

Como vimos, não foi essa a interpretação adotada pelo Tribunal em relação ao art. 14 da LRF, que se refere aos requisitos para concessão de benefícios fiscais. E essa recusa, embora afinada com os precedentes do Tribunal, produziu um efeito colateral importante. Na prática, contribuiu para esvaziar o controle judicial do efeito de renúncias fiscais no direito brasileiro, na medida em que retirou dos requisitos do art. 14 da LRF a possibilidade de serem exigidos coativamente no âmbito judicial.

A inobservância dos requisitos do art. 14 da LRF sempre foi uma causa recorrente de arquivamento de proposições legislativas no Poder Legislativo, especialmente na Câmara dos Deputados.[35] Porém, quando aprovadas em descompasso com a Lei de Responsabilidade Fiscal e sem qualquer atenção ao impacto orçamentário da medida no curso do processo legislativo, as leis de incentivo permaneciam vigentes, eficazes e imunes à possibilidade de questionamento judicial *a posteriori*.

A inclusão do art. 113 no ADCT pela Emenda Constitucional nº 95, de 2016, trouxe uma mudança importante nesse quadro, como veremos a seguir.

---

[33] ADPF 559, Rel. Min. Roberto Barroso, Tribunal Pleno, julgado em 13.6.2022.

[34] ADI 5449 MC-Ref, Rel. Min. Teori Zavascki, Tribunal Pleno, julgado em 10.3.2016

[35] Veja-se, a propósito, a Súmula-CFT nº 1/08 da Comissão de Finanças e Tributação da Câmara dos Deputados: "É incompatível e inadequada a proposição, inclusive em caráter autorizativo, que, conflitando com as normas da Lei Complementar n. 101, de 4 de maio de 2000 – Lei de Responsabilidade Fiscal – deixe de apresentar a estimativa de seu impacto orçamentário e financeiro bem como a respectiva compensação".

3 Controle de renúncias fiscais e o art. 113 do ADCT

Introduzida no Ato das Disposições Constitucionais Transitórias pela Emenda Constitucional nº 95, de 2016 ("Novo Regime Fiscal"), a regra do art. 113 obriga que as proposições legislativas que criem ou alterem despesa obrigatória ou renúncia de receita estejam acompanhadas da estimativa do seu impacto orçamentário e financeiro. A estimativa é simplesmente a demonstração do quanto custam as despesas obrigatórias e as renúncias de receita propostas.

É, até certo ponto, uma norma que regula o processo legislativo. O sentido da prescrição é incorporar à tramitação legislativa a análise de custo-benefício, que muitas vezes é relegada a segundo plano no debate político, especialmente em matéria de benefícios fiscais. Ou seja, antes de aprovar medidas dessa natureza, é preciso saber o quanto custam.[36]

Os dois institutos previstos no art. 113, despesas obrigatórias e renúncias de receita, embora não se confundam em termos jurídicos, têm em comum serem medidas legislativas estranhas ao ciclo orçamentário (PPA, LDO e LOA), mas capazes de afetar o equilíbrio do orçamento, ultrapassando inclusive o exercício financeiro em que criadas. A exigência de estimativa de impacto já constava na Lei de Responsabilidade Fiscal para as despesas obrigatórias (arts. 16, I, e 17) e para as renúncias de receita tributária (art. 14).

No tocante às renúncias fiscais, objeto deste estudo, há diferenças importantes entre a previsão estabelecida pelo art. 14 da LRF e a que foi incorporada ao texto constitucional pela EC nº 95, de 2016, no art. 113. A regra da LRF menciona expressamente "concessão ou ampliação de incentivo ou benefício de natureza tributária da qual decorra renúncia de receita". Alcança, portanto, apenas renúncia de receita de natureza tributária, diferentemente da regra do ADCT, que é mais ampla e não tem essa restrição.

Na LRF, obriga-se que a proposição legislativa esteja "acompanhada de estimativa do impacto orçamentário-financeiro no exercício em que deva iniciar sua vigência e, nos dois seguintes, atender ao disposto na lei de diretrizes orçamentárias". Mais sucinto, o texto do art. 113 do ADCT não especifica o período que deve ser compreendido pela estimativa de receita, tampouco se refere à lei de diretrizes orçamentárias.

Além disso, segundo a LRF, o proponente deve demonstrar que a renúncia foi considerada na estimativa de receita da lei orçamentária e que não afetará as metas de resultados fiscais ou, se for o caso, fazer acompanhar a proposição de medidas de compensação tributárias permanentes (*e.g.* elevação de alíquota). Já o art. 113 não menciona compensação, prevê apenas estimativa de impacto das renúncias. A previsão constitucional, portanto, não impede a aprovação de renúncias fiscais desacompanhadas de medidas compensatórias, desde que seu impacto financeiro e orçamentário esteja devidamente estimado durante a tramitação legislativa.

De todo modo, a diferença mais importante, como já mencionamos, não é de texto ou alcance normativo. Está na hierarquia das normas. Com a edição da EC nº 95/2016, passamos a ter a exigência de estimativa de impacto orçamentário das renúncias fiscais prevista no altiplano da Constituição Federal.

---

[36] CORREIA NETO, Celso de Barros. Comentários aos arts. 106 a 114 do Ato das Disposições Constitucionais Transitórias (ADCT) – Novo Regime Fiscal (teto de gastos). *In*: CANOTILHO, J. J. Gomes; MENDES, Gilmar F.; SARLET, Ingo W.; STRECK, Lenio L.; LEONCY, Léo F. (Org.). *Comentários à Constituição do Brasil*. 3. ed. São Paulo: SaraivaJur/Almedina/IDP, 2023. p. 2380-2399.

Trata-se de uma mudança com efeitos práticos relevantes. Se antes da EC nº 95, de 2016, a falta de estimativa de impacto de proposições legislativas de desonerações tributárias poderia ser superada pelo voto de maioria legislativa circunstancial, sem prejuízo para a validade da lei aprovada; após a inserção da regra do art. 113 no ADCT, tal ausência passou a configurar vício de inconstitucionalidade, capaz de macular a validade da lei de incentivo. Criou-se, assim, um novo parâmetro de controle das leis de incentivo fiscal, ampliando, por conseguinte, o espaço para o controle de constitucionalidade das renúncias fiscais no STF, inclusive pela via da ação direta.

3.1 O art. 113 do ADCT interpretado pelo STF

Com a introdução da regra do art. 113 no ADCT, cresceu progressivamente o número de ações propostas com esse fundamento, bem como de decisões em que o Tribunal declarou a inconstitucionalidade de leis de incentivo fiscal – especialmente as estaduais – ou concedeu liminar para suspender sua aplicação, diante da não apresentação de estimativa de impacto financeiro e orçamentário de renúncia fiscal durante a tramitação da proposição legislativa.

As decisões já tomadas pela Corte permitem apontar algumas diretrizes relevantes para a interpretação do dispositivo constitucional em comento. A principal delas é a interpretação extensiva conferida à regra do art. 113, do ADCT, de modo a aplicá-la a todos os entes federados, não apenas ao orçamento federal. Para o Tribunal, a exigência de estimativa abarca os três níveis da federação, não apenas a União. É, portanto, parâmetro de controle para a validade de leis de incentivo municipais, estaduais, distritais e federais.

Superadas decisões monocráticas[37] que inicialmente adotaram interpretação em sentido oposto, prevaleceu no Plenário da Corte a interpretação extensiva, que exige o cumprimento da regra do art. 113 em todos os níveis da federação. Primeiro, o entendimento foi adotado na ADI nº 5.816, de relatoria do Ministro Alexandre de Moraes, julgada em 5.11.2019. Nela, discutia-se a validade da lei do Estado de Rondônia que afastava a incidência de ICMS sobre serviços prestados a igrejas e templos religiosos de qualquer culto.

Em seguida, a mesma interpretação foi aplicada em outros julgados do Tribunal, nos quais se examinava a validade de leis de incentivos estaduais ou municipais aprovadas pelos respectivos legislativos, sem prévia estimativa de impacto financeiro orçamentário. São exemplos: ADI nº 5.882, Rel. Min. Gilmar Mendes, julgado em 16.5.2022; ADI nº 5.816, Rel. Min. Alexandre de Moraes, julgado em 5.11.2019; ADI nº 6.074, Rel. Min. Rosa Weber, julgado em 21.12.2020; RE nº 1.343.429, Rel. Min. Dias Toffoli, julgado em 9.4.2024; ADI nº 6.152, Rel. Min. Edson Fachin, julgado em 3.10.2022, entre outros casos.

A mesma orientação foi também aplicada, naturalmente, às despesas obrigatórias estabelecidas por lei de qualquer dos níveis da federação. Na ADI-MC nº 7.145, de relatoria do Ministro Roberto Barroso, por exemplo, concedeu-se medida cautelar para suspender a eficácia dos arts. 10 e 11 da Lei nº 24.035, de 2022, do Estado de Minas Gerais, que dispunha sobre revisão de vencimentos de servidores públicos; pagamento

---

[37] RE 1.158.273 AgR, Rel. Min. Celso de Mello, Segunda Turma, julgado em 6.12.2019.

de auxílio social a inativos e pensionistas e anistia das ausências para servidores participantes de greve.[38]

Entre os precedentes, que tratem de renúncia de receita tributária, vale destacar o julgamento da ADI nº 6.303, de relatoria do Ministro Roberto Barroso, na qual o Plenário do Tribunal fixou em definitivo a leitura ampla da previsão do art. 113 do ADCT, justificando pormenorizadamente essa linha de interpretação.

Para sustentar a aplicação do dispositivo a todos os níveis de governo, o relator, Ministro Roberto Barroso, aponta essencialmente três argumentos. Primeiro, o literal: "a redação do dispositivo não determina que a regra seja limitada à União, sendo possível a sua extensão aos demais entes". Segundo, o teleológico: cuida-se de uma regra de gestão fiscal responsável, que concretiza princípios constitucionais, como a impessoalidade, a moralidade, a publicidade e a eficiência, previstos no art. 37 da Constituição Federal. E terceiro, o sistemático: a previsão do art. 113 veicula tratamento jurídico que já vinha previsto no art. 14 da LRF, que é aplicável a todos os entes federados.

Afirma o relator, a propósito da disposição em comento:

> 9. Esclareça-se, de igual modo, que a exigência de estudo de impacto orçamentário e financeiro, com a devida vênia aos que pensam de modo diverso, não atenta contra a forma federativa, notadamente a autonomia financeira dos entes. Esse requisito, repita-se, visa a permitir que o legislador, como poder vocacionado para a instituição de benefícios fiscais, compreenda a eficácia financeira da opção política em questão. Trata-se de instrumento para a gestão fiscal responsável.
> 10. Impõe-se, por conseguinte, a interpretação do art. 113 do ADCT, no sentido de reconhecer a sua aplicação à União, aos Estados, ao Distrito Federal e aos Municípios, para exigir que toda "a proposição legislativa que crie ou altere despesa obrigatória ou renúncia de receita [seja] acompanhada da estimativa do seu impacto orçamentário e financeiro", em linha com a previsão do art. 14 da Lei de Responsabilidade Fiscal.[39]

É interessante observar que a leitura do STF apartou a regra do art. 113 do ADCT do conjunto das disposições – do art. 106 ao art. 114 do ADCT – que formavam o chamado "Novo Regime Fiscal", instituído "no âmbito dos Orçamentos Fiscal e da Seguridade Social da União", como consta textualmente no *caput* do art. 106 do ADCT. Prestigiaram-se, assim, as diretrizes de gestão fiscal responsável, em linha com outros precedentes do STF, inclusive a orientação firmada na ADI nº 2.238, de relatoria do Ministro Alexandre de Moraes, que reconheceu a constitucionalidade da lei.[40]

Em certa medida, o STF reconheceu, na mesma linha do que já postulamos em outros trabalhos acadêmicos,[41] que a previsão do art. 113 elevou à Constituição Federal exigências pertinentes à responsabilidade na gestão fiscal já previstas na Lei Complementar nº 101, de 2000. Assim procedendo, "constitucionalizou" para todos os efeitos a obrigatoriedade de estimativa de impacto financeiro-orçamentário que já se continha na LRF.

---

[38] ADI-MC 7.145, Rel. Min. Roberto Barroso, julgamento em 22.2.2022.

[39] ADI 6303, Rel. Min. Roberto Barroso, Tribunal Pleno, julgado em 14.3.2022.

[40] ADI 2238, Rel. Min. Alexandre de Moraes, Tribunal Pleno, julgado em 24.6.2020.

[41] Cf. CORREIA NETO, Celso de Barros. Comentários aos arts. 106 a 114 do Ato das Disposições Constitucionais Transitórias (ADCT) – Novo Regime Fiscal (teto de gastos). *In*: CANOTILHO, J. J. Gomes; MENDES, Gilmar F.; SARLET, Ingo W.; STRECK, Lenio L.; LEONCY, Léo F. (Org.). *Comentários à Constituição do Brasil*. 3. ed. São Paulo: SaraivaJur/Almedina/IDP, 2023. p. 2380-2399.

Por outro lado, não obstante tenha assentado que a regra é aplicável não apenas à União, mas também aos estados, municípios e ao Distrito Federal, a verdade é que, até o julgamento da ADI nº 7.633, de relatoria do Ministro Cristiano Zanin, o STF não havia discutido a validade de benefício fiscal *federal*, tendo como parâmetro o art. 113 do ADCT – até então apenas casos atinentes a leis estaduais e municipais haviam sido examinados.

3.2 ADI nº 7.633: desoneração da folha

A medida cautelar concedida pelo Ministro Cristiano Zanin do Supremo Tribunal Federal, na ADI nº 7.633, parece ter inaugurado um novo e importante capítulo no controle judicial das renúncias fiscais no Brasil. O caso é relevante pelo vulto do programa de incentivo fiscal em debate, pelo contexto de disputa institucional entre Poder Executivo e Congresso Nacional e pela fundamentação adotada pelo relator. A análise aqui realizada enfoca sobretudo o terceiro aspecto, isto é, as razões de decidir.

Trata-se, provavelmente, do primeiro julgado em que o STF avalia lei de benefício fiscal *federal* com base na regra do art. 113 do ADCT – ou talvez o caso mais importante. Nos quase dez anos de vigência da regra do art. 113 do ADCT, não consta que o STF tenha, de fato, tido oportunidade de decidir a respeito da validade de renúncia de receita federal, embora não faltem exemplos de inobservância da regra, inclusive nesse nível federativo.

Na ADI nº 7.633, ajuizada pelo Presidente da República, pede-se a declaração de inconstitucionalidade dos arts. 1º, 2º, 4º e 5º da referida lei. Pretende-se também que se declare a inconstitucionalidade da decisão do Presidente do Senado que determinou a "prorrogação seletiva" da Medida Provisória (MP) nº 1.202/2023, bem como que se reconheça a constitucionalidade do art. 4º da mesma medida provisória.

O que está em questão é essencialmente a prorrogação de regras que instituem tratamento diferenciado para alguns setores econômicos, aos quais se permite pagamento de contribuição previdenciária sobre a receita bruta (CPRB); a redução de alíquota da contribuição previdenciária patronal sobre a folha para patamar de 8% para municípios e a diminuição de alíquota da CPRB nas circunstâncias previstas na lei.

Inicialmente, o relator da ação determinou, em decisão monocrática, a suspensão dos efeitos da Lei nº 14.784, de 27.12.2023, ao fundamento de que a proposição legislativa de que resultou a lei impugnada – Projeto de Lei nº 334, de 2023, de autoria do Senador Efraim Filho – teria tramitado sem a devida estimativa de impacto financeiro-orçamentário exigível. Acrescentou ao dispositivo da decisão que a suspensão seria aplicável,

> enquanto não sobrevier demonstração do cumprimento do que estabelecido no art. 113 do Ato das Disposições Constitucionais Transitórias (com a oportunidade do necessário diálogo institucional) ou até o ulterior e definitivo julgamento do mérito da presente ação pelo Supremo Tribunal Federal, conforme o caso.

Em seguida, para que pudessem avançar as tratativas entre o Executivo e o Congresso Nacional para construção de uma solução consensual, o próprio relator suspendeu por sessenta dias os efeitos de sua decisão, que foi, na sequência, referendada em Plenário. Em julho, o prazo de suspensão dos efeitos da cautelar foi prorrogado, até 11.9.2024, pelo Ministro Edson Fachin, no exercício da Presidência, para que se aguardasse o resultado das tratativas políticas entre Executivo e Congresso Nacional. O caso não teve desfecho até a conclusão deste estudo.

Na prática, do ponto de vista estritamente jurídico-tributário, a decisão inicialmente adotada na cautelar asseguraria a cobrança integral do tributo sem o tratamento diferenciado previsto na lei. Do ponto de vista político-institucional, a medida instou os segmentos econômicos e as entidades públicas a rediscutirem a matéria com o Congresso Nacional e o Poder Executivo.

O primeiro ponto a se destacar nas razões de decidir é que a suspensão dos efeitos da Lei Federal nº 14.784, de 2023, deu-se com base no art. 113 do ADCT, porque a proposição legislativa, que veiculava uma renúncia de receita, teria logrado aprovação no Congresso Nacional desacompanhada da estimativa do seu impacto orçamentário e financeiro. Teria sido, portanto, desrespeitado o devido processo legislativo estabelecido na Constituição para projetos de lei dessa natureza. Seria um caso de inconstitucionalidade formal.

É bem verdade que o efetivo descumprimento dessa previsão constitucional também é um ponto controverso na ação. Na petição inicial, afirma-se a violação da regra, ao fundamento de que estimativa alguma foi elaborada antes da aprovação da lei. Por outro lado, o Senado Federal alega, no agravo regimental interposto, que havia sim estimativa de impacto durante a tramitação da proposição, tanto no que se refere à prorrogação do benefício para os 17 setores econômicos alcançados pela medida quanto no que se refere à redução de alíquotas para municípios.

No relatório apresentado por ocasião da votação no Senado Federal do Projeto de Lei nº 334, de 2023, o relator da matéria na Comissão de Assuntos Econômicos (CAE), Senador Ângelo Coronel, destacou em seu parecer que "os estímulos previstos no projeto já existem há anos e não configuram inovação relevante no ordenamento jurídico". Fez constar também que "[e]mbora o gasto tributário da desoneração seja estimado pela Receita Federal do Brasil em R$9,4 bilhões, o efeito positivo à economia supera os R$10 bilhões em arrecadação".

Não é o objetivo deste artigo discutir se a exigência foi ou não efetivamente cumprida no caso concreto. A análise do julgado interessa-nos, agora, pelo que informa quanto à interpretação e efetividade do controle de constitucionalidade das renúncias fiscais. Como já mencionado, o fundamento constitucional para a suspensão cautelar dos efeitos da lei foi a afronta ao art. 113 do ADCT, pela falta de estimativa de impacto financeiro-orçamentário da desoneração. Conferiu-se à disposição constitucional uma interpretação ampla e finalística, afinada com preocupações como equilíbrio fiscal, sustentabilidade das contas públicas e controle do endividamento público e do crescimento da despesa pública.

A decisão menciona expressamente "a necessidade de conciliar o Estado de bem-estar social com um regime fiscal equilibrado" e toma o regime previsto na Emenda Constitucional nº 95, de 2016, como um reforço estabelecido pelo Congresso Nacional às normas de gestão fiscal responsável prevista anos antes na Lei Complementar nº 101, de 2000. Daí concluir o relator que "o art. 113 do ADCT representou verdadeira constitucionalização da normatividade do art. 14 da Lei de Responsabilidade Fiscal".

Por outro lado, a disputa em torno do efetivo cumprimento da exigência de estimativa de impacto indica que a interpretação do art. 113 não está livre de controvérsias e sua efetivação ainda depende da superação de desafios institucionais relevantes. Afinal, quando e como deve ser apresentada a estimativa de impacto na tramitação das leis de incentivo? Somente é de se aceitar se for apresentada pelo proponente e acompanhar o projeto de lei desde sua propositura? Pode ser formulada a qualquer tempo durante a tramitação legislativa, antes da promulgação da lei? É válida ainda que desacompanhada de memória de cálculo? Essas são perplexidades que ainda não têm resposta na jurisprudência do STF e, cedo ou tarde, poderão assomar ao Plenário do Tribunal.

Conclusão

Benefícios fiscais não estão entre os temas mais comuns de direito tributário nem entre os de judicialização mais frequente. Quando submetidos ao Poder Judiciário, usualmente estão em disputa o sentido, o alcance ou a vigência das vantagens concedidas, em ações normalmente propostas para tutelar direitos subjetivos dos contribuintes, nas quais os custos orçamentários das desonerações dificilmente são considerados.

O outro lado das leis de incentivo – isto é, a renúncia de receita tributária – tem ainda pouco espaço no debate judicial. No âmbito do STF, seja por autocontenção, seja pela falta de parâmetros constitucionais, até recentemente, quase não se observava discussão da matéria. Nos casos em que se pretendeu ventilar o tema pela via da ação direta, a resposta do STF foi invariavelmente negativa.

Contudo, a análise dos julgados recentes do Tribunal indica uma progressiva ampliação do espaço dedicado às renúncias fiscais na jurisprudência da Corte. Antes limitada predominantemente a aspectos de forma e disputas federativas em matéria de guerra fiscal, aos poucos, o STF também passa a se ocupar de controvérsias atinentes à responsabilidade na gestão fiscal e ao equilíbrio nas contas públicas.

A mudança está diretamente relacionada à alteração procedida pela EC nº 95, de 2016, que elevou ao patamar da Constituição Federal a exigência de estimativa de receita, anteriormente prevista apenas na Lei de Responsabilidade Fiscal. Desde então, quantificar valor das renúncias fiscais deve ser parte do devido processo legislativo para as leis de incentivo fiscal.

A ausência de estimativa de impacto financeiro e orçamentário enseja a inconstitucionalidade formal da lei, por descumprimento desse requisito obrigatório. Mas, ainda que se trate de um vício de forma, não estamos diante de uma formalidade menor. Determinar a quantificação de renúncias é incorporar uma preocupação essencial ao debate legislativo de benefícios tributários. É assegurar que a deliberação não se dê sem considerar os custos da política tributária, em termos de perda de arrecadação, uma providência salutar num quadro institucional em que a aprovação de medidas dessa natureza faz-se, muitas vezes, com olhos voltados apenas para os resultados econômicos pretendidos.

A previsão do art. 113 do ADCT transformou significativamente o papel do STF no controle das renúncias ficais. Sem se substituir ao legislador, nem ignorar o inafastável caráter discricionário das políticas de incentivo tributário, a norma atribui à Corte também o dever de zelar pela atenção aos custos orçamentários desse tipo de deliberação política. Cabe ao guardião da Constituição guardar também a responsabilidade na gestão fiscal na aprovação das leis de incentivo submetidas ao seu julgamento.

Referências

ALLEGRETTI, Ivan. *A definição jurídica de renúncia de receita*. 2022. Tese (Doutorado em Direito Econômico e Financeiro) – Faculdade de Direito, Universidade de São Paulo, São Paulo, 2022. DOI: 10.11606/T.2.2022.tde-03042023-165819.

BARROSO, Luís Roberto. A Constituição brasileira de 1988: uma introdução. In: MARTINS, Ives G. da S.; MENDES, Gilmar F.; NASCIMENTO, Carlos V. (Coord.) *Tratado de direito constitucional*. São Paulo: Saraiva, 2010. v. 1. p. 9-41.

BARROSO, Luís Roberto. *Sem data venia*: um olhar sobre o Brasil e o mundo. Rio de Janeiro: História Real, 2020.

BARROSO, Luís Roberto; MENDONÇA, Eduardo. Sistema constitucional orçamentário. *In*: MARTINS, Ives G. da S.; MENDES, Gilmar F.; NASCIMENTO, Carlos V. (Coord.). *Tratado de direito financeiro*. São Paulo: Saraiva, 2013. v. 1. p. 236-282.

BRASIL. Ministério da Economia. Receita Federal do Brasil. Centro de Estudos Tributários e Aduaneiros. *Demonstrativo dos Gastos Tributários PLOA 2022*. Brasília: Receita Federal, set. 2021.

BRASIL. Ministério da Economia. Secretaria do Tesouro Nacional. *Instruções de Procedimentos Contábeis (IPC) 16* – Benefícios Fiscais – Conforme o §6º do art. 165 da CF/88 e art. 14 LRF. Brasília: STN, 2020. Disponível em: https://sisweb.tesouro.gov.br/apex/f?p=2501:9::::9:P9_ID_PUBLICACAO_ANEXO:10000. Acesso em: 15 jan. 2024.

CARRAZZA, Roque Antonio. *Curso de direito constitucional tributário*. 24. ed. São Paulo: Malheiros, 2008.

CHIESA, Clélio. *A competência tributária do Estado brasileiro*: desonerações nacionais e imunidades condicionadas. São Paulo: Max Limonad, 2002.

CORREIA NETO, Celso de Barros. Comentários aos arts. 106 a 114 do Ato das Disposições Constitucionais Transitórias (ADCT) – Novo Regime Fiscal (teto de gastos). *In*: CANOTILHO, J. J. Gomes; MENDES, Gilmar F.; SARLET, Ingo W.; STRECK, Lenio L.; LEONCY, Léo F. (Org.). *Comentários à Constituição do Brasil*. 3. ed. São Paulo: SaraivaJur/Almedina/IDP, 2023. p. 2380-2399.

CORREIA NETO, Celso de Barros. Controle formal de benefícios fiscais prevalece no Supremo. *Consultor Jurídico – Conjur*, 14 mar. 2015. Disponível em: https://www.conjur.com.br/2015-mar-14/observatorio-constitucional-supremo-prevalece-controle-formal-beneficios-fiscais/. Acesso em: 2 jul. 2024.

CORREIA NETO, Celso de Barros. Novo regime fiscal: histórico e controvérsias constitucionais. *Economic Analysis of Law Review*, v. 10, p. 4-24, 2019.

CORREIA NETO, Celso de Barros. *O avesso do tributo*: incentivos fiscais e renúncia de receita no direito brasileiro. 2. ed. São Paulo: Almedina, 2016.

CORREIA NETO, Celso de Barros; MONTENEGRO, E. R. P.; CORDEIRO, K. A. A guerra fiscal em ICMS e o papel do Supremo Tribunal Federal: precedentes e desafios atuais. *Economic Analysis of Law Review*, v. 9, p. 35, 2018.

CORTI, Horacio G. *Derecho constitucional presupuestário*. Buenos Aires: Lexis Nexis, 2007.

CORTI, Horacio G. *Derecho financeiro*. Buenos Aires: Abeledo-Perot, 1997.

HERRERA MOLINA, Pedro Manuel. *La exencion tributaria*. Madrid: Colex, 1990.

NASCIMENTO, Houldine. Desoneração da folha soma R$9,1 bilhões no 1º semestre de 2024. *Poder 360*, 25 jul. 2024. Disponível em: https://www.poder360.com.br/poder-economia/desoneracao-da-folha-soma-r-91-bilhoes-no-1o-semestre-de-2024/. Acesso em: 28 jul. 2024

SAINZ DE BUJANDA, Fernando. *Hacienda y derecho*. Madrid: Instituto de Estudios Políticos, 1963. v. III.

SEIXAS FILHO, Aurélio Pitanga. *Teoria e prática das isenções tributárias*. 2. ed. Rio de Janeiro: Forense, 2003.

Informação bibliográfica deste texto, conforme a NBR 6023:2018 da Associação Brasileira de Normas Técnicas (ABNT):

CORREIA NETO, Celso de Barros. Controle de constitucionalidade de renúncias fiscais no Supremo Tribunal Federal. *In*: PAULA, Fernanda de; PENCAK, Nina (coord.). *Tributação, liberdade e igualdade*: as contribuições do Ministro Luís Roberto Barroso. Belo Horizonte: Fórum, 2025. p. 295-310. ISBN 978-65-5518-952-0.

PRECEDENTE NORMATIVO DO SUPREMO TRIBUNAL FEDERAL E A EQUIPARAÇÃO DOS SISTEMAS DE CONTROLE DE CONSTITUCIONALIDADE NO BRASIL: EFEITOS DAS DECISÕES DO SUPREMO TRIBUNAL FEDERAL EM CONTROLE DIFUSO E CONCENTRADO DE CONSTITUCIONALIDADE SOBRE A COISA JULGADA FORMADA NAS RELAÇÕES TRIBUTÁRIAS DE TRATO CONTINUADO (RE Nº 949.297, TEMA Nº 881; E RE Nº 955.227, TEMA Nº 885)

CLAUDIO XAVIER SEEFELDER FILHO

Introdução

O presente artigo abordará o entendimento da Suprema Corte nos Temas nºs 881 e 885 da Repercussão Geral, que tratou do impacto do precedente do Plenário do Supremo Tribunal Federal (STF) na ordem jurídica e, em especial, sobre a eficácia da coisa julgada tributária, que regula relações jurídicas de trato continuado, formada antes do precedente do STF. A questão central enfrentada foi a cessação automática, ou não, da eficácia da coisa julgada tributária contrária à Constituição,[1] em face da força e do

[1] Não desconhecemos a crítica de Barbosa Moreira à terminologia "coisa julgada inconstitucional": "Soa também inexata a locução 'coisa julgada inconstitucional'. Como quer que se conceba, no plano teórico, a substância da coisa julgada material, é pacífico que ela se caracteriza essencialmente pela imutabilidade – pouco importando aqui as notórias divergências acerca daquilo que se torna imutável: o conteúdo da sentença, ou os respectivos efeitos, ou aquela e estes. Pois bem: se 'inconstitucional' significa 'incompatível com a Constituição' (e que mais poderia significar?), não parece que se descreva de modo adequado o fenômeno que se tem em vista atribuindo à coisa julgada a qualificação de 'inconstitucional'. Salvo engano, o que se concebe seja incompatível com a Constituição é a sentença (lato sensu): nela própria, e não na sua imutabilidade (ou na de seus efeitos, ou na de uma e outros), é que se poderá descobrir contrariedade a alguma norma constitucional. Se a sentença for contrária à Constituição, já o será antes mesmo de transitar em julgado, e não o será mais do que era depois desse momento. Dir-se-á que, com a coisa julgada material, a inconstitucionalidade se cristaliza, adquire estabilidade;

impacto do precedente do Plenário da Suprema Corte no ordenamento jurídico e dos princípios constitucionais.

Um importante esclarecimento reside em delimitar nossa abordagem na presente pesquisa. O STF analisou a eficácia das decisões judiciais no tempo, isto é, sua aptidão para produzir efeitos prospectivamente. O debate não envolveu a relativização da coisa julgada ou mitigação de sua imutabilidade. Essa distinção é fundamental para afastarmos as confusões entre a eficácia e a imutabilidade da coisa julgada, as quais acabam mais confundindo do que esclarecendo o debate sobre esse sensível tema, já complexo por si só.

Do mesmo modo, a questão aqui analisada atinge somente os fatos geradores ocorridos após a decisão transitada em julgado do Plenário do STF, ou seja, efeitos *ex nunc*, não havendo de se confundir com a relativização, rescisão ou desconsideração da coisa julgada com efeitos *ex tunc*. Partindo dessa premissa, faremos a abordagem da eficácia temporal das decisões judiciais transitadas em julgado nas relações jurídico--tributárias de trato continuado após precedente transitado em julgado do Plenário do STF em sentido contrário.

Diante disso, o presente artigo pretende analisar a constitucionalidade da coexistência em nosso sistema jurídico constitucional-tributário de uma decisão judicial transitada em julgado que, confirmando a higidez de um tributo, determina seu pagamento pelo contribuinte autor da ação e um superveniente precedente do Plenário do STF, no controle difuso ou concentrado, que, interpretando a Constituição, declara o tributo inconstitucional. A problemática se repete na equação inversa, qual seja, decisão transitada em julgado declarando a inconstitucionalidade de um tributo e a superveniência de precedente do Plenário do STF, confirmando sua constitucionalidade.

Em ambo os casos, teremos dois grupos de contribuintes: os que pagam e os que não pagam, em que pese a decisão final sobre o assunto exarada pelo STF. Nesse contexto, de grande valia o histórico julgamento da Suprema Corte brasileira dos Temas nºs 881 e 885 da Repercussão Geral que, capitaneado pelo Min. Luís Roberto Barroso, equiparou os efeitos dos precedentes do Plenário da Suprema Corte no controle difuso e no controle concentrado de constitucionalidade, na medida que representam a força normativa e a supremacia da Constituição.

1 Jurisdição constitucional e a força do precedente do STF

Segundo as lições do jurista austríaco Hans Kelsen, jurisdição constitucional significava "a garantia jurisdicional da Constituição" como "um elemento do sistema de medidas técnicas que têm por fim garantir o exercício regular das funções estatais".[2]

Uma vez concluído o processo de edição de uma lei pelo Poder Legislativo, inicia-se um longo período de legítima movimentação interpretativa da norma, na qual as partes, advogados, fiscais da lei e magistrados em diversas instâncias a interpretam e a aplicam das mais variadas formas. E em se tratando de questão que envolva o cotejo

---

mas continuará a ser verdade que o defeito lhe preexistia, não dependia dela para exsurgir" (MOREIRA, José Carlos Barbosa. Considerações sobre a chamada "relativização" da coisa julgada material. *Revista Dialética de Direito Processual*, v. 22, 2005. p. 103).

2 KELSEN, Hans. *Jurisdição constitucional*. 2. ed. São Paulo: Martins Fontes, 2007. p. 123-124.

da Constituição Federal, essa movimentação interpretativa cessará com a apreciação do tema pela autoridade com missão constitucional de dar a palavra final sobre matéria constitucional. Uma vez realizadas a interpretação e a questão constitucional pelo guardião da Constituição, o ciclo de interpretação da norma está encerrado e cabe a todos o respeito à força normativa da Constituição, tal qual interpretado pelo STF.

O processo de criação da norma jurídica concreta, para Hans Kelsen, em sua teoria da interpretação jurídica, compreende não apenas a aplicação do direito, mas também a produção do direito, partindo da Constituição até a individualização nos casos concretos, estabelecendo que a norma abstrata ainda é incompleta, e no processo de formação do direito a decisão judicial é iter relevante na concretização do direito com natureza constitutiva da norma jurídica individual, destacando que:

> Somente a falta de compreensão da função normativa da decisão judicial, o preconceito de que direito apenas consta de normas gerais, a ignorância da norma jurídica individual, obscureceu o fato de que a decisão judicial é tão só a continuação do processo de criação jurídica e conduziu ao erro ver nela apenas função declarativa.[3]

Sobre a interpretação dos preceitos contidos na Constituição e a força normativa neles contida, Teori Zavascki assevera:

> A força normativa da Constituição a todos vincula e a todos submete. Juram cumprir e fazer cumprir a Constituição as autoridades do Poder Judiciário, do Poder Executivo e do Poder Legislativo, mas o dever de seguir fielmente os seus preceitos é também das pessoas e entidades privadas.[4]

Já sobre a força normativa da Constituição, com autoridade Konrad Hesse leciona: "Essa força impõe-se de forma tanto mais efetiva quanto mais ampla for a convicção sobre a inviolabilidade da Constituição, quanto mais forte mostrar-se essa convicção entre os principais responsáveis pela vida constitucional". Concluindo: "a intensidade da força normativa da Constituição apresenta-se, em primeiro plano, como uma questão de vontade normativa, de vontade de Constituição (Wille zur Verfassung)".[5]

Na ADIn nº 3.345/DF, Rel. Min. Celso de Mello, o Plenário do STF confirma sua missão constitucional contida no art. 102, *caput* da CF/88, ao firmar que a Constituição confere às decisões proferidas pelo Supremo Tribunal Federal, seu guardião, "a singular prerrogativa de dispor do monopólio da última palavra em tema de exegese das normas inscritas no texto da Lei Fundamental".

No julgamento do RE-AgR nº 196.752/CE, o Min. Gilmar Mendes consignava a obrigatoriedade de os demais tribunais observarem a interpretação do texto constitucional realizada pelo STF, "último intérprete do texto constitucional, sob pena de enfraquecimento da força normativa da Constituição".

---

[3] KELSEN, Hans. *Teoria pura do direito*. Tradução de João Baptista Machado. 8. ed. São Paulo: WMF Martins Fontes, 2009. p. 260-272.

[4] ZAVASCKI, Teori Albino. *Eficácia das sentenças na jurisdição constitucional*. 4. ed. São Paulo: Revista dos Tribunais, 2017. p. 19.

[5] HESSE, Konrad. *A força normativa da Constituição*. Porto Alegre: Sergio Antonio Fabris Editor, 1991. p. 24.

Teori Zavascki, em artigo, leciona com propriedade sobre a força normativa da Constituição e o papel institucional do STF no desempenho de sua missão de guardião da norma constitucional e da intangibilidade da Constituição:

> Supremacia da Constituição e autoridade do STF são, na verdade, valores associados e que têm sentido transcendental quando associados. Há, entre eles, relação de meio e fim. E é justamente essa associação o referencial básico de que se lança mão para solucionar os diversos problemas[...] O princípio da supremacia da Constituição e a autoridade do pronunciamento do Supremo Tribunal Federal constituem, conforme se viu, os pilares de sustentação para construir um sistema apto a dar respostas coerentes à variedade de situações [...] O STF é o guardião da Constituição. Ele é o órgão autorizado pela própria Constituição a dar a palavra final em temas constitucionais. A Constituição, destarte, é o que o STF diz que ela é. Eventuais controvérsias interpretativas perante outros tribunais perdem, institucionalmente, toda e qualquer relevância frente ao pronunciamento da Corte Suprema. Contrariar o precedente tem o mesmo significado, o mesmo alcance, pragmaticamente considerado, que os de violar a Constituição. A existência de pronunciamento do Supremo sobre matéria constitucional acarreta, no âmbito interno dos demais tribunais, a dispensabilidade da instalação do incidente de declaração de inconstitucionalidade (CPC, art. 481, parágrafo único), de modo que os órgãos fracionários ficam, desde logo, submetidos em suas decisões, à orientação traçada pelo STF. É nessa perspectiva, pois, que se deve aquilatar o peso institucional dos pronunciamentos do Supremo Tribunal Federal, mesmo em controle difuso.[6]

Com o julgamento pelo Plenário do Supremo Tribunal Federal, acontece a interpretação definitiva do dispositivo constitucional ou infraconstitucional questionado em face à Constituição, feita por quem é o guardião da Constituição, seja no controle difuso, seja no concentrado, resta fixada a interpretação definitiva de uma norma constitucional pelo único órgão colegiado a fazê-lo de forma peremptória.

Sobre a força normativa da Constituição, destaca Konrad Hesse:

> Um ótimo desenvolvimento da força normativa da constituição depende não apenas de seu conteúdo, mas também de sua práxis. De todos os partícipes da vida constitucional, denominada vontade da Constituição (Wille zur Verfassung). Ela é fundamental. Todos os interesses momentâneos – ainda quando realizados – não logram compensar o incalculável ganho resultante do comprovado respeito a Constituição, sobretudo naquelas situações em que a sua observância revela-se incômoda. Como anotado por Walter Burckhardt, aquilo que é identificado como vontade da Constituição "deve ser honestamente preservado, mesmo que, para isso, tenhamos que renunciar a alguns benefícios, ou até a algumas vantagens justas. Quem se mostra disposto a sacrificar um interesse em favor da preservação de um princípio constitucional, fortalece o respeito à Constituição e garante um bem da vida indispensável à essência do Estado, mormente ao Estado democrático". Aquele, que, ao contrário, não se dispõe a esse sacrifício "malbarata, pouco a pouco, um capital que significa muito mais do que todas as vantagens angariadas, e que, desperdiçado, não mais será recuperado.[7]

---

6 ZAVASCKI, Teori Albino. Ação rescisória em matéria constitucional. *In*: NERY JÚNIOR, Nelson; WAMBIER, Teresa Arruda Alvim (Coord.). *Aspectos polêmicos e atuais dos recursos cíveis e de outras formas de impugnação às decisões judiciais*. [s.l.]: [s.n.], 2001. v. 4. p. 1041-1066.

7 HESSE, Konrad. *A força normativa da Constituição*. Porto Alegre: Sergio Antonio Fabris Editor, 1991. p. 21-22.

O respeito aos precedentes da Suprema Corte é o respeito à própria Constituição, elemento indispensável para a concretização de um direito único, isonômico e coerente.[8] Negar o impacto dos precedentes do STF, no exercício de sua jurisdição constitucional, no ordenamento jurídico, é negar o caráter construtivo dos precedentes.[9] Há um marco definitivo e, com autoridade do guardião da interpretação da Constituição, ocorre uma vedação das demais opções hermenêuticas que, antes do precedente, eram juridicamente admitidas, ou seja, um "fechamento semântico".[10] Cessa o período de legítima movimentação interpretativa.[11]

Relevante anotar que tanto as decisões do Plenário do STF que declaram a inconstitucionalidade de lei como as que declaram a constitucionalidade impactam na ordem jurídica. A declaração de inconstitucionalidade de lei por ensejar, salvo modulação, eficácia *ex tunc*, retira a lei inconstitucional do ordenamento jurídico, por nulidade, desde a sua origem, possuindo impacto evidente no ordenamento jurídico,[12] mas a declaração de constitucionalidade de lei, de outro modo, também impacta a ordem jurídica, conforme bem destacou o Min. Gilmar Mendes, na Rcl nº 4.335/AC: "[...] a suspensão de execução pelo Senado não tem qualquer aplicação naqueles casos nos quais o Tribunal limita-se a rejeitar a arguição de inconstitucionalidade. Nessas hipóteses, a decisão vale *per se*".

De fato, em nosso modelo, em que as leis nascem com a presunção de constitucionalidade, a última e definitiva palavra da Suprema Corte, confirmando sua constitucionalidade, torna aquela presunção inicialmente relativa, agora, absoluta, chancelando com mais força seus efeitos gerais próprios, além de restabelecer com mais força sua legitimidade, aplicação e efeitos de lei vigente. O Plenário do STF, ao dar a palavra final confirmando a constitucionalidade de lei, promove substantivo relevante impacto no ordenamento jurídico, a presunção relativa de constitucionalidade torna-se absoluta e a lei recebe um selo de *confirmada pelo STF*, situação que impacta a ordem jurídica e promove profundas e abrangentes consequências jurídicas em sua aderência e aplicação, em face da força normativa da Constituição e dos efeitos vinculantes, expansivos e *erga omnes* dos precedentes firmados pelo Plenário do STF.

O STF já vinha demonstrando que seus precedentes, seja como órgão exclusivo do sistema concentrado, seja como órgão de cúpula do sistema difuso, possuem objetivação, vinculação e efeitos expansivos *ultra partes*. Nesse sentido: RE nº 197.917/SP; HC nº 82.959/SP; Questão de Ordem na Ação Cautelar nº 2.177/PE, Questão de Ordem no Agravo de Instrumento nº 760.358/SE; RE-EDcl nº 574.706/PR; ADIn nº 3.345/DF e nº 3.365/DF (apensa); Rcl nº 4.335/AC; ADIn nº 2.418/DF; ADIn-AgR nº 4.071/DF; e ADIn nº 3.406/RJ e nº 3.470/RJ.

---

8 De acordo com Pontes: "Uma interpretação segura e uniforme das dicções constitucionais é pressuposto para a garantia de autoridade da Constituição. As decisões individuais sobre temas constitucionais não podem prevalecer sobre o efetivo significado da Constituição na visão do órgão encarregado institucionalmente de cumprir em última instância tal mister" (PONTES, Helenilson Cunha. *Coisa julgada tributária e inconstitucionalidade*. São Paulo: Dialética, 2005. p. 159).

9 CRUZ E TUCCI, José Rogério. *Precedente judicial como fonte do direito*. São Paulo: RT, 2004. p. 18.

10 PANDOLFO, Rafael. *Jurisdição constitucional tributária*. Reflexos nos processos administrativos e judicial. São Paulo: Noeses, 2012. p. 275.

11 OLIVEIRA, Paulo Mendes de. *Coisa julgada e precedente, limites temporais e as relações jurídicas de trato continuado*. São Paulo: Revista dos Tribunais, 2015. Coleção O Novo Processo Civil. p. 173.

12 MENDES, Gilmar Ferreira. *Jurisdição Constitucional*. 6. ed. 2. tir. São Paulo: Saraiva, 2014. p. 363: "A lei declarada inconstitucional sem ressalva é considerada, independentemente de qualquer outro ato, nula ipso jure e ex tunc".

Especificamente sobre o impacto de seu precedente na ordem jurídica, destacamos os precedentes no RE nº 590.809/RS, Tema nº 136 da Repercussão Geral, no RE nº 596.663/RJ, Tema nº 494 da Repercussão Geral e no RE nº 730.462/SP, Tema nº 733 da Repercussão Geral. Os julgamentos pelo Plenário do STF em 2023 dos Temas nºs 881 e 885 da Repercussão Geral encerraram quaisquer dúvidas que ainda existissem sobre a questão.

Inegável que o Supremo Tribunal Federal, ao dar a palavra final sobre matéria constitucional, seja em controle difuso ou concentrado, declarando a inconstitucionalidade ou a constitucionalidade de lei, promove substantivo impacto na ordem jurídica, com profundas e abrangentes consequências jurídicas, em face da força normativa da Constituição e dos efeitos vinculantes, expansivos e *erga omnes* dos precedentes firmados pelo Plenário do STF.[13] Esse impacto na ordem jurídica com o estabelecimento de um novo marco jurídico formado pela autoridade do precedente do STF separa o "antes" e o "depois" da norma, como se a ela se aderisse um selo de chancela positivo ou negativo conferido pelo próprio Supremo Tribunal Federal, vedando interpretações em sentido contrário.

Diante de todas as evidências, os entendimentos consagrados pelo Plenário do STF no julgamento dos Temas nºs 881 e 885 da Repercussão Geral consagraram o entendimento de os precedentes do Plenários da Suprema Corte, seja no controle difuso ou concentrado, promovem substantivo impacto na ordem jurídica, a qual ganha um elemento "normativo" novo com sua introdução no ordenamento jurídico: a força normativa vinculante e expansiva *ultra partes* da interpretação da norma constitucional analisada pelo Supremo Tribunal com profundidade e definitividade.

2 Eficácia da coisa julgada nas relações jurídico-tributárias de trato continuado

Inicialmente, cumpre estabelecer o conteúdo básico envolvido no conceito de coisa julgada, conforme lição trazida por Jordi Nieva-Fenoll, vejamos:

---

[13] Nesse sentido, Mitidiero: "A função de nomofilaquia interpretativa exercida pela Corte Suprema também justifica a vinculação do precedente. Sendo o propósito desse modelo a eliminação da equivocidade do Direito diante de determinado contexto fático-normativo mediante a fixação de sua adequada interpretação, é natural que a norma daí oriunda desempenhe um papel de guia para sua intepretação futura, atuando de forma proativa para a obtenção da unidade do Direito. A Corte Suprema é uma corte de interpretação, cuja missão é formar precedentes. Negar eficácia para além das partes do processo e eficácia vinculante à sua intepretação, portanto, é negar a sua própria razão de existência, tolhendo a Corte Suprema da sua razão de ser dentro do ordenamento jurídico. A produção de precedente vinculante com eficácia além das partes constitui o resultado indissociável dos pressupostos e da função interpretativa inerente à Corte Suprema. A vinculação ao precedente – o que exige atenção à justificação judicial e, portanto, ao contexto fático-jurídico que lhe serve de matéria-prima – é inerente ao modelo de Corte Suprema. Daí que sem força vinculante horizontal e vertical, o que implica dever de observância do precedente pelos próprios membros da Corte Suprema e por todos os órgãos jurisdicionais, a Corte Suprema não tem como outorgar unicidade ao Direito mediante seus precedentes. Dessa forma, o precedente judicial nesse modelo constitui fonte primária do Direito, cuja a eficácia vinculante não decorre nem do costume judicial e da doutrina, nem da bondade e da congruência social das razoes invocadas, mas da força institucionalizante da interpretação judicial, isto é, da força institucional da jurisdição como função básica do Estado. Vale dizer: o precedente constitui uma 'authority reason', uma 'must-source', atuando, portanto, como uma verdadeira 'exclusionary reason' na formação da decisão judicial" (MITIDIERO, Daniel. *Cortes superiores e cortes supremas*: do controle à interpretação da jurisprudência ao precedente. 3. ed. rev., atual. e ampl. São Paulo: Revista dos Tribunais, 2017. p. 85-86).

O princípio básico de que parte o conceito de coisa julgada é o seguinte: os juízos só devem realizar-se uma única vez. Deste princípio se deriva que a coisa julgada consiste em uma proibição de reiteração de juízos. Esse foi o postulado da época de HAMMURABI, esse era o postulado no período romano, e esse é e seguirá sendo o postulado de que a coisa julgada partirá em todo caso.[14]

A respeito da coisa julgada em nosso sistema jurídico, o Supremo Tribunal Federal, no julgamento da RE nº 363.889/DF e ADIn nº 2.418/DF, consagrou o entendimento de que a coisa julgada não é um instituto de caráter absoluto, estando sujeita a uma conformação infraconstitucional que harmonize a garantia da coisa julgada com os primados da Constituição.[15]

Após estabelecidos conceito e limites do instituto, focaremos nossas atenções no processo de conhecimento em que reside uma das mais relevantes atribuições da atividade jurisdicional: a aplicação da lei ao caso concreto, e, em especial quando realizada no exercício da jurisdição constitucional, seja pelo Supremo Tribunal Federal, seja pelos demais instâncias do Poder Judiciário no exercício do controle de constitucionalidade das leis.

O processo de conhecimento consiste em uma "declaração de certeza" quanto à existência, ou não, de uma relação jurídica, e que o juiz realiza esse trabalho sobre o "fenômeno jurídico da incidência", aplicando a lei (norma) ao caso concreto (fatos) e regulando as consequências daí advindas (relações jurídicas), conforme registra Teori Zavascki[16] com lições de Carnelutti e Pontes de Miranda.

Tal definição é das mais importantes, pois partiremos da premissa de que uma decisão no processo de conhecimento tem como base um "silogismo original da sentença", como bem denominado por Teori Zavascki,[17] entre os fatos e a norma, com as consequências jurídicas daí advindas. Uma vez transitada em julgado a decisão que declarou essa certeza sobre a relação jurídica, baseada nos fatos e na norma aplicada, faz surgir a coisa julgada, ou seja, torna-se a lei entre as partes e imutável, conforme art. 503 do CPC/2015.

Após devidamente delimitados esses aspectos, passaremos agora à análise da coisa julgada formada nas relações jurídicas sucessivas, ou de trato continuado, uma

---

[14] NIEVA-FENOLL, Jordi. *Coisa julgada*. Tradução de Antônio do Passo Cabral. São Paulo: Revista dos Tribunais, 2016. Coleção Liebman. p. 134-135.

[15] Em seu voto no REsp nº 822.683/PR, o Min. Teori registrou: "Conforme assinalou Liebman, discorrendo sobre as restrições a serem impostas à coisa julgada, 'a razão principal que sufraga a orientação restritiva é que a coisa julgada é, afinal, uma limitação à procura da decisão justa da controvérsia, e deve, por isso, se bem que socialmente necessária, ficar contida em sua esfera legítima e não expandir-se fora dela' [LIEBMAN, Enrico Tullio. Limites objetivos da coisa julgada, op. cit., p. 573]".

[16] Leciona Zavascki que: "Discorrendo sobre o processo de conhecimento, afirmou Carnelutti que ele consiste, na verificação de dados de fato e de direito relevantes para um juízo de certeza a respeito de determinada relação jurídica, 'isto é, dos preceitos e dos fatos dos quais depende a existência ou inexistência, e 'segundo os resultados desta verificação, o juiz declara que a situação existe ou que não existe'. Toda sentença, consequentemente, tem um conteúdo declaratório, uma 'declaração de certeza', consistente 'na declaração imperativa de que ocorreu um fato ao qual a norma vincula um efeito jurídico'. Trabalhar sobre normas, os fatos e as relações jurídicas correspondentes é trabalhar sobre o fenômeno jurídico da incidência, e daí a acertada conclusão de Pontes de Miranda: 'nas ações de cognição [...] há enunciados sobre a incidência (toda a aplicação da lei é enunciado sobre incidência)'" (ZAVASCKI, Teori Albino. *Eficácia das sentenças na jurisdição constitucional*. 4. ed. São Paulo: Revista dos Tribunais, 2017. p. 97).

[17] ZAVASCKI, Teori Albino. *Eficácia das sentenças na jurisdição constitucional*. 4. ed. São Paulo: Revista dos Tribunais, 2017. p. 105.

vez que a coisa julgada formada no litígio tributário sobre essas relações também projeta sua eficácia (efeitos) para o futuro, autorizadas por construção jurisprudencial no âmbito tributário.

De fato, no campo tributário, as ações declaratórias envolvendo as relações jurídicas tributárias de trato continuado a coisa julgada formada não se limita aos fatos narrados na inicial ou ocorridos durante a demanda, mas projetam seus efeitos para o futuro, conforme construção jurisprudencial do STJ que redefiniu o entendimento contido na Súmula nº 239/STF.

Durante muito tempo, vigorou nas demandas tributárias o conteúdo da Súmula nº 239 do STF, a qual era plenamente aplicável às relações tributárias instantâneas e aos questionamentos em embargos à execução fiscal e ação anulatória de lançamento tributário que limitam seus pedidos aos fatos geradores ocorridos em determinado espaço de tempo ou exercício, sem questionar a relação jurídico-tributária em si, porém, impedia que o Poder Judiciário em suas decisões em relações tributárias de trato continuado disciplinasse o futuro, papel precípuo do legislador. Vejamos sua dicção: "Decisão que declara indevida a cobrança do imposto em determinado exercício não faz coisa julgada em relação aos posteriores".

A doutrina já identificara na eficácia dos comandos declaratórios o "efeito de preceitação",[18] com a pretensão de evitar futuros conflitos[19] e "ação futura"[20] ao se estabelecer uma "norma de conduta para as partes".[21]

Nesse contexto, o então recém-criado Superior Tribunal de Justiça, ao julgar o REsp nº 719/SP, relator para acórdão Min. Américo Luz, superou a referida súmula com o fundamento de não se exigir que o contribuinte ajuíze todo ano a mesma demanda sobre determinado tributo ilegal.[22] Forjou-se o entendimento de que a eficácia da sentença declaratória perdurará enquanto estiver em vigor a lei que a fundamentou, interpretando-a. Nada mais pragmático em um Poder Judiciário que começava a lidar com as lides tributárias de massa. Registramos que o então Ministro do Superior Tribunal de Justiça Carlos Velloso ficou vencido aplicando a Súmula nº 239/STF, que entendia que "a decisão que julga indevido o tributo cobrado em determinado exercício não faz coisa julgada sobre os exercícios ulteriores", citando lição de Pontes de Miranda, segundo a qual, "no que diz respeito ao tempo, a coisa julgada está limitada aos fatos

[18] PONTES DE MIRANDA, Francisco Cavalcanti. *Comentários ao Código de Processo Civil*: art. 1º a 45. Rio de Janeiro: Forense, 1999. t. I. p. 161-163.

[19] BUZAID, Alfredo. *A ação declaratória no direito brasileiro*. 2. ed. rev. e aum. São Paulo: Saraiva, 1986. p. 266.

[20] PONTES DE MIRANDA, Francisco Cavalcanti. *Comentários ao Código de Processo Civil*: art. 1º a 45. Rio de Janeiro: Forense, 1999. t. I. p. 163.

[21] MOREIRA, José Carlos Barbosa. Eficácia da sentença e autoridade da coisa julgada. *Revista da Associação dos Juízes do Rio Grande do Sul*, Porto Alegre, n. 28, jul. 1983. p. 21.

[22] Helenilson Cunha Pontes registra a distinção realizada por Rubens Gomes de Souza: "[...] entre decisões judicias transitadas em julgado que se pronunciam sobre elementos permanentes e imutáveis da relação jurídica tributária, como a constitucionalidade ou inconstitucionalidade do tributo, sua incidência ou não-incidência em determinada hipótese, a existência ou inexistência de e o seu alcance, a vigência de lei tributaria ou sua revogação etc, e, de outro lado, as decisões que se manifestam sobre elementos temporários ou mutáveis da relação jurídica tributaria, como a avaliação de bens, as condições personalíssimas do contribuinte e seus reflexos tributários, e outras questões da mesma natureza. Segundo aquele autor, à coisa julgada emanada das decisões da primeira espécie há que se atribuir uma eficácia permanente, enquanto àquela derivada das decisões da segunda natureza deve ser reconhecida uma eficácia circunscrita ao caso específico em que foi proferida" (PONTES, Helenilson Cunha. *Coisa julgada tributária e inconstitucionalidade*. São Paulo: Dialética, 2005. p. 127).

existentes por ocasião do encerramento dos debates"[23] e que os tributos periódicos não geram típica relação jurídica de trato continuado. Importante também a manifestação do Min. Vicente Cernicchiaro, que condicionou o efeito futuro da decisão à manutenção da relação jurídica e à natureza jurídica do fato. Após alguma oscilação,[24] a tese acabou prevalecendo, definitivamente.

Essa alteração de entendimento acabou possibilitando a existência das ações declaratórias com efeitos futuros. Ou seja, o Poder Judiciário, que precipuamente analisa fatos históricos (instantâneos, duradouros ou contínuos) aplicando o direito às situações já ocorridas, passou a lançar a eficácia de seus julgados sobre fatos jurídicos futuros que ainda estavam por ocorrer. Tal prática se tornou regra nos processos judiciais que questionam tributos no país, infelizmente sem as ressalvas feitas pelo Min. Vicente Cernicchiaro no REsp nº 719/SP.

Diante deste quadro da jurisprudência, importante analisar os limites temporais da coisa julgada, assim entendida a delimitação do *dies ad quem* da eficácia da coisa julgada. Toda decisão judicial há de cessar seus efeitos um dia, não devendo seus comandos gerarem eficácia eterna, ou seja, a decisão judicial transitada em julgado perdura "enquanto ainda subsista a realidade que regula".[25]

Neste contexto, todas as sentenças contêm, implicitamente, a cláusula *rebus sic stantibus*, ou seja, elas mantêm seu efeito vinculante enquanto se mantiverem inalterados o direito e o suporte fático com base nos quais estabeleceram o juiz de certeza. As sentenças sobre relações jurídicas de trato continuado deixam de ter força vinculante de lei para as partes quando ocorre superveniente alteração da situação de fato ou da situação de direito, conforme leciona Teori Zavascki.[26]

No âmbito do Superior Tribunal de Justiça, já existe entendimento consolidado sobre a coisa julgada e os limites temporais de sua eficácia, em especial, na relação jurídico-tributária de trato continuado, em face da ação declaratória tributária com efeitos futuros, conforme construção jurisprudencial do STJ que redefiniu o entendimento contido na Súmula nº 239/STF, em face da existência da cláusula *rebus sic stantibus* implícita nas decisões declaratórias que projetam efeitos para o futuro.

O entendimento acima possui precedentes, tanto na hipótese da superveniência de lei nova regulando a matéria,[27] como especificamente nas hipóteses de alteração

---

[23] Nesse sentido, RE nº 87.366-0/RJ. Rel. Min. Soares Muñoz, 1ª Turma, julgado em 21.08.1979. *DJ*, 10.09.1979: "A doutrina moderna a respeito da coisa julgada restringe os seus efeitos aos fatos contemporâneos ao momento em que foi prolatada a sentença. A força da coisa julgada material, acentua James Goldschmidt, alcança a situação jurídica no estado em que se achava no momento da decisão, não tendo, portanto, influência sobre os fatos que venham a ocorrer depois (in Derecho Procesal Civil, pág. 390, tradução espanhola de 1936)"; e a AR-AgR n. 948-7. Rel. Min. Xavier de Albuquerque, Plenário, julgado em 21.11.1979. *DJ*, 02.05.1980: "[...] a força da coisa julgada material alcança a situação jurídica no estado em que se achava no momento da resolução, não tendo, portanto, influência sobre os fatos que sobrevenham depois...".

[24] Os REsp nº 7.478/SP, REsp nº 92.779/MG, REsp nº 75.657/SP, mantiveram a antiga posição originada da jurisprudência do Supremo Tribunal Federal.

[25] NIEVA-FENOLL, Jordi. A coisa julgada: o fim de um mito. *In*: DIDIER JR., F.; CABRAL, A. P. (Coord.). *Coisa julgada e outras estabilidades processuais*. Salvador: JusPodivm, 2018. p. 105-122.

[26] ZAVASCKI, Teori Albino. *Eficácia das sentenças na jurisdição constitucional*. 4. ed. São Paulo: Revista dos Tribunais, 2017. p. 105.

[27] Nesse sentido *vide* REsp nº 308.857/GO (superveniência de nova legislação). Rel. Min. Garcia Vieira; REsp nº 281.209/GO (superveniência de nova legislação). Rel. Min. José Delgado; REsp nº 875.635/MG (inexistência de alteração legislativa superveniente) e REsp nº 599.764/GO (superveniência de nova legislação). Rel. Min. Luiz Fux; AgRg no REsp nº 703.526/MG (superveniência de nova legislação). Rel. Min. Teori Albino Zavascki;

do estado de direito pela superveniência de precedente do STF em sentido contrário à decisão transitada em julgado, seja no controle difuso – com ou sem resolução do Senado, seja no controle concentrado, conforme verificamos nos seguintes arestos: REsp nº 193.500/PE (superveniência de precedente do STF no controle difuso declarando a constitucionalidade da CSLL – RE nº 146.733/SP), REsp nº 233.662/GO (superveniência de precedente do STF no controle difuso declarando a constitucionalidade da CSLL – RE nº 138.284/CE), REsp nº 381.911/PR (superveniência de precedente do STF declarando a inconstitucionalidade da contribuição incidente sobre avulsos, autônomos e administradores em controle difuso com a edição de Resolução do Senado nº 15 e em controle concentrado – RREE nº 166.772/RS e nº 177.296/RS e ADIn nº 1.102/DF), REsp nº 822.683/PR (superveniência de precedente do STF declarando a inconstitucionalidade da contribuição incidente sobre parlamentar, exercente de mandato eletivo federal, estadual ou municipal, com a edição de Resolução do Senado nº 26/2005 – RE nº 351.717/PR), REsp nº 888.834/RJ (superveniência de precedente do STF no controle difuso declarando a constitucionalidade do Cofins, PIS e Finsocial incidentes sobre operações relativas a derivados de petróleo – RE-AgRg nº 205.355/DF, RE nº 227.832/PR, RE nº 230.337/RN e RE nº 233.807/RN), REsp nº 1.103.584/DF (superveniência de precedente do STF declarando a inconstitucionalidade do PIS – Decretos-Leis nº 2.445, de 29.6,1988, e nº 2.449, de 21.7.1988, em controle difuso com a edição de Resolução do Senado nº 49/95 – RE nº 148.754/RJ) e AgInt nos EDcl no AREsp nº 313.691/SC[28] (superveniência de precedente do STF declarando a constitucionalidade do ISS sobre os serviços de registros públicos, cartorários e notariais em controle concentrado – ADI nº 3.089/DF).

No âmbito do Supremo Tribunal Federal, já existiam precedentes que tratavam do impacto de seu precedente na ordem jurídica, em especial sobre relações jurídicas de trato continuado,[29] agora, com o julgamento definitivo das repercussões gerais no RE nº 949.297/CE (Tema nº 881) e no RE nº 955.227/BA (Tema nº 881), a questão restou plenamente consagrada.

> Ementa: Direito constitucional e tributário. Recurso Extraordinário com Repercussão Geral. Contribuição Social sobre Lucro Líquido (CSLL). Obrigação de trato sucessivo. Hipóteses de cessação dos efeitos da coisa julgada diante de decisão superveniente do STF. 1. Recurso extraordinário com repercussão geral reconhecida, a fim de decidir se e como as decisões desta Corte em sede de controle concentrado fazem cessar os efeitos futuros da coisa julgada em matéria tributária, nas relações de trato sucessivo, quando a decisão estiver baseada na constitucionalidade ou inconstitucionalidade do tributo. 2. Em 1992, o contribuinte obteve decisão judicial com trânsito em julgado que o exonerava do pagamento da CSLL. O acórdão do Tribunal Regional Federal da 5ª Região considerou que a lei instituidora da contribuição (Lei nº 7.869/1988) possuía vício de

REsp nº 1.095.373/SP (superveniência de nova legislação). Rel. Min. Eliana Calmon; AgInt no AgInt no AREsp. n. 459.787/DF (superveniência de nova legislação). Rel. Min. Sérgio Kukina; AgInt no AREsp. n. 450.045/DF (superveniência de nova legislação). Rel. Min. Napoleão Nunes Maia Filho; e AgInt no AREsp nº 1.145.363/DF (superveniência de nova legislação). Rel. Min. Assusete Magalhães.

[28] Nesse sentido: AgRg na MC nº 24.972/SC, relator Min. Min. Olindo Menezes (Desembargador convocado do TRF 1ª Região); AgRg no REsp nº 1.470.687/SC, Rel. Ministro Napoleão Nunes Maia Filho; AgInt no REsp nº 1.516.130/SC, Rel. Ministro Mauro Campbell Marques; e AgInt no AREsp. nº 1.387.412/RS. Rel. Min. Francisco Falcão.

[29] *Vide*: Súmula nº 343/STF; RE nº 590.809/RS, Tema 136 da Repercussão Geral; RE nº 596.663/RJ, Tema nº 494 da Repercussão Geral e o RE nº 730.462/SP, Tema nº 733 da Repercussão Geral.

inconstitucionalidade formal, por se tratar de lei ordinária em matéria que exigiria lei complementar. 3. A questão debatida no presente recurso diz respeito à subsistência ou não da coisa julgada que se formou, diante de pronunciamentos supervenientes deste Supremo Tribunal Federal em sentido diverso. 4. O tema da cessação da eficácia da coisa julgada, embora complexo, já se encontra razoavelmente bem equacionado na doutrina, na legislação e na jurisprudência desta Corte. Nas obrigações de trato sucessivo, a força vinculante da decisão, mesmo que transitada em julgado, somente permanece enquanto se mantiverem inalterados os seus pressupostos fáticos e jurídicos (RE 596.663, Red. p/ o acórdão Min. Teori Zavascki, j. em 24.09.2014). 5. As decisões em controle incidental de constitucionalidade, anteriormente à instituição do regime de repercussão geral, não tinham natureza objetiva nem eficácia vinculante. Consequentemente, não possuíam o condão de desconstituir automaticamente a coisa julgada que houvesse se formado, mesmo que em relação jurídica tributária de trato sucessivo. 6. Em 2007, este Supremo Tribunal Federal, em ação direta de inconstitucionalidade julgada improcedente, declarou a constitucionalidade da referida Lei nº 7.869/1988 (ADI 15, Rel. Min. Sepúlveda Pertence, julgamento em 14.06.2007). A partir daí, houve modificação substantiva na situação jurídica subjacente à decisão transitada em julgado, em favor do contribuinte. Tratando-se de relação de trato sucessivo, sujeita-se, prospectivamente, à incidência da nova norma jurídica, produto da decisão desta Corte. 7. Na parte subjetiva desta decisão referente ao caso concreto, verifica-se que a Fazenda Nacional pretendeu cobrar a CSLL relativa a fatos geradores posteriores à decisão deste Tribunal na ADI 15. Como consequência, dá-se provimento ao recurso extraordinário interposto pela Fazenda Nacional. 8. Já a tese objetiva que se extrai do presente julgado, para fins de repercussão geral, pode ser assim enunciada: "1. As decisões do STF em controle incidental de constitucionalidade, anteriores à instituição do regime de repercussão geral, não impactam automaticamente a coisa julgada que se tenha formado, mesmo nas relações jurídicas tributárias de trato sucessivo. 2. Já as decisões proferidas em ação direta ou em sede de repercussão geral interrompem automaticamente os efeitos temporais das decisões transitadas em julgado nas referidas relações, respeitadas a irretroatividade, a anterioridade anual e a noventena ou a anterioridade nonagesimal, conforme a natureza do tributo,". (RE 949297, Relator(a): EDSON FACHIN, Relator(a) p/ Acórdão: ROBERTO BARROSO, Tribunal Pleno, julgado em 08-02-2023, PROCESSO ELETRÔNICO REPERCUSSÃO GERAL – MÉRITO DJe-s/n DIVULG 28-04-2023 PUBLIC 02-05-2023)

Ementa: Direito constitucional e tributário. Recurso Extraordinário com Repercussão Geral. Contribuição Social sobre Lucro Líquido (CSLL). Obrigação de trato sucessivo. Hipóteses de cessação dos efeitos da coisa julgada diante de decisão superveniente do STF. 1. Recurso extraordinário com repercussão geral reconhecida, a fim de decidir se e como as decisões desta Corte em sede de controle difuso fazem cessar os efeitos futuros da coisa julgada em matéria tributária, nas relações de trato sucessivo, quando a decisão estiver baseada na constitucionalidade ou inconstitucionalidade do tributo. 2. Em 1992, o contribuinte obteve decisão judicial que o exonerava do pagamento da CSLL. O acórdão do Tribunal Regional Federal da 1ª Região considerou que a lei instituidora da contribuição (Lei nº 7.869/1988) possuía vício de inconstitucionalidade formal, por se tratar de lei ordinária em matéria que exigiria lei complementar. A decisão transitou em julgado. 3. A questão debatida no presente recurso diz respeito à subsistência ou não da coisa julgada que se formou, diante de pronunciamentos supervenientes deste Supremo Tribunal Federal em sentido diverso. 4. O tema da cessação da eficácia da coisa julgada, embora complexo, já se encontra razoavelmente bem equacionado na doutrina, na legislação e na jurisprudência desta Corte. Nas obrigações de trato sucessivo, a força vinculante da decisão, mesmo que transitada em julgado, somente permanece enquanto se mantiverem inalterados os seus pressupostos fáticos e jurídicos (RE 596.663, Red. p/ o acórdão Min. Teori Zavascki, j. em 24.09.2014).

> 5. As decisões em controle incidental de constitucionalidade, anteriormente à instituição do regime de repercussão geral, não tinham natureza objetiva nem eficácia vinculante. Consequentemente, não possuíam o condão de desconstituir automaticamente a coisa julgada que houvesse se formado, mesmo que em relação jurídica tributária de trato sucessivo. 6. Em 2007, este Supremo Tribunal Federal, em ação direta de inconstitucionalidade julgada improcedente, declarou a constitucionalidade da referida Lei nº 7.869/1988 (ADI 15, Rel. Min. Sepúlveda Pertence, julgamento em 14.06.2007). A partir daí, houve modificação substantiva na situação jurídica subjacente à decisão transitada em julgado, em favor do contribuinte. Tratando-se de relação de trato sucessivo, sujeita-se, prospectivamente, à incidência da nova norma jurídica, produto da decisão desta Corte. 7. Na parte subjetiva desta decisão referente ao caso concreto, verifica-se que, em 2006, a Fazenda Nacional pretendeu cobrar a CSLL concernente aos anos de 2001 a 2003. Sendo assim, por se tratar de autuação relativa a fatos geradores anteriores à decisão deste Tribunal na ADI 15, prevalece a coisa julgada em favor do contribuinte. Como consequência, nega-se provimento ao recurso extraordinário interposto pela Fazenda Nacional. 8. Já a tese objetiva que se extrai do presente julgado, para fins de repercussão geral, pode ser assim enunciada: "1. As decisões do STF em controle incidental de constitucionalidade, anteriores à instituição do regime de repercussão geral, não impactam automaticamente a coisa julgada que se tenha formado, mesmo nas relações jurídicas tributárias de trato sucessivo. 2. Já as decisões proferidas em ação direta ou em sede de repercussão geral interrompem automaticamente os efeitos temporais das decisões transitadas em julgado nas referidas relações, respeitadas a irretroatividade, a anterioridade anual e a noventena ou a anterioridade nonagesimal, conforme a natureza do tributo". (RE 955227, Relator(a): ROBERTO BARROSO, Tribunal Pleno, julgado em 08-02-2023, PROCESSO ELETRÔNICO REPERCUSSÃO GERAL – MÉRITO DJe-s/n DIVULG 28-04-2023 PUBLIC 02-05-2023)

A seguir iremos analisar os princípios constitucionais envolvidos na resolução do problema relativo à eficácia da coisa julgada nas relações jurídico-tributárias de trato continuado contrária a superveniente precedente da Suprema Corte. Em seguida, demonstraremos que a decisão capitaneada pelo Exmo. Min. Luís Roberto Barroso encontrou uma solução dentro do sistema, partindo-se do pressuposto de que o ordenamento é um conjunto de normas que devem convergir, evitando-se incoerência e garantindo a coerência, segurança jurídica, isonomia, supremacia das normas constitucionais e autoridade das decisões do Plenário do STF.

3 Segurança jurídica nas relações dinâmicas e a convergência dos princípios constitucionais

A Suprema Corte, na solução do tema atinente à subsistência dos efeitos das sentenças transitadas em julgado, voltadas à disciplina de relações jurídico-tributárias futuras, como dito acima, partiu, principalmente, de uma análise dos princípios constitucionais pertinentes. Assim, considerou o princípio da segurança jurídica (art. 5º, *caput*), tutelado por outras normas constitucionais, das quais aquela que possui relevância para o caso concreto é a irrevogabilidade do instituto da coisa julgada (art. 5º, XVI), os princípios da igualdade (art. 5º, *caput*, e inc. I), os princípios da capacidade contributiva e da isonomia tributária (art. 145, §1º e art. 150, II), os princípios da livre iniciativa e livre concorrência (art. 170, *caput* e inc. IV), além do princípio da neutralidade tributária (art. 146-A).

No debate sobre as decisões judiciais transitadas em julgado contrárias a superveniente precedente do STF, é lugar comum a oposição do argumento de ofensa à coisa julgada, assim considerada como a garantia da realização do princípio da segurança jurídica. Neste tópico, demonstraremos que a segurança jurídica não se contrapõe aos demais princípios constitucionais analisados no presente trabalho. Pelo contrário, a segurança jurídica se posiciona no debate como instrumento densificador da segurança por meio do prestígio à coisa julgada, à isonomia, à livre concorrência e aos demais princípios constitucionais envolvidos na busca de uma solução harmônica dentro do sistema jurídico vigente.[30]

A presença do termo "segurança" no preâmbulo e no *caput* do art. 5º da Constituição de 1988 denotam que, em nosso Estado democrático de direito, a segurança jurídica é um valor estruturante e norteador dos demais princípios, sendo sua observância fundamental na edição, interpretação e aplicação das normas vigentes em nosso país. Nela buscamos conferir um mínimo de previsibilidade e certeza no exercício de nossas liberdades, além de impedir arbitrariedades e abusos. Humberto Theodoro Júnior e Juliana Cordeiro de Faria defendem a segurança jurídica como garantidora da supremacia da Constituição, como afirmação do princípio da constitucionalidade e asseguradora de um ordenamento jurídico conforme a Constituição.[31]

Na concepção da doutrina tradicional, a coisa julgada é considerada a expressão positiva da segurança jurídica, tradução da segurança e paz, uma vez que, segundo Gustavo Sampaio Valverde, "a procura da justiça não pode ser indefinida, mas deve ter um limite, por uma exigência de ordem pública, qual seja a estabilidade dos direitos, que inexistiria se não houvesse um termo além do qual a sentença se tornasse imutável".[32]

Assim, questão das mais relevantes reside em não se confundir a imutabilidade da coisa julgada com a eternização da coisa julgada. A respeito do tema, Nieva-Fenoll leciona que, quanto ao respeito dos limites temporais da coisa julgada, "é necessário começar afirmando que se deve descartar, com caráter geral, que a coisa julgada tem uma eficácia perpétua". Concluindo que: "Bem ao contrário, é inevitável que a coisa julgada tenha uma vigência limitada no tempo, a fim de que não provoque, no futuro, a insegurança que tenta evitar no presente". Na mesma linha, Antônio do Passo Cabral entende que "a análise dos limites temporais importa sabermos não só desde quando existe coisa julgada, como também e principalmente até quando vale ou persiste a imutabilidade e indiscutibilidade da decisão". Arrematando que: "Com efeito, conquanto a coisa julgada deva ser perene, estável ela não existe 'para todo o sempre', nem nasce para ser eterna".[33] Com propriedade, assenta Humberto Ávila: "A exigência de durabilidade, como dever de permanência no tempo, não pode ser confundida, todavia, com a

---

[30] Para Paulo de Barros Carvalho, a "segurança jurídica é, por excelência, um sobreprincípio. Não temos notícia de que algum ordenamento a contenha como regra explícita. Efetiva-se pela atuação de princípios, tais como o da legalidade, da anterioridade, da igualdade, da irretroatividade, da universalidade da jurisdição e outros mais" (CARVALHO, Paulo de Barros. O princípio da segurança jurídica em matéria tributária. *Revista da Faculdade de Direito – Universidade de São Paulo*, v. 98, p. 159-180, 2003).

[31] THEODORO JÚNIOR, Humberto; FARIA, Juliana Cordeiro de. A coisa julgada inconstitucional e os instrumentos processuais para seu controle. *Revista dos Tribunais: RT*, v. 91, n. 795, jan. 2002.

[32] VALVERDE, Gustavo Sampaio. *Coisa julgada em matéria tributária*. São Paulo: Quartier Latin, 2004. p. 123.

[33] CABRAL, Antônio do Passo. *Coisa julgada e preclusos dinâmica*: entre continuidade, mudança e transição de posições processuais estáveis. Salvador: JusPodivm, 2013. p. 93.

exigência de imutabilidade do ordenamento jurídico".[34] Para Cândido Rangel Dinamarco, "[...] é inconstitucional a leitura clássica da garantia da coisa julgada, ou seja, sua leitura com a crença de que ela fosse algo absoluto e, como era hábito dizer, capaz de fazer do preto, branco e do quadrado, redondo". Concluindo que "a ordem constitucional não tolera que se eternizem injustiças a pretexto de não eternizar litígios".[35]

Nesse contexto, em estudo dos mais modernos e relevantes sobre segurança jurídica no contexto da coisa julgada e suas preclusões dinâmicas, Antônio do Passo Cabral demonstra que a segurança jurídica deve preocupar-se tanto com o passado como com o futuro. Nesse cenário, defende no Estado contemporâneo uma releitura da estabilidade da coisa julgada, substituindo a "segurança-imutabilidade" por um novo conceito de segurança jurídica, uma "segurança-continuidade" como uma "ponte" entre o "completo estatismo e uma ampla e total alterabilidade", atuando não para impedir mudanças, mas para garantir a segurança nessas mudanças tão presentes no mundo dinâmico atual, como transição objetivando atenuar os impactos da mudança nas posições estáveis. Ressalta que no direito contemporâneo a "segurança absoluta não é a 'perola rara' aos olhos dos juristas, crescem em importância outros valores, como a busca por correção e justeza procedimental, a isonomia, a efetividade e a celeridade".[36]

Isto posto, a segurança jurídica deverá ser assegurada por meio da obtenção de uma transição que respeite a coisa julgada e os seus efeitos até a decisão definitiva do STF, que confere certeza derradeira sobre a interpretação da Constituição, respeitando o passado, desse modo, somente serão atingidas as relações jurídico-tributárias posteriores a julgamento do Supremo Tribunal Federal em sentido diverso. Esse caminho de transição alcança a isonomia do direito no tempo com a aplicação de uma única Constituição para todos, evitando a perpetuação de um regime tributário de exceção, mais benéfico ou prejudicial a determinado contribuinte, diante de coisa julgada contrária a precedente do Supremo Tribunal Federal.

Diante desse cenário, não podemos pactuar com a vigência eterna dos efeitos da coisa julgada contrária à Constituição, para o futuro, em matéria tributária, a qual viola o princípio da igualdade e isonomia tributária, uma vez que resulta na existência de privilégios jurídicos permanentes que implicam o ônus, apenas por parte dos cidadãos, com o pagamento de tributos que beneficiam toda a sociedade. O tratamento desigual, além de não guardar qualquer correspondência com uma situação de desigualdade material, subvertendo o princípio da capacidade contributiva, da livre-iniciativa, da livre concorrência, da isonomia tributária e da neutralidade tributária, além de estimular as demandas judiciais que buscam a obtenção de bilhete premiado eterno para não mais pagar tributo.

Os princípios da igualdade e da isonomia tributária, na hipótese de trânsito em julgado contrário a precedente do Supremo Tribunal Federal, de ações judiciais voltadas a disciplinar relações jurídicas futuras, o *único* meio que o Estado dispõe a cumprir os mandamentos constitucionais referentes à igualdade e isonomia é conferir, a partir da decisão da Corte, idênticos direitos e deveres a todos cidadãos. A Constituição tem como

---

[34] ÁVILA, Humberto. *Segurança jurídica*: entre permanência, mudança e realização no direito tributário. 2. ed. rev., atual. e ampl. São Paulo: Malheiros, 2012. p. 350.

[35] DINAMARCO, Cândido Rangel. Relativizar a coisa julgada material. *Revista de Processo*, 2001.

[36] CABRAL, Antônio do Passo. *Coisa julgada e preclusos dinâmica*: entre continuidade, mudança e transição de posições processuais estáveis. Salvador: JusPodivm, 2013. p. 289-313.

missão uma sociedade igualitária, justa e fraterna, sendo dever do Estado tratar todos como iguais, merecedores de idêntica consideração e respeito, a permanência para o futuro dos efeitos de coisas julgadas inconstitucionais não pode ser um critério objetivo de discriminação, em *qualquer* concepção razoável de igualdade que se possa imaginar.[37]

Sobre a gravidade do desrespeito à isonomia e à segurança jurídica na aplicação de preceitos constitucionais, Teori Zavascki leciona:

> [...] os preceitos normativos têm, por natureza, a característica da generalidade, isto é, não se destinam a regular específicos casos concretos, mas sim, estabelecer um comando abstrato aplicável a um conjunto indefinido de situações e de pessoas. Quando, portanto, se questiona a legitimidade desse preceito, ainda que no conjunto de um caso concreto, o que se faz é pôr em xeque também a sua aptidão para incidir em todas as demais situações semelhantes. Essa peculiaridade é especialmente relevante se considerada em face do princípio da igualdade perante a lei, de cuja variada densidade normativa se extrai primordialmente a da necessidade de conferir um tratamento jurisdicional igual para as situações iguais. É também importante em face do princípio da segurança jurídica, que estaria fatalmente comprometido se a mesma lei pudesse ser tida por constitucional num caso e como inconstitucional em outro caso semelhante, dependendo do juiz que a aprecia. [...] a prevalência [...] do efeito vinculante erga omnes em relação à sentença proferida no caso concreto decorre não apenas da superior autoridade do pronunciamento do STF que lhe dá suporte, mas também da afirmação, que ele enseja, do princípio da igualdade em face da Constituição, dispensando a todos um tratamento isonômico quanto aos direitos assegurados e os deveres impostos pelo ordenamento jurídico. [...] supremacia da norma constitucional, tratamento igualitário e autoridade do STF, são, na verdade, valores associados e, como tais, tem sentido transcendental. Há, entre eles, relação de meio e fim.[38]

Especificamente no âmbito das relações jurídico-tributárias de trato continuado em face coisa julgada contrária a superveniente precedente da Suprema Corte, Teori Zavascki registra a iniquidade e injustiça da situação:

> Ofenderia o mais elementar senso de justiça invocar a força da coisa julgada do caso concreto para, por exemplo, impor a determinada pessoa uma carga tributária que o Supremo Tribunal Federal declarou inexistente ou nula ou inexigível para todas as demais; ou, por exemplo, para assegurar a um cidadão o privilégio de receber determinado benefício remuneratório ou gozar de favor fiscal, que é negado, com força vinculante, a todos os demais cidadãos nas mesmas condições.[39]

Em artigo sobre os limites constitucionais e infraconstitucionais da coisa julgada tributária, Souto Maior Borges registra que a isonomia, "[...], mais precisamente a legalidade isonômica, é o protoprincípio, o mais originário e condicionante dos princípios constitucionais, porquanto dele dependem todos os demais para sua eficácia.

---

37 Ávila reconhece a existência de "[...] situações em que um estado grave de desigualdade possa surgir no caso de relações continuativas, em razão de uma decisão favorecer ou prejudicar um contribuinte em detrimento de outros" (ÁVILA, Humberto. *Teoria da segurança jurídica*. 4. ed. rev., atual. e ampl. São Paulo: Malheiros, 2016. p. 371).

38 ZAVASCKI, Teori Albino. *Eficácia das sentenças na jurisdição constitucional*. 4. ed. São Paulo: Revista dos Tribunais, 2017. p. 32; 120; 160.

39 ZAVASCKI, Teori Albino. Coisa julgada em matéria constitucional: eficácia das sentenças nas relações jurídicas de trato continuado. *Academia Brasileira de Direito Processual Civil*, 2005. Disponível em: http://www.abdpc.org.br/abdpc/artigos/Teori%20Zavascki.

E que sem ele decerto a perderiam". Segundo o jurista, o princípio da isonomia deve pautar as relações jurídico-tributárias, afirmando que "a isonomia não está apenas na Constituição Federal, ela é a própria Constituição Federal, com a qual chega a confundir-se. A Constituição Federal de 1988 é uma condensação da isonomia". Registra que "Nenhum ponto dos setenta e sete itens em que se desdobra o art. 5º da CF – inclusive o seu item XXXVI (coisa julgada) – prescinde da isonomia como um condicionante de conteúdo e eficácia".[40]

Outra questão relevante reside nas distorções no mercado livre decorrentes da vantagem econômica que as empresas que obtenham decisões favoráveis transitadas em julgado, voltadas para regular relações jurídicas futuras, em descompasso com a lei de regência válida, em face das demais empresas presentes naquele mercado. Nesse caso, o empresário obterá, artificialmente, mediante decisão judicial e sem qualquer mérito decorrente da criação de um processo produtivo mais eficiente ou de um novo produto, uma redução de custos em sua função de produção, permitindo-lhe obter vantagens econômicas ante os demais competidores daquele mercado.

Sobre o princípio da livre concorrência, leciona Eros Grau que é correlato do princípio da livre-iniciativa econômica e desdobra-se em liberdades privadas e liberdade pública atinentes à concorrência, apresentando a liberdade de concorrência, cujo aspecto mais importante é aquele referente à neutralidade do Estado diante do fenômeno concorrencial, não interferindo na igualdade de condições que deve existir entre os concorrentes (liberdade pública).[41]

Na sessão plenária da Suprema Corte que julgou a Ação Cautelar (AC) nº 1.657/RJ, que tratava da vantagem concorrencial obtida por indústria tabagista pelo não pagamento de tributos, o Min. Eros Grau registrou em seu voto:

> Queria lembrar, também, um pequeno trecho do parecer do professor José Afonso da Silva, no qual ele diz: "A livre iniciativa só é juridicamente amparada quando legitima, e só é legitima quando seu titular a exerce em respeito aos ditames da ordem jurídica na qual se inclui a concorrência legal e o cumprimento da função social da empresa." Vou me permitir a essa altura – considerando que já tenho quase de três anos de judicatura neste tribunal, mais a importância e peculiaridades do caso – lembrar o Barão de Itararé, quando dizia: "Restaure-se a legalidade ou nos locupletemos todos". A empresa que não cumpre obrigações tributárias, que não recolhe tributos, atua de modo desigual, em relação aos demais agentes econômicos, no mercado. [...] Isso nitidamente afronta os princípios constitucionais. [...], como no futuro virá algum pesquisador fazer uma leitura dos nossos acórdãos, desejo insistir em que não estou me afastando da Constituição; é na Constituição que estou ancorado.

Outro aspecto relevante reside no princípio da neutralidade tributária, nos termos do art. 146-A, que prevê a edição de lei complementar para estabelecer critérios especiais de tributação, com o objetivo de prevenir desequilíbrios da concorrência. Todavia, não se trata apenas de regra, sendo uma norma, é mais um relevante princípio positivado expressamente no ordenamento jurídico.

---

[40] BORGES, José Souto Maior. Limites constitucionais e infraconstitucionais da coisa julgada tributária (contribuição social sobre o lucro). *Cadernos de Direito Tributário e Finanças Públicas*, v. 27, p. 170-194, abr. 1999.

[41] GRAU, Eros Roberto. *A ordem econômica na Constituição de 1988*. 16. ed. rev. e atual. São Paulo: Malheiros, 2014. p. 202.

É fundamental o respeito ao princípio da neutralidade tributária para que seja alcançada a grande aspiração do direito tributário, que é a busca por um sistema tributário ótimo, sem interferência nas decisões econômicas.[42] Para Marco Aurélio Greco, a hipótese de "um concorrente ter que suportar o ônus do tributo enquanto outro por ele não é atingido implica quebra da neutralidade da tributação perante a competição".[43]

Especificamente sobre as hipóteses de um grupo de contribuintes ser beneficiado ou prejudicado por uma decisão transitada em julgado contrária à Constituição, Ricardo Lodi Ribeiro registra com propriedade que:

> Ao reconhecer a prevalência da decisão transitada em julgado que concede o direito a um contribuinte de não pagar tributos que, segundo decisão do STF, todos devem pagar está-se conferindo caráter absoluto à perspectiva individual da segurança jurídica, em detrimento não apenas do Estado, mas principalmente de todos os outros contribuintes que atuam no mesmo setor econômico e que, por não terem decisões transitadas em julgado, acabarão submetidos a sentenças harmonizadas com a posição da Corte Maior, no sentido da legitimidade do tributo. Assim, sem um mesmo mercado teremos uma empresa que está liberada de parcela da carga tributária incidente sobre suas operações, enquanto as demais são obrigadas a suportar a integralidade do peso fiscal. Trata-se de privilégio odioso, por ofender o princípio da isonomia e o da livre concorrência, uma vez eu tal situação faria com que o contribuinte beneficiado tendesse a abarcar fatias cada vez maiores do mercado, em detrimento dos seus concorrentes. Tal violação de princípios constitucionais tão caros à ordem tributária e à ordem econômica jamais poderia ser perpetrada pelo legislador, quanto mais pelo Poder Judiciário, ou, melhor, pela interpretação quanto aos efeitos de suas decisões. Por outro lado, a prevalência de uma decisão transitada em julgado que condena o contribuinte ao pagamento do tributo, enquanto todos os seus concorrentes são dispensados do seu recolhimento em face de posicionamento do STF, representa discriminação odiosa e insuportável, que provavelmente levará ao desaparecimento da empresa discriminada, restando igualmente violados os referidos princípios.[44]

Na hipótese de coisa julgada tributária contrária à posterior declaração de constitucionalidade de um tributo pelo STF, um novo elemento surge para a cessação da eficácia da coisa julgada do caso concreto que dispensou o pagamento do tributo constitucional, trata-se do dever fundamental de pagar tributo. Sobre o tema, relevantes argumentos foram expostos pelo Min. Luís Roberto Barroso em seu voto no RE nº 601.314/SP – RG, registrando que, na feição fiscal do Estado contemporâneo, "todos os membros da sociedade têm o dever de contribuir, na medida da capacidade econômica manifestada, para o sucesso desse projeto coletivo que, repita-se, tem como principal forma de financiamento a receita advinda de tributos". Citando Klaus Tipke, destaca que a Administração Tributária não possui interesse próprio, mas representa o interesse de todos que pagam tributo, concluindo que "em uma acepção mais correta, a Administração Tributária age como um agente fiduciário da comunidade solidária formada por todos os contribuintes".

---

42 CALIENDO, Paulo. *Direito tributário e análise econômica do direito* – Uma visão crítica. Rio de Janeiro: Elsevier, 2009. p. 129.

43 GRECO, Marco Aurélio. *Planejamento tributário*. 4. ed. São Paulo: Quartier Latin, 2019. p. 357.

44 RIBEIRO, Ricardo Lodi. Coisa julgada tributária e o Código de Processo Civil/2015. *In*: MACHADO, Hugo de Brito (Org.). *O processo tributário e o Código de Processo Civil 2015*. São Paulo: Malheiros, 2017. p. 603.

Além do que, a coisa julgada que afasta o pagamento de tributo por contribuinte com capacidade tributária ativa e sujeito à incidência por decisão da Suprema Corte atenta também contra o princípio da capacidade tributária, o qual, segundo Marco Aurélio Greco, é o verdadeiro princípio constitucional tributário, que dá sentido à tributação, restringindo a liberdade negocial em face da solidariedade social.[45] Na mesma linha, Roque Antônio Carrazza ensina que o "princípio da capacidade contributiva hospeda-se nas dobras do princípio da igualdade e ajuda a realizar, no campo tributário, os ideais republicanos".[46]

Essa obviedade oferece uma clara percepção quanto aos efeitos do não pagamento de tributos, conforme aponta Albano Santos, resta evidenciado um "dilema típico da nossa época", uma vez que, de um lado, "reclama-se o máximo do Estado, mas rejeitam-se as inevitáveis consequências financeiras dessa atitude". Para tal contradição, cita Bastiat: "todos querem viver à custa do Estado, mas esquecem que o Estado vive à custa de todos".[47]

É indubitável que diante do conceito de segurança jurídica nas relações dinâmicas, reforçado pelos princípios constitucionais acima analisados, a posição de nunca mais pagar determinado tributo ou continuar pagando em face de coisa julgada na relação tributária de trato continuado contrária à Constituição viola a noção básica de igualdade e justiça, não merecendo abrigo em um sistema jurídico em que os princípios devem convergir, evitando-se incoerências, prestigiando a supremacia da Constituição e a vontade do constituinte originário de constituir uma sociedade livre, justa e solidária, tal qual entendeu a Suprema Corte do Brasil.

4 Decisões do Plenário do STF anteriores ao regime da repercussão geral

O Plenário do STF considerou, no julgamento dos Temas nºs 881 e 885 da Repercussão Geral, que os precedentes em controle difuso julgados anteriores à implementação do regime da repercussão geral não fazem cessar a eficácia das coisas julgadas em sentido contrário, uma vez que a declaração de constitucionalidade não possuía efeitos vinculantes e *erga omnes*.

Sobre o tema é importante registrar que as questões constitucionais debatidas antes da repercussão geral no controle difuso de constitucionalidade chegaram ao STF após intenso debate nas instâncias ordinárias, o qual contribui imensamente para a formação do precedente da Suprema Corte. Não atribuir impacto aos precedentes do STF anteriores à implementação da repercussão geral de alguma forma enfraquece a Constituição, a qual passaria a ter dois textos, com força e vinculação diferentes. As inúmeras interpretações dadas pelo STF ao sistema tributário nacional antes da utilização da sistemática da repercussão geral teriam eficácia *inter partes* e não possuiriam efeito vinculante, enquanto os precedentes após 3.5.2007 teriam eficácia *ultra partes* e

[45] GRECO, Marco Aurélio. *Planejamento tributário*. 4. ed. São Paulo: Quartier Latin, 2019. p. 231-234.

[46] CARRAZZA, Roque Antônio. *Curso de direito constitucional tributário*. 10. ed. rev. São Paulo: Malheiros, 1997. p. 65 e ss.

[47] SANTOS, J. Albano. *Teoria fiscal*. Lisboa: Universidade Técnica de Lisboa – Instituto Superior de Ciências Sociais e Políticas, 2003. p. 352.

vinculante. A diferença de rito não pode ensejar restrição de eficácia. Seria atribuir menor força à iniciativa do cidadão comum e negando aplicação imediata da interpretação da Constituição em período anterior a maio de 2007, quando passou a ser aplicado o rito da repercussão geral, não reflete em menor grau as posições do Supremo Tribunal Federal que os precedentes posteriores. Pelo contrário, representam valioso conjunto de soluções que delineiam a posição histórica do Supremo Tribunal Federal acerca de conflitos envolvendo a Constituição. Da proteção a direitos, representada por esses precedentes, ficariam privados os mais desfavorecidos. Tal situação apresenta um déficit de igualdade contestável.[48]

O não reconhecimento da força expansiva *ultra partes* dos precedentes formados no controle difuso antes da implementação da repercussão geral gera graves consequências à força normativa da Constituição, uma vez que as coisas julgadas contrárias à Constituição restarão eternizadas, uma vez que: (i) na ADIn-AgR nº 4.071/DF, o Plenário do STF entendeu manifestamente improcedente a ação direta de inconstitucionalidade cuja constitucionalidade foi expressamente declarada pelo Plenário do Supremo Tribunal Federal, mesmo que em recurso extraordinário, vedando o ingresso de ações de controle constitucionalidade no modelo concentrado após a decisão do Plenário do STF em controle difuso; (ii) os temas definidos antes da instituição a repercussão geral não poderão mais chegar ao STF em face do atual regramento processual brasileiro de respeito aos precedentes do STF; (iii) além do fato de que a edição de súmulas vinculantes em todos os casos já julgados em recurso extraordinário pelo Plenário do STF antes da repercussão geral contrariaria a dicção do art. 2º, §2º da Lei nº 11.417/2011, segundo o qual o enunciado da súmula vinculante terá por objeto a validade, a interpretação e a eficácia de normas determinadas, acerca das quais haja, entre órgãos judiciários ou entre esses e a Administração Pública, controvérsia atual que acarrete grave insegurança jurídica e relevante multiplicação de processos sobre idêntica questão, hipótese na qual não se enquadram os precedentes da Suprema Corte, definidos há quase 20 (vinte) anos, em períodos anteriores à instituição da repercussão geral (2007).

---

48 Souto Maior Borges, em artigo sobre o tema objeto da Repercussão Geral nº 885, leciona que: "[...] fazer prevalecer decisões hierarquicamente inferiores, excludentes de gravame, contra decisões do Supremo Tribunal Federal, é subversão de hierarquia, problema inconfundível com a questão de simples alteração jurisprudencial (p. ex. da jurisprudência de um mesmo tribunal). É fazer prevalecer ad futurum a decisão judicial pela inconstitucionalidade da contribuição restrita às partes (controle difuso) é estabelecer um regime jurídico privilegiado, que não encontra, esse sim, guarida na Constituição Federal, antes é constitucionalmente repudiado. Efeito de um julgado não deve, nunca, importar em ruptura da Constituição federal, sobretudo do mais eminente dos seus princípios: a isonomia. [...] O Supremo Tribunal Federal tem a seu cargo a custódia da Constituição Federal. De sorte que a Constituição Federal é, no sentido pragmático que lhe emprestam os juristas americanos, o que o Supremo Tribunal Federal diz que é. Nesse insigne mister, o Supremo Tribunal Federal é o construtor do federalismo brasileiro. De maneira que as decisões do Supremo Tribunal Federal, mesmo cronologicamente posteriores às dos Tribunais inferiores, lhes confirmam ou infirmam a validade. Assim, como o das normas gerais, o fundamento de validade das normas individuais não é extraído de critérios cronológicos, mas hierárquicos. [...] O Supremo Tribunal Federal, ao considerar constitucional a contribuição introduziu, também ele, modificação no estado de direito: modificação no plano das normas individuais. Que é um acórdão do Supremo Tribunal Federal senão um ato instituinte de normas individuais no controle difuso de constitucionalidade? Portanto modificativo do estado-de-direito antecedente e decorrente, também ele, de normas individuais postas pelos TRFs" (BORGES, José Souto Maior. Limites constitucionais e infraconstitucionais da coisa julgada tributária (contribuição social sobre o lucro). *Cadernos de Direito Tributário e Finanças Públicas*, v. 27, p. 170-194, abr. 1999).

5 Precedente do Plenário da Suprema Corte equiparado à norma jurídica

A Lei nº 13.105/2015, que instituiu o novo Código de Processo Civil brasileiro (nCPC), entrando em vigor em 18.3.2016, foi fundamental para o fortalecimento e consolidação de um sistema de precedentes vinculantes no sistema jurídico brasileiro, uma vez que o referido Código de Rito incorporou inúmeras alterações legislativas, que se iniciaram no século passado, as quais foram fundamentais para uma introdução paulatina e gradual de um sistema de precedentes no Brasil, em uma evidente aproximação do sistema do *civil law* ao sistema do *common law*.

Nesse contexto de inúmeros avanços legais, constitucionais e jurisprudenciais,[49] aproveitou-se a Lei nº 13.105/2015, que institui o novo Código de Processo Civil brasileiro (nCPC), de todos esses avanços construídos pelas legislações que lhe antecederam nas décadas historiadas acima, consolidando, por disposição legal, um sistema de precedentes no direito brasileiro, passando da persuasão à vinculação, conforme verificamos em diversos dispositivos do novo estatuto de rito civil, em especial nos art. 489, §1º, incs. V e VI, art. 926 e art. 927, III, do nCPC. Restando evidente que a objetivação das controvérsias e seu caráter expansivo hoje são realidade e estão devidamente plasmados no sistema legal pátrio.[50]

No parecer do Senador Vital do Rêgo, ainda na fase de aprovação do nCPC, restou registrado que o "respeito aos precedentes jurisprudenciais do futuro Código, que reduzirá o grau de imprevisibilidade jurídica sobre os atores da sociedade civil".[51]

Em artigo sobre a ascensão dos precedentes no direito brasileiro, o Min. Luís Roberto Barroso e Patrícia Perrone Campos Mello registraram a força vinculante dos precedentes na vigência do nCPC e a oportunidade ímpar de alterar nosso sistema, vejamos:

> Três valores principais justificam a adoção de um sistema de precedentes normativos ou vinculantes: a segurança jurídica, a isonomia e a eficiência. No caso brasileiro, buscou-se com o novo sistema de precedentes vinculantes superar a incerteza e a desigualdade decorrentes de decisões conflitantes em situações idênticas, um quadro de sobrecarga e de morosidade da justiça e de insatisfação da sociedade com a prestação da tutela jurisdicional. [...] trata-se de considerações iniciais, abertas a novas reflexões. Mas é o tempo da comunidade jurídica e os tribunais debruçarem-se sobre o CPC/2015, de se arriscarem em seu terreno pouco conhecido e de buscarem operacionalizá-lo. Um tempo de riqueza ímpar,

---

[49] Como registrou com maestria o saudoso Min. Teori Albino Zavascki, em seu antológico voto-vista na Reclamação nº 4.335/AC, STF.

[50] Em outra oportunidade escrevi sobre essa positivação do sistema de precedentes no direito processual brasileiro, ocasião em que registrei que: "resta evidente que o nCPC conferiu uma forte vinculação aos precedentes repetitivos do STJ e STF (art. 927, III, do nCPC), em uma evidente aproximação ao sistema anglo-saxão do commom law, uma vez que busca uma uniformidade na jurisprudência, no intuito de mantê-la estável, íntegra e coerente (art. 926 do nCPC). O nCPC fortaleceu os princípios da segurança jurídica e da igualdade na aplicação da lei aos jurisdicionados, já que, não raro, deparamo-nos com situações fáticas e jurídicas idênticas sendo decididas de forma diametralmente opostas, causando descrédito na prestação jurisdicional e odiosas desigualdades na aplicação do mesmo direito" (SEEFELDER FILHO, Claudio Xavier *et al. Novo Código de Processo Civil comentado na prática da Fazenda Nacional*. 1. ed. São Paulo: Revista dos Tribunais, 2017. p. 1283).

[51] Parecer nº 1.099/2014 – Plen, de autoria do Senador Vital do Rêgo, relator no Senado do PLS nº 166/2010, que institui o Código de Processo Civil atual. Publicado no DSF de 17.12.2014. Disponível em: https://www12.senado.leg.br. Acesso em: 3 ago. 2021.

em que se tem a oportunidade rara de mudar de paradigma na operação com precedentes judiciais e de alterar profundamente o nosso sistema. Uma oportunidade que não se deve perder.[52]

O impacto do novo Código de Processo Civil sobre o sistema brasileiro de respeito aos precedentes, segundo Taís Schilling Ferraz, introduziu de forma expressa a doutrina do *stare decisis*, restando superadas as eventuais dúvidas sobre o efeito obrigatório dos precedentes do STF e do STJ,[53] além de reconhecer uma nova concepção dos precedentes judiciais, atribuindo-lhes a condição de fonte primária do direito.[54]

Neste contexto normativo, o Plenário do STF, por maioria, liderado pelo Min. Luís Roberto Barroso, aplicou o princípio da irretroatividade, anterioridade anual ou noventena tributária para modular temporalmente o retorno da cobrança do tributo pela cessação da eficácia da coisa julgada favorável ao contribuinte em razão do superveniente entendimento do Plenário do STF em favor da administração tributária federal. Tal raciocínio parte da premissa de que o precedente do STF produz "norma jurídica nova" equivalente à "instituição de novo tributo" por lei, razão pela qual a aplicação dos princípios tributários relativos aos limites constitucionais ao poder de tributar consiste em uma confirmação dos efeitos do atual sistema brasileiro de precedentes, em que as decisões judiciais vinculantes adquirem a condição e a força de norma jurídica.[55]

Conclusão

O Supremo Tribunal Federal, capitaneado pelo Min. Luís Roberto Barroso, encerra importante capítulo da história da evolução da jurisdição constitucional brasileira, ao estabelecer que o precedente do Supremo Tribunal Federal, como cúpula do Poder Judiciário ou Corte Constitucional, possui idêntica relevância na função de interpretação das normas constitucionais no sistema de controle de constitucionalidade de normas no Brasil. A eficácia dos precedentes da Corte Suprema no exercício dessa jurisdição

---

52 BARROSO, Luís Roberto; MELLO, Patrícia Perrone Campos. Trabalhando com uma nova lógica: a ascensão dos precedentes no direito brasileiro. *Revista da AGU*, Brasília, ano 15, n. 3, 23 set. 2016.

53 Para a autora: "O sistema brasileiro de respeito aos precedentes recebeu especial atenção na nova lei processual, com a introdução expressa da doutrina do stare decisis em solo brasileiro. Se até agora havia alguma dúvida quanto aos efeitos obrigatórios do precedente de um tribunal superior, inclusive do STF – com a entrada em vigor do CPC/2015 –, não mais se poderá questionar os feitos obrigatório dessas decisões, o mesmo valendo para as do STJ" (FERRAZ, Taís Schilling. *O precedente na jurisdição constitucional*: construção e eficácia do julgamento da questão com repercussão geral. São Paulo: Saraiva, 2017. Série IDP: Linha Pesquisa Acadêmica. p. 319).

54 Taís Schilling Ferraz registra que: "[...] implantar um sistema de precedentes não é o mesmo que observar a jurisprudência dos tribunais, utilizando-a para reforço argumentativo ou exemplo. É reconhecer nos seus julgados a autoridade e legitimidade do órgão prolator, e atribuir a eles a condição de fontes primárias do direito" (FERRAZ, Taís Schilling. *O precedente na jurisdição constitucional*: construção e eficácia do julgamento da questão com repercussão geral. São Paulo: Saraiva, 2017. Série IDP: Linha Pesquisa Acadêmica. p. 300).

55 Vejamos os argumentos lançados pelo Min. Luís Roberto Barroso em seu voto-vencedor, *in verbis*: "Considerando razões de segurança jurídica, com destaque ao seu consectário da proteção da confiança dos contribuintes acobertados pela coisa julgada, o presente entendimento tem eficácia pró-futuro a partir da publicação da ata de julgamento desta decisão. Além da modulação, há de se respeitar outra importante norma constitucional, os limites ao poder de tributar. *Isso porque, a decisão em controle concentrado ou em repercussão geral, que seja contrária à coisa julgada do contribuinte, em relações jurídicas tributárias de trato sucessivo, termina por corresponder à norma jurídica nova ao contribuinte. Tal situação equivale à instituição de novo tributo, que, por razões de segurança jurídica na tributação, deve observar a irretroatividade, a anterioridade anual e a noventena, e, no caso das contribuições para a seguridade social, a anterioridade nonagesimal*" (grifos nossos).

constitucional tem recebido crescente prestígio pela legislação infraconstitucional e da própria Constituição, a qual vem sendo confirmada pelo STF, conferindo expressiva força aos precedentes do STF em movimento de confirmação da eficácia normativa, vinculante e expansiva *ultra partes*, seja como órgão exclusivo do sistema concentrado, seja como órgão de cúpula do sistema difuso.

Em especial no campo tributário, em que as ações declaratórias envolvendo as relações jurídicas tributárias de trato continuado ou sucessivo, a coisa julgada formada não se limita aos fatos narrados na inicial ou ocorridos durante a demanda, mas projetam seus efeitos para o futuro, conforme construção jurisprudencial do STJ que redefiniu o entendimento contido na Súmula nº 239/STF. Entretanto, como todas as sentenças contêm, implicitamente, a cláusula *rebus sic stantibus*, ou seja, elas mantêm seu efeito vinculante enquanto se mantiverem inalterados o direito e o suporte fático com base nos quais estabeleceu o juízo de certeza, as sentenças sobre relações jurídicas de trato continuado deixam de ter força vinculante de lei para as partes quando ocorre superveniente alteração da situação de fato ou da situação de direito.

A coisa julgada como a garantia da realização do princípio da segurança jurídica não é um instituto de caráter absoluto, estando sujeita a uma conformação infraconstitucional, que harmonize a garantia da coisa julgada com os primados da Constituição.

A força normativa da Constituição a todos vincula e a todos submete, a força da autoridade que detêm os precedentes do STF que, por vontade do constituinte, dão a palavra definitiva em matéria de interpretação e aplicação das normas constitucionais, como cúpula do Poder Judiciário e Corte Constitucional, promove substantivo impacto no ordenamento jurídico, com profundas e abrangentes consequências jurídicas, em face da força normativa da Constituição e dos efeitos normativos, vinculantes, expansivos *erga omnes* dos precedentes firmados pelo Plenário do STF no exercício da jurisdição constitucional. Esse impacto na ordem jurídica com o estabelecimento de um novo marco jurídico formado pelo precedente do STF separa o "antes" e o "depois" da norma, como se a ela se aderisse um selo de chancela positivo ou negativo conferido pelo próprio Supremo Tribunal Federal, vedando interpretações em sentido contrário.

A supremacia da Constituição, tratamento isonômico e autoridade do STF nortearam os debates da Suprema Corte na busca de solução para o problema aqui enfrentado, exigindo na análise dos princípios constitucionais a noção de segurança jurídica nas relações dinâmicas, como instrumento viabilizador de uma transição que respeita o passado, mas ao mesmo tempo tenha aderência com os princípios constitucionais da igualdade, livre-iniciativa e livre concorrência, neutralidade tributária, isonomia tributária, dentre outros analisados, alcançando a coerência no sistema e impedindo a perpetuação de regime tributário de exceção que viola a noção básica de igualdade e de Justiça, não merecendo abrigo em um sistema jurídico em que os princípios devem convergir, evitando-se incoerências, prestigiando a força normativa da Constituição e os objetivos fundamentais da República de constituir uma sociedade livre, justa e solidária (art. 3º, I da CF/88).

Dessa forma, concluímos que merece elogios o entendimento consagrado pela Suprema Corte brasileira nos Temas nºs 881 e 885 da Repercussão Geral, no sentido de que o ordenamento jurídico é um conjunto de normas que devem convergir, evitando-se a incoerência e assegurando a supremacia das normas constitucionais, a superveniência de precedente do Plenário do STF com eficácia normativa, vinculativa e expansiva *ultra partes* inova na ordem jurídica, alterando a situação de direito. Isso quebra o silogismo original da decisão, a qual era condicionada à coisa julgada pela cláusula *rebus sic stantibus*, fazendo, assim, cessar, de forma automática, os efeitos prospectivos de coisa julgada tributária em sentido contrário após o trânsito em julgado no precedente definitivo da Suprema Corte, seja como órgão exclusivo do sistema concentrado, seja como órgão de cúpula do sistema difuso.

Nas hipóteses relevantes para a solução da lide tributária no âmbito da jurisdição constitucional exercida pelo Plenário do STF, restou consagrado pela Suprema Corte no julgamento dos Temas nºs 881 e 885 da Repercussão Geral que fazem cessar a eficácia da coisa julgada nas relações jurídicas de trato continuado em matéria tributária os precedentes normativos do STF, a partir da ata de julgamento, nos pronunciamentos do Plenário nas decisões definitivas do Plenário do STF tomadas em recursos extraordinários julgados sob o regime de repercussão geral (RG)[56] e nas decisões definitivas, proferidas pelo Plenário do STF, em ações de controle concentrado de constitucionalidade (ADIn, ADC e ADPF), em uma evidente demonstração da força normativa de seus precedentes e da definitiva equiparação entre os sistemas de controle de constitucionalidade difuso e concentrado no Brasil.

Referências

ÁVILA, Humberto. *Segurança jurídica*: entre permanência, mudança e realização no direito tributário. 2. ed. rev., atual. e ampl. São Paulo: Malheiros, 2012.

ÁVILA, Humberto. *Teoria da segurança jurídica*. 4. ed. rev., atual. e ampl. São Paulo: Malheiros, 2016.

BARROSO, Luís Roberto; MELLO, Patrícia Perrone Campos. Trabalhando com uma nova lógica: a ascensão dos precedentes no direito brasileiro. *Revista da AGU*, Brasília, ano 15, n. 3, 23 set. 2016.

BORGES, José Souto Maior. Limites constitucionais e infraconstitucionais da coisa julgada tributária (contribuição social sobre o lucro). *Cadernos de Direito Tributário e Finanças Públicas*, v. 27, p. 170-194, abr. 1999.

BRASIL. *Constituição da República Federativa do Brasil de 1988*. Brasília: Senado Federal, 1988.

BRASIL. *Decreto-Lei n. 2.445, de 29 de junho de 1988*. Altera a legislação do Programa de Formação do Patrimônio do Servidor Público – PASEP e do Programa de Integração Social – PIS e dá outras providências. Brasília: Presidência da República, 1988.

BRASIL. *Decreto-Lei n. 2.449, de 21 de julho de 1988*. Altera disposições do Decreto-Lei nº 2.445, de 29 de junho de 1988, e dá outras providências. Brasília: Presidência da República, 1988.

BRASIL. *Lei n. 13.105, de 16 de março de 2015*. Código de Processo Civil. Brasília: Congresso Nacional, 2015.

BRASIL. *Lei n. 5.869, de 11 de janeiro de 1973*. Institui o Código de Processo Civil. Brasília: Congresso Nacional, 1973.

BRASIL. Senado Federal. *Resolução n. 26, de 21.06.2005*. "Suspende a execução da alínea "h" do inciso I do artigo 12 da Lei Federal 8.212, de 24 de julho de 1991, acrescentada pelo parágrafo 1º do artigo 13 da Lei Federal 9.506, de 30 de outubro de 1997". Publicação Original: Diário Oficial da União de 22/06/2005, p. 5, col. 1. Brasília: Senado Federal, 2005.

[56] Nos casos julgados da Suprema Corte, no controle difuso, anteriores à instituição do regime de julgamento pela repercussão geral, foi negado o impacto na ordem jurídica apta a alterar o silogismo original da sentença, merecendo uma reflexão por parte da União dos instrumentos jurídicos capazes de fazerem valer esses julgados que permanecem como bilhetes de loteria no sistema tributário brasileiro.

BRASIL. Senado Federal. *Resolução n. 49, de 09.10.1995.* "Suspende a execução dos Decretos-leis números 2.445 de 29 de junho de 1988, e 2.449, de 21 de julho de 1988". Publicação Original: Diário Oficial da União de 10/10/1995, p. 15861, col. 2. Brasília: Senado Federal, 1995.

BUZAID, Alfredo. *A ação declaratória no direito brasileiro.* 2. ed. rev. e aum. São Paulo: Saraiva, 1986.

CABRAL, Antônio do Passo. *Coisa julgada e preclusos dinâmica*: entre continuidade, mudança e transição de posições processuais estáveis. Salvador: JusPodivm, 2013.

CALIENDO, Paulo. *Direito tributário e análise econômica do direito* – Uma visão crítica. Rio de Janeiro: Elsevier, 2009.

CARRAZZA, Roque Antônio. *Curso de direito constitucional tributário.* 10. ed. rev. São Paulo: Malheiros, 1997.

CARVALHO, Paulo de Barros. O princípio da segurança jurídica em matéria tributária. *Revista da Faculdade de Direito – Universidade de São Paulo,* v. 98, p. 159-180, 2003.

CRUZ E TUCCI, José Rogério. *Precedente judicial como fonte do direito.* São Paulo: RT, 2004.

DINAMARCO, Cândido Rangel. Relativizar a coisa julgada material. *Revista de Processo,* 2001.

FERRAZ, Taís Schilling. *O precedente na jurisdição constitucional*: construção e eficácia do julgamento da questão com repercussão geral. São Paulo: Saraiva, 2017. Série IDP: Linha Pesquisa Acadêmica.

GRAU, Eros Roberto. *A ordem econômica na Constituição de 1988.* 16. ed. rev. e atual. São Paulo: Malheiros, 2014.

GRECO, Marco Aurélio. *Planejamento tributário.* 4. ed. São Paulo: Quartier Latin, 2019.

HESSE, Konrad. *A força normativa da Constituição.* Porto Alegre: Sergio Antonio Fabris Editor, 1991.

KELSEN, Hans. *Jurisdição constitucional.* 2. ed. São Paulo: Martins Fontes, 2007.

KELSEN, Hans. *Teoria pura do direito.* Tradução de João Baptista Machado. 8. ed. São Paulo: WMF Martins Fontes, 2009.

MENDES, Gilmar Ferreira. *Jurisdição Constitucional.* 6. ed. 2. tir. São Paulo: Saraiva, 2014.

MITIDIERO, Daniel. *Cortes superiores e cortes supremas*: do controle à interpretação da jurisprudência ao precedente. 3. ed. rev., atual. e ampl. São Paulo: Revista dos Tribunais, 2017.

MOREIRA, José Carlos Barbosa. Considerações sobre a chamada "relativização" da coisa julgada material. *Revista Dialética de Direito Processual,* v. 22, 2005.

MOREIRA, José Carlos Barbosa. Eficácia da sentença e autoridade da coisa julgada. *Revista da Associação dos Juízes do Rio Grande do Sul,* Porto Alegre, n. 28, jul. 1983.

NIEVA-FENOLL, Jordi. A coisa julgada: o fim de um mito. *In*: DIDIER JR., F.; CABRAL, A. P. (Coord.). *Coisa julgada e outras estabilidades processuais.* Salvador: JusPodivm, 2018. p. 105-122.

NIEVA-FENOLL, Jordi. *Coisa julgada.* Tradução de Antônio do Passo Cabral. São Paulo: Revista dos Tribunais, 2016. Coleção Liebman.

OLIVEIRA, Paulo Mendes de. *Coisa julgada e precedente, limites temporais e as relações jurídicas de trato continuado.* São Paulo: Revista dos Tribunais, 2015. Coleção O Novo Processo Civil.

PANDOLFO, Rafael. *Jurisdição constitucional tributária.* Reflexos nos processos administrativos e judicial. São Paulo: Noeses, 2012.

PONTES DE MIRANDA, Francisco Cavalcanti. *Comentários ao Código de Processo Civil*: art. 1º a 45. Rio de Janeiro: Forense, 1999. t. I.

PONTES, Helenilson Cunha. *Coisa julgada tributária e inconstitucionalidade.* São Paulo: Dialética, 2005.

RIBEIRO, Ricardo Lodi. Coisa julgada tributária e o Código de Processo Civil/2015. *In*: MACHADO, Hugo de Brito (Org.). *O processo tributário e o Código de Processo Civil 2015.* São Paulo: Malheiros, 2017.

SANTOS, J. Albano. *Teoria fiscal.* Lisboa: Universidade Técnica de Lisboa – Instituto Superior de Ciências Sociais e Políticas, 2003.

SUPERIOR TRIBUNAL DE JUSTIÇA. AgInt no AgInt no AREsp. n. 459.787/DF rel. Min. Sérgio Kukina, 1ª Turma, julgado em 11.11.2019. *DJe*, 18.11.2019.

SUPERIOR TRIBUNAL DE JUSTIÇA. AgInt no AREsp n. 1.145.363/DF. Rel. Min. Assusete Magalhães, 2ª Turma, julgado em 05.12.2017. *DJe*, 12.12.2017.

SUPERIOR TRIBUNAL DE JUSTIÇA. AgInt no AREsp n. 1.387.412/RS. Rel. Min. Francisco Falcão, 1ª Turma, julgado em 01.10.2019. *DJe*, 03.10.2019.

SUPERIOR TRIBUNAL DE JUSTIÇA. AgInt no AREsp. n. 450.045/DF. Rel. Min. Napoleão Nunes Maia Filho, 1ª Turma, julgado em 20.02.2018. *DJe*, 13.03.2018.

SUPERIOR TRIBUNAL DE JUSTIÇA. AgInt no REsp. n. 1.516.130/SC. Rel. Min. Mauro Campbell Marques, 2ª Turma, julgado em 06.12.2016. *DJe*, 15.12.2016.

SUPERIOR TRIBUNAL DE JUSTIÇA. AgInt nos EDcl no AREsp n. 313.691/SC. Rel. Min. Napoleão Nunes Maia Filho, 1ª Turma, julgado em 17.11.2020. *DJe*, 24.11.2020.

SUPERIOR TRIBUNAL DE JUSTIÇA. AgRg na MC n. 24.972/SC. Rel. Min. Olindo Menezes (Desembargador convocado do TRF 1ª Região), 1ª Turma, julgado em 17.12.2015. *DJe*, 02.02.2016.

SUPERIOR TRIBUNAL DE JUSTIÇA. AgRg no REsp n. 1.470.687/SC, Rel. Ministro Napoleão Nunes Maia Filho, 1ª Turma, julgado em 16.06.2015. *DJe*, 26.06.2015.

SUPERIOR TRIBUNAL DE JUSTIÇA. AgRg no REsp n. 703.526/MG. 1ª Turma. Rel. para acórdão Min. Teori Zavascki, julgado em 02.08.2005. *DJ*, 19.09.2005.

SUPERIOR TRIBUNAL DE JUSTIÇA. AgRg no REsp n. 888.834/RJ. Rel. Min. Francisco Falcão, 1ª Turma, julgado em 02.10.2007. *DJ*, 12.11.2007.

SUPERIOR TRIBUNAL DE JUSTIÇA. REsp 1.095.373/SP. Rel. Min. Eliana Calmon, 2ª Turma, julgado em 23.06.2009. DJe, 04.08.2009.

SUPERIOR TRIBUNAL DE JUSTIÇA. REsp 875.635/MG. Rel. Min. Luiz Fux, 1ª Turma, julgado em 16.10.2008. DJe, 03.11.2008.

SUPERIOR TRIBUNAL DE JUSTIÇA. REsp n. 1.103.584/DF. Rel. Min. Luiz Fux, 1ª Turma, julgado em 18.05.2010. *DJe*, 10.09.2010.

SUPERIOR TRIBUNAL DE JUSTIÇA. REsp n. 193.500/PE. Rel. Min. Garcia Vieira, 1ª Turma, julgado em 06.05.1999. *DJ*, 13.09.1999.

SUPERIOR TRIBUNAL DE JUSTIÇA. REsp n. 233.662/GO. Rel. Min. José Delgado, 1ª Turma, julgado em 14.12.1999. *DJ*, 12.03.2000.

SUPERIOR TRIBUNAL DE JUSTIÇA. REsp n. 281.209/GO. Rel. Min. José Delgado, 1ª Turma, julgado em 07.06.2001. *DJ*, 27.08.2001.

SUPERIOR TRIBUNAL DE JUSTIÇA. REsp n. 308.857/GO. Rel. Min. Garcia Vieira, 1ª Turma, julgado em 21.06.2001. *DJ*, 27.08.2001.

SUPERIOR TRIBUNAL DE JUSTIÇA. REsp n. 381.911/PR. Rel. Min. Humberto Gomes de Barros, 1ª Turma, julgado em 02.12.2003. *DJ*, 19.12.2003.

SUPERIOR TRIBUNAL DE JUSTIÇA. REsp n. 599.764/GO. Rel. Min. Luiz Fux, 1ª Turma, julgado em 08.06.2004. *DJ*, 01.07.2004.

SUPERIOR TRIBUNAL DE JUSTIÇA. REsp n. 7.478/SP. Rel. Min. Ilmar Galvão, 2ª Turma, julgado em 10.04.1991. *DJ*, 29.04.1991.

SUPERIOR TRIBUNAL DE JUSTIÇA. REsp n. 719/SP. Rel. para acórdão Min. Américo Luz, 2ª Turma, julgado em 07.02.1990. *DJ*, 19.03.1990.

SUPERIOR TRIBUNAL DE JUSTIÇA. REsp n. 75.657/SP. Rel. Min. Garcia Vieira, 1ª Turma, julgado em 07.11.1997. *DJ*, 16.02.1998.

SUPERIOR TRIBUNAL DE JUSTIÇA. REsp n. 822.683/PR. Rel. Min. Teori Albino Zavascki, 1ª Turma, julgado em 10.10.2006. *DJ*, 26.10.2006.

SUPERIOR TRIBUNAL DE JUSTIÇA. REsp n. 92.779/MG. Rel. Min. Garcia Vieira, 1ª Turma, julgado em 09.09.1997. *DJ*, 06.10.1997.

SUPREMO TRIBUNAL FEDERAL. Ação Cautelar (AC) n. 1.657/RJ. Rel. para acórdão Min. Cesar Peluso, Tribunal Pleno, julgado em 27.06.2007. *DJe*, 31.08.2007.

SUPREMO TRIBUNAL FEDERAL. ADIn n. 2.418/DF. Rel. Min. Teori Albino Zavascki, Tribunal Pleno, julgado em 04.05.2016. *DJe*, 17.11.2016.

SUPREMO TRIBUNAL FEDERAL. ADIn n. 3.345/DF e ADI n. 3.365/DF (Apenso). Rel. Min. Celso de Mello, Tribunal Pleno, julgado em 25.08.2005. *DJe*, 20.08.2010.

SUPREMO TRIBUNAL FEDERAL. ADIn n. 3.406/RJ. Rel. Min. Rosa Weber, Tribunal Pleno, julgado em 29.11.2017. *DJe*, 01.02.2019.

SUPREMO TRIBUNAL FEDERAL. ADIn n. 3.470/RJ. Rel. Min. Rosa Weber, Tribunal Pleno, julgado em 29.11.2017. *DJe*, 01.02.2019.

SUPREMO TRIBUNAL FEDERAL. ADIn. n. 1.102/DF. Rel. Min. Maurício Corrêa, Tribunal Pleno, julgado em 05.10.1995. *DJ*, 01.12.1995.

SUPREMO TRIBUNAL FEDERAL. ADIn. n. 3.089/DF. Rel. Min. Joaquim Barbosa, Tribunal Pleno, julgado em 13.02.2008. *DJe*, 01.08.2008.

SUPREMO TRIBUNAL FEDERAL. ADIn-AgR n. 4.071/DF. Rel. Min. Menezes de Direito, Tribunal Pleno, julgado em 22.04.2009. *DJe*, 16.10.2009.

SUPREMO TRIBUNAL FEDERAL. AR-AgR n. 948-7. Rel. Min. Xavier de Albuquerque, Tribunal Pleno, julgado em 09.09.1981. *DJ*, 04.12.1981.

SUPREMO TRIBUNAL FEDERAL. HC n. 82.959/SP. Rel.: Min. Marco Aurélio, Tribunal Pleno, julgado em 23.02.2006. *DJ*, 01.09.2006.

SUPREMO TRIBUNAL FEDERAL. Questão de Ordem na Ação Cautelar n. 2.177/PE. Rel. Min. Ellen Gracie, Tribunal Pleno, julgado em 12.11.2008. *DJe*, 19.11.2008.

SUPREMO TRIBUNAL FEDERAL. Questão de Ordem no Agravo de Instrumento n. 760.358/SE. Rel.: Min. Gilmar Mendes, Tribunal Pleno, julgado em 19.11.2009, DJE 19.02.2010.

SUPREMO TRIBUNAL FEDERAL. RE n. 138.284/CE. Rel. Min. Carlos Velloso, Tribunal Pleno, julgado em 01.07.1992. *DJ*, 28.08.1992.

SUPREMO TRIBUNAL FEDERAL. RE n. 146.733/SP. Rel. Min. Moreira Alves, Tribunal Pleno, julgado em 29.06.1992. *DJ*, 06.11.1992.

SUPREMO TRIBUNAL FEDERAL. RE n. 148.754/RJ. Rel. Min. Francisco Rezek, Tribunal Pleno, julgado em 24.06.1993. *DJ*, 04.03.1994.

SUPREMO TRIBUNAL FEDERAL. RE n. 166.772/RS. Rel. Min. Marco Aurélio, Tribunal Pleno, julgado em 12.05.1994. *DJ*, 16.12.1994.

SUPREMO TRIBUNAL FEDERAL. RE n. 177.296/RS. Rel. Min. Moreira Alves, Tribunal Pleno, julgado em 15.09.1994. *DJ*, 09.12.1994.

SUPREMO TRIBUNAL FEDERAL. RE n. 197.917/SP. Rel. Min. Maurício Corrêa, Tribunal Pleno, julgado em 24.03.2004. *DJ*, 07.05.2004.

SUPREMO TRIBUNAL FEDERAL. RE n. 227.832/PR. Rel. Min. Carlos Velloso, Tribunal Pleno, julgado em 01.07.1999. *DJ*, 28.06.2002.

SUPREMO TRIBUNAL FEDERAL. RE n. 230.337/RN. Rel. Min. Carlos Velloso, Tribunal Pleno, julgado em 01.07.1999. *DJ*, 28.06.2002.

SUPREMO TRIBUNAL FEDERAL. RE n. 233.807/RN. Rel. Min. Carlos Velloso, Tribunal Pleno, julgado em 01.07.1999. *DJ*, 28.06.2002.

Supremo Tribunal Federal. RE n. 351.717/PR. Rel. Min. Carlos Velloso, Tribunal Pleno, julgado em 08.10.2003. DJ, 21.11.2003

SUPREMO TRIBUNAL FEDERAL. RE n. 363.889/DF. Rel. Min. Dias Toffoli, Tribunal Pleno, julgado em 02.06.2011. *DJe*, 16.12.2011.

SUPREMO TRIBUNAL FEDERAL. RE n. 574.706/PR. Rel. Min. Cármen Lúcia, Tribunal Pleno, julgado em 15.03.2017. *DJe*, 02/10/2017.

SUPREMO TRIBUNAL FEDERAL. RE n. 590.809/RS. Rel. Min. Marco Aurélio, Tribunal Pleno, julgado em 22.10.2014. *DJe*, 24.11.2014.

SUPREMO TRIBUNAL FEDERAL. RE n. 596.663/RJ. Rel. para acórdão Min. Teori Zavascki, Tribunal Pleno, julgado em 24.09.2014. *DJe*, 26.11.2014.

SUPREMO TRIBUNAL FEDERAL. RE n. 601.314/SP. Rel. Min. Edson Fachin, Tribunal Pleno, julgado em 24.02.2016. *DJe*, 16.09.2016.

SUPREMO TRIBUNAL FEDERAL. RE n. 730.462/SP. Rel. Min. Teori Zavascki, Tribunal Pleno, julgado em 28.05.2015. *DJe*, 09.09.2015.

SUPREMO TRIBUNAL FEDERAL. RE n. 87.366-0/RJ. Rel. Min. Soares Muñoz, 1ª Turma, julgado em 21.08.1979. *DJ*, 10.09.1979.

SUPREMO TRIBUNAL FEDERAL. RE n. 949.297/CE. Rel. Min. Edson Fachin (Tema 881). Rel. para acordao Min. Luis Roberto Barroso, julgado em 08.02.2023. *DJe*, 02.05.2023.

SUPREMO TRIBUNAL FEDERAL. RE n. 955.227/BA. Rel. Min. Luís Roberto Barroso (Tema 885). Julgado em 08.02.2023. *DJe*, 02.05.2023.

SUPREMO TRIBUNAL FEDERAL. RE-AgR n. 196.752/CE. Rel. do acórdão Min. Gilmar Mendes, Tribunal Pleno, julgado em 05.11.2015. *DJe*, 04.05.2016.

SUPREMO TRIBUNAL FEDERAL. RE-AgRg n. 205.355/DF. Rel. Min. Carlos Velloso, Tribunal Pleno, julgado em 01.07.1999. *DJ*, 08.11.2002.

SUPREMO TRIBUNAL FEDERAL. Reclamação n. 4.335/AC. Rel. Min. Gilmar Mendes, Tribunal Pleno, julgado em 21.03.2014. *DJe*, 22.10.2014.

SUPREMO TRIBUNAL FEDERAL. Súmula n. 239. Decisão que declara indevida a cobrança do imposto em determinado exercício não faz coisa julgada em relação aos posteriores. Sessão Plenária de 13-12-1963.

SUPREMO TRIBUNAL FEDERAL. Súmula n. 343: "Não cabe ação rescisória por ofensa a literal disposição de lei, quando a decisão rescindenda se tiver baseado em texto legal de interpretação controvertida nos tribunais". Sessão Plenária de 13.12.1963, Fonte de publicação Súmula da Jurisprudência Predominante do Supremo Tribunal Federal – Anexo ao Regimento Interno. Edição: Imprensa Nacional, 1964, p. 150.

THEODORO JÚNIOR, Humberto; FARIA, Juliana Cordeiro de. A coisa julgada inconstitucional e os instrumentos processuais para seu controle. *Revista dos Tribunais: RT*, v. 91, n. 795, jan. 2002.

VALVERDE, Gustavo Sampaio. *Coisa julgada em matéria tributária*. São Paulo: Quartier Latin, 2004.

ZAVASCKI, Teori Albino. Ação rescisória em matéria constitucional. *In*: NERY JÚNIOR, Nelson; WAMBIER, Teresa Arruda Alvim (Coord.). *Aspectos polêmicos e atuais dos recursos cíveis e de outras formas de impugnação às decisões judiciais*. [s.l.]: [s.n.], 2001. v. 4. p. 1041-1066.

ZAVASCKI, Teori Albino. Coisa julgada em matéria constitucional: eficácia das sentenças nas relações jurídicas de trato continuado. *Academia Brasileira de Direito Processual Civil*, 2005. Disponível em: http://www.abdpc.org.br/abdpc/artigos/Teori%20Zavascki.

ZAVASCKI, Teori Albino. *Eficácia das sentenças na jurisdição constitucional*. 4. ed. São Paulo: Revista dos Tribunais, 2017.

Informação bibliográfica deste texto, conforme a NBR 6023:2018 da Associação Brasileira de Normas Técnicas (ABNT):

SEEFELDER FILHO, Claudio Xavier. Precedente normativo do Supremo Tribunal Federal e a equiparação dos sistemas de controle de constitucionalidade no Brasil: efeitos das decisões do Supremo Tribunal Federal em controle difuso e concentrado de constitucionalidade sobre a coisa julgada formada nas relações tributárias de trato continuado (RE nº 949.297, Tema nº 881; e RE nº 955.227, Tema nº 885). *In*: PAULA, Fernanda de; PENCAK, Nina (coord.). *Tributação, liberdade e igualdade*: as contribuições do Ministro Luís Roberto Barroso. Belo Horizonte: Fórum, 2025. p. 311-337. ISBN 978-65-5518-952-0.

O CONCEITO DE JUSTIÇA NA REFORMA TRIBUTÁRIA DE 2023: EQUIDADE E FISCALIDADE

CLEUCIO SANTOS NUNES

Introdução

A Emenda Constitucional nº 132, de 2023, foi aprovada em um contexto de muita expectativa e polêmica. Em relação à primeira circunstância, havia um clima de ansiedade por simplificação do sistema que durava mais de trinta anos. Realmente, de 1988 para cá o regime tributário só piorou neste particular. Apesar das inúmeras inovações da tecnologia da informação, muitas delas aproveitadas pelos órgãos arrecadatórios, o fato é que a burocracia, conscientemente ou não, usou a tecnologia para aumentar os custos de conformidade, especialmente o das empresas. As regras para apuração dos tributos sobre renda, circulação de mercadorias ou sobre industrialização de produtos, para ficar com esses três casos apenas, se tornaram altamente complexas, ampliando a margem de erros do contribuinte ou a abertura de frestas para a sonegação fiscal. Criou-se um círculo vicioso em que foram se instituindo regras novas de controle arrecadatório e quanto mais regras se criavam, mais meios de burlar o sistema apareceram.

Aliado a isso, foram se prevendo diversos tributos, inclusive, com nítida dupla incidência, disfarçada sob o argumento de que eram tipos tributários diferentes da espécie imposto, hipótese em que não seria aplicável a regra da competência residual da União, pois esta se refere à espécie tributária imposto e não às contribuições. Nesse sentido, a ADC nº 1, julgada em 1993, fixou o entendimento de que não havia dupla tributação entre Cofins e PIS, apesar de ambas incidirem sobre o faturamento ou receita bruta, pois não se tratava de impostos nem de nova fonte de custeio para a seguridade social, dispensando-se as restrições da competência tributária residual da União, prevista, neste caso, na combinação do §4º do art. 195 com o art. 154, I da Constituição Federal. A própria CSLL e o IRPJ também colocaram mais uma pitada de controvérsia, na medida em que o lucro constitui fato gerador e base de cálculo comum aos dois tributos. No ponto, o Supremo Tribunal Federal, em 1992, no julgamento do RE nº 149.733-9, decidiu que a contribuição em questão não estava também sujeita ao regime da competência residual nem se tratava de nova fonte de custeio à seguridade social, uma vez que veio determinada no art. 195 da Constituição Federal. Daí porque não se sujeitaria à vedação da dupla tributação, aplicável somente para fontes de financiamento da seguridade não previstas no texto constitucional, na linha do que recomenda a interpretação sistemática do §4º do art. 195 com o art. 154, I, ambos da Carta Magna.

Depois desses precedentes da Suprema Corte, uma variedade de pagamentos com base na folha de remunerações a cargo do empregador foi alvo de contribuições, como algumas do *sistema S, contribuição patronal, SAT, CRB* e outras que se juntaram a um conjunto de impostos já conhecidos II, IE, IOF, IPI, ITR, ITCMD, ICMS, IPVA, ISS etc. Nesse emaranhado de siglas, vale incluir o regime especial do Simples, que virou o *calcanhar de Aquiles* do pequeno empresário e dos contadores, em virtude de tantas exigências burocráticas.

Enfim, o sistema de tributação do Brasil virou uma Torre de Babel, ineficiente e propenso à sonegação, exatamente em virtude da complexidade, embora esta tenha sido engendrada exatamente para impedir a própria sonegação e ampliar a arrecadação. Pedindo-se licença para a metáfora, o excesso de burocracia tributária para tornar o sistema eficiente lembra a passagem da canção *Não Sonho Mais*, do Chico Buarque, quando diz assim: "Quanto mais tu corria. Mais tu ficava. Mais atolava. Mais te sujava. Amor, tu fedia. Empestava o ar".

Quanto à segunda circunstância, a aprovação foi realmente muito discutível, na medida em que o texto final foi votado às pressas, correndo boatos verossímeis de que alguns parlamentares não tiveram tempo de examinar a matéria com a atenção e profundidade devidas, especialmente porque, no Senado, foram realizadas modificações relevantes quando comparadas com o texto que saiu da Câmara.

Apesar disso, não se pode negar que a emenda trouxe algumas modificações importantes no sistema de tributação previsto desde a redação original de 1988. Como se sabe, a Carta Constitucional vigente foi produto de amplas tentativas de consenso, visando equilibrar interesses do mercado e de demandas sociais históricas. Acrescente-se que a Assembleia Nacional Constituinte de 1987 tinha o desafio de inserir normas que refletissem a transição de um regime militar autoritário para um ambiente democrático. A constituinte teria que ser capaz de assegurar direitos fundamentais individuais e sociais, necessários à introdução do país nas exigências de um mundo de diversidade de comportamentos que surgia, derivadas do reconhecimento dos direitos de minorias excluídas historicamente.

Nessa linha, era também função da Assembleia Nacional Constituinte equilibrar os direitos individuais e sociais com as exigências do chamado mercado produtivo e financeiro. Esse ajuste fino sempre colocou os interesses dos trabalhadores menos favorecidos economicamente em lado oposto às demandas do mercado, de modo que, enquanto este último visava potencializar seus ganhos individuais, aqueles pretendiam não perder direitos conquistados ou até ampliá-los.

Registre-se, nesse contexto, que direitos sociais antes ignorados foram positivados na Constituição. Por exemplo, na área da saúde, o Sistema Único – SUS passou por uma reformulação radical de atendimento integral, o que pressupôs a oferta de serviços nas áreas de saúde ambulatorial, internações e medicamentos, conforme prevê o art. 198 da Constituição. Na atualidade, de acordo com o art. 196, qualquer pessoa tem direito a esses serviços gratuitamente, ou seja, ainda que o indivíduo não tenha contribuído diretamente ao sistema, será atendido.

No segmento educação, igualmente, este passou a ser direito público subjetivo das pessoas, ao menos em relação ao ensino básico, nos termos do art. 208, §1º da Constituição Federal. Além disso, o ensino deve ser oferecido de forma gratuita e, no caso do ensino básico, o seu não oferecimento, ou sua oferta irregular, importa responsabilidade da autoridade competente (CF, art. 208, §2º).

A assistência social também mereceu atenção do constituinte de 1988, prevendo o art. 203 da Carta, que a prestação dessa assistência será oferecida a quem necessitar, independentemente de contribuição. As finalidades da seguridade social são várias, dentre as quais, o amparo às crianças e adolescentes carentes e a garantia de um salário mínimo de benefício mensal à pessoa portadora de deficiência e ao idoso que comprovem não possuir meios de prover a própria manutenção ou de tê-la provida por sua família.

No campo da seguridade social, há que se dar destaque à previdência, pois o art. 201 da Constituição estabeleceu um rol de benefícios básicos, que são: a) cobertura dos eventos de incapacidade temporária ou permanente para o trabalho e idade avançada; b) proteção à maternidade, especialmente à gestante; c) proteção ao trabalhador em situação de desemprego involuntário; d) salário-família e auxílio-reclusão para os dependentes dos segurados de baixa renda; e) pensão por morte do segurado, homem ou mulher, ao cônjuge ou companheiro e dependentes.

Outra preocupação do constituinte foi com o meio ambiente. Nesse segmento, o Brasil guarda um histórico de degradação ambiental que não é exclusividade sua. A maioria dos países economicamente ricos adotou práticas de exploração ambiental que colocaram seus biomas em risco ou até mesmo os dizimaram. A proteção e defesa do meio ambiente ecologicamente equilibrado deixou de ser um voluntarismo dos ambientalistas pioneiros dos anos 1970 para se tornar uma obrigação do Estado e da sociedade, conforme determina o art. 225 da Constituição Federal.

Quando se compara a Constituição de 1988 com as Cartas anteriores, logo se percebe que a norma vigente pretendeu atender a diversos direitos sociais, o que, obviamente, amplia a necessidade de recursos financeiros para o atendimento dessas demandas.

A opção por aumentar despesas na área social tem a ver com aspectos morais que se relacionam com a ideia de igualdade e de justiça equitativa. No caso brasileiro, o retrato da desigualdade é histórico e se espalha para diversos grupos humanos, desde a iniquidade de gênero até a de raças ou de etnias. Essas formas de desigualdade são visíveis por mais que alguns teimem em disfarçar e, por isso mesmo, dispensam muitos comentários, ao menos para a introdução deste artigo.

Seja como for, uma delas, pelo menos, vale um breve destaque, que é a decorrente do flagelo moral da escravidão. Como se sabe, no Brasil, durante quase quatro séculos, diversas pessoas, homens, mulheres e crianças, foram trazidas forçadamente da África para cá para trabalharem, em geral na lavoura ou na extração mineral, sem remuneração ou qualquer direito. A jornada de trabalho era intensa, visando-se alcançar níveis de produtividade elevados a custos reduzidos, quais sejam, comida de baixo valor proteico e moradia com acomodações sub-humanas.

O trabalho nessas condições indignas gera, naturalmente, revolta e a busca de se romper com a essa situação. Exatamente por isso, os escravizados no Brasil eram privados de sua liberdade mediante repressões violentas, que poderiam custar castigos cruéis ou até a própria vida.

A escravidão, que formalmente foi abolida em 1888, em verdade, deixou um legado de exclusão de direitos básicos e de pobreza vividos até a atualidade pelo povo descendente de escravos. No Brasil, não existiu nenhum tipo de política pública de amparo social ou de estímulo econômico aos escravos libertos como ocorreu com os imigrantes europeus do início do século XX. Hoje se sabe que havia um projeto deliberado de embranquecimento racial e social do povo brasileiro, mediante a falta de políticas promotoras de direitos básicos aos escravizados libertos, de modo que, naturalmente, estes seriam conduzidos à pobreza e à miséria. Essas condições, em curto ou médio prazo, levariam o povo negro a uma vida tão miserável, que se tornaria indigna de ser vivida. Com o tempo, uma espécie de "seleção natural" eliminaria os cerca de dois milhões de escravos libertos e seus descendentes, que deixariam de existir, dariam lugar a uma raça predominante branca.[1] Como se sabe, esse projeto, felizmente, não prosperou, mas deixou sequelas sociais e econômicas nocivas até hoje.[2]

Em resumo, no Brasil, a pobreza tem cor: *a cor preta dos afrodescendentes*. Em que pese a Constituição de 1988 não ter atinado diretamente para este problema, todo o contexto de asseguração de direitos sociais está também envolto nessa questão central, que é a desigualdade racial no Brasil. Em 2022, o censo registrou que a população brasileira era formada por 55,5% de pessoas que se declaravam pardas ou pretas, ou seja, a maior parcela da população. Somando-se os indígenas, o número aumenta para 55,9%.[3] Como se sabe, essa parcela da população é a que convive com as piores condições de uma vida digna e com quase nada de oportunidades para prosperidade econômica.

Feitas essas considerações iniciais, fica uma pergunta no ar, qual a relação que se estabelece entre essas questões históricas e o regime tributário? Uma possível resposta é que a correção das dificuldades geradas com a pobreza não depende unicamente da economia, mas da ação coordenada entre Poder Público, mercado e sociedade. Ao Estado cabe definir as políticas públicas que sejam capazes de reduzir ou até eliminar o grave problema da desigualdade; o mercado, por sua vez, deve criar as condições econômicas para absorção dos resultados das políticas públicas; a sociedade deverá ser ciosa de suas obrigações, dentre as quais as tributárias, que servirão de suporte financeiro para a execução de várias ações coordenadas, voltadas ao combate da desigualdade.

A quantidade de tributos e a respectiva complexidade são, em certa medida, efeitos que têm as desigualdades históricas como causas. O aumento da despesa com políticas sociais gera, por óbvio, a necessidade de se ampliar a arrecadação. A eficiência arrecadatória exige controles que passam pelo aumento de burocracia que, por sua vez, gera complexidade. O sistema tributário arquitetado na Constituição de 1988 refletiu essas situações embaraçosas e contraditórias.

---

1 "Segundo o relatório da Diretoria Geral de Estatística (1877, p. 13), na data do recenseamento de 1872, o Brasil era habitado por três raças distintas, a saber: a branca, da qual existem 3.787.289 indivíduos; africana, com 1.954.452; indígena, com 386.955 indivíduos". Cf. GOUVÊA, Maria Cristina; XAVIER, Ana Paula. Retratos do Brasil: raça e instrução nos censos populacionais do século XIX. *Educ. Soc.*, Campinas, v. 34, n. 122, p. 99-120, jan./mar. 2013. Disponível em: http://www.cedes.unicamp.br. Acesso em: 11 de jul. 2024.

2 FERNANDES, Florestan. *Relações de raça no Brasil*: realidade e mito. Brasil tempos modernos. 3. ed. São Paulo: Paz e Terra, 1979. p. 111-137.

3 BRASIL. IBGE. Disponível em: https://agenciadenoticias.ibge.gov.br/agencia-noticias/2012-agencia-de-noticias/noticias/38719-censo-2022-pela-primeira-vez-desde-1991-a-maior-parte-da-populacao-do-brasil-se-declara-parda. Acesso em: 11 de jul. 2024

Apesar disso, não se justifica a manutenção de um sistema complexo e que se mostre exageradamente burocrático, capaz de gerar custos de conformidade importantes à sociedade contribuinte de tributos. Igualmente, a alta carga tributária pode propiciar certo clima de desânimo, especialmente quando comparada com o nível de qualidade da maioria dos serviços públicos.

Esses fatores foram sendo inseridos no imaginário da população, especialmente no setor produtivo e em certos segmentos das classes A e B, de modo que o sistema tributário, ao lado da corrupção e da violência urbana, passou a ser um dos grandes problemas do Brasil dos últimos anos.

Ocorre que o sistema tributário possui um grau de complexidade imanente, em que sua identificação não se resume a regras de conformidade, nem no número de tributos existentes. A complexidade que ora nos referimos é a necessária junção entre relação tributária – consistente na definição dos fatos geradores e dos contribuintes – com as causas motivadoras dos tributos, seus efeitos sobre certos grupos de contribuintes e as finalidades que se visam alcançar com a arrecadação tributária.

Disso nasce uma visão crítica do sistema de tributação que ultrapassa a singela visão de que o país carrega uma alta carga tributária – a maior do mundo como muitos afirmam – e que o sistema é confuso e complexo. Ainda que isso seja verdade, essa parece ser a face superficial da complexidade tributária brasileira, e que tem pouco a ver com o principal problema (ou melhor: *desafio*), que é construir uma sociedade justa, livre e solidária como quer o art. 3º da Constituição Federal, tendo o sistema de tributação como suporte para esse objetivo.

Este texto procurará trazer reflexões nesse sentido, focando em dois pontos interligados à tributação: a equidade e a justiça. Ao tocar nestes assuntos, nossa proposta de argumentação sobre a complexidade do sistema de tributação anseia antes de qualquer coisa um regime tributário equitativo e reparador de injustiças historicamente verificáveis.

1 Equidade tributária: conceito e diagnóstico

1.1 Conceito de equidade na filosofia e no direito

O conceito de *equidade* tributária passa convenientemente pela noção filosófica de *justiça*. Aliás, *justiça* possui conteúdo indeterminado, pois algumas teorias de justiça foram sendo desenvolvidas ao longo dos séculos, de modo que a palavra guarda certa compreensão abstrata e concreta, ingressando no rol de palavras como *liberdade*, segundo a qual, como nos versos de Cecília Meireles, "essa palavra que o sonho humano alimenta: que não há ninguém que explique, e ninguém que não entenda!".[4]

A compreensão concreta de justiça está relacionada ao cotidiano. Ao nos referirmos à justiça nas situações prosaicas da vida, a utilizamos em um sentido lato, em que a impressão que recebemos da situação concreta pode projetar sentimentos de conforto ou de revolta, dependendo das circunstâncias em que nos encontramos. Geralmente, o sentimento de injustiça toca mais facilmente do que o contrário. Quando nos deparamos com o sofrimento humano, a sensação de injustiça dispara reações em nossa mente ou

4 MEIRELES, Cecília. *Romanceiro da Inconfidência*. Obra poética. Rio de Janeiro: Nova Aguiar, 1977.

até no nosso corpo e podemos ser levados a agir motivados por sentimentos morais, alguns deles explicáveis pela neurociência.[5]

Do ponto de vista abstrato, a *ideia de justiça* envolve certos aspectos de ordem filosófica, uma procura de significados para a palavra como a própria filosofia anseia a verdade inalcançável, a utopia da verdade. Daí porque a teoria possui a finalidade de tentar promover certos consensos, ou seja, dependendo da visão que temos do mundo, podemos aceitar uma ou outra teoria de justiça como satisfatória. Seja como for, na filosofia ocidental, normalmente se recorre a Aristóteles para se entender as aplicações da ideia do justo.[6]

Na filosofia aristotélica, a *justiça* seguiu como uma forma de legitimação do direito; este, por sua vez, se expressava pelas leis universais.[7] Quando estas leis não fossem capazes de ser aplicadas sobre uma situação concreta, deveria se recorrer à equidade. A equidade, por sua vez, era a solução do caso concreto em relação ao qual a lei abstrata não previa solução. Assim, tanto a lei quanto a resolução concreta do caso eram justas, em que pese, na visão de Aristóteles, a equidade ser uma manifestação de justiça melhor, pois "essa é a natureza do equitativo: uma correção da lei quando ela é deficiente em razão da sua universalidade".[8]

A partir dessa concepção, equidade começa a ser resumida à ideia de justiça do caso concreto, ou seja, a situação em que as leis não são suficientes para resolver determinado conflito. Pode-se levantar a discussão sobre se equidade como justiça do caso concreto seria aplicável modernamente sobre controvérsia tributária, ou seja, perante um conflito entre o fisco e o contribuinte.

É importante entender que estamos considerando um modelo de tributação de *civil law*, isto é, um sistema de direito praticamente todo legislado, e a aplicação da equidade, no caso, pressupõe que a lei tributária não foi suficiente para resolver a controvérsia. Neste ponto é que seria aplicável a equidade em conformidade com o conceito tradicional da filosofia aristotélica.

Elza Boiteaux explica que para a filosofia aristotélica a "equidade é o *procedimento* empregado para corrigir a generalidade da lei, bem como as *lacunas* decorrentes da omissão do legislador. É um procedimento que se aplica em decorrência do erro ou

---

[5] A atividade cerebral mostra-se diferente quando estamos diante de certos dilemas morais que implicam sentimentos de afeto ou de amparo a quem esteja em situação de necessidade. Do ponto de vista antropológico, isso é explicável pelo número de pessoas que compõe os grupos de convivência social. Apesar de sermos levados a agir com códigos morais de sobrevivência profundos quando a situação de vulnerabilidade está presente perante pessoas próximas, outros códigos, talvez mais frios, são igualmente acionados, demonstrando que o dever de cuidado com os outros não se explica no plano da mera assimilação racional da legalidade, mas das reações químicas que se processam em nosso cérebro. Cf. CORTINA, Adela. *Neuroética y neuropolítica*: sugerencias para la educación moral. 4. ed. Madrid: Tecnos, 2011. p. 70-71.

[6] A doutrina aponta que a justiça sempre esteve interligada à legitimação do direito, desde uma fase inicial em que os impérios antigos atribuíam o cumprimento das leis a ordens divinas. Na Grécia antiga, diferentemente, as leis eram resultado de práticas dos antepassados, mas, a partir de Sócrates (399 a.C.), passaram a ser substituídas pela razão, o que foi sistematizado por Aristóteles (384 – 322 a.C.), a que se pode atribuir a primeira teoria de justiça. Cf. JOBIM, Eduardo. *A justiça tributária na Constituição*. São Paulo: JusPodivm, 2023. p. 27-28.

[7] ARISTÓTELES. *Ética a Nicômaco*. Seleção de textos de José Américo Motta Pessanha. 4. ed. São Paulo: Nova Cultural, 1991. Livro V, cap. 10.

[8] ARISTÓTELES. *Ética a Nicômaco*. Seleção de textos de José Américo Motta Pessanha. 4. ed. São Paulo: Nova Cultural, 1991. Livro V, cap. 10.

falha da *justiça legal*: por esta razão é superior a ela" (grifos no original).[9] E completa essa ideia arrematando que a "equidade é uma forma de julgamento com natureza corretiva; não só por ajustar a lei ao caso concreto, mas também por corrigir a ordem jurídica na falta de norma aplicável".[10]

Na doutrina portuguesa, José de Oliveira Ascensão recorre a Aristóteles para sustentar o argumento de que equidade é um instrumento de adequação da legalidade formal à ideia de justiça e igualdade.[11] Nessa linha de que equidade é uma forma de aplicação do princípio da igualdade, Tercio Sampaio Ferraz defende que a equidade atualiza o princípio da igualdade, que, por sua vez, é um dos fundamentos da justiça.[12]

É perceptível que tanto a ideia de justiça quanto a de igualdade são abstratas e constam das leis como opções políticas do momento. A função da equidade é dar concretude à igualdade conforme as circunstâncias da situação concreta, por essa razão é uma justiça mais efetiva do que a justiça abstrata refletida nas leis. Assim, se equidade é a justiça do caso concreto e considera as diferenças entre as pessoas envolvidas, há que se definir como se pode efetivar a equidade perante uma controvérsia ou disputa de interesses.

Desde Aristóteles isso já era uma preocupação, tanto assim que o filósofo recorria à figura do culto, espécie de autoridade com poderes magistrais a quem se atribuía a função de arbitrar a solução equitativa.[13] Ao longo da história do direito ocidental, essa tarefa de aplicar as soluções equitativas ao caso concreto foi atribuída aos julgadores, em uma fase em que o sistema de justiça se alicerça no jusnaturalismo. Com a migração do sistema jurídico para o positivismo e o processo de separação dos poderes defendido por Montesquieu, tem-se, como aponta Norberto Bobbio, uma redução dos poderes do julgador para arbitrar soluções equitativas.[14]

Gustav Radbruch relativizou a diferença entre justiça e equidade para assentar o entendimento de que a equidade parte da visão concreta de justiça para a abstrata, de modo que também a equidade necessita de generalização em alguma medida.[15] Isso talvez tenha gerado a senha para se compreender a equidade de uma forma mais funcional, em que o seu conceito possa se tornar mais factível e menos dependente de uma autoridade capaz de arbitrar a justiça equitativa no caso concreto.

Daí porque, trazendo a questão para os tempos atuais, se equidade é o instrumento de aplicar igualdade e justiça no caso concreto, considerando as diferenças

---

9 BOITEAUX, Elza Antonia Pereira Cunha. Variações sobre o conceito de equidade. *In*: ADEODATO, João Maurício; BITTAR, Eduardo C. B. (Org.). *Filosofia e teoria geral do direito*: estudos em homenagem a Tércio Sampaio Ferraz Junior por seu septuagésimo aniversário. São Paulo: Quartier Latin, 2011. p. 332.

10 BOITEAUX, Elza Antonia Pereira Cunha. Variações sobre o conceito de equidade. *In*: ADEODATO, João Maurício; BITTAR, Eduardo C. B. (Org.). *Filosofia e teoria geral do direito*: estudos em homenagem a Tércio Sampaio Ferraz Junior por seu septuagésimo aniversário. São Paulo: Quartier Latin, 2011. p. 332.

11 ASCENSÃO, José de Oliveira. *O direito*: introdução e teoria geral. 13. ed. Coimbra: Almedina, 2005. p. 245-253.

12 FERRAZ JR., Tércio Sampaio. *Estudos de filosofia do direito*: reflexões sobre o poder, a liberdade, a justiça e o direito. 3. ed. São Paulo: Atlas, 2009. p. 223.

13 BOITEAUX, Elza Antonia Pereira Cunha. Variações sobre o conceito de equidade. *In*: ADEODATO, João Maurício; BITTAR, Eduardo C. B. (Org.). *Filosofia e teoria geral do direito*: estudos em homenagem a Tércio Sampaio Ferraz Junior por seu septuagésimo aniversário. São Paulo: Quartier Latin, 2011. p. 330.

14 BOBBIO, Norberto. *O positivismo jurídico*: lições de filosofia do direito. Tradução de Márcio Pugliese, Edson Bini e Carlos E. Rodrigues. São Paulo: Ícone, 1995. p. 171.

15 "Enquanto a justiça vê o caso singular do ponto de vista da norma geral; a equidade busca no caso singular a sua própria lei que, por fim mas também, precisa se deixar converter em uma lei geral – pois, tal qual a justiça, a equidade é, em última instância, de natureza generalizada". Cf. RADBRUCH, Gustav. *Filosofia do direito*. Tradução de Marlene Holzhausen. São Paulo: Martins Fontes, 2004. p. 51.

entre as pessoas na situação controvertida, há manifestas dificuldades de se efetivar equidade nas sociedades populosas e complexas. O apego ao conceito aristotélico e a forma com a qual a equidade deveria ser efetivada poderiam tornar o instituto ineficaz nas sociedades modernas, especialmente após a revolução industrial e a concentração das vidas humanas no ambiente das grandes cidades.

No Brasil, Vicente Ráo defende a tese de que a equidade não sobrevive se depender de seu conceito tradicional, tal qual demonstramos. A equidade, adverte o autor, é um atributo jurídico a ser utilizado tanto pelo legislador quando elabora a norma jurídica quanto o juiz ao aplicá-la, devendo o próprio direito positivo determinar quando a equidade será aplicada pelo julgador, fundando-se na aplicação benigna e humana do direito.[16] Para Ráo, o conceito de equidade tem a seguinte substância:

> Designa-se por equidade uma particular aplicação do princípio da igualdade às funções do legislador e do juiz, a fim de que, na elaboração das normas jurídicas e em suas adaptações aos casos concretos, todos os casos iguais, explícitos ou implícitos, sem exclusão, sejam tratados igualmente e com humanidade, ou benignidade, corrigindo-se, para este fim, a rigidez das fórmulas jurídicas, ou seus erros, ou omissões.[17]

Fixadas essas premissas, partiremos do pressuposto de que o conceito de equidade se funda na igualdade entre as pessoas, não ignorando suas diferenças, e que a lei deverá prioritariamente prever os instrumentos de sua efetivação e, eventualmente, o juiz poderá aplicá-la às situações concretas, conforme a lei determinar.

1.2 Breve diagnóstico da iniquidade tributária brasileira

Aproximando-se o conceito geral de equidade à questão tributária, é necessário identificar ou diagnosticar em que situações o sistema de tributação pode se apresentar não equitativo e, portanto, exigir a aplicação do conceito de equidade proposto.

Como se sabe, no Brasil, a matriz de tributação tem sido considerada regressiva do ponto de vista da análise econômica do direito tributário.[18] Isso significa que as pessoas com menos capacidade econômica suportam uma carga tributária maior em relação aos mais ricos. Nessa perspectiva, a regressividade tributária afeta o conceito de capacidade contributiva, na medida em que as pessoas pobres têm renda diminuída com a alta carga tributária, quando o seu montante é relacionado com as maiores rendas. A regressividade econômica coloca em xeque o fundamento moral da tributação concebida desde o século XVIII, quando as teorias do *benefício* e do *sacrifício* foram elaboradas para explicar racionalmente a necessidade da tributação no Estado Moderno.[19]

---

16 RÁO, Vicente. *O direito e a vida dos direitos*. 5. ed. São Paulo: RT, 1999. p. 88.

17 RÁO, Vicente. *O direito e a vida dos direitos*. 5. ed. São Paulo: RT, 1999. p. 95.

18 Existe outra forma de se medir regressividade, que ocorre quando as alíquotas dos tributos diminuem na medida em que cresce a base de cálculo. Cf. LAGEMANN, Eugenio. Tributação: seu universo, condicionantes, objetivos, funções e princípios. *In*: GASSEN, Valcir. *Equidade e eficiência da matriz tributária brasileira*: diálogos sobre Estado, Constituição e direito tributário. Brasília: Editora Consulex, 2012. p. 51-70.

19 "A justa distribuição da carga tributária pode ser realizada mediante a aplicação de dois princípios: o princípio do benefício (ou da equivalência) e o princípio da capacidade contributiva" – MUSGRAVE, Richard A.; MUSGRAVE, Peggy B. *Finanças públicas*: teoria e prática. São Paulo: Editora Edusp, 1980. p. 178-189.

Existem várias teorias que justificam a tributação em seu aspecto racional. Nesse sentido, vale conferir a informação de James Marins.[20] No entanto, as duas teorias tributárias mencionadas acima revelam, de forma mais precisa, como a relação entre os pagadores de tributos e o Estado pode se desenvolver eficientemente do ponto de vista econômico e jurídico. De acordo com a *teoria do benefício*, também chamada de *teoria do consumo* ou *teoria da equivalência*, a necessidade de se exigirem tributos da sociedade decorre de uma relação direta que se estabelece entre o Estado e o indivíduo nas atuações estatais.[21] Assim, serviços públicos e o exercício do poder de polícia seriam remunerados por tributos na medida em que as pessoas usufruem dessas atividades. Dito de outro modo, se não houver demanda pela atividade estatal, logo não haverá necessidade de pagar o tributo.

Conforme a teoria do *sacrifício comum* ou do *sacrifício igual*, o dever de pagar tributos recai sobre todas as pessoas, pois todos recebem benefícios do poder público, ainda que indiretos. Neste último caso, a capacidade econômica de cada qual será o medidor do montante de tributo a ser pago, enquanto na teoria do benefício o custo da atividade estatal é o que deve medir o quanto de tributo deve ser pago por contribuinte. Na teoria do sacrifício, vê-se que o recebimento de benefícios do Estado por todos, ainda que difusos ou indiretos, exigirá da teoria da tributação um critério em que todos possam pagar tributos mediante uma regra de justiça, independentemente dos custos desses benefícios divididos por todos os usuários. Por isso, a capacidade de pagar (capacidade contributiva) passa a ser a referência por meio da qual será determinado o montante de tributo a ser pago por cada pessoa, dando ensejo ao princípio da capacidade contributiva.[22]

Voltando-se ao tema da regressividade, como deixamos intuir, os estudos recentes demonstram que, no Brasil, a parcela mais pobre da sociedade arca com uma carga tributária mais pesada sobre a sua renda, de modo que a capacidade contributiva não é juridicamente respeitada. Isso se deve ao fato de que a maior parcela de tributos arrecadados recai sobre o consumo. Os tributos do consumo, também chamados de tributos indiretos, não distinguem capacidades contributivas, pois a legislação determina que sejam embutidos no preço dos produtos, de modo que, independentemente da capacidade contributiva do consumidor, a tributação será a mesma. Ocorre, como é óbvio, que uma pessoa com renda de um salário mínimo sofrerá repercussão econômica maior sobre a sua renda do que aquele que recebe trinta salários. Os tributos sobre propriedade e renda, considerados tributos diretos, conseguem distinguir melhor a capacidade contributiva, pois não são embutidos no preço ou no valor da renda recebida. As alíquotas incidirão tanto maior for o valor da renda ou do bem adquirido.

Tomando-se os dois extremos como exemplos, com base na POF 2017-2018, as famílias com renda *per capita* de R$212,05 sofreram uma carga tributária de tributos indiretos de 21,2%, enquanto, para as famílias que receberam *per capita* R$7.717,58, os tributos indiretos pesaram apenas 7,8%.[23]

---

[20] MARINS, James. *Direito processual tributário brasileiro*: administrativo e judicial. 11. ed. São Paulo: Revista dos Tribunais, 2018. p. 121-123.

[21] LAPATZA, José Juan Ferreiro. *Direito tributário*: teoria geral do tributo. Barueri: Manole; Marcial Pons, 2007. p. 16.

[22] MUSGRAVE, Richard. *Teoria das finanças públicas*: um estudo da economia governamental. Tradução de Auriphebo Berrance Simões. São Paulo: Atlas, 1976. v. I. p. 125.

[23] OLIVEIRA, João Maria. Propostas de reforma tributária e seus impactos: uma avaliação comparativa. *Carta de*

Nesse caso, observe-se que os tributos indiretos somam quase três vezes mais sobre a renda dos mais pobres em relação à dos mais ricos. Quando se analisa o peso da tributação direta, embora nos extremos se verifique que a carga dessa modalidade tributária sobre a renda dos mais pobres é de 3,1% e, para os mais ricos, 10,9%, a desproporção segue revelando uma carga tributária regressiva, uma vez que a tributação direta pesa sobre a renda *per capita* dos mais ricos em menos da metade do que os tributos indiretos pesam sobre os mais pobres (10,9% para 21,2%).

Isso mostra que a relação entre tributos indiretos e diretos no Brasil, apesar da incidência dos tributos sobre renda e propriedade sobre os mais ricos, não consegue compensar a forte carga tributária dos tributos do consumo sobre a renda dos mais pobres, denotando forte carga tributária regressiva.

Quando é feito o recorte racial, vê-se que, histórica e atualmente, a população preta e parda aufere a menor renda. De acordo com o censo de 2010, a renda média mensal de brancos naquele ano era de R$1.574,00, enquanto a de pretos registrou R$834,00 e a pardos, R$845,00. Indígenas ficaram com o menor valor, R$735,00. No ano de 2016, conforme a PNAD Contínua, pretos tiveram rendimentos médios mensais de R$1.461,00, ao passo que pardos e brancos receberam, respectivamente, R$1.480,00 e R$2.660,00. Já em 2021, o rendimento médio dos trabalhadores brancos foi de R$3.099, superando muito o de pretos, que ficou em R$1.764 e o de pardos, R$1.814.[24]

É lógico deduzir que o sistema regressivo de tributação afeta mais intensamente a população preta, seguido da população parda, permitindo-se concluir que, da forma como se encontra, contribui para acirrar ainda mais diferenças socioeconômicas entre brancos, pretos e pardos.

Daí por que a reforma tributária aprovada pela EC nº 132, de 2023, deveria atacar este problema específico de forma mais incisiva. A previsão de devolução dos tributos sobre o consumo, considerando apenas o critério renda, o que se vulgarizou chamar de *cashback* tributário, é um alento. No entanto, a reforma poderia ter sido mais ousada e determinar fatores diferentes de devolução que cruzassem renda, raça e gênero, o que funcionaria como uma função reparadora do sistema de tributação para injustiças históricas vividas pela população preta e parda do Brasil.

2 Justiça tributária e fiscalidade

2.1 O conceito de sistema tributário e o seu alheamento à ideia de justiça tributária

No Brasil, a nosso ver equivocadamente, se estabeleceu uma separação teórica estanque entre o direito tributário e o direito financeiro. À tributação se reservou a geração de normas que regulam a exigência compulsória dos tributos e seus respectivos desdobramentos, inclusive os processos de cobrança; o financeiro, por sua vez, ficou com a previsão das receitas, fixação das despesas, gestão e controle do orçamento público.

Do ponto de vista prático, ou seja, no segmento da chamada ciência do direito, o que se passou a oferecer nas escolas jurídicas foi a cisão das cadeiras: tributário de

Conjuntura Ipea, Brasília, n. 60, nota de conjuntura 1, 3º trim. 2023. p. 6.

[24] BRASIL. IBGE. Disponível em: https://agenciadenoticias.ibge.gov.br/. Acesso em: 19 set. 2023.

um lado e financeiro de outro. Do ponto de vista didático, talvez, até seja justificável lecionar direito tributário em um conjunto de aulas e financeiro em outro. Explica-se: para ficar mais fácil de ensinar – até porque as regras do direito tributário e o número de tributos cresceram tanto nos últimos cinquenta anos –, a alternativa foi investir no ensino do direito tributário, deixando o financeiro resumido ao orçamento público e a algumas regras constitucionais.

No entanto, para se analisar a tributação como um instrumento de efetivação do conceito de Estado democrático de direito e dos objetivos da república, será inevitável juntar-se o direito tributário com o financeiro. Essa união, menos didática e muito mais filosófica ou até teleológica, conduz à formação de um conceito de justiça tributária estruturante, em que os tributos servirão como principal suporte para as ações do poder público que devem concretizar o conceito de Estado democrático de direito e consolidar os objetivos da república.

Essa separação entre os dois ramos do direito levou até ao fechamento dos tipos tributários, em uma espécie de isolamento da interpretação das normas tributárias em que se deixou de observar os motivos de sua criação e os fins a que se prestam.

Sergio André Rocha levanta a hipótese de que esse isolamento deu origem a uma teoria do tipo em matéria tributária, muito influenciada por Alberto Xavier. A partir da obra do autor português, posteriormente radicado no Brasil, a doutrina brasileira dos anos 1970 a 1990 inicia uma fase de radicalização dessa postura de isolamento das normas tributárias em tipos fechados.[25]

A tipicidade no direito tributário é apenas uma mostra da pretensão de se transformar a teoria da tributação em algo que se ergue na estrutura de princípios próprios, com uma forte tendência aos formalismos exagerado e alheio aos fins econômicos e sociais da tributação.

A interpretação das normas tributárias se transformou em uma espécie de teste de autenticidade entre a norma produzida e o texto constitucional, ou, às vezes, na verificação de sua adequação às normas gerais de direito tributário veiculadas no Código Tributário Nacional.

Embora essa técnica seja necessária para garantir segurança ao sistema, carrega certos riscos, especialmente a indiferença aos problemas reais da vida, como pobreza, miséria, marginalização, desigualdade, carência de direito básicos, dentre outros.

2.2 Justiça tributária no conceito de Estado democrático de direito e objetivos da república

Amílcar de Araújo Falcão, ainda nos anos 1970, destoando dos autores de sua época, chegou a afirmar, como anota Sergio André Rocha,[26] que não haveria violação ao requisito da legalidade ao se dar interpretação econômica à legislação tributária.

---

[25] ROCHA, Sergio André. A origem do princípio da tipicidade no direito tributário brasileiro. *Revista Direito Tributário Atual*, São Paulo, ano 40, n. 50, p. 399-430, 1º quadrimestre 2022.

[26] ROCHA, Sergio André. A origem do princípio da tipicidade no direito tributário brasileiro. *Revista Direito Tributário Atual*, São Paulo, ano 40, n. 50, p. 399-430, 1º quadrimestre 2022. p. 406.

> Depurada de excessos e impropriedades, que se encontravam em certos autores, a chamada interpretação econômica da lei tributária consiste, em última análise, em dar-se à lei, na sua aplicação às hipóteses concretas, inteligência tal que não permita ao contribuinte manipular a forma jurídica para, resguardando o resultado econômico visado, obter um menor pagamento ou não pagamento de determinado tributo.[27]

A partir da primeira década dos anos 2000, um movimento diferente inicia na doutrina brasileira, em que se começa a vislumbrar mais os fins da tributação, deixando-se levar pelas influências de outras áreas do conhecimento, como a economia, a sociologia, a política, a filosofia e até mesmo a história.

Exemplo dessa rumada para a abertura dos tipos tributários e, consequentemente, uma nova forma de se interpretar a legislação tributária pode ser exemplificada com Sérgio André Rocha, quando afirma: "Tenho rejeitado a possibilidade de fechamento e determinação conceitual nos textos normativos tributários em diversos trabalhos".[28] Este autor ainda elenca outros doutrinadores que, assim como ele, têm publicações nessa linha de entendimento.[29]

Valcir Gassen levanta o conceito de matriz tributária, o qual, em linhas gerais, critica a locução *sistema tributário* em sua vertente tradicional fechada, que não se deixa influenciar por outras áreas do conhecimento, e no lugar de *sistema* utiliza a expressão *matriz* tributária.[30] Para o autor, a locução *matriz tributária* expressa com mais propriedade os elementos de naturezas social, econômica e política que formam o sistema de arrecadação, o que aproxima a ideia de um sistema tributário tradicional à ideia de um sistema tributário justo.[31] A locução *matriz tributária*, portanto, é um canal de comunicação entre os diversos elementos empíricos e abstratos (neste último caso, especialmente, as normas e conceitos tributários), com a finalidade de apresentar argumentos

---

[27] FALCÃO, Amílcar de Araújo. *Fato gerador da obrigação tributária*. 3. ed. São Paulo: RT, 1974. p. 49.

[28] ROCHA, Sergio André. *Da lei à decisão*: a segurança jurídica tributária possível na pós-modernidade. Rio de Janeiro: Lumen Juris, 2017. p. 30-37.

[29] ZILVETI, Fernando Aurelio. Tipo e linguagem: a gênese da igualdade na tributação. *In*: RIBEIRO, Ricardo Lodi; ROCHA, Sergio André (Coord.). *Legalidade e tipicidade no direito tributário*. São Paulo: Quartier Latin, 2008. p. 29-53; ZILVETI, Fernando Aurelio. *Obrigação tributária*: fato gerador e tipo. São Paulo: Quartier Latin, 2009. p. 212-248; DOMINGUES, José Marcos. Legalidade tributária: o princípio da proporcionalidade e a tipicidade aberta. *In*: RIBEIRO, Ricardo Lodi; ROCHA, Sergio André (Coord.). *Legalidade e tipicidade no direito tributário*. São Paulo: Quartier Latin, 2008. p. 55-70; ALVIM, Leonardo de Andrade Rezende. Os riscos da adoção da legalidade tributária estrita e a teoria de Ricardo Lobo Torres como marco de uma transição de modelos. *In*: ROCHA, Sergio André; TORRES, Silvia Faber (Coord.). *Direito financeiro e tributário na obra de Ricardo Lobo Torres*. Belo Horizonte: Arraes, 2020. p. 27-58; SCHOUERI, Luís Eduardo. *Direito tributário*. 7. ed. São Paulo: Saraiva, 2017. p. 317-328; GODOI, Marciano Seabra. O quê e o porquê da tipicidade tributária. *In*: RIBEIRO, Ricardo Lodi; ROCHA, Sergio André (Coord.). *Legalidade e tipicidade no direito tributário*. São Paulo: Quartier Latin, 2008. p. 71-99; GRECO, Marco Aurélio. *Planejamento tributário*. 4. ed. São Paulo: Quartier Latin, 2019. p. 151-172; ABRAHAM, Marcus. A segurança jurídica e os princípios da legalidade e da tipicidade aberta. *In*: RIBEIRO, Ricardo Lodi; ROCHA, Sergio André (Coord.). *Legalidade e tipicidade no direito tributário*. São Paulo: Quartier Latin, 2008. p. 111-134; TORRES, Ricardo Lobo. O princípio da tipicidade no direito tributário. *In*: RIBEIRO, Ricardo Lodi; ROCHA, Sergio André (Coord.). *Legalidade e tipicidade no direito tributário*. São Paulo: Quartier Latin, 2008. p. 29-53; RIBEIRO, Ricardo Lodi. A tipicidade tributária. *In*: RIBEIRO, Ricardo Lodi; ROCHA, Sergio André (Coord.). *Legalidade e tipicidade no direito tributário*. São Paulo: Quartier Latin, 2008. p. 185-217.

[30] GASSEN, Valcir. Matriz tributária brasileira: uma perspectiva para pensar o Estado, a Constituição e a tributação no Brasil. *In*: GASSEN, Valcir (Org.). *Equidade e eficiência da matriz tributária brasileira*: diálogos sobre Estado, Constituição e direito tributário. Brasília: Consulex, 2012. p. 32.

[31] GASSEN, Valcir. Matriz tributária brasileira: uma perspectiva para pensar o Estado, a Constituição e a tributação no Brasil. *In*: GASSEN, Valcir (Org.). *Equidade e eficiência da matriz tributária brasileira*: diálogos sobre Estado, Constituição e direito tributário. Brasília: Consulex, 2012. p. 32-33.

que embasem um pacto que pretenda a efetivação da equidade e da justiça tributária, capaz de mobilizar todos, poder público, sociedade e academia em prol desse ajuste.[32]

Defendemos o argumento de que um sistema tributário justo se apoia no conceito de matriz tributária, embora não necessariamente rompa com a definição de sistema tributário tradicional. Este, por sua vez, se encarrega de conter uma gama de conceitos técnico-jurídicos expressos em regras amplas e específicas que conferem legitimidade e segurança às relações tributárias. As definições de fato gerador, base de cálculo, alíquota, sujeitos ativo e passivo, crédito tributário, lançamento etc. pertencem ao universo do sistema tributário largamente difundido.

A matriz tributária, porém, contém em seu conceito elementos que dão causa e finalidade ao sistema de tributação, de modo que este cumpre mais uma função intercalar entre a causa e o efeito do que um fim em si. Por isso, o conceito de matriz tributária se aproxima estreitamente da ideia de justiça tributária e não da simples constatação de um sistema normativo tributário fechado.

Cabe, a partir de agora, estabelecer as bases para um sistema tributário justo. Cremos que o ponto de partida são os conceitos de Estado democrático de direito e a fixação dos objetivos da república, expostos, respectivamente, nos arts. 1º e 3º da Constituição Federal. Isso, de alguma forma, afasta a tendência natural de se confundir previsões constitucionais explícitas com ideologias, apesar da feliz advertência de Sergio André Rocha, quando aponta que, a depender da ideologia defendida pelo intérprete, as visões sobre tributação podem ser diferentes.[33]

Nas palavras de José Afonso da Silva, "a tarefa fundamental do Estado Democrático de Direito consiste em superar as desigualdades sociais e regionais e instaurar um regime democrático que realize a justiça social".[34] Por este conceito, logo se percebe a vinculação entre Estado de direito e justiça social ou distributiva.[35] Assim, no Estado democrático de direito, conforme salienta Marcelo Rohenkohl, "a igualdade e a liberdade assumem caráter de direitos materiais, que devem ser concretizados no plano social".[36] Continua o autor, sustentado que "ao Estado é imposta a obrigação de uma atuação positiva na efetivação de tais valores, na realização do bem-estar social e redução das desigualdades".[37]

Em um cenário ideal, nas economias capitalistas, caberia ao mercado assegurar as plenas condições de desenvolvimento econômico, de modo que todos pudessem ter

---

[32] NUNES, Cleucio Santos. *Justiça tributária*. Belo Horizonte: Fórum, 2019. p. 46.

[33] "Para o leitor, o que recomendamos é que, sempre que esteja lendo um texto sobre tributação, preste atenção na ideologia do autor. Haverá situações em que ele próprio terá conseguido desaiar seus pontos de partida ideológicos. Porém, haverá outras situações em que qualquer rigor teórico será abandonado e a interpretação apresentada será mera representação de uma determinada visão de mundo". Cf. ROCHA, Sérgio André. *Fundamentos do direito tributário brasileiro*. 2. ed. Belo Horizonte: Caso do Direito, 2023. p. 67.

[34] SILVA, José Afonso da. *Curso de direito constitucional positivo*. 25. ed. São Paulo: Malheiros, 2005. p. 122.

[35] No mesmo sentido do que sustenta José Afonso da Silva: "Assim, sendo certo que o Estado Democrático de Direito deriva da expressão 'Estado de Direito' (Rechtsstaat) cunhada pelo constitucionalismo alemão, o conceito de Estado Democrático de Direito consiste numa explicitação de que o Estado de Direito, como verdadeiro princípio constitucional, tem, além de seu aspecto formal, seu aspecto material, para empregar a concepção do consagrado constitucionalista germânico Klaus Stern. (grifo original)". Cf. YAMASHITA, Douglas. Princípio da solidariedade em direito tributário. *In*: GRECO, Marco Aurélio; GODOI, Marciano Seabra de. *Solidariedade social e tributação*. São Paulo: Dialética, 2005. p. 54.

[36] ROHENKOHL, Marcelo Saldanha. *O princípio da capacidade contributiva no estado democrático de direito*: dignidade, igualdade e progressividade na tributação. São Paulo: Quartier Latin, 2007. p. 69.

[37] ROHENKOHL, Marcelo Saldanha. *O princípio da capacidade contributiva no estado democrático de direito*: dignidade, igualdade e progressividade na tributação. São Paulo: Quartier Latin, 2007. p. 69.

seus direitos básicos assegurados e, dessa forma, poderem disputar os melhores postos de trabalho, seja na iniciativa privada, seja no serviço público. Ocorre que a história do mundo demonstrou ser essa a utopia capitalista, pois em nenhum lugar do mundo se conseguiram níveis de igualdade socioeconômica sem algum tipo de intervenção estatal, normalmente por intermédio dos tributos. Hoje em dia, infelizmente, e por motivos que não vêm ao caso neste texto, construiu-se uma barreira que antes havia sido superada, qual seja, uma separação odiosa entre mercado e Estado, como se ambos fossem inimigos, quando, em verdade, é facilmente constatável o quanto o mercado depende do Estado para o seu desenvolvimento e vice-versa.[38] Por meio do Estado, especialmente em sociedades historicamente desiguais como a brasileira, podem-se desenvolver políticas públicas que visam combater o drama da desigualdade. As políticas públicas, por sua vez, necessitam de recursos financeiros para o seu financiamento.[39]

Os objetivos da república elencados no art. 3º caminham na mesma linha de constituição de um Estado democrático de direito. O alcance desses objetivos que, no fundo, formam o nosso pacto social, necessita de um amplo sistema de políticas públicas inclusivas e redutoras de desigualdades e, por isso, exige um sistema de arrecadação tributária que só faz sentido se for destinado para essas finalidades. Conforme enfatiza Thomas Piketty: "sem impostos, a sociedade não pode ter um destino comum e a ação coletiva é impossível".[40]

Voltando-se ao ponto, no caso do Brasil, um sistema tributário justo é aquele que visa realizar o conceito de Estado democrático de direito e concretizar os objetivos da república, servindo de suporte financeiro para essas realizações. Daí por que a ideia de justiça social não envolve somente a dimensão política, mas, sobretudo, busca um sentido jurídico na teoria política normativa contemporânea.[41] A justiça social, no dizer de Samuel Fleischacker, destina-se "para garantir que a propriedade seja distribuída por toda a sociedade de modo que todas as pessoas possam se suprir com um certo nível de recursos materiais".[42]

Juntando-se as seções 1 e 2 deste artigo, é possível perceber que a *equidade* do sistema normativo tributário se volta para o seu próprio conjunto normativo, procurando estabelecer regras que assegurem o princípio da capacidade contributiva. A *justiça* da matriz tributária tem a ver com os fins da tributação que não podem ficar dissociados do conceito de Estado democrático de direito e dos objetivos da república, pois ambas as finalidades são inteiramente dependentes de recursos fiscais para o seu adequado funcionamento.

É bem verdade que essas considerações não passaram ao largo da doutrina especializada. Eduardo Jobim, por exemplo, distingue justiça tributária de justiça fiscal, afetando o primeiro termo à relação tributária propriamente dita, resumida na captação

---

[38] O papel de união de doutrinas filosóficas teve a virtude de evitar, conforme lembra Luís Roberto Barroso, "a dualidade cunhada pelo liberalismo, contrapondo Estado e sociedade". Cf. BARROSO, Luís Roberto. *Curso de direito constitucional contemporâneo*: os conceitos fundamentais e a construção do novo modelo. 2. ed. São Paulo: Saraiva, 2010. p. 70.

[39] BUCCI, Maria Paula Dallari. *Fundamentos para uma teoria jurídica das políticas públicas*. São Paulo: Saraiva, 2013. p. 174.

[40] PIKETTY, Thomas. *O capital no século XXI*. Rio de Janeiro: Intrínseca, 2014. p. 480.

[41] VITA, Álvaro de. *A justiça igualitária e seus críticos*. São Paulo: Martins Fontes, 2007. p. 1.

[42] FLEISCHACKER, Samuel. *Uma breve história da justiça distributiva*. Tradução de Álvaro de Vita. São Paulo: Martins Fontes, 2006. p. 8.

da receita, ao passo que a segunda expressão se relaciona com o direito financeiro, envolvendo aspectos de justiça orçamentária, financeira e tributária.[43]

Em que pese essa diferenciação fazer sentido e ser utilizada no direito europeu,[44] entendemos que ela contribui pouco para o alcance de um sistema de tributação justo, ou para uma matriz tributária justa, conforme o conceito de Valcir Gassen anteriormente explicado. Isso porque mantém a tributação apartada de suas causas e de seus fins, estimulando uma forma de enxergar a tributação pelo prisma da formalidade e dos conceitos abstratos, sem correspondência direta com a realidade carente de transformação. Por isso, defendemos a reunião do direito tributário com o direito financeiro quando o tema central for discutir justiça tributária.

Considerações finais

Este artigo discorreu sobre justiça tributária com as limitações de um texto a ser incorporado em uma coletânea de artigos, e considerou que a ideia de justiça abrange o conceito de equidade aplicado às relações com os tributos.

No Brasil, especialmente depois da reforma tributária de 1965, iniciou-se um percurso de fechamento do sistema de tributação em torno de uma teoria formal e legalista da tributação. A maior parte da doutrina tributária se apegou ao conjunto de conceitos formais e produziu estudos que visaram construir argumentos – inegavelmente muito bem articulados – de proteção do sistema produtivo contra eventuais investidas do Estado em aumentar a carga tributária.

Essa estratégia – de caso pensado ou não – foi necessária, pois, realmente, a economia encontra dificuldades de alcançar sua maior performance se conviver com exigências tributária excessivas, especialmente quando a entrega de serviços públicos não é eficiente.

Embora isso seja verdade, quando se comparam os números da carga tributária brasileira com outros países desenvolvidos economicamente, vê-se que o Brasil tem se mantido nos últimos trinta anos dentro (ou até abaixo) da média de carga tributária em relação ao PIB. Em 2022, a carga tributária do Brasil ficou em 33% e a dos países da OCDE em 34,1% em relação ao PIB. Isso demonstra que o argumento de que o país possui uma alta carga tributária – ou a maior carga tributária do mundo como alardeiam alguns – é um espelhamento inverídico da realidade.[45]

Um país das dimensões do Brasil e com um histórico de desigualdade econômica e social que lamentavelmente persiste não pode pretender corrigir esses problemas sem um eficaz sistema de tributação. A eficácia, porém, não pode significar um arrocho fiscal sobre quem já tem pouco para sobreviver, pois isso inverte a expectativa moral que se pode construir com o sistema de tributação.

Exatamente isso é o que vem ocorrendo no Brasil. Para se poder manter uma ampla estrutura estatal e financiar serviços públicos, investiu-se pesadamente em um regime

---

[43] JOBIM, Eduardo. *A justiça tributária na Constituição*. São Paulo: JusPodivm, 2023. p. 239-240.

[44] COSTA, Regina Helena. *Praticabilidade e justiça tributária*: exequibilidade de lei tributária e direitos do contribuinte. São Paulo: Malheiros, 2007. n. 15. p. 376.

[45] BRASIL. RFB. Disponível em: https://www.gov.br/receitafederal/pt-br/centrais-de-conteudo/publicacoes/estudos/carga-tributaria/carga-tributaria-no-brasil-2022/view. Acesso em: 15 de jul. 2024.

de tributação sobre o consumo. Esse modelo não distingue capacidades contributivas e, por isso, pesa de forma desequilibrada sobre o orçamento dos mais pobres, na medida em que estes pagam o mesmo valor de tributos embutidos nos bens consumíveis também pelos mais ricos.

É evidente que os padrões de consumo estabelecem certa seletividade, pois os mais pobres não têm capacidade econômica para adquirir determinados produtos consumidos pelos mais ricos. Mas não é dessa relação que se trata. No caso, a comparação deve ser feita entre bens e serviços básicos que são consumidos pelos dois grupos de renda. Neste caso, os mais pobres saem na desvantagem, pois comprometem mais de sua renda com o pagamento de tributos do que os mais ricos. A razão disso é simples, se a média de comprometimento da renda com tributos do consumo for, por exemplo, de R$500,00 para quem recebe um salário mínimo, sobrará para este muito menos renda depois de descontado o valor dos tributos em relação a quem ganha trinta salários. Dito de outra forma, R$500,00 têm pesos diferentes entre rendas altas e baixas.

Este deveria ser o principal ponto da reforma a ser enfrentado. No entanto, ao que se assistiu foi uma intensa campanha midiática por *simplificação*, que neste caso teve o significado de aglutinação dos tributos sobre o consumo e o estabelecimento de uma carga tributária máxima sobre essa fusão dos tributos incidentes. A reforma da tributação sobre a renda ficou para outro momento e, mesmo assim, o que se tem falado é que será promovida somente sobre a renda da pessoa jurídica. É verdade que as empresas no Brasil pagam muitos tributos sobre o lucro, em geral 34%, somando-se IRPJ com CSSL. Isso, entretanto, não justifica uma reforma somente sobre este segmento e se deixar os mais pobres de fora.

Seja como for, houve um alento com a inclusão do §3º ao art. 145 da Constituição Federal, aludindo expressamente ao *princípio da justiça tributária*, na linha do que viemos sustentando há muitos anos. Por isso, é importante se ampliar o debate, seja o acadêmico, seja na mídia, sobre de qual sentido de justiça tributária o país necessita.

Sabe-se que quando a demanda por um bem é alta e esse bem não atende a todos, alguém receberá menos ou nem receberá. É necessário se fazer escolhas morais que resvalam em dilemas de solução que não são simples. Não se trata de estabelecer um critério de maioria, tal qual uma postura utilitarista diante da realidade, ou seja, na disputa vencem os grupos majoritários e cabe à minoria conviver com as perdas.

Quando se olha para o parlamento brasileiro, vê-se que a maioria representada defende interesses do mercado e das classes economicamente mais poderosas. Seguindo-se essa lógica, não seria de se surpreender que a interpretação do que venha a ser justiça tributária se reduza a diminuir tributos sobre a renda dos mais ricos e se mantenha como está a carga de tributos do consumo sobre os mais pobres.

A razão simplória para essa solução seria o argumento de que os mais pobres estão isentos do imposto sobre a renda, mas, se todos devem contribuir, a quota-parte dos mais pobres deverá vir do consumo, meio pelo qual expressam sua capacidade contributiva.

Essa solução não se alinha com a expectativa moral da tributação em bases equitativas conforme explicamos no texto. A legislação tributária deverá incorporar instrumentos de efetivação do princípio da capacidade contributiva que sejam levados a sério realmente. A devolução dos tributos sobre o consumo (chamada impropriamente de *cashback*) é um instrumento salutar, mas o seu uso muito restritivo, ou seja, sobre produtos e serviços arbitrariamente considerados essenciais, gera uma seletividade moralmente discutível. Impõe aos pobres a dificuldade de consumir certos produtos porque serão mais caros em razão da carga tributária, mas para os mais ricos esse tipo de consumo continuará sendo acessível.

A devolução dos tributos sobre o consumo aos mais pobres se deve ao reconhecimento de falta de capacidade contributiva e não por seletividade de opções de consumo. Daí por que deverá recair sobre qualquer bem ou serviço consumível. Para compensar a perda de arrecadação, deve-se tributar as rendas mais altas, especialmente as dos super-ricos.

Por outro lado, cumprir um ideal de justiça tributária não pode significar a renúncia de receita (ou redução de carga tributária) para atender a interesses de classes economicamente muito privilegiadas. Isso seria aceitável se não houvesse uma gama extensa de correções de desigualdade a serem feitas. Infelizmente, não é o caso. O Brasil percorreu sua história de desenvolvimento fechando os olhos e jogando para debaixo do tapete as agruras da desigualdade econômica e social, especialmente em relação à população negra. Não é possível agora, no século XXI e depois de mais de três décadas da Constituição de 1988, que prega uma série de direitos sociais que têm como pano de fundo o princípio da igualdade, se defender uma redução generalizada de carga tributária a pretexto de se efetivar a ideia de justiça tributária.

Diminuir tributos somente faria sentido se fosse possível manter e aprimorar os meios de asseguração de direitos básicos, como, saúde, educação, moradia e segurança alimentar, sem os quais não é possível se disputar os melhores postos de trabalho na iniciativa privada ou no serviço público.

Por isso, este texto apresentou um conceito de justiça tributária que traz a finalidade da matriz de tributação para o foco das atenções e não propriamente o interesse de grupos determinados. Note-se que a finalidade da matriz não é escolhida arbitrária ou aleatoriamente por argumentos de natureza teórica. A escolha está calcada em fundamentos políticos e jurídicos que dão sustentação ao conceito de justiça social, ou distributiva. Do ponto de vista político, a realidade dura e cruel vivida pela população mais vulnerável do país justifica a adoção de políticas públicas redutoras ou capazes de rever essa situação. Quanto aos aspectos jurídicos, o conceito de Estado democrático de direito, combinado com os objetivos da república, previstos, respectivamente, nos arts. 1º e 3º da Constituição Federal, oferecem os fundamentos de direito para a afirmação de um sistema tributário que só poderá ser considerado justo se conseguir dar o suporte financeiro para a efetivação desses dispositivos constitucionais.

Como foi alertado desde o início, *justiça tributária* é um tema complexo em si, pois lida com dilemas morais, na medida em que se pretende com um só conceito atender a interesses contrapostos: os do mercado que deseja menos tributos e o Estado que depende da tributação para efetivar direitos. Além disso, debater justiça tributária exige do intérprete uma tomada de posição e disposição para analisar os fatos desprovido de paixões ou de ideologias. Promover justiça tributária é se deixar guiar por um ideal de igualdade tanto falado, estudado e lutado ao longo da história do mundo e, não raro, esquecido em razão da subordinação do conceito a interesses corporativos imediatos.

Na altura dos acontecimentos, o que cabe pedir quando o assunto for justiça tributária, é mais solidariedade ou o sentimento moral que nos move rumo ao bem. É perceber que com os tributos pagos podemos contribuir para que todos tenham as mesmas oportunidades de uma vida próspera e se tentar colocar fim às desigualdades socioeconômicas extremas.

Referências

ABRAHAM, Marcus. A segurança jurídica e os princípios da legalidade e da tipicidade aberta. *In*: RIBEIRO, Ricardo Lodi; ROCHA, Sergio André (Coord.). *Legalidade e tipicidade no direito tributário*. São Paulo: Quartier Latin, 2008.

ALVIM, Leonardo de Andrade Rezende. Os riscos da adoção da legalidade tributária estrita e a teoria de Ricardo Lobo Torres como marco de uma transição de modelos. *In*: ROCHA, Sergio André; TORRES, Silvia Faber (Coord.). *Direito financeiro e tributário na obra de Ricardo Lobo Torres*. Belo Horizonte: Arraes, 2020.

ARISTÓTELES. *Ética a Nicômaco*. Seleção de textos de José Américo Motta Pessanha. 4. ed. São Paulo: Nova Cultural, 1991. Livro V.

ASCENSÃO, José de Oliveira. *O direito*: introdução e teoria geral. 13. ed. Coimbra: Almedina, 2005.

BARROSO, Luís Roberto. *Curso de direito constitucional contemporâneo*: os conceitos fundamentais e a construção do novo modelo. 2. ed. São Paulo: Saraiva, 2010.

BOBBIO, Norberto. *O positivismo jurídico*: lições de filosofia do direito. Tradução de Márcio Pugliese, Edson Bini e Carlos E. Rodrigues. São Paulo: Ícone, 1995.

BOITEAUX, Elza Antonia Pereira Cunha. Variações sobre o conceito de equidade. *In*: ADEODATO, João Maurício; BITTAR, Eduardo C. B. (Org.). *Filosofia e teoria geral do direito*: estudos em homenagem a Tércio Sampaio Ferraz Junior por seu septuagésimo aniversário. São Paulo: Quartier Latin, 2011.

BRASIL. IBGE. Disponível em: https://agenciadenoticias.ibge.gov.br/.

BRASIL. RFB. Disponível em: https://www.gov.br/receitafederal/pt-br/centrais-de-conteudo/publicacoes/estudos/carga-tributaria/carga-tributaria-no-brasil-2022/view. Acesso em: 15 de jul. 2024.

BUCCI, Maria Paula Dallari. *Fundamentos para uma teoria jurídica das políticas públicas*. São Paulo: Saraiva, 2013.

CORTINA, Adela. *Neuroética y neuropolítica*: sugerencias para la educación moral. 4. ed. Madrid: Tecnos, 2011.

COSTA, Regina Helena. *Praticabilidade e justiça tributária*: exequibilidade de lei tributária e direitos do contribuinte. São Paulo: Malheiros, 2007. n. 15.

DOMINGUES, José Marcos. Legalidade tributária: o princípio da proporcionalidade e a tipicidade aberta. *In*: RIBEIRO, Ricardo Lodi; ROCHA, Sergio André (Coord.). *Legalidade e tipicidade no direito tributário*. São Paulo: Quartier Latin, 2008.

FALCÃO, Amílcar de Araújo. *Fato gerador da obrigação tributária*. 3. ed. São Paulo: RT, 1974.

FERNANDES, Florestan. *Relações de raça no Brasil*: realidade e mito. Brasil tempos modernos. 3. ed. São Paulo: Paz e Terra, 1979. p. 111-137.

FERRAZ JR., Tércio Sampaio. *Estudos de filosofia do direito*: reflexões sobre o poder, a liberdade, a justiça e o direito. 3. ed. São Paulo: Atlas, 2009.

FLEISCHACKER, Samuel. *Uma breve história da justiça distributiva*. Tradução de Álvaro de Vita. São Paulo: Martins Fontes, 2006.

GASSEN, Valcir. Matriz tributária brasileira: uma perspectiva para pensar o Estado, a Constituição e a tributação no Brasil. *In*: GASSEN, Valcir (Org.). *Equidade e eficiência da matriz tributária brasileira*: diálogos sobre Estado, Constituição e direito tributário. Brasília: Consulex, 2012.

GODOI, Marciano Seabra. O quê e o porquê da tipicidade tributária. *In*: RIBEIRO, Ricardo Lodi; ROCHA, Sergio André (Coord.). *Legalidade e tipicidade no direito tributário*. São Paulo: Quartier Latin, 2008.

GOUVÊA, Maria Cristina; XAVIER, Ana Paula. Retratos do Brasil: raça e instrução nos censos populacionais do século XIX. *Educ. Soc.*, Campinas, v. 34, n. 122, p. 99-120, jan./mar. 2013.

GRECO, Marco Aurélio. *Planejamento tributário*. 4. ed. São Paulo: Quartier Latin, 2019.

JOBIM, Eduardo. *A justiça tributária na Constituição*. São Paulo: JusPodivm, 2023.

LAGEMANN, Eugenio. Tributação: seu universo, condicionantes, objetivos, funções e princípios. *In*: GASSEN, Valcir. *Equidade e eficiência da matriz tributária brasileira*: diálogos sobre Estado, Constituição e direito tributário. Brasília: Editora Consulex, 2012.

LAPATZA, José Juan Ferreiro. *Direito tributário*: teoria geral do tributo. Barueri: Manole; Marcial Pons, 2007.

MARINS, James. *Direito processual tributário brasileiro*: administrativo e judicial. 11. ed. São Paulo: Revista dos Tribunais, 2018.

MEIRELES, Cecília. *Romanceiro da Inconfidência*. Obra poética. Rio de Janeiro: Nova Aguiar, 1977.

MUSGRAVE, Richard A.; MUSGRAVE, Peggy B. *Finanças públicas*: teoria e prática. São Paulo: Editora Edusp, 1980.

MUSGRAVE, Richard. *Teoria das finanças públicas*: um estudo da economia governamental. Tradução de Auriphebo Berrance Simões. São Paulo: Atlas, 1976. v. I.

NUNES, Cleucio Santos. *Justiça tributária*. Belo Horizonte: Fórum, 2019.

OLIVEIRA, João Maria. Propostas de reforma tributária e seus impactos: uma avaliação comparativa. *Carta de Conjuntura Ipea*, Brasília, n. 60, nota de conjuntura 1, 3º trim. 2023.

PIKETTY, Thomas. *O capital no século XXI*. Rio de Janeiro: Intrínseca, 2014.

RADBRUCH, Gustav. *Filosofia do direito*. Tradução de Marlene Holzhausen. São Paulo: Martins Fontes, 2004.

RÁO, Vicente. *O direito e a vida dos direitos*. 5. ed. São Paulo: RT, 1999.

RIBEIRO, Ricardo Lodi. A tipicidade tributária. *In*: RIBEIRO, Ricardo Lodi; ROCHA, Sergio André (Coord.). *Legalidade e tipicidade no direito tributário*. São Paulo: Quartier Latin, 2008.

ROCHA, Sergio André. A origem do princípio da tipicidade no direito tributário brasileiro. *Revista Direito Tributário Atual*, São Paulo, ano 40, n. 50, p. 399-430, 1º quadrimestre 2022.

ROCHA, Sergio André. *Da lei à decisão*: a segurança jurídica tributária possível na pós-modernidade. Rio de Janeiro: Lumen Juris, 2017.

ROCHA, Sérgio André. *Fundamentos do direito tributário brasileiro*. 2. ed. Belo Horizonte: Caso do Direito, 2023.

ROHENKOHL, Marcelo Saldanha. *O princípio da capacidade contributiva no Estado democrático de direito*: dignidade, igualdade e progressividade na tributação. São Paulo: Quartier Latin, 2007.

SCHOUERI, Luís Eduardo. *Direito tributário*. 7. ed. São Paulo: Saraiva, 2017.

SILVA, José Afonso da. *Curso de direito constitucional positivo*. 25. ed. São Paulo: Malheiros, 2005.

TORRES, Ricardo Lobo. O princípio da tipicidade no direito tributário. *In*: RIBEIRO, Ricardo Lodi; ROCHA, Sergio André (Coord.). *Legalidade e tipicidade no direito tributário*. São Paulo: Quartier Latin, 2008.

VITA, Álvaro de. *A justiça igualitária e seus críticos*. São Paulo: Martins Fontes, 2007.

XAVIER, Ana Paula; GOUVÊA, Maria Cristina. Retratos do Brasil: raça e instrução nos censos populacionais do século XIX. *Educ. Soc.*, Campinas, v. 34, n. 122, p. 99-120, jan./mar. 2013.

YAMASHITA, Douglas. Princípio da solidariedade em direito tributário. *In*: GRECO, Marco Aurélio; GODOI, Marciano Seabra de. *Solidariedade social e tributação*. São Paulo: Dialética, 2005.

ZILVETI, Fernando Aurelio. *Obrigação tributária*: fato gerador e tipo. São Paulo: Quartier Latin, 2009.

ZILVETI, Fernando Aurelio. Tipo e linguagem: a gênese da igualdade na tributação. *In*: RIBEIRO, Ricardo Lodi; ROCHA, Sergio André (Coord.). *Legalidade e tipicidade no direito tributário*. São Paulo: Quartier Latin, 2008.

Informação bibliográfica deste texto, conforme a NBR 6023:2018 da Associação Brasileira de Normas Técnicas (ABNT):

NUNES, Cleucio Santos. O conceito de justiça na reforma tributária de 2023: equidade e fiscalidade. *In*: PAULA, Fernanda de; PENCAK, Nina (coord.). *Tributação, liberdade e igualdade*: as contribuições do Ministro Luís Roberto Barroso. Belo Horizonte: Fórum, 2025. p. 339-357. ISBN 978-65-5518-952-0.

(DES)NECESSIDADE DA MODULAÇÃO DE EFEITOS EM CASO DE ALTERAÇÃO PELO STF DE JURISPRUDÊNCIA FIRMADA EM SEDE DE RECURSO REPETITIVO

CRISTIANE ROMANO FARHAT FERRAZ

JANAINA SANTOS CASTRO

1 Introdução

A exemplo do que o Ministro Luís Roberto Barroso, merecidamente homenageado nessa coletânea, costuma fazer, dividiremos o presente estudo em três partes, bem como faremos máximo esforço para deixarmos no passado o "juridiquês", a fim de adotar uma linguagem direta e compreensível, marca registrada de Sua Excelência.

No primeiro capítulo, abordaremos a sistemática de precedentes qualificados, entre eles, o recurso repetitivo e a repercussão geral, os conceitos e critérios que ensejam a modulação de efeitos de determinada decisão, à luz dos precedentes dos Tribunais Superiores.

Já no segundo capítulo, trataremos da chamada *zona de penumbra* entre o Supremo Tribunal Federal (STF) e Superior Tribunal de Justiça (STJ), especial em matéria tributária, o que implica não apenas divergência entre os entendimentos dos Tribunais, bem como sujeita o jurisdicionado a limbo jurisdicional em que ambas Cortes deixam de examinar a questão.

Por fim, no terceiro capítulo, traremos as nossas considerações a respeito do entendimento adotado pela Suprema Corte nos Temas nºs 808 e 895 da Repercussão Geral, ponto central da presente análise. Tendo como foco a perspectiva de direito tributário, examinaremos a necessidade de modulação dos efeitos nas hipóteses em que, a exemplo dos Temas nºs 808 e 985, há alteração da jurisprudência firmada pelo STJ em sede de recurso repetitivo, bem como a necessidade de aprimoramento do diálogo institucional entre as cortes, visando gerar maior segurança jurídica.

2 Sistema de precedentes, segurança jurídica, proteção da confiança e modulação de efeitos

Conforme amplamente reconhecido pela doutrina,[1] com a entrada em vigor do Código de Processo Civil de 2015 (CPC/2015), houve a incorporação definitiva em nosso ordenamento do chamado *sistema de precedentes*, tendo sido atribuído aos julgamentos realizados sob determinados ritos o efeito vinculante ou de observância obrigatória, nos termos dos arts. 927, 1.039 e 1.040. Tamanho é o prestígio atribuído pela nova legislação processual aos precedentes qualificados que o art. 489, §1º, do CPC/2015 dispõe que é considerada não fundamentada e não motivada a decisão que deixa de aplicar tais precedentes, sem demonstrar eventual distinção.

Ao criar precedentes, cuja *ratio decidendi* vincula tanto os jurisdicionados quanto a si próprio horizontal e verticalmente, os Tribunais Superiores, também com o objetivo de dar vazão ao número cada vez maior de processos recebidos no Poder Judiciário, fixam teses sob o rito dos recursos repetitivos e da repercussão geral que, a um só tempo, dão o sentido do direito e uniformizam o entendimento a respeito de determinado tema. É o chamado julgamento por *amostragem*.

Ao distinguir as *Cortes de Precedentes* das *Cortes de Justiça*, Daniel Mitidiero[2] afirma que os Tribunais Superiores "devem atuar de forma prospectiva, outorgando unidade ao direito mediante a sua adequada interpretação".

Afirma, ainda, que todo e qualquer julgamento do STJ e do STF devem ser tratados como "uma oportunidade para a formação de precedentes ou para afirmação da autoridade de precedentes indevidamente violados", sendo essa a verdadeira função constitucional das Cortes.

Diante do papel conferido aos Tribunais Superiores e da necessidade de proteção da confiança do jurisdicionado, o art. 927, §3º, do CPC/2015 determina que, em caso de alteração da "jurisprudência dominante do dos Tribunais Superiores ou daquela oriunda de julgamento de casos repetitivos/repercussão geral, pode haver modulação dos efeitos da alteração no interesse social e no da segurança jurídica".

Conforme explicam Valter Lobato e Tiago Conde,[3] "a responsabilidade pela confiança é um princípio ético-jurídico implícito, derivado da segurança jurídica, de projeção subsidiária, que aflora para restabelecer a igualdade entre as partes sempre

---

[1] MITIDIERO, Daniel. *Cortes superiores e cortes supremas*: do controle à interpretação, da jurisprudência ao precedente. 3. ed. São Paulo: RT, 2017.

[2] MITIDIERO, Daniel. *Precedentes*: da persuasão à vinculação. São Paulo: Revista dos Tribunais, 2016. p. 87- 91.

[3] "A responsabilidade pela confiança é um princípio ético-jurídico implícito, derivado da segurança jurídica, de projeção subsidiária, que aflora para restabelecer a igualdade entre as partes sempre que a segurança-garantia, disponibilizada pela legalidade e pela ordem jurídica, falha. Envolve uma dimensão temporal, pois antes da violação da confiança terá havido um fato gerador da confiança situado no passado, já selecionado e reduzido no presente e que se pretende perdurar no futuro, mas que se frustra desarranjando a estabilidade. A confiança resgata o passado e antecipa o futuro estabilizando as relações, ao supor que o estado presente permanecerá. Consiste em equivalente funcional ou acoplador estruturante e estabilizador do sistema e pressupõe o risco e a dependência. Alimenta-se da igualdade-justiça em forma de equidade, é a materialização da justiça prospectiva, buscando fundamentos na injuridicidade de se proteger o desonesto, que age com má-fé, mas vai além, pois, em certas hipóteses, não pressupõe necessariamente o dolo ou a culpa, mas antes o risco, ostentando caráter compensatório" (LOBATO, Valter de Souza; TEIXEIRA, Tiago Conde. O julgamento pelo STF do RE n. 1.072.485/PR e a necessidade de modulação de seus efeitos. *Revista Direito Tributário Atual*, São Paulo, n. 46. p. 534-566, 2º sem. 2020. p. 20).

que a segurança-garantia, disponibilizada pela legalidade e pela ordem jurídica, falha". Em momento anterior à quebra da confiança do jurisdicionado, haverá elemento ou fato gerador dessa justa expectativa do jurisdicionado de que as relações estabelecidas permanecerão intactas.

Antes da edição do Código de Processual Civil de 2015, prevalecia o entendimento[4] de que o STJ não tinha amparo legal para modular os efeitos de determinada decisão, tendo em vista que o art. 27 da Lei nº 9.868/1999 e o art. 11 da Lei nº 9.882/1999 seriam direcionados apenas ao STF, em caso de reconhecimento de inconstitucionalidade da norma.

Com a promulgação do CPC/2015, as hipóteses de modulação dos efeitos das decisões judiciais foram ampliadas, sendo admitida em caso de alteração da jurisprudência pacífica dos Tribunais Superiores, nos termos do §3º do art. 927 do CPC.

Além disso, é oportuno referir-se aos arts. 23 e 24 da Lei de Introdução às Normas do Direito Brasileiro (LINDB), com a redação dada pela Lei nº 13.655/2018, posterior ao CPC/2015, que incluíram novas disposições sobre segurança jurídica e eficiência na criação e na aplicação do direito público, especialmente em âmbito administrativo.

A exemplo das regras de direito intertemporal em caso de alteração legislativa, previram-se balizas para situações em que há *virada jurisprudencial*. De acordo com a doutrina, o art. 927, §3º do CPC/2015, trata, na realidade, de técnica distinta da modulação, mas, sim, de superação para frente de precedentes (*prospective overruling*).[5] Em que pesem divergências conceituais, que não são objeto deste estudo, fato é que o referido dispositivo admite a atribuição de efeitos prospectivos a determinado entendimento, característica inerente à modulação.

O art. 927, §3º do CPC/2015 estabelece alguns requisitos ou critérios para a modulação: *(i)* alteração de jurisprudência dominante dos Tribunais Superiores ou oriunda de tema repetitivo; e *(ii)* no "interesse social e da segurança jurídica".

Importante destacar que a expressão "excepcional interesse social" é extraída dos arts. 27 da Lei nº 9.868/1999 e 11 da Lei nº 9.882/1999. O art. 927, §3º, do CPC/2015 prevê que a modulação ocorra no "interesse social".

Tal ponto é relevante pelo fato de que a jurisprudência das Cortes tem posição histórica no sentido de que a modulação de efeitos tem caráter excepcional, devendo ser "utilizada com parcimônia, de forma excepcional e em hipóteses específicas, em

---

[4] "[...] 3. Outrossim, revela-se inadmissível, em sede de embargos de declaração, veicular manifesta pretensão infringente do entendimento esposado no acórdão embargado, no sentido de que: 'os efeitos prospectivos previstos no artigo 27, da Lei nº 9.868/1999, são inaplicáveis pelo Poder Judiciário, sob pena de usurpação da atividade legislativa, mercê de promover o rompimento da Segurança Jurídica e do Princípio da Isonomia, em confronto com os contribuintes que, calcados na presunção de legitimidade das leis, não demandaram contra o Fisco (Precedente da Excelsa Corte: Questão de Ordem no RE 353.657-5-PR). *Deveras, a aplicação da 'modulação temporal' é situação excepcional, somente cabível no caso da declaração de inconstitucionalidade, porquanto as decisões judiciais da natureza da pleiteada in casu, têm eficácia ex nunc'*. 4. Embargos de declaração rejeitados" (EDcl no AgRg no REsp n. 666.752/PR. Rel. Min. Luiz Fux, Primeira Turma, julgado em 15.4.2008. *DJe*, 14.5.2008).

[5] "A distinção entre decisão e precedente está na base do adequado equacionamento das relações entre superação para frente e modulação de efeitos. Enquanto a modulação de efeitos em controle de constitucionalidade diz respeito à decisão, a superação para frente concerne ao precedente. Nada obsta, inclusive, que a decisão moduladora de efeitos em recurso extraordinário sirva de base para a formação de um precedente. Daí a importância em ter esses conceitos à mão. O precedente não se confunde com a decisão, pertencendo a níveis discursivos diferentes. Enquanto a decisão é um discurso elaborado para a solução de um caso, o precedente é oriundo da generalização de determinadas razões empregadas para a decisão de um caso" (MITIDIERO, Daniel. *Precedentes judiciais*: da persuasão à vinculação. São Paulo: Revista dos Tribunais, 2017. p. 30-31).

que o entendimento superado tiver sido efetivamente capaz de gerar uma expectativa legítima de atuação nos jurisdicionados e, ainda, o exigir o interesse social envolvido".[6]

No cenário atual, não seria absurdo dizer que, ao menos em matéria tributária – objeto desta análise –, a modulação não tem se mostrado providência excepcional, mas, sim, esperada, em especial nos casos em que eventual decisão desatenda aos interesses da Administração Tributária – o que, inclusive, será mais bem abordado no terceiro capítulo.

O §3º do art. 927 do CPC/2015 se vale da expressão *pode haver modulação*, conferindo aos Tribunais Superiores a facultatividade ou discricionariedade de atribuir, ou não, à determinada decisão efeitos prospectivos – *juízo de ponderação* –[7] conforme já decidiu o STF.[8]

Não obstante, vale destacar que o Ministro Luís Roberto Barroso, aqui homenageado, há muito sustenta a tese de que, em matéria tributária, a mudança de jurisprudência somente pode produzir efeitos prospectivos.

No julgamento dos Embargos de Declaração opostos no Tema nº 69 da Repercussão Geral,[9] ao interpretar referido dispositivo, o ministro afirmou:

> [...] o dispositivo fala "pode", quando eu, pessoalmente, acho que, em matéria tributária, o verbo próprio seja "deve". Mudança de jurisprudência em matéria tributária deve ser prospectiva. É claro que, preferencialmente, quando em favor do contribuinte, em razão das limitações constitucionais ao poder de tributar, mas não vejo razão para mudar essa linha de entendimento, porque ela, eventualmente beneficia a Fazenda Pública.

No mesmo sentido, Tereza Arruda Alvim[10] destaca que a modulação de efeitos é altamente recomendada na hipótese de virada jurisprudencial em ramos do direito marcados pela legalidade – "ambientes decisionais rígidos" –, como é o caso do direito

---

[6] "[...] 3. A teoria da superação prospectiva (prospective overruling), de origem norte-americana, é invocada nas hipóteses em que há alteração da jurisprudência consolidada dos Tribunais e afirma que, quando essa superação é motivada pela mudança social, seria recomendável que os efeitos sejam para o futuro apenas, isto é, prospectivos, a fim de resguardar expectativas legítimas daqueles que confiaram no direito então reconhecido como obsoleto. 4. A força vinculante do precedente, em sentido estrito, bem como da jurisprudência, em sentido substancial, decorre de sua capacidade de servir de diretriz para o julgamento posterior em casos análogos e de, assim, criar nos jurisdicionados a legítima expectativa de que serão seguidos pelo próprio órgão julgador e órgãos hierarquicamente inferiores e, como consequência, sugerir para o cidadão um padrão de conduta a ser seguido com estabilidade. [...]" (STJ, REsp 1.721.716/PR. Rel. Min. Nancy Andrighi, Terceira Turma. *DJe*, 17.12.2019); "[...] a implementação da modulação dos efeitos de uma decisão é medida excepcional, que deve atender ao interesse social e não ao mero interesse da parte, sendo também necessário que o entendimento superado tenha sido efetivamente capaz de gerar uma expectativa legítima de atuação no jurisdicionado, ou seja, que a mudança de entendimento dominante tenha sido traumática, o que, por óbvio, não ocorreu no caso concreto, tendo em vista que a jurisprudência, durante todo o trâmite da ação, era oscilante quanto ao tema" (AgInt nos EREsp 1.602.681/ES. Rel. Min. Luis Felipe Salomão, Corte Especial. *DJe*, 27.5.2021).

[7] FERRAZ JUNIOR, Tercio Sampaio; CARRAZZA, Roque Antonio; NERY JUNIOR, Nelson. Apresentação. *In*: FERRAZ JUNIOR, Tercio Sampaio; CARRAZZA, Roque Antonio; NERY JUNIOR, Nelson. *Efeito ex nunc e as decisões do STJ*. Barueri: Manole, 2007. p. XXVI.

[8] "[A] modulação dos efeitos de decisão que altere compreensão iterativa do STF é faculdade processual do Plenário desta Corte, condicionado à presença de interesse social e em prol da segurança jurídica. Não há, então, relação de causalidade entre a mudança de entendimento e a adoção da técnica do prospective overruling" (Ministro Edson Fachin no RE nº 593.849/MG-ED-segundos).

[9] RE 574706 ED, Rel. Min. Cármen Lúcia, Tribunal Pleno, julgado em 13.05.2021, Processo Eletrônico *DJe*-160 Divulg 10.08.2021 Public 12.08.2021 – Inteiro Teor do Acórdão – Página 101 de 179.

[10] ALVIM, Teresa Arruda. *Modulação*: na alteração da jurisprudência firme ou de precedentes vinculantes. 2. ed. São Paulo: Thomson Reuters Brasil, 2021. Livro eletrônico. p. 25-44.

tributário e penal, sendo a oscilação ou alteração jurisprudencial altamente indesejada, uma vez que o caminho adequado é a via legislativa.

Tal compreensão se mostra coerente pelo fato de que a segurança jurídica e a proteção da confiança são amplamente reforçadas no campo do direito tributário, em especial: *(i)* pela legalidade formal e material – arts. 5º e 150, I, da Constituição Federal de 1988 (CF/88), e pelo art. 97 do Código Tributário Nacional (CTN); *(ii)* pela exclusividade da lei que concede subsídio, isenção ou outro benefício fiscal – art. 150, §6º, da CF/88; *(iii)* confirmadas e reconfirmadas pela vedação ao uso da analogia e presunção – art. 108, §1º, do CTN; *(iv)* pelo repúdio à interpretação puramente econômica e pela cláusula geral antievasiva – arts. 109 e 110 do CTN; *(v)* pelo caráter estritamente vinculado dos atos administrativos de cobrança do tributo – arts. 3º e 142 do CTN; *(vi)* pelo direito ao contraditório e à ampla defesa nos processos administrativos e judiciais – art. 5º, LV, da CF/88); *(vii)* no princípio da não surpresa e imprevisibilidade decorrente da irretroatividade do direito em geral – art. 5º, XXXVI, da CF/88 – e direito tributário em especial – art. 150, III, "a", CF/88; *(viii)* dos princípios da anterioridade nonagesimal – art. 50, III, "b", "c", da CF/88, entre outros.

A doutrina brasileira[11] costuma compreender a segurança jurídica como princípio ou *sobreprincípio* de sentido amplo, cujos efeitos estão ancorados também nos princípios da igualdade, da legalidade, da irretroatividade e da anterioridade. De acordo com Regina Helena Costa,[12] o princípio da segurança jurídica também engloba: *(i)* a existência de instituições estatais pautadas pelos princípios da legalidade, da razoabilidade e da boa-fé; *(ii)* a estabilidade das relações jurídicas oriundas da durabilidade das normas jurídicas e da observância da anterioridade e da irretroatividade das leis; e *(iii)* soluções isonômicas para situações iguais ou próximas.

De acordo com Humberto Ávila,[13] a segurança jurídica visa garantir que o jurisdicionado saiba de antemão "se a liberdade juridicamente exercida ontem será respeitada hoje, e se a liberdade hoje exercida será respeitada amanhã". Materializa, desse modo, os princípios da proteção da confiança e da boa-fé, que, por seu turno, traduzem a eficácia reflexiva do princípio da segurança jurídica, orientada a determinado sujeito e a determinado caso concreto – art. 5º, XXXVI, da Constituição Federal.[14]

Nesse contexto, a modulação de efeitos surge como um mecanismo para neutralizar os efeitos retroativos do novo entendimento, preservando a confiança que o jurisdicionado tinha na orientação anterior e, por conseguinte, nas relações firmadas sob a vigência do entendimento superado. Há, portanto, surpresa do jurisdicionado com o novo entendimento que implica rompimento da expectativa da continuidade daquela orientação, o que acontece quando ela era firme e quando a mudança se dá de forma repentina.[15]

---

[11] CARVALHO, Paulo de Barros. O sobreprincípio da segurança jurídica e os primados que lhe objetiva no direito positivo brasileiro. *Revista Brasileira de Direito Tributário*, ano X, n. 58, set./out. 2016. p. 26.

[12] COSTA, Regina Helena. *Curso de direito tributário*. 2. ed. São Paulo: Saraiva, 2012. p. 72.

[13] ÁVILA, Humberto. *Teoria da segurança jurídica*. 6. ed. São Paulo: Malheiros, 2021. p. 364.

[14] FARIA, L. A. G; GONZÁLEZ, T. H. A modulação de efeitos em matéria tributária e os seus parâmetros. *Revista da Faculdade de Direito da UERJ*, 2023. DOI:10.12957/rfd.2023.70564.

[15] ALVIM, Teresa Arruda; MONNERAT, Fábio Victor da Fonte. Modulação: momento adequado, competência, critérios à luz de exemplos da jurisprudência. *Suprema: revista de estudos constitucionais*, Brasília, v. 1, n. 1, p. 181-213, jan./jun. 2021.

A exemplos das críticas – justas, em nossa visão –, o CPC/2015, altamente subjetivo, ao trazer o conceito de "jurisprudência dominante" – tanto em termos qualitativos, quanto quantitativos para sua aferição –, também apresenta divergências a respeito do conceito de "interesse social" – *excepcional ou não* –, que justificaria a modulação de efeitos de determinada decisão. Discute-se, desse modo, se tal conceito englobaria o Estado ou apenas o jurisdicionado.

De acordo com Misabel Derzi,[16] "o princípio da confiança e da irretroatividade são princípios e direitos fundamentais individuais, que somente o privado pode reivindicar", tendo em vista que o próprio Estado, em diversos níveis – legislativo, executivo e judiciário –, é o "fio indutor da confiança".

Nesse aspecto, Arruda Alvim e Monnerat[17] afirmam:

> A razão por que nos parece ser relevante esse terceiro critério é a de que a modulação consiste num instituto cuja função é permitir que o particular se defenda contra o Estado, quando este age em venire contra factum proprium. Não há como negar que a atitude do tribunal que altera repentinamente uma posição que antes era firme, a ponto de ter gerado confiança no jurisdicionado, de molde a que este tivesse planejado a sua conduta com base nela, é conduta de má-fé objetiva.
> Os indivíduos têm o direito de esperar do Estado uma conduta coerente, harmônica, em que eles possam pautar as suas condutas, com tranquilidade. A função do Estado não é surpreender o jurisdicionado e gerar tumulto na sociedade.
> Portanto, o jurisdicionado já é prejudicado pelo simples fato de haver instabilidade na jurisprudência e o será duplamente se a nova posição adotada, que o prejudica, vier a atingi-lo. Assim, levar esse critério em conta significa evitar que o particular seja atingido duas vezes.

Em que pese a doutrina majoritária ou tradicional caminhar no sentido de que eventual modulação deve ocorrer apenas para assegurar os interesses dos jurisdicionados, corrente à qual as autoras se filiam, há quem sustente[18] que, em muitos casos, proteger a saúde do Estado e de suas contas corresponde a proteger o próprio jurisdicionado, uma vez que, com a atual complexidade social, Estado e cidadão são indissociáveis.

Tal corrente considera, entre outros pontos, a própria função social inerente aos tributos, instrumento de concretização do Estado social – art. 3º do CTN –, haja vista que todos os direitos implicam custos ao poder público, que são arcados por meio dos valores arrecadados pelo Estado.[19]

Em última análise, este raciocínio leva à conclusão de que há justificativa para modulação de efeitos para qualquer decisão em matéria tributária que seja favorável aos contribuintes, tendo em vista que sempre haverá impacto na arrecadação.

---

16 DERZI, Misabel Abreu Machado. *Modificações da jurisprudência no direito tributário*. São Paulo: Noeses, 2009. p. 604.

17 ALVIM, Teresa Arruda; MONNERAT, Fábio Victor da Fonte. Modulação: momento adequado, competência, critérios à luz de exemplos da jurisprudência. *Suprema: revista de estudos constitucionais*, Brasília, v. 1, n. 1, p. 181-213, jan./jun. 2021.

18 FARIA, Luiz Alberto Gurgel de; GONZÁLEZ, Thiago Holanda. A modulação de efeitos em matéria tributária e os seus parâmetros: a segurança jurídica e o excepcional interesse social. *Revista da Faculdade de Direito da UERJ*, n. 42, 2023, E70564. DOI: 10.12957/rfd.2023.70564.

19 HOLMES, Stephen; SUNSTEIN, Cass. *The cost of rights* – Why liberty depends on taxes. New York and London: W. M. Norton, 1999.

Inclusive, é essa orientação que tem prevalecido no STF que, ao menos em matéria tributária, tem compreendido que a modulação também pode ser realizada para preservar os interesses do Estado, mesmo em casos em que não haja alteração de jurisprudência. A título exemplificativo, cita-se o julgamento da ADI nº 5.469/DF, no qual o STF determinou que os efeitos da declaração de inconstitucionalidade formal da norma fossem postergados para a partir do exercício financeiro seguinte à conclusão do julgamento, ressalvadas as ações judiciais em curso.

Embora tenha ficado vencido nesse ponto, na ocasião, o Ministro Luís Roberto Barroso propôs a atribuição de efeitos prospectivos à declaração de inconstitucionalidade durante o prazo de um ano, a fim de que o Poder Legislativo tivesse tempo hábil para editar lei complementar para regulamentar a cobrança tributária. Isso porque ambas "as interpretações teriam a sua razoabilidade e os seus fundamentos, e considerando o impacto fiscal que se produziria sobre os estados".

Da mesma forma, no julgamento dos Embargos de Declaração opostos no Tema nº 69 da Repercussão Geral, o STF, além de considerar que houve ruptura da jurisprudência dominante do STJ, reconheceu que a modulação se justificaria no "excepcional interesse social" em virtude das consequências de ordem fiscal, agravadas pelo quadro de grave crise social e econômica decorrente da pandemia da Covid-19. Vencidos, os Ministros Rosa Weber e Edson Fachin defenderam a desnecessidade de modulação, tendo em vista que o argumento do impacto orçamentário não constitui, por si só, fundamento suficiente para a caracterização do excepcional interesse social.

Sem desconhecer o impacto fiscal da chamada *tese do século* – Tema nº 69 da Repercussão Geral –, é importante abrir um parêntese para tecer alguns comentários. A discussão relacionada à inclusão do ICMS na base de cálculo do PIS e da Cofins, no STF, teve início em 1999 com o julgamento do Recurso Extraordinário nº 240.785, usualmente chamado de "Caso Auto Americano", em virtude do nome da empresa envolvida, à época representada pelo escritório de advocacia das autoras. Após o voto do relator, Ministro Marco Aurélio, em sentido favorável aos contribuintes, o julgamento foi suspenso por pedido de vista do Ministro Nelson Jobim.

Sete anos depois, em 2006, o julgamento foi retomado, mas novamente suspenso por pedido de vista do Ministro Gilmar Mendes, quando o placar já contabilizava 6 votos em sentido favorável ao contribuinte e apenas 1 voto em sentido contrário.

Objetivando forçar o reinício do julgamento do caso Auto Americano – com desfecho favorável ao contribuinte pelo voto da maioria –, a Fazenda Nacional ajuizou, em 2007, ação declaratória de constitucionalidade sobre o tema (ADC nº 18), cuja liminar sobrestou o julgamento do caso em 2008. A liminar teve sua validade estendida por algumas vezes, mas desde setembro de 2010 já não mais produzia efeitos.

Em outubro de 2014, isto é, quase 15 anos desde o início do julgamento, o Plenário do STF, por maioria (7 x 2 votos), firmou o entendimento de que o ICMS não compõe a base de cálculo do PIS e da Cofins.

Antes de o julgamento ser o retomado, ao indeferir o pedido de novo adiamento da Fazenda Nacional, o Ministro Marco Aurélio, relator do caso Auto Americano, questionou: "até quando teremos incidentes que resultam no tumulto da marcha processual?". Reiterando ainda que "urge, sob pena de um desgaste para o Supremo, ultimar a entrega da prestação jurisdicional".

Nesse intervalo, chegou ao STF o RE nº 574.706, afetado em 2008, ao regime da Repercussão Geral – Tema nº 69/STF, cujo julgamento de mérito foi concluído em 2017 no mesmo sentido do caso Auto Americano. A Fazenda Nacional opôs embargos de declaração visando, entre outros pontos, discutir a necessidade de modulação de efeitos da decisão tomada no Tema nº 69, apresentando dois fundamentos principais: (i) a existência de alteração da jurisprudência, inclusive sumulada pelo STJ e (ii) o impacto fiscal da decisão.

Com efeito, é desde 1999 que a Fazenda Nacional sustentou o já surrado argumento de que a discussão geraria estratosférico impacto na arrecadação tributária. Com respeito aos que entendem de forma contrária, não há como considerar qualquer surpresa da União ou ruptura de confiança legítima, uma vez que, ao menos desde 2006, quando, no julgamento do caso Auto Americano, formou-se no Plenário do STF maioria de voto em sentido favorável aos contribuintes. Ou, desde 2014, se considerarmos a data de conclusão do julgamento.

A União fez uma aposta que foi premiada com a modulação. Em 2021, o STF decidiu modular os efeitos dessa tese, estabelecendo que ela só seria aplicada a partir de 15.3.2017, data em que o julgamento de mérito foi finalizado. Embora o desfecho tenha sido favorável aos contribuintes, a modulação se mostrou, em última análise, injusta com os contribuintes que arcaram indevidamente com a cobrança tributária que, desde 2014, já tinha sido afastada pelo STF.

Esse caso, portanto, consistia em uma grande oportunidade para a Corte reafirmar sua posição original[20] no sentido de que a simples alegação de perda de arrecadação não é argumento suficiente para demonstrar o excepcional interesse social inerente à modulação.

Isso porque a segurança orçamentária não foi o critério escolhido pelo legislador como causa para modulação, o que, inclusive, significaria dizer que a atribuição de efeitos prospectivos seria uma regra nas discussões tributárias e/ou financeiras. Embora seja necessário que se considere o impacto orçamentário da decisão, a sua relevância não pode, em nossa visão, ser traduzida em interesse jurídico imediato a ser tutelado.

O *pragmatismo* ou *consequencialismo* das decisões decorrente dos impactos econômicos é objeto de críticas doutrinárias,[21] entre outros fundamentos, pelo fato de que a possibilidade de modulação de efeitos em favor do Estado incentivaria a instituição de tributos em desconformidade com a ordem jurídica, pois os valores arrecadados até a declaração de inconstitucionalidade – em alguns casos mesmo depois desse momento – não precisariam ser restituídos aos contribuintes.

Conforme explica Teresa Arruda Alvim,[22] o uso de argumentos *consequencialistas* não pode estar amparado em mera conjectura ou presunção de eventual impacto social,

---

[20] "[...] 9. Inconstitucionalidade da seguinte parte do art. 7º, inciso I, da Lei 10.865/04: "acrescido do valor do Imposto sobre Operações Relativas à Circulação de Mercadorias e sobre Prestação de Serviços de Transporte Interestadual e Intermunicipal e de Comunicação – ICMS incidente no desembaraço aduaneiro e do valor das próprias contribuições, por violação do art. 149, §2º, III, a, da CF, acrescido pela EC 33/01. 10. Recurso extraordinário a que se nega provimento" (RE 559937. Rel. Ellen Gracie. Rel. p/ Acórdão: DIAS TOFFOLI, Tribunal Pleno, julgado em 20.03.2013, Repercussão Geral – Mérito *DJe*-206 Divulg 16.10.2013 Public 17.10.2013 Ement Vol-02706-01 PP-00011).

[21] ÁVILA, Humberto. *Teoria dos princípios*: da definição à aplicação dos princípios jurídicos. 16. ed. São Paulo: Malheiros, 2015.

[22] ALVIM, Teresa Arruda. O consequencialismo nas decisões: não se pode ignorar os impactos no mundo dos fatos. *Conjur*, 2020. Disponível em: https://www.conjur.com.br/2020-jul-24/consequencialismo-decisoes-judiciais/. Acesso em: 17 fev. 2025.

econômico ou político, sendo necessária a apresentação de estudos robustos que comprovem a consequência utilizada como argumento para a modulação. De acordo com a processualista, ao se valer desses argumentos, o julgador tem o ônus de descrever minuciosamente "o impacto, no mundo dos fatos, da decisão tomada", especialmente porque, se a modulação de efeitos no geral deve ser excepcional, a modulação de efeitos em favor do Estado deve ser excepcionalíssima e devidamente motivada, tal como determina o Código de Processo Civil.

Vale destacar o voto do Ministro Edson Fachin nos Embargos de Declaração opostos no Tema nº 69/STF, em que questiona *(i)* a precariedade dos dados apresentados pela União para comprovar o alegado impacto fiscal; *(ii)* a inexistência de surpresa ou comprometimento do orçamento público, pois o risco fiscal da decisão a ser tomada estava indicado na Lei de Diretrizes Orçamentárias; *(iii)* é responsabilidade da União o provisionamento dos recursos orçamentários cabíveis; e *(iv)* o "interesse orçamentário também não corresponde ao interesse público".

Não obstante as divergências doutrinárias e jurisprudenciais a respeito do alcance da expressão *interesse social*, não há como negar que a instabilidade na posição das Cortes Superiores e virada jurisprudencial inevitavelmente comprometem a segurança jurídica, mesmo que esse efeito possa eventualmente ser mitigado pela modulação de efeitos.[23]

Por esse motivo, conforme sustenta Humberto Ávila, é essencial estabelecer critérios uniformes para divergências e conflitos internos a respeito do conceito de segurança jurídica, seja ele considerado como um princípio fundamental (o todo), seja em relação ao princípio da proteção da confiança (a parte). Dessa forma, a dimensão passada da segurança jurídica, sob uma perspectiva individual, não deve comprometer de forma significativa a dimensão presente e futura da segurança jurídica, sob uma perspectiva coletiva de estabilidade da ordem jurídica.

No chamado *juízo de ponderação*, por óbvio, o julgador não deve ficar alheio aos efeitos e impactos da sua decisão, mas não é razoável e proporcional que se desconsidere que o *interesse social* engloba todos os contribuintes que, assim como o Estado, tem seu orçamento severamente comprometido por cobranças tributárias indevidas, cujos efeitos impactam a cadeia como um todo, tornando o produto ou serviço mais caro, redução das vendas e eventuais demissões.

Com respeito aos que entendem de forma diversa, partir da compreensão de que apenas o Estado é o único responsável pela consecução do Estado social, a partir da arrecadação tributária, não encontra amparo em nosso texto constitucional. A necessária proteção ao contribuinte materializa o *interesse social*, consistindo em elemento nuclear e indissociável do Estado de direto, que enquanto norma fundamental do sistema jurídico exige previsibilidade, estabilidade e conhecimento do direito.

Os contribuintes exercem papel fundamental no funcionamento e desenvolvimento do Estado, sendo responsável pela geração de empregos, entre outros, cujas contas também são abaladas por uma cobrança tributária indevida.

---

[23] FARIA, Luiz Alberto Gurgel de; GONZÁLEZ, Thiago Holanda. A modulação de efeitos em matéria tributária e os seus parâmetros: a segurança jurídica e o excepcional interesse social. *Revista da Faculdade de Direito da UERJ*, n. 42, 2023, E70564. DOI: 10.12957/rfd.2023.70564.

Nesse ponto, vale destacar a crítica de Jorge Octávio Lavocat Galvão[24] a respeito do desvirtuamento do instituto da modulação, seja pelo distanciamento da compreensão de que sua adoção deve ficar restrita a situações excepcionais, seja pela falta de clareza e critérios para sua fixação, em especial em matéria tributária, cujos efeitos são potencialmente lesivos à segurança jurídica, à isonomia, à neutralidade tributária e à livre concorrência.

Destaca-se, ainda, a valiosa lição do Ministro Luís Roberto Barroso em seu voto proferido no julgamento do Tema nº 69 da Repercussão Geral "o fato de haver uma grave crise fiscal no país não me é indiferente, mas também não é decisivo para nenhuma das opções que devo fazer quando se trate de definir o que é certo ou errado, o que é justo ou injusto, o que legítimo ou ilegítimo".

3 Zona de penumbra entre as decisões do STJ e do STF

Além do volume crescente de processos diariamente recebidos nos Tribunais Superiores, também é tema de primeira hora a necessidade de constante diálogo entre os Tribunais Superiores para evitar que haja superposição de competências ou limbo jurisdicional em que o STJ não examina o tema por reputar constitucional. Por sua vez, o STF não examina por considerar de índole infraconstitucional ou ofensa reflexa/indireta ao texto constitucional.

Conforme apontado por Luiz Guilherme Marinoni,[25] o nosso sistema de precedentes padece de um problema incômodo consistente na chamada *zona de penumbra* entre as decisões do STJ e do STF.

O professor afirma que não há como discutir precedentes, quando há dúvidas a respeito da função e competência de cada um dos Tribunais Superiores, indicando que "o grande problema está em separar interpretação de acordo com a Constituição e o controle de constitucionalidade, ou seja, nós temos que definir a quem incumbe a interpretação da lei de acordo com a Constituição".

A despeito de a chamada *zona de penumbra* poder ocorrer em diversos segmentos do direito, trata-se de situação corriqueira em questões tributárias, tendo em vista que o nosso sistema tributário está detalhado na Constituição Federal e nas normas gerais correspondentes contidas no Código Tributário Nacional.

Embora haja diversas situações em que o mesmo tema possa ser examinado tanto pelo STJ – sob o prisma federal da legislação – quanto pelo STF – sob o prisma constitucional –, em decorrência do nosso sistema de dualidade recursal – recurso especial e recurso extraordinário –, grande parte das controvérsias tributárias envolve

---

[24] GALVÃO, Jorge Octávio Lavocat. Modulação de efeitos da declaração de inconstitucionalidade em matéria tributária: mitos, consequências e arranjos institucionais ideais. *RDU*, v. 15, n. 84, p. 93-113, nov./dez. 2018.

[25] "Existe, nessa dimensão, uma zona de penumbra que recai sobre as funções do Superior Tribunal de Justiça e do Supremo Tribunal Federal, a exigir urgente e adequada elaboração teórica destinada a evitar maior desgaste ao Poder Judiciário. Essa zona de penumbra constitui o resultado da falta de percepção de que todos os juízes têm o dever de interpretar a lei conforme à Constituição, de que a construção democrática dos precedentes pressupõe ampla discussão e debate sobre a interpretação da lei, e de que as funções das duas Cortes jamais poderão ser desempenhadas com racionalidade e efetividade, em proveito do desenvolvimento do direito, da segurança jurídica e da coerência do direito, enquanto estiverem sobrepostas" (MARINONI, Luiz Guilherme. A definição da interpretação da lei pelo STJ como requisito para a atuação do STF. *Revista de Processo*, São Paulo, v. 46, n. 311, 2021. p. 169).

o exame acerca da existência, ou não, de conflito entre lei ordinária (inclusive federal) e o Código Tributário Nacional, recepcionada pela Constituição Federal com *status* de lei complementar.

A Ministra Eliana Calmon,[26] em artigo escrito há mais de 20 anos, demonstrou sua preocupação com superposição de competência recursal entre os Tribunais Superiores, afirmando que "o acanhamento do STJ em lidar com as questões que se situam em zona cinzenta leva ao estreitamento" da sua competência constitucional.

Em entrevista ao portal *Consultor Jurídico* (*Conjur*),[27] o Ministro do STJ Sérgio Kukina, reconhecendo que tem sido corriqueira a revisão das teses fixadas no STJ pelo STF, afirmou o seguinte: "alguém disse que as decisões do STJ ou STF não serão melhores que as outras, serão apenas as últimas. Eu não me vejo nem com essa prerrogativa. Quando penso que errei por último, o Supremo me diz o contrário".

Recentemente, diante da possibilidade de um tema tributário ficar sem resposta de mérito, tendo em vista que o STF entendeu que a questão seria de índole infraconstitucional, a 1ª Turma do STJ[28] reviu sua posição anterior a respeito da constitucionalidade do tema para reconhecer sua competência para análise da questão tributária.

Reconhecendo que as "competências jurisdicionais tributárias propiciam sobreposições e colidências na interpretação efetuada pelos dois tribunais, as quais, indesejavelmente, causam insegurança jurídica",[29] a Ministra Regina Helena propôs a adoção de alguns critérios à adequada solução da problemática que gravita em torno da contraposição entre leis complementar e ordinária em matéria tributária. São eles:

> (i) na hipótese de a lei ordinária encontrar seu fundamento de validade também na lei complementar, o exame da controvérsia cabe ao Superior Tribunal de Justiça, porque, consoante exposto, nesse caso, então, a lei ordinária extrairá seu fundamento de validade mediatamente da Constituição e imediatamente da lei complementar.
>
> (ii) se a lei ordinária haurir seu fundamento de validade diretamente da Constituição, a competência para o exame fica a cargo do Supremo Tribunal Federal, mostrando-se imprópria a via do recurso especial.

---

26 "O recurso especial apresenta alguma dificuldade para os profissionais da área jurídica, principalmente pela superposição de competência existente em alguns pontos, especialmente em matéria tributária, o que dificulta a interposição dos recursos finais, exigindo-se, quase sempre, que se interponham ambos, especial e extraordinário, pela incerteza do sucesso de um ou de outro e pela sempre possibilidade de ser a decisão do STJ revista pelo STF. Sob o aspecto dogmático-jurídico, tal revisão representa um aleijume, porquanto não quis o legislador constitucional instituir instância revisora na esfera excepcional. A intenção foi deixar delineados os campos de atuação das instâncias finais, cuja funcionalidade não poderia desafiar revisão: CAMPO INFRACONSTITUCIONAL (para o recurso especial) e CAMPO CONSTITUCIONAL (para o recurso extraordinário). Na prática, contudo, pela forma excessivamente analítica da Carta de 88, temos um longo capítulo tratando detalhadamente de questões que só a lei ordinária deveria normatizar. Esta superposição de normatização leva à também superposição de competência, quando uma questão está regulamentada nos dois níveis. Daí a simultaneidade de recursos, especial e extraordinário, dificultando a delimitação competencial das instâncias derradeiras. [...] [...] o acanhamento do STJ em lidar com as questões que se situam em zona cinzenta leva ao estreitamento da competência desta Corte que, aos 12 anos, precisa entrar em uma fase de definição, pois tal política não virá do STF. Terá de ser construída pelo próprio STJ, demarcando seus caminhos competenciais e liberando o Supremo para as questões em que o Direito Constitucional surja de forma direta e frontal" (ALVES, Eliana Calmon. *A superposição de competência recursal*. Brasília, DF, 2001. Disponível em: http://bdjur.stj.jus.br//dspace/handle/2011/110. Acesso em: 8 jul. 2024).

27 Disponível em: https://www.conjur.com.br/2022-jun-12/zona-penumbra-entre-stf-stj-impacta-teses-gera-inseguranca/ e https://www.conjur.com.br/2024-mai-28/desencontro-entre-stf-e-demais-tribunais-expoe-falhas-no-sistema-de-precedentes/ Acesso em: 7 jul. 2024.

28 AgInt no REsp n. 1.906.018/PR. Rel. Min. Gurgel de Faria, Primeira Turma, julgado em 2.4.2024. *DJe*, 29.4.2024.

29 AgInt no REsp n. 1.906.018/PR. Rel. Min. Gurgel de Faria, Primeira Turma, julgado em 2.4.2024. *DJe*, 29.4.2024.

> (iii) na constatação de ofensa reflexa ou indireta assentada mediante julgamento de recurso extraordinário, quando coexiste recurso especial em que se aponta violação a dispositivo de lei complementar, o que rotineiramente atrai o multicitado conflito entre leis complementar e ordinária, há, a rigor, declaração do Supremo Tribunal Federal, por vezes implícita, de que a controvérsia diz com a hierarquia existente entre tais veículos normativos, pertencendo a competência para a sua apreciação ao Superior Tribunal de Justiça.

A chamada *zona de penumbra* das decisões do STJ e STF se tornou ainda mais complexa nos casos em que o STF, ao apreciar recurso extraordinário, conclui pela ausência de violação direta à Constituição Federal, reconhecendo que se trataria de ofensa meramente reflexa ou indireta. Tal circunstância, como indicado pela Ministra Regina Helena no item "iii" acima, implica reconhecimento, ainda que implicitamente, de que a competência para análise da questão tributária é do STJ.

Exemplo da indesejável zona de penumbra foi a discussão relacionada à tormentosa tese da isenção da contribuição para o financiamento da seguridade social (Cofins) das sociedades prestadoras de serviços regulamentares. Em razão de diversos precedentes do STF no sentido de que a questão seria de índole infraconstitucional, o STJ examinou a questão e, posteriormente, editou a Súmula nº 276: "As sociedades civis de prestação de serviços profissionais são isentas da Cofins, irrelevante o regime tributário adotado".

Posteriormente, o STF reviu sua posição, não apenas com relação à competência, mas também adotou solução oposta ao entendimento do STJ, reconhecendo a revogação da isenção. Diante disso, o STJ cancelou a Súmula nº 276 e editou Súmula nº 508/STJ, assim redigida: "A isenção da Cofins concedida pelo art. 6º, II, da LC 70/91 às sociedades civis de prestação de serviços profissionais foi revogada pelo art. 56 da lei 9.430/96". Não obstante a posição do STJ tenha sido seguida por mais de 5 anos, o STF decidiu não modular os efeitos da decisão, causando graves prejuízos aos contribuintes que, do dia para noite, passaram a ter passivo tributário sobre o tema.

A despeito dessa traumática virada jurisprudencial e dos inegáveis efeitos aos contribuintes, infelizmente, atualmente, é possível identificar novos exemplos similares em que os Tribunais Superiores, em curto espaço de tempo e sob o mesmo prisma legal e constitucional, adotam soluções conflitantes, conforme detalharemos no próximo capítulo.

No julgamento do RE nº 614.232 AgR-QO,[30] o STF discutiu os efeitos e a possibilidade de revisão de decisão que reconhece a ausência de repercussão geral.

Vale transcrever o seguinte trecho da manifestação do Ministro Gilmar Mendes, que aborda a necessidade de maior cautela ao reconhecer a inexistência de Repercussão Geral, sem, contudo, afirmar que a matéria é necessariamente de índole infraconstitucional e, por conseguinte, de competência do STJ:

> Então, nós temos que ter certa cautela, especialmente nessa distinção entre a matéria constitucional e a matéria infraconstitucional. Pode ser que a matéria não restou devidamente prequestionada. Será melhor que afirmemos claramente que, naquele momento, não há repercussão geral para a matéria constitucional, mas não afirmar a natureza

[30] RE 614232 AgR-QO-RG. Rel. Ellen Gracie, julgado em 20.10.2010. *DJe*, 043 Divulg 03.03.2011 Public 04.03.2011 Ement Vol-02476-01 PP-00225.

> infraconstitucional, porque depois nós vamos ter esse encontro marcado com a história, porque vamos transformar uma matéria que nós consideramos infraconstitucional em matéria constitucional. E veja, não estou fazendo crítica especialmente a ninguém, mas fazendo uma autocrítica, porque se trata de um recurso que se repete.
>
> E, compreensivelmente, o Tribunal só conseguia enfrentar essa massa de cem mil processos/ano, com todos esses recursos. Mas é preciso realmente ter maior clareza na aplicação desses instrumentos que estão à disposição. Há uma série de súmulas sobre o recurso extraordinário, mas, às vezes, a própria interpretação é muito alargada; às vezes, nós temos coincidências quanto ao resultado. Em geral, é isto que se explica: a decisão do Tribunal, de alguma forma, está em consonância com o entendimento geral do Supremo Tribunal Federal. E aí há certo desprezo pela fundamentação.
>
> Então, só para que realmente reflitamos. O caso é específico ou no caso houve declaração de inconstitucionalidade; o distinguishing é fácil de fazer, mas é bom que também se tenha a clareza que aqui não se cuidava de matéria infraconstitucional.
>
> Nós podemos até dizer que a repercussão geral não se dá, porque nós avaliamos que não há essa relevância, não há a transcendência, e, por conseguinte, nós não devemos reconhecer a repercussão geral. Mas dizer que era matéria infraconstitucional...! Isso tem uma série de implicações. A matéria deixa de ser da competência do Supremo.

Inclusive, vale destacar que, anos após esse julgamento, o STF passou a examinar não apenas a existência de Repercussão Geral, mas também a questão constitucional, a fim de que sejam examinados como critérios autônomos e complementares para atrair sua competência.

Dez anos depois, o Ministro Gilmar Mendes,[31] no julgamento do Tema nº 808 da Repercussão Geral, alertou para o efeito danoso e completa subversão do sistema de precedentes, caso se admitisse eventual revisão da posição do STF a respeito do caráter infraconstitucional de determinada questão, em virtude da superveniente declaração de inconstitucionalidade da lei federal por Tribunal de 2ª Instância.

Como bem lembrado pelo Ministro Gilmar Mendes, com objetivo de dirimir eventual conflito entre os Tribunais e evitar que os jurisdicionados ficassem submetidos a um *limbo jurisdicional*, o CPC/2015 trouxe hipótese de fungibilidade entre o recurso extraordinário e o recurso especial. Elogiada pela doutrina,[32] a hipótese é vista como um mecanismo para tentar impedir a ausência de prestação jurisdicional por parte de ambas as Cortes Superiores – arts. 1.032 e 1.033 do CPC/2015.

---

31 "Com as vênias de estilo, penso que a decisão do Órgão Especial do TRF 4ª Região tem a potencialidade de subverter o sistema de precedentes delineados pelo Artigo 102, §3º da Constituição Federal de 1988, bem como o rito previsto nos artigos 1.029 e seguintes do CPC/2015. Em outras palavras, admitir-se que este Supremo Tribunal seja obrigado a apreciar questão sob a ótica constitucional pelo simples fato de um Tribunal Regional ter decidido pela inconstitucionalidade de norma, após a manifestação deste STF pela infraconstitucionalidade da questão, é, em definitiva, admitir que um Tribunal Federal paute o Supremo Tribunal Federal. O expediente, penso eu, faz tábula rasa da disciplina processual civil prevista nos artigos 1.032 e 1.033 do CPC, a dirimir eventuais dúvidas sobre a natureza das questões discutidas e respectiva competência: [...] Não desconheço a previsão do Art. 1.035, §3º, III, a pressupor a repercussão geral quando o acórdão a quo "tenha reconhecido a inconstitucionalidade de tratado ou de lei federal". Entretanto, em uma interpretação sistemática, entendo-o inaplicável à espécie, haja vista as manifestações pretéritas deste STF, firme na ausência de repercussão e, em adição, pela infraconstitucionalidade da matéria. Neste sentido, reputo aplicável ao caso a solução preconizada pelo Art. 1.033 do CPC/2015, remetendo-se os autos ao STJ para julgamento como Recurso Especial".

32 Trata-se de salutar medida, em especial para aquelas hipóteses de verdadeiro limbo jurisdicional, quando o Superior Tribunal de Justiça não conhece recurso especial alegando tratar-se de decisão violadora de norma constitucional e o Supremo Tribunal Federal não conhecer recurso extraordinário interposto contra a mesma decisão afirmando que a violação ao texto constitucional é reflexa (NEVES, Daniel Amorim Assumpção. *Manual de direito processual civil*. Salvador: JusPodivm, 2016. Volume único. p. 2664).

O art. 1.031, §2º, do CPC/2015, prevê, ainda, que o relator do feito no STJ pode determinar a remessa dos autos ao STF para que o recurso extraordinário seja examinado primeiro, quando compreender que há prejudicialidade entre as questões debatidas nos recursos especial e extraordinário.

Nesse cenário, se o STF entender pela inexistência de questão constitucional prejudicial e/ou pelo caráter infraconstitucional da discussão posta, os autos serão devolvidos ao STJ, que deverá examinar a questão.

Por sua vez, se o STF eventualmente reconhecer a existência de questão constitucional, der ou negar provimento ao recurso extraordinário, eventuais questões remanescentes contidas no recurso especial ficarão prejudicadas ou serão devolvidas ao STJ para posterior análise.

Sob essa perspectiva, a remessa dos autos ao STF, na forma do art. 1.031 do CPC/2015, além de observar as competências constitucionais de cada Tribunal Superior, também prestigia os princípios da razoável duração do processo e celeridade. Assegura, ainda, segurança jurídica e isonomia aos contribuintes que se encontram em situação similar, em observância ao dever imposto aos Tribunais de manter sua jurisprudência estável, íntegra e coerente (art. 926 do CPC/2015).

Não obstante, percebe-se que os Tribunais Superiores, na maioria dos casos, deixam de aplicar tais dispositivos, especialmente na hipótese em que são interpostos simultaneamente recursos especial e extraordinário, o que é corriqueiro em discussões tributárias. Percebe-se, inclusive, decisões do STJ que afastam a aplicação do art. 1.031 do CPC/2015, mesmo na hipótese em que o recurso especial não é conhecido por discutir questão constitucional.

Em que pese essa orientação, é inegável que os referidos dispositivos representam um importante mecanismo para mitigar a chamada *zona de penumbra* entre os Tribunais Superiores, sendo fundamental que sua aplicação seja, de fato, implementada de forma a prevenir a ocorrência do limbo jurisdicional e de decisões conflitantes, em especial nos casos que versem sobre questões tributárias. Isso porque não são raras as situações em que há incerteza a respeito da competência para análise, o que gera insegurança para os jurisdicionados.

Nesse quadro complexo de dualidade recursal, os Tribunais Superiores podem se valer da prática cooperação nacional, novidade instituída pelos arts. 67 a 69 do CPC/2015.

Tendo isso como norte, o Conselho Nacional de Justiça editou a Resolução nº 350/2020, a qual "estabelece diretrizes e procedimentos sobre a cooperação judiciária nacional entre os órgãos do Poder Judiciário e outras instituições e entidades", com o intuito de sistematizar o novo instrumento de gestão processual.

Com efeito, trata-se de importante instrumento para viabilizar e promover o constante diálogo entre órgãos distintos do Poder Judiciário com o objetivo emprestar maior racionalidade à prestação jurisdicional, prevenindo eventuais decisões conflitantes aos casos submetidos ao crivo de juízes e tribunais.

Desde junho de 2021, o STF e o STJ possuem acordo de cooperação para otimizar o trâmite de processos entre os Tribunais e fortalecer o sistema de precedentes. De acordo com dados divulgados pelo STJ,[33] o acordo reduziu "em 3% o número de

[33] Disponível em: https://www.stj.jus.br/sites/portalp/Paginas/Comunicacao/Noticias/2023/25052023-Acordo-entre-STJ-e-STF-otimizou-tramitacao-processual--fortaleceu-sistema-de-precedentes-e-reduziu-numero-de.aspx. Acesso em: 8 jul. 2024.

processos distribuídos à corte suprema, além de ter gerado a submissão de 11 temas à análise de repercussão geral e o envio de 36 assuntos para possível afetação ao rito dos recursos especiais repetitivos".

Ainda que possam parecer tímidos, sob alguma perspectiva, os ganhos institucionais obtidos demonstram a importância de incentivar a cooperação técnica entre os órgãos do Poder Judiciário para o aprimoramento da prestação jurisdicional, implicando definição mais rápida a respeito da competência para o julgamento de certas questões repetitivas e a abreviação do tempo de análise de eventuais recursos excepcionais, gerando segurança jurídica e prevenindo litigiosidade.

Do mesmo modo, a 1ª Turma do STJ,[34] em precedente inédito, por meio da aplicação do instituto da cooperação nacional – arts. 67 a 69 do CPC/2015 –, formulou consulta ao STF a respeito do caráter constitucional da matéria de fundo – recepção do art. 37, §4º, do CTN pela Constituição da República –, a fim de definir a competência da Corte Superior. Vejamos:

> Em suma, trata-se de mecanismo vocacionado a possibilitar a interação entre órgãos distintos do Poder Judiciário com o objetivo emprestar maior racionalidade à prestação jurisdicional, prevenindo eventuais decisões conflitantes aos casos submetidos ao crivo de juízes e tribunais. Nessa perspectiva, a aplicação do instituto da cooperação nacional ao caso em tela permite a formulação de consulta ao Supremo Tribunal Federal a respeito do caráter constitucional da matéria de fundo, de sorte a solucionar a possível divergência quanto à natureza jurídica da questão ora discutida.
>
> Com esse expediente, possibilita-se a centralização de atos decisórios a respeito da matéria de fundo em um único Tribunal, seja o Superior Tribunal de Justiça ou o Supremo Tribunal Federal, atenua-se o risco de prolação de decisões conflitantes sobre idêntica matéria de direito por Cortes dotadas de competência jurisdicional diversa e, ainda, busca-se concretizar o ideal de segurança jurídica mediante a definição clara e precisa da natureza jurídica da matéria em debate. [...]
>
> A consulta deverá ser formalizada pelo Ministro Relator, observado o regramento da Resolução CNJ n. 350/2020, prosseguindo-se, em seguida, nos termos da manifestação do Supremo Tribunal Federal. Posto isso, submeto Questão de Ordem acerca da formalização de consulta à Segunda Turma do Supremo Tribunal Federal quanto ao caráter constitucional da questão alusiva ao alcance do art. 37, §4º, do CTN à luz do art. 156, II, §2º, I, da Constituição da República, em razão da alteração da jurisprudência daquele órgão fracionário no julgamento do ARE n. 1.360.715/SP-AgR.

Em que pese a louvável tentativa da Ministra Regina Helena Costa, pelo que pudemos apurar, até o momento, não houve resposta do STF a respeito da consulta formulada. Nos resta torcer para que seja criado esse canal entre as Cortes e, por conseguinte, sirva de exemplo para os demais casos.

Com objetivo de garantir segurança jurídica e eficiência, o Supremo Tribunal Federal e o Superior Tribunal de Justiça devem promover um esforço para, com ajuda da tecnologia, estabelecer um sistema de gestão de precedentes conjunto. Esse diálogo é necessário porque há entre as Cortes uma natural, porém grave, "zona de penumbra", cujo impacto jurisprudencial é relevante. Inclusive para preservar a autoridade do STJ a respeito da interpretação da lei federal.

---

[34] REsp n. 1.888.091/SP. Rel. Min. Regina Helena Costa, Primeira Turma, julgado em 6.10.2022. *DJe*, 26.10.2022.

4 Considerações a respeito da necessidade de modulação em caso de superação da jurisprudência do STJ

Há quase vinte anos, o saudoso Ministro Humberto Gomes de Barros[35] manifestou seu constante inconformismo com a abrupta alteração da jurisprudência ocasionada pela *zona de penumbra* entre as decisões do STJ e do STF.

No que ficou conhecido como "voto banana boat", o ministro comparou os julgamentos do STJ às manobras de um piloto de lancha tentando derrubar os passageiros que estão em uma boia inflável, em regra no formato de uma banana. De acordo com o ministro, no caso, quem cai na água fria são os jurisdicionados.

A despeito dos avanços significativos em termos de maturidade na definição das competências dos Tribunais Superiores e na formação de precedentes, no histórico recente, segue sendo possível citar vários exemplos de virada jurisprudencial em matéria tributária, ocasionada, entre outros fundamentos, pela incerteza e oscilação a respeito do Tribunal competente para julgar determinada questão.

Entendemos que há inúmeras situações em que ambos os Tribunais podem se manifestar a respeito de determinada questão tributária, dentro dos limites de suas competências constitucionais: interpretação da legislação federal e constitucional. Em tais situações, inclusive, poderá haver divergência entre os entendimentos adotados pelo STJ e pelo STF, sendo necessário que seja avaliada eventual modulação para mitigar os efeitos nova orientação, em atenção aos princípios da segurança jurídica e proteção da confiança.

A questão ganha contornos ainda mais graves nas hipóteses em que o STF posiciona no sentido de que determinada questão não tem Repercussão Geral e que eventual ofensa ao texto constitucional seria indireta ou reflexa. Ao assim entender, o STF, no meio da corriqueira incerteza a respeito da competência para análise de determinada questão tributária, sinaliza que a palavra final a respeito do tema será do STJ.

Ao reconhecer que a matéria não possui repercussão geral e questão constitucional, o STF não apenas define que cabe ao STJ a análise do tema, mas também obsta a subida novos recursos extraordinários, nos termos dos arts. 1.030 a 1.040 do CPC/2015. Tal entendimento pauta a conduta do STJ, que passa a examinar o tema, bem como a postura dos jurisdicionados que, em algumas situações, deixam até de interpor recurso extraordinário.

Não obstante, meses ou anos depois, como já vimos ocorrer algumas vezes, o STF, sob o mesmo arcabouço legislativo, revê sua posição para reconhecer sua competência

---

[35] "Nós somos os condutores, e eu – Ministro de um Tribunal cujas decisões os próprios Ministros não respeitam – sinto-me, triste. Como contribuinte, que também sou, mergulho em insegurança, como um passageiro daquele voo trágico em que o piloto que se perdeu no meio da noite em cima da Selva Amazônica: ele virava para a esquerda, dobrava para a direita e os passageiros sem nada saber, até que eles de repente descobriram que estavam perdidos: O avião com o Superior Tribunal de Justiça está extremamente perdido. Agora estamos a rever uma Súmula que fixamos há menos de um trimestre. Agora dizemos que está errada, porque alguém nos deu uma lição dizendo que essa Súmula não devia ter sido feita assim. Nas praias de Turismo, pelo mundo afora, existe um brinquedo em que uma enorme boia, cheia de pessoas é arrastada por uma lancha. A função do piloto dessa lancha é fazer derrubar as pessoas montadas no dorso da boia. Para tanto, a lancha desloca-se em linha reta e, de repente, descreve curvas de quase noventa graus. O jogo só termina, quando todos os passageiros da boia estão dentro do mar. Ô Ô Pois bem, o STJ parece ter assumido o papel do piloto dessa lancha. Nosso papel tem sido derrubar os jurisdicionado [...]" (AgRg no REsp n. 382.736/SC. Rel. Min. Castro Meira, relator para acórdão Ministro Francisco Peçanha Martins, Primeira Seção, julgado em 8.10.2003. *DJ*, 25.2.2004, p. 91).

para análise da mesma questão e adota, no mérito, entendimento oposto ao do STJ, o que torna os debates a respeito da necessidade de modulação de efeitos ainda mais efervescentes em decorrência da virada jurisprudencial. É exatamente isso que ocorreu nos Temas nºs 808 e 985 da Repercussão Geral, os quais são objeto da presente análise.

4.1 Breve histórico do Tema nº 808 da Repercussão Geral

Em 2009, o STF, no Tema nº 236,[36] reconheceu não apenas a ausência de repercussão geral da questão, bem como afirmou que "a definição da natureza jurídica de verbas rescisórias (salarial ou indenizatória), para fins de incidência de Imposto de Renda, versa sobre matéria infraconstitucional".

Justamente em razão dessa sinalização, o STJ passou a examinar a questão, tendo consolidado sua orientação, em 2011, no julgamento do Tema Repetitivo nº 470,[37] fixando posição desfavorável aos contribuintes no sentido de que incide Imposto de Renda sobre os juros de mora devidos pelo pagamento em atraso de remuneração por exercício de emprego, cargo ou função.

Por sua vez, em 2015, o STF reviu sua posição para reconhecer que a matéria seria de índole constitucional, bem como pela existência de repercussão geral da questão, sob o argumento de que o caso seria distinto do Tema nº 236, tendo em vista que: *(i)* trata-se de recurso extraordinário interposto pela alínea "b" do permissivo constitucional contra o acórdão de Tribunal Regional que reconheceu a inconstitucionalidade de norma federal; e *(ii) cabe ao Supremo Tribunal Federal analisar a matéria de fundo e dar a última palavra sobre a constitucionalidade das normas federais*. A decisão foi tomada no Tema nº 808 da Repercussão Geral[38] (Tema nº 808/STF).

Vale destacar, novamente, a posição o Ministro Gilmar Mendes que, em voto-vogal, demonstrou sua posição a respeito da impossibilidade de o STF rever sua posição a respeito do caráter infraconstitucional da questão apenas pelo fato de o recurso extraordinário ter sido interposto contra acórdão proferido em sede de incidente de inconstitucionalidade, sendo o caso de remessa dos autos ao STJ, sob pena de subversão da sistemática de precedentes e competências constitucionais dos Tribunais Superiores.

Em 2021, no julgamento do Tema nº 808/STF, o STF alterou a posição consolidada pelo STJ no Tema Repetitivo nº 470, fixando entendimento favorável aos contribuintes para afastar a incidência de imposto de renda sobre os juros de mora. No mesmo ano, o STF, ao examinar os embargos de declaração opostos pelo Município de São Paulo, rejeitou o pedido de modulação de efeitos da decisão.

Prevaleceu o voto do relator, Ministro Dias Toffoli, no sentido de que não teria ocorrido alteração da jurisprudência do STF, mas, sim, reafirmação da posição original da Corte que, em fevereiro de 2008, referendou entendimento da Secretaria do Tribunal de que não seria possível a incidência do imposto de renda sobre juros de mora legais relativos ao recebimento em atraso de certa verba remuneratória. Soma-se a isso o fato

---

36 AI 705941 RG. Rel. Cezar Peluso, Tribunal Pleno, julgado em 19-11-2009. *DJe*, 071 Divulg 22.04.2010 Public 23.04.2010 Ement Vol-02398-05 PP-01083. *RDECTRAB*, v. 17, n. 190, p. 218-223, 2010.

37 REsp 1227133 RS. Rel. Min. Teori Albino Zavascki, Rel. p/ Acórdão Ministro Cesar Asfor Rocha, Primeira Seção, julgado em 28.09.2011. *DJe*, 19.10.2011.

38 RE 855091. Rel. Dias Toffoli, Tribunal Pleno, julgado em 15.03.2021, Processo Eletrônico repercussão geral – mérito *DJe*-064 Divulg 07.04.2021 Public 08.04.2021.

de que essa orientação foi seguida por outros tribunais, entre eles, o Tribunal Superior do Trabalho.

Tais precedentes, de acordo com o ministro, "fizeram surgir a confiança legítima, em prol dos contribuintes, de que não poderia incidir o imposto de renda sobre os juros de mora discutidos no presente tema de repercussão geral".

Por sua vez, ficou vencida a posição defendida pelo Ministro Luís Roberto Barroso, acompanhada pelos Ministros Gilmar Mendes, Edson Fachin, Luiz Fux e Nunes Marques, no sentido de que seria necessária a modulação de efeitos da decisão tomada pelo STF, tendo em vista que houve ruptura da posição jurisprudencial do STJ, firmada em precedente de observância obrigatória. Ao relatar o histórico jurisprudencial, o ministro afirmou:

> Note-se que esse contexto gera um cenário de insegurança jurídica, na medida em que, como base no entendimento largamente aplicado pelo Superior Tribunal de Justiça, os sujeitos passivo e ativo da relação jurídico-tributária adimpliram com as suas obrigações. Constituiu-se, por conseguinte, uma legítima base da confiança que perdurou por um longo espaço de tempo. Isto é, consolidaram-se, desse modo, tais relações. Considerando os princípios conflitantes no caso em questão, impõe-se a tutela do princípio da segurança jurídica de modo a preservar as situações pretéritas.

4.2 Breve histórico do Tema nº 985 da Repercussão Geral

Desde 2011, o STF tinha posição no sentido de que inexistia repercussão geral e demandaria análise da legislação infraconstitucional a discussão referente à definição de natureza jurídica de verbas – se indenizatórias ou remuneratórias – para fins de incidência da contribuição previdenciária, tanto patronal quanto do empregado. Nesse sentido, citam-se os Temas nºs 482,[39] 759[40] e 773,[41] todos do STF, os quais são anteriores ao julgamento do tema repetitivo pelo STJ.

Diante disso, em 2014, no julgamento do Tema Repetitivo nº 478[42] (Tema nº 478/STJ), o STJ firmou posição favorável aos contribuintes, reconhecendo que não incide contribuição previdenciária patronal sobre o terço constitucional de férias. Importante destacar que, em 2016, o STF reafirmou no Tema nº 908[43] sua posição a respeito do caráter

---

[39] "REPERCUSSÃO GERAL. TRIBUTÁRIO. CONTRIBUIÇÃO PREVIDENCIÁRIA. INCIDÊNCIA SOBRE VALORES PAGOS PELO EMPREGADOR NOS PRIMEIROS QUINZE DIAS DE AUXÍLIO-DOENÇA. AUSÊNCIA DE MATÉRIA CONSTITUCIONAL. INEXISTÊNCIA DE REPERCUSSÃO GERAL. [...]" (RE 611505 RG. Rel. Ayres Britto. Rel. p/ Acórdão: Ricardo Lewandowski, Tribunal Pleno, julgado em 30.09.2011. *DJe*,-211 Divulg 24.10.2014 Public 28.10.2014 Ement Vol-02753-01 PP-00001).

[40] "PROCESSUAL CIVIL. RECURSO EXTRAORDINÁRIO COM AGRAVO. AVISO PRÉVIO INDENIZADO. INCIDÊNCIA DE CONTRIBUIÇÃO PREVIDENCIÁRIA. NATUREZA JURÍDICA DA VERBA. MATÉRIA INFRACONSTITUCIONAL. AUSÊNCIA DE REPERCUSSÃO GERAL. [...]" (ARE 745901 RG. Rel. Teori Zavascki, Tribunal Pleno, julgado em 04.09.2014, Processo Eletrônico *DJe*-181 Divulg 17.09.2014 Public 18.09.2014).

[41] "TRIBUTÁRIO. GRATIFICAÇÃO ESPECIAL DE LOCALIDADE (GEL), TRANSFORMADA EM VANTAGEM PESSOAL NOMINALMENTE IDENTIFICADA (VPNI). INCIDÊNCIA DE CONTRIBUIÇÃO PREVIDENCIÁRIA. NATUREZA DA VERBA. MATÉRIA INFRACONSTITUCIONAL. AUSÊNCIA DE REPERCUSSÃO GERAL. [...]" (RE 814204 RG. Rel. Teori Zavascki, Tribunal Pleno, julgado em 09.10.2014, Acórdão Eletrônico *DJe*-215 Divulg 31.10.2014 Public 03.11.2014).

[42] REsp 1230957 RS. Rel. Min. Mauro Campbell Marques, Primeira Seção, julgado em 26.02.2014. *DJe*, 18.03.2014.

[43] "RECURSO EXTRAORDINÁRIO. TRIBUTÁRIO. INCIDÊNCIA DE CONTRIBUIÇÃO PREVIDENCIÁRIA A CARGO DO EMPREGADO. ADICIONAL DE FÉRIAS. AVISO PRÉVIO INDENIZADO. DÉCIMO TERCEIRO

infraconstitucional de questão similar, no qual se discutia a análise individualizada de determinada verba para fins de incidência de contribuição previdenciária.

Do mesmo modo, em 2017, o STF, no Tema nº 20 da Repercussão Geral,[44] fixou o alcance do conceito de remuneração, contido no art. 22, I, da Lei nº 8.212/91, à luz do conceito de folha de salários, do art. 195, I, "a", da CF/88, para fins de incidência da contribuição previdenciária do empregador, oportunidade na qual foi destacada a distinção entre a discussão e aquela relacionada à natureza jurídica de cada verba, o que justificaria o reconhecimento da repercussão geral.

Por sua vez, em 2018, o STF, por maioria, reviu sua posição para reconhecer, no Tema nº 985 da Repercussão Geral[45] (Tema nº 985/STF), a existência de questão constitucional e repercussão geral da discussão relacionada à definição da natureza jurídica do terço constitucional de férias, indenizadas ou gozadas, para fins de incidência da contribuição previdenciária patronal.

Na ocasião, o quórum para negativa de repercussão geral não foi alcançado em razão da ausência de manifestação de alguns ministros e, por isso, reconheceu-se a existência de repercussão geral e questão constitucional de tema que era objeto de reiterada posição do STF em sentido contrário.

Tal situação revela a importância de que a sistemática do Plenário Virtual seja revista para criar mecanismos que, em situações como essa, impeçam o reconhecimento da repercussão geral presumida. Basta ter como norte as importantes alterações no Regimento Interno do STF que passaram a vedar o chamado voto por omissão.

A mudança da posição do STF a respeito de determinado assunto deve ser feita de forma cuidadosa e com a devida fundamentação para justificar a superação do entendimento anterior, especialmente para fixar balizas para os demais temas.

Dois anos depois, em fevereiro de 2020, o STF, no Tema nº 1.110,[46] mais uma vez decide pelo caráter infraconstitucional de discussão correlata ao Tema nº 985/STF, fixando a tese no sentido de que

> é infraconstitucional, a ela se aplicando os efeitos da ausência de repercussão geral, a controvérsia relativa à definição individualizada da natureza jurídica de verbas percebidas pelo empregado, bem como de sua respectiva habitualidade, para fins de incidência da contribuição previdenciária.

Somam-se a isso tantas outras decisões monocráticas posteriores que reproduziam essa compreensão.

PROPORCIONAL. AUXÍLIO DOENÇA. HORAS EXTRAS. NATUREZA JURÍDICA DAS VERBAS. SALÁRIO DE CONTRIBUIÇÃO. ENQUADRAMENTO. INTERPRETAÇÃO DA LEI 8.212/1991, DA LEI 8.213/1991 E DO DECRETO 3.038/1999. MATÉRIA INFRACONSTITUCIONAL. TEMA 908. AUSÊNCIA DE REPERCUSSÃO GERAL" (RE 892238 RG. Rel. Luiz Fux, Tribunal Pleno, julgado em 05.08.2016, Processo Eletrônico *DJe*-195 Divulg 12.09.2016 Public 13.09.2016).

[44] RE 565160. Rel. Marco Aurélio, Tribunal Pleno, julgado em 29.03.2017, Acórdão Eletrônico Repercussão Geral – Mérito *DJe*-186 Divulg 22.08.2017 Public 23.08.2017.

[45] RE 1072485 RG. Rel. Edson Fachin, Tribunal Pleno, julgado em 23.02.2018, Processo Eletrônico *DJe*-264 Divulg 07.12.2018 Public 10.12.2018.

[46] RE 1266813 RG. Rel. Dias Toffoli, Tribunal Pleno, julgado em 05.11.2020, Processo Eletrônico *DJe*-036 Divulg 25.02.2021 Public 26.02.2021.

Não obstante, em outubro de 2020, no julgamento do mérito do Tema nº 985,[47] o STF adotou posição oposta ao entendimento firmado pelo STJ, reconhecendo que é legítima a incidência de contribuição social sobre o valor satisfeito a título de terço constitucional de férias.

Foram opostos embargos de declaração pelos contribuintes, objetivando, entre outras questões, a modulação dos efeitos da decisão proferida no Tema nº 985/STF, ante a virada jurisprudencial, bem como o alto impacto econômico para os contribuintes que confiaram na posição do STJ e deixaram de recolher a contribuição previdenciária.

Em 2023, o relator, Ministro André Mendonça, determinou a suspensão nacional de todos os processos judiciais e administrativos fiscais que tratavam do tema, até a conclusão do julgamento dos embargos de declaração.

Na ocasião, o ministro destacou que medida é necessária para "evitar resultados absolutamente anti-isonômicos entre contribuintes em situações equivalentes, por força e obra de prestação jurisdicional desta Corte, especialmente considerando a ausência de previsão referente ao julgamento definitivo dos embargos declaratórios".

Em junho deste ano, o STF conclui o julgamento dos embargos de declaração para, por maioria de votos, atribuir efeitos prospectivos ao acórdão de mérito do Tema nº 985/STF, a contar da publicação de sua ata de julgamento – 15.9.2020 –, ressalvadas as contribuições já pagas e não impugnadas judicialmente até essa mesma data, que não serão devolvidas pela União, nos termos do voto do Ministro Luís Roberto Barroso.

Na ocasião, o Ministro Barroso, a exemplo do que defendeu no Tema nº 908/STF, reconheceu a necessidade de modulação de efeitos da tese firmada pelo STF, uma vez que houve alteração da jurisprudência dominante do STJ, nos termos do art. 927, §3º, do CPC/2015.

Em seu voto,[48] disponibilizado no Plenário Virtual, o ministro, acertadamente, afirma que não seria razoável ou adequado que o Tema nº 985/STF tivesse o mesmo tormentoso desfecho da discussão relacionada à isenção da Cofins para as sociedades uniprofissionais.

5 Nossas considerações e pontos de reflexão

Como se viu do histórico acima, os Temas nºs 808 e 985 da Repercussão partem de similar contexto fático: (i) STF se posiciona no sentido de que a questão demanda análise de norma infraconstitucional e, por isso, não tem repercussão geral; (ii) STJ julga a questão em sede de recurso repetitivo e, (iii) posteriormente, o STF altera sua posição

---

[47] RE 1072485. Rel. Marco Aurélio, Tribunal Pleno, julgado em 31.08.2020, Processo Eletrônico repercussão geral – mérito *DJe*-241 Divulg 01.10.2020 Public 02.10.2020.

[48] "20 Desse modo, impossível desconsiderar que o julgamento de mérito e o reconhecimento da constitucionalidade da incidência da contribuição previdenciária sobre o terço de férias – corrente à qual me filiei, tendo ficado vencido quando do conhecimento do recurso – contrariam um arcabouço jurisprudencial que envolve precedentes desta Corte e do Superior Tribunal de Justiça, e que podem reverberar, inclusive, em outras matérias já pacificadas em âmbito infraconstitucional, como na incidência da contribuição do empregado sobre o terço de férias. 21. Não seria adequado estarmos aqui diante de um 'novo' RE 381.964 [11], em que, alterando jurisprudência sumulada do STJ, esta Corte reconheceu a constitucionalidade da revogação da isenção da COFINS para as sociedades uniprofissionais, com efeitos retroativos, uma vez que não foi alcançado o quórum para modulação. 22. Por todo o exposto, dou parcial provimento aos embargos de declaração opostos, e proponho a atribuição de efeitos ex nunc ao acórdão de mérito, a contar da publicação de sua ata de julgamento, ressalvadas as contribuições já pagas e não impugnadas judicialmente até essa mesma data, que não serão devolvidas pela União".

para reconhecer sua competência para análise do tema, fixando orientação diversa da adotada pelo STJ.

Não obstante, o STF adotou soluções divergentes a respeito da necessidade de modulação de efeitos da tese fixada. No Tema nº 808/STF, a modulação foi afastada. Por sua vez, no Tema nº 985/STF, a modulação foi acolhida.

A divergência a respeito da necessidade de modulação em caso de alteração da jurisprudência do STJ não é novidade, tendo sido objeto de amplo debate em outros casos tributários de relevância, conforme destacamos no quadro a seguir:

Tema	STJ	STF	Modulação	Tempo entre os julgamentos
Inclusão do ICMS na base de cálculo do PIS/ Cofins	1993/1994 Súmulas nºs 68 e 94: contrário ao contribuinte	2017 Tema nº 69 Favorável ao contribuinte	Acolhida no julgamento dos EDs em 2021	28 anos
Cofins prestação de serviços profissionais	2003 Súmula nº 276 Favorável ao contribuinte	2008 Tema nº 71 Contrário ao contribuinte	Afastada	5 anos
Prazo Prescricional – Tese dos "5 + 5"	2009 Tema nº 137 Contrário ao contribuinte	2011 Tema nº 4 Favorável ao contribuinte	Não examinada/ requerida	2 anos
IR sobre juros de mora	2011 Tema nº 470 Contrário ao contribuinte	2021 Tema nº 808 Favorável ao contribuinte	Afastada	10 anos
IRPJ/CSLL sobre juros de mora	2013 Tema nº 505 Contrário ao contribuinte	2021 Tema nº 962 Favorável ao contribuinte	Acolhida no julgamento dos EDs	8 anos
Contribuição previdenciária sobre terço de férias	2014 Tema nº 478 Favorável ao contribuinte	2020 Tema nº 985 Contrário ao contribuinte	Acolhida no julgamento dos EDs em 2024	10 anos
IPI nas operações de importação de veículos para uso próprio	2015 Tema nº 695 Favorável ao contribuinte	2016 Tema nº 643 Contrário ao contribuinte	Afastada	1 ano
Inclusão do ICMS na base de cálculo da CPRB	2019 Tema nº 994 Favorável ao contribuinte	2021 Tema nº 1048 Contrário ao contribuinte	Afastada	2 anos

Na tabela acima, percebe-se a tendência de que a modulação seja utilizada principalmente para resguardar os interesses da União, o que não se revela razoável e/ ou proporcional. Como destacamos anteriormente, há nítido interesse social da perspectiva dos contribuintes, bem como a segurança jurídica e proteção da confiança são princípios basilares de nosso ordenamento que não podem ser deixados de lado, única e exclusivamente, para resguardar interesses arrecadatórios.

Entre outros pontos, a questão principal que se coloca aqui, e que, em nossa visão, é ponto central da divergência a respeito da necessidade de modulação, é o tratamento dado às decisões firmadas pelo STJ sob a sistemática dos recursos repetitivos. Essas são suficientes, ou não, para gerar confiança legítima no jurisdicionado a justificar a atribuição de efeitos prospectivos ao novo entendimento?

Importante destacar que, em nossa compreensão, ainda que não se tratasse de precedente submetido ao rito dos recursos repetitivos, caberia ao STF avaliar a necessidade de modulação de efeitos de eventual entendimento firmado em sentido diverso, quando ficar evidenciado que os precedentes geraram expectativa legítima dos jurisdicionados.

Em se tratando de alteração de tese fixada em sede de recurso repetitivo, a discussão a respeito da necessidade de modulação de efeitos é ainda mais necessária, especialmente na hipótese em que o STF, em um primeiro momento, sinalizou que a controvérsia seria de índole infraconstitucional.

Primeiro, porque o art. 927, §3º, do CPC/2015 expressamente elenca essa hipótese como circunstância justificadora de modulação. Cabe, portanto, ao STF, ainda que no seu juízo de discricionariedade, examinar a questão.

Segundo, porque o art. 927, III, do CPC/2015 determina que tese repetitiva firmada pelo STJ é de observância obrigatória, devendo ser seguida em casos idênticos, sob pena de a decisão ser considerada deficiente caso deixe de aplicá-la ou não demonstre a distinção entre as situações examinadas para justificar seu afastamento no caso examinado (art. 489, §1º, do CPC/2015).

Reconhecer que a decisão firmada pelo STJ em recurso repetitivo não geraria confiança legítima ao jurisdicionado significaria o esvaziamento da própria competência constitucional da Corte Superior de dar a última palavra a respeito das questões de direito federal, bem como a completa subversão do sistema de precedentes imposto pelo CPC/2015.

Sempre se reconheceu que as decisões, isoladamente consideradas, dos Tribunais Superiores já poderiam ser vistas como uma orientação para os demais órgãos do Poder Judiciário, em razão da função desempenhada pelo STJ e pelo STF, ganhando novos contornos com a edição do CPC/2015 e não podendo ser desconsiderado.

Terceiro, porque entre o julgamento do mérito – cuja decisão se tem por autoaplicável[49] e não demanda aguardar o trânsito em julgamento, conforme se posicionam os Tribunais Superiores – e a decisão que alterou a jurisprudência e a aquela que acolhe ou rejeita a modulação de efeitos da nova posição transcorrem vários anos, conforme observado no quadro acima. Tal circunstância contribuiu para o ambiente de insegurança jurídica e cria situações não isonômicas.

Neste período, vários contribuintes buscaram a tutela jurisdicional para ver aplicado o entendimento consolidado pela Corte, obtendo decisões transitadas em

[49] Rcl 30.003/SP (AgRg). Rel. Min. Roberto Barroso, 1ª T. *DJe*, 13.06.2018; RE 1.129.931/SP (AgRg). Rel. Min. Gilmar Mendes, 2ª T. *DJe*, 27.08.2018.

julgado que lhes concederam direitos, inclusive, com efeitos para além da limitação temporal superveniente.

A prova da alta insegurança jurídica gerada pela demora na definição a respeito de eventual modulação é que o STJ afetou ao rito dos recursos repetitivos o Tema nº 1.245/STJ,[50] a fim de definir "a admissibilidade de ação rescisória para adequar julgado à modulação de efeitos estabelecida no Tema n. 69 da repercussão geral do Supremo Tribunal Federal".

O relator, Ministro Mauro Campbell Marques, no seu voto[51] pela afetação, destaca que, no Tema nº 69/STF, transcorreram mais de quatro anos entre a decisão de mérito e a definição dos critérios para modulação, tendo muitas decisões sido proferidas nesse intervalo e transitado em julgado, em desacordo com os marcos posteriormente fixados pelo STF.

Como fica a situação desses contribuintes? Deve-se admitir o cabimento de ação rescisória e, por conseguinte, considerar *que há manifesta violação à norma jurídica* – exigida pelo inc. V, do art. 966, do CPC/2015 –, quando a decisão transitada em julgado se limitou a aplicar o precedente tal como fixado pelo Tribunal Superior, nos termos dos arts. 489, VI, 927, I e III, e 1.040 do CPC e das orientações do Conselho Nacional de Justiça (CNJ) contidas na Recomendação nº 134/2022?

É, ainda, necessário o ajuizamento de ação rescisória ou aplica-se também com relação à modulação a compreensão de que "os julgamentos em repercussão geral interrompem automaticamente os efeitos temporais das decisões transitadas em julgado nas referidas relações, respeitadas a irretroatividade, a anterioridade anual e a noventena ou a anterioridade nonagesimal, conforme a natureza do tributo" – Temas nºs 881 e 885/STF?

Sem pretender responder definitivamente todos esses questionamentos e muitos outros decorrentes dessa situação, entendemos que a resposta é negativa, tendo em vista que a posterior modulação não altera a decisão de mérito e não há fixação de nova *norma*, mas, tão somente, delimitação posterior dos seus efeitos práticos a alguns eventos passados. "A jurisdição se exerce em meio a um contexto existente no espaço e no tempo que deve ser respeitado pelo intérprete", de modo que a intepretação sistêmica que assegura efetividade do instituto da modulação é no sentido de que sua posterior fixação afeta apenas as situações que não foram acobertadas pela coisa julgada.[52]

---

[50] ProAfR no REsp n. 2.066.696/RS, Ministro Mauro Campbell Marques, Primeira Seção, julgado em 19.3.2024. *DJe*, 10.4.2024.

[51] "Quanto à manifestação ministerial, os feitos repetitivos abordam a possibilidade de aplicação da Súmula n. 343/STF a uma situação específica surgida com o grande lapso temporal existente entre o julgamento do Tema n. 69/STF, em sede de repercussão geral (em 15.03.2017), e o julgamento dos respectivos aclaratórios onde se deu a modulação de efeitos (em 13.05.2021). Nesse interregno de mais de 4 (quatro) anos onde não havia jurisprudência fixada a respeito dos marcos temporais (não havia norma jurídica), estando ausentes quaisquer parâmetros, muitas decisões foram proferidas em processos que tais em desacordo com os marcos posteriormente fixados em modulação pelo STF. Nessa toada, a questão subjacente é a própria aplicação da Súmula n. 343/STF para o período. Com efeito, o tema se encontra perfeitamente dentro das competências deste Superior Tribunal de Justiça que usualmente tem julgado em sede de recurso especial a aplicação da Súmula n. 343/STF, como requisito normativo de cabimento de ação rescisória implicitamente contido no art. 966, V, do CPC/2015, que exige violação manifesta de norma jurídica".

[52] GASPERIN, Carlos Eduardo Makoul; CAMANO, Fernanda Donnabella. Modulação de efeitos e a tese firmada em precedente constitucional tributário: coisa julgada e rescisória. *Revista de Processo*, São Paulo, ano 49, v. 351, p. 389-414, maio 2024. Disponível em: http://revistadostribunais.com.br/maf/app/document?stid=st-rql&marg=DTR-2024-6362. Acesso em: 8 jul. 2024.

Do mesmo modo, é importante que os tribunais superiores sigam empreendendo esforços para que a decisão a respeito de eventual modulação não venha a ocorrer anos depois do julgamento de mérito em sede de eventuais embargos de declaração. E, caso venha a ocorrer, a demora do Judiciário em definir a questão jamais pode militar contra o jurisdicionado.

A exemplo do que defendem o Ministro Gurgel de Faria e Thiago Holanda,[53] pautados na doutrina de Humberto Ávila, eventual proposta de modulação inaugurada por ocasião do exame do mérito deve implicar suspensão do julgamento, para que as partes possam se manifestar a respeito da questão, atendendo, inclusive, ao princípio de vedação da decisão surpresa – art. 10 do CPC/2015.

Inclusive, recentemente, a 1ª Seção do STJ,[54] acolhendo proposta do Ministro Gurgel de Faria, suspendeu o julgamento após a decisão de mérito e, em sessão, intimou as partes para que se manifestassem a respeito da modulação de efeitos, o que, a um só tempo, assegura o contraditório e municia a Corte de elementos a serem ponderados na tomada de decisão, entre eles, os argumentos chamados de consequencialistas que dimensionam – ou deveriam quantificar – os efeitos e impactos da decisão sob o prisma social, econômico e político.

Após a manifestação das partes e dos *amici curiae*, conforme autoriza e recomenda o art. 927, §2º, do CPC/2015, a 1ª Seção do STJ, menos de 3 meses após a suspensão do julgamento, retomou a análise do caso, afastando a modulação de efeitos da compreensão firmada, entre outros pontos, *(i)* por se estar diante de precedente que não tem efeito *ultra partes* e *(ii)* pelo fato de que houve a uniformização da posição do STJ nos embargos de divergência, de modo que não houve *virada jurisprudencial*.

A despeito de as teses fixadas em sede de repetitivos e repercussão geral possuírem aplicação imediata, à luz da jurisprudência dos Tribunais Superiores, entendemos que essa compreensão não implica óbice para eventual suspensão do julgamento para posterior análise da modulação de efeitos. Isso porque, a rigor, o julgamento não foi concluído, mas apenas suspenso.

Trata-se, desse modo, de situação distinta em que há a conclusão do julgamento de mérito e posterior análise a respeito da modulação em sede de embargos de declaração – *julgamento bifásico*.

Além disso, a Corte Superior poderá determinar a suspensão nacional dos casos que tratem de questão idêntica ou a manutenção da determinação de sobrestamento realizada no momento da afetação, até que haja a retomada do julgamento para discutir a modulação de efeitos, nos termos do art. 1.037 do CPC/2015.

Não se desconhece que eventual suspensão do julgamento pode implicar prejuízo aos princípios da celeridade e razoável duração do processo.

Não obstante, é importante destacar que os arts. 1.035, §9º, e 1.037, §4º, do CPC/2015 determinam, respectivamente, que os feitos submetidos à sistemática da repercussão geral e dos recursos repetitivos devem ser julgados dentro do prazo de 1 ano e possuem preferência sobre os demais feitos. Inclusive, antes das alterações

---

53 FARIA, Luiz Alberto Gurgel de; GONZÁLEZ, Thiago Holanda. A modulação de efeitos em matéria tributária e os seus parâmetros: a segurança jurídica e o excepcional interesse social. *Revista da Faculdade de Direito da UERJ*, n. 42, 2023, E70564. DOI: 10.12957/rfd.2023.70564.

54 EREsp n. 1.571.933/SC. Rel. Min. Gurgel de Faria, Primeira Seção, julgado em 13.12.2023. *DJe*, 8.3.2024.

promovidas pela Lei nº 13.256/2016, o não cumprimento desse prazo implicava cessão automática dos efeitos de eventual determinação de suspensão.

Há, portanto, determinação do próprio legislador que seja imprimida celeridade nos julgamentos desses feitos, bem como há precedentes no sentido de que eventual suspensão em razão de julgamento repetitivo não impede a análise de pedidos liminares e/ou questões urgentes.

Com efeito, em verdadeiro juízo de ponderação, eventual atraso na conclusão do julgamento do precedente qualificado em razão da suspensão para discutir modulação, o que, no julgamento do precedente citado do STJ, se mostrou ínfimo (apenas 3 meses), certamente, implicará efeitos menos danosos que a insegurança jurídica a respeito dos critérios e limites temporais de eventual modulação.

Ainda que não se opte pela suspensão prévia do julgamento após a fixação do entendimento de mérito, tal como fez o STJ, em caso de oposição de embargos de declaração para discutir modulação, o Tribunal Superior pode atribuir efeito suspensivo aos embargos, nos termos do art. 1.026 do CPC/2015, para que os efeitos da tese fixada fiquem suspensos até a conclusão do julgamento, em atenção aos princípios da segurança jurídica e da isonomia, que norteiam o sistema de precedentes.

Nessa linha, vale rememorar que o STF, no bojo dos embargos de declaração opostos contra o acórdão do Tema nº 985 da Repercussão, dois anos após a decisão de mérito e diante da ausência de previsão para julgamento dos embargos de declaração, determinou que os processos em curso seguissem suspensos, a fim de evitar decisões conflitantes e situações não isonômicas para os contribuintes.

Outra possibilidade "é antecipação da discussão acerca das consequências jurídicas, econômicas e sociais da decisão, especialmente com a participação de amici curiae e, quando necessário, com a realização de audiências públicas" para que haja participação efetiva da sociedade civil e promova segurança jurídica, conforme defendem o Ministro Gurgel de Faria e Thiago Holanda.[55]

Para os autores, tal debate prévio permite que, no julgamento do mérito do tema, a Corte já esteja municiada de todos os elementos e informações necessários para discutir eventual modulação, sem que haja prejuízo ao contraditório e trazendo celeridade.

Há, portanto, uma série de mecanismos que pode impedir que o lapso temporal entre as decisões de mérito e definição de critérios para eventual modulação criem situações de maior instabilidade e insegurança jurídica, a exemplo do que ocorreu nos julgamentos dos Temas nºs 69 e 985 da Repercussão Geral.

Fundamental, ainda, que, no capítulo da decisão dedicado à modulação de efeitos, sejam explicitados de forma clara e coerente os fundamentos que ensejam sua aplicação ao caso concreto, bem como a exposição das possíveis consequências da decisão firmada, evitando adoção de fundamentação genérica de impacto fiscal, na seara tributária, por exemplo. No mesmo sentido, ainda que a modulação possa ser examinada caso a caso, é importante que sejam fixadas balizadas objetivas para sua aplicação, evitando o cenário com infinitas possibilidades.

Como é frequentemente dito, as pessoas têm o direito de conhecer previamente as regras do jogo para que possam pautar sua conduta e planejá-la de forma racional,

---

[55] FARIA, Luiz Alberto Gurgel de; GONZÁLEZ, Thiago Holanda. A modulação de efeitos em matéria tributária e os seus parâmetros: a segurança jurídica e o excepcional interesse social. *Revista da Faculdade de Direito da UERJ*, n. 42, 2023, E70564. DOI: 10.12957/rfd.2023.70564.

sem surpresas *aos 48 do segundo tempo do jogo*. Modular, em última análise, significa preservar as relações estabelecidas e estabilizar os conflitos, a fim de alterar o cenário apontado pelo ex-Ministro da Fazenda, Pedro Malan, no sentido de que, "no Brasil, até o passado é imprevisível".

Não obstante, como delineado no segundo capítulo, a chamada *zona de penumbra* entre as decisões dos Tribunais Superiores é algo que deve ser corrigido de forma sistêmica e coerente, sendo a modulação apenas um dos mecanismos passíveis de adoção para mitigar os efeitos decorrentes da instabilidade jurisprudencial, tanto com relação à Corte competente para análise da questão, quanto a respeito do mérito e eventuais divergências.

Como bem afirma Marinoni, não há como discutir eficácia dos precedentes, quando há dúvida anterior a respeito da competência. O constante diálogo entre as cortes é peça-chave para o aprimoramento da prestação jurisdicional, gerando segurança jurídica e prevenindo litigiosidade.

Além disso, conforme bem destacou o Ministro Dias Toffoli, em entrevista ao *Conjur*,[56] "é necessário diminuir o tempo entre decisões do STJ, que também geram precedentes para todo o país no que diz respeito à interpretação da lei federal e das decisões do STF. O que temos de fazer? Um sistema mais eficiente".

É também dever dos Tribunais de 2ª Instância colaborar para a aplicação das teses fixadas pelos Tribunais Superiores, bem como com a indicação de temas para eventual afetação como recurso repetitivo ou ao regime da recursão geral, identificados eventuais gargalos.

Igualmente, os jurisdicionados, os advogados – públicos e privados – e demais atores do direito devem atuar de forma cooperativa com os Tribunais Superiores, evitando a postergação de litígios com recursos infundados.

A construção de um cenário em que a jurisprudência é efetivamente *íntegra, estável e coerente* (art. 926, do CPC/2015) é, portanto, papel de todos.

Referências

ALVES, Eliana Calmon. *A superposição de competência recursal*. Brasília, DF, 2001. Disponível em: http://bdjur.stj.jus.br//dspace/handle/2011/110. Acesso em: 8 jul. 2024.

ALVIM, Teresa Arruda. *Modulação*: na alteração da jurisprudência firme ou de precedentes vinculantes. 2. ed. São Paulo: Thomson Reuters Brasil, 2021. Livro eletrônico.

ALVIM, Teresa Arruda. O consequencialismo nas decisões: não se pode ignorar os impactos no mundo dos fatos. *Conjur*, 2020. Disponível em: https://www.conjur.com.br/2020-jul-24/consequencialismo-decisoes-judiciais/. Acesso em: 17 fev. 2025.

ALVIM, Teresa Arruda; MONNERAT, Fábio Victor da Fonte. Modulação: momento adequado, competência, critérios à luz de exemplos da jurisprudência. *Suprema: revista de estudos constitucionais*, Brasília, v. 1, n. 1, p. 181-213, jan./jun. 2021.

ÁVILA, Humberto. Repensando o "princípio da supremacia do interesse público sobre o particular". *Revista Eletrônica sobre a Reforma do Estado*, n. 11, p. 1-30, set./nov. 2007.

[56] Disponível em: https://www.conjur.com.br/2024-mai-28/desencontro-entre-stf-e-demais-tribunais-expoe-falhas-no-sistema-de-precedentes/. Acesso em: 8 jul. 2024.

ÁVILA, Humberto. Segurança jurídica em matéria tributária. *Revista Brasileira de Direito Tributário*, n. 64, set./out. 2017.

ÁVILA, Humberto. *Teoria da segurança jurídica*. 6. ed. São Paulo: Malheiros, 2021.

ÁVILA, Humberto. *Teoria dos princípios*: da definição à aplicação dos princípios jurídicos. 16. ed. São Paulo: Malheiros, 2015.

BRASIL. [Constituição (1988)]. *Constituição da República Federativa do Brasil de 1988*. Brasília, DF: Presidência da República, 1988. Disponível em: http://www.planalto.gov.br/ccivil_03/constituicao/constituicao.htm. Acesso em: 2 jul. 2024.

BRASIL. *Lei n. 13.105, de 16 de março de 2015*. Código de Processo Civil. Brasília, DF: Presidência da República, 2015. Disponível em: https://www.planalto.gov.br/ccivil_03/_ato2015-2018/2015/lei/l13105.htm. Acesso em: 2 jul. 2024

BRASIL. Superior Tribunal de Justiça. [Site institucional]. Brasília, DF: STJ, 2024. Disponível em: https://portal.stj.jus.br/. Acesso em: 4 jul. 2024.

BRASIL. Supremo Tribunal Federal. [Site institucional]. Brasília, DF: STF, 2023. Disponível em: https://portal.stf.jus.br/. Acesso em: 3 jul. 2024.

CARVALHO, Paulo de Barros. O sobreprincípio da segurança jurídica e os primados que lhe objetiva no direito positivo brasileiro. *Revista Brasileira de Direito Tributário*, ano X, n. 58, set./out. 2016.

CHAGAS, Vitoria Medeiros de Melo Caballero; TOLEDO, Maria Danielle Rezende. Consequencialismo na modulação de efeitos das decisões judiciais e sua aplicação em matéria tributária. *Revista da Defensoria Pública*, Porto Alegre, ano 14, v. 33, p. 33-89, 2023.

COSTA, Regina Helena. *Curso de direito tributário*. 2. ed. São Paulo: Saraiva, 2012.

DERZI, Misabel Abreu Machado. *Modificações da jurisprudência no direito tributário*. São Paulo: Noeses, 2009.

FARIA, Luiz Alberto Gurgel de; GONZÁLEZ, Thiago Holanda. A modulação de efeitos em matéria tributária e os seus parâmetros: a segurança jurídica e o excepcional interesse social. *Revista da Faculdade de Direito da UERJ*, n. 42, 2023, E70564. DOI: 10.12957/rfd.2023.70564.

FERRAZ JUNIOR, Tercio Sampaio; CARRAZZA, Roque Antonio; NERY JUNIOR, Nelson. Apresentação. *In*: FERRAZ JUNIOR, Tercio Sampaio; CARRAZZA, Roque Antonio; NERY JUNIOR, Nelson. *Efeito ex nunc e as decisões do STJ*. Barueri: Manole, 2007.

GALVÃO, Jorge Octávio Lavocat. Modulação de efeitos da declaração de inconstitucionalidade em matéria tributária: mitos, consequências e arranjos institucionais ideais. *RDU*, v. 15, n. 84, p. 93-113, nov./dez. 2018.

GASPERIN, Carlos Eduardo Makoul; CAMANO, Fernanda Donnabella. Modulação de efeitos e a tese firmada em precedente constitucional tributário: coisa julgada e rescisória. *Revista de Processo*, São Paulo, ano 49, v. 351, p. 389-414, maio 2024. Disponível em: http://revistadostribunais.com.br/maf/app/document?stid=st-rql&marg=DTR-2024-6362. Acesso em: 8 jul. 2024.

HOLMES, Stephen; SUNSTEIN, Cass. *The cost of rights* – Why liberty depends on taxes. New York and London: W. M. Norton, 1999.

LOBATO, Valter de Souza; TEIXEIRA, Tiago Conde. O julgamento pelo STF do RE n. 1.072.485/PR e a necessidade de modulação de seus efeitos. *Revista Direito Tributário Atual*, São Paulo, n. 46. p. 534-566, 2º sem. 2020.

MARINONI, Luiz Guilherme. A definição da interpretação da lei pelo STJ como requisito para a atuação do STF. *Revista de Processo*, São Paulo, v. 46, n. 311, 2021.

MITIDIERO, Daniel. *Precedentes judiciais*: da persuasão à vinculação. São Paulo: Revista dos Tribunais, 2017.

MITIDIERO, Daniel. *Cortes superiores e cortes supremas*: do controle à interpretação, da jurisprudência ao precedente. 3. ed. São Paulo: RT, 2017.

MITIDIERO, Daniel. *Precedentes*: da persuasão à vinculação. São Paulo: Revista dos Tribunais, 2016.

NABAIS, José Casalta. *O dever fundamental de pagar impostos*: contributo para a compreensão constitucional do estado fiscal contemporâneo. Coimbra: Almedina, 2015.

NEVES, Daniel Amorim Assumpção. *Manual de direito processual civil*. Salvador: JusPodivm, 2016. Volume único.

Informação bibliográfica deste texto, conforme a NBR 6023:2018 da Associação Brasileira de Normas Técnicas (ABNT):

FERRAZ, Cristiane Romano Farhat; CASTRO, Janaina Santos. (Des)necessidade da modulação de efeitos em caso de alteração pelo STF de jurisprudência firmada em sede de recurso repetitivo. *In*: PAULA, Fernanda de; PENCAK, Nina (coord.). *Tributação, liberdade e igualdade*: as contribuições do Ministro Luís Roberto Barroso. Belo Horizonte: Fórum, 2025. p. 359-386. ISBN 978-65-5518-952-0.

CONTROLE DE CONSTITUCIONALIDADE DAS MORATÓRIAS NO PAGAMENTO DE PRECATÓRIOS: TUTELA DA CONSTITUIÇÃO, PRAGMATISMO JURÍDICO E O PROBLEMA DA DÍVIDA ACUMULADA

DANIEL SARMENTO

ADEMAR BORGES

JOÃO GABRIEL MADEIRA PONTES

1 Introdução

A moratória no pagamento de precatórios é uma velha conhecida do direito constitucional brasileiro. Lamentavelmente, não é de hoje que o regime de pagamentos da dívida pública decorrente de decisões judiciais, disciplinado em detalhes pela Constituição de 1988, vem sendo objeto de emendas constitucionais que visam a autorizar os entes políticos a postergarem a quitação integral dos seus débitos. Cria-se, assim, um ambiente de profunda insegurança jurídica quanto ao cumprimento das obrigações pecuniárias do Estado, em detrimento de diversos preceitos fundamentais do texto constitucional, bem como da higidez das contas públicas.

Essa história é antiga. Como se depreende do art. 33 do ADCT, o próprio constituinte originário estabeleceu que, com exceção dos créditos de natureza alimentar, os precatórios judiciais pendentes de pagamento na data de promulgação da Constituição poderiam, por decisão do Poder Executivo, ser pagos "em prestações anuais, iguais e sucessivas, no prazo máximo de oito anos, a partir de 1º de julho de 1989". Evidentemente, embora se possa criticar essa previsão, não há como afirmar a sua invalidade jurídica, pois não existe, no direito brasileiro, norma constitucional inconstitucional, quando elaborada pelo próprio poder constituinte originário.[1] De toda maneira, depois de 1988, foram editadas várias emendas constitucionais ao ADCT, com a finalidade de instituir novas moratórias no pagamento de precatórios.

---

[1] Cf., *e.g.*, STF. ADI nº 4.097-AgR, Tribunal Pleno. Rel. Min. Cezar Peluso. *DJe*, 07.11.2008; e STF. ADI nº 815, Tribunal Pleno. Rel. Min. Moreira Alves. *DJ*, 10.05.1996.

Primeiramente, a EC nº 30/2000 possibilitou a liquidação parcelada dos precatórios pendentes na data da sua promulgação e daqueles decorrentes de ações ajuizadas até 31.12.1999, pelo prazo de 10 anos. Depois, a EC nº 62/2009 instituiu regime mais flexível para o pagamento de precatórios para estados, Distrito Federal e municípios que se encontrassem em mora, conferindo-lhes a opção pelo parcelamento das suas dívidas ao longo de 15 anos.

Com o julgamento de inconstitucionalidade do núcleo da EC nº 62/2009 pelo Supremo Tribunal Federal, foi promulgada a EC nº 94/2016, que criou regime especial para o pagamento de precatórios estaduais, distritais e municipais pendentes em 25.3.2015, dando aos respectivos entes federativos o prazo de 31.12.2020 para a quitação das suas dívidas. O termo final desse prazo, ainda assim, acabou sendo adiado: inicialmente para 31.12.2024, conforme a EC nº 99/2017; depois, para 31.12.2029, nos termos da EC nº 109/2021.

O mais recente capítulo dessa história consistiu na promulgação, durante o governo de Jair Bolsonaro, das ECs nº 113/2021 e nº 114/2021, que, em conjunto, estabeleceram novo sistema para a liquidação das dívidas da União. Tais emendas permitiram, entre outros pontos, que a alocação orçamentária para o pagamento de precatórios federais fosse limitada, até o final de 2026, ao valor da despesa paga a mesmo título no exercício de 2016, dando margem ao surgimento de um estoque de débitos que só tendia a aumentar durante esse período, sem nenhum horizonte de solução. Não à toa, as ECs nº 113/2021 e nº 114/2021 foram impugnadas perante o STF, por meio das ADIs nº 7.047 e nº 7.064, respectivamente.

Para além dos problemas de sempre, a moratória aprovada no governo Bolsonaro trouxe à baila dois outros pontos relevantes. Por um ângulo, ficou claro que a flexibilização do regime de pagamento de precatórios pode ter objetivos políticos antidemocráticos. Apresentada pelo então Presidente da República e pelos seus apoiadores como necessária à concessão de benefícios sociais para a população mais pobre, a medida viabilizou o aumento de gastos públicos em pleno ano eleitoral, favorecendo a candidatura de Bolsonaro à reeleição, em manobra claramente incompatível com a paridade de armas nas disputas eleitorais.

Sob outra perspectiva, como o constituinte derivado não tinha estabelecido regras próprias sobre a matéria, o exame da validade das ECs nº 113/2021 e nº 114/2021 demandava do STF que adotasse providências capazes de solucionar o estoque de precatórios federais expedidos e não pagos, dentro da moldura imposta pela responsabilidade fiscal. Tanto foi assim que, já no governo Lula, o Advogado-Geral da União, em manifestação juntada às ADIs nº 7.047 e nº 7.064, formulou à Corte pedido de autorização para que se segregassem os valores principais das dívidas federais e os encargos financeiros sobre as causas judiciais. Com isso, pretendia a União pagar imediatamente ambos os montantes, por meio, respectivamente, de despesa primária e despesa financeira, o que era relevante, para fins de atendimento a normas fiscais.

Ao julgar parcialmente procedentes as ADIs nº 7.047 e nº 7.064,[2] o STF declarou a nulidade de trechos das ECs nº 113/2021 e nº 114/2021, bem como conferiu interpretação conforme à Constituição a vários dos seus outros dispositivos. Porém, mais que isso, o Tribunal reconheceu que a solução do problema exigia a adoção de providências

---

[2] Cf. STF. ADI nº 7.047, Tribunal Pleno. Rel. Min. Luiz Fux. *DJe*, 19.12.2023; e STF. ADI nº 7.064, Tribunal Pleno. Rel. Min. Luiz Fux. *DJe*, 19.12.2023.

adicionais, capazes de garantir a responsabilidade fiscal no pagamento do estoque de precatórios expedidos e não pagos, como se verá melhor mais adiante.

Com base nesse pano de fundo, o presente artigo analisará a questão do controle de constitucionalidade das moratórias no pagamento de precatórios, operacionalizadas por emendas constitucionais. Para tanto, será demonstrado que, por violarem cláusulas pétreas da Constituição, tais emendas podem – e devem – ser declaradas inconstitucionais, na linha da própria jurisprudência do STF. Na sequência, cada uma dessas ofensas ao texto constitucional será examinada em maiores detalhes, com destaque às afrontas ao Estado de direito, à separação de poderes, à efetividade da tutela jurisdicional, à duração razoável do processo, à segurança jurídica e à proteção da confiança legítima.

Posteriormente, o artigo analisará como a moratória no pagamento de precatórios pode servir aos impulsos autoritários de governantes ocasionais, configurando, assim, desvio de poder contrário ao princípio democrático. Por fim, o texto tratará dos aspectos práticos da controvérsia. Com isso, pretende-se evidenciar que a invalidação de medidas de rolagem da dívida pública é campo no qual a deontologia constitucional e o pragmatismo jurídico caminham lado a lado. Nesse mesmo sentido, será defendida a ideia de que o controle de constitucionalidade da moratória de precatórios pode exigir da jurisdição constitucional que, na ausência de normas constitucionais específicas sobre a matéria, atue de modo a viabilizar o equacionamento responsável da dívida pública acumulada.

Este artigo parte de uma premissa central: a moratória no pagamento de precatórios é um problema que sempre retorna à ordem do dia, não se limitando a este ou àquele contexto político, nem se esgotando nesta ou naquela decisão do Supremo Tribunal Federal. Desse modo, o principal objetivo do texto é trazer algumas reflexões que possam eventualmente contribuir para debates futuros sobre o tema, tanto sob a ótica específica da proteção do Estado de direito, da separação de poderes, da tutela jurisdicional efetiva e da segurança jurídica, como também, sob uma perspectiva mais geral, do papel do controle de constitucionalidade de emendas constitucionais na defesa do princípio democrático.

2 Controle de constitucionalidade de emendas constitucionais sobre precatórios por ofensa a cláusulas pétreas

Disciplinados pelo art. 100 da Constituição de 1988, os precatórios consistem, em linhas gerais, na técnica adotada pelo ordenamento jurídico brasileiro para que o Estado pague aos seus credores o valor a que foi condenado por decisão judicial transitada em julgado. A lógica desse sistema diferenciado de pagamento de dívidas é simples: como a penhora de bens públicos é proibida no Brasil, faz-se necessário assegurar, pela via orçamentária, que os credores do Estado recebam o dinheiro que lhes é devido, em virtude de condenação judicial definitiva.[3]

De um lado, os precatórios visam à preservação do interesse coletivo e à continuidade dos serviços públicos, ao permitir a melhor organização orçamentária da

[3] Cf. SILVA, José Afonso da. *Comentário contextual à Constituição*. São Paulo: Malheiros, 2005. p. 522.

Administração.[4] De outro lado, como são pagos essencialmente na ordem cronológica da sua apresentação, consistem em mecanismo que impede favorecimentos pessoais e evita tratamentos discriminatórios entre os credores da Fazenda Pública,[5] concretizando os princípios da isonomia e da impessoalidade, previstos, respectivamente, no art. 5º, *caput* e inc. I, e no art. 37, *caput*, da Constituição.

Como visto, desde a promulgação do texto constitucional, o sistema de pagamento de precatórios já sofreu diversas mudanças, promovidas por sucessivas emendas. Nada obstante, é essencial garantir que eventuais modificações na regulamentação dos precatórios não sacrifiquem as cláusulas pétreas elencadas no art. 60, §4º, da CF/88, dentre as quais se destacam "a separação dos Poderes" (inc. III) e "os direitos e garantias individuais" (inc. IV).

Na definição precisa de Oscar Vilhena Vieira, as cláusulas pétreas compõem a reserva de justiça da Constituição.[6] São elas que demarcam os limites materiais intransponíveis ao poder de reforma do texto constitucional, "em virtude de constituírem o cerne material de uma constituição, representando, pois, a sua própria identidade".[7] Assim, deve ser reputada inválida qualquer emenda constitucional que, sob o pretexto de alterar o regime de pagamento de precatórios, viole bens jurídicos tão relevantes quanto a separação de poderes e os direitos fundamentais.

Nesse sentido, ao longo dos anos, o Supremo Tribunal Federal vem proferindo importantes decisões em que, reconhecida a existência de afronta a cláusulas pétreas da Constituição de 1988, declarou-se a inconstitucionalidade de emendas que alteraram o regime dos precatórios. Cite-se, por exemplo, o acórdão relativo ao julgamento cautelar da ADI nº 2.356, em que se suspendeu a eficácia de dispositivo do ADCT, inserido pela EC nº 30/2000. Conforme se extrai da ementa do precedente, o STF consignou que o regime de pagamento parcelado da dívida pública, instituído por aquela emenda, violara a segurança jurídica, a independência do Poder Judiciário e a isonomia entre os credores do Estado.[8]

Sob a mesma perspectiva, cumpre mencionar as decisões proferidas no âmbito das ADIs nº 4.357 e nº 4.425, em que o STF declarou a inconstitucionalidade de normas introduzidas pela EC nº 62/2009. De maneira acertada, a Corte afirmou que aquela emenda, ao possibilitar o parcelamento de dívidas estaduais e municipais por 15 anos, atentara contra o Estado de direito, a separação de poderes, o princípio da igualdade, a garantia do acesso à justiça e a efetividade da tutela jurisdicional, bem como o direito adquirido e a coisa julgada.[9]

Situação semelhante verificou-se no caso em discussão nas ADIs nº 7.047 e nº 7.064, julgadas parcialmente procedentes pelo STF. Afinal, ao limitar por 10 anos a alocação orçamentária para os precatórios federais, o pacote de emendas constitucionais

---

4 Cf. FUX, Luiz. *Curso de direito processual civil*. Rio de Janeiro: Forense, 2022. p. 861.

5 Cf. CUNHA, Leonardo Carneiro da. Comentário ao art. 100. *In*: MORAES, Alexandre de *et al*. *Constituição Federal comentada*. Rio de Janeiro: Forense, 2018. p. 860-861.

6 Cf. VIEIRA, Oscar Vilhena. *A Constituição e sua reserva de justiça*: um ensaio sobre os limites materiais ao poder de reforma. São Paulo: Malheiros, 1999.

7 SARLET, Ingo Wolfgang; BRANDÃO, Rodrigo. Comentário ao art. 60. *In*: CANOTILHO, J. J. Gomes *et al*. (Coord.). *Comentários à Constituição do Brasil*. São Paulo: Saraiva/Almedina, 2018. p. 1218.

8 Cf. STF. ADI nº 2.356-MC, Tribunal Pleno. Rel. Min. Néri da Silveira, Red. p/ ac. Min. Ayres Britto. *DJe*, 19.05.2011.

9 Cf. STF. ADI nº 4.357, Tribunal Pleno. Rel. Min. Ayres Britto, Red. p/ ac. Min. Luiz Fux. *DJe*, 26.09.2014; e STF. ADI nº 4.425, Tribunal Pleno. Rel. Min. Ayres Britto, Red. p/ ac. Min. Luiz Fux. *DJe*, 19.12.2013.

impugnado naquelas ações também postergara o pagamento de dívida pública decorrente de decisões judiciais transitadas em julgado.

As graves afrontas a cláusulas pétreas do texto constitucional, decorrentes da moratória no pagamento de precatórios, serão mais bem analisadas nos próximos itens.

2.1 Violação ao Estado de direito e à separação de poderes

Em seu art. 1º, *caput*, a Constituição de 1988 dispõe que o Brasil "constitui-se em Estado Democrático de Direito". O núcleo desse conceito multifacetado combina respeito à soberania popular, contenção do exercício do poder político e observância de direitos fundamentais. Vale dizer, o Estado democrático de direito "visa a conciliar o autogoverno do povo com as técnicas do constitucionalismo, voltadas à limitação do poder em prol dos direitos dos governados".[10]

Dentre os seus elementos essenciais, destaca-se o respeito incondicional às decisões do Poder Judiciário. Isso porque, quando um particular ou o Estado não cumpre voluntariamente o que prevê o ordenamento jurídico, o império da lei é restaurado por ordens judiciais, que devem, por isso, ser cumpridas, sobretudo quando o seu destinatário for o próprio Poder Público. É esse, aliás, o entendimento do Supremo Tribunal Federal.[11]

Ocorre que a moratória no pagamento de precatórios não atende a esse importante princípio constitucional. No Estado de direito, não só as atividades dos particulares, mas também as ações dos poderes públicos estão subordinadas ao direito, devendo o Estado respeitar as decisões do Judiciário. Contudo, quando postergam o pagamento dos precatórios, medidas de rolagem da dívida pública possibilitam que o Estado adie – não raramente, por muitos anos – o cumprimento dessas decisões, violando o núcleo essencial do Estado de direito.

Esse mesmo ponto foi ressaltado no julgamento das ADIs nº 4.357 e nº 4.425. Naquela oportunidade, o Min. Luiz Fux disse que a imposição de limites ao pagamento de precatórios consiste em "grotesca espécie de imunidade parcial do Estado à ordem jurídica, em franca colisão com a ideia de Estado de Direito, que clama pela sujeição completa e irrestrita do poder ao império da lei (*rule of law*)".

Não bastasse, também há afronta à separação de poderes, consagrada no art. 2º da CF/88. Como mecanismo tipicamente liberal, esse princípio se volta à garantia da moderação no exercício do poder, evitando o arbítrio dos governantes e protegendo a liberdade dos governados.[12] A ideia é que, ao se conferir funções estatais diferentes a órgãos diversos, impede-se a concentração de poderes nas mãos de qualquer autoridade, afastando-se o risco do despotismo.[13] Por meio de controles institucionais recíprocos (*checks and balances*), concretiza-se "o princípio da legalidade, a supremacia da lei, *the rule of law*".[14]

---

[10] SARMENTO, Daniel; SOUZA NETO, Cláudio Pereira de. *Direito constitucional*: teoria, história e métodos de trabalho. Belo Horizonte: Fórum, 2016. p. 257.

[11] Cf. STF. IF nº 590-QO, Tribunal Pleno. Rel. Min. Celso de Mello. *DJe*, 09.10.1998.

[12] Cf. PIÇARRA, Nuno. *A separação de poderes como doutrina e princípio constitucional*. Coimbra: Coimbra Editora, 1989.

[13] Cf. MONTESQUIEU. *O espírito das leis*. São Paulo: Saraiva, 1987.

[14] BARROSO, Luís Roberto. *Curso de direito constitucional contemporâneo*. São Paulo: Saraiva, 2022. p. 562.

O Poder Judiciário cumpre papel essencial nesse desenho, ao aplicar as normas jurídicas ao caso concreto, equacionando conflitos sociais em caráter definitivo. Exatamente por isso, o constituinte originário lhe garantiu independência em relação às demais instâncias de poder, conferindo aos seus membros garantias muito relevantes, como a vitaliciedade, a inamovibilidade e a irredutibilidade de subsídio (art. 95, *caput*, da CF/88), na tentativa de protegê-los de influências externas prejudiciais ao exercício soberano da atividade judicante.

No entanto, mudanças nas regras de quitação dos precatórios representam interferência direta e indevida nas prerrogativas do Poder Judiciário, que possui a competência exclusiva para julgar processos judiciais e para determinar a obrigação de pagamento. Ao rolar a dívida pública, a moratória de precatórios intervém de maneira inadequada na capacidade do Judiciário de garantir o cumprimento das suas próprias decisões, minando a independência de juízes e tribunais e comprometendo o princípio da separação de poderes.[15]

A jurisprudência do STF caminha nessa mesma direção. No julgamento cautelar da ADI nº 2.356, o Plenário consignou que a moratória no pagamento de precatórios, analisada pela Corte naquela ocasião, atentara contra a independência do Poder Judiciário, "cuja autoridade é insuscetível de ser negada, máxime no concernente ao exercício do poder de julgar os litígios que lhe são submetidos e fazer cumpridas as suas decisões, inclusive contra a Fazenda Pública, na forma prevista na Constituição e na lei". No julgamento das ADIs nº 4.357 e nº 4.425, também se anotou que "esse tipo de conformação normativa, mesmo que veiculada por emenda à Constituição, também importa contratura no princípio da separação dos Poderes".

2.2 Ofensa à efetividade da tutela jurisdicional e à duração razoável do processo

O art. 5º, inc. XXXV, da Constituição de 1988, estabelece que "a lei não excluirá da apreciação do Poder Judiciário lesão ou ameaça a direito". Cuida-se do princípio da inafastabilidade da jurisdição, que se relaciona com o acesso à justiça e com o direito fundamental de ação. O Supremo Tribunal Federal vem sublinhando a importância de se garantir amplo e efetivo acesso à justiça, uma vez que, sem isso, "os direitos fundamentais individuais, coletivos ou sociais são quimeras e abstrações, destituídas de significado jurídico e normativo".[16]

Devido a essa posição central na garantia de outros direitos, o acesso à justiça apresenta diversas facetas.[17] Em um dos seus desdobramentos, a Constituição de 1988 assegura a efetividade do processo como princípio geral de direito processual.[18] Segundo o STF, "[o] princípio da efetividade impõe que o processo alcance os fins para os quais

---

[15] Cf. COELHO, Rogério Viola; GENRO, Tarso; MENEZES, Mauro. A inconstitucionalidade das emendas constitucionais 113/2021 e 114/2021: fundamentos e consequências. *Democracia e Direitos Fundamentais*, 6 jan. 2022.

[16] STF. ADPF nº 504, Tribunal Pleno. Rel. Min. Rosa Weber. *DJe*, 26.11.2020.

[17] Cf. CAPPELLETTI, Mauro; GARTH, Bryant. *Acesso à justiça*. Tradução de Ellen Gracie Northfleet. Porto Alegre: Sergio Antonio Fabris, 1988.

[18] Cf. FUX, Luiz. *Teoria geral do processo*. Rio de Janeiro: Forense, 2019. p. 49.

foi instituído".[19] Para atingir esse objetivo, a Constituição também garante, nos incs. LIV e LV do seu art. 5º, o devido processo legal como o meio necessário para assegurar a proteção contra lesão ou ameaça a direito de modo oportuno. Um dos seus elementos é a razoável duração do processo, que, prevista no art. 5º, inc. LXXVIII, da CF/88, incorpora a eficiência temporal como parâmetro de justiça.[20]

Logo, o Poder Público possui a obrigação de proporcionar tutela jurisdicional efetiva, adequada e tempestiva. Tal direito fundamental não se resume à possibilidade de buscar a via judicial, pressupondo também que a jurisdição estatal tenha efetividade na proteção de direitos.[21] Na conhecida formulação de Rui Barbosa, "justiça atrasada não é justiça, senão injustiça qualificada e manifesta" –[22] e a verdadeira justiça só se realiza quando os bens da vida são entregues a quem de direito, em tempo hábil.

É pacífico que a duração razoável do processo abrange tanto a fase de conhecimento quanto a de execução.[23] Tal princípio, por conseguinte, não pode se restringir "ao tempo razoável apenas para decidir o processo, isto é, sentenciar, mas, sobretudo, para cumprir aquilo que se decidiu".[24] Justamente por isso, o art. 4º do Código de Processo Civil afirma que "[a]s partes têm o direito de obter em prazo razoável a solução integral do mérito, incluída a atividade satisfativa".

Essa compreensão integral da duração razoável do processo tem sido reafirmada no Brasil e no mundo. Ao reconhecer a constitucionalidade de medidas executivas atípicas, o Supremo Tribunal Federal decidiu que "[o] acesso à justiça reclama tutela judicial tempestiva, específica e efetiva sob o ângulo da sua realização prática".[25]

Na mesma linha, no caso *Profesores de Chañaral y Otras Municipalidades v. Chile*, a Corte Interamericana de Direitos Humanos argumentou que é responsabilidade do Estado garantir "os meios e mecanismos eficazes para a execução das decisões finais, de modo a proteger de maneira efetiva os direitos declarados".[26] Com base nessa premissa, na recente sentença relativa ao *caso María y Otros v. Argentina*, a CorteIDH consignou que "[a] avaliação do prazo razoável deve ser analisada em cada caso concreto, em relação à duração total do processo, o que também pode incluir a execução da sentença definitiva".[27] No mesmo sentido, a Corte Europeia de Direitos Humanos afirmou que "a execução de uma sentença proferida por qualquer tribunal deve ser considerada como parte integrante do julgamento".[28]

O impacto da moratória no pagamento de precatórios sobre a efetividade da tutela jurisdicional já foi reconhecido pela jurisprudência do STF. No julgamento da medida

---

[19] STF. RE nº 710.293, Tribunal Pleno. Rel. Min. Luiz Fux. *DJe*, 04.11.2020.

[20] Cf. ARRUDA, Samuel Miranda. Comentário ao art. 5º, LXXVIII. *In*: CANOTILHO, J. J. Gomes *et al.* (Coord.). *Comentários à Constituição do Brasil*. São Paulo: Saraiva/Almedina, 2018. p. 542.

[21] Cf. DIDIER JR., Fredie. O direito de ação como complexo de situações jurídicas. *Revista de Processo*, v. 210, 2012. p. 388-389.

[22] BARBOSA, Rui. *Oração aos moços*. Brasília: Senado Federal, 2019. p. 58.

[23] Cf. MARINONI, Luiz Guilherme. Comentário ao art. 5º, XXXV. *In*: CANOTILHO, J. J. Gomes *et al.* (Coord.). *Comentários à Constituição do Brasil*. São Paulo: Saraiva/Almedina, 2018. p. 390.

[24] DANTAS, Francisco Wildo Lacerda. A questão do prazo razoável da duração do processo. *Revista CEJ*, ano XIV, n. 48, 2010. p. 6.

[25] STF. ADI nº 5.941, Tribunal Pleno. Rel. Min. Luiz Fux. *DJe*, 28.04.2023.

[26] CorteIDH. *Caso Profesores de Chañaral y Otras Municipalidades v. Chile*. Sentença de 10.11.2021 (tradução livre).

[27] CorteIDH. *Caso María y Otros v. Argentina*. Sentença de 22.08.2023 (tradução livre).

[28] CEDH. *Caso Assanidze v. Georgia*. Sentença de 08.04.2004.

cautelar na ADI nº 2.362, o Min. Néri da Silveira apontou que o sistema de precatórios "é garantia constitucional do cumprimento de decisão judicial contra a Fazenda Pública, que se define em regras de natureza processual conducentes à efetividade da sentença condenatória trânsita [*sic*] em julgado". Assim, alterações que obstem a eficácia desse sistema desnaturam a essência da garantia em questão.

Considerações similares foram apresentadas durante o julgamento das ADIs nº 4.357 e nº 4.425. Na ocasião, o Min. Ayres Britto registrou que "a execução da sentença judicial e a consequente entrega, a quem de Direito, do bem jurídico objeto da demanda (ou seu correspondente em pecúnia) integra o próprio núcleo da garantia do livre e eficaz acesso ao Poder Judiciário". Já a Min. Cármen Lúcia afirmou, naquela oportunidade, que "o acesso à Justiça significa chegar ao Poder Judiciário, ter uma resposta do Poder Judiciário [...] e ter a execução desse julgado".

No voto proferido no julgamento das ADIs nº 4.357 e nº 4.425, o Min. Luiz Fux também ressaltou que a postergação do pagamento de precatórios frustra a efetividade da tutela jurisdicional. Em suas palavras, "[u]ma sentença condenatória despida de força executiva é incapaz de tutelar a esfera do cidadão, sob o ângulo subjetivo, e insuscetível de restaurar a higidez da ordem jurídica, sob o prisma objetivo".

Em suma, a moratória no pagamento de precatórios impede a execução imediata de muitas decisões condenatórias transitadas em julgado e atrasa o seu cumprimento por tempo excessivo. Como os bens públicos não podem sofrer penhora, a sistemática dos precatórios é o único meio para assegurar a eficácia das condenações proferidas contra a União, de maneira que, do ponto de vista prático, demoras exageradas nesse procedimento tornam a jurisdição inefetiva para os credores da Fazenda Pública.

2.3 Afronta à segurança jurídica, à coisa julgada e à confiança legítima

Em um Estado de direito, a proteção à segurança jurídica é fundamental.[29] O direito tem na segurança, ao mesmo tempo, um valor e um objetivo, porque, "[s]em segurança, a ordem [social] não existe ou é imperfeita, o que inquina a possibilidade de realização total dos fins da sociedade e das pessoas que a compõem".[30] Para que os particulares possam conduzir as suas atividades de forma autônoma e responsável, é essencial que tenham como antecipar as consequências jurídicas advindas dos seus próprios atos.

Em sua dimensão objetiva, a segurança jurídica se ocupa da proteção ao direito adquirido, ao ato jurídico perfeito e à coisa julgada, que, consagrada no art. 5º, inc. XXXVI, da CF/88, visa a salvaguardar situações jurídicas constituídas no passado, com base no direito então vigente. Do ponto de vista material, a coisa julgada deriva do trânsito em julgado da respectiva decisão judicial, sendo, na lição de José Carlos Barbosa Moreira, "instituto de função essencialmente prática, que existe para assegurar estabilidade à tutela jurisdicional dispensada pelo Estado".[31]

---

[29] Diz Gilmar Ferreira Mendes que "a ideia central de segurança jurídica [é] uma das expressões máximas do Estado de Direito" (MENDES, Gilmar Ferreira; BRANCO, Paulo Gustavo Gonet. *Curso de direito constitucional*. São Paulo: Saraiva, 2018. p. 376).

[30] ASCENSÃO, José de Oliveira. *O direito*: introdução e teoria geral – Uma perspectiva luso-brasileira. Rio de Janeiro: Renovar, 1994. p. 157.

[31] MOREIRA, José Carlos Barbosa. Ainda e sempre a coisa julgada. *In*: MOREIRA, José Carlos Barbosa. *Direito processual civil*: ensaios e pareceres. Rio de Janeiro: Borsoi, 1971. p. 135.

A coisa julgada é uma das fontes do direito adquirido,[32] que, por sua vez, diz respeito à "situação em que o fato aquisitivo aconteceu por inteiro, mas por qualquer razão ainda não se operaram os efeitos dele resultantes".[33] O direito, de todo modo, já se integrou definitivamente ao patrimônio jurídico do seu titular, fazendo jus, portanto, à tutela constitucional.

Já em sua dimensão subjetiva, a segurança jurídica salvaguarda o princípio da proteção à confiança legítima.[34] Trata-se de preservar as expectativas dos particulares que, agindo de boa-fé, tenham pautado os seus comportamentos e as suas decisões na manutenção dos atos e das orientações estatais. A jurisprudência constitucional brasileira tem protegido consistentemente essa outra dimensão da segurança jurídica. Para o STF, "o princípio constitucional da proteção da confiança, conquanto dimensão subjetiva da segurança jurídica, se revela como um instituto apto a obstar intervenções estatais que fragilizem a segurança de contratos e outras relações jurídicas previamente pactuadas".[35]

A moratória no pagamento de precatórios, contudo, desrespeita essas duas dimensões da segurança jurídica. Como visto, esses títulos são emitidos após o trânsito em julgado de decisão judicial que reconhece ao particular o direito de receber do Estado determinada quantia. Em outros termos, os precatórios decorrem de decisões condenatórias que não podem mais ser contestadas e das quais se extraem verdadeiros direitos adquiridos. Porém, a rolagem do seu pagamento impede que a coisa julgada surta todos os seus efeitos, na medida em que autoriza o atraso no cumprimento da decisão, comprometendo, pelo mesmo motivo, a fruição dos direitos reconhecidos definitivamente pelo Poder Judiciário. Da perspectiva objetiva, portanto, tal medida enfraquece a efetividade da coisa julgada e do direito adquirido.[36]

Da perspectiva subjetiva, a moratória no pagamento de precatórios frustra a confiança do cidadão ou da empresa que, de boa-fé, acreditou no adequado cumprimento das decisões judiciais. Diante de violação a seu direito, o particular recorreu ao Poder Judiciário, provou ter razão perante as instâncias competentes e, com o término definitivo

---

[32] Cf. BARROSO, Luís Roberto. Em algum lugar do passado: segurança jurídica, direito intertemporal e o novo Código Civil. *In*: BARROSO, Luís Roberto. *Temas de direito constitucional*. Rio de Janeiro: Renovar, 2005. t. III. p. 155.

[33] BARROSO, Luís Roberto. *Curso de direito constitucional contemporâneo*. São Paulo: Saraiva, 2022. p. 68.

[34] Sobre o princípio da proteção da confiança legítima, veja-se, *e.g.*, ARAÚJO, Valter Shuenquener de. *O princípio da proteção à confiança*. Niterói: Impetus, 2009; ÁVILA, Humberto. *Segurança jurídica*: entre permanência, mudança e realização no direito tributário. São Paulo: Malheiros, 2011. p. 360-496; e SILVA, Almiro do Couto e. O princípio da proteção à confiança e a teoria da invalidade dos atos administrativos no direito brasileiro. *In*: SILVA, Almiro do Couto e. *Conceitos fundamentais do direito no Estado constitucional*. São Paulo: Malheiros, 2014. p. 91-122.

[35] STF. ADI nº 3.005, Tribunal Pleno. Rel. Min. Lewandowski. *DJe*, 13.11.2020.

[36] A violação a esse prisma da segurança jurídica foi destacada pelo Min. Néri da Silveira no julgamento cautelar da ADI nº 2.362: "Penso que, em situação como essa, a alteração do sistema da Constituição, em ordem a que a Fazenda Pública devedora possa pagar esses 'precatórios pendentes', em 'prestações anuais, iguais e sucessivas, no prazo máximo de dez anos' fere não só o direito adquirido, resultante da norma constitucional do art. 100 e §1º, na redação original, do beneficiário do precatório, como desrespeita, imediatamente, o ato jurídico perfeito e a coisa julgada. Os precatórios em alusão extraíram-se no regime de pagamento procedente do art. 100 e §1º, da Lei Maior, ou seja, com pagamento previsto para o exercício seguinte ao de sua apresentação até 1º de julho. Essa situação jurídica está definida, por força da Constituição, com inequívoco benefício ao titular do direito ao pagamento pela Fazenda pública, por força de decisão judicial trânsita [*sic*] em julgado. No que concerne, pois, aos 'precatórios pendentes' a alteração pretendida encontra óbice no art. 60, IV, da Constituição, porque afronta 'direitos e garantias individuais' assim como definidos nos arts. 100, §1º, e 5º, XXXVI, e §2º, da Constituição. Não cabia, em realidade, editar norma que beneficiará a Fazenda pública devedora, alterando o sistema em vigor à data do precatório, com iniludível grave prejuízo, ao credor, vitorioso na demanda judicial contra a Fazenda pública".

do processo judicial, passou a nutrir a legítima expectativa de que a Fazenda Pública cumpriria com a sua obrigação e pagaria o valor que lhe deve, conforme reconhecido pelo Estado-Juiz. A postergação do pagamento da dívida pública, ao alterar subitamente a sistemática normativa dos precatórios, rompe com o pressuposto de previsibilidade que compõe a segurança jurídica, violando, com isso, a confiança do particular quanto ao recebimento do valor a que tem pleno direito.

Até aqui, o artigo se debruçou sobre as inconstitucionalidades que costumam estar presentes em todas as emendas constitucionais promulgadas para instituir a moratória no pagamento de precatórios. No próximo item, agregaremos outra variável a essa análise, que dialoga diretamente com o uso político dessas emendas, para fins antidemocráticos, o que ocorreu no caso das ECs nº 113/2021 e nº 114/2021.

3 Crise da democracia, constitucionalismo abusivo e fraude eleitoral: desvio de poder normativo e violação ao princípio democrático

A democracia é o regime político em que a opinião da maioria é decisiva, respeitados os direitos das minorias. Com efeito, em sistemas verdadeiramente democráticos, todos os cidadãos participam, em condições de igualdade, da escolha dos seus representantes, por meio de procedimentos íntegros de aferição da vontade popular.[37] Da mesma maneira, garante-se aos perdedores do processo eleitoral tanto a possibilidade de, no futuro, vencerem eleições, quanto o respeito, nesse ínterim, aos seus direitos básicos, que servem como trunfos perante os governos e as maiorias de ocasião.[38]

Porém, nos últimos anos, as democracias constitucionais vêm atravessando tempos de crise.[39] Afora os mecanismos violentos de ataque aos regimes democráticos, como os golpes de Estado, a literatura especializada aponta que, uma vez eleitos, agentes políticos autoritários estão se valendo de novas táticas – mais graduais e silenciosas – de erosão da democracia, minando a efetividade da tutela de direitos fundamentais e alterando as regras do jogo eleitoral, com o objetivo de se manter no poder. Em maior ou menor grau, foi o que se viu, recentemente, em países tão diversos quanto Hungria, Índia, Polônia, Turquia e Venezuela.

No Brasil, a eleição de Jair Bolsonaro para a Presidência da República consistiu em fator decisivo para o agravamento da crise da nossa própria democracia.[40] O ex-Presidente aparelhou órgãos estatais, desmontou políticas públicas, atuou contra os direitos de minorias vulneráveis, perseguiu críticos do governo, incentivou a prática

---

[37] Cf. DAHL, Robert A. *Sobre a democracia*. Tradução de Beatriz Sidou. Brasília: UnB, 2001.

[38] Cf. DWORKIN, Ronald. *Taking rights seriously*. Cambridge: Harvard University Press, 1978.

[39] Cf., *e.g.*, BARROSO, Luís Roberto. *Revolução tecnológica, crise da democracia e Constituição*: direito e políticas públicas num mundo em transformação. Belo Horizonte: Fórum, 2021; CASTELLS, Manuel. *Ruptura*: a crise da democracia liberal. São Paulo: Zahar, 2018; GRABER, Mark A.; LEVINSON, Sanford; TUSHNET Mark (Ed.). *Constitutional democracy in crisis?* Oxford: Oxford University Press, 2018; e LEVITSKY, Steven; ZIBLATT, Daniel. *Como as democracias morrem*. São Paulo: Zahar, 2018.

[40] Sobre a crise da democracia brasileira, cf., *e.g.*, ABRANCHES, Sérgio *et al*. *Democracia em risco?*: 22 ensaios sobre o Brasil hoje. São Paulo: Companhia das Letras, 2019; PONTES, João Gabriel Madeira. *Democracia militante em tempos de crise*. Rio de Janeiro: Lumen Juris, 2020; SARMENTO, Daniel. *Crise democrática e luta pela Constituição*. Belo Horizonte: Fórum, 2020; e SOUZA NETO, Cláudio Pereira de. *Democracia em crise no Brasil*: valores constitucionais, antagonismo político e dinâmica institucional. São Paulo e Rio de Janeiro: Contracorrente/EdUERJ, 2020.

de ilegalidades e ameaçou instituições centrais para o bom funcionamento do regime democrático, como o Supremo Tribunal Federal e o Tribunal Superior Eleitoral, que exerceram importante papel na contenção dos arroubos do então Presidente.[41]

Entre as novas estratégias de erosão da democracia, destaca-se o que vem sendo chamado de "constitucionalismo abusivo", isto é, o uso de instrumentos legítimos de alteração da Constituição – como a aprovação de emendas – para distanciar o sistema político do ideário democrático.[42] Em julgado do Plenário, o próprio STF já atentou para a "[i]mportância de evitar os riscos do constitucionalismo abusivo", definido pela Corte como "[i]nstrumento associado, na ordem internacional, ao retrocesso democrático e à violação a direitos fundamentais".[43]

De fato, o constitucionalismo abusivo deve ser combatido, sob pena de se permitir não só a descaracterização do texto constitucional, como também a autocratização do sistema político.[44] Se, em condições de normalidade institucional, o Tribunal Constitucional pode ser mais deferente no exercício do controle de constitucionalidade, em cenários de disfuncionalidade causados por esses mecanismos antidemocráticos, é necessário que a Corte atue de forma mais enérgica, exercendo o que Cláudio Pereira de Souza Neto denominou "jurisdição constitucional anticílica".[45]

Por esse viés, toda vez que se pretender, por meio de emendas constitucionais, erodir a democracia ou estabelecer graves restrições a valores centrais do constitucionalismo democrático, é necessário submetê-las a um controle de constitucionalidade estrito, ou seja, ainda mais rigoroso. As características da crise democrática vivenciada em todo o mundo sugerem que a doutrina do controle de constitucionalidade das emendas constitucionais deve ser atualizada para fazer frente às novas ameaças autoritárias.[46]

---

[41] Cf. PONTES, João Gabriel Madeira. Novas ameaças à democracia no governo Bolsonaro, jurisdição constitucional e defesa de direitos fundamentais no Brasil. *In*: MORAIS, Dalton Santos *et al.* (Org.). *Direitos fundamentais e jurisdição constitucional nos 35 anos da Constituição de 1988*. São Paulo: Dialética, 2024; SARMENTO, Daniel. O STF na crise democrática brasileira: do lavajatismo à democracia militante. *In*: CASIMIRO, Matheus; CUNHA, Eduarda (Org.). *Direito e política*: um diálogo possível? Londrina: Thoth, 2023; e VIEIRA, Oscar Vilhena. O STF e a defesa da democracia no Brasil. *Journal of Democracy em Português*, v. 12, n. 1, 2023.

[42] Cf. LANDAU, David. Abusive constitucionalism. *UC Davis Law Review*, v. 47, n. 1, 2013. No Brasil, cf. BARBOSA, Estefânia Maria Queiroz; ROBL FILHO, Ilton Norberto. Constitucionalismo abusivo: fundamentos teóricos e análise da sua utilização no Brasil contemporâneo. *Revista Brasileira de Direitos Fundamentais & Justiça*, ano 12, n. 39, 2018; e NUNES, Daniel Capecchi. O desmembramento da Constituição de 1988: constitucionalismo abusivo e fim do ciclo político democrático. *Publicum*, v. 4, 2018. Edição comemorativa.

[43] STF. ADPF nº 622, Tribunal Pleno. Rel. Min. Roberto Barroso. *DJe*, 21.05.2021.

[44] PONTES, João Gabriel Madeira. *Democracia militante em tempos de crise*. Rio de Janeiro: Lumen Juris, 2020. p. 28.

[45] "Os economistas keynesianos costumam recomendar que os ciclos econômicos sejam equilibrados por meio da adoção de políticas anticíclicas: as recessões são atenuadas com investimentos públicos; no período de desenvolvimento acelerado, economiza-se. As cortes constitucionais devem assumir o mesmo papel diante dos ciclos políticos – pode-se conceber, nesse sentido, a ideia de uma jurisdição constitucional anticíclica. Diante de governos que não revelam compromisso com as instituições democráticas, a função anticíclica da jurisdição constitucional implica a adoção de parâmetros mais rigorosos de controle dos atos estatais, i. e., a 'redução situacional da deferência' em relação, em especial, aos atos do Executivo" (SOUZA NETO, Cláudio Pereira de. Democracia militante e jurisdição constitucional anticíclica. *Jota*, 16 maio 2020).

[46] Como afirmou um dos autores deste artigo em outra oportunidade, "[e]m contextos de retrocesso democrático, é preciso assumir uma postura de especial atenção às propostas de alteração formal da Constituição que possuam aptidão para erodir a ordem democrática, que devem ser submetidas ao mais rigoroso escrutínio pela jurisdição constitucional. Afinal, a vocação do controle jurisdicional da constitucionalidade de emendas à Constituição está justamente em obstaculizar manifestações de constitucionalismo abusivo e suas tentações autoritárias" (BORGES, Ademar. O controle de constitucionalidade das emendas constitucionais: cláusulas pétreas, graus de deferência ao poder constituinte derivado e defesa da democracia em contextos de retrocesso democrático. *Revista Brasileira de Direitos Fundamentais & Justiça*, ano 17, n. 48, 2023. p. 254).

Apesar de ter sido mais pródigo na utilização de atos infralegais para subverter a democracia,[47] o último governo também se valeu, pontualmente, do constitucionalismo abusivo. Foi esse o caso do pacote de alterações constitucionais aprovado durante o governo Bolsonaro para modificar o sistema de pagamento de precatórios da União.

Ao postergar a quitação da dívida federal, sob o argumento de viabilizar o Auxílio Brasil, o governo federal tinha a real intenção de garantir para si maior margem de gastos públicos, na tentativa de facilitar a reeleição do ex-Presidente da República no pleito de 2022. Em reportagem sobre o assunto, o jornal *Folha de São Paulo* afirmou que "a mudança, combinada com a alteração no índice de correção do teto de gastos, vai permitir o aumento de outras despesas no ano eleitoral".[48]

O calote nos precatórios federais foi, portanto, mais uma forma encontrada pelo ex-Presidente para colocar a máquina fiscal a serviço da sua reeleição, ao lado da manipulação do teto de gastos. Em outros termos, teve-se verdadeira fraude eleitoral, operacionalizada pela via do constitucionalismo abusivo.[49] Como defendeu um dos autores deste artigo em outra oportunidade, esse pacote de mudanças constitucionais

> foi aprovado com o objetivo de permitir uma massiva distribuição de recursos públicos por meio da ampliação e até da criação de novos programas sociais à margem da lei eleitoral que "proíbe a implementação de novos benefícios no ano de realização das eleições justamente para se evitar que os candidatos utilizem da máquina pública para obter vantagem nas eleições".[50]

Juridicamente, expedientes dessa natureza recebem o sugestivo nome de *desvio de poder*, que se verifica seja quando o agente estatal persegue finalidade pública diversa daquela estatuída, explícita ou implicitamente, pela norma que baseia a sua atuação, seja quando a autoridade busca atingir fim estranho ao interesse público.[51] Essa ideia foi exprimida com propriedade por Caio Tácito, em texto clássico sobre o tema: "A administração serve, necessariamente, a interesses públicos caracterizados. Não é lícito à autoridade valer-se de suas atribuições para satisfazer a interesses pessoais, sectários ou político-partidários, ou mesmo a outro interesse público estranho à sua competência".[52]

No caso do pacote de emendas promulgado durante o governo Bolsonaro, configurou-se grave hipótese de desvio de poder, porque a medida não visou à promoção de finalidade pública legítima. Muito pelo contrário, alterou-se o texto constitucional para, desfigurando a sistemática de pagamento de precatórios federais, dar calote nos

---

[47] Cf. VIEIRA, Oscar Vilhena; GLEZER, Rubens; PEREIRA, Ana Laura. Supremocracia e infralegalismo autoritário: o comportamento do Supremo Tribunal Federal durante o governo Bolsonaro. *Novos Estudos Cebrap*, v. 41, n. 3, 2022.

[48] CUCOLO, Eduardo. PEC dos Precatórios deve ser considerada inconstitucional, mas decisão pode demorar anos. *Folha de São Paulo*, 3 nov. 2021. Cf. também BARTHOLO, Letícia; FREIRE, Débora; MARINHO, Clara. Auxílio remendado. *Piauí*, 18 nov. 2021.

[49] Cf., nesse sentido, MODESTO, Paulo. Constitucionalismo abusivo e casuísmo eleitoral: PEC do Estado de Emergência. *Conjur*, 14 jul. 2022.

[50] BORGES, Ademar. O controle de constitucionalidade das emendas constitucionais: cláusulas pétreas, graus de deferência ao poder constituinte derivado e defesa da democracia em contextos de retrocesso democrático. *Revista Brasileira de Direitos Fundamentais & Justiça*, ano 17, n. 48, 2023. p. 249.

[51] Cf. MEIRELLES, Hely Lopes. *Direito administrativo brasileiro*. São Paulo: Malheiros, 2008. p. 186.

[52] TÁCITO, Caio. O abuso do poder administrativo no Brasil: conceitos e remédios. *Revista de Direito Administrativo*, v. 56, 1959. p. 11.

credores da União e, com isso, possibilitar a ampliação de gastos públicos em ano eleitoral, facilitando a reeleição de Jair Bolsonaro –[53] que, como se sabe, não ocorreu.

Do mesmo modo que a persecução de finalidades públicas é dever que se estende a todos os ramos da atividade estatal, os vícios decorrentes da sua inobservância não se restringem aos atos administrativos de efeitos concretos. Atos normativos – provenientes do Poder Legislativo ou do Poder Executivo – também se expõem ao controle judicial por desvio de poder. Assim, o uso malicioso dos poderes inerentes ao processo legislativo para atingir objetivos que não se coadunam com a ordem constitucional configura espécie igualmente censurável de abuso de poder,[54] como vem decidindo o STF.[55]

Por vezes, a jurisprudência do Supremo Tribunal Federal enquadra o desvio de poder como violação aos princípios da legalidade e da moralidade, que, previstos expressamente no art. 37, *caput*, da CF/88, obrigam o Estado a pautar a sua conduta pelo estrito respeito à ordem jurídica e pela ética pública. Em caso envolvendo prática de nepotismo cruzado no Poder Judiciário, a Corte afirmou que, "no momento em que é apurada a finalidade contrária ao interesse público, [...] o ato deve ser invalidado, por violação ao princípio da moralidade administrativa e por estar caracterizada a sua ilegalidade, por desvio de finalidade".[56]

Outras vezes, o Tribunal enxerga no desvio de poder, pelo seu caráter fortemente arbitrário, afronta direta ao princípio da razoabilidade, extraído do art. 5º, inc. LIV, da CF/88 e definido por Luís Roberto Barroso como "parâmetro de valoração dos atos do Poder Público para aferir se eles estão informados pelo valor superior inerente a todo o ordenamento jurídico: a justiça".[57] Razoável é, assim, tudo aquilo que não decorre do arbítrio ou do capricho, atendendo às noções de equilíbrio, moderação, senso comum e razão, o que não se verifica nas hipóteses de desvio de poder.[58]

No caso em debate, para além dos vícios tipicamente reconhecidos pelo Supremo Tribunal Federal nas hipóteses de desvio de poder, a promulgação das ECs nº 113/2021 e nº 114/2021 afrontou o próprio princípio democrático, cláusula pétrea da Constituição, extraída do art. 1º, *caput* e parágrafo único, e do art. 60, §4º, inc. II, da CF/88. Afinal, se o texto constitucional faz do Brasil uma democracia, não é compatível com o plano do constituinte originário permitir que a Carta Política seja emendada para favorecer o então presidente na sua campanha à reeleição, tornando o processo eleitoral menos íntegro, menos justo e, consequentemente, menos democrático. Na verdade, essas mudanças constitucionais tornaram "materialmente viável, a partir da institucionalização constitucional do abuso de poder econômico, a perpetuação no poder de um candidato à reeleição refratário à observância das regras inerentes ao estado democrático de direito".[59]

---

[53] Cf. NOBRE JÚNIOR, Edilson Pereira. O Supremo Tribunal Federal e o instituto do precatório: subsídios para interpretação das ECs 113 e 114. *Revista de Direito Administrativo e Infraestrutura*, v. 26, 2023.

[54] Cf. BANDEIRA DE MELLO, Celso Antônio. *Discricionariedade e controle jurisdicional*. São Paulo: Malheiros, 1992. p. 77.

[55] STF. ADI nº 2.667-MC, Tribunal Pleno. Rel. Min. Celso de Mello. *DJ*, 12.03.2004.

[56] STF. MS nº 24.020, 2ª Turma. Rel. Min. Joaquim Barbosa. *DJe*, 13.06.2012.

[57] BARROSO, Luís Roberto. *Interpretação e aplicação da Constituição*. São Paulo: Saraiva, 2001. p. 219.

[58] Cf. STF. ADI nº 1.158, Tribunal Pleno. Rel. Min. Dias Toffoli. *DJe*, 08.10.2014; e STF. ADI nº 1.063-MC, Tribunal Pleno. Rel. Min. Celso de Mello. *DJ*, 27.04.2001.

[59] BORGES, Ademar. O controle de constitucionalidade das emendas constitucionais: cláusulas pétreas, graus de deferência ao poder constituinte derivado e defesa da democracia em contextos de retrocesso democrático. *Revista Brasileira de Direitos Fundamentais & Justiça*, ano 17, n. 48, 2023. p. 255.

Como já mencionado, a ideia de democracia presume a igualdade entre todos os participantes das eleições.[60] É a isonomia que está por trás da atribuição do mesmo valor a todos os votos depositados nas urnas, consubstanciada na famosa expressão "one person, one vote", e que justifica a regra segundo a qual, diante de desacordos políticos, deve prevalecer a vontade da maioria, desde que não implique ofensa aos direitos das minorias. Nesse contexto, não se coadunam com o princípio democrático manobras normativas que, tal como o pacote de emendas aprovado durante o governo Bolsonaro, têm como efeito prático beneficiar algum candidato em detrimento de outros, sobretudo quando isso implica ampliar a força de quem já detém poder político e econômico.

Também se fez alusão, neste artigo, ao fato de que as democracias pressupõem a possibilidade real de alternância de governo, por meio de eleições regulares, o que estimula a *accountability* política.[61] Não por outro motivo, o art. 60, §4º, inc. II, da CF/88 dispõe que não será objeto de deliberação a proposta de emenda constitucional tendente a abolir "o voto direto, secreto, universal e *periódico*" (grifos nossos). Ora, promover o atraso no pagamento de precatórios para obter maior margem de gastos públicos e, com isso, tentar se perpetuar no poder, de maneira absolutamente ilegítima, coloca em xeque mais essa característica essencial dos regimes democráticos.

Logo, nota-se que, a depender do contexto político em que for instituída, a moratória no pagamento de precatórios pode violar o próprio princípio democrático, além de todas as outras cláusulas pétreas aqui indicadas.

4 Quando a deontologia e o pragmatismo andam juntos: consequências deletérias da moratória no pagamento de precatórios

Uma das vertentes mais influentes do pensamento contemporâneo, o pragmatismo evita as especulações filosóficas muito abstratas e desvinculadas da realidade concreta, tendo como características o *antifundacionalismo*, o *contextualismo* e o *consequencialismo*.[62] O antifundacionalismo é a rejeição da busca de qualquer fundamento último para as teorias e para os argumentos. O *contextualismo*, por sua vez, enfatiza a importância do contexto histórico e das experiências de cada sujeito nas investigações científicas e nas decisões a serem tomadas. Já o *consequencialismo* preconiza que se priorizem sempre as soluções capazes de produzir os melhores resultados práticos para a sociedade.

No âmbito do direito, o mais conhecido defensor do pragmatismo é Richard Posner,[63] para quem o principal critério para a correção de uma decisão judicial diz respeito à sua capacidade de produzir boas consequências, não só para o caso concreto, como também para o sistema como um todo. O pragmatismo jurídico é igualmente

---

[60] Cf. PONTES, João Gabriel Madeira. *Democracia militante em tempos de crise*. Rio de Janeiro: Lumen Juris, 2020. p. 226-231; e SARMENTO, Daniel. *Dignidade da pessoa humana*: conteúdo, trajetórias e metodologia. Belo Horizonte: Fórum, 2016. p. 149.

[61] Cf. PRZEWORSKI, Adam. Acquiring the habit of changing governments through elections. *Comparative Political Studies*, v. 48, n. 1, 2015.

[62] Cf. POGREBINSCHI, Thamy. *Pragmatismo*: teoria social e política. Rio de Janeiro: Relume Dumará, 2005. p. 23-62.

[63] Cf. POSNER, Richard. *Law, pragmatism and democracy*. Cambridge: Harvard University Press, 2003; e POSNER, Richard. Um manifesto pragmático. *In*: POSNER, Richard. *Problemas de filosofia do direito*. Tradução de Jefferson Luiz Camargo. São Paulo: Martins Fontes, 2007.

empirista, por atribuir mais importância aos dados da realidade do que às construções teóricas.[64] Para o pragmatismo jurídico, enfim, o direito não é um fim em si mesmo. O compromisso central do magistrado pragmático é com o atendimento das necessidades humanas e sociais que o direito, como instrumento, visa a promover.

A preocupação com o mundo real e com as consequências práticas das decisões judiciais são contribuições relevantes do pragmatismo para o direito.[65] Tanto que, no Brasil, a Lei de Introdução às Normas do Direito Brasileiro foi alterada para prever que, "[n]as esferas administrativa, controladora e judicial, não se decidirá com base em valores jurídicos abstratos sem que sejam consideradas as consequências práticas da decisão" (art. 20, *caput*). O pragmatismo, aliás, também vem ganhando tração no Supremo Tribunal Federal.[66]

Sabe-se que o pragmatismo jurídico não está imune a críticas.[67] Talvez as principais reservas quanto a essa corrente jusfilosófica se liguem ao receio de que a adesão aos seus postulados distancie a atividade judicante de normas jurídicas vinculantes, ocasionando, ainda, a relativização de valores morais consagrados pela ordem jurídica. O direito ostenta forte caráter deontológico, que não deve ser ignorado, sobretudo em questões de caráter constitucional.

Contudo, existem hipóteses em que o pragmatismo e a deontologia caminham de mãos dadas, como ocorre no controle de constitucionalidade das moratórias no pagamento de precatórios. De fato, a invalidade de medidas dessa natureza deve ser reconhecida tanto porque assim determina a Constituição de 1988 – conforme se viu anteriormente – quanto por causa dos efeitos práticos perniciosos gerados pela rolagem da dívida pública.

Do ponto de vista fiscal, o atraso no pagamento de precatórios produz verdadeira bola de neve nas contas do Estado, ao represar, de maneira artificial, despesas que só serão integralmente pagas em um futuro muito distante. Não há nenhuma perspectiva de equacionamento do passivo acumulado, de sorte que, mantido o desenho financeiro instituído pela moratória de precatórios, a situação tende a se tornar absolutamente insustentável. É a crônica de uma crise financeira anunciada, que, se não for resolvida o quanto antes, impactará a realização de políticas públicas essenciais para a população brasileira, com danos ainda mais sensíveis para os grupos sociais mais vulneráveis.[68]

---

[64] Na formulação de Thomas Grey, "pragmatismo significa liberdade da culpa teórica" (GREY, Thomas. What is good in legal pragmatism. *In*: BRINT, Michael; WEAVER, William (Ed.). *Pragmatism in law and society*. San Francisco: Westview Press, 1991. p. 10).

[65] Cf. BINENBOJM, Gustavo. *Poder de polícia, ordenação, regulação*: transformações político-jurídicas, econômicas e institucionais do direito administrativo ordenador. Belo Horizonte: Fórum, 2016; MENDONÇA, José Vicente de. A verdadeira mudança de paradigmas do direito administrativo brasileiro: o estilo tradicional ao novo estilo. *Revista de Direito Administrativo*, v. 265, 2014; e SOUZA NETO, Cláudio Pereira de. A interpretação constitucional contemporânea entre o construtivismo e o pragmatismo. *In*: MAIA, Antonio Cavalcanti *et al.* (Org.). *Perspectivas atuais da filosofia do direito*. Rio de Janeiro: Lumen Juris, 2005.

[66] Cf., nesse sentido, o seguinte trecho da ementa do acórdão relativo à ADI nº 4.645, Tribunal Pleno. Rel. Min. Luiz Fux. *DJe*, 23.10.2023: "O Supremo Tribunal Federal, confrontado com o exame da constitucionalidade de decisões do Congresso Nacional impactantes em políticas públicas e que, *primu ictu oculi*, não confrontam o texto constitucional, deve, atento às consequências práticas de sua decisão, resistir à tentação de aderir a visões teóricas destoantes da realidade da Administração Pública brasileira, na linha da orientação hoje contida no art. 20, caput, da Lei de Introdução às Normas do Direito Brasileiro, que positiva essa vertente pragmático-consequencialista da função judicante".

[67] Cf. SARMENTO, Daniel; SOUZA NETO, Cláudio Pereira de. *Direito constitucional*: teoria, história e métodos de trabalho. Belo Horizonte: Fórum, 2016. p. 232-233.

[68] Cf. STN e PGFN. Nota Conjunta SEI nº 01/2023/STN/PGFN-MF, p. 03.

Com isso, o mercado também passa a precificar os riscos oriundos do possível calote na dívida pública, o que se reflete sobre as taxas de juros, que aumentam abruptamente. A avaliação do mercado ainda repercute sobre o valor do prêmio de risco embutido nas contratações públicas, que se eleva de forma drástica, em prejuízo do bom funcionamento da máquina estatal.[69]

Há, ademais, graves retrocessos para a transparência na gestão das contas públicas, que consiste em exigência do princípio republicano (art. 1º, *caput*, da CF/88), consubstanciada no dever de publicidade administrativa (art. 37, *caput*, da CF/88) e no direito fundamental à informação (art. 5º, incs. XIV e XXXIII, da CF/88).[70] Foi o que apontou o Supremo Tribunal Federal ao julgar inconstitucional o orçamento secreto instituído e operacionalizado durante o governo Bolsonaro, caracterizando-o como prática institucional antirrepublicana, "além de incompatível com o direito fundamental a informação (CF, art. 5º, XXXIII) e com as diretrizes que informam os princípios da máxima divulgação, da transparência ativa, da acessibilidade das informações, do fomento à cultura da transparência e do controle social".[71]

Realmente, a moratória no pagamento de precatórios oculta o real montante da dívida pública, mascarando os seus indicadores. Disso, decorrem distorções nas estatísticas fiscais, o que não apenas atenta contra o imperativo de controle das atividades e das contas do Estado, como também coloca em xeque a confiabilidade dos dados oficiais sobre o tema.[72]

Por fim, a rolagem da dívida pública ameaça a reputação do Brasil perante investidores, que passam a enxergar o país como mau pagador, deixando, assim, de aportar recursos na economia nacional. Como se sabe, a obrigatoriedade dos contratos se afigura essencial para a vida coletiva, especialmente nas sociedades capitalistas, uma vez que assegura as condições para o desenvolvimento das relações travadas pelos agentes econômicos no mercado.[73] Não por outra razão, a teoria econômica contemporânea ressalta a importância da garantia do cumprimento das obrigações contratuais pelas instituições públicas como pressuposto para o desenvolvimento nacional,[74] alçado pelo art. 3º, inc. II, da Constituição de 1988 à categoria de objetivo fundamental da República Federativa do Brasil.

Em nosso país, é praticamente consensual a ideia de que a falta de segurança quanto ao efetivo cumprimento dos contratos e das obrigações estatais desestimula investimentos privados, desaquece a economia e prejudica o desenvolvimento, atingindo todos, inclusive os mais vulneráveis.[75] E é certo que a moratória no pagamento de precatórios agrava essa percepção, como bem apontam a Secretaria do Tesouro Nacional e a Procuradoria-Geral da Fazenda Nacional em nota técnica sobre o tema.[76]

---

[69] Cf. STN e PGFN. Nota Conjunta SEI nº 01/2023/STN/PGFN-MF, p. 06.

[70] Cf. SARMENTO, Daniel. O princípio republicano nos 30 anos da Constituição de 88: por uma república inclusiva. *Revista da EMERJ*, v. 20, n. 3, 2018. p. 312.

[71] STF. ADPF nº 850, Tribunal Pleno. Rel. Min. Rosa Weber. *DJe*, 28.04.2023.

[72] Cf. STN e PGFN. Nota Conjunta SEI nº 01/2023/STN/PGFN-MF, p. 04.

[73] Cf. GRAU, Eros Roberto; FORGIONI, Paula. Ainda um novo paradigma dos contratos? *In*: GRAU, Eros Roberto. *O Estado, a empresa e o contrato*. São Paulo: Malheiros, 2005. p. 16.

[74] Cf. NORTH, Douglas C. *Institutions, institutional changes and economic performance*. Cambridge: Cambridge University Press, 1990.

[75] Cf. STJ. SLS nº 162-AgR, Corte Especial. Rel. Min. Edson Vidigal. *DJ*, 01.08.2006; e STJ. SL nº 57-AgR, Corte Especial. Rel. Min. Edson Vidigal. *DJ*, 06.09.2004.

[76] Cf. STN e PGFN. Nota Conjunta SEI nº 01/2023/STN/PGFN-MF, p. 06.

5 Estoque de precatórios e responsabilidade fiscal: lacunas constitucionais, equidade e "pensamento do possível"

Quando não resolvido pelo próprio constituinte derivado, o principal problema concreto gerado pela moratória de precatórios é o estoque de títulos expedidos e não pagos. O acúmulo desses valores tende a formar um montante estratosférico de despesas que, por ser de difícil quitação, possivelmente resultará em uma nova moratória, dando início, assim, a um círculo vicioso insolúvel, em detrimento da higidez das contas públicas, do bom funcionamento do Estado e, em última análise, da própria população brasileira. Como disse o Min. Luiz Fux no julgamento das ADIs nº 4.357 e nº 4.425, "a moratória de hoje é o prenúncio da moratória de amanhã".

Declarada a inconstitucionalidade de medidas que implicam a rolagem da dúvida pública, a dificuldade prática com o pagamento imediato e integral dos precatórios é de fácil compreensão. De forma correta ou incorreta – não importa para os fins deste artigo –, o pagamento desses títulos tem sido enquadrado no Brasil, pelos órgãos responsáveis, como despesa primária. Porém, o ordenamento jurídico brasileiro, especialmente a Emenda Constitucional nº 126/2022 (art. 107-A do ADCT) e a Lei Complementar nº 200/2023, que fundam o novo regime fiscal sustentável, estabelecem limites estritos para a realização de despesas primárias, que seriam ultrapassados caso a Fazenda Pública efetivamente pagasse, de maneira integral, os débitos com os precatórios antigos. Ou seja, a incidência desses limites de gastos – na forma como são hoje praticados – sobre todo o estoque de precatórios criado pela moratória inviabilizaria a adequada solução constitucional do problema.

Independentemente da roupagem jurídico-financeira que se pretenda dar a cada valor que compõe o estoque de precatórios expedidos e não pagos, fato é que a declaração de inconstitucionalidade das moratórias joga luz sobre questão muito complexa, para a qual não existe resposta na Constituição. Por um lado, além de ofender várias cláusulas pétreas, a rolagem da dívida pública cria um problema fiscal que, na ausência de intervenção judicial, tende a ser insolúvel. Por outro lado, é necessário viabilizar o pagamento imediato e integral dos débitos do Estado, sem, todavia, comprometer a responsabilidade fiscal.

De toda forma, não há dúvidas de que a jurisdição constitucional concentrada constitui meio idôneo para se equacionar, com razoável grau de plasticidade, esse tipo excepcionalíssimo de impasse jurídico. Há casos complexos em que inexistem respostas prontas na ordem jurídica, cabendo à Suprema Corte escolher a abordagem mais apropriada para resolvê-los, considerando todas as variáveis constitucionais em jogo.[77]

Em grande medida, a solução do problema aqui apontado dialoga com o processo de integração de *lacunas constitucionais*, que, como se sabe, referem-se a situações fáticas relevantes que não foram reguladas pelo constituinte.[78] Diante de uma lacuna, não é dado ao Poder Judiciário, que tem a obrigação institucional de resolver as matérias submetidas à sua apreciação, recusar-se a julgar. Ao contrário, o seu papel é

[77] Cf. MAGALHÃES, Andréa. *Jurisprudência da crise*: uma perspectiva pragmática. Rio de Janeiro: Lumen Juris, 2017. p. 122.

[78] Cf. BARROSO, Luís Roberto. *Interpretação e aplicação da Constituição*. São Paulo: Saraiva, 2001. p. 140-144; e MENDES, Gilmar Ferreira; BRANCO, Paulo Gustavo Gonet. *Curso de direito constitucional*. São Paulo: Saraiva, 2018. p. 86-89.

promover o preenchimento da lacuna, como impõe o art. 4º da LINDB, segundo o qual, "[q]uando a lei for omissa, o juiz decidirá o caso de acordo com a analogia, os costumes e os princípios gerais de direito". Da mesma forma, cabe à Suprema Corte, dentro da ampla margem de atuação que a jurisdição constitucional lhe assegura, oferecer o melhor remédio possível para o problema do estoque de dívidas criado pela moratória no pagamento de precatórios, mas não enfrentado pelo constituinte.

Tal como em alguns casos de integração de lacunas constitucionais, aqui ganha relevo o conceito de *equidade*, usualmente mobilizado quando o intérprete percebe que a norma incidente sobre determinada situação de fato deixou de contemplar uma singularidade importante, cuja consideração pelo legislador teria conduzido a tratamento distinto.[79] O STF já se valeu da equidade ao decidir que, embora a Constituição tenha sido emendada para passar a exigir a comprovação de três anos de atividade jurídica para fins de ingresso nas carreiras do Ministério Público, tinha direito à posse no cargo de Procuradora da República candidata que não cumprira tal requisito, mas que, antes do concurso, já desempenhava a função de Promotora de Justiça.[80]

Antes desse julgamento, a Corte já havia lançado mão da equidade ao analisar a validade de resolução do Conselho Nacional do Ministério Público do Trabalho que permitira a inclusão, na lista para ingresso nos Tribunais Regionais do Trabalho, de membros do MP com menos de 10 anos de exercício. De acordo com a Constituição, os integrantes do *Parquet* que concorrem à lista para ingresso nos tribunais devem sempre contar com mais de 10 anos de carreira, mas o STF entendeu que tal regra devia ceder, porque, naquela época, a quantidade de Procuradores do Trabalho em exercício há mais de 10 anos tornava quase certo que não se conseguiria, em muitos casos, formar a lista em questão, caso a exigência fosse mantida.[81]

No caso das moratórias no pagamento de precatórios – e de forma ainda mais urgente do que nos precedentes discutidos, devido à grave crise financeira que elas podem ocasionar –, é necessário que o Tribunal Constitucional se debruce sobre as peculiaridades do quadro fático para buscar, entre as possibilidades jurídicas à sua disposição, a que melhor enfrenta o desafio imposto pelo estoque de dívidas públicas. No fim das contas, trata-se de exercitar o que Peter Häberle chamou de "pensamento do possível".[82]

A jurisprudência do STF é repleta de soluções possibilistas para problemas complexos. Foi o que se verificou, recentemente, no âmbito de ação proposta pelo Presidente da República para limitar a alíquota do ICMS incidente sobre combustíveis à porcentagem prevista para as operações em geral. Diante do impasse interfederativo,

---

[79] Cf. SARMENTO, Daniel; SOUZA NETO, Cláudio Pereira de. *Direito constitucional*: teoria, história e métodos de trabalho. Belo Horizonte: Fórum, 2016. p. 542-546.

[80] Cf. STF. MS nº 26.690, Tribunal Pleno. Rel. Min. Eros Grau. *DJe*, 19.12.2008.

[81] Cf. STF. ADI nº 1.289-EI, Tribunal Pleno. Rel. Min. Gilmar Mendes. *DJ*, 27.02.2004.

[82] "O pensamento do possível é o pensamento em alternativas. Deve estar aberto para terceiras ou quartas possibilidades, assim como para compromissos. Pensamento do possível é pensamento indagativo (*fragendes Denken*). Na res publica existe um *ethos* jurídico específico do pensamento em alternativa, que contempla a realidade e a necessidade, sem se deixar dominar por elas. O pensamento do possível ou o pensamento pluralista de alternativas abre suas perspectivas para 'novas' realidades, para o fato de que a realidade de hoje pode corrigir a de ontem, especialmente a adaptação às necessidades do tempo de uma visão normativa, sem que se considere o novo como o melhor" (Peter Häberle *apud* MENDES, Gilmar Ferreira. Jurisprudência de crise e pensamento do possível: caminhos constitucionais. *Conjur*, 11 abr. 2020).

ao invés de declarar a inconstitucionalidade das normas estaduais impugnadas na referida ação, o Tribunal optou por outra via decisória, mais factível e adequada ao contexto, estimulando a autocomposição entre União e estados.[83]

Em outra ocasião, depois de proclamar a inconstitucionalidade da lei de conversão da medida provisória que criara o Instituto Chico Mendes por não ter observado o processo legislativo imposto pela Constituição, o STF resolveu voltar atrás. Isso porque, no dia seguinte ao julgamento, o Advogado-Geral da União suscitou questão de ordem, advertindo que centenas de outras medidas provisórias continham o mesmo vício formal de que padecia o diploma impugnado. Temendo os graves problemas que decorreriam do seu próprio entendimento, a Corte, sob a relatoria do Min. Luiz Fux, alterou o dispositivo do acórdão para julgar a ação improcedente, bem como considerou superado o vício constatado em relação às demais medidas provisórias editadas até então.[84] Precedente heterodoxo, porém absolutamente acertado, levando-se em conta o quadro fático e as possibilidades que se apresentavam ao Tribunal.

O mesmo se pode dizer do acórdão relativo à ação que impugnava a criação do Município de Luís Eduardo Magalhães, na Bahia, em virtude da ausência de lei complementar federal que o autorizasse, conforme exige o texto constitucional. Apesar de ter julgado a ação procedente, o STF não pronunciou a nulidade do diploma normativo que instituíra o referido município, mantendo a sua vigência pelo prazo de 24 meses, até que o legislador estadual editasse novo regramento sobre o tema. Para a Corte, após a aprovação da lei impugnada, o município se estruturou e assumiu existência de fato, o que configurava situação excepcional, que, conquanto não tivesse natureza propriamente jurídica, não podia ser desconsiderada. Dessa forma, o Tribunal engendrou solução própria para o caso, que dialogava com as suas circunstâncias concretas e que, dentre as alternativas possíveis, melhor acomodava os valores constitucionais em disputa.[85]

Em todos esses casos, o pensamento possibilista defendido por Peter Häberle auxiliou o STF não apenas a indagar sobre a viabilidade de soluções alternativas para problemas complexos como também a buscar soluções que dialoguem adequada e razoavelmente com a realidade empírica subjacente aos problemas jurídicos. Afinal, como lembrou Gilmar Ferreira Mendes acerca dessa tradição do pensamento jurídico do possível, "a leitura da norma não deve criar um impasse que, no limite, poderia colocá-la em contradição com as próprias finalidades de um Estado Democrático de Direito".[86]

Sob tal perspectiva, andou bem o STF no julgamento das ações que impugnavam o pacote de emendas constitucionais aprovado durante o governo Bolsonaro para alterar o sistema de pagamento dos precatórios federais. Em vez de se limitar a aferir a constitucionalidade das normas impugnadas, a Corte foi muito além disso, expedindo determinações para adequar a liquidação da dívida acumulada ao regime fiscal em

---

[83] Na decisão que homologou o acordo resultante do processo de conciliação, o relator fez questão de registrar que, nas audiências de que participou, conclamou "que todos os entes federativos, *na linha do pensamento do possível*, dissipassem-se de suas certezas absolutas, interesses estratificados e compreendessem aquela oportunidade sob o olhar do federalismo cooperativo, no afã de diminuir as tensões/diferenças e aproximar as convergências, chegando a bom termo conciliatório" (STF. ADPF nº 984, Tribunal Pleno. Rel. Min. Gilmar Mendes. *DJe*, 28.06.2023, grifos nossos).

[84] Cf. STF. ADI nº 4.029-QO, Tribunal Pleno. Rel. Min. Luiz Fux. *DJe*, 27.06.2012.

[85] Cf. STF. ADI nº 2.240, Tribunal Pleno. Rel. Min. Eros Grau. *DJ*, 03.08.2007.

[86] MENDES, Gilmar Ferreira. Jurisprudência de crise e pensamento do possível: caminhos constitucionais. *Conjur*, 11 abr. 2020.

vigor, o que envolveu, inclusive, a autorização para a abertura de créditos extraordinários.[87] Tal julgamento é prova viva de que, em face das dificuldades práticas geradas pela declaração de inconstitucionalidade da moratória no pagamento de precatórios, a jurisdição constitucional precisa buscar soluções igualmente viáveis e prudentes, que aliem o saneamento das contas públicas à responsabilidade fiscal.

6 Breve conclusão

A moratória no pagamento de precatórios é um problema que vem se repetindo ao longo dos anos. Além de desafiar uma série de cláusulas pétreas da Constituição de 1988, a rolagem da dívida pública gera consequências práticas muito nocivas, que não podem ser ignoradas. Portanto, o Supremo Tribunal Federal deve, no exercício da jurisdição constitucional concentrada, resolver rapidamente todas as dimensões do problema, de modo a evitar que a moratória no pagamento de precatórios traga danos insustentáveis às contas públicas, cujo equacionamento se torna, depois, muito mais difícil.

Referências

ABRANCHES, Sérgio *et al. Democracia em risco?*: 22 ensaios sobre o Brasil hoje. São Paulo: Companhia das Letras, 2019.

ARAÚJO, Valter Shuenquener de. *O princípio da proteção à confiança*. Niterói: Impetus, 2009.

ARRUDA, Samuel Miranda. Comentário ao art. 5º, LXXVIII. *In*: CANOTILHO, J. J. Gomes *et al.* (Coord.). *Comentários à Constituição do Brasil*. São Paulo: Saraiva/Almedina, 2018.

ASCENSÃO, José de Oliveira. *O direito*: introdução e teoria geral – Uma perspectiva luso-brasileira. Rio de Janeiro: Renovar, 1994.

ÁVILA, Humberto. *Segurança jurídica*: entre permanência, mudança e realização no direito tributário. São Paulo: Malheiros, 2011.

BANDEIRA DE MELLO, Celso Antônio. *Discricionariedade e controle jurisdicional*. São Paulo: Malheiros, 1992.

BARBOSA, Estefânia Maria Queiroz; ROBL FILHO, Ilton Norberto. Constitucionalismo abusivo: fundamentos teóricos e análise da sua utilização no Brasil contemporâneo. *Revista Brasileira de Direitos Fundamentais & Justiça*, ano 12, n. 39, 2018.

BARBOSA, Rui. *Oração aos moços*. Brasília: Senado Federal, 2019.

BARROSO, Luís Roberto. *Curso de direito constitucional contemporâneo*. São Paulo: Saraiva, 2022.

---

[87] Lê-se, no acórdão relativo à ADI nº 7.064: "Consequentemente: (i) o cumprimento integral da decisão desta Ação Direta insere-se nas exceções descritas no art. 3º, §2º, da Lei Complementar 200/23, que institui o Novo Regime Fiscal Sustentável, cujos valores não serão considerados exclusivamente para fins de verificação do cumprimento da meta de resultado primário a que se referem o art. 4º, §1º, da Lei Complementar 101, de 4 de maio de 2000, prevista na lei de diretrizes orçamentárias em que for realizado o pagamento; (ii) deferimento do pedido para abertura de créditos extraordinários para quitação dos precatórios expedidos para os exercícios de 2022, 2023, 2024, 2025 e 2026, quando excedentes do subteto fixado pelo art. 107-A do ADCT; (iii) autorizada à União a abertura de créditos extraordinários necessários ao pagamento imediato dos precatórios referidos, estando presentes, no caso concreto, os requisitos constitucionais da imprevisibilidade e urgência previstos no §3º do art. 167 da CF, deduzidas as dotações orçamentárias já previstas na proposta orçamentária para o exercício de 2024, aberta a possibilidade de edição de medida provisória para o pagamento ainda no exercício corrente".

BARROSO, Luís Roberto. Em algum lugar do passado: segurança jurídica, direito intertemporal e o novo Código Civil. *In*: BARROSO, Luís Roberto. *Temas de direito constitucional*. Rio de Janeiro: Renovar, 2005. t. III.

BARROSO, Luís Roberto. *Interpretação e aplicação da Constituição*. São Paulo: Saraiva, 2001.

BARROSO, Luís Roberto. *Revolução tecnológica, crise da democracia e Constituição*: direito e políticas públicas num mundo em transformação. Belo Horizonte: Fórum, 2021.

BARTHOLO, Letícia; FREIRE, Débora; MARINHO, Clara. Auxílio remendado. *Piauí*, 18 nov. 2021.

BINENBOJM, Gustavo. *Poder de polícia, ordenação, regulação*: transformações político-jurídicas, econômicas e institucionais do direito administrativo ordenador. Belo Horizonte: Fórum, 2016.

BORGES, Ademar. O controle de constitucionalidade das emendas constitucionais: cláusulas pétreas, graus de deferência ao poder constituinte derivado e defesa da democracia em contextos de retrocesso democrático. *Revista Brasileira de Direitos Fundamentais & Justiça*, ano 17, n. 48, 2023.

CAPPELLETTI, Mauro; GARTH, Bryant. *Acesso à justiça*. Tradução de Ellen Gracie Northfleet. Porto Alegre: Sergio Antonio Fabris, 1988.

CASTELLS, Manuel. *Ruptura*: a crise da democracia liberal. São Paulo: Zahar, 2018.

CEDH. *Caso Assanidze v. Georgia*. Sentença de 08/04/2004.

COELHO, Rogério Viola; GENRO, Tarso; MENEZES, Mauro. A inconstitucionalidade das emendas constitucionais 113/2021 e 114/2021: fundamentos e consequências. *Democracia e Direitos Fundamentais*, 6 jan. 2022.

CORTE IDH. *Caso María y Otros v. Argentina*. Sentença de 22/08/2023.

CORTE IDH. *Caso Profesores de Chañaral y Otras Municipalidades v. Chile*. Sentença de 10/11/2021.

CUCOLO, Eduardo. PEC dos Precatórios deve ser considerada inconstitucional, mas decisão pode demorar anos. *Folha de São Paulo*, 3 nov. 2021.

CUNHA, Leonardo Carneiro da. Comentário ao art. 100. *In*: MORAES, Alexandre de *et al*. *Constituição Federal comentada*. Rio de Janeiro: Forense, 2018.

DAHL, Robert A. *Sobre a democracia*. Tradução de Beatriz Sidou. Brasília: UnB, 2001.

DANTAS, Francisco Wildo Lacerda. A questão do prazo razoável da duração do processo. *Revista CEJ*, ano XIV, n. 48, 2010.

DIDIER JR., Fredie. O direito de ação como complexo de situações jurídicas. *Revista de Processo*, v. 210, 2012.

DWORKIN, Ronald. *Taking rights seriously*. Cambridge: Harvard University Press, 1978.

FUX, Luiz. *Curso de direito processual civil*. Rio de Janeiro: Forense, 2022.

FUX, Luiz. *Teoria geral do processo*. Rio de Janeiro: Forense, 2019.

GRABER, Mark A.; LEVINSON, Sanford; TUSHNET Mark (Ed.). *Constitutional democracy in crisis?* Oxford: Oxford University Press, 2018.

GRAU, Eros Roberto; FORGIONI, Paula. Ainda um novo paradigma dos contratos? *In*: GRAU, Eros Roberto. *O Estado, a empresa e o contrato*. São Paulo: Malheiros, 2005.

GREY, Thomas. What is good in legal pragmatism. *In*: BRINT, Michael; WEAVER, William (Ed.). *Pragmatism in law and society*. San Francisco: Westview Press, 1991.

LANDAU, David. Abusive constitucionalism. *UC Davis Law Review*, v. 47, n. 1, 2013.

LEVITSKY, Steven; ZIBLATT, Daniel. *Como as democracias morrem*. São Paulo: Zahar, 2018.

MAGALHÃES, Andréa. *Jurisprudência da crise*: uma perspectiva pragmática. Rio de Janeiro: Lumen Juris, 2017.

MARINONI, Luiz Guilherme. Comentário ao art. 5º, XXXV. *In*: CANOTILHO, J. J. Gomes *et al*. (Coord.). *Comentários à Constituição do Brasil*. São Paulo: Saraiva/Almedina, 2018.

MEIRELLES, Hely Lopes. *Direito administrativo brasileiro*. São Paulo: Malheiros, 2008.

MENDES, Gilmar Ferreira. Jurisprudência de crise e pensamento do possível: caminhos constitucionais. *Conjur*, 11 abr. 2020.

MENDES, Gilmar Ferreira; BRANCO, Paulo Gustavo Gonet. *Curso de direito constitucional*. São Paulo: Saraiva, 2018.

MENDONÇA, José Vicente de. A verdadeira mudança de paradigmas do direito administrativo brasileiro: o estilo tradicional ao novo estilo. *Revista de Direito Administrativo*, v. 265, 2014.

MODESTO, Paulo. Constitucionalismo abusivo e casuísmo eleitoral: PEC do Estado de Emergência. *Conjur*, 14 jul. 2022.

MONTESQUIEU. *O espírito das leis*. São Paulo: Saraiva, 1987.

MOREIRA, José Carlos Barbosa. Ainda e sempre a coisa julgada. *In*: MOREIRA, José Carlos Barbosa. *Direito processual civil*: ensaios e pareceres. Rio de Janeiro: Borsoi, 1971.

NOBRE JÚNIOR, Edilson Pereira. O Supremo Tribunal Federal e o instituto do precatório: subsídios para interpretação das ECs 113 e 114. *Revista de Direito Administrativo e Infraestrutura*, v. 26, 2023.

NORTH, Douglas C. *Institutions, institutional changes and economic performance*. Cambridge: Cambridge University Press, 1990.

NUNES, Daniel Capecchi. O desmembramento da Constituição de 1988: constitucionalismo abusivo e fim do ciclo político democrático. *Publicum*, v. 4, 2018. Edição comemorativa.

PIÇARRA, Nuno. *A separação de poderes como doutrina e princípio constitucional*. Coimbra: Coimbra Editora, 1989.

POGREBINSCHI, Thamy. *Pragmatismo*: teoria social e política. Rio de Janeiro: Relume Dumará, 2005.

PONTES, João Gabriel Madeira. *Democracia militante em tempos de crise*. Rio de Janeiro: Lumen Juris, 2020.

PONTES, João Gabriel Madeira. Novas ameaças à democracia no governo Bolsonaro, jurisdição constitucional e defesa de direitos fundamentais no Brasil. *In*: MORAIS, Dalton Santos *et al*. (Org.). *Direitos fundamentais e jurisdição constitucional nos 35 anos da Constituição de 1988*. São Paulo: Dialética, 2024.

POSNER, Richard. *Law, pragmatism and democracy*. Cambridge: Harvard University Press, 2003.

POSNER, Richard. Um manifesto pragmático. *In*: POSNER, Richard. *Problemas de filosofia do direito*. Tradução de Jefferson Luiz Camargo. São Paulo: Martins Fontes, 2007.

PRZEWORSKI, Adam. Acquiring the habit of changing governments through elections. *Comparative Political Studies*, v. 48, n. 1, 2015.

SARLET, Ingo Wolfgang; BRANDÃO, Rodrigo. Comentário ao art. 60. *In*: CANOTILHO, J. J. Gomes *et al*. (Coord.). *Comentários à Constituição do Brasil*. São Paulo: Saraiva/Almedina, 2018.

SARMENTO, Daniel. *Crise democrática e luta pela Constituição*. Belo Horizonte: Fórum, 2020.

SARMENTO, Daniel. *Dignidade da pessoa humana*: conteúdo, trajetórias e metodologia. Belo Horizonte: Fórum, 2016.

SARMENTO, Daniel. O princípio republicano nos 30 anos da Constituição de 88: por uma república inclusiva. *Revista da EMERJ*, v. 20, n. 3, 2018.

SARMENTO, Daniel. O STF na crise democrática brasileira: do lavajatismo à democracia militante. *In*: CASIMIRO, Matheus; CUNHA, Eduarda (Org.). *Direito e política*: um diálogo possível? Londrina: Thoth, 2023.

SARMENTO, Daniel; SOUZA NETO, Cláudio Pereira de. *Direito constitucional*: teoria, história e métodos de trabalho. Belo Horizonte: Fórum, 2016.

SILVA, Almiro do Couto e. O princípio da proteção à confiança e a teoria da invalidade dos atos administrativos no direito brasileiro. *In*: SILVA, Almiro do Couto e. *Conceitos fundamentais do direito no Estado constitucional*. São Paulo: Malheiros, 2014.

SILVA, José Afonso da. *Comentário contextual à Constituição*. São Paulo: Malheiros, 2005.

SOUZA NETO, Cláudio Pereira de. A interpretação constitucional contemporânea entre o construtivismo e o pragmatismo. *In*: MAIA, Antonio Cavalcanti *et al.* (Org.). *Perspectivas atuais da filosofia do direito*. Rio de Janeiro: Lumen Juris, 2005.

SOUZA NETO, Cláudio Pereira de. *Democracia em crise no Brasil*: valores constitucionais, antagonismo político e dinâmica institucional. São Paulo e Rio de Janeiro: Contracorrente/EdUERJ, 2020.

SOUZA NETO, Cláudio Pereira de. Democracia militante e jurisdição constitucional anticíclica. *Jota*, 16 maio 2020.

STF. ADI nº 1.063-MC, Tribunal Pleno. Rel. Min. Celso de Mello. *DJ*, 27.04.2001.

STF. ADI nº 1.158, Tribunal Pleno. Rel. Min. Dias Toffoli. *DJe*, 08.10.2014.

STF. ADI nº 1.289-EI, Tribunal Pleno. Rel. Min. Gilmar Mendes. *DJ*, 27.02.2004.

STF. ADI nº 2.240, Tribunal Pleno. Rel. Min. Eros Grau. *DJ*, 03.08.2007.

STF. ADI nº 2.356-MC, Tribunal Pleno. Rel. Min. Néri da Silveira, Red. p/ ac. Min. Ayres Britto. *DJe*, 19.05.2011.

STF. ADI nº 2.667-MC, Tribunal Pleno. Rel. Min. Celso de Mello. *DJ*, 12.03.2004.

STF. ADI nº 3.005, Tribunal Pleno. Rel. Min. Lewandowski. *DJe*, 13.11.2020.

STF. ADI nº 4.029-QO, Tribunal Pleno. Rel. Min. Luiz Fux. *DJe*, 27.06.2012.

STF. ADI nº 4.097-AgR, Tribunal Pleno. Rel. Min. Cezar Peluso. *DJe*, 07.11.2008.

STF. ADI nº 4.357, Tribunal Pleno. Rel. Min. Ayres Britto, Red. p/ ac. Min. Luiz Fux. *DJe*, 26.09.2014.

STF. ADI nº 4.425, Tribunal Pleno. Rel. Min. Ayres Britto, Red. p/ ac. Min. Luiz Fux. *DJe*, 19.12.2013.

STF. ADI nº 4.645, Tribunal Pleno. Rel. Min. Luiz Fux. *DJe*, 23.10.2023.

STF. ADI nº 5.941, Tribunal Pleno. Rel. Min. Luiz Fux. *DJe*, 28.04.2023.

STF. ADI nº 7.047, Tribunal Pleno. Rel. Min. Luiz Fux. *DJe*, 19.12.2023.

STF. ADI nº 7.064, Tribunal Pleno. Rel. Min. Luiz Fux. *DJe*, 19.12.2023.

STF. ADI nº 815, Tribunal Pleno. Rel. Min. Moreira Alves. *DJ*, 10.05.1996.

STF. ADPF nº 504, Tribunal Pleno. Rel. Min. Rosa Weber. *DJe*, 26.11.2020.

STF. ADPF nº 622, Tribunal Pleno. Rel. Min. Roberto Barroso. *DJe*, 21.05.2021.

STF. ADPF nº 850, Tribunal Pleno. Rel. Min. Rosa Weber. *DJe*, 28.04.2023.

STF. ADPF nº 984, Tribunal Pleno. Rel. Min. Gilmar Mendes. *DJe*, 28.06.2023.

STF. IF nº 590-QO, Tribunal Pleno. Rel. Min. Celso de Mello. *DJe*, 09.10.1998.

STF. MS nº 24.020, 2ª Turma. Rel. Min. Joaquim Barbosa. *DJe*, 13.06.2012.

STF. MS nº 26.690, Tribunal Pleno. Rel. Min. Eros Grau. *DJe*, 19.12.2008.

STF. RE nº 710.293, Tribunal Pleno. Rel. Min. Luiz Fux. *DJe*, 04.11.2020.

STJ. SL nº 57-AgR, Corte Especial. Rel. Min. Edson Vidigal. *DJ*, 06.09.2004.

STJ. SLS nº 162-AgR, Corte Especial. Rel. Min. Edson Vidigal. *DJ*, 01.08.2006.

STN; PGFN. Nota Conjunta SEI nº 01/2023/STN/PGFN-MF.

TÁCITO, Caio. O abuso do poder administrativo no Brasil: conceitos e remédios. *Revista de Direito Administrativo*, v. 56, 1959.

VIEIRA, Oscar Vilhena. *A Constituição e sua reserva de justiça*: um ensaio sobre os limites materiais ao poder de reforma. São Paulo: Malheiros, 1999.

VIEIRA, Oscar Vilhena. O STF e a defesa da democracia no Brasil. *Journal of Democracy em Português*, v. 12, n. 1, 2023.

VIEIRA, Oscar Vilhena; GLEZER, Rubens; PEREIRA, Ana Laura. Supremocracia e infralegalismo autoritário: o comportamento do Supremo Tribunal Federal durante o governo Bolsonaro. *Novos Estudos Cebrap*, v. 41, n. 3, 2022.

Informação bibliográfica deste texto, conforme a NBR 6023:2018 da Associação Brasileira de Normas Técnicas (ABNT):

SARMENTO, Daniel; BORGES, Ademar; PONTES, João Gabriel Madeira. Controle de constitucionalidade das moratórias no pagamento de precatórios: tutela da constituição, pragmatismo jurídico e o problema da dívida acumulada. *In*: PAULA, Fernanda de; PENCAK, Nina (coord.). *Tributação, liberdade e igualdade*: as contribuições do Ministro Luís Roberto Barroso. Belo Horizonte: Fórum, 2025. p. 387-410. ISBN 978-65-5518-952-0.

LIMITAÇÕES CONSTITUCIONAIS À INSTITUIÇÃO DE TAXAS: A CONTRIBUIÇÃO DO MINISTRO LUÍS ROBERTO BARROSO

EDUARDO MANEIRA

A presença do Ministro Luís Roberto Barroso no Supremo Tribunal Federal desde junho de 2013 merece ser celebrada. O professor, jurista e humanista tem desempenhado um papel fundamental na defesa da democracia e dos direitos fundamentais, alinhado com as lições do Ministro Sepúlveda Pertence que, no seu discurso de posse na Presidência do STF em 1995, afirmou:

> É certo que onde faltar a democracia não há justiça que mereça o nome. Também é verdade que não haverá democracia verdadeira onde faltar tribunais independentes para, quando o impuserem a Constituição e as leis, contrariar as injunções da maioria política da conjuntura do dia.

Em brilhante artigo publicado no dia de sua posse, o Ministro Barroso escreveu: "Creio no bem, na justiça e na tolerância como valores filosóficos essenciais. Creio na educação, na igualdade, no trabalho e na livre iniciativa como valores fundamentais. E no constitucionalismo democrático como forma institucional ideal". No encerramento do seu discurso de posse na Presidência da Suprema Corte, o Ministro ainda afirmou: "Assumo a presidência do Supremo e do CNJ sem esquecer que sou, antes de tudo, um servidor público. Um servidor da Constituição".

Não precisamos dizer mais nada para justificar o quanto é merecida a homenagem que ora se presta ao Ministro Luís Roberto Barroso.

Parabenizo às organizadoras da coletânea, Fernanda de Paula e Nina Pencak, pela iniciativa de deixar registrada a contribuição do ministro para os campos tributário e financeiro.

Um dado interessante nessa seara diz respeito ao grande volume de julgados relacionados aos limites e contornos das taxas (espécie tributária) que foram proferidos a partir da entrada do Ministro Barroso. Afinal, desde 2013, a Corte julgou, entre repercussões gerais e ações em controle concentrado, mais de cem (100) casos envolvendo taxas, tendo o ministro sido relator em ao menos 12[1] deles.

Por essa razão, escolhi tratar especificamente dos seus julgados sobre esse tributo da maior relevância e que deve ser instituído segundo os rígidos ditames constitucionais, de modo que não venha a ser desproporcional, confiscatório nem um imposto disfarçado de taxa.

O Ministro Barroso, como se demonstrará a seguir, vem cumprindo rigorosamente esta nobre missão: a de colocar as taxas no seu devido lugar.

1 Breves considerações sobre as taxas

1.1 Do fato gerador

O Sistema Tributário Nacional contemplado na Constituição de 1988, seguindo a mesma linha doutrinária que orienta o direito tributário brasileiro desde a elaboração do CTN (e, até mesmo, desde a EC nº 18/65), baseia-se na teoria desenvolvida por Geraldo Ataliba que classifica os tributos em vinculados e não vinculados. Tributos vinculados são aqueles cujo fato gerador pressupõe a existência de uma atuação estatal específica, como são as taxas; já os tributos não vinculados são aqueles cuja hipótese de incidência é um fato de relevância econômica desvinculado de qualquer atuação do Estado, como são os impostos.

Não há dúvidas de que foi esta a teoria que inspirou o constituinte de 1988 na tarefa de realizar a repartição das competências tributárias dentre as pessoas políticas que integram a federação brasileira. Os impostos, por serem tributos não vinculados, estão todos discriminados na Constituição, sendo objeto de repartição rígida. De sua vez, as taxas não são especificadas no texto constitucional e podem ser instituídas pela União, estados e municípios nos limites de suas competências administrativas, desde que haja, na linha do art. 145, II, da Carta Magna:

a) exercício regular do poder de polícia;
b) utilização, efetiva ou potencial, de serviços públicos específicos e divisíveis que tenham sido prestados ao contribuinte ou postos à sua disposição.

O CTN trata a questão de modo mais detalhado nos arts. 77 e seguintes, esclarecendo que as taxas têm por fato gerador:

a) o regular exercício do poder de polícia, assim considerado quando desempenhado pelo órgão competente, nos limites da lei aplicável;
b) a utilização, efetiva ou potencial, de serviço público, considerando-se utilizado potencialmente quando, sendo de utilização compulsória, tenham sido postos à disposição do contribuinte mediante atividade administrativa em efetivo funcionamento.

A utilização "potencial" de serviço público está vinculada ao serviço compulsório que é colocado à disposição do usuário, mas que não foi efetivamente utilizado. É o que ocorre, por exemplo, quando o serviço de coleta de lixo, que é regularmente oferecido, acaba não sendo utilizado pelo contribuinte proprietário de uma casa que está desocupada.

[1] ADI 5751; ADI 5374 MC-AgR; ADI 5489; ADI 5374; ADI 1926; ADI 5751 ED; ADI 7400; ADPF 500; RE 867450 ED; RE 702161 AGR; ARE 1072405 AGR; ARE 1292742 AGR.

No entanto, o exercício do poder de polícia pelo ente federado tem que ser efetivo, jamais potencial. Não se pode cobrar taxa pela emissão de passaporte de quem não requereu o documento, pelo simples fato de a polícia federal estar à disposição para cumprir com tal tarefa.

Importante fazer esta distinção, tendo em vista que o STF, ao julgar a constitucionalidade da Taxa de Controle e Fiscalização Ambiental (TCFA), entendeu que a fiscalização poderia ser presumida, desde que o órgão competente tivesse estrutura para tal. Esse entendimento foi equivocadamente aplicado em alguns casos, em que se confundiu fiscalização presumida com fiscalização potencial.

Ora a fiscalização deve ser efetiva e concreta e a presunção de fiscalização não pode substituir a fiscalização efetiva. Por outras palavras: mesmo que se admita a fiscalização presumida, o exercício regular do poder de polícia tem que ser efetivo. Presumir a fiscalização reafirma a necessidade de ela ocorrer. Não se admite potencial exercício do poder de polícia, ao contrário do que ocorre com os serviços públicos de utilização compulsória, que podem ser potencialmente utilizados.

1.2 Da base de cálculo

A Constituição proíbe que as taxas tenham bases de cálculo semelhantes às dos impostos (art. 145, §2º). No caso das taxas, a base de cálculo deve medir, ponderada e razoavelmente, o custo do serviço prestado pelo ente federado ou do exercício do poder de polícia, e não a capacidade econômica daquele que o recebe. Não se pode ignorar, contudo, a virtual impossibilidade de aferição matemática direta do custo de cada atuação do Estado. A que se deve atender, na medida do humanamente possível, são os princípios da proporcionalidade e da retributividade.

Importante deixar consignado que a base de cálculo, além de sua função primordial de ser o elemento de quantificação do tributo, possui outra característica fundamental, qual seja, a de ser elemento confirmatório da hipótese de incidência. Ou seja, é preciso verificar se há coerência, simetria e conexão entre a hipótese de incidência e a base de cálculo que foram eleitas pelo legislador.

Caso se institua uma taxa cuja base de cálculo seja uma grandeza econômica alheia à atividade estatal, estaremos diante de um imposto, que deverá ser reconhecido como tal e, em consequência, declarado inconstitucional, uma vez que não estaria contemplado no rol dos impostos autorizados pela Constituição.

A impertinência entre o aspecto material da hipótese de incidência e a base de cálculo leva à instituição de uma exação com o corpo de uma coisa e a cabeça de outra. Ou seja, manifestamente ilegítima. A base de cálculo funciona como um teste de validade do tributo instituído e deve prevalecer sobre o aspecto material, não para fins de legitimação da exigência, mas para fins de fulminá-la. Assim, se é instituída uma taxa com base de cálculo de imposto, o que prevalece quando se busca identificar a natureza da exação é sua base de cálculo, o que significa, nessa hipótese, que estaríamos diante de um imposto inconstitucional.

1.3 Do balizamento constitucional para a instituição das taxas

A Constituição estabelece parâmetros de controle para a instituição das taxas e sua mensuração.

Em primeiro lugar, ao definir a taxa como tributo, resulta que a sua cobrança deve pautar-se pela observância dos princípios da legalidade (art. 150, I), da anterioridade (art. 150, III, "b" e "c"), da irretroatividade (art. 150, III, "a") e, como já reconheceu a Suprema Corte, da capacidade contributiva (art. 145, §1º).

No entanto, em relação à capacidade contributiva, dois pontos precisam ser destacados: (i) como a gradação do *quantum debeatur* no âmbito das taxas deve variar de acordo com a "intensidade" do poder de polícia exercido ou do serviço público oferecido, a capacidade contributiva irá impor limites à cobrança de valores do contribuinte ao exigir que seja sempre observada uma relação de proporcionalidade entre esses valores e os custos despendidos com a atuação estatal; (ii) além disso, a capacidade contributiva servirá como um escudo para indivíduos em situação de alta vulnerabilidade econômica, pois também tem como objetivo proteger a riqueza necessária para subsistência, ou seja, o mínimo existencial.

Isso não impede, por óbvio, que critérios que tangenciem a capacidade contributiva venham a ser utilizados pelo legislador, como o tamanho do imóvel para fins de pagamento da taxa de coleta de lixo domiciliar (pode-se presumir que, quanto maior o imóvel, mais lixo será gerado e, logicamente, maior será a despesa do Estado com aquele contribuinte). Contudo, caso a gradação do *quantum debeatur* resida, única e exclusivamente, na disponibilidade financeira de cada indivíduo, a taxa deverá ser considerada inconstitucional.

Em segundo lugar, ao esclarecer no §2º do art. 145 que as taxas não poderão ter base de cálculo própria de impostos, a Constituição reforçou que não só devem ser exigidas em razão da atividade estatal, mas também ter o seu custo mensurado com base nessa mesma medida. Ou seja, a taxa não se presta a atingir manifestações de riqueza, com a finalidade de trazer recursos destinados ao custeio das despesas gerais do Estado (função típica dos impostos).

Como decorrência das duas premissas anteriores, a vinculação da arrecadação da taxa a uma atividade estatal específica exige uma razoável equivalência entre o valor que está sendo cobrado e o custo despendido com o serviço público ou com o exercício do poder de polícia.

Assim, se o fato gerador da taxa é uma ação do Estado direcionada ao contribuinte, sua base de cálculo deverá guardar íntima relação com este fato. É o que Humberto Ávila denomina de critério de equivalência das taxas: "o valor da taxa deve manter uma relação proporcional com a atuação estatal, no sentido de que a atuação estatal aumente na mesma proporção do aumento do elemento legal indicativo da atuação estatal".[2]

Destaque-se que, ainda que não haja nas taxas uma exigência de destinação das receitas, tal fato não autoriza a inexistência de equivalência entre esse tipo de tributo e o custo da atividade estatal. Em outras palavras, deve existir uma proporcionalidade em função do montante a ser cobrado individualmente de cada contribuinte, bem como no total a ser arrecadado para fins de custeio da atividade estatal que ensejou a sua instituição.

Em síntese: para ser válida, a taxa deve: a) ser cobrada nos estritos termos da lei; b) ter como pressuposto de cobrança a remuneração da atividade estatal; c) ter a base de cálculo proporcional aos custos dessa atividade.

---

[2] ÁVILA, Humberto. As taxas e sua mensuração. *Revista Dialética de Direto Tributário*, São Paulo, n. 204, set. 2012. p. 44.

2 Da contribuição do Ministro Luís Roberto Barroso à efetivação dos pressupostos constitucionais para a instituição de taxas

O STF tem analisado os temas relacionados à instituição das taxas à luz dos parâmetros constitucionais estabelecidos no art. 145 da Carta Magna, bem como a partir das limitações ao poder de tributar.

Para além disso, o Supremo também tem sido provocado a se manifestar sobre a possibilidade de vinculação das receitas de taxas a fundos específicos e sobre a possibilidade de cobrança de taxas para fins de custeio de atividades próprias da Administração Pública.

O Ministro Luís Roberto Barroso, nesse contexto, tem contribuído de modo decisivo para que os balizamentos constitucionais sobre a instituição das taxas sejam respeitados e que os abusos cometidos pelos governos, nas suas três esferas, sejam contidos. Para elucidar essa afirmação, separamos as principais contribuições do ministro sobre o tema.

2.1 Aplicação do princípio da legalidade tributária

O Ministro Barroso demonstrou, especificamente quanto às taxas, que existem limites rígidos em relação à flexibilização do princípio da legalidade tributária quando não há autorização constitucional expressa – os quais, no entanto, não são totalmente intransponíveis.

A discussão central, em relação ao princípio em questão, é justamente a possibilidade de o legislador delegar a ato infralegal a competência para definir um ou mais elementos que compõem a hipótese de incidência.

No ARE nº 822.485/RS, discutiu-se a validade da Taxa de Anotação de Responsabilidade Técnica (ART) cobrada pelo CREA/RS, cuja lei instituidora delegou à entidade de classe, de forma ampla, a competência para definir os critérios e estabelecer os valores a serem cobrados dos contribuintes. Por ser a delegação muito genérica – tendo como único balizamento o limite máximo para a cobrança –, o Ministro Barroso entendeu que a exação seria inconstitucional. Na oportunidade, deixou claro que

> a mera previsão de um limite máximo para fixação dos valores da taxa em questão não tem o condão de sanar o desrespeito à redação do art. 150, I, da Constituição Federal, de modo que não se pode conceber que diploma legislativo infralegal atribua [...] a competência para fixar os critérios e valores empregados na cobrança.[3]

---

[3] "AGRAVO REGIMENTAL EM RECURSO EXTRAORDINÁRIO COM AGRAVO. ANOTAÇÃO DE RESPONSABILIDADE TÉCNICA. NATUREZA JURÍDICA DE TAXA. INOBSERVÂNCIA DA EXIGÊNCIA DE LEI PARA DAR CONCREÇÃO À COBRANÇA. PREVISÃO DE VALORES MÁXIMOS. INSUFICIÊNCIA PARA FINS DE LEGALIDADE TRIBUTÁRIA. Mesmo com o advento da Lei nº 6.994/1982, a Anotação de Responsabilidade Técnica não foi efetivamente instituída por lei, mas por resoluções emitidas pelo Confea. A mera previsão de um limite máximo para fixação dos valores da taxa em questão não é suficiente para o atendimento do princípio da legalidade, tal como previsto no art. 150, I, da Constituição Federal. O diploma legal mencionado reproduz o vício apontado pela Corte nos autos do ARE 748.445-RG, julgado sob a relatoria do Ministro Ricardo Lewandowski. Agravo regimental a que se nega provimento" (ARE 822.485 AgR, Rel. Roberto Barroso, Primeira Turma, julgado em 09.09.14).

Também no RE nº 959.274 AGR-ED, que tratava da majoração da Taxa do Siscomex por meio de portaria do Governo Federal, o Ministro Barroso foi categórico ao defender a invalidade da medida, uma vez que a lei instituidora da exação, ao atribuir competência ao Poder Executivo, "sequer estabelece balizas mínimas para um eventual exercício da delegação tributária".[4]

Na oportunidade, o ministro diferenciou a autorização que existe no âmbito do IPI para a fixação de alíquotas por parte do Governo Federal (já que há previsão constitucional nesse sentido – art. 153, §1º) da delegação legislativa que ocorreu em relação à Taxa do Siscomex, conferindo a esta última, logicamente, uma maior rigidez em relação à aplicação e respeito ao princípio da legalidade tributária. Veja-se o seguinte trecho do seu voto:

> Aqui foi uma portaria do Ministério da Fazenda que majorou em 500% os valores atribuídos à taxa de utilização do SISCOMEX. Portanto, penso que, por portaria, se fez a majoração de um tributo, com base em uma lei, Lei nº 9.716/98, que sequer estabelece balizas mínimas para um eventual exercício de delegação tributária. No caso, por exemplo, do IPI, de fato a lei permite que o Executivo por decreto faça a majoração dentro das faixas permitidas. Mas o IPI é um imposto. E aqui nós estamos lidando com uma taxa. *Portanto, entendo a posição da Ministra Rosa Weber, penso que ela tenha importado para o caso concreto a jurisprudência que se aplica tradicionalmente ao IPI. Não foi isso. Aqui, como é uma taxa, acho que não há permissivo constitucional para excepcionar-se o princípio da reserva legal em matéria tributária.* (Grifos nossos)

Essa discussão a respeito da possibilidade de ocorrer delegação legislativa sempre foi cara para o Min. Barroso. Sua posição, em se tratando de tributo cuja definição da hipótese de incidência envolve a aferição de questões técnicas, sempre foi no sentido de que a delegação é legítima quando a lei instituidora fixa os critérios adequados para o exercício de tal competência. É o que se extrai do voto proferido no RE nº 677.725/RS,[5] bem como do julgamento dos segundos embargos de declaração no RE nº 1.043.313 (Tema nº 939 da Repercussão Geral):[6]

> Pedindo todas as vênias ao eminente relator do feito, Min. Dias Toffoli, apenas quanto ao primeiro fundamento acima referido, entendo que, nos casos em que não há autorização

---

[4] "DIREITO TRIBUTÁRIO. EMBARGOS DE DECLARAÇÃO NO AGRAVO INTERNO NO RECURSO EXTRAORDINÁRIO. INEXISTÊNCIA DOS VÍCIOS RELACIONADOS NO ART. 1022 DO CPC. EMBARGOS DE DECLARAÇÃO REJEITADOS. 1. Não há erro, obscuridade, contradição ou omissão no acórdão questionado, o que afasta a presença dos pressupostos de embargabilidade, conforme o art. 1.022 do CPC. 2. O voto pelo regular trânsito ao recurso extraordinário encontrou fundamento no argumento de que as exceções à legalidade tributária devem estar expostas na própria Constituição, o que não seria o caso da taxa do SISCOMEX. Desse modo, não há que se falar em erro material na ementa, uma vez que o redator para o acórdão somente transcreveu as razões que levaram ao entendimento exposto no seu voto, que encontra amparo, ainda, em jurisprudência do STF. 3. A via recursal adotada não se mostra adequada para a renovação de um julgamento que ocorreu regularmente. 4. Embargos de declaração rejeitados" (RE 959.274 AgR-ED, Rel. Min. Roberto Barroso, Primeira Turma, julgado em 27.04.18).

[5] "Por todas as perspectivas pelas quais se examine o art. 10 da Lei nº 10.666/2003, constata-se que a fixação dos critérios que determinam a redução ou a majoração das alíquotas '*é matéria técnica que sofre alteração com o decurso do tempo. Além disso, o legislador fixou limites quantitativos (máximo e mínimo das alíquotas) e qualitativos (segundo a frequência, gravidade e custo) para o exercício desse poder normativo*'" (RE 677.725/RS, Rel. Min. Luiz Fux, Tribunal Pleno, julgado em 11.11.21).

[6] RE 1.043.313 ED-segundos, Rel. Min. Dias Toffoli, Tribunal Pleno, julgado em 28.06.21.

constitucional expressa à delegação de competência normativa ao Poder Executivo, como na hipótese em análise, o grau de coatividade e de retributividade dos tributos não é aceito pela Constituição como exceção ao princípio da legalidade tributária. *De acordo com o entendimento do Supremo Tribunal Federal, esse princípio apenas pode sofrer mitigação se a realidade subjacente à norma – e justificadora da instituição do tributo – for substancialmente mutável, sobretudo se envolver elementos técnicos. Além disso, a lei concessiva da delegação deve fixar requisitos quantitativos e qualitativos para o seu exercício, de maneira a restringir a liberdade de configuração do Poder Executivo* (cf. RE 704.292, Rel. Min. Dias Toffoli; ADI 4.697, Rel. Min. Edson Fachin; RE 838.284, Rel. Min. Dias Toffoli; RE 343.446/SC, Rel. Min. Carlos Velloso). Trata-se, portanto, de situação excepcional que deve ser devidamente justificada no caso Plenário concreto, tal como foi feito no julgamento em voga, tendo-se concluído pela constitucionalidade do art. 27, §2º, da Lei nº 10.865/2004.

O mesmo se verificou no ARE nº 1.245.097/PR,[7] julgado sob a sistemática da Repercussão Geral, em que o Ministro Barroso reconheceu a possibilidade de delegação de competência ao Poder Executivo que importava, em última análise, na própria definição do *quantum debeatur*, pois o caso envolvia a avaliação individualiza de imóveis não previstos na planta de valores para fins de IPTU. No entanto, deixou novamente consignado que tal conduta só é permitida se a lei instituidora da exação fixar os critérios adequados para o exercício de tal competência. A tese firmada foi a seguinte:

É constitucional a lei municipal que delega ao Poder Executivo a avaliação individualizada, para fins de cobrança do IPTU, de imóvel novo não previsto na Planta Genérica de Valores, desde que fixados em lei os critérios para a avaliação técnica e assegurado ao contribuinte o direito ao contraditório.

Esses últimos precedentes, apesar de não tratarem especificamente de taxas, deixam muito claro o entendimento do Min. Barroso sobre a delegação legislativa em matéria tributária, tema muito relevante no estudo da referida espécie tributária, sendo discutido com frequência pelos contribuintes em face dos abusos cometidos pelo Poder Público em determinados casos.

2.2 Aplicação do princípio da proporcionalidade

O Ministro Luís Roberto Barroso por vezes se utilizou dos testes de proporcionalidade para validar – ou não – restrições a direitos individuais dos contribuintes em matéria tributária.

Importante destacar, nesse sentido, o voto proferido na ADI nº 5.886/STF, em que o Ministro Barroso defendeu a inconstitucionalidade da indisponibilidade de bens do devedor na via administrativa:

Nesse ponto, dividirei a minha análise das normas contidas no art. 20-B, §3º, II, em duas partes: (i) indisponibilidade dos bens e direitos sujeitos a arresto ou penhora; e (ii) averbação, inclusive por meio eletrônico, da certidão de dívida ativa nos órgãos de registro de bens e direitos sujeitos a arresto ou penhora.

---

7 ARE 1.245.097/PR, Rel. Min. Roberto Barroso, Tribunal Pleno, julgado em 05.06.23.

> No que se refere apenas à possibilidade de indisponibilidade de bens do devedor (art. 20-B, §3º, II, parte final), tenho que a medida não passa no teste de proporcionalidade quanto ao subprincípio da necessidade. Isso porque há meios menos gravosos a direitos fundamentais do contribuinte que podem ser utilizados para atingir a mesma finalidade, como, por exemplo, o ajuizamento de cautelar fiscal. A indisponibilidade deve respeitar a reserva de jurisdição, o contraditório e a ampla defesa, por se tratar de forte intervenção no direito de propriedade.[8]

No caso das taxas, a situação não é diferente: o Ministro Barroso já se fundou no princípio da proporcionalidade para validar a definição de bases de cálculo que tenham uma *razoável correlação com o custo da atividade prestada.* Foi o que ocorreu, por exemplo, quando chancelou a utilização do valor da causa como base de cálculo da taxa judiciária que estava em discussão na ADI nº 1.926/PE[9] e na ADI nº 5.751/SE,[10] tendo afirmado que a utilização do valor da causa não seria inconstitucional se: (i) a lei instituidora fixasse limites máximos para a cobrança; (ii) os limites máximos guardassem uma relação de proporcionalidade com os custos da atividade estatal exercida.

Também merece destaque o voto do Ministro Barroso na ADI nº 7.400/MT que, no mesmo sentido, asseverou que a natureza das taxas não é puramente arrecadatória, tendo que haver proporcionalidade entre os valores cobrados e os efetivamente gastos para o exercício do poder de polícia:

> Corrobora a evidência de desproporcionalidade da TFRM a comparação com a estimativa de arrecadação de todas as demais taxas do Estado do Mato Grosso pelo exercício do poder de polícia [...]. Assim, a arrecadação estimada com a TFRM seria 5 (cinco) vezes superior à arrecadação com todas as demais taxas pelo exercício do poder de polícia pelo Estado. [...]

---

8 "Direito Constitucional, tributário e processual civil. Ações diretas de inconstitucionalidade. Averbação da Certidão de Dívida Ativa (CDA) em órgãos de registro e indisponibilidade de bens do devedor em fase pré-executória. [...] A indisponibilidade tem por objetivo impedir a dilapidação patrimonial pelo devedor. Todavia, tal como prevista, não passa no teste de proporcionalidade, pois há meios menos gravosos a direitos fundamentais do contribuinte que podem ser utilizados para atingir a mesma finalidade, como, por exemplo, o ajuizamento de cautelar fiscal. A indisponibilidade deve respeitar a reserva de jurisdição, o contraditório e a ampla defesa, por se tratar de forte intervenção no direito de propriedade" (ADI 5.886, Rel. Min. Marco Aurélio, Rel. p/ Acórdão Min. Roberto Barroso, Tribunal Pleno, julgado em 09.12.20).

9 "DIREITO CONSTITUCIONAL E TRIBUTÁRIO. AÇÃO DIRETA. LEI ESTADUAL QUE REGULAMENTA TAXA JUDICIÁRIA, CUSTAS E EMOLUMENTOS DO ESTADO DE PERNAMBUCO. CONSTITUCIONALIDADE. 1. Ação direta em que se discute a constitucionalidade dos arts. 1º; 20, caput; 26, caput e §4º; 27, caput e §2º; 38 (na parte em que revoga o art. 2º, §1º, da Lei nº 10.852/1992) e das Tabelas A, B, C, D, E, F, G e H, da Lei Estadual nº 11.404/1996, do Estado de Pernambuco, que regulamenta as taxas, custas e emolumentos cobrados no âmbito do Poder Judiciário. [...] 4. O Supremo Tribunal Federal vem afirmando a validade da utilização do valor da causa como base de cálculo das taxas judiciárias e custas judiciais estaduais, desde que haja fixação de alíquotas mínimas e máximas e mantida razoável correlação com o custo da atividade prestada. Precedentes" (ADI 1.926, Rel. Min. Roberto Barroso, Tribunal Pleno, julgado em 20.04.20).

10 "AÇÃO DIRETA DE INCONSTITUCIONALIDADE. DIREITO TRIBUTÁRIO. TAXAS JUDICIÁRIAS E CUSTAS JUDICIAIS. COBRANÇA CONCOMITANTE. VALOR DA CAUSA COMO BASE DE CÁLCULO. VALORES FIXADOS. RAZOABILIDADE. PRECEDENTES. PEDIDO DE ADITAMENTO ACEITO. IMPROCEDÊNCIA. [...] 3. Taxas judiciárias e custas judiciais são espécies do gênero custas, podendo ser cobrados simultaneamente e não havendo a caracterização de bis in idem. Precedentes. 4. Admite-se o cálculo das custas com base no valor da causa desde que fixados valores máximos razoáveis, de acordo com a jurisprudência e com a Súmula 667 do STF. 5. Ação direta de inconstitucionalidade julgada improcedente. 6. Fixação da seguinte tese de julgamento: '(i) A incidência de custas e taxas judiciais não viola, por si só, os princípios da capacidade contributiva e da proporcionalidade; (ii) o valor da causa pode servir de base de cálculo das taxas judiciais desde que a legislação fixe limites máximos e respeite a razoabilidade" (ADI 5.751, Rel. Min. Roberto Barroso, Tribunal Pleno, julgado em 21.06.21).

> No caso em julgamento, parece-me haver nítida desproporcionalidade entre o valor cobrado e o custo da atividade estatal de exercício do poder de polícia a que se refere o tributo, o que implica a sua inconstitucionalidade. [...]
> A desproporcionalidade da taxa de fiscalização de recursos minerários (TRFM), no caso, denota que sua instituição está mais voltada à finalidade arrecadatória.[11]

Entendimento muito similar foi adotado pelo ministro na ADI nº 5.489/RJ, de sua relatoria, na qual se firmou tese no sentido de que "viola o princípio da capacidade contributiva, na dimensão do custo/benefício, a instituição de taxa de polícia ambiental que exceda flagrante e desproporcionalmente os custos da atividade estatal de fiscalização".[12]

No mesmo sentido, é possível identificar o voto do Min. Barroso na ADI nº 5.374/PA,[13] que também entendeu como inválida a taxa de fiscalização de recursos hídricos instituída pelo Estado do Pará em função da falta de "razoável equivalência" entre os valores cobrados e o custo da atividade estatal – ou seja, reconheceu-se a violação ao princípio da capacidade contributiva, na chamada "dimensão custo/benefício", como já denominou o STF.

A conclusão que se extrai desses precedentes é a de que o Min. Barroso, ao entender pela violação ao princípio da capacidade contributiva em função da inexistência de razoável equivalência na base de cálculo adotada em determinadas taxas, reconheceu que tais exações detinham apenas viés arrecadatório, e, em sendo assim, que não passavam de impostos disfarçados.

Com efeito, como a base de cálculo é o elemento chave para a definição da natureza do tributo, o reconhecimento, por parte do STF, de que os valores arrecadados a título de taxa são desproporcionais, a ponto de violar a capacidade contributiva, outra não pode ser a constatação de que o Fisco está se utilizando de um pretenso exercício de poder de polícia ou prestação de serviço público para gerar valores para o Erário que são desconectados de qualquer atividade estatal, o que é função típica dos impostos em nosso ordenamento.

---

11 ADI 7.400, Rel. Min. Roberto Barroso, Tribunal Pleno, julgado em 19.12.23.

12 "DIREITO CONSTITUCIONAL E TRIBUTÁRIO. AÇÃO DIRETA DE INCONSTITUCIONALIDADE. COMPETÊNCIA COMUM DE FISCALIZAÇÃO AMBIENTAL. TAXA DE POLÍCIA. DESPROPORCIONALIDADE DA BASE DE CÁLCULO. [...] 3. É legítima a inserção da energia elétrica gerada como elemento de quantificação da obrigação tributária. Razoável concluir que quanto maior a energia elétrica gerada por aquele que explora recursos energéticos, maior pode ser o impacto social e ambiental do empreendimento, e, portanto, maior também deve ser o grau de controle e fiscalização do Poder Público. 4. No entanto, os valores de grandeza fixados pela lei estadual (1 megawatt-hora) em conjunto com o critério da energia elétrica gerada fazem com que o tributo exceda desproporcionalmente o custo da atividade estatal de fiscalização, violando o princípio da capacidade contributiva, na dimensão do custo/benefício, que deve ser aplicado às taxas. 5. Ação direta de inconstitucionalidade julgada procedente. Fixação da seguinte tese: Viola o princípio da capacidade contributiva, na dimensão do custo/benefício, a instituição de taxa de polícia ambiental que exceda flagrante e desproporcionalmente os custos da atividade estatal de fiscalização" (ADI 5.489, Rel. Min. Roberto Barroso, Tribunal Pleno, julgado em 24.02.21).

13 "Dessa forma, mesmo que se possa aceitar a legitimidade do volume hídrico utilizado como elemento da base de cálculo do tributo, há de se reconhecer a inconstitucionalidade da taxa de polícia criada pela Lei nº 8.091/2014 do Estado do Pará por conta da violação do princípio da capacidade contributiva, na dimensão do custo/benefício – princípio da equivalência. Isso porque o valor de grandeza fixado pela lei estadual em conjunto com o volume hídrico utilizado (1 m^3 ou 1000 m^3), faz com que o tributo exceda a razoável equivalência com o custo da atividade estatal de fiscalização" (ADI 5.374, Rel. Min. Roberto Barroso, Tribunal Pleno, julgado em 24.02.21).

2.3 Vinculação das receitas das taxas

Neste ponto, o Ministro Barroso tem privilegiado a interpretação literal da Constituição, pois já afirmou que

> o produto da arrecadação da taxa judiciária pode ser destinado a despesas diversas à remuneração do serviço de prestação jurisdicional, desde que não haja destinação a instituições privadas, entidades de classe ou Caixa de Assistência dos Advogados, na medida em que vedação de vinculação de receitas não se aplica às taxas (CF/88, art. 167, IV).[14]

Ou seja, na visão do ministro, a receita proveniente de taxas pode ser destinada a despesas quaisquer, desde que não haja destinação a instituições privadas ou entidades de classe; afinal, segundo ele, a Constituição somente veda a vinculação de receitas de impostos a órgão, fundo ou despesa, não tendo estabelecido uma destinação rígida para as receitas provenientes das taxas.

Isso não significa, obviamente, que não precisa ocorrer o efetivo exercício do poder de polícia pelo Estado ou que seja colocado à disposição do contribuinte um serviço público específico e divisível: afinal, a atuação estatal é prerrequisito para a cobrança de uma taxa, a qual deve ser proporcional aos custos envolvidos. O que o STF entendeu, nesse caso, é apenas que as receitas provenientes da taxa não precisam ser destinadas para um órgão ou fundo específico, sendo admissível que ingressem no caixa geral do Estado sem vinculação.

2.4 Possibilidade de os entes instituírem taxas de poder de polícia sobre atividades envolvendo bens de outros entes federados

No âmbito das já citadas ADIs nºs 5.374/PA e 5.489/RJ, ambas de relatoria do Ministro Barroso, reconheceu-se a constitucionalidade da instituição de taxas de fiscalização por entes que, apesar de não possuírem competência legislativa para regulamentar as atividades fiscalizadas, detinham competência comum sobre bens/direitos que poderiam ser lesados em caso de execução desregrada dessas atividades. É o que se extrai, por exemplo, do seguinte trecho do voto proferido na ADI nº 5.374:

> O poder de polícia pode ser exercido através de atos normativos que criam as limitações administrativas, mas também pode ser exercido através de atos materiais de aplicação da legislação, principalmente através da realização de medidas como fiscalização, vistoria, notificação, autorização, licença, interdição, autuação etc. *Assim, apesar das competências legislativas privativas da União, o Estado do Pará poderá exercer, de forma autônoma, o poder de polícia decorrente da competência comum estabelecida no art. 23, III, VI, VII e XI, da Constituição, lavrando, inclusive, auto de infração, caso haja descumprimento da legislação ambiental, nos*

[14] "DIREITO CONSTITUCIONAL E TRIBUTÁRIO. AÇÃO DIRETA. LEI ESTADUAL QUE REGULAMENTA TAXA JUDICIÁRIA, CUSTAS E EMOLUMENTOS DO ESTADO DE PERNAMBUCO. CONSTITUCIONALIDADE. [...] 6. A jurisprudência desta Corte fixou-se no sentido de que o produto da arrecadação da taxa judiciária pode ser destinado a despesas diversas à remuneração do serviço de prestação jurisdicional, desde que não haja destinação a instituições privadas, entidades de classe ou Caixa de Assistência dos Advogados. Precedentes. 7. Ação conhecida em parte e, nessa parte, julgada improcedente" (ADI 1926, Rel. Min. Roberto Barroso, Tribunal Pleno, julgado em 20.04.20).

termos do art. 17, §3º, da Lei Complementar nº 140/2011. Como decorrência lógica, fica também configurada a competência tributária do Estado do Pará para a criação de tributo na modalidade taxa, uma vez que esta serve como contraprestação do exercício do poder de polícia estatal, nos termos do art. 145, II, da Constituição.

Ou seja, a inexistência de competência administrativa sobre a atividade tributada é superável, para fins de instituição de uma taxa de polícia, caso haja, nos termos definidos no art. 23 da Constituição, competência comum para que o ente federado zele e preserve determinados bens ou direitos que possam vir a ser lesados pela referida atividade que se pretende inspecionar.

3 Conclusão

Pressionados por circunstâncias de crises econômicas sempre presentes em nosso país, os governos, nas suas três esferas, se movimentam intensamente na busca de novas fontes de receitas. Nessa missão de aumentar o ingresso nos cofres públicos, adota-se uma criatividade desmedida na criação de taxas. Tanto é assim que poderíamos enumerar aqui, além das taxas citadas neste artigo, outra dezena que ainda aguarda julgamento na Corte Suprema, na sua maioria inconstitucional pelos mesmos motivos indicados acima.

Esperamos que o Ministro Luís Roberto Barroso continue, por muitos anos, sendo um ávido defensor do Sistema Tributário Nacional, dando os devidos contornos às nossas espécies tributárias e às limitações constitucionais ao poder de tributar, papel que será especialmente relevante no momento em que vivemos, de aprovação da tão aguardada Reforma Tributária.

Informação bibliográfica deste texto, conforme a NBR 6023:2018 da Associação Brasileira de Normas Técnicas (ABNT):

MANEIRA, Eduardo. Limitações constitucionais à instituição de taxas: a contribuição do Ministro Luís Roberto Barroso. *In*: PAULA, Fernanda de; PENCAK, Nina (coord.). *Tributação, liberdade e igualdade*: as contribuições do Ministro Luís Roberto Barroso. Belo Horizonte: Fórum, 2025. p. 411-421. ISBN 978-65-5518-952-0.

BARROSO, O MAGISTRADO DOUTRINADOR

EDVALDO BRITO

I Introdução

Por que celebrar a contribuição do Ministro Luís Roberto Barroso para os campos dos direitos tributário e financeiro?

A resposta, aqui, tem dois motivos: um *subjetivo* e o outro *objetivo*.

Subjetivamente, porque, nesta minha faixa etária octogenária, com mais de meio século de vida acadêmica e de magistério, há uma *transversalidade* nas nossas atividades.

Devo à Sua Excelência, sobretudo, um texto no livro de estudos em homenagem,[1] introduzido com palavras afetuosas, em honrosa mensagem, via *e-mail* de 27.2.2012, após suas circunstâncias que traduziram um momento de muita dedicação ao subscritor deste texto.

Este motivo, longe de ser, aqui, uma retribuição, porque não se traduz nas mesmas circunstâncias, é um preito de justiça a uma das *personalidades* mais singulares com quem tenho convivido.

A *personalidade* do indivíduo é construída por um conjunto de fatores passíveis de classificação em duas categorias: os *individuais* (biológico inato, psicológico inato, biológico adquirido, psicológico adquirido) e os *sociais* (o ambiente no qual se faz a história de vida, principalmente nos primeiros anos).

A *personalidade*, enfim, é o modo de ser do indivíduo e se revela pela maneira como a *pessoa* comporta-se e é percebida pelos outros.[2]

Percebo a *personalidade* de Luís Roberto Barroso desde os seus escritos científicos – todos perfeitos – passando pelo advogado na elevada medida e pelo magistrado, na expressão da palavra, até chegar ao doutrinador de escol revelado em todas essas manifestações, expressando um *caráter* forjado nos melhores materiais psíquicos de um indivíduo.

---

[1] Cf. BARROSO, Luís Roberto. Democracia, desenvolvimento e dignidade humana: uma agenda para os próximos dez anos. *In*: SOUZA, Arivaldo de *et al*. *Direito tributário*: estudos avançados em homenagem a Edvaldo Brito. São Paulo: Atlas, 2014. p. 126-142.

[2] Cf. BAPTISTA NETO, Francisco. *Somos todos criminosos e desonestos?* Um estudo sobre a delinquência. Florianópolis: Insular, 2006. p. 33.

O motivo *objetivo* não é menor: colhe-se nos ensinamentos transmitidos pelos escritos de Luís Roberto Barroso, exemplificados por uma bibliografia em que *forma* e *conteúdo* prendem a atenção do leitor, quando este busca a formação de uma cultura jurídica sólida.[3]

Essa bibliografia é o instrumento do seu *doutrinar* de mestre, marca registrada do seu desempenho como integrante da *jurisdição constitucional* brasileira, como se identificará nas linhas seguintes.

II Desenvolvimento

1 Noção de jurisdição constitucional e a competência do Supremo Tribunal Federal

A *jurisdição constitucional* é a *função* que expressa a *soberania* do Estado consistente na declaração *racional* da *legitimidade* dos atos dos seus agentes, quando se contrastarem com a Constituição e, assim, é a atuação da vontade concreta da lei maior do *sistema jurídico*, mediante a substituição, pela atividade dos órgãos jurisdicionais, da atividade dos particulares ou de outros órgãos públicos que neguem a *supremacia* dessa lei maior, nesse *sistema*, seja ao afirmar a existência da sua vontade, seja ao fazê-la, praticamente, *efetiva*.

É uma técnica de preservação dessa *supremacia* que, no Brasil, é praticada pelo Supremo Tribunal Federal, por determinação da Constituição da República Federativa.[4]

Cabe gizar que essa prática ocorre de modo *cumulativo* com a sua *competência* de órgão de cúpula do Poder Judiciário, motivo de críticas, dentre as quais está a de Carlos Mário da Silva Velloso,[5] ao sugerir, há trinta anos, "o que deveria ser excluído, de imediato, da competência" do Tribunal: penal; mandado de segurança contra atos do Tribunal de Contas da União; litígio de Estado estrangeiro; litígio das entidades da administração indireta; extradição solicitada por Estado estrangeiro; homologação de sentença estrangeira e concessão de *exequatur* às cartas rogatórias; *habeas corpus* quando o coator é tribunal de 2º grau; mandado de injunção quando a norma regulamentadora for atribuição do Tribunal de Contas da União.

Exercendo *jurisdição constitucional*, Carlos Velloso rascunhou essa *competência* do Supremo, ao esclarecer, votando, que "a Corte constitucional, Supremo Tribunal Federal, decidindo, no exercício de jurisdição constitucional concentrada, como Corte constitucional, põe-se acima do próprio Supremo Tribunal Federal como Corte do Poder Judiciário".[6]

Essa *função* – *jurisdição constitucional* – é uma das espécies de *controle* de constitucionalidade, *típica* do Poder Judiciário, porque somente ele tem atribuição para exercer

---

[3] Citem-se, por exemplo, os livros: *Direito constitucional brasileiro*: o problema da federação. Rio de Janeiro: Forense. *O direito constitucional e a efetividade de suas normas*: limites e possibilidades da Constituição brasileira. Rio de Janeiro: Renovar. *Interpretação e aplicação da Constituição*: fundamentos de uma dogmática constitucional transformadora. São Paulo: Saraiva. *O controle de constitucionalidade no direito brasileiro*: exposição sistemática da doutrina e análise crítica da jurisprudência. São Paulo: SaraivaJur. *Curso de direito constitucional contemporâneo*. São Paulo: SaraivaJur.

[4] Cf. art. 102: "Compete ao Supremo Tribunal Federal, precipuamente, a *guarda* da Constituição".

[5] Cf. VELLOSO, Carlos Mário da Silva. *Temas de direito público*. Belo Horizonte: Del Rey, 1994. p. 112 e segs.

[6] Cf. voto na Adin. 525-1-DF.

o que se chama de *declaração de constitucionalidade/inconstitucionalidade* desses atos dos agentes públicos, tanto os *políticos*, quanto os administrativos.

Controle, todos os agentes do Estado podem fazer, mas, *declaração* é *função exclusiva* do Poder Judiciário. O pensamento de Kelsen[7] é que a *jurisdição constitucional* é a garantia jurisdicional da Constituição, mediante um sistema de medidas técnicas que tem por objeto garantir a regularidade das funções estatais, que são atos jurídicos de *criação* de direito ou atos de *execução* de direito criado.

O mecanismo para essa jurisdição, Kelsen[8] expõe como sendo um poder ilimitado de testar a constitucionalidade de leis que, se reservado a um órgão, a Corte Constitucional, esse órgão pode estar a abolir o ato inconstitucional, não, apenas, *incidenter tantum*, mas, de modo generalizado, para todos os casos possíveis; ao praticante desse ato, esse autor deu a caracterização de um *legislador negativo*, que existe além do *legislador positivo*, ou seja, um órgão que pode ser composto por um princípio de eleição popular.

O Ministro Barroso, sempre, teve a medida dessa *função* de *jurisdição constitucional*, inclusive, em matéria tributária, especialmente, pela impressionante importância quantitativa que ela assumiu, após a Constituição de 1988, com destaque para o excessivo número de recursos com *repercussão geral*.[9]

A *repercussão geral* é uma violência nessa matéria.

Trata-se de uma categoria introduzida no texto constitucional, por *emenda*, a de nº 45, de 8.12.2004, consistindo no dever de aquele que interpõe o recurso extraordinário demonstrá-la nas questões constitucionais discutidas no caso, a fim de propiciar o *juízo de admissibilidade* da medida pleiteada, manifestado por dois terços dos membros da Corte, uma vez que esse é o *quórum* de recusa do recurso.

As características da matéria tributária fazem com que a *causa de pedir*, em qualquer ação dessa natureza, tenha pertinência com essa *repercussão* e, por isso, é imanente e inerente de todo recurso extraordinário em matéria tributária.

Acrescente-se que se trata de um *processo subjetivo*, que tem partes e cujo objeto é um interesse jurídico específico, portanto, incompatível com esse *juízo*, cabível, propriamente, em um *processo objetivo*, qual seja, o de *controle abstrato* de normas.

Veja-se a seguinte esquematização do controle *difuso* brasileiro:

1. Controle *in abstrato* de normas.
1.1. Supremo Tribunal Federal, em face da Constituição Federal.
1.2. Tribunais de Justiça dos Estados, em face das respectivas Constituições.
2. Controle *incidenter tantum* (toda a magistratura).

2 O desempenho do Ministro Barroso no exercício da jurisdição constitucional, em matéria tributária

O doutrinador Luís Roberto Barroso carreou para os seus votos de conteúdo tributário, como ministro do Supremo Tribunal Federal, o seu pensamento *criativo*.

---

[7] Cf. KELSEN, Hans. *Jurisdição constitucional*. 2. ed. São Paulo: Martins Fontes, 2007. p. 124; 148.

[8] Cf. KELSEN, Hans. *Teoria geral do direito e do estado*. Tradução de Luis Carlos Borges. Revisão técnica Péricles Prado. São Paulo: Martins Fontes; Brasília: Editora Universidade de Brasília, 1990. p. 261.

[9] Cf. BARROSO, Luís Roberto *et al*. Direito tributário e o Supremo Tribunal Federal: passado, presente e futuro. *Universitas JUS*, v. 27, n. 1, p. 1-20, 2016.

Criativo é o estudioso que prima pela *originalidade* na apreciação de cada objeto do conhecimento. Assim, formula conceitos jurídicos, cientificamente, respaldados por um juízo inédito.

Aqui, estão selecionados, para exemplificar, 3 (três) dos seus fundamentados votos com tais características.

2.1 Responsabilidade tributária de terceiros por infrações

O voto foi proferido na ADIn nº 4.845 – Mato Grosso.

A lei estadual, transbordando da competência do legislador respectivo, ampliou o rol dos sujeitos passivos da obrigação tributária que podem ser, *pessoalmente*, responsáveis pelo cumprimento da *prestação*, porque dispôs de modo diverso do Código Tributário Nacional.

O enquadramento constitucional da questão revela a sua ofensa à disciplina dada à *competência concorrente*, no que toca à atribuição da União e dos Estados para emitirem normas tributárias, sendo que aquela deve veicular *normas gerais* e estes, *normas especiais*.

Então, sobre a *responsabilidade tributária*, as linhas básicas devem estar contidas, necessariamente, em *lei complementar* federal; portanto, a União deve fazê-lo sob o comando do art. 146, III, da Constituição, tanto que há o Código Tributário Nacional com essa função e, no particular da *responsabilidade tributária de terceiros*, o regime encontra-se, em caráter geral, nos arts. 134 e 135 desse documento normativo *integrativo*.

O Ministro Barroso dá o parâmetro necessário a estancar a indeterminação conceitual do polêmico campo das *normas gerais*, existente desde as lúcidas tentativas de Aliomar Baleeiro.[10]

Ademais, a teor dos §§1º a 4º do art. 24 da Constituição, em havendo *normas gerais* no âmbito da legislação concorrente, ao Estado, apenas, cabe *competência suplementar* e, se restar possível aparente fricção, esta encontra-se, corretamente, elucidada pela interpretação do seu voto acolhido pelo Plenário da Corte, fixada a seguinte tese: "é inconstitucional lei estadual que disciplina a responsabilidade de terceiros por infrações de forma diversa da matriz geral estabelecida pelo Código Tributário Nacional".

2.2 Distinção entre *bis in idem* e bitributação e seus reflexos na suficiência de recursos assecuratória da autonomia política dos Estados

A múltipla tributação comporta duas categorias, nem sempre objeto da rigorosa definição, tal como o fez o voto do Ministro Barroso proferido na ADIn nº 4.565/PI.

A destreza evidencia-se na fundamentação de uma inconstitucionalidade resultante de uma retaliação entre entes federados, com a qual um Estado de destino tributava

[10] Cf. BALEEIRO, Aliomar. *Alguns andaimes da Constituição*. Rio de Janeiro: Aloisio Maria de Oliveira, Editor; Livraria Principal, 1950. p. 152: "[...] visa disciplinar uniformemente em todo o país as regras gerais sobre a formação das obrigações tributárias, prescrição, quitação, compensação, interpretação, etc., evitando o pandemônio resultante de disposições diversas não só de um Estado para outro, mas até, dentro do mesmo Estado, conforme seja o tributo em foco. Raríssimas pessoas conhecem o direito fiscal positivo do Brasil, tal a Babel de decretos-leis e regulamentos colidentes na sua orientação geral".

operações relativas à circulação de mercadorias originárias de um outro, adquiridas por consumidor final não contribuinte do imposto incidente.

A fundamentação demonstra que, nessa hipótese, a Constituição estabeleceu a repartição da *competência* tributária desse imposto sobre tais *operações* interestaduais predeterminando as materialidades tributárias, de modo a impedir que "uma mesma materialidade tributária venha a concentrar mais de uma incidência de impostos por um mesmo ente (vedação ao *bis in idem*) ou por entes diversos (vedação à bitributação)".

Essa fundamentação envereda-se, também, pelo direito financeiro, porque o poder de *autodeterminação* das unidades federadas carece de perfeita caracterização, no plano jurídico-financeiro, uma vez que certa política desenvolvimentista poderá desajustar-se deste fenômeno e até ser fadada ao insucesso se não souber equacionar-se dentro do quadro institucional que contém a Federação democrática.

Afirme-se que estão, intimamente, ligadas *autonomia política* e *suficiência de recursos*, mas este binômio não prevalecerá se, embora garantido o seu entrelaçamento, por via da destinação legal de rendas para cada unidade federada no plano prático da execução, outras normas o embaraçarem.

O voto, sob comento, absorve este entendimento.

Assim, é necessário atentar-se não, apenas, para a disciplina jurídica da *discriminação de rendas*, como, também, para todo o arcabouço jurídico dentro do qual se colheram tais receitas.

Tem-se de considerar que, para o *desenvolvimento econômico*, o melhor sistema é o da *discriminação rígida*, porque ele garante um campo mínimo e exclusivo de tributação e, por isso, preserva a *autonomia política* com este quinhão; mas, diga-se, de pronto, que tal somente acontece se o quinhão for capaz de oferecer a necessária *suficiência de recursos*.

Aliomar Baleeiro[11] arrola mais duas vantagens na perspectiva do *desenvolvimento econômico*: (i) a de segurança dos contribuintes quanto à inexistência de *bitributação*, porque mais de um governo não poderá exigir tributação sobre o mesmo fato gerador e (ii) a de simplificação.

A decisão, por fim, torna verdadeiro que essa *autonomia política* não pode ser nem muito fraca nem muito forte para umas unidades em relação às outras, porque gerará desordem incompatível com o propósito *desenvolvimentista*.

Exige-se que ela se equilibre dentro de uma articulação harmônica das *competências tributária* e *fiscal*, especialmente, em relação às unidades locais, para evitar que ocorra *hipertrofia* de uma em relação às outras, como no Brasil, onde sempre são relegadas a plano inferior quando, tendo papel relevante no processo, deveriam ter tratamento jurídico correspondente.[12]

2.3 Identificação do objeto das operações mercantis

A questão central da ADIn nº 5.576-SP está na correta incidência do ICMS – imposto sobre operações relativas à circulação de mercadorias e sobre prestações de serviços de transporte interestadual e intermunicipal e de comunicação, ainda que as operações e as prestações se iniciem no exterior.

---

[11] Cf. BALEEIRO, Aliomar. *Uma introdução à ciência das finanças*. 12. ed. Rio de Janeiro: Forense, 1978. p. 237.

[12] Cf. BRITO, Edvaldo. *Reflexos jurídicos da atuação do estado no domínio econômico*. 3. ed. São Paulo: SaraivaJur, 2022. p. 100.

Já se vê que o nome do tributo se assemelha a um texto destinado a uma composição musical.

Olhada, porém, pelos *olhos* do legislador constituinte, fiel ao *histórico*[13] desse tributo, há de dar-se razão à tese formulada como consequência do voto do Ministro Barroso: "é inconstitucional a incidência do ICMS sobre o licenciamento ou cessão do direito de uso de programas de computador", cuja fundamentação parte da premissa de que é impossível a incidência do ICMS sobre o licenciamento e cessão do direito de uso de programas de computador (*softwares*), considerando-se que isto se trata de uma operação do direito de licenciamento de uso de *bem incorpóreo* insuscetível de ser incluído no conceito de *mercadoria*.

Essa operação não se confunde com a circulação de cópias ou exemplares de programas de computador produzidos em série e comercializados no varejo, os chamados *softwares* "de prateleira".

O signo *software* é, relativamente, novo, porque os antigos dicionários da língua inglesa não o registravam como elemento da comunicação entre as pessoas. Mesmo recentemente, limitam-se a dar-lhe significação enquanto conseguem compará-lo com outro elemento do computador: "software noun computer programs, as opposed to the machines themselves (hardware)".[14]

Soft quer dizer macio, fofo, suave, mole, brando;

Ware significa mercadoria, produtos manufaturados, louça...

Logo, *software* é uma palavra resultante de uma composição, isto é, de um processo de criação de uma palavra, que passa a ter um conceito novo, mediante a associação de duas outras na sua integridade.

Esse conceito novo, no caso sob exame, produziu reflexos jurídicos a ponto de falar-se de um "direito informático", a partir da Suécia, que teria sido o primeiro país a preocupar-se com a disciplina jurídica dessa matéria.

O conteúdo desse direito é interdisciplinar, por isso, engloba matéria *penal*, relativamente à delinquência informática; *obrigacional*, no que se refere aos contratos informáticos: de adesão, sobre equipamentos (*hardware*), sobre o *software*, de manutenção.

Contudo, pouco se vinha escrevendo sobre os aspectos *tributários*[15] cumprindo, então, à jurisprudência a construção.[16] Mas, não deve a *doutrina* eximir-se da sua função

---

13 O ICMS substitui, no atual sistema tributário brasileiro, o imposto de vendas e consignações – IVC – porque ambos são impostos do campo de incidência circulação de bens corpóreos. O IVC, por usa vez, teve origem no imposto do selo federal que recaia sobre *faturas*, porque o art. 219 do Código Comercial de 1850 obrigava o vendedor, nas operações por atacado entre comerciantes, a emitir *fatura* ou *conta de venda*, em duas vias assinadas, ficando uma das vias com o vendedor e a outra com o comprador: na ausência de reclamação, deste, no prazo de 10 dias, a *conta assinada* presumia-se a título de dívida líquida e certa. Essa *conta* era tributada, pois, com o *imposto do selo*, desde o Decreto nº 4.505, de 9.4.1870 e era aceita pelos bancos, como espécie de *título de crédito*, para efeito de desconto. Essa circunstância explica porque o IVC e o seu sucessor, o ICMS, têm incidência sobre *operações* relativas à circulação de objetos referenciados pelos *negócios jurídicos mercantis de compra e venda e consignações*. Cf., por todos, SOUSA, Rubens Gomes de. A tributação das vendas – sua natureza, desenvolvimento e tendências modernas. *In*: EDIÇÕES FINANCEIRAS S.A. *O imposto sobre vendas e consignações no sistema tributário brasileiro*. Rio de Janeiro: Edições Financeiras S.A. 1956. p. 14. BRITO, Edvaldo. Natureza jurídica mercantil do ICMS. *In*: ROCHA, Valdir de Oliveira (Coord.). *O ICMS e a LC 87/96*. São Paulo: Dialética. 1996. p. 35.

14 Cf. PARKER, John; SALVA, Monica Standla de (Ed.). *Passwant dictionaty for speakers of Portuguese*. São Paulo: Martins Fontes, 1995. p. 508.

15 Cf. por exemplo, GOMES, Orlando *et al*. *A proteção jurídica do software*. Rio de Janeiro: Forense, 1985; BITTAR, Carlos Alberto. *A lei de software e seu regulamento*. Rio de Janeiro: Forense, 1988.

16 Cf. REsp nº 39.797 9 SP, 1ª Turma STJ. Rel. Min. Garcia Vieira. Cf., também, CORRÊA; NAZAR ESPECHE; CZAR DE ZALDUENDO; BATTO. *Derecho Informático*. Buenos Aires: Depalma, 1994.

criadora do direito positivo, a qual há de ser uma das formas de pensar o direito como conduta humana na sua interferência intersubjetiva; a outra forma é a regra expedida pelo *legislador*.

Partindo-se, pois, do conceito *software*, já elaborado pela doutrina do direito informático, chega-se a elementos constitutivos dessa noção, sem a pretensão de ter resolvido todo o problema do regime jurídico aplicável.

O *software* é um termo abrangente que inclui elementos para identificação e análise de um problema a ser resolvido pelo computador; ou é um termo que significa o *programa do computador* que resulta da análise dos elementos que implicam esse problema a ser resolvido pelo computador; ou é o material de apoio correspondente.

Diante dessa abrangência, o que resta indubitável é a circunstância de o *software* ter como componente central o *programa de computador*.

Daí que se difundiu uma *definição* de *programa de computador* tomada da lei dos Estados Unidos da América (*Public Law* 96-517, de dezembro de 1980): "O programa de computação é um conjunto de afirmações ou instruções para serem usadas direta ou indiretamente em um ordenador a fim de obter um resultado determinado".

Essa definição norte-americana completa-se com a de *programa de ordenador* a que se refere a lei australiana de *copyrights*, datada de 15.6.1984, conforme noticiam Corrêa, Nazar Espeche, Czar de Zalduendo e Batto:[17] "programa de ordenador é a expressão, em qualquer linguagem, código ou anotação, de uma série de instruções destinadas a conseguir que um dispositivo, dotado de possibilidades de processamento de informação digital, realize uma função determinada".

Nessa noção, essa lei australiana estabelece que a série de instruções pode ser com ou sem a informação conexa; que essas instruções podem ser destinadas a obter a realização da função, ou diretamente, ou depois de ter-se efetuado: *(a) a conversão para outra linguagem, código* ou *anotação ou (b) a reprodução em uma forma material distinta*, ou *(c) ambas as operações*.

Nota-se, pois, que todos os elementos da *definição* conduzem ao entendimento de que o *software* se trata de uma atividade intelectual, embora, hoje, já se fale, até, em *firmware*, que é o *software* em *hardware*, ou seja, o suporte intelectual integrado ao físico. O exemplo desse *firmware* é o ROM (*read only memory*), memória de leitura passiva.

A conclusão a que se chega é a de que há um âmbito que comporta essa noção e que há, gerada por esse âmbito, a possibilidade de identificação de distintos tipos de *software*, podendo, assim, categorizá-los:

> I – quanto à função que desempenhem, podem ser:
>
> (a) programas de base, que controlam o funcionamento interno do computador e dos equipamentos acessórios ou periféricos (vídeo, impressora e teclado), que, ao lado do CPU (microprocessador) e da Memória, integram o hardware e se comunicam com o usuário;
>
> (b) programas de aplicação, cujo conteúdo varia de acordo com as operações específicas a que se destinem: cálculos, administração mercantil e contábil, processamento de textos, jogos etc. Estes softwares aplicativos são fixados em disquetes ou na "memória viva" ou na "memória morta" (ROM).

[17] Cf. CORRÊA; NAZAR ESPECHE; CZAR DE ZALDUENDO; BATTO. *Derecho Informático*. Buenos Aires: Depalma, 1994.

> II – quanto ao grau de padronização, podem ser:
>
> (a) package (software empacotado ou acondicionado), que consiste nos programas dirigidos ao mercado em geral e não a um usuário específico porque neste caso seria um programa de aplicação;
>
> (b) custom made (software sob medida), que são programas desenvolvidos para atender a necessidades específicas de um usuário;
>
> (c) customized (software adaptado ao usuário), que consiste na adaptação de um package para adequá-lo às necessidades de um cliente) em particular.[18]

O direito informático tem acolhido essa conduta humana desenvolvida no âmbito do *software* a fim de elaborar o respectivo regime jurídico, especialmente no campo da proteção jurídica dessa obra intelectual.

Assim, as legislações têm procurado abranger no conceito de *software* tanto o código-fonte como o código-objeto, os quais, uma vez impressos nas linguagens respectivas, podem ser fixados em discos rígidos, disquetes, cassetes, ou montados em dispositivo interno do equipamento (*firmware*). O conceito tem essa abrangência, em termos de proteção jurídica, inclusive na formação dos contratos exemplificados.

A ordem jurídica, então, para além do campo do direito informático, não pode ignorar o conceito que se formula, nesse campo. Isto implica analisarem-se as relações entre esse *direito* e o *tributário*.

A primeira tarefa, ao se estudarem as relações entre esses dois ramos do direito, consiste em identificar a *natureza jurídica* do direito informático, considerando-se as regras do direito positivo tributário brasileiro sobre as suas ligações com outros ramos jurídicos.

Afirme-se que é interdisciplinar o conteúdo do direito informático. Nem porque isto seja verdadeiro, a doutrina abandonou a especulação sobre a sua *natureza jurídica*, considerada a classificação do direito positivo em *público* e *privado*. É muito importante saber em qual das duas categorias esse novo direito insere-se, pois o nosso direito positivo tributário disciplina-as, tomando em consideração uma ou outra dessas duas categorias.

Hermilio Tomás Azpilcueta[19] informa que alguns países têm orientado esse direito para o regime jurídico típico do chamado *direito público*, na medida em que têm editado leis especiais com esta *natureza*. Lembra, porém, esse autor, que essa *natureza* tem sido emprestada, sobretudo, ao caráter ou fim jurídico de proteção. Contudo, mesmo esse caráter deve ser adaptado a cada meio. Por isso, ele afirma que a informática tem, por seu desenvolvimento, um perfil mais de bem *privado* do que *público*, e esse perfil acentuar-se-á, no futuro, desde quando se verifica que as operações correspondentes são de fundamental importância nas esferas dos negócios privados, mais do que nas comunicações públicas.

Nestes termos, melhor será manter a afirmativa *supra* de que ele tem um *conteúdo interdisciplinar* tocando em todos os ramos do direito, de que são exemplos mais acentuados o das obrigações e o *penal*. Por consequência, nada ofenderá o tema, se se disser que as relações que mantém com o direito tributário são, para o informático, de conteúdo

---

[18] Cf. CORRÊA; NAZAR ESPECHE; CZAR DE ZALDUENDO; BATTO. *Derecho Informático*. Buenos Aires: Depalma, 1994. p. 57 e segs.

[19] Cf. AZPILCUETA, Hermilio Tomás. *Derecho informático*. Buenos Aires: Abeledo Perrot, 1987. p. 37 e segs.

submetido ao regime jurídico do direito privado, especificamente ao do chamado direito das obrigações. É que, no campo da proteção jurídica, configura-se o regime jurídico do direito penal. Já no campo da circulação do bem jurídico *software*, propriamente dito, as relações jurídicas são objeto, destacadamente, do direito das obrigações, porque ele circulará sempre como um *bem incorpóreo*, engastado em um *bem corpóreo*, cada vez que for fixado no *disquete*, no *cassete* e, raramente, como *bem incorpóreo* autônomo, à semelhança de *know-how*, quando for fixado no dispositivo interno de um *computador*.

Se é *bem corpóreo*, no qual se fixa o conhecimento da tecnologia avançada de que se deu apertada síntese nas linhas anteriores escritas sobre os elementos conceituais do *software*, tem-se, ao mesmo tempo, o *know-how* e o instrumento que o veicula. Se o *bem é incorpóreo*, traduzido pela atividade do técnico, tem-se, apenas, presente o *know-how*.

Já se superou a discussão no sentido de saber se o transferente de um *know-how* deve ser reconhecido como *devedor* em uma *relação obrigacional* em que a *prestação* tenha como objeto uma ação que seja um *fazer*. Superou-se com a afirmativa.

Importante, então, é lembrar que discussões como estas conduzem a novas reflexões, como exemplo, a de que se torna necessário invocar a *teoria geral das obrigações* para deslindar situações como estas: *software*, enquanto *bem corpóreo* ou enquanto *bem incorpóreo*, é *mercadoria* ou é *serviço* para os *efeitos tributários*?

A *resposta*, no caso, é dada pela referida *teoria*. E é bom colher a resposta certa porque, dependendo dela, a *circulação* desse *bem* submete-se a *tipos* diversos de *tributos*.

O Ministro Barroso facilita essa *resposta* no julgado sob exame.

Prestigiando-a, aduz-se mais.

Ensina a *teoria geral das obrigações* que há um *vínculo* jurídico que se forma entre pessoas, de modo a que se configurem dois polos: um ativo, em que se encontra a pessoa titular de um direito de crédito (credor), e um passivo, em que se encontra a pessoa que contrai o dever de satisfazer esse crédito (devedor) mediante uma conduta (*ação* – dar coisa ou fazer algo – ou *omissão* – abster-se da prática de um ato ou tolerar atividade de outrem), a qual se denomina *prestação*, ou seja, o objeto do vínculo, isto é, o objeto da obrigação.

Essa *prestação*, por sua vez, tem, também, um objeto que consiste no instrumento mediante o qual o *devedor age* ou se *omite*. Assim, se o objeto da obrigação é dar coisa, essa coisa (um animal, uma casa, uma moeda etc.) é o instrumento com o qual o devedor satisfará o credor.

O problema surge quando esse instrumento é algo que representa um *fazer*: um quadro elaborado por um pintor, uma figura construída por um escultor, um livro escrito por alguém, um *programa de computador* imaginado por um técnico e veiculado por um *disquete*...

E esse problema consiste no fato de que, não havendo *serviço puro*, toda a atividade *incorpórea* do homem há de ser percebida no mundo sensorial por meio de um instrumento físico que dá função e utilidade a essa atividade *incorpórea*.

O problema, enfim, surge pela tendência de considerar-se tudo, sempre, pelo que o mundo sensorial está a perceber (o quadro, o livro, o *disquete*, o animal, a casa), e não como o deveria, pelo que foi a *causa* do vínculo que determinou a conduta do *devedor*.

Se a conduta é a *entrega* ou a *restituição* de coisa (objeto do mundo físico, *bem corpóreo*), então a *obrigação* é a de *dar* coisa certa ou incerta. Se a conduta é uma *atividade* (o objeto é um *fazer*, seja o pessoal – *intuitu personae* – seja o impessoal), então, a *obrigação* é a de *fazer*, ainda que se cumpra a *prestação* mediante um objeto do mundo físico.

Se a conduta é a de abster-se da prática de atos ou a de tolerar a atividade de outrem, o objeto da *prestação* será sempre a demonstração dessa omissão, e a *obrigação* é a de *não fazer*.

Pois bem: se alguém se compromete a um *fazer* intelectual, sem dúvida que esse *fazer* é *intuitu personae*, porque o *devedor* da *prestação* é, *somente*, aquele que se vinculou, porque *só* por ele é *exequível*.

É a hipótese da exposição de um pensamento de alguém especializado em um setor do mundo do conhecimento: proferir, por exemplo, uma *palestra*.

Essa exposição há de ser feita *oralmente* ou ser feita mediante um instrumento do *mundo físico*, no qual ele se fixará pelos meios oferecidos pela tecnologia avançada: um impresso, por exemplo, um *parecer* de um jurista necessita de papel para a exposição do pensamento respectivo; um *livro*; um *disquete*, nesta era da informática, são instrumentos veiculadores de pensamento.

A conclusão é a de que um *livro* ou um *disquete* operam o mesmo efeito de instrumento de divulgação, para o mundo sensorial, de um pensamento de alguém especializado em um setor do mundo do conhecimento, a começar, no caso do *disquete*, pelo próprio *programa de computador* (*software*), que é a chave de todo o processamento.

Assim, o *software*, ao mesmo tempo, é *know-how*, enquanto o seu conteúdo representa um pensamento e, então, configura-se uma *obrigação* cuja *causa* é uma *atividade*. Exemplo: o *custom made* ou o *customized*; já o *package* será *mercadoria* quando for objeto de negócios jurídicos mercantis, isto é, enquanto for um *programa-padrão* colocado no mercado em geral e não para um usuário específico.

Consequentemente, os elementos conceituais do *software*, acolhidos pelo direito informático, não podem ser estranhos ao direito tributário, que estabelece, desde a Constituição, as regras dessas relações: as *normas-princípios* que constituem o "Estatuto do Contribuinte", mediante as quais a Constituição outorga à lei complementar – o Código Tributário Nacional – a função de veicular *normas gerais*, hierarquicamente, superiores às demais normas tributárias, *v.g.*, as normas de organização de cada tributo.

Por isso, o legislador federal, estadual, municipal ou distrital não pode desrespeitar a definição ou o conteúdo ou o alcance dos institutos, dos conceitos ou das formas do direito privado que a Constituição Federal, ou as Constituições dos Estados ou as leis orgânicas dos municípios utilizarem de modo expresso ou de modo implícito para definir ou para limitar *competências* tributárias.

Há de ser assim porque *competência*, ensina a ciência do direito público, é a medida que a ordem jurídica assina a uma pessoa para a prática de atos jurídicos submetidos ao regime jurídico desse direito.[20] Essa *competência* é, em matéria tributária, presentemente, outorgada pela Constituição Federal que, ao mesmo tempo, define o *tipo* tributário.

Conclua-se: o legislador da norma de organização de cada tributo não é livre para alterar esses conceitos do direito privado, quando isto implicar modificação da *competência* do sujeito ativo da relação obrigacional tributária, até porque pode resultar em conflito de *competência*.

Tem-se, enfim, que *software*, enquanto pensamento ou enquanto seja aquilo que se tem chamado de atividade intelectual, enquadra-se como *serviço* na *linguagem* tributária, isto é, *prestação* de uma obrigação de *fazer* e, se fosse tributada a respectiva *operação*,

[20] Cf. LIMA, Ruy Cirne. *Princípios de direito administrativo*. 9. ed. São Paulo: Revista dos Tribunais, 1982. p. 139.

sê-lo-ia pelo imposto, de *competência* do município, incidente sobre *serviços de qualquer natureza*; tem-se que *software*, enquanto componente de *disquete*, *cassete* etc., veiculando *programas padronizados* (*puckage*), enquadra-se como *mercadoria* na *linguagem* tributária, isto é, *prestação* de uma obrigação de *dar* coisa, e, se fosse tributada a respectiva *operação*, sê-lo-ia pelo imposto, de *competência* do Estado, incidente sobre *operações relativas à circulação dessas mercadorias*.

Contudo, as *prestações* de ambas as obrigações não são tributadas, pelas razões jurídicas, aqui, expostas, inclusive, buscadas no voto do Ministro Barroso.

III Conclusão

O impacto e legado do Ministro Barroso para o campo do direito tributário e do financeiro estão na *originalidade* do seu pensamento, com o qual ele exerce a *jurisdição constitucional*, nesse segmento jurídico, demonstrada, essa sua qualidade, nos julgados que serviram de exemplo, para a análise doutrinária feita neste texto.

Revela-se tal característica em outros tantos, aqui, não comentados, *v.g.*, quando:

> no RE nº 630.790-SP, delineou a *imunidade tributária* da entidade – sem distinguir entre as *beneficentes* – de assistência social, de referência aos impostos *sobre* importação de produtos estrangeiros e *sobre* produtos industrializados e não, somente, de referência àqueles que alcançam, diretamente, os respectivos patrimônio, renda e serviços, tendo bem em conta o exercício da *função social* que, na realidade, substitui a ação do Estado, contanto que ofereçam assistência a um público, verdadeiramente, carente, fazendo-o sem discriminação entre os assistidos ou sem coação para que passem a aderir aos preceitos religiosos em troca da satisfação de suas necessidades;
>
> no RE nº 955.227-BA, demarcou, temporalmente, os efeitos da *coisa julgada* – e não a sua condenável *relativização* – nas relações de trato continuado, também, em matéria *tributária* e matéria das *contribuições*;
>
> no RE n° 636.562-SC, plasmou a distinção entre *prescrição ordinária* e *prescrição intercorrente* tributárias para esclarecer que, nesta última, impõe-se a propositura prévia da execução fiscal, porque é no curso dessa ação que se verifica essa espécie;
>
> no ARE nº 1.387.761-ES, reafirma o seu entendimento sobre a predeterminação constitucional das materialidades tributárias, o que impede a concentração de mais de uma incidência de impostos, vedando tanto *bis in idem*, quanto *bitributação*, barrando o alcance do imposto sobre a renda na antecipação de legítima, por inexistir *acréscimo patrimonial* disponível econômica ou juridicamente, capaz de legitimar a ocorrência do referido imposto.

Informação bibliográfica deste texto, conforme a NBR 6023:2018 da Associação Brasileira de Normas Técnicas (ABNT):

BRITO, Edvaldo. Barroso, o magistrado doutrinador. *In*: PAULA, Fernanda de; PENCAK, Nina (coord.). *Tributação, liberdade e igualdade*: as contribuições do Ministro Luís Roberto Barroso. Belo Horizonte: Fórum, 2025. p. 423-433. ISBN 978-65-5518-952-0.

HORROR JURÍDICO ORIUNDO DO TEMOR AO HORROR ECONÔMICO: FALSEAMENTO DO CUSTEIO CONSTITUCIONALMENTE ADEQUADO DO DIREITO À EDUCAÇÃO

ÉLIDA GRAZIANE PINTO

1 Introdução

Em seu discurso de posse[1] como Presidente do Supremo Tribunal Federal, proferido em 28.9.2023, o Ministro Roberto Barroso afirmou: "três prioridades na vida de um país hão de ser: educação, educação de qualidade e educação para todos".

A garantia equitativa de educação pública de qualidade para todos pressupõe ação governamental atenta ao planejamento educacional, cuja consecução ordinária exige financiamento constitucionalmente adequado.

Ao longo do tempo, porém, a trajetória da política pública de educação no Brasil se ressente da falta de uma real prioridade alocativa no ciclo orçamentário dos entes políticos em prol do padrão mínimo de qualidade a que se refere o inc. VII do art. 206 da Constituição de 1988. Isso ocorre, a despeito de a legislação setorial tentar prescrever detalhadamente o percurso dos recursos vinculados à manutenção e ao desenvolvimento do ensino – MDE.

Diante de tal contexto, este estudo explora a frustração do dever de custeio constitucionalmente adequado do direito à educação, a partir de três eixos analíticos:

(1) cômputo equivocado do valor mínimo anual por aluno para fins de complementação federal ao (extinto) Fundo de Manutenção e Desenvolvimento do Ensino Fundamental e de Valorização do Magistério – Fundef, reputado inconstitucional pelo Supremo Tribunal Federal – STF nos autos das Ações Cíveis Originárias (ACOs) nºs 648, 660, 669 e 700, entre outras ações congêneres;

---

[1] Disponível em: https://static.poder360.com.br/2023/09/Discurso-de-posse-28set2023.pdf. Acesso em: 13 jul. 2024.

(2) falta de regulamentação da noção de custo aluno qualidade – CAQ previsto no art. 4º, IX[2] e no art. 74,[3] ambos da Lei de Diretrizes e Bases da Educação Nacional – LDB (Lei nº 9.394, de 20.12.1996), nas estratégias 7.21 e 20.6 a 20.8 do Plano Nacional de Educação – PNE (Lei nº 13.005, de 25.6.2014),[4] bem como no §7º do art. 211[5] da Constituição Federal. Por fim, mas não menos importante;

(3) priorização de despesas discricionárias que não têm correlação finalística com o planejamento educacional (a exemplo da compra de kits de robótica para escolas que sequer têm internet ou água tratada, compra de material didático apostilado, quando o Programa Nacional do Livro Didático – PNLD promove sua distribuição gratuita às redes estaduais e municipais de ensino, e aquisição de lousas digitais interativas sem correlação com o projeto pedagógico das escolas).[6] Tal conduta, direta ou indiretamente, tem implicado um massivo inadimplemento das obrigações legais inscritas nas metas e estratégias do PNE. Segundo o Balanço de 10 anos de vigência da Lei nº 13.005/2014, publicado pela Campanha Nacional pelo Direito à Educação,[7] "apenas 4 das

---

[2] A seguir transcrito: "Art. 4º O dever do Estado com educação escolar pública será efetivado mediante a garantia de: [...] IX – padrões mínimos de qualidade do ensino, definidos como a variedade e a quantidade mínimas, por aluno, de insumos indispensáveis ao desenvolvimento do processo de ensino-aprendizagem adequados à idade e às necessidades específicas de cada estudante, inclusive mediante a provisão de mobiliário, equipamentos e materiais pedagógicos apropriados; [...]".

[3] Cujo inteiro teor é "Art. 74. A União, em colaboração com os Estados, o Distrito Federal e os Municípios, estabelecerá padrão mínimo de oportunidades educacionais para o ensino fundamental, baseado no cálculo do custo mínimo por aluno, capaz de assegurar ensino de qualidade. Parágrafo único. O custo mínimo de que trata este artigo será calculado pela União ao final de cada ano, com validade para o ano subsequente, considerando variações regionais no custo dos insumos e as diversas modalidades de ensino".

[4] Cujos comandos são: "7.21) a União, em regime de colaboração com os entes federados subnacionais, estabelecerá, no prazo de 2 (dois) anos contados da publicação desta Lei, parâmetros mínimos de qualidade dos serviços da educação básica, a serem utilizados como referência para infraestrutura das escolas, recursos pedagógicos, entre outros insumos relevantes, bem como instrumento para adoção de medidas para a melhoria da qualidade do ensino; [...] 20.6) no prazo de 2 (dois) anos da vigência deste PNE, será implantado o Custo Aluno-Qualidade inicial – CAQi, referenciado no conjunto de padrões mínimos estabelecidos na legislação educacional e cujo financiamento será calculado com base nos respectivos insumos indispensáveis ao processo de ensino-aprendizagem e será progressivamente reajustado até a implementação plena do Custo Aluno Qualidade – CAQ; 20.7) implementar o Custo Aluno Qualidade – CAQ como parâmetro para o financiamento da educação de todas etapas e modalidades da educação básica, a partir do cálculo e do acompanhamento regular dos indicadores de gastos educacionais com investimentos em qualificação e remuneração do pessoal docente e dos demais profissionais da educação pública, em aquisição, manutenção, construção e conservação de instalações e equipamentos necessários ao ensino e em aquisição de material didático-escolar, alimentação e transporte escolar; 20.8) o CAQ será definido no prazo de 3 (três) anos e será continuamente ajustado, com base em metodologia formulada pelo Ministério da Educação – MEC, e acompanhado pelo Fórum Nacional de Educação – FNE, pelo Conselho Nacional de Educação – CNE e pelas Comissões de Educação da Câmara dos Deputados e de Educação, Cultura e Esportes do Senado Federal; [...]".

[5] Que assim prescreve: "Art. 211. A União, os Estados, o Distrito Federal e os Municípios organizarão em regime de colaboração seus sistemas de ensino. [...] §7º O padrão mínimo de qualidade de que trata o §1º deste artigo considerará as condições adequadas de oferta e terá como referência o Custo Aluno Qualidade (CAQ), pactuados em regime de colaboração na forma disposta em lei complementar, conforme o parágrafo único do art. 23 desta Constituição".

[6] Como noticiado em https://www1.folha.uol.com.br/poder/2022/04/governo-bolsonaro-destina-r-26-mi-em-kit-robotica-para-escolas-sem-agua-e-computador.shtml e https://gauchazh.clicrbs.com.br/geral/noticia/2023/05/auditoria-do-tce-aponta-supostas-irregularidades-na-compra-de-telas-interativas-para-escolas-em-porto-alegre-e-cachoeirinha-clh81oc3e008b015blbf8zk1p.html. Acesso em: 29 jul. 2024.

[7] CAMPANHA pelo Direito à Educação. *Balanço PNE 2024*. p. 7. Disponível em: https://media.campanha.org.br/semanadeacaomundial/2024/materiais/Balanco_2024_Relatorio_Completo_Dados_desagregados_ok.pdf.

20 metas foram ao menos parcialmente cumpridas. No conjunto do Plano, a maioria dos objetivos prescritos em suas metas está longe de ser cumprida, mesmo com atraso".

Diante de tais impasses, a hipótese que se buscará suscitar ao longo deste texto é que as burlas e omissões não são fenômenos isolados, muito pelo contrário. Os falseamentos acima arrolados expressam uma opção orçamentário-financeira relativamente espraiada de aplicação dos recursos vinculados à educação de forma desatenta ao respectivo planejamento setorial, sem compromisso com parâmetros legais de identificação de custos referidos a insumos do ciclo da política educacional e desobedecendo metas de resultados definidas formalmente como prioridade.

O argumento usualmente suscitado pelos gestores nos mais diversos entes da federação passa pela noção de reserva do possível em face de limites fiscais invocados genericamente, sem motivação circunstanciada das escolhas alocativas a cargo dos entes estatais. Na medida em que a alegação de falta de recursos tende a se tratar de uma rota evasiva de defesa, durante o julgamento das ações cíveis originárias que tematizavam o dever de complementação federal ao Fundef, o Ministro Roberto Barroso[8] lucidamente sintetizou o conflito nuclear nos seguintes termos:

> Evidentemente, não me é indiferente a crise fiscal vigente no Brasil, mas preciso relembrar que a crise fiscal é da União e a crise fiscal é dos estados também. Portanto, nós estamos aqui repartindo escassez e precisamos fazer, nisso como em tudo o mais, o que é justo; por temer o horror econômico, não podemos produzir o horror jurídico. Acho que este é o sentido constitucional, este é o propósito das normas que tratam da matéria, e assim nós devemos decidir.
>
> Por isso estou julgando parcialmente procedente o pedido e fixando as seguintes teses de julgamento, que, depois, se prevalecer esta posição, eu procurarei harmonizar, ajustando-me ao eminente Ministro Luiz Edson Fachin:
>
> 1- O valor da complementação da União ao Fundef deve ser calculado com base no valor mínimo anual por aluno, extraído da média nacional;
>
> 2- A complementação ao Fundef, realizada a partir do valor mínimo anual por aluno, fixado em desacordo com a média nacional, impõe à União o dever de suplementação de recursos até 1º de janeiro de 2007 – quando houve a mudança da sistemática.

Barroso contrastou o horror jurídico do descumprimento de direitos fundamentais com o alegado horror econômico da gestão da escassez no âmbito das finanças públicas. Assim reposicionado o problema, o STF reconheceu que a União, ao promover um equivocado cálculo regional do que deveria ser uma referência média nacional de valor mínimo anual por aluno no extinto Fundef, estava a lesar concomitantemente os educandos e os demais entes da federação.

Os precedentes da Suprema Corte brasileira que obrigaram a União a ampliar sua complementação ao extinto Fundef, ainda que retroativa e tardiamente, deram origem a precatórios que chegaram à casa de R$90 bilhões. Sem temer julgar matéria com tamanha repercussão fiscal, o STF pontuou o dever sistêmico de financiamento da política pública educacional.

---

[8] Excerto extraído do inteiro teor do acórdão proferido pelo STF na ACO 700/RN – página 43 de 88. Disponível em: https://redir.stf.jus.br/paginadorpub/paginador.jsp?docTP=TP&docID=14476163.

A decisão estrutural nas ACOs nº 648, 660, 669 e 700, a rigor, deveria ser reputada como forte o bastante para fixar rumos de contenção de quaisquer afrontas subsequentes ao custeio constitucionalmente adequado do direito fundamental à educação, com distribuição equilibrada das responsabilidades federativas.

Todavia o alto estágio de descumprimento do PNE e a omissão na edição do CAQ são exemplos de que ainda falta conectar as regras relativas às vinculações orçamentárias em manutenção e desenvolvimento do ensino aos instrumentos qualitativos de definição das metas setoriais e seus respectivos custos referenciais. Sem isso, acumulam-se desvios e inadimplências.

Para alertar a respeito do persistente "horror jurídico" no falseamento fiscal das condições de garantia do direito à educação, a pretexto de suposta prevenção ao "horror econômico", este estudo se divide em três capítulos, incluída a presente introdução.

No próximo tópico, será abordado o fio condutor compartilhado entre os impasses fiscais no Fundef, CAQ e PNE, identificando suas peculiaridades e confluências, em prol da centralidade do planejamento educacional como eixo de ordenação de prioridades ao longo da execução dos recursos vinculados ao setor.

Será resgatado, em especial, o art. 10 do PNE, como filtro material do controle da aplicação dos recursos educacionais pela União, pelos estados, Distrito Federal e municípios para que haja o cumprimento substantivo e tempestivo das obrigações constitucionais e legais referidas a tal política pública. Isso porque o dever de gasto mínimo em educação não se resume formalmente aos porcentuais da receita de impostos e transferências previstos no *caput* do art. 212, mas também deve assegurar o atendimento das necessidades do ensino obrigatório, no que se refere à universalização, à garantia de padrão de qualidade e à equidade nos termos do plano nacional de ensino, tal como determina o §3º do aludido dispositivo da CF/1988.

Em sede de considerações finais, espera-se contrastar a preocupação exarada pelo Ministro Roberto Barroso em torno da desejável priorização da política pública de educação como maior agenda civilizatória e de desenvolvimento socioeconômico para o Brasil com a falta de controle estrutural sobre a omissão federal na regulamentação do CAQ e sobre o elevado e espraiado nível de inadimplemento do PNE por todos os entes da federação.

2 Três expressões de uma trajetória reiterada de frustração do dever de custeio constitucionalmente adequado do direito à educação

No julgamento do Recurso Extraordinário nº 635.347, finalizado em 3.7.2023, relativamente ao Tema de Repercussão Geral nº 416, o qual foi relatado pelo Ministro Roberto Barroso, o Supremo Tribunal Federal ratificou seu entendimento sobre o dever de complementação federal ao extinto Fundef, tendo por base a média nacional do valor anual mínimo por aluno, ao invés de apenas uma referência estadual. Na ocasião, a matéria restou assim ementada:

> Direito Constitucional e Financeiro. Complementação da União ao Fundef. Forma de cálculo. Aplicação do regime de precatórios.
>
> 1. Recurso extraordinário, com repercussão geral reconhecida, em que se discute: (i) se o caráter regional do Fundef, previsto no art. 60, §1º, do ADCT (com a redação da Emenda

> Constitucional nº 14/1996), torna viável que o cálculo da complementação da União considere a média entre a receita e o número de alunos de cada Estado-membro e do Distrito Federal, e não a média nacional; e (ii) se o pagamento deve observar a sistemática dos precatórios.
> 2. Com relação à forma de cálculo do valor mínimo nacional por aluno, esta Corte inicialmente entendeu que o tema exigia a análise da legislação infraconstitucional, atribuindo-lhe os efeitos da ausência de repercussão geral (RE 636.978, Rel. Min. Presidente, j. em 09.06.2011, paradigma do tema nº 422). Contudo, em momento posterior, passou a apreciar o mérito de recursos extraordinários em que discutida a mesma questão, o que indica a superação desse entendimento e o reconhecimento do caráter constitucional da controvérsia. Precedentes. 3. Com o propósito específico de igualar os investimentos em educação na federação, o art. 60, §3º, do ADCT, na redação da Emenda Constitucional nº 14/1996, exigiu que a União aportasse recursos aos fundos sempre que, em cada Estado e no Distrito Federal, o valor por aluno não alcançasse o mínimo definido nacionalmente. *A defesa de uma metodologia de cálculo que frustra a equiparação do valor mínimo por aluno à média nacional esbarra na própria razão de criação do Fundef e contraria um dos objetivos fundamentais da República: a redução das desigualdades sociais e regionais (art. 3º, III, da CF/1988).*
> 4. Nos casos em que a obrigação de complementação de recursos for imposta por título executivo judicial, deve-se aplicar o regime dos precatórios, diante da inexistência de exceção constitucional específica à regra prevista no art. 100, caput, da CF/1988. O fato de os recursos serem destinados à educação não altera essa conclusão.
> 5. Recurso extraordinário a que se dá parcial provimento, com a fixação, a título de *reafirmação de jurisprudência*, das seguintes teses:
> "1. *A complementação ao Fundef realizada a partir do valor mínimo anual por aluno fixada em desacordo com a média nacional impõe à União o dever de suplementação de recursos.*
> 2. Sendo tal obrigação imposta por título executivo judicial, aplica-se a sistemática dos precatórios, nos termos do art. 100 da Constituição Federal". (Grifos nossos)

É digno de relevo o reconhecimento da imprescindibilidade da equidade no regime jurídico do Fundef, em busca de um valor mínimo anual por aluno nacionalmente estabelecido, cujo alcance – se necessário – demandaria complementação de recursos federais em prol dos estados e municípios que, regionalmente, não alcançassem aquele patamar mínimo de custeio.

Qualquer sistemática de cômputo que não estivesse amparada pela média nacional imporia disparidade de custeio, em desfavor dos educandos mais vulneráveis, tão somente em função do seu domicílio. Os entes federados que demandaram complementação federal ao Fundef e tiveram o direito ao ressarcimento do que a União pagou em patamar abaixo do valor mínimo nacional por aluno no período de 1998 a 2007 foram os estados de Alagoas, Amazonas, Bahia, Maranhão, Minas Gerais, Pará, Pernambuco, Rio Grande do Norte e Sergipe, bem como respectivos municípios habilitados a tanto.

Semelhante impasse se repete com o Custo Aluno Qualidade (Estratégia 20.7) e seu precursor simplificado previsto no Custo Aluno Qualidade Inicial (Estratégia 20.6), respectivamente CAQ e CAQi. Ambos os institutos foram previstos na Meta 20 do Plano Nacional de Educação 2014/2024, estabelecido pela Lei nº 13.005/2014, atribuindo-se à União "a complementação de recursos financeiros a todos os Estados, ao Distrito Federal e aos Municípios que não conseguirem atingir o valor do CAQi e, posteriormente, do CAQ" (Estratégia 20.10).

Trata-se de uma mesma busca de equidade federativa em prol do padrão mínimo de qualidade, a qual está pressuposta no Fundef, no CAQi e no CAQ. Tais estratégias visam à consecução do art. 206, inc. VII (garantia do padrão de qualidade), do art. 211, §§1º e 7º (a responsabilidade supletiva da União pela garantia do padrão de qualidade e dever de regulamentação do custo aluno-qualidade), ambos da Constituição de 1988, e art. 4º, inc. IX da Lei nº 9.394/1996.

Todavia, enquanto no Fundef houve alguma implementação – ainda que reducionista – do valor mínimo anual por aluno, para falsear artificial e inconstitucionalmente o montante de complementação federal aos demais entes federados refutada pelo STF relativamente tardia em 2017; no caso do custo aluno-qualidade, a União encontra-se formalmente em mora, na hipótese mais benigna, há sete anos, haja vista o descumprimento das Estratégias 20.6 e 20.7 do PNE, sem que haja qualquer horizonte de contenção real de tal omissão.

A bem da verdade, essa situação remonta à persistente omissão na definição do padrão mínimo de qualidade exigido pela Constituição de 1988, desde sua redação originária, dever esse que foi, posteriormente, reforçado pela LDB e pela Emenda nº 108/2020 (que inseriu o §7º no art. 211). Tal fato, aliás, foi reiteradamente reconhecido pelo Tribunal de Contas da União em seus Acórdãos nºs 618/2014, 906/2015, 1.897/2017,[9] entre outros. Mais recentemente, o TCU recomendou ao Ministério da Educação no Acórdão nº 1.222/2023 – Plenário que "atue diretamente na articulação junto aos entes subnacionais e, em apoio técnico ao Congresso Nacional, para a aprovação do projeto de lei complementar que instituirá o Sistema Nacional de Educação, sobretudo para a implementação do Custo Aluno Qualidade".

O Parecer da Câmara de Educação Básica do Conselho Nacional de Educação – CNE/CEB – nº 8/2010[10] tentou preliminarmente oferecer reflexão sobre a matéria, durante a mora regulamentar do MEC e enquanto esteve ausente uma nova metodologia que lhe substituísse validamente. Porém o Parecer CNE/CEB nº 8/2010 foi revogado pelo Parecer CNE/CEB nº 3/2019.[11]

Tal mudança hermenêutica do Conselho Nacional de Educação acabou por configurar um retrocesso no processo de definição dos insumos mínimos capazes de

---

[9] Cujo dispositivo – no concernente ao CAQi – foi o seguinte: "9. Acórdão: Vistos, relatados e discutidos estes autos de Relatório de monitoramento das deliberações constantes do Acórdão 618/2014-TCU-Plenário, alterado em parte pelo Acórdão 906/2015-TCU-Plenário, proferidos no âmbito da Auditoria Coordenada realizada no ensino médio em 2013, que teve por objetivo, também, examinar as estratégias relacionadas ao alcance da Meta 3 do Plano Nacional de Educação 2014 – 2024. ACORDAM os Ministros do Tribunal de Contas da União, reunidos em Sessão do Plenário, ante as razões expostas pelo Relator, em: [...] 9.2. com fundamento no art. 250, V, do Regimento Interno, realizar a oitiva do Ministério da Educação para que, no prazo de 15 (quinze dias), manifeste-se sobre os seguintes pontos, apresentando medidas adotadas em cada um dos períodos examinados e as razões pelas quais o resultado pretendido não foi alcançado: [...] 9.2.2. não implementação do Custo Aluno-Qualidade inicial (CAQi), cujo prazo expirou em 26/6/2016, nos termos do art. 211, §1º, da Constituição Federal, art. 4º, IX, da Lei 9.394/1996 e da estratégia 20.6 da Lei 13.005/2014 (PNE) c/c Lei 13.249/2016 (PPA 2016-2019) programa 2080 – 'Educação de qualidade para todos', inciativa 04TO – 'Implementar, até 2016, o Custo Aluno Qualidade inicial – CAQi', consoante tratado no relatório de fiscalização de peça 113, parágrafos 116 a 151, e no voto que acompanha esse acórdão, parágrafos 16 a 28; 9.3. com fundamento no art. 250, II, do Regimento Interno, determinar ao Ministério da Educação que, em 60 (sessenta) dias a contar da ciência deste acórdão, apresente plano de ação indicando etapas, prazos e responsáveis para: [...] 9.3.3. implementar o Custo Aluno-Qualidade inicial (CAQi) e o Custo Aluno-Qualidade (CAQ) em atenção ao que estabelece a Lei 13.005/2015, estratégias 20.6 e 20.8; [...]".

[10] Disponível em: https://normativasconselhos.mec.gov.br/normativa/view/CNE_PAR_CNECEBN82010.pdf?query=Brasil. Acesso em: 29 jul. 2024.

[11] Disponível em: http://portal.mec.gov.br/docman/abril-2019-pdf/110291-pceb003-19-1/file. Acesso em: 29 jul. 2024.

ensejar o padrão mínimo de qualidade na educação básica obrigatória (CF/1988, art. 206, VII, art. 211, §1º; Lei nº 9.394/1996, art. 4º, IX), o qual foi, de certa forma, validado pela previsão da Emenda nº 108/2020 de que a matéria estaria reservada ao tratamento por lei complementar.

Sem o Parecer CNE/CEB nº 8/2010, deixou de existir parâmetro, por exemplo, sobre qual é limite máximo do número de alunos por cada professor, o que tende a potencializar a superlotação de salas de aula, tampouco não há mais previsão de que as escolas devam possuir quadras poliesportivas e bibliotecas como equipamentos essenciais ao processo de ensino-aprendizagem.

Diante de tais idas e vindas, a omissão normativa da União tem sido agravada, a pretexto de falseada contenção de despesas, por diversas estratégias de esvaziamento fiscal que se furtaram às várias demandas em curso nas diferentes instâncias de controle social, de controle externo e de controle judicial em prol da regulamentação do CAQi/CAQ.

Na ausência de tal parâmetro normativo, não há clareza de quais seriam os insumos mínimos capazes de assegurar padrão nacional de qualidade, nos termos da Constituição, até mesmo para fins de densificação substantiva do percurso dos recursos vinculados à política pública educacional.

Eis o contexto em que o terceiro eixo conflituoso emerge, agravando o círculo vicioso de baixa efetividade do PNE, a despeito da existência de recursos vinculados à manutenção e ao desenvolvimento do ensino.

Sem parametrização de insumos em sistema de custos tendente a orientar a busca operacional pela qualidade educacional, a política pública fica mais vulnerável a desvios, dada a profusão de onerosas aplicações pouco aderentes ao respectivo planejamento decenal, em afronta ao art. 214 da CF/1988 e à Lei nº 13.005/2014.

Trata-se de impasse normativo de significativa grandeza termos um plano setorial de tamanha relevância, cuja densificação cotidiana não se verifica. Para além dos limites impostos pela pandemia da Covid-19 e da anistia conferida pela Emenda nº 119/2022, o descumprimento da maioria das obrigações a termo fixadas no PNE guarda íntima relação com a baixa aderência das leis orçamentárias dos diversos entes da federação com o planejamento da educação. Ora, a esse respeito, não é demasiado lembrar o art. 10 da Lei nº 13.005/2014:

> O plano plurianual, as diretrizes orçamentárias e os orçamentos anuais da União, dos Estados, do Distrito Federal e dos Municípios serão formulados de maneira a assegurar a consignação de *dotações orçamentárias compatíveis* com as diretrizes, metas e estratégias deste PNE e com os respectivos planos de educação, a fim de viabilizar sua plena execução. (Grifos nossos)

O dispositivo acima traça claramente o dever atribuído a todos os entes da federação de que fossem consignadas dotações orçamentárias compatíveis com o cumprimento tempestivo e pleno das metas, estratégias e diretrizes do PNE. É, pois, colossal a contradição existente entre o elevado nível de inadimplemento das metas e estratégias do PNE, de um lado, e a existência de recursos vinculados à política pública educacional, notadamente o piso em manutenção e desenvolvimento do ensino e o Fundo de Manutenção e Desenvolvimento da Educação Básica e de Valorização dos

Profissionais da Educação (Fundeb), regulados, respectivamente, pelos arts. 212 e 212-A da Constituição Federal de 1988, de outro lado.

As instâncias competentes de controle precisam chamar para si a responsabilidade de avaliar as razões pelas quais não se assegurou financiamento adequado ao cumprimento das metas e estratégias do PNE. Revela-se, em particular, imprescindível contrastar as despesas discricionárias computadas nos recursos vinculados à educação com o estágio de descumprimento das metas e estratégias do PNE em cada ente da federação, impondo sobre aquelas uma presunção relativa de irregularidade, somente passível de ser afastada por meio de motivação circunstanciada.

As metas e estratégias do PNE perfazem obrigações legais de fazer que devem orientar substantivamente o conteúdo do dever de gasto mínimo em educação e a aplicação dos recursos do Fundeb (art. 10 da Lei nº 13.005/2014). Como tal, não deveriam ser preteridas por despesas discricionárias alheias ao planejamento educacional.

Tal dever de motivação é necessário, para que seja possível evidenciar o custo de oportunidade da execução orçamentária educacional quando são realizados, por exemplo, gastos em subfunções alheias à atribuição municipal, como ensino médio e superior; aquisição de material apostilado, a despeito da gratuidade do Programa Nacional do Livro Didático; contratação de servidores comissionados e temporários computados na folha da educação, mas cedidos a outros entes políticos etc.

O alto nível de descumprimento do PNE decorre, em grande medida, do fato de que muitos gestores passam despesas discricionárias à frente das obrigações de fazer fixadas no correspondente planejamento setorial. Tal inversão de prioridades compromete não só o alcance do planejado, mas também fragiliza o debate acerca da qualidade do gasto público em educação.

É premente que seja imposto, de forma ampla e ostensiva, o dever de aderência do executado em face do planejado, salvo motivação que objetivamente circunstancie os eventuais desvios de rota. Essa, aliás, é a dimensão conceitual do que foi inscrito no §10 do art. 165 da Constituição de 1988, pela Emenda nº 100/2019, a pretexto de impositividade orçamentária.

Não se trata de mera aferição contábil-matemática a análise acerca do dever de aplicação do piso em manutenção e desenvolvimento do ensino, bem como da aplicação dos recursos do Fundeb, previstos, respectivamente, nos arts. 212 e 212-A da Constituição de 1988. Há obrigações substantivas definidas no planejamento educacional que orientam qualitativamente os rumos da execução orçamentária dos recursos vinculados ao setor, tal como expresso no art. 10 da Lei do PNE.

Falta, porém, às instâncias competentes de controle e à sociedade promoverem a evidenciação da inversão de prioridades e impor o ônus agravado de motivação, para fins de correção das distorções alocativas que comprometem a política pública de educação na federação brasileira. Esse, aliás, foi o forte diagnóstico empreendido pelo Tribunal de Contas da União, em seu Acórdão nº 969/2024 – Plenário, oriundo do Processo 014.911/2023-0, que foi relatado pelo Ministro Vital do Rêgo.

No mencionado acórdão prolatado em 22.5.2024, foram noticiados os resultados do 6º Ciclo de Acompanhamento do PNE 2014-2024 feito pelo TCU, com a identificação de possibilidades de melhorias a serem adotadas na elaboração do PNE 2024-2034 e respectivas recomendações. No que concerne à relação entre os recursos vinculados à educação e o PNE, a que se refere o art. 10 da Lei nº 13.005/2014, são significativas as orientações da Corte Federal de Contas sobre a necessidade de claramente distribuir as responsabilidades federativas pelo cumprimento das metas do Novo PNE, bem como a imperativa demanda de aprimoramento das fases de monitoramento e avaliação dos planos estaduais e municipais de educação:

> [...] 9.1.2. no processo de definição das metas do Novo Plano Nacional de Educação:
>
> 9.1.2.1. especifique a responsabilidade de cada ente no cumprimento de metas cuja responsabilidade pela execução possa ser atribuída a mais de um ente ou que possam suscitar dúvida quanto a tal ônus, de forma a respeitar as atribuições descritas na Constituição Federal/1988 e na Lei 9.394/1996 (LDB);
>
> 9.1.2.2. identifique os problemas a serem enfrentados por cada meta e evite a inserção de metas que tenham finalidades semelhantes;
>
> 9.1.2.3. elabore metas pautadas pela objetividade quanto aos conceitos e definições utilizados, sem deixar margem de dúvida quanto ao seu público-alvo;
>
> [...] 9.1.4. no que se refere às fases de monitoramento e avaliação dos planos subnacionais:
>
> 9.1.4.1. estabeleça diretrizes mínimas para as competências das instâncias de monitoramento e avaliação dos planos subnacionais de educação no âmbito dos estados e municípios.
>
> 9.1.4.2. estabeleça uma padronização de conteúdo mínimo dos relatórios de monitoramento e de avaliação, com objetivos claros e distintos para ambas as fases, bem como um detalhamento dos procedimentos a serem seguidos; [...].

Vale lembrar que a Lei nº 13.005/2014 foi formalmente prorrogada até 31.12.2025 pela Lei nº 14.934, de 25.7.2024. Antes de tal prorrogação, o PNE 2014-2024 havia completado seu ciclo temporal, em consonância com o comando do art. 214 da Constituição de 1988.

Paradoxalmente, o atual PNE foi prorrogado precisamente porque ele foi quase totalmente descumprido. A Campanha Nacional pelo Direito à Educação estimou em cerca de 90% o patamar de descumprimento das metas e estratégias do plano educacional, conforme o balanço de 10 anos da sua vigência (2024).

Sendo uma lei ordinária de planejamento setorial de tamanha relevância, que nunca foi alterada ao longo da sua vigência decenal, o PNE somente teve sua prorrogação aprovada sem maiores ruídos, precisamente porque ele não foi executado a contento. Tampouco ensejou sanções em função disso.

Como tem sido muito fácil ignorar e descumprir os comandos do PNE 2014-2024, nunca foi necessário alterá-lo. Pelo mesmo motivo, foi igualmente fácil prorrogá-lo nominalmente, sem que fosse gerada maior celeuma ou polarização política. Não há conflito, porque, na prática, desde sempre tem sido negada uma efetiva aplicação ao PNE vigente. A prorrogação da vigência do PNE 2014-2024, em última instância, corresponde a uma espécie de anistia estratégica que adia o debate do PNE 2024-2034, sem abrir qualquer responsabilização pelo diagnóstico de fracasso da Lei nº 13.005/2014.

As contradições e tensões do frágil estágio de cumprimento do planejamento educacional no Brasil não se resumem à realidade da Lei nº 13.005/2014. Muito pelo contrário, trata-se de desafio histórico tirar o PNE do papel. A esse respeito, é paradigmática a justificação do Projeto de Lei nº 5.665/2023, de autoria da Senadora Professora Dorinha Seabra, que deu origem à Lei nº 14.934/2024, que prorrogou o PNE até o final de 2025. Seguem, pois, alguns excertos de relevo:

A nossa experiência pós-Constituição de 1988 tem evidenciado certa displicência dos poderes públicos envolvidos com o macroplanejamento educacional do País, a se tomar como referencial o histórico de apresentação dos planos nacionais de educação mais recentes.

O PNE 2001-2011, originário do Projeto de Lei nº 4.155, de 1998, apresentado à Câmara dos Deputados em março daquele ano, acumulou, pelo menos, três anos de análise no Congresso Nacional, pois só veio a se transformar em lei em 9 de janeiro de 2001.

De igual modo, o atual PNE (2014-2024), que é originário do Projeto de Lei nº 8.035, de 2010, de autoria do Poder Executivo, embora não tenha tido uma discussão permanente e intensa durante sua tramitação no Parlamento, também enfrentou uma tramitação morosa, perfazendo cerca de três anos e meio.

À vista desse histórico, é de se imaginar, até por cautela, que a discussão do novo PNE não terá tratamento diferente. Ao contrário, com a polarização política na sociedade brasileira na última década, é possível que a análise desse novo instrumento padeça de uma postergação de consenso ainda maior do que a observada nos planejamentos anteriores.

Com efeito, é preciso que nos antecipemos no sentido de evitar um vácuo legislativo no planejamento educacional do País, por menor que seja duração. A essa altura um apagão no planejamento da área poderia gerar consequências irreversíveis, haja vista o atraso a que fomos submetidos em decorrência da pandemia da covid-19.

Não custa recordar, que os resultados do vácuo de 2011-2014 só não foram de maior gravidade porque a União já vinha implementando, no âmbito de alguns programas governamentais, uma série de medidas que viriam a integrar, como metas e estratégias, o PNE que se avizinhava.

Por essas razões, entre outras, é que propomos, por meio deste projeto, a prorrogação do atual PNE até 31 de dezembro de 2028, um lapso temporal de pouco mais de quatro anos. A nosso sentir, em razão da experiência acumulada, trata-se de prazo razoável para a apreciação aprofundada e circunstanciada da proposta que vier a ser apresentada ao Congresso Nacional para o macroplanejamento educacional do próximo decênio.

A favor dessa medida, infelizmente conta o fato de acumularmos metas do planejamento atual que remanescem por ser cumpridas. E são quase todas. Contudo, entre, as mais críticas, a nosso juízo, estão as que dizem respeito à garantia de oportunidade de vagas em creches, na educação profissional técnica de nível médio, à melhoria do índice de desenvolvimento dos anos finais do ensino fundamental e do ensino médio, crucial para a redução do analfabetismo funcional.

A propósito, é com imensa tristeza que constatamos uma redução tão lenta na taxa de analfabetismo do País, que nem conseguimos mais acreditar que o ciclo de reprodução dessa mazela tenha sido interrompido. Parece que o sistema continua apresentando falhas que precisamos enfrentar para evitar a reposição do contingente de analfabetos adultos nas próximas gerações.

Dessa forma, há muitas metas do atual PNE cuja oportunidade de realização ainda se mostra relevante, a ponto de, inevitavelmente, imaginar-se que constarão do futuro planejamento do País para a área. Com efeito, a prorrogação desse plano permitirá que mantenhamos algum foco na direção anteriormente traçada, com o mínimo de fundamentação e sustentação fática. Isso é crucial para a definição de prioridades e a otimização do investimento em educação, até que tenhamos redefinido esses rumos e objetivos para um próximo decênio, de limiar ainda incerto.

O apanhado histórico empreendido pela Senadora Professora Dorinha dialoga com os falseamentos do dever de custeio constitucionalmente adequado da educação. É sintomático, aliás, o fato de que grande parte da controvérsia sobre o CAQ resida, em última instância, no elevado estágio de descumprimento das metas e estratégias do PNE.

A bem da verdade, o financiamento constitucionalmente adequado da educação básica brasileira tem sido fragilizado pela omissão federal na definição de padrão mínimo de qualidade para fins de complementação ao Fundeb e por desvios recorrentes praticados pelos entes subnacionais.

A Emenda nº 14/1996, por meio do Fundef (antecessor do atual Fundeb), promoveu alterações significativas na definição das responsabilidades dos entes federados em matéria de direito à educação, o que praticamente deu fim à recorrente situação de indefinição quanto às atribuições de oferta e de financiamento do ensino fundamental. Com a EC nº 53/2006 (Fundeb), houve a estabilização do regime jurídico de equalização do custeio da educação básica.

Por meio da redação dada ao §1º do art. 211 pela EC nº 14/1996, a União recebeu a atribuição de "garantir equalização de oportunidades educacionais e padrão mínimo de qualidade do ensino mediante assistência técnica e financeira aos Estados, ao Distrito Federal e aos municípios", mas tal determinação nunca foi, de fato, regulamentada.

Em 2006, na transição do Fundef para o Fundeb, ampliou-se a complementação da União e o escopo para toda a educação básica, mantidas as atribuições federativas. Mais uma vez, esperava-se a regulamentação do padrão mínimo de qualidade na legislação do novo fundo, porém novamente prevaleceu a omissão.

Desde então, tardiamente, praticamente universalizou-se o acesso da população de seis a 14 anos de idade ao ensino fundamental. O país aproximou-se da universalização da pré-escola (4 e 5 anos) e mais do que dobrou o acesso à creche (zero a três anos) – que segue baixo. Também foram ampliados o acesso e a conclusão do ensino médio, ainda longe da universalização pretendida.

Houve massificação do acesso, o que em si democratizou as oportunidades educacionais em face da condição anterior de exclusão. Não obstante a ampliação quantitativa da oferta de ensino, os desafios da igualdade e da qualidade seguiram sem ser devidamente enfrentados. Ao dissociar valor anual mínimo por aluno da noção de custo de manutenção em condições de qualidade, o Fundeb reproduziu distorções, desequilíbrios federativos e, ao mesmo tempo, não conseguiu incluir todos em condições aceitáveis de qualidade e salubridade.

Até os presentes dias, quase três décadas após a EC nº 14/1996, nem Fundef, nem Fundeb foram capazes de dar dignidade elementar à totalidade das escolas brasileiras, enquanto a União seguiu deliberadamente omissa na definição do padrão mínimo de qualidade a ser alcançado como requisito do direito à educação, a que se referem o art. 206, VII e o art. 211, §1º da Constituição. Só em 2017 o déficit federal de aplicação no ensino fundamental foi reconhecido pelo STF, nas ações de julgamento do valor falseado de complementação ao Fundef.

Em função disso, a média de horas-aula no Brasil é de 4,5, enquanto o recomendável é 7 horas. As salas de aula são superlotadas, ainda há escolas que sequer têm banheiro e quase metade não tem biblioteca, e quando há o acervo em geral é defasado e insuficiente.

Os professores da rede pública de educação básica no Brasil são mal pagos, com remuneração média significativamente inferior ao patamar salarial dos demais profissionais com diploma superior e à média da Organização para a Cooperação e o Desenvolvimento Econômico – OCDE e as jornadas de trabalho em sala de aula são maiores, condições que tornam o magistério uma profissão instável e pouco atrativa, o que tende a ensejar risco de "apagão docente".

O atraso em assegurar condições adequadas de funcionamento das escolas públicas brasileiras é, portanto, uma dimensão do atraso educacional geral a que o país tem estado submetido há décadas. Romper com tal falta de prioridade real é desafio institucional que o Presidente do STF chamou para si, mas cuja concretude necessariamente passa pelo exame do percurso dos recursos alocados, ou não, no financiamento suficiente e tempestivo das metas e estratégias do planejamento educacional.

3 Considerações finais

Tal como conclamou o Ministro Roberto Barroso em seu discurso de posse, o saudoso Professor Rubem Alves escrevera uma lindíssima carta aberta, em 27.5.1998, ao então Ministro da Educação, Paulo Renato de Souza, para que este assumisse a missão de tornar a pasta "mais importante na vida política do país", vez que:

> Se o Ministério da Educação for só um gerenciador dos meios escolares, será difícil ter esperança. Pensei, então, que o ministério talvez tivesse poder e imaginação para integrar os meios de comunicação num projeto nacional de educação: semear os sonhos de beleza que se encontram no nascedouro de um povo. Assim, realizaria a sua vocação política de criar um povo. Por isso, Paulo Renato, considero sua posição de ministro da Educação a mais importante na vida política do Brasil. Da educação pode nascer um povo.

Os sonhos de beleza a que se refere Rubem Alves foram inscritos na Constituição Cidadã de 1988, mas precisam ser cumpridos na forma do Plano Nacional de Educação, inscrito na Lei Federal nº 13.005/2014, para, de fato, gerarem a força criativa e constitutiva dos indivíduos, para que possam, plena e coletivamente, sentir-se como povo no Brasil.

Não é demagogia afirmar que esperança de solução só existe na e por meio da educação básica, assegurada pelo Estado em caráter universal, gratuita e equitativamente, mediante padrão mínimo de qualidade, para todas as crianças e jovens brasileiros. As trajetórias trilhadas, há algumas décadas, pela Coreia do Sul e Finlândia dão prova de que é possível e bem-sucedido o propósito de conduzir povos nacionais para um elevado padrão de desenvolvimento econômico e social por meio do compromisso constituinte/constitutivo com a educação.

O descumprimento recalcitrante do planejamento decenal da educação enseja, contudo, um descompromisso constitucional mortífero em relação aos princípios do art. 206, às obrigações inscritas no art. 208 e sua conformação sistêmico-operacional a ser executada por meio do dever de planejamento suficiente previsto no art. 214, todos da Constituição de 1988.

Em meio ao "horror jurídico" da falta de regulamentação do CAQ e do inadimplemento do PNE, a despeito de haver recursos vinculados à política pública de educação, é preciso – tal como bem suscitara o Ministro Barroso, durante o julgamento das ACOs relativas à complementação federal ao extinto Fundef – refutar a alegação genérica de risco de "horror econômico".

A indefinição na regulamentação do padrão mínimo de qualidade, desde 1996, é que tem produzido uma nefasta guerra federativa de despesas na política educacional. Se há judicialização no setor, tais demandas resultam da incapacidade estatal de atendimento, não raramente aliada aos desvios na aplicação dos recursos mínimos originalmente destinados ao ensino.

Caso o CAQ já tivesse sido regulamentado, seria possível conferir rastreabilidade direta e transparente para que os recursos educacionais aportados chegassem efetivamente às escolas e, mais do que isso, fossem por elas e suas comunidades de docentes, estudantes, pais e gestores, identificáveis e monitoráveis.

Descumprir quase integralmente o PNE e, em especial, negar validade ao CAQ são opções orçamentário-financeiras que refutam a exigibilidade de critérios universais que são esperados para o bom funcionamento das escolas e dos sistemas de ensino, como exemplo, formação e valorização do magistério, espaços e equipamentos básicos, número adequado de estudantes por turma e por escola, carga horária mínima, tempo dedicado ao planejamento e à interação com a comunidade etc. Sem compromisso com as metas e estratégias do planejamento educacional e sem densificação do rol de insumos que, uma vez assegurados, fortaleceriam a possibilidade de efetiva realização do direito à educação, resta prejudicado o alcance das aprendizagens pretendidas em todos os contextos.

Ainda sob formatos distintos, o horror jurídico é historicamente persistente no financiamento do direito à educação e é preciso enfrentá-lo, sem se deixar paralisar por supostos horrores econômicos. Sem tal enfrentamento na seara das ações e omissões fiscais, a agenda de priorização de tal direito fundamental não se materializa de fato e de direito, por mais belos e bem-intencionados que sejam os discursos que invocam a educação como principal agenda civilizatória do país.

Referências

ALVES, Rubem. Caro senhor ministro da Educação. *Folha de S. Paulo*, 27 maio 1998. Disponível em: https://www1.folha.uol.com.br/fsp/opiniao/fz27059809.htm. Acesso em: 4 jun. 2024.

BARROSO, Luís Roberto. Discurso de posse como Presidente do Supremo Tribunal Federal. *Poder 360*, 28 set. 2023. Disponível em: https://static.poder360.com.br/2023/09/Discurso-de-posse-28set2023.pdf. Acesso em: 13 jul. 2024.

BRASIL. Senado Federal. *Projeto de Lei nº 5.665/2023, que prorroga, até 31 de dezembro de 2028, a vigência do Plano Nacional de Educação aprovado por meio da Lei nº 13.005, de 25 de junho de 2014*. Senadora Professora Dorinha Seabra. Disponível em: https://legis.senado.leg.br/sdleg-getter/documento?dm=9512544&ts=1721968882796&disposition=inline.

BRASIL. Supremo Tribunal Federal. *Ação Cível Originária 700/RN*. Ministro Redator para o Acórdão Edson Fachin. Julgamento em 06 de setembro de 2017. Inteiro teor Disponível em: https://redir.stf.jus.br/paginadorpub/paginador.jsp?docTP=TP&docID=14476163.

BRASIL. Supremo Tribunal Federal. *Recurso Extraordinário 635347*. Ministro Relator Roberto Barroso. Julgamento em 03 de julho de 2023. Inteiro teor. Disponível em: https://portal.stf.jus.br/processos/downloadPeca.asp?id=15359777252&ext=.pdf.

BRASIL. TCU. *Acórdão n. 1222/2023*. Plenário, Rel. Min. Walton Alencar, julgamento em 14.06.2023. Disponível em: https://contas.tcu.gov.br/sagas/SvlVisualizarRelVotoAcRtf?codFiltro=SAGAS-SESSAO-ENCERRADA&seOcultaPagina=S&item0=825985.

BRASIL. TCU. *Acórdão n. 969/2024*. Plenário, Rel. Min. Vital do Rêgo. Processo 014.911/2023-0. Disponível em: https://pesquisa.apps.tcu.gov.br/redireciona/acordao-completo/ACORDAO-COMPLETO-2638168.

CAMPANHA pelo Direito à Educação. *Balanço PNE 2023*. Disponível em: https://media.campanha.org.br/acervo/documentos/Balanco-PNE-2023.pdf.

CAMPANHA pelo Direito à Educação. *Balanço PNE 2024*. Disponível em: https://media.campanha.org.br/semanadeacaomundial/2024/materiais/Balanco_2024_Relatorio_Completo_Dados_desagregados_ok.pdf.

XIMENES, Salomão; PINTO, Élida Graziane. O Custo Aluno Qualidade na PEC do Fundeb. *Consultor Jurídico*, 12 ago. 2020. Disponível em: https://www.conjur.com.br/2020-ago-12/xavier-graziane-pinto-custo-aluno-qualidade-pec-fundeb.

Informação bibliográfica deste texto, conforme a NBR 6023:2018 da Associação Brasileira de Normas Técnicas (ABNT):

PINTO, Élida Graziane. Horror jurídico oriundo do temor ao horror econômico: falseamento do custeio constitucionalmente adequado do direito à educação. *In*: PAULA, Fernanda de; PENCAK, Nina (coord.). *Tributação, liberdade e igualdade*: as contribuições do Ministro Luís Roberto Barroso. Belo Horizonte: Fórum, 2025. p. 435-448. ISBN 978-65-5518-952-0.

A TRIBUTAÇÃO SOBRE GRANDES FORTUNAS COMO ENCARGO VOLUNTÁRIO

FÁBIO ZAMBITTE IBRAHIM

1 Introdução e advertência

O convite para esta justíssima homenagem ao Professor e Ministro Luís Roberto Barroso me pareceu o momento propício para o presente texto, o qual, já advirto, representa reflexão ainda incipiente sobre o tema da tributação de fortunas no Brasil e no mundo. As dificuldades no bojo das soluções estritamente normativas para a questão sempre me pareceram intransponíveis. Seja pela fácil elisão fiscal no cenário interno, com efeitos adversos na economia, seja pela improvável confecção de normas internacionais efetivas sobre a matéria, o problema está posto e carecemos de uma solução.

Tendo em vista a característica do homenageado da presente coletânea de ser um pensador "fora da caixa", ao mesmo tempo em que sempre externou grande preocupação com a iniquidade no Brasil, pareceu-me oportuna a ideia de aqui inserir minhas reflexões iniciais sobre o tema. As desigualdades sociais no Brasil e no mundo são alarmantes; os efeitos nefastos, possivelmente comprometendo as conquistas civilizatórias da sociedade humana. Não há solução fácil adiante, reflexões inéditas são necessárias. E urgentes.

A questão relacionada às dificuldades na disciplina, fiscalização e controle da tributação sobre grandes fortunas não representa novidade no debate nacional e estrangeiro.[1] No entanto, um aspecto não é, em geral, adequadamente desenvolvido nas pesquisas relacionadas ao tema, as quais, muito frequentemente, limitam-se a perspectivas normativas da tributação. É o momento de buscarmos extramuros a solução para o problema.

Parece-nos, portanto, que algumas premissas sociológicas e mesmo voltadas a aspectos comportamentais se fazem necessárias no debate. Afinal, por qual motivo

[1] Para um panorama do tema na OCDE, ver: *The Role and Design of Net Wealth in the OECD, OECD Tax Policy Studies, n. 26*. Paris: OECD Publishing, 2018. Já no Brasil, há 4 projetos em debate: PLP nº 183/2019, PLP nº 38/2020, PLP nº 50/2020, PLS nº 315/2015.

determinada minoria social – a formada por detentores de grandes fortunas – permanece em razoável conforto distante da tributação adequada? A indagação parece ingênua, mas, afinal, mesmo minorias poderosas tendem a sofrer com controles sociais.

Nesses termos, resta exposto o tema a ser desenvolvido e a ressalva da incompletude das reflexões apresentadas. De toda forma, quem sabe seja útil para sairmos da inércia e repensarmos a distribuição de renda no Brasil e no mundo. Este é o ponto necessário a ser apresentado. A tributação nunca é um fim em si mesmo – mas, no presente caso, é poderoso instrumento para viabilizar a pacificação social.

2 As grandes fortunas e a desigualdade social – Uma nova parafiscalidade?

Mais do que qualquer pandemia, a desigualdade social mata – e muito.[2] A tributação, mecanismo tradicional de geração de receita nos Estados de direito contemporâneos, tem mostrado novas feições e propósitos desde a criação do Estado social, ao final do século XIX. A referida modalidade de financiamento foi voltada a custear novas atribuições públicas demandadas pela sociedade, como saúde e previdência social. Seguindo o arquétipo da relação obrigacional tributária, a medida foi eficaz e, ainda hoje, relevante.[3]

No entanto, uma nova fase se faz necessária: o objetivo primário não é unicamente a geração de receita, mas uma espécie de combinação de parafiscalidade com extrafiscalidade. Tem-se um contexto novo, no qual se busca, como meta, a redução das desigualdades pela via da restrição de acumulação de capital. A ideia não tem qualquer índole revolucionária ou liberticida, mas, singelamente, de apontar a solução para o problema que assola o mundo: a concentração de capital em poder de poucas pessoas.

Métodos clássicos de tributação sobre renda, consumo e patrimônio são eficazes e necessários, mas se mostram limitados para o objetivo extrafiscal referido. A parafiscalidade clássica sempre foi uma forma paralela de gerar mais receita para as despesas estatais. A nova parafiscalidade é calcada em aspectos sociais relevantíssimos, mas não unicamente no dispêndio público. O foco é a melhor distribuição de recursos escassos.

A parafiscalidade original já residia em um elemento que ainda permeia a tributação ordinária: a desconfiança da sociedade na capacidade estatal em gerir, adequadamente, os recursos acumulados.[4] Uma nova modalidade de parafiscalidade pode ir além: superar o arquétipo da tributação tradicional, na clássica dinâmica da relação obrigação *ex lege* e, ainda, não necessariamente ser direcionada ao Estado, mas a entidades privadas devidamente reguladas e fiscalizadas.

É certo que os tributos ordinários, desenhados como forma de imposição estatal para os fins de interesse da coletividade, têm também assumido perfis adicionais de

---

[2] Relatório da OXFAM alerta que "Inequality contributes to the death of at least one person every four seconds" (WORLD INEQUALITY LAB. *World Inequality Report 2022*. Disponível em: https://wir2022.wid.world/. Acesso em: 20 jun. 2024). Sobre a questão da desigualdade, ver também PIKETTY, Thomas. *O capital no séc. XXI*. Rio de Janeiro: Intrínseca, 2014.

[3] Para uma panorâmica da evolução da parafiscalidade no Brasil e no mundo, ver o meu *A previdência social no Estado contemporâneo*: fundamentos, financiamento e regulação. Niterói: Impetus, 2011.

[4] Sobre o tema, ver o meu *A previdência social no Estado contemporâneo*: fundamentos, financiamento e regulação. Niterói: Impetus, 2011.

índole extrafiscal, com potencialidades relevantes, como a redução das desigualdades sociais.[5] A própria teoria da parafiscalidade, embora envolta em muitas dificuldades e críticas, insere-se nesse contexto de atuação efetiva do Estado em prol de pessoas carentes e necessitadas. No entanto, para funcionar no contexto aqui desejado, deve escapar da dinâmica ortodoxa de tributação.

Não se trata de somente buscar a simplicidade das normas. O foco é a confiança do contribuinte na destinação e utilização adequada de recursos. Parece-nos, portanto, que a efetividade da tributação das grandes fortunas esteja relacionada mais a aspectos sociológicos e comportamentais do que propriamente normativos. Em países com tributação efetiva e funcional sobre grandes fortunas, não se nota um rigor e exemplo de legislação clara, concisa e segura – ao revés, verifica-se mais uma voluntariedade dos contribuintes em verter sua parcela ao esforço coletivo de vida em comum.[6]

A própria tributação de grandes fortunas como simples mecânica de justiça é de fundamentação simplória. Assim como é facilmente apresentada a possibilidade de limitação às liberdades individuais, não haveria como escaparmos de restrições ao acúmulo de capital. Não é razoável que a sociedade tenha amplo consenso sobre a impossibilidade de uma pessoa agir como bem entender – dirigir embriagado, por exemplo – e, ao mesmo tempo, não ver qualquer problema na acumulação ilimitada de capital.

Ao passo que a liberdade carece de limites, de forma a viabilizar uma vida em sociedade amparada na justiça e paz social – tema apresentado em qualquer manual introdutório de direito –, tem-se que o modelo capitalista parece entender que a sistemática não vale para o capital. Mesmo no hipotético cenário no qual determinada pessoa angariou fortuna excepcional por absoluta dedicação, empenho e competência, a realidade é que isso não implica o direito de acumular reservas escassas em detrimento do resto da humanidade, da mesma forma que um proprietário de veículo esportivo não possui o direito de exceder os limites de velocidade da via.

Assim como os limites de velocidade não implicam a extinção dos carros esportivos, a restrição ao acúmulo de capital não implicará desestímulo ou extinção do modelo capitalista ou acumulação de riquezas, mas somente agregará justiça ao seu funcionamento e, por conseguinte, perenidade e paz social. O referido aspecto não parece oferecer maiores dificuldades no mundo contemporâneo, sendo a acumulação de capital aspecto nefasto e carente de resolução.[7]

Sem embargo, a metodologia tradicional da imposição tributária parece ter exaurido suas potencialidades. Novas formas de geração de receita estatal – com o especial objetivo de reduzir as desigualdades sociais – devem ser alcançadas de forma a mitigar o problema que, ao fim e ao cabo, pode ruir com a vida em sociedade como a conhecemos.

---

[5] Cf. SCHOUERI, Luís Eduardo. *Normas tributárias indutoras e intervenção econômica*. Rio de Janeiro: Forense, 2005.

[6] Sobre o tema, ver: CARVALHO, Pedro Humberto Bruno de. *As discussões sobre a Regulamentação do Imposto sobre Grandes Fortunas*. Instituto de Pesquisa Econômica e Aplicada – Ipea: Nota Técnica de outubro de 2011. Rio de Janeiro: Ipea, 2011. Disponível em: https://repositorio.ipea.gov.br/bitstream/11058/5755/1/NT_n07_Discussoes-regulamentacao-imposto_Dinte_2011-out.pdf. Acesso em: 22 jun. 2024.

[7] Cf. PIKETTY, Thomas. *O capital no séc. XXI*. Rio de Janeiro: Intrínseca, 2014.

3 A tributação sobre grandes fortunas e a economia comportamental

Uma reflexão inicial necessária é: por qual motivo a tributação sobre grandes fortunas funciona em determinados países e em outros não?[8] Afinal, as dificuldades são geralmente as mesmas, especialmente no que diz respeito às complexidades normativas no sentido de delinear a matéria tributável e, em especial, o controle sobre planejamentos fiscais abusivos.

O debate sobre a economia comportamental e suas ligações com as normas jurídicas tem evoluído substancialmente no Brasil e no mundo. Especialmente no segmento da tributação, há debates de elevado nível que corroboram as impressões sucintamente apontadas *supra*.[9] Parece-nos que, além de aspectos potencialmente culturais que influenciam decisões racionais de elisão fiscal, há, no contexto particular das grandes fortunas, componente peculiar que mutila a observância voluntária da imposição fiscal.

A dificuldade reside no contexto em que os potenciais contribuintes são pessoas de elevada capacidade intelectual e substancialmente amparadas por amplo leque de especialistas – o que, conjugado com a descrença na eficiência da Administração Pública, resultam no modelo vivenciado hoje: arranjos dos mais variados de forma a mitigar ou mesmo eliminar a chance de qualquer agente estatal identificar materialidades tributárias.

Esse é um aspecto central do presente texto: em um cenário com potenciais contribuintes bem-informados, assessorados e – pior – motivados à elisão fiscal por ampla desconfiança da utilização de seus recursos, não haverá meio normativo capaz de blindar as receitas desejadas, pois os agentes privados estarão, sempre, um passo à frente.[10] É natural que um detentor de fortuna, ao vislumbrar o noticiário repleto de dados sobre desvios de recursos, obras públicas de finalidades duvidosas e orçamentos secretos, não se sinta minimamente motivado a participar do esforço coletivo em prol do bem comum.

Em que pese a perspectiva na qual pessoas bem-informadas tendam à maior observância da tributação, uma vez vista como o "preço da liberdade",[11] no contexto nacional de acordos e arranjos políticos de moralidade duvidosa, o efeito é justamente o contrário. Daí a ideia da nova parafiscalidade, na qual o detentor da fortuna poderá escolher onde aportar os recursos, em entidades públicas ou, mesmo, privadas. A complexidade e mesmo desonestidade do sistema tributário não serão mais argumento razoável para a elisão do encargo financeiro.

Em resumo, nota-se que a existência de modelos de sucesso na tributação sobre grandes fortunas não decorre de regulamentação de excepcional qualidade e segurança, mas, em larga medida, de um adimplemento voluntário de contribuintes alcançados

---

8 Sobre o tema, ver: CARVALHO, Pedro Humberto Bruno de. *As discussões sobre a Regulamentação do Imposto sobre Grandes Fortunas*. Instituto de Pesquisa Econômica e Aplicada – Ipea: Nota Técnica de outubro de 2011. Rio de Janeiro: Ipea, 2011. Disponível em: https://repositorio.ipea.gov.br/bitstream/11058/5755/1/NT_n07_Discussoes-regulamentacao-imposto_Dinte_2011-out.pdf. Acesso em: 22 jun. 2024.

9 Nesse sentido, sempre necessária a referência à clássica obra de Gunter Schmölders, *Lo irracional em la Hacienda Publica*, 1965, e a competente obra de Danielle Nascimento Nogueira de Souza, *Neurodireito, psicologia e economia comportamental no combate à elisão fiscal*, 2019.

10 Não é objeto do presente texto avançar no referido aspecto, mas é intuitivo que os custos de transação para os detentores de grandes fortunas são pequenos, haja vista a disponibilidade de amplo leque de pessoas e empresas para fins de assessoramento na gestão fiscal competente da fortuna.

11 Cf. TORRES, Ricardo Lobo. *A ideia de liberdade no Estado patrimonial e no Estado fiscal*. Rio de Janeiro: Renovar, 1991.

pela incidência. O modelo impositivo de tributação, em tais casos, parece refletir um arcabouço normativo desnecessário, como um portão de segurança sem trava ou fechadura. Parece-nos que parte da solução demanda aceitar que a relação jurídico-tributária tradicional alcançou seus limites. Algum modelo de adimplemento voluntário do que seria um "tributo" sobre grandes fortunas se faz necessário.

4 Limites do modelo impositivo de tributação – Um novo olhar sobre o futuro

O Estado de direito contemporâneo, especialmente após as revoluções liberais, adota a tributação permanente e voltada ao custeio de despesas ordinárias e extraordinárias do Poder Público, em segregação necessária da entidade estatal e do monarca.[12] Uma nova forma de cobrança de tributos, não somente voltada a objetivos dignos e necessários ao bem comum, também inédita na dinâmica da relação fiscal, limitada, em anos de aprimoramento, a determinadas garantias fundamentais dos contribuintes.

Ou seja, no momento da gênese da relação jurídico-tributária do Estado moderno, houve natural aproveitamento do arcabouço do direito privado construído ao longo de séculos de evolução, especialmente no bojo das relações obrigacionais. Há intuitiva aproximação entre o direito obrigacional privado e a relação tributária entre Estado e contribuintes, mediante a fixação de polos ativo e passivo, obrigação a ser adimplida, liquidação de valores etc.

Tal modelo tem funcionado com razoável eficiência, especialmente quando aprimorado por aspectos acessórios de índole normativa, como retenções na fonte e ampliações de sujeição passiva, mas, também, pela evolução da tecnologia e novas formas de controle das relações sociais. Essas medidas têm incrementado a arrecadação e reduzido o dispêndio estatal com a manutenção do seu aparato arrecadatório.

No entanto, quando nos deparamos com a tributação sobre grandes fortunas, a realidade parece ser diversa. Além da evidente dificuldade de a lei delimitar o que seria uma "grande fortuna" para fins de fixação da hipótese de incidência, a mesma tecnologia e permeabilidade das relações privadas às inovações tecnológicas parece criar efeito oposto, que é a relativa facilidade de potenciais contribuintes escaparem às incidências devidas.

Como exposto anteriormente, o instrumental normativo vigente não é capaz de enfrentar as ferramentas à disposição das pessoas interessadas em se evadir da tributação. Mesmo o desejo de uma regulação internacional do tema, sem a proteção que as fronteiras em geral propiciam aos detentores de fortuna, reflete ingenuidade elevada. Em um mundo no qual os organismos internacionais nem sequer conseguem assegurar padrões mínimos de vida, regular conflitos armados e proteger minorias, a ideia parece absurda.[13]

---

[12] Cf. TORRES, Ricardo Lobo. *Tratado de direito constitucional financeiro e tributário*: valores e princípios constitucionais tributários. 2. ed. Rio de Janeiro: Renovar, 2014. v. II.

[13] Não por outro motivo Jacob Dolinger, em uma de suas últimas obras, propõe a extinção das Nações Unidas: "Closing the United Nations through the disengagement of a number of relevant state members would open a new chapter in the history of world cooperation that might be able to lead to peace and security for humanity" (DOLLINGER, Jacob. *The Case for Closing the UN*: International Human Rights – A Study in Hipocrisy. Jerusalém, Israel: Gefen Publishing House, 2016. p. 485).

Nesse sentido, tem-se uma conclusão parcial importante: a nova parafiscalidade, além de permitir agentes privados na gestão e aplicação dos recursos em finalidades socialmente relevantes, viabilizando de forma efetiva e eficaz a redução das desigualdades sociais, não reflete modalidade ordinária de tributação, mas representa aporte voluntário, o qual tomaria lugar pela confiança dos detentores de fortuna na destinação adequada de recursos e, também, pelo efetivo controle social.

5 A figura do "tributo voluntário"

A realidade exposta impõe novas medidas para superar as dificuldades em tributar fortunas e aplicar os recursos de forma equitativa. Assim como o modelo de imposição estatal mediante a dinâmica obrigacional se mostra insuficiente, também nos parece ingênua, como dito, a pretensão de resolução da matéria mediante normas de direito internacional, como se observa em pesquisas de organismos internacionais.[14] Daí a figura do "tributo voluntário", o que, na realidade normativa vigente, reflete evidente contradição.[15]

Realisticamente, pessoas com elevadas fortunas sempre encontrarão portos seguros para alocar seus recursos, os quais serão blindados ante tentativas individuais e coletivas de tributação. Ou seja, ainda que se estabelecesse um consenso mínimo sobre a tributação, seria remota a possibilidade de que tal medida fosse amplamente admitida e aplicada em todo o mundo. Uma singela observação da falha de consenso e concretude de normas humanitárias em pleno século XXI já permite verificar a impossibilidade de uma tributação em bases universais.

Em recente texto publicado pelo *EU Tax Observatory*, há emblemática apresentação do tema por Joseph Stiglitz, ressaltando os resultados pífios do programa BEPS da OCDE e a necessidade de novas ações.[16] A pesquisa, elaborada por diversos analistas e com a coordenação de Gabriel Zucman, expõem possíveis caminhos, mas a perspectiva de uma atuação em padrões cooperativos e internacionais parece uma solução remota.

Em suma, a disciplina normativa internacional sobre a tributação voltada a grandes fortunas é uma quimera. Sempre haverá pessoas, empresas e, mesmo, Estados dispostos a burlar o regramento e viabilizar proteção a recursos vultosos, sem a possibilidade de sanções concretas que viabilizem uma observância coercitiva de tais encargos tributários. No momento histórico no qual nem sequer direitos fundamentais básicos são observados por diversos Estados Nacionais, o que dirá de uma tributação capaz de mitigar a desigualdade social no mundo.

Nesse sentido, uma proposta de tributação voluntária parece refletir utopia ainda maior, na qual agentes que escapam, com facilidade, de qualquer medida individual ou

---

[14] Sobre o tema, ver: BRASIL. Instituto de Pesquisa Econômica e Aplicada – IPEA. Seminário do T20 discutiu o imposto mínimo global e a tributação da riqueza internacional. *Comunicação Ipea*, 15 abr. 2024. Disponível em: https://www.ipea.gov.br/portal/categorias/45-todas-as-noticias/noticias/15010-seminario-do-t20-discutiu-o-imposto-minimo-global-e-a-tributacao-da-riqueza-internacional-2. Acesso em: 15 jun. 2024.

[15] Cf. art. 3º, CTN ("Tributo é toda prestação pecuniária compulsória, em moeda ou cujo valor nela se possa exprimir, que não constitua sanção de ato ilícito, instituída em lei e cobrada mediante atividade administrativa plenamente vinculada").

[16] *Global Tax Report 2024*. Sobre o *Base Erosion e Profit Shifting* (BEPS), no âmbito da OCDE, ver https://www.oecd.org/tax/beps/.

coletiva de Estados Nacionais para a tributação iriam, quase magicamente, apresentar-se perante autoridades fiscais e pleitear o recolhimento de exações variadas. Sem embargo, alguns aspectos atuais exigem medidas alternativas, mesmo que potencialmente frágeis.

Em resumo, teríamos: 1) esgotamento do modelo obrigacional da relação tributária para fins de identificação, quantificação e mensuração de grandes fortunas; 2) possibilidades quase ilimitadas de evasão de divisas com o apoio de agentes públicos e privados, em detrimento de qualquer consenso mínimo global sobre o assunto; e 3) ausência de consenso entre Estados Nacionais sobre os termos de uma tributação universal.

Daí a perspectiva central da presente proposta de tributação voluntária, que é a imposição via sociedade, e não Estado. A solidariedade mediante controle, fiscalização e, mesmo, sanção pelos agentes privados. A perspectiva da economia comportamental surge, aqui, novamente como resposta. Uma vez a sociedade engajada no controle das fortunas e destinação de valores, haveria o constrangimento social daqueles que não vertem as quantias esperadas pela legislação.

Da mesma forma que a análise comportamental explica motivações para as estratégias de blindagem patrimonial, ela poderia viabilizar nova forma de compulsoriedade, não pela via estatal, mas pela cobrança social. A antiga parafiscalidade, de forma análoga aos tributos ordinários, era calcada na solidariedade forçada, mediante imposição, fiscalização e cobrança estatal. A nova parafiscalidade é fundada em nova força, a solidariedade exigida pelos seus próprios pares.

6 A solidariedade forçada sem interveniência estatal

A ideia de solidariedade forçada, ainda que controvertida, não é nova.[17] Muito embora eventualmente combatida pela aparente contradição da ação solidária como sentimento voluntário ante terceiros, é reconstruída no bojo da sociedade plural, na qual o sentimento de pertencimento é frágil e a individualidade dos projetos de vida reflete pensamento dominante.

A razão de ser de tal medida é consagrada na vigência dos Estados modernos, mesmo que não assumidamente qualificados como de "providência" ou "bem-estar social". Em maior ou menor grau, o século XXI observa a atuação da sociedade, pela via estatal, como elemento necessário à consagração de direitos humanos. O sistema tradicional, relativamente bem-sucedido, no entanto se mostra limitado quanto enfrenta os detentores das grandes fortunas. Nesse contexto, parece-nos interessante a redução do protagonismo do intermediário.

Ou seja, a sociedade, em ação conjunta, poderia propiciar a solidariedade forçada que se deseja, mas sem a interveniência absoluta do aparato normativo do Estado. Novamente, surge a questão: como? Se o Estado, com todo o aparelho repressivo, não encontra solução adequada, nem mesmo quando vislumbra normativas internacionais com o mesmo objetivo, qual seria o impacto de agentes privados sem qualquer poder de império?

A construção de sentimento solidário verdadeiro e efetivo, que motive detentores de fortunas pelo mundo a dividir seus ganhos com o resto da humanidade é tão ingênuo

[17] Sobre o tema, ver o meu *A previdência social no Estado contemporâneo*: fundamentos, financiamento e regulação. Niterói: Impetus, 2011.

quanto acreditar que o direito internacional iria solucionar a questão. Desta feita, como superar os obstáculos? Mediante esforço coletivo de cobrança de adimplemento das normas voluntárias de tributação. A ideia de "compressão social" como instrumento de concretização da tributação das grandes fortunas.

Na atualidade, agentes privados têm demonstrado competência maior para não somente identificar como quantificar as fortunas existentes, origens e nacionalidades de seus titulares.[18] Qual seria a conduta de um detentor de grande fortuna brasileiro, mesmo com residência fora do país, ao ver seu nome em relatório público apontando sua fortuna e a ausência absoluta de qualquer aporte ao sistema nacional? Teria a pessoa o escrúpulo de continuar sua vida ordinariamente? Haveria alguma cobrança de seus pares? Sentir-se-ia confortável em visitar o Brasil?

Mesmo que a pessoa hipotética seja desprovida de compaixão e exclusivamente direcionada a seus interesses pessoais, é improvável que a situação não propicie alguma adesão ao modelo não compulsório de pagamento, mesmo que motivado exclusivamente pela preservação da imagem, da cobrança de familiares etc. As ações populares e voluntárias que criaram a figura do "esculacho" junto a autoridades e empresários representam um exemplo.[19]

7 O constrangimento como nova fórmula de imperatividade fiscal

O tema do constrangimento é desenvolvido pelas ciências humanas, mas pouco avaliado no âmbito do direito. O sentimento de vergonha perante terceiros pode ser avassalador e ter resultados dramáticos. A evidência de estratagemas para a evasão da tributação, especialmente quando publicizados, é potencialmente destruidora de reputações, famílias e vidas.

Veja-se, por exemplo, o estudo produzido por Doni Gewirtzman, em que se identificou que as emoções são capazes de conduzir a determinado comportamento com maior êxito do que as medidas tradicionais coercitivas estatais. Com efeito, "a vergonha e a culpa impõem custos psicológicos a desvirtuamentos cometidos por cada pessoa contra o compromisso coletivo, independentemente se outros seguem o comportamento coletivo ou não".[20]

No entanto, é possível uma diferenciação de graus de constrangimento. Assim como uma penhora de imóvel é um elemento claramente constrangedor para seu proprietário – e facilmente identificado por meio de certidão pública –, a exposição de aspectos da vida privada da pessoa pode resultar em danos severos e, mesmo, em problemas psiquiátricos graves. Na clássica analogia entre o remédio e o veneno, a diferença frequentemente reside na dosagem.

É possível que as ideias aqui desenvolvidas sejam potencialmente qualificadas como liberticidas ou mesmo reflexo de ideias da "esquerda radical". Em verdade, como

---

[18] A título de exemplo, tem-se a lista elaborada pela *Forbes*: LAFRANCO, Rob; CHUNG, Grace; PETERSON-WITHORN; Chase. *Forbes World's Billionaires List*: The Richest in 2024. Disponível em: https://www.forbes.com/billionaires/. Acesso em: 22 jun. 2024.

[19] Sobre o tema, ver: CONFIRA as matérias sobre o esculacho da FIESP e do Itaú. *Frente de Esculacho Popular*, São Paulo, 15 abr. 2014. Disponível em: https://frentedeesculachopopular.milharal.org/. Acesso em: 23 jun. 2024.

[20] GEWIRTZMAN, Doni. Our Founding Feelings: Emotion, Commitment, and Imagination in Constitutional Culture. *University of Richmond Law Review*, Virgínia, v. 43, n. 2, 2009. Disponível em: https://scholarship.richmond.edu/cgi/viewcontent.cgi?article=2780&context=lawreview. Acesso em: 24 jun. 2024.

exposto, o papel do Estado é bastante limitado, sendo, meramente, responsável pela edificação de um marco normativo que possa produzir segurança jurídica na qualificação da fortuna e das expectativas das receitas daí derivadas.

Noto que nem sequer a receita obtida deva ser direcionada ao Poder Público, na clássica forma de receita estatal derivada. Em tese, o adimplemento voluntário do detentor da fortuna poderia ser voltado a entidades privadas ou grupo de pessoas, mediante o controle social da real destinação, em mecanismo de parafiscalidade do século XXI. As mesmas entidades privadas que são capazes de identificar os titulares das fortunas passíveis de tributação seguramente terão meios de identificar eventuais fraudes na destinação de recursos.

Ironicamente, a dinâmica sugerida insere-se muito mais em um pensamento usualmente categorizado como de "direita", ou seja, secundando o Estado na execução da tarefa fundamental na redução das desigualdades sociais. Ao mesmo tempo, supera-se um obstáculo regularmente referido quanto a novos tributos: a ineficiência e mesmo desonestidade estatal na sua gestão.

É certo que algum grau de privacidade tende a se perder – não muito diferente dos dias de hoje, em que agentes privados conseguem identificar os detentores de fortunas e respectivos montantes – mas a realidade impõe alguma restrição. Afinal, como já exposto, toda a teoria contemporânea de direitos humanos admite restrições em prol de uma existência coletiva pacífica, humana e justa.

Os teóricos da liberdade, em um contexto de claro agravamento das relações sociais, não podem portar-se como vestais em uma casa de tolerância. A hora é marcada pela necessidade de novas medidas que permitam que o descontentamento social não seja naturalmente direcionado para o conflito, o crime, a guerra. É fundamental que o sentimento existente seja obliterado pela visualização dos controles privados em torno dos detentores de fortunas e a cobrança social por justiça.

8 O papel do Estado na nova modalidade

A dinâmica aqui sucintamente apresentada não implica o afastamento completo do Poder Público. Afinal, ele é o destinatário potencial da receita obtida, de forma parcial ou total. A ideia, do ponto de vista estritamente financeiro, é que as receitas obtidas pelo Estado sejam tratadas como receitas públicas derivadas, da mesma forma que tributos ordinários, viabilizando a realização das despesas orçamentárias.

Sem embargo, como exposto, parece-nos razoável que entidades privadas sejam autorizadas a receber os respectivos valores. Não soa irrazoável pessoas que afirmam desconfiar da competência e destinação dos recursos públicos escassos. Dentro da premissa de que o convencimento pela utilização adequada dos recursos e controle social são as ferramentas da nova parafiscalidade, entidades privadas devem ser admitidas.

Na perspectiva aqui apresentada, todavia, ainda caberia ao Estado, por meio do parlamento, estabelecer alguns parâmetros de configuração de uma típica hipótese de incidência tributária, mediante identificação dos aspectos clássicos da relação jurídico-tributária, incluindo o conceito de grande fortuna, sujeitos passivos, períodos de recolhimento etc.

A mudança paradigmática é dividida em dois momentos. Em primeiro lugar, a legislação não trará consequências pela ausência de recolhimento. Por exemplo, poderá a lei local atribuir que todos os nacionais e residentes no país com patrimônio global acumulado de mais de R$50.000.000,00 (cinquenta milhões de reais) são considerados detentores de grande fortuna, cabendo verter aos cofres públicos determinada quantia a cada milhão excedente ou percentual do monte.

Não havendo sanção alguma pela inadimplência, ensina-nos a hermenêutica jurídica clássica que a "imposição" é, na verdade, mera recomendação, no estilo da *lex imperfecta* dos romanos. Neste ponto entra o segundo momento, que é a divulgação limitada dos contribuintes que efetuam os pagamentos nos termos da lei, em uma espécie de certidão de regularidade fiscal junto à sociedade.

A sociedade, por meio de entidades privadas de análise de patrimônio – potencialmente mais efetivas que os órgãos estatais –, terá condição de verificar os prováveis detentores de grandes fortunas no Brasil e se seus respectivos nomes surgem como contribuintes.

A utilização de agentes privados no mapeamento das grandes fortunas é fundamental. Na atual sistemática dos fiscos, a análise é amplamente comprometida pela diluição de patrimônio de formas variadas, incluindo sociedades localizadas em outros países e a ausência informações completas de real valor de mercado. As análises privadas, como as tradicionalmente recorrentes em pesquisas especializadas, são dotadas de maior acurácia e capazes de propiciar um aspecto central do presente modelo: o constrangimento.

9 Conclusão

A ousadia deste singelo texto é enorme. Busca-se a superação de vários paradigmas do direito tributário e, ainda, medidas que podem gerar um efeito rebote e mitigar ainda mais as possibilidades de êxito de uma tributação sobre grandes fortunas. Inegável a existência de riscos. No entanto, parece igualmente evidente a falência do arquétipo clássico de tributação no contexto do imposto sobre grandes fortunas.

Talvez, em algum momento futuro e remoto da sociedade humana, haja limites claros e admitidos para fins de acumulação de fortunas, os quais serão criados e observados por pessoas que coabitam nossa "aldeia global" e compreendam a necessidade dos referidos limites. Mas essa perspectiva é absolutamente contrária à que se observa no Brasil e no mundo.

O modelo aqui proposto, provisoriamente, sugere o constrangimento social como remédio – amargo – para uma recuperação célere da saúde de nossa sociedade, antes que seja tarde. De forma alguma, busca-se a expropriação de fortunas, mas, ao revés, que o adimplemento seja voluntário e direcionado pelo controle social, de forma conjugada com marcos normativos fixados pelo Poder Público.

Novamente, a proposta é peculiar e contraria as premissas usuais da tributação nacional. É natural que enfrente diversas dificuldades que não foram aqui enfrentadas, propositadamente, ou que não foram sequer inferidas pelo autor. Mas, afinal, o que custa tentar?

Referências

BRASIL. Instituto de Pesquisa Econômica e Aplicada – IPEA. Seminário do T20 discutiu o imposto mínimo global e a tributação da riqueza internacional. *Comunicação Ipea,* 15 abr. 2024. Disponível em: https://www.ipea.gov.br/portal/categorias/45-todas-as-noticias/noticias/15010-seminario-do-t20-discutiu-o-imposto-minimo-global-e-a-tributacao-da-riqueza-internacional-2. Acesso em: 15 jun. 2024.

CARVALHO, Pedro Humberto Bruno de. *As discussões sobre a Regulamentação do Imposto sobre Grandes Fortunas.* Instituto de Pesquisa Econômica e Aplicada – Ipea: Nota Técnica de outubro de 2011. Rio de Janeiro: Ipea, 2011. Disponível em: https://repositorio.ipea.gov.br/bitstream/11058/5755/1/NT_n07_Discussoes-regulamentacao-imposto_Dinte_2011-out.pdf. Acesso em: 22 jun. 2024.

CONFIRA as matérias sobre o esculacho da FIESP e do Itaú. *Frente de Esculacho Popular,* São Paulo, 15 abr. 2014. Disponível em: https://frentedeesculachopopular.milharal.org/. Acesso em: 23 jun. 2024.

DOLLINGER, Jacob. *The Case for Closing the UN*: International Human Rights – A Study in Hipocrisy. Jerusalém, Israel: Gefen Publishing House, 2016.

GEWIRTZMAN, Doni. Our Founding Feelings: Emotion, Commitment, and Imagination in Constitutional Culture. *University of Richmond Law Review,* Virgínia, v. 43, n. 2, 2009. Disponível em: https://scholarship.richmond.edu/cgi/viewcontent.cgi?article=2780&context=lawreview. Acesso em: 24 jun. 2024.

IBRAHIM, Fábio Zambitte. *A previdência social no Estado contemporâneo*: fundamentos, financiamento e regulação. Niterói: Impetus, 2011.

LAFRANCO, Rob; CHUNG, Grace; PETERSON-WITHORN; Chase. *Forbes World's Billionaires List*: The Richest in 2024. Disponível em: https://www.forbes.com/billionaires/. Acesso em: 22 jun. 2024.

ORGANISATION FOR ECONOMIC CO-OPERATION AND DEVELOPMENT – OECD. *The Role and Design of Net Wealth in the OECD, OECD Tax Policy Studies, n. 26.* Paris: OECD Publishing, 2018.

PIKETTY, Thomas. *O capital no séc. XXI.* Rio de Janeiro: Intrínseca, 2014.

SCHOUERI, Luís Eduardo. *Normas tributárias indutoras e intervenção econômica.* Rio de Janeiro: Forense, 2005.

TORRES, Ricardo Lobo. *A ideia de liberdade no Estado patrimonial e no Estado fiscal.* Rio de Janeiro: Renovar, 1991.

TORRES, Ricardo Lobo. *Tratado de direito constitucional financeiro e tributário*: valores e princípios constitucionais tributários. 2. ed. Rio de Janeiro: Renovar, 2014. v. II.

WORLD INEQUALITY LAB. *World Inequality Report 2022.* Disponível em: https://wir2022.wid.world/. Acesso em: 20 jun. 2024.

Informação bibliográfica deste texto, conforme a NBR 6023:2018 da Associação Brasileira de Normas Técnicas (ABNT):

IBRAHIM, Fábio Zambitte. A tributação sobre grandes fortunas como encargo voluntário. *In*: PAULA, Fernanda de; PENCAK, Nina (coord.). *Tributação, liberdade e igualdade*: as contribuições do Ministro Luís Roberto Barroso. Belo Horizonte: Fórum, 2025. p. 449-459. ISBN 978-65-5518-952-0.

CONSTITUCIONALIDADE DA RETENÇÃO NA FONTE COMO TÉCNICA DE ARRECADAÇÃO DE TRIBUTOS: ADI Nº 3.141/DF

FELIPE MELO AMARO

1 Introdução

Para os estudantes de direito da minha geração, o Professor Luís Roberto Barroso é, sem dúvida nenhuma, uma das maiores referências no direito constitucional. A sua obra doutrinária era leitura obrigatória nos bancos de graduação da Faculdade de Direito da Universidade de São Paulo, sinal de respeito, admiração e deferência ao eminente constitucionalista da Universidade do Estado do Rio de Janeiro. A obra do Ministro Luís Roberto Barroso, agora em forma de seus brilhantes votos como Ministro do Supremo Tribunal Federal, continua influenciando a minha geração e certamente influenciará as gerações vindouras.

É por isso que recebi o convite das coordenadoras desta obra, Fernanda de Paula e Nina Pencak, com imensa honra e senso de responsabilidade. Homenagear o Professor e Ministro Luís Roberto Barroso é uma incumbência que alegra e aflige o responsável. A missão é inegavelmente complexa, e reproduzir o brilhantismo do homenageado é uma tarefa com pouca chance de sucesso. De toda forma, para fazer jus a esse encargo, optei por analisar a ADI nº 3.141/DF, de relatoria do Ministro Luís Roberto Barroso, em que o Supremo Tribunal Federal reconheceu a constitucionalidade da retenção na fonte como técnica de arrecadação de tributos. A escolha desse tópico, tão caro ao direito tributário, está alinhada ao contexto maior da presente obra, intitulada *Contribuições do Ministro Luís Roberto Barroso para o direito tributário e para as finanças públicas*. Aliás, do ponto de vista da tradição de livros jurídicos no país, é interessante perceber que esta homenagem em geral, e o tema deste texto em particular, com enfoque no direito tributário, seguem a tradição das *Festschrift*, ou literalmente "escritos festivos".[1]

---

[1] SCHOUERI, Luís Eduardo. *Direito tributário*: homenagem a Paulo de Barros Carvalho. São Paulo: Quartier Latin, 2008. p. 17.

As coletâneas em homenagem aos juristas, no Brasil, surgiram com obras dedicadas aos grandes mestres do direito tributário.[2] Assim, em uma feliz coincidência, por meio dessa obra, a tradição jurídica brasileira e os tributaristas prestam a merecida homenagem ao Ministro Luís Roberto Barroso.

A retenção na fonte, enquanto técnica de arrecadação tributos, está prevista expressamente no art. 45, parágrafo único, do Código Tributário Nacional (CTN), que trata do imposto sobre a renda. Apesar de o dispositivo não ser novo, ainda pairam dúvidas sobre a sua interpretação. Nesse sentido, há discussão sobre a própria natureza jurídica do dever de retenção na fonte e do recolhimento do imposto de renda na fonte. Por um lado, não há dúvida de que, quando a fonte efetua a retenção e o recolhimento do imposto, há o cumprimento de uma obrigação tributária principal. A dúvida surge, todavia, na identificação do sujeito passivo dessa obrigação tributária. Para alguns, a fonte pagadora atua na qualidade de responsável tributário, cumprindo obrigação tributária própria.[3] Para outros, a fonte pagadora exerce o papel de agente de retenção, exercendo atividade de natureza administrativa[4] que em muito se assemelharia a uma obrigação tributária acessória.

O interesse da doutrina pelo tema não é recente. Desde antes da introdução do CTN, a doutrina brasileira apresenta posicionamento divergente sobre a retenção na fonte.[5] Para alguns, a retenção na fonte ora é vista como função administrativa, na modalidade substituição tributária; para outros, a retenção na fonte era técnica de arrecadação de imposto. Introduzido em 1966, o CTN reformulou a sistemática da sujeição passiva tributária no direito brasileiro, superando os paradigmas então existentes.[6] De forma minuciosa e por vezes confusa,[7] o CTN oferece conceito legal de "sujeito passivo tributário", "contribuinte" e "responsável",[8] além de dispor sobre as diversas hipóteses de responsabilidade de terceiros. Ainda existem figuras implícitas, com regime jurídico próprio, como a substituição.[9] Há também, como mencionado, o art. 45, parágrafo único, do CTN, que prevê a regra específica para a figura da retenção na fonte no imposto sobre a renda.

Todo esse emaranhado normativo, ao invés de solucionar o debate sobre a correta caracterização jurídica da retenção na fonte, tornou a matéria ainda mais controversa. De um lado, há autores que, enxergando na figura da fonte pagadora todos os requisitos dos arts. 121, II, e 128 do CTN, defendem sua caracterização como verdadeiro sujeito

---

[2] Há relatos de que a segunda coletânea publicada no Brasil, em 1984, intitulada *Direito tributário – Estudos em homenagem ao Prof. Ruy Barbosa Nogueira*, foi organizada por Brandão Machado em homenagem ao então catedrático de Direito Tributário da Faculdade de Direito da Universidade de São Paulo (NOGUEIRA, Ruy Barbosa. *Doutrina do Professor Ruy Barbosa Nogueira*: centenário de nascimento. São Paulo: IBDT, 2019. p. 48; ver também NOGUEIRA, Ruy Barbosa. *O surgimento e a evolução do ensino científico do direito tributário no Brasil*. [s.l.]: [s.n.], [s.d.]. p. 727-728).

[3] OLIVEIRA, Ricardo Mariz de. *Fundamentos do Imposto de Renda (2020)*. São Paulo: IBDT, 2020. v. 1. p. 598.

[4] SCHOUERI, Luís Eduardo. *Direito tributário*. 9. ed. São Paulo: Saraiva Educação, 2019. p. 571.

[5] OLIVEIRA, João Martins de. *Direito fiscal*: estudos doutrinários e anotações ao decreto-lei n. 960, de 17 de dezembro de 1938. Rio de Janeiro: Livraria Jacinto, 1943.

[6] BECHO, Renato Lopes. Sujeição passiva tributária: dos precursores do direito tributário brasileiro até a edição do CTN. *Revista de Direito Tributário*, São Paulo, v. 112. p. 73.

[7] PEIXOTO, Daniel Monteiro. *Responsabilidade tributária e os atos de formação, administração, reorganização e dissolução das sociedades*. São Paulo: Saraiva, 2012. p. 136.

[8] SCHOUERI, Luís Eduardo. *Direito tributário*. 8. ed. São Paulo: Saraiva Educação, 2018. p. 575-576.

[9] SCHOUERI, Luís Eduardo. *Direito tributário*. 9. ed. São Paulo: Saraiva Educação, 2019. p. 563.

passivo tributário.[10] De outro lado, alguns autores entendem que a fonte pagadora exerce o papel de agente de retenção, exercendo função administrativa, auxiliando a administração tributária – não sendo, pois, sujeito passivo da obrigação tributária principal.[11] Em posição intermediária, há aqueles que veem a retenção na fonte um dever instrumental, ou seja, uma obrigação tributária acessória.[12]

Na Ação Direta de Inconstitucionalidade nº 3.141/DF,[13] foi questionada a constitucionalidade da sistemática de retenção na fonte de tributos federais instituída pela Lei nº 10.833/2003. Os arts. 28, §§1º e 3º, incs. I a IV da norma estabelecem a retenção e recolhimento na fonte no imposto sobre a renda incidente sobre "rendimentos pagos em cumprimento de decisões da justiça do trabalho". Por sua vez, o art. 30, *caput*, estabeleceu a retenção na fonte de CSLL, PIS e Cofins para pagamentos efetuados a título de determinadas prestações de serviço entre pessoas jurídicas. No julgamento da referida ação direta, conforme voto condutor do Ministro Relator Luís Roberto Barroso, o Tribunal assentou a constitucionalidade da retenção na fonte enquanto técnica de arrecadação de tributos. Como se verá a seguir, o ministro relator entendeu pela desnecessidade de lei complementar para instituir a retenção na fonte, e refutou a caracterização da retenção na fonte como hipótese de sujeição passiva tributária.

Para fins do imposto de renda, a técnica da retenção na fonte é vista pelas próprias autoridades fiscais como um instrumento eficiente de arrecadação, que possibilita "normalizar o fluxo de arrecadação através do exercício financeiro, reduzindo, assim, os déficits de caixa acaso determinados pelas despesas de custeio".[14] É até mesmo possível dizer que a retenção na fonte, como técnica de arrecadação, foi essencial para a sobrevivência do imposto de renda. Na Inglaterra, foi a versão do imposto de renda instituída por Addignton, baseada na retenção na fonte, que consolidou o imposto de renda como instrumento de arrecadação tributária.[15] Vale notar que o fluxo financeiro do Estado também pode ser garantido por antecipações diversas, como o carnê-leão; o mérito da técnica da retenção na fonte é atribuir a terceiro, e não ao próprio contribuinte, o dever de recolhimento do imposto, concentrando em um menor número de pessoas o dever de recolher o tributo.[16]

Partindo do pressuposto de que a retenção na fonte é técnica de arrecadação com fundamento constitucional[17] e na lei complementar, este artigo analisará o acórdão proferido pelo Supremo Tribunal Federal na ADI nº 3.141/DF, que assentou a constitucionalidade da referida técnica, e investigará a correta classificação jurídica da

---

10 OLIVEIRA, Ricardo Mariz de. *Fundamentos do Imposto de Renda (2020)*. São Paulo: IBDT, 2020. v. 1. p. 598; FUNARO, Hugo. *Sujeição passiva indireta no direito tributário brasileiro*: as hipóteses de responsabilidade pelo crédito tributário previstas no Código Tributário Nacional. São Paulo: Quartier Latin/IBDT, 2013. v. 10. 197 p. (Série Doutrina Tributária). p. 79.

11 SCHOUERI, Luís Eduardo. *Direito tributário*. 9. ed. São Paulo: Saraiva Educação, 2019. p. 571.

12 TAKANO, Caio Augusto. *Limitações aos deveres instrumentais tributários (aplicação do art. 113, §2º do Código Tributário Nacional)*. Dissertação (Mestrado) – Universidade de São Paulo, 2015. p. 50.

13 STF, ADI 3.141/DF, Rel. Min. Luís Roberto Barroso. *DJe*, 8.2.2019.

14 BRASIL. Ministério da Fazenda. Comissão de Reforma. Fundação Getúlio Vargas. *Manual do Imposto de Renda na Fonte*. [s.l.]: [s.n.], dez. 1966. p. X.

15 GROSSFELD, Bernhard; BRYCE, James. A brief comparative history of the origins of the income tax in Great Britain, Germany and the United States. *The American Journal of Tax Policy*, v. 2, p. 211-251. p. 220.

16 TILBERY, Henry. Comentário aos arts. 43 a 45. *In*: MARTINS, Ives Gandra da Silva (Coord.). *Comentários ao Código Tributário Nacional*. 5. ed. São Paulo: Saraiva, 2008. v. 1. p. 394.

17 Constituição Federal, arts. 157 e 158.

fonte pagadora no direito brasileiro. Serão percorridas as seguintes etapas: na seção 2, a retenção na fonte será estudada a partir do seu confronto com a sujeição passiva tributária à luz do atual direito positivo. Na seção 3, será apresentada uma crítica ao posicionamento doutrinário exposto nos itens anteriores, que muitas vezes interpretam de forma insatisfatória o art. 45, parágrafo único, do CTN; em seguida, e após a análise da ADI nº 3.141/DF do Supremo Tribunal Federal, concluir-se-á pela caracterização do dever de retenção na fonte como obrigação tributária acessória e da fonte pagadora como agente de retenção. Por fim, a seção 4 será reservada para a breve conclusão.

2 Retenção na fonte e sujeição passiva tributária no Código Tributário Nacional

Com a introdução do CTN, em 1966, a temática da sujeição passiva tributária no direito tributário brasileiro ganhou novos contornos jurídicos.[18] Em seu art. 121,[19] o CTN define sujeito passivo da obrigação principal como "a pessoa obrigada ao pagamento de tributo ou penalidade pecuniária", distinguindo o contribuinte e o responsável. Contribuinte é aquele que tem relação pessoal e direta com a situação que constitua o fato gerador. É aquele que incorre no fato gerador, e por isso se diz que o aspecto material da hipótese de incidência muitas vezes revelará o contribuinte possível.[20] Por imposição constitucional, contribuinte do imposto de renda é aquele que aufere renda – é aquele que manifesta capacidade contributiva.[21]

Por sua vez, a figura do responsável tributário é mais complexa, englobando diferentes institutos com regimes jurídicos diversos.[22] O CTN conceitua responsável por exclusão – é aquele que não é contribuinte – e afirma que a sua obrigação decorre de disposição expressa de lei. Regulada nos arts. 128 a 138 do CTN, em capítulo posterior ao da sujeição passiva tributária, a responsabilidade tributária não deixa de ser elemento desta.[23] De modo geral, Renato Becho indica que, para ser contribuinte, a pessoa deve realizar o fato imponível; entretanto, o responsável "é indicado pela lei sem que tenha realizado o acontecimento no mundo físico ou no mundo jurídico que fez nascer a obrigação tributária".[24] Não obstante, não é livre a escolha do responsável tributário

---

[18] BECHO, Renato Lopes. Sujeição passiva tributária: dos precursores do direito tributário brasileiro até a edição do CTN. *Revista de Direito Tributário*, São Paulo, v. 112. p. 70.

[19] "Art. 121. Sujeito passivo da obrigação principal é a pessoa obrigada ao pagamento de tributo ou penalidade pecuniária. Parágrafo único. O sujeito passivo da obrigação principal diz-se: I - contribuinte, quando tenha relação pessoal e direta com a situação que constitua o respectivo fato gerador; II - responsável, quando, sem revestir a condição de contribuinte, sua obrigação decorra de disposição expressa de lei".

[20] SCHOUERI, Luís Eduardo. *Direito tributário*. 8. ed. São Paulo: Saraiva Educação, 2018. p. 568.

[21] Renato Lopes Becho também evidencia a importância da capacidade contributiva, afirmando que o "contribuinte precisa ter condição econômica para sustentar o ônus fiscal, conforme o comando constitucional (CF, art. 145, 1º)" V. BECHO, Renato Lopes. *Responsabilidade tributária de terceiros*: CTN, arts. 134 e 135. São Paulo: Saraiva, 2014. p. 39.

[22] Conforme Schoueri, "(o) estudo dos dispositivos acerca da última categoria revela que, na verdade, sob tal rubrica apresentam-se figuras diversas, com regimes jurídicos próprios". V. SCHOUERI, Luís Eduardo. *Direito tributário*. 8. ed. São Paulo: Saraiva Educação, 2018. p. 575-576.

[23] BECHO, Renato Lopes. *Responsabilidade tributária de terceiros*: CTN, arts. 134 e 135. São Paulo: Saraiva, 2014. p. 33.

[24] BECHO, Renato Lopes. A responsabilização tributária de grupo econômico. *Revista Dialética de Direito Tributário*, São Paulo, n. 221, 2014. p. 133.

pelo legislador. O art. 128 do CTN é categórico ao estabelecer que essa terceira pessoa deverá ser vinculada ao fato gerador.[25]

Além das disposições gerais de sujeição passiva tributária, o CTN possui previsão específica para o imposto de renda, no seu art. 45, parágrafo único.[26] Com efeito, conforme tal dispositivo, a "lei pode atribuir à fonte pagadora da renda ou dos proventos tributáveis a condição de responsável pelo imposto cuja retenção e recolhimento lhe caibam". Na introdução deste artigo, mencionou-se que a doutrina brasileira apresenta os mais variados posicionamentos sobre o enquadramento jurídico da figura da "fonte pagadora" no imposto sobre a renda. A seguir, tais entendimentos serão abordados.

Para boa parte da doutrina, a fonte pagadora assume papel de sujeito passivo da obrigação tributária, pois se reveste de todos os atributos dos arts. 121, II (condição de responsável decorrente de lei) e do art. 128 (a fonte pagadora está, afinal, vinculada ao fato gerador) do CTN. Nesse contexto, Ricardo Mariz de Oliveira é categórico ao afirmar ser "um grave erro dizer que a fonte não passa de um agente de arrecadação".[27] Para o autor, a retenção na fonte é hipótese de sujeição passiva, verdadeira responsabilidade tributária por substituição, com exclusão da responsabilidade do contribuinte.[28] Hugo Funaro apresenta posicionamento semelhante, afirmando que "a responsabilidade é por substituição, pois a fonte integra desde logo o polo passivo da obrigação tributária".[29]

Em análise específica do parágrafo único, do art. 45, Mariz de Oliveira defende que esse artigo confere à fonte pagadora o "poder-direito" de efetuar a retenção, e impõe a obrigação do recolhimento.[30] Essa multiplicidade de situações jurídicas decorreria exclusivamente da condição da fonte de responsável tributário por substituição. Para Mariz de Oliveira, "a condição de responsável da fonte é pelo imposto cuja retenção é direito dela e cujo recolhimento é sua obrigação".[31] O autor expressamente refuta o entendimento de quem enxerga a retenção como uma obrigação, ou um dever, da fonte; para Mariz de Oliveira, existe na verdade um "poder-direito" de retenção, o que leva o autor a questionar norma que impõe sanção para o caso de descumprimento do direito de retenção.[32]

Interessante é a construção de Renato Vilela Faria, que desenvolveu estudo específico sobre a retenção na fonte no imposto sobre a renda.[33] O autor afasta a caracterização da atividade realizada pela fonte pagadora como obrigação acessória, como defendido por alguns, pois alega que, em determinados casos, a atividade da fonte pode ter por objeto o pagamento de tributo, ou seja, trata-se de obrigação tributária

---

[25] SCHOUERI, Luís Eduardo. *Direito tributário*. 8. ed. São Paulo: Saraiva Educação, 2018. p. 577.

[26] "Art. 45. Contribuinte do imposto é o titular da disponibilidade a que se refere o artigo 43, sem prejuízo de atribuir a lei essa condição ao possuidor, a qualquer título, dos bens produtores de renda ou dos proventos tributáveis. Parágrafo único. A lei pode atribuir à fonte pagadora da renda ou dos proventos tributáveis a condição de responsável pelo imposto cuja retenção e recolhimento lhe caibam".

[27] OLIVEIRA, Ricardo Mariz de. *Fundamentos do Imposto de Renda (2020)*. São Paulo: IBDT, 2020. v. 1. p. 598.

[28] OLIVEIRA, Ricardo Mariz de. *Fundamentos do Imposto de Renda (2020)*. São Paulo: IBDT, 2020. v. 1. p. 598.

[29] FUNARO, Hugo. *Sujeição passiva indireta no direito tributário brasileiro*: as hipóteses de responsabilidade pelo crédito tributário previstas no Código Tributário Nacional. São Paulo: Quartier Latin/IBDT, 2013. v. 10. 197 p. (Série Doutrina Tributária). p. 79.

[30] OLIVEIRA, Ricardo Mariz de. *Fundamentos do Imposto de Renda (2020)*. São Paulo: IBDT, 2020. v. 1. p. 603.

[31] OLIVEIRA, Ricardo Mariz de. *Fundamentos do Imposto de Renda (2020)*. São Paulo: IBDT, 2020. v. 1. p. 603.

[32] OLIVEIRA, Ricardo Mariz de. *Fundamentos do Imposto de Renda (2020)*. São Paulo: IBDT, 2020. v. 1. p. 603.

[33] FARIA, Renato Vilela. *Natureza jurídica da retenção na fonte do imposto sobre a renda*. Dissertação (Mestrado) – Universidade de São Paulo, 2012.

principal, a teor do art. 113, §1º, do CTN.[34] Para Renato Vilela Faria, do ponto de vista jurídico, a fonte pagadora poderá assumir diferentes figuras, dependendo do regime de tributação aplicado ao rendimento pago ao beneficiário.[35]

Nesse contexto, Renato Vilela Faria defende que, no caso de retenção na fonte a título de antecipação do imposto devido, é possível dizer que a fonte pagadora assume o papel de agente de retenção, exercendo função administrativa. O valor retido e recolhido é mera antecipação do imposto de renda que será devido ao final do período de apuração; por isso, nesses casos, o autor entende que o fato gerador do imposto "ainda não se aperfeiçoou", de forma que a figura do agente de retenção "surge em situações que não houve o nascimento da obrigação tributária".[36]

Para Renato Vilela, no entanto, os casos de imposto de renda incidente exclusivamente na fonte representam situações em que a fonte pagadora assume o papel de substituto tributário.[37] O autor explica que a tributação exclusivamente na fonte é justificada por motivos de política fiscal, tendo em vista o tratamento tributário diferenciado de certos tipos de rendimentos, como os ganhos de capital e rendimentos financeiros.[38] Para Renato Vilela, a tributação de forma exclusiva e a consequente não submissão de tais rendas à tributação de forma consolidada em momento posterior revelaria "um aperfeiçoamento completo do fato gerador", que incide independentemente da sua comparação com rendas e despesas auferidas e incorridas pelo contribuinte. O fato gerador, assim, seria "instantâneo", e "o imposto é definitivo".[39]

Conquanto relevante, a posição de Mariz de Oliveira merece críticas, a começar pela própria interpretação que faz do art. 45, parágrafo único. Em primeiro lugar, cumpre apontar que não é porque a fonte pagadora possui todos os atributos dos arts. 121 e 128 que ela necessariamente será responsável tributária. Conforme será explicado no item 4, a correta interpretação do art. 45, parágrafo único, do CTN, revela que tal artigo não institui hipótese específica de sujeição passiva tributária, mas sim autoriza, de forma implícita, a utilização da retenção na fonte como técnica de arrecadação para o imposto de renda. A posição de Renato Vilela parece ser mais consistente, e tem o mérito de investigar o tipo de tributação sujeita à retenção na fonte (antecipação ou exclusiva) para fins de determinar a natureza jurídica do instituto. Essa distinção parece relevante, notadamente para fins do imposto de renda.

No direito tributário brasileiro, foi Brandão Machado quem defendeu de forma categórica a natureza de função administrativa auxiliar da retenção na fonte. Em estudo sobre o assunto, Brandão Machado reconstrói o conceito de substituição tributária,

---

34 FARIA, Renato Vilela. *Natureza jurídica da retenção na fonte do imposto sobre a renda*. Dissertação (Mestrado) – Universidade de São Paulo, 2012. p. 117-118.

35 FARIA, Renato Vilela. *Natureza jurídica da retenção na fonte do imposto sobre a renda*. Dissertação (Mestrado) – Universidade de São Paulo, 2012. p. 272.

36 FARIA, Renato Vilela. *Natureza jurídica da retenção na fonte do imposto sobre a renda*. Dissertação (Mestrado) – Universidade de São Paulo, 2012. p. 278.

37 FARIA, Renato Vilela. *Natureza jurídica da retenção na fonte do imposto sobre a renda*. Dissertação (Mestrado) – Universidade de São Paulo, 2012. p. 280.

38 FARIA, Renato Vilela. *Natureza jurídica da retenção na fonte do imposto sobre a renda*. Dissertação (Mestrado) – Universidade de São Paulo, 2012. p. 280.

39 FARIA, Renato Vilela. *Natureza jurídica da retenção na fonte do imposto sobre a renda*. Dissertação (Mestrado) – Universidade de São Paulo, 2012. p. 280.

encontrando sua origem no direito tributário suíço, na obra de Ernst Blumenstein.[40] Para Brandão Machado, foi o autor suíço quem primeiro definiu o conceito de substituto tributário como "o devedor do imposto que assume originária e diretamente a posição de sujeito passivo em lugar de quem causou ou provocou a ocorrência do fato gerador".[41]

Uma vez dado o conceito de substituição tributária, Blumenstein o exemplifica com o caso do imposto do selo, devido normalmente por aquele que emite a letra de câmbio; mas, no caso de título emitido no exterior, "a lei impõe a obrigação de pegar o imposto ao aceitante domiciliado no território suíço, o qual assume então o lugar de substituto", como menciona Brandão Machado.[42] Outro exemplo de substituição tributária, para Blumenstein, é o caso do pai que deve pagar o imposto devido pelo filho que auferiu renda. É assim que Brandão Machado, com apoio nas lições de Blumenstein, conclui que a retenção na fonte no imposto sobre a renda consiste em função administrativa exercida por força de lei. O indivíduo responsável pela retenção não atua como sujeito passivo, nem mesmo na condição de substituto tributário; para Brandão Machado, há mera obrigação de fazer, e não de dar.[43]

De fato, conforme lembrado por Schoueri,[44] foi Brandão Machado, mais uma vez, que demonstrou que A. C. Giannini empregou o conceito de substituto tributário de Blumenstein, mas não se valeu dos mesmos exemplos, incluindo a retenção na fonte como hipótese de substituição. É por isso que Brandão Machado afirma que, "contrastando com a lição de Blumenstein, na qual se apoiou, Giannini concebeu que a fonte pagadora de rendimento, quando descontava imposto devido pelo beneficiário, assumia a posição de sujeito passivo substituto".[45]

É também Brandão Machado que lembra que o próprio ordenamento jurídico brasileiro considera a fonte pagadora como depositário de valores retidos recebidos ou descontados de terceiro e que devem ser destinados aos cofres públicos, conforme previsão do art. 2º, §2º, do Decreto-Lei nº 1.060/1969, com a redação dada pelo Decreto-Lei nº 1.104, de 1970.[46] Na realidade, para o autor, tal previsão legal é o "argumento mais convincente" para a caracterização da fonte pagadora como agente de retenção que exerce função auxiliar da administração.[47] Com base nisso, Brandão Machado conclui

---

40 MACHADO, Brandão. Adicional do Imposto de Renda dos Estados. *Repertório IOB de Jurisprudência*, 2ª quinz. set. 1989. p. 294.

41 MACHADO, Brandão. Adicional do Imposto de Renda dos Estados. *Repertório IOB de Jurisprudência*, 2ª quinz. set. 1989. p. 294.

42 MACHADO, Brandão. Adicional do Imposto de Renda dos Estados. *Repertório IOB de Jurisprudência*, 2ª quinz. set. 1989. p. 294.

43 MACHADO, Brandão. Adicional do Imposto de Renda dos Estados. *Repertório IOB de Jurisprudência*, 2ª quinz. set. 1989. p. 294.

44 SCHOUERI, Luís Eduardo. *Direito tributário*. 9. ed. São Paulo: Saraiva Educação, 2019. p. 570.

45 MACHADO, Brandão. Adicional do Imposto de Renda dos Estados. *Repertório IOB de Jurisprudência*, 2ª quinz. set. 1989. p. 293.

46 "Art. 2º Incluem-se entre as relações de qualquer natureza, de que trata o artigo 1º do Ato Complementar nº 42, de 27 de janeiro de 1969, as obrigações de caráter tributário, e as consistentes no recolhimento à Fazenda Pública de valôres arrecadados de terceiros, para êsse fim, e na declaração ao Banco Central do Brasil de bens, dinheiro ou valôres a que se refere o artigo anterior. §1º Consideram-se produto de enriquecimento ilícito os bens não declarados ou omitidos na declaração ao Banco Central do Brasil na forma do artigo anterior. (Renumerado pelo Decreto-Lei nº 1.104, de 1970) §2º Considera-se depositário, para todos os efeitos, aquêle que detenha, por fôrça de lei, valor correspondente a tributos descontados ou recebidos de terceiros, com a obrigação de os recolher aos cofres da Fazenda Nacional. (Incluído pelo Decreto-Lei nº 1.104, de 1970)".

47 MACHADO, Brandão. Adicional do Imposto de Renda dos Estados. *Repertório IOB de Jurisprudência*, 2ª quinz. set. 1989. p. 293.

de forma a sugerir que o dever de retenção é, na verdade, obrigação acessória, pois a "obrigação tributária se caracteriza, assim, como acessória, apenas como obrigação de fazer".[48]

Luís Eduardo Schoueri, apoiado na lição de Brandão Machado, também entende que a fonte não exerce o papel de substituto tributário. Para o autor, a fonte pagadora atua como agente de retenção, agindo de acordo com o disposto na lei.[49] Luís Eduardo Schoueri ainda desenvolve seu argumento, lembrando que, caso a fonte deixe de efetuar a retenção, daí, sim, irá assumir o papel de responsável tributário, uma vez que a legislação brasileira prevê que a fonte será responsável pelo imposto incidente sobre o montante pago ao beneficiário (considerado como valor líquido do imposto).[50]

Luís Eduardo Schoueri, ainda, menciona dois argumentos levantados por Brandão Machado para defender a posição da fonte pagadora como agente de retenção.[51] O primeiro consiste na hipótese de "retenção direta", que, no direito brasileiro, tem previsão constitucional. Os arts. 157 e 158 da Constituição atribuem aos estados e municípios o imposto de renda retido na fonte sobre determinados pagamentos. Nessa situação, caso o ente público fosse considerado substituto tributário do beneficiário do rendimento, "ter-se-ia de admitir que o sujeito passivo e o sujeito ativo se confundem na mesma pessoa", conforma conclui Brandão Machado.[52]

O outro argumento é de natureza criminal. Luís Eduardo Schoueri e Brandão Machado defendem que, conforme o direito penal brasileiro, a fonte pagadora que efetua a retenção do valor devido, mas não procede ao recolhimento do imposto, incorre no crime conhecido como apropriação indébita.[53] O que é relevante para a argumentação dos autores é que, para que essa conduta seja enquadrada no tipo penal, é fundamental que o montante que foi indevidamente apropriado seja da titularidade de outra pessoa. A apropriação indébita, como crime, não inclui a apropriação de uma obrigação devida em nome próprio.[54]

Vale a pena mencionar, também, o entendimento de Paulo de Barros Carvalho, que entende pela caracterização da fonte pagadora como espécie de auxiliar da administração tributária.[55] O autor lembra que o conteúdo da obrigação da fonte pagadora não é pecuniário; o seu patrimônio não é afetado pela obrigação de retenção e recolhimento, de forma que "a quantia entregue deve sair do patrimônio do sujeito passivo. Do contrário, não teremos tributo, mas outro tipo de relação jurídica".[56] Interessante também é o posicionamento de Caio Takano, que enxerga na retenção na fonte uma

---

[48] MACHADO, Brandão. Adicional do Imposto de Renda dos Estados. *Repertório IOB de Jurisprudência*, 2ª quinz. set. 1989. p. 292.

[49] SCHOUERI, Luís Eduardo. *Direito tributário*. 9. ed. São Paulo: Saraiva Educação, 2019. p. 571.

[50] SCHOUERI, Luís Eduardo. *Direito tributário*. 9. ed. São Paulo: Saraiva Educação, 2019. p. 571.

[51] SCHOUERI, Luís Eduardo. *Direito tributário*. 9. ed. São Paulo: Saraiva Educação, 2019. p. 571.

[52] MACHADO, Brandão. Adicional do Imposto de Renda dos Estados. *Repertório IOB de Jurisprudência*, 2ª quinz. set. 1989. p. 292.

[53] MACHADO, Brandão. Adicional do Imposto de Renda dos Estados. *Repertório IOB de Jurisprudência*, 2ª quinz. set. 1989. p. 291.

[54] SCHOUERI, Luís Eduardo. *Direito tributário*. 9. ed. São Paulo: Saraiva Educação, 2019. p. 830.

[55] FARIA, Renato Vilela. *Natureza jurídica da retenção na fonte do imposto sobre a renda*. Dissertação (Mestrado) – Universidade de São Paulo, 2012. p. 227.

[56] CARVALHO, Paulo de Barros. *Teoria da norma tributária*. São Paulo, 1998, p. 89, nota 48 *apud* FARIA, Renato Vilela. *Natureza jurídica da retenção na fonte do imposto sobre a renda*. Dissertação (Mestrado) – Universidade de São Paulo, 2012. p. 227.

verdade obrigação acessória, ou dever instrumental, em virtude da natureza não patrimonial desse dever.[57]

Mais recentemente, Bruno Cesar Fettermann Nogueira dos Santos investigou o regime jurídico da fonte pagadora enquanto agente de arrecadação.[58] O autor, ancorado nos posicionamentos de Brandão Machado e Luís Eduardo Schoueri e com fundamento no direito administrativo, sustenta que a fonte pagadora se qualifica como *particular em colaboração com a administração pública*, ou seja, particular ao qual foi transferida uma função administrativa de uma entidade pública. Dentro desse gênero, bastante amplo e que contém pessoas sujeitas a regime jurídico distinto, Bruno Fetterman sustenta que os agentes de retenção se enquadram na espécie *requisitados*, a semelhança dos jurados e mesários. Tal categoria "detém o múnus público para desempenho de uma determinada função estatal", de sorte que "o particular está submetido ao poder de sujeição do Estado em face do cidadão".[59] Exercem prerrogativa de poder público, a qual permite invadir a esfera privada de outros cidadãos, e atividade-meio da Administração Pública, auxiliar à atividade-fim, que é a própria atividade tributária.[60]

Como consequência dessa classificação, Bruno Fetterman conclui que os agentes de arrecadação não são responsáveis tributários, e que sua obrigação de retenção e recolhimento é um dever administrativo, podendo configurar uma obrigação acessória. Por isso, o autor entende que a técnica da retenção na fonte pode ser criada pela "legislação tributária" prevista no CTN. [61] Por fim, para o autor, há situações em que a fonte pagadora atuará no regime de substituição tributária: nos casos em que a lei atribui à fonte, em caráter exclusivo, o dever de retenção e recolhimento do imposto sobre a renda. Para Bruno Fetterman, nesses casos "a responsabilidade tributária recairá na fonte pagadora desde o momento do fato gerador e exclusivamente sobre ela", de sorte que "a dívida é da fonte pagadora e o impacto patrimonial" também.[62] Esse entendimento é, como visto, similar à posição de Renato Vilella, acima mencionado.

3 Da retenção na fonte como dever instrumental

Dentre os argumentos levantados por Brandão Machado para a caracterização da função da fonte pagadora como agente de retenção, o autor mencionou o fato de

---

[57] TAKANO, Caio Augusto. *Limitações aos deveres instrumentais tributários (aplicação do art. 113, §2º do Código Tributário Nacional)*. Dissertação (Mestrado) – Universidade de São Paulo, 2015. p. 50.

[58] SANTOS, Bruno Cesar Fettermann Nogueira dos. A natureza jurídica da fonte pagadora no imposto de renda na fonte e seu regime jurídico. *Revista Direito Tributário Atual*, São Paulo, ano 41, n. 55, p. 73-104, 3º quadrim. 2023.

[59] SANTOS, Bruno Cesar Fettermann Nogueira dos. A natureza jurídica da fonte pagadora no imposto de renda na fonte e seu regime jurídico. *Revista Direito Tributário Atual*, São Paulo, ano 41, n. 55, p. 73-104, 3º quadrim. 2023. p. 90.

[60] SANTOS, Bruno Cesar Fettermann Nogueira dos. A natureza jurídica da fonte pagadora no imposto de renda na fonte e seu regime jurídico. *Revista Direito Tributário Atual*, São Paulo, ano 41, n. 55, p. 73-104, 3º quadrim. 2023. p. 91.

[61] SANTOS, Bruno Cesar Fettermann Nogueira dos. A natureza jurídica da fonte pagadora no imposto de renda na fonte e seu regime jurídico. *Revista Direito Tributário Atual*, São Paulo, ano 41, n. 55, p. 73-104, 3º quadrim. 2023. p. 100.

[62] SANTOS, Bruno Cesar Fettermann Nogueira dos. A natureza jurídica da fonte pagadora no imposto de renda na fonte e seu regime jurídico. *Revista Direito Tributário Atual*, São Paulo, ano 41, n. 55, p. 73-104, 3º quadrim. 2023. p. 84.

o próprio ordenamento jurídico atribuir à fonte pagadora a condição de depositário – conforme art. 2º, §2º, do Decreto-Lei nº 1.060/1969, com a redação dada pelo Decreto-Lei nº 1.104, de 1970. O argumento é, de fato, extremamente relevante, e merece ser desenvolvido, especialmente tendo em vista a evolução da legislação e da jurisprudência sobre a matéria. Isto porque previsão idêntica foi introduzida já na vigência da Constituição Federal de 1988 (CF), através da Lei nº 8.866, de 11.4.1994,[63] a qual, em seu art. 12, expressamente revogou "as disposições em contrários", ou seja, o Decreto-Lei nº 1.060/69 com as alterações do Decreto-Lei nº 1.104/70.

Ao mesmo tempo em que conferiu o *status* de depositário para aquele que tem o dever de "reter ou receber de terceiro, e recolher aos cofres públicos, impostos, taxas e contribuições", a Lei nº 8.866/94 criou verdadeiro mecanismo de cobrança de créditos tributários baseada na figura do chamado depositário infiel, conceituado como "aquele que não entrega à Fazenda Pública o valor" referente à "obrigação de reter ou receber de terceiro, e recolher aos cofres públicos, impostos, taxas e contribuições, inclusive à Seguridade Social". Nos termos da lei, citado o réu e não recolhida nem depositada a importância devida em 15 dias, o juiz podia decretar a prisão do depositário infiel, pelo período de até 90 dias.

O Supremo Tribunal Federal (STF), no julgamento da ADI nº 1.055/DF, em dezembro de 2016, julgou inconstitucional a Lei nº 8.866/94. Em seu voto, o Relator Ministro Gilmar Mendes demonstrou a posição consolidada do STF acerca da ilegalidade da prisão do depositário infiel, "independentemente da modalidade do depósito". O ministro relembrou o entendimento do tribunal acerca da Convenção Americana sobre Direitos Humanos, conhecida como Pacto de San José da Costa Rica, cuja adesão pelo Brasil se deu em 1992 e que vedava expressamente a prisão civil do depositário infiel.

O relevante do julgamento é a declaração de inconstitucionalidade fundamentada nos excessos do novo mecanismo de cobrança criado pela lei. Não foi questionada, pelo voto do Min Gilmar Mendes, a condição de depositário daquele que é obrigado a reter e recolher tributos. De fato, apenas o Min. Marco Aurélio fez comentários nesse sentido. Conquanto tenha declarado a inconstitucionalidade da lei com base na ausência dos requisitos de relevância e urgência para edição da medida provisória, o Min. Marco Aurélio entendeu que a lei "[t]ransformou[-se] o responsável tributário, por ficção jurídica, em depositário. Partiu para a possibilidade de prisão desse responsável tributário, uma vez não efetuado o depósito na ação ajuizada pela Fazenda, após a citação para contestar".

Nesse contexto, apesar do julgamento pela inconstitucionalidade da Lei nº 8.866/94, o contexto de sua introdução e a própria fundamentação utilizada pelo Tribunal para sua incompatibilidade confirmam o caráter de depositário daquele obrigado a retenção e recolhimento de tributo. A introdução de ação de depósito especial de titularidade da Fazenda Pública revela que o próprio legislador tem conhecimento de que o agente de retenção atua na condição de depositário. O problema da Lei nº 8.866/94 que

[63] "Art. 1º É depositário da Fazenda Pública, observado o disposto nos arts. 1.282, I, e 1.283 do Código Civil, a pessoa a que a legislação tributária ou previdenciária imponha a obrigação de reter ou receber de terceiro, e recolher aos cofres públicos, impostos, taxas e contribuições, inclusive à Seguridade Social. §1º Aperfeiçoa-se o depósito na data da retenção ou recebimento do valor a que esteja obrigada a pessoa física ou jurídica. §2º É depositária infiel aquele que não entrega à Fazenda Pública o valor referido neste artigo, no termo e forma fixados na legislação tributária ou previdenciária".

gerou sua inconstitucionalidade, conforme decidido pela maioria do tribunal, foram os seus excessos, especialmente a previsão de prisão para o depositário infiel.

No julgamento da ADI nº 3.141/DF, em dezembro de 2018, de relatoria do Ministro Luís Roberto Barroso, o Supremo Tribunal Federal decidiu pela constitucionalidade da sistemática da retenção na fonte de tributos federais instituída pela Lei nº 10.833/2003. Na ocasião, foram questionados os arts. 28, §§1º e 3º, incs. I a IV, que estabeleceram a retenção e recolhimento na fonte no imposto sobre a renda incidente sobre "rendimentos pagos em cumprimento de decisões da justiça do trabalho". Também foi questionada a constitucionalidade do art. 30, *caput*, que estabeleceu a retenção na fonte de CSLL, PIS e Cofins para pagamentos efetuados a título de determinadas prestações de serviço entre pessoas jurídicas.

Dentre os argumentos suscitados para arguir a inconstitucionalidade dos dispositivos, destacam-se: (i) ofensa ao art. 146, III, "b", da Constituição, ante a instituição da sistemática da retenção na fonte por lei ordinária e não por lei complementar; (ii) ofensa ao art. 155, XII, "b", que exige lei complementar para regulamentação da substituição tributária, o que teria sido desrespeitado pelo art. 30 da Lei nº 10.833/2003 (o argumento da substituição tributária não foi utilizado para contestar a retenção na fonte para fins do imposto de renda).

O Ministro Relator Luís Roberto Barroso, em seu voto, entendeu pela improcedência dos argumentos. Para o ministro relator, as normas questionadas "tratam do momento ou da forma de recolhimento de tributos". Por isso, não envolviam matérias que necessariamente devem ser reguladas por lei complementar, como as previstas no art. 146, "a" e "b", da CF. Assenta que "a retenção na fonte é técnica de arrecadação que se assemelha a uma *obrigação acessória* ou a um *dever instrumental*". O Ministro Luís Roberto Barroso ainda destaca que, para o imposto sobre a renda, existe disposição específica que "autoriza expressamente ao legislador ordinário a fixação da condição de responsável tributário (CTN, art. 121, parágrafo único, inc. II) à fonte pagadora dos rendimentos tributáveis".

A interpretação no sentido de que a retenção na fonte era, na verdade, espécie de substituição tributária, sendo regida pelos art. 150, §7º, e da Constituição, e 128 do CTN, também foi refutada pelo Ministro Luís Roberto Barroso. Conforme consignado no voto, a retenção na fonte não deve ser confundida com a substituição tributária para frente: esta é técnica de atribuição de responsabilidade tributária a terceiro, com fundamento na Constituição, e que antecipa o fato gerador do imposto; por sua vez, a técnica da retenção na fonte consiste no "modo como o recolhimento do crédito tributário deverá ser realizado pelo responsável tributário".

De forma geral, o entendimento do STF, capitaneado pelo Ministro Luís Roberto Barroso, foi correto, restando consignado que a retenção na fonte é técnica de arrecadação, distinta da responsabilidade tributária. O Tribunal, também corretamente, afastou a necessidade de lei complementar para instituição da retenção na fonte; no entanto, exigiu-se a sua introdução por lei ordinária, com fundamento no art. 5º, II, da Constituição. Tal exigência, de certa forma, distorce o conceito de obrigação acessória, que pode ser criada pela "legislação tributária", conforme previsto no CTN. Nesse ponto, vale a pena lembrar as considerações de Bruno Fetterman, para quem, enquanto dever instrumental, o dever de retenção e recolhimento de tributo "pode ser instituído em decorrência de lei, isto é, por qualquer ato da 'legislação tributária' que tem esteio em lei ordinária".[64]

Apesar dos acertos, e com as mais respeitosas vênias ao homenageado, o voto do ministro relator apresenta alguma confusão entre os conceitos de retenção na fonte e responsabilidade. Em um primeiro momento, o Ministro Luís Roberto Barroso reconhece que a retenção na fonte "se assemelha a uma obrigação acessória"; em seguida, de forma aparentemente contraditória, ele afirma que a retenção na fonte dispõe sobre como o "responsável tributário" deverá recolher o crédito tributário. A confusão conceitual constante do voto do ministro relator e no posicionamento de outros doutrinadores reside, especialmente, da forma apressada como os intérpretes leem o art. 45, parágrafo único, do CTN.

A leitura atenta do dispositivo revela que a retenção na fonte, como técnica de arrecadação de tributos, está prevista de forma expressa no texto legal. Isso porque o dispositivo tem como premissa para sua aplicação uma situação em que a fonte pagadora tem o dever de retenção e recolhimento do imposto de renda, mas não tem responsabilidade tributária. Ou seja, uma situação em que a fonte pagadora, em virtude de lei e na condição de *requisitado*,[65] atua exercendo função auxiliar à administração tributária, retendo e recolhendo imposto de renda incidente sobre o pagamento efetuado.

Em outras palavras: o dispositivo prevê expressamente uma situação em que a fonte pagadora, que não é responsável tributário, tem a obrigação de retenção e recolhimento do imposto, atuando, portanto, como agente de retenção. Ato contínuo, tendo como premissa essa situação – atuação da fonte como agente de retenção – o dispositivo permite que o legislador ordinário atribua responsabilidade tributária à fonte pagadora. Isso fica claro quando se percebe que, para fins do dispositivo, do ponto de vista temporal, a obrigação de retenção e recolhimento da fonte pagadora existe antes mesmo da eventual lei ordinária que venha lhe atribuir responsabilidade tributária. E, não menos importante, o dispositivo expressamente afirma que tal lei é uma faculdade do legislador ("pode").

Essa interpretação do parágrafo único pode levar a duas conclusões: (i) a técnica da retenção na fonte no imposto de renda é prevista no CTN como técnica de arrecadação, figura jurídica autônoma em relação à responsabilidade tributária; (ii) a atribuição de responsabilidade tributária à fonte pagadora obrigada à retenção e recolhimento do imposto é uma faculdade do legislador, conferida pelo art. 45, parágrafo único, do CTN. Tais conclusões permitem imaginar três situações aparentemente possíveis:

(i) fonte pagadora com o dever de reter e recolher o tributo, e o legislador não lhe atribui a responsabilidade tributária; nessa situação, a fonte atua como agente de retenção;

(ii) em um primeiro momento, a fonte pagadora atua como agente de retenção; mas a lei tributária, por algum motivo posterior ao momento da retenção (como a falta de retenção), lhe atribuiu responsabilidade tributária; e

[64] SANTOS, Bruno Cesar Fettermann Nogueira dos. A natureza jurídica da fonte pagadora no imposto de renda na fonte e seu regime jurídico. *Revista Direito Tributário Atual*, São Paulo, ano 41, n. 55, p. 73-104, 3º quadrim. 2023. p. 100.

[65] SANTOS, Bruno Cesar Fettermann Nogueira dos. A natureza jurídica da fonte pagadora no imposto de renda na fonte e seu regime jurídico. *Revista Direito Tributário Atual*, São Paulo, ano 41, n. 55, p. 73-104, 3º quadrim. 2023. p. 90.

(iii) fonte pagadora com o dever de reter e recolher o tributo e, ao mesmo tempo, a lei lhe atribuiu a condição de responsável tributário.

A primeira e a segunda situações não causam maior estranheza. É justamente como Brandão Machado e Luís Eduardo Schoueri defendem a posição do agente de retenção da fonte pagadora; para os autores, a fonte atua como agente de retenção; no entanto, uma vez que a fonte pagadora deixe de efetuar a retenção ou recolhimento do imposto, aí sim a lei tributária atribuirá a responsabilidade tributária à fonte. Na terminologia de Luís Eduardo Schoueri, a fonte passa a ser "responsável *stricto sensu*", e não substituta tributária.[66] A situação (iii), todavia, gera mais controvérsia. No exemplo, desde o surgimento do dever de retenção e recolhimento há lei ordinária atribuindo responsabilidade tributária à fonte pagadora. Ora, implicar que a fonte tenha responsabilidade tributária é assumir que a fonte pagadora possui obrigação própria. Por isso, nessa situação, deve-se entender que a lei atribui à fonte pagadora a qualidade de substituto tributário. Como visto, para fins do imposto de renda, essa interpretação é coerente nos casos em que a lei atribui à fonte, em caráter exclusivo, o dever de retenção e recolhimento do tributo.

4 Conclusão

A retenção na fonte enquanto técnica de recolhimento de tributos surgiu com o imposto de renda, tendo sido essencial para a efetividade desse imposto. No Brasil, a retenção na fonte está expressamente prevista no art. 45, parágrafo único, do CTN, que dispõe justamente sobre o imposto de renda. A natureza jurídica dessa técnica, porém, nem sempre foi bem compreendida. A doutrina do direito tributário, mesmo antes da introdução do Código, empregava diferentes classificações para o instituto. Conquanto o CTN tenha reformulado a sujeição passiva tributária, apresentando conceitos definidos de contribuinte e responsável tributário, a classificação da retenção na fonte continuou objeto de controvérsia.

Nesse contexto, este artigo procurou sustentar que, até o momento, a interpretação dada pela doutrina ao art. 45, parágrafo único, do CTN, é insatisfatória. A leitura atenta do dispositivo revela que (i) o artigo não atribui o dever de retenção e recolhimento à fonte pagadora; e (ii) tampouco atribui responsabilidade tributária à fonte pagadora. Esse artigo apenas autoriza, de forma expressa, a retenção na fonte como técnica de arrecadação; e ainda confere liberdade para que o legislador ordinário atribua responsabilidade tributária à fonte pagadora. Assim, a fonte pagadora atuará como substituto tributário, para fins do imposto de renda, nos casos em que há previsão de retenção do imposto exclusivamente na fonte. Nas demais situações, a fonte pagadora atuará como agente de retenção e recolhimento, sujeita, portanto, às disposições do direito administrativo, na qualidade de particular em colaboração com a administração pública. Essa obrigação acessória, na linha da doutrina, pode ser instituída através da legislação tributária prevista no CTN.

O Supremo Tribunal Federal, ao analisar a ADI nº 3.141/DF, de relatoria do Ministro Luís Roberto Barroso, confirmou a constitucionalidade da retenção na fonte

---

[66] SCHOUERI, Luís Eduardo. *Direito tributário*. 9. ed. São Paulo: Saraiva Educação, 2019. p. 571.

enquanto técnica de arrecadação de tributos. O Tribunal refutou a caracterização da retenção na fonte como responsável tributário e substituto tributário, dispensando a necessidade se sua instituição por lei complementar. No entanto, o Supremo Tribunal Federal entendeu que o dever de retenção e recolhimento na fonte deve ser instituído por meio de lei, em virtude do art. 5º, inc. II, da Constituição Federal.

Referências

BECHO, Renato Lopes. A responsabilização tributária de grupo econômico. *Revista Dialética de Direito Tributário*, São Paulo, n. 221, 2014.

BECHO, Renato Lopes. *Responsabilidade tributária de terceiros*: CTN, arts. 134 e 135. São Paulo: Saraiva, 2014.

BECHO, Renato Lopes. Sujeição passiva tributária: dos precursores do direito tributário brasileiro até a edição do CTN. *Revista de Direito Tributário*, São Paulo, v. 112.

BRASIL. Ministério da Fazenda. Comissão de Reforma. Fundação Getúlio Vargas. *Manual do Imposto de Renda na Fonte*. [s.l.]: [s.n.], dez. 1966.

BUISSA, Leonardo; BEVILACQUA, Lucas. Neutralidade tributária no ICMS e criminalização do devedor contumaz: imposto declarado e não pago. *Revista Direito Tributário Atual*, São Paulo, v. 39, p. 255-270, 2018.

CANTO, Gilberto U. *et al*. Imposto sobre a renda e proventos de qualquer natureza. *In*: MARTINS, Ives G. S. (Coord.). *O fato gerador do imposto sobre a renda e proventos de qualquer natureza*. São Paulo: Resenha Tributária: CEEU. 1986. p. 1-44.

COLLADO YURRITA, Miguel Angel. *La retencion a cuenta en el impuesto sobre la renta de las personas fisicas*. Madrid: Civitas, 1992.

FUNARO, Hugo. *Sujeição passiva indireta no direito tributário brasileiro*: as hipóteses de responsabilidade pelo crédito tributário previstas no Código Tributário Nacional. São Paulo: Quartier Latin/IBDT, 2013. v. 10. 197 p. (Série Doutrina Tributária).

GROSSFELD, Bernhard; BRYCE, James. A brief comparative history of the origins of the income tax in Great Britain, Germany and the United States. *The American Journal of Tax Policy*, v. 2, p. 211-251.

MACHADO, Brandão. Adicional do Imposto de Renda dos Estados. *Repertório IOB de Jurisprudência*, 2ª quinz. set. 1989.

NOGUEIRA, Ruy Barbosa. *Doutrina do Professor Ruy Barbosa Nogueira*: centenário de nascimento. São Paulo: IBDT, 2019.

NOGUEIRA, Ruy Barbosa. *O surgimento e a evolução do ensino científico do direito tributário no Brasil*. [s.l.]: [s.n.], [s.d.].

OLIVEIRA, Ricardo Mariz de. *Fundamentos do Imposto de Renda (2020)*. São Paulo: IBDT, 2020. v. 1.

PEIXOTO, Daniel Monteiro. *Responsabilidade tributária e os atos de formação, administração, reorganização e dissolução das sociedades*. São Paulo: Saraiva, 2012.

QUEIROZ, Mary Elbe. *Imposto sobre a Renda e Proventos de Qualquer Natureza*. Barueri: Manole. 2004.

SANTOS, Bruno Cesar Fettermann Nogueira dos. A natureza jurídica da fonte pagadora no imposto de renda na fonte e seu regime jurídico. *Revista Direito Tributário Atual*, São Paulo, ano 41, n. 55, p. 73-104, 3º quadrim. 2023.

SCHOUERI, Luís Eduardo. *Direito tributário*. 8. ed. São Paulo: Saraiva Educação, 2018.

SCHOUERI, Luís Eduardo. *Direito tributário*. 9. ed. São Paulo: Saraiva Educação, 2019.

SCHOUERI, Luís Eduardo. *Direito tributário*: homenagem a Paulo de Barros Carvalho. São Paulo: Quartier Latin, 2008.

SOUZA, Rubens Gomes de. Curso de introdução ao direito tributário – 7ª Aula. *Revista de Estudos Fiscais*, São Paulo, n .1, p. 2-10, jan. 1949.

TAKANO, Caio Augusto. *Limitações aos deveres instrumentais tributários (aplicação do art. 113, §2º do Código Tributário Nacional)*. Dissertação (Mestrado) – Universidade de São Paulo, 2015.

TILBERY, Henry. Comentário aos arts. 43 a 45. *In*: MARTINS, Ives Gandra da Silva (Coord.). *Comentários ao Código Tributário Nacional*. 5. ed. São Paulo: Saraiva, 2008. v. 1.

Informação bibliográfica deste texto, conforme a NBR 6023:2018 da Associação Brasileira de Normas Técnicas (ABNT):

AMARO, Felipe Melo. Constitucionalidade da retenção na fonte como técnica de arrecadação de tributos: ADI nº 3.141/DF. *In*: PAULA, Fernanda de; PENCAK, Nina (coord.). *Tributação, liberdade e igualdade*: as contribuições do Ministro Luís Roberto Barroso. Belo Horizonte: Fórum, 2025. p. 461-475. ISBN 978-65-5518-952-0.

UMA INTERPRETAÇÃO CONTEMPORÂNEA PARA O ART. 100, CF, RELATIVA À EXECUÇÃO DE CONTRATOS ADMINISTRATIVOS ENTRE EMPENHOS E PRECATÓRIOS

FERNANDO FACURY SCAFF

Introdução

1 Este texto visa somar esforços à preocupação do STF com o sistema de precatórios em nosso país, cujos valores vêm assumindo proporções cada vez maiores e com um nível crescente de complexidade, sem falar nos sucessivos adiamentos de seu pagamento (em 1988, art. 33 do ADCT; EC nº 30/2000, art. 78, ADCT; EC nº 62/2009, art. 97, ADCT; ECs nºs 113 e 114/2021).

O Ministro Luís Roberto Barroso tem se preocupado com o assunto desde sempre, atento à questão do cancelamento de precatórios e requisições de pequeno valor após dois anos parados nas instituições financeiras sem levantamento do credor (ADI nº 5.755), bem como a diversos aspectos da constitucionalidade da EC nº 62, envolvendo desde a utilização de recursos dos depósitos tributários para o pagamento, a questão do deságio e a vinculação de percentual da Receita Corrente Líquida para pagamento dos débitos em cinco anos (ADI nºs 4.357 e 4.425), já tendo, inclusive, comparado o regime de *bola de neve* criado pelas ECs nºs 113 e 114 como um "cadáver que o Poder Público guarda no armário",[1] assunto já decidido pelo STF (ADI nºs 7.047 e ADI nº 7.064). É de sua lavra a proposta de criação de um Cadastro Único de Precatórios junto ao Conselho Nacional de Justiça – CNJ.

O Ministro Barroso relatou o Tema nº 865 em Repercussão Geral, tendo sido aprovada a seguinte tese: "No caso de necessidade de complementação da indenização, ao final do processo expropriatório, deverá o pagamento ser feito mediante depósito

---

1 PRECATÓRIOS podem virar calote contra setor privado, diz Barroso. *Jornal Correio Brasiliense*, 13 jul. 2023. Disponível em: https://www.correiobraziliense.com.br/economia/2023/07/5108722-ha-um-cadaver-no-armario.html. Acesso em: 15 maio 2024.

judicial direto se o Poder Público não estiver em dia com os precatórios". O *leading case* é o RE nº 922.144, adiante analisado.

Todos esses aspectos, dentre vários outros, faz com que o assunto esteja sempre na pauta de preocupações financeiras e orçamentárias do país, com um direto envolvimento do Poder Judiciário, pois os precatórios representam apenas a fase final de um longo *iter* visando dar efetividade aos julgamentos proferidos contra o Poder Público.

É com os olhos voltados à efetividade das decisões judiciais (e arbitrais) transitadas em julgado, proferidas contra o Poder Público e que gerem obrigações de pagar, que este texto é elaborado, tendo como fio condutor a seguinte questão: *a existência de empenho afasta a necessidade de expedição de precatório nos casos submetidos ao Poder Judiciário ou a Tribunais Arbitrais? Caso a resposta seja positiva, em quais situações isso ocorre? Qual a interpretação do art. 100, CF, à luz do exposto?*

Segurança jurídica é uma das principais funções do ordenamento jurídico. O orçamento é a lei que dá *segurança jurídica* no âmbito financeiro para as partes envolvidas em contratos administrativos (Poder Público e empresas), ao assegurar reserva de valor para a realização do pagamento e garantindo a previsibilidade da execução orçamentária. Isso decorre de diferentes modos de *programação orçamentária* para que as despesas sejam inseridas no orçamento.

Para atender à segurança jurídica no âmbito financeiro, é necessário melhor compreender a *programação orçamentária* destes dois institutos (empenho e precatório), a fim de distinguir situações que gerarão implicações diversas na execução dos valores, interpretando o art. 100, CF, que regula a execução das obrigações de pagar transitadas em julgado contra o Poder Público.

Nos contratos em que existe *empenho*, há reserva de valor no orçamento *corrente*, isto é, aquele está sendo executado, decorrente de programação orçamentária *anterior*.

Não havendo empenho, é necessário realizar programação orçamentária para que o valor seja inserido em lei orçamentária *futura*, a fim de que haja previsibilidade financeira para a realização do pagamento e haja segurança jurídica para as partes envolvidas.

Exigir a expedição de *precatórios* quando há *empenho* que garanta os recursos públicos necessários para o pagamento do que foi contratado é um *bis in idem*, que ignora as diferenças de *programação orçamentária* e os mecanismos financeiros para dar segurança jurídica e previsibilidade às partes envolvidas.

Em síntese: havendo recursos financeiros garantidos no orçamento *corrente* por meio do sistema de *empenho*, é desnecessário realizar *nova* programação financeira para sua inserção em orçamento *futuro*, o que ocorre por meio do sistema de *precatórios*.

I A garantia do empenho de despesas nos contratos administrativos

2 Nos contratos firmados com o Poder Público, é imprescindível que seja *reservado* no *orçamento* o valor correspondente aos gastos contratados, o que é realizado por meio de *empenho*, característico das contratações envolvendo o setor público.[2] Isso decorre da Lei nº 4.320/64, que estatui normas gerais de direito financeiro para elaboração e

---

[2] "O *empenho* é um evento marcado pela originalidade, visto que é utilizado apenas na gestão pública, enquanto os demais estágios estão presentes também nos negócios privados" (GIACOMONI, James. *Orçamento governamental*: teoria, sistema processo. São Paulo: Atlas, 2019. p. 268).

controle dos orçamentos e balanços da União e dos estados, dos municípios e do Distrito Federal. A norma não deixa margem para dúvidas.[3]

O *caput* do art. 60 da Lei nº 4.320/64 menciona que o empenho deve ser *prévio*, ou seja, deve ser realizado por ocasião da firmatura do contrato, e não posteriormente, o que reforça seu caráter *garantidor* das obrigações contraídas.[4]

A lógica subjacente a essas vetustas normas é a de dar *garantia* aos contratantes de que o Poder Público reservou recursos suficientes para fazer frente às obrigações contratuais, e, por conseguinte, lhes dar segurança jurídica e previsibilidade financeira.[5] Por meio do *empenho de despesas* são *reservados* fundos financeiros no orçamento para pagar o que tiver sido contratado, criando *obrigação de pagamento*.[6]

Existem três tipos de *empenho de despesas*:[7] *ordinário*, *por estimativa* e *global*.

O *empenho ordinário* é usado para compras de bens ou serviços unitários, cujo contrato se esgota com a singela entrega do bem contratado, como a compra de uma impressora ou de um computador – o preço será determinado e o pagamento ocorrerá na forma contratada, devendo o empenho da despesa refletir o exato montante da transação e as condições das obrigações assumidas.

O *empenho por estimativa* é usual nas contratações de bens ou serviços cujo montante não seja possível determinar no momento da contratação, estimando-se o montante a ser gasto, que será reservado no orçamento e "baixado" na contabilidade pública na medida em que se determina o exato valor a ser pago. Se o efetivo valor gasto for superior, complementa-se o empenho; caso inferior, o saldo deve retornar como disponibilidade aos cofres públicos. É o usual nos órgãos públicos para empenho de despesas como pagamento do consumo de água, de energia elétrica etc. O exato montante consumido só será identificado quando a conta for apresentada, motivo pelo qual, *antecipadamente*, o empenho é realizado *por estimativa*.[8] O art. 60 da Lei nº 4.320/64 dispõe sobre esse tipo de empenho: "§2º Será feito por estimativa o empenho cujo montante não se possa determinar".

---

[3] Lei nº 4.320/64: "Art. 58. O empenho de despesa é o ato emanado de autoridade competente que cria para o Estado obrigação de pagamento pendente ou não de implemento de condição. [...] Art. 60. É vedada a realização de despesa sem prévio empenho".

[4] "O empenho é sempre *ex ante*, e vincula, total ou parcialmente, dotação orçamentária para pagamento de obrigações decorrentes de lei, contrato, acordo ou ajuste, obedecidas as condições estabelecidas" (FURTADO, J. R. Caldas. *Direito financeiro*. 5. ed. Belo Horizonte: Fórum, 2021. p. 214).

[5] "Este [o empenho] deve ser visto como o mecanismo de garantia de observância das autorizações orçamentárias. Por meio dos empenhos e da contabilização destes, as finalidades dos gastos e os montantes a eles atribuídos nos créditos aprovados submetem-se a uma eficaz forma de controle prévio" (GIACOMONI, James. *Orçamento governamental*: teoria, sistema processo. São Paulo: Atlas, 2019. p. 269).

[6] "Empenhar significa deduzir determinado valor da dotação adequada à despesa a realizar" (LEITE, Harrison. *Manual de direito financeiro*. 7. ed. Salvador: JusPodivm, 2018. p. 385).

[7] "O empenho pode ser de três tipos: a) empenho ordinário; b) empenho global e c) empenho por estimativa. O primeiro volta-se para a cobertura de despesas com montante previamente conhecido e cujo pagamento deve ocorrer de uma só vez. O empenho global busca o atendimento de despesas globais com montante previamente conhecido, mas de pagamento parcelado e protraído no tempo. O empenho por estimativa tem como escopo acolher despesas de valor não previamente identificado" (FERRAZ, Luciano; GODOI, Marciano Seabra; SPAGNOL, Werther Botelho. *Curso de direito financeiro e tributário*. Belo Horizonte: Fórum, 2014. p. 52).

[8] "O empenho por estimativa deve ser utilizado quando não é possível determinar previamente o montante exato da despesa. No funcionamento de repartições públicas, há inúmeros tipos de despesas operacionais cujo valor exato só é conhecido quando da realização efetiva da despesa. [...]. O empenho por estimativa aplica-se, por exemplo, a casos como o consumo de energia elétrica, de água, de serviços telefônicos, a contratação de fretes, compra de passagens etc." (GIACOMONI, James. *Orçamento governamental*: teoria, sistema processo. São Paulo: Atlas, 2019. p. 270).

Um terceiro tipo é o *empenho global* de despesas contratuais, quando sujeitas a parcelamento, igualmente previsto no art. 60 da Lei nº 4.320/64: "§3º É permitido o empenho global de despesas contratuais e outras, sujeitas a parcelamento". Neste caso, o pagamento ocorrerá parceladamente na medida em que o objeto contratado vier a ser entregue. Um exemplo: uma escola pública adquire 900 (novecentas) carteiras para serem entregues parceladamente, 300 em janeiro, 300 em fevereiro e as 300 finais em março, para pagamento contra a entrega de cada lote. O empenho deverá refletir esse parcelamento de forma atrelada ao cronograma de entrega previsto no contrato.[9]

Pode ocorrer que o valor a ser pago passe de um ano para outro, o que nos leva a duas situações distintas: (1) havendo *parcelas* a serem pagas relativamente a serviços que foram prestados ou a bens entregues em um ano para pagamento no posterior, o saldo será registrado e incluído em *Restos a Pagar*, mencionando que se trata de compromisso assumido pelo Poder Público com aquele contrato; e (2) havendo ainda serviços ou bens a serem entregues ao longo do período, fruto do tipo contratual de longo prazo, como ocorre em obras públicas, é feito *novo empenho* no exercício seguinte, pelo saldo,[10] conforme estabelecido pelo §1º, do art. 30, do Decreto nº 93.872/86.[11]

No caso de contratação de obras públicas com a utilização de *empenho por preço global* com reajuste, a característica é que ele fixa um preço global para o projeto, mas permite ajustes periódicos com base em índices de inflação ou outros fatores econômicos. Isso ajuda a mitigar os impactos das variações nos custos, como a inflação, ao longo do período de execução do contrato.

3 O empenho *garante* a obrigação contratual firmada,[12] porém apenas a *liquidação* gera *direito adquirido* ao contratante ao recebimento dos valores, sendo a matéria regida pelo art. 63 da Lei nº 4.320/64.[13]

Liquidação, que gera *direito adquirido* ao contratante, requer a apuração (§1º, art. 63, Lei nº 4.320/64): (I) da origem e do objeto do que se deve pagar; (II) da importância exata a ser paga; (III) de a quem se deve pagar a importância, para extinguir a obrigação.

Tal procedimento de *apuração* da *liquidação* da despesa terá por base (§2º, art. 63, Lei nº 4.320/64): (I) o contrato, ajuste ou acordo respectivo; (II) a *nota* de empenho (que

---

9 "Nessa hipótese, o valor total a pagar é previamente conhecido, mas o pagamento não ocorrerá de uma só vez. É o caso de despesas com aluguéis de imóveis ou máquinas, aquisição de material de expediente, mediante recebimento parcelado ou pagamento dividido" (FURTADO, J. R. Caldas. *Direito financeiro*. 5. ed. Belo Horizonte: Fórum, 2021. p. 216).

10 "Para os contratos cuja duração ultrapasse o exercício financeiro, o empenho global ficará restrito aos créditos orçamentários referentes a um único exercício financeiro. Desse modo, a cada ano se faz um empenho global referente ao valor do contrato" (LEITE, Harrison. *Manual de direito financeiro*. 7. ed. Salvador: JusPodivm, 2018. p. 388).

11 "Art. 30. Quando os recursos financeiros indicados em cláusula de contrato, convênio, acordo ou ajuste, para execução de seu objeto, forem de natureza orçamentária, deverá constar, da própria cláusula, a classificação programática e econômica da despesa, com a declaração de haver sido esta empenhada à conta do mesmo crédito, mencionando-se o número e data da Nota de Empenho (Lei nº 4.320/64, Art. 60 e Decreto-lei nº 2.300/86, art. 45, V). §1º – *Nos contratos, convênios, acordos ou ajustes, cuja duração ultrapasse um exercício financeiro, indicar-se-á o crédito e respectivo empenho para atender à despesa no exercício em curso, bem assim cada parcela da despesa relativa à parte a ser executada em exercício futuro, com a declaração de que, em termos aditivos, indicar-se-ão os créditos e empenhos para sua cobertura*".

12 "De fato, o empenho com a subsequente nota de empenho é uma garantia ao credor, visto que, de posse da nota de empenho, pode fazer valer o seu direito judicialmente, no caso de negativa do poder público de pagar administrativamente o comprometido" (LEITE, Harrison. *Manual de direito financeiro*. 7. ed. Salvador: JusPodivm, 2018. p. 389).

13 Lei nº 4.320/64: "Art. 63. A liquidação da despesa consiste na verificação do direito adquirido pelo credor tendo por base os títulos e documentos comprobatórios do respectivo crédito".

pode ser dispensada em alguns casos, conforme §1º, art. 60, Lei nº 4.320/64), que é o documento que indicará o nome do *credor*, a especificação e a importância da despesa, bem como a dedução desta do saldo da dotação própria (art. 61, Lei nº 4.320/64), não sendo essencial nos contratos, pois apenas reflete o que deve constar do *empenho*, este sim, imprescindível para a firmatura dos contratos; e (III) os comprovantes da entrega do material ou da prestação efetiva do serviço.

Na prática, a *liquidação* ocorre por meio de *despacho* mencionando que o bem foi entregue conforme contratado, o que pode ocorrer de forma simples, por certificação de um único servidor público, ou de forma complexa, mais usual em obras públicas.[14]

O art. 63 da Lei nº 4.320/64 expressamente declara que a *liquidação* gera *direito adquirido ao credor*. A dicção normativa bem reflete a realidade jurídica aplicável à situação: *não se trata mais de um direito a ser exercido* pelo *contratante*, mas de um *direito que foi adquirido* pelo contratante, que se torna *credor* do Poder Público. Com a *liquidação* o *contratante* se transforma em *credor*, e possui direito adquirido ao recebimento do que foi contratado.

O que era uma *garantia* (*empenho* = reserva de valor no orçamento), com a *liquidação* gera direito adquirido ao *pagamento* (arts. 64 e 65, Lei nº 4.320/64), o qual, uma vez ocorrendo, extingue a obrigação contratual.

4 Retorna-se à figura do *Restos a Pagar*, considerando a hipótese dos contratos cuja execução transcende o ano civil (janeiro a dezembro).

Se a execução do contrato já tiver sido *liquidada*, porém *não* paga, o valor constante do empenho é inscrito na contabilidade pública como *Restos a Pagar Processados*, isto é, liquidados e não pagos, o que deverá ocorrer logo após a virada do ano. Ocorrendo o pagamento, o *empenho da despesa* é "baixado" na contabilidade pública e liberado do orçamento, pois os recursos foram utilizados para quitação da obrigação contratual assumida.

Por outro lado, se ainda não tiver ocorrido a *liquidação*, o saldo do *empenho da despesa* é inscrito como *Restos a Pagar Não Processados*, e os recursos permanecem bloqueados no orçamento, até que ocorra a *liquidação*. Quando esta ocorrer, será processado o pagamento, e o *empenho da despesa* será liberado no orçamento.

Estas duas situações são relevantes nos casos de obras contratadas por meio de *empenho global*, que financeiramente segue por dois caminhos paralelos: (I) como se trata de contratação para serviços plurianuais, o montante do *empenho global* que remanesce de um ano para outro será novamente empenhado no exercício seguinte pelo saldo, conforme estabelecido pelo art. 103 da Lei nº 4.320/64[15] e pelo §1º, do art. 30, do Decreto

---

[14] "A *liquidação* não será tão simples e exigirá maiores cuidados nos casos de contratos de prestação de serviços de maior complexidade e de execução de grandes obras. Na execução de obras com pagamento por etapas, *liquidações* parciais ocorrerão durante a realização dos serviços e considerarão o cumprimento das etapas fixadas no cronograma contratado, verificações da qualidade do material empregado e do serviço mediante testes técnicos, eventuais serviços adicionais necessários etc. Em situações como essas, a responsabilidade pela *liquidação* será dividida entre um número variado de funcionários, de diversos níveis hierárquicos" (GIACOMONI, James. *Orçamento governamental*: teoria, sistema processo. São Paulo: Atlas, 2019. p. 270-271).

[15] Lei nº 4.320/64: "Art. 103. O Balanço Financeiro demonstrará a receita e a despesa orçamentárias bem como os recebimentos e os pagamentos de natureza extraorçamentária, *conjugados com os saldos em espécie provenientes do exercício anterior, e os que se transferem para o exercício seguinte*. Parágrafo único. *Os Restos a Pagar do exercício serão computados na receita extraorçamentária para compensar sua inclusão na despesa orçamentária*".

nº 93.872/86;[16] (II) se houver alguma *parcela não paga* referente ao exercício findo relativamente àquele contrato *empenhado globalmente*, ela será inscrita como *Restos a Pagar*, processados ou não, e paga conforme mencionado.

5 O empenho pode vir a ser anulado[17] ou cancelado, devendo o contratado ser formalmente comunicado desse fato, a fim de que adote as medidas administrativas e judiciais que entender adequadas ao caso, para resguardo de seus direitos.

O cancelamento do empenho é um ato unilateral da Administração Pública, mas sujeito ao contraditório e à ampla defesa,[18] e à exposição da motivação e de justificação dos atos proferidos, o que é determinado pelo art. 21 da Lei nº 4.657/42 (Lei de Introdução ao Direito Brasileiro – LINDB)[19] e pelo art. 50 da Lei nº 9.785/99 (Lei do Processo Administrativo Federal).[20] De certa forma isso dará ao ato publicidade e permitirá transparência, ensejando também a possibilidade de controle da moralidade.

Existem disposições legais que enquadram o *cancelamento* de empenho de forma injustificada como uma conduta que gera *improbidade administrativa*, podendo ser punida com perda da função pública, suspensão dos direitos políticos e pagamento de multa.[21]

---

[16] "Art. 30. Quando os recursos financeiros indicados em cláusula de contrato, convênio, acordo ou ajuste, para execução de seu objeto, forem de natureza orçamentária, deverá constar, da própria cláusula, a classificação programática e econômica da despesa, com a declaração de haver sido esta empenhada à conta do mesmo crédito, mencionando-se o número e data da Nota de Empenho (Lei nº 4.320/64, Art. 60 e Decreto-lei nº 2.300/86, art. 45, V). §1º – *Nos contratos, convênios, acordos ou ajustes, cuja duração ultrapasse um exercício financeiro, indicar-se-á o crédito e respectivo empenho para atender à despesa no exercício em curso, bem assim cada parcela da despesa relativa à parte a ser executada em exercício futuro, com a declaração de que, em termos aditivos, indicar-se-ão os créditos e empenhos para sua cobertura*".

[17] "Art. 59. O empenho da despesa não poderá exceder o limite dos créditos concedidos. §1º Ressalvado o disposto no Art. 67 da Constituição Federal, é vedado aos Municípios empenhar, no último mês do mandato do Prefeito, mais do que o duodécimo da despesa prevista no orçamento vigente. §2º Fica, também, vedado aos Municípios, no mesmo período, assumir, por qualquer forma, compromissos financeiros para execução depois do término do mandato do Prefeito. §3º As disposições dos parágrafos anteriores não se aplicam nos casos comprovados de calamidade pública. §4º Reputam-se nulos e de nenhum efeito os empenhos e atos praticados em desacordo com o disposto nos parágrafos 1º e 2º deste artigo, sem prejuízo da responsabilidade do Prefeito nos termos do Art. 1º, inciso V, do Decreto-lei n.º 201, de 27 de fevereiro de 1967".

[18] "Nestes casos, correto é instituir um procedimento administrativo, com observância do contraditório e ampla defesa, com o fim de se notificar cada credor para análise do possível crédito, a fim de apurar a real existência de seu direito, e, em sendo o caso, o valor devido, saber se há ação judicial em curso tratando da matéria, dentre outros aspectos, tendo em visto o direito ao recebimento da contraprestação por parte do credor" (LEITE, Harrison. *Manual de direito financeiro*. 7. ed. Salvador: JusPodivm, 2018. p. 407).

[19] LINDB (DL nº 4.657/42): "Art. 21. A decisão que, nas esferas administrativa, controladora ou judicial, decretar a invalidação de ato, contrato, ajuste, processo ou norma administrativa deverá indicar de modo expresso suas consequências jurídicas e administrativas. Parágrafo único. A decisão a que se refere o *caput* deste artigo deverá, quando for o caso, indicar as condições para que a regularização ocorra de modo proporcional e equânime e sem prejuízo aos interesses gerais, não se podendo impor aos sujeitos atingidos ônus ou perdas que, em função das peculiaridades do caso, sejam anormais ou excessivos".

[20] Lei nº 9.785/99: "Art. 50. Os atos administrativos deverão ser motivados, com indicação dos fatos e dos fundamentos jurídicos, quando: I – neguem, limitem ou afetem direitos ou interesses; II – imponham ou agravem deveres, encargos ou sanções; III – decidam processos administrativos de concurso ou seleção pública; IV – dispensem ou declarem a inexigibilidade de processo licitatório; V – decidam recursos administrativos; VI – decorram de reexame de ofício; VII – deixem de aplicar jurisprudência firmada sobre a questão ou discrepem de pareceres, laudos, propostas e relatórios oficiais; VIII – importem anulação, revogação, suspensão ou convalidação de ato administrativo. §1º A motivação deve ser explícita, clara e congruente, podendo consistir em declaração de concordância com fundamentos de anteriores pareceres, informações, decisões ou propostas, que, neste caso, serão parte integrante do ato".

[21] "O cancelamento de restos a pagar *processados*, sem a devida motivação, é conduta irregular, sujeita às sanções previstas na Lei Complementar 269/07" (Ac. 68/2016, TCE-MT, processo 24.567-4/2015). Jurisprudência assinalada por LEITE, Harrison. *Manual de direito financeiro*. 7. ed. Salvador: JusPodivm, 2018. p. 408.

Situação semelhante, porém, diversa, ocorre quando há *anulação* do empenho por *vício jurídico* (forma incorreta, elaboração por autoridade incompetente, valores inexistentes etc.), sendo que, mesmo nesse caso, deve haver o exercício do contraditório e da ampla defesa, a fim de permitir que o ato ocorra com publicidade e transparência, e possibilitar o controle da moralidade administrativa.

II O sistema de precatórios e sua programação financeira. Casos em que obrigações de pagar transitadas em julgado dispensam precatórios

6 O sistema de precatórios é previsto no art. 100 da Constituição,[22] e serve para dar *previsibilidade* à despesa pública decorrente de decisões judiciais transitadas em julgado que determinam obrigações de pagar pelo Poder Público, *programadas financeiramente* por meio do orçamento.

Supondo que tenha transitado em julgado uma decisão favorável a servidores públicos que pleiteavam o reconhecimento de gratificações que não lhes foram pagas a seu tempo e modo, o montante a ser pago pelo Poder Público não estava previsto no orçamento daquele ano, sendo necessário *programar financeiramente* essa despesa para que ocorra seu efetivo *pagamento*.

Diferentemente do contrato de obras públicas, não há prévio empenho reservando valor no orçamento para realizar os pagamentos, nem é prevista a fase de *liquidação*, também não existindo a figura de *restos a pagar*.

A dinâmica da programação financeira para pagamento de decisões judiciais transitadas em julgado é completamente diversa, exigindo que seja formalizado um procedimento para expedição de precatórios, a fim de que possa ocorrer o pagamento. O foco será, sempre, a inclusão de verbas no orçamento para fazer frente ao pagamento determinado pela Justiça, e a busca pela segurança jurídica no âmbito financeiro para as partes envolvidas.

7 As decisões judiciais que condenam o Poder Público a *pagar* são objeto de precatórios, cuja dinâmica para o *processamento de pagamento* segue um rito específico, uma vez que não existem recursos orçamentários previstos naquele ano para quitação desse débito.

A programação orçamentária para pagamento da despesa pública decorrente de precatórios decorre de um *complexo rito judicial e legislativo*, a seguir sintetizado:

1. O conjunto de decisões transitadas em julgado que obrigam o Poder Público a pagar deve ser *apresentado* até o dia 2 de abril de cada ano[23] ao Poder Judiciário, que somará os valores pleiteados, e encaminhará o montante a ser pago ao Poder Executivo.

---

[22] CF, art. 100, *caput*: "Os pagamentos devidos pelas Fazendas Públicas Federal, Estaduais, Distrital e Municipais, em virtude de sentença judiciária, far-se-ão exclusivamente na ordem cronológica de apresentação dos precatórios e à conta dos créditos respectivos, proibida a designação de casos ou de pessoas nas dotações orçamentárias e nos créditos adicionais abertos para este fim".

[23] CF, art. 100, §5º: "É obrigatória a inclusão no orçamento das entidades de direito público de verba necessária ao pagamento de seus débitos oriundos de sentenças transitadas em julgado constantes de precatórios judiciários apresentados até 2 de abril, fazendo-se o pagamento até o final do exercício seguinte, quando terão seus valores atualizados monetariamente".

1.a. O encaminhamento do precatório pelo Poder Judiciário ao Poder Executivo é apenas do *montante* a ser pago, sendo "proibida a designação de casos ou de pessoas nas dotações orçamentárias e nos créditos adicionais abertos para este fim" (art. 100, *caput*, parte final).

2. O Poder Executivo é *obrigado*[24] a inserir esse montante no PLOA – Projeto de Lei Orçamentária Anual, que deve ser remetido ao Poder Legislativo até 31 de agosto de cada ano.[25]

3. O Poder Legislativo tem até o encerramento da sessão legislativa para votar o projeto[26] e, se o aprovar, deve encaminhá-lo para sanção do Chefe do Poder Executivo, que, ocorrendo, se transforma em LOA – Lei Orçamentária Anual, que vigorará durante o ano posterior.

3.a. *Nem* o Poder Executivo, *nem* o Poder Legislativo, podem alterar o valor total de precatórios originalmente enviado pelo Poder Judiciário,[27] sendo obrigatória sua inserção na LOA – Lei Orçamentária Anual.

4. Aprovada a LOA, e na medida em que a receita pública seja auferida, o Poder Executivo repassa valores ao Poder Judiciário para quitação dos precatórios. O Poder Judiciário é quem pagará os credores[28] seguindo a *ordem cronológica de apresentação* dos precatórios, respeitadas as prioridades previstas normativamente (idosos, verbas alimentares etc.),[29] devendo o pagamento ocorrer até o final do exercício em que vigora a LOA.

Esse é o *sistema judicial e legislativo* que instaura a *programação financeira* para o pagamento dos precatórios, visando dar segurança jurídica às partes envolvidas e *previsibilidade* à despesa pública, evitando *gastos-surpresa*, decorrentes da inexistência de recursos orçamentários para pagamento. Exatamente por isso é necessário todo esse processamento para prover recursos na Lei Orçamentária Anual, motivo pelo qual todo esse *rito procedimental judicial e legislativo* deve ser necessariamente cumprido.

Registra-se que a expedição de precatórios *dispensa* a emissão de empenho, sendo suficiente a movimentação financeira, o que reforça a lógica exposta, de existir

---

[24] Essa obrigação advém da parte inicial do art. 100, §5º, já transcrito em nota de rodapé: "É *obrigatória* a inclusão no *orçamento das entidades de direito público* de verba [...]".

[25] CF, ADCT, art. 35, §2º: "Até a entrada em vigor da lei complementar a que se refere o art. 165, §9º, I e II, serão obedecidas as seguintes normas: [...] III – o projeto de lei orçamentária da União será encaminhado até quatro meses antes do encerramento do exercício financeiro e devolvido para sanção até o encerramento da sessão legislativa".

[26] Esse prazo consta do seguinte trecho do ADCT, art. 35, §2º, já transcrito em nota de rodapé: "[...] *e devolvido para sanção até o encerramento da sessão legislativa*".

[27] Nesse sentido, ver SCAFF, Fernando Facury. *Orçamento republicano e liberdade igual*. Belo Horizonte: Fórum, 2018, em especial o item 3.5.6, que trata das *cláusulas pétreas orçamentárias*.

[28] CF, art. 100, §6º: "As dotações orçamentárias e os créditos abertos serão consignados diretamente ao Poder Judiciário, cabendo ao Presidente do Tribunal que proferir a decisão exequenda determinar o pagamento integral e autorizar, a requerimento do credor e exclusivamente para os casos de preterimento de seu direito de precedência ou de não alocação orçamentária do valor necessário à satisfação do seu débito, o sequestro da quantia respectiva".

[29] CF, art. 100: "§1º Os débitos de natureza alimentícia compreendem aqueles decorrentes de salários, vencimentos, proventos, pensões e suas complementações, benefícios previdenciários e indenizações por morte ou por invalidez, fundadas em responsabilidade civil, em virtude de sentença judicial transitada em julgado, e serão pagos com preferência sobre todos os demais débitos, exceto sobre aqueles referidos no §2º deste artigo. §2º Os débitos de natureza alimentícia cujos titulares, originários ou por sucessão hereditária, tenham 60 (sessenta) anos de idade, ou sejam portadores de doença grave, ou pessoas com deficiência, assim definidos na forma da lei, serão pagos com preferência sobre todos os demais débitos, até o valor equivalente ao triplo fixado em lei para os fins do disposto no §3º deste artigo, admitido o fracionamento para essa finalidade, sendo que o restante será pago na ordem cronológica de apresentação do precatório".

uma programação financeira *completamente diferente* para o sistema de precatórios, em comparação com o sistema contratual, amparado por *empenho* de despesa.[30] *Não* há *impedimento* à elaboração de empenho para a realização do pagamento dos precatórios, sendo apenas desnecessário.

Assim, *não há imprevisibilidade financeira* e muito menos *insegurança jurídica* que justifique a submissão do pagamento dos valores contratados e garantidos por *empenho*, ao regime de *precatórios*, em caso de uma eventual decisão favorável ao contratado.

8 O que foi mencionado para as decisões *judiciais* é plenamente adequado para as decisões *arbitrais*, reguladas, no âmbito federal, pelo Decreto nº 10.025/19.[31]

Esta norma surgiu para suprir uma lacuna jurídica sobre os *efeitos* das decisões decorrentes de procedimentos arbitrais, que geram obrigações de pagar pelo Poder Público Federal, estabelecendo idêntico tratamento aplicado às decisões judiciais. Havia dúvida sobre a força executiva das decisões arbitrais que determinassem obrigações de pagar contra o Poder Público, e o decreto solucionou essa lacuna, equiparando os efeitos das decisões arbitrais àquelas proferidas pelo Poder Judiciário, respeitadas as nuances próprias ao sistema arbitral.[32]

Ocorre que tal decreto, além de ser aplicado federativamente apenas à União, não inovou no sistema jurídico quanto à execução de contratos que possuem garantia de empenho, seja por meio de decisões judiciais ou arbitrais. Esta norma *não* afasta a interpretação jurídica exposta, assim resumida: *havendo empenho, não há necessidade de precatório, pois o valor está orçamentariamente garantido, não existindo insegurança jurídica ou imprevisibilidade financeira que justifique ser adotada a programação orçamentária do regime precatorial.*

Desta forma, a decisão transitada em julgado que determina obrigação de pagar, seja oriunda do Poder Judiciário, ou de Tribunal Arbitral, só será regida pelo sistema precatorial se não houver recursos empenhados no orçamento para a satisfação do credor.

Em síntese: tanto nas decisões judiciais, quanto nas arbitrais, havendo empenho, não é necessária a expedição de precatório. O fundamento jurídico-financeiro é o mesmo: havendo recursos empenhados, o valor está garantido, com previsibilidade e segurança jurídica para as partes envolvidas.

Por conseguinte, caso *não* exista *empenho*, ou ele tenha sido justificadamente cancelado, *obedecido o devido processo legal e a ampla defesa*, deverá ser adotado o regime precatorial. Isso ocorre em face da *inexistência* de recursos garantidos no orçamento, e

---

[30] "Em se cuidando do pagamento de *precatórios*, basta a movimentação financeira, mediante depósito à disposição do juízo, que se encarrega do pagamento ao credor, mediante guia de levantamento" (OLIVEIRA, Regis Fernandes de. *Curso de direito financeiro*. 6. ed. São Paulo: RT, 2014. p. 653).

[31] "Art. 15. Na hipótese de sentença arbitral condenatória que imponha obrigação pecuniária à União ou às suas autarquias, inclusive relativa a custas e despesas com procedimento arbitral, o pagamento ocorrerá por meio da expedição de precatório ou de requisição de pequeno valor, conforme o caso. §1º Na hipótese de que trata o caput, compete à parte vencedora iniciar o cumprimento da sentença perante o juízo competente. §2º O disposto no caput não impede, desde que seja estabelecido acordo entre as partes, que o cumprimento da sentença arbitral ocorra por meio de: I – instrumentos previstos no contrato que substituam a indenização pecuniária, incluídos os mecanismos de reequilíbrio econômico-financeiro; II – compensação de haveres e deveres de natureza não tributária, incluídas as multas, nos termos do disposto no art. 30 da Lei nº 13.448, de 5 de junho de 2017; ou III – atribuição do pagamento a terceiro, nas hipóteses admitidas na legislação brasileira".

[32] Para análise desse decreto, sem levar em consideração a distinção dos diferentes regimes de programação financeira, entre precatórios e contratual, ver MOREIRA, Egon Bockmann; GARCIA, Flávio Amaral. Comentários ao Decreto Federal n. 10.025/2019. *In*: CUÉLLAR, Leila; MOREIRA, Egon Bockman; GARCIA, Flávio Amaral e CRUZ, Elisa Schmidlin. *Direito administrativo e alternative dispute resolution* – Arbitragem, dispute boarding e negociação. 2. ed. Belo Horizonte: Fórum, 2022. p. 331-380, em especial p. 372-375.

que devem vir a ser providos por meio de precatórios. *Para receber o pagamento em caso de inexistência de empenho, deve-se adotar a programação orçamentária por meio de precatórios.*

9 *A regra do art. 100 da Constituição não se constitui em um regime absoluto, inafastável.* Existem diversas situações que dispensam o uso de precatórios, mesmo decorrendo de decisões judiciais transitadas em julgado que prevejam obrigações de pagar contra a Fazenda Pública.

Um exemplo que refoge ao sistema de precatórios pode ser identificado no *regime de RPV – Requisições de Pequeno Valor,*[33] que decorre de decisões judiciais transitadas em julgado, que tenham valor considerado pequeno conforme lei de cada unidade federada,[34] e que são pagos diretamente, sem o rito precatorial. É efetuada a previsão orçamentária anual global para pagamento desses valores, inserida na LOA correspondente, e paga regularmente.

Nesta hipótese não é obrigatória a existência de *empenho e liquidação,* no sentido formal dos termos, pois o valor orçado será pago em poucos dias, a depender da norma de cada unidade federada. No início de cada ano, o credor do RPV pode até mesmo ser indeterminado, e o trânsito em julgado ocorrer ao longo do exercício financeiro, sendo o pagamento realizado logo após, independente de precatórios, até o limite previsto por aquela unidade federada. Esgotado o que foi *estimado* para pagamento do conjunto de RPVs, há abertura de crédito adicional,[35] da espécie *suplementar,*[36] para reforço daquela rubrica orçamentária.

10 Outro exemplo diz respeito à matéria tributária. O art. 170 do CTN – Código Tributário Nacional[37] prevê a possibilidade de *compensação* de créditos tributários com créditos líquidos e certos, vencidos ou vincendos, do sujeito passivo contra a Fazenda Pública, desde que haja previsão legal. E, *mesmo havendo trânsito em julgado,* o credor/ contribuinte poderá se valer de *compensação* tributária e *não* se atrelar ao sistema de precatórios. A Instrução Normativa nº 2.055/21, da Secretaria da Receita Federal, regulamenta o processo de *compensação* de créditos tributários, *inclusive* dos que vierem a decorrer de *decisões judiciais transitadas em julgado.*[38]

11 Outra situação ocorre no caso da *complementação do valor desapropriado,* tendo sido afastado o uso dos precatórios, fruto de recente decisão do STF[39] no RE nº 922.144,

[33] CF, art. 10, §3º: "O disposto no caput deste artigo relativamente à expedição de precatórios não se aplica aos pagamentos de obrigações definidas em leis como de pequeno valor que as Fazendas referidas devam fazer em virtude de sentença judicial transitada em julgado".

[34] CF, art. 100, §4º: "Para os fins do disposto no §3º, poderão ser fixados, por leis próprias, valores distintos às entidades de direito público, segundo as diferentes capacidades econômicas, sendo o mínimo igual ao valor do maior benefício do regime geral de previdência social".

[35] Lei nº 4.320/64, art. 40: "São créditos adicionais as autorizações de despesas não computadas ou insuficientemente dotadas na Lei de Orçamento".

[36] Lei nº 4.320/64, art. 41: "Os créditos adicionais classificam-se em: I – suplementares, os destinados a reforço de dotação orçamentária".

[37] "Art. 170. A lei pode, nas condições e sob as garantias que estipular, ou cuja estipulação em cada caso atribuir à autoridade administrativa, autorizar a compensação de créditos tributários com créditos líquidos e certos, vencidos ou vincendos, do sujeito passivo contra a Fazenda pública".

[38] "Art. 102. Na hipótese de *crédito* decorrente de *decisão judicial transitada em julgado,* a *declaração de compensação* será recepcionada pela RFB somente depois de prévia habilitação do crédito pela Delegacia da Receita Federal do Brasil (DRF) ou pela Delegacia Especializada da RFB com jurisdição sobre o domicílio tributário do sujeito passivo".

[39] Ver reportagem de RODAS, Sergio, Indenização por desapropriação deve ser completada por depósito direto, diz STF. *Revista Eletrônica Consultor Jurídico,* 19 out. 2023. Disponível em: https://www.conjur.com.br/2023-out-19/indenizacao-desapropriacao-feita-deposito-direto. Acesso em: 18 abr. 2024.

datada de 19.10.2023. O Município de Juiz de Fora ajuizou uma ação de desapropriação por utilidade pública de um imóvel para construir um hospital, depositando a quantia de R$834 mil e se imitido na posse do bem. A decisão de 1ª instância fixou o valor do imóvel em R$1,7 milhão, com correção monetária, juros de mora e compensatórios, tendo determinado que a diferença fosse complementada por depósito judicial. Por meio de embargos de declaração, a decisão foi alterada e submetido o pagamento da diferença ao regime precatorial. O TJ-MG manteve a sentença. A base jurídica do recurso extraordinário foi a de que o regime de precatórios não se aplicaria à verba *indenizatória* em caso de desapropriação, porque o processo deve ser precedido de indenização prévia, justa e em dinheiro.

O STF fixou a seguinte Tese no Tema nº 865 em Repercussão Geral: "No caso de necessidade de complementação da indenização, ao final do processo expropriatório, *deverá o pagamento ser feito mediante depósito judicial direto* se o Poder Público não estiver em dia com os precatórios", texto sujeito a críticas.[40]

Com essa decisão, o STF determinou que a diferença da indenização seja paga mediante *depósito direto* pelo Município de Juiz de Fora, em face da determinação constitucional de que a indenização em casos de desapropriação deve ser justa e prévia, o que é um entendimento que afasta até mesmo a previsão orçamentária para o efetivo pagamento, que deveria ter sido *justo*, além de *prévio* – isto é, *sem precatórios*.

12 Todos esses casos, além de vários outros que poderiam ser colacionados, *comprovam que o regime precatorial não é uma regra absoluta*, devendo ser analisada caso a caso para se constatar se há ou não programação orçamentária para ser realizado aquele pagamento. O fundamento sempre será a existência de recursos orçamentários programados, o que pode ocorrer pela via contratual (empenho) ou pela via judicial (precatórios). Qualquer das vias garante segurança jurídica para as partes envolvidas e previsibilidade orçamentária.

III Cotejo entre a programação orçamentária do sistema de precatórios e a do sistema de contratação

13 Faz-se um contraponto para reforçar a diferença entre os dois sistemas de programação orçamentária: o contratual e o precatorial, sendo que ambos visam dar *previsibilidade* e *segurança jurídica* às partes envolvidas, dentre outros objetivos.

A *previsibilidade orçamentária* decorre da inclusão no orçamento de verba suficiente para fazer frente a uma despesa, o que garante os dois lados envolvidos: empresas e Poder Público. Isso pode ocorrer pela via dos precatórios *ou* pela via do empenho e liquidação.

A *segurança jurídica* implica a certeza e a garantia de que, uma vez cumpridas as obrigações, há dinheiro reservado no orçamento para realizar o pagamento conforme programado. Isso também pode ocorrer pela via dos precatórios *ou* pela via do empenho e liquidação.

---

[40] Para as críticas, ver: SCAFF, Fernando Facury. Complementação de desapropriação não exige precatório (Tema 865/STF). *Revista Eletrônica Consultor Jurídico*, 2 jan. 2024. Disponível em: https://www.conjur.com.br/2024-jan-02/complementacao-de-desapropriacao-nao-exige-precatorio-tema-865-stf/.

No caso das decisões *judiciais* ou *arbitrais* que obrigam o pagamento, após um longo *iter* processual *judicial* é gerado um *precatório*, que, para ser pago, requer outro longo *iter* processual *legislativo*, que alocará verba no *orçamento* para pagamento dos valores. É esta sequência de processos *judicial* e *legislativo* que garante o pagamento dos credores dos *precatórios*, por meio da inclusão de recursos no orçamento.

No caso dos *contratos*, ao revés, há um *iter* processual *administrativo*, sendo que a reserva de valor orçamentário é efetuada na contratação, por meio dos diferentes tipos de *empenho*, que variam de acordo com as obrigações assumidas. Uma vez *liquidadas*, o pagamento se realiza. É o empenho que garante a existência de valor para quitar as obrigações assumidas, pois os recursos já estão *previamente* reservados no orçamento, por meio da Lei Orçamentária Anual, restando apenas ser executada pelo Poder Executivo.

Desta maneira, em caso de disputa *judicial* ou *arbitral* em torno do exato cumprimento das obrigações contratuais: (1) *havendo empenho*, o pagamento das obrigações está garantido orçamentariamente, o que *dispensa* a programação financeira precatorial; e (2) *não havendo empenho*, o pagamento deverá ser programado orçamentariamente, via precatórios.

A tônica diz respeito à dinâmica orçamentária, pois a *via contratual garante recursos, via empenho*, no orçamento *em curso*, fazendo-o por meio de procedimento *administrativo*; e *a via precatorial* busca a inserção de recursos no orçamento *posterior* para garantir o pagamento, fazendo-o por meio de procedimentos *judiciais e legislativos*.

Logo, (1) *reconhecida a completude das obrigações*, isto é, procedida a *liquidação* pela via *judicial* ou *arbitral*, o prosseguimento normal do *iter processual administrativo* de pagamento deve se consumar, liberando o montante empenhado em favor do contratante; (2) *caso o direito pleiteado não seja reconhecido*, as obrigações *não* serão liquidadas e os recursos empenhados serão liberados em favor dos cofres públicos.

Havendo previsibilidade financeira e segurança jurídica com os recursos reservados pelo *empenho*, usar a via dos *precatórios* é um verdadeiro *bis in idem*. Será a aplicação de uma interpretação *formalista* e *cartorial* a uma situação que já se revela bastante e suficiente em termos de segurança jurídica, previsibilidade e garantia financeira.

IV A decisão judicial ou arbitral como liquidação da etapa contratada. Cautelas processuais

14 Considera-se que o empenho *garante* a obrigação contratual e a *liquidação* gera *direito adquirido* ao contratante ao recebimento dos valores, isto é, gera direito adquirido ao recebimento do *pagamento*.

Não ocorrendo o pagamento, o contratante tem o direito de buscar seus direitos perante o Poder Judiciário ou perante um Tribunal Arbitral.

Como regra, o que se busca identificar perante essas Cortes é saber se o contrato foi cumprido pelo contratante, e, em decorrência disso, pode-se pleitear uma indenização por perdas e danos. Sobre essas parcelas devem incidir juros e atualização monetária.

Qual a *substância* da decisão que estas Cortes virão a proferir, ao deliberar sobre o *mérito* da causa?

Se a decisão que transitar em julgado for pelo *improvimento* do pedido do contratante, *não* se há de falar em *liquidação*, pois não terá sido reconhecido o cumprimento do objeto contratado.

Se a decisão que transitar em julgado for pelo *provimento* do pedido do contratante, reconhecendo que aquela etapa do contrato foi cumprida, haverá o *suprimento judicial ou arbitral* da fase de *liquidação* da despesa, que deveria ter sido reconhecida administrativamente, mas não o foi. A decisão proferida nesse sentido reconhecerá/declarará que o avençado foi executado, e que o pagamento é devido pelo Poder Público, o que é fruto da própria natureza jurídica da decisão, ao reconhecer a procedência do pleito. A dúvida ocorre no passo seguinte, do pagamento, que é o problema sob análise.

Havendo *provimento* do pedido do contratante por meio de decisão judicial ou arbitral transitada em julgado, e, com isso, *suprida* a fase de *liquidação,* a fase seguinte, a do *pagamento,* deve ocorrer por meio da liberação da garantia orçamentária contratada, que é o *empenho.*

A decisão (judicial ou arbitral) supre a *liquidação,* isto é, a comprovação de que os serviços ou o bem adquirido foram regulamente prestados ou entregues. Com a liquidação pela via judicial ou arbitral, os contratos estão satisfeitos e o processamento do pagamento deve seguir seu regular trâmite: empenho/liquidação/pagamento.

15 O *empenho* garante o valor *contratado* e seu montante deve ser liberado para *pagamento* após a decisão judicial ou arbitral que reconheça a procedência do pedido quanto à realização daquela etapa contratada, suprindo assim a fase de *liquidação.*

Eventuais valores relativos à *indenização* por perdas e danos *não* estão cobertos pelo *empenho,* e deverão ser objeto de *precatório.*

Desta forma, a execução da decisão terá duas diferentes formas de cumprimento: (1) as parcelas *inadimplidas* deverão ser pagas conforme o valor *empenhado;* e (2) eventuais verbas *indenizatórias* deverão ser submetidas ao regime de *precatórios.*

Os acréscimos consectários de juros e atualização monetária de cada qual dessas parcelas deverão seguir o mesmo padrão.

Seria possível discutir se os juros e a atualização monetária estão inseridos no valor *empenhado,* porém esse debate não prosperaria, pois os juros encontram-se englobados na taxa Selic, que também faz as vezes de atualização monetária, sendo esta simples reposição do valor da moeda. Logo, o nominalismo acarretará o enriquecimento sem causa do Poder Público, cujas receitas estão indexadas pela mesma taxa. Logo, os juros Selic devem seguir a mesma fórmula financeira adotada para as parcelas contratadas, *liquidadas* em face de decisão judicial ou arbitral transitada em julgado e pagas mediante empenho; bem como devem seguir o rito precatorial os juros incidentes sobre eventual parcela indenizatória. O acessório (juros Selic) deve seguir o principal.

16 Como medida de *cautela* contra eventual cancelamento de empenho sem contraditório e ampla defesa, ou mesmo após esta, caso a justificativa apresentada não seja plausível, é possível e adequado que o contratante busque um provimento judicial ou arbitral que projeta a efetividade de uma decisão que lhe possa ser favorável.

No caso, o pedido acautelador deve ser para impedir o cancelamento do empenho enquanto durar a disputa judicial ou arbitral, uma vez que o valor nele representando é a garantia do adimplemento do contrato, cuja *liquidação* está sendo submetida àquela Corte.

Tal procedimento *antecipatório* protegerá tanto a Corte, pois *garantirá* os recursos financeiros para cumprimento da decisão que vier a ser proferida, bem como protegerá o contratante, que poderá receber tal como contratado.

Trata-se apenas de uma providência processual *acautelatória,* a proteger eventual futuro adimplemento da decisão transitada em julgado em favor do contratante.

V Uma interpretação contemporânea para o art. 100, CF

17 Exposto o raciocínio ancorado na *previsibilidade financeira* e na *segurança jurídica* para as partes envolvidas (empresas e Poder Público), conforme as diferentes programações orçamentárias para as obrigações contratuais (garantidas pelo *empenho* no orçamento *corrente*) e para as obrigações judiciais (garantidas pelos *precatórios*, a serem inseridos em orçamento *futuro*), deve-se revisitar o art. 100 da Constituição para ver se a exegese é consentânea com o que consta do texto. Transcreve-se seu *caput* para facilitar o entendimento:

> Art. 100. Os pagamentos devidos pelas Fazendas Públicas Federal, Estaduais, Distrital e Municipais, em virtude de sentença judiciária, far-se-ão exclusivamente na ordem cronológica de apresentação dos precatórios e à conta dos créditos respectivos, proibida a designação de casos ou de pessoas nas dotações orçamentárias e nos créditos adicionais abertos para este fim.

O ponto fulcral para sua análise é o advérbio "exclusivamente", que condiciona toda a regência normativa.

A forma *tradicional-dominante* de interpretação do art. 100 concede *exclusividade* a toda e qualquer *decisão* que se enquadre na hipótese estabelecida. Conforme esta interpretação, a palavra ("exclusivamente") se refere no texto à *exclusividade* das *decisões* transitadas em julgado contra o Poder Público que gerem obrigação de pagar, submetendo-as ao regime de precatórios. Assim, *toda e qualquer decisão* proferida contra o Poder Público, transitada em julgado, que gere obrigação de pagar, deve ser *exclusivamente* executada mediante precatório. Esta interpretação parte do entendimento de que o texto está redigido desta forma: "As sentenças judiciárias que gerem pagamentos pelas Fazendas Públicas Federal, Estaduais, Distrital e Municipais far-se-ão *exclusivamente* na ordem cronológica de apresentação dos precatórios e à conta dos respectivos créditos, proibida [...]". Porém, não é exatamente isso que consta do texto da norma.

Outra interpretação do art. 100, que ora se denomina de *contemporânea*, pode ser feita reconhecendo *exclusividade* ao modo de pagamento mediante precatório. No caso, a palavra ("exclusivamente") delimita que a decisão proferida contra o Poder Público, transitada em julgado, que tenha gerado obrigação de pagar, deverá ser executada mediante precatório, o qual será pago *exclusivamente* na ordem cronológica e a conta dos respectivos créditos. Nesta leitura, *a exclusividade se refere ao modo de pagamento dos precatórios, e não à exclusividade das decisões judiciais proferidas contra o Poder Público*. Para essa leitura, constata-se que a norma prescreve *exclusividade* ao *modo* pelo qual os pagamentos são realizados. Confira-se o exato texto da norma acima transcrita. Observa-se que a *exclusividade* se refere ao *modo* pelo qual os pagamentos serão realizados, *não* determinando que *toda e qualquer* sentença judiciária seja feita exclusivamente por meio de precatórios.

A interpretação *tradicional-dominante* vem sendo feita rotineiramente, usando tão somente o método *gramatical*, admitindo que todo e qualquer pagamento devido pelo Poder Público em virtude de sentença judiciária será feito *exclusivamente* por meio de precatórios. O texto do *caput* sequer menciona a expressão "transitada em julgado", ínsita ao sistema, o que só aparece nos parágrafos do art. 100, CF. Para essa interpretação, toda e qualquer decisão judicial (ou arbitral) necessária e exclusivamente será implementada por meio de precatórios.

A interpretação *contemporânea* do texto expõe que os pagamentos devidos pelo Poder Público em virtude de sentença judiciária (transitada em julgado) serão realizados *exclusivamente*: (1) na ordem cronológica, (2) à conta dos créditos respectivos; sendo proibida a identificação de casos ou pessoas nas dotações orçamentárias. Esta interpretação encontra-se plenamente adequada ao texto do art. 100, CF, sendo que a *exclusividade não* se refere às decisões judiciais (ou arbitrais), mas ao *modo* de pagamento desses valores, que *exclusivamente* serão feitos de maneira a preservar a cronologia de sua apresentação e à conta dos créditos respectivos. Os precatórios só serão utilizados se os valores que o Poder Público for condenado a pagar não estejam antecipadamente reservados no orçamento, por meio de empenho. O advérbio "exclusivamente" se refere ao *modo* pelo qual essas decisões devem ser implementadas, isto é, os precatórios deverão ser expedidos *exclusivamente* observando a ordem cronológica e a conta dos respectivos créditos. Adotada esta *nova* interpretação, *caso seja necessário usar o sistema de precatórios* para o pagamento de sentenças judiciárias, estes seguirão *exclusivamente* as regras mencionadas, conforme reza o texto: "os pagamentos [...] far-se-ão exclusivamente na ordem [...]".

De acordo com essa interpretação *contemporânea*, havendo decisão transitada em julgado, *e sendo necessário programar orçamentariamente o pagamento*, deverá ser expedido precatório, que seguirá *exclusivamente* a ordem cronológica, à conta dos respectivos créditos, mantida a proibição de designação de casos ou pessoas nas dotações orçamentárias. Esta interpretação respeita o ato administrativo-financeiro do *empenho*, tornando desnecessária reprogramação orçamentária para expedir um precatório visando pagar o que de antemão já estava reservado e garantido para esta finalidade.

Para comprovar a adequação desta interpretação *contemporânea*, passemos à sua análise considerando os diversos *métodos* e *tipos* de hermenêutica normativa, bem como a *aplicação* e a *subsunção* da norma ao direito.

18 Tércio Sampaio Ferraz Jr. ensina que não se deve ater a apenas um método interpretativo para se realizar a hermenêutica das normas,[41] sendo estes apenas "regras técnicas que visam à obtenção de um resultado", que, embora não seja possível circunscrevê-los rigorosamente no direito, deve-se tomá-los esquematicamente para a exposição.[42] Carlos Maximiliano, cerca de 100 anos antes, adotava posição semelhante ao consignar que "a interpretação é uma só; não se fraciona", sendo exercitada por "vários processos", aproveitando-se de "elementos diversos".[43] E afirma, com convicção, que "deve o direito ser interpretado inteligentemente".[44]

O ponto de *partida* da *interpretação contemporânea* do art. 100, CF, é a ótica *sintática* ou *gramatical*,[45] pela qual, conforme demonstrado, o advérbio "exclusivamente" se

[41] FERRAZ JR., Tercio Sampaio. *Introdução ao Estudo do direito* – Técnica, decisão, dominação. 7. ed. São Paulo: Atlas, 2013. p. 274.

[42] FERRAZ JR., Tercio Sampaio. *Introdução ao Estudo do direito* – Técnica, decisão, dominação. 7. ed. São Paulo: Atlas, 2013. p. 252.

[43] MAXIMILIANO, Carlos. *Hermenêutica e aplicação do direito*. 4. ed. Rio de Janeiro: Freitas Bastos, 1947. p. 136.

[44] MAXIMILIANO, Carlos. *Hermenêutica e aplicação do direito*. 4. ed. Rio de Janeiro: Freitas Bastos, 1947. p. 205.

[45] FERRAZ JR., Tercio Sampaio. *Introdução ao Estudo do direito* – Técnica, decisão, dominação. 7. ed. São Paulo: Atlas, 2013. p. 252-257.

refere à ordem de expedição dos precatórios, e não a uma *exclusividade* para a execução de toda e qualquer sentença judicial transitada em julgado que determine pagamentos pelo Poder Público. Porém, como mencionado, esse é a apenas o ponto *de partida* para a *contemporânea* interpretação que se faz do art. 100, CF, e *não* o ponto *de chegada*, como na interpretação *tradicional-dominante*, que se resume à interpretação gramatical.

Usando-se o método *sociológico*,[46] por meio do qual o intérprete deve "verificar as funções do comportamento e das instituições sociais no contexto social em que ocorrem", verifica-se que a interpretação *tradicional-dominante* sobre o art. 100 acarreta *insegurança jurídica e financeira* para todas as partes envolvidas em contratações administrativas, e desconsidera completamente o que foi realizado no âmbito financeiro pela Administração Pública, ao empenhar aqueles valores. A *insegurança* é patente, pois: (1) as empresas não têm a certeza de receber na forma contratada, (2) o que ou as afasta desse tipo de contratação (diminuindo a concorrência), ou torna o objeto da contratação mais oneroso para o Poder Público, em face da *insegurança* reinante, além de (3) reduzir fortemente a efetividade das decisões das Cortes judiciais e arbitrais proferidas contra o Poder Público. A interpretação *contemporânea* do art. 100 reverte todos esses problemas, e inclusive privilegia a fase contratual no âmbito financeiro ao valorar a figura do *empenho*.

Observemos também sob o prisma da *interpretação teleológica*, que busca uma *finalidade*, e da *axiológica*, que busca os *valores* do ordenamento jurídico.[47] No âmbito *teleológico*, a interpretação *contemporânea* do art. 100 amplia a segurança jurídica nas relações contratuais. E no aspecto *axiológico*, consagram-se os valores da igualdade, segurança e propriedade, inscritos no *caput* do art. 5º, e descritos em vários de seus incisos, bem como a eficiência administrativa (art. 37, *caput*, CF), pois torna efetiva a garantia concedida pelo Poder Público na fase contratual.

No âmbito da interpretação *sistemática*, pode-se identificar na interpretação *contemporânea* do art. 100 uma cabal e coerente unidade no sistema, sem que ocorra uma *cisão* entre a fase *contratual*, que regula *diretamente* as relações entre o Poder Público e os contratantes, e que é garantida pelo *empenho*, e a fase *judicial* ou *arbitral*, *mediada pelas* Cortes, e que na interpretação *tradicional-dominante* exige a expedição de precatório em toda e qualquer situação. Conforme a interpretação *tradicional-dominante*, a garantia prestada pela Administração Pública se esvai na fase judicial/arbitral, sem que dela remanesça qualquer finalidade, sendo necessário estabelecer outro processo garantidor do pagamento, por meio *dos precatórios*. A interpretação *tradicional-dominante* considera que são fases estanques, a administrativa e a judicial/arbitral, ao passo que, para a *nova* interpretação que se propõe, estas fases são consideradas de forma conjunta, como sequência de um mesmo processo. Atualmente há duplicidade de procedimentos em busca da satisfação do credor, que possui *direito adquirido* ao recebimento daqueles valores, por meio do *empenho*, mas que deve buscar outra garantia de pagamento por meio de *precatório* ao fim de um processo judicial/arbitral.

---

[46] FERRAZ JR., Tercio Sampaio. *Introdução ao Estudo do direito* – Técnica, decisão, dominação. 7. ed. São Paulo: Atlas, 2013. p. 261-265.

[47] FERRAZ JR., Tercio Sampaio. *Introdução ao Estudo do direito* – Técnica, decisão, dominação. 7. ed. São Paulo: Atlas, 2013. p. 265-267.

Conforme a interpretação *contemporânea* do art. 100, o *tipo* de interpretação a ser adotado é o *restritivo*, ao impor um sentido *rigoroso* para a exegese do texto.[48] Assim, somente serão usados os *precatórios* caso não haja *garantia* permitindo que o pagamento se realize de outro modo, sendo que, havendo *empenho*, torna-se desnecessária nova *programação financeira* para a expedição de *precatório* visando à realização da despesa, mesmo que advenha de decisão transitada em julgado que obrigue o Poder Público a pagar.

Na interpretação *tradicional-dominante* do art. 100, CF, o *tipo* de interpretação é o *ampliativo*, uma vez que alcança, de forma *totalizante* e *formal*, toda e qualquer decisão transitada em julgado que obrigue o Poder Público a efetuar pagamentos, mesmo existindo garantia do cumprimento da obrigação de pagar por meio de empenho.

Resta analisar a questão da *aplicação* e da *subsunção* do direito, pois "a hipótese normativa não é uma simples descrição abstrata e genérica de uma situação concretamente possível, mas traz em si elementos prescritivos".[49] Com isso, o intérprete não realiza apenas uma *subsunção*, mas também uma *valoração*.

Nesse sentido, pode-se afirmar que a interpretação *contemporânea* do art. 100 faz com que a *aplicação* e a *subsunção* do direito cumpram de forma concomitante uma função *procedimental* (pois respeita todos os ritos processuais estabelecidos na norma) e *finalística*, ao observar as consequências a serem atingidas.[50] Portanto, não se trata de *consequencialismo* jurídico, que afasta os ritos procedimentais, nem se trata de usar *apenas* o *formalismo*, tal como ocorre na interpretação *tradicional-dominante* acerca do art. 100. Na interpretação *contemporânea*, aplica-se a norma buscando sua finalidade e respeitando o procedimento para sua implementação, *integrando* a fase administrativa da programação financeira, realizada por meio do *empenho*, com a fase judicial ou arbitral, que, ao decidir, supre a fase de *liquidação*, tornando *desnecessária* a expedição de *precatório*. A interpretação *contemporânea* do art. 100, CF, não invalida nem um único artigo do CPC, que regula a matéria nos arts. 534 e 535.

19 Embora seja óbvio, adenda-se que é inaplicável a esta *nova* interpretação do art. 100 a teoria da impenhorabilidade dos bens públicos, pois os recursos financeiros para pagamento das decisões judiciais ou arbitrais já estavam reservados pelo empenho realizado pelo próprio Poder Público. Logo, não se trata de uma penhora de um bem público (dinheiro) à revelia da Administração Pública, pois os recursos já estavam reservados orçamentariamente por esta para fazer frente ao pagamento daquela contratação.[51]

20 Por fim, deve-se afastar do debate uma situação *fática*, que não interfere na interpretação *contemporânea* que se propõe para o art. 100, CF. Ocorre quando o que foi *orçado* não está *financeiramente* disponível. Tal entendimento distingue duas fases: a do *orçamento*, no qual consta um projeto de gastos a ser executado, separando-a da *execução* orçamentária, que é a *financeira*, na qual a arrecadação flui para fazer frente às despesas contratadas. Nesta hipótese, pode haver previsão no orçamento sem que

---

[48] FERRAZ JR., Tercio Sampaio. *Introdução ao Estudo do direito* – Técnica, decisão, dominação. 7. ed. São Paulo: Atlas, 2013. p. 270.

[49] FERRAZ JR., Tercio Sampaio. *Introdução ao Estudo do direito* – Técnica, decisão, dominação. 7. ed. São Paulo: Atlas, 2013. p. 293.

[50] FERRAZ JR., Tercio Sampaio. *Introdução ao Estudo do direito* – Técnica, decisão, dominação. 7. ed. São Paulo: Atlas, 2013. p. 297-298.

[51] Interessante análise sobre a disponibilidade de bens públicos é feita por Carlos Alberto de Salles, em *Arbitragem em contratos administrativos* (Rio de Janeiro: Forense, 2011, item 7.2). Nesse sentido ver a obra de MARQUES NETO, Floriano de Azevedo. *Bens públicos*: função social e exploração econômica. Belo Horizonte: Fórum, 2014, item 2.2.5.

tenha ingressado dinheiro nos cofres públicos. Nesta situação, melhor identificada no âmbito macrojurídico,[52] a arrecadação seria insuficiente para o pagamento de todas as despesas programadas. Aqui se estará diante de uma situação *fática*, que se assemelha a um *lençol curto financeiro*, pois as despesas serão maiores que as receitas. Neste caso, as prioridades são normativamente estabelecidas e devem ser respeitadas (LRF, art. 9º, §2º), e, tão logo ocorra a recomposição da arrecadação, os empenhos devem ser cumpridos (LRF, art. 9º, §1º).

21 Outra situação é a do cancelamento irregular de empenhos legítimos, o que ocorre em alguns Estados e em diversos municípios de nossa federação[53] sem que haja a possibilidade de contraditório e ampla defesa por parte dos contratados. Identificam-se nesta hipótese muitas irregularidades a serem contestadas, mas nenhuma ataca a proposta interpretativa acima exposta, apenas ocasionando situações criminais e de improbidade a serem analisadas.

Conclusões

22 Existem diferentes formas de dar segurança jurídico-financeira nas relações contratuais com o Poder Público. Uma ocorre na fase administrativa da contratação, e que se consubstancia no *empenho*, ínsito a todos os contratos públicos, e outra decorre das decisões judiciais ou arbitrais transitadas em julgado que obrigam o Poder Público a realizar pagamentos, o que é instrumentalizado por meio de *precatórios*.

Embora o *empenho* se constitua na garantia da existência de recursos para o pagamento do que tiver sido contratado, apenas ocorrendo a *liquidação* é que surge para o contratado o direito adquirido ao recebimento dos valores. Não sendo recebidos, e o contratado submetendo o caso a uma Corte judicial ou arbitral, e vindo a ser deferido o pleito, a decisão supre a fase de *liquidação*, e exsurge o direito adquirido ao recebimento dos valores contratados, já garantidos pelo *empenho*.

Existindo *empenho*, torna-se desnecessário realizar nova programação orçamentária para prever o pagamento pela via dos *precatórios*, pois os recursos já estavam garantidos. Logo, havendo empenho que garanta o cumprimento da obrigação na fase contratual, torna-se redundante a expedição de precatório ao final da fase judicial/arbitral.

Essa análise *contemporânea* do art. 100, CF, garante segurança jurídica às partes envolvidas, Poder Público e contratantes, integrando e respeitando a fase administrativa da contratação, hoje descartada no âmbito financeiro pela interpretação de que as decisões judiciais ou arbitrais devam ser *exclusivamente* executadas por meio de precatórios, quando determinem obrigações de pagar pelo Poder Público.

A hermenêutica *contemporânea* do art. 100, CF, interpretado pelos *métodos gramatical, sociológico, teleológico, axiológico* e *sistemático*, ocasionando um *tipo* de interpretação *restritiva*, que *aplica* e *subsume* a norma ao direito, integra a garantia concedida na fase administrativa-contratual com a decisão proferida na fase judicial/arbitral, que obriga o Poder Público a pagar valores decorrentes do contrato inadimplido.

---

[52] SCAFF, Fernando Facury. An introduction to an analysis of the macro and micro legal aspects and public policies. *Beijing Law Review*, v. 14, p. 1673-1689, 2023. DOI: https://doi.org/10.4236/blr.2023.

[53] SCAFF, Fernando Facury. O cancelamento dos restos a pagar e o calote institucionalizado do poder público. *Revista Eletrônica Consultor Jurídico*, 25 maio 2021. Disponível em: https://www.conjur.com.br/2021-mai-25/contas-vista-cancelamento-restos-pagar-calote-poder-publico/. Acesso em: 15 maio 2004.

É óbvio que as parcelas que não estão cobertas pelo *empenho*, como as *indenizatórias*, deverão ser objeto de precatório, por falta de previsão orçamentária. Porém as parcelas contratadas e inadimplidas prescindem de precatório.

Tal exegese contemporânea do art. 100, CF, está consentânea com os princípios da moralidade, isonomia, segurança jurídica e eficiência administrativa, e não afasta as normas estabelecidas pelo CPC a respeito do tema.

Referências

FERRAZ JR., Tercio Sampaio. *Introdução ao Estudo do direito* – Técnica, decisão, dominação. 7. ed. São Paulo: Atlas, 2013.

FERRAZ, Luciano; GODOI, Marciano Seabra; SPAGNOL, Werther Botelho. *Curso de direito financeiro e tributário*. Belo Horizonte: Fórum, 2014.

FURTADO, J. R. Caldas. *Direito financeiro*. 5. ed. Belo Horizonte: Fórum, 2021.

GIACOMONI, James. *Orçamento governamental*: teoria, sistema processo. São Paulo: Atlas, 2019.

LEITE, Harrison. *Manual de direito financeiro*. 7. ed. Salvador: JusPodivm, 2018.

MARQUES NETO, Floriano de Azevedo. *Bens públicos*: função social e exploração econômica. Belo Horizonte: Fórum, 2014.

MAXIMILIANO, Carlos. *Hermenêutica e aplicação do direito*. 4. ed. Rio de Janeiro: Freitas Bastos, 1947.

MOREIRA, Egon Bockmann; GARCIA, Flávio Amaral. Comentários ao Decreto Federal n. 10.025/2019. *In*: CUÉLLAR, Leila; MOREIRA, Egon Bockman; GARCIA, Flávio Amaral e CRUZ, Elisa Schmidlin. *Direito administrativo e alternative dispute resolution* – Arbitragem, dispute boarding e negociação. 2. ed. Belo Horizonte: Fórum, 2022.

OLIVEIRA, Regis Fernandes de. *Curso de direito financeiro*. 6. ed. São Paulo: RT, 2014.

RODAS, Sergio, Indenização por desapropriação deve ser completada por depósito direto, diz STF. *Revista Eletrônica Consultor Jurídico*, 19 out. 2023. Disponível em: https://www.conjur.com.br/2023-out-19/indenizacao-desapropriacao-feita-deposito-direto. Acesso em: 18 abr. 2024.

SALLES, Carlos Alberto de. *Arbitragem em contratos administrativos*. Rio de Janeiro: Forense, 2011.

SCAFF, Fernando Facury. An introduction to an analysis of the macro and micro legal aspects and public policies. *Beijing Law Review*, v. 14, p. 1673-1689, 2023. DOI: https://doi.org/10.4236/blr.2023.

SCAFF, Fernando Facury. Complementação de desapropriação não exige precatório (Tema 865/STF). *Revista Eletrônica Consultor Jurídico*, 2 jan. 2024. Disponível em: https://www.conjur.com.br/2024-jan-02/complementacao-de-desapropriacao-nao-exige-precatorio-tema-865-stf/.

SCAFF, Fernando Facury. O cancelamento dos restos a pagar e o calote institucionalizado do poder público. *Revista Eletrônica Consultor Jurídico*, 25 maio 2021. Disponível em: https://www.conjur.com.br/2021-mai-25/contas-vista-cancelamento-restos-pagar-calote-poder-publico/.

SCAFF, Fernando Facury. *Orçamento republicano e liberdade igual*. Belo Horizonte: Fórum, 2018.

Informação bibliográfica deste texto, conforme a NBR 6023:2018 da Associação Brasileira de Normas Técnicas (ABNT):

SCAFF, Fernando Facury. Uma interpretação contemporânea para o art. 100, CF, relativa à execução de contratos administrativos entre empenhos e precatórios. *In*: PAULA, Fernanda de; PENCAK, Nina (coord.). *Tributação, liberdade e igualdade*: as contribuições do Ministro Luís Roberto Barroso. Belo Horizonte: Fórum, 2025. p. 477-495. ISBN 978-65-5518-952-0.

IPTU SOBRE IMÓVEL NÃO PREVISTO NA PLANTA GENÉRICA DE VALORES (PGV) (ARE Nº 1.245.097, TEMA Nº 1.084)

FILIPE SILVESTRE LACERDA BASTOS

1 Introdução

O Imposto sobre a Propriedade Predial e Territorial Urbana (IPTU) não é lançado, em regra, a partir de uma avaliação individualizada dos imóveis, mas sim tendo por base avaliação em massa e parametrização abstrata na denominada Planta Genérica de Valores (PGV). Em síntese, a PGV compreende uma tabela/mapa com o trecho de logradouro e o respectivo valor de m² que será utilizado em fórmula com área construída e alguns fatores, como idade e posição para se chegar no valor do imóvel. Fundamenta-se na praticabilidade em razão da dificuldade de aferir individualmente a cada ano todos os imóveis sob incidência do IPTU.

De acordo com o Código Tributário Nacional (art. 33), a base de cálculo do IPTU tem como parâmetro e limite o valor venal, tradicionalmente entendido como "[...] aquele que o imóvel alcançará para compra e venda à vista, segundo as condições usuais do mercado de imóveis".[1] Como o valor resultante do lançamento não pode ultrapassar o valor de mercado, a PGV é estruturada com margem de segurança do valor de mercado, suportando oscilações e resguardando o município contra impugnações administrativas ou judiciais.

A Planta Genérica de Valores é uma realidade por força da praticidade. Porém, há intensa dificuldade política de aprovação de lei trazendo nova PGV, por vezes, com décadas de intervalo, período em que se verificam desenvolvimentos e incorporações imobiliárias, com surgimento de novos imóveis. Na medida em que não estão refletidos na PGV, em algumas áreas de cidade, não é possível se aproximar do valor real dos imóveis, ocasionando distorções na tributação em contrariedade à isonomia e com a capacidade contributiva.

---

1 BALEEIRO, Aliomar. *Direito tributário brasileiro*. 8. ed. Rio de Janeiro: Forense, 1976. p. 149.

Depara-se com o problema dos "imóveis novos": loteamentos novos que não estavam previstos na PGV ou áreas rurais de municípios em que ocorrem processos de urbanização e assim, podem se sujeitar ao IPTU. Para tais situações, a lei poderia conferir à Administração Tributária a tarefa de promover a avaliação individualizada dos imóveis e, assim, chegar à base de cálculo do IPTU? Seria admissível a delegação legislativa para o Executivo definir o valor venal dos imóveis não contemplados na PGV?

O STF reconheceu a repercussão geral da questão no Tema nº 1.084 (ARE nº 1.245.097), em que a Corte se debruçou sobre a constitucionalidade da lei que delega à esfera administrativa, para efeito de cobrança do IPTU, a avaliação individualizada de imóvel não previsto na Planta Genérica de Valores (PGV) à época do lançamento do imposto.

2 Imóveis novos, delegação e critérios objetivos

O paradigma envolve lei do Município de Londrina que prevê expressamente que a autoridade fazendária poderia promover avaliação individualizada de imóveis novos, atribuindo o valor venal com base nos critérios estabelecidos por lei. Cumpre transcrever o dispositivo da lei municipal:

> Art. 176 O valor dos imóveis será apurado com base nos dados fornecidos pelo Cadastro Imobiliário, levando em conta, a critério da repartição, os seguintes elementos:
>
> I – no caso de terrenos:
>
> a) o valor declarado pelo contribuinte;
>
> b) o índice médio de valorização correspondente à região em que esteja situado o imóvel;
>
> c) os preços dos terrenos nas últimas transações de compra e venda;
>
> d) a forma, as dimensões, os acidentes naturais e outras características do terreno;
>
> e) existência de equipamentos urbanos, tais como água, esgoto, pavimentação, iluminação, limpeza pública e outros melhoramentos implantados pelo Poder Público; f) quaisquer outros dados informativos obtidos pela Administração e que possam ser tecnicamente admitidos.
>
> II – no caso de prédios:
>
> a) a área construída;
>
> b) o valor unitário da construção;
>
> c) estado de conservação da construção;
>
> d) o valor do terreno, calculado na forma do item anterior. [...]
>
> §5º Os critérios previstos nos incisos I e II serão utilizados para apurar o valor venal dos imóveis não-previstos na Planta Genérica de Valores à época do lançamento do tributo.

A lei delega à autoridade administrativa a apuração do valor venal de imóveis que surgiram posteriormente à aprovação da lei que instituiu a PGV. Com os desmembramentos/loteamentos feitos, surgem novas matrículas, novas confrontações, novas metragens, aparelhamentos urbanos (ruas, praças, escoamento pluvial, rede elétrica etc., inclusive com novo endereço) e se colocam disponíveis à transmissão, autonomamente, para que sejam registrados em nome de novos proprietários. De acordo com a lei, o valor venal desses novos imóveis não previstos na PGV será apurado pela autoridade fiscal.

O Ministro Relator Luís Roberto Barroso expôs, de forma clara, a delimitação do tema em seu voto:

> 2. O cerne da questão tratada no presente recurso é saber se viola o princípio da legalidade tributária a lei que delega à esfera administrativa, para fins de cobrança do IPTU, a avaliação individualizada de imóvel novo oriundo de parcelamento urbano ou de inclusão de área anteriormente rural em zona urbana, ocorridos após a publicação da lei que aprova a PGV. [...]
> Isso porque os imóveis oriundos de parcelamento de solo urbano ou de inclusão de área anteriormente rural em zona urbana ganham nova matrícula, passando a ter existência autônoma em relação ao imóvel original.

Caso a resposta do STF fosse negativa, o lançamento teria que se reportar ao lote originário (mesmo não mais existente) e caso o imóvel fosse rural e depois passasse a ser urbano, de fato, não haveria base para ser tributado pelo IPTU.

A lei prevê os critérios que devem ser utilizados para a autoridade fiscal chegar ao valor venal. Analisando-os, o Ministro Luís Roberto Barroso afastou a alegação de que os critérios seriam subjetivos:

> 11. Ademais, a afirmação de que a avaliação do imóvel foi feita a partir de critérios subjetivos não se sustenta. Os critérios técnicos que fundamentaram a atividade de avaliação individual são aqueles previstos na Lei Municipal nº 7.303/1997. Isto é, os elementos utilizados pelo Fisco municipal para mensurar o valor em concreto dos imóveis estão elencados nos incisos I e II do art. 176 da referida lei. *Há uma combinação de informações verificáveis empiricamente, tais como a existência de água, iluminação e esgoto; e dados obtidos tecnicamente, a exemplo do "índice médio de valorização". Além disso, a expressão "quaisquer outros dados informativos obtidos pela Administração", constante na alínea f, do art. 176, I, não revela um conteúdo vago, que poderia conduzir ao arbítrio do Fisco, mas permite a utilização de dados que sejam tecnicamente admitidos, como a vistoria, pesquisa de mercado e outros que possam surgir com o tempo, em razão da evolução das técnicas avaliativas. Assim, a lei municipal delega à Administração a realização de avaliação técnica individualizada de imóveis novos com base em critérios objetivos.* Estes, aliás, são utilizados para a elaboração da própria PGV aprovada pelo Poder Legislativo.
> 12. Assim, a lei municipal delega à Administração a realização de avaliação técnica individualizada de imóveis novos com base em critérios objetivos. Estes, aliás, são utilizados para a elaboração da própria PGV aprovada pelo Poder Legislativo. (Grifos nossos)

Visto isso, considerando o contexto e os critérios objetivos previstos, demonstrou que o procedimento de avaliação individualizada de imóvel novo realizado pela Administração Tributária não violaria o do princípio da legalidade tributária, havendo delegação válida:

> 19. Para que o IPTU seja cobrado, é necessário que a Administração apure o valor de cada imóvel no Município. *Dada a grande quantidade de imóveis urbanos existentes e em construção, bem como de imóveis antes classificados como rurais e agora incorporados à zona urbana, tal tarefa é impraticável em termos de custo e tempo. Isso obrigou as municipalidades a estabelecerem critérios genéricos para a apuração do valor venal. Diante desse contexto, a maioria dos entes municipais utiliza processos de avaliação em massa. Daí a importância da PGV, instrumento que determina o valor do metro quadrado dos imóveis em cada região. Isto é, a PGV é uma estimativa do valor venal dos imóveis nas diversas regiões do Município, quando se mostra impraticável a sua avaliação detalhada.* Por ser uma avaliação que estabelece um valor provável, deve ser veiculada mediante lei, facultada ao Poder Executivo a atualização monetária dos valores, de acordo com os índices oficiais inflacionários.

> 20. *Entretanto, nas hipóteses de surgimento de imóveis novos – decorrentes de parcelamento de imóvel original localizado em solo urbano ou de inclusão de área anteriormente rural em zona urbana –, que não constem originalmente na PGV, o Município poderá realizar a avaliação individualizada dos referidos imóveis, consoante critérios técnicos previstos em lei e minudenciados em ato infralegal.*
> 21. *O procedimento de avaliação individualizada de imóvel novo realizado pela Administração Tributária, conforme critérios estabelecidos em lei, consequentemente, é compatível com o princípio da legalidade tributária, porquanto não se trata de majoração de base de cálculo mediante decreto, mas sim de avaliação individualizada de imóvel novo, para fins de lançamento do IPTU.* Nesses casos, o IPTU do imóvel novo poderá ser lançado, resguardado ao contribuinte o direito ao contraditório em relação ao valor atribuído pela Administração. (Grifos nossos)

Ao final, concluiu o voto e propôs a tese de repercussão geral nos seguintes termos:

> 22. Diante do exposto, conheço do agravo para dar parcial provimento ao recurso extraordinário, de modo a afastar as preliminares e reconhecer a constitucionalidade do art. 176, I, f, e §5º, da Lei do Município de Londrina nº 7.303/1997 (Código Tributário Municipal), que delega à Administração Tributária a competência para a apuração do valor venal de imóvel novo, mediante avaliação individualizada. 23. Proponho a fixação da seguinte tese: *"É constitucional a lei municipal que delega ao Poder Executivo a avaliação individualizada, para fins de cobrança do IPTU, de imóvel novo não previsto na Planta Genérica de Valores, desde que fixados em lei os critérios para a avaliação técnica e assegurado ao contribuinte o direito ao contraditório."*. 24. É como voto. (Grifos nossos)

Após o voto do relator, o Ministro Dias Toffoli apresentou voto-vista concordando com a validade da delegação, porém apresentando nuances que entendia relevantes:

> *Outra maneira de se cobrar o IPTU é aquela que foi feita no caso concreto, hipótese em que o imóvel, após ter a planta genérica de valores sido editada, surgiu por desmembramento de lote anterior,* adquirindo novas características e matrícula. Caso análogo ocorre quando o imóvel, antes enquadrado em zona rural, é inserido em zona urbana quando a planta genérica de valores já tiver sido editada. Em casos como esses, algumas leis municipais estabelecem a inaplicabilidade da planta genérica de valores (que, de fato, não contemplava tais novidades) e determinam que se apure o valor venal do imóvel novo (base calculada) mediante *avaliação individualizada,* observando-se os critérios legalmente prescritos (base de cálculo abstrata). *Trata-se, como se vê, de **verdadeira exceção** ao que, tradicionalmente, existe quanto ao IPTU, isso é, à cobrança do imposto mediante a aplicação da planta genérica de valores.*
> Julgo que tal avaliação individualizada do imóvel, a fim de se encontrar seu valor venal e cobrar o IPTU, deve observar dois parâmetros, como explicitarei nos próximos tópicos. O primeiro: obediência ao inteiro teor do art. 148 do Código Tributário Nacional, dispositivo esse relacionado com o lançamento tributário (matéria reservada a lei complementar, consoante o art. 146 da Constituição Federal). O segundo: inclusão do imóvel objeto de tal tributação na planta genérica de valores, para fins de cobrança dos futuros IPTU. (Grifos no original)

Ao final, o Ministro Dias Toffoli propôs a seguinte tese:

> É constitucional a lei municipal que delega ao Poder Executivo a avaliação individualizada, para fins de cobrança do IPTU, de imóvel novo não previsto na planta genérica de valores, desde que fixados em lei os critérios para a avaliação técnica e observado o art. 148 do CTN, devendo, ademais, tal imóvel ser incluído na planta genérica de valores para a cobrança nos próximos IPTU.

O Ministro Alexandre de Moraes acompanhou o voto-vista. Ao passo que o Ministro Nunes Marques acompanhou a tese do Ministro Relator Luís Roberto Barroso, destacando que, ao prever que estaria "assegurado ao contribuinte o direito ao contraditório", o voto do relator salvaguardaria o primeiro ponto de preocupação do Ministro Dias Toffoli.

Concluindo o julgamento, por unanimidade, o STF deu parcial provimento ao recurso extraordinário, de modo a afastar as preliminares e reconhecer a constitucionalidade do art. 176, I, "f", e §5º, da Lei do Município de Londrina nº 7.303/1997 (Código Tributário Municipal), que delega à Administração Tributária a competência para a apuração do valor venal de imóvel novo, mediante avaliação individualizada.

No que toca à redação da tese de repercussão geral, por maioria, vencidos neste ponto, os Ministros Dias Toffoli, Alexandre de Moraes, André Mendonça e Rosa Weber (Presidente), prevaleceu a tese proposta pelo Ministro Relator Luís Roberto Barroso:

> É constitucional a lei municipal que delega ao Poder Executivo a avaliação individualizada, para fins de cobrança do IPTU, de imóvel novo não previsto na Planta Genérica de Valores, desde que fixados em lei os critérios para a avaliação técnica e assegurado ao contribuinte o direito ao contraditório (Tese 1084).

Consoante se verifica dos trechos do acórdão, a discussão não se deu sobre veículo normativo válido para alterar PGV prevista na lei municipal, mas sim sobre a possibilidade de delegação e para o contexto específico de imóvel não previsto na Planta Genérica de Valores (PGV).

No julgamento, demarcou-se que o objeto era distinto do julgado pelo STF no Tema nº 211 de Repercussão Geral (RE nº 648.245, Rel. Min. Gilmar Mendes). No tema anterior, o paradigma envolvia o Município de Belo Horizonte, que – por meio de decreto – trouxe aumento em relação aos valores previstos na PGV estatuída por lei e em montante superior ao índice de atualização monetária. Nesse sentido, o STF fixou a tese de que "A majoração do valor venal dos imóveis para efeito da cobrança de IPTU não prescinde da edição de lei em sentido formal, exigência que somente se pode afastar quando a atualização não excede os índices inflacionários anuais de correção monetária".

Realmente, no Tema nº 211, chegou-se a ponderar questões relativas à delegação, porém a título de *obiter dictum*.

Na medida em que aplicar a correção monetária na PGV é insuficiente para acompanhar a valorização imobiliária em determinadas regiões da cidade após melhorias urbanísticas e de equipamentos, questionou-se: a lei municipal poderia delegar ao Executivo mediante decreto trazer nova PGV? Ou seja, poderia ato infralegal fixar o valor do m^2 de cada logradouro? O Executivo poderia aprovar nova PGV com dados que reflitam aproximadamente valorização imobiliária e assim representem efetivo aumento e não mera correção monetária? Como compatibilizar a segurança jurídica com a justiça fiscal?

Poderia uma lei, com base em parâmetros objetivos razoáveis, delegar ao Executivo a alteração dos valores da PGV, mesmo que exceda índice oficial de correção monetária? Na visão do Ministro Luís Roberto Barroso, se o CTN menciona valor venal (valor de mercado), este já é baliza proeminente, que se conjugaria com outras balizas trazidas pela lei municipal (parâmetros objetivos razoáveis), o que indicaria a possibilidade de que o Executivo promovesse a majoração por decreto (ato infralegal).

Essas questões foram suscitadas pelo Ministro Luís Roberto Barroso, mas o próprio asseverou que o paradigma envolvia alteração de lei por decreto, assim, uma questão de preferência de lei e não de reserva lei. Portanto, a discussão da possibilidade de delegação não avançou à época em razão da própria inadequação do paradigma. De toda forma, são ponderações relevantes e que refletiam a necessidade de debate sobre a possibilidade de delegação.

Nesse sentido, em seu voto no Tema nº 1.084, o ministro afastou a semelhança com o Tema nº 211:

> 8. *Quanto ao mérito, cabe ressaltar que a controvérsia posta nestes autos não guarda semelhança com aquela debatida no julgamento do RE 648.245-RG (Tema 211), da relatoria do Ministro Gilmar Mendes.* No mencionado paradigma, discutia-se a constitucionalidade de decreto do Município de Belo Horizonte que reajustava a PGV do IPTU em percentual superior aos índices oficiais de atualização monetária. *Não obstante houvesse lei prevendo que os valores venais dos imóveis urbanos constantes na PGV somente poderiam ser atualizados pela variação inflacionária, o decreto municipal inovou na ordem jurídica ao prever outros critérios de atualização, que não o da simples correção pela inflação acumulada. Dessa forma, houve o aumento dos valores venais em concreto fora dos parâmetros estabelecidos em lei.* Por essa razão, o Plenário desta Corte negou provimento ao recurso do Município.
>
> 9. Diferentemente, no caso destes autos não houve reajuste da PGV mediante decreto. A questão em exame diz respeito à possibilidade de a Administração Tributária, com base em critérios definidos em lei, realizar a avaliação individualizada, para efeito de cobrança do IPTU, de imóvel novo não previsto originalmente na PGV. Em outras palavras, a Administração Municipal de Londrina não procedeu com o reajuste da PGV por decreto, mas realizou avaliação técnica, de forma individualizada, com o fito de apurar o valor venal de imóvel novo, que não constava na PGV. Isso porque os imóveis oriundos de parcelamento de solo urbano ou de inclusão de área anteriormente rural em zona urbana ganham nova matrícula, passando a ter existência autônoma em relação ao imóvel original.
>
> 10. Vale frisar, o imóvel objeto da demanda em comento é um imóvel novo, que possui matrícula independente, dotado de particularidades que o diferenciam do imóvel original, e, por ocasião do lançamento do IPTU, o seu valor venal não se encontrava previsto na PGV aprovada pela Lei Municipal nº 8.672/2001. *A hipótese dos autos, por conseguinte, não trata de majoração de tributo por ato infralegal – tendo em vista que não houve modificação da PGV –, mas de apuração do IPTU, com base nos critérios estipulados no art. 176, I e II, e parágrafos, do aludido diploma legal.* (Grifos nossos)

Portanto, embora feitas ponderações em termos gerais sobre a possibilidade de delegação para fixar base de cálculo de IPTU, essas não foram objeto de decisão. No que toca à fixação da base de cálculo de IPTU, a discussão da possibilidade de delegação não compunha a questão a ser decidida no Tema nº 211. Caso a lei do Município de Belo Horizonte previsse a delegação que viesse a ser concretizada por decreto, se depararia com a discussão da reserva legal, porém, não era o caso. Confiram-se trechos dos debates extraídos do Tema nº 211:

> O SENHOR MINISTRO LUÍS ROBERTO BARROSO – Senhor Presidente, para falar a verdade, quando vi que foi dada repercussão geral a essa matéria – acho que foi dada pelo Ministro Peluso –, a minha impressão é que ele quisesse repensar essa questão, fazer uma reflexão sobre a exigência ou não de lei formal para a majoração da base de cálculo do IPTU, em qualquer caso. *O problema é que o caso concreto não foi, infelizmente, o mais feliz*

> *para essa discussão que, a meu ver, é uma discussão que justifica ser feita. Por quê? No caso de Belo Horizonte, existe uma lei que estabelece esses parâmetros e, consequentemente, o que se fez, no caso de Belo Horizonte, foi, por decreto, modificar a tabela que havia sido instituída por lei.*
>
> A SENHORA MINISTRA CÁRMEN LÚCIA – A própria lei foi alterada pelo decreto.
>
> O SENHOR MINISTRO LUÍS ROBERTO BARROSO – *Pelo decreto. E, portanto, não está aqui em discussão, propriamente, uma questão de reserva de lei, o que está em discussão aqui é uma questão de preferência de lei. Ou seja, se existia uma lei tratando da matéria, não pode o decreto municipal alterar a lei. De modo que o recurso extraordinário do Município de Belo Horizonte, a meu ver, deve ser desprovido, e, portanto, na conclusão, estou de pleno acordo com o Ministro Gilmar Mendes.* Mas a discussão de exigir-se que lei estabeleça a base de cálculo para o IPTU, a meu ver, a jurisprudência do Supremo já oscilou, como sabem Vossas Excelências, e pessoalmente acho que esta é uma fórmula que engessa excessivamente o Município. Quer dizer, aqui é preciso encontrar um ponto de equilíbrio entre a proteção do contribuinte, que não deve ficar à mercê do alvedrio do Poder Executivo, mas também há um problema que, muitas vezes, o município e o prefeito ficam reféns da câmara municipal, que, por animosidade política ou às vezes por populismo, não aprova a lei que modifica a base de cálculo, o que priva o município, muitas vezes, de uma das suas principais fontes de receita. *De modo que, se não neste caso, talvez em uma outra oportunidade, eu acho que seria, sim, hipótese de se discutir se não poderia o legislador, mediante uma delegação, com parâmetros objetivos razoáveis e controláveis, delegar ao Executivo uma atualização que pudesse extrapolar, em certos casos, a mera correção monetária.* O que se vê é que essa é uma fonte importante de receita para os municípios, e com o congelamento, muitas vezes, dos valores reais nessas tabelas, o imposto fica efetivamente defasado quando o Código Tributário fala em valor venal. Portanto, a lei complementar já diz qual é o critério, que é o valor venal. De modo que, se a lei municipal estabelecer critérios razoáveis e controláveis, eu não acho que haja uma impossibilidade desta delegação. Eu imaginava que quando o Ministro Peluso, que foi quem conduziu a repercussão geral, o fez, fosse para suscitar essa discussão, embora eu deva reconhecer que este caso não é o melhor caso, porque não há como dar provimento a esse recurso. (Grifos nossos)

Desse modo, foi reafirmada a posição tradicional que já encontrava amparo, inclusive, em jurisprudência consolidada do STJ a partir da leitura do art. 97, §§1º e 2º do CTN (Enunciado nº 160 do STJ: "É defeso, ao Município, atualizar o IPTU, mediante decreto, em percentual superior ao índice oficial de correção monetária").

Assim, no Tema nº 1.084, quando o STF veio a tratar da possibilidade específica de delegação no que toca à fixação da base de cálculo de "imóveis novos", não seria caso de propriamente discutir eventual mudança de posicionamento em relação ao Tema nº 211. Isso foi bem demarcado pela Corte Constitucional. Opostos embargos de declaração, estes foram rejeitados, restando esclarecido que não haveria semelhança com o Tema nº 211, razão pela qual o pedido de modulação temporal foi indeferido, consoante se verifica do trecho do acórdão transcrito a seguir:

> *6. Ademais, restou claro no acórdão embargado que a controvérsia posta nestes autos não guarda semelhança com aquela debatida no julgamento do RE 648.245-RG (Tema 211),* da relatoria do Ministro Gilmar Mendes. No mencionado paradigma, discutia-se a constitucionalidade de decreto do Município de Belo Horizonte que reajustava a PGV do IPTU em percentual superior aos índices oficiais de atualização monetária. Não obstante houvesse lei prevendo que os valores venais dos imóveis urbanos constantes na PGV somente poderiam ser atualizados pela variação inflacionária, o decreto municipal inovou na ordem jurídica ao prever outros critérios de atualização, que não o da simples correção pela inflação

acumulada. Dessa forma, houve o aumento dos valores venais em concreto fora dos parâmetros estabelecidos em lei. Por essa razão, o Plenário desta Corte negou provimento ao recurso do Município.

7. *Diferentemente, no caso destes autos não se debate reajuste da PGV mediante decreto sem parâmetros legais. A questão em exame diz respeito à possibilidade de a Administração Tributária, com base em critérios definidos em lei, realizar a avaliação individualizada, para efeito de cobrança do IPTU, de imóvel novo não previsto originalmente na PGV.* Em outras palavras, a Administração Municipal de Londrina não procedeu com o reajuste da PGV por decreto, mas realizou avaliação técnica, de forma individualizada, com o fito de apurar o valor venal de imóvel novo, que não constava na PGV. *Isso porque os imóveis oriundos de parcelamento de solo urbano ou de inclusão de área anteriormente rural em zona urbana ganham nova matrícula, passando a ter existência autônoma em relação ao imóvel original.*

8. *Nesse contexto, ante a ausência de similitude entre a questão posta nestes autos e a matéria discutida no paradigma do Tema 211, não se pode falar em mudança de jurisprudência, apta a justificar a modulação dos efeitos do julgado.* Conforme constou no acórdão embargado, a partir do julgamento dos REs 87.763/PI e 96.825/MG, ambos sob a relatoria do Ministro Moreira Alves, ficou assentado que somente por lei formal poderiam ser aprovados ou revistos os valores fixados por presunção na PGV. No RE 96.825/MG, reconheceu-se expressamente a legitimidade da avaliação individualizada de imóveis realizada pela Administração, para fins de lançamento do imposto. Dessa forma, por se tratar de entendimento consolidado desde a década de 1980 no âmbito desta Corte, não é possível acolher o pleito de modulação dos efeitos. 9. Por fim, entendo que não restaram evidenciadas as razões de segurança jurídica ou de excepcional interesse social suficientes a exigir a eficácia prospectiva dos efeitos do acórdão. *Os argumentos utilizados pelo embargante têm caráter genérico, e não justificam o emprego desta excepcional técnica de decisão, mormente porque a hipótese dos autos não trata de majoração do valor venal de imóveis, mas de avaliação individualizada de imóvel novo, que não constava originalmente na Planta Genérica de Valores do Município.* (Grifos nossos)

O STF repisou a diferença entre os precedentes. No Tema nº 211, reafirmou-se a impossibilidade de, por decreto, aumentar em termos reais (superiores aos índices de correção monetária) os valores de m^2 estabelecidos em PGV contida em lei. Ao passo que no Tema nº 1.084 é que foi efetivamente discutida a possibilidade de delegação, em contexto específico de imóveis não previstos na PGV.

Em relação à delegação, pode-se ter (i) uma reserva absoluta de lei no sentido de que toda a matéria seja tratada por lei, sem espaço de transpasse ainda que parcial desta competência à Administração, ou (ii) reserva relativa de lei, em que a validade da edição de atos administrativos abstratos dependeria da existência e respeito aos *standards* fixados em lei.[2]

A primeira linha de entendimento seria no sentido da impossibilidade de delegação, ressalvadas as autorizações contidas de forma expressa na própria Constituição (por exemplo, Executivo alterar alíquotas do II, IE, IOF e IPI) em nome da legalidade tributária e da própria segurança jurídica. Esse posicionamento possui relação com a visão da legalidade tributária como uma garantia de segurança aos contribuintes,[3] ao impor que a lei descreva de forma completa, não deixando margem de atuação para o

---

2 BINENBOJM, Gustavo. *Uma teoria do direito administrativo*: direitos fundamentais, democracia e constitucionalização. Rio de Janeiro: Renovar, 2006. p. 150-151.

3 DERZI, Misabel de Abreu Machado. *Direito tributário, direito penal e tipo*. 2. ed. rev. e atual. São Paulo: Revista dos Tribunais, 2007. p. 371.

intérprete, em especial, o Fisco. A lei conteria os elementos necessários e suficientes à tributação, não admitindo valoração pelo intérprete.[4]

A premissa é a compreensão da atividade interpretativa como reveladora da vontade da lei, possibilitando mera subsunção dos fatos à norma, o que é questionável.[5] Essa visão colide com a compreensão hermenêutica de que não se pode confundir o texto com a norma. É possível extrair de um texto legal mais de uma norma, em especial porque a linguagem invariavelmente traz termos vagos e ambíguos, não sendo possível deixar de reconhecer certa margem de liberdade ao intérprete. Ademais, de um mesmo texto é possível extrair mais de um sentido a depender de inúmeros fatores, como a pré-compreensão do intérprete.

O intérprete também tem papel criativo (reconstrutivo) em contraposição à ideia de uma subsunção pura. Conforme aponta Humberto Ávila, entre a hipótese de incidência da lei e o conjunto de fatos exige-se um juízo de assimilação que inclui a consideração da realidade, excluindo a ideia de pureza ou objetivação. Não há uma subsunção pura, por assim dizer. A aplicação do direito é sempre uma correlação, na acepção de um juízo de semelhança entre ser e dever ser.[6] Nesse sentido, Gadamer expõe:

> Entre a hermenêutica jurídica e a dogmática jurídica existe, pois, uma relação essencial, na qual a hermenêutica detém a primazia. A ideia de uma dogmática jurídica perfeita, sob a qual se pudesse baixar qualquer sentença como um simples ato de subsunção, não tem sustentação.[7]

Não há perfeita subsunção dos fatos à hipótese legal, cabendo ao intérprete valorar certos aspectos a fim de estabelecer uma relação de correspondência adequada. Não se pode ter como pressuposto metodológico a separação entre o plano do direito e o da realidade, e de sua consequência, a inadmissão da influência das circunstâncias políticas, sociais e econômicas no processo de interpretação.[8] Não há como pretender o distanciamento entre o sujeito e o objeto. Se o intérprete está inserido em dada realidade, não há como se despir de todas as circunstâncias que o cercam, da influência de suas próprias pré-compreensões e promover uma "interpretação pura".

Além disso, não há supremacia axiológica da segurança jurídica em detrimento da justiça. De toda forma, inatingível o próprio ideal de segurança jurídica absoluta por meio de uma legalidade estrita em que a lei descreveria de forma completa a partir de uma linguagem hermética e que nela deva se focar, o que pode inclusive frear os instrumentos para que seja atingida a própria segurança jurídica possível no processo de regulamentação e aplicação da lei tributária.[9]

---

[4] XAVIER, Alberto. *Os princípios da legalidade e da tipicidade na tributação*. São Paulo: Revista dos Tribunais, 1978. p. 91-92.

[5] BARROSO, Luís Roberto. *Curso de direito constitucional contemporâneo*: os conceitos fundamentais e a construção do novo modelo. São Paulo: Saraiva, 2009. p. 274.

[6] ÁVILA, Humberto. *Sistema constitucional tributário*. 5. ed. São Paulo: Saraiva, 2012. p. 241-243.

[7] GADAMER, Hans-Georg. *Verdade e método*: traços fundamentais de uma hermenêutica filosófica. Tradução de Flávio Paulo Meurer. Revisão da tradução de Enio Paulo Giachini. 14. ed. Petrópolis: Vozes, 2014. v. 1. p. 433.

[8] BARROSO, Luís Roberto. *Curso de direito constitucional contemporâneo*: os conceitos fundamentais e a construção do novo modelo. São Paulo: Saraiva, 2009. p. 123.

[9] IBRAHIM, Fábio Zambitte; SCHWARTZ, Gustavo Carvalho Gomes. O princípio da legalidade tributária no Brasil: do normativismo-conceitualista ao pós-positivismo. *In*: CAMPOS, Carlos Alexandre de Azevedo;

Em relação à legalidade estrita e à delegação em matéria tributária, cumpre mencionar o caso SAT (Seguro de Acidente do Trabalho), em que o STF já havia se posicionado no sentido da validade do regulamento que, com base na delegação, estipulou quais seriam os graus de risco: leve, médio e grave (alíquotas de 1%, 2% e 3%) e o que seria atividade preponderante (RE nº 343.446). O controle é realizado a partir da análise de pertinência da norma do Executivo com os parâmetros previstos na regra delegatória.[10] Ricardo Lobo Torres já defendia que a definição de atividades preponderantes para efeito de determinação do grau de risco por ato do Poder Executivo não feria o princípio da legalidade.[11]

No Tema nº 1.084, o STF aproximou-se da ideia de reserva relativa de lei ao assentar que é constitucional a lei que delega ao Executivo a fixação do valor venal dos imóveis não previstos na PGV, desde que a lei fixe os critérios para a avaliação técnica, além de assegurar a possibilidade de impugnação ao contribuinte.

Interessante notar que, após o julgamento do Tema nº 1.084, foi aprovada a denominada "Reforma Tributária sobre Consumo", por meio da Emenda Constitucional nº 132/2023. A referida emenda também trouxe disposições sobre outros tributos não atinentes ao consumo, dentre eles o IPTU, prevendo expressamente que o Poder Executivo possa atualizar a base de cálculo do IPTU consoante critérios estabelecidos em lei municipal:

> Art. 156. [...]
> I – propriedade predial e territorial urbana; [...]
> §1º Sem prejuízo da progressividade no tempo a que se refere o art. 182, §4º, inciso II, o imposto previsto no inciso I poderá: [...]
> III – ter sua base de cálculo atualizada pelo Poder Executivo, conforme critérios estabelecidos em lei municipal. (Incluído pela Emenda Constitucional nº 132, de 2023)

Assim, a emenda constitucional autorizou expressamente a delegação e não se limitando aos imóveis não previstos na PGV, desde que o município edite lei estabelecendo os parâmetros para tanto. Sobre o acréscimo promovido pela emenda constitucional, Hugo de Brito Machado Segundo expõe o seguinte:

> O dispositivo em exame atendeu reivindicação antiga dos Municípios, que já haviam conseguindo a exceção de tais aumentos de IPTU a anterioridade nonagesimal (art. 150, §1º), e agora se veem autorizados a fazê-los sem mesmo a necessidade de aprovação da Câmara de Vereadores. Pode-se questionar a validade da exceção, porquanto o princípio da legalidade é uma garantia fundamental do cidadão contribuinte, não sendo sua abolição possível mesmo por emenda constitucional.

OLIVEIRA, Gustavo da Gama Vital de; MACEDO, Marco Antônio Ferreira (Coord.). *Direitos fundamentais e estado fiscal*: estudos em homenagem ao Professor Ricardo Lobo Torres. Salvador: JusPodivm, 2019. p. 434-437.

[10] ROCHA, Sergio André. A deslegalização no direito tributário brasileiro contemporâneo: segurança jurídica, legalidade, conceitos indeterminados, tipicidade e liberdade de conformação da administração pública. *In*: RIBEIRO, Ricardo Lodi; ROCHA, Sergio André (Coord.). *Legalidade e tipicidade no direito tributário*. São Paulo: Quartier Latin, 2008. p. 220-259.

[11] TORRES, Ricardo Lobo. *Tratado de direito constitucional e financeiro e tributário*. Os tributos na Constituição. Rio de Janeiro: Renovar, 2007. v. IV. p. 567.

> Em objeção, se pode entender que a lei deve estabelecer a base de cálculo do IPTU, referindo-a abstratamente. E isso ocorre quando se estabelece que será o valor venal do imóvel. A determinação, de modo concreto, do valor deste ou daquele imóvel, situado na avenida x ou na rua y, não precisa constar da lei. Em tese, poderia o valor de cada imóvel ser determinado pela autoridade fiscal, em cada caso concreto, como se dá com o imposto de renda ou com o imposto de transmissão de bens imóveis, e de resto com a maioria dos impostos e contribuições: a lei estabelece que a base de cálculo é a receita, a renda, o valor da mercadoria. Mas o valor dessa receita, no caso do tributo devido no caso concreto, é determinado por quem a aplica e afere a ocorrência do fato correspondente, e seu montante. Esse é o entendimento que nos parece correto.
>
> No caso do IPTU, por razões de praticabilidade, não é possível às autoridades de lançamento determinar o valor de todos os imóveis, de modo concreto. Daí se recorrerem a tais plantas ou tabelas de valores, que estabelecem o valor do metro quadrado por cada região da cidade, e os critérios (quantidade de andares, idade de construção, existência de elevador etc.) para determinação do valor. Mas não deixa de ser uma estimativa, uma presunção, sempre passível de impugnação pelo sujeito passivo, caso considere que seu imóvel tem valor venal inferior ao que lhe é atribuído no lançamento correspondente.
>
> Como se trata apenas da correção de tais tabelas, ela a rigor já era admitida anteriormente, estando didaticamente prevista, relativamente a quaisquer tributos, no art. 97, §2º, do CTN.[12]

Dessa forma, consagrando a relevância do precedente firmado pelo STF, o Tema nº 1.084 pode ter sido uma inspiração para a alteração do texto constitucional, que passou a incluir a possibilidade de delegação de forma mais ampla.

3 Conclusão

No Tema nº 1.084, a Corte enfrentou importante debate sobre a constitucionalidade da delegação para apuração de valor venal de imóvel não previsto na Planta Genérica de Valores (PGV). O contexto posto é que, em regra, no IPTU, há avaliação em massa de imóveis por meio da PGV por conta da praticidade administrativa e que há intensa dificuldade política de aprovação de lei trazendo nova PGV. Por consequência, surgem distorções na tributação em contrariedade à capacidade contributiva.

No precedente, com base no voto do Ministro Luís Roberto Barroso, o STF firmou tese no sentido da possibilidade de delegação ao Poder Executivo a avaliação individualizada, para fins de cobrança do IPTU, de imóvel novo não previsto na Planta Genérica de Valores, desde que fixados em lei os critérios para a avaliação técnica e assegurado ao contribuinte o direito ao contraditório.

O precedente representa marco no tratamento da matéria e impulsionou a alteração do texto constitucional por meio da Emenda Constitucional nº 132/2023, que passou a incluir a possibilidade de delegação em contexto mais amplo, não se limitando aos imóveis não previstos na PGV. Por fim, apresenta-se como relevante posicionamento do STF sobre a delegação em matéria tributária, servindo de norte para temas assemelhados que venham a ser submetidos à Corte Constitucional.

---

[12] MACHADO SEGUNDO, Hugo de Brito. *Reforma tributária comentada e comparada*: emenda constitucional 132, de 202 de dezembro de 2023. 1. ed. Barueri: Atlas, 2024. p. 66.

Referências

ÁVILA, Humberto. *Sistema constitucional tributário*. 5. ed. São Paulo: Saraiva, 2012.

BALEEIRO, Aliomar. *Direito tributário brasileiro*. 8. ed. Rio de Janeiro: Forense, 1976.

BARROSO, Luís Roberto. *Curso de direito constitucional contemporâneo*: os conceitos fundamentais e a construção do novo modelo. São Paulo: Saraiva, 2009.

BINENBOJM, Gustavo. *Uma teoria do direito administrativo*: direitos fundamentais, democracia e constitucionalização. Rio de Janeiro: Renovar, 2006.

DERZI, Misabel de Abreu Machado. *Direito tributário, direito penal e tipo*. 2. ed. rev. e atual. São Paulo: Revista dos Tribunais, 2007.

GADAMER, Hans-Georg. *Verdade e método*: traços fundamentais de uma hermenêutica filosófica. Tradução de Flávio Paulo Meurer. Revisão da tradução de Enio Paulo Giachini. 14. ed. Petrópolis: Vozes, 2014. v. 1.

IBRAHIM, Fábio Zambitte; SCHWARTZ, Gustavo Carvalho Gomes. O princípio da legalidade tributária no Brasil: do normativismo-conceitualista ao pós-positivismo. *In*: CAMPOS, Carlos Alexandre de Azevedo; OLIVEIRA, Gustavo da Gama Vital de; MACEDO, Marco Antônio Ferreira (Coord.). *Direitos fundamentais e estado fiscal*: estudos em homenagem ao Professor Ricardo Lobo Torres. Salvador: JusPodivm, 2019. p. 419-439.

MACHADO SEGUNDO, Hugo de Brito. *Reforma tributária comentada e comparada*: emenda constitucional 132, de 202 de dezembro de 2023. 1. ed. Barueri: Atlas, 2024.

ROCHA, Sergio André. A deslegalização no direito tributário brasileiro contemporâneo: segurança jurídica, legalidade, conceitos indeterminados, tipicidade e liberdade de conformação da administração pública. *In*: RIBEIRO, Ricardo Lodi; ROCHA, Sergio André (Coord.). *Legalidade e tipicidade no direito tributário*. São Paulo: Quartier Latin, 2008. p. 220-259.

TORRES, Ricardo Lobo. *Tratado de direito constitucional e financeiro e tributário*. Os tributos na Constituição. Rio de Janeiro: Renovar, 2007. v. IV.

XAVIER, Alberto. *Os princípios da legalidade e da tipicidade na tributação*. São Paulo: Revista dos Tribunais, 1978.

Informação bibliográfica deste texto, conforme a NBR 6023:2018 da Associação Brasileira de Normas Técnicas (ABNT):

BASTOS, Filipe Silvestre Lacerda. IPTU sobre imóvel não previsto na planta genérica de valores (PGV) (ARE nº 1.245.097, Tema nº 1.084). *In*: PAULA, Fernanda de; PENCAK, Nina (coord.). *Tributação, liberdade e igualdade*: as contribuições do Ministro Luís Roberto Barroso. Belo Horizonte: Fórum, 2025. p. 497-508. ISBN 978-65-5518-952-0.

GUERRA FISCAL DO ICMS E MODULAÇÃO DE EFEITOS NA ADI Nº 4.481

GUILHERME MENDES RESENDE

1 Introdução

A "guerra fiscal" entre os estados brasileiros tem sido uma questão persistente no cenário tributário nacional, envolvendo disputas acirradas por investimentos e desenvolvimento econômico por meio de benefícios fiscais. Vários autores caracterizam o fenômeno da "guerra fiscal", em termos econômicos, como uma disputa fiscal e de benefícios financeiros dentro do contexto federativo.[1] Trata-se da intensificação de práticas de concorrência extremas e não cooperativas entre os entes da Federação, especialmente no que tange à gestão de suas políticas industriais. Dessa forma, o manejo das alíquotas de determinados tributos torna-se um componente central das estratégias para atração de empresas. Nesse cenário, destaca-se, por um lado, as características conflitantes e desordenadas do fenômeno (ações unilaterais, desrespeito à ordem jurídica etc.) e, por outro lado, o impacto negativo e perverso dos seus resultados para a sociedade como um todo (redução de receitas, déficit fiscal etc.).

Este capítulo aborda a Ação Direta de Inconstitucionalidade (ADI) nº 4.481, que representou um marco significativo no tratamento legal dessa questão. Examina-se como a decisão do Supremo Tribunal Federal (STF) nesta ação, sobre especialmente a modulação dos efeitos da decisão, buscou preservar o equilíbrio econômico e a segurança jurídica. Importante mencionar que o STF, ao julgar a ADI nº 4.481 em 11.3.2015,

---

[1] Segundo Nascimento (2008, p. 678), "[e]sta disputa entre os entes da Federação foi apelidada de 'guerra fiscal' e é assim chamada por ter como instrumento de negociação a arrecadação futura de tributos, normalmente, o ICMS para os Estados e o ISS para os municípios. Não está pautada apenas em questões fiscais, mas também contempla benefícios financeiros. No cenário nacional, passou a ter destaque a partir da abertura comercial e da estabilidade econômica, e ganhou notoriedade com a concessão de um amplo conjunto de vantagens e benefícios, principalmente para o setor automobilístico. Seus impactos podem gerar consequências positivas e negativas; pela ótica do administrador público, os aspectos positivos seriam a geração de empregos e renda, o crescimento do PIB local, bem como da receita tributária futura. Os ônus seriam a desarmonia entre os entes federados e a perda de receita presente, que poderá não ser compensada no futuro, pois as empresas poderão migrar novamente para outros Estados, após o período de carência, ou seja, antes de o Estado recuperar em sua totalidade os recursos aplicados".

declarou por unanimidade a inconstitucionalidade de certos artigos da Lei nº 14.985/06 do Estado do Paraná, que concedia benefícios fiscais do ICMS[2] sem o devido respaldo do convênio do Conselho Nacional de Política Fazendária (Confaz). A referida decisão[3] seguiu a jurisprudência consolidada do STF, que, em diversos casos, reafirmou que isenções e benefícios fiscais relacionados ao ICMS, concedidos sem a aprovação prévia do Confaz, violavam o art. 155, §2º, inc. XII, "g" da Constituição Federal de 1988 e a Lei Complementar nº 24/75. O aspecto inédito dessa declaração de inconstitucionalidade foi a modulação dos seus efeitos proposta pelo Ministro Relator Luís Roberto Barroso (e seguida pela maioria dos ministros)[4] prevendo que a utilização do benefício fiscal no Paraná seria validada até a data do julgamento, em 11.3.2015, delimitando, portanto, efeitos *ex nunc*.[5] Isso foi inédito porque, geralmente, as decisões do STF sobre esse tema não abordavam esse aspecto, resultando em efeitos retroativos (*ex tunc*) à data de edição da lei declarada inconstitucional.

A análise detalhada desta ADI não apenas ilustra os desafios e implicações da "guerra fiscal", mas também destaca a importância da modulação de efeitos como ferramenta para mitigar impactos abruptos sobre os contribuintes que teriam que pagar uma série de impostos atrasados tendo em vista o longo período durante o qual a lei vigorou sob presunção de constitucionalidade. Ao longo deste capítulo, são discutidos os precedentes, os argumentos e as consequências dessa decisão, proporcionando uma compreensão abrangente sobre como as decisões judiciais podem influenciar a política fiscal no Brasil.

2 Guerra fiscal e a ADI nº 4.481

Essa seção, inicialmente, tem o objetivo de contextualizar a "guerra fiscal" no âmbito do federalismo brasileiro, trazendo algumas estatísticas recentes sobre o tema. Em seguida, o caso da ADI nº 4.481 será detalhado para discutir a modulação dos efeitos proposta pelo Ministro Luís Roberto Barroso e as consequências dessa decisão.

2.1 Estatísticas da guerra fiscal brasileira

A "guerra fiscal" no Brasil é marcada pela intensa competição entre os estados para atrair empresas mediante incentivos fiscais, especialmente relacionados ao ICMS. Dados mais recentes de 2023 mostram que os estados estimavam uma renúncia total de R$232,5 bilhões em receitas do ICMS, representando, aproximadamente, 20% da arrecadação anual de ICMS de todas as vinte e sete unidades da federação. São Paulo lidera com R$79,6 bilhões em incentivos, seguido por Santa Catarina e Rio de Janeiro. Em termos percentuais, o Amazonas destaca-se com incentivos que correspondem a 61,7% de sua receita total.[6]

---

[2] O ICMS (Imposto sobre Circulação de Mercadorias e Serviços) é um tributo estadual que incide sobre a movimentação de produtos, transporte interestadual e intermunicipal, e serviços de comunicação. É uma das principais fontes de receita dos estados brasileiros e afeta tanto consumidores quanto empresas. A alíquota do ICMS varia conforme o estado e o tipo de mercadoria ou serviço.

[3] Inteiro teor do acórdão da ADI nº 4.481 disponível em: https://redir.stf.jus.br/paginadorpub/paginador.jsp?docTP=TP&docID=8494796. Acesso em: 6 jun. 2024.

[4] Vencido o Ministro Marco Aurélio, que não modulava os efeitos da decisão. Ausente, no julgamento, o Ministro Gilmar Mendes.

[5] Efeito da decisão judicial não "retorna ao passado".

[6] O Estado do Amazonas possui características distintas devido à presença da Zona Franca de Manaus (ZFM).

A Tabela 1 mostra a receita total estadual, renúncia total (desonerações) do ICMS por unidade federativa e o percentual de desonerações em relação à receita total em 2023. O *ranking* é feito em relação às desonerações totais em 2023.

TABELA 1 – RECEITAS TOTAIS E DESONERAÇÕES POR UNIDADE FEDERATIVA – EM MILHÕES DE R$

Ranking	UF	Receitas totais em 2023 (A)	Desonerações em 2023 (B)	% (B/A)
1	SP	R$317.408	R$79.598	25,1%
2	SC	R$52.675	R$20.260	38,5%
3	RJ	R$102.347	R$19.401	19,0%
4	AM	R$26.709	R$16.473	61,7%
5	PR	R$56.645	R$15.987	28,2%
6	GO	R$39.597	R$13.747	34,7%
7	MG	R$94.055	R$13.357	14,2%
8	MT	R$34.865	R$10.975	31,5%
9	BA	R$66.525	R$6.257	9,4%
10	DF	R$26.862	R$5.865	21,8%
11	MS	R$22.031	R$5.588	25,4%
12	RS	R$54.840	R$4.812	8,8%
13	PE	R$39.588	R$4.656	11,8%
14	PB	R$15.243	R$3.036	19,9%
15	ES	R$28.826	R$2.666	9,2%
16	CE	R$32.217	R$2.319	7,2%
17	AL	R$13.610	R$2.027	14,9%
18	PA	R$32.070	R$1.325	4,1%
19	MA	R$22.476	R$1.270	5,7%
20	RN	R$15.248	R$823	5,4%
21	TO	R$12.884	R$621	4,8%
22	PI	R$16.575	R$408	2,5%
23	AP	R$8.944	R$384	4,3%
24	AC	R$8.399	R$322	3,8%
25	RO	R$14.334	R$260	1,8%
26	RR	R$6.443	R$53	0,8%
27	SE	R$13.146	R$0	0,0%
	Total	**R$1.174.564**	**R$232.490**	19,8%

Elaboração própria com informações da *InfoMoney* (Disponível em: https://www.infomoney.com.br/politica/incentivos-dos-estados-com-icms-devem-chegar-a-r-2325-bilhoes-em-2023). Fonte: Secretarias Estaduais de Fazenda, Finanças e Planejamento, LDOs de 2023.

Os números de 2023 corroboram os debates sobre os níveis elevados que os benefícios fiscais alcançaram. Além disso, o levantamento da *InfoMoney*[7] feito junto às secretarias estaduais de Fazenda e Planejamento mostra que, se as estimativas dos Executivos estaduais se confirmarem, as renúncias fiscais saltarão para R$259,50 bilhões em 2024 e R$273,47 bilhões em 2025.

Tais números mostram as consequências perversas da "guerra fiscal" já descritas por vários autores.[8] Conforme salientado por Fernandes e Wanderlei (2000), a primeira consequência é o aumento do déficit público da federação, pois a redução da receita estadual, resultante da "guerra fiscal", leva ao incremento do déficit estadual consolidado. Isso, por sua vez, devido ao grande peso dos déficits estaduais em relação ao déficit global da federação, eleva o déficit público total. A segunda consequência é a concentração regional da economia, já que os estados economicamente mais desenvolvidos têm vantagens evidentes, como localização do mercado consumidor e melhor infraestrutura econômica, em comparação com os estados menos desenvolvidos.[9]

2.2 ADI nº 4.481[10]

A Ação Direta de Inconstitucionalidade (ADI) nº 4.481/PR foi proposta pela Confederação Nacional da Indústria (CNI) contra a Lei nº 14.985/06 do Estado do Paraná, que concedia benefícios fiscais para a importação de produtos industrializados. Segundo a CNI, tais benefícios violavam dispositivos constitucionais (art. 155, §2º, XII, "g" da CF/88)[11] e a Lei Complementar nº 24/1975, que regulam a concessão de incentivos fiscais do ICMS. O §2º, do art. 2º, da LC nº 24/75 prevê:

> Art. 2º Os convênios a que alude o art. 1º, serão celebrados em reuniões para as quais tenham sido convocados representantes de todos os Estados e do Distrito Federal, sob a presidência de representantes do Governo federal. [...]
> §2º A concessão de benefícios dependerá sempre de decisão unânime dos Estados representados; a sua revogação total ou parcial dependerá de aprovação de quatro quintos, pelo menos, dos representantes presentes.

De acordo com o texto legal mencionado, é necessária a decisão unânime dos estados representados para que um estado federado possa conceder benefícios fiscais

---

[7] Disponível em: https://www.infomoney.com.br/politica/incentivos-dos-estados-com-icms-devem-chegar-a-r-2325-bilhoes-em-2023. Acesso em: 14 jul. 2024.

[8] Ver Serra e Afonso (1999), Varsano (1997) e Piancastelli e Perobelli (1996) para uma discussão abrangente sobre a "guerra fiscal" no Brasil.

[9] Serra e Afonso (1999, p. 17) argumentam que "a disputa sem regras em torno do ICMS certamente foi um dos determinantes na reversão da tendência histórica à desconcentração regional da economia (o caso recente das montadoras automobilísticas é emblemático), pois, deflagrada a "guerra" generalizada, os estados mais desenvolvidos têm óbvias vantagens, como a localização de mercado e a infra-estrutura econômica e social, em relação aos menos desenvolvidos".

[10] Inteiro teor do acórdão disponível em: https://redir.stf.jus.br/paginadorpub/paginador.jsp?docTP=TP&docID=8494796. Acesso em: 6 jun. 2024.

[11] "Art. 155. Compete aos Estados e ao Distrito Federal instituir impostos sobre: [...] §2º O imposto previsto no inciso II atenderá ao seguinte: [...] XII - cabe à lei complementar: [...] g) regular a forma como, mediante deliberação dos Estados e do Distrito Federal, isenções, incentivos e benefícios fiscais serão concedidos e revogados".

relacionados ao ICMS. No entanto, por diversos motivos, esses benefícios têm sido concedidos sem seguir as diretrizes da LC nº 24/75, resultando na migração de empresas para estados com melhores incentivos tributários, o que causa a chamada "guerra fiscal".

A relatoria do caso ficou a cargo do Ministro Luís Roberto Barroso, e a decisão foi proferida em sessão plenária no dia 11.3.2015. Em seu voto, salientou que a concessão unilateral de benefícios fiscais relativos ao ICMS, sem a prévia celebração de convênio do Confaz, nos termos da LC nº 24/1975, afronta o art. 155, §2º, XII, "g", da CF e, portanto, é inconstitucional.[12] Nesse ponto, o voto-relator foi seguido unanimemente pelos ministros. O relator explicou que esse tem sido o entendimento do STF sobre o assunto.[13] Por outro lado, seguindo jurisprudência do STF, considerou constitucionais os dispositivos[14] da lei paranaense que tratavam do diferimento do pagamento de débitos de ICMS sem redução do valor devido tendo em vista que não configura benefício fiscal e pode ser estabelecido sem convênio.[15]

Foi a modulação dos efeitos da decisão que trouxe ineditismo para o voto-relator. Vários estudos já trataram dessa decisão destacando a modulação dos efeitos, como Cardoso (2018), Nunes (2020), entre outros.[16] Tal modulação de efeitos, proposta pelo Ministro Luís Roberto Barroso, foi justificada pelo longo período durante o qual a lei estadual vigorou (cerca de 8 anos) sob presunção de constitucionalidade e procurou minimizar impactos econômicos negativos e assegurar a estabilidade jurídica.

Vale destacar o estudo de Nunes (2020) que aborda o papel do Supremo Tribunal Federal (STF) no controle jurisdicional da "guerra fiscal", especialmente no caso da Zona Franca de Manaus. Ao analisar casos específicos de ADIs, como a ADI nº 4.481, que tratam da modulação dos efeitos de decisões de inconstitucionalidade, a autora destaca como a modulação de efeitos é utilizada pelo STF para mitigar os impactos de suas decisões, demonstrando a preocupação do tribunal com a segurança jurídica e a estabilidade econômica ao aplicar o controle de constitucionalidade. Esse ponto é explorado na próxima subseção.

2.3 A modulação dos efeitos da ADI nº 4.481 e suas consequências

No julgamento da ADI nº 4.481, o Ministro Relator, Luís Roberto Barroso, propôs a modulação dos efeitos da declaração de inconstitucionalidade, atribuindo eficácia à decisão a partir da data da sessão de julgamento (11.3.2015). Segundo Correia Neto (2017), foi a primeira vez em que o tribunal fez claramente uso da faculdade prevista no art. 27 da Lei nº 9.868/1999[17] para um caso de "guerra fiscal"

---

12 Inconstitucionalidade dos arts. 1º, *caput* e inc. II, 2º a 8º e 11 da Lei nº 14.985/2006.

13 Nessa linha, v. ADI nº 4.276/MT, Rel. Min. Luiz Fux; ADI nº 4.152/SP, Rel. Min. Cezar Peluso; ADI nº 3.702, Rel. Min. Dias Toffoli

14 O art. 1º, *caput*, inc. I e parágrafo único, bem como o art. 5º da Lei nº 14.985/06 foram considerados constitucionais.

15 Conforme, ADIs nºs 3.702, Rel. Min. Dias Toffoli, e 2.056, Rel. Min. Gilmar Mendes.

16 Ver, também, Batista (2024), Coelho (2021) e Tozzatti (2015).

17 "Art. 27. Ao declarar a inconstitucionalidade de lei ou ato normativo, e tendo em vista razões de segurança jurídica ou de excepcional interesse social, poderá o Supremo Tribunal Federal, por maioria de dois terços de seus membros, restringir os efeitos daquela declaração ou decidir que ela só tenha eficácia a partir de seu trânsito em julgado ou de outro momento que venha a ser fixado".

de ICMS.[18] Apenas o Ministro Marco Aurélio discordou da modulação dos efeitos, mas foi voto vencido.

O relator observou que a modulação realizada decorreu de um juízo de ponderação que não envolve o assim chamado princípio da supremacia da Constituição. Fez referência à Professora Ana Paula Oliveira Ávila (2002), que elaborou tal argumento de que não existe a ponderação da supremacia da Constituição, mas, na verdade, a ponderação de duas normas do texto constitucional. Nesse sentido, o ministro relator decidiu nos seguintes termos a modulação:

> Observo, por fim, que a modulação, no presente caso, decorre de um juízo de ponderação que não envolve o assim chamado princípio da supremacia da Constituição. A supremacia da Constituição é pressuposto do sistema de controle da constitucionalidade e, por consequência, é imponderável. A ponderação ocorre entre a disposição constitucional tida por violada e os princípios da boa-fé e da segurança jurídica. Pelas razões já expostas, entendo que devem prevalecer os últimos princípios, atribuindo-se eficácia a esta decisão a partir da data desta sessão.

Portanto, a modulação foi utilizada para respeitar os princípios da boa-fé e da segurança jurídica, dado que a lei vigorou por oito anos sem suspensão pelo STF, portanto, com presunção de constitucionalidade. Segundo o próprio voto vencedor, "a atribuição de efeitos retroativos à declaração de inconstitucionalidade geraria um grande impacto e um impacto injusto para os contribuintes".

Ademais, o ministro relator fez uma sugestão para que tal evento não ocorresse em situações futuras, *in verbis*:

> Por isso, registro que a minha sugestão, nesses casos, é de que os relatores procurem se pronunciar sobre o pedido de cautelar no primeiro momento possível, trazendo em seguida a decisão ao plenário para referendo. Não tendo havido deferimento de cautelar, contudo, parece-me difícil afastar a modulação dos efeitos temporais da decisão.

Batista (2024) ressaltou a sugestão do Ministro Luís Roberto Barroso para que, em casos de ADIs envolvendo "guerra fiscal", o relator conceda medidas cautelares para suspender imediatamente os efeitos das leis questionadas. Isso evitaria que benefícios fiscais inconstitucionais continuassem a produzir efeitos durante o trâmite do processo, reforçando a necessidade de uma ação mais imediata e preventiva por parte do STF. Entretanto, é preciso esclarecer que a circunstância do presente caso é relevante, visto que o Ministro Joaquim Barbosa (o relator inicial da ADI) submeteu o feito ao rito do art. 12 da Lei nº 9.868/1999,[19] não optando por proferir uma decisão cautelar e, por isso,

---

[18] Tourinho (2017) destaca que o tema da modulação de efeitos foi discutido também na ADI nº 424, de relatoria do ministro Luiz Fux, julgada em 20.8.2014. No caso, declarou-se a inconstitucionalidade sem pronúncia de nulidade, pelo prazo de 12 meses, de dispositivo de lei do estado do Ceará que concedia isenção tributária de ICMS "aos implementos e equipamentos destinados aos deficientes físicos auditivos, visuais, mentais e múltiplos, bem como aos veículos automotores de fabricação nacional com até 90 HP de potência adaptados para o uso de pessoas portadoras de deficiência".

[19] "Art. 12. Havendo pedido de medida cautelar, o relator, em face da relevância da matéria e de seu especial significado para a ordem social e a segurança jurídica, poderá, após a prestação das informações, no prazo de dez dias, e a manifestação do Advogado-Geral da União e do Procurador-Geral da República, sucessivamente, no prazo de cinco dias, submeter o processo diretamente ao Tribunal, que terá a faculdade de julgar definitivamente a ação".

levou esses anos todos para se julgar em plenário. Daí a sugestão do Ministro Barroso, para nesses casos que envolvam "guerra fiscal" e benefícios fiscais indevidos, que cada relator procure se pronunciar cautelarmente e no primeiro momento possível para que determinada lei não vigore por nenhum prazo significativo. É interessante notar que o Ministro Luís Roberto Barroso já aplicava esse procedimento. Por exemplo, na ADI nº 5.151, ele suspendeu liminarmente uma lei do Estado de Minas Gerais que permitia ao Poder Executivo estadual conceder crédito presumido de ICMS por decreto, sem a aprovação prévia do Confaz.[20]

Após a decisão da ADI nº 4.481, a modulação tem sido usada para proteger direitos adquiridos e evitar retrocessos econômicos, ilustrando o esforço do STF em equilibrar a correção de práticas inconstitucionais com a manutenção da estabilidade jurídica (BATISTA, 2024). Exemplos posteriores em que a modulação de efeitos *ex nunc* foi aplicada em casos similares incluem as ADIs nºs 5.467, 2.663 e 4.985.

No voto divergente, o Ministro Marco Aurélio ressaltou o impacto negativo que essa orientação poderia ter ao incentivar a continuidade da "guerra fiscal". Nessa linha de argumentação, o próprio Ministro Barroso já havia proferido decisões utilizando o argumento de que "[a] modulação dos efeitos temporais da declaração de inconstitucionalidade no presente caso consistiria, em essência, incentivo à "guerra fiscal", mostrando-se, assim, indevida" (*vide* ementa da ADI nº 3.794, de relatoria do Ministro Barroso julgada em 18.12.2014).[21] Portanto, a mudança de entendimento do tribunal parece se basear na longa duração do programa de benefícios fiscais e na demora do julgamento pelo Plenário, justificando a recomendação de modulação dos efeitos (CORREIA NETO, 2017).

3 Considerações finais

O estudo da ADI nº 4.481 ilustra a complexidade e as consequências da "guerra fiscal" no Brasil, destacando a necessidade de um equilíbrio entre a correção de práticas inconstitucionais e a manutenção da estabilidade jurídica. A modulação dos efeitos na ADI nº 4.481, proposta pelo Ministro Relator Luís Roberto Barroso, para que tivesse eficácia a partir da data do julgamento, procurou evitar efeitos retroativos que poderiam causar prejuízos a empresas que, de boa-fé, se beneficiaram das disposições da lei durante os oito anos em que esteve em vigor.

A "guerra fiscal" tem efeitos danosos, como o aumento do déficit público. A modulação dos efeitos *ex nunc*, como aplicada na ADI nº 4.481, permitiu validar os benefícios fiscais concedidos até a data do julgamento, preservando direitos adquiridos e evitando prejuízos econômicos abruptos. Esse tipo de modulação evidencia a preocupação do STF com a segurança jurídica e a boa-fé dos contribuintes.

A decisão também impulsionou a aprovação da Lei Complementar nº 160/2017, que buscou regulamentar a concessão de benefícios fiscais e promover maior transparência

[20] A medida cautelar proferida em 19.12.2014 está disponível em: https://portal.stf.jus.br/processos/downloadPeca.asp?id=290749533&ext=.pdf. Acesso em: 15 jun. 2024.

[21] Disponível em: https://redir.stf.jus.br/paginadorpub/paginador.jsp?docTP=TP&docID=7851429. Acesso em: 15 jun. 2024.

e controle.[22] No entanto, a "guerra fiscal" permanece um desafio estrutural no sistema tributário brasileiro, exigindo que a reforma tributária aprovada recentemente possa trazer uma solução definitiva para tal questão resolvendo as disfunções e promovendo um ambiente econômico mais justo e competitivo.

Por fim, ressalta-se que a discussão da ADI nº 4.481 e suas consequências evidenciam a necessidade de uma abordagem coordenada e integrada para fortalecer o pacto federativo e garantir a equidade fiscal no país. A modulação dos efeitos das decisões do STF continuará sendo uma ferramenta vital para equilibrar os interesses econômicos e jurídicos no cenário brasileiro.

Referências

ANDRADE, Fábio Martins de. *Modulação e consequencialismo*. 1. ed. Rio de Janeiro: Lumen Juris, 2017.

ÁVILA, Ana Paula Oliveira. *Determinação dos efeitos do controle de constitucionalidade*: possibilidades e limites. 2002. Mimeografado.

BARROSO, Luís Roberto. *O controle de constitucionalidade no direito brasileiro*: exposição sistemática da doutrina e análise crítica da jurisprudência. 7. ed. rev. e atual. São Paulo: Saraiva, 2016.

BATISTA, Vitor Bueno. *Impacto da modulação de efeitos em controle concentrado sobre a guerra fiscal de ICMS*. 2023. 48 f. Artigo (Graduação em Direito) – Instituto Brasileiro de Ensino, Desenvolvimento e Pesquisa, Brasília, 2023. Disponível em: http://52.186.153.119/handle/123456789/4868. Acesso em: 2 jun. 2024.

CARDOSO, B. L. A necessária modulação dos efeitos na declaração de inconstitucionalidade de incentivos fiscais de ICMS decorrentes da guerra fiscal. *Revista de Finanças Públicas, Tributação e Desenvolvimento*, v. 6, n. 6, 2018. Disponível em: https://doi.org/10.12957/rfptd.2018.27365. Acesso em: 2 jun. 2024.

COELHO, Diogo Lins Barbosa. *A Lei Complementar n. 160/2017 e a guerra fiscal de ICMS*. 2018. 85 f. Dissertação (Mestrado em Direito Constitucional) – Instituto Brasileiro de Ensino, Desenvolvimento e Pesquisa, Brasília, 2021. Disponível em: http://52.186.153.119/handle/123456789/2939. Acesso em: 2 jun. 2024.

CORREIA NETO, C. B. Supremo confirma tendência à modulação de efeitos na guerra fiscal. *Conjur*, 18 mar. 2017. Disponível em: https://www.conjur.com.br/2017-mar-18/observatorio-constitucional-supremo-confirma-tendencia-modulacao-efeitos-guerra-fiscal/. Acesso em: 2 jun. 2024.

FERNANDES, André E. S.; WANDERLEI, Nélio L. A questão da guerra fiscal: uma breve resenha. *Revista de Informação Legislativa*, v. 37, n. 148 out./dez. 2000. Disponível em: https://www2.senado.leg.br/bdsf/bitstream/handle/id/626/r148-01.pdf?sequence=4. Acesso em: 2 jun. 2024.

NASCIMENTO, Sidnei Pereira do. Guerra Fiscal: uma avaliação comparativa entre alguns Estados participantes. *Economia Aplicada*, São Paulo, v. 12, n. 4, p. 677-706, out./dez. 2008.

NUNES, Aline Teixeira Leal. *A Zona Franca de Manaus e a guerra fiscal no contexto do federalismo brasileiro*. 2020. Dissertação (Mestrado em Direito) – Instituto CEUB de Pesquisa e Desenvolvimento, Centro Universitário de Brasília, Brasília, 2020. Disponível em: https://repositorio.uniceub.br/jspui/handle/prefix/15084. Acesso em: 2 jun. 2024.

PIANCASTELLI M.; PEROBELLI, F. S. ICMS: evolução recente e guerra fiscal. *Texto para Discussão (TD) – Instituto de Pesquisa Econômica Aplicada (Ipea)*, n. 402, 1996.

SERRA, Jose; AFONSO, José Roberto R. Federalismo fiscal a brasileira: algumas reflexões. *Revista do BNDES*, Rio de Janeiro, v. 6, n. 12, p. 3-29, dez. 1999.

---

22 Segundo Coelho (2021), a LC nº 160/2017 representou uma tentativa de pacificar as disputas passadas e estabelecer um novo marco legal para a concessão de benefícios fiscais de ICMS.

TOURINHO, Saul. Novas nuances da "guerra fiscal" à luz do Supremo Tribunal Federal. *Conjur*, 15 mar. 2017. Disponível em: http://www.conjur.com.br/2017-mar-15/saul-tourinho-leal-novas-nuances-guerra-fiscal-luz-stf. Acesso em: 2 jun. 2024.

TOZZATTI, Natália Lopes Lima. *Modulação de efeitos e normas de competência tributária sob a ótica do Supremo Tribunal Federal*. 2015. 81 f. Monografia (Graduação) – Faculdade de Ciências Sociais e Jurídicas, Centro Universitário de Brasília, Brasília, 2015. Disponível em: https://repositorio.uniceub.br/jspui/handle/235/8408. Acesso em: 2 jun. 2024.

VARSANO, R. A guerra fiscal do ICMS: quem ganha e quem perde. *Planejamento e Políticas Públicas*, v. 15, 1997.

Informação bibliográfica deste texto, conforme a NBR 6023:2018 da Associação Brasileira de Normas Técnicas (ABNT):

RESENDE, Guilherme Mendes. Guerra fiscal do ICMS e modulação de efeitos na ADI 1. ..481. *In*: PAULA, Fernanda de; PENCAK, Nina (coord.). *Tributação, liberdade e igualdade*: as contribuições do Ministro Luís Roberto Barroso. Belo Horizonte: Fórum, 2025. p. 509-517. ISBN 978-65-5518-952-0.

LIMITES FORMAIS E MATERIAIS PARA A INSTITUIÇÃO DE RESPONSABILIDADE POR SUBSTITUIÇÃO TRIBUTÁRIA DO ICMS NA JURISPRUDÊNCIA DO STF: O VOTO DO MINISTRO LUÍS ROBERTO BARROSO NA ADI Nº 4.281

GUSTAVO DA GAMA VITAL DE OLIVEIRA

1 Introdução

É com especial satisfação que tenho a oportunidade de apresentar algumas considerações acerca da relevante contribuição do Ministro Luís Roberto Barroso para a seara do direito tributário e do direito financeiro, ao longo dos anos de exercício da função jurisdicional no Supremo Tribunal Federal.

O presente artigo abordará especificamente a contribuição do ministro na consolidação de parâmetros construídos pelo STF para a delimitação dos limites formais e materiais para julgamento da constitucionalidade de atos normativos estaduais editados com o objetivo de atribuição de responsabilidade, na modalidade substituição tributária, em relação ao ICMS.

O enfoque do trabalho será o voto proferido pelo Ministro Luís Roberto Barroso na ADI nº 4.281, que decidiu acerca da inconstitucionalidade da atribuição de responsabilidade, por substituição tributária, nas hipóteses de distribuição de energia elétrica, no âmbito do mercado livre de energia, por meio de Decreto nº 54.177/2009 do Estado de São Paulo.

2 A reserva de lei complementar de normas gerais de responsabilidade tributária e o ICMS

As normas gerais para a atribuição de responsabilidade tributária estão sujeitas à reserva de lei complementar, nos termos do art. 146, III, "b", da Constituição Federal.[1]

---

[1] "Art. 146. Cabe à lei complementar: [...] III – estabelecer normas gerais em matéria de legislação tributária, especialmente sobre: b) obrigação, lançamento, crédito, prescrição e decadência tributários; [...]".

Cabe notar que o termo "responsabilidade tributária" não está expressamente indicado no rol de matérias sujeitas à reserva de lei complementar. Todavia, considerando que os temas relativos à responsabilidade tributária possuem intrínseca relação com o aspecto pessoal do fato gerador da obrigação tributária (art. 121, parágrafo único, do Código Tributário Nacional),[2] se a obrigação tributária constitui tema sob reserva de lei complementar, naturalmente a responsabilidade tributária deve seguir o mesmo critério. Ademais, a utilização do vocábulo "especialmente", no inc. III do art. 146 da CF, reforça o entendimento de que as normas gerais veiculadas por lei complementar não se limitam aos temas indicados literalmente na alínea "b".

Em tal linha, no RE nº 562.276 (Tema nº 13 de Repercussão Geral), o STF reconheceu que as normas gerais acerca da atribuição de responsabilidade tributária estão dispostas no CTN, considerando a reserva de lei complementar estabelecida pela CF:

> DIREITO TRIBUTÁRIO. RESPONSABILIDADE TRIBUTÁRIA. NORMAS GERAIS DE DIREITO TRIBUTÁRIO. ART 146, III, DA CF. ART. 135, III, DO CTN. SÓCIOS DE SOCIEDADE LIMITADA. ART. 13 DA LEI 8.620/93. INCONSTITUCIONALIDADES FORMAL E MATERIAL. REPERCUSSÃO GERAL. APLICAÇÃO DA DECISÃO PELOS DEMAIS TRIBUNAIS. 1. Todas as espécies tributárias, entre as quais as contribuições de seguridade social, estão sujeitas às normas gerais de direito tributário. 2. *O Código Tributário Nacional estabelece algumas regras matrizes de responsabilidade tributária, como a do art. 135, III, bem como diretrizes para que o legislador de cada ente político estabeleça outras regras específicas de responsabilidade tributária relativamente aos tributos da sua competência, conforme seu art. 128.* [...]
> 4. A responsabilidade tributária pressupõe duas normas autônomas: a regra matriz de incidência tributária e a regra matriz de responsabilidade tributária, cada uma com seu pressuposto de fato e seus sujeitos próprios. A referência ao responsável enquanto terceiro (dritter Persone, terzo ou tercero) evidencia que não participa da relação contributiva, mas de uma relação específica de responsabilidade tributária, inconfundível com aquela. *O "terceiro" só pode ser chamado responsabilizado na hipótese de descumprimento de deveres próprios de colaboração para com a Administração Tributária, estabelecidos, ainda que a contrario sensu, na regra matriz de responsabilidade tributária, e desde que tenha contribuído para a situação de inadimplemento pelo contribuinte.* [...]. (RE 562276. Rel. Min. Ellen Gracie, Tribunal Pleno, julgado em 03.11.2010, Repercussão Geral – Mérito *DJe*-027 Divulg. 09.02.2011 Public. 10.02.2011) (Grifos nossos)

O acórdão do Pleno do STF estabeleceu dois padrões fundamentais para a constitucionalidade de atribuição de responsabilidade tributária: 1) o CTN estabeleceu diretrizes para que o legislador de cada unidade federativa possa estabelecer regras específicas de responsabilidade tributária; 2) o terceiro somente poderá ser chamado a responder pelo débito tributário, a título de responsabilidade, nas hipóteses de descumprimento de deveres próprios de colaboração com a Administração Tributária e desde que tenha contribuído para a situação de inadimplemento pelo contribuinte.

Na mesma linha de entendimento, o STF teve oportunidade de examinar enunciados normativos estaduais relativos ao ICMS que atribuíram responsabilidade

---

2 "Art. 121. Sujeito passivo da obrigação principal é a pessoa obrigada ao pagamento de tributo ou penalidade pecuniária. Parágrafo único. O sujeito passivo da obrigação principal diz-se: I – contribuinte, quando tenha relação pessoal e direta com a situação que constitua o respectivo fato gerador; II – responsável, quando, sem revestir a condição de contribuinte, sua obrigação decorra de disposição expressa de lei".

tributária a terceiros, tendo reconhecido a inconstitucionalidade sempre que tais enunciados se afastaram dos comandos gerais do CTN ou da Lei Complementar nº 87/96 (Lei Kandir), afirmando que a lei estadual deve obediência às normas gerais definidas em lei complementar.

Em norma específica acerca do ICMS, a CF determina que cabe à lei complementar estabelecer regras sobre o imposto estadual, inclusive em relação à substituição tributária (art. 155, §2º, XII, "b") e fixar, para efeito de sua cobrança e definição do estabelecimento responsável, o local das operações relativas à circulação de mercadorias e das prestações de serviços (art. 155, §2º, XII, "d").

A Lei Kandir também estabelece requisitos para a atribuição de responsabilidade pelo pagamento do imposto, ratificando os contornos da responsabilidade tributária adotados pelo CTN e pela jurisprudência do STF, consoante art. 5º do diploma mencionado:

> Art. 5º Lei poderá atribuir a terceiros a responsabilidade pelo pagamento do imposto e acréscimos devidos pelo contribuinte ou responsável, quando os atos ou omissões daqueles concorrerem para o não recolhimento do tributo.

Logo, à luz do CTN, da LC nº 87/96 e da jurisprudência do STF, é possível considerar que a atribuição válida de responsabilidade tributária, em relação ao ICMS, inclusive em matéria de substituição tributária, pressupõe que a lei estadual tenha atendido ao menos três requisitos materiais: 1) a lei estadual de responsabilização deve observar as normas gerais contidas na lei complementar (CTN e LC nº 87/96); 2) o terceiro deve necessariamente ser pessoa "vinculada ao fato gerador" (art. 128 do CTN)[3]; 3) terceiros só podem ser chamados à responsabilidade quando, por seus atos ou omissões, concorrerem para o não recolhimento do tributo pelo contribuinte (art. 5º da LC nº 87/96).

Além disso, a unidade federativa estadual deve cumprir, para instituição de hipótese de responsabilidade tributária, requisito formal básico que é a veiculação da responsabilidade por meio de lei estadual, em sentido formal. Tal requisito formal decorre: 1) do art. 150, I, da CF, que consagra o princípio da legalidade tributária; 2) do art. 128 do CTN, que utiliza a expressão "lei" para indicar qual veículo normativo pode instituir hipótese de responsabilidade tributária; 3) do art. 5º da Lei Kandir, que também utiliza a expressão "lei".

Na hipótese de substituição tributária, existe ainda dispositivo específico constitucional que exige que a hipótese seja regulada por lei (art. 150, §7º, da CF).[4] No mesmo sentido dispõe o art. 6º da Lei Kandir.[5]

---

3 "Art. 128. Sem prejuízo do disposto neste capítulo, a lei pode atribuir de modo expresso a responsabilidade pelo crédito tributário a terceira pessoa, vinculada ao fato gerador da respectiva obrigação, excluindo a responsabilidade do contribuinte ou atribuindo-a a êste em caráter supletivo do cumprimento total ou parcial da referida obrigação".

4 "Art. 150. [...] §7º A lei poderá atribuir a sujeito passivo de obrigação tributária a condição de responsável pelo pagamento de imposto ou contribuição, cujo fato gerador deva ocorrer posteriormente, assegurada a imediata e preferencial restituição da quantia paga, caso não se realize o fato gerador presumido. (Incluído pela Emenda Constitucional nº 3, de 1993)".

5 "Art. 6º Lei estadual poderá atribuir a contribuinte do imposto ou a depositário a qualquer título a responsabilidade pelo seu pagamento, hipótese em que assumirá a condição de substituto tributário. (Redação dada pela LC nº 114, de 16.12.2002)".

Logo, a atribuição, de forma originária, de qualquer modalidade de responsabilidade por substituição tributária por ato infralegal (decreto, resolução, portaria etc.) é inválida, visto que incompatível com o CTN, com a Lei Kandir e com a jurisprudência do STF.

No item seguinte, será ressaltado como o voto do Ministro Luís Roberto Barroso, no julgamento da ADI nº 4.281, confirmou os aspectos destacados.

3 O voto do Ministro Luís Roberto Barroso na ADI nº 4.281

Na ADI nº 4.281, foi suscitada a inconstitucionalidade do Decreto nº 54.177/2009, do Estado de São Paulo, no ponto em que estabeleceu regime de substituição tributária quanto ao recolhimento do ICMS sobre energia elétrica no âmbito do mercado livre de energia. Tal decreto, atribuindo nova redação ao Regulamento do ICMS-SP, determinou que as distribuidoras de energia recolham o ICMS também sobre o valor da energia diretamente contratada pelos consumidores perante as comercializadoras. A inicial da ADI apontou a existência de vício formais e materiais na medida.

O Tribunal, por maioria, julgou procedente o pedido da ADI, reconhecendo a inconstitucionalidade do Decreto do Estado de São Paulo nº 54.177/2009, na parte em que alterou a redação do art. 425, I, "b", e dos §§2º e 3º (no que pertinente à hipótese da referida alínea "b"), e modulou os efeitos do reconhecimento de inconstitucionalidade para que se considere insubsistente o decreto a contar da publicação do acórdão, nos termos do voto da Ministra Ellen Gracie (relatora), vencidos o Ministro Alexandre de Moraes, que julgava improcedente a ação, e o Ministro Marco Aurélio apenas em relação à modulação dos efeitos da decisão:

> AÇÃO DIRETA DE INCONSTITUCIONALIDADE. AL. B DO INC. I E §§2º E 3º DO ART. 425 DO REGULAMENTO DO IMPOSTO SOBRE CIRCULAÇÃO DE MERCADORIAS E SERVIÇOS DE SÃO PAULO (DECRETO N. 45.490/2000, ALTERADO PELO DECRETO N. 54.177/2009). OPERAÇÕES COM ENERGIA ELÉTRICA. SUBSTITUIÇÃO TRIBUTÁRIA. AUSÊNCIA DE PREVISÃO LEGAL. OFENSA AO PRINCÍPIO DA LEGALIDADE. AÇÃO DIRETA JULGADA PROCEDENTE. (ADI 4281. Rel. Rosa Weber. Rel. p/ Acórdão: Cármen Lúcia, Tribunal Pleno, julgado em 13.10.2020, Processo Eletrônico *DJe*, 295, Divulg. 17.12.2020 Public. 18.12.2020)

Em seu voto, o Ministro Barroso, que acompanhou a maioria, acolheu o argumento de inconstitucionalidade formal do Decreto nº 54.177/2009, do Estado de São Paulo, considerando que o "deslocamento da obrigação principal para um substituto tributário" dependeria da edição de lei sem sentido formal, em atenção ao art. 150, I, da CF, conforme entendimento consagrado pelo Pleno da Corte. Na hipótese, o Ministro invocou o julgado do RE nº 194.382, especialmente o voto do relator, Ministro Maurício Côrrea.[6]

---

[6] Na doutrina, no mesmo sentido, em comentário ao art. 150, §7º, da CF, Marco Aurélio Greco reforça a necessidade de lei em sentido formal para a instituição de substituição tributária, também invocando o art. 150, I, da CF: "[...] Os elementos essenciais ao tributo estão sujeitos ao princípio da reserva absoluta de lei. A necessidade de lei, para este efeito, decorre da norma do artigo 150, I, da CF/88, pois na figura da antecipação (com ou sem substituição) há uma forma de "exigência" de tributo, ainda que antecipadamente. [...]" (GRECO, Marco Aurélio. Comentário art. 150, §7º, da CF. *In*: CANOTILHO, J. J. Gomes *et al.* (Coord.). *Comentários à Constituição do Brasil*. 3. ed. rev. e atual. São Paulo: SaraivaJur, 2023 (Série IDP)).

Acerca do tema, o Superior Tribunal de Justiça também adota entendimento semelhante, ao indicar a reserva de lei formal para atribuição de responsabilidade por substituição tributária, conforme relevante julgado proferido em 2020.[7] O acórdão do STJ é importante ainda por ressaltar que a reserva de lei estadual para previsão de substituição tributária também se aplica quando a substituição tributária está fundamentada em norma de convênio. Nesse caso, cabe ao Estado providenciar a internalização, por lei estadual, da regra de responsabilidade indicada no convênio.

Em linha semelhante, decidiu o STF por ocasião do julgamento da ADI nº 6.144, em 2021, ao considerar inconstitucional o decreto estadual do Estado do Amazonas que havia buscado internalizar normas de responsabilidade por substituição tributária em operações interestaduais indicadas em convênio, destacando o Tribunal a necessidade de edição de lei estadual.[8]

No voto da ADI nº 4.281, o Ministro Barroso rejeitou a alegação, formulada pelo Estado de São Paulo, de que o Decreto nº 54.177/2009 teria suporte no art. 8º, inc. VI, da Lei nº 6.374/89[9] (vigente à época de edição do decreto). Isto porque o mencionado dispositivo legal estabelece hipótese genérica e ligada às operações ocorridas no mercado de contratação regulada de energia. Todavia, o caso em exame na ADI tratava de fatos geradores que surgiram no ambiente de livre contratação de energia, que passou a ser permitida somente em 1995, com a Lei federal nº 9.074/95. Logo, a lei do Estado de SP não poderia conferir suporte normativo para a hipótese em situação que sequer estava prevista à época de sua edição.

Tais ponderações aduzidas pelo ministro são extremamente válidas, pois não se afigura incomum que Estados venham a invocar, na instituição de hipóteses de substituição tributária por atos infralegais, a suposta existência de suporte normativo baseado em dispositivos de leis estaduais que são absolutamente genéricos e que não guardam correspondência direta com a hipótese de responsabilidade atribuída. Em tal situação, por óbvio, não está cumprido o requisito formal de exigência de lei (art. 128 do CTN c/c art. 6º da Lei Kandir) para disciplinar a substituição tributária.

A posição explicitada pelo Ministro Barroso encontra-se, ademais, em consonância com a defendida por Aliomar Baleeiro, que, comentando o art. 128 do CTN, enfatiza que apenas a lei, *de modo expresso*, pode instituir responsável tributário.[10]

---

7 AREsp 1516171/SP, Rel. Min. Napoleão Nunes Maia Filho, Primeira Turma, julgado em 23.06.2020, *DJe* 01.07.2020.

8 ADI 6144. Rel. Dias Toffoli, Tribunal Pleno, julgado em 03.08.2021, Processo Eletrônico *DJe*, 176 Divulg. 02.09.2021 Public. 03.09.2021. Em sentido semelhante, na doutrina, Aroldo Gomes de Mattos: "A natureza jurídica do acordo a ser previamente celebrado entre os Estados interessados na substituição tributária em operações interestaduais, prevista no art. 6º, retro, é de ato administrativo, devidamente motivado, denominado 'protocolo'. Sua eficácia restringe-se às respectivas entidades federativas, já que, quanto aos contribuintes substituto e substituído, só a lei estadual poderá obrigá-los ou desobrigá-los" (MATTOS, Aroldo Gomes de. *ICMS* – Comentários à legislação nacional. São Paulo: Dialética, 2006. p. 190).

9 "Art. 8º São sujeitos passivos por substituição: [...] VI- quanto à energia elétrica: a empresa geradora, a distribuidora ou qualquer outra que comercializar energia elétrica, relativamente ao imposto devido nas operações antecedentes ou subseqüentes".

10 BALEEIRO, Aliomar. *Direito tributário brasileiro*. Atualização de Misabel Abreu Machado Derzi. Rio de Janeiro: Forense, 2018. p. 1122: "A lei, *e só ela, de modo expresso*, pode substituir o contribuinte por outra pessoa, desde que vinculada ao fato gerador da obrigação tributária" (grifos no original). Em linha semelhante, Amílcar de Araújo Falcão destaca que os sujeitos passivos indiretos, por transferência ou por substituição, "só podemos resultar de disposição legal expressa [...]" (FALCÃO, Amílcar de Araújo. *Fato gerador da obrigação tributária*. São Paulo: Noeses, 2013. p. 103).

O voto do Ministro Barroso prossegue no sentido de acolher a inconstitucionalidade material do Decreto nº 54.177/2009 pelo reconhecimento de que a substituição tributária indicada seria verdadeira substituição lateral, o que "desborda do figurino constitucional, do Código Tributário Nacional e da jurisprudência pacífica desta Corte".

Destacando que a substituição tributária consiste em técnica que permite maior eficiência na fiscalização e arrecadação dos tributos, o voto do Ministro Barroso ressaltou a necessidade de que a referida modalidade de responsabilidade tributária observe balizas como o princípio da capacidade contributiva e da proporcionalidade, bem como o CTN, nos termos seguintes:

> 12. Apesar de válida, a técnica da substituição tributária é limitada e deve, portanto, respeitar certas balizas já devidamente estabelecidas. Primeiro, na própria Constituição, notadamente, nos princípios da capacidade contributiva e da proporcionalidade. Em segundo lugar, no Código Tributário Nacional, lei de normas gerais, que tratou do assunto no art. 128 e traz como requisito a necessidade de que o substituto mantenha vínculo com o fato gerador. Por último, na jurisprudência desta Corte sobre o tema, que há muito já pacificou o entendimento de que há dois requisitos para que se estabeleça validamente uma hipótese de substituição tributária: (i) a previsão em lei em sentido formal; (ii) que o substituto mantenha vínculo com o fato gerador da obrigação tributária.

Examinando a hipótese em julgamento na ADI nº 4.281, ressaltou o ministro que, no tocante à circulação econômica ou jurídica da mercadoria (energia elétrica) entre gerador ou importador e o consumidor livre, a distribuidora seria elemento estranho à relação e à própria cadeia produtiva:

> 13. Em razão desse transporte, a distribuidora é ressarcida por contrato específico celebrado para tal fim, que é obrigada por lei a firmar. Entretanto, no que diz com a circulação econômica ou jurídica da mercadoria (energia elétrica) entre gerador ou importador e o consumidor livre, a distribuidora é elemento estranho à relação e à própria cadeia produtiva. Assim, não recebe qualquer valor pelo contrato de fornecimento de energia elétrica celebrado, tampouco mantém qualquer relação com o fato gerador da obrigação tributária que o Decreto Estadual objetiva lhe imputar.
> 14. Por tais razões, entendo que também do ponto de vista material o decreto estadual é inconstitucional, já que contraria a disciplina expressa do Código Tributário Nacional, a quem a Constituição atribuiu a função de estabelecer normais gerais sobre o tema da responsabilidade. Também porque vai de encontro à jurisprudência deste Supremo Tribunal sobre o tema, que igualmente exige que o substituto mantenha ligação com o fato gerador da obrigação tributária, para que não sejam violados, como entendo terem sido no caso, os princípios da proporcionalidade e da capacidade contributiva.

Na mesma linha do voto do Ministro Barroso, Ricardo Lobo Torres,[11] ao destacar a necessidade de vinculação do substituto tributário ao fato gerador realizado pelo contribuinte, conforme o art. 128 do CTN, ressalta que proibido "seria a lei indicar o autor destas linhas ou o amável leitor como substituto do vendedor de cigarros a varejo",[12] conforme razões a seguir:

---

[11] TORRES, Ricardo Lobo. *Tratado de direito constitucional financeiro e tributário*. Rio de Janeiro: Renovar, 2007. v. IV. p. 289.

[12] TORRES, Ricardo Lobo. *Tratado de direito constitucional financeiro e tributário*. Rio de Janeiro: Renovar, 2007. v. IV. p. 289.

Na substituição do ICMS o importante é que o substituto possa recuperar do substituído a quantia relativa ao tributo ou obter da Fazenda Pública a restituição do indébito. Por evidente que o industrial, por exemplo, pode recuperar do comerciante varejista o valor do imposto, que já estará embutido no preço de venda ao consumidor final ou será estimado previamente; demais disso, tal valor integra a equação financeira armada no próprio momento da substituição, ou seja, na saída da mercadoria da indústria. [...].

Em sentido semelhante destaca Luís Eduardo Schoueri,[13] ao mencionar a exigência do art. 128 do CTN de que o responsável seja pessoa vinculada ao fato gerador:

Daí o substituto não ser um qualquer. Estando vinculado ao fato jurídico tributário, tem ele condições de se precaver, perante o contribuinte, para que ele não se veja afetado pela tributação. Ou seja: embora a relação jurídico-tributária se instaure perante o substituto (é ele, afinal, o sujeito passivo da obrigação), o legislador complementar pressupõe que o substituto esteja suficientemente vinculado ao fato jurídico tributário, de modo a ressarcir-se do valor pago, ou mesmo reter o tributo.

É relevante observar que a exigência de que o terceiro, eleito como substituto tributário, esteja vinculado ao fato gerador, destacada no voto do Ministro Barroso, não decorre, apenas, da interpretação isolada do art. 128 do CTN. Trata-se de exigência que decorre do próprio sistema tributário delineado na Constituição. Com efeito, se o constituinte teve a preocupação de dividir a competência tributária de maneira detalhada, de modo a permitir que incidências tributárias somente possam capturar determinadas manifestações de riqueza, não se poderia admitir que o patrimônio de terceiro, que não praticou o fato gerador, possa ser atingido, sem que mantenha vinculação direta ao fato gerador.[14]

Em síntese às considerações explicitadas ao longo do voto, o Ministro Barroso propôs a seguinte tese:

É como voto, propondo a seguinte tese: "*São inconstitucionais as hipóteses de substituição tributária que não estejam expressamente previstas em lei e que elejam, como substituta, pessoa desvinculada do fato gerador.*" (Grifos no original)

Vale destacar, ainda, a plena harmonia do entendimento adotado pelo Ministro Barroso na ADI nº 4.281 com o entendimento explicitado na ADI nº 4.845, que também foi julgada em 2020. No último julgado mencionado, como relator do feito, o ministro reconheceu a inconstitucionalidade de norma estadual que atribuiu responsabilidade tributária a terceiros em manifesto conflito às normas gerais do CTN:

---

[13] SCHOUERI, Luís Eduardo. *Direito tributário*. São Paulo: SaraivaJur, 2023. p. 1274.

[14] Em tal sentido, SCHOUERI, Luís Eduardo. *Direito tributário*. São Paulo: SaraivaJur, 2023. p. 1270. No mesmo sentido, destaca RODRIGUES, Matheus Schwertner Zicacarelli. *Sujeição passiva e os limites da responsabilidade tributária*. Belo Horizonte: Fórum, 2023. p. 145: "Dessa forma, o referido vínculo pode até mesmo deixar de ser visto como um mero requisito estatuído no artigo 128 do Código Tributário Nacional, para ser considerado como uma explicitação do limite de competência tributária conferida às pessoas políticas de Direito público interno, quanto à responsabilização de terceiros, tendo em vista que não há como se admitir o instituto da responsabilidade tributária desvinculado da possibilidade de recuperação do ônus do tributo".

> Direito Constitucional e Tributário. Ação direta de inconstitucionalidade. Responsabilidade tributária de terceiros por infrações. Lei estadual em conflito com regramento da norma geral federal. Inconstitucionalidade formal. 1. Trata-se de ação direta de inconstitucionalidade que tem por objeto o parágrafo único do art. 18-C da Lei nº 7.098/1998, acrescentado pelo art. 13 da Lei nº 9.226/2009, do Estado de Mato Grosso, que atribui responsabilidade tributária solidária por infrações a toda pessoa que concorra ou intervenha, ativa ou passivamente, no cumprimento da obrigação tributária, especialmente a advogado, economista e correspondente fiscal. 2. Ainda que a norma impugnada trate exclusivamente de Direito Tributário (CF, art. 24, I) e não de regulamentação de profissão (CF, art. 22, XVI), há o vício de inconstitucionalidade formal. *Ao ampliar as hipóteses de responsabilidade de terceiros por infrações, prevista pelos arts. 134 e 135 do Código Tributário Nacional – CTN, a lei estadual invade competência do legislador complementar federal para estabelecer as normas gerais na matéria (art. 146, III, b, da CF).* 3. A norma estadual avançou em dois pontos de forma indevida, transbordando de sua competência: (i) ampliou o rol das pessoas que podem ser pessoalmente responsáveis pelo crédito tributário; (ii) dispôs diversamente do CTN sobre as circunstâncias autorizadoras da responsabilidade pessoal do terceiro. 4. Ação direta de inconstitucionalidade julgada procedente. Fixação da seguinte tese: "É inconstitucional lei estadual que disciplina a responsabilidade de terceiros por infrações de forma diversa da matriz geral estabelecida pelo Código Tributário Nacional". (ADI 4845. Rel. Min. Roberto Barroso, Tribunal Pleno, julgado em 13.02.2020, Processo Eletrônico *DJe*, 044 Divulg. 03.03.2020 Public. 04.03.2020) (Grifos nossos)

Em seu voto, o ministro destaca a reserva de lei complementar, estabelecida pela CF, para as normas gerais de atribuição de responsabilidade tributária, que devem ser respeitadas pelos entes federativos:

> 6. Como consequência da inserção da *obrigação tributária* na *reserva de lei complementar federal* estabelecida na alínea b do inciso III do art. 146 da CF, as linhas básicas da *responsabilidade tributária* devem estar contidas necessariamente em *lei complementar federal*, não sendo possível que uma lei estadual estabeleça regramento que entre em conflito com as normas gerais federais.

Em outro julgamento de relatoria do Ministro Luís Roberto Barroso, a Primeira Turma confirmou a existência de limites formais e materiais para lei estadual que dispõe acerca do estabelecimento do regime de substituição tributária do ICMS, no tocante à fixação de margem de valor agregado, para efeito de cálculo do imposto estadual:

> DIREITO TRIBUTÁRIO. SEGUNDO AGRAVO INTERNO EM RECURSO EXTRAORDINÁRIO. ICMS. MARGEM VALOR AGREGADO (MVA). CRITÉRIOS PARA SUA FIXAÇÃO. DISCIPLINA POR LEI. DECRETO. DELEGAÇÃO. IMPOSSIBILIDADE. AUMENTO INDIRETO DE TRIBUTOS. ANTERIORIDADE. OBSERVÂNCIA. DECRETO ESTADUAL N° 37.456/2016. SÚMULA 280/STF. 1. *O Supremo Tribunal Federal possui entendimento no sentido de que os critérios para a fixação da margem de valor agregado para efeito de cálculo do ICMS em regime de substituição tributária devem ser disciplinados por lei estadual, em sentido formal e material, não sendo possível a delegação a ato normativo infralegal, sob pena de ofensa ao princípio da legalidade tributária (ADI 1945, Rel. Min. Cármen Lúcia, Rel. p/ Acórdão Min. Dias Toffolli).* 2. Segundo jurisprudência desta Corte, o aumento indireto de tributos deve observância ao princípio da anterioridade. Precedente. 3. Para firmar entendimento diverso do acórdão recorrido quanto aos pontos aduzidos pela parte recorrente, seria indispensável o reexame do acervo probatório constante dos autos e da legislação infraconstitucional pertinente. Nessas condições, a hipótese atrai a incidência

> dos enunciados da Súmula 279/STF e 280/STF 4. Inaplicável o art. 85, §11, do CPC/2015, uma vez que não é cabível, na hipótese, condenação em honorários advocatícios (art. 25, Lei nº 12.016/2009 e Súmula 512/STF). 5. Agravo interno a que se nega provimento, com aplicação da multa prevista no art. 1.021, §4º, do CPC/2015. (RE 1358771 AgR-segundo. Rel. Roberto Barroso, Primeira Turma, julgado em 21.03.2022, Processo Eletrônico *DJe*, 057, Divulg. 24.03.2022 Public. 25.03.2022) (Grifos nossos)

Cumpre ainda aduzir que há decisão do Pleno do STF, adotada por unanimidade, no sentido de que a imputação de responsabilidade tributária, na modalidade de substituição tributária progressiva, pelo estado competente para a cobrança do ICMS, não demanda a edição de lei complementar, considerando o art. 150, §7º, da CF.[15]

Outro limite relevante consagrado pela jurisprudência do STF é a consideração de que a majoração indireta do ICMS provocada pela instituição da substituição tributária está sujeita às anterioridades geral e nonagesimal, como ressaltado na ADI nº 6.144, já mencionada.[16]

Ademais, em acórdão da Primeira Turma, de relatoria do Ministro Luís Roberto Barroso, foi indicado que as modificações na margem de valor agregado, no âmbito da substituição tributária, ao implicarem aumento indireto de tributo, devem observar o princípio da anterioridade:

> DIREITO TRIBUTÁRIO. SEGUNDO AGRAVO INTERNO EM RECURSO EXTRAORDINÁRIO. ICMS. MARGEM VALOR AGREGADO (MVA). CRITÉRIOS PARA SUA FIXAÇÃO. DISCIPLINA POR LEI. DECRETO. DELEGAÇÃO. IMPOSSIBILIDADE. AUMENTO INDIRETO DE TRIBUTOS. ANTERIORIDADE. OBSERVÂNCIA. DECRETO ESTADUAL N° 37.456/2016. SÚMULA 280/STF. 1. O Supremo Tribunal Federal possui entendimento no sentido de que os critérios para a fixação da margem de valor agregado para efeito de cálculo do ICMS em regime de substituição tributária devem ser disciplinados por lei estadual, em sentido formal e material, não sendo possível a delegação a ato normativo infralegal, sob pena de ofensa ao princípio da legalidade tributária (ADI 1945, Rel. Min. Cármen Lúcia, Rel. p/ Acórdão Min. Dias Toffolli). 2. Segundo jurisprudência desta Corte, o aumento indireto de tributos deve observância ao princípio da anterioridade. Precedente. 3. Para firmar entendimento diverso do acórdão recorrido quanto aos pontos aduzidos pela parte recorrente, seria indispensável o reexame do acervo probatório constante dos autos e da legislação infraconstitucional pertinente. Nessas condições, a hipótese atrai a incidência dos enunciados da Súmula 279/STF e 280/STF 4. Inaplicável o art. 85, §11, do CPC/2015, uma vez que não é cabível, na hipótese, condenação em honorários advocatícios (art. 25, Lei nº 12.016/2009 e Súmula 512/STF). 5. Agravo interno a que se nega provimento, com aplicação da multa prevista no art. 1.021, §4º, do CPC/2015. (RE 1358771 AgR-segundo. Rel. Roberto Barroso, Primeira Turma, julgado em 21.03.2022, Processo Eletrônico *DJe*, 057 Divulg. 24.03.2022 Public. 25.03.2022).

Logo, a lei estadual não pode atribuir responsabilidade tributária, na modalidade substituição tributária, de forma dissociada de parâmetros delineados pela lei complementar, especialmente no CTN e na Lei Kandir, bem como deve observâncias às limitações constitucionais ao poder de tributar.

---

[15] ADI 5702. Rel. André Mendonça, Tribunal Pleno, julgado em 24.10.2022, Processo Eletrônico *DJe*, 222 Divulg. 04.11.2022 Public. 07.11.2022.

[16] ADI 6144. Rel. Dias Toffoli, Tribunal Pleno, julgado em 03.08.2021, Processo Eletrônico *DJe*, 176 Divulg. 02.09.2021 Public. 03.09.2021.

4 Argumentos que reforçam a reserva de lei complementar para instituição de normas gerais para a responsabilidade tributária no ICMS

A reserva de lei complementar tributária para normas gerais de responsabilidade tributária no ICMS cumpre relevante papel no sistema tributário brasileiro.

Tal exigência evita que cada fazenda estadual possa, por lei estadual, estabelecer critérios diversos, em cenário de insustentável insegurança jurídica para os contribuintes. A multiplicidade de critérios de atribuição de responsabilidade por substituição tributária levaria ainda à geração de obrigações acessórias diferentes em cada unidade da federação, dificultando a operação das empresas cujo perfil do negócio indicaria uma atuação em âmbito nacional. Além disso, a diversidade de critérios adotados por cada lei estadual ocasiona conflitos de competência entre os Estados, que devem ser dirimidos por lei complementar, em atenção ao disposto no art. 146, I, da CF.[17]

A necessidade de prévia edição de lei complementar, para regular incidências tributárias, especialmente nas hipóteses de conflitos potenciais de competência, já foi decidida em diversos julgados do STF. Assim decidiu o STF ao declarar inconstitucionais leis estaduais que pretendiam cobrar o extinto adicional estadual de imposto de renda (art. 155, II, da CF, na redação original, anterior à EC nº 3/93), considerando a ausência de lei complementar federal sobre o tema.[18] A ausência de normas claras na Lei Kandir que possam prevenir conflitos de competência entre estados também já levou o STF a invalidar a própria exigência do ICMS em algumas situações, tal como ocorreu em relação à incidência do tributo estadual no transporte aéreo.[19]

Em 2021, no julgamento da ADI nº 5.469 e do Tema de Repercussão Geral nº 1.093, prevaleceu no STF a tese da inconstitucionalidade da previsão do diferencial de alíquotas (EC nº 87/2015) sem a edição da lei complementar de normas gerais, exatamente pelo fato de que a lei complementar possui perfil uniformizador da legislação tributária.[20]

O perfil nacional do ICMS foi bem destacado pela Ministra Cármen Lúcia, ao deferir a medida cautelar na ADI nº 5.866, suspendendo os efeitos de várias cláusulas do Convênio nº 52/2017, apontando a invasão do campo normativo atribuído à lei complementar, conforme trecho destacado a seguir:

> 10. Nos autos agora examinados, revela-se pertinente o argumento central desenvolvido pela Autora de não obediência, na edição do Convênio ICMS n. 52/2017, da cláusula constitucional de reserva de lei, prevista nos arts. 146, inc. III, 150, §7º, e 155, §2º, inc. XII, notadamente no que concerne às cláusulas 8ª, 9ª, 10ª, 11ª, 12ª, 13ª, 14ª, 16ª, 24ª e 26ª do ato normativo impugnado.
>
> As determinações dos arts. 146, inc. III, e 155, §2º, inc. XII, da Constituição da República direcionam-se à lei complementar nacional, na qual devem ser estabelecidas diretrizes básicas para regulamentação geral do imposto discutido na espécie vertente, que, repita-se, a despeito de sua instituição reservada à competência estadual é de configuração nacional.

---

17 OLIVEIRA, Gustavo da Gama Vital de. *ICMS no Estado do Rio de Janeiro*: teoria e prática. Rio de Janeiro: Lumen Juris, 2023. p. 270.

18 RE 136215. Rel. Min. Octavio Gallotti, Tribunal Pleno, julgado em 18.02.1993, *DJ* 16.04.1993.

19 ADI 1600. Rel. Sydney Sanches. Rel. p/ Acórdão: Nelson Jobim, Tribunal Pleno, julgado em 26.11.2001, *DJ* 20.06.2003.

20 Tese: "A cobrança do diferencial de alíquota alusiva ao ICMS, conforme introduzido pela emenda EC 87/2015, pressupõe a edição de lei complementar veiculando normas gerais".

Em junho de 2020, o Pleno do STF confirmou, em outro julgado, o relevante papel da lei complementar na tutela da uniformidade da cobrança do ICMS.[21]

5 Conclusão

O voto do Ministro Luís Roberto Barroso, na ADI nº 4.281, reforçou o entendimento jurisprudencial construído pelo STF acerca dos limites formais e materiais para o estabelecimento de hipóteses de responsabilidade tributária, inclusive na modalidade de substituição tributária, no que se refere ao ICMS.

O principal limite formal para a instituição de hipótese de substituição tributária é a exigência de sua veiculação por meio de lei estadual formal. Assim, a previsão de substituição tributária, de maneira originária, por meio de ato infralegal, como decreto, não se afigura compatível com a CF.

Em relação aos limites materiais, a lei estadual, que estabelece substituição tributária, deve observar os parâmetros estabelecidos em normas gerais veiculadas pela lei complementar. Assim, a título exemplificativo, considerando que o art. 128 do CTN estabelece que o responsável tributário deve ser pessoa vinculada ao fato gerador, caso a lei estadual eleja como substituto tributário pessoa que figure como elemento estranho ao fato gerador considerado pela lei tributária, haverá inconstitucionalidade na medida legislativa estadual cogitada.

Referências

BALEEIRO, Aliomar. *Direito tributário brasileiro*. Atualização de Misabel Abreu Machado Derzi. Rio de Janeiro: Forense, 2018.

FALCÃO, Amílcar de Araújo. *Fato gerador da obrigação tributária*. São Paulo: Noeses, 2013.

GRECO, Marco Aurélio. Comentário art. 150, §7º, da CF. *In*: CANOTILHO, J. J. Gomes *et al.* (Coord.). *Comentários à Constituição do Brasil*. 3. ed. rev. e atual. São Paulo: SaraivaJur, 2023 (Série IDP).

MATTOS, Aroldo Gomes de. *ICMS* – Comentários à legislação nacional. São Paulo: Dialética, 2006.

OLIVEIRA, Gustavo da Gama Vital de. *ICMS no Estado do Rio de Janeiro*: teoria e prática. Rio de Janeiro: Lumen Juris, 2023.

RODRIGUES, Matheus Schwertner Zicacarelli. *Sujeição passiva e os limites da responsabilidade tributária*. Belo Horizonte: Fórum, 2023.

SCHOUERI, Luís Eduardo. *Direito tributário*. São Paulo: SaraivaJur, 2023.

TORRES, Ricardo Lobo. *Tratado de direito constitucional financeiro e tributário*. Rio de Janeiro: Renovar, 2007. v. IV.

Informação bibliográfica deste texto, conforme a NBR 6023:2018 da Associação Brasileira de Normas Técnicas (ABNT):

OLIVEIRA, Gustavo da Gama Vital de. Limites formais e materiais para a instituição de responsabilidade por substituição tributária do ICMS na jurisprudência do STF: o voto do Ministro Luís Roberto Barroso na ADI nº 4.281. *In*: PAULA, Fernanda de; PENCAK, Nina (coord.). *Tributação, liberdade e igualdade*: as contribuições do Ministro Luís Roberto Barroso. Belo Horizonte: Fórum, 2025. p. 519-529. ISBN 978-65-5518-952-0.

[21] ADI 4623. Rel. Cármen Lúcia, Tribunal Pleno, julgado em 16.06.2020, Public. 14.08.2020.

EFEITOS DAS DECISÕES DO SUPREMO TRIBUNAL FEDERAL EM CONTROLE DIFUSO DE CONSTITUCIONALIDADE SOBRE A COISA JULGADA FORMADA NAS RELAÇÕES TRIBUTÁRIAS DE TRATO CONTINUADO (RE Nº 949.297, TEMA Nº 881; E RE Nº 955.227, TEMA Nº 885)

HALLEY HENARES NETO

Introdução

Finalizado o julgamento dos Temas nºs 881 e 885, que se propunham a delimitar a coisa julgada em matéria tributária de trato sucessivo, notadamente diante de pronunciamento, em controle concentrado ou difuso, do Supremo Tribunal Federal, que declara a constitucionalidade de tributo anteriormente considerado inconstitucional (e vice-versa) por decisão transitada em julgado, muitas são as dúvidas que pairam no ar, sendo a principal delas enunciada da seguinte forma: não existe mais coisa julgada no sistema jurídico brasileiro?

O presente trabalho, para tentar responder a essa pergunta com todas as suas nuances, passará por questões como a distinção entre a eficácia temporal da coisa julgada e a sua imutabilidade, a modulação dos efeitos do precedente da Suprema Corte e os seus requisitos autorizativos e o cabimento de ação rescisória. Com todas as premissas estabelecidas, espera-se que o artigo seja útil àqueles que buscam respostas e que fomente o debate acerca de assuntos tão caros ao direito tributário e, principalmente, ao contribuinte, que é o destinatário mais vulnerável das decisões tomadas nesse âmbito pelos Tribunais Superiores.

Cessação da eficácia temporal e imutabilidade da coisa julgada formada nas relações tributárias de trato continuado

No julgamento dos Temas nºs 881 e 885, o Supremo Tribunal Federal consignou (i) que as suas decisões tomadas em controle incidental de constitucionalidade, anteriores à instituição do regime de repercussão geral, não impactam automaticamente a coisa julgada que se tenha formado, mesmo nas relações jurídicas tributárias de trato sucessivo; e (ii) que as decisões proferidas em ação direta ou em sede de repercussão geral interrompem automaticamente os efeitos temporais das decisões transitadas em julgado nas referidas relações, respeitadas a irretroatividade, a anterioridade anual e a noventena ou a anterioridade nonagesimal, conforme a natureza do tributo.

Quer-se, com isso, dizer que eventual decisão transitada em julgado – desde que anterior ao pronunciamento da Suprema Corte sobre o tema em testilha, pois, do contrário, estar-se-ia diante de uma coisa julgada inconstitucional, situação diversa da aqui posta –, quando incongruente, no mérito, com novel precedente firmado pelo Tribunal Superior – é dizer, uma pela inconstitucionalidade e outra pela constitucionalidade –, não terá, a partir desse momento, aptidão para produzir efeitos. Em outras palavras, o Supremo Tribunal Federal tratou dos limites da eficácia da coisa julgada (e não da imutabilidade, que é o seu outro atributo, conectado a situações pretéritas, anteriores à fixação de nova orientação da Suprema Corte) em matéria tributária, notadamente quando o próprio STF, em controle concentrado de constitucionalidade, declara a constitucionalidade de tributo anteriormente considerado inconstitucional, na via do controle incidental.

No que tange à referenciada eficácia da coisa julgada, o STF decidiu que em relação jurídica de trato sucessivo ocorre a sua cessação *pro-futuro* (com efeitos prospectivos) quando a nova decisão, proferida em controle abstrato de constitucionalidade, estiver em sentido contrário ao conteúdo material da decisão anterior, proferida em controle concreto de constitucionalidade. Não há falar em desfazimento retroativo da coisa julgada. Cessam-se os efeitos futuros da coisa julgada, mantendo-se íntegros, todavia, no que diz respeito aos fatos e relações jurídicas por ela disciplinadas no passado, até o surgimento, na ordem jurídica, da nova interpretação do STF sobre a mesma matéria.

Entende-se que os efeitos das decisões sobre relações jurídicas de trato sucessivo perduram enquanto mantidos o suporte fático e a realidade normativa da época em que prolatadas.

Segundo a doutrina de Teori Zavascki, todas as sentenças contêm, implicitamente, a cláusula *rebus sic stantibus*, de forma que

> a sentença tem eficácia enquanto se mantiverem inalterados o direito e o suporte fático sobre os quais estabeleceu o juízo de certeza [...] se ela afirmou que determinada relação jurídica não existe, supôs a inexistência, ou do comando normativo, ou da situação de fato afirmada pelo litigante interessado. Alterada a situação de fato (muda o suporte fático, mantendo-se o estado da norma) ou de direito (muda o suporte fático, mantendo-se o estado da norma), ou os dois, *a sentença deixa de ter a força de lei entre as partes, que até então mantinha*. (ZAVASCKI, 2017, p. 105)

Cumpre registrar, aliás, que a orientação dos Tribunais Superiores pela cessação automática da eficácia da decisão individual transitada em julgado não é recente. No julgamento do Recurso Especial nº 599.764/GO (2004), decidiu-se que a alteração do *status quo* tem, em regra, efeitos imediatos e automáticos, cessando, *a partir daí*, a eficácia vinculativa do julgado, independentemente de novo pronunciamento judicial ou de qualquer outra formalidade.

No Recurso Extraordinário nº 730.462/SP (2015), da relatoria do Min. Teori Zavascki, Tema nº 733 da Repercussão Geral, o Supremo Tribunal Federal ressaltou que a *eficácia executiva* (efeito vinculante em relação a atos administrativos e judiciais) de seu julgado é *ex nunc*, por decorrer da sentença, e não da vigência da norma examinada, logo, tem, como termo inicial, a data da publicação do acórdão da Corte no *Diário Oficial*.

Não bastasse, a Procuradoria-Geral da Fazenda Nacional, por meio do Parecer nº 492/2011, diz que

> a cessação da eficácia vinculante da decisão tributária transitada em julgado opera-se *automaticamente*, de modo que (i) quando se der a favor do Fisco, este pode voltar o tributo, tido por inconstitucional na anterior decisão, em relação aos fatos geradores praticado *dali para frente, sem que necessite de prévia autorização judicial nesse sentido*; (ii) quando se der a favor do contribuinte-autor, este pode deixar de recolher o tributo, tido por constitucional na decisão anterior, em relação aos fatos geradores praticados dali para frente, sem que necessite de prévia autorização judicial nesse sentido.

Nesse contexto, a Administração Tributária, em prestígio ao sistema de precedentes, também passa a adotar a postura de não mais recorrer de decisões, desfavoráveis à Fazenda Nacional, proferidas em consonância com precedente judicial dos Tribunais Superiores.

Embora essa seja a solução imprimida pela Corte e pela Procuradoria-Geral da Fazenda Nacional, doutrinadores de escol – dos quais o Prof. Humberto Ávila é expoente – obtemperam que não poderia haver cessação automática da eficácia da decisão transitada em julgado, uma vez que a decisão proferida no controle concentrado e no controle difuso de constitucionalidade examina a compatibilidade de uma norma *geral e abstrata* com a Constituição, sem, portanto, observar especificidades de casos individuais e concretos, tarefa essa que não se haure, via de regra, da competência dos Tribunais Superiores.

Nessa específica hipótese (limite da eficácia temporal da coisa julgada diante de precedente do STF em sentido contrário), leciona Humberto Ávila:

> A conciliação dos princípios da segurança jurídica, por meio da coisa julgada, e da igualdade, por meio da revisão da coisa julgada, repele tanto a solução extremada de manter os efeitos futuros da sentença transitada em julgado inconstitucional, independente do estado de desigualdade por ela criado, como a anulação total dessa sentença, independente da confiança nela depositada pela parte que dela se beneficiou. (ÁVILA, 2016, p. 371-373)

O instrumento adequado, então, para operacionalizar a cessação da eficácia da decisão individual seria a ação revisional, prevista no art. 505 do Código de Processo Civil, conforme o qual:

> nenhum juiz decidirá novamente as questões já decididas relativas à mesma lide, salvo:
> I – se, tratando-se de relação jurídica de trato continuado, sobreveio modificação no estado de fato ou de direito, caso em que poderá a parte pedir a revisão do que foi estatuído na sentença [...].

No entanto, para o Pretório Excelso, as alterações no estado de fato ou de direito, por representarem alterações substanciais, fazem surgir uma nova relação jurídica, não abrangida pela coisa julgada, o que implica a ausência de subsunção ao comando normativo e, assim, a ação revisional torna-se prescindível para o fim de fazer cessar os efeitos da coisa julgada. Terá lugar em hipóteses excepcionais, previstas pela legislação, a exemplo do pai que, em virtude de sua piora financeira, deseja rever o valor fixado a título de pensão alimentícia do seu filho. Neste último caso, a nova sentença terá eficácia *ex nunc*, pois não visa a anular a sentença revisanda nem a rescindi-la, mas tão somente a interpretar sua eficácia.

Não obstante a ressalva da doutrina, o precedente do Supremo Tribunal Federal, seja ele oriundo do controle concentrado de constitucionalidade, seja ele oriundo do controle difuso de constitucionalidade, por força da sua eficácia executiva e da alteração do direito que provoca, implica a cessação automática da eficácia da coisa julgada em sentido contrário, o que, pertinente repisar, nada tem que ver com a *imutabilidade* da decisão, aqui entendida como o atributo que resguarda os efeitos pretéritos da decisão transitada em julgado, gerados antes e até a prolação da nova decisão, em sentido oposto ao anterior, da Suprema Corte. A imutabilidade tem como finalidade conferir segurança jurídica e estabilidade nas relações intersubjetivas, não dando azo para o prolongamento da lide e tampouco insegurança para as partes litigantes.

O conteúdo e a integridade da decisão individual transitada em julgado, que se torna inapta a produzir efeitos *pro-futuro*, mantêm-se incólumes diante das balizas adotadas, em caráter definitivo e vinculante, pelos Tribunais Superiores. Subsiste como sempre fora, deixa, porém, de ser executável, isto é, fulmina a capacidade do contribuinte ou do Fisco de operacionalizar, com olhar detido para o futuro, qualquer que seja o direito ali consagrado.

Estabelecidas essas premissas, pode-se concluir que não assiste razão àqueles que defendem a tese de que a decisão proferida pelo Supremo Tribunal Federal no julgamento dos Temas nºs 881 e 885 não pode, por malferir os princípios da irretroatividade, da anterioridade anual e da anterioridade nonagesimal, retroagir, porque, na realidade, de retroação não se cogita. Trata-se, deveras, de *decisão declaratória* – que apenas reconhece uma relação jurídica preexistente, dando-lhe certeza oficial –, proferida em sede de controle de constitucionalidade, com efeitos pretéritos.

Especificamente no que concerne à Contribuição Social sobre o Lucro Líquido, o STF – e o raciocínio desenvolvido a seguir pode ser replicado para questões correlatas –, ainda em 2007, por meio da ADI nº 15/DF, reconheceu a sua constitucionalidade, enquanto diversos contribuintes já tinham, à época, decisões judiciais favoráveis transitadas em julgado. Logo, no momento em que a Corte referenda, em 2023, a sua jurisprudência no sentido de que ocorre a cessação automática da eficácia temporal da coisa julgada com o julgamento de mérito em sentido contrário à decisão individual, é juridicamente sustentável asseverar, sem prejuízo de considerações que serão feitas ao longo deste trabalho, que os contribuintes devem recolher aos cofres públicos, a título de CSLL, o que deixaram de pagar desde 2007.

A consagração, na tese fixada no julgamento dos Temas nºs 881 e 885, dos princípios da irretroatividade, da anterioridade anual e da anterioridade nonagesimal apenas veda a cobrança da Contribuição Social sobre o Lucro Líquido no período anterior a 2007 e posterga o dever dos contribuintes de pagá-la para o exercício financeiro subsequente àquele em que foi reputada constitucional a exação (2008 em diante). Portanto, para que a decisão declaratória com efeitos pretéritos tomada pela Suprema Corte nos Temas nºs 881 e 885 pudesse ser aplicável de 2023 para frente, teria de ser modulada, o que não aconteceu.

É imanente à decisão judicial declaratória o atributo de produzir efeitos pretéritos, tendo em vista voltar-se para o quadro fático-normativo formado no passado, desde que se delimitou, por meio da propositura da ação, o seu objeto, que é a situação jurídica (*matéria decidendi*) submetida para análise no presente. *In casu*, se uma decisão transitada em julgado envolvendo relação tributária de trato sucessivo tem validade eterna ou se cessa a sua eficácia diante de ulterior decisão em sentido contrário advinda do controle difuso ou do controle concentrado de constitucionalidade.

Nessa esteira, impende recordar escólio de Fernando Facury Scaff (2023), para quem

> o que se tem no presente caso é um overruling, isto é, uma mudança de orientação jurisprudencial do STF, que finalmente estabeleceu um mecanismo para articulação entre os dois sistemas de controle de constitucionalidade, o concentrado e o difuso. O CPC de 2015 (art. 927) estabelece as regras para o overruling, indicando uma série de medidas que poderiam ter sido adotadas pelo STF no presente caso, como a realização de audiência pública. Porém, o overruling foi realizado em concreto e não pode trazer efeitos retrospectivos, mas prospectivos, senão até o passado se tornará incerto.

Nada obstante, apesar de o Supremo Tribunal Federal, nos Temas nºs 881 e 885, ter apenas reiterado a sua jurisprudência erigida no início da década passada e de ter, nesse passo, acompanhando a corrente doutrinária majoritária, que prega, há muito, a cessação automática e prospectiva da eficácia da coisa julgada contrária à Constituição – a afastar até mesmo a caracterização de *overruling*, nos termos acima comentados – houve, de outra parte, impedimento expresso da aplicação retroativa da tese, o que não significa que, dessa decisão declaratória, não sobrevenha efeito pretérito algum, pois inato a pronunciamentos desse jaez.

Todavia, conquanto não haja, na espécie, alteração de jurisprudência dominante do Supremo Tribunal Federal, tampouco seja preciso modular efeitos de decisão que, naturalmente, já se volta ao passado, mas sem retroagir – o que equivaleria, no que diz respeito à Contribuição Social sobre o Lucro Líquido, a cobrar dos contribuintes os fatos geradores ocorridos anteriormente a 2007 –, o art. 27 da Lei nº 9.868/99, que dispõe sobre o processo e julgamento de ADI e ADC, recomenda a *modulação dos efeitos* com lastro no sobreprincípio da *segurança jurídica*; e o art. 20 da LINDB, que o julgador esteja atento às *consequências práticas* de sua decisão.

Modulação de efeitos e os imperativos da segurança jurídica e da consequência prática da decisão

Nos debates travados pelos ministros da Corte Constitucional nos Temas nºs 881 e 885, muito se disse sobre a falta de provisionamento dos valores por parte dos contribuintes, o que, para a maioria dos integrantes, configuraria uma disposição ao risco por parte dos jurisdicionados. Se, por um lado, a resposta dada pelo Supremo Tribunal

Federal em 2023 chancela seus próprios precedentes, por outro, forçoso reconhecer que são posteriores, mesmo os mais antigos, a diversas decisões individuais transitadas em julgado. Este último aspecto é um dado de fato da realidade que não pode ser desconsiderado pelo direito, sobretudo sob a égide de uma Constituição garantista dos direitos dos contribuintes como a brasileira.

Exemplificativamente, imagine-se que um contribuinte, no início dos anos 2000, obteve, a seu favor, decisão pela inexigibilidade da Contribuição Social sobre o Lucro Líquido, a qual, no ano subsequente, transita em julgado. Seis anos depois, a Suprema Corte, em decisão proferida com efeitos *erga omnes*, firma entendimento pela constitucionalidade do tributo, incongruente, por conseguinte, com a coisa julgada. Ciente de que, nos termos do art. 5º, inc. XXXVI, a Constituição alça a coisa julgada à categoria de direito fundamental, por qual motivo o contribuinte, nesse instante – e seis anos depois de encerrada a sua demanda –, passaria a provisionar? E mais, deveria, então, calcular o que deixou de pagar nos seis anos anteriores e, num passe de mágica, angariar recursos para fazer frente a essa inesperada despesa, o que, certamente, afetaria de maneira severa o seu fluxo de caixa, se é que não o levaria à ruína? E por que deveria, se os precedentes – em prol da cessação automática da eficácia temporal da coisa julgada – a que se refere o parágrafo anterior são do início da década passada, é dizer, posteriores a 2007?

Evidente, enfim, não se tratar de mera disposição ao risco, não calculada, dos contribuintes que tinham, praticamente desde o início do século, decisões individuais favoráveis, levando em consideração (i) a data em que certificado o trânsito em julgado da demanda; (ii) a data em que o Supremo Tribunal Federal firmou entendimento pela constitucionalidade da exação; (iii) a data em que a Corte, pela primeira vez, pronunciou-se acerca da cessação automática da eficácia temporal da coisa julgada.

Nessa senda, a Corte Constitucional, data máxima vênia, teria a oportunidade de modular os efeitos da decisão proferida no julgamento dos Temas nºs 881 e 885 para limitar os efeitos pretéritos que, naturalmente, decorrem da sua natureza declaratória, apesar de não se vislumbrar, como adiantado acima, alteração de jurisprudência dominante, requisito elencado pelo art. 927 do Código de Processo Civil. Conquanto seja imanente à decisão judicial reportar-se ao passado (eficácia declaratória pretérita), não se pode desconsiderar, mesmo nessa hipótese, que a segurança jurídica do contribuinte deve ser sempre preservada. No presente caso, não se deve olvidar que, a despeito da inerente eficácia declaratória pretérita aplicável ao caso, foi a primeira vez que o STF decidiu que uma decisão de sua lavra, emitida em sede de controle concentrado de constitucionalidade, possibilitaria a cessação da eficácia de decisão anterior, do próprio STF, prolatada em sede de controle incidental de constitucionalidade. O ineditismo e atipia da matéria, de *per si*, são aspectos que não podem deixar de ser analisados à luz da segurança jurídica do contribuinte, notadamente daquele que se pautou em sua própria decisão transitada em julgado à época.

Os efeitos perpetrados pela decisão individual transitada em julgado deveriam ser preservados pelo menos até a publicação do acórdão do RE nº 949.297 – Tema nº 881 – e do RE nº 955.227 – Tema nº 885 – para que não se negasse vigência, assim, a um princípio regente de todo o ordenamento jurídico pátrio, qual seja, o da segurança jurídica, cujos pilares são a cognoscibilidade, a confiabilidade e a calculabilidade. Passado tanto tempo entre a formação da coisa julgada individual (signo do *beneplácito judicial*) e o pronunciamento do Supremo Tribunal Federal pela cessação automática de sua eficácia e incutida legítima expectativa nos contribuintes, dever-se-ia observar o disposto no art. 27 da Lei nº 9.868/99.

Nessa linha, Humberto Ávila conceitua a segurança jurídica como sendo

> uma norma-princípio que exige, dos Poderes Legislativo, Executivo e Judiciário, a ação de comportamentos que contribuam mais para a existência, em benefício dos cidadãos e na sua perspectiva, de um estado de confiabilidade e de calculabilidade jurídica, com base na sua cognoscibilidade, por meio da controlabilidade jurídico-racional das estruturas argumentativas reconstrutivas de normas gerais e individuais, como *instrumento garantidor do respeito à sua capacidade de – sem engano, frustração, surpresa e arbitrariedade – plasmar digna e responsavelmente o seu presente e fazer um planejamento estratégico juridicamente informado do seu futuro.* (ÁVILA, 2021, p. 286)

Para o doutrinador,

> se é correto afirmar que o princípio da segurança jurídica exige um estado de segurança que pende para o cidadão, é adequado sustentar que o *princípio da segurança jurídico-tributária exige um estado de segurança que proponde, ainda com mais intensidade, para o contribuinte.* (ÁVILA, 2021, p. 262)

Em síntese, a segurança jurídica, como norma-princípio, assegura aos cidadãos – e, com mais rigor, aos contribuintes –, com vistas ao passado, a estabilidade, a durabilidade e a irretroatividade do ordenamento jurídico e, com vistas ao futuro, a possibilidade de antever os desdobramentos de fatos ocorridos ou prestes a ocorrerem.

Independentemente de o julgamento dos Temas nºs 881 e 855 não afetar, a princípio, a imutabilidade da coisa julgada, mas apenas a sua eficácia temporal, não é razoável imaginar que contribuintes que ostentam decisões transitadas em julgado em uma era em que o Supremo Tribunal Federal nunca tinha se manifestado sobre a prevalência de suas deliberações – a impor a tal cessação automática – sejam surpreendidos com a irradiação de efeitos pretéritos que, no que envolve a Contribuição Social sobre o Lucro Líquido, chegam até 2007, minando, com isso, a capacidade de plasmarem digna e responsavelmente o seu presente de fazerem um planejamento estratégico juridicamente informado que tenham feito.

Dessarte, (i) por conta do efeito do tempo nas relações jurídicas processuais colocadas sob o crivo da Suprema Corte e (ii) de, a qualquer tempo, poder revisitar a sua própria jurisprudência e (iii) de as suas decisões culminarem na cessação automática da eficácia temporal da coisa julgada, o que, em certa medida, restringe o espectro dos direitos já cristalizados há bastante tempo pelos contribuintes, a modulação dos efeitos das teses fixadas assume singular importância e deve tornar-se tônica do controle de constitucionalidade.

Vale gizar que o Poder Judiciário, para além da interpretação a aplicação da lei em sentido abstrato, lida também com fatos, atos, relações jurídicas e sujeitos de direito (contribuintes). A realidade social de milhares de indivíduos, além de integrar a sua *cidadania fiscal*, é parte integrante do arcabouço da relação jurídico-tributária sobre a qual se assenta a norma-princípio da *segurança jurídica*.

Essa realidade não pode ser ignorada, mormente por advir de uma justa e razoável expectativa que prosperou por diversos anos até que a Corte Constitucional *sinalizasse*, num primeiro momento, que o seu precedente é capaz de fazer cessar a eficácia da coisa julgada em sentido contrário e, *definitivamente*, com o julgamento dos Temas nºs 881 e 885, referendasse o seu posicionamento. No que atine à Contribuição Social sobre o Lucro Líquido, o Supremo, embora não fosse objeto da Ação Direta de Inconstitucionalidade nº 15, considerando a existência de decisões individuais transitadas em julgado pela inconstitucionalidade da exação, poderia, ainda em 2007, ter dito o que resultaria desse conflito, mas demorou, aproximadamente, 16 anos para sanar a dúvida. A par das questões técnicas a respeito das quais sempre se debruça o STF, *zelo, prudência e responsabilidade* do Estado-Juiz devem orientar a aplicação do direito nessa seara.

Outrossim, assinalar, em 2023, de maneira definitiva, que os contribuintes da Contribuição Social sobre o Lucro Líquido deverão recolher ao erário as parcelas inadimplidas desde 2007, respeitadas a irretroatividade, a anterioridade anual e a anterioridade nonagesimal, acarreta, do *ponto de vista social*, acúmulo desmedido de passivos, risco de dificuldades de caixas, dentre outros consectários; e, do *ponto de vista jurídico*, violação do que prescreve o art. 20 da Lei de Introdução às Normas do Direito Brasileiro, segundo o qual, "nas esferas administrativa, controladora e judicial, não se decidirá com base em valores jurídicos abstratos sem que sejam consideradas as *consequências práticas da decisão*".

A tese fixada nos Temas nºs 881 e 885 e a (im)possibilidade de ajuizamento de ação rescisória

O Supremo Tribunal Federal, no julgamento do Recurso Extraordinário nº 363.889/DF (2011), assentou que a coisa julgada não é um instituto de caráter absoluto, estando sujeita a uma conformação infraconstitucional que harmonize a garantia da coisa julgada com os primados da Constituição. E, de acordo com o Min. Teori Zavascki, em voto proferido no Recurso Extraordinário nº 730.462/SP:

> o efeito executivo da declaração de constitucionalidade ou inconstitucionalidade deriva da decisão do STF, não atingindo, consequentemente, atos ou sentenças anteriores, ainda que inconstitucionais. *Para desfazer as sentenças anteriores será indispensável ou a interposição de recurso próprio (se cabível), ou, tendo ocorrido o trânsito em julgado, a propositura da ação rescisória.*

Por sua vez, o Min. Gilmar Mendes, no julgamento da AR nº 2.572, em 2017, salientou:

> é *cabível ação rescisória* fundada em violação à literal dispositivo de lei (artigo 485, V, antigo CPC), quando a decisão rescindenda tiver se baseado em interpretação constitucional frontalmente contrária à própria Constituição Federal ou em interpretação tida como incompatível pelo STF, *ainda que seja pela posterior declaração de inconstitucionalidade superveniente da legislação que amparou o título executivo transitado em julgado.*

Na doutrina, o Professor de Direito Financeiro da Faculdade de Direito da USP Heleno Taveira Torres (2019) ensina:

quando, porém, a sentença executada estiver em confronto com precedente proferido após o seu trânsito em julgado, poderá ser rescindida por meio de ação rescisória, cujo prazo para a propositura – também de 2 anos –, conta-se a partir do trânsito em julgado não da decisão a ser rescindida, mas sim do precedente do STF que servirá de fundamento para a rescisão.

Data maxima venia desses entendimentos, compreendemos que são outras as melhores exegeses dos arts. 525, §15, e 535, §8º, do Código de Processo Civil, que reputam inexigíveis as obrigações reconhecidas em título executivo judicial fundado em lei ou ato normativo considerado inconstitucional pelo Supremo Tribunal Federal, ou fundado em aplicação ou interpretação da lei ou do ato normativo tido pela Corte como incompatível com a Constituição Federal, em sede de controle de constitucionalidade concentrado ou difuso, e preveem, como instrumento processual apto a desfazer a coisa julgada, a ação rescisória.

Com efeito, nesse aspecto, mister se faz a releitura do dispositivo em comento, de modo a adequar a sua exegese à nova decisão do STF no julgamento dos Temas nºs 881 e 885, ora em análise, que fixa novo entendimento sobre o tema quando se trata de relações jurídicas de trato sucessivo, cravando a cessação da eficácia da coisa julgada apenas com efeitos prospectivos, voltadas para as relações jurídicas irrompidas a partir de então. Esse entendimento preserva a segurança jurídica, a anterioridade e a irretroatividade, como garantias inquebrantáveis do contribuinte enquanto parte litigante, não permitindo que se operem efeitos retroativos para desconstituição da coisa julgada, de modo a proibir que se alcancem fatos e situações que alcançados por ela alcançados antes da fixação de nova orientação pela Suprema Corte.

A rescisória, nesse caso, valeria, portanto, apenas para cessar os efeitos futuros da coisa julgada, jamais para desfazer efeitos pretéritos, como se a decisão judicial anterior nunca tivesse existido ou sido acobertada pela força da coisa julgada. Trata-se de resguardar, após o desenho do novo cenário traçado pelo STF por ocasião da decisão dos Temas nºs 881 e 885, ao menos a força mínima da coisa julgada.

O fato de se ter fixado de vez o posicionamento do que a ação rescisória sequer seria necessária para obtenção desse efeito (desfazimento da eficácia prospectiva da decisão transitada em julgado) reforça, a contrário senso, o argumento de que ela não pode abarcar fatos e direitos pretéritos, sob pena de afronta à irretroatividade e à segurança jurídica, princípios basilares de nosso ordenamento jurídico e, gize-se, expressamente garantidas no âmbito do referenciado julgamento pela Suprema Corte.

Em síntese, no que concerne à coisa julgada formada em relação tributária de trato continuado, a ação rescisória, com a tese fixada, torna-se apenas uma reminiscência histórica, uma vez que qualquer precedente do Supremo Tribunal Federal, desde que contrário ao trânsito em julgado individual, opera, *automaticamente*, a cessação *pro-futuro* da sua eficácia, tendo em conta, também, o inarredável respeito à irretroatividade, à anterioridade anual e à anterioridade nonagesimal. Ora, se pudesse a ação rescisória, nessa seara, desfazer retroativamente os efeitos perpetrados por decisão individual, de que teria adiantado a explicitação dos mencionados princípios pela Corte na conclusão adotada nos Temas nºs 881 e 885?

Em regra, o que autoriza o ajuizamento de ação rescisória é a *incongruência*, no *mérito*, da decisão individual transitada em julgado com a deliberação do Supremo Tribunal Federal, é dizer, aquela pela constitucionalidade e esta pela inconstitucionalidade, ou aquela pela inconstitucionalidade e esta pela constitucionalidade. Todavia, repisamos o entendimento de que, ainda assim, após a decisão dos Temas nºs 881 e 885, em análise, essa incongruência somente serve para fazer cessar efeitos prospectivos de decisão transitada em julgado, mas jamais para justificar a fulminação da específica imutabilidade (pretérita) da coisa julgada, colhendo fatos e direitos que estavam amparados pela força da coisa julgada em data anterior à decisão do STF que, posteriormente, viria a alterar a orientação da própria Suprema Corte.

Esse aspecto se torna ainda mais sério para os casos de *modulação dos efeitos*, a qual, por não alterar o mérito do julgado, não cria sequer a incongruência apta a tornar inexequível o título executivo judicial, que é, justamente, o cerne dos dispositivos mencionados acima. Relembre-se que é a *segurança jurídica* que – seja com lastro no art. 927 do Código de Processo Civil, seja com lastro no art. 27 da Lei nº 9.868/99 –, impõe o dever de modular os efeitos de eventual decisão tomada pela Suprema Corte. Por conseguinte, supor que a modulação, inexistente a aludida incongruência, serve de sustentáculo para a distribuição de ação rescisória, que é o instrumento processual de maior abalo da estabilidade preconizada pelo ordenamento jurídico, faz das normas referenciadas letra morta.

A despeito de todas essas ponderações concernentes ao cabimento de ação rescisória, nota-se que nada disso decorre, *diretamente*, do julgamento dos Temas nºs 881 e 855, porquanto neles não se debateu, por incompatibilidade com os seus objetos, a questão da *imutabilidade* da coisa julgada, apenas a da possibilidade de cessação da eficácia temporal da coisa julgada em sentido contrário. Poder-se-ia contra-argumentar que, nos votos, os ministros disseram ser a rescisória *despicienda*, mas, frise-se, somente para fins de cessação da eficácia temporal da coisa julgada, que se opera *automaticamente*.

Conclusões

Viu-se que, dirimida a controvérsia relativa aos Temas nºs 881 e 885 em 2023, o Supremo Tribunal Federal repisou entendimento – que já sinalizava desde o início da década passada – no sentido de que o seu precedente, oriundo do controle concentrado ou difuso de constitucionalidade (sob a égide da *repercussão geral*), faz cessar, prospectivamente e em relação jurídico-tributária de trato sucessivo, a eficácia temporal da coisa julgada (conflitante), que não se confunde com sua imutabilidade (conteúdo e integridade), qualidade que mesmo essa decisão continua a ostentar.

Na oportunidade, a Suprema Corte deixou de modular os efeitos, notadamente por não vislumbrar o requisito da *alteração de jurisprudência dominante* previsto no art. 927 do Código de Processo Civil. Consequentemente, contribuintes com decisão transitada em julgado em matéria de Contribuição Social sobre o Lucro Líquido, por exemplo, terão de desembolsar o que deixaram de pagar a partir de 2007, respeitadas a irretroatividade, a anterioridade anual e a anterioridade nonagesimal.

Embora ausente, de fato, o requisito da *alteração de jurisprudência dominante*, a Corte Constitucional perdeu a chance de modular os efeitos da sua decisão com supedâneo no art. 27 da Lei nº 9.868/98 e no art. 20 da Lei de Introdução às Normas do Direito Brasileiro, que autorizam a realização desse recorte – tendo em conta as consequências práticas nefastas – em prol da segurança jurídica.

Por fim, no que tange à ação rescisória, percebe-se que, conquanto não seja decorrência direta do julgamento dos Temas nºs 881 e 885, o seu cabimento está lastreado à incongruência, no mérito, da decisão individual transitada em julgado com o precedente ulterior do Supremo sem sentido contrário, isto é, um pela constitucionalidade e outro pela inconstitucionalidade. Todavia, a rescisória, à luz da legislação processual, merece ter seu espectro reanalisado, pois a partir da tese fixada nos temas analisados, que prestigia a irretroatividade, a anterioridade como pilares indeléveis da segurança jurídica do contribuinte, ela serviria apenas para cessar os efeitos futuros da coisa julgada, jamais para desfazer efeitos pretéritos. Vale dizer, após a decisão dos Temas nºs 881 e 885 de Repercussão Geral pelo STF, essa incongruência somente faz cessar efeitos prospectivos de decisão transitada em julgado, sem jamais justificar a fulminação da específica imutabilidade (pretérita) da coisa julgada, impossibilitando, assim, que se colha fatos e direitos que estavam amparados pela força da coisa julgada em data anterior à decisão do STF que, posteriormente, venha a alterar a orientação da própria Suprema Corte.

Outrossim, a mera modulação dos efeitos, por não alterar o mérito do julgado, não cria a incongruência apta a tornar inexequível o título executivo judicial.

Consagrada a irretroatividade, a anterioridade anual e a anterioridade nonagesimal, o Supremo Tribunal Federal, além de tornar prescindível a ação revisional e a ação rescisória para o fim de fazer cessar a eficácia temporal da coisa julgada em matéria tributária, prestigia, ainda que não *in totum*, a pedra de toque do ordenamento jurídico pátrio, que é a segurança jurídica, notadamente no que se refere à faceta da confiabilidade, que se coaduna – com vistas ao passado – com os postulados da estabilidade e da durabilidade das relações jurídicas.

Referências

ÁVILA, Humberto. *Teoria da segurança jurídica*. 4. ed. São Paulo: Malheiros, 2016.

ÁVILA, Humberto. *Teoria da segurança jurídica*. 6. ed. São Paulo: Malheiros, 2016.

SCAFF, Fernando Facury. Coisa julgada e efeitos prospectivos da mudança de orientação jurisprudencial. *Conjur*, 2023. Disponível em: https://www.conjur.com.br/2023-abr-03/justica-tributaria-coisa-julgada-efeitos-prospectivos-mudanca-orientacao-jurisprudencial/.

TORRES, Heleno Taveira. Limites à revisão de coisa julgada após decisão do Supremo Tribunal Federal. *Conjur*, 2019. Disponível em: https://www.conjur.com.br/2019-abr-03/consultor-tributario-limites-revisao-coisa-julgada-decisao-supremo/.

ZAVASCKI, Teori Albino. *Eficácia das sentenças na jurisdição constitucional*. 4. ed. São Paulo: Revista dos Tribunais, 2017.

Informação bibliográfica deste texto, conforme a NBR 6023:2018 da Associação Brasileira de Normas Técnicas (ABNT):

HENARES NETO, Halley. Efeitos das decisões do Supremo Tribunal Federal em controle difuso de constitucionalidade sobre a coisa julgada formada nas relações tributárias de trato continuado (RE nº 949.297, Tema nº 881; e RE nº 955.227, Tema nº 885). *In*: PAULA, Fernanda de; PENCAK, Nina (coord.). *Tributação, liberdade e igualdade*: as contribuições do Ministro Luís Roberto Barroso. Belo Horizonte: Fórum, 2025. p. 531-541. ISBN 978-65-5518-952-0.

A PRISÃO PELO NÃO PAGAMENTO DE TRIBUTOS E O GARANTISMO CONSTITUCIONAL DA JURISPRUDÊNCIA DO MINISTRO LUÍS ROBERTO BARROSO

HELENO TAVEIRA TORRES

1 Introdução

Carece de qualquer surpresa aos estudiosos da tributação brasileira apontar que a litigância tributária chegou a patamares sem paralelo semelhante em nenhum lugar do mundo. Apenas no âmbito da União, segundo o art. 3º, I a III, da Lei nº 14.822/2024 (Lei Orçamentária Anual), os Orçamentos Fiscal e da Seguridade Social ostentam o patamar de R$2,3 e 1,6 trilhões, em claro contraste com o valor estimado de refinanciamento da dívida pública federal, interna e externa, em R$1,7 trilhão.

Para dar solução a tudo isso, os ares reformistas estão em toda parte. Contudo, a sensação será de pouca ou nenhuma evolução, caso não sejam atacados os verdadeiros problemas estruturais dessa legislação. Dentre tantos outros, é fundamental rever, com urgência, o modelo sancionatório dos tributos.

Neste particular, é de se ressaltar a contribuição do Supremo Tribunal Federal, de notável teor garantista, pelas mãos seguras do Ministro Luís Roberto Barroso, quando relator dos RHC nº 163.334/SC e HC nº 97.854/RJ, para afirmar os limites da imputação de crime aos devedores de tributos não cumulativos sujeitos à homologação.

Sobre esta matéria, o Supremo Tribunal Federal, no RHC nº 163.334/SC (Plenário, julgado em 18.12.2019), fixou a seguinte tese: "O contribuinte que, de forma contumaz e com dolo de apropriação, deixa de recolher o ICMS cobrado do adquirente da mercadoria ou serviço incide no tipo penal do art. 2º, II, da Lei nº 8.137/1990". Portanto, o Supremo passou a exigir a prova da culpabilidade (dolo) e da contumácia dolosa como requisitos substantivos para autorizar a referida prisão. Firmou-se, assim, um modelo garantista sobre a interpretação desta regra penal tributária, numa clara interpretação conforme a Constituição, como será demonstrado.

A alegação de "apropriação indébita", nos termos do inc. II do art. 2º, da Lei nº 8.137/1990, no caso de tributo não cumulativo (ICMS) declarado e não pago, é recurso de desespero, típico de um "direito financeiro de crise", no qual o aparato penal tem sido demandado pelos estados, a partir de confissões de dívidas declaradas, como meio de coação para obter êxito nas suas cobranças tributárias.

Na origem, porém, tínhamos uma cobrança unicamente pautada pelo fato de não se realizar o pagamento do valor declarado e não pago do ICMS.

O caso do RHC nº 163.334/SC é exemplo cristalino das pretensões arrecadatórias de uma ardilosa cultura do medo. Não se trata de imputação de crime mediante fraude que resulta em sonegação com atos não declarados ao Fisco. Ao contrário. Cuida-se de obrigação tributária confessada, por declaração do contribuinte, mas que não foi paga por razões a apurar, em valor de pouco mais de trinta mil reais.

Pouco reflete o propósito de justiça ou de fim de "impunidade" em matéria de crimes tributários, como todos desejam. Fosse essa a finalidade real, estariam sendo atacados, com inteligência investigativa, os "grandes devedores", as maiores fraudes, as dívidas dos gastos tributários cujas condições foram descumpridas, além de outros casos de grave evidência de dolo contra o erário.

Ora, afastadas as motivações de finalidade arrecadatória, difícil explicar a estes cidadãos porque estão sendo vítimas de tamanha persecução penal. Momento oportuno para recordar o clássico de Carnelutti, sobre "as misérias do processo penal".[1]

Com a declaração, o contribuinte faz confissão dos seus débitos, e, a partir dela, o Fisco tem em suas mãos os elementos para exigir do contribuinte, pelos meios de direito e privilégios da Fazenda em juízo, todo o valor do tributo devido, com os acréscimos sancionatórios de estilo, juros de mora e multas. Este tem sido o estado de coisas. O que o Estado prefere estimular? O dever de declaração espontânea ou a omissão como prática? O contribuinte que, de boa-fé, efetua a declaração dos seus tributos, e, por alguma dificuldade, a ser apreciada em cada caso, não paga a dívida; ou aqueles casos de frontal descumprimento das obrigações acessórias, ou agir com alguma fraude?

O *ius puniendi* estatal deve ser aplicado com rigor para todos aqueles que deixam de cumprir com suas obrigações para com o Erário. Aos sonegadores contumazes, bem como para aqueles que agem com dolo, fraude ou simulação, de forma comissiva ou omissiva, para evitar a relação jurídico-tributária.

Corretamente administrada, a tutela penal opera importante função na efetividade do princípio da isonomia do cumprimento dos deveres tributários. Seu uso desmedido, contudo, tem o efeito perverso da privação de liberdade por dívidas civis, em simbolismo repressivo que não encontra amparo constitucional, como se vê quando o contribuinte declara todo o montante da dívida de tributos e, por alguma razão, deixa de pagar em tempo o valor integral.

Não se tem qualquer dúvida sobre haver aqui uma quebra de isonomia em matéria de sanções administrativas e penais, porquanto, a depender do agir estatal, contribuintes que se encontram em situação equivalente, por meras circunstâncias práticas, estão sendo tratados de modo diferente, em afronta ao art. 150, II da CF.

[1] CARNELUTTI, Francesco. *Le miserie del processo penale.* Torino: ERI, 1957. 84 p.

O direito penal tributário deve ser mecanismo de violência estatal de *ultima ratio*. Seu exercício demanda cautelas, sob as garantias constitucionais que fundam o Estado democrático de direito. Por conseguinte, faz-se necessário que o dolo do acusado seja concretamente provado.

Daí a grande relevância do acórdão do Supremo, na relatoria do Ministro Barroso, no emprego garantista da legislação penal-tributária mediante uma interpretação conforme a Constituição.

O ordenamento jurídico brasileiro, ante o programa constitucional de garantias em vigor, evidencia nítida permeabilidade entre princípios penais e princípios tributários, em proteção dúplice dos sujeitos passivos da tributação, que não pode ser olvidada por aqueles que aplicam as normas penais tributárias.

Descabe olvidar que o não pagamento de tributos guarda correlação com o descumprimento de um dever de cidadania, pois redunda no perecimento de exercício de direitos alheios conexos a qualquer direito atendido pelo Estado. A busca pela salvaguarda do Erário, contudo, não pode se dar ao arrepio das garantias constitucionais.

Como bem apregoou Luigi Ferrajoli, garantismo jurídico é meio de realização juridicamente segura de garantias constitucionais, *verbis*:

> [...] garantismo es una palabra de la teoría general del derecho que designa cualquier técnica de tutela de los derechos, y en particular de los derechos fundamentales; es decir, cualquier sistema de límites y vínculos, de prohibiciones y de obligaciones dirigidas a los poderes públicos, e idóneas para asegurar efectividad a los derechos fundamentales establecidos por la Constitución.[2]

Temos repetido, à exaustão, que o devido processo legal não pode ser um ônus para o cidadão. A jurisdição é meio de estabilidade da democracia, pelo controle da ação dos poderes, não instrumento ou fonte estimuladora de litígios, ciente de que os recursos públicos são escassos para a extinção de toda a litigiosidade na sociedade. A dificuldade está em concretizar justiça em matéria tributária, em que a demora gera custos recíprocos, ao Estado e aos contribuintes.

Em conclusão, o caso exige afirmar a presunção de inocência, diante de dúvidas quanto à configuração de suposto agir doloso, elemento indissociável do tipo penal de que foram acusados. A decisão do RHC nº 163.334/SC é, portanto, garantista ao exigir este pressuposto. De fato, no caso em exame, tem-se a exigência da individualização da responsabilidade, pois não se admitem "sanções objetivas", como uma espécie de "direito penal do inimigo" em matéria tributária, com afastamento de garantias constitucionais protetivas da liberdade. Impõe-se o exame da culpabilidade, a averiguação do dolo específico e da antijuridicidade da conduta, dadas as condições de boa fé e de *compliance* tributário daqueles que confessaram os tributos devidos por declaração própria e prévia a qualquer agir estatal. E basta essa conduta de transparência para descaracterizar qualquer dolo, se não estiverem presentes outros elementos caracterizadores do ilícito.

---

[2] FERRAJOLI, Luigi. El garantismo y el derecho penal. *In*: RUJANA QUINTERO, Miguel (Comp.). *Derecho penal contemporáneo*. Bogotá: Ediciones Jurídicas Gustavo Ibañez Ltda., 2002. p. 18.

2 Garantismo constitucional do poder sancionador estatal em matéria tributária: seus quatro paradigmas interpretativos

O Estado democrático de direito brasileiro urge que toda a disciplina do direito sancionador, seja na esfera administrativa, seja penal, tenha por base as garantias constitucionais que tutelem a segurança jurídica e as liberdades individuais em face do *ius puniendi* estatal. A infração e a sanção, assim, gozam de uma estrutura normativa inalterável ao conter um preceito de antijuridicidade formal que significa o desvalor ético-social culminado por um procedimento.[3] Os crimes e penas de ordem tributária não escapam às garantias associadas ao direito penal em geral, atento aos esquadros da tipicidade, legalidade, presunção de inocência, culpabilidade e *due process*.

Toda a lógica garantista se guia à análise de individualização de responsabilidade na prática de ilícitos, no afã de assegurar controle de proporcionalidade na seleção de condutas e na aplicação concreta de sanções aos contribuintes ou responsáveis tributários, oponível, ainda, a proibição de excessos do Estado-Juiz. A permeabilidade entre princípios penais e tributários imanente ao ordenamento brasileiro busca afastar elaborações hermenêuticas isoladas e em grupos normativos parciais.[4]

Em evidente exercício das relações internormativas, o intérprete se torna capaz de coligir as reais composições textuais, no fito de estruturar normas jurídicas harmônicas com a unidade e a coerência sistêmicas.[5] Nesse plano, sobreleva-se a unidade do ilícito enquanto parte de deferência fiel à legalidade no desempenho do *ius puniendi*, tanto formulação do plano normativo quanto no lançamento tributário que, na esteira do art. 142 do CTN, permite a apuração de infrações e a propositura de sanções, ao lado da fase judicial.[6]

Dada sua função precípua de seguir todo o ordenamento jurídico nacional, o direito penal tributário não comporta interpretação outra senão a que o proveja de coerência e completude, além de desnudá-lo de lacunas ou contradições.[7] Disto decorre sua inserção garantista como forma de realizar de forma idônea e efetiva os direitos fundamentais previstos na Constituição.[8]

Na dimensão formal da segurança jurídica, por conseguinte, ao *ius puniendi* é defeso atentar contra a dignidade da pessoa humana (art. 1º, III, da CF), a anterioridade da tipificação (art. 5º, XXXIX, da CF), a irretroatividade da lei penal mais gravosa (art. 5º, XL, da CF), o ato jurídico perfeito e a coisa julgada (art. 5º, XXXXVI), e, sobretudo, do brocardo *nulla poena sine lege* (art. 5º, II e XLVI, da CF). Na dimensão material, sobreleva-se o *due process of law* na aplicação das sanções (art. 5º, XXXV e LIV, da CF), com caráter pessoal e individualizado (art. 5º, XLV, da CF) que não pode se ancorar sem o exercício pleno do contraditório e da ampla defesa (art. 5º, LV, da CF), muito menos

---

3 ALTAMIRANO, Alejandro C. *Derecho tributario*: teoría general. Madrid: Marcial Pons, 2012. p. 664.

4 SILVA, Paulo Roberto Coimbra. *Direito tributário sancionador*. São Paulo: Quartier Latin, 2007. p. 272.

5 LUHMANN, Niklas. *Sistema jurídico y dogmática jurídica*. Madrid: Centro de Estudios Constitucionales, 1983.

6 HUNGRIA, Nelson. Ilícito administrativo e ilícito penal. *Revista de Direito Administrativo*, Rio de Janeiro, 1991. Seleção Histórica – Matéria doutrinária publicada em números antigos (de 1 a 150). p. 15.

7 CARVALHO, Paulo de Barros. Interpretação dos fatos jurídico-tributários e os avanços da interdisciplinaridade. *In*: TORRES, Heleno Taveira (Coord.). *Direito tributário e ordem econômica*: homenagem aos 60 anos da ABDF. São Paulo: Quartier Latin, 2010. p. 880.

8 FERRAJOLI, Luigi. El garantismo y el derecho penal. *In*: RUJANA QUINTERO, Miguel (Comp.). *Derecho penal contemporáneo*. Bogotá: Ediciones Jurídicas Gustavo Ibañez Ltda., 2002. p. 18.

sem a liberdade na produção de provas lícitas (art. 5º, LVI, da CF), proibidos quaisquer juízos ou tribunais de exceção (art. 5º, XXXVII e LIII, da CF).

A correlação do programa de garantias constitucionais penais demonstra que o constituinte procurou rechaçar qualquer primazia segmentadora entre os direitos e liberdades individuais (art. 5º, XLI, da CF), mas se preocupou em assegurar o cumprimento de penas em locais diferentes, a depender da natureza do delito, da idade e do sexo dos apenados (art. 5º, XLVIII, da CF). Não só. Privilegiou o respeito à integridade moral e física destes (art. 5º, XLIX, da CF), cujo encarceramento somente pode ocorrer diante de flagrante delito, mediante ordem escrita e motivada da autoridade judiciária competente, ou após a sentença transitada em julgado, caso forem considerados culpados (art. 5º, LVII e LXI, da CF).

Ainda que seja preso, o indivíduo precisa ser informado de seus direitos, etapa que lhe será assegurada a assistência jurídica e familiar (art. 5º, LXIII, da CF), comunicados de imediato, pelo juízo competente (art. 5º, LXII, da CF), bem como a identificação de responsáveis pela prisão ou pelo interrogatório (art. 5º, LXIV, da CF). Toda prisão ilegal, por fim, deve ser relaxada de imediato pela autoridade judiciária e sua manutenção é impossível caso a lei admita a liberdade provisória, com ou sem fiança (art. 5º, LXV e LXVI, da CF), sem prejuízo ao manejo do *writ* de *habeas corpus* (art. 5º, LXVIII, da CF).

Está-se perante translúcido escudo de proteção aos direitos e garantias individuais, nas palavras de Miguel Reale,[9] orientado, mormente, pelo trinômio tipicidade-antijuridicidade-culpabilidade. Nenhuma aplicação normativa de cunho infracional de quilate fiscal, portanto, pode ser subjugada ao arbítrio de autoridades policiais, do *Parquet* ou do Estado-Juiz, mas antes à rigorosa tutela do direito penal, cujos preceitos instam articulação com o CTN e demais garantias previstas nas demarcações tributárias inscritas na Constituição.

Resta cândido, então, o *primeiro paradigma interpretativo do direito tributário sancionador*, identificado na impossibilidade de sua aplicação isolada, distante dos demais princípios e regras do subsistema punitivo. A tipicidade demanda a apreciação da conduta dos agentes, no mesmo passo em que a culpabilidade requer olhar cuidadoso sobre o contexto de exercício das atividades dos contribuintes, consideradas ilícitas aos auspícios da antijuricidade.

Dessa configuração resulta o *segundo paradigma fundamental* que afasta a aplicação de normas sancionadoras sem análise de conduta específica do acusado, maximizada pelo respeito ao princípio da pessoalidade. Dado que a culpabilidade se revela pela "falta de fidelidade ao ordenamento jurídico", na síntese de Günther Jackobs,[10] somente pode ser definida *in concreto*, apta a afastar excessos repressivos.

A lógica do direito penal tributário não se coaduna com a noção primeva de que basta a ocorrência do fato típico para a imposição de pena.[11] O art. 112 do CTN bem elenca a referência à autoria, à imputabilidade e à punibilidade em sinergia.[12]

---

[9] REALE JÚNIOR, Miguel. *Instituições de direito penal* – Parte Geral. Rio de Janeiro: Forense, 2002. v. 1. p. 27.

[10] JAKOBS, Günther. *Fundamentos do direito penal*. São Paulo: Revista dos Tribunais, 2003. p. 43.

[11] DOBROWOLSKI, Silvio. Crime de omissão de recolhimento de tributos e contribuições. *In*: PRADO, Luiz Regis; DOTTI, René Ariel (Org.). *Direito penal tributário, previdenciário e financeiro*. São Paulo: Revista dos Tribunais, 2011. v. 5. p. 1.151.

[12] MACHADO, Hugo de Brito. Teoria das sanções tributárias. *In*: MACHADO, Hugo de Brito (Coord.). *Sanções administrativas tributarias*. São Paulo: Dialética, 2004. p. 183.

O dever de privilegiar a presunção de inocência e a boa-fé surgem dessa conformação como demarcações do *terceiro paradigma interpretativo*, evidenciado no art. 5º, LVII, da CF, e no art. 9º da Declaração dos Direitos dos Homens e do Cidadão de 1789.[13] A má-fé é tida como exceção e exigirá lastro probatório suficiente para reverter a presunção *iuris tantum*, cujo ônus será sempre da Administração Tributária, conforme ecoam os arts. 373, I, do CPC; e 41, 395 e 414, do CPP.

Da unidade do ilícito decorre, portanto, o *quarto paradigma interpretativo*, uma vez que os exames de provas são basilares à completude da legalidade no exercício de competência da autoridade fiscal. Aquém desses marcos haverá excesso punitivo contrário à sistematicidade do direito penal tributário.[14] A materialização do garantismo jurídico como "modelo normativo"[15] exige que a aplicação de todas as sanções fiscais seja motivada com indícios que apresentem análise *in totum* da materialidade dos fatos e da conduta do contribuinte ou responsável capaz de legitimar o consequente normativo.

A execução dos atos de poder de polícia e sancionatórios na esfera tributária não pode se afastar dos direitos de igualdade e preservação que circundam o Estado democrático de direito. Infrações tributárias não se eximem dos cânones de subordinação e anteposição que operam em prol da ordenação sistemática que consagre o grau de culpabilidade da conduta e avalie a individualidade e a razoabilidade.

Muito embora o consequente normativo sancionador seja distinto quando o elemento objetivo do tipo tem ação relacionada ao descumprimento de obrigações tributárias principais ou acessórias, são imodificáveis os pressupostos em favor da arrecadação, eis que cabe avaliação conjunta que ressoe ao princípio da homogeneidade da valoração do ilícito. Tudo em vistas à eliminação de contradições e amplificação da uniformidade classificatória dos ilícitos.

O dever de pagar tributos, a bem ver, há muito perdeu sua conotação de dever moral, porquanto a relação tributária está calcada por preceitos de ordem constitucional, o que a afasta de uma relação de poder. O Estado fiscal brasileiro, guiado pelo princípio democrático, jamais se guia pelo mote confiscatório (art. 1º, *caput*, c/c art. 150, V, da CF), tampouco pela exacerbação do *ius puniendi*.

Asseverou o Ministro Barros Barreto, no RE nº 18.976/SP, que "atualmente o poder de tributar é o poder de conservar, de manter, conciliando-se, assim, as necessidades do Estado e os direitos assegurados ao indivíduo",[16] em alusão à sábia máxima do *Chief Justice* Marshall: "o poder de tributar envolve o poder de destruir".[17]

A tradição constitucional brasileira assegura a liberdade individual com escopo amplo, a abarcar o exercício de qualquer profissão, comércio e indústria, no afã de limitar o poder estatal na criação de tributos proibitivos,[18] bem como qualquer arranjo

---

13 SUANNES, Adauto. Presunção de culpa. *In*: BADARÓ, Gustavo Henrique (Org.). *Teoria geral do direito penal*. São Paulo: Revista dos Tribunais, 2015. v. 1. p. 621.

14 VILLEGAS, Hector. *Direito penal tributário*. São Paulo: Resenha Tributária, 1974. p. 193.

15 FERRAJOLI, Luigi. *Derecho y razón*: teoría del garantismo penal. Madrid: Trotta, 1998. p. 851.

16 BRASIL. Supremo Tribunal Federal – STF. RE nº 18.976. Rel. Min. Barros Barreto. Primeira Turma, j. 02.10.1952. *DJe*, 26.12.1952.

17 UNITED STATES OF AMERICA. Supreme Court of the United States – SCOTUS. *McCulloch v. Maryland*, 17 U.S. 316 (1819), arguido entre 22.02 e 03.03.1819, decidido em 06.03.1819.

18 DÓRIA, Antonio Roberto Sampaio. *Direito constitucional tributário e "due process of law"*. 2. ed. Rio de Janeiro: Forense, 1986. 4º cap.

que puna a boa-fé dos contribuintes.[19] As garantias para exigência do crédito, assim, são extensíveis ao esquadro sancionatório tributário, pois sempre será inafastável o dever de motivação e comprovação do fato típico na argumentação da Administração Tributária.

3 O crime de apropriação indébita previsto no art. 2º, II, da Lei nº 8.137/1990

Os tipos do direito penal tributário estão amalgamados por três funções.[20] *A uma*, seletiva, pois os tipos indicam comportamentos protegidos pela norma. *A duas*, garantia e determinação, já que os tipos atendem ao princípio da legalidade formal e material (*lex scipta, lex praevia, lex stricta* e *lex certa*). *A três*, motivadora, por permitir aos agentes a elucidação segura dos efeitos das ações que realizam no mundo dos fatos.

Na avaliação do crime de apropriação indébita, previsto no art. 2º, II, da Lei nº 8.137/1990, é impassível qualquer aplicação que se baseie apenas na constatação de que o contribuinte ou responsável atrasou o recolhimento de tributo próprio. Sempre se fará necessário o exame a respeito do tributo e sua técnica de arrecadação, além da posição que o sujeito passivo ostenta na obrigação tributária e da apuração do valor do tributo, sempre alicerçados pela presença de dolo específico.[21]

O exercício legítimo do *ius puniendi*, inclusive, requer a lesão efetiva *in concreto* do bem jurídico protegido pela norma, em apreço ao adágio *nulla poena sine necessitate*. É insuficiente a demonstração de tipicidade, pois o exame de antijuridicidade orquestra a análise de autoria que refletirá na punibilidade do ilícito. Isto afasta a *ultima ratio* para circunstâncias albergadas pelo princípio da insignificância ou, ainda, que sejam acompanhados de reparação pronta, tempestiva e integral da lesão fiscal.

A técnica de "duplicação da antijuridicidade", delineada por Ana Elise S. Bechara, engloba sentido formal, de violação de norma penal, e material, de lesão ou promoção ao perigo do que está salvaguardado pela norma.[22] A proteção aos bens jurídicos, logo, não se dissipa na elaboração das normas, por se fazer presente em qualquer tarefa de interpretação subsequente.

A estabilidade da ordem tributária e a regularidade de sua arrecadação são os bens jurídicos tutelados pelo subsistema de repressão do direito penal tributário nacional, na forma do art. 150, I, da CF. As penalidades oriundas de crimes fiscais somente serão concretizadas, em face do princípio da lesividade, caso as condutas sejam, de fato, lesivas ao bem, como garantia de proporcionalidade e segurança jurídica.[23] Nenhum intuito de locupletar a arrecadação fiscal pode se sustentar se for além do possível e do suportável, sob pena de ataque à defesa da individualização da pena, prevista no art. 5º, XLVI, da CF.

---

[19] BRASIL. Supremo Tribunal Federal – STF. ADI-MC nº 2010-DF. Rel. Min. Celso de Mello, Tribunal Pleno, j. 30.09.1999. *DJ*, 11.10.1999; e, também, COELHO, Sacha Calmon Navarro. *Teoria e prática das multas tributárias* – Infrações tributárias e sanções tributárias. 2. ed. Rio de Janeiro: Forense, 1993. p. 63.

[20] PRADO, Luiz Regis. *Curso de direito penal brasileiro*. 11. ed. São Paulo: Revista dos Tribunais, 2012. v. 1. p. 390-391.

[21] NOGUEIRA, Ruy Barbosa. O poder de fiscalizar – ilícito tributário: direito tributário penal (infrações fiscais – sanções administrativas) – direito penal tributário – (delitos fiscais – sanções judiciárias) – classificação das infrações – tipos de sanções fiscais. *Revista dos Tribunais*, v. 269, 1958. p. 30.

[22] BECHARA, Ana Elisa Liberatore Silva. *Bem jurídico-penal*. São Paulo: Quartier Latin, 2014. p. 139-144.

[23] KUHLEN, Lothar. *Cuestiones fundamentales del delito de fraude fiscal*. Tradução port. de Beatriz Cruz Márquez e Juan Luis Fuentes Osorio. Madrid: Marcial Pons, 2015. p. 66-68.

A configuração de ilícito cível da apropriação indébita, lado outro, desenha os contornos de sua semântica e repercussão jurídicas no campo tributário, na medida em que a teoria geral das obrigações informa a construção das obrigações tributárias.[24] Na forma do art. 876 do Código Civil, "[t]odo aquele que recebeu o que lhe não era devido fica obrigado a restituir; obrigação que incumbe àquele que recebe dívida condicional antes de cumprida a condição". Trata-se de vedação ao enriquecimento ilícito, pois a quem o possuidor confiou se transmuda em possuidor sem *mutatio causae possessionis*.[25] O requisito essencial é, assim, o abuso de confiança que se transforma em ausência de fundamento jurídico para aquisição.[26] Por envolver a aquisição de propriedade marcada por abuso do direito real de posse sobre coisa móvel alheia, a apropriação indébita deslinda no desvio do bem, com destinação a fim diverso do especificado.[27]

O translado dessa questão ao direito penal importa em contrapor o direito de propriedade contra o poder fático da pretensão de se tornar proprietário, mesmo que ausente o título legítimo. Daí porque o art. 2º, II, da Lei nº 8.137/1990, prevê o momento consumativo de sua materialidade na assunção da posse de recursos que seriam de titularidade da pessoa política, com o consequente prejuízo ao Erário.[28] A detenção da coisa deve ser de interesse de quem cede o bem ao terceiro, com o intuito de reavê-lo.

Somente quando se imponha, *in concreto*, óbice ao exercício pelo legítimo proprietário de seus poderes, poder-se-á postular a consumação da natureza formal do delito de apropriação indébita. No talhe do art. 2º, II, da Lei nº 8.137/1990, a conduta se apresenta pela ausência de recolhimento de tributo que o contribuinte ou responsável "deveria recolher aos cofres públicos", a supor titularidade da União sobre o montante.

Significa afirmar que a consumação está condicionada à ação ou omissão do contribuinte ou responsável que crie obstrução concreta ao cumprimento da prestação. A asserção não configura simples execução de tautologia. Ao revés, caso o contribuinte declare os próprios tributos com confissão subsequente da integralidade do débito inexiste qualquer sorte de resistência à satisfação creditícia, eis que a Administração Tributária está amparada de todos os meios para cobrar e executar patrimonialmente o devedor.

Nas palavras de Nelson Hungria, "a simples mora em restituir, ou a simples desídia no omitir não é apropriação. É preciso, antes de tudo, não confundir com apropriação indébita os casos em que apenas cabe recurso ao juízo civil".[29] De certo, o *animus rem sibi habendi* é insuficiente para caracterizar o dolo, pois a esfera tributária reivindica a determinação do intuito do *non fare*, *i.e.*, o "deixar de recolher" bloqueador.

Deveras, a interpretação conforme a Constituição impõe que as condutas do crime de apropriação indébita tributária sejam apuradas na medida de sua culpabilidade, o que afasta o uso de prisões cíveis por dívidas que o contribuinte venha a declarar, de

---

[24] BORGES, José Souto Maior. *Obrigação tributária*: uma introdução metodológica. 3. ed. São Paulo: Malheiros, 2015. p. 67 e ss.

[25] PONTES DE MIRANDA, Francisco Cavalcanti. *Tratado de direito privado* – Parte Especial. 4. ed. São Paulo: Revista dos Tribunais, 1983. t. X. p. 59.

[26] GRAU, Eros Roberto. *Correção monetária:* concordata e créditos fiscais. São Paulo: Revista dos Tribunais, 1984. p. 44.

[27] REALE JÚNIOR, Miguel. Reflexões sobre a apropriação indébita. *In*: SILVEIRA, Renato de Mello Jorge; RASSI, João Daniel (Org.). *Estudos em homenagem a Vicente Greco Filho*. São Paulo: LiberArs, 2014. p. 458.

[28] JESUS, Damásio E. de. *Direito penal* – Parte Especial. 11. ed. São Paulo: Saraiva: 1988. v. 2. p. 359.

[29] HUNGRIA, Nélson. *Comentários ao Código Penal*. Rio de Janeiro: Forense, 1955. v. 7. p. 131.

modo espontâneo e de boa-fé, sem qualquer ocultação ou agir orientado à resistência da entrega dos débitos perante a Fazenda Pública.

E mais, o suporte fático da apropriação indébita está atendido quando há posse ou detenção da coisa alheia móvel com o intuito de enriquecimento sem causa.[30] O dolo específico está locupletado pela vantagem indevida, obtida por vontade livre, consciente e deliberada para tomar para si o *quantum* tributário não recolhido, seja por retenção, seja consumo do valor descontado ou cobrado.

3.1 A caracterização da apropriação indébita enquanto crime próprio por meio do elemento objetivo do tipo

Os tipos penais são apresentados por dois caracteres. O primeiro, de cunho objetivo, refere-se aos elementos externos e internos da conduta, reprovados pelo direito penal; o segundo, subjetivo, tem seu núcleo no dolo e na culpa, reposicionados na tipicidade penal.[31]

De há muito a apropriação indébita está tutelada no ordenamento brasileiro nestes termos, a exemplo do art. 11 da Lei nº 4.357/1964. Muito embora se circunscrevesse aos impostos de renda, consumo e selo, qualificava a conduta pelo uso de notas frias e creditamento indevido. O art. 2º, II, da Lei nº 8.137/1990, trouxe mudança significativa ao afastar a tipicidade do não recolhimento de tributos específicos, salvo pelas contribuições, resguardadas pelo art. 168-A do Código Penal.

Os elementos objetivos, porém, ainda apresentam generalidade no esteio da amplitude do tipo ao tutelar todas as circunstâncias de aquisição ilícita de valores descontados ou cobrados com destinação ao Erário público em demarcação temporal própria. A ilícita *mutatio casae possessionis* da apropriação indébita de tributos, ademais, urge leitura conexa com a disciplina das contribuições previdenciárias (art. 168-A do Código Penal), pois em ambas a conduta infratora é idêntica, mesmo que garantido o dever de apuração específica do dolo.

A simples omissão, para ambas, não restou criminalizada, identificada na inexistência de conduta ativa do sujeito passivo da obrigação tributária, *i.e.*, inércia dolosa perante o dever legal de recolher quantias aos cofres públicos. Bem observa Jescheck que são três os elementos dos tipos omissivos: *a uma*, conduta típica; *a duas*, ausência de ação exigida pelo legislador; e, *a três*, a capacidade de realizá-la.[32] Neste último requisito, transparece que a conduta do art. 2º, II, da Lei nº 8.137/1990, somente pode ser demandada de quem tenha a capacidade para assumir para si um tributo de outrem, situação, *v.g.*, de quem efetue pagamentos por retenção, de modo a confirmá-lo como crime próprio.[33]

O dolo do *non fare*, em adição, reclama proveito próprio, resultante de ações de desconto e cobrança do tributo, na condição de sujeito passivo. Deveras, por terem os arts. 2º, II, da Lei nº 8.137/1990, e 168-A do CP, objeto material nos "valores arrecadados

---

[30] NORONHA, Edgard Magalhães. *Direito penal*. 32. ed. São Paulo: Saraiva, 2001. v. 2. p. 334.

[31] DECOMAIN, Pedro Roberto. *Crimes contra a ordem tributária*. 5. ed. Belo Horizonte: Fórum, 2010. p. 51.

[32] JESCHECK, Hans-Heinrich. *Tratado de derecho penal* – Parte General. Tradução port. de José Luis Manzanares Samaniego. Granada: Comares, 1993. p. 559-560.

[33] BITENCOURT, Cezar Roberto. *Teoria geral do delito*. Coimbra: Almedina, 2007. p. 70-71.

ou cobrados", são crimes materiais de resultados concretos, consubstanciados na apropriação logo após o prazo final para recolhimento aos cofres públicos. Isto porque ausente a lesão efetiva ao Erário, bem jurídico protegido pelo tipo penal, o excesso do *ius puniendi* é cristalino, o que confirma, também, sua natureza de crime de resultado.

A bem ver, a jurisprudência do STF consignava que a apropriação indébita previdenciária era crime omissivo próprio formal, a significar que a mera omissão no recolhimento da contribuição aperfeiçoava o tipo, ainda que não houvesse resultado. Essa posição foi revista para classificá-lo como crime omissivo próprio material, pois a ausência de resultado desconfigurava o uso do direito penal como *ultima ratio*, raciocínio ainda mais tormentoso por desconsiderar a situação do sujeito passivo da obrigação tributária e as provas sobre suas condutas, ou dos responsáveis pelo recolhimento.

A mudança, operada na seara do Inq nº 2.537 AgR, traduz relevante avanço em prol da segurança jurídica, bem como assentou que "pendente o recurso administrativo em que se discute a exigibilidade do tributo, tem-se como inviável a propositura da ação penal", nas palavras do Relator Ministro Marco Aurélio.[34] Tudo a focar a necessidade de prova de apropriação dos valores e resguardar as máximas da ampla defesa e do contraditório.

3.2 O dolo e o devido processo legal enquanto garantias de individualização da pena imanentes ao elemento subjetivo

Os elementos subjetivos integram a legalidade penal na vertente da culpabilidade, perspectiva de elevada importância na ordem tributária, pois todos os seus crimes correlatos, previstos na Lei nº 8.137/1990, são dolosos e, por conseguinte, dependem da prova do dolo.[35] A indevida *mutatio causae possessionis*, contemporânea ao dolo, traduz abuso de posse com prejuízo ao Erário. Daí porque o primeiro passo para sua configuração está no não cumprimento de obrigações acessórias, aptas a definir a titularidade de valores devidos.

A ausência de intensão dolosa de assumir coisa alheia, assim, afasta a pretensão punitiva, por se tratar de crime omissivo próprio material. Caso o contribuinte seja apenas inadimplente de um tributo declarado e não pago, não se constitui, *ipso facto*, qualquer crime tributário. O tipo não é capaz de se aperfeiçoar somente com o suporte fático; requer, sempre, outros elementos capazes de perfazer o dolo.

Sempre será exigida a prova de vontade para obtenção de vantagem financeira indevida, com *mutatio causae possessionis* do valor objeto da relação tributária.[36] Ademais, impreterível pontuar que o art. 2º, II, da Lei nº 8.137/1990, prescreve crime de resultado, pois pressupõe distúrbio na regularidade da arrecadação fiscal. O *animus* do agente deve estar cingido ao ato externo que produz resultados.

Somente sobre as pessoas que cometeram os ilícitos de natureza tributária e que obtiveram qualquer sorte de vantagem financeira, seja por fraude, seja simulação, deve

---

[34] BRASIL. Supremo Tribunal Federal – STF. Inq nº 2.537 AgR. Rel. Min. Marco Aurélio, Tribunal Pleno, j. 10.03.2008. *DJe*, 13.06.2008.

[35] DECOMAIN, Pedro Roberto. *Crimes contra a ordem tributária*. 5. ed. Belo Horizonte: Fórum, 2010. p. 43.

[36] MEISCHENGUISER, Ingrid. El delito de apropiación indebida de tributos. *In*: ALTAMIRANO, Alejandro C.; RUBINSKA, Ramiro M. (Coord.). *Derecho penal tributario*. Buenos Aires: Marcial Pons de Argentina, 2008. t. I. p. 571-572.

recair a responsabilidade pelos débitos e infrações. O art. 137, II, do CTN, a propósito, prevê a pessoalidade das sanções que tenham como elemento o dolo específico do agente, ou seja, a intenção de obter resultado ilícito.[37]

Quando o crime ou infração imputados decorram direta e exclusivamente do dolo específico, o exame do dolo e da culpabilidade é sempre cogente.[38] A inocência e a boa-fé, logo, são sempre presumidas, ao passo que culpabilidade e má-fé sempre exigem provas sólidas produzidas pela Administração Tributária, mormente pela deferência às funções da sanção e do caráter protetório que circunda o direito penal tributário.

4 As lições garantistas do RHC nº 163.334/SC: a necessidade de provas para demonstrar o dolo na apropriação indébita tributária

Em um dos casos mais emblemáticos de direito penal tributário, o RHC nº 163.334/SC, o Relator Ministro Roberto Barroso foi capaz de produzir voto brilhante em prol da tradição garantista do STF. Na ocasião, o Tribunal Pleno produziu amplo debate sobre a existência de apropriação indébita por parte do comerciante que repassa o ICMS ao contribuinte de fato e não repassa os valores à Fazenda Pública.[39] Em voto singular, o então relator fundou três premissas.

Primus, o direito penal deve ser: *(i)* sério, *i.e.*, que sua aplicação deve buscar a dissuasão de condutas delituosas; *(ii)* igualitário, ou seja, sem *discrímen*; e *(iii)* moderado, pois não pode expandir sem freios seu alcance. *Secundus*, o pagamento de tributos é um dever fundamental, mas a incidência do direito penal deve ser a exceção. *Tertius*, o mero inadimplemento não pode ser considerado fato típico, uma vez que somente a existência de elevado grau de reprovabilidade pode justificar o tratamento mais gravoso.

Colocadas as premissas, a indagação sobre a existência de conduta delituosa por parte de quem escritura e declara o ICMS devido, mas não o recolhe, é respondida de maneira positiva à luz do art. 2º, II, da Lei nº 8.137/1990, por três precisas lições.

Aduz o voto condutor que os elementos do tipo penal não podem ser interpretados somente pelo sentido literal, senão em conjunto com todas as normas penais e tributárias, circunstância de todo verificável no não recolhimento do ICMS repassado ao adquirente de mercadorias ou tomador de serviços. O sujeito ativo do delito, conforme asseverado, está limitado à prática da conduta de quem aja "na qualidade de sujeito passivo e obrigação". Em leitura integrada com o art. 121 do CTN resta patente, ao relator, que "o sujeito passivo da obrigação principal é a pessoa obrigada ao pagamento de tributo ou penalidade pecuniária", que pode ser tanto contribuinte ou responsável.

Com efeito, por força do art. 142 do CTN, constitui função expressa dos lançamentos "identificar o sujeito passivo" da obrigação tributária, expressão de que se vale o legislador para tratar, conjuntamente, do contribuinte e do responsável, como se infere do art. 121 do CTN. A sujeição passiva traduz conceito delimitado pelo legislador,

---

[37] MATTOS, Eloá Alves Ferreira de; MATTOS, Fernando Cesar Baptista de. *In*: GOMES, Marcus Lívio; ANTONELLI, Leonardo Pierro (Coord.). *Curso de direito tributário brasileiro*. São Paulo: Quartier Latin, 2005. v. 1. p. 415.

[38] SUANNES, Adauto. Presunção de culpa. *In*: BADARÓ, Gustavo Henrique (Org.). *Teoria geral do direito penal*. São Paulo: Revista dos Tribunais, 2015. v. 1. p. 621.

[39] BRASIL. Supremo Tribunal Federal – STF. RHC nº 163.334. Rel. Min. Roberto Barroso, Tribunal Pleno, j. 18.12.2019. *DJe*, 13.11.2020.

vedada qualquer ampliação por simples atos de aplicação normativa em sede judicial; mormente quando esses ocorrem na pendência de constituição prévia de norma individual e concreta de responsabilidade tributária, a partir de suportes fáticos específicos.[40]

Disto decorre a notória posição da apropriação indébita tributária enquanto crime próprio, muito embora o tipo penal não distinga entre contribuinte ou responsável, dado que todo o sujeito passivo da obrigação tributária pode ser sujeito ativo do delito. O comerciante pode sê-lo, por conseguinte, na condição de contribuinte de ICMS.

Quanto ao objeto do delito, pontuou o Ministro Relator Roberto Barroso que se trata do valor do tributo, de modo que é irretorquível sua remissão semântica exposta pelo art. 3º do CTN. Ao positivá-la, sedimentou a vinculação de todos os aspectos da regra-matriz de incidência à lei, aqui entendida em sentido formal, ato emanado do Poder Legislativo competente, e também material, guardando correspondência, insista-se, com os núcleos de significados de fontes situadas em patamar hierarquicamente superior na pirâmide de validação jurídica que confere unidade e coerência ao ordenamento jurídico, como é o caso das leis complementares e, especialmente, da Constituição Federal de 1988.[41]

Bem arremata o voto condutor que uma das acepções de tributo equivale à prestação jurídica tributária expressa em pecúnia, de tal sorte que este esteio guia a expressão "valor de tributo contida no art. 2º, II, da Lei nº 8.137/1990. No prisma jurídico-penal pouco releva saber quem arca com o valor pago. A expressão econômica ou sua dimensão monetária, por ser paga ao comerciante, é o "valor do tributo", ainda que não exista qualquer menção à conduta de deixar de repassar o tributo cobrado.

Dito de outro modo, como observado pelo voto vencedor, a conduta tem caráter duplo, pois importa a cobrança ou desconto do valor do tributo devido, acompanhada do não recolhimento dos valores. Implica dizer, a seus termos, que "estará afastado o crime se o sujeito passivo demonstrar que, por qualquer razão, não recebeu efetivamente do adquirente o valor do tributo ou não lhe transferiu o encargo econômico do tributo".

Ora, quando o valor é cobrado pelo comerciante significa que, ao contrário da lógica dos descontos, o sujeito passivo une o valor do tributo ao preço, prática comum nos impostos indiretos, pois o *quantum* é suportado, na prática, pelo contribuinte *de facto*. A rigor, ao contribuinte *de facto* não compete acionar diretamente o Estado, pois não comporta com este nenhuma sorte de relação jurídica.[42]

Por reconhecer que o delito somente cabe a quem ostente a "qualidade de sujeito passivo da obrigação tributária", o tipo penal acaba por incluir em seu bojo o comerciante. Se o sujeito passivo é entendido como o devedor do tributo, não há como entender que ocorreu qualquer incorporação patrimonial. É na injusta *mutatio causae possessionis* que está o ilícito materializado pelo não recolhimento. Rememora o Relator Ministro Roberto Barroso que o ICMS sequer pode compor a base de cálculo do Imposto de Renda, do PIS e da Cofins, na inclinação do RE nº 574.706/PR.[43]

---

[40] PEREZ DE AYALA, Jose Luis; PEREZ DE AYALA, Miguel Becerril. *Fundamentos de derecho tributario*. 5. ed. Madrid: Edersa, 2002. p. 109.

[41] ATALIBA, Geraldo. *Hipótese de incidência tributária*. 6. ed. São Paulo: Malheiros, 2001. p. 22-31; e CARVALHO, Paulo de Barros. *Teoria da norma tributária*. 3. ed. São Paulo: Max Limonad, 1998. p. 34-50.

[42] ATALIBA, Geraldo; BARRETO, Aires F. Substituição e responsabilidade tributária. *Revista de Direito Tributário*, São Paulo, v. 13, n. 49, p. 73-96, jul./set. 1989.

[43] BRASIL. Supremo Tribunal Federal – STF. RE nº 574.706/PR. Rel. Min. Cármen Lúcia, Tribunal Pleno, j. 15.03.2017. *DJe*, 29.09.2017.

A vedação de apropriação do valor do tributo comina no tipo penal, haja vista que "os comerciantes são meros depositários desse ingresso de caixa". Todo o valor do ICMS cobrado dos contribuintes *de facto*, então, apenas transita no caixa do contribuinte *de iure* para posterior recolhimento ao Erário, de tal sorte que está confirmado o raciocínio de inversão da causa da posse para o primeiro passo da apropriação indébita tributária. A caracterização do injusto penal e a censurabilidade, sem embargo, decorrem da tomada de valores pelo sujeito passivo da obrigação tributária que não o pertencem, cujo acesso decorre do dever fundamental de pagar tributos, razão pela qual não requer qualquer rastro de fraude.

A conduta do art. 2º, II, da Lei nº 8.137/1990 se separa da simples inadimplência pela apropriação dos valores de outrem e, também, pela necessidade de "que a conduta lesione de modo significativo o bem jurídico protegido", o que implica interpretação restritiva, nas palavras do Relator Ministro Roberto Barroso no RHC nº 163.334/SC. Essa circunstância de parcimônia, por certo, não abrange os devedores contumazes, que usam o valor do ICMS com ônus econômico repassado ao consumidor para financiamento de seus afazeres empresariais.

Inadimplências reiteradas se transmudam em verdadeiro *modus operandi* comercial, com o propósito de obter enriquecimento ilícito que, em suas últimas consequências, perfaz lesão ao cenário concorrencial. Nesse sentir, será sempre necessário, na pena do voto vencedor, que o juiz realize "valoração global do fato" em "cada processo concreto". É dizer, não pode se abster de analisar a sistematicidade da inadimplência, muito menos examinar o histórico de recolhimentos, pois a situação, ainda que se repita, pode ser episódica e refletir momento de instabilidade econômica do sujeito passivo.

Consoante antecipado, a demonstração do dolo será de todo fulcral, cujo elemento subjetivo se traduz na intenção efetiva de reter valores do ICMS repassados, do prisma econômico, ao contribuinte *de facto*. Aduz com precisão o Ministro Relator Roberto Barroso que "[n]ão se trata, portanto, de deixar de adimplir a obrigação tributária com alguma intenção externa a essa conduta, mas do próprio propósito que define o sentido da conduta".

A valer, o princípio da motivação somente encontrará repouso se houver cotejo com provas robustas, apoiadas tanto em conjunturas fáticas objetivas como na instrução criminal. Sem o apoio em provas acostadas aos autos, arrematou o voto vencedor que é impossível auferir o dolo, em exercício pleno de respeito às garantias constitucionais.

5 A persecução penal e sua justa causa: apontamentos do HC nº 97.854/RJ

O HC nº 97.854/RJ foi um dos primeiros casos de natureza penal tributária alçado à relatoria do Ministro Roberto Barroso, que passou a discutir a situação do paciente pelo crime de sonegação fiscal, inscrito no art. 1º, I e II, da Lei nº 8.137/1990, cuja peça acusatória foi ajuizada e recebida antes do esgotamento da via administrativa, o que possibilitou o trâmite do processo sem a constituição definitiva do crédito tributário, arguido como condição de punibilidade. Ocorre, todavia, que a defesa impetrou *habeas corpus* perante o STJ, com pedido liminar indeferido, o que atraía a incidência da Súmula nº 691: "[n]ão compete ao Supremo Tribunal Federal conhecer de habeas corpus impetrado contra decisão do relator que, em habeas corpus requerido a tribunal superior, indefere a liminar".

A arguta visão do Ministro Roberto Barroso, porém, bem desvelou que os óbices processuais não poderiam ser tomados como dogma ao arrepio das garantias fundamentais. A ausência de causa justa para a ação é vício insanável se não há constituição definitiva do processo administrativo de lançamento, consoante já antecipado pelo HC nº 81.611/DF.[44]

De fato, se o lançamento tributário é uma das espécies de constituição do crédito tributário, nos exatos termos do art. 142 do CTN, é evidente que, na modalidade por declaração, o contribuinte ou terceiro presta à autoridade administrativa as informações necessárias para que esta efetive o lançamento e, consequentemente, a constituição do crédito tributário.[45] Nesta hipótese, a declaração do sujeito passivo, enquanto tal, não é suficiente para a constituição do crédito tributário. No caso do lançamento por declaração, o contribuinte não procede à concreta determinação quantitativa de seu débito e, portanto, não constitui o crédito tributário. Este será constituído pela autoridade administrativa que, munida das informações fornecidas pelo contribuinte ou terceiro, procederá à aplicação da norma tributária material ao caso concreto e à liquidação do tributo devido.[46] Como poderia, portanto, proceder a ação penal sem sua constituição definitiva?

Notou o voto vencedor que, se a denúncia ao paciente é oferecida antes de finalizada a discussão no seio administrativo fiscal, está de toda ausente a justa causa da ação penal, ainda que após seu ajuizamento tenha ocorrido a constituição definitiva do crédito tributário, eis que se trata de vício processual insanável. A constituição definitiva, assim, é verdadeira "[c]ondição objetiva de punibilidade que não é passível de posterior convalidação", na síntese garantista do Ministro Relator Roberto Barroso.

Convém ressaltar, porém, duas ressalvas feitas pelo escólio do ministro em outros dois casos de sua relatoria: *(i)* é lícito "dar início à persecução penal antes de encerrado o procedimento administrativo, nos casos de embaraço à fiscalização tributária ou diante de indícios da prática de outros delitos, de natureza não fiscal";[47] *(ii)* a tramitação superveniente de ação cível para rediscutir a existência do débito tributário não deslinda no encerramento precoce do processo-crime.[48]

6 Conclusões

As condutas tipificadas no art. 2º, II, da Lei nº 8.137/1990, exigem apuração a partir do exame de culpabilidade, no fito de respeitar a prova do dolo. A visão exarada pelo Ministro Roberto Barroso nos autos do RHC nº 163.334/SC é de todo acertada ao

---

[44] BRASIL. Supremo Tribunal Federal – STF. HC nº 81.611. Rel. Min. Sepúlveda Pertence, Tribunal Pleno, j. 10.12.2003. *DJe*, 13.05.2005.

[45] ORTEGA, Rafael Calvo. *Curso de derecho financiero*: derecho tributario (Parte General). 5. ed. Madrid: Civitas, 2001. p. 299.

[46] XAVIER, Alberto. *Do lançamento*: teoria geral do ato do procedimento e do processo tributário. 2. ed. Rio de Janeiro: Forense, 1977. p. 84.

[47] BRASIL. Supremo Tribunal Federal – STF. ARE nº 936.653 AgR/MG. Rel. Min. Roberto Barroso. Primeira Turma, j. 24.05.2016. *DJe*, 14.06.2016.

[48] BRASIL. Supremo Tribunal Federal – STF. HC nº 130.510 AgR. Rel. Min. Roberto Barroso. Primeira Turma, j. 14.06.2016. *DJe*, 29.06.2016.

demonstrar que somente a conduta contumaz deve ser conjugada ao dolo de apropriação para incidir no tipo penal quando deixar de recolher o tributo cobrado do contribuinte *de facto*.

O detalhado esforço jurisprudencial demonstra sua notória envergadura garantista ao exigir a prova tanto do dolo quanto da contumácia enquanto requisitos compulsórios para autorizar a prisão do sujeito passivo da obrigação tributária. Com efeito, nos tributos indiretos, responde pelos valores devidos ao Erário quem promova o fato gerador por meio de uma relação pessoal e direta. Qualquer interpretação diversa que permite responsabilizar o contribuinte de fato passa a operar no campo metajurídico e, por conseguinte, precisa ser rechaçada em função do respeito ao princípio da legalidade que opera no direito tributário brasileiro, *ex vi* do art. 150, I, da CF.

Arguir em contrário seria permitir a transferência da sujeição passiva tributária ao contribuinte de fato, não só ao arrepio das garantias constitucionais, mas também em evidente primazia da inclusão ou não do custo no preço final do bem, circunstância de difícil, senão impossível, averiguação. Dado que apenas a lei pode disciplinar a sujeição passiva (art. 146, III, "a"; art. 150, I, da CF; art. 97, III, do CTN), seria caminhar nas arraias da fantasia supor que a mera inclusão de tributo no preço de mercadorias poderia perfazer a transformação do consumidor final em sujeito passivo da obrigação tributária.

A exímia técnica jurídica do Ministro Roberto Barroso também se apresenta no HC nº 97.854/RJ, ao perceber que a ausência de constituição definitiva do crédito tributário, em sintonia ao art. 142 do CTN, obsta o prosseguimento da persecução penal. Ainda que sua constituição se dê *a posteriori*, firmou o acórdão forte linha jurisprudencial no sentido de ser vício insanável que comina na falta de justa causa para ação penal e comina na própria impossibilidade da denúncia anterior à conclusão do processo administrativo fiscal.

Todo o referencial de aplicação das normas sancionadoras tributárias se norteia pela preservação, em máxima latitude, das liberdades individuais. A postura garantista e contundente do Ministro Roberto Barroso simboliza proteção ampla da presunção de inocência, do princípio da culpabilidade e do *due process of law*, no desígnio de conferir ampla primazia ao *jus libertatis* ante o *jus puniendi* e assistir ao triunfo do direito de defesa dos contribuintes.

Informação bibliográfica deste texto, conforme a NBR 6023:2018 da Associação Brasileira de Normas Técnicas (ABNT):

TORRES, Heleno Taveira. A prisão pelo não pagamento de tributos e o garantismo constitucional da jurisprudência do Ministro Luís Roberto Barroso. *In*: PAULA, Fernanda de; PENCAK, Nina (coord.). *Tributação, liberdade e igualdade*: as contribuições do Ministro Luís Roberto Barroso. Belo Horizonte: Fórum, 2025. p. 543-557. ISBN 978-65-5518-952-0.

RESPONSABILIDADE TRIBUTÁRIA DE CONTABILISTAS

HUGO DE BRITO MACHADO SEGUNDO

Introdução

Questão de grande relevo, no âmbito tributário, diz respeito à atribuição de responsabilidade tributária a terceiros, tema controverso em seus aspectos formais e materiais. Como a matéria se acha disciplinada no Código Tributário Nacional, no plano das normas gerais, coloca-se a questão de saber não só como as disposições codificadas devem ser compreendidas, mas também os limites de atuação dos legisladores ordinários federal, estadual, distrital e municipal, na definição do sujeito passivo dos tributos de sua competência.

A disciplina legal do assunto remete à ideia de que seu deslinde, no campo das Cortes Superiores, caberia ao Superior Tribunal de Justiça. E de fato assim o é, se se estiver discutindo o sentido e o alcance das disposições legais, apenas. Quando entra em cena o contraste de leis estaduais ou municipais com o disposto no CTN, ou o impacto de tais disposições sobre princípios constitucionais, porém, a questão pode situar-se no âmbito de competência do Supremo Tribunal Federal.

A tendência das Cortes Superiores de rejeitar os recursos que lhes chegam, em situações assim, poderia levá-las a não enfrentar o assunto, alegando, no caso do Superior Tribunal de Justiça, o caráter constitucional da discussão, ao passo que o Supremo Tribunal Federal poderia eximir-se do exame ao argumento de que as questões constitucionais seriam meramente reflexas. Mas não foi o que se deu, relativamente a leis estaduais que exorbitavam os poderes que lhes caberiam no trato do assunto, ao atribuírem responsabilidade tributária a profissionais de contabilidade.

A sensibilidade jurídica do Ministro Luís Roberto Barroso foi decisiva, no exame de tais questões, inicialmente para deixar claro ser da competência do Supremo Tribunal Federal o seu deslinde, e, na sequência, para dar-lhes o adequado tratamento. É o assunto que se pretende examinar neste artigo, destinado a compor coletânea voltada ao pensamento do Ministro Barroso e à sua influência na formação da jurisprudência do Supremo Tribunal Federal em matéria tributária.

1 A responsabilidade na lei estadual

Não é raro que leis ordinárias, da União, dos estados, do Distrito Federal ou dos municípios, tratem de hipóteses de responsabilidade tributária. Faz parte da definição do sujeito passivo da relação obrigacional tributária, a cargo da lei instituidora de cada tributo, sendo certo que o Código Tributário Nacional autoriza, de modo expresso, o legislador a fazê-lo (CTN, art. 128). O problema é que essa definição deve ser levada a efeito *sem prejuízo* do disposto no próprio CTN, limite nem sempre observado, ocorrendo com alguma frequência de se estabelecerem hipóteses de responsabilidade de terceiros que extrapolam aquelas permitidas pelo Código Tributário Nacional, o qual, convém ressaltar, explicita alguns limites que a rigor decorrem do texto constitucional.

Foi o caso da Lei do Estado de Goiás nº 11.651/1991, cujo art. 45 estabelecia a responsabilidade tributária solidária do contabilista, nos seguintes termos:

> Art. 45. São solidariamente obrigadas ao pagamento do imposto ou da penalidade pecuniária as pessoas que tenham interesse comum na situação que constitua o fato gerador da obrigação principal, especialmente: [...]
> XII-A – com o contribuinte ou com o substituto tributário, o contabilista que, por seus atos e omissões, concorra para a prática de infração à legislação tributária; [...].

O Código Tributário Nacional de fato prevê como solidária a responsabilidade dos que tenham interesse comum na situação que constitua o fato gerador (art. 124), e autoriza a lei a estabelecer hipóteses de responsabilidade que vão além das previstas no próprio CTN (art. 128). Mas é preciso que estejam presentes alguns requisitos, para que se possam responsabilizar terceiros. O primeiro deles é a presença de uma vinculação, pelo menos indireta, deste terceiro, com a situação que configura o fato gerador. No caso do profissional de contabilidade, essa vinculação não se acha atendida, apenas pelo fato de ele ser o responsável pela escrituração contábil dos fatos correspondentes.

Submetida a questão ao Supremo Tribunal Federal, o primeiro ponto a ser analisado era o de saber se se tratava de matéria constitucional. Não haveria, no caso, mera questão de conflito entre normas infraconstitucionais?

2 Definição da matéria como constitucional

A discussão sobre o conflito de leis, em tese, pode situar-se apenas no plano infraconstitucional. Aferir se uma lei revogou, ou não, outra lei, no todo ou em parte, ou se alterou seu sentido e alcance, pode nada ter a ver com a Constituição. Não é, contudo, o que se dá quando uma lei ordinária específica, editada por um ente tributante, contraria norma geral veiculada em lei complementar, ou em diploma com *status* de lei complementar, como é o caso do Código Tributário Nacional.[1]

---

[1] Como registra Hugo de Brito Machado, "muitos afirmam que o Código Tributário Nacional é hoje uma lei complementar, não obstante tenha sido aprovado como lei ordinária. A afirmação precisa ser explicada. Na verdade o Código Tributário Nacional continua sendo uma lei ordinária. Ocorre que ele trata de matéria que, hoje, está reservada a lei complementar. Matéria que hoje somente por lei complementar pode ser tratada" (MACHADO, Hugo de Brito. *Curso de direito tributário*. 22. ed. São Paulo: Malheiros, 2003. p. 73; 74).

Nos termos do art. 146 da Constituição, cabe à lei complementar o trato das matérias ali indicadas, entre as quais está o estabelecimento de normas gerais de direito tributário, especialmente sobre obrigação e crédito tributários. Assim, regras gerais sobre sujeição passiva, e sobre responsabilidade, devem ser veiculadas em lei complementar. É o que faz o Código Tributário Nacional, recepcionado como lei complementar, dos arts. 128 a 138.

Quando uma lei ordinária, federal, distrital, estadual ou municipal, se mostra incompatível com o disposto no Código Tributário Nacional, a questão é constitucional, relacionando-se a possível ofensa ao art. 146 da CF/88. Foi o que percebeu, com muita agudeza, o Ministro Barroso, ao apreciar a ADI nº 6.284/GO, movida contra a lei do Estado de Goiás que atribuía responsabilidade tributária a contabilistas. Em suas palavras,

> vê-se, especificamente quanto à responsabilidade tributária, que a lei complementar editada pela União deve lançar diretrizes gerais para a sua configuração. De forma que, atuando dentro desse quadro normativo, o legislador estadual não pode constituir hipóteses de responsabilidade tributária que conflitem com tais normas gerais. (ADI nº 6.284/GO)

Diante disso, sendo possível o conhecimento da ADI, seguiu-se a análise de seu mérito, ou seja, da questão de saber se efetivamente há malferimento do art. 146 da CF/88, por ter a lei do Estado de Goiás contrariado, de fato, as disposições do CTN sobre responsabilidade tributária.

3 Invalidade da lei estadual, por incompatibilidade com o CTN (CF/88, art. 146)

Inaugurando a parte em que trata de responsabilidade tributária, o art. 128 do CTN estabelece:

> Art. 128. Sem prejuízo do disposto neste capítulo, a lei pode atribuir de modo expresso a responsabilidade pelo crédito tributário a terceira pessoa, vinculada ao fato gerador da respectiva obrigação, excluindo a responsabilidade do contribuinte ou atribuindo-a a êste em caráter supletivo do cumprimento total ou parcial da referida obrigação.

Tem-se, como se percebe, autorização expressa para que a lei, em regra ordinária, da União, do estado, do Distrito Federal, ou do município, estabelece novas hipóteses de responsabilidade tributária, adicionais às previstas nos artigos que se seguem. De fato, ao instituir os tributos de sua competência, o legislador define seu sujeito passivo, indicando quem é o contribuinte, e quem são, eventualmente, responsáveis tributários. Rápida consulta à legislação do imposto de renda, do IPI, do ISS, das contribuições previdenciárias, fornece rica lista de exemplos de responsáveis tributários.

Mas é preciso atenção aos requisitos exigidos pelo art. 128, antes transcrito. O primeiro deles é que isso ocorra *sem prejuízo do disposto neste capítulo*. Ou seja, a atribuição de responsabilidade tributária não pode impactar, ou contrariar, o que se acha previsto no próprio CTN.

Forte nessa ideia, o Supremo Tribunal Federal considerou incompatível a lei do Estado de Goiás, que responsabiliza contadores pelos débitos tributários daqueles de quem façam a escrituração contábil, com o disposto nos arts. 134 e 135 do CTN, que exigem requisitos específicos para a responsabilização de terceiros, os quais foram extravasados pelo disposto na lei do Estado de Goiás.

Nas palavras do Ministro Barroso, a lei

> estadual, de fato, aborda matéria reservada à lei complementar pelo art. 146, III, b, da CF/1988, configurando uma inconstitucionalidade formal. Isso, porque, avança ao dispor diversamente sobre (1) quem pode ser o responsável tributário, ao incluir hipóteses não contempladas pelos arts. 134 e 135 do CTN, e (2) em quais circunstâncias pode ser o responsável tributário, já que, conforme as normas gerais, para haver a responsabilidade tributária pessoal do terceiro, ele deve ter praticado atos com excesso de poderes ou infração de lei, contrato social ou estatutos. O Superior Tribunal de Justiça, nessa linha, fixou a interpretação sobre o art. 135 do CTN no sentido de que o mero inadimplemento da obrigação tributária não configura a responsabilização em questão. Nesse sentido, evidencie-se que o legislador estadual dispôs de forma diversa acerca do tema, ao atribuir a responsabilidade em caso de "infração à legislação tributária".

De fato, contabilistas, assim como empregados, mandatários, prepostos, diretores, gerentes e representantes de pessoas jurídicas (CTN, art. 135), bem como todas as pessoas citadas no art. 134 (pais, tutores, administradores, inventariantes, síndicos, tabeliães, escrivães, sócios etc.), respondem desde que certas condições sejam atendidas. Se agirem com culpa, nos atos em que intervierem e pelas omissões de que forem responsáveis, respondem caso o contribuinte não possa fazê-lo (subsidiariamente, portanto). Se agirem com dolo, praticando atos contrários aos interesses do próprio contribuinte, em benefício próprio ou de terceiro, respondem solidariamente. Mas, no caso de mero inadimplemento do contribuinte, não, como, aliás, já pacificou o Superior Tribunal de Justiça, conforme lembrado pelo Min. Barroso. A lei goiana despreza todos esses requisitos e torna o contabilista, em qualquer hipótese, responsável pelos débitos do contribuinte que figurar como seu patrão ou cliente.

Além disso, seria possível acrescentar outro requisito, por igual estabelecido no art. 128 do CTN e não respeitado pela lei goiana: a vinculação, ao menos indireta, ao fato gerador. O contador, ou contabilista, não tem vinculação, nem mesmo indireta, com a situação que configura o fato gerador do imposto do qual está sendo responsabilizado, e por isso não pode sê-lo, independentemente de isso impactar, como impacta, artigos que se seguem no próprio CTN, no caso, o art. 135.

Isso, aliás, conduz a outra gama de argumentos, que poderiam ser invocados para que se reconhecesse a invalidade da lei do Estado de Goiás impugnada na ADI. Não foram aduzidos, por certo, dada a desnecessidade de fazê-lo, prejudicados que foram pelo reconhecimento da inconstitucionalidade formal. É que mesmo uma lei complementar nacional, que viesse a alterar os arts. 128 a 138 do CTN, não poderia atribuir responsabilidade de maneira aleatória ou arbitrária a terceiros, sem com isso impactar diretamente dispositivos constitucionais.

4 Invalidade da lei estadual, por ofensa a princípios constitucionais

Não é aleatória a exigência, constante do art. 128 do CTN, de que o responsável tributário tenha vinculação, pelo menos indireta, com a situação que configura o fato gerador do tributo. Trata-se de uma imposição direta do texto constitucional, por pelo menos duas razões.

De início, lembre-se que o responsável não dá causa ao nascimento da obrigação tributária, pois não é ele quem realiza o fato gerador. Quem realiza o fato gerador, tendo com ele relação pessoal e direta, é o contribuinte (CTN, art. 121, parágrafo único, I). Sendo o fato gerador uma situação, que tem um verbo em seu núcleo, o contribuinte é o sujeito do predicado em que se acha esse verbo. E, sendo o fato gerador revelador de capacidade contributiva[2] (no caso de impostos, pelo menos), é o contribuinte que, praticando-o, revela a capacidade contributiva que autoriza e dá causa à tributação. É o contribuinte o proprietário do veículo, no caso de imposto sobre a propriedade de veículos. É o contribuinte o beneficiário da renda, no caso do imposto sobre a renda. É o contribuinte o importador, no caso de imposto sobre a importação, e assim por diante.

Nessa ordem de ideias, o responsável, tendo de pagar o tributo, precisa de um meio, um caminho, uma via, para reter, descontar, repassar, ou, por qualquer meio, juridicamente fazer com que o tributo recaia sobre o contribuinte, não sobre ele responsável. A vinculação, ao menos indireta, presta-se a isso. Nas palavras de Moschetti, sem isso, os terceiros "están obligados a concurrir a los gastos públicos, y, dado que su obligación no corresponde a una capacidad contributiva propia, sino a una capacidad contributiva ajena, resulta violada la norma constitucional".[3]

No caso de fonte pagadora dos rendimentos, escolhida por lei como responsável pelo imposto que tem por contribuinte o beneficiário, a vinculação se dá porque é a fonte quem opera o pagamento da renda. Assim, ela pode, ao efetuar o pagamento, ou o creditamento, da renda, dela descontar, ou deduzir, o imposto que em última análise é devido pelo contribuinte, que a ele deu causa. Paga, desse modo, apenas o líquido, retendo a importância equivalente ao imposto.

Todas as demais espécies de responsabilidade tributária envolvem, em algum momento, uma vinculação entre o responsável e o fato gerador. Mas não qualquer vinculação: é preciso que seja uma de ordem a permitir a ele a retenção, o repasse, o desconto, enfim, o meio de fazer com que o tributo seja suportado pelo contribuinte, e não por ele responsável.

O contabilista não dispõe desses meios. Empregado ou contratado como autônomo, o contador não tem meios de fazer com que seu cliente ou patrão restitua-lhe o ICMS que ele, contador, teve de em seu lugar recolher.

Isso conduz ao segundo aspecto constitucional limitador da atuação do legislador infraconstitucional, na definição de responsáveis tributários: a regra de competência. Não se trata apenas de uma questão de capacidade contributiva, até porque o terceiro, designado como responsável, poderia ter maior capacidade econômica do que o contribuinte original, embora não esteja vinculado ao fato gerador. Nesse caso, atribuir-lhe a responsabilidade, mesmo que por lei, não será constitucionalmente admissível. Isso

---

[2] FALCÃO, Amílcar de Araújo. *Fato gerador da obrigação tributária*. 7. ed. Rio de Janeiro: Forense, 2002. p. 76.

[3] MOSCHETTI, Francesco. *El principio de la capacidad contributiva*. Traducción de Juan M. Calero Gallego e Rafael Navas Vazquez. Madrid: Instituto de Estudios Fiscales, 1980. p. 249.

resultará na alteração das regras de competência, pois o legislador estaria criando uma figura tributária anômala, disfarçada como outra sobre a qual teria competência (mas que é diversa), semelhante ao que ocorre quando se cria um tributo utilizando a base de cálculo de outro.[4]

Caso o responsável pudesse ser eleito de modo aleatório, sem vinculação ao fato gerador que lhe permitisse fazer recair sobre o contribuinte o ônus, ter-se-ia alteração da própria regra de competência. No caso específico da ADI nº 6.284/GO, seria como se na Constituição o art. 155 desse aos estados competência para instituir imposto sobre a circulação de mercadorias, mas também sobre o exercício da função de contador para pessoas que promovam a circulação de mercadorias, o que nele não se acha escrito e que por isso o viola textualmente.

Essas reflexões tornam mais claro o erro presente em certa interpretação do art. 124 do CTN, que trata das situações em que a responsabilidade dos devedores tributários será solidária, caso seja visto como norma que atribui ou permite atribuir responsabilidade, em vez de apenas tratar do modo de ser da responsabilidade de quem já é sujeito passivo à luz de outros dispositivos. Os Fiscos, especialmente o Federal, têm utilizado esse artigo para argumentar que tanto pessoas com interesse comum quanto aquelas simplesmente mencionadas na lei podem ser responsáveis solidárias, ignorando o que está escrito no art. 128 do mesmo Código e todas as considerações feitas anteriormente neste texto. No entanto, isso é um equívoco, pois o mero interesse comum, independentemente de como seja interpretado, não autoriza a responsabilização de terceiros sem suporte legal ou sem uma vinculação ao fato gerador da obrigação. A visão de Misabel Abreu Machado Derzi é inteiramente correta a esse respeito, ao destacar que a regra do art. 124 define apenas que pessoas que já são devedoras podem responder (solidariamente ou não), e não atribui responsabilidade a quem não a possuía por outra razão.[5]

Considerações finais

Percebe-se a relevância do posicionamento do Ministro Luís Roberto Barroso na interpretação e aplicação das normas tributárias, especialmente no que tange à responsabilidade de contadores, matéria que, não adequadamente tratada, poderia ter sido considerada infraconstitucional, ou constitucional de modo meramente reflexo. Sua sensibilidade jurídica e visão clara sobre os limites constitucionais para a elaboração

---

4 BECKER, Alfredo Augusto. *Teoria geral do direito tributário*. 3. ed. São Paulo: Lejus, 1998. p. 373. No mesmo sentido: ROCHA, Valdir de Oliveira. *Determinação do montante do tributo*. São Paulo: Dialética, 1995. p. 109; CARVALHO, Paulo de Barros. A definição da base de cálculo como proteção constitucional do contribuinte. *In*: ASOREY, Rubén O. (Dir.). *Protección constitucional de los contribuyentes*. Madri/Barcelona: Marcial Pons, 2000. p. 69.

5 Em notas de atualização ao livro *Direito tributário brasileiro*, de Aliomar Baleeiro, Misabel Abreu Machado Derzi explica que a "solidariedade não é espécie de sujeição passiva por responsabilidade indireta, como querem alguns. O Código Tributário Nacional, corretamente, disciplina a matéria em seção própria, estranha ao Capítulo V, referente à responsabilidade. É que a solidariedade é simples forma de garantia, a mais ampla das fidejussórias. Quando houver mais de um obrigado no pólo passivo da obrigação tributária (mais de um contribuinte, ou contribuinte e responsável, ou apenas uma pluralidade de responsáveis), o legislador terá de definir as relações entre os coobrigados. Se são eles solidariamente obrigados, ou subsidiariamente, com benefício de ordem ou não, etc. A solidariedade não é, assim, forma de inclusão de um terceiro no pólo passivo da obrigação tributária, apenas forma de graduar a responsabilidade daqueles sujeitos que já compõem o pólo passivo" (DERZI, Misabel Abreu Machado. Notas de atualização. *In*: BALEEIRO, Aliomar. *Direito tributário brasileiro*. 11. ed. Rio de Janeiro: Forense, 1999. p. 729).

da legislação infraconstitucional foram, no caso, fundamentais para a formação de uma jurisprudência sólida e coerente no Supremo Tribunal Federal em torno dos limites do legislador estadual, no que tange ao disciplinamento da responsabilidade tributária.

Este artigo, ao abordar a contribuição do Ministro Barroso, não cuida de sua trajetória como jurista, que como se sabe antecede e transcende a atuação como julgador, mas destaca a sua importância nesse papel judicante, em decisões que influenciam diretamente os rumos da jurisprudência da mais alta corte brasileira.

Referências

BECKER, Alfredo Augusto. *Teoria geral do direito tributário*. 3. ed. São Paulo: Lejus, 1998.

CARVALHO, Paulo de Barros. A definição da base de cálculo como proteção constitucional do contribuinte. *In*: ASOREY, Rubén O. (Dir.). *Protección constitucional de los contribuyentes*. Madri/Barcelona: Marcial Pons, 2000.

DERZI, Misabel Abreu Machado. Notas de atualização. *In*: BALEEIRO, Aliomar. *Direito tributário brasileiro*. 11. ed. Rio de Janeiro: Forense, 1999.

FALCÃO, Amílcar de Araújo. *Fato gerador da obrigação tributária*. 7. ed. Rio de Janeiro: Forense, 2002.

MACHADO, Hugo de Brito. *Curso de direito tributário*. 22. ed. São Paulo: Malheiros, 2003.

MOSCHETTI, Francesco. *El principio de la capacidad contributiva*. Traducción de Juan M. Calero Gallego e Rafael Navas Vazquez. Madrid: Instituto de Estudios Fiscales, 1980.

ROCHA, Valdir de Oliveira. *Determinação do montante do tributo*. São Paulo: Dialética, 1995.

Informação bibliográfica deste texto, conforme a NBR 6023:2018 da Associação Brasileira de Normas Técnicas (ABNT):

MACHADO SEGUNDO, Hugo de Brito. Responsabilidade tributária de contabilistas. *In*: PAULA, Fernanda de; PENCAK, Nina (coord.). *Tributação, liberdade e igualdade*: as contribuições do Ministro Luís Roberto Barroso. Belo Horizonte: Fórum, 2025. p. 559-565. ISBN 978-65-5518-952-0.

IGUALDADE DE GÊNERO E O DIREITO TRIBUTÁRIO: ENTRE O LEGISLATIVO E O JUDICIÁRIO

ISABELA ALMEIDA DO AMARAL

Introdução

> *[A]s mulheres tinham de lutar, e têm de continuar lutando contra a proteção e a variedade de sustentáculos sociais e legais do direito masculino, e têm de continuar a lutar pelo acesso aos recursos sociais necessários para ganhar o seu sustento para exercer a sua cidadania.*[1]

A Constituição de 1988 foi paradigmática na inserção dos direitos das mulheres. O art. 5º, em seu primeiro inciso, estabelece que "homens e mulheres são iguais em direitos e obrigações [...]". E não só: há previsões sobre igualdade de gênero no trabalho (art. 7º, XX), na família (art. 226, §5º), direitos das mulheres presas (art. 5º, L)[2] etc. Tal arcabouço, associado às lutas dos movimentos feministas e à conjuntura política, proporcionou, pós-88, avanços nos direitos das mulheres tanto na legislação[3] como no Judiciário.[4]

No entanto, por mais que a Carta de 1988 tenha representado um ponto de inflexão na luta pela igualdade, o caminho a ser percorrido pelas mulheres ainda é longo. Em síntese, a igualdade de gênero, do art. 5º, I, tem como consequência a vedação de

---

1 PATEMAN, Carole. *O contrato sexual*. Tradução de Marta Avancini. 2. ed. São Paulo: Terra e Paz, 2020. p. 353.

2 Piovesan dá um panorama geral de todos os dispositivos constitucionais que fazem referência aos direitos das mulheres (PIOVESAN, Flávia. *Igualdade de gênero na Constituição Federal*: os direitos civis e políticos das mulheres no Brasil. Brasília: Senado Federal, 2008. p. 3).

3 Para uma análise detalhada das mudanças legislativas na seara dos direitos das mulheres, v. RODRIGUES, Almira; CORTÊS, Iáris (Org.). *Os direitos das mulheres na legislação brasileira pós-constituinte*. Brasília: Letras Livres, 2006. Centro Feminista de Estudos e Assessoria. p. 12-35.

4 Para uma análise dos casos que chegaram ao Supremo, com a temática do gênero, v. BARBOZA, Estefânia Maria de Queiroz; DEMETRIO, André. Quando o gênero bate à porta do STF: a busca por um constitucionalismo feminista. *Revista Direito GV*, São Paulo, v. 15, n. 3, 2019. p. 15 e ss.

hierarquização entre os indivíduos e de desequiparações infundadas, além da neutralização de injustiças históricas, econômicas e sociais, mas as injustiças perduram em diversos âmbitos.

Em termos de distribuição de recursos, o salário das mulheres ainda é, em média, 19,4% menor do que o dos homens. Em cargos de direção, a diferença é maior: chega a 25,2%.[5] Em termos de representação política, espaço em que, tradicionalmente, os direitos das mulheres podem ser traduzidos em normas, dentre 513 deputados federais, há apenas 92 mulheres e entre 70 senadores, há apenas 4, totalizando, respectivamente, 18% e 7% de mulheres dentre a composição total de cada uma das casas.[6]

Diante desse contexto, a hipótese deste artigo é que o papel do direito tributário na redução das desigualdades de gênero ainda não foi totalmente apreendido pelas instituições brasileiras, mas, nos últimos anos, iniciou sua aparição em debates travados no Supremo Tribunal Federal. Nesse sentido, o presente artigo será dividido em três partes. Na primeira, o foco será voltado para a relação entre a desigualdade de gênero e a tributação. Na segunda, será analisado o permanente afastamento normativo da questão tributária quanto ao seu papel na redução das desigualdades de gênero com foco na Constituinte e no Legislativo pós-88. Na terceira parte, serão discutidas duas decisões importantes do STF na matéria, notadamente RE nº 576.967 e ADI nº 5.422, que consolidam mecanismos para a redução das desigualdades de gênero por via da tributação,[7] muito embora o gênero não tenha sido considerado central por todo o colegiado da Corte.

Entre a tributação e a desigualdade, a questão do gênero

A conexão entre direitos das mulheres e tributação é antiga. Já no final do século XIX, o movimento sufragista norte-americano se apropriou do lema "no taxation without representation" – derivado do contexto da independência dos Estados Unidos. Sendo, também, contribuintes, as mulheres pleiteavam o exercício do direito ao voto. Mesmo posteriormente, "a igualdade formal proporcionada pela linguagem de direitos não se converte[u] em acesso igualitário ao Estado de Direito ou à aplicação imparcial das leis e dos direitos".[8] E isso permanece se aplicando para as mulheres.

Quanto à desigualdade de gênero, há dois pontos centrais que tangenciam o direito tributário. Em primeiro lugar, há certa permanência de um *status quo* de desigualdades econômicas entre os gêneros. Em segundo, há a ampliação dessa desigualdade

[5] GOVERNO FEDERAL. Ministério do Trabalho e Emprego e Ministério das Mulheres. *1º Relatório de Transparência Salarial*. Brasília: Ministério do Trabalho e Emprego e Ministério das Mulheres, 2024. Disponível em: https://app.powerbi.com/view?r=eyJrIjoiMjNhY2IyN2UtMjllMy00MjQxLTg2YzYtNjcyYzk0YjE4MjQxIiwidCI6IjNlYzkyOTY5LTVhNTEtNGYxOC04YWM5LWVmOThmYmFmYTk3OCJ9. Acesso em: 10 jul. 2024.

[6] Tais números não têm em consideração suplentes que entraram no cargo posteriormente (ABREU, Masra; MORI, Natalia. Como fica a representação feminina no Congresso Nacional a partir de 2023? *Brasil de Fato*, Brasília, 2022. Disponível em: https://www.brasildefato.com.br/2022/10/05/como-fica-a-representacao-feminina-no-congresso-nacional-a-partir-de-2023. Acesso em: 10 jul. 2024).

[7] Ressalta-se que, aqui, não se discutirá a questão orçamentária atinente à alocação de recursos para políticas públicas atinentes aos direitos das mulheres. Sobre este ponto, v. RODRIGUES, Almira; CORTÊS, Iáris (Org.). *Os direitos das mulheres na legislação brasileira pós-constituinte*. Brasília: Letras Livres, 2006. Centro Feminista de Estudos e Assessoria. p. 39.

[8] VIEIRA, Oscar Vilhena. A desigualdade e a subversão do Estado de Direito. *SUR – Revista Internacional de Direitos Humanos*, ano 4, n. 6, p. 28-51, 2007. p. 36.

tanto nos expedientes já existentes, como em decorrência da dificuldade de inserção normativa de mecanismos tributários que promovam a igualdade de gênero.

Quanto ao primeiro aspecto, como defende Fraser, o principal remédio para as desigualdades econômicas, que, ressalta-se, tangenciam as de gênero, é a necessidade de políticas de redistribuição, de modo a reduzir os níveis e formas de dependência entre indivíduos.[9] No entanto, essas políticas não são uma realidade presente no direito tributário brasileiro. Na verdade, o *status quo* evidencia, nas palavras de Capraro, que "[a]s mulheres são afetadas pelos impostos de maneiras específicas devido aos seus padrões de emprego, incluindo salários, sua participação no trabalho de cuidado não remunerado, seus padrões de consumo e sua posse de bens e propriedade".[10]

Além disso, esse impacto desproporcional é acirrado, como destaca Teixeira, na medida que "as atividades produtivas [...] geradoras de riquezas e impostos [...] sempre foram historicamente dependentes d[a] contribuição oriunda do seio familiar, provida predominantemente pelo trabalho feminino não remunerado".[11] Em suma, as mulheres são mais impactadas pelos impostos e, ainda, os homens dependem de sua contribuição para manutenção de sua maior capacidade econômica. Elas acabam, portanto, "impedidas da plena participação por estruturas econômicas que lhes negam os recursos necessários para interagirem com os demais na condição de pares; nesse caso, [...] sofrem injustiça distributiva ou má distribuição".[12]

Quanto ao segundo aspecto, da ampliação das desigualdades pela via tributária, não só o Brasil, mas "[a] maioria das sociedades da história se caracteriza por diversas formas de dominação masculina, em especial no que diz respeito ao poder político e econômico".[13] Há uma predominância masculina entre as rendas mais altas, geralmente menos tributadas, mas também há desequilíbrios causados pela própria estrutura da tributação, que não tem em conta desigualdade salarial e taxas de desemprego mais altas entre mulheres[14] que, com alguma frequência, ainda ficam responsáveis pelo trabalho doméstico e do cuidado. No regime de propriedade, no lugar de "iniciativas que elevem a igualdade de oportunidades [especialmente, entre homens e mulheres], equalizando os fatores de produção que determinam sua renda de mercado",[15] o que ocorre é a ampliação dessas desigualdades, como ocorre com as *pink taxes*,[16] para citar um exemplo. Esse cenário é resultado dos expedientes já existentes combinados à dificuldade de inserção normativa de mecanismos tributários em prol da igualdade de gênero, a despeito dos avanços constitucionais para as mulheres em outras áreas.[17]

---

9 FRASER, Nancy. Da redistribuição ao reconhecimento? Dilemas da justiça numa era pós-socialista. Tradução de Julio Assis Simões. *Cadernos de Campo*, São Paulo, n. 14/15, 2006. p. 232.

10 CAPRARO, Chiara. Direito das mulheres e justiça fiscal. Por que a política tributária deve ser tema da luta feminista. *SUR – Revista Internacional de Direitos Humanos*, v. 13, n. 24, p. 17-26, 2016. p. 20.

11 TEIXEIRA, Daniel Viana. Desigualdade de gênero: sobre garantias e responsabilidades sociais de homens e mulheres. *Revista Direito GV*, São Paulo, v. 6, n. 1, p. 253-274, 2010. p. 267.

12 FRASER, Nancy. Reenquadrando a justiça em um mundo globalizado. Tradução de Ana Carolina Freitas Lima Ogando e Mariana Prandini Fraga Assis. *Lua Nova*, São Paulo, v. 77, p. 11-39, 2009. p. 18-19.

13 PIKETTY, Thomas. *Capital e ideologia*. Tradução de Maria de Fátima Oliva do Coutto. Dorothée de Bruchard. 1. ed. Rio de Janeiro: Intrínseca, 2020. p. 599.

14 CAPRARO, Chiara. Direito das mulheres e justiça fiscal. Por que a política tributária deve ser tema da luta feminista. *SUR – Revista Internacional de Direitos Humanos*, v. 13, n. 24, p. 17-26, 2016. p. 21.

15 RIBEIRO, Ricardo Lodi. *Desigualdade e tributação na Era da austeridade seletiva*. Rio de Janeiro: Lumen Juris, 2019. p. 171.

16 PISCITELLI, Tathiane. Tributação de gênero no Brasil. *Valor Econômico*, 2019.

Tanto a manutenção de um *status quo* de desigualdade de gênero no direito tributário como a sua ampliação podem ser explicadas de diversas formas, entre as quais destacam-se duas. Em primeiro plano, tradicionalmente, questões de gênero são legadas ao âmbito privado.[18] Como ensina Pateman, "a separação do público e do privado é apresentada na teoria liberal como se ela se aplicasse a todos os indivíduos da mesma maneira".[19] Porém, havendo relações de subordinação, aquele que está submetido a elas "não pode ser, ao mesmo tempo, livre e igual. Assim, as mulheres (esposas) são excluídas da condição de 'indivíduos' e, portanto, de participar do mundo público da igualdade, do consentimento e das convenções".[20] Essa condição é explicativa do fato de os direitos das mulheres não serem, em diversos aspectos, como o tributário, tratados amplamente pelas instituições. Afinal, não há quem fale no público sobre algo que é privado.

"Desse modo, a divisão sexual do trabalho, base material das relações de gênero e prática cotidiana de atribuir às mulheres um trabalho do qual os homens são liberados, é justificada e permanece como um fator de precarização da vida das mulheres".[21] Daí que atos normativos ainda sejam um entrave para a igualdade. Afinal, como "todo regime desigualitário caracteriza-se por um conjunto de respostas mais ou menos coesas e duradouras oferecidas à questão do regime político e do regime de propriedade",[22] a resposta do direito tributário também escapa à questão do gênero.

Em segundo plano, a ausência de representatividade adequada das mulheres na política também prejudica a tomada de decisão quanto a seus direitos. Afinal, a desigualdade afeta a participação política: "ela designa quem está incluído e quem está excluído",[23] nas palavras de Fraser. Nessa perspectiva, como esclarece Duprat, "[e]nquanto minoritárias no Parlamento, leis são votadas sem que, de um lado, valores, perspectivas e reivindicações das mulheres sejam levados em consideração, e de outro, se incorporem suas várias formas de abordar o político".[24] Afinal, não há quem fale pelas mulheres e como elas dentro das instituições.

Assim, não bastasse a própria tendência das instituições brasileiras à inércia quanto à concentração de renda,[25] no campo do gênero, as mulheres enfrentam

---

17 DUPRAT, Deborah. Igualdade de gênero, cidadania e direitos humanos. *In*: FERRAZ, Carolina Valença; LEITE, Glauber Salomão (Coord.). *Direito à diversidade*. São Paulo: Atlas, 2015. p. 5.

18 CÂMARA, Andalessia Lana Borges; GUSKOW, Tatiana Maria; OLIVEIRA, Liziane Paixão Silva. Tributação e gênero: desigualdades e o necessário fomento do mercado de trabalho da mulher. *REPATS – Revista de Estudos e Pesquisas Avançadas do Terceiro Setor*, Brasília, v. 9, n. 1, p. 44-85, 2022. p. 48; PATEMAN, Carole. *The sexual contract*. Stanford: Stanford University Press, 1988. p. 11-12.

19 PATEMAN, Carole. Críticas feministas à dicotomia público/privado. *In*: MIGUEL, Luis Felipe. BIROLI, Flávia (Org.). *Teoria política feminista*: textos centrais. Rio de Janeiro: Editora da UFF, 2014. p. 57.

20 PATEMAN, Carole. Críticas feministas à dicotomia público/privado. *In*: MIGUEL, Luis Felipe. BIROLI, Flávia (Org.). *Teoria política feminista*: textos centrais. Rio de Janeiro: Editora da UFF, 2014. p. 58.

21 BIROLI, Flávia. Gênero, "valores familiares" e democracia. *In*: BIROLI, Flávia; VAGGIONE, Juan Marco; MACHADO, Maria das Dores Campos (Org.). *Gênero, neoconservadorismo e democracia*. 1. ed. São Paulo: Boitempo, 2020. p. 151-152.

22 PIKETTY, Thomas. *Capital e ideologia*. Tradução de Maria de Fátima Oliva do Coutto. Dorothée de Bruchard. 1. ed. Rio de Janeiro: Intrínseca, 2020. p. 15.

23 FRASER, Nancy. Reenquadrando a justiça em um mundo globalizado. Tradução de Ana Carolina Freitas Lima Ogando e Mariana Prandini Fraga Assis. *Lua Nova*, São Paulo, v. 77, p. 11-39, 2009. p. 18-19.

24 DUPRAT, Deborah. Igualdade de gênero, cidadania e direitos humanos. *In*: FERRAZ, Carolina Valença; LEITE, Glauber Salomão (Coord.). *Direito à diversidade*. São Paulo: Atlas, 2015. p. 6.

25 SOUZA, Pedro H. G. Ferreira de. *Uma história da desigualdade*: a concentração de renda entre os ricos no Brasil, 1926-2013. 1. ed. São Paulo: Hucitec; Anpocs, 2018. p. 360.

dificuldades maiores, de um lado, porque tradicionalmente são legadas aos espaços privados. De outro, porque sua participação minoritária na política prejudica a aprovação de determinadas legislações em campos mais sensíveis, de difícil consenso, como é o campo econômico e da propriedade.

Embora seja uma constatação evidente que "[o] direito à igualdade entre homens e mulheres também deve ser realizado via sistema tributário",[26] no caso brasileiro essa não tem sido a realidade. Como se verá adiante, a igualdade de gênero no âmbito tributário sofreu percalços desde a Assembleia Constituinte de 1987-1988 e seguiu sofrendo no desenvolvimento da dinâmica legislativa nacional.

Igualdade de gênero na Constituição de 1988: a questão tributária deixada de lado

Do ponto de vista do gênero, as mulheres eram apenas 5% do total de constituintes. Apesar disso, "[n]as eleições de 1986, a representação feminina no Congresso Nacional foi mais que triplicada, passando de 8 deputadas federais para 26 deputadas constituintes, num total de 559 parlamentares eleitos".[27] De toda sorte, apesar da pouca representatividade, houve uma atuação importante no processo constituinte do que se convencionou chamar "lobby do batom", por via do Conselho Nacional dos Direitos da Mulher (CNDM),[28] da própria bancada feminina do Congresso Nacional e de diversas lideranças de organizações de mulheres.

O CNDM, após um logo processo de consulta popular às mulheres e aos movimentos sociais,[29] em 1986, realizou um encontro no qual foi redigida a Carta das Mulheres Brasileiras à Assembleia Constituinte, demandando avanços em seus direitos. A Carta foi entregue, em 1987, ao Presidente do Congresso, Ulysses Guimarães. Em seguida, com o intuito de conferir efetividade às demandas por incorporação dos direitos das mulheres na Carta, "todos os dias, um grupo de mulheres percorria as 24 Subcomissões reunidas no Congresso a fim de acompanhar e incidir nas propostas que estavam sendo discutidas".[30]

Nas palavras de Piovesan, "[e]m razão da competente articulação do movimento durante os trabalhos constituintes, o resultado foi a incorporação da maioria significativa das reivindicações formuladas pelas mulheres no texto constitucional".[31] O resultado

[26] PISCITELLI, Tathiane. Tributação de gênero no Brasil. *Valor Econômico*, 2019.

[27] SCHUMAHER, Schuma. O Lobby do Batom, para dar o nosso tom: a Constituição Federal e os avanços no âmbito da família e da saúde. *Anais do Seminário Trinta Anos da Carta das Mulheres aos Constituintes*. Rio de Janeiro: Escola da Magistratura do Estado do Rio de Janeiro – EMERJ, 2018. p. 67.

[28] Sobre o Conselho Nacional dos Direitos da Mulher, v. PITANGUY, Jacqueline. Mulheres, Constituinte e Constituição. *In*: ABREU, Maria Aparecida (Org.). *Redistribuição, reconhecimento e representação*: diálogos sobre igualdade de gênero. Brasília: Ipea, 2011. p. 21-22.

[29] BRASIL. Câmara. *Carta das Mulheres Brasileiras à Assembleia Constituinte*. Disponível em: https://www2.camara.leg.br/atividade-legislativa/legislacao/Constituicoes_Brasileiras/constituicao-cidada/a-constituinte-e-as-mulheres/arquivos/Constituinte%201987-1988-Carta%20das%20Mulheres%20aos%20Constituintes.pdf. Acesso em: 7 jul. 2024.

[30] SCHUMAHER, Schuma. O Lobby do Batom, para dar o nosso tom: a Constituição Federal e os avanços no âmbito da família e da saúde. *Anais do Seminário Trinta Anos da Carta das Mulheres aos Constituintes*. Rio de Janeiro: Escola da Magistratura do Estado do Rio de Janeiro – EMERJ, 2018. p. 67-68.

[31] PIOVESAN, Flávia. *Igualdade de gênero na Constituição Federal*: os direitos civis e políticos das mulheres no Brasil. Brasília: Senado Federal, 2008. p. 2.

foi "a conquista de inúmeros novos direitos e obrigações correlatas do Estado, tais como o reconhecimento da igualdade na família, o repúdio à violência doméstica, a igualdade entre filhos, o reconhecimento de direitos reprodutivos, etc.".[32] Schumaher chega a estimar que "85% das propostas, da Carta das Mulheres, foram incorporadas no texto final".[33]

Em síntese, as propostas da Carta eram divididas em dois eixos: princípios gerais e reivindicações específicas.[34] A menção ao direito tributário veio isolada e simplista: no item 4 do tópico "questões nacionais e internacionais" constava a demanda por uma "reforma tributária de forma a beneficiar os municípios".[35] Em que pese o enorme valor da Carta na luta pela incorporação dos direitos das mulheres na Constituição, a questão da tributação como meio para a redução das desigualdades entre homens e mulheres não parecia estar no radar naquele momento.

Em consulta aos anais da Constituinte, ressalta-se também a aparente pouca preocupação com o tema da relação entre a igualdade de gênero e a tributação. A título exemplificativo, procedendo-se com a pesquisa das palavras "tributação", "tributo(s)" e "imposto(s)" nas atas da Subcomissão dos Direitos e Garantias Individuais, apenas 86 resultados foram encontrados.[36] Em somente uma das vezes, é trazida a questão sobre o "dever do Estado [d]e promover a eliminação de extremos de riqueza e pobreza através de mecanismos de tributação e distribuição de renda na forma da lei".[37] Na ocasião, a questão da desigualdade de gênero, propriamente, não é mencionada.

Ainda, recorrendo-se à Subcomissão de Tributos, Participação e Distribuição de Receitas, parece similar a pouca preocupação com a questão de gênero. Nesse caso, procedendo-se com a pesquisa dos vocábulos "mulher(es)" e "gênero" nas atas de transcrição, foram encontrados 3 resultados para o primeiro e 13 para o segundo. No caso de "mulher", duas das menções à palavra referiam-se a deputados tratando de "suas" mulheres e uma delas referenciava um "cancioneiro popular" para discutir outro tema. Já no caso de "gênero", todas entre as 13 menções ao termo diziam respeito ou ao "gênero tributo" ou de algum produto tributável ou de primeira necessidade e não a qualquer questão relacionada ao gênero feminino ou à desigualdade.

Embora tais dados não sejam totalmente conclusivos e, para análise mais densa, merecessem investigação extensa, recorrendo, senão à pesquisa e leitura rigorosas de

---

[32] BARSTED, Leila Linhares. Lei e realidade social: igualdade x desigualdade. *In*: BARSTED, Leila Linhares *et al*. *As mulheres e os direitos humanos*. Rio de Janeiro: Cepia, 2001. Coletânea Traduzindo a Legislação com a Perspectiva de Gênero. p. 35.

[33] SCHUMAHER, Schuma. O Lobby do Batom, para dar o nosso tom: a Constituição Federal e os avanços no âmbito da família e da saúde. *Anais do Seminário Trinta Anos da Carta das Mulheres aos Constituintes*. Rio de Janeiro: Escola da Magistratura do Estado do Rio de Janeiro – EMERJ, 2018. p. 71.

[34] No segundo eixo, os subtemas envolviam família, trabalho, saúde, educação e cultura, violência e questões nacionais e internacionais.

[35] BRASIL. Câmara. *Carta das Mulheres Brasileiras à Assembleia Constituinte*. Disponível em: https://www2.camara.leg.br/atividade-legislativa/legislacao/Constituicoes_Brasileiras/constituicao-cidada/a-constituinte-e-as-mulheres/arquivos/Constituinte%201987-1988-Carta%20das%20Mulheres%20aos%20Constituintes.pdf. Acesso em: 7 jul. 2024.

[36] Entre eles, 3 menções à "tributação", 41 menções a "imposto" ou "impostos" e 42 menções a "tributo" ou "tributos". Ainda, cabe ressaltar que das menções ao vocábulo "imposto(s)", 10 delas eram referentes a imposições do Regimento Interno (por exemplo, no uso de "os prazos impostos pelo Regimento ao Relator e à Comissão") e não propriamente no sentido de tributo.

[37] BRASIL. Senado. *Atas de Comissões da Assembleia Nacional Constituinte*. Disponível em: https://www.senado.leg.br/publicacoes/anais/constituinte/1c_Subcomissao_Da_Nacionalidade,_Dos_Direitos_Politicos,.pdf. Acesso em: 7 jul. 2024.

todas as atas de comissões da Constituinte, pelo menos à maioria delas, parece razoável pressupor que o debate sobre tributação e igualdade de gênero não foi tema recorrente no momento constituinte brasileiro. A pouca menção a termos que remetem à matéria nas atas e a sua ausência na Carta das Mulheres conduz a essa conclusão. Não só porque, talvez, o debate fosse voltado a outras questões prioritárias naquele contexto histórico, mas também se enfrentava uma dificuldade de circunstância institucional: entre os 559 parlamentares da Constituinte, apenas 26 eram mulheres e o consenso sobre temáticas relacionadas aos seus direitos era complexo. De um lado, a "Constituinte [...] demonstrava interesse em promover avanços sociais e exaltar direitos individuais, por outro o Congresso dava demonstrações claras de que antigos costumes ainda estavam presentes na cultura brasileira".[38]

Mesmo a legislação tributária pós-88 também parece ter ficado para trás quanto ao debate de gênero. Como destaca levantamento feito pelo Grupo de Pesquisa Tributação e Gênero acerca das propostas de reforma tributária, notadamente a Proposta de Emenda à Constituição (PEC) nº 45/2019, o Projeto de Lei nº 3.887/2020 e a PEC nº 110/2019, "elas apresentam um cenário preocupante: o centro do debate está voltado para a tributação do consumo, sem qualquer consideração relativa à redistribuição mais equânime da carga tributária".[39]

É claro que há avanços, mas, a nosso ver, eles foram pontuais. Como constatado no Relatório da Distribuição Pessoal da Renda e da Riqueza da População Brasileira, em 2023, as mulheres "enfrentam maior carga de tributação do imposto de renda comparativamente ao sexo masculino, de modo que o IRPF acaba atuando como instrumento amplificador da desigualdade de gênero".[40] Como o IRPF é cobrado automaticamente sobre o ganho, que compõe a maior parte da renda feminina, de um lado, e não incide sobre lucros e dividendos pagos por empresas, que representam fatia maior da renda masculina, de outro, a desigualdade de gênero permanece e, inclusive, é amplificada. Além disso, como esclarece Monteiro, há uma desconsideração do trabalho doméstico e do cuidado no IRPF, o que também produz impacto desproporcional entre as mulheres, maiores responsáveis por essas atividades.[41]

Um caso ainda em aberto é o das *pink taxes*. Nas palavras de Piscitelli, "não se trata tecnicamente de um tributo, mas da constatação fática de um ônus econômico a que as mulheres estão submetidas no consumo de itens direcionados a elas".[42] Ou seja, há "ônus tributários mais acentuados sobre bens de aquisição tipicamente femininas".[43] Nesse caso, a despeito de ter sido apresentado o Projeto de Lei nº 3.085/2019, que prevê isenção de Impostos sobre Produtos Industrializados (IPI) quanto a produtos de higiene

---

[38] LIMA, Daniela. Uma luta pela igualdade. *Correio Braziliense*, Brasília, 2007. p. 1.

[39] PISCITELLI, Tathiane *et al.* (Coord.). *Reforma Tributária e desigualdade de gênero*. São Paulo: FGV Direito SP, 2020. Grupo de Pesquisas Tributação e Gênero. p. 6. Disponível em: https://direitosp.fgv.br/sites/default/files/2021-09/reforma_e_genero_-_final_1.pdf. Acesso em: 10 jul. 2024.

[40] SECRETARIA DE POLÍTICA ECONÔMICA. *Relatório da Distribuição Pessoal da Renda e da Riqueza da População Brasileira* – Dados do IRPF 2021 e 2022. Brasília: Governo Federal, Ministério da Fazenda, 2023. p. 15. Disponível em: https://www.gov.br/fazenda/pt-br/central-de-conteudo/publicacoes/conjuntura-economica/estudos-economicos/2023/relatorio-irpf.pdf/@@download/file. Acesso em: 10 jul. 2024.

[41] MONTEIRO, Isabela Leão. *Tributação e gênero*: um estudo das proteções deficientes e discriminações implícitas nos tributos diretos. Dissertação (Mestrado) – Universidade do Estado do Rio de Janeiro, 2023. p. 101 e ss.

[42] PISCITELLI, Tathiane. Tributação de gênero no Brasil. *Valor Econômico*, 2019.

[43] PISCITELLI, Tathiane. Tributação de gênero no Brasil. *Valor Econômico*, 2019.

femininos, ele segue ainda em tramitação. Além disso, seus efeitos seriam limitados: "[a] aprovação do texto não terá efeitos práticos imediatos, já que a tributação, via IPI, já se dá à alíquota zero. O ideal seria assegurar essa mesma alíquota zero ao PIS e à Cofins – essa tentativa foi barrada em 2013 pela então presidente Dilma Rousseff [...]".[44]

Em suma, "o legislador fiscal não cuidou de dar concretude ao direito fundamental de igualdade de gênero".[45] Além do caso do IRPF, já mencionado, Monteiro destaca outros dois: o da Contribuição Previdenciária sobre a Folha, que será tratado mais adiante, porque foi objeto de decisão do Supremo a ser analisada, e o do Imposto de Transmissão *Causa Mortis* (ITCM). Nesse caso, elucida Monteiro, uma dupla discriminação é promovida, porque o ITCM, simultaneamente:

> [P]rejudica a arrecadação total, que seria revertida à prestação de serviços públicos e ao pagamento de benefícios assistenciais – que tem as mulheres como maiores beneficiárias – e contribui negativamente para nivelar homens e mulheres no tocante ao direito de propriedade, reforçando a concentração de bens nas mãos daqueles.[46]

Schumaher, uma das mulheres que atuou firmemente na constituinte, destaca que, "[p]ara as mulheres, o exercício pleno da cidadania significa o direito à representação, à voz e à vez na vida pública, mas implica, ao mesmo tempo, a dignidade na vida cotidiana, que a legislação pode inspirar e deve assegurar"[47] e que pode ser obtida, também, pela via do direito tributário. Daí a necessidade de se superar tanto o primeiro momento da luta pela equidade de gênero na constituinte, que não trouxe a questão tributária como central, como a permanência desse problema no âmbito legislativo-tributário pós-88. Nesse cenário de dificuldades no âmbito dos poderes eleitos, abriu-se um espaço para atuação judicial, em especial do Supremo Tribunal Federal, ainda que tímida e repleta de limitações. No próximo tópico, esse será o objeto de nossa reflexão.

O protagonismo judicial: breve análise dos casos do RE nº 576.967 e ADI nº 5.422

A questão sobre a relação entre a igualdade de gênero e a tributação somente começou a ser pautada pela via do Judiciário, notadamente no Supremo Tribunal Federal, nos últimos anos. Sua ausência nos debates legislativos, sejam iniciais na própria Constituinte, seja na legislação infraconstitucional que avançou nos direitos das mulheres em alguns pontos relevantes, mas deixou de lado a questão tributária, vem sendo suprida, pelo menos em parte, no âmbito judicial.[48] Nesse sentido, dois casos são

---

[44] PISCITELLI, Tathiane. Tributação de gênero no Brasil. *Valor Econômico*, 2019.

[45] MONTEIRO, Isabela Leão. *Tributação e gênero*: um estudo das proteções deficientes e discriminações implícitas nos tributos diretos. Dissertação (Mestrado) – Universidade do Estado do Rio de Janeiro, 2023. p. 63.

[46] MONTEIRO, Isabela Leão. *Tributação e gênero*: um estudo das proteções deficientes e discriminações implícitas nos tributos diretos. Dissertação (Mestrado) – Universidade do Estado do Rio de Janeiro, 2023. p. 148.

[47] SCHUMAHER, Schuma. O Lobby do Batom, para dar o nosso tom: a Constituição Federal e os avanços no âmbito da família e da saúde. *Anais do Seminário Trinta Anos da Carta das Mulheres aos Constituintes*. Rio de Janeiro: Escola da Magistratura do Estado do Rio de Janeiro – EMERJ, 2018. p. 67-68.

[48] Sobre a atuação do Supremo em questões relacionadas ao gênero, sem propriamente o tratamento da tributação, v. CAMPOS, Carlos Alexandre de Azevedo. Desigualdade, gênero e supremos acertos. *In*: SCAFF, Fernando F.; TORRES, Heleno T.; DERZI, Misabel A. M.; BATISTA JÚNIOR, O. A. (Coord.). *Supremos acertos*. Belo Horizonte: Casa do Direito, 2022.

emblemáticos: os julgamentos do Recurso Extraordinário nº 576.967 e da Ação Direta de Inconstitucionalidade nº 5.422.

Antes de tudo, cumpre observar que a presença da temática, mesmo no STF, é recente. Nesse sentido, procedendo-se à busca, na pesquisa jurisprudencial da Corte, por "tributação e igualdade de gênero", percebe-se como resultado somente quatro acórdãos. Entre eles, os dois mencionados anteriormente e mais dois: do ARE nº 1.344.834 AgR também referente à matéria do RE nº 576.967, e do RE nº 205.355 AgR, que a despeito de ter aparecido como resultado de pesquisa, diz respeito à questão não relacionada. Portanto, cabe, aqui, a análise justamente dos dois casos acima citados, pertinentes ao debate sobre a tributação como meio de promoção da igualdade de gênero.

No caso do RE nº 576.967, de relatoria do Ministro Luís Roberto Barroso, a questão central era a constitucionalidade ou não da inclusão do valor referente ao salário-maternidade na base de cálculo da Contribuição Previdenciária incidente sobre a remuneração.[49] Na origem, tratava-se de mandado de segurança preventivo "impetrado [...] [pelo] Hospital Vita Batel S.A. [que] aleg[ou] que a incidência da contribuição previdenciária sobre o salário-maternidade afronta o art. 195, I, a, da Constituição".[50] Houve sentença denegatória da segurança, que foi mantida pelo tribunal e, em face do acórdão, foi interposto recurso extraordinário.

Em síntese, pode-se dividir a argumentação do voto do relator em dois aspectos centrais de mérito. Em primeiro plano, o Ministro Barroso argumentou por um vício de natureza formal no dispositivo legal.[51] Isso porque o salário-maternidade teria natureza, em realidade, de benefício previdenciário e não de contraprestação por serviços. Daí que não se inclui nas materialidades econômicas do art. 195, I, "a", da CRFB, o que, inclusive, demandaria lei complementar. Em segundo lugar, a argumentação voltou-se a um vício material.[52] Isso porque a norma corrobora com a permanência da desigualdade de gênero, especialmente quanto à discriminação no mercado de trabalho, que é potencializada pela incidência do tributo. Como esclarece o Ministro Barroso:

> Em outras palavras, admitir uma incidência tributária que recai somente sobre a contratação de funcionárias mulheres e mães é tornar sua condição biológica, por si só, um fator de desequiparação de tratamento em relação aos homens, desestimulando a maternidade ou, ao menos incutindo culpa, questionamentos, reflexões e medos em grande parte da parcela da população, pelo simples fato de ter nascido mulher. Impõe-se gravame terrível sobre o gênero feminino, discriminando na contratação, bem como sobre a própria maternidade, o que fere os direitos das mulheres, dimensão inequívoca dos direitos humanos.[53]

A tese fixada no Supremo foi de que "[é] inconstitucional a incidência de contribuição previdenciária a cargo do empregador sobre o salário maternidade". Ainda

---

[49] Prevista no art. 28, §2º, I da Lei nº 8.212/91 e art. 214, §§2º e 9º, I, do Decreto nº 3.048/99.

[50] BRASIL. Supremo Tribunal Federal. Recurso Extraordinário n. 576.967/PR. Rel. Min. Roberto Barroso. Inteiro teor do acórdão. *DJe*, 254, 21.10.2020. p. 4.

[51] BRASIL. Supremo Tribunal Federal. Recurso Extraordinário n. 576.967/PR. Rel. Min. Roberto Barroso. Inteiro teor do acórdão. *DJe*, 254, 21.10.2020. p. 13 e ss.

[52] BRASIL. Supremo Tribunal Federal. Recurso Extraordinário n. 576.967/PR. Rel. Min. Roberto Barroso. Inteiro teor do acórdão. *DJe*, 254, 21.10.2020. p. 23 e ss.

[53] BRASIL. Supremo Tribunal Federal. Recurso Extraordinário n. 576.967/PR. Rel. Min. Roberto Barroso. Inteiro teor do acórdão. *DJe*, 254, 21.10.2020. p. 31-32.

assim, é necessário ressaltar que, mesmo com a decisão favorável, a consideração da igualdade de gênero pelo relator, como se analisou, foi ratificada somente pelo Ministro Fachin. Os Ministros Rosa Weber, Ricardo Lewandowski e Alexandre de Moraes consideraram não ter relevância a questão de gênero.

Já na ADI nº 5.422, estava em discussão se o Imposto de Renda deveria incidir ou não sobre valores recebidos a título de alimentos ou pensão alimentícia, relacionados ao direito de família. A ação, com medida cautelar, foi ajuizada pelo Instituto Brasileiro de Direito de Família, buscando a declaração de inconstitucionalidade da incidência do IRPF nesses casos.[54] O Tribunal considerou que, como a materialidade do IRPF está conectada com acréscimos patrimoniais e, quando se fala de alimentos e pensão alimentícia, não há tais acréscimos, estaria afastada sua incidência.

O voto do relator, Ministro Dias Toffoli, centrou-se no fato de que os alimentos e pensão alimentícia são "montantes retirados dos rendimentos (acréscimos patrimoniais) recebidos pelo alimentante para serem dados ao alimentado" e a incidência do IRPF nesse caso configura *bis in idem*.[55] O argumento da igualdade de gênero não foi central para todos os ministros, mais uma vez tendo maior valor na argumentação empreendida pelo Ministro Barroso, em voto-vista, no sentido de que "a tributação não pode ser um fato que aprofunde as desigualdades de gênero":[56]

> [A] previsão da legislação acerca da incidência do imposto de renda sobre pensão alimentícia acaba por penalizar ainda mais as mulheres, que além de criar, assistir e educar os filhos, ainda devem arcar com ônus tributários dos valores recebidos a título de alimentos, os quais foram fixados justamente para atender às necessidades básicas da criança e do adolescente.[57]

Ainda, o Ministro Gilmar Mendes, vencido parcialmente, considerou também que "a legislação não é neutra em relação ao gênero, [mas] [...] amplia as desigualdades já existentes, visto que a alíquota efetiva da mãe aumenta e a do pai diminui".[58] A despeito de afirmar que tal discussão tem como local apropriado o Parlamento, o ministro ressaltou que a norma é dotada de caráter anti-isonômico, ao desnivelar os gêneros e, portanto, sendo necessária sua apreciação no Supremo. O Ministro Moraes voltou-se para a questão do mínimo existencial. Os Ministros Fachin e Nunes Marques foram vencidos parcialmente e não entraram no debate do gênero.

Em ambos os casos, a desigualdade de gênero foi colocada em questão no Supremo. A despeito de não parecer haver, ainda, uma incorporação total da temática na Corte, considerando que somente trazida, de fato, pelo Ministro Luís Roberto Barroso e acompanhada por poucos, a inserção do tema parece, desde já, relevante.

Por óbvio, há dificuldades, também neste âmbito – além do Legislativo – para a consolidação dos direitos das mulheres. Em primeiro lugar, concernentes à própria

---

[54] O objeto foi o art. 3º, §1º, da Lei nº 7.713/88 e os arts. 5º e 54 do Decreto nº 3.000/99.

[55] BRASIL. Supremo Tribunal Federal. Ação Direta de Inconstitucionalidade n. 5.422/DF. Rel. Min. Dias Toffoli. Inteiro teor do acórdão. *DJe*, 166, 22.8.2022. p. 20.

[56] BRASIL. Supremo Tribunal Federal. Ação Direta de Inconstitucionalidade n. 5.422/DF. Rel. Min. Dias Toffoli. Inteiro teor do acórdão. *DJe*, 166, 22.8.2022. p. 55.

[57] BRASIL. Supremo Tribunal Federal. Ação Direta de Inconstitucionalidade n. 5.422/DF. Rel. Min. Dias Toffoli. Inteiro teor do acórdão. *DJe*, 166, 22.8.2022. p. 56.

[58] BRASIL. Supremo Tribunal Federal. Ação Direta de Inconstitucionalidade n. 5.422/DF. Rel. Min. Dias Toffoli. Inteiro teor do acórdão. *DJe*, 166, 22.8.2022. p. 99.

estrutura do STF, tendo em vista que, de um lado, a posição individual de um ministro não reflete a posição do colegiado da Corte necessariamente e, de outro lado, a estrutura de deliberação é mais agregativa do que deliberativa, não havendo de fato "construção argumentativa de pronunciamentos consensuais ou intermediários".[59] Em segundo lugar, a sub-representação feminina também é um problema no Judiciário: "[a] paisagem do judiciário brasileiro como um todo não sugere que haja um ritmo de evolução irrefreável em direção à paridade".[60] Em terceiro lugar, a despeito da matéria não ter vazão no Legislativo, o fato de o direito ser concebido como "neutro, imparcial e impermeável",[61] para a crítica feminista ao direito, prejudica sua aplicação em prol dos direitos das mulheres.

Por outro lado, as críticas feministas, como destaca Facio, podem ser "catalisadoras de transformações democratizantes dentro do direito [...] [que é], historicamente condicionado à parcialidade por haver tomado como modelo de sujeito de direitos e obrigações o homem".[62] Nesse sentido, há que se reconhecer como o debate judicial no STF nos casos analisados contribuiu para a inclusão, mesmo que inicial, da perspectiva da promoção da igualdade de gênero pela via do direito tributário.

Conclusão

A despeito dos avanços pela via judicial, ainda há um extenso caminho a ser percorrido quando se fala no debate de tributação e desigualdade de gênero. Isso porque, de um lado, há uma grande importância na discussão para a não perpetuação de discriminações indiretas ou, mesmo, de impactos desproporcionais sobre as mulheres, como se viu nos casos analisados. De outro lado, como colocam Sunstein e Holmes, é preciso compreender que a tributação também tem um papel importante de custear os direitos fundamentais, na medida que "[p]ara proteger os direitos, o Estado responsável terá de gastar, com responsabilidade, recursos coletados de cidadãos responsáveis",[63] ou seja, nesse outro viés, também está atrelada à concretização da igualdade.

A ideia que se buscou desenvolver foi, portanto, de que o papel do direito tributário na redução das desigualdades de gênero tem levado um tempo a ser apreendido pelas instituições estatais brasileiras. Em realidade, a inclusão dessa discussão se deu somente nos últimos anos, especificamente no STF, sendo mais elaborada nos votos do Ministro Luís Roberto Barroso.

Assim, o artigo percorreu três caminhos. Em primeiro plano, procurou-se estabelecer a relação entre a desigualdade de gênero e a tributação. Em segundo, voltou-se aos poderes eleitos para analisar, a partir da Constituinte e do Legislativo federal, um

---

59 BARROSO, Luís Roberto. *A judicialização da vida e o papel do Supremo Tribunal Federal*. Belo Horizonte: Fórum, 2018. p. 79.

60 PEREIRA, Jane Reis Gonçalves; OLIVEIRA, Renan Medeiros de. Hércules, Hermes e a Pequena Sereia: uma reflexão sobre estereótipos de gênero, sub-representação das mulheres nos tribunais e (i)legitimidade democrática do poder judiciário. *Rev. Bras. Polít. Públicas*, Brasília, v. 8, n. 2, p. 877-910, 2018. p. 888.

61 SILVA, Salete Maria da. Constitucionalização dos direitos das mulheres no Brasil: um desafio à incorporação da perspectiva de gênero no direito. *Interfaces Científicas*, v. 1, n. 1, p. 59-69, 2012. p. 66.

62 FACIO, Alda; FRIES, Lorena (Org.). *Género y derecho*. Santiago de Chile: La Morada, Corporación de Desarrollo de la Mujer, 1999. p. 38.

63 HOLMES, Stephen; SUNSTEIN, Cass R. *O custo dos direitos*: por que a liberdade depende dos impostos. Tradução de Marcelo Brandão Cipolla. São Paulo: Editora WMF Martins Fontes, 2019. p. 143.

distanciamento normativo entre a matéria tributária e a redução das desigualdades de gênero. Por fim, dirigiu-se a discussão para o STF: nele, foram decididos dois casos importantes. O RE nº 576.967, no qual foi fixada a tese de que "[é] inconstitucional a incidência de contribuição previdenciária a cargo do empregador sobre o salário maternidade" e a ADI nº 5.422, na qual prevaleceu o entendimento de que o IRPF não incide sobre valores recebidos a título de alimentos ou pensão alimentícia.

Muito embora a igualdade de gênero não tenha sido considerada central para essas decisões por todo o colegiado da Corte, ela é pano de fundo das questões tributárias discutidas e veio à tona em parcela dos votos, com especial aparição nos do Ministro Luís Roberto Barroso. Embora os tribunais "não te[nham] condições de avaliar pretensões que envolvam distribuição de recursos",[64] na sua função de defesa dos direitos fundamentais,[65] não devem permitir a perpetuação de desigualdades.

De toda sorte, talvez para que o debate seja mais recorrente nas instituições falte um primeiro passo a ambas, Judiciário e Legislativo: uma composição com maior representação de gênero.[66] No segundo caso, por ser um órgão tradicionalmente representativo, do ponto de vista formal e simbólico.[67] No primeiro caso, do Judiciário, por se falar, também, da necessidade de uma representação descritiva, de modo que as instituições espelhem, em certa medida, a sociedade.[68] Nesse sentido, haveria, talvez, uma abertura maior para "compreensões diferentes acerca das causas dos problemas e conflitos e dos possíveis efeitos das soluções propostas"[69] e, no caso da tributação, uma perspectiva que promovesse a igualdade de gênero pudesse ser mais recorrente. Afinal, enquanto as mulheres compõem 16,4% do Congresso Nacional e 9% do Supremo, na sociedade brasileira, elas representam 51,5% da população.[70]

Referências

ABREU, Masra; MORI, Natalia. Como fica a representação feminina no Congresso Nacional a partir de 2023? *Brasil de Fato*, Brasília, 2022. Disponível em: https://www.brasildefato.com.br/2022/10/05/como-fica-a-representacao-feminina-no-congresso-nacional-a-partir-de-2023. Acesso em: 10 jul. 2024.

---

[64] HOLMES, Stephen; SUNSTEIN, Cass R. *O custo dos direitos*: por que a liberdade depende dos impostos. Tradução de Marcelo Brandão Cipolla. São Paulo: Editora WMF Martins Fontes, 2019. p. 77.

[65] BARROSO, Luís Roberto. O constitucionalismo democrático ou neoconstitucionalismo como ideologia vitoriosa do século XX. *Revista Publicum*, v. 4, n. 14, 2018. p. 9; 55-56.

[66] Observa-se que a representatividade de gênero não garante a absorção de pautas pela igualdade das mulheres, mas, destaca-se, fala-se aqui em um primeiro passo. Sobre esse ponto, "Em qualquer forma que assuma, a representação de grupos não deve ser concebida somente por referência a atributos compartilhados por pessoas, assim como não consiste na manifestação de algum conjunto de opiniões, interesses ou experiências que todos os membros do grupo compartilhem. Como já ressaltei, uma tal interpretação segue uma lógica identitária, em vez de conceitualizar a representação como um processo diferenciado de relações entre o representante e os representados" (YOUNG, Iris Marion. Representação política, identidade e minorias. *Lua Nova*, São Paulo, v. 67, p. 139-190, 2006. p. 172).

[67] PITKIN, Hanna F. *The concept of representation*. London: University of California Press, 1984. p. 38 e 92, respectivamente.

[68] PITKIN, Hanna F. *The concept of representation*. London: University of California Press, 1984. p. 60.

[69] YOUNG, Iris Marion. Representação política, identidade e minorias. *Lua Nova*, São Paulo, v. 67, p. 139-190, 2006. p. 175.

[70] IBGE – INSTITUTO BRASILEIRO DE GEOGRAFIA E ESTATÍSTICA. *Censo 2022*. Disponível em: https://educa.ibge.gov.br/criancas/brasil/nosso-povo/19625-numero-de-homens-e-mulheres.html#:~:text=Em%202022%2C%2048%2C5%25,51%2C5%25%20eram%20mulheres. Acesso em: 13 jul. 2024.

BARBOZA, Estefânia Maria de Queiroz; DEMETRIO, André. Quando o gênero bate à porta do STF: a busca por um constitucionalismo feminista. *Revista Direito GV*, São Paulo, v. 15, n. 3, 2019.

BARROSO, Luís Roberto. *A judicialização da vida e o papel do Supremo Tribunal Federal*. Belo Horizonte: Fórum, 2018.

BARROSO, Luís Roberto. O constitucionalismo democrático ou neoconstitucionalismo como ideologia vitoriosa do século XX. *Revista Publicum*, v. 4, n. 14, 2018.

BARSTED, Leila Linhares. Lei e realidade social: igualdade x desigualdade. *In*: BARSTED, Leila Linhares *et al*. *As mulheres e os direitos humanos*. Rio de Janeiro: Cepia, 2001. Coletânea Traduzindo a Legislação com a Perspectiva de Gênero.

BIROLI, Flávia. Gênero, "valores familiares" e democracia. *In*: BIROLI, Flávia; VAGGIONE, Juan Marco; MACHADO, Maria das Dores Campos (Org.). *Gênero, neoconservadorismo e democracia*. 1. ed. São Paulo: Boitempo, 2020.

BRASIL. Câmara. *Carta das Mulheres Brasileiras à Assembleia Constituinte*. Disponível em: https://www2.camara.leg.br/atividade-legislativa/legislacao/Constituicoes_Brasileiras/constituicao-cidada/a-constituinte-e-as-mulheres/arquivos/Constituinte%201987-1988-Carta%20das%20Mulheres%20aos%20Constituintes.pdf. Acesso em: 7 jul. 2024.

BRASIL. Senado. *Atas de Comissões da Assembleia Nacional Constituinte*. Disponível em: https://www.senado.leg.br/publicacoes/anais/constituinte/1c_Subcomissao_Da_Nacionalidade,_Dos_Direitos_Politicos,.pdf. Acesso em: 7 jul. 2024.

BRASIL. Supremo Tribunal Federal. Ação Direta de Inconstitucionalidade n. 5.422/DF. Rel. Min. Dias Toffoli. Inteiro teor do acórdão. *DJe*, 166, 22.8.2022.

BRASIL. Supremo Tribunal Federal. Recurso Extraordinário n. 576.967/PR. Rel. Min. Roberto Barroso. Inteiro teor do acórdão. *DJe*, 254, 21.10.2020.

CÂMARA, Andalessia Lana Borges; GUSKOW, Tatiana Maria; OLIVEIRA, Liziane Paixão Silva. Tributação e gênero: desigualdades e o necessário fomento do mercado de trabalho da mulher. *REPATS – Revista de Estudos e Pesquisas Avançadas do Terceiro Setor*, Brasília, v. 9, n. 1, p. 44-85, 2022.

CAMPOS, Carlos Alexandre de Azevedo. Desigualdade, gênero e supremos acertos. *In*: SCAFF, Fernando F.; TORRES, Heleno T.; DERZI, Misabel A. M.; BATISTA JÚNIOR, O. A. (Coord.). *Supremos acertos*. Belo Horizonte: Casa do Direito, 2022.

CAPRARO, Chiara. Direito das mulheres e justiça fiscal. Por que a política tributária deve ser tema da luta feminista. *SUR – Revista Internacional de Direitos Humanos*, v. 13, n. 24, p. 17-26, 2016.

DUPRAT, Deborah. Igualdade de gênero, cidadania e direitos humanos. *In*: FERRAZ, Carolina Valença; LEITE, Glauber Salomão (Coord.). *Direito à diversidade*. São Paulo: Atlas, 2015.

FACIO, Alda; FRIES, Lorena (Org.). *Género y derecho*. Santiago de Chile: La Morada, Corporación de Desarrollo de la Mujer, 1999.

FRASER, Nancy. Da redistribuição ao reconhecimento? Dilemas da justiça numa era pós-socialista. Tradução de Julio Assis Simões. *Cadernos de Campo*, São Paulo, n. 14/15, 2006.

FRASER, Nancy. Reenquadrando a justiça em um mundo globalizado. Tradução de Ana Carolina Freitas Lima Ogando e Mariana Prandini Fraga Assis. *Lua Nova*, São Paulo, v. 77, p. 11-39, 2009.

GOVERNO FEDERAL. Ministério do Trabalho e Emprego e Ministério das Mulheres. *1º Relatório de Transparência Salarial*. Brasília: Ministério do Trabalho e Emprego e Ministério das Mulheres, 2024. Disponível em: https://app.powerbi.com/view?r=eyJrIjoiMjNhY2IyN2UtMjllMy00MjQxLTg2YzYtNjcyYzk0YjE4MjQxIiwidCI6IjNlYzkyOTY5LTVhNTEtNGYxOC04YWM5LWVmOThmYmFmYTk3OCJ9. Acesso em: 10 jul. 2024.

HOLMES, Stephen; SUNSTEIN, Cass R. *O custo dos direitos*: por que a liberdade depende dos impostos. Tradução de Marcelo Brandão Cipolla. São Paulo: Editora WMF Martins Fontes, 2019.

IBGE – INSTITUTO BRASILEIRO DE GEOGRAFIA E ESTATÍSTICA. *Censo 2022*. Disponível em: https://educa.ibge.gov.br/criancas/brasil/nosso-povo/19625-numero-de-homens-e-mulheres.html#:~:text=Em%202022%2C%2048%2C5%25,51%2C5%25%20eram%20mulheres. Acesso em: 13 jul. 2024.

LIMA, Daniela. Uma luta pela igualdade. *Correio Braziliense*, Brasília, 2007.

MONTEIRO, Isabela Leão. *Tributação e gênero*: um estudo das proteções deficientes e discriminações implícitas nos tributos diretos. Dissertação (Mestrado) – Universidade do Estado do Rio de Janeiro, 2023.

NEVES, Marcelo. Entre subintegração e sobreintegração: a cidadania inexistente. *Dados – Revista de Ciências Sociais*, Rio de Janeiro, v. 37, n. 2, p. 253-276, 1994.

PATEMAN, Carole. Críticas feministas à dicotomia público/privado. *In*: MIGUEL, Luis Felipe. BIROLI, Flávia (Org.). *Teoria política feminista*: textos centrais. Rio de Janeiro: Editora da UFF, 2014.

PATEMAN, Carole. *O contrato sexual*. Tradução de Marta Avancini. 2. ed. São Paulo: Terra e Paz, 2020.

PEREIRA, Jane Reis Gonçalves; OLIVEIRA, Renan Medeiros de. Hércules, Hermes e a Pequena Sereia: uma reflexão sobre estereótipos de gênero, sub-representação das mulheres nos tribunais e (i)legitimidade democrática do poder judiciário. *Rev. Bras. Polít. Públicas*, Brasília, v. 8, n. 2, p. 877-910, 2018.

PIKETTY, Thomas. *Capital e ideologia*. Tradução de Maria de Fátima Oliva do Coutto. Dorothée de Bruchard. 1. ed. Rio de Janeiro: Intrínseca, 2020.

PIOVESAN, Flávia. *Igualdade de gênero na Constituição Federal*: os direitos civis e políticos das mulheres no Brasil. Brasília: Senado Federal, 2008.

PISCITELLI, Tathiane *et al*. (Coord.). *Reforma Tributária e desigualdade de gênero*. São Paulo: FGV Direito SP, 2020. Grupo de Pesquisas Tributação e Gênero. Disponível em: https://direitosp.fgv.br/sites/default/files/2021-09/reforma_e_genero_-_final_1.pdf. Acesso em: 10 jul. 2024.

PISCITELLI, Tathiane. Tributação de gênero no Brasil. *Valor Econômico*, 2019.

PITANGUY, Jacqueline. Mulheres, Constituinte e Constituição. *In*: ABREU, Maria Aparecida (Org.). *Redistribuição, reconhecimento e representação*: diálogos sobre igualdade de gênero. Brasília: Ipea, 2011.

PITKIN, Hanna F. *The concept of representation*. London: University of California Press, 1984.

RIBEIRO, Ricardo Lodi. *Desigualdade e tributação na Era da austeridade seletiva*. Rio de Janeiro: Lumen Juris, 2019.

RODRIGUES, Almira; CORTÊS, Iáris (Org.). *Os direitos das mulheres na legislação brasileira pós-constituinte*. Brasília: Letras Livres, 2006. Centro Feminista de Estudos e Assessoria.

SCHUMAHER, Schuma. O Lobby do Batom, para dar o nosso tom: a Constituição Federal e os avanços no âmbito da família e da saúde. *Anais do Seminário Trinta Anos da Carta das Mulheres aos Constituintes*. Rio de Janeiro: Escola da Magistratura do Estado do Rio de Janeiro – EMERJ, 2018.

SECRETARIA DE POLÍTICA ECONÔMICA. *Relatório da Distribuição Pessoal da Renda e da Riqueza da População Brasileira* – Dados do IRPF 2021 e 2022. Brasília: Governo Federal, Ministério da Fazenda, 2023. Disponível em: https://www.gov.br/fazenda/pt-br/central-de-conteudo/publicacoes/conjuntura-economica/estudos-economicos/2023/relatorio-irpf.pdf/@@download/file. Acesso em: 10 jul. 2024.

SILVA, Salete Maria da. Constitucionalização dos direitos das mulheres no Brasil: um desafio à incorporação da perspectiva de gênero no direito. *Interfaces Científicas*, v. 1, n. 1, p. 59-69, 2012.

SOUZA, Pedro H. G. Ferreira de. *Uma história da desigualdade*: a concentração de renda entre os ricos no Brasil, 1926-2013. 1. ed. São Paulo: Hucitec; Anpocs, 2018.

TEIXEIRA, Daniel Viana. Desigualdade de gênero: sobre garantias e responsabilidades sociais de homens e mulheres. *Revista Direito GV*, São Paulo, v. 6, n. 1, p. 253-274, 2010.

VIEIRA, Oscar Vilhena. A desigualdade e a subversão do Estado de Direito. *SUR – Revista Internacional de Direitos Humanos*, ano 4, n. 6, p. 28-51, 2007.

YOUNG, Iris Marion. Representação política, identidade e minorias. *Lua Nova*, São Paulo, v. 67, p. 139-190, 2006.

Informação bibliográfica deste texto, conforme a NBR 6023:2018 da Associação Brasileira de Normas Técnicas (ABNT):

AMARAL, Isabela Almeida do. Igualdade de gênero e o direito tributário: entre o Legislativo e o Judiciário. *In*: PAULA, Fernanda de; PENCAK, Nina (coord.). *Tributação, liberdade e igualdade*: as contribuições do Ministro Luís Roberto Barroso. Belo Horizonte: Fórum, 2025. p. 567-580. ISBN 978-65-5518-952-0.

A CONTRIBUIÇÃO DO SUPREMO TRIBUNAL FEDERAL NO ALCANCE DA IGUALDADE DE GÊNERO EM MATÉRIA TRIBUTÁRIA

ISABELA LEÃO MONTEIRO

I A igualdade de gênero

Classicamente, o princípio da igualdade possui duas acepções: igualdade formal e igualdade material. A primeira repousa na "calmaria das proposições de reduzida eficácia",[1] limitando-se a anunciar que todos são iguais perante a lei.

Desde os primórdios de sua afirmação, a partir da Declaração de Direitos do Homem e do Cidadão, de 1789, foi esse o sentido adotado. De fato, o direito foi cunhado a partir de uma ideia individualista burguesa, desprovida de qualquer componente de igualdade material, que equipara "a todos perante os bens da vida".[2]

A análise da evolução do genérico princípio da igualdade traz conclusões importantes para a compreensão da igualdade – específica – de gênero. Em seu início, as mulheres sequer eram contempladas com a mera igualdade formal.

No Brasil, o princípio da igualdade foi incorporado à Constituição desde a Carta Imperial de 1824, a qual estabelecia em seu art. 179, inc. XIII: "A lei será igual para todos, quer proteja, quer castigue, e recompensará em proporção dos merecimentos de cada um".

A Constituição de 1891 estabeleceu no art. 72, §2º: "Todos são iguais perante a lei". Já a Constituição de 1934, em seu art. 134, ditou que: "Todos são iguais perante a lei. Não haverá privilégios, nem distinções, por motivo de nascimento, sexo, raça, profissões próprias ou dos pais, classe social, riqueza, crenças religiosas ou ideias políticas".

Foi a primeira vez que a igualdade formal foi expressamente garantida às mulheres, proibindo-se privilégios por motivo de sexo.

---

1 BARROSO, Luís Roberto. A igualdade perante a lei: algumas reflexões. *Revista de Direito da Procuradoria Geral do Estado do Rio de Janeiro*, Rio de Janeiro, v. 38, p. 64-79, 1986. p. 65.

2 BARROSO, Luís Roberto. A igualdade perante a lei: algumas reflexões. *Revista de Direito da Procuradoria Geral do Estado do Rio de Janeiro*, Rio de Janeiro, v. 38, p. 64-79, 1986. p. 65.

Porém, foi a Carta Cidadã de 1988 que avançou sobremaneira no tema. Primeiro, previu como objetivo fundamental da República Federativa do Brasil a promoção do bem de todos, sem preconceitos de sexo (art. 3º, inc. IV).

Ademais, equiparou homens e mulheres no art. 5º, I, nos seguintes termos: "homens e mulheres são iguais em direitos e obrigações, nos termos desta Constituição".

Ainda, previu ao longo de seu texto diversos outros dispositivos que consagram a igualdade de gênero e afirmam o direito das mulheres. A título exemplificativo, cita-se a proteção da maternidade e do trabalho da mulher – arts. 6º, 7º, XVIII e 201, II e art. 7º, XX e XXX; o reconhecimento da união estável e da comunidade formada por qualquer dos pais e seus descendentes como entidade familiar – art. 226, §§3º e 4º; o igual exercícios dos direitos e deveres referentes à sociedade conjugal por homens e mulheres – art. 226, §5º; a constitucionalização do divórcio – art. 226, §6º; o planejamento familiar – art. 226, §7º, e a necessidade de coibir a violência doméstica – art. 226, §8º.

Tais previsões representaram grande avanço na ordem jurídica brasileira, especialmente porque, tradicionalmente, questões atinentes ao gênero não são consideradas pelo direito.[3]

Entretanto, a igualdade formal não é suficiente. E o alcance da igualdade material "igualdade de oportunidades no acesso à educação, à cultura e aos bens materiais"[4] não é tarefa simples.

Pesquisa divulgada pelo Instituto Brasileiro de Geografia e Estatística (IBGE) em 2024, tendo como base o ano de 2022,[5] revela que a igualdade material de gênero ainda não foi atingida no Brasil. Apenas 39,3% dos cargos gerenciais são ocupados por mulheres. O nível de ocupação de mulheres com filhos é de 56,6%, enquanto o de homens é de 89%. A proporção de rendimentos das mulheres em relação aos homens é de 78,9%, ou seja, o trabalho feminino segue sendo desvalorizado. Tudo isso apesar de as taxas demonstrarem que as mulheres são mais instruídas que os homens.

Foi ainda constatado que as mulheres brasileiras dispenderam com cuidado de pessoas e afazeres domésticos quase o dobro de tempo dos homens (21,3 horas contra 11,7 horas).

Por outro lado, o Senado Federal divulgou pesquisa nacional, realizada em 2023 pelo Instituto Pesquisa DataSenado, a qual apontou que 46% das brasileiras acreditam que não são tratadas com respeito no Brasil, e 46% acreditam que apenas às vezes são tratadas com respeito. Indicou, ainda, que 68% das brasileiras têm uma amiga, familiar ou conhecida que já sofreu violência doméstica.[6]

Revela-se patente, portanto, que, embora a igualdade formal tenha sido alcançada, a igualdade material ainda não o foi, demandando a atuação de todos os ramos do direito para concretizar o princípio na sociedade de forma real.

---

[3] CONAGHAN, Joanne. *Law and gender*. 1. ed. Oxford: Oxford University Press, 2013. p. 73.

[4] BARROSO, Luís Roberto. A igualdade perante a lei: algumas reflexões. *Revista de Direito da Procuradoria Geral do Estado do Rio de Janeiro*, Rio de Janeiro, v. 38, p. 64-79, 1986. p. 70.

[5] IBGE. Coordenação de População e Indicadores Sociais. *Estatísticas de gênero*: indicadores sociais das mulheres no Brasil. Rio de Janeiro: IBGE, 2024. Disponível em: https://biblioteca.ibge.gov.br/visualizacao/livros/liv101784_informativo.pdf. Acesso em: 11 jun. 2024.

[6] INSTITUTO DE PESQUISA DATASENADO. *Comparativo Nacional de Violência contra a Mulher* – Coleta de 21.8 a 25.9.2023. Disponível em: https://www.senado.leg.br/institucional/datasenado/relatorio_online/pesquisa_violencia_domestica/2024/interativo.html. Acesso em: 10 de julho de 2024.

II A igualdade de gênero e o direito tributário

O fenômeno da constitucionalização do direito, "associado a um efeito expansivo das normas constitucionais, cujo conteúdo material e axiológico se irradia, com força normativa, por todo o sistema jurídico",[7] não poderia excluir o direito tributário.

Nesses termos, para além da previsão de normas de contenção e proteção dos cidadãos-contribuintes em face do Estado Fiscal, as demais normas constitucionais devem conformar o específico ramo do direito.

Assim, não se pode negar que a leitura do direito tributário deve ser feita à luz do direito constitucional à igualdade de gênero.

Embora a integração entre o direito à igualdade de gênero e o direito tributário pareça disruptiva e atual, certo é que esteve presente desde os primórdios das lutas feministas.

Já na primeira fase do feminismo, ocorrida no contexto da Revolução Francesa, Olympe de Gouges redigiu a Declaração dos Direitos das Mulheres e das Cidadãs de 1791. No documento, a temática dos tributos foi abordada, em demonstração de que, desde o nascimento do feminismo, as questões de tributo e gênero estão intimamente ligadas.[8]

Nos Estados Unidos, a Declaração de Seneca Falls, de 1848, que deu início ao movimento sufragista, estatuiu que "depois de privá-la de todos os direitos como mulher casada, se solteira, e proprietária de bens, ele a cobrou para sustentar um governo que a reconhece somente quando sua propriedade pode ser lucrativa para ele".[9]

Vê-se que as sufragistas apontaram a incongruência de um governo que, a despeito de não reconhecer a autonomia privada das mulheres, cobra delas os mesmos tributos exigidos dos homens.

A partir disso, ressaltaram a grande relação entre o dever de contribuir e o sufrágio universal, destacando que são os representantes eleitos pelo povo quem tomam as decisões relativas aos tributos.[10]

O princípio da legalidade tributária é definidor do direito tributário e nada mais é do que a imposição de que as leis fiscais sejam aprovadas pelos representantes do povo. Nesses termos, fica clara a incongruência de cobrar tributos daquelas que não poderiam eleger seus próprios representantes.

O tributo foi um grande impulsionador do movimento sufragista, o qual consagrou as expressões "no taxation without representation" e "no vote, no tax". Até mesmo

---

[7] BARROSO, Luís Roberto. A constitucionalização do direito e suas repercussões no âmbito administrativo. *In*: ARAGÃO, Alexandre Santos de; MARQUES NETO, Floriano de Azevedo (Coord.). *Direito administrativo e seus novos paradigmas*. Belo Horizonte: Fórum, 2008. p. 31-63.

[8] "Art. XIII – Para a manutenção da força pública e para as despesas de administração, as contribuições da mulher e do homem serão iguais; ela participa de todos os trabalhos ingratos, de todas as fadigas, deve então participar também da distribuição dos postos, dos empregos, dos cargos, das dignidades e da indústria. Art. XIV – As cidadãs e os cidadãos têm o direito de constatar por si próprios ou por seus representantes a necessidade da contribuição pública. As cidadãs só podem aderir a ela com a aceitação de uma divisão igual, não só nos bens, mas também na administração pública, e determinar a quantia, o tributável, a cobrança e a duração do imposto" (GOUGES, Olympe de. *Declaração dos direitos da mulher e cidadã*. 1791. Disponível em: https://www.ufsm.br/app/uploads/sites/414/2018/10/DeclaraDirMulherCidada1791RecDidaPESSOALJNETO.pdf. Acesso em: 15 jul. 2024).

[9] DECLARATION of Sentiments. *National Park Service*. Disponível em: https://www.nps.gov/wori/learn/historyculture/declaration-of-sentiments.htm. Acesso em: 15 jul. 2024. Em tradução nossa.

[10] RUIZ GARIJO, Mercedes. ¿Por qué es necesário analizar com perspectiva de género el ingresso y el gasto público? Hacia la igualdade impositiva de mujeres e hombres. *In*: MOYA, M. del M. S. (Coord.). *Fiscalidad y sesgos de género*. Valencia: Tirant lo Blanch, 2020. p. 9.

a resistência tributária, consubstanciada na negativa de pagamento de tributos por parte das mulheres, foi prática adotada como meio de protesto.[11]

Na Inglaterra, foi criada a Liga Feminina de Resistência ao Imposto, liderada por Dora Montefiore, a qual ganhou notoriedade por manter-se trancada em sua residência por mais de 45 dias, opondo-se ao Fisco. Nos muros de sua casa, cunhou o lema "as mulheres devem votar nas leis que obedecem e nos impostos que pagam".[12]

No Brasil, a partir da aprovação da Lei nº 7.353, de 1985, a qual criou o Conselho Nacional dos Direitos da Mulher, as mulheres brasileiras conseguiram se organizar para realizar as campanhas nacionais *Constituinte para valer tem que ter palavra de mulher* e *Constituinte para valer tem que ter direitos da mulher*, a resultar na elaboração da *Carta das mulheres brasileiras aos constituintes*, apresentada ao Deputado Ulysses Guimarães quando da abertura da Assembleia Constituinte.[13]

Entre diversas reivindicações relacionadas a aspectos de desigualdade de gênero, como ascensão profissional, acesso ao mercado de trabalho e igualdade salarial, as mulheres brasileiras expressamente exigiram "reforma tributária de modo a beneficiar os municípios".[14] O teor da aspiração demonstra que, inclusive no Brasil, as questões de tributação e gênero estiveram próximas nas lutas feministas.

A partir dessa perspectiva histórica, a demonstrar que a relação entre tributos e gênero não é recente, parte-se para averiguar de que modo, na quadra atual, o direito tributário pode contribuir para a perpetuação da discriminação de gênero.

Como dito anteriormente, o Brasil garante a igualdade formal entre homens e mulheres. Nesses termos, inexistem discriminações de gênero explícitas na legislação tributária pois, sob a perspectiva formal, aos homens e às mulheres é concedido o mesmo tratamento.

Porém, para se averiguar a existência de real igualdade de gênero no sistema tributário brasileiro, é preciso dar um passo além para perquirir a presença de discriminações implícitas.

Discriminações implícitas são aquelas que ocorrem quando, apesar de a legislação tratar de maneira igual homens e mulheres, a sua aplicação impacta de maneira diversa uns e outros.[15]

Ou seja, em uma leitura fria e superficial, a legislação é equânime. Porém, em sua aplicação prática, na vida real, mulheres são afetadas de maneira onerosa.

---

[11] NO vote? No tax. *Tax Adviser*. Disponível em: https://www.taxadvisermagazine.com/article/no-vote-no-tax. Acesso em: 15 jul. 2024.

[12] CÂMARA, A. L. B.; GUSKOW, T. M.; OLIVEIRA, L. P. S. Tributação e gênero: desigualdades e o necessário fomento do mercado de trabalho da mulher. *REPATS*, Brasília, v. 9, n. 1, p. 44-85, jan./jul. 2022. Disponível em: https://portalrevistas.ucb.br/index.php/repats/article/view/13725. Acesso em: 15 jul. 2024.

[13] PITANGUY, Jacqueline. *As mulheres e a Constituição de 1988*. [s.l.]: [s.n.], [s.d.]. Disponível em: http://cepia.org.br/wp-content/uploads/2017/11/nov089.pdf. Acesso em: 15 jul. 2024.

[14] CNDM – CONSELHO NACIONAL DOS DIREITOS DA MULHER. *Carta das Mulheres Brasileiras aos Constituintes*. Destinatário: Constituintes de 1987; Assembleia Nacional Constituinte; Congresso Nacional. Brasília – DF, 1987. Disponível em: https://www2.camara.leg.br/atividade-legislativa/legislacao/Constituicoes_Brasileiras/constituicao-cidada/a-constituinte-e-as-mulheres/arquivos/Constituinte%201987-1988-Carta%20das%20Mulheres%20aos%20Constituintes.pdf. Acesso em: 15 jul. 2024.

[15] JOSHI, Anuradha. *Tax and gender in developing countries*: What are the issues? Brighton: ICTD, 2017. Disponível em: https://opendocs.ids.ac.uk/opendocs/bitstream/handle/20.500.12413/13066/ICTD_SumBrief%236_Online New2.pdf?sequence=1&isAllowed=y. Acesso em: 15 jul. 2024.

Especialmente em razão de contextos sociais e econômicos diversos que diferenciam os gêneros, a aplicação da legislação tributária pode produzir impactos diversos.[16] [17]

O nível e a natureza dos cargos ocupados por mulheres, a média salarial a que são submetidas, a maior carga de trabalho doméstico e de cuidado – não remunerados –, a conjuntura social contemporânea, os padrões de consumo e de organizações familiar e patrimonial, a menor participação na vida política, a violência doméstica, as questões reprodutivas, são todos fatores capazes de, no campo tributário, gerar discriminações implícitas pela legislação.

Todo esse contexto faz com que os tributos possam impactar de modo diverso mulheres e homens, especialmente porque a legislação tributária desconsidera as circunstâncias listadas.

É necessário, pois, ir além da igualdade formal para que se avalie, a partir do contexto histórico, social, econômico, cultural e familiar das mulheres, se a aplicação dos preceitos tributários produz discriminações inconstitucionais que violam o princípio da igualdade, da dignidade da pessoa humana e, por fim, da capacidade contributiva.

III O papel da jurisprudência

O reconhecimento de discriminações implícitas não é tarefa simples e impõe, por parte do operador do direito, uma ótica relacionada às questões de gênero que não é natural e tradicional no âmbito jurídico.

Como sabido, o Legislativo brasileiro é ocupado, primordialmente, por homens. Segundo dados divulgados pela Câmara dos Deputados, as mulheres ainda são apenas 18% dos deputados federais,[18] ainda que representem a maioria da população brasileira. No Senado Federal, o número é ainda menor: são 10 senadoras a representar meros 12,3% do total dos parlamentares.[19]

Isso significa que há uma crise de representatividade feminina no Legislativo, o que dificulta que a legislação, inclusive a tributária, seja elaborada com enfoque de gênero. Ou seja, há patente limitação dos representantes sobre a ótica das representadas, dificultando ou impossibilitando que as mulheres sejam devidamente representadas sob suas próprias perspectivas.[20]

---

[16] ROCHA, Sérgio André. Discriminações de gênero e tributação: uma abordagem estrutural – Diferenças de gênero prejudiciais às mulheres decorrentes da legislação tributária. *Jota*, 2020. Disponível em: https://www.jota.info/opiniao-e-analise/artigos/discriminacoes-de-genero-e-tributacao-uma-abordagem-estrutural-27122020. Acesso em: 15 jul. 2024.

[17] STOTSKY, Janet Gale. Gender Bias in Tax Systems. *IMF Working Papers*, v. 1996, n. 99, 1 set. 1996. Disponível em: https://www.elibrary.imf.org/view/journals/001/1996/099/article-A001-en.xml. Acesso em: 15 jul. 2024.

[18] CÂMARA DOS DEPUTADOS. *Deputadas defendem cotas para mulheres no Legislativo*. Disponível em: https://www.camara.leg.br/noticias/1041721-deputadas-defendem-cotas-para-mulheres-no-legislativo/. Acesso em: 15 jul. 2024.

[19] SENADO FEDERAL. *Apesar de maior presença na disputa ao Senado, bancada feminina reduz tamanho*. 2022. Disponível em: https://www12.senado.leg.br/noticias/materias/2022/10/03/apesar-de-maior-presenca-na-disputa-ao-senado-bancada-feminina-reduz-tamanho. Acesso em: 15 jul. 2024.

[20] TELLES, Cristina. Direito à igualdade de gênero: uma proposta de densificação do art. 5, I, da Constituição de 1988. *R. EMERJ*, Rio de Janeiro, v. 21, n. 3, t. 1, p. 169-204, set./dez. 2019. p. 492. Disponível em: https://www.emerj.tjrj.jus.br/revistaemerj_online/edicoes/revista_v21_n3/tomo1/revista_v21_n3_tomo1_169.pdf. Acesso em: 15 jul. 2024.

Surge, assim, o relevante papel do Poder Judiciário na identificação e enfrentamento das discriminações implícitas presentes na legislação tributária.

Cumprindo a missão institucional de tribunal constitucional, o Supremo Tribunal Federal (STF) tem ocupado papel de destaque na resolução de questões sociais ao fazer valer a Constituição diante de ameaças oferecidas pelos outros poderes ou até mesmo por particulares.[21]

O fenômeno da "judicialização da vida" faz com que o Poder Judiciário, em especial as Cortes Constitucionais, deem a palavra final sobre temas políticos, sociais ou morais de relevo, em detrimento dos demais poderes.[22]

O papel contramajoritário do Supremo, que permite aos ministros a sobreposição das escolhas realizadas por agentes políticos investidos de mandato representativo, eleitos pelo voto popular, tem por fundamento tanto a proteção a direitos fundamentais como a proteção das regras do jogo democrático.[23]

De fato, o STF tem se debruçado sobre questões essenciais para a sociedade brasileira, exercendo sua função de dizer a vontade da Constituição em relação a temas da vida sociopolítica contemporânea:[24] limitação de vagas para mulheres em concurso público da polícia militar (ADI nº 7.492); licença-maternidade à mulher não gestante em união estável homoafetiva (RE nº 1.211.466, Tema nº 1.072 RG); uso de trajes religiosos em fotos de documentos oficiais (RE nº 859.376, Tema nº 953 RG); e inconstitucionalidade da desqualificação da vítima em processos criminais de violência contra a mulher (ADPF nº 1.107).

Sobre o papel do Supremo nas democracias atuais, ensina o Professor Luís Roberto Barroso:

> A democracia, portanto, para além da dimensão procedimental de ser o governo da maioria, possui igualmente uma dimensão substantiva, que inclui igualdade, liberdade e justiça. É isso que a transforma, verdadeiramente, em um projeto coletivo de autogoverno, em que ninguém é deliberadamente deixado para trás. Mais do que o direito de participação igualitária, democracia significa que os vencidos no processo político, assim como os segmentos minoritários em geral, não estão desamparados e entregues à própria sorte. Justamente ao contrário, conservam a sua condição de membros igualmente dignos da comunidade política. Em quase todo o mundo, o guardião dessas promessas é a suprema corte ou o tribunal constitucional, por sua capacidade de ser um fórum de princípios–isto é, de valores constitucionais, e não de política – e de razão pública – isto é, de argumentos que possam ser aceitos por todos os envolvidos no debate. Seus membros não dependem do processo eleitoral e suas decisões têm de fornecer argumentos normativos e racionais que a suportem.[25]

---

[21] BARROSO, Luís Roberto. Os três papéis desempenhados pelas Supremas Cortes nas democracias constitucionais contemporâneas. *R. EMERJ*, Rio de Janeiro, v. 21, n. 3, t. 1, p. 11-35, set./dez. 2019.

[22] BARROSO, Luís Roberto. Contramajoritário, representativo e iluminista: os papéis dos tribunais constitucionais nas democracias contemporâneas. *Revista Direito e Práxis*, v. 9, n. 4, p. 2171-2228, 2018.

[23] BARROSO, Luís Roberto. Os três papéis desempenhados pelas Supremas Cortes nas democracias constitucionais contemporâneas. *R. EMERJ*, Rio de Janeiro, v. 21, n. 3, t. 1, p. 11-35, set./dez. 2019.

[24] CAMPOS, Carlos Alexandre de Azevedo. Desigualdade, gênero e supremos acertos. *In*: BATISTA JÚNIOR, O. A. *et. al.* (Coord.). *Supremos acertos*: avanços doutrinários a partir da jurisprudência do STF. Belo Horizonte: Casa do Direito, 2022. p. 151-158.

[25] BARROSO, Luís Roberto. Contramajoritário, representativo e iluminista: os papéis dos tribunais constitucionais nas democracias contemporâneas. *Revista Direito e Práxis*, v. 9, n. 4, p. 2171-2228, 2018.

Nesse contexto, a atuação judicial do Supremo torna-se legítima para proteger grupos historicamente vulneráveis, como o das mulheres,[26] especialmente no reconhecimento de violações implícitas ao direito de igualdade de gênero.

A seguir, serão citados e analisados dois julgamentos emblemáticos realizados pela Corte que envolveram a intersecção entre o direito tributário e o direito à igualdade de gênero. Em ambos os casos, e ainda que não tenham contado com a adesão de todos os ministros, foram identificadas discriminações implícitas existentes na legislação tributária a partir da aplicação da lei.

III.1 Recurso Extraordinário (RE) nº 576.967 – Tema nº 72 da Repercussão Geral – Salário-maternidade como integrante da base de cálculo da contribuição sobre a folha[27]

No Recurso Extraordinário nº 576.967, da relatoria do Ministro Roberto Barroso, paradigma do Tema nº 72 do repositório da repercussão geral, o Supremo Tribunal Federal decidiu acerca da constitucionalidade do art. 28, §2º, da Lei nº 8.212/91,[28] o qual previa o salário-maternidade como integrante da base de cálculo da contribuição previdenciária incidente sobre a folha. O julgamento foi realizado em sessão virtual do Pleno ocorrida entre 26 de junho e 4 de agosto de 2020.

Para melhor compreensão da controvérsia, destaca-se que a contribuição previdenciária sobre a folha é espécie de contribuição social de competência da União[29] devida pelo empregador e cujo produto é utilizado para financiar a seguridade social (art. 195).[30]

A regulamentação da matéria foi realizada por meio da Lei nº 8.212, de 24.7.1991,[31] a qual prevê que a contribuição incide sobre os ganhos habituais do empregado[32] pagos

---

26 BARROSO, Luís Roberto. Contramajoritário, representativo e iluminista: os papéis dos tribunais constitucionais nas democracias contemporâneas. *Revista Direito e Práxis*, v. 9, n. 4, p. 2171-2228, 2018.

27 BRASIL. Supremo Tribunal Federal. Recurso Extraordinário n. 576.967/PR. Rel. Min. Roberto Barroso. *DJe*, 21 out. 2020. Disponível em: https://portal.stf.jus.br/processos/detalhe.asp?incidente=2591930. Acesso em: 15 jul. 2024.

28 "Art. 28. Entende-se por salário-de-contribuição: [...] §2º O salário-maternidade é considerado salário-de-contribuição".

29 "Art. 149. Compete exclusivamente à União instituir contribuições sociais, de intervenção no domínio econômico e de interesse das categorias profissionais ou econômicas, como instrumento de sua atuação nas respectivas áreas, observado o disposto nos arts. 146, III, e 150, I e III, e sem prejuízo do previsto no art. 195, §6º, relativamente às contribuições a que alude o dispositivo".

30 "Art. 195. A seguridade social será financiada por toda a sociedade, de forma direta e indireta, nos termos da lei, mediante recursos provenientes dos orçamentos da União, dos Estados, do Distrito Federal e dos Municípios, e das seguintes contribuições sociais: I – do empregador, da empresa e da entidade a ela equiparada na forma da lei, incidentes sobre: a) a folha de salários e demais rendimentos do trabalho pagos ou creditados, a qualquer título, à pessoa física que lhe preste serviço, mesmo sem vínculo empregatício; [...]".

31 "Art. 22. A contribuição a cargo da empresa, destinada à Seguridade Social, além do disposto no art. 23, é de: I – vinte por cento sobre o total das remunerações pagas, devidas ou creditadas a qualquer título, durante o mês, aos segurados empregados e trabalhadores avulsos que lhe prestem serviços, destinadas a retribuir o trabalho, qualquer que seja a sua forma, inclusive as gorjetas, o valor da compensação pecuniária a ser paga no âmbito do Programa de Proteção ao Emprego – PPE, os ganhos habituais sob a forma de utilidades e os adiantamentos decorrentes de reajuste salarial, quer pelos serviços efetivamente prestados, quer pelo tempo à disposição do empregador ou tomador de serviços, nos termos da lei ou do contrato ou, ainda, de convenção ou acordo coletivo de trabalho ou sentença normativa".

32 Nesse sentido, veja-se a tese aprovada quando do julgamento do Tema nº 20 da repercussão geral (Recurso Extraordinário nº 565.160): "A contribuição social a cargo do empregador incide sobre ganhos habituais do empregado, quer anteriores ou posteriores à Emenda Constitucional nº 20/1998".

pelo empregador e tem alíquota de 20% incidente sobre o total das remunerações pagas durante o mês.

O relator decidiu pela inconstitucionalidade da norma impugnada, utilizando os seguintes fundamentos: i) o salário-maternidade tem natureza jurídica de benefício previdenciário e não de contraprestação de serviços prestados pelas empregadas, razão pela qual não pode ser enquadrado nas materialidades econômicas do art. 195, I, "a", da Constituição. Assim, inexistindo previsão em lei complementar a embasar a forma de custeio, como determinado no §4º, do art. 195, há inconstitucionalidade formal; ii) há afronta ao direito de igualdade de gênero na medida em que a mão de obra feminina fica mais onerosa do que a masculina, prejudicando a inserção das mulheres no mercado de trabalho – vício material.

Considerando a excelência do voto, vale citar trecho inserto no Capítulo III, cujo título é "A Violação à Isonomia: a discriminação da mulher no mercado de trabalho":

> 53. As diversas pesquisas convergem para a efetiva demonstração da existência de reiterada discriminação das mulheres no mercado de trabalho, diante das restrições ao acesso a determinados postos de trabalho, salários e oportunidades. [...]
>
> 55. Acerca especificamente dos efeitos da maternidade no custo de contratação de mulheres, a OIT realizou estudo abrangendo cinco países da América Latina, dentre eles o Brasil, e concluiu que, relativamente ao caso brasileiro, os custos adicionais para o empregador correspondem a 1,2% da remuneração bruta mensal da mulher [29]. Referido quantum está associado à responsabilização pela prestação, a cargo da Previdência Social, e a partir do pagamento, pelo empregador, de quotas ao seguro social. Além disso, o estudo aponta que o empregador contrata um substituto para realizar as funções da empregada durante parte da licença-maternidade (36% dos dias), o que, consequentemente, já importa em incremento nos custos, em virtude dos direitos trabalhistas associados a essa contratação. [...]
>
> 58. O papel de cuidadora atribuído à mulher na sociedade é um fato e não se discute que ele precisa ser revisto com medidas, inclusive políticas públicas, que incentivem a participação do pai na criação dos filhos. No entanto, essa perspectiva está longe de se concretizar no nosso país, cuja legislação impõe uma licença-paternidade de apenas 5 (cinco) dias, em que o empregado homem continua a receber do empregador. Com base na realidade brasileira, em que, ao menos 30 milhões de lares são chefiados por mulheres, faz-se imperioso acabar com qualquer forma de discriminação ou empecilho para o acesso de mulheres ao mercado de trabalho. [...]
>
> 64. Assim, admitir a incidência de contribuição previdenciária sobre o salário-maternidade importa permitir uma discriminação incompatível com o texto constitucional e com os tratados internacionais sobre direitos humanos dos quais o Brasil é signatário – notadamente a Convenção nº 103 da OIT os quais possuem natureza de norma supralegal, na linha da jurisprudência desta Corte. Isso porque há oneração superior da mão de obra feminina, comparativamente à masculina, restringindo o acesso das mulheres aos postos de trabalho disponíveis no mercado, em nítida violação à igualdade de gênero preconizada pela Constituição da República.
>
> 65. Em outras palavras, admitir uma incidência tributária que recai somente sobre a contratação de funcionárias mulheres e mães é tornar sua condição biológica, por si só, um fator de desequiparação de tratamento em relação aos homens, desestimulando a maternidade ou, ao menos, incutindo culpa, questionamentos, reflexões e medos em grande parcela da população, pelo simples fato de ter nascido mulher.

O Ministro Edson Fachin acompanhou o relator no ponto em que reconheceu a violação à igualdade de gênero, conforme o seguinte trecho de seu voto:

> [...] a questão da igualdade e a questão de gênero, com todas as vênias, não é discurso metajurídico, a menos que consideremos o inc. I do art. 5º da Constituição como estando fora do Direito, e não está. A igualdade é um dever constitucional e estatuído, quer como regra, quer como princípio, tem eficácia normativa vinculante. E, nesse sentido, ainda que lei complementar existisse, haveria uma inconstitucionalidade material no sentido não de preservar a diferença, mas de transformar a diferença numa discriminação, portanto, numa desigualdade que não se justifica no plano do respeito à diferença.

Ato contínuo, embora reconhecendo a inconstitucionalidade formal, a Ministra Rosa Weber entendeu não haver relevo a questão de gênero no caso concreto, fundamentando-se na previsão da Lei nº 12.873/2013, que estendeu o benefício da licença-maternidade para o pai adotante. Tal argumento foi corroborado no voto divergente do Ministro Ricardo Lewandowski.

Já o Ministro Alexandre de Moraes, pelo mesmo motivo, entendeu que a controvérsia não tinha relação com discussão de gênero, tendo sido apenas utilizado como argumento pela sociedade empresária recorrente para que deixasse de contribuir com o sistema previdenciário solidário.

Os demais ministros não abordaram a controvérsia sob o ângulo do gênero.

Em conclusão, a Corte, por maioria, apreciando o Tema nº 72 do ementário temático de repercussão geral, declarou, incidentalmente, a inconstitucionalidade formal da incidência de contribuição previdenciária sobre o salário-maternidade, prevista no art. 28, §2º, da Lei nº 8.212/91, vencidos os Ministros Alexandre de Moraes, Ricardo Lewandowski, Gilmar Mendes e Dias Toffoli. Na oportunidade, fixaram a seguinte tese: "É inconstitucional a incidência da contribuição previdenciária a cargo do empregador sobre o salário maternidade".

É interessante notar que os ministros que tiveram o entendimento no sentido de não haver discriminação de gênero no caso em julgamento, baseando-se na previsão legal que estende o benefício do salário-maternidade a homens adotantes ou que tenham obtido a guarda judicial, contiveram a análise sob o aspecto da discriminação explícita, relacionado à igualdade formal.

Não desenvolveram a matéria sob o ângulo das discriminações implícitas, desconsiderando que a aplicação da norma, ainda que também seja aplicável aos homens na mesma situação, atingem em maior grau e do modo mais gravoso as mulheres.

Daí exsurge o brilhantismo do voto do Ministro Luís Roberto Barroso, que não se conteve em analisar a demanda sob o aspecto da igualdade formal, avançando para garantir a igualdade material que impunha o reconhecimento da discriminação implícita impregnada na exigência de contribuição sobre o salário-maternidade.

De fato, as estatísticas obtidas na citada pesquisa realizada pela OIT (Organização Internacional do Trabalho) comprovaram que a maternidade produz custos adicionais para o empregador em 1,2% da remuneração bruta mensal, seja em razão do pagamento das cotas de seguro social, seja pela contratação de substitutos durante o período de licença-maternidade.

Destaca-se que reportagem exibida pela *Folha de S. Paulo* apurou, com base em informações fornecidas pelo Instituto Nacional de Seguro Social (INSS), que, no período de 2012 a 2020, apenas 0,035% dos salários-maternidade foram pagos a homens.[33] O número comprova que as mulheres são mais impactadas com a incidência do tributo sobre o benefício.

Assim, nas palavras do relator, "é necessário [...] que o Estado não imponha quaisquer ônus adicionais a uma situação que já é, por si só, mais cara ao empregador, que não pode sofrer o desestímulo estatal para a contratação de mão de obra feminina".

III.2 Ação Direta de Inconstitucionalidade (ADI) nº 5.422 –[34] Incidência do Imposto de Renda Pessoa Física (IRPF) sobre a pensão alimentícia

Na Ação Direta de Inconstitucionalidade nº 5.422, da relatoria do Ministro Dias Toffoli, foi enfrentado o tema da incidência de imposto de renda de pessoa física sobre pensão alimentícia recebida pelo credor de alimentos oriundos do direito de família. O julgamento foi realizado em sessão virtual do Pleno ocorrida entre 27 de maio e 3 de junho de 2022.

Em síntese, o Instituto Brasileiro de Direito de Família – IBDFAM impugnou o art. 3º, §1º, da Lei nº 7.713/88 e os arts. 5º e 54 do Decreto nº 3.000/99 (Regulamento do Imposto de Renda) sob os seguintes argumentos: (i) a exação submete o lado mais fraco da relação jurídica ao Fisco; (ii) inexiste caráter patrimonial no direito alimentar, não estando caracterizado o recebimento de renda ou provento de qualquer natureza; (iii) há dupla tributação, porquanto a renda atinente à pensão alimentícia já teria sido tributada quando do ingresso no patrimônio do devedor de alimentos; (iv) há violação ao princípios da dignidade humana e do mínimo existencial.

O voto condutor do julgado, proferido pelo ministro relator, teve um enfoque técnico-tributário e reconheceu que os alimentos ou pensão alimentícia provenientes do direito de família não representam renda, tampouco proventos de qualquer natureza.

Destacou, ainda, que a exigência do tributo caracterizaria verdadeiro *bis in idem* na medida em que já haveria pagamento do imposto quando do recebimento de renda ou provento pelo alimentante.

Por fim, destacou a incongruência de submeterem-se à tributação mais gravosa as famílias em que haja separação dos cônjuges e recebimento de pensão alimentícia.

Após pedido de vista, o Ministro Roberto Barroso proferiu voto inaugurando no julgamento o enfoque da igualdade de gênero. Além de reconhecer que os alimentos não representam acréscimo patrimonial para fins de incidência do imposto de renda, destacou tratar-se de questão de gênero uma vez que a exação tem "efeitos deletérios" sobre as mulheres, as quais, na maioria dos casos, recebem a guarda dos filhos após a dissolução da sociedade conjugal.

Pontuou que a tributação não pode constituir um fator a aprofundar a desigualdade de gênero, a impor às mulheres situação social e econômica pior do que a dos homens.

---

[33] SANT'ANNA, Emilio. Homens "descobrem" o salário-maternidade, que também pode valer para os pais. *Folha de S. Paulo*, São Paulo, 16 out. 2020. Disponível em: https://www1.folha.uol.com.br/cotidiano/2020/10/homens-descobrem-o-salario-maternidade-que-tambem-pode-valer-para-os-pais.shtml. Acesso em: 15 jul. 2024.

[34] BRASIL. Supremo Tribunal Federal. *Ação Direta de Inconstitucionalidade 5.422*. Tribunal Pleno. Rel. Min. Dias Toffoli. Julgado em: 27.5 a 3.6.2022. Publicado em: 23 ago. 2022. Disponível em: https://portal.stf.jus.br/processos/downloadPeca.asp?id=15352860771&ext=.pdf Acesso em: 15 jul. 2024.

Pelo brilhantismo, merece ser citado trecho do voto pertencente ao tópico "Incidência de IRPF sobre alimentos: uma questão de gênero":

> 68. Segundo pesquisa do IBGE, no ano de 2019, em 66,91% dos divórcios concedidos em primeira instância a casais com filhos menores de idade, coube à mulher a guarda do(s) filho(s). Em apenas 4,37% dos divórcios, a guarda foi atribuída ao pai e, em 28,72%, a guarda foi compartilhada. Assim, pode-se inferir que em, ao menos, 66,91% dos divórcios registrados, o pagamento da pensão alimentícia aos filhos será feito pelo homem.
> 69. Ressalto que, com base no art. 4º, II, da Lei nº 9.250/1995, quem paga a pensão – via de regra, o pai – poderá abater da base de cálculo de seu imposto de renda a integralidade desses valores, mas a mulher, responsável civil e tributária pela criança ou adolescente, deverá declarar aquela quantia como rendimento recebido, o qual se somará a seus outros rendimentos para fins de incidência do imposto de renda.
> 70. Parece-me uma situação verdadeiramente anacrônica, antiisonômica e em verdadeira violação ao melhor interesse da criança e a sua proteção integral. O anacronismo dessa incidência fica claro ao se ter em conta que, em 1935, a Suprema Corte dos Estados Unidos, em Douglas v. Willcuts, decidiu que os pagamentos feitos por um homem a sua ex-esposa, a título de pensão alimentícia, decorrem do dever de sustento, sendo, portanto, obrigatórios, de forma que não poderiam ser considerados renda e nem seriam passíveis de tributação quando por ela recebidos. [...]
> 72. Conforme defendi no voto proferido no RE 576.967, de minha relatoria, em que foi reconhecida a inconstitucionalidade da incidência da contribuição previdenciária sobre o salário maternidade, a tributação não pode ser um fator que aprofunde as desigualdades de gênero, colocando as mulheres em situação social e econômica pior do que a dos homens. É inconteste que o dever de cuidado, socialmente construído e atribuído primordialmente às mulheres, precisa ser dividido entre os membros do casal ou do ex-casal da forma mais equânime possível, sendo inconstitucional que, em contrapartida aos cuidados dos filhos, a mulher sofra oneração por parte do Estado. É necessário, desse modo, conferir à discussão sobre o impacto da tributação sobre o gênero feminino o status constitucional que ela merece.
> 73. Isso porque a Constituição Federal de 1988, em seu art. 5°, I, dispõe que "homens e mulheres são iguais em direitos e obrigações, nos termos desta Constituição". Além disso, a Carta atribui ao pai e à mãe, em igualdade de condições, o dever de assistir, criar e educar os filhos menores (art. 229).
> 74. Nesse contexto, a previsão da legislação acerca da incidência do imposto de renda sobre pensão alimentícia acaba por penalizar ainda mais as mulheres, que além de criar, assistir e educar os filhos, ainda devem arcar com ônus tributários dos valores recebidos a título de alimentos, os quais foram fixados justamente para atender às necessidades básicas da criança e do adolescente.

Veja-se que o Ministro Luís Roberto Barroso partiu de dados da realidade para concluir que os efeitos da norma que previa a incidência do imposto de renda sobre pensão alimentícia – sem distinção de sexo – acabavam por prejudicar em maior grau as mulheres, a quem, tradicionalmente, cabe a guarda dos filhos.

Reputou, pois, inconstitucional a norma ante o art. 5º, I, da Constituição, que prevê a igualdade entre homens e mulheres, tendo em vista que produzia uma discriminação implícita de gênero.

Posteriormente, o Ministro Gilmar Mendes, muito embora tenha concluído de modo diverso ao relator, optando por dar interpretação conforme aos dispositivos para esclarecer que as pensões alimentícias decorrentes do direito de família devem ser somadas aos valores de seu responsável legal, aplicando-se a tabela progressiva do imposto de renda para cada dependente, manifestou-se a respeito do impacto que a questão tem em matéria de igualdade de gênero, nos seguintes termos:

> Os exemplos acima colacionados não deixam dúvidas de que a legislação não é neutra em relação ao gênero. Ao revés, ela amplia as desigualdades já existentes, visto que a alíquota efetiva da mãe aumenta e a do pai diminui. Isso porque a legislação permite a dedução da base de cálculo do pai com a consequente inclusão como rendimentos tributáveis da mãe.

Vê-se que também identificou a existência de discriminação implícita na legislação do Imposto de Renda brasileiro, corroborando a ideia de que uma lei aparentemente neutra, quando aplicada na realidade, pode gerar gravames maiores a um dos gêneros.

Ao final, por maioria, o pedido formulado na ADI foi julgado procedente para

> dar ao art. 3º, §1º, da Lei n. 7.713/88, aos arts. 4º e 46 do Anexo do Decreto n. 9.580/18 e aos arts. 3º, caput e §1º; e 4º do Decreto-lei n. 1.301/73 interpretação conforme à Constituição Federal para se afastar a incidência do imposto de renda sobre valores decorrentes do direito de família percebidos pelos alimentados a título de alimentos ou de pensões alimentícias.

IV Conclusão

A relação entre o direito tributário e o direito de homens e mulheres serem iguais em direito e obrigações não é inovadora e é mote dos movimentos feministas desde o seu nascedouro.

Da análise dos dois julgados acima expostos, pode-se concluir que o Supremo Tribunal Federal, ainda que de modo gradual e em especial por meio dos votos proferidos pelo Ministro Luís Roberto Barroso, tem avançado no alcance do direito à igualdade de gênero, cumprindo sua missão institucional de proteção aos grupos minoritários.

Como o reconhecimento de que a mera igualdade formal, consubstanciada na inexistência de discriminações explícitas no texto da legislação, não é suficiente para garantir o direito à igualdade, impõe-se que as regras sejam analisadas a partir dos contextos sociais, históricos, culturais e econômicos que circundam as relações de gênero, extirpando aplicações que onerem de modo mais gravoso um deles (em regra, o feminino).

Referências

BARROSO, Luís Roberto. A constitucionalização do direito e suas repercussões no âmbito administrativo. *In*: ARAGÃO, Alexandre Santos de; MARQUES NETO, Floriano de Azevedo (Coord.). *Direito administrativo e seus novos paradigmas*. Belo Horizonte: Fórum, 2008. p. 31-63.

BARROSO, Luís Roberto. A igualdade perante a lei: algumas reflexões. *Revista de Direito da Procuradoria Geral do Estado do Rio de Janeiro*, Rio de Janeiro, v. 38, p. 64-79, 1986.

BARROSO, Luís Roberto. Contramajoritário, representativo e iluminista: os papéis dos tribunais constitucionais nas democracias contemporâneas. *Revista Direito e Práxis*, v. 9, n. 4, p. 2171-2228, 2018.

BARROSO, Luís Roberto. Os três papéis desempenhados pelas Supremas Cortes nas democracias constitucionais contemporâneas. *R. EMERJ*, Rio de Janeiro, v. 21, n. 3, t. 1, p. 11-35, set./dez. 2019.

BRASIL. Supremo Tribunal Federal. *Ação Direta de Inconstitucionalidade 5.422*. Tribunal Pleno. Rel. Min. Dias Toffoli. Julgado em: 27.5 a 3.6.2022. Publicado em: 23 ago. 2022. Disponível em: https://portal.stf.jus.br/processos/downloadPeca.asp?id=15352860771&ext=.pdf Acesso em: 15 jul. 2024.

BRASIL. Supremo Tribunal Federal. Recurso Extraordinário n. 576.967/PR. Rel. Min. Roberto Barroso. *DJe*, 21 out. 2020. Disponível em: https://portal.stf.jus.br/processos/detalhe.asp?incidente=2591930. Acesso em: 15 jul. 2024.

CÂMARA DOS DEPUTADOS. *Deputadas defendem cotas para mulheres no Legislativo*. Disponível em: https://www.camara.leg.br/noticias/1041721-deputadas-defendem-cotas-para-mulheres-no-legislativo/. Acesso em: 15 jul. 2024.

CÂMARA, A. L. B.; GUSKOW, T. M.; OLIVEIRA, L. P. S. Tributação e gênero: desigualdades e o necessário fomento do mercado de trabalho da mulher. *REPATS*, Brasília, v. 9, n. 1, p. 44-85, jan./jul. 2022. Disponível em: https://portalrevistas.ucb.br/index.php/repats/article/view/13725. Acesso em: 15 jul. 2024.

CAMPOS, Carlos Alexandre de Azevedo. Desigualdade, gênero e supremos acertos. *In*: BATISTA JÚNIOR, O. A. *et. al*. (Coord.). *Supremos acertos*: avanços doutrinários a partir da jurisprudência do STF. Belo Horizonte: Casa do Direito, 2022. p. 151-158.

CNDM – CONSELHO NACIONAL DOS DIREITOS DA MULHER. *Carta das Mulheres Brasileiras aos Constituintes*. Destinatário: Constituintes de 1987; Assembleia Nacional Constituinte; Congresso Nacional. Brasília – DF, 1987. Disponível em: https://www2.camara.leg.br/atividade-legislativa/legislacao/Constituicoes_Brasileiras/constituicao-cidada/a-constituinte-e-as-mulheres/arquivos/Constituinte%201987-1988-Carta%20das%20Mulheres%20aos%20Constituintes.pdf. Acesso em: 15 jul. 2024.

CONAGHAN, Joanne. *Law and gender*. 1. ed. Oxford: Oxford University Press, 2013.

DECLARATION of Sentiments. *National Park Service*. Disponível em: https://www.nps.gov/wori/learn/historyculture/declaration-of-sentiments.htm. Acesso em: 15 jul. 2024.

GOUGES, Olympe de. *Declaração dos direitos da mulher e cidadã*. 1791. Disponível em: https://www.ufsm.br/app/uploads/sites/414/2018/10/DeclaraDirMulherCidada1791RecDidaPESSOALJNETO.pdf. Acesso em: 15 jul. 2024.

IBGE. Coordenação de População e Indicadores Sociais. *Estatísticas de gênero*: indicadores sociais das mulheres no Brasil. Rio de Janeiro: IBGE, 2024. Disponível em: https://biblioteca.ibge.gov.br/visualizacao/livros/liv101784_informativo.pdf. Acesso em: 11 jun. 2024.

INSTITUTO DE PESQUISA DATASENADO. *Comparativo Nacional de Violência contra a Mulher* – Coleta de 21.8 a 25.9.2023. Disponível em: https://www.senado.leg.br/institucional/datasenado/relatorio_online/pesquisa_violencia_domestica/2024/interativo.html. Acesso em: 10 de julho de 2024.

JOSHI, Anuradha. *Tax and gender in developing countries*: What are the issues? Brighton: ICTD, 2017. Disponível em: https://opendocs.ids.ac.uk/opendocs/bitstream/handle/20.500.12413/13066/ICTD_SumBrief%236_OnlineNew2.pdf?sequence=1&isAllowed=y. Acesso em: 15 jul. 2024.

NO vote? No tax. *Tax Adviser*. Disponível em: https://www.taxadvisermagazine.com/article/no-vote-no-tax. Acesso em: 15 jul. 2024.

PITANGUY, Jacqueline. *As mulheres e a Constituição de 1988*. [s.l.]: [s.n.], [s.d.]. Disponível em: http://cepia.org.br/wp-content/uploads/2017/11/nov089.pdf. Acesso em: 15 jul. 2024.

ROCHA, Sérgio André. Discriminações de gênero e tributação: uma abordagem estrutural – Diferenças de gênero prejudiciais às mulheres decorrentes da legislação tributária. *Jota*, 2020. Disponível em: https://www.jota.info/opiniao-e-analise/artigos/discriminacoes-de-genero-e-tributacao-uma-abordagem-estrutural-27122020. Acesso em: 15 jul. 2024.

RUIZ GARIJO, Mercedes. ¿Por qué es necessário analizar com perspectiva de género el ingresso y el gasto público? Hacia la igualdade impositiva de mujeres e hombres. *In*: MOYA, M. del M. S. (Coord.). *Fiscalidad y sesgos de género*. Valencia: Tirant lo Blanch, 2020. p. 9-26.

SANT'ANNA, Emilio. Homens "descobrem" o salário-maternidade, que também pode valer para os pais. *Folha de S. Paulo*, São Paulo, 16 out. 2020. Disponível em: https://www1.folha.uol.com.br/cotidiano/2020/10/homens-descobrem-o-salario-maternidade-que-tambem-pode-valer-para-os-pais.shtml. Acesso em: 15 jul. 2024.

SENADO FEDERAL. *Apesar de maior presença na disputa ao Senado, bancada feminina reduz tamanho*. 2022. Disponível em: https://www12.senado.leg.br/noticias/materias/2022/10/03/apesar-de-maior-presenca-na-disputa-ao-senado-bancada-feminina-reduz-tamanho. Acesso em: 15 jul. 2024.

STOTSKY, Janet Gale. Gender Bias in Tax Systems. *IMF Working Papers*, v. 1996, n. 99, 1 set. 1996. Disponível em: https://www.elibrary.imf.org/view/journals/001/1996/099/article-A001-en.xml. Acesso em: 15 jul. 2024.

TELLES, Cristina. Direito à igualdade de gênero: uma proposta de densificação do art. 5, I, da Constituição de 1988. *R. EMERJ*, Rio de Janeiro, v. 21, n. 3, t. 1, p. 169-204, set./dez. 2019. Disponível em: https://www.emerj.tjrj.jus.br/revistaemerj_online/edicoes/revista_v21_n3/tomo1/revista_v21_n3_tomo1_169.pdf. Acesso em: 15 jul. 2024.

Informação bibliográfica deste texto, conforme a NBR 6023:2018 da Associação Brasileira de Normas Técnicas (ABNT):

MONTEIRO, Isabela Leão. A contribuição do Supremo Tribunal Federal no alcance da igualdade de gênero em matéria tributária. *In*: PAULA, Fernanda de; PENCAK, Nina (coord.). *Tributação, liberdade e igualdade*: as contribuições do Ministro Luís Roberto Barroso. Belo Horizonte: Fórum, 2025. p. 581-594. ISBN 978-65-5518-952-0.

ISS X ICMS SOBRE LICENCIAMENTO DE PROGRAMAS DE COMPUTADOR (ADI Nº 5.576). A LEI COMPLEMENTAR COMO INSTÂNCIA PARA DIRIMIR CONFLITOS DE COMPETÊNCIA TRIBUTÁRIA

JOÃO PAULO MELO DO NASCIMENTO

1 Introdução

Um dos pontos fracos do federalismo fiscal brasileiro consiste no preenchimento do sentido dos termos utilizados pelas normas constitucionais de competência tributária. Nesse sentido, a guerra fiscal não toca apenas ao aspecto espacial dos impostos, tampouco aos benefícios fiscais concedidos por um ente, na concorrência com outro. Há pontos de intercessão entre as materialidades de diferentes impostos que causam perplexidade ao intérprete. É que a Constituição realiza uma discriminação de rendas com base em fatos econômicos, tão dinâmicos quanto indefiníveis. A criatividade e a rapidez do mercado na sociedade de riscos produzem, a cada dia, novas categorias passíveis de enquadramento em mais de um tipo.

A incerteza sobre o conteúdo dos conceitos contidos nas materialidades de cada uma das hipóteses de incidência delineadas nos arts. 153, 155 e 156 da Carta enseja conflitos entre União, estados, Distrito Federal e municípios. De outro lado, o contribuinte não sabe a quem pagar, em prejuízo à dimensão estática da segurança jurídica – a qual abrange a exigência de condições de conhecimento do ordenamento pelo destinatário, para prever como se comportar.[1]

A doutrina e jurisprudência já construíram conteúdos mínimos sobre as materialidades em questão. Mas esse panorama não é suficiente para resolver os possíveis conflitos entre os impostos. Exsurge daí o papel constitucional do legislador complementar de dirimir conflitos de competência. O Judiciário deve guardar deferência ao espaço de conformação do Legislativo para dispor sobre conflitos de competência tributária

[1] ÁVILA, Humberto. *Segurança jurídica*: entre permanência, mudança e realização no direito tributário. São Paulo: Malheiros, 2011. p. 290-292.

no nosso federalismo, considerando o grau de vinculação a um eventual conteúdo preexistente das materialidades enunciadas nas regras de competência constitucionais.

É nesse contexto que se insere a ADI nº 5.576,[2] que pretendia a declaração de inconstitucionalidade da incidência do ICMS sobre o licenciamento ou cessão do direito de uso de programas de computador, mediante interpretação conforme à Constituição do art. 2º da LC nº 87, bem como de dispositivos da legislação de São Paulo. A ação, de relatoria do Ministro Luís Roberto Barroso, foi julgada procedente, de modo a impedir a incidência do imposto estadual sobre tais fatos geradores.

Igualmente, na sessão plenária do dia 6.12.2021, o Supremo Tribunal Federal julgou o Recurso Extraordinário nº 688.223/PR (Tema nº 590 da repercussão geral),[3] ocasião em que, por unanimidade de votos, foi fixada a seguinte tese de repercussão geral: "É constitucional a incidência do ISS no licenciamento ou na cessão de direito de uso de programas de computação desenvolvidos para clientes de forma personalizada, nos termos do subitem 1.05 da lista anexa à LC nº 116/03".

O Tribunal seguiu o mesmo entendimento que já havia prevalecido no julgamento definitivo da ADI nº 1.945/MT[4] e da ADI nº 5.659/MG.[5] Naquela oportunidade, a maioria dos ministros assentou que o licenciamento e a cessão de direito de uso de programas de computação, sejam esses de qualquer tipo, estão sujeitos ao ISS, nos termos do subitem 1.05 da lista anexa à LC nº 116/03, e não ao ICMS.

Desta forma, restou superada a antiga compreensão firmada em 1998 no julgamento do Recurso Extraordinário nº 176.626,[6] que cindia a incidência tributária nas hipóteses de *software* de prateleira, a atrair a exação do ICMS, e *software* por encomenda, sujeito ao ISS.

Atualmente, pois, prevalece o entendimento de que a tradicional distinção entre *software* de prateleira (padronizado) e por encomenda (personalizado) não é mais suficiente para a definição da competência para a tributação dos negócios jurídicos que envolvam programas de computador em suas diversas modalidades.

Fato é que a Suprema Corte, em diversos julgados, tem superado a velha dicotomia entre obrigação de fazer e obrigação de dar, notadamente nos contratos tidos por complexos (*v.g.*, *leasing* financeiro, contratos de franquia, planos de saúde), abandonando a compreensão tradicional de matriz civilista do conceito de prestação de serviços.[7]

Essa virada jurisprudencial é emblemática no direito tributário, por dois motivos. Primeiro, porque acentua o legislador complementar como instância primordial para solução de conflitos de competência, assumindo-se uma postura de autocontenção judicial ante a lei e consagrando-se a tipologia tributária aberta, em detrimento de conceitos fechados preestabelecidos pela Suprema Corte.

---

[2] STF. ADI 5.576. Tribunal Pleno. Rel. Min. Luís Roberto Barroso. Publicação: 10.09.2021.

[3] STF. RE 688.223. Tribunal Pleno. Rel. Min. Dias Toffoli. Publicação: 03.03.2022.

[4] STF. ADI: 1945 MT. Rel. Min. Cármen Lúcia. Julgamento: 24.02.2021, Tribunal Pleno. Publicação: 20.05.2021.

[5] STF. ADI 5659. Tribunal Pleno. Rel. Min. Dias Toffoli. Publicação: 20.05.2021.

[6] STF. Primeira Turma. Rel. Min. Sepúlveda Pertence. Publicação: 11.12.1998.

[7] É esclarecedor o seguinte trecho do voto do Min. Relator Dias Toffoli no julgamento do Recurso Extraordinário nº 651.703, Tema nº 581 da repercussão geral: "o conceito de prestação de serviços não tem por premissa a configuração dada pelo Direito Civil, mas relacionado ao oferecimento de uma UTILIDADE PARA OUTREM, a partir de um CONJUNTO DE ATIVIDADES IMATERIAIS, prestados COM HABITUALIDADE e INTUITO DE LUCRO, PODENDO ESTAR CONJUGADA OU NÃO COM A ENTREGA DE BENS AO TOMADOR".

Segundo, porque a interpretação da norma de competência tributária se desprende de categorias civilistas das obrigações de dar e fazer, ressaltando a autonomia do direito tributário face ao direito privado.

2 O aspecto material da norma de competência

Primeiramente, é necessário esclarecer o escopo do presente trabalho. O conflito de competência aqui posto diz respeito à interpretação do aspecto material da hipótese de incidência dos impostos estadual (circulação de mercadorias) e municipal (prestação de serviços).

Como cediço, o estudo do fato gerador abstrato faz-se por meio de seus diversos elementos. A partir da norma constitucional de competência, o Legislativo produz a lei impositiva, prescrevendo todos os elementos do fato gerador abstrato que, uma vez ocorrido em concreto, dará ensejo ao nascimento da obrigação tributária.

A doutrina[8] divide o antecedente e o consequente da hipótese de incidência nos seguintes aspectos: (i) pessoal, que corresponde ao contribuinte, sujeito que pratica o fato gerador concreto; (ii) material, situação constituída por um verbo e seu complemento; (iii) temporal, momento do nascimento da obrigação; (iv) espacial, limite geográfico em que surge a obrigação; (v) quantitativo, formado pela base de cálculo e alíquota.

Alguns desses elementos guardam, em alguma medida, uma pertinência com a própria norma constitucional de competência. Por exemplo, não poderia determinado município instituir ISS sobre serviço que não guardasse qualquer relação com seu território, ou sobre atividade que evidentemente não constituísse prestação de serviço, ou sobre sujeito que não prestasse o serviço. Essa constatação é decorrência lógica da limitação que a competência impõe ao poder de tributar. Mas, por certo, o grau de vinculação à Constituição varia de acordo com o elemento.

De todos esses, o aspecto material é o critério que melhor identifica o imposto.[9] Isso porque a discriminação de competências realizada pela Constituição levou em consideração as diversas materialidades: operação com produtos industrializados, circulação de mercadorias, prestação de serviços. Dessa forma, o que distingue um imposto do outro não é o contribuinte, o sujeito ativo, tampouco a alíquota ou o aspecto espacial, mas sim o material, formado pelo verbo e seu complemento.

Portanto, seria incoerente, e inconstitucional, um imposto cujo fato gerador e base de cálculo não guardassem íntima relação de pertinência com a materialidade constitucional.

---

8 CARVALHO, Paulo de Barros. *Teoria da norma tributária*. São Paulo: Revista dos Tribunais, 1981. p. 75.

9 "O aspecto mais complexo da hipótese de incidência é o material. Ele contém a designação de todos os dados de ordem objetiva, configuradores do arquétipo em que ela (hipótese de incidência) consiste; é a própria consistência material do fato ou estado de fato descrito pela hipótese de incidência; é a descrição dos dados substanciais que servem de suporte à hipótese de incidência. Este aspecto dá, por assim dizer, a verdadeira consistência da hipótese de incidência. Contém a indicação de sua substância essencial, que é o que de mais importante e decisivo há na sua configuração. É o mais importante aspecto, do ponto de vista funcional e operativo do conceito (de hipótese de incidência) porque, precisamente, revela sua essência, permitindo sua caracterização e individualização, em função de todas as demais hipóteses de incidência. É o aspecto decisivo que enseja fixar a espécie tributária que o tributo (que a define) pertence. Contém ainda os dados para fixação da subespécie em que ele se insere" (ATALIBA, Geraldo. *Hipótese de incidência tributária*. São Paulo: Malheiros, 2012. p. 106).

É por isso que Luís Eduardo Schoueri conclui: "é o aspecto material do fato gerador o fator decisivo para a delimitação dos campos de competência de cada ente tributante, bem como para a definição da competência residual".[10]

É possível haver conflitos de competência em torno de outros aspectos da norma. O mais comum diz respeito ao espacial, geralmente resolvido pelo princípio da territorialidade.

Contudo, como o objeto do presente estudo diz respeito à interpretação dos conceitos constitucionais contidos no enunciado de competência, e uma vez que as dúvidas conceituais giram principalmente em torno do aspecto material, deve se ter em mente que os conflitos de competência que mais nos interessam dizem respeito ao elemento material dos impostos.

3 Abertura vertical do sistema tributário rígido

A repartição constitucional de competências entre ICMS e ISS estão compreendidas no Sistema Tributário Nacional, por meio de uma dupla função: uma estruturante, de consagrar o poder de tributar do Estado e, de outro lado, uma garantista, de proteger o contribuinte em face do exercício desse poder. Ambos os sentidos estão bastante vinculados à Constituição, que além de discriminar e disciplinar, minuciosamente, a cada ente federado suas competências impositivas, ainda estabelece uma série de limitações ao poder de tributar, fundadas nos princípios-garantia, nos princípios institucionais e nas imunidades.[11] Esse caráter prolixo e exaustivo do texto constitucional, associado à tradição brasileira de atribuir máxima efetividade[12] às normas constitucionais garantidoras de direitos fundamentais (art. 5º, §1º), transplanta a maioria das discussões tributárias para o plano constitucional.

Isso porque, tendo em vista os sujeitos envolvidos na relação tributária (contribuinte-cidadão *versus* Estado), toda lei instituidora de tributo pode, em alguma medida, ser reconduzida a algum direito subjetivo fundamental, consagrado constitucionalmente como limitação do poder do Estado. Dessa forma, a imensa maioria das questões jurídicas tributárias acaba desaguando no Supremo Tribunal Federal, cuja jurisprudência tende a encerrar todo o Sistema na própria Constituição, conforme se verá nos julgados analisados no presente trabalho. Com efeito, resta pouco espaço de conformação legislativa, reservando-se menos matéria ao debate político e à discricionariedade legislativa.

Todos esses fatores – funções estruturante e garantista da Constituição, caráter prolixo do texto e tradição de máxima efetividade – contribuem para a rigidez do nosso sistema constitucional-tributário. A rigidez aqui não diz respeito ao termo usualmente empregado no direito constitucional, atinente ao processo mais complexo de alteração da Constituição, mas sim ao *grau de vinculação* e limitação atribuído ao legislador.

---

[10] SCHOUERI, Luís Eduardo. Discriminação de competências e competência residual. *In*: SCHOUERI, Luiz Eduardo; ZILVETI, Fernando Aurélio (Coord.). *Direito tributário*: estudos em homenagem a Brandão Machado. São Paulo: Dialética, 1998. p. 82-115.

[11] "A rigidez específica das normas tributárias é também direta e indiretamente instituída: algumas são denominadas 'garantias' (art. 150: legalidade, igualdade, irretroatividade, anterioridade, proibição de tributo com efeito de confisco, imunidade); outras normas mantêm relação com os princípios fundamentais (princípio federativo, democrático e da separação dos Poderes) ou com os direitos e garantias individuais cuja modificação é vedada" (ÁVILA, Humberto. *Sistema constitucional tributário*. São Paulo: Saraiva, 2012. p. 110).

[12] Nesse sentido, Luís Roberto Barroso contribuiu muito à denominada "doutrina brasileira da efetividade". Confira-se: BARROSO, Luís Roberto. *Interpretação e aplicação da Constituição*. São Paulo: Saraiva, 2008. p. 291.

O grau de vinculação varia de acordo com dois elementos:[13] amplitude da matéria regulada (abertura horizontal, de acordo com a extensão da definição das competências e várias limitações para o seu exercício); e densidade da regulação (abertura vertical, de acordo com o grau de concretude das regras).

A amplitude do nosso sistema é total, inexistindo abertura horizontal, posto que a Constituição regula todas as hipóteses de instituição de tributo. Ao prever competências residuais, a Constituição outorga competência à tributação de qualquer fato que revele capacidade econômica, exceto se houver imunidade. Se inexistir competência, não se pode instituir o tributo. Se a Constituição não prevê uma competência, é porque ela não existe.[14]

Por sua vez, na dimensão de profundidade, não há uma rigidez absoluta, mas alguma abertura vertical. Isso porque, muito embora as regras de competência, via de regra, sejam veiculadas por enunciados dotados de alto grau de determinação, estes padecem da natural abertura semântica da linguagem. Dessa forma, verticalmente, há alguma abertura, pois há diferentes graus de determinação dos signos linguísticos. Aqui reside o conflito entre os conceitos (ou tipos) de prestação de serviço e circulação de mercadoria, os quais podem se enquadrar na cessão de uso de *softwares*.

4 Necessidade de prévia solução dos conflitos de competência

A repartição de competências é realizada por um sistema jurídico harmônico, e não um conglomerado caótico de normas. Por isso, a definição de competências entre União, estados, Distrito Federal e municípios deve recair em substratos econômicos marcadamente distintos, de modo a evitar superposições de incidência sobre fatos idênticos.

A atribuição de competência privativa possui duplo sentido: um positivo e outro negativo.[15] Ao atribuir uma materialidade a um ente, a Constituição impede não só a instituição de tributo sobre outros fatos não abarcados pelo conceito, mas também evita a usurpação desse fato por outro ente federativo.

Diante disso, a dupla tributação sobre um mesmo fato representaria uma desarmonia no sistema, em prejuízo ao confisco do contribuinte. Muito embora não haja expressa vedação ao fenômeno, é possível extraí-la da clara separação das materialidades entre os entes, empreendida pelos arts. 153, 155 e 156 da Constituição.

A *ratio* consiste em respeitar a capacidade contributiva dos cidadãos, visto que, se dois entes pudessem tributar o mesmo fato, não haveria como controlar o efeito confiscatório. Na lição de Ricardo Lobo Torres:

---

[13] CANOTILHO, José Joaquim Gomes. *Direito constitucional e teoria da Constituição*. Coimbra: Almedina, 1999. p. 1107.

[14] Por exemplo, a contribuição de intervenção no domínio econômico (Cide) não pode ser criada por município, pois foi prevista apenas para a União. No caso do FGTS, o STF extraiu do art. 149 uma previsão para uma competência universal para contribuições sociais gerais (BRASIL. Supremo Tribunal Federal. Agravo de Instrumento nº 580655/SP. Rel. Min. Eros Grau. Julgamento: 16.5.2006).

[15] Segundo Amílcar de Araújo Falcão: "Em primeiro lugar, a atribuição de competência privativa tem um sentido positivo ou afirmativo: importa em reconhecer a uma determinada unidade federada a competência para decretar certo e determinado imposto. Em segundo lugar, da atribuição da competência privativa decorre um efeito negativo ou inibitório, pois importa em recursar competência idêntica às unidades outras não indicadas no dispositivo constitucional de habilitação" (*apud* QUEIROZ, Luís Cesar Souza de. *Imposto sobre a renda*: requisitos para uma tributação constitucional. Rio de Janeiro: Forense, 2003. p. 202).

> Os tributos se sistematizam [...] em busca de coerência, organização, sentido comum e eliminação das contradições representadas pelas superposições de incidências sobre os mesmos fatos econômicos. O sistema tributário, por conseguinte, é uma necessidade da vida moderna, e sem ele os tributos caem no caos ou mero conglomerado.[16]

Assim, a bitributação via de regra é indesejada, salvo quando expressamente admitida pelo sistema, como é o caso da saída de mercadoria de estabelecimento industrial, fato gerador do Imposto sobre Produtos Industrializados – IPI e do ICMS.[17]

Portanto, a comercialização de *softwares* logicamente somente pode se subsumir ao imposto estadual ou ao municipal, nunca a ambos.

5 Competência para dirimir conflitos reais com solução inovadora

Uma vez que a racionalidade do Sistema Tributário Nacional é um imperativo da justiça fiscal, como visto no item anterior, e considerando que são inúmeros os conflitos atinentes à discriminação de rendas verificados no cotidiano, é inevitável o questionamento. A quem compete decidir sobre um conflito de competência tributária (real ou aparente)?

Os adeptos da corrente de que o Sistema já se encontra integralmente exaurido na Constituição defenderão que o Judiciário poderá revelar o verdadeiro sentido preexistente e implícito dos termos por ela empregados. Dessa forma, o conflito seria meramente aparente.

Diz-se aparente porque, num sistema tributário ideal, a repartição de competência seguiria um critério científico que se ajustaria ao substrato econômico e político, sem lacunas nem contradições. Por essa razão, Roque Antonio Carrazza afirma que os conflitos de competência em matéria tributária logicamente não existem nem podem existir.[18] Como a Constituição realizou uma rígida repartição, os conflitos seriam meramente aparentes, sendo provocados por uma lei inconstitucional que excedesse a regra de competência, ou por uma atividade administrativa que infringisse a lei instituidora.

Veja que afirmar a realidade do conflito é de imensa importância para sua solução. Um conflito aparente seria decidido jurisdicionalmente, a partir da interpretação da materialidade da regra constitucional de competência. A decisão judicial teria o condão de revelar o verdadeiro sentido da Constituição, declarando o que já estaria nela implícito.

É por isso que o mencionado autor nega que o art. 146, I, da CR possibilite ao Legislativo decidir sobre conflitos de competência. Confira-se:

> Dispor sobre conflitos de competência não significa dirimi-los. Evidentemente, os conflitos que surgirem, envolvendo a União, os Estados e Municípios ou o Distrito Federal, quando exercitarem suas competências tributárias, serão dirimidos pelo Poder Judiciário

---

16 TORRES, Ricardo Lobo. *Tratado de direito constitucional, financeiro e tributário*. Rio de Janeiro: Renovar, 2007. v. 4. p. 329.

17 Além disso, é possível a bitributação nas contribuições parafiscais, que, segundo o Supremo Tribunal Federal, podem ser instituídas sobre os fatos geradores dos impostos estaduais e municipais (STF. Recurso Extraordinário nº 228.321/RS. Rel. Min. Carlos Velloso. Julgamento: 1.10.1998).

18 CARRAZZA, Roque Antonio. *Curso de direito constitucional tributário*. São Paulo: Malheiros, 2010. p. 510. O autor, mais à frente (p. 1004), esclarece que a lei complementar pode, efetivamente, decidir sobre um conflito, o que se aproxima da tese defendida no presente estudo.

[...]. Apreciar definitivamente o mérito desses conflitos não é atribuição das normas gerais em matéria de legislação tributária.[19]

Contudo, defende-se no presente trabalho algo um pouco diferente.

Em primeiro lugar, não se pode confundir a função jurisdicional de dar a palavra final sobre uma lide subjetiva concreta, com o poder de decidir sobre uma questão constitucional abstrata.[20]

Certamente, não é papel do legislador resolver conflitos concretos, eis que a lide deve ser dirimida num processo judicial subjetivo, cuja palavra final seja do julgador, com a autoridade da imutabilidade da coisa julgada. Porém, isso não significa que o Judiciário possua o monopólio da palavra final sobre interpretação constitucional, o que é um patrimônio de todos os poderes e da sociedade.[21]

Nesse sentido, o papel do legislador é o de dar maior concretude às expressões polissêmicas do tipo constitucional, abstrata e genericamente – o que deve ser respeitado pelo Judiciário, em vez de substituir a discricionariedade legislativa pela sua. Com isso, pretende-se desenhar o papel institucional do legislador e do julgador, de modo que a inafastabilidade do controle jurisdicional conviva com o dever de autocontenção judicial.

Em segundo lugar, não se acredita na perfeição do Sistema Tributário Nacional. Para Ricardo Lobo Torres,[22] um tal Sistema, totalmente pensado pela ciência, seria uma utopia fiscal – eis que, na verdade, a ordem jurídica é fruto de um processo histórico de sedimentação de normas ao longo do tempo, e não de uma técnica científica totalmente racionalizada. Não se pode imaginar a criação de um sistema inteiramente novo pela Constituição, livre de qualquer interferência externa do jogo político. Um Sistema Tributário ideal, sem lacunas e contradições, seria inalcançável.

Desse modo, afirmando sua realidade, o conflito pode ser efetivamente decidido pela discricionariedade política de algum agente do sistema. Consciente de que não existem respostas univocamente certas no direito,[23] a Constituição delega a um órgão democraticamente representativo a função de criar a solução para casos por ela não imaginados, ou simplesmente não tratados expressamente em seu texto.

Com efeito, calculando de antemão esse risco, o próprio Sistema prevê formas de resolução de conflitos. Dentro da repartição de competências do nosso federalismo assimétrico, esse papel foi atribuído à União, a quem cabe editar lei complementar para dispor sobre conflitos de competência em matéria tributária (art. 146, I, da Constituição). Mais que isso: o legislador ordinário, ao exercer a competência, possui um espaço de conformação para instituir o imposto, dentro do qual pode interpretar criativamente o

---

19 CARRAZZA, Roque Antonio. *Curso de direito constitucional tributário*. São Paulo: Malheiros, 2010. p. 1006.

20 BRANDÃO, Rodrigo. *Supremacia judicial versus diálogos constitucionais*: a quem cabe a última palavra sobre o sentido da Constituição? Rio de Janeiro: Lumen Juris, 2012. p. 14-21.

21 BRANDÃO, Rodrigo. *Supremacia judicial versus diálogos constitucionais*: a quem cabe a última palavra sobre o sentido da Constituição? Rio de Janeiro: Lumen Juris, 2012. p. 217; PEREIRA, Jane Reis Gonçalves. *Interpretação constitucional e direitos fundamentais*. Rio de Janeiro: Renovar, 2006. p. 61; OLIVEIRA, Gustavo da Gama Vital de. *Direito tributário e diálogo constitucional*. Niterói: Impetus, 2013. p. 64; BERCOVICI, Gilberto. *Constituição e política*: uma relação difícil. São Paulo: Centro de Estudos de Cultura Contemporânea, 2004. p. 21.

22 TORRES, Ricardo Lobo. *Tratado de direito constitucional, financeiro e tributário*. Rio de Janeiro: Renovar, 2007. v. 4. p. 366.

23 Sobre o tema, *vide*: STRECK, Lenio Luiz. *Verdade e consenso*: Constituição, hermenêutica e teorias discursivas. Da possibilidade à necessidade de respostas corretas em direito. Rio de Janeiro: Lumen Juris, 2008.

conteúdo da moldura do texto constitucional. A palavra final em concreto é dada pelo Judiciário.

Nesse caso, o conflito é solucionado, não no plano constitucional de repartição de competências, mas sim no plano legal. Não cabe ao Judiciário resolvê-lo a partir da mera interpretação de supostos conceitos fechados contidos nas regras constitucionais de competência, pois o legislador criativamente dá uma solução definitiva em abstrato.

Dessa forma, é mais razoável pensar que o Sistema não é perfeito e contém em si contradições reais, e não meramente aparentes.

Foi o que ocorreu na ADI nº 5.576, atinente ao conflito entre estados (ICMS) e município (ISS). A partir da discriminação constitucional de rendas, inúmeras perguntas surgiram. Qualquer *software* denota um serviço que justifique a tributação municipal? Inicialmente, o STF entendeu que os de prateleira não, entendimento que restou agora superado, privilegiando-se o critério utilizado pelo legislador complementar.

Contudo, não foi o que se verificou no caso do ISS sobre a locação de bens móveis. O STF foi mais ativista e declarou a inconstitucionalidade do item 79 do Decreto-Lei nº 406/68,[24] por entender que a locação não teria natureza de obrigação de fazer, mas de dar. Dessa forma, sob o pálio de interpretar o conceito de serviço, aquela Corte anulou a manifestação do legislador complementar por, supostamente, desbordar da regra de competência tributária atribuída pelo art. 156 da Constituição.

Veja-se a diferença entre os dois precedentes. No primeiro, o Supremo Tribunal Federal foi deferente ao acolher a decisão do legislador complementar. Já no segundo, o Supremo Tribunal Federal foi mais ativista e tomou a decisão para si, atrelando o conceito de serviço no mundo pós-moderno às categorias limitadas do direito romano – que classificava as obrigações em dar, pagar, fazer e não fazer. Assim, o Tribunal desconsiderou a manifestação majoritária de representantes eleitos e a substituiu pela sua, em prejuízo à democracia.

Ademais, o Judiciário partiu do pressuposto de que o "serviço" que compõe a materialidade do Imposto Sobre Serviços (ISS) seria um conceito constitucional fechado, sobre o qual não haveria espaço criativo para o legislador infraconstitucional. Em vez disso, poderia tratá-lo como um tipo aberto que se coordena com a realidade, permitindo a exemplificação pelo legislador infraconstitucional, a fim de dar um tratamento geral que favoreça a isonomia e a previsibilidade.

6 O Legislativo interpreta a Constituição

É bem certo que a exigência de uma clareza conceitual representa uma garantia ao contribuinte, impedindo a instituição de impostos sobre fatos não abarcados pela regra de competência. Nesse sentido, o fechamento do conceito constitui uma limitação ao poder de tributar.[25]

---

[24] Dentre inúmeros julgamentos, destaca-se: Recurso Extraordinário nº 116.121/SP. Rel. Min. Octavio Gallotti. Julgamento: 11.10.2000. O entendimento restou sufragado na Súmula Vinculante nº 31: "É inconstitucional a incidência do Imposto Sobre Serviços de Qualquer Natureza – ISS sobre operações de locação de bens móveis".

[25] "A necessidade de clareza conceitual torna-se ainda maior, quanto mais dificuldades existirem para examinar e controlar os parâmetros constitucionais. O princípio do Estado de Direito pressupõe o controle do poder de tributar e do Poder Judiciário. Sem clareza conceitual, isso não pode ser atingido" (STRECK, Lenio Luiz. *Verdade e consenso*: Constituição, hermenêutica e teorias discursivas. Da possibilidade à necessidade de respostas corretas em direito. Rio de Janeiro: Lumen Juris, 2008. p. 142).

Contudo, esse fechamento não pode ser absoluto. Alinhando-se à concepção de que há relativa liberdade para a lei, limitada pela moldura do conceito, deve-se reconhecer que a Constituição não pretende, nem pode, esgotar a realidade acerca dos fatos econômicos juridicamente relevantes. Da mesma maneira que os efeitos jurídicos e a qualificação de tipos constitucionais são disciplinados pelo legislador civil – que dispõe, por exemplo, sobre o estatuto jurídico da propriedade e dos contratos –, cabe à lei enquadrar uma realidade econômica no substrato da regra de competência, desde que respeitados os limites do texto. Dentro da margem conceitual de prestação de serviços, operação com produtos industrializados e circulação de mercadorias, a lei possui certo espaço de conformação para enquadrar as inúmeras peculiaridades do mundo dos fatos.

Obviamente, o Legislativo não é mero executor de decisões já tomadas pela Constituição, mas possui uma margem de discricionariedade para o exercício da competência legislativa de instituição do imposto. O Judiciário não possui legitimidade democrática para essa decisão, por não ser legitimado pelo voto, nem capacidade institucional e *expertise* técnica sobre todos os assuntos – críticas comumente feitas ao ativismo judicial.[26] Dessa forma, havendo uma manifestação do Legislativo sobre o aspecto material do tributo, o Judiciário deve lhe ser deferente, em respeito ao princípio majoritário.[27]

Veja-se que o fechamento do tipo da regra de competência transplanta o conflito para o plano constitucional, exigindo uma solução jurisdicional, o que contribui para a concentração de poder do Judiciário, em detrimento dos representantes eleitos. Por outro lado, a abertura do tipo legitima o Legislativo a decidir sobre o conteúdo de cada conceito, desde que respeitados os limites da moldura literal.

De fato, segundo a tese defendida neste trabalho, destoando um pouco da maioria dos precedentes do Supremo Tribunal Federal,[28] para cada materialidade prevista na Constituição existe um conceito correspondente, que pode ser graficamente representado por dois círculos concêntricos,[29] ou, na concepção de Alf Ross,[30] por um alvo. No centro, estão os conteúdos mínimos indiscutíveis, fora dos quais o legislador não pode dispor. Na margem, o legislador possui certa margem de liberdade na tarefa de construir o conteúdo do conceito.[31]

Nem por isso o conceito deixa de ser constitucional. Assumir alguma discricionariedade do legislador em optar pelos significados situados na zona marginal do conceito não importa desnaturar a competência em potência nem subverter a hierarquia

---

26 BINENBOJM, Gustavo. *Temas de direito administrativo e constitucional*. Rio de Janeiro: Renovar, 2008. p. 197.

27 "Aliás, numa democracia, quem tem a primazia na ponderação é o legislador que, ao regulamentar as mais diferentes matérias, deve levar em consideração as exigências decorrentes de normas e valores constitucionais por vezes conflitantes. [...] dentro da margem que possui, a decisão do legislador não deve ser invalidada pelo Judiciário, ainda que o juiz não a considere ideal, tendo em vista o dever de deferência jurisdicional diante das normas legislativas, decorrente do princípio democrático" (SARMENTO, Daniel. *Direito constitucional*: teoria, história e métodos de trabalho. Belo Horizonte: Fórum, 2013. p. 514).

28 É por isso que Humberto Ávila observa que, diversas vezes, "[...] o Tribunal decidiu que, tendo a Constituição utilizado um conceito, diretamente ou indiretamente pela incorporação de conceito de Direito Privado ao ordenamento constitucional, não pode o legislador infraconstitucional afastar-se dele" (ÁVILA, Humberto. *Sistema constitucional tributário*. São Paulo: Saraiva, 2012. p. 221).

29 ENGISCH, Karl. *Introdução ao pensamento jurídico*. Lisboa: Fundação Calouste Gulbenkian, 1996. p. 208-209.

30 ROSS, Alf. *Direito e justiça*. São Paulo: Edipro, 2000. p. 141-142.

31 Nesse sentido, veja-se também: PIZOLIO, Reinaldo. *Competência tributária e conceitos constitucionais*. São Paulo: Quartier Latin, 2006. p. 94.

normativa. Isso porque essa liberdade continua encerrada dentro dos lindes do texto constitucional. A lei possui, apenas, a liberdade de escolha entre as possibilidades detidas nesse espaço. Logo, trata-se de legítima competência legislativa condicionada, e não de potência ilimitada e arbitrária. Foi por prestigiar a interpretação realizada pela lei complementar que o STF resolveu o conflito entre ISS e ICMS quanto à comercialização de *softwares*, como visto.

7 A tipicidade aberta nos enunciados constitucionais de competência

Compreender que circulação de mercadorias e prestação de serviços são tipos abertos permite maior maleabilidade de coordenação com a realidade diante de situações limítrofes, como é o caso do direito de uso de programas de computador.

Os tipos se distinguem dos conceitos por serem essencialmente abertos, de modo que se coordenam com a realidade por uma relação de semelhança, sem pretender nela encontrar a totalidade de suas notas distintivas. Já os conceitos pressupõem a subsunção à totalidade de seus elementos, pretendendo esgotar os dados reais.

Tendo em mente a natureza aberta do tipo, defende-se que os enunciados de competência se amoldam melhor aos tipos do que aos conceitos.

De fato, a abertura e vagueza dos artigos que discriminam as competências são incompatíveis com uma pretensão de completude, fechamento e integridade conceitual. Não seria papel da Constituição, na formatação do Estado Fiscal, esgotar as realidades econômicas que revelam capacidade contributiva.

Nesse sentido, é interessante a análise histórica da repartição de competências nas constituições brasileiras, empreendida por Luís Eduardo Schoueri.[32] O autor conclui não haver qualquer critério lógico-racional na atual discriminação de materialidades entre as diversas entidades federativas, razão pela qual a estrutura tipológica seria mais adequada.

Muitos autores discordam dessa posição. Misabel Derzi,[33] por exemplo, defende que a rigidez da repartição de competências seria incompatível com a abertura dos tipos.

Entretanto, os imperativos de segurança jurídica do contribuinte e de autonomia financeira dos entes são perfeitamente compatíveis com a estrutura tipológica. A abertura não leva à bitributação, já que a interpretação em concreto demonstrará a que materialidade cada atividade econômica se coordena.

8 Papel da lei complementar em matéria tributária

A pedra de toque da decisão da ADI nº 5.576 foi prestigiar uma escolha realizada pela lei complementar.

O papel do legislador na interpretação das normas constitucionais de competência tem uma disciplina bastante peculiar no art. 146 da Constituição. Cabe à lei complementar dispor genericamente sobre fato gerador e sobre conflitos de competência.

[32] SCHOUERI, Luís Eduardo. *Direito tributário*. São Paulo: Saraiva, 2013. p. 262. Entretanto, não se concorda com a conclusão do autor de que as leis complementares adotariam conceitos fechados, em respeito à segurança. Defende-se, no presente trabalho, que a abertura do tipo é perfeitamente compatível com a segurança jurídica.

[33] DERZI, Misabel de Abreu Machado. *Direito tributário, direito penal e tipo*. São Paulo: Revista dos Tribunais, 1988. p. 48.

Na teoria geral do direito, a lei complementar é aquela que completa o sentido da Constituição. Sem ela, as normas constitucionais não podem ser aplicadas. Por essa razão, por muito tempo prevaleceu o entendimento de que essa espécie normativa seria intermediária entre a Constituição e a lei ordinária.[34] Ainda hoje, há quem defenda a sua superioridade hierárquica.[35]

Contudo, segundo a maioria da doutrina, não há uma peculiaridade ontológica da lei complementar. Sua natureza é determinada por critérios formais, sobretudo de competência e de procedimento para aprovação, reservados pela Constituição a determinadas matérias.[36] Ainda, a jurisprudência afirma que a relação com a lei ordinária toca uma questão de competência, e não de hierarquia.[37]

No Sistema Tributário Nacional, foi atribuído à lei complementar um amplo espectro de matérias. A despeito da tarefa jurisdicional de interpretar os enunciados normativos em concreto, a lei complementar foi o instrumento eleito pela Constituição para, em abstrato, definir fato gerador e dirimir conflitos de competência entre os impostos (art. 146).

É claro que no nosso sistema, considerando a inafastabilidade do controle jurisdicional (art. 5º, XXXV, da Constituição), toda lide pode ser resolvida pelo Judiciário. Mas a decisão judicial sobre uma controvérsia concreta posta em juízo não se confunde com a interpretação final de um conceito constitucional, a qual merece ser disciplinada em caráter prévio, abstrato e geral, em prestígio à isonomia e à previsibilidade. A Constituição elegeu a lei complementar, de cunho nacional e quórum qualificado, para desempenhar tão importante papel.

Esse modelo oferece inúmeras vantagens. A segurança jurídica recomenda o conhecimento prévio da regra aplicável sobre o contribuinte que desempenha atividade econômica situada em zona de penumbra entre dois conceitos constitucionais. Até mesmo para o Estado essa segurança possibilita as ações de fiscalização e o planejamento da expectativa de receita, imprescindível para uma ação fiscal responsável, na forma do art. 12 da Lei de Responsabilidade Fiscal.

De outro lado, a generalidade garante um tratamento uniforme entre os contribuintes, tratados de forma unitária em toda a Federação. É desleal a concorrência entre sujeitos que exploram o mesmo mercado, quando um deles possui uma decisão judicial que desonera sua carga tributária.

Por último, a solução da questão pela via legislativa ainda apresenta vantagens sob o ponto de vista democrático, considerando a legitimidade dos representantes sufragados pelo voto.

Pois bem. Tendo em vista a vagueza inerente à linguagem, e a abertura semântica dos signos empregados pela Constituição, os enunciados de competência admitem mais de um significado possível. Diante desse espectro, a lei complementar pode, ao definir o fato gerador ou disciplinar um conflito de competência, voluntariamente escolher um deles. Essa parece ser a linha de pensamento de Ricardo Lobo Torres:

---

[34] TEMER, Michel. *Elementos de direito constitucional*. São Paulo: Revista dos Tribunais, 1989. p. 148 e ss.

[35] FERREIRA FILHO, Manoel Gonçalves. *Do processo legislativo*. São Paulo: Saraiva, 2009. p. 247-250.

[36] MACHADO, Hugo de Brito. *Lei complementar tributária*. São Paulo: Malheiros, 2010. p. 83; 128.

[37] Recurso Extraordinário nº 677589/SP. Rel. Min. Luiz Fux. Julgamento: 29.5.2012.

> Tendo em vista que a norma constitucional é extremamente sucinta, não chegando a estampar qualquer definição do fato gerador do ISS [...], torna-se necessário que a lei complementar venha definir a fatispécie tributária [...]. Não nos parece que possa haver uma tal completude no texto constitucional, que é aberto, indeterminado e ambíguo, o que torna inevitáveis as antinomias e as contradições.[38]

Diante disso, o Judiciário deve prestigiar a decisão do legislador, pois o art. 146 da Constituição estabelece a lei complementar como instância ordinária para prevenção desses conflitos. Isso confere à lei uma espécie de dupla presunção de constitucionalidade.

Realmente, se a própria Constituição requer a missão de complementar seu sentido, a interpretação levada a cabo pela lei geral pode vir a integrar o bloco de constitucionalidade que vincula todos os poderes.

Ricardo Lodi Ribeiro acentua a importância da lei complementar na interpretação da norma de incidência, que, juntamente com a Constituição, vincula o legislador ordinário e o intérprete aos seus ditames. Veja-se:

> [...] o fato gerador da lei tributária, fixado em lei ordinária, deve se adequar [...] à lei de normas gerais de direito tributário (CTN), bem como, em relação aos impostos, à lei complementar definidora do fato gerador, da base de cálculo e dos contribuintes.
>
> Aqui, sim, temos uma peculiaridade brasileira [...]. Se essas singularidades não impõem uma tipicidade fechada ou um maior peso à segurança jurídica em sua ponderação com a justiça, ao menos recomendam, ao aplicador, uma maior cautela no manejo do método lógico-sistemático, a fim de interpretar o fato gerador do imposto de acordo com a lei complementar definidora do fato gerador, da base de cálculo e dos contribuintes [...].[39]

É bem verdade, porém, que a lei não veicula a palavra final sobre a interpretação constitucional, uma vez que se submete aos limites semânticos do texto superior. Mas é, sem dúvida, um ingrediente importante a ser considerado. Em outras palavras, na interpretação dos conceitos constitucionais, a solução propugnada pela lei complementar deve partir na frente de uma concepção pessoal do julgador. E, caso a lei tenha adotado uma das interpretações igualmente possíveis, a decisão final deve ser sua, e não do julgador.

Sem dúvida, ambas as interpretações sobre a comercialização de *softwares* são plausíveis: circulação de mercadoria ou prestação de serviço. O que parece ter sido decisivo para o STF nesse caso concreto foi justamente a solução propugnada pela lei complementar.

Interessante observar que, no bojo da recente reforma tributária (Emenda Constitucional nº 132/2023), a importância da lei complementar em matéria tributária ganhou especial relevo, assumindo novas funções, inclusive a de instituir impostos.

9 Caráter decisório e criativo da lei complementar

Essa função delegada à lei complementar seria de todo inócua se não fosse reconhecido um papel efetivamente decisório ao legislador.

[38] TORRES, Ricardo Lobo. *Tratado de direito constitucional, financeiro e tributário*. Rio de Janeiro: Renovar, 2007. v. 4. p. 362.

[39] RIBEIRO, Ricardo Lodi. *Justiça, interpretação e elisão tributária*. Rio de Janeiro: Lumen Juris, 2003. p. 127.

Não se pode imaginar que a lei complementar se limite a repetir as disposições constitucionais, como se a interpretação da Constituição fosse mera atividade mecânica de revelação de um conteúdo preexistente. Ademais, a Constituição não pode esgotar toda a disciplina do Sistema Tributário Nacional, antevendo e solucionando a infinitude de problemas que poderiam se abrir.

A crença positivista de que o juiz revelaria o verdadeiro sentido do texto não pode mais subsistir. Primeiro, porque o juiz não é dono da interpretação constitucional, que é função de todos os poderes e da sociedade. Segundo, porque não há um único sentido possível no texto.

Reconhece-se, pois, a natureza criativa da atividade hermenêutica. Diz-se criativa porque toma uma efetiva decisão. O viés criativo da atividade hermenêutica não é novidade, sendo aceito por autores como Karl Larenz,[40] Ricardo Lobo Torres,[41] Gilberto de Ulhôa Canto,[42] Humberto Ávila[43] e Sérgio André Rocha.[44]

Entretanto, a maioria da doutrina tradicional nega esse papel criativo e defende que, como a repartição de competências está completamente esgotada na Constituição, a lei complementar estaria coagida a simplesmente pormenorizar o já disposto na Carta. Contudo, contraditoriamente, mesmo os defensores desta corrente admitem que esse diploma possa tomar decisões em casos cinzentos.[45]

Há quem sequer reconheça a função conferida à lei para definir fato gerador, base de cálculo e contribuintes, a qual já seria realizada pela Constituição.[46] Muitos autores chegam a afirmar que o art. 146 da Constituição deveria ser interpretado conforme o princípio federativo, de modo que não poderia uma lei complementar editada pelo Congresso Nacional dispor sobre a competência tributária de todas as entidades federativas.

---

[40] LARENZ, Karl. *Metodologia da ciência do direito*. Lisboa: Fundação Calouste Gulbenkian, 1997. p. 285-297.

[41] TORRES, Ricardo Lobo. *Tratado de direito constitucional, financeiro e tributário*. Rio de Janeiro: Renovar, 2009. v. 1. p. 49: "A ulterior atividade do legislador ordinário e a complementação pela jurisprudência se manifestam no espaço deixado pelos princípios constitucionais tributários e pelas normas que se expressam através de cláusulas gerais. Não há que se cogitar de *numerus clausus* ou de definições constitucionais completas de fatos geradores. O fechamento do sistema deve ocorrer posteriormente por obra de complementação legislativa, sendo de notar que jamais se obtém o sistema tributário totalmente fechado, nem mesmo no plano infraconstitucional".

[42] CANTO, Gilberto de Ulhôa. Lei complementar tributária. *Caderno de Pesquisas Tributárias*, São Paulo, n. 15, 1990. p. 7-8.

[43] ÁVILA, Humberto. *Sistema constitucional tributário*. São Paulo: Saraiva, 2012. p. 24: "[...] não é plausível aceitar a ideia de que a aplicação do Direito envolve uma atividade de subsunção entre conceitos prontos antes mesmo do processo de aplicação".

[44] ROCHA, Sérgio André. A deslegalização no direito tributário brasileiro contemporâneo: segurança jurídica, legalidade, conceitos indeterminados, tipicidade e liberdade de conformação da administração pública. *In*: ROCHA, Sérgio André; RIBEIRO, Ricardo Lodi (Org.). *Legalidade e tipicidade no direito tributário*. Rio de Janeiro: Quartier Latin, 2008. p. 241.

[45] "Tomemos a situação criada pela recauchutagem de pneumáticos. Algumas pessoas podem entrever, neste fato, um processo de industrialização; outras, uma prestação de serviços, com aplicação de matérias-primas e emprego de maquinarias. [...] Muito bem, com o fito de afastar este previsível 'conflito' entre União e Município, aqui tem cabimento e utilidade a lei complementar que, baixando uma 'norma geral em matéria de legislação tributária', estabelecerá (como aliás, estabeleceu) que a recauchutagem de pneumáticos é um serviço e que, destarte, só pode ser tributada pelo Município, por via de ISS (item 71 do art. 8º do Decreto-lei 406/1968, com a redação determinada pela Lei Complementar 56/1987" (CARRAZZA, Roque Antonio. *Curso de direito constitucional tributário*. São Paulo: Malheiros, 2010. p. 1004).

[46] Nesse sentido, pode-se citar: CARRAZZA, Roque Antonio. *Curso de direito constitucional tributário*. São Paulo: Malheiros, 2010. p. 511; 917; ATALIBA, Geraldo. Normas gerais de direito financeiro e tributário e autonomia dos estados e municípios. *Revista de Direito Público*, São Paulo, n. 10, p. 45-80, 1969; CARVALHO, Paulo de Barros. *Curso de direito tributário*. São Paulo: Saraiva, 2000. p. 209.

Aliás, a crença de que a interpretação de um texto consistiria em relevar sua verdadeira mensagem predominou em diversos ramos do direito.[47] Como a Constituição já teria esgotado a repartição de competências, as normas gerais em matéria tributária ou seriam supérfluas por serem meras repetições da Constituição, ou contrariariam as prescrições constitucionais, e por isso seriam inválidas.

Diante da divergência, adota-se neste trabalho a primeira corrente. Isso porque o sentido do texto somente pode ser identificado por um indivíduo que lhe seja externo, sujeito às convenções sociais da linguagem e às suas compreensões pessoais.[48] O intérprete é, pois, cocriador do direito, desde que não se substitua à posição do legislador.

Ademais, há que se reconhecer que o art. 146 possui a mesma hierarquia normativa das regras de repartição de competência, e até mesmo do princípio federativo. Dessa forma, a disciplina sobre conflitos de competência em sede de lei complementar não ofende a repartição de competência, pelo simples motivo de que foi a própria Constituição que atribuiu esse papel ao Congresso Nacional. A despeito da opinião pessoal de cada um sobre o equilíbrio ideal de uma Federação, fato é que esse ingrediente agrega um caráter centralizador ao nosso federalismo.[49]

10 Discricionariedade da lei complementar

Se não fosse possível à lei complementar resolver o conflito infraconstitucionalmente, também não seria dado à lei tomar decisões acerca da definição de fato gerador, base de cálculo e contribuinte – funções também atribuídas pelo art. 146 e desempenhadas pelo Código Tributário Nacional e outros diplomas. Aí, tudo deveria ser extraído diretamente da Constituição e revelado pela lei, meramente declaratória.

Nesse sentido, o entendimento que nega a função da lei complementar, se levado às últimas consequências, poderia invalidar qualquer disciplina do CTN, para substituí-la pela exegese que o julgador entendesse mais adequada. Sob o pretexto de aplicar diretamente a Constituição, o intérprete arvorar-se-ia em ponderações já realizadas, a fim de substituir a discricionariedade do legislador pela sua.

Interessante observar que mesmo os doutrinadores que negam o caráter criativo da lei complementar assumem que a lei possui um espectro de possibilidades à sua escolha para a definição do fato gerador e base de cálculo. Isso porque, muito embora haja uma necessária relação de pertinência entre a materialidade contida na regra constitucional de competência e a base de cálculo elegida pelo legislador, eles admitem que haja diversas bases possíveis em tese,[50] a serem escolhidas.

---

[47] MAXIMILIANO, Carlos. *Hermenêutica e aplicação do direito*. Rio de Janeiro: Forense, 1999. p. 9; DINIZ, Maria Helena. *Compêndio de introdução à ciência do direito*. São Paulo: Saraiva, 1993. p. 381; RODRIGUES, Sílvio. *Direito civil*. São Paulo: Saraiva, 1989. p. 114; LOPES, Miguel Maria. *Curso de direito civil*. Rio de Janeiro: Freitas Bastos, 1989. v. 1.

[48] PEREIRA, Jane Reis Gonçalves. *Interpretação constitucional e direitos fundamentais*. Rio de Janeiro: Renovar, 2006. p. 47.

[49] ÁVILA, Humberto. *Segurança jurídica*: entre permanência, mudança e realização no direito tributário. São Paulo: Malheiros, 2011. p. 193.

[50] Veja-se: "[...] o arsenal de opções de que dispõe o legislador ordinário para a escolha da base de cálculo, conquanto vasto, não é ilimitado. Cumpre-lhe erigir critério dimensível consentâneo com o arquétipo desenhado pela Excelsa Lei. Essa adequação é dela mesma extraível, antes e independentemente da existência da norma legal criadora do tributo. As várias possibilidades de que dispõe o legislador ordinário para a adoção da base

Ora, se é reconhecido papel criativo à lei complementar para definição de fato gerador, base de cálculo e contribuinte dos impostos, o mesmo deve ser admitido no que tange aos conflitos de competência. Não se supõe que o legislador esteja apenas revelando um fato que estivesse pressuposto dentro da regra de competência. A lei discricionariamente elege um fato gerador dentre os possíveis.

Essa tarefa ainda é reforçada sempre que, ao longo da Constituição, refere-se à lei complementar como veículo para, de alguma maneira, limitar a competência tributária. O exemplo mais conhecido é o do ISS, no qual a própria definição de serviço é delegada à lei complementar (art. 156, III).

Nesse ponto, o Supremo Tribunal Federal considera que a lista de serviços prevista em lei complementar é taxativa,[51] de modo que, se um serviço não está nela contido, os municípios não podem instituir o imposto sobre tal materialidade.[52] Dessa forma, é conferido à lei um papel decisório que limita a competência tributária. Veja que essa limitação agora se verifica também sobre a competência até mesmo para fixação de alíquotas e concessão de benefícios fiscais (art. 156, §3º).

O STF já considerou a lei complementar como condição para a validade da norma de incidência do adicional estadual de imposto de renda (antiga redação do art. 155, II, da Constituição).[53] Isso porque, no seu entender, a inexistência de uma disciplina geral sobre conflitos de competência entre os estados impossibilitaria a cobrança do tributo. Recentemente, a importância da lei complementar foi novamente enaltecida pelo Tribunal na ocasião da edição da Súmula Vinculante nº 8 do Supremo Tribunal Federal,[54] quando foi declarada a inconstitucionalidade das normas sobre prescrição e decadência dispostas em lei ordinária.

Com efeito, defende-se que a lei complementar, ao dispor sobre um conflito de competência, em casos mais cinzentos, como é a hipótese dos *softwares*, toma efetivas decisões que colaboram para construir a norma jurídica. Nesse sentido, sua invalidação somente se justifica quando evidentemente desbordar dos limites da literalidade da regra de competência.

Algumas vezes, esse desvio de poder revela até mesmo um desequilíbrio federativo, na medida em que o Congresso Nacional pode estar mais alinhado aos interesses federais, em opressão aos estados, Distrito Federal e municípios. Mas esse abuso somente pode ser aferido em concreto, e depende de forte ônus argumentativo, pois não é toda decisão legislativa do Congresso que oprime a federação.

A ideia ora defendida é mais um elemento que prestigia a autocontenção judicial. Se já há uma lei complementar que, ao definir o fato gerador ou disciplinar um conflito de competência referente a impostos, adota determinado sentido possível para

---

de cálculo já se contêm na Constituição" (BARRETO, Aires. *Base de cálculo, alíquota e princípios constitucionais*. São Paulo: Revista dos Tribunais, 1987. p. 38-39). No mesmo sentido: CARRAZZA, Roque Antonio. *Curso de direito constitucional tributário*. São Paulo: Malheiros, 2010. p. 82-115.

[51] STF. Recurso Extraordinário nº 361829/RJ. Rel. Min. Carlos Velloso. Julgamento: 13.12.2005.

[52] Tanto é assim que, na ocasião do julgamento do ICMS incidente sobre fornecimento de alimentação e bebidas em bares e restaurantes, a inexistência do item na lista foi determinante para a submissão ao ICMS (STF. Recurso Extraordinário nº 176.890/SP. Rel. Min. Celso de Mello. Julgamento: 9.8.1994).

[53] STF. Recurso Extraordinário nº 136.215/RJ. Rel. Min. Otavio Gallotti. Julgamento: 18.12.1993.

[54] Súmula Vinculante nº 8: "São inconstitucionais o parágrafo único do artigo 5º do Decreto-Lei nº 1.569/1977 e os artigos 45 e 46 da Lei nº 8.212/1991, que tratam de prescrição e decadência de crédito tributário" (STF. Recurso Extraordinário nº 560.626/RS. Rel. Min. Gilmar Mendes. Julgamento: 12.6.2008).

um conceito constitucional, o Judiciário deve lhe ser deferente. Havendo mais de uma interpretação possível, deve ser prestigiada a eleita pelo legislador.

Nessa linha, o STF, ao admitir a incidência do ISS nas operações de *leasing* financeiro, partiu da premissa de que não existe um conceito constitucional de serviço que seja absoluto, imutável, intuitivo e ontológico através dos tempos.[55] Na mesma toada, o Ministro Gilmar Mendes,[56] apesar de vencido na declaração de inconstitucionalidade da ampliação do conceito de faturamento para o de receita bruta, reconhece que as leis possuem um papel concretizador e interpretativo ante os múltiplos sentidos admitidos por normas constitucionais abertas, sendo impossível cristalizar um único sentido, em detrimento de tantos outros admitidos pelo texto.

11 Diálogo institucional

Interessante observar que a virada jurisprudencial aqui observada ocorreu no contexto de modificação da própria lei complementar. Entre 1998 (data do precedente referente ao entendimento anterior)[57] e 2021 (data do precedente que consagra o novo entendimento),[58] a legislação nacional do ISS foi modificada justamente para contemplar o item 1.05 da lista anexa de serviços: "Licenciamento ou cessão de direito de uso de programas de computação".

De fato, a lista de serviços vigente em 1998 era a do Decreto-Lei nº 406/68, que não contemplava o serviço em comento de forma explícita. A incidência era extraída dos itens 22 e 24 da respectiva lista anexa, que tratavam de programação e processamento de dados de forma mais abrangente. Somente com a Lei Complementar nº 116/2003 que os programas de computação foram consagrados (expressamente e de forma mais clara) como serviços sujeitos ao ISS.

A nova lei, portanto, reinaugurou a discussão acerca da incidência sobre os programas de computador, uma base imponível nova e em constante modificação tecnológica. Trata-se de verdadeiro diálogo institucional,[59] por meio do qual o Legislativo reinaugura o debate e devolve à Suprema Corte um novo e importante ingrediente para a exegese constitucional.

Pelos diálogos institucionais, a melhor interpretação surge a partir de uma interação dialógica entre os poderes, no exercício da respectiva função precípua de cada um, que exerce pressão política sobre o outro para que seu objetivo prevaleça. No final, tende a subsistir a melhor solução. Exemplo típico é a promulgação de novo diploma legislativo após a declaração de inconstitucionalidade de uma lei pela Suprema Corte, reabrindo o debate acerca da questão. Exatamente o que se tem *in casu*.

---

55 STF. Recurso Extraordinário nº 547.245/SC. Rel. Min. Eros Grau. Julgamento: 02.12.2009.

56 STF. Recurso Extraordinário nº 357.950/MG. Rel. Min. Marco Aurélio. Julgamento: 09.11.2005.

57 Recurso Extraordinário nº 176.626. Rel. Min. Sepúlveda Pertence. *DJ*, 11.12.1998.

58 STF. ADI 5.576. Tribunal Pleno. Rel. Min. Luís Roberto Barroso. Publicação: 10.09.2021.

59 A teoria foi cunhada no Canadá (HOGG, Peter W.; BUSHELL, Allison A. The charter dialogue between courts and legislatures: or perhaps the charter isn't such a bad thing after all. *Osgoode Hall Law Journal*, Toronto, v. 35, n. 1, p. 75-124, 1997) e ganhou espaço nos Estados Unidos (HARRIGER, Katy J. Cues and miscues in the constitutional dialogues. *The Review of Politics*, Notre Dame, v. 60, n. 3, 1998. p. 497) durante os anos 90, ressaltando que a interpretação constitucional não é responsabilidade apenas da Suprema Corte, mas sim de toda a sociedade. Logo, as questões constitucionais não são decididas com base apenas em interpretações judiciais.

O pronunciamento do STF não encerra o debate sobre uma questão constitucional, o qual pode ser reaberto por pressões sociais ou pela promulgação de novo diploma normativo. Nesse diálogo institucional, cada ator contribui com sua capacidade institucional para se chegar à melhor solução.

Há que se diferenciar a definitividade da decisão judicial sobre uma controvérsia concreta posta em juízo, o que se espera para o funcionamento do Estado, da definitividade da decisão acerca de uma questão sobre a interpretação de um princípio ou conceito constitucional, esta sim em permanente abertura para toda a sociedade. A interpretação constitucional para o passado, acerca de lides concretas postas em juízo, pode e deve ser solucionada com definitividade pelo Judiciário. Já o sentido futuro da Constituição não é monopólio de ninguém, mas continua nas mãos do povo, por meio dos mais diversos atores sociais.

Nesse mister, não há órgão com papel supremo. Não há nenhuma instituição que detenha prevalência apriorística na determinação do sentido da Constituição, pois todas são falíveis. Há, no máximo, preferências *prima facie* a depender da capacidade institucional de cada poder.

Esse modelo dialógico possui diversas vantagens. Em primeiro lugar, contribui para um debate mais plural, pois abre espaço para diversas instituições, e evita o uso arbitrário do poder, por aquele que se arvora de uma pretensa hegemonia sobre os demais. De fato, as melhores soluções são alcançadas pela constante exposição a críticas que ressaltem os pontos fortes e fracos de cada proposição. Já modelos que preconizam uma absoluta e apriorística supremacia de uma solução independentemente do debate público acerca do seu conteúdo favorece a formulação de dogmas e sofismas.

Em segundo lugar, uma fiscalização recíproca e constante entre os poderes extrai o máximo das virtudes de cada instituição, pois cada um contribui com seu arsenal técnico para o atingimento da decisão mais justa. Em terceiro lugar, a provisoriedade dos resultados das deliberações favorece a abertura constante do debate, mantendo o resultado sempre vivo e atual. Por essas razões, valoriza-se um modelo de democracia deliberativa para a definição do conteúdo da Constituição, mediante o diálogo entre as instituições.

A correção legislativa da jurisprudência é a prova viva de que o Legislativo também interpreta a Constituição e acaba, muitas vezes, fazendo prevalecer seu objetivo – considerando a dificuldade argumentativa para a invalidação de emendas constitucionais, bem como o pesado ônus político de o Supremo Tribunal Federal contrariar um projeto do Congresso.

12 Conclusão

A partir da argumentação traçada no precedente em análise (ADI nº 5.576), conclui-se o presente trabalho com a constatação da necessidade de conservação do espaço de liberdade do Legislativo, que contribui para o preenchimento do sentido do texto constitucional, de modo a reduzir os riscos que o ativismo judicial oferece à democracia. Tal julgamento foi emblemático, por utilizar como razão de decidir um critério definido pelo legislador complementar, em detrimento de eventual sentido preconcebido pelo Judiciário a respeito do conteúdo de significado das materialidades em xeque (circulação de mercadoria e prestação de serviço).

Desse modo, defendeu-se a autocontenção judicial na interpretação dos conceitos insertos nos enunciados constitucionais de competência tributária, em especial no que tange ao aspecto material da norma de incidência dos impostos, elemento que melhor caracteriza a repartição de rendas na Constituição.

É função precípua do Legislativo, e não do Judiciário, exercer a competência tributária pela instituição dos impostos, com base nas materialidades preconizadas pela Constituição. Esse desempenho compreende, também, o poder de interpretar a norma constitucional.

Tendo em vista a indeterminação e a vagueza da linguagem, é natural que os termos utilizados pela Constituição admitam mais de um sentido, a depender do contexto em que se insiram. A subjetividade nessa interpretação abre um espectro relativamente amplo de possibilidades, sendo difícil determinar com precisão um único sentido.

Ao fim, cada intérprete pode dar sua opinião, mas não há ninguém que detenha o monopólio da hermenêutica constitucional, tampouco o poder de dar a última palavra sobre um suposto sentido preexistente no texto. Pelo contrário: deve ser reconhecido que a construção do sentido da Constituição é um trabalho dinâmico dos três poderes e de toda a sociedade, num esforço conjunto que nunca se encerra, e tende a preservar no tempo a melhor decisão.

Ao longo do presente estudo, defendeu-se o papel criativo e decisório da lei impositiva e da lei complementar que define fato gerador e soluciona conflitos de competência, o que causa certa perplexidade em muitos doutrinadores. Como poderia o legislador preencher o sentido das disposições que limitam seu próprio poder? Alguém pode ser juiz de seus próprios limites?

Uma ponderação pacificou essa questão. O Legislativo não tem arbítrio para dispor sobre o sentido da Constituição, mas verdadeira discricionariedade, diante de mais de uma possibilidade interpretativa, pois a exerce dentro dos limites do texto. Eventuais abusos merecem ser corrigidos pelo Judiciário.

Se o Legislativo não pudesse exercer esse juízo, o subjetivismo não seria eliminado, mas emanaria do próprio Judiciário, cujos membros não são eleitos e não gozam de capacidade institucional para avaliar questões técnicas e de macrojustiça.

A norma de competência, de um lado, limita e define o poder de tributar, de outro, confere ao Legislativo o próprio poder de instituir o tributo. Neste poder está inserido, naturalmente, o de interpretar a Constituição, pois seria absurdo supor que a lei impositiva estaria adstrita a simplesmente reproduzir as disposições constitucionais, sem qualquer papel criativo. Afinal, o texto constitucional não pode esgotar a infinidade de hipóteses de incidência que a realidade econômica pode trazer.

Assim, os conceitos indeterminados contidos na Constituição conferem uma discricionariedade ao legislador. A lei efetivamente toma uma decisão hermenêutica ao instituir o imposto, adstrita aos limites do texto.

Referências

ATALIBA, Geraldo. *Hipótese de incidência tributária*. São Paulo: Malheiros, 2012.

ATALIBA, Geraldo. Normas gerais de direito financeiro e tributário e autonomia dos estados e municípios. *Revista de Direito Público*, São Paulo, n. 10, p. 45-80, 1969.

ÁVILA, Humberto. *Segurança jurídica*: entre permanência, mudança e realização no direito tributário. São Paulo: Malheiros, 2011.

ÁVILA, Humberto. *Sistema constitucional tributário*. São Paulo: Saraiva, 2012.

BARRETO, Aires. *Base de cálculo, alíquota e princípios constitucionais*. São Paulo: Revista dos Tribunais, 1987.

BARROSO, Luís Roberto. *Interpretação e aplicação da Constituição*. São Paulo: Saraiva, 2008.

BERCOVICI, Gilberto. *Constituição e política*: uma relação difícil. São Paulo: Centro de Estudos de Cultura Contemporânea, 2004.

BINENBOJM, Gustavo. *Temas de direito administrativo e constitucional*. Rio de Janeiro: Renovar, 2008.

BRANDÃO, Rodrigo. *Supremacia judicial versus diálogos constitucionais*: a quem cabe a última palavra sobre o sentido da Constituição? Rio de Janeiro: Lumen Juris, 2012.

CANOTILHO, José Joaquim Gomes. *Direito constitucional e teoria da Constituição*. Coimbra: Almedina, 1999.

CANTO, Gilberto de Ulhôa. Lei complementar tributária. *Caderno de Pesquisas Tributárias*, São Paulo, n. 15, 1990.

CARRAZZA, Roque Antonio. *Curso de direito constitucional tributário*. São Paulo: Malheiros, 2010.

CARVALHO, Paulo de Barros. *Curso de direito tributário*. São Paulo: Saraiva, 2000.

CARVALHO, Paulo de Barros. *Teoria da norma tributária*. São Paulo: Revista dos Tribunais, 1981.

DALLARI, Dalmo de Abreu. *O estado federal*. São Paulo: Ática, 1986.

DERZI, Misabel de Abreu Machado. *Direito tributário, direito penal e tipo*. São Paulo: Revista dos Tribunais, 1988.

DINIZ, Maria Helena. *Compêndio de introdução à ciência do direito*. São Paulo: Saraiva, 1993.

ENGISCH, Karl. *Introdução ao pensamento jurídico*. Lisboa: Fundação Calouste Gulbenkian, 1996.

FALCÃO, Amílcar Araújo. *Sistema tributário brasileiro*: discriminação de rendas. Rio de Janeiro: Edições Financeiras, 1965.

FERREIRA FILHO, Manoel Gonçalves. *Do processo legislativo*. São Paulo: Saraiva, 2009.

HESSE, Konrad. *Elementos de direito constitucional da República Federal da Alemanha*. Tradução de Luís Afonso Heck. Porto Alegre: Sérgio Antônio Fabris Editor, 1998.

LARENZ, Karl. *Metodologia da ciência do direito*. Lisboa: Fundação Calouste Gulbenkian, 1997.

LOPES, Miguel Maria de Serpa. *Curso de direito civil*. Rio de Janeiro: Freitas Bastos, 1989. v. 1.

MACHADO, Hugo de Brito. *Lei complementar tributária*. São Paulo: Malheiros, 2010.

MAXIMILIANO, Carlos. *Hermenêutica e aplicação do direito*. Rio de Janeiro: Forense, 1999.

OLIVEIRA, Gustavo da Gama Vital de. *Direito tributário e diálogo constitucional*. Niterói: Impetus, 2013.

OLIVEIRA, Gustavo da Gama Vital de. Federalismo fiscal, jurisdição constitucional e conflitos de competência em matéria tributária: o papel da lei complementar. *In*: GOMES, Marcus Lívio Velloso; PITTEN, Andrei (Coord.). *Sistema constitucional tributário*: dos fundamentos teóricos aos hard cases tributários. Estudos em homenagem ao ministro Luiz Fux. Rio de Janeiro: Livraria do Advogado, 2014.

PEREIRA, Jane Reis Gonçalves. *Interpretação constitucional e direitos fundamentais*. Rio de Janeiro: Renovar, 2006.

PIZOLIO, Reinaldo. *Competência tributária e conceitos constitucionais*. São Paulo: Quartier Latin, 2006.

RIBEIRO, Ricardo Lodi. *Justiça, interpretação e elisão tributária*. Rio de Janeiro: Lumen Juris, 2003.

RIBEIRO, Ricardo Lodi. Paternalismo federativo e a competência para a concessão de benefícios fiscais no ICMS e no ISS. *Revista Fórum de Direito Tributário*, Belo Horizonte, n. 59, p. 133-151, 2012.

ROCHA, Sérgio André. A deslegalização no direito tributário brasileiro contemporâneo: segurança jurídica, legalidade, conceitos indeterminados, tipicidade e liberdade de conformação da administração pública. *In*: ROCHA, Sérgio André; RIBEIRO, Ricardo Lodi (Org.). *Legalidade e tipicidade no direito tributário*. Rio de Janeiro: Quartier Latin, 2008.

RODRIGUES, Sílvio. *Direito civil*. São Paulo: Saraiva, 1989.

ROSS, Alf. *Direito e justiça*. São Paulo: Edipro, 2000.

SARMENTO, Daniel; SOUZA NETO, Cláudio Pereira de. *Direito constitucional*: teoria, história e métodos de trabalho. Belo Horizonte: Fórum, 2013.

SCHOUERI, Luís Eduardo. *Direito tributário*. São Paulo: Saraiva, 2013.

SCHOUERI, Luís Eduardo. Discriminação de competências e competência residual. *In*: SCHOUERI, Luiz Eduardo; ZILVETI, Fernando Aurélio (Coord.). *Direito tributário*: estudos em homenagem a Brandão Machado. São Paulo: Dialética, 1998. p. 82-115.

SILVA, José Afonso da. Federalismo, autonomia e discriminação de rendas. *Revista de Direito da Associação dos Procuradores do Novo Estado do Rio de Janeiro*, Rio de Janeiro, v. XIX, 2008.

STRECK, Lenio Luiz. *Verdade e consenso*: Constituição, hermenêutica e teorias discursivas. Da possibilidade à necessidade de respostas corretas em direito. Rio de Janeiro: Lumen Juris, 2008.

TEMER, Michel. *Elementos de direito constitucional*. São Paulo: Revista dos Tribunais, 1989.

TORRES, Ricardo Lobo. *Tratado de direito constitucional, financeiro e tributário*. Rio de Janeiro: Renovar, 2009. v. 1.

TORRES, Ricardo Lobo. *Tratado de direito constitucional, financeiro e tributário*. Rio de Janeiro: Renovar, 2005. v. 2.

TORRES, Ricardo Lobo. *Tratado de direito constitucional, financeiro e tributário*. Rio de Janeiro: Renovar, 2007. v. 4.

Informação bibliográfica deste texto, conforme a NBR 6023:2018 da Associação Brasileira de Normas Técnicas (ABNT):

NASCIMENTO, João Paulo Melo do. ISS x ICMS sobre licenciamento de programas de computador (ADI nº 5.576). A lei complementar como instância para dirimir conflitos de competência tributária. *In*: PAULA, Fernanda de; PENCAK, Nina (coord.). *Tributação, liberdade e igualdade*: as contribuições do Ministro Luís Roberto Barroso. Belo Horizonte: Fórum, 2025. p. 595-614. ISBN 978-65-5518-952-0.

O NÃO RECOLHIMENTO DO ICMS PRÓPRIO E O RHC Nº 163.334/SC: ORIGEM, INTERPRETAÇÃO RESTRITIVA DO TIPO E INADIMPLEMENTO CONTUMAZ

JÚLIA SILVA ARAÚJO CARNEIRO[1]

1 Introdução

A tese firmada pelo Supremo Tribunal Federal ("STF") no julgamento do RHC nº 163.334/SC[2] denota relevante preocupação em conciliar a seriedade do direito penal e o seu caráter subsidiário, de forma que alcance condutas dotadas de elevado grau de reprovabilidade.

O STF foi chamado a intervir em cenário de intensa controvérsia sobre a tipicidade da conduta de não recolhimento ao Fisco, pelo contribuinte, do ICMS próprio cobrado do adquirente da mercadoria ou serviço. As Turmas do Superior Tribunal de Justiça ("STJ") com competência para julgar matéria criminal adotavam interpretações opostas quanto à abrangência do termo "cobrado", previsto no art. 2º, II, da Lei nº 8.137/90, o que, à época, ocasionava grave insegurança jurídica. Enquanto a Sexta Turma afirmava a atipicidade da conduta, já que, a seu ver, "cobrado" compreendia apenas o regime de substituição tributária, a Quinta Turma concluía estar abrangido pelo tipo penal o não recolhimento do ICMS próprio repassado ao consumidor final.

No julgamento do RHC nº 163.334/SC, concluiu o Pleno do STF, em voto proferido pelo Min. Luís Roberto Barroso, relator, que diversos elementos interpretativos convergem para a tipicidade do inadimplemento do ICMS próprio repassado ao adquirente da mercadoria ou do serviço. Entretanto, o STF impôs uma interpretação restritiva ao tipo, exigindo a comprovação da contumácia e do dolo de apropriação.

Portanto, a partir da tese fixada, apenas padrões comportamentais pautados no inadimplemento contumaz do imposto são abarcados pela tutela penal, no caso do ICMS

---

[1] Registro meu agradecimento às coordenadoras pelo honroso convite para participar da presente coletânea em homenagem à contribuição do Min. Luís Roberto Barroso para o direito tributário e para as finanças públicas.

[2] BRASIL. Supremo Tribunal Federal. Tribunal Pleno. Recurso Ordinário em Habeas Corpus nº 163.334/SC. Rel. Min. Luís Roberto Barroso. Julgamento em 18.12.2019. *DJe*, 13.11.2020. Tese fixada: "O contribuinte que, de forma contumaz e com dolo de apropriação, deixa de recolher o ICMS cobrado do adquirente da mercadoria ou serviço incide no tipo penal do artigo 2º (inciso II) da Lei 8.137/1990".

próprio. Referidos padrões, ainda que adotados pela menor parte dos contribuintes, causam graves danos não só ao erário, mas a toda a sociedade, por privá-la dos recursos necessários à prestação de serviços públicos e por causar o aumento da carga tributária geral e da regressividade do sistema. Além disso, o voto do Min. Luís Roberto Barroso evidencia os distúrbios concorrenciais decorrentes do inadimplemento contumaz, aptos a agregar à conduta uma "reprovabilidade especial".

É nesse cenário que este artigo busca traçar um panorama geral da controvérsia existente na doutrina e na jurisprudência no momento do julgamento do RHC nº 163.334/SC, atribuindo especial destaque para as características do ICMS que influenciaram o resultado. O item 2 abordará a natureza de tributo indireto do ICMS e sua repercussão na interpretação do art. 2º, II, da Lei nº 8.137/90. No item 3, expõe-se o cenário jurisprudencial prévio ao julgamento do RHC nº 163.334/SC, passando-se, no item 4, às razões que levaram à fixação da tese pelo STF. No item 5, pretende-se examinar a aplicação da contumácia e do dolo de apropriação pelo STJ e STF. Ao final, no item 6, reflete-se sobre os meios de prevenção do inadimplemento contumaz, essenciais no cenário de tipificação penal da conduta, já que prevenir é sempre preferível a sancionar.

2 Características do ICMS e sua relevância para o julgamento

Tributos não cumulativos[3] buscam, essencialmente, desonerar as etapas de produção, distribuição e comercialização.[4] O ônus econômico da incidência é suportado, ao final da cadeia e em definitivo, pelo consumidor final. Esse aspecto é essencial à neutralidade tributária, garantindo que a incidência não interfira na competitividade, independentemente do número de etapas da cadeia produtiva, e na formação de preços no mercado.[5]

A classificação dos tributos em diretos e indiretos, difundida no século XVIII, fundamentava-se, em sua origem, na possibilidade de repercussão econômica do tributo para terceiros, por meio do preço da mercadoria vendida ao consumidor final.[6] Assim, nos tributos indiretos, apesar de a incidência jurídica recair sobre o contribuinte de direito, o contribuinte de fato suportaria o ônus financeiro.[7]

---

[3] Embora pautado pela não cumulatividade, muitos autores não consideram o Imposto sobre Operações relativas à Circulação de Mercadorias e sobre Prestação de Serviços de Transporte Interestadual e Intermunicipal e de Comunicação ("ICMS") um imposto sobre valor agregado ("IVA"), já que, tecnicamente, não se tributa o valor que se agrega ao bem ou serviço na etapa anterior. Como ressalta Misabel Derzi, "é que o imposto sobre valor agregado, no sentido econômico de acréscimo, tem como hipótese o acréscimo de valor que se dá entre duas operações, de modo que as deduções feitas na base de cálculo, relativas a operações anteriores, são acertos necessários para se mensurar a própria hipótese" (BALEEIRO, Aliomar. *Limitações constitucionais ao poder de tributar*. 7. ed. Atualização de Misabel Abreu Machado Derzi. Rio de Janeiro: Forense, 1997. p. 454). Apesar disso, a maior parte dos países adota métodos semelhante ao do ICMS (método subtrativo do imposto contra imposto), tributando-se o valor total da operação, mas se deduzindo do montante a ser pago o valor do imposto incidente na operação anterior (MOREIRA, André Mendes. *A não-cumulatividade dos tributos*. 4. ed. rev. e atual. São Paulo: Noeses, 2020. p. 72-75).

[4] KOLLMANN, Jasmin. Taxable Supplies and Their Consideration in European VAT. *IBFD Doctoral Series*, 2019. p. 18; 46.

[5] DERZI, Misabel Abreu Machado. Sobre a tributação nas relações de consumo: desvio das finalidades constitucionais, desrespeito aos princípios da neutralidade e da capacidade contributiva. *Revista de Direito Tributário*, n. 78, p. 268-278, 2000. p. 269.

[6] MOREIRA, André Mendes. *A não-cumulatividade dos tributos*. 4. ed. rev. e atual. São Paulo: Noeses, 2020. p. 10-16.

[7] ENGLISCH, Joachim. VAT/GST and direct taxes: different purposes. *In*: LANG, M.; MELZ, P.; KRISTOFFERSON (Ed.). *Value added tax and direct taxation*: similarities and differences. Amsterdam: IBFD, 2009. p. 20.

Na doutrina nacional, há diversas críticas à adoção do critério da repercussão econômica.[8] Nesse sentido, o repasse do tributo dependeria de múltiplos fatores externos, como a competitividade e a natureza do produto.[9] Além disso, também os tributos diretos poderiam, em tese, ser repassados.[10] Em certos tributos, contudo, a transferência do encargo financeiro-econômico ao consumidor final é jurídica, isto é, determinada pela lei, como no caso do IPI e do ICMS.[11] Referidos impostos são guiados pela seletividade e não cumulatividade (arts. 153, §3º, I e II, e 155, §2º, I e III, da Constituição), cuja lógica é dependente do fenômeno da translação.[12] A seletividade, ao prever que a fixação de alíquotas leve em conta a essencialidade das mercadorias e dos serviços para o consumidor final, pressupõe que a carga tributária seja por ele suportada. Já a não cumulatividade depende do repasse da carga tributária ao destinatário final da mercadoria ou serviço, desonerando-se a produção e o comércio.

O Código Tributário Nacional, em seu art. 166,[13] também atribui relevância à distinção entre tributos diretos e indiretos, ao demandar, para a restituição do tributo pago indevidamente, a prova da assunção do encargo ou expressa autorização do contribuinte de fato. Em julgamento sob a sistemática dos recursos repetitivos, o STJ afastou a legitimidade ativa do contribuinte de fato (no caso julgado, distribuidora de bebida) para pleitear a restituição do indébito relativo ao IPI, "por não integrar a relação jurídica pertinente".[14] A exceção diz respeito à incidência do ICMS sobre o fornecimento de energia elétrica, hipótese na qual o STJ conferiu legitimidade ao contribuinte de fato para postular a repetição do indébito.[15]

---

8 Sobre a discussão na doutrina nacional, ver: TORRES, Ricardo Lobo. *Restituição dos tributos*. Rio de Janeiro: Forense, 1983. p. 21-25.

9 Como ressalta Misabel Abreu Machado Derzi, afora o IPI e o ICMS, "o caráter 'indireto' dos demais tributos, como quer Aliomar Baleeiro, é apenas uma especulação econômica, pois são muitas as variáveis (condições de mercado, competitividade, estrutura e incidência da exação, natureza do produto etc.) que podem desencadear ou não a translação" (DERZI, Misabel Abreu Machado. Sobre a tributação nas relações de consumo: desvio das finalidades constitucionais, desrespeito aos princípios da neutralidade e da capacidade contributiva. *Revista de Direito Tributário*, n. 78, p. 268-278, 2000. p. 268. Sobre a discussão na doutrina, conferir: MOREIRA, André Mendes. *A não-cumulatividade dos tributos*. 4. ed. rev. e atual. São Paulo: Noeses, 2020. p. 46-52).

10 Luís Eduardo Schoueri anota, ao analisar a conexão entre elasticidade da oferta e da demanda e transferência do ônus tributários nos tributos sobre vendedores ou compradores, que "Mesmo um tributo dito 'direto', como seria Imposto de Renda das pessoas jurídicas, também afetará, ou não, os preços da pessoa jurídica (e portanto será 'repassado') conforme as condições do mercado" (SCHOUERI, Luís Eduardo. *Direito tributário*. 9. ed. São Paulo: Saraiva Educação, 2019. p. 59).

11 A não cumulatividade não é, contudo, requisito para o enquadramento do tributo como indireto, já tendo o STJ reconhecido essa natureza, por exemplo, para determinadas incidências do ISSQN. Nesse sentido: BRASIL. Superior Tribunal de Justiça. Segunda Turma. Recurso Especial nº 426.179/SP. Rel. Min. Eliana Calmon. Julgamento em 11.5.2004, *DJe*, 20.9.2004.

12 DERZI, Misabel Abreu Machado. Sobre a tributação nas relações de consumo: desvio das finalidades constitucionais, desrespeito aos princípios da neutralidade e da capacidade contributiva. *Revista de Direito Tributário*, n. 78, p. 268-278, 2000. p. 268.

13 Em 1969, o STF editou a Súmula nº 546, segundo a qual "cabe a restituição do tributo pago indevidamente, quando reconhecido, por decisão, que o contribuinte 'de jure' não recuperou do contribuinte 'de facto' o 'quantum' recebido". Alterou-se, assim, entendimento anterior no sentido do descabimento de repetição de tributos indiretos (Súmula nº 71 do STF). Como ressalta Ricardo Lobo Torres, "as normas insertas no CTN constituem mera positivação do entendimento firmado pelo Supremo Tribunal Federal" (TORRES, Ricardo Lobo. *Restituição dos tributos*. Rio de Janeiro: Forense, 1983. p. 16).

14 BRASIL. Superior Tribunal de Justiça. Primeira Seção. Recurso Especial nº 903.394/AL. Rel. Min. Luiz Fux. Julgamento em 24.3.2010, *DJe*, 26.4.2010.

15 Tema Repetitivo nº 537. BRASIL. Superior Tribunal de Justiça. Primeira Seção. Recurso Especial nº 1.299.303/SC. Rel. Min. Cesar Asfor Rocha. Julgamento em 8.8.2012. *DJe*, 14.8.2012. Como fator de distinção da tese firmada no REsp nº 903.394/AL, o STJ destacou que o fornecimento de energia elétrica é serviço público objeto

Há outros exemplos na jurisprudência sobre a natureza do contribuinte de fato. No Tema nº 342 da Repercussão Geral, o STF fixou tese no sentido da inaplicabilidade da imunidade tributária nos casos em que a entidade imune é contribuinte de fato.[16] Assim, amparado na sujeição passiva dos tributos indiretos, o STF reconheceu ser irrelevante para a imunidade tributária o exame da repercussão econômica do tributo, ainda que jurídica, considerando que o contribuinte de fato "desembolsa importe que juridicamente não é tributo, mas sim preço, decorrente de uma relação contratual".[17]

Por outro lado, no julgamento do Tema nº 69 da Repercussão Geral,[18] o STF, ao excluir o ICMS da base de cálculo do PIS e da Cofins, entendeu não se enquadrar o imposto na definição constitucional de faturamento. O voto proferido pela relatora, Min. Cármen Lúcia, registrou que, apesar de nem todo ICMS destacado ser repassado ao Fisco, já que o contribuinte promove compensações com os créditos decorrentes da operação anterior, em algum momento o imposto será recolhido. Por consequência, o ICMS "não constitui receita do contribuinte".[19] O valor do ICMS cobrado do adquirente, desse modo, "tem como destinatário final a Fazenda Pública".[20]

O entendimento firmado pelo STF no RE nº 574.706/PR (Tema nº 69) é semelhante à orientação adotada pela Corte Europeia de Justiça. No modelo de IVA europeu, cuja repercussão ao consumidor final também é jurídica, aquele que pratica o fato gerador é denominado de *taxable person* (sujeito passivo).[21] Segundo afirmado pela Corte Europeia de Justiça, ao analisar aspectos da neutralidade tributária, o sujeito passivo atua como coletor do imposto para o Estado-Membro, no interesse do erário, pois sobre ele não recai a incidência econômica do tributo.[22] Por isso que, em certos países que adotam o modelo de IVA, aquele que pratica o fato gerador é considerado *registered person* (pessoa inscrita), como no Canadá e na Nova Zelândia.[23] No Canadá, a legislação expressamente

---

de concessão, e, por isso, a concessionária não teria interesse em suscitar "embates desgastantes" com o Fisco, além de atuar "lado a lado" com o poder concedente, já que protegida pela cláusula de equilíbrio econômico-financeiro. A posição de contribuinte de fato do consumidor seria, assim, meramente formal, assim como a posição de contribuinte de direito da concessionária.

16 BRASIL. Supremo Tribunal Federal. Tribunal Pleno. Recurso Extraordinário nº 608.872/MG. Rel. Min. Dias Toffoli. Julgamento em 23.2.2017. *DJe*, 17.9.2017. Tese fixada: "A imunidade tributária subjetiva aplica-se a seus beneficiários na posição de contribuinte de direito, mas não na de simples contribuinte de fato, sendo irrelevante para a verificação da existência do beneplácito constitucional a repercussão econômica do tributo envolvido".

17 *Id.*, p. 21 do acórdão.

18 BRASIL. Supremo Tribunal Federal. Tribunal Pleno. Recurso Extraordinário nº 574.706/PR. Rel. Min. Cármen Lúcia. Julgamento em 15.3.2017. *DJe*, 29.9.2017. Idêntico entendimento havia sido adotado pelo Pleno do STF no julgamento do Recurso Extraordinário nº 240.785/MG, Rel. Min. Marco Aurélio. Julgamento em 8.10.2014. *DJe*, 16.12.2014.

19 *Id.*, p. 23 do acórdão.

20 *Id.*, p. 24 do acórdão.

21 Art. 2(1.a) *VAT Directive*.

22 ECJ, 19 December 2019, Case C-446/18, AGROBET CZ, s.r.o. v. Finanční úřad pro Středočeský kraj ("[I]f the objective of VAT is to burden the final consumer and, in order for that objective to be achieved, the trader is merely obliged to collect VAT from its contracting partner and pay it to the tax creditor [...]"). No mesmo sentido: ECJ, 20 October 1993, Case C-10/92, *Maurizio Balocchi v. Ministero delle Finanze dello Stato* [1993] ECR I-5105, para. 25; ECJ, 21 February 2008, Case C-271/06, *Netto Supermarkt GmbH & Co. OHG v. Finanzamt Malchin*, para. 21, *apud* ENGLISCH, Joachim. VAT/GST and direct taxes: different purposes. *In*: LANG, M.; MELZ, P.; KRISTOFFERSON (Ed.). *Value added tax and direct taxation*: similarities and differences. Amsterdam: IBFD, 2009. p. 20.

23 LUKIC, Melina Rocha. Afinal, quem deve ser chamado de contribuinte no IBS/IVA? *Consultor Jurídico*, 2020. Disponível em: https://www.conjur.com.br/2020-jul-14/melina-rocha-quem-contribuinte-ibsiva. Acesso em: 5 jul. 2024.

prevê que o imposto sobre bens e serviços (*Goods and Services Tax*) deve ser pago pelo adquirente do produto ou serviço, atuando aquele que realiza o fato gerador (*registered person*) como agente coletor para o governo canadense.[24]

Desse modo, o vínculo de sujeição passiva direta com o Estado recai sobre o contribuinte de direito do ICMS, razão pela qual é negada às entidades assistenciais, na qualidade de contribuinte de fato, a imunidade tributária. Em contrapartida, nos casos de repercussão jurídica, a Constituição e o Código Tributário Nacional atribuem relevância ao contribuinte de fato por meio da seletividade, da não cumulatividade e da regra de repetição do indébito tributário, tendo o STF concluído, inclusive, que o ICMS recolhido do adquirente não constitui receita do contribuinte.

Foi com base nessas premissas estruturais do imposto que se instaurou a controvérsia na doutrina e no STJ sobre a correta exegese do art. 2º, II, da Lei nº 8.137/90, a qual culminou no julgamento do RHC nº 163.334/SC.

3 O tipo penal do art. 2º, II, da Lei nº 8.137/1990 e a controvérsia no STJ

No nosso sistema, a primeira lei editada especificamente para tipificar crimes contra a ordem tributária foi a Lei nº 4.729/1965. Entre esta e a Lei nº 8.137, de 27.12.1990, editou-se a Medida Provisória nº 156, de 15.3.1990.[25] Considerando entendimento já vigente na comunidade jurídica à época sobre a inadequação da medida provisória como instrumento de disciplina da matéria penal, a Lei nº 8.035, de 27.4.1990, revogou a MP nº 156/1990,[26] e, meses após, foi editada a Lei nº 8.137, de 27.12.1990, atualmente vigente.

O art. 2º da Lei nº 8.137/1990, que interessa a este artigo, tipifica, em seu inc. II, o crime de "deixar de recolher, no prazo legal, valor de tributo ou de contribuição social, descontado ou cobrado, na qualidade de sujeito passivo de obrigação e que deveria recolher aos cofres públicos", conhecido como apropriação indébita tributária.[27]

Com o advento da Lei nº 8.137/1990, doutrina e jurisprudência foram delineando os contornos do crime de apropriação indébita tributária. Por exemplo, o STJ afastou a necessidade do elemento fraude para sua configuração, assim como na apropriação indébita previdenciária (art. 168-A do Código Penal).[28] Também havia, no STJ,

---

[24] Excise Tax Act, ss. 221. (1) Collection of tax: "Every person who makes a taxable supply shall, as agent of Her Majesty in right of Canada, collect the tax under Division II payable by the recipient in respect of the supply", *apud* LUKIC, Melina Rocha. Afinal, quem deve ser chamado de contribuinte no IBS/IVA? *Consultor Jurídico*, 2020. Disponível em: https://www.conjur.com.br/2020-jul-14/melina-rocha-quem-contribuinte-ibsiva. Acesso em: 5 jul. 2024.

[25] SANTOS, Luciana Cirino dos. *A fraude como elemento essencial para a configuração da tipicidade objetiva dos crimes contra a ordem tributária praticados por particulares (Lei 8.137/90, artigos 1º e 2º)*. Dissertação (Mestrado) – Faculdade de Direito, Universidade de São Paulo, 2020. p. 263.

[26] *Ibidem*, p. 265.

[27] Nesse sentido, a título ilustrativo: BRASIL. Superior Tribunal de Justiça. Quinta Turma. Habeas Corpus nº 374.318/SP, Rel. Min. Reynaldo Soares da Fonseca. Julgamento em 16.2.2017. *DJe* 21.2.2017.

[28] BRASIL. Superior Tribunal de Justiça. Quinta Turma. Recurso Ordinário em Habeas Corpus nº 86.565/SP, Rel. Min. Ribeiro Dantas. Julgamento em 21.2.2019. *DJe*, 1.3.2019. Com uma visão crítica a essa orientação, Bruno Tadeu Buonicore *et al.* defendem a necessidade da presença de "uma vontade de apropriação fraudulenta dos valores do fisco" para caracterização do elemento subjetivo do tipo do art. 2º, II, da Lei nº 8.137/90, sob pena de o direito penal ser empregado como instrumento de coação para fins arrecadatórios (BUONICORE, Bruno Tadeu; MENDES, Gilmar; RIBEIRO, Juliana Queiroz; FERNANDES, Tarsila Ribeiro Marques. Reflexões sobre a criminalização do não recolhimento de ICMS declarado. *Revista Brasileira de Ciências Criminais*, v. 167, p. 129-147, maio 2020. p. 131).

entendimento consolidado no sentido da exigência apenas do dolo genérico quanto ao elemento subjetivo do tipo.[29]

Uma controvérsia, todavia, evidenciava-se: qual a exegese do termo "cobrado" nos impostos indiretos? A discussão delimitava-se a "cobrado", uma vez que o termo "descontado" não era objeto de maiores polêmicas: dizia respeito à retenção de tributos pelo responsável, como a retenção do imposto de renda na fonte.[30] O termo "cobrado", contudo, suscitava discussões: para a maior parte da doutrina, referia-se não a operações próprias do contribuinte, mas a casos em que o substituto tributário deixa de repassar os valores devidos ao Fisco;[31] para outra, envolvia o valor do ICMS cobrado do consumidor final, mas não repassado ao Fisco.[32]

Essa discussão, como já se percebe, guarda afinidade com a estrutura do ICMS. Por um lado, a não cumulatividade pressupõe o repasse da carga tributária ao contribuinte de fato, e tal repasse é determinado por lei. A apropriação desses valores pelo contribuinte de direito, portanto, causa abalos na neutralidade e, por consequência, na livre concorrência.[33] Nesse sentido, o STF concluiu que o ICMS repassado a terceiro configura "mero ingresso de caixa" para o contribuinte de direito, pertencendo ao Fisco.[34] Por outro lado, nosso sistema tributário reconhece apenas o contribuinte de direito como sujeito passivo da relação jurídico-tributária, e não o contribuinte de fato. Em relação à responsabilidade por substituição, na qual se instaura vínculo de sujeição passiva indireta entre substituto e Estado,[35] não haveria dúvidas quanto à incidência do art. 2º, II, da Lei nº 9.137/90, já que o responsável, "sem revestir a condição de contribuinte", tem sua obrigação decorrente de disposição legal expressa,[36] nos termos dos arts. 121, parágrafo único, e 128 do Código Tributário Nacional. Como já reconheceu

---

[29] Por exemplo: BRASIL. Superior Tribunal de Justiça. Quinta Turma. Agravo Regimental no Recurso Especial nº 1.553.252/PR. Rel. Min. Reynaldo Soares da Fonseca. Julgamento em 7.11.2017. *DJe*, 13.11.2017.

[30] ANDRADE FILHO, Edmar Oliveira. *Direito penal tributário*: crimes contra a ordem tributária e contra a previdência social. 7. ed. São Paulo: Atlas, 2015. p. 82.

[31] Por todos: MELO, José Eduardo Soares de. *In*: MARTINS, Ives Gandra da Silva (Coord.). *Crimes contra a ordem tributária*. 3. ed. atual. São Paulo: Revista dos Tribunais; Centro de Extensão Universitária, 1998. (Pesquisas tributárias. Nova série; nº 1). p. 208; e MACHADO, Hugo de Brito. *Crimes contra a ordem tributária*. 4. ed. São Paulo: Atlas, 2015. p. 414-418.

[32] Nesse sentido: DECOMAIN, Pedro Roberto. *Crimes contra a ordem tributária*. Belo Horizonte: Fórum, 2008. p. 457; e NUCCI, Guilherme de Souza. *Leis penais e processuais penais comentadas*. 2. ed. São Paulo: RT, 2007. p. 879.

[33] Analisamos a intersecção entre inadimplência contumaz e livre concorrência em: CARNEIRO, Júlia Silva Araújo. *O devedor contumaz no direito tributário*: premissas teóricas, conceito e regime jurídico. Belo Horizonte: Fórum, 2021. p. 53-96.

[34] Luciana Marques sintetiza esses argumentos em: OLIVEIRA, Luciana Marques Vieira da Silva. Criminalização do devedor contumaz de ICMS. Análise preliminar dos julgamentos do STF e do STJ. Fim da impunidade? *R. Fórum de Dir. Tributário – RFDT*, Belo Horizonte, ano 18, n. 104, p. 77-108, mar./abr. 2020. p. 88-103.

[35] O fenômeno da sujeição passiva indireta permite que o legislador atribua a outra pessoa, distinta do contribuinte, a responsabilidade, a fim de garantir a satisfação do crédito, em vista da sua conexão com o fato gerador (SOUZA, Rubens Gomes de. *Compêndio de legislação tributária*. Coordenação de IBET. São Paulo: Resenha Tributária, 1975. Obra póstuma. p. 92-94).

[36] A categoria de responsável tributário suporta subdivisão em dois grupos: do substituto tributário e do responsável *stricto sensu* ou por transferência. Como esclarece Alfredo Augusto Becker, o substituto se diferencia do responsável tributário *stricto sensu* do seguinte modo: para este último, a lei outorga ao Estado o poder de exigir de outrem a satisfação da prestação tributária *apenas* após a verificação da ausência de sua observância pelo contribuinte. Já o fenômeno da substituição se opera quando, realizado o fato gerador, a lei impõe a outra pessoa que assuma, originalmente e no lugar do contribuinte, a condição de sujeito passivo, arcando com a consequência da imposição tributária (BECKER, Alfredo Augusto. *Teoria geral do direito tributário*. São Paulo: Saraiva, 1972. p. 500- 511).

o STF, há duas normas na substituição tributária: "a) a norma tributária impositiva, que estabelece a relação contributiva entre o contribuinte e o Fisco" e "b) a norma de substituição tributária, que estabelece a relação de colaboração entre outra pessoa e o fisco, atribuindo-lhe o dever de recolher o tributo em lugar do contribuinte".[37] Ao contrário da substituição tributária, portanto, não haveria relação jurídica entre o Fisco e o contribuinte de fato.[38]

Referido cenário de divergência interpretativa levou Tribunais de Justiça a adotarem exegeses diversas para o art. 2º, II, da Lei nº 8.137/90,[39] controvérsia esta que, posteriormente, espraiou-se para o âmbito interno do STJ.

No STJ, por muito tempo, a discussão sobre a tipicidade do não recolhimento do ICMS próprio "cobrado" de terceiro se refletiu em entendimentos divergentes por parte da Quinta Turma e da Sexta Turma, competentes para julgamentos em matéria criminal.

Por um lado, a Sexta Turma afirmava, de forma predominante,[40] que apenas o ICMS retido pelo substituto tributário e não repassado ao Fisco constituiria o objeto do crime do art. 2º, II, da Lei nº 8.137/90, no que se refere a tributo "cobrado". O primeiro caso analisado pela Turma[41] envolveu o não recolhimento do ICMS próprio declarado ao Fisco por treze períodos. O STJ, na ocasião, afastou a inconstitucionalidade da norma por equiparação à prisão civil por dívida, entendendo não ser o inadimplemento fator singular para a caracterização do ilícito, mas, sim, o prévio desconto, *ainda que contábil*, sem o respectivo repasse. Porém, como se tratava de ICMS não recolhido na qualidade de contribuinte, e não de substituto, afastou-se, por maioria, a tipicidade da conduta.

O colegiado seguiu esse entendimento em outros julgamentos.[42] A análise da questão ganhou maior profundidade no julgamento do REsp nº 1.543.485/GO. Nele, a Sexta Turma afirmou que, à luz do art. 121 do CTN, o contribuinte é o "titular da capacidade contributiva", ao passo que, na responsabilidade tributária em sentido amplo, há, "em algum momento, poder de disposição sobre os valores do contribuinte".[43] Assim, neste último caso, a reprovabilidade da conduta seria mais intensa, pois haveria apropriação do tributo devido por terceiro.[44] Não seria suficiente, desse modo, o repasse do ICMS ao consumidor por meio do preço, já que ele não integra a relação jurídico-tributária,

---

[37] BRASIL. Supremo Tribunal Federal. Tribunal Pleno. Recurso Extraordinário nº 603.191/MT. Rel. Min. Ellen Gracie. Julgamento em 1.8.2011. *DJe*, 05.9.2011.

[38] Outros argumentos complementares também são suscitados pela doutrina para afastar a tipificação da conduta. Por todos: SCHOUERI, Luís Eduardo; CINTRA, Luiz Fernando Ulhôa. Criminalização do não pagamento de ICMS em operação própria – comentários à nova jurisprudência. *Revista do Advogado*, n. 154, p. 84-93, jun. 2022.

[39] À época do julgamento do RHC nº 163.334/SC, o Tribunal de Justiça do Estado de Santa Catarina reconhecia a tipicidade da conduta de não recolhimento do ICMS declarado e não repassado ao Fisco, ao passo que o Tribunal de Justiça do Estado do Rio Grande do Sul a considerava atípica. Cf. BRASIL. Supremo Tribunal Federal. Tribunal Pleno. Recurso Ordinário em Habeas Corpus nº 163.334/SC. Rel. Min. Luís Roberto Barroso. Julgamento em 18.12.2019. *DJe*, 13.11.2020, p. 19 do voto vencedor.

[40] Por exemplo: BRASIL. Superior Tribunal de Justiça. Sexta Turma. Recurso Ordinário em Habeas Corpus nº 36.162/SC. Rel. Min. Nefi Cordeiro. Julgamento em 26.8.2014, *DJe*, 17.11.2014. Monocraticamente, havia decisões divergentes, como no REsp nº 1.633.772/SC, de relatoria do Ministro Antônio Saldanha Palheiro, *DJe* 28.11.2016.

[41] BRASIL. Superior Tribunal de Justiça. Sexta Turma. Recurso Ordinário em Habeas Corpus nº 36.162/SC. Rel. Min. Nefi Cordeiro. Julgamento em 26.8.2014, *DJe*, 17.11.2014.

[42] Por exemplo, BRASIL. Superior Tribunal de Justiça. Sexta Turma. Agravo Regimental no Recurso Especial nº 1.465.259/GO. Rel. Min. Sebastião Reis Júnior. Julgamento em 8.9.2015. *DJe*, 29.9.2015.

[43] BRASIL. Superior Tribunal de Justiça. Sexta Turma. Recurso Especial nº 1.543.485/GO. Rel. Min. Maria Thereza de Assis Moura. Julgamento em 5.4.2016. *DJe*, 14.4.2016.

[44] *Id.*

e, além disso, qualquer tributo, não só os indiretos, pode repercutir no preço. A repercussão, assim, teria importância jurídica somente para o art. 166 do CTN.[45]

Por outro lado, a Quinta Turma, majoritariamente,[46] entendia estar abrangida no tipo a conduta de não recolher o ICMS "cobrado" do adquirente de mercadorias e serviços em operações próprias do contribuinte. Para o colegiado, se o tipo penal não diferencia o ICMS próprio daquele devido pelo regime da substituição tributária, não deve o intérprete fazê-lo, estando ambos inseridos no art. 2º, II, da Lei nº 8.137/1990.

Foi no julgamento do HC nº 399.109/SC que a Terceira Seção, por maioria de votos, fez prevalecer o entendimento de que o crime do art. 2º, II, da Lei nº 8.137/1990 engloba tanto o ICMS retido pelo substituto tributário quanto o ICMS próprio objeto de declaração ao Fisco, embutido no preço da mercadoria e cobrado do consumidor final, sem o devido repasse aos cofres públicos.[47] O caso referia-se a uma denúncia oferecida pelo Ministério Público do Estado de Santa Catarina contra administradores de empresa contribuinte de ICMS. A empresa, por diversas vezes, declarou operações de venda e deixou de recolher o tributo, repassando, todavia, o respectivo encargo econômico ao consumidor. O juízo de primeiro grau absolveu sumariamente os denunciados, por julgar atípico o fato. A decisão foi reformada pelo Tribunal de Justiça estadual. Diante do acórdão, os denunciados impetraram *habeas corpus* perante o STJ.

O voto vencedor, de lavra do Min. Rogerio Schietti Cruz, denegou a ordem. Após reflexões sobre a compatibilidade entre a tutela penal da ordem tributária e o viés social-democrático impresso na Constituição, a Terceira Seção do STJ fixou as premissas de sua conclusão. Inicialmente, enquadrou o crime do art. 2º, II, da Lei nº 8.137/1990 no gênero "apropriação indébita", cuja descrição típica exige o elemento normativo "coisa alheia".[48] Referido gênero comportaria a espécie "coisa fungível", desde que, confiada a agente "para transmissão a terceiro ou para outra finalidade que não depósito", este dela indevidamente se aproprie. Essa apropriação, note-se, independe de clandestinidade, fraude ou outro ardil, ou seja, o registro e a declaração do tributo ao Fisco não afastam a tipicidade.[49] Além disso, o sujeito ativo do crime é o sujeito passivo da obrigação tributária, direto (contribuinte) ou indireto (responsável em sentido estrito ou substituto), já que o art. 2º, II, adota o termo indistintamente.[50] O dolo, por sua vez, resta caracterizado pela "vontade de não restituir ou desviá-la de sua finalidade".[51]

No que se refere à semântica de "descontado" e "cobrado", a Terceira Seção da Corte observou a atecnia dos termos sob a perspectiva tributária, que, a rigor, significam "retido".[52] Isso não impede, porém, que a eles seja imprimido significado penal.

---

[45] *Id.*

[46] *E.g.*: BRASIL. Superior Tribunal de Justiça. Quinta Turma. Recurso Ordinário em Habeas Corpus nº 42.923/SC. Rel. Min. Felix Fischer. Julgamento em 18.6.2015. *DJe*, 29.6.2015; e Quinta Turma. Recurso Ordinário em Habeas Corpus nº 44.466/SC. Rel. Min. Jorge Mussi. Julgamento em 21.10.2014. *DJe*, 29.10.2014. Em sentido contrário, dentro da Quinta Turma: Habeas Corpus nº 161.785/SP. Rel. Min. Reynaldo Soares da Fonseca. Julgamento em 6.12.2016. *DJe*, 15.12.2016.

[47] BRASIL. Superior Tribunal de Justiça. Terceira Seção. Habeas Corpus nº 399.109/SC. Rel. Min. Rogerio Schietti Cruz. Julgamento em 22.8.2018. *DJe*, 31.8.2018.

[48] *Ibidem*, p. 9-13.

[49] *Ibidem*, p. 13-14.

[50] *Ibidem*, p. 15.

[51] *Ibidem*, p. 14.

[52] *Ibidem*, p. 16-17.

Sistematicamente, observou-se adotar o Código Penal o termo "descontado" para se referir ao responsável tributário por substituição (arts. 168-A e 337-A). Historicamente, o Projeto de Lei nº 4.788/90, que culminou na Lei nº 8.137/90, diferenciava as condutas de deixar de recolher tributo ou contribuição fruto de retenção na fonte e tributo ou contribuição recebido de terceiros pela inclusão no preço. "Cobrado", então, denotaria acréscimo, isto é, um aumento do valor do produto a ser suportado pelo contribuinte de fato nos tributos indiretos, enquanto que "descontado" seria palavra mais bem alinhada a tributos diretos sujeitos à retenção na fonte.[53]

Portanto, prevaleceu, por maioria, a orientação adotada pela Quinta Turma, e os pacientes interpuseram o Recurso em Habeas Corpus nº 163.334/SC.

4 O voto do Min. Luís Roberto Barroso no julgamento do RHC nº 163.334/SC

Ao apreciar o recurso interposto pelos pacientes, o STF, por maioria, manteve o núcleo da orientação firmada pelo STJ no HC nº 399.109/SC, porém adicionou restrições interpretativas ao tipo penal: a contumácia (tipo objetivo) e o dolo de apropriação (tipo subjetivo).[54] Firmou-se, ao final, a seguinte tese: "o contribuinte que, de forma contumaz e com dolo de apropriação, deixa de recolher ICMS cobrado do adquirente da mercadoria ou serviço, incide no tipo penal do art. 2º, II, da Lei 8.137/1990".[55] O voto vencedor foi redigido pelo Min. Luís Roberto Barroso, relator.

Inicialmente, analisaram-se os elementos do tipo do art. 2º, II, da Lei nº 8.137/90 (interpretação semântica e sistemática). Destacou-se inexistir distinção entre sujeição passiva direta e indireta no texto do art. 2º, II, da Lei nº 8.137/90 ("na qualidade de sujeito passivo de obrigação"), de forma a atrair para seu âmbito de incidência também o contribuinte, e não apenas o responsável.[56] Enfatizou-se, além disso, a utilização da expressão "valor do tributo" no dispositivo, e não "tributo", o que torna a distinção entre contribuinte de fato e de direito irrelevante, já que, no ICMS, há o repasse da carga tributária ao consumidor final (ou seja, do "valor do tributo").[57] No ponto, por se referir a "deixar de recolher, no prazo legal, valor de tributo ou de contribuição social, descontado ou cobrado", o repasse do encargo econômico e o efetivo recebimento dos valores são essenciais para a tipificação da conduta com base no art. 2º, II.[58]

Quanto ao verbo "cobrado", concluiu-se que o contribuinte acresce o valor do ICMS ao preço, não lhe pertencendo os valores recebidos, que devem ser repassados ao Fisco, como indica o art. 12, §4º, do Decreto-Lei nº 1.598/77, que exclui o ICMS da base de cálculo para apuração do imposto de renda pelo lucro real.[59] Semelhante entendimento deriva do julgamento, pelo STF, do RE nº 574.706/PR (Tema nº 69 da Repercussão

---

53 *Ibidem*, p. 20-22.

54 BRASIL. Supremo Tribunal Federal. Tribunal Pleno. Recurso Ordinário em Habeas Corpus nº 163.334/SC. Rel. Min. Luís Roberto Barroso. Julgamento em 18.12.2019. *DJe*, 13.11.2020.

55 *Id.*

56 *Ibidem*, p. 4.

57 *Ibidem*, p. 5.

58 *Ibidem*, p. 5-6.

59 *Ibidem*, p. 8.

Geral).[60] Age o contribuinte, assim, como depositário desse ingresso, daí – tomar para si valor que não lhe pertence – decorrendo a reprovabilidade da conduta.[61]

Em sequência, expôs-se que também a interpretação histórica levava a idêntico resultado, suportada, ainda, pelo direito comparado. No Projeto de Lei nº 4.788/1990, que originou a Lei nº 8.137/1990, foram tipificadas, separadamente, as condutas de "deixar de recolher aos cofres públicos [...] tributo ou contribuição recebida de terceiros mediante acréscimo ou inclusão no preço de produtos ou serviços e cobrado na fatura, nota fiscal ou documento assemelhado" e de "deixar de recolher aos cofres públicos, nos sessenta dias seguintes ao término do prazo fixado, tributo ou contribuição que tenha retido na fonte". Tais incisos foram, posteriormente, unificados, originando a redação atual do art. 2º, II. A origem denota, portanto, a inclusão da conduta de não recolher tributo transferido economicamente ao consumidor na expressão "cobrado".[62] Destacou-se, ademais, o reconhecimento pelo STF, em sede de pedidos de extradição de cidadãos portugueses,[63] da reciprocidade do crime de abuso de confiança fiscal, previsto no art. 105, I, da Lei portuguesa nº 15/2001, com o crime previsto no art. 2º, II, da Lei nº 8.137/90. No direito comparado, o ordenamento jurídico italiano e a legislação de estados-membros dos Estados Unidos da América tipificam semelhante conduta.[64]

Sob uma perspectiva teleológica e consequencialista, o voto do Min. Luís Roberto Barroso ressaltou os danos advindos da inadimplência contumaz do ICMS, como, por exemplo, a privação do Estado de recursos que seriam, se não fosse o inadimplemento, destinados à prestação de serviços públicos e a distorção do ambiente concorrencial, com a criação de vantagens competitivas artificiais.[65]

Ao final, introduziu-se cláusula restritiva à interpretação do tipo penal do art. 2º, II, da Lei nº 8.137/90. Diferenciaram-se, assim, as condutas do devedor contumaz de ICMS, que adota o inadimplemento sistemático como estratégia negocial de financiamento de atividades empresariais, e do devedor eventual.[66] Dessa forma, devem ser levados em conta, como elementos de valoração global do fato, a inadimplência reiterada e, ainda, o histórico fiscal do contribuinte.[67] Quanto ao elemento subjetivo, este identifica-se com o dolo de apropriação, ou seja, "a intenção de efetivamente tomar para si os valores do ICMS auferidos do adquirente da mercadoria ou do serviço".[68]

O julgamento do RHC nº 163.334/SC coloca fim a uma controvérsia jurisprudencial causadora de grave insegurança jurídica para o sistema penal tributário.[69] Ao mesmo tempo em que reconhece a gravidade do inadimplemento do ICMS próprio e suas maléficas consequências, alinha-se com as melhores práticas de conformidade ao reconhecer maior reprovabilidade à conduta do devedor contumaz, restringindo a

---

[60] *Id.*

[61] *Ibidem*, p. 8-10.

[62] *Ibidem*, p. 10-13.

[63] Na Extensão de Extradição nº 1.139/RP, por exemplo, o demandado, na condição de dirigente da empresa, teria retido e liquidado, sem entregar ao Erário português, o valor do IVA.

[64] *Ibidem*, p. 14-15.

[65] *Ibidem*, p. 16-20.

[66] *Ibidem*, p. 20-21.

[67] *Ibidem*, p. 21.

[68] *Ibidem*, p. 21-22.

[69] Apesar de pendentes embargos de declaração opostos em face do acórdão, o precedente vem sendo aplicado, de forma pacífica, pelo STJ, como se verá a seguir.

esfera penal a contribuintes que se pautam em padrão comportamental de sistemático, injustificado e, muitas vezes, substancial inadimplemento de tributos.

5 A contumácia e o dolo de apropriação na jurisprudência do STJ e do STF

Após o julgamento do RHC nº 163.334/SC e a fixação de tese pelo STF, o STJ aprovou, em 2023, o Enunciado Sumular nº 658 ("o crime de apropriação indébita tributária pode ocorrer tanto em operações próprias como em razão de substituição tributária"). Considerando que a ausência de contumácia e dolo de apropriação conduz, à luz do RHC nº 163.334/SC, à atipicidade da conduta,[70] independentemente do trânsito em julgado do acórdão proferido pelo STF,[71] busca-se, neste tópico, refletir sobre a aplicação desses elementos à luz dos casos analisados pelo STJ e STF e dos exemplos fornecidos no voto proferido pelo Min. Luís Roberto Barroso no RHC nº 163.334/SC.

5.1 A contumácia delitiva

Na esfera administrativo-tributária, a contumácia no inadimplemento do ICMS próprio produz diversas consequências, atraindo medidas mais gravosas para o sujeito passivo, a exemplo de leis estaduais editadas nesse sentido.[72] Com o julgamento do RHC nº 163.334/SC, a contumácia delitiva foi adotada pelo STF como forma de redução do alcance do tipo do art. 2º, II, da Lei nº 8.137/90,[73] de modo a alcançar o inadimplemento dotado de "reprovabilidade especial que justifique o tratamento mais gravoso", conforme registrado no voto do Min. Luís Roberto Barroso.[74]

Na esfera extrapenal, não é inédita a atribuição, pelo STF, de relevância ao caráter contumaz do inadimplemento tributário, de forma a validar regimes que, se não fosse pela reprovabilidade especial trazida por esse padrão comportamental, poderiam ser considerados inconstitucionais. Por exemplo, a Corte validou o cancelamento de registro especial de empresa do ramo tabagista, com base no art. 2º, II, do Decreto-Lei nº 1.593/77, por conta de sua estratégia empresarial pautada no "desrespeito deliberado à legislação tributária", causador de "grave desequilíbrio concorrencial".[75] Afastou-se

---

[70] BRASIL. Superior Tribunal de Justiça. Sexta Turma. Agravo Regimental no Recurso Especial nº 1.867.109/SC. Rel. Min. Laurita Vaz. Julgamento em 25.8.2020. *DJe*, 4.9.2020.

[71] BRASIL. Supremo Tribunal Federal. Segunda Turma. Agravo Regimental no Agravo em Recurso Ordinário em Habeas Corpus nº 192.854/SC. Rel. Min. Edson Fachin. Julgamento em 2.10.2023. *DJe*, 15.9.2023.

[72] CARNEIRO, Júlia Silva Araújo. *O devedor contumaz no direito tributário*: premissas teóricas, conceito e regime jurídico. Belo Horizonte: Fórum, 2021. p. 109-114; 161-210.

[73] Alaor Leite e Ademar Borges referem-se a "modelos ou padrões de conduta que adquirem dignidade penal apenas se observados em conjunto, e não como atos isolados" (LEITE, Alaor; BORGES, Ademar. Parâmetros interpretativos para a criminalização do não recolhimento de ICMS próprio. *Jota*, 17 dez. 2019).

[74] BRASIL. Supremo Tribunal Federal. Tribunal Pleno. Recurso Ordinário em Habeas Corpus nº 163.334/SC. Rel. Min. Luís Roberto Barroso. Julgamento em 18.12.2019. *DJe*, 13.11.2020.

[75] BRASIL. Supremo Tribunal Federal. Tribunal Pleno. Medida Cautelar em Ação Cautelar nº 1.657/RJ. Rel. Min. Joaquim Barbosa. Relator para acórdão: Min. Cezar Peluso. Julgamento em 27.6.2007. *DJe*, 31.8.2007; e Tribunal Pleno. Recurso Extraordinário nº 550.769/RJ. Rel. Min. Joaquim Barbosa. Julgamento em 22.5.2013. *DJe*, 03.4.2014. Na AC nº 1.657/RJ, o voto vencedor ressaltou constituir o imposto "rubrica preponderante no processo de formação do preço do cigarro", de forma que diferenças a menor no seu recolhimento têm sempre reflexo superlativo, aparentemente arbitrário, na definição do lucro da empresa.

o enquadramento da medida como sanção política,[76] em razão da inadimplência tributária sistemática verificada. Em sentido semelhante, na ADI nº 3.952/DF, o STF impôs condicionantes interpretativas à regra do art. 2º, II, do Decreto-Lei nº 1.593/77, de modo a alcançar comportamentos pautados na inadimplência contumaz e preordenada.[77]

Da mesma forma, o STF, ao invalidar medidas classificadas como sanções políticas, ressalvou que a orientação "não serve de escusa ao deliberado e temerário desrespeito à legislação tributária".[78] Além disso, ao analisar a constitucionalidade do protesto de certidão de dívida ativa, o voto do Min. Luís Roberto Barroso indicou ser o protesto importante medida de cobrança extrajudicial e de publicidade ao descumprimento de obrigações tributárias, inclusive para impedir "que devedores contumazes possam extrair vantagens competitivas indevidas da sonegação de tributos".[79] Na mesma linha, o STJ,[80] em diversas ocasiões, declarou válidos regimes especiais de fiscalização direcionados a devedores contumazes de ICMS, justamente em razão da exteriorização de padrão comportamental dotado de elevada reprovabilidade.

Dessa forma, a inserção da contumácia como cláusula restritiva do tipo penal do art. 2º, II, da Lei nº 8.137/90, longe de destoar, encontra-se alinhada com a jurisprudência do STF e do STJ no sentido do reconhecimento da maior gravidade a esse padrão comportamental, em comparação com o inadimplemento eventual.

O STJ, em julgamentos ocorridos após fixação da tese no RHC nº 163.334/SC, vem decidindo que, na hipótese de ICMS declarado e não pago, cada período mensal de apuração caracteriza uma ação ilícita própria.[81] É possível encontrar acórdãos afastando a contumácia para o não recolhimento do ICMS declarado pelo período de *seis*,[82] *quatro*[83] ou *três*[84] competências do imposto. Como consequência lógica da tese firmada, tanto a Quinta quanto a Sexta Turma excluíram a tipicidade da conduta no caso de

---

[76] Ver Súmulas nºs 70, 323 e 547 do STF. Conforme Hugo de Brito Machado, sanções políticas são meios coercitivos extrajudiciais de cobrança indireta de créditos tributários que acabam por gerar restrições de direitos ou impedimentos à atividade do contribuinte, coagindo-o à satisfação do débito (MACHADO, Hugo de Brito. Sanções políticas no direito tributário. *Revista Dialética de Direito Tributário*, n. 30, mar. 1998. p. 46). Por sua vez, Marcos Bueno Brandão da Penha afirma não corresponderem as sanções não pecuniárias a meios indiretos de cobrança do crédito, mas, ao contrário, a sanções diretas, aplicadas diretamente ao infrator em razão da ilicitude cometida (PENHA, Marcos Bueno Brandão da. *Sanções não pecuniárias no direito tributário*: análise crítica da doutrina e da jurisprudência acerca das denominadas sanções políticas. Rio de Janeiro: Lumen Juris, 2016. p. 90-91; 133-140; 147).

[77] BRASIL. Supremo Tribunal Federal. Tribunal Pleno. Medida Cautelar em Ação Cautelar nº 1.657/RJ. Rel. Min. Joaquim Barbosa. Redatora do acórdão: Min. Cármen Lúcia. Julgamento em 29.11.2023. *DJe*, 8.3.2024.

[78] BRASIL. Supremo Tribunal Federal. Tribunal Pleno. Ação Direta de Inconstitucionalidade nº 173/DF. Rel. Min. Joaquim Barbosa. Julgamento em 26.9.2008. *DJe*, 20.3.2009.

[79] BRASIL. Supremo Tribunal Federal. Tribunal Pleno. Ação Direta de Inconstitucionalidade nº 5135/DF. Rel. Min. Luís Roberto Barroso. Julgamento em 9.11.2016. *DJe*, 12.12.2016.

[80] Por exemplo: BRASIL. Superior Tribunal de Justiça. Segunda Turma. Recurso Ordinário em Mandado de Segurança nº 65.714/SE. Rel. Min. Assusete Magalhães. Julgamento em 22.2.2022. *DJe*, 3.3.2002; e Segunda Turma. Recurso Ordinário em Mandado de Segurança nº 57.784/GO. Rel. Min. Herman Benjamin. Julgamento em 5.11.2019. *DJe*, 18.11.2019.

[81] BRASIL. Superior Tribunal de Justiça. Sexta Turma. Agravo Regimental no Habeas Corpus nº 760.150/SC. Rel. Min. Rogerio Schietti Cruz. Julgamento em 17.4.2023. *DJe*, 19.4.2023.

[82] BRASIL. Superior Tribunal de Justiça. Sexta Turma. Habeas Corpus nº 569.856/SC. Rel. Min. Sebastião Reis Júnior. Julgamento em 11.10.2022. *DJe*, 14.10.2022.

[83] BRASIL. Superior Tribunal de Justiça. Sexta Turma. Agravo Regimental no Agravo em Recurso Especial nº 1.877.226/SC. Rel. Min. Rogerio Schietti Cruz. Julgamento em 11.10.2022.

[84] BRASIL. Superior Tribunal de Justiça. Sexta Turma. Agravo Regimental no Recurso Especial nº 1.865.750/SC. Rel. Min. Laurita Vaz. Julgamento em 8.2.2022. *DJe*, 15.2.2022.

não recolhimento do ICMS declarado por apenas *uma* competência.[85] Por outro lado, a reiteração do inadimplemento por *onze*[86] e *doze*[87] competências revelaria contumácia.

Por sua vez, a Segunda Turma do STF, em *habeas corpus*,[88] apreciou denúncia apresentada em razão do inadimplemento de *sete* competências do ICMS. O impetrante havia sido condenado diversas vezes pelo mesmo delito e, em acréscimo, possuía histórico de aderir a parcelamentos e descumpri-los. No julgamento, entendeu-se que "o considerável número de condutas praticadas, a existência de parcelamentos realizados e não pagos, bem como a reiteração das condutas, evidenciada pelas diversas ações penais às quais responde pela prática do mesmo delito", estariam aptos, no caso, a revelar a contumácia e o dolo de apropriação, conjuntamente analisados.

Em um segundo caso analisado pela Segunda Turma do STF, concluiu-se, por maioria, que o inadimplemento do ICMS ao longo de *seis* meses, aliado à não comprovação da situação de crise financeira alegada pelo réu, não seria suficiente para comprovação da contumácia, analisada conjuntamente com o dolo de apropriação.[89]

O exame dos casos julgados pelo STJ e STF revela a dificuldade em se traçar uma linha divisória entre o que se considera ou não contumácia. Porém, não há uma irracionalidade ou arbitrariedade na fixação de marcos para a aplicação da tese firmada no RHC nº 163.334/SC,[90] embora, como revelam os casos julgados pela Segunda Turma do STF, a contumácia não deva ser valorada somente pelo período temporal do inadimplemento (determinado número de competências), mas também por outras circunstâncias, como prévias condenações em crimes contra a ordem tributária, o histórico de conformidade fiscal e a ausência de garantias prestadas ao débito.

No ponto, é cabível uma reflexão. Uma das principais causas dos elevados índices de evasão fiscal é o inadimplemento contumaz. Por exemplo, no Estado do Rio Grande do Sul, 39,71% da inadimplência tributária geral entre janeiro de 2012 e agosto de 2015 foi causada por 1,5% de contribuintes, classificados como devedores contumazes.[91] Essa preocupação fez com que os estados editassem leis de definição do conceito de devedor contumaz de ICMS, estabelecendo critérios objetivos para diferenciá-los de devedores eventuais na esfera tributária.[92]

---

[85] BRASIL. Superior Tribunal de Justiça. Quinta Turma. Recurso Ordinário no Habeas Corpus nº 93.154/SC. Rel. Min. Ribeiro Dantas. Julgamento em 4.6.2019. *DJe*, 11.6.2019; e Sexta Turma. Agravo Regimental no Recurso Especial nº 1.867.109/SC. Rel. Min. Laurita Vaz. Julgamento em 25.8.2020. *DJe*, 4.9.2020.

[86] BRASIL. Superior Tribunal de Justiça. Quinta Turma. Agravo Regimental no Recurso Especial nº 2.094.085/SC. Relator: Reynaldo Soares da Fonseca. Julgamento em 6.2.2024. *DJe*, 14.2.2024; e Quinta Turma. Agravo Regimental no Recurso Especial nº 1.960.845/SC. Rel. Min. Jesuíno Rissato (Desembargador Convocado do TJDFT). Julgamento em 21.6.2022. *DJe*, 21.6.2022.

[87] BRASIL. Superior Tribunal de Justiça. Quinta Turma. Agravo Regimental no Habeas Corpus nº 609.039/SC. Rel. Min. Reynaldo Soares da Fonseca. Julgamento em 17.11.2020. *DJe*, 23.11.2020.

[88] BRASIL. Supremo Tribunal Federal. Segunda Turma. Habeas Corpus nº 229.096 AgR. Rel. Min. André Mendonça. Julgamento em 26.2.2024. *DJe*, 19.4.2024.

[89] BRASIL. Supremo Tribunal Federal. Segunda Turma. Agravo Regimental no Agravo em Recurso Ordinário em Habeas Corpus nº 192.854/SC. Rel. Min. Edson Fachin. Julgamento em 2.10.2023. *DJe*, 15.9.2023.

[90] Frederick Schauer afirma que "Quando uma consequência legal depende da diferença entre noite e dia, careca ou não careca, ou qualquer outro par de extremos em uma sequência, normalmente é necessário fixar um ponto preciso entre esses dois extremos, ponto este que se tornará o parâmetro de aplicação ou não aplicação de uma regra. E mesmo que outro ponto pudesse ter sido selecionado, não há nada de irracional, e portanto arbitrário – no sentido não técnico da palavra –, em escolher um ponto em vez de outro vizinho" (Tradução livre) (SCHAUER, Frederick. *Profiles, probabilities and stereotypes*. Cambridge, MA: Belknap Press, imprint of Harvard University Press, 2003. p. 115-117).

[91] FIORIN, Ricardo. A concorrência desleal no âmbito tributário: a responsabilidade do Poder Judiciário. *Empório do Direito*, 12 mar. 2018.

[92] CARNEIRO, Júlia Silva Araújo. *O devedor contumaz no direito tributário*: premissas teóricas, conceito e regime jurídico. Belo Horizonte: Fórum, 2021. p. 109-114.

Apesar da necessidade de aperfeiçoamento dos critérios trazidos pelas leis estaduais,[93] referidos atos normativos poderiam servir de parâmetro mínimo ou norte para a aplicação do tipo do art. 2º, II, da Lei nº 8.137/90. Assim, caso o ente vítima direta do crime possua legislação própria delimitadora de tal conceito, o recurso ao respectivo critério temporal poderia atuar como parâmetro *mínimo* para a aferição da contumácia pelo juízo criminal.[94] Trata-se de lógica semelhante ao recurso às leis estaduais que fixam valores mínimos para o ajuizamento de execuções fiscais com a finalidade de avaliar a incidência do princípio da insignificância nos crimes de sonegação fiscal.[95] Alternativamente, poder-se-ia acolher o critério mais protetivo ao denunciado nas leis estaduais, o qual, hoje, é de *oito* meses de apuração do ICMS.[96] [97] Eventual edição de lei complementar nacional para definição do conceito de devedor contumaz, além de um caminho natural no cenário de reforma tributária e instituição do IVA-dual (IBS e CBS), também poderá trazer nortes para a aplicação do art. 2º, II, da Lei nº 8.137/90.[98]

5.2 Dolo de apropriação

A tese firmada pelo STF indica que contumácia delitiva e dolo de apropriação não se confundem,[99] devendo ambos ser comprovados no caso concreto. Desse modo, não é suficiente que a conduta do agente aponte uma reiteração insistente no inadimplemento das obrigações tributárias. Essa contumácia deve ser conjugada com o elemento subjetivo do tipo, o dolo, a ser comprovado no caso concreto.[100]

---

[93] *Id.*

[94] A título ilustrativo, no Estado de Minas Gerais a contumácia se caracteriza, entre outras hipóteses, pelo inadimplemento do ICMS declarado por "*seis* períodos de apuração em doze meses ou relativamente a dezoito períodos de apuração, consecutivos ou alternados" (art. 52-A, I e II, da Lei nº 6.763/1975).

[95] No julgamento do HC nº 486.854/RJ, o STJ aplicou esse raciocínio e ressaltou que, se nem sequer execução fiscal pode ser ajuizada na hipótese, "penalmente não se verifica a tipicidade material da conduta" (BRASIL. Superior Tribunal de Justiça. Sexta Turma. Habeas Corpus nº 486.854/RJ. Rel. Min. Laurita Vaz. Julgamento em 22.10.2019. *DJe*, 18.11.2019).

[96] Parâmetro adotado pelos estados do Rio Grande do Sul, Paraná, Santa Catarina, Paraíba e Maranhão.

[97] O raciocínio, contudo, foi afastado pelo Tribunal de Justiça de Santa Catarina em relação ao valor mínimo para caracterização do inadimplemento contumaz na legislação do Estado de Santa Catarina, sujeito ativo do delito. Discutiu-se, em grau recursal, a possibilidade de se afastar a contumácia no caso de reiteração da conduta de declarar e não recolher o ICMS por *nove* meses, mas em valor inferior àquele fixado no Decreto estadual nº 434/20. O argumento foi rejeitado pelo Tribunal, ao fundamento de que "o direito penal não se vincula a regras administrativas, pois segue princípios distintos e independentes", assim como que "o crime em estudo não se trata de norma penal em branco autorizadora de regulamentação adicional, esta que, de todo modo, jamais poderia ser levada a efeito pelo Estado de Santa Catarina [...]" (ESTADO DE SANTA CATARINA. Tribunal de Justiça. Quinta Câmara Criminal. Apelação nº 0901877-60.2018.8.24.0038. Rel. Des. Cinthia Beatriz da Silva Bittencourt Schaefer. Julgamento em 27.8.2020).

[98] A título comparativo, destaca-se o papel assumido pela Lei federal nº 4.595/1964, recepcionada pela Constituição como lei complementar, e pela Lei Complementar nº 105/2001 na regulamentação do Sistema Financeiro Nacional (art. 192 da Constituição) e, por conseguinte, na interpretação dos tipos penais previstos na Lei nº 7.492/86. Nese sentido: BRASIL. Superior Tribunal de Justiça. Sexta Turma. Habeas Corpus nº 231.273/PR. Rel. Min. Jorge Mussi. Julgamento em 25.11.2014. *DJe*, 25.11.2014.

[99] Há na doutrina, contudo, quem entenda que a contumácia corresponda a elemento indicativo do dolo, devendo ser aferida casuisticamente justamente por conta de seu caráter subjetivo. Nesse sentido: ANDRADE, Carlos Gustavo Coelho de. A 'criminalização' da apropriação indébita de ICMS e o pensamento de Edwin H. Sutherland. *In*: CHOERI, Cecilia; KRUEGER, Guilherme; PANOEIIRO, José Maria (Org.). *Criminalidade econômica e empresarial*: escritos em homenagem ao Professor Artur Gueiros. São Paulo: Tirant lo Blanch, 2022. p. 187.

[100] Nesse sentido: BRASIL. Supremo Tribunal Federal. Segunda Turma. Agravo Regimental no Agravo em Recurso Ordinário em Habeas Corpus nº 192.854/SC. Rel. Min. Edson Fachin. Julgamento em 2.10.2023. *DJe*, 15.9.2023; e

Em um primeiro momento, o STJ vinha considerando, com base no resultado do HC nº 399.109/SC, que, para a configuração do crime de apropriação indébita tributária, bastaria a presença do dolo genérico.[101] Após o julgamento do RHC nº 163.334/SC pelo STF, o STJ passou a exigir o dolo específico de apropriação para os casos de inadimplemento do ICMS cobrado do consumidor final,[102] mantendo a exigência do dolo apenas genérico para os crimes de sonegação fiscal e apropriação indébita previdenciária.[103] Esse dolo específico, tal como destacado pelo voto do Min. Luís Roberto Barroso no RHC nº 163.334/SC, não demanda a ocorrência de fraude.

No julgamento do RHC nº 163.334/SC, o STF trouxe exemplos de circunstâncias objetivas factuais que podem caracterizar, no caso concreto, o dolo de apropriação:

> o inadimplemento prolongado sem tentativa de regularização dos débitos, a venda de produtos abaixo do preço de custo, a criação de obstáculos à fiscalização, a utilização de "laranjas" no quadro societário, o encerramento irregular das suas atividades e o valor dos débitos inscritos em dívida ativa superior ao capital social integralizado.[104]

Em relação ao inadimplemento reiterado sem tentativa de regularização, é preciso ponderar que há devedores contumazes que adotam como prática a adesão e o descumprimento recorrentes a parcelamentos. Desse modo, a existência de parcelamentos sequenciais e descumpridos pode configurar elemento para demonstração do dolo de apropriação.[105] Além disso, pode-se adotar racional semelhante ao da Resolução do CNJ nº 547, de 22.2.2024, editada posteriormente ao julgamento do Tema nº 1.184 pelo STF.[106] Referida resolução considera como parâmetro para satisfação da "prévia tentativa de conciliação ou adoção de solução administrativa" a "existência de lei geral

---

BRASIL. Superior Tribunal de Justiça. Sexta Turma. Agravo Regimental no Habeas Corpus nº 795.750/SC. Rel. Min. Jesuíno Rissato (Desembargador Convocado do TJDFT). Julgamento em 11.9.2023. *DJe*, 15.9.2023.

101 Por exemplo: BRASIL. Superior Tribunal de Justiça. Sexta Turma. Agravo Regimental no Habeas Corpus nº 638.986/SC. Rel. Min. Olindo Menezes (Desembargador Convocado do TRF da 1ª Região). Julgamento em 1.6.2021. *DJe*, 8.6.2021; Sexta Turma. Agravo Regimental no Recurso Especial nº 1.867.109/SC. Rel. Min. Laurita Vaz. Julgamento em 25.8.2020. *DJe*, 4.9.2020; Sexta Turma. Agravo Regimental no Agravo em Recurso Especial nº 1.592.200/SC. Rel. Min. Nefi Cordeiro. Julgamento em 18.2.2020. *DJe*, 27.2.2020; e Quinta Turma. Agravo Regimental no Recurso Especial nº 1.767.899/SC. Rel. Min. Joel Ilan Paciornik. Julgamento em 15.10.2019. *DJe*, 18.10.2019.

102 BRASIL. Superior Tribunal de Justiça. Sexta Turma. Agravo Regimental no Habeas Corpus nº 819.432/SC. Rel. Min. Laurita Vaz. Julgamento em 13.6.2023. *DJe*, 19.6.2023. No mesmo sentido: Quinta Turma. Agravo Regimental no Recurso Especial nº 2.049.204/SC. Rel. Min. Ribeiro Dantas. Julgamento em 12.6.2023. *DJe*, 16.6.2023; e Quinta Turma. Agravo Regimental no Agravo Regimental no Agravo em Recurso Especial nº 1.929.845/SC. Rel. Min. Joel Ilan Paciornik. Julgamento em 14.6.2022. *DJe*, 17.6.2022.

103 BRASIL. Superior Tribunal de Justiça. Sexta Turma. Agravo Regimental no Agravo em Recurso Especial nº 2.548.327/SC. Rel. Min. Rogerio Schietti Cruz. Julgamento em 14.5.2024. *DJe*, 23.5.2024.

104 BRASIL. Supremo Tribunal Federal. Tribunal Pleno. Recurso Ordinário em Habeas Corpus nº 163.334/SC. Rel. Min. Luís Roberto Barroso. Julgamento em 18.12.2019. *DJe*, 13.11.2020, p. 34.

105 Nesse sentido: BRASIL. Supremo Tribunal Federal. Segunda Turma. Habeas Corpus nº 229.096. Rel. Min. André Mendonça. Julgamento em 26.2.2024. *DJe*, 19.4.2024.

106 BRASIL. Supremo Tribunal Federal. Tribunal Pleno. Recurso Extraordinário nº 1.355.208/SC. Rel. Min. Cármen Lúcia. Julgamento em 19.12.2023. *DJe*, 02.4.2024. Tese fixada: "1. É legítima a extinção de execução fiscal de baixo valor pela ausência de interesse de agir tendo em vista o princípio constitucional da eficiência administrativa, respeitada a competência constitucional de cada ente federado. 2. O ajuizamento da execução fiscal dependerá da prévia adoção das seguintes providências: a) tentativa de conciliação ou adoção de solução administrativa; e b) protesto do título, salvo por motivo de eficiência administrativa, comprovando-se a inadequação da medida [...]".

de parcelamento ou o oferecimento de algum tipo de vantagem na via administrativa", como a transação tributária.[107] Prevê, ainda, que essa oferta é presumida se o ente exequente contar com ato normativo nesse sentido. Assim, a existência de leis estaduais de parcelamento ou transação nas quais se enquadre, em tese, o devedor, sem tentativa de adesão por ele, pode ser outro indício do dolo de apropriação.

Por sua vez, a venda de produtos abaixo do preço de custo concomitante ou posteriormente à conduta delitiva também demonstra o dolo de se apropriar dos valores e obter vantagens concorrenciais. O Conselho Administrativo de Defesa Econômica (Cade) possui requisitos técnicos e específicos para o reconhecimento da prática de preços predatórios (art. 36, XV, da Lei nº 12.529/2011 e Portaria Seae nº 70, de 12.12.2002), que exigem, por exemplo, não possuir a empresa posição diminuta no mercado. Isso não significa que, comprovada a redução do preço em relação aos demais concorrentes, ou mesmo utilizados recursos para novos investimentos, tais fatores não devam ser levados em conta pelo juiz, já que interferem na dinâmica concorrencial.[108]

Além disso, os exemplos de fraude contra o Fisco mencionados no voto não são de difícil comprovação, além de corresponderem a modelos usualmente adotados por devedores contumazes.[109] Também se pode cogitar de acesso às execuções fiscais ajuizadas, já que não raro inadimplentes contumazes continuam em funcionamento, mas ocultam bens e receitas de forma a escapar de atos constritivos.

Discorda-se, porém, de posições que afastam o dolo de apropriação se a receita do ICMS for utilizada para pagamento de despesas operacionais. Nesse cenário, a mesma lógica do empregador que desconta contribuição previdenciária e não a repassa ao Fisco – cometendo crime – deve ser aplicada.[110] Uma vez assentada a premissa, pelo STF, de que o contribuinte não pode se apropriar do ICMS repassado ao consumidor, a vontade e consciência de utilização desse valor para pagamento, *e.g.*, de salários ou fornecedores não deve afastar o dolo de apropriação dos administradores da empresa, *por si só*.

6 Importância da prevenção ao inadimplemento contumaz de tributos

A estrutura dos impostos não cumulativos baseados no método do imposto-contra-imposto, como o ICMS, funciona com o aproveitamento de créditos do imposto

---

[107] Art. 2º da Resolução CNJ nº 547/24: "O ajuizamento de execução fiscal dependerá de prévia tentativa de conciliação ou adoção de solução administrativa. §1º A tentativa de conciliação pode ser satisfeita, exemplificativamente, pela existência de lei geral de parcelamento ou oferecimento de algum tipo de vantagem na via administrativa, como redução ou extinção de juros ou multas, ou oportunidade concreta de transação na qual o executado, em tese, se enquadre. §2º A notificação do executado para pagamento antes do ajuizamento da execução fiscal configura adoção de solução administrativa. §3º Presume-se cumprido o disposto nos §§1º e 2º quando a providência estiver prevista em ato normativo do ente exequente".

[108] O Cade, por meio da Consulta nº 0038/1999, analisou os efeitos da guerra fiscal do ICMS em termos concorrenciais. O voto proferido pelo Conselheiro Marcelo Calliari ressaltou que a empresa beneficiada arca com menos ônus tributário e, assim, "pode, por exemplo, ainda de forma mais lucrativa do que a média do mercado, reduzir seu preço a um ponto que os outros não serão capazes de acompanhar, dado que têm de cumprir obrigações tributárias cujo peso considerável foi amplamente demonstrado acima. E note-se que a empresa beneficiada não teria necessidade de elevar seu preço posteriormente para recuperar uma prática 'predatória', na medida em que não estaria perdendo dinheiro, de forma que poderia em tese manter um preço inviável para outros competidores indefinidamente" (BRASIL. Conselho Administrativo de Defesa Econômica. Consulta nº 0038/99).

[109] MATOS, Thiago Oliveira de. *Interação entre órgãos fiscais do Estado de São Paulo na redução do tax gap*: regime de trocas e aproveitamentos, eficiência tributária e combate à ilicitude fiscal. Dissertação (Mestrado em Direito) – Escola de Direito, Faculdade Getulio Vargas, São Paulo, 2020. p. 46-56.

[110] OLIVEIRA, Luciana Marques Vieira da Silva. *Tributação do consumo na era digital*: viabilidade da retenção em tempo real no contexto brasileiro. Dissertação (Mestrado) – FGV Direito SP, 2022. p. 87.

pelos elos da cadeia, após o destaque no documento fiscal. Não se exige, em regra, o pagamento para o creditamento. Uma das vantagens dos tributos não cumulativos em relação aos cumulativos decorreria desse método: o combate à sonegação e ao inadimplemento. O abatimento do tributo pago na etapa anterior desencadearia uma "fiscalização cruzada entre os próprios contribuintes"[111] ou "autofiscalização",[112] já que, para o creditamento, a operação deve estar acobertada por documento fiscal.[113]

Na realidade, entretanto, considerando que a utilização do crédito nas etapas anteriores se condiciona somente ao destaque na nota fiscal, e não ao pagamento, não há um estímulo efetivo ao recolhimento por devedores que atuam de forma deliberada e contumaz.[114] Além disso, há empresas que são criadas para emissão de notas fiscais frias, ou seja, que não refletem uma operação real (conhecidas como empresas "noteiras"), porém gerando crédito para a outra parte, ressalvada a comprovação de conluio.[115] Por isso, a fiscalização cruzada ou autofiscalização, tida como uma das vantagens de impostos não cumulativos, não impede a ocorrência do inadimplemento contumaz e de fraudes.[116] A solução, porém, não passa, simplesmente, por condicionar o aproveitamento do crédito ao recolhimento pelo fornecedor.[117]

Problemas de evasão fiscal no IVA não são singulares ao nosso sistema. Os Estados-Membros da União Europeia, por exemplo, sofrem intensamente com o inadimplemento do IVA aliado a práticas fraudulentas,[118] em especial por empresas que cobram o imposto do consumidor final e, após, desaparecem, não repassando os valores para o erário (*missing trader fraud* e sua derivante, *carousel fraud*).[119]

No Brasil, o inadimplemento contumaz se revela muito interessante justamente porque, além do congestionamento de execuções fiscais nos Tribunais, os artifícios de fuga da expropriação judicial são muitos. Ao lado disso, o inadimplemento do crédito tributário pela pessoa jurídica, independentemente do caráter contumaz, não dá margem ao redirecionamento para o sócio-administrador, de acordo com a orientação

---

111 MOREIRA, André Mendes. *A não-cumulatividade dos tributos*. 4. ed. rev. e atual. São Paulo: Noeses, 2020. p. 69.

112 OLIVEIRA, Luciana Marques Vieira da Silva. *Tributação do consumo na era digital*: viabilidade da retenção em tempo real no contexto brasileiro. Dissertação (Mestrado) – FGV Direito SP, 2022. p. 39.

113 Acrescente-se que o STJ fixou tese no sentido de que: "O comerciante de boa-fé que adquire mercadoria, cuja nota fiscal (emitida pela empresa vendedora) posteriormente seja declarada inidônea, pode engendrar o aproveitamento do crédito do ICMS pelo princípio da não-cumulatividade, uma vez demonstrada a veracidade da compra e venda efetuada, porquanto o ato declaratório da inidoneidade somente produz efeitos a partir de sua publicação" (BRASIL. Superior Tribunal de Justiça. Primeira Seção. Recurso Especial nº 1.148.444/MG. Rel. Min. Luiz Fux. Julgamento em 14.4.2010, *DJe*, 27.4.2010).

114 OLIVEIRA, Luciana Marques Vieira da Silva. *Tributação do consumo na era digital*: viabilidade da retenção em tempo real no contexto brasileiro. Dissertação (Mestrado) – FGV Direito SP, 2022. p. 49.

115 *Id.*

116 *Ibidem*, p. 65-73.

117 Como esclarece Luciana Marques Vieira da Silva Oliveira, como "o recolhimento do ICMS é feito em apuração por períodos mensais posteriores à ocorrência do fato gerador, impede-se que esta empresa possa definir com exatidão o custo de sua mercadoria e a contabilização de seus estoques" (OLIVEIRA, Luciana Marques Vieira da Silva. *Tributação do consumo na era digital*: viabilidade da retenção em tempo real no contexto brasileiro. Dissertação (Mestrado) – FGV Direito SP, 2022. p. 102-103).

118 O VAT Gap em 2021 foi de €61 bilhões, por exemplo (EUROPEAN COMMISSION. VAT Gap, 2023).

119 LAMENSCH, Marie. VAT fraud: Economic impact, challenges and policy issues. *European Union*, 2018. p. 15-17. A *MTIC fraud* é muito comum quando a empresa compra bens de estabelecimentos situados em outro Estado-Membro, já que não incide IVA nessas transações, e os vende domesticamente, no âmbito do mesmo Estado-Membro.

tradicional do STJ.[120] Por outro lado, mesmo que ausente o manejo de meios fraudulentos para ocultação do patrimônio, a mera ineficiência do processo de cobrança judicial do crédito leva o inadimplemento a se tornar uma alternativa para o devedor contumaz.[121]

O inadimplemento contumaz, como ressaltado no julgamento do RHC nº 163.334/SC, afeta não só o erário, mas também a livre concorrência e toda a sociedade. Como nota o Min. Luís Roberto Barroso em seu voto, "a prática produz, então, um efeito cascata, em que aqueles que deixam de recolher o imposto acabam por pressionar os concorrentes a seguir o mesmo caminho, e assim sucessivamente". Assim, é essencial aumentar os mecanismos de prevenção ao inadimplemento contumaz, evitando tanto que se ajuízem mais execuções fiscais infrutíferas como que se chegue à esfera criminal.

Não se pode esquecer, inicialmente, que a maior parte dos contribuintes atua em cooperação com o Fisco. Por isso, é de suma relevância a criação de programas de conformidade cooperativa[122] para os contribuintes regulares. Aliado a isso, a busca de maior eficiência na cobrança do crédito tributário, especialmente por meio do aprimoramento dos métodos adequados de solução de conflitos tributários,[123] é medida que se impõe. Para o devedor eventual, que não é alcançado pelo tipo penal do art. 2º, II, da Lei nº 8.137/90, a imposição de controle fiscalizatório mais rígido não será, em regra, meio adequado para a busca da satisfação do crédito pelo Fisco. Se o contribuinte, por exemplo, deixa de repassar ICMS por uma ou duas competências em razão de crise transitória, a possiblidade de aderir a parcelamento ou celebrar transação pode se revelar importante medida, até mesmo para evitar o prolongamento da situação de inadimplência.

Em contrapartida, como forma de prevenção ao inadimplemento contumaz, a tecnologia é importante aliada. Por exemplo, há países que usam inteligência artificial para gerar um fator de risco para os sujeitos passivos do IVA.[124] No âmbito da reforma tributária do consumo introduzida pela Emenda Constitucional ("EC") nº 132/23,[125] relevantes mecanismos de prevenção ao inadimplemento foram inseridos na Constituição. A EC nº 132/23 trouxe a possibilidade de, por meio de lei complementar, se condicionar o aproveitamento do crédito à verificação do efetivo recolhimento do IBS em operações com bens ou serviços, desde que "o adquirente possa efetuar o recolhimento do imposto

[120] Súmula nº 430 do STJ: "o inadimplemento da obrigação tributária pela sociedade não gera, por si só, a responsabilidade solidária do sócio-gerente".

[121] CARNEIRO, Júlia Silva Araújo. *O devedor contumaz no direito tributário*: premissas teóricas, conceito e regime jurídico. Belo Horizonte: Fórum, 2021. p. 127.

[122] Sobre programas de conformidade cooperativa: LAMADRID, Patricia Bacheschi Gomez de. *A mudança do paradigma das relações tributárias entre a Receita Federal e os contribuintes*. Dissertação (Mestrado) – FGV Direito SP, 2020.

[123] A adoção de métodos de solução consensual de conflitos na esfera tributária vem sendo uma das prioridades do CNJ. Citem-se, nessa linha, a Recomendação CNJ nº 120/2021, a Resolução CNJ nº 471/2022 e, mais recentemente, a Resolução nº 547/2024, todas com o escopo de priorizar métodos extrajudiciais de solução de conflitos, além de terem sido celebrados diversos acordos de cooperação técnica entre o CNJ, estados e municípios para o desenvolvimento de ações de aprimoramento do contencioso fiscal (Execução Fiscal. Atos Normativos. Disponível em: https://www.cnj.jus.br/programas-e-acoes/execucao-fiscal/atos-normativos/ NJ. Acesso em: 18 de jul. 2024).

[124] FERIA, Rita de la; SWISTAK, Artur. Designing a Progressive VAT. *Working Paper*, 24/78, abr. 2024. p. 12.

[125] A EC nº 132/2023 buscou unificar os tributos incidentes sobre o consumo (PIS, Cofins, ICMS, parte do IPI e ISS) na Contribuição sobre Bens e Serviços ("CBS"), de competência da União (art. 195, V, da Constituição) e no Imposto sobre Bens e Serviços ("IBS"), de competência compartilhada entre estados, Distrito Federal e municípios (art. 156-A da Constituição).

incidente nas suas aquisições de bens ou serviços", mecanismo conhecido como *reverse charge mechanism*, ou "o recolhimento do imposto ocorra na liquidação financeira da operação", conhecido como *split payment* (art. 156-A, §5º, II, "a" e "b"). Em acréscimo, previu a possibilidade de, também por lei complementar, definir-se o sujeito passivo do IBS como "a pessoa que concorrer para a realização, a execução ou o pagamento da operação, ainda que residente ou domiciliada no exterior" (art. 156-A, §3º).

O *split payment* é um mecanismo de segregação do valor do IVA que funciona do seguinte modo: quando o adquirente paga por um bem ou serviço, o valor do tributo é financeiramente destinado à satisfação da obrigação tributária, não permanecendo à disposição do fornecedor.[126] O *split payment* pode ocorrer de duas formas: após a retenção do valor do tributo e sua destinação a uma conta segregada do próprio vendedor, aberta apenas para isso, o contribuinte preenche relatórios de restituição de IVA para fins de compensação, verificando o valor de fato devido.[127] Também pode ocorrer por meio de retenção em tempo real, em que o valor do imposto vai para a conta do Fisco, que calcula o crédito.[128] Apesar de sua complexidade e de questões afetas à técnica da não cumulatividade, como alterações no fluxo de caixa dos contribuintes, o *split payment* possui potencial efetivo de combater fraudes e o inadimplemento contumaz.[129] Interessante notar que, na Polônia, o *split payment* foi considerado obrigatório para operações *business-to-business* de mercadorias e serviços sensíveis a condutas fraudulentas.[130] Em acréscimo ao *split payment*, a EC nº 132/23 previu a possibilidade alternativa do recolhimento do imposto pelo adquirente (art. 156-A, §5º, II, "a") e abriu margem para se atribuir responsabilidade, *e.g.*, aos *marketplaces* (art. 156-A, §3º), medida direcionada a evitar evasão nas compras por *e-commerce*.

No cenário nacional atual, a prevenção ao inadimplemento contumaz é feita, em regra, pela aplicação de regimes especiais de fiscalização, que trazem medidas como o condicionamento do crédito ao pagamento, podendo chegar, ainda, à vedação da fruição de benefícios fiscais e à cassação do cadastro fiscal do devedor. Por outro lado, algumas leis de transação tributária vedam a celebração de acordo com devedores contumazes, como a Lei nº 13.988/20, que, no ponto, ainda é inaplicável,[131] bem como diversas leis estaduais.[132] A relativização da Súmula nº 430 do STJ para devedores contumazes também seria importante medida de desestímulo à conduta.[133] Outros mecanismos

---

[126] TEIXEIRA, Alexandre Alkmim. Split or not to split: split payment como mecanismo de recolhimento de IVA e seus potenciais impactos no Brasil. *Revista de Direito Tributário Atual*, ano 40, n. 50, p. 27-46. p. 34.

[127] OLIVEIRA, Luciana Marques Vieira da Silva. *Tributação do consumo na era digital*: viabilidade da retenção em tempo real no contexto brasileiro. Dissertação (Mestrado) – FGV Direito SP, 2022. p. 151-153.

[128] *Ibidem*, p. 153.

[129] O *split payment* foi incluído no PLP nº 68, que visa a regulamentar o IBS e a CBS (BRASIL. Câmara dos Deputados. *Projeto de Lei Complementar nº 68, de 25 de abril de 2024*. Institui o Imposto sobre Bens e Serviços – IBS, a Contribuição Social sobre Bens e Serviços – CBS e o Imposto Seletivo – IS e dá outras providências. Brasília: Câmara dos Deputados, 2024).

[130] OLIVEIRA, Luciana Marques Vieira da Silva. *Tributação do consumo na era digital*: viabilidade da retenção em tempo real no contexto brasileiro. Dissertação (Mestrado) – FGV Direito SP, 2022. p. 153.

[131] CARNEIRO, Júlia Silva Araújo. A transação tributária na Lei nº 13.988/2020: repercussões sobre a livre concorrência e o papel do devedor contumaz. *In*: CONRADO, Paulo Cesar; ARAUJO, Juliana Furtado Costa (Coord.). *Transação tributária na prática da Lei nº 13.988/2020*. São Paulo: Thomson Reuters Brasil, 2020. p. 105-125.

[132] Lei nº 6.032/22 do Estado do Mato Grosso do Sul (art. 6º, inc. III), Lei nº 17.843/23 do Estado de São Paulo (arts. 9º, inc. IV), Lei Complementar nº 1.067/23 do Estado do Espírito Santo (art. 13, inc. V) e Lei nº 18.706/24 do Estado do Ceará (art. 9º, inc. IV).

[133] CARNEIRO, Júlia Silva Araújo. *O devedor contumaz no direito tributário*: premissas teóricas, conceito e regime jurídico. Belo Horizonte: Fórum, 2021. p. 208-210.

voltados à prevenção da inadimplência contumaz foram cogitados em projetos de lei no âmbito federal e nacional. Por exemplo, o Projeto de Lei nº 15, de 2.4.2024,[134] que, entre outros pontos, busca definir o devedor contumaz de tributos federais, traz a alteração do rito do contencioso administrativo para tais devedores, equiparando-o ao rito hoje instituído na esfera federal para créditos de pequeno valor, mais célere. Dificilmente indene de controvérsias, a medida, contudo, merece reflexão, pois a litigância abusiva pelo devedor contumaz foi um dos pontos de preocupação do STF ao julgar a ADI nº 3.952/DF.[135]

Por fim, pondera-se que um sistema tributário racional e que atue em prol dos contribuintes regulares deve reduzir a complexidade da legislação e de sua interpretação,[136] bem como os custos de conformidade, ampliar e aperfeiçoar os serviços disponíveis ao contribuinte, como canais de diálogo, e oferecer maior eficiência na cobrança do crédito tributário, com predomínio de medidas consensuais e extrajudiciais, entre outros. A racionalidade do sistema tributário é fundamental para a adequada separação entre contribuintes que atuam em conformidade e contribuintes que adotam padrões nocivos, como o devedor contumaz.

7 Conclusão

Buscou-se, neste artigo, apresentar a origem da controvérsia sobre a interpretação do art. 2º, II, da Lei nº 8.137/90. As características do ICMS e as oscilações jurisprudenciais em relação às figuras dos contribuintes de direito e de fato trouxeram razoáveis dúvidas e discordâncias sobre a tipicidade do inadimplemento do ICMS próprio repassado ao consumidor final. Como se observou, o STF, ao mesmo tempo em que refuta a extensão da imunidade constitucional para entidades assistenciais, quando assumem a condição de adquirentes de mercadorias e bens, enxerga no valor do tributo repassado ao consumidor final mero ingresso transitório, de titularidade do Fisco.

Embora elementos interpretativos possam apontar para caminhos diversos, a situação antes instaurada no STJ – de interpretações divergentes entre as Turmas integrantes da Terceira Seção – gerava grave insegurança jurídica, além de violações ao princípio da igualdade, agravadas pela natureza criminal da matéria.

O julgamento do RHC nº 163.334/SC pelo STF trouxe, então, uniformidade interpretativa, garantindo a aplicação isonômica da regra. Além disso, ao introduzir a contumácia e o dolo de apropriação como elementos de restrição do tipo, o STF limitou sua incidência à prática de um padrão comportamental merecedor de reprovabilidade

---

[134] BRASIL. Câmara dos Deputados. *Projeto de Lei nº 15, de 02 de fevereiro de 2024*. Institui programas de conformidade tributária e aduaneira no âmbito da Secretaria Especial da Receita Federal do Brasil do Ministério da Fazenda e dispõe sobre o devedor contumaz e as condições para fruição de benefícios fiscais. Brasília: Câmara dos Deputados, 2024.

[135] Segundo voto proferido pela Min. Cármen Lúcia, os devedores contumazes valem-se de "infundadas impugnações administrativas ou judiciais sobre a exigibilidade da exação".

[136] Como notam o Professor Min. Luís Roberto Barroso e Marcus Vinicius Cardoso Barbosa, as causas envolvendo direito tributário representam expressiva proporção do acervo do STF. Como consequência, "a eternização de litígios que aguardam julgamento gera insegurança aos contribuintes", além de agravar o impacto econômico para a parte que sair derrotada (BARROSO, Luís Roberto; BARBOSA, Marcus Vinicius Cardoso. Direito Tributário e o Supremo Tribunal Federal: passado, presente e futuro. *Universitas JUS*, v. 27, n. 1, p. 1-20, 2016. p. 11-13).

especial pelo sistema penal. Apesar de existir alguma oscilação quanto à aplicação desses elementos, verifica-se que os Tribunais têm encarado com a merecedora seriedade a tarefa de avaliar a presença da contumácia e do dolo de apropriação.

Apesar de o direito penal figurar como relevante fator de desestímulo, o aperfeiçoamento de medidas preventivas ao inadimplemento contumaz revela-se premente. Espera-se que, com a reforma tributária do consumo promovida pela EC nº 132/23 e os desenvolvimentos tecnológicos verificados nas Administrações Tributárias nos últimos anos, novos mecanismos possam atuar no combate ao inadimplemento contumaz e à sonegação fiscal, como o *split payment*.

Ao lado disso, a melhoria do sistema tributário, com prestígio a programas de conformidade cooperativa e métodos consensuais de solução de conflitos, menor complexidade legislativa e maior uniformidade na interpretação das leis, entre outros fatores, é essencial para facilitar o cumprimento de obrigações tributárias por contribuintes que atuam em conformidade, ajudando a separá-los dos devedores contumazes. Espera-se que a reforma tributária do consumo, instituída por meio da EC nº 132/2023, contribua para tais objetivos, aprimorando o sistema tributário nacional.

Referências

ANDRADE FILHO, Edmar Oliveira. *Direito penal tributário*: crimes contra a ordem tributária e contra a previdência social. 7. ed. São Paulo: Atlas, 2015.

ANDRADE, Carlos Gustavo Coelho de. A 'criminalização' da apropriação indébita de ICMS e o pensamento de Edwin H. Sutherland. *In*: CHOERI, Cecilia; KRUEGER, Guilherme; PANOEIIRO, José Maria (Org.). *Criminalidade econômica e empresarial*: escritos em homenagem ao Professor Artur Gueiros. São Paulo: Tirant lo Blanch, 2022.

BALEEIRO, Aliomar. *Limitações constitucionais ao poder de tributar*. 7. ed. Atualização de Misabel Abreu Machado Derzi. Rio de Janeiro: Forense, 1997.

BARROSO, Luís Roberto; BARBOSA, Marcus Vinicius Cardoso. Direito Tributário e o Supremo Tribunal Federal: passado, presente e futuro. *Universitas JUS*, v. 27, n. 1, p. 1-20, 2016.

BECKER, Alfredo Augusto. *Teoria geral do direito tributário*. São Paulo: Saraiva, 1972.

BUONICORE, Bruno Tadeu; MENDES, Gilmar; RIBEIRO, Juliana Queiroz; FERNANDES, Tarsila Ribeiro Marques. Reflexões sobre a criminalização do não recolhimento de ICMS declarado. *Revista Brasileira de Ciências Criminais*, v. 167, p. 129-147, maio 2020.

CARNEIRO, Júlia Silva Araújo. A transação tributária na Lei nº 13.988/2020: repercussões sobre a livre concorrência e o papel do devedor contumaz. *In*: CONRADO, Paulo Cesar; ARAUJO, Juliana Furtado Costa (Coord.). *Transação tributária na prática da Lei nº 13.988/2020*. São Paulo: Thomson Reuters Brasil, 2020.

CARNEIRO, Júlia Silva Araújo. *O devedor contumaz no direito tributário*: premissas teóricas, conceito e regime jurídico. Belo Horizonte: Fórum, 2021.

DECOMAIN, Pedro Roberto. *Crimes contra a ordem tributária*. Belo Horizonte: Fórum, 2008.

DERZI, Misabel Abreu Machado. Sobre a tributação nas relações de consumo: desvio das finalidades constitucionais, desrespeito aos princípios da neutralidade e da capacidade contributiva. *Revista de Direito Tributário*, n. 78, p. 268-278, 2000.

ENGLISCH, Joachim. VAT/GST and direct taxes: different purposes. *In*: LANG, M.; MELZ, P.; KRISTOFFERSON (Ed.). *Value added tax and direct taxation*: similarities and differences. Amsterdam: IBFD, 2009.

FERIA, Rita de la; SWISTAK, Artur. Designing a Progressive VAT. *Working Paper*, 24/78, abr. 2024.

FIORIN, Ricardo. A concorrência desleal no âmbito tributário: a responsabilidade do Poder Judiciário. *Empório do Direito*, 12 mar. 2018.

KOLLMANN, Jasmin. Taxable Supplies and Their Consideration in European VAT. *IBFD Doctoral Series*, 2019.

LAMADRID, Patricia Bacheschi Gomez de. *A mudança do paradigma das relações tributárias entre a Receita Federal e os contribuintes.* Dissertação (Mestrado) – FGV Direito SP, 2020.

LAMENSCH, Marie. VAT fraud: Economic impact, challenges and policy issues. *European Union*, 2018.

LEITE, Alaor; BORGES, Ademar. Parâmetros interpretativos para a criminalização do não recolhimento de ICMS próprio. *Jota*, 17 dez. 2019.

LUKIC, Melina Rocha. Afinal, quem deve ser chamado de contribuinte no IBS/IVA? *Consultor Jurídico*, 2020. Disponível em: https://www.conjur.com.br/2020-jul-14/melina-rocha-quem-contribuinte-ibsiva. Acesso em: 5 jul. 2024.

MACHADO, Hugo de Brito. *Crimes contra a ordem tributária*. 4. ed. São Paulo: Atlas, 2015.

MACHADO, Hugo de Brito. Sanções políticas no direito tributário. *Revista Dialética de Direito Tributário*, n. 30, mar. 1998.

MATOS, Thiago Oliveira de. *Interação entre órgãos fiscais do Estado de São Paulo na redução do tax gap*: regime de trocas e aproveitamentos, eficiência tributária e combate à ilicitude fiscal. Dissertação (Mestrado em Direito) – Escola de Direito, Faculdade Getulio Vargas, São Paulo, 2020.

MELO, José Eduardo Soares de. *In*: MARTINS, Ives Gandra da Silva (Coord.). *Crimes contra a ordem tributária*. 3. ed. atual. São Paulo: Revista dos Tribunais; Centro de Extensão Universitária, 1998. (Pesquisas tributárias. Nova série; nº 1).

MOREIRA, André Mendes. *A não-cumulatividade dos tributos*. 4. ed. rev. e atual. São Paulo: Noeses, 2020.

NUCCI, Guilherme de Souza. *Leis penais e processuais penais comentadas*. 2. ed. São Paulo: RT, 2007.

OLIVEIRA, Luciana Marques Vieira da Silva. Criminalização do devedor contumaz de ICMS. Análise preliminar dos julgamentos do STF e do STJ. Fim da impunidade? *R. Fórum de Dir. Tributário – RFDT*, Belo Horizonte, ano 18, n. 104, p. 77-108, mar./abr. 2020.

OLIVEIRA, Luciana Marques Vieira da Silva. *Tributação do consumo na era digital*: viabilidade da retenção em tempo real no contexto brasileiro. Dissertação (Mestrado) – FGV Direito SP, 2022.

PENHA, Marcos Bueno Brandão da. *Sanções não pecuniárias no direito tributário*: análise crítica da doutrina e da jurisprudência acerca das denominadas sanções políticas. Rio de Janeiro: Lumen Juris, 2016.

SANTOS, Luciana Cirino dos. *A fraude como elemento essencial para a configuração da tipicidade objetiva dos crimes contra a ordem tributária praticados por particulares (Lei 8.137/90, artigos 1º e 2º)*. Dissertação (Mestrado) – Faculdade de Direito, Universidade de São Paulo, 2020.

SCHAUER, Frederick. *Profiles, probabilities and stereotypes*. Cambridge, MA: Belknap Press, imprint of Harvard University Press, 2003.

SCHOUERI, Luís Eduardo. *Direito tributário*. 9. ed. São Paulo: Saraiva Educação, 2019.

SCHOUERI, Luís Eduardo; CINTRA, Luiz Fernando Ulhôa. Criminalização do não pagamento de ICMS em operação própria – comentários à nova jurisprudência. *Revista do Advogado*, n. 154, jun. 2022.

SOUZA, Rubens Gomes de. *Compêndio de legislação tributária*. Coordenação de IBET. São Paulo: Resenha Tributária, 1975. Obra póstuma.

TEIXEIRA, Alexandre Alkmim. Split or not to split: split payment como mecanismo de recolhimento de IVA e seus potenciais impactos no Brasil. *Revista de Direito Tributário Atual*, ano 40, n. 50, p. 27-46.

TORRES, Ricardo Lobo. *Restituição dos tributos*. Rio de Janeiro: Forense, 1983.

Informação bibliográfica deste texto, conforme a NBR 6023:2018 da Associação Brasileira de Normas Técnicas (ABNT):

CARNEIRO, Júlia Silva Araújo. O não recolhimento do ICMS próprio e o RHC nº 163.334/SC: origem, interpretação restritiva do tipo e inadimplemento contumaz. *In*: PAULA, Fernanda de; PENCAK, Nina (coord.). *Tributação, liberdade e igualdade*: as contribuições do Ministro Luís Roberto Barroso. Belo Horizonte: Fórum, 2025. p. 615-636. ISBN 978-65-5518-952-0.

TRIBUTAÇÃO, GÊNERO E O SUPREMO TRIBUNAL FEDERAL: POLÍTICAS PÚBLICAS MATERIALIZADAS E A TRANSFORMAÇÃO DA REALIDADE DAS MULHERES

LANA BORGES

Introdução

> *O Brasil é um país adorável. Faz sol na maior parte do ano, a trilha musical é ótima e as pessoas, no geral, são amistosas e têm alegria de viver. Muitos dizem que a vida aqui é uma festa. E de fato ela pode ser. O problema é que se você for pobre, mulher, negro ou gay, é muito provável que não tenha sido convidado. Por trás do mito do "brasileiro cordial" e da democracia racial, esconde-se uma história de injustiça e discriminação. A desigualdade extrema é marca profunda da formação social do Brasil.*[1]

Há um enorme problema para nós, mulheres. Nascemos menores e piores. Crescemos acreditando sermos menos capazes, menos inteligentes. Recebemos menos e trabalhamos mais. Definitivamente não somos convidadas para as festas do domínio, para nos sentar à mesa do poder, para participar dos espaços de decisões. "O homem é o Sujeito, o Absoluto; ela é o Outro".[2] Como realçado na epígrafe que abre este texto, o Ministro Luís Roberto Barroso e a Professora Aline Osório delineiam o quão profundas e cruéis são as desigualdades que atravessam a sociedade brasileira, "[a] desigualdade extrema é marca profunda da formação social do Brasil".[3] Mas há uma demanda por

---

1 BARROSO, Luís Roberto; OSÓRIO, Aline. "Sabe com quem está falando?": Notas sobre o princípio da igualdade no Brasil contemporâneo. *Direito e Práxis*, v. 7, n. 1, p. 204-232, 2016.

2 "O homem é pensável sem a mulher. Ela não, sem o homem. Ela não é senão o que o homem decide que seja; daí dizer-se o 'sexo' para dizer que ela se apresenta diante do macho como um ser sexuado: para ele, a fêmea é sexo, logo ela o é absolutamente. A mulher determina-se e diferencia-se em relação ao homem, e não este em relação a ela; a fêmea é o inessencial perante o essencial. O homem é o Sujeito, o Absoluto; ela é o Outro. A categoria do Outro é tão original quanto a própria consciência. Nas mais primitivas sociedades, nas mais antigas mitologias encontra-se sempre uma dualidade que é a do Mesmo e do Outro" (BEAUVOIR, Simone de. *O segundo sexo*: fatos e mitos. Tradução de Sérgio Millet. 5. ed. Rio de Janeiro: Nova Fronteira, 2019. v. 1. p. 12-13).

3 BARROSO, Luís Roberto; OSÓRIO, Aline. "Sabe com quem está falando?": Notas sobre o princípio da igualdade no Brasil contemporâneo. *Direito e Práxis*, v. 7, n. 1, p. 204-232, 2016.

disrupções. Há uma fratura exposta que não pode mais ser camuflada. Novos modelos e novas perspectivas são exigidos por aquela massa de outras, exigidos por aquelas a quem ensinaram que não são os seres ou os sujeitos de direito.

As sociedades, cada uma a seu tempo, são despertadas para o tema desigualdade de gênero, que ganha amplificação e força nos últimos anos, comprovando a relevância de que mais discussões, principalmente em ambiente acadêmico, sejam suscitadas. No Brasil, os contrastes econômicos e sociais estão publicamente divulgados por entidades oficiais de estudos e pesquisas.[4] Os dados são escandalosos, alarmantes. As dessemelhanças, suas causas e seus impactos são assuntos que exigem enfrentamento na academia. "As fronteiras raça e gênero há séculos dividem grupamentos humanos, conferindo vantagens a uns e prejuízos a outros", como afirma Eliane Conceição.[5] Os prejuízos são ainda mais abismais para a mulher negra que, segundo Grada Kilomba, é o "Outro do Outro".[6] São estruturas indiscutivelmente androcentristas e brancas.

Dados estatísticos, painéis, relatórios dão conta de que houve a estratégica construção do papel de submissão da mulher nos espectros social, sexual, cultural e econômico. E são essas as combinações à concepção atual de gênero.[7] Apesar de os textos constitucionais dos países democráticos elencarem preceitos de igualdade de todas e todos, os índices estatísticos revelam que, embora a mulher tenha sido inserida paulatinamente – de modo muito mais lento do que o desejado – no mercado de trabalho, suas condições de trabalho são – e muito – distintas das conjunturas do mercado masculino.

Gênero é o conceito central da teorização feminista. É um rol de comportamentos, uma *performance*. Uma coreografia social e cultural de máxima desigualdade e com repercussões sobre toda a sociedade.[8] O termo ganhou grande repercussão na segunda metade do século XX. Traduz a perspectiva teórica e política de desnaturalizar e combater a desigualdade de sexo. Representa a luta contra a opressão histórica das mulheres, centralizada em seu corpo e sua capacidade reprodutiva.[9] Esta luta se reflete em uma ampla crítica cultural ao sexismo, ao androcentrismo e à misoginia. Joan Scott,[10] Gerda Lerner[11] e Judith Butler,[12] estudiosas da temática, cujas conclusões foram expostas em

---

[4] BRASIL. Instituto Brasileiro de Geografia e Estatística (IBGE). *Estatísticas de gênero*: indicadores sociais das mulheres no Brasil. 2. ed. Rio de Janeiro: IBGE, 2021. Disponível em: https://biblioteca.ibge.gov.br/visualizacao/livros/liv101784_informativo.pdf. Acesso em: 3 jun. 2024; BRASIL. Instituto Brasileiro de Geografia e Estatística (IBGE). *Pesquisa de Orçamentos familiares 2017-2018*. [2019]. Disponível em: https://biblioteca.ibge.gov.br/visualizacao/livros/liv101670.pdf. Acesso em: 3 jun. 2024.

[5] CONCEIÇÃO, Eliane B. Mulher negra em terra de homem branco: mecanismos de reprodução de desigualdades. *In*: CARRIERI, Alexandre; TEIXEIRA, Juliana (Org.). *Gênero e trabalho*: perspectivas, possibilidades e desafios no campo dos estudos organizacionais. Salvador: EDUFBA, 2016. p. 277-319.

[6] KILOMBA, Grada. *Memórias da plantação*: episódios de racismo cotidiano. Tradução de Jess Oliveira. Rio de Janeiro: Cobogó, 2019. p. 97.

[7] DAVIS, Angela. *Mulheres, raça e classe*. Tradução de Heci Regina Candiani. São Paulo: Boitempo, 2016. p. 225.

[8] BORGES, Lana. *Tributação e gênero*: políticas públicas de extrafiscalidade e a luta pela igualdade. Belo Horizonte: Fórum, 2023. p. 22.

[9] CARVALHO, Maria Eulina Pessoa de *et al*. *Direitos humanos das mulheres e das pessoas LGBTQI*: inclusão da perspectiva da diversidade sexual e de gênero na educação e na formação docente. João Pessoa: Editora da UFPB, 2017.

[10] SCOTT, Joan Wallach. *Gênero*: uma categoria útil para análise histórica. Gender and the Politics of History. Tradução de Christine Rufino Dabat e Maria Betânia Ávila. Nova York: Columbia University Press, 1989.

[11] LERNER, Gerda. *A criação do patriarcado*: história da opressão das mulheres pelos homens. Tradução de Luiza Sellera. São Paulo: Cultrix, 2019.

[12] BUTLER, Judith P. *Problemas de gênero*: feminismo e subversão da identidade. Tradução de Renato Aguiar. 21. ed. Rio de Janeiro: Civilização Brasileira, 2021.

óticas, em cenários e em momentos históricos diversos são referenciais teóricos para a definição do que seria a conceituação de gênero.

A análise mais simples dos dados divulgados por órgãos oficiais nacionais de pesquisa e estatística demonstra haver um tratamento específico, diferenciado e dirigido, econômica e socialmente, às mulheres, seja no tocante ao acesso ao mercado de trabalho, seja quanto à remuneração e à ascensão dentro das empresas. Os déficits suportados pela parcela feminina da população no mercado de trabalho, unicamente pelo fato de serem mulheres, são circunstâncias que estão tangíveis e mensuradas no Brasil, como apontam os dados do IBGE,[13] da Oxfam Brasil[14] e do Insper.[15]

Políticas públicas são forjadas para dar corpo aos direitos sociais[16] e, por isso, devem ser pensadas como parte do antídoto às discriminações nefastas atuais e contundentes, em meio às quais convivem, hoje, homens e mulheres no Brasil. É forçoso cogitar de uma função social das ferramentas jurídicas e, por consequência lógica, dos tributos. É um assunto de interesse central no contexto das políticas públicas, tema que se inter-relaciona com os direitos humanos de mais da metade da população brasileira.[17]

A igualdade, princípio constitucional que alicerça todo o arcabouço normativo do Estado democrático de direito brasileiro, concebida para impor máxima eficácia, foi transformada – pela realidade dos fatos – em diretriz de eficácia mínima. Impõe-se, então, que todos os sistemas de normas, entre eles o sistema tributário nacional, deem concretude ao princípio constitucional da igualdade. O sistema normativo tributário, na medida em que não implementa medidas de efetivação da isonomia entre homens e mulheres, precisa fazê-lo. As referidas respostas normativas são urgentes.

Medidas fundamentadas em um *discrímen* positivo podem ser fórmulas para a mitigação das diferenças sociais e patrimoniais de gênero e de raça.[18] Entre essas ferramentas normativas – determinações de discriminação positiva –, estão as ações estatais tributárias. Como ressaltado por estudos que aproximam equidade, ações afirmativas e discriminação positiva, ou seja, o princípio da focalização em contraposição ao princípio da universalidade, os fatores que fundamentam esse desequilíbrio positivo são as

---

13 BRASIL. Instituto Brasileiro de Geografia e Estatística (IBGE). *Rendimento de todas as fontes 2019*. [2020]. Disponível em: https://biblioteca.ibge.gov.br/visualizacao/livros/liv101709_informativo.pdf. Acesso em: 3 jun. 2024; BRASIL. Instituto Brasileiro de Geografia e Estatística (IBGE). *Pesquisa de Orçamentos familiares 2017-2018*. [2019]. Disponível em: https://biblioteca.ibge.gov.br/visualizacao/livros/liv101670.pdf. Acesso em: 3 jun. 2024.

14 OXFAM BRASIL. *A distância que nos une* – Um retrato das desigualdades brasileiras. São Paulo: Oxfam Brasil, 2017. Disponível em: https://www.oxfam.org.br/um-retrato-das-desigualdades-brasileiras/a-distancia-que-nos-une/. Acesso em: 3 jun. 2024.

15 BRASIL. Instituto de Ensino e Pesquisa (Insper). Diferenciais salariais por raça e gênero para formados em escolas públicas ou privadas. *Policy Paper*, n. 45, jul. 2020. Disponível em: https://www.insper.edu.br/wp-content/uploads/2020/07/Policy-Paper-45.pdf. Acesso em: 10 jun. 2024.

16 "[...] [a]s políticas públicas consistem em quadros de ação governamental, arranjos institucionais que expressam o Estado em movimento" (BUCCI, Maria Paula Dallari. *Fundamentos para uma teoria jurídica das políticas públicas*. São Paulo: Saraiva, 2013. p. 27).

17 BORGES, Lana. *Tributação e gênero*: políticas públicas de extrafiscalidade e a luta pela igualdade. Belo Horizonte: Fórum, 2023.

18 CONCEIÇÃO, Eliane B. Mulher negra em terra de homem branco: mecanismos de reprodução de desigualdades. *In*: CARRIERI, Alexandre; TEIXEIRA, Juliana (Org.). *Gênero e trabalho*: perspectivas, possibilidades e desafios no campo dos estudos organizacionais. Salvador: EDUFBA, 2016. p. 277-319. "Assim, um caminho para buscar resposta para questão do 'como se interconectariam as fronteiras raça, sexo e classe social e que lugar ocuparia a mulher negra na interseção desses sistemas múltiplos de subordinação', levantada acima, seria em primeiro lugar atribuir um qualitativo a essa mulher negra, de modo que a possamos analisar a sua posição de subordinação em dado contexto histórico e cultural".

desigualdades de renda e, especialmente, a situação de pobreza, que atinge mulheres, de modo ainda mais grave.[19]

1 A intervenção do Poder Judiciário na conformação ou na concretização de políticas públicas tributárias de equidade de gênero: seria ela necessária?

Não há dúvidas de que as premissas ideológicas – o conjunto de valores jurídicos – do direito constitucional mudaram em 1988. O sistema tradicional de interpretação, de pura e simples subsunção, não se adequa mais. Como afirmado pelo Ministro Luís Roberto Barroso, a solução de problemas jurídicos, principalmente os mais complexos, nem sempre estará no texto normativo. O intérprete da norma é coparticipante do processo de criação do direito, seu operador.[20] Faz uso das cláusulas abertas para aproximar o direito da realidade social – materializando as soluções juridicamente possíveis e em consonância com a diretriz maior constitucional.

A construção do gênero feminino desenha um outro ser humano, que não aquele destinatário dos direitos e da riqueza, e dá azo a uma sociedade em que metade de seus indivíduos são classificados como passíveis de tratamento mais gravoso ou menos benéfico. Essa concepção do feminino carrega consigo a necessidade de um resgate a ser feito por toda a sociedade civil, toda a comunidade jurídica e todos os órgãos estatais, resgate esse que promova a discriminação positiva, que tenha por finalidade a equidade e não mais a igualdade.

O que se demanda de um Estado social democrático de direito é que sejam direcionados às mulheres e meninas respostas estatais que considerem o papel social a elas atribuído e as suas características biológicas, como a maternidade, o ciclo menstrual, o climatério e a menopausa. Respostas que lhes resguardem a entrada, a ascensão e a permanência no mercado de trabalho em configurações de salário e de cargo análogas às dos homens. O que se demanda é que o Estado lhes conceda hoje a proteção que a sociedade lhes negou por séculos. O Estado deve atender a essas necessidades por meio de políticas públicas que ofereçam equidade à população feminina, em todas as perspectivas. E a tributação é uma das respostas mais efetivas para a busca dessa minimização de distinções socioeconômicas de gênero.

A tributação indutora deve ser instrumento inclusivo em relação ao gênero feminino, para que as desigualdades socioeconômicas existentes entre homens e mulheres

---

19 SALVADOR, Evilasio Silva; YANNOULAS, Silvia Cristina. Orçamento e financiamento de políticas públicas: questões de gênero e raça. *Revista Feminismos*, v. 1, n. 2, p. 1, maio/ago. 2013. Disponível em: http://www.feminismos.neim.ufba.br/index.php/revista/article/view/19/52. Acesso em: 3 jun. 2024.

20 "Com o avanço do Direito Constitucional, as premissas ideológicas sobre as quais se erigiu o sistema de interpretação tradicional deixaram de ser integralmente satisfatórias. Assim: (i) quanto ao papel da norma, verificou-se que a solução dos problemas jurídicos nem sempre se encontra no relato abstrato do texto normativo. Muitas vezes só é possível produzir a resposta constitucionalmente adequada à luz do problema, dos fatos relevantes, analisados topicamente; (ii) quanto ao papel do juiz, já não lhe caberá apenas uma função de conhecimento técnico, voltado para revelar a solução contida no enunciado normativo. O intérprete torna-se coparticipante do processo de criação do Direito, completando o trabalho do legislador, ao fazer valorações de sentido para as cláusulas abertas e ao realizar escolhas entre soluções possíveis" (BARROSO, Luís Roberto. Neoconstitucionalismo e constitucionalização do direito – O triunfo tardio do direito constitucional no Brasil. *Revista de Direito Administrativo*, Rio de Janeiro, v. 240, p. 1-42, abr./jun. 2005. Disponível em: https://periodicos.fgv.br/rda/article/view/43618/44695. Acesso em: 15 jul. 2024. p. 12).

sejam aplacadas. O aumento da capacidade socioeconômica das mulheres perpassa, atualmente, sua inserção e sua progressão no mercado de trabalho. A tributação e seus desdobramentos práticos são possíveis juridicamente e úteis no combate à desigualdade de gênero e na imprescindível proteção do mercado de trabalho da mulher.[21]

Sobre a construção de políticas públicas de intervenção estatal na economia e a tributação indutiva, cabe dar ênfase aos trabalhos de Juliana Feriato e Orlando Dias Neto,[22] que publicaram o estudo "A tributação como instrumento para a promoção da igualdade de gênero no mercado de trabalho"; Corina Rodríguez Enríquez,[23] com a pesquisa "Gastos, tributos e equidade de gênero: uma introdução ao estudo da política fiscal a partir da perspectiva de gênero"; Cristina Vieceli, Róber Ávila e João Conceição,[24] com a publicação de "Estrutura tributária brasileira e seus reflexos nas desigualdades de gênero"; Ana Elizabeth Neirão Reymão e Amanda Naif Daibes Lima,[25] ao escreverem sobre "Desigualdade e democracia: o papel do Estado enquanto garantidor do regime democrático"; Nathalia de Andrade Medeiros Tavares,[26] com a obra *Desigualdades sociais patrimoniais: como a tributação pode reduzi-las?*; e Lorena de Fátima Souza Araújo Narcizo,[27] que enfrentou as interseccionalidades que atravessam as mulheres no livro *Racismo e sexismo na tributação brasileira sobre o consumo*.

As decisões mais recentes do Supremo Tribunal Federal quanto à necessidade de superação das desigualdades de gênero têm estreita relação com os comandos da Constituição, como não poderia deixar de ser. Se as cidadãs não encontram respostas às suas demandas na legislação vigente, muito embora a Constituição seja clara quanto à

---

21 "Uma isenção tributária condicionada à oferta das mesmas oportunidades de emprego, independentemente do gênero, viabiliza a inclusão dos efeitos positivos de tal contratação ao processo decisório empresarial (internalização das externalidades), de forma que o mercado de trabalho, utilizando seu próprio mecanismo e dinâmica de funcionamento, passe a ser mais inclusivo em relação ao gênero feminino. Desta forma, a tributação indutora, manifestada por uma isenção tributária condicionada, se mostra como um instrumento à disposição do Estado para privilegiar os empregadores que optem por dar condições mais igualitárias de trabalho às mulheres" (DIAS NETO, Orlando Fernandes; FERIATO, Juliana Marteli Fais. A tributação como instrumento para a promoção da igualdade de gênero no mercado de trabalho. *Revista Direitos Sociais e Políticas Públicas (Unifafibe)*, Bebedouro, v. 6, n. 2, 2018. Disponível em: http://www.unifafibe.com.br/revista/index.php/direitos-sociais-politicas-pub/issue/view/26/showToc. Acesso em: 3 jun. 2024).

22 DIAS NETO, Orlando Fernandes; FERIATO, Juliana Marteli Fais. A tributação como instrumento para a promoção da igualdade de gênero no mercado de trabalho. *Revista Direitos Sociais e Políticas Públicas (Unifafibe)*, Bebedouro, v. 6, n. 2, 2018. Disponível em: http://www.unifafibe.com.br/revista/index.php/direitos-sociais-politicas-pub/issue/view/26/showToc. Acesso em: 3 jun. 2024.

23 Segundo sustenta a autora: "caso se pretenda combater a discriminação econômica de gênero, que encontra uma de suas raízes principais nas dificuldades das mulheres de acessar o mercado de trabalho, devem ser removidos todos os elementos que desencorajam a oferta de sua força de trabalho" (ENRÍQUEZ, Corina Rodríguez. Gastos, tributos e equidade de gênero: uma introdução ao estudo da política fiscal a partir da perspectiva de gênero (2008). *In*: JÁCOME, Márcia Larangeira; VILLELA, Shirley (Org.). *Orçamentos sensíveis a gênero*: conceitos. Brasília: ONU Mulheres, 2012. p. 199-232. Disponível em: http://onumulheres.org.br/wp-content/themes/vibecom_onu/pdfs/orcamentos-conceitos.pdf. Acesso em: 3 jun. 2024).

24 VIECELI, Cristina Pereira; ÁVILA, Róber Iturriet; CONCEIÇÃO, João Batista Santos. *Estrutura tributária brasileira e seus reflexos nas desigualdades de gênero*. Disponível em: https://ijf.org.br/wp-content/uploads/2020/07/Artigo-Tributa%C3%A7%C3%A3o-e-G%C3%AAnero.pdf. Acesso em: 3 jun. 2024.

25 REYMÃO, Ana Elizabeth Neirão; LIMA, Amanda Naif Daibes. Desigualdade e democracia: o papel do Estado enquanto garantidor do regime democrático. *In*: REYMÃO, Ana Elizabeth Neirão; KOURY, Suzy Elizabeth Cavalcante. *O capital no século XXI*: Piketty e a economia da desigualdade. Belo Horizonte: Fórum, 2018. p. 179-198.

26 TAVARES, Nathalia de Andrade Medeiros. *Desigualdades sociais patrimoniais*: como a tributação pode reduzi-las? Rio de Janeiro: Lumen Juris, 2017.

27 NARCISO, Lorena de Fátima Sousa Araújo. *Racismo e sexismo na tributação brasileira sobre o consumo*. Belo Horizonte: Arraes, 2023. p. 133-147.

titularidade do direito que postulam, adequada parece ser a resposta do Poder Judiciário, que não pode se furtar a cobrar a iniciativa do Poder Legislativo ou do Poder Executivo, e determinar que o direito judicializado seja usufruído.

É muito mais corriqueiro do que deveria ser que, ao analisar um julgamento do Supremo Tribunal Federal, cuja razão de decidir seja a suplantação das desigualdades de gênero, sejam questionados o acerto e a viabilidade desse tipo de decisão. Não seria função do Poder Legislativo elaborar políticas públicas de oposição à manutenção das assimetrias econômicas de gênero? Poderia o Poder Judiciário, como agente público da mais alta envergadura, ser ator ativo da construção desse tipo de ação pública?

A Constituição deve ter observância máxima, imposição, que não pode ser contraditada ampla e irrestritamente. Tal como elucidado, em diferentes passagens, pelo Ministro Luís Roberto Barroso, "as normas constitucionais são dotadas de imperatividade, que é atributo de todas as normas jurídicas, e sua inobservância há de deflagrar os mecanismos próprios de coação, de cumprimento forçado".[28] Há um compromisso do Estado com a efetividade dos direitos sociais, o qual é extensivo a todos os agentes públicos, atuantes nos três poderes, nas três esferas da Federação.

Maria Paula Dallari Bucci reconhece que o impedimento da omissão do Estado na efetivação de direitos sociais é uma implicação das normas programáticas.[29] "Um dos efeitos da aplicabilidade das normas programáticas é a proibição de omissão dos Poderes Públicos na realização dos direitos sociais".[30] Reitera a autora, com clareza, que não há tarefa simples – nem sancionar omissões nem promover a implementação de políticas públicas – sem a devida e detalhada elaboração da ação pública e seu processamento adequado. No entanto, compreendendo as políticas públicas como programas destinados a realizar a prestação de garantia dos direitos sociais, deveria, ou deve, o Poder Judiciário manter-se inerte diante das ações coletivas propostas para assegurar tais direitos?

A corroborar e a salientar a postura ativa do Supremo Tribunal Federal na definição de controvérsias acerca dos direitos fundamentais, os estudos elaborados por Monique Lopes e Rafael Aguiar[31] seguem no mesmo sentido, trazendo, ainda, pontos mais específicos quanto à responsabilidade do Poder Judiciário nas questões de desigualdade de gênero. Como dito antes, neste texto, as construções de gênero envolvem aspectos que se estendem do campo histórico ao campo jurídico. E, deste último, dependem, inarredavelmente, para que se promova o rompimento do cenário atual de diferenças e a concretização da igualdade. É dever também do Poder Judiciário participar desse processo.

Segundo o Ministro Luís Roberto Barroso, a judicialização da vida é um fenômeno com causas diversas, como uma tendência mundial, mas tem relação com o modelo

---

[28] BARROSO, Luís Roberto. Neoconstitucionalismo e constitucionalização do direito – O triunfo tardio do direito constitucional no Brasil. *Revista de Direito Administrativo*, Rio de Janeiro, v. 240, p. 1-42, abr./jun. 2005. Disponível em: https://periodicos.fgv.br/rda/article/view/43618/44695. Acesso em: 15 jul. 2024.

[29] BUCCI, Maria Paula Dallari. O conceito de política pública em direito. *In*: BUCCI, Maria Paula Dallari. *Políticas públicas*: reflexões sobre o conceito jurídico. São Paulo: Saraiva, 2006. p. 29-31.

[30] BUCCI, Maria Paula Dallari. O conceito de política pública em direito. *In*: BUCCI, Maria Paula Dallari. *Políticas públicas*: reflexões sobre o conceito jurídico. São Paulo: Saraiva, 2006. p. 29.

[31] LOPES, Monique Rodrigues; AGUIAR, Rafael dos Reis. Carta das mulheres à constituinte: uma análise sobre as leis de violência contra as mulheres a partir das críticas ao direito. *Revista de Ciências do Estado*, Belo Horizonte, v. 5, n. 1, e20681. ISSN: 2525-8036.

brasileiro de controle de constitucionalidade.[32] Nas palavras de Maria Paula Dallari Bucci, a "judicialização da política" é um fato que isoladamente revela a "processualidade das políticas públicas", tendo em conta que, dia após dia, um maior número de conflitos sociais passa a ser submetido ao Poder Judiciário, uma vez que o modelo jurídico da Constituição brasileira favorece a admissão do conflito, e não sua rejeição.[33] Para a autora, o controle judicial configura mais uma forma de maximização das políticas públicas.

Inegavelmente, a ampliação das formas de acesso à justiça e o aumento da importância social dessas vias de solução de controvérsias, em busca de maior amplitude e eficácia, ultrapassaram o questionamento relativo à possibilidade de haver ou não controle judicial quanto à implementação de políticas públicas. A pergunta a ser feita é: quais os limites da decisão judicial? Maria Paula Dallari Bucci fala sobre um controle, cada vez mais frequente, das políticas públicas pelo Poder Judiciário. Acrescenta ainda que há uma propensão mundial à implementação de ações públicas, primordialmente relacionadas à concretização de direitos sociais, pelo Poder Judiciário.[34]

É importante ressaltar quais as razões da atuação do Poder Judiciário diante de ações, principalmente as coletivas ou de controle de constitucionalidade, que objetivam o alcance de direitos sociais. Em regra, as decisões judiciais que reconhecem direitos sociais o fazem diante da inexistência de legislação ou política pública que promova tal direito ou o fazem de modo a aperfeiçoá-las. Maria Paula Dallari Bucci pondera com grande precisão que "não se trata de conceber o Poder Judiciário como mera arena de conflitos, mas respeitar que a exigência judicial de direitos seja uma alternativa possível".[35]

Como dito linhas atrás, por diversas autoras e autores, para a concretização da democracia, os direitos sociais devem ser garantidos pelas atuações do Estado em relação a quaisquer dos três poderes. "Esse é o sentido político-institucional do controle judicial de políticas públicas num cenário democrático. Não se trata de conceber o Poder Judiciário como mera arena de conflitos, mas respeitar que a exigência judicial de direitos seja uma alternativa possível", como enfatiza Maria Paula Dallari Bucci.[36]

---

[32] BARROSO, Luís Roberto. Judicialização, ativismo judicial e legitimidade democrática. *(SYN)THESIS*, v. 5, n. 1, p. 23-32, 2012. Disponível em: https://www.e-publicacoes.uerj.br/synthesis/article/view/7433. Acesso em: 8 jul. 2024.

[33] BUCCI, Maria Paula Dallari. *Fundamentos para uma teoria jurídica das políticas públicas*. São Paulo: Saraiva, 2013. p. 121-122.

[34] "Se existe um controle judicial mais presente (e incômodo, em certa medida, para os gestores públicos) sobre a atuação governamental, não se trata de exercício de voluntarismo por integrantes da magistratura, mas de um movimento consistente, formalizado pelo Poder Legislativo, cujo sentido claro é evitar a procrastinação das decisões sobre os conflitos, sustentando a decidibilidade judicial mais célere e eficaz. Esse sentido acompanha movimento análogo em diversos países, que fizeram do Judiciário o foro natural onde deságua boa parte dos conflitos da sociedade, o que requer, evidentemente, que o Judiciário tenha condições de prover respostas em prazo considerado razoável pelos destinatários do serviço jurisdicional" (BUCCI, Maria Paula Dallari. *Fundamentos para uma teoria jurídica das políticas públicas*. São Paulo: Saraiva, 2013. p. 123).

[35] BUCCI, Maria Paula Dallari. *Fundamentos para uma teoria jurídica das políticas públicas*. São Paulo: Saraiva, 2013. p. 124.

[36] "Esse é o sentido político-institucional do controle judicial de políticas públicas num cenário democrático. Não se trata de conceber o Poder Judiciário como mera arena de conflitos, mas respeitar que a exigência judicial de direitos seja uma alternativa possível. Diante dela, cabe à autoridade prestar contas, informar como está sendo planejado o enfrentamento da questão, quais os meios imediatamente disponíveis, quais os resultados a serem obtidos ao longo do tempo. Só desse modo se terá o verdadeiro escrutínio da conduta do Poder Público, sem *parti pris*, seja de um lado, seja de outro. Curiosamente, pode-se dizer que o problema que a judicialização das políticas públicas hoje enfrenta decorre da falta de procedimento e não de excesso deste" (BUCCI, Maria Paula Dallari. *Fundamentos para uma teoria jurídica das políticas públicas*. São Paulo: Saraiva, 2013. p. 124).

2 O julgamento do RE nº 576.967/PR e a efetiva proteção do mercado de trabalho da mulher: uma decisão pragmática e urgente

A igualdade de gênero, como vertente dos direitos fundamentais, depende da atuação do legislador, por óbvio, que devia conformar os atos normativos legais e infralegais à Constituição, mas também exige comportamento ativo do Supremo Tribunal Federal, em sua tarefa primordial: a consolidação desses direitos. A Suprema Corte brasileira, Tribunal de direitos fundamentais, deve voltar-se à proteção de grupos vulneráveis. E, na hipótese de igualdade de gênero, o pronunciamento da Suprema Corte é em tudo fundamental, dada a necessidade de implementação de equidade em relação ao mercado de trabalho da mulher, marcado por todos os tipos de discriminações e efeitos deletérios, como mais uma das nefastas repercussões da construção do gênero feminino.

É dentro do ordenamento jurídico que precisa ocorrer a construção de arranjos institucionais novos, na mudança de incentivos, no fomento de valores, na determinação de novos acordos sociais. Uma ordem jurídica mais justa, que deve acompanhar a evolução de seu tempo e as necessidades de suas minorias, precisa ser erguida. É do direito, do plexo de normas institucionais que decorre a proteção e a efetivação de direitos. Como definido pelo Ministro Eros Grau, "[o] direito positivo é contraditório", mas é ele "a derradeira garantia de defesa das classes subalternas".[37] A maioria minorizada das mulheres brasileiras depende do sistema jurídico para que o fosso que as separa dos homens seja, dia a dia, ultrapassado.

Se inexistente a promoção da igualdade entre homens e mulheres no circuito laboral, embora a determinação exista no art. 7º, XX e XXX,[38] que impõem a proteção do mercado de trabalho da mulher, mediante incentivos específicos, e a proibição da diferença de salários por motivo de sexo, o STF, cumprindo sua função de garantidor de direitos fundamentais,[39] prolatou decisão pragmática, para dar contornos concretos à isonomia. O julgamento do RE nº 576.967, do Estado do Paraná, ocorreu em 5.8.2020, e a discussão era a incidência, ou não incidência, da contribuição previdenciária patronal sobre o salário-maternidade.[40] Restou fixada a tese: "É inconstitucional a incidência da contribuição previdenciária a cargo do empregador sobre o salário-maternidade".[41]

---

[37] GRAU, Eros Roberto. *Por que tenho medo dos juízes* – A intepretação/aplicação do direito e os princípios. 10. ed. São Paulo: JusPodivm; Malheiros, 2021. p. 14.

[38] "Art. 7º São direitos dos trabalhadores urbanos e rurais, além de outros que visem à melhoria de sua condição social: [...] XX – proteção do mercado de trabalho da mulher, mediante incentivos específicos, nos termos da lei; [...] XXX – proibição de diferença de salários, de exercício de funções e de critério de admissão por motivo de sexo, idade, cor ou estado civil; [...]".

[39] "Enquanto até a década de 30 o Poder Legislativo era o principal responsável pelo alargamento dos direitos fundamentais, que passavam, por meio de leis, a comporem o quadro reconhecido daqueles que eram assegurados, tocando ao Poder Executivo o papel garantidor do respeito a eles, a partir da 2ª Grande Guerra o Poder Judiciário nos Estados Unidos, por meio da Suprema Corte, basicamente sob a presidência de Earl Warren, e as Cortes Constitucionais nos Estados europeus passaram a ser os principais polos institucionais não apenas garantidores, mas ativadores em parte, do reconhecimento de novos direitos tidos como fundamentais a partir de então. O que se acredita é que, a partir do período imediatamente pós-guerra e até o início da década de sessenta, passou-se a ter consciência de que os litígios constitucionais, mesmo traduzindo interesses individuais, continham elementos que se espraiavam e densificavam em toda a sociedade e, dessa forma, constituíam fonte de reconhecimento de direitos fundamentais para todos na sociedade" (ROCHA, Cármen Lúcia Antunes. Ação afirmativa: o conteúdo democrático do princípio da igualdade jurídica. *Revista de Informação Legislativa*, Brasília, ano 33, n. 131, p. 286-287, jul./set. 1996).

[40] BORGES, Lana. *Tributação e gênero*: políticas públicas de extrafiscalidade e a luta pela igualdade. Belo Horizonte: Fórum, 2023.

Em uma linha cronológica, o mandado de segurança foi impetrado pelo Hospital Vita Batel S.A., em 31.6.2006, e questionava a incidência da mencionada contribuição sobre o salário-maternidade por afronta ao art. 195, I, "a", da CF. O recurso extraordinário foi autuado no STF em 30.1.2008 e distribuído inicialmente ao Ministro Joaquim Barbosa; a existência de repercussão geral, identificada em 26 de abril daquele mesmo ano.[42] Em junho de 2013, houve a substituição da relatoria. O relator do Tema nº 72 de repercussão geral (RG) foi o Ministro Luís Roberto Barroso, como consta no andamento do processo.[43]

O caso, para além de toda a discussão tributária, tem direta ligação com três dos 17 Objetivos de Desenvolvimento Sustentável (ODS) da Agenda 2030, compromisso firmado por 195 países em 2015.[44] Segundo o *site* do STF, a questão a ser apreciada pela Corte guardava relação com os seguintes objetivos: ODS 5, Igualdade de gênero; ODS 10, Redução das desigualdades; e ODS 16, Paz, justiça e instituições eficazes. Além de ter uma importância notória já que atravessava o cenário do mercado de trabalho da mulher. "As normas impugnadas, ao imporem tributação que incide somente quando a trabalhadora é mulher e mãe, criam obstáculo geral à contratação de mulheres, por questões exclusivamente biológicas, uma vez que torna a maternidade um ônus" é o que consta no item 4 da ementa do julgado, que é em todas as suas perspectivas emblemático.[45]

O fenômeno do ativismo judicial tem uma face positiva, tal como destacado pelo Ministro Luís Roberto Barroso. O Judiciário atende a demandas da sociedade que não puderam ser satisfeitas pelo Parlamento, em temas com complexidade e relevância máximas.[46] A proteção ao mercado de trabalho da mulher, constante, de modo expresso, no art. 7º, XX, da CF,[47] encontra respaldo antecedente na igualdade efetiva, na equidade, a ser implementada entre homens e mulheres, nos termos do art. 5º, I, bem como na ordem econômica, fundada na valorização do trabalho humano – art. 170, *caput*, da CF. Se o trabalho da mulher, em grande parte das hipóteses, é desenvolvido em condições distintas daquelas circunstâncias que alcançam os homens, e é ainda depreciado monetariamente, há o menosprezo do trabalho humano e não a sua dignificação.

---

[41] O andamento processual do RE nº 576.967 encontra-se disponível em: http://www.stf.jus.br/portal/jurisprudenciaRepercussao/verAndamentoProcesso.asp?incidente=2591930&numeroProcesso=576967&classeProcesso=RE&numeroTema=72. Acesso em: 3 jun. 2024.

[42] BRASIL. Supremo Tribunal Federal (Tribunal Pleno). *Recurso Extraordinário nº 576.967*. Rel. Min. Roberto Barroso, julgado em 4 de agosto de 2020. Disponível em: https://jurisprudencia.stf.jus.br/pages/search?classeNumeroIncidente=%22RE%20576967%22&base=acordaos&sinonimo=true&plural=true&page=1&pageSize=10&sort=_score&sortBy=desc&isAdvanced=true. Acesso em: 3 jun. 2024.

[43] BRASIL. Supremo Tribunal Federal. *RE nº 576.967*. Disponível em: http://www.stf.jus.br/portal/jurisprudenciaRepercussao/verAndamentoProcesso.asp?incidente=2591930&numeroProcesso=576967&classeProcesso=RE&numeroTema=72. Acesso em: 3 jun. 2024.

[44] ONU – ORGANIZAÇÃO DAS NAÇÕES UNIDAS. *Objetivos do Desenvolvimento Sustentável*. Disponível em: https://brasil.un.org/pt-br/sdgs. Acesso em: 9 jul. 2024.

[45] BRASIL. Supremo Tribunal Federal. *RE nº 576.967*. Íntegra do acórdão. Disponível em: https://redir.stf.jus.br/paginadorpub/paginador.jsp?docTP=TP&docID=754147264. Acesso em: 10 jun. 2024.

[46] BARROSO, Luís Roberto. Judicialização, ativismo judicial e legitimidade democrática. *(SYN)THESIS*, v. 5, n. 1, p. 23-32, 2012. Disponível em: https://www.e-publicacoes.uerj.br/synthesis/article/view/7433. Acesso em: 8 jul. 2024.

[47] "Art. 7º São direitos dos trabalhadores urbanos e rurais, além de outros que visem à melhoria de sua condição social: [...] XX – proteção do mercado de trabalho da mulher, mediante incentivos específicos, nos termos da lei; [...] XXX – proibição de diferença de salários, de exercício de funções e de critério de admissão por motivo de sexo, idade, cor ou estado civil" (BRASIL. *Constituição da República Federativa do Brasil de 1988*. Brasília: Senado Federal, 5 out. 1988. Disponível em: http://www.planalto.gov.br/ccivil_03/constituicao/constituicao.htm. Acesso em: 2 jun. 2024).

As considerações e ponderações expressas no que diz respeito à igualdade, em geral, e, especificamente, sobre a igualdade de gênero, dentro de uma ótica que acopla os direitos fundamentais e as políticas públicas, indicam que as discussões referentes à superação das assimetrias de gênero ascenderam à Suprema Corte brasileira. Ou seja, despertaram o olhar para a omissão dos demais poderes quanto a ferramentas de concretização de igualdade entre homens e mulheres no mercado de trabalho, porque é dessa isonomia que atualmente dependem as mulheres para se tornarem titulares de renda e patrimônio.

O voto do relator é de grande impacto para a realidade da mulher brasileira e para a sociedade como um todo.[48] Mais especificamente sobre a proteção do mercado de trabalho da mulher, o Ministro Luís Roberto Barroso, no RE nº 576.967, ao explicar a estrutura sobre a qual está assentado o seu voto, realça que o dividiu em três partes. Esclarece que, "na terceira, trato da violação à isonomia, considerando a discriminação da mulher no mercado de trabalho, potencializada pela incidência do tributo, bem como a necessidade da proteção à maternidade".[49]

O ministro relator delineou a trajetória legislativa do instituto "licença-maternidade", suas formas de pagamento, sua natureza jurídica de benefício previdenciário, de acordo com o arcabouço legal, jurisprudencial e com a doutrina majoritária. Fixou que a incidência de contribuição previdenciária sobre o salário-maternidade importa em inobservância do disposto no art. 195, §4º, da Constituição do Brasil. Todavia, o trecho mais relevante do voto reside no item III, intitulado: "A Violação à Isonomia: a Discriminação da Mulher no Mercado de Trabalho".[50] O ponto mais alto de seu voto.

Em seu relato histórico, o Ministro Luís Roberto Barroso indicou outros julgamentos que reconheceram direitos às mulheres durante a gestação e citou, entre eles, o RE nº 658.312[51] Tema nº 528 de repercussão geral – reconhecimento da recepção pela Constituição Federal de 1988 do intervalo especial de 15 minutos antes da jornada extraordinária, destinado à mulher pelo art. 384 da CLT. Indicou também o RE nº 629.053[52] Tema nº 497 de repercussão geral – inexistência de interferência da gravidez na estabilidade prevista no art. 10, II, do Ato das Disposições Constitucionais Transitórias.

---

[48] Nesse mesmo sentido, NOVO, Carla Mendes; LONGO, Larissa Luzia. RE nº 576.967/PR: Inconstitucionalidade da tributação do salário-maternidade pela contribuição previdenciária patronal. *In*: SACFF, Fernando Facury *et al. Supremos acertos*: avanços doutrinários a partir da jurisprudência do STF. Belo Horizonte: Casa do Direito, 2022: "Nesse contexto, o texto constitucional garante e protege a maternidade por meio concessão de licença-maternidade sem prejuízo do emprego e do salário, garantia criada justamente com o escopo de prestigiar o reconhecimento da função social da maternidade, buscando a mudança de sua percepção como um ônus no campo profissional. Esse cenário intensifica a desvantagem competitiva da mulher no mercado de trabalho, pois o ônus tributário da maternidade recai inteiramente sobre o empregador, contribuindo para o aumento do custo da mão de obra feminina, comparativamente à masculina. A tributação do salário-maternidade revela, portanto, a desconexão entre (i) os vetores constitucionais de incentivo à proteção das mulheres no mercado de trabalho e (ii) a norma tributária, de imposição de ônus à contratação de mulheres. Por consequência, a tributação do salário-maternidade implicava violação ao artigo 7º, XX, da Constituição Federal, que exige do legislador a elaboração de políticas públicas que incentivem e protejam as mulheres e mães no mercado de trabalho".

[49] BRASIL. Supremo Tribunal Federal. *RE nº 576.967*. Íntegra do acórdão. Disponível em: https://redir.stf.jus.br/paginadorpub/paginador.jsp?docTP=TP&docID=754147264. Acesso em: 3 jun. 2024.

[50] BRASIL. Supremo Tribunal Federal. *RE nº 576.967*. Íntegra do acórdão. Disponível em: https://redir.stf.jus.br/paginadorpub/paginador.jsp?docTP=TP&docID=754147264. Acesso em: 3 jun. 2024.

[51] BRASIL. Supremo Tribunal Federal. RE nº 658.312. Rel. Min. Dias Toffoli, Tribunal Pleno, j. 15.9.2021. *DJe*, 6.12.2021.

[52] BRASIL. Supremo Tribunal Federal. RE nº 629.053. Rel. Min. Marco Aurélio, Redator para o acórdão Min. Alexandre de Moraes, Tribunal Pleno, j. 10.10.2018. *DJe*, 27.2.2019. Disponível em: https://jurisprudencia.stf.jus.br/pages/search?classeNumeroIncidente=%22RE%20629053%22&base=acordaos&sinonimo=true&plural=true&page=1&pageSize=10&sort=_score&sortBy=desc&isAdvanced=true. Acesso em: 3 jun. 2024.

Mencionou, por fim, o RE nº 1.058.333[53] Tema nº 973 de repercussão geral – direito de remarcação de teste de aptidão física em concurso para as mulheres que estiverem grávidas, afirmando que os *distinguishings* estabelecidos pelo texto constitucional e pela jurisprudência da Corte estão alicerçados pelas condições biológicas femininas e pelas dificuldades que elas podem gerar para a equidade de tratamento da mulher no mercado de trabalho.

O ministro asseverou, ainda, com base em documentos produzidos pela Organização das Nações Unidas (ONU), pela Organização Internacional do Trabalho (OIT), pelo Banco Mundial e por outras entidades, a existência da discriminação oriunda da condição de maternidade inerente à mulher e as discrepâncias de salários e das menores possibilidades de ascensão e de crescimento profissionais para as mulheres. "As diversas pesquisas convergem para a efetiva demonstração da existência de reiterada discriminação das mulheres no mercado de trabalho, diante das restrições ao acesso a determinados postos de trabalho, salários e oportunidades", como evidenciado pelo ministro relator.[54] A divisão sexual do trabalho, a maior de todas as mazelas advindas da construção do gênero feminino,[55] foi trabalhada, em linguagem direta e contundente, pelo Ministro Luís Roberto Barroso:

> *O papel de cuidadora atribuído à mulher na sociedade é um fato e não se discute que ele precisa ser revisto com medidas, inclusive políticas públicas, que incentivem a participação do pai na criação dos filhos.* No entanto, essa perspectiva está longe de se concretizar no nosso país, cuja legislação impõe uma licença-paternidade de apenas 5 (cinco) dias, em que o empregado homem continua a receber do empregador. *Com base na realidade brasileira, em que, ao menos 30 milhões de lares são chefiados por mulheres, faz-se imperioso acabar com qualquer forma de discriminação ou empecilho para o acesso de mulheres ao mercado de trabalho.*
>
> *Por esse motivo, a desoneração da mão de obra feminina é medida que se impõe,* uma vez que, no atual sistema previdenciário, as mulheres são as principais beneficiárias do salário-maternidade e são elas que ficam afastadas durante o período de licença, de modo que o empregador já se verá obrigado a contratar outro funcionário ou deslocar alguém para a função desenvolvida por ela na sua ausência. *É necessário, portanto, que o Estado não imponha quaisquer ônus adicionais a uma situação que já é, por si só, mais cara ao empregador, que não pode sofrer o desestímulo estatal para a contratação de mão de obra feminina.*
>
> *E, nesse cenário, as mulheres mais prejudicadas são as negras e pardas, que, historicamente, estão em classes sociais mais baixas, com menos acesso a métodos contraceptivos e, portanto, engravidam mais.* Recente pesquisa da área de População e Desenvolvimento do Fundo de População das Nações Unidas (UNFPA), no Brasil, demonstra que há discrepâncias relevantes entre mulheres que vivem no meio rural (média de 2,41 filhos) e meio urbano (médio de 1,75 filho); mulheres negras (1,88); pardas (1,96) e brancas (1,69); mulheres com maior escolaridade (1,18 filho para escolaridade superior a 12 anos) e menor escolaridade (3 filhos para escolaridade até 8 anos).[56] (Grifos nossos)

---

[53] BRASIL. Supremo Tribunal Federal. RE nº 1.058.333. Rel. Min. Luiz Fux, Tribunal Pleno, j. 21.11.2018. *DJe*, 27.7.2020. Disponível em: https://jurisprudencia.stf.jus.br/pages/search?classeNumeroIncidente=%22RE%201058333%22&base=acordaos&sinonimo=true&plural=true&page=1&pageSize=10&sort=_score&sortBy=desc&isAdvanced=true. Acesso em: 3 jun. 2024.

[54] BRASIL. Supremo Tribunal Federal. *RE nº 576.967*. Íntegra do acórdão. Disponível em: https://redir.stf.jus.br/paginadorpub/paginador.jsp?docTP=TP&docID=754147264. Acesso em: 3 jun. 2024.

[55] BORGES, Lana. *Tributação e gênero*: políticas públicas de extrafiscalidade e a luta pela igualdade. Belo Horizonte: Fórum, 2023. p. 45.

[56] BRASIL. Supremo Tribunal Federal. *RE nº 576.967*. Íntegra do acórdão. Disponível em: https://redir.stf.jus.br/paginadorpub/paginador.jsp?docTP=TP&docID=754147264. Acesso em: 3 jun. 2024.

Três relevantes abordagens do ministro relator merecem total atenção. A primeira delas é a perniciosa e secular divisão sexual do trabalho e a sobrecarga das mulheres: "o papel de cuidadora atribuído à mulher na sociedade é um fato e não se discute que ele precisa ser revisto com medidas, inclusive políticas públicas, que incentivem a participação do pai na criação dos filhos". A segunda é o crescente número de famílias cuja responsável financeira é uma mulher: "30 milhões de lares são chefiados por mulheres, faz-se imperioso acabar com qualquer forma de discriminação ou empecilho para o acesso de mulheres ao mercado de trabalho". A terceira é o cenário de vulnerabilidade ainda maior para mulheres pretas e pardas: "as mulheres mais prejudicadas são as negras e pardas, que, historicamente, estão em classes sociais mais baixas, com menos acesso a métodos contraceptivos e, portanto, engravidam mais".[57]

A urgente superação de cada uma dessas dificuldades enfrentadas pelas mulheres no mercado de trabalho depende da elaboração de políticas públicas.[58] Não há alternativa. A intervenção do Estado é nevrálgica, ainda que dela decorra redução de arrecadação de receita tributária. "É necessário, portanto, que o Estado não imponha quaisquer ônus adicionais a uma situação que já é, por si só, mais cara ao empregador, que não pode sofrer o desestímulo estatal para a contratação de mão de obra feminina",[59] afirma, ainda, o relator.

É preciso enxergar que todos os sistemas normativos, o tributário, o previdenciário, o trabalhista, o penal, o civil, devem dar concretude aos comandos de materialização da igualdade de gênero contidos no texto constitucional. Sem exceção de nenhum deles. A implementação de medidas hábeis à minimização das discrepâncias entre homens e mulheres é impositiva a todos os microssistemas, e essas medidas devem ser simultaneamente trabalhadas.[60] Seria, no mínimo, muito ineficiente que houvesse uma ordem de prioridade de tomadas de decisões, ajustes e providências. São todas elas, em todos os arcabouços normativos infraconstitucionais, necessárias e urgentes.[61]

As fundamentações do relator alcançam o cenário do mercado de trabalho da mulher, que não se confunde com o mercado de trabalho do homem. Sabe-se que há impedimentos e obstáculos próprios às mulheres no mercado de trabalho. Consoante bem

---

[57] BRASIL. Supremo Tribunal Federal. *RE nº 576.967*. Íntegra do acórdão. Disponível em: https://redir.stf.jus.br/paginadorpub/paginador.jsp?docTP=TP&docID=754147264. Acesso em: 3 jun. 2024.

[58] "Uma isenção tributária condicionada à oferta das mesmas oportunidades de emprego, independentemente do gênero, viabiliza a inclusão dos efeitos positivos de tal contratação ao processo decisório empresarial (internalização das externalidades), de forma que o mercado de trabalho, utilizando seu próprio mecanismo e dinâmica de funcionamento, passe a ser mais inclusivo em relação ao gênero feminino. Desta forma, a tributação indutora, manifestada por uma isenção tributária condicionada, se mostra como um instrumento à disposição do Estado para privilegiar os empregadores que optem por dar condições mais igualitárias de trabalho às mulheres" (DIAS NETO, Orlando Fernandes; FERIATO, Juliana Marteli Fais. A tributação como instrumento para a promoção da igualdade de gênero no mercado de trabalho. *Revista Direitos Sociais e Políticas Públicas (Unifafibe)*, Bebedouro, v. 6, n. 2, 2018. Disponível em: http://www.unifafibe.com.br/revista/index.php/direitos-sociais-politicas-pub/issue/view/26/showToc. Acesso em: 3 jun. 2024).

[59] BRASIL. Supremo Tribunal Federal. *RE nº 576.967*. Íntegra do acórdão. Disponível em: https://redir.stf.jus.br/paginadorpub/paginador.jsp?docTP=TP&docID=754147264. Acesso em: 3 jun. 2024.

[60] "A igualdade constitui um direito fundamental e integra o conteúdo essencial da ideia de democracia. Da dignidade humana resulta que todas as pessoas são fins em si mesmas, possuem o mesmo valor e merecem, por essa razão, igual respeito e consideração" (BARROSO, Luís Roberto; OSÓRIO, Aline. "Sabe com quem está falando?": Notas sobre o princípio da igualdade no Brasil contemporâneo. *Direito e Práxis*, v. 7, n. 1, p. 204-232, 2016).

[61] CÂMARA, Andalessia Lana Borges. Mulheres e acesso ao mercado de trabalho: a tributação como ferramenta de minimização das desigualdades de gênero no Brasil. *In*: RANI, Herta; PITA, Juliana (org.). *O poder feminino*: entre percursos e desafios. Análises sobre políticas públicas, liderança feminina e tributação. Belo Horizonte: Arraes, 2021.

delineado em trabalho anteriormente citado, escrito por Patrícia Rocha Lemos, cientista social, e Thais de Souza Lapa, socióloga, "trabalhadora não é feminino de trabalhador".[62] Isso porque as mulheres enfrentam barreiras financeiras, psicológicas, culturais e sociais diretamente a elas impostas, pelo simples fato de serem mulheres, e que fazem com que o seu contexto profissional seja próprio e inequivocamente mais desafiador.[63]

Como dito, é inadiável que a promoção, a proteção e a materialização dos direitos constitucionais das mulheres se concretizem.[64] O reconhecimento do impostergável e necessário agir do Estado fora reconhecido também, e mais uma vez, pelo Supremo Tribunal Federal. Ao detalhar a questão da necessidade de não discriminação da mulher no mercado de trabalho, seja pelo empregador, seja pelo Estado, em razão de circunstância ou fato da vida que lhe seja privativo por motivo biológico, o Ministro Luís Roberto Barroso faz ainda ponderação, em tudo relevante, "admitir a incidência de contribuição previdenciária sobre o salário-maternidade importa permitir uma discriminação incompatível com o texto constitucional e com os tratados internacionais sobre direitos humanos dos quais o Brasil é signatário".

E o ministro destaca a medida de discriminação tributária perversa ao afirmar "admitir uma incidência tributária que recai somente sobre a contratação de funcionárias mulheres e mães é tornar sua condição biológica, por si só, um fator de desequiparação de tratamento em relação aos homens". Por fim, nesse trecho emblemático, aponta que a manutenção da incidência desestimularia a maternidade e incutiria "culpa, questionamentos, reflexões e medos em grande parcela da população, pelo simples fato de ter nascido mulher".[65] A mesma perspectiva da imposição da igualdade já havia sido trabalhada pelo ministro, "[a] igualdade veda a hierarquização dos indivíduos e as desequiparações infundadas, mas impõe a neutralização das injustiças históricas, econômicas e sociais, bem como o respeito à diferença".[66]

Na sequência, o Ministro Edson Fachin apresentou o seu voto, no mesmo sentido das razões de decidir do ministro relator. Afirmou, categoricamente, em sua fundamentação, não se tratar de temática metajurídica a questão da discrepância de gênero no Brasil. E traz uma reflexão de relevância imensurável. Consignou que, para considerar a assimetria de gênero como questão alheia ao sistema jurídico, seria necessário entender que também o art. 5º, I, da Constituição de 1988 encontra-se fora do ordenamento.[67]

---

[62] LEMOS, Patrícia Rocha; LAPA, Thaís de Souza. Trabalhadora não é feminino de trabalhador: divisão sexual do trabalho e subjetividade. *In*: ANTLOGA, Carla Sabrina, MAIA, Marina; SANTOS, Noemia de Morais (Org.). *Trabalho feminino desafios e perspectivas no Brasil*. Curitiba: Appris, 2021.

[63] CÂMARA, Andalessia Lana Borges; GUSKOW, Tatiana Maria; OLIVEIRA, Liziane Paixão Silva. Tributação e gênero: desigualdades e o necessário fomento do mercado de trabalho da mulher. *Revista de Estudos e Pesquisas Avançadas do Terceiro Setor*, v. 9, n. 1, p. 44-85, jan./jul. 2022.

[64] "A resposta para essa questão é: isso deve acontecer agora. O tempo para se realizar a promoção dos direitos das mulheres deve ser agora, não há mais como esperar. Para atingir este objetivo, é necessário garantir, litigar, proteger e promover os direitos constitucionais das mulheres. A história constitucional mostra que por muitos séculos as mulheres não eram consideradas cidadãs e sujeitos de direito, o que justifica a urgência de que esses direitos sejam promovidos" (BARBOZA, Estefânia Maria de Queiroz; DEMETRIO, André. Quando o gênero bate à porta do STF: a busca por um constitucionalismo Feminista. *Revista Direito GV*, São Paulo, v. 15, n. 3, e1930, 2019. p. 13).

[65] BRASIL. Supremo Tribunal Federal. *RE nº 576.967*. Íntegra do acórdão. Disponível em: https://redir.stf.jus.br/paginadorpub/paginador.jsp?docTP=TP&docID=754147264. Acesso em: 3 jun. 2024.

[66] BARROSO, Luís Roberto; OSÓRIO, Aline. "Sabe com quem está falando?": Notas sobre o princípio da igualdade no Brasil contemporâneo. *Direito e Práxis*, v. 7, n. 1, p. 204-232, 2016.

[67] BRASIL. Supremo Tribunal Federal. *RE nº 576.967*. Íntegra do acórdão. Disponível em: https://redir.stf.jus.br/paginadorpub/paginador.jsp?docTP=TP&docID=754147264. Acesso em: 3 jun. 2024.

Há no acórdão duas manifestações da Ministra Rosa Weber. A primeira delas, na página 51, datada de 6.11.2019, bastante curta. Neste pronunciamento, fora explicitado que, em sua opinião, quanto à temática salário-maternidade, não teria maior relevo a circunstância de gênero, tendo em conta ser atualmente o benefício estendido também à mãe adotante e ao pai adotante. Já em uma segunda manifestação, após também demarcar a evolução da natureza jurídica do salário-maternidade e suas alterações nos diplomas legais, a Ministra Rosa Weber deixou fixado que caberia ao Supremo Tribunal Federal zelar pela isonomia material e angariar aportes normativos para diminuir a discriminação direta da mulher no mercado de trabalho. "Incumbe a esta Casa, portanto, zelar pela isonomia material e não fechar os olhos para esta remanescente forma de discriminação direta da mulher no mercado de trabalho".[68]

O Ministro Alexandre de Moraes, que abriu a divergência, para fundamentar seu voto, baseou seus argumentos também na questão de gênero, mas acentuando que não seria essa a discussão dos autos. A questão controvertida estaria cingida à discussão tributária que não teria o escopo de beneficiar as mulheres, mas apenas e tão somente os empregadores. A divergência ficou vencida, mas foi acompanhada pelos ministros Ricardo Lewandowski, Gilmar Mendes e Dias Toffoli.

O Ministro Alexandre de Moraes, em seu voto divergente, traz um questionamento de grande importância: a não incidência de contribuição previdenciária irá realmente ser benéfica às empregadas? Haveria uma repercussão positiva às mulheres? "Portanto, cabe indagar: onde está a defesa da igualdade de gênero? O que se extrai desse cenário é que se o empregador deixar de pagar a contribuição, isso não vai implicar um centavo de aumento no salário, por exemplo, das enfermeiras", questiona o ministro. E enfatiza que se trataria de uma discussão tributária, na qual as empresas visariam a apenas mais lucro: "a defesa da igualdade entre o trabalho dos homens e das mulheres aparece como uma cortina de fumaça para obtenção de mais lucros, e para não contribuir em um sistema previdenciário que é, como todos sabemos, solidário".[69]

Destacou o Ministro Alexandre de Moraes que há um argumento *ad terrorem* das empresas quanto à custosa contratação das mulheres: "são sempre os mesmos argumentos *ad terrorem*: 'não tenho mais condição de contratar mulheres, em razão dos custos mais elevados das trabalhadoras do sexo feminino em relação ao trabalhador homem'". Prossegue o Ministro Alexandre de Moraes, consignando: "no entanto, o que se verifica, na prática, é que as mulheres não são substituídas por empregados homens. E razão é simples: as empresas pagam trinta por cento a menos para elas. É essa a questão".[70] As considerações do ministro estão pautadas em estatísticas apuradas por órgãos oficiais brasileiros.[71]

O julgamento do RE nº 576.967, indubitavelmente, está adstrito à realidade social, à discriminação sofrida de tantas formas pelas mulheres no mercado de trabalho e já

---

[68] BRASIL. Supremo Tribunal Federal. *RE nº 576.967*. Íntegra do acórdão. Disponível em: https://redir.stf.jus.br/paginadorpub/paginador.jsp?docTP=TP&docID=754147264. Acesso em: 3 jun. 2024.

[69] BRASIL. Supremo Tribunal Federal. *RE nº 576.967*. Íntegra do acórdão. Disponível em: https://redir.stf.jus.br/paginadorpub/paginador.jsp?docTP=TP&docID=754147264. Acesso em: 3 jun. 2024.

[70] BRASIL. Supremo Tribunal Federal. *RE nº 576.967*. Íntegra do acórdão. Disponível em: https://redir.stf.jus.br/paginadorpub/paginador.jsp?docTP=TP&docID=754147264. Acesso em: 3 jun. 2024.

[71] BRASIL. Instituto Brasileiro de Geografia e Estatística (IBGE). *Rendimento de todas as fontes 2019*. [2020]. Disponível em: https://biblioteca.ibge.gov.br/visualizacao/livros/liv101709_informativo.pdf. Acesso em: 3 jun. 2024.

ressaltada por trabalhos acadêmicos interdisciplinares. Discriminação essa que precisa ser duramente rechaçada e superada. É imperativo construir uma ordem jurídica de proteção, de materialização de *discrímen* positivo em relação às mulheres, para que a ideia de igualdade se torne realidade no cenário profissional da população feminina. Para todas aquelas e todos aqueles que estudam as questões de gênero no Brasil, o julgamento mencionado consolida a efetivação, pelo Supremo Tribunal Federal, de proteção judicial dos direitos fundamentais das mulheres.

3 O julgamento da ADI nº 5.422/DF e a inafastável conexão entre tributação e gênero

Finalmente, é possível afirmar que alcançou o Supremo Tribunal Federal o atrelamento entre as vertentes gênero e tributação. Após reconhecer que a incidência de contribuição previdenciária sobre o salário-maternidade é fator que pode prejudicar a contratação de mulheres,[72] o Supremo Tribunal Federal enfrentou outra temática, de máxima relevância, que vinculou tributação e gênero de modo bastante explícito.

A Ação Direta de Inconstitucionalidade nº 5.422/DF, de relatoria do Ministro Dias Toffoli,[73] formalizada pelo Instituto Brasileiro de Direito de Família (IBDFAM), tinha por objeto discutir a constitucionalidade da incidência de Imposto sobre a Renda das Pessoas Físicas (IRPF) sobre os valores recebidos a título de pensão alimentícia pela mãe de menores. No julgamento do mérito, que ocorreu em 6.6.2022, o Tribunal assentou, dando interpretação conforme à Constituição Federal aos dispositivos questionados, o afastamento da incidência do imposto de renda sobre valores decorrentes do direito de família percebidos pelos alimentados a título de alimentos ou de pensões alimentícias.

Discutiu-se na ação de controle concentrado, como dito, a constitucionalidade do art. 3º, §1º, da Lei nº 7.713/88, e dos arts. 5º e 54 do Decreto nº 3.000/99 (Regulamento do Imposto de Renda – RIR).[74] O IBDFAM postulava a declaração de inconstitucionalidade da incidência do imposto de renda sobre os valores recebidos em dinheiro a título de pensão alimentícia. E muito embora a análise se limitasse a dispositivos dos anos de 1988 e 1999, o debate nunca antes tinha estado em tão densa ascendência. O julgamento trouxe à tona reflexões e parâmetros inéditos para aquela Corte. O exame deixou às claras a forma como a legislação é parte da estrutura que inferioriza as mulheres e privilegia os homens.[75]

O julgamento da ADI nº 5.422 teve seu acoplamento, assim como ocorreu com o julgamento do RE nº 576.967/PR, a três dos 17 Objetivos de Desenvolvimento Sustentável

---

[72] BRASIL. Supremo Tribunal Federal. *RE nº 576.967* – Tema 72. Íntegra do acórdão. Disponível em: https://redir.stf.jus.br/paginadorpub/paginador.jsp?docTP=TP&docID=754147264. Acesso em: 3 jun. 2024.

[73] BRASIL. Supremo Tribunal Federal (Tribunal Pleno). *Ação Direta de Inconstitucionalidade nº 5.422*. Rel. Min. Dias Toffoli, julgada em 6 de junho de 2022. Disponível em: https://redir.stf.jus.br/paginadorpub/paginador.jsp?docTP=TP&docID=762441882. Acesso em: 3 jun. 2024.

[74] BRASIL. Supremo Tribunal Federal (Tribunal Pleno). *Ação Direta de Inconstitucionalidade nº 5.422*. Rel. Min. Dias Toffoli, julgada em 6 de junho de 2022. Disponível em: https://redir.stf.jus.br/paginadorpub/paginador.jsp?docTP=TP&docID=762441882. Acesso em: 3 jun. 2024.

[75] "A sociedade humana é dividida em dois sexos: o masculino – racional, forte, dotado da capacidade de procriação, guarnecido com alma e feito para dominar; e o feminino – emotivo e incapaz de controlar desejos, fraco, fornece pouco material para o processo de procriação, destituído de alma e feito para ser dominado" (LERNER, Gerda. *A criação do patriarcado*: história da opressão das mulheres pelos homens. Tradução de Luiza Sellera. São Paulo: Cultrix, 2019. p. 256.)

(ODS) da Agenda 2030.[76] A questão a ser apreciada pela Corte, que novamente seria muito mais abrangente que a discussão tributária perceptível em um exame mais superficial, estava enlaçada ao ODS 5, Igualdade de gênero; ao ODS 10, Redução das desigualdades; e ao ODS 17, Parcerias e meios de implementação. E novamente a comunidade jurídica estava diante de uma análise histórica a ser feita pelo Plenário do Supremo Tribunal Federal, da perspectiva das questões socioeconômicas de gênero.

As conclusões alcançadas pelos ministros e ministras do Supremo Tribunal Federal são inovadoras, profundas e contundentes quanto à necessidade de que o ordenamento jurídico seja interpretado de modo a proteger as mulheres. O ministro relator, Dias Toffoli, trouxe importantes considerações que afastam quaisquer dúvidas quanto à natureza jurídica das pensões alimentícias. Destacou o ministro que os valores percebidos na forma de pensão alimentícia não são incremento patrimonial para o credor. E, seguindo essa linha de raciocínio, se não são acréscimo para o credor ou para a credora, muito menos para a pessoa que apenas faz a intermediação entre alimentante e alimentado.

E, nesse ponto, o relator foi seguido pelo Plenário da Corte. "Alimentos ou pensão alimentícia oriundos do direito de família não são renda nem provento de qualquer natureza do credor dos alimentos". Indicou ainda o Ministro Dias Toffoli sobre os valores recebidos que seriam eles "simplesmente montantes retirados dos rendimentos (acréscimos patrimoniais) recebidos pelo alimentante para serem dados ao alimentado". Ao final acentuou que "o recebimento de valores a título de alimentos ou de pensão alimentícia representa tão somente uma entrada de valores".[77]

O Ministro Luís Roberto Barroso, que já havia relatado o Tema nº 72 de repercussão geral,[78] pediu vista da ADI nº 5.422/DF. Ao proferir seu voto, realizou uma análise da legislação civil-constitucional relacionada aos alimentos. Enfatizou que os alimentos se destinam a assegurar a manutenção da dignidade da pessoa humana (alimentado), com base na solidariedade familiar, sendo considerados como direito social. Afirmou ainda que em tudo não seria compatível com a Constituição entender os alimentos como acréscimo patrimonial, para fins de incidência do imposto de renda.[79] É apresentada pelo Ministro Luís Roberto Barroso ementa de seu voto-vista. Os itens 3, 4 e 5 resumem de modo didático as premissas sobre as quais a sua conclusão é estruturada, cabendo fazer menção a eles:

> 3. Do arcabouço normativo civil constitucional, extraem-se as seguintes premissas: (i) o direito aos alimentos protege o mínimo existencial e sua prestação será devida a pessoa que, incapaz de prover o seu próprio sustento, não encontra meios, ao menos imediatos, para atender às suas necessidades mais elementares; (ii) para que surja a obrigação de

[76] ONU – ORGANIZAÇÃO DAS NAÇÕES UNIDAS. *Objetivos do Desenvolvimento Sustentável*. Disponível em: https://brasil.un.org/pt-br/sdgs. Acesso em: 9 jul. 2024.

[77] BRASIL. Supremo Tribunal Federal (Tribunal Pleno). *Ação Direta de Inconstitucionalidade nº 5.422*. Rel. Min. Dias Toffoli, julgada em 6 de junho de 2022. Disponível em: https://redir.stf.jus.br/paginadorpub/paginador.jsp?docTP=TP&docID=762441882. Acesso em: 3 jun. 2024.

[78] BRASIL. Supremo Tribunal Federal. *RE 576.967*. Íntegra do acórdão. Disponível em: https://redir.stf.jus.br/paginadorpub/paginador.jsp?docTP=TP&docID=754147264. Acesso em: 3 jun. 2024.

[79] BRASIL. Supremo Tribunal Federal (Tribunal Pleno). *Ação Direta de Inconstitucionalidade nº 5.422*. Rel. Min. Dias Toffoli, julgada em 6 de junho de 2022. Disponível em: https://redir.stf.jus.br/paginadorpub/paginador.jsp?docTP=TP&docID=762441882. Acesso em: 3 jun. 2024.

> pagar os alimentos, deve existir ou ter existido um vínculo familiar, seja a filiação, o parentesco ou o conjugal; e (iii) a obrigação alimentar deverá ser fixada conforme a necessidade de quem a recebe e a possibilidade de quem a paga e sempre levar em consideração a proporcionalidade.
> 4. Diante disso, é incompatível com a Constituição considerar os alimentos como acréscimo patrimonial, uma vez que se destinam ao sustento e à subsistência do alimentando.
> 5. Na maioria dos casos, após a dissolução do vínculo conjugal, a guarda dos filhos menores é concedida à mãe. A incidência do imposto de renda sobre pensão alimentícia acaba por afrontar a igualdade de gênero, visto que penaliza ainda mais as mulheres. Além de criar, assistir e educar os filhos, elas ainda devem arcar com ônus tributários dos valores recebidos a título de alimentos, os quais foram fixados justamente para atender às necessidades básicas da criança ou do adolescente.

O ministro abre trecho do seu voto-vista, nominalmente destacando a discussão central daquela ação direta, qual seja, II.3. Incidência de IRPF sobre alimentos: uma questão de gênero. A intrínseca relação entre tributação, ferramenta estatal de correção de distorções e as desigualdades de gênero fica estampada na jurisprudência do STF. No citado ponto, o ministro resgata quantitativos e percentuais que demonstram que o caso dos autos conversava com desigualdade de gênero. São alinhavadas estatísticas pertinentes à guarda dos filhos e das filhas e às pessoas que administram o percebimento das pensões alimentícias dos menores, as mulheres. A incidência de tributação sobre pensões alimentícias implica agravamento da situação de inferioridade econômica das mulheres. O Ministro Luís Roberto Barroso explica em trecho que merece transcrição e leituras reiteradas:

> Segundo pesquisa do IBGE, no ano de 2019, em 66,91% dos divórcios concedidos em primeira instância a casais com filhos menores de idade, coube à mulher a guarda do(s) filho(s). Em apenas 4,37% dos divórcios, a guarda foi atribuída ao pai e, em 28,72% [34], a guarda foi compartilhada. Assim, pode-se inferir que em, ao menos, 66,91% dos divórcios registrados, o pagamento da pensão alimentícia aos filhos será feito pelo homem.
> *Ressalto que, com base no art. 4º, II, da Lei nº 9.250/1995, quem paga a pensão – via de regra, o pai – poderá abater da base de cálculo de seu imposto de renda a integralidade desses valores, mas a mulher, responsável civil e tributária pela criança ou adolescente, deverá declarar aquela quantia como rendimento recebido, o qual se somará a seus outros rendimentos para fins de incidência do imposto de renda.*
> Parece-me uma situação verdadeiramente anacrônica, anti-isonômica e em verdadeira violação ao melhor interesse da criança e a sua proteção integral. O anacronismo dessa incidência fica claro ao se ter em conta que, em 1935, a Suprema Corte dos Estados Unidos, em Douglas v. Willcuts [35], decidiu que os pagamentos feitos por um homem a sua ex-esposa, a título de pensão alimentícia, decorrem do dever de sustento, sendo, portanto, obrigatórios, de forma que não poderiam ser considerados renda e nem seriam passíveis de tributação quando por ela recebidos.[80] (Grifos nossos)

O ministro esclarece, então, em seu voto-vista, que a tributação não deve ser um coeficiente jurídico que agrave as discrepâncias socioeconômicas entre homens

---

[80] BRASIL. Supremo Tribunal Federal (Tribunal Pleno). *Ação Direta de Inconstitucionalidade nº 5.422*. Rel. Min. Dias Toffoli, julgada em 6 de junho de 2022. Disponível em: https://redir.stf.jus.br/paginadorpub/paginador.jsp?docTP=TP&docID=762441882. Acesso em: 3 jun. 2024.

e mulheres. Resgata a função extrafiscal da tributação que, muitas vezes, aponta em sentido oposto à política fiscal. O ministro assinala, ainda, que cabe ao Estado essa vigilância e a preocupação com as possíveis repercussões oriundas da tributação sobre a parcela feminina da população. "É necessário, desse modo, conferir à discussão sobre o impacto da tributação sobre o gênero feminino o *status* constitucional que ela merece",[81] nas palavras dele. O sistema tributário não deve penalizar as mulheres. Inarredavelmente, não é permitido que qualquer sistema normativo o faça. Eis o recorte que enfatiza todos esses aspectos de maneira bastante esclarecedora:

> Conforme defendi no voto proferido no RE 576.967 [37], de minha relatoria, em que foi reconhecida a inconstitucionalidade da incidência da contribuição previdenciária sobre o salário maternidade, *a tributação não pode ser um fator que aprofunde as desigualdades de gênero, colocando as mulheres em situação social e econômica pior do que a dos homens*. É inconteste que o dever de cuidado, socialmente construído e atribuído primordialmente às mulheres, precisa ser dividido entre os membros do casal ou do ex-casal da forma mais equânime possível, sendo inconstitucional que, em contrapartida aos cuidados dos filhos, a mulher sofra oneração por parte do Estado. *É necessário, desse modo, conferir à discussão sobre o impacto da tributação sobre o gênero feminino o status constitucional que ela merece.*
>
> Isso porque a Constituição Federal de 1988, em seu art. 5°, I, dispõe que "homens e mulheres são iguais em direitos e obrigações, nos termos desta Constituição". *Além disso, a Carta atribui ao pai e à mãe, em igualdade de condições, o dever de assistir, criar e educar os filhos menores (art. 229).*
>
> Nesse contexto, a previsão da legislação acerca da incidência do imposto de renda sobre pensão alimentícia acaba por penalizar ainda mais as mulheres, que além de criar, assistir e educar os filhos, ainda devem arcar com ônus tributários dos valores recebidos a título de alimentos, os quais foram fixados justamente para atender às necessidades básicas da criança e do adolescente.[82] (Grifos nossos)

O Ministro Gilmar Mendes trouxe aos autos voto elaborado com seriedade e consciência da magnitude das circunstâncias fáticas e razões jurídicas a serem consideradas, ao realizar a reflexão que conecta as matérias tributação e gênero. Em seu voto vogal, o ministro refere-se à menção de ocorrência de *bis in idem*, apontada pelo Ministro Relator Dias Toffoli, concluindo que dela discorda. "Trata-se de premissa, *data venia*, equivocada, pois os valores pagos a título de pensão alimentícia não são tributados no alimentante (de regra, o pai)".[83] O Ministro Gilmar, tal qual feito anteriormente pelo Ministro Luís Roberto Barroso, destaca um item de seu voto para analisar a perspectiva de gênero: 5) Da questão de gênero. Prossegue afirmando que "O tema da tributação sob a perspectiva de gênero tem ganhado tardio destaque nos debates atuais, embora

---

[81] BRASIL. Supremo Tribunal Federal (Tribunal Pleno). *Ação Direta de Inconstitucionalidade nº 5.422*. Rel. Min. Dias Toffoli, julgada em 6 de junho de 2022. Disponível em: https://redir.stf.jus.br/paginadorpub/paginador.jsp?docTP=TP&docID=762441882. Acesso em: 3 jun. 2024.

[82] BRASIL. Supremo Tribunal Federal (Tribunal Pleno). *Ação Direta de Inconstitucionalidade nº 5.422*. Rel. Min. Dias Toffoli, julgada em 6 de junho de 2022. Disponível em: https://redir.stf.jus.br/paginadorpub/paginador.jsp?docTP=TP&docID=762441882. Acesso em: 3 jun. 2024.

[83] BRASIL. Supremo Tribunal Federal (Tribunal Pleno). *Ação Direta de Inconstitucionalidade nº 5.422*. Rel. Min. Dias Toffoli, julgada em 6 de junho de 2022. Disponível em: https://redir.stf.jus.br/paginadorpub/paginador.jsp?docTP=TP&docID=762441882. Acesso em: 3 jun. 2024.

seja ainda pouco explorado no direito brasileiro e menos ainda enfrentado no âmbito desta Corte Suprema".[84]

O Ministro Gilmar Mendes, após apresentar exemplos que levam à conclusão de que as mulheres são prejudicadas pela incidência do IRPF sobre os valores de pensão alimentícia que administram em nome de seus filhos e filhas menores, prossegue ratificando a inexistência da neutralidade da legislação tributária. O voto é incisivo ao reconhecer que "[o] sistema, da forma como está desenhado, com o pseudo objetivo de ser neutro, está na realidade financiando o aumento das desigualdades, visto que o destinatário quase que exclusivo da norma exacional é a mulher".[85]

A incidência do imposto de renda a ser pago pela pessoa física que faz a administração dos valores em nome dos filhos e filhas menores foi uma penalização imposta às mulheres brasileiras por mais de três décadas, nos termos dos art. 3º, §1º, e 5º da Lei nº 7.713, de 1988, e dos arts. 5º e 54 do Decreto nº 3.000, de 1999. A necessidade de fazer com que os pais pagassem as devidas pensões alimentícias exigiu da legislação respostas. E foi a legislação tributária quem teve papel indutor nessa prática, oferecendo a retirada da base de cálculo do imposto de renda a ser pago pelo genitor desse quantitativo, consoante o art. 4º, II, da Lei nº 9.250/95. Esse estímulo para que os pais custeassem as despesas de seus próprios filhos, para que fizessem o que o ordenamento jurídico determina que seja feito, custou muito às mães brasileiras, mais uma vez onerou a maioria inferiorizada e minorizada, as mulheres.

Conclusão

As questões de gênero alcançaram, finalmente, o Supremo Tribunal Federal. Os julgamentos do RE nº 567.967/PR – Tema nº 72 de Repercussão Geral,[86] que afastou a incidência da contribuição previdenciária sobre o salário-maternidade e da ADI nº 5.422/DF,[87] que declarou inconstitucionais o art. 3º, §1º, da Lei nº 7.713/88, e os arts. 5º e 54 do Decreto nº 3.000/99, segundo os quais haveria incidência de imposto de renda sobre os valores administrados por mulheres referentes a pensões alimentícias direcionadas aos filhos e filhas menores, deflagram um novo olhar sobre os debates tributários que estão correlacionados às desigualdades de gênero. O Supremo Tribunal Federal, felizmente, não se conforma mais em ser mero expectador da realidade. Na verdade, reconhece o seu papel de agente público responsável pela transformação da sociedade brasileira.

Os referidos julgamentos, assim como outros em apreciação, revelam de modo nítido que houve a publicização e a politização do tema gênero e da problemática referente às defasagens às quais as mulheres são submetidas, entre elas, as diferenças no

---

[84] BRASIL. Supremo Tribunal Federal (Tribunal Pleno). *Ação Direta de Inconstitucionalidade nº 5.422*. Rel. Min. Dias Toffoli, julgada em 6 de junho de 2022. Disponível em: https://redir.stf.jus.br/paginadorpub/paginador.jsp?docTP=TP&docID=762441882. Acesso em: 3 jun. 2024.

[85] BRASIL. Supremo Tribunal Federal (Tribunal Pleno). *Ação Direta de Inconstitucionalidade nº 5.422*. Rel. Min. Dias Toffoli, julgada em 6 de junho de 2022. Disponível em: https://redir.stf.jus.br/paginadorpub/paginador.jsp?docTP=TP&docID=762441882. Acesso em: 3 jun. 2024.

[86] BRASIL. Supremo Tribunal Federal. *RE nº 576.967*. Íntegra do acórdão. Disponível em: https://redir.stf.jus.br/paginadorpub/paginador.jsp?docTP=TP&docID=754147264. Acesso em: 3 jun. 2024.

[87] BRASIL. Supremo Tribunal Federal (Tribunal Pleno). *Ação Direta de Inconstitucionalidade nº 5.422*. Rel. Min. Dias Toffoli, julgada em 6 de junho de 2022. Disponível em: https://redir.stf.jus.br/paginadorpub/paginador.jsp?docTP=TP&docID=762441882. Acesso em: 3 jun. 2024.

mercado de trabalho. Crescem os debates, os trabalhos acadêmicos sobre o assunto, que evidentemente ganhou as pautas da Suprema Corte brasileira. E surgem as respostas. Levantam-se as mudanças. O que se espera é que pesquisas, estudos, relatórios e decisões do Supremo Tribunal Federal sejam transmutados em realidade e que sejam progressivamente menores as desigualdades entre homens e mulheres, cada vez menor o fosso de renda e patrimônio que os separa.

Como registrado na introdução deste texto, há um enorme problema para nós, mulheres. Nascemos menores e piores. Crescemos acreditando sermos menos capazes, menos inteligentes. Recebemos menos e trabalhamos mais. Definitivamente não somos convidadas para as festas do domínio, para nos sentar à mesa do poder, para participar dos espaços de decisões.

As mulheres foram subjugadas, apagadas e menosprezadas por séculos. Mas há uma demanda por disrupções. Há uma fratura exposta que não pode mais ser camuflada. Novos modelos e novas perspectivas são exigidos por aquela massa de outras, exigidos por aquelas a quem ensinaram que não são os sujeitos. E há quem queira muito permanecer e proteger seus espaços de poder e seus privilégios.

Todavia, as transformações começaram a acontecer no Brasil nas mais diferentes dimensões. Na sociedade civil, na academia, na comunidade jurídica, nas instituições públicas e também nas instituições privadas, na definição de políticas públicas e, finalmente, nas decisões judiciais. Retrocessos não serão mais admitidos. E serão questionadas todas as omissões do Poder Legislativo e todas as legislações que robustecem as estruturas masculinas, brancas e heteronormativas de poder. E há esperança, a esperança ativa e aguerrida, de que a equidade chegará para a parcela feminina da população brasileira.

Políticas públicas que visem à inserção da mulher no mercado de trabalho devem ser perseguidas em todos os âmbitos jurídicos, sociais e culturais. Contudo, não só essas medidas são suficientes. Outras providências, como a necessidade de uma conscientização e de uma educação da população no que diz respeito à mudança na divisão sexual do trabalho, também precisam ser desenvolvidas. Incluir a mulher no mercado de trabalho sem o devido compartilhamento das tarefas de cuidado é resolução que apenas onera, sobrecarrega a mulher. Dá a ela capacidade financeira, quanto a isso não há dúvidas. Todavia não é producente que as mulheres sejam postas em um cenário no qual fiquem totalmente sobrecarregadas. A divisão sexual do trabalho de cuidado, seu redesenho, sua reconfiguração e sua redistribuição, entre homens e mulheres, também é dinâmica social e cultural urgente que precisa do olhar e do agir transformadores do Estado.

Há, no entanto, um ponto que deve despertar uma análise mais crítica das recentes decisões do Supremo Tribunal Federal, prolatadas sob a ótica de gênero. Essas decisões não falam de mulheres. Não de todas elas. Os pronunciamentos da Suprema Corte falam de mães, alcançam as mulheres mães. Nem todas as mulheres são mães, por óbvio. O subgrupo grupo mulheres mães está contido no grupo maior: mulheres. A maternidade merece toda a proteção do ordenamento jurídico. Isso é incontroverso. Mas as mulheres, aquelas que não são mães, devem ser, igualmente, destinatárias de toda gama de salvaguardas e garantias jurídicas, políticas e sociais.

Cabe, por fim, realçar que as questões estruturantes nos últimos anos enfrentadas e definidas pelo Supremo Tribunal Federal contaram com uma participação motriz, em todas as vertentes, do Ministro Luís Roberto Barroso, como demonstram as linhas acima. A figura desse juiz constitucional traz hoje para o Supremo Tribunal Federal a perspectiva de igualdade, de equidade, de mudança, de transformação, de democracia. A figura dele é essencial, em tudo determinante, para a definição de políticas públicas, todas elas. Principalmente para aquelas mais complexas, como são o agir e o promover do Estado direcionados à equidade de gênero.

Referências

BARBOZA, Estefânia Maria de Queiroz; DEMETRIO, André. Quando o gênero bate à porta do STF: a busca por um constitucionalismo Feminista. *Revista Direito GV*, São Paulo, v. 15, n. 3, e1930, 2019.

BARROSO, Luís Roberto. Judicialização, ativismo judicial e legitimidade democrática. *(SYN)THESIS*, v. 5, n. 1, p. 23-32, 2012. Disponível em: https://www.e-publicacoes.uerj.br/synthesis/article/view/7433. Acesso em: 8 jul. 2024.

BARROSO, Luís Roberto. Neoconstitucionalismo e constitucionalização do direito – O triunfo tardio do direito constitucional no Brasil. *Revista de Direito Administrativo*, Rio de Janeiro, v. 240, p. 1-42, abr./jun. 2005. Disponível em: https://periodicos.fgv.br/rda/article/view/43618/44695. Acesso em: 15 jul. 2024.

BARROSO, Luís Roberto; OSÓRIO, Aline. "Sabe com quem está falando?": Notas sobre o princípio da igualdade no Brasil contemporâneo. *Direito e Práxis*, v. 7, n. 1, 2016.

BEAUVOIR, Simone de. *O segundo sexo*: fatos e mitos. Tradução de Sérgio Millet. 5. ed. Rio de Janeiro: Nova Fronteira, 2019. v. 1.

BORGES, Lana. *Tributação e gênero*: políticas públicas de extrafiscalidade e a luta pela igualdade. Belo Horizonte: Fórum, 2023.

BRASIL. *Constituição da República Federativa do Brasil de 1988*. Brasília: Senado Federal, 5 out. 1988. Disponível em: http://www.planalto.gov.br/ccivil_03/constituicao/constituicao.htm. Acesso em: 2 jun. 2024.

BRASIL. Instituto Brasileiro de Geografia e Estatística (IBGE). *Estatísticas de gênero*: indicadores sociais das mulheres no Brasil. 2. ed. Rio de Janeiro: IBGE, 2021. Disponível em: https://biblioteca.ibge.gov.br/visualizacao/livros/liv101784_informativo.pdf. Acesso em: 3 jun. 2024.

BRASIL. Instituto Brasileiro de Geografia e Estatística (IBGE). *Pesquisa de Orçamentos familiares 2017-2018*. [2019]. Disponível em: https://biblioteca.ibge.gov.br/visualizacao/livros/liv101670.pdf. Acesso em: 3 jun. 2024.

BRASIL. Instituto Brasileiro de Geografia e Estatística (IBGE). *Rendimento de todas as fontes 2019*. [2020]. Disponível em: https://biblioteca.ibge.gov.br/visualizacao/livros/liv101709_informativo.pdf. Acesso em: 3 jun. 2024.

BRASIL. Instituto de Ensino e Pesquisa (Insper). Diferenciais salariais por raça e gênero para formados em escolas públicas ou privadas. *Policy Paper*, n. 45, jul. 2020. Disponível em: https://www.insper.edu.br/wp-content/uploads/2020/07/Policy-Paper-45.pdf. Acesso em: 10 jun. 2024.

BRASIL. Supremo Tribunal Federal (Tribunal Pleno). *Ação Direta de Inconstitucionalidade nº 5.422*. Rel. Min. Dias Toffoli, julgada em 6 de junho de 2022. Disponível em: https://redir.stf.jus.br/paginadorpub/paginador.jsp?docTP=TP&docID=762441882. Acesso em: 3 jun. 2024.

BRASIL. Supremo Tribunal Federal (Tribunal Pleno). *Recurso Extraordinário 629.053*. Rel. Min. Marco Aurélio. Red. p/ acórdão Min. Alexandre de Moraes, julgado em 10 de outubro de 2018. Disponível em: https://jurisprudencia.stf.jus.br/pages/search?classeNumeroIncidente=%22RE%20629053%22&base=acordaos&sinonimo=true&plural=true&page=1&pageSize=10&sort=_score&sortBy=desc&isAdvanced=true. Acesso em: 3 jun. 2024.

BRASIL. Supremo Tribunal Federal (Tribunal Pleno). *Recurso Extraordinário 1.058.333*. Rel. Min. Luiz Fux, julgado em 21 de novembro de 2018. Disponível em: https://jurisprudencia.stf.jus.br/pages/search?classeNumeroIncidente=%22RE%201058333%22&base=acordaos&sinonimo=true&plural=true&page=1&pageSize=10&sort=_score&sortBy=desc&isAdvanced=true. Acesso em: 3 jun. 2024.

BRASIL. Supremo Tribunal Federal (Tribunal Pleno). *Recurso Extraordinário 576.967*. Rel. Min. Roberto Barroso, julgado em 4 de agosto de 2020. Disponível em: https://jurisprudencia.stf.jus.br/pages/search?classeNumeroIncidente=%22RE%20576967%22&base=acordaos&sinonimo=true&plural=true&page=1&pageSize=10&sort=_score&sortBy=desc&isAdvanced=true. Acesso em: 3 jun. 2024.

BRASIL. Supremo Tribunal Federal (Tribunal Pleno). *Recurso Extraordinário 658.312*. Rel. Min. Dias Toffoli, julgado em 15 de setembro de 2021. Disponível em: http://portal.stf.jus.br/processos/detalhe.asp?incidente=4145394. Acesso em: 3 jun. 2024.

BUCCI, Maria Paula Dallari. *Fundamentos para uma teoria jurídica das políticas públicas*. São Paulo: Saraiva, 2013.

BUCCI, Maria Paula Dallari. *Políticas públicas*: reflexões sobre o conceito jurídico. São Paulo: Saraiva, 2006.

BUTLER, Judith P. *Problemas de gênero*: feminismo e subversão da identidade. Tradução de Renato Aguiar. 21. ed. Rio de Janeiro: Civilização Brasileira, 2021.

CÂMARA, Andalessia Lana Borges. Mulheres e acesso ao mercado de trabalho: a tributação como ferramenta de minimização das desigualdades de gênero no Brasil. *In*: RANI, Herta; PITA, Juliana (org.). *O poder feminino*: entre percursos e desafios. Análises sobre políticas públicas, liderança feminina e tributação. Belo Horizonte: Arraes, 2021.

CÂMARA, Andalessia Lana Borges; GUSKOW, Tatiana Maria; OLIVEIRA, Liziane Paixão Silva. Tributação e gênero: desigualdades e o necessário fomento do mercado de trabalho da mulher. *Revista de Estudos e Pesquisas Avançadas do Terceiro Setor*, v. 9, n. 1, jan./jul. 2022.

CARVALHO, Maria Eulina Pessoa de *et al*. *Direitos humanos das mulheres e das pessoas LGBTQI*: inclusão da perspectiva da diversidade sexual e de gênero na educação e na formação docente. João Pessoa: Editora da UFPB, 2017.

CONCEIÇÃO, Eliane B. Mulher negra em terra de homem branco: mecanismos de reprodução de desigualdades. *In*: CARRIERI, Alexandre; TEIXEIRA, Juliana (Org.). *Gênero e trabalho*: perspectivas, possibilidades e desafios no campo dos estudos organizacionais. Salvador: EDUFBA, 2016. p. 277-319.

DAVIS, Angela. *Mulheres, raça e classe*. Tradução de Heci Regina Candiani. São Paulo: Boitempo, 2016.

DIAS NETO, Orlando Fernandes; FERIATO, Juliana Marteli Fais. A tributação como instrumento para a promoção da igualdade de gênero no mercado de trabalho. *Revista Direitos Sociais e Políticas Públicas (Unifafibe)*, Bebedouro, v. 6, n. 2, 2018. Disponível em: http://www.unifafibe.com.br/revista/index.php/direitos-sociais-politicas-pub/issue/view/26/showToc. Acesso em: 3 jun. 2024.

ENRÍQUEZ, Corina Rodríguez. Gastos, tributos e equidade de gênero: uma introdução ao estudo da política fiscal a partir da perspectiva de gênero (2008). *In*: JÁCOME, Márcia Larangeira; VILLELA, Shirley (Org.). *Orçamentos sensíveis a gênero*: conceitos. Brasília: ONU Mulheres, 2012. p. 199-232. Disponível em: http://onumulheres.org.br/wp-content/themes/vibecom_onu/pdfs/orcamentos-conceitos.pdf. Acesso em: 3 jun. 2024.

GRAU, Eros Roberto. *Por que tenho medo dos juízes* – A intepretação/aplicação do direito e os princípios. 10. ed. São Paulo: JusPodivm; Malheiros, 2021.

KILOMBA, Grada. *Memórias da plantação*: episódios de racismo cotidiano. Tradução de Jess Oliveira. Rio de Janeiro: Cobogó, 2019.

LEMOS, Patrícia Rocha; LAPA, Thaís de Souza. Trabalhadora não é feminino de trabalhador: divisão sexual do trabalho e subjetividade. *In*: ANTLOGA, Carla Sabrina, MAIA, Marina; SANTOS, Noemia de Morais (Org.). *Trabalho feminino desafios e perspectivas no Brasil*. Curitiba: Appris, 2021.

LERNER, Gerda. *A criação do patriarcado*: história da opressão das mulheres pelos homens. Tradução de Luiza Sellera. São Paulo: Cultrix, 2019.

LOPES, Monique Rodrigues; AGUIAR, Rafael dos Reis. Carta das mulheres à constituinte: uma análise sobre as leis de violência contra as mulheres a partir das críticas ao direito. *Revista de Ciências do Estado*, Belo Horizonte, v. 5, n. 1, e20681. ISSN: 2525-8036.

NARCISO, Lorena de Fátima Sousa Araújo. *Racismo e sexismo na tributação brasileira sobre o consumo*. Belo Horizonte: Arraes, 2023.

NOVO, Carla Mendes; LONGO, Larissa Luzia. RE nº 576.967/PR: Inconstitucionalidade da tributação do salário-maternidade pela contribuição previdenciária patronal. *In*: SACFF, Fernando Facury *et al*. *Supremos acertos*: avanços doutrinários a partir da jurisprudência do STF. Belo Horizonte: Casa do Direito, 2022.

ONU – ORGANIZAÇÃO DAS NAÇÕES UNIDAS. *Objetivos do Desenvolvimento Sustentável*. Disponível em: https://brasil.un.org/pt-br/sdgs. Acesso em: 9 jul. 2024.

OXFAM BRASIL. *A distância que nos une* – Um retrato das desigualdades brasileiras. São Paulo: Oxfam Brasil, 2017. Disponível em: https://www.oxfam.org.br/um-retrato-das-desigualdades-brasileiras/a-distancia-que-nos-une/. Acesso em: 3 jun. 2024.

REYMÃO, Ana Elizabeth Neirão; LIMA, Amanda Naif Daibes. Desigualdade e democracia: o papel do Estado enquanto garantidor do regime democrático. *In*: REYMÃO, Ana Elizabeth Neirão; KOURY, Suzy Elizabeth Cavalcante. *O capital no século XXI*: Piketty e a economia da desigualdade. Belo Horizonte: Fórum, 2018.

ROCHA, Cármen Lúcia Antunes. Ação afirmativa: o conteúdo democrático do princípio da igualdade jurídica. *Revista de Informação Legislativa*, Brasília, ano 33, n. 131, p. 286-287, jul./set. 1996.

SALVADOR, Evilasio Silva; YANNOULAS, Silvia Cristina. Orçamento e financiamento de políticas públicas: questões de gênero e raça. *Revista Feminismos*, v. 1, n. 2, p. 1, maio/ago. 2013. Disponível em: http://www.feminismos.neim.ufba.br/index.php/revista/article/view/19/52. Acesso em: 3 jun. 2024.

SCOTT, Joan Wallach. *Gênero*: uma categoria útil para análise histórica. Gender and the Politics of History. Tradução de Christine Rufino Dabat e Maria Betânia Ávila. Nova York: Columbia University Press, 1989.

TAVARES, Nathalia de Andrade Medeiros. *Desigualdades sociais patrimoniais*: como a tributação pode reduzi-las? Rio de Janeiro: Lumen Juris, 2017.

VIECELI, Cristina Pereira; ÁVILA, Róber Iturriet; CONCEIÇÃO, João Batista Santos. *Estrutura tributária brasileira e seus reflexos nas desigualdades de gênero*. Disponível em: https://ijf.org.br/wp-content/uploads/2020/07/Artigo-Tributa%C3%A7%C3%A3o-e-G%C3%AAnero.pdf. Acesso em: 3 jun. 2024.

Informação bibliográfica deste texto, conforme a NBR 6023:2018 da Associação Brasileira de Normas Técnicas (ABNT):

BORGES, Lana. Tributação, gênero e o Supremo Tribunal Federal: políticas públicas materializadas e a transformação da realidade das mulheres. *In*: PAULA, Fernanda de; PENCAK, Nina (coord.). *Tributação, liberdade e igualdade*: as contribuições do Ministro Luís Roberto Barroso. Belo Horizonte: Fórum, 2025. p. 637-659. ISBN 978-65-5518-952-0.

A EXTENSÃO DA IMUNIDADE RECÍPROCA ÀS ESTATAIS E A JURISPRUDÊNCIA DO SUPREMO TRIBUNAL FEDERAL

LUÍS EDUARDO SCHOUERI

É uma alegria participar de obra que homenageia o Professor Luís Roberto Barroso, que atualmente ocupa a elevada função de ministro do Supremo Tribunal Federal ("STF"), mas que não se cansa de lembrar que é, sempre, um professor. Seus julgamentos expõem a erudição do mestre, que tem a habilidade, pela força e consistência de seus argumentos, de convencer seus pares, como o faz com seus alunos, que não se cansam de admirar seu raciocínio.

Escolhi, como forma de festejar o Ministro Luís Roberto Barroso, analisar a tese proposta no bojo do Recurso Extraordinário nº 1.320.054/SP, cujo objeto foi a extensão da imunidade recíproca prevista no art. 150, V, "a", da Constituição da República ("CR"), às empresas estatais. O Plenário reafirmou a jurisprudência do Supremo Tribunal Federal e, acatando a tese proposta pelo ministro, indicou que a imunidade recíproca seria aplicada às estatais prestadoras de públicos essenciais, desde que não distribuíssem lucros a acionistas privados nem oferecessem risco ao equilíbrio concorrencial. Trata-se de caso que bem exemplifica como o ministro tem a habilidade de lidar com questões complexas do direito tributário, sem abrir mão de reconhecer sua correlação com o direito econômico.

Na primeira seção (1), apresenta-se o conceito de competência e imunidade tributária. Após, investigam-se as ocasiões em que sua aplicação é prevista e, ainda, em quais hipóteses sua extensão é justificada (1.1). Passa-se, então, à análise da construção da imunidade recíproca (1.2). A segunda seção (2) discorre sobre a jurisprudência do STF acerca da extensão da imunidade recíproca às estatais. Analisam-se, então, as razões que justificam o emprego dos três requisitos propostos pelo STF, quais sejam: a essencialidade do serviço prestado (2.1), a não distribuição de lucros a agentes privados (2.2) e a manutenção do equilíbrio concorrencial (2.3).

1 O aspecto constitutivo e o regulador: a norma de competência e a imunidade

Na ocasião em que discorre sobre a classificação das normas constitucionais, Luís Roberto Barroso faz referência a dois segmentos normativos. Há, por um lado, normas que regulam condutas[1] e, por outro, aquelas que promovem a organização do Estado.[2] Enquanto a substância das primeiras acomoda um conjunto de ordens e proibições, capaz de *regular uma ação*, às últimas é dada a função de *possibilitar uma ação*, distinção que ganha nitidez a partir da análise de dispositivos constitucionais. Toma-se o exemplo do art. 62 da CR: na medida em que o *caput* do dispositivo[3] atribui ao Presidente da República a competência para edição de medidas provisórias, seus parágrafos elencam inúmeras proibições que delimitam sua abrangência.[4] Em referência à substância destas normas, seu aspecto constitutivo é abrigado pelo *caput* do art. 62, que cria a *possibilidade* de instituição das medidas pelo Presidente da República, enquanto o conteúdo do parágrafo *regula* os limites em que se dará a edição.[5]

A concepção entre normas constitutivas e regulativas se aplicam, igualmente, às regras de competência tributária. Enquanto o art. 153, III, da CR, dispõe competir à União a instituição do Imposto sobre a Renda e Proventos de Qualquer Natureza ("IR"), o art. 150, VI, "a", estabelece ser vedado à União, aos estados, ao Distrito Federal e aos municípios a instituição de impostos sobre patrimônio, renda ou serviços, uns dos outros. É dizer, o art. 153, III, da CR, *possibilita* a tributação da renda, ao passo em que o art. 150, VI, "a", da CR, delimita uma *proibição* a seu exercício. Por consequência, a tomada de recursos realizada para além dos limites das regras que constituem a competência tributária não pode ser descrita como vera tributação, já que o exercício desta ação não foi possibilitado pela própria norma de competência.[6]

Às normas que regulam os limites da competência tributária, de modo a encerrar o campo de seu exercício, dá-se o nome de *imunidades*. A mesma Constituição da República que distribui e discrimina competências tributárias é o veículo que traz barreiras a seu exercício. Sob essa perspectiva, as imunidades tributárias são definidas como normas de natureza constitucional, cujo conteúdo encerra o aspecto constitutivo da competência tributária, diretriz que é veiculada mediante regra proibitiva.[7]

---

1 Cf. BARROSO, Luís Roberto. *Interpretação e aplicação da Constituição.* 7. ed. São Paulo: Saraiva, 2009. p. 112.

2 Cf. BARROSO, Luís Roberto. *Interpretação e aplicação da Constituição.* 7. ed. São Paulo: Saraiva, 2009. p. 113.

3 Cf. a redação do art. 6º da CR, "Em caso de relevância e urgência, o Presidente da República poderá adotar medidas provisórias, com força de lei, devendo submetê-las de imediato ao Congresso Nacional".

4 Cf. a redação do art. 62, §1º, da CR, "É vedada a edição de medidas provisórias sobre matéria: I - relativa a: a) nacionalidade, cidadania, direitos políticos, partidos políticos e direito eleitoral; b) direito penal, processual penal e processual civil; c) organização do Poder Judiciário e do Ministério Público, a carreira e a garantia de seus membros; d) planos plurianuais, diretrizes orçamentárias, orçamento e créditos adicionais e suplementares, ressalvado o previsto no art. 167, §3º; II - que vise a detenção ou seqüestro de bens, de poupança popular ou qualquer outro ativo financeiro; III - reservada a lei complementar; IV - já disciplinada em projeto de lei aprovado pelo Congresso Nacional e pendente de sanção ou veto do Presidente da República".

5 Cf. SEARLE, John. *Speech acts.* Londres: Cambridge University Press, 1970. p. 33.

6 Cf. SEARLE, John. *Speech acts.* Londres: Cambridge University Press, 1970. p. 36; WRIGHT, Geroge Henrik von. *Norm and action*: a logical enquiry. Londres: Routledge & Kegan Paul, 1963. p. 6.

7 Cf. SCHOUERI, Luís Eduardo. *Direito tributário.* 13. ed. São Paulo: SaraivaJur, 2024. p. 232; ÁVILA, Humberto. *Sistema constitucional tributário.* São Paulo: Saraiva, 2004. p. 209; COSTA, Regina Helena. *Imunidades tributárias*: teoria e análise da jurisprudência do STF. 3. ed. São Paulo: Malheiros, 2015. p. 56-57.

A relevância da norma imunizante não se esgota em sua definição. Na posse de seu conteúdo, faz-se necessário compreender a quais ocasiões sua aplicação é prevista e, ainda, em quais hipóteses sua extensão é justificada.

1.1 A justificativa das normas imunizantes

As imunidades são, em regra, restritas a uma espécie de tributo: os impostos, espécie que se destina ao custeio dos gastos gerais da coletividade. Espera-se que tais gastos sejam suportados por todos que expressem capacidade para custeá-los. A presença de uma norma imunizante, por sua vez, exime determinados membros de sua contribuição por meio da exclusão de algumas situações ou pessoas do campo de competência tributária.

Da leitura do art. 150, VI, da CR extraem-se diversas hipóteses de imunidade.[8] Nota-se, por exemplo, que as entidades religiosas e os templos de qualquer culto se sujeitam à norma imunizante. A imunidade consubstancia uma exceção à regra de que gastos gerais da coletividade devem ser suportados por todos. É dizer, uma vez criada uma exceção à regra, espera-se que haja uma justificativa para tal diferenciação. Normas derivam de uma deliberação intencional, i.e., voltada a determinada finalidade.[9] Pressupõe-se, por essa razão, que o constituinte não agiu arbitrariamente, de modo que seja possível identificar a razão que justificou a opção pela imunidade.[10]

A relevância dada à justificativa da norma imunizante diz respeito à sua aplicação: a imunidade é extensível até o ponto em que pode ser justificada, de modo que o aplicador do direito é capaz de responder coerentemente à pergunta que questiona a imposição da norma imunizante ao fato A, mas não ao fato B. No caso da imunidade fornecida às entidades religiosas e aos templos de qualquer culto, é provável que o leitor forneça a seguinte justificativa para aplicação da norma imunizante: se o Estado pode obstar a atividade religiosa por meio de uma carga tributária elevada, o dispositivo que exime sua cobrança é respaldado pelo princípio da liberdade religiosa. De outro modo, se atividade da entidade é desassociada do exercício da religião, não há razão para aplicação da imunidade, tem-se, então, o limite de sua extensão.[11]

Contudo, cogitar a existência da norma imunizante para que o Fisco não impeça o exercício de liberdades fundamentais é ignorar que o ordenamento jurídico já conta com o princípio da igualdade e, mais especificamente, com o princípio da proibição do efeito de confisco, a impedirem, ambos, a tributação desarrazoada.[12] Um tributo

---

[8] Cf. a redação do art. 150, VI, da CR, "Sem prejuízo de outras garantias asseguradas ao contribuinte, é vedado à União, aos Estados, ao Distrito Federal e aos Municípios [...] VI - instituir impostos sobre: a) patrimônio, renda ou serviços, uns dos outros; b) entidades religiosas e templos de qualquer culto, inclusive suas organizações assistenciais e beneficentes; c) patrimônio, renda ou serviços dos partidos políticos, inclusive suas fundações, das entidades sindicais dos trabalhadores, das instituições de educação e de assistência social, sem fins lucrativos, atendidos os requisitos da lei; d) livros, jornais, periódicos e o papel destinado a sua impressão. e) fonogramas e videofonogramas musicais produzidos no Brasil contendo obras musicais ou literomusicais de autores brasileiros e/ou obras em geral interpretadas por artistas brasileiros bem como os suportes materiais ou arquivos digitais que os contenham, salvo na etapa de replicação industrial de mídias ópticas de leitura a laser".

[9] Cf. TORRES, Ricardo Lobo. *Tratado de direito constitucional financeiro e tributário*. Rio de Janeiro: Renovar, 2000. p. 167. v. 5.

[10] Cf. MAXIMILIANO, Carlos. *Hermenêutica e aplicação do direito*. 14. ed. Rio de Janeiro: Forense, 1994. p. 335; CARRIÓ, Genaro. *Notas sobre derecho y lenguaje*. 4. ed. Buenos Aires: Abeledo-Perrot, 1994. p. 58-66; e GRAU, Eros Roberto. *Ensaio sobre a interpretação/aplicação do direito*. 2. ed. São Paulo: Malheiros, 2003. p. 74.

[11] Cf. SCHOUERI, Luís Eduardo. *Direito tributário*. 13. ed. São Paulo: SaraivaJur, 2024. p. 506-507.

[12] Cf. SCHOUERI, Luís Eduardo. *Direito tributário*. 13. ed. São Paulo: SaraivaJur, 2024. p. 463.

módico dificilmente poderia ser visto como entrave ao exercício de uma liberdade fundamental; um tributo excessivo, por sua vez, seria inconstitucional, ainda que inexistente a imunidade. A admissão das imunidades enquanto veículos para garantia de liberdades fundamentais expõe outras questões relevantes: por qual razão somente algumas liberdades fundamentais teriam sido protegidas por imunidades? Há, então, imunidades implícitas e outras explícitas? Qual a diferença entre umas e outras? Não haveria outra fundamentação para as imunidades que não a garantia imediata de direitos fundamentais?

Como exposto, em regra, as imunidades referem-se à exclusão de situações ou pessoas do campo de competência dos impostos. Se o imposto é um instrumento de captação de capacidade contributiva, sua falta implica impossibilidade de imposição.[13] Aqui, uma importante distinção se faz relevante: a ausência de capacidade contributiva não se confunde com a ausência de riqueza. Haverá hipóteses em que a existência de riqueza não relevará capacidade contributiva, como ocorre quando algum enfermo destina grande parte de sua renda a tratamentos médicos. Nesse aspecto, parece acertado considerar que a norma imunizante é justificada enquanto medida de concretização do princípio da capacidade contributiva. Não havendo capacidade para contribuir com os gastos coletivos, restringe-se a tributação por meio de uma norma imunizante. Dessa forma, submeter entidades religiosas e templos de qualquer culto à imunidade é resultado, antes, da própria definição de imposto, que não pode ser exigido quando a capacidade contributiva do templo ou entidade é inexistente.

Por outro lado, nem todas as hipóteses de imunidade se justificam pela concretização do princípio da capacidade contributiva. Não se pode, por exemplo, invocar preocupação com a capacidade contributiva para justificar a imunidade objetiva dos fonogramas e videofonogramas musicais produzidos no Brasil. A imunidade de tal atividade, objeto de indústria cuja importância econômica não é desprezível, justifica-se pelo seu viés indutor: trata-se de decisão do constituinte derivado de incentivar a produção cultural.[14]

Para o escopo deste estudo, faz-se relevante analisar a construção da imunidade constante no art. 150, VI, "a", da CR. Por meio deste exame será possível compreender o que justifica a extensão da imunidade recíproca às empresas estatais.

1.2 A imunidade recíproca, o princípio federativo e a capacidade contributiva

A imunidade recíproca foi incorporada à tradição constitucional brasileira no ano de 1890. O texto do Decreto nº 914-A, de 23.10.1890, que submeteu o projeto de constituição à apreciação da Assembleia Nacional Constituinte, expressava ser proibido aos estados embaraçar, por meio da tributação, "actos, instituições, ou serviços estabelecidos pelo Governo da União".[15] Não havia, nesta redação, reciprocidade alguma.

---

[13] Cf. SCHOUERI, Luís Eduardo. *Direito tributário*. 13. ed. São Paulo: SaraivaJur, 2024. p. 463-464.

[14] Cf. SCHOUERI, Luís Eduardo. *Direito tributário*. 13. ed. São Paulo: SaraivaJur, 2024. p. 532.

[15] Cf. a redação do Decreto nº 914-A, de 23.10.1890, "Art. 9º E' prohibido aos Estados tributar de qualquer modo, ou embaraçar com qualquer difficuldade, ou gravame, regulamentar ou administrativo, actos, instituições, ou serviços estabelecidos pelo Governo da União".

Na perspectiva dos Constituintes, o texto falseava o princípio federativo, pois somente garantia limitações que beneficiavam a União.[16] Por essa razão, as substituições à redação original resultaram no art. 10 da Constituição da República de 1891, cuja redação limitou a tributação de bens e rendas federais por parte dos estados, além de impor tratamento recíproco aos atos da União.[17]

Ao investigar as origens da imunidade recíproca, o Ministro Aliomar Baleeiro faz alusão às decisões da Suprema Corte dos Estados Unidos, segundo as quais os meios de ação de um governo, dentro da federação, não deveriam ser embaraçados pelos impostos de outro.[18] A aplicação da imunidade recíproca é distinguida, ainda, nas hipóteses em que Estado exercita atividade como *government* (*e.g.*, serviço ou função pública) ou *proprietary* (*e.g.*, função comercial): sua aplicação se restringe ao primeiro caso.[19] A construção jurisprudencial reafirma a concepção exposta neste artigo: a imunidade recíproca é extensível à atuação do Estado na economia desde que seja direcionada aos serviços públicos. O entendimento decorre da ausência de capacidade contributiva, uma vez que a atuação do Estado se dá fora do domínio econômico. No desempenho de serviços públicos os recursos ali auferidos estão, por princípio, destinados a uma finalidade pública; não há, portanto, riqueza que indique capacidade para pagar impostos.

Como exposto, a construção da imunidade recíproca põe, igualmente, o princípio federativo em evidência, tendo em vista que seu exercício se volta à preservação da autonomia dos entes federados. Os desafios à sua extensão surgem na presença de casos em que o Estado passa a exercer atividades dentro do domínio econômico, i.e., para além do campo dos serviços públicos essenciais.

2 O Supremo Tribunal Federal e a extensão da imunidade recíproca às estatais

O mero fato de uma entidade estatal atuar no domínio econômico não implica, *ipso facto*, a existência de capacidade contributiva que justifique a tributação. Essa declaração ganha relevância ao se considerar que o art. 150, VI, "a", da CR, constitui fundamento, pela análise da jurisprudência do STF, para extensão da imunidade recíproca às empresas públicas.[20] Por um lado, discute-se em quais hipóteses a imunidade

---

[16] Cf. CÂMARA DOS DEPUTADOS. *Annaes do Congresso Constituinte da Republica*. 2. ed. Imprensa Nacional: Rio de Janeiro, 1926. v. 2. p. 307.

[17] Cf. a redação do art. 10 da Constituição da República de 1891, "Art 10 - É proibido aos Estados tributar bens e rendas federais ou serviços a cargo da União, e reciprocamente".

[18] Cf. STF, Recurso Extraordinário nº 68.450-SP, Primeira Turma. Rel. Min. Aliomar Baleeiro, j. 04.12.1969. *DJU*, 10.12.1969. p. 80.

[19] Cf. STF, Recurso Extraordinário nº 68.450-SP, Primeira Turma. Rel. Min. Aliomar Baleeiro, j. 04.12.1969. *DJU*, 10.12.1969. p. 80.

[20] Cf. a redação do Decreto-Lei nº 200, de 25.2.1967, "Art. 5º Para os fins desta lei, considera-se: [...] II - Emprêsa Pública - a entidade dotada de personalidade jurídica de direito privado, com patrimônio próprio e capital exclusivo da União, criado por lei para a exploração de atividade econômica que o Govêrno seja levado a exercer por fôrça de contingência ou de conveniência administrativa podendo revestir-se de qualquer das formas admitidas em direito.; III - Sociedade de Economia Mista - a entidade dotada de personalidade jurídica de direito privado, criada por lei para a exploração de atividade econômica, sob a forma de sociedade anônima, cujas ações com direito a voto pertençam em sua maioria à União ou a entidade da Administração Indireta."; no mesmo sentido, a Lei nº 13.303, de 30.6.2016 indica que "art. 3º Empresa pública é a entidade dotada de personalidade jurídica de direito privado, com criação autorizada por lei e com patrimônio próprio, cujo capital social é integralmente detido pela União, pelos Estados, pelo Distrito Federal ou pelos Municípios." e "art. 4º

seria aplicada às pessoas jurídicas de direito privado e, a partir dessa consideração, quais fatores delimitariam sua aplicação.

No bojo do Recurso Extraordinário nº 1.320.054/SP,[21] fixou-se o entendimento, a partir da proposta do Ministro Luís Roberto Barroso,[22] de que as estatais prestadoras de serviços públicos essenciais, desde que não distribuam lucros a acionistas privados nem ofereçam risco ao equilíbrio concorrencial, são beneficiárias da imunidade tributária recíproca prevista no art. 150, VI, "a", da CR, posto serem pessoas jurídicas de direito privado.[23] A exposição que se segue faz referência aos requisitos descritos e às respectivas razões para sua imposição.

2.1 O serviço público essencial

Da leitura do art. 173, da CR, extrai-se que a exploração direta de atividade econômica pelo Estado somente é permitida quando necessária aos imperativos da segurança nacional ou a relevante interesse coletivo. Em conjunto com a norma constante nos arts. 1º, IV e 170 da CR, que descreve o princípio da livre-iniciativa como elemento fundante do Estado brasileiro, vê-se que, aprioristicamente, ao Estado é vedada a exploração das atividades econômicas.[24]

O Estado pode atuar no domínio econômico na hipótese em que seja titular exclusivo (*publicatio*) da prestação de serviços públicos essenciais ou de monopólios públicos.[25] A título exemplificativo, cita-se a distribuição de gás, cuja exploração é descrita como serviço público de competência dos Estados, nos termos do art. 25, §2º, da CR.[26] Há, igualmente, casos em que a Constituição atribui o monopólio da exploração de atividades ao Estado, como ocorre com refino do petróleo nacional ou estrangeiro, disposição veiculada pelo art. 177, II, da CR.[27]

Ao Estado é cabível a exploração da atividade econômica, da mesma forma, por meio da prestação de serviços sociais (*e.g.*, serviço educacional) ou atividades econômicas próprias da iniciativa privada (*e.g.*, infraestrutura). Os serviços públicos essenciais se assemelham aos serviços sociais pela geração de utilidades aos particulares; sua

---

Sociedade de economia mista é a entidade dotada de personalidade jurídica de direito privado, com criação autorizada por lei, sob a forma de sociedade anônima, cujas ações com direito a voto pertençam em sua maioria à União, aos Estados, ao Distrito Federal, aos Municípios ou a entidade da administração indireta".

21 STF, Recurso Extraordinário nº 1.320.054/SP, Plenário. Rel. Min. Luiz Fux, j. 06.05.2021. *DJe*, 14.05.2021.

22 Importa notar que a tese proposta pelo Ministro Luís Roberto Barroso deriva do "teste de adequação constitucional" proposto pelo Ministro Joaquim Barbosa no julgamento do Recurso Extraordinário nº 580.264/RS.

23 Cf. a redação do art. 150, VI, "a", da CR, "Art. 150. Sem prejuízo de outras garantias asseguradas ao contribuinte, é vedado à União, aos Estados, ao Distrito Federal e aos Municípios: [...] VI - instituir impostos sobre: a) patrimônio, renda ou serviços, uns dos outros".

24 Cf. ARAGÃO, Alexandre dos Santos. *Empresas estatais*: o regime jurídico das empresas públicas e sociedades de economia mista. 1. ed. São Paulo: Forense, 2017. p. 51.

25 Cf. ARAGÃO, Alexandre dos Santos. *Empresas estatais*: o regime jurídico das empresas públicas e sociedades de economia mista. 1. ed. São Paulo: Forense, 2017. p. 52.

26 Cf. a redação do art. 25, §2º, da CR, "art. 25. Os Estados organizam-se e regem-se pelas Constituições e leis que adotarem, observados os princípios desta Constituição [...] §2º Cabe aos Estados explorar diretamente, ou mediante concessão, os serviços locais de gás canalizado, na forma da lei, vedada a edição de medida provisória para a sua regulamentação".

27 Cf. a redação do art. 177, II, da CR, "art. 177. Constituem monopólio da União: [...] II - a refinação do petróleo nacional ou estrangeiro".

diferenciação decorre da titularidade: enquanto aqueles estão sob *publicatio*, estes são explorados pelos particulares a despeito da delegação estatal.[28]

A distinção acima se torna relevante na medida em que a prestação de serviços pelo Estado pode revelar capacidade contributiva (e, portanto, afastar a aplicação da norma imunizante). No Agravo Regimental no Recurso Extraordinário nº 763.000/ES,[29] discutiu-se se a Companhia Espírito de Saneamento ("Cesan"), sociedade de economia mista controlada pelo Governo do Estado do Espírito Santo e que tinha por finalidade a prestação de serviços de abastecimento de água e esgotos sanitários, faria jus à imunidade recíproca. De acordo com o entendimento do Ministro Luís Roberto Barroso, o desempenho de atividade de prestação obrigatória e exclusiva do Estado, nos termos do art. 23, IX, da CR,[30] atrairia a imunidade recíproca às sociedades de economia mista prestadoras de serviço de distribuição de água e saneamento. Para o ministro, a consideração da essencialidade do serviço permitiria o tratamento desigual, uma vez que a finalidade pública da prestação não dá ensejo à riqueza passível de tributação. Essa interpretação foi prevalente na Primeira Turma do STF, o que confirmou a rejeição do agravo e assegurou a imunidade recíproca à Cesan.

A posição do Ministro Luís Roberto Barroso foi reafirmada no julgamento do Recurso Extraordinário nº 600.867/SP,[31] oportunidade em que discutiu a aplicação da imunidade recíproca à Companhia de Saneamento Básico do Estado de São Paulo ("SABESP"). De acordo o Ministro Luís Roberto Barroso, a mera prestação de um serviço público essencial é suficiente para atrair da imunidade.[32] Em outros termos, a aplicação da imunidade não decorreria da natureza jurídica da empresa, mas da essencialidade do serviço prestado. Por outro lado, de acordo com a maioria do Plenário, aplicação da imunidade não estaria restrita à análise da essencialidade do serviço. Neste caso, a norma imunizante não foi aplicada em decorrência da distribuição de lucros, o que contraria a finalidade da norma imunizante.[33] Logo, se a finalidade da imunidade recíproca é assegurar a autonomia do ente na prestação do serviço público, os lucros obtidos deveriam ser convertidos para a própria atividade, e não para os agentes privados; nesta hipótese, a capacidade contributiva é revelada.[34]

O acórdão do Recurso Extraordinário nº 600.867/SP colocou em evidência outros valores que justificam a limitação da imunidade recíproca, como é o caso da distribuição dos lucros aos agentes privados. A partir disso, a noção de que a construção da norma imunizante não decorre de um dispositivo isolado, mas de um conjunto de normas, é concretizada. Resta analisar, com maior precisão, o impacto da distribuição dos lucros na extensão da imunidade recíproca às estatais.

---

[28] Cf. SUNDFELD, Carlos Ari. *Fundamentos do direito público*. São Paulo: Malheiros, 1992. p. 83.

[29] STF, Agravo Regimental no Recurso Extraordinário nº 763.000/ES, Primeira Turma. Rel. Min. Roberto Barroso, j. 19.08.2014. *DJe*, 30.09.2014.

[30] Cf. a redação do art. 23, IX, da CR, "Art. 23. É competência comum da União, dos Estados, do Distrito Federal e dos Municípios: [...] IX - promover programas de construção de moradias e a melhoria das condições habitacionais e de saneamento básico".

[31] STF. Recurso Extraordinário nº 600.867/SP, Plenário. Rel. Min. Joaquim Barbosa, j. 29.06.2020. *DJe*, 30.09.2020.

[32] Cf. STF. Recurso Extraordinário nº 600.867/SP, Plenário. Rel. Min. Joaquim Barbosa, j. 29.06.2020. *DJe*, 30.09.2020. p. 11.

[33] Cf. STF. Recurso Extraordinário nº 600.867/SP, Plenário. Rel. Min. Joaquim Barbosa, j. 29.06.2020. *DJe*, 30.09.2020. p. 9.

[34] Cf. STF. Recurso Extraordinário nº 600.867/SP, Plenário. Rel. Min. Joaquim Barbosa, j. 29.06.2020. *DJe*, 30.09.2020. p. 9.

2.2 A distribuição de lucros

O Recurso Extraordinário nº 600.867/SP discorreu sobre a extensão da imunidade tributária recíproca à SABESP. Pela análise fazendária, valores a título do Imposto sobre a Propriedade Predial e Territorial Urbana ("IPTU"), referentes aos exercícios de 2002 a 2004, seriam devidos ao Município de Ubatuba.

Ao se considerar que a SABESP é uma sociedade de capital aberto e suas ações são negociadas na Bolsa de Valores de São Paulo e na Bolsa de Valores de Nova Iorque, a aplicação da imunidade recíproca no caso esteve atrelada, prioritariamente, à distribuição de lucros. É certo que há sociedades de economia mista que não propiciam a distribuição de lucros a qualquer espécie de investidor, de modo que a adoção da forma empresarial indica apenas uma opção pela adoção do regime de direito privado. Não foi este o caso da SABESP; durante o julgamento, apontou-se que o lucro da estatal não era revertido em prol dos serviços, mas, sim, dos investidores, situação que revelaria capacidade contributiva.

Para o Ministro Luís Roberto Barroso, a presença da sociedade de economia mista em bolsa de valores não teria qualquer efeito sobre a imunidade. Sob essa perspectiva, o escopo do art. 150, VI, "a", da CR, garantiria a imunidade recíproca sobre os serviços de cada um dos entes políticos, assim como os respectivos patrimônios e rendas. Portanto, somente a natureza do serviço deveria ser considerada, a despeito da distribuição dos lucros a agentes privados. Prevaleceu, no entanto, o entendimento contrário.[35]

Durante o julgamento do Recurso Extraordinário nº 1.320.054/SP, questionou-se extensão da imunidade recíproca à Companhia do Metropolitano de São Paulo ("CMSP"), sociedade de economia mista prestadora de serviço de transporte. De acordo com a CMSP, sua atividade não estaria destinada ao aumento de patrimônio de particulares, o que é reforçado pelo fato de que mais de 97% do capital social da sociedade pertencia ao Estado de São Paulo. O STF reafirmou a jurisprudência da Corte que, além de considerar a essencialidade do serviço e a ausência de prejuízos à concorrência, fornece fundamental importância à distribuição dos lucros.

Na construção da tese do Recurso Extraordinário nº 1.320.054/SP, teve crucial relevância a manifestação do Ministro Luís Roberto Barroso, já que a restrição da imunidade recíproca às estatais prestadoras de serviços públicos essenciais deveria indicar as pessoas jurídicas que não distribuam lucros aos agentes privados, e não aquelas empresas "sem intuito lucrativo".[36] Para o ministro, a expressão "sem intuito lucrativo" poderia implicar interpretação equivocada, já que estatais, como pessoas jurídicas de direito privado, por definição, almejam o lucro. A opção pela forma empresarial é justificada em razão do regime jurídico de direito privado, mais flexível à atividade da empresa.[37]

A ideia de que a empresa estatal é uma "verdadeira" empresa resulta em conclusões relevantes: ainda que sua atividade suja a prestação de um serviço público

---

[35] STF. Recurso Extraordinário nº 600.867/SP, Plenário. Rel. Min. Joaquim Barbosa, j. 29.06.2020. *DJe*, 30.09.2020.

[36] Cf. a proposta de tese de repercussão geral, "Sociedade de economia mista, cuja participação acionária é negociada em Bolsas de Valores, e que, inequivocamente, está voltada à remuneração do capital de seus controladores ou acionistas, não está abrangida pela regra de imunidade tributária prevista no art. 150, VI, 'a', da Constituição, unicamente em razão das atividades desempenhadas".

[37] Cf. SCHWIND, Rafael Wallbach. Admissão das empresas estatais como verdadeiras empresas: consagração de uma Administração Pública Empresarial. *In*: DI PIETRO, Maria Sylvia Zanella; MOTTA, Fabrício (Coord.). *O direito administrativo nos 30 anos da Constituição*. Belo Horizonte: Fórum, 2018. p. 4.

essencial, estas empresas não são distintas de qualquer outra empresa privada.[38] Como visto, o art. 173 da CR ressalva a exploração direta de atividade econômica pelo Estado aos casos de necessidade aos imperativos da segurança nacional ou a relevante interesse coletivo; mas, além disso, proíbe-se, a partir do §2º, que privilégios fiscais sejam concedidos às empresas públicas e às sociedades de economia mista em detrimento das empresas do setor privado. O dispositivo, inserido no título que se refere à ordem econômica e financeira, visa assegurar o princípio da livre concorrência, cujo conteúdo é de fundamental relevância à análise realizada neste estudo.

2.3 O princípio da livre concorrência

Durante o julgamento do Recurso Extraordinário nº 594.015/SP,[39] discutiu-se a cobrança de IPTU de imóvel localizado no Porto de Santos. A Petróleo Brasileiro S/A ("Petrobras"), arrendatária da Companhia Docas do Estado de São Paulo ("CODESP"), pleiteava, para sua exploração econômica, a imunidade de imóvel pertencente à União.

De acordo com o Ministro Luís Roberto Barroso, a extensão da imunidade recíproca à Petrobras não encontraria respaldo constitucional, considerando que a empresa, apesar de arrendatária de bem público, o utilizava para fins meramente comerciais. É dizer, compreender que a utilização de imóveis públicos para exploração econômica lucrativa de particulares dá ensejo à imunidade da Petrobras equivaleria a colocá-la em vantagem concorrencial em relação as demais empresas. Incide, nessa hipótese, o comando do art. 173, §2º, da CR, que veda tratamento diferenciado às empresas públicas e às sociedades de economia mista quando o patrimônio é utilizado para exploração de atividade econômica. A imunidade recíproca não foi concebida com o propósito de favorecer particulares. Pelo contrário, sua previsão decorre, precipuamente, da necessidade de resguardar a autonomia dos entes. Para o Plenário, não caberia estendê-la, portanto, à Petrobras, já que a empresa atua explorando atividade econômica em regime da livre concorrência.

Conclusão

Em princípio, os gastos públicos devem ser custeados por toda a sociedade. As imunidades constitucionais eximem determinadas pessoas ou situações de seu custeio e sua aplicação é justificada pela ausência de capacidade contributiva. Em outros termos, na medida em que a capacidade contributiva não seja relevada, assegura-se a imunidade.

A restrição à aplicação das imunidades pode ser, igualmente, justificada. A hipótese analisada por este artigo versou sobre a extensão da imunidade recíproca às empresas estatais. Nos casos estudados, os princípios federativo e da livre concorrência adquiriram relevância. Enquanto a atuação da estatal ocorre fora do domínio econômico, não se pode falar em capacidade contributiva. Ao ingressar no domínio econômico, no entanto, a situação é diversa. Neste caso, a imunidade somente é estendida às estatais

---

[38] Cf. SCHWIND, Rafael Wallbach. Admissão das empresas estatais como verdadeiras empresas: consagração de uma Administração Pública Empresarial. *In*: DI PIETRO, Maria Sylvia Zanella; MOTTA, Fabrício (Coord.). *O direito administrativo nos 30 anos da Constituição*. Belo Horizonte: Fórum, 2018. p. 12.

[39] STF. Recurso Extraordinário nº 594.015/SP, Plenário. Rel. Min. Marco Aurélio, j. 06.04.2017. *DJe*, 25.08.2017.

nas hipóteses em que os recursos gerados forem destinados às finalidades da entidade imune e não a empreendimentos privados. Ademais, a imunidade não deve ser concedida às empresas estatais de modo a prejudicar a concorrência inerente à exploração de atividades econômicas.

A análise da jurisprudência do STF revela que, no caso das estatais, busca-se alcançar a finalidade da imunidade, que consiste na satisfação dos objetivos institucionais do ente federado, como a prestação de serviços públicos essenciais. A tributação é aplicada quando tais finalidades são negligenciadas, ou seja, quando a atividade se direciona à realização de empreendimentos meramente privados. Por fim, destaca-se a importância do princípio da livre concorrência, que visa impedir a concessão de vantagens que inabilitem a competição entre agentes privados.

Informação bibliográfica deste texto, conforme a NBR 6023:2018 da Associação Brasileira de Normas Técnicas (ABNT):

SCHOUERI, Luís Eduardo. A extensão da imunidade recíproca às estatais e a jurisprudência do Supremo Tribunal Federal. *In*: PAULA, Fernanda de; PENCAK, Nina (coord.). *Tributação, liberdade e igualdade*: as contribuições do Ministro Luís Roberto Barroso. Belo Horizonte: Fórum, 2025. p. 661-670. ISBN 978-65-5518-952-0.

MODULAÇÃO DE EFEITOS EM CASO DE MUDANÇA DE JURISPRUDÊNCIA FIRMADA EM SEDE DE RECURSO REPETITIVO (RE Nº 1.072.485-ED, TEMA Nº 985; E RE Nº 855.091-ED, TEMA Nº 808)

LUIZ ANTONIO BETTIOL

1 Introdução

Em um Estado de direito, um dos princípios mais caros, digno de nota em todos os ramos de estudo, refere-se ao princípio da segurança jurídica, acolhido pelo ordenamento jurídico pátrio em diversos dispositivos, constitucionais, legais e infralegais, tanto de natureza pública como privada.

Na seara constitucional, a segurança jurídica ganha destaque, por exemplo, ao dispor, no art. 5º, inc. XXXVI, da Constituição Federal, que "a lei não prejudicará o direito adquirido, o ato jurídico perfeito e a coisa julgada", estabelecendo-se a intangibilidade de situações jurídicas já constituídas em face de superveniente edição legislativa.

A segurança jurídica perpassa igualmente o direito processual, assegurando-se, conforme mandamento constitucional, que "ninguém será privado da liberdade ou de seus bens sem o devido processo legal" bem como que "aos litigantes, em processo judicial ou administrativo, e aos acusados em geral são assegurados o contraditório e ampla defesa, com os meios e recursos a ela inerente" (CF, art. 5º, incs. LIV e LV), pontuando o legislador constituinte que a resposta jurisdicional deve ser ágil e efetiva, visto que "a todos, no âmbito judicial e administrativo, são assegurados a razoável duração do processo e os meios que garantam a celeridade de sua tramitação".

Consoante a doutrina de José Afonso da Silva, realçada por Maria Sylvia Zanella Di Pietro:[1]

> [...] a segurança jurídica consiste no "conjunto de condições que tornam possível às pessoas o conhecimento antecipado e reflexivo das consequências diretas de seus atos e de seus

---

1 *Revista do Advogado da AASP*, ano XXXIX, n. 141, maio 2019.

fatos à luz da liberdade reconhecida". Uma importante condição da segurança jurídica está na relativa certeza que os indivíduos têm de que as relações realizadas sob o império de uma norma devem perdurar ainda quando tal norma seja substituída.

Nas palavras de Teori Zavascki:[2]

> [...] Nesse conjunto de garantias está inserido o direito à segurança jurídica, de cuja densidade se pode extrair que não apenas a liberdade, mas também os bens em sentido amplo (inclusive, pois, os direitos subjetivos de qualquer espécie) hão de permanecer sob a disposição de quem os detém e deles se considera titular, até que se esgote o devido processo legal. Esse direito, que BOTELHO DE MESQUITA denominou de direito à liberdade jurídica, "tem por objeto a liberdade de exercer os direitos contestados, até que se demonstre judicialmente que esse direito não existe ou que pertence a outrem" (TP 8 PT). É, pois, direito fundamental do litigante demandado (como o é, também, do litigante de mandante) o direito à chamada cognição completa, exauriente, assim entendida a que submete as soluções definitivas dos conflitos que procedimentos prévios nos quais se ensejam aos litigantes o contraditório, a ampla defesa e a interposição de recursos.

A mesma proteção estende-se ao direito tributário, observando-se no texto do art. 150 da Carta Magna consecutivas disposições voltadas à proteção do contribuinte em face do soberano Estado Fiscal, como evidenciam as referências aos postulados da legalidade, irretroatividade e anterioridade e à proibição do confisco (art. 150, incs. I, II, "b", III, "a" e IV, CF).

No campo legal, por sua vez, refere o art. 146 do Código Tributário Nacional:

> Art. 146. A modificação introduzida, de ofício ou em consequência de decisão administrativa ou judicial, nos critérios jurídicos adotados pela autoridade administrativa no exercício do lançamento somente pode ser efetivada, em relação a um mesmo sujeito passivo, quanto a fato gerador ocorrido posteriormente à sua introdução.

A partir da leitura conjunta desses e de outros dispositivos, percebe-se que a segurança jurídica, em suma, associa-se à proteção da estabilidade e previsibilidade das relações jurídicas, em um ambiente de confiança legítima, elementos indispensáveis para o desenvolvimento de qualquer sociedade. Afinal, cidadãos e empresas pautam suas condutas e programam suas atividades e investimentos, além do planejamento tributário, com base nas regras estabelecidas, com a expectativa de sua manutenção para o futuro.

Entre tais direcionamentos de regras de conduta, encontra-se a jurisprudência formada nos tribunais, especialmente no âmbito dos tribunais superiores.

Neste contexto é que se apresenta o instituto da modulação, em circunstâncias nas quais se apresente a alteração de uma jurisprudência dominante, cujos impactos se mostram especialmente sensíveis na seara do direito tributário, à vista da rigidez das garantias de limitação do poder de tributar.

---

[2] ZAVASCKI, Teori Albino. Antecipação da tutela e colisão de direitos fundamentais. *Revista do Tribunal Regional Federal: 1 Região*, v. 7, n. 3, p. 15- 32, jul./set. 1995.

2 Afirmação e superação da jurisprudência dominante

Entende-se como "jurisprudência" a formação de um conjunto de decisões colegiadas relacionadas a uma mesma questão jurídica, sejam emanadas dos tribunais de segunda instância e, com maior atenção dos operadores do direito, dos tribunais superiores.

A maior ênfase na análise dos julgamentos oriundos dos tribunais superiores, especialmente do Supremo Tribunal Federal e do Superior Tribunal de Justiça, relaciona-se à competência constitucional dessas duas Cortes de Justiça para a "última palavra", respectivamente, na interpretação de normas constitucionais (art. 102, CF) e na aplicação do direito federal (art. 105, CF).

Destacando a importância da jurisprudência para a vida em sociedade, expõe Antonio do Passo Cabral:[3]

> É que muitos atos decisórios – sobretudo dos tribunais superiores e especialmente aqueles que têm função uniformizadora – assumem uma capacidade de generalização e irradiação que outras decisões não possuem, sinalizando padrões de conduta para uma grande quantidade de casos similares. Trata-se de um relevante aspecto da segurança jurídica, qual seja, a calculabilidade do resultado normativo de uma conduta humana, que fornece aos indivíduos "segurança de orientação" na adoção de um comportamento.
>
> Com efeito, já passou do tempo de admitirmos que a jurisdição também é um fator estabilizador do direito quando a mesma conclusão é pronunciada, em vários casos similares, durante um período contínuo e duradouro. Quando diante desse grau de estabilização, os profissionais do direito passam a ter em conta a expectativa de que o mesmo resultado venha a ser seguido em outros casos. Por exemplo, quando os advogados aconselham seus clientes, quando indivíduos e empresas celebram contratos, e em muitas outras situações, certamente a jurisprudência consolidada também é levada em consideração.
>
> É inegável que as pessoas, ao planejarem suas vidas e seus negócios, são também guiadas por estas diretrizes da jurisprudência constante.
>
> Aliás, a constância da jurisprudência é saudada modernamente como relevante fator não só de segurança jurídica, mas também de igualdade. De fato, como o ordenamento jurídico admite diversos centros de decisão – pulverizados pelo território e em variadas instâncias de poder, muitas delas com independência – é sistemicamente natural que haja alguma medida de inconsistência que poderia levar a decisões desiguais para casos substancialmente idênticos. Porém, apesar da possibilidade de divergência, é inconcebível que não haja mecanismos para uniformização que reduzam as possibilidades de os indivíduos serem tratados de maneira anti-isonômica.

A partir da promulgação da Emenda Constitucional nº 3, de 1993, com o acréscimo do §2º ao art. 102 da Constituição Federal, as decisões proferidas pelo Supremo Tribunal Federal nas ações declaratórias de constitucionalidade (ADCs) passaram a emanar efeitos *erga omnes* e vinculantes, "relativamente aos demais órgãos do Poder Judiciário e ao Poder Executivo", sendo aperfeiçoado por meio da Emenda Constitucional nº 45, de 2004, a qual, além de ajustar o efeito vinculante no controle concentrado de constitucionalidade, abrangente também das ações declaratórias de inconstitucionalidade

---

3 CABRAL, Antonio do Passo. O papel da jurisprudência no STJ – Parte 1 – Integridade da jurisprudência do STJ e os princípios fundamentais do direito processual civil 2. Estabilidade e alteração de jurisprudência consolidada: proteção da confiança e a técnica do julgamento – Alerta. *Revista dos Tribunais*, 1. ed., 2014.

(ADINs), trouxe ao ordenamento jurídico o pressuposto recursal da repercussão geral para o recurso extraordinário (CF, art. 102, §3º),[4] além da figura da súmula vinculante (CF, art. 103-A).[5]

Mais adiante, com o advento da Emenda Constitucional nº 125, de 2022, o recurso especial passou a contar com requisito de admissibilidade próprio, impondo-se que o recorrente "deve demonstrar a relevância das questões de direito federal infraconstitucional discutidas no caso, nos termos da lei, a fim de que a admissão do recurso seja examinada pelo Tribunal [...]", fixando-se quórum de dois terços dos membros do órgão julgador para o não conhecimento do recurso.

Essas previsões constitucionais buscaram aproximar a implementação de um sistema de observância de precedentes, racionalizando o serviço judiciário, visando à efetivação da segurança jurídica, inibindo-se assim tanto quanto possível a prolação de decisões contrárias ao entendimento pacificado pelos tribunais superiores.

A esse respeito, prestigiando a força dos precedentes, o art. 543-A, do Código de Processo Civil de 1973, previa em seu §3º o pronto processamento de recurso extraordinário em casos tais, dispondo que "haverá repercussão geral sempre que o recurso impugnar decisão contrária a súmula ou jurisprudência dominante do Tribunal", oportunizando-se tanto a negativa de seguimento de recursos especial e extraordinário como seu provimento, "se o acórdão recorrido estiver em confronto com súmula ou jurisprudência dominante no tribunal" (CPC/73, art. 544, §4º, II, "c").

No plano legal, sensível avanço se deu com o advento do atual Código de Processo Civil (Lei nº 13.105, de 2015), cujos arts. 926 e 927 deixam expressa a preocupação do legislador com a efetivação da segurança jurídica mediante uniformização da jurisprudência:

> Art. 926. Os tribunais devem uniformizar sua jurisprudência e mantê-la estável, íntegra e coerente.
>
> §1º Na forma estabelecida e segundo os pressupostos fixados no regimento interno, os tribunais editarão enunciados de súmula correspondentes a sua jurisprudência dominante.
>
> §2º Ao editar enunciados de súmula, os tribunais devem ater-se às circunstâncias fáticas dos precedentes que motivaram sua criação.
>
> Art. 927. Os juízes e os tribunais observarão:
>
> I – as decisões do Supremo Tribunal Federal em controle concentrado de constitucionalidade;
>
> II – os enunciados de súmula vinculante;

[4] "§3º No recurso extraordinário o recorrente deverá demonstrar a repercussão geral das questões constitucionais discutidas no caso, nos termos da lei, a fim de que o Tribunal examine a admissão do recurso, somente podendo recusá-lo pela manifestação de dois terços de seus membros".

[5] "Art. 103-A. O Supremo Tribunal Federal poderá, de ofício ou por provocação, mediante decisão de dois terços dos seus membros, após reiteradas decisões sobre matéria constitucional, aprovar súmula que, a partir de sua publicação na imprensa oficial, terá efeito vinculante em relação aos demais órgãos do Poder Judiciário e à administração pública direta e indireta, nas esferas federal, estadual e municipal, bem como proceder à sua revisão ou cancelamento, na forma estabelecida em lei. §1º A súmula terá por objetivo a validade, a interpretação e a eficácia de normas determinadas, acerca das quais haja controvérsia atual entre órgãos judiciários ou entre esses e a administração pública que acarrete grave insegurança jurídica e relevante multiplicação de processos sobre questão idêntica. §2º Sem prejuízo do que vier a ser estabelecido em lei, a aprovação, revisão ou cancelamento de súmula poderá ser provocada por aqueles que podem propor a ação direta de inconstitucionalidade. §3º Do ato administrativo ou decisão judicial que contrariar a súmula aplicável ou que indevidamente a aplicar, caberá reclamação ao Supremo Tribunal Federal que, julgando-a procedente, anulará o ato administrativo ou cassará a decisão judicial reclamada, e determinará que outra seja proferida com ou sem a aplicação da súmula, conforme o caso".

> III – os acórdãos em incidente de assunção de competência ou de resolução de demandas repetitivas e em julgamento de recursos extraordinário e especial repetitivos;
> IV – os enunciados das súmulas do Supremo Tribunal Federal em matéria constitucional e do Superior Tribunal de Justiça em matéria infraconstitucional;
> V – a orientação do plenário ou do órgão especial aos quais estiverem vinculados.

O mesmo se observa no art. 932, incs. IV e V, do atual CPC, ao se permitir ao relator, por decisão singular, o desprovimento ou provimento de recursos em caso de colidência com entendimento vinculante:

> Art. 932. Incumbe ao relator: [...]
> IV – negar provimento a recurso que for contrário a:
> a) súmula do Supremo Tribunal Federal, do Superior Tribunal de Justiça ou do próprio tribunal;
> b) acórdão proferido pelo Supremo Tribunal Federal ou pelo Superior Tribunal de Justiça em julgamento de recursos repetitivos;
> c) entendimento firmado em incidente de resolução de demandas repetitivas ou de assunção de competência;
> V – depois de facultada a apresentação de contrarrazões, dar provimento ao recurso se a decisão recorrida for contrária a:
> a) súmula do Supremo Tribunal Federal, do Superior Tribunal de Justiça ou do próprio tribunal;
> b) acórdão proferido pelo Supremo Tribunal Federal ou pelo Superior Tribunal de Justiça em julgamento de recursos repetitivos;
> c) entendimento firmado em incidente de resolução de demandas repetitivas ou de assunção de competência;

Em primeira instância, a obediência aos precedentes é refletida no art. 332 do CPC, ao dispor sobre a improcedência liminar do pedido:

> Art. 332. Nas causas que dispensem a fase instrutória, o juiz, independentemente da citação do réu, julgará liminarmente improcedente o pedido que contrariar:
> I – enunciado de súmula do Supremo Tribunal Federal ou do Superior Tribunal de Justiça;
> II – acórdão proferido pelo Supremo Tribunal Federal ou pelo Superior Tribunal de Justiça em julgamento de recursos repetitivos;
> III – entendimento firmado em incidente de resolução de demandas repetitivas ou de assunção de competência;
> IV – enunciado de súmula de tribunal de justiça sobre direito local.

Busca-se prestigiar, assim, a conservação da "jurisprudência dominante" dos tribunais, relacionando o atual CPC a mecanismos práticos para sua efetivação.

Propondo determinados critérios para a configuração de jurisprudência dominante, assim se manifestam Georges Abboud e Roberta Rangel:[6]

---

[6] ABBOUD, Georges; RANGEL, Roberta. Relevância no RESP. 1. Construção teórica acerca do conceito de "jurisprudência dominante" em Recurso Especial. *Revista dos Tribunais*, 2023. Disponível em: https://nextproview.thomsonreuters.com/launchapp/title/rt/monografias/301404751/v1/page/RB-1.1.

> Reafirmamos: jurisprudência dominante é algo qualitativamente diferente dos demais enunciados formalmente vinculantes e deve, por essa razão, desempenhar um papel secundário na argumentação jurídica, já que tem um potencial de participação democrática menor que os demais.
>
> Por óbvio, esse cenário pode ser modificado, a depender da maneira como for regulamentada a EC 125. A regulamentação eficiente, aliada a uma jurisprudência íntegra e coerente do STJ acerca do tema, pode fazer com que o conceito de jurisprudência dominante se transforme em um dos protagonistas na discussão acerca da admissibilidade de Recurso Especial.
>
> Ademais, permanece para nós a intuição de que a jurisprudência deve provir sempre que possível do respectivo Tribunal Pleno ou Órgão Especial. Nada obstante, se pensarmos no caso do STJ, em que há uma boa racionalização na divisão de competências, a jurisprudência dominante também pode ser oriunda de Turma ou Seção.
>
> Diante dos argumentos acima desenvolvidos, podemos reorganizar os critérios para a configuração de uma jurisprudência dominante, que abarque as considerações acima: (1) ao menos duas decisões de um órgão efetivamente representativo da posição institucional daquele tribunal, preferencialmente o Plenário, o Órgão Especial ou as Seções, no caso do STJ; (2) que o respectivo Tribunal seja o constitucionalmente designado para uniformizar a interpretação da legalidade a respeito do qual se formou aquela jurisprudência; (3) tratarem os casos da mesma questão jurídica; (4) discussão técnica a respeito da questão; (5) exposição clara dos fatos e das razões que levaram o tribunal a adotar esta ou aquela posição; e (6) que não se confunda "jurisprudência dominante" com outras maneiras formais de vinculação jurisprudencial, tais como a súmula (vinculante ou simples), os repetitivos ou a repercussão geral.

Portanto, não se pode tomar como equivalentes a jurisprudência dominante e a existência de julgamentos isolados, desservindo, com maior razão, a prolação, ainda que consecutiva, de decisões monocráticas. Por mais qualificada que seja a fundamentação das decisões judiciais nessas situações, não se pode abreviar o rito de formação segura e saudável da jurisprudência, a não ser pelos legítimos caminhos já sinalizados pela própria legislação.

Com esse escopo, perante o Supremo Tribunal Federal e Superior Tribunal de Justiça, ganham destaque, respectivamente, o rito de julgamento por afetação dos recursos extraordinário e especial repetitivos, disciplinado nos arts. 1.036 e seguintes do CPC, cabível "sempre que houver multiplicidade de recursos extraordinários ou especiais com fundamento em idêntica questão de direito", possibilitando-se a suspensão nacional dos processos pendentes assemelhados (CPC, art. 1.037, II), além da ampla participação da sociedade civil no debate da matéria, inclusive mediante admissão de *amici curiae* (CPC, art. 1.038, I a III).

Ao final do procedimento, ultimado o julgamento dos recursos afetados, "os órgãos colegiados declararão prejudicados os demais recursos versando sobre idêntica controvérsia ou os decidirão aplicando a tese firmada", em evidência da força vinculante do julgamento dos paradigmas, assegurando-se, em todo caso, acesso à instância recursal caso o Tribunal de origem venha a manter o acórdão divergente da tese (CPC, art. 1.041).

Nada obstante, muito embora desejada e prestigiada a estabilidade da jurisprudência, em algum momento de sua existência, seus fundamentos e teses podem vir a ser revisitados, rediscutidos, alterados e mesmo superados, o que de nada surpreenderia Heráclito, a quem atribuída a parêmia "tudo flui, nada permanece".[7]

Em tais situações, o ordenamento jurídico deve contar com a necessária proteção aos interesses em jogo, protegendo-se, em última análise, a segurança jurídica refletida notadamente por meio da confiança justificada, exercida pelo jurisdicionado ao tempo da vigência do entendimento que restou superado, mormente na esfera do direito tributário, à vista das severas consequências resultantes da mudança de orientação quanto à incidência ou não incidência de uma exação.

Nesse momento, entra em cena o instituto da modulação de efeitos.

3 Metodologia e aplicação da técnica de modulação de efeitos nos recursos repetitivos

No controle concentrado de constitucionalidade, refere a doutrina que a declaração de inconstitucionalidade expurga do mundo jurídico a norma impugnada, com nítido efeito retroativo (*ex tunc*) e *erga omnes* da decisão. Conforme aduz James Marins, lembrado em artigo de Jeferson Teodorivicz,[8] "essa inteligência atribuída às declarações de inconstitucionalidade decorre do axioma segundo o qual lei inconstitucional não é lei e, portanto, deve ser tida como insusceptível de gerar efeitos jurídicos desde seu nascedouro".

Por sua vez, no controle difuso de constitucionalidade, caso destituído de repercussão geral, reconhece a doutrina que seus efeitos são *inter partes*, com idêntico efeito retroativo *erga omnes*, sem embargo de entendimento doutrinário mais amplo, no sentido da equiparação de efeitos entre o controle concentrado e o difuso. Nesse sentido alinha-se o e. Ministro Luís Roberto Barroso: "Já me manifestei sobre o tema na minha obra sobre o controle de constitucionalidade, no sentido de que 'uma decisão do Pleno do Supremo Tribunal Federal, seja em controle incidental ou em ação direta, deve ter o mesmo alcance e produzir os mesmos efeitos'".[9]

Nada obstante, como reconhecido pelo Supremo Tribunal Federal no julgamento da Rcl nº 4.335, tal equivalência ainda não foi adotada pela Corte.

Seja como for, sendo a norma incompatível com a Constituição Federal, ela já o é desde sua edição, não se admitindo sua convivência com o texto da Lei Maior.

A retroação, portanto, é efeito ordinário das decisões proferidas no controle de constitucionalidade, assim como também o são, em regra, as decisões proferidas nos processos individuais, no trato das lides em cada caso concreto.

No entanto, a despeito desse esperado efeito, não raro permaneciam em aberto situações constituídas sob o influxo da vigência da norma impugnada, cuja reversão implicaria indesejados efeitos deletérios, justificando-se assim sua manutenção, em proteção à boa-fé.

---

7 "Tudo flui, nada permanece; tudo se afasta e nada fica. Ninguém consegue se banhar duas vezes no mesmo rio, pois outras águas e ainda outras sempre fluirão. É na mudança que as coisas encontram o repouso".

8 TEODORIVICZ, Jeferson. Segurança jurídica no direito tributário e modulação dos efeitos em decisões de inconstitucionalidade. *Revista Tributária e de Finanças Públicas*, 2016.

9 Trecho de voto proferido no julgamento do RE nº 955.227.

Ainda no ordenamento jurídico anterior, o Supremo Tribunal Federal expressava essa preocupação, como revela o voto proferido pelo e. Ministro Leitão de Abreu nos autos do Recurso Extraordinário nº 79.343,[10] destacado em valiosa obra de Teresa Arruda Alvim sobre o tema da modulação,[11] do qual se extrai o seguinte trecho:

> Justificável é a resistência manifestada, no parecer supratranscrito, com a costumeira agudeza, pelo Procurador Walter José de Madeiros, em admitir que, pela declaração de inconstitucionalidade, se apaguem, ao menos irrestritamente, os efeitos produzidos, na ordem jurídica, por lei que havia entrado no mundo do direito em meio às solenidades requeridas para a edição de ato estatal dessa natureza e cercado, por isso mesmo, da presunção de validade inerente às manifestações de vontade emitidas, com selo formal, pelos agentes do poder público, mormente quando situados no ápice da hierarquia, onde resida a *summa sedes potestatis*. [...]
> Acertado se me afigura, também, o entendimento de que se não deve ter como nulo *ab initio* ato legislativo que entrou no mundo jurídico munido de presunção de validade, impondo-se, em razão disso, enquanto não declarado inconstitucional, à obediência pelos destinatários dos seus comandos. Razoável é a inteligência, a meu ver, de que se cuida, em verdade, de ato anulável, possuindo caráter constitutivo a decisão que decreta a nulidade. Como, entretanto, em princípio, os efeitos dessa decisão operam retroativamente, não se resolve, com isso, de modo pleno, a questão de se saber se é mister haver como delitos do orbe jurídico atos ou fatos verificados em conformidade com a norma que haja sido pronunciada como inconsistente com a ordem constitucional. Tenho que procede a tese, consagrada pela corrente discrepante, a que se refere o "Corpus Juris Secundum", de que a lei inconstitucional é um fato eficaz, ao menos antes da determinação da inconstitucionalidade, podendo ter consequências que não é lícito ignorar. A tutela da boa-fé exige que, em determinadas circunstâncias, notadamente quando, sob a lei ainda não declarada inconstitucional, se estabeleceram relações entre o particular e o Poder Público, apure-se, prudencialmente, até que ponto a retroatividade da decisão que decreta a inconstitucionalidade pode atingir, prejudicando, o agente que teve por legítimo o ato e, fundado nele, operou na presunção de que estava procedendo sob o amparo do direito objetivo.

No entanto, apenas com a edição da Lei nº 9.868, de 1999, é que a modulação foi efetivamente incorporada ao ordenamento jurídico, nos ditames de seu art. 27:

> Art. 27. Ao declarar a inconstitucionalidade de lei ou ato normativo, e tendo em vista razões de segurança jurídica ou de excepcional interesse social, poderá o Supremo Tribunal Federal, por maioria de dois terços de seus membros, restringir os efeitos daquela declaração ou decidir que ela só tenha eficácia a partir de seu trânsito em julgado ou de outro momento que venha a ser fixado.

Semelhante previsão consta do art. 11 da Lei nº 9.882, de 1999, ao tratar da arguição de descumprimento de preceito fundamental:

> Art. 11. Ao declarar a inconstitucionalidade de lei ou ato normativo, no processo de argüição de descumprimento de preceito fundamental, e tendo em vista razões de

[10] Segunda Turma, publicado no *Diário de Justiça* de 2.9.1977.

[11] ALVIM, Teresa Arruda. *Modulação*: na alteração da jurisprudência firme ou de precedentes vinculantes. 3. ed. São Paulo: Thomson Reuters Brasil, 2024.

segurança jurídica ou de excepcional interesse social, poderá o Supremo Tribunal Federal, por maioria de dois terços de seus membros, restringir os efeitos daquela declaração ou decidir que ela só tenha eficácia a partir de seu trânsito em julgado ou de outro momento que venha a ser fixado.

A propósito, a respeito do quórum qualificado de maioria absoluta, cabe ressaltar importante distinção salientada pelo e. Ministro Luís Roberto Barroso, quando do julgamento do RE nº 958.252-ED-terceiros-ED-segundos, entre as decisões em sede de controle de constitucionalidade (maioria absoluta) e as decisões que reflitam alteração da jurisprudência (maioria simples):

> [...] o art. 27 da Lei nº 9.868, que cuida da ação direta de inconstitucionalidade, prevê o quórum de dois terços para se modular os efeitos em casos de declaração de inconstitucionalidade.
> Porém, nós já assentamos que, se não for declaração de inconstitucionalidade, mas mudança de jurisprudência, o quórum para a modulação é de maioria simples.

Todos esses vetores relacionados à proteção da confiança legítima no controle de constitucionalidade comportam transposição para o fenômeno da alteração da jurisprudência dominante, apresentada no atual CPC. Afinal, a divergência entre julgados, especialmente se provocada alteração de jurisprudência antes pacificada, é fator de desestabilização e de rompimento da previsibilidade que estrutura a segurança jurídica, especialmente em face do contribuinte. Tributação e incerteza não caminham juntos.

Com o novo CPC, a modulação de efeitos em caso de alteração jurisprudencial ganhou espaço próprio, constante do art. 927, §3º:

> §3º Na hipótese de alteração de jurisprudência dominante do Supremo Tribunal Federal e dos tribunais superiores ou daquela oriunda de julgamento de casos repetitivos, pode haver modulação dos efeitos da alteração no interesse social e no da segurança jurídica.

Viabiliza-se, portanto, que o tradicional efeito *ex tunc* ceda ao efeito *ex nunc*, ou seja, de forma prospectiva ou, alternativamente, mediante critério outro de modulação selecionado pelo tribunal superior.

Nesses casos, bem como para a modificação de enunciado de súmula, exige o CPC a observância da "necessidade de fundamentação adequada e específica, considerando os princípios da segurança jurídica, da proteção da confiança e da isonomia", em explícito prestígio às garantias inerentes ao devido processo legal, inclusive quanto à devida e específica motivação da decisão judicial de reforma da jurisprudência, na esteira do que disposto no art. 93, IX, da Constituição Federal.[12]

Detectada a ocorrência da mutação jurisprudencial em um entendimento firmado pelo Supremo Tribunal Federal ou pelo Superior Tribunal de Justiça pela sistemática

12 "Art. 93. [...] – IX todos os julgamentos dos órgãos do Poder Judiciário serão públicos, e fundamentadas todas as decisões, sob pena de nulidade, podendo a lei limitar a presença, em determinados atos, às próprias partes e a seus advogados, ou somente a estes, em casos nos quais a preservação do direito à intimidade do interessado no sigilo não prejudique o interesse público à informação; (Redação dada pela Emenda Constitucional nº 45, de 2004)".

de recursos repetitivos – ou, especificamente para a Suprema Corte, pela afetação por repercussão geral – apresenta-se a modulação de efeitos, a qual, a despeito de sua excepcionalidade ao efeito regular retroativo das decisões judiciais, erige-se como fundamental ferramenta para o resguardo da segurança jurídica.

Caberá ao STJ e ao STF, portanto, a avaliação, em cada caso de mutação jurisprudencial, da presença ou da ausência do risco efetivo à segurança jurídica, especialmente tendo em vista a confiança depositada pelo jurisdicionado na prática de condutas espelhadas no entendimento que posteriormente veio a ser superado, com o ajuizamento de demandas, por exemplo, visando à repetição de indébito tributário ou à declaração da inexistência de determinada relação jurídica tributária.

Neste ponto, frequente é a invocação de argumentos consequencialistas, amparados inclusive no hodierno art. 20 da LINDB,[13] notadamente quando potencialmente sucumbente a Fazenda Pública, com risco de excessiva discricionariedade judicial ou subjetivismo no exame das premissas de modulação de efeitos.

A respeito do consequencialismo na prática da prolação das decisões judiciais, discorre Carlos Frederico Bastos Pereira:[14]

> As teorias contemporâneas da argumentação jurídica têm buscado analisar o argumento consequencialista e submetê-lo a critérios racionais de validade no discurso de justificação das decisões judiciais.
>
> Pode-se dizer, com certo consenso, que o argumento consequencialista é aquele que "leva em conta as consequências positivas ou negativas que uma determinada decisão judicial poderia gerar como razão para apoiar ou rejeitar tal decisão".
>
> A sua utilização, na maioria das vezes, surge nos chamados casos difíceis (hard cases), isto é, quando insuficiente o emprego da argumentação meramente lógico-dedutiva para resolução do caso concreto. Assim, junto com outras espécies de argumentos, realiza-se um juízo prospectivo acerca das possíveis consequências da decisão como forma de justificar que a solução adotada é mais adequada à resolução do caso.
>
> Uma das questões mais relevantes na utilização do argumento consequencialista é a identificação de consequências intrajurídicas e extrajurídicas.
>
> De um lado, serão intrajurídicas as consequências cujos argumentos são reconduzidos ao próprio ordenamento jurídico, isto é, quando o discurso trata dos efeitos da decisão no contexto do próprio sistema jurídico.
>
> Quando se aplica um precedente judicial vinculante para evitar a insegurança jurídica e a desigualdade entre os jurisdicionados, quando uma decisão é tomada para evitar lesão a terceiros de boa-fé ou quando uma decisão tem a possibilidade de acarretar dificuldades ao acesso à justiça, as consequências estão delimitadas pelo contexto normativo, pois a preocupação central é a repercussão que a decisão terá dentro do próprio sistema.
>
> De outro lado, as consequências extrajurídicas são aquelas cujos argumentos dizem respeito a elementos alheios ao direito como questões de natureza econômica, social, política e moral. Embora o consequencialismo seja muitas vezes associado à Análise Econômica do Direito (Law and Economics), não necessariamente as consequências práticas da decisão terão cunho exclusivamente econômico.

---

[13] "Art. 20. Nas esferas administrativa, controladora e judicial, não se decidirá com base em valores jurídicos abstratos sem que sejam consideradas as consequências práticas da decisão".

[14] PEREIRA, Carlos Frederico Bastos. Fundamentação das decisões judiciais, consequências práticas e o art. 20 da LINDB. *Revista dos Tribunais*, ano 108, v. 1.009, nov. 2019.

> Assim, haverá consequencialismo extrajurídico, por exemplo, quando uma causa tributária for julgada improcedente para não lesar os cofres públicos ou quando a prisão cautelar de um parlamentar não for decretada para não gerar instabilidade política. Essas questões, como se vê, não geram nenhuma repercussão dentro do sistema jurídico, mas fora dele, essencialmente.
>
> Esclarecida essa subdivisão, são duas as premissas comuns sobre a validade da argumentação consequencialista: (i) a uma, que os argumentos fundados em consequências intrajurídicas, porque de natureza institucional, são válidos na argumentação jurídica, apesar de possuir papel subsidiário em relação a outros tipos de argumentos; (ii) a duas, que os argumento fundados em consequências extrajurídicas, porque de natureza não institucional, não são válidos na argumentação jurídica (o que, vale frisar, não equivale a dizer que eles não poderão ser invocados).
>
> Argumentos institucionais "são aqueles que, sobre serem determinados por atos institucionais – parlamentares, administrativos, judiciais –, têm como ponto de referência o ordenamento jurídico". Argumentos não institucionais "fazem apelo a qualquer outro elemento que não o próprio ordenamento jurídico. São argumentos meramente práticos que dependem de um julgamento, feito pelo próprio intérprete, sob pontos de vista econômicos, políticos e/ou éticos. As consequências danosas de determinada interpretação e a necessidade de atentar para os planos de governo enquadram-se aqui".
>
> É possível identificar, ainda, a existência de um consequencialismo forte, posição essa que reserva um papel exclusivo à valoração das consequências na fundamentação da decisão judicial; e, em contraposição àquela posição, um consequencialismo fraco, que, por sua vez, reserva à valoração das consequências da decisão um papel meramente residual.

Sinaliza a hermenêutica jurídica que já se encontra superada a leitura de que a atuação jurisdicional seria restrita a um mero exercício mecânico de subsunção da norma ao fato, em expressão de simples equivalência à declaração da vontade do legislador.

Sobre o tema, registra Marcos de Araújo Cavalcanti,[15] em percuciente análise do exercício da atividade judicial e de seu aspecto de discricionariedade, apresentando-se a *tese da resposta correta*:

> [...] é importante deixar claro que a tese da resposta correta é uma rejeição ao relativismo e à possibilidade de o intérprete utilizar-se da discricionariedade para resolver questões jurídicas. Na verdade, a tese de DWORKIN impõe ao intérprete a obrigatoriedade de justificar os motivos porque a solução dada ao caso concreto foi tida por ele como a que mais se amolda ao direito; em outros termos, ela obriga o julgador a dizer as razões pelas quais entendeu que a decisão proferida está em harmonia com a Constituição, com as leis, com os precedentes e com a doutrina.
>
> Quer dizer, a decisão deve justificar que a solução dada obedece a coerência e a integridade do direito, exatamente na forma do que defende DWORKIN. Assim, a tese da resposta correta impõe ao julgador um dever de fundamentação substancial, de forma que o julgador explicite porque entendeu que a decisão proferida é adequada para resolver o caso concreto em vez de outras soluções divergentes apresentadas pelas partes litigantes ou de outras que possam existir nos tribunais e na própria doutrina.

[15] CAVALCANTI, Marcos de Araújo. *Coisa julgada & questões prejudiciais*: limites objetivos e subjetivos. São Paulo: Thomsom Reuters Brasil, 2019. p 94-95.

A partir dessa atuação com carga de discricionariedade, registra a doutrina que a decisão judicial compõe a produção da norma jurídica, como registra Cassio Scarpinella Bueno, lembrado na já referida obra de Teresa Arruda Alvim:

> Justamente porque não se compreende possa ser mais o juiz dos dias atuais a "boca da lei", deve ele, no seu ofício, bem capturar para bem aplicar, nos casos concretos, os valores e as angústias que estão dispersos pela sociedade e no próprio Estado, nas mais variadas facetas de sua atuação especializada. O juiz, pois, tem de se voltar para a sociedade para aplicar o direito. Mais do que nunca a distinção entre "lei" e "fato" é falsa, errônea. Não há lei sem fato que determine sua aplicação. É voz corrente na doutrina a de que um "conceito vago", um "princípio", uma "cláusula geral", pressupõem, para sua aplicação – e, antes disso, para sua interpretação – um fato. A ponto de haver aqueles que propõem, justamente em função dessa necessária e inafastável simbiose entre fato e lei, que o tradicional "silogismo jurídico", em que a premissa maior é a lei, a premissa menor o fato e a conclusão é a subsunção da lei ao fato, seja invertido. A captação do fato como premissa maior é essencial, até mesmo, para a identificação da lei a ser aplicada. Daí a necessidade de inverter a ordem das premissas desse silogismo. Quando menos, que se reconheça a insuficiência do caráter meramente subsuntivo da aplicação da regra ao caso concreto e se passe a reconhecer seu caráter de concreção ou concretização.
>
> O consequente incremento dos poderes do juiz a partir de um novo padrão de norma jurídica ou diante de uma nova forma de sua enunciação é inegável. Deixa-se de lado o mito da neutralidade do juiz, mero aplicador automático da lei, e se passa a lidar com o juiz que se sabe necessariamente influenciado pelos valores dispersos na sociedade civil e no próprio Estado. O juiz, antes mero aplicador da lei, dada pronta e acabada pelo legislador, passa a ser, hoje, compreendido como elo fundamental na cadeia de produção normativa. É ele, isso já não pode ser negado, evitado, escondido ou escamoteado, criador da norma jurídica.[16]

Transportando-se tais lições para o tema da modulação, argumentos consequencialistas podem ser divisados pelos tribunais superiores na avaliação da modulação de efeitos, exigindo-se, sempre, substancial fundamentação, com o máximo de elementos objetivos disponíveis, afastando-se o risco de que prevaleçam meras impressões subjetivas dos julgadores.

No ramo do direito tributário, tal exercício avulta em importância, pois, partindo-se da teoria de que a decisão judicial compõe a formação de uma norma jurídica, acórdãos que porventura importem em alteração da jurisprudência dominante em matéria tributária igualmente implicam o surgimento de "nova" norma, quiçá com vetor impositivo de exação fiscal, sujeitando-se assim aos princípios que norteiam a segurança jurídica.

Nas palavras de Humberto Ávila, "a retroatividade faz com que o indivíduo atue com base na norma vigente ao tempo de sua ação, no entanto, tenha sua conduta valorada com base noutra norma, inexistente e incapaz de consideração no momento em que foi adotada".[17] Não se revela razoável que um contribuinte antes adimplente à luz de determinada jurisprudência seja de surpresa transformado em inadimplente.

---

[16] BUENO, Cássio Scarpinella. *Amicus curiae no processo civil brasileiro*: um terceiro enigmático. 3. ed. São Paulo: Saraiva, 2012. p. 65-66.

[17] AVILA, Humberto. *Segurança jurídica*. 3. ed. São Paulo: Malheiros, 2014. p. 493.

A propósito, no julgamento dos Temas nºs 881 e 885 de repercussão geral (RE nº 949.297 e RE nº 955.227), voltado ao tema da cessação dos efeitos da coisa julgada diante de superveniente decisão da Suprema Corte, nítida foi a preocupação dos julgadores com os riscos da mutação da jurisprudência, comportando destaque os seguintes fundamentos do voto proferido pelo e. Ministro Luiz Fux, o qual, embora vencido, concluíra pela necessidade de modulação, ao expor:

> E a Constituição, dizia o Professor Eros Grau, enuncia e analisa em tiras. A Constituição tem o seu princípio da unidade, seus valores são conciliáveis. E a segurança jurídica hoje é valor importantíssimo na medida em que é através da previsibilidade que se afere o risco Brasil.
>
> O Professor Simeon Djankov, ao analisar o direito sob o ângulo da sua aplicação econômica, afirma que o sistema jurídico que não contém regras de previsibilidade é um sistema jurídico alijado do ranking Doing Business, porque as pessoas não sabem o que vão fazer.
>
> Por isso é que ontem – manifesto até um agradecimento – o advogado utilizou a expressão de que se o contribuinte não sabe o que fazer, isso se equipara a figura – que não é minha – que Jeremy Bentham, citando Caenagem, afirmava: isso é a mesma coisa que tratar o jurisdicionado como um cão, que só sabe o que é proibido quando um taco de beisebol lhe toca o focinho. E a expressão não é minha! A expressão que o advogado utilizou é uma expressão que está na própria exposição de motivos de Código de Processo Civil.
>
> Então, na realidade, eu verifico que todas as decisões em matéria tributária, tendo em vista a possibilidade de uma lei posterior, são proferidas com a cláusulas rebus sic stantibus. Entretanto, quando há, aí pode surgir uma lei nova ou pode surgir um precedente, mas que não pode retroagir para desconstituir a coisa julgada, porque para isso se exige uma ação rescisória.
>
> Então, como dizia eu, se essa é a primeira vez que nós estamos enfrentando esse tema, é fundamental que nós tenhamos que modular, porque, na verdade, como expõe hoje a Lei de Introdução às Normas do Direito Brasileiro, essa decisão pode criar um efeito sistêmico extremamente gravoso se, eventualmente, a tese contrária, que nós devemos respeitar pelo princípio da colegialidade, não for minimalista. Porque se não for minimalista, nós vamos reabrir vários casos de tributos considerados constitucionais ou inconstitucionais e que ora vão favorecer o Fisco, ora vão favorecer o contribuinte.
>
> De sorte que esse argumento, no meu modo de ver, a isonomia tem que ser conciliável com a segurança jurídica porque, na verdade, a Constituição não traz valores antinômicos, os valores devem ser conciliados pelo princípio da unidade da Constituição. E, no caso, é explícito por toda a doutrina nacional e estrangeira que, para desconstituir o julgado, é necessário que haja a propositura da ação rescisória.

Nesse mesmo julgamento, o Supremo Tribunal Federal registrou esse efeito criativo e a correspondente incidência principiológica, como se colhe de trecho do voto relator proferido pelo e. Ministro Luís Roberto Barroso:

> 44. Destaco apenas que a decisão deste Supremo Tribunal Federal, em controle concentrado ou em repercussão geral, que seja contrária à coisa julgada favorável ao contribuinte, em relações jurídicas tributárias de trato sucessivo, produz para ele norma jurídica nova. Essa situação se assemelha à criação de novo tributo, que, como se sabe, a depender do tributo, deve observar a irretroatividade, a anterioridade anual e a noventena, e, no caso das contribuições para a seguridade social, a anterioridade nonagesimal. Por conseguinte, tem-se que a publicação da ata de julgamento em controle concentrado ou controle difuso em repercussão geral equivale ao primeiro dia de vigência da nova norma que somente

produzirá efeitos após os referidos períodos de "vacatio legis", garantias fundamentais dos contribuintes que asseguram certo grau de segurança jurídica. Por óbvio, a aplicação da anterioridade aqui aventada só deverá beneficiar aqueles contribuintes que possuíam decisões judiciais transitadas em julgado em seu favor.

Com o objetivo de se oxigenar a objetividade do debate sobre a aplicação da técnica de modulação, é mais que recomendável que o órgão julgador prestigie a ampla publicização do debate, notadamente mediante a admissão de *amici curiae* e a realização de audiências públicas. Infelizmente, a prática diária tem revelado o crescente indeferimento da participação de amigos da Corte e da realização de audiências públicas, muitas vezes em razão de precipitado entendimento de que a entidade candidata a ingresso no feito estaria defendendo um dos lados do debate sobre a tese, o que comprometeria sua imparcialidade e vedaria sua participação.

Com todas as vênias a entendimentos em contrário, o desenvolvimento de fundamentação técnica pelo *amicus curiae* a respeito da improcedência ou procedência de determinada tese não desnatura a vantajosidade de sua colaboração institucional.

Nesse sentido, confira-se o entendimento do Supremo Tribunal Federal firmado no julgamento do RE nº 602.584-Agr/DF (Relator Min. Luiz Fux. *DJe*, 19.3.2020):

> Ementa: AGRAVO REGIMENTAL NO RECURSO EXTRAORDINÁRIO. PROCESSO SUBJETIVO. PEDIDO DE INGRESSO COMO AMICUS CURIAE. INTERESSE INSTITUCIONAL COLABORATIVO E DEMOCRÁTICO. INDEFERIMENTO. AUSÊNCIA DE LESIVIDADE JURÍDICA. IRRECORRIBILIDADE. ART. 138 DO CPC. AGRAVO NÃO CONHECIDO.
>
> 1. Cabe ao amicus oferecer sua opinião sobre a causa, sobretudo nas questões técnico-jurídicas de maior complexidade. Assim, a tradução literal para "amigo da corte", ainda que possa ser insuficiente para expressar o papel que desempenha, bem sintetiza a razão de ser eminentemente colaborativa do instituto.
>
> 2. O instituto do amicus curiae, historicamente, caracterizava-se pela presunção de neutralidade de sua manifestação, tanto na experiência romano-germânica, quanto na tradição anglo-saxônica.
>
> 3. Aos amici cabia apresentar elementos de fato e de direito que, por qualquer razão, escapassem do conhecimento dos juízes, assegurando a paridade de armas entre as partes, atuando de forma presumidamente imparcial.
>
> 4. A experiência norte-americana demonstra que os amici curiae ao longo do tempo perderam sua presumida imparcialidade (SORENSON, Nancy Bage, The Ethical Implications of Amicus Briefs, 30 St. Mary's L.J. 1225-1226. 1999).
>
> 5. A Suprema Corte americana alterou sua Rule 37 com o fito de clarificar quais os aspectos aptos a justificar a atuação da figura, independentemente de seus eventuais interesses: "1. A manifestação de amicus curiae que chame a atenção do Tribunal para uma questão relevante que ainda não tenha sido comunicada pelas partes pode ser de grande ajuda para o Tribunal. A manifestação de amicus curiae que não sirva a este propósito sobrecarrega o Tribunal, e sua juntada não é recomendável. A manifestação de amicus curiae pode ser apresentada apenas por um advogado admitido a praticar perante este Tribunal, conforme previsto na regra 5." (Rules of The Supreme Court of The United States. Part VII. Rule 37. Brief for an Amicus Curiae)
>
> 6. A doutrina do tema reconhece que há uma multiplicidade de interesses a orientar a atuação do colaborador da Corte, o que não macula a ratio essendi da participação. O eventual interesse individual não pode ser o fundamento a justificar seu ingresso; não se confundindo com o interesse tipicamente subjetivado das partes, nem com o interesse

> institucional, de viés colaborativo e democrático, que constitui o amicus como um representante da sociedade. (SCARPINELLA BUENO, Cássio. Amicus Curiae no Processo Civil brasileiro: um terceiro enigmático. 2012. p. 121-122).
>
> 7. O *amicus curiae* presta sua potencial contribuição com a jurisdição, mas não se submete à sucumbência – nem genérica, nem específica – apta a ensejar o interesse de recorrer da decisão que, apreciando o pedido de ingresso, não vislumbra aptidão contributiva suficiente para a participação no caso concreto. A manifestação do amicus não pode ser imposta à Corte, como um inimigo da Corte.
>
> 8. O ingresso do *amicus curiae*, a par do enquadramento nos pressupostos legais estabelecidos Código de Processo Civil – notadamente que a causa seja relevante, o tema bastante específico ou tenha sido reconhecida a repercussão geral –, pode eventualmente ser obstado em nome do bom funcionamento da jurisdição, conforme o crivo do relator, mercê não apenas de o destinatário da colaboração do *amicus curiae* ser a Corte, mas também das balizas impostas pelas normas processuais, dentre as quais a de conduzir o processo com eficiência e celeridade, consoante a análise do binômio necessidade-representatividade.
>
> 9. O legislador expressamente restringiu a recorribilidade do *amicus curiae* às hipóteses de oposição de embargos de declaração e da decisão que julgar o incidente de resolução de demandas repetitivas, conforme explicita o artigo 138 do CPC/15, ponderados os riscos e custos processuais.
>
> 10. É que o amicus curiae não se agrega à relação processual, por isso não exsurge para ele uma expectativa de resultado ou mesmo uma lesividade jurídica a ensejar a recorribilidade da denegação de seu ingresso. O status de amicus encerra-se no momento em que se esgota – ou se afere inexistir – sua potencialidade de contribuição ou sugestão (COVEY, Frank. Amicus Curiae: Friend of The Court. 9 DePaul Law Review, nº 30. 1959, p. 30).
>
> 11. A irrecorribilidade da decisão do Relator que denega o ingresso de terceiro na condição de amicus curiae em processo subjetivo impede a cognoscibilidade do recurso sub examine, máxime porque a possibilidade de impugnação de decisão negativa em controle subjetivo encontra óbice (i) na própria ratio essendi da participação do colaborador da Corte; e (ii) na vontade democrática exposta na legislação processual que disciplina a matéria.
>
> 12. Agravo regimental não conhecido.

Igualmente verificando a imprescindibilidade da avaliação objetiva dos requisitos de modulação, para o qual podem decisivamente colaborar o *amici curiae*, expõe Teresa Arruda Alvim na obra já mencionada:

> As consequências projetadas como prováveis de acontecer como decorrência da eficácia retroativa da decisão não podem ser, evidentemente, as que resultam de mera projeção das impressões "pessoais" do juiz ou das consequências nefastas que, à luz da óptica de cada uma das partes, poderiam ocorrer: trata-se de estabelecer, o quanto possível, de modo objetivo, o que provavelmente ocorreria no mundo empírico, se o novo precedente produzisse efeitos, de molde a atingir situações passadas, quando havia confiança na orientação anterior.
>
> A oitiva de *amici curiae* e a realização de audiências públicas como decorrência da possibilidade, agora ampliada, do uso de argumentos consequencialistas, nas decisões jurisdicionais, principalmente sobre a modulação, tornou-se absolutamente imprescindível: nada impede, a nosso ver, a realização de prova pericial.
>
> Consigne-se, aqui, que os "fatos" a serem comprovados são fatos "futuros": que muito provavelmente ocorrerão.
>
> No contexto de consequencialismo, os "fatos" que devem ser comprovados caracterizam o provável impacto que a decisão seja capaz de gerar, no mundo real. Esta circunstância

> pode levar a que a decisão seja X em vez de Y, com base também em argumentos consequencialistas, que podem ser reconduzidos ao plano do direito.
>
> E aí estão os primeiros limites ao emprego dos argumentos consequencialistas: esta projeção, como dissemos, não pode ser fruto de intuição ou do subjetivismo de quem decide. São necessários dados empíricos, estudos confiáveis, para que o impacto de uma decisão seja estimado, e possa, então, legitimamente interferir no MODO como ela seja tomada, i.e., no teor da própria decisão e no modo como seus efeitos devem ser manipulados, no tempo. [...]
>
> A importância deste fenômeno, i.e., da imprescindibilidade do exame de fatos e de condições objetivas para que se possam projetar, no futuro, impactos da decisão a ser tomada, se revela ainda mais evidente quando se trata de decisões sobre a modulação. E a complexidade desta demonstração de fatos decorre, principalmente, da circunstância de que se trata de fatos que ainda não ocorreram.
>
> A nosso ver, argumentos consequencialistas, para que possam ser usados como fundamento de decisões jurisdicionais, devem poder ser vistos também como argumentos jurídicos, ou seja, devem ser encartáveis também no universo do direito, sendo por este absorvido. Por isso as decisões devem ser tomadas sempre "de acordo com o sistema". Este é o segundo limite que deve ser considerado para dimensionar a juridicidade do uso de argumentos consequencialistas nas decisões judiciais.
>
> Os textos devem ser interpretados e a opção por um dos possíveis significados da norma deve ser feita à luz de argumentos consequencialistas, que só serão válidos, perante o direito, se ao universo jurídico puderem ser reconduzidos.[18]

Examinamos no tópico a seguir o influxo de tais impressões em dois casos apreciados pela Suprema Corte, quais sejam o Recurso Extraordinário nº 855.091 (Tema nº 808 de repercussão geral) e o RE nº 1.072.485 (Tema nº 985 de Repercussão Geral).

4 Julgamento do RE nº 1.072.485-Ed, Tema nº 985 e do RE nº 855.091-Ed, Tema nº 808. Controvérsia sobre o termo inicial da modulação de efeitos

O Plenário do Supremo Tribunal Federal, quando do julgamento do RE nº 855.091, firmou a tese de que "não incide imposto de renda sobre os juros de mora devidos pelo atraso no pagamento de remuneração por exercício de emprego, cargo ou função", reconhecendo a natureza indenizatória dos juros de mora, visto que equivalentes a danos emergentes, afastando-se do conceito de acréscimo patrimonial para o imposto de renda previsto no art. 153, III, da Constituição Federal.

Opostos embargos de declaração pelo Município de São Paulo e pela União, em busca da modulação de efeitos, por maioria de votos prevaleceu o voto proferido pelo e. Ministro Relator Dias Toffoli, rejeitando-se a modulação.

Tanto para a corrente vencedora como para os votos vencidos, a premissa foi a preservação da confiança legítima. Assinalou o voto relator, com menção a precedentes administrativos e judiciais diversos, o seguinte:

---

[18] ALVIM, Teresa Arruda. *Modulação*: na alteração da jurisprudência firme ou de precedentes vinculantes. 3. ed. São Paulo: Thomson Reuters Brasil, 2024.

> Quanto aos pedidos de modulação dos efeitos do acórdão embargado, formulados pelo Município de São Paulo e pela União, verifica-se que não merecem ser eles acolhidos. O acórdão embargado apenas reiterou a orientação que o próprio Supremo Tribunal Federal havia, há muito, firmado em sede de decisão administrativa, quando adentrou no exame da questão. Em meu voto, consignei que, em fevereiro de 2008, a Corte referendou, por unanimidade, entendimento da Secretaria do Tribunal de que não seria possível a incidência do imposto de renda sobre juros de mora legais relativos ao recebimento em atraso de certa verba remuneratória. A seguir, destaquei que essa orientação foi seguida por outros órgãos, como pelo Conselho Superior da Justiça do Trabalho e pelo Tribunal de Contas da União, acórdão nº 244/2010. Vale ressaltar que, no voto condutor desse acórdão, o Ministro Valmir Campelo chamou a atenção para o fato de tal entendimento ter sido também adotado, entre outros, pelo Tribunal Superior Eleitoral (TSE), pelo Tribunal Regional Eleitoral de Minas Gerais (TRE/MG) e pelo Conselho da Justiça Federal (CJF), "sendo que, no caso do CJF, a diretriz ali adotada foi estendida aos servidores e magistrados de toda a Justiça Federal" (grifo nosso). [...]
>
> Afora isso, citei, em meu voto, a existência de precedente judicial do Órgão Especial do TST, proferido em agosto de 2009, DEJT de 4/9/09, convergindo com a tese fixada no acórdão ora embargado (ROAG – 211000- 39.1985.5.17.0002, Órgão Especial do Tribunal Superior do Trabalho, red. do ac. Min. Antônio José de Barros Levenhagen). Como se vê, não há dúvida de que aquela decisão do Supremo Tribunal Federal de 2008, em sede administrativa, e o precedente judicial do TST fizeram surgir a confiança legítima, em prol dos contribuintes, de que não poderia incidir o imposto de renda sobre os juros de mora discutidos no presente tema de repercussão geral. De outro lado, como consequência lógica, a mesma decisão indicou não ser legítima a receita ou a expectativa de receita decorrente da tributação em tela. A mencionada confiança ficou preservada com o julgado ora embargado. Note-se, de mais a mais, que a referida decisão da Corte bem como o citado precedente do TST são anteriores ao reconhecimento da inexistência de repercussão geral dos Temas nº 236 1 e 306 2 (sessão de 19/11/09, DJe de 23/4/10, e sessão 9/9/10, DJe de 23/11/10, respectivamente) e ao julgamento, pelo Superior Tribunal de Justiça, do Tema nº 470 da sistemática de recursos repetitivos (sessão de 28/9/11, DJe de 19/10/11) e do REsp nº 1.089.720/RS. Reitero, portanto, não ser o caso de se modularem os efeitos do acórdão embargado.

Por sua vez, colhe-se do voto vencido proferido pelo e. Ministro Luís Roberto Barroso a mesma preocupação com a confiança legítima e com a segurança jurídica:

> 9. Quanto à modulação dos efeitos da decisão requerida por ambos os embargantes, diversamente do eminente Relator, acolho o argumento para atribuir eficácia *ex nunc* ao acórdão de mérito, a contar da publicação da respectiva ata de julgamento. Essa conclusão advém do fato de que, em um primeiro momento, este Supremo Tribunal Federal, ao ser instado a se manifestar sobre o tema em questão, considerou tratar-se de matéria infraconstitucional, como decidido no AI 705.941 (Tema 236). Por isso, ao Superior Tribunal de Justiça competiu decidir em última instância sobre o assunto. Isso foi feito no REsp 1.227.133, representativo de controvérsia (Tema 470). Nessa oportunidade e naquelas que se seguiram, o Superior Tribunal de Justiça reafirmou reiteradamente a legalidade da incidência do imposto de renda sobre os juros de mora devidos em razão do atraso no pagamento de remuneração por exercício de emprego, cargo ou função. Somente mais recentemente, este Supremo Tribunal Federal reconheceu que a controvérsia em questão envolveria matéria constitucional e firmou interpretação oposta àquela defendida pelo Superior Tribunal de Justiça. Note-se que esse contexto gera um cenário de insegurança jurídica, na medida em que, como base no entendimento largamente aplicado pelo Superior

Tribunal de Justiça, os sujeitos passivo e ativo da relação jurídico-tributária adimpliram com as suas obrigações. Constituiu-se, por conseguinte, uma legítima base da confiança que perdurou por um longo espaço de tempo. Isto é, consolidaram-se, desse modo, tais relações. Considerando os princípios conflitantes no caso em questão, impõe-se a tutela do princípio da segurança jurídica de modo a preservar as situações pretéritas.

Como se observa, a despeito dos diferentes enfoques, patente é a uniformidade da premissa a respeito do cabimento (ou não) da modulação.

Por sua vez, quando do julgamento do Recurso Extraordinário nº 1.072.485, assentou o Supremo Tribunal Federal, por maioria, que "é legítima a incidência de contribuição social, a cargo do empregador, sobre os valores pagos ao empregado a título de terço constitucional de férias gozadas", não reconhecendo sua natureza indenizatória.

Em sede de embargos de declaração, cujo julgamento foi concluído na recente sessão de 12.6.2024, o Plenário, por maioria, acolheu o recurso "com atribuição de efeitos *ex nunc* ao acórdão de mérito, a contar da publicação de sua ata de julgamento, ressalvadas as contribuições já pagas e não impugnadas judicialmente até essa mesma data, que não serão devolvidas pela União", nos termos do voto do Ministro Luís Roberto Barroso, redator para o acórdão.

Durante os debates, a partir de provocação em tribuna suscitada pela Fazenda Nacional, assinalou o e. Ministro Luís Roberto Barroso a existência de grupo de estudos voltado ao exame do incremento de litigiosidade nos processos sob repercussão geral, apontando-se que "depois da atribuição de repercussão geral há um incremento muito expressivo de litigiosidade em relação ao tema e quando é anunciada a pauta de julgamento aumenta mais ainda".

Como resultado, alertou o ministro presidente que, para casos vindouros apreciados pelo Plenário, será examinada eventual alteração do termo *a quo* da modulação, com propostas de que a data de publicação da ata de julgamento – marco atualmente padrão nas modulações – seja eventualmente alterada para a data de início do julgamento ou, antes ainda, para a data da sessão em que deliberada a afetação do caso ao rito de repercussão geral. Este último cenário é o desejo da Fazenda Nacional.

Novamente com todas as vênias, o rito de recursos repetitivos e de repercussão geral não deve ser revertido como penalidade ao jurisdicionado. O acesso à jurisdição é garantia constitucional (CF, art. 5º, XXXV),[19] insuscetível de supressão, visto que qualificado como cláusula pétrea (CF, art. 60, §4º).

Como salientado no referido julgamento pelo e. Ministro Dias Toffoli, em pronta rejeição da proposta da Fazenda Nacional, "o momento da repercussão geral, por si só, é uma decisão do Supremo Tribunal Federal de que aquele tema é relevante e esse fato, por si só, ele não pode levar ao fechamento do protocolo do Poder Judiciário brasileiro".

A rigor, examinando-se a jurisprudência do Supremo Tribunal Federal em sede de controle de constitucionalidade, múltiplos são os precedentes que adotam a data da publicação da ata de julgamento como termo inicial para a produção de efeitos, com adicional critério de ressalva, sob o mesmo marco temporal, para ações já ajuizadas. São exemplos os seguintes julgados:

---

[19] "XXXV – a lei não excluirá da apreciação do Poder Judiciário lesão ou ameaça a direito; [...]".

EMENTA SEGUNDOS EMBARGOS DE DECLARAÇÃO. ARGUIÇÃO DE DESCUMPRIMENTO DE PRECEITO FUNDAMENTAL. MODULAÇÃO DOS EFEITOS DA DECLARAÇÃO DE INCONSTITUCIONALIDADE DA LC N. 118/02 DO MUNICÍPIO DE BARUERI/SP. TERMO INICIAL. DATA DA PUBLICAÇÃO DA ATA DE JULGAMENTO DO MÉRITO. EMBARGOS REJEITADOS.

1. São cabíveis embargos de declaração para conhecer de pedido de modulação dos efeitos da decisão em ações de controle concentrado. Precedentes.

2. O termo inicial para a produção dos efeitos da declaração de inconstitucionalidade da LC n. 118/02, do Município de Barueri/SP, é a data da publicação da ata de julgamento do mérito.

Precedentes.

3. Embargos de declaração conhecidos e rejeitados. (ADPF 189 AgR-ED-ED. Rel. Edson Fachin, Rel. p/ acórdão Min. Flávio Dino. *DJ*, 13.6.2024)

EMENTA Embargos de declaração na ação direta de inconstitucionalidade. Ausência de omissão, contradição, obscuridade ou erro material no acórdão embargado. Modulação dos efeitos da decisão embargada.

1. Inexiste omissão, contradição, obscuridade ou erro material quanto às Leis estaduais nºs 19.350/17 e 20.113/19, as quais não foram objeto da presente ação direta de inconstitucionalidade.

2. Os dispositivos questionados na petição inicial cuja eficácia não foi suspensa pela decisão mediante a qual a Corte deferiu, em parte, a medida cautelar pleiteada continuaram a produzir efeitos, com presunção de constitucionalidade. Somente com o julgamento do mérito é que tais dispositivos, ressalvados aqueles cuja análise foi julgada prejudicada, foram considerados incompatíveis com o texto constitucional. Entendimento análogo se aplica às disposições da Lei nº 16.741/10 declaradas inconstitucionais no exame do mérito. Durante longo período, diversas relações jurídicas foram consolidadas à luz de tais normas, gerando receitas tributárias – consideradas legítimas até então – para o estado.

3. Embargos de declaração parcialmente acolhidos para se modularem os efeitos do acórdão embargado, atribuindo-se a eles efeitos a partir da publicação da ata de julgamento do mérito, exceto quanto à declaração de inconstitucionalidade dos dispositivos cuja eficácia havia sido suspensa pelo Tribunal Pleno, a qual deve produzir efeitos a partir da data do parcial deferimento da medida cautelar. Ficam ressalvadas da modulação dos efeitos da decisão as ações ajuizadas até a véspera da publicação da ata de julgamento do mérito. (ADI 2040 ED, Rel. p/ acórdão Min. Dias Toffoli. *DJ*, 3.9.2021)

Destarte, seja no tocante ao controle de constitucionalidade, seja quanto à modulação em razão de mutação jurisprudencial, impõe-se máxima cautela para que a aplicação da técnica de modulação não importe em inconstitucional restrição de acesso ao Judiciário.

5 Conclusão

Pelo exposto, consagra-se a importância e mesmo imprescindibilidade do instituto da modulação de efeitos, como instrumento fundamental à garantia da segurança jurídica, em amparo da confiança legítima do jurisdicionado na estabilidade e previsibilidade da jurisprudência dominante, notadamente diante do campo do direito tributário, à vista das rígidas proteções constitucionais ao poder de tributar e do planejamento tributário que se deve assegurar aos contribuintes. Uma vez alterado o entendimento jurisprudencial antes consolidado, não se pode frustrar a confiança legítima do contribuinte então depositada nas regras então prevalentes, justifica-se o acurado exame sobre a viabilidade da aplicação da técnica de modulação, especialmente em seu aspecto temporal, com atenção às consequências judiciais e extrajudiciais da mutação jurisprudencial, objetivando-se, em última análise, o resgate da previsibilidade das regras do jogo, especialmente das normas tributárias.

Informação bibliográfica deste texto, conforme a NBR 6023:2018 da Associação Brasileira de Normas Técnicas (ABNT):

BETTIOL, Luiz Antonio. Modulação de efeitos em caso de mudança de jurisprudência firmada em sede de recurso repetitivo (RE nº 1.072.485-ED, Tema nº 985; e RE nº 855.091-ED, Tema nº 808). *In*: PAULA, Fernanda de; PENCAK, Nina (coord.). *Tributação, liberdade e igualdade*: as contribuições do Ministro Luís Roberto Barroso. Belo Horizonte: Fórum, 2025. p. 671-690. ISBN 978-65-5518-952-0.

EFETIVIDADE NA COBRANÇA DO CRÉDITO PÚBLICO: O RE Nº 636.562 COMO PROPULSOR DA RACIONALIZAÇÃO DA TRAMITAÇÃO DOS EXECUTIVOS FISCAIS

MANOEL TAVARES DE MENEZES NETTO

JOÃO HENRIQUE CHAUFFAILLE GROGNET

Introdução

A execução fiscal é um dos mecanismos cruciais para a arrecadação tributária e a viabilidade das políticas públicas no Brasil. Contudo, a morosidade e a ineficácia desses processos têm gerado grandes preocupações tanto no âmbito administrativo quanto no jurídico. O julgamento do Recurso Extraordinário nº 636.562 pelo Supremo Tribunal Federal (STF), sob a relatoria do Ministro Luís Roberto Barroso, trouxe um marco significativo ao estabelecer a constitucionalidade da prescrição intercorrente nas execuções fiscais, abordando de forma detalhada a necessidade de se observar prazos razoáveis na cobrança judicial de créditos tributários.

O caso específico envolvia a cobrança de créditos tributários referentes a contribuições previdenciárias que não foram recolhidas no prazo devido. A Fazenda Pública moveu a ação para a cobrança desses tributos, mas, durante o processo, não foram localizados bens penhoráveis ou o devedor. Essa situação levou à aplicação do art. 40 da Lei de Execuções Fiscais (Lei nº 6.830/1980), que trata da suspensão do processo por um ano e, posteriormente, ao reconhecimento da prescrição intercorrente após cinco anos de inércia.

A decisão do STF estabeleceu, de uma vez por todas, a necessidade de se adotar prazos razoáveis para a cobrança judicial de créditos tributários, evitando que processos se arrastem indefinidamente. Além disso, destacou a importância de se adotar medidas administrativas prévias antes de recorrer à judicialização, como tentativas de conciliação e o protesto de certidões de dívida ativa. Tais medidas asseguram que a ação judicial seja realmente necessária e eficaz, todo isso com vistas a promover uma gestão mais eficiente dos recursos públicos.

A perpetuação de execuções fiscais sem perspectiva de sucesso aflige triplamente o Estado de direito: em uma primeira vertente, onera o Poder Judiciário, com um dispêndio infrutífero de recursos e oportunidades; por outro lado, afeta também negativamente a percepção de segurança jurídica pelos contribuintes, afinal até uma pretensão justa, se inalcançável na prática, precisa em algum momento de um termo final. Por fim, a eternização das cobranças, por vários motivos, igualmente não é interessante para as Fazendas Públicas, pois dificulta a verdadeira priorização do resultado, alimenta falsos discursos de ineficiência e compromete a percepção da sociedade quanto ao desempenho dos órgãos da Advocacia Pública.

A prescrição ordinária, conforme estabelecido no art. 174 do Código Tributário Nacional (CTN), define um prazo de cinco anos para que a Fazenda Pública promova o ajuizamento da cobrança a partir da constituição definitiva do crédito tributário. Esse prazo pode ser interrompido por atos que demonstrem a intenção clara de cobrança, como com o despacho do juiz ordenando a citação em execução fiscal proposta ou até mesmo com o protesto extrajudicial da certidão de inscrição em dívida ativa. No entanto, a prescrição intercorrente, regulamentada pelo art. 40 da Lei de Execuções Fiscais, é específica para o processo de execução fiscal. Aqui, autoriza-se que o processo seja suspenso por um ano quando não são localizados bens penhoráveis ou o devedor, ficando estabelecido que, após cinco anos de inércia, o crédito tributário seja extinto.

O presente artigo explora a importância do julgamento do RE nº 636.562 e a aplicação da prescrição intercorrente nas execuções fiscais. Em seguida, o estudo se debruça sobre a Resolução CNJ nº 547/2024, que estabelece medidas para aumentar a eficiência das execuções fiscais, incluindo a extinção de execuções fiscais de baixo valor e a adoção de medidas administrativas prévias ao ajuizamento. A análise prossegue com as Portarias Conjuntas nºs 7/2023 e 5/2024, que introduzem estratégias para racionalizar o fluxo das execuções fiscais nas Justiças Federal e Estadual, como o estabelecimento de hipóteses de desjudicialização, a criação de centrais de controle e apoio para a gestão de processos suspensos e arquivados. Por fim, discute-se a cooperação interinstitucional entre o Poder Judiciário e os órgãos de advocacia pública, essencial para a implementação eficaz dessas novas diretrizes e para a promoção de uma justiça tributária mais célere e eficiente.

Essas medidas e iniciativas, quando integradas, têm o potencial de transformar significativamente o panorama das execuções fiscais no Brasil, promovendo maior eficiência administrativa, segurança jurídica e justiça tributária.

1 A prescrição intercorrente no julgamento do RE nº 636.562

O Recurso Extraordinário nº 636.562, relatado pelo Ministro Luís Roberto Barroso, foi um marco na jurisprudência brasileira ao definir a constitucionalidade da prescrição intercorrente em execuções fiscais. A execução fiscal em questão envolvia a cobrança de créditos tributários de contribuições previdenciárias que não foram recolhidas no prazo devido. A Fazenda Pública moveu a ação para a cobrança desses tributos, mas, durante o processo, não foram localizados bens penhoráveis ou o devedor, levando à aplicação do art. 40 da Lei de Execuções Fiscais (Lei nº 6.830/1980).

O julgamento é significativo, pois reafirma a necessidade de se observar prazos razoáveis para a cobrança judicial de créditos tributários, evitando que processos se arrastem indefinidamente, o que prejudica tanto a eficiência administrativa quanto a segurança jurídica dos contribuintes. No acórdão, reforçou-se a importância de se adotar medidas administrativas prévias antes de recorrer à judicialização, como tentativas de conciliação e protesto de certidões de dívida ativa, para assegurar que a ação judicial seja realmente necessária e eficaz.

A prescrição ordinária, prevista no art. 174 do Código Tributário Nacional (CTN), estabelece que o prazo para a Fazenda Pública cobrar judicialmente um crédito tributário é de cinco anos, contados da data da constituição definitiva do crédito. Esse prazo pode ser interrompido por atos que demonstrem a intenção clara de cobrança, como com o despacho do juiz ordenando a citação em execução fiscal proposta ou até mesmo com o protesto extrajudicial da certidão de inscrição em dívida ativa, novidade introduzida no Código Tributário Nacional pela recém-sancionada Lei Complementar nº 208, de 2.7.2024.

Por outro lado, a prescrição intercorrente é específica do processo de execução fiscal. Conforme o art. 40 da Lei de Execuções Fiscais, se durante a execução fiscal não forem encontrados bens penhoráveis ou o devedor, o processo é suspenso por um ano. Findo esse prazo sem que sejam localizados bens ou o devedor, o processo deve ser arquivado sem baixa na distribuição. Após cinco anos de inércia, opera-se a prescrição intercorrente, extinguindo o crédito tributário. Essa diferenciação é crucial para a eficiência administrativa, pois permite que processos sem perspectiva de sucesso sejam encerrados, liberando recursos para outras demandas mais relevantes, sob a perspectiva do resultado, e urgentes.

No julgamento do RE nº 636.562, o Ministro Barroso afirmou que a prescrição intercorrente é um mecanismo legítimo e constitucional para evitar a perpetuação de execuções fiscais infrutíferas. Ele destacou que a prescrição intercorrente, ao ser regulada por lei ordinária, atende aos princípios da eficiência administrativa e da segurança jurídica, previstos na Constituição Federal. A decisão do STF enfatizou que a administração tributária deve agir com diligência na cobrança de créditos, evitando a eternização dos processos judiciais sem perspectivas de sucesso. A propósito, confira-se o seguinte trecho do voto do ministro relator:

> 8. Paralelamente, o sistema jurídico, voltado à pacificação dos conflitos sociais, não pode conviver com a permanência, sem qualquer limite temporal, do poder persecutório do Estado em face dos indivíduos. Em outras palavras, a imprescritibilidade das relações jurídicas não é compatível como os princípios da segurança jurídica e do devido processo legal, considerando-se a necessidade de que as demandas sejam solucionadas em um tempo razoável.

Além disso, a decisão sublinhou a necessidade de a Administração Pública adotar medidas efetivas de cobrança antes de recorrer ao Judiciário. Isso inclui a utilização de ferramentas administrativas como o protesto de certidões de dívida ativa e programas de conciliação e parcelamento, que podem resolver a maioria das pendências sem a necessidade de ação judicial. Essa abordagem não só promove a eficiência administrativa, mas também reduz a carga de trabalho do Judiciário, permitindo que os recursos sejam direcionados para casos que realmente necessitam de intervenção judicial.

Esse posicionamento tem influenciado importantes políticas públicas de aprimoramento da gestão de créditos tributários, pois incentiva a adoção de práticas mais modernas e eficientes sob pena de frustração da cobrança. A Fazenda Pública, por exemplo, pode intensificar o uso de tecnologias de informação para rastrear bens e monitorar o cumprimento de obrigações tributárias, bem como fortalecer os programas de parcelamento e conciliação. Dessa maneira, a decisão contribuiu, também, para promover uma maior transparência e previsibilidade no tratamento das execuções fiscais, aumentando, de maneira geral, a confiança dos contribuintes no sistema tributário.

Importante dizer que é essa a tônica que tem guiado as iniciativas e estratégias da Procuradoria-Geral da Fazenda Nacional, órgão responsável pela gestão e cobrança dos créditos inscritos em dívida ativa da União. Exemplo significativo da aplicação desse racional na prática está normatizado na Portaria PGFN nº 33, de 8.2.2018, a qual, dentre outros aspectos, disciplina a cobrança extrajudicial dos créditos inscritos.

2 O julgamento do Tema nº 1.184/STF e a Resolução CNJ nº 547/2024: medidas para a eficiência das execuções fiscais

Na sequência do julgamento anterior, o Supremo Tribunal Federal recentemente se debruçou sobre outro relevante julgamento que impactaria sobremaneira a forma como as fazendas públicas lidam com a execução fiscal. No Tema nº 1.184 de repercussão geral, cujo *leading case* é o RE nº 1.355.208, decidiu a Corte Suprema:

> 1. É legítima a extinção de execução fiscal de baixo valor pela ausência de interesse de agir tendo em vista o princípio constitucional da eficiência administrativa, respeitada a competência constitucional de cada ente federado.
> 2. O ajuizamento da execução fiscal dependerá da prévia adoção das seguintes providências: a) tentativa de conciliação ou adoção de solução administrativa; e b) protesto do título, salvo por motivo de eficiência administrativa, comprovando-se a inadequação da medida.
> 3. O trâmite de ações de execução fiscal não impede os entes federados de pedirem a suspensão do processo para a adoção das medidas previstas no item 2, devendo, nesse caso, o juiz ser comunicado do prazo para as providências cabíveis.

O entendimento fixado pelo STF foi uma resposta às crescentes preocupações com a morosidade das execuções fiscais, que, segundo o relatório *Justiça em Números 2023*, representam uma parcela significativa do acervo de processos pendentes no Judiciário.

Diante de tal entendimento, sob a presidência do Ministro Luís Roberto Barroso, que também relatou o RE nº 636.562, o Conselho Nacional de Justiça editou a Resolução nº 547, de 22.2.2024, com a finalidade de implementar medidas concretas para reduzir a sobrecarga das execuções fiscais, promovendo a eficiência administrativa e a celeridade processual. Com base em dados que apontam para a baixa eficiência das execuções fiscais, a resolução propõe um conjunto de medidas integradas para enfrentar os desafios atuais e futuros do sistema tributário.

Uma das principais medidas da Resolução CNJ nº 547/2024 é a extinção de execuções fiscais de baixo valor, definidas como aquelas cujo montante não ultrapassa R$10.000,00 na data de sua propositura. A resolução determina que execuções fiscais sem movimentação útil há mais de um ano, ou em que não tenham sido encontrados bens penhoráveis, devem ser extintas. Essa medida é fundamentada no princípio da eficiência administrativa, evitando que o Judiciário gaste recursos em processos com baixa perspectiva de recuperação. Além disso, a resolução prevê a possibilidade de reabertura dessas execuções caso novos bens sejam localizados, garantindo assim a flexibilidade necessária para uma gestão eficiente dos créditos tributários.

A resolução também estabelece que o ajuizamento de execuções fiscais deve ser precedido por tentativas de conciliação ou outras soluções administrativas. Entre essas medidas estão a notificação do devedor para pagamento, propostas de parcelamento ou acordo, além do protesto de certidões de dívida ativa. Essas iniciativas visam resolver conflitos tributários de forma mais rápida e eficaz, sem a necessidade de judicialização. A adoção de soluções administrativas antes da judicialização também contribui para a redução da litigiosidade e a promoção de um ambiente de maior cooperação entre a administração tributária e os contribuintes.

A implementação da Resolução CNJ nº 547/2024 promete uma significativa melhoria na eficiência das execuções fiscais, com a redução da taxa de congestionamento e a liberação de recursos do Judiciário para outras demandas. No entanto, a efetividade dessas medidas dependerá da colaboração entre diferentes órgãos, da capacitação contínua dos servidores e da integração dos sistemas de informação para garantir a aplicação uniforme das novas diretrizes. A adesão dos entes federativos às novas diretrizes é fundamental para o sucesso das iniciativas, assim como o compromisso contínuo com a melhoria dos processos e a inovação na administração tributária.

Além disso, a resolução prevê a criação de mecanismos de monitoramento e avaliação para garantir que as medidas adotadas estejam produzindo os resultados esperados. Esse monitoramento contínuo permitirá ajustes e melhorias nas práticas adotadas, promovendo uma evolução constante do sistema de execuções fiscais. A integração de tecnologias avançadas, como inteligência artificial e *big data*, pode auxiliar na identificação de tendências e na tomada de decisões mais informadas, contribuindo para a eficiência e a eficácia das execuções fiscais.

3 Portaria Conjunta nº 7/2023: estratégias para racionalização das execuções fiscais

Ainda na linha dos precedentes e da resolução editada pelo Conselho Nacional de Justiça, firmes no propósito de conferir eficácia e racionalidade à recuperação de ativos inscritos, uma convergência de esforços culminou na assinatura das Portarias Conjuntas nºs 7/2023 e 5/2024 por entre a Procuradoria-Geral da Fazenda Nacional, o Conselho Nacional de Justiça e vários Tribunais Regionais Federais e de Justiça.

A primeira dedicada a lidar com as execuções em trâmite perante a Justiça Federal, com o objetivo de estabelecer procedimentos e estratégias para melhorar o fluxo das execuções fiscais, visa integrar bases de dados, priorizar processos com maior chance de recuperação e criar centrais de controle e apoio para a gestão de processos suspensos e arquivados. Essa abordagem integrada busca enfrentar de maneira eficaz os desafios relacionados à gestão de execuções fiscais, promovendo a eficiência administrativa e a justiça tributária.

A portaria regulamenta o fluxo de extinção em bloco de processos de execução fiscal, utilizando o cruzamento de dados entre o CNJ e a PGFN para identificar dívidas ativas que já foram pagas, prescritas ou extintas por outras razões. Esse mecanismo permite a extinção de múltiplos processos de forma eficiente, liberando recursos judiciais e promovendo a celeridade processual. A integração de bases de dados é fundamental para o sucesso dessa iniciativa, pois permite uma análise mais precisa e rápida das situações processuais, facilitando a tomada de decisões informadas.

A portaria também prioriza execuções fiscais que têm efetivas perspectivas de recuperação do crédito público. Isso inclui execuções garantidas por penhora de bens, processos que envolvem fraudes ou grupos econômicos, e ações correlatas a medidas cautelares fiscais. Ao focar em processos com maior probabilidade de sucesso, o Judiciário pode utilizar seus recursos de forma mais eficiente e alcançar melhores resultados na recuperação de créditos. A priorização de casos com maior perspectiva de recuperação também contribui para a redução da taxa de congestionamento e a melhoria da eficiência administrativa.

A criação de centrais de controle e apoio às varas federais é uma medida inovadora para a gestão de processos suspensos ou arquivados. Essas centrais serão responsáveis pela redistribuição e monitoramento contínuo dos casos, garantindo que processos que possam ser extintos ou que requerem ações específicas sejam tratados de forma eficiente. A coordenação dessas centrais será feita por magistrados, com apoio interinstitucional, para assegurar sua eficácia. Essas centrais também atuarão na análise e na implementação de medidas administrativas que possam acelerar a resolução dos processos, promovendo a eficiência e a eficácia das execuções fiscais.

Além disso, a portaria prevê a criação de mecanismos de comunicação entre as centrais de controle e os órgãos de advocacia pública, como a PGFN, para garantir a troca contínua de informações e a coordenação das ações. Esse intercâmbio de informações é crucial para a identificação de boas práticas e a implementação de soluções eficazes para os desafios enfrentados pelo sistema de execuções fiscais. A utilização de tecnologias avançadas, como sistemas de gestão de processos judiciais integrados e plataformas de *big data*, pode auxiliar na análise de dados e na tomada de decisões mais informadas, contribuindo para a eficiência e a eficácia das execuções fiscais.

Já a Portaria Conjunta nº 5/2024, dedicada a estabelecer compromissos para racionalizar e conferir eficiência às execuções fiscais em trâmite perante os tribunais de justiça, tem um espectro de aplicação ligeiramente diferente.

Se, por um lado, foi mantida na Portaria Conjunta nº 5/2024 a mesma iniciativa de cruzamento de dados para extinção das execuções fiscais, cujas inscrições já foram também extintas, por outro, não há previsão de mecanismos de priorização ou compromisso de criação da central de execuções.

Isso porque, como expresso nos *considerandos* do próprio normativo, houve a extinção da competência delegada para processamento das execuções fiscais federais pela Lei nº 13.043/2014, de modo que o processo executivo mais recente que por lá tramita tem ao menos uma década de existência.

Por este motivo, a central de execuções e a priorização dos processos economicamente relevantes foram substituídos, no âmbito da Justiça Eleitoral, por uma coordenada desistência das execuções fiscais sem viabilidade econômica, significando um dos maiores passos em direção à desjudicialização e racionalização já visto.

4 Cooperação interinstitucional e eficiência administrativa

A cooperação entre o Poder Judiciário, a PGFN e outros órgãos de advocacia pública é crucial para a implementação eficaz das medidas propostas nas resoluções e portarias. A troca de informações, a padronização de procedimentos e a otimização de recursos são elementos essenciais para uma justiça tributária mais célere e eficaz. A colaboração interinstitucional permite a identificação de boas práticas e a disseminação de soluções eficientes para os desafios enfrentados pelo sistema de execuções fiscais. A integração de tecnologias avançadas, como inteligência artificial e *big data*, pode auxiliar na identificação de tendências e na tomada de decisões mais informadas, contribuindo para a eficiência e a eficácia das execuções fiscais.

Apesar dos avanços representados pelas novas diretrizes, a implementação enfrenta desafios significativos. A resistência à mudança, a necessidade de treinamento contínuo dos servidores e a integração dos sistemas de informação são barreiras que precisam ser superadas. A adesão dos entes federativos às novas diretrizes é fundamental para o sucesso das iniciativas, assim como o compromisso contínuo com a melhoria dos processos e a inovação na administração tributária. A criação de programas de capacitação e o investimento em tecnologias de informação são passos essenciais para garantir a eficácia das medidas implementadas.

Estudos de casos de tribunais que já implementaram práticas de cooperação interinstitucional e racionalização das execuções fiscais podem servir como modelos para outras jurisdições. A disseminação de boas práticas e o compartilhamento de experiências são fundamentais para a evolução contínua do sistema. Exemplos de sucesso incluem a integração de bases de dados para a identificação de processos passíveis de extinção em bloco e a criação de centrais de controle e apoio para a gestão eficiente de processos suspensos ou arquivados. Esses casos de sucesso demonstram a importância da inovação e da colaboração interinstitucional para a melhoria da eficiência administrativa e da justiça tributária.

Considerações finais

O julgamento do RE nº 636.562 pelo Ministro Luís Roberto Barroso e as recentes iniciativas do Poder Judiciário para racionalizar as execuções fiscais representam passos importantes para a melhoria da eficiência administrativa e da justiça tributária no Brasil. A prescrição intercorrente, a extinção de execuções fiscais de baixo valor e a priorização de processos com reais perspectivas de recuperação são medidas que promovem uma justiça mais célere e eficaz.

A cooperação interinstitucional é essencial para a implementação dessas medidas e para a continuidade do aprimoramento do sistema tributário. As resoluções e portarias discutidas neste artigo fornecem um caminho claro para enfrentar os desafios atuais e futuros das execuções fiscais, garantindo a segurança jurídica e a eficiência administrativa necessárias para o desenvolvimento do país.

Referências

BRASIL. Conselho Nacional de Justiça. *Justiça em números 2024*. Disponível em: https://www.cnj.jus.br/wp-content/uploads/2024/05/justica-em-numeros-2024.pdf. Acesso em: 3 jul. 2024.

BRASIL. Conselho Nacional de Justiça. *Portaria Conjunta nº 5, de 04 de abril de 2024*. Brasília. Disponível em: https://atos.cnj.jus.br/files/original13253420240405660ffbce51daa.pdf. Acesso em: 16 jul. 2024.

BRASIL. Conselho Nacional de Justiça. *Portaria Conjunta nº 7, de 23 de outubro de 2023*. Brasília. Disponível em: https://atos.cnj.jus.br/files/original12175820231030653f9ef64cc2e.pdf. Acesso em: 16 jul. 2024.

BRASIL. Conselho Nacional de Justiça. Resolução nº 547, de 22 de fevereiro de 2024. *Diário Oficial de Justiça*, Brasília, n. 30, 2024. Disponível em: https://atos.cnj.jus.br/files/original1506462024022665dca906444cf.pdf. Acesso em: 10 jun. 2024.

BRASIL. Lei nº 13.105, de 16 de março de 2015. Código de Processo Civil. *Diário Oficial da União*, Brasília, 17 mar. 2015. Disponível em: http://www.planalto.gov.br/ccivil_03/_Ato2015-2018/2015/Lei/L13105.htm. Acesso em: 29 jun. 2024.

BRASIL. *Lei nº 6.830, de 22 de setembro de 1980*. Dispõe sobre a cobrança judicial da Dívida Ativa da Fazenda Pública, e dá outras providências. Presidência da República, Brasília, DF, 24 set. 1980. Disponível em: http://www.planalto.gov.br/ccivil_03/leis/l6830.htm. Acesso em: 4 jul. 2024.

BRASIL. Procuradoria-Geral da Fazenda Nacional. *PGFN em números 2024*. Ano-base 2023. Procuradoria-Geral da Fazenda Nacional. Disponível em: https://www.gov.br/pgfn/pt-br/acesso-a-informacao/institucional/pgfn-em-numeros. Acesso em: 7 jul. 2024.

BRASIL. Procuradoria-Geral da Fazenda Nacional. *Portaria PGFN nº 33, de 08 de fevereiro de 2018*. Regulamenta os arts. 20-B e 20-C da Lei nº 10.522, de 19 de julho de 2002. Disponível em: http://sijut2.receita.fazenda.gov.br/sijut2consulta/link.action?idAto=90028&visao=anotado. Acesso em: 19 jul. 2024.

BRASIL. Supremo Tribunal Federal. *Tema 1184/STF*. Leading Case RE 1355208. Rel. Min. Cármen Lúcia. Disponível em: https://portal.stf.jus.br/processos/detalhe.asp?incidente=6291425. Acesso em: 20 jun. 2024.

BRASIL. Supremo Tribunal Federal. *Tema 390/STF*. Leading Case RE nº 636562. Rel. Min. Luís Roberto Barroso. Disponível em: https://portal.stf.jus.br/processos/detalhe.asp?incidente=4043240. Acesso em: 12 jun. 2024.

CAMARA, Aristóteles de Queiroz; GROGNET, João Henrique Chauffaille. A nova execução fiscal. *Valor*, 20 jun. 2024. Disponível em: https://valor.globo.com/legislacao/coluna/a-nova-execucao-fiscal.ghtml. Acesso em: 3 jul. 2024.

CONRADO, Paulo Cesar. O pedido de revisão de dívida inscrita (Portaria PGFN 33/2018) e a suspensão da exigibilidade do crédito tributário: discussões que envolvem a efetividade da cobrança do crédito tributário. *In*: ARAUJO, Juliana Furtado Costa; CONRADO, Paulo Cesar. *Inovações na cobrança do crédito tributário*. 2. ed. São Paulo: Thomson Reuters Brasil, 2021.

FORMOLO, Gustavo Henrique. O regime de execução extrajudicial da dívida ativa de pequeno valor. *In*: COSTA, Regina Helena *et al*. (Coord.). *A nova execução fiscal*. Belo Horizonte: Casa do Direito, 2023.

MELO FILHO, João Aurino de. *Racionalidade legislativa do processo tributário*. Salvador: JusPodivm, 2018.

MENEZES NETTO, Manoel Tavares. Possibilidades estratégicas de uso da inteligência artificial na superação da crise do contencioso judicial tributário brasileiro. *Revista CEJ*, v. 27, n. 86, 20 mar. 2024.

XAVIER, Daniel de Saboia; MORAIS, Cristiano N. Lins. A classificação dos créditos inscritos em DAU. *Jota*, 2017. Disponível em: https://www.jota.info/opiniao-e-analise/colunas-acervo/contraditorio/a-classificacao-dos-creditos-inscritos-em-dau-10072017. Acesso em: 14 jun. 2024.

Informação bibliográfica deste texto, conforme a NBR 6023:2018 da Associação Brasileira de Normas Técnicas (ABNT):

MENEZES NETTO, Manoel Tavares de; GROGNET, João Henrique Chauffaille. Efetividade na cobrança do crédito público: o RE nº 636.562 como propulsor da racionalização da tramitação dos executivos fiscais. *In*: PAULA, Fernanda de; PENCAK, Nina (coord.). *Tributação, liberdade e igualdade*: as contribuições do Ministro Luís Roberto Barroso. Belo Horizonte: Fórum, 2025. p. 691-698. ISBN 978-65-5518-952-0.

A INTERPRETAÇÃO E APLICAÇÃO DAS ANTERIORIDADES: DOIS SÉCULOS DE BUSCA POR PREVISIBILIDADE

MARCELO REINECKEN DE ARAÚJO

RENATA ANDRÉA JONER PARRY

Introdução

Ao longo dos últimos 200 anos, o legislador brasileiro tem se empenhado em consolidar um arcabouço jurídico que promova a previsibilidade nas relações tributárias. Desde a Constituição Imperial de 1824, passando pela Constituição Republicana de 1891, até chegar à atual Constituição Federal de 1988, a história da tributação no país é marcada por uma jornada contínua pela busca de estabilidade e previsibilidade para os contribuintes. A previsão constitucional das anterioridades – tanto anual quanto nonagesimal – emerge como um pilar fundamental dessa trajetória, assegurando que as novas obrigações tributárias não sejam impostas de forma abrupta.

Ao completarmos dois séculos do tratamento constitucional da previsibilidade na tributação e celebrarmos as contribuições do Ministro Luís Roberto Barroso para o direito tributário e para as finanças públicas, este artigo tem como objetivo explorar a aplicação das anterioridades nas hipóteses de revogação ou mitigação de incentivos fiscais, analisando especificamente o Recurso Extraordinário nº 564.225/RS e recursos subsequentes no mesmo processo.

Nesse julgamento, o Ministro Luís Roberto Barroso direcionou a Corte para a conclusão de que a revogação de benefícios fiscais deve respeitar o princípio da anterioridade, garantindo segurança jurídica e previsibilidade aos contribuintes. Essa posição está alinhada com seu compromisso com a estabilização das relações jurídicas e a proteção dos direitos adquiridos.

Mas não é só. A posição defendida pelo Ministro Luís Roberto Barroso, em várias oportunidades no processo em referência, também evidencia o que Daniel Sarmento[1]

---

[1] SARMENTO, Daniel. Liberalismo, democracia e a proteção judicial de grupos oprimidos: a filosofia constitucional de Luís Roberto Barroso e o art. 103, IX, da Constituição. *In*: OSORIO, Aline; MELLO, Patrícia Perrone

destacou como uma das características mais marcantes do Ministro Barroso: seu pragmatismo. Barroso não se limita a proclamar princípios morais e jurídicos, mas busca efetivamente moldar a realidade a partir deles, aplicando uma abordagem consequencialista que visa à eficácia dos direitos fundamentais na prática.

Nesse contexto, o julgamento do Recurso Extraordinário nº 564.225/RS (e recursos subsequentes) pelo Supremo Tribunal Federal (STF) representou um marco na jurisprudência tributária brasileira, especialmente em relação à abrangência das anterioridades. Para compreender a profundidade desse julgamento, é essencial analisar não apenas os votos proferidos, mas também os fundamentos filosóficos e hermenêuticos que sustentam a defesa da ideia de que qualquer aumento ou agravamento de carga tributária, ainda que de forma indireta, deve respeitar as anterioridades.

A Constituição de 1988, ao reafirmar e ampliar os princípios da anterioridade, estabelece um compromisso necessário com a segurança jurídica. Os arts. 150, III, "b" e "c", e 195, §6º, estabelecem que a cobrança de tributos deve respeitar um intervalo mínimo entre a publicação da lei que os instituiu ou aumentou e sua efetiva exigibilidade.

A estabilidade proporcionada por essas regras é essencial não apenas para a segurança jurídica, mas também para a confiança nas instituições e no Estado. Além disso, as exceções previstas na Constituição para casos de urgência, como calamidades públicas e guerras, ou para tributos de notório caráter extrafiscal demonstram a flexibilidade necessária para que o Estado possa atuar de forma eficaz em situações excepcionais, sem comprometer a segurança jurídica dos contribuintes.

O longo percurso histórico até a atual configuração dos princípios da anterioridade evidencia a importância dessa conquista para o sistema tributário brasileiro. A evolução jurisprudencial e legislativa reflete um amadurecimento contínuo, orientado por experiências passadas e pela necessidade de adaptação às demandas econômicas e sociais.

1 O fundamento constitucional das anterioridades

No contexto jurídico brasileiro, os princípios da anterioridade anual e nonagesimal são fundamentais para garantir previsibilidade, estabilidade e confiança nas relações tributárias entre os cidadãos e o Estado. Estes princípios estão consagrados na Constituição Federal de 1988 e visam proteger os contribuintes contra mudanças abruptas na legislação tributária, assegurando-lhes um período mínimo de adaptação.

O art. 150, III, "b" e "c", da Constituição Federal estabelece que é vedado à União, aos estados, ao Distrito Federal e aos municípios cobrar tributos no mesmo exercício financeiro em que haja sido publicada a lei que os instituiu ou aumentou, e antes de noventa dias contados da publicação da lei que os instituiu ou aumentou, conforme o caso:

> Art. 150. Sem prejuízo de outras garantias asseguradas ao contribuinte, é vedado à União, aos Estados, ao Distrito Federal e aos Municípios: [...]
>
> III - cobrar tributos:
>
> a) em relação a fatos geradores ocorridos antes do início da vigência da lei que os houver instituído ou aumentado;

Campos; BARROSO, Luna van Brussel (Coord.). *Direitos e democracia*: 10 anos do Ministro Luís Roberto Barroso no STF. Belo Horizonte: Fórum, 2023. p. 375.

b) no mesmo exercício financeiro em que haja sido publicada a lei que os instituiu ou aumentou;

c) antes de decorridos noventa dias da data em que haja sido publicada a lei que os instituiu ou aumentou, observado o disposto na alínea b;

O art. 195, §6º, da Constituição Federal complementa essa previsão, aplicando os mesmos princípios às contribuições sociais:

> §6º As contribuições sociais de que trata este artigo só poderão ser exigidas após decorridos noventa dias da data da publicação da lei que as houver instituído ou modificado, não se lhes aplicando o disposto no art. 150, III, b.

Assim, as anterioridades asseguram que a criação ou aumento de tributos deve respeitar um período mínimo antes de entrar em vigor, sendo que a anterioridade anual ou de exercício impede a cobrança de tributos no mesmo exercício financeiro em que foram instituídos ou majorados, enquanto a anterioridade nonagesimal exige um intervalo de 90 dias entre a publicação da lei e o início de sua vigência.

Por outro lado, a própria Constituição Federal, em seu art. 150, §1º, prevê exceções às regras gerais de anterioridade anual e nonagesimal. O art. 150, §1º, dispõe que a vedação do inc. III, "b" (anterioridade anual ou de exercício), não se aplica aos seguintes tributos:

- Empréstimos compulsórios (art. 148, I) em caso de calamidade pública, guerra externa ou sua iminência.
- Imposto de importação (art. 153, I).
- Imposto de exportação (art. 153, II).
- Imposto sobre produtos industrializados (IPI) (art. 153, IV).
- Imposto sobre operações de crédito, câmbio e seguro, ou relativas a títulos ou valores mobiliários (IOF) (art. 153, V).
- Impostos extraordinários de guerra (art. 154, II).

Para esses tributos, a exigência de respeitar o exercício financeiro para a cobrança não é aplicável, permitindo uma adaptação mais ágil às necessidades econômicas e de política fiscal.

O art. 150, §1º, também estabelece exceções à anterioridade nonagesimal para os seguintes tributos:

- Empréstimos compulsórios (art. 148, I).
- Imposto de importação (art. 153, I).
- Imposto de exportação (art. 153, II).
- Imposto sobre a renda e proventos de qualquer natureza (IR) (art. 153, III).
- Imposto sobre operações de crédito, câmbio e seguro, ou relativas a títulos ou valores mobiliários (IOF) (art. 153, V).
- Impostos extraordinários de guerra (art. 154, II).
- Fixação da base de cálculo do Imposto sobre a propriedade predial e territorial urbana (IPTU) (art. 156, I) e do Imposto sobre a propriedade de veículos automotores (IPVA) (art. 155, III).

As exceções às regras de anterioridade anual e nonagesimal são taxativas e justificadas pela necessidade de conferir maior flexibilidade ao poder de tributar em situações de urgência ou de adaptação econômica. Em casos de calamidade pública, guerra ou necessidades econômicas específicas, a possibilidade de implementar rapidamente novos tributos ou ajustar os existentes é indispensável para a eficácia das políticas públicas. De qualquer forma, tais exceções devem ser interpretadas restritivamente, garantindo que não se comprometa a segurança jurídica dos contribuintes.

Conforme elucidado por Aliomar Baleeiro, o princípio da anterioridade, como o conhecemos hoje, tem suas raízes na Constituição Imperial de 1824, que estabelecia a competência legislativa para a tributação tanto sob a perspectiva da legalidade quanto da anualidade. A anualidade estava consubstanciada na ideia de que a exigência dos tributos existentes estava condicionada à sua renovação expressa no orçamento anual. [2]

Embora a regra da anualidade não tenha sido contemplada na Constituição republicana de 1891, retornou de forma explícita na Constituição de 1946. A inclusão desse princípio no texto constitucional foi sugerida pela Subcomissão de Discriminação de Rendas. A votação, contudo, não foi tranquila, uma vez que alguns membros preferiam que o princípio fosse regulado por lei ordinária, conforme previsto no art. 27 do Código de Contabilidade, que já o acolhia. Nereu Ramos, em particular, afirmou categoricamente a necessidade de incluir o princípio na Constituição para evitar que novos impostos fossem criados e cobrados imediatamente no meio do ano. Ele enfatizou que o orçamento deve determinar o ano de cobrança dos impostos, garantindo assim previsibilidade e controle.[3]

Aliomar Baleeiro destacou, ainda, a importância da regra como forma de prevenir que uma hipertrofia do Poder Executivo influenciasse a função legislativa, permitindo que um novo tributo viesse a ser cobrado no mesmo exercício fiscal em que tenha sido aprovado.[4]

Em resumo, a Constituição de 1946 formalizou o princípio da anualidade para assegurar que os tributos fossem criados ou aumentados apenas com autorização legal explícita e que não fossem cobrados no mesmo exercício em que fossem aprovados, restaurando assim o equilíbrio entre o Legislativo e o Executivo e fortalecendo a representação parlamentar no controle das finanças públicas. Apesar disso, a Emenda Constitucional nº 7, de 22.5.1964, suspendeu a vigência do princípio da anualidade. Posteriormente, a Emenda Constitucional nº 18, de 1º.12.1965, eliminou definitivamente esse princípio do ordenamento jurídico brasileiro. Em substituição, foi introduzido o princípio da anterioridade, o qual tem sido mantido e reforçado nas Constituições subsequentes, incluindo a atual Constituição de 1988.[5]

O Código Tributário Nacional (CTN), instituído pela Lei nº 5.172/66, teve a incumbência de regulamentar a previsão constitucional relativa ao princípio da anterioridade. Em seu art. 104, o CTN estabelece que as leis que instituem ou aumentam impostos sobre o patrimônio ou a renda somente entrarão em vigor no primeiro dia do exercício seguinte à sua publicação.

---

2 BALEEIRO, Aliomar. *Limitações constitucionais ao poder de tributar*. Atualização de Misabel Abreu Machado Derzi. 8. ed. Rio de Janeiro: Forense, 2010. p. 81-82.

3 BALEEIRO, Aliomar. *Limitações constitucionais ao poder de tributar*. Atualização de Misabel Abreu Machado Derzi. 8. ed. Rio de Janeiro: Forense, 2010. p. 81-86.

4 BALEEIRO, Aliomar. *Limitações constitucionais ao poder de tributar*. Atualização de Misabel Abreu Machado Derzi. 8. ed. Rio de Janeiro: Forense, 2010. p. 81-86.

5 CARRAZZA, Roque Antonio. *Curso de direito constitucional tributário*. 29. ed. rev., ampl. e atual. até a Emenda Constitucional n. 72/2013. São Paulo: Malheiros, 2013. p. 213.

O princípio da anterioridade difere do da anualidade, uma vez que não exige prévia autorização orçamentária. Enquanto o princípio da anualidade demandava não apenas a existência de uma lei tributária, mas também sua inclusão no orçamento anual, o princípio da anterioridade de exercício, que o substituiu, requer apenas que a lei tributária seja publicada no exercício anterior à sua aplicação, sem a necessidade de previsão orçamentária. Isso significa que, sob o regime da anualidade, a lei tributária material deveria anteceder a lei orçamentária, e a cobrança do tributo dependia de sua previsão no orçamento anual.[6]

A transição do princípio da anualidade para o princípio da anterioridade foi motivada pela necessidade de simplificação e eficiência no processo tributário. A exigência de prévia autorização orçamentária anual poderia atrasar a implementação de políticas fiscais e dificultar a resposta rápida do Estado a mudanças econômicas e necessidades emergenciais.[7]

Nesse contexto, o princípio da anterioridade passou a impedir que a União, os estados, o Distrito Federal e os municípios exigissem tributos no mesmo exercício financeiro em que a lei que os criou ou aumentou foi publicada.

Apesar disso, leis tributárias eram estrategicamente publicadas em 31 de dezembro, permitindo a cobrança dos tributos já no dia seguinte, 1º de janeiro.[8] Essa prática, embora legal, era vista como uma afronta à segurança jurídica. Para corrigir essa distorção e aumentar a proteção dos contribuintes, a Emenda Constitucional nº 42/2003 introduziu a alínea "c" ao art. 150, III, estabelecendo um período mínimo de noventa dias entre a publicação da lei que institui ou aumenta um tributo e sua exigibilidade.[9]

De acordo com a nova regra, além de respeitar o exercício financeiro, a cobrança de tributos deve observar um intervalo mínimo de noventa dias entre a publicação da lei que os instituiu ou aumentou e o início da exigibilidade do tributo. Assim, mesmo que uma lei seja publicada em 31 de dezembro, o tributo só poderá ser cobrado após noventa dias, oferecendo um período adicional de adaptação para os contribuintes.

---

6 CARRAZZA, Roque Antonio. *Curso de direito constitucional tributário*. 29. ed. rev., ampl. e atual. até a Emenda Constitucional n. 72/2013. São Paulo: Malheiros, 2013. p. 237-240.

7 CARRAZZA, Roque Antonio. *Curso de direito constitucional tributário*. 29. ed. rev., ampl. e atual. até a Emenda Constitucional n. 72/2013. São Paulo: Malheiros, 2013. p. 237-240.

8 "Por mais de uma década, sistematicamente presenciaram-se mudanças de peso no ordenamento tributário, ocorridas por meio dos chamados 'pacotes', normalmente aprovados nos últimos dias de um ano, para vigorar já no primeiro dia do exercício seguinte. Chegou-se a ponto de editar norma num dia 31 de dezembro à noite, tendo os exemplares do Diário Oficial sido entregues aos assinantes apenas no dia 2 de janeiro. Ainda assim, o Supremo Tribunal Federal, apontando a existência de um único exemplar na portaria da Imprensa Oficial, proferiu Acórdão, com a seguinte ementa: *EMENTA: Agravo regimental. - Não tem razão a agravante quanto à data da entrada em vigor da Lei em causa, porquanto ela ocorre, com a sua publicação, e esta se deu à noite do dia 31 de dezembro de 1991 quando ele foi posto à disposição do público, ainda que a remessa dos seus exemplares aos assinantes só se tenha efetivado no dia 02 de janeiro de 1991, pois publicação não se confunde com distribuição para assinantes. Assim, os princípios da anterioridade e da irretroatividade são observados* [...]. Com essa decisão já se via que o Supremo Tribunal Federal passava a satisfazer-se com mera formalização no Diário Oficial, dispensando o requisito de que a nova lei se tornasse pública. Não surpreende daí que, poucos anos depois, tenha ocorrido um aumento de tributo em um 31 de dezembro que caía num sábado, quando não havia, portanto, expediente em repartições públicas e, portanto, não seria de esperar que alguém tivesse notícia do aumento da carga tributária. Numa análise meramente formalista, os tribunais contentaram-se com a prova de que pelo menos uma pessoa havia adquirido um exemplar naquele sábado (pasme-se: em um sábado, alguém afirma ter ido à repartição do Diário Oficial e adquirido ali o malsinado exemplar), para entender-se respeitado o Princípio da Anterioridade" (SCHOUERI, Luís Eduardo. *Direito tributário*. 4. ed. São Paulo: Saraiva, 2014. p. 358).

9 BALEEIRO, Aliomar. *Limitações constitucionais ao poder de tributar*. Atualização de Misabel Abreu Machado Derzi. 8. ed. Rio de Janeiro: Forense, 2010. p. 231.

Nas palavras de Paulo de Barros, após a edição da EC nº 42/2003, as diferentes combinações dos princípios da anterioridade (anual ou de exercício) e da anterioridade nonagesimal (noventena) resultaram na existência de quatro regimes distintos:[10]

- Regime da regra geral com aplicação cumulativa dos princípios da anterioridade e da noventena: este é o regime padrão que aplica tanto o princípio da anterioridade quanto o princípio da noventena. Isso proporciona uma dupla garantia ao contribuinte, que não será surpreendido com novas obrigações fiscais dentro do mesmo exercício financeiro e terá um período de adaptação de pelo menos 90 dias.
- Regime de exceção de ambos os princípios (anterioridade e noventena) devido à urgência com que podem ser aplicados. Isso inclui: empréstimos compulsórios motivados por calamidade pública ou guerra externa (art. 148, I), imposto de importação, imposto de exportação, IOF (art. 153, I, II, III e V) e impostos extraordinários decorrentes de guerra (art. 154, II).
- Regime de exceção relativo a tributos sobre propriedade e renda: para tributos sobre a propriedade de veículos automotores (IPVA) e sobre a propriedade predial e territorial urbana (IPTU), aplica-se apenas o princípio da anterioridade. Isso significa que esses tributos devem respeitar o início do exercício financeiro seguinte, mas não estão sujeitos à exigência de um período mínimo de 90 dias (vacância legislativa).
- Regime de exceção relativo ao Imposto Sobre Produtos Industrializados (IPI) e contribuições sociais: o IPI e as contribuições sociais destinadas ao financiamento da seguridade social estão sujeitos à noventena, mas não ao princípio da anterioridade. Isso significa que, embora esses tributos possam entrar em vigor no mesmo exercício financeiro em que foram instituídos ou aumentados, devem respeitar um prazo mínimo de 90 dias antes de serem cobrados.

Embora as anterioridades (anual e nonagesimal) estejam inseridas no capítulo das limitações constitucionais ao poder de tributar, para uma parcela da doutrina isso não implica que sejam *princípios* na acepção teórica do termo. Ao fazer referência à teoria dos princípios de Humberto Ávila, Leandro Paulsen esclareceu que as anterioridades são *regras* e "caracterizam-se como sendo razões definitivas, prescrições que impõem determinada conduta, enquanto os princípios são razões *prima facie*, prescrições de otimização".[11]

Em outras palavras, enquanto as *regras* das anterioridades estabelecem condutas específicas e obrigatórias que devem ser seguidas, os *princípios* funcionam como diretrizes que orientam a melhor aplicação possível diante das circunstâncias. Essa distinção ressalta a rigidez das normas de anterioridade e noventena, que visam a proteger os contribuintes de mudanças abruptas na legislação tributária. Na compreensão de Paulsen, a anterioridade, assim como a legalidade e a irretroatividade são normas cujo conteúdo visa à "certeza do direito", formando um dos cinco pilares do princípio da segurança jurídica em matéria tributária.[12]

---

[10] CARVALHO, Paulo de Barros. *Curso de direito tributário*. 22. ed. São Paulo: Saraiva, 2010.

[11] PAULSEN, Leandro. *Curso de direito tributário completo*. 8. ed. São Paulo: Saraiva, 2017. p. 68.

[12] PAULSEN, Leandro. *Curso de direito tributário completo*. 8. ed. São Paulo: Saraiva, 2017. p. 75-76.

Independentemente da terminologia (se regra ou princípio), é inegável que as anterioridades têm raízes profundas na tradição constitucional brasileira e foram concebidas em resposta às necessidades de estabilidade e justiça, surgindo no texto constitucional como uma forma de garantir que os contribuintes pudessem planejar suas atividades econômicas com antecedência.

Passados mais de 200 anos desde a concepção da ideia que deu origem às anterioridades (anual e nonagesimal) consagradas nos arts. 150, III, "b" e "c", e 195, §6º, da Constituição Federal, o valor da previsibilidade permanece fundamental para o sistema tributário.

2 O neoconstitucionalismo e a interpretação e aplicação das anterioridades na revogação/mitigação de incentivos fiscais

Como demonstrado no capítulo anterior, a ideia de previsibilidade atrelada à anterioridade tributária, que já constava na Constituição Imperial de 1824, completa 200 anos de existência em 2024. Sob a égide da Constituição de 1988, o princípio da anterioridade, cujo objetivo é evitar a tributação surpresa, não foi apenas mantido, mas também ampliado, contemplando a regra de que, em algumas situações, nenhum tributo será cobrado antes de decorridos noventa dias da data em que a lei que os instituiu ou aumentou foi publicada.

Essa ampliação reflete a importância da previsibilidade, destacando a necessidade de que normas de tamanha relevância estejam explicitamente consagradas no texto constitucional.

No cenário jurídico contemporâneo, está consolidada a ideia de que a Constituição ocupa o ápice na hierarquia das normas jurídicas, sendo a base de validade para todo o sistema legal. Sua posição de supremacia significa que todas as outras leis e normas devem estar em conformidade com ela. A Constituição funciona como um verdadeiro padrão fundamental que se impõe tanto aos órgãos do Estado quanto aos cidadãos, exigindo que todos os atos jurídicos estejam de acordo com suas disposições.[13]

Contudo, essa perspectiva da Constituição como o núcleo do ordenamento jurídico é relativamente recente, conforme observado por Luís Roberto Barroso. Para Barroso, uma das transformações paradigmáticas mais significativas do século XX foi o reconhecimento da Constituição como uma norma jurídica vinculante e obrigatória. Anteriormente, ela era vista como um documento meramente político, cuja aplicação estava à mercê da discricionariedade dos Poderes Públicos.[14] Foi após a Segunda Guerra Mundial, especialmente na Alemanha e na Itália, que essa visão começou a se transformar, e a Constituição passou a ser entendida como dotada de força normativa. No Brasil, esse entendimento só se consolidou na década de 80, com a Constituição de 1988, que rompeu com a tradição de Constituições que eram meros repositórios de promessas vagas, sem aplicabilidade direta e imediata.[15]

---

[13] KELSEN, Hans. *Teoria pura do direito*. Tradução de João Baptista Machado. 6. ed. São Paulo: Martins Fontes, 1998. p. 247.

[14] BARROSO, Luís Roberto. Neoconstitucionalismo e constitucionalização do direito (O triunfo tardio do direito constitucional no Brasil). *Revista de Direito Constitucional e Internacional*, v. 58, p. 129-173, jan./mar 2007; também em *Doutrinas Essenciais de Direito Constitucional*, v. 7, p. 533-584, ago. 2015.

[15] BARROSO, Luís Roberto. Neoconstitucionalismo e constitucionalização do direito (O triunfo tardio do direito constitucional no Brasil). *Revista de Direito Constitucional e Internacional*, v. 58, p. 129-173, jan./mar 2007; também em *Doutrinas Essenciais de Direito Constitucional*, v. 7, p. 533-584, ago. 2015.

Para Luís Roberto Barroso, a Constituição de 1988 marcou a passagem da Constituição para o centro do sistema jurídico brasileiro, conferindo-lhe uma supremacia material além da formal.[16]

Essa percepção soma-se à ideia defendida por Paulo Caliendo, de que a Constituição de 1988 realmente inaugura uma nova forma de interpretação também das normas tributárias. Segundo ele, a nova Carta Magna impõe uma nova dimensão para o papel dos princípios e valores, exigindo uma abordagem interpretativa que vá além do mero positivismo jurídico. Essa abordagem é denominada neoconstitucionalismo, que se baseia fortemente na teoria dos direitos fundamentais e tem como precursores teóricos figuras como Robert Alexy e Ronald Dworkin.[17]

A expansão da jurisdição constitucional, exemplificada pela criação e fortalecimento das Cortes Constitucionais, é vista como essencial para manter o equilíbrio entre os poderes Legislativo, Executivo e Judiciário.[18] A premissa central é que o direito não é um fim em si mesmo, mas um meio para alcançar objetivos sociais, econômicos e políticos. Isso se aplica igualmente ao direito tributário, que não deve ser visto apenas como um mecanismo de arrecadação de recursos, mas como um meio para induzir comportamentos e promover finalidades estatais diversas da arrecadação, como o desenvolvimento econômico, a redução de desigualdades sociais e regionais, e a proteção do meio ambiente.[19]

A Constituição passa então a ser a principal referência para a criação e interpretação de todas as outras leis, orientando e condicionando todo o sistema jurídico. Nesse sentido, é importante lembrar também que a Constituição Federal de 1988 é:

> [...] verdadeira âncora que confere estabilidade à ordem jurídica, exercendo um papel garantidor da segurança jurídica, em suas diferentes manifestações. Presta-se, assim, a proporcionar um ambiente de estabilidade e previsibilidade no qual as relações sociais, em seus mais variados níveis, podem se desenvolver. E para isso contribui não apenas sob uma perspectiva objetiva, mas também sob um viés subjetivo, que vem sendo reconhecido no princípio da proteção da confiança.[20]

Com as premissas acima em mente, é possível afirmar que a garantia da não surpresa para os contribuintes, expressamente incluída no texto constitucional, não pode ser interpretada como mera formalidade. A regra está totalmente firmada em experiências históricas e práticas de governança que destacam a importância de que tributos sejam definidos de maneira específica e com propósitos claros no orçamento anual, preservando a confiança no Estado, como salientado por Aliomar Baleeiro:

---

[16] BARROSO, Luís Roberto. Neoconstitucionalismo e constitucionalização do direito (O triunfo tardio do direito constitucional no Brasil). *Revista de Direito Constitucional e Internacional*, v. 58, p. 129-173, jan./mar 2007; também em *Doutrinas Essenciais de Direito Constitucional*, v. 7, p. 533-584, ago. 2015.

[17] CALIENDO, Paulo. Neoconstitucionalismo e direito tributário. *Revista da Ajuris*, Porto Alegre, v. 40, n. 129, p. 199-223, mar. 2013.

[18] CALIENDO, Paulo. Neoconstitucionalismo e direito tributário. *Revista da Ajuris*, Porto Alegre, v. 40, n. 129, p. 199-223, mar. 2013.

[19] ADAMY, Pedro. Instrumentalização do direito tributário. *In*: ÁVILA, Humberto (Org.). *Fundamentos do direito tributário*. Madri: Marcial Pons, 2012. p. 302-326.

[20] ROMANO NETO, Odilon. A proteção da confiança na Constituição da República de 1988. *In*: FUX, Luiz; BODART, Bruno; MELLO, Fernando Pessoa da Silveira (Coord.). *A Constituição da República segundo ministros*, juízes auxiliares e assessores do STF. Salvador: JusPodivm, 2018. p. 284.

> A Constituição não instituiu uma formalidade sacramental, oca de fomento de utilidade ou de senso prático. Ela repousa na experiência humana, dolorosamente adquirida em circunstâncias históricas, de que os impostos devem ser medidos e concedidos para fins definidos e específicos, balanceando-se, no Orçamento, o conjunto global desses fins (despesa) e o conjunto global dos meios (receitas e empréstimos).[21]

Essa confiança é fundamental para a convivência social, pois ela cria um ambiente de estabilidade que permite aos cidadãos planejarem minimamente o futuro. A doutrina nacional reconhece a importância desse aspecto extrajurídico da confiança na construção das relações sociais. O funcionamento eficiente do Estado também depende de um ambiente seguro e previsível, em que os cidadãos possam exercer suas atividades com estabilidade.[22]

A proteção da confiança é vista como uma dimensão subjetiva do princípio da segurança jurídica. Enquanto a segurança jurídica se relaciona com a estabilidade das relações jurídicas e limites à retroatividade dos atos estatais, a proteção da confiança foca nas expectativas legítimas geradas pela atuação do poder público.[23] Em outras palavras, o Estado como um todo deve conduzir-se de maneira a não frustrar expectativas legítimas criadas por suas ações.[24]

Nessa mesma linha Geraldo Ataliba, citado por Carrazza, reforça que a relação entre o Estado e os cidadãos em um governo representativo e republicano deve evitar surpresa e deslealdade, sendo justamente esse o objetivo central da irretroatividade e da anterioridade:[25]

> Um sistema de governo em que a representatividade republicana é a chave de abóbada de todo o Direito não admite insegurança, surpresa e deslealdade como clima de relacionamento Estado/ cidadão. A previsibilidade da ação estatal é um timbre do Estado civilizado e sobretudo do Estado de Direito. Por isso, desde 1824, está consagrada em nosso regime constitucional. Efetivamente, a Constituição não se contentou com a irretroatividade das leis tributárias; quis mais, estabeleceu muito mais: previu um lapso de tempo chamado *vacatio constitutionis*, em benefício da previsibilidade, por parte do contribuinte, relativamente às exigências fiscais, com o que haveria de arcar no exercício financeiro seguinte.

A observação de Geraldo Ataliba acima transcrita é uma incisiva crítica às práticas governamentais que desrespeitam a confiança dos cidadãos no Estado e a segurança jurídica. Em um Estado de direito, a previsibilidade da ação estatal não é um direito do cidadão que pode ser lateralizado, porque envolve a proteção a sua dignidade e a sua

---

[21] BALEEIRO, Aliomar. *Limitações constitucionais ao poder de tributar*. Atualização de Misabel Abreu Machado Derzi. 8. ed. Rio de Janeiro: Forense, 2010. p. 205.

[22] ROMANO NETO, Odilon. A proteção da confiança na Constituição da República de 1988. *In*: FUX, Luiz; BODART, Bruno; MELLO, Fernando Pessoa da Silveira (Coord.). *A Constituição da República segundo ministros*, juízes auxiliares e assessores do STF. Salvador: JusPodivm, 2018. p. 285.

[23] ROMANO NETO, Odilon. A proteção da confiança na Constituição da República de 1988. *In*: FUX, Luiz; BODART, Bruno; MELLO, Fernando Pessoa da Silveira (Coord.). *A Constituição da República segundo ministros*, juízes auxiliares e assessores do STF. Salvador: JusPodivm, 2018. 286-287.

[24] ROMANO NETO, Odilon. A proteção da confiança na Constituição da República de 1988. *In*: FUX, Luiz; BODART, Bruno; MELLO, Fernando Pessoa da Silveira (Coord.). *A Constituição da República segundo ministros*, juízes auxiliares e assessores do STF. Salvador: JusPodivm, 2018. 289-290.

[25] CARRAZZA, Roque Antonio. *Curso de direito constitucional tributário*. 29. ed. rev., ampl. e atual. até a Emenda Constitucional n. 72/2013. São Paulo: Malheiros, 2013. p. 244.

liberdade. Na visão de Ataliba, a previsibilidade é, ou ao menos deveria ser, a marca registrada de um Estado civilizado, em que as regras são claras e as mudanças são comunicadas com antecedência, permitindo que os indivíduos ajustem suas condutas e planejem suas atividades econômicas com segurança.

Ataliba nos lembra que a essência de um governo republicano reside na transparência e na lealdade para com o povo, evitando medidas abruptas que possam minar a confiança pública. A imprevisibilidade e a deslealdade na ação estatal corroem a base da democracia.

As afirmações de Ataliba no contexto dos princípios da anterioridade devem ser relacionadas, ainda, com a abordagem de Klaus Tipke sobre ética tributária do Estado. Tipke reforça que o pagamento de impostos é, essencialmente, uma contribuição dos cidadãos destinada à manutenção das atividades estatais, configurando-se como uma invasão de patrimônio consentida em prol de um bem maior. Essa imposição "deve o quanto possível ocorrer com justiça" sendo que, apesar de ser um conceito abstrato, "De um modo geral: Justiça pressupõe Princípios, Valores ou Regras".[26]

No campo tributário, as garantias de anterioridade e de não surpresa são exatamente as regras que preservam as expectativas legítimas do contribuinte em respeito à segurança e estabilidade, motivo pelo qual são de extrema importância devido aos impactos diretos que o aumento da carga tributária exercem sobre a propriedade privada (art. 5º, XXII, da Constituição Federal). Assim, é possível afirmar que a aplicação das regras de anterioridade, além de atender à necessária observância da supremacia da Constituição, está intrinsicamente ligada à ética esperada de um Estado, ao considerar o impacto das mudanças fiscais.

Essa mesma ética deve ser respeitada quando da revogação de benefícios fiscais de prazo incerto ou indeterminado. A supressão desses benefícios, ao provocar um aumento ou agravamento indireto da carga tributária, afeta diretamente os direitos dos cidadãos, apropriando-se de parte de seu patrimônio. É o que defende também Roque Carrazza:[27]

> Mais uma consideração: a lei ordinária que extingue ou reduz uma isenção somente poderá ser aplicada no exercício vindouro ao de sua entrada em vigor. A razão disso está em que a lei que afasta ou dirimiu urna isenção tributária assemelha-se, em tudo e por tudo, a que cria ou aumenta um tributo. Afinal, o encargo que acarreta para o contribuinte é o mesmo. Seu patrimônio será, por igual modo, atingido. Depois, a aptidão para tributar compreende a de isentar, como verso e anverso de idêntica medalha.

Carrazza prossegue explicando que, ao definir as áreas em que o Estado pode cobrar tributos, a Constituição também permite que ele escolha não cobrar em determinadas situações, utilizando, por exemplo a isenção. Isso significa que a isenção é parte integral do sistema tributário e deve seguir os mesmos princípios que governam a cobrança de tributos, como legalidade, igualdade, segurança jurídica e anterioridade.

---

26 TIPKE, Klaus. *Moral tributária do estado e dos contribuintes*. Tradução de Luiz Dória Furquim. Porto Alegre: Sergio Antonio Fabris Editor, 2012. p. 13-15.

27 CARRAZZA, Roque Antonio. *Curso de direito constitucional tributário*. 29. ed. rev., ampl. e atual. até a Emenda Constitucional n. 72/2013. São Paulo: Malheiros, 2013. p. 243.

Nesse contexto, se o princípio da anterioridade garante que novos tributos ou aumentos só possam ser cobrados no exercício financeiro seguinte, a mesma lógica também deve se aplicar quando o Estado decide revogar ou reduzir uma isenção.[28]

Dessa forma, Carrazza defende que, assim como um novo tributo só pode ser cobrado no próximo exercício financeiro, a extinção ou redução de uma isenção também deve esperar até o próximo ano para entrar em vigor.[29]

Em outras palavras, deve-se interpretar como majoração de tributo, para os fins previstos nos arts. 150, III, "b" e "c", e 195, §6º, da Constituição Federal, qualquer modificação nos critérios quantitativos do consequente da regra-matriz de incidência tributária. Esta interpretação harmoniza-se com os princípios da segurança jurídica e da proteção à confiança legítima do contribuinte, assegurando que ele não seja surpreendido, durante o exercício financeiro, por aumentos na carga tributária decorrentes de alterações na política fiscal do ente tributante.

Carrazza também sustenta que as isenções de ICMS, concedidas por meio de decretos legislativos que ratificam convênios celebrados entre estados e o Distrito Federal, devem, da mesmíssima forma, seguir o princípio da anterioridade quando são revogadas. O autor explica que ainda que a concessão de isenções de ICMS envolva a celebração de convênios entre os Executivos dos estados e do Distrito Federal, tais convênios são ratificados pelas respectivas Casas Legislativas por meio de decretos legislativos. Isso implica que não é o "convênio que concede a isenção de ICMS. Ele apenas permite que o Legislativo de cada Estado e do Distrito Federal venha a fazê-lo".[30]

Quando uma isenção de ICMS é revogada, essa revogação deve ser tratada como a criação de um novo tributo. Assim, a lei que revoga a isenção só pode produzir efeitos no exercício financeiro seguinte, respeitando o princípio da anterioridade.[31]

No que se refere à abrangência da garantia assegurada pelas anterioridades, Leandro Paulsen compartilha da mesma visão, ao explicar que deverão atingir não apenas a instituição ou majoração de um tributo, como também

> [...] eventuais modificações da norma tributária impositiva que, por ampliarem sua incidência ou o montante devido, impliquem cobrar mais tributo. Isso pode ocorrer com a ampliação da base de cálculo ou das alíquotas e também quando a lei torna mais abrangente o polo passivo. Estão cobertas pela garantia mesmo alterações no antecedente da norma, que impliquem definição de novos fatos geradores, extensão do aspecto espacial ou mesmo antecipação do aspecto temporal.[32]

Essa análise sublinha a importância de se aplicar o princípio da anterioridade mesmo em situações de revogação ou redução de benefícios fiscais, garantindo que os contribuintes não sejam pegos de surpresa por aumentos tributários indiretos. O poder

---

[28] CARRAZZA, Roque Antonio. *Curso de direito constitucional tributário*. 29. ed. rev., ampl. e atual. até a Emenda Constitucional n. 72/2013. São Paulo: Malheiros, 2013. p. 244.

[29] CARRAZZA, Roque Antonio. *Curso de direito constitucional tributário*. 29. ed. rev., ampl. e atual. até a Emenda Constitucional n. 72/2013. São Paulo: Malheiros, 2013. p. 244-245.

[30] CARRAZZA, Roque Antonio. *Curso de direito constitucional tributário*. 29. ed. rev., ampl. e atual. até a Emenda Constitucional n. 72/2013. São Paulo: Malheiros, 2013. p. 248.

[31] CARRAZZA, Roque Antonio. *Curso de direito constitucional tributário*. 29. ed. rev., ampl. e atual. até a Emenda Constitucional n. 72/2013. São Paulo: Malheiros, 2013. p. 246-252.

[32] PAULSEN, Leandro. *Curso de direito tributário completo*. 8. ed. São Paulo: Saraiva, 2017. p. 140-141.

de tributar deve cumprir as regras estabelecidas na Constituição Federal, mesmo quando usa a tributação para fins extrafiscais.

3 A evolução da jurisprudência do STF e a defesa da ideia de que qualquer aumento ou agravamento de carga tributária, ainda que de forma indireta, deve respeitar as anterioridades

3.1 A revogação de benefícios fiscais e a imediata exigibilidade do tributo

Sob a ótica da interpretação da Constituição anterior, é possível encontrar na jurisprudência do Supremo Tribunal Federal uma série de acórdãos nos quais prevaleceu a ideia de que a revogação de uma isenção ou benefício fiscal não equivaleria à criação ou aumento de tributo, para fins de submissão ao princípio da anualidade.

Isto é, o Supremo Tribunal Federal considerava que a isenção, regulada pela legislação ordinária, implicava uma dispensa temporária do pagamento de tributo devido, diferenciando-se assim da não incidência tributária. Portanto, quando uma isenção era revogada, isso não constituía a criação ou aumento de tributo, mas sim o fim de uma suspensão temporária do dever de pagamento. A seguir estão alguns julgados que exemplificam essa visão:

- RE nº 97.482/RS, Primeira Turma, Rel. Min. Soares Munoz. *DJ*, 17.12.1982;
- RE nº 97.455/RS, Segunda Turma, Rel. Min. Moreira Alves. *DJ*, 6.5.1983;
- RE nº 99.908/SP, Segunda Turma, Rel. Min. Rafael Mayer. *DJ*, 5.8.1983;
- RE nº 102.993/SP, Segunda Turma, Rel. Min. Aldir Passarinho. *DJ*, 31.5.1985.

Sob a vigência da atual Constituição, essa interpretação continuou a ser aplicada pelo Supremo Tribunal Federal, à luz da interpretação já consolidada sob a égide da Constituição anterior. Isso pode ser observado nos informativos de jurisprudência nº 46 e 514 do STF, que registram decisões tanto em sede de controle difuso quanto em sede de controle concentrado de constitucionalidade, abaixo transcritos:

> Informativo 46
> RE 204062 / ES
> Órgão julgador: Segunda Turma
> Relator(a): Min. CARLOS VELLOSO
> Julgamento: 27/09/1996 (Presencial)
> Ramo do Direito: Tributário
> Matéria: Isenção
> *Isenção e Anterioridade*
> Resumo
> Revogada a isenção, o tributo volta a ser imediatamente exigível, sendo impertinente a invocação do princípio da anterioridade (CF, art. 150, III, b). Precedentes citados: RMS 13947-SP (RTJ 39/64); RMS 14473-SP (RTJ 34/111); RMS 14174-SP (RTJ 33/177; RE 57567-SP (RTJ 35/249); RE 97482-RS (*DJ* de 17.02.82).
> Legislação: CF, art. 150, III, b
> Precedentes: RMS 13947-SP (RTJ 39/64); RMS 14473-SP (RTJ 34/111); RMS 14174-SP (RTJ 33/177; RE 57567-SP (RTJ 35/249); RE 97482-RS (DJ de 17.02.82).

Informativo 514
ADI 4016 MC / PR
Órgão julgador: Tribunal Pleno
Relator(a): Min. GILMAR MENDES
Julgamento: 01/08/2008 (Presencial)
Ramo do Direito: Tributário
Matéria: Impostos
Redução e Extinção de Imposto: Princípio da Anterioridade Tributária - 1 e 2
Resumo [...]
Considerou-se que, se até mesmo a revogação de isenção não tem sido equiparada pela Corte à instituição ou majoração de tributo, a redução ou extinção de um desconto para pagamento do tributo sob determinadas condições previstas em lei, como o pagamento antecipado em parcela única (à vista), também não o poderia. Afastou-se, também, a assertiva de que qualquer alteração na forma de pagamento do tributo equivaleria a sua majoração, ainda que de forma indireta, e reportou-se ao entendimento do Supremo de que a modificação do prazo de recolhimento da obrigação tributária não se sujeita ao princípio da anterioridade (Enunciado 669 da Súmula). Asseverou-se, ademais, que deveriam ser levados em conta os argumentos apresentados nas informações da Assembléia Legislativa e do Governador do Estado no sentido de que as alterações promovidas pela Lei 15.747/2007 visariam propiciar o ajustamento de descontos do IPVA paranaense com o de outros Estados, sem que tais mudanças importassem em aumento do valor total do tributo. Ressaltou-se, por fim, que, no caso do IPVA, o art. 150, §1º, da CF expressamente excetua a aplicação da regra da anterioridade na hipótese da fixação da base de cálculo desse tributo, ou seja, do valor venal do veículo. Assim, se nem a fixação da base de cálculo do IPVA estaria sujeita à incidência da regra da anterioridade, a extinção ou redução de um desconto condicional para pagamento desse tributo poderia ter efeitos imediatos. Vencido o Min. Cezar Peluso que concedia a liminar ao fundamento de que a hipótese nada teria a ver com isenção, porque esta seria objeto específico de uma norma constitucional, e que a supressão ou redução de um desconto previsto em lei implicaria, automática e aritmeticamente, aumento do valor do tributo devido, razão pela qual se haveria de observar o princípio da anterioridade. Precedentes citados: RE 200844 AgR/PR (DJU de 16.8.2002); RE 204062/ES (DJU de 19.12.96).

A interpretação apresentada nos informativos de jurisprudência mencionados reflete a posição de que a revogação de benefícios fiscais e os aumentos indiretos de tributos não se enquadram na mesma categoria da criação ou majoração direta de tributos, motivo pelo qual tais mudanças não necessitam observar o princípio da anterioridade. Essa compreensão esteve amparada na ideia de que a revisão ou revogação de benefícios fiscais, por serem questões vinculadas à política econômica, podem ser alteradas pelo Estado a qualquer momento sem a obrigatoriedade de cumprir as regras de anterioridade tributária previstas na Constituição.[33]

Nesse contexto, a revogação de benefícios fiscais de qualquer natureza, inclusive de forma indireta, poderia ser promovida a qualquer momento, sem a necessidade de observar o princípio da anterioridade, geral e nonagesimal, constante das alíneas "b" e "c" do inc. III do art. 150, da Constituição Federal de 1988, exceto se concedidos por

---

[33] BRASIL. Supremo Tribunal Federal. RE 562669 AgR. Rel. Min. Ricardo Lewandowski, Primeira Turma, Brasília, DF, julgado em 03.05.2011. *DJe*, 19.05.2011.

prazo certo e em função de determinadas condições (art. 178 c/c 104, III do Código Tributário Nacional).[34] [35]

Enquanto a maioria dos acórdãos e decisões monocráticas proferidos nos anos subsequentes seguiram, sem maiores reflexões, a lógica estabelecida no julgamento do Recurso Extraordinário nº 204.062/ES (1996) e na Medida Cautelar na Ação Direta de Inconstitucionalidade nº 4.016 MC/PR (2008) acima mencionados, no julgamento da Medida Cautelar na Ação Direta de Inconstitucionalidade nº 2.325/DF (concluído em 23.9.2004), adotou-se orientação diferente.

Na ocasião, os ministros do Supremo Tribunal Federal, por unanimidade, apreciando a questão do princípio da anterioridade, deferiram em parte a cautelar para, mediante interpretação conforme a Constituição, estabelecer que a lei complementar que postergou a utilização de créditos tributários então permitidos deveria ter sua eficácia suspensa até o início do exercício financeiro subsequente ao de sua edição.

Nesse ponto, seguiu-se o voto do Ministro Marco Aurélio, no sentido de que a Lei Complementar nº 102/2000, ao modificar o regime de créditos do ICMS então previsto na Lei Complementar nº 87/1996, impôs novas obrigações tributárias de forma imediata, sem observar o período de adaptação previsto constitucionalmente. Segundo o ministro, essa mudança configurou uma surpresa indesejada para os contribuintes, que foram compelidos a cumprir novas exigências fiscais sem o devido tempo para ajustarem seus planejamentos financeiros.

Nas palavras do Ministro Marco Aurélio, o comando contido no art. 150, inc. III, "b", da CF/88, não especificou a forma de majoração do tributo, motivo pelo qual "toda modificação legislativa que, de maneira direta ou indireta, implicar carga tributária meio há de ter eficácia no ano subsequente no que veio a ser feita".[36]

Apesar disso, nos anos subsequentes, manteve-se a prevalência absoluta da interpretação, no Supremo Tribunal Federal, de que as anterioridades deveriam ser rigorosamente observadas apenas nas situações de instituição e majoração direta de tributos. Essa interpretação foi claramente influenciada pela perspectiva anterior ao neoconstitucionalismo, quando a Constituição era considerada apenas um documento político, cuja implementação dependia da discricionariedade dos poderes públicos.[37]

3.2 Revisitando a jurisprudência: a necessidade de observar o conteúdo teleológico das anterioridades

Depois de mais de uma década da conclusão do julgamento da Medida Cautelar na Ação Direta de Inconstitucionalidade nº 2.325/DF, é que o Supremo Tribunal Federal consolidou uma nova perspectiva jurisprudencial no julgamento do Recurso Extraordinário nº 564.225/RS, concluído em 2.9.2014. Esse julgamento marcou o início

---

[34] BRASIL. Supremo Tribunal Federal. Súmula 544. *DJ*, 12.12.1969.

[35] BRASIL. Supremo Tribunal Federal. Súmula 615. *DJ*, 29.10.1984.

[36] BRASIL. Supremo Tribunal Federal. ADI 2325 MC. Rel. Min. Marco Aurélio, Tribunal Pleno, Brasília, DF, julgado em 23.09.2004. *DJ*, 06.10.2006.

[37] BARROSO, Luís Roberto. Neoconstitucionalismo e constitucionalização do direito (O triunfo tardio do direito constitucional no Brasil). *Revista de Direito Constitucional e Internacional*, v. 58, p. 129-173, jan./mar 2007; também em *Doutrinas Essenciais de Direito Constitucional*, v. 7, p. 533-584, ago. 2015.

da evolução da jurisprudência do Supremo Tribunal sobre a aplicação do princípio da anterioridade.

Naquela ocasião, a Primeira Turma do Supremo Tribunal Federal estava encarregada de analisar um recurso interposto pelo Estado do Rio Grande do Sul contra um acórdão do Tribunal de Justiça estadual. O acórdão em questão havia postergado a eficácia dos decretos estaduais nº 39.596 e nº 39.697, ambos de 1999, que promoviam a majoração da base de cálculo do Imposto sobre Circulação de Mercadorias e Serviços (ICMS) devido por prestadores de serviços de televisão por assinatura, invocando o princípio da anterioridade tributária para definir que a majoração somente poderia ser aplicada a partir de 1º.1.2000.

A abordagem conciliatória do Ministro Roberto Barroso foi determinante nesse julgamento. Seu voto se revelou decisivo para a evolução da jurisprudência do Supremo Tribunal Federal ao enfatizar a necessidade de se respeitar os princípios constitucionais de segurança jurídica e previsibilidade tributária.

O Ministro Barroso reconheceu a existência de precedentes que excluíam a revogação de benefícios fiscais da necessidade de observância do princípio da anterioridade. Todavia, ele argumentou de forma perspicaz que a realidade fiscal e econômica contemporânea demandava uma reinterpretação desses precedentes, fundamentando-se nos princípios constitucionais de segurança jurídica e previsibilidade. Nesse sentido, vale a transcrição da seguinte passagem de seu voto:

> 6. A ocasião é oportuna para revisitar a jurisprudência da Corte, que foi muito bem retratada pela divergência. A concepção de anterioridade que me parece mais adequada é aquela afeta ao conteúdo teleológico da garantia. O princípio busca assegurar a previsibilidade da relação fiscal ao não permitir que o contribuinte seja surpreendido com um aumento súbito do encargo, confirmando o direito inafastável ao planejamento de suas finanças. O prévio conhecimento da carga tributária tem como fundamento a segurança jurídica e como conteúdo a garantia da certeza do direito.
> 7. Deve ser entendida como majoração do tributo toda alteração ocorrida nos critérios quantitativos do consequente da regra-matriz de incidência. Sob tal perspectiva, um aumento de alíquota ou uma redução de benefício relacionada a base econômica apontam para o mesmo resultado: agravamento do encargo. O que não é a diminuição da redução da base de cálculo senão seu próprio aumento com relação à situação anterior.
> 8. A proteção ao contribuinte remonta à origem do próprio constitucionalismo, quando passou a constar da *Carta ao Rei João Sem-Terra* que o povo é quem determina a medida do seu esforço. As garantias contra o poder de tributar evoluem e hoje o povo tem o poder de decidir e o direito de se preparar. Pedindo *vênia* à divergência, acompanho o Eminente relator para negar provimento ao recurso.

Ao apoiar o entendimento de que a redução de benefícios fiscais equivale a um aumento de encargo, o Ministro Luís Roberto Barroso propôs um equilíbrio entre a liberdade econômica e a justiça social. Além disso, o voto acima transcrito evidencia seu pragmatismo ao destacar a importância de assegurar a previsibilidade na relação fiscal. Barroso não se limitou a defender princípios abstratos, mas realizou uma ponderação consequencialista ao enfatizar a necessidade prática de os contribuintes conhecerem previamente a carga tributária.

E assim o fez por ter sido um dos primeiros juristas brasileiros a perceber que o neoconstitucionalismo resultou em um processo profundo de constitucionalização do direito, prestigiando a Constituição no centro do sistema jurídico brasileiro, conferindo-lhe uma supremacia formal e material. Esse processo reforçou o papel do Supremo Tribunal Federal em garantir a supremacia constitucional e a legitimidade democrática, promovendo os valores fundamentais e a estabilidade institucional.[38] [39]

Por maioria de votos, prevaleceu a compreensão de que a não aplicação do princípio da anterioridade em casos de revogação de benefícios fiscais, que resultem em aumento indireto de tributos, contradiz os princípios constitucionais de proteção ao contribuinte e de segurança jurídica.

Desde então, o STF passou a reconhecer a importância de ser observado o princípio da não surpresa, inclusive para os casos em que se discute aumento indireto de tributo, promovido em razão de revogação de benefício fiscal. A alteração do critério quantitativo do consequente da regra matriz de incidência deveria ser entendida como majoração do tributo e, dessa forma, deve se sujeitar ao princípio da anterioridade.

Nesse sentido, destaca-se a transcrição de um acórdão relatado pelo Ministro Dias Toffoli. No âmbito da Segunda Turma do STF, ao julgar o Agravo Interno no Recurso Extraordinário nº 1.081.041, entendeu-se que o aumento indireto de tributo, mediante redução da alíquota de incentivo do Regime Especial de Reintegração de Valores Tributários para as Empresas Exportadoras (Reintegra), deve observar o princípio da anterioridade, tanto geral quanto nonagesimal, conforme disposto nas alíneas "b" e "c" do inc. III do art. 150 da Constituição Federal.

> Agravo regimental no recurso extraordinário. Tributário. REINTEGRA. Decreto nº 8.415/15. Princípio da anterioridade nonagesimal. 1. *O entendimento da Corte vem se firmando no*

---

[38] BARROSO, Luís Roberto. Neoconstitucionalismo e constitucionalização do direito (O triunfo tardio do direito constitucional no Brasil). *Revista de Direito Constitucional e Internacional*, v. 58, p. 129-173, jan./mar 2007; também em *Doutrinas Essenciais de Direito Constitucional*, v. 7, p. 533-584, ago. 2015.

[39] Corroborando essa percepção, consideramos imprescindível a transcrição das palavras do próprio Ministro Luís Roberto Barroso, que, ao escrever sobre os 30 anos da Constituição da República, nos presenteou com o seu sincero relato: "Minha relação com a Constituição de 1988 e com o direito constitucional é antiga, constante e fiel. Começou em 1978, quando eu estava no 3º ano da Faculdade de Direito e compareci a um ato público na Cinelândia, no Rio de Janeiro. Era a deflagração do movimento pela convocação de uma Assembleia Nacional Constituinte, livre e soberana, como exigiam as palavras de ordem da época. Não havia mais do que 200 pessoas na manifestação. Quase ninguém interrompera a sua rotina para aderir a uma reivindicação tão distante e abstrata. O futuro não parecia promissor. [...] Após ter lido alguns textos semanais de José Afonso da Silva, Konrad Hesse, Celso Antonio Bandeira de Mello, Vezio Crisafulli, bem como Bernard Schwartz e outros americanos, descobri o que me pareceu ser a demanda mais premente do direito constitucional brasileiro naquela quadra histórica: o casamento com o processo civil. E, assim, de certa forma, pude seguir o conselho do meu pai. Para isso, foi de grande valia ter sido aluno de José Carlos Barbosa Moreira, um dos maiores juristas e processualistas que o país já teve, com quem aprendi muito. Passei então a refletir e a escrever sobre a concretização da Constituição perante o Poder Judiciário, defendendo a sindicabilidade judicial das normas constitucionais, inclusive e sobretudo, as que asseguravam direitos fundamentais. Isso pode parecer óbvio nos dias de hoje, mas a ideia de que a Constituição era um documento jurídico, dotado de aplicabilidade direta e imediata, era revolucionária naqueles dias e enfrentava grande resistência. Muita gente olhava de banda para a novidade. [...] Consolidada a ideia de normatividade e de cumprimento efetivo da Constituição, dediquei os anos seguintes ao estudo da interpretação constitucional, que passou a exigir uma dogmática mais sofisticada nesse novo cenário de aplicação ampla, onde ocorriam colisões de direitos, necessidade de ponderação e de resgate da argumentação jurídica. Na sequência histórica, participei do processo de reaproximação do direito constitucional com a filosofia moral, o desenvolvimento de uma cultura pós-positivista e da leitura de todo o ordenamento jurídico à luz dos valores e princípios constitucionais. O Judiciário se tornava um ator decisivo na realização dos direitos fundamentais. Surgiu um novo direito constitucional" (BARROSO, Luís Roberto. Trinta anos da Constituição: a República que ainda não foi. *In*: FUX, Luiz; BODART, Bruno; MELLO, Fernando Pessoa da Silveira (Coord.). *A Constituição da República segundo ministros, juízes auxiliares e assessores do STF*. Salvador: JusPodivm, 2018. p. 80-81).

sentido de que não só a majoração direta de tributos atrai a aplicação da anterioridade nonagesimal, mas também a majoração indireta decorrente de revogação de benefícios fiscais. 2. Negativa de provimento ao agravo regimental. Não se aplica ao caso dos autos a majoração dos honorários prevista no art. 85, §11, do novo Código de Processo Civil, uma vez que não houve o arbitramento de honorários sucumbenciais pela Corte de origem (Súmula 512/STF). (STF, Segunda Turma, RE 1081041 AgR, Relator Min. Dias Toffoli. *DJe*, 27.04.2018)

A orientação acima consolidou-se no âmbito das duas turmas, valendo citar os seguintes acórdãos:

- RE nº 1.091.378 AgR, Min. Edson Fachin, Segunda Turma, publicado em 11.9.2018.
- RE nº 1.105.918 AgR, Min. Gilmar Mendes, Segunda Turma, publicado em 27.6.2018.
- RE nº 1.081.068 AgR, Min. Dias Toffoli, Segunda Turma, publicado em 19.3.2018.
- RE nº 1.193.854 AgR, Min. Luiz Fux, Primeira Turma, publicado em 16.5.2019.
- RE nº 983.821 AgR, Min. Rosa Weber, Primeira Turma, publicado em 16.4.2018.
- RE nº 964.850 AgR, Min. Marco Aurélio, Primeira Turma, publicado em 28.6.2018.
- RE nº 1214919 AgR-segundo, Min. Roberto Barroso, Primeira Turma, *DJe* 11.10.2019.
- RE nº 1193858 AgR, Min. Cármen Lúcia, Segunda Turma, *DJe* 22.10.2019.
- RE nº 1065092 AgR, Min. Celso de Mello, Segunda Turma, *DJe* 09.10.2019.
- RE nº 1087365 AgR-segundo, Min. Ricardo Lewandowski, Segunda Turma, *DJe* 06.08.2019.

Os julgados acima refletiram a orientação de que a revogação de benefícios fiscais, mesmo que não constitua criação de um novo tributo ou majoração direta, deve observar os princípios da anterioridade para evitar surpresas fiscais aos contribuintes.

3.3 Aplicação das anterioridades nas hipóteses de aumento indireto da carga tributária novamente submetida ao Pleno do STF

Buscando uma nova orientação sobre o tema, o Estado do Rio Grande do Sul opôs Embargos de Divergência no Recurso Extraordinário nº 564.225/RS, os quais foram distribuídos ao Ministro Alexandre de Moraes.

O recurso foi prontamente inadmitido por decisão monocrática publicada em 20.9.2019. Inconformado, o Estado do Rio Grande do Sul interpôs então agravo interno, que foi desprovido, por unanimidade, pelo órgão Pleno do STF, na sessão virtual realizada entre 8.11.2019 e 19.11.2019.

O relator, Ministro Alexandre de Moraes, afirmou em seu voto que, embora anteriormente tivesse adotado o entendimento pacífico do Supremo Tribunal Federal em decisões monocráticas e em votos na Primeira Turma, após uma nova reflexão sobre o tema, decidiu ressalvar seu ponto de vista em sentido oposto. Ele alinhou sua posição ao decidido na ADI nº 4.016 MC, em que, em um contexto ligeiramente diverso, foi decidido que a redução ou extinção de desconto para pagamento de tributo sob determinadas condições previstas em lei, como o pagamento antecipado em parcela única, não pode ser equiparada à majoração do tributo. Apesar dessa ressalva, que o próprio ministro considerou isolada e insuficiente para gerar uma divergência interna, manteve o não conhecimento do recurso.

No entanto, o tema voltou a ser analisado no mesmo processo, dessa vez no julgamento dos embargos de declaração interpostos pela União, admitida como *amicus curiae*. Ao julgar os citados aclaratórios, o Ministro Alexandre de Moraes entendeu ser possível provê-los, justificando que o entendimento consolidado e unânime da Corte estava relacionado exclusivamente com a aplicação da anterioridade nonagesimal, prevista no art. 150, III, "c", da CF/88, nas hipóteses de redução ou supressão de benefício fiscal.

Após fazer essa diferenciação, o Ministro Alexandre de Moraes apontou que, no caso concreto, estava em análise unicamente o princípio da anterioridade geral, estabelecido no art. 150, III, "b", da Constituição. Diante disso, entendeu que a anterioridade nonagesimal, prevista no art. 150, III, "c", da CF/88, não seria aplicável, já que a modificação do benefício conferido ao contribuinte ocorreu em 23.6.1999, enquanto a anterioridade nonagesimal foi instituída apenas em 2003. Com base nessas razões, votou para acolher os embargos de declaração com efeitos infringentes, para dar provimento aos embargos de divergência e denegar a ordem de mandado de segurança, reformando o acórdão do Tribunal de Justiça do Estado.

Após os votos dos Ministros Alexandre de Moraes (relator) e Ricardo Lewandowski, que acolhiam os embargos de declaração com efeitos infringentes, para dar provimento aos embargos de divergência e denegar a ordem de mandado de segurança, com a inversão dos ônus sucumbenciais, e do voto do Ministro Dias Toffoli (presidente), que, divergindo em parte do relator, acolhia os embargos de declaração apenas para sanar a obscuridade referida pela embargante, o Ministro Roberto Barroso pediu vista dos autos.

Mais uma vez, o voto-vista do Ministro Roberto Barroso alterou o curso do julgamento deste caso. Seu pedido de vista ocorreu em um contexto em que a questão central era se a revogação de benefícios fiscais deveria observar o princípio da anterioridade, tanto geral quanto nonagesimal.

Em seu voto-vista, o Ministro Roberto Barroso ressaltou que a anterioridade geral, prevista no art. 150, III, "b", da Constituição Federal, e a anterioridade nonagesimal, prevista no art. 150, III, "c", são essenciais para garantir que os contribuintes não sejam surpreendidos por novas exigências fiscais. Ele destacou que essas disposições visam assegurar a previsibilidade e a estabilidade nas relações tributárias, permitindo que os contribuintes planejem suas atividades econômicas com segurança.

Barroso reafirmou a necessidade de aplicar o princípio da anterioridade, tanto anual quanto nonagesimal, quando há aumento indireto de tributo devido à revogação de benefícios fiscais. Ele defendeu que qualquer alteração que resulte em aumento da carga tributária, direta ou indiretamente, deve respeitar os intervalos temporais estabelecidos pela Constituição para que os contribuintes não sejam surpreendidos por mudanças súbitas e inesperadas nas obrigações fiscais.

Por fim, ao refutar especificamente o voto do Min. Alexandre de Moraes, o Min. Barroso ressaltou que não é necessário determinar qual tipo de anterioridade (se anual ou noventena) se aplica ao caso, visto que os eventos em questão ocorreram antes da Emenda Constitucional nº 42/2003. Portanto, essa regra, logicamente, não pode ser aplicada. A anterioridade anual (art. 150, III, "b"), que foi o objeto deste processo e foi aplicada pelo Tribunal de Justiça, já estava presente no texto original da Constituição, sendo sua incidência suficiente para justificar a extinção da cobrança.

Ao final, prevaleceu o voto do Ministro Dias Toffoli, que assim como o Ministro Luís Roberto Barroso defendeu que, como regra geral, ambas as espécies de anterioridade se aplicam à instituição ou à majoração de tributos. A única diferença do voto do Ministro Toffoli em relação ao voto do Ministro Barroso residiu no esclarecimento de que há situações previstas na Constituição em que apenas uma das anterioridades é aplicável, ou nenhuma delas.

O Ministro Toffoli citou o §1º do art. 150, bem como outras passagens da Constituição, como o art. 155, §4º, IV, "c"; o art. 177, §4º, I, "b"; e o art. 195, §6º, da Constituição, nos quais está previsto que a observância das anterioridades deve respeitar os limites neles previstos. Ou seja, nas hipóteses de redução ou supressão de benefícios fiscais que resultem em majoração indireta de tributos, a aplicação das anterioridades deve ser aplicada conforme as especificidades de cada tributo.

O pedido de vista do Ministro Roberto Barroso foi um ponto de inflexão no julgamento do RE nº 564.225/STF. Sua intervenção não apenas proporcionou uma análise mais detalhada e fundamentada da questão, mas também conduziu o STF a uma definição mais clara e equilibrada da aplicação do princípio da anterioridade na revogação de benefícios fiscais. O compromisso de Barroso com a proteção dos direitos dos contribuintes e a segurança jurídica reforçou a importância de uma jurisprudência que assegure previsibilidade e estabilidade nas relações fiscais.

Essa lógica também foi aplicada, por exemplo, no julgamento do Recurso Extraordinário nº 1.390.517/RG, Tema nº 1.247, que envolveu a incidência da regra da anterioridade nonagesimal, prevista no art. 195, §6º, da Constituição, na situação específica em que decretos regulamentares aumentaram o percentual da alíquota de contribuição do PIS e da Cofins, dentro dos limites da lei autorizativa da exação tributária. A tese fixada ao final foi a seguinte:[40]

> As modificações promovidas pelos Decretos 9.101/2017 e 9.112/2017, ao minorarem os coeficientes de redução das alíquotas da contribuição para o PIS/PASEP e da COFINS incidentes sobre a importação e comercialização de combustíveis, ainda que nos limites autorizados por lei, implicaram verdadeira majoração indireta da carga tributária e devem observar a regra da anterioridade nonagesimal, prevista no art. 195, §6º, da Constituição Federal.

Essa acepção deve ser mantida, sem espaço para que se retorne ao *status* anterior, de que a revogação de isenções e benefícios fiscais produza efeitos imediatos. Além disso, deve ser expandida, garantindo que o princípio da anterioridade se aplique sempre que necessário para evitar surpresas aos contribuintes. A previsibilidade é essencial não apenas para a proteção dos direitos dos contribuintes, mas também para a atração de investimentos e a manutenção de um ambiente econômico estável e favorável ao desenvolvimento.

Apesar das importantes contribuições da jurisprudência recente do STF, o tema ainda está sujeito a novas interpretações. A mesma discussão foi submetida ao regime

---

[40] BRASIL. Supremo Tribunal Federal. RE 1390517 RG. Rel. Min. Presidente, Tribunal Pleno, Brasília, DF, julgado em 12.04.2023. *DJe*, 17.04.2023.

de repercussão geral (Tema nº 1.108) no ARE nº 1.285.177/ES, pendente de julgamento à época da publicação deste artigo. Este caso envolve, por sua vez, a anterioridade geral (anual ou de exercício) em relação às reduções de benefícios fiscais do Regime Especial de Reintegração de Valores Tributários para as Empresas Exportadoras (Reintegra). Não se pode deixar de perceber o risco de uma dupla desatenção aos princípios da estabilidade das relações jurídicas e da não surpresa se, a um só tempo, for mitigada a aplicação da anterioridade e essa mitigação se der por meio de alteração da lógica da jurisprudência já firmada sobre o tema.

Conclusão

A trajetória das anterioridades no direito tributário brasileiro revela o compromisso do legislador constituinte com a previsibilidade e a segurança jurídica. Desde a Constituição Imperial de 1824 até a Constituição Federal de 1988, a evolução dessas normas reflete a busca por um equilíbrio harmonioso entre a necessidade de arrecadação e a proteção dos direitos dos contribuintes. A inclusão das anterioridades no texto constitucional transcende uma mera formalidade, configurando-se como uma resposta fundamentada às lições históricas, preservando a confiança no Estado.

No julgamento do Recurso Extraordinário nº 564.225/RS e dos embargos de divergência subsequentes pelo Supremo Tribunal Federal, a posição conciliatória do Ministro Luís Roberto Barroso representou um ponto de inflexão na interpretação e aplicação das anterioridades. Ao defender com firmeza e propriedade que a revogação de benefícios fiscais ou qualquer tipo de majoração indireta da carga tributária deve respeitar o princípio da anterioridade, Barroso foi decisivo na construção de uma nova era jurisprudencial, marcada pela valorização da integridade e da confiança na jurisdição constitucional.

A postura adotada pelo Ministro Barroso revela seu pragmatismo e compromisso com a concretização dos direitos fundamentais. Sua perspectiva consequencialista fortemente amparada no neoconstitucionalismo permitiu moldar a realidade a partir dos princípios constitucionais da segurança jurídica e da não surpresa, assegurando que os contribuintes possam planejar suas finanças com antecedência e segurança.

A salvaguarda da confiança legítima do contribuinte e a previsibilidade nas relações fiscais são vitais para o funcionamento eficiente do Estado, que depende de um ambiente seguro e conhecido, em que os cidadãos possam exercer suas atividades com estabilidade.

Em suma, a evolução da jurisprudência do STF sob a liderança do Ministro Luís Roberto Barroso fortaleceu a aplicação das anterioridades, tanto anual quanto nonagesimal. Ao assegurar que qualquer incremento ou agravamento da carga tributária, mesmo de forma indireta, respeite os intervalos temporais estabelecidos pela Constituição, Barroso foi fundamental na edificação de um sistema tributário mais justo e previsível, a partir da jurisdição constitucional.

Em nossa perspectiva, com o devido respeito às opiniões divergentes, sequer deveria ser aventada interpretação em sentido contrário. Acreditamos que a preservação de um intervalo temporal mínimo entre a alteração das normas tributárias e sua aplicação prática é imprescindível nas relações entre o Estado e os particulares, como um imperativo de transparência e lealdade. O respeito à não surpresa deve ser a marca registrada de um Estado civilizado, em que as regras são claras e as mudanças são comunicadas com antecedência, permitindo que os indivíduos ajustem suas condutas e planejem suas atividades econômicas com segurança.

Referências

ADAMY, Pedro. Instrumentalização do direito tributário. *In*: ÁVILA, Humberto (Org.). *Fundamentos do direito tributário*. Madri: Marcial Pons, 2012.

ÁVILA, Humberto. *Teoria dos princípios*: da definição à aplicação dos princípios jurídicos. 17. ed. São Paulo: Malheiros, 2016.

BALEEIRO, Aliomar. *Limitações constitucionais ao poder de tributar*. Atualização de Misabel Abreu Machado Derzi. 8. ed. Rio de Janeiro: Forense, 2010.

BARROSO, Luís Roberto. Neoconstitucionalismo e constitucionalização do direito (O triunfo tardio do direito constitucional no Brasil). *Revista de Direito Constitucional e Internacional*, v. 58, p. 129-173, jan./mar 2007.

BARROSO, Luís Roberto. Neoconstitucionalismo e constitucionalização do direito (O triunfo tardio do direito constitucional no Brasil). *Doutrinas Essenciais de Direito Constitucional*, v. 7, p. 533-584, ago. 2015.

BARROSO, Luís Roberto. Trinta anos da Constituição: a República que ainda não foi. *In*: FUX, Luiz; BODART, Bruno; MELLO, Fernando Pessoa da Silveira (Coord.). *A Constituição da República segundo ministros, juízes auxiliares e assessores do STF*. Salvador: JusPodivm, 2018.

BRASIL. Supremo Tribunal Federal. ADI 2325. Rel. Min. André Mendonça, Tribunal Pleno, Brasília, DF, julgado em 21.11.2023. *DJe*, 11.12.2023.

BRASIL. Supremo Tribunal Federal. *Informativo 46*, Brasília, DF, 23/27 set. 1996.

BRASIL. Supremo Tribunal Federal. *Informativo 514*, Brasília, DF, 1º/8 ago. 2008.

BRASIL. Supremo Tribunal Federal. RE 1081041 AgR. Rel. Min. Dias Toffoli, Segunda Turma, Brasília, DF, julgado em 09.04.2018. *DJe*, 27.04.2018.

BRASIL. Supremo Tribunal Federal. RE 1390517 RG. Rel. Min. Presidente, Tribunal Pleno, Brasília, DF, julgado em 12.04.2023. *DJe*, 17.04.2023.

BRASIL. Supremo Tribunal Federal. RE 204062 ES, Rel. Min. Carlos Velloso, Segunda Turma, Brasília, DF, julgado em 27.09.96. *DJ*, 19.12.96.

BRASIL. Supremo Tribunal Federal. RE 564225 AgR. Rel. Min. Marco Aurélio, Primeira Turma, Brasília, DF, julgado em 02.09.2014. *DJe*, 18.11.2014.

BRASIL. Supremo Tribunal Federal. RE 564225 AgR-EDv. Rel. Min. Alexandre de Moraes, Tribunal Pleno, Brasília, DF, julgado em 18.06.2019. *DJe*, 20.09.2019.

BRASIL. Supremo Tribunal Federal. RE 564225 AgR-EDv-AgR. Rel. Min. Alexandre de Moraes, Tribunal Pleno, Brasília, DF, julgado em 20.11.2019. *DJe*, 04.12.2019.

BRASIL. Supremo Tribunal Federal. RE 564225 AgR-EDv-AgR-ED. Rel. Min. Alexandre de Moraes, Tribunal Pleno, Brasília, julgado em 13.10.2020. *DJe*, 16.12.2020.

BRASIL. Supremo Tribunal Federal. RE 564225. Rel. Min. Marco Aurélio, Primeira Turma, Brasília, DF, julgado em 04.12.2013. *DJe*, 17.12.2013.

CALIENDO, Paulo. Neoconstitucionalismo e direito tributário. *Revista da Ajuris*, Porto Alegre, v. 40, n. 129, p. 199-223, mar. 2013.

CARRAZZA, Roque Antonio. *Curso de direito constitucional tributário*. 29. ed. rev., ampl. e atual. até a Emenda Constitucional n. 72/2013. São Paulo: Malheiros, 2013.

CARVALHO, Paulo de Barros. *Curso de direito tributário*. 22. ed. São Paulo: Saraiva, 2010.

KELSEN, Hans. *Teoria pura do direito*. Tradução de João Baptista Machado. 6. ed. São Paulo: Martins Fontes, 1998.

PAULSEN, Leandro. *Curso de direito tributário completo*. 8. ed. São Paulo: Saraiva, 2017.

ROMANO NETO, Odilon. A proteção da confiança na Constituição da República de 1988. *In*: FUX, Luiz; BODART, Bruno; MELLO, Fernando Pessoa da Silveira (Coord.). *A Constituição da República segundo ministros, juízes auxiliares e assessores do STF*. Salvador: JusPodivm, 2018.

SARMENTO, Daniel. Liberalismo, democracia e a proteção judicial de grupos oprimidos: a filosofia constitucional de Luís Roberto Barroso e o art. 103, IX, da Constituição. *In*: OSORIO, Aline; MELLO, Patrícia Perrone Campos; BARROSO, Luna van Brussel (Coord.). *Direitos e democracia*: 10 anos do Ministro Luís Roberto Barroso no STF. Belo Horizonte: Fórum, 2023.

SCHOUERI, Luís Eduardo. *Direito tributário*. 4. ed. São Paulo: Saraiva, 2014.

TIPKE, Klaus. *Moral tributária do estado e dos contribuintes*. Tradução de Luiz Dória Furquim. Porto Alegre: Sergio Antonio Fabris Editor, 2012.

Informação bibliográfica deste texto, conforme a NBR 6023:2018 da Associação Brasileira de Normas Técnicas (ABNT):

ARAÚJO, Marcelo Reinecken de; PARRY, Renata Andréa Joner. A interpretação e aplicação das anterioridades: dois séculos de busca por previsibilidade. *In*: PAULA, Fernanda de; PENCAK, Nina (coord.). *Tributação, liberdade e igualdade*: as contribuições do Ministro Luís Roberto Barroso. Belo Horizonte: Fórum, 2025. p. 699-720. ISBN 978-65-5518-952-0.

A CONTRIBUIÇÃO DO MINISTRO BARROSO PARA A COMPREENSÃO DOS MECANISMOS FISCALIZATÓRIOS DA LC Nº 105/2001 COMO NECESSÁRIOS VETORES DE EFETIVIDADE AOS PRINCÍPIOS DA CAPACIDADE CONTRIBUTIVA E DA IGUALDADE TRIBUTÁRIA

MARCIANO SEABRA DE GODOI

Introdução

Como reconhecimento e homenagem à atuação do Ministro Luís Roberto Barroso no julgamento de processos sobre matéria tributária no Supremo Tribunal Federal (STF), realizarei no presente estudo uma análise de um posicionamento marcante do ministro num caso de superação de entendimento anterior da Corte.

Abordarei a contribuição do Ministro Barroso para alterar o entendimento anterior do Supremo Tribunal Federal (RE nº 389.808) no sentido da inconstitucionalidade da LC nº 105/2001, cujas normas dispuseram sobre o acesso da administração tributária a dados bancários dos contribuintes sem necessidade de prévia autorização judicial. A superação do entendimento anterior do STF sobre o tema ocorreu no julgamento, realizado em 2016, do Recurso Extraordinário nº 601.314 e das Ações Diretas de Inconstitucionalidade nºs 2.386, 2.390, 2.397 e 2.859.

Aproveito esta oportunidade para manifestar meu apoio à campanha impulsionada pelo Ministro Barroso pela adoção de uma linguagem simples e objetiva nos pronunciamentos do Poder Judiciário brasileiro.[1] Decisões vertidas e comunicadas em texto prolixo, rebuscado e arcaizante, repleto de jargões jurídicos desnecessários e pernósticos, mal escondem uma visão elitista e autocentrada das autoridades judiciárias. Rubem Braga, mestre da palavra simples e certeira, lembrou numa crônica que turvar

---

[1] PRESIDENTE do STF e do CNJ lança Pacto Nacional pela linguagem simples no Judiciário. *Supremo Tribunal Federal*, 5 dez. 2023. Disponível em: https://portal.stf.jus.br/noticias/verNoticiaDetalhe.asp?idConteudo=521404&ori=1. Acesso em: 3 jul. 2024.

as águas para que pareçam mais profundas é prática de maus poetas.[2] E de maus juízes, como alerta o Pacto Nacional do Judiciário pela Linguagem Simples.[3] Na jurisprudência do STF, que sirvam de inspiração a todos nós (integrantes ou não do Poder Judiciário) os votos precisos e penetrantes do Ministro Sepúlveda Pertence: poucas linhas, muita clareza, indo sempre ao ponto.

Em busca de efetividade aos princípios da capacidade contributiva e igualdade tributária: a contribuição do voto do Ministro Barroso no julgamento do RE nº 601.314 e das ADIs nºs 2.386, 2.390, 2.397 e 2.859

O ano de 2001 foi um ano importante para o direito tributário brasileiro. Duas leis complementares aprovadas nesse período introduziram no ordenamento medidas que, apesar de existentes de longa data na generalidade dos países europeus e anglo-saxões, entre nós causaram muita controvérsia e resistência.

A primeira medida, contida na Lei Complementar nº 104/2001, inseriu no Código Tributário Nacional (art. 116, parágrafo único) uma norma destinada a combater, segundo a Exposição de Motivos do Projeto de Lei Complementar enviado ao Congresso pelo Executivo (gestão de Fernando Henrique Cardoso), "procedimentos de planejamento tributário praticados com abuso de forma ou de direito". A norma foi aprovada pelo Congresso, mas a resistência oposta pelo meio empresarial impediu que houvesse sua regulamentação por lei ordinária, o que a deixou sem aplicação, numa espécie de limbo jurídico (que perdura até os dias atuais). No próprio ano de 2001, a norma foi contestada perante o STF pela Confederação Nacional do Comércio (ADI nº 2.446), que alegou que o art. 116, parágrafo único, do Código Tributário Nacional, desrespeitava as exigências da legalidade tributária e inviabilizava o planejamento tributário. O STF tardou nada menos do que 21 anos para julgar a ação. Como o Ministro Barroso não registrou voto escrito nesse julgamento, não comentaremos no presente artigo os argumentos, a decisão e as consequências do acórdão da ADI nº 2.446.[4]

Muito mais impactante do que a medida comentada no parágrafo anterior foi a Lei Complementar nº 105/2001, pois nesse caso a norma foi regulamentada e desencadeou efeitos concretos desde a sua instituição. Antes da LC nº 105, a administração tributária brasileira tinha acesso a informações bancárias dos contribuintes quando estes se dispusessem voluntariamente a oferecê-las. Se se recusassem a fazê-lo, a fiscalização devia requerer formalmente ao Poder Judiciário autorização para ter acesso às informações, o que só era permitido caso houvesse indícios de irregularidades ou fraudes praticadas pelos contribuintes.

A LC nº 105, seguindo o padrão internacional sobre a matéria, obriga as instituições financeiras a fornecerem ao fisco dois tipos de informações bancárias sobre seus clientes, independentemente de decisão judicial prévia autorizativa. O primeiro tipo de

---

[2] BRAGA, Rubem. *A traição das elegantes*. 3. ed. Rio de Janeiro: Record, 1989. p. 9.

[3] Informações disponíveis em: https://www.cnj.jus.br/gestao-da-justica/acessibilidade-e-inclusao/pacto-nacional-do-judiciario-pela-linguagem-simples/. Acesso em: 8 jul. 2024.

[4] Analisei esse acórdão do STF no seguinte estudo: GODOI, Marciano Seabra de. Exercício de compreensão crítica do Acórdão do Supremo Tribunal Federal na Ação Direta de Inconstitucionalidade n. 2.446 (2022) e de suas consequências práticas sobre o planejamento tributário no direito brasileiro. *Revista Direito Tributário Atual*, São Paulo, v. 52, p. 465-485, 2º quadrim. 2022.

dados, a serem enviados periodicamente ao fisco, consiste na identificação dos titulares das operações e os montantes globais mensalmente movimentados, sem identificação da origem ou natureza dos gastos efetuados pelo contribuinte. O segundo tipo consiste na entrega às autoridades fiscais de documentos, livros e registros referentes a contas de depósitos e aplicações financeiras – informações mais detalhadas, que, por isso, somente devem ser requeridas pelo fisco mediante processo administrativo instaurado e desde que as informações sejam consideradas indispensáveis pela autoridade administrativa. Em ambos os casos, a lei complementar impõe sigilo fiscal sobre as informações, punindo sua violação com sanções administrativas, civis e criminais.[5]

A Lei Complementar nº 105 foi questionada no controle abstrato no próprio ano de 2001, mediante o ajuizamento de quatro ações diretas de inconstitucionalidade (ADIs nºs 2.390, 2.386, 2.397 e 2.859), além dos questionamentos difusos nas instâncias ordinárias.

Em dezembro de 2010, no julgamento do RE nº 389.808 (Relator Ministro Marco Aurélio), por um placar apertado e sem que todos os ministros do STF houvessem tomado parte do julgamento, o plenário da Corte julgou inconstitucional a LC nº 105, por violação ao direito fundamental de privacidade e à reserva de jurisdição.[6] Ficaram vencidos quatro ministros: Dias Toffoli, Cármen Lúcia, Carlos Brito e Ellen Gracie. Na corrente vencedora, figuraram cinco ministros: Marco Aurelio, Ricardo Lewandowski, Gilmar Mendes, Celso de Mello e Cezar Peluso. O Ministro Joaquim Barbosa não participou do julgamento, finalizado em 15.12.2010. Nesta data, o STF contava apenas com 10 ministros (o Ministro Eros Grau havia se aposentado em junho de 2010).

Em 2016, no julgamento do RE nº 601.314 (Relator Ministro Edson Fachin) e das ADIs nºs 2.390, 2.386, 2.397 e 2.859 (Relator Ministro Dias Toffoli), uma maioria de 9 votos a 2 (vencidos os Ministros Marco Aurelio e Celso de Mello) decidiu pela constitucionalidade das normas da LC nº 105.

Nos julgamentos de 2016, o Ministro Barroso foi o primeiro a votar após o voto do relator. Seu voto analisou a validade da norma questionada sob diversos ângulos, lançando mão de vários argumentos jurídicos.[7] Dentre esses argumentos, destacarei aqui a relação estabelecida entre o "princípio da efetividade das normas constitucionais" (que a obra doutrinária de Luís Roberto Barroso situa no centro de suas preocupações)[8] e o conteúdo da LC nº 105.

É incontroverso que o princípio da capacidade contributiva se encontra no âmago do sistema tributário nacional traçado na Constituição, tanto de forma explícita (art. 145, §1º, da Constituição) quanto de forma implícita (pelo conteúdo econômico dos fatos geradores dos impostos e contribuições previstos na Constituição). Ocorre que, no Brasil, a doutrina costuma ter uma visão unidimensional da capacidade contributiva, compreendendo-a e funcionalizando-a somente como uma espécie de escudo do contribuinte contra exigências arbitrárias ou desmedidas por parte do legislador ou da

---

[5] Sobre o tema, *vide* FREITAS JÚNIOR, Efigênio de. *O acesso da fiscalização tributária aos dados bancários dos contribuintes sem prévia autorização judicial*. Dissertação (Mestrado) – Programa de Pós-Graduação em Direito, PUC Minas, Belo Horizonte, 2016. Disponível em: https://bib.pucminas.br/teses/Direito_FreitasJuniorE_1.pdf.

[6] BRASIL. Supremo Tribunal Federal. Recurso Extraordinário 389.808, Plenário. Rel. Min. Marco Aurélio, Brasília. *DJe*, 10 maio 2011.

[7] BRASIL. Supremo Tribunal Federal. Recurso Extraordinário 601.314, Plenário. Rel. Min. Edson Fachin, Brasília. *DJe*, 16 set. 2016, p. 44-76.

[8] Cf. BARROSO, Luís Roberto. *O direito constitucional e a efetividade de suas normas*. 2. ed. Rio de Janeiro: Renovar, 1993; BARROSO, Luís Roberto. *Interpretação e aplicação da Constituição*. 6. ed. São Paulo: Saraiva, 2006. p. 246-275.

fiscalização. O outro lado da capacidade contributiva, aquele que impele o legislador a captar de modo efetivo as manifestações de capacidade econômica, evitando que contribuintes em situação equivalente tenham tratamento tributário distinto, tende a ser esquecido ou ignorado.

O voto do Ministro Barroso foi corajoso ao afirmar que os mecanismos previstos na LC nº 105 se relacionam a um aspecto "menos famoso" do princípio da capacidade contributiva, não obstante muito importante e explicitamente presente na segunda parte do art. 145, §1º da Constituição:[9]

> 17. É preciso dizer que no Sistema Constitucional Tributário brasileiro essa ideia que acabo de expor encontra fundamento positivo direto nos arts. 145, §1º, que estabelece o princípio da capacidade contributiva, 150, inciso II, que trata da isonomia tributária, ambos da Constituição. Deles é possível extrair a noção atual de capacidade contributiva, que tem uma dimensão subjetiva importante, representada no comando dirigido ao legislador para que busque graduar o aspecto quantitativo do fato gerador, de modo que de todos contribuam na medida da sua capacidade econômica, e que autoriza, portanto, a utilização da progressividade como principal critério de distribuição da carga tributária dos tributos, em geral.
>
> 18. Porém, há também um aspecto menos famoso, mas não menos importante, da capacidade contributiva, que é a sua dimensão instrumental. Essa ligada diretamente à efetividade da dimensão subjetiva mencionada anteriormente e ao princípio da isonomia. Ela está contida no mandamento presente na parte final do §1º do art. 145, CF/88, que é direcionado à Administração Tributária. Nessa passagem, o texto constitucional é claro ao autorizar a criação de instrumentos que permitam ao Fisco, no momento da apuração dos tributos, identificar, respeitados os direitos individuais e nos termos da lei, o patrimônio, os rendimentos e as atividades econômicas de todos os contribuintes na medida das efetivas manifestações de riqueza.

Como se sabe, a obra doutrinária de Luís Roberto Barroso é toda ela voltada à busca de efetividade para as normas constitucionais, efetividade que, sob o olhar resignado (e supostamente neutro) da dogmática tradicional, tende a ser mais baixa (e não por coincidência) exatamente em relação às normas cujos efeitos concretos contrariariam em alguma medida os interesses dos grupos e camadas com maior poder social e econômico. Essa preocupação central de sua obra doutrinária está claramente presente no seu voto ora analisado:[10]

> 19. Em última análise, essa dimensão instrumental decorre também do princípio da efetividade das normas constitucionais aplicado à justiça fiscal (art. 150, II, da CF/88), na medida em que busca impedir que entre a ocorrência do fato gerador e o efetivo pagamento das obrigações tributárias, essa ideia-força, que dá sustentação ao sistema tributário, seja corroída por práticas como a sonegação, a evasão e a fraude fiscal. Mecanismos que confiram à Administração Tributária instrumentos eficazes de combate à fuga ilegítima da tributação potencializam a ideia de justiça fiscal e ajudam a impedir que o ônus do custeio do Estado fique desequilibrado, recaindo, essencialmente e de forma absolutamente iníqua, sobre aqueles contribuintes que cumprem de forma regular suas obrigações.

---

[9] BRASIL. Supremo Tribunal Federal. Recurso Extraordinário 601.314, Plenário. Rel. Min. Edson Fachin, Brasília. *DJe*, 16 set. 2016, p. 59-60.

[10] BRASIL. Supremo Tribunal Federal. Recurso Extraordinário 601.314, Plenário. Rel. Min. Edson Fachin, Brasília. *DJe*, 16 set. 2016, p. 60-61.

> 20. Estabelecidas tais premissas, fica fácil demonstrar que: (i) na feição atual do Estado, todos têm a obrigação de contribuir, na medida das suas capacidades, para a manutenção do Estado Fiscal; e (ii) para garantir a efetividade da primeira afirmação, é necessária a criação de regras que auxiliem a fiscalização e arrecadação de tributos, possibilitando que tais recolhimentos possam representar de maneira concreta o percentual da riqueza revelada pelos contribuintes. Um sistema tributário constitucional que consagre a capacidade contributiva e a utilize na gradação dos seus tributos, mas não conceda à autoridade fiscal os mecanismos necessários para fazer cumprir esse objetivo na prática e coibir os abusos, frustra a vontade da Constituição de promover uma repartição equitativa da carga tributária, o que é, repito, um direito de todos.

O que o Ministro Barroso propõe é que, numa aplicação da Constituição atenta à necessidade de conferir efetividade a suas normas, é preciso levar em conta toda a extensão do comando do art. 145, §1º e desdobrar as exigências do princípio da capacidade contributiva/igualdade em dois momentos.

Num primeiro momento, o princípio impele o legislador a criar tributos de acordo com a capacidade contributiva dos contribuintes, não permitindo que contribuintes em situação equivalente tenham tratamento tributário distinto (art. 150, II, da Constituição).

Num segundo momento, já estabelecido o quadro de exigências tributárias conforme o mandamento anterior, o princípio se aplica à fase de fiscalização do cumprimento das obrigações tributárias, exigindo a presença de mecanismos que deem às autoridades fiscalizadoras condições efetivas de fiscalizar todos os contribuintes, e não só aqueles cuja atividade, rendimento e patrimônio já sejam conhecidos do fisco (como os assalariados e os servidores públicos).

No mundo dos tributos e da fiscalidade, não há somente a relação fisco x contribuinte, mas a relação dos contribuintes entre si

Outro aspecto em que considero que o voto do Ministro Barroso prestou uma grande contribuição para o desenvolvimento da doutrina do direito tributário no Brasil foi sua advertência de que, numa visão constitucional de efetividade, não se deve encarar a administração e fiscalização tributária somente quanto à relação (mais imediata e explícita) entre um contribuinte e uma autoridade administrativa. É preciso reconhecer que, subjacente ao papel e à atuação concreta da fiscalização tributária, há uma relação dos contribuintes entre si:[11]

> Ao descrever o papel atual que assume a Administração Tributária, em passagem feliz, KLAUS TIPKE afirma que a função das autoridades fiscais não corresponde ao mero interesse do Tesouro, mas sim ao interesse que o contribuinte tem de que os demais também paguem os tributos devidos. E conclui que, em uma acepção mais correta, a Administração Tributária age como um agente fiduciário da comunidade solidária formada por todos os contribuintes.

---

[11] BRASIL. Supremo Tribunal Federal. Recurso Extraordinário 601.314, Plenário. Rel. Min. Edson Fachin, Brasília. *DJe*, 16 set. 2016, p. 58-59.

Nesse aspecto, e em vários outros de seu voto, o Ministro Barroso se alinhou à visão de Ricardo Lobo Torres, um dos primeiros autores brasileiros a compreender o dever de pagar tributos como um *dever fundamental*.[12] Fundamental no sentido de ser um dever umbilicalmente ligado à origem e à subsistência da comunidade jurídica contemporânea, fundada na solidariedade social e nos direitos fundamentais de seus membros:[13]

> É comum que as pessoas após alguns séculos esqueçam que as principais formulações sobre o contrato social o conceberam com um acordo entre pessoas e não entre essas e o Estado, o que é um desvio de percepção bastante comum. Se a criação do Estado é um projeto coletivo, deve-se reconhecer que a solidariedade se projeta com muita força no direito fiscal, que se traduz na disciplina da repartição igualitária dos custos dos direitos prestados e/ou garantidos pelo Estado. Nesse contexto, o pagamento de tributos constitui-se um dever fundamental estabelecido constitucionalmente. Dever esse juridicamente fundamentado quer na feição Fiscal assumida pelo Estado contemporâneo, quer no elenco de direitos fundamentais constitucionalmente previstos e que pressupõem o necessário financiamento.

Argumentei em estudo anterior que essa visão do tributo como um dever fundamental, presente no voto do Ministro Barroso e no voto dos Ministros Toffoli, Fachin e Rosa Weber no RE nº 601.314, tem um considerável impacto no *locus* constitucional do direito tributário, e também em seu sentido simbólico mais profundo:[14]

> Há, com a concepção do dever fundamental de pagar tributo, uma espécie de deslocamento do centro de gravidade do direito tributário. Antes, o centro de gravidade era o conflito abstrato entre o contribuinte e o Estado, que caberia ao direito tributário arbitrar em favor da *parte mais fraca* (o contribuinte), mesmo porque o tributo era visto como naturalmente vocacionado a inchar uma máquina pública ineficiente e devoradora de recursos e direitos da sociedade. Esse centro de gravidade, que apresenta evidentes traços libertários, se desloca quando se afirma o dever fundamental de pagar tributos. O conflito, que antes se restringia a um contribuinte abstrato frente ao Estado devorador de riqueza, agora também é identificado entre os próprios contribuintes, que assumem suas condições sociais concretas, desnudando-se com isso seus distintos, e muitas vezes opostos, interesses econômicos.
>
> [...] a noção de dever fundamental de pagar tributos, que prevaleceu em recentes julgamentos do STF, retira da arena aplicativa do direito tributário aquele contribuinte único, abstrato, indefinido, e no seu lugar coloca "os contribuintes concretos" (tão díspares socialmente quanto o é a sociedade brasileira), inclusive e principalmente os "contribuintes de fato" que sustentam, sem saber, a arrecadação tributária brasileira historicamente baseada em tributos indiretos. Ampliados de tal modo os conflitos a serem mediados pelo

---

[12] Cf. TORRES, Ricardo Lobo. Solidariedade e justiça fiscal. *In*: TORRES, Ricardo Lobo (Coord.). *Estudos de direito tributário*: homenagem à memória de Gilberto de Ulhôa Canto. Rio de Janeiro: Forense, 1998 e TORRES, Ricardo Lobo. *Tratado de direito constitucional financeiro e tributário* –Valores e princípios constitucionais tributários. Rio de Janeiro: Renovar, 2005. v. II.

[13] BRASIL. Supremo Tribunal Federal. Recurso Extraordinário 601.314, Plenário. Rel. Min. Edson Fachin, Brasília. *DJe*, 16 set. 2016, p. 57-58.

[14] GODOI, Marciano Seabra de. Quando o Supremo Tribunal Federal rechaçou a "ideologia oficial do direito tributário brasileiro". *In*: SCAFF, Fernando Facury *et al.* (Coord.). *Supremos acertos*. Belo Horizonte: Casa do Direito, 2022. p. 504-505.

direito tributário, o tributo assume, com a noção do dever fundamental, novos papéis, relacionados especialmente à transformação das condições sociais e à busca da igualdade material entre os indivíduos e classes sociais, exatamente os papéis que o libertarismo/neoliberalismo mais teme e reprova.

A advertência do Ministro Barroso quanto à necessidade de observar na esfera estadual, distrital e municipal as garantias dos contribuintes previstas no Decreto federal nº 3.724/2001

Nas Ações Diretas de Inconstitucionalidade nºs 2.386, 2.390 e 2.397, julgadas conjuntamente, o Ministro Barroso foi o primeiro a votar após o relator, Ministro Dias Toffoli. No voto do relator, foram examinados e rechaçados os argumentos utilizados pela corrente majoritária no julgamento do RE nº 389.808, em que o Ministro Toffoli compusera a corrente minoritária.[15]

Ao votar, o Ministro Barroso levantou uma questão não identificada no voto do relator. É que as normas da Lei Complementar nº 105 conferiram novos poderes de fiscalização não só às autoridades federais, mas também às autoridades tributárias das demais esferas federativas. Contudo, somente houvera regulamentação da Lei Complementar nº 105 no âmbito federal (Decreto nº 3.724/2001). Advertiu o Ministro Barroso que seria necessário, para que as autoridades estaduais e municipais exercessem as atividades fiscalizatórias previstas na LC nº 105, que fossem assegurados aos contribuintes as mesmas garantias previstas no decreto federal:[16]

> Ainda quanto às ADI's nº 2.390, 2.397 e 2.386, no que diz respeito especificamente à constitucionalidade do art. 6º da Lei Complementar nº 105/2001, considero que a obtenção das informações nele previstas depende de processo administrativo devidamente regulamentado por cada ente da federação, em que se assegure, tal como se dá quanto à União Federal, por força da Lei nº 9.784/99 e do Decreto Federal nº 3.724/2001, no mínimo as seguintes garantias:
> (i) pertinência temática entre a obtenção das informações bancárias e o tributo objeto de cobrança no procedimento administrativo instaurado;
> (ii) a notificação do contribuinte quanto à instauração do processo e a todos os demais atos; (iii) sujeição do pedido de acesso a um superior hierárquico do requerente;
> (iv) existência de sistemas eletrônicos de segurança que sejam certificados e com registro de acesso;
> (v) o estabelecimento de mecanismos efetivos de apuração e correção de eventuais desvios.

Após o voto do Ministro Barroso, o relator, Ministro Dias Toffoli, reajustou seu voto para nele incorporar as suas propostas. Na ementa do julgado, consta em seu item final:[17]

---

[15] BRASIL. Supremo Tribunal Federal. Recurso Extraordinário 389.808, Plenário. Rel. Min. Marco Aurélio, Brasília. *DJe*, 10 maio 2011.

[16] BRASIL. Supremo Tribunal Federal. Ação Direta de Inconstitucionalidade 2.390. Rel. Min. Dias Toffoli, Brasília. *DJe*, 21 out 2016, p. 29.

[17] BRASIL. Supremo Tribunal Federal. Ação Direta de Inconstitucionalidade 2.390. Rel. Min. Dias Toffoli, Brasília. *DJe*, 21 out 2016, p. 4, grifos no original.

> Ações diretas de inconstitucionalidade nº 2390, 2397, e 2386 conhecidas e julgadas *improcedentes. Ressalva em relação aos Estados e Municípios, que somente poderão obter as informações de que trata o art. 6º da Lei Complementar nº 105/2001 quando a matéria estiver devidamente regulamentada, de maneira análoga ao Decreto federal nº 3.724/2001, de modo a resguardar as garantias processuais do contribuinte, na forma preconizada pela Lei nº 9.784/99, e o sigilo dos seus dados bancários*. (Grifos nossos)

Essa advertência do Ministro Barroso, incorporada na decisão do caso, indica que a concepção geral do tributo como dever fundamental lastreado na solidariedade social não guarda animosidade ou desmazelo em relação às limitações constitucionais do poder de tributar e demais garantias do contribuinte. Como afirmamos em estudo anterior:[18]

> O dever fundamental de pagar tributos não rompe, em absoluto, com a tradicional concepção de um poder de tributar incrustado numa economia necessariamente de mercado e cercado de limitações constitucionais formais e materiais ou, nas palavras do próprio Casalta Nabais, "balizado por estritos limites jurídico-formais". De outra parte, o precedente sobre a constitucionalidade da LC 105 não marcou, absolutamente, uma suposta guinada fiscalista na jurisprudência do STF: com efeito, nos meses seguintes, o tribunal declarou, abraçando o tradicional garantismo das limitações constitucionais do poder de tributar, a inconstitucionalidade de normas impositivas com impacto de centenas de bilhões de reais sobre governos de cofres vazios e mergulhados em gravíssima crise fiscal [refiro-me especificamente aos julgados do STF, favoráveis aos contribuintes, acerca da substituição tributária progressiva do ICMS e da exclusão desse imposto da base de cálculo das contribuições do PIS e da Cofins.

Considerações finais

É bastante conhecida a observação de Luís Roberto Barroso de que "o constituinte é invariavelmente mais progressista que o legislador ordinário".[19] No âmbito do direito tributário brasileiro, essa afirmação tem total procedência. As normas da Constituição de 1988 projetam um sistema tributário muito mais vinculado à capacidade contributiva, igualdade e progressividade do que o sistema construído concretamente ao longo das últimas décadas, por ações e omissões, pelo legislador ordinário.[20]

---

18 GODOI, Marciano Seabra de. Quando o Supremo Tribunal Federal rechaçou a "ideologia oficial do direito tributário brasileiro". *In*: SCAFF, Fernando Facury *et al.* (Coord.). *Supremos acertos*. Belo Horizonte: Casa do Direito, 2022. p. 504.

19 BARROSO, Luís Roberto. *Interpretação e aplicação da Constituição*. 6. ed. São Paulo: Saraiva, 2006. p. 301. Essa afirmação foi objeto de análise do Ministro Sepúlveda Pertence no prefácio à obra antes referida. Segundo Sepúlveda Pertence, a proposta hermenêutica de Barroso logra atingir um equilíbrio. Se, de um lado, rejeita a "lógica predileta dos reacionários" (expressão de Sepúlveda Pertence) de interpretar os textos novos de modo que eles não inovem em nada (intepretação retrospectiva), por outro lado repele a prática da interpretação política voluntarista que ignora "princípios elementares e limites instransponíveis da dogmática do ordenamento positivo, à busca de uma falsa legitimação jurídica para suas posições" (PERTENCE, José Paulo Sepúlveda. Um prefácio afinal desnecessário. *In*: BARROSO, Luís Roberto. *Interpretação e aplicação da Constituição*. 6. ed. São Paulo: Saraiva, 2006. p. XVII).

20 Sobre o tema, *vide* GODOI, Marciano Seabra de. Nosso sistema tributário é ótimo. Ótimo para os interesses daqueles contribuintes que têm poder suficiente para definir as regras concretas de nosso sistema tributário. *In*: XAVIER, Bianca Ramos *et al.* (Org.). *Estado, igualdade e justiça* – Estudos em homenagem ao Professor Ricardo Lodi. Rio de Janeiro: Lumen Juris, 2022. p. 261-270 e CARDOSO, Alessandro Mendes. *Processo legislativo tributário federal e bloqueios à concretização do projeto constitucional*. Porto Alegre: Livraria do Advogado, 2023.

Num primeiro período, durante a década de 90 e nos primeiros anos da década seguinte, o Supremo Tribunal Federal teve uma atuação extremamente conservadora e, com base numa interpretação equivocada do art. 145, §1º da Constituição (*vide* especialmente o acórdão do RE nº 153.771),[21] invalidou as poucas e parcas iniciativas de progressividade tributária do legislador ordinário, como a instituição de alíquotas progressivas, com base no valor dos imóveis, do imposto sobre a propriedade predial e territorial urbana (IPTU) e do imposto sobre transmissão *inter vivos* por ato oneroso de bens imóveis e direitos sobre imóveis (ITBI), bem como a instituição de alíquotas progressivas do imposto sobre heranças e doações (ITCMD) com base no valor do quinhão.[22]

Num segundo período, a partir de 2009, o STF superou os entendimentos mencionados no parágrafo anterior[23] e passou a adotar uma visão geral muito mais lúcida sobre o sentido e a função do direito tributário na construção do Estado democrático de direito, rechaçando o que Marçal Justen Filho chamou de "ideologia oficial do direito tributário".[24]

O voto do Ministro Barroso no julgamento do RE nº 601.314 e das ADIs nºs 2.386, 2.390, 2.397 e 2.859 insere-se nesta segunda fase da jurisprudência do STF e, neste sentido, creio que o *Ministro* Barroso foi fiel ao *doutrinador* Barroso em sua proposta de uma dogmática jurídica renovada e comprometida com a efetividade das normas constitucionais, não só a efetividade das valiosas normas de proteção dos contribuintes contra investidas arbitrárias do fisco, como também a efetividade das igualmente valiosas normas constitucionais responsáveis por "ordenar um país capaz de gerar riquezas e distribuí-las adequadamente".[25]

Para finalizar, não poderia deixar de registrar minha visão e compromisso quanto ao papel da pesquisa acadêmica como uma necessária e independente instância de controle social da jurisprudência, especialmente da jurisprudência do Supremo Tribunal Federal. Se no presente estudo manifestei minha concordância com posicionamentos e argumentos do Ministro Barroso em sua atuação como julgador, em outros artigos ofereci argumentos para discordar de votos e raciocínios do ministro em julgamentos sobre direito tributário.[26] Tanto concordando como discordando, creio estar valorizando

---

21 BRASIL. Supremo Tribunal Federal. Recurso Extraordinário 153.771, Plenário. Rel. Min. Moreira Alves, Brasília. *DJ*, 27 nov. 1996.

22 Para uma crítica a esses julgados do STF, *vide* GODOI, Marciano Seabra de. *Crítica à jurisprudência atual do STF em matéria tributária*. São Paulo: Dialética, 2011.

23 Quanto à progressividade de alíquotas, a maioria dos votos no histórico julgamento que validou as alíquotas progressivas do ITCMD (RE 562.045, Plenário, Redatora do acórdão Ministra Cármen Lúcia. *DJ*, 27 nov. 2013) afirmou categoricamente que qualquer imposto poderia ter alíquotas progressivas em função da capacidade econômica dos contribuintes. Contudo, curiosamente, os ministros não cancelaram o enunciado da Súmula nº 656 ("É inconstitucional a lei que estabelece alíquotas progressivas para o imposto sobre transmissão inter vivos de bens imóveis com base no valor venal do imóvel"), que foi aprovada em 2003 com base exatamente no precedente do RE nº 153.771, precedente que foi explicitamente superado em 2013 (RE nº 562.045). Agradeço ao Professor Pedro Eliezer Maia pela sugestão de explicitar esse caráter vacilante da jurisprudência do STF no que diz respeito ao cancelamento de enunciados de súmula que, mesmo conflitando com precedentes posteriores, são mantidos incólumes.

24 JUSTEN FILHO, Marçal. Sistema constitucional tributário: uma aproximação ideológica. *Revista da Faculdade de Direito da UFPR*, Curitiba, v. 30, p. 215-233, 1998.

25 BARROSO, Luís Roberto. *Interpretação e aplicação da Constituição*. 6. ed. São Paulo: Saraiva, 2006. p. 301.

26 *Vide* GODOI, Marciano Seabra de; MACHADO, Marina. Comentários acerca da decisão do Supremo Tribunal Federal que considerou inconstitucional a incidência de imposto de renda sobre o recebimento de alimentos e pensões alimentícias oriundos do direito de família. *In*: SIQUEIRA, Natércia *et al.* (Org.). *Perspectivas e desafios à justiça fiscal*: no contexto da economia digital. Curitiba: CRV, 2024. p. 185-208 e GODOI, Marciano Seabra

e prestando homenagem ao papel institucional do Supremo Tribunal Federal e à valiosa contribuição pessoal de Luís Roberto Barroso para o desenvolvimento do direito constitucional brasileiro.

Referências

BARROSO, Luís Roberto. *Interpretação e aplicação da Constituição*. 6. ed. São Paulo: Saraiva, 2006.

BARROSO, Luís Roberto. *O direito constitucional e a efetividade de suas normas*. 2. ed. Rio de Janeiro: Renovar, 1993.

BRAGA, Rubem. *A traição das elegantes*. 3. ed. Rio de Janeiro: Record, 1989.

BRASIL. Supremo Tribunal Federal. Ação Direta de Inconstitucionalidade 2.390. Rel. Min. Dias Toffoli, Brasília. *DJe*, 21 out 2016

BRASIL. Supremo Tribunal Federal. Recurso Extraordinário 153.771, Plenário. Rel. Min. Moreira Alves, Brasília. *DJ*, 27 nov. 1996.

BRASIL. Supremo Tribunal Federal. Recurso Extraordinário 389.808, Plenário. Rel. Min. Marco Aurélio, Brasília. *DJe*, 10 maio 2011.

BRASIL. Supremo Tribunal Federal. Recurso Extraordinário 562.045, Plenário. Red. do acórdão Min. Cármen Lúcia. *DJ*, 27 nov. 2013.

BRASIL. Supremo Tribunal Federal. Recurso Extraordinário 601.314, Plenário. Rel. Min. Edson Fachin, Brasília. *DJe*, 16 set. 2016.

CARDOSO, Alessandro Mendes. *Processo legislativo tributário federal e bloqueios à concretização do projeto constitucional*. Porto Alegre: Livraria do Advogado, 2023.

FREITAS JÚNIOR, Efigênio de. *O acesso da fiscalização tributária aos dados bancários dos contribuintes sem prévia autorização judicial*. Dissertação (Mestrado) – Programa de Pós-Graduação em Direito, PUC Minas, Belo Horizonte, 2016. Disponível em: https://bib.pucminas.br/teses/Direito_FreitasJuniorE_1.pdf.

GODOI, Marciano Seabra de. *Crítica à jurisprudência atual do STF em matéria tributária*. São Paulo: Dialética, 2011.

GODOI, Marciano Seabra de. Decisões judiciais que limitam de forma genérica a multa de ofício a 100% do valor do tributo: desvio e deturpação da jurisprudência do STF. *In*: ROCHA, Valdir de Oliveira (Org.). *Grandes questões atuais do direito tributário*. São Paulo: Dialética, 2015. p. 288-318.

GODOI, Marciano Seabra de. Exercício de compreensão crítica do Acórdão do Supremo Tribunal Federal na Ação Direta de Inconstitucionalidade n. 2.446 (2022) e de suas consequências práticas sobre o planejamento tributário no direito brasileiro. *Revista Direito Tributário Atual*, São Paulo, v. 52, p. 465-485, 2º quadrim. 2022.

GODOI, Marciano Seabra de. Nosso sistema tributário é ótimo. Ótimo para os interesses daqueles contribuintes que têm poder suficiente para definir as regras concretas de nosso sistema tributário. *In*: XAVIER, Bianca Ramos *et al.* (Org.). *Estado, igualdade e justiça* – Estudos em homenagem ao Professor Ricardo Lodi. Rio de Janeiro: Lumen Juris, 2022. p. 261-270.

GODOI, Marciano Seabra de. Quando o Supremo Tribunal Federal rechaçou a "ideologia oficial do direito tributário brasileiro". *In*: SCAFF, Fernando Facury *et al.* (Coord.). *Supremos acertos*. Belo Horizonte: Casa do Direito, 2022. p. 497-505.

GODOI, Marciano Seabra de; MACHADO, Marina. Comentários acerca da decisão do Supremo Tribunal Federal que considerou inconstitucional a incidência de imposto de renda sobre o recebimento de alimentos e pensões alimentícias oriundos do direito de família. *In*: SIQUEIRA, Natércia *et al.* (Org.). *Perspectivas e desafios à justiça fiscal*: no contexto da economia digital. Curitiba: CRV, 2024. p. 185-208.

de. Decisões judiciais que limitam de forma genérica a multa de ofício a 100% do valor do tributo: desvio e deturpação da jurisprudência do STF. *In*: ROCHA, Valdir de Oliveira (Org.). *Grandes questões atuais do direito tributário*. São Paulo: Dialética, 2015. p. 288-318.

JUSTEN FILHO, Marçal. Sistema constitucional tributário: uma aproximação ideológica. *Revista da Faculdade de Direito da UFPR*, Curitiba, v. 30, p. 215-233, 1998.

PERTENCE, José Paulo Sepúlveda. Um prefácio afinal desnecessário. *In*: BARROSO, Luís Roberto. *Interpretação e aplicação da Constituição*. 6. ed. São Paulo: Saraiva, 2006. p. XI-XIX.

TORRES, Ricardo Lobo. Solidariedade e justiça fiscal. *In*: TORRES, Ricardo Lobo (Coord.). *Estudos de direito tributário*: homenagem à memória de Gilberto de Ulhôa Canto. Rio de Janeiro: Forense, 1998.

TORRES, Ricardo Lobo. *Tratado de direito constitucional financeiro e tributário* –Valores e princípios constitucionais tributários. Rio de Janeiro: Renovar, 2005. v. II.

Informação bibliográfica deste texto, conforme a NBR 6023:2018 da Associação Brasileira de Normas Técnicas (ABNT):

GODOI, Marciano Seabra de. A contribuição do Ministro Barroso para a compreensão dos mecanismos fiscalizatórios da LC nº 105/2001 como necessários vetores de efetividade aos princípios da capacidade contributiva e da igualdade tributária. *In*: PAULA, Fernanda de; PENCAK, Nina (coord.). *Tributação, liberdade e igualdade*: as contribuições do Ministro Luís Roberto Barroso. Belo Horizonte: Fórum, 2025. p. 721-731. ISBN 978-65-5518-952-0.

O ESTATUTO DO CONTRIBUINTE, AS SANÇÕES POLÍTICAS E A ADI Nº 5.135

MARCO ANTONIO FERREIRA MACEDO

I Introdução

O presente estudo pretende dar conta de três hipóteses, a saber: *a primeira*, se existe, *prima facie*, um *estatuto do contribuinte* a partir da Constituição da República de 1988, e qual o seu alcance; *a segunda*, se as Súmulas nºs 70, 325 e 547, do Supremo Tribunal Federal (STF), podem ser consideradas integrantes do referido estatuto, e em qual categoria assim se posicionam, tendo em vista que são fruto da uniformização da jurisprudência da Suprema Corte brasileira, em face das denominadas sanções políticas, no contexto da atividade de tributação, ou mais precisamente no contexto da administração e arrecadação tributárias das pessoas jurídicas de direito público interno, dotadas de competência impositiva por atribuição constitucional; *a terceira*, se o julgado da ADI nº 5.135, a partir da relatoria do Ministro Luís Roberto Barroso, pode ser entendido como um revigoramento da jurisprudência do Tribunal acerca das sanções políticas, na via da argumentação jurídica, e, consequentemente, se coloca em outro patamar o ônus que ali se insere – e se exige – para justificar demandas e vindouras decisões do STF sobre aquela temática.

II O estatuto do contribuinte: definição e alcance

Parece intuitivo que a definição de um estatuto do contribuinte[1] somente pode ter caráter provisório. Deveras, ainda que a Seção II do Capítulo I do Título VI da Carta

[1] Ricardo Lobo Torres, sem negar à Louis Trotabas a fixação da ideia de um *estatuto do contribuinte*, ancora sua justificação na "idéia de cidadania fiscal": "[...] Coube a Trotabas fixar a idéia de um *statut de contribuale*, a abranger as relações jurídicas existentes entre o contribuinte e o fisco, sejam as de tipo geral e impessoal, sejam as individualizadas pelos atos administrativos. [...]. Com o resgate da cidadania pelo direito e pela ética o tema do estatuto do contribuinte volta a ser aflorado com muita intensidade, desta vez ligado essencialmente à visão da cidadania fiscal. [...]". Cf. TORRES, Ricardo Lobo. *Tratado de direito constitucional financeiro e tributário.* Os direitos humanos e a tributação: imunidades e isonomia. 3. ed. rev. e atual. até 31 de dezembro de 2003, data da publicação da Emenda Constitucional nº 42, de 19.12.2003. Rio de Janeiro: Renovar, 2005. p. 23-24.

da República, em seu título "Limitações do poder de tributar", possa fornecer "pistas" quanto à eventual localização do sobredito estatuto no texto constitucional, essas não passam de meras pegadas no caminho da definição provisória daquele objeto, visando à sua conformação.[2]

Ainda que sejam pegadas com viabilidade de investigação heurística ou interpretadas no contexto constitucional, sistematicamente, mediante a bússola dos vetores interpretativos dos arts. 1º a 5º da Constituição Federal, as tais pistas não se desincumbem da complexidade de significado e do próprio alcance daquele estatuto.

Nessa toada argumentativa, basta não se olvidar tanto da cláusula geral de abertura da jusfundamentalidade prevista no art. 5º, §2º, da Carta da República, quanto da específica encontrada no *caput* do art. 150 do texto constitucional, que permitem ao encarregado de interpretar e aplicar a Carta Magna, de molde a construir posições jurídicas do contribuinte *não* explicitadas no texto constitucional.

Parece correto afirmar que na jurisprudência do STF quem invocou, manifestamente, a existência de um *estatuto do contribuinte*, de índole *constitucional*, foi o Ministro Celso de Mello. De fato, ao menos, desde a decisão proferida na Pet. nº 1.466/PB,[3] cujo processo apresentava quadro fático que configurava verossímil ofensa ao princípio constitucional da anterioridade tributária (art. 150, inc. III, alínea "b"), encontram-se julgados do Tribunal alusivos ao "estatuto", seja em votos de processos sob sua relatoria, seja em decisões monocráticas, seja por seus votos em casos relatados por outros ministros da Corte.[4] O pórtico da decisão na Pet. nº 1.466/PB proclama solenemente o seguinte:

> ESTATUTO CONSTITUCIONAL DO CONTRIBUINTE: *O princípio da anterioridade* da lei tributária – *imune*, até mesmo, ao próprio poder de reforma do Congresso Nacional (*RTJ* 151/755-756) – *representa* uma das garantias fundamentais mais relevantes outorgadas ao universo dos contribuintes pela Carta da República, *além* de traduzir, na concreção do seu alcance, uma expressiva *limitação* ao poder impositivo do Estado. (Grifos no original)

---

[2] Nesse sentido, cf. ÁVILA, Humberto. Estatuto do contribuinte: conteúdo e alcance. *Revista Eletrônica de Direito Administrativo Econômico (REDAE)*, Salvador, n. 12, nov. 2007/jan. 2008. p. 24. Disponível em: http://www.direitodoestado.com.br/redae.asp. Acesso em: 1º jul. 2024: "Importa enfatizar que o 'Estatuto do Contribuinte' *não é algo pronto que já está na Constituição*, ou mesmo algo que possa ser predeterminado em alguma fonte normativa infraconstitucional. Ao contrário, a Constituição – e qualquer fonte normativa – representa apenas uma possibilidade de Direito. [...]" (grifos nossos).

[3] Cf. Pet. 1.466/PB – Informativo 125. Decisão de 25.08.98, publicação no DJU em 02.09.98. A decisão do Ministro Celso de Mello – na condição de Presidente do STF – indeferiu a suspensão da execução de medida cautelar, deferida em processo de ação direta de inconstitucionalidade, que foi instaurado perante o Tribunal de Justiça do Estado da Paraíba, com arrimo no art. 125, §2º da Carta da República, tendo em vista a publicação, ou não, no exercício financeiro encerrado em 1997, da lei de que resultou a majoração do IPTU no Município de João Pessoa/PB.

[4] Cf. ADI 2551 MC-QO/MG. Rel. Min. Celso de Mello. Julgamento: 02.04.2003. Tribunal Pleno. *DJ*, 20.04.2006; JHC 82.788/RJ. Rel. Min. Celso de Mello. Julgamento: 12.04.2005. Segunda Turma. *DJ*, 02.06.2006; RE 402905 MC-AgR/MG. Rel. Min. Celso de Mello. Julgamento: 18.02.2014. Segunda Turma. *DJe*, 19.03.2014; ARE 915424 AgR/SP. Rel. Min. Celso de Mello. Julgamento: 20.10.2015. Segunda Turma. *DJe*, 30.11.2015; RE 1145279 AgR/SC. Rel. Min. Celso de Mello. Julgamento: 01.03.2019. Segunda Turma. *DJe*, 28.03.2019; RE 402769/RS. Rel. Min. Celso de Mello Julgamento: 10.03.2005. Decisão monocrática. *DJ*, 06.04.2005. RE 415015/RS. Rel. Min. Celso de Mello. Julgamento: 31.03.2005. Decisão monocrática. *DJ*, 15.04.2005. RE 374981/RS. Rel. Min. Celso de Mello. Julgamento: 28.03.2005. Decisão monocrática. *DJ*, 08.04.2005; RE 413782/SC. Rel. Min. Marco Aurélio. Julgamento: 17.03.2005. Tribunal Pleno. *DJ*, 03.06.2005; HC 87654/PR. Rel. Min. Ellen Gracie. Julgamento: 07.03.2006. Segunda Turma. *DJ*, 20.04.2006; RE 565048/RS. Rel. Min. Marco Aurélio. Julgamento: 29.05.2014. Tribunal Pleno. *DJe*, 09.10.2014. (RG: Tema 31); RE 574706/PR. Rel. Min. Cármen Lúcia. Julgamento: 15.03.2017. Tribunal Pleno. *DJe*, 02.10.2017. (RG: Tema 69).

Diante da compatibilidade com a argumentação central desenvolvida neste tópico, cabe a citação de trecho elucidativo da decisão lançada pelo Ministro Celso de Mello na Pet. nº 1.466/PB:

> [...] *Cabe destacar*, neste ponto, na linha do entendimento consagrado pelo acórdão ora impugnado, que a garantia constitucional da anterioridade tributária, mais do que simples limitação ao poder de tributar do Estado, qualifica-se como um dos mais expressivos postulados que dão substância ao *estatuto jurídico dos contribuintes, delineado, em seus aspectos essenciais, no texto da própria Constituição da República*. [...]. (Grifos no original e nossos)

Bem se vê que – até mesmo – o Ministro Celso de Mello, entusiasta, ao longo de sua judicatura no STF, da concepção de um estatuto jurídico do contribuinte, aludiu ao seu *delineamento* em "seus aspectos essenciais, no texto da própria Constituição da República"; portanto, *nada* indicando uma conformação *definitiva* do estatuto do contribuinte no texto constitucional.

Frise-se que, por ocasião do anterior julgamento do RE nº 116.119-1/SP,[5] o referido ministro do STF já defendera, de alguma forma, o não exaurimento do estatuto do contribuinte no texto constitucional, ressaltando o seu caráter explícito, mas sem deixar de reconhecer a *instituição implícita*[6] de "decisivas limitações à competência estatal para impor e exigir, coativamente, as diversas espécies tributárias existentes", conforme excerto a seguir de seu voto vencedor no sobredito recurso extremo:

> [...] É preciso ter em mente, neste ponto, até mesmo para efeito da adequada proteção jurisdicional a ser ministrada pelos Tribunais, a *relevantíssima* circunstância de que o exercício do poder tributário pelo Estado submete-se, *por inteiro*, aos modelos jurídicos positivados no texto constitucional, que institui, *de modo explícito ou implícito, mas sempre em favor dos contribuintes, decisivas limitações* à competência estatal para impor e exigir, coativamente, as diversas espécies tributárias existentes.[...]. (Grifos no original e nossos)

Nesse diapasão argumentativo, parece lícito afirmar que o estatuto jurídico-constitucional do contribuinte existe, sem que se possa limitá-lo ao texto constitucional expresso, seja no lócus do art. 5º, seja no seu *contraponto* – como dizia Ricardo Lobo Torres [7] na seção "Das limitações do poder de tributar", notadamente em seu art. 150 e suas disposições.

A confirmação da primeira hipótese deste trabalho no presente tópico serve como baldrame à investigação e desenvolvimento no tópico seguinte da segunda cogitação,

---

5 Cf. RE 116119/SP. Rel. Min. Ilmar Galvão. Redator do acórdão: Min. Celso de Mello. Julgamento: 10.11.1992. Primeira Turma. Publicação: *DJ*, 24.03.1995.

6 No mesmo sentido, cf. DÓRIA, Antonio Roberto Sampaio. *Direito constitucional tributário e due processo law*. Ensaio sobre o controle judicial da razoabilidade das leis. Rio de Janeiro: Forense, 1986. p. 4; 187; "[...] Mas desde que o restrinjam preceitos constitucionais, expressos ou *implícitos* [...], o poder tributário não pode ser exercido destrutivamente. [...]" (grifos no original).

7 Cf. TORRES, Ricardo Lobo. *Tratado de direito constitucional financeiro e tributário*. Os direitos humanos e a tributação: imunidades e isonomia. 3. ed. rev. e atual. até 31 de dezembro de 2003, data da publicação da Emenda Constitucional nº 42, de 19.12.2003. Rio de Janeiro: Renovar, 2005. p. 27.

vale dizer, se as Súmulas nºs 70,[8] 323[9] e 547[10] do STF podem ser consideradas integrantes do referido estatuto, e em qual categoria assim se posicionam.

III As sanções políticas e as Súmulas nºs 70, 323 e 547 do STF

As sanções políticas configuram antítese ao tributo. Deveras, enquanto este se consubstancia em restrição consentida (instituição legal) proporcional e razoável de direitos fundamentais, aquelas, ainda que fundadas em lei, são restrições destinadas a compelir o contribuinte inadimplente a pagar o tributo e que culminam, quase sempre, em decorrência do caráter gravoso e indireto da coerção utilizada pelo Estado, por inviabilizar o exercício, pelo contribuinte devedor, de atividade econômica lícita.

De conseguinte, as sanções políticas não se justificam nem mesmo sob a (discutível) concepção de interesse público secundário (estatal), vale dizer, aquele que se caracterizaria como ligado à arrecadação tributária ou ao erário, em contraposição ao interesse público primário, referido à sociedade. Assim, as sanções políticas não se coadunam com o exercício da competência tributária horizontal ou simplesmente administrativa, que versa a administração e arrecadação tributárias, aliás, a configurarem interesses disciplinados, e tutelados, em diversas disposições do texto constitucional, sujeitos, inclusive, ao art. 37, *caput*, da Carta da República, em que desponta o *princípio da moralidade administrativa* como a impor *o dever de lealdade informadora da ação estatal*.

O tema das sanções políticas entronca com o do estatuto do contribuinte, pois este representa um poderoso *antídoto* contra os *efeitos liberticidas* daquelas, na medida em que se dirigem ao "corpo" de direitos e liberdades fundamentais. Sob o *simulacro de razões de estado*, ainda que fundadas em lei, as sanções políticas tisnam a destinação pública do tributo[11] na via de sua administração e arrecadação.

Deveras indiretas, oblíquas, gravosas, as sanções políticas se constituem em invectivas reprocháveis e subalternas em face do contribuinte por meio de sanha para o acertamento da obrigação tributária, a qual é incompatível com o feixe de relações que deve ser constituído no seio da tributação com arrimo no Título VI da Carta da República, enquanto atividade típica do Estado Fiscal.

Em trajetória de correção, verifica-se que a jurisprudência do STF investe contra as sanções políticas e cumpre duplo papel no contexto do Estado democrático de direito: protege os direitos e as liberdades fundamentais dos contribuintes e controla a atividade de tributação na perspectiva da proibição de excesso, inclusive quando as sanções políticas são fundadas em lei, já que no paradigma da *rule of law* não há atividade estatal que escape ao controle judicial, variando apenas a intensidade de acordo com tipo de ação do Estado.

Então, na perspectiva deste trabalho, *a jurisprudência do STF em face das sanções políticas integra o estatuto do contribuinte*, porquanto já restou demonstrado nesta sede

[8] "Súmula 70: É inadmissível a interdição de estabelecimento como meio coercitivo para cobrança de tributo".

[9] "Súmula 323: É inadmissível a apreensão de mercadorias como meio coercitivo para pagamento de tributos".

[10] "Súmula 547: Não é lícito à autoridade proibir que o contribuinte em débito adquira estampilhas, despache mercadorias nas alfândegas e exerça suas atividades profissionais".

[11] DÓRIA, Antonio Roberto Sampaio. *Direito constitucional tributário e due processo law*. Ensaio sobre o controle judicial da razoabilidade das leis. Rio de Janeiro: Forense, 1986. p. 5.

que o referido estatuto não está encapsulado, seja na sua definição seja em seu alcance, nas limitações do poder de tributar expressas no texto constitucional.

A jurisprudência da Suprema Corte que profliga as sanções políticas integra o estatuto do contribuinte tanto pela autorização das cláusulas de abertura da jusfundamentalidade do texto constitucional – já referidas alhures – quanto pelo seu conteúdo de genuínas *normas de decisão*, notadamente consubstanciadas nas Súmulas nºs 70, 323 e 547, *e não apenas decisão sobre normas*, em que as súmulas do Tribunal anteriores à Emenda Constitucional nº 45/2004 são assim consideradas pela *impossibilidade de atribuição formal de efeito vinculante ao seu conteúdo*, antes do advento daquela inovação do regime constitucional de 1988, tendo como consectário a *inviabilidade de utilização do instituto da reclamação*.[12]

Este último posicionamento é o firmado pelo STF, inclusive, em decisão na *Reclamação* (Rcl) nº 10.707/DF,[13] proferida pelo Tribunal Pleno, mercê de julgamento de agravo regimental. Ali, o Tribunal reiterou entendimento, quanto à natureza jurídica de suas súmulas, estabelecido por sua Primeira Turma, quando do julgamento no AI nº 179.560 AgR/RJ.[14]

---

[12] Cf., nesse sentido, BARROSO, Luís Roberto; MELLO, Patrícia Perrone de Campos. Trabalhando como uma nova lógica: a ascensão dos precedentes no direito brasileiro. *Revista de Direito da Procuradoria Geral*, Rio de Janeiro, v. 72, 2018.

[13] Rcl 10707 AgR/DF. Rel. Min. Celso de Mello. Julgamento: 28.05.2014. Tribunal Pleno. *DJe*, 30.10.2014. "EMENTA: JUIZ – INVESTIDURA EM TRIBUNAL REGIONAL DO TRABALHO (CF, ART. 115) – ATO SUBJETIVAMENTE COMPLEXO – CICLO DE FORMAÇÃO – POSSIBILIDADE DE CONTROLE JURISDICIONAL EM CADA MOMENTO DE SEU 'ITER' FORMATIVO – DOUTRINA – PRECEDENTES. A QUESTÃO DA COMPETÊNCIA JURISDICIONAL – ALEGAÇÃO DE USURPAÇÃO, PELO SUPERIOR TRIBUNAL DE JUSTIÇA, DA COMPETÊNCIA ORIGINÁRIA DO SUPREMO TRIBUNAL FEDERAL – INOCORRÊNCIA, SEJA EM FACE DO CONTEXTO EXPOSTO, SEJA EM FACE DO EXERCÍCIO DE COMPETÊNCIA MERAMENTE DELEGADA – DOUTRINA – PRECEDENTES. A SÚMULA DA JURISPRUDÊNCIA PREDOMINANTE DO SUPREMO TRIBUNAL FEDERAL – INEXISTÊNCIA DE 'DISTINÇÃO ONTOLÓGICA' ENTRE A SÚMULA VINCULANTE E A SÚMULA COMUM (LUIZ GUILHERME MARINONI, 'Precedentes Obrigatórios', 2010, RT), *EMBORA ADMISSÍVEL, UNICAMENTE, O INSTRUMENTO CONSTITUCIONAL DA RECLAMAÇÃO QUANDO SE TRATAR DE INOBSERVÂNCIA DO MODELO JURÍDICO DOS ENUNCIADOS SUMULARES VINCULANTES* – AS MÚLTIPLAS FUNÇÕES DO ENUNCIADO SUMULAR – O PERFIL ORDINÁRIO DA SÚMULA DO SUPREMO TRIBUNAL FEDERAL COMO MÉTODO DE TRABALHO, COMO INSTRUMENTO DE TUTELA DA SEGURANÇA JURÍDICA E DA CONFIANÇA, COMO FATOR DE PROTEÇÃO DA IGUALDADE PERANTE A JURISDIÇÃO DO ESTADO E COMO ELEMENTO DE COERÊNCIA DO ORDENAMENTO JURÍDICO – EXCEPCIONALIDADE DA SÚMULA DO SUPREMO TRIBUNAL FEDERAL COMO 'PAUTA VINCULANTE DE JULGAMENTO' (CF, art. 103-A, 'CAPUT') – *ÚNICA MODALIDADE SUMULAR CUJO DESRESPEITO LEGITIMA O ACESSO À VIA RECLAMATÓRIA* (CF, art. 103-A, §3º) – INVOCAÇÃO, NO CASO, *COMO PARADIGMA DE CONFRONTO, DE SÚMULA COMUM DO STF, DESVESTIDA DE EFICÁCIA VINCULANTE* (SÚMULA 627) – INVIABILIDADE DE TAL ALEGAÇÃO EM SEDE RECLAMATÓRIA – DESTINAÇÃO CONSTITUCIONAL DA RECLAMAÇÃO. INTERPOSIÇÃO DE RECURSO DE AGRAVO – AUSÊNCIA DE IMPUGNAÇÃO DE TODOS OS FUNDAMENTOS EM QUE SE ASSENTOU A DECISÃO RECORRIDA – RECURSO DE AGRAVO IMPROVIDO" (grifos nossos).

[14] AI 179.560 AgR/RJ. Rel. Min. Celso de Mello. Julgamento: 23.04.1996. Primeira Turma. *DJ*, 27.05.2005. "EMENTA: AGRAVO DE INSTRUMENTO – TRASLADO INCOMPLETO – AUSÊNCIA DE CERTIDÃO COMPROBATÓRIA DA TEMPESTIVIDADE DO RECURSO EXTRAORDINÁRIO – FUNÇÃO JURÍDICO-PROCESSUAL DO AGRAVO DE INSTRUMENTO DEDUZIDO CONTRA DECISÃO QUE NEGA TRÂNSITO AO RECURSO EXTRAORDINÁRIO – SÚMULA 288/STF – APLICABILIDADE – A SÚMULA COMO RESULTADO PARADIGMÁTICO PARA FUTURAS DECISÕES – AGRAVO IMPROVIDO. TRASLADO INCOMPLETO – PROVA DA TEMPESTIVIDADE DO RECURSO EXTRAORDINÁRIO – SÚMULA 288. – A jurisprudência do Supremo Tribunal Federal firmou-se no sentido de considerar incompleto o traslado a que falte, dentre outras peças essenciais à compreensão global da controvérsia, a necessária certidão comprobatória da tempestividade do recurso extraordinário. Aplicabilidade da Súmula 288/STF. Precedentes de ambas as Turmas do STF. PRINCÍPIO DA LEGALIDADE E SÚMULA 288/STF. – Não ofende o princípio da legalidade a decisão que, ao interpretar o ordenamento positivo em ato adequadamente motivado, limita-se, sem qualquer

Sob o ângulo de visão deste estudo, tal posicionamento do STF não se aplicaria às suas Súmulas nºs 70, 323 e 547, porque não leva em consideração o "estatuto constitucional do contribuinte", que o próprio Tribunal mobilizou na argumentação jurídica de sua jurisprudência contrária às sanções políticas (ainda quando fundadas em lei), integrando aquelas súmulas o conteúdo do sobredito estatuto, por força do seu caráter não exaustivo no texto constitucional;[15] mas, sobretudo, pelas razões entrincheiradas nas decisões da Corte que erigiram os enunciados sumulares. Este argumento parece ser decisivo para não aplicar a visão segundo a qual, "[a] Súmula de jurisprudência, portanto, encerra mero conteúdo descritivo".

As *razões entrincheiradas* nos casos que foram coligidos para aqueles enunciados sumulares, vale dizer, de um lado, o devido processo legal, a livre-iniciativa, a propriedade privada e o livre exercício profissional (e acrescenta este trabalho: a moralidade administrativa e a consequente lealdade informadora da ação estatal, isto é, a tributação), e, de outro lado, a "mera inadimplência" do contribuinte, não deixam dúvidas de que aquele posicionamento do Tribunal não se aplica às Súmulas nºs 70, 323 e 547, todas de sua jurisprudência predominante anterior à autorização da edição de súmulas vinculantes pela Emenda Constitucional nº 45/2004, conforme reza o art. 103-A, *caput*, do texto constitucional. Essa eficácia de *trincheira* das razões que compõem a linha de precedentes consolidados naquelas súmulas não pode ser associada à outra categoria jurídica que não sejam às *regras*, portanto, *normas*.

Demais disso, este trabalho considera – para os seus fins – como exemplo de um formalismo hermenêutico rigoroso a posição do STF tanto antes da Emenda Constitucional nº 45/2004 quanto depois do seu advento, no que diz respeito seja às súmulas de sua jurisprudência predominante em geral, seja, no particular, às Súmulas nºs 70, 323, 547, um dos objetos deste estudo.

Explica-se: o STF por ocasião do julgamento AI nº 179.560 AgR/RJ adotou um posicionamento, cujo âmago argumentativo é a identificação da norma integrante do sistema jurídico com o dispositivo integrante do ordenamento jurídico, vale dizer, a positividade faz norma ou uma única espécie de norma, isto é, aquela posta pela estatalidade primária (a concepção de regras jurídicas adotadas pelo Estado) contida na competência do legislador; dessa maneira, o STF desvestia-se das vestes da estatalidade

---

desvio hermenêutico, e dentro dos critérios consagrados pela Súmula 288/STF, a considerar como 'essencial à compreensão da controvérsia' a peça referente à comprovação da tempestividade do recurso extraordinário. A SÚMULA DA JURISPRUDÊNCIA PREDOMINANTE DO SUPREMO TRIBUNAL. – A Súmula – enquanto instrumento de formal enunciação da jurisprudência consolidada e predominante de uma Corte judiciária – constitui mera proposição jurídica, destituída de caráter prescritivo, que não vincula, por ausência de eficácia subordinante, a atuação jurisdicional dos magistrados e Tribunais inferiores. A Súmula, em conseqüência, não se identifica com atos estatais revestidos de densidade normativa, não se revelando apta, por isso mesmo, a gerar o denominado 'binding effect', ao contrário do que se registra, no sistema da 'Common Law', por efeito do princípio do 'stare decisis et non quieta movere', que confere força vinculante ao precedente judicial. – A Súmula, embora refletindo a consagração jurisprudencial de uma dada interpretação normativa, *não constitui, ela própria, norma de decisão, mas, isso sim, decisão sobre normas*, na medida em que exprime – no conteúdo de sua formulação – o resultado de pronunciamentos jurisdicionais reiterados sobre o sentido, o significado e a aplicabilidade das regras jurídicas editadas pelo Estado. – A formulação sumular, que não se qualifica como '*pauta vinculante de julgamento*', há de ser entendida, consideradas as múltiplas funções que lhe são inerentes – função de estabilidade do sistema, função de segurança jurídica, função de orientação jurisprudencial, função de simplificação da atividade processual e função de previsibilidade decisória, v.g. (RDA 78/453-459 – RDA 145/1-20) –, como resultado paradigmático a ser autonomamente observado, sem caráter impositivo, pelos magistrados e demais Tribunais judiciários, nas decisões que venham a proferir" (grifos nossos).

[15] Cf. nota 2 *supra*.

judicial criadora do direito, provavelmente pela interpretação e aplicação do princípio da separação dos poderes realizada pelo Tribunal ao longo de sua história e pelo dogma do legislador negativo, que sempre abraçou, em caráter *ablativo* de "normas", e não *criador* de "normas".

De outro turno, e ainda na oportunidade do julgamento do AI nº 179.560 AgR/RJ, o STF fez questão de assentar que a ausência do efeito vinculante (*binding effect*) de suas súmulas provinha de nosso sistema jurídico romano germânico que se extremava do *common law*, este sim dotado de força vinculante (por força da regra *stare decisis et non quieta movere*) de seus precedentes. Consequentemente, o Tribunal novamente denegou qualquer *eficácia normativa* de suas súmulas em geral, e, em particular, das Súmulas nºs 70, 323 e 547, por ausência de positivação de uma regra de atribuição de efeito vinculante aos seus enunciados sumulados, de molde a identificar uma *insuficiente estrutura de normatividade* nos mesmos.

Já na sede do julgamento da Rcl nº 10.707/DF, o STF afirmou que não existia "diferença ontológica" entre a "súmula comum" e a súmula vinculante adotada pela Emenda Constitucional nº 45/2004,[16] no entanto, fez repousar na segunda modalidade uma *suficiente estrutura de normatividade*, ou, em concepção doutrinária, uma *eficácia normativa em sentido forte*.[17] Confira-se:

> [...] A Súmula de jurisprudência, portanto, quando desprovida de eficácia vinculante, encerra mero conteúdo descritivo. Ao ostentar essa condição, torna-se lícito asseverar que lhe falece a nota da multidimensionalidade funcional que tipifica, sob os atributos da imposição, da permissão, da autorização e da derrogação, as funções específicas da norma jurídica. [...].
>
> A Súmula, contudo (excetuada aquela de perfil vinculante), ao contrário das notas que tipificam o ato normativo, não se reveste de compulsoriedade na sua observância externa nem de cogência na sua aplicação por terceiros. A Súmula comum, na realidade, configura mero instrumento formal de exteriorização interpretativa de uma dada orientação jurisprudencial. [...].
>
> A Súmula comum, portanto, tendo em vista a tese jurisprudencial não vinculante que nela se acha consagrada, encerra, apenas, um resultado paradigmático para decisões futuras. [...].
>
> A jurisprudência compendiada na formulação sumular, desse modo, não se reveste de expressão normativa, muito embora traduza e reflita, a partir da experiência jurídica motivada pela atuação jurisdicional do Estado, o significado da norma de direito positivo, tal como ela é compreendida e constatada pela atividade cognitiva e interpretativa dos Tribunais. [...].

---

[16] É o que consta expressamente da ementa e do seguinte excerto do voto do relator, Ministro Celso de Mello: "[...] Nesse contexto, mostra-se necessário acentuar que a Súmula, em seu *perfil ordinário, ainda que se possa considerar inexistente qualquer 'distinção ontológica" entre ela e aquela de caráter vinculante* (LUIZ GUILHERME MARINONI, 'Precedentes Obrigatórios', 2010, RT), não realiza as funções específicas da norma. A formulação sumular, embora refletindo precedente jurisprudencial, não se reveste de caráter impositivo, prescritivo, permissivo, autorizativo ou derrogatório de condutas individuais ou sociais [...]" (grifos nossos).

[17] Cf. BARROSO, Luís Roberto; MELLO, Patrícia Perrone de Campos. Trabalhando como uma nova lógica: a ascensão dos precedentes no direito brasileiro. *Revista de Direito da Procuradoria Geral*, Rio de Janeiro, v. 72, 2018. p. 326.

Essa *suficiente estrutura de normatividade* ou a *concepção da eficácia normativa em sentido forte* das súmulas do STF está garantida pela possiblidade de utilização do instrumento constitucional da reclamação (art. 103-A, §3º, da Carta da República), quando se tratar de inobservância do modelo jurídico dos enunciados sumulares vinculantes, não sendo incorreto identificar aquele instrumento como a própria *substância* da *concepção doutrinária da eficácia normativa em sentido forte* das súmulas do Tribunal, vale dizer, o *enforcement* da autoridade das decisões da Corte Suprema na via da *reclamação* desempenha papel determinante no caráter *normativo* dos enunciados sumulares assim editados.[18]

A conjectura deste trabalho, quanto às Súmulas nºs 70, 323 e 547 do STF, específicas da Corte diante das sanções políticas, discrepa, em alguma medida, até mesmo da posição doutrinária que propugna uma *eficácia intermediária,* ou *eficácia normativa em sentido fraco* para as denominadas "súmulas comuns", ou "simples", sob os ditames do CPC/1973, por ocasião da adoção da repercussão geral e em recurso extraordinário repetitivo,[19] e após o advento da Emenda Constitucional nº 45/2004 e do CPC/2015.[20]

De fato, considerem-se algumas das súmulas do STF que são utilizadas na realização do juízo de admissibilidade de recursos extraordinários para estabelecer limites procedimentais à atuação do Tribunal:[21] parece indene de dúvidas que a Corte no seu manejo imprime caráter normativo a elas, além de caráter vinculante, porquanto o próprio STF e os demais Tribunais – sejam superiores, sejam inferiores – as invocam constantemente para realização daquele fim (limite procedimental) nas respectivas instâncias.

---

[18] Cf. BARROSO, Luís Roberto; MELLO, Patrícia Perrone de Campos. Trabalhando como uma nova lógica: a ascensão dos precedentes no direito brasileiro. *Revista de Direito da Procuradoria Geral,* Rio de Janeiro, v. 72, 2018. p. 326: "[...] Por outro lado, são dotados de *eficácia normativa em sentido forte*: *as súmulas vinculantes,* os julgados produzidos em controle concentrado da constitucionalidade, os acórdãos proferidos em julgamento com repercussão geral ou em recurso extraordinário ou especial repetitivo, as orientações oriundas do julgamento de incidente de resolução de demanda repetitiva e de incidente de assunção de competência. O desrespeito a estes precedentes enseja a sua *cassação, por meio de reclamação,* junto à corte que o proferiu, nos termos do art. 988 do CPC. [...]" (grifos no original e nossos).

[19] Cf. BARROSO, Luís Roberto; MELLO, Patrícia Perrone de Campos. Trabalhando como uma nova lógica: a ascensão dos precedentes no direito brasileiro. *Revista de Direito da Procuradoria Geral,* Rio de Janeiro, v. 72, 2018. p. 325: "[...] Por fim, a jurisprudência consolidada nos tribunais, as súmulas *simples* e as decisões do pleno dos tribunais que declarassem a inconstitucionalidade de uma norma eram dotadas de *eficácia intermediária.* Nos dois primeiros casos, permitiam a inadmissão ou o provimento monocrático de recursos contra decisões que se harmonizassem ou que conflitassem com a orientação neles firmada. No último caso, dispensavam nova submissão da questão constitucional ao plenário para a afirmação da inconstitucionalidade da mesma norma. Entretanto, tais entendimentos *não tinham de ser obrigatoriamente observados.* [...]" (grifos e nossos).

[20] Cf. BARROSO, Luís Roberto; MELLO, Patrícia Perrone de Campos. Trabalhando como uma nova lógica: a ascensão dos precedentes no direito brasileiro. *Revista de Direito da Procuradoria Geral,* Rio de Janeiro, v. 72, 2018. p. 327: "[...] Produzem *eficácia intermediária ou eficácia normativa em sentido fraco os enunciados da súmula simples da jurisprudência do STF* e do STJ sobre matéria constitucional e infraconstitucional, respectivamente, e as orientações firmadas pelo plenário ou pelos órgãos especiais das cortes. *Esses entendimentos são obrigatórios e devem ser seguidos. Entretanto, sua inobservância não possibilita o ajuizamento de reclamação.* Por consequência, tal "dever" *tenderá a funcionar, na prática,* como *mera recomendação,* ao menos no estágio cultural em que nos encontramos no que respeita à operação com precedentes judiciais. [...]" (grifos e nossos).

[21] Assim, por exemplo, as súmulas: 279 ("Para simples reexame de prova não cabe recurso extraordinário"); 282 ("É inadmissível o recurso extraordinário, quando não ventilada, na decisão recorrida, a questão federal suscitada"); 284 ("É inadmissível o recurso extraordinário, quando a deficiência na sua fundamentação não permitir a exata compreensão da controvérsia"); 356 ("O ponto omisso da decisão, sobre o qual não foram opostos embargos declaratórios, não pode ser objeto de recurso extraordinário, por faltar o requisito do prequestionamento"). E, por derradeiro, a malsinada Súmula nº 400 ("Decisão que deu razoável interpretação à lei, ainda que não seja a melhor, não autoriza recurso extraordinário pela letra a do art. 101, III, da C.F.").

Tais súmulas impõem ônus argumentativos pesados aos recorrentes que almejam lograr ou ultrapassar os umbrais do juízo de admissibilidade do recurso extraordinário, sendo certo que algumas delas já contemplam em seus textos genuínos enunciados de proibição ou vedação, que, é claro, para além dessa semântica, demandam a pragmática jurídica das cortes, e em especial do STF, para sua aplicação.[22]

Nesse mesmo diapasão, embora sem enunciado sumular, considere-se a *tese* da ofensa reflexa ou indireta à Constituição, aplicável ao recurso extraordinário anos a fio pelo STF, culminando por diversas vezes o não conhecimento daquele recurso interposto pelas partes, sob aquela fundamentação, em trancamento traumático do acesso à derradeira instância judicial, mitigada pela solução prevista no art. 1.033 do CPC/2015 (remessa dos autos ao Superior Tribunal de Justiça para julgamento como recurso especial).

Dessa maneira, este estudo em suas premissas hermenêuticas se alinha com as "primeiras considerações" do Ministro Eros Grau insculpidas em trecho de seu voto como relator da ADPF nº 153/DF:[23]

> [...] Hoje temos assentado o pensamento que distingue texto normativo e norma jurídica, a dimensão textual e *a dimensão normativa do fenômeno jurídico*. O intérprete *produz a norma* a partir dos textos e da realidade. [...].
> A interpretação do direito tem caráter *constitutivo* – não meramente declaratório, pois – e consiste na produção, pelo intérprete, a partir de textos normativos e da realidade, de normas jurídicas a serem aplicadas à solução de determinado caso, *solução operada mediante a definição de uma norma de decisão*. Interpretar/aplicar é dar concreção [=concretizar] ao direito. Neste sentido, a interpretação/aplicação do direito opera a sua inserção na realidade; realiza a mediação entre o caráter geral do texto normativo e sua aplicação particular; em outros termos, ainda: a sua inserção na vida. [...].

Foi nessa toada argumentativa que o presente estudo defendeu o caráter normativo Súmulas nºs 70, 323 e 547 do STF e sua integração ao "estatuto constitucional do contribuinte", além de estabelecer sua categoria de normas de decisão – e não meras decisões sobre normas. Dessa maneira, a essa altura deste trabalho, parece correto asseverar que foi percorrido o caminho para demonstrar a viabilidade dessa segunda hipótese engendrada na introdução do texto. Mais ainda: sua demonstração ampara a investigação se o julgado da ADI nº 5.135,[24] a partir da relatoria do Ministro Luís Roberto Barroso, pode ser entendido como um revigoramento da jurisprudência do Tribunal acerca das sanções políticas, na via da justificação racional, e, consequentemente, se coloca em outro patamar o ônus argumentativo para corroborar demandas e legitimar decisões vindouras do STF sobre aquela temática. É essa a tarefa a desempenhar no próximo tópico deste estudo.

---

22 Embora este trabalho não se desconecte da realidade (virtual) da pragmática jurídica dos juízos de admissibilidade recursal nos tribunais superiores e inferiores, em geral, e no STF, em particular, destoa de seu escopo a inserção de comentário ou debate acerca da utilização de inteligência artificial no desempenho daquela decisão processual.

23 ADPF 153/DF. Rel. Min. Eros Grau. Julgamento: 29.04.2010. Tribunal Pleno. *DJe*, 06.08.2010.

24 Cf. ADI 5135/DF. Rel. Min. Roberto Barroso Julgamento: 09.11.2016. Tribunal Pleno. *DJe*, 07.02.2018.

IV ADI nº 5.135 e o revigoramento da jurisprudência do STF sobre as sanções políticas

O objeto da ADI nº 5.135 pode ser capturado na tese fixada pelo STF em seu acórdão: "O protesto das Certidões de Dívida Ativa constitui mecanismo constitucional e legítimo, *por não restringir de forma desproporcional quaisquer direitos fundamentais garantidos aos contribuintes* e, assim, *não constituir sanção política*" (grifos nossos).

Naquela sede de fiscalização abstrata de constitucionalidade de leis, foi requerido e admitido ao escrutínio da Corte o parágrafo único do art. 1º da Lei nº 9.492/1997, inserido pela Lei nº 12.767/2012, que inclui as *Certidões de Dívida Ativa* (CDA) no *rol dos títulos sujeitos a protesto*.

Para o desempenho da sobredita tarefa de fiscalização abstrata, na posição de relator da ADI nº 5.135, o Ministro Roberto Barroso principia em seu voto pela identificação da *tese central* defendida pela requerente (a Confederação Nacional da Indústria - CNI), segundo a qual:

> o protesto da Certidão de Dívida Ativa pelo Fisco constitui uma "sanção política", já que seria uma medida extrajudicial que restringe de forma desproporcional os direitos fundamentais dos contribuintes ao devido processo legal, à livre iniciativa e ao livre exercício profissional, imposta, de forma indireta, para pressioná-los a quitar seus débitos tributários.

Em seguida, o Ministro Roberto Barroso define as sanções políticas como "meios não arrecadatórios, gravosos e desproporcionais de coerção estatal com o objetivo de forçar o contribuinte a pagar os tributos devidos" e afirma que, mediante a invocação das Súmulas nºs 70, 323 e 547, o STF construiu uma "jurisprudência histórica" pela inadmissibilidade das "sanções políticas, morais ou indiretas". Mais ainda, editadas anteriormente à Constituição Federal de 1988, tais súmulas continuam a plasmar "inúmeros julgados que consideraram inconstitucionais medidas oblíquas de arrecadação tributária" na vigência da atual Carta da República.

Mais adiante, o ministro relator fixou *premissa decisiva* do julgamento naquela sede de jurisdição constitucional do STF, a partir da linha de precedentes da Corte que se estabeleceu com arrimo nas Súmulas nºs 70, 323 e 547:

> Analisando-se a jurisprudência deste STF sobre o tema, *é possível concluir que não basta que uma medida coercitiva do recolhimento do crédito tributário restrinja direitos dos contribuintes devedores para que ela seja considerada uma sanção política*. Exige-se, além disso, que tais restrições sejam *reprovadas* no exame de *proporcionalidade* e *razoabilidade*. Por isso, tem-se definido as sanções políticas como "*restrições estatais, que, fundadas em exigências que transgridem os postulados da razoabilidade e da proporcionalidade em sentido estrito, culminam por inviabilizar, sem justo fundamento, o exercício, pelo sujeito passivo da obrigação tributária, de atividade econômica ou profissional lícita*" (RE 374.981, Rel. Min. Celso de Mello). [...]. (Grifos no original e nossos)

A partir da fixação desse *trunfo* na lógica argumentativa do julgamento, a partir de um silogismo disjuntivo implícito, de molde a configurar, *ou não*, as medidas coercitivas de recolhimento do crédito tributário como sanções políticas, o Ministro Roberto Barroso invoca o julgado do RE nº 550.769 para justificar tal raciocínio:

> [...] Um caso recente e especialmente ilustrativo é o do RE 550.769, no qual o Supremo Tribunal Federal apreciou a constitucionalidade do art. 2º do Decreto-Lei nº 1.593/1977, *que autorizava o cancelamento do registro especial para a fabricação* de cigarros de empresa tabagista, em razão de *contumaz inadimplência no pagamento* do Imposto sobre Produtos Industrializados – IPI. Muito embora a medida importasse *graves restrições à atividade econômica da companhia, a Corte entendeu*, por maioria de votos, *que ela não constituía uma sanção política* no caso. Concluiu-se, *em um juízo de ponderação*, que *a restrição era proporcional* à luz dos *impactos negativos* do *reiterado inadimplemento das obrigações tributárias sobre a livre concorrência*, a saúde pública e sobre a arrecadação fiscal. Novamente, nesse precedente, o STF consignou que as sanções *políticas representam "restrições não-razoáveis ou desproporcionais ao exercício de atividade econômica ou profissional lícita, utilizadas como forma de indução ou coação ao pagamento de tributos"*. (Grifos no original e nossos)

Daí em diante, e mercê da noção de que não existem direitos fundamentais de caráter absoluto, o que se constata do corpo do voto do Ministro Roberto Barroso é a postura lógico-argumentativa de estruturar o juízo de ponderação para o deslinde da questão posta à jurisdição constitucional do STF na ADI nº 5.135 em duas etapas:

> [...] Diante dessas considerações, entendo que a questão da constitucionalidade do protesto de Certidões de Dívida Ativa, incluído no parágrafo único do artigo 1º da Lei nº 9.492/1997 pela Lei nº 12.767/2012 (e, logo, previsto em lei formal), pode ser resolvida por uma *análise em duas etapas*. Na primeira, deve-se aferir *o nível de restrição dos direitos fundamentais* supostamente afetados pelo dispositivo legal impugnado, quais sejam o devido processo legal, a livre iniciativa e o livre exercício profissional, verificando-se, ainda, se *a medida atinge o núcleo essencial de referidos direitos. Na segunda*, deve-se aplicar o princípio da proporcionalidade em suas três dimensões, para fins de examinar: (i) se referidas restrições são adequadas aos fins perseguidos com a medida (*adequação*), (ii) se há meio alternativo menos gravoso e igualmente idôneo à produção do resultado (*necessidade/vedação do excesso*), e (iii) se os seus benefícios superam os seus ônus (*proporcionalidade em sentido estrito*). [...].

Por conta de seus limites angustos, e para seus fins hipotéticos, o presente trabalho se permite destacar, além do que já realçado até aqui, alguns aspectos relevantes da argumentação jurídica empreendida pelo Ministro Roberto Barroso no exame em duas etapas da *quaestio iuris* proposta na ADI nº 5.135 perante o STF.

Preliminarmente, urge não perder de vista a *preparação da ponderação*, desde a fixação da tese central que embasou o requerimento de fiscalização abstrata de constitucionalidade em sede da ADI nº 5.135, o percurso pelas Súmulas nºs 70, 323 e 547 do STF e a linha de precedentes que delas decorrem, seja no regime constitucional de edição das súmulas, seja no atual, a formulação do raciocínio disjuntivo quanto às medidas coercitivas de recolhimento de crédito tributário (configuração de sanções políticas, ou não, a partir do exame de proporcionalidade/razoabilidade como vetor interpretativo constante na jurisprudência do STF); até indicar o que, precisamente, estaria sendo objeto do sopesamento proposto.

Nessa mesma senda, impossível não enfatizar a *realização da ponderação* em si, não meramente pelo estilo semântico elegante empregado, mas, sobretudo, por vários argumentos racionalmente mobilizados, no sentido da correta fundamentação da decisão, tanto na primeira etapa ("violação à direitos fundamentais dos contribuintes"), impulsionada pela investigação da eventual ofensa do *núcleo essencial* do devido processo legal, da livre-iniciativa e livre exercício profissional; quanto na segunda etapa ("violação ao princípio da proporcionalidade"), mediante o crivo sobre o protesto de CDA realizado a partir das máximas ou subprincípios da proporcionalidade, tendo como pano de fundo a licitude da relação de causalidade entre meio e fim.

Destarte, merecem registro o exame relativo à alegação de ofensa ao devido processo legal (art. 5º, inc. XXXV), por ausência de justificativa jurídica para a utilização do protesto de CDA, porquanto a Fazenda Pública já está aparelhada com a execução fiscal (Lei nº 6.830/80), e o crédito tributário em si adornado com vários privilégios, de maneira que o manejo do protesto configuraria um "'superprivilégio' para Fazenda, cujo único propósito seria o de coagir o protestado ao pagamento da dívida tributária".

A argumentação mobilizada pelo Ministro Roberto Barros no exame dessa alegada violação ao devido processo legal, *notadamente quanto a créditos de pequeno valor*, chama a atenção por ser um dos argumentos utilizados posteriormente no julgamento, *sob o regime da repercussão geral*, do RE nº 1.355.208/SC, da relatoria da Ministra Cármen, que culminou na fixação da seguinte tese: "É legítima a extinção de execução fiscal de baixo valor, pela ausência de interesse de agir, tendo em vista o princípio da eficiência administrativa".[25]

Quanto à alegada violação à livre-iniciativa e à liberdade profissional, atrai atenção a estrutura argumentativa que a rechaça, ao se utilizar da *comparação* entre a eventual restrição do acesso ao crédito – eventualmente causada pelo protesto de CDA – e a *interdição de estabelecimento* (vedada pela Súmula nº 70 do STF), sob o ângulo da efetiva (e gravosa) interrupção de atividades econômicas e profissionais, e bem assim da organização e da condução dessas mesmas atividades.

Todavia, parece indene de dúvidas que é na segunda etapa da ponderação, aquela que diz respeito à "violação ao princípio da proporcionalidade", o estágio em que o Ministro Roberto Barroso faz repousar a conclusão do silogismo disjuntivo, no sentido de o protesto de CDA constituir, ou não, uma sanção política.

O exame da máxima ou subprincípio da adequação em face do protesto de CDA tem como ponto de partida da argumentação o desenvolvimento histórico do instituto do protesto até o advento da Lei nº 9.492/1997, com o fito de rechaçar a alegação de abuso de direito por parte do Fisco, quando de sua utilização.

Merece registro, ainda, o apelo à natureza "bifronte" do instituto, hodiernamente: "De um lado, o protesto representa instrumento para constituir o devedor em mora e comprovar o descumprimento da obrigação. De outro, ele confere ampla publicidade ao inadimplemento e constitui meio alternativo e extrajudicial para a cobrança da dívida".

Digna de menção expressa, também, é a passagem que – já aqui – compara vantagens do protesto de CDA, tendo em vista o estímulo à adimplência, ao invés da consideração de "mera inadimplência" – expressão reducionista tão ao sabor das decisões do STF no tema das sanções políticas –, "impedindo que devedores contumazes possam extrair vantagens competitivas indevidas da sonegação de tributos".

No que diz respeito ao exame da máxima ou subprincípio da necessidade, a argumentação jurídica do Ministro Barroso afasta a alegação de sua violação ao destacar o menor sacrifício do contribuinte resultante do protesto de CDA em comparação com

---

[25] Cf. RE 1355208/SC. Rel. Min. Cármen Lúcia. Julgamento: 19.12.2023. Tribunal Pleno. *DJe*, 02.04.2024. (RG: Tema 1184).

o meio consubstanciado na execução fiscal, que conta com o mecanismo da penhora de bens, renda e faturamento e de expropriação do patrimônio do devedor.

Ainda na sede deste exame, a argumentação jurídica mobilizará o argumento da eficiência do protesto de CDA, em comparação "ao executivo fiscal e demais instrumentos judiciais de cobrança do crédito público", não havendo "dúvida de que o protesto é medida necessária, pois permite alcançar os fins pretendidos de modo menos gravoso e mais eficiente". A todas as luzes, essa argumentação entronca com aquela mobilizada na primeira etapa para afastar a alegada violação ao devido processo legal.

O exame da máxima ou subprincípio da proporcionalidade em sentido estrito é expressa em termos de "análise comparativa entre custos e benefícios", em investigação se as eventuais restrições aos direitos fundamentais dos contribuintes são compensadas pela promoção de interesses contrapostos. Merecedora de destaque é a análise dos benefícios decorrentes da medida então vergastada:

> [...] Já em relação aos benefícios decorrentes da medida em questão, é possível apontar (i) a realização dos princípios constitucionais da eficiência e da economicidade na recuperação dos créditos tributários (arts. 37 e 70, CF), (ii) a *garantia da livre concorrência*, evitando-se que alguns agentes possam *extrair vantagens competitivas indevidas da sonegação de tributos* (art. 170, IV, CF), e (iii) a redução do congestionamento do Judiciário, em benefício da realização do princípio da razoável duração do processo (art. 5º, LXXVIII, CF). [...]. Em *segundo lugar, o protesto de CDAs auxilia no combate à inadimplência, viabilizando a promoção da justiça fiscal* e *impedindo que a sonegação fiscal confira aos maus pagadores uma vantagem competitiva em relação àqueles que cumprem seus deveres tributários*. [...]. (Grifos nossos)

Para este trabalho ficou bastante patenteada a estruturação da ponderação a que se propôs o Ministro Roberto Barroso em seu voto de relator na ADI nº 5.135: em ambas as etapas se constata a criteriologia utilizada para a aplicação do direito, inclusive na *reconstrução da ponderação* em que fixou *regras de preferência* entre os elementos sopesados, como se pode destacar por ocasião da construção do juízo sobre a adimplência *versus* a "mera inadimplência" do contribuinte; neste particular, aduza-se ainda, mais do que mera sintaxe jurídica.

Em síntese, o Ministro Roberto Barroso *entregou o que prometeu* no seu voto, ao se valer da ponderação como método de solução da questão da (in)constitucionalidade do parágrafo único do art. 1º da Lei nº 9.492/1997, inserido pela Lei nº 12.767/2012, que inclui as Certidões de Dívida Ativa (CDA) no rol dos títulos sujeitos a protesto.

Em seu voto propôs – após a realização da ponderação, notadamente com o resultado obtido na segunda etapa – tese que fixasse a não configuração do protesto de CDA como sanção política, cujo enunciado vale repetir: "O protesto das Certidões de Dívida Ativa constitui mecanismo constitucional e legítimo, por não restringir de forma desproporcional quaisquer direitos fundamentais garantidos aos contribuintes e, assim, não constituir sanção política".

Nada obstante a fixação da tese, há mais ainda de relevante no voto do Ministro Barroso na ADI nº 5.135: a formulação de "cautelas necessárias" quanto à concretização do instrumento do protesto de CDA, que nada mais são do que *standards* para que a atuação administrativa, que o manejará, "seja igualmente conforme o Direito".

Ao proceder dessa forma, o *Justice* parecer ter realizado a viagem argumentativa que tem como ponto de partida o *juízo de ponderação* e ponto de chegada o *princípio da ponderação*, do qual nos fala Ricardo Lobo Torres:[26]

> [...] A idéia de uma ponderação de interesses no processo de aplicação do direito, em substituição ao modelo fechado de subsunção, surge na obra dos defensores da jurisprudência dos interesses. Passa por diversas vicissitudes no século XX, até culminar na concepção de um *princípio da ponderação*, que *imanta todos os outros princípios jurídicos*. O princípio da ponderação, cultivado sobretudo na Alemanha, aproxima-se do princípio da razoabilidade, desenvolvido nos Estados Unidos, que apresenta o mesmo itinerário teórico. [...]. (Grifos nossos)

E, dessa maneira, este trabalho encerra o seu giro argumentativo para a demonstração de sua terceira hipótese, vale dizer, o *revigoramento* da jurisprudência do STF acerca das sanções políticas, na via da argumentação jurídica, e, consequentemente, se coloca em outro patamar o ônus que ali se insere – e se exigirá – para justificar demandas e vindouras decisões do STF sobre aquela temática.

Realmente, a argumentação jurídica mobilizada na ADI nº 5.135, notadamente a partir do voto do relator, Ministro Roberto Barroso, em seu juízo de ponderação em duas etapas, estruturou um procedimento racional de aplicação daquele método de sopesamento dos elementos que se entrecruzam no tema. Com clareza solar, o discurso científico empreendido naquela sede faz-se inteligível a qualquer intérprete/aplicador do direito, e bem assim ao contribuinte, que pode manejar suas razões como integrantes de seu *estatuto*, digno de sua cidadania fiscal.

Dessa maneira, o revigoramento argumentativo da jurisprudência do STF acerca das sanções políticas, por ocasião do julgamento da ADI nº 5.135, jaz exatamente no estabelecimento de uma *grade de inteligibilidade* dos elementos (bens, interesses, valores, princípios) que ali se entrelaçam e que estão imersos nos enunciados das Súmulas nºs 70, 323 e 547, enquanto jurisprudência predominante (normativa e vinculante) da Suprema Corte do Brasil.

V Conclusão

O presente trabalho procurou dar conta da construção de um significado normativo do estatuto do contribuinte que insira as razões entrincheiradas nos precedentes que compõem as Súmulas nºs 70, 323 e 547 do STF, em face das sanções políticas. Percorreu esse caminho peculiar de construção do significado do estatuto a partir da premissa de abertura constitucional da fundamentalidade dos direitos e garantias do cidadão, de forma a não encapsular as normas estatutárias no texto constitucional.

Para tanto, buscou reconstruir aqueles enunciados sumulares e erigi-los em normas de decisão, e não meras decisões sobre normas, ou simples "método de trabalho" para decisões futuras no enfrentamento das sanções políticas, ainda quando instituídas em lei; ao revés, pugnou por redefini-las como "pauta vinculante" daquelas decisões vindouras do STF.

[26] Cf. TORRES, Ricardo Lobo. *Tratado de direito constitucional financeiro e tributário*. Valores e princípios constitucionais tributários. Rio de Janeiro: Renovar, 2005. p. 223.

O giro hermenêutico do trabalho nessa direção identificou um revigoramento da jurisprudência do STF quanto às sanções políticas no julgado da ADI nº 5.135, mais precisamente no voto do relator, o Ministro Roberto Barroso, que estabeleceu uma grade de inteligibilidade dos elementos (bens, interesses, valores, princípios) que se entrecruzam no juízo de ponderação para estabelecer se medidas coercitivas de recolhimento de crédito tributário, que restringem direitos fundamentais do contribuinte, bastam, por si só, para ser consideradas sanções políticas.

Em síntese conclusiva, o presente trabalho buscou promover, simultaneamente, a construção *coerente* do significado normativo do estatuto do contribuinte e o restabelecimento da *integridade* normativa das Súmulas nºs 70, 323 e 547 da jurisprudência predominante do STF, em face das sanções políticas.

Informação bibliográfica deste texto, conforme a NBR 6023:2018 da Associação Brasileira de Normas Técnicas (ABNT):

MACEDO, Marco Antonio Ferreira. O estatuto do contribuinte, as sanções políticas e a ADI nº 5.135. *In*: PAULA, Fernanda de; PENCAK, Nina (coord.). *Tributação, liberdade e igualdade*: as contribuições do Ministro Luís Roberto Barroso. Belo Horizonte: Fórum, 2025. p. 733-747. ISBN 978-65-5518-952-0.

DIREITOS HUMANOS, TRIBUTAÇÃO E OS DIREITOS DAS PESSOAS COM DEFICIÊNCIA: BREVES COMENTÁRIOS SOBRE A ADI Nº 5.583

MARCOS BUENO BRANDÃO DA PENHA

1 Introdução

Foi com grande alegria que recebi o gentil e honroso convite para participar desta obra coletiva editada em homenagem à contribuição do Min. Luís Roberto Barroso para o direito tributário e para as finanças públicas. Não somente tive o privilégio de ser seu aluno no mestrado da UERJ, como sua produção acadêmica e trajetória profissional me serviram de referência e fonte de inspiração.

A homenagem vem em muito boa hora: em pouco mais de uma década no Supremo Tribunal Federal – STF, foram inúmeros os processos por ele relatados e votos paradigmáticos proferidos em demandas de extrema importância envolvendo discussões de natureza tributária e de finanças públicas, agregando aos debates nessa seara uma visão humanista e uma indispensável preocupação com os direitos fundamentais[1] e a justiça fiscal.

Essa atuação na Suprema Corte norteada pelo avanço dos direitos fundamentais, inclusive no campo tributário, não é de surpreender. Por um lado, como será abordado mais adiante, há uma relação umbilical entre a tributação e os direitos humanos, com variadas interfaces.

Por outro lado, como o próprio ministro afirma, sendo as constituições desenhadas precipuamente com o propósito de organizar o poder político e as regras do jogo democrático, bem como estabelecer os direitos fundamentais e os mecanismos para sua

1 As expressões "direitos humanos" e "direitos fundamentais" são utilizadas neste artigo como sinônimas, referindo-se a um conjunto de direitos decorrentes da dignidade humana e dos ideais de liberdade, igualdade e justiça. Registre-se, contudo, que enquanto a expressão "direitos humanos" é usualmente utilizada no âmbito do direito internacional, e a expressão "direitos fundamentais" é utilizada no âmbito interno dos países, de modo a designar os direitos humanos incorporados às constituições.

proteção, os "dois grandes papéis das supremas cortes e dos tribunais constitucionais são, precisamente, assegurar o respeito às regras da democracia e proteger os direitos fundamentais",[2] o que se aplica também às questões tributárias.

Assim, além de os direitos fundamentais estarem naturalmente presentes nas discussões de natureza tributária, não haveria razão para que a promoção e proteção dos direitos fundamentais não fossem efetivadas também por meio da tributação.

É nesse contexto que o presente artigo visa, justamente, discutir a relação entre os direitos humanos e a tributação, mas com foco diverso do que usualmente é visto na doutrina, a qual, ao tratar dessa temática, geralmente se concentra nas limitações constitucionais ao poder de tributar.

Neste estudo, porém, a ideia é abordar o papel da tributação como meio para a promoção e efetivação dos direitos fundamentais, em especial, para a promoção dos direitos das pessoas com deficiência,[3] demonstrando que as políticas tributárias estatais, em razão do significativo impacto que possuem para o gozo e fruição de direitos, não somente podem como devem ser utilizadas como instrumento de promoção e proteção dos direitos fundamentais constitucionalmente garantidos.

Como se demonstrará adiante, se o Supremo Tribunal Federal, nas últimas décadas, tem produzido um número "expressivo de decisões progressistas e civilizatórias em tema de direitos fundamentais",[4] o julgamento da Ação Direta de Inconstitucionalidade – ADI nº 5583, na qual se discutiu a constitucionalidade da exclusão, pelo art. 35, incs. III e V, da Lei nº 9.250/1995, da pessoa com deficiência com mais de 21 anos e capacitada para o trabalho do rol de dependentes para fins de apuração do imposto sobre a renda, e que teve o Min. Luís Roberto Barroso como redator para o acórdão, é um excelente exemplo de decisão progressista em tema de direitos fundamentais envolvendo matéria tributária.

2 A relação entre os direitos humanos e a tributação para além das limitações constitucionais ao poder de tributar

Como acontece com outros ramos do conhecimento, atualmente o discurso dos direitos humanos se encontra enraizado também no campo do direito, produzindo

---

2 BARROSO, Luís Roberto. Trinta anos da Constituição: a República que ainda não foi. *In*: BARROSO, Luís Roberto; MELLO, Patrícia Perrone Campos (Coord.). *A República que ainda não foi*: trinta anos da Constituição de 1988 na visão da Escola de Direito Constitucional da UERJ. Belo Horizonte: Fórum, 2018. p. 44.

3 Os termos e expressões utilizados para representar as pessoas com deficiência foram variando e evoluindo ao longo da história. A Constituição de 1988, por exemplo, adota a expressão "pessoa portadora de deficiência", que atualmente não é a considerada a mais indicada. Como observa Luiz Alberto David Araújo, "[a] Constituição de 1.988 protegeu de forma minuciosa o grupo das pessoas portadoras de deficiência, acolhendo a terminologia do seu tempo. O termo utilizado pelo constituinte foi "pessoa portadora de deficiência" (ARAÚJO, Luiz Alberto David. A proteção constitucional das pessoas portadoras de deficiência: algumas dificuldades para efetivação dos direitos. *In*: SARMENTO, Daniel; IKAWA, Daniela; PIOVESAN, Flávia (Coord.). *Igualdade, diferença e direitos humanos*. Rio de Janeiro: Lumen Juris, 2008. p. 911). Atualmente, a expressão "pessoa com deficiência" é considerada a mais adequada por enfatizar a pessoa e não a deficiência, sendo utilizada na Convenção sobre os Direitos de Pessoas com Deficiência – CDPD e na Lei nº 13.146/2015 (Estatuto da Pessoa com Deficiência). Cf. REMEDIO, José Antônio. *Pessoas com deficiência e autistas*: direitos e benefícios, inclusão social, políticas públicas, educação e tutela judicial individual e coletiva. Curitiba: Juruá, 2021. p. 36-38.

BARROSO, Luís Roberto. Trinta anos da Constituição: a República que ainda não foi. *In*: BARROSO, Luís Roberto; MELLO, Patrícia Perrone Campos (Coord.). *A República que ainda não foi*: trinta anos da Constituição de 1988 na visão da Escola de Direito Constitucional da UERJ. Belo Horizonte: Fórum, 2018. p. 45.

reflexos importantes para os estudos nas mais diversas áreas, como exemplo, no direito internacional, no direito constitucional, no direito civil etc.[5]

O direito financeiro e o direito tributário, evidentemente, não poderiam ficar de fora do alcance desse discurso universal, principalmente considerando as variadas conexões que historicamente permeiam a complexa relação entre a atividade financeira em sentido amplo do estado e os direitos humanos.

Embora no campo tributário, especialmente no Brasil, sejam mais comumente encontrados estudos tratando dos direitos fundamentais voltados para a proteção dos contribuintes contra o poder de tributar do estado, ou seja, como verdadeiros instrumentos de defesa dos contribuintes, é enganoso restringir a relação entre a tributação e os direitos fundamentais apenas às limitações constitucionais ao poder tributar.[6]

Na verdade, as conexões entre o direito tributário, o direito financeiro e os direitos humanos são muito mais variadas e complexas do que a grande concentração de estudos exclusivamente sobre os limites ao poder de tributar do estado parece indicar.

Por exemplo, no campo do direito financeiro, não há como se afastar, das discussões envolvendo a efetivação dos direitos fundamentais, as questões relativas ao orçamento público, como a adequação das despesas e qualidade dos gastos públicos.[7] Os direitos fundamentais, como os outros direitos, têm custos orçamentários,[8] de modo que a sua realização depende não apenas da arrecadação de recursos, mas também da realização dos gastos públicos indispensáveis para implementação efetiva dos direitos.

Por sua vez, na esfera do direito tributário, a relação entre a tributação e os direitos humanos envolve, por exemplo, o papel da mobilização de recursos por meio da arrecadação de tributos para o financiamento da implementação e promoção dos direitos fundamentais, bem como para a distribuição de rendas, com vistas à redução das desigualdades sociais e econômicas.[9]

Por outro lado, o direito tributário e os direitos fundamentais conectam-se para além dos limites constitucionais ao poder de tributar do estado quando da utilização da tributação não com objetivo propriamente arrecadatório ou de redução

---

[5] Cf. PIOVESAN, Flávia. *Temas de direitos humanos*. 9. ed. São Paulo: Saraiva, 2016.

[6] Observe-se, como ressalta Celso de Barros Correia Neto, que além de nem todos os direitos fundamentais dos contribuintes decorrerem das vedações expressas nos arts. 150 a 152 da Constituição da República, sendo encontrados também no art. 5º da Constituição da República, também "nem todas as limitações constitucionais ao poder de tributar têm como fundamento a proteção do contribuinte", como é o caso, por exemplo, da imunidade recíproca, que decorre do princípio federativo (CORREIA NETO, Celso de Barros. Tributação e direitos fundamentais. *In*: CAMPOS, Carlos Alexandre de Azevedo; OLIVEIRA, Gustavo da Gama Vital de; MACEDO, Marco Antonio Ferreira (Coord.). *Direitos fundamentais e estado fiscal*: estudos em homenagem ao Professor Ricardo Lobo Torres. Salvador: JusPodivm, 2019. p. 173). Para maior aprofundamento sobre as limitações ao poder de tributar no Brasil, *vide*, dentre outros, RIBEIRO, Ricardo Lodi. *Limitações constitucionais ao poder de tributar*. Rio de Janeiro: Lumen Juris, 2010.

[7] Sobre o tema, *vide* LEITE, Fabrício Dantas. *Direito financeiro estratégico*. Belo Horizonte, São Paulo: D'Plácido, 2022; SCHUTTER, Olivier De. Taxing for the realization of economic, social, and cultural rights. *In*: ALSTON, Philip; REISCH, Nikki (Ed.). *Tax, inequality and human rights*. New York: Oxford University Press, 2019; e MANION, Megan; RALSTON, Robert; MATTHEWS, Thandi; ALLEN, Ian. Budget analysis as a tool to monitor economic and social rights: where the rubber of international commitment meets the road of government policy. *Journal of Human Rights Practice*, v. 9, n. 1, 2017. p. 146-158.

[8] HOLMES, Stephen; SUNSTEIN, Cass. *The cost of rights*: why liberty depends on taxes. New York: W.W. Norton & Company, 2000. p. 21.

[9] Para maior aprofundamento sobre o tema, *vide* PENHA, Marcos Bueno Brandão da. *Tributação e direitos humanos*: as políticas tributárias dos estados, as condutas tributárias abusivas das empresas e dos direitos humanos. Rio de Janeiro: Lumen Juris, 2023.

das desigualdades econômicas, mas sim com outras finalidades extrafiscais, ou seja, como instrumento viabilizador dos direitos fundamentais. É o caso, por exemplo, da utilização de incentivos fiscais para induzir comportamentos voltados para a proteção ou promoção desses direitos.[10]

Indo mais além, a relação entre a tributação e os direitos fundamentais tem sido objeto de diversos estudos que apontam como os sistemas tributários, desenhados de forma aparentemente neutra quanto à raça, gênero, etnia etc., podem ser, e muitas vezes de fato são, discriminatórios para determinados grupos,[11] impactando de forma negativa e desproporcional a fruição de direitos, dentre outros, pelas mulheres,[12] pelos negros,[13] bem como pelas pessoas com deficiência, sendo este último grupo o objeto de análise específica do presente estudo.

Ao analisar as diferentes interfaces existentes entre os tributos e os direitos humanos em nosso ordenamento jurídico, Celso de Barros Correia Neto observa a centralidade do discurso dos direitos fundamentais em todas as áreas, inclusive a tributária, concluindo:

> São, ao menos, três as formas de relacionamento ente as normas tributárias e as disposições concernentes aos direitos fundamentais: (1) os direitos fundamentais representam limites à tributação, como nos direitos de defesa; (2) as normas tributárias são meio de financiamento das políticas públicas para efetivação dos direitos fundamentais, especialmente os direitos sociais à prestação, e (3) e os direitos fundamentais configuram ainda objetivos a serem atingidos por meio da legislação tributária, notadamente nas hipóteses de extrafiscalidade.[14]

---

[10] "O sistema tributário inegavelmente é um poderoso instrumento na efetivação dos valores constitucionais vigentes numa dada sociedade. Basta lembrar que o sistema tributário é o responsável pela arrecadação dos recursos indispensáveis ao financiamento das políticas públicas e da estrutura do Estado. De outra forma, não menos importante, é o papel que o sistema tributário exerce no campo da extrafiscalidade, como no combate a desigualdade, no desestímulo ao consumo de produtos nocivos, as condutas prejudiciais ao meio ambiente, à sociedade, etc." (AMARAL, Marcelo Quevedo do. Promoção dos direitos sociais, redução da desigualdade e o papel da tributação. *(Re)Pensando Direito – Revista do Curso de Graduação em Direito do Instituto Cenecista de Ensino Superior de Santo Ângelo – IESA*, v. 5, n. 10, 2015. p. 211. Disponível em: https://ssrn.com/abstract=2967810. Acesso em: 18 jun. 2024).

[11] Sobre o tema, *vide* CARNEIRO, Júlia Silva Araújo. Critical Tax Theory in The U.S., Australia, and Brazil: Current Challenges and Perspectives for the Future. *University of Miami International and Comparative Law Review*, v. 31, p. 255-299. Disponível em: https://repository.law.miami.edu/umiclr/vol31/iss2/3. Acesso em: 10 jun. 2024.

[12] Sobre o impacto mais gravoso dos sistemas tributários para as mulheres do que para os homens, *vide*, dentre outros, BROOKS, Kim; GUNNARSON, Asa; PHILIPPS, Lisa; WERSIG, Maria (Ed.). *Challenging gender inequality in tax policy making*: comparative perspectives. Oxford: Hart Publishing, 2011; FREDMAN, Sandra. Taxation as a human rights issue: gender and substantive equality. *In*: ALSTON, Philip; REISCH, Nikki (Ed.). *Tax, Inequality and Human Rights*. New York: Oxford University Press, 2019; ROCHA, Isabelle. *Tributação e gênero*: como o Imposto de Renda Pessoa Física afeta as desigualdades entre homens e mulheres. Belo Horizonte: Dialética, 2021; e GODOI, Marciano Seabra de; MELO, Luciana Grassano; SARAIVA, Ana Pontes (Org.). *Política fiscal e gênero*. Belo Horizonte: Letramento, 2020.

[13] Para maior aprofundamento sobre as discussões envolvendo o impacto discriminatório dos sistemas tributários sobre grupos étnicos e raciais, demonstrando que as leis tributárias, embora aparentemente neutras quanto à raça, costumam favorecer contribuintes brancos em detrimento de contribuintes negros, *vide*: BROWN, Dorothy A. *The whiteness of wealth*: how the tax system impoverishes black Americans – and how we can fix it. New York: Crown, 2022; MAYNARD JR., Goldburn P. Biden's gambit: advancing racial equity while relying on a race-neutral tax code. *The Yale Law Journal Forum*, v. 131, p. 656-688, 2021. Disponível em: https://heinonline.org/HOL/Page?handle=hein.journals/yljfor131&div=28&g_sent=1&casa_token=&collection=journals. Acesso em: 5 jun. 2024; e SMITH, Andre L. Recent cases of regressive and racially disparate taxation in the United States. *In*: ALSTON, Philip; REISCH, Nikki (Ed.). *Tax, inequality and human rights*. New York: Oxford University Press, 2019.

[14] CORREIA NETO, Celso de Barros. Tributação e direitos fundamentais. *In*: CAMPOS, Carlos Alexandre de Azevedo; OLIVEIRA, Gustavo da Gama Vital de; MACEDO, Marco Antonio Ferreira (Coord.). *Direitos fundamentais e estado fiscal*: estudos em homenagem ao Professor Ricardo Lobo Torres. Salvador: JusPodivm,

No que interessa mais particularmente ao presente estudo, cumpre destacar que, se, por um lado, as normas tributárias, embora aparentemente neutras, têm potencial para discriminar e impactar negativamente os direitos fundamentais, por outro lado, essas mesmas normas também são capazes de gerar impactos positivos para os direitos fundamentais e provocar mudanças sociais quando adequadamente desenhadas para essa finalidade.

Como observa Júlia Silva Araújo Carneiro, "[t]ax law has never been a neutral field. On the contrary, it impacts a range of identity axes, including socioeconomic class, race, and gender, and can act as a mechanism for maintaining the status quo or as a catalyst for social change".[15]

Nesse caso, como será abordado mais adiante, é possível se extrair da própria Constituição os fundamentos normativos para que o sistema tributário, longe de uma suposta neutralidade, seja utilizado não propriamente apenas como instrumento de arrecadação para posterior financiamento de direitos, mas sim como meio extrafiscal para a promoção e efetivação dos direitos fundamentais de determinados grupos, como no caso das pessoas com deficiência,[16] ou, ao menos, para que as políticas tributárias não sejam viabilizadoras de discriminação negativa, direta ou indireta,[17] em relação a eles.

3 A utilização do sistema tributário como instrumento para a promoção e proteção dos direitos fundamentais constitucionalmente garantidos

A tributação consiste numa atividade de natureza instrumental. É, assim, um meio para se alcançarem determinadas finalidades coletivas.[18] Como afirma Sergio André Rocha:

2019. p. 191. Segundo ele, "a cultura dos direitos humanos afeta também o campo tributário e, progressivamente, desloca a atenção dos juristas das limitações à competência tributária para os direitos fundamentais do contribuinte. Não se trata apenas de fazer das vedações ao poder de tributar direitos fundamentais dos contribuintes. A relação entre os tributos e os direitos humanos é mais complexa. Inclui também outras formas de relacionamento, que tomam a norma tributária como meio de financiamento de políticas públicas ou mesmo como instrumento extrafiscal imediato para a sua concretização" (*Ibidem*. p. 169).

15 CARNEIRO, Júlia Silva Araújo. Critical Tax Theory in The U.S., Australia, and Brazil: Current Challenges and Perspectives for the Future. *University of Miami International and Comparative Law Review*, v. 31, p. 255-299. p. 255. Disponível em: https://repository.law.miami.edu/umiclr/vol31/iss2/3. Acesso em: 10 jun. 2024.

16 Em sentido semelhante, Djalma Moreira Gomes defende que "a tributação – guiada por rígidos princípios de raízes constitucionais-, sem perder sua função precípua de abastecer os cofres públicos para que o Estado alcance suas finalidades e realize seus objetivos fundamentais, cumpre, também, um relevante papel extrafiscal de servir como instrumento de inclusão da pessoa com deficiência" (GOMES, Djalma Moreira. *A tributação e a inclusão da pessoa com deficiência*. 2015. 157 f. Dissertação (Mestrado em Direito) – Pontifícia Universidade Católica de São Paulo, São Paulo, 2015. p. 43. Disponível em: https://sapientia.pucsp.br/handle/handle/6871. Acesso em: 18 jun. 2024).

17 "As discriminações negativas são violações ao princípio da isonomia, podendo ser direta ou intencional, também conhecida como disparate treatment; ou consistir na em prática aparentemente neutra, mas que acaba por incidir desproporcionalmente sobre um indivíduo, à mingua de justificação bastante e idônea para tanto – a discriminação indireta ou disparate impact" (MUA, Cíntia Teresinha Burhalde. Extrafiscalidade como instrumento de antidiscriminação sob a perspectiva da pessoa com deficiência ou com doença grave: estudo de caso. *In*: CALIENDO, Paulo; CAVALCANTE, Denise Lucena; BITTENCOURT, Luiz Antonio da Silva (Org.). *Tributação, tecnologia e direitos fundamentais*. Porto Alegre: Editora Fundação Fênix, 2021. p. 163. Disponível em: https://www.fundarfenix.com.br/_files/ugd/9b34d5_72375fa8719e41b08afef8a4ecd3c719.pdf).

18 "A percepção de que a tributação serve aos objetivos do Estado, estabelecidos constitucionalmente, permite que ela seja analisada como parte constitutiva da atividade financeira estatal. É dizer, o Estado se utilizará do tributo, no exercício de suas atividades financeiras, como uma das ferramentas de persecução de seus objetivos" (MARINHO, Marina Soares. *As funções da tributação*. Belo Horizonte: Letramento; Casa do Direito; Direito Tributário e Financeiro, 2019. p. 50).

> Independentemente da natureza da norma tributária que se analise, sempre se terá como resultado que se trata de um instrumento para alguma finalidade: ou amealhar recursos para o Estado, ou induzir comportamentos considerados desejados para a consecução de finalidades estatais diversas da arrecadação.[19]

E como instrumento para se atingir determinados objetivos coletivos, as normas tributárias podem cumprir variadas funções. Como a quase totalidade dos estados modernos, caracterizados como estados fiscais, tem nos tributos a principal fonte de financiamento para a manutenção do estado e para o atendimento das necessidades coletivas, no que se inclui a promoção dos direitos fundamentais, a principal função associada às normas tributárias é a arrecadatória.

Entretanto, os tributos podem ser (e comumente são) utilizados com outros propósitos que não o de meramente arrecadar recursos. Nesse caso, afirma-se que as normas tributárias exibem funções extrafiscais.[20]

Isso não significa que estados deixem de arrecadar quando se valem da tributação na sua função extrafiscal, ou que as duas funções sejam antagônicas, de modo que ou o tributo é puramente fiscal ou apenas possui uma função extrafiscal. Por um lado, o que ocorre na tributação extrafiscal é que o desenho da imposição tributária, embora gere arrecadação, é voltado não para a finalidade primária de abastecer os cofres públicos, mas sim direcionado precipuamente "a estímulos comportamentais que tenham como fim objetivos constitucionalmente positivados".[21]

Por outro lado, o que se verifica é que as funções fiscais e extrafiscais são encontradas em maior ou menor grau em todos os tributos, prevalecendo ora uma ora outra.[22] Como afirma Luís Eduardo Schoueri, uma norma tributária sempre terá, em determinada medida, a função positiva ou negativa de arrecadar, ainda que também possam estar presentes outras funções.[23]

Embora não haja consenso na literatura sobre o tema, dentre as funções extrafiscais que podem estar associadas à tributação, costuma-se mencionar a função regulatória, ligada à ideia de indução de comportamentos particulares em determinada direção almejada pelos estados,[24] a função de distribuição de rendas, voltada para a redução das

---

[19] ROCHA, Sergio André. *Fundamentos do direito tributário brasileiro.* 1. ed. Belo Horizonte: Letramento; Casa do Direito; Direito Tributário e Financeiro, 2020. p. 94.

[20] "Trata-se da função extrafiscal do tributo, ou seja, a utilização das normas tributárias com vistas a outros objetivos diversos da arrecadação" (CORREIA NETO, Celso de Barros. Tributação e direitos fundamentais. *In*: CAMPOS, Carlos Alexandre de Azevedo; OLIVEIRA, Gustavo da Gama Vital de; MACEDO, Marco Antonio Ferreira (Coord.). *Direitos fundamentais e estado fiscal*: estudos em homenagem ao Professor Ricardo Lobo Torres. Salvador: JusPodivm, 2019. p. 189).

[21] BUFFON, Marciano. *Tributação e dignidade humana*: entre os direitos e deveres fundamentais. Porto Alegre: Livraria do Advogado, 2009. p. 219.

[22] "É importante salientar que entende-se que as duas finalidades – fiscal e extrafiscal – não são antagônicas; na verdade, as duas aparecem em maior ou menor medida em todos os tributos; em alguns casos prevalece a finalidade fiscal ou arrecadadora e em outros a extrafiscal ou ordenatória" (MONTERO, Carlos Eduardo Peralta. *Tributação ambiental*: reflexões sobre a introdução da variável ambiental no sistema tributário. São Paulo: Saraiva, 2014. p. 180).

[23] SCHOUERI, Luís Eduardo. *Direito tributário.* 9. ed. São Paulo: Saraiva Educação, 2019. p. 28.

[24] *Vide* SCHOUERI, Luís Eduardo. *Normas tributárias indutoras e intervenção econômica.* Rio de Janeiro: Forense, 2005.

desigualdades econômicas e sociais,[25] bem como uma função de simplificação, tendo por norte a ideia de praticidade tributária.[26]

Seja como for, é importante atentar que a finalidade almejada pela tributação extrafiscal não pode ser arbitrária. Como afirma Carlos Eduardo Peralta Montero, "atualmente considera-se que a tributação, orientada por princípios de justiça, é um instrumento para promover uma adequada distribuição da riqueza e para orientar e induzir condutas ou atividades consideradas como valiosas para o bem-estar da sociedade".[27] Essas escolhas da sociedade, certamente, são encontradas na Constituição.

Assim, a utilização da extrafiscalidade, até por implicar tratamento diferenciado,[28] deve ter por fundamento finalidades que possam ser extraídas da própria Constituição.[29] Nesse caso, a efetivação e proteção dos direitos fundamentais é certamente uma finalidade que legitima a utilização da função extrafiscal dos tributos.[30]

Como afirma Marciano Buffon:

> [...] é possível concluir que a exigência tributária poderá ter conotação extrafiscal, sem que isso implique afronta aos princípios constitucionais dentro de um Estado Democrático de Direito. Isso ocorre, porque a extrafiscalidade corresponde a uma forma de efetivar os princípios constitucionais e os direitos fundamentais, sendo que, através dela, é possível reduzir desigualdades fáticas produzidas pelo modelo econômico vigente e alcançar a máxima densidade normativa do princípio da dignidade da pessoa humana.
>
> Para tanto, é imprescindível que o objetivo a ser alcançado com a extrafiscalidade esteja de acordo com os grandes objetivos visados na Carta Constitucional (por exemplo: os arts. 1º, 3º, 6º e 170 da CF/88), isto é, encontre fundamentação constitucional. [...].[31]

A partir dessa ideia de tributação como instrumento para alcançar objetos voltados para atender a finalidades constitucionais, e orientada por princípios de justiça,[32]

---

25 RIBEIRO, Ricardo Lodi. Tributação e desigualdade social no Brasil. *In*: QUEIROZ, Luís Cesar Souza de; ABRAHAM, Marcus; CAMPOS, Carlos Alexandre de Azevedo. *Estado fiscal e tributação*. Rio de Janeiro: LMJ Mundo Jurídico, 2015. p. 133.

26 MARINHO, Marina Soares. *As funções da tributação*. Belo Horizonte: Letramento; Casa do Direito; Direito Tributário e Financeiro, 2019. p. 85.

27 MONTERO, Carlos Eduardo Peralta. *Tributação ambiental*: reflexões sobre a introdução da variável ambiental no sistema tributário. São Paulo: Saraiva, 2014. p. 181.

28 "Em nosso sistema constitucional as únicas *discriminações legítimas* são aquelas derivadas de formas de incentivo a determinados grupos sociais e ao combate de desigualdades sociais e econômicas" (SILVEIRA, Paulo Caliendo. A extrafiscalidade como instrumento de implementação dos direitos fundamentais sociais no Brasil. *Revista Jurídica do Cesuca*, v. 2, n. 4, dez. 2014. p. 79).

29 ABRAHAM, Marcus. *Curso de direito tributário brasileiro*. Rio de Janeiro: Forense, 2018. p. 51.

30 "[A] extrafiscalidade se legitima na exata proporção da legitimidade dos objetivos visados, e isso se verificará, certamente, quando os fins visados passarem pela realização dos direitos fundamentais" (BUFFON, Marciano. *Tributação e dignidade humana*: entre os direitos e deveres fundamentais. Porto Alegre: Livraria do Advogado, 2009. p. 224).

31 BUFFON, Marciano. *Tributação e dignidade humana*: entre os direitos e deveres fundamentais. Porto Alegre: Livraria do Advogado, 2009. p. 226.

32 Como observa Marçal Justen Filho, "[a] Constituição brasileira erigiu, como princípio fundamental, a eliminação da pobreza e a superação das desigualdades sociais. Um dos valores mais essenciais do Estado Democrático de Direito delineado através da Carta de 1988 é o da justiça social, diretamente relacionado ao princípio da dignidade da pessoa humana. A realização dessas ideias é proposta assumida por toda a sociedade e imposta ao Estado. Ora, um dos instrumentos mais poderosos para a produção da justiça social é o tributário" (JUSTEN FILHO, Marçal. Sistema constitucional tributário: uma aproximação ideológica. *Revista da Faculdade de Direito da UFPR*, Curitiba, ano 30, n. 30, p. 215-233, 1998).

é que se defende que o sistema tributário deve ser utilizado para garantir a efetivação dos direitos fundamentais previstos na Constituição, especialmente para determinados grupos, como ocorre com as pessoas com deficiência.[33]

Na verdade, em matéria de efetivação dos direitos fundamentais, o desenho dos sistemas tributários consiste em elemento essencial. Com efeito, em razão do importante papel que a tributação possui no equilíbrio entre poder e igualdade tanto na sociedade quanto na economia, as políticas tributárias vão se relacionar e impactar diretamente os direitos humanos.[34] E esse impacto sobre os direitos humanos não decorre apenas da função arrecadatória dos tributos. Na sua feição extrafiscal, a tributação também se revela como um poderoso instrumento capaz de contribuir para efetiva promoção dos direitos fundamentais.[35]

Isso porque os sistemas tributários concretizam as escolhas políticas e filosóficas fundamentais da sociedade.[36] Ou seja, como também é um "fato político",[37] a tributação se apresenta como instrumento para que se possa incorporar na economia os valores sociais que são representados pelos governos eleitos.[38]

Nessa linha, Emmanuel Saez e Gabriel Zucman, por exemplo, afirmam que os sistemas tributários dos países são a instituição mais importante de uma sociedade democrática.[39] Segundo Thomas Piketty, "[o] imposto não é uma questão apenas técnica, mas eminentemente política e filosófica, e sem dúvida a mais importante de todas. Sem impostos, a sociedade não pode ter um destino comum e a ação coletiva é impossível".[40]

Liam Murphy e Thomas Nagel, por sua vez, afirmam que "os impostos não são um simples método de pagamento pelos serviços públicos e governamentais: são também o instrumento mais importante por meio do qual o sistema político põe em prática uma determina concepção de justiça econômica ou distributiva".[41]

---

33 Em sentido semelhante, Cleucio Santos Nunes e Darlan Henrique Lopes dos Santos defendem que o "sistema tributário pode ser utilizado não apenas como ferramenta de arrecadação, mas também como instrumento de promoção da justiça social e da inclusão das pessoas com deficiência" (NUNES, Cleucio Santos; SANTOS, Darlan Henrique Lopes dos. Tributação e inclusão das pessoas com deficiência: uma análise à luz da teoria da justiça como equidade de Rawls. *Revista Direito Tributário Atual*, São Paulo, ano 42, v. 56, p. 666-680, 2024. p. 667. Disponível em: https://revista.ibdt.org.br/index.php/RDTA/article/view/2533/2279. Acesso em: 16 jun. 2024).

34 LUSIANI, Nicholas; COSGROVE, Mary. A strange alchemy: embedding human rights in tax policy spillover assessments. *In*: ALSTON, Philip; REISCH, Nikki (Ed.). *Tax, inequality and human rights*. New York: Oxford University Press, 2019. p. 161-162.

35 "A legislação tributária, na verdade, contribui diretamente para a concretização dos direitos fundamentais, tomados agora como objetivos a serem perseguidos" (CORREIA NETO, Celso de Barros. Tributação e direitos fundamentais. *In*: CAMPOS, Carlos Alexandre de Azevedo; OLIVEIRA, Gustavo da Gama Vital de; MACEDO, Marco Antonio Ferreira (Coord.). *Direitos fundamentais e estado fiscal*: estudos em homenagem ao Professor Ricardo Lobo Torres. Salvador: JusPodivm, 2019. p. 182).

36 ZOLT, Eric M.; BIRD, Richard M. Redistribution via taxation: the limited role of the personal income tax in developing countries. *UCLA Law Review*, v. 52, 2005. p. 5.

37 MARINHO, Marina Soares. *As funções da tributação*. Belo Horizonte: Letramento; Casa do Direito; Direito Tributário e Financeiro, 2019. p. 43.

38 MURPHY, Richard. *The joy of tax*: how a fair tax system can create a better society. London: Bantam Press, 2015. p. 103.

39 SAEZ, Emmanuel; ZUCMAN, Gabriel. *The triumph of injustice*: how the rich dodge taxes and how to make them pay. [s.l.]: W. W. Norton & Company, 2019. Edição do Kindle. p. vii.

40 PIKETTY, Thomas. *O capital no século XXI*. Tradução de Monica Baumgarten de Bolle. Rio de Janeiro: Intrínseca, 2014. p. 480.

41 MURPHY, Liam; NAGEL, Thomas. *O mito da propriedade*: os impostos e a justiça. Tradução de Marcelo Brandão Cipolla. São Paulo: Martins Fontes, 2005. p. 5.

Portanto, como já defendi em outra oportunidade,[42] o desenho do sistema tributário decorre de uma decisão política que exterioriza determinada filosofia e concepção de justiça distributiva adotada em determinado estado. E justamente por serem expressão dos valores tidos como mais importantes para a sociedade, é que as políticas tributárias não somente podem como devem observar e refletir as finalidades constitucionalmente estabelecidas.[43]

Desse modo, as normas tributárias devem ser adequadas para atender aos compromissos estabelecidos na Constituição, o que abarca, evidentemente, as obrigações relativas aos direitos fundamentais, principalmente quando considerada a intrínseca relação entre a tributação e os direitos humanos. Somente quando norteada por tais compromissos é que o desenho das políticas tributárias, que são políticas públicas, atenderá às exigências relativas aos direitos humanos. Em outras palavras: o sistema tributário deve ser formatado à luz das obrigações e compromissos previstos na Constituição, inclusive em matéria de direitos fundamentais.

A importância das políticas tributárias, tanto no viés fiscal quanto no viés extrafiscal, para que o estado possa promover de forma eficiente suas finalidades e se desincumbir das suas obrigações relativas aos direitos fundamentais, também é observada por Tatiana Junger, que aponta, para tanto, ser "indispensável a adoção de uma política fiscal adequada, tanto do ponto de vista da política de gastos, [...] quanto do ponto de vista da política tributária propriamente dita, procedendo à arrecadação de receitas atentando a ambas as funções fiscal e extrafiscal dos tributos".[44]

Essa importância fundamental das decisões acerca das políticas tributárias para os direitos fundamentais pode ser exemplificada pela decisão política, que foi objeto da ADI nº 5.583, de se excluir as pessoas com deficiência com mais de 21 anos e capacitadas para o trabalho do rol de dependentes para fins de apuração do imposto sobre a renda, nos termos do art. 35, incs. III e V, da Lei nº 9.250/1995. Como essa norma impacta diretamente as pessoas com deficiência e exterioriza a forma como a sociedade lida com a sua inclusão no mercado de trabalho, é evidente que ela deveria ser formatada e refletir as obrigações relativas aos direitos fundamentais das pessoas com deficiência previstas na Constituição, e sob esse aspecto ser escrutinada quanto à sua constitucionalidade, como de fato foi feito pelo Supremo Tribunal Federal.[45]

É nesse contexto, portanto, considerando que o sistema e as normas tributárias consistem em instrumento fundamental para organização do modelo econômico-social

---

[42] Cf. PENHA, Marcos Bueno Brandão da. *Tributação e direitos humanos*: as políticas tributárias dos estados, as condutas tributárias abusivas das empresas e dos direitos humanos. Rio de Janeiro: Lumen Juris, 2023. p. 175-186.

[43] Como também afirma Júlia Silva Araújo Carneiro, "tax law functions as a mirror of a country's values and can be employed either to support or to disadvantage minorities" (CARNEIRO, Júlia Silva Araújo. Critical Tax Theory in The U.S., Australia, and Brazil: Current Challenges and Perspectives for the Future. *University of Miami International and Comparative Law Review*, v. 31, p. 255-299. p. 255. Disponível em: https://repository.law.miami.edu/umiclr/vol31/iss2/3. Acesso em: 10 jun. 2024).

[44] JUNGER, Tatiana. *Reforma tributária*: desigualdade, tributação e desenvolvimento. Rio de Janeiro: Lumen Juris, 2020. p. 108.

[45] Note-se, aliás, que Celso de Barros Correia Neto aponta justamente "a utilização de estímulos de natureza tributária em favor da inclusão no mercado de trabalho de pessoas com deficiência física ou com idade avançada" como um exemplo de tributação extrafiscal para a efetivação de direitos fundamentais, além de outras políticas públicas (CORREIA NETO, Celso de Barros. Tributação e direitos fundamentais. *In*: CAMPOS, Carlos Alexandre de Azevedo; OLIVEIRA, Gustavo da Gama Vital de; MACEDO, Marco Antonio Ferreira (Coord.). *Direitos fundamentais e estado fiscal*: estudos em homenagem ao Professor Ricardo Lobo Torres. Salvador: JusPodivm, 2019. p. 190).

para se alcançar objetivos constitucionais, é que se conclui que eles devem ser desenhados e avaliados, tanto na sua feição fiscal quanto na extrafiscal, à luz das finalidades e dos direitos previstos na Constituição, da qual, por sua vez, podem ser extraídas diversas disposições que conferem uma proteção reforçada para as pessoas com deficiência, como será abordado no capítulo a seguir.

4 Os direitos constitucionais das pessoas com deficiência[46]

Para além das disposições mais gerais acerca dos fundamentos e objetivos da República, constantes do art. 1º, inc. III,[47] do art. 3º, incs. I, III e IV,[48] ambos da Constituição, relativas à dignidade humana,[49] à construção de uma sociedade livre, justa e solidária, à redução das desigualdades sociais e à promoção do bem de todos, sem quaisquer formas de discriminação, bem como do rol geral de direitos e garantias fundamentais da Constituição, do qual se extrai o direito à igualdade[50] e o direito ao trabalho,[51] todos estes dispositivos, evidentemente, aplicáveis às pessoas com deficiência,[52] a Constituição de 1988 possui diversas normas e veicula outros direitos e garantias específicos para esse grupo,[53] evidenciando uma preocupação especial e uma clara diretriz para uma atuação positiva do estado em prol da sua proteção e inclusão na sociedade.[54]

---

[46] Sobre a evolução da proteção constitucional na pessoa com deficiência no Brasil, *vide* ARAÚJO, Luiz Alberto David. A proteção constitucional das pessoas portadoras de deficiência: algumas dificuldades para efetivação dos direitos. *In*: SARMENTO, Daniel; IKAWA, Daniela; PIOVESAN, Flávia (Coord.). *Igualdade, diferença e direitos humanos*. Rio de Janeiro: Lumen Juris, 2008. p. 911-913.

[47] "Art. 1º A República Federativa do Brasil, formada pela união indissolúvel dos Estados e Municípios e do Distrito Federal, constitui-se em Estado Democrático de Direito e tem como fundamentos: [...] III – a dignidade da pessoa humana; [...]".

[48] "Art. 3º Constituem objetivos fundamentais da República Federativa do Brasil: I – construir uma sociedade livre, justa e solidária; [...] III – erradicar a pobreza e a marginalização e reduzir as desigualdades sociais e regionais; IV – promover o bem de todos, sem preconceitos de origem, raça, sexo, cor, idade e quaisquer outras formas de discriminação".

[49] Liana Carine Fernandes Queiroz e Josiane Ribeiro Minardi, por exemplo, afirma que "é o princípio da dignidade da pessoa humana, dotado de altíssima carga axiológica e estruturante, fundamento da República Federativa do Brasil, que anima e impõe a atuação do Estado para a plena inclusão da pessoa com deficiência, removendo os obstáculos que se apresentem à igualdade de oportunidades e condições de vida propiciadas aos compatriotas, tendo em conta a máxima realeana, em expressão metaforicamente bela, de que 'toda pessoa é única e nela já habita o todo universal, o que faz dela um todo inserido no todo da existência humana'" (QUEIROZ, Liana Carine Fernandes de; MINARDI, Josiane Ribeiro. A tributação das tecnologias assistivas de inclusão à pessoa com deficiência. *Contemporânea – Revista de Ética e Filosofia Política*, v. 1, n. 1, jan./fev. 2022. p. 8-9. Disponível em: https://ojs.revistacontemporanea.com/ojs/index.php/home/article/view/57/37. Acesso em: 19 jun. 2024).

[50] "Art. 5º Todos são iguais perante a lei, sem distinção de qualquer natureza, garantindo-se aos brasileiros e aos estrangeiros residentes no País a inviolabilidade do direito à vida, à liberdade, à igualdade, à segurança e à propriedade, nos termos seguintes: [...]".

[51] "Art. 6º São direitos sociais a educação, a saúde, a alimentação, o trabalho, a moradia, o transporte, o lazer, a segurança, a previdência social, a proteção à maternidade e à infância, a assistência aos desamparados, na forma desta Constituição".

[52] Cf. RIBEIRO, Lauro Luiz Gomes. As normas constitucionais de tutela das pessoas portadoras de deficiência. *In*: PIOVESAN, Flávia; GARCIA, Maria (Org.). *Direitos Humanos* – Grupos vulneráveis. São Paulo: Revista dos Tribunais, 2011. v. IV. p. 1013-1025.

[53] RIBEIRO, Lauro Luiz Gomes. As normas constitucionais de tutela das pessoas portadoras de deficiência. *In*: PIOVESAN, Flávia; GARCIA, Maria (Org.). *Direitos Humanos* – Grupos vulneráveis. São Paulo: Revista dos Tribunais, 2011. v. IV. p. 1025-1042.

[54] Além dos direitos das pessoas com deficiência previstos na Constituição, há diversas normas infraconstitucionais e disposições administrativas editadas pelos entes federados que também estabelecem e concretizam direitos para as pessoas com deficiência. Para maior aprofundamento acerca da ampla legislação aplicável às pessoas

Por exemplo, enquanto o art. 23, inc. II,[55] da Constituição estabelece a competência comum dos entes federados para cuidar da saúde e assistência pública e da proteção e garantia das pessoas com deficiência, o art. 24, inc. XIV,[56] da Constituição estabelece a competência concorrente para legislar sobre a proteção e integração social desse grupo.

Por sua vez, o art. 37, inc. VIII,[57] da Constituição, determina que a lei deve reservar percentual dos cargos e empregos públicos para as pessoas com deficiência, bem como definir os critérios de sua admissão. Já em relação à aposentadoria de servidores públicos com deficiência, a Constituição, em seu art. 40, §4º-A,[58] prevê a possibilidade de a lei complementar de cada ente federativo estabelecer para eles idade e tempo de contribuição diferenciados. Esse tratamento diferenciado também é expressamente permitido pela Constituição no âmbito do Regime Geral de Previdência Social, nos termos do art. 201, §1º, inc. I.[59] O art. 100, §2º,[60] da Constituição, também garante um tratamento diferenciado e preferencial para o pagamento de precatórios judiciais devidos às pessoas com deficiência.

Em termos de assistência social, o art. 203, incs. IV e V, da Constituição estabelece, dentre seus objetivos, "a habilitação e reabilitação das pessoas portadoras de deficiência e a promoção de sua integração à vida comunitária", bem como "a garantia de um salário mínimo de benefício mensal à pessoa portadora de deficiência e ao idoso que comprovem não possuir meios de prover à própria manutenção ou de tê-la provida por sua família, conforme dispuser a lei".

---

com deficiência e direitos a elas garantidos, *vide* REMEDIO, José Antônio. *Pessoas com deficiência e autistas*: direitos e benefícios, inclusão social, políticas públicas, educação e tutela judicial individual e coletiva. Curitiba: Juruá, 2021. p. 51-66; 111-192.

55 "Art. 23. É competência comum da União, dos Estados, do Distrito Federal e dos Municípios: [...] II – cuidar da saúde e assistência pública, da proteção e garantia das pessoas portadoras de deficiência; [...]".

56 "Art. 24. Compete à União, aos Estados e ao Distrito Federal legislar concorrentemente sobre: [...] XIV – proteção e integração social das pessoas portadoras de deficiência; [...]".

57 "Art. 37. A administração pública direta e indireta de qualquer dos Poderes da União, dos Estados, do Distrito Federal e dos Municípios obedecerá aos princípios de legalidade, impessoalidade, moralidade, publicidade e eficiência e, também, ao seguinte: [...] VIII – a lei reservará percentual dos cargos e empregos públicos para as pessoas portadoras de deficiência e definirá os critérios de sua admissão; [...]".

58 "Art. 40. O regime próprio de previdência social dos servidores titulares de cargos efetivos terá caráter contributivo e solidário, mediante contribuição do respectivo ente federativo, de servidores ativos, de aposentados e de pensionistas, observados critérios que preservem o equilíbrio financeiro e atuarial. [...] §4º-A. Poderão ser estabelecidos por lei complementar do respectivo ente federativo idade e tempo de contribuição diferenciados para aposentadoria de servidores com deficiência, previamente submetidos a avaliação biopsicossocial realizada por equipe multiprofissional e interdisciplinar".

59 "Art. 201. A previdência social será organizada sob a forma do Regime Geral de Previdência Social, de caráter contributivo e de filiação obrigatória, observados critérios que preservem o equilíbrio financeiro e atuarial, e atenderá, na forma da lei, a: [...] §1º É vedada a adoção de requisitos ou critérios diferenciados para concessão de benefícios, ressalvada, nos termos de lei complementar, a possibilidade de previsão de idade e tempo de contribuição distintos da regra geral para concessão de aposentadoria exclusivamente em favor dos segurados: I – com deficiência, previamente submetidos a avaliação biopsicossocial realizada por equipe multiprofissional e interdisciplinar; [...]".

60 "Art. 100. Os pagamentos devidos pelas Fazendas Públicas Federal, Estaduais, Distrital e Municipais, em virtude de sentença judiciária, far-se-ão exclusivamente na ordem cronológica de apresentação dos precatórios e à conta dos créditos respectivos, proibida a designação de casos ou de pessoas nas dotações orçamentárias e nos créditos adicionais abertos para este fim. [...] §2º Os débitos de natureza alimentícia cujos titulares, originários ou por sucessão hereditária, tenham 60 (sessenta) anos de idade, ou sejam portadores de doença grave, ou pessoas com deficiência, assim definidos na forma da lei, serão pagos com preferência sobre todos os demais débitos, até o valor equivalente ao triplo fixado em lei para os fins do disposto no §3º deste artigo, admitido o fracionamento para essa finalidade, sendo que o restante será pago na ordem cronológica de apresentação do precatório".

Em relação ao direito ao trabalho, o art. 7º, inc. XXXI,[61] da Constituição proíbe qualquer forma de discriminação no tocante a salário e critérios de admissão da pessoa com deficiência. No que concerne ao dever do estado com a educação, o art. 208, inc. III,[62] da Constituição garante à pessoa deficiente atendimento educacional especializado.

Por outro lado, o art. 227, §1º, inc. II,[63] da Constituição, estabelece o dever do estado em promover programas de assistência integral à saúde da criança, do adolescente e do jovem, mediante políticas específicas e criação de programas de prevenção e atendimento especializado para as pessoas com deficiência física, sensorial ou mental, bem como de integração social do adolescente deficiente, mediante o treinamento para o trabalho e a convivência, e a facilitação do acesso aos bens e serviços coletivos, com a eliminação de preconceitos e obstáculos arquitetônicos. Ademais, o §2º desse mesmo artigo também determina que a lei disponha "sobre normas de construção dos logradouros e dos edifícios de uso público e de fabricação de veículos de transporte coletivo, a fim de garantir acesso adequado às pessoas portadoras de deficiência". Essa determinação constitucional é inclusive reforçada pelo art. 244[64] da Constituição.

Não bastasse o extenso de rol de direitos e garantias gerais e específicos previstos no corpo da Constituição de 1988, a proteção constitucional das pessoas com deficiência foi ainda mais reforçada com a incorporação ao ordenamento brasileiro da Convenção sobre os Direitos de Pessoas com Deficiência – CDPD,[65] o que se deu com *status* de emenda constitucional, uma vez que a referida convenção, que tem como propósito descrito em seu art. 1, "promover, proteger e assegurar o exercício pleno e eqüitativo de todos os direitos humanos e liberdades fundamentais por todas as pessoas com deficiência e promover o respeito pela sua dignidade inerente", foi aprovada pelo Congresso Nacional por meio do Decreto Legislativo nº 186/08,[66] conforme procedimento estabelecido no art. 5º, §3º,[67] da Constituição, e promulgada pelo Decreto nº 6.949/09.[68]

---

[61] "Art. 7º São direitos dos trabalhadores urbanos e rurais, além de outros que visem à melhoria de sua condição social: [...] XXXI – proibição de qualquer discriminação no tocante a salário e critérios de admissão do trabalhador portador de deficiência; [...]".

[62] "Art. 208. O dever do Estado com a educação será efetivado mediante a garantia de: [...] III – atendimento educacional especializado aos portadores de deficiência, preferencialmente na rede regular de ensino; [...]".

[63] "Art. 227. É dever da família, da sociedade e do Estado assegurar à criança, ao adolescente e ao jovem, com absoluta prioridade, o direito à vida, à saúde, à alimentação, à educação, ao lazer, à profissionalização, à cultura, à dignidade, ao respeito, à liberdade e à convivência familiar e comunitária, além de colocá-los a salvo de toda forma de negligência, discriminação, exploração, violência, crueldade e opressão. §1º O Estado promoverá programas de assistência integral à saúde da criança, do adolescente e do jovem, admitida a participação de entidades não governamentais, mediante políticas específicas e obedecendo aos seguintes preceitos: [...] I – criação de programas de prevenção e atendimento especializado para as pessoas portadoras de deficiência física, sensorial ou mental, bem como de integração social do adolescente e do jovem portador de deficiência, mediante o treinamento para o trabalho e a convivência, e a facilitação do acesso aos bens e serviços coletivos, com a eliminação de obstáculos arquitetônicos e de todas as formas de discriminação".

[64] "Art. 244. A lei disporá sobre a adaptação dos logradouros, dos edifícios de uso público e dos veículos de transporte coletivo atualmente existentes a fim de garantir acesso adequado às pessoas portadoras de deficiência, conforme o disposto no art. 227, §2º".

[65] UNITED NATIONS. *Convention on the Rights of Persons with Disabilities* – CRPD. Disponível em: https://www.ohchr.org/en/instruments-mechanisms/instruments/convention-rights-persons-disabilities. Acesso em: 12 jun. 2024.

[66] BRASIL. *Decreto-Legislativo n. 186, de 2008*. Disponível em: http://www.planalto.gov.br/ccivil_03/congresso/dlg/dlg-186-2008.htm. Acesso em: 12 jun. 2024.

[67] "Art. 5º [...] §3º Os tratados e convenções internacionais sobre direitos humanos que forem aprovados, em cada Casa do Congresso Nacional, em dois turnos, por três quintos dos votos dos respectivos membros, serão equivalentes às emendas constitucionais".

[68] BRASIL. *Decreto n. 6.949, de 25 de agosto de 2009*. Disponível em: https://www.planalto.gov.br/ccivil_03/_ato2007-2010/2009/decreto/d6949.htm. Acesso em: 12 jun. 2024.

Embora fuja do escopo do presente estudo analisar pormenorizadamente os princípios, direitos e garantias estabelecidos na Convenção sobre os Direitos de Pessoas com Deficiência, e que possuem patamar constitucional no Brasil, faz-se menção, nesta oportunidade, a alguns de seus dispositivos que embasaram o julgamento da ADI nº 5.583. Por exemplo, dentre os princípios gerais estabelecidos no art. 3, está o princípio da não discriminação da pessoa com deficiência, o que significa, de acordo com o art. 2, estar vedada

> qualquer diferenciação, exclusão ou restrição baseada em deficiência, com o propósito ou efeito de impedir ou impossibilitar o reconhecimento, o desfrute ou o exercício, em igualdade de oportunidades com as demais pessoas, de todos os direitos humanos e liberdades fundamentais nos âmbitos político, econômico, social, cultural, civil ou qualquer outro. Abrange todas as formas de discriminação, inclusive a recusa de adaptação razoável; [...].

O direito à igualdade material e à não discriminação, que são centrais para os direitos humanos e informam também a Declaração Universal dos Direitos Humanos[69] e diversos outros tratados de direitos humanos,[70] é especificamente estabelecido no art. 5 da Convenção sobre os Direitos de Pessoas com Deficiência, nos seguintes termos:

> 1. Os Estados Partes reconhecem que todas as pessoas são iguais perante e sob a lei e que fazem jus, sem qualquer discriminação, a igual proteção e igual benefício da lei.
> 2. Os Estados Partes proibirão qualquer discriminação baseada na deficiência e garantirão às pessoas com deficiência igual e efetiva proteção legal contra a discriminação por qualquer motivo.
> 3. A fim de promover a igualdade e eliminar a discriminação, os Estados Partes adotarão todas as medidas apropriadas para garantir que a adaptação razoável seja oferecida.
> 4. Nos termos da presente Convenção, as medidas específicas que forem necessárias para acelerar ou alcançar a efetiva igualdade das pessoas com deficiência não serão consideradas discriminatórias.

Em relação ao direito ao trabalho da pessoa com deficiência, o art. 8 estabelece que os estados devem adotar medidas imediatas, efetivas e apropriadas para "[p]romover

---

[69] Por exemplo, preâmbulo e arts. 1º, 2º e 7º. *Vide* UNITED NATIONS. *Universal Declaration of Human Rights*. Disponível em: https://www.ohchr.org/en/human-rights/universal-declaration/translations/portuguese?LangID=por. Acesso em: 13 jun. 2024.

[70] *Vide*, por exemplo, o Pacto Internacional sobre Direitos Civis e Políticos – PIDCP (preâmbulo e arts. 2º, item 1, 3º e 26) (UNITED NATIONS. *International Covenant on Civil and Political Rights* – ICCPR. Disponível em: https://www.ohchr.org/en/instruments-mechanisms/instruments/international-covenant-civil-and-political-rights. Acesso em: 13 jun. 2024); a Convenção sobre a Eliminação de Todas as Formas de Discriminação contra a Mulher (preâmbulo e arts. 2º e 3º) (UNITED NATIONS. *Convention on the Elimination of All Forms of Discrimination against Women* – CEDAW. Disponível em: https://www.ohchr.org/en/instruments-mechanisms/instruments/convention-elimination-all-forms-discrimination-against-women. Acesso em: 13 jun. 2024); a Convenção sobre os Direitos da Criança (preâmbulo e art. 2º da CRC) (UNITED NATIONS. *Convention on the Rights of the Child* – CRC. Disponível em: https://www.ohchr.org/en/instruments-mechanisms/instruments/convention-rights-child. Acesso em: 13 jun. 2024); a Convenção Europeia dos Direitos Humanos (artigo 14 e artigo 1º do Protocolo n. 12) (COUNCIL OF EUROPE. *European Convention on Human Rights*. Disponível em: https://www.echr.coe.int/Documents/Convention_ENG.pdf. Acesso em: 14 jun. 2024); e a Convenção Americana sobre Direitos Humanos (artigos 1º e 24 e artigo 3º do Protocolo Adicional sobre Direitos Humanos em Matéria de Direitos Econômicos, Sociais e Culturais) (ORGANIZAÇÃO DOS ESTADOS AMERICANOS. *Convenção Americana sobre Direitos Humanos*. Disponível em: https://www.cidh.oas.org/basicos/portugues/c.convencao_americana.htm. Acesso em: 13 jun. 2024).

o reconhecimento das habilidades, dos méritos e das capacidades das pessoas com deficiência e de sua contribuição ao local de trabalho e ao mercado laboral".

Já pelo art. 9, é reconhecido o igual direito das pessoas com deficiência de viver na comunidade e com a mesma liberdade de escolha que as demais pessoas, sendo estabelecido que os estados devem adotar medidas efetivas e apropriadas que facilitem o pleno gozo desse direito e sua plena inclusão e participação na comunidade.

A efetiva inclusão das pessoas com deficiência na sociedade, com a mesma liberdade de escolha que as demais pessoas, é imposta aos estados pelo art. 19.[71] Como não pode ser diferente, essa inclusão na comunidade abarca também o direito ao trabalho. De todo modo, isso é reforçado de forma específica no art. 27, que impõe aos estados o dever de promover e proteger o direito ao trabalho das pessoas com deficiência, em igualdade material de oportunidade com as outras pessoas:

> 1. Os Estados Partes reconhecem o direito das pessoas com deficiência ao trabalho, em igualdade de oportunidades com as demais pessoas. Esse direito abrange o direito à oportunidade de se manter com um trabalho de sua livre escolha ou aceitação no mercado laboral, em ambiente de trabalho que seja aberto, inclusivo e acessível a pessoas com deficiência. Os Estados Partes salvaguardarão e promoverão a realização do direito ao trabalho, inclusive daqueles que tiverem adquirido uma deficiência no emprego, adotando medidas apropriadas, incluídas na legislação, com o fim de, entre outros:
>
> a) Proibir a discriminação baseada na deficiência com respeito a todas as questões relacionadas com as formas de emprego, inclusive condições de recrutamento, contratação e admissão, permanência no emprego, ascensão profissional e condições seguras e salubres de trabalho;
>
> b) Proteger os direitos das pessoas com deficiência, em condições de igualdade com as demais pessoas, às condições justas e favoráveis de trabalho, incluindo iguais oportunidades e igual remuneração por trabalho de igual valor, condições seguras e salubres de trabalho, além de reparação de injustiças e proteção contra o assédio no trabalho;
>
> c) Assegurar que as pessoas com deficiência possam exercer seus direitos trabalhistas e sindicais, em condições de igualdade com as demais pessoas;
>
> d) Possibilitar às pessoas com deficiência o acesso efetivo a programas de orientação técnica e profissional e a serviços de colocação no trabalho e de treinamento profissional e continuado;
>
> e) Promover oportunidades de emprego e ascensão profissional para pessoas com deficiência no mercado de trabalho, bem como assistência na procura, obtenção e manutenção do emprego e no retorno ao emprego;
>
> f) Promover oportunidades de trabalho autônomo, empreendedorismo, desenvolvimento de cooperativas e estabelecimento de negócio próprio;

---

[71] "Os Estados Partes desta Convenção reconhecem o igual direito de todas as pessoas com deficiência de viver na comunidade, com a mesma liberdade de escolha que as demais pessoas, e tomarão medidas efetivas e apropriadas para facilitar às pessoas com deficiência o pleno gozo desse direito e sua plena inclusão e participação na comunidade, inclusive assegurando que: a) As pessoas com deficiência possam escolher seu local de residência e onde e com quem morar, em igualdade de oportunidades com as demais pessoas, e que não sejam obrigadas a viver em determinado tipo de moradia; b) As pessoas com deficiência tenham acesso a uma variedade de serviços de apoio em domicílio ou em instituições residenciais ou a outros serviços comunitários de apoio, inclusive os serviços de atendentes pessoais que forem necessários como apoio para que as pessoas com deficiência vivam e sejam incluídas na comunidade e para evitar que fiquem isoladas ou segregadas da comunidade; c) Os serviços e instalações da comunidade para a população em geral estejam disponíveis às pessoas com deficiência, em igualdade de oportunidades, e atendam às suas necessidades".

> g) Empregar pessoas com deficiência no setor público;
> h) Promover o emprego de pessoas com deficiência no setor privado, mediante políticas e medidas apropriadas, que poderão incluir programas de ação afirmativa, incentivos e outras medidas;
> i) Assegurar que adaptações razoáveis sejam feitas para pessoas com deficiência no local de trabalho;
> j) Promover a aquisição de experiência de trabalho por pessoas com deficiência no mercado aberto de trabalho;
> k) Promover reabilitação profissional, manutenção do emprego e programas de retorno ao trabalho para pessoas com deficiência.
> 2. Os Estados Partes assegurarão que as pessoas com deficiência não serão mantidas em escravidão ou servidão e que serão protegidas, em igualdade de condições com as demais pessoas, contra o trabalho forçado ou compulsório.

O art. 4 da CDPD, por sua vez, lista o rol de compromissos que são assumidos pelos estados para assegurar e efetivamente promover o pleno exercício de todos os direitos humanos e liberdades fundamentais por todas as pessoas com deficiência, sem qualquer tipo de discriminação, no que se destacam, dentre outros:

> a) Adotar todas as medidas legislativas, administrativas e de qualquer outra natureza, necessárias para a realização dos direitos reconhecidos na presente Convenção;
> b) Adotar todas as medidas necessárias, inclusive legislativas, para modificar ou revogar leis, regulamentos, costumes e práticas vigentes, que constituírem discriminação contra pessoas com deficiência;
> c) Levar em conta, em todos os programas e políticas, a proteção e a promoção dos direitos humanos das pessoas com deficiência;
> d) Abster-se de participar em qualquer ato ou prática incompatível com a presente Convenção e assegurar que as autoridades públicas e instituições atuem em conformidade com a presente Convenção;
> e) Tomar todas as medidas apropriadas para eliminar a discriminação baseada em deficiência, por parte de qualquer pessoa, organização ou empresa privada;

Enfim, como se pode observar, as pessoas com deficiência possuem uma ampla proteção constitucional de seus direitos no Brasil, sendo não somente vedada qualquer forma de discriminação negativa, como também é resguardado a esse grupo o direito a igualdade material e à sua plena inclusão na sociedade, o que exige uma atuação positiva do estado para a promoção e proteção de seus direitos, inclusive, mas não apenas, ao trabalho.[72]

Nesse cenário, considerando o impacto da tributação sobre os direitos humanos, a obrigação constitucional do estado de adotar políticas públicas que promovam os direitos das pessoas com deficiência e sua inclusão efetiva na sociedade, e sendo as políticas tributárias um dos principais instrumentos disponíveis para a efetivação dos

---

[72] "[...] nossa Constituição [art. 3º] não prevê um mero 'abrir de portas e adapte-se que puder'. Ela impõe à República o dever de promover, de realizar ações garantidoras da não-exclusão" (ATIQUE, Andraci Lucas Veltroni; VELTRONI, Alexandre Lucas. A pessoa portadora de deficiência e a educação no Brasil. *In*: PIOVESAN, Flávia; GARCIA, Maria (Org.). *Direitos Humanos* – Grupos vulneráveis. São Paulo: Revista dos Tribunais, 2011. v. IV. p. 924).

direitos fundamentais, entende-se que o sistema e as normas tributárias, inclusive em sua feição extrafiscal, devem refletir, bem como ser interpretados, à luz dos compromissos e obrigações constitucionais voltados para as pessoas com deficiência, tanto fazendo as vezes de instrumento para a efetiva promoção e proteção dos seus direitos, como também não podendo implicar qualquer discriminação que os impacte negativamente.

5 O julgamento da ADI nº 5.583

O julgamento da ADI nº 5.583 é um excelente exemplo de como a formatação das normas tributárias e a sua interpretação devem refletir os compromissos e obrigações constitucionais direcionados para as pessoas com deficiência.

O Conselho Federal da Ordem dos Advogados do Brasil – CFOAB ingressou em 2016 com a referida ação direta de inconstitucionalidade para que fosse atribuída interpretação conforme à Constituição ao art. 35, incs. III e V, da Lei nº 9.250/1995,[73] a fim de que as pessoas com deficiência capacitadas para o trabalho também possam ser qualificadas como dependentes para fins de dedução de despesas sujeitas à incidência de imposto de renda.

Para tanto, sustentou, basicamente, que o referido dispositivo, ao excluir da qualidade de dependentes, para fins de dedução da base de cálculo do imposto de renda das pessoas físicas, as pessoas com deficiência com mais de 21 anos e que exerçam atividade laborativa ou sejam capacitadas física e mentalmente para o trabalho, ofenderia diversas normas da Constituição, como o art. 1º, inc. III (dignidade humana), o art. 6º (direito ao trabalho) e o art. 24, inc. XIV (inclusão dos deficientes na sociedade), uma vez que o trabalho ou a sua capacidade para tanto não necessariamente implica independência financeira, seja porque a mera capacidade não garante por si só a inserção da pessoa com deficiência no mercado de trabalho, seja porque é comum que ainda assim permaneçam recebendo auxílio dos pais e outros familiares/curadores/tutores, considerando que as inúmeras necessidades que possuem muitas vezes não são supridas com o salário.

Apontou-se, também, que o referido dispositivo legal seria contrário, dentre outros, aos já citados arts. 3, 4, 5, 8, 19 e 27 da Convenção sobre os Direitos de Pessoas com Deficiência, incorporada ao ordenamento brasileiro com patamar constitucional, os quais estabelecem a obrigação de os estados adotarem as medidas necessárias para que as pessoas com deficiência gozem de um tratamento especial que promova sua autonomia, independência, liberdade de escolha, inclusão e participação plena na sociedade, que lhes garanta a igualdade de oportunidades e que não implique discriminação indevida.

De um modo geral, a argumentação do CFOAB centrou-se na obrigação constitucional do estado de adotar medidas que promovam a igualdade material das pessoas com deficiência, eliminando-se qualquer forma de discriminação, como seria o caso do art. 35, incs. III e V, da Lei nº 9.250/1995, uma vez que não permitir que as pessoas com deficiência sejam consideradas dependentes de seus familiares, para fins de dedução do imposto de renda, quando exercessem atividade laboral ou fossem capacitadas para

[73] "Art. 35. Para efeito do disposto nos arts. 4º, inciso III, e 8º, inciso II, alínea c, poderão ser considerados como dependentes: [...] III – a filha, o filho, a enteada ou o enteado, até 21 anos, ou de qualquer idade quando incapacitado física ou mentalmente para o trabalho; [...] V – o irmão, o neto ou o bisneto, sem arrimo dos pais, até 21 anos, desde que o contribuinte detenha a guarda judicial, ou de qualquer idade quando incapacitado física ou mentalmente para o trabalho; [...]".

o trabalho, seria um evidente desestímulo à formalização do emprego da pessoa com deficiência.

A Defensoria Pública da União, que ingressou na demanda como *amicus curiae*, corroborou os argumentos do CFOAB, destacando que, principalmente em casos de famílias menos afortunadas, era bastante possível que o afastamento do direito de efetuar as deduções legais fosse economicamente mais oneroso do que a abdicação do direito de trabalhar, de modo que as normas impugnadas, ao desestimularem o trabalho da pessoa com deficiência que ainda precisa ter suas despesas custeadas por sua família, implicariam verdadeiro empecilho para a sua realização humana plena, bem como funcionariam como fator de discriminação ao imporem dificuldades adicionais para o seu ingresso no mercado de trabalho.

A Presidência da República, o Senado Federal, a Advocacia-Geral da União – AGU e a Procuradoria-Geral da República apresentaram manifestações em defesa das normas impugnadas apontando, de um modo geral, dentre outros, os argumentos que podem assim ser resumidos: (i) as normas atacadas não implicavam qualquer ofensa à dignidade humana e estariam de acordo com o princípio geral da não discriminação previsto no art. 3, "b", da Convenção sobre os Direitos de Pessoas com Deficiência, por tratar igualmente as pessoas com capacidade para o trabalho, (ii) a pretensão do CFOAB esbarraria no art. 2º da Constituição, uma vez que para o seu acolhimento seria necessário que o Supremo Tribunal Federal atuasse como legislador positivo para alargar o conceito legal de dependente para fins de imposto de renda, (iii) as normas apontadas como violadas não dão qualquer imunidade ou prescrevem que a lei conceda qualquer isenção de imposto sobre a renda para as pessoas com deficiência, sejam elas capacitadas ou não para o trabalho, nem preveem que a lei conceda qualquer dedução de imposto de renda para o responsável ou para a pessoa com deficiência, (iv) a Constituição não traz qualquer norma que determine expressamente que se adote um tratamento tributário diferenciado para as pessoas com deficiência, (v) o art. 150, inc. II, da Constituição veda a concessão de tratamento fiscal discriminatório entre contribuintes que se encontrem em situação equivalente, enquanto os arts. 145, §1º, e 153, §2º, inc. I, ambos da Constituição, determinam a observância da capacidade contributiva e dos critérios de generalidade, universalidade e progressividade do imposto sobre a renda, (vi) a legislação nacional já cumpre os compromissos determinados pelos arts. 3 e 4 da Convenção sobre os Direitos de Pessoas com Deficiência, (vii) a legislação tributária nacional não traz qualquer discriminação contra as pessoas com deficiência, uma vez que lhes confere o mesmo tratamento dado a todas as pessoas, sem qualquer distinção, (viii) o sistema de deduções do imposto de renda não serve e é impróprio como instrumento para a promoção do trabalho ou favorecimento de determinados indivíduos da população, e (ix) as normas atacadas não ofendem o direito ao trabalho e à inclusão social, uma vez que não implicam obstáculo para o acesso da pessoa com deficiência ao trabalho formal.

Iniciado o julgamento em 7.5.2021, em sessão virtual, o relator, Min. Marco Aurélio, votou pela improcedência do pedido, no que foi acompanhado pelo Min. Alexandre de Moraes, por entender que o art. 35, incs. III e IV, da Lei nº 9.250/95 externava uma opção política normativa legítima acerca da definição de dependentes.

O Min. Luís Roberto Barroso, designado como redator para o acórdão, divergiu do relator e, em voto paradigma que bem expressa o que aqui se defende, acolheu parcialmente o pedido de fixação de interpretação conforme à Constituição do art. 35, incs. III e V, da Lei nº 9.250/1995, para determinar que, para fins de apuração do imposto sobre a renda de pessoa física, a pessoa com deficiência pode ser considerada dependente, ainda que supere o limite de idade e seja considerada apta para o trabalho, desde que a sua remuneração não exceda as deduções autorizadas por lei.

Inicialmente, afastou-se a objeção de que o STF estaria atuando fora de suas atribuições, como legislador positivo para estender um tratamento a um grupo não contemplado pelo legislador. Como apontado no voto, a atuação da Corte Suprema no caso era plenamente justificada, sem qualquer ofensa à separação de poderes, por se estar em discussão a tutela de direitos fundamentais (igualdade material e o direito ao trabalho) de um grupo vulnerável que, como consta no próprio voto, "possui a disciplina de proteção mais completa atualmente positivada na Constituição brasileira, no que diz respeito ao detalhamento e à extensão da tutela",[74] o que demandava inclusive uma conduta proativa da Corte.

No mérito, o primeiro e principal fundamento do voto do Min. Luís Roberto Barroso foi no sentido de que a norma federal, apesar da aparente neutralidade do critério da capacidade para o trabalho, ocultava efeito anti-isonômico por veicular uma discriminação indireta contra as pessoas com deficiência, em clara ofensa à igualdade material prevista no art. 5º, *caput*, da Constituição e aos arts. 2, 4, 5, 8 e 19 da CDPD, considerando que as pessoas com deficiência, em razão de suas restrições físicas ou mentais, e ainda que aptas para o trabalho, vivenciam maiores dificuldades e encontram menos oportunidades de ingressar no mercado de trabalho do que as pessoas sem deficiência aptas para o trabalho.

Como apontado pelo ministro, a igualdade material veda tanto a conduta com propósito de discriminar diretamente a pessoa com deficiência, como também a discriminação indireta decorrente da conduta que, embora aparentemente neutra, produz o efeito de diferenciar a pessoa com base na deficiência, gerando obstáculos para que elas exerçam plenamente seus direitos. Assim, embora a capacidade laborativa possa ser critério definidor para que a pessoa sem deficiência seja excluída da condição de dependente, não seria legítima a adoção desse mesmo critério em relação à pessoa com deficiência, considerando as situações diferentes em que se encontram ambos os grupos.

A corroborar essa argumentação do ministro, merecem registro os dados do módulo Pessoas com Deficiência da PNAD Contínua 2022, do Instituto Brasileiro de Geografia e Estatística, que apontam, por exemplo, que em torno de 8,9% da população brasileira com mais de 2 anos, equivalente a 18,6 milhões de pessoas, possui alguma deficiência. Desse grupo, a taxa de participação na força de trabalho é de apenas 29,2%, enquanto na população sem deficiência a taxa é de 66,4%. Ademais, estima-se que 55% das pessoas com deficiência ocupadas estão na informalidade, enquanto essa taxa de informalidade para a população sem deficiência é de 38,7%.[75]

[74] *Vide* https://redir.stf.jus.br/estfvisualizadorpub/jsp/consultarprocessoeletronico/ConsultarProcessoEletronico.jsf?seqobjetoincidente=5038101. Acesso em: 17 jun. 2024.

[75] *Vide* https://agenciadenoticias.ibge.gov.br/agencia-noticias/2012-agencia-de-noticias/noticias/37317-pessoas-com-deficiencia-tem-menor-acesso-a-educacao-ao-trabalho-e-a-renda. Acesso em: 13 jun. 2024.

Como se nota, o voto do Min. Luís Roberto Barroso foi no cerne da questão em relação à necessidade de observância da igualdade material pela norma tributária, considerando as circunstâncias especiais em que se encontram as pessoas com deficiência.[76]

Afinal,

> Not all taxpayers with equal incomes have equal abilities to pay taxes. A tax system structured to take into account only the needs and abilities of the "normal" majority is no more fair or just than a courthouse or other public facility built solely to accommodate the physical needs and abilities of that majority.[77]

Nesse caso, somente há que se falar em efetivo respeito ao princípio da igualdade pela norma jurídica, inclusive a tributária, quando:

> a) o critério de classificação eleito, que implicará o tratamento igual ou desigual de pessoas, seja informado por valores presentes na Constituição e esteja voltado para o atendimento das finalidades previstas pela Constituição; e
> b) a medida da igualdade ou da desigualdade no tratamento normativo seja direta e racionalmente proporcional ao critério de classificação escolhido, e que também seja informada por valores presentes na Constituição e esteja voltada para o atendimento das finalidades previstas pela Constituição.[78]

Ademais, como sustenta Luís Cesar Souza de Queiroz, apesar da regra geral que veda a discriminação odiosa, a própria Constituição impõe a adoção de tratamento diferenciado em determinadas situações para se alcançar uma finalidade constitucionalmente relevante.[79] É o que acontece justamente com as pessoas com deficiência, em relação às quais a Constituição, reforçada pela Convenção sobre os Direitos de Pessoas com Deficiência, não apenas veda qualquer forma de discriminação odiosa quanto a salário ou critério de admissão, como na verdade "prevê que deva ser conferido um tratamento privilegiado às pessoas portadoras de deficiência física, em especial, para os fins de facilitar e estimular a mais ampla integração nos diversos setores (educacional, profissional, econômico, lazer etc.) da sociedade".[80]

Ainda no que concerne à observância da igualdade material na tributação incidente ou que produz efeitos sobre as pessoas com deficiência, Djalma Gomes Moreira defende:

---

[76] Como afirma Roberto Ramos Obando, "[h]uman rights of Persons With Disabilities should be respected and protected through governmental policy, including tax policy. Taxpayers are not identical; therefore, they require different treatments under special circumstances" (OBANDO, Roberto Ramos. Taxation of Persons with Disabilities. *ILP/Kenya's National Taxpayers Association*, jul. 2021. Disponível em: https://www.nta.or.ke/Resources/Reports/PWD%20and%20Taxation.pdf. Acesso em: 19 jun. 2024).

[77] SETO, Theodore P.; BUHAI, Sande L. Tax and disability: ability to pay and the taxation of difference. *University of Pennsylvania Law Review*, v. 154, n. 5, p. 1053-1146, 2006. p. 1138. Disponível em: https://ssrn.com/abstract=784692. Acesso em: 19 jun. 2024.

[78] QUEIROZ, Luís Cesar Souza de. *Imposto de renda*: requisitos para uma tributação constitucional. 4. ed., rev. e ampl. Rio de Janeiro: GZ, 2020. p. 55.

[79] QUEIROZ, Luís Cesar Souza de. *Imposto de renda*: requisitos para uma tributação constitucional. 4. ed., rev. e ampl. Rio de Janeiro: GZ, 2020. p. 57.

[80] QUEIROZ, Luís Cesar Souza de. *Imposto de renda*: requisitos para uma tributação constitucional. 4. ed., rev. e ampl. Rio de Janeiro: GZ, 2020. p. 58.

> [N]ão basta à inclusão das pessoas com deficiência que o Estado as dispense de uma tributação parelha com as demais pessoas – o que não passaria de medida destinada a aplacar a consciência de uma sociedade excludente e, assim, legitimar um sistema injusto. É necessário muito mais para se obter uma efetiva proteção: é preciso identificar as verdadeiras necessidades das pessoas desse grupo vulnerável, de seus cuidadores (se o caso), de seus empregadores, de seus educadores e dirigir a todos estes políticas tributárias ou fiscais diretas ou indiretas, mas efetivas, comprovadamente capazes de promoverem a efetiva remoção dos obstáculos que impedem a verdadeira igualdade das pessoas com deficiência.[81]

A norma tributária do art. 35, incs. III e V, da Lei nº 9.250/1995, assim, deixou de observar a igualdade material ao tratar de forma igual situações diversas, produzindo discriminação indireta contra as pessoas com deficiência, em sentido contrário ao tratamento privilegiado determinado na Constituição para fins de sua plena integração na sociedade.

Além da igualdade material, o voto do Min. Luís Roberto Barroso também foi fundamentado no direito ao trabalho da pessoa com deficiência (art. 6º da Constituição e art. 27 da CDPD), uma vez que a norma federal discutida implicava desestímulo à inserção no mercado de trabalho, principalmente nos casos de elevados gastos médicos, que não mais poderiam ser deduzidos da base de cálculo do imposto de renda de seus pais ou responsáveis, bem como na violação do conceito constitucional de renda e da capacidade contributiva (arts. 153, inc. III, e 145, §1º, ambos da Constituição), uma vez que a pessoa com deficiência, em muitos casos, permanece dependente de auxílio financeiro da família para as elevadas despesas médicas, mesmo quando capacitada para o trabalho ou exercendo atividade remunerada, de modo que seria necessária a dedução dessas despesas da base de cálculo do imposto de renda para que este incida tão somente sobre o efetivo acréscimo patrimonial.

Nada obstante, para fins de atendimento pleno da capacidade contributiva, e considerando as diferentes realidades e graus de deficiência, o Ministro Luís Roberto Barroso concluiu que a intepretação constitucionalmente mais adequada da norma era a sugerida pela Defensoria Pública da União, no sentido de limitar o benefício para os casos em que a remuneração da pessoa com deficiência não excede as deduções autorizadas por lei, de modo a proteger principalmente aqueles que incorram em despesas médicas mais elevadas e não recebam valores suficientes para arcar com esses gastos.

O voto do Min. Luís Roberto Barroso foi acompanhado pelos demais ministros da Corte. O Min. Gilmar Mendes, que também o acompanhou, proferiu voto escrito no qual ressalvou, contudo, que a interpretação dada naquela oportunidade não seria a única possível, e que o Poder Legislativo poderia estabelecer novo critério geral e abstrato que não produzisse os mencionados impactos inconstitucionais sobre os direitos das pessoas com deficiência.

---

[81] Em sentido semelhante, Djalma Moreira Gomes defende que "a tributação – guiada por rígidos princípios de raízes constitucionais –, sem perder sua função precípua de abastecer os cofres públicos para que o Estado alcance suas finalidades e realize seus objetivos fundamentais, cumpre, também, um relevante papel extrafiscal de servir como instrumento de inclusão da pessoa com deficiência" (GOMES, Djalma Moreira. *A tributação e a inclusão da pessoa com deficiência*. 2015. 157 f. Dissertação (Mestrado em Direito) – Pontifícia Universidade Católica de São Paulo, São Paulo, 2015. p. 112. Disponível em: https://sapientia.pucsp.br/handle/handle/6871. Acesso em: 18 jun. 2024).

Ao final do julgamento, foi fixada a seguinte tese: "Na apuração do imposto sobre a renda de pessoa física, a pessoa com deficiência que supere o limite etário e seja capacitada para o trabalho pode ser considerada como dependente quando a sua remuneração não exceder as deduções autorizadas por lei".

O acórdão foi assim ementado:

> Ementa: Direito constitucional e tributário. Ação direta de inconstitucionalidade. Dedução da base de cálculo do IRPF. Dependente com deficiência. 1. Ação direta proposta pelo Conselho Federal da Ordem dos Advogados do Brasil contra o art. 35, III e V, da Lei nº 9.250/1995, que não qualifica como dependentes, para fins de apuração do imposto sobre a renda, as pessoas que superem o limite etário e que sejam capacitadas física e mentalmente para o trabalho. Pedido de interpretação conforme a Constituição, para que as pessoas com deficiência sejam consideradas como dependentes mesmo quando superem o limite etário e tenham capacidade laboral. 2. O pleito formulado nesta ação põe em discussão os limites da atuação do Poder Judiciário para estender determinado tratamento legal a um grupo que não fora inicialmente contemplado pelo legislador. Esse debate se torna ainda mais sensível em matéria tributária, dados os efeitos sistêmicos que uma decisão judicial pode produzir nesse campo. 3. Todavia, o tema envolve a tutela de direitos fundamentais de um grupo de pessoas vulneráveis que recebem especial proteção constitucional, especialmente após a aprovação da Convenção Internacional sobre os Direitos das Pessoas com Deficiência - CDPD com status de emenda à Constituição (art. 5º, §3º, da CF/1988). Por essa razão, esta Corte está autorizada a adotar uma conduta mais proativa, sem que incorra em ofensa ao princípio da separação de poderes (art. 2º da CF/1988). 4. Ofensa à igualdade material (art. 5º, caput, da CF/1988; arts. 2, 4, 5, 8 e 19 da CDPD). O art. 35, III e V, da Lei nº 9.250/1995 introduz uma discriminação indireta contra as pessoas com deficiência. A aparente neutralidade do critério da capacidade física ou mental para o trabalho oculta o efeito anti-isonômico produzido pela norma. Para a generalidade dos indivíduos, a aptidão laborativa pode ser o critério definidor da extinção da condição de dependente, tendo em vista que, sob essa circunstância, possuem chances de se alocarem no mercado de trabalho. Tal probabilidade se reduz de forma drástica quando se trata de pessoa com deficiência, cujas condições físicas ou mentais restringem intensamente as oportunidades profissionais. Portanto, não é legítimo que a lei adote o mesmo critério, ainda que objetivo, para disciplinar situações absolutamente distintas. 5. Afronta ao direito ao trabalho (art. 6º da CF/1988; art. 27 da CDPD). O dispositivo impugnado traz um desestímulo a que as pessoas com deficiência busquem alternativas para se inserir no mercado de trabalho, principalmente quando incorrem em elevadas despesas médicas – que não raro estão atreladas a deficiências mais graves. Nessa hipótese, seu genitor ou responsável deixaria de deduzir tais gastos da base de cálculo do imposto devido. E, dados os baixos salários comumente pagos a elas, tal dedução dificilmente seria possível na sua própria declaração de imposto sobre a renda. 6. Violação do conceito constitucional de renda e da capacidade contributiva (arts. 153, III, e 145, §1º, da CF/1988). Ao adotar como critério para a perda da dependência a capacidade para o trabalho, a norma questionada presume o que normalmente acontece: o então dependente passa a arcar com as suas próprias despesas, sem mais representar um ônus financeiro para os seus genitores ou responsáveis. Todavia, não é o que ocorre, como regra, com aqueles que possuem alguém com deficiência, sobretudo grave, na família. Nesse caso, justifica-se a diminuição da base de cálculo do imposto, para que não incida sobre valores que não representam verdadeiro acréscimo patrimonial. 7. Procedência parcial do pedido, fixando-se interpretação conforme a Constituição do art. 35, III e V, da Lei nº 9.250/1995, para estabelecer que, na apuração do imposto sobre a renda de pessoa física, a pessoa com deficiência que supere o limite etário e seja capacitada para o trabalho pode ser considerada como dependente quando a sua remuneração não exceder as deduções autorizadas por lei. 8. Fixação da

> seguinte tese de julgamento: "Na apuração do imposto sobre a renda de pessoa física, a pessoa com deficiência que supere o limite etário e seja capacitada para o trabalho pode ser considerada como dependente quando a sua remuneração não exceder as deduções autorizadas por lei".[82]

Como se observa, o julgamento da ADI nº 5.583 evidencia como tributação pode impactar os direitos fundamentais para o bem ou para o mal, a depender de como é desenhada. O voto do Min. Luís Roberto Barroso capta bem essa relação entre a tributação e os direitos humanos, demonstrando, na linha defendida neste estudo, que o sistema e as normas tributárias, como poderosos instrumentos para se atingir finalidades constitucionalmente relevantes, devem, por força da Constituição, ser formatados, e também interpretados, de modo a promover e proteger os direitos fundamentais das pessoas com deficiência, tanto no que concerne à vedação de discriminação negativa direta ou indireta, quanto em relação à sua inclusão efetiva na sociedade.

6 Conclusão

A relação entre a tributação e os direitos fundamentais vai muito além das limitações constitucionais ao poder de tributar e a proteção dos direitos do contribuinte em face do estado, embora essas questões também sejam de extrema relevância.

Dentre as variadas interfaces e conexões existentes entre os direitos fundamentais e a tributação, destaca-se o potencial das normas e dos sistemas tributários para impactar de forma negativa ou positiva, dependendo de como são formatados, os direitos de pessoas integrantes de diversos grupos, como acontece com as pessoas com deficiência.

Por um lado, as normas tributárias, desenhadas de forma aparentemente neutra, podem na prática produzir efeitos discriminatórios perversos e criar obstáculos para a fruição dos direitos fundamentais das pessoas com deficiência.

Por outro lado, como a tributação é uma atividade de natureza instrumental, ou seja, é um meio para se alcançarem determinadas finalidades coletivas, e por meio da qual se concretizam as escolhas fundamentais da sociedade, as normas tributárias, além do objetivo de arrecadar recursos, devem ser formatadas também de modo a refletir e alcançar outras finalidades constitucionalmente estabelecidas, como promover os direitos fundamentais e provocar mudanças sociais que efetivamente impliquem a almejada inclusão das pessoas com deficiência na sociedade.

No Brasil, a Constituição, reforçada pela incorporação ao ordenamento brasileiro da Convenção sobre os Direitos de Pessoas com Deficiência com *status* de emenda constitucional, traz um extenso rol de normas gerais e direitos e garantias específicos que conferem uma proteção ampla para as pessoas com deficiência, evidenciando uma clara diretriz para uma atuação positiva do estado em prol da sua proteção e inclusão na sociedade.

---

[82] BRASIL. Supremo Tribunal Federal. Tribunal Pleno. Ação Direta de Inconstitucionalidade n. 5583, Relator(a): Marco Aurélio, Relator(a) p/ Acórdão: Roberto Barroso, Tribunal Pleno, julgado em 17-05-2021, Processo Eletrônico *DJe*-125 Divulg 25-06-2021 Public 28-06-2021. Disponível em: https://jurisprudencia.stf.jus.br/pages/search?classeNumeroIncidente=%22ADI%205583%22&base=acordaos&sinonimo=true&plural=true&page=1&pageSize=10&sort=_score&sortBy=desc&isAdvanced=true. Acesso em: 17 jun. 2024.

É desse bloco de constitucionalidade, portanto, que se extraem os fundamentos normativos para que as normas e sistema tributário sejam utilizados não apenas como instrumento de arrecadação para posterior financiamento de direitos, mas como verdadeiro instrumento para a promoção e efetivação dos direitos fundamentais das pessoas com deficiência, ou, ao menos, para que as políticas tributárias não sejam viabilizadoras de discriminação negativa em relação a eles. Ou seja, as normas e o sistema tributário devem ser formatados e escrutinados à luz das obrigações e compromissos previstos na Constituição relativamente aos direitos fundamentais voltados para as pessoas com deficiência.

O julgamento da ADI nº 5.583, na linha do voto do Min. Luís Roberto Barroso, reflete bem como uma norma tributária, no caso, a norma do art. 35, incs. III e V, da Lei nº 9.250/1995, embora desenhada de forma aparentemente neutra, pode impactar de forma negativa e discriminatória as pessoas com deficiência, criando obstáculos adicionais para a sua inclusão no mercado de trabalho e na sociedade.

Nesses casos, como as normas tributárias devem refletir os compromissos e obrigações constitucionais direcionados para as pessoas com deficiência, como exemplo, a necessidade de observância da igualdade material e do seu direito ao trabalho e à efetiva inclusão na sociedade, a atuação do Supremo Tribunal Federal é plenamente justificada para a tutela dos direitos fundamentais, de modo a sanar as ofensas às normas constitucionais.

Referências

ABRAHAM, Marcus. *Curso de direito tributário brasileiro*. Rio de Janeiro: Forense, 2018.

AMARAL, Marcelo Quevedo do. Promoção dos direitos sociais, redução da desigualdade e o papel da tributação. *(Re)Pensando Direito – Revista do Curso de Graduação em Direito do Instituto Cenecista de Ensino Superior de Santo Ângelo – IESA*, v. 5, n. 10, 2015. Disponível em: https://ssrn.com/abstract=2967810. Acesso em: 18 jun. 2024.

ARAÚJO, Luiz Alberto David. A proteção constitucional das pessoas portadoras de deficiência: algumas dificuldades para efetivação dos direitos. *In*: SARMENTO, Daniel; IKAWA, Daniela; PIOVESAN, Flávia (Coord.). *Igualdade, diferença e direitos humanos*. Rio de Janeiro: Lumen Juris, 2008.

ATIQUE, Andraci Lucas Veltroni; VELTRONI, Alexandre Lucas. A pessoa portadora de deficiência e a educação no Brasil. *In*: PIOVESAN, Flávia; GARCIA, Maria (Org.). *Direitos Humanos* – Grupos vulneráveis. São Paulo: Revista dos Tribunais, 2011. v. IV.

BARROSO, Luís Roberto. Trinta anos da Constituição: a República que ainda não foi. *In*: BARROSO, Luís Roberto; MELLO, Patrícia Perrone Campos (Coord.). *A República que ainda não foi*: trinta anos da Constituição de 1988 na visão da Escola de Direito Constitucional da UERJ. Belo Horizonte: Fórum, 2018.

BRASIL. *Decreto n. 6.949, de 25 de agosto de 2009*. Disponível em: https://www.planalto.gov.br/ccivil_03/_ato2007-2010/2009/decreto/d6949.htm. Acesso em: 12 jun. 2024.

BRASIL. *Decreto-Legislativo n. 186, de 2008*. Disponível em: http://www.planalto.gov.br/ccivil_03/congresso/dlg/dlg-186-2008.htm. Acesso em: 12 jun. 2024.

BRASIL. Supremo Tribunal Federal. Tribunal Pleno. Ação Direta de Inconstitucionalidade n. 5583, Relator(a): Marco Aurélio, Relator(a) p/ Acórdão: Roberto Barroso, Tribunal Pleno, julgado em 17-05-2021, Processo Eletrônico *DJe*-125 Divulg 25-06-2021 Public 28-06-2021. Disponível em: https://jurisprudencia.stf.jus.br/pages/search?classeNumeroIncidente=%22ADI%205583%22&base=acordaos&sinonimo=true&plural=true&page=1&pageSize=10&sort=_score&sortBy=desc&isAdvanced=true. Acesso em: 17 jun. 2024.

BROOKS, Kim; GUNNARSON, Asa; PHILIPPS, Lisa; WERSIG, Maria (Ed.). *Challenging gender inequality in tax policy making*: comparative perspectives. Oxford: Hart Publishing, 2011.

BROWN, Dorothy A. *The whiteness of wealth*: how the tax system impoverishes black Americans – and how we can fix it. New York: Crown, 2022.

BUFFON, Marciano. *Tributação e dignidade humana*: entre os direitos e deveres fundamentais. Porto Alegre: Livraria do Advogado, 2009.

CARNEIRO, Júlia Silva Araújo. Critical Tax Theory in The U.S., Australia, and Brazil: Current Challenges and Perspectives for the Future. *University of Miami International and Comparative Law Review*, v. 31, p. 255-299. Disponível em: https://repository.law.miami.edu/umiclr/vol31/iss2/3. Acesso em: 10 jun. 2024.

CORREIA NETO, Celso de Barros. Tributação e direitos fundamentais. *In*: CAMPOS, Carlos Alexandre de Azevedo; OLIVEIRA, Gustavo da Gama Vital de; MACEDO, Marco Antonio Ferreira (Coord.). *Direitos fundamentais e estado fiscal*: estudos em homenagem ao Professor Ricardo Lobo Torres. Salvador: JusPodivm, 2019.

COUNCIL OF EUROPE. *European Convention on Human Rights*. Disponível em: https://www.echr.coe.int/Documents/Convention_ENG.pdf. Acesso em: 14 jun. 2024.

FREDMAN, Sandra. Taxation as a human rights issue: gender and substantive equality. *In*: ALSTON, Philip; REISCH, Nikki (Ed.). *Tax, Inequality and Human Rights*. New York: Oxford University Press, 2019.

GODOI, Marciano Seabra de; MELO, Luciana Grassano; SARAIVA, Ana Pontes (Org.). *Política fiscal e gênero*. Belo Horizonte: Letramento, 2020.

GOMES, Djalma Moreira. *A tributação e a inclusão da pessoa com deficiência*. 2015. 157 f. Dissertação (Mestrado em Direito) – Pontifícia Universidade Católica de São Paulo, São Paulo, 2015. Disponível em: https://sapientia.pucsp.br/handle/handle/6871. Acesso em: 18 jun. 2024.

HOLMES, Stephen; SUNSTEIN, Cass. *The cost of rights*: why liberty depends on taxes. New York: W.W. Norton & Company, 2000.

JUNGER, Tatiana. *Reforma tributária*: desigualdade, tributação e desenvolvimento. Rio de Janeiro: Lumen Juris, 2020.

JUSTEN FILHO, Marçal. Sistema constitucional tributário: uma aproximação ideológica. *Revista da Faculdade de Direito da UFPR*, Curitiba, ano 30, n. 30, p. 215-233, 1998.

LEITE, Fabrício Dantas. *Direito financeiro estratégico*. Belo Horizonte, São Paulo: D'Plácido, 2022.

LUSIANI, Nicholas; COSGROVE, Mary. A strange alchemy: embedding human rights in tax policy spillover assessments. *In*: ALSTON, Philip; REISCH, Nikki (Ed.). *Tax, inequality and human rights*. New York: Oxford University Press, 2019.

MANION, Megan; RALSTON, Robert; MATTHEWS, Thandi; ALLEN, Ian. Budget analysis as a tool to monitor economic and social rights: where the rubber of international commitment meets the road of government policy. *Journal of Human Rights Practice*, v. 9, n. 1, 2017.

MARINHO, Marina Soares. *As funções da tributação*. Belo Horizonte: Letramento; Casa do Direito; Direito Tributário e Financeiro, 2019.

MAYNARD JR., Goldburn P. Biden's gambit: advancing racial equity while relying on a race-neutral tax code. *The Yale Law Journal Forum*, v. 131, p. 656-688, 2021. Disponível em: https://heinonline.org/HOL/Page?handle=hein.journals/yljfor131&div=28&g_sent=1&casa_token=&collection=journals. Acesso em: 5 jun. 2024.

MONTERO, Carlos Eduardo Peralta. *Tributação ambiental*: reflexões sobre a introdução da variável ambiental no sistema tributário. São Paulo: Saraiva, 2014.

MUA, Cíntia Teresinha Burhalde. Extrafiscalidade como instrumento de antidiscriminação sob a perspectiva da pessoa com deficiência ou com doença grave: estudo de caso. *In*: CALIENDO, Paulo; CAVALCANTE, Denise Lucena; BITTENCOURT, Luiz Antonio da Silva (Org.). *Tributação, tecnologia e direitos fundamentais*. Porto Alegre: Editora Fundação Fênix, 2021. Disponível em: https://www.fundarfenix.com.br/_files/ugd/9b34d5_72375fa8719e41b08afef8a4ecd3c719.pdf.

MURPHY, Liam; NAGEL, Thomas. *O mito da propriedade*: os impostos e a justiça. Tradução de Marcelo Brandão Cipolla. São Paulo: Martins Fontes, 2005.

MURPHY, Richard. *The joy of tax*: how a fair tax system can create a better society. London: Bantam Press, 2015.

NUNES, Cleucio Santos; SANTOS, Darlan Henrique Lopes dos. Tributação e inclusão das pessoas com deficiência: uma análise à luz da teoria da justiça como equidade de Rawls. *Revista Direito Tributário Atual*, São Paulo, ano 42, v. 56, p. 666-680, 2024. Disponível em: https://revista.ibdt.org.br/index.php/RDTA/article/view/2533/2279. Acesso em: 16 jun. 2024.

OBANDO, Roberto Ramos. Taxation of Persons with Disabilities. *ILP/Kenya's National Taxpayers Association*, jul. 2021. Disponível em: https://www.nta.or.ke/Resources/Reports/PWD%20and%20Taxation.pdf. Acesso em: 19 jun. 2024.

ORGANIZAÇÃO DOS ESTADOS AMERICANOS. *Convenção Americana sobre Direitos Humanos*. Disponível em: https://www.cidh.oas.org/basicos/portugues/c.convencao_americana.htm. Acesso em: 13 jun. 2024.

PENHA, Marcos Bueno Brandão da. *Tributação e direitos humanos*: as políticas tributárias dos estados, as condutas tributárias abusivas das empresas e dos direitos humanos. Rio de Janeiro: Lumen Juris, 2023.

PIKETTY, Thomas. *O capital no século XXI*. Tradução de Monica Baumgarten de Bolle. Rio de Janeiro: Intrínseca, 2014.

PIOVESAN, Flávia. *Temas de direitos humanos*. 9. ed. São Paulo: Saraiva, 2016.

QUEIROZ, Liana Carine Fernandes de; MINARDI, Josiane Ribeiro. A tributação das tecnologias assistivas de inclusão à pessoa com deficiência. *Contemporânea – Revista de Ética e Filosofia Política*, v. 1, n. 1, jan./fev. 2022. Disponível em: https://ojs.revistacontemporanea.com/ojs/index.php/home/article/view/57/37. Acesso em: 19 jun. 2024.

QUEIROZ, Luís Cesar Souza de. *Imposto de renda*: requisitos para uma tributação constitucional. 4. ed., rev. e ampl. Rio de Janeiro: GZ, 2020.

REMEDIO, José Antônio. *Pessoas com deficiência e autistas*: direitos e benefícios, inclusão social, políticas públicas, educação e tutela judicial individual e coletiva. Curitiba: Juruá, 2021.

RIBEIRO, Lauro Luiz Gomes. As normas constitucionais de tutela das pessoas portadoras de deficiência. *In*: PIOVESAN, Flávia; GARCIA, Maria (Org.). *Direitos Humanos* – Grupos vulneráveis. São Paulo: Revista dos Tribunais, 2011. v. IV.

RIBEIRO, Ricardo Lodi. *Limitações constitucionais ao poder de tributar*. Rio de Janeiro: Lumen Juris, 2010.

RIBEIRO, Ricardo Lodi. Tributação e desigualdade social no Brasil. *In*: QUEIROZ, Luís Cesar Souza de; ABRAHAM, Marcus; CAMPOS, Carlos Alexandre de Azevedo. *Estado fiscal e tributação*. Rio de Janeiro: LMJ Mundo Jurídico, 2015.

ROCHA, Isabelle. *Tributação e gênero*: como o Imposto de Renda Pessoa Física afeta as desigualdades entre homens e mulheres. Belo Horizonte: Dialética, 2021.

ROCHA, Sergio André. *Fundamentos do direito tributário brasileiro*. 1. ed. Belo Horizonte: Letramento; Casa do Direito; Direito Tributário e Financeiro, 2020.

SAEZ, Emmanuel; ZUCMAN, Gabriel. *The triumph of injustice*: how the rich dodge taxes and how to make them pay. [s.l.]: W. W. Norton & Company, 2019. Edição do Kindle.

SCHOUERI, Luís Eduardo. *Direito tributário*. 9. ed. São Paulo: Saraiva Educação, 2019.

SCHOUERI, Luís Eduardo. *Normas tributárias indutoras e intervenção econômica*. Rio de Janeiro: Forense, 2005.

SCHUTTER, Olivier De. Taxing for the realization of economic, social, and cultural rights. *In*: ALSTON, Philip; REISCH, Nikki (Ed.). *Tax, inequality and human rights*. New York: Oxford University Press, 2019.

SETO, Theodore P.; BUHAI, Sande L. Tax and disability: ability to pay and the taxation of difference. *University of Pennsylvania Law Review*, v. 154, n. 5, p. 1053-1146, 2006. Disponível em: https://ssrn.com/abstract=784692. Acesso em: 19 jun. 2024.

SILVEIRA, Paulo Caliendo. A extrafiscalidade como instrumento de implementação dos direitos fundamentais sociais no Brasil. *Revista Jurídica do Cesuca*, v. 2, n. 4, dez. 2014.

SMITH, Andre L. Recent cases of regressive and racially disparate taxation in the United States. *In*: ALSTON, Philip; REISCH, Nikki (Ed.). *Tax, inequality and human rights*. New York: Oxford University Press, 2019.

UNITED NATIONS. *Convention on the Elimination of All Forms of Discrimination against Women* – CEDAW. Disponível em: https://www.ohchr.org/en/instruments-mechanisms/instruments/convention-elimination-all-forms-discrimination-against-women. Acesso em: 13 jun. 2024.

UNITED NATIONS. *Convention on the Rights of Persons with Disabilities* – CRPD. Disponível em: https://www.ohchr.org/en/instruments-mechanisms/instruments/convention-rights-persons-disabilities. Acesso em: 12 jun. 2024.

UNITED NATIONS. *Convention on the Rights of the Child* – CRC. Disponível em: https://www.ohchr.org/en/instruments-mechanisms/instruments/convention-rights-child. Acesso em: 13 jun. 2024.

UNITED NATIONS. *International Covenant on Civil and Political Rights* – ICCPR. Disponível em: https://www.ohchr.org/en/instruments-mechanisms/instruments/international-covenant-civil-and-political-rights. Acesso em: 13 jun. 2024.

UNITED NATIONS. *Universal Declaration of Human Rights*. Disponível em: https://www.ohchr.org/en/human-rights/universal-declaration/translations/portuguese?LangID=por. Acesso em: 13 jun. 2024.

ZOLT, Eric M.; BIRD, Richard M. Redistribution via taxation: the limited role of the personal income tax in developing countries. *UCLA Law Review*, v. 52, 2005.

Informação bibliográfica deste texto, conforme a NBR 6023:2018 da Associação Brasileira de Normas Técnicas (ABNT):

PENHA, Marcos Bueno Brandão da. Direitos humanos, tributação e os direitos das pessoas com deficiência: breves comentários sobre a ADI nº 5.583. *In*: PAULA, Fernanda de; PENCAK, Nina (coord.). *Tributação, liberdade e igualdade*: as contribuições do Ministro Luís Roberto Barroso. Belo Horizonte: Fórum, 2025. p. 749-774. ISBN 978-65-5518-952-0.

PRECEDENTES RELEVANTES DE DIREITO TRIBUTÁRIO DE RELATORIA DO MINISTRO LUÍS ROBERTO BARROSO

MARCUS ABRAHAM

Introdução

Pelo presente artigo pretendemos celebrar a contribuição do Ministro Luís Roberto Barroso ao direito tributário brasileiro por meio da identificação e análise de alguns dos principais precedentes judiciais em matéria de direito tributário de sua relatoria ou tendo o seu voto como vencedor, no Supremo Tribunal Federal.

O texto está dividido em duas partes. A primeira parte, subdividida em três seções, contempla uma breve análise da teoria geral dos precedentes e sua ascensão à condição de fonte normativa primária, especialmente a partir da edição do Código de Processo Civil de 2015, destacando a sua função vinculante no direito tributário. Na segunda parte, passamos a apresentar alguns dos mais relevantes precedentes em matéria tributária sob a relatoria, ou como voto vencedor, do Ministro Barroso no Supremo Tribunal Federal.

1 Jurisprudência: origens, evolução e finalidades

Com as mudanças pelas quais vem passando o direito nacional nas últimas duas décadas, atualmente podemos considerar que a jurisprudência vinculante dos Tribunais Superiores foi alçada à condição propriamente de fonte do direito.[1]

Originariamente, o vocábulo deriva do latim *jurisprudentia*, resultado da composição de *juris* (genitivo latino de *jus*, significando "do Direito, relativo ao Direito") e de *prudentia* (sabedoria, conhecimento prático, proficiência). Segundo De Plácido e

---

[1] A presente seção é baseada na seção 5.3 da obra ABRAHAM, Marcus. *Curso de direito tributário brasileiro*. 5. ed. Rio de Janeiro: Forense, 2024. p. 147-150.

Silva,[2] trata-se da "ciência do Direito vista com sabedoria, ou o Direito aplicado com sabedoria". No direito romano, os juristas ou jurisprudentes romanos tinham a função de interpretar as normas jurídicas e preencher-lhes as lacunas (*interpretatio prudentium* ou *interpretatio iuris*). Na lição de Alexandre Correia e Gaetano Sciascia, a interpretação dada pelos juristas romanos tinha natureza de fonte do direito, pois

> [...] desenvolve e adapta o direito existente às necessidades sociais, que continuamente se apresentam e transformam criando novo direito. Os juristas são chamados *iuris auctores* [autores do direito] e *iuris conditores* [fundadores do direito]; de alguns se diz que *fundaverunt ius civile* [fundaram o direito dos cidadãos romanos].[3]

Na esteira da acepção colhida do direito romano, a expressão *jurisprudência*, conforme indica o jurista Miguel Reale,[4] poderia ser tomada, em um de seus significados, como sinônimo de *ciência do direito*. Mas o mesmo Miguel Reale,[5] em obra diversa, esclarece outra possibilidade semântica do termo: "Pela palavra 'jurisprudência' (*stricto sensu*) devemos entender a forma de revelação do direito que se processa através do exercício da jurisdição, em virtude de uma sucessão harmônica de decisões dos tribunais". E complementa:

> [...] o Direito jurisprudencial não se forma através de uma ou três sentenças, mas exige uma série de julgados que guardem, entre si, uma linha essencial de continuidade e coerência. Para que se possa falar em jurisprudência de um Tribunal, é necessário certo número de decisões que coincidam quanto à substância das questões objeto de seu pronunciamento.

Em inglês, o vocábulo *jurisprudência* também pode ser sinônimo da matéria conhecida no Brasil como "Filosofia do Direito", isto é, a reflexão filosófica sobre o direito distinta do estudo das normas de direito positivo e de seus diversos ramos. É o caso do uso do inglês *Jurisprudence* para designar a cadeira de Filosofia do Direito, bastante comum em faculdades norte-americanas (sinônimos possíveis para *Jurisprudence,* tomada como Filosofia do Direito, são *Legal Philosophy* ou *Legal Theory*).[6]

As explanações anteriores indicam que o uso da palavra *jurisprudência* tem sofrido variações semânticas ao longo da História. Hoje, entretanto, o seu sentido mais corriqueiro em língua portuguesa é o de *conjunto de decisões judiciais de tribunais sobre determinado assunto, em um mesmo sentido, tomadas de maneira reiterada, sucessiva e uniforme*.

Por jurisprudência, entende Orlando Gomes[7] "o conjunto de decisões dos tribunais sobre as matérias de sua competência ou uma série de julgados similares sobre a mesma matéria". Para Maria Helena Diniz,[8]

---

2 SILVA, De Plácido e. *Vocabulário jurídico*. Atualizadores Nagib Slaibi Filho e Glaucia Carvalho. 28. ed. Rio de Janeiro: Forense, 2010. p. 806.

3 CORREIA, Alexandre; SCIASCIA, Gaetano. *Manual de direito romano*. 5. ed. Estado da Guanabara: Freitas Bastos, 1969. p. 27.

4 REALE, Miguel. *Introdução à filosofia*. 4. ed. São Paulo: Saraiva, 2007. p. 68.

5 REALE, Miguel. *Lições preliminares de direito*. 27. ed. São Paulo: Saraiva, 2004. p. 167.

6 Contudo, em língua inglesa, também é possível utilizar a palavra *jurisprudence* como *ciência do direito*. É o que faz a Universidade de Oxford, que denomina seu curso de Direito como *Law* ou *Jurisprudence*.

7 GOMES, Orlando. *Contratos*. 6. ed. Rio de Janeiro: Forense, 1977. p. 53.

8 DINIZ, Maria Helena. *Compêndio de introdução à ciência do direito*. 5. ed. São Paulo: Saraiva, 1993. p. 290.

> [...] a Jurisprudência é o conjunto de decisões uniformes e constantes dos tribunais, resultante da aplicação de normas a casos semelhantes constituindo uma norma geral aplicável a toda as hipóteses similares e idênticas. É o conjunto de normas emanadas dos juízes em sua atividade jurisdicional.

Por sua vez, para Lenio Streck,[9] jurisprudência possui o seguinte significado: "conjunto de sentenças dos tribunais, abrangendo jurisprudência uniforme e contraditória". Conforme o Catedrático da Universidade Complutense de Madrid, Manuel Albaladejo,[10] constitui jurisprudência o modo reiterado e habitual de decidir uma questão. Nas lições de Paulo Nader,[11] "a jurisprudência constitui a definição do Direito elaborada pelos tribunais".

Por sua vez, Dimitri Dimoulis,[12] ao conceituar jurisprudência como "uma importante fonte do direito, já que permite resolver dúvidas jurídicas e pacificar conflitos sociais", estabelece a distinção de três figuras tradicionais de decisões do Poder Judiciário: a) *decisão isolada*: decisão final para um caso concreto; b) *jurisprudência assentada*: decisões uniformes, provenientes de vários tribunais, influenciando casos semelhantes para que sejam decididos da mesma forma no futuro; c) *súmulas*: proposições firmadas sobre a interpretação do direito que resultam de uma jurisprudência assentada no tribunal sobre temas controvertidos, formalizando as teses adotadas pelo tribunal.

Segundo Cristiano Chaves e Nelson Rosenvald, a jurisprudência consubstancia o conjunto de decisões judiciais proferidas em determinado sentido, afirmando a existência de uma linha de orientação sobre certos temas. Pressupõe dois elementos: o conhecimento do direito (pelos aplicadores) e sua aplicabilidade no caso concreto. Para tais autores, após o advento da Emenda Constitucional nº 45, a jurisprudência ganhou especial importância, podendo vincular a decisão do juiz de primeiro grau de jurisdição,[13] no que se convencionou chamar *jurisprudência com efeito vinculante*.[14]

Também o argentino Jorge Llambías[15] admite que a jurisprudência seja fonte formal do direito quando o ordenamento lhe confere qualidade de norma jurídica, ou seja, quando assume contornos vinculantes.

Hoje, o juiz deixa a sua função passiva de mero aplicador de códigos, leis e regras, para se tornar um intérprete ativo do direito, atividade desempenhada com base nos nobres valores do Estado de direito moderno, permitindo que a jurisprudência adquira significativa relevância e função, não apenas na seara processual para dirimir uma controvérsia específica, mas também para estabelecer um precedente vinculante, com reflexos na própria vida em sociedade.

---

9 STRECK, Lenio Luiz. *Súmulas no direito brasileiro*: eficácia, poder e função. Porto Alegre: Livraria do Advogado, 1998. p. 83.

10 ALBALADEJO, Manuel. *Derecho civil I*: introducción y parte general. 15. ed. Barcelona: Bosch, 2002. p. 128.

11 NADER, Paulo. *Introdução ao estudo do direito*. 31. ed. Rio de Janeiro: Forense, 2009. p. 172.

12 DIMOULIS, Dimitri. *Manual de introdução ao estudo do direito*. 4. ed. São Paulo: Revista dos Tribunais, 2011. p. 177-179.

13 Referência feita à súmula vinculante, apenas.

14 FARIAS, Cristiano Chaves de; ROSENVALD, Nelson. *Curso de direito civil*. 10. ed. Salvador: JusPodivm, 2012. v. 1. p. 108.

15 LLAMBÍAS, Jorge Joaquín. *Tratado de derecho civil*: parte general. 16. ed. Buenos Aires: Perrot, 1995. t. I. p. 80.

2 A jurisprudência no Código de Processo Civil de 2015

O Código de Processo Civil de 2015 (Lei nº 13.105/2015), por meio do seu art. 927, traz em seu texto um claro e inequívoco comando de tipos de decisões que devem ser observados pelos juízes e Tribunais: I – as decisões do Supremo Tribunal Federal em controle concentrado de constitucionalidade; II – os enunciados de súmula vinculante; III – os acórdãos em incidente de assunção de competência ou de resolução de demandas repetitivas e em julgamento de recursos extraordinário e especial repetitivos; IV – os enunciados das súmulas do Supremo Tribunal Federal em matéria constitucional e do Superior Tribunal de Justiça em matéria infraconstitucional; V – a orientação do plenário ou do órgão especial aos quais estiverem vinculados.

Ademais, para conferir estabilidade e solidez à jurisprudência firmada, inclusive com a adoção do mecanismo de modulação, o novo Código estabelece que a alteração de tese jurídica adotada em enunciado de súmula ou em julgamento de casos repetitivos poderá ser precedida de audiências públicas e da participação de pessoas, órgãos ou entidades que possam contribuir para a rediscussão da tese (§2º, art. 927) e, na hipótese de alteração de jurisprudência dominante do Supremo Tribunal Federal e dos tribunais superiores, ou daquela oriunda de julgamento de casos repetitivos, pode haver modulação dos efeitos da alteração no interesse social e no da segurança jurídica (§3º, art. 927), sendo certo que a modificação de enunciado de súmula, de jurisprudência pacificada ou da tese adotada em julgamento de casos repetitivos observará a necessidade de fundamentação adequada e específica, considerando os princípios da segurança jurídica, da proteção da confiança e da isonomia (§4º, art. 927).

O instituto da Repercussão Geral é previsto no art. 1.035 do CPC de 2015, de maneira similar ao texto anterior do art. 543-A, *caput*, ao estabelecer que o Supremo Tribunal Federal, em decisão irrecorrível, não conhecerá do recurso extraordinário, quando a questão constitucional nele versada não oferecer repercussão geral. Para efeito de repercussão geral, será considerada a existência ou não de questões relevantes do ponto de vista econômico, político, social ou jurídico que ultrapassem os interesses subjetivos do processo (art. 1.035, §1º). Segundo o atual Código, amplia-se o rol de hipóteses, ao prever que necessariamente haverá repercussão geral sempre que o recurso impugnar acórdão que: I – contrarie súmula ou jurisprudência dominante do Supremo Tribunal Federal; II – tenha reconhecido a inconstitucionalidade de tratado ou lei federal, nos termos do art. 97 da Constituição Federal (art. 1.035, §3º).

Por sua vez, o mecanismo de julgamento do recurso extraordinário e especial repetitivos, previstos separadamente nos antigos arts. 543-B e 543-C do CPC/1973, vem agora consagrado de maneira unificada no art. 1.036 e seguintes do CPC de 2015.

Vê-se, portanto, que o texto e o espírito do Código de Processo Civil vigente (Lei nº 13.105/2015) não apenas dão continuidade ao processo de potencialização da força vinculante da jurisprudência, que já vinha ocorrendo nos últimos anos na esteira da sua ascensão à categoria de fonte primária do direito, mas o aperfeiçoam.

E a jurisprudência no direito tributário tem hoje em dia um papel de destaque, uma vez que parte expressiva das súmulas vinculantes, repercussões gerais e recursos repetitivos firmados pelos nossos Tribunais Superiores são em matéria tributária.

3 Jurisprudência tributária vinculante

Ao voltarmos o olhar para o direito tributário brasileiro, identificamos uma espécie de vocação desse ramo do direito para a aplicação dessas técnicas de precedentes, bem como para o seu enquadramento no que se denomina hoje de demandas processuais repetitivas.[16]

Uma primeira razão possível encontra-se na própria natureza do poder de tributar. Sendo este uma emanação direta da soberania estatal, consagram-se relações jurídicas tributárias fundadas no direito público e de caráter *compulsório*. Todas as pessoas presentes no território nacional (sejam físicas ou jurídicas) estão submetidas a esse incontrastável poder como forma de contribuir para a vida em sociedade (o dever fundamental de pagar tributos). Logo, o número de pessoas submetidas *obrigatoriamente* a estas relações jurídicas é maciço.

Diferentemente das relações patrimoniais de direito privado, em que o contratante, caso insatisfeito, pode simplesmente recusar-se a contratar ou manter-se em uma relação jurídica, não há autonomia da vontade do sujeito passivo tributário que o permita não se submeter à incidência tributária uma vez ocorrido o fato gerador. Esta realidade demonstra o potencial multiplicador de demandas em razão justamente do milionário número de contribuintes ou responsáveis tributários, recordando-se que, a cada fato gerador, nasce uma obrigação tributária nova, de modo que um mesmo sujeito passivo possui, em verdade, várias relações tributárias com o Fisco, aumentando exponencialmente o número de relações tributárias que potencialmente podem ser levadas até os tribunais.

Outra explicação se encontra na configuração do Estado democrático social que a Constituição Federal de 1988 conferiu a nossa República. Se o Estado é chamado a dar efetividade às normas constitucionais e a assumir cada vez mais políticas públicas que atendam às necessidades coletivas, a outra face da moeda só pode ser a premência de recursos financeiros para fazer frente a estes gastos.

Como o Estado contemporâneo tem nos tributos a sua principal fonte de receitas, é óbvio que a Administração buscará cada vez mais sofisticar não só seu sistema tributário, buscando angariar mais recursos a partir da criação de novas espécies tributárias ou majoração das já existentes, mas também afinar os meios de execução do crédito fiscal. A este respeito, a lição do Ministro do STF Marco Aurélio Mello:[17]

> o Estado não prescinde dos recursos tributários, obtidos de pessoas naturais e jurídicas, para satisfazer as necessidades públicas assim como alcançar fins sociopolíticos. Segundo Aliomar Baleeiro, revela-se "o traço da economia coativa" – os tributos são "meios ordinários e normais de manutenção do Estado e de seu sistema de serviços públicos" e podem servir de "instrumento de intervenção ou regulação pública". A tributação, além de mostrar-se inerente ao funcionamento estatal típico, custeando atividades básicas, é mecanismo de transformação social e econômica voltada à redistribuição de bens e oportunidades. O tributo se faz onipresente.

---

[16] A presente seção é baseada na obra ABRAHAM, Marcus; PEREIRA, Vítor Pimentel. *Jurisprudência tributária vinculante*: teoria e precedentes. São Paulo: Quartier Latin, 2013. p. 83-88 (seção 1.6).

[17] MELLO, Marco Aurélio Mendes de Farias. Interpretação constitucional e controvérsias tributárias. *In*: GRUPENMACHER, Betina Treiger (Coord.). *Tributação*: democracia e liberdade (em homenagem à Ministra Denise Martins Arruda). São Paulo: Noeses, 2014. p. 1.135.

A necessidade crescente de recursos, além de gerar insatisfação por parte do contribuinte, que pode ir ao Judiciário contestar tal cobrança, também pode criar uma mentalidade arrecadatória a qualquer custo em certos agentes do Fisco, o que conduziria à desconsideração das garantias do contribuinte pela própria Administração Tributária (embora o direito financeiro e tributário modernos não se compadeçam com esta mentalidade), como se a finalidade de arrecadar justificasse quaisquer meios empregados para tanto.

Um terceiro motivo diz respeito à própria configuração do sistema tributário brasileiro, em que as principais garantias do sujeito passivo tributário encontram-se não em legislação infraconstitucional, como em boa parte dos países, mas na própria Constituição. A inserção de várias limitações ao poder de tributar no texto constitucional permite que diversas discussões sobre tributos em nosso país tenham reflexo constitucional direto, abrindo acesso ao Supremo Tribunal Federal, por ser este o guardião último da Lei Maior.

Outra questão relaciona-se ao fato de que a legislação tributária nacional é assaz complexa, consubstanciando verdadeiro *cipoal* de normas cuja interpretação e aplicação quase nunca é simples. Isso também contribui para o aumento da conflitividade, a qual só poderá ser solvida definitivamente pelo Judiciário.

Por fim, aponte-se que as demandas em matéria tributária, muitas vezes, versam sobre questões de direito, e não tanto sobre fatos, sendo os fatos em geral analisados com base em prova documental trazida pelas partes. Audiências de instrução e julgamento para oitiva de testemunhas são raras na seara tributária.

Ora, do ponto de vista processual, quando não há grande divergência fática na origem dos conflitos, é comum que as demandas se repitam com frequência, bem como as teses jurídicas trazidas pelas partes sejam as mesmas. Por este motivo, dado o grande número de contribuintes por vezes esgrimindo as mesmas teses, é comum que se usem modelos gerais de petições em ambos os polos da relação processual (tanto do lado da Fazenda Pública como do lado do contribuinte). Esta situação instaura um terreno fértil para o raciocínio analógico a partir de precedentes jurisprudenciais.

Apenas para indicar esta realidade, estima-se que hoje cerca de 25% das súmulas vinculantes são relacionadas ao direito tributário, cerca de 30% das repercussões gerais julgadas pelo STF são de matéria tributária, e cerca de 25% dos recursos repetitivos julgados pelo STJ referem-se a temas de direito tributário. Parece-nos inequívoca a aplicação da verticalização da jurisprudência na temática tributária, ilustrando a multiplicidade de precedentes vinculantes e a rapidez com que nosso direito tem se aproximado do *common law*.

O objetivo da *verticalização da jurisprudência dos Tribunais Superiores* é dúplice: conferir maior celeridade ao julgamento dos processos e, ao mesmo tempo, uniformizar a jurisprudência, intentando dar a mesma solução a casos similares como forma de promover a igualdade entre os jurisdicionados.

Além do ganho em celeridade processual, agora alçada a garantia fundamental pela Constituição, busca-se evitar o deletério efeito de haver decisões em sentido contrário em hipóteses idênticas. Nada desaponta mais o cidadão a quem se nega uma tutela jurisdicional que ver o seu concidadão ter o direito reconhecido pelo Poder Judiciário, em situação idêntica, enquanto o seu direito foi rechaçado.

Como salientou o jusfilósofo Alf Ross ao tratar dos precedentes judiciais:

> Com certeza pode-se ter como pacífico que os precedentes, isto é, as decisões jurídicas anteriores, desempenharam sempre um papel importante na decisão relativa a uma disputa legal perante um tribunal. O fato de que num caso anterior de caráter similar se tenha escolhido uma certa regra como fundamento da decisão, constitui um forte motivo para que o juiz baseie a decisão presente na mesma regra. Além de tal procedimento poupar tempo, dificuldades e responsabilidades ao juiz, esse motivo está estreitamente relacionado à ideia de justiça formal, a qual em todos os tempos parece ter sido um elemento essencial da administração de justiça: a exigência de que os casos análogos recebam tratamento similar, ou de que cada decisão concreta seja baseada numa regra geral.[18]

O potencial de pacificação social ínsito na eficácia uniformizadora, isonômica e estabilizadora destes novos métodos não é desprezível, mormente em razão de que, como ensina a teoria geral do processo, é função precípua da prestação jurisdicional buscar a paz social por meio da composição dos litígios.

4 Precedentes tributários do Ministro Luís Roberto Barroso

Nestes mais de dez anos de atuação como magistrado no Supremo Tribunal Federal, o Ministro Luís Roberto Barroso vem tendo um papel fundamental na formação de precedentes em matéria de direito tributário. Passamos a analisar alguns que reputamos mais significativos.

No julgamento do RE nº 576.967/PR, no ano de 2019, em que se discutiu a incidência de contribuição previdenciária a cargo do empregador sobre o salário maternidade (Tema Repercussão Geral nº 72), o Ministro Luís Roberto Barroso, relator do caso, concluiu pela não incidência da contribuição previdenciária patronal sobre o salário-maternidade. De acordo com o voto condutor do julgamento, proferido pelo Ministro Barroso, a incidência da contribuição previdenciária sobre o salário-maternidade implicaria violação ao princípio da isonomia, "considerando a discriminação da mulher no mercado de trabalho, potencializada pela incidência do tributo, bem como a necessidade da proteção à maternidade".

Na ADI nº 5.635/DF, julgada em 2023, o Supremo Tribunal Federal foi provocado a se manifestar sobre a constitucionalidade dos depósitos para o Fundo Estadual de Equilíbrio Fiscal (FEEF), instituído pela Lei nº 7.428/16 e para o seu sucessor, o Fundo Orçamentário Temporário (FOT), instituído pela Lei nº 8.645/19, ambas do Estado do Rio de Janeiro. O Ministro Barroso, relator do caso, proferiu voto vencedor em que reconheceu ser constitucional a criação de fundo atípico com a finalidade de promover o equilíbrio fiscal da respectiva unidade federada, desde que as receitas possuam destinação genérica.

Ao proferir voto nas ADIs nºs 5.881/DF, 5.886/DF, 5.890/DF, 5.931/DF e 5.932/DF, em 2020, cujo objeto versou sobre a validade da averbação "pré-executória" da indisponibilidade de bens de devedores da Fazenda Nacional, criada pelo art. 25 da Lei nº 13.606/18, o Ministro Barroso apresentou voto-vista vencedor no qual concluiu que

---

[18] ROSS, Alf. *Direito e justiça*. Tradução de Edson Bini. Bauru: Edipro, 2000. p. 111.

a indisponibilidade automática de bens e direitos sujeitos a arresto ou penhora por ato administrativo é inconstitucional, por violação ao princípio da proporcionalidade, visto que "há meios menos gravosos a direitos fundamentais do contribuinte que podem ser utilizados para atingir o mesmo objetivo: impedir a dilapidação patrimonial pelo devedor". Salientou que a indisponibilidade deve observar a reserva de jurisdição, o contraditório e a ampla defesa, por se tratar de forte intervenção no direito de propriedade.

Outro caso paradigmático na jurisprudência do Supremo Tribunal Federal, também relatado pelo Ministro Barroso, refere-se ao RE nº 630.790, julgado em 2022, que tratou do alcance da imunidade tributária em relação ao Imposto de Importação para entidades que executam atividades filantrópicas fundadas em preceitos religiosos (Tema nº 336 da Repercussão Geral). Em seu voto vencedor, o ministro defendeu que as ações assistenciais exercidas por entidades religiosas são compatíveis com o modelo constitucional brasileiro de assistência social, de modo que a imunidade prevista no art. 150, IV, "c", da Constituição Federal não deve ser restrita ao seu patrimônio, renda ou serviços, mas deve abranger também eventuais propósitos paralelos, como a importação de produtos, desde que os valores obtidos sejam revertidos à consecução dos seus objetivos sociais.

O Ministro Luís Roberto Barroso também proferiu relevantes votos em processos nos quais o Supremo Tribunal Federal analisou aspectos importantes do Imposto sobre Operações relativas à Circulação de Mercadorias e sobre Prestações de Serviços de Transporte Interestadual e Intermunicipal e de Comunicação (ICMS). Ao apreciar o RE nº 851.421/DF, julgado em 2021, cuja controvérsia consistiu em definir se havia a possibilidade de lei estadual ou distrital, com amparo em convênio do Confaz, conceder remissão de créditos de ICMS oriundos de benefícios fiscais anteriormente julgados inconstitucionais (Tema nº 817 da Repercussão Geral), o Plenário do Supremo Tribunal Federal, seguindo o voto proferido pelo Ministro Barroso, relator do caso, concluiu que lei estadual ou distrital pode, mediante a autorização do Confaz, perdoar dívidas de ICMS decorrentes de benefícios fiscais julgados inconstitucionais, uma vez que a lei não está reinserindo tais benefícios no ordenamento jurídico, mas, sim, criando um novo benefício fiscal para preservar a segurança jurídica dos contribuintes e do próprio ente federativo.

Já no RE nº 593.849/MG, julgamento concluído no ano de 2023, em que se discutiu, à luz do art. 150, §7º, da Constituição Federal, a constitucionalidade, ou não, da restituição da diferença do ICMS pago a maior no regime de substituição tributária, quando a base de cálculo efetiva da operação for inferior à presumida (Tema nº 201 da Repercussão Geral), o Ministro Luís Roberto Barroso defendeu, em seu voto vista, a tese de repercussão geral no sentido de ser devida a restituição da diferença do ICMS pago a maior no regime de substituição tributária *para frente*, quando a base de cálculo efetiva da operação for inferior à presumida. Em seu voto, o ministro salientou que "violaria o princípio constitucional da capacidade contributiva, em primeiro lugar, tributar-se a maior, quando é perfeitamente possível utilizar a base de cálculo do valor efetivo da operação".

Outra discussão relevante acerca do ICMS examinada pelo STF no ano de 2020 diz respeito à incidência do ICMS nas operações de transporte de mercadorias destinadas ao exterior. A matéria, que foi apreciada pela Suprema Corte no julgamento dos Embargos de Declaração no RE nº 602.399/MG, dizia respeito ao alcance da imunidade tributária prevista no art. 155, §2º, X, "a", da Constituição Federal, segundo a qual o ICMS não incidirá sobre operações que destinem mercadorias para o exterior, nem sobre serviços prestados a destinatários no exterior, assegurada a manutenção e o aproveitamento do montante do imposto cobrado nas operações e prestações anteriores. De acordo com o voto do Ministro Barroso, relator, a imunidade tributária prevista no art. 155, §2º, X, "a", da Constituição Federal é benefício restrito às operações de exportação de produtos industrializados, não abrangendo o serviço utilizado no transporte interestadual ou intermunicipal dos referidos bens.

No julgamento, em 2023, da ADI nº 7.158/DF, ajuizada em face do §7º do art. 11 da Lei Complementar nº 87/1996 (na redação dada pela Lei Complementar nº 190/2022), e da qual também foi relator o Ministro Luís Roberto Barroso, o Supremo Tribunal Federal declarou a constitucionalidade do critério previsto neste dispositivo, na redação dada pela Lei Complementar nº 190/2022, que considera como estado destinatário, para efeito do recolhimento do diferencial de alíquota do ICMS (art. 155, §2º, VII, da CF/1988), aquele em que efetivamente ocorrer a entrada física da mercadoria ou o fim da prestação do serviço, uma vez que em sintonia com a Emenda Constitucional nº 87/2015. Para o relator, ao fixar como sujeito ativo do diferencial de alíquotas do ICMS (Difal-ICMS) o Estado em que efetivamente ocorrer a entrada física da mercadoria ou o fim da prestação do serviço, quando outro for o domicílio fiscal do adquirente ou tomador, o legislador infraconstitucional buscou assegurar o equilíbrio na arrecadação tributária do ICMS pelas unidades federadas, garantindo-se receita tanto para os estados produtores quanto para os entes de destino das mercadorias ou serviços.

Outro tema especialmente relevante para a disciplina jurídica do ICMS, objeto da ADC nº 49/RN julgada em 2023, e que contou com voto substancioso do Ministro Luís Roberto Barroso, refere-se à incidência do ICMS na transferência de mercadorias entre estabelecimentos de mesmo titular. Em seu voto-vista, o Ministro Barroso acompanhou o relator e concluiu pela inconstitucionalidade de dispositivos da Lei Complementar nº 87, de 13.9.1996, que permitiram a cobrança do imposto na transferência de mercadoria entre estabelecimentos de mesmo titular. Ademais, reconheceu-se que a inconstitucionalidade da incidência do ICMS na transferência de mercadoria entre estabelecimentos de mesmo titular não afasta o direito do contribuinte ao crédito da operação anterior, em respeito ao princípio da não cumulatividade, conferindo aos estados prazo para, até o final do ano de 2024, regulamentarem a transferência de créditos entre estabelecimentos de mesmo titular. Por fim, acolheu-se a sugestão do Ministro Barroso para que constasse da tese de repercussão geral o entendimento de que "exaurido o prazo sem que os Estados disciplinem a transferência de créditos de ICMS entre estabelecimentos de mesmo titular, fica reconhecido o direito dos sujeitos passivos de transferirem tais créditos".

Por sua vez, na ADI nº 5.576/SP, em 2021, em que se discutiu a validade da incidência do ICMS sobre o licenciamento ou cessão do direito de uso de programas de computador, o Supremo Tribunal Federal, seguindo o voto proferido pelo Ministro Barroso, relator do processo, votou pela procedência parcial da ação para dar "interpretação conforme a Constituição ao art. 2º da Lei Complementar nº 87/96 e ao art. 1º da Lei do Estado de São Paulo nº 6.374/89, de modo a impedir a incidência do ICMS sobre o licenciamento ou cessão do direito de uso de programas de computador".

Em seu voto, registrou que as operações relativas ao licenciamento ou cessão do direito de uso de *software*, seja ele padronizado, seja elaborado por encomenda, devem sofrer a incidência do ISS, pois o

> legislador complementar buscou dirimir o conflito de competência tributária (art. 146, I, da CF), no subitem 1.05 da lista de serviços tributáveis pelo ISS anexa à Lei Complementar nº 116/2003, prevendo o "licenciamento ou cessão de direito de uso de programas de computação".

Outro tema relevante, dessa vez relacionado ao IPI, foi julgado em 2023 pelo STF nos autos do RE nº 593.544/RS, que versou sobre a inclusão, ou não, do crédito presumido de IPI, instituído pela Lei nº 9.363/96, na base de cálculo da Contribuição ao PIS e da Cofins, sob a sistemática cumulativa (Tema nº 504 da Repercussão Geral). O Plenário do STF concluiu que, embora constitua receita, o crédito presumido de IPI não se enquadra no conceito de faturamento. De acordo com o Ministro Luís Roberto Barroso, relator do caso, o crédito presumido de IPI não é resultado da venda de bens ou da prestação de serviços, mas sim um incentivo fiscal para desonerar as exportações.

O Ministro Barroso também deu importante contribuição para a definição dos aspectos constitucionais do princípio da seletividade aplicado ao Imposto Predial e Territorial Urbano (IPTU). Em 2020, no RE nº 666.156/RJ, de sua relatoria, o Supremo Tribunal Federal discutiu a possibilidade de aplicação do princípio da seletividade de IPTU antes da EC nº 29/2000 (Tema nº 523 da Repercussão Geral). O ministro relator, cujo voto foi vencedor, concluiu pela possibilidade da instituição de alíquotas diferenciadas de IPTU com base na destinação e situação do imóvel (residencial ou comercial, edificado ou não edificado), em período anterior à edição da Emenda Constitucional nº 29/2000, o que não se confunde com o estabelecimento de alíquotas progressivas, cuja constitucionalidade, em momento anterior à emenda constitucional, foi reconhecida apenas para assegurar o cumprimento da função social da propriedade.

No que se refere ao Imposto de Renda (pessoa física), o Ministro Barroso proferiu voto-vista vencedor na ADI nº 5.583/DF (2020), cujo mérito consistiu em discutir a possibilidade de inclusão de pessoas com deficiência (*PcDs*) maiores de 21 anos no rol de dependentes, para fins de dedução do IRPF, independentemente da capacidade física ou mental para o trabalho. Em seu voto, o ministro destacou que limitar à condição de dependente, para fins de dedução do IRPF, pessoas incapacitadas para o trabalho configura uma discriminação direta das pessoas com deficiência.

Além disso, salientou que a Constituição proíbe que o tratamento tributário seja discriminatório, em afronta à isonomia, ou que "prejudique o direito ao trabalho das pessoas com deficiência e afronte o conceito constitucional de renda e a capacidade contributiva de quem arca com as despesas". Assim, o STF fixou a tese de que "Na apuração do imposto sobre a renda de pessoa física, a pessoa com deficiência que supere o limite etário e seja capacitada para o trabalho pode ser considerada como dependente quando a sua remuneração não exceder as deduções autorizadas por lei".

Já no julgamento do RE nº 949.297/CE (Tema nº 881 da Repercussão Geral) e do RE nº 955.227/BA (Tema nº 885 da Repercussão Geral), ambos de 2023, em que o STF foi provocado a se manifestar sobre os efeitos temporais da coisa julgada em matéria tributária, o Ministro Luís Roberto Barroso proferiu votos decisivos no sentido de que as decisões do STF em controle incidental de constitucionalidade, anteriores à instituição do regime de repercussão geral, não impactam automaticamente a coisa julgada que se tenha formado, mesmo nas relações jurídicas tributárias de trato sucessivo.

Por outro lado, reconheceu que as decisões proferidas em ação direta ou em sede de repercussão geral interrompem automaticamente os efeitos temporais das decisões transitadas em julgado nas relações de trato sucessivo, respeitadas a irretroatividade, a anterioridade anual e a noventena ou a anterioridade nonagesimal, conforme a natureza do tributo.

Na ACO nº 1.098/MG (2020), o STF discutiu a juridicidade da regra prevista no art. 4º, III, da Instrução Normativa nº 695/2006 da Secretaria da Receita Federal, que impôs aos órgãos públicos estaduais, municipais e distritais a obrigação tributária acessória de apresentar, semestralmente, a Declaração de Débitos e Créditos de Tributos Federais (DCTF). O Ministro Luís Roberto Barroso, relator do caso, proferiu voto vencedor no sentido de que

> não vislumbro ofensa ao princípio da isonomia ou ao pacto federativo em razão de a obrigação de apresentação da DCTF ter sido imposta aos Estados, aos Municípios e ao Distrito Federal, mas não à União, [tendo em vista que] (i) "o SIAFI age como meio de fiscalização do recolhimento dos tributos federais pelos órgãos públicos da administração direta da União"; (ii) "a DCTF constitui instrumento de controle do recolhimento de tributos federais devidos por contribuintes, inclusive entes estaduais, distritais e municipais"; e (iii) "não seria razoável que a Receita Federal do Brasil exigisse da União informações de que ela já dispõe".

Por ocasião do julgamento da ADI nº 5.374/PA (2021), o Ministro Luís Roberto Barroso, também na qualidade de relator, proferiu voto vencedor em que reconheceu a inconstitucionalidade de dispositivo de lei estadual que instituiu taxa com fundamento no poder de polícia exercido sobre a atividade de exploração de recursos hídricos no território do respectivo estado. De acordo com o ministro, embora a competência político-administrativa comum para a proteção do meio ambiente legitime a criação de tributo na modalidade taxa para remunerar a atividade de fiscalização dos estados, a Lei nº 8.091/2014, do Estado do Pará, violou o princípio da capacidade contributiva, na dimensão do custo/benefício, ao instituir taxa de polícia ambiental cuja base de cálculo excede flagrante e desproporcionalmente os custos da atividade estatal de fiscalização.

Outra discussão importante, objeto do RE nº 1.243.414/RS (2023), de que também foi relator o Ministro Barroso, envolveu a possibilidade de uma fundação instituída e mantida pelo Poder Público ser enquadrada no conceito de entidade beneficente de assistência social e, por consequência, gozar da imunidade relativa às contribuições sociais (art. 195, §7º, da CF/1988). Ao proferir o voto condutor do acórdão, o Ministro Barroso salientou que os *entes públicos* "já gozam da presunção de utilidade pública e desempenham, por força de normas emanadas do próprio Estado, atividades de notório interesse coletivo, não cabendo qualquer tipo de compensação de natureza tributária pelo exercício de suas atribuições", bem como que "a imunidade tributária prevista no art. 195, §7º, da CF/1988 busca alcançar somente as entidades não estatais que exerçam atividades de interesse coletivo em colaboração com o Estado".

Em tema de responsabilidade tributária de terceiros, o Supremo Tribunal Federal julgou a ADI nº 6.284/GO (2021), que visou à declaração de inconstitucionalidade dos arts. 45, XII-A, XIII e §2º, da Lei nº 11.651/1991, do Estado de Goiás, e 36, XII-A e XIII, do Decreto nº 4.852/1997, do mesmo estado, nos quais se atribui ao contabilista a responsabilidade solidária com o contribuinte ou com o substituto tributário, quanto ao pagamento de impostos e de penalidades pecuniárias, no caso de suas ações ou omissões concorrerem para a prática de infração à legislação tributária. O Ministro Luís Roberto Barroso, relator do caso, votou no sentido de declarar a inconstitucionalidade dos dispositivos impugnados, propondo a fixação da seguinte tese: "É inconstitucional lei estadual que disciplina a responsabilidade de terceiros por infrações de forma diversa das regras gerais estabelecidas pelo Código Tributário Nacional".

No RE nº 591.340/SP (2019), cujo objeto consistiu em determinar a constitucionalidade, ou não, da limitação do direito de compensação de prejuízos fiscais do IRPJ e da base de cálculo negativa da CSLL (Tema nº 117 da Repercussão Geral), o Ministro Barroso acompanhou a divergência inaugurada pelo Ministro Alexandre de Moraes e votou no sentido de não haver violação a nenhum princípio constitucional na decisão do legislador de limitar a compensação dos prejuízos fiscais. Para ele, não houve violação a qualquer dos direitos fundamentais dos contribuintes que "me anime a sobrepor a minha própria valoração à que foi feita pelo legislador ordinário".

Por fim, em 2021, no julgamento das ADIs nºs 6.403/DF e 6.415/DF (ainda não encerrado), em que o Supremo Tribunal Federal foi chamado a se manifestar sobre a constitucionalidade da extinção do voto de qualidade no CARF, o Ministro Luís Roberto Barroso apresentou voto-vista divergente defendendo a constitucionalidade do desempate a favor do contribuinte e, consequentemente, pela extinção do voto de qualidade no CARF, promovida pelo art. 28 da Lei nº 13.988/2020, decorrente da conversão da Medida Provisória nº 899/2019, sob a condição de que seja possibilitado à Fazenda Pública o ajuizamento de ações para restabelecer o lançamento.

Conclusão

A análise da teoria dos precedentes vinculantes, feita na primeira parte deste texto – e de como o direito brasileiro a incorporou –, permitiu-nos oferecer o arcabouço teórico para, na segunda parte, realizar uma investigação do modo pelo qual, na seara tributária, o Professor e Ministro Luís Roberto Barroso vem concretamente aplicando o poder de vinculação conferido ao Supremo Tribunal Federal em sua missão de guardião da Constituição.

Da apresentação – posto que resumida – de suas decisões tributárias, exsurge o sentimento de um intenso compromisso com a efetividade de nossa Lei Maior e com a tutela de direitos jusfundamentais, inclusive em sua vertente social.

Em cada voto, revela-se uma personalidade profundamente preocupada com as consequências *práticas* das decisões do órgão de cúpula do Judiciário. Em suas decisões, sempre muito bem ponderadas e fundamentadas, deixa-se antever um homem que conhece o peso e a responsabilidade da caneta que maneja e do cargo que ocupa, e de como a missão que lhe foi confiada é de papel ímpar na definição, juntamente com os dois outros poderes da República, dos destinos da nação.

Referências

ABRAHAM, Marcus. *Curso de direito tributário brasileiro*. 5. ed. Rio de Janeiro: Forense, 2024.

ABRAHAM, Marcus; PEREIRA, Vítor Pimentel. *Jurisprudência tributária vinculante*: teoria e precedentes. São Paulo: Quartier Latin, 2013.

ALBALADEJO, Manuel. *Derecho civil I*: introducción y parte general. 15. ed. Barcelona: Bosch, 2002.

CORREIA, Alexandre; SCIASCIA, Gaetano. *Manual de direito romano*. 5. ed. Estado da Guanabara: Freitas Bastos, 1969.

DIMOULIS, Dimitri. *Manual de introdução ao estudo do direito*. 4. ed. São Paulo: Revista dos Tribunais, 2011.

DINIZ, Maria Helena. *Compêndio de introdução à ciência do direito*. 5. ed. São Paulo: Saraiva, 1993.

FARIAS, Cristiano Chaves de; ROSENVALD, Nelson. *Curso de direito civil*. 10. ed. Salvador: JusPodivm, 2012. v. 1.

GOMES, Orlando. *Contratos*. 6. ed. Rio de Janeiro: Forense, 1977.

LLAMBÍAS, Jorge Joaquín. *Tratado de derecho civil*: parte general. 16. ed. Buenos Aires: Perrot, 1995. t. I.

MELLO, Marco Aurélio Mendes de Farias. Interpretação constitucional e controvérsias tributárias. *In*: GRUPENMACHER, Betina Treiger (Coord.). *Tributação*: democracia e liberdade (em homenagem à Ministra Denise Martins Arruda). São Paulo: Noeses, 2014.

NADER, Paulo. *Introdução ao estudo do direito*. 31. ed. Rio de Janeiro: Forense, 2009.

REALE, Miguel. *Introdução à filosofia*. 4. ed. São Paulo: Saraiva, 2007.

REALE, Miguel. *Lições preliminares de direito*. 27. ed. São Paulo: Saraiva, 2004.

ROSS, Alf. *Direito e justiça*. Tradução de Edson Bini. Bauru: Edipro, 2000.

SILVA, De Plácido e. *Vocabulário jurídico*. Atualizadores Nagib Slaibi Filho e Glaucia Carvalho. 28. ed. Rio de Janeiro: Forense, 2010.

STRECK, Lenio Luiz. *Súmulas no direito brasileiro*: eficácia, poder e função. Porto Alegre: Livraria do Advogado, 1998.

Informação bibliográfica deste texto, conforme a NBR 6023:2018 da Associação Brasileira de Normas Técnicas (ABNT):

ABRAHAM, Marcus. Precedentes relevantes de direito tributário de relatoria do Ministro Luís Roberto Barroso. *In*: PAULA, Fernanda de; PENCAK, Nina (coord.). *Tributação, liberdade e igualdade*: as contribuições do Ministro Luís Roberto Barroso. Belo Horizonte: Fórum, 2025. p. 775-787. ISBN 978-65-5518-952-0.

SIGILO BANCÁRIO E FISCAL NA JURISPRUDÊNCIA DO STF: A CONTRIBUIÇÃO DO MINISTRO LUÍS ROBERTO BARROSO

MARCUS VINICIUS BARBOSA

I Introdução

No Brasil, o direito tributário tem exercido um papel de protagonista na agenda do Supremo Tribunal Federal desde a Constituição de 1988.[1] Tal constatação nem por isso significa julgamentos relacionados a temas verdadeiramente constitucionais, que se conectem com as tensões mais genuínas no campo da tributação: respeito aos direitos fundamentais dos contribuintes, federalismo, tributação regulatória etc.[2] Ao contrário, o Supremo ainda hoje continua a ter de se debruçar sobre um número impressionante de temas sem nenhum conteúdo materialmente constitucional, em meio a uma pauta concorridíssima.[3] Muitas vezes, mesmo quando são julgados temas materialmente de

---

1 Nesse sentido, v. BARROSO, Luís Roberto; BARBOSA, Marcus Vinicius Cardoso. Direito tributário e o Supremo Tribunal Federal: passado, presente e futuro. *Universitas Jus*, Brasília, v. 27, p. 1-20, 2016; e Rocha, Sergio André. O protagonismo do STF na interpretação da Constituição pode afetar a segurança jurídica judicial em matéria tributária? In: ROCHA, Valdir de Oliveira (Coord.). Grandes questões atuais do direito tributário. São Paulo: Dialética, v. 15, 2011, pp. 415-430.

2 Sobre o tema, v. BARROSO, Luís Roberto; BARBOSA, Marcus Vinicius Cardoso. Direito tributário e o Supremo Tribunal Federal: passado, presente e futuro. *Universitas Jus*, Brasília, v. 27, p. 1-20, 2016.

3 Por exemplo, entre os temas de repercussão, é possível localizar ao menos quatro diferentes e que dizem respeito à contribuição para o Funrural: (i) contribuição para o Funrural do segurado especial (STF, RE 761.263, Rel. Min. Teori Zavascki, Plenário, julgado em: 15.04.2020, publicado em: 14.05.2014); (ii) contribuição para o Funrural da Agroindústria (STF, RE 611.601, Rel. Min. Dias Toffoli, Plenário, julgado em: 17.12.2022, publicado em: 10.01.2023); (iii) contribuição para Funrural do empregador pessoa física antes da Emenda Constitucional nº 20/1998 (STF, RE 596.177, Rel. Min. Ricardo Lewandowski, Plenário, julgado em: 17.10.2013, publicado em: 18.11.2013); (iv) contribuição para o Funrural do empregador rural pessoa física pós Emenda Constitucional nº 20/1998 (STF, RE 718.874, Rel. Min. Edson Fachin, Plenário, julgado em: 23.05.2018, publicado em: 12.09.2018) . No tocante à base de cálculo da Cofins, o número é ainda maior e atinge ao menos oito temas com repercussão geral reconhecida: (i) à base de cálculo do PIS/Cofins na importação (STF, RE 559.937, Rel. Min. Ellen Gracie, Plenário, julgado em: 17.09.2014, publicado em: 14.10.2014); (ii) à ampliação da base de cálculo da Cofins pela Lei nº 10.833/2003 (STF, RE 570.122, Rel. Min. Marco Aurélio, Plenário, julgado em: 02.09.2020, publicado em: 01.12.2020); (iii) à inclusão do ICMS na base de cálculo do PIS/Cofins (STF, RE 574.706, Rel. Min. Cármen Lúcia, Plenário, julgado em: 13.05.2021, publicado em: 12.08.2021); (iv) à ampliação da base de cálculo do PIS/Cofins

direito tributário constitucional, a abordagem tende a ser aquela mais tradicional e formal, que historicamente prevaleceu na jurisprudência da Corte. Na prática, reproduz-se o pensamento doutrinário convencional e dominante sobre direito tributário.

Isso decorre do fato de o direito tributário, apesar de ser um dos ramos do direito com o maior número de dispositivos na Constituição, ainda não ter sido plenamente atingido pelo movimento de constitucionalização que avançou com sucesso sobre outros campos da cultura jurídica nas últimas duas décadas e para o qual o Ministro Luís Roberto Barroso tanto contribuiu com sua obra.[4] Assim, ainda há um espaço grande que pode e deve ser preenchido tanto pela doutrina quanto pela jurisprudência do Supremo Tribunal Federal no sentido de promover uma constitucionalização substantiva, axiológica e valorativa do direito tributário. O resultado desse processo passa pela reaproximação entre o debate tributário e o debate constitucional atual sob o ponto de vista material e não apenas formal.

Nesse contexto, defendo que o papel da doutrina e dos tribunais é resgatar e tornar operativos os princípios tributários que trazem uma carga valorativa mais relevante e que formam o alicerce do direito tributário, como: a isonomia, a capacidade contributiva, a justiça fiscal e a segurança jurídica. Trazer para os direitos fundamentais dos contribuintes a gramática e os modelos de operação próprios dos direitos fundamentais em geral. Entender que, embora cobrados pelo Estado, os tributos representam a repartição das vantagens e riscos sociais entre toda a sociedade. E, sendo assim, a todos importa e atinge tanto as hipóteses de oneração quanto as de desoneração, sejam elas formais, pelos instrumentos legais próprios, sejam elas informais, pela via da interpretação constitucional.

É verdade que alguns temas permitem uma maior abertura para esse fenômeno do que outros, como é o caso dos sigilos bancário e fiscal, que durante um bom tempo permaneceu um pouco "desarrumado" na jurisprudência do Supremo Tribunal Federal, para tomar emprestada uma expressão que o Ministro Luís Roberto Barroso gosta de utilizar. A evolução desse tema e o impacto das decisões do ministro em julgados específicos sobre a matéria ajudam a demonstrar como a constitucionalização do direito tributário opera e os benefícios que ela traz para o Sistema Tributário brasileiro. Em resumo, também nesse campo, a atuação no Supremo Tribunal Federal do Ministro Luís Roberto Barroso tem sido crucial para esse processo ainda incipiente de transformação do direito tributário. Todavia, antes de avançar, cabe uma nota pessoal ao homenageado.

Eu já conhecia o jurista e professor brilhante Luís Roberto Barroso dos bancos da UERJ, instituição à qual devo praticamente toda a minha formação jurídica. Mesmo

---

pela Lei nº 9.718/1998 (STF, RE 585.235, Rel. Min. Cezar Peluso, Plenário, julgado em: 10.09.2008, publicado em: 28.11.2008); (v) à inclusão do ISS na base de cálculo do PIS/Cofins (STF, RE 592.616, Rel. Min. Celso de Mello, Plenário, julgado em: 21.08.2022, publicado em: 24.08.2022); (vi) à inclusão dos créditos presumidos de IPI na base de cálculo do PIS/Cofins (STF, RE 593.544, Rel. Min. Roberto Barroso, Plenário, julgado em 19.12.2023, publicado em: 08.03.2024); (vii) à inclusão da receita decorrente da locação de bens imóveis na base de cálculo da Contribuição da PIS/Cofins, tanto para empresas que tenham por atividade econômica preponderante esse tipo de operação, como para as empresas em que a locação é eventual e subsidiária ao objeto social principal (STF, RE 599.658, Rel. Min. Luiz Fux, Plenário, julgado em: 11.4.2024, publicado em: 13.06.2024); e, por fim, (viii) à inclusão de créditos presumidos de ICMS decorrentes de incentivos fiscais concedidos pelos estados e pelo Distrito Federal na base de cálculo do PIS/Cofins (STF, RE 835.818, Rel. Min. André Mendonça, liminar julgada em: 26.04.2023, publicação em: 27.04.2023).

[4] BARROSO, Luís Roberto. *Neoconstitucionalismo e constitucionalização do direito.* Temas de direito constitucional. Rio de Janeiro: Renovar, 2009. t. IV.

antes de ser seu aluno no mestrado, seus livros e textos já eram responsáveis por moldar em grande parte a minha forma de enxergar o direito público e, principalmente, por alimentar a paixão que nutro até hoje pelos temas ligados ao direito constitucional e às instituições brasileiras. Essa influência inclusive, devo confessar, teve um papel importante na minha escolha pela carreira de Procurador do Estado do Rio de Janeiro. Devo dizer que sou feliz em todas essas escolhas.

Entre 2015 e 2016, eu tive a honra e o prazer de ter sido assessor do Ministro Luís Roberto Barroso e ver a história acontecer, literalmente. Durante o período em que estive lá, assisti a: um Senador da República ser preso no curso do mandato por ordem do Supremo; o Presidente da Câmara dos Deputados ser afastado da Presidência da Casa e do mandato parlamentar por decisão unânime do Plenário do Supremo Tribunal Federal; o julgamento pelo Supremo da ADPF nº 378, que definiu o rito do processo de *impeachment* que culminou com o afastamento do cargo da Presidente da República eleita. Foram dias difíceis para a ainda jovem democracia no Brasil e acho que precisaremos de mais distanciamento histórico para digerir e entender tudo que aconteceu naquele período e nos dias que se sucederam. Para o Supremo Tribunal Federal, em especial, foi um período igualmente turbulento, talvez o mais turbulento da sua história.

Diante do cenário descrito, ter podido acompanhar de perto a postura correta, altiva, independente e corajosa do Ministro Luís Roberto Barroso, especialmente nesses dias mais turbulentos e de maior pressão que se passaram, serviu de confirmação de todas as expectativas que eu tinha a seu respeito e de compensação por todo trabalho duro daquele período. Em verdade, devo dizer que o período que passei no Supremo Tribunal Federal assessorando o Ministro Barroso representou, sem dúvidas, a minha experiência profissional mais importante, desafiadora e prazerosa. Digo prazerosa porque tive o privilégio de assessorar, conviver e discutir questões jurídicas da mais alta complexidade e relevância com uma das mentes mais brilhantes, generosas e bem-humoradas que o direito já produziu. Além disso, tive ainda sorte de trabalhar em um time de assessores formado por pessoas extremamente inteligentes, sérias, preparadas, dedicadas e generosas. Pessoas que me ajudaram a me tornar um jurista e uma pessoa muito melhor do que eu era quando desembarquei em Brasília. Também por isso, sou intensamente grato ao Ministro Luís Roberto Barroso, pela oportunidade de ter feito parte dessa equipe e desfrutado desse convívio.

Dito isso, além dessa introdução, o presente trabalho contém quatro partes principais. Na *primeira* parte, trato do fundamento constitucional das noções de sigilo bancário e sigilo fiscal. Na *segunda* parte, traço a evolução legislativa que ajudou a formar o ambiente propício para a mudança de percepção que ocorreu em relação a essas ideias. Na *terceira* parte, destaco como se deu a virada na jurisprudência do STF em matéria de sigilo, até se consolidar o entendimento atual da Corte. Na *quarta* parte, destaco como o voto do Ministro Luís Roberto Barroso nas ADIs nºs 2.390, 2.386, 2.397 e 2.859, e RE nº 601.314 contribuiu para a construção do entendimento atual do Supremo Tribunal Federal acerca dos sigilos bancário e fiscal e, mais, como seu voto é um exemplo e um norte para o processo de constitucionalização do direito tributário. Ao final, complemento o artigo com uma breve conclusão.

II O sigilo bancário e fiscal no Brasil: fundamento constitucional

A Constituição brasileira (CRFB/88) não cuidou expressa e diretamente da proteção ao sigilo fiscal. Entretanto, de fato, previu, como direitos e garantias fundamentais, a proteção à intimidade, à vida privada, à honra e à imagem das pessoas (inc. X do art. 5º da CRFB), além do sigilo de correspondência e das comunicações telegráficas, de dados e das comunicações telefônicas (inc. XII do art. 5º da CRFB). Ao mesmo tempo, previu como fundamental o direito que todos têm em receber dos órgãos públicos informações de seu interesse particular, coletivo ou geral, ressalvadas aquelas cujo sigilo seja imprescindível à segurança da sociedade e do Estado (inc. XXXIII do art. 5º da CRFB).

Por outro lado, ao tratar do caráter pessoal dos impostos e da capacidade contributiva, a Constituição deixou claro que o sigilo bancário não era absoluto, ao estabelecer no art. 145, §1º, da CRFB/88 ser "facultado à administração tributária, especialmente para conferir efetividade a esses objetivos, identificar, respeitados os direitos individuais e nos termos da lei, o patrimônio, os rendimentos e as atividades econômicas do contribuinte". De igual modo, a partir da garantia de acesso aos dados necessários a atividade de fiscalização, constituição e cobrança dos créditos tributários garantida pelo dispositivo constitucional mencionado acima, o art. 37, inc. XXII, da CRFB/88[5] previu a possibilidade de troca de informações entre os diferentes órgãos da Administração Tributária para desempenho da sua função – compartilhamento de sigilo fiscal.

O Código Tributário Nacional foi que cuidou de delimitar a noção dos sigilos bancário e fiscal, desde a sua origem, tratando do tema nos arts. 197 e 198. Mais especificamente, o art. 197 estabelece a obrigatoriedade, pelas pessoas e instituição que as detenham, de fornecer informações que possam auxiliar a Autoridade Fiscal a desempenhar a sua função de constituir o crédito tributário. No que se refere às instituições financeiras, o disposto no art. 197, do CTN é reforçado pela disciplina da Lei Complementar nº 105/2001, especialmente na dicção dos arts. 5º e 6º desse diploma. Já o art. 198 disciplina aquelas raras exceções à regra de que as informações econômico-financeiras dos contribuintes que estejam em posse da Administração Tributária são sigilosas, em redação dada pela Lei Complementar nº 104, de 2001.

Em síntese: as informações econômico-financeiras dos contribuintes são acobertadas pelo sigilo bancário enquanto estiverem sob a guarda das instituições financeiras, tal qual estabelecido pela Lei Complementar nº 105/2001. Nos termos do referido diploma, as instituições financeiras são obrigadas a fornecer tais informações às autoridades fiscais para fins de apuração e cobrança dos créditos tributários. Isso feito, ao ingressarem nas bases de dados da Administração Tributária e se misturarem com informações relacionadas ao crédito tributário, as informações advindas das instituições financeiras passam a ser protegidas pelas regras referentes ao sigilo fiscal, tal qual estabelecido no art. 198 do Código Tributário Nacional e na Lei Complementar nº 104/2001.[6]

---

[5] "XXII – as administrações tributárias da União, dos Estados, do Distrito Federal e dos Municípios, atividades essenciais ao funcionamento do Estado, exercidas por servidores de carreiras específicas, terão recursos prioritários para a realização de suas atividades e atuarão de forma integrada, inclusive com o compartilhamento de cadastros e de informações fiscais, na forma da lei ou convênio".

[6] Aprofundando o que foi dito acima, ao tratar da atividade de fiscalização, é essencial distinguir entre a quebra de sigilo, quando os dados protegidos pelo direito à privacidade são tornados públicos, e a transferência de sigilo, em que os dados permanecem inacessíveis ao público, mas são compartilhados com o Poder Público. Essa intenção do legislador, de permitir a transferência de informações sigilosas, pode ser deduzida do art. 37, inc. XXII, da Constituição. Dessa forma, em situações normais, a transferência de dados preserva a garantia da

As exceções à regra do sigilo fiscal atualmente previstas no art. 198 do CTN guardam perfeita sintonia com os preceitos constitucionais que garantem a divulgação de dados de interesse público ou coletivo, vedando apenas aqueles que sejam imprescindíveis para a segurança da sociedade e do Estado, além daqueles que ferem diretamente a intimidade e a vida privada.

Como exemplo, pode se falar das informações constantes dos cadastros da Dívida Ativa que, no caso da União Federal, podem hoje ser acessadas por meio do aplicativo Dívida Aberta, disponibilizado nas principais plataformas de distribuição de aplicativos para celular. Nesse caso, a ponderação entre os princípios constitucionais de direito à informação pública e de direito à intimidade foi previamente realizada pelo legislador ao estabelecer que informações vinculadas a inscrições em dívida ativa constituiriam hipótese de exceção ao sigilo fiscal. O legislador brasileiro entendeu por bem ser possível a divulgação desse tipo de informação, uma vez que ela está mais afeta ao interesse público do que ao interesse particular.[7] Isso porque se trata de divulgação de dados pontuais relativos a dívidas que não foram pagas espontaneamente pelo contribuinte e que gozam de presunção de certeza e liquidez, visto que já foram inscritas em dívida ativa,[8] já podendo o Fisco dar início a um procedimento público de cobrança forçada. Trata-se da divulgação de uma informação relativa à violação do dever fundamental de pagar tributo[9] por uma pessoa ou por um grupo de pessoas, o que é de interesse

privacidade (art. 5º, X, da Constituição Federal), pois os dados, mesmo após serem transferidos à Administração requisitante, continuam protegidos e não são divulgados a terceiros. A violação dessa regra resulta em sanções criminais, além de consequências funcionais, civis e criminais. É importante notar que dados bancários também são frequentemente acessados por terceiros sem que isso seja considerado uma violação de sigilo, sendo protegidos por um acordo contratual. Esse é o caso de funcionários ou gerentes de instituições financeiras, que têm acesso constante às informações bancárias dos clientes. O direito à privacidade não é afetado, já que essas informações são gerenciadas para finalidades específicas e de forma a manter seu sigilo perante o público. Aplicar rigorosamente a argumentação dos defensores de uma interpretação ampliada do sigilo bancário poderia levar a um engessamento das relações bancárias e dos sistemas de proteção ao crédito.

7 Confira-se a lição de Daniel Sarmento: "À primeira vista poderia causar estranheza a aceitação da possibilidade de restrição de direitos fundamentais sem expressa autorização constitucional. [...] Contudo, a possibilidade de restrições não autorizadas deriva da própria Constituição. Ela se origina do fato de que as constituições em geral – e a nossa não é exceção – hospedam com alguma frequência direitos e outros princípios que podem colidir em casos concretos, e, na maioria dos casos, o constituinte não fixa de antemão os critérios para solução destes conflitos. Esta circunstância torna muitas vezes necessário, em nome do postulado da unidade da Constituição, que, mesmo sem expresso permissivo constitucional, se consinta com o estabelecimento de restrições aos direitos fundamentais, visando possibilitar o seu convívio com outros bens de estatura constitucional. E é preferível que tais restrições sejam fixadas de antemão pelo legislador, do que se fique sempre a depender das ponderações casuísticas feitas em face das situações concretas pelo aplicador do Direito [...]" (SARMENTO, Daniel. Colisões entre direitos fundamentais e interesses públicos. *Revista de Direito da Procuradoria Geral do Estado do Rio de Janeiro*, Rio de Janeiro, v. 3, 2006. p. 282-283).

8 Art. 3º, Lei nº 6.830/80.

9 O dever de pagar tributo teve como sua origem o acordo entre pessoas para a criação do Estado, por meio do chamado contrato social. Em sendo a criação do Estado um projeto coletivo, o princípio da solidariedade se projeta com bastante força e é, inclusive, um dos objetivos fundamentais da República Federativa do Brasil, como determina a CRFB em seu art. 3º. inc. I. Um dos vieses do princípio da solidariedade é a repartição igualitária dos custos dos direitos que serão garantidos e prestados pelo Estado. É nesse contexto em que se sustenta ser o dever de pagar tributo fundamental. Portanto, todos os membros da sociedade têm o dever de contribuir, na medida de sua capacidade econômica, para o sucesso deste projeto coletivo (o Estado), sendo o tributo a principal forma de perfectibilização desta contribuição. Sobre esse tema, Ricardo Lobo Torres ensina que "o tributo se define como dever fundamental estabelecido pela Constituição no espaço aberto pela reserva da liberdade e pela declaração dos direitos fundamentais. Transcende o conceito de mera obrigação prevista em lei, posto que assume dimensão constitucional" (TORRES, Ricardo Lobo. *Tratado de direito constitucional financeiro e tributário*: valores e princípios constitucionais tributários. Rio de Janeiro: Renovar, 2005. v. II. p. 181). Ademais, José Casalta Nabais, em síntese, sustenta que não há necessidade de uma cláusula constitucional explícita que estabeleça o pagamento de tributos como um dever fundamental. Para o referido autor, basta que uma Constituição preveja em seu corpo uma "constituição fiscal", ou se constitua efetivamente em um Estado Fiscal ou ainda traga um rol de direitos fundamentais cujas promoção, garantia e defesa, por certo, dependerão dos

de todos os demais contribuintes, já que o ônus desse inadimplemento recairá, mesmo que indiretamente, sobre eles.[10] [11] E mais: cuida-se de um ativo do Estado, isto é, de créditos que o Estado tem a receber – o que, definitivamente, é de interesse de toda a coletividade conhecer. Essas informações se referem a um crédito público e não eminentemente privado. Portanto, o direito de saber quem são os devedores do fisco é de todos os cidadãos, os quais têm interesse na cobrança adequada dos tributos devidos ao erário para que o Estado possa prestar os serviços públicos de forma efetiva e adequada.

Ademais, os direitos fundamentais não são absolutos, admitindo-se eventuais restrições para proteção de outros interesses constitucionais.[12] [13] Para tal, é necessário

---

valores recolhidos pela via dos tributos (NABAIS, José Casalta. *O dever fundamental de pagar impostos*: contributo para a compreensão constitucional do estado fiscal contemporâneo. Coimbra: Almedina, 2009. p. 63). Por fim, Maurin Falcão discorre que "A vida em sociedade supõe a adesão a um contrato previamente estabelecido. Daí por que o indivíduo não poderia recorrer ao sigilo com o intuito de se furtar ao cumprimento do seu dever cívico de pagar tributo, segundo a sua capacidade contributiva. A repartição equânime do fardo tributário é um dever do Estado. Para isso, deve utilizar os meios disponibilizados pelo Estado de Direito. O equilíbrio social decorre desta repartição equânime e toda e qualquer distorção produzirá na mesma intensidade a ruptura no princípio do consentimento" (FALCÃO, Maurin Almeida. O comportamento do contribuinte em face dos fundamentos políticos do tributo e a sua postura diante dos sigilos bancário e fiscal. *In*: SARAIVA FILHO, Oswaldo Othon de Pontes; GUIMARÃES, Vasco Branco (Coord.). *Sigilos bancário e fiscal*: homenagem ao Jurista José Carlos Moreira Alves. Belo Horizonte: Fórum, 2011. p. 509).

10 Ver, nesse sentido, SARAIVA FILHO, Oswaldo Othon de Pontes. Segredos bancário e fiscal relacionados com a administração tributária e o Ministério Público. *In*: SARAIVA FILHO, Oswaldo Othon de Pontes; GUIMARÃES, Vasco Branco (Coord.). *Sigilos bancário e fiscal*: homenagem ao Jurista José Carlos Moreira Alves. Belo Horizonte: Fórum, 2011. p. 24-25: "[...] Lei Complementar nº 105, de 10 de janeiro de 2001, que permite a transferência direta do sigilo bancário para a Administração Tributária, traz, entre nós, a clara percepção de que os verdadeiros inimigos e concorrentes desleais dos contribuintes são aqueles que, com a hipócrita sacralização do direito à vida privada, e, apostando, assim, nas amarras e na ineficiência do Fisco, conseguem se evadir de suas obrigações tributárias, principais e acessórias, forçando o Estado, que não pode prescindir da arrecadação que lhe é necessária, a tributar, cada vez mais, os que pagam os tributos honestamente, o que vai de encontro à razoabilidade da tributação, proporcionadora da liberdade, justamente aquilo que o Estado fiscal visa a assegurar".

11 "O sigilo fiscal que protege a vida particular do contribuinte é a contrapartida da regularidade de seus deveres tributários, pois, na medida em que deixa de cumpri-los, tornando-se inadimplente, justifica-se a publicidade deste estado econômico" (SEIXAS FILHO, Aurélio Pitanga. A natureza do sigilo da função da autoridade administrativa e fiscal. *In*: SARAIVA FILHO, Oswaldo Othon de Pontes; GUIMARÃES, Vasco Branco (Coord.). *Sigilos bancário e fiscal*: homenagem ao Jurista José Carlos Moreira Alves. Belo Horizonte: Fórum, 2011. p. 266).

12 STF, Mandado de Segurança nº 23.452/RJ, Rel. Min. Celso de Mello, Plenário, julgado em: 16.09.1999, publicado em: 12.05.2000: "[...] OS DIREITOS E GARANTIAS INDIVIDUAIS NÃO TÊM CARÁTER ABSOLUTO. Não há, no sistema constitucional brasileiro, direitos ou garantias que se revistam de caráter absoluto, mesmo porque razões de relevante interesse público ou exigências derivadas do princípio de convivência das liberdades legitimam, ainda que excepcionalmente, a adoção, por parte dos órgãos estatais, de medidas restritivas das prerrogativas individuais ou coletivas, desde que respeitados os termos estabelecidos pela própria Constituição. [...]". STF, Recurso Extraordinário nº 601.314-SP, Rel. Min. Edson Fachin, Plenário, julgado em: 24.02.2016, publicado em: 16.09.2016, trecho do voto do Min. Roberto Barroso: "Não tenho dúvidas que o direto à intimidade e à proteção da vida privada dos indivíduos são direitos fundamentais de extrema relevância, já que se ligam diretamente aos valores da liberdade e da dignidade humana, pilares de qualquer Estado que se pretenda Democrático e de Direito. Todavia, considero que a oposição de sigilo bancário à Administração Tributária não tem relação direta com tais garantias constitucionais. Ou, ainda que tenha, não estão no seu núcleo essencial a ponto de apresentarem a eficácia jurídica de regra, como pretendem os defensores de uma concepção quase absoluta de sigilo bancário. Em outros termos, o que se quer dizer com isso é algo absolutamente trivial em matéria de direito constitucional: os direitos fundamentais, aí incluídos a intimidade e a vida privada, podem sofrer restrições e o grau aceitável de compressão desses direitos varia também de acordo com circunstâncias e os demais direitos em jogo, sem que isso, *prima facie*, possa ser considerada uma violação à Constituição. Sendo assim, somente através de uma análise à luz do caso concreto será possível definir se a restrição promovida a um determinado direito fundamental respeitou ou não o princípio da proporcionalidade, postulado que irá conduzir o processo de decisão".

13 Daniel Sarmento discorre que "Na nossa opinião, a recusa à possibilidade de qualquer ponderação entre direitos fundamentais e interesses coletivos não parecer conciliar-se com a premissa antropológica personalista, subjacente às constituições sociais. O personalismo, como já se destacou acima, não concebe o indivíduo como

que o princípio da proporcionalidade seja atendido e o núcleo essencial do direito fundamental restringido seja preservado.[14] As normas constantes no inc. do §3º do art. 198 do CTN, que restringem o direito à intimidade e à vida privada para prevalência do direito à informação e da publicidade, são materialmente constitucionais, porque não atingem o núcleo essencial dos direitos à intimidade e à vida privada e atendem ao princípio da proporcionalidade.

O exemplo dos créditos inscritos em dívida ativa como exceção à regra do sigilo fiscal ajuda a entender um outro aspecto da interpretação constitucional aplicada ao direito tributário: o financiamento do Estado é um dever compartilhado por todos. Esse aspecto somente é alcançado quando as lentes do constitucionalismo contemporâneo são lançadas sobre as questões tributárias resolvidas sob o prisma constitucional, como bem fez o Ministro Luís Roberto Barroso no voto proferido no julgamento do RE nº 601.314.

Vale dizer: (i) na feição atual do Estado, todos têm a obrigação de contribuir, na medida da sua capacidade, para a manutenção do Estado Fiscal; e (ii) para garantir a efetividade da primeira afirmação, é necessária a criação de regras que auxiliem a fiscalização e arrecadação de tributos, possibilitando que tais recolhimentos possam representar de maneira concreta o percentual da riqueza revelada pelos contribuintes. Um sistema tributário constitucional que consagre a capacidade contributiva e a utilize na gradação dos seus tributos, mas não conceda à autoridade fiscal os mecanismos necessários para fazer cumprir esse objetivo na prática e coibir os abusos, frustra a vontade da Constituição de promover uma repartição equitativa da carga tributária, o que é um direito de todos.[15]

III O sigilo bancário e fiscal no Brasil: evolução legislativa

Para entender de maneira adequada esse debate e o estágio atual da jurisprudência do Supremo Tribunal Federal sobre o tema, é proveitoso analisar a evolução legislativa que ajudou a alterar o entendimento acerca do tema. Essa evolução vem transformando o conceito do que deve ser entendido como sigiloso, estreitando de certa forma o espaço de sigilo em prol do direito à informação. É relevante lembrar que o direito à informação e a publicidade constituem valores assegurados pela Constituição da República Federativa do Brasil de 1988: a proteção às informações sigilosas consta nos incs. X e XII do art. 5º e o direito fundamental à informação e o princípio da publicidade podem ser extraídos do inc. XXXIII do art. 5º e do *caput* do art. 37.

Primeiro, cabe destacar a Lei nº 8.429/92, Lei de Improbidade Administrativa, que, em seu art. 13, expressamente condiciona a posse e o exercício de agente público à apresentação de declaração de imposto de renda e proventos de qualquer natureza, à Secretaria Especial da Receita Federal do Brasil. Essas informações devem ser atualizadas anualmente e retratar a exata realidade, sob pena de demissão além de eventuais outras

---

uma ilha, mas como ser social, cuja personalidade é composta também por uma relevante dimensão coletiva. [...] Assim, parece-nos constitucionalmente possível a restrição de direitos fundamentais com base no interesse público" (SARMENTO, Daniel. Colisões entre direitos fundamentais e interesses públicos. *Revista de Direito da Procuradoria Geral do Estado do Rio de Janeiro*, Rio de Janeiro, v. 3, 2006. p. 277).

[14] STF, Ação Direta de Inconstitucionalidade nº 5.135-DF, Rel. Min. Roberto Barroso, Plenário, julgado em: 09.11.2016, publicado em: 14.11.2016.

[15] TIPKE, Klaus; LANG, Joaquim. *Direito tributário*. Porto Alegre: Sergio. Antonio Fabris Editor, 2014. v. III. p. 217.

sanções cabíveis. Essa obrigatoriedade vem amparada nos princípios constitucionais da publicidade e da moralidade da administração pública (art. 37, *caput* da CRFB). A lógica é justamente a da transparência, para facilitar a fiscalização daqueles que servem a população.

Segundo, em 2001, conforme já mencionado, foi editada a Lei Complementar nº 104, que alterou alguns dispositivos do Código Tributário Nacional ("CTN"), dentre eles, aquele que trata do sigilo fiscal, de forma a ampliar o rol das exceções ao referido sigilo. Ou seja: restringiu-se o campo das informações que devem ser mantidas em sigilo para expressamente permitir o compartilhamento de informações relativas a representações fiscais para fins penais, inscrições em dívida ativa e parcelamento ou moratória (§3º do art. 198 do CTN). A *ratio* dessa alteração legislativa é que esse tipo de informação seria de maior interesse público do que privado, não havendo óbice à sua divulgação para embasar ações dos órgãos responsáveis pela persecução penal, quando houver indícios, e permitir o escrutínio público pela sociedade no que diz respeito à cobrança dos créditos públicos.

Terceiro, também no ano de 2001, editou-se a Lei Complementar nº 105, que dispôs sobre o sigilo das operações de instituições financeiras e o Decreto Federal nº 3.724/2001, que promoveu a regulamentação dessa lei complementar no âmbito da União Federal. Dentre as novidades trazidas por esse diploma à época, destacam-se: (i) a que permitiu a transferência direta de informações pelas instituições financeiras à Administração Tributária da União referentes a operações financeiras efetuadas pelos seus usuários (art. 5º da Lei Complementar nº 105/2001); (ii) a que estabeleceu o acesso direto da Advocacia-Geral da União às informações e os documentos mantidos pelas instituições financeiras necessários à defesa da União nas ações em que esta seja parte (§3º do art. 3º da Lei Complementar nº 105/2001); e (iii) a que permitiu que as autoridades e os agentes fiscais tributários da União, dos estados, do Distrito Federal e dos municípios pudessem examinar documentos, livros e registros de instituições financeiras, inclusive os referentes a contas de depósitos e aplicações financeiras, quando houvesse processo administrativo instaurado ou procedimento fiscal em curso e tais exames sejam considerados indispensáveis pela autoridade administrativa competente (art. 6º da Lei Complementar nº 105/2001).

Quarto, ainda que o art. 22 da Lei nº 12.527/11 preveja que ela não exclui as hipóteses de sigilo previstas pela legislação, dentre as quais se encontra o sigilo fiscal e bancário, deve-se destacar a revolução sobre a noção de segredo que representou a edição dessa lei. A Lei de Acesso à Informação exerceu um papel central para a criação de um ambiente de maior transparência e acesso à informação. Nesse sentido, a sua edição significou a ratificação de um processo de transição de um conceito antigo e patrimonialista de privacidade para uma noção mais atualizada e ligada a valores existenciais, como mais tarde restaria consagrado pelo Supremo Tribunal Federal no julgamento do RE nº 601.314 e nas ADIs nºs 2.390, 2.386, 2.397 e 2.856.[16] Nesse contexto, a demanda por transparência de negócios públicos e privados não é excludente, mas se retroalimenta.

[16] "A Lei, ao mesmo tempo em que resguarda o direito de acesso à informação necessária à tutela judicial ou administrativa de direitos fundamentais (art. 21), também protege as hipóteses de sigilo, de segredo de justiça e de segredo industrial" (DI PIETRO, Maria Sylvia Zanella. *Direito administrativo*. 27. ed. São Paulo: Atlas, 2014. p. 74).

IV O sigilo bancário e fiscal no Brasil: evolução da jurisprudência do STF

Os limites do conceito do que constitui informação sigilosa também evoluiu no âmbito da jurisprudência do STF. Inicialmente, a Corte adotava uma posição mais restritiva e rígida sobre o tipo e para quem a informação poderia ser divulgada, além de subordinar a divulgação de várias delas à prévia autorização judicial. Acolhia, assim, um conceito elástico de sigilo, priorizando o princípio da privacidade em detrimento do da publicidade e do direito à informação em um juízo de ponderação.

Nesse contexto, decidiu-se, por exemplo, que a quebra do sigilo bancário deveria necessariamente ser precedida de autorização judicial ou de decisão da Comissão Parlamentar de Inquérito,[17] além de adequadamente fundamentada.[18] Admitia-se a

---

[17] STF, Agravo Regimental no Recurso Extraordinário nº 243.157/MS, Rel. Min. Cezar Peluso, Segunda Turma, julgado em: 06.11.2007, publicado em: 01.02.2008: "1. RECURSO. Extraordinário. Inadmissibilidade. Instituições Financeiras. Sigilo bancário. Quebra. Requisição. Necessidade de autorização judicial ou decisão de Comissão Parlamentar de Inquérito, ambas devidamente fundamentadas. Jurisprudência assentada. Ausência de razões novas. Decisão mantida. Agravo regimental improvido. Nega-se provimento a agravo regimental tendente a impugnar, sem razões novas, decisão fundada em jurisprudência assente na Corte. 2. RECURSO. Agravo. Regimental. Jurisprudência assentada sobre a matéria. Caráter meramente abusivo. Litigância de má-fé. Imposição de multa. Aplicação do art. 557, §2º, cc. arts. 14, II e III, e 17, VII, do CPC. Quando abusiva a interposição de agravo, manifestamente inadmissível ou infundado, deve o Tribunal condenar a agravante a pagar multa ao agravado".

[18] STF, Mandado de Segurança nº 24.817/DF, Rel. Min. Celso de Mello, Plenário, julgado em: 03.02.2005, publicado em: 06.11.2009: "A quebra do sigilo fiscal, bancário e telefônico de qualquer pessoa sujeita a investigação legislativa pode ser legitimamente decretada pela Comissão Parlamentar de Inquérito, desde que esse órgão estatal o faça mediante deliberação adequadamente fundamentada e na qual indique a necessidade objetiva da adoção dessa medida extraordinária. Precedentes. – O sigilo bancário, o sigilo fiscal e o sigilo telefônico (sigilo este que incide sobre os dados/registros telefônicos e que não se identifica com a inviolabilidade das comunicações telefônicas) – ainda que representem projeções específicas do direito à intimidade, fundado no art. 5º, X, da Carta Política – não se revelam oponíveis, em nosso sistema jurídico, às Comissões Parlamentares de Inquérito, eis que o ato que lhes decreta a quebra traduz natural derivação dos poderes de investigação que foram conferidos, pela própria Constituição da República, aos órgãos de investigação parlamentar. As Comissões Parlamentares de Inquérito, no entanto, para decretar, legitimamente, por autoridade própria, a quebra do sigilo bancário, do sigilo fiscal e/ou do sigilo telefônico, relativamente a pessoas por elas investigadas, devem demonstrar, a partir de meros indícios, a existência concreta de causa provável que legitime a medida excepcional (ruptura da esfera de intimidade de quem se acha sob investigação), justificando a necessidade de sua efetivação no procedimento de ampla investigação dos fatos determinados que deram causa à instauração do inquérito parlamentar, sem prejuízo de ulterior controle jurisdicional dos atos em referência (CF, art. 5º, XXXV). As deliberações de qualquer Comissão Parlamentar de Inquérito, à semelhança do que também ocorre com as decisões judiciais, quando destituídas de motivação, mostram-se írritas e despojadas de eficácia jurídica, pois nenhuma medida restritiva de direitos pode ser adotada pelo Poder Público, sem que o ato que a decreta seja adequadamente fundamentado pela autoridade estatal. [...]". STF, Mandado de Segurança nº 23.851/DF, Rel. Min. Celso de Mello, Plenário, julgado em: 26.09.2001, publicado em: 21.06.2002: "A quebra de sigilo, para legitimar-se em face do sistema jurídico-constitucional brasileiro, necessita apoiar-se em decisão revestida de fundamentação adequada, que encontre apoio concreto em suporte fático idôneo, sob pena de invalidade do ato estatal que a decreta. A ruptura da esfera de intimidade de qualquer pessoa – quando ausente a hipótese configuradora de causa provável – revela-se incompatível com o modelo consagrado na Constituição da República, pois a quebra de sigilo não pode ser manipulada, de modo arbitrário, pelo Poder Público ou por seus agentes. Não fosse assim, a quebra de sigilo converter-se-ia, ilegitimamente, em instrumento de busca generalizada, que daria, ao Estado – não obstante a ausência de quaisquer indícios concretos – o poder de vasculhar registros sigilosos alheios, em ordem a viabilizar, mediante a ilícita utilização do procedimento de devassa indiscriminada (que nem mesmo o Judiciário pode ordenar), o acesso a dado supostamente impregnado de relevo jurídico-probatório, em função dos elementos informativos que viessem a ser eventualmente descobertos. [...] A exigência de motivação – que há de ser contemporânea ao ato da Comissão Parlamentar de Inquérito que ordena a quebra de sigilo – qualifica-se como pressuposto de validade jurídica da própria deliberação emanada desse órgão de investigação legislativa, não podendo ser por este suprida, em momento ulterior, quando da prestação de informações em sede mandamental. Precedentes".

quebra do sigilo, sempre mediante decisão judicial, apenas para fins de investigação criminal ou para instrução processual penal, não permitindo, por exemplo, que a Receita Federal,[19] para acessar dados dos contribuintes, o Ministério Público[20] ou o Tribunal de Contas da União[21] afastassem diretamente o sigilo. Por fim, pode-se destacar que o STF tampouco consentia que a autoridade policial transferisse para a Receita Federal as informações que obteve por meio de quebra de sigilo bancário.[22]

Esse entendimento, contudo, começou a ceder para um posicionamento que confere maior destaque ao direito fundamental à informação e ao princípio da publicidade e transparência,[23] estreitando o conceito de sigilo e ampliando não só o rol de informações que podem ser divulgadas, como também as hipóteses em que a autorização judicial é prescindível.

---

19 STF, Recurso Extraordinário nº 389.808/PR, Rel. Min. Marco Aurélio, Plenário, julgado em: 15.12.2010, publicado em: 10.05.2011: "SIGILO DE DADOS – AFASTAMENTO. Conforme disposto no inciso XII do artigo 5º da Constituição Federal, a regra é a privacidade quanto à correspondência, às comunicações telegráficas, aos dados e às comunicações, ficando a exceção – a quebra do sigilo – submetida ao crivo de órgão equidistante – o Judiciário – e, mesmo assim, para efeito de investigação criminal ou instrução processual penal. SIGILO DE DADOS BANCÁRIOS – RECEITA FEDERAL. Conflita com a Carta da República norma legal atribuindo à Receita Federal – parte na relação jurídico-tributária – o afastamento do sigilo de dados relativos ao contribuinte".

20 STF, Recurso Extraordinário nº 215.301/CE, Rel. Min. Carlos Velloso, Segunda Turma, julgado em: 13.04.1999, publicado em: 28.05.1999: "CONSTITUCIONAL. MINISTÉRIO PÚBLICO. SIGILO BANCÁRIO: QUEBRA. C.F., art. 129, VIII. I. – A norma inscrita no inc. VIII, do art. 129, da C.F., não autoriza ao Ministério Público, sem a interferência da autoridade judiciária, quebrar o sigilo bancário de alguém. Se se tem presente que o sigilo bancário é espécie de direito à privacidade, que a C.F. consagra, art. 5º, X, somente autorização expressa da Constituição legitimaria o Ministério Público a promover, diretamente e sem a intervenção da autoridade judiciária, a quebra do sigilo bancário de qualquer pessoa. II. – R.E. não conhecido".

21 STF, Mandado de Segurança nº 22.801/DF, Rel. Min. Menezes Direito, Plenário, julgado em: 17.12.2007, publicado em: 14.03.2008: "Mandado de Segurança. Tribunal de Contas da União. Banco Central do Brasil. Operações financeiras. Sigilo. 1. A Lei Complementar nº 105, de 10/1/01, não conferiu ao Tribunal de Contas da União poderes para determinar a quebra do sigilo bancário de dados constantes do Banco Central do Brasil. O legislador conferiu esses poderes ao Poder Judiciário (art. 3º), ao Poder Legislativo Federal (art. 4º), bem como às Comissões Parlamentares de Inquérito, após prévia aprovação do pedido pelo Plenário da Câmara dos Deputados, do Senado Federal ou do plenário de suas respectivas comissões parlamentares de inquérito (§§1º e 2º do art. 4º). 2. Embora as atividades do TCU, por sua natureza, verificação de contas e até mesmo o julgamento das contas das pessoas enumeradas no artigo 71, II, da Constituição Federal, justifiquem a eventual quebra de sigilo, não houve essa determinação na lei específica que tratou do tema, não cabendo a interpretação extensiva, mormente porque há princípio constitucional que protege a intimidade e a vida privada, art. 5º, X, da Constituição Federal, no qual está inserida a garantia ao sigilo bancário. 3. Ordem concedida para afastar as determinações do acórdão nº 72/96 – TCU – 2ª Câmara (fl. 31), bem como as penalidades impostas ao impetrante no Acórdão nº 54/97 – TCU – Plenário".

22 STF, Agravo Regimental no Inquérito nº 2.593/DF, Rel. Min. Ricardo Lewandowski, Plenário, julgado em: 09.12.2010, publicado em: 15.02.2011: "Não é cabível, em sede de inquérito, encaminhar à Receita Federal informações bancárias obtidas por meio de requisição judicial quando o delito investigado for de natureza diversa daquele apurado pelo fisco. II – Ademais, a autoridade fiscal, em sede de procedimento administrativo, pode utilizar-se da faculdade insculpida no art. 6º da LC 105/2001, do que resulta desnecessário o compartilhamento in casu. III – Agravo regimental desprovido".

23 "A transparência, como princípio formal que permeia os princípios possuidores de conteúdo, sejam os vinculados à justiça, sejam os ligados à segurança jurídica, exerce também papel legitimador. Orienta a positivação das normas jurídicas segundo as ideias de clareza, abertura e simplicidade. [...] O dever de transparência incumbe ao Estado e à Sociedade. A sociedade deve agir de tal forma transparente, que no seu relacionamento com o Estado desapareça a opacidade dos segredos e da conduta abusiva. O Estado, por seu turno, deve revestir a sua atividade financeira da maior clareza e abertura, tanto na legislação instituidora de impostos, taxas, contribuições e empréstimos, como na feitura do orçamento e no controle da sua execução" (TORRES, Ricardo Lobo. Sigilos bancário e fiscal. *In*: SARAIVA FILHO, Oswaldo Othon de Pontes; GUIMARÃES, Vasco Branco (Coord.). *Sigilos bancário e fiscal*: homenagem ao Jurista José Carlos Moreira Alves. Belo Horizonte: Fórum, 2011. p. 148).

A mudança de rumo na jurisprudência do Supremo é constatada a partir de diversos e recentes precedentes que caminham nesse mesmo sentido. Dentre os que julgamos mais relevantes, vale mencionar que, em 2015, o STF decidiu ser possível a divulgação do valor dos vencimentos e vantagens pecuniárias de servidores públicos, inclusive com a indicação de seus respectivos nomes, em sítios eletrônicos mantidos pela Administração Pública.[24] Nesse mesmo ano, a Primeira Turma do STF entendeu que uma nova hipótese estaria excepcionada do manto do sigilo bancário e fiscal. Acordou-se que o Tribunal de Contas da União poderia ter acesso direto às operações financeiras do BNDES e do BNDESPAR com terceiros (*in casu*, JBS/Friboi), tendo em vista que esses dados em específico não estariam acobertados pelo sigilo bancário e empresarial, por envolverem recursos públicos.[25]

Naquele que talvez seja o verdadeiro ponto de virada da jurisprudência do Tribunal, no ano de 2016, em sede de ação direta de inconstitucionalidade, o STF fixou ser constitucional a norma que impõe o dever das instituições financeiras em informar à administração tributária todas as operações financeiras realizadas pelos seus usuários, traduzindo-se em um efetivo e significativo mecanismo de combate à sonegação fiscal, indo ao encontro dos padrões internacionais de transparência e de troca de informações bancárias com o fito de coibir práticas criminosas e descumprimento de normas tributárias.[26] Nessa mesma assentada, o plenário do STF decidiu, atribuindo efeitos de repercussão geral à matéria, que a norma que estabeleceu requisitos objetivos para a requisição de informações pela Administração Tributária às instituições financeiras não ofende o sigilo bancário e, consequentemente, não viola a Constituição.[27]

Especialmente a partir desse julgado, foi possível constatar que o STF alterou o seu entendimento quanto à abrangência do que deve ser mantido sob sigilo e do que não só pode, como deve ser divulgado para a sociedade em geral.[28] Essa mudança de rumo na jurisprudência do Supremo a respeito do alcance da norma constitucional de sigilo[29]

---

[24] Recurso Extraordinário com Agravo nº 652.777/SP, Rel. Min. Teori Zavascki, Plenário, julgado em: 23.04.2015, publicado em: 01.07.2015.

[25] STF, Mandado de Segurança nº 33.340/DF, Rel. Min. Luiz Fux, Primeira Turma, julgado em: 26.05.2015, publicado em: 03.08.2015.

[26] STF, Ação Direta de Inconstitucionalidade nº 2.859/DF, Rel. Min. Dias Toffoli, Plenário, julgado em: 24.02.2016, publicado em: 21.10.2016.

[27] STF, Recurso Extraordinário nº 601.314/SP, Rel. Min. Edson Fachin, Plenário, julgado em: 24.02.2016, publicado em: 16.09.2016.

[28] Especificamente sobre o atual conceito constitucional de sigilo, vale transcrever breve trecho do voto proferido pelo Ministro Roberto Barroso que acompanhou integralmente a posição vencedora do Relator Ministro Dias Toffoli, por ocasião do julgamento da ADI nº 2.859/DF julgada em: 24.02.2016 e publicada em: 21.10.2016: "3. O pagamento de tributos é um dever fundamental, lastreado (i) na feição fiscal assumida pelo Estado contemporâneo, (ii) no elenco de direitos fundamentais que pressupõem para a sua concretização o necessário financiamento, (iii) na capacidade contributiva e (iv) na isonomia tributária. 4. Os diretos à intimidade e à proteção da vida privada dos indivíduos, conforme se entende nas principais democracias do mundo, não guardam relação direta com o fornecimento de informações fiscais à Administração Tributária. Ainda que assim não fosse, o sigilo das referidas informações financeiras não se encontra no núcleo essencial do direito à intimidade, sendo, portanto, passível de restrição razoável pelo legislador com o objetivo de compatibilizá-lo com outros valores fundamentais do Estado Fiscal".

[29] Essa conclusão, inclusive, vai ao encontro da tendência internacional. Na perspectiva internacional, os sigilos fiscal e bancário têm sido combatidos, especialmente após a crise financeira de 2008, caminhando-se para uma lógica de maior transparência e cooperação internacional mediante a celebração de acordos multilaterais de trocas automáticas de informações recíprocas entre os países. A título de exemplo, pode-se citar a assinatura do Brasil, em 2011, à Convenção Modelo Multilateral da OCDE/Conselho da Europa sobre Assistência Administrativa sobre Assuntos Tributários, na parte relativa à troca de informações; a assinatura do Brasil, em

nada mais é senão uma mutação constitucional[30] que restringiu o espaço sobre o que é considerado informação sigilosa.

Por essa razão, nos anos que se sucederam ao julgamento das ADIs nºs 2.390, 2.386, 2.397 e 2.856, RE nº 601.314, o Supremo Tribunal Federal proferiu várias outras decisões em linha com tais precedentes, restringindo o espaço do sigilo bancário e fiscal. Foi assim, por exemplo, quando decidiu que a requisição de dados bancários e fiscais considerados imprescindíveis pelo corregedor nacional de Justiça é constitucional, desde que seja em processo regularmente instaurado para apuração de infração por pessoa determinada, mediante decisão fundamentada e baseada em indícios concretos da prática do ato, no julgamento da ADI nº 4.709, de relatoria da Ministra Rosa Weber.

Em sentido próximo, o Tribunal considerou constitucional o compartilhamento dos relatórios de inteligência financeira da UIF (Unidade de Inteligência Fiscal, antigo COAF) e da íntegra do procedimento fiscalizatório da Receita Federal do Brasil, que define o lançamento do tributo, com os órgãos de persecução penal para fins criminais, sem a obrigatoriedade de prévia autorização judicial, devendo ser resguardado o sigilo das informações em procedimentos formalmente instaurados e sujeitos a posterior controle jurisdicional. O fez ao julgar o Tema nº 990 de repercussão geral.[31]

Importante destacar que o julgamento da ADI nº 5.729, esta, sim, de relatoria do Ministro Luís Roberto Barroso, não representou nenhuma mudança de curso no processo de desconstrução da antiga ideia de sigilo bancário e fiscal que vigeu no Brasil e na jurisprudência do Supremo Tribunal Federal por muitos anos. Na hipótese, cuidou o Tribunal de analisar a constitucionalidade das regras do Regime de Repatriação, cuja lei trazia expressamente a previsão de sigilo das informações prestadas pelos contribuintes que aderissem a esse regime. Foi manejada ação direta de inconstitucionalidade arguindo a inconstitucionalidade da lei, oportunidade em que o Ministro Luís Roberto, de maneira irretocável, conduziu a maioria em julgado que foi assim ementado:

> Não há inconstitucionalidade nos dispositivos impugnados. Isso porque: (i) a Constituição, no art. 37, XXII, não determina o compartilhamento irrestrito de cadastro e de informações fiscais entre as administrações tributárias da União, dos Estados, do Distrito Federal e dos Municípios, sendo viável limitação imposta pela lei; (ii) os contribuintes aderentes do programa, que é peculiar e excepcional, recebem tratamento isonômico, sendo indevido compará-los com os demais contribuintes; e (iii) compreendido o programa como espécie de transação, as regras especiais de sigilo são exemplos de garantia dada a quem opta por aderir a ele. Enquanto "regras do jogo", devem ser, tanto quanto possível, mantidas

---

2012, a uma Convenção sobre Troca de Informações em Matéria Tributária com o Reino Unido, Uruguai e Ilhas Bermudas; a publicação do Decreto nº 8.003, o qual promulgou, entre os governos brasileiro e americano, o Acordo para o Intercâmbio de Informações Relativas a Tributos, que fora assinado em 2007 etc.

30 "Ocorre que, por vezes, em virtude de uma evolução na situação de fato sobre a qual incide a norma, ou ainda por força de uma nova visão jurídica que passa a predominar na sociedade, a Constituição muda, sem que as suas palavras hajam sofrido modificação alguma. O texto é o mesmo, mas o sentido que lhe é atribuído é outro. Como a norma não se confunde com o texto, repare-se, aí, uma mudança da norma, mantido o texto. Quando isso ocorre no âmbito constitucional, fala-se em mutação constitucional" (MENDES, Gilmar Ferreira; BRANCO, Paulo Gustavo Gonet. *Curso de Direito Constitucional*. 11. ed. rev. e atual. São Paulo: Saraiva, 2016. p. 132).

31 Na oportunidade, o Tribunal esclareceu que "o compartilhamento pela UIF e pela RFB referido no item anterior deve ser feito unicamente por meio de comunicações formais, com garantia de sigilo, certificação do destinatário e estabelecimento de instrumentos efetivos de apuração e correção de eventuais desvios" (STF, Recurso Extraordinário nº 1055941, Rel. Min. Dias Toffoli, Tribunal Pleno, julgado em: 04.12.2019, publicado em: 06.10.2020)

e observadas, a fim de assegurar a expectativa legítima do aderente e proporcionar segurança jurídica à transação.[32]

Concluindo esse tópico, embora o relator do Recurso Extraordinário com Repercussão Geral nº 601.314 fosse o Ministro Edson Fachin e das ADIs nºs 2.390, 2.386, 2.397 e 2.856 o Ministro Dias Toffoli, o Ministro Luís Roberto Barroso teve um papel fundamental no estabelecimento desses precedentes, quer seja nos debates que se antecederam à decisão final ou com o seu seminal voto escrito, que tratou a matéria de maneira absolutamente única e com o uso das lentes do direito constitucional contemporâneo sobre o tema, como se defende no começo desse artigo. A seguir, faço um mergulho na argumentação trazida pelo ministro em seu voto, demonstrando como nele foram lançadas lições capazes de iluminar a forma do Tribunal decidir temas ligados ao direito tributário no futuro.

V ADIs nºs 2.390, 2.386, 2.397 e 2.856, RE nº 601.314: sigilo bancário e administração tributária – A contribuição dos votos do Ministro Luís Roberto Barroso sobre o tema

Nos dias 17, 18 e 24.2.2016, o Supremo Tribunal Federal promoveu o julgamento conjunto das ADIs nºs 2.390, 2.386, 2.397 e 2.859 e da Repercussão Geral nº 601.314 que, em comum, tratavam da constitucionalidade das normas que instituíram e regulamentaram o acesso direto e a posterior utilização de dados bancários pela Administração Tributária, portanto, sem a prévia autorização do Poder Judiciário.[33] Mais especificamente, e em julgamento conjunto, se decidiu a partir desses processos: (i) a constitucionalidade do art. 6º da Lei Complementar nº 105/2001,[34] em vista do dever de sigilo bancário; (ii) a legitimidade da utilização das tais informações obtidas diretamente juntos às instituições financeiras para a constituição de créditos relativos a outras contribuições ou impostos que não a CPMF.

Em conclusão a esse julgamento, a Corte considerou constitucionalmente legítimo o acesso direto por parte das autoridades fiscais a informações financeiras relativas aos contribuintes em posse das instituições financeiras e, por consequência, também permitiu a utilização dessas informações para o lançamento de tributos oriundos de omissão de receita. Portanto, foi afastada a tese central dos contribuintes no sentido de que seria necessária prévia autorização judicial para obter tais informações. O Ministro

---

[32] STF, Ação Direta de Inconstitucionalidade nº 5729, Rel. Min. Roberto Barroso, Tribunal Pleno, julgado em 08.03.2021.

[33] Nas ADIs nºs 2.390, 2.386, 2.397 e 2.859, questionavam-se: (i) constitucionalidade da expressão "do inquérito ou" contida no art. 1º, §4º, da Lei Complementar nº 105/2001; (ii) constitucionalidade do art. 1º da Lei Complementar nº 104/2001; e (iii) constitucionalidade das regras antissigilo bancário (arts. 5º e 6º da Lei Complementar nº 105/2001 e demais dispositivos da legislação que os regulamentou). No RE nº 601.314, com repercussão geral, discutia-se apenas a constitucionalidade do art. 6º da LC nº 105/01.

[34] Lei Complementar nº 105/01: "Art. 6º As autoridades e os agentes fiscais tributários da União, dos Estados, do Distrito Federal e dos Municípios somente poderão examinar documentos, livros e registros de instituições financeiras, inclusive os referentes a contas de depósitos e aplicações financeiras, quando houver processo administrativo instaurado ou procedimento fiscal em curso e tais exames sejam considerados indispensáveis pela autoridade administrativa competente. Parágrafo único. O resultado dos exames, as informações e os documentos a que se refere este artigo serão conservados em sigilo, observada a legislação tributária".

Luís Roberto Barroso não era relator desse caso, mas teve uma participação ativa nas discussões, ajudou na construção de um conjunto de cautelas que constaram do voto do ministro relator e que devem ser seguidas pela Administração Tributária na obtenção e manejo de tais dados. Para além disso, mesmo sendo o relator do caso, produziu um voto primoroso, moderno e absolutamente técnico sobre o tema.

Considero que três pontos principais desse voto devem ser destacados: (i) a adoção da noção do dever de pagar tributos como um móvel interpretativo de primeira ordem; (ii) a introdução no corpo do voto de um modelo de argumentação pragmatista, um consequencialismo sincero e explícito, que se apresentou para o debate público.[35] Na sequência, esses dois aspectos serão mais bem abordados e o emprego da gramática própria dos direitos fundamentais e do direito constitucional para analisar as hipóteses de restrição a direitos apresentado.

O *primeiro* aspecto é a adoção da ideia de que pagar tributos é um dever fundamental e, assim, a interpretação das regras e princípios que regem a cobrança tributária não podem se afastar desse norte. Não há um direito subjetivo a fugir da incidência tributária como alguns podem pensar.[36] Essa confusão ocorre porque é comum que as pessoas já não se recordem que as principais formulações sobre o contrato social o conceberam com um acordo entre pessoas e não entre estas e o Estado, o que é um desvio de percepção bastante comum.[37] O Estado é um projeto coletivo financiado pela contribuição de toda a sociedade e, portanto, o pagamento de tributos é um dever fundamental estabelecido constitucionalmente.[38] Essa noção decorre diretamente da feição Fiscal[39] assumida pelo Estado contemporâneo[40] e é a contrapartida ao elenco de direitos fundamentais constitucionalmente assegurados.[41]

---

[35] Com o bem destaca Claudio Pereira de Souza Neto, a prática do Supremo Tribunal Federal tem sido o uso do que ele chamou de criptoconsequencialismo, situação em que a Corte recorre a "inferências formais e normativas, mesmo quando se evidencie que, subjacente à decisão, há uma nítida ponderação das consequências". Cf. SOUZA NETO, Cláudio Pereira de. Verticalização, cláusula de barreira e pluralismo político: uma crítica consequencialista à decisão do STF na ADIN 3685. *Interesse Público*, Porto Alegre, v. 37, 2006.

[36] José Casalta Nabais afirma que "Como dever fundamental, o imposto não pode ser encarado como mero poder para o estado, nem como mero sacrifício para os cidadãos, constituindo antes o contributo indispensável a uma vida em comunidade organizada em estado fiscal" (NABAIS, José Casalta. *O dever fundamental de pagar impostos*: contributo para a compreensão constitucional do estado fiscal contemporâneo. Coimbra: Almedina, 2009. p. 679).

[37] SHAPIRO, Ian. *Os fundamentos morais da política*. São Paulo: Martins Fontes, 2006. p. 145-146.

[38] Na visão de Ricardo Lobo Torres: "o tributo se define como dever fundamental estabelecido pela Constituição no espaço aberto pela reserva da liberdade e pela declaração dos direitos fundamentais. transcende o conceito de mera obrigação prevista em lei, posto que assume dimensão constitucional" (TORRES, Ricardo Lobo. *Tratado de direito constitucional financeiro e tributário*: valores e princípios constitucionais tributários. Rio de Janeiro: Renovar, 2005. v. II. p. 181).

[39] No Estado fiscal os tributos arrecadados dos particulares são a principal fonte de custeio do Estado, superando o modelo anterior do estado patrimonialista, em que o Estado era financiado basicamente pela exploração de seu próprio patrimônio. Não significa que no Estado fiscal não haja mais a exploração do patrimônio estatal, mas apenas que essas receitas passam a ter uma reduzida importância ante os valores amealhados pela via tributária. Para um estado mais completo sobre a diferença dos dois modelos: TORRES, Ricardo Lobo. *A idéia de liberdade no Estado patrimonial e no Estado fiscal*. Rio de Janeiro: Editora Renovar, 1991.

[40] Juan Manuel Barquero Estevan, citando Josef Isensee, colaciona as principais características do Estado Fiscal: BARQUERO ESTEVAN, Juan Manuel. *La función del tributo en el estado social y democrático de derecho*. Madrid: Centro de Estudos Políticos y Constitucionales, 2002. p. 21-22.

[41] José Casalta Nabais, em síntese, sustenta que não há necessidade de uma cláusula constitucional explícita que estabeleça o pagamento de tributos como uma um dever fundamental. Para o referido autor, basta que uma Constituição preveja em seu corpo uma "constituição fiscal", ou se constitua efetivamente em um Estado fiscal ou ainda traga um rol de direitos fundamentais cuja promoção, garantia e defesa, por certo, dependerá dos valores recolhidos pela via dos tributos (NABAIS, José Casalta. *O dever fundamental de pagar impostos*: contributo para a compreensão constitucional do estado fiscal contemporâneo. Coimbra: Almedina, 2009. p. 63).

Quanto a esse ponto o voto do Ministro Luís Roberto Barroso foi preciso ao afirmar que "todos os membros da sociedade têm o dever de contribuir, na capacidade econômica manifestada, para o sucesso desse projeto coletivo que, repita-se, tem como principal forma de financiamento a receita advinda de tributos".[42] Assim, para garantir também a igualdade na aplicação da lei e impedir que alguns se afastem do dever de contribuir para a manutenção do Estado, o Ministro Luís Roberto Barroso afirma que "é necessária a criação de regras que auxiliem a fiscalização e arrecadação de tributos, possibilitando que tais recolhimentos possam representar de maneira concreta o percentual da riqueza revelada pelos contribuintes".[43] A partir de tais premissas, o voto conclui pela constitucionalidade dos dispositivos da Lei Complementar nº 105/01 que autorizaram o acesso direto por parte das autoridades fiscais a informações financeiras relativas aos contribuintes que estejam em posse das instituições financeiras.[44]

O *segundo* aspecto que merece destaque é a coragem de racionalizar os argumentos de ordem pragmática que rodeiam a questão, assumindo que esses argumentos quase sempre têm peso na decisão tomada em sede de jurisdição constitucional, embora isso, como regra, não seja admitido.[45] Essa sinceridade de argumentar admitindo expressamente que as consequências desempenham um papel relevante em certos casos difíceis submetidos à jurisdição constitucional, além de louvável, adiciona complexidade ao processo de tomada de decisão judicial. Assim, o processo de construção da decisão ganha contornos que não caberiam no modelo tradicional subsuntivo, o que amplia o papel do intérprete na construção da solução, característica típica desse constitucionalismo renovado para o qual o Ministro Luís Roberto Barroso tanto contribuiu.

Quanto ao ponto, o ministro afirma em seu voto:

> desenvolveu-se nos últimos tempos a percepção de que a norma jurídica não é o relato abstrato contido no texto legal, mas o produto da integração entre texto e realidade. Em muitas situações, não será possível determinar a vontade constitucional sem verificar as possibilidades de sentido decorrentes dos fatos subjacentes.[46]

Tratando-se de um tema sensível ainda hoje e para não correr o risco se utilizar aqui de uma interpretação equivocada do pensamento do ministro, permite-se uma citação direta e um pouco mais longa de um trecho do voto:

---

[42] Trecho do voto proferido pelo Ministro Luís Roberto Barroso no julgamento conjunto das ADIs nºs 2.390, 2.386, 2.397 e 2.859 e do RE nº 723.651, com repercussão geral, julgado pelo Plenário do Supremo Tribunal Federal em 24.02.2016.

[43] Trecho do voto proferido pelo Ministro Luís Roberto Barroso no julgamento conjunto das ADIs nºs 2.390, 2.386, 2.397 e 2.859 e do RE nº 723.651, com repercussão geral, julgado pelo Plenário do Supremo Tribunal Federal em 24.02.2016.

[44] Ao impedir que contribuintes mais organizados, e com maior acesso a recursos e informações, se esquivem de forma ilegítima do dever fundamental de contribuir com a manutenção da sociedade, a administração tributária atua para manutenção de um tratamento isonômico também na aplicação da lei. Nesse sentido, v. TIPKE, Klaus; YAMASHITA, Douglas. *Justiça fiscal e princípio da capacidade contributiva*. São Paulo: Malheiros, 2002. p. 25.

[45] SOUZA NETO, Cláudio Pereira de. Verticalização, cláusula de barreira e pluralismo político: uma crítica consequencialista à decisão do STF na ADIN 3685. *Interesse Público*, Porto Alegre, v. 37, 2006.

[46] Trecho do voto proferido pelo Ministro Luís Roberto Barroso no julgamento conjunto das ADIs nºs 2.390, 2.386, 2.397 e 2.859 e do RE nº 723.651, com repercussão geral, julgado pelo Plenário do Supremo Tribunal Federal em 24.02.2016.

> O pragmatismo possui duas características que merecem destaque para os fins aqui visados: (i) o *contextualismo*, a significar que a realidade concreta em que situada a questão a ser decidida tem peso destacado na determinação da solução adequada; e (ii) o *consequencialismo*, na medida em que o resultado prático de uma decisão deve merecer consideração especial do intérprete. Dentro dos limites e possibilidades dos textos normativos e respeitados os valores e direitos fundamentais, cabe ao juiz produzir a decisão que traga as melhores consequências possíveis para a sociedade como um todo.

Corroborando a posição do ministro sobre a utilização da argumentação pragmatista na jurisdição constitucional, destaco que o controle de constitucionalidade no constitucionalismo moderno nasce de uma decisão que adotou de forma expressa a argumentação consequencialista. A decisão judicial mais importante da história, proferida em 1803 pela Suprema Corte americana no célebre caso *Marbury v. Madison,* que influenciou diretamente o modelo de controle de constitucionalidade adotado em diversos países, inclusive no Brasil, foi ativista e consequencialista.[47]

Não há na Constituição americana de 1787 nenhum artigo que conceda poderes à Suprema Corte de invalidar uma lei votada pelo Congresso. Portanto, a decisão foi tomada a partir de uma expansão do poder político-normativo da Corte de autoafirmação da prerrogativa de invalidar atos emanados de outros poderes quando contrários à Constituição, mesmo sem previsão expressa.[48] Assim, o controle de constitucionalidade nasce de uma construção jurisprudencial fortemente embasada nos chamados *bad-consequences arguments*. Vale dizer, numa análise que leva em conta os efeitos indesejáveis de não existir uma ferramenta de contenção de eventuais abusos cometidos no exercício do poder de legislar.[49] No célebre julgamento *Marbury v. Madison*, ocorrido em 1803, o *Justice* Marshall argumentou que caso o tribunal não instituísse a possibilidade de controle judicial das decisões de leis contrárias à Constituição, restaria subvertido o mais importante fundamento de todas as Constituições escritas, reduzindo a nada o que se considera o maior progresso em termos de instituições políticas, que é a possibilidade de definir e controlar o poder estatal, tendo por base uma norma fundamental escrita e de hierarquia superior.[50]

Ademais, a decisão em *Marbury v. Madison* é consequencialista também sob outro aspecto: apesar de ter afirmado um incrível poder político normativo de declarar inconstitucionais e, portanto, nulas, leis contrárias às Constituição, a Corte não se utilizou desse poder para impor a nomeação de Willian Marbury no caso concreto. Premida por um cálculo estratégico que levava em consideração a própria autoridade da decisão emanada pela Corte, baseada em um clima político absolutamente adverso, optou-se por não confrontar o Executivo forte e recém-eleito.

Foi com essa feição que o *judicial review* se espalhou para o restante do mundo. Para o professor espanhol Eduardo Garcia de Enterría, um juiz constitucional, mais

---

47 BLOOM JR., Lackland H. *Methods of interpretation*: how the Supreme Court reads the constitution. New York: Oxford Universiy Press, 2009. p. 170-171.

48 CAMPOS, Carlos Alexandre de Azevedo. *Dimensões do ativismo judicial do STF*. Rio de Janeiro: Forense, 2014. p. 52-53.

49 BLOOM JR., Lackland H. *Methods of interpretation*: how the Supreme Court reads the constitution. New York: Oxford Universiy Press, 2009. p. 170.

50 BLOOM JR., Lackland H. *Methods of interpretation*: how the Supreme Court reads the constitution. New York: Oxford Universiy Press, 2009. p. 352-353.

do que em outros âmbitos da justiça, pode e deve ter em vista as consequências de suas decisões, frequentemente consequências políticas.[51] Também na Alemanha, Karl Larenz assume expressamente essa ideia e trata como irrenunciável por parte de uma Corte Constitucional a ponderação das consequências previsíveis da decisão, que deve ser orientada ao bem comum e, especialmente, à manutenção e ao aperfeiçoamento do Estado de direito.[52]

Em resumo, o que se pretende demonstrar nesse ponto é que se há algum pecado em se utilizar argumentos de matriz consequencialista em sede de controle de constitucionalidade, esse pecado é original. Em verdade, quase todos os juízos de modulação dos efeitos da declaração de inconstitucionalidade já autorizados pelo Supremo Tribunal Federal trazem a marca do pragmatismo jurídico, ainda que não de forma explícita. Não cabe no espaço do presente trabalho discorrer sobre as hipóteses em que o recurso a tal ferramenta interpretativa é legítimo ou não. De todo modo, certo é que somente será possível avaliar o uso de argumentos de ordem consequencialista quando eles forem veiculados de forma expressa no acórdão. Portanto, é salutar que o emprego da argumentação das consequências seja feito às claras, de forma expressa, e abrindo-se ao debate público mais amplo. Apenas assim será possível melhor identificá-la, compreendê-la e avaliá-la. Do contrário, o que se tem é a utilização de argumentos que não são submetidos ao controle intersubjetivo, abrindo margem a decisões que passam ao largo do texto da Constituição. Nesse sentido, o voto do Ministro Luís Roberto Barroso é um modelo de como esse tipo de argumento deve ser apresentado e enfrentado.

Em linha com o mencionado no parágrafo anterior, o voto do Ministro Barroso racionaliza o argumento consequencialista e demonstra de forma clara que uma decisão que interditasse o acesso direto da Administração Tributária a dados bancários dos contribuintes produziria impacto negativo no sistema de fiscalização, uma vez que os agentes fiscais ficariam manietados para investigar diversas situações reveladoras de capacidade contributiva. Também aponta para o risco de deixar o Brasil em posição desconfortável em âmbito internacional, em razão dos diversos compromissos de compartilhamento de informações assumidos em dimensão bilateral e multilateral.

O *terceiro* aspecto a ser ressaltado é a assunção pelo voto de uma premissa que considero fundamental para o processo de constitucionalização do direito tributário: a análise das hipóteses de restrição a direitos fundamentais dos contribuintes deve se submeter à mesma dinâmica dos demais casos que tratam de direitos fundamentais em geral. Parece uma afirmação singela, mas não é. Não é incomum em matéria de direito tributário se afirmar que direitos fundamentais dos contribuintes, embora apresentados na forma de princípios, são insusceptíveis de restrição. Algumas afirmações que no campo do direito constitucional são corriqueiras, no direito tributário ainda causam impacto e, por isso, precisam ser ditas com todas as letras.

Foi exatamente isso que fez o voto do Ministro Luís Roberto Barroso ao aplicar o princípio da proporcionalidade em suas três dimensões, para fins de examinar:

---

[51] GARCIA DE ENTERRÍA, Eduardo. *La Constitución como norma y el Tribunal Constitucional*. 4. ed. Madrid: Civitas, 2006. p. 193.

[52] LARENZ, Karl. *Metodologia da ciência do direito*. 3. ed. Lisboa: Fundação Calouste Gulbenkian, 1991. p. 517.

(i) se referidas restrições são adequadas aos fins perseguidos com a medida (adequação), (ii) se há meio alternativo menos gravoso e igualmente idôneo à produção do resultado (necessidade/vedação do excesso), e (iii) se os seus benefícios superam os seus ônus (proporcionalidade em sentido estrito).[53]

Quanto à adequação da medida, o voto do ministro destacou:

entendo ser fora de dúvidas que um instrumento que imponha às instituições financeiras, e não o contribuinte eventualmente interessado em se esquivar do pagamento, a obrigação de prestar as informações que podem levar a efetiva apuração do valor devido dos tributos, é um mecanismo com aptidão de promover a finalidade de combater as mais diversas formas de fuga ilegítima da tributação e controlar o fluxo de capitais, inclusive, para fins penais. [...]

confere maior efetividade à fiscalização, contribuindo para estimular a adimplência voluntária, incrementar a arrecadação e promover a justiça fiscal. Também torna mais difícil a vida dos devedores contumazes, que pretendem extrair vantagens competitivas indevidas da sonegação de tributos, da evasão fiscal e da omissão de receitas. Isso tudo, sem falar na possibilidade de rastreamento e cruzamento dos dados relativos aos fluxos financeiros, inclusive mediante troca de informações entre países, como mecanismo de combate ao terrorismo e ao tráfico internacional de drogas e armas.[54]

No que se refere à necessidade, o voto realçou:

Em relação à necessidade da medida, é fácil verificar que não há outro meio alternativo igualmente idôneo para o acesso aos dados bancários que determinados contribuintes, deliberadamente, pretendem esconder. Salvo a imposição de uma obrigação para que um terceiro, que deles tenha conhecimento, os forneçam, no caso, as instituições financeiras. São elas que possuem os dados relativos à movimentação, à origem ou à titularidade dos recursos financeiros que seus clientes, eventualmente, tentam afastar da tributação.[55]

Quanto à proporcionalidade sem sentido estrito, o voto do Ministro Luís Roberto Barroso ressalta o seguinte:

Em relação ao terceiro subprincípio, da proporcionalidade em sentido estrito, cabe destacar que o afastamento do sigilo bancário para fins fiscais sem prévia autorização judicial corresponde a medida proporcional em sentido estrito, de modo que as eventuais restrições aos direitos fundamentais dos contribuintes sejam compensadas pela promoção de interesses contrapostos. Trata-se de uma análise comparativa entre custos e benefícios. 34. Em relação aos benefícios decorrentes da medida em questão, é possível apontar: (i) a promoção da isonomia tributária e da justiça fiscal (art. 150, II, da CF); (ii) a realização dos princípios constitucionais da eficiência e da economicidade na cobrança dos créditos tributários (arts. 37 e 70, CF); (iii) a garantia da livre concorrência, evitando-se que alguns

[53] STF, Recurso Extraordinário nº 601.314, trecho extraído do voto proferido pelo Min. Luís Roberto Barroso, Tribunal Pleno, julgado em: 24.02.2016, publicado em: 15.09.2016.

[54] STF, Recurso Extraordinário nº 601.314, trecho extraído do voto proferido pelo Min. Luís Roberto Barroso, Tribunal Pleno, julgado em: 24.02.2016, publicado em: 15.09.2016.

[55] STF, Recurso Extraordinário nº 601.314, trecho extraído do voto proferido pelo Min. Luís Roberto Barroso, Tribunal Pleno, julgado em: 24.02.2016, publicado em: 15.09.2016.

agentes possam extrair vantagens competitivas indevidas da sonegação de tributos (art. 170, IV, CF), e (iv) o descongestionamento do Judiciário em benefício da realização do princípio da razoável duração do processo (art. 5º, LXXVIII, CF).[56]

Mais do que uma simples questão de rigorismo teórico, ascendência normativa ou modismo, esse esforço visto no voto do Ministro Luís Roberto Barroso de aproximar direito tributário e direito constitucional está diretamente relacionado com a noção mais basilar de Constituição. A raiz da relação umbilical entre direito constitucional e direito tributário passa pela noção mais básica de Constituição, como um conjunto de normas jurídicas fundamentais que definem os principais órgãos de um Estado, seus limites e forma de atuação, sua composição e, principalmente, determina o marco jurídico sob o qual irá se desenvolver a relação entre indivíduo e Estado.[57]

A aproximação teórica entre os dois campos traz benefícios claros para o direito tributário que pode entronizar ferramentas mais adequadas e eficazes para resolver, pelas lentes do direito constitucional, as complexas disputas judiciais tributárias. Por outro lado, a complexidade, o volume e os múltiplos interesses em jogo nas disputas tributárias também têm ajudado a criar um ambiente altamente criativo para o Supremo Tribunal Federal forjar e testar ferramentas novas de controle de constitucionalidade, muitas vezes tendo um caso tributário como pano de fundo.[58]

VI Conclusão

Vários países pelo mundo têm assistido, desde a segunda metade do século passado, o florescimento de um constitucionalismo renovado e especialmente focado na primazia dos direitos humanos, na efetividade das normas constitucionais e na reaproximação entre direito e moral. No Brasil não é diferente e esse processo ganhou força a partir de 1988 com a promulgação da Constituição Cidadã. Com essa transformação, a Constituição, que passa a ocupar o epicentro do ordenamento jurídico, irradia efeitos sobre todos os ramos do direito num processo conhecido como filtragem constitucional. Passa-se não só a aplicar princípios diretamente extraídos da Carta Magna, como a utilizá-los como móvel interpretativo da legislação infraconstitucional, em uma marcha que aproxima o público e o privado, reconectados por uma realidade constitucional única.

O direito tributário parece ainda preso ao modelo constitucional anterior, no qual a constitucionalização do direito tributário como fenômeno meramente formal, que tem o seu ápice nas ainda hoje intermináveis discussões sobre regras de competência para imposição de impostos e contribuições previdenciárias, ao mesmo tempo em que reclama abertamente por direitos fundamentais quase que absolutos do contribuinte individual. Contudo, o direito tributário não pode ficar infenso a todo esse processo de alteração da percepção e do modo de aplicação do direito conduzida pelo direito constitucional.

---

[56] STF, Recurso Extraordinário nº 601.314, trecho extraído do voto proferido pelo Min. Luís Roberto Barroso, Tribunal Pleno, julgado em: 24.02.2016, publicado em: 15.09.2016.

[57] SOLER, Osvaldo Héctor. *Tratado de derecho tributario*: economico, constitucional, sustancial, administrativo e penal. 4. ed. Buenos Aires: La Ley, 2011. p. 149-151.

[58] BARROSO, Luís Roberto; BARBOSA, Marcus Vinicius Cardoso. Direito tributário e o Supremo Tribunal Federal: passado, presente e futuro. *Universitas Jus*, Brasília, v. 27, p. 1-20, 2016.

Defendo que, no contexto atual, o papel tanto da doutrina quanto dos tribunais é resgatar e tornar operativos os princípios tributários que trazem uma carga valorativa mais relevante e que formam o alicerce do direito tributário, como: isonomia, capacidade contributiva, justiça fiscal, segurança jurídica etc. Além disso, trazer também para os direitos fundamentais dos contribuintes a gramática e os modelos de operação já testados e desenvolvidos para os direitos fundamentais em geral. Por fim, entender que, embora cobrados pelo Estado, os tributos representam a repartição das vantagens e riscos sociais entre toda a sociedade. E, sendo assim, a todos importa e atinge as hipóteses de oneração e as de desoneração, sejam elas formais, pelos instrumentos legais próprios, sejam elas informais, pela via da interpretação constitucional.

Ainda que de forma tardia, é chegada a hora de tornar também a Constituição Tributária efetiva, antes que o retorno do pêndulo nos pegue pelo meio do caminho e empurre ladeira abaixo.

Referências

BARQUERO ESTEVAN, Juan Manuel. *La función del tributo en el estado social y democrático de derecho*. Madrid: Centro de Estudos Políticos y Constitucionales, 2002.

BARROSO, Luís Roberto. *Neoconstitucionalismo e constitucionalização do direito*. Temas de direito constitucional. Rio de Janeiro: Renovar, 2009. t. IV.

BARROSO, Luís Roberto; BARBOSA, Marcus Vinicius Cardoso. Direito tributário e o Supremo Tribunal Federal: passado, presente e futuro. *Universitas Jus*, Brasília, v. 27, p. 1-20, 2016.

BLOOM JR., Lackland H. *Methods of interpretation*: how the Supreme Court reads the constitution. New York: Oxford Universiy Press, 2009.

CAMPOS, Carlos Alexandre de Azevedo. *Dimensões do ativismo judicial do STF*. Rio de Janeiro: Forense, 2014.

DI PIETRO, Maria Sylvia Zanella. *Direito administrativo*. 27. ed. São Paulo: Atlas, 2014.

FALCÃO, Maurin Almeida. O comportamento do contribuinte em face dos fundamentos políticos do tributo e a sua postura diante dos sigilos bancário e fiscal. *In*: SARAIVA FILHO, Oswaldo Othon de Pontes; GUIMARÃES, Vasco Branco (Coord.). *Sigilos bancário e fiscal*: homenagem ao Jurista José Carlos Moreira Alves. Belo Horizonte: Fórum, 2011.

GARCIA DE ENTERRÍA, Eduardo. *La Constitución como norma y el Tribunal Constitucional*. 4. ed. Madrid: Civitas, 2006.

LARENZ, Karl. *Metodologia da ciência do direito*. 3. ed. Lisboa: Fundação Calouste Gulbenkian, 1991.

NABAIS, José Casalta. *O dever fundamental de pagar impostos*: contributo para a compreensão constitucional do estado fiscal contemporâneo. Coimbra: Almedina, 2009.

ROCHA, Sergio André. O protagonismo do STF na interpretação da Constituição pode afetar a segurança jurídica judicial em matéria tributária? *In*: ROCHA, Valdir de Oliveira (Coord.). *Grandes questões atuais do direito tributário*. São Paulo: Dialética, 2011. v. 15.

SARAIVA FILHO, Oswaldo Othon de Pontes. Segredos bancário e fiscal relacionados com a administração tributária e o Ministério Público. *In*: SARAIVA FILHO, Oswaldo Othon de Pontes; GUIMARÃES, Vasco Branco (Coord.). *Sigilos bancário e fiscal*: homenagem ao Jurista José Carlos Moreira Alves. Belo Horizonte: Fórum, 2011.

SARMENTO, Daniel. Colisões entre direitos fundamentais e interesses públicos. *Revista de Direito da Procuradoria Geral do Estado do Rio de Janeiro*, Rio de Janeiro, v. 3, 2006.

SEIXAS FILHO, Aurélio Pitanga. A natureza do sigilo da função da autoridade administrativa e fiscal. *In*: SARAIVA FILHO, Oswaldo Othon de Pontes; GUIMARÃES, Vasco Branco (Coord.). *Sigilos bancário e fiscal*: homenagem ao Jurista José Carlos Moreira Alves. Belo Horizonte: Fórum, 2011.

SHAPIRO, Ian. *Os fundamentos morais da política*. São Paulo: Martins Fontes, 2006.

SOLER, Osvaldo Héctor. *Tratado de derecho tributario*: economico, constitucional, sustancial, administrativo e penal. 4. ed. Buenos Aires: La Ley, 2011.

SOUZA NETO, Cláudio Pereira de. Verticalização, cláusula de barreira e pluralismo político: uma crítica consequencialista à decisão do STF na ADIN 3685. *Interesse Público*, Porto Alegre, v. 37, 2006.

TIPKE, Klaus; LANG, Joaquim. *Direito tributário*. Porto Alegre: Sergio. Antonio Fabris Editor, 2014. v. III.

TIPKE, Klaus; YAMASHITA, Douglas. *Justiça fiscal e princípio da capacidade contributiva*. São Paulo: Malheiros, 2002.

TORRES, Ricardo Lobo. *Tratado de direito constitucional financeiro e tributário*: valores e princípios constitucionais tributários. Rio de Janeiro: Renovar, 2005. v. II.

Informação bibliográfica deste texto, conforme a NBR 6023:2018 da Associação Brasileira de Normas Técnicas (ABNT):

BARBOSA, Marcus Vinicius. Sigilo bancário e fiscal na jurisprudência do STF: a contribuição do Ministro Luís Roberto Barroso. *In*: PAULA, Fernanda de; PENCAK, Nina (coord.). *Tributação, liberdade e igualdade*: as contribuições do Ministro Luís Roberto Barroso. Belo Horizonte: Fórum, 2025. p. 789-809. ISBN 978-65-5518-952-0.

A COR DO TRIBUTO

MARIA ANGÉLICA DOS SANTOS
LORENA DE FÁTIMA SOUSA ARAÚJO NARCIZO
NÉLIA CAROLINA SILVA DIAS

1 Nem preto nem branco nem rosa. O tributo deveria ser multicolorido

Embora o título deste capítulo evidencie uma provocação sutilmente irônica, observando-se os ditames constitucionais, o tributo não deveria ser estruturado especificamente para beneficiar ou prejudicar um ou outro grupo social. Entretanto, o modo como a tributação se operacionaliza em nossa sociedade acaba por contribuir para que determinados grupos sintam o peso da carga tributária de formas distintas.

Essas diferentes percepções do impacto da tributação sobre as realidades vão construindo uma espécie de paleta de cores sobre a exação fiscal, que, por vezes, onera sobremodo mulheres (considerando-se o marcador de gênero), negras (considerando-se o marcador de raça) e pobres (considerando-se o marcador de classe). Com isso, num exercício disruptivo, caso pudéssemos conceber uma cor predominante para o tributo, levando-se em consideração os grupos que mais sentem o impacto fiscal sobre suas vidas, em alguns momentos o tributo será rosa, mas a cor predominante certamente é a cor preta. Preta é a cor de parte significativa dos corpos que são mais incisivamente onerados pela tributação. Há um debate internacional interessante sobre *black tax*,[1] mas ainda incipiente no Brasil. Quanto ao *pink tax*, temos um capítulo específico abordando o tema.

Pesquisas[2] demonstram que, proporcionalmente, corpos negros são muito mais impactados pela tributação e pela inadequada distribuição de renda do que outros

---

1 Para uma maior compreensão do tema, recomenda-se a leitura de Carpenter e Phaswana (2021).

2 Recomenda-se a análise dos dados dispostos em https://www.ipea.gov.br/retrato/pdf/revista.pdf. Acesso em: 13 ago. 2021.

grupos sociais. A tributação, ao incidir sobre estes grupos já vulnerabilizados, contribui para a imobilidade social, restringe a possibilidade de acúmulo de riquezas e inviabiliza a articulação de estratégias de ascensão social de descendentes.

Diante dessas constatações, mobilizações teóricas e práticas vêm se articulando para compreender esse fenômeno opressor da tributação sobre gênero e raça, bem como para desenvolver estratégias de superação dessa realidade. Feministas vêm se dispondo a um diálogo intenso sobre a falaciosa neutralidade tributária, argumento que tenta higienizar e restringir o debate; ao mesmo tempo em que se debruçam sobre a noção de uma justiça tributária que povoa o imaginário fiscal, mas cujos moldes liberais não se ajustam aos anseios de uma sociedade que precisa de uma teoria de justiça que transcenda a abstrativização e alcance a prática social e as vivências diversas de grupos oprimidos.

Este fenômeno de predileção da política fiscal por onerar mais uns grupos do que a outros implica uma estratégia que conduz à concepção predominante de justiça tributária para uma seara que ignora diversidade de raça, gênero e classe; desconsiderando peculiaridades reais jamais alcançadas pela conveniente abstrativização empregada pelos teóricos mais abalizados neste assunto.

Assim, para feministas negras, importa observar se a noção de justiça tributária que predomina nos discursos que alcançam projeção na atualidade está implicada em um projeto que considere múltiplos marcadores de opressão. Caso contrário, a noção de justiça tributária precisa ser revisitada e transformada. Veremos, neste capítulo, que uma alternativa possível para a emancipação teórica e prática da justiça tributária é a aplicação da interseccionalidade fiscal para se pensar o assunto e se desenvolver políticas públicas efetivamente antidiscriminatórias.

2 A justiça tributária na agenda do feminismo negro

Como explica Patricia Hill Collins (2019, p. 133 e ss.), ao feminismo negro interessa uma pluralidade de questões, tanto teóricas quanto práticas, que interferem direta ou indiretamente nas relações de negras e negros em sociedade. As pautas feministas são diversas entre si, mas para as feministas negras a raça é elemento central e determinante para qualquer debate político. Dito isto, quando se trata de justiça tributária, não há como ser diferente. Nestes termos, para feministas negras, não há como se abordar ampla, profunda e adequadamente o assunto sem se considerar a centralidade da raça na tributação.

2.1 Feminismo negro: sobre minorias dentro da "minoria"

Embora seja usual se referir a grupos oprimidos como "minorias", é importante se ter em mente que esta referência não é numérica, posto que nós mulheres compomos mais de metade da população brasileira. Neste grupo, muitas são negras e pobres. Deste modo, a compreensão de uma minoria pode ser pensada entre aspas, pois se remete a uma minoria no sentindo do acúmulo de atravessamentos por múltiplos marcadores de opressão.

Dentro dessa "minoria" há muitas outras minorias que disputam reconhecimento e representatividade. O desenvolvimento histórico do movimento feminista é um bom exemplo disso. A hierarquia de classes que se percebia no movimento feminista evidenciou-se sobremaneira à medida que as mulheres brancas, interessadas em ingressar no mercado de trabalho, implementaram estratégias que tornavam mais discrepantes as diferenças que existiam entre elas e as mulheres negras de classe baixa, implicadas no trabalho de cuidado há décadas.

Para que mulheres brancas pudessem trabalhar fora e alcançar a tão desejada independência financeira, mulheres negras precisavam cuidar de seus filhos e suas casas com zelo e profissionalismo, submetendo-se a baixos salários e humilhações constantes. As demandas feministas, portanto, não devem ser compreendidas como universais e homogêneas, muito pelo contrário, é preciso se perceber que há minorias dentro da dita "minoria".

É necessário perceber que as lutas das feministas precisam ser também atravessadas por raça e classe, não só por gênero, e ter noção disso é fundamental para que compreendamos a importância da agenda estabelecida pelas feministas negras.

2.2 Uma teoria da justiça por elas

Nas últimas décadas, o debate acadêmico brasileiro sobre justiça tributária não perdeu de vista o pensamento de um liberal estadunidense de escol, John Rawls (1971), que publicou a obra *Uma teoria da justiça* a fim abordar as teorias tradicionais do contrato social formuladas por Locke, por Rousseau e por Kant. Além disso, trouxe uma explicação da justiça, como sendo superior ao utilitarismo[3] dominante na tradição contratualista.

As pensadoras feministas Seyla Benhabib, Iris Young e Susan Okin apontam críticas à teoria rawlsiana. Suas reflexões são muito importantes para que se especifique adequadamente como o pensamento de John Rawls é recepcionado pelas feministas.

Seyla Benhabib tece críticas às teorias morais universalistas a partir de uma perspectiva feminista. Para isso a autora elabora a ideia de universalismo "substitucionalista" que abarca teorias morais da tradição ocidental formuladas pelos teóricos compreendidos no período que se inicia com Hobbes e vai até Rawls. Para Benhabib, as teorias universalistas "substitucionalistas" são aquelas experiências pautadas em um grupo específico de sujeitos, quais sejam, homens, brancos, adultos e possuidores de bens ou renda, os quais são utilizados de forma fraudulenta como referencial das experiências humanas.

Do mesmo modo, Iris Young constrói críticas às teorias da justiça contemporâneas, no que tange às ideias e aos princípios que elas adotam como pressupostos, bem como no que se refere às práticas, às políticas e às instituições orientadas por essas teorias e propõem visões alternativas para as relações sociais (RICHARDSON; WEITHMAN, 1999).

Em uma das suas publicações, *Justice and the politics of difference* (1990), Young adere como ponto de partida filosófico às reivindicações que movimentos sociais nos Estados Unidos da América fizeram sobre as profundas injustiças institucionais existente no país.

---

[3] O tipo de utilitarismo descrito será adstrito à doutrina clássica de Sidgwick, de forma clara e acessível. "A ideia principal é a de que a sociedade está ordenada de forma correta e, portanto, justa, quando suas instituições mais importantes estão planejadas de modo a conseguir o maior saldo líquido de satisfação obtido a partir da soma das participações individuais de todos os seus membros" (RAWLS, 2003, p. 25).

Diferentemente dos trabalhos já apresentados por Benhabib e Young, Susan Moller Okin (2005), em resposta às críticas feministas feitas à sua obra *'Forty acres and a mule' for women: Rawls and feminism*, analisa como Rawls desenvolveu o seu pensamento.

Para Okin (2005), as teorias políticas liberais são enganosamente individualistas, visto que elas afirmam que os seus sujeitos são indivíduos autônomos, que podem existir independentemente uns dos outros. Muitos enxergam o palco, mas não sabem o que acontece nos bastidores, pois os sujeitos apresentados pelos teóricos liberais são quaisquer indivíduos que na sua maioria são homens "chefes de família" que somente conseguem exercer sua função profissional com maestria, porque existem mulheres em seus lares viabilizando as condições necessárias para isso (RICHARDSON; WEITHMAN, 1999).

Mesmo havendo distinções entre as abordagens das teóricas feministas referenciadas acima e uma diferença na recepção da teoria rawlsiana por cada uma delas, suas considerações são de fundamental relevância para o debate sobre justiça tributária.

Porém, ainda é preciso dizer que se trata de pensadoras feministas brancas e que, portanto, partem de um lugar epistêmico que não contempla a agenda das feministas negras. Para tanto, precisamos nós mesmas, mulheres negras, debruçar-nos sobre a teoria de justiça rawlsiana e colocar sobre a mesa as barreiras insuperáveis que ela encontra quando confrontada com a realidade vivenciada por corpos negros, pobres e periféricos.

Então, não basta que feministas leiam John Rawls, faz-se de fundamental importância que feministas negras o leiam e construam argumentos que demonstrem a necessidade de uma outra teoria de justiça que dê conta de abarcar as demandas de corpos desconsiderados pelo pensador liberal norte-americano.

2.3 Feministas negras também leem Rawls

John Bordley Rawls foi um filósofo americano, professor na Universidade de Harvard e cuja obra influencia fortemente as teorias da justiça.

Criado numa família de classe alta, com grande influência e atuação política, Rawls foi fortemente influenciado por sua mãe, Anna Abell Rawls, cuja atuação feminista a levou a presidir a Liga para o Voto Feminino de Baltimore (LOVETT, 2012, p. 10). Devido a esta proximidade com o movimento feminista, Rawls teve a chance de flertar com as demandas das minorias, dos grupos subalternizados, como o das mulheres e da população negra. Essa constatação serve para demonstrar como as escolhas teóricas do renomado pensador são também escolhas políticas.

Sua obra seminal, *Uma teoria da justiça*, foi publicada em 1971, num Estados Unidos marcado por uma década de intensas lutas raciais por direitos e justiça. Lideranças defendendo argumentos dos mais diversos por resistência e emancipação racial, como Martin Luther King, Panteras Negras e Malcom X, elevaram sua voz por todo o mundo e provocaram fissuras ainda mais extensas do que as vistas até então. As disparidades econômicas, políticas, sociais, culturais e de acesso a oportunidades estavam sobre debate e os espaços de poder nunca haviam sido tão disputados como até então.

Este também é o período de ebulição das teorias da chamada segunda onda do feminismo, defendendo estratégias que desmantelem as estruturas sexistas que alicerçam a sociedade e determinam como as oportunidades devem ser repartidas.

Embora silencioso sobre a temática racial e feminista, o que nos leva a uma possível precipitada impressão de que a teoria rawlsiana é estruturada para beneficiar a elite à qual ele pertenceu. Não há como se ignorar que, pela construção da ideia de justiça apresentada por John Rawls, o trato da justiça distributiva torna imprescindível um enfrentamento da questão racial e todos os demais dilemas que conformam grupos oprimidos e subalternizados, num contexto capitalista.

Muito inspirada pelos estudos desenvolvidos por Seyla Benhabib, Marion Young, Martha Nusbaumm e Susan Okin, Beatriz Sanchez (2016) aponta e analisa as diversas críticas feministas sofridas por Rawls ao construir sua teoria de justiça partindo de um abstrativismo considerado excessivo e que provoca um distanciamento nocivo para a materialização de uma justiça distributiva que acolha corpos subalternizados. As digressões de Beatriz Sanchez, embora abranjam feministas liberais igualitárias e feministas não liberais, restringem-se ao universo das feministas brancas. Mas isso não significa que feministas negras não leem Rawls. Feministas negras leem de tudo.[4]

É Patricia Hill Collins quem explica como o pensamento feminista negro, considerado a teoria social crítica das mulheres negras, reflete o esforço dessas mulheres de lidar com experiências de opressões interseccionais. A busca por justiça e o compromisso pela redução de desigualdades que recaem sobre grupos oprimidos sustentam o debate que se estende para os chamados saberes negros de resistência. Estes saberes também incluem uma compreensão crítica de teorias de justiça e distributividade de riquezas, daí o interesse das feministas negras pela teoria de justiça de John Rawls.

No âmbito das lutas raciais, a busca por uma real justiça distributiva, que promova igualdade de oportunidades, exige que defendamos um sistema tributário antirracista, inclusivo e feminista. Nada menos do que isso, pois estas são pautas fundamentais para que se construa uma sociedade sem opressão e sem jogos de dominação estruturados sob a trindade classe/raça/gênero.

Numa sociedade estruturada sobre bases racistas, patriarcais e eurocentradas como é a brasileira, seria ingenuidade cogitar de uma possível justiça distributiva, tecida pelo princípio da igualdade tributária, alinhavada pelo subprincípio da capacidade contributiva e ornada pela teoria da solidariedade sem ter, antes de tudo isso, se debruçado sobre demandas de raça, gênero e classe.

Só há caminho possível para uma sociedade alicerçada numa justa distribuição de riquezas se temáticas que importam a grupos subalternizados forem trazidas ao debate e se fizerem pautas de todos.

No raciocínio desenvolvido por Rawls (2003), a justiça como equidade é uma teoria da justiça que parte da ideia de um contrato social entre todos. Não só entre os membros do grupo dominante nem somente para cobrir suas necessidades. Num primeiro momento, Rawls trabalhou (2003), em *Uma teoria da justiça*, com uma perspectiva em que a justiça como equidade era vista num âmbito muito abrangente. Posteriormente, em suas últimas digressões, passa a considerar tal concepção de justiça como uma forma razoável de liberalismo político.

---

4 Em seus diálogos, Bell Hooks e Stuart Hall insistem em destacar o perigo de essencializar as vivências de intelectuais negras e negros. Não lemos só autores negros e negras, não tratamos só de assuntos ligados direta ou indiretamente à raça, não nos restringimos a abordagens que envolvem a temática racial. É de fundamental importância que evitemos essencialismos (HOOKS; HALL, 2018).

A visão de sociedade como um sistema equitativo de cooperação social que se perpetua de geração para geração é fundamental para se compreender a organização do pensamento rawlsiano e a interface que existe entre a concepção política de justiça e o regime democrático. Para isso, é importante se ter em mente o que se entende por cidadãos, vistos estes como pessoas livres e iguais, e o que se quer dizer quando se menciona a sociedade bem-ordenada, por meio da qual se concretiza a noção pública de justiça.

Para Rawls, a ideia de sociedade bem-ordenada é aquela em que há uma concepção clara e pública de justiça, na qual esta última é aceita individual e coletivamente, como se posta por um acordo em que os princípios basilares da estrutura básica houvessem sido pactuados de antemão e respeitados, de modo amplo e irrestrito por todos, que agem conforme seus deveres e obrigações determinam.

Mas será que vivemos em uma sociedade bem-ordenada? Há respeito aos ideais de justiça acordados na posição original, caso ela tenha mesmo existido? Todos os grupos são tratados de forma justa pelo sistema tributário nacional?

Caso todas as respostas acima sejam positivas, este estudo perde sua razão de existir. Paremos por aqui. Mas, caso contrário, se as respostas para todas estas indagações forem negativas, então não há como parar. Será necessário que não nos conformemos, que não nos seja imposto um sistema tributário opressor sem que resistamos.

Por que é importante se estar diante de uma sociedade bem-ordenada? Porque é a partir desta concepção social que os cidadãos se sentem seguros para arbitrar acerca das exigências de justiça política para si e para o grupo.

Para criar e fortalecer uma unidade adequada para esta sociedade bem-ordenada, Rawls introduz a noção de *estrutura básica*, esclarecedora de como as instituições políticas e sociais se integram de modo a formar um sistema de cooperação social, distribuindo direitos e obrigações para todos e para si mesmas. A ideia de justiça como equidade parte sempre da justiça na estrutura básica e os princípios que nela se instauram coagem a atuação social, mas não são determinantes por si de uma formatação local de justiça.

Nesta perspectiva, um regime constitucional se apresenta verdadeiramente justo à medida em que realiza valores políticos pertinentes aos interesses e valores albergados pelo seio daquela sociedade e pelos cidadãos que a conformam. Todos os cidadãos, incluindo os grupos subalternizados, e não só de alguns privilegiados marcados pelo racismo, elitismo ou machismo e que se autodeclaram hegemônicos e universais.

Entretanto, quando temos uma carga tributária que incide sobre minorias de forma a retirar ou restringir chances de mobilidade social, de acesso a serviços essenciais, de liberdade para disporem de suas oportunidades como desejarem, não há como considerarmos este sistema tributário justo, equânime ou neutro. Este sistema está sendo utilizado para perpetuar privilégios e garantir localizações sociais, políticas, econômicas e culturais que não fragilizem as relações de poder estabelecidas durante a colônia e fossilizadas até o presente.

Conforme esclarece o próprio John Rawls:

> A teoria da justiça como equidade espera estender a ideia de acordo justo à própria estrutura básica. Deparamos aqui com uma grave dificuldade de qualquer concepção política de justiça que emprega a ideia de contrato, quer seja a de contrato social ou não. A dificuldade é a seguinte: devemos determinar um ponto de vista a partir do qual se

> possa concertar um acordo equitativo entre pessoas livres e iguais; mas esse ponto de vista tem de ser distanciado das características e circunstâncias particulares da estrutura básica existente e não ser distorcido por elas. A posição original, com sua característica que denominei de "véu da ignorância", inclui esse ponto de vista. Na posição original, não se permite que as partes conheçam as posições sociais ou as doutrinas abrangentes específicas das pessoas que elas representam. As partes também ignoram a raça e grupo étnico, sexo, ou outros dons naturais como a força e a inteligência das pessoas. Expressamos figurativamente esses limites de informação dizendo que as partes se encontram por trás de um véu de ignorância. (RAWLS, 2003, p. 21-22)

Através da abstração das contingências na estrutura básica, torna-se possível a eliminação de posições de vantagem para o surgimento de melhores condições de negociação. É na posição original que Rawls (2003) materializa sua ideia de contrato social, apresentando numa perspectiva mais arrojada a estrutura montada há muito pelos liberais. É por conta deste acordo na posição original que se viabiliza a justiça na cooperação social que se instaura no seio da coletividade.

Do ponto de vista fiscal-tributário, a teoria rawlsiana apresenta nuances que denotam uma clara influência distributivista em sua construção. Tal se mostra ainda mais evidente quando percebemos constatar, Rawls (2003), que a função correta do Poder Público é, além da manutenção da ordem social, realizar uma justiça distributiva, emprestando valor social prioritário às necessidades dos menos favorecidos.

O Poder Público faz-se presente na vida social utilizando-se do direito como meio regulador de conduta e de manutenção da ordem social. E, por meio do direito tributário, que é o ramo do direito público que rege relações jurídicas entre Estado e particulares, determina a atividade financeira do Estado no que se refere à obtenção de receitas que correspondam ao conceito de tributo.

Destaca-se que a justa igualdade posta acima dependeria de um corpo de instituições asseguradoras de oportunidades no campo educacional, desportivo e cultural para pessoas equivalentemente motivadas e de mobilidade econômica e política disponíveis a todos.

Ocorre que quando as desigualdades de riqueza excedem determinado patamar, tais instituições são ameaçadas. Por isso os tributos, que são o principal ingresso financeiro do Estado, juntamente com os dispositivos do ramo da distribuição, devem impedir que o abismo social, econômico, político e educacional entre subalternos e dominadores se expanda ou se estabilize. Há que se implementar estratégias que revertam o quadro de desigualdades e subverta o sistema tributário tradicional para que este passe a operar em prol de uma justiça distributiva e emancipatória.

Por todo o exposto, compreende-se que, ao tributar, o Estado realiza um papel e materializa interesses a ele confiados na posição original. Ao cidadão-contribuinte, o ato de tributar é veículo condutor a uma maior qualidade de vida e de exercício de liberdades. Ao tributar, o Estado o faz na condição de materializador do pacto social e nada mais deveria ser que a personificação da figura do contribuinte-cidadão. Ao contribuir, o cidadão nada mais faz do que centralizar recursos que lhe chegam às mãos em um só ponto para, depois, serem os mesmos redistribuídos, devolvidos em forma de benefícios que abarcarão não só uns, mas sim toda a coletividade.

Murphy e Nagel explicam:

> Qualquer sistema político que use a tributação como instrumento de realização de uma concepção de justiça social terá atrelado a promoção do bem social coletivo à atividade econômica que ocorre quando os membros individuais da sociedade atendem a seus interesses econômicos isolados e assim criam a riqueza. A renda ou os lucros tributados resultam de uma atividade privada, movida essencialmente pelo interesse próprio; não são gerados a fim de fornir de recursos o erário público. E o projeto do sistema tributário simplesmente parte do princípio de que, quaisquer que sejam os impostos que as pessoas tiverem de pagar, elas, ao tomar suas decisões econômicas, pensarão primariamente nos seus interesses pessoais e não nos da sociedade como um todo. (MURPHY; NAGEL, 2005)

Num Estado democrático de direito, o ato de pagar tributos, ainda que receba um olhar individualizado, não perde seu caráter socializante à medida que os indivíduos se ligam por um vínculo anterior e indissolúvel, pactuado e indelevelmente gravado nas concepções político-ideológicas que permeiam o grupo social já na posição original.

Interesses pessoais, num Estado democrático de direito, vinculam-se aos interesses coletivos, pela própria natureza e estruturação das relações sociais firmadas. A justiça na distribuição de riquezas conformará diferenças que, se existentes, assim o são sem serem incompatíveis com a necessidade de bem-estar comum.

O Brasil é um país altamente diverso e plural. Estamos falando de uma antiga colônia que funcionou como uma das bases para a triangularização do Atlântico.[5] Recebemos povos de origens diversas em nosso território por muitos séculos. Fomos marcados por uma escravidão negra que perdurou até o final do século XIX, de forma explícita, mas que não deixou de promover seus reflexos na atualidade problemática e desnivelada em que vivemos. Servimos como porto para a diáspora negra e nos rendemos aos espelhos e quinquilharias com as quais os europeus nos encarceraram.

Já passadas muitas décadas da abolição da escravatura no Brasil, a discussão acerca da presença social do corpo negro, sua inclusão econômica, política e cultural ainda são temas que não saíram de moda. Muito pelo contrário. A discussão que engendra o corpo negro à reavaliação de sua posição na sociedade brasileira parece estar somente começando.

3 A análise do direito tributário sob o viés interseccional

Para darmos continuidade às reflexões sobre justiça tributária na perspectiva das feministas negras, consideramos necessário recorrer ao método da interseccionalidade, fundamental por conferir maior robustez ao debate.

Consideramos que pensar este tema a partir de uma lente interseccional será a melhor e mais adequada estratégia para uma transformação do cenário atual fortemente marcado por desigualdades de renda e por uma tributação que onera sobremodo grupos oprimidos enquanto desonera convenientemente grupos dominantes.

Um estudo que se proponha questionador da lógica tributária que predomina na atualidade não pode se esquivar de colocar frente a frente a teoria de justiça

[5] Para compreender essa teoria recomendamos Costa (2006).

predominante e a centralidade da raça. Essa centralidade se evidencia sobremodo a partir do momento em que fazemos uso do método da interseccionalidade.

3.1 O que é interseccionalidade?

Embora o termo tenha sido cunhado no fervor do desenvolvimento da teoria racial crítica, pela jurista estadunidense Kimberlé Crenshaw, é bastante adequado considerarmos que o conceito, bem como defendem Patricia Hill Collins e Sirma Bilge (2021, p. 90), é fruto de uma construção coletiva que se desenvolveu ao longo de muitos anos de estudos, provocações e debates conduzidos pelas feministas negras do mundo inteiro.

Uma das grandes colaboradoras para o delineamento dos contornos da interseccionalidade é Lélia Gonzalez (1984) que, em suas produções científicas, insiste na necessidade de se fazer uso da lente da raça para uma melhor compreensão do debate de gênero, demonstrando a importância de se articular múltiplos marcadores de opressão para que se possa produzir alternativas adequadas para uma verdadeira transformação de nossa sociedade.

Define Carla Akotirene:

> A interseccionalidade visa dar instrumentalidade teórico-metodológica à inseparabilidade estrutural do racismo, capitalismo e cisheteropatriarcado – produtores de avenidas identitárias em que mulheres negras são repetidas vezes atingidas pelo cruzamento e sobreposição de gênero, raça e classe, modernos aparatos coloniais. (AKOTIRENE, 2019, p. 13)

O termo "interseccionalidade" foi utilizado pela primeira vez, em 1989, pela feminista americana Kimberlé Crenshaw.

Carla Akotirene (2019, p. 13) afirma que Kimberlé Crenshaw pensou a interseccionalidade como colisão das estruturas, a interação simultânea das avenidas identitárias, mas também como o fracasso do feminismo em contemplar mulheres negras, já que reproduz o racismo e a falha do movimento negro, em razão do caráter machista, ao oferecer ferramentas metodológicas reservadas às experiências apenas do homem negro.

Patrícia Hill Collins e Sirma Bilge (2021, p. 20), no livro *Interseccionalidade*, propõem um conceito genérico do termo:

> A interseccionalidade investiga como as relações interseccionais de poder influenciam as relações sociais em sociedades marcadas pela diversidade, bem como as experiências individuais na vida cotidiana. Como ferramenta analítica, a interseccionalidade considera que as categorias de raça, classe, gênero, orientação sexual, nacionalidade, capacidade, etnia e faixa etária – entre outras – são inter-relacionadas e moldam-se mutuamente. A interseccionalidade é uma forma de entender e explicar a complexidade do mundo, das pessoas e das experiências humanas.

Dessa forma, Collins e Bilge (2021, p. 20) se preocupam em não reduzir o conceito a uma soma de opressões apenas, mas sim como ferramenta analítica das relações de poder que envolvam, por exemplo, raça, classe e gênero. As autoras mostram que essas categorias funcionam de maneira unificada e afetam todos os aspectos da vida social.

Ademais, ressaltam que a interseccionalidade não é uma estrutura pronta, que pode ser aplicada a determinado projeto, mas sim pode assumir várias formas a depender do caso estudado e do contexto social específico. Dessa forma, Patricia Hill Collins e Sirma Bilge (2021, p. 69-72) destacam que a interseccionalidade pode ser usada como uma forma de práxis ou investigação críticas. Como práxis, refere-se às maneiras pelas quais as pessoas produzem ou aplicam as estruturas interseccionais na vida cotidiana, com o objetivo de transformar as relações de poder. Já como investigação, analisam-se as estruturas interseccionais para o estudo de uma variedade de fenômenos sociais em contextos sociais específicos, o que ocorre na academia, por exemplo.

Embora a expressão tenha sido utilizada apenas no fim dos anos 80, a ideia de relacionar diferentes formas de opressão já era empregada, desde meados do século XIX, pelas feministas abolicionistas, a exemplo de Sojourner Truth, escravizada conhecida pelo discurso realizado em 1851, na Convenção dos Direitos das Mulheres, em Akron, Ohio (BRAH, 2004).

Soujourner Truth (2014), referindo-se à sua realidade e a de outras mulheres negras e comparando-a ao cotidiano das mulheres brancas, indaga:

> Aqueles homens ali dizem que as mulheres precisam de ajuda para subir em carruagens, e devem ser carregadas para atravessar valas, e que merecem o melhor lugar onde quer que estejam. Ninguém jamais me ajudou a subir em carruagens, ou a saltar sobre poças de lama, e nunca me ofereceram melhor lugar algum! E não sou uma mulher? Olhem para mim? Olhem para meus braços! Eu arei e plantei, e juntei a colheita nos celeiros, e homem algum poderia estar à minha frente. E não sou uma mulher? Eu poderia trabalhar tanto e comer tanto quanto qualquer homem – desde que eu tivesse oportunidade para isso – e suportar o açoite também! E não sou uma mulher? Eu pari treze filhos e vi a maioria deles ser vendida para a escravidão, e quando eu clamei com a minha dor de mãe, ninguém a não ser Jesus me ouviu! E não sou uma mulher?

Fazendo um apanhado histórico breve sobre o cruzamento entre raça, classe, gênero e outras categorias, os professores Flávia Biroli e Luis Felipe Miguel (2015) entendem que foi a partir dos anos 1960 que a questão se estabeleceu de forma incontornável para o pensamento progressista, quando diferentes frentes simultâneas (a juventude, a classe trabalhadora, as mulheres, a população negra e a militância anticolonial) perceberam que suas identidades se definiam na relação com mais de um daqueles grupos, passaram a questionar suas próprias posições e pôr em xeque as hierarquias internas a cada um deles. Assim, os estudiosos destacaram três frentes, quais sejam, o feminismo marxista e socialista, o feminismo negro e a noção de interseccionalidade.

A professora da Universidade de Minnesota, Rose M. Brewer (2005), defende que o grupo Coletivo Combahee River, nos anos 1970, já apresentava a noção de que as opressões eram inextricavelmente conectadas nas vidas das mulheres negras, interseccionando raça, classe, gênero e sexualidade.

Ressalta-se que Patricia Hill Collins (2017) explica que o grupo de mulheres afro-americanas nos Estados Unidos não estavam sozinhas, mas faziam parte de um movimento mais amplo, em que estavam presentes latinas, indígenas e asiáticas e estavam na vanguarda de reivindicar a inter-relação de raça, gênero, classe e sexualidade nas experiências cotidianas.

Ademais, Collins esclarece que, na década de 1980, os movimentos sociais deram uma pausa e as mulheres negras entraram na academia como estudantes de pós-graduação, professoras assistentes, docentes, o que permitiu que elas levassem as ideias políticas do feminismo negro para os estudos de raça, classe e gênero, como Alice Walker, June Jordan, Angela Davis, Nikki Giovanni e Barbara Smith (2017).

O professor Carlos Eduardo Henning (2015), no mesmo sentido, ao discorrer sobre a formação histórica da interseccionalidade, relata que, na primeira metade da década de 1980, Angela Davis publicou *Mulheres, raça e classe*, e bell hooks, *E eu não sou uma mulher? Mulheres negras e feminismo*, ambos em 1981, com o objetivo de contribuir com a discussão e criticar o conceito homogêneo de "mulher" e de evidenciar a necessidade de análise das outras formas de opressão como raça e classe social. Segundo o autor, em seguida, vieram escritoras como Audrey Lorde (*Irmã outsider: Ensaios e conferências*, 1984) e Patricia Hill Collins (*Pensamento feminista negro. Conhecimento, consciência e a política do empoderamento*, 1990) também preocupadas com o cruzamento das diferenças sociais.

Interessante destacar a crítica trazida por Patricia Hill Collins (2017) de que as narrativas que contam o surgimento da interseccionalidade raramente mencionam os movimentos sociais, limitando-se o ponto de origem ao momento em que a academia noticia e nomeia essa relação de raça, classe e gênero.

3.2 Por que relacionar tributação e gênero não é suficiente? A necessidade de uma interseccionalidade fiscal

Após entender o conceito geral de interseccionalidade, é relevante perceber a importância da aplicação dessa ferramenta analítica no âmbito do direito tributário, a fim de possibilitar que nuances que se mantêm escondidas no debate possam ser enxergadas.

Nos tópicos iniciais, pudemos aprender que, a princípio, o tributo incide de forma indiscriminada sobre a sociedade, a depender do sujeito passivo definido em lei. Todavia, ao analisar mais detidamente, verificamos o quanto o sistema tributário pode ser ainda mais perverso para grupos específicos.

Como visto nos primeiros capítulos do livro, a discussão em torno de tributação e gênero foi iniciada apenas em razão dos interesses de mulheres brancas, sem a inserção e escuta das mulheres negras.

Embora não tenhamos dúvidas de como a tributação prejudica mais as mulheres do que os homens de forma geral, é necessário também fazer diversos outros recortes que individualizam certos grupos, como cor da pele, classe, sexualidade, dentre outros.

Assim, o uso da interseccionalidade como ferramenta analítica é fundamental para enxergar como o direito tributário tem contribuído para aumentar os abismos que separam as mulheres negras das brancas e dos homens.

Patrícia Hill Collins e Sirma Bilge (2021, p. 43) explicam como a interseccionalidade é importante para mostrar que a desigualdade social não se aplica igualmente a mulheres, crianças, pessoas negras etc. Assim, esse instrumento de análise consegue explicar como todas essas categorias (raça, classe, gênero, idade) posicionam as pessoas de forma diferente no mundo e nos estimula a repensar conceitos anteriormente engessados, como disparidade de riqueza.

Dessa forma, ao invés de enxergar "a disparidade de riqueza como algo desconectado das categorias de raça, gênero, idade e cidadania, a lente interseccional mostra que as diferenças de riqueza refletem sistemas de poder interligados" (COLLINS; BILGE, 2021, p. 43).

Por exemplo, no Brasil, ao verificar a distribuição por sexo da população brasileira, em 2022, o estudo do Instituto Brasileiro de Geografia e Estatística – IBGE (2023, p. 11), *Características gerais dos domicílios e dos moradores 2022 – PNAD Contínua*, mostrou que 51,1% da população era formada por mulheres e 48,9% por homens. Quanto à incidência da pobreza entre os dois grupos, em 2021, não houve diferenças significativas na distribuição de homens e mulheres entre os pobres e extremamente pobres, ficando próxima da média total em cada linha (8,4% para extrema pobreza e 29,4% para pobreza) (IBGE, 2022, p. 68). Por outro lado, ao se voltar às mulheres negras, em 2021, foram elas que apresentaram maiores incidências de pobreza (39,0%) e extrema pobreza (11,6%).

Logo, esses dados demonstram como os recortes de gênero, raça e classe direcionam as mulheres negras a ocuparem a base da pirâmide social.

Flávia Biroli e Luis Felipe Miguel (2015, p. 29) destacaram a importância de não dissociar as variáveis, sob pena de análises parciais, distorções na compreensão da dinâmica de dominação e dos padrões das desigualdades, a exemplo de estudos que focam nas relações de classe, mas que podem acabar desconsiderando o modo como as relações de gênero e o racismo influenciam no capitalismo. E continuam o raciocínio:

> Do mesmo modo, uma análise das relações de gênero que não problematize o modo como as desigualdades de classe e de raça conformam o gênero, posicionando diferentemente as mulheres nas relações de poder e estabelecendo hierarquias entre elas, pode colaborar para suspender a validade de experiências e interesses de muitas mulheres. Seu potencial analítico assim como seu potencial transformador são, portanto, reduzidos. (BIROLI; MIGUEL, 2015, p. 29-30)

Logo, não é possível pensar o sistema tributário nacional e de que forma este pode contribuir para diminuir as desigualdades sem levar em consideração a interseccionalidade entre gênero, raça e classe.

Mencionando novamente Patricia Hill Collins, a professora destaca que a noção de interseccionalidade se entrelaça em várias disciplinas, inclusive, em campos orientados às políticas públicas. Ao demonstrar a afinidade próxima da interseccionalidade com os estudos jurídicos, a exemplo da teoria crítica racial e a *LatCrit* (teoria crítica latina), Collins (2017, p. 13) destaca que a noção de interseção foi cultivada em um contexto intelectual dedicado à ação social e à mudança. E complementa defendendo que, para a política pública, as análises interseccionais são úteis, pois ajudam na compreensão de como os locais sociais interseccionais influenciam escolhas de vida.

Ainda, para a escritora americana, assim como Kimberlé Crenshaw abordou em seu artigo introdutório do termo "interseccionalidade", em que expressa um *ethos* de justiça social ao estudar interseccionalidade, a ideia de melhoria social efetiva deve estar sempre em mente. Assim, segundo ela, uma análise mais compreensiva dos problemas sociais pode render ações mais efetivas (COLLINS, 2017, p. 14).

Logo, para construção de uma sociedade mais justa, o direito tributário pode e deve ser um desses instrumentos de atuação, com adoção de medidas concretas (a serem abordadas em outro capítulo), e utilizando como premissas as ideias de interseccionalidade e a de justiça social.

Nesse sentido, essa obra apresenta um novo termo: *interseccionalidade fiscal*.

Ao analisar o direito tributário sob o viés interseccional, tenta-se, por meio dele, diminuir as desigualdades e, por consequência, aumentar a equidade entre os grupos sociais, materializando os ideais constitucionais do Sistema Tributário Nacional dentro da perspectiva do Estado constitucional de direito.

Logo, é urgente a utilização da interseccionalidade fiscal como instrumento viabilizador da justiça tributária.

Por exemplo, ao editar uma lei ou estabelecer um plano para o Imposto de Renda, deve-se promover o alinhamento das normas tributárias às perspectivas de gênero, raça e classe. Do contrário, ao invés de promover o equilíbrio social, a tributação reafirma a opressão social já vivida diariamente pelas minorias.

Como foi explicado anteriormente, Patrícia Hill Collins e Sirma Bilge reforçam que a desigualdade social raramente é causada por um único fator, de modo que a interseccionalidade adiciona camadas de complexidade aos entendimentos a respeito da própria desigualdade social.

Nesse sentido, a interseccionalidade fiscal propõe que o Sistema Tributário Nacional seja enxergado de forma complexa, identificando cada uma das opressões que assola as mulheres e, principalmente, as mulheres negras.

Relacionar tributação e gênero, desconsiderando a raça e a classe, não é suficiente para entender as desigualdades acarretadas pelo direito tributário e quais ações devem ser tomadas para diminui-las.

A aparente neutralidade do Sistema Tributário Nacional, que será estudada no tópico seguinte, é facilmente afastada ao utilizarmos a interseccionalidade como ferramenta de análise, pois nos permite enxergar como as normas tributárias foram elaboradas para privilegiar certas camadas da população e manter o *status quo*.

Isso porque, como visto, a princípio, ao tributar mais o consumo e tornar o sistema tributário mais regressivo, as classes mais baixas, compostas na sua maioria por pessoas negras, sofrem uma incidência maior dos tributos, tendo em vista que detêm menor renda. Assim, a análise interseccional possibilita enxergar essas nuances que não são vistas num primeiro momento, mas que são essenciais para estudar possibilidades de diminuição das desigualdades e aumento da justiça social.

Collins e Bilge (2021, p. 139), ao analisarem a trajetória dos movimentos sociais das mulheres negras e indígenas, apresentam a ideia de interseccionalidade como "uma maneira de interconectar experiências pessoais e análises estruturais de opressões entrelaçadas sem eludir o significado das experiências de vida, das múltiplas identificações e das comunidades políticas".

Portanto, as autoras evidenciam a importância que deve ser dada às particularidades de cada grupo, ainda que a análise das estruturas de opressão também seja necessária. Segundo elas, trata-se de poderoso instrumento para analisar como as relações de poder interseccionais geram desigualdades sociais (COLLINS; BILGE, 2021, p. 342).

Por exemplo, conforme o estudo *Síntese de Indicadores Sociais: Uma análise das condições de vida da população brasileira – 2020*, elaborado pelo IBGE (2020, p. 109), quando se verifica os 2,17,0% eram brancos e 25,3% eram de cor ou raça preta ou parda. Especificamente em relação às mulheres negras, 32,0% não estudavam e não tinham ocupação em 2019. Além disso, uma jovem preta ou parda tinha 2,4 vezes mais chances de estar nessa situação quando comparada a um jovem branco (13,2%), a um jovem negro ou até mulher branca.

A verificação desses dados mostra que, embora todos estejam incluídos no grupo de jovens de 15 a 29 anos, as mulheres negras são as que têm mais chances de estarem desocupadas ou não estarem estudando, se comparadas às mulheres brancas e aos homens brancos ou negros.

Ou seja, o Sistema Tributário Nacional deve se preocupar com as especificidades dos grupos, não podendo a legislação ser elaborada sem considerar as diferenças de raça, classe, gênero, dentre outras categorias.

A interseccionalidade deve ser utilizada pelo direito tributário para compreensão e solução das questões sociais, preocupando-se com a justiça social e não apenas com a arrecadação.

Sobre as relações interseccionais, Collins e Bilge (2021, p. 344) ensinam:

> Em outras palavras, a vida e a identidade das pessoas são moldadas em geral por múltiplos fatores, de formas diversas e mutuamente influenciadas. Raça, classe, gênero, sexualidade, idade, deficiência, etnia, nação e religião, entre outros, constituem sistemas de poder interdependentes, interseccionais ou mutuamente construídos. Enquanto categorias de análise, raça, gênero, sexualidade, classe e nação adquirem significado a partir das relações de poder do racismo, do heterossexismo, da exploração de classe e do nacionalismo. Nos marcos interseccionais, não existe racismo ou heterossexismo puros. Em vez disso, as relações de poder do racismo e do heterossexualismo adquirem significado em relação um ao outro.

É importante mencionar que na Europa vêm sendo criados organismos nacionais que usam a interseccionalidade como ferramenta analítica para concretizar suas políticas públicas de igualdade. Inclusive, na Grã-Bretanha há órgão dedicado aos estudos de gênero, raça, deficiência, sexualidade, religião e idade para possibilitar a criação de legislação sobre a igualdade de oportunidades e diversidade, como explicado por Barbara Bagilhole (2005 *apud* COLLINS; BILGE, 2021, p. 171).

Embora no Brasil o tema interseccionalidade venha sendo tratado por diversas feministas, como mencionado no tópico anterior, ainda são poucos os estudos que relacionam a ferramenta analítica com a tributação.

A ideia de propor o termo *interseccionalidade fiscal* é justamente evidenciar a necessidade de se enxergar o Sistema Tributário Nacional sob lentes que possibilitem a análise, não apenas de forma genérica, mas como determinados grupos de pessoas são impactados pelas relações de poder de formas distintas, em contexto específico, e, ao mesmo tempo, de que maneira as normas podem trabalhar em prol da justiça tributária quando se depara com as particularidades de cada um desses grupos.

4 O mito da neutralidade do Sistema Tributário Nacional

Diante das considerações já travadas sobre interseccionalidade fiscal e justiça tributária, resta-nos analisar a neutralidade do sistema tributário nacional, tendo em conta que este é um dos argumentos utilizados em defesa da inexistência de uma predileção tributária por impor-se injustamente sobre grupos minoritários e oprimidos.

De início, importa evidenciar que o tributo é mais do que uma prestação pecuniária compulsória, em moeda ou cujo valor nela se possa exprimir, que não constitua sanção de ato ilícito, instituída em lei e cobrada mediante atividade administrativa plenamente vinculada.[6] É, acima de tudo, o elemento materializador do pacto social, e como tal não se restringe à mera possibilidade de arrecadar recursos ou redistribuí-los. Incumbe-se de promover a manutenção dos ideais que deflagraram a própria necessidade de uma pactuação por meio da qual surge o Estado como entidade capaz de garantir melhores condições de bem-estar para o todo social e para cada um individualmente.

É correto alegar, então, que, para determinada prestação advinda do poder delegado pelos indivíduos ao Estado se enquadrar na definição de tributo, é fundamental que esta prestação supere as meras expectativas arrecadatórias e consiga materializar os ideais que lhe deram azo, que permitiram à sociedade acordar sobre a possibilidade de o poder público exercer o direito-dever de ultrapassar os limites da esfera privada e tomar para si uma parcela dos ganhos auferidos pelos particulares. Porém, esta estratégia só terá êxito se considerar os diversos grupos e classes que compõem a malha social.

Assim, uma tributação eficiente e justa precisa se alinhar aos ideais do pacto social, quais sejam: promoção de bem-estar e harmonia social. Se a prestação pecuniária compulsória tem caráter meramente arrecadatório e não se converte em meio promotor de igualdade ou bem-estar de todos, direcionando a redistribuição destes recursos arrecadados para benefício dos mais fragilizados socialmente, menos defensável se torna a existência de um sistema tributário neutro, que não discrimina nem é marcado pelos estigmas eurocêntricos.

Defender a ideia de uma neutralidade tributária eximiria o poder público de enfrentar diversas questões discriminatórias que repercutem na tributação. Sendo o sistema tributário neutro, restaria sem sentido acusar a máquina fiscal de ser montada de modo a beneficiar qualquer grupo em detrimento de outros. Porém, estamos diante de algo indefensável. Se a carga tributária pesa mais sobre grupos subalternos do que sobre privilegiados, resta evidente que de neutro o sistema não tem nada. A lógica do sistema tributário nacional evidencia seu caráter tendencioso.

A lógica da tributação no país preserva um modelo regressivo desde sua origem, sempre buscando desonerar os grupos dominantes e repercutindo fortemente sobre a camada trabalhadora e dominada. Essa regressividade não se materializa somente por meio de estratégias de oneração dos grupos dissidentes, mas também e sobretudo por meio de uma desoneração dos grupos dominantes. Trata-se, portanto, de uma estratégia que preserva os ricos sempre ricos e os pobres sempre pobres. Os negros sempre à margem e os brancos sempre no centro. Os homens sempre no topo e as mulheres sempre na base.

Essa regressividade, que se materializa por meio de uma incidência maior da tributação sobre o consumo, produção e renda sobre salários, contraria os ideais defendidos diuturnamente pela Constituição Federal. Mas o outro lado dessa regressividade é a não incidência tributária realmente significativa sobre patrimônio e capital.

As inúmeras reformas ocorridas até o momento preservaram a lógica da regressividade, porque tinham por objetivo implícito manter o *status quo*. Afinal, quem comanda os espaços de poder é quem decide como serão estabelecidas as regras dispostas para todos os demais. Embora tenha havido, desde a década de 1990, uma diminuição de alíquotas referentes ao IR Pessoa Física e Jurídica, todas as medidas adotadas nos últimos anos confluem para a manutenção da renda dos mais ricos e a depauperação dos

---

6 Art. 3º do Código Tributário Nacional (BRASIL, 1966).

mais pobres. O estabelecimento de faixas horizontalizadas de alíquotas de IR contribuem para um reforço das desigualdades, pois determinam que, quanto maior a renda em salários mínimos, maior a participação da renda isenta. Essa estrutura contamina intenções progressivas e que, efetivamente, poderiam servir para reduzir desigualdades entre ricos e pobres e, portanto, entre brancos e negros.

Analisando a história da tributação por meio de impostos diretos no Brasil, o que se percebe é uma utilização destes como catalizadores de desigualdades e não o contrário. Tais tributos têm servido para reforçar distanciamentos socioeconômicos e imobilizar socialmente grupos minoritários. Impende destacar que mesmo havendo uma propensão à regressividade dos impostos indiretos, vê-se um claro tensionamento desta regressividade para bem além do aceitável ao se constatar que mais da metade da carga tributária nacional materializa-se em tributação sobre consumo e serviços.

Em outra frente, o estabelecimento de políticas de isenção de tributação sobre lucros e dividendos repartidos entre sócios e acionistas, bem como a implementação da dedução sobre capital próprio, reforçam o caráter regressivo de nossa tributação e empenho em se desonerar os grupos que mais poderiam contribuir, fazendo recair o peso da carga tributária sobre aqueles que já estão fortemente oprimidos por outros marcadores.

Assim, aqueles que já são historicamente oprimidos por questão de raça, gênero ou classe, ainda passam a ser oprimidos também pela tributação. Essa sobreposição de opressões precisa ser alvo de extenso e persistente debate. Só a partir do momento em que conseguirmos desvelar as escusas relações que existem entre raça, gênero, classe e tributação é que teremos elementos suficientes para transformar a realidade e construirmos um sistema tributário antidiscriminatório ou decolonial.

As pesquisas demonstram que o Brasil é um dos países mais desigual do mundo em termos de tributação, recaindo sobre 1% da população mais rica o percentual de 28,3% da renda total declarada aos órgãos fiscais, em 2019 (ONU, 2019, p. 303), sendo este mesmo grupo o que menos sofre com a lógica regressiva do sistema tributário nacional que, partindo desta constatação poderia muito bem ser nominado de sistema tributário colonial.

Essas desigualdades catalisadas pelo sistema tributário somam-se a outras e as reforçam, tornando as demais desigualdades ainda mais proeminentes. Com isso, dilemas de raça, gênero e classe tornam-se mais severos quando atravessados pela tributação regressiva.

Neste cenário, é importante ressaltar que quaisquer reformas que direcionem para uma regressividade permanecerão contribuindo para que se mantenham ou mesmo aumentem desigualdades de gênero e de raça. Há uma necessidade premente de que se estabeleçam estratégias de progressividade tributária, de modo a reduzir o abismo socioeconômico que permeia as relações no Brasil e que direcione o país ao cumprimento do previsto no art. 3º da CRFB/88, que é a redução das desigualdades sociais.

Ao que parece, há uma conveniência em se desconsiderar questões raciais para um efetivo debate democrático. Encarar questões como machismo, racismo, classismo, dentre outras mazelas que construíram nossa sociedade colonial, é ter que encarar a existência de privilegiados, de oprimidos e de opressores. E não é simples se perceber na condição de privilegiado ou opressor.

E isso importa porque pesquisa da Oxfam Brasil (2018, p. 18) revelou, por exemplo, que, em 2017, 1% mais rico ganhava 72 duas vezes mais que os 50% mais pobres.

Como já se ponderou, uma tributação regressiva reforça desigualdades raciais, pois concentra negros na base da pirâmide, restringindo emancipação e dificultando mobilidade social. Ao falar em negros, faz-se prudente reforçar o que explica Grada Kilomba (2020, p. 164), que dentro da estrutura social há um escalonamento (homens brancos no topo, seguidos de mulheres brancas, depois há homens negros e por fim e na base estão as mulheres negras). As mulheres negras são, portanto, dentre os pobres as mais pobres.

A renda das mulheres negras não chega nem à metade daquela recebida pelos homens brancos e corresponde a cerca de 56% dos rendimentos das mulheres brancas. Essa disparidade se repete quanto à situação educacional, à inserção no mercado de trabalho, ao acesso a bens duráveis e às tecnologias digitais, à condição de pobreza e a vivência de situações de violência. Os dados estão no *Dossiê Mulheres Negras: retrato das condições de vida das mulheres negras no Brasil*, editado pelo Ipea em parceria com a Secretaria de Políticas para as Mulheres, a Secretaria de Políticas de Promoção da Igualdade Racial e a ONU Mulheres (MARCONDES *et al.*, 2013, p. 118).

Segundo dados do Ipea (2017), uma tendência observada ao longo de toda a série histórica é o crescimento da proporção de domicílios "chefiados" por mulheres. Em 1995, 23% dos domicílios tinham mulheres como pessoas de referência; vinte anos depois, este número chega a 40%. Esse é um fenômeno majoritariamente urbano: 43% dos lares na cidade tinham uma mulher como pessoa de referência em 2015, comparadas a 25% no campo, valor que se aproxima mais dos patamares da média brasileira de 1995. Nas cidades, houve um aumento de aproximadamente 18 pontos percentuais entre 1995 e 2015, ao passo que no campo a variação foi de apenas dez pontos, o que parece demonstrar um ritmo menos acelerado de transformações comportamentais nesta parcela da sociedade. Cabe ressaltar que as famílias chefiadas por mulheres não são exclusivamente aquelas nas quais não há a presença masculina: em 34% delas, há a presença de um cônjuge. Mesmo assim, é elevado o patamar de famílias em que as mulheres não têm cônjuges e têm filhos/as e, nesses casos, há que ressaltar o fato de que, muitas vezes, tais famílias se encontram em maior risco de vulnerabilidade social, já que a renda média das mulheres, especialmente a das mulheres negras, continua bastante inferior não só à dos homens, como à das mulheres brancas.

Conclusão

Com base em todo o exposto, constatamos que a neutralidade vigorosamente defendida por tributaristas mais conservadores não se sustenta ante uma investigação da justiça tributária a partir de uma lente interseccional. O que se percebe é uma urgente necessidade de reformulação das teorias de justiça que predominam os discursos teóricos e práticos.

Uma teoria da justiça que contemple interesses de grupos diversos, de minorias dentro de uma "minoria", de grupos altamente onerados por uma tributação que não considera elementos como raça, classe e gênero, precisa ser uma teoria que considere a interseccionalidade fiscal. Uma teoria de justiça que permita uma centralidade da raça no debate fortemente atravessado por questões de gênero e classe.

Pensamos que uma justiça tributária que considere desigualdades tão severas como as que formam o contorno político, social e econômico do Brasil precisa ser uma justiça tributária interseccional. Uma teoria de justiça que não esteja alijada da realidade, mas sim interessada em sua transformação, reduzindo desigualdades a partir de reavaliação do peso dos marcadores de opressão que se acumulam sem cessar sobre grupos minoritários.

Somente assim será possível um vislumbre, ainda que distante, de um futuro na tributação em que o tributo consiga se fazer efetivamente incolor, ou seja, não impacte de maneiras tão desniveladas grupos subalternamente racializados ou fortemente atravessados por marcadores de gênero ou classe. Para tanto, o caminho incontornável exige que reflitamos sobre a ausência de neutralidade do sistema tributário nacional, mesmo diante dos preceitos constitucionais a serem observados. Também precisamos repensar as políticas públicas fiscais implementadas até aqui e estabelecer novos parâmetros para as futuras de modo que estratégias interseccionais possam ter vez e consigam impactar a realidade dos grupos mais afetados pela lógica tributária atual.

Referências

AKOTIRENE, Carla. *Interseccionalidade*. São Paulo: Sueli Carneiro; Pólen, 2019.

BAGILHOLE, Barbara. Applying the Lens of Intersectionality to UK Equal Opportunities and Diversity Policies *apud* COLLINS, Patricia Hill; BILGE, Sirma. *Interseccionalidade*. São Paulo: Boitempo, 2021.

BENHABIB, Seyla. *The Generalized and the Concrete Other*. The Kohlberg – Gilligan Controversy and Moral Theory. [s.l.]: [s.n.], 1992.

BIROLI, Flávia; MIGUEL, Luis Felipe. Gênero, raça, classe: dominações cruzadas e convergências na reprodução das desigualdades. *Mediações*, Londrina, v. 20, n. 2, p. 27-55, jul./dez. 2015. Disponível em: http://www.uel.br/revistas/uel/index.php/mediacoes/article/view/24124. Acesso em: 4 mar. 2021.

BRAH, Avtar; PHOENIX, Ann. Ain't I A Woman? Revisiting intersectionality. *Journal of International Women's Studies*, v. 5, n. 3, 2004. Disponível em: https://vc.bridgew.edu/cgi/viewcontent.cgi?article=1543&context=jiws. Acesso em: 7 mar. 2021.

BRASIL. *Código Tributário Nacional [1966]*. Lei nº 5.172, de 25 de outubro de 1966. Dispõe sobre o Sistema Tributário Nacional e institui normas gerais de direito tributário aplicáveis à União, Estados e Municípios. Brasília, DF: Presidência da República, 1966. Disponível em: http://www.planalto.gov.br/ccivil_03/leis/l5172compilado.htm. Acesso em: 10 maio 2022.

BREWER, Rose M. *Response to Michael Buroway's Commentary 'The Critical Turn to Public Sociology*. 2005. Disponível em: http://burawoy.berkeley.edu/PS/Critical%20Sociology/Brewer.pdf. Acesso em: 15 mar. 2021.

CARPENTER, R.; PHASWANA, M. Black tax: An international exploratory study in the South African context. *Journal of Economic and Financial Sciences*, v. 14, n. 1, p. 1-10, 2021. Disponível em: https://doi.org/10.4102/jef.v14i1.612.

COLLINS, Patricia Hill. *Pensamento feminista negro*. São Paulo: Boitempo, 2019.

COLLINS, Patricia Hill. Se perdeu na tradução? Feminismo negro, interseccionalidade e política emancipatória. *Parágrafo*, n. 1, jan./jun. 2017. Disponível em: revistaseletronicas.fiamfaam.br/index.php/recicofi/article/download/559/506. Acesso em: 19 mar. 2021.

COLLINS, Patricia Hill; BILGE, Sirma. *Interseccionalidade*. São Paulo: Boitempo, 2021.

COSTA, Sérgio. *Dois Atlânticos*. Belo Horizonte: Editora UFMG, 2006.

GONZALEZ, Lélia. *Por um feminismo afro-latino-americano*: ensaios, intervenções e diálogos. Organização de Flávia Rios e Márcia Lima. Rio de Janeiro: Zahar, 2020.

GONZALEZ, Lélia. Racismo e sexismo na cultura brasileira. *Revista Ciências Sociais Hoje*, São Paulo, p. 223-243, 1984. Disponível em: https://edisciplinas.usp.br/pluginfile.php/5509709/mod_resource/content/0/06%20-%20GONZALES%2C%20L%C3%A9lia%20-%20Racismo_e_Sexismo_na_Cultura_Brasileira%20%281%29.pdf. Acesso em: 17 out. 2022.

HENNING, Carlos. Interseccionalidade e pensamento feminista: as contribuições históricas e os debates contemporâneos acerca do entrelaçamento de marcadores sociais da diferença. *Revista Mediações*, Londrina, v. 20, n. 2, p. 97-128, jul./dez. 2015. Disponível em: http://www.uel.br/revistas/uel/index.php/mediacoes/article/view/22900. Acesso em: 29 mar. 2021.

IBGE – INSTITUTO BRASILEIRO DE GEOGRAFIA E ESTATÍSTICA. *Pesquisa Nacional por Amostra de Domicílios Contínua – PNAD Contínua*: Características gerais dos domicílios e dos moradores 2019. Disponível em: https://biblioteca.ibge.gov.br/visualizacao/livros/liv101707_informativo.pdf. Acesso em: 8 de abr. 2021.

IBGE – INSTITUTO BRASILEIRO DE GEOGRAFIA E ESTATÍSTICA. *Pesquisa Nacional por Amostra de Domicílios Contínua – PNAD Contínua*: Características gerais dos domicílios e dos moradores 2022. Disponível em: https://biblioteca.ibge.gov.br/visualizacao/livros/liv102004_informativo.pdf. Acesso em: 8 de jul. 2023.

IBGE – INSTITUTO BRASILEIRO DE GEOGRAFIA E ESTATÍSTICA. *Síntese de Indicadores Sociais*: Uma análise das condições de vida da população brasileira – 2020. Disponível em: https://biblioteca.ibge.gov.br/visualizacao/livros/liv101760.pdf. Acesso em: 2 de ago. 2023

IBGE – INSTITUTO BRASILEIRO DE GEOGRAFIA E ESTATÍSTICA. *Síntese de Indicadores Sociais*: Uma análise das condições de vida da população brasileira – 2021. Disponível em: https://biblioteca.ibge.gov.br/visualizacao/livros/liv101892.pdf. Acesso em: 6 de abr. 2022.

IBGE – INSTITUTO BRASILEIRO DE GEOGRAFIA E ESTATÍSTICA. *Síntese de Indicadores Sociais*: Uma análise das condições de vida da população brasileira – 2022. Disponível em: https://biblioteca.ibge.gov.br/visualizacao/livros/liv101979.pdf. Acesso em: 8 de jul. 2023.

IPEA – INSTITUTO DE PESQUISA PÚBLICA APLICADA. *Retrato das Desigualdades de Gênero e Raça* – 1995 a 2015. Brasília, DF: Ipea, 2017. Disponível em: https://portalantigo.ipea.gov.br/agencia/images/stories/PDFs/170306_retrato_das_desigualdades_de_genero_raca.pdf. Acesso em: 7 ago. 2023.

KILOMBA, Grada. *Memórias da plantação*. Rio de Janeiro: Cobogó, 2020. *E-book*.

LOVETT, Frank. *Uma teoria da justiça, John Rawls*. [s.l.]: Editora Penso, 2012.

MARCONDES, Mariana Mazzini; PINHEIRO, Luana; QUEIROZ, Cristina; QUERINO, Ana Carolina; VALVERDE, Danielle (Org.). *Dossiê mulheres negras*: retrato das condições de vida das mulheres negras no Brasil. Brasília: Ipea, 2013.

OKIN, S. M. 'Forty acres and a mule' for women: Rawls and feminism. *Politics, Philosophy & Economics*, v. 4, n. 2, p. 233-248, 2005. DOI: https://doi.org/10.1177/1470594X05052540.

ORGANIZAÇÃO DAS NAÇÕES UNIDAS. *Relatório do Desenvolvimento Humano 2019*. Além do rendimento, além das médias, além do presente: Desigualdades no desenvolvimento humano no século XXI. Disponível em: https://hdr.undp.org/system/files/documents/hdr2019ptpdf.pdf. Acesso em: 7 ago. 2023.

OXFAM BRASIL. *País estagnado*: um retrato das desigualdades brasileiras. 2018. Disponível em: https://www.oxfam.org.br/um-retrato-das-desigualdades-brasileiras/pais-estagnado/. Acesso em: 7 ago. 2023.

PEREIRA, Fernanda Araújo. *Feministas leem Rawls*: as possibilidades e os limites do social-liberalismo do ponto de vista de mulheres. 2019. Monografia (Graduação) – Universidade Federal de Minas Gerais, Belo Horizonte, 2019.

RAWLS, John. *Uma teoria da justiça*. Tradução de Almiro Pisetta, Lenita Maria Rimoli Esteves. São Paulo: Martins Fontes, 2003.

RICHARDSON, Henry S.; WEITHMAN, Paul J. (Ed.). *Moral Psychology and Community*. [s.l.]: Taylor & Francis, 1999.

TRUTH, Sojourner. E não sou uma mulher? Tradução de Osmundo Pinho. *Portal Geledés*, 2014. Disponível em: https://www.geledes.org.br/e-nao-sou-uma-mulher-sojourner-truth/. Acesso em: 7 mar. 2021.

YOUNG, Iris Marion. *Justice and the politics of difference*. Princeton: Princeton University Press, 1990. Disponível em: https://doi.org/10.2307/j.ctvcm4g4q. Acesso em: 6 jul. 2023.

Informação bibliográfica deste texto, conforme a NBR 6023:2018 da Associação Brasileira de Normas Técnicas (ABNT):

SANTOS, Maria Angélica dos; NARCIZO, Lorena de Fátima Sousa Araújo; DIAS, Nélia Carolina Silva. A cor do tributo. *In*: PAULA, Fernanda de; PENCAK, Nina (coord.). *Tributação, liberdade e igualdade*: as contribuições do Ministro Luís Roberto Barroso. Belo Horizonte: Fórum, 2025. p. 811-830. ISBN 978-65-5518-952-0.

EFEITOS DAS DECISÕES DO SUPREMO TRIBUNAL FEDERAL EM CONTROLE DE CONSTITUCIONALIDADE SOBRE A COISA JULGADA FORMADA NAS RELAÇÕES TRIBUTÁRIAS DE TRATO CONTINUADO

MARIO AUGUSTO CARBONI

Introdução

Qual a eficácia de superveniente decisão do Supremo Tribunal Federal em controle concentrado de constitucionalidade ou em controle difuso com repercussão geral sobre a coisa julgada material nas relações jurídicas tributárias de trato continuado?

Esta é a questão fundamental considerada neste artigo, sendo de extrema relevância buscar resposta sustentável nas regras e princípios do ordenamento jurídico nacional. No trabalho, é realizada uma análise sobre os efeitos da decisão do Supremo Tribunal Federal em controle abstrato e em controle difuso com repercussão geral em relação à coisa julgada que se fundamentou na lei declarada (in)constitucional sob o recorte das relações jurídicas tributárias de trato continuado.

Para tanto, toma-se como paradigma o julgamento dos Recursos Extraordinários nºs 949.297[1] e 955.227,[2] por meio dos quais foram analisados os Temas nºs 881 e 885 da repercussão geral, descritos nos seguintes termos:

> Tema 881: o limite da coisa julgada em âmbito tributário, na hipótese de o contribuinte ter em seu favor decisão transitada em julgado que declare a inexistência de relação jurídico-tributária, ao fundamento de inconstitucionalidade incidental de tributo, por sua vez declarado constitucional, em momento posterior, na via do controle concentrado e abstrato de constitucionalidade exercido pelo Supremo Tribunal Federal.
> Tema 885: Efeitos das decisões do Supremo Tribunal Federal em controle difuso de constitucionalidade sobre a coisa julgada formada nas relações tributárias de trato continuado.

---

1 Supremo Tribunal Federal. RE 949.297. Rel. Min. Edson Fachin, redator p/ acórdão Min. Luís Roberto Barroso, j. 08.02.2023.

2 Supremo Tribunal Federal. RE 955.227. Rel. Min. Luís Roberto Barroso, j. 08.02.2023.

O desenvolvimento do presente trabalho toma como pano de fundo o contexto das relações tributárias de trato continuado, partindo da contraposição, de um lado, do instituto da coisa julgada, tomado como direito fundamental e corolário do princípio da segurança jurídica, e, de outro lado, os efeitos prospectivos de uma decisão em controle concentrado ou em sede de repercussão geral exercido pelo Supremo Tribunal Federal contrários à antecedente coisa julgada.

O objetivo da mencionada contraposição é analisar as razões que justificam a possibilidade de a superveniente decisão em controle abstrato ou em controle difuso com repercussão geral gerar efeitos sobre a coisa julgada que se fundamentou na lei declarada (in)constitucional, considerando-se o princípio da segurança jurídica, a teoria da hierarquia das normas, o sistema de controle de constitucionalidade brasileiro, os meios processuais de desconstituição da coisa julgada material e a teoria dos direitos fundamentais e valores constitucionais.

O Estado democrático de direito, numa perspectiva pós-positivista, tem como uma de suas características marcantes a eleição de diversificados valores positivados no ordenamento jurídico, com acentuada preocupação em garantir a supremacia da Constituição, como sustentáculo de tais valores e de validade de todas as normas e atos emanados do Poder Público.

Para tanto, há refinados mecanismos de controle de constitucionalidade, cuja finalidade é assegurar que os atos do Poder Público estejam em conformidade com o texto constitucional. Os atos administrativos e legislativos em desconformidade com a Constituição não desafiam dificuldades quanto ao tratamento de sua declaração de inconstitucionalidade, haja vista a previsão de existência de regras claras sobre os mecanismos para o seu controle. Entretanto, questão tormentosa está na determinação dos efeitos das decisões do Supremo Tribunal Federal em superveniente controle de constitucionalidade em relação à coisa julgada formada nas relações tributárias de trato sucessivo, porque fica evidente o embate entre valores constitucionalmente amparados.

De um lado, há a coisa julgada que assegura os valores de certeza e segurança das relações jurídicas, como poderoso fator de paz e tranquilidade social. Por outro lado, a proteção constitucional da coisa julgada que carregue consigo uma inconstitucionalidade representa um canal aberto para indagações a respeito de valores como justiça, isonomia, hierarquia das normas e higidez do ordenamento jurídico.

Abstraídas diversas questões axiológicas que poderiam ser trazidas à análise, e com fulcro na delimitação do objeto investigado, são selecionados como valores fundantes das reflexões, de um lado, a garantia do direito fundamental da coisa julgada como corolário do princípio da segurança jurídica e, de outro lado, a garantia da igualdade tributária no contexto econômico das relações tributárias continuadas, que pressupõe a garantia da livre concorrência.

O tema desenvolvido apresenta importância social, econômica e jurídica por recair sobre objeto que revela a instabilidade legislativa e jurisprudencial brasileira, em busca de uma solução que seja capaz de preservar os direitos fundamentais diante das decisões judiciais.

Na doutrina, é comum a menção à "relativização"[3] ou "desconsideração" da coisa julgada para se referir aos efeitos que decisões da Suprema Corte, em controle de

[3] RIOS, Flávia Cunha. A relativização da coisa julgada, aspectos processuais e reflexos nas ações coletivas. *Direito Público*, Brasília, v. 3, n. 11, p. 5-22, jan./mar. 2006.

constitucionalidade, produzem sobre a coisa julgada. Diretriz mais adequada parece considerar a questão no plano da eficácia da coisa julgada e não da sua existência, com consequente anulação ou desconsideração. Isso porque, como será analisado, em sede de coisa julgada na relação jurídica tributária de trato sucessivo ou continuado, os efeitos decorrentes de uma decisão da Suprema Corte em controle concentrado de constitucionalidade, ou em controle com repercussão geral, não implicam retroatividade, o que torna inadequado o termo "relativização" ou "desconsideração" da coisa julgada que produziu seus plenos efeitos até então.

No desenvolvimento do trabalho, serão apresentadas notas gerais sobre a coisa julgada no contexto da segurança jurídica, a partir da leitura ponderada do Supremo Tribunal Federal sob o prisma dos valores constitucionais, com recorte específico nos efeitos das suas decisões em controle objetivo ou objetivado de constitucionalidade sobre anterior coisa julgada formada nas relações tributárias de trato continuado.

A garantia da coisa julgada como expressão absoluta ou relativa da segurança jurídica

O Estado de direito representa um paradigma jurídico-político da cultura ocidental e do Estado liberal do ocidente, cujos fundamentos são o governo de leis gerais e racionais, organização do poder segundo o princípio da divisão de poderes, primado do legislador, garantia de tribunais independentes, reconhecimento de direitos, liberdades e garantias, pluralismo político, funcionamento do sistema organizatório estatal subordinado aos princípios da responsabilidade e do controle, exercício do poder estatal por meio de instrumentos jurídicos constitucionalmente determinados.[4]

Sem dúvidas, o instituto da coisa julgada sobressai como um dos instrumentos do Estado de direito, tendo em vista que é um dos guardiões do importante valor que é a segurança jurídica, e se encontra expressamente previsto no art. 5º, XXXVI da Constituição brasileira de 1988, no sentido de que "a lei não prejudicará o direito adquirido, o ato jurídico perfeito e a coisa julgada".

No campo legal, a disposição do art. 6º, §3º, da Lei de Introdução às Normas do Direito Brasileiro (Decreto-Lei nº 4.657/42 – LINDB), define a coisa julgada da seguinte forma: "chama-se coisa julgada ou caso julgado a decisão judicial de que já não caiba mais recurso". Em sentido semelhante, o Código de Processo Civil (art. 503) apresenta o conceito de coisa julgada, nos seguintes termos: "denomina-se coisa julgada material a autoridade que torna imutável e indiscutível a decisão de mérito não mais sujeita a recurso".

Vê-se que a coisa julgada se caracteriza pelas ideias de imutabilidade e indiscutibilidade de uma decisão judicial, o que deve designar, particularmente, sua eficácia,[5] posto que associada ao valor constitucional da segurança jurídica e se qualifica como instituto de função essencialmente prática que existe para assegurar a estabilidade da tutela jurisdicional.[6]

---

[4] CANOTILHO, Joaquim José Gomes. *Estado de direito*. Lisboa: Edição Gradiva, 1999. p. 7.

[5] CARNELUTTI, Francesco. *Sistema de direito processual civil*. São Paulo: ClassicBook, 2000. v. I. p. 406.

[6] MOREIRA, Barbosa. Ainda e sempre a coisa julgada. *Revista dos Tribunais*, São Paulo, n. 415, p. 10-11, jun. 1970.

A coisa julgada se apresenta em aspectos formais e materiais. A coisa julgada material é a imutabilidade dos efeitos substanciais da sentença de mérito, impedindo que a questão volte a ser discutida, ainda que em outro processo, por estar definitivamente resolvida a lide. A coisa julgada formal é a imutabilidade da sentença dentro do processo em que foi proferida. Vale registrar que a coisa julgada pode se dar também sobre questão prejudicial (art. 503, §§1º e 2º do CPC) e sobre tutela antecipada antecedente (art. 304, §5º do CPC).

Para a presente investigação, interessa a coisa julgada material, como um instrumento de efetivação do princípio da segurança jurídica. A coisa julgada material é a que representa a eficácia, o efeito ou a qualidade que outorga indiscutibilidade ao pronunciamento judicial, logo após o trânsito em julgado da decisão que extingue o processo com julgamento de mérito.

Entretanto, essa imutabilidade da coisa julgada tem sido objeto de questionamentos, especialmente pelas teorias relativistas, que contestam seu caráter absoluto, para sanar a perpetuação de injustiças ao longo do tempo, especialmente no campo das relações jurídicas continuadas.

A questão não é recente e se adensou a partir da ampliação das hipóteses de desconstituição traçadas pelo art. 485 do antigo Código de Processo Civil, reproduzidas no vigente estatuto processual. O tema tem sido objeto de profunda controvérsia e acalorado debate entre os operadores da ciência jurídica acerca da doutrina da relativização ou flexibilização da coisa julgada.

Uma premissa importante a orientar os debates é que a coisa julgada deve ser posta em equilíbrio com as demais garantias e valores constitucionais. Isso porque

> o valor segurança das relações jurídicas não é absoluto no sistema, nem o é a garantia da coisa julgada, porque ambos devem conviver com outro valor de primeiríssima grandeza, que é o da justiça das decisões judiciárias, constitucionalmente prometido mediante a garantia do acesso à justiça (CF, art. 5º, inc. XXXV).[7]

Como se mencionou, a coisa julgada material encontra-se instituída mediante lei processual e garantida pelo texto constitucional. Tal proteção ao instituto se justifica em razão do papel social que desempenha, que é de assegurar a imutabilidade dos efeitos da sentença para fora do processo, dando-lhe estabilidade e duração perene, propiciando segurança e paz de espírito às pessoas de tal modo que o vencedor saiba exatamente o direito que lhe cabe, e o vencido saiba exatamente o que não lhe cabe, acabando, assim, com a angústia de ambos.

A coisa julgada também produz outro efeito, que é a imposição da norma concreta estabelecida na sentença a toda coletividade, ou seja, às partes, às autoridades, ao Poder Judiciário e até mesmo ao legislador. Há, contudo, instrumentos processuais capazes de desconstituir a coisa julgada nas hipóteses legais, sendo típica a ação rescisória. Isso reforça que a coisa julgada material não é um direito absoluto, ante as possibilidades previstas em lei de rescisão da sentença de mérito transitada em julgado, bem como no caso da *querela nullitatis*.

---

[7] DINAMARCO, Cândido Rangel. Relativizar a coisa julgada material. *In*: NASCIMENTO, Carlos Valder do (Org.). *Coisa julgada inconstitucional*. Rio de Janeiro: América Jurídica, 2002. p. 12-14.

No campo das hipóteses de relações de trato sucessivo, a imutabilidade e indiscutibilidade, próprias da coisa julgada, trazem desafios por conta da renovação dos fatos ao longo do tempo, os quais podem ocorrer sob a égide de superveniente decisão da Suprema Corte acerca da constitucionalidade ou inconstitucionalidade da norma jurídica na qual fundada a decisão passada em julgado.

Nesse contexto, a coisa julgada material deve ser compreendida como imutabilidade apenas no que tange aos fatos existentes ao tempo do processo que o originou, ainda que, por falha das partes, não tenham sido trazidos aos autos. É o efeito preclusivo. Dessa forma, não há que se falar em imunidade a fatos supervenientes, pois isso significaria tornar a coisa julgada material um instituto "engessador" de situações dinâmicas. Pareceria equivocado argumentar com fato superveniente para se negar a existência de coisa julgada material, todavia, o que se impede é que se volte a discutir os mesmos fatos, isto é, a mesma causa de pedir.

Atualmente, há expressivas manifestações no sentido de afastar os efeitos da coisa julgada material, afirmado que o valor da segurança jurídica não é um valor absoluto no ordenamento jurídico, dado que deve conviver com um valor da justiça das decisões emanadas pelo Judiciário.

Não se pretende dotar de insignificância o princípio da segurança jurídica, mas sim harmonizá-lo com outros valores de igual ou maior relevância, dado que os princípios não constituem um fim em si mesmos, mas fazem parte de um todo, sendo essa a razão pela qual devem ser sopesados.

Nesse sentido, não se deve admitir a intangibilidade da coisa julgada que traga consigo uma decisão de conteúdo contrário à Constituição, porque "a injustiça, a imoralidade, o ataque à Constituição, a transformação da realidade das coisas quando presentes na sentença viciam a vontade jurisdicional de modo absoluto, pelo que, em época alguma, ela transita em julgado".[8] Percebe-se, nitidamente, a utilização do critério da ponderação de princípios como mecanismo de solução de conflitos entre preceitos constitucionais.

Neste âmbito, é possível afirmar que o próprio Código de Processo Civil, buscou solucionar o conflito entre os princípios da segurança jurídica (coisa julgada) e supremacia da Constituição, agregando ao sistema processual mecanismos com eficácia rescisória de sentenças tidas por inconstitucionais.

Nesse sentido, o §12, do art. 525, do CPC, para efeitos de impugnação de cumprimento de sentença, considera inexigível a obrigação reconhecida em título executivo judicial fundado em lei ou ato normativo considerado inconstitucional pelo Supremo Tribunal Federal, ou fundado em aplicação ou interpretação da lei ou do ato normativo tido pelo Supremo Tribunal Federal como incompatível com Constituição Federal, em controle de constitucionalidade concentrado ou difuso.

Para efeitos no campo processual, em regra, a decisão do Supremo Tribunal Federal deve ser anterior ao trânsito em julgado da decisão exequenda e, se for proferida após o trânsito em julgado da decisão exequenda, deverá ser ajuizada ação rescisória, cujo prazo será contado do trânsito em julgado da decisão proferida pelo Supremo

---

[8] DELGADO, José Augusto. Efeitos da coisa julgada e os princípios constitucionais. *In*: NASCIMENTO, Carlos Valder do (Coord.). *Coisa julgada inconstitucional*. 2. ed. Rio de Janeiro: América Jurídica, 2003. p. 21. Disponível em: http://www.agu.gov.br/page/download/index/id/892447%3E. Acessado em 21.06.2024.

Tribunal Federal (§§14 e 15, art. 525, CPC). Em atenção à segurança jurídica, a legislação processual permite que os efeitos da decisão do Supremo Tribunal Federal possam ser modulados no tempo.

A teoria sobre o caráter relativo da coisa julgada tem ganhado cada vez mais espaço, seja com esteio na utilização dos meios processuais legalmente previstos para sua desconstituição, seja na extensão de suas possibilidades, com esteio na justiça das decisões como fundamento axiológico, conforme se verificou no paradigmático julgamento dos Recursos Extraordinários nºs 949.297 e 955.227, por meio dos quais foram apreciados os Temas nºs 881 e 885 da repercussão geral. Passemos, a seguir, às reflexões acerca da ponderação entre os valores de segurança jurídica e isonomia tributária que devem conduzir a compreensão maior do tema no ambiente econômico.

Coisa julgada em matéria tributária: segurança jurídica *versus* igualdade tributária no ambiente econômico concorrencial

O Supremo Tribunal Federal é o intérprete máximo das normas constitucionais, de modo que a ele cabe definir o alcance e realizar a ponderação entre os valores e garantias fundamentais. Nessa tarefa, em manifestações mais antigas fica evidente que a Suprema Corte fazia uma leitura mais tradicional do instituto da coisa julgada sob o prisma constitucional, atribuindo-a preponderância no contexto da concretização do princípio da segurança jurídica.

Essa linha se refletiu no julgamento, em 28.5.2015, do Tema nº 733, da repercussão geral, em que se apreciou a eficácia temporal de sentença transitada em julgado fundada em norma supervenientemente declarada inconstitucional pelo Supremo Tribunal Federal em sede de controle concentrado. Na ocasião, foi fixada a seguinte tese de repercussão geral para a matéria:

> A decisão do Supremo Tribunal Federal declarando a constitucionalidade ou a inconstitucionalidade de preceito normativo não produz a automática reforma ou rescisão das decisões anteriores que tenham adotado entendimento diferente. Para que tal ocorra, será indispensável a interposição de recurso próprio ou, se for o caso, a propositura de ação rescisória própria, nos termos do art. 485 do CPC, observado o respectivo prazo decadencial (art. 495).

Decorre dessa compreensão o reforço da garantia da coisa julgada, que, mesmo diante de decisão superveniente do controle abstrato de constitucionalidade, não poderia ser automaticamente rescindida, sendo necessário o manejo dos instrumentos processuais adequados e tempestivos para fins de sua desconstituição.

De todo modo, no que diz respeito à matéria tributária, a Suprema Corte reconhecia desde muito tempo a peculiaridade da relação jurídica que, não raro, qualifica-se como de trato sucessivo no campo da incidência dos tributos, especialmente no campo dos fenômenos e transações econômicas.

Precedente histórico, consubstanciado na Súmula nº 239, editada pelo Supremo Tribunal Federal em 1963, já enunciava que "decisão que declara indevida a cobrança do imposto em determinado exercício não faz coisa julgada em relação aos posteriores".

A ideia revelada na súmula era no sentido de que as decisões judiciais devem ser voltadas a regular as situações fáticas pretéritas e não futuras, de modo que, no campo dos tributos, especialmente por serem a principal fonte de receitas públicas, estavam impedidas de regular outros exercícios financeiros diferentes daqueles que foram submetidos ao tribunal para julgamento do caso concreto.

Em linha semelhante, é esclarecedora a decisão da Suprema Corte que menciona que "nas obrigações de trato sucessivo, a força vinculante da decisão, mesmo que transitada em julgado, somente permanece enquanto se mantiverem inalterados os seus pressupostos fáticos e jurídicos".[9] Outras manifestações do Supremo Tribunal Federal trilharam esse mesmo raciocínio, a exemplo do que se pode extrair dos julgamentos a seguir:

> [...] 3. São constitucionais as disposições normativas do parágrafo único do art. 741 do CPC, do §1º do art. 475-L, ambos do CPC/73, bem como os correspondentes dispositivos do CPC/15, o art. 525, §1º, III e §§12 e 14, o art. 535, §5o. São dispositivos que, buscando harmonizar a garantia da coisa julgada com o primado da Constituição, vieram agregar ao sistema processual brasileiro um mecanismo com eficácia rescisória de sentenças revestidas de vício de inconstitucionalidade qualificado, assim caracterizado nas hipóteses em que (a) a sentença exequenda esteja fundada em norma reconhecidamente inconstitucional – seja por aplicar norma inconstitucional, seja por aplicar norma em situação ou com um sentido inconstitucionais; ou (b) a sentença exequenda tenha deixado de aplicar norma reconhecidamente constitucional; e (c) desde que, em qualquer dos casos, o reconhecimento dessa constitucionalidade ou a inconstitucionalidade tenha decorrido de julgamento do STF realizado em data anterior ao trânsito em julgado da sentença exequenda. 4. Ação julgada improcedente.[10]

> [...] 1. A força vinculativa das sentenças sobre relações jurídicas de trato continuado atua rebus sic stantibus: sua eficácia permanece enquanto se mantiverem inalterados os pressupostos fáticos e jurídicos adotados para o juízo de certeza estabelecido pelo provimento sentencial. A superveniente alteração de qualquer desses pressupostos (a) determina a imediata cessação da eficácia executiva do julgado, independentemente de ação rescisória ou, salvo em estritas hipóteses previstas em lei, de ação revisional, razão pela qual (b) a matéria pode ser alegada como matéria de defesa em impugnação ou em embargos do executado. 2. Afirma-se, nessa linha de entendimento, que a sentença que reconhece ao trabalhador ou servidor o direito a determinado percentual de acréscimo remuneratório deixa de ter eficácia a partir da superveniente incorporação definitiva do referido percentual nos seus ganhos. 3. Recurso extraordinário improvido.[11]

Essa diretriz interpretativa foi densificada com o julgamento dos Recursos Extraordinários nºs 949.297 e 955.227, em sede de repercussão geral, ocasião em que foram fixadas teses para os correlatos Temas nºs 881 e 885, apreciando os valores relacionados à segurança jurídica e à igualdade tributária no contexto das relações jurídicas tributárias no ambiente econômico.

O Supremo Tribunal Federal realiza a ponderação dos valores constitucionais atento à peculiaridade das situações e das normas levadas à sua apreciação. Desse modo, não poderia ser diferente a conclusão a que chegou ao julgar os referidos temas

9 Supremo Tribunal Federal. RE 596.663, Red. p/ o acórdão Min. Teori Zavascki, Tribunal Pleno, j. em 24.09.2014.

10 Supremo Tribunal Federal. ADI 2418. Min. Teori Zavascki, Tribunal Pleno, j. em 04.05.2016.

11 Supremo Tribunal Federal. RE 596.663. Rel. Min. Marco Aurélio, redator p/ acórdão: Teori Zavascki, Tribunal Pleno, j. em 24.09.2014.

de repercussão geral. As teses de repercussão geral fixadas para os Temas nºs 881 e 885 revelam esse cuidado. Confiram-se:

> 1. As decisões do STF em controle incidental de constitucionalidade, anteriores à instituição do regime de repercussão geral, não impactam automaticamente a coisa julgada que se tenha formado, mesmo nas relações jurídicas tributárias de trato sucessivo.
> 2. Já as decisões proferidas em ação direta ou em sede de repercussão geral interrompem automaticamente os efeitos temporais das decisões transitadas em julgado nas referidas relações, respeitadas a irretroatividade, a anterioridade anual e a noventena ou a anterioridade nonagesimal, conforme a natureza do tributo.

Merece destaque o fato de que, por meio deste julgado, se compreendeu pela cessação automática dos efeitos temporais das decisões transitadas em julgado nas relações jurídicas tributárias de trato sucessivo.

Tanto o controle concentrado de constitucionalidade, quanto o difuso objetivado ou abstratizado pelo reconhecimento da repercussão geral, seguem a mesma diretriz para fins de cessação automática dos efeitos da coisa julgada em sentido contrário, conforme entendimento consagrado pelo Supremo Tribunal Federal acerca do caráter objetivo dos processos submetidos à sistemática da repercussão geral.

A tese fixada não se apresenta inovadora em relação aos precedentes relativos às relações jurídicas de trato continuado, nos quais se identificou que a força vinculante das decisões judiciais transitadas em julgado atua sob a premissa *rebus sic stantibus*, ou seja, sua eficácia permanece enquanto mantiverem sem alterações os pressupostos fáticos e jurídicos adotados no provimento jurisdicional.

O julgamento se torna emblemático por ter identificado peculiaridade específica que justifica a superação do pretenso estado de segurança jurídica no campo das relações jurídicas tributárias de trato sucessivo, consistente na exigência de concretização da isonomia tributária, como elemento relevante para garantia de liberdade competitiva no ambiente econômico concorrencial em que inseridos os contribuintes, na grande maioria das hipóteses.

Assim, por meio do julgamento dos Temas nºs 881 e 885, a Suprema Corte privilegiou o princípio da igualdade tributária, reconhecendo que decisões judiciais individuais podem trazer vantagens competitivas no ambiente econômico, em prejuízo da livre concorrência, que se qualifica como princípio da ordem econômica tutelado pelo constituinte (art. 170, IV, CF), de modo que não podem ficar cristalizadas *ad aeternum* pelo manto da coisa julgada, diante de superveniente definição da questão constitucional controvertida em controle concentrado de constitucionalidade ou em controle com repercussão geral.

Desse modo, em sede de relações tributárias continuadas ou de trato sucessivo, para garantir que não se perpetuem no ambiente econômico as diferenças competitivas decorrentes de decisões judiciais, ficou estabelecida a cessação automática dos efeitos temporais das decisões transitadas em julgado, ficando dispensado o manejo de qualquer instrumento processual, como ação rescisória ou utilização das vias recursais, bem como os correspondentes limites temporais.

As razões de decidir se aplicam às relações jurídicas tributárias de trato sucessivo em que houver coisa julgada favorável, tanto à fazenda pública quanto aos contribuintes, já que o Supremo Tribunal Federal pode julgar no sentido da constitucionalidade ou inconstitucionalidade da norma tributária, em controle concentrado ou com repercussão geral.

Importante compreender que a coisa julgada não é desconsiderada, eis que apenas seus efeitos cessam automaticamente após a decisão em controle concentrado ou controle difuso com repercussão geral, sem promover efeitos retroativos que desconsiderem a força vinculante da decisão transitada em julgado, cuja eficácia se mantém até a referida decisão da Suprema Corte acerca da constitucionalidade ou inconstitucionalidade da norma tributária.

O caso de fundo, dos quais se extraíram as teses dos Temas nºs 881 e 885, foi favorável à Fazenda Nacional e bem ilustra sua aplicação prática. Em 1992, a empresa obteve decisão judicial que entendeu pelo não pagamento da CSLL. O Tribunal Regional Federal da 1ª Região identificou vício de inconstitucionalidade formal na lei instituidora da contribuição (Lei nº 7.869/1988), por se tratar de lei ordinária em matéria que supostamente exigiria lei complementar. A decisão na origem transitou em julgado em prol do contribuinte.

Posteriormente, o Supremo Tribunal Federal, em controle abstrato, declarou a constitucionalidade da referida Lei nº 7.869/1988 (ADI nº 15, Rel. Min. Sepúlveda Pertence, julgamento em 14.6.2007). Desse modo, a partir desse julgamento, inegável que decorreu modificação substancial na situação jurídica relativa à anterior decisão transitada em julgado em favor do contribuinte. Tratando-se de relação de trato sucessivo, ou seja, os fatos geradores da CSLL (lucro líquido) se reproduzem no tempo pelo exercício da atividade empresarial, o contribuinte deve se sujeitar, prospectivamente, à incidência da nova norma jurídica, produto da decisão da Suprema Corte.

Questão que gerou controvérsia após a fixação das teses dos Temas nºs 881 e 885 foi a respeito de sua modulação de efeitos, o que ensejou a oposição de seis embargos de declaração pela parte e pelos *amici curiae*.

Por certo, tendo em vista razões de segurança jurídica ou de excepcional interesse social, pode o Supremo Tribunal Federal modular os efeitos da declaração de inconstitucionalidade ou decidir que ela só tenha eficácia a partir de seu trânsito em julgado ou de outro momento que venha a ser fixado, sem, todavia, retroagir ao período de eficácia da coisa julgada, o qual é interrompido automaticamente apenas a partir da decisão superveniente.

A Corte, por maioria de votos, no julgamento dos embargos de declaração da parte, entendeu não estarem presentes os pressupostos de segurança jurídica para modular os efeitos da decisão de mérito, tendo em conta que a decisão em controle concentrado que reconheceu a constitucionalidade da CSLL relativa à controvérsia material datava de 2007. Todavia, por maioria de votos, foi dado parcial provimento ao recurso para afastar tão somente as multas tributárias de qualquer natureza impostas aos contribuintes que tiveram decisão favorável transitada em julgado em ações judiciais propostas para questionar a exigibilidade da CSLL e cujo fato gerador tenha ocorrido até a data da publicação da ata do julgamento de mérito (13.2.2023), ficando preservada a incidência dos juros de mora e da correção monetária e vedada a repetição dos valores já recolhidos referentes a multas de qualquer natureza.

A modulação de efeitos em relação à aplicação de multas tributárias teve por fundamento o fato de que, após a decisão em controle concentrado em 2007, adveio decisão do Superior Tribunal de Justiça, de março de 2011, por meio da qual se fixou tese no julgamento do Tema Repetitivo nº 340,[12] em sentido diverso, com a seguinte redação:

> Não é possível a cobrança da Contribuição Social sobre o Lucro (CSLL) do contribuinte que tem a seu favor decisão judicial transitada em julgado declarando a inconstitucionalidade formal e material da exação conforme concebida pela Lei 7.689/88, assim como a inexistência de relação jurídica material a seu recolhimento. O fato de o Supremo Tribunal Federal posteriormente manifestar-se em sentido oposto à decisão judicial transitada em julgado em nada pode alterar a relação jurídica estabilizada pela coisa julgada, sob pena de negar validade ao próprio controle difuso de constitucionalidade.

O Supremo Tribunal Federal, avaliando as circunstâncias da questão de fundo na jurisprudência nacional, modulou os efeitos para não permitir presunção de dolo ou má-fé, justificadores da penalidade, em relação aos contribuintes que pudessem ter pautado sua conduta quanto ao pagamento da CSLL, em decisão daquele tribunal superior, ainda que em sentido contrário ao seu julgamento em controle concentrado, o que enseja o afastamento das razões para aplicação de qualquer sanção tributária.

Assim, no campo da penalidade tributária, o primado da segurança jurídica sustentou-se no fato de que não era correto presumir que o contribuinte com decisão judicial favorável tenha agido de má-fé ou de forma ilícita que a justifique, especialmente diante de posição do Superior Tribunal de Justiça fixada sede de julgamento repetitivo (Tema nº 340).

De outro lado, no campo da obrigação tributária principal, não se agasalhou essa mesma diretriz interpretativa, por força da prevalência da isonomia tributária, uma vez que compreensão diversa ensejaria, ao contribuinte titular de coisa julgada favorável contrária à decisão objetiva do Supremo Tribunal Federal, indiscutível vantagem competitiva no curso do tempo. Desse modo, compreendeu-se que não poderia prevalecer entendimento que beneficie um contribuinte em detrimento dos demais contribuintes no ambiente econômico regido pelo princípio da livre concorrência.

As teses fixadas para os Temas nºs 881 e 885 são aplicáveis, por lógica, a outros casos nos quais o Supremo Tribunal Federal, em momento anterior, tenha julgado questões tributárias em sede de controle concentrado ou controle difuso com repercussão geral constitucional, observadas eventuais modulações específicas firmadas para cada hipótese.

Há diversos julgados, nessa situação, que ensejam a interrupção automática de eventual coisa julgada em sentido contrário ao definido pela Suprema Corte. Seguem abaixo, além de outros julgamentos,[13] menção a algumas situações relevantes decididas com repercussão geral submetidas à aplicação das teses definidas nos Temas nºs 881 e 885.

---

[12] Superior Tribunal de Justiça. Rel. Min. Arnaldo Esteves Lima, Data do Julgamento, 23.03.2011, *DJe* 06.04.2011, RSTJ vol. 222 p. 135, RT vol. 908 p. 599.

[13] STF, RE nº 1.003.758/RO, Tema nº 705 – ata de julgamento publicada em 25.5.2021; RE nº 1.049.811/SE, Tema nº 1024 – ata de julgamento publicada em 25.3.2022; RE nº 601.720/RJ, Tema nº 437 – ata de julgamento publicada em 25.4.2017; RE nº 761.263/SC, Tema nº 723 – ata de julgamento publicada em 23.4.2020; RE nº 1.221.330/SP, Tema nº 1094 – ata de julgamento publicada em 25.6.2020; RE nº 1.025.986/PE, Tema nº 1012 – ata de julgamento publicada em 19.8.2020; RE nº 628.075/RS, Tema nº 490 – ata de julgamento publicada em 1º.9.2020; RE nº 878.313/SC, Tema nº 846 – ata de julgamento publicada em 1º .9.2020; RE nº 946.648/SC, Tema nº 906 – ata de julgamento publicada em 9.9.2020.

Em sentido favorável à fazenda púbica, no RE nº 377.457/PR, Tema nº 71 da repercussão geral, com ata de julgamento publicada em 29.9.2008, definiu-se que

> é legítima a revogação da isenção estabelecida no art. 6º, II, da Lei Complementar 70/1991 pelo art. 56 da Lei 9.430/1996, dado que a LC 70/1991 é apenas formalmente complementar, mas materialmente ordinária com relação aos dispositivos concernentes à contribuição social por ela instituída.

No RE nº 718.874/RS, Tema nº 669 da repercussão geral, com ata de julgamento publicada em 7.4.2017, ficou estabelecido que "é constitucional formal e materialmente a contribuição social do empregador rural pessoa física, instituída pela Lei 10.256/2001, incidente sobre a receita bruta obtida com a comercialização de sua produção".

No RE nº 594.015/SP, Tema nº 385 da repercussão geral, com ata de julgamento publicada em 24.4.2017, decidiu-se que

> a imunidade recíproca, prevista no art. 150, VI, a, da Constituição não se estende a empresa privada arrendatária de imóvel público, quando seja ela exploradora de atividade econômica com fins lucrativos. Nessa hipótese é constitucional a cobrança do IPTU pelo Município.

No RE nº 1.187.264/SP, Tema nº 1.048 da repercussão geral, com ata de julgamento publicada em 9.3.2021, ficou determinado que "é constitucional a inclusão do Imposto Sobre Circulação de Mercadorias e Serviços – ICMS na base de cálculo da Contribuição Previdenciária sobre a Receita Bruta – CPRB".

No RE nº 1.072.485/PR, Tema nº 985 da repercussão geral, com ata de julgamento publicada em 15.9.2020, definiu-se que "é legítima a incidência de contribuição social sobre o valor satisfeito a título de terço de férias".

Em sentido favorável ao contribuinte, no RE nº 607.109/PR, Tema nº 304 da repercussão geral, com ata de julgamento publicada em 16.6.2021, decidiu-se que "são inconstitucionais os arts. 47 e 48 da Lei 11.196/2005, que vedam a apuração de créditos de PIS/Cofins na aquisição de insumos recicláveis".

Em todas essas hipóteses, observadas eventuais decisões específicas moduladoras de efeitos, são plenamente aplicáveis as teses dos Temas nºs 881 e 885, de modo que, nas relações jurídicas tributárias de trato sucessivo, cessam automaticamente os efeitos de decisões transitadas em julgado que estejam em sentido contrário.

Irretroatividade da cessação automática dos efeitos da coisa julgada inconstitucional nas relações tributárias de trato sucessivo

Para efeitos delimitadores deste trabalho, toma-se como coisa julgada inconstitucional a hipótese em que uma decisão judicial transitada em julgado encontra-se motivada em interpretação ou aplicação de lei tributária, em relações de trato sucessivo, posteriormente julgada inconstitucional ou constitucional pelo Supremo Tribunal Federal por meio do controle concentrado de constitucionalidade ou com repercussão geral, sem implicar ofensa ao sistema difuso de controle constitucional.

É importante registrar que, em ambas as situações, oriundas do efeito dúplice da das decisões em controle de constitucionalidade, a coisa julgada que se opera na situação posta à apreciação judicial tem conotação inconstitucional, variando apenas o ângulo investigativo e a apuração do fenômeno.

Na primeira hipótese, a inconstitucionalidade é direta, visto que o órgão jurisdicional de primeira instância entende válida norma que, posteriormente, é julgada inconstitucional. Ao passo que, na segunda hipótese, a inconstitucionalidade é indireta, na medida em que a violação à Constituição decorre do fato de a instância ordinária ter expurgado do ordenamento jurídico uma norma que, posteriormente, é confirmada válida pelo órgão constitucional competente.

Ao longo da história constitucional, formaram-se dois grandes sistemas de controle de constitucionalidade de normas: o norte-americano e o austríaco. No sistema norte-americano de jurisdição constitucional, surge e se consolida a doutrina da nulidade da norma inconstitucional. Nesse modelo, a norma incompatível com a Constituição é absolutamente nula e ineficaz desde sua origem, razão pela qual o juiz apenas reconhece o vício preexistente, declarando sua inconstitucionalidade. Em síntese, essa doutrina informa que "the inconstitutional statute is not law at all". Inconstitucionalidade é a nulidade da norma, incapacitando-a de produzir efeitos desde seu nascedouro.

Em ângulo oposto, situa-se a doutrina desenvolvida para o modelo europeu de jurisdição constitucional, criado com a Constituição austríaca de 1920. A norma é válida e produz efeitos até que uma decisão venha considerá-la inconstitucional.[14] Assim, a norma não é de início nula, de maneira que a declaração de inconstitucionalidade contida na decisão só opera efeitos para o futuro, preservando-se, dessa forma, todos os efeitos gerados pela norma.

Na esteira desse raciocínio, a declaração de inconstitucionalidade tem um caráter constitutivo, e não meramente declaratório, de modo que o órgão incumbido de julgar a constitucionalidade das normas atua como uma espécie de "legislador negativo", de forma a excluir do sistema normativo a norma contrária à Constituição.

Pode-se afirmar que a inconstitucionalidade, enquanto um vício ou um defeito na norma, supõe a existência desta. Assim, para que uma norma possa ser apreciada sob o viés de sua validade, faz-se mister que ela primeiramente exista. Dessa maneira, uma norma pode existir e ser válida, bem como existir e ser inválida, no caso de ser incompatível com as normas superiores do ordenamento jurídico.

Além disso, a norma pode não ser válida, por contrariar uma norma superior, e, não obstante, produzir efeitos jurídicos, pois esta aptidão não está condicionada à adequação da norma no sistema jurídico. Portanto, a norma, apesar de ser inconstitucional, portanto, inválida, produz efeitos jurídicos até que sobrevenha um ato que determine a cessação de tais efeitos.

Sob essa ótica, costuma-se indagar pela solução a ser oferecida no caso de uma norma que, tendo sido pacificamente aplicada por largo tempo, vem a ser declarada inconstitucional com efeitos retroativos.

---

[14] KELSEN, Hans. Teoria *geral do direito e do Estado*. Tradução de Luís Carlos Borges. 3. ed. São Paulo: Martins Fontes, 1998. p. 230 e ss. Em outro texto, Kelsen é incisivo a esse respeito: "Dentro de um sistema de direito positivo, porém, não existe nulidade absoluta. Não é possível caracterizar como inválido a priori (nulo ab initio) um ato que se apresenta como legal. Somente a anulação de tal ato é possível; ele não é nulo, mas anulável, eis que não é possível afirmar que um ato é nulo sem que se responda a questão sobre quem tem competência para estabelecer tal nulidade. [...] O ato somente é 'nulo' se a autoridade competente assim o declarar. Essa declaração é uma anulação, uma invalidação. Antes dela o ato não é nulo, pois ser 'nulo' significa legalmente inexistente, e o ato precisa existir legalmente para ser objeto de julgamento por uma autoridade" (KELSEN, Hans. *Jurisdição constitucional*. São Paulo: Martins Fontes, 2003. p. 308.)

Na medida em que se reconhece que a norma inválida pode ser eficaz, a sanção de nulidade, com o consequente efeito *ex tunc* da declaração de inconstitucionalidade, implica que todos os atos praticados com base na norma inconstitucional deveriam ser desconstituídos por força da eficácia retroativa da declaração de inconstitucionalidade, com a eliminação de qualquer decisão judicial proferida com base em uma norma posteriormente declarada inconstitucional.

O ordenamento jurídico brasileiro conta com um modelo de controle de constitucionalidade que adota tanto as características do sistema europeu de controle concentrado ou abstrato quanto do sistema americano de controle difuso ou incidental. O dogma da nulidade da norma inconstitucional, apesar de consubstanciar o modelo tradicional no direito brasileiro, também sofreu mitigações na jurisprudência do Supremo Tribunal Federal. Na década de setenta, por exemplo, há registro de adoção da tese da anulabilidade,[15] tal como sustentava Kelsen, no sentido de preservar os efeitos oriundos da norma inconstitucional.

Entretanto, essa linha não logrou alterar a orientação do Supremo Tribunal Federal que, majoritariamente, sustentou a tese da nulidade absoluta. A partir da análise da sua jurisprudência, extraem-se decisões históricas em que determinados efeitos emanados da norma declarada inconstitucional são preservados.

Nesse sentido, o Supremo Tribunal Federal reputou válidos atos praticados por oficial de justiça investido no cargo com base em uma lei posteriormente declarada inconstitucional.[16] Noutra decisão, entendeu não ser devida a restituição de remuneração paga a magistrados fundada em lei declarada inconstitucional no período em que sua legitimidade não foi questionada.[17] Ao reconhecer a ilegitimidade da lei, vedou-se a continuação do pagamento naqueles termos, mas não determinou a devolução dos valores já auferidos.

Quanto à teoria da modulação dos efeitos temporais da declaração de inconstitucionalidade, as Leis nºs 9.868/99 e 9.882/99 trouxeram importantes dispositivos que consagram a mitigação da doutrina da retroatividade. Os citados diplomas legais preservam as decisões judiciais transitadas em julgado, pois permitem que o órgão exercente do controle de constitucionalidade das leis adote três modelos de declaração de inconstitucionalidade. Pode restringir os efeitos de sua decisão, determinar que ela só tenha eficácia a partir do seu trânsito em julgado ou fixar um outro momento a partir do qual ela terá eficácia.

Na primeira hipótese, não se atingem decisões judiciais protegidas pela garantia da coisa julgada, pois o Supremo Tribunal Federal deixará consignado em seu acórdão, de forma expressa, essa proteção conferida às decisões judiciais.

Na segunda hipótese, quando a declaração de inconstitucionalidade apenas tenha eficácia a partir de seu trânsito em julgado, isto é, para o futuro (*ex nunc*), nenhum efeito anterior da norma poderá ser desconstituído. Assim, as decisões judiciais que se fundamentaram na norma presumidamente válida não serão atingidas pela declaração de inconstitucionalidade.

---

[15] Supremo Tribunal Federal. RE 79.343. Rel. Min. Leitão de Abreu.

[16] Supremo Tribunal Federal. RE 79.620. Rel. Min. Aliomar Baleeiro e RE 78.594. Rel. Min. Bilac Pinto.

[17] Supremo Tribunal Federal. RE 122.202. Rel. Min. Francisco Rezeck.

Na terceira hipótese, caso o Supremo Tribunal Federal determine que a declaração de inconstitucionalidade tenha eficácia apenas a partir de determinado momento fixado na sua decisão, os efeitos emanados da norma até ali não serão afetados.

As situações descritas acima constituem molde protetivo contra eficácia retroativa da declaração de inconstitucionalidade.

A modulação dos efeitos da declaração de inconstitucionalidade, permitida pelos referidos diplomas legais, supõe o atendimento a "razões de segurança jurídica ou de excepcional interesse social". Assim, no direito brasileiro, a regra geral continua sendo a da nulidade da norma inconstitucional com eficácia retroativa, porém mitigada em situações excepcionais.

Pode-se perceber que, nos casos em que o Supremo Tribunal Federal modula os efeitos de sua decisão, ele é chamado a promover uma ponderação de valores, avaliando as circunstâncias fáticas de cada caso. Portanto, uma vez demonstrada a prevalência da segurança jurídica ou de excepcional interesse social, a Corte poderá atenuar o rigor da doutrina da eficácia retroativa da declaração de inconstitucionalidade, protegendo as decisões judiciais fundadas na norma inconstitucional.

A teoria da norma inconstitucional que, como visto, prevalece como regra no entendimento do Supremo Tribunal Federal cede espaço no campo do sistema difuso de controle de constitucionalidade. Neste, a tarefa de apreciação de constitucionalidade das normas jurídicas incumbe a todos os órgãos do Poder Judiciário de forma difusa e incidental.

Importa rememorar que no seio do controle difuso de constitucionalidade leva-se em consideração o conceito de controle concreto, por meio do qual todo juiz, ao decidir um caso, tem o poder-dever de, em virtude da sua vinculação à Constituição, verificar se as normas aplicáveis ao caso são ou não constitucionais.

Assim, fixada a premissa de que todo órgão do Poder Judiciário tem o poder-dever de apreciar a constitucionalidade de uma norma antes de aplicá-la para dar solução ao caso concreto que lhe é submetido, tem-se que toda decisão judicial fundamentada numa norma jurídica pressupõe a sua declaração positiva de constitucionalidade, da mesma forma que pode a decisão judicial deixar de aplicar determinada norma jurídica por reputá-la incidental e preliminarmente como inconstitucional.

Nesse sentido, é possível afirmar que é pressuposto da aplicação de uma norma jurídica o julgamento pelo juiz, mesmo que implícito, sobre a sua validade em face da Constituição, como poder-dever de ofício. A coisa julgada alcança a parte dispositiva da sentença e mais a causa de pedir. As questões que se situam no âmbito da *causa petendi* se tornam igualmente imutáveis, no tocante à solução que lhes deu o julgamento, quando essas questões se integram no fato constitutivo do pedido, inclusive as questões de direito.

Assim, tanto na hipótese em que o juiz decide a questão constitucional, quanto na hipótese em que aplica a lei, admitindo-a como constitucional, não seria mais possível discussão em torno da questão constitucional em virtude do efeito preclusivo da coisa julgada material.[18]

Em linha com as teses fixadas nos Temas nºs 881 e 885, a coisa julgada terá plena eficácia, nas relações jurídicas tributárias de trato sucessivo, até que sobrevenha decisão

[18] MARINONI, Luiz Guilherme. *Coisa julgada inconstitucional*. 3. ed. São Paulo: Revista dos Tribunais, 2013. p. 29.

do Supremo Tribunal Federal em controle concentrado ou em sede de repercussão geral, já que neste ocorre um processo de objetivação, com adoção do sistema de precedentes vinculantes no campo processual, imperando, em ambas as hipóteses, a hierarquia das decisões da Suprema Corte em todo controle de constitucionalidade.

A primeira tese fixada para os Temas nºs 881 e 885 garante a segurança jurídica ante a alteração do paradigma de controle objetivo de constitucionalidade e seus efeitos no campo das decisões judiciais antecedentes tomadas em sentido contrário, eis que determina que as decisões do Supremo Tribunal Federal em controle incidental de constitucionalidade, anteriores à instituição do regime de repercussão geral, não impactam automaticamente a coisa julgada que se tenha formado, mesmo nas relações jurídicas tributárias de trato sucessivo.

A segunda tese confirma, de modo expresso, a autoridade das decisões da Suprema Corte em controle objetivo ou objetivado de constitucionalidade, ao determinar que as decisões proferidas em ação direta ou em sede de repercussão geral interrompem automaticamente os efeitos temporais das decisões transitadas em julgado nas referidas relações, respeitadas a irretroatividade, a anterioridade anual e a anterioridade nonagesimal, conforme a natureza do tributo.

Em que pese no controle concentrado o pronunciamento possa implicar a nulidade da norma e seu efeito *ex tunc* no campo normativo, não haverá, em garantia da segurança jurídica, retroatividade na cessação dos efeitos da coisa julgada em sentido diverso nos casos concretos, de modo que, nesse contexto, a tese orienta que devem ser respeitadas a irretroatividade, a anterioridade anual e ou nonagesimal, conforme a natureza do tributo.

A irretroatividade é mais uma garantia constitucional agasalhada nas teses de julgamento dos Temas nºs 881 e 885. Não se nega, ainda, a possibilidade de o Supremo Tribunal Federal, em cada julgamento no controle objetivo, modular os efeitos da declaração de inconstitucionalidade ou mesmo de constitucionalidade, como vem sendo admitido no campo do controle objetivo, para atendimento a razões de segurança jurídica ou de excepcional interesse social, demarcando limites temporais prospectivos para eficácia de suas decisões e, por consequência, de eventual prorrogação dos efeitos de decisões transitadas em julgado em sentido diverso. Foi o que se efetivou em relação ao caso de fundo da CSLL, relativo aos referidos temas julgados, em que se afastou a aplicação de sanções tributárias aos contribuintes que detinham em seu favor coisa julgada, apesar de reconhecer a cessação de seus efeitos para fins do pagamento do tributo, ante o anterior julgamento em controle objetivo de constitucionalidade.

Notas conclusivas

O presente artigo teve por objeto realizar análise sobre os efeitos decorrentes da decisão do Supremo Tribunal Federal, em controle abstrato de constitucionalidade ou com repercussão geral, em relação à coisa julgada que se fundamentou na lei declarada inconstitucional ou constitucional, no âmbito das relações jurídicas tributárias de trato sucessivo. O paradigma das reflexões foram as teses fixadas no julgamento dos Recursos Extraordinários nºs 949.297 e 955.227, representativos dos Temas nºs 881 e 885 da repercussão geral.

No desenvolvimento do trabalho, foram apresentadas notas gerais sobre a coisa julgada no contexto da segurança jurídica, a partir da leitura ponderada do Supremo Tribunal Federal sob o prisma dos demais valores constitucionais, com recorte específico nos efeitos das suas decisões, em controle objetivo ou objetivado de constitucionalidade, sobre anterior coisa julgada formada nas relações tributárias de trato continuado.

Verificou-se que a imutabilidade da coisa julgada, que encontra fundamento na segurança jurídica, como valor constitucionalmente assegurado, tem sido objeto de reflexões, especialmente pela doutrina relativista, que contesta o seu caráter absoluto para sanar a perpetuação de injustiças e ofensa a demais valores constitucionais ao longo do tempo no campo das relações jurídicas de trato sucessivo.

O valor da segurança jurídica, de que é expressão a garantia da coisa julgada, não tem caráter absoluto e deve conviver com demais valores constitucionais e com o valor da justiça das decisões emanadas pelo Judiciário. Não se trata de dotar de insignificância o princípio da segurança jurídica, mas sim de harmonizá-lo com outros valores de igual ou maior relevância, dado que os princípios não constituem um fim em si mesmos, mas fazem parte de um todo, devendo haver o sopesamento diante dos valores evidenciados pela natureza e peculiaridade dos casos em julgamento.

No que diz respeito à matéria tributária, a jurisprudência da Suprema Corte reconhece, historicamente, a peculiaridade da relação jurídica de trato sucessivo. Em relação ao tema da eficácia das decisões em relação à coisa julgada, a posição dominante é de que, nas obrigações de trato sucessivo, a força vinculante da decisão, mesmo que transitada em julgado, somente permanece enquanto se mantiverem inalterados os seus pressupostos fáticos e jurídicos.

Essa posição foi densificada com o julgamento dos Recursos Extraordinários nºs 949.297 e 955.227, em sede de repercussão geral, ocasião em que foram fixadas teses para os correlatos Temas nºs 881 e 885, ponderando-se os valores relacionados à segurança jurídica e à igualdade tributária no contexto das relações jurídicas tributárias de trato sucessivo no ambiente econômico. Nesse contexto, privilegiou-se o princípio da igualdade tributária, reconhecendo que decisões judiciais individuais podem trazer vantagens competitivas no ambiente econômico, em prejuízo da livre concorrência, de modo que ficou estabelecida a cessação automática dos efeitos temporais das decisões transitadas em julgado diante de superveniente definição da questão constitucional controvertida em controle concentrado de constitucionalidade ou com repercussão geral pelo Supremo Tribunal Federal.

O julgamento se torna emblemático por ter identificado peculiaridade específica que justifica a superação do pretenso estado de segurança jurídica no campo das relações jurídicas tributárias de trato sucessivo, consistente na exigência de concretização da isonomia tributária, como elemento relevante para garantia de liberdade competitiva no ambiente econômico concorrencial. A partir desse julgamento, fica claro o alcance do processo de objetivação do controle difuso e da adoção do sistema de precedentes vinculantes no campo processual com evidente diretriz acerca da hierarquia das decisões da Suprema Corte em controle de constitucionalidade, abstrato e com repercussão geral.

Por fim, foram balizadas reflexões sobre a irretroatividade agasalhada nas teses de julgamento dos Temas nºs 881 e 885 e a possibilidade de o Supremo Tribunal Federal, em cada julgamento, modular os efeitos da declaração de inconstitucionalidade ou de constitucionalidade, como vem sendo admitido, para atendimento a razões de segurança jurídica ou de excepcional interesse social, demarcar limites temporais prospectivos para eficácia de suas decisões e, por consequência, determinar eventual prorrogação dos efeitos de decisões transitadas em julgado em sentido diverso.

Referências

BARROSO, Luís Roberto. *O controle de constitucionalidade no direito brasileiro*. 6. ed. São Paulo: Saraiva, 2012.

BRASIL. Superior Tribunal de Justiça. Rel. Min. Arnaldo Esteves Lima, Data do Julgamento, 23.03.2011. *DJe*, 06.04.2011, RSTJ vol. 222 p. 135, RT vol. 908 p. 599.

BRASIL. Supremo Tribunal Federal. *ADI 2418*. Min. Teori Zavascki, Tribunal Pleno, j. em 04.05.2016.

BRASIL. Supremo Tribunal Federal. *RE 122.202*. Rel. Min. Francisco Rezeck.

BRASIL. Supremo Tribunal Federal. *RE 596.663*. Red. p/ o acórdão Min. Teori Zavascki, Tribunal Pleno, j. em 24.09.2014.

BRASIL. Supremo Tribunal Federal. *RE 596.663*. Rel. Min. Marco Aurélio, redator p/ acordão: Teori Zavascki, Tribunal Pleno, j. em 24.09.2014.

BRASIL. Supremo Tribunal Federal. *RE 78.594*. Rel. Min. Bilac Pinto.

BRASIL. Supremo Tribunal Federal. *RE 79.343*. Rel. Min. Leitão de Abreu.

BRASIL. Supremo Tribunal Federal. *RE 79.620*. Rel. Min. Aliomar Baleeiro.

BRASIL. Supremo Tribunal Federal. *RE 949.297*. Rel. Min. Edson Fachin, redator p/ acórdão Min. Luís Roberto Barroso, j. 08.02.2023.

BRASIL. Supremo Tribunal Federal. *RE 955.227*. Rel. Min. Luís Roberto Barroso, j. 08.02.2023.

BRASIL. Supremo Tribunal Federal. RE nº 1.003.758/RO, Tema nº 705 – ata de julgamento publicada em 25 de maio de 2021; RE nº 1.049.811/SE, Tema nº 1024 – ata de julgamento publicada em 25 de março de 2022; RE nº 601.720/RJ, Tema nº 437 – ata de julgamento publicada em 25 de abril de 2017; RE nº 761.263/SC, Tema nº 723 – ata de julgamento publicada em 23 de abril de 2020; RE nº 1.221.330/SP, Tema nº 1094 – ata de julgamento publicada em 25 de junho de 2020; RE nº 1.025.986/PE, Tema nº 1012 – ata de julgamento publicada em 19 de agosto de 2020; RE nº 628.075/RS, Tema nº 490 – ata de julgamento publicada em 1º de setembro de 2020; RE nº 878.313/SC, Tema nº 846 – ata de julgamento publicada em 1º de setembro de 2020; RE nº 946.648/SC, Tema nº 906 – ata de julgamento publicada em 9 de setembro de 2020.

CAMANO, Fernanda Donnabella. *Coisa julgada sobre questão tributária*. São Paulo: Revista dos Tribunais, 2021.

CANOTILHO, Joaquim José Gomes. *Estado de direito*. Lisboa: Edição Gradiva, 1999.

CARNELUTTI, Francesco. *Sistema de direito processual civil*. São Paulo: ClassicBook, 2000. v. I.

DELGADO, José Augusto. Efeitos da coisa julgada e os princípios constitucionais. *In*: NASCIMENTO, Carlos Valder do (Coord.). *Coisa julgada inconstitucional*. 2. ed. Rio de Janeiro: América Jurídica, 2003. Disponível em: http://www.agu.gov.br/page/download/index/id/892447%3E. Acessado em 21.06.2024.

DERZI, Misabel; LOBATO, V.; TEIXEIRA, T. Da coisa julgada como direito fundamental constitucional irreversível e a inaplicabilidade de sua flexibilização. *In*: MATA, J.; BERNARDES, F.; LOBATO, V. *Tributação na sociedade moderna*. Belo Horizonte: Arraes, 2021. v. II. p. 177-200.

DINAMARCO, Cândido Rangel. Relativizar a coisa julgada material. *In*: NASCIMENTO, Carlos Valder do (Org.). *Coisa julgada inconstitucional*. Rio de Janeiro: América Jurídica, 2002.

DINAMARCO, Cândido Rangel; LOPES, B. *Teoria geral do novo processo civil*. 3. ed. São Paulo: Malheiros, 2018.

KELSEN, Hans. Teoria *geral do direito e do Estado*. Tradução de Luís Carlos Borges. 3. ed. São Paulo: Martins Fontes, 1998.

MACHADO SEGUNDO, Hugo de Brito. Jurisprudência defensiva se reflete em polêmicas sobre coisa julgada. *Conjur*, 2023. Disponível em: https://www.conjur.com.br/2022-nov-02/jurisprudencia-defensiva-reflete-polemicas-coisa-julgada. Acesso em: 2 jul. 2024.

MARINONI, Luiz Guilherme. *Coisa julgada inconstitucional*. 3. ed. São Paulo: Revista dos Tribunais, 2013.

MENDES, Gilmar F. *Controle abstrato de constitucionalidade*: ADI, ADC e ADO comentários à Lei n. 9.868/99. São Paulo: Saraiva, 2012. (Série EDB)

MOREIRA, Barbosa. Ainda e sempre a coisa julgada. *Revista dos Tribunais*, São Paulo, n. 415, p. 10-11, jun. 1970.

RIOS, Flávia Cunha. A relativização da coisa julgada, aspectos processuais e reflexos nas ações coletivas. *Direito Público*, Brasília, v. 3, n. 11, p. 5-22, jan./mar. 2006.

THAMAY, Renan. *Mutabilidade das decisões do STF em matéria tributária*. São Paulo: Revista dos Tribunais, 2023.

ZAVASCKI, T. A. Coisa julgada em matéria constitucional: eficácia das sentenças nas relações jurídicas de trato continuado. *In*: SUPERIOR TRIBUNAL DE JUSTIÇA. *Doutrina do Superior Tribunal de Justiça*: edição comemorativa 15 anos. Brasília: Brasília Jurídica, 2005. p. 109-132. Disponível em: https://www.stj.jus.br/publicacaoinstitucional/index.php/Dout15anos/article/view/3499/3622. Acesso em: 3 jul. 2024.

Informação bibliográfica deste texto, conforme a NBR 6023:2018 da Associação Brasileira de Normas Técnicas (ABNT):

CARBONI, Mario Augusto. Efeitos das decisões do Supremo Tribunal Federal em controle de constitucionalidade sobre a coisa julgada formada nas relações tributárias de trato continuado. *In*: PAULA, Fernanda de; PENCAK, Nina (coord.). *Tributação, liberdade e igualdade*: as contribuições do Ministro Luís Roberto Barroso. Belo Horizonte: Fórum, 2025. p. 831-848. ISBN 978-65-5518-952-0.

ORGANIZAÇÕES RELIGIOSAS E AS IMUNIDADES TRIBUTÁRIAS PREVISTAS NA CONSTITUIÇÃO FEDERAL DE 1988

MATHEUS SOARES LEITE

Introdução

Antes de tudo, gostaria de iniciar este artigo expressando minha profunda gratidão pelo convite para participar desta prestigiosa coletânea em homenagem ao Ministro *Luís Roberto Barroso*, professor da nossa querida Faculdade de Direito da Universidade do Estado do Rio de Janeiro (UERJ). Sua trajetória é marcada por um compromisso inabalável com a justiça, a defesa dos direitos fundamentais e a promoção de um sistema tributário mais justo e equitativo. Este artigo é uma humilde tentativa de prestar homenagem a um jurista cuja contribuição para o direito tributário e para as finanças públicas transcende as páginas dos livros e decisões judiciais, influenciando positivamente a vida de milhares de brasileiros.

Pois bem!

Inicialmente, para contextualizar o tema em questão, é imprescindível abordar a extrema relevância da liberdade de religião como um direito fundamental, garantido e resguardado pela Carta Magna brasileira. Além disso, é de suma importância também destacar a imunidade tributária como um mecanismo de proteção e salvaguarda em prol da manutenção da liberdade religiosa. Ademais, é crucial considerar o contexto histórico e social que envolve todas essas questões, visto que o Brasil se caracteriza por ser um país com um notório pluralismo religioso, no qual a diversidade de crenças e correntes de pensamento é uma constante. Diante disso, é inegável que existem grandes desafios e tensões relacionados à aplicação e interpretação da imunidade tributária no âmbito religioso no país.

Ao que passo a discorrer.

Organizações religiosas e a imunidade tributária dos impostos

O art. 5º da Constituição Federal de 1988 assegura, nos termos dos seus respectivos incisos, um extenso rol de direitos fundamentais, dentre os quais: a igualdade, a inviolabilidade do direito à vida, a liberdade, a segurança e a propriedade, além de sistematizar as noções centrais do Estado, possibilitando a convivência do cidadão brasileiro. A liberdade religiosa, por sua vez, encontra-se assegurada nos incs. VI a VIII, *in verbis:*

> Art. 5º Todos são iguais perante a lei, sem distinção de qualquer natureza, garantindo-se aos brasileiros e aos estrangeiros residentes no País a inviolabilidade do direito à vida, à liberdade, à igualdade, à segurança e à propriedade, nos termos seguintes: [...]
>
> VI - é inviolável a liberdade de consciência e de crença, sendo assegurado o livre exercício dos cultos religiosos e garantida, na forma da lei, a proteção aos locais de culto e a suas liturgias;
>
> VII - é assegurada, nos termos da lei, a prestação de assistência religiosa nas entidades civis e militares de internação coletiva;
>
> VIII - ninguém será privado de direitos por motivo de crença religiosa ou de convicção filosófica ou política, salvo se as invocar para eximir-se de obrigação legal a todos imposta e recusar-se a cumprir prestação alternativa, fixada em lei; [...].

A liberdade de religião é um direito fundamental e sagrado para todos os seres humanos, que garante a manifestação livre da crença e o exercício pleno dos rituais religiosos. Essa liberdade assegura a expressão das convicções individuais, permitindo que cada pessoa viva de acordo com sua fé e seu entendimento espiritual. Além disso, a liberdade religiosa desempenha um papel crucial na harmonia social e na construção de uma sociedade mais justa e inclusiva. Por meio da liberdade religiosa, é possível promover a diversidade de crenças e o respeito mútuo entre diferentes credos. A convivência pacífica e harmoniosa entre as diversas religiões é fundamental para a construção de uma sociedade plural, em que todas as vozes e perspectivas são valorizadas. A liberdade religiosa é, portanto, um pilar essencial para a paz social e para o exercício pleno dos direitos humanos. Nesse contexto, a imunidade tributária prevista no art. 150, VI, "b", da CF/88 desempenha um papel fundamental. Essa imunidade abarca os impostos sobre templos, igrejas, sinagogas, mesquitas e demais locais sagrados de qualquer culto. Essa proteção garante que as instituições religiosas possam cumprir seus propósitos espirituais, sem serem sobrecarregadas por encargos financeiros. Ao conceder a imunidade tributária, o Estado reconhece a importância dos espaços de culto como pilares da espiritualidade e da vida comunitária. Isso possibilita que as comunidades religiosas tenham autonomia para desenvolver suas atividades litúrgicas, pastorais e assistenciais, sem exacerbadas restrições impostas pelo poder público. A imunidade tributária, portanto, é essencial para garantir a autonomia e a sustentabilidade das instituições religiosas, permitindo que elas exerçam plenamente sua missão de servir às pessoas e à comunidade. Além disso, a imunidade tributária também preserva a neutralidade estatal em relação às diferentes crenças religiosas, garantindo que o Estado não discrimine ou privilegie um culto em detrimento de outros. Trata-se de uma garantia constitucional que promove a igualdade religiosa e mantém o Estado laico, assegurando que nenhuma religião seja privilegiada ou prejudicada em relação às demais. Dessa forma, a liberdade religiosa e a imunidade tributária formam um conjunto indissociável para a preservação dos direitos individuais e coletivos. Ao garantir a proteção jurídica e econômica das instituições religiosas, o Estado contribui para o fortalecimento da diversidade religiosa, para a promoção da paz social e para a garantia do pleno exercício da fé de cada indivíduo. A garantia desses direitos fundamentais impulsiona a construção de uma sociedade em que cada ser humano possa viver em harmonia com suas crenças, contribuindo para a formação de uma comunidade mais solidária e acolhedora. Com base nesses princípios, é fundamental que a liberdade religiosa e a imunidade tributária sejam protegidas e fortalecidas como pilares da democracia e do respeito à pluralidade de crenças.

Os fundamentos teóricos da liberdade de religião e imunidade encontram respaldo, portanto, na Constituição Federal de 1988, que estabelece a liberdade religiosa como um direito fundamental e prevê a imunidade tributária para templos de qualquer culto. O art. 19, inc. I, da Magna Carta reforça a liberdade religiosa e a separação entre Estado e religião ao preconizar ser vedado à União, aos estados, ao Distrito Federal e aos municípios estabelecer cultos religiosos ou igrejas, subvencioná-los, embaraçar-lhes o funcionamento ou manter com eles ou seus representantes relações de dependência ou aliança, ressalvada, na forma da lei, a colaboração de interesse público. Tem-se, pois, um direito de caráter eminentemente negativo, evitando a ingerência estatal no funcionamento das igrejas e cultos religiosos, bem como proibindo subvenções, sem, no entanto, afastar a colaboração de interesse público na proteção da liberdade, essa sim de caráter positivo. Além disso, o princípio da laicidade do Estado e a garantia da igualdade de tratamento também são pilares teóricos que embasam a proteção da liberdade religiosa e a imunidade dos templos, conforme preconizado pela legislação nacional e pelos acordos e tratados internacionais existentes nas relações religiosas e na proteção destes espaços sagrados. Desta forma, é importante ressaltar que a liberdade de religião e a imunidade dos templos encontram-se não apenas respaldados na legislação brasileira, mas também em convenções internacionais como a Declaração Universal dos Direitos Humanos, que garantem a liberdade individual de crença e culto, e a proteção dos locais de adoração como espaços essenciais para o exercício pleno dessa liberdade. É fundamental destacar que a liberdade religiosa é um direito universal e inalienável, que deve ser respeitado por todos os países e povos. Por meio de tais fundamentos teóricos e legais, é assegurado não somente o direito de cada indivíduo escolher e praticar sua religião, mas também a proteção dos templos como lugares sagrados de reunião e expressão de fé. Os templos religiosos têm um papel fundamental na sociedade, proporcionando um espaço onde os fiéis podem encontrar conforto espiritual, buscar orientação e fortalecer os laços comunitários. Na mesma toada, as organizações religiosas de assistência social desempenham um papel extremamente importante na sociedade, muitas vezes substituindo a ação estatal na ajuda aos necessitados. Essas atividades contribuem para o bem-estar da comunidade e como um todo, promovendo assim o desenvolvimento social e o cuidado com a dignidade humana. Nessa toada, os fundamentos teóricos e legais da liberdade de religião e a imunidade tributária outorgada pela Constituição Federal de 1988 são essenciais para a garantia dos direitos individuais e coletivos, bem como para a preservação da diversidade cultural e o fortalecimento dos laços comunitários. Somente por meio do respeito mútuo e da liberdade religiosa podemos construir uma sociedade justa, harmoniosa e pacífica.

O posicionamento adotado pelo Supremo Tribunal Federal (STF) no julgamento do Recurso Extraordinário nº 630.790 (relatoria do Ministro Luís Roberto Barroso)

A jurisprudência do Supremo Tribunal Federal (STF) tem sido de suma relevância e desempenhado um papel fundamental na definição, garantia e preservação dos princípios basilares que norteiam a liberdade religiosa e a imunidade tributária outorgada pela Constituição Federal de 1988. No Recurso Extraordinário nº 630.790 (Tema nº 336 da repercussão geral), o Supremo Tribunal Federal (STF) delineou de forma precisa os parâmetros essenciais que regem a interseção crucial entre a liberdade religiosa e a imunidade tributária das organizações religiosas que se dedicam à assistência aos necessitados, contribuindo sobremaneira para a consolidação e efetiva aplicação desses direitos fundamentais tão caros e imprescindíveis à sociedade brasileira. Essa histórica decisão, de relatoria do Ministro *Luís Roberto Barroso*, tem desempenhado um papel de destaque no cenário jurídico nacional, proporcionando uma base sólida e legítima para a salvaguarda da imunidade tributária das organizações religiosas. É inegável o imenso impacto positivo e duradouro que as decisões emanadas pelo Supremo Tribunal Federal (STF) têm exercido no campo do direito constitucional tributário, contribuindo de forma significativa para a concretização plena da liberdade religiosa e imunidade tributária em nosso país.

Nesse sentido, no Recurso Extraordinário (RE) nº 630.790, com repercussão geral reconhecida, foi discutido se as organizações assistenciais religiosas poderiam usufruir da imunidade tributária prevista no art. 150, VI, "c", da Constituição. A controvérsia teve início em 2004, com a impetração de mandado de segurança preventivo com pedido liminar, pela então Associação Torre de Vigia de Bíblias e Tratados, com o objetivo de reconhecer o direito à fruição da imunidade em relação ao imposto de importação (II) e ao imposto sobre produtos industrializados (IPI), incidentes sobre a importação de papel especial para impressão de bíblias, limpador de banda de papel e de outros bens para uso próprio e destinados às suas finalidades essenciais. Para não efetuar o recolhimento do Imposto de Importação e do Imposto sobre Produtos Industrializados, alegou ser pessoa imune aos referidos impostos, enquadrando-se, portanto, na hipótese do art. 150, VI, "c" e §4º da Constituição Federal. É ver a redação do dispositivo questionado:

> Art. 150. Sem prejuízo de outras garantias asseguradas ao contribuinte, é vedado à União, aos Estados, ao Distrito Federal e aos Municípios: [...]
> VI - instituir impostos sobre: [...]
> c) patrimônio, renda ou serviços dos partidos políticos, inclusive suas fundações, das entidades sindicais dos trabalhadores, das instituições de educação e de assistência social, sem fins lucrativos, atendidos os requisitos da lei; [...].

Examinando a documentação acostada aos autos, foi exarada a sentença no mandado de segurança, pelo juízo da 4ª Vara da Justiça Federal em Santos, consignando que a impetrante atenderia a todas as exigências contidas nos incisos do art. 14, do CTN, estando apta a valer-se da imunidade prevista no dispositivo constitucional supramencionado. Segundo a magistrada, as aquisições no mercado externo de equipamentos destinados a compor o patrimônio da entidade teriam por finalidade atingir seus objetivos institucionais assistenciais, não sendo possível utilizar critérios de classificação dos impostos adotados por normas infraconstitucionais no intuito de se restringir a imunidade em questão, devendo a regra de imunidade ser interpretada de forma ampla.

A União Federal (Fazenda Nacional) interpôs apelação, requerendo a reforma da sentença proferida, utilizando-se dos seguintes fundamentos: (i) a Constituição da República não teria definido o que vem a ser patrimônio, renda ou serviços, não se tratando de matéria constitucional; (ii) o alcance dos conceitos de patrimônio, renda ou serviços deveria ser buscado por meio do processo de interpretação sistemática; (iii) os impostos sobre a renda e patrimônio estariam previstos conforme Capítulo III, do Título III, do Código Tributário Nacional e disposições constitucionais; (iv) eventual interpretação ampliando a norma imunitória do art. 150, VI, "c" da Constituição da República, para nela incluir impostos sobre a produção e sobre o comércio exterior (IPI e II), violaria dispositivo constitucional (art. 146, III, "a") e negaria validade à lei federal (definição de impostos, suas espécies e respectivos fatos geradores definidos no CTN); (v) o Judiciário acabaria por arvorar-se função legislação que não possui, pois findaria por regular limitação constitucional ao poder de tributar, violando os arts. 146, II e 150, ambos da Constituição da República, assim como o princípio da independência e harmonia entre os poderes constituídos, por meio da usurpação de função do Poder Constituinte Derivado; (vi) o fato gerador de imposto sobre o patrimônio é diferente daqueles do IPI e II; (vii) até a ocorrência do despacho aduaneiro, até a tradição, os bens não integrariam o patrimônio da entidade.

Em sede de contrarrazões, a Associação Torre de Vigia de Bíblias e Tratados argumentou que a interpretação apenas literal do art. 150, VI, "c" seria insuficiente e conduziria a equívoco, pois não se poderia desconsiderar a *intentio constitutionis*, que seria a preservação das entidades de assistência social a fim de que continuem a aplicar integralmente seus recursos na realização de seus objetivos institucionais. Argumentou, ainda, que as instituições de assistência social seriam imunes pois auxiliam o Estado na consecução do bem comum, prestando serviços de utilidade pública sem o intento de lucro ou qualquer outra vantagem financeira. São entidades não econômicas, filantrópicas, e que por obrigatoriedade legal não distribuem suas rendas, mas investem seus recursos na promoção do bem-estar social. Assim, no intuito de viabilizar a existência dessas instituições, o constituinte teria concedido a imunidade tributária, ou seja, restringiu o poder do Estado de criar impostos que incidissem sobre o patrimônio, rendas ou serviços dessas entidades. Nesse sentido, consignou que a imunidade não se restringiria aos impostos patrimoniais assim classificados segundo antigos critérios econômicos do Código Tributário Nacional, mas incluiria também os impostos que desfalcariam o patrimônio das entidades, criando obstáculos à aplicação dos recursos aos fins institucionais, ou ainda mais grave, colocando em risco a própria existência da entidade. Como consequência, não haveria razão para excluir o II e o IPI da proteção constitucional concedida à entidade, já que a cobrança desses impostos desfalcaria seu patrimônio, desviando recursos que devem ser utilizados apenas na consecução dos seus objetivos beneméritos. Também pontuou não haver repasse a terceiros dos custos incorridos pela entidade, já que os serviços sociais prestados seriam gratuitos e mantidos por donativos voluntários, de modo que qualquer cobrança de II e de IPI incidiria diretamente sobre o patrimônio exclusivo da entidade, o que afrontaria a letra e o espírito da Constituição. Argumentou, ainda, que as instituições de assistência social nem sequer possuiriam capacidade econômica que pudesse ser graduada, visto que são entidades não empresariais, filantrópicas, não econômicas. E não existindo atividade de caráter econômico, não haveria que se falar em tributação.

No julgamento da apelação, em voto de relatoria da então Desembargadora Federal Regina Helena Costa, o Tribunal Regional Federal da 3ª Região deu provimento à apelação e à remessa necessária, assentando o entendimento segundo o qual as entidades de natureza religiosa não estariam alcançadas pela imunidade tributária prevista na Constituição Federal, pois ausentes os requisitos da generalidade e universalidade da prestação de seus serviços. Entendeu-se, portanto, que, apesar de a associação ser considerada entidade de caráter filantrópico, não estaria qualificada como instituição de assistência social para efeito de obtenção do reconhecimento da imunidade tributária postulada, em razão do disposto nos arts. 150, inc. VI, "c", e 203, da Constituição da República. Em face do referido acórdão, a associação opôs embargos de declaração, apontando omissões para fins de prequestionamento, mas que foram rejeitados.

Após a interposição do recurso extraordinário e do regular trâmite do feito, a matéria foi submetida ao Supremo Tribunal Federal (STF), que proferiu, no mês de março de 2022, o emblemático julgamento e que resultou no Tema nº 336 da repercussão geral, delineando as premissas norteadoras da imunidade em questão. Naquela oportunidade, foi fixada a seguinte tese:

> A atividade filantrópica executada com fundamento em preceitos religiosos (ensino, caridade e divulgação dogmática) caracteriza-se como assistência social e é abrangida pela imunidade tributária prevista no art. 150, VI, "c", da CF, excluídos os impostos sobre a importação de bens para uso próprio, uma vez que são meramente decorrentes das finalidades essenciais da entidade.

O magistral voto proferido pelo Ministro *Luís Roberto Barroso* foi dividido em três partes: (i) na primeira parte foram feitas considerações sobre o modelo constitucional de assistência social pós-1988 e verificada a compatibilidade com a vinculação de valores religiosos; (ii) na segunda parte foi examinada a jurisprudência da Corte sobre a abrangência da imunidade do art. 150, VI, "c", da Constituição quanto ao II e ao IPI incidentes sobre a importação de bens de consumos especiais; (iii) na terceira parte houve a solução do caso concreto submetido à repercussão geral.

Em relação à primeira parte do voto, o primeiro ponto a ser destacado diz respeito à compreensão do caráter universal das ações assistenciais, tendo sido assentado pelo Ministro *Luís Roberto Barroso* que o caráter universal das ações assistenciais, ao dispor que elas serão prestadas a todos que delas necessitarem (art. 203 da CF/88), independentemente do pagamento de contribuições, somente seria exigível do Estado, *não podendo tal obrigação ser estendida às instituições de assistência social privadas*. A universalidade esperada das entidades privadas seria no sentido de que devam dirigir as suas ações assistenciais *indistintamente* à coletividade por elas alcançada, especialmente às pessoas em situação de vulnerabilidade ou risco social, sem viés discriminatório. O segundo ponto a ser destacado diz respeito à compreensão da assistência social, prevista no art. 204 da Constituição Federal de 1988, tendo sido assentado pelo Ministro *Luís Roberto Barroso* que a assistência social seria um dos vetores da seguridade social, devendo ser *interpretada de maneira ampla*, compreendendo também as ações privadas que propiciem, por exemplo, acesso ou recolocação no mercado de trabalho, integração das pessoas com deficiência à sociedade e até mesmo a garantia das necessidades mais básicas, como abrigo, alimentação e higiene, demandadas por pessoas em situação de vulnerabilidade social e econômica. Concluindo a linha de raciocínio, o Ministro *Luís Roberto Barroso* pontuou, em seu voto, que as *organizações assistenciais religiosas desempenham um papel extremamente relevante*, já que, além de colaborar com o Estado, muitas vezes substituem a ação estatal na assistência aos necessitados. Assim consignou que, desde que não haja discriminação entre os assistidos ou coação para que passem a aderir aos preceitos religiosos em troca de terem as suas necessidades atendidas, tais instituições disseminam os valores mais caros em uma sociedade que busca ser livre, justa e solidária: a caridade, a solidariedade, o auxílio às pessoas em situação de risco e a atenção ao semelhante, verdadeiras ações assistenciais. Segundo o Ministro *Luís Roberto Barroso*, esse entendimento estaria abarcado tanto pela concretização do fundamento republicano da dignidade da pessoa humana, ao assegurar-se o mínimo existencial a tais indivíduos, quanto pela proteção à liberdade de religião e de crença, direito garantido pelo art. 5º, VI e VII, da Constituição.

Em relação à segunda parte do voto, foi examinada a jurisprudência da Corte sobre a abrangência da imunidade do art. 150, VI, "c", da Constituição quanto ao II e ao IPI incidentes sobre a importação de bens de consumos especiais. Segundo o Ministro *Luís Roberto Barroso*, a jurisprudência da Corte vem conferindo amplitude à norma imunizante, de modo a afastar a cobrança de todos os impostos que possam reduzir o patrimônio ou comprometer a renda dessas instituições, ainda que estejam apenas indiretamente relacionados com as suas finalidades essenciais. Assim, havendo correspondência entre o recurso obtido e a aplicação nas finalidades essenciais, estar-se-ia cumprido o liame exigido pelo texto constitucional. *O alcance da imunidade seria determinado, portanto, pela destinação dos recursos auferidos pela entidade, e não pela origem ou natureza da renda.* O Ministro *Luís Roberto Barroso* pontuou que o mesmo entendimento foi reafirmado pelo Plenário da Corte, no julgamento do RE nº 611.510, Tema nº 328 da sistemática da repercussão geral, sob a relatoria da Min. Rosa Weber (*DJe*, 7.5.2021), no qual se definiu que a imunidade do art. 150, VI, "c", abarcaria o IOF incidente sobre as operações financeiras das entidades listadas. Ainda nessa parte do voto, importante *obter dictum* foi feito pelo Ministro *Luís Roberto Barroso* que, ao defender a interpretação teleológica da referida imunidade, reconheceu ser imprescindível que as autoridades fiscais verifiquem as circunstâncias fáticas e jurídicas, de modo a constatar se os requisitos necessários à fruição da não incidência estariam sendo atendidos, bem como para identificar se o patrimônio, a renda e os serviços da entidade imune estariam realmente afetados a suas finalidades essenciais. Nesse contexto, destacou que *o ônus de provar o desvio de finalidade para o afastamento da referida imunidade caberia ao sujeito ativo da obrigação tributária*. Em conclusão, o Ministro *Luís Roberto Barroso* consignou o entendimento segundo o qual a imunidade das entidades previstas no art. 150, VI, "c", da Constituição, abrangeria não apenas os impostos diretamente incidentes sobre patrimônio, renda e serviços, mas também aqueles devidos na importação de mercadorias ou serviços a serem utilizados em suas atividades essenciais. A imunidade recairia sobre a renda e o patrimônio não necessariamente afetos às ações assistenciais, desde que os valores da sua exploração fossem revertidos para a atividade-fim das entidades assistenciais.

A terceira parte do voto tratou do fechamento do raciocínio consignado pelo Ministro *Luís Roberto Barroso*, com a resolução do caso concreto submetido a julgamento pela Corte. Houve a reforma do acórdão do TRF da 3ª Região, que entendeu que as entidades de natureza religiosa não se configuram como de assistência social, pois estariam ausentes os requisitos da generalidade e da universalidade da prestação assistencial, o que inviabilizaria o reconhecimento da imunidade tributária pretendida. Aplicando-se os precedentes da Corte, o Ministro *Luís Roberto Barroso* reconheceu que a associação faria jus à imunidade de impostos prevista no art. 150, VI, "c", da Constituição, inclusive em relação ao II e ao IPI-importação incidentes sobre as importações de produtos a serem utilizados nas atividades assistenciais. Dessa forma, foi fixada a seguinte tese:

> As entidades religiosas podem se caracterizar como instituições de assistência social a fim de se beneficiarem da imunidade tributária prevista no art. 150, VI, c, da Constituição, que abrangerá não só os impostos sobre o seu patrimônio, renda e serviços, mas também os impostos sobre a importação de bens a serem utilizados na consecução de seus objetivos estatutários.

A única ressalva ao voto proferido pelo Ministro *Luís Roberto Barroso* foi a do Ministro *Alexandre de Moraes*, que acompanhou o voto do relator, ressalvando o entendimento segundo o qual, tendo em vista a natureza extrafiscal do II e do IPI sobre a importação de bens, ainda que o importador fosse entidade assistencial, a imunidade pretendida não abarcaria esses tributos. Consignou, ainda, que a importação dos bens seria *meramente decorrente* das finalidades essenciais da entidade, motivo pelo qual estaria excluída da abrangência da imunidade pleiteada pela associação.

O julgamento do Recurso Extraordinário nº 630.790 evidenciou que a liberdade religiosa e a imunidade tributária são temas de relevância imensurável, que demandam uma análise jurídica criteriosa e uma compreensão profunda do contexto social e político em que estão inseridos. Os debates e as diferentes perspectivas expostas pelos ministros demonstraram a riqueza e a pluralidade do nosso sistema jurídico, reafirmando o compromisso do STF em garantir a segurança jurídica e o respeito aos direitos fundamentais dos cidadãos. Assim, é essencial ressaltar que as discussões em torno desse recurso extraordinário abrangeram não apenas a liberdade religiosa e a imunidade tributária, mas também aspectos como a laicidade do Estado, os limites da atuação governamental, a autonomia das entidades religiosas e o equilíbrio entre os direitos individuais e coletivos. A liberdade religiosa é um pilar da democracia e do Estado de direito, garantindo que cada indivíduo tenha o direito de manifestar sua fé e crenças sem sofrer discriminação ou perseguição. Por sua vez, a imunidade tributária busca preservar a autonomia financeira das entidades religiosas, reconhecendo a relevância de sua contribuição para a sociedade e evitando possíveis interferências do Estado em suas atividades. Foi expressamente reconhecido que as organizações religiosas de assistência social desempenham um papel extremamente importante na sociedade, muitas vezes substituindo a ação estatal na ajuda aos necessitados. Essas atividades contribuem para o bem-estar da comunidade e como um todo, promovendo assim o desenvolvimento social e o cuidado com a dignidade humana. O julgamento do Recurso Extraordinário nº 630.790 representa não apenas a análise de um caso específico, mas também um importante marco na definição das diretrizes jurídicas que regem a liberdade religiosa e a imunidade tributária no Brasil. O respeito à diversidade de pensamentos e crenças é essencial para a construção de uma sociedade mais justa e democrática, em que cada indivíduo possa exercer sua liberdade religiosa de acordo com seus valores e convicções. O Supremo Tribunal Federal (STF) desempenhou, mais uma vez, um papel fundamental na proteção dos direitos fundamentais e na garantia da harmonia entre a liberdade religiosa e o ordenamento jurídico brasileiro. A jurisprudência abrangente e aprofundada que poderá ser desenvolvida a partir dessa determinação, certamente, contribuirá para o fortalecimento da segurança jurídica, trazendo clareza e diretrizes para o encaminhamento adequado de questões semelhantes que surjam futuramente. Ademais, é importante salientar que a compreensão dos aspectos envolvendo a liberdade de religião e a imunidade tributária transcende o campo jurídico. Essa discussão afeta a sociedade como um todo, envolvendo segmentos religiosos, instituições, comunidades e a própria coesão social. Os reflexos dessa decisão, portanto, vão muito além do que se pode mensurar inicialmente, abarcando também um aspecto ético, moral e até mesmo filosófico. Diante disso, é evidente que o voto proferido no RE nº 630.790, Tema nº 336 da repercussão geral, é de suma importância para a sociedade brasileira e para as instituições religiosas que desempenham um papel fundamental na vida de milhares de cidadãos. Compreender e refletir sobre essa decisão é indispensável para que se possa avançar no debate e na construção de um ambiente jurídico equilibrado e que respeite a diversidade de crenças e a garantia dos direitos fundamentais. Nesse sentido, é necessário também enfatizar a importância do diálogo constante, tanto entre as instituições religiosas quanto entre estas e o poder público, visando à garantia de direitos e a promoção de uma convivência pacífica e respeitosa entre os diversos credos e tradições. A construção de um ambiente de tolerância e respeito mútuo é fundamental para a consolidação de uma sociedade plural e inclusiva, na qual todos possam exercer sua religião livremente, sem discriminação ou prejuízo.

Organizações religiosas e a imunidade tributária das contribuições para a seguridade social

Após o esclarecimento das premissas anteriores, vale avançar um pouco mais com o intuito de analisar um tema bastante árido e cujo debate ainda persiste, e que diz respeito à imunidade das contribuições para a seguridade social prevista no art. 195, §7º da Constituição Federal, destinada às entidades beneficentes de assistência social que atendam às exigências estabelecidas em lei. Esse tema é de profunda relevância, *pois as entidades religiosas que praticam assistência social, caso preencham os requisitos previstos em lei, também fazem jus à imunidade das contribuições para a seguridade social.* E, aqui, é preciso debruçar-se sobre os precedentes do Supremo Tribunal Federal (STF), a fim de se aprofundar na temática posta.

A esse respeito, cabe consignar que, no julgamento do Mandado de Injunção nº 232, o Supremo Tribunal Federal (STF) assentou o entendimento segundo o qual, para o gozo da imunidade, seria necessário o cumprimento da obrigação de legislação decorrente do art. 195, §7º, declarando o estado de mora do Congresso Nacional, para a adoção das providências legislativas cabíveis, sob pena de que, vencido o prazo sem o cumprimento da referida obrigação, o requerente pudesse vir a gozar da imunidade requerida.[1] Naquele julgado, o Supremo Tribunal Federal (STF) reconheceu o caráter

---

[1] STF. MI: 232 RJ. Rel. Moreira Alves. Julgamento: 02.08.1991, Tribunal Pleno. *DJ*, 27-03-1992 PP-03800 Ement Vol-01655-01 PP-00018 RTJ Vol-00137-03 PP-00965.

condicionado da imunidade, sendo que os Ministros *Marco Aurélio, Carlos Velloso e Célio Borja* propuseram conferir efeitos concretos ao mandado de injunção, determinando a aplicação imediata do art. 14, do CTN, por ser a norma mais próxima no ordenamento jurídico, restando vencidos nesta parte.[2] O julgamento foi iniciado quando ainda não havia legislação sobre o assunto e foi concluído em 2.8.1991, poucos dias após a edição da Lei nº 8.212/91, publicada no *Diário Oficial* em 25.7.1991, que passou a prever, no art. 55, requisitos cumulativos para o reconhecimento da "isenção" das contribuições para a seguridade social, tendo sido sanada a mora, antes mesmo do fim do julgamento.[3] Contudo, os debates não encerraram por aí, pois em que pese o art. 55, da Lei nº 8.212/91 ter suprido a mora do Legislativo, vozes se levantaram em razão de uma suposta inconstitucionalidade, sob o argumento de que, por se tratar de verdadeira imunidade e não "isenção", o diploma legislativo adequado seria lei complementar e não lei ordinária, nos termos do art. 146, II, da Constituição Federal. Como consequência, foram ajuizadas as *Ações Diretas de Inconstitucionalidade nºs 2.028, 2.036, 2.228, 2.621 e 4.480, bem como o Recurso Extraordinário nº 566.622.*

Fato é que o Supremo Tribunal Federal (STF), no ano-calendário de 2020, concluiu o julgamento das *Ações Diretas de Inconstitucionalidade nºs 2.028, 2.036, 2.228 e 2.621 e do Recurso Extraordinário nº 566.622*, com reconhecida repercussão geral, tendo fixado a Tese nº 32, no sentido de que "a lei complementar é forma exigível para a definição do modo beneficente de atuação das entidades de assistência social contempladas pelo art. 195, §7º, da CF, especialmente no que se refere à instituição de contrapartidas a serem por elas observadas". No ano-calendário de 2021, por sua vez, o Supremo Tribunal Federal (STF) concluiu o julgamento da *Ação Direta de Inconstitucionalidade nº 4.480*, reafirmando os precedentes das *ADIs nºs 2.028, 2.036, 2.621 e 2.228*, bem como do *Recurso Extraordinário nº 566.622* (Tema nº 32 da Repercussão Geral).

Em que pese a fixação da tese central pelo Supremo Tribunal Federal (STF) acerca da imunidade prevista no art. 195, §7º, da Constituição Federal, talvez pela inerente complexidade que envolve a temática, ainda persistem inúmeras dúvidas em relação ao alcance da tese fixada, bem como sobre diversos aspectos práticos acerca do reconhecimento da imunidade, sendo imprescindível, portanto, o esclarecimento das premissas fixadas, com a correta delimitação das conclusões traçadas pela Corte.

O posicionamento adotado pelo Supremo Tribunal Federal (STF) nas Ações Diretas de Inconstitucionalidade nºs 2.028, 2.036, 2.228 e 2.621 e no Recurso Extraordinário nº 566.622

No ano-calendário de 2020, o Supremo Tribunal Federal (STF) concluiu o julgamento das *Ações Diretas de Inconstitucionalidade nºs 2.028, 2.036, 2.228 e 2.621* e do *Recurso Extraordinário nº 566.622*, com reconhecida repercussão geral. As *Ações Diretas de Inconstitucionalidade nºs 2.028, 2.036, 2.228 e 2.621* e o *Recurso Extraordinário nº 566.622*,

---

[2] BARBOSA, Daniel Marchionatti. Imunidade a contribuições para a seguridade social. *In*: DIFINI, Luiz Felipe Silveira (Coord.). *Imunidades tributárias e direitos fundamentais*. Porto Alegre: Livraria do Advogado, 2010. p. 69-102.

[3] BARBOSA, Daniel Marchionatti. Imunidade a contribuições para a seguridade social. *In*: DIFINI, Luiz Felipe Silveira (Coord.). *Imunidades tributárias e direitos fundamentais*. Porto Alegre: Livraria do Advogado, 2010. p. 69-102.

por tratarem de matéria conexa, foram apreciadas em conjunto no âmbito do Supremo Tribunal Federal (STF). Após a oposição de embargos de declaração, motivados pela incoerência das teses adotadas, no julgamento em conjunto dessas ações com o extraordinário representativo da controvérsia, o Supremo Tribunal Federal (STF), percebendo o equívoco, proferiu julgado no dia 18.12.2019, colocando um ponto final no debate, sendo esse o ponto de partida para traçar as conclusões do presente estudo. A esse respeito, cabe recordar que, conforme o voto proferido pela Ministra Rosa Weber,[4] no julgamento dos aclaratórios, a contradição ocorreu em razão de o Colegiado, na mesma assentada e decorrendo das mesmas justificativas de voto, ter externalizado duas decisões incompatíveis entre si. Isso porque, nos acórdãos das ações objetivas, teria restado consignado que aspectos meramente procedimentais referentes à certificação, fiscalização e controle administrativo seriam passíveis de definição em lei ordinária, somente exigível a lei complementar para a definição do modo beneficente de atuação das entidades de assistência social contempladas no art. 195, §7º, da Lei Maior, especialmente no que se refere à instituição de contrapartidas a serem por elas observadas. Contudo, a partir das mesmas manifestações dos integrantes do Colegiado, restou estampada, no acórdão do *Recurso Extraordinário nº 566.622*, sob o rito da repercussão geral (Tema nº 32), tese no sentido de que toda e qualquer normatização relativa às entidades beneficentes de assistência social, inclusive sobre aspectos meramente procedimentais, haveria de ser veiculada mediante lei complementar. É, portanto, pela análise dos acórdãos dos aclaratórios que, sanando a incompatibilidade entre essas ações com o extraordinário representativo da controvérsia, é que se torna possível extrair os elementos considerados pelo Supremo Tribunal Federal (STF) como determinantes para o julgado sendo, portanto, a ponte que liga os fundamentos com as conclusões adotadas e examinadas em conjunto. Cabe destacar que a relatoria das Ações Diretas de Inconstitucionalidade nºs 2.028, 2.036, 2.228 e 2.621 pertencia ao Ministro *Joaquim Barbosa*, e a relatoria do Recurso Extraordinário nº 566.622/RS ficou a cargo do Ministro *Marco Aurélio*. Ademais, a tese divergente nos julgados das ações diretas de inconstitucionalidade pertencia ao Ministro *Teori Zavascki*, que faleceu no curso do julgamento, em trágico acidente aéreo. Como consequência, a Ministra *Rosa Weber* foi designada como redatora do acórdão e, posteriormente, designada relatora dos embargos de declaração opostos em face desses julgados, inclusive do recurso extraordinário. Ultrapassados esses esclarecimentos, chegou a hora de elucidar o posicionamento adotado pelo Supremo Tribunal Federal (STF) acerca da imunidade prevista no art. 195, §7º, da Constituição Federal, o que será feito levando em consideração as premissas fixadas em conjunto, no julgamento dos aclaratórios, de relatoria da Ministra *Rosa Weber*, mas sem descuidar de analisar o dispositivo de cada julgado.

Recurso Extraordinário nº 566.622

No *Recurso Extraordinário nº 566.622/RS*, a Sociedade Beneficente de Parobé, mantenedora do Hospital São Francisco de Assis, insurgiu-se contra a constitucionalidade da redação original do art. 55 da Lei nº 8.212, de 24.7.1991, ante o previsto no art. 195, §7º,

---

4 STF. RE: 566622 RS. Rel. Marco Aurélio. Julgamento: 18.12.2019, Tribunal Pleno. Publicação: 11.05.2020.

da Carta Federal, em razão de o dispositivo ordinário ter estabelecido as condições legais, requeridas pelo preceito constitucional, para entidades beneficentes de assistência social gozarem da imunidade tributária em relação às contribuições de seguridade social, em nítida ofensa ao campo reservado a Lei Complementar, segundo o art. 146, inc. II, da Carta da República. O Supremo Tribunal Federal (STF), no julgamento dos aclaratórios opostos nos autos do *Recurso Extraordinário nº 566.622/RS*, colocou um ponto final no debate, assentando o entendimento segundo o qual aspectos meramente procedimentais referentes à certificação, fiscalização e controle administrativo são passíveis de definição em lei ordinária, somente exigível a lei complementar para a definição do modo beneficente de atuação das entidades de assistência social contempladas no art. 195, §7º, da Lei Maior, especialmente no que se refere à instituição de contrapartidas a serem por elas observadas (Plenário do STF em 18.12.2019). Em outras palavras, ficou consignado que os aspectos meramente procedimentais referentes à certificação, à fiscalização e ao controle administrativo das entidades beneficentes de assistência social, passíveis de definição em lei ordinária, e a definição do modo de atuação das entidades contempladas no preceito, a exigir lei complementar. De acordo com a Suprema Corte, a lei ordinária não pode, a pretexto de interferir com o funcionamento e estrutura das entidades beneficentes, impor uma limitação material ao gozo da imunidade. A propósito, consta no voto condutor do saudoso Ministro *Teori Zavascki*, proferido quando do julgamento do recurso extraordinário, vencido naquela oportunidade, mas posteriormente ratificado pela Ministra *Rosa Weber*, que o utilizou como base em seu voto no julgamento dos aclaratórios, a afirmação no sentido de que a regulamentação da imunidade tributária prevista no art. 195, §7º, da CF, limita-se à definição de contrapartidas a serem observadas para garantir a finalidade beneficente dos serviços prestados pelas entidades de assistência social, o que não impede seja o procedimento de habilitação dessas entidades positivado em lei ordinária. Assim, o Supremo Tribunal Federal (STF) assentou a constitucionalidade do art. 55, II, da Lei nº 8.212/1991, na redação original e nas redações que lhe foram dadas pelo art. 5º da Lei nº 9.429/1996 e pelo art. 3º da Medida Provisória nº 2.187-13/2001, fixando, ao final, a tese no sentido de que "a lei complementar é forma exigível para a definição do modo beneficente de atuação das entidades de assistência social contempladas pelo art. 195, §7º, da CF, especialmente no que se refere à instituição de contrapartidas a serem por elas observadas" (Tema nº 32 da Repercussão Geral). Percebe-se, pois, que o Supremo Tribunal Federal manteve incólume o art. 55, II, da Lei nº 8.212/1991, tendo em vista se tratar de mero procedimento a ser observado pelas entidades (Plenário do STF em 2.3.2017). Em outras palavras, o STF decidiu pela constitucionalidade do inc. II do art. 55 da Lei nº 8.212/1991, que estabelece a obrigatoriedade de Registro e do Certificado de Entidade Beneficente de Assistência Social (Cebas), fornecidos pelo Conselho Nacional de Assistência Social (CNAS), eis que, tratando-se de norma meramente procedimental, pode ser objeto de lei ordinária.

Ações Diretas de Inconstitucionalidade nºs 2.028 e 2.036

No dia 13.7.1999, foi proposta pela Confederação Nacional da Saúde, Hospitais, Estabelecimentos e Serviços (CNS), a *Ação Direta de Inconstitucionalidade nº 2.028*, requerendo a declaração da inconstitucionalidade (i) do art. 1º da Lei nº 9.732/1998, na parte em que alterou a redação do art. 55, III, da Lei nº 8.212/1991 e lhe acresceu os §§3º, 4º e 5º; e (ii) dos arts. 4º, 5º e 7º da Lei nº 9.732/1998. A argumentação foi no sentido de que a desoneração das entidades beneficentes de assistência social às contribuições para custeio da seguridade social deveria ser classificada como imunidade, e não isenção, porquanto expressamente prevista no art. 195, §7º da Constituição e, por se tratar de limitação ao poder de tributar, a normatização do benefício concedido às entidades beneficentes estaria sob a reserva de lei complementar. Assim, assentou que as modificações havidas na Lei nº 8.212/1991 visavam a restringir o conceito de entidade beneficente de assistência social, de modo que estariam eivadas do vício de inconstitucionalidade. Seguindo a mesma linha da Confederação Nacional da Saúde, Hospitais, Estabelecimentos e Serviços (CNS), a Confederação Nacional dos Estabelecimentos de Ensino (Cofenen) propôs, no dia 20.7.1999, a *Ação Direta de Inconstitucionalidade nº 2.036*, requerendo a declaração da inconstitucionalidade (i) do art. 1º da Lei nº 9.732/1998, na parte em que alterou a redação do art. 55, III, da Lei nº 8.212/1991 e lhe acresceu os §§3º, 4º e 5º; e (ii) dos arts. 4º e 5º da Lei nº 9.732/1998. Os objetos das citadas ações foram quase coincidentes e somente não são idênticos, pois na ADI nº 2.036, ao contrário da ADI nº 2.028, não houve impugnação específica ao art. 7º da Lei nº 9.732/1998.

No julgamento das *ADIs nºs 2.028 e 2.036*, o Supremo Tribunal Federal (STF) declarou a inconstitucionalidade do art. 1º da Lei nº 9.732/1998, na parte em que alterou a redação do art. 55, inc. III, da Lei nº 8.212/1991 e acrescentou-lhe os §§3º, 4º e 5º ("gratuitamente e em caráter exclusivo"), bem como dos arts. 4º, 5º e 7º da Lei nº 9.732/1998. Tais dispositivos "isentaram" das contribuições para a seguridade social apenas as entidades voltadas exclusivamente à assistência social beneficente (a) de pessoas carentes e (b) desde que prestada de modo gratuito; ou, no caso de serviços de saúde, (c) desde que garantida a oferta de 60% dos atendimentos ao Sistema Único de Saúde. Alternativamente, concediam, às entidades sem fins lucrativos de saúde e de educação que não satisfizessem as condições anteriores, a possibilidade de desfrutar de "isenção parcial" das contribuições sociais, na proporção do valor das vagas ou atendimentos oferecidos gratuitamente a pessoas carentes. É necessário compreender que o efeito da declaração de inconstitucionalidade, no âmbito das ADIs nºs 2.028 e 2.036, pelo Supremo Tribunal Federal (STF), dos arts. 1º, 4º, 5º e 7º da Lei nº 9.732/1997, na parte em que alterou a redação do inc. III do art. 55 da Lei nº 8.212/1991 ("gratuitamente e em caráter exclusivo"), *foi a restauração da redação original do art. 55, da Lei nº 8.212/91*. Também naquela oportunidade, ficou assentado o entendimento segundo o qual aspectos meramente procedimentais referentes à certificação, fiscalização e controle administrativo continuam passíveis de definição em lei ordinária. A lei complementar, por sua vez, seria forma somente exigível para a definição do modo beneficente de atuação das entidades de assistência social contempladas pelo art. 195, §7º, da CF, especialmente no que se refere à instituição de contrapartidas a serem observadas por elas. Nesse sentido, o Supremo Tribunal Federal (STF) manteve incólume o art. 55, II, da Lei nº 8.212/91, por se tratar de mero procedimento a ser observado pelas entidades. Ademais, o entendimento foi reafirmado no julgamento dos aclaratórios opostos nos autos das *ADIs nºs 2.028 e 2.036*, de modo que a Corte Constitucional colocou um ponto final no debate, assentando o mesmo entendimento preconizado no julgamento dos aclaratórios opostos nos autos do *Recurso Extraordinário nº 566.622/RS*. Dessa forma, as conclusões sobre o entendimento do Supremo Tribunal Federal (STF), a respeito da imunidade prevista no art. 195, §7º, da Lei Maior, no julgamento dos aclaratórios opostos nos autos das *ADIs nºs 2.028 e 2.036*, abrangem as conclusões extraídas do julgamento dos aclaratórios opostos nos autos do *Recurso Extraordinário nº 566.622/RS*, com o acréscimo da declaração de inconstitucionalidade do art. 1º da Lei nº 9.732/1998, na parte em que alterou a redação do art. 55, inc. III, da Lei nº 8.212/1991 e acrescentou-lhe os §§3º, 4º e 5º, bem como dos arts. 4º, 5º e 7º da Lei nº 9.732/1998.

Ações Diretas de Inconstitucionalidade nºs 2.228 e 2.621

Após o ajuizamento da Ação Direta de Inconstitucionalidade nº 2.036, a Confederação Nacional da Saúde, Hospitais, Estabelecimentos e Serviços (CNS) ajuizou outras duas novas ações diretas de inconstitucionalidade. A primeira delas foi a *Ação Direta de Inconstitucionalidade nº 2.228*, ajuizada em 20.6.2000, arguindo a inconstitucionalidade do art. 55, II e III da Lei nº 8.212/1991, na redação dada pelo art. 5º da Lei nº 9.429/1996, e, subsidiariamente, do art. 18, III e IV da Lei nº 8.742/1993, dos arts. 2º, IV, e 3º, VI e §§1º e 4º; do art. 4º e parágrafo único do Decreto nº 2.536/1998, e dos arts. 1º, IV, 2º, IV e §§1º e 3º, e 7º, §4º do Decreto nº 752/1993. A segunda delas foi a *Ação Direta de Inconstitucionalidade nº 2.621*, ajuizada em 5.3.2002 e distribuída por prevenção, arguindo a inconstitucionalidade do art. 3º da MP nº 2.187-13/2001, na parte em que alterou a redação do art. 55, II, da Lei nº 8.212/1991, e de seu art. 5º, na parte em que alterou a redação dos arts. 9º e 18, III e IV, da Lei nº 8.742/1993, bem como contra os arts. 2º, IV, 3º, VI, §§1º e 4º, 4º e parágrafo único, do Decreto nº 2.536/1998. Em ambas, pode-se dizer que o tema central foi também a necessidade de os requisitos para o gozo da imunidade das entidades beneficentes de assistência social às contribuições para custeio da seguridade social fossem tratados por lei complementar e não via lei ordinária ou decreto.

No julgamento das *ADIs nºs 2.228 e 2.621*, o Supremo Tribunal Federal (STF) declarou a inconstitucionalidade dos arts. 2º, IV; 3º, VI, §§1º e 4º, parágrafo único, todos do Decreto nº 2.536/98, assim como dos arts. 1º, IV; 2º, IV e §§1º e 3º; 7º, §4º, do Decreto nº 752/93 (Plenário do STF em 2.3.2017). Também naquela oportunidade, ficou assentado o entendimento segundo o qual aspectos meramente procedimentais referentes à certificação, fiscalização e controle administrativo continuam passíveis de definição em lei ordinária. A lei complementar, por sua vez, seria forma somente exigível para a definição do modo beneficente de atuação das entidades de assistência social contempladas pelo art. 195, §7º, da CF, especialmente no que se refere à instituição de contrapartidas a serem observadas por elas. Nesse sentido, o Supremo Tribunal Federal (STF) manteve incólume o art. 55, II, da Lei nº 8.212/91, por se tratar de mero procedimento a ser observado pelas entidades. Ademais, o entendimento foi reafirmado no julgamento dos aclaratórios opostos nos autos das *ADIs nºs 2.228 e 2.621*, de modo que a Corte Constitucional colocou um ponto final no debate, assentando o mesmo entendimento preconizado no julgamento dos aclaratórios opostos nos autos do *Recurso Extraordinário nº 566.622/RS*. Dessa forma, as conclusões sobre o entendimento do Supremo Tribunal Federal (STF), a respeito da imunidade prevista no art. 195, §7º, da Lei Maior, no julgamento dos aclaratórios opostos nos autos das *ADIs nºs 2.228 e 2.621*, abrangem as conclusões extraídas do julgamento dos aclaratórios opostos nos autos do *Recurso Extraordinário nº 566.622/RS*, com o acréscimo da declaração de inconstitucionalidade dos arts. 2º, IV; 3º, VI, §§1º e 4º, parágrafo único, todos do Decreto nº 2.536/98, assim como dos arts. 1º, IV; 2º, IV e §§1º e 3º; 7º, §4º, do Decreto nº 752/93.

O posicionamento adotado pelo Supremo Tribunal Federal (STF) na Ação Direta de Inconstitucionalidade nº 4.480

No dia 4.11.2010, foi proposta pela Confederação Nacional dos Estabelecimentos de Ensino (Cofenen) a *Ação Direta de Inconstitucionalidade nº 4.480*, requerendo a declaração da inconstitucionalidade dos arts. 1º; 13, parágrafos e incisos; 14, §§1º e 2º; 18, §§1º, 2º e 3º; 29 e seus incisos; 31 e 32, §1º, todos da Lei nº 12.101, de 27.11.2009. A argumentação central foi no sentido de que o art. 195, §7º, da Constituição Federal garantia a imunidade a todas as entidades beneficentes de assistência social, sendo vedado, portanto, à legislação infraconstitucional limitar o seu (da imunidade) alcance, sendo matéria afeta à lei complementar, nos termos do art. 146, II, da Constituição Federal. Em relação aos vícios materiais, alegou que os dispositivos questionados descaracterizariam a imunidade; buscam restringir o conceito de assistência social; impõem obrigação de prestação de serviços gratuitos; e estabelecem o nascimento da imunidade a partir da certificação de seu cumprimento, identificando na certificação verdadeiro ato constitutivo (e não declaratório) da imunidade.

No ano-calendário de 2021, o Supremo Tribunal Federal (STF) concluiu o julgamento da *Ação Direta de Inconstitucionalidade nº 4.480*, reafirmando os precedentes das ADIs nºs 2.028, 2.036, 2.621 e 2.228, bem como do Recurso Extraordinário nº 566.622 (Tema nº 32 da Repercussão Geral). Naquela oportunidade, concluído o julgamento dos segundos embargos de declaração opostos, o Supremo Tribunal Federal (STF) reconheceu a inconstitucionalidade formal do art. 13, III, §1º, I e II, §§3º e 4º, I e II, §§5º, 6º e 7º; do art. 14, §§1º e 2º; do art. 18, *caput*; do art. 29, VI, e do art. 31 da Lei nº 12.101/2009, com a redação dada pela Lei nº 12.868/2013, e a inconstitucionalidade material do art. 32, §1º, da Lei nº 12.101/2009. O entendimento foi no sentido de que as exigências estabelecidas nesses dispositivos não tratariam de aspectos procedimentais, mas, sim, de condições para obtenção da certificação. Em relação ao art. 32, §1º, da Lei nº 12.101/2009, o entendimento foi no sentido de que o dispositivo afrontaria o inc. LV do art. 5º da Constituição Federal, uma vez que determinava a "suspensão automática" do direito à isenção, sem a garantia do contraditório e da ampla defesa, conforme assegurado no dispositivo constitucional. Foram mantidos incólumes os arts. 1º; 13, incs. I e II, todos da Lei nº 12.101, de 27.11.2009, sob o fundamento de que apenas tratam sobre a certificação das entidades beneficentes. Em relação ao §2º, do art. 13, da Lei nº 12.101/09, foi reconhecida a perda de objeto, tendo em vista sua alteração pela Lei nº 13.043/2014, a qual não teria sido impugnada na ação, nem na inicial nem no seu aditamento. Também foi afastada a inconstitucionalidade dos §§1º e 2º, incs. I, II e III, do art. 18 da Lei nº 12.101/09; bem como do seu §3º, sob o fundamento de que se limitam a ampliar a abrangência de entidades objeto da lei, não tratando de requisitos a serem observados para garantir a finalidade beneficente dos serviços por elas prestados. Quanto ao art. 29 e seus incisos e ao art. 30 da Lei nº 12.101/09, o entendimento foi no sentido de que somente poderiam ser considerados inconstitucionais na hipótese de estabelecerem condições inovadoras, não previstas expressamente pela legislação complementar, no caso, o art. 14 do Código Tributário Nacional, ou que dela não puderem ser identificadas como consequências lógicas. Como consequência, foi declarada a inconstitucionalidade do art. 29, VI, da Lei nº 12.101/2009, por estabelecer prazo de obrigação acessória tributária (dez anos), em discordância com o disposto no CTN. Por outro lado, foi reconhecida a constitucionalidade formal do art. 29, incs. I, II, III, IV, V, VII e VIII. O entendimento foi no sentido de que os incs. I e V do art. 29 se amoldariam ao inc. I, do art. 14, do CTN ("não distribuírem qualquer parcela de seu patrimônio ou de suas rendas, a qualquer título"); e o inc. II, do art. 29, ajustar-se-ia ao inc. II, do art. 14, do CTN ("aplicarem integralmente, no País, os seus recursos na manutenção dos seus objetivos institucionais"). E, como consequências dedutivas do inc. III, do art. 14, do CTN ("manterem escrituração de suas receitas e despesas em livros revestidos de formalidades capazes de assegurar sua exatidão"), ter-se-iam os incs. III, IV, VII e VIII do art. 29 da Lei nº 12.101/2009. Também foi afastada a inconstitucionalidade do art. 30, da Lei nº 12.101/2009, sob o fundamento de que seria uma consequência lógica do sistema, no sentido de que o reconhecimento da entidade como beneficente representa um ato individual, não se estendendo a outra pessoa com personalidade jurídica diferente, ainda que relacionada. Foi reconhecida, ainda, a constitucionalidade do *caput*, do art. 32, da Lei nº 12.101/2009, sob o argumento de que apenas prevê penalidade a descumprimento dos requisitos do art. 29, incisos e parágrafos, considerados constitucionais por estabelecerem condições previstas expressamente pela legislação complementar, no caso, o art. 14 do Código Tributário Nacional.

Cabe destacar, ainda, que consta no voto proferido pelo Ministro *Gilmar Mendes* (relator) importante afirmação sobre a natureza declaratória da imunidade tributária destinada às entidades beneficentes da assistência social, o qual foi feito citando o Professor Paulo de Barros Carvalho,[5] quando este afirma que "a regra constitucional da imunidade tributária é uma norma de eficácia contida e de aplicabilidade condicionada, porquanto se exige uma efetiva comprovação de atendimento a exigências infraconstitucionais". Ademais, a natureza declaratória do Certificado de Entidade Beneficente de Assistência Social (Cebas) foi reconhecida, inclusive, pelo Superior Tribunal de Justiça (STJ), por meio da Súmula nº 612, de modo que os efeitos retroagem à data em que demonstrado o cumprimento dos requisitos estabelecidos por lei complementar para a fruição da imunidade. Nessa toada, consta no voto proferido pelo Ministro *Gilmar Mendes* (relator), ancorado em entendimento exarado pela Procuradoria-Geral da República, que o exercício da imunidade deve ter início assim que os requisitos exigidos pela lei complementar forem atendidos, de modo que o estabelecimento de termo inicial para que as entidades possam exercer o direito à imunidade da contribuição para a seguridade social trata de matéria submetida à reserva de lei complementar. Assim, foi reconhecida a inconstitucionalidade formal do art. 31, da Lei nº 12.101/2009.

---

5 CARVALHO, Paulo de Barros. *Curso de direito tributário*. 17. ed. São Paulo: Saraiva, 2005. p. 192.

Premissas extraídas do entendimento preconizado pelo Supremo Tribunal Federal (STF), no julgamento do Recurso Extraordinário nº 566.622/RS e das Ações Diretas de Inconstitucionalidade nºs 2.028, 2.036, 2.228, 2.621 e 4.480

Consolidando o entendimento do Supremo Tribunal Federal (STF), no julgamento dos aclaratórios opostos nos autos do *Recurso Extraordinário nº 566.622/RS* e das *Ações Diretas de Inconstitucionalidade nºs 2.028, 2.036, 2.228, 2.621 e 4.480*, é possível destacar as seguintes conclusões a respeito da imunidade prevista no art. 195, §7º, da Lei Maior:

(i) Trata-se de verdadeira imunidade, autêntica limitação ao poder de tributar, e não "isenção", sendo que o equívoco da redação já foi superado pelo Supremo na Medida Cautelar na Ação Direta de Inconstitucionalidade nº 2.028/DF, de relatoria do Ministro Moreira Alves.

(ii) A reserva de lei complementar aplicada à regulamentação da imunidade tributária prevista no art. 195, §7º, da CF está limitada à definição de contrapartidas a serem observadas para garantir a finalidade beneficente dos serviços prestados pelas entidades de assistência social, o que não impede seja o procedimento de habilitação dessas entidades positivado em lei ordinária.

(iii) No julgamento do *Recurso Extraordinário nº 566.622/RS*, o Supremo Tribunal Federal (STF) assentou a constitucionalidade do art. 55, II, da Lei nº 8.212/1991, na redação original e nas redações que lhe foram dadas pelo art. 5º da Lei nº 9.429/1996 e pelo art. 3º da Medida Provisória nº 2.187-13/2001. A exigência do Certificado de Entidade Beneficente de Assistência Social (Cebas) foi declarada constitucional, por se limitar a reger aspecto procedimental necessário ao atendimento das finalidades constitucionais da regra de imunidade. O Supremo Tribunal Federal (STF), portanto, não declarou a inconstitucionalidade da exigência do Certificado de Entidade Beneficente de Assistência Social (Cebas), mas dos requisitos para sua exigência e que, por isso, devem estar previstos, necessariamente, em lei complementar, sendo que, quando do julgamento dessas ações, a previsão ficava por conta do art. 14, do Código Tributário Nacional (CTN), pois era o diploma normativo mais próximo e, atualmente, a matéria é regida pela Lei Complementar nº 187, de 16.12.2021 (publicação no *Diário Oficial da União* em 17.12.2021), que revogou a Lei nº 12.101, de 27.11.2009 e que, por sua vez, revogou o art. 55, da Lei nº 8.212, de 24.7.1991.

(iv) No julgamento das *ADIs nºs 2.028 e 2.036*, o Supremo Tribunal Federal (STF) declarou a inconstitucionalidade do art. 1º da Lei nº 9.732/1998, na parte em que alterou a redação do art. 55, inc. III, da Lei nº 8.212/1991 e acrescentou-lhe os §§3º, 4º e 5º ("gratuitamente e em caráter exclusivo"), bem como dos arts. 4º, 5º e 7º da Lei nº 9.732/1998.

(v) No julgamento das *ADIs nºs 2.228 e 2.621*, o Supremo Tribunal Federal (STF) declarou a inconstitucionalidade dos arts. 2º, IV; 3º, VI, §§1º e 4º, parágrafo único, todos do Decreto nº 2.536/98, assim como dos arts. 1º, IV; 2º, IV e §§1º e 3º; 7º, §4º, do Decreto nº 752/93.

(vi) No julgamento da *Ação Direta de Inconstitucionalidade nº 4.480*, o Supremo Tribunal Federal (STF) reconheceu a inconstitucionalidade formal do art. 13, III, §1º, I e II, §§3º e 4º, I e II, §§5º, 6º e 7º; do art. 14, §§1º e 2º; do art. 18, *caput*; do art. 29, VI, e do art. 31 da Lei nº 12.101/2009, com a redação dada pela Lei nº 12.868/2013, e a inconstitucionalidade material do art. 32, §1º, da Lei nº 12.101/2009.

Interpretando sistematicamente as decisões exaradas no âmbito das *Ações Diretas de Inconstitucionalidade nºs 2.028, 2.036, 2.228, 2.621 e 4.480*, bem como do *Recurso Extraordinário nº 566.622/RS*, parece razoável concluir que, na vigência da Lei nº 8.212/91, a obrigatoriedade de Registro e do Certificado de Entidade Beneficente de Assistência Social (Cebas), fornecidos pelo Conselho Nacional de Assistência Social (CNAS), é condição para a fruição da imunidade prevista no art. 195, §7º, da Constituição Federal, desde que os requisitos para a sua emissão encontrem respaldo, necessariamente, em lei complementar. Ademais, conforme consignado no julgamento da *Ação Direta de Inconstitucionalidade nº 4.480*, que declarou a inconstitucionalidade formal do art. 31, da Lei nº 12.101/2009, foi reconhecida a natureza declaratória do Certificado de Entidade Beneficente de Assistência Social (Cebas), inclusive com respaldo na Súmula nº 612, do Superior Tribunal de Justiça (STJ). Nesse sentido, em que pese ser constitucional a exigência do Certificado de Entidade Beneficente de Assistência Social (Cebas), os efeitos retroagem à data em que demonstrado o cumprimento dos requisitos estabelecidos por lei complementar para a fruição da imunidade, não sendo possível, portanto, o estabelecimento de termo inicial para que as entidades possam exercer o direito à imunidade prevista no art. 195, §7º, da Constituição Federal, conforme estipulava o art. 31, da Lei nº 12.101/2009 ("a contar da data da publicação da concessão de sua certificação"). Depreende-se, pois, que parece incorreta a afirmativa no sentido de que todos os incisos do art. 55, da Lei nº 8.212/91, teriam sido declarados inconstitucionais pelo Supremo Tribunal Federal (STF). Ademais, conforme assentado pela jurisprudência do Supremo Tribunal Federal (STF), no julgamento do *RE nº 566.622/RS* e das *ADIs nºs 2.028/DF, 2.036/DF, 2.228/DF e 2.621/DF*, não há que se falar em direito adquirido a determinado tratamento tributário.[6] Sendo assim, não há que se falar em direito adquirido a regime jurídico de imunidade tributária, sob o fundamento de que a imunidade teria passado a incorporar ao patrimônio jurídico da instituição, no momento em que o art. 55, §1º, da Lei nº 8.212/91 teria resguardado, expressamente, o benefício da isenção da contribuição previdenciária concedido na vigência da Lei nº 3.577/59. Cabe pontuar que o art. 55, da Lei nº 8.212, de 24.7.1991, não convalidou a isenção mantida pelo Decreto-Lei nº 1.572, de 1977, mas introduziu novos critérios para que as entidades beneficentes continuassem a usufruir a isenção fiscal. Portanto, não é possível falar em direito adquirido a regime jurídico-fiscal, de modo que a imunidade da contribuição previdenciária assegurada às entidades de assistência social, prevista no art. 195, §7º, da Constituição Federal, tem sua manutenção condicionada ao atendimento das condições impostas pela legislação superveniente.

---

6 Ver, nesse sentido: RMS 27.369 ED, Pleno. Rel. Min. Cármen Lúcia. *DJe*, 28.11.14; RMS 27.382 ED, 1ª Turma, Rel. Min. Dias Toffoli. *DJe*, 7.11.13; RMS 27.977, 1ª Turma, Rel. Min. Ricardo Lewandowski. *DJe*, 26.5.11; AI 830.147, 2ª Turma, Rel. Min. Gilmar Mendes. *DJe*, 6.4.11; e RMS 26.932, 2ª Turma, Rel. Min. Joaquim Barbosa. *DJe*, 5.2.10.

Para além do exposto, em que pese não haver pronunciamento expresso do Supremo Tribunal Federal (STF), afastando o §1º, do art. 55, da Lei nº 8.212/91, interpretando sistematicamente as decisões exaradas no âmbito das *Ações Diretas de Inconstitucionalidade nºs 2.028, 2.036, 2.228, 2.621 e 4.480*, bem como do *Recurso Extraordinário nº 566.622/RS*, parece razoável concluir que a exigência de requerimento junto ao Instituto Nacional do Seguro Social (INSS), nos termos do §1º, do art. 55, da Lei nº 8.212/91, não é como condição para o reconhecimento da imunidade tributária prevista no art. 195, §7º, da Constituição Federal, sobretudo considerando sua natureza declaratória. Assim, na legislação anterior, a ausência de requerimento não é condição suficiente para ensejar a desconsideração da natureza imune da entidade quando não demonstrado, por parte da fiscalização, o descumprimento de quaisquer dos requisitos exigidos no art. 55, da Lei nº 8.212/91. Cabe à fiscalização, portanto, demonstrar o descumprimento dos requisitos exigidos em lei, compatíveis com o art. 14, do CTN, sob pena de se transformar requisito meramente procedimental em requisito material e, portanto, limitador da imunidade.

Sobre a possibilidade de aplicação retroativa da Lei nº 12.101/2009, em relação a fatos ocorridos durante a vigência da Lei nº 8.212/1991, cabe destacar que, nos termos do art. 144, do Código Tributário Nacional (CTN), o lançamento reporta-se à data da ocorrência do fato gerador da obrigação e rege-se pela lei então vigente, ainda que posteriormente modificada ou revogada, não sendo possível aplicar a Lei nº 12.101/2009 a fatos geradores ocorridos anteriormente à sua vigência. Ademais, são inaplicáveis as disposições do art. 106, do CTN, pois não é possível afirmar que a Lei nº 12.101/2009 seja meramente interpretativa (art. 106, I, do CTN) ou mesmo que trate de infração à legislação tributária (art. 106, II, do CTN).

Por fim, interpretando sistematicamente as decisões exaradas no âmbito das *ADIs nºs 2.028 e 2.036*, bem como do *Recurso Extraordinário nº 566.622/RS*, parece razoável concluir que o fato de a entidade receber recursos públicos e com isso prestar assistência social, não tem o condão de afastar sua natureza como entidade beneficente de assistência social (art. 195, §7º), quando não for demonstrado, pela fiscalização, o descumprimento do requisito previsto na redação originária do inc. III da Lei nº 8.212/91, no sentido de "promover a assistência social beneficente, inclusive educacional ou de saúde, a menores, idosos, excepcionais ou pessoas carente".

Conclusões

A liberdade religiosa e a imunidade tributária são temas de grande relevância e complexidade, especialmente no contexto brasileiro. Diante disso, a análise da relação entre esses dois aspectos, à luz do voto proferido no RE nº 630.790 (Tema nº 336 da repercussão geral), é de extrema importância para compreender as implicações jurídicas e sociais envolvidas. O Recurso Extraordinário (RE) nº 630.790, com repercussão geral reconhecida, tratou da imunidade tributária prevista no art. 150, VI, "c", da Constituição, e foi interposto pela Associação Torre de Vigia de Bíblias e Tratados, com o objetivo de reconhecer o direito à fruição da imunidade em relação ao imposto de importação (II) e ao imposto sobre produtos industrializados (IPI), incidentes sobre a importação de papel especial para impressão de bíblias, limpador de banda de papel e de outros bens para uso próprio e destinados às suas finalidades essenciais. No caso concreto, a associação importou papel especial (Coverluxe) para imprimir a Bíblia, livros, revistas e outros, além de uma máquina de utilização gráfica denominada "Limpador de banda de papel", da marca SIMCO. Naquele julgado, foi fixada a seguinte tese:

> A atividade filantrópica executada com fundamento em preceitos religiosos (ensino, caridade e divulgação dogmática) caracteriza-se como assistência social e é abrangida pela imunidade tributária prevista no art. 150, VI, "c", da CF, excluídos os impostos sobre a importação de bens para uso próprio, uma vez que são meramente decorrentes das finalidades essenciais da entidade.

Essa histórica decisão, de relatoria do Ministro *Luís Roberto Barroso*, tem desempenhado um papel de destaque no cenário jurídico nacional, proporcionando uma base sólida e legítima para a proteção e promoção da liberdade de expressão religiosa, bem como para a salvaguarda da imunidade tributária. Naquele julgado, foi expressamente reconhecido que as organizações religiosas de assistência social desempenham um papel extremamente importante na sociedade, muitas vezes substituindo a ação estatal na ajuda aos necessitados. Essas atividades contribuem para o bem-estar da comunidade e como um todo, promovendo assim o desenvolvimento social e o cuidado com a dignidade humana. É inegável o imenso impacto positivo e duradouro que as decisões emanadas pelo Supremo Tribunal Federal (STF) têm exercido no campo do direito constitucional tributário, contribuindo de forma significativa para a concretização plena da liberdade religiosa e imunidade tributária em nosso país. O julgamento do Recurso Extraordinário nº 630.790 representa não apenas a análise de um caso específico, mas também um importante marco na definição das diretrizes jurídicas que regem a liberdade religiosa e a imunidade tributária no Brasil. O respeito à diversidade de pensamentos e crenças é essencial para a construção de uma sociedade mais justa e democrática, em que cada indivíduo possa exercer sua liberdade religiosa de acordo com seus valores e convicções.

Após o esclarecimento das premissas anteriores, foi necessário avançar um pouco mais, com o intuito de analisar um tema bastante árido e cujo debate ainda persiste, e que diz respeito à imunidade das contribuições para a seguridade social prevista no art. 195, §7º da Constituição Federal, destinada às entidades beneficentes de assistência social que atendam às exigências estabelecidas em lei. Esse tema é de profunda relevância, *pois as entidades religiosas que praticam assistência social, caso preencham os requisitos previstos em lei, também fazem jus à imunidade das contribuições para a seguridade social.* Em que pese a fixação da tese central pelo Supremo Tribunal Federal (STF) acerca da imunidade prevista no art. 195, §7º, da Constituição Federal, talvez pela inerente complexidade que envolve a temática, ainda persistem inúmeras dúvidas em relação ao alcance da tese fixada, bem como sobre diversos aspectos práticos acerca do reconhecimento da imunidade.

Consolidando o entendimento do Supremo Tribunal Federal (STF), no julgamento dos aclaratórios opostos nos autos do *Recurso Extraordinário nº 566.622/RS* e das *Ações Diretas de Inconstitucionalidade nºs 2.028, 2.036, 2.228, 2.621 e 4.480*, é possível destacar as seguintes conclusões a respeito da imunidade prevista no art. 195, §7º, da Lei Maior: (*i*) trata-se de verdadeira imunidade, autêntica limitação ao poder de tributar, e não "isenção", sendo que o equívoco da redação já foi superado pelo Supremo na

Medida Cautelar na Ação Direta de Inconstitucionalidade nº 2.028/DF, de relatoria do Ministro Moreira Alves; (*ii*) a reserva de lei complementar aplicada à regulamentação da imunidade tributária prevista no art. 195, §7º, da CF está limitada à definição de contrapartidas a serem observadas para garantir a finalidade beneficente dos serviços prestados pelas entidades de assistência social, o que não impede seja o procedimento de habilitação dessas entidades positivado em lei ordinária; (*iii*) no julgamento do *Recurso Extraordinário nº 566.622/RS*, o Supremo Tribunal Federal (STF) assentou a constitucionalidade do art. 55, II, da Lei nº 8.212/1991, na redação original e nas redações que lhe foram dadas pelo art. 5º da Lei nº 9.429/1996 e pelo art. 3º da Medida Provisória nº 2.187-13/2001; (*iv*) no julgamento das *ADIs nºs 2.028 e 2.036*, o Supremo Tribunal Federal (STF) declarou a inconstitucionalidade do art. 1º da Lei nº 9.732/1998, na parte em que alterou a redação do art. 55, inc. III, da Lei nº 8.212/1991 e acrescentou-lhe os §§3º, 4º e 5º ("gratuitamente e em caráter exclusivo"), bem como dos arts. 4º, 5º e 7º da Lei nº 9.732/1998; (*v*) no julgamento das *ADIs nºs 2.228 e 2.621*, o Supremo Tribunal Federal (STF) declarou a inconstitucionalidade dos arts. 2º, IV; 3º, VI, §§1º e 4º, parágrafo único, todos do Decreto nº 2.536/98, assim como dos arts. 1º, IV; 2º, IV e §§1º e 3º; 7º, §4º, do Decreto nº 752/93; (*vi*) no julgamento da *Ação Direta de Inconstitucionalidade nº 4.480*, o Supremo Tribunal Federal (STF) reconheceu a inconstitucionalidade formal do art. 13, III, §1º, I e II, §§3º e 4º, I e II, §§5º, 6º e 7º; do art. 14, §§1º e 2º; do art. 18, *caput*; do art. 29, VI, e do art. 31 da Lei nº 12.101/2009, com a redação dada pela Lei nº 12.868/2013, e a inconstitucionalidade material do art. 32, §1º, da Lei nº 12.101/2009.

Interpretando sistematicamente as decisões exaradas no âmbito das *Ações Diretas de Inconstitucionalidade nºs 2.028, 2.036, 2.228, 2.621 e 4.480*, bem como do *Recurso Extraordinário nº 566.622/RS*, parece razoável concluir que, na vigência da Lei nº 8.212/91, a obrigatoriedade de Registro e do Certificado de Entidade Beneficente de Assistência Social (Cebas), fornecidos pelo Conselho Nacional de Assistência Social (CNAS), é condição para a fruição da imunidade prevista no art. 195, §7º, da Constituição Federal, desde que os requisitos para a sua emissão encontrem respaldo, necessariamente, em lei complementar. Ademais, conforme consignado no julgamento da *Ação Direta de Inconstitucionalidade nº 4.480*, que declarou a inconstitucionalidade formal do art. 31, da Lei nº 12.101/2009, foi reconhecida a natureza declaratória do Certificado de Entidade Beneficente de Assistência Social (Cebas), inclusive com respaldo na Súmula nº 612, do Superior Tribunal de Justiça (STJ). Nesse sentido, em que pese ser constitucional a exigência do Certificado de Entidade Beneficente de Assistência Social (Cebas), os efeitos retroagem à data em que demonstrado o cumprimento dos requisitos estabelecidos por lei complementar para a fruição da imunidade, não sendo possível, portanto, o estabelecimento de termo inicial para que as entidades possam exercer o direito à imunidade prevista no art. 195, §7º, da Constituição Federal, conforme estipulava o art. 31, da Lei nº 12.101/2009 ("a contar da data da publicação da concessão de sua certificação"). Depreende-se, pois, que parece incorreta a afirmativa no sentido de que todos os incisos do art. 55, da Lei nº 8.212/91, teriam sido declarados inconstitucionais pelo Supremo Tribunal Federal (STF). Ademais, conforme assentado pela jurisprudência do Supremo Tribunal Federal (STF), no julgamento do *RE nº 566.622/RS* e das *ADIs nºs 2.028/DF, 2.036/DF, 2.228/DF e 2.621/DF*, não há que se falar em direito adquirido a determinado tratamento tributário.[7] Assim, não há que se falar em direito adquirido a regime jurídico de imunidade tributária, sob o fundamento de que a imunidade teria passado a incorporar ao patrimônio jurídico da instituição, no momento em que o art. 55, §1º, da Lei nº 8.212/91 teria resguardado, expressamente, o benefício da isenção da contribuição previdenciária concedido na vigência da Lei nº 3.577/59. Cabe pontuar que o art. 55, da Lei nº 8.212, de 24.7.1991, não convalidou a isenção mantida pelo Decreto-Lei nº 1.572, de 1977, mas introduziu novos critérios para que as entidades beneficentes continuassem a usufruir a isenção fiscal. Portanto, não é possível falar em direito adquirido a regime jurídico-fiscal, de modo que a imunidade da contribuição previdenciária assegurada às entidades de assistência social, prevista no art. 195, §7º, da Constituição Federal, tem sua manutenção condicionada ao atendimento das condições impostas pela legislação superveniente.

Para além do exposto, em que pese não haver pronunciamento expresso do Supremo Tribunal Federal (STF), afastando o §1º, do art. 55, da Lei nº 8.212/91, interpretando sistematicamente as decisões exaradas no âmbito das *Ações Diretas de Inconstitucionalidade nºs 2.028, 2.036, 2.228, 2.621 e 4.480*, bem como do *Recurso Extraordinário nº 566.622/RS*, parece razoável concluir que a exigência de requerimento junto ao Instituto Nacional do Seguro Social (INSS), nos termos do §1º, do art. 55, da Lei nº 8.212/91, não é como condição para o reconhecimento da imunidade tributária prevista no art. 195, §7º, da Constituição Federal, sobretudo considerando sua natureza declaratória. Assim, na legislação anterior, a ausência de requerimento não é condição suficiente para ensejar a desconsideração da natureza imune da entidade quando não demonstrado, por parte da fiscalização, o descumprimento de quaisquer dos requisitos exigidos no art. 55, da Lei nº 8.212/91. Cabe à fiscalização, portanto, demonstrar o descumprimento dos requisitos exigidos em lei, compatíveis com o art. 14, do CTN, sob pena de se transformar requisito meramente procedimental em requisito material e, portanto, limitador da imunidade.

Sobre a possibilidade de aplicação retroativa da Lei nº 12.101/2009, em relação a fatos ocorridos durante a vigência da Lei nº 8.212/1991, cabe destacar que, nos termos do art. 144, do Código Tributário Nacional (CTN), o lançamento reporta-se à data da ocorrência do fato gerador da obrigação e rege-se pela lei então vigente, ainda que posteriormente modificada ou revogada, não sendo possível aplicar a Lei nº 12.101/2009 a fatos geradores ocorridos anteriormente à sua vigência. Ademais, são inaplicáveis as disposições do art. 106, do CTN, pois não é possível afirmar que a Lei nº 12.101/2009 seja meramente interpretativa (art. 106, I, do CTN) ou mesmo que trate de infração à legislação tributária (art. 106, II, do CTN).

Por fim, interpretando sistematicamente as decisões exaradas no âmbito das *ADIs nºs 2.028 e 2.036*, bem como do *Recurso Extraordinário nº 566.622/RS*, parece razoável concluir que o fato de a entidade receber recursos públicos e com isso prestar assistência social não tem o condão de afastar sua natureza como entidade beneficente de assistência social (art. 195, §7º), quando não for demonstrado, pela fiscalização, o

---

[7] Ver, nesse sentido: RMS 27.369 ED, Pleno. Rel. Min. Cármen Lúcia. *DJe*, 28.11.14; RMS 27.382 ED, 1ª Turma, Rel. Min. Dias Toffoli. *DJe*, 7.11.13; RMS 27.977, 1ª Turma, Rel. Min. Ricardo Lewandowski. *DJe*, 26.5.11; AI 830.147, 2ª Turma, Rel. Min. Gilmar Mendes. *DJe*, 6.4.11; e RMS 26.932, 2ª Turma, Rel. Min. Joaquim Barbosa. *DJe*, 5.2.10.

descumprimento do requisito previsto na redação originária do inc. III da Lei nº 8.212/91, no sentido de "promover a assistência social beneficente, inclusive educacional ou de saúde, a menores, idosos, excepcionais ou pessoas carente".

Referências

BARBOSA, Daniel Marchionatti. Imunidade a contribuições para a seguridade social. *In*: DIFINI, Luiz Felipe Silveira (Coord.). *Imunidades tributárias e direitos fundamentais*. Porto Alegre: Livraria do Advogado, 2010. p. 69-102.

CARVALHO, Paulo de Barros. *Curso de direito tributário*. 17. ed. São Paulo: Saraiva, 2005.

LEITE, Matheus Soares. *Teoria das imunidades tributárias*. São Paulo: Perse, 2016.

WEINGARTNER NETO, Jayme. Comentário ao artigo 19, inciso I. *In*: CANOTILHO, J. J. Gomes; MENDES, Gilmar F.; SARLET, Ingo W.; STRECK, Lenio L. (Coord.). *Comentários à Constituição do Brasil*. São Paulo: Saraiva: Almedina, 2013.

Informação bibliográfica deste texto, conforme a NBR 6023:2018 da Associação Brasileira de Normas Técnicas (ABNT):

LEITE, Matheus Soares. Organizações religiosas e as imunidades tributárias previstas na Constituição Federal de 1988. *In*: PAULA, Fernanda de; PENCAK, Nina (coord.). *Tributação, liberdade e igualdade*: as contribuições do Ministro Luís Roberto Barroso. Belo Horizonte: Fórum, 2025. p. 849-871. ISBN 978-65-5518-952-0.

OBSERVÂNCIA DO ART. 113 DO ADCT PARA A CONCESSÃO DE BENEFÍCIOS TRIBUTÁRIOS ESTADUAIS (ADI Nº 6.303)

MAURÍCIO PEREIRA FARO

BERNARDO MOTTA MOREIRA

1 Introdução

Estamos honrados em participar da obra coletiva em homenagem – mais do que justa – ao Professor Luís Roberto Barroso, por sua contribuição, na qualidade de ministro do Supremo Tribunal Federal, para a construção do direito tributário e das finanças públicas do país. Entre os inúmeros julgados que contaram com efetiva participação do ministro, analisaremos a discussão relativa à observância do art. 113 do Ato das Disposições Constitucionais Transitórias (ADCT) no processo legislativo tributário[1] relativo à concessão de benefícios tributários estaduais, que foi objeto da Ação Direta de Inconstitucionalidade (ADI) nº 6.303, de relatoria do ministro homenageado.

Nossa intenção é analisar, de forma simples e objetiva – como o Ministro Roberto Barroso nos tem ensinado –, a evolução da matéria relativa à exigência de responsabilidade fiscal a cargo do parlamentar e a importância do art. 113 do ADCT, que estabelece que a proposição legislativa que crie renúncia de receita deverá ser acompanhada da estimativa do seu impacto orçamentário e financeiro. Estudaremos o julgamento da ADI nº 6.303 e a celeuma relativa à extensão da norma para os estados e municípios. Finalmente, discorreremos sobre o processo legislativo tributário do estado de Minas Gerais, que vem aplicando o art. 113 do ADCT, em sintonia com a orientação emanada pela Corte Maior.

---

[1] Temos defendido, insistentemente, a importância do estudo do "Processo Legislativo Tributário, ou seja, uma disciplina híbrida, nascida do encontro de vertentes disciplinares do Direito Público, com uma autonomia didática, em que o estudioso deve manejar, com precisão, postulados de fundo constitucional com as garantias individuais de ordem tributária" (MOREIRA, Bernardo Motta. *A governamentalização do poder de tributar*: desafios do processo legislativo tributário. Belo Horizonte: Letramento; Casa do Direito, 2021. p. 171).

2 O benefício tributário como gasto e a Lei de Responsabilidade Fiscal (LRF): o papel do art. 14 da LRF na qualificação do debate legislativo sobre gastos tributários

Atualmente, há um consenso de que o incentivo tributário é um "gasto" público, na medida em que o Estado, ao deixar de arrecadar o tributo, total ou parcialmente, abre mão de receita que poderia ser usada para o financiamento de outras políticas públicas, como a saúde, a educação etc. A renúncia fiscal, quando concebida como uma modalidade de alocação dos recursos públicos, gera um custo fiscal que, em muitos casos, é comparável ao de uma programação orçamentária, podendo, inclusive ser substituída por gastos diretos do poder público.

Essa ideia é relevante por trazer consigo a necessidade de se dar maior transparência à concessão de benefícios tributários. Já se reconheceu que uma política de subsídios – ação pública direta – seria até melhor, ou mais eficiente, para o sistema alcançar a justiça, do que a concessão de exonerações, porquanto um cálculo seguro dos custos dos incentivos outorgados seria muito complexo, quiçá, impossível.

Por outro lado, considerando que a via dos gastos diretos também pode ser ineficiente, ainda mais em um país como o Brasil, em que são recorrentes os casos de corrupção, uma das virtudes da utilização dos tributos como instrumentos de implementação de políticas públicas seria uma forma de se atender aos objetivos constitucionais mitigando o tradicional trinômio receita-orçamento-despesa. Independentemente da via eleita, o rigor do controle deve ser o mesmo, até mesmo sopesando-se a maior eficiência administrativa de um modelo em detrimento do outro.

Em razão disso, o legislador não tem discricionariedade absoluta na exoneração de tributos. Aliás, em razão de uma inevitável desparlamentarização da democracia tributária na sociedade complexa, é imprescindível um intenso diálogo do parlamentar com o Poder Executivo para a implementação de medidas desonerativas. Dessa forma, a liberdade de conformação do Poder Legislativo no campo das leis tributárias benéficas acaba encontrando diversos limites em regras constitucionais e legais.

Diante desse quadro, sem se olvidar da necessária observância do princípio da legalidade (art. 150, §6º, da Constituição da República de 1988 –[2] CRFB/88 – e art. 97 do Código Tributário Nacional –[3] CTN) que determina a previsão em lei formal e específica dos benefícios tributários, há um limite imposto ao legislador para a concessão dessas exonerações, que se destaca no processo legislativo tributário, como as regras da LRF – Lei Complementar nº 101, de 4.5.2000.

A LRF, que "estabelece normas de finanças públicas voltadas para a responsabilidade na gestão fiscal e dá outras providências", introduziu requisitos rígidos para a concessão de incentivos fiscais e tributários. Historicamente, foram muitos os casos de isenções e anistias concedidos de forma deturpada, oportunista e desordenada, em prejuízo do equilíbrio das contas públicas.

---

[2] "Art. 150. [...] §6º Qualquer subsídio ou isenção, redução de base de cálculo, concessão de crédito presumido, anistia ou remissão, relativos a impostos, taxas ou contribuições, só poderá ser concedido mediante lei específica, federal, estadual ou municipal, que regule exclusivamente as matérias acima enumeradas ou o correspondente tributo ou contribuição, sem prejuízo do disposto no art. 155, §2º, XII, g".

[3] "Art. 97. Somente a lei pode estabelecer: I - a instituição de tributos, ou a sua extinção; II - a majoração de tributos, ou sua redução, ressalvado o disposto nos arts. 21, 26, 39, 57 e 65; [...]".

A LRF veio à lume como uma medida estrutural para a consolidação do Programa de Estabilização Fiscal, apresentado à sociedade brasileira em outubro de 1999, que tinha por objetivo "a drástica e veloz redução do déficit público e a estabilização do montante da dívida pública em relação ao Produto Interno Bruto da economia", nos termos da exposição de motivos interministerial acostada na justificação da proposição legislativa. A LRF regulamenta os arts. 163 e 169 da CRFB/88 e disciplina o conjunto das principais questões referentes aos efeitos macroeconômicos e fiscais decorrentes dos recursos públicos, e seus dispositivos principais se aplicam a todos os entes da Federação e aos seus respectivos poderes.

Na proposta original, a previsão legal sobre a renúncia de receita constava dentro da subseção que versava sobre as restrições à geração de despesas a longo prazo. Na lei publicada, a matéria acerca da renúncia de receita consta de uma seção específica (seção II) dentro do "Capítulo III", que regula a receita pública. Nesse aspecto, a LRF objetivou aprimorar a estrutura da arrecadação tributária, prevendo condições para a concessão de incentivos tributários, sob diferentes modalidades. Anteriormente à vigência da lei, a concessão de benefícios era feita de forma absolutamente assistemática, desordenada e sem qualquer parâmetro, sendo muito comum a sua vigência no próprio exercício em que introduzidos, de modo a concorrer para o desequilíbrio das contas públicas. O uso indiscriminado das renúncias fiscais, instituídas sobretudo para atender a apelos eleitorais, comprometia o necessário planejamento para sua concessão, optando o legislador nacional por sua restrição.

Com o novo regime instaurado a partir da LRF, a pretensão do legislador na instituição de benefícios tributários ficou limitada pelas previsões legais do art. 14.[4] Um aspecto importante é que o *caput* do art. 14 somente está a regular a renúncia das receitas de natureza tributária, que se trata de uma subespécie de receita pública. A LRF não interfere, destarte, na concessão de benefícios relacionados às receitas não tributárias, como é o caso de multas administrativas ou ambientais ou ainda algum tipo de receita originária estatal, como aluguéis a que faz jus o Erário.

Pela leitura do art. 14 da LRF, constata-se que a concretização da renúncia de receita tributária dependerá do atendimento de prerrequisitos imperativos e alternativos. O primeiro dos pressupostos – que é obrigatório e está no *caput* do artigo – é a estimativa do impacto orçamentário-financeiro da renúncia no exercício em que deva iniciar sua vigência e nos dois seguintes. Essa estimativa deve ser formalizada quando

---

[4] "Art. 14. A concessão ou ampliação de incentivo ou benefício de natureza tributária da qual decorra renúncia de receita deverá estar acompanhada de estimativa do impacto orçamentário-financeiro no exercício em que deva iniciar sua vigência e nos dois seguintes, atender ao disposto na lei de diretrizes orçamentárias e a pelo menos uma das seguintes condições: I – demonstração pelo proponente de que a renúncia foi considerada na estimativa de receita da lei orçamentária, na forma do art. 12, e de que não afetará as metas de resultados fiscais previstas no anexo próprio da lei de diretrizes orçamentárias; II – estar acompanhada de medidas de compensação, no período mencionado no *caput*, por meio do aumento de receita, proveniente da elevação de alíquotas, ampliação da base de cálculo, majoração ou criação de tributo ou contribuição. §1º A renúncia compreende anistia, remissão, subsídio, crédito presumido, concessão de isenção em caráter não geral, alteração de alíquota ou modificação de base de cálculo que implique redução discriminada de tributos ou contribuições, e outros benefícios que correspondam a tratamento diferenciado. §2º Se o ato de concessão ou ampliação do incentivo ou benefício de que trata o *caput* deste artigo decorrer da condição contida no inciso II, o benefício só entrará em vigor quando implementadas as medidas referidas no mencionado inciso. §3º O disposto neste artigo não se aplica: I – às alterações das alíquotas dos impostos previstos nos incisos I, II, IV e V do art. 153 da Constituição, na forma do seu §1º; II – ao cancelamento de débito cujo montante seja inferior ao dos respectivos custos de cobrança".

do encaminhamento da proposta de lei relativa à concessão e à ampliação da renúncia de receita ao Poder Legislativo. A outra previsão obrigatória também prevista no *caput* é a compatibilização da medida com a Lei de Diretrizes Orçamentárias (LDO).

Além dos pressupostos acima, a concessão ou ampliação de incentivo ou benefício de natureza tributária deve ainda observar, das duas condições, pelo menos uma, a saber: (a) a demonstração, pelo proponente, de que a renúncia foi considerada na estimativa da receita da lei orçamentária, bem como que não afetará as metas de resultados fiscais previstas no anexo próprio da LDO.[5] Impõe-se que a renúncia tenha previsão na Lei Orçamentária Anual (LOA), em atendimento ao princípio da universalidade, além do cumprimento dos objetivos previstos no Anexo de Metas Fiscais da LDO, mediante a demonstração de que estes não serão afetados pela renúncia; ou, alternativamente, (b) sejam apresentadas medidas de compensação, como elevação de alíquotas, ampliação da base de cálculo, majoração ou criação de tributo ou contribuição. Evidentemente, as medidas referidas são exemplificativas, podendo o proponente adotar outras que alcancem a mesma finalidade, como, até mesmo, a instituição de novos tributos.

Note-se que, adotada a segunda hipótese, isto é, caso o ato de concessão do benefício decorra de medidas compensatórias, o benefício somente poderá entrar em vigor após a implementação delas. Com efeito, a lógica do §2º do art. 14 é garantir que a compensação seja simultânea, ou até mesmo anterior à renúncia da receita, evitando o desequilíbrio das contas públicas, com a queda na arrecadação. Embora seja cristalino pela leitura do art. 14 da LRF que todos os pressupostos ali previstos sejam prévios à concessão de benefícios, não é incomum se deparar com previsões legais almejando postergar o cumprimento de algum pressuposto, de forma evidentemente ilegal.

A necessidade de que as regras da LRF sejam cumpridas previamente à implementação dos benefícios tributários já foi reconhecida pelo Tribunal de Contas da União (TCU) em diversos acórdãos,[6] em que foram expedidas recomendações ao Poder Executivo federal para adequações.

Desde o início de sua vigência, houve várias alegações de inconstitucionalidade de diversos dispositivos da LRF.[7] Não obstante, especificamente em relação ao art. 14,

---

[5] A LDO, ao orientar a elaboração da LOA, deve dispor sobre alterações da legislação tributária considerando os aumentos e reduções legais de tributos para possibilitar a correta estimação de receitas no orçamento anual.

[6] *Vide*, por exemplo, o Acórdão nº 747/2010, do Plenário, Relator Augusto Nardes, referente ao Processo nº 015.052/2009-7, sessão do dia 14.04.2010: "Sumário: Levantamento. Exame dos procedimentos de controle de concessão e ampliação de benefícios tributários de que trata o art. 14 da Lei de Responsabilidade Fiscal. Determinações. Recomendações". Confira-se, também: o Acórdão nº 1205/2014, do Plenário, Relator Raimundo Carreiro, referente ao Processo nº 018.259/2013-8 (Relatório de Levantamento), sessão do dia 14.05.2014: "Sumário: Auditoria operacional com o objetivo de conhecer e avaliar a estrutura de governança das renúncias tributárias, para embasar a elaboração de matrizes de planejamento de futuras auditorias, bem como atualizar os procedimentos de análise das contas dos gestores e das diretrizes para elaboração do relatório sobre as contas do governo da república. Recomendações. Monitoramento. Ciência". Nesse último julgado, aponta-se a sequência de procedimentos que envolvem a renúncia de receita tributária: "40.1 o ente federado institui, por meio de lei, tributo a ele reservado pela Constituição; 40.2 o ente federado prevê, também por lei, o benefício tributário, eventualmente associado a uma política pública estabelecida; 40.3 a administração estima o valor que deixará de adentrar aos cofres públicos, que é reputado como 'renúncia de receita potencial'; 40.4 os contribuintes favorecidos pelo benefício tributário usufruem da disponibilidade financeira correspondente à arrecadação não realizada, o que corresponde à 'renúncia de receita efetiva'. 41. Por fim, o impacto do usufruto dessa disponibilidade financeira representa o resultado da ação financiada pela renúncia, resultado que pode estar, ou não, enunciado como objetivo no âmbito das políticas públicas governamentais". Vejam-se, ainda, os acórdãos nºs 384/2016 e 793/2016, ambos do Plenário.

[7] Cf. ADIs nºs 2.238, 2.365, 2.241, 2.261, 2.250, 2.238 e 2.256 e a ADPF nº 24.

inc. II, o Plenário do STF, no julgamento da ADI nº 2.238, acompanhou, à unanimidade, o Ministro Relator Alexandre de Moraes, ao considerar que o dispositivo estabeleceria a necessidade de uma ação planejada e exigiria responsabilidade e transparência para evitar o endividamento voluntário.

Ao votar pela constitucionalidade do art. 14, inc. II, da LRF (previsão de medidas compensatórias em caso de renúncia de receita), o Ministro Alexandre de Moraes considerou que a regra se propõe a organizar uma estratégia, dentro do processo legislativo, para que os impactos fiscais de um projeto de concessão de benefícios tributários sejam mais bem quantificados, avaliados e assimilados em termos orçamentários. Para o ministro, o mecanismo se destina a promover um diagnóstico mais preciso do montante de recursos públicos de que o Estado abre mão por atos de renúncia de receita, tendo como objetivo principal a qualificação do debate legislativo sobre gastos tributários.

Na linha do que definido pela Corte Maior, a CRFB/88, implicitamente, exige uma responsabilidade maior daqueles que lidam com a coisa pública e considera as isenções e deduções como gastos públicos, requerendo a previsibilidade e o controle desses recursos pelo Poder Público. A autonomia tributária dos entes federativos deve ser ponderada com o estímulo à transparência fiscal, seja por intermédio da exposição da estimativa do impacto financeiro das renúncias de receitas, seja pela instituição das medidas alternativas de compensação previstas na LRF.

3 A constitucionalização da regra do art. 14 da LRF por meio do art. 113 do ADCT

Quinze anos após a edição da LRF, o art. 113 do ADCT, incluído pela Emenda Constitucional (EC) nº 95/2016, passou a exigir que a proposta legislativa que crie renúncia de receita deverá ser acompanhada da estimativa do seu impacto orçamentário e financeiro. É este o inteiro teor do dispositivo: "a proposição legislativa que crie ou altere despesa obrigatória ou renúncia de receita deverá ser acompanhada da estimativa do seu impacto orçamentário e financeiro". Assim, as exigências de responsabilidade fiscal já previstas na LRF, em especial no art. 14, com o advento do art. 113 do ADCT, agora têm *status* constitucional.

A inserção da regra na CRFB se mostrou importante para incrementar a possibilidade de controle do STF sobre as proposições legislativas que descumpriam os comandos da LRF. A Corte Maior já julgou um caso em que se debatia a concessão de benefício fiscal do Imposto sobre Operações relativas à Circulação de Mercadorias e sobre Prestações de Serviços de Transporte Interestadual e Intermunicipal e de Comunicação (ICMS) para os templos e acabou por admitir tal benesse, sem se preocupar com os impactos financeiros da medida. A ADI nº 3.421 foi ajuizada pelo governador do Estado do Paraná contra Lei estadual nº 14.586/04 que previa a isenção de ICMS nas contas de água, luz, telefone e gás utilizados por igrejas e templos de qualquer natureza.

Naquela oportunidade, o governador argumentou que a lei estadual contrariaria a LRF, na medida em que a sua aprovação perante a Assembleia daquele estado teria se dado sem nenhum estudo sobre o impacto financeiro que a isenção poderia acarretar nas contas do estado e tampouco teriam sido apresentadas formas de compensação de receita. Todavia, o Ministro Marco Aurélio, acompanhado à unanimidade pelo plenário, considerou que a norma não violaria a LRF, eis que não caberia se cogitar de discrepância com as balizas constitucionais referentes ao orçamento, "sendo irrelevante o cotejo buscado com a Lei de Responsabilidade Fiscal, isso presente o controle abstrato de constitucionalidade".

Diante disso, fica evidente que carecia a CRFB/88 de uma norma capaz de dar mais força normativa à necessidade de observância de requisitos para geração de despesas ao Poder Executivo, no bojo do processo legislativo.

No Estudo Técnico nº 11/2017, consultores integrantes da Consultoria de Orçamentos e Fiscalização Financeira da Câmara dos Deputados explicam que a EC nº 95/2016, ao inaugurar o "Novo Regime Fiscal", além de fixar regras centradas no controle da despesa primária federal, também agregou novas disciplinas ao processo legislativo, de modo a dotá-lo de maior nível de responsabilidade fiscal. Os autores defendem a ideia de que o comando constitucional em questão, o art. 113 do ADCT, transcende o escopo precípuo do novo regime, na medida em que não se limita à disciplina da "despesa primária".[8]

Aduzem também que a própria redação constitucional revelaria que a interpretação do art. 113 não deve estar totalmente adstrita aos dispositivos que o precedem. Dessa forma, o que a EC nº 95/2016 buscou neste ponto não seria simplesmente detalhar o novo regime, mas sim conferir *status* constitucional à sistemática semelhante, já prevista na LRF, de exigência da estimativa do impacto orçamentário e financeiro de proposições legislativas. O que se objetiva, em ambos os casos, é dotar o processo legislativo de instrumentos voltados ao controle do equilíbrio das contas públicas, com especial ênfase na análise do impacto fiscal (orçamentário e financeiro) de inovações legislativas.

Ainda no mencionado estudo técnico, os autores abordam que tanto a EC nº 95/2016 como a LRF preveem a necessidade de quantificação dos impactos fiscais de proposições legislativas, prestigiando, assim, os aspectos da transparência (quanto custa o que se está votando?) e do planejamento (há espaço fiscal para viabilizar o que se propõe?) no âmbito do processo político decisório, mas pontuam, por outro lado, que haveria importantes diferenças entre essas normas, a saber: (i) de um lado, a necessidade de estimativa imposta pelo novo regime é de alcance mais amplo, pois as renúncias de receitas a serem estimadas não se restringem às de natureza tributária (art. 14 da LRF) e as despesas obrigatórias não se limitam às de caráter continuado oriundas de leis ou atos normativos (art. 17 da LRF), cabendo frisar que, no novo regime, as despesas obrigatórias derivadas de propostas de emendas à Constituição também devem ser objeto de estimativa de impacto orçamentário e financeiro; (ii) por outro lado, no novo regime há apenas exigência de "estimativa" de impacto, ao passo que, na LRF, exige-se não apenas as estimativas de impacto como, também, simultaneamente, a indicação de medidas de "compensação".

Em que pese o exposto, poderia ainda remanescer dúvidas se o art. 113 do ADCT seria aplicável somente no contexto do "Novo Regime Fiscal" (que, inclusive, já foi revogado) ou se seria uma norma aplicável a qualquer proposição legislativa que tramite nas unidades federativas e que objetive criar ou alterar despesa obrigatória ou

---

[8] CARVALHO JUNIOR, Antonio Carlos Costa d'Ávila; BIJOS, Paulo Roberto Simão. Novo Regime Fiscal: análise de impacto e compatibilidade de proposições legislativas. *Estudo Técnico – Consultoria de Orçamentos da Câmara dos Deputados*, Brasília, n. 11, maio 2017. Disponível em: http://www2.camara.leg.br/orcamento-da-uniao/estudos/2017/ET11_2017.pdf. Acesso em: 27 maio 2024.

renúncia de receita. Nessa linha de raciocínio, o tópico a seguir tratará da importância do papel do STF – com relevante participação do Ministro Roberto Barroso – na definição da abrangência do art. 113 do ADCT, isto é, se deve ou não ser aplicado em todas as proposições legislativas que tramitam em todas as casas legislativas do país.

4 Aplicação do art. 113 do ADCT no processo legislativo tributário estadual e municipal

Em primeiro lugar, é bom contextualizar como se deu o acréscimo do art. 113 no ADCT da CRFB/88. Em razão da crise fiscal enfrentada pelo país nos anos de 2015 e 2016, o Governo Federal propôs a PEC nº 241/2016 (que tramitou no Senado sob o nº 55/2016), que originou Emenda Constitucional nº 95/2016, conhecida como emenda do "Teto dos Gastos". Entre os dispositivos acrescentados ao ADCT da CRFB/88, está o art. 106, que dispôs: "Fica instituído o Novo Regime Fiscal no âmbito dos Orçamentos Fiscal e da Seguridade Social da União, que vigorará por vinte exercícios financeiros, nos termos dos arts. 107 a 114 deste Ato das Disposições Constitucionais Transitórias".

A literalidade da norma leva a crer que o art. 113 do ADCT só valeria dentro do contexto do "Novo Regime Fiscal". Essa é a posição de Fernando Scaff. Para ele, o fato de o art. 113 do ADCT estar inserido no rol dos arts. 107 a 114, mencionados na redação do art. 106, indicaria que seu alcance é apenas para a União, não alcançando os estados, o Distrito Federal e os municípios. Pontifica, ainda, que não existiria, de forma explícita no âmbito constitucional, o princípio do equilíbrio orçamentário (ou princípio da responsabilidade fiscal), mas tão somente uma referência, no âmbito infraconstitucional, inserido de permeio no art. 1º, §1º, da LRF.[9]

Todavia, a interpretação meramente literal do dispositivo, utilizando-se por base o art. 106 do ADCT, pode ser contraposta à própria literalidade do art. 113 em cotejo com o art. 114, este último também acrescentado pela mesma PEC. O art. 114 expressamente foi restringido ao âmbito federal, na medida em que dispôs que

> a tramitação de proposição elencada no *caput* do art. 59 da Constituição Federal [...] quando acarretar aumento de despesa ou renúncia de receita, será suspensa por até vinte dias, a requerimento de um quinto dos membros da Casa, nos termos regimentais, para análise de sua compatibilidade com o Novo Regime Fiscal.

Isto é, o artigo faz referência expressa à tramitação de proposições constantes do art. 59 da CFRB/88 e, além disso, diz claramente sobre a necessidade de sua

---

9 Scaff observa que "a despeito disso, os novos governadores e prefeitos têm se utilizado desta norma para atacar leis que haviam sido aprovadas em legislaturas anteriores, sob o argumento de que tal norma não havia sido respeitada. Até mesmo a Procuradoria-Geral da República a vem utilizando para os casos de renúncias fiscais estaduais. Trata-se de um debate que já chegou ao STF, cuja jurisprudência segue trilhas ainda pouco nítidas. [...] Pode-se até dizer que política e financeiramente tanto o Poder Executivo quanto o Poder Legislativo erraram em suas premissas ao estabelecer o âmbito do alcance do art. 113, ADCT, apenas para a União, mas foi exatamente isso que foi feito e está escrito na Constituição. Extrapolar isso pelo STF será ativismo judicial, o que é pernicioso para a necessária segurança jurídica em nosso país" (SCAFF, Fernando Facury. A estimativa do impacto orçamentário-financeiro das renúncias fiscais. *Consultor Jurídico*, 3 set. 2019. Disponível em: https://www.conjur.com.br/2019-set-03/estimativa-impacto-orcamentario-financeiro-renuncias-fiscais. Acesso em: 23 maio 2020).

compatibilidade no Novo Regime Fiscal. Isso não foi feito pelo constituinte derivado em relação ao art. 113 do ADCT, que possui redação genérica.

A interpretação literal da regra combinada com uma interpretação sistêmica, portanto, levaria a uma conclusão contrária ao esposado por Scaff, confirmando que o art. 113 do ADCT não poderia ser restringido ao âmbito federal. Um investigador cuidadoso poderia buscar a vontade do legislador para tentar ratificar essa questão. Todavia, o argumento genético semântico-subjetivo não ajuda na solução. O disposto no art. 113 do ADCT não estava na proposta original da PEC nº 241/2016 e foi inserido somente no curso do processo legislativo, mais precisamente na comissão especial.

O relator, Deputado Darcísio Perondi, ao se manifestar pela aprovação da PEC, apresentou um substitutivo com o novo artigo (então sob o nº 108). Nas suas razões de voto, antes de propor a inserção da regra do art. 113 do ADCT, justificou que o Congresso Nacional deveria se comprometer com a lógica da responsabilidade fiscal, pois, caso contrário, haveria conflitos entre o Novo Regime Fiscal e as novas despesas obrigatórias, "criadas em meio ao descumprimento de limites, o que desembocaria na judicialização de questões fiscais, na proliferação de exceções legais e em fragilidades que minariam o alicerce do sistema". Após discorrer sobre esse contexto, o relator sugeriu o acréscimo dos novos dispositivos (arts. 113 e 114 do ADCT), posto que permitiriam, segundo ele, "que os parlamentares estejam cientes, no momento da apreciação das proposições, do custo das decisões a serem tomadas, bem como de sua compatibilidade com o Novo Regime Fiscal".

A rigor, pelo que argumentou o relator, o dispositivo teria uma aplicação mais ampla do que exclusivamente no bojo do Novo Regime Fiscal. A regra viria dentro de um contexto maior de responsabilidade fiscal e obrigaria que os parlamentares tenham ciência, "no momento da apreciação das proposições" (e não apenas na apresentação), "do custo das decisões a serem tomadas" e, além disso, da sua compatibilidade com o novo regime (tanto foi assim que o parlamentar se utilizou da expressão "bem como").

No entanto, deve-se reconhecer que a questão não era clara, e, portanto, mereceu um maior enfrentamento doutrinário e jurisprudencial. Antes de se examinar os casos em que a Corte Maior se posicionou pela aplicação do art. 113 do ADCT para outros entes federados, cabe, inicialmente, examinar a posição do Ministro Celso de Mello, contrária à tal extensão, exarada monocraticamente.

O RE nº 1.158.273/SP foi interposto pelo prefeito do município de Ribeirão Preto contra decisão do Órgão Especial do TJSP, que havia rechaçado a alegação de que uma lei municipal que dava descontos no IPTU violaria o art. 113 do ADCT. O Tribunal estadual havia considerado que o mencionado dispositivo se restringiria ao orçamento fiscal e da seguridade social da União, não se aplicando aos municípios. O Ministro Celso de Mello, monocraticamente, julgou o recurso inviável (pois, de fato, não caberia proceder à fiscalização normativa abstrata de diploma legislativo municipal mediante invocação de parâmetro de controle consubstanciado em norma constitucional federal – ADCT, art. 113, mas, sim, em relação à Constituição local) e acabou por entrar na abrangência do mencionado art. 113, no intuito de identificar se se trataria de norma de reprodução obrigatória pelas unidades federadas subnacionais. Considerou o ministro que a norma de natureza transitória não se aplicaria e não obrigaria os estados-membros e os municípios, a significar, desse modo, que referido preceito "apresenta-se desvestido de caráter impositivo em relação às unidades políticas federadas".

É interessante pontuar que o ministro, em sua decisão, justificou que a doutrina seguiria a mesma orientação a que chegou.[10] Não obstante, parte das lições doutrinárias citadas não enfrentam diretamente a questão, na medida em que os autores apenas dissertam, de forma genérica, sobre o Novo Regime Fiscal, sem se preocupar em se posicionar se o art. 113 do ADCT se aplicaria ou não às demais entidades federativas.

Abraham, por exemplo, apenas aponta que a "PEC do 'Teto dos Gastos Públicos' [...] instituiu o Novo Regime Fiscal, no âmbito dos Orçamentos Fiscal e da Seguridade Social, para todos os Poderes da União [...]". Após comentar que as disposições introduzidas pelo Novo Regime Fiscal não constituirão obrigação de pagamento futuro pela União ou direitos de outrem sobre o erário e não revogam, dispensam ou suspendem o cumprimento de dispositivos constitucionais e legais que disponham sobre metas fiscais ou limites máximos de despesas, ele observa que "a proposição legislativa que crie ou altere despesa obrigatória ou renúncia de receita deverá ser acompanhada da estimativa do seu impacto orçamentário e financeiro".[11] Em nenhum momento o autor analisava se o art. 113 do ADCT seria ou não aplicável para os entes subnacionais.

Da mesma forma, Ferraz, Godoi e Spagnol não enfrentam a questão diretamente, argumentando, por outro lado, que "a tônica desse Novo Regime Fiscal é a existência de limites individualizados para a despesa primária total do Executivo, Legislativo (inclusive Tribunal de Contas), Judiciário, Ministério Público e Defensoria Pública da União".[12]

Um dos autores que se debruçou sobre o tema de forma clara, Correia Neto, chegou a se posicionar no sentido de que, diversamente da LRF, as normas do ADCT teriam como destinatário apenas o Governo Federal,[13] mas reconheceu, posteriormente, em outra oportunidade, que a questão despertaria peculiar perplexidade, já que é crescente o número de casos em que se pretende aproveitar a regra para questionar renúncias fiscais estaduais e municipais, com o fundamento na literalidade do art. 113 do ADCT. Segundo o autor, ainda seria cedo para avaliar todos os impactos da mudança empreendida pelo novo regime fiscal no controle judicial das renúncias de receita tributária, notando que foi aberto um novo espaço de apreciação judicial dos benefícios fiscais e que caberá ao STF decidir quão profunda será intervenção judicial nesse tema, até hoje relegado ao campo da discricionariedade política.[14]

---

[10] Veja-se o seguinte trecho da decisão: "Doutrinadores eminentes, vale ressaltar, ao procederem à análise da cláusula consubstanciada no art. 113 do ADCT federal, advertem, quanto ao alcance da EC 95/2016, que o seu destinatário é a União Federal (LUCIANO FERRAZ/MARCIANO SEABRA DE GODOI/WERTHER BOTELHO SPAGNOL, 'Curso de Direito Financeiro e Tributário', p. 39/42, item n. 1.4, 2ª ed., 2017, Fórum; MARCUS ABRAHAM, 'Curso de Direito Financeiro Brasileiro, p. 241/243, item 7.11, 4ª ed., 2017, Forense; JOSÉ MATIAS-PEREIRA, 'Finanças Públicas', p. 229/232, 7ª ed., 2017, Atlas, v.g.), motivo pelo qual se torna lícito concluir – tal como o fez o E. Tribunal de Justiça paulista – que essa norma de natureza transitória não se estende, não se aplica e não obriga os Estados-membros e os Municípios, a significar, desse modo, que referido preceito normativo transitório (ADCT, art. 113) apresenta-se desvestido de caráter impositivo em relação às unidades políticas federadas que venho de mencionar".

[11] ABRAHAM, Marcus. *Curso de direito financeiro brasileiro*. 4. ed. São Paulo: Forense, 2017. p. 241-243.

[12] FERRAZ, Luciano; GODOI, Marciano Seabra de; SPAGNOL, Werther Botelho. *Curso de direito financeiro e tributário*. 2. ed. Belo Horizonte: Fórum, 2017. p. 40.

[13] CORREIA NETO, Celso de Barros. Art. 106 a 114. *In*: CANOTILHO, J. J. Gomes *et al*. (Coord.). *Comentários à Constituição do Brasil*. 2. ed. São Paulo: Saraiva, 2018. p. 2.382.

[14] CORREIA NETO, Celso de Barros. Novo regime fiscal ampliou controle judicial dos benefícios fiscais. *Consultor Jurídico*, 16 mar. 2019. Disponível em: conjur.com.br/2019-mar-16/observatorio-constitucional-regime-fiscal-ampliou-controle-judicial-beneficios-fiscais. Acesso em: 23 maio 2024.

Em decisão monocrática publicada em 1º.2.2018, o Ministro Alexandre de Moraes, ao julgar a ADI nº 5.816, concedeu a medida cautelar pleiteada, fundamentando-se, entre outros argumentos, no teor do art. 113 do ADCT. Referida ação foi ajuizada pelo Governo do Estado de Rondônia contra a Lei Estadual nº 4.012/2017, que dispôs sobre a vedação de incidência do ICMS sobre contas de despesas de serviços públicos estaduais próprios, delegados, terceirizados ou privatizados de água, luz, telefone e gás titularizadas por igrejas e templos religiosos de qualquer culto. Sustentou o autor que a norma questionada afrontaria o art. 113 do ADCT, na medida em que sua edição se fez desacompanhada da necessária previsão de medidas compensatórias financeiras equivalentes ao montante do favor fiscal. Segundo o ministro relator, houve desatendimento do comando constitucional do art. 113 do ADCT, o qual deveria ser prestigiado com máxima força. Isso porque, segundo ele, a ideia de responsabilidade fiscal ocupa patamar de especial posição no quadro dos valores constitucionais.[15]

Pouco tempo depois, em 5.11.2019, o Plenário por maioria, julgou procedente o pedido formulado na ação direta para declarar a inconstitucionalidade da Lei nº 4.012/2017 do Estado de Rondônia, nos termos do voto do relator, vencido o Ministro Marco Aurélio.[16] Note-se que o Ministro Celso de Mello, que já havia manifestado posição contrária, acabou por acompanhar o entendimento de que o art. 113 do ADCT se aplica a todos os entes federados.

5 O julgamento da ADI nº 6.303, de relatoria do Ministro Roberto Barroso: o reconhecimento de que o art. 113 do ADCT não afronta o federalismo

A ADI nº 6.303 foi proposta pelo governador do Estado de Roraima em face de uma lei estadual que concedeu isenção do Imposto sobre a Propriedade de Veículos Automotores (IPVA) às motocicletas, motonetas e ciclomotores com potência de até 160 cilindradas, sem observar os requisitos do art. 113 do ADCT.

Nos autos, tanto a Assembleia Legislativa do Estado de Roraima quanto a Advocacia-Geral da União se manifestaram no sentido de que o art. 113 do ADCT somente serviria como parâmetro de controle de leis federais, não abrangendo o exame de leis estaduais. Tal posição não foi acatada e a posição da Corte Maior foi, enfim, consolidada. Observe-se.

---

[15] ADI 5.816. Rel. Min. Alexandre de Moraes, julgado em 19.12.2017. *DJe*, 31.01.2018.

[16] Ementa: "CONSTITUCIONAL. TRIBUTÁRIO. IMUNIDADE DE IGREJAS E TEMPLOS DE QUALQUER CRENÇA. ICMS. TRIBUTAÇÃO INDIRETA. GUERRA FISCAL. CONCESSÃO DE BENEFÍCIO FISCAL E ANÁLISE DE IMPACTO ORÇAMENTÁRIO. ART. 113 DO ADCT (REDAÇÃO DA EC 95/2016). EXTENSÃO A TODOS OS ENTES FEDERATIVOS. INCONSTITUCIONALIDADE. [...] 2. A norma estadual, ao pretender ampliar o alcance da imunidade prevista na Constituição, veiculou benefício fiscal em matéria de ICMS, providência que, embora não viole o art. 155, §2º, XII, 'g', da CF – à luz do precedente da Corte que afastou a caracterização de guerra fiscal nessa hipótese (ADI 3421, Rel. Min. Marco Aurélio, Tribunal Pleno, julgado em 5/5/2010, DJ de 58/5/2010) –, exige a apresentação da estimativa de impacto orçamentário e financeiro no curso do processo legislativo para a sua aprovação. 3. A Emenda Constitucional 95/2016, por meio da nova redação do art. 113 do ADCT, estabeleceu requisito adicional para a validade formal de leis que criem despesa ou concedam benefícios fiscais, requisitos esse que, por expressar medida indispensável para o equilíbrio da atividade financeira do Estado, dirige-se a todos os níveis federativos. [...]" (ADI 5.816. Rel. Min. Alexandre de Moraes, Tribunal Pleno, julgado em 05.11.2019. *DJe*, 26.11.2019).

Ao julgar o feito, o Ministro Barroso destacou a importância do art. 113 do ADCT para o processo legislativo tributário benéfico, explicitando a prudência na gestão fiscal. Segundo o ministro:

> a elaboração do referido estudo faculta ao Poder Legislativo, como órgão vocacionado a versar sobre a instituição de benefícios fiscais, o controle não somente dos objetivos constitucionais que se pretendem atingir por meio dessa benesse, como também o controle financeiro dessa escolha política. A concessão de benefícios fiscais, ao atingir a receita do ente, afeta os meios financeiros pelos quais o Estado custeia as suas atividades. Uma opção política consciente do legislador perpassa por uma compreensão múltipla sobre o tema, especialmente acerca dos efeitos financeiros produzidos.

De fato, a apreciação, no bojo do processo legislativo tributário, da estimativa de impacto orçamentário e financeiro das renúncias de receitas tributárias é um aprimoramento deliberativo da responsabilidade democrática, significando um amadurecimento fiscal do Estado, que demanda a superação da cultura do oportunismo político e do improviso nas finanças públicas. O direito tributário é muito suscetível à manipulação demagógica e ao populismo legislativo, razão pela qual o art. 113 do ADCT constrange os decisores a demonstrar o impacto das medidas que estão elaborando e votando. Note-se que a Constituição da República não obsta a iniciativa parlamentar em matéria de benefícios tributários e também não impede a renúncia de receita pelos entes políticos, o que certamente configuraria afronta ao princípio federativo. Ao revés, a renúncia tributária foi admitida, desde que obedecidos alguns requisitos, os quais se somam à exigência de lei específica (art. 150, §6º, da Constituição), para evitar "caudas" legislativas e "jabutis", evitando manobras do processo legislativo e viabilizando uma gestão financeira responsável.

Quanto à aplicação do art. 113 do ADCT, o Ministro Roberto Barroso aplicou a orientação firmada do STF no sentido de que o referido dispositivo é aplicável a todos os entes da Federação, pelo que eventual proposição legislativa federal, estadual, distrital ou municipal que crie ou altere despesa obrigatória ou renúncia de receita deverá ser acompanhada de estimativa de impacto orçamentário e financeiro, sob pena de incorrer em vício de inconstitucionalidade formal.

Note-se que o ministro aprofundou, em seu voto, na análise do dispositivo em questão, rechaçando a aplicação do art. 113 do ADCT apenas à União. Promovendo uma interpretação literal, teleológica e sistemática da regra, observou o Ministro Roberto Barroso:

> Primeiro, a redação do dispositivo constitucional em tela não determina que a regra seja limitada à União. Refere-se, genericamente, à "proposição legislativa que crie ou altere despesa obrigatória ou renúncia de receita", pelo que, em princípio, seria possível a sua extensão aos demais entes. Segundo, como visto, a norma em questão, ao buscar a gestão fiscal responsável, concretiza princípios constitucionais como a impessoalidade, a moralidade, a publicidade e a eficiência (art. 37 da CF/1988). Terceiro, a inclusão do art. 113 do ADCT acompanha o tratamento que já vinha sendo conferido ao tema pelo art. 14 da Lei de Responsabilidade Fiscal, aplicável a todos os entes da Federação.

Assim, seguindo o entendimento do Ministro Roberto Barroso, o Plenário do STF declarou a inconstitucionalidade da lei complementar estadual de Roraima, que desrespeitou o art. 113 do ADCT. No julgamento, foi fixada a seguinte tese: "É inconstitucional lei estadual que concede benefício fiscal sem a prévia estimativa de impacto orçamentário e financeiro exigida pelo art. 113 do ADCT". O acórdão foi assim ementado:

> EMENTA: Direito constitucional e tributário. Ação direta de inconstitucionalidade. IPVA. Isenção. Ausência de estudo de impacto orçamentário e financeiro. 1. Ação direta contra a Lei Complementar nº 278, de 29 de maio de 2019, do Estado de Roraima, que acrescentou o inciso VIII e o §10 ao art. 98 da Lei estadual nº 59/1993. As normas impugnadas versam sobre a concessão de isenção do imposto sobre a propriedade de veículos automotores (IPVA) às motocicletas, motonetas e ciclomotores com potência de até 160 cilindradas. 2. Inconstitucionalidade formal. Ausência de elaboração de estudo de impacto orçamentário e financeiro. O art. 113 do ADCT foi introduzido pela Emenda Constitucional nº 95/2016, que se destina a disciplinar "o Novo Regime Fiscal no âmbito dos Orçamentos Fiscal e da Seguridade Social da União". A regra em questão, porém, não se restringe à União, conforme a sua interpretação literal, teleológica e sistemática. 3. Primeiro, a redação do dispositivo não determina que a regra seja limitada à União, sendo possível a sua extensão aos demais entes. Segundo, a norma, ao buscar a gestão fiscal responsável, concretiza princípios constitucionais como a impessoalidade, a moralidade, a publicidade e a eficiência (art. 37 da CF/1988). Terceiro, a inclusão do art. 113 do ADCT acompanha o tratamento que já vinha sendo conferido ao tema pelo art. 14 da Lei de Responsabilidade Fiscal, aplicável a todos os entes da Federação. 4. A exigência de estudo de impacto orçamentário e financeiro não atenta contra a forma federativa, notadamente a autonomia financeira dos entes. Esse requisito visa a permitir que o legislador, como poder vocacionado para a instituição de benefícios fiscais, compreenda a extensão financeira de sua opção política. 5. Com base no art. 113 do ADCT, toda "proposição legislativa [federal, estadual, distrital ou municipal] que crie ou altere despesa obrigatória ou renúncia de receita deverá ser acompanhada da estimativa do seu impacto orçamentário e financeiro", em linha com a previsão do art. 14 da Lei de Responsabilidade Fiscal. 6. A Lei Complementar do Estado de Roraima nº 278/2019 incorreu em vício de inconstitucionalidade formal, por violação ao art. 113 do ADCT. 7. Pedido julgado procedente, para declarar a inconstitucionalidade formal da Lei Complementar nº 278, de 29 de maio de 2019, do Estado de Roraima, por violação ao art. 113 do ADCT. 8. Fixação da seguinte tese de julgamento: "É inconstitucional lei estadual que concede benefício fiscal sem a prévia estimativa de impacto orçamentário e financeiro exigida pelo art. 113 do ADCT". (ADI 6303. Rel. Roberto Barroso, Tribunal Pleno, julgado em 14.3.2022, publicado em 18.3.2022)

6 Aplicação do art. 113 do ADCT no processo legislativo tributário de Minas Gerais: a responsabilidade fiscal do parlamentar e as leis tributárias simbólicas

Diante da posição firmada pelo STF, os poderes legislativos estaduais e municipais passaram a ter mais segurança para aplicar o art. 113 do ADCT no âmbito dos respectivos processos legislativos.

Antes mesmo de o plenário do STF se posicionar, a Assembleia Legislativa do Estado de Minas Gerais (ALMG) – uma das pioneiras a dar cumprimento ao art. 113 do ADCT –, por meio da Comissão de Constituição e Justiça (CCJ), proferiu parecer pela inconstitucionalidade do Projeto de Lei nº 3.627/2016, que, entre outras medidas, pretendia reduzir o IPVA e a taxa de segurança pública em certas situações.[17]

---

[17] MINAS GERAIS. Assembleia Legislativa do Estado. *Projeto de Lei nº 3.627, de 2016*. Disponível em: https://www.almg.gov.br/projetos-de-lei/PL/3627/2016. Acesso em: 10 jun. 2024.

Posteriormente, alguns projetos de lei que almejavam a instituição de benefícios fiscais ou reduções de carga tributária foram baixados em diligência, a pedido dos relatores, para que os próprios autores demonstrassem o cumprimento dos pressupostos do art. 113 do ADCT.

Durante a tramitação do Projeto de Lei nº 2.400/2015, na CCJ, que tinha como finalidade isentar do IPVA os veículos automotores terrestres com mais de 15 anos de fabricação – hipótese, portanto, semelhante à julgada pelo STF na ADI nº 6.303 –, o então relator Deputado Guilherme da Cunha baixou a proposta em diligência para que o autor informasse o impacto orçamentário-financeiro da implementação da medida pretendida, nos termos do art. 113 do ADCT. O pedido foi aprovado em 29.10.2019. Considerando que o autor da proposta se quedou inerte, a comissão apreciou e concordou com o parecer apresentado, pela inconstitucionalidade da matéria.[18]

Dando sequência, vários pareceres da CCJ passaram a se valer do art. 113 do ADCT para considerar propostas inconstitucionais ou mesmo retirar de tramitação benefícios tributários de ICMS, mediante a apresentação de substitutivos ou emendas, eis que apresentados sem a estimativa do impacto orçamentário e financeiro.

Apreciando o Projeto de Lei nº 3.456/2022, por exemplo, que previa a isenção do ICMS durante a vigência de situação de emergência em municípios, a referida comissão parlamentar apontou o óbice jurídico à tramitação da matéria, ressaltando que o art. 113 do ADCT exige que a proposta legislativa que crie renúncia de receita deve ser acompanhada da estimativa do seu impacto orçamentário e financeiro. Apontou a CCJ que as exigências de responsabilidade fiscal têm *status* constitucional, "o que fornece ao processo legislativo instrumentos voltados ao controle do equilíbrio das contas públicas, com ênfase no eventual impacto de inovações normativas".[19]

Note-se que, por outro lado, em se tratando de uma casa política, por vezes, o Parlamento mineiro aprovou leis tributárias sem a observância do art. 113 do ADCT.

Justamente para se esquivar dos limites constitucionais e legais, os parlamentos brasileiros têm se utilizado de tipos de leis que temos denominado de leis tributárias simbólicas.[20] Tais leis são meramente autorizativas, delegantes ou sujeitas a condições futuras e incertas, cujo objetivo é driblar as regras de iniciativa legislativa em matéria tributária[21] ou mesmo os dispositivos restritivos que obstam a desenfreada concessão de benefícios fiscais, como o art. 113 do ADCT.

Em que pese a inconstitucionalidade manifesta, por preverem inadmissíveis delegações legislativas, seguindo a tradição brasileira, tais leis são feitas, na maioria das vezes, para atender a setores interessados e são usadas para "facultar" ao Poder

---

[18] MINAS GERAIS. Assembleia Legislativa do Estado. *Projeto de Lei nº 2.400, de 2015*. Disponível em: https://www.almg.gov.br/projetos-de-lei/PL/2400/2015. Acesso em: 10 jun. 2024.

[19] MINAS GERAIS. Assembleia Legislativa do Estado. *Projeto de Lei nº 3.456, de 2022*. Disponível em: https://www.almg.gov.br/projetos-de-lei/PL/3456/2022. Acesso em: 10 jun. 2024.

[20] MOREIRA, Bernardo Motta. Leis tributárias simbólicas. *In*: BATISTA JÚNIOR, Onofre *et al.* (Coord.). *Populismo e o Estado de direito*. Belo Horizonte: Casa do Direito, [s.d.]. p. 330-351. Vale conferir, ainda: MOREIRA, Bernardo Motta. Iniciativa parlamentar no direito tributário ambiental: a extrafiscalidade e o problema da lei tributária simbólica. *In*: NUNES, César Augusto R. *et al.* (Org.). *Anais de Artigos do VII Congresso Internacional de Direitos Humanos de Coimbra*. Campinas/Jundiaí: 2023. v. 5. p. 144-157. Disponível em: https://www.cidhcoimbra.com/_files/ugd/8f3de9_e279b094b39e4595941ef6c8ef8dccc1.pdf. Acesso em: 10 jun. 2024.

[21] MOREIRA, Bernardo Motta. A iniciativa legislativa em matéria tributária. *In*: RESENDE, Antônio José Calhau de; BERNARDES JÚNIOR, José Alcione (Coord.). *Estudos sobre Poder Legislativo municipal*. Belo Horizonte: Assembleia Legislativa de Minas Gerais, 2017. p. 161-194.

Executivo proceder reduções tributárias que podem nunca ser feitas;[22] servem, assim, apenas para tornar mais emaranhado o ordenamento tributário nacional.

Já se demonstrou como os partícipes do processo legislativo tributário – até mesmo os representantes do governo – se interessam na produção de leis simbólicas e acabam retroalimentando o sistema jurídico com medidas populistas e demagógicas, que prejudicam, ao fim e ao cabo, a inteligibilidade do sistema. Até porque dispositivos meramente autorizativos tem mais chances de sobreviver no ordenamento, pois dificilmente são questionados perante os tribunais.

7 Aplicação do art. 113 do ADCT no processo legislativo de outras matérias: o veto do governador com base no art. 113 do ADCT e a ADI nº 7.415/MG, de relatoria do Ministro Roberto Barroso

Fugindo um pouco dos temas tributários para prestigiar mais uma decisão exarada pelo ministro homenageado, vale trazer à baila, por derradeiro, o caso envolvendo a Lei estadual nº 24.035/2022, que dispõe sobre a revisão geral do subsídio e do vencimento básico dos servidores públicos civis e militares da administração direta, autárquica e fundacional do Poder Executivo de Minas Gerais. O governador encaminhou à ALMG projeto de lei que tinha como objetivo implementar a revisão geral anual dos salários dos servidores públicos. No trâmite do processo legislativo foram acrescidos dispositivos, por meio de emendas parlamentares, que aumentaram as despesas públicas relativas ao pagamento para certas classes de servidores públicos estaduais, em desacordo com as normas orçamentárias.

O governador então vetou os referidos artigos, trazendo como fundamento, entre outros dispositivos legais, o art. 113 do ADCT, alertando, ainda, que o STF "reconheceu sua normatividade em âmbito nacional, estabelecendo obrigações a todos os entes federativos e, por óbvio, a todos os Poderes e órgãos estatais, no exercício de suas respectivas competências". Apesar de tais razões de veto, a ALMG decidiu rejeitar o veto parcial, promulgando a lei. Em face disso, o governador acionou o STF, mediante a ADI nº 7.415/MG, de relatoria do Ministro Roberto Barroso. Ao apreciar a medida cautelar, o ministro suspendeu os dispositivos questionados (o que foi referendado, à unanimidade, pelo Tribunal), considerando que, entre outros aspectos, teria havido violação ao art. 113 do ADCT. Nas palavras do Ministro Roberto Barroso:

> [...] há verossimilhança na alegação de violação ao art. 113 do ADCT, de acordo com o qual a proposição legislativa que crie ou altere despesa obrigatória deverá ser acompanhada da estimativa do seu impacto orçamentário e financeiro. A partir da análise do parecer que fundamentou a derrubada do veto do Governador do Estado de Minas (doc. 08, fls. 13 e ss.), observa-se que a Assembleia Legislativa fundamentou sua decisão no argumento de que teve dificuldade em acessar informações financeiras e orçamentárias

[22] A Lei mineira nº 23.575, de 2020, previu que "fica o Poder Executivo autorizado, na forma, no prazo e nas condições previstos em regulamento, e desde que haja autorização em convênio celebrado e ratificado pelos estados, nos termos da Lei Complementar Federal nº 24, de 7 de janeiro de 1975, a reduzir para até 0% (zero por cento) a carga tributária nas operações internas com obras de cimento ou de concreto, classificadas na posição 68.10 da NBM-SH, em que haja o emprego de rejeito ou estéril de minério." Não há notícia de que tal benefício tenha sido efetivamente implementado.

do Estado, que teriam sido sonegadas pelo Poder Executivo. Ainda assim, fato é que a partir da documentação do processo legislativo, não é possível identificar o estudo a que se refere o art. 113 do ADCT.

11. A respeito do ponto, também há precedente desta Corte. Na ADI 6.102, declarou-se a inconstitucionalidade de norma estadual que aumentava despesas e não foi acompanhada da respectiva análise de impacto orçamentário e financeiro. Além disso, naquele caso, foi preciso modular os efeitos da decisão, pois a lei produziu efeitos e gerou o pagamento a servidores de verbas percebidas de boa-fé. Justamente o prejuízo que se pretende evitar com a concessão da medida cautelar na presente ação.

Como se pode perceber, o art. 113 do ADCT vai muito além dos temas tributários e tem aplicação em diversos outros ramos do direito, passando a exigir dos parlamentares responsabilidade fiscal na apreciação dos projetos de lei. Além disso, a abrangência do referido artigo não está restrita à proposição legislativa originária, aplicando-se também às emendas parlamentares eventualmente apresentadas no curso da tramitação da lei.

8 Considerações finais

Por interferir no processo legislativo de propostas que criam despesas obrigatórias ou renunciam receitas, como é o caso de medidas que visam implementar benefícios tributários – temas de iniciativa clássica e iterativa dos parlamentares –, o art. 113 do ADCT é regra que naturalmente suscitaria controvérsias a serem dirimidas pelo STF.

Como se viu, com notável participação do Ministro Roberto Barroso, o STF considerou que a norma do art. 113 do ADCT se dirige a todos os níveis federativos e que a regra não ofende o federalismo. Nada obstante, há ainda questões referentes à abrangência do art. 113 do ADCT que certamente demandarão cuidadosa análise da Corte Maior.

Na linha do que expôs Roberta Nascimento, o referido art. 113 não prevê a necessidade de que a estimativa de impacto orçamentário e financeiro indique a origem dos recursos necessários para cobrir a despesa ou renúncia de receita, sendo inadequado ampliar a exigência constitucional para abarcar tal demonstração da fonte de custeio. Seria impróprio, ainda, compreender a estimativa, com uma avaliação de impacto legislativo (AIL), instrumento utilizado pela ciência da legislação (legística), para realizar estudos retrospectivos ou prospectivos das leis. De fato, o objetivo do artigo do ADCT é prover informação para subsidiar e fomentar o debate e a deliberação das proposições, sobretudo as que envolvem o direito tributário.[23]

A professora demonstra preocupação com o fato de que, se a interpretação do STF for muito exigente e tornar difícil o cumprimento do art. 113 do ADCT pelos parlamentares, exigindo amplos estudos de impacto orçamentário ou impossibilitando a apresentação de medidas que criem gastos públicos, haverá chance de uma futura revogação da norma constitucional. Com efeito, diante da cultura brasileira de produção legislativa, aliada à irresponsabilidade fiscal histórica, a comunidade jurídica deve ficar vigilante, de modo a garantir que o art. 113 do ADCT subsista e tenha vida longa e que

[23] NASCIMENTO, Roberta Simões. Desoneração: o que se espera do artigo 113 do ADCT? *Consultor Jurídico*, 30 abr. 2024. Disponível em: https://www.conjur.com.br/2024-abr-30/desoneracao-o-que-se-espera-do-artigo-113-do-adct/. Acesso em: 29 maio 2024.

os parlamentares e representantes do governo que atuam no processo legislativo tributário se autocontenham, evitando, inclusive, a produção de leis meramente simbólicas.

Acreditamos que o art. 113 do ADCT cumpre papel que valoriza o processo legislativo tributário e mostra-se relevante para o desenvolvimento da instituição do Poder Legislativo, que deve buscar formas de os parlamentares alcançarem patamares informacionais mais homogêneos e participarem de forma mais concreta do procedimento legislativo em contraditório, dividindo a responsabilidade com o governo na condução da política pública tributária.

Referências

ABRAHAM, Marcus. *Curso de direito financeiro brasileiro*. 4. ed. São Paulo: Forense, 2017.

CARVALHO JUNIOR, Antonio Carlos Costa d'Ávila; BIJOS, Paulo Roberto Simão. Novo Regime Fiscal: análise de impacto e compatibilidade de proposições legislativas. *Estudo Técnico – Consultoria de Orçamentos da Câmara dos Deputados*, Brasília, n. 11, maio 2017. Disponível em: http://www2.camara.leg.br/orcamento-da-uniao/estudos/2017/ET11_2017.pdf. Acesso em: 27 maio 2024.

CORREIA NETO, Celso de Barros. Art. 106 a 114. *In*: CANOTILHO, J. J. Gomes *et al.* (Coord.). *Comentários à Constituição do Brasil*. 2. ed. São Paulo: Saraiva, 2018.

CORREIA NETO, Celso de Barros. Novo regime fiscal ampliou controle judicial dos benefícios fiscais. *Consultor Jurídico*, 16 mar. 2019. Disponível em: conjur.com.br/2019-mar-16/observatorio-constitucional-regime-fiscal-ampliou-controle-judicial-beneficios-fiscais. Acesso em: 23 maio 2024.

FARO, Maurício Pereira; MOREIRA, Bernardo Motta. Legislativo não pode delegar ao Executivo alteração de tributos. *Consultor Jurídico*, 1º ago. 2017. Disponível em: https://www.conjur.com.br/2017-ago-01/opiniao-legislativo-nao-delegar-executivo-alteracao-tributos/. Acesso em: 2 jun. 2024.

FERRAZ, Luciano; GODOI, Marciano Seabra de; SPAGNOL, Werther Botelho. *Curso de direito financeiro e tributário*. 2. ed. Belo Horizonte: Fórum, 2017.

GODOI, Marciano Seabra. Finanças públicas brasileiras: diagnóstico e combate dos principais entraves à igualdade social e ao desenvolvimento econômico. *Revista de Finanças Públicas, Tributação e Desenvolvimento*, v. 5, n. 5, 2017. Disponível em: https://www.e-publicacoes.uerj.br/index.php/rfptd/article/view/25565. Acesso em: 23 maio 2020.

MINAS GERAIS. Assembleia Legislativa do Estado. *Projeto de Lei nº 36, de 2019*. Belo Horizonte: Assembleia Legislativa, 2019.

MINAS GERAIS. Assembleia Legislativa do Estado. *Projeto de Lei nº 3.627, de 2016*. Disponível em: https://www.almg.gov.br/projetos-de-lei/PL/3627/2016. Acesso em: 10 jun. 2024.

MINAS GERAIS. Assembleia Legislativa do Estado. *Projeto de Lei nº 2.400, de 2015*. Disponível em: https://www.almg.gov.br/projetos-de-lei/PL/2400/2015. Acesso em: 10 jun. 2024.

MINAS GERAIS. Assembleia Legislativa do Estado. *Projeto de Lei nº 3.456, de 2022*. Disponível em: https://www.almg.gov.br/projetos-de-lei/PL/3456/2022. Acesso em: 10 jun. 2024.

MOREIRA, Bernardo Motta. *A governamentalização do poder de tributar*: desafios do processo legislativo tributário. Belo Horizonte: Letramento; Casa do Direito, 2021.

MOREIRA, Bernardo Motta. A iniciativa legislativa em matéria tributária. *In*: RESENDE, Antônio José Calhau de; BERNARDES JÚNIOR, José Alcione (Coord.). *Estudos sobre Poder Legislativo municipal*. Belo Horizonte: Assembleia Legislativa de Minas Gerais, 2017. p. 161-194.

MOREIRA, Bernardo Motta. Iniciativa parlamentar no direito tributário ambiental: a extrafiscalidade e o problema da lei tributária simbólica. *In*: NUNES, César Augusto R. *et al.* (Org.). *Anais de Artigos do VII Congresso Internacional de Direitos Humanos de Coimbra*. Campinas/Jundiaí: 2023. v. 5. p. 144-157. Disponível em: https://www.cidhcoimbra.com/_files/ugd/8f3de9_e279b094b39e4595941ef6c8ef8dccc1.pdf. Acesso em: 10 jun. 2024.

MOREIRA, Bernardo Motta. Leis tributárias simbólicas. *In*: BATISTA JÚNIOR, Onofre *et al.* (Coord.). *Populismo e o Estado de direito*. Belo Horizonte: Casa do Direito, [s.d.]. p. 330-351.

MOREIRA, Bernardo Motta; PATRUS, Rafael Dilly. A Constituição de 1988 e a desparlamentarização da democracia tributária. *In*: PAULINO, Lucas de Azevedo; TORRES, Aléxia Duarte (Org.). *30 anos da Constituição cidadã*: debates em sua homenagem. Belo Horizonte: Instituto para o Desenvolvimento Democrático, 2018. p. 85-117. v. 1.

MURPHY, Liam; NAGEL, Thomas. *O mito da propriedade*: os impostos e a justiça. São Paulo: Martins Fontes, 2005.

NASCIMENTO, Roberta Simões. Desoneração: o que se espera do artigo 113 do ADCT? *Consultor Jurídico*, 30 abr. 2024. Disponível em: https://www.conjur.com.br/2024-abr-30/desoneracao-o-que-se-espera-do-artigo-113-do-adct/. Acesso em: 29 maio 2024.

SCAFF, Fernando Facury. A estimativa do impacto orçamentário-financeiro das renúncias fiscais. *Consultor Jurídico*, 3 set. 2019. Disponível em: https://www.conjur.com.br/2019-set-03/estimativa-impacto-orcamentario-financeiro-renuncias-fiscais. Acesso em: 23 maio 2020.

Informação bibliográfica deste texto, conforme a NBR 6023:2018 da Associação Brasileira de Normas Técnicas (ABNT):

FARO, Maurício Pereira; MOREIRA, Bernardo Motta. Observância do art. 113 do ADCT para a concessão de benefícios tributários estaduais (ADI nº 6.303). *In*: PAULA, Fernanda de; PENCAK, Nina (coord.). *Tributação, liberdade e igualdade*: as contribuições do Ministro Luís Roberto Barroso. Belo Horizonte: Fórum, 2025. p. 873-889. ISBN 978-65-5518-952-0.

A ACO Nº 2.658/DF: A LUTA PELA DEFESA DA SEGURANÇA DA INFORMAÇÃO. INEXISTÊNCIA DE VIOLAÇÃO À LEALDADE NA CONCORRÊNCIA

MISABEL ABREU MACHADO DERZI

VALTER DE SOUZA LOBATO

TIAGO CONDE TEIXEIRA

1 Introdução. Por que a ACO nº 2.658/DF?

Deixamos de lado tantas obras acadêmicas e doutrinárias notáveis, escritas pelo Professor e Ministro Luís Roberto Barroso, e preferimos destacar, em sua homenagem, a ACO nº 2.658/DF, de que foi relator, dentre tantas decisões judiciais. É que essa relatoria marca especial influência na magistratura. Trata-se do reconhecimento da imunidade tributária recíproca em favor do Serviço Federal de Processamento de Dados (Serpro).

Estava em questão um auto de infração lavrado pelo Distrito Federal, que exigia ICMS sobre serviços de comunicação supostamente prestados pelo Serpro de janeiro de 2005 a março de 2010. Como será visto, a decisão não apenas reforçou a defesa do pacto federativo, mas também destacou a importância de se resguardar a segurança da informação, essencial para o bem-estar coletivo. A essa decisão pioneira em relação ao setor, como veremos posteriormente, seguiram-se outras no STF, igualmente concedendo-se a imunidade a empresas públicas de processamento de dados como a Celepar – Paraná (ACO nº 3.640, sendo relator o Min. Dias Toffoli) e a Dataprev (ACO nº 3.667, com relatoria do Min. Fachin).

O reconhecimento da imunidade recíproca a empresas públicas (e mesmo, eventualmente, a sociedades de economia mista) não adveio de uma interpretação singela, quase literal das normas constitucionais, constantes do art. 150, VI, alínea "a". Efetivamente, ao longo do tempo, ela correspondeu a uma expansão objetiva, relativa aos conceitos de patrimônio, renda e serviços e a uma ampliação subjetiva dos destinatários, nela incluindo-se, não apenas os entes federativos estatais, suas autarquias e fundações, como consta literalmente do comando da Constituição, mas ainda, preenchidos determinados requisitos, construídos pela própria Corte Suprema, as empresas públicas e as sociedades de economia mista.

A jurisprudência do Supremo Tribunal Federal (STF), com o objetivo de proteger o interesse público e respeitar o propósito federativo, passou a estender tal imunidade a empresas públicas e sociedades de economia mista que prestam serviços públicos essenciais e exclusivos. Para isso, a Suprema Corte fez uma distinção clara entre empresas públicas dedicadas à exploração de atividades econômicas e aquelas voltadas à consecução de fins públicos. Enquanto as primeiras perseguem o lucro, as últimas atuam como *longa manus* do Estado, agindo em nome deste para a consecução do bem comum. Dessa forma, embora formalmente sejam pessoas de direito privado, essas empresas do segundo grupo são, na essência, pessoas administrativas, instrumentos do Estado, equiparáveis, materialmente, a autarquias e fundações.

A imunidade recíproca, reconhecida pelo STF ao Serviço Federal de Processamento de Dados (Serpro) na Ação Cível Originária (ACO) nº 2.658/DF, sob a brilhante relatoria do eminente Ministro Luís Roberto Barroso, destacou-se em vários pontos da mais alta relevância, como a defesa do pacto federativo; a relevância do serviço público prestado pelo Serpro para a modernização de setores estratégicos da Administração Pública; a garantia da segurança da informação e ainda, finalmente, a demonstração de que a imunidade não representaria privilégio fiscal, nem abuso do poder econômico ou concorrência desleal em relação às empresas privadas, o que o art. 173 da Constituição proíbe.

Claramente deve-se observar que a imunidade recíproca dos entes políticos relativamente à renda, patrimônio e serviços uns dos outros somente inclui as rendas e serviços de suas respectivas autarquias e fundações, vinculadas a suas atividades essenciais ou às delas decorrentes, conforme expressamente dispõe o art. 150, VI, §2º. Igualmente, o Texto Constitucional exclui da imunidade qualquer exploração de atividade econômica, regida pelas normas de direito privado, em que haja contraprestação ou pagamento de preços ou tarifas pelo usuário, inerentes às concessões ou delegações de serviços públicos.

É evidente que inexiste qualquer conflito normativo na Constituição, entre o grupo de normas de imunidade, constantes das limitações ao poder de tributar, e as normas integrantes da ordem econômica e financeira. Em especial o art. 173, que expressamente dispõe no §2º: "as empresas públicas e as sociedades de economia mista não poderão gozar de privilégios fiscais não extensivos às do setor privado".

Somente uma leitura muito equivocada da Constituição identificaria qualquer conflito fático ou normativo entre tais grupos de normas, o primeiro cassando a competência dos entes políticos para criar impostos sobre a renda, os serviços ou o patrimônio uns dos outros e o outro grupo, constante da ordem econômica, em especial o art. 173, que assegura o mesmo tratamento fiscal e tributário entre empresas públicas e privadas, para reprimir "o abuso do poder econômico que vise à dominação dos mercados, a eliminação da concorrência e o aumento arbitrário dos lucros".

Sem sentido, parece-nos, seria invocar critérios de superação de conflitos entre regras ou normas principiológicas, quer pelo método alexiano de ponderação ou de integridade à la Dworkin ou ainda por outros derivados de tais matrizes teóricas. A Constituição Federal de 1988, na mesma linha das anteriores, e desde sua redação original, previu esses grupos normativos que não se contradizem, mas, ao contrário, se complementam e reforçam.

Ora, quando o Supremo Tribunal Federal, seguindo as lições de Aliomar Baleeiro, em favor de uma interpretação ampliativa, põe de lado a forma autárquica e fundacional para reconhecimento dos serviços administrativos imunes, prestados por empresas públicas ou sociedades de economia mista (como se autarquias fossem), não obstante, teve de intensificar a argumentação para afastar, à vista dos casos concretos, os obstáculos ao reconhecimento da imunidade, constantes do próprio art. 150, VI, §2º, e aqueles do art. 173 da mesma Constituição.

Com isso, encontramos decisões mais ricas e plenas, de que é exemplo, exatamente o ACO nº 2.658/DF, da relatoria de nosso Ministro Barroso. Assim, antes de adentrarmos no referido julgamento, é fundamental apresentarmos breves e importantes considerações sobre a evolução jurisprudencial do instituto da imunidade recíproca. Como dissemos anteriormente, o julgamento foi pioneiro em relação ao setor. A rigor, aplicou-se longa jurisprudência consolidada em outras áreas e serviços. Como já dissemos anteriormente, no setor de processamento de dados, envolvendo a segurança nacional, ele foi pioneiro. É preciso considerar talvez o mais emblemático precedente: a imunidade da Empresa Brasileira de Correios e Telégrafos, RE nº 601.392/Paraná, sendo relator para o acórdão o Min. Gilmar Mendes.

2 A imunidade recíproca e a jurisprudência do STF

A imunidade recíproca, como já defendido por Aliomar Baleeiro desde sempre, decorreu do próprio princípio federativo, consagrado pela Constituição Federal de 1988, em seu art. 1º e presente desde a primeira Constituição republicana brasileira. Esse princípio "informa o Estado, no qual tanto as descentralizações político-jurídicas regionais e locais (Estados e Municípios) como a Federação (ou União) têm natureza estatal".[1]

Isso porque, em que pese, no âmbito do direito tributário constitucional, a imunidade recíproca envolver também o aspecto financeiro, ela busca, em verdade, o fortalecimento político, sendo inerente à forma federal de estado, que é cláusula pétrea[2] (art. 60, §4º, inc. I, Constituição Federal de 1988):

> A evolução do princípio federal, compreendido como garantia adicional da liberdade – forma de evasão da concentração de poder – e profundamente impregnada da igualdade, da redução das grandes disparidades econômico-materiais, em favor de um desenvolvimento harmonioso e solidário – federalismo cooperativo.[3]

Para além disso, parte da doutrina entende que a imunidade recíproca também deriva da falta de capacidade contributiva das entidades políticas, pois os recursos, todos eles, devem ser direcionados para a prestação dos serviços públicos, sua qualidade e aperfeiçoamento. Inexiste margem excedente para pagar imposto a outro ente estatal

1 BALEEIRO, Aliomar; DERZI, Misabel Abreu Machado. *Direito tributário brasileiro*. 14. ed. rev. atual. e ampl. Rio de Janeiro: Forense, 2018. p. 118.

2 COSTA, Regina Helena. *Curso de direito tributário*: Constituição e Código Tributário Nacional. 12. ed. São Paulo: SaraivaJur, 2022. p. 124.

3 BALEEIRO, Aliomar; DERZI, Misabel Abreu Machado. *Direito tributário brasileiro*. 14. ed. rev. atual. e ampl. Rio de Janeiro: Forense, 2018. p. 122.

da federação.[4] Por isso, a doutrina considera a imunidade recíproca um mecanismo federativo essencial para preservar a estabilidade social.[5]

Vale destacar que, historicamente, o Estado federal foi concebido diante de "necessidades reais e não de teorias".[6] Todavia, conforme aduz Miguel Reale, para efeitos de coercitividade, essa forma de governo foi concretizada por meio da força do direito, qualificando-o juridicamente.[7] Nesse contexto, Hans Kelsen dispôs que o Estado federal, diante de uma comunidade jurídica, apresenta-se como uma forma de descentralização composta, dinamicamente, por "normas centrais, válidas para o seu território inteiro e de normas locais válidas apenas para porções desse território".[8] Dinamicamente, pois tal descentralização não é apenas territorial e administrativa, mas política, pois a ordem parcial válida apenas para certa parte do território (estados, por ex.) nasce da autonomia inerente aos poderes legislativos locais ou regionais.

Assim, apesar da descentralização decorrente do pacto federativo, "os Estados são membros do Estado Federal – embora também delimitados um frente ao outro – com soberania estatal própria não derivada da Federação, porém por ela reconhecida".[9] Por essa razão, em defesa do Estado *lato sensu*, a imunidade recíproca se justifica em face desses referidos propósitos federativos.[10]

Outrossim, vale mencionar que a definição da imunidade recíproca teve origem ainda em 1819, no julgamento pela Suprema Corte norte-americana em *McCulloch v. Maryland*.[11] Neste caso, foram abordadas especificamente as atividades econômicas dos estados, incluindo suas empresas e investimentos em outros entes federativos.[12] No julgamento, reconheceu-se a igualdade entre os governos nacionais e estaduais em suas respectivas esferas, impedindo-se a tributação discriminatória entre esses entes federativos.[13]

Aliomar Baleeiro, ao analisar a jurisprudência norte-americana, distingue as atividades desenvolvidas pelo Estado como *government* ou *proprietary character*. As atividades de natureza governamental são aquelas essenciais e inerentes às funções do governo, enquanto as de natureza proprietária se referem às atividades de livre concorrência que o Estado pode conduzir. Assim, o entendimento da Suprema Corte norte-americana foi de que a imunidade recíproca deve ser aplicada às atividades de

---

4 COSTA, Regina Helena. *Curso de direito tributário*: Constituição e Código Tributário Nacional. 12. ed. São Paulo: SaraivaJur, 2022. p. 124.

5 BONAVIDES, Paulo. *Curso de direito constitucional*. São Paulo: Malheiros, 2006. p. 74.

6 CÂMARA, Maria Helena Ferreira da. O conceito moderno de federação. *Revista de Informação Legislativa*, Brasília, v. 18, n. 71, p. 23-42, jul./set. 1981. p. 23. Disponível em: http://www2.senado.leg.br/bdsf/handle/id/181297. Acesso em: 1º jul. 2024.

7 REALE, Miguel. *Teoria do direito e do Estado*. 5. ed. São Paulo: Martins, 2000. p. 117-118.

8 KELSEN, Hans. *Teoria geral do direito e do Estado*. Tradução de Luís Carlos Borges. 3. ed. São Paulo: Martins Fontes, 1998. p. 451-452.

9 RICHTER; SCHUPPERT. *Casebook Verfassungsrecht*. Munique: Verlag C. H. Beck, 1987. p. 358.

10 ZILVETI, Fernando Aurelio. Imunidade recíproca em sociedades estatais. *Revista Direito Tributário Atual*, São Paulo, n. 46, p. 485-511, 2º sem. 2020. p. 494-495. Disponível em: http://dx.doi.org/10.46801/2595-6280-RDTA-46-20. Acesso em: 6 jul. 2024.

11 UNITED STATES. Supreme Court. *McCulloch v. Maryland*. 17 U.S. 316 (1819).

12 Em 1791, o governo americano criou o *First Bank of the United States*, que foi sucedido pelo *Second Bank of the United States*, em 1816. Em 1817, uma filial do banco foi estabelecida em Baltimore e, posteriormente, taxada pelo Estado de *Maryland*. James *McCulloch*, caixa da filial de Baltimore, recusou-se a pagar o tributo, levando o Estado de Maryland a mover uma ação judicial contra ele.

13 SETLOCK, Edward. Inter-governmental immunities from taxation. *The Marquette Law Review*, v. 23, n. 1, dez. 1938. p. 32.

interesse comum das diversas esferas de governo, ou seja, às funções governamentais, e não às atividades comerciais de livre mercado.[14]

À vista disso, com o fim de perseguir tal finalidade, o §2º do art. 150 da Carta Magna estendeu a imunidade recíproca às autarquias e às fundações instituídas e mantidas pelo Poder Público, no que se refere ao patrimônio, renda e serviços vinculados às suas finalidades essenciais ou delas decorrentes.[15] Essa disposição constitucional permite ao Estado, segundo critérios de oportunidade e conveniência, determinar as áreas em que atuará diretamente e aquelas que delegará às autarquias ou fundações por ele instituídas,[16] mantendo-se o caráter público.[17] Observa-se, contudo, que, para as autarquias e fundações, o texto constitucional impõe a condição explícita de que a atividade exercida esteja vinculada às suas finalidades.[18]

Com base nessas premissas, o STF ampliou a aplicação do §2º do art. 150 da Constituição Federal, na mesma linha do entendimento da Suprema Corte norte-americana, para abranger também as empresas públicas e sociedades de economia mista que prestam serviços públicos de caráter essencial e exclusivo.[19] Entretanto, o STF ressalvou que "a desoneração não deve ter como efeito colateral relevante a quebra dos princípios da livre-concorrência e do exercício de atividade profissional ou econômica lícita".[20]

Logo, afasta-se a ideia de beneficiar atividades, rendas ou bens que não estejam relacionados às funções essenciais das entidades estatais, especialmente aqueles de caráter especulativo ou voltados para o lucro econômico,[21] seja na exploração de atividades econômicas regidas pelo direito privado, seja mediante cobrança de preço ou tarifa pelos usuários.[22] É o que diz a Constituição.

Nesse contexto, é relevante mencionar o julgamento do RE nº 407.099/RS, ocorrido em 6.8.2004, no qual o STF diferenciou as empresas públicas prestadoras de serviço público das empresas públicas que se dedicam a atividades econômicas estritas. Nas palavras do Ministro Carlos Velloso, "a Constituição, no ponto, empresta tratamento especial às pessoas jurídicas de direito privado que prestam serviço público".[23] Além disso, o ministro destacou a observação de Roque Carrazza de que as empresas que prestam serviço público obrigatório atuam como a "*longa manus* das pessoas políticas que, por meio de lei, as criam e lhes apontam os objetivos públicos a alcançar".[24] Essa mesma distinção foi posteriormente reafirmada na ACO nº 959/RN, em 17.3.2008.[25]

---

[14] BALEEIRO, Aliomar. *Limitações constitucionais ao poder de tributar*. 8. ed. Rio de Janeiro: Forense, 2010. p. 385; 413.

[15] AMARO, Luciano. *Direito tributário brasileiro*. 25. ed. São Paulo: SaraivaJur, 2023. p. 70.

[16] MEDAUAR, Odete. *Direito administrativo moderno*. 21. ed. Belo Horizonte: Fórum, 2018. p. 51.

[17] MEIRELLES, Hely Lopes. *Direito administrativo brasileiro*. 23. ed. São Paulo: Malheiros, 1998. p. 286.

[18] COÊLHO, Sacha Calmon Navarro. *Curso de direito tributário brasileiro*. 18. ed. Rio de Janeiro: Forense, 2022. p. 207.

[19] ZILVETI, Fernando Aurelio. Imunidade recíproca em sociedades estatais. *Revista Direito Tributário Atual*, São Paulo, n. 46, p. 485-511, 2º sem. 2020. p. 499. Disponível em: http://dx.doi.org/10.46801/2595-6280-RDTA-46-20. Acesso em: 6 jul. 2024.

[20] SUPREMO TRIBUNAL FEDERAL. *Recurso Extraordinário (RE) 253472*. São Paulo, Relator: Min. Marco Aurélio, Data de Julgamento: 25.8.2010, Tribunal Pleno, Data de Publicação: DJe 01.02.2011.

[21] BALEEIRO, Aliomar; DERZI, Misabel Abreu Machado. *Direito tributário brasileiro*. 14. ed. rev. atual. e ampl. Rio de Janeiro: Forense, 2018. p. 127.

[22] MACHADO SEGUNDO, Hugo de Brito. *Manual de direito tributário*. 12. ed. Barueri: Atlas, 2022. p. 87.

[23] SUPREMO TRIBUNAL FEDERAL. *Recurso Extraordinário (RE) 407099*. Rio Grande do Sul, Relator: Carlos Velloso, Data de Julgamento: 22.6.2004, Segunda Turma, Data de Publicação: DJ 06.08.2004, v. 61, 2005. p. 286-297.

[24] CARRAZZA, Roque. *Curso de direito constitucional tributário*. 19. ed. São Paulo: Malheiros, 2003. p. 652.

[25] SUPREMO TRIBUNAL FEDERAL. *Ação Cautelar Originária (ACO) 959*. Rio Grande do Norte, Relator: Menezes Direito, Data de Julgamento: 17.3.2008, Tribunal Pleno, Data de Publicação: 15.05.2008.

Importante ainda também destacar o entendimento firmado no RE nº 253.472/SP, de relatoria do Ministro Joaquim Barbosa. Neste julgamento, o STF estabeleceu critérios para aplicação da imunidade tributária recíproca às empresas públicas e sociedades de economia mista que prestam serviço público. Esses parâmetros, que sintetizam as informações anteriormente apresentadas, têm sido frequentemente invocados em decisões mais recentes sobre imunidade recíproca. Exemplos disso podem ser observados nas decisões da ACO nº 2.757/RJ,[26] ACO nº 3.640/PR,[27] ACO nº 2.243-AgR-Segundo,[28] a saber:

> 1.1 A imunidade tributária recíproca se aplica apenas à propriedade, bens e serviços utilizados na satisfação dos objetivos institucionais imanentes do ente federado [...];
> 1.2. A atividades de exploração econômica, destinadas primordialmente a aumentar o patrimônio do Estado ou de particulares, devem, em regra, ser submetidas à tributação, por apresentarem-se como manifestações de riqueza e deixarem a salvo a autonomia política; e
> 1.3. A desoneração não deve ter como efeito colateral relevante a quebra dos princípios da livre concorrência e do livre exercício de atividade profissional ou econômica lícita.[29]

Assim, nota-se que o STF chegou a entender que, mesmo que as empresas públicas e sociedades de economia mista exerçam atividade econômica em algum grau, elas têm direito à imunidade tributária recíproca se sua atividade principal for a prestação de serviço público essencial. Nesse sentido, todas as receitas obtidas, incluindo aquelas geradas em ambiente competitivo, devem ser revertidas para o cumprimento das finalidades públicas. Esse entendimento se fundamenta na necessidade de minimizar obstáculos à realização dos objetivos públicos, inclusive por meio da desoneração tributária dos entes que buscam promover o que é instrumental para a atuação do Estado e está diretamente ligado às suas atividades essenciais.[30]

Por efeito, conclui-se que o STF, de maneira reiterada, reconhece que essas empresas que prestam serviço público essencial e exclusivo devem estar abrangidas pela imunidade tributária recíproca, conforme a alínea "a" do inc. VI do art. 150 da Constituição Federal.[31] Por outro lado, é relevante frisar que a jurisprudência do STF,[32]

---

[26] SUPREMO TRIBUNAL FEDERAL. *Ação Cautelar Originária (ACO) 2757: 0006922-46.2015.1.00.0000*. Rio de Janeiro, Relator: Min. Luiz Fux, Data de Julgamento: 11.5.2017, Data de Publicação: DJe-100 15.5.2017.

[27] SUPREMO TRIBUNAL FEDERAL. *Ação Cautelar Originária (ACO) 3640*. Paraná, Relator: Dias Toffoli, Data de Julgamento: 3.10.2023, Data de Publicação: 3.10.2023.

[28] SUPREMO TRIBUNAL FEDERAL. *Agravo Regimental na Ação Cautelar Originária (AgR-segundo ACO) 2243*. Distrito Federal, Relator: Min. Dias Toffoli, Data de Julgamento: 17.3.2016, Tribunal Pleno, Data de Publicação: DJe-108 27-05-2016.

[29] SUPREMO TRIBUNAL FEDERAL. *Recurso Extraordinário (RE) 253472*. São Paulo, Relator: Min. Marco Aurélio, Data de Julgamento: 25.8.2010, Tribunal Pleno, Data de Publicação: DJe 01.02.2011.

[30] SUPREMO TRIBUNAL FEDERAL. *Ação Cautelar Originária (ACO) 790*. Relator: Ministra Rosa Weber, Primeira Turma, Data de Julgamento: 15.3.2016, Data de Publicação: DJe 15.4.2016.

[31] Cita-se como outros exemplos: AgR ACO nº 2.730 de 2017, ARE-AgR nº 763.000 de 2014, RE-AgR nº 631.309; e ACO nº 2.243 de 2016.

[32] É de se destacar também que o STF decidiu que as pessoas prestadoras de serviços de registros públicos, cartorários e notariais não são infensas à tributação; afinal, ainda que tais serviços se revistam de caráter público, eles são executados com nítido intuito lucrativo, revelando a existência de capacidade contributiva e atraindo a aplicação do art. 150, §3º, da CF (ADI nº 3.089/DF). De modo similar, o STF também vedou o gozo da imunidade recíproca sobre imóvel de pessoa jurídica cedido a pessoa jurídica de direito privado, em julgamento que decorreu da conclusão alcançada pela Corte no julgamento do RE nº 594.015/SP, mencionado acima, que envolveu a Petrobras. Lançando mão de um argumento *a fortiori*, se a imunidade não deve ser estendida à empresa pública que exerce atividade comercial em imóvel público, com muito mais razão não terá direito à desoneração a empresa privada (RE nº 601.720).

em alguns julgados recentes, adotou posições mais restritivas quanto à imunidade recíproca. No RE nº 600.867/SP, interpretou-se que as sociedades de economia mista, cuja participação acionária é negociada em Bolsas de Valores, não estão abrangidas pela regra de imunidade tributária.[33] Em outro caso (RE nº 1.274.304/SP), a imunidade recíproca foi negada, uma vez que a sociedade de economia mista não era dedicada à prestação de serviço público de forma exclusiva.[34]

Dessa forma, observa-se que é a natureza das atividades prestadas por determinada empresa pública ou de economia mista que atrai a aplicação do regime de direito público. Enquanto "as empresas públicas prestadoras de serviços públicos estão abrangidas pela imunidade", as "empresas públicas que exerçam atividade econômica, em regime de livre iniciativa e livre concorrência, não estão abrangidas pela imunidade recíproca, até mesmo em função do disposto no art. 173, §2º, da CF/88".[35]

Proteger tais empresas públicas da tributação, sendo elas essenciais ao exercício das funções estatais, faz-se necessário, eis que a garantia do pacto federativo exige não somente que se proíba qualquer interferência nas atividades dos entes federados, mas, principalmente, que se impeça a criação de medidas que possam "onerar, de qualquer maneira, diminuir ou destruir a eficácia dos instrumentos necessários ou adequados à ação dos seus órgãos na órbita constitucional da sua competência".[36]

Para além disso, vale salientar que, por ser uma entidade sujeita ao regime de direito público, qualquer excedente contábil resultante de suas atividades configura-se como superávit,[37] uma vez que se destina à satisfação do interesse público. Dessa forma, tecnicamente, esse excedente não pode ser confundido com lucro (que é o acréscimo patrimonial alcançado pela exploração de atividade econômica e que pode ser apropriado pelos sócios): "Lucro é conceito afeto à noção de empresa, coisa que a entidade, nas referidas condições, não é, justamente porque lhe falta o fim de lucro (vale dizer, a entidade foi criada não para dar lucro ao seu criador, mas para atingir uma finalidade altruísta)".[38]

Portanto, considerando que a finalidade precípua da empresa pública ou sociedade de economia mista é a prestação de serviços públicos para a qual foi instituída, indispensável ao desempenho de atividades e serviços públicos no âmbito de determinado ente federado, não se prestando à finalidade lucrativa ou ao acúmulo de capital, a sua receita excedente será, em regra, vertida à manutenção ou melhoria de seus serviços.

Diante do exposto, conforme lições do Professor Sacha Calmon, fará jus à imunidade recíproca a empresa pública ou sociedade de economia mista que prestar um serviço público, atuar como órgão da Administração indireta e não desenvolver atividades econômicas próprias das empresas privadas.[39] A empresa imune não pode

---

[33] SUPREMO TRIBUNAL FEDERAL. *Recurso Extraordinário (RE) 600867*. São Paulo, Relator: Joaquim Barbosa, Data de Julgamento: 29.6.2020, Tribunal Pleno, Data de Publicação: 30.9.2020.

[34] SUPREMO TRIBUNAL FEDERAL. *Agravo Regimental em Recurso Extraordinário (ARE) 1289782*. São Paulo, Relator: Ministro Presidente, Data de Julgamento: 17.12.2020, Tribunal Pleno, Data de Publicação: 8.1.2021.

[35] MACHADO SEGUNDO, Hugo de Brito. *Manual de direito tributário*. 12. ed. Barueri: Atlas, 2022. p. 79.

[36] CAMPOS, Francisco. *Direito constitucional*. Rio de Janeiro: Freitas Bastos, 1956. p. 20.

[37] A Lei nº 4.320/1964, que trata das regras financeiras aplicáveis aos entes públicos, estabelece que o excedente entre receitas e despesas leva o nome de "superávit".

[38] AMARO, Luciano. *Direito tributário brasileiro*. 25. ed. São Paulo: SaraivaJur, 2023. p. 71.

[39] COÊLHO, Sacha Calmon Navarro. *Curso de direito tributário brasileiro*. 18. ed. Rio de Janeiro: Forense, 2022. p. 207.

buscar resultados positivos, no sentido de lucros distribuíveis, com que retornar a seus investidores, o capital aplicado.

Não obstante, o precedente mais relevante do STF a ser invocado é o "Caso dos Correios" no RE nº 601.392/PR, julgado em sede de repercussão geral. Tal julgamento enfrentou diretamente a relação entre a imunidade recíproca do art. 150, VI, "a" e o art. 173, da ordem econômica.

Apesar de ser uma empresa pública, foi ponderado se o serviço de transporte de encomendas, aberto à iniciativa privada, poderia resultar em uma situação de concorrência desleal entre os Correios e outras empresas do setor, devido aos custos potencialmente menores advindos do benefício tributário. O STF, todavia, estendeu a imunidade em tela para todas as atividades desempenhadas pela estatal. Restou consignado, destarte, que "os serviços prestados pela Empresa Brasileira de Correios e Telégrafos – ECT, inclusive aqueles em que a empresa não age em regime de monopólio, estão abrangidos pela imunidade tributária recíproca" (CF, art. 150, VI, "a", e §§2º e 3º).[40]

À luz dessas considerações, é oportuno considerar mais de perto o caso da ACO nº 2.658/DF, iluminado pelo relevante julgamento dos Correios.

3 ACO nº 2658/DF: defesa pela segurança da informação. A velha questão de uma possível afronta à lealdade da concorrência

A ACO nº 2.658/DF, de relatoria do ilustre Ministro Luís Roberto Barroso, teve como escopo a análise da imunidade tributária recíproca ao Serviço Federal de Processamento de Dados (Serpro). Como será visto, a decisão não apenas reforçou a defesa do pacto federativo, mas também destacou a importância de resguardar a segurança da informação, essencial para o bem-estar coletivo.

Como já foi referido, nesse processo, foi abordado um auto de infração lavrado pelo Distrito Federal, que exigia ICMS do Serpro, sobre serviços de comunicação de janeiro de 2005 a março de 2010. Para isso, o Distrito Federal afirmava que os serviços prestados pelo Serpro não atuavam em regime de monopólio. Mas já se sabia que outros entes estatais, como São Paulo, preparavam autuações bilionárias para cobrar da empresa ICMS sobre serviços de transporte.

Importa ainda esclarecer que a discussão se restringiu, tipicamente, à reciprocidade da imunidade (ou seja, relativamente à competência tributária de estados e municípios), pois, do ponto de vista dos tributos de competência da União, a Lei nº 4.516/64, em seus arts. 14 e 20, já concedia isenção ao serviço público prestado pelo Serpro, "inclusive as relativas a impostos, taxas, direitos aduaneiros, juros moratórios e impenhorabilidade de bens".

Questão similar se passou com a Empresa Brasileira de Correios e Telégrafos. De longa data, a lei ordinária (até hoje vigente) concedeu-lhe isenção dos mesmos tributos federais, além da impenhorabilidade de bens. Restava saber se a imunidade recíproca – em relação a impostos estaduais e municipais – deveria ser reconhecida. Em relação ao monopólio federal, consagrado pela Constituição, pois o serviço postal é privativo

[40] SUPREMO TRIBUNAL FEDERAL. *Recurso Extraordinário (RE) 601392*. Paraná, Relator: Joaquim Barbosa, Data de Julgamento: 28.2.2013, Tribunal Pleno, Data de Publicação: 5.6.2013.

da União, art. 22, restou ao STF conceituar o serviço postal, restringindo-o às cartas e outros instrumentos de comunicação clássicos, aos quais reconheceu-lhes a imunidade recíproca, protegendo-os contra o avanço arrecadatório e interventivo dos demais entes estatais, nas coisas da União. Tal questão foi mais simples e de solução constitucional evidente, mas parcial e restrita às atividades monopolizadas. Restava saber das demais atividades prestadas pelos Correios em campo aberto à iniciativa privada concorrente. Essa era a questão importante, que guarda vários pontos analógicos com a imunidade do Serpro.

Ao julgar o RE nº 601.392, a Corte Suprema entendeu que a imunidade recíproca dos Correios abrange todas as atividades exercidas por ela, ou seja, tanto aquelas desenvolvidas em regime de exclusividade, como aquelas exercidas em concorrência com a iniciativa privada. Vejamos.

Em defesa da incidência tributária em relação às atividades prestadas no regime da concorrência (como banco postal, protesto de títulos, vendas pela internet, Sedex e Importa Fácil), as prefeituras de Curitiba e de São Paulo, e a Associação Brasileira das Secretarias de Finanças das Capitais Brasileiras – ABRASF – como *amici curiae*, alegaram, em breve síntese, que os serviços contidos na Lista 95, anexada ao Decreto-Lei nº 56/1987, possuíam natureza privada, sendo prestados em regime de concorrência com as demais empresas do setor, e, por isso, deveriam ser tributadas porquanto: (i) ao julgar a ADPF nº 46, o STF já havia entendido que a ECT desempenha atividades em regime de exclusividade e em regime de concorrência; (ii) a ausência de tributação acarretaria concorrência desleal em favor da ECT; (iii) a incidência tributária deve ser a regra, e a imunidade, situação excepcional.

Tivemos a oportunidade de patrocinar essa causa e outras similares[41] em que essa mesma dualidade se apresentava: de um lado, as atividades prestadas pelas empresas públicas em regime de direito público, necessário e exclusivo, em relação às quais a imunidade se apresentava como evidência; de outro lado, as atividades prestadas pelas mesmas empresas públicas dificultando o entendimento se a elas igualmente se estenderia o manto imunitório. Mas tal dificuldade apenas aparente se dissipava sempre à vista do aprofundamento e da argumentação, por várias razões: (i) a ECT não tinha e não tem escolha na prestação dos serviços típicos, tampouco liberdade para definir seus preços, devendo atender aos princípios constitucionais da universalidade e da continuidade – nesse sentido, a ECT só pode cobrar um centavo pela carta social, em qualquer parte do território nacional, fazendo chegar ao destinatário seja em uma capital, seja em um distrito distante, amazonense, na região de igarapés, por ex., a que se tem acesso apenas por barcos e canoas; (ii) tais serviços típicos são responsáveis por apenas 55% de seu orçamento, sendo altamente deficitários; (iii) além disso, a empresa é obrigada a criar agências (ou postos que as substituam) em milhares de municípios brasileiros, precisando valer-se de outras atividades econômicas para financiar, como benefício cruzado, suas principais atividades deficitárias, e cumprir sua função de integração do território nacional, por meio da comunicação; (iv) *o art. 173* pressupõe que são comparáveis coisas iguais ou semelhantes, por exemplo: empresas privadas trabalhando em iguais condições àquelas dos Correios. E isso não ocorre na realidade.

---

[41] Como as imunidades concedidas à Infraero; ao Serpro; à Celepar; à Dataprev, dentre outras relevantes.

Tal diferença, advinda dos fatos, ficou clara. O Sedex entrega encomendas onde for necessário, por mais difícil, distante e precária a logística. Já as empresas privadas, ao aceitarem enviar encomendas para qualquer parte do país, mesmo em locais ermos, o fazem somente levando-as por via aérea até as capitais. De lá, para fazer chegar a encomenda ao seu destino, a distritos e localidades distantes, sem aeroportos, usam a estrutura dos próprios Correios, que acabam por servir às concorrentes; (v) a prosperar a tese dos fiscos, a ECT entraria em estado de necessidade administrativo, pois todos os entes estaduais e municipais passarão a exigir impostos que ela não seria capaz de suportar. Teríamos aí o que a recíproca quer evitar: a transferência compulsória de recursos às demais pessoas estatais por meio da amputação da renda, serviços e patrimônio da União, que lhe são inerentes à prestação de serviços públicos essenciais.

Esses os argumentos que, em geral, comovem a Corte Suprema, para afastar a aplicabilidade do art. 173, da ordem econômica e financeira da Constituição, quando concedem a imunidade. Perguntas devem ser feitas: a empresa pública imune (quase um ente autárquico, no sentido material) está sujeita às leis de mercado? Pode interferir, como fazem as empresas privadas na formação dos preços, sujeitando-se às leis da oferta e da procura? Pode, dentro dessas leis de mercado, como fazem as empresas privadas, equilibrar os seus custos, manipulando, para cima ou para baixo, os preços? Se a resposta é negativa, como ocorreu no caso da ECT, e nas hipóteses do Serpro, da Celepar e da Dataprev, não se aplicam os artigos da ordem econômica e social, em especial o 173 da Constituição, que se destinam a garantir a liberdade de mercado e a livre concorrência.

Idêntica situação ocorreu em relação ao setor de processamento de dados. Destaque-se que a Lei nº 4.516/64 – posteriormente revogada pela Lei nº 5.615/70 – foi a norma jurídica que instituiu o Serpro como uma empresa pública federal, vinculando-a ao Ministério da Fazenda. A missão de tal órgão foi a de fornecer de maneira centralizada todos os serviços de processamento necessários, resultando em um indiscutível ganho de eficiência, economicidade e confidencialidade:

> Art. 2º O Serviço Federal de Processamento de Dados terá por objeto a execução, com exclusividade, por processos eletromecânicos ou eletrônicos, de todos os serviços de processamento de dados e tratamento de informações necessários aos órgãos do Ministério da Fazenda; a execução de serviços congêneres que venha a contratar com outros órgãos da administração federal, estadual ou municipal; a prestação do processamento técnico a esses mesmos órgãos, no campo de sua especialidade.

A criação do Serpro visou modernizar setores estratégicos da administração e garantir a segurança da informação. As operações do Ministério da Fazenda necessitavam de um sistema informatizado confiável e seguro, sendo que a confidencialidade era primordial. Assim, o art. 17 da Lei nº 4.516/64 exigiu que administradores e funcionários do Serpro mantivessem sigilo sobre as informações. Essa preocupação persiste até hoje, refletida na Portaria SRF nº 1.098/2000, que estabelece medidas de segurança para contratos entre a RFB e o Serpro, relacionadas a dados e sistemas informatizados.

Diante disso, ainda em sede de cognição sumária, o Ministro Luís Roberto Barroso, em 12.5.2015, concedeu a antecipação de tutela, a fim de determinar a suspensão da exigibilidade do crédito tributário que era objeto de impugnação.

Para isso, inicialmente, o referido ministro considerou a origem do faturamento da Serpro e o serviço público prestado. Em relação aos serviços oferecidos, verificou-se que os órgãos da Administração Pública Federal representaram 97,8% da receita bruta do Serpro em 2014. Inclusive, os principais clientes do Serpro são o Ministério da Fazenda e o do Planejamento, correspondendo a 78,5% do seu faturamento bruto em 2014.[42] Assim, o Serpro, por meio do atendimento residual de outras pessoas – apenas pouco mais de 2% – tentava reduzir os seus déficits elevados. Por que tal déficit?

Importa frisar que, tal como ocorre com outras empresas públicas, que prestam serviços públicos essenciais como os Correios, o Serpro está fora de mercado. Conforme art. 2º-A da Lei nº 5.615/70, alterado pela Lei nº 12.249/2010, tem o preço de seus serviços vinculado à metodologia definida por ato do Ministro da Fazenda. Em outras palavras, diferentemente do setor privado, a atuação do Serpro está estritamente limitada ao que está previsto na legislação,[43] [44] que é bastante restrita, e lhe garante apenas déficits consideráveis. Assim, o Serpro, por meio do atendimento residual de outras pessoas do setor privado – apenas pouco mais de 2% – tentou reduzir os seus déficits elevados.

Acresce, ainda, que a concessão da tutela provisória se baseou na própria jurisprudência da Suprema Corte, conforme evidenciado pela referência ao RE nº 601.392/PR[45] (Correios), conforme deixamos registrado acima. O eminente ministro, ao proceder dessa maneira, seguiu o que Frederick Schauer conceitua como o princípio do *stare decisis* (vinculação aos precedentes). Esse princípio requer que as decisões anteriores sejam seguidas, mesmo que a Corte considere que o resultado do julgamento não teria sido o ideal. Isso porque a essência do *stare decisis* reside precisamente no respeito à autoridade das decisões passadas, não exatamente em sua percepção de corretude.[46] Quando, entretanto, a percepção de corretude se impõe, mais razão assiste ainda na adoção daquele precedente, como foi o caso Serpro, se os julgamentos conversam e são ideais.

Em terceiro, o Ministro Luís Roberto Barroso defendeu que os serviços prestados pela empresa "parecem estar direcionados a desenvolver soluções de informática com a finalidade de auxiliar as atividades desempenhadas por órgãos públicos". Em seguida, ao analisar a lista de sistemas criados e mantidos pelo Serpro, cita, como exemplo, "SIAFI, CADIN, CPF e CNPJ, COMPRASNET, INFOVIA, SISCOMEX, RENAVAM, entre outros". Por fim, o ministro destacou que tais serviços "constituem as principais soluções de informática utilizadas por toda a Administração Pública".[47]

---

42 SUPREMO TRIBUNAL FEDERAL. *Ação Cautelar Originária (ACO) 2658*. Distrito Federal, Número do processo 0001872-39.2015.1.00.0000, Relator: Ministro Roberto Barroso, Data de Julgamento: 12.5.2015, Data de Publicação: 14.5.2015.

43 ZILVETI, Fernando Aurelio. Imunidade recíproca em sociedades estatais. *Revista Direito Tributário Atual*, São Paulo, n. 46, p. 485-511, 2º sem. 2020. p. 504. Disponível em: http://dx.doi.org/10.46801/2595-6280-RDTA-46-20. Acesso em: 6 jul. 2024.

44 ÁVILA, Humberto. Sistema Constitucional Tributário. 5. ed. São Paulo: Saraiva, 2012. p. 286.

45 SUPREMO TRIBUNAL FEDERAL. *Ação Cautelar Originária (ACO) 2658*. Distrito Federal, Número do processo 0001872-39.2015.1.00.0000, Relator: Ministro Roberto Barroso, Data de Julgamento: 12.5.2015, Data de Publicação: 14.5.2015.

46 SCHAUER, Frederick. *Thinking like a lawyer*. Cambridge: Harvard University Press, 2009. p. 91.

47 SUPREMO TRIBUNAL FEDERAL. *Ação Cautelar Originária (ACO) 2658*. Distrito Federal, Número do processo 0001872-39.2015.1.00.0000, Relator: Ministro Roberto Barroso, Data de Julgamento: 12.5.2015, Data de Publicação: 14.5.2015.

Posteriormente, em 6.4.2018, o Ministro Luís Roberto Barroso, ao julgar o mérito da ação, reiterou o serviço público essencial prestado pela Serpro: "presta serviços de tratamento de informações e de processamento de dados que visam modernizar e dar agilidade a setores estratégicos da Administração Pública".[48]

Para isso, o eminente ministro trouxe algumas considerações quando da criação do Serpro, fundada durante as reformas administrativas e tributárias dos anos 60. Sobre tal momento, insta salientar que o propósito da criação do Serpro era promover uma ampla reestruturação do Ministério da Fazenda e da administração pública em geral, buscando, dentre outras iniciativas "o aperfeiçoamento de pessoal e melhorias dos processos mecânicos de arrecadação, assim como a racionalização dos processos de exação de tributos e instituição de instrumentos eficientes de controle de arrecadação".[49]

Logo, o STF entendeu que a essencialidade do serviço prestado pelo Serpro decorre do desenvolvimento de sistemas estratégicos para a Administração Pública federal, viabilizando a execução de diversos serviços essenciais, sob confidencialidade de dados. Inclusive, os sistemas utilizados pelo Serpro são ferramentas que facilitam a cooperação entre as esferas federal, estadual e municipal, conforme Lei nº 4.516/64.

Em 2010, a promulgação da Lei nº 12.249 conferiu aos serviços oferecidos pelo Serpro aos Ministérios da Fazenda e do Planejamento o *status* de estratégicos. Isso resultou na modificação do art. 2º da Lei nº 5.615/70, que revogou a Lei nº 4.516/64, para incluir a dispensa de licitação nessas contratações, evidenciando a relevância estratégica da empresa no âmbito da Administração Pública federal.

Diante disso, é possível inferir que a decisão proferida pelo Ministro Luís Roberto Barroso reconheceu o papel central do Serpro na manutenção do pacto federativo, visto que "desenvolve atividades essenciais ao funcionamento do Estado brasileiro", facilitando a prestação de serviços públicos essenciais e estratégicos para toda a sociedade, e assegurando, por conseguinte, a "segurança da informação em prol do bem-estar coletivo".[50]

Destarte, entendeu-se que, apesar de o Serpro também atender a uma pequena parcela do setor privado (correspondente a pouco mais de 2% de seu faturamento), isso não afastaria a finalidade pública da sua criação. Essa situação se alinha à lição de Aliomar Baleeiro, que afirma que a imunidade recíproca se aplica aos "instrumentos e meios de ação para o exercício de poderes governamentais propriamente ditos".[51] Aliás, é importante observar que, em tese, conforme entendimento da própria Suprema Corte, essa situação não afasta a possibilidade de concessão de toda imunidade recíproca subjetiva a uma empresa pública, desde que, ao final, a renda seja aplicada exclusivamente em seus fins.[52]

---

[48] SUPREMO TRIBUNAL FEDERAL. *Ação Cautelar Originária (ACO) 2658*. Distrito Federal, Número do processo 0001872-39.2015.1.00.0000, Relator: Ministro Roberto Barroso, Data de Julgamento: 6.4.2018, Data de Publicação: 11.4.2018.

[49] LOBATO, Wilson Sidney. *Serpro*: uma crônica de 18 anos. Brasília: Editora Gráfica Brasileira, 1982. p. 9.

[50] SUPREMO TRIBUNAL FEDERAL. *Ação Cautelar Originária (ACO) 2658*. Distrito Federal, Número do processo 0001872-39.2015.1.00.0000, Relator: Ministro Roberto Barroso, Data de Julgamento: 6.4.2018, Data de Publicação: 11.4.2018.

[51] BALEEIRO, Aliomar. *Limitações constitucionais ao poder de tributar*. 8. ed. Rio de Janeiro: Forense, 2010. p. 385; 413.

[52] Nesse sentido, destaca-se manifestação do Ministro Sepúlveda Pertence no julgamento do RE nº 210.251/SP: "Creio que o argumento de que o reconhecimento da imunidade resulta em favorecer, no mercado, a entidade imune, data vênia, não me impressiona: toda imunidade, entre elas aquelas incidentes sobre impostos diretos,

Assim, os requisitos da jurisprudência do STF (RE nº 253.472/SP) se mostraram presentes, visto que (i) os serviços prestados pelo Serpro voltam-se à satisfação de objetivos institucionais imanentes ao Estado brasileiro (arrecadação fiscal, execução orçamentária, gestão de políticas públicas de segurança e confidencialidade etc.); (ii) as atividades realizadas não visam ao aumento do patrimônio do Estado ou de particulares; e (iii) "as atividades desenvolvidas estão fora do ambiente concorrencial".[53]

Dessa forma, o Ministro Luís Roberto Barroso concluiu que o Serpro atende a todos os requisitos impostos pela jurisprudência desta Corte. Isso porque os serviços prestados pelo Serpro estão indiscutivelmente vinculados às atividades essenciais do Estado e constituem instrumentos fundamentais para a prestação de serviços públicos essenciais à coletividade:

> [...] Apesar de o serviço de comunicação e de processamento de dados não ser prestado pelo Estado de forma exclusiva, da legislação apresentada e dos documentos acostados aos autos, conclui-se que o SERPRO desenvolve atividades essenciais ao funcionamento do Estado brasileiro desde a sua criação, na década de 60. Verifica-se, ainda, que os serviços desenvolvidos pelo autor envolvem também segurança da informação em prol do bem-estar coletivo.[54]

A importância da segurança da informação, enfatizada pelo Ministro Luís Roberto Barroso, torna-se evidente ao se considerarem as consequências graves que adviriam com a interrupção das atividades do Serpro. A paralisação dos serviços afetaria significativamente a execução orçamentária e financeira da Administração Pública, como exemplo, contribuintes não conseguiriam efetuar pagamentos de débitos federais ou transmitir declarações eletrônicas.

Outrossim, verifica-se ainda que o ministro buscou garantir um direito fundamental que posteriormente foi consagrado na Constituição Federal pela Emenda Constitucional nº 115/2022, reconhecendo a proteção e tratamento de dados, inclusive nos meios digitais, como norma de direito fundamental, em conjunto com outros direitos previstos no art. 5º da Constituição Federal.[55]

Na decisão de mérito, o Ministro Luís Roberto Barroso reafirmou a importância de se preservar a jurisprudência do STF, alinhando-se ao princípio da segurança jurídica segundo o modelo luhmanniano da teoria dos sistemas. Nessa perspectiva teórica, a confiança é essencial para assegurar a estabilidade jurídica, crucial não apenas para os

---

reais, como o IPTU, acabam beneficiando a atividade econômica de que se valha a entidade imune e tem sido reconhecida, desde que a renda se aplique exclusivamente em seus fins" (SUPREMO TRIBUNAL FEDERAL. *Recurso Extraordinário (RE) 210251*. São Paulo, Relator: Ministra Ellen Gracie, Data de Julgamento: 26.2.2003, Tribunal Pleno, Data de Publicação: DJ 28.11.2003).

53 SUPREMO TRIBUNAL FEDERAL. *Ação Cautelar Originária (ACO) 2658*. Distrito Federal, Número do processo 0001872-39.2015.1.00.0000, Relator: Ministro Roberto Barroso, Data de Julgamento: 6.4.2018, Data de Publicação: 11.4.2018.

54 SUPREMO TRIBUNAL FEDERAL. *Ação Cautelar Originária (ACO) 2658*. Distrito Federal, Número do processo 0001872-39.2015.1.00.0000, Relator: Ministro Roberto Barroso, Data de Julgamento: 6.4.2018, Data de Publicação: 11.4.2018.

55 MACEDO, Caio Sperandéo de. Direito fundamental à proteção de dados pessoais: necessário reprimir a normatividade tecnológica da economia digital. *Revista Jurídica da Presidência*, Brasília, v. 24, n. 134, p. 660-679, set./dez. 2022. p. 666. Disponível em: http://dx.doi.org/10.20499/2236-3645.RJP2022v24e134-2793. Acesso em: 26 jun. 2024.

indivíduos, mas também para a manutenção da ordem social. Assim, a sociedade precisa sentir-se segura para mitigar a complexidade social inerente aos sistemas jurídicos.[56]

Finalmente, diante do voto exemplar do Ministro Luís Roberto Barroso, a ACO nº 2.658/DF foi julgada parcialmente procedente, reconhecendo a aplicação da imunidade tributária recíproca para impostos estaduais e extinguindo o débito constante no auto de infração em questão. A única ressalva feita pela Suprema Corte foi a necessidade de cumprimento das obrigações acessórias, embora a entidade seja imune.

4 A inexistência de violação à lealdade na concorrência

A questão da pretendida violação à lealdade na concorrência de mercado, entre Correios e Serpro (e outras do gênero) mostrou-se inteiramente falsa. Na ordem econômica e social, a Constituição protege as empresas que estão em atividades de igual natureza, submetendo-se às leis da oferta e da procura, em igualdade de condições, por isso veda que isenções e outros benefícios fiscais criem um diferencial em favor das empresas públicas que exploram atividades em busca de lucro. Ao se vedar a incidência de impostos sobre tais atividades econômicas, desenvolvidas em busca de lucros pelas empresas públicas, a lei e a jurisprudência estariam reduzindo-lhes os custos, e criando um diferencial falseador de uma concorrência justa. Daí o texto firme do art. 173 vedando os privilégios fiscais.

Decorre daí a relevância de tais indagações: a empresa pública imune (quase um ente autárquico, no sentido material) está sujeita às leis de mercado? Pode interferir, como fazem as empresas privadas, na formação dos preços, sujeitando-se às leis da oferta e da procura? Pode, dentro dessas leis de mercado, como fazem as empresas privadas, equilibrar os seus custos, manipulando para cima ou para baixo, os preços?

Ora, se a resposta é negativa, como ocorre no caso do ECT, e nas hipóteses do Serpro, da Celepar e da Dataprev, a elas não se aplicam os artigos da ordem econômica e social, em especial o 173 da Constituição, pois não tem cabimento buscar o abrigo de normas que preconizam a neutralidade de tratamento no jogo do mercado. Os preços cobrados pelo Serpro são artificialmente estabelecidos pelos ministérios a que serve. Tais empresas públicas não estão submetidas às leis da oferta e da procura e apresentam déficits, que não correspondem à gestão deficiente, mas apenas a intervenções estatais, destinadas a reduzir custos, por questões orçamentárias. Os pressupostos de aplicação do art. 173 não se apresentam nem fáticos nem normativos.

5 Conclusão

A decisão proferida pelo ilustre Ministro Luís Roberto Barroso na ACO nº 2.658/DF, reconhecendo a imunidade tributária recíproca ao Serpro, destaca-se como um marco significativo na jurisprudência brasileira. A decisão, além de defender o pacto federativo, reconheceu a necessidade de proteger os instrumentos essenciais à atuação do Estado, com destaque para a segurança da informação.

---

[56] BARRENI, Smith Robert. *Direito tributário e modulação*: a segurança jurídica no contexto da teoria dos sistemas de Niklas Luhmann. 2022. Tese (Doutorado em Direito) – Programa de Estudos Pós-Graduados em Direito da Pontifícia Universidade Católica de São Paulo, São Paulo, 2022. p. 74-75. Disponível em: https://repositorio.pucsp.br/jspui/handle/handle/30993. Acesso em: 11 abr. 2024.

Conforme discutido, a imunidade recíproca se originou com o objetivo de manter o equilíbrio federativo, fortalecendo a cooperação política entre os entes federados e reduzindo as grandes disparidades econômico-materiais. Além disso, de acordo com parte da doutrina, justifica-se pela ausência de capacidade contributiva, uma vez que os recursos dessas entidades são direcionados para a prestação de serviços públicos.

À vista disso, a jurisprudência da Suprema Corte, conforme consignado nos julgamentos do RE nº 601.392/PR e do RE nº 253.472/SP, estendeu esse entendimento às empresas públicas do setor de processamento de dados que se dedicam à prestação de serviços públicos exclusivos, permitindo que cumpram eficazmente suas missões. Dessa forma, distinguem-se as empresas com fins privados daquelas que, em decorrência da descentralização do ente, possuem finalidade eminentemente pública.

No caso do Serpro, sob a relatoria do Ministro Luís Roberto Barroso, o STF reconheceu que a empresa, apesar de atender a uma pequena parcela do setor privado, desempenha serviços públicos essenciais ao funcionamento da Administração Pública. Isso porque o Serpro desenvolve sistemas estratégicos de tratamento de informações e processamento de dados que são indispensáveis para setores estratégicos da administração. Também de forma consistente, não reverenciou um pretenso e falso conflito entre as normas da imunidade recíproca, constantes do art. 150, VI, "a", e aqueloutras que protegem o livre jogo de mercado, para garantir igualdade de tratamento fiscal entre empresas públicas e privadas. Não era esse o caso, já que o Serpro não pode fixar o preço de seus próprios serviços (tal como ocorreu com os Correios), por isso amargando um déficit renitente, que não advém de um desempenho administrativo de gestão deficiente. O Serpro está fora de mercado, e as pessoas estatais estaduais e municipais não podem amputar-lhe a renda ou o patrimônio, transferindo para si recursos compulsórios, por meio de impostos com que prejudicariam relevantes serviços públicos federais. Por isso a imunidade recíproca.

Dessa forma, a decisão proferida pelo Ministro Luís Roberto Barroso na ACO nº 2.658/DF foi de suma importância para a segurança da informação e o bom funcionamento da Administração Pública. Este reconhecimento ressalta a importância de assegurar a imunidade recíproca para empresas como o Serpro, que são instrumentos fundamentais para a modernização e eficiência da gestão pública, preservando a eficácia das funções estatais e garantindo a continuidade do bem-estar coletivo.

Vale ainda salientar que o entendimento proferido foi em conformidade com o defendido por Frederick Schauer quanto ao princípio do *stare decisis*, que visa garantir a continuidade e a coerência jurisprudencial, bem como com o princípio da segurança jurídica segundo o modelo luhmanniano da teoria dos sistemas. A análise demonstrou que as atividades desenvolvidas pelo Serpro, como prestadora de serviço público essencial, estão de acordo com a jurisprudência do STF, assegurando a extensão da garantia prevista no art. 150, VI, alínea "a", da Constituição Federal.

A interpretação avançada, sob a relatoria do Ministro Luís Roberto Barroso, fortaleceu a segurança da informação em prol da coletividade, um direito fundamental posteriormente consagrado na Constituição Federal por meio da Emenda Constitucional nº 115/2022.

Referências

AMARO, Luciano. *Direito tributário brasileiro*. 25. ed. São Paulo: SaraivaJur, 2023.

ÁVILA, Humberto. *Sistema constitucional tributário*. 5. ed. São Paulo: Saraiva, 2012.

BALEEIRO, Aliomar. *Limitações constitucionais ao poder de tributar*. 8. ed. Rio de Janeiro: Forense, 2010.

BALEEIRO, Aliomar; DERZI, Misabel Abreu Machado. *Direito tributário brasileiro*. 14. ed. rev. atual. e ampl. Rio de Janeiro: Forense, 2018.

BARRENI, Smith Robert. *Direito tributário e modulação*: a segurança jurídica no contexto da teoria dos sistemas de Niklas Luhmann. 2022. Tese (Doutorado em Direito) – Programa de Estudos Pós-Graduados em Direito da Pontifícia Universidade Católica de São Paulo, São Paulo, 2022. Disponível em: https://repositorio.pucsp.br/jspui/handle/handle/30993. Acesso em: 11 abr. 2024.

BONAVIDES, Paulo. *Curso de direito constitucional*. São Paulo: Malheiros, 2006.

CÂMARA, Maria Helena Ferreira da. O conceito moderno de federação. *Revista de Informação Legislativa*, Brasília, v. 18, n. 71, p. 23-42, jul./set. 1981. Disponível em: http://www2.senado.leg.br/bdsf/handle/id/181297. Acesso em: 1º jul. 2024.

CAMPOS, Francisco. *Direito constitucional*. Rio de Janeiro: Freitas Bastos, 1956.

CARRAZZA, Roque. *Curso de direito constitucional tributário*. 19. ed. São Paulo: Malheiros, 2003.

COÊLHO, Sacha Calmon Navarro. *Curso de direito tributário brasileiro*. 18. ed. Rio de Janeiro: Forense, 2022.

COSTA, Regina Helena. *Curso de direito tributário*: Constituição e Código Tributário Nacional. 12. ed. São Paulo: SaraivaJur, 2022.

KELSEN, Hans. *Teoria geral do direito e do Estado*. Tradução de Luís Carlos Borges. 3. ed. São Paulo: Martins Fontes, 1998.

LOBATO, Wilson Sidney. *Serpro*: uma crônica de 18 anos. Brasília: Editora Gráfica Brasileira, 1982.

MACEDO, Caio Sperandéo de. Direito fundamental à proteção de dados pessoais: necessário reprimir a normatividade tecnológica da economia digital. *Revista Jurídica da Presidência*, Brasília, v. 24, n. 134, p. 660-679, set./dez. 2022. Disponível em: http://dx.doi.org/10.20499/2236-3645.RJP2022v24e134-2793. Acesso em: 26 jun. 2024.

MACHADO SEGUNDO, Hugo de Brito. *Manual de direito tributário*. 12. ed. Barueri: Atlas, 2022.

MEDAUAR, Odete. *Direito administrativo moderno*. 21. ed. Belo Horizonte: Fórum, 2018.

MEIRELLES, Hely Lopes. *Direito administrativo brasileiro*. 23. ed. São Paulo: Malheiros, 1998.

REALE, Miguel. *Teoria do direito e do Estado*. 5. ed. São Paulo: Martins, 2000.

RICHTER; SCHUPPERT. *Casebook Verfassungsrecht*. Munique: Verlag C. H. Beck, 1987.

SCHAUER, Frederick. *Thinking like a lawyer*. Cambridge: Harvard University Press, 2009.

SETLOCK, Edward. Inter-governmental immunities from taxation. *The Marquette Law Review*, v. 23, n. 1, dez. 1938.

SUPREMO TRIBUNAL FEDERAL. *Ação Cautelar Originária (ACO) 2658*. Distrito Federal, Número do processo 0001872-39.2015.1.00.0000, Relator: Ministro Roberto Barroso, Data de Julgamento: 12.5.2015, Data de Publicação: 14.5.2015.

SUPREMO TRIBUNAL FEDERAL. *Ação Cautelar Originária (ACO) 2658*. Distrito Federal, Número do processo 0001872-39.2015.1.00.0000, Relator: Ministro Roberto Barroso, Data de Julgamento: 6.4.2018, Data de Publicação: 11.4.2018.

SUPREMO TRIBUNAL FEDERAL. *Ação Cautelar Originária (ACO) 2757: 0006922-46.2015.1.00.0000*. Rio de Janeiro, Relator: Min. Luiz Fux, Data de Julgamento: 11.5.2017, Data de Publicação: DJe-100 15.5.2017.

SUPREMO TRIBUNAL FEDERAL. *Ação Cautelar Originária (ACO) 3640*. Paraná, Relator: Dias Toffoli, Data de Julgamento: 3.10.2023, Data de Publicação: 3.10.2023.

SUPREMO TRIBUNAL FEDERAL. *Ação Cautelar Originária (ACO) 790*. Relator: Ministra Rosa Weber, Primeira Turma, Data de Julgamento: 15.3.2016, Data de Publicação: DJe 15.4.2016.

SUPREMO TRIBUNAL FEDERAL. *Ação Cautelar Originária (ACO) 959*. Rio Grande do Norte, Relator: Menezes Direito, Data de Julgamento: 17.3.2008, Tribunal Pleno, Data de Publicação: 15.05.2008.

SUPREMO TRIBUNAL FEDERAL. *Agravo Regimental em Recurso Extraordinário (ARE) 1289782*. São Paulo, Relator: Ministro Presidente, Data de Julgamento: 17.12.2020, Tribunal Pleno, Data de Publicação: 8.1.2021.

SUPREMO TRIBUNAL FEDERAL. *Agravo Regimental na Ação Cautelar Originária (AgR-segundo ACO) 2243*. Distrito Federal, Relator: Min. Dias Toffoli, Data de Julgamento: 17.3.2016, Tribunal Pleno, Data de Publicação: DJe-108 27-05-2016.

SUPREMO TRIBUNAL FEDERAL. *Recurso Extraordinário (RE) 210251*. São Paulo, Relator: Ministra Ellen Gracie, Data de Julgamento: 26.2.2003, Tribunal Pleno, Data de Publicação: DJ 28.11.2003.

SUPREMO TRIBUNAL FEDERAL. *Recurso Extraordinário (RE) 253472*. São Paulo, Relator: Min. Marco Aurélio, Data de Julgamento: 25.8.2010, Tribunal Pleno, Data de Publicação: DJe 01.02.2011.

SUPREMO TRIBUNAL FEDERAL. *Recurso Extraordinário (RE) 363412*. Bahia, Relator: Min. Celso de Mello, Data de Julgamento: 21.3.2007, Data de Publicação: DJ 28.3.2007.

SUPREMO TRIBUNAL FEDERAL. *Recurso Extraordinário (RE) 407099*. Rio Grande do Sul, Relator: Carlos Velloso, Data de Julgamento: 22.6.2004, Segunda Turma, Data de Publicação: DJ 06.08.2004, v. 61, 2005.

SUPREMO TRIBUNAL FEDERAL. *Recurso Extraordinário (RE) 600867*. São Paulo, Relator: Joaquim Barbosa, Data de Julgamento: 29.6.2020, Tribunal Pleno, Data de Publicação: 30.9.2020.

SUPREMO TRIBUNAL FEDERAL. *Recurso Extraordinário (RE) 601392*. Paraná, Relator: Joaquim Barbosa, Data de Julgamento: 28.2.2013, Tribunal Pleno, Data de Publicação: 5.6.2013.

UNITED STATES. Supreme Court. *McCulloch v. Maryland*. 17 U.S. 316 (1819).

ZILVETI, Fernando Aurelio. Imunidade recíproca em sociedades estatais. *Revista Direito Tributário Atual*, São Paulo, n. 46, p. 485-511, 2º sem. 2020. Disponível em: http://dx.doi.org/10.46801/2595-6280-RDTA-46-20. Acesso em: 6 jul. 2024.

Informação bibliográfica deste texto, conforme a NBR 6023:2018 da Associação Brasileira de Normas Técnicas (ABNT):

DERZI, Misabel Abreu Machado; LOBATO, Valter de Souza; TEIXEIRA, Tiago Conde. A ACO nº 2.658/DF: a luta pela defesa da segurança da informação. Inexistência de violação à lealdade na concorrência. *In*: PAULA, Fernanda de; PENCAK, Nina (coord.). *Tributação, liberdade e igualdade*: as contribuições do Ministro Luís Roberto Barroso. Belo Horizonte: Fórum, 2025. p. 891-907. ISBN 978-65-5518-952-0.

ICMS DECLARADO E NÃO PAGO: O CRIME DE APROPRIAÇÃO INDÉBITA TRIBUTÁRIA (RHC Nº 163.334)

NATÁLIA FARIA DE SOUZA

1 Introdução

O Supremo Tribunal Federal, mais do que nunca, tem exercido um papel de garantidor da democracia e do Estado de direito com decisões que, para além de uma interpretação dogmática do que determina a Constituição Federal, busca definir os contornos das regras e princípios constitucionais para irem ao encontro daquilo que o direito se propõe a ser.[1]

Nesse contexto, merece destaque o julgamento do RHC (Recurso em Habeas Corpus) nº 163.334, de relatoria do Ministro Luís Roberto Barroso, que entendeu como típica a conduta de não recolhimento de ICMS pelo contribuinte que o incluir no preço da mercadoria de produto ou serviço cobrado do adquirente, fixando a seguinte tese: "O contribuinte que, de forma contumaz e com dolo de apropriação, deixa de recolher o ICMS cobrado do adquirente da mercadoria ou serviço incide no tipo penal do art. 2º, II, da Lei nº 8.137/1990".

A decisão, julgada por maioria, não somente pacifica o entendimento de longa data controvertido junto aos tribunais a respeito da atipicidade da conduta de não recolhimento de ICMS declarado, como traz uma nova perspectiva para os estados na cobrança desse tributo que, ao mesmo tempo que representa mais de 85% (oitenta e cinco por cento) de sua arrecadação,[2] é um dos mais sonegados do Brasil (BRANDÃO, 2020).

---

1 Para Miguel Reale (2001, p. 63), o direito possui uma noção tridimensional que observa uma perspectiva do fato, da norma ou do valor, ou seja, "é a realização ordenada e garantida do bem comum numa estrutura tridimensional bilateral atributiva", "é a ordenação heterônoma, coercível e bilateral atributiva das relações de convivência, segundo uma integração normativa de fatos segundo valores " e "é a concretização da idéia de justiça na pluridiversidade de seu dever ser histórico, tendo a pessoa como fonte de todos os valores", sempre visando ao aperfeiçoamento da vida humana.

2 Boletim de Arrecadação de Tributos Estaduais e do Distrito Federal (Disponível em: https://www.confaz.fazenda.gov.br/boletim-de-arrecadacao-dos-tributos-estaduais. Acesso em: 16 jun. 2024).

A decisão que reconhece como conduta típica a apropriação de recursos decorrentes de tributos próprios declarados e não recolhidos é emblemática para os estados que, diante das limitações de fiscalização e recuperação, buscam não somente combater a evasão fiscal, mas também zelar para a existência de um ambiente econômico saudável que permita o adequado desenvolvimento dos empreendimentos estabelecidos em seu território.

Sem qualquer pretensão de esgotar o tema, o presente artigo tem como proposta apresentar o contexto que se desenhou para que fosse proferida a decisão no RHC nº 163.334, seus impactos para a atuação dos estados, as críticas que vêm sendo realizadas a respeito da decisão e a importância do entendimento firmado por meio do voto condutor do Ministro Luís Roberto Barroso.

2 Dos contornos do caso que deu origem ao RHC nº 163.334

O precedente firmado pelo Supremo Tribunal Federal no RHC nº 163.334 tem origem em ação penal proposta pelo Ministério Público do Estado de Santa Catarina, em razão de prática de crime de apropriação indébita tributária, com fundamento no art. 2º, inc. II, da Lei nº 8.137/1990,[3] pelos sócios-administradores de empresa que, de forma reiterada e intencional, deixaram de recolher o ICMS declarado em suas Declarações de Informações do ICMS e Movimento Econômico (DIMEs), as quais são apresentadas à Secretaria de Estado de Fazenda e que, mesmo notificados da irregularidade, permaneceram inertes quanto ao recolhimento.

Diante da complexidade das transações econômicas e da impossibilidade de o Fisco estar em todos os lugares, o direito tributário atribui aos contribuintes não somente as obrigações principais, quais sejam, o dever de recolher tributos aos cofres públicos, como também obrigações acessórias que consistem em obrigações positivas ou negativas previstas em lei no interesse da arrecadação.[4]

Assim, os réus originários cumpriram seu dever de informar à Administração Tributária sua movimentação financeira decorrente de operações que consistem em fato gerador de ICMS, sem, contudo, realizar o respectivo recolhimento do tributo devido, cuja carga econômica recai sobre o consumidor final.

Ou seja, houve uma confissão quanto à realização do fato gerador e a consequente repercussão do tributo no preço final ao consumidor, sem que o tributo devido ao Estado fosse repassado aos cofres públicos.

Em primeira instância, o Juízo da Vara Criminal da Comarca de Brusque absolveu os réus de forma sumária, por entender pela atipicidade da conduta dado que se trataria de mero inadimplemento tributário que não poderia ser criminalizado.

O fundamento para tal decisão foi construído a partir do entendimento de que a relação jurídico-tributária ocorre entre o Estado e o contribuinte de direito e não com o

---

[3] "Art. 2º Constitui crime da mesma natureza: [...] II – deixar de recolher, no prazo legal, valor de tributo ou de contribuição social, descontado ou cobrado, na qualidade de sujeito passivo de obrigação e que deveria recolher aos cofres públicos; [...]".

[4] Conforme ensina a Min. Regina Helena Costa (2022, p. 210-211), "a obrigação principal surge com a consumação do fato gerador – conceito que o próprio Código Tributário Nacional define posteriormente (art. 114) – e tem por objeto o pagamento do tributo ou penalidade pecuniária", as obrigações acessórias, por sua vez, constituem condutas comissivas ou omissivas exigíveis dos contribuintes no intuito de assegurar o cumprimento da obrigação principal", são "um 'fazer' ou 'não fazer' voltados às atividades de controle e arrecadação tributária".

contribuinte de fato, no caso o consumidor. Como o ICMS compõe o custo da mercadoria, sendo elemento formador do preço pago, ainda que consista em tributo indireto,[5] qual seja, que suporta repercussão, não se trata de valor pago em separado a ser recolhido pelo contribuinte de fato, assim, não haveria que se falar em responsabilidade tributária ou substituição tributária.

Para o magistrado de 1ª instância, como o contribuinte de fato, inclusive, não poderia estar no polo passivo na hipótese de não recolhimento, diferentemente do que ocorreria com um eventual substituto tributário, o ato de deixar de recolher o ICMS devido mesmo que tenham sido declaradas as operações tributáveis, observada a legislação que dispõe acerca das obrigações acessórias,[6] não configuraria crime.

Irresignado com a sentença, o Ministério Público do Estado de Santa Catarina apresentou recurso de apelação requerendo reforma da decisão com a consequente condenação dos réus.

Em seu recurso de apelação, o Ministério Público de Santa Catarina não somente aprofundou os argumentos já apresentados na inicial, como expôs de forma ainda mais cristalina que:

(i) as informações prestadas nas DIMEs consistem em efetiva movimentação financeira, ou seja, trata-se de declaração contendo informações a respeito de todas as negociações que ensejaram ingresso de recursos para o contribuinte de direito, recursos estes cuja composição do preço incluiu o ICMS (indicado como tributo a ser recolhido);

(ii) o tipo penal previsto no art. 2º, inc. II, da Lei nº 8.137/1990, traz como verbos no tipo penal "cobrar" ou "descontar", logo, o legislador pretendeu também punir aquele que repercute no preço o tributo, mas não o recolhe ao Fisco;[7]

(iii) a declaração do tributo no prazo legal (dado que o ICMS é imposto sujeito a lançamento por homologação) e o seu deliberado não recolhimento caracterizam o dolo necessário para a configuração do crime de apropriação indébita tributária, diante do fato de que o contribuinte[8] se apoderou de algo que declaradamente pertencia ao Fisco, e, por fim;

---

[5] "Imposto direto é aquele em que o contribuinte absorve o impacto econômico da exigência fiscal, como ocorre no Imposto sobre a Renda, por exemplo. Já no imposto indireto observa-se o fenômeno da repercussão tributária ou translação econômica do tributo, segundo o qual o contribuinte de direito não é aquele que absorve o impacto econômico da imposição tributária, pois o repassa ao contribuinte de fato, o consumidor final" (COSTA, 2022, p. 153).

[6] O principal fundamento apresentado na sentença foi o acórdão da lavra da Min. Maria Thereza de Assis Moura no REsp nº 1.543.485/GO, que, em 2016, entendeu pela atipicidade da conduta que não se trataria de crime, mas mero inadimplemento tributário, cuja ementa se transcreve a seguir: "RECURSO ESPECIAL. CRIME CONTRA A ORDEM TRIBUTÁRIA. ARTIGO 2º, INCISO II, DA LEI 8.137/1990. NÃO RECOLHIMENTO DE ICMS PRÓPRIO. MERO INADIMPLEMENTO. ATIPICIDADE DA CONDUTA. 1. O delito do artigo 2º, inciso II da Lei nº 8.137/90 exige que o sujeito passivo desconte ou cobre valores de terceiro e deixe de recolher o tributo aos cofres públicos. 2. O comerciante que vende mercadorias com ICMS embutido no preço e, posteriormente, não realiza o pagamento do tributo não deixa de repassar ao Fisco valor cobrado ou descontado de terceiro, mas simplesmente torna-se inadimplente de obrigação tributária própria. 3. Recurso desprovido".

[7] Aqui vale lembrar lição de Carlos Maximiliano (2017) a respeito da hermenêutica jurídica, qual seja, a lei não contém palavras supérfluas, devendo todas serem consideradas para se alcançar o significado da norma.

[8] Por meio de atos de gestão dos sócios-administradores que foram colocados no polo passivo de ação penal proposta pelo Ministério Público do Estado de Santa Catarina em razão de prática de crime contra a ordem tributária. A responsabilidade penal de pessoas jurídicas é tema controvertido na doutrina e na jurisprudência, exceto quando se trata de crimes ambientais previstos na Lei nº 9.605/1998, em razão de previsões específicas.

(iv) a constitucionalidade do art. 2º, inc. II, da Lei nº 8.137/1990 deixa clara sua finalidade, que consiste em criminalizar e punir com pena privativa de liberdade a conduta daqueles que deixam de recolher ao Estado tributos devidos, apropriando-se indevidamente de tais valores, o que não se confunde com a prisão civil por dívidas.

Em acórdão unânime, a 2ª Câmara Criminal do Tribunal de Justiça de Santa Catarina, sob relatoria do Desembargador Sérgio Rizelo, deu provimento ao recurso de apelação ao entender que o ICMS, na qualidade de tributo indireto, enseja a transferência do ônus tributário pelo contribuinte (de direito) a terceiro (contribuinte de fato/consumidor final) por meio de sua inclusão no preço da mercadoria,[9] caracterizando situação de apropriação de indébito tributário. Neste ponto, deixa claro que a hipótese não se confunde com a prisão civil por dívidas, tratando-se de conduta penalmente relevante que não pode ser equiparada à inadimplência, em decisão ementada nos seguintes termos:

> APELAÇÃO CRIMINAL. CRIME CONTRA A ORDEM TRIBUTÁRIA. FALTA DE RECOLHIMENTO DE ICMS, EM CONTINUIDADE DELITIVA (LEI 8.137/90, ART. 2º, INC. II, C/C O 71, CAPUT, CP). SENTENÇA DE ABSOLVIÇÃO SUMÁRIA. RECURSO DO MINISTÉRIO PÚBLICO. ABSOLVIÇÃO CALCADA NA ATIPICIDADE DA CONDUTA. TESE DE QUE O COMERCIANTE FIGURA NO PAPEL DE CONTRIBUINTE DIRETO DE OBRIGAÇÃO TRIBUTÁRIA PRÓPRIA E DE QUE NÃO HÁ APROPRIAÇÃO DE IMPOSTO COBRADO OU DESCONTADO DE TERCEIRO. O ICMS É TRIBUTO INDIRETO, UMA VEZ QUE É INCLUÍDO NO PREÇO COBRADO NA VENDA DE MERCADORIA OU NA PRESTAÇÃO DE SERVIÇO, E É OBRIGAÇÃO DA PESSOA JURÍDICA QUE O COBRA UNICAMENTE REMETER AO ERÁRIO O QUE FOI REPASSADO AO CONSUMIDOR. DECLARAÇÃO NAS DIMES E NÃO REPASSE QUE APERFEIÇOAM O DELITO. CRIMINALIZAÇÃO QUE NÃO SE ASSEMELHA À PRISÃO CIVIL POR DÍVIDA PORQUANTO A CONDUTA É PENALMENTE RELEVANTE E NÃO SE EQUIPARA À MERA INADIMPLÊNCIA FISCAL. RECURSO CONHECIDO E PROVIDO.[10]

Até então, a valoração da conduta de declarar ICMS e não o recolher aos cofres do Estado não consistia em matéria pacificada no Superior Tribunal de Justiça, dado que a Sexta Turma se posicionava, em entendimento mais recente, pela atipicidade da conduta,[11] ao passo que a Quinta Turma apresentava julgados com entendimento

[9] "Tal identificação decorre do fato de que, nos tributos indiretos (aqueles nos quais o contribuinte transfere sua repercussão financeira para terceiro), o sujeito passivo da obrigação tributária pode cobrar (ou, eventualmente, receber) de terceiro, a carga econômica correspondente ao valor do tributo, motivo pelo qual não suporta (em tese) seu custo (mediante o mecanismo da repercussão). Exemplo dessa situação ocorre no ICMS, eis que o contribuinte, ao vender uma mercadoria, destaca na nota fiscal o valor correspondente ao imposto que integrará o preço que será pago pelo adquirente. Nessa relação, o comprador é denominado de (forma alegórica) como 'contribuinte de fato', porque pagará ao vendedor o valor representativo do ICMS contabilmente incluído no preço, embora não seja, efetivamente, contribuinte do tributo, pois o único sujeito passivo da obrigação tributária é o vendedor, denominado (também de forma ilustrativa) como 'contribuinte direto'. Caso o contribuinte (vendedor) receba o preço da mercadoria (no qual se encontra inserido o valor correspondente ao ICMS) pago pelo adquirente e não efetue o recolhimento do tributo no prazo legalmente estabelecido, estaria, em tese, obtendo uma vantagem econômica ilícita decorrente do recebimento de um valor que deveria repassar aos cofres públicos e que manteve em seu âmbito de disponibilidade" (EISELE, 2002, p. 175).

[10] Apelação Criminal nº 0900163-54.2015.8.24.0011.

[11] "AGRAVO REGIMENTAL. RECURSO ESPECIAL. PENAL. CRIME CONTRA A ORDEM TRIBUTÁRIA. ARTIGO 2º, INCISO II, DA LEI 8.137/1990. NÃO RECOLHIMENTO DE ICMS PRÓPRIO. MERO

distinto,[12] no sentido de que tal prática consiste em conduta típica que se enquadra no art. 2º, inc. II, da Lei nº 8.137/1990.

No bojo do acórdão lavrado pela 2ª Câmara Criminal do TJ-SC, merece destaque a identificação do sujeito passivo do crime em questão, uma vez que a lesão não atinge somente o Estado, mas toda a coletividade difusa de cidadãos que são diretamente prejudicados pela prática de sonegação de impostos. Bem como a distinção de que a conduta dolosa do contribuinte que deixa de repassar ao Estado recursos que deveriam estar à disposição do Governo para a realização de suas finalidades precípuas[13] não deve ser confundida com prisão por dívida, conduta esta vedada pela Constituição Federal.[14]

INADIMPLEMENTO. ATIPICIDADE DA CONDUTA. 1. O delito do artigo 2º, inciso II, da Lei nº 8.137/90 exige que o sujeito passivo desconte ou cobre valores de terceiro e deixe de recolher o tributo aos cofres públicos. 2. O comerciante que vende mercadorias com ICMS embutido no preço e, posteriormente, não realiza o pagamento do tributo não deixa de repassar ao Fisco valor cobrado ou descontado de terceiro, mas simplesmente torna-se inadimplente de obrigação tributária própria. 3. Agravo regimental improvido" (AgRg no REsp 1632556. Rel. Min. Maria Thereza Assis de Moura, j. 7.3.17).

12 "PENAL E PROCESSO PENAL. HABEAS CORPUS. 1. IMPETRAÇÃO SUBSTITUTIVA DO RECURSO PRÓPRIO. NÃO CABIMENTO. 2. CRIME TRIBUTÁRIO. ART. 2º, II, DA LEI N. 8.137/1990. ALEGAÇÃO DE ATIPICIDADE. MERO INADIMPLEMENTO. NÃO OCORRÊNCIA. 3. SUBSTITUIÇÃO TRIBUTÁRIA. ICMS COBRADO DO SUBSTITUÍDO. NÃO RECOLHIMENTO AOS COFRES PÚBLICOS. TIPICIDADE EM TESE DA CONDUTA. 4. HABEAS CORPUS NÃO CONHECIDO. LIMINAR CASSADA. 1. O Supremo Tribunal Federal e o Superior Tribunal de Justiça, diante da utilização crescente e sucessiva do habeas corpus, passaram a restringir sua admissibilidade quando o ato ilegal for passível de impugnação pela via recursal própria, sem olvidar a possibilidade de concessão da ordem, de ofício, nos casos de flagrante ilegalidade. 2. O tipo penal em estudo, art. 2º, inciso II, da Lei n. 8.137/1990, não se confunde com o mero inadimplemento, uma vez que a conduta delitiva depende do fato de o tributo não repassado ter sido descontado ou cobrado do contribuinte. Nesse contexto, tem-se que o crime em tela só pode ser praticado pelo substituto tributário, que retém o imposto devido nas operações anteriores ou nas seguintes, em nome do contribuinte real. 3. Os pacientes deixaram de recolher, na qualidade de administradores da empresa United Mills LTDA, o ICMS recolhido como substituto tributário. Assim, pelo menos em tese, encontrase preenchido o tipo penal descrito no art. 2º, inciso II, da Lei n. 8.137/1990, razão pela qual não há se falar em óbice à instauração do inquérito policial. 4. Habeas corpus não conhecido. Liminar cassada" (HC 161785. Rel. Min. Reynaldo Soares da Fonseca, j. 6.12.16).

13 "Estabelecida essa premissa, há de se destacar que, partindo de uma visão restrita, pode-se dizer que o sujeito passivo do delito de que cuidam os autos é o Estado, representado pela Fazenda Pública, ofendida nos seus interesses relacionados com a arrecadação dos tributos devidos. Porém, com base na ampliação da percepção do bem jurídico tutelado, é possível afirmar que o sujeito passivo é, na verdade, a coletividade difusa de cidadãos submetidos ao sistema tributário violado, que são de fato lesados pelo ilícito, como destaca Emerson de Lima Pinto: A justificação dos crimes contra a ordem tributária encontram-se no fato de que a conduta criminosa, além de causar um prejuízo imediato a integridade patrimonial do Erário Público (lesando a função pública da arrecadação), acaba por obstaculizar a realização do valor constitucional da solidariedade de todos os cidadãos na contribuição da manutenção dos gastos públicos e dificultando a efetivação do Estado Democrático de Direito (A criminalidade econômico tributária: a (des)ordem da lei e a lei da (des)ordem: por uma (re)legitimação do direito penal no estado democrático de direito. Porto Alegre: Livraria do Advogado, 2001. p. 75). Com base em uma leitura constitucional do direito penal, a sua legitimação, no seio do Estado Democrático de Direito, passa por uma maior proteção aos bens jurídicos fundamentais à realização dos fins desse, conforme preconiza Lênio Streck: Não há dúvida, pois, que as baterias do Direito Penal do Estado Democrático de Direito devem ser direcionadas preferentemente para o combate dos crimes que impedem a realização dos objetivos constitucionais do Estado e aqueles que protegem os direitos fundamentais e os delitos que protegem bens jurídicos inerentes ao exercício da autoridade do Estado (desobediência, desacato), além das condutas que ferem a dignidade da pessoa, como os crimes de abuso de autoridade, sem falar nos bens jurídicos de índole transindividual como os delitos praticados contra o meio ambiente, as relações de consumo, crimes tributários, etc (A dupla face do princípio da proporcionalidade: da proibição de excesso (*übermassverbot*) à proibição de proteção deficiente (*untermassverbot*) ou de como não há blindagem contra normas penais inconstitucionais (Revista da Ajuris, Porto Alegre, v. 32, n. 97, p. 184, mar. 2005). O dever constitucional de pagar impostos decorre de uma necessidade lógica do Estado e da sociedade, obrigados constitucionalmente à realização dos objetivos do Estado Democrático de Direito. Para tanto é preciso que o Estado brasileiro tenha respaldo econômico-financeiro, o que ocorre com a arrecadação fiscal. Assim, a sonegação de impostos afeta, direta e indiretamente, os objetivos constitucionais do Estado brasileiro, na medida em que desestrutura economicamente o aparelho governamental voltado à concretização daqueles direitos e garantias. Emerson de Lima Pinto sustenta, como decorrência do dever constitucional de pagar impostos, a existência de uma

A decisão de 2ª instância pela tipicidade da conduta ensejou a impetração do Habeas Corpus nº 399.109/SC junto ao Superior Tribunal de Justiça, cuja relatoria coube ao Min. Rogerio Schietti Cruz, da Sexta Turma, que o submeteu à Terceira Seção do STJ com o propósito de uniformizar o entendimento do Tribunal da Cidadania a respeito do tema.

Em julgamento cuja decisão se deu por maioria nos termos do voto do relator, o Min. Rogerio Schietti Cruz,[15] o STJ firmou entendimento pela tipicidade da conduta de declaração do imposto sem o respectivo recolhimento, superando, inclusive, as divergências a respeito da distinção entre o ICMS recolhido por operações próprias e o ICMS recolhido por substituição tributária.

> HABEAS CORPUS. NÃO RECOLHIMENTO DE ICMS POR MESES SEGUIDOS. APROPRIAÇÃO INDÉBITA TRIBUTÁRIA. ABSOLVIÇÃO SUMÁRIA. IMPOSSIBILIDADE. DECLARAÇÃO PELO RÉU DO IMPOSTO DEVIDO EM GUIAS PRÓPRIAS. IRRELEVÂNCIA PARA A CONFIGURAÇÃO DO DELITO. TERMOS "DESCONTADO E

---

obrigação constitucional de criminalização das condutas tendentes a sonegá-los: Os crimes, por exemplo, contra a ordem tributária, simbolizam perfeitamente situações que são caracterizadas por um grave dano ou lesividade social intensa, uma vez que atingem toda a sociedade, podendo seus efeitos ser coletivos, difusos e supra-individuais. A sociedade "destinatária" de prestações positivas por parte do Estado, por ocasião da ação delituosa dos desviantes, deixará de promover as prestações positivas afirmadas constitucionalmente, ao (des) penalizar condutas delituosas ou mantendo um (in)suficiente Direito Penal garantidor dos bens jurídico-penais como a ordem econômica e tributária (op. cit., p. 60). Por esse motivo, é necessário reforçar e estabelecer com precisão a ligação entre a arrecadação fiscal e a realização dos objetivos constitucionais do Estado brasileiro. Recorre-se à lição de Luciano Feldens: Diante da problemática específica que se nos é apresentada, a questão por excelência passa a ser: de que forma se alcançaria essa desejável maximização das expectativas materiais dos cidadãos, notadamente aquelas respeitantes aos direitos sociais que lhes são constitucionalmente assegurados (v. g., educação, saúde, segurança, previdência social)? Como pode o Estado cumprir com as funções – mínimas que sejam – que lhes são acometidas, fazendo chegar aos excluídos do 'sistema' esse mínimo de democracia substancial? Em nosso contexto político-socioeconômico, em que os meios de produção de riqueza estão acometidos à iniciativa privada, há uma única e singela maneira: a arrecadação fiscal (Tutela penal de interesses difusos e crimes do colarinho branco. Porto Alegre: Livraria do Advogado, 2002. p. 86). A partir da constatação de que a ordem constitucional vigente projeta um modelo econômico para a sociedade Brasileira e o Estado, capaz de concretizar os direitos sociais nela previstos e implementar a justiça social almejada pelo Estado Democrático de Direito, e de que esse modelo operacionaliza-se por meio da arrecadação fiscal, pode-se afirmar que a criminalidade econômico-financeira impede a realização desses objetivos, por isso carece ser censurada exemplarmente" (TJ-SC, 2ª Câmara Criminal. Rel. Des. Sérgio Rizelo, Apelação Criminal n. 0900163-54.2015.8.24.0011. *DJ*, 05.05.2017).

14 A conduta prevista no art. 2º, inc. II, da Lei nº 8.137/1990 não se confunde com a prisão civil por dívidas. O Supremo Tribunal Federal, por meio de decisão monocrática de seu então presidente, o Min. Celso de Mello, ao apreciar a Medida Cautelar no HC nº 77.631/SC, teve oportunidade de se manifestar pela constitucionalidade do dispositivo. Vejamos: "É certo que o ordenamento constitucional brasileiro, em preceito destinado especificamente ao legislador comum, proíbe a instituição de prisão civil por dívida, ressalvadas as hipóteses de infidelidade depositária e de inadimplemento de obrigação alimentar (CF, art. 5º, LXVII). Observo, no entanto, que a prisão de que trata o art. 2º, II, da Lei nº 8.137/90, longe de reduzir-se ao perfil jurídico e à noção conceitual de prisão meramente civil, qualifica-se como sanção de caráter penal resultante, quanto à sua imponibilidade, da prática de comportamento juridicamente definido como ato delituoso. A norma legal em questão encerra, na realidade, uma típica hipótese de prisão penal, cujos elementos essenciais permitem distingui-la, especialmente em função de sua finalidade e de sua natureza mesma, do instituto da prisão civil, circunstância esta que, ao menos em caráter delibatório, parece tornar impertinente a alegação de que o Estado, ao editar o art. 2º, II, da Lei nº 8.137/90 (que define pena criminal, em decorrência da prática de delito contra a ordem tributária), teria transgredido, segundo sustentam os impetrantes, a cláusula vedatória inscrita no art. 5º, LXVII, da Carta Política, que proíbe – ressalvadas as hipóteses previstas no preceito constitucional em referência – a prisão civil por dívida".

15 Votaram com o relator denegando a ordem os Min. Antonio Saldanha Palheiro, Felix Fischer, Joel Ilan Paciornik e Reynaldo Soares da Fonseca, e votaram vencidos acompanhando a divergência da Min. Maria Thereza de Assis Moura, que concedia a ordem, os Min. Jorge Mussi e Sebastião Reis Júnior.

COBRADO". ABRANGÊNCIA. TRIBUTOS DIRETOS EM QUE HÁ RESPONSABILIDADE POR SUBSTITUIÇÃO E TRIBUTOS INDIRETOS. ORDEM DENEGADA.

1. Para a configuração do delito de apropriação indébita tributária – tal qual se dá com a apropriação indébita em geral – o fato de o agente registrar, apurar e declarar em guia própria ou em livros fiscais o imposto devido não tem o condão de elidir ou exercer nenhuma influência na prática do delito, visto que este não pressupõe a clandestinidade. 2. O sujeito ativo do crime de apropriação indébita tributária é aquele que ostenta a qualidade de sujeito passivo da obrigação tributária, conforme claramente descrito pelo art. 2º, II, da Lei n. 8.137/1990, que exige, para sua configuração, seja a conduta dolosa (elemento subjetivo do tipo), consistente na consciência (ainda que potencial) de não recolher o valor do tributo devido. A motivação, no entanto, não possui importância no campo da tipicidade, ou seja, é prescindível a existência de elemento subjetivo especial. 3. A descrição típica do crime de apropriação indébita tributária contém a expressão "descontado ou cobrado", o que, indiscutivelmente, restringe a abrangência do sujeito ativo do delito, porquanto nem todo sujeito passivo de obrigação tributária que deixa de recolher tributo ou contribuição social responde pelo crime do art. 2º, II, da Lei n. 8.137/1990, mas somente aqueles que "descontam" ou "cobram" o tributo ou contribuição.

4. A interpretação consentânea com a dogmática penal do termo "descontado" é a de que ele se refere aos tributos diretos quando há responsabilidade tributária por substituição, enquanto o termo "cobrado" deve ser compreendido nas relações tributárias havidas com tributos indiretos (incidentes sobre o consumo), de maneira que não possui relevância o fato de o ICMS ser próprio ou por substituição, porquanto, em qualquer hipótese, não haverá ônus financeiro para o contribuinte de direito.

5. É inviável a absolvição sumária pelo crime de apropriação indébita tributária, sob o fundamento de que o não recolhimento do ICMS em operações próprias é atípico, notadamente quando a denúncia descreve fato que contém a necessária adequação típica e não há excludentes de ilicitude, como ocorreu no caso. Eventual dúvida quanto ao dolo de se apropriar há que ser esclarecida com a instrução criminal.

6. Habeas corpus denegado.

3 Breves apontamentos sobre a finalidade do tributo e da atuação pragmática da fiscalização e da cobrança dos estados

O pagamento de tributos é uma obrigação intrinsecamente ligada ao Estado de direito tal como o conhecemos, dado que todas as atividades desempenhadas pela Administração Pública, das mais triviais, como o custeio de uma linha telefônica destinada ao atendimento ao público, até as mais nobres, como a concretização do direito à saúde por meio de uma ampla política de vacinação, são financiadas pelo recolhimento de tributos, em especial, impostos.

O papel primordial da tributação é o custeio das despesas públicas (ROCHA, 2023, p. 13), que são formadas pelos dispêndios necessários à concretização das políticas públicas e pelos desembolsos necessários à manutenção das instituições que garantem o Estado, razão pela qual não é exagero afirmar que o pagamento de tributos é o preço da liberdade.[16]

[16] "O Estado fiscal caracteriza-se por se sustentar financeiramente, de forma bastante intensa, na absorção de parcela da riqueza privada. Assim, os contribuintes devem pagar tributos, comprometendo em alguma intensidade a sua liberdade e da sua propriedade, para que o Estado proteja e promova direitos fundamentais, incluídos a liberdade e a propriedade. Nesse sentido, o tributo é o preço da liberdade e se configura como um

Enquanto alguns autores entendem o tributo como forma de restrição à liberdade e aos direitos fundamentais, em especial, ao direito de propriedade,[17] em um país cuja Constituição impõe como objetivos fundamentais ao Estado a construção de uma sociedade livre, justa e solidária e a promoção do bem de todos,[18] o imposto não é um mero poder ou um sacrifício, mas sim um "contributo indispensável a uma vida em comum e próspera de todos os membros da comunidade organizada em estado" (NABAIS, 1998, p. 185). Portanto, o dever constitucional de pagar tributos é um dever de cidadania, afinal "ser cidadão também é ser contribuinte. Em outras palavras, poder contribuir para as despesas do Estado representa um aspecto do exercício da cidadania" (COSTA, 2022, p. 45).

É nesse contexto que se enquadra a percepção de que a apropriação de indébito tributário prevista no art. 2º, inc. II, da Lei nº 8.137/90 causa um prejuízo não somente ao Estado, mas à coletividade, ao ocasionar desequilíbrios orçamentários que prejudicam tanto a previsibilidade da arrecadação quanto o dispêndio de recursos para a realização do bem comum.

O argumento em questão foi um dos que foram aventados no bojo do julgamento da Apelação Criminal nº 0900163-54.2015.8.24.0011 de forma a fundamentar a criminalização de conduta que, até então, guardava certa controvérsia quanto aos seus contornos tanto na doutrina, quanto na jurisprudência.

Não é desnecessário dizer que, a despeito do entendimento já lançado pelo Supremo Tribunal Federal no HC nº 77.631 MC/SC,[19] de relatoria do Min. Celso de Mello, que entendeu pela constitucionalidade do art. 2º, inc. II, da Lei nº 8.137/90, alguns

---

paradoxo: para ter protegida e promovida a sua liberdade e a sua propriedade, o contribuinte precisa pagar tributos, que por sua vez limitam sua liberdade e sua propriedade. Não há direitos de liberdade sem Estado e não há Estado, liberdade econômica e livre iniciativa sem tributos; logo, não há direitos de liberdade sem tributos. O tributo, ao mesmo tempo que pode ser uma agressão à propriedade, é necessário como sustentação econômica para a proteção da propriedade. Em certo sentido, não há riqueza privada anterior à tributação, pois toda riqueza privada, enquanto propriedade garantida por um complexo sistema jurídico de direitos, deveres e garantias, só existe onde houver direito e Estado, que só podem existir se houver tributação, que só pode existir se houver propriedade" (FOLLONI, 2019, p. 486).

[17] Humberto Ávila (2006, p. 22) entende que "as leis tributárias são leis restritivas porque restringem, diretamente, a liberdade e a propriedade do cidadão, independentemente da sua vontade". Luís Eduardo Schoueri (2018, p. 32), por sua vez, opõe-se à ideia de que o tributo seja um "dever fundamental", entendendo que se a sociedade também garante os direitos fundamentais, não se justifica "a tributação que impede o florescimento de oportunidades para que a justiça social – objetivo da Ordem Econômica, nos termos do art. 170 da Constituição Federal – seja construída a partir da valorização do trabalho e da livre-iniciativa".

[18] "Art. 3º Constituem objetivos fundamentais da República Federativa do Brasil: I – construir uma sociedade livre, justa e solidária; II – garantir o desenvolvimento nacional; III – erradicar a pobreza e a marginalização e reduzir as desigualdades sociais e regionais; IV – promover o bem de todos, sem preconceitos de origem, raça, sexo, cor, idade e quaisquer outras formas de discriminação".

[19] "[...] É certo que o ordenamento constitucional brasileiro, em preceito destinado especificamente ao legislador comum, proíbe a instituição de prisão civil por dívida, ressalvadas as hipóteses de infidelidade depositária e de inadimplemento de obrigação alimentar (CF, art. 5º, LXVII). Observo, no entanto, que a prisão de que trata o art. 2º, II, da Lei nº 8.137/90, longe de reduzir-se ao perfil jurídico e à noção conceitual de prisão meramente civil, qualifica-se como sanção de caráter penal resultante, quanto à sua imponibilidade, da prática de comportamento juridicamente definido como ato delituoso. A norma legal em questão encerra, na realidade, uma típica hipótese de prisão penal, cujos elementos essenciais permitem distingui-la, especialmente em função de sua finalidade e de sua natureza mesma, do instituto da prisão civil, circunstância esta que, ao menos em caráter delibatório, parece tornar impertinente a alegação de que o Estado, ao editar o art. 2º, II, da Lei nº 8.137/90 (que define pena criminal, em decorrência da prática de delito contra a ordem tributária), teria transgredido, segundo sustentam os impetrantes, a cláusula vedatória inscrita no art. 5º, LXVII, da Carta Política, que proíbe – ressalvadas as hipóteses previstas no preceito constitucional em referência – a prisão civil por dívida. [...]" (trecho de manifestação do Min. Celso de Mello).

autores continuam a defender que a conduta de que declarar aos órgãos fazendários o ICMS devido e não repassar ao Estado tributo cujo valor é arcado pelo consumidor final não seria típica, pois entender pela tipicidade seria transformar o direito penal em instrumento de cobrança ou de legitimação de prisão por dívida, supostamente violando a lógica de tutela de valores socialmente relevantes (RUIVO, 2019, p. 446).

A leitura em questão parte de duas premissas equivocadas: (i) baseia-se na compreensão de que o crime do art. 2º da Lei nº 8.137/90 seria um perigo de dano à receita tributária por lesar a verdade informacional (RUIVO, 2019, p. 450) e (ii) confunde, de forma equivocada, a prisão por dívida com a criminalização da conduta de apropriação de valores declarados que deveriam ser repassados ao fisco.

Aqui se faz necessária uma distinção. Uma coisa é entender como típica a conduta de deixar de recolher tributo declarado, cujo ônus foi repassado ao contribuinte de fato. Nesse caso, aquele que repercutiu ao contribuinte de fato o ônus econômico do ICMS, mas deixou de repassar o recurso aos cofres públicos, se enquadra na hipótese de apropriação indébita tributária, dado o dano ao erário e à coletividade por ele praticado; situação diversa da anterior se refere aos instrumentos à disposição do Estado para a recuperação de recursos que deveriam ter ingressado em receita em razão da conduta típica do contribuinte de ICMS que praticou apropriação indébita tributária, ou seja, dos meios de cobrança. Logo, não há que se falar em prisão em razão de inadimplemento fiscal.

Os instrumentos de cobrança do crédito tributário à disposição do Estado, uma vez ultrapassado o prazo à disposição do contribuinte para recolhimento, são o protesto extrajudicial[20] e a execução fiscal judicial,[21] observadas as regras de cobrança estabelecidas por cada ente federativo.

Neste ponto, não se deve descuidar da ideia de que o direito é um sistema repleto de conexões, cujas normas, ainda que pareçam instrumentos apartados, devem ser lidas em conjunto para dar conta de situações complexas (MORIN, 2014, p. 15). A referência em questão é a interseção entre as normas de direito tributário e as normas de direito penal, no caso, direito penal tributário, para que sua leitura se mostre eficiente consoante as finalidades constitucionalmente pretendidas.

Afinal, de que adianta uma norma penal que não tutele o interesse social e, pelo contrário, apresente um tratamento privilegiado ao interesse individual em detrimento de sua produção de efeitos para a sociedade?

A sonegação perpetrada por meio da prática de não recolhimento do tributo declarado ao fisco afeta, "direta e indiretamente, os objetivos constitucionais do Estado brasileiro, na medida em que desestrutura economicamente o aparelho governamental voltado à concretização daqueles direitos e garantias".[22]

Indo além, diante dos desafios enfrentados pelos estados para a manutenção de um ambiente econômico saudável para seus contribuintes e diante da multiplicidade

[20] Nos termos do art. 1º da Lei nº 9.494/97, protesto é o ato formal e solene pelo qual se prova a inadimplência e o descumprimento de obrigação originada em títulos e outros documentos de dívida. Com a edição da Lei Complementar nº 208/2024, que alterou o texto do art. 174, par. único, inc. II, o protesto extrajudicial também passou a ser causa de interrupção de prescrição.

[21] Disciplinada pela Lei nº 6.830/80, a execução fiscal tem sua eficiência questionada pois, a despeito de ser um rito que conferiria privilégios à Fazenda Pública na cobrança e recebimento de seus créditos inadimplidos, trata-se de instrumento com baixo grau de recuperabilidade e que congestiona o Poder Judiciário. Para melhor compreensão do tema: Souza (2024).

[22] Apelação Criminal nº 0900163-54.2015.8.24.0011.

de casos de inadimplemento deliberado (com ou sem o cometimento de fraudes), as instituições responsáveis pela fiscalização de comportamentos fiscais nos estados se uniram em comitês conhecidos como Cira – Comitê Interinstitucional de Recuperação de Ativos, os quais, no geral, integram a atuação do Ministério Público, Procuradoria do Estado e Secretaria de Fazenda. Foi em uma atuação coordenada do Cira – Santa Catarina que deu origem à ação penal que resultou no RHC nº 163.334.[23]

Em linhas gerais, os danos provocados pelo comportamento de inadimplência deliberada podem ser traduzidos como uma forma de ruptura da neutralidade do ICMS, de violação da isonomia entre contribuintes e de ameaça à livre concorrência, criando um ambiente economicamente hostil.

A neutralidade aplicada à tributação é identificada quando determinado imposto não interfere nas decisões dos agentes econômicos quanto às suas escolhas de investimento de forma a não gerar distorções (COELHO, 2023). Trata-se de característica relacionada à não cumulatividade e ao fato de o tributo somente incidir sobre o valor agregado a cada etapa da operação econômica tornando, em condições ideais, o ICMS um imposto ajustado à neutralidade (LIMA, 2005, p. 67).

Já a neutralidade do ICMS decorre da lógica de que, ao incidir sobre o preço da mercadoria, ele é repassado jurídica e economicamente ao consumidor, sendo tal repercussão obrigatória, não podendo confundir tal repercussão com os itens que compõem o preço.

Além do que o ICMS somente incide no momento da venda da mercadoria e não pode ser considerado receita operacional, ou seja, não pertence ao contribuinte, dado que deve ser integralmente repassado à Fazenda Pública, entendimento este corroborado pelo decidido no RE nº 574.706, em julgamento com repercussão geral, que tratou da exclusão do ICMS da base de cálculo do PIS/Cofins.[24]

Diante do decidido no bojo do RE nº 574.706 e da necessidade de harmonia entre decisões e precedentes para manutenção da coerência do sistema jurídico, a consequência lógica é a conclusão de que o ICMS declarado e não recolhido configura apropriação indébita, considerando que tal recurso nunca adentrou no patrimônio do contribuinte.

É claro que o reconhecimento de que o não repasse dos valores de ICMS declarados ao fisco como crime de apropriação indébita tributária não soluciona a vantagem econômica obtida pelo empresário que se vale de tal recurso em detrimento da concorrência. Contudo, é um reforço da condenação de um comportamento lesivo, no

---

[23] "Decisão do STF sobre criminalização do não recolhimento intencional de ICMS representa justiça fiscal" (Disponível em: https://www.pge.sc.gov.br/noticias/decisao-do-stf-sobre-criminalizacao-do-nao-recolhimento-intencional-de-icms-representa-justica-fiscal/. Acesso em: 2 jul. 2024).

[24] "Desse quadro é possível extrair que, conquanto nem todo o montante do ICMS seja imediatamente recolhido pelo contribuinte posicionado no meio da cadeia (distribuidor e comerciante), ou seja, parte do valor do ICMS destacado na 'fatura' é aproveitado pelo contribuinte para compensar com o montante do ICMS gerado na operação anterior, em algum momento, ainda que não exatamente no mesmo, ele será recolhido e não constitui receita do contribuinte, logo ainda que, contabilmente, seja escriturado, não guarda relação com a definição constitucional de faturamento para fins de apuração da base de cálculo das contribuições. [...] Enfatize-se que o ICMS incide sobre todo o valor da operação, pelo que o regime de compensação importa na circunstância de, em algum momento da cadeia de operações, somente haver saldo a pagar do tributo se a venda for realizada em montante superior ao da aquisição e na medida dessa mais valia, ou seja, é indeterminável até se efetivar a operação, afastando-se, pois, da composição do custo, devendo ser excluído da base de cálculo da contribuição ao PIS e da COFINS. Contudo, é inegável que o ICMS respeita a todo o processo e o contribuinte não inclui como receita ou faturamento o que ele haverá de repassar à Fazenda Pública" (trecho do voto da Min. Cármen Lúcia, relatora do RE nº 574.706).

caso, criminoso que, como medida conjunta com os demais instrumentos à disposição dos Estados para a recuperação dos recursos, busca restaurar a justiça fiscal em um ambiente econômico marcado por desequilíbrios nocivos.

Trata-se, portanto, de meio de observar princípio da neutralidade, o qual guarda estreita relação com a isonomia e com a livre concorrência, uma vez que estas se prestam a garantir um mercado equilibrado que permita paridade de armas entre concorrentes em situações assemelhadas.[25]

Isso significa que, em um contexto de competição empresarial, quando um contribuinte deixa de recolher o tributo devido, ele adquire uma vantagem econômica que aumenta sua competitividade face àqueles com os quais disputa o mercado. E quando se trata de política fiscal, direito e economia possuem estreita relação, uma vez que escolhas econômicas são influenciadas por normas e regimes jurídicos[26] de forma a minimizar riscos e maximizar ganhos econômicos.

A lógica baseada no desempenho econômico orienta os administradores na avaliação da tomada de risco[27] e a punibilidade de determinada conduta decerto é um incentivo para maior cuidado com a gestão dos recursos e o cumprimento dos deveres legais de repasse de valores pertencentes a terceiros, no caso, ao Estado. Do contrário, é a criminalidade econômica que se beneficia de um discurso de atipicidade.

> Entretanto, como é sabido, a criminalidade econômica, aquela praticada sem violência, é a beneficiária primeira de tal discurso apesar dos enormes gravames que causa à coletividade. São esses gravames os responsáveis por impedir que o Estado Social se realize,

---

25 Para Aliomar Baleeiro (2013, p. 611), em obra atualizada pela prof. Misabel Derzi, "o tributo molda a sociedade. A livre concorrência, a livre iniciativa e o livre mercado são os pilares da organização econômica brasileira (arts. 146-A e 170, IV, da CR/88). Assim, ainda que a tributação neutra seja inatingível por razões conceituais, ela é o ideal a ser buscado. No maior grau possível, o tributo deve ser 'indiferente tanto na competitividade e concorrência quanto na formação de preços de mercado'".

26 "O casamento entre política econômica (política fiscal, neste caso) e política criminal deve, portanto, ter em vista a união entre Direito e Economia, afinal, relações econômicas são fortemente influenciadas pelas normas jurídicas, inclusive penais. O modo como a empresa vai se organizar será fortemente influenciado pela regulação jurídica, como ocorre na vigente política criminal do Compliance. Neste sentido, se assinala necessário estabelecer um ambiente de segurança jurídica onde a justiça penal não seja um obstáculo à livre iniciativa, mas que se possa reprimir aquelas atividades levadas a cabo com fraudes e coações. Sob uma perspectiva de análise econômica do Direito as normas penais precisam dissuadir as violações às regras de propriedade, pois tão somente assim a circulação da propriedade se fará com os menores custos de transação (Coase), facilitando o próprio desenvolvimento econômico. É de se notar que a premissa não parte de uma perspectiva estritamente liberal de propriedade senão da propriedade ajustada ao regime jurídico de sua conformação. Em outros termos, ao modo como o modelo econômico estabelecido na Constituição conforma essa propriedade e sua circulação. Destarte, se existe a incidência de tributos sobre a circulação da propriedade em determinado caso, a regra de funcionamento do mercado aponta que para todos os operadores os custos de transação devem ser idênticos, de sorte a possibilitar que a disputa pelo mercado se faça com base na eficiência. Assim, quando o Estado expressa sua opção político-criminal no sentido da criminalização de um dado comportamento, parece intuitivo que as eventuais limitações nessa decisão devem decorrer estritamente do que foi objeto de decisão político criminal. Não pode a jurisprudência, por mais que se pretenda invocar uma interpretação mais benéfica, transcender os limites político-criminais de uma benesse sob pena de frustrar não apenas a política criminal ali materializada, mas a própria política fiscal que dá base ao Estado Social. Não se pode interpretar dispositivos penais em afronta aos princípios de vigência e da unidade sistemática. Entre duas interpretações possíveis para um dispositivo a mais adequada é aquela que encontra o sentido das palavras no sentido de reforça-lo e não negá-lo. Por outro lado, a ideia de uma unidade sistemática conduz a uma interpretação que obriga o reconhecimento da validez simultânea de todos os preceitos que compõem o ordenamento jurídico" (PANOEIRO; LOPES, 2023, p. 67).

27 "Os resultados indicam que há relação entre a remuneração variável oferecida aos administradores e o desempenho econômico das empresas. Na amostra estudada, quanto maior a remuneração variável, maior o lucro por ação, indicando que o incentivo concedido tem impacto positivo no desempenho empresarial" (EID JUNIOR; YOSHINAGA, 2013).

> ao menos no que toca os crimes tributários, ante a privação de recursos necessários às mais variadas políticas públicas. Como conjugar um Direito penal que se pretende menos gravoso com a necessidade de intimidação que deve decorrer da pena? Como escapar de uma dinâmica em que a pena no delito econômico se reduz à perda patrimonial diluindo-se no risco da própria atividade empresarial? (PANOEIRO; LOPES, 2023, p. 60)

4 A decisão no RHC nº 163.334

A decisão proferida no RHC nº 163.334 possui grande relevância, uma vez que os crimes contra a ordem tributária têm o condão de causar danos para toda a sociedade, como já anteriormente mencionado. A questão toma maior vulto quando se percebe que possuem baixo grau de reprovabilidade social, muito em razão da complexidade do sistema tributário e da má gestão dos recursos públicos (FREITAS; BEVILACQUA, 2018, p. 257), de qualquer modo, o maior acesso à informação e a conscientização de que recursos públicos fazem frente a políticas públicas demandam uma mudança na compreensão da aplicação do direito penal tributário.

Em seu voto, o ministro parte de três premissas para construir seu entendimento: (i) o direito penal deve ser sério, igualitário e moderado; (ii) pagar tributos é um dever fundamental que deve incumbir a todos os cidadãos que pratiquem o fato gerador e externem capacidade contributiva; e (iii) inadimplemento fiscal não constitui crime.

Neste ponto, crimes contra a ordem tributária costumam ser praticados por detentores do poder econômico e, ainda que se entenda que a aplicação de pena deve se dar de forma moderada, o delito tributário deve ser coibido como forma de tutela de valores relevantes para a sociedade, dentre eles a igualdade de tratamento entre ricos e pobres.

O Ministro Luís Roberto Barroso baseia seu entendimento de que o contribuinte que declara o ICMS devido, mas deixa de recolhê-lo, pratica a conduta prevista no art. 2º, inc. II, da Lei nº 8.137/1990, nos seguintes fundamentos.

O primeiro deles parte de uma interpretação semântica e sistemática do tipo penal contido no art. 2º, inc. II, da Lei nº 8.137/90:

> II – deixar de recolher, no prazo legal, valor de tributo ou de contribuição social, descontado ou cobrado, na qualidade de sujeito passivo de obrigação e que deveria recolher aos cofres públicos; [...].

A partir do texto do art. 121[28] do Código Tributário Nacional, delimita tratar-se de crime cujo sujeito ativo será aquele que detenha a condição de sujeito passivo da obrigação tributária.

Quanto ao objeto do delito, consiste no "valor de tributo ou contribuição social" que não seja recolhido aos cofres públicos, destacando o conceito de tributo na acepção de "quantia em dinheiro" que corresponda à prestação jurídica tributária, valendo-se,

---

[28] "Art. 121. Sujeito passivo da obrigação principal é a pessoa obrigada ao pagamento de tributo ou penalidade pecuniária. Parágrafo único. O sujeito passivo da obrigação principal diz-se: I – contribuinte, quando tenha relação pessoal e direta com a situação que constitua o respectivo fato gerador; II – responsável, quando, sem revestir a condição de contribuinte, sua obrigação decorra de disposição expressa de lei".

como exemplo, do teor do art. 166 do CTN,[29] quando trata da restituição de tributo cujo encargo foi repercutido. O voto vai além e delimita que, ao utilizar a expressão "valor do tributo", o tipo penal desvincula o sujeito ativo do contribuinte de direito.

A conduta típica foi identificada como mista, ou seja, são duas ações seguidas, a primeira é a cobrança ou o desconto do valor devido e a segunda é o deixar de recolher tal valor, o que afasta a tipicidade caso o sujeito demonstre não ter praticado quaisquer delas, ou seja, não cobrou/descontou ou não transferiu o encargo econômico.

Aqui vale ressaltar que, ao prever a conduta "cobrar", o tipo penal pretendeu abarcar também os tributos indiretos, cujo valor será suportado pelo contribuinte de fato, exatamente o que ocorre no ICMS. Tanto que o tipo penal reconhece que sua prática será realizada por quem esteja "na qualidade de sujeito passivo de obrigação", que, no caso do ICMS, é quem deve o tributo, ainda que este não integre seu patrimônio, dado que: (i) não compõe a base de cálculo do imposto de renda pelo lucro real (art. 12, §4º, do Decreto-Lei nº 1.598/1977) e (ii) não integra a base de cálculo do PIS/Cofins (RE nº 574.706, Rel. Min. Cármen Lúcia).

Há o reconhecimento de que os comerciantes são depositários do valor referente ao ICMS declarado, até que seja apurado, para que, ao final, seja recolhido aos cofres públicos. Situação que distingue o não recolhimento do mero inadimplemento tributário é o fato de que o agente se apropria de valor que não lhe pertence.

O segundo fundamento se baseia na interpretação histórica e na referência ao direito comparado, uma vez que, em projetos de lei que antecederam a Lei nº 8.137/90, havia expressa previsão de um tipo penal que se amolda aos contornos fixados na decisão ora sob análise, qual seja, omissão de recolhimento de tributo indireto cujo valor tenha sido recebido de terceiro e declarado em documento fiscal.[30] A redação final do art. 2º, inc. II, da Lei nº 8.137/1990 seria, desta forma, o resultado da reunião de projetos de lei anteriores que tratavam do mesmo objeto.

Da mesma forma, a conduta em questão é tipificada em outros ordenamentos jurídicos, tais como Portugal, Itália e Estados Unidos da América.[31]

---

[29] "Art. 166. A restituição de tributos que comportem, por sua natureza, transferência do respectivo encargo financeiro somente será feita a quem prove haver assumido o referido encargo, ou, no caso de tê-lo transferido a terceiro, estar por este expressamente autorizado a recebê-la".

[30] Projeto de Lei n º 4.788/1990, na versão do substitutivo apresentado pelo então Deputado Federal Nelson Jobim.

[31] "42. Em Portugal, o art. 105º, nº 1, do Regime Geral das Infracções Tributárias (RGIT) pune com pena de prisão de até três anos ou multa de até 360 dias, sob a denominação de crime de 'abuso de confiança', a conduta de 'Quem não entregar à administração tributária, total ou parcialmente, prestação tributária deduzida nos termos da lei e que estava legalmente obrigado a entregar'. Conforme explica a doutrina portuguesa, 'a conduta incriminada consiste na mera não entrega à administração fiscal, dentro de determinado prazo, das quantias pecuniárias deduzidas, concretizando-se, numa omissão pura, que se consuma com o fim do prazo para a entrega daquelas prestações' 11 . 43. A Primeira Turma do Supremo Tribunal Federal já examinou, em processo de extradição, o tipo penal português do abuso de confiança fiscal. Naquele feito, foi deferida a extradição de nacional português que 'na condição de dirigente da empresa, teria retido, liquidado, mas não entregue ao Erário Português o tributo IVA (Imposto sobre Valor Agregado) nos meses de abril e de setembro a dezembro de 2001 e ainda no mês de dezembro de 2002, no montante total de 60.746 euros ' 12. E ainda, na ocasião, foi expressamente reconhecido que 'os crimes encontram correspondentes no art. 2º, II, da Lei nº 8.137/1990, quanto à falta de recolhimento do tributo'. 44. Na Itália, o art. 10-ter do Decreto Legislativo 74, de 10 de março de 2000, pune, com reclusão de seis meses a dois anos, 'quem não recolhe, dentro do prazo previsto para o pagamento do valor relativo ao período subsequente de recolhimento, o imposto sobre o valor agregado devido com base na declaração anual, em um montante superior a duzentos e cinquenta mil euros para cada período fiscal' 13. Desde que ultrapassado, portanto, o valor de duzentos e cinquenta mil euros, o não recolhimento do IVA é conduta considerada criminosa na Itália. 45. Nos EUA, a competência para a instituição de tributos sobre vendas (sales tax) é dos Estados-membros, que igualmente possuem competência legislativa penal. Para citar

A interpretação teleológica e consequencialista reconhece as dificuldades enfrentadas pelos Estados com relação à obtenção dos recursos necessários para fazer frente às suas obrigações, afinal, como já mencionado, cada real que deixa de ser recolhido é menos disponibilidade orçamentária para fazer frente às demandas necessárias para o atendimento do bem comum.

Além disso, reconhece que, ao lado do prejuízo ao erário, e tão danosa quanto, está a violação à livre concorrência, com empresas que sistematicamente deixam de recolher seus tributos e fruem dessa vantagem de caixa face aos seus competidores.[32] Como mencionado anteriormente, diante de julgados reconhecendo a atipicidade da conduta e da ausência de consequências pelo não recolhimento, bem como da morosidade do contencioso tributário, o cálculo do empresário de má-fé é baseado nos riscos quanto à sua conduta, que eram mínimos.[33]

Por fim, propõe uma interpretação restritiva ao abordar o dolo de apropriação, para que se concentre nos devedores que se valem do inadimplemento como modelo de negócio e não o devedor que passa por dificuldades durante alguns meses e deixa de recolher o tributo declarado.

5 Considerações finais

O resultado do julgamento do RHC nº 163.334 se mostra como o reconhecimento de mais um instrumento de combate a práticas danosas à ordem tributária que é conferido aos Estados.

O reconhecimento de que é típica a conduta do contribuinte que declara tributo decorrente de operação própria cuja repercussão jurídica é repassada ao consumidor final não é uma solução para a situação dos casos de sonegação e fraude de ICMS, mas é uma resposta ao contribuinte que atua na regularidade e de forma responsável e que se vê prejudicado pelo seu competidor que não observa as melhores práticas.

A despeito do – ainda – baixo grau de reprovabilidade que detém o não recolhimento de tributo, o precedente em questão confere à conduta do art. 2º, inc. II, da Lei nº 8.137/1990, grau de coercitividade condizente com uma norma de direito penal tributário, qual seja, prevenir que condutas criminosas sejam praticadas para proteger bens jurídicos relevantes.

Aqui vale destacar que o voto do Ministro Luís Roberto Barroso não se limitou a uma interpretação dogmática ou formalista, equiparando a conduta criminosa do art. 2º, inc. II, da Lei nº 8.137/1990 à prisão civil – como grande parte da doutrina que vem criticando tal entendimento o fez –, mas conferiu uma interpretação sistemática que vai ao encontro dos anseios da sociedade, mostrando-se como um farol para a garantia da livre concorrência.

---

apenas dois exemplos, a legislação da Flórida14 e de Nova Iorque15 tipificam condutas semelhantes" (RHC nº 163.334, voto do Rel. Min. Luís Roberto Barroso).

[32] Aqui trago o exemplo de operação realizada no Estado do Rio de Janeiro, na qual um grupo pode ter causado prejuízo de mais de 1 bilhão a vários estados: "Operação prende no Rio 5 suspeitos de sonegação fiscal que passa de R$ 300 milhões, segundo o MPRJ" (Disponível em: https://g1.globo.com/rj/rio-de-janeiro/noticia/2019/07/17/operacao-prende-no-rio-suspeitos-de-sonegacao-fiscal-milionaria.ghtml. Acesso em: 10 jul. 2024).

[33] Para consulta: "Diagnóstico do Contencioso Judicial Tributário Brasileiro" (Disponível em: https://www.cnj.jus.br/wp-content/uploads/2022/02/relatorio-contencioso-tributario-final-v10-2.pdf. Acesso em: 10 jul. 2024).

Afinal, a complexidade da vida em sociedade, os desacordos morais e a divergência entre interesses entre atores sociais demandam uma atuação judicial inovadora, como leciona o Ministro Luís Roberto Barroso (2021, p. 95):

> A concepção tradicional, segundo a qual o juiz é um intérprete neutro, que aplica um direito preexistente, por meio da subsunção do fato à norma, tributária do formalismo jurídico, já não corresponde à compreensão corrente que os operadores do direito têm da sua própria atividade. Além da crescente complexidade da vida social, a ambiguidade da linguagem, os desacordos morais razoáveis e a colisão entre normas constitucionais são alguns dos múltiplos fatores capazes de gerar casos para os quais não há uma solução pronta no ordenamento jurídico e cuja decisão dependerá de uma atuação judicial inovadora.

Referências

ÁVILA, Humberto. *Sistema constitucional tributário*. 2. ed. São Paulo: Saraiva, 2006.

BALEEIRO, Aliomar. *Direito tributário brasileiro*. 12. ed. Atualização de Misabel de Abreu Machado Derzi. Rio de Janeiro: Forense, 2013.

BARROSO, Luís Roberto. Revolução tecnológica, crise da democracia e Constituição. 1. ed. Belo Horizonte: Fórum, 2021. Disponível em: https://www.forumconhecimento.com.br/livro/L4218. Acesso em: 12 jul. 2024.

BRANDÃO, Marcelo. Brasil perde 417 bi por ano com sonegação de impostos, diz estudo. Levantamento do IBPT mostra que R$2,33 trilhões não são declarados. *Agência Brasil*, Brasília, 12 dez. 2020. Disponível em: https://agenciabrasil.ebc.com.br/geral/noticia/2020-12/brasil-perde-r-417-bi-por-ano-com-sonegacao-de-impostos-diz-estudo#:~:text=Segundo%20o%20levantamento%2C%20o%20Imposto,de%20pequeno%20porte%20sonegam%20imposto. Acesso em: 15 jun. 2024.

COELHO, Isaías. Neutralidade e não-cumulatividade do IVA (IBS/CBS). *Blog do IBRE*, 2023. Disponível em: https://blogdoibre.fgv.br/posts/neutralidade-e-nao-cumulatividade-do-iva-ibscbs. Acesso em: 30 jun. 2024.

COSTA, Regina Helena. *Curso de direito tributário*: Constituição e Código Tributário Nacional. 12. ed. São Paulo: SaraivaJur, 2022.

DECOMAIN, Pedro Roberto. Crimes contra a ordem tributária. 5. ed. Belo Horizonte: Fórum, 2010. Disponível em: https://www.forumconhecimento.com.br/livro/L1209. Acesso em: 16 jun. 2024.

EID JUNIOR, William; YOSHINAGA, Claudia Emiko. A relação entre os sistemas de incentivo e o desempenho das empresas. *FGV EAESP*, 2013. Disponível em: https://pesquisa-eaesp.fgv.br/publicacoes/gvp/relacao-entre-os-sistemas-de-incentivo-e-o-desempenho-das-empresas. Acesso em: 2 jul. 2024.

EISELE, Andreas. *Crimes contra a ordem tributária*. 2. ed. São Paulo: Dialética, 2002.

FOLLONI, André. Capacidade contributiva e dever fundamental. *Revista de Direito Tributário Atual*, São Paulo, ano 37, n, 42, p. 479-499, 2º sem. 2019.

FREITAS, L. B.; BEVILACQUA, L. Neutralidade tributária no ICMS e criminalização do devedor contumaz: imposto declarado e não pago. *Revista Direito Tributário Atual*, v. 39, p. 255-270, 2018. Disponível em: https://revista.ibdt.org.br/index.php/RDTA/article/view/450.

LIMA, Ricardo Seibel de Freitas. *Livre concorrência e o dever da neutralidade tributária*. 142 f. Dissertação (Mestrado) – Faculdade de Direito, Universidade Federal do Rio Grande do Sul, Porto Alegre, 2005.

MAXIMILIANO, Carlos. *Hermenêutica e aplicação do direito*. 21. ed. Rio de Janeiro: Forense, 2017. (Fora de série).

MORIN, Edgar. Complex thinking for a complex world: about reductionism, disjunction and systemism. *Systema*, v. 2, n. 1, p. 14-22, 2014.

NABAIS, José Casalta. *O dever fundamental de pagar impostos*. Almedina: Coimbra, 1998.

PANOEIRO, J. Maria; LOPES, H. Sá Valadão. Limites imanentes ao direito penal econômico e empresarial nos crimes tributários: política criminal e interpretação jurisprudencial. *Revista Científica do CPJM*, v. 2, n. 6, p. 49-94, 2023. Disponível em: https://rcpjm.cpjm.uerj.br/revista/article/view/196.

REALE, Miguel. *Lições preliminares de direito*. 25. ed. 22. tir. São Paulo: Saraiva, 2001.

ROCHA, Sérgio André. *Fundamentos do direito tributário brasileiro*. 2. ed. Belo Horizonte: Casa do Direito, 2023.

RUIVO, Marcelo Almeida. Os crimes de sonegação fiscal (arts. 1º e 2º, Lei nº 8.137/90). *In*: BOSSA, Gisele Barra; RUIVO, Marcelo Almeida (Org.). *Crimes contra a ordem tributária*: do direito tributário ao direito penal. São Paulo: Almedina, 2019. p. 429-452.

SCHOUERI, Luis Eduardo. *Direito tributário*. 8. ed. São Paulo: Saraiva Educação, 2018.

SOUZA, Natália Faria de. Negócio jurídico processual – Primeiras impressões sobre consensualidade tributária no Estado do Rio de Janeiro. *In*: DOURADO, Ana Paula Dourado; GOMES, Marcus Livio (Coord.). *Resolução de conflitos tributários discussão dos modelos Brasil/Portugal*: um estudo comparado. [s.l.]: [s.n.], 2024. p. 357-374. Disponível em: https://www.cideeff.pt/xms/files/e-book__Resolucao_Conflitos_Tributarios_CIDEEFF__Abr2024_1.pdf. Acesso em: 30 jun. 2024.

TORRES, Ricardo Lobo. *A ideia de liberdade no Estado patrimonial e no Estado fiscal*. Rio de Janeiro: Renovar, 1991.

Informação bibliográfica deste texto, conforme a NBR 6023:2018 da Associação Brasileira de Normas Técnicas (ABNT):

SOUZA, Natália Faria de. ICMS declarado e não pago: o crime de apropriação indébita tributária (RHC nº 163.334). *In*: PAULA, Fernanda de; PENCAK, Nina (coord.). *Tributação, liberdade e igualdade*: as contribuições do Ministro Luís Roberto Barroso. Belo Horizonte: Fórum, 2025. p. 909-924. ISBN 978-65-5518-952-0.

A "CRISE DE FEDERALISMO BRASILEIRO" NA LIÇÃO DO MINISTRO LUÍS BARROSO

ONOFRE ALVES BATISTA JÚNIOR

Introdução

O federalismo foi o modelo político eleito pelas Constituições brasileiras desde 1891. Essa escolha foi, indubitavelmente, a solução ideal. A construção de um Estado democrático, na teoria do Estado, pressupõe um constante esforço para a desconcentração de poder, para se prevenir a tirania.[1] Tanto isso é verdade que, na experiência brasileira, o princípio federativo foi flagrantemente desrespeitado no período da Ditadura Militar, quando os estados e municípios perderam sua autonomia política por meio do Ato Institucional nº 2, que adotou, dentre outras medidas, eleições estaduais indiretas. Novamente, a escolha de 1967 foi pelo enrijecimento do modelo, minando as bases democráticas pela concentração de poder no ente central.

Essa descentralização pode ser pensada em dois âmbitos: horizontal e vertical. Muito se fala da repartição horizontal: entre os poderes Legislativo, Judiciário e Executivo, além do Tribunal de Contas, Ministério Público, Defensoria Pública e outras tantas instituições reforçadas pelo texto constitucional, que formam uma espécie de "constelação de poderes". Entretanto, é imprescindível pensar na *repartição vertical*: entre União, estados, municípios e Distrito Federal.

A escolha constitucional pelo federalismo se fez clara já no nome de batismo da República formada pela Constituição Federal de 1988 (CRFB/1988): "República *Federativa* do Brasil". Vem também expressamente prevista em seu primeiro artigo, que traz um rico simbolismo: "[A] República Federativa do Brasil, formada pela *união* indissolúvel dos Estados e Municípios e do Distrito Federal, constitui-se em Estado Democrático de Direito". O vocábulo "união", com letra minúscula, esclarece qualquer dúvida que poderia surgir: a "União" é a junção de estados e municípios, além do Distrito Federal,

---

1 Como afirma Simone Goyard-Fabre (*O que é democracia?* São Paulo: Martins Fontes, 2003. p. 19), foi o receio da tirania, que é anomia, que fez com que os governantes de Atenas, a partir de Sólon, buscassem compartilhar o poder, ao invés de concentrá-lo em suas mãos.

não um centro autorreferente de poder. Dessa maneira, a CRFB/1988 outorga o poder aos entes menores, sendo o princípio federativo, em reforço, cláusula pétrea, conforme o art. 60, §4º, I, da CRFB/1988.[2]

Esse princípio foi, por diversas vezes, defendido pelo Ministro Luís Roberto Barroso, desde 1982, quando foi publicado seu primoroso estudo *Direito constitucional brasileiro: o problema da federação*.[3] Conforme será buscado explicitar ao longo do texto, o jurista teve relevância inquestionável na sedimentação do ideal federalista no Supremo Tribunal Federal (STF). Em seus votos, é possível perceber a firme posição de defesa da democracia brasileira, sobretudo quando buscou dar proteção ao princípio federativo, em razão dos ataques (diretos ou indiretos) perpetrados pelo poder central, que, em última instância, acabavam ferindo o ideal democrático e a concretização dos mandamentos constitucionais fulcrais de redução das desigualdades sociais e de garantia do mínimo existencial, por tantas vezes também pauta do ministro.

No Brasil, essa modelagem constitucional não poderia ser diferente. Em um país com as proporções territoriais brasileiras e a consequente diversidade regional, é impensável um governo centralizado no Planalto Central. O poder é do povo e é exercido por seus representantes. O exercício do poder constitucionalmente outorgado só se justifica se exercido para servir ao povo, consideradas suas deliberações e necessidades concretas. Nada disso será atingido se o centro decisório não conhece a realidade dos governados e se faz inalcançável à participação e ao debate.

O princípio federativo como vetor iluminador da interpretação

A realidade brasileira oferece uma variedade de situações nas quais o princípio federativo foi colocado em causa. Em todas elas, a juridicidade e a Constituição Federal foram defendidas pelo ministro. Na ADI nº 5.374/PA, por exemplo, relatada pelo Ministro Luís Barroso (STF, Tribunal Pleno, j. 24.2.2021, *DJ* 12.3.2021), ficou firmado o seguinte pelo magistral jurista:

> [...]. 9. A questão posta nos autos, além da multidisciplinariedade temática, avança também sobre a intricada competência comum dos entes federativos. Neste caso, havendo expressa competência atribuída a um ente, *qualquer interpretação demasiadamente centralizadora violará os princípios básicos do federalismo contidos na Constituição*, o que faz com que sejam tomadas cautelas maiores. [...]. (Grifos nossos)

Como consabido, os princípios jurídicos revestem-se de duas funções principais: "função positiva" e "função negativa". A "função positiva" diz respeito à influência que exercem na elaboração de normas e decisões sucessivas, bem como na atividade de interpretação e integração[4] das normas jurídicas. Assim, atua na tarefa de criação,

---

[2] "Art. 60. A Constituição poderá ser emendada mediante proposta: [...] §4º Não será objeto de deliberação a proposta de emenda tendente a abolir: I - A forma federativa de Estado; [...]".

[3] Cf. BARROSO, Luís Roberto. *Direito constitucional brasileiro*: o problema da federação. Rio de Janeiro: Forense, 1982.

[4] Como se posiciona Teresa Negreiros (Dicotomia público-privado frente ao problema da colisão de princípios. *In*: TORRES, Ricardo Lobo (Coord.). *Teoria dos direitos fundamentais*. Rio de Janeiro: Renovar, 1999. p. 349), "o pensamento sistemático no Direito implica a utilização dos PRINCÍPIOS como instrumentos para o trabalho de *costura do tecido normativo*, muitas vezes retalhado pela desmedida proliferação de diplomas legislativos".

desenvolvimento e execução do direito. Trata-se do "princípio" como ponto iluminador das diretrizes e conteúdo do regramento jurídico, como veio de conteúdo das normas que deles derivam e que a eles devem coerência e compatibilidade.[5] Nesse sentido, a interpretação das regras constitucionais é iluminada pelos seus princípios informadores.

Por outro giro, a "função negativa" significa a rejeição de normas e mandamentos que os contrariem.[6] Afastam da validade do direito qualquer comportamento desconforme ou incompatível com suas diretrizes vinculantes. Pela "função negativa" os princípios apenas podem rejeitar, por causa da sua plasticidade e abstração,[7] situações identificadas em uma "zona de certeza negativa", isto é, aqueles conteúdos incompatíveis com o seu núcleo básico de conteúdo.[8]

Em síntese, os "princípios constitucionais" têm uma função hermenêutica de conteúdo material para o esclarecimento de sentido de determinadas disposições;[9] fornece sentido para a interpretação, estabelecendo uma direção estimativa, um sentido axiológico, impondo, por outro giro, limites e conteúdo. É verdade que "federalismo temos vários", mas *princípio federativo temos um só*, que vincula e ilumina a interpretação, além de impor limites e conteúdo.

No julgado acima trazido, o Ministro Barroso tocou em um ponto fundamental. Por isso, em suas palavras, "qualquer interpretação demasiadamente centralizadora" viola os princípios básicos do federalismo contidos na Constituição. Da mesma forma, se, no núcleo central do princípio federativo, se encontra a ideia basilar de "subsidiariedade", todas as tarefas públicas devem ser cumpridas pelas esferas locais de governo, devendo a unidade central atuar tão somente subsidiariamente, quando necessário. Nesse compasso, é patente que o "princípio federativo" é arranhado quando recursos são concentrados na União, em especial porque as tarefas essenciais (educação, saúde e segurança) para o atendimento dos direitos fundamentais são desempenhadas fundamentalmente pelos estados e municípios.[10]

---

5 Cf. LARENZ, Karl. *Derecho justo*. Fundamentos de ética jurídica. Madrid: Civitas, 1985. p. 33.

6 Nesse sentido, afirma Carlos Ari Sundfeld (*Fundamentos de direito público*. 3. ed. São Paulo: Malheiros, 1998. p. 136) que "o princípio jurídico é norma de hierarquia superior à das regras, pois determina o sentido e o alcance destas que não podem contrariá-lo, sob pena de pôr em risco a globalidade do ordenamento jurídico. Deve haver coerência entre os princípios e as regras, no sentido que vai daqueles para estas".

7 Para um aprofundamento no estudo da questão, vale a leitura de ÁVILA, Humberto. *Teoria da indeterminação no direito*. Entre a indeterminação aparente e a determinação latente. São Paulo: JusPodivm, 2022.

8 Na doutrina brasileira, como expõe Romeu Felipe Bacellar Filho (*Princípios constitucionais do processo administrativo disciplinar*. São Paulo: Max Limonad, 1998. p. 143-144; 153), os princípios disponibilizam condições de se excluir conteúdos incompatíveis com as normas constitucionais (conteúdos constitucionalmente impossíveis), bem como de se exigir outros necessários (conteúdos constitucionalmente necessários).

9 Como afirma Jorge Miranda (*Manual de direito constitucional*: Constituição e inconstitucionalidade. 3. ed. Coimbra: Editora Coimbra, 1996. t. II. p. 226), a ação mediata dos princípios consiste, em primeiro lugar, em funcionarem como critérios de interpretação e integração, pois são eles que dão a coerência geral do sistema.

10 A propósito, se *a União centraliza mais de 68% da receita tributária* (da arrecadação total, os estados respondem por apenas 25% e os municípios por 7%), aos entes subnacionais cabem, cada vez mais, as despesas com saúde, com educação e com segurança. Hoje em dia, a União gasta, por exemplo, apenas 4% a 5% de seu orçamento com saúde. Nos gastos com o Sistema Único de Saúde, a princípio, a União participava com mais de 50% das despesas (2000) e, hoje, com menos de 35% (2022). Os gastos foram sendo pouco a pouco repassados para estados e municípios. Assim, do gasto total com saúde, no Brasil, 32% são da União; 27% dos estados e 41% dos municípios. Indevidamente, *se a União tem 68% da receita tributária total, são os entes subnacionais que assumem cerca de 68% dos gastos com saúde*! Com relação aos gastos com educação (dados de 2021), cerca de 42% estão a cargo dos municípios; 30% com os estados e 28% com a União. Os gastos com segurança (Polícia Militar, Polícia Civil e Sistema Prisional), basicamente, ficam a cargo dos estados (82% com os estados).

Igualmente, pontua o ministro que a postura centralizadora impossibilita "uma efetiva participação popular em questões públicas relevantes, uma vez que distancia os governantes de seus representados". Portanto, é também pela aproximação do Estado às realidades de um país desigual e diverso, além da própria busca pela descentralização de poder, que o federalismo se faz crucial para uma democracia como a brasileira.

Na ADI nº 4615/CE (STF, Tribunal Pleno, Rel. Min. Roberto Barroso, j. 20.9.2019, *DJ* 28.10.2019), mais uma vez, o Ministro Luís Barroso pontuou o caráter iluminador do princípio federativo na interpretação das normas. Dessa vez, firmou que, em matéria de competência concorrente, a lógica norteadora da repartição de competências entre os entes federativos é o "princípio da predominância do interesse", entretanto, quando existem dúvidas sobre a distribuição de competências para legislar sobre determinado assunto, cabe ao intérprete priorizar o fortalecimento das autonomias locais e o respeito as suas diversidades como características que assegurem o Estado Federal, garantindo o imprescindível "equilíbrio federativo". Essa linha de entendimentos prevaleceu na época da pandemia de Covid-19, quando estados e municípios precisaram adotar medidas de segurança de acordo com os cenários locais. Confira-se, *verbis*:

> AÇÃO DIRETA DE INCONSTITUCIONALIDADE. DIREITO AMBIENTAL E CONSTITUCIONAL. FEDERALISMO E RESPEITO ÀS REGRAS DE REPARTIÇÃO DE COMPETÊNCIAS LEGISLATIVAS. LEI ESTADUAL QUE VERSA SOBRE PROCEDIMENTOS AMBIENTAIS SIMPLIFICADOS. LEI Nº 14.882, DE 27.01.2011, DO ESTADO DO CEARÁ. PRINCÍPIO DA PREDOMINÂNCIA DO INTERESSE. JURISPRUDÊNCIA PACÍFICA E DOMINANTE. PRECEDENTES.
>
> 1. *O princípio norteador da repartição de competências entre os entes componentes do federalismo brasileiro é o princípio da predominância do interesse,* que é aplicado não apenas para as matérias cuja definição foi preestabelecida pela Constituição Federal, mas também em interpretações que envolvem diversas matérias. *Quando surgem dúvidas sobre a distribuição de competências para legislar sobre determinado assunto, caberá ao intérprete priorizar o fortalecimento das autonomias locais e o respeito às suas diversidades como características que assegurem o Estado Federal, garantindo o imprescindível equilíbrio federativo.*
>
> 2. O constituinte distribuiu entre todos os entes da federação as competências legislativas e materiais em matéria ambiental, de modo a reservar à União o protagonismo necessário para a edição de normas de interesse geral e aos demais entes a possibilidade de suplementarem a legislação federal (arts. 23, VI ao VIII, e 24, VI e VIII, CF).
>
> 3. Este Supremo Tribunal Federal, em diversas oportunidades, já se pronunciou sobre o tema, afirmando a regra de que a matéria ambiental é disciplina de competência legislativa concorrente, cabendo à União estabelecer as normas gerais, restando aos Estados a atribuição de complementar as lacunas da normatização federal, consideradas as situações regionais específicas. Nesse sentido: ADI 5.312, Rel. Min. Alexandre de Moraes; ADI 3.035, Rel. Min. Gilmar Mendes; ADI 3.937, Rel. Min. Dias Toffoli; RE 194.704, Rel. p/ acórdão, Min. Edson Fachin.
>
> 4. A Lei nº 6.938/1981, de âmbito nacional, ao instituir a Política Nacional do Meio Ambiente, elegeu o Conselho Nacional do Meio Ambiente – CONAMA como o órgão competente para estabelecer normas e critérios para o licenciamento de atividades efetiva ou potencialmente poluidoras a ser concedido pelos Estados e supervisionado pelo IBAMA. O CONAMA, diante de seu poder regulamentar, editou a Resolução nº 237/1997, que, em seu art. 12, §1º, fixou que poderão ser estabelecidos procedimentos simplificados para as atividades e empreendimentos de pequeno potencial de impacto ambiental, que deverão ser aprovados pelos respectivos Conselhos de Meio Ambiente.

5. A legislação federal, retirando sua força de validade diretamente da Constituição Federal, permitiu que os Estados-membros estabelecessem procedimentos simplificados para as atividades e empreendimentos de pequeno potencial de impacto ambiental. 6. Ação direta de inconstitucionalidade cujo pedido se julga improcedente. [...]. (Grifos nossos)

O princípio federativo e o ideal democrático

A Constituição de 1988 foi modelada por sobre dois pilares fundamentais (dois objetivos constitucionais fulcrais): (i) a edificação de um Estado democrático de direito verdadeiramente "democrático" e (ii) a proclamação, defesa e concretização de direitos e garantias fundamentais. Não é por outra razão que o art. 3º traz, como objetivo fundamental da República, a construção de uma "sociedade livre, justa e solidária".[11]

Para o alcance desses desideratos constitucionais fulcrais, o constituinte determinou que o desenho institucional do Estado deveria ser necessariamente "federal". A descentralização federativa reclama "participação" e "autonomia".

A "participação" se refere à possibilidade de os entes subnacionais tomarem parte no processo decisório no âmbito da União. Isso deve ocorrer porque a República Federativa se constitui pela "união" dos entes subnacionais, sendo inconstitucional, portanto, por ser ofensiva ao núcleo essencial do princípio federativo, as decisões políticas tomadas pela União em desprezo à participação dos estados, Distrito Federal e municípios. Excluí-los, mesmo tendencialmente, é inconstitucional.

Por outro giro, a ideia de "autonomia" reclama a observância de suas quatro facetas: "autonomia administrativa"; "autonomia política"; "autonomia legislativa" e "autonomia financeira". Sem uma delas não existe autonomia.

Nesse compasso, os entes federados podem escolher seus chefes de Executivo e seus representantes parlamentares, que deverão atuar no Congresso Nacional (deputados federais e senadores), bem como os que exercerão seu *múnus* dentro dos seus limites territoriais e constitucionais (autonomia política). A autonomia legislativa permite inclusive a promulgação de ordens constitucionais próprias para cada estado. Da mesma forma, a máquina estatal deve ser administrada com autonomia (administrativa) e os entes federados podem fazer suas leis (autonomia legislativa) e normas infralegais. Por isso, o modelo federal não se resume a firmar uma separação meramente geográfica, mas também política, administrativa e, antes de tudo, financeira.

Enfim, os entes subnacionais devem ter liberdade para instituir suas políticas públicas, formar seus governos e eleger seus representantes de maneira independente. Além disso, devem ter os meios financeiros adequados próprios para atuar (*autonomia financeira*). Apenas assim o poder é separado verticalmente para garantir a evitação da tirania e o ideal democrático.

Consagrando toda essa linha de ideias, na ADI nº 3981/SP (STF, Tribunal Pleno, Rel. Min. Roberto Barroso, j. 15.4.2020, *DJ* 20.5.2020), o Ministro Luís Barroso privilegiou o ideal democrático e a "subsidiariedade", quando reafirmou que, no que tange à competência legislativa, havendo conflito de competências, dever-se-á priorizar o ente

[11] "Art. 3º da CRFB/1988. Constituem objetivos fundamentais da República Federativa do Brasil: I - Construir uma sociedade livre, justa e solidária; II - Garantir o desenvolvimento nacional; III - Erradicar a pobreza e a marginalização e reduzir as desigualdades sociais e regionais; IV - Promover o bem de todos, sem preconceitos de origem, raça, sexo, cor, idade e quaisquer outras formas de discriminação".

menor e, perante omissão legislativa federal, os estados são legislativamente competentes para tratar da matéria, com o fim de atender a suas particularidades. Vale conferir:

> O princípio norteador da repartição de competências entre os entes componentes do federalismo brasileiro é o princípio da predominância do interesse [...]. Quando surgem dúvidas sobre a distribuição de competências para legislar sobre determinado assunto, caberá ao intérprete do Direito *priorizar o fortalecimento das autonomias locais e o respeito às suas diversidades como características que assegurem o Estado Federal, garantindo o imprescindível equilíbrio federativo*. São, assim, vedadas extrapolações de competência concorrente e violações aos princípios da isonomia, livre iniciativa e da livre concorrência. [...] Ou seja, uma vez *inexistente legislação federal, cabe aos Estados-membros o exercício da competência legislativa plena, desde que para atender a suas peculiaridades*. (Grifos nossos)

Essa posição emancipatória dos entes menores pressupõe a possibilidade de eles fazerem escolhas livres.[12] Ademais, não se admite a "política de pires na mão", muito usada por governos autocráticos para submeter os gestores dos entes menores. Em um mundo capitalista, *não há atuação independente sem "autonomia financeira", de maneira que instituições dependentes jamais constituirão "poderes"*. Nesse compasso, sem autonomia financeira ocorre, de forma direta ou indireta, a concentração do poder, daí, cria-se um ambiente favorável, mais cedo ou mais tarde, para a tirania. Principalmente em um regime presidencialista, em momentos de crise, é certo que esse cenário pode deixar a população exposta a líderes populistas.

A repartição horizontal de poderes, decididamente, não basta para assegurar um desenho constitucional das instituições capaz de evitar a tirania. É verdade que Judiciário, Executivo e Legislativo são dotados de orçamentos próprios e regem seus recursos independentemente dos demais, entretanto, obviamente, isso não é suficiente. Os anos recentes deixam tudo isso muito claro. Foi por isso que a CRFB/1988 firmou a "autonomia financeira", também, de órgãos como Ministério Público, Defensoria Pública e Tribunal de Contas, para favorecer a concretização do ideal democrático. A mesma lógica se aplica à repartição vertical de poderes (federalismo).

Se o modelo federal tem como pressuposto a independência decisória dos entes federados, *não existe federalismo sem "autonomia financeira"*. De nada adianta um governo que não possua recursos financeiros para realizar as políticas planejadas, ou mesmo que tenha de recorrer aos entes centrais para obter recursos para viabilizá-las. Não existe separação vertical de poderes (federalismo) sem "autonomia financeira", portanto, sua falta compromete o ideal democrático.

Sendo o Brasil um "Estado Tributário" (que obtêm suas receitas substancialmente por meio de tributos), a repartição de competência tributária é basilar para a construção da "autonomia financeira". Para tanto, a CRFB/1988 estabeleceu, não apenas uma detalhada distribuição de competências tributárias entre os entes, nos arts. 153 (União),

---

[12] Como afirma Joseph Raz (*A moralidade da liberdade*. Trad. Henrique Blecher e Leonardo Rosa. Rio de Janeiro: Elsevier, 2011. p. 346-356), o ideal de autonomia se constitui na visão das pessoas como "autoras de suas próprias vidas", em oposição à ideia de "vida de escolhas forçadas". A coerção e a manipulação impedem escolhas livres e afastam a possibilidade da autonomia. O autor ensina que a ideia de "liberdade" pressupõe a de "autonomia". Ninguém que não desfrute de "autonomia" pode jamais ser livre. Da mesma forma, pode-se afirmar que entes sem autonomia não são verdadeiros "poderes", uma vez que não são habilitados a tomar suas próprias decisões.

155 (estados e DF) e 156 (municípios e DF), como também a repartição obrigatória da receita proveniente de impostos com os entes menores. A transferência de recursos foi prevista, tanto para favorecer a arrecadação necessária para a efetivação dos mandamentos constitucionais, como para firmar um mecanismo que pudesse promover um "federalismo cooperativo".

Nesse sentido, é transferida para os estados, Distrito Federal e municípios parte dos recursos provenientes do Imposto sobre a Renda e Proventos de Qualquer Natureza (50%), do Imposto sobre Produtos Industrializados (60%), do Imposto sobre Operações de Crédito, Câmbio, Seguro, ou Relativas a Títulos ou Valores Mobiliários (IOF) e do Imposto sobre a Propriedade Territorial Rural (ITR), sendo que até mesmo parcela dos impostos residuais (20%) deve ser transferida para os entes menores. Além disso, parcela da Cide combustível (29%) é também repartida. Assim, apenas os impostos federais de finalidade extrafiscal é que não são compartilhados. Uma parte do principal imposto estadual deve também ser repartida com os municípios: 25% do ICMS (bem como do IBS, nos termos do art. 158, IV) e 50% do IPVA (art. 158, III).

A distribuição de recursos para os entes onde a riqueza não foi gerada, em homenagem à ideia de "federalismo cooperativo", foi otimizada com o art. 158, §2º, I, da CRFB/1988, uma vez que o IBS (substituto do ICMS) deve ser compartilhado em 80% (oitenta por cento) na proporção da população do município, e não mais se tomando em consideração o "valor adicionado fiscal" (que, em singelas palavras, retrata um índice de produção local de riqueza).

Todo esse desenho federal foi pensado para possibilitar o cumprimento das funções constitucionais de cada ente federado e a autonomia financeira. Quando há uma deturpação na divisão de competências ou a privação de recursos pela sua centralização na União, ofende-se o princípio federativo em seu núcleo essencial. Centralizar poderes significa ferir o princípio federativo, porque, se federalismo temos vários, a CRFB/1988 firmou sua modelagem federativa e determinou o princípio federal como vetor fulcral, frise-se.

O desequilíbrio do pacto federativo em termos de repartição de recursos financeiros proporciona uma ofensa ao princípio federal e, no final das contas, acaba por, em alguma porção, favorecer a subordinação do ente federado à União. Ofender a "autonomia financeira" dos entes subnacionais, promovendo um "desequilíbrio federativo", corrompe a arquitetura constitucional e corrói o sistema federalista, portanto, é patente inconstitucionalidade.

A atuação da União em prol dos estados por razões eleitoreiras ou por favores politiqueiros, como ocorre com o "orçamento secreto", se traduz em uma ofensa ao ideal democrático e um atentado contra o federalismo. O "equilíbrio federativo" evita a submissão dos estados e municípios pelo viés financeiro, atribuindo os recursos necessários para que cada ente cumpra seus deveres constitucionais sem depender dos favores do ente central.

Nesse cenário, devem os intérpretes adotar posicionamentos federalistas, no sentido trazido pelo STF, por meio do Ministro Luís Roberto Barroso: "o princípio federativo reclama o abandono de qualquer leitura excessivamente inflacionada das competências político-administrativas ou legislativas da União".

É preciso deixar gizado que "federalismo cooperativo" não significa apenas a necessidade singela de "cooperação entre entes federados", mas a ideia traduz muito mais: significa que mecanismos de eliminação das "desigualdades regionais", como estabelecido no art. 3º, III, da CRFB/1988, devem ser desenhados. Foi por isso que os arts. 158 a 160 foram previstos. Até mesmo para as despesas adicionais, necessárias ao desenvolvimento, a CRFB/1988 estabeleceu mecanismos próprios, em absoluta sintonia com o princípio federativo ("cooperativo"), determinando que os impostos residuais devem também ser partilhados com os estados-membros (art. 157, II).

Em síntese, *o "desequilíbrio federativo" ofende o princípio federal e o "pacto federativo"*. Da mesma forma, na interpretação das normas e dos contratos entre os entes federativos, eventual "desequilíbrio" tem de ser compensado para que se possa restaurar o devido "equilíbrio federativo". Se assim não se fizer, a CRFB/1988 fica ferida em seu princípio federal, que é fulcral. Essa lição fica clara nos magistrais votos e na doutrina do Ministro Luís Barroso. Basta conferir, por exemplo, a ACO nº 2.178 (STF, Tribunal Pleno, Rel. Min. Luís Barroso, j. 17.12.2022, *DJ* 10.3.2023):

> *O federalismo fiscal brasileiro vive um momento delicado, marcado por insuficiências e desequilíbrios. Para tal situação, contribuem, entre outros fatores, (i) o centralismo tributário da União, que concentrou os seus esforços arrecadatórios em contribuições, cuja receita majoritariamente não é compartilhada com os demais entes federados;* (ii) os incentivos fiscais que produzem impactos sobre o Fundo de Participação dos Estados; (iii) a *omissão inconstitucional do Congresso Nacional em disciplinar medidas compensatórias das perdas sofridas pelos Estados com a desoneração das exportações,* já reconhecida na ADO 25, Rel. Min. Gilmar Mendes, j. em 30/11/2016; (iv) uma guerra fiscal de todos contra todos; (v) e *as obrigações de amortização da dívida dos Estados com a União. Como se vê, instaurou-se um modelo em que os Estados perdem quase sempre. A interpretação de normas e contratos entre os entes federativos não pode desconsiderar essa realidade fática.* (Grifos nossos)

Como ressabido, o desenho constitucional foi estabelecido para fortalecer o federalismo, de forma que, se a União necessitasse aumentar sua receita, poderia majorar a alíquota de seus impostos, ou, ainda, instituir impostos residuais. De qualquer forma, haveria a transferência de parte dessa receita para os entes menores, não se ferindo o "equilíbrio federativo". Entretanto, com o intuito de aumentar a arrecadação federal sem a repartição das receitas, *a União utilizou-se abusiva e desmedidamente das contribuições especiais* (em uma espécie de "abuso inconstitucional de poder legiferante").

As contribuições especiais são tributos que podem conter materialidade e base de cálculo idênticas a dos impostos, tendo como diferencial principalmente duas características: (i) a vinculação das receitas, ou seja, o arrecadado com a contribuição especial terá como finalidade o motivo de sua instituição;[13] e (ii) a ausência de repartição de receitas com os demais entes estatais (salvo a Cide).[14] Entretanto, em um movimento de "fraude"

---

[13] Essa motivação do Governo Central não passou despercebida da doutrina brasileira, tendo Valter de Souza Lobato, em trabalho específico sobre as contribuições sociais, destacado que "o cenário atual é bem nefasto, pois com a necessidade de arrecadação – Municípios e Estados se digladiam (guerra fiscal) e a União Federal invade competências que não lhe pertenciam, para suprir a ausência de arrecadação, sem repasses aos demais entes da Federação" (LOBATO, Valter de Souza. *O regime jurídico-constitucional das contribuições destinadas ao custeio da seguridade social*: a importância basilar e estruturante da finalidade e os demais limites ao poder de tributar. Belo Horizonte: 2014. Tese (Doutorado em Direito) – Programa de Pós-Graduação em Direito, Faculdade de Direito, Universidade Federal de Minas Gerais, 2014).

[14] Para esse debate vale conferir BATISTA JÚNIOR, Onofre Alves. *Manual de direito tributário*. 2. ed. Belo Horizonte: Casa do Direito/Letramento, 2024.

à arquitetura constitucional, as contribuições especiais passaram a ser utilizadas como mecanismo fundamental de incremento da receita federal sem o compartilhamento com os entes menores. Para se ter uma ideia, hoje, já representam a maior parte dos valores arrecadados pela União.[15] Essa "fraude à Constituição" vem sendo perpetrada pela União com a utilização do mecanismo das contribuições especiais, em desrespeito ao princípio federativo.

Não se discute o poder de instituir contribuições especiais. O que se questiona é essa espécie de "desvio de poder" (ou de "abuso de poder"): esse "ilícito atípico".[16] O que não pode juridicamente ocorrer é uma "fraude à Constituição". Não se admite a instituição de um "sistema tributário paralelo" de arrecadação que possa lenta e gradualmente corroer o "equilíbrio federativo".[17] Essa prática antijurídica vem proporcionando um "desequilíbrio de forças", desfigurando a "arquitetura constitucional" e deturpando, lenta e gradualmente, o sistema constitucional tributário, tornando-o disfuncional, complexo e ineficiente.

Essa questão não escapou ao olhar atento do Ministro Luís Barroso, sobretudo quando constatou a atuação abusiva e antifederalista da União, ao analisar a por ele designada "crise do federalismo fiscal brasileiro". Vale verificar trechos de seu voto na ADO nº 25 (STF, Tribunal Pleno, Rel. Min. Gilmar Mendes, j. 30.11.2016, *DJe* 17.8.2017, *DJ* 18.8.2017, p. 75), *in verbis*:

> [...] Acho que o voto toca em alguns pontos que, em outros julgados, temos falado aqui também, a propósito dessa CRISE DO FEDERALISMO FISCAL BRASILEIRO, que decorre não apenas da crise econômica do momento, que evidentemente tem impacto. Decorre, em parte e igualmente, de uma relevante falta de responsabilidade fiscal dos Estados, mas também tem uma *participação decisiva da União por políticas tributárias que, como nós temos*

---

15 Nesse contexto, merecem destaque os projetos legislativos apresentados ao Congresso Nacional objetivando justamente a repartição do produto das contribuições sociais com os demais entes federativos, tal como a PEC nº 12/2013, que altera o art. 159 da CRFB/1988 para incluir o produto da arrecadação de algumas contribuições sociais no compartilhamento com os entes subnacionais. Na justificativa da proposta do Senador Flexa Ribeiro consta a seguinte passagem: "No entanto, a cada ano os Estados vêm sofrendo perdas significativas em suas transferências constitucionais obrigatórias, haja vista a migração da arrecadação federal para os tributos não compartilhados. Com essa inversão, o Governo Federal diminuiu a participação daqueles entes na partilha de sua arrecadação. *Em 1988, ano da promulgação da CF, a arrecadação oriunda do IR e do IPI somava 76,2% do total da arrecadação da União, e as contribuições e outras receitas administradas pela RFB somavam 23,8%. Já em 2010, o IR e o IPI representavam apenas 45,5% enquanto as contribuições, somadas a outras receitas administradas, alcançaram 54,5% do total da arrecadação federal*". Cf. CGU. *Portal da Transparência*. Disponível em: https://www.portaldatransparencia.gov.br/receitas/consulta.asp?idHierarquiaOrganizacao=1&idHierarquiaDetalhe=0&idDirecao=1&idHierarquiaOrganizacao0=1&idHierarquiaDetalhe0=0&Exercicio=2017&ordenarPor=ano&direcao=desc. Acesso em: 1º ago. 2022.

16 Como bem afirmam Manuel Atienza e Juan Ruiz Manero (*Ilícitos atípicos*. 2. ed. Madrid: Trotta, 2006. p. 27), "si los ilícitos típicos son, pues, conductas contrarias a una regla (de mandato), los ilícitos atípicos serían las conductas contrarias a principios de mandato". Para os autores, nos ilícitos atípicos ("fraude à lei", "abuso de direito" e "desvio de poder"), a princípio, o caso parece coberto por uma regra permissiva, mas que passa a ser proibida, mudando seu "*status* deôntico", se considerados outros fatores. Nesses casos, os princípios desempenham um papel essencial.

17 Fernando Rezende chama de "regime tributário dual" a técnica utilizada pela CRFB/1988 de estabelecer regimes distintos para figuras idênticas, quais sejam os impostos tradicionais e as contribuições sociais. Os regimes seriam diferentes porque os impostos tradicionais devem respeitar aos princípios da legalidade e da anterioridade, não se vinculam a despesas específicas, não são cumulativos e sua receita é repartida com outras esferas de poder político. Já as contribuições também devem respeitar o princípio da legalidade, mas não a anterioridade (apenas o princípio da antecedência nonagesimal), vinculam-se a despesas específicas, podem ser cumulativos e o produto de sua arrecadação não é repartido (REZENDE, Fernando; OLIVEIRA, Fabrício; ARAUJO, Erika. *O dilema fiscal*: remendar ou reformar. Rio de Janeiro: Editora FGV, 2007. p. 90).

> *visto, e o Ministro Gilmar repisa no voto dele, privilegiou as contribuições sociais em lugar dos impostos, que seriam compartilhados com os Estados, e, para ainda agravar mais a situação, dá uma série de desonerações de tributos federais, em relação aos quais os Estados teriam participação, e ainda deixa de regulamentar a situação de desoneração do ICMS nas exportações. Portanto, criou-se um modelo em que os Estados perdem quase sempre.* (Grifos nossos)

No trecho acima, o ministro aborda um ponto crucial: a desoneração de tributos federais, que deveriam ser compartilhados com os estados, Distrito Federal e municípios (como no caso das seguidas desonerações de IPI). Da mesma forma, esse mecanismo pode ser observado claramente com a relação ao Imposto de Renda da Pessoa Jurídica (IRPJ) e a Contribuição Social sobre Lucro Líquido (CSLL), que, em verdade, nada mais é do que um "imposto de rendas paralelo" não compartilhado com os entes menores.

Pouco depois da publicação da Constituição Federal, ainda em 1988, *para que se pudesse instituir a CSLL com uma alíquota de 8%, promoveu-se uma redução da alíquota do IRPJ de 5%*. De forma inacreditável, os entes menores, dessa forma, financiaram parcialmente, com recursos que deveriam ser partilhados a título de IRPJ, a criação da CSLL (de receita puramente federal)! O repasse aos estados, Distrito Federal e municípios foi reduzido para que se pudesse incrementar a receita da União. Houve, assim, uma "fraudulenta" manobra de incremento da receita federal, em "fraude à Constituição", ofendendo ao princípio federal e afetando o "equilíbrio federativo", promovendo a concentração ainda maior de recursos financeiros na União.

Essa intenção é evidenciada e percebida na própria Exposição de Motivos da Medida Provisória nº 22, responsável por instituir a CSLL, em 1988. Confira-se:

> Exposição de Motivos n° 385, em 5/12/1988
> Excelentíssimo Senhor Presidente da República,
> Temos a honra de submeter à elevada consideração de Vossa Excelência o anexo projeto de medida provisória, que institui contribuição social sobre o lucro das pessoas jurídicas domiciliadas no País, reduz o imposto de renda incidente sobre o lucro real das empresas e a contribuição devida ao PIS/PASEP. [...].
> 9. Paralelamente, sugere-se que *a alíquota do imposto de renda incidente sobre o lucro real das pessoas jurídicas, atualmente de 35%, seja reduzida para 30%, a fim de amenizar a carga tributária daqueles contribuintes que irão arcar com a contribuição social.* [...]. (Grifos nossos)

Além da criação desse "imposto de rendas fake", com o perdão da expressão, a União alargou a incidência dos seus "impostos sobre o consumo" quando criou contribuições sociais (incidentes sobre a receita e não compartilhadas com os estados, Distrito Federal e municípios) e instituiu um "verdadeiro ICMS federal" (PIS e Cofins não cumulativa). Portanto, além de não compensar os estados, Distrito Federal e municípios pela perda de receita em razão da desoneração de exportação com a chamada "Lei Kandir", a União invadiu a principal materialidade dos tributos estaduais (ICMS), fraudando, mais uma vez, o princípio federativo.

Mais recentemente, em mais uma mudança na Constituição, dessa vez com o objetivo de consolidar e juridicizar a "fraude à lei" perpetrada, a Emenda Constitucional nº 32/2023 transformou o "imposto federal sobre o consumo fake" (PIS/Cofins não cumulativa) em CBS. A União, assim, buscou legitimar a invasão que fez na base tributária dos entes menores.

Nessa mesma toada, a Desvinculação de Receitas da União (DRU) permitiu, por anos,[18] ao ente central utilizar o montante arrecadado a título de contribuição especial para fins diversos daqueles que justificaram a instituição do tributo. Dessa maneira, a União Federal arrecadou trilhões de reais e os aplicou em gastos correntes do Tesouro Nacional. Nesse compasso, mais uma vez, viu-se esse "desvio de poder" antijurídico, porque os tributos que se justificavam pela necessidade de recursos para uma finalidade (seguridade social) eram utilizados para outra.

De "ilícios atípicos" em "ilícitos atípicos" a arquitetura constitucional e o modelo federal foram sendo gradativamente fraudados.

Para agravar de vez a "crise do federalismo brasileiro" (expressão do Ministro Luís Barroso), a União insiste em cobrar a dívida dos estados e municípios sem considerar o próprio "desequilíbrio federativo" que promoveu. Sob o argumento falacioso de que deve tratar os entes federados com isonomia, como se fosse uma "mãe nazista, severa e insensível", a burocracia federal sequer é capaz de entender que o desequilíbrio proporcionado por suas sucessivas manobras de centralização de recursos atingiu de forma diferenciada os entes menores (sobretudo aqueles exportadores de *commodities*, que, além de não poderem contar com seu principal tributo – ICMS, muitas vezes têm de assumir os créditos dos insumos provenientes de outros estados).

Por mais que tenha pontuado a real "irresponsabilidade fiscal dos estados", o ministro percebeu que esse quadro de crise se deve, antes de tudo, à "participação decisiva da União" que, em suas políticas tributárias privilegiou as contribuições sociais em lugar dos impostos (que seriam compartilhados com os estados), que fez uma série de desonerações de tributos federais (em relação aos quais os estados teriam participação) e que não regulamentou a situação de desoneração do ICMS nas exportações. O certo é que a União, em grande parte, é a responsável pelo agigantamento da dívida pública estadual, que proporciona um forte impacto nos cofres estatais, impedindo o custeio de políticas públicas e a redução da pobreza.

Vale ressaltar as palavras do ministro na ADI nº 6930 (STF, Tribunal Pleno, Rel. Min. Roberto Barroso, j. 3.7.2023, *DJ* 15.8.2023):

> Como tenho afirmado reiteradamente nos últimos anos, responsabilidade fiscal não tem ideologia; responsabilidade fiscal não é nem de direita e nem de esquerda, não é nem monetarista, nem é estruturalista; é apenas um pressuposto das economias saudáveis [...]. Afinal, se o Estado vive para custear sua própria máquina e os encargos da sua dívida, não sobra dinheiro para investimento em políticas públicas como saúde, educação e assistência social, indispensáveis à redução da pobreza.

A diminuição da arrecadação por parte dos estados, Distrito Federal e municípios pela substituição de tributos compartilhados por contribuições especiais, somada à cobrança de uma dívida inexistente com a União (porque por ela foi agravada), impede a concretização dos mandamentos constitucionais e desfigura o desenho federalista, que pressupõe a autonomia financeira estadual e municipal.

---

[18] A União abandonou parcialmente o mecanismo da DRU com a EC nº 93/2016, que retirou do seu bojo as contribuições sociais destinadas ao custeio da seguridade social (contribuições previdenciárias patronais e do segurado, PIS/Cofins, CSLL).

O Ministro Luís Roberto Barroso, portanto, percebe as mais variadas vertentes dessa ampla discussão, abordando-as em diversos julgados, sem se deixar ser contaminado pelos posicionamentos daquela parcela da tecnoburocracia federal mais autorreferenciada. Os julgados e a doutrina do ministro são essenciais para o direito tributário e para o direito financeiro, principalmente naquilo que diz respeito à repartição de competência tributária. Sendo a tributação a principal forma de arrecadação do Estado (tributário) brasileiro, a defesa da arquitetura constitucional e do modelo de repartição rígida de competências são, antes de tudo, uma defesa da autonomia financeira dos entes federados, portanto, uma proteção ao federalismo e, assim, uma viabilização do ideal democrático.

Conclusão

Digna de encômios é a luta do Ministro Luís Barroso pela democracia, bem como seu combate às políticas que agravam as desigualdades sociais. O jurista, em suas decisões, deixa evidente a necessidade de respeito e defesa dos princípios constitucionais, sobretudo para a construção de uma sociedade igualitária e para a promoção de condições mínimas de dignidade aos cidadãos.

A ele, um democrata, um jurista de escol e um cavalheiro de fino trato, nossas mais sinceras homenagens.

Informação bibliográfica deste texto, conforme a NBR 6023:2018 da Associação Brasileira de Normas Técnicas (ABNT):

BATISTA JÚNIOR, Onofre Alves. A "crise de federalismo brasileiro" na lição do Ministro Luís Barroso. *In*: PAULA, Fernanda de; PENCAK, Nina (coord.). *Tributação, liberdade e igualdade*: as contribuições do Ministro Luís Roberto Barroso. Belo Horizonte: Fórum, 2025. p. 925-936. ISBN 978-65-5518-952-0.

PRESCRIÇÃO INTERCORRENTE TRIBUTÁRIA E A CONSTITUCIONALIDADE DO ART. 40 DA LEI Nº 6.830/80: UMA ANÁLISE À LUZ DO RECURSO EXTRAORDINÁRIO Nº 636.562/SC

PATRICK VASCONCELOS DA SILVA

Introdução

A temática do direito tributário traz consigo diferentes celeumas no decorrer da história humana,[1] sendo que diversas revoltas populares foram motivadas à luz de aspectos tributários. Nesse sentido, pode-se citar o evento histórico da Revolta do Maneta,[2] ocorrido em 1711 na capitania da Baía de Todos os Santos – hoje, Estado da Bahia, no qual o governo aumentou os tributos sobre mercadorias e escravos de modo a aumentar recursos para combater as invasões holandesas e francesas na colônia, bem como aumentou o preço do sal, acarretando uma verdadeira revolta popular que culminou com a invasão da Câmara da Cidade de Salvador.

Portanto, questões atinentes ao direito tributário sempre acarretam descontentamentos na sociedade, tendo em vista a sua incidência no patrimônio do tributado, o que reduz a riqueza do contribuinte.

Ressalta-se a impossibilidade da existência do Estado sem uma fonte de recurso para financiar os custos de sua atuação, sendo o tributo a forma mais adequada para financiamento do Estado, o que resulta em um dever fundamental de pagar impostos.[3]

A discordância popular com as regras do direito tributário acaba por desaguar no Poder Judiciário, cabendo a este poder o papel de pacificar os conflitos existentes para uma vida em sociedade harmoniosa e justa.

O relatório *Justiça em Números* de 2024, elaborado pelo Conselho Nacional de Justiça (CNJ), revela que "as execuções fiscais correspondem a 31% de todos os casos

1 FIGUEIREDO, Luciano Raposo de Almeida. *Revoltas, fiscalidade e identidade colonial na América portuguesa*: Rio de Janeiro, Bahia e Minas Gerais, 1640-1761. Tese. São Paulo, 1996.

2 PITA, Sebastião da Rocha. *História da América Portugueza*. Bahia: Imprensa Economica, 1878. p. 401-410.

3 NABAIS, José Casalta. *O dever fundamental de pagar impostos*. Coimbra: Almedina, 2015.

pendentes da Justiça e a 59% do total das execuções pendentes". Ademais, ressalta-se no referido relatório que há uma taxa de congestionamento de 87,8% na tramitação das execuções fiscais ao demonstrar que o "tempo médio de tramitação das execuções baixadas foi de 7 anos e 9 meses, o triplo do tempo médio global do processo baixado".[4]

O Supremo Tribunal Federal tem protagonizado um papel central nesse eterno conflito entre tributação e a sociedade, buscando atuar como um verdadeiro bastião da Constituição ante a assanha arrecadatória do Estado e da atuação evasiva dos contribuintes.

O Ministro Luís Roberto Barroso foi relator de diversos julgados de suma relevância para o direito tributário, demonstrando o seu profundo conhecimento e preocupação com aspectos sociais e tributários, atuando de forma a garantir a higidez do sistema tributário constitucional e a harmonia social à luz de votos técnicos e baseados na jurisprudência e doutrina nacional e estrangeira.

Os diversos julgados relatados pelo Ministro Luís Roberto Barroso ganharam protagonismo em nossa sociedade, dos quais podemos citar os seguintes julgados: a) ADI nº 3.141 (constitucionalidade da retenção na fonte); b) ADI nº 4.481 (guerra fiscal e modulação de efeitos); c) ADI nº 4.612 (local de incidência do IPVA); d) ADI nº 5.576 (discussão sobre a incidência do ISS ou ICMS sobre o licenciamento de programas de computador); e) ADI nº 5.729 (compartilhamento de informações fiscais e bancárias); f) RE nº 636.562/SC – Tema nº 390 (constitucionalidade do §4º do art. 40, da Lei nº 8.630/80).

Dentre o vasto acervo de julgados relatados pelo Ministro Luís Roberto Barroso, destaca-se o último julgado acima colacionado, o Recurso Extraordinário nº 636.562/SC, que será objeto do presente trabalho para uma análise pormenorizada da prescrição intercorrente tributária e a constitucionalidade do art. 40 da Lei nº 6.830/80.[5]

A abordagem do tema objeto deste trabalho perpassa a necessária análise dos seguintes eixos centrais: a) definição do instituto da prescrição; b) distinção entre a prescrição intercorrente tributária e a prescrição ordinária tributária; c) a exigência de lei complementar para dispor sobre normas gerais tributárias; e d) caracterização da prescrição intercorrente tributária como norma de direito processual e a inaplicabilidade da exigência de lei complementar.

O presente trabalho buscará trazer elementos doutrinários e jurisprudenciais de modo a ratificar a constitucionalidade do art. 40 da Lei nº 6.830/80, concluindo que as normas oriundas desse dispositivo não guardam necessária veiculação por lei complementar, diante de sua natureza processual, que possui o seu fundamento de validade no inc. I, do art. 22, da Constituição da República Federativa do Brasil de 1988 (CRFB/88).

---

[4] BRASIL. Conselho Nacional de Justiça. *Justiça em Números 2024*. Brasília: CNJ, 2024. p. 22.

[5] "Art. 40. O Juiz suspenderá o curso da execução, enquanto não for localizado o devedor ou encontrados bens sobre os quais possa recair a penhora, e, nesses casos, não correrá o prazo de prescrição. §1º Suspenso o curso da execução, será aberta vista dos autos ao representante judicial da Fazenda Pública. §2º Decorrido o prazo máximo de 1 (um) ano, sem que seja localizado o devedor ou encontrados bens penhoráveis, o Juiz ordenará o arquivamento dos autos. §3º Encontrados que sejam, a qualquer tempo, o devedor ou os bens, serão desarquivados os autos para prosseguimento da execução. §4º Se da decisão que ordenar o arquivamento tiver decorrido o prazo prescricional, o juiz, depois de ouvida a Fazenda Pública, poderá, de ofício, reconhecer a prescrição intercorrente e decretá-la de imediato. (Incluído pela Lei nº 11.051, de 2004) §5º A manifestação prévia da Fazenda Pública prevista no §4º deste artigo será dispensada no caso de cobranças judiciais cujo valor seja inferior ao mínimo fixado por ato do Ministro de Estado da Fazenda. (Incluído pela Lei nº 11.960, de 2009)".

1 Conceituação do instituto da prescrição

O tempo e o direito são fatores de suma importância para uma sociedade em paz e harmoniosa. Ambos os requisitos devem ser conjugados para obtenção de um Estado de direito justo e pacificado.

A prescrição consiste em importante instituto jurídico que alberga dentro de si a simbiose entre o tempo e o direito, buscando almejar a paz social e a estabilidade das relações jurídicas. Nesse sentido, Pontes de Miranda sustentava que o instituto da prescrição serve "à segurança e à paz pública".[6]

A prescrição é um instituto jurídico que efetiva o princípio da segurança jurídica, do devido processo legal, da estabilização e de previsibilidade das relações jurídicas, buscando evitar que situações há muito consolidadas sejam revolvidas.

Paulo de Barros Carvalho,[7] ao tratar da prescrição como causa de extinção do crédito tributário, faz uma bela digressão sobre a importância do tempo e o direito no equilíbrio da sociedade:

> Ora, de ver está que o assunto transcende o plano dos preceitos normativos e se projeta nos domínios da Teoria Geral, da Filosofia do Direito e das básicas meditações da Filosofia Geral. As reflexões sobre decadência e prescrição interessam, portanto, a toda a extensão do jurídico, como formas imprescindíveis ao seu próprio funcionamento enquanto sistema prescritivo.
>
> Sempre que o fluxo do tempo ameaçar, de algum jeito, a obtenção daquele almejado equilíbrio, que se reflete no princípio da firmeza ou da certeza jurídica, prevê o sistema a ocorrência de fatos extintivos, os quais têm o condão de definir, drasticamente, a situação pendente, determinando direitos e deveres subjetivos correlatos. Entre tais acontecimentos estão a decadência e a prescrição.

O saudoso jurista Caio Mário da Silva Pereira[8] nos brindou em sua obra com uma definição certeira sobre o instituto da prescrição:

> Para conceituar a prescrição, o Código partiu da idéia de pretensão. Foi a dogmática alemã que lhe deu origem. O titular de um direito subjetivo recebe da ordem jurídica o poder de exercê-lo, e normalmente o exerce, sem obstáculo ou oposição de quem quer. Se, entretanto, num dado momento, ocorre a sua violação por outrem, nasce para o titular uma pretensão exigível judicialmente – *Anspruch*. O sujeito não conserva indefinidamente a faculdade de intentar um procedimento judicial defensivo de seu direito. A lei, ao mesmo tempo em que o reconhece, estabelece que a pretensão deve ser exigida em determinado prazo, sob pena de perecer. Pela prescrição, extingue-se a pretensão, nos prazos que a lei estabelece (art. 189 do Código de 2002).

A incidência da prescrição extintiva necessita da presença de dois elementos constitutivos, que são: a) a inércia do titular do direito; e b) o decurso de determinado lapso temporal. Portanto, para aplicabilidade da prescrição é imprescindível a incidência conjunta desses dois elementos constitutivos.

---

6 MIRANDA, Pontes de. *Tratado de direito privado*. 2. ed. Rio de Janeiro: Borsoi, 1955. t. 6. §662, p. 100.

7 CARVALHO, Paulo de Barros. *Direito tributário*: reflexões sobre filosofia e ciência em prefácios. 1. ed. São Paulo: Noeses, 2019. p. 174.

8 PEREIRA, Caio Mário da Silva. *Instituições de direito civil*. Rio de Janeiro: Forense, 2005. p. 682.

No direito civil, a prescrição não fulmina o direito subjetivo do credor, mas apenas fulmina a pretensão, a exigibilidade do crédito. Assim, pode o devedor cumprir a obrigação natural existente, não cabendo a repetição em caso de dívida prescrita.[9]

No direito tributário, o instituto da prescrição conserva os elementos constitutivos do direito civil, portanto, se faz necessária a inércia do titular do direito e o decurso de certo lapso temporal. Contudo, os efeitos da incidência da prescrição são distintos em virtude de expressa previsão no Código Tributário Nacional (CTN), que insere a prescrição como causa de extinção do crédito tributário,[10] e não como a perda da pretensão da cobrança do crédito tributário.

Na doutrina portuguesa, Serena Cabrita Neto e Carla Castelo Trindade discorrem sobre a dualidade da prescrição na execução fiscal, ressaltando que a prescrição consiste na fixação de um prazo razoável para a Administração Pública exigir o crédito tributário. Já para o contribuinte, trata-se da garantia que nenhuma obrigação tributária deve perdurar de forma eterna:

> Este instituto da prescrição visa, assim, procurar equilibrar a necessidade de existir um período de tempo – mais ou menos longo – que permita razoavelmente à Administração Tributária cobrar a sua dívida, designadamente por via da execução fiscal, com o princípio da certeza e da segurança jurídicas, enquanto garantia dos contribuintes, que obriga a que nenhuma obrigação do foro tributário possa durar indefinidamente no ordenamento jurídico, sob pena de não promover a necessária estabilização das situações tributárias.[11]

O art. 174 do CTN dispõe que o prazo prescricional para a cobrança dos créditos tributários prescreve no prazo de cinco anos contados da sua constituição definitiva. O CTN dispõe que o prazo prescricional é interrompido em razão: a) do despacho do juiz que ordenar a citação em execução fiscal; b) pelo protesto judicial ou extrajudicial;[12] c) por qualquer ato judicial que constitua em mora o devedor; e d) por qualquer ato inequívoco ainda que extrajudicial, que importe em reconhecimento do débito pelo devedor.

Portanto, não resta dúvida de que a prescrição extintiva consiste em um instituto jurídico da estabilização das relações jurídicas, incidindo nas hipóteses de inércia do detentor do direito subjetivo em exercer o seu direito em certo lapso temporal. E, assim, consiste em uma espécie de sanção legal, cristalizada no brocardo *dormientibus non succurrit jus* (o direito não socorre aos que dormem).

2 Distinção entre a prescrição intercorrente tributária e a prescrição ordinária tributária

O processo tem sua existência atrelada a um fim, ou seja, para lograr o seu escopo há necessidade de se obter um termo. O processo executivo tem o seu fim alcançado

---

[9] "Art. 882. Não se pode repetir o que se pagou para solver dívida prescrita, ou cumprir obrigação judicialmente inexigível".

[10] "Art. 156. Extinguem o crédito tributário: [...] V – a prescrição e a decadência; [...]".

[11] CABRITO NETO, Serena *et al. Contencioso tributário*: procedimento, princípios e garantias. Coimbra: Almedina, 2017. v. I. p. 251.

[12] Recente alteração inserida pela Lei Complementar nº 208/2004.

com a satisfação do crédito executado, porém, não se olvida que a possibilidade da incidência de certos fatos pode impedir a concretização do objetivo do processo executivo.

A busca desse objetivo nos processos executivos só se justifica na medida em que se praticam atos processuais que efetivamente conduzam para esse fim. Na hipótese de desinteresse do credor em adotar medidas efetivas para obtenção de sua pretensão, não pode o processo prolongar-se de forma perpétua e indefinida. Neste tocante que se insere a prescrição intercorrente.

O momento da inércia do titular do direito é fator preponderante para diferenciação da prescrição intercorrente da prescrição ordinária, situação essa que acarreta alterações significativas no instituto jurídico a ser aplicado.

A prescrição intercorrente é fato jurídico-processual caracterizado pela inércia do exequente em dar movimento eficaz para a finalização do processo executivo. Já a prescrição ordinária ocorre em função do não exercício pelo titular do direito de medidas aptas para cobrança do direito subjetivo dentro do prazo estabelecido no ordenamento jurídico.

A prescrição intercorrente consiste em fato *endoprocessual*, que se opera após a propositura de medida judicial para cobrança do direito subjetivo, porém, em virtude da inércia do titular do direito em promover medidas necessárias para satisfação do crédito e o decurso de certo prazo, há a caracterização da prescrição intercorrente.

Em suma, ambos os institutos possuem as mesmas características, e as mesmas consequências no direito tributário, ou seja, a extinção do crédito tributário, porém, diferem quanto ao momento de sua ocorrência. Outro ponto de similitude entre os dois institutos é o prazo prescricional de 5 anos, não havendo qualquer dissonância no lapso temporal para reconhecimento da prescrição tanto ordinária, quanto na intercorrente.

A prescrição intercorrente possui a finalidade de impedir a eternização dos conflitos judiciais, além de deter um papel de suma importância para efetivação dos princípios da segurança jurídica e da duração razoável do processo.

Ressalta-se também que o referido instituto pode ser visto como um fato de racionalização e economicidade para o Estado, em razão que demandas eternas, destinadas ao insucesso, apenas importariam em custos desnecessários, porque a recuperabilidade do crédito público seria inversamente proporcional ao decurso do tempo.

Isso porque a noção de cobrança judicial não pressupõe apenas a propositura da execução fiscal, mas também todos os custos da máquina pública, tanto do Executivo, quanto do Judiciário, que em executivos sem chances de êxito provocariam gastos desnecessários ao Poder Público, contrariando uma análise econômica do direito. Não é outro o posicionamento exarado pelo Ministro Luís Roberto Barroso em seu voto no RE nº 636.562/SC:

> 8. Paralelamente, o sistema jurídico, voltado à pacificação dos conflitos sociais, não pode conviver com a permanência, sem qualquer limite temporal, do poder persecutório do Estado em face dos indivíduos. Em outras palavras, a imprescritibilidade das relações jurídicas não é compatível como os princípios da segurança jurídica e do devido processo legal, considerando-se a necessidade de que as demandas sejam solucionadas em um tempo razoável. [...]
>
> 9. Desse modo, a prescrição intercorrente tributária atende aos princípios da segurança jurídica e do devido processo legal, além de servir a uma política judiciária de não eternização dos litígios judiciais.

Em suma, a prescrição ordinária tributária pode ser definida como a inércia do Poder Público em adotar as medidas necessárias para cobrança do crédito tributário no lapso temporal de 5 anos após sua a constituição definitiva do crédito tributário. Já a prescrição intercorrente tributária ocorre na inércia da parte autora de promover o ato necessário para o regular desenvolvimento da execução fiscal no prazo legal de 5 anos, conforme estabelecido no art. 174 do CTN.

3 A exigência de lei complementar para dispor sobre normas gerais tributárias

O art. 59 da CRFB/88 dispõe, de forma clara, sobre as espécies normativas que compõem o processo legislativo brasileiro. Dentre as espécies enumeradas no dispositivo constitucional, destaca-se a lei complementar.

O conceito de lei complementar pode ter uma acepção ampla ou restrita, no qual o conceito amplo envolve a noção de que todas as leis são complementares, pois buscam completar princípios básicos esculpidos na Constituição. Já em sua característica restrita, abarca apenas a espécie normativa elencada no texto constitucional como lei complementar, no qual deve obedecer às regras do processo legislativo inerentes à aprovação desta espécie normativa.

A Constituição de 1967 exigia, no §1º, do art. 19, a edição de lei complementar para elaboração de normas gerais em direito tributário. A exigência constitucional era da edição de lei complementar em sua acepção restrita, ou seja, da espécie normativa específica da lei complementar. A exigência inclusa na Constituição de 1967 foi mantida pela Emenda Constitucional nº 1 de 1969.

A CRFB/88, buscando melhor tratar a temática da exigência de lei complementar para edição de normas gerais em direito tributário, trouxe a regra disposta no art. 146, inc. III, alíneas "a", "b" e "c".[13]

Portanto, a CRFB/88 fixa a necessidade da veiculação por meio de lei complementar de leis tributárias materiais que tratam de obrigação, lançamento, crédito, prescrição e decadência tributários.

O Ministro Luís Roberto Barroso, em seu voto no RE nº 636.562/SC, destacou a exigência de lei complementar para dispor sobre normais gerais em matéria tributária, especialmente no instituto da prescrição:

> A exigência da edição de lei complementar para versar sobre normas gerais em matéria tributária, principalmente acerca da prescrição, tem o propósito de dar tratamento uniforme ao instituto e, como consequência, a sujeitos passivos que se encontram em situações equivalentes. Com isso, também se confere segurança jurídica à matéria, evitando-se que cada ente político estabeleça um prazo próprio de prescrição.

[13] "Art. 146. Cabe à lei complementar: I – dispor sobre conflitos de competência, em matéria tributária, entre a União, os Estados, o Distrito Federal e os Municípios; II – regular as limitações constitucionais ao poder de tributar; III – estabelecer normas gerais em matéria de legislação tributária, especialmente sobre: a) definição de tributos e de suas espécies, bem como, em relação aos impostos discriminados nesta Constituição, a dos respectivos fatos geradores, bases de cálculo e contribuintes; b) obrigação, lançamento, crédito, prescrição e decadência tributários; c) adequado tratamento tributário ao ato cooperativo praticado pelas sociedades cooperativas, inclusive em relação aos tributos previstos nos arts. 156-A e 195, V; (Redação dada pela Emenda Constitucional nº 132, de 2023)".

A segurança jurídica obtida a partir da edição de uma norma geral aplicável a todos entes federativos é de suma importância para um sistema tributário eficiente, evitando a existência de proliferação de conflitos em decorrência de regras distintas pelos diversos entes federativos.

A exigência constitucional de lei complementar para tratamento da prescrição tributária impede que o legislador utilize uma lei ordinária para prever novos prazos ou causas de suspensão ou interrupção do prazo prescricional. Na hipótese de inobservância da citada regra, a lei editada é maculada pela inconstitucionalidade formal.

Em 2008, o Supremo Tribunal Federal editou a Súmula Vinculante nº 8, que cristaliza o entendimento jurisprudencial no sentido de que regras inerentes ao prazo prescricional e decadencial de créditos tributários devem ser veiculadas por meio de lei complementar, fixando a seguinte tese: "São inconstitucionais o parágrafo único do artigo 5º do Decreto-Lei 1.569/1977 e os artigos 45 e 46 da Lei 8.212/1991, que tratam da prescrição e decadência do crédito tributário".

A grande celeuma sobre a prescrição tributária intercorrente reside em saber se o prazo inicial prescricional inicia da inércia do credor ou a partir da sistemática prevista no art. 40 da Lei nº 6.830/80. Tal regramento dispõe sobre a necessidade de observância do prazo de um ano de suspensão para, somente após o decurso de tal prazo, iniciar-se o prazo prescricional de 5 anos. Portanto, reside a controvérsia em verificar se o legislador violou o texto constitucional ao editar norma ordinária para tratar de matéria inerente à lei complementar e, desde já, refuta-se esse posicionamento, conforme será abordado no próximo tópico.

4 A caracterização da prescrição intercorrente tributária como norma de direito processual. Inaplicabilidade da exigência de lei complementar

A jurisprudência nacional desde muito tempo trata sobre a aplicabilidade da prescrição intercorrente tributária nas relações jurídicas, fazendo um verdadeiro corte metodológico sobre a sua incidência e natureza jurídica. Cabe mencionar a existência de uma espécie de microssistema processual resultante de julgados proferidos pelo Superior Tribunal de Justiça, que reforçam a natureza processual deste importante instituto jurídico.

No Recurso Especial nº 1.120.295/SP, julgado sob o regime dos recursos repetitivos, o Ministro Luiz Fux consignou na ementa do julgado que a interrupção da prescrição retroage à data da propositura da execução fiscal, desde que proposta dentro do prazo prescricional:

> 14. O Codex Processual, no §1º, do artigo 219, estabelece que a interrupção da prescrição, pela citação, retroage à data da propositura da ação, o que, na seara tributária, após as alterações promovidas pela Lei Complementar 118/2005, conduz ao entendimento de que o marco interruptivo atinente à prolação do despacho que ordena a citação do executado retroage à data do ajuizamento do feito executivo, a qual deve ser empreendida no prazo prescricional. [...]
>
> 16. Destarte, a propositura da ação constitui o dies ad quem do prazo prescricional e, simultaneamente, o termo inicial para sua recontagem sujeita às causas interruptivas previstas no artigo 174, parágrafo único do CTN.

> 17. Outrossim, é certo que "incumbe à parte promover a citação do réu nos 10 (dez) dias subsequentes ao despacho que a ordenar, não ficando prejudicada pela demora imputável exclusivamente ao serviço judiciário" (artigo 219, §2º, do CPC). (REsp 1.120.295/SP. Rel. Min. Luiz Fux. Primeira Seção do STJ, julgado em 12.10.2010)

Outro importante julgado do STJ sobre a prescrição intercorrente foi o REsp nº 1.340.553/RS, julgado também sob a sistemática dos recursos repetitivos, cujo relator foi o Ministro Mauro Campbell Marques, que fixou a seguinte tese:

> 4.1.) O prazo de 1 (um) ano de suspensão do processo e do respectivo prazo prescricional previsto no art. 40, §§1º e 2º da Lei n. 6.830/80 – LEF tem início automaticamente na data da ciência da Fazenda Pública a respeito da não localização do devedor ou da inexistência de bens penhoráveis no endereço fornecido, havendo, sem prejuízo dessa contagem automática, o dever de o magistrado declarar ter ocorrido a suspensão da execução;
>
> 4.1.1.) Sem prejuízo do disposto no item 4.1., nos casos de execução fiscal para cobrança de dívida ativa de natureza tributária (cujo despacho ordenador da citação tenha sido proferido antes da vigência da Lei Complementar n. 118/2005), depois da citação válida, ainda que editalícia, logo após a primeira tentativa infrutífera de localização de bens penhoráveis, o Juiz declarará suspensa a execução. 4.1.2.) Sem prejuízo do disposto no item 4.1., em se tratando de execução fiscal para cobrança de dívida ativa de natureza tributária (cujo despacho ordenador da citação tenha sido proferido na vigência da Lei Complementar n. 118/2005) e de qualquer dívida ativa de natureza não tributária, logo após a primeira tentativa frustrada de citação do devedor ou de localização de bens penhoráveis, o Juiz declarará suspensa a execução.
>
> 4.2.) Havendo ou não petição da Fazenda Pública e havendo ou não pronunciamento judicial nesse sentido, findo o prazo de 1 (um) ano de suspensão inicia-se automaticamente o prazo prescricional aplicável (de acordo com a natureza do crédito exequendo) durante o qual o processo deveria estar arquivado sem baixa na distribuição, na forma do art. 40, §§2º, 3º e 4º da Lei n. 6.830/80 – LEF, findo o qual o Juiz, depois de ouvida a Fazenda Pública, poderá, de ofício, reconhecer a prescrição intercorrente e decretá-la de imediato;
>
> 4.3.) A efetiva constrição patrimonial e a efetiva citação (ainda que por edital) são aptas a interromper o curso da prescrição intercorrente, não bastando para tal o mero peticionamento em juízo, requerendo, v.g., a feitura da penhora sobre ativos financeiros ou sobre outros bens. Os requerimentos feitos pelo exequente, dentro da soma do prazo máximo de 1 (um) ano de suspensão mais o prazo de prescrição aplicável (de acordo com a natureza do crédito exequendo) deverão ser processados, ainda que para além da soma desses dois prazos, pois, citados (ainda que por edital) os devedores e penhorados os bens, a qualquer tempo – mesmo depois de escoados os referidos prazos –, considera-se interrompida a prescrição intercorrente, retroativamente, na data do protocolo da petição que requereu a providência frutífera. 4.4.) A Fazenda Pública, em sua primeira oportunidade de falar nos autos (art. 245 do CPC/73, correspondente ao art. 278 do CPC/2015), ao alegar nulidade pela falta de qualquer intimação dentro do procedimento do art. 40 da LEF, deverá demonstrar o prejuízo que sofreu (exceto a falta da intimação que constitui o termo inicial – 4.1., onde o prejuízo é presumido), por exemplo, deverá demonstrar a ocorrência de qualquer causa interruptiva ou suspensiva da prescrição.
>
> 4.5.) O magistrado, ao reconhecer a prescrição intercorrente, deverá fundamentar o ato judicial por meio da delimitação dos marcos legais que foram aplicados na contagem do respectivo prazo, inclusive quanto ao período em que a execução ficou suspensa.

Os precedentes judiciais acima descritos demonstram a preocupação do Poder Judiciário em assegurar a higidez do sistema jurídico, bem como de garantir o respeito ao devido processo legal e a segurança jurídica.

A discussão da constitucionalidade da previsão da fluência do prazo prescricional intercorrente apenas após decurso do prazo processual de suspensão do processo executivo fiscal envolve o aparente conflito entre dispositivos constitucionais, que são: a) art. 22, inc. I;[14] e b) art. 146, inc. III, alínea "b".

O TRF da 4ª Região, no julgamento da Arguição de Inconstitucionalidade nº 0004671-46.2003.404.7200,[15] deu parcial provimento aos pedidos veiculados no incidente processual, que impugnava a constitucionalidade do art. 40, *caput* e §4º da LEF, por ofensa ao art. 146, inc. III, alínea "b" da CRFB/88. A decisão exarada interpretou que as regras dispostas no art. 40 da LEF tratavam de direito material, e não de direito processual, concluindo pela reserva de lei complementar.

O julgamento do Recurso Extraordinário nº 636.562/SC, sob a sistemática da repercussão geral, teve o objetivo de jogar uma pá de cal na discussão judicial e doutrinária sobre a constitucionalidade da suspensão anual prevista no art. 40 da Lei nº 6.830/80.

O voto proferido pelo Ministro Relator Luís Roberto Barroso elucidou de forma clara e didática a diferenciação entre a prescrição ordinária e a prescrição intercorrente tributária, demonstrando a constitucionalidade da regra inserida no art. 40 da Lei nº 6.830/80, conforme ementa transcrita:

> EMENTA: DIREITO TRIBUTÁRIO. RECURSO EXTRAORDINÁRIO. REPERCUSSÃO GERAL. EXECUÇÃO FISCAL. PRESCRIÇÃO INTERCORRENTE. ART. 40 DA LEI Nº 6.830/1980 E ART. 146, III, B, DA CF/1988.
>
> 1. Recurso extraordinário interposto pela União, em que pleiteia seja reconhecida a constitucionalidade do art. 40, caput e §4º, da Lei nº 6.830/1980, que versa sobre prescrição intercorrente em execução fiscal. Discute-se a validade da norma, no âmbito tributário, diante da exigência constitucional de lei complementar para dispor acerca da prescrição tributária (art. 146, III, b, da CF/1988).
>
> 2. Diferença entre prescrição ordinária tributária e prescrição intercorrente tributária.
>
> 3. A prescrição consiste na perda da pretensão em virtude da inércia do titular (ou do seu exercício de modo ineficaz), em período previsto em lei. Em matéria tributária, trata-se de hipótese de extinção do crédito tributário (art. 156, V, do CTN).
>
> 4. A prescrição ordinária tributária (ou apenas prescrição tributária) se inicia com a constituição definitiva do crédito tributário e baliza o exercício da pretensão de cobrança pelo

[14] "Art. 22. Compete privativamente à União legislar sobre: I – direito civil, comercial, penal, *processual*, eleitoral, agrário, marítimo, aeronáutico, espacial e do trabalho; [...]".

[15] TRF4. AC 0004671-46.2003.404.7200, Segunda Turma. Rel. Luciane Amaral Corrêa Münch. *DE*, 26.1.2011: "EMENTA: EXECUÇÃO FISCAL. PRESCRIÇÃO INTERCORRENTE. ARGÜIÇÃO DE INCONSTITUCIONALIDADE. PRAZO. TERMO INICIAL. INTIMAÇÃO DA SUSPENSÃO DO FEITO. 1. A Corte Especial deste Tribunal, na sessão do dia 27 de agosto de 2010, neste feito, manifestou-se no sentido de acolher em parte o incidente de argüição de inconstitucionalidade do §4º e caput do artigo 40 da Lei nº 6.830/80 para: a) sem redução de texto, limitar seus efeitos às execuções de dívidas tributárias; b) nesse limite, conferir-lhes interpretação conforme à Constituição, fixando como termo de início do prazo de prescrição intercorrente o despacho que determina a suspensão (artigo 40, caput). 2. Decorridos mais de cinco anos, sem movimentação útil do processo, cabível a decretação da prescrição intercorrente. 3. Prescindível a intimação da Fazenda Pública do despacho que ordenou a suspensão da execução fiscal, porquanto tinha ciência da suspensão do feito por ela própria requerida. Ademais, do fato de não ter sido intimada da suspensão do processo não decorre qualquer prejuízo à parte exeqüente, uma vez que pode alegar causas suspensivas ou interruptivas quando instada a manifestar-se sobre a ocorrência da prescrição".

credor, de modo a inviabilizar a propositura da demanda após o exaurimento do prazo de 5 (cinco) anos. A prescrição intercorrente tributária, por sua vez, requer a propositura prévia da execução fiscal, verificando-se no curso desta. Nesse caso, há a perda da pretensão de prosseguir com a cobrança.

5. A prescrição intercorrente obedece à natureza jurídica do crédito subjacente à demanda. Se o prazo prescricional ordinário é de 5 (cinco) anos, o prazo de prescrição intercorrente será também de 5 (cinco) anos.

6. Desnecessidade de lei complementar para dispor sobre prescrição intercorrente tributária. A prescrição intercorrente tributária foi introduzida pela Lei nº 6.830/1980, que tem natureza de lei ordinária. O art. 40 desse diploma não afronta o art. 146, III, b, da CF/1988, pois o legislador ordinário se limitou a transpor o modelo estabelecido pelo art. 174 do CTN, adaptando-o às particularidades da prescrição intercorrente. Observa ainda o art. 22, I, da CF/1988, porquanto compete à União legislar sobre direito processual.

7. O prazo de suspensão de 1 (um) ano (art. 40, §1º, da Lei nº 6.830/1980) busca estabilizar a ruptura processual no tempo, de modo a ser possível constatar a probabilidade remota ou improvável de satisfação do crédito. Não seria consistente com o fim do feito executivo que, na primeira dificuldade de localizar o devedor ou encontrar bens penhoráveis, se iniciasse a contagem do prazo prescricional. Trata-se de mera condição processual da prescrição intercorrente, que pode, portanto, ser disciplinada por lei ordinária.

8. Termo inicial de contagem da prescrição intercorrente tributária. Não é o arquivamento dos autos que caracteriza o termo a quo da prescrição intercorrente, mas o término da suspensão anual do processo executivo.

9. Recurso extraordinário a que se nega provimento, com a fixação da seguinte tese de julgamento: "É constitucional o art. 40 da Lei nº 6.830/1980 (Lei de Execuções Fiscais – LEF), tendo natureza processual o prazo de 1 (um) ano de suspensão da execução fiscal. Após o decurso desse prazo, inicia-se automaticamente a contagem do prazo prescricional tributário de 5 (cinco) anos".

O prazo fixado no §2º consiste em uma presunção legal de inércia do autor em promover atos processuais necessários para se atingir o fim último da execução fiscal. Portanto, fixa o legislador que, na ausência de atuação do autor no prazo de um ano após a não citação do réu ou na hipótese de não se encontrar bens penhoráveis, tem-se o início do prazo da prescrição intercorrente.

O referido prazo de um ano permite que a Fazenda Pública adote medidas adicionais para obtenção de informações sobre o devedor ou elementos que permitam a identificação de bens para dar seguimento à execução fiscal. Sem tais informações, a cobrança do crédito pode restar prejudicada e, consequentemente, entendeu-se que a concessão deste prazo adicional se configura como essencial para que a Fazenda Pública tenha um lapso temporal adicional para identificação da localização do devedor e de seus bens para satisfação do crédito tributário.

A Lei nº 6.830/80 não adentrou em matéria inerente à norma geral sobre prescrição, não fixou o prazo prescricional do crédito, mas sim dispôs sobre o termo *a quo* para contagem da prescrição intercorrente à luz da inércia do autor. Portanto, a fixação do prazo de um ano consiste na presunção legal de inércia do autor em adotar medidas eficazes para recuperação do crédito executado.

A regra trata de direito processual, da presunção legislativa de inércia do autor em adotar medidas eficazes para o correto andamento do processo para satisfação do crédito. A reserva constitucional de lei complementar refere-se à regra de direito material, e não de direito processual, cuja constituição prevê a exigência apenas de lei ordinária. Nesse sentido, recorre-se mais uma vez ao voto proferido pelo Ministro Luís Roberto Barroso no RE nº 636.562/SC:

> 21. A despeito de a introdução da prescrição intercorrente tributária ter sido feita por lei ordinária, entendo que *não há vício de inconstitucionalidade. Nesse caso, o legislador ordinário se limitou a transpor o modelo estabelecido pelo art. 174 do CTN, adaptando-o às particularidades da prescrição verificada no curso de uma execução fiscal. Em verdade, o tratamento dado ao tema por meio de lei ordinária nacional atende ao comando do art. 22, I, da CF/1988, porquanto compete à União legislar sobre direito processual.* Tal competência garante, assim como o art. 146, III, do CF/1988, a uniformidade do tratamento da matéria em âmbito nacional e, por conseguinte, a preservação da isonomia entre os sujeitos passivos nas execuções fiscais em todo o País.
> 22. Tampouco se pode dizer que o prazo de suspensão de 1 (um) ano deveria estar previsto em lei complementar. Trata-se de mera condição processual para que haja o início da contagem do prazo prescricional de 5 (cinco) anos, de modo a ser possível constatar uma probabilidade remota ou improvável de satisfação do crédito tributário. Em outras palavras, cuida-se de um intervalo temporal razoável fixado por lei dentro do qual o credor deve buscar bens para submissão à penhora.

Outro não é posicionamento de Paulo Cesar Conrado[16] em célebre obra doutrinária sobre execuções fiscais:

> A resposta a tal indagação já se encontra sedimentada: a norma em questão não seria propriamente material, senão processual, servindo à disciplina do regime de decretação da prescrição; sua função, usando outros termos, estaria vinculada à explicitação do regime processual de decretação a que se submete o fenômeno da prescrição intercorrente. Conclusão: ao mesmo tempo que repele qualquer discussão sobre a necessidade de veiculação do tema por lei complementar, referida premissa autoriza a imediata aplicação da norma a todos os casos que em seu arquétipo se encaixam.

A preocupação do constituinte ao exigir a edição de uma lei complementar para normas gerais em direito tributário resulta da necessidade de uniformidade de tratamento em todo solo nacional. Ressalta-se que a competência para edição de leis processuais, como a Lei nº 6.830/80, também se insere na competência da União, e, desse modo, não haveria quebra da isonomia. Isto significa que outros entes federativos não podem editar normas que contrariem regras de direito processual, preservando o tratamento nacional uniforme.

A suspensão processual de um ano para início do prazo da prescrição intercorrente consiste em um fenômeno processual, uma presunção legal de falta de interesse do credor em atuar em certo lapso de tempo, após a ausência de citação do credor ou a ausência de bens penhoráveis do devedor. A Lei nº 6.830/80 buscou resguardar a efetividade do processo, evitando a eternização da execução fiscal em virtude da inércia do credor.

A norma em comento não teve o objetivo de adentrar no direito material do crédito tributário, não buscou trazer um novo prazo prescricional, mas sim regulamentar o marco inicial da verificação da inércia do credor em atuar de forma diligente na ação executiva proposta. Desse modo, permitiu-se a suspensão a incidência do prazo

---

[16] CONRADO, Paulo Cesar. *Execução fiscal*. 6. ed. São Paulo: Noeses, 2023. p. 385.

prescricional ordinário do crédito pela inércia do credor em buscar o fim último do processo, ou seja, a satisfação do crédito.

O prazo da prescrição intercorrente tributária não difere do prazo da prescrição ordinária, ou seja, há plena observância do prazo de 5 anos fixado no CTN. As regras inseridas no art. 40 da Lei nº 6.830/80 não criam um novo prazo prescricional, portanto, não ofendem o previsto na Súmula Vinculante nº 8 do STF.

As regras dispostas na Lei nº 6.830/80 preveem apenas o momento processual que configura a inércia do credor e o consequente início da fluência do prazo de 5 anos da prescrição intercorrente, possuindo clara natureza de norma processual, cuja validade independe da edição de lei complementar.

Conclusão

Não restam dúvidas sobre a importância do instituto jurídico da prescrição no ordenamento jurídico brasileiro, principalmente, no âmbito tributário. O referido instituto é de suma importância para garantir a previsibilidade, segurança jurídica e respeito ao devido processo legal.

As regras trazidas pelo art. 40 da Lei nº 6.830/80, tanto na redação originária, como alterada pela Lei nº 11.051/04, tiveram como objetivo evitar a eternização das execuções fiscais, consistindo em disposições claramente processuais, conforme consignado pelo Supremo Tribunal Federal no julgamento do RE nº 636.562/SC, julgado pela sistemática da repercussão geral, em voto conduzido pelo Ministro Relator Luís Roberto Barroso.

A suspensão de um ano da execução fiscal prevista no sistema integrado do *caput*, §§2º e 4º, do art. 40, da Lei nº 6.830/80, consiste em uma espécie de presunção legal de inércia da parte autora em prosseguir com a execução fiscal.

Trata-se, de um período que a Fazenda Pública detém para realizar diligências e obter meios de viabilizar o prosseguimento da ação de execução fiscal. Desse modo, a Fazenda Pública deve buscar, durante este prazo, obter informações sobre o devedor e seus bens de modo que se alcance a efetiva satisfação do crédito tributário.

Decorrido este prazo processual sem nenhuma ação adicional por parte da Fazenda Pública, caracteriza-se a mora processual e o início do prazo da prescrição intercorrente.

Portanto, as regras inseridas no art. 40, da Lei nº 6.830/80 possuem natureza meramente processual, cujo fundamento de validade se encontra no inc. I do art. 22 da CRFB/88, não implicando violação à alínea "b", do inc. III, do art. 146, da CRFB/88.

Referências

ÁVILA, Humberto. *Sistema constitucional tributário*. 4. ed. São Paulo: Saraiva, 2010.

BARCELLOS, Ana Paula de. *Curso de direito constitucional*. 3. ed. Rio de Janeiro: Forense, 2020.

BARROSO, Luís Roberto. *Curso de direito constitucional contemporâneo*. 8. ed. São Paulo: Saraiva Educação, 2019.

BRASIL. Conselho Nacional de Justiça. *Justiça em Números 2024*. Brasília: CNJ, 2024.

CABRITO NETO, Serena *et al*. *Contencioso tributário*: procedimento, princípios e garantias. Coimbra: Almedina, 2017. v. I.

CARVALHO, Paulo de Barros. *Direito tributário*: reflexões sobre filosofia e ciência em prefácios. 1. ed. São Paulo: Noeses, 2019.

CONRADO, Paulo Cesar. *Execução fiscal*. 6. ed. São Paulo: Noeses, 2023.

FIGUEIREDO, Luciano Raposo de Almeida. *Revoltas, fiscalidade e identidade colonial na América portuguesa*: Rio de Janeiro, Bahia e Minas Gerais, 1640-1761. Tese. São Paulo, 1996.

FUX, Luiz. *Curso de direito processual civil*. 6. ed. Rio de Janeiro: Forense, 2023.

MACHADO, Hugo de Brito. *Lei complementar tributária*. São Paulo: Malheiros, 2010.

MIRANDA, Pontes de. *Tratado de direito privado*. 2. ed. Rio de Janeiro: Borsoi, 1955.

MOREIRA, José Carlos Barbosa. *O novo processo civil brasileiro*. 29. ed. Rio de Janeiro: Forense, 2012.

NABAIS, José Casalta. *O dever fundamental de pagar impostos*. Coimbra: Almedina, 2015.

PEREIRA, Caio Mário da Silva. *Instituições de direito civil*. Rio de Janeiro: Forense, 2005.

PITA, Sebastião da Rocha. *História da América Portugueza*. Bahia: Imprensa Economica, 1878.

SCHOUERI, Luís Eduardo. *Direito tributário*. 11. ed. São Paulo: SaraivaJur, 2022.

TORRES, Ricardo Lobo. *Curso de direito financeiro e tributário*. 20. ed. Rio de Janeiro: Renovar, [s.d.].

Informação bibliográfica deste texto, conforme a NBR 6023:2018 da Associação Brasileira de Normas Técnicas (ABNT):

SILVA, Patrick Vasconcelos da. Prescrição intercorrente tributária e a constitucionalidade do art. 40 da Lei nº 6.830/80: uma análise à luz do Recurso Extraordinário nº 636.562/SC. *In*: PAULA, Fernanda de; PENCAK, Nina (coord.). *Tributação, liberdade e igualdade*: as contribuições do Ministro Luís Roberto Barroso. Belo Horizonte: Fórum, 2025. p. 937-949. ISBN 978-65-5518-952-0.

O CONCEITO DE ESTABELECIMENTO PRESTADOR PARA O ISS E O SERVIÇO DE ANÁLISES CLÍNICAS

PAULO AYRES BARRETO

PAULO ARTHUR CAVALCANTE KOURY

1 Introdução

Enquanto discutem-se os rumos da Reforma Tributária no Congresso Nacional, seguem existindo dúvidas e litígios no tocante aos tributos atualmente existentes. Relativamente ao ISS, um dos impostos que será substituído com a Reforma, muito se avançou, especialmente na jurisprudência do Superior Tribunal de Justiça, acerca do conceito de estabelecimento prestador, elemento eleito pelo legislador complementar como critério espacial do tributo (art. 3º da LC nº 116/03).

A esse respeito, o principal julgado consiste no Recurso Especial nº 1.060.210/SC, afetado à sistemática dos recursos repetitivos (Tema nº 355),[1] em que se decidiu que o estabelecimento prestador se configura no local onde verificado o núcleo do fato gerador do serviço, que corresponde à aprovação do financiamento, no caso da atividade de *leasing*, que foi objeto daquele precedente.

Contudo, há julgados esparsos que divergem dessa orientação geral, especialmente em relação às atividades de análises clínicas, em casos envolvendo a coleta do material biológico em um município e a realização da efetiva análise em outra municipalidade. Trata-se de desvios da orientação geral que merecem acurada análise doutrinária, vez que, como adverte o homenageado, Min. Luís Roberto Barroso, as decisões "não devem ser casuísticas ou idiossincráticas, mas universalizáveis a todos os casos em que estejam presentes as mesmas circunstâncias, bem como inspiradas pela razão pública".[2]

Nesse contexto, o presente artigo visa a examinar o critério espacial do ISS especificamente no que concerne às atividades de análises clínicas. Para tanto, iniciar-se-á com

---

1 Primeira Seção, Rel. Min. Napoleão Nunes. *DJ*, 05.03.2013.

2 BARROSO, Luís Roberto. *Curso de direito constitucional*. Os conceitos fundamentais e a construção de um novo modelo. 9. ed. São Paulo: Saraiva, 2020. p. 327.

a análise do critério espacial do ISS, considerando-se a sua necessária correlação com o critério material do tributo, gizado pela Constituição Federal. Em seguida, examinar-se-á o núcleo do fato gerador do ISS sobre a atividade específica de análises clínicas, para, por fim, tratar-se da necessária coerência material entre os julgados envolvendo o critério espacial do ISS, para diversas atividades.

2 O critério espacial do ISS e da sua necessária relação com o critério material

A Constituição Federal atribui aos municípios e ao Distrito Federal a competência para instituir imposto sobre "serviços de qualquer natureza, não compreendidos no art. 155, II, definidos em lei complementar" (art. 156, III). Ao dispor nessa conformidade, a Constituição circunscreveu o espaço possível de atuação do legislador tributário municipal. Com efeito, em face de um conceito constitucional como o de "serviços de qualquer natureza" deve o intérprete perquirir se houve incorporação do termo com base em sua acepção jurídica preexistente ou a positivação de um conceito autônomo.[3] Como assevera Riccardo Guastini, significações específicas no discurso jurídico devem ser obtidas a partir dos textos normativos ou do uso de juristas, e não dos dicionários.[4]

No caso do ISS, é induvidoso ter havido a incorporação do conceito preexistente. Com efeito, há muito o direito privado distingue a "locação de coisas" (art. 1.188 do CC/16,[5] correspondente ao art. 565 do CC/02)[6] da "locação de serviços" (art. 1.216 do CC/16,[7] correspondente ao art. 594 do CC/02,[8] que passou a tratar da "prestação de serviços"). A partir desses dispositivos, Geraldo Ataliba e Aires Barreto concluíram que "serviço traduz-se sempre uma obrigação de fazer", de modo que consiste no "esforço humano prestado a outrem, em caráter negocial, sob regime de direito privado".[9] Seu raciocínio parte da premissa de que a hipótese de incidência do ISS consubstancia um fato que se produz, sempre, no contexto de uma relação obrigacional, diferentemente dos "fatos puros".[10]

A partir da constatação de que o ISS apenas abarca obrigações, os autores concluem que o critério adequado para a delimitação do âmbito constitucionalmente permitido para a incidência do ISS consiste na existência de uma obrigação de fazer,

---

[3] Assim nosso: BARRETO, Paulo Ayres. Conceitos constitucionais e competência tributária. *In*: SANTOS, Nélida Cristina dos. *Temas de direito tributário*: estudos em homenagem a Eduardo Bottallo. São Paulo: Saraiva, 2013. p. 337-339.

[4] GUASTINI, Riccardo. *Distinguiendo*: estúdios de teoria e metateoría del derecho. Tradução de Jordi Ferrer i Beltrán. Barcelona: Gedisa, 1999. p. 229.

[5] "Art. 1.188. Na locação de coisas, um das partes se obriga a ceder à outra, por tempo determinado, ou não, o uso e gozo de coisa não fungível, mediante certa retribuição".

[6] "Art. 565. Na locação de coisas, uma das partes se obriga a ceder à outra, por tempo determinado ou não, o uso e gozo de coisa não fungível, mediante certa retribuição".

[7] "Art. 1.216. Toda a espécie de serviço ou trabalho lícito, material ou imaterial, pode ser contratada mediante retribuição".

[8] "Art. 594. Toda a espécie de serviço ou trabalho lícito, material ou imaterial, pode ser contratada mediante retribuição".

[9] ATALIBA, Geraldo; BARRETO, Aires. ISS – locação e leasing. *Revista de Direito Tributário*, São Paulo, n. 51-52, 1990. p. 59.

[10] ATALIBA, Geraldo; BARRETO, Aires. ISS – locação e leasing. *Revista de Direito Tributário*, São Paulo, n. 51-52, 1990. p. 54.

em contraposição à obrigação de dar.[11] Enquanto as últimas obrigações têm por objeto uma prestação de entrega de um bem, as primeiras têm por objeto uma atividade pessoal do devedor.[12]

A obrigação de fazer consiste no núcleo do conceito constitucional de serviço tributável, ratificado pelo Supremo Tribunal Federal em diversas oportunidades, tendo levado à edição da Súmula Vinculante nº 31, conforme a qual "é inconstitucional a incidência do imposto sobre serviços de qualquer natureza – ISS sobre operações de locação de bens móveis".

Nesse contexto, o art. 3º da Lei Complementar nº 116/03 estabelece que, como regra geral, o fato gerador do ISS considera-se ocorrido no local do estabelecimento prestador, com exceção apenas dos serviços expressamente listados nos incisos desse artigo,[13] dentre os quais não se encontram as análises clínicas. Por sua vez, o art. 4º da LC nº 116/03 define o estabelecimento prestador da seguinte maneira:

> Art. 4º Considera-se estabelecimento prestador o local onde o contribuinte desenvolva a atividade de prestar serviços, de modo permanente ou temporário, e que configure unidade econômica ou profissional, sendo irrelevantes para caracterizá-lo as denominações de sede, filial, agência, posto de atendimento, sucursal, escritório de representação ou contato ou quaisquer outras que venham a ser utilizadas.

Percebe-se que, a teor da LC nº 116/03, é necessário que haja uma "unidade econômica e profissional" localizada em determinado município para que ali se considere prestado o serviço, para fins da cobrança de ISS. Isso significa que o estabelecimento será localizado onde estiverem os fatores organizados para a prestação do serviço, sendo certo que o que realmente importa é ser o local destinado à efetivação do *facere*, que corresponde à prestação de serviço, materialidade constitucionalmente eleita para a incidência do ISS (CF/88, art. 156, III), por denotar capacidade contributiva do prestador (CF/88, art. 145, §1º). Nesse sentido, esclarece Aires Fernandino Barreto:

> Estabelecimento prestador é qualquer local em que, concretamente, se der a prestação de serviços. O porte do estabelecimento, o modo pelo qual se desenvolve a prestação, a dimensão dos poderes administrativos, a existência de subordinação a outro de maior relevo, fatores irrelevantes para caracterizar um estabelecimento, também o são para a tipificação de estabelecimento prestador. Em outras palavras, configura estabelecimento prestador o lugar no qual, de modo concreto, se exercitem as funções de prestar serviços, independentemente do seu tamanho, do seu grau de autonomia, ou qualificação específica.[14]

Conforme exposto *supra*, o *facere* corresponde à materialidade constitucionalmente eleita para a incidência do tributo, devendo o critério espacial, que determina a sujeição

---

11 ATALIBA, Geraldo; BARRETO, Aires. ISS – locação e leasing. *Revista de Direito Tributário*, São Paulo, n. 51-52, 1990. p. 55.

12 BARRETO, Aires. *ISS na Constituição e na lei*. 3. ed. São Paulo: Dialética, 2009. p. 43.

13 "Art. 3º O serviço considera-se prestado, e o imposto, devido, no local do estabelecimento prestador ou, na falta do estabelecimento, no local do domicílio do prestador, exceto nas hipóteses previstas nos incisos I a XXV, quando o imposto será devido no local: (Redação dada pela Lei Complementar nº 157, de 2016) [...]".

14 BARRETO, Aires F. *ISS na Constituição e na lei*. 4. ed. atual. conforme a Lei Complementar nº 157/2016, por Paulo Ayres Barreto. São Paulo: Noeses, 2018. p. 531-532.

ativa, ser interpretado nessa conformidade. Com efeito, os dispositivos infraconstitucionais referidos concretizam o art. 156, III, da CF/88[15] que, ao estabelecer a competência para a instituição do ISS, determina que o prestador do serviço será o contribuinte do tributo, o qual, por conseguinte, será prioritariamente devido ao município onde estabelecido o prestador. Como esclarece Marçal Justen Filho, "o critério espacial do ISS está vinculado não ao critério pessoal, mas ao critério material da hipótese de incidência. [...] A vinculação dá-se entre o local e a prestação (ou seja, é o local da prestação)".[16]

Assim, o estabelecimento prestador resta configurado pelo efetivo local da prestação do serviço. Portanto, o que importa é o local onde realizado o núcleo do serviço. Nesse sentido, há uma estrita conexão entre o fato gerador do ISS (prestação de serviços) e o estabelecimento prestador, que fixa o aspecto espacial do tributo. Essa linha de intelecção foi chancelada pelo C. Superior Tribunal de Justiça no Recurso Especial nº 1.060.210/SC – Tema nº 355 (Primeira Seção, Rel. Min. Napoleão Nunes. *DJ*, 5.3.2013). Trata-se de recurso representativo da controvérsia no qual foi analisado o local do estabelecimento prestador, para fins de ISS, no tocante aos serviços de *leasing*. O Tribunal firmou a seguinte tese:

> O sujeito ativo da relação tributária, na vigência do DL 406/68, é o Município da sede do estabelecimento prestador (art. 12); a partir da LC 116/03, é aquele onde o serviço é efetivamente prestado, onde a relação é perfectibilizada, assim entendido o local onde se comprove haver unidade econômica ou profissional da instituição financeira com poderes decisórios suficientes à concessão e aprovação do financiamento – núcleo da operação de leasing financeiro e fato gerador do tributo.

Ademais, fez-se constar da ementa do julgado:

> O SERVIÇO OCORRE NO LOCAL ONDE SE TOMA A DECISÃO ACERCA DA APROVAÇÃO DO FINANCIAMENTO, ONDE SE CONCENTRA O PODER DECISÓRIO, ONDE SE SITUA A DIREÇÃO GERAL DA INSTITUIÇÃO. O FATO GERADOR NÃO SE CONFUNDE COM A VENDA DO BEM OBJETO DO LEASING FINANCEIRO, JÁ QUE *O NÚCLEO DO SERVIÇO PRESTADO É O FINANCIAMENTO. IRRELEVANTE O LOCAL DA CELEBRAÇÃO DO CONTRATO, DA ENTREGA DO BEM OU DE OUTRAS ATIVIDADES PREPARATÓRIAS E AUXILIARES À PERFECTIBILIZAÇÃO DA RELAÇÃO JURÍDICA, A QUAL SÓ OCORRE EFETIVAMENTE COM A APROVAÇÃO DA PROPOSTA PELA INSTITUIÇÃO FINANCEIRA.*

Percebe-se que, nesse caso, o Superior Tribunal de Justiça, ao interpretar o conceito de estabelecimento prestador, previsto no art. 4º da LC nº 116/03, entendeu que a norma demanda uma decomposição analítica das atividades envolvidas na prestação do serviço, de modo que se considerará configurado o estabelecimento no local onde se concentrar a atividade-fim do serviço (denominado de "núcleo do serviço prestado"). Conforme o Tribunal, as atividades acessórias, preliminares e meramente consectárias à prestação de serviço não têm o condão de determinar o local da configuração do

---

[15] "Art. 156. Compete aos Municípios instituir impostos sobre: [...] III – serviços de qualquer natureza, não compreendidos no art. 155, II, definidos em lei complementar. (Redação dada pela Emenda Constitucional nº 3, de 1993)".

[16] JUSTEN FILHO, Marçal. *O imposto sobre serviços na Constituição*. São Paulo: Revista dos Tribunais, 1985. p. 148.

estabelecimento prestador. Veja-se, nessa linha, os votos dos Ministros Napoleão Nunes e Herman Benjamim, respectivamente:

> [...] Assim, a entrega de documentos, a formalização da proposta e mesmo a entrega do bem são procedimentos necessários, preliminares, auxiliares ou consectários do serviço cujo núcleo – fato gerador do tributo – é a concessão, aprovação e liberação do financiamento [...].
> [...] O que acontece no local de venda do bem financiado é apenas o início do negócio jurídico complexo, cujo cerne é, repito, o financiamento realizado pela prestadora do serviço.

Percebe-se que, nesse caso, o Tribunal, ao interpretar o conceito de estabelecimento prestador, previsto no art. 4º da LC 116/03, reconheceu que a norma demanda uma decomposição analítica das atividades envolvidas na prestação do serviço, de modo que se considerará configurado o estabelecimento no local onde se concentrar a atividade-fim (denominado de "núcleo do serviço prestado"). Especificamente no que respeita ao *leasing*, o STJ entendeu que o núcleo da prestação do serviço consiste na atividade de decisão sobre a concessão dos financiamentos.

Similar foi a decisão prolatada pelo Superior Tribunal de Justiça no REsp nº 1.117.121/SP (Tema nº 198). Conforme o qual "a competência para cobrança do ISS, sob a égide do DL 406/68 era o do local da prestação do serviço (art. 12), o que foi alterado pela LC 116/2003, quando passou a competência para o local da sede do prestador do serviço (art. 3º)".[17] Constou do voto condutor da Min. Eliana Calmon neste julgado:

> Assim, a partir da LC 116/2003, temos as seguintes regras:
> 1ª) como regra geral, o imposto é devido no local do estabelecimento prestador, compreendendo-se como tal o local onde a empresa que é o contribuinte desenvolve a atividade de prestar serviços, de modo permanente ou temporário, sendo irrelevantes para caracterizá-lo as denominações de sede, filial, agência, posto de atendimento, sucursal, escritório de representação, contato ou quaisquer outras que venham a ser utilizadas;
> 2ª) na falta de estabelecimento do prestador, no local do domicílio do prestador. Assim, o imposto somente será devido no domicílio do prestador se no local onde o serviço for prestado não houver estabelecimento do prestador (sede, filial, agência, posto de atendimento, sucursal, escritório de representação); [...].

Em suma, pode-se concluir que, a teor da LC nº 116/03, do art. 156, III da CF/88, e na esteira da jurisprudência do STJ, é necessário que haja uma "unidade econômica e profissional" localizada em determinado município para que ali se considere prestado o serviço, para fins da cobrança de ISS. A unidade econômica e profissional deverá ser aferida mediante decomposição analítica das atividades que compõem o *facere* remunerado, cujo núcleo apontará para o local onde será configurado o estabelecimento prestador, de modo a determinar o município competente para a cobrança do ISS.

Pouco importa, para a determinação do local da incidência do fato gerador do ISS, onde se iniciou a prestação do serviço, por exemplo. As atividades preparatórias e atividades-meio não compõem o núcleo do fato gerador do ISS e, portanto, são irrelevantes para a determinação do local onde se considera prestado o serviço

---

17 REsp 1.117.121/SP, Primeira Seção. Rel. Min. Eliana Calmon. *DJe*, 29.10.2009.

(estabelecimento prestador) e, portanto, para o município competente para a cobrança do respectivo ISS (sujeito ativo).

3 O núcleo do fato gerador do ISS sobre a atividade de análises clínicas

Em conformidade com o acima exposto, deve-se proceder à decomposição analítica da atividade de análises laboratoriais, para determinar o núcleo do fato gerador do ISS incidente sobre a atividade.

Normalmente, essa atividade envolve uma série de etapas, quais sejam: (i) cadastramento do cliente e coleta de amostras; (ii) etapa pré-analítica: triagem e distribuição das amostras; (iii) etapa analítica: processamento das amostras por profissionais especializados, mediante o emprego de equipamentos de alta tecnologia; e (iv) liberação dos exames e confecção dos respectivos laudos.

Nesse contexto, cumpre dissociar o chamado serviço-fim das ações-meio que, conquanto relevantes para a realização do serviço-fim, não se confundem com o núcleo do fato gerador do ISS. Como elucida Aires Fernandino Barreto, as ações-meio não devem ser tomadas de maneira isolada, para se considerar a existência de diversos serviços, quando elas estão atreladas a um serviço-fim. Vejam-se as suas palavras:

> Cogitemos de outro exemplo, no esforço de evidenciar que, rotineiramente se comete o equívoco de fracionar uma atividade em vários "serviços". Imaginemos uma empresa de pesquisa de mercado que entrevista pessoas, em vários Municípios. *A* colheita dessas informações não configura serviço, porque o objeto de prestação de serviço é a pesquisa de mercado, cuja efetivação pressupõe a coleta (feita em vários Municípios) e o expurgo das (coletas) imprestáveis (feitas nesses ou em outros Municípios). Concluídas essas etapas – meras atividades-meio –, esses dados são conferidos, tabulados, ajustados, escoimados dos desvios, consolidados e só então se produz, se perfaz, num dado Município, a pesquisa de mercado. Em casos da espécie, o ISS só pode ser devido neste último Município porque nos demais não se prestou nenhum serviço.
>
> A consecução de um fim qualquer exige, sempre, empírica ou cientificamente, o desempenho de atividades de planejamento, coleta de dados, análises, organização, controle, requerendo cálculos, datilografia e um sem-número de tarefas, as quais, nada obstante, *não* se confundem com o fim perseguido que, por hipótese, poderia ser o de transportar pessoas.
>
> É certo que essas mesmas ações humanas podem não mais se caracterizar como atividades-meio, e, noutras situações, representar o próprio objeto colimado, quando sua razão última for a sua própria produção, como fim, de utilidade autônoma, para terceiros.[18]

O exemplo do autor, relativo à colheita de dados para a realização de pesquisas de mercado, muito se assemelha à situação ora em exame. Assim como no exemplo de Aires Barreto, as análises clínicas demandam um procedimento prévio, que consiste na coleta do material biológico. Contudo, essa não é a atividade-fim dos laboratórios de análises clínicas. A atividade-fim consiste na chamada "etapa analítica", que alberga o

---

[18] BARRETO, Aires F. *ISS na Constituição e na lei*. 4. ed. atual. conforme a Lei Complementar nº 157/2016, por Paulo Ayres Barreto. São Paulo: Noeses, 2018. p. 429.

processamento das amostras por profissionais especializados, mediante o emprego de equipamentos de alta tecnologia.

Ao esclarecer a distinção entre as obrigações de dar e as obrigações de fazer, Orlando Gomes emprega o critério do interesse do credor para diferençá-las. Conforme as suas lições,

> a distinção entre a obrigação de dar e a obrigação de fazer deve ser traçada em vista do interesse do credor. [...] Nas obrigações de dar, o que interessa ao credor é a coisa que lhe deve ser entregue, pouco lhe importando a atividade do devedor para realizar a entrega. Nas obrigações de fazer, ao contrário, o fim e o aproveitamento do serviço contratado.[19]

No caso das análises clínicas, não há dúvidas de que o interesse do credor consiste na realização da análise laboratorial, mediante o efetivo teste das amostras coletadas para se determinar se há ou não a presença de um patógeno, qual o nível de açúcar no sangue, dentre outros aspectos. O cliente não contrata um laboratório para coletar o seu sangue. Ele o contrata para dizer qual o nível de colesterol presente no seu sangue, ainda que isso tenha como pressuposto a prévia coleta de sangue.

Rigorosamente, a coleta de sangue pode até mesmo ser contratada de forma segregada. Nessa hipótese, haverá serviço tributado a ser enquadrado no subitem 4.20 da lista anexa à LC nº 116/03, que trata da "coleta de sangue, leite, tecidos, sêmen, órgãos e materiais biológicos de qualquer espécie". Contudo, se a coleta ocorrer no contexto do serviço mais amplo de análises clínicas, previsto no subitem 4.02 da referida lista, essa será uma mera atividade-meio, irrelevante para fins de se determinar o local do núcleo do serviço.

Esse fenômeno é absolutamente comum nas prestações de serviços em geral. Se alguém contrata um advogado para a confecção de um parecer, a integralidade do serviço será enquadrada como advocacia, nos termos do subitem 17.14 da lista de serviços, ainda que seja um pressuposto necessário para a realização do serviço a digitação, atividade essa que, quando contratada de maneira isolada, enquadra-se no subitem 17.02 da lista de serviços anexa à LC nº 116/03.[20]

A distinção entre atividades-fim e atividades-meio é reconhecida pelo direito tributário, para diversas finalidades, além da própria fixação do critério espacial do ISS. Dentre estes, destacam-se a sua relevância para determinar-se a validade de contrato de *cost-sharing*, que consiste no exercício de atividades-meio por empresa centralizadora de grupo econômico mediante reembolso das demais empresas,[21] bem como para afastar-se a existência de capacidade contributiva autônoma que permita a incidência de tributos sobre serviços.[22]

Com efeito, as prestações de serviços frequentemente envolvem a realização de etapas intermediárias, acessórias, sem a autonomia necessária para configurar um serviço individualizado. Somente após a realização dessas etapas intermediárias o prestador

---

[19] GOMES, Orlando. *Contratos*. 15. ed. Rio de Janeiro: Forense, 1995. p. 47.

[20] "17.02 – Datilografia, digitação, estenografia, expediente, secretaria em geral, resposta audível, redação, edição, interpretação, revisão, tradução, apoio e infra-estrutura administrativa e congêneres".

[21] Cf. ApelRemNec 0027722-76.2007.4.03.6100, Juiz Convocado Rubens Calixto, TRF3. *DJe*, 11.07.2014.

[22] Cf. REsp 1176753/RJ. Rel. Min. Napoleão Nunes Maia Filho, Rel. p/ Acórdão Ministro Mauro Campbell Marques, Primeira Seção, julgado em 28.11.2012. *DJe*, 19.12.2012.

de serviços atingirá o objetivo visado, o serviço tributável pelo ISS. Essas atividades, cuja execução não é objeto da contratação do serviço, são apenas meios para se chegar ao objeto da prestação. A elas a doutrina denomina atividades-meio.

Nesse contexto, deve-se tomar em consideração que a atividade de análises clínicas, por se inserir dentre os serviços médicos, é altamente regulada. Nesse sentido, o Conselho Federal de Medicina (CFM) esclareceu, por meio de parecer proferido em sede de processo de consulta (Parecer CFM nº 11/10, Processo-Consulta CFM nº 4.798/07), que as coletas de material biológico são meramente acessórias ao processo de análises clínicas, de modo que sequer necessitam de supervisão médica própria, sendo suficiente o diretor técnico da unidade onde realizado o processamento das amostras.

Logo, o núcleo do fato gerador do ISS relativamente às atividades de análises clínicas apenas poderá ser o que se denominou de fase analítica, consistente no processamento das amostras biológicas por profissionais especializados, mediante o emprego de equipamentos de alta tecnologia.

Trata-se, exatamente, do entendimento de Bernardo Ribeiro de Moraes. Ao examinar o item da lista de serviços que abarca os laboratórios de análises clínicas, o referido autor afirmou que se entende

> como laboratórios os estabelecimentos onde se executam trabalhados de índole técnica ou investigação científica, com aplicação de conhecimentos científicos e utilização de instrumentos e utensílios especiais. Neles trabalham, além de outros, pessoal técnico profissional especializado (técnico de laboratório), e de aprendizagem laboratorial (laboratorista e auxiliar de laboratório).[23]

Vê-se, portanto, que, por qualquer perspectiva adotada, o núcleo do fato gerador do ISS sobre as atividades de análises clínicas somente poderá corresponder ao local onde efetivamente processadas e analisadas as amostras biológicas. Isso porque: (i) a atividade de coleta é mera atividade-meio para a realização do serviço-fim de análises laboratoriais, conforme reconhecido pela própria regulamentação da matéria; (ii) apenas a atividade-fim é relevante para a determinação do local de ocorrência do fato gerador do ISS; (iii) o critério do interesse do cliente aponta para a atividade de coleta como mero meio para a realização da atividade-fim.

4 A necessária coerência material da jurisprudência do Superior Tribunal de Justiça

O tema do local da incidência do ISS, no contexto envolvendo disputas entre diferentes municipalidades pelo recolhimento do mesmo tributo, vem sendo objeto de análise pelo Superior Tribunal de Justiça a respeito dos mais diferentes tipos de serviços. Conforme destacado acima, a matéria foi objeto de dois julgados sob a sistemática dos recursos repetitivos, envolvendo as atividades de *leasing* (Tema nº 354, REsp nº 1.060.210/SC) e de engenharia consultiva (Tema nº 198, REsp nº 1.1117.121/SP).

---

[23] MORAES, Bernardo Ribeiro de. *Doutrina e prática do imposto sobre serviços*. São Paulo: Revista dos Tribunais, 1975. p. 178-179.

De um lado, é certo que a eficácia vinculante desses julgados repetitivos, em conformidade com o art. 927, III, do CPC/15, diz respeito aos casos envolvendo as mesmas atividades neles examinadas. É dizer, na forma do dispositivo do Código de Processo Civil, todos os órgãos do Poder Judiciário nacional estarão obrigados à observância dos julgados em questão sempre que lidarem com o local da incidência do ISS envolvendo atividades de *leasing* e de engenharia consultiva.

De outro lado, entretanto, é igualmente certo que as razões de decidir (*ratio decidendi*) desses casos podem e devem ser aplicadas a outras atividades, desde que não existam razões suficientes para estabelecer diferenciação entre elas. Nesse sentido, o art. 926, *caput*, do CPC/15 estabelece o dever de coerência da jurisprudência dos tribunais, que demanda que a uma questão geral deve se dar a mesma resposta geral, a menos que exista uma razão suficiente para a adoção de um critério de julgamento distinto.

Conforme a teoria dos precedentes, para verificar se determinado precedente se aplica a um caso concreto ou deve ser objeto de *distinguishing*, não deve o intérprete ater-se a cada um dos fatos tratados no precedente, mas à resposta geral dada a determinada pergunta geral. Como explica Misabel Derzi, "é a resposta geral (a uma pergunta ou questão) que caracteriza a jurisprudência. Se ela se modifica, então termos uma jurisprudência nova. Não importa que denominemos essa resposta geral, de regra judicial, norma concreta ou ratio decidendi".[24]

A par da sua previsão no Código de Processo Civil, o dever de coerência decorre do princípio do Estado de direito, insculpido no art. 1º, *caput*, da Constituição Federal. Este princípio demanda que a conduta dos cidadãos e do Poder Público de maneira geral seja sempre regulamentada por meio de normas jurídicas que sejam independentes do seu aplicador, configurando-se o governo das leis, em contrapartida ao governo dos homens. Isso significa que não deverá haver distinção na interpretação e aplicação das mesmas leis a casos diferentes, a menos que exista razão jurídica cogente que o justifique.

Neste aspecto, o dever de coerência muito se aproxima às exigências do princípio da igualdade. Como é sabido, a Constituição Federal garante que "todos são iguais perante a lei, sem distinção de qualquer natureza" (art. 5º, *caput*). Em matéria tributária, é expressamente vedado qualquer "tratamento desigual entre contribuintes que se encontrem em situação equivalente, proibida qualquer distinção em razão de ocupação profissional ou função por eles exercida, independentemente da denominação jurídica dos rendimentos, títulos ou direitos". De modo geral, o princípio da igualdade exige que se analise, pelo menos, três aspectos, a saber: (i) os sujeitos em relação aos quais se dá a distinção; (ii) a medida de comparação e seu indicador; e (iii) a finalidade para a qual se distingue.[25] Em matéria jurisprudencial, isso significa que somente poderá se dar uma resposta geral distinta para a mesma pergunta geral, envolvendo dois tipos de atividades, se houver uma finalidade legítima para tanto e o critério de comparação for compatível com esta diferenciação.

Em face das exigências do dever de coerência, derivadas do princípio do Estado de direito (CF/88, art. 1º, *caput*) e do art. 926 do CPC, bem como do princípio da igualdade

[24] DERZI, Misabel Abreu Machado. *Modificações da jurisprudência no direito tributário*. São Paulo: Noeses, 2009. p. 261.

[25] Assim: BANDEIRA DE MELLO, Celso Antonio. *O conteúdo jurídico do princípio da igualdade*. 3. ed. São Paulo: Malheiros, 2014. p. 21-22. ÁVILA, Humberto. *Teoria da igualdade tributária*. 3. ed. São Paulo: Malheiros, 2015. p. 45-76.

tributária (CF/88, art. 5º, I e art. 150, II), verifica-se inexistir razão jurídica suficiente para a diferenciação entre os precedentes do STJ sobre o local da incidência do ISS firmados em sede de recursos repetitivos e o caso das análises clínicas.

Conforme amplamente demonstrado acima,[26] no Tema nº 354, atinente à atividade de *leasing*, o Tribunal respondeu à pergunta geral sobre o local da configuração do estabelecimento prestador para fins do ISS como sendo o local onde verificado o núcleo do fato gerador do serviço (aprovação do financiamento, no caso do *leasing*). Ademais, respondeu pela total irrelevância dos locais onde assinado o contrato e entregue o bem, que configuram mero início da prestação do serviço. A mesma linha de interpretação foi adotada no REsp nº 1.117.121/SP (Tema nº 198), referido acima, como em diversos outros precedentes da Corte, envolvendo as seguintes atividades: (i) consultoria de planejamento estratégico;[27] (ii) serviço de informática e *software*[28] (iii) serviços médicos;[29] (iv) corretagem, intermediação e consultoria imobiliária;[30] e (v) produção de eventos, espetáculos, serviços de diversão, lazer, *shows*, serviços de reportagem, assessoria de imprensa, jornalismo e relações públicas, campanhas e sistemas de publicidade.[31]

Aplicando-se essa linha de intelecção ao caso das análises clínicas, chegar-se-á à conclusão de que o ISS será devido no local onde configurado o núcleo da prestação do serviço (etapa analítica), sendo irrelevante a atividade preparatória da coleta do material biológico, que marca apenas o início do negócio jurídico complexo, cujo cerne é a análise do material, parafraseando-se o Min. Herman Benjamin.

Nesse contexto, vê-se que não há razão jurídica válida para se diferenciar a atividade de análises clínicas das atividades de *leasing*. Trata-se, em ambos os casos, de serviços incluídos na regra geral do *caput* do art. 3º da LC nº 116/03, de modo que o local da incidência do ISS depende da configuração do estabelecimento prestador. Além disso, em ambos os casos, pode haver a dissociação entre o local do início da prestação (assinatura do contrato, no *leasing*, e coleta do material biológico nas análises clínicas) e o núcleo da atividade contratada pelo cliente (concessão do crédito, no *leasing*, e análise do material biológico, nas análises clínicas). Desse modo, a resposta geral no sentido de que o ISS deve ser recolhido ao local da configuração do núcleo do fato gerador, sendo irrelevante o local do início dos atos (fase preparatória), também deveria se aplicar às atividades de análises clínicas.

Contudo, nos autos do REsp nº 1.439.753/PE, a Primeira Turma do C. Superior Tribunal de Justiça decidiu que, na hipótese de coleta de material biológico em um município e realização da análise clínica em outra municipalidade, o ISS seria devido ao município onde efetuada a coleta, pois neste local teria sido "estabelecida a relação jurídico-tributária". Em seu voto condutor neste julgado, o Exmo. Min. Benedito Gonçalves sustentou que "esse tipo de estabelecimento constituiu unidade econômica

---

[26] Cf. item 2.

[27] AgInt no REsp n. 1.929.858/DF. Rel. Min. Sérgio Kukina, Primeira Turma, julgado em 22.11.2022. *DJe*, 25.11.2022.

[28] AgRg no REsp: 1539707 DF 2015/0148954-8. Rel. Min. Benedito Gonçalves, julgado em 06.10.2015, Primeira Turma. *DJe*, 14.10.2015.

[29] AgInt no REsp: 1774005 SP 2018/0270388-6. Rel. Min. Herman Benjamin, julgado em 11.06.2019, T2 – SEGUNDA TURMA, Data de Publicação: *DJe* 01.07.2019.

[30] AgInt no REsp: 1709665 SP 2017/0293019-8. Rel. Min. Mauro Campbell Marques, julgado em 22.05.2018, Segunda Turma. *DJe*, 29.05.2018.

[31] AgInt no REsp: 2003744 ES 2022/0017709-6, julgado em 17.10.2022, Primeira Turma. *DJe*, 19.10.2022.

porque é lá onde usualmente contrata-se o serviço, providencia-se o pagamento e encerra-se a avença, com a entrega do laudo técnico solicitado pelo consumidor".

Independentemente do entendimento que se adote acerca de haver, ou não, vinculação formal entre o julgado neste processo e o prévio julgamento do STJ relativamente ao Tema nº 354, atinente à atividade de *leasing*, não há dúvidas de que, em termos materiais, os julgados conflitam. Enquanto no caso atinente ao *leasing* e nos demais julgados acima referidos se decidiu que o ISS deve ser recolhido ao município onde ocorre o "núcleo do serviço prestado", sendo "irrelevante o local da celebração do contrato, da entrega do bem ou de outras atividades preparatórias e auxiliares à perfectibilização da relação jurídica", no caso de análises clínicas julgado pela 2ª Turma do C. STJ, entendeu-se que seria relevante o local onde "estabelecida a relação jurídico-tributária".

A pergunta geral respondida em ambos os casos for colocada em grau adequado de generalidade, envolvendo o critério jurídico para determinar o local do recolhimento do ISS nas atividades em que a prestação do serviço se inicia em um município e acaba em outro. Tem-se clara incoerência entre os julgados:

	REsp nº 1.060.210/SP (Tema nº 354) e outros	**REsp nº 1.439.753/PE**
Pergunta geral	Qual o critério jurídico para determinar-se o local do recolhimento do ISS no caso de um serviço cuja contratação e atos preparatórios se dão em uma municipalidade e o núcleo do fato gerador ocorre em outro município?	
Resposta geral	O critério adequado é o local onde configurado o núcleo do fato gerador.	O critério adequado é o local onde estabelecida a relação jurídica.

Em face desse cenário, cria-se uma situação de insegurança jurídica para os Fiscos e para os contribuintes, envolvendo não apenas os serviços de análises clínicas, mas todos os diferentes tipos de serviço que podem envolver dissociação entre o local da contratação e realização de etapas preparatórias ao serviço-fim, de um lado, e o local da realização do núcleo da atividade, de outro lado.

O princípio da segurança jurídica, insculpido no preâmbulo e no *caput* do art. 5º da CF/88, não se compagina com situação dessa natureza ao exigir que os contribuintes tenham razoáveis condições de prever as consequências jurídicas futuras de sua conduta, mediante critérios jurídicos objetivos. Conforme Heleno Torres, a segurança jurídica consubstancia princípio-garantia cuja finalidade é assegurar expectativas de confiança legítima na produção e na aplicação de normas tributárias, mediante os seguintes vetores: (i) a certeza jurídica; (ii) a estabilidade do ordenamento; (iii) e a confiança na efetividade dos direitos e liberdades fundamentais.[32]

[32] TÔRRES, Heleno Taveira. *Direito constitucional tributário e segurança jurídica*: metódica da segurança jurídica do sistema constitucional tributário. 2. ed. São Paulo: Revista dos Tribunais, 2012. p. 192.

Humberto Ávila, a seu turno, identifica três estados de coisas que compõem o aspecto material protegido pela segurança jurídica na Constituição de 1988, quais sejam: (i) cognoscibilidade; (ii) confiabilidade; e (iii) calculabilidade. A cognoscibilidade, explica, consiste na capacidade do contribuinte de ter acesso material e intelectual ao conceito normativo, ainda que se saiba que os conceitos possuem alguma medida de indeterminação. Já a confiabilidade consiste na estabilidade e continuidade normativas, já que a propriedade e a liberdade "pressupõem um mínimo de permanência das regras válidas como condição para que o homem possa livremente plasmar a sua própria vida". Por fim, a calculabilidade consiste na capacidade de prever o espectro de consequências jurídicas atribuíveis a atos ou fatos e o tempo em que tais consequências serão definidas, bem como espectro de consequências que normas futuras poderão atribuir a atos regulados por normas passadas.[33]

Qualquer perspectiva que se adote, a certeza jurídica ou a cognoscibilidade e calculabilidade do direito exigem que este seja aplicado mediante critérios objetivos, permitindo-se ao seu destinatário saber previamente qual será a consequência jurídica da sua conduta. No caso em tela, a divergência de parâmetros no tema de repetitivo envolvendo o *leasing* e no julgado sobre análises clínicas tem provocado divergências de diversas ordens. De um lado, nos casos envolvendo o local da incidência do ISS sobre atividades de análises clínicas, há decisões dissonantes dos Tribunais estaduais, ora aplicando o julgado vinculante (*leasing*), ora aplicando o julgado não vinculante referente às análises clínicas.[34] De outro lado, há julgados envolvendo atividades de análises clínicas, em que o critério adotado foi o núcleo do fato gerador, em linha com o entendimento firmado no Tema nº 354 (*leasing*).[35]

Não fosse esse cenário grave o suficiente, de outro lado, a insegurança jurídica em questão tem o potencial de espraiar-se por toda uma gama de serviços que podem ser iniciados ou ter atividades preparatórias realizadas em município distinto daquele onde ocorre realização da atividade que configura o núcleo da prestação do serviço, da perspectiva do negócio jurídico firmado entre as partes.

Veja-se, a título meramente exemplificativo, tipos de serviços relativamente aos quais haverá insegurança jurídica em razão da dualidade de critérios ora exposta:

---

[33] ÁVILA, Humberto. *Segurança jurídica*. Entre permanência, mudança e realização no direito tributário. São Paulo: Malheiros, 2011. p. 250-256.

[34] Cf. TJSP Agravo Interno Cível 9000493-06.2004.8.26.0090. Rel. Wanderley José Federighi (Pres. da Seção de Direito Público); Câmara Especial de Presidentes; Data da Decisão: 22.06.2023; Data de Publicação: 26.06.2023; TJMG Apelação Cível 5000421-53.2017.8.13.0362. Rel. Des.(a) Edgard Penna Amorim; Câmaras Cíveis/1ª Câmara Cível; Data da Decisão: 08.02.2021; Data de Publicação: 09.02.2021. TJRS, Apelação 70080738305. Rel. Miguel Ângelo da Silva; Vigésima Segunda Câmara.

[35] Cf. TJSP, Apelação/Remessa Necessária 9000545-65.2005.8.26.0090; Rel. Des. Geraldo Xavier; 14ª Câmara de Direito Público; Foro das Execuções Fiscais Municipais – Vara das Execuções Fiscais Municipais; Data do Julgamento: 01.10.2020; Data de Registro: 15.10.2020. TJSP, Apelação/Remessa Necessária 9000545-65.2005.8.26.0090; Relator Des. Geraldo Xavier; 14ª Câmara de Direito Público; Foro das Execuções Fiscais Municipais – Vara das Execuções Fiscais Municipais; Data do Julgamento: 01.10.2020; Data de Registro: 15.10.2020. TJPR, AC 1212330-9, São José dos Pinhais, 2ª Câmara Cível Rel.: Des. Silvio Vericundo Fernandes Dias, j. 29.07.2014.

Espécie de serviço	Subitem da lista anexa à LC nº 116/03	Atos preparatórios	Núcleo do serviço
Lavanderia	14.10	Assinatura do contrato e coleta das roupas	Lavagem das roupas
Assistência técnica de máquinas e equipamentos	14.02	Assinatura do contrato e entrega do equipamento	Conserto e/ou manutenção
Recauchutagem e regeneração de pneus	14.04	Assinatura do contrato e entrega dos pneus	Recauchutagem e regeneração
Planos de saúde	4.22 e 4.23	Assinatura do contrato em posto de atendimento	Administração do plano de saúde
Advocacia	17.14	Assinatura do contrato, por vezes no próprio escritório do cliente	Pesquisas e elaboração de peças e pareceres
Auditoria	17.16		Auditoria das contas
Consultoria e assessoria econômica ou financeira	17.20		Pesquisas, análises e elaboração de pareceres
Telemedicina	4.01	Contratação	Análise do quadro do paciente, prescrições, pedidos de exames etc.

Especificamente no que diz respeito aos serviços de lavanderia, há precedente do C. STJ, no sentido de que o ISS é devido ao município onde ocorre a efetiva lavagem da roupa.[36] Quanto aos serviços de plano de saúde, há julgado do E. TJ-SP no sentido de que os postos avançados de atendimento, onde realizada a contratação do plano, não modificam o local da incidência do ISS.[37]

Não obstante, em ambos os casos referidos, tivesse sido adotada a perspectiva empregada no julgado do STJ atinente aos serviços de análises clínicas, o resultado teria sido diferente. De fato, em ambas as hipóteses, chegar-se-ia à conclusão (infundada e incoerente) de que o ISS teria que ser recolhido ao município onde realizada a contratação.

Logo, percebe-se que a coerência material entre os julgados do Superior Tribunal de Justiça acerca do local do recolhimento do ISS nos casos em que há contratação ou atos preparatórios em uma municipalidade e o núcleo do serviço em outro município é um reclamo não apenas do art. 926 do CPC e dos princípios do Estado de direito (CF/88, art. 1º) e da igualdade (CF/88, art. 5º, I e art. 150, II), mas também do princípio da segurança jurídica.

Assim, considerando-se a necessária conexão entre o núcleo da hipótese de incidência do ISS (critério material), que consiste na prestação do serviço, e o seu critério espacial, outra não poderá ser a conclusão, senão pelo recolhimento do tributo no município onde configurado o núcleo da atividade de prestação de serviços, independentemente de haver contratação e atos preparatórios em outra municipalidade. Trata-se de critério que deverá ser aplicado não apenas às atividades de *leasing* (Tema nº 354), mas a todos os tipos de serviços em que puder ocorrer descentralização desta natureza, inclusive aos serviços de análises clínicas, sendo necessária, portanto, a superação do julgado no REsp nº 1.439.753/PE.

5 Conclusões

Conforme exposto, a prestação de fazer corresponde à materialidade constitucionalmente eleita para a incidência do ISS (art. 156, III, da CF/88), devendo o critério espacial, que determina a sujeição ativa (município competente para a cobrança), ser interpretado nessa conformidade. Desse modo, o estabelecimento prestador, conceito adotado pelos arts. 3º e 4º da LC nº 116/03 para estabelecer o município competente para a cobrança do ISS, será localizado onde estiverem os fatores organizados para a prestação do serviço, sendo certo que o que realmente importa é ser o local destinado à efetivação do *facere* que corresponde ao núcleo do fato gerador do ISS sobre o serviço. Essa linha de intelecção foi chancelada pelo C. STJ no REsp nº 1.060.210/SC (Tema nº 355), conforme o qual o conceito de estabelecimento prestador demanda decomposição analítica das atividades envolvidas na prestação do serviço, de modo que se considerará configurado o estabelecimento no local onde se concentrar a atividade-fim do serviço (denominado de "núcleo do serviço prestado"). A mesma linha foi seguida em diversos outros julgados da Corte.

O núcleo do fato gerador do ISS sobre as atividades de análises clínicas corresponde ao local onde efetivamente processadas e analisadas as amostras biológicas. Isso

[36] AgRg no REsp n. 1.251.753/ES. Rel. Min. Humberto Martins, Segunda Turma, julgado em 27.9.2011. *DJe*, de 4.10.2011.

[37] TJSP; Apelação Cível 1000261-56.2017.8.26.0614. Rel. Cláudio Marques; 14ª Câmara de Direito Público; Foro de Tambaú – Vara Única; Data do Julgamento: 22.08.2019; Data de Registro: 26.08.2019.

porque: (i) a atividade de coleta é mera atividade-meio para a realização do serviço-fim de análises laboratoriais, conforme reconhecido pela própria regulamentação da matéria; (ii) apenas a atividade-fim é relevante para a determinação do local de ocorrência do fato gerador do ISS; (iii) o critério do interesse do cliente aponta para a atividade de coleta como mero meio para a realização da atividade-fim, consistente na efetiva análise do material biológico.

O prévio cadastramento do cliente e coleta de amostras biológicas em unidades descentralizadas ou na própria residência do cliente, portanto, não modificam a incidência do ISS, posto tratar-se de mera atividade-meio para o serviço-fim de análises laboratoriais. Com efeito, sequer se pode afirmar que a coleta do material biológico representaria o início do procedimento de análises clínicas, por tratar-se de mera etapa preparatória.

A coerência material entre os julgados do C. Superior Tribunal de Justiça acerca do local do recolhimento do ISS nos casos em que há contratação ou atos preparatórios em uma municipalidade e o núcleo do serviço em outro município é um reclamo do art. 926 do CPC (que exige coerência da jurisprudência) e dos princípios do Estado de direito (CF/88, art. 1º) e da igualdade (CF/88, art. 5º, I e art. 150, II).

Não há razão jurídica válida para se diferenciar o critério de determinação do local da incidência do ISS relativamente ao serviço de análises clínicas daquele aplicável às atividades de *leasing* (Tema nº 354) e às outras atividades já examinadas pelo STJ. Trata-se, em todos os casos, de serviços incluídos na regra geral do *caput* do art. 3º da LC nº 116/03, de modo que o local da incidência do ISS depende da configuração do estabelecimento prestador. Além disso, em todos os casos, pode haver a dissociação entre o local do início da prestação (assinatura do contrato, no *leasing*, e coleta do material biológico nas análises clínicas) e o núcleo da atividade contratada pelo cliente (concessão do crédito, no *leasing*, e análise do material biológico, nas análises clínicas). Desse modo, a resposta geral no sentido de que o ISS deve ser recolhido ao local da configuração do núcleo do fato gerador, sendo irrelevante o local do início dos atos (fase preparatória), também deve se aplicar às atividades de análises clínicas.

O princípio da segurança jurídica (CF/88, art. 5º, *caput*) tem como corolário certeza jurídica ou cognoscibilidade e calculabilidade do direito, que exigem que este seja aplicado mediante critérios objetivos, permitindo-se ao seu destinatário saber previamente qual será a consequência jurídica da sua conduta. No caso em tela, a divergência de parâmetros no tema de repetitivo envolvendo o *leasing* e no julgado sobre análises clínicas tem provocado divergências de diversas ordens. De um lado, nos casos envolvendo o local da incidência do ISS sobre atividades de análises clínicas, há decisões dissonantes dos Tribunais estaduais, ora aplicando o julgado vinculante (*leasing*), ora aplicando o julgado não vinculante referente às análises clínicas. De outro lado, a insegurança jurídica em questão tem o potencial de espraiar-se por toda uma gama de serviços que podem ser iniciados ou ter atividades preparatórias realizadas em município distinto daquele onde ocorre realização da atividade que configura o núcleo da prestação do serviço, da perspectiva do negócio jurídico firmado entre as partes.

Assim, considerando-se a necessária conexão entre o núcleo da hipótese de incidência do ISS (critério material), que consiste na prestação do serviço, e o seu critério espacial, outra não poderá ser a conclusão, senão pelo recolhimento do tributo no município onde configurado o núcleo da atividade de prestação de serviços, independentemente de haver contratação e atos preparatórios em outra municipalidade. Trata-se de critério que deverá ser aplicado não apenas às atividades de *leasing* (Tema nº 354), mas a todos os tipos de serviços em que puder ocorrer descentralização desta natureza, inclusive aos serviços de análises clínicas, sendo necessária, portanto, a superação do julgado no REsp nº 1.439.753/PE.

Referências

ATALIBA, Geraldo; BARRETO, Aires. ISS – locação e leasing. *Revista de Direito Tributário*, São Paulo, n. 51-52, 1990.

ÁVILA, Humberto. *Segurança jurídica*. Entre permanência, mudança e realização no direito tributário. São Paulo: Malheiros, 2011.

ÁVILA, Humberto. *Teoria da igualdade tributária*. 3. ed. São Paulo: Malheiros, 2015.

BANDEIRA DE MELLO, Celso Antonio. *O conteúdo jurídico do princípio da igualdade*. 3. ed. São Paulo: Malheiros, 2014.

BARRETO, Aires F. *ISS na Constituição e na lei*. 4. ed. atual. conforme a Lei Complementar nº 157/2016, por Paulo Ayres Barreto. São Paulo: Noeses, 2018.

BARRETO, Paulo Ayres. Conceitos constitucionais e competência tributária. *In*: SANTOS, Nélida Cristina dos. *Temas de direito tributário*: estudos em homenagem a Eduardo Bottallo. São Paulo: Saraiva, 2013.

BARROSO, Luís Roberto. *Curso de direito constitucional*. Os conceitos fundamentais e a construção de um novo modelo. 9. ed. São Paulo: Saraiva, 2020.

DERZI, Misabel Abreu Machado. *Modificações da jurisprudência no direito tributário*. São Paulo: Noeses, 2009.

GOMES, Orlando. *Contratos*. 15. ed. Rio de Janeiro: Forense, 1995.

GUASTINI, Riccardo. *Distinguiendo*: estúdios de teoria e metateoría del derecho. Tradução de Jordi Ferrer i Beltrán. Barcelona: Gedisa, 1999.

JUSTEN FILHO, Marçal. *O imposto sobre serviços na Constituição*. São Paulo: Revista dos Tribunais, 1985.

MORAES, Bernardo Ribeiro de. *Doutrina e prática do imposto sobre serviços*. São Paulo: Revista dos Tribunais, 1975.

TÔRRES, Heleno Taveira. *Direito constitucional tributário e segurança jurídica*: metódica da segurança jurídica do sistema constitucional tributário. 2. ed. São Paulo: Revista dos Tribunais, 2012.

Informação bibliográfica deste texto, conforme a NBR 6023:2018 da Associação Brasileira de Normas Técnicas (ABNT):

BARRETO, Paulo Ayres; KOURY, Paulo Arthur Cavalcante. O conceito de estabelecimento prestador para o ISS e o serviço de análises clínicas. *In*: PAULA, Fernanda de; PENCAK, Nina (coord.). *Tributação, liberdade e igualdade*: as contribuições do Ministro Luís Roberto Barroso. Belo Horizonte: Fórum, 2025. p. 951-966. ISBN 978-65-5518-952-0.

IMUNIDADE TRIBUTÁRIA DOS LIVROS: REFLEXÕES ACERCA DA AMPLIAÇÃO DE SEU CONCEITO JURÍDICO

PAULO DE BARROS CARVALHO

1 Palavras iniciais: o direito na sua dimensão axiológica

Tudo que é produzido pelo homem, modificando a natureza circunstante para a realização de um fim, afigura-se como objeto cultural. Este, sendo produto da criação do *ser cognoscente* e submetendo-se ao mundo da experiência, com delimitação no tempo e no espaço, é susceptível de valoração positiva ou negativa. Eis o direito positivo (a ciência do direito e a linguagem) como ente da cultura.

Dessa forma, aqueles que buscam conhecer o direito positivo não podem abordá-lo na condição de sujeito puro, destituídos de valores ou julgamentos, como se estivessem examinando um fenômeno natural. A neutralidade ideológica comprometeria, desde o princípio, a compreensão do sentido das normas, restringindo sua análise. Magistral, a propósito, a lição de Lourival Vilanova[1] ao dizer que o "homem é demasiado humano para contemplar as realidades humanas, sem tomar posição, sem decidir-se positiva ou negativamente, num estado de adiáfora purificação e neutralidade ante o dever ser de um dado ser que é inseparável do homem".

O direito e sua linguagem não se desenvolvem sem a presença indispensável do sujeito do conhecimento, que se apresenta como o elemento de conexão entre a perspectiva sobreposta da linguagem teorética com vistas à sua aplicação no nível sotoposto da prática. Essa intermediação humana realiza-se pela linguagem da experiência, a qual é compreendida não apenas pelas vivências individuais do sujeito, mas, também, a partir de todo o seu horizonte cultural e das complexidades que o circundam.

Atuando para realizar seus objetivos mediante a regulação das condutas inter-humanas, o sistema jurídico seleciona determinados setores do sistema social, os quais reputa como relevantes, no intuito de implementar certos valores. Por isso, a ordem

1 VILANOVA, Lourival. *O problema do objeto da teoria geral do Estado*. Recife: [s.n.], 1953.

jurídica, ao transitar por associações, relações, categorias, regras de formação e regras de transformação de suas unidades constitutivas, adota a figura do *intérprete habilitado pelo sistema* para definição dos limites em que as prescrições normativas se conformarão com determinados setores do mundo fenomênico. Nesse contexto, situa-se o Supremo Tribunal Federal como responsável pela atualização da língua jurídica, mediante expedição de atos comunicativos voltados à "completabilidade" mencionada por Lourival Vilanova, tendo em vista conciliar o caráter abstrato do sistema com sua aplicabilidade concreta no plano da realidade social.

Ao eleger conceitos, pessoas ou setores da sociedade sobre os quais *não* quer ver implantada uma exação, a linguagem prescritiva do direito maneja o código da língua na busca de estabelecer limites à vagueza e à ambiguidade presentes na tessitura das palavras. É com base nesse controle que podemos definir se um objeto, arbitrariamente chamado de *livro*, tomado como dado material pertencente ao mundo físico, se subsome ao conceito jurídico de *livro* para fins de imunidade tributária. Eis, aqui, o eixo central por onde caminhará este texto.

À vista disso, foi com satisfação que recebi o convite para escrever nesta coletânea, dedicada a celebrar a contribuição do Ministro Luís Roberto Barroso ao direito tributário e ao direito financeiro. Tanto foi que decidi tecer algumas reflexões acerca da imunidade tributária aplicável aos livros, analisando sua extensão aos livros eletrônicos – e os suportes próprios para sua leitura – atribuindo especial atenção ao voto do E. Ministro homenageado, ante suas enfáticas palavras quanto aos valores a serem perseguidos pela norma imunizante.

2 A característica metanormativa das imunidades tributárias: regras concebidas para o aprimoramento da estrutura do sistema jurídico vigente

O conjunto do suporte expressional requer consistência, garantindo-lhe sustentação. Para tanto, a uniformidade e a estabilidade indicadoras da coerência textual demandam o registro dos marcadores de conectividade e o encontro das cadeias de referência que propiciam a progressão temática. Por isso, a insistente reiteração de ideias é feita em nome do instrumento pedagógico da repetição, fixando os conceitos necessários ao ato cognoscente. Neste cenário, antes de adentrar especificamente na temática da imunidade dos livros, revela-se imprescindível tratar, ainda que brevemente, da distinção entre direito positivo e ciência do direito, e das acepções de norma jurídica enquanto regra de conduta e regra de estrutura, para, então, chegar na delimitação da competência tributária e tecer algumas observações sobre a imunidade.

Pois bem. Objeto da criação humana, o direito positivo é formado pelo conjunto de normas jurídicas existentes em condições espaço-temporais. As normas, por sua vez, além de dirigirem-se aos comportamentos intersubjetivos com vistas a direcioná-los para valores que a sociedade busca ver implementados, também regem a atuação das pessoas políticas na outorga de competência tributária. Por esse intermédio e com a utilização de linguagem estritamente prescritiva, as normas jurídicas são incididas sobre a realidade social, alterando-a. Neste estrato de linguagem regido pela lógica deôntica – do *dever ser* –, cabe ao *exegeta* habilitado pelo sistema a atribuição de sentido aos enunciados prescritivos, os quais resultam em normas jurídicas, isto é, conteúdo de significação dessa linguagem.

Por outro lado, a ciência do direito atua como metalinguagem em relação ao direito positivo (linguagem-objeto), descrevendo o fenômeno jurídico deste por meio da atividade do jurista que, pacientemente, demarca o campo especulativo, atribui rigor científico ao objeto de investigação e outorga ao conjunto sentido superior de um todo organizado. Em termos mais simples, a função da dogmática em sentido estrito é tomar o direito posto como base material para analisar a linguagem técnica das normas jurídicas e descrevê-las mediante proposições descritivas (no sentido crítico-explicativo).

Retornando ao direito positivo, ao adotar a perspectiva da norma jurídica como resultado do trabalho criativo dos sujeitos competentes que organizam as formulações textuais com o objetivo de compreender o comando legislado, o enfoque recai sobre o intérprete autorizado pelo ordenamento jurídico que, ao tomar contato com o texto, inicia seu processo de construção de sentido. O resultado dessa ação consiste em normas jurídicas fixadoras de valores de observância obrigatória, proibida ou permitida *pelos seus entes* e *entre seus destinatários*.

Essas normas são concebidas para o aprimoramento da estrutura do sistema jurídico, instituindo órgãos, regulando procedimentos e determinando a criação de novas unidades jurídicas – regras de estrutura – ou destinadas especificamente aos comportamentos intersubjetivos, orientando diretamente as relações entre indivíduos – regras de conduta.[2] Tanto uma, como outra, formam o tecido do sistema do direito positivo, mas prestam-se a finalidades distintas.

Dito isso, os enunciados constitucionais que tratam das competências são regras de estrutura, sendo fundamentais na definição dos limites dentro dos quais o *factum* jurídico tributário pode ocorrer, delimitando, nessa via, a atuação dos entes federados, de órgãos e de instituições. As entidades tributantes, ao exercerem suas prerrogativas, permanecem vinculadas a um conjunto de normas cuja base fundamental são os preceitos de competência estabelecidos e delimitados na Constituição Federal, que expressamente indicam tanto autorizações quanto proibições, sendo estas últimas conhecidas como *imunidades*. Por comporem o desenho da demarcação de competências, as imunidades também são regras de estrutura, conforme manifestação de Clélio Chiesa:[3]

> As normas jurídicas que contemplam hipóteses de imunidade estão contidas na Constituição Federal e dirigem-se aos legisladores das pessoas políticas de direito constitucional interno, determinando que se abstenham de instituir tributos sobre determinadas situações, bens ou pessoas.
>
> No plano constitucional o legislador não se ocupa de criar tributos, cinge-se a proceder a distribuição da competência tributária entre os entes de direito constitucional interno. As prescrições editadas nesse plano não cuidam da problemática da percussão do gravame, tarefa esta deixada para o legislador ordinário. Não há, portanto, comando que se dirija diretamente ao comportamento humano tomando-o como hipótese de incidência de determinado tributo, mas há a fixação dos parâmetros de atuosidade legiferante das unidades da federação.

---

2 A divisão em normas de estrutura e de conduta é tecida por Norberto Bobbio em sua obra *Teoria do ordenamento jurídicos*. 2. ed. São Paulo: Edipro, 2014. p. 46-47.

3 CHIESA, Clélio. *A competência tributária do Estado brasileiro*: desonerações nacionais e imunidades condicionadas. São Paulo: Max Limonad, 2002. p. 105.

Assim, ao considerar as regras de imunidade como normas de competência (e, consequentemente, de estrutura), seus destinatários exclusivos são as pessoas jurídicas de direito público interno dotadas de personalidade política. Logo, são dirigidas à criação de leis tributárias, sem alusões *diretas* e *imediatas* ao tópico da incidência, tema dos enunciados normativos que criam tributos. No âmbito constitucional, a principal preocupação normativa é delinear as áreas de competência das entidades tributantes. As disposições estabelecidas nesse nível não abordam a problemática da percussão do ônus tributário, que é intrínseca à regra-matriz de incidência tributária instituída pelo legislador ordinário.[4]

Ando, portanto, na contramão daqueles que compreendem a imunidade tributária como uma limitação constitucional ao poder de tributar,[5] consubstanciando hipóteses de não incidência constitucionalmente qualificadas;[6] exclusão do próprio poder de tributar;[7] ou, ainda, supressão da competência impositiva,[8] pois tais acepções, a meu ver, não solucionam os problemas advindos da experiência jurídica no manejo do direito positivo. Por razões provenientes da intersecção entre a linguagem teórica e a linguagem prática, a imunidade apresentou-se a mim como uma das múltiplas formas de demarcação de competências, congregando-se às demais para produção do campo ao qual os entes políticos haverão de atuar ao legislar sobre matéria tributária.

Consequentemente, a norma de imunidade não limita a competência – amputando-a ou suprimindo-a –, mas colabora no desenho constitucional adjudicado às entidades tributantes, dirigindo-se ao poder legiferante infraconstitucional para formação do feixe de atribuições entregues às pessoas investidas de poder político, todavia, mediante uma *proibição* estatuída pelo constituinte, a qual inibe o legislador ordinário de regular específicas matérias. Conjugando-se os modais deônticos pela lógica proposicional, trata-se da expressão "proibido obrigar".

Desta feita, reitera-se, tomando o direito positivo como objeto deste estudo, os preceitos relacionados às imunidades constituem regras de estrutura, inserindo-se no subdomínio das sobrenormas, ou seja, metaproposições prescritivas que atuam, de maneira positiva ou negativa, na delimitação das áreas de competências tributárias, estabelecendo os limites materiais e formais para a atividade legislativa.

Convém ressaltar, a movimentação das regras de estrutura é igualmente dependente da ação humana, excetuando-se, em relação às ditas regras de conduta, da norma fundamental e do ato final de positivação do direito (norma concreta e individual). Isso se justifica pelo fato de que o preceito hipotético fundamental atua exclusivamente como regra de estrutura, enquanto o preceito individual e concreto restringe-se à aplicação, com vistas a regular as condutas intersubjetivas.

---

[4] CARVALHO, Paulo de Barros. *Curso de direito tributário*. 30. ed. São Paulo: Saraiva, 2019. p. 244.

[5] BALEEIRO, Aliomar. *Limitações constitucionais ao poder de tributar*. 4. ed. Rio de Janeiro: Forense, 1998. p. 2-7.

[6] MORAES, Bernardo Ribeiro de. *Sistema tributário na Constituição de 1969*. São Paulo: Revista dos Tribunais, 1973. p. 467.

[7] NOGUEIRA, Ruy Barbosa. *Curso de direito tributário*. 5. ed. São Paulo: Saraiva, 1980. p. 172.

[8] FALCÃO, Amilcar de Araújo. *Fato gerador da obrigação tributária*. 5. ed. Rio de Janeiro: Forense, 1994. p. 117.

3 Definição do conceito de imunidade tributária

Retomando o que foi abordado anteriormente, tem-se que a imunidade não exclui nem suprime as competências tributárias, devido a estas serem fruto da combinação de normas constitucionais, na compostura da interpretação sistemática alhures mencionada. A competência legislativa, quando estabelecida, apresenta-se delimitada pelos preceitos constitucionais, entre os quais estão os que proíbem a escolha de determinadas situações ou pessoas como hipótese de incidência tributária.

Dessa forma, ao demarcar as competências dos entes políticos, o constituinte excluiu determinadas situações do campo de tributação reservado à União, aos estados, ao Distrito Federal e aos municípios, restringindo o alcance de incidência, impedindo, nesses casos, o exercício da atividade legiferante do ente tributante. Assim, há tempos tenho insistido, reiteradamente, nas imunidades tributárias como "classe finita e imediatamente determinável de normas jurídicas, contidas no texto da Constituição da República", e que estabelecem, de modo expresso, a "incompetência das pessoas políticas de direito constitucional interno, proibindo a expedição de regras instituidoras de tributos que alcancem situações específicas e suficientemente caracterizadas".[9]

A *finitude da classe* é fundamental para evidenciar que as imunidades tributárias se limitam àquelas expressamente previstas na Constituição Federal, formando um conjunto de elementos que, a qualquer tempo, pode ser definido em suas diversas unidades. Trata-se de característica distintiva importante, especialmente quando comparada à natureza infindável das proibições implícitas.[10] As hipóteses de imunidade, evidencia-se, não se encontram contidas na classe dos acontecimentos passíveis de tributação. Juridicamente, são pressupostos não tributáveis, conforme vedação constitucionalmente expressa.

Norma jurídica, como previamente mencionado, resulta do trabalho criativo dos sujeitos que organizam as literalidades textuais do ordenamento jurídico para compreender o comando legislado, sendo o intérprete habilitado pelo sistema o responsável pela construção do sentido normativo. Ao reconhecer as imunidades como normas jurídicas, afastamos a inclusão da multiplicidade de proibições tácitas em seu conceito, as quais se baseariam no princípio ontológico segundo o qual, no direito público, o que não estiver permitido está proibido. Embora esse seja um preceito implícito extremamente útil para a compreensão do sistema jurídico positivo, funcionando como um juízo enunciativo, não possui os atributos lógico-formais das normas jurídicas que fazem parte da realidade normativa.[11]

Contidas no Texto Supremo, pois, apesar de o ordenamento jurídico brasileiro possuir diversas interdições explícitas que, em determinado momento, podem ter o efeito de limitar a atividade do legislador ordinário, donde emergem as normas tributárias em sentido estrito, apenas aquelas que se originam diretamente da Lei Fundamental ostentarão a natureza jurídica de normas de imunidade. O quadro das proposições normativas de nível constitucional compõe seu campo de eleição.[12]

---

[9] CARVALHO, Paulo de Barros. *Direito tributário*: linguagem e método. 8. ed. São Paulo: Noeses, 2021. p. 378.

[10] CARVALHO, Paulo de Barros. *Direito tributário*: linguagem e método. 8. ed. São Paulo: Noeses, 2021. p. 378.

[11] CARVALHO, Paulo de Barros. *Direito tributário*: linguagem e método. 8. ed. São Paulo: Noeses, 2021. p. 378.

[12] CARVALHO, Paulo de Barros. *Direito tributário*: linguagem e método. 8. ed. São Paulo: Noeses, 2021. p. 379.

Os comandos imunizantes devem ser incorporados ao sistema do direito positivo exclusivamente por meio de normas jurídicas que se manifestem por meio de *proibições claras e peremptórias*, ou seja, *expressas na Constituição Federal*. À vista disso, não se qualificam como regras de imunidade aquelas que estabelecem proibições de modo implícito, ante a ausência de permissão ostensiva. Caso contrário, a não cobrança de IPTU pelos estados poderia ser interpretada como uma imunidade subentendida. Logo, é fundamental que o núcleo deôntico do comando constitucional exponha *proibições expressas*, direcionadas aos legisladores infraconstitucionais, restringindo-os na criação de normas jurídicas que instituam tributos.

A identificação do núcleo de cada proposição normativa demanda o uso do processo de formalização, pelo qual se busca desvendar suas estruturas lógicas. E quando nos deparamos com a combinação dos modais (VO) – proibido obrigar – teremos achado a *declaração explícita e categórica de incompetência*, em contraste da associação (PO) – permitido obrigar – com atribuição de poderes para legislar. Daí falar-se em normas que estabelecem a incompetência.[13]

Permitir, obrigar ou proibir constituem mecanismos específicos para influenciar a conduta dos indivíduos, formando a base da ordem jurídica. Portanto, é essencial distinguir, entre as diversas regras estruturais, aquelas que autorizam a imposição de obrigações (normas que conferem competência) daquelas que vedam tal imposição (normas que declaram incompetência).

A incompetência prevista pelo Texto Constitucional não visa eliminar, por completo, a atuação legislativa das entidades dotadas de personalidade política no âmbito tributário. *A restrição aplica-se*, exclusivamente, *à criação de tributos, impedindo que determinadas situações sejam oneradas por meio desse instrumento jurídico-impositivo*. Em contrapartida, na ausência de imposição tributária, essas entidades permanecem livres para adotar as medidas administrativas que considerarem adequadas aos interesses públicos.[14]

Assim, para definir claramente o instituto, é essencial que a hipótese imunizante esteja expressamente identificada, de forma que não seja necessário nenhum outro recurso para seu preciso delineamento no mundo *factual*. A qualificação conferida pelo comando constitucional deve ser suficiente, por si só, para configurar a situação, sem excluir a atuação do legislador complementar na regulamentação dos condicionantes fáticos estabelecidos pela regra de imunidade.

Obviamente que relegar ao intérprete a atribuição de sentido aos textos normativos demanda a consideração acerca das vicissitudes inerentes à característica de carência do ser humano. Encontrando-se encerrado em sua língua, o homem percebe as coisas na medida e na forma em que são transmitidas pela linguagem, que dimensiona seu universo de compreensão.

---

[13] CARVALHO, Paulo de Barros. *Direito tributário*: linguagem e método. 8. ed. São Paulo: Noeses, 2021. p. 379.

[14] CARVALHO, Paulo de Barros. *Direito tributário*: linguagem e método. 8. ed. São Paulo: Noeses, 2021. p. 380.

4 Os valores "estímulo à atividade cultural" e "liberdade de manifestação do pensamento" na Carta Constitucional: imunidade de livros, de periódicos e do papel destinado à sua impressão

O art. 150, inc. VI, alínea "d", da Constituição Federal refere-se à imunidade de *livros*, de *jornais*, de *periódicos* e dos *papéis destinados à sua impressão*. Nota-se indisfarçável redundância, uma vez que o jornal é espécie de periódico, comumente de circulação diária, como sugere sua própria etimologia.

Todo livro ou periódico, assim como o papel destinado à sua impressão, independentemente de qualquer restrição ou reservas, estarão à margem dos anseios tributários do Estado na cobrança de impostos. Não importa se a periodicidade da publicação é baixa, se o livro possui características especiais, ou se o papel não é o mais apropriado para a impressão. Desde que o propósito esteja presente, a imunidade prevalecerá. Como essa disposição possui eficácia plena e aplicabilidade imediata, inexiste a necessidade de complementação legal.

A imunidade de livros, de periódicos e do papel destinado à sua impressão é classificada por alguns juristas, dentre eles Luís Eduardo Schoueri, como objetiva, sendo irrelevante a natureza da entidade que opera com esses bens. Veja-se:

> Enquanto nos demais casos a imunidade encontrava fundamento na ausência de capacidade contributiva, a espécie de que ora se trata, em nada se relaciona com aquele princípio. O constituinte não pressupôs que quem incorre em operações relativas a livros, jornais, periódicos e papel destinado à sua impressão tivesse menor capacidade econômica, merecendo, daí, maior atenção. Ao contrário, o que se encontra no referido dispositivo é um estímulo à atividade cultural, por meio dos livros, periódicos e jornais, além de garantia da liberdade de manifestação do pensamento, do direito de crítica e de posicionamento político, religioso ou ideológico. Dessa forma, o que se encontra na imunidade aos livros, jornais, periódicos e ao papel destinado à sua impressão é um estímulo à atividade cultural, exercida por meio dos livros, periódicos e jornais. Tal incentivo, vale dizer, poderia dar-se em qualquer situação, quando o legislador, por meio de normas tributárias indutoras, fomenta determinada atuação do contribuinte. No papel de garantia, encontra-se a defesa de uma liberdade fundamental.[15]

A classificação proposta tem por objetivo categorizar as imunidades tributárias em subjetivas (protegendo determinadas pessoas políticas ou entidades), objetivas (protegendo circunstâncias, fatos e bens) e mistas. É fundamental compreender que todas as imunidades, sejam elas subjetivas, objetivas ou mistas, visam sempre salvaguardar valores que permeiam a sociedade. Por exemplo, a imunidade recíproca, classificada como subjetiva, busca proteger o princípio da separação de poderes e o valor do domínio público. Nesse contexto, como os entes da federação estão inseridos em um cenário no qual não se pode falar em capacidade contributiva, todos os recursos obtidos e gastos realizados são direcionados para fins estritamente públicos. A capacidade contributiva é discutida apenas no âmbito do domínio econômico.[16]

---

[15] SCHOUERI, Luís Eduardo. *Direito tributário*. 9. ed. São Paulo: Saraiva, 2019. p. 491.

[16] SCHOUERI, Luís Eduardo. *Direito tributário*. 9. ed. São Paulo: Saraiva, 2019. p. 492.

No que se refere à imunidade tributária dos livros, o objetivo (valor) não é apenas incentivar a atividade cultural entre os membros da comunidade, mas também proteger a defesa de liberdades fundamentais, uma vez que a referida tributação fora utilizada, tanto no ordenamento jurídico brasileiro quanto em sistemas jurídicos internacionais, como uma forma de restringir a participação cultural, a imprensa e a liberdade de expressão. Nos dizeres do homenageado nesta obra, "a finalidade da regra sempre foi promover direito à educação, acesso à cultura, liberdade de expressão e livre circulação de ideias".[17]

A existência dos valores consiste apenas no ato psicológico de valorar, por meio do qual atribuímos a objetos, considerados aqui em sua plenitude semântica, qualidades positivas ou negativas. O acesso ao domínio dos valores se dá por meio da intuição emocional. Os valores não são, mas valem. São entidades cujo modo específico de ser é o valer. Eles são na medida em que valem. Por outro lado, as ideologias funcionam como prismas ou critérios para a avaliação de valores, desenvolvendo-se na medida em que uns ganham preeminência em detrimento de outros, de tal modo que definida a composição desse bloco axiológico, passa ele a submeter outros valores que pretendam ingressar no sistema de estimativas do indivíduo, selecionando-os em função de sua compatibilidade com aquela camada que fundamenta a estrutura. É a experiência de vida de cada um que vai, paulatinamente, tecendo a configuração desse esquema seletor, em organizações que podem ser categorizadas e reconhecidas por aspectos peculiares, somente seus. Daí a proposição afirmativa segundo a qual a valoração ideológica tem por objeto imediato os próprios valores, funcionando como fator que gera equilíbrio, calibrando as diversas instâncias do ordenamento normativo.[18]

Neste ponto, estabelece-se que o conceito de "valor" não pode ser definido, pertencendo à categoria dos conceitos amplos, como "ser", "existência" ou "objeto". Mas é plausível ilustrar seu conteúdo com base nas vivências ou nas ideias do sujeito cognoscente, uma vez que qualquer atitude humana envolve, necessariamente, uma decisão orientada por determinadas preferências. A escolha, por si só, já constitui uma valoração, razão pela qual toda conduta está intrinsecamente vinculada a um valor. Contudo, essa relação não se confunde com o próprio valor, pois este não reside nas coisas ou nos objetos de preferência, mas sim no ser humano.

Fixadas tais assertivas, compreende-se que o comando constitucional de imunidade dos livros tem como preferência valorativa o estímulo à atividade intelectual, garantindo a liberdade de manifestação do pensamento, o que inclui o posicionamento crítico, político, ideológico ou religioso. Tal objetivo, cujo valor deriva da proteção à liberdade, serve como facilitador do acesso à cultura, à informação e à educação.

---

[17] BARROSO, Luís Roberto. *Voto do Ministro Luís Roberto Barroso no Recurso Extraordinário n. 330.817/RJ, julgado em 08/03/2017*. Disponível em: https://portal.stf.jus.br/processos/downloadPeca.asp?id=312597387&ext=.pdf. Acesso em: 23 ago. 2024.

[18] CARVALHO, Paulo de Barros. O "valor" liberdade religiosa e sua conformação na imunidade do art. 150, IV, b, da Constituição da República. *In*: CARVALHO, Paulo de Barros; MARTINS, Ives Gandra da Silva (Coord.). *Imunidades das instituições religiosas*. São Paulo: Noeses, 2015. p. 31.

5 Ampliação do conceito constitucional de livro e a posição do Ministro Luís Roberto Barroso quanto ao tema

O direito tem seu impulso voltado à direção da concrescência da vida humana em sociedade, revelando-se em seu processo crescente e contínuo de produção de normas jurídicas. Ao tomar o jurídico como objeto de preocupações, a postura cognoscente preocupa-se em descrever essa vocação para projetar-se no plano das interações inter-subjetivas desse vetor diretivo, demonstrando, em sua inteireza, a experiência dirigida à implantação de valores e, assim, realizando seus objetivos.

O ser humano encontra-se atrelado inexoravelmente aos tempos e aos espaços de seu contorno existencial, dentro dos limites do horizonte de sua cultura, jamais se apartando dos padrões axiológicos que lhes são inerentes. Mesmo que suas lucubrações tenham índole contingencial da razão, os valores atuam nas tomadas de decisões, nas adoções de condutas, ainda que de modo pressuposto, subjugado às complexidades da vida em sociedade.

No processo de movimentação das estruturas voltadas à regulação das condutas interpessoais, a operação de saturação do conteúdo normativo é dependente de elementos sintáticos, o que inclui variáveis indexais e expressões sensíveis ao contexto. Entretanto, as fórmulas literais documentalmente objetivadas no sistema do direito impulsionam a interpretação, sendo peremptória a asserção segundo a qual o sentido exsurge do enriquecimento advindo do processo semântico-pragmático, garantindo a expansão aos conceitos outrora pressupostos e subentendidos.

Metodicamente, a inclusão de um termo pelo legislador originário pode ser analisada em sua perspectiva individual, oriunda do sistema linguístico inerente ao seu idioleto. Tal aproximação, contudo, ainda que considere o campo da *langue*, não atinge os resultados esperados no que se refere ao dinamismo social expresso pela *parole*. Isso ocorre porque é no contexto comunicacional, regido pelo idioma estruturado em códigos e repertórios específicos, que se desenvolve o processo dialético destinado a dirimir indeterminação de implicitude no texto. O mesmo raciocínio aplica-se ao conceito de livro.

O constituinte, ao instituir a imunidade tributária sobre livros, jornais, periódicos e o papel destinado à sua impressão, não fez ressalvas quanto ao valor artístico ou didático, ou mesmo em relação à relevância do conteúdo veiculado, bem como a qualidade cultural da publicação. Na concretização dos valores do sistema, não cabe ao aplicador da norma constitucional afastar tal benesse em razão de juízo subjetivo. Todavia, eis uma *adversidade*: as palavras são vagas e potencialmente ambíguas.

Abandonando-se aqui a noção de que os objetos que encontramos na experiência são as coisas em si mesmas (proposição básica da conhecida "verdade por correspondência"), resta-nos indagações sobre qual o conceito de livro o sistema jurídico adota para fins cognoscitivos em relação à imunidade tributária. Quantas páginas seriam necessárias para atribuir o signo "livro" a algo existente no *mundo material*? Três páginas? Cem páginas? E se houvesse apenas uma página, poderíamos chamar de livro? E se não contivesse qualquer texto, ainda assim seria considerado um livro? Que, afinal, define um livro? Essas questões postas em relevo confirmam que os termos jurídicos são frequentemente permeados por imprecisões, embora essas ambiguidades possuam variações semânticas. Agora, imaginemos definir um ou mais critérios jurídicos para a imunidade tributária de um livro. Qual característica é necessária para o direito classificar um *objeto* como *livro*?

Se a textura aberta do texto jurídico foi concebida para ilustrar definições lexicais existentes no mundo, em correlação com objetos concretos usualmente denotados por significados específicos, é certo que o direito positivo utiliza expedientes definidores com o propósito de transformar a realidade circundante. Tal característica deriva das definições estipulativas, que podem assimilar experiências recalcitrantes, inicialmente não previstas pelo formulador da mensagem prescritiva.

Não é demasiado lembrar que a dúvida sobre o enquadramento de algo a determinada classe pressupõe a existência linguística desta mesma classe. Estruturalmente, a evolução dos termos pode ocorrer no conjunto dos elementos em semelhança ou no encadeamento destes mesmos elementos. No caso do *livro*, houve uma mudança de *paradigma*, não de *sintagma*. A palavra *livro* permanece a mesma, mas o conceito ampliou-se em razão das modificações da realidade social previstas no sistema. Tal objeto deixou de ser apenas algo transportável, composto por páginas encadernadas e texto impresso, passando a abranger aquele constante no mundo digital, a exemplo dos primeiros livros em CD-ROM, que vieram antes dos sistemas de *download* e plataformas criadas especificamente para leitura. Depois, surgiram os *e-readers*, leitor de *e-books* (livros eletrônico-digitais). Assim, qual o limite para considerar que o conteúdo do *e-reader* é um *livro*?

Ora, ao mencionar *livros*, a Constituição da República também faz referência ao papel destinado à sua impressão, mas com a era digital, tal item deixou de ser uma condição essencial para o conceito de livro. Este não depende mais do papel para existir. Trata-se de uma evolução *conceitual*, influenciada por fatores sociais na formação de significados jurídicos. Ocorre que o conceito de livro não é uma construção puramente jurídica. O direito não criou o livro, embora se valha de seu conceito para proibir que as pessoas jurídicas de direito público interno instituam impostos sobre ele. E essa ideia expandiu, ampliou, a ponto denominar-se como *livro* objetos do mundo físico e do mundo digital.

Quanto à amplificação do conceito de livro para aqueles constantes em suportes digitais, somente a partir do Tema nº 593 do Supremo Tribunal Federal que se outorgou caráter normativo ao processo semiótico de atribuição de novo sentido. Passa-se, portanto, à análise, na qualidade de observador, do voto do Ministro Luís Roberto Barroso – participante do jogo jurídico do sistema positivo –, sobre o contexto de sua criação, a finalidade e os valores perseguidos na imunidade constante no art. 150, inc. VI, alínea "d" do Texto Supremo:

> A tributação era utilizada como uma forma de censura para que, pela tributação do papel, se impedisse discricionariamente [...] que a oposição, por exemplo, se manifestasse e tivesse o seu jornal e o seu veículo. [...] *a finalidade da regra sempre foi promover direito à educação, acesso à cultura, liberdade de expressão e livre circulação de ideias*. Felizmente, superamos esses ciclos do atraso e, hoje, nós não vivemos mais esse problema. [...] a jurisprudência do Supremo foi sendo progressivamente expansiva [...] passou do papel para depois passar a um produto final, o livro, a revista. Posteriormente, estendeu-se à lista telefônica, às apostilas, aos álbuns de figurinha. *Ideia de interpretação evolutiva*. Quer dizer, a Constituição é um documento vivo, e, portanto, *o sentido e o alcance das suas normas vão sofrendo o impacto das novas realidades*. *Quando a Constituição foi elaborada, não havia rede mundial de computadores como existe hoje.* Mas ninguém negará que a ideia de liberdade de expressão se aplica

também à veiculação de opiniões, informações e ideias na rede mundial de computadores. [...] Portanto, *o fato de que algumas situações não tenham sido cogitadas pelo constituinte não impede que o sentido e o alcance das normas constitucionais sejam expandidos para acolher situações novas que claramente se encaixam no âmbito normativo do constituinte*. Eu recentemente fui a um evento [...] que se chamava "Compliance na Nuvem" – é estranho o título –, mas eu era a única pessoa que tinha um pedaço de papel ali, com o roteirozinho do que eu ia falar. Portanto, *o mundo mudou e, consequentemente, a interpretação da Constituição e das normas tem que acompanhar essa evolução*.[19] (Grifos nossos)

A interpretação, denominada de *evolutiva* no presente voto, é tanto inevitável como contínua. O ser humano não permanece impassível às transformações do mundo e aos objetos que o circundam; da mesma forma, o Supremo Tribunal Federal e o E. Ministro homenageado não poderiam agir de modo diverso. Além disso, uma das maneiras de a linguagem do direito positivo (linguagem-objeto) implementar valores e alterar o sistema é por meio do reconhecimento de mutações, evoluções, ampliações ou expansões de conceitos jurídicos ante uma alteração verificada no contexto social.

Os semioticistas não se cansam de repetir que as ideias não se sentem confortáveis quando aprisionadas na extensão do suporte físico da palavra. Inquietas, procuram mexer-se, expandir-se, de tal modo que acabam por romper as limitações do "conceito de base", fazendo irromper outras significações. Muitas vezes esse é o processo de aparição de novos sinônimos, de conotações próximas, de conteúdos com amplitude de sentido parecidos, mas não precisamente os mesmos.

O conceito de *livro* não mais se manifesta, estritamente, como o conjunto de folhas encadernadas com letras ou gráficos, mas como tudo que é necessário para concretizar seu valor, transcendendo o objeto material e inserindo-se no campo ideal. Essa compreensão é essencial para captação da referida imunidade tributária.

Logo, o fato de a imunidade constante do art. 150, inc. VI, alínea "d", proteger apenas o papel destinado à impressão do livro não significa que o campo normativo do dispositivo constitucional esteja limitado. Conforme assinalado pelo Excelentíssimo Ministro Barroso, no contexto histórico da promulgação da Constituição Federal em 1988, não havia rede mundial de computadores como existe atualmente. Desse modo, a ideia de livro não sugeria algo além de um conjunto de informações grafadas e impressas em folhas de papel, configurando-se como um produto eminentemente físico.

Considerando as mutações, evoluções, ampliações e expansões de conceitos constitucionais aplicáveis ao direito tributário, percebe-se diferenças entre as definições lexicais (ou lexicográficas) e as estipulativas admissíveis a tais conceitos. Exemplificando, o direito positivo cria alguns conceitos sem correspondência com objetos do mundo, ontologicamente considerados, como *renda* e *faturamento*. Por outro lado, em alguns casos, toma certos objetos (e correlatos conceitos) do mundo fenomênico e outorga-lhes predicação jurídica, como ocorre com os termos *veículo automotor* e *mercadoria*.

Em determinados contextos, o *livro* se apresenta como um objeto de definição lexical (ressaltando aspectos denotativos ou conotativos) com correlação material; contudo, também se apresenta como um conceito de definição estipulativa, especialmente

[19] BARROSO, Luís Roberto. *Voto do Ministro Luís Roberto Barroso no Recurso Extraordinário n. 330.817/RJ, julgado em 08/03/2017*. Disponível em: https://portal.stf.jus.br/processos/downloadPeca.asp?id=312597387&ext=.pdf. Acesso em: 23 ago. 2024.

no que tange à imunidade tributária. Neste sentido, o suporte das publicações, referido como *corpus mechanicum* no julgamento do RE nº 330.817-RJ (Tema nº 593), não seria um critério elementar do conceito de livro. Embora tenha sido uma propriedade necessária no contexto histórico de 1988, dadas as limitações tecnológicas da época, essa característica tornou-se acidental em face da evolução do mundo digital.

6 Conclusões sobre as diretrizes interpretativas da imunidade dos livros

A imunidade tributária veiculada no art. 150, inc. VI, alínea "d", da Constituição Federal afigura-se como reafirmação do estímulo à atividade cultural, além de proteger os princípios da liberdade de manifestação do pensamento, do pensamento crítico e de posicionamento político, religioso ou ideológico, valores prestigiados pelo constituinte ao longo da Lei Fundamental. Tal preceito imunizante decorre do imperativo de que nenhum óbice há de ser criado na promoção do acesso à cultura, à liberdade de expressão e à livre circulação de ideias.

Para a garantia dos valores acima mencionados e com vistas a acompanhar as alterações do conceito de "livro" verificados no mundo circundante, o direito positivo incorporou as ampliações advindas do âmbito tecnológico, dando novas características ao *signo* "livro" e adjudicando-lhes linguisticamente contornos jurídicos, considerando, especialmente, a finalidade do *objeto*.

Ainda que se parta de uma zona central, em aparente predominância de aplicação de dado sentido à palavra, encontra-se presente certa nebulosidade de referência que provoca dúvidas e incertezas sobre a aplicação do termo. Tal alegoria permite a ilação de que o objeto *livro* convencional – produzido fisicamente em papel, encadernado, impresso, com capa – ocupa o ponto central de projeção semântica, não suscitando maiores dúvidas acerca de sua definição lexical com vistas à aplicação da palavra ao objeto. Contudo, diante da evolução do panorama histórico e social, as características supramencionadas revelaram-se insuficientes, razão pela qual foram adotadas novas dimensões de sentido em expansão daquele conceito.

Veja-se, a literalidade textual da Constituição Federal não foi alterada, mas a interpretação do enunciado constante no art. 150, inc. VI, alínea "d", foi atualizada, em virtude da mudança contextual que, por sua vez, também é uma adjudicação de sentido. A interpretação do direito, como vimos, consiste em dar significações aos textos, de forma que torne possível a regulação de condutas. A significação do termo *livro* ganhou novo contorno jurídico por meio do julgamento do Recurso Extraordinário nº 330.817/RJ, julgado em 8.3.2017, com participação relevantíssima do Ministro Luís Roberto Barroso, ora homenageado.

Referências

BALEEIRO, Aliomar. *Limitações constitucionais ao poder de tributar*. 4. ed. Rio de Janeiro: Forense, 1998.

BARROSO, Luís Roberto. *Voto do Ministro Luís Roberto Barroso no Recurso Extraordinário n. 330.817/RJ, julgado em 08/03/2017*. Disponível em: https://portal.stf.jus.br/processos/downloadPeca.asp?id=312597387&ext=.pdf. Acesso em: 23 ago. 2024.

BOBBIO, Norberto. *Teoria do ordenamento jurídicos*. 2. ed. São Paulo: Edipro, 2014.

CARVALHO, Paulo de Barros. *Curso de direito tributário*. 30. ed. São Paulo: Saraiva, 2019.

CARVALHO, Paulo de Barros. *Direito tributário*: linguagem e método. 8. ed. São Paulo: Noeses, 2021.

CARVALHO, Paulo de Barros; MARTINS, Ives Gandra da Silva (Coord.). *Imunidades das instituições religiosas*. São Paulo: Noeses, 2015.

CHIESA, Clélio. *A competência tributária do Estado brasileiro*: desonerações nacionais e imunidades condicionadas. São Paulo: Max Limonad, 2002.

FALCÃO, Amilcar de Araújo. *Fato gerador da obrigação tributária*. 5. ed. Rio de Janeiro: Forense, 1994.

MORAES, Bernardo Ribeiro de. *Sistema tributário na Constituição de 1969*. São Paulo: Revista dos Tribunais, 1973.

NOGUEIRA, Ruy Barbosa. *Curso de direito tributário*. 5. ed. São Paulo: Saraiva, 1980.

SCHOUERI, Luís Eduardo. *Direito tributário*. 9. ed. São Paulo: Saraiva, 2019.

VILANOVA, Lourival. *As estruturas lógicas e o sistema do direito positivo*. 4. ed. São Paulo: Noeses, 2010.

VILANOVA, Lourival. *O problema do objeto da teoria geral do Estado*. Recife: [s.n.], 1953.

Informação bibliográfica deste texto, conforme a NBR 6023:2018 da Associação Brasileira de Normas Técnicas (ABNT):

CARVALHO, Paulo de Barros. Imunidade tributária dos livros: reflexões acerca da ampliação de seu conceito jurídico. *In*: PAULA, Fernanda de; PENCAK, Nina (coord.). *Tributação, liberdade e igualdade*: as contribuições do Ministro Luís Roberto Barroso. Belo Horizonte: Fórum, 2025. p. 967-979. ISBN 978-65-5518-952-0.

MODULAÇÃO DE EFEITOS NO STF – A TRANSIÇÃO ENTRE REGIMES JURÍDICOS NA JURISDIÇÃO CONSTITUCIONAL

PAULO MENDES

1 Considerações iniciais

Muito se tem escrito sobre a crescente utilização pelo STF da técnica de modulação de efeitos no exercício da jurisdição constitucional. Pouco se diz, no entanto, que os casos em que tal técnica foi efetivamente utilizada nos últimos quatro anos, considerada a matéria tributária, não alcança 15% dos temas julgados. Ou seja, mais de 85% dos julgamentos nessa seara não tiveram qualquer modificação na eficácia *ex tunc* dos precedentes da Suprema Corte brasileira.[1]

Sempre que o STF se depara com uma situação em que seu precedente pode representar risco à segurança jurídica ou ao interesse social e entende pela necessidade de calibragem dos seus efeitos, percebe-se uma significativa repercussão na comunidade jurídica. Afirma-se, ainda, com alguma frequência, que, quando a modulação de efeitos beneficia a Fazenda Pública, o motivo para tanto teria sido o impacto econômico que a decisão proporcionaria aos cofres públicos e que o "excesso" de utilização da técnica incentiva uma suposta "inconstitucionalidade útil" praticada pelos Poderes Executivo e Legislativo, como se os agentes públicos deliberadamente agissem inconstitucionalmente, confiantes em uma futura modulação.

A análise adequada do fenômeno jurídico não prescinde, porém, de uma investigação criteriosa sobre as razões pelas quais o STF vem modulando os efeitos de alguns dos seus julgados. Para tanto, tracemos inicialmente breves considerações sobre o importante papel dos precedentes judiciais e da necessidade de, em algumas situações, serem utilizadas regras de transição entre regimes jurídicos, como densificação direta de importantes princípios constitucionais.

---

1 MORAES, Helena Brandão Nogueira de Oliveira. *Os critérios temporais para a modulação de efeitos*. Um estudo à luz das decisões proferidas pelo STF em matéria tributária. Estudo apresentado perante o Programa de Pós-Graduação do Instituto de Direito Público – IDP.

2 Breves considerações sobre a teoria dos precedentes e sobre a técnica de modulação de efeitos

Uma importante mudança que pôde ser verificada na experiência jurídica brasileira, que trouxe significativo impacto na segurança jurídica da sociedade, foi a crescente adoção de um sistema de precedentes que define as controvérsias sobre a interpretação e aplicação do direito e informa à sociedade sobre o conteúdo normativo vigente.[2] Os problemas gerados pela indefinição do direito no Brasil fizeram com que houvesse um amadurecimento sobre a necessidade de o Judiciário ser dotado de técnicas de uniformização de entendimento sobre as normas jurídicas que regem a sociedade, evitando-se a aleatoriedade da prestação jurisdicional, que tanto mal faz à segurança jurídica e à isonomia.[3]

Gradativamente, o ordenamento jurídico nacional foi adotando diversos instrumentos de uniformização jurisprudencial, com o fim de incrementar a cognoscibilidade do ambiente normativo brasileiro e, por consequência, reduzir o grande número de demandas ajuizadas e recursos interpostos perante o Poder Judiciário. Se a sociedade conhece a resposta que será dada pelo Estado às divergências interpretativas, o direito torna-se mais previsível e, por consequência, as pessoas podem exercer a liberdade com mais segurança e a tendência de observância voluntária das normas jurídicas é incrementada. Trata-se, portanto, de técnica que confere claros benefícios teóricos e práticos.[4]

Em recente julgamento sobre a eficácia dos precedentes judiciais, o STF deixou ainda mais claro o impacto que suas decisões proporcionam no mundo jurídico. A definição dos Temas nºs 881 e 885 de repercussão geral[5] explicitou muito do que vem se consolidando há anos sobre a força dos precedentes na Suprema Corte, não sendo possível contestar consistentemente a ideia de que a edição de um precedente inaugura um momento normativo de pacificação jurisprudencial.

Tendo presente tal impacto na ordem jurídica proporcionado pelos precedentes, não se pode desconsiderar o ambiente jurídico que existia antes da sua edição. Muitas vezes, atos são praticados em confiança às normas em vigor, consolidando situações jurídicas, cuja posterior declaração de inconstitucionalidade pode causar graves prejuízos aos jurisdicionados. Em outros casos, deparamo-nos com a alteração do cenário jurisprudencial, sendo imperiosa a proteção das relações jurídicas estabelecidas em confiança ao entendimento superado. Diante dessas situações, torna-se imprescindível a adoção de técnicas de modulação de efeitos, em atenção ao princípio da segurança jurídica.

---

2 Demonstrando que se trata de um fenômeno mundial, inclusive em países de raízes romano-germânicas: TARUFFO, Michele. Precedente e jurisprudência. *Revista de Processo*, São Paulo, v. 36, n. 199, p. 139-155, set. 2011. p. 140.

3 Para uma análise aprofundada sobre precedentes na doutrina brasileira: MARINONI, Luiz Guilherme. *Precedentes obrigatórios*. São Paulo: Revista dos Tribunais, 2010; BUSTAMANTE, Thomas da Rosa de. *Teoria do precedente judicial*: a justificação e a aplicação de regras jurisprudenciais. São Paulo: Noeses, 2012; MITIDIERO, Daniel. *Cortes Superiores e Cortes Supremas*: do controle à interpretação, da jurisprudência ao precedente. São Paulo: Revista dos Tribunais, 2013; ROSITO, Francisco. *Teoria dos precedentes judiciais* – Racionalidade da tutela jurisdicional. Curitiba: Juruá, 2012; ZANETI JR., Hermes. *O valor vinculante dos precedentes*. O modelo garantista (MG) e a redução da discricionariedade judicial. Uma teoria dos precedentes normativos formalmente vinculantes. Salvador: JusPodivm, 2015; OLIVEIRA, Paulo Mendes de. *Coisa julgada e precedente*: limites temporais e as relações jurídicas de trato continuado. São Paulo: RT, 2015.

4 TARUFFO, Michele. Precedente e jurisprudência. *Revista de Processo*, São Paulo, v. 36, n. 199, p. 139-155, set. 2011. p. 140-141.

5 RE nº 949.297 e RE nº 955.227, que versam sobre a relação entre a coisa julgada tributária e os precedentes judiciais.

Parece claro, mas não custa reiterar, que a modulação de efeitos não pode ser generalizada, devendo ser sempre utilizada de maneira excepcional, em atenção à concordância prática entre os princípios constitucionais que a interpretação constitucional deve observar. Contudo, presentes os requisitos para a proteção de situações jurídicas estabilizadas à luz do ambiente normativo superado, a adoção de regras de transição faz-se imperativa, como adequadamente vem sendo implementada pela jurisdição constitucional brasileira.

3 Razões jurídicas utilizadas pelo STF na modulação de efeitos de seus precedentes

A modulação de efeitos é prática que vem sendo, há muito, utilizada pelo STF, antes mesmo de a Lei nº 9.868/99 positivá-la expressamente. O STF modulava os efeitos das suas decisões como algo inerente à função de julgar e formar precedentes, poder que é reforçado pelo princípio constitucional da segurança jurídica. Com o advento da Lei nº 9.868/99, previu-se a possibilidade de modulação de efeitos no controle concentrado de constitucionalidade. Promulgado o Código de Processo Civil de 2015 (CPC/15), o tema da modulação de efeitos ganhou novos contornos, porquanto o seu art. 927, §3º,[6] previu expressamente a possibilidade de modulação de efeitos na hipótese de alteração de jurisprudência dominante do Supremo Tribunal Federal e dos tribunais superiores ou daquela oriunda de julgamento de casos repetitivos, no interesse social e no da segurança jurídica. Não se pode deixar de mencionar, ainda, as recentes alterações na Lei de Introdução às Normas do Direito brasileiro (DL nº 4.657/42), que introduziram o art. 23, que expressamente prevê a necessidade da utilização de regime de transição, na hipótese de interpretação ou orientação nova.[7]

Como se percebe, tais regras apenas densificam o princípio constitucional da segurança jurídica. Mesmo se não estivessem presentes no ordenamento brasileiro, ainda assim seria possível a modulação de efeitos dos precedentes do STF, por incidência direta dos preceitos constitucionais.[8]

Essa importante regra de transição entre regimes jurídicos pode ser utilizada não só quando o STF pacifica entendimento sobre tema a respeito do qual ainda não havia uma definição jurisprudencial, mas também, e sobretudo, quando modifica o entendimento anteriormente estabilizado.[9]

---

6 "Art. 927. [...] §3º Na hipótese de alteração de jurisprudência dominante do Supremo Tribunal Federal e dos tribunais superiores ou daquela oriunda de julgamento de casos repetitivos, pode haver modulação dos efeitos da alteração no interesse social e no da segurança jurídica".

7 "Art. 23. A decisão administrativa, controladora ou judicial que estabelecer interpretação ou orientação nova sobre norma de conteúdo indeterminado, impondo novo dever ou novo condicionamento de direito, deverá prever regime de transição quando indispensável para que o novo dever ou condicionamento de direito seja cumprido de modo proporcional, equânime e eficiente e sem prejuízo aos interesses gerais".

8 No mesmo sentido: "A possibilidade de limitar os efeitos retroativos das decisões é inerente ao exercício do poder conferido aos Tribunais de superposição. É que se esses têm a função de dar sentido ao direito que regula a vida social, gerando, por consequência, expectativa de confiança, certamente também têm o dever de proteger a confiança justificada em seus atos" (MARINONI, Luiz Guilherme. *O STJ enquanto corte de precedentes*: recompreensão do sistema processual da corte suprema. São Paulo: Revista dos Tribunais, 2013. p. 265-266). Assim também: PEIXOTO, Ravi. *Superação do precedente e segurança jurídica*. 2. ed. rev., ampl. e atual. Salvador: JusPodivm, 2016. p. 239.

9 Sobre o tema: MITIDIERO, Daniel. *Superação para frente e modulação de efeitos*: precedente e controle de constitucionalidade no direito brasileiro. São Paulo: Revista dos Tribunais; Thomson Reuters Brasil, 2021.

É claramente equivocada a simplificação do fenômeno jurídico com a ideia de que a decisão dos tribunais simplesmente *revela* a *correta* interpretação do direito, que estava presente desde sempre e só precisava ser *declarada*. É preciso ter presente que o direito é essencialmente problemático e argumentativo, não sendo algo pronto e acabado, que será objeto de mera declaração pelo Supremo Tribunal Federal. O caminho entre o texto e a norma, por vezes, é bastante complexo, com variadas possibilidades interpretativas, a demostrar que não se pode desconsiderar as legítimas posições jurídicas adotadas pela sociedade antes da pacificação jurisprudencial.

Tal base teórica revela, igualmente, que a ideia de que existe uma "inconstitucionalidade útil" sendo praticada pelos Poderes Executivos e Legislativos é tão apressada quanto equivocada. Administradores e legisladores estão sempre interpretando a Constituição e adotando posições razoáveis, dentro da moldura constitucional, ainda que, posteriormente, a linha interpretativa não seja chancelada pelo Supremo Tribunal Federal (por vezes em votações apertadas de 6 x 5).

Tal ferramental teórico não pode ser desconsiderado, quando da definição do sentido da Constituição Federal, por meio de precedentes obrigatórios.

A pacificação jurisprudencial, na medida em que impacta a ordem jurídica, inaugurando momento jurídico de definição normativa, não pode ser vista como mera revelação de algo que sempre estava ali presente, aguardando ser declarado. E isso diz muito sobre como devemos olhar para o passado e a eventual necessidade de tutelar relações jurídicas sedimentadas.

Se a regra deve ser, de fato, a aplicação retroativa dos precedentes, variadas vezes, percebe-se que tal retroatividade proporcionará graves prejuízos ao interesse público e/ou à segurança jurídica da sociedade e do Estado, que não podem ser desconsiderados. Tais situações jurídicas preestabelecidas, fora de dúvidas, merecem a devida atenção e tutela jurisdicional.

Definir se relações jurídicas estabelecidas antes da definição jurisprudencial merecem receber tratamento distinto do precedente constitucional, contudo, não é tarefa fácil, que possa ter seus critérios resumidos em fórmula matemática simples aplicável a todos os casos. Decidir pela modulação de efeitos implica analisar toda a complexidade das relações jurídicas que serão alcançadas com o precedente, os sinais que o ambiente normativo anterior emitiu aos jurisdicionados, as consequências de eventual aplicação retroativa do precedente etc. Qualquer tentativa de estipular fórmulas curtas e resumidas para essa análise é tão equivocada quanto entender que os precedentes devem ser sempre aplicados retroativamente, independentemente das consequências.

Vista a transição entre regimes jurídicos sob outro ângulo, atentemos para as hipóteses de mudança jurisprudencial. Tão importante quanto a necessidade de observância dos entendimentos consolidados no Poder Judiciário é o respeito aos atos jurídicos praticados em sua confiança. Mais precisamente, não se pode decretar a invalidade dos atos jurídicos praticados de acordo com a orientação dos tribunais superiores, em prejuízo aos jurisdicionados, ainda que tais cortes mudem seu entendimento posteriormente. Em tais situações, com ainda mais razão, devemos pensar em regras de transição de regimes jurídicos.

Esta percepção revela-se ainda mais importante em um sistema, como o brasileiro, em que, não raro, o STF entende que um tema possui natureza infraconstitucional, o STJ pacifica a jurisprudência a respeito e, tempos depois, o STF muda seu entendimento e decide enfrentar aquele mesmo tema. A existência de entendimentos consolidados nos tribunais superiores, que definem o sentido do ambiente normativo, confere aos operadores jurídicos a previsibilidade de como devem se comportar consoante o direito e, portanto, deve gerar a confiança de que não serão surpreendidos posteriormente com uma mudança de entendimento destes mesmos tribunais.[10] [11] Nesse particular, deve ser lembrado o quanto já se expôs sobre a complexidade que envolve a análise sobre a necessidade da modulação de efeitos. É necessário analisar se, de fato, a jurisprudência do STF estava pacificada sobre a natureza infraconstitucional da controvérsia, se o STJ tinha jurisprudência consolidada sobre o assunto, o momento em que o STF reconheceu a natureza constitucional da controvérsia, se não havia no STF casos semelhantes já julgados que pudessem infirmar a justa expectativa gerada pelos precedentes do STJ etc. Novamente, tentar simplificar essa análise com fórmulas simples é não perceber os inúmeros fatores que o STF adequadamente analisa quando se utiliza da técnica da modulação de efeitos.

Tais premissas demonstram a relevância da técnica de modulação de efeitos, que tem por fim justamente garantir a preservação de atos jurídicos praticados com depósito de confiança no entendimento superado. Não há segurança jurídica no sistema em que o Poder Judiciário é o órgão constitucionalmente investido para dar a última palavra sobre a interpretação do direito se os operadores não têm a garantia de que poderão seguir precedentes sem o risco de suas condutas serem consideradas ilícitas posteriormente. Imaginar o contrário seria infirmar o próprio sistema de precedentes, fazendo o direito retornar ao estágio em que não se sabia ao certo como se comportar, pois a interpretação da lei pelos tribunais de cúpula poderia ser das mais diversas, a depender da turma sorteada para apreciar o caso.

Com efeito, sempre que os precedentes judiciais ensejarem a prática de atos em confiança à sua normatividade, é de se ter muita cautela quando da eventual necessidade de sua superação. De suma importância, presentes os requisitos de grave violação ao interesse público ou à segurança jurídica, a utilização da técnica de modulação de efeitos, a fim de preservar os atos jurídicos praticados de acordo com o direito até então vigente.[12]

Analisando os excepcionais casos em que o STF decidiu pela modulação de efeitos dos seus julgados, percebe-se que, não obstante ser comum o argumento fácil de que tal providência decorreu do impacto orçamentário que a decisão poderia gerar, elementos dos mais variados, relacionados à segurança jurídica dos jurisdicionados, são analisados e ponderados.

---

10 "Atribuir valor a um precedente não significa excluir a possibilidade de eficácia retroativa à decisão que o revoga, mas ter em conta a relação entre o valor de 'afirmação do direito', contido na decisão revogadora, em face do valor da 'confiança justificada', depositado no precedente revogado" (MARINONI, Luiz Guilherme. *O STJ enquanto corte de precedentes*: recompreensão do sistema processual da corte suprema. São Paulo: Revista dos Tribunais, 2013. p. 261).

11 Sobre a importância dos precedentes para a sociedade numa perspectiva da segurança jurídica na superação de entendimentos pacificados: "A sociedade como um todo os observa e os têm como um dos parâmetros para as suas atividades. Eles passam a gerar expectativas como *condutores das atividades* dos sujeitos de direito" (PEIXOTO, Ravi. *Superação do precedente e segurança jurídica*. 2. ed. rev., ampl. e atual. Salvador: JusPodivm, 2016. p. 237).

12 No mesmo sentido, pronunciou-se a Ministra Cármen Lúcia, ao votar no RE nº 377.457: "a ideia de modular efeitos deve ter alguns parâmetros que a jurisprudência, ao longo do tempo, haverá de fixar. Penso que haverá de ser demonstrada a excepcionalidade da situação, a possibilidade de insegurança jurídica, quando se encaminhava a sociedade a acreditar numa jurisprudência num determinado sentido [...]".

Talvez o exemplo mais eloquente tenha sido o julgamento do Tema nº 69 de repercussão geral.[13] Naquela oportunidade, o STF fez uma ampla análise do ambiente normativo até então vigente, para concluir que o seu precedente estava a modificar significativamente o ambiente jurisprudencial que existia antes do julgamento, no qual se baseou o comportamento estatal. O voto da Min. Cármen Lúcia (relatora), seguido pela maioria qualificada do colegiado (tendo sido alcançado o quórum de 2/3), fez ampla digressão sobre a consolidação jurisprudencial no STJ, a percepção histórica do STF de que a matéria tinha natureza infraconstitucional, os claros sinais que da Corte emanaram quando julgou o RE nº 240.785 com efeitos apenas para o caso concreto etc., para concluir que "o planejamento fazendário deu-se dentro de legítimas expectativas traçadas de acordo com a interpretação até então consolidada pelo Superior Tribunal de Justiça, inclusive em sede de recurso repetitivo". Ou seja, o caso sempre citado como hipótese de modulação de efeitos com base em impacto econômico teve o seu alcance limitado em razão da mudança de entendimento do Poder Judiciário, após ampla análise do ambiente normativo em discussão.

Em diversos outros casos, mesmo o STF expondo amplos argumentos que justificam a modulação de efeitos, por razões de segurança jurídica e interesse social, insiste-se em divulgar que a modulação se deu apenas por razões orçamentárias. É muito importante que a comunidade jurídica volte suas atenções para as reais razões pelas quais o STF vem aplicando a técnica de modulação de efeitos, até mesmo para o amadurecimento do instituto e para ser possível, com efetividade, debater com o Tribunal e estabelecer uma crítica construtiva. Insistir que as modulações só são favoráveis ao Estado e sempre por razões de impacto financeiro não só afasta o interlocutor do que realmente vem decidindo o Tribunal, como também dificulta um diálogo adequado com a Corte.

Um outo caso interessante, em que o STF analisou pedido de modulação de efeitos do seu precedente em razão da consolidação jurisprudencial no STJ foi o Tema nº 808 de repercussão geral, que versava sobre a incidência de imposto de renda sobre os juros moratórios recebidos por pessoa física. Nesse caso, havia, de fato, entendimento do STF no sentido de que a matéria era infraconstitucional e o STJ tinha consolidado o seu posicionamento por meio da técnica dos recursos repetitivos (Tema nº 470 – REsp nº 1.227.133). Vejamos a manifestação do Min. Roberto Barroso sobre o tema:

> 3. Modulação dos efeitos da decisão. Em um primeiro momento, este Supremo Tribunal Federal, ao ser instado a se manifestar sobre o tema em questão, considerou tratar-se de matéria infraconstitucional, como decidido no AI 705.941 (Tema 236). Por isso, ao Superior Tribunal de Justiça competiu decidir em última instância sobre o assunto. Isso foi feito no REsp 1.227.133, representativo de controvérsia (Tema 470). Nessa oportunidade e naquelas que se seguiram, o Superior Tribunal de Justiça reafirmou reiteradamente a legalidade da incidência do imposto de renda sobre os juros de mora devidos em razão do atraso no pagamento de remuneração por exercício de emprego, cargo ou função. Somente mais recentemente, este Supremo Tribunal Federal reconheceu que a controvérsia em questão envolveria matéria constitucional e firmou interpretação oposta àquela defendida pelo Superior Tribunal de Justiça. A aplicação pretérita desse novo entendimento gera um

[13] RE nº 574.706. Rel. Min. Cármen Lúcia, julgado em 13.5.2021, que versava sobre o ICMS na base de cálculo do PIS/Cofins, conhecida como tese do século.

cenário de insegurança jurídica, na medida em que, como base na posição largamente aplicada pelo Superior Tribunal de Justiça, os sujeitos passivo e ativo da relação jurídico-tributária adimpliram com as suas obrigações. Constituiu-se, por conseguinte, uma legítima base da confiança que perdurou por um longo espaço de tempo. Considerando os princípios conflitantes no caso em questão, impõe-se a tutela do princípio da segurança jurídica de modo a preservar as situações pretéritas.

Tal entendimento, contudo, restou vencido em votação apertada (6 x 5), tendo em vista que a maioria dos ministros entendeu que a simples existência de repetitivo do STJ não era suficiente para gerar confiança legítima aos jurisdicionados, quando outras razões infirmavam tal base de confiança. No caso, o Min. Dias Toffoli afirmou:

> Em meu voto, consignei que, em fevereiro de 2008, a Corte referendou, por unanimidade, entendimento da Secretaria do Tribunal de que não seria possível a incidência do imposto de renda sobre juros de mora legais relativos ao recebimento em atraso de certa verba remuneratória. A seguir, destaquei que essa orientação foi seguida por outros órgãos, como pelo Conselho Superior da Justiça do Trabalho e pelo Tribunal de Contas da União, acórdão nº 244/2010. Vale ressaltar que, no voto condutor desse acórdão, o Ministro Valmir Campelo chamou a atenção para o fato de tal entendimento ter sido também adotado, entre outros, pelo Tribunal Superior Eleitoral (TSE), pelo Tribunal Regional Eleitoral de Minas Gerais (TRE/MG) e pelo Conselho da Justiça Federal (CJF), "sendo que, no caso do CJF, a diretriz ali adotada foi estendida aos servidores e magistrados de toda a Justiça Federal".

Tal entendimento apenas corrobora o que se afirmou linhas atrás. Não se pode resumir a análise da segurança jurídica e do interesse social que merecem ser tutelados apenas à existência ou não de precedente do STJ. É fundamental investigar todas as circunstâncias fáticas e jurídicas envolvidas, a fim de aferir se, de fato, é possível afirmar a existência de uma base de confiança sólida a justificar a modulação de efeitos. Nesse caso, o STF entendeu que entendimento administrativo do tribunal deveria ser considerado para efeito de sinalizar aos jurisdicionados que a posição do STJ não era apta a gerar confiança legítima a justificar a modulação de efeitos. Por tais razões, foi negada modulação de efeitos ao precedente do STF.

Para finalizar, recentemente foi concluído o julgamento do Tema nº 985 de repercussão geral, no qual o STF decidiu modular os efeitos do seu julgado, a favor dos contribuintes, justamente por entender que a consolidação jurisprudencial no STJ foi apta a gerar confiança legítima nos jurisdicionados. Na ocasião, mesmo não havendo jurisprudência pacificada a respeito da natureza infraconstitucional da controvérsia, ainda assim, o STF entendeu legítima a modulação de efeitos. Vejamos, no particular, a manifestação do Min. Alexandre de Moraes, que restou vencida ao final:

> [...] é relevante também salientar, afastando a existência da confiança legítima que albergaria o pedido de modulação, que o STF não tinha jurisprudência pacífica reconhecendo a natureza infraconstitucional do debate específico sobre o terço de férias. No que se refere à incidência de contribuição previdenciária sobre verbas pagas pelo empregador, em 17/12/2007, esta SUPREMA CORTE, nos autos do RE 565160, de relatoria do Min. MARCO AURÉLIO, reconheceu a repercussão geral da matéria, especificamente quanto ao alcance do termo "folhas de salários" para fins de instituição de contribuição previdenciária (Tema 20 da repercussão geral). A partir de então, inúmeros processos em que se discutia a incidência de contribuição previdenciária sobre o terço constitucional de

> férias foram devolvidos às instâncias de origem, na esperança de que o julgamento final do referido precedente paradigma resolvesse a celeuma. Dessa forma, especificamente quanto à aplicação do Tema 20 ao terço constitucional de férias, a jurisprudência do STF foi oscilante, conforme já tive a oportunidade de me manifestar nos autos do ARE 1032421 AGR/RS: 'Sobre essa matéria, não há consenso nesta CORTE. Ao lado de decisões que aplicam o Tema 20 (ARE 979579 AgR, Relator(a): Min. RICARDO LEWANDOWSKI, Segunda Turma, DJe 10-03-2017), há julgados proclamando a incidência do tributo (RE 1066730 AgR, Relator(a): Min. DIAS TOFFOLI, Segunda Turma, DJe 18-12-2017) e precedentes situando o assunto no âmbito infraconstitucional (RE 960556 AgR, Relator(a): Min. EDSON FACHIN, Primeira Turma, DJe 21-11- 2016; ARE 1000407 ED, Relator(a): Min. ROSA WEBER, DJe 07/12/2017)

Esse julgamento chama a atenção para importantes questões relacionadas à modulação de efeitos de decisões do STF, em razão de precedentes do STJ. Devemos refletir sobre os variados cenários em que um repetitivo do STJ pode ser alegado como suficiente para proporcionar a modulação de efeitos no STF. Por exemplo, se o STJ edita o seu precedente, quando o STF já reconheceu a existência de repercussão geral; nas hipóteses em que, no momento em que o STJ firma o seu precedente, havia oscilação jurisprudencial no STF sobre a natureza constitucional da controvérsia, com decisões tanto reconhecendo a natureza infraconstitucional, quanto admitindo a natureza constitucional e julgando o mérito; nos casos em que transcorrido pouco tempo entre a decisão do STJ e o reconhecimento da repercussão geral no STF etc. Em todos esses casos será recomendável a modulação de efeitos do precedente do STF? Em outras palavras, a decisão do STJ gera confiança legítima, apta a dar ensejo à modulação de efeitos, independentemente do cenário jurisprudencial no STF?

Como vimos, no Tema nº 985, o Tribunal desconsiderou a circunstância apontada pelo Min. Alexandre de que "o STF não tinha jurisprudência pacífica reconhecendo a natureza infraconstitucional do debate específico sobre o terço de férias" e procedeu à modulação de efeitos do seu precedente. A pergunta que fica é se essa será a posição sufragada pela nossa Corte Constitucional daqui para frente ou se tal entendimento não passa de mais um capítulo a ser superado, na trajetória de amadurecimento do importante tema da modulação de efeitos dos precedentes judiciais.

4 Conclusão

O objetivo do presente estudo foi demonstrar a relevância da técnica de modulação de efeitos, as inovações legislativas que foram introduzidas no direito brasileiro nos últimos anos e os distintos fundamentos que justificam a modulação em relação à declaração de inconstitucionalidade e à mudança de entendimento jurisprudencial.

Percebeu-se serem despropositadas muitas das críticas que são desferidas ao Supremo Tribunal Federal no sentido de modular em excesso os efeitos das suas decisões ou de modular em razão apenas do impacto orçamentário que o precedente pode causar. O que se percebe, em verdade, é um crescente amadurecimento no âmbito do Supremo Tribunal Federal da técnica da modulação de efeitos, seja na percepção das razões que devem levar a tal providência, seja na definição dos marcos temporais estabelecidos para a modulação.

O que vivemos nos últimos anos foi o significativo e oportuno aumento de decisões pela Suprema Corte, em razão da ampliação do Plenário Virtual. Diante do elevado número de julgamentos, mais recorrentes foram os casos em que se utilizou a técnica de modulação de efeitos. Contudo, como se percebeu, os casos em que o STF calibrou os efeitos dos seus julgados seguem sendo excepcionais e sempre definidos com fundamentação que busca densificar, na maior medida possível, o princípio da segurança jurídica. Como dissemos, mais importante do que tentar impingir a pecha no Supremo Tribunal Federal de que só modula a favor do Estado e sempre por razões orçamentárias é tentar entender as verdadeiras razões pelas quais as modulações de efeitos estão ocorrendo, dialogando-se cada vez mais com a Corte para que tal instituto, dos mais relevantes em um sistema de precedentes, continue sendo amadurecido e adequadamente utilizado.

Referências

BARROSO, Luís Roberto. Parecer juntado no RE nº 718.874/RS. *Conjur*, 2018. Disponível em: https://www.conjur.com.br/2018-abr-17/stf-definir-quorum-modulacao-mudanca-jurisprudencial. Acessado em 12 de novembro de 2019.

BUSTAMANTE, Thomas da Rosa de. *Teoria do precedente judicial*: a justificação e a aplicação de regras jurisprudenciais. São Paulo: Noeses, 2012.

CARRAZZA, Roque Antônio. Segurança jurídica e eficácia temporal das alterações jurisprudenciais. *In*: FERRAZ JUNIOR, Tercio Sampaio; CARRAZZA, Roque Antônio; NERY JUNIOR, Nelson. *Efeito ex nunc e as decisões do STJ*. Barueri: Manole, 2008.

MARINONI, Luiz Guilherme. *O STJ enquanto corte de precedentes*: recompreensão do sistema processual da corte suprema. São Paulo: Revista dos Tribunais, 2013.

MARINONI, Luiz Guilherme. *Precedentes obrigatórios*. São Paulo: Revista dos Tribunais, 2010.

MENDES, Gilmar Ferreira; BRANCO, Paulo Gustavo Gonet. *Curso de direito constitucional*. 12. ed. rev. e atual. São Paulo, Saraiva, 2017.

MITIDIERO, Daniel. *Cortes Superiores e Cortes Supremas*: do controle à interpretação, da jurisprudência ao precedente. São Paulo: Revista dos Tribunais, 2013.

OLIVEIRA, Paulo Mendes de. *Coisa julgada e precedente*: limites temporais e as relações jurídicas de trato continuado. São Paulo: RT, 2015.

PEIXOTO, Ravi. *Superação do precedente e segurança jurídica*. 2. ed. rev., ampl. e atual. Salvador: JusPodivm, 2016.

ROCHA, Cármen Lúcia Antunes. O princípio da coisa julgada e o vício de inconstitucionalidade. *In*: ROCHA, Cármen Lúcia Antunes (Org.). *Constituição e segurança jurídica*: direito adquirido, ato jurídico perfeito e coisa julgada. Estudos em homenagem a José Paulo Sepúlveda Pertence. Belo Horizonte: Fórum, 2005.

ROSITO, Francisco. *Teoria dos precedentes judiciais* – Racionalidade da tutela jurisdicional. Curitiba: Juruá, 2012.

SARLET, Ingo Wolfgang; MARINONI, Luiz Guilherme; MITIDIERO, Daniel. *Curso de direito constitucional*. São Paulo: Revista dos Tribunais, 2012.

SILVA, Ovídio Baptista da. *Jurisdição e execução na tradição romano-canônica*. São Paulo: Revista dos Tribunais, 1996.

TARUFFO, Michele. Precedente e jurisprudência. *Revista de Processo*, São Paulo, v. 36, n. 199, p. 139-155, set. 2011.

VELLOSO FILHO, Carlos Mário. Modulação dos efeitos das decisões do STF e do STJ. *Migalhas*, 18 fev. 2018. Disponível em: https://www.migalhas.com.br/dePeso/16,MI274538,41046-Modulacao+dos+efeitos+das+decisoes+do+STF+e+do+STJ. Acesso em: 13 nov. 2019.

ZANETI JR., Hermes. *O valor vinculante dos precedentes*. O modelo garantista (MG) e a redução da discricionariedade judicial. Uma teoria dos precedentes normativos formalmente vinculantes. Salvador: JusPodivm, 2015.

Informação bibliográfica deste texto, conforme a NBR 6023:2018 da Associação Brasileira de Normas Técnicas (ABNT):

MENDES, Paulo. Modulação de efeitos no STF – A transição entre regimes jurídicos na jurisdição constitucional. *In*: PAULA, Fernanda de; PENCAK, Nina (coord.). *Tributação, liberdade e igualdade*: as contribuições do Ministro Luís Roberto Barroso. Belo Horizonte: Fórum, 2025. p. 981-990. ISBN 978-65-5518-952-0.

A APLICAÇÃO DAS ANTERIORIDADES NA REVOGAÇÃO/MITIGAÇÃO DE INCENTIVOS FISCAIS (RE Nº 564.225/RS EMBARGOS DE DIVERGÊNCIA)

PEDRO HENRIQUE RAMOS SALES

Introdução – O direito, a tributação e o tempo: considerações gerais sobre o fenômeno da incidência à luz da certeza do direito, da segurança jurídica e da sujeição à regra da anterioridade

A vida em sociedade pressupõe que as pessoas, tanto físicas quanto jurídicas, adotem o planejamento como hábito ou modo perene de proceder nas mais diversas searas. É assim sob a perspectiva financeira, patrimonial e, portanto, assim deve ser sob a ótica tributária. Esse planejamento deve ser feito com respaldo na legislação vigente à época dos fatos e dos negócios jurídicos realizados, de modo que a estabilidade das relações não seja afetada por mudanças abruptas ocorridas posteriormente no âmbito da interpretação e aplicação do direito pelos poderes instituídos. Tais diretrizes são noções de senso comum e até de certa forma intuitivas, sendo, em verdade, valores que inevitavelmente tendem a surgir em qualquer texto ou sistema que busque regular deveres e obrigações dos cidadãos.

No âmbito tributário, em que o Estado faz valer a sua força, cobrando do indivíduo a participação nas contas e despesas públicas, a segurança, a previsibilidade e a proteção da confiança assumem grande relevância, porquanto funcionam como mecanismos de limitação da atividade arrecadatória estatal, de modo a evitar e coibir os excessos do poder.

Os sobreprincípios, princípios-valores (maior carga axiológica) e princípios-regras (mais próximos dos comandos normativos determinados) – que constituem o arquétipo do garantismo constitucional tributário – sabidamente não têm uma definição semântica plena e delimitada, de modo que partem de compreensões de menor densidade, buscando alcançar níveis de maior efetividade e precisão, até realizar seu objetivo de modificar o comportamento/funcionamento das regras, conferindo a elas determinação otimizada com os valores insculpidos nos postulados que buscam efetivamente assegurar.

Os princípios são cargas valorativas que informam a aplicação das regras, servindo como um vetor de reforço do valor subjacente perseguido teleologicamente por dada diretriz principiológica. Daí que uma das virtudes mais lembradas da obra de Robert Alexy[1] está justamente em destacar os princípios como mandamentos de otimização, porquanto determinam a realização das condutas reguladas segundo suas melhores possibilidades fáticas e jurídicas. A concretização das normas-princípios está, portanto, adstrita ao valor por estas veiculado.

O Sistema Constitucional Tributário é um sistema parcial e autônomo em relação ao ordenamento jurídico total. Essa condição funciona como critério hermenêutico próprio, revelando-se em certa dimensão como uma expressão de segurança jurídica, como norma de proibição, que veda comportamentos normativos ou hermenêuticos tendentes a superar o modelo sistêmico exigido ou comprometer sua efetividade. Ademais, a base constitucional também pode ser percebida como norma de garantia, que assegura a concretização dos princípios do Sistema Tributário e da segurança jurídica nas suas máximas possibilidades, pela otimização dos valores por eles perseguidos.

As premissas teóricas expostas são importantes, na medida em que o presente trabalho busca analisar um julgado. Um julgado busca dirimir uma controvérsia de direito. A solução de uma controvérsia implica um método científico de trabalho e aqui segue o nosso: (i) quais garantias e valores constitucionais estão envolvidos no deslinde da controvérsia; (ii) qual é o conteúdo constitucional dessas garantias, em suma, seu substrato semântico; (iii) qual é a regra incidente ao caso e qual a forma de interpretá-la à luz da teleologia principiológica que informa essa regra.

Cumpre reconhecer que a previsão constitucional das regras de competência contribui para o sistema de garantias, mas não cerca todas as variáveis provenientes das incertezas interpretativas. O direito convive inevitavelmente com o risco e, portanto, com a insegurança: todas as normas jurídicas infraconstitucionais e constitucionais são – com exceção das cláusulas pétreas e das normas individuais e concretas que recebem o efeito da coisa julgada – suscetíveis de alteração, seja mediante controle jurisdicional, seja mediante o exercício das competências legislativa, judicial e administrativa. Por isso, a determinação do direito só é aferível no horizonte do presente. A segurança jurídica do futuro é garantir a estabilidade jurídica ao presente, que logo se torna passado.[2]

O ideal de segurança tem seu ponto de partida com a expectativa da certeza das leis aplicáveis. Ao longo da formação histórica experimentada pelos países, a busca por sistemas estáveis e previsíveis sempre foi algo presente.[3] A tradução deste sentimento de

---

[1] Robert Alexy considera que toda norma ou é uma regra ou é um princípio e a distinção entre estes é qualitativa e não de grau. Por isso, assim define: "Princípios são normas que ordenam que algo seja realizado na maior medida possível dentro das possibilidades jurídicas e fáticas existentes. Princípios são, por conseguinte, mandamentos de otimização, que são caracterizados por poderem ser satisfeitos em graus variados e pelo fato de que a medida devida de sua satisfação não depende somente das possibilidades fáticas, mas também das possibilidades jurídicas. O âmbito das possibilidades jurídicas é determinado pelos princípios e regras colidentes" (ALEXY, R. *Teoria dos direitos fundamentais*. Tradução de Virgílio Afonso da Silva. São Paulo: Malheiros, 2008. p. 90).

[2] SANTI, E. M. D. *Decadência e prescrição no direito tributário*. São Paulo: Max Limonad, 2000. p. 77.

[3] A segurança jurídica não é, como se pode pensar como preocupação de tempos recentes e desconhecido dos nossos antepassados. Bruno Leoni, um dos mais destacados pensadores italianos, recorda: "I Romani

estabilização em segurança jurídica sob a semântica atualmente conferida ao termo é que nos chega em época mais recente, com vistas a conferir real previsibilidade/estabilidade às relações econômicas e aos direitos de modo geral, tutelando-os e atribuindo-lhes a necessária juridicidade.[4] O constitucionalismo contemporâneo, conforme se verá mais adiante, foi o marco revelador de preceitos que se apresentam portadores de elevada carga valorativa direcionada à garantia da segurança, como valor social fundamental e estrutural a ser resguardado pelo ordenamento jurídico.

A segurança jurídica e a certeza sobre as normas passaram a ser tomadas como parâmetros básicos do Estado de direito. E mais, o próprio grau e a intensidade do Estado de direito têm muito a ver com o grau e a intensidade com que a segurança e a certeza jurídica refletem no panorama normativo.

Comecemos pelo sobreprincípio da certeza do direito que preleciona o sistema como linguagem cognoscível ao destinatário dos direitos e deveres decorrentes das normas.

A certeza ou orientação gera expectativa de confiabilidade no sistema jurídico. É irrefutável, de fato, o argumento de que o direito, para servir efetivamente de orientação ao corpo social, precisa, necessariamente, ser compreendido pelo destinatário. A norma deve ser clara e precisa, porque não se pode obedecer a uma regra cujo conteúdo não possa ser assimilado por quem deve cumpri-la. A certeza do direito também diz respeito, portanto, à previsibilidade.

Na formação dos primeiros Estados constitucionais, a simples existência de um mínimo de legalidade e a previsão de processos ou procedimentos administrativos e judiciais de proteção de direitos já serviam para definir a segurança jurídica. Mais adiante, foram os efeitos de estabilidade e preservação de direitos subjetivos, posições jurídicas ou relações jurídicas, geralmente confundidas com direito adquirido, ato jurídico perfeito ou coisa julgada.

Em fase posterior, a segurança viria a ser não apenas a certeza do direito, mas também a garantia de isonomia na ação de órgãos e autoridades segundo procedimentos legais previamente estabelecidos. Em seguida, a certeza do direito passa a exigir não apenas a acessibilidade formal, mas também a clareza dos textos normativos (acessibilidade cognitiva).[5]

---

accettavano e applicavano un concetto di certezza del diritto il cui senso era che il diritto non doveva mai essere soggetto a cambiamenti improvvisi e imprevedibili. In più, il diritto non doveva mai essere subordinato alla volontà o al potere arbitrario di qualsiasi assemblea legislativa e di qualsiasi persona, compresi i senatori e gli altri magistrati importanti dello Stato. Questo è il concetto di certezza del diritto a lungo termine, o romano, se si preferisce" (LEONI, B. La *libertà e la legge*. Macerata: Liberilibri, 2000. p. 95).

4 Como anota, sobre o princípio de segurança jurídica, Paulo de Barros Carvalho, "[...] é decorrência de fatores sistêmicos que utilizam o primeiro (princípio de segurança jurídica) de modo racional e objetivo, mas dirigido à implantação de um valor específico, qual seja, o de coordenar o fluxo das interações inter-humanas, no sentido de propagar no seio da comunidade social o sentimento de previsibilidade quanto aos efeitos jurídicos da regulação da conduta. Tal sentimento tranqüiliza aos cidadãos, abrindo espaço para planejamento de ações futuras, cuja disciplina jurídica conhecem, confiantes que estão no modo pelo qual a aplicação das normas do direito se realiza" (CARVALHO, Paulo de Barros. *Curso de direito tributário*. 19. ed. São Paulo: Saraiva, 2008. p. 146). Ver ainda: COÊLHO, S. C. N. *Curso de direito tributário brasileiro*. 10. ed. Rio de Janeiro: Forense, 2009. p. 612 e ss.

5 "Dentro del Derecho establecido, la idea de la seguridad jurídica exige certidumbre jurídica, entendida ésta como claridad y univoquicidad y, en consecuencia, cognoscibilidad libre de dudas de contenido jurídico. Considerado desde el sujeto sometido al Derecho, se puede llamar a la certidumbre de contenido del Derecho 'seguridad de orientación'" (HENKEL, H. *Introducción a la filosofía del derecho*: fundamentos del derecho. Tradução de Enrique Gimbernat Ordeig. Madrid: Taurus, 1968. p. 545).

Mantidas e preservadas todas as relevantes conquistas elucidadas no *iter* que acaba de ser descrito, sedimentando e refinando seu papel de intangibilidade do poder estatal, a segurança jurídica no bojo do constitucionalismo do Estado democrático de direito assume-se como a segurança jurídica dos princípios,[6] afastada a noção de segurança jurídica do equivalente de mera proteção de violação à paz, à integridade física, à moral ou ao patrimônio das pessoas. A certeza do direito passa a ser apenas uma premissa de legalidade cognoscível e a segurança passa a ser vetor de garantias de maior alcance e presente em diversos recortes da Constituição Federal.

No atual Estado constitucional, a segurança jurídica densificou-se com novas funções, como a proteção da confiança, a proibição de excesso, a proporcionalidade e outros. Segundo Humberto Ávila,[7] o princípio da segurança jurídica "estabelece o dever de buscar um ideal de estabilidade, confiabilidade, previsibilidade e mensurabilidade na atuação do Poder Público".

A previsibilidade possui uma dimensão específica muito importante que diz respeito à inalterabilidade ou prévio conhecimento das alterações normativas antes que tais modificações do sistema ganhem efetivamente operabilidade. Deste axioma deflui o postulado da não surpresa do contribuinte. É intuitiva a aspiração dos povos no sentido de conhecerem com razoável antecedência o teor e o *quantum* dos tributos a que estariam sujeitos no futuro imediato, de modo a poder planejar as suas atividades levando em conta os referenciais da lei.[8] Buscando tutelar o postulado da não surpresa, surge o princípio-regra da anterioridade, que busca gravar o contribuinte com norma supressiva de efeito temporário, bloqueando por tempo certo o exercício da regra de competência.

Cumpre destacar que a primeira expressão do valor da não surpresa veio sob a forma da anualidade. Dispunha o mesmo na Constituição Federal de 1946, §34 do art. 141 que: "nenhum tributo será exigido ou aumentado sem que a lei o estabeleça; nenhum será cobrado em cada exercício sem prévia autorização orçamentária, ressalvada, porém, a tarifa aduaneira e o imposto lançado por motivo de guerra".

A anterioridade, sob os paradigmas dogmáticos atualmente prescritos, confere aos contribuintes a previsibilidade sob um recorte bem específico, qual seja, do campo das alterações tributárias para o próximo exercício financeiro e, portanto, das condições objetivas de programação para o fiel cumprimento das novas e futuras exigências fiscais. Em suma, o princípio da anterioridade, corolário da segurança jurídica, visa evitar que o contribuinte seja surpreendido com o aumento inesperado de tributos no curso do mesmo exercício financeiro em que ocorreram os fatos geradores, em prejuízo ao planejamento e estabilidade das suas atividades econômicas.

No Brasil, a previsibilidade das normas constitui-se como o cerne da segurança jurídica, em toda a sua potencialidade. Nesse passo, a interdição de surpresas quanto à instituição ou aumento de tributos – anterioridade – tem um papel fundamental,

[6] "A proteção dos direitos fundamentais que justifica o objetivo de limitação do Estado, pelo que a certeza e a segurança jurídica e as técnicas formais que lhes vêm associadas só cobram verdadeiro sentido e são suscetíveis de ser consideradas como valores se, desde que integradas, vinculadas e subordinadas à realização da axiologia material implicada na dignidade da pessoa humana" (HÄBERLE, P. *Estado constitucional cooperativo*. Tradução de Marcos Augusto Maliska e Elisete Antoniuk. Rio de Janeiro: Renovar, 2007. p. 54).

[7] ÁVILA, H. *Sistema Constitucional tributário*. 3 ed. São Paulo: Saraiva, 2008. p. 308-309.

[8] Nesse sentido: COÊLHO, S. C. N. *Curso de direito tributário brasileiro*. 11. ed. Rio de Janeiro: Forense, 2011. p. 214.

semelhante àquele da proteção jurídica contra a força maior, a imprevisibilidade ou a irresistibilidade de sucessos futuros, do espaço jurídico das relações privadas. A garantia de anterioridade integra a segurança jurídica no tempo e, mais precisamente, o princípio de certeza do direito quanto à objetivação do início da vigência das leis tributárias, como proteção ao postulado da não surpresa.

Infere-se, diante das considerações expostas, que há um sobreprincípio da certeza do direito que trabalha com a premissa de prévio e cognoscível conhecimento das normas, do qual deflui a segurança jurídica como corolário de estabilidade e previsibilidade acrescido dos novos instrumentos valorativos conferidos pelo constitucionalismo contemporâneo. Contudo, considerando as inevitáveis mudanças que ocorrem a todo tempo no plano fático e positivo, as quais podem trazer amplitude de encargos, invoca-se em complementação ao rol de garantias a anterioridade. Trata-se, sob tal contexto, de um recorte de limitação temporal que blinda o sujeito passivo face às incertezas de novas e/ou mais contundentes exações.

Como dito anteriormente, o postulado da não surpresa tutela o direito do contribuinte de conhecer e planejar-se diante de uma nova sujeição futura ou agravamento de um encargo fiscal previamente existente. O sistema parte das cargas valorativas mais etéreas e vai ganhando proteções mais densas até que chega em um comando-regra. Parte-se, portanto, da consciência da norma que, por sua vez, pressupõe estabilidade e previsibilidade e, adentrando em mais profunda camada protetiva, tutela-se a não surpresa, que concede ao contribuinte blindagem temporária, de modo a conferir ao sujeito pagador não só a certeza do direito, mas a oportunidade de planejar-se para suportar o aumento do encargo.

Diante dessa sucessão de camadas protetivas ao contribuinte, observa-se que o garantismo fiscal pode ser visto como um conjunto limitativo e de proteções que cercam um contribuinte que tem o dever fundamental de pagar tributos, mas que deve ter como contrapartida o direito fundamental a um sistema tributário justo, equitativo e equilibrado. O chamado garantismo constitucional tributário[9] tem a missão de assegurar a existência desta contrapartida.

O fenômeno da incidência à luz da certeza do direito, aplicação da segurança jurídica e mediante a regra da anterioridade significa, portanto, o direito fundamental de submeter-se à ocorrência do fato imponível descrito e compreensível no bojo de um sistema positivo, previsível/estável e que confira ao contribuinte o direito ao prévio conhecimento em face do chamado a contribuir, a fim de que este sujeito possa preordenar-se em sua vida patrimonial e privada de acordo com a obrigação futura. Esse é o conteúdo que deve ser perseguido como método de solução para dirimir

---

9 A segurança jurídica é uma espécie de garantia positiva, nas palavras de Luigi Ferrajoli: "La tesis que sostendré es que la rigidez de las normas constitucionales impone al legislador ordinario dos tipos de garantías constitucionales [...]. Las garantías negativas consisten en la prohibición de derogar; las garantías positivas en la obligación de aplicar lo que las normas constitucionales disponen" (FERRAJOLI, L.; MORESO, J. J.; ATIENZA, M. *La teoría del derecho en el paradigma constitucional*. Madrid: Fundación Coloquio Jurídico Europeo, 2008. p. 96). Nesse sentido, também Roque Carrazza, quando diz: "É-nos dado ver, com cristalina evidência, que a garantia formal viabiliza a garantia material. Com efeito, de nada adiantaria nosso ordenamento jurídico estipular que o contribuinte só pode ser compelido a pagar tributos com respaldo em lei se não fosse possível ao Judiciário perquirir, sempre que provocado, se a tributação está sendo levada a efeito de acordo com esta mesma lei, e mais, se ela é, ou não, constitucional" (CARRAZZA, R. A. *Curso de direito constitucional tributário*. 25. ed. São Paulo: Malheiros, 2009. p. 259).

problemas no caso concreto. Em suma, prevalecerá a interpretação que consagre o direito de prévio conhecimento e planejamento em face de qualquer alteração que implique aumento de cargo.

Feita a digressão que buscou um escrutínio breve e eminentemente conceitual dos valores constitucionais envolvidos no deslinde da controvérsia que será enfrentada no próximo tópico, bem como delimitados os conteúdos constitucionais e as garantias em debate no julgado a ser analisado, cumpre fazer uma imersão na compreensão do Supremo Tribunal Federal sobre a matéria, conferindo especial destaque à manifestação do Ministro Luís Roberto Barroso no caso sob exame, bem como sua importância decisiva para a adoção da nova e atual diretriz sobre a questão da aplicação do princípio da anterioridade na hipótese de revogação de incentivos fiscais.

A questão de direito envolvida no âmbito do RE nº 564.225/RS – Embargos de divergência

Os benefícios fiscais, entendidos como reduções ou supressões da carga tributária visando à mudança comportamental dos sujeitos passivos, normalmente a fim de fomentar o desenvolvimento econômico, abrangem, dentre eles, a isenção. A isenção é sempre concedida por meio de lei do ente que detém a competência para instituir o tributo, estando alocada no Código Tributário Nacional como causa de exclusão do crédito tributário.

Em sede doutrinária, formaram-se, acerca da natureza jurídica da isenção, teorias envolvendo sua incidência nos planos fático e jurídico. A mais clássica entende que isenção é mera dispensa legal do pagamento do tributo. Essa teoria tem pautado a corrente que defende a inaplicabilidade do princípio da anterioridade tributária à lei que revogue ou diminua uma isenção. A revogação, sob tal prisma, configura mera regra supressiva do crédito e não implica a formação de uma nova regra-matriz de incidência. Sendo regra de crédito e não de incidência nova, a revogação não deveria atrair a garantia da anterioridade.

Em 1984, o Supremo Tribunal Federal editou a Súmula nº 615, que afirmava não haver majoração de tributos quando da revogação de isenção de ICMS e, portanto, não se aplicaria o princípio da anterioridade. Esse entendimento foi firmado antes da promulgação da Constituição da República, mas o STF permaneceu julgando nesse sentido ainda durante anos após o advento de nossa atual ordem constitucional. A esse respeito, colaciona-se ementa do acórdão da Suprema Corte no Recurso Extraordinário nº 204.062,[10] da Segunda Turma, Relator Ministro Carlos Velloso: "Revogada a isenção, o tributo torna-se imediatamente exigível. Em casos assim, não há que se observar o princípio da anterioridade, dado que o tributo já é existente".

O entendimento original do Supremo sobre o tema foi a adoção da concepção clássica que sempre compreendeu a isenção como inexigibilidade de tributo existente e, portanto, não dizia respeito ao aspecto da incidência do tributo. Desta forma, a

[10] Confira-se o trecho do voto condutor: "A Corte Suprema tem entendido que, revogada a isenção, o tributo torna-se imediatamente exigível. O *leading case* foi o RMS nº 13.947-SP, Relator o Ministro PRADO KELLY, na RTJ 39/64. O acórdão partiu do pressuposto de que a isenção distingue-se da não incidência [...] Está no acórdão líder – RMS 13.947- SP – que, na isenção, o tributo já existe. Por isso, revogado o favor legal, força é concluir que um novo tributo não foi criado, senão que houve apenas a restauração de direito de cobrar o tributo, o que não implica a obrigatoriedade de ser observado o princípio da anterioridade".

revogação de uma isenção não implicaria a majoração do tributo, visto que esse já era existente. O tributo agravado passou a ser exigível – e não incidente – após a revogação. Essa é a *ratio* que buscaria legitimar o entendimento de que isenção não estaria submetida ao princípio da anterioridade, previsto atualmente no art. 150, III, "b" e "c", da Constituição Federal.

Reforçando a compreensão exposta, confira-se como decidiu a Suprema Corte, no Recurso Extraordinário nº 562.669, Rel. Min. Ricardo Lewandowski, destacando outro julgado proveniente da Segunda Turma: "[...] a revisão ou revogação de benefício fiscal, por se tratar de questão vinculada à política econômica que pode ser revista pelo Estado a qualquer momento, não está adstrita à observância das regras de anterioridade tributária previstas na Constituição".

A mudança de entendimento sobre o tema teve sua origem em discussão iniciada em meados de 2014, no âmbito do julgamento do RE nº 564.225/RS, Rel. Min. Marco Aurélio. O ministro iniciou o julgamento negando seguimento monocraticamente ao recurso do Estado, afirmando que o acórdão recorrido estaria em consonância com a "óptica adotada pelo Supremo no julgamento da Medida Cautelar na Ação Direta de Inconstitucionalidade nº 2.325/DF".

O caso concreto trata de dois decretos que reduziram um benefício fiscal concedido a empresas de TV por assinatura. Havia um benefício que reduzia a base de cálculo a 20%, que foi ajustada para 48%, ou seja, elevou-se a carga total incidente. Os contribuintes alegavam que os decretos implicaram majoração da carga tributária e, portanto, deveriam observar o princípio da anterioridade, anual e nonagesimal.

O primeiro entendimento da Corte sobre o tema e a concepção da Súmula nº 615: a compreensão clássica de Rubens Gomes de Souza e a ideia de revogação enquanto mera supressão do crédito

O debate doutrinário a respeito dos efeitos jurídicos quanto à revogação das isenções – parciais ou integrais – desde o início foi marcado por questões de premissa. Faz sentido isolar o recorte do crédito tributário para sustentar que a revogação do incentivo é mero restabelecimento de uma regra-matriz já existente e não uma inovação? Sob a perspectiva da surpresa, caberia vulnerar o direito ao planejamento para prestigiar um tecnicismo da lei tributária? Ou seria mais adequado interpretar a lei à luz da garantia constitucional? Para os autores que trabalham com esse *discrímen obrigação/crédito*, conforme já dito anteriormente, não existiria a criação de uma nova hipótese de incidência quando da revogação de um incentivo e, consequentemente, não haveria que se falar de respeito à anterioridade tributária. Essa corrente ensejou a edição da Súmula nº 615 do STF.

As decisões que motivaram a referida súmula se basearam na ideia de equiparação entre incentivos e isenções, capitaneada por Rubens Gomes de Sousa,[11] [12]

---

[11] A título de registro, colaciona-se trecho da doutrina de Paulsen, o qual compila precisamente as principais teorias que surgiram em torno da natureza da isenção e aqui esposadas: "Para Rubens Gomes de Souza, favor legal consubstanciado na dispensa do pagamento do tributo. Para Alfredo 240 REVISTA DA ESMESC, v.23, n.29, p. 231-251, 2016 Augusto Becker e José Souto Maior Borges, hipótese de não incidência da norma tributária. Para Paulo de Barros Carvalho, o preceito de isenção subtrai parcela do campo de abrangência do critério antecedente ou do consequente da norma tributária, paralisando a atuação da regra-matriz de incidência para certos e determinados casos" (PAULSEN, L. *Direito tributário*: Constituição e código tributário à luz da doutrina e da jurisprudência. 15. ed. Porto Alegre: Livraria do Advogado, 2013. p. 1.214).

que, ao enxergar as isenções como meras dispensas legais do pagamento tributário, teríamos ao revogar a norma tributária não criação ou aumento de tributo – pois a norma de isenção não afetou a norma de tributação a ponto de diminuí-la ou excluí-la com suas hipóteses do ordenamento jurídico.

De alguma forma, associando a isenção exclusivamente ao crédito e não a toda a concepção de obrigação tributária, invocava-se o argumento de que revisão ou revogação de benefício fiscal seria questão vinculada à política econômica, não estando, portanto, sujeita aos limites do art. 150, III, "b" e "c", do texto constitucional. A regra que revoga um incentivo volta a tornar plena e integral uma regra-matriz de incidência preexistente. Daí a não incidência da garantia supressiva da anterioridade.

Em que pese a Súmula nº 615 ter sido editada na década de 1960, momento no qual a anterioridade se aplicava tão somente a impostos que pudessem incidir sobre renda e patrimônio, ainda assim, verificou-se que, sob a vigência da Constituição atual, o Supremo Tribunal Federal continuou a aplicar o mesmo entendimento até o advento da mudança de orientação trazida no bojo das discussões do julgamento do RE nº 564.225/RS.

A posição atual do Supremo Tribunal Federal

A decisão mais recente sobre o tema teve a discussão iniciada em 2014, levada ao Supremo pelo RE nº 564.225/RS. O Min. Marco Aurélio negou seguimento monocraticamente ao recurso do Estado – que buscava afastar a incidência da anterioridade – afirmando que o acórdão recorrido estava em consonância com a "óptica adotada pelo Supremo no julgamento da Medida Cautelar na Ação Direta de Inconstitucionalidade nº 2.325/DF".

O Estado interpôs agravo que levou o feito à apreciação da Primeira Turma, que julgou o recurso extraordinário improcedente. O Ministro Dias Toffoli abriu a divergência em seu voto, relembrando que a jurisprudência tradicional do STF sempre seguiu em sentido inverso e que não teria mudado de orientação, mesmo após o julgamento da ADI nº 2.325/DF. Citou diversos julgados, contemporâneos e anteriores à Constituição. Os precedentes mencionados no voto, conforme já visto anteriormente, estavam alinhados à concepção clássica extraída originalmente da doutrina de Rubens Gomes de Sousa.

O Min. Roberto Barroso seguiu o relator e expressamente opina que "a ocasião é oportuna para revisitar a jurisprudência da Corte", e o faz. Logo, denota-se, inicialmente, uma preocupação em assegurar a incidência do princípio da anterioridade tributária sempre que possa haver reflexos patrimoniais ao contribuinte, ainda que a respectiva lei o faça indiretamente. Tal posicionamento vai ao encontro da elevação do mencionado princípio à categoria de direito fundamental pelo Supremo Tribunal Federal. Ademais, no referido julgado, o Ministro Roberto Barroso acompanhou o relator nos seguintes termos:

---

[12] "Por fim, importante colacionar passagem de Rubens Gomes de Sousa, trazida na obra de Amaro (2011, p. 309), o qual, na condição de um dos idealizadores do texto do atual Código Tributário Nacional, afirmou que aludido código [...] não tomou partido nessa controvérsia doutrinaria, limitando-se a dispor, no art. 175, n. I, que a isenção exclui o crédito tributário. Isso pode significar que, nos casos de isenção, inexiste a própria obrigação tributária, de vez que o crédito é simples decorrência daquela (art. 139). Ou pode significar que a obrigação tributária existe, mas não é passível de cobrança, porquanto a obrigação de pagar é inexigível quando inexista o crédito correspondente".

> [...] A concepção de anterioridade que me parece mais adequada é aquela afeta ao conteúdo teleológico da garantia. O princípio busca assegurar a previsibilidade da relação fiscal ao não permitir que o contribuinte seja surpreendido com um aumento súbito do encargo, confirmando o direito inafastável ao planejamento de suas finanças. O prévio conhecimento da carga tributária tem como fundamento a segurança jurídica e como conteúdo a garantia da certeza do direito. 7. Deve ser entendida como majoração do tributo toda alteração ocorrida nos critérios quantitativos do consequente da regra-matriz de incidência. Sob tal perspectiva, um aumento de alíquota ou uma redução de benefício relacionada a base econômica apontam para o mesmo resultado: agravamento do encargo. O que não é a diminuição da redução da base de cálculo senão seu próprio aumento com relação à situação anterior.

A Ministra Rosa Weber seguiu a divergência em respeito à jurisprudência tradicional do STF, declarando que tal manifestação não a impediria de no futuro julgar a questão de modo diferente: "sem prejuízo de, quem sabe, em um outro momento, revisitar a matéria e continuar a refletir sobre ela". O Ministro Fux acompanhou o relator, formando maioria pelo não provimento do recurso. O Estado do Rio Grande do Sul interpôs embargos de divergência, em que o Min. Alexandre de Moraes inicialmente rejeitou haver divergência, assim, foram opostos embargos de declaração.

Por fim, em 9.10.2020, foi encerrado o julgamento dos embargos declaratórios. O Min. Alexandre de Moraes resolveu manifestar sua convicção pessoal, de que à espécie se aplicaria exclusivamente a anterioridade nonagesimal, não a anual: "Assim, o entendimento firme, consolidado e unânime da Corte determina a aplicação exclusivamente da anterioridade nonagesimal, prevista no art. 150, III, c, da CF/88, nas hipóteses de redução ou de supressão de benefício fiscal". Todavia, ainda nesse particular, o Min. Dias Toffoli abriu nova divergência, desta feita para afirmar que a revogação ou redução de benefício fiscal equipara-se à majoração de tributos e, portanto, deve obediência ao princípio da anterioridade. No caso do ICMS, devem ser observadas ambas as modalidades de anterioridade. Já quanto às contribuições para a seguridade social, cabe somente a noventena. O Min. Barroso seguiu a divergência quanto ao referido ponto, reafirmando posição que já vinha defendendo. Transcrevo trechos da ementa do voto proferido:

> Ementa: DIREITO TRIBUTÁRIO. EMBARGOS DE DECLARAÇÃO NO AGRAVO INTERNO NOS EMBARGOS DE DIVERGÊNCIA NO AGRAVO INTERNO NO RECURSO EXTRAORDINÁRIO. ICMS. REVOGAÇÃO DE BENEFÍCIO FISCAL. MAJORAÇÃO INDIRETA DE TRIBUTO. APLICAÇÃO DAS ANTERIORIDADES. [...] Na origem, a controvérsia abrange a análise de decretos estaduais, que promoveram a majoração da base de cálculo do ICMS devido por prestadores de serviços de televisão por assinatura. Referidos atos normativos extinguiram benefício fiscal concedido aos contribuintes, que consistia em redução da base de cálculo do ICMS, configurando, assim, um agravamento da carga tributária a ser suportada.
>
> O princípio da anterioridade busca assegurar a previsibilidade da relação fiscal ao não permitir que o sujeito passivo seja surpreendido com um aumento súbito do encargo, o que inviabilizaria qualquer tipo de planejamento financeiro. O prévio conhecimento da carga tributária tem como fundamento a segurança jurídica, conforme já reconhecido por esta Corte, ao reconhecer a necessidade de respeito à anterioridade anual e a noventena, diante do aumento indireto de tributo, como a revogação de benefício fiscal que tenha reduzido a base de cálculo de determinada exação.

> Ausência de qualquer dos vícios do art. 1.022 do CPC, isso porque o acórdão embargado consignou que ambas as Turmas desta Corte estabelecem que se aplica o princípio da anterioridade tributária anual e da noventena, a depender das disposições constitucionais acerca de cada tributo, nas hipóteses de redução ou de supressão de benefícios ou de incentivos fiscais, haja vista que tais situações configuram majoração indireta da carga tributária.
> Desse modo, voto por divergir do relator, e negar provimento aos embargos de declaração, a fim de manter o acórdão embargado.

Seguiram a divergência para formar maioria, em resumo: Dias Toffoli, Roberto Barroso, Marco Aurélio, Edson Fachin, Cármen Lúcia, Rosa Weber e Celso de Mello. O que se pode concluir, de todo esse histórico, é que resta consolidada a nova jurisprudência do Supremo Tribunal Federal, de que a redução de benefício fiscal implica a majoração de tributos, devendo observância ao princípio constitucional da anterioridade.

Anterioridade e revogação de incentivos e medidas provisórias: observando os reflexos relevantes na nova jurisprudência da Corte

Consoante a virada de entendimento concernente ao tema, o Supremo Tribunal Federal promoveu novo entendimento sobre a matéria e decidiu pela *aplicabilidade do princípio da anterioridade tributária à lei que reduza um benefício fiscal*. O principal fundamento girou em torno da finalidade do princípio da anterioridade tributária, como direito fundamental do contribuinte, mas essa decisão, conforme votos lançados no acórdão, também suscitou o debate sobre a adoção de uma outra postura pela Suprema Corte ante o tema. Estava lançado no julgado sob análise uma virada convicta que passaria a irradiar efeitos aos precedentes futuros? O futuro mostrou que sim.

Instituído pela Lei nº 12.546/11 (conversão da MP nº 540/11) e reinstituído pela Lei nº 13.043/14 (conversão da MP nº 651/14), o Regime Especial de Reintegração de Valores Tributários para as Empresas Exportadoras, o Reintegra, possui natureza de incentivo fiscal, com a finalidade de reintegrar às empresas exportadoras valores referentes a custos tributários federais residuais existentes nas suas cadeias de produção. De acordo com as referidas normas, a pessoa jurídica exportadora poderia apurar crédito, mediante a aplicação da alíquota de 0,1% a 3%, a ser fixado por ato do Poder Executivo, sobre a receita auferida com a exportação de tais bens para o exterior.

O percentual inicialmente fixado foi de 3%, conforme Portaria MF nº 428/14, editada com base no Decreto nº 8.304/14, para regulamentação da Medida Provisória nº 651/14 (convertida na Lei nº 13.043/14). Posteriormente, sobreveio o Decreto nº 8.415/15, que reduziu a alíquota do Reintegra, o que acarretou a redução dos valores dos créditos a serem devolvidos (mediante compensação ou ressarcimento) àquelas empresas exportadoras e, por conseguinte, a majoração indireta dos tributos passíveis de compensação com o aludido crédito, sem que o legislador, contudo, observasse o princípio da anterioridade nonagesimal.

Ao analisar a aludida redução da alíquota do Reintegra, o Supremo Tribunal Federal, com base no entendimento firmado no RE nº 564.225/RS, manteve a aplicação do princípio da anterioridade nonagesimal aos benefícios fiscais, objetivando proteger a confiança dos contribuintes.[13]

---

[13] "EMENTA Agravo regimental no recurso extraordinário. Tributário. REINTEGRA. Decreto 8.415/15. Princípio da anterioridade nonagesimal. 1. O entendimento da Corte vem se firmando no sentido de que não só a majoração

O decreto em questão determinou a obrigatoriedade imediata de estorno dos créditos de ICMS decorrentes das aquisições internas de produtos agropecuários beneficiadas pela isenção prevista no art. 41, Anexo I, do Decreto nº 45.490, de 30.11.2000 (RICMS/SP). A aplicação do princípio da anterioridade ao Decreto nº 64.213/2019 decorre de aumento (ainda que indireto) da carga tributária do ICMS ante a impossibilidade de utilização de créditos decorrentes das aquisições isentas na compensação com débitos do imposto.

No caso concreto, o Tribunal de Justiça do Estado de São Paulo havia reconhecido apenas a aplicação da anterioridade nonagesimal, afastando a anterioridade anual (de exercício), o que ensejou a interposição de recursos ao Supremo Tribunal Federal pelo contribuinte e pelo Estado de São Paulo. O Ministro Luís Roberto Barroso conheceu da matéria reconhecendo a garantia da anterioridade anual e nonagesimal à espécie.[14] À época do deslinde desta controvérsia, remanescia dissenso por parte do Ministro Alexandre de Morais quanto à anterioridade anual, na medida em que o magistrado entendia ser incidente tão somente a garantia da noventena. Apenas a partir do ano passado, ainda que registrando ressalva pessoal, o Ministro Alexandre[15] passou a aplicar o entendimento prevalecente.

Nos termos da jurisprudência da Corte sobre o tema, toda modificação legislativa que, de maneira direta ou indireta, implicar carga tributária maior, há de ter eficácia

---

direta de tributos atrai a aplicação da anterioridade nonagesimal, mas também a majoração indireta decorrente de revogação de benefícios fiscais. 2. Negativa de provimento ao agravo regimental. Não se aplica ao caso dos autos a majoração dos honorários prevista no art. 85, §11, do novo Código de Processo Civil, uma vez que não houve o arbitramento de honorários sucumbenciais pela Corte de origem (súmula 512/STF). (RE 1081041 AgR, Relator(a): Min. DIAS TOFFOLI, Segunda Turma, julgado em 09/04/2018, PROCESSO ELETRÔNICO DJe-082 DIVULG 26-04-2018 PUBLIC 27-04-2018). EMENTA DIREITO CONSTITUCIONAL E TRIBUTÁRIO. RECURSO EXTRAORDINÁRIO INTERPOSTO SOB A ÉGIDE DO CPC/2015. PROGRAMA REINTEGRA. PIS E COFINS. APROVEITAMENTO DE CRÉDITOS. REVOGAÇÃO DE BENEFÍCIO FISCAL. REDUÇÃO DA ALÍQUOTA. MAJORAÇÃO INDIRETA DE TRIBUTO. OBSERVÂNCIA DO PRINCÍPIO DA ANTERIORIDADE NONAGESIMAL. CONSONÂNCIA DA DECISÃO AGRAVADA COM A JURISPRUDÊNCIA DO SUPREMO TRIBUNAL FEDERAL. AGRAVO MANEJADO SOB A VIGÊNCIA DO CPC/2015. 1. O entendimento assinalado na decisão agravada não diverge da jurisprudência firmada no Supremo Tribunal Federal. Ao julgamento da ADIn 2.325-MC, Rel. Min. Marco Aurélio, Plenário, esta Suprema Corte decidiu que a revogação de benefício fiscal, quando acarrete majoração indireta de tributos, deve observar o princípio da anterioridade nonagesimal. 2. As razões do agravo interno não se mostram aptas a infirmar os fundamentos que lastrearam a decisão agravada. 3. Em se tratando de mandado de segurança, inaplicável o artigo 85, §§2º, 3º e 11, do CPC/2015. 4. Agravo interno conhecido e não provido. (RE 983821 AgR, Relator(a): Min. ROSA WEBER, Primeira Turma, julgado em 03/04/2018, PROCESSO ELETRÔNICO DJe-072 DIVULG 13-04-2018 PUBLIC 16-04-2018)".

14 "DIREITO TRIBUTÁRIO. AGRAVO INTERNO NO RECURSO EXTRAORDINÁRIO COM AGRAVO. ICMS. REVOGAÇÃO DE BENEFÍCIO FISCAL. MAJORAÇÃO INDIRETA DE TRIBUTO. PRINCÍPIO DA ANTERIORIDADE. 1. Agravo regimental no recurso extraordinário com agravo interposto em face de decisão que, monocraticamente, conheceu do recurso e deu-lhe provimento. O acórdão do TJSP, reformado pelo relator, havia determinado que decreto estadual que revoga benefício fiscal de ICMS produza efeitos apenas a partir do ano seguinte a sua edição, respeitando a anterioridade anual e a noventena, por configurar aumento de carga tributária, nos termos da jurisprudência desta Corte. 2. O ato normativo questionado pelo contribuinte extinguiu benefício fiscal que possibilitava a geração de créditos de ICMS ainda que a circulação de mercadorias fosse isenta. No entanto, seus efeitos começaram a ser produzidos quando da publicação. A anterioridade tributária visa a assegurar a previsibilidade da carga tributária, protegendo a segurança jurídica, a não surpresa e a confiança legítima. Por isso, também deve ser aplicada à revogação ou alteração de benefício fiscal, conforme já reconhecido por esta Corte. 3. Desse modo, divirjo do relator e dou provimento ao agravo interno para negar provimento ao recurso do Estado de São Paulo, a fim de manter o acórdão recorrido. (ARE 1322395 AgR, Relator(a): ALEXANDRE DE MORAES, Relator(a) p/ Acórdão: ROBERTO BARROSO, Primeira Turma, julgado em 21-02-2022, PROCESSO ELETRÔNICO DJe-055 DIVULG 22-03-2022 PUBLIC 23-03-2022)".

15 Há pouco mais de um ano, em 28.7.2023, o Ministro Alexandre de Moraes proferiu importante decisão favorável aos contribuintes nos autos do RE nº 1.426.308, que trata da aplicação da anterioridade nonagesimal e anual em relação ao início dos efeitos do Decreto nº 64.213, de 30.4.2019, do Estado de São Paulo.

no ano subsequente àquele no qual veio a ser feita. Entretanto, deve ser investigada a causa da amplitude do encargo. Fenômenos que ficam externos ou alheios à regra-matriz de incidência não podem fazer parte dessa regra. *Vide*, como exemplo, a redução ou a extinção de desconto para pagamento de tributo sob determinadas condições previstas em lei, como o pagamento antecipado em parcela única que não pode ser equiparada à majoração do tributo.

Neste sentido, destacamos a conclusão constante da ADI nº 4.016 MC, Rel. Min. Gilmar Mendes, na qual se destacou não haver aplicação da regra da anterioridade na hipótese em que um governo estadual decide revogar um desconto por pagamento antecipado do encargo.

Anterioridade e revogação de incentivos e medidas provisórias: observando os reflexos do novo entendimento no Congresso Nacional

Há algum tempo tem sido motivo de discussão a utilização de medidas provisórias em matéria tributária, dado o entendimento de que tais meios não seriam leis em seu sentido formal e, ante a estrita legalidade, a utilização delas estaria barrada, portanto. Todavia, a utilização de medidas provisórias em matéria tributária passou a ser admitida pelo STF,[16] bem como prevista no texto constitucional por meio da EC nº 32/01, impondo-lhe tão somente a restrição da referida utilização quanto à matéria de lei de reserva de lei complementar.

Há que pensar, contudo, que o princípio da anterioridade tributária fulmina o imediatismo que a lei tributária tem para produção de seus efeitos. O produto final de sua aplicação repousa no fato de que a lei tributária que altere os elementos do tributo (fato gerador, base de cálculo, alíquota e sujeitos) não pode produzir efeitos imediatamente com vistas, principalmente, a assegurar que o contribuinte possa se planejar financeiramente. É nesse prisma que o princípio da anterioridade alberga a segurança jurídica nas relações entre o Estado e contribuintes, evitando que, na sede arrecadatória do ente, possa-se surpreender a quem deva pagar o tributo de um dia para o outro.

Em contrapartida a essa segurança da anterioridade que garante o diferimento para o ano seguinte na instituição ou majoração do tributo, a medida provisória vai de encontro a essa garantia fundamental, tendo como alicerce para ser instituída a relevância e urgência de matérias que não estejam expressamente proibidas no texto constitucional.

Verifica-se, assim, que nesse ponto específico entre aquilo que versa o princípio da anterioridade tributária, como norma supressiva temporária, e a urgência da medida provisória, um contrassenso se instaura. Incogitável, outrossim, registrar a hipótese de o tributo, depois de criado ou majorado, sujeitar-se ao desaparecimento com efeito *ex tunc*, ao cabo de 60 ou 120 dias, se rejeitada ou cessada a eficácia da medida provisória que instituiu ou majorou o tributo. Caso seja verificada omissão do Congresso Nacional em disciplinar, no prazo de sessenta dias, as relações jurídicas decorrentes da medida provisória rejeitada ou caducada, será beneficiado o Poder Executivo que a editou, pois, nesse caso, os efeitos já produzidos serão conservados, isto é, não dará ensejo à repetição do indébito, fato que poderia incentivar o Executivo a cometer abusos.

---

[16] ADI nº 1.667 MC. Rel. Min. Ilmar Galvão, j. 25.9.1997, P. *DJ*, 21.11.1997.

Como já dito alhures, o art. 62, §2º da CF aduz que, relativamente aos impostos sujeitos ao princípio da anterioridade, a medida provisória só poderá produzir seus efeitos a partir do exercício seguinte, se convertida em lei até o último dia daquele em que foi editada. Se pensarmos na disciplina desse parágrafo à luz das reais intenções da Fazenda instituidora de um agravo de encargo, o que se tem é o indubitável esvaziamento do conteúdo constitucional da urgência para sua edição. Não haveria sentido prático em lançar mão de medida provisória no início do ano, sob a alegação e urgência, para entrar em vigor apenas no ano seguinte. Na maior parte das vezes, um projeto de lei aprovado com requerimento de urgência poderia ser mais eficiente. No caso de contribuições sujeitas à noventena, a peculiaridade entre urgência e não surpresa fica ainda mais evidente.

Recentemente, o Presidente do Senado Federal, Senador Rodrigo Pacheco, decidiu pela devolução parcial da MP nº 1.227/2024, que dispunha sobre limitação de créditos de PIS/Cofins (revogação de incentivo fiscal por meio da perda de aproveitamento de créditos escriturais). A proposta foi colocada pelo governo como alternativa para compensar a desoneração da folha de pagamento de dezessete setores da economia e dos municípios. A decisão foi tomada diante da pressão dos setores afetados pela medida, sob o argumento de que não haveria na espécie o cumprimento do princípio da noventena.

A medida provisória foi em parte recebida, na medida em que o senador presidente não devolveu o texto que tratava da questão relativa à homologação/ao registro dos benefícios sobre o Imposto sobre a Propriedade Territorial Rural (ITR). De acordo com o Senador Rodrigo Pacheco, os artigos mantidos são regras de conformidade e legítimas, já os que foram devolvidos configuram inovação e afetam a segurança jurídica. Confira-se trecho da manifestação do parlamentar:

> [...] Em matéria tributária vigora alguns princípios que são muito caros para se conferir segurança jurídica, previsibilidade de ordenação despesa, manutenção de setores produtivos e um desses princípios é o princípio de anterioridade de matéria tributária. [...] Se observa que em parte dessa medida há uma inovação com alteração de regras tributárias que geram um enorme Impacto ao setor produtivo, sem que haja a observância da regra constitucional da noventena.

Conclusão

O presente artigo procurou debater sobre a aplicabilidade ou não do princípio da anterioridade da lei tributária à norma que revoga ou diminui uma isenção fiscal. De início, discorreu sobre as garantias tributárias que regem a incidência, com especial relevo à certeza do direito, à segurança jurídica e à anterioridade. Após delimitação semântica das garantias envolvidas, passou-se a analisar os dois entendimentos mais importantes sobre o tema.

O primeiro e clássico entendimento sobre a matéria foi construído sob a doutrina de Rubens Gomes de Sousa, para quem a revogação de uma isenção é o mero restabelecimento da exigibilidade do crédito tributário e não a formação de uma regra-matriz de incidência nova. Esse entendimento prevaleceu nos primeiros precedentes do Supremo sobre o tema, ensejando a edição da Súmula nº 615/STF.

Há muito a doutrina fazia duras críticas ao entendimento doutrinário dito clássico, bem como a jurisprudência que se formou sob seu manto. Sempre prevaleceu a preocupação em assegurar a incidência do princípio da anterioridade tributária quando pudesse haver no caso concreto reflexos patrimoniais ao contribuinte, ainda que a respectiva lei o fizesse indiretamente. A garantia constitucional traria consigo uma salvaguarda ao contribuinte assegurando um direito de prévio planejamento diante do dever futuro de suportar um encargo maior. Esse entendimento foi a força motriz que alimentou a virada de entendimento consubstanciada no RE nº 564.225/RS. O voto do ilustre Ministro Luís Roberto Barroso explorou com excelência a necessidade de tutelar a não surpresa, sempre que houvesse agravo no encargo, ainda que indireto, dado o dever de preservar o direito ao prévio planejamento, consectário da segurança jurídica.

Consagrada a mudança jurisprudencial, observou-se que o novo entendimento já irradiou efeitos para novos precedentes da Corte, bem como já serviu de amparo à devolução de uma medida provisória por parte do Presidente do Congresso Nacional. O novo entendimento merece ser celebrado, bem como os registros do Ministro Luís Roberto Barroso, cuja atuação foi marcante ao assegurar a máxima de que é o povo quem decide a medida do seu esforço. E essa medida precisa ser previamente conhecida em respeito ao direito do contribuinte de se preordenar de acordo com a obrigação futura que virá suportar.

Referências

ALEXY, R. *Teoria dos direitos fundamentais*. Tradução de Virgílio Afonso da Silva. São Paulo: Malheiros, 2008.

ÁVILA, H. *Sistema Constitucional tributário*. 3 ed. São Paulo: Saraiva, 2008.

CARRAZZA, R. A. *Curso de direito constitucional tributário*. 25. ed. São Paulo: Malheiros, 2009.

CARVALHO, Paulo de Barros. *Curso de direito tributário*. 19. ed. São Paulo: Saraiva, 2008.

COÊLHO, S. C. N. *Curso de direito tributário brasileiro*. 10. ed. Rio de Janeiro: Forense, 2009.

COÊLHO, S. C. N. *Curso de direito tributário brasileiro*. 11. ed. Rio de Janeiro: Forense, 2011.

FERRAJOLI, L.; MORESO, J. J.; ATIENZA, M. *La teoría del derecho en el paradigma constitucional*. Madrid: Fundación Coloquio Jurídico Europeo, 2008.

HÄBERLE, P. *Estado constitucional cooperativo*. Tradução de Marcos Augusto Maliska e Elisete Antoniuk. Rio de Janeiro: Renovar, 2007.

HENKEL, H. *Introducción a la filosofía del derecho*: fundamentos del derecho. Tradução de Enrique Gimbernat Ordeig. Madrid: Taurus, 1968.

LEONI, B. La *libertà e la legge*. Macerata: Liberilibri, 2000.

PAULSEN, L. *Direito tributário*: Constituição e código tributário à luz da doutrina e da jurisprudência. 15. ed. Porto Alegre: Livraria do Advogado, 2013.

SANTI, E. M. D. *Decadência e prescrição no direito tributário*. São Paulo: Max Limonad, 2000.

Informação bibliográfica deste texto, conforme a NBR 6023:2018 da Associação Brasileira de Normas Técnicas (ABNT):

SALES, Pedro Henrique Ramos. A aplicação das anterioridades na revogação/mitigação de incentivos fiscais (RE nº 564.225/RS embargos de divergência). *In*: PAULA, Fernanda de; PENCAK, Nina (coord.). *Tributação, liberdade e igualdade*: as contribuições do Ministro Luís Roberto Barroso. Belo Horizonte: Fórum, 2025. p. 991-1004. ISBN 978-65-5518-952-0.

MAIS UM DEGRAU NA FLEXIBILIZAÇÃO DA TEORIA DA NULIDADE: OS DESDOBRAMENTOS DO JULGAMENTO DO TEMA Nº 1.094 PELO STF

PEDRO JÚLIO SALES D'ARAÚJO

RAQUEL DE ANDRADE VIEIRA ALVES

VÍVIAN CINTRA ATHANAZIO LEAL

Introdução

Este artigo objetiva traçar um panorama crítico dos efeitos decisórios da compreensão atualmente adotada pelo Supremo Tribunal Federal sobre a inobservância pelos estados da Federação do "fluxo de positivação" exigido para a instituição de tributos.

Partindo-se do estudo histórico e jurídico das decisões da Suprema Corte em torno da eficácia e validade das legislações estaduais instituidoras do ICMS-Importação por não contribuinte do imposto, consideradas a Emenda Constitucional (EC) nº 33/2001 e a Lei Complementar (LC) nº 114/2002, serão analisadas as consequências jurídicas e os impactos políticos decorrentes do atual entendimento jurisprudencial para outros impostos, assim como para o próprio desenho do sistema de controle concentrado de constitucionalidade brasileiro e atuação legislativa dos entes políticos.

Demonstrar-se-á, ainda, que o fenômeno, atualmente admitido pelo STF em matéria tributária, da "constitucionalização superveniente" de normas que nasceram incompatíveis com a Constituição, cria verdadeira instabilidade sistêmica em nosso ordenamento, impactando a esfera básica de garantias dos contribuintes e irradiando efeitos que extrapolam os limites das decisões em matéria tributária, sendo plenamente possível o alcance e a extensão do entendimento para outras searas do direito.

1 A incidência de ICMS na importação por não contribuinte ou por contribuinte não habitual e o julgamento do RE nº 439.796 (paradigma do Tema nº 171): "fluxo de positivação"

Antes de iniciarmos a análise dos impactos relativos ao julgamento do Tema nº 1.094 pelo STF, em especial atinentes à flexibilização da teoria da nulidade, cumpre apresentarmos o contexto em que se travou tal debate.

Para que possamos entender a crítica que traçamos à corrente majoritária firmada nesse precedente, é importante termos em mente que o julgamento do RE nº 1.221.330 não foi a primeira vez que a controvérsia relacionada ao fluxo de positivação foi objeto de análise pelo Plenário da Suprema Corte.

Por muito tempo, subsistiu o entendimento jurisprudencial do STF de se afastar a incidência de ICMS quando observada a hipótese de importação por não contribuintes do imposto.

A posição, consolidada a partir do julgamento no Plenário do RE nº 203.075, redator para o acórdão Ministro Maurício Corrêa, sustentava-se na leitura do princípio da não cumulatividade preconizada pela Constituição Federal, de modo a concluir que não poderia incidir aludido tributo quando da importação realizada pelos chamados "não contribuintes" dos respectivos tributos.

Isso, porque tais pessoas, fossem elas jurídicas ou físicas, por não figurarem como contribuintes habituais destes tributos, não poderiam recuperar o imposto incidente quando do ingresso. Defendia-se também que, ao procederem com a importação de determinados itens, os importadores realizariam a aquisição de bens de consumo e não de mercadorias – destinadas ao comércio –, não podendo se enquadrar no fato gerador típico de tais impostos. Por fim, assentava-se, em especial quando envolvida pessoa natural, que a inexistência de um estabelecimento comercial implicaria a impossibilidade de proceder com a repartição de competência aos estados federados e ao Distrito Federal.[1]

A posição histórica veio a ser consolidada pelo Supremo Tribunal Federal a partir do enunciado de Súmula nº 660,[2] o qual dispunha que "não incide ICMS na importação de bens por pessoa física ou jurídica que não seja contribuinte do imposto".

Esse cenário jurisprudencial, por sua vez, estimulou uma verdadeira "indústria" de importações, com a flagrante quebra na isonomia de tratamento entre produtos importados e os fabricados internamente.

A medida tornou-se atrativa para todos aqueles que tinham condições de buscar um serviço especializado que auxiliasse na importação, facilitando o acesso a itens de luxo que eram adquiridos sem a respectiva incidência dos impostos sobre o consumo. Os cofres estaduais, por outro lado, sofriam com a queda na arrecadação,[3] levando o constituinte derivado a alterar a Constituição, por meio da EC nº 33/2001, de modo a possibilitar a incidência do ICMS na importação, sem exceção.[4]

Importante destacar que o entendimento histórico do Supremo Tribunal Federal, anterior à edição da EC nº 33/2001, não era imune a críticas. Para além dos votos

---

1 Entre outros, mencionam-se: RE nº 203.075/DF. Rel. p/ acórdão Min. Maurício Corrêa. *DJU*, 29.10.1999, RE nº 191.346-1/RS. Rel. Min. Carlos Velloso. *DJU*, 20.11.1998, e do AI nº 455.387-AgR/BA. Rel. Min. Sepúlveda Pertence. *DJU*, 30.4.2004.

2 Enunciado publicado no *Diário da Justiça* de 30.3.2006.

3 COELHO, Sacha Calmon Navarro; MOREIRA, André Mendes. Segurança jurídica e mutações jurisprudenciais: a incidência do IPI nas importações feitas por não contribuintes. Necessidade de reversão do entendimento atual do STF, com modulação de seus efeitos. Tema 643 – Repercussão geral. *In*: GOMES, Marcus Lívio; VELLOSO, Andrei Pitten (Org.). *Sistema Constitucional Tributário*. Dos fundamentos teóricos aos hard cases tributários – Estudo em homenagem ao Ministro Luiz Fux. Porto Alegre: Livraria do Advogado, 2014. p. 51.

4 "Art. 155 [...] §2º O imposto previsto no inciso II atenderá ao seguinte: [...] IX – incidirá também: a) sobre a entrada de bem ou mercadoria importados do exterior por pessoa física ou jurídica, ainda que não seja contribuinte habitual do imposto, qualquer que seja a sua finalidade, assim como sobre o serviço prestado no exterior, cabendo o imposto ao Estado onde estiver situado o domicílio ou o estabelecimento do destinatário da mercadoria, bem ou serviço".

pronunciados pelos Ministros Ilmar Galvão e Nelson Jobim, vencidos quando do julgamento do RE nº 203.075, há de se destacar a posição histórica do Superior Tribunal de Justiça, que, analisando o tema a partir da legislação infraconstitucional, editou a Súmula nº 198,[5] consolidando a compreensão de que "na importação de veículo por pessoa física, destinado a uso próprio, incide o ICMS".

Quanto ao ponto, no campo doutrinário, destaca-se a posição de Gustavo da Gama Vital de Oliveira, no que entendeu existir equívoco no entendimento anterior referente ao ICMS, e que a EC nº 33/2001 representou uma correção de rumos por meio de um diálogo institucional;[6] ou mesmo Ricardo Lobo Torres, para quem a jurisprudência do STF teria se apegado de forma excessiva aos aspectos semânticos do texto constitucional, deixando de lado a análise dos demais argumentos jurídicos e econômicos que envolveriam a natureza dos impostos sobre o valor agregado, tal qual o ICMS-Importação.[7]

Ocorre que, até a edição da EC nº 33/2001, prevaleceu uma leitura da Constituição que impossibilitava a incidência do ICMS nas hipóteses de importador não contribuinte. Os três motivos elencados pela jurisprudência da Corte transmitiam uma clara mensagem: aquelas operações não se encontravam no campo de incidência da regra-matriz constitucional. Para que tais hipóteses passassem a ser abarcadas pela competência tributária dos estados, necessitaria ser promovida uma alteração do texto constitucional.

A mudança veio, mas não sem novo questionamento. A constitucionalidade da referida emenda foi enfrentada pelo Supremo, quando do julgamento do RE nº 439.796 (Tema nº 171 da repercussão geral), Relator Ministro Joaquim Barbosa, oportunidade na qual não apenas restou definida a existência de competência constitucional para estender a incidência do ICMS à operação de importação, como também que "nenhuma das três restrições observadas pela Corte no julgamento dos precedentes relacionados ao tema, firmados antes da EC 33/2000, continuavam aplicáveis".

Todavia, importante questão surgiu a partir do voto-vista exarado pelo Ministro Dias Toffoli naquela oportunidade, na qual se questionou a suficiência da legislação infraconstitucional para dar densidade às normas gerais em matéria tributária e à própria regra-matriz do tributo. Em seu voto, o Ministro Dias Toffoli bem apontou:

> O certo é que o próprio texto constitucional faz referência à necessidade de lei complementar para disciplinar a cobrança do referido tributo (arts. 146 e 155, §2º, inciso XII, alínea i), o que torna forçosa a conclusão de que não se cuida, nestes autos, de proceder-se a uma interpretação das normas infraconstitucionais e, sim, de avaliar se a LC 87/89 é compatível com a ampliação da hipótese de incidência do ICMS na importação veiculada na EC 33/01, que deu nova redação ao art. 155, §2º, inciso IX, alínea a da Constituição Federal,

---

[5] Enunciado publicado no *Diário da Justiça* de 21.10.1997.

[6] OLIVEIRA, Gustavo Gama Vital de. A teoria do diálogo constitucional e a correção legislativa da jurisprudência no direito tributário brasileiro. *RDE – Revista de Direito do Estado*, v. 17-18, 2011. p. 343-390.

[7] "O Supremo Tribunal Federal complicou também a incidência do ICMS sobre a importação de bens por particulares. Não percebeu que a importação, mesmo pelo consumidor final, é o momento terminal do ciclo da incidência internacional sobre a circulação de mercadoria, que não pode se desvincular da problemática da tributação universal, sob pena de se criar situação privilegiada para a importação por particulares. O STF, apegado à interpretação literal de dispositivo da lei complementar, declarou inconstitucional a incidência do ICMS sobre a importação promovida por consumidor final não-contribuinte, que não manteria estabelecimento importador. Foi necessário que a EC 33/0 1 corrigisse a equivocada jurisprudência da Corte Suprema" (TORRES, Ricardo Lobo. *Tratado de direito constitucional financeiro e tributário*: os Tributos na Constituição. Rio de Janeiro: Renovar 2007. v. IV. p. 268).

> e se há a necessária legislação regional integradora, de modo a viabilizar a cobrança do imposto nas operações de importação de bens efetuadas por pessoas físicas ou jurídicas não comerciantes. [...]
>
> Superada esta questão, entendo que foi somente com o advento da Lei Complementar 114, de 16 de dezembro de 2002 – mais de um ano após a entrada em vigor da EC 33/01 – que se definiram os aspectos da hipótese de incidência do ICMS, a recair também sobre bens importados, qualquer que seja sua finalidade (art. 2º, §1º, inciso I), reconhecendo-se, ainda, a qualidade de contribuinte a qualquer pessoa que importe bens, mesmo sem habitualidade ou intuito comercial (art. 4º, parágrafo único, caput).
>
> Obviamente que, nesse período (entre a edição da emenda nº 33/01 e a LC 114/02), o ICMS, no que tange à importação, permaneceu sob regência da redação primitiva da LC 87/96, que apenas previa a incidência do imposto sobre a importação de mercadorias no caso por contribuintes que fizeram a importação por intermédio de seus estabelecimentos comerciais. Não havia previsão, portanto, para que o imposto estadual incidisse sobre bens importados por pessoas físicas ou jurídicas não comerciantes, mandamento trazido pela referida emenda constitucional.
>
> Nessa conformidade, a partir de então (LC 114/02), plenamente possível se mostraria, em tese, a cobrança do tributo em tela e, para tanto, era mister que fosse devidamente regulamentada sua incidência no âmbito de cada unidade da federação, mediante a edição da lei regional necessária para tanto. [...]
>
> Assim, conclui-se que, depois de editada a aludida emenda constitucional, para que se pudesse instituir ICMS sobre a importação de aparelhos médicos por sociedades civis que prestam serviços médicos, mister seria, inicialmente, que fosse alterada a lei complementar que disciplina o imposto (o que efetivamente ocorreu, mas somente depois de efetuadas as operações que deram ensejo às tributações ora em análise), bem assim que fossem editadas as leis estaduais discriminando a incidência do tributo, o que não consta que tenha ocorrido nos estados que ora são partes destes processos em julgamento.

O alerta para a questão fez com que o relator reajustasse o voto para enfrentar tão importante tema, inclusive objetivando que a controvérsia não se prolongasse nos Tribunais pátrios. E, ao se debruçar sobre a questão, expressamente consignou a importância de a exigência tributária observar o devido "fluxo de positivação".

Isso, porque, conforme consagrado na jurisprudência do STF, a mera previsão constitucional não bastaria para que os estados passassem a exigir o ICMS, uma vez que a disposição ali contida apenas cuidava do balizamento da competência tributária. Para que o tributo pudesse ser cobrado, seria necessária a existência de norma instituidora, à luz do que definido pela Súmula nº 574/STF.[8]

Todavia, o Ministro Joaquim Barbosa reafirmou que, para o caso do ICMS, a instituição do tributo por meio de lei estadual apenas seria insuficiente, uma vez que, para que a cobrança fosse válida, seria necessário o fundamento de validade em normas gerais, inclusive para que se evitasse um potencial conflito federativo. Com base nessa análise, o então relator apontou que seria necessária a presença de três condicionantes para a cobrança do tributo: a previsão na Constituição; o estabelecimento de normas gerais em legislação complementar; e a instituição do tributo por meio da lei estadual.

E, por fim, rememorando a jurisprudência também pacífica da Corte quanto à vedação à chamada "constitucionalização superveniente", consagrada desde os REs

[8] "Sem lei estadual que a estabeleça, é ilegítima a cobrança do imposto de circulação de mercadorias sobre o fornecimento de alimentação e bebidas em restaurante ou estabelecimento similar".

nºs 346.084 e 390.840, o Ministro Joaquim Barbosa expressamente afirmou que apenas seriam válidas as leis estaduais editadas após a Constituição e a lei complementar, uma vez que nosso sistema pátrio não permitiria que a falta de pressuposto de validade da lei viesse a ser corrigida por meio de ato normativo posterior. A propósito:

> Para ser constitucionalmente válida a incidência do ICMS sobre operações de importação de bens, irrelevante a qualificação jurídica do adquirente, as modificações no critério material, na base de cálculo e no sujeito passivo da regra-matriz devem ter sido realizadas em lei posterior à EC 33/2001 e à LC 114/2002 (que modificou a LC 87/1996, para prever normas gerais específicas à incidência sobre importação de bens, independentemente de se tratar de adquirente-comerciante).

A solução do voto reajustado foi acompanhada à unanimidade pelos demais integrantes da Corte, na sessão de 6.11.2013, e restou consignada na ementa do julgado, nos seguintes termos:

> Existência e suficiência de legislação infraconstitucional para instituição do tributo (violação dos arts. 146, II e 155, XII, §2º, i da Constituição). A validade da constituição do crédito tributário depende da existência de lei complementar de normas gerais (LC 114/2002) e de legislação local resultantes do exercício da competência tributária, contemporâneas à ocorrência do fato jurídico que se pretenda tributar. 5. Modificações da legislação federal ou local anteriores à EC 33/2001 não foram convalidadas, na medida em que inexistente o fenômeno da "constitucionalização superveniente" no sistema jurídico brasileiro. A ampliação da hipótese de incidência, da base de cálculo e da sujeição passiva da regra-matriz de incidência tributária realizada por lei anterior à EC 33/2001 e à LC 114/2002 não serve de fundamento de validade à tributação das operações de importação realizadas por empresas que não sejam comerciais ou prestadoras de serviços de comunicação ou de transporte intermunicipal ou interestadual. 6. A tributação somente será admissível se também respeitadas as regras da anterioridade e da anterioridade, cuja observância se afere com base em cada legislação local que tenha modificado adequadamente a regramatriz e que seja posterior à LC 114/2002.

A medida representava uma correção de rumos aos diversos entes federados, naquilo que o próprio Ministro Joaquim Barbosa classificou como sendo uma *indevida antecipação da atividade legislativa, com a criação das regras-matrizes sem o pressuposto de validade.*[9] Como consequência, fixou-se a seguinte tese de repercussão geral: "após a Emenda Constitucional 33/2001, é constitucional a incidência de ICMS sobre operações de importação efetuadas por pessoa, física ou jurídica, que não se dedica habitualmente ao comércio ou à prestação de serviços".

Todavia, em que pese o teor do precedente, uma nova controvérsia surgiu no âmbito da Corte: alguns estados, ao invés de observarem o fluxo de positivação delimitado pelo Supremo, insistiram na constitucionalidade das respectivas legislações estaduais, ao argumento de que, com a expansão da competência tributária a partir da EC nº 33/2001, poderiam legislar sobre o tema a partir da autorização prevista no art. 24, §§3º e 4º, da Constituição.

---

[9] "Ocorre que alguns entes federados se precipitaram, ora à EC 33/2001, ora à lei complementar de normas gerais, e acabaram criando regras-matrizes sem o necessário fundamento de validade".

2 O duplo *overruling* do STF no julgamento do RE nº 1.221.330 (paradigma do Tema nº 1.094)

Como já afirmado, o julgamento do Tema nº 171 buscou solucionar a controvérsia relativa à incidência do ICMS-Importação, inclusive no que toca à insuficiência da legislação estadual para instituir aludida cobrança sem que houvesse fundamento de validade, quer por meio da Constituição, quer por meio da respectiva lei complementar.

Após o julgamento, o precedente formado passou a orientar a jurisprudência da Corte quanto à matéria, com inúmeras outras decisões, de ambas as Turmas, sendo proferidas para afastar a cobrança de ICMS na hipótese de a legislação estadual não observar o fluxo de positivação.[10]

O posicionamento, entretanto, passou a ser questionado por aqueles estados que editaram as respectivas leis estaduais entre a promulgação da emenda constitucional e entrada em vigor da LC nº 114/2002.

Em que pese a desatenção à sequência legislativa apta a amparar a incidência do imposto, nos termos do que definido no Tema nº 171, esses estados sustentavam sua pretensão no exercício da competência plena, alegando que não poderiam ser prejudicados pela inércia do legislador complementar para tratar do tema.

Esse argumento veio a ser acolhido pela Segunda Turma no RE nº 917.950-AgR/SP, julgamento concluído em 5.12.2017, oportunidade na qual aquele colegiado parcial declarou a validade da Lei nº 11.001/2001 do Estado de São Paulo, uma vez que editada durante a vigência da EC nº 33/2001, sendo que o texto constitucional reuniria todos os aspectos da incidência a possibilitar a edição da norma local instituidora do tributo.

Não sem debates, a Segunda Turma avançou no que decidido a partir do Tema nº 171, para afirmar que a inobservância do fluxo de positivação não se resolveria a partir da esfera de validade da norma, mas sim de sua eficácia. Desse modo, a cobrança do tributo ficaria suspensa enquanto não editada a respectiva lei complementar. Com isso, por maioria, prevaleceu a corrente capitaneada pelo Ministro Gilmar Mendes, consignando-se que:

> É cediço que apenas lei complementar federal pode dispor sobre contribuintes de imposto estadual na forma do art. 146, III, "a", da CF. Contudo é de observar que, após a emenda constitucional, houve alteração da regra-matriz tributante para permitir o alargamento do sujeito passivo tributário do ICMS-Importação, norma constitucional que ofereceria todos os critérios necessários para a estruturação da lei estadual.

Não se pode punir com a pecha de inconstitucional o ato do ente federativo diligente que, amparado por autorização constitucional e no exercício de sua competência tributária, alterou seu arcabouço normativo estadual para expressar o exato contido naquela norma.

É bem verdade que a efetividade desse poder tributante dependeria de lei complementar federal, todavia não seria caso de inconstitucionalidade formal ou material,

---

[10] RE 636790 AgR, Primeira Turma. Rel. Min. Roberto Barroso. *DJe*, 3.11.2016. RE 797294 AgR, Segunda Turma. Rel. Min. Teori Zavascki. *DJe*, 9.3.2015. AI 730695 AgR, Primeira Turma. Rel. Min. Marco Aurélio. *DJe*, 29.4.2014. RE 594996 AgR, Primeira Turma. Rel. Min. Luiz Fux. *DJe*, 9.8.2016. ARE 915422 AgR, Segundo Turma, Rel. Min. Cármen Lúcia. *DJe*, 26.2.2016. AI 745113 AgR, Primeira Turma. Rel. Min. Marco Aurélio. *DJe*, 14.4.2014.

mas, tão somente, de condição de eficácia daquele exercício após a superveniência da legislação necessária.

Caso contrário, exemplificadamente no Estado de São Paulo, chegaríamos a situação na qual, em razão de até hoje não ter havido alteração normativa quanto ao contribuinte do ICMS-Importação após a Lei Complementar Federal 114/02, o referido Ente Federativo estaria impedido de cobrar o aludido tributo.

Pensando consequencialmente, daríamos azo a incontáveis ações de repetição de indébitos, a promover desfalque ainda maior nas combalidas receitas estaduais.

Portanto, penso que, conjugando a linha do precedente da Corte, deve-se compreender que as leis anteriores à Lei Complementar 114/02 e posteriores à EC 33/01 não são inconstitucionais.

A questão resolve-se no plano da eficácia.

Vale dizer, no período após a EC e anterior à Lei Complementar Federal, não haveria inconstitucionalidade, mas tão só ineficácia da legislação estadual até 17.12.2002 (vigência da Lei Complementar 114/02), de sorte que seriam insubsistentes créditos tributários advindos de fatos geradores anteriores a tal marco.

Com o julgamento do aludido precedente instaurou-se a divergência de entendimentos entre os integrantes de ambas as Turmas do STF. Sucessivas decisões foram proferidas, cada qual seguindo uma das correntes, o que culminou com a interposição de diversos embargos de divergência.

A questão só veio a ser solucionada quando a Primeira Turma, em dezembro de 2019, afetou a discussão para o Plenário do Supremo. Por meio do RE nº 1.221.330, de relatoria do Ministro Luiz Fux (Tema nº 1.094), a Corte teve a oportunidade de novamente se debruçar sobre a questão, tendo o relator reafirmado o entendimento fixado quando do julgamento do Tema nº 171.

Na oportunidade, com a precisão que lhe é característica, o Ministro Luís Roberto Barroso muito bem apontou que a observância de lei complementar prévia para tratar da instituição do ICMS, muito mais do que necessária para estabelecer as normas gerais, se mostra essencial para evitar conflitos de competência entre os entes federados, nos termos do que determina o art. 146, inc. I, da Constituição.

Nesse sentido, o alerta encontra sintonia com a própria *ratio decidendi* lançada no julgamento do Tema nº 171, uma vez que já ali se antecipava o risco que representava para a higidez do pacto federativo o exercício da competência legislativa plena, por parte dos estados, em matéria de ICMS.

Sua Excelência também apontou que a regra contida no art. 24, §§3º e 4º da Constituição não seria aplicável à presente situação. Isso, porque:

> [...] se a competência legislativa estadual é plena, não faz sentido suspender a incidência da norma no período entre a sua publicação e a edição da LC 114/2002. Para a correta aplicação do art. 24, §3º, a lei estadual deveria vigorar plenamente, perdendo a eficácia após a edição da LC naquilo que a contrariar (art. 24, §4º). Ao contrário, a Segunda Turma, ao entender que há suspensão de eficácia da lei estadual até a edição da LC 114/2002, nada mais faz do que admitir que a Lei nº 11.001/2001 foi editada sem os requisitos de validade e eficácia, tutelando uma constitucionalização superveniente vedada por este Tribunal.

Todavia, o entendimento veio a ser superado pela posição defendida pelo Ministro Alexandre de Moraes, quem, remetendo às razões de decidir do já mencionado

RE nº 917.950-AgR/SP, afirmou que, após a Emenda Constitucional nº 33/01, os estados estariam autorizados a legislar acerca do ICMS-Importação, de modo que a lei complementar cumpriria apenas condição de eficácia, suspendendo os efeitos da norma estadual enquanto não viesse a ser editada.

Ao prevalecer o voto lançado pelo Ministro Alexandre de Moraes, por maioria apertada (6 x 5), também se aprovou a afetação do julgamento à sistemática da repercussão geral, com a consolidação da seguinte tese (Tema nº 1.094):

> I – Após a Emenda Constitucional 33/2001, é constitucional a incidência de ICMS sobre operações de importação efetuadas por pessoa, física ou jurídica, que não se dedica habitualmente ao comércio ou à prestação de serviços, devendo tal tributação estar prevista em lei complementar federal. II – As leis estaduais editadas após a EC 33/2001 e antes da entrada em vigor da Lei Complementar 114/2002, com o propósito de impor o ICMS sobre a referida operação, são válidas, mas produzem efeitos somente a partir da vigência da LC 114/2002.

A Corte, assim, promoveu um duplo *overruling*, uma vez que, a um só tempo, superou o que já havia sido decidido no Tema nº 171 da repercussão geral, inovando a jurisprudência específica relativa à regular instituição do ICMS-Importação, como também inaugurou um novo entendimento sobre o chamado "fluxo de positivação", com a superação da vedação à constitucionalização superveniente.[11]

Agora, a Corte passava a permitir a edição da lei instituidora de tributos, ainda que não houvesse lei geral a respeito da matéria. A insuficiência normativa, ao invés de alcançar a validade da legislação "precária", passava a atingir tão somente o campo de eficácia normativa desta última, suspendendo seus efeitos enquanto não viesse a ser editada a respectiva legislação complementar.

Essa mudança jurisprudencial não passou despercebida pelo Ministro Luís Roberto Barroso. Tanto que, quando da apreciação dos posteriores embargos de declaração, Sua Excelência bem constatou que:

> Tem-se, então, que, em um primeiro momento, o Plenário, no RE 439.796, afirmou haver um fluxo normativo a ser respeitado para que a incidência do imposto seja constitucional: EC 33/2001, LC 114/2002 e lei estadual. E, em um segundo momento, no julgamento de mérito deste recurso, afirmou que a lei do Estado de São Paulo, editada em momento anterior à LC 114/2002, permaneceria suspensa e passaria a produzir efeitos a partir da publicação da LC, passando-se a admitir verdadeira constitucionalização superveniente.

Sob esse ângulo, o Ministro Luís Roberto Barroso corretamente acionou o art. 927, §3º do CPC, para, modulando os efeitos da decisão, assentar que o julgamento de mérito produzisse efeitos apenas a partir da publicação da respectiva ata, ressalvando-se as ações já ajuizadas.

Infelizmente, seu voto vogal foi isolado, tendo a maioria dos integrantes da Corte acompanhado a posição do relator, Ministro Alexandre de Moraes, pela rejeição dos aclaratórios e do pedido de modulação.

---

[11] PENCAK, Nina Pinheiro; ALVES, Raquel de Andrade Vieira. STF e ICMS Importação por contribuinte não habitual: dois overrulings silenciosos e uma questão federativa. *Jota*, 13 jul. 2020. Disponível em: https://www.jota.info/artigos/stf-e-icms-importacao-por-contribuinte-nao-habitual-13072020?non-beta=1. Acesso em: 29 jul. 2024.

Como já apontado, rever a evolução jurisprudencial desse tema se mostra essencial para compreender a atual posição da Corte e o reflexo sistêmico que o entendimento tem causado em diversas outras demandas de natureza tributária, com desdobramentos que vão muito além do campo tributário.

3 Os desdobramentos da alteração jurisprudencial a partir do julgamento do Tema nº 1.094

A alteração de entendimento da Corte Suprema a partir do julgamento do Tema 1.094 tem reverberado no posicionamento do STF, ao longo dos últimos quatro anos, produzindo reflexos de ordens distintas, tanto no controle de constitucionalidade brasileiro, quanto na conduta dos entes da Federação.

É que, embora a questão subjacente analisada pela Corte no Tema nº 1.094 tenha se referido à possibilidade de produção de efeitos da Lei nº 11.001/2001, do Estado de São Paulo – editada antes da LC nº 114/2002, mas depois da EC nº 33/2001, situação já apreciada pelo STF no julgamento do RE nº 439.796, sob o regime de repercussão geral –, a compreensão firmada no aludido tema tem sido estendida pela Corte a outras situações de leis tributárias estaduais editadas em desacordo com esse fluxo de positivação.

Uma delas é o caso da inconstitucionalidade do diferencial de alíquotas de ICMS (ICMS-Difal), declarada pelo STF no julgamento conjunto do RE nº 1.287.019 e da ADI nº 5.469, ocorrido em 24.2.2021, menos de um ano após o julgamento do Tema nº 1.094.[12] Nesse caso, a Corte analisou a possibilidade de instituição do referido diferencial de alíquotas pelos estados, via lei ordinária, antes da edição da lei complementar de normas gerais, prevista pelo art. 146, incs. I e III, da Constituição Federal, exclusivamente com base na previsão da EC nº 87/2015 e nas cláusulas do Convênio ICMS nº 93/2015.

Considerando estar-se diante de situação de reserva de lei complementar para disciplina da nova relação jurídico-tributária entre o remetente do bem ou serviço e o Estado de destino, em operações interestaduais com bens e serviços destinados a consumidor final não contribuinte do ICMS, o STF reputou inconstitucionais as cláusulas do Convênio ICMS nº 93/2015 que pretendiam substituir o papel da lei complementar.

Porém, junto com elas, a Corte acabou por declarar inconstitucionais – "por arrastamento" –[13] as leis dos estados e do Distrito Federal que, baseadas nas cláusulas do referido convênio, instituíam o ICMS-Difal na hipótese de operações interestaduais com consumidores finais não contribuintes do imposto.

Contudo, com o intuito declarado de permitir a continuidade da produção de efeitos das leis estaduais, o STF modulou a sua decisão, a fim de que só produzisse efeitos a partir de 2022, quando então já estaria vigente a lei complementar de normas gerais.

Embora não tenha sido feita menção expressa ao entendimento firmado pouco antes, no julgamento do Tema nº 1.094, por parte do relator, Ministro Dias Toffoli, a

[12] STF, Pleno, RE 1.287.019 (Tema 1.093) e ADI 5.469. Rel. Min. Marco Aurélio Melo. Rel. p/ acórdão Min. Dias Toffoli, julgado em 24.2.2021. *DJ*, 25.5.2021.

[13] "A expressão designa a hipótese de declaração de inconstitucionalidade, em ação direta, de dispositivos que não foram impugnados no pedido original, mas que são logicamente afetados pela decisão que venha a ser proferida. É o que ocorre, por exemplo, em relação à norma que tenha teor análogo à que foi objeto da ação ou que venha a se tornar inaplicável em razão do acolhimento do pedido formulado" (BARROSO, Luís Roberto. *O controle de constitucionalidade no direito brasileiro*. 8. ed. São Paulo: Saraiva, 2019. p. 255).

inspiração nesse precedente é tão clara que tem importado na sua aplicação aos casos de ICMS-Difal, pelos Tribunais de grau inferior.[14]

Mais recentemente, na mesma linha do posicionamento externado na ADI nº 5.469 e no Tema nº 1.093, o STF, apreciando o Tema nº 1.305 da repercussão geral, validou os adicionais instituídos pelos estados e pelo Distrito Federal para financiar os Fundos Estaduais de Combate à Pobreza (FECP), conforme previsto pelo art. 4º da EC nº 42/2003.[15]

Aqui, a situação é mais complexa, porque as legislações dos estados e do Distrito Federal são anteriores à própria emenda constitucional, editada com o objetivo de "convalidar" as referidas normas. Ainda assim, entendeu a Corte ser possível a chamada "constitucionalização superveniente" no ordenamento jurídico brasileiro, mesmo que restrita à hipótese dos Fundos Estaduais de Combate à Pobreza, com base em precedentes anteriores das Turmas do STF, que reputaram válida a convalidação expressa da legislação estadual, prevista no art. 4º da EC nº 42/2003.[16]

O que se vê, portanto, a partir do julgamento do Tema nº 1.094, é que há uma tendência da jurisprudência do STF de validar leis estaduais e distritais instituidoras de tributos, ainda que editadas em desacordo com a Constituição, desde que "convalidadas" posteriormente, seja pela edição de lei complementar disciplinadora das normas gerais da incidência, seja pela edição de emenda constitucional com o intuito expresso de "convalidação", como uma forma de "salvar" a arrecadação dos entes com efeitos futuros.

Ocorre que a referida tendência, na prática, não se compatibiliza com os fundamentos básicos do controle de constitucionalidade brasileiro e, por conseguinte, com a ideia de supremacia da Constituição, além de servir de estímulo à manutenção de leis estaduais e distritais inconstitucionais, com o claro intuito de permitir a arrecadação dos entes federados que se quedaram inertes, mesmo diante do reconhecimento, pelo STF, da necessidade de se editar novos diplomas coincidentes com o texto constitucional.

3.1 Nos fundamentos do controle de constitucionalidade brasileiro

Com efeito, assumir a Constituição como norma maior de um ordenamento jurídico atrai a necessidade de que todos os outros atos normativos desse sistema guardem com ela uma relação de compatibilidade. Em breves e simples palavras, essa é a ideia central da existência do controle de constitucionalidade com amparo na teoria kelseniana da supremacia da Constituição, conjugada com a teoria da nulidade do direito norte-americano.[17]

---

[14] Como exemplo, *vide*: TJ/DF, 6ª Turma Cível, Apelação Cível nº 0713550-92.2023.8.07.0018, Acórdão nº 1876570. Rel. Des. Arquibaldo Carneiro, julgado em 19.6.2024. *DJ*, 25.6.2024.

[15] STF, Pleno, RE 592.152 (Tema 1.305). Rel. Min. Cristiano Zanin, julgado em 10.6.2024. *DJ*, 3.7.2024.

[16] Trecho do voto do Min. Relator, Cristiano Zanin: "É certo que o Plenário deste Supremo Tribunal Federal já se manifestou no sentido de não ser possível a constitucionalidade superveniente, conforme ementa abaixo transcrita: [...] Por outro lado, são vários os precedentes no sentido de que o art. 4° da Emenda Constitucional 42/2003 validou os adicionais criados pelos Estados e pelo Distrito Federal, ainda que estes estivessem em divergência com o previsto na EC 31/2000, conforme se observa do julgamento do RE 570.016-AgR/RJ, da relatoria do Ministro Eros Grau. *DJe*, 12/9/2008 [...]".

[17] PENCAK, Nina Pinheiro; D'ARAÚJO, Pedro Júlio; ALVES, Raquel de Andrade Vieira. Propostas de sistematização das regras de modulação de efeitos a partir dos julgamentos em matéria tributária. *In*: VALE, André

A partir disso, duas consequências podem advir da declaração judicial de incompatibilidade de uma norma com a Constituição, do ponto de vista dos seus efeitos: pode ela declarar a inconstitucionalidade da lei, decretando a sua nulidade e de todos os atos praticados sob a sua égide; ou pode o provimento judicial adquirir caráter constitutivo, preservando-se os atos praticados sob a égide da lei inconstitucional até a sua prolação.

A primeira hipótese, adotada pelo ordenamento jurídico brasileiro, tem suas raízes na doutrina do *judicial review* norte-americano, a partir da construção teórica do Juiz John Marshall, no célebre julgamento *Marbury v. Madison*, em 1803; enquanto a segunda, exerceu grande influência no constitucionalismo europeu, e decorre dos ensinamentos de Hans Kelsen, para quem o controle da compatibilidade das leis com a Constituição deveria ser exercido por um órgão único, que não decidiria lides concretas, tendo a função apenas de atuar como "legislador negativo", retirando do ordenamento jurídico normas incompatíveis com o texto constitucional, com efeitos *ex nunc*.[18]

Assim, no Brasil, quando se julga uma lei inconstitucional, declara-se a sua nulidade.

Conforme destaca Daniel Sarmento, embora não haja na Constituição Federal nenhum dispositivo atribuindo expressamente eficácia *ex tunc* às decisões proferidas no controle jurisdicional de constitucionalidade das leis, a doutrina e jurisprudência pátrias reconhecem, com raras vozes discrepantes, o caráter declaratório e retroativo das referidas decisões, nele vislumbrando um verdadeiro princípio constitucional implícito.[19]

Não se trata, portanto, de um estado de inconstitucionalidade constituído pelo pronunciamento judicial, mas de decisão declaratória que remonta ao nascimento da lei considerada em desacordo com a Constituição Federal, exceto nos casos em que o STF, por razões de segurança jurídica ou de excepcional interesse social, decide adiar os efeitos da declaração de inconstitucionalidade por tempo determinado, a teor do que determina o art. 27 da Lei nº 9.868/99 – e art. 11 da Lei nº 9.882/99.

Como o ordenamento jurídico pátrio adota um sistema misto de controle de constitucionalidade das leis, é possível que haja a declaração de inconstitucionalidade de lei ou ato normativo sem que haja a decretação de sua nulidade com eficácia *erga omnes* e efeitos vinculantes. É o que ocorre quando se trata de declaração de inconstitucionalidade em controle difuso, pois, nessa hipótese, os efeitos da decisão judicial são limitados.

Não por acaso, a Constituição, em seu art. 52, inc. X, atribui ao Senado Federal a competência para a suspensão da execução, no todo ou em parte, de lei declarada inconstitucional por decisão definitiva da Corte Suprema, aplicável às hipóteses de controle de constitucionalidade *in concreto*.

A lógica do dispositivo prestigia a noção tradicional do princípio da separação dos poderes e a distinção entre os modelos difuso e concentrado de controle de constitucionalidade, ainda que a própria Corte, capitaneada pelo ilustre Ministro Luís Roberto

---

Rufino do; QUINTAS, Fábio Lima; ABBOUD, Georges (Org.). *Processo constitucional brasileiro*: propostas para a reforma. 1. ed. Brasília: IDP, 2022. v. 1. p. 225.

[18] SARMENTO, Daniel. Eficácia temporal do controle de constitucionalidade (o princípio da proporcionalidade e a ponderação de interesses) das leis. *Revista de Direito Administrativo*, Rio de Janeiro, n. 212, p. 27-40, abr./jun. 1998.

[19] SARMENTO, Daniel. Eficácia temporal do controle de constitucionalidade (o princípio da proporcionalidade e a ponderação de interesses) das leis. *Revista de Direito Administrativo*, Rio de Janeiro, n. 212, p. 27-40, abr./jun. 1998.

Barroso, tenha, mais recentemente, revisitado essas ideias, reconhecendo a mutação constitucional do referido dispositivo, no julgamento dos REs nºs 949.297 e 955.227 (Temas nºs 881 e 885 de repercussão geral).[20]

Ao igualar os efeitos das decisões judiciais em controle difuso de constitucionalidade em casos julgados sob o regime da repercussão geral, aos de decisões em controle concentrado de constitucionalidade, o STF acabou tornando inócua a diferenciação entre os modelos de controle também para fins de aplicação da teoria da nulidade.

Seja como for, pode-se afirmar que, tradicionalmente, as decisões de inconstitucionalidade em controle abstrato são dotadas de efeitos *ex tunc*, produzindo a nulificação do ato assim declarado desde sua origem, com eficácia *erga omnes* e efeitos vinculantes para todos os poderes. Embora, como visto, existam outras teorias que explicam a relação de incompatibilidade dos atos normativos com o texto constitucional, essa foi a adotada pela jurisdição constitucional brasileira, com base na doutrina de importantes constitucionalistas, como Rui Barbosa, Francisco Campos e Alfredo Buzaid.[21] Por isso, conforme expôs o ilustre Ministro Gilmar Ferreira Mendes: "The inconstitucional statute is not law at all".[22]

Há, porém, possibilidades de flexibilização da teoria da nulidade no Brasil, assim como ocorre em diversos modelos na jurisdição constitucional comparada, em atenção a princípios constitucionais, como a segurança jurídica e a isonomia: são os casos de modulação de efeitos das decisões da Suprema Corte.

Nessas hipóteses, reguladas pelo art. 27 da Lei nº 9.868/1999 – e art. 11 da Lei nº 9.882/1999 –, o próprio STF limita os efeitos das suas decisões em controle de constitucionalidade, assegurando a validade das consequências produzidas pela norma inconstitucional no mundo dos fatos, por meio de um juízo de ponderação.[23] Isso pode ocorrer não só quando em questão uma lei total ou parcialmente incompatível com a Constituição, como também no caso de omissão parcial, quando simplesmente extirpar a norma do ordenamento jurídico, com efeitos *ex tunc*, pode agravar o estado de inconstitucionalidade.

Não obstante, conforme salientado em trabalho anterior, tem-se observado uma relativização frequente e contínua da aplicação da teoria da nulidade nas declarações de inconstitucionalidade pelo STF, em razão das modulações de efeitos das decisões da Corte, revelando-se mais como praxe do que como exceção.[24]

---

[20] *Vide*: PENCAK, Nina Pinheiro. Os Temas 881 e 885 da repercussão geral: cessação dos efeitos da coisa julgada em matéria tributária e a mutação constitucional do art. 52, X, da Constituição. *In*: MENDES, Gilmar Ferreira; PINHEIRO, Victor Marcel (Coord.). *Súmulas, teses e precedentes*: estudos em homenagem a Roberto Rosas. Rio de Janeiro: GZ, 2023. p. 681-704.

[21] MENDES, Gilmar Ferreira; COELHO, Inocêncio Mártires; BRANCO, Paulo Gustavo Gonet. *Curso de direito constitucional*. São Paulo: Saraiva, 2012. p. 1.419.

[22] MENDES, Gilmar Ferreira; COELHO, Inocêncio Mártires; BRANCO, Paulo Gustavo Gonet. *Curso de direito constitucional*. São Paulo: Saraiva, 2012.

[23] Adotamos aqui a ideia ampla de modulação de efeitos da decisão de inconstitucionalidade, como sinônimo de manutenção dos atos jurídicos inconstitucionais, porquanto praticados sob a égide de norma incompatível com a Constituição, na linha defendida por Victor Marcel Pinheiro: "O objetivo aqui é simplesmente rejeitar a possibilidade de se defender: a) que uma norma é nula ex tunc e, ao mesmo tempo, que alguns atos praticados com base nela devem ser mantidos pelo sistema jurídico e b) que atos inconstitucionais podem produzir efeitos sem se falar no afastamento da regra da nulidade. Ou se declara a nulidade ex tunc da norma ou ato jurídico inconstitucional, ou se mantém parcela de seus efeitos" (PINHEIRO, Victor Marcel. Uma proposta de compreensão da modulação de efeitos das decisões da jurisdição constitucional. *Revista Publicum*, Rio de Janeiro, v. 4, n. 2, p. 153-180, 2018. p. 165).

[24] PENCAK, Nina Pinheiro; D'ARAÚJO, Pedro Júlio; ALVES, Raquel de Andrade Vieira. Propostas de sistematização das regras de modulação de efeitos a partir dos julgamentos em matéria tributária. *In*: VALE,

Assim, ao invés de representar uma hipótese excepcional, as modulações de efeitos de decisões em controle de constitucionalidade pelo STF, ao menos em matéria tributária, têm sido a regra, o que nos leva a questionar *até que ponto ainda é possível falar-se em teoria da nulidade como fundamento-base do controle de constitucionalidade brasileiro.*

O cenário se agrava diante do julgamento do Tema nº 1.094 pelo STF, pois, conforme antecipado, desde então a Corte tem reputado válidas leis estaduais e distritais cuja inconstitucionalidade foi por ela declarada, tanto em sede de controle difuso sob o regime da repercussão geral (*v.g.*, RE nº 439.796 – Tema nº 171), quanto em sede de controle abstrato (*v.g.*, ADI nº 5.469), sem que a respectiva conduta se qualifique como uma modulação de efeitos da decisão de inconstitucionalidade.

É que a chamada modulação de efeitos da decisão, em um sentido amplo, configura a manutenção de atos praticados com base em leis declaradas inconstitucionais pela Suprema Corte, atos esses que, por consequência, também são inconstitucionais, mas têm a sua validade assegurada pela decisão judicial, em prol de outros princípios constitucionais. Trata-se de atos determinados no tempo, justamente porque representam – ou ao menos deveriam representar – uma hipótese excepcional de inaplicabilidade da teoria da nulidade.

Não obstante, o que se verifica a partir do Tema nº 1.094 é a chancela de cobranças tributárias que vêm ocorrendo, por parte dos estados e do Distrito Federal, com base em leis cuja inconstitucionalidade já foi declarada pelo STF, inclusive, em controle abstrato de constitucionalidade, sem que os referidos entes tenham editado novas leis, compatíveis com a Constituição Federal.

Não se trata, portanto, de modulação de efeitos da declaração de inconstitucionalidade e, sim, de manutenção dos efeitos de leis incompatíveis com o texto constitucional, para o futuro. É mais do que a chancela da chamada "inconstitucionalidade útil",[25] pela expectativa de modulação quando declarada a inconstitucionalidade da norma de incidência tributária, porque não apenas se mantém a arrecadação dos entes em relação ao que foi recebido, como assegura-se o que ainda poderá ser cobrado, sem prazo para a validade da produção de efeitos da norma inconstitucional.

No campo tributário, a modulação da decisão de inconstitucionalidade opera efeitos em relação à validade dos pagamentos efetuados no passado, como é o caso, por exemplo, da desnecessidade de devolução de valores recebidos pelas Fazendas Públicas a título de tributos cobrados com base em lei inconstitucional. Quando muito, pode-se falar em manutenção dos efeitos da norma inconstitucional como técnica de decisão em casos de inconstitucionalidade por omissão parcial, ocasião em que se assegura a manutenção de efeitos futuros da norma inconstitucional, no período de transição, até a publicação da nova lei.[26]

André Rufino do; QUINTAS, Fábio Lima; ABBOUD, Georges (Org.). *Processo constitucional brasileiro*: propostas para a reforma. 1. ed. Brasília: IDP, 2022. v. 1. p. 225-226.

[25] Expressão utilizada pelo Ministro Marco Aurélio, em crítica contundente à frequente modulação de efeitos de decisões de inconstitucionalidade pelo STF: "Sou contra, e continuarei pensando assim, à denominada inconstitucionalidade útil, ou seja: edita-se norma que sabidamente é inconstitucional, para, depois, apostar-se na morosidade da Justiça e na modulação, dando-se o dito pelo não dito e tornando-se a Constituição Federal documento flexível" (STF, Pleno, ADI 1.251. Rel. Min. Dias Toffoli, julgada em 6.8.2020. *DJ*, 9.10.2020).

[26] "Portanto, a suspensão de aplicação da norma constitui consequência fundamental da decisão que, em processo de controle abstrato da inconstitucionalidade por omissão e no mandado de injunção, reconhece a omissão parcial. Todavia, ter-se-á de reconhecer, inevitavelmente, que a aplicação da lei, mesmo após a pronúncia

Contudo, não foi essa a fundamentação utilizada pelo STF no julgamento do Tema nº 1.094, ao permitir a manutenção dos efeitos da legislação estadual e distrital incompatível com a Constituição Federal, porque não se tratava de controle de constitucionalidade por omissão e o ato normativo impugnado era a legislação estadual, editada em desacordo com o disposto no art. 146, I e III, da Constituição Federal. Ademais, caso tivesse a Corte o intuito de exortar o Congresso Nacional a editar a lei complementar de normas gerais requerida pela Constituição, além de o fazer por meio de ação própria – ação direta de inconstitucionalidade por omissão ou mandado de injunção – deveria estabelecer um prazo máximo de validade da produção de efeitos das normas inconstitucionais.

Ao contrário, a Corte simplesmente atestou a validade e eficácia da legislação dos entes a partir da entrada em vigor da lei complementar federal. A justificativa para tanto baseou-se na competência plena dos estados e do Distrito Federal, prevista pelo art. 24, §3º, da Constituição Federal, enquanto não editada a lei federal de normas gerais sobre matérias sujeitas à competência concorrente.

Entretanto, além de a competência plena dos entes federados só poder ser exercida nos estritos limites da Constituição, de forma que não pode jamais a lei estadual ou distrital pretender regular temática afeta à norma geral, o que, por si só, já inviabilizaria a aplicação do dispositivo em hipóteses de reserva de lei complementar em matéria tributária, o STF no caso partiu de uma interpretação equivocada do texto constitucional.

Como bem pontuou o ilustre Ministro Luís Roberto Barroso, em seu voto divergente, se a competência plena fosse realmente aplicável ao caso, a partir da edição da lei complementar federal que trouxe a disciplina geral do ICMS-Importação, LC nº 114/2002, as leis estaduais – como a Lei do Estado de São Paulo nº 11.001/2001 – deveriam ter a sua eficácia suspensa a partir de 16.12.2002, conforme prevê o §4º do art. 24 da Constituição, e não apenas começar a produzir efeitos a partir daí. E concluiu, com precisão, que a Segunda Turma do STF, ao consignar que "[...] há suspensão de eficácia da lei estadual até a edição da LC 114/2002, nada mais faz do que admitir que a Lei nº 11.001/2001 foi editada sem os requisitos de validade e eficácia, tutelando uma constitucionalização superveniente vedada por este Tribunal".

Por isso, afirmamos no título deste artigo que o julgamento do Tema nº 1.094 representa *mais um degrau na flexibilização da teoria da nulidade pelo STF*, na medida em que chancela a possibilidade – jamais admitida até então – de "constitucionalização superveniente" de normas que nasceram incompatíveis com a norma maior do ordenamento jurídico.

O ápice dessa tendência à flexibilização da teoria da nulidade inaugurada com o julgamento do Tema nº 1.094 deu-se, recentemente, com a "reafirmação" de suposta jurisprudência pacificada no âmbito das Turmas do STF, no julgamento do Tema nº 1.305, em que a Corte chancelou expressamente a possibilidade de convalidação de normas inconstitucionais mediante ação do constituinte reformador.

---

de sua inconstitucionalidade, pode ser exigida pela própria Constituição. Trata-se daqueles casos em que a aplicação da lei mostra-se, do prisma constitucional, indispensável no período de transição, até a promulgação da nova lei" (MENDES, Gilmar Ferreira; COELHO, Inocêncio Mártires; BRANCO, Paulo Gustavo Gonet. *Curso de direito constitucional*. São Paulo: Saraiva, 2012. p. 1.444).

Além de questionável a existência de jurisprudência pacífica nas Turmas do STF sobre a validade das leis estaduais que instituíram o FECP em desacordo com a EC nº 31/2000, pois baseadas em *obter dictum* em decisão monocrática proferida pelo Ministro Carlos Ayres Britto, na ADI nº 2.869,[27] o julgamento do Tema nº 1.305 encerra questão altamente controversa no direito brasileiro, sem maior aprofundamento quanto aos reflexos da decisão no controle de constitucionalidade e no princípio da separação de poderes.

É que, se a norma incompatível com o texto constitucional é norma nula, ela simplesmente não pode ser objeto de convalidação, uma vez que não existe mais no mundo jurídico, com todas as consequências que a referida nulidade acarreta com relação aos atos praticados com base nela. Justamente em função disso, ao longo de anos solidificou-se na jurisprudência da Corte Suprema o entendimento de que seria impossível a "constitucionalização superveniente" da legislação declarada inconstitucional.[28]

No mais, aceitar a solução consubstanciada no Tema nº 1.094 representaria reconhecer que as 27 (vinte e sete) assembleias legislativas estaduais, em um verdadeiro exercício de futurologia, viessem a editar leis que em tudo seriam condizentes com o que definido por meio da legislação complementar de âmbito nacional.

Com o devido respeito ao precedente formado pela Corte, não nos parece ser esse o melhor caminho, inclusive por representar a possibilidade de edição de leis conflitantes, ou mesmo que o controle de compatibilidade das normas estaduais seria feito *a posteriori*. É dizer, sob pretexto de prestigiar a autonomia dos estados, o precedente ora em análise cria verdadeira instabilidade sistêmica em nosso ordenamento jurídico.

E impacta, ao final, na própria esfera de garantias constitucionais dos contribuintes, como recentemente observado quando do julgamento das ADI nºs 7.066, 7.078 e 7.070, em que a Corte, ao remeter ao Tema nº 1.094, afastou a observância do princípio da anterioridade para exigência do ICMS-Difal, regulamentado por meio da LC nº 190/2022, por entender que as leis estaduais, anteriores à norma geral, apenas estariam com sua eficácia suspensa. Com isso, uma vez editada a lei estadual, admite-se a possibilidade de o contribuinte ser surpreendido com majoração da carga tributária no futuro, assim que vigente a lei complementar, sem que para tanto se respeite tal importante princípio constitucional.

Não obstante, desde o julgamento do Tema nº 1.094, e apesar das divergências bem colocadas de cinco ministros da Corte, dentre os quais o ilustre Ministro Luís Roberto Barroso, pode-se dizer que o STF passou a admitir, cada vez mais, a "constitucionalização superveniente" de normas declaradas inconstitucionais, mesmo em controle abstrato, mediante a "correção" do vício de inconstitucionalidade pelo legislador, ou pela convalidação expressa via emenda constitucional.

Embora os paradigmas analisados se refiram a julgamentos em matéria tributária, fato é que, por meio desses precedentes, o STF vem promovendo uma revisão

---

27 Sobre o tema, *vide*: SANTOS, Rafael Alves; FRAGA, Fabio. Adicional de ICMS destinado a fundo da pobreza é inconstitucional. *Revista Eletrônica Consultor Jurídico*, 23 maio 2016. Disponível em: https://www.conjur.com.br/2016-mai-23/adicional-icms-destinado-fundo-pobreza-inconstitucional/. Acesso em: 23 jul. 2024.

28 *Vide*, nesse sentido: "CONSTITUCIONALIDADE SUPERVENIENTE – ARTIGO 3º, §1º, DA LEI Nº 9.718, DE 27 DE NOVEMBRO DE 1998 – EMENDA CONSTITUCIONAL Nº 20, DE 15 DE DEZEMBRO DE 1998. O sistema jurídico brasileiro não contempla a figura da constitucionalidade superveniente. TRIBUTÁRIO – INSTITUTOS – EXPRESSÕES E VOCÁBULOS – SENTIDO" (STF, Pleno, RE 390.840. Rel. Min. Marco Aurélio, julgado em 9.11.2005. *DJ*, 15.8.2006).

completa dos fundamentos-base do controle de constitucionalidade no país, com efeitos importantes na produção legislativa da Federação, para além das normas tributárias.

3.2 Na produção legislativa dos entes federados

A manutenção dentro do ordenamento jurídico brasileiro de leis estaduais e distritais desprovidas de elemento de validade, pela chancela da possibilidade de "constitucionalização superveniente", para além de romper gravemente com a tradição de aplicação da teoria da nulidade, legitima o comportamento federativo desleal.

É que, com isso, privilegia-se a conduta de estados que não adequaram a sua legislação ao decidido pela Corte Suprema do país, em detrimento de outros que incorreram nos custos políticos de editar uma nova lei, gerando, assim, um efeito sistêmico perverso de estímulo à inércia legislativa na Federação brasileira.

Como exemplo, verifica-se que, até hoje, estados como São Paulo vêm exigindo o ICMS-Importação com base na Lei nº 11.001/2001, cuja inconstitucionalidade a partir da inobservância do fluxo de positivação já fora reconhecida pelo STF há mais de dez anos.

O quadro se repete em relação ao ICMS-Difal exigido em operações interestaduais com destino a consumidor final não contribuinte de ICMS; alguns poucos estados editaram novas leis, mas a maioria segue cobrando o imposto com base em leis cuja inconstitucionalidade seria consequência direta do que fixado pelo STF em controle abstrato de constitucionalidade.

Logo, o posicionamento do STF, inaugurado a partir do julgamento do Tema nº 1.094, enfraquece a força normativa de suas próprias decisões e estimula os entes federados a perpetuarem cobranças tributárias com base em leis incompatíveis com a norma maior do ordenamento jurídico.

Conclusão

Conforme evidenciado, o Supremo Tribunal Federal, em um primeiro momento – Tema nº 171 – firmou a compreensão de que, para ser válida a cobrança do ICMS-Importação de importador não contribuinte seria necessária, além do advento da EC nº 33/2001, a edição da LC nº 114/2002, que alterou a LC nº 87/1996, incluindo a hipótese de incidência.

Um dos fundamentos dessa importante decisão era justamente a prevenção de conflitos federativos, de modo que imprescindível o atendimento das três condições para a cobrança tributária: a previsão constitucional; o regramento geral em legislação complementar; e a instituição do imposto em legislação estadual. Nessa esteira, o STF assentava a inviabilidade das normas estaduais editadas antes das alterações constitucional e da legislação complementar.

Não obstante, alguns estados insistiram na alegação de constitucionalidade e validade das normas locais editadas sem a observância do mencionado "fluxo de positivação", com o argumento de possuírem autorização constitucional – art. 24, §§3º e 4º – para exercício da competência legislativa, a partir do advento da EC nº 33/2001.

A argumentação desenvolvida acabou acolhida pela Segunda Turma do STF e, posteriormente, pelo Plenário – Tema nº 1.094 –, ao decidir que a falta de observância do "fluxo de positivação" apenas teria o condão de tornar ineficaz a norma local, até o advento da LC nº 114/2002, em 17.12.2002. Desse modo, afastou-se a inconstitucionalidade da legislação editada sem amparo na norma complementar, sobre o fundamento de sua mera ineficácia, no período em que não acobertada pela previsão geral.

Essa compreensão é sobremaneira relevante, pois revelou um duplo *overruling*: a um só tempo, suplantou o decidido no Tema nº 171 da repercussão geral, inovando a jurisprudência específica relativa à regular instituição do ICMS-Importação, e inaugurou um novo entendimento sobre o "fluxo de positivação", com a superação da vedação à constitucionalização superveniente.

Apesar da drástica alteração jurisprudencial, a Corte não modulou os efeitos de seu novo entendimento, a despeito das importantes ponderações lançadas pelo Ministro Luís Roberto Barroso, quem adequadamente alertou o Plenário para a admissão de uma inadequada constitucionalização superveniente.

Consoante demonstrado, essa nova orientação do STF impactou outros tributos, alcançando o ICMS-Difal, servindo, inclusive, de fundamento decisório por Tribunais de segunda instância.

Indo além, o próprio STF também chancelou legislações estaduais e distrital que instituíram adicionais para financiar os Fundos Estaduais de Combate à Pobreza (FECP), editadas antes mesmo do advento da EC nº 42/2003.

Desse modo, percebe-se existir uma tendência de o STF convalidar legislações estaduais e distritais instituidoras de tributos, mesmo que em desacordo com normas constitucionais, desde que sejam posteriormente chanceladas pela edição de leis complementares ou de emendas constitucionais.

Essa compreensão, todavia, é manifestamente contrária aos alicerces básicos do controle de constitucionalidade brasileiro, além de estimular indevidamente o inconstitucional e desleal exercício da atribuição legislativa dos estados e do Distrito Federal.

Por isso, afirmamos no título deste artigo que o julgamento do Tema nº 1.094 representa mais um degrau na flexibilização da teoria da nulidade pelo STF, na medida em que chancela a possibilidade – jamais admitida até então – de "constitucionalização superveniente" de normas que nasceram incompatíveis com a norma maior do ordenamento jurídico.

Desse modo, é evidente que as decisões da Suprema Corte analisadas no presente artigo criam verdadeira instabilidade sistêmica em nosso ordenamento jurídico, impactando, ainda, a esfera básica de garantias dos contribuintes, e irradiando efeitos que, conforme evidenciado, extrapolam os limites das decisões em matéria tributária, sendo plenamente possível o alcance e extensão do entendimento para outras searas do direito.

Referências

BARROSO, Luís Roberto. *O controle de constitucionalidade no direito brasileiro*. 8. ed. São Paulo: Saraiva, 2019.

COELHO, Sacha Calmon Navarro; MOREIRA, André Mendes. Segurança jurídica e mutações jurisprudenciais: a incidência do IPI nas importações feitas por não contribuintes. Necessidade de reversão do entendimento atual do STF, com modulação de seus efeitos. Tema 643 – Repercussão geral. *In*: GOMES, Marcus Lívio; VELLOSO, Andrei Pitten (Org.). *Sistema Constitucional Tributário*. Dos fundamentos teóricos aos hard cases tributários – Estudo em homenagem ao Ministro Luiz Fux. Porto Alegre: Livraria do Advogado, 2014.

MENDES, Gilmar Ferreira; COELHO, Inocêncio Mártires; BRANCO, Paulo Gustavo Gonet. *Curso de direito constitucional*. São Paulo: Saraiva, 2012.

OLIVEIRA, Gustavo Gama Vital de. A teoria do diálogo constitucional e a correção legislativa da jurisprudência no direito tributário brasileiro. *RDE – Revista de Direito do Estado*, v. 17-18, 2011.

PENCAK, Nina Pinheiro. Os Temas 881 e 885 da repercussão geral: cessação dos efeitos da coisa julgada em matéria tributária e a mutação constitucional do art. 52, X, da Constituição. *In*: MENDES, Gilmar Ferreira; PINHEIRO, Victor Marcel (Coord.). *Súmulas, teses e precedentes*: estudos em homenagem a Roberto Rosas. Rio de Janeiro: GZ, 2023. p. 681-704.

PENCAK, Nina Pinheiro; ALVES, Raquel de Andrade Vieira. STF e ICMS Importação por contribuinte não habitual: dois overrulings silenciosos e uma questão federativa. *Jota*, 13 jul. 2020. Disponível em: https://www.jota.info/artigos/stf-e-icms-importacao-por-contribuinte-nao-habitual-13072020?non-beta=1. Acesso em: 29 jul. 2024.

PENCAK, Nina Pinheiro; D'ARAÚJO, Pedro Júlio; ALVES, Raquel de Andrade Vieira. Propostas de sistematização das regras de modulação de efeitos a partir dos julgamentos em matéria tributária. *In*: VALE, André Rufino do; QUINTAS, Fábio Lima; ABBOUD, Georges (Org.). *Processo constitucional brasileiro*: propostas para a reforma. 1. ed. Brasília: IDP, 2022. v. 1. p. 225-260.

PINHEIRO, Victor Marcel. Uma proposta de compreensão da modulação de efeitos das decisões da jurisdição constitucional. *Revista Publicum*, Rio de Janeiro, v. 4, n. 2, p. 153-180, 2018.

SANTOS, Rafael Alves; FRAGA, Fabio. Adicional de ICMS destinado a fundo da pobreza é inconstitucional. *Revista Eletrônica Consultor Jurídico*, 23 maio 2016. Disponível em: https://www.conjur.com.br/2016-mai-23/adicional-icms-destinado-fundo-pobreza-inconstitucional/. Acesso em: 23 jul. 2024.

SARMENTO, Daniel. Eficácia temporal do controle de constitucionalidade (o princípio da proporcionalidade e a ponderação de interesses) das leis. *Revista de Direito Administrativo*, Rio de Janeiro, n. 212, p. 27-40, abr./jun. 1998.

TORRES, Ricardo Lobo. *Tratado de direito constitucional financeiro e tributário*: os Tributos na Constituição. Rio de Janeiro: Renovar 2007. v. IV.

Informação bibliográfica deste texto, conforme a NBR 6023:2018 da Associação Brasileira de Normas Técnicas (ABNT):

D'ARAÚJO, Pedro Júlio Sales; ALVES, Raquel de Andrade Vieira; LEAL, Vívian Cintra Athanazio. Mais um degrau na flexibilização da teoria da nulidade: os desdobramentos do julgamento do Tema nº 1.094 pelo STF. *In*: PAULA, Fernanda de; PENCAK, Nina (coord.). *Tributação, liberdade e igualdade*: as contribuições do Ministro Luís Roberto Barroso. Belo Horizonte: Fórum, 2025. p. 1005-1022. ISBN 978-65-5518-952-0.

COMENTÁRIOS SOBRE O JULGAMENTO DO RECURSO EXTRAORDINÁRIO Nº 636.562 (TEMA Nº 390 DA REPERCUSSÃO GERAL) E SOBRE A PRESCRIÇÃO INTERCORRENTE NA EXECUÇÃO FISCAL

RAFAEL GAIA EDAIS PEPE

Nota prévia sobre o homenageado

O Ministro Luís Roberto Barroso dispensa apresentações. Ele é, sem sombra de dúvidas, um dos maiores pensadores do direito público no Brasil. Por isso mesmo, as suas lições espraiam-se não apenas pelo direito constitucional e pelo direito administrativo, mas também – como não poderia deixar de ser – pelo direito tributário e pelo direito processual. Precisamente para ilustrar esse ponto, escolhi falar, ainda que brevemente, sobre o acórdão proferido pelo Supremo Tribunal Federal no Recurso Extraordinário nº 636.562. Trata-se de caso paradigmático, que, ao cuidar de tema complexo, definiu as fronteiras entre o direito material e o direito processual, no que diz respeito à prescrição em matéria tributária. Por todos esses motivos, é uma honra escrever nesta Coletânea, que presta justíssima homenagem ao nosso querido professor, ao completar um ano na Presidência do Supremo Tribunal Federal.

1 A evolução da prescrição intercorrente na execução fiscal

O objetivo deste artigo, como o próprio título já diz, é fazer breves comentários acerca do acórdão proferido pelo Supremo Tribunal Federal no Recurso Extraordinário nº 636.562, que analisou a constitucionalidade do art. 40 da Lei nº 6.830/1980 (a Lei de Execuções Fiscais – LEF), e do próprio instituto da prescrição intercorrente na execução fiscal. Assim, os tópicos subsequentes trarão (i) a apresentação do que foi decidido no referido recurso; (ii) comentários a respeito do regime jurídico da prescrição intercorrente, fazendo referências à decisão tomada; e (iii) considerações sobre um possível futuro que se desenha para a cobrança dos créditos fiscais.

Antes, porém, é necessário situar, no tempo e no espaço, a prescrição intercorrente e o art. 40 da LEF. A disciplina legal da prescrição intercorrente é razoavelmente recente. Não havia previsão expressa a seu respeito no Código de Processo Civil de 1973, hoje revogado.[1] Suprindo a lacuna do Código anterior, o CPC/2015 inseriu, no art. 924, V, a prescrição intercorrente como causa de extinção do processo de execução, e a disciplinou nos §§1º a 4º do art. 921, com uma roupagem muito semelhante à atualmente existente no art. 40 da LEF. Posteriormente, por meio das modificações promovidas pela Lei nº 14.195/2021, o CPC incorporou, em boa medida, as teses firmadas pelo Superior Tribunal de Justiça nos Temas nºs 566 a 571 dos recursos especiais repetitivos, relativas à prescrição intercorrente nas execuções fiscais. Falar-se-á um pouco mais sobre elas logo adiante.

Especificamente no âmbito da execução fiscal, a Lei nº 6.830/1980, nos seus primórdios, também não continha menção à prescrição intercorrente. Com efeito, na sua redação originária, o art. 40 da LEF continha apenas o *caput* e os três primeiros parágrafos, dizendo, essencialmente, o seguinte: se não for localizado o executado ou encontrados os seus bens, o processo será suspenso pelo prazo de um ano e, se nada tiver mudado ao final desse período, ele será arquivado. Se, a qualquer tempo, o devedor for achado ou forem descobertos bens, a execução retomará o seu curso. Chegou-se a sustentar, inclusive, em tom de crítica, que essa previsão legislativa teria o condão de tornar o crédito fiscal imprescritível.[2]

O Superior Tribunal de Justiça, porém, ainda no final do século passado, já havia firmado o entendimento de que existiria uma "prescrição intercorrente" na execução fiscal, após o prazo de suspensão, mesmo que à margem do texto legal. Esse foi o caso, por exemplo, do acórdão proferido nos Embargos de Divergência em Recurso Especial nº 97.328, no qual o STJ chancelou a extinção de execução fiscal que havia ficado paralisada por mais de cinco anos, ao argumento de que "a regra inserta no art. 40 da Lei n. 6.830/80 não tem o condão de tornar imprescritível a dívida fiscal".[3] Esse entendimento evoluiu e foi, afinal, consolidado no Enunciado nº 314 da Súmula do STJ, que diz o seguinte: "em execução fiscal, não localizados bens penhoráveis, suspende-se o processo por um ano, findo o qual se inicia o prazo da prescrição quinquenal intercorrente".

Absorvendo essa interpretação, o §4º do art. 40 da LEF, incluído pela Lei nº 11.051/2004,[4] prevê que se, a contar da decisão de arquivamento (como visto, posterior a um ano de suspensão), houver transcorrido o prazo de prescrição do crédito fiscal, o juiz

---

1 Isso não significa, porém, que inexistia prescrição intercorrente naquela época: o Superior Tribunal de Justiça, ao julgar o Recurso Especial nº 1.604.412 (afetado como Tema nº 1 de Incidente de Assunção de Competência), firmou diversas teses acerca da prescrição intercorrente nas execuções de título executivo extrajudicial (REsp 1.604.412. Rel. Min. Marco Aurélio Bellizze, j. 27.6.2018. *DJe*, 22.8.2018).

2 Nesse sentido, James Marins: "Prevê o art. 40 da LEF descabida hipótese de interrupção do prazo prescricional, que teria por fim prático tornar o crédito tributário imprescritível. Tal entendimento configura aberração jurídica, contrariando o mais elementar senso jurídico, quer por ferir frontalmente a isonomia, quer por abater o ideal da segurança jurídica, que justifica o instituto da prescrição" (MARINS, James. *Direito processual tributário brasileiro*: administrativo e judicial. 6. ed. São Paulo: Dialética, 2012. p. 797). A crítica, embora pertinente no que diz respeito à eternização da demanda, peca pelo equívoco de pressupor a fluência da prescrição no transcurso da execução fiscal. O tema será mais bem tratado mais à frente.

3 EREsp 97.328. Rel. Min. Adhemar Maciel, j. 12.8.1998. *DJ*, 15.5.2000.

4 É curioso notar que a Lei nº 11.051, de 2004, foi publicada antes mesmo da edição da Súmula nº 314 do STJ (datada de 12.12.2005 e publicada apenas em 8.2.2006), a qual, no entanto, tem origem em acórdãos proferidos desde o ano 2000.

poderá reconhecer a prescrição intercorrente – inclusive de ofício –,[5] desde que ouvida a Fazenda Pública. Note-se que essa é a primeira vez que a LEF utilizou a expressão "prescrição intercorrente". Depois disso, foi ainda incluído um quinto parágrafo no art. 40 da LEF, pela Lei nº 11.960/2009, para dispensar essa oitiva da Fazenda Pública quando o valor do crédito for inferior àquele estabelecido em ato do Ministro da Fazenda.

Após todas essas alterações no art. 40 da LEF, a prescrição intercorrente na execução fiscal pode ser definida, atualmente, como a causa de extinção do processo executivo, decorrente da incapacidade de localização do devedor ou de seus bens, no curso do próprio processo, durante o período de tempo previsto na lei material. Note-se que esse conceito adota algumas premissas a respeito da prescrição intercorrente: (i) ela ocorre no âmbito de um processo executivo já instaurado contra determinado devedor; (ii), ela pressupõe a frustração das tentativas de localizar aquele devedor ou os seus bens; e (iii) ela exige o transcurso de certo lapso temporal.

Realizado esse brevíssimo escorço, passa-se, agora, a relatar a trajetória do Recurso Extraordinário nº 636.562, que culminou na fixação da tese jurídica referente ao Tema nº 390 da Repercussão Geral.

2 O Recurso Extraordinário nº 636.562 e a constitucionalidade da prescrição intercorrente na execução fiscal

O Recurso Extraordinário nº 636.562[6] tem origem em execução fiscal ajuizada pela União Federal, para a cobrança de créditos relativos à contribuição previdenciária – matéria, portanto, inegavelmente tributária.[7] Não tendo sido localizados bens para satisfazer a dívida, o processo foi suspenso por 1 (um) ano, e, posteriormente, foi arquivado por mais de 5 (cinco) anos. Assim, o juízo de primeira instância, após ouvir o representante da Fazenda Pública, decretou a prescrição intercorrente e extinguiu a execução fiscal, na forma do art. 40, §4º, da LEF.

A União, então, interpôs recurso de apelação, defendendo a necessidade de ter sido pessoalmente intimada a respeito da decisão de arquivamento provisório da execução fiscal, nos termos dos arts. 25 da LEF e 20 da Lei nº 11.033/2004. Tal recurso foi desprovido pelo Tribunal Regional Federal da 4ª Região, não em razão da prescindibilidade daquela intimação pessoal, mas sim por uma incompatibilidade entre o *caput* e o §4º do art. 40 da LEF, de um lado, e o art. 174 do CTN, de outro. Segundo aquele Tribunal, a lei ordinária não poderia prever causas de suspensão da prescrição, matéria

[5] O reconhecimento de ofício da prescrição ordinária só encontrou previsão expressa no CPC/1973, com a Lei nº 11.280/2006, a qual deu nova redação ao art. 219, §5º, do Código revogado. Em 28.10.2009, foi editada a Súmula nº 409 do STJ, que estendeu às execuções fiscais a possibilidade de ser reconhecida a prescrição ordinária *ex officio*. A prescrição ordinária, no entanto, não se confunde com a prescrição intercorrente, como deixa claro este artigo.

[6] RE n. 636.562. Rel. Min. Luís Roberto Barroso, j. 22.2.2023, publ. 6.3.2023.

[7] Embora, em sua origem, existisse divergência a respeito do assunto, a natureza tributária das contribuições previdenciárias é tema atualmente pacificado na jurisprudência do Supremo Tribunal Federal. Cf., a propósito, ADIs 3.105 e 3.128. Rel. p/ o acórdão Min. Cezar Peluso, j. 18.8.2004, publ. 18.2.2005 (tratando das contribuições previdenciárias dos servidores públicos); e RE 441.767-AgR. Rel. Min. Eros Grau, j. 29.3.2005, publ. 22.4.2005 (tratando das contribuições previdenciárias em geral). Não custa lembrar, nesse contexto, que a execução fiscal é instrumento de cobrança da dívida ativa tributária e não tributária, conforme arts. 2º da LEF e 39, §2º, da Lei nº 4.320/1964.

reservada à lei complementar, em virtude do disposto no art. 146, III, "b", da CF/1988.[8] Ao fazê-lo, portanto, o dispositivo da LEF seria inconstitucional.

Para assim decidir, o acórdão apoiou-se em julgado proferido pela Corte Especial do TRF da 4ª Região, em incidente de arguição de inconstitucionalidade. Naquela oportunidade, o Tribunal de origem havia declarado a inconstitucionalidade, sem redução de texto, do *caput* e do §4º do art. 40 da LEF, em relação às dívidas tributárias, para "conferir-lhes interpretação conforme à Constituição, fixando como termo de início do prazo de prescrição intercorrente o despacho que determina a suspensão (artigo 40, caput)".[9]

Abre-se, aqui, um parêntese para chamar a atenção para três pontos. Em primeiro lugar, a União jamais requerera a declaração de inconstitucionalidade do art. 40 da LEF. Essa questão foi analisada de maneira prejudicial ao mérito do recurso – como, aliás, sempre deve ser –, mas por iniciativa do próprio Tribunal de origem. Em segundo lugar, até então, aquele caso tratava somente de matéria de fato e de lei federal. Ou seja, foi a decisão do TRF da 4ª Região que deflagrou a competência do Supremo, prevista no art. 102, III, "b", da CF/1988. Por fim, em terceiro lugar, a União permaneceu sucumbente, já que o seu recurso fora desprovido, embora por fundamento diverso, caracterizando seu interesse recursal. Fecha-se o parêntese.

A União, então, interpôs recurso extraordinário, sustentando que a sistemática do art. 40 da LEF não estabelece nova causa de suspensão da prescrição, mas sim uma causa de suspensão do processo de execução fiscal. Superado esse prazo, aí sim passaria a fluir o prazo prescricional. Deste modo, as regras contidas no *caput* e no §4º do art. 40 da LEF, na verdade, seriam fruto do exercício da competência privativa para legislar sobre direito processual, nos termos do art. 22, I, da CF/1988. Portanto, não haveria incompatibilidade entre tais dispositivos e o art. 174 do CTN, diploma este recepcionado pela Constituição com *status* de lei complementar, na forma do art. 146, III, "b", da CF/1988.

O recurso extraordinário foi, inicialmente, distribuído ao Ministro Joaquim Barbosa, que reconheceu a repercussão geral da questão constitucional e, assim, o recurso tornou-se o *leading case* do Tema nº 390.[10] Na sequência, a Procuradoria Geral da República opinou pelo desprovimento do recurso extraordinário, afirmando que a interrupção e a suspensão do prazo prescricional são matérias reservadas à lei complementar, por força do art. 146, III, "b", da CF/1988. Logo, ao prever uma suspensão de prazo prescricional, o art. 40 da LEF padeceria de inconstitucionalidade formal. Independentemente disso, o parecer pontuou que, em qualquer hipótese, o recurso extraordinário não poderia ser provido, já que a execução fiscal permanecera paralisada por prazo total de mais de 6 (seis) anos, ou seja, 1 (um) ano de suspensão somado a mais de 5 (cinco) anos de arquivamento.

Posta a questão constitucional dotada de repercussão geral, o voto do Ministro Luís Roberto Barroso, acompanhado pela unanimidade dos seus pares, foi dividido em cinco partes. Na primeira parte, o voto aponta a existência de duas espécies de "prescrição": a prescrição "ordinária" e a prescrição "intercorrente". A prescrição

---

8 Apelação Cível nº 0002522-19.1999.4.04.7200. Rel. Des. Álvaro Eduardo Junqueira, j. 3.11.2010.

9 ArgInc 0004671-46.2003.4.04.7200. Rel. Des. Luciane Amaral Corrêa Münch, j. 27.8.2010.

10 RE 636.562-RG. Rel. Min. Joaquim Barbosa, j. 21.4.2011, publ. 1º.12.2011.

ordinária flui a partir da constituição definitiva do crédito tributário e é interrompida pelas causas taxativamente previstas no parágrafo único do art. 174 do CTN, dentre as quais figura o despacho citatório na execução fiscal. A prescrição intercorrente, por sua vez, verifica-se no curso do processo executivo, sempre que há "a ruptura do regular andamento processual, o que indica que a realização do fim último da execução fiscal, em princípio, será remota ou improvável". O reconhecimento da prescrição, em ambos os casos, acarretaria a extinção do crédito tributário, nos termos do art. 156, V, do CTN.

Ainda nessa primeira parte, o Ministro Luís Roberto Barroso aborda outros dois pontos fundamentais. Com efeito, o voto ressalta que "a imprescritibilidade das relações jurídicas não é compatível com os princípios da segurança jurídica e do devido processo legal", valendo-se, aqui, da eficácia interpretativa desses princípios.[11] Além disso, e não menos importante, o voto cita os dados do relatório *Justiça em Números*, elaborado pelo Conselho Nacional de Justiça: esse documento revela que as execuções fiscais representam um enorme volume de processos no Poder Judiciário, com elevada taxa de congestionamento. "Desse modo", prossegue o voto "a prescrição intercorrente tributária atende aos princípios da segurança jurídica e do devido processo legal, além de servir a uma política judiciária de não eternização dos litígios judiciais".

Na segunda parte do seu voto, o Ministro Luís Roberto Barroso discorre a respeito da exigência constitucional de lei complementar para tratar de normas gerais em matéria tributária, que remonta ao art. 19, §1º, da CF/1967, mantida no art. 18, §1º, da Emenda Constitucional nº 1/1969 e detalhada no atual art. 146, III, da CF/1988 – cuja alínea "b" fala, expressamente, de "prescrição e decadência". Disso, frisa, decorreu a recepção do CTN com *status* de lei complementar, por todas essas Constituições. Por conseguinte, uma lei ordinária (como é a LEF) não poderia modificar o disposto no art. 174 do CTN.

Prosseguindo nesse raciocínio, a terceira parte do voto inicia-se relembrando que o Supremo já declarou a inconstitucionalidade de leis ordinárias que trataram de prescrição tributária, a exemplo do que ocorrera com o parágrafo único do art. 5º do Decreto-Lei nº 1.569/1977 e os arts. 45 e 46 da Lei nº 8.212/1991.[12] No entanto, não foi isso o que o art. 40 da LEF teria feito. Nas palavras do Ministro Luís Roberto Barroso, "o legislador ordinário se limitou a transpor o modelo estabelecido pelo art. 174 do CTN, adaptando-o às particularidades da prescrição verificada no curso de uma execução fiscal".

A sistemática do art. 40 da LEF, portanto, não teria alterado o regime do art. 174 do CTN, e sim disciplinado como ele opera dentro da relação processual. Deste modo, o art. 40 da LEF teria sido editado no exercício da competência privativa para legislar sobre direito processual, na forma do art. 22, I, da CF/1988. E isso teria sido feito de maneira a atender aos princípios da proporcionalidade e do devido processo legal: propôs-se "um intervalo temporal razoável fixado por lei dentro do qual o credor deve buscar bens para submissão à penhora", já que "[n]ão seria consistente com o fim

[11] "A eficácia interpretativa significa, muito singelamente, que se pode exigir do Judiciário que as normas de hierarquia inferior sejam interpretadas de acordo com as de hierarquia superior a que estão vinculadas" (BARROSO, Luís Roberto. *Interpretação e aplicação da Constituição*: fundamentos de uma dogmática constitucional transformadora. 6. ed. rev., atual e ampl. São Paulo: Saraiva, 2004. p. 378).

[12] Esse entendimento foi consolidado na Súmula Vinculante nº 8: "São inconstitucionais o parágrafo único do artigo 5º do Decreto-Lei nº 1.569/1977 e os artigos 45 e 46 da Lei nº 8.212/1991, que tratam de prescrição e decadência de crédito tributário".

do feito executivo que, na primeira dificuldade de satisfação do crédito, se iniciasse a contagem do prazo prescricional".

Ao longo da quarta parte, o voto analisa o termo inicial da contagem desse prazo prescricional, apontando que a interpretação do art. 40 da LEF "não pode implicar em duração *ad aeternum* da execução fiscal". Assim, o Ministro Luís Roberto Barroso, citando a já mencionada Súmula nº 314 do STJ, ressalta que a fluência do prazo não dependerá da efetiva prolação do despacho de arquivamento, "porque em diversas situações, o referido pronunciamento judicial jamais chega a se concretizar". Deste modo, exigi-lo "poderia acarretar a eternização das execuções fiscais, em contrariedade aos princípios da segurança jurídica e do devido processo legal, sobretudo frente à exigência de razoável duração do processo".

Ao final, na quinta parte do voto, aplicou-se esse raciocínio ao caso concreto, observando-se que, de acordo com a moldura fática do caso concreto, houve o transcurso do prazo prescricional, já que o despacho de arquivamento seria dispensável. Assim, negou-se provimento ao recurso, propondo-se a seguinte tese:

> É constitucional o art. 40 da Lei nº 6.830/1980 (Lei de Execuções Fiscais – LEF), tendo natureza processual o prazo de 1 (um) ano de suspensão da execução fiscal. Após o decurso desse prazo, inicia-se automaticamente a contagem do prazo prescricional tributário de 5 (cinco) anos.

Tendo sido exposto o que foi decidido pelo Supremo no Recurso Extraordinário nº 636.562, o tópico subsequente demonstrará de que maneira o regime jurídico da prescrição intercorrente na execução fiscal ajusta-se às premissas firmadas nesse acórdão.

3 Alguns pontos fundamentais sobre o regime jurídico da prescrição intercorrente na execução fiscal

No que diz respeito ao regime jurídico da prescrição intercorrente na execução fiscal, o primeiro ponto que merece destaque é o fato – corretamente apreendido pelo voto do Min. Luís Roberto Barroso – de que a prescrição "intercorrente" não se confunde com a prescrição "ordinária". Esta última, seja no direito civil, seja no direito tributário, é um instituto de direito material, ainda que produza efeitos sobre o resultado do processo.[13] No âmbito tributário, ela decorre da contumácia do credor-exequente no ajuizamento do processo de execução,[14] e o seu transcurso, como dito no voto, gera a

---

[13] Para um panorama geral sobre o assunto, tanto no direito civil quanto no direito tributário, cf. AMARO, Luciano. *Direito tributário brasileiro*. 12. ed. rev. e atual. São Paulo: Saraiva, 2006. p. 395-406.

[14] Embora nesse contexto seja um tanto quanto óbvio, não custa lembrar que a prescrição ordinária, de maneira geral, pode atingir tanto o processo de conhecimento quanto o processo de execução. Tanto é assim que o Supremo editou o Enunciado nº 150 da sua Súmula de Jurisprudência predominante, para afirmar que "prescreve a execução no mesmo prazo de prescrição da ação". Ou seja, se, a contar do último ato do processo de conhecimento, a parte demorar mais do que o prazo prescricional para iniciar o processo de execução, a prescrição ordinária também se opera. O Superior Tribunal de Justiça reafirmou a vigência da Súmula nº 150 do STF, ao fixar a tese do Tema nº 880 dos Recursos Especiais Repetitivos (REsp nº 1.336.026. Rel. Min. Og Fernandes, j. 28.6.2017, publ. 30.6.2017). O mesmo raciocínio aplica-se, *mutatis mutandi*, ao cumprimento de sentença, conforme consta na decisão dos embargos de declaração opostos conta o acórdão que fixou a tese do Tema nº 880 (EDcl no REsp nº 1.336.026. Rel. Min. Og Fernandes, j. 13.6.2018, publ. 22.6.2018).

extinção do crédito tributário, nos termos do art. 156, V, do CTN. Já no direito civil, ela acarreta a simples extinção da pretensão, embora o direito de crédito permaneça hígido.[15]

A prescrição intercorrente, por outro lado, é um instituto de natureza tipicamente processual.[16] O seu objetivo é evitar a eternização da tramitação da execução, quando ela se mostra fadada ao insucesso, evitando-se, assim, que aquele processo se torne um estorvo para a máquina judiciária – o que se convencionou chamar de "crise de procedimento".[17] Em outras palavras, a prescrição intercorrente, apesar do nome, é um fenômeno exclusivamente endoprocessual, ainda que produza efeitos sobre o direito material.

A correta compreensão do instituto da prescrição intercorrente é importante, inclusive, para diferenciá-la de outras formas de prescrição ordinária, menos evidentes. É o que ocorre, especificamente no âmbito tributário, com a prescrição para o "redirecionamento" da execução fiscal, tratada pelo Tema nº 444 dos recursos especiais repetitivos.[18] O pressuposto da prescrição para o redirecionamento é a inércia após a *actio nata*, que surge mediante a ciência do ato ilícito praticado pelo corresponsável. Embora possa ter origem em um fato processual – quando o ilícito é constatado durante o processo de execução fiscal – e produza efeitos sobre o processo, não se trata, aqui, de prescrição intercorrente, mas sim de prescrição ordinária ante o coobrigado. Ela não se encaixa, pois, nos ditames do art. 40 da LEF.

Essa distinção, absolutamente fundamental, é que embasou a delimitação do campo de incidência dos arts. 22, I, e 146, III, "b", da CF/1988, pelo Supremo: não é possível a criação, sem lei complementar, de novas hipóteses de suspensão ou de interrupção da prescrição ordinária, ou mesmo a dilatação do prazo de 5 (cinco) anos previsto no art. 174, *caput*, do CTN – ainda que de maneira uniforme para todos os entes federativos. Esse foi o mote da edição da Súmula Vinculante nº 8, raciocínio que se estende, por exemplo, ao art. 2º, §3º, da LEF, o qual, ao prever a suspensão da prescrição ordinária pela inscrição em dívida ativa, aplica-se apenas aos créditos não tributários.[19]

No caso da prescrição intercorrente na execução, contudo, tecnicamente, essa questão não se põe. Isso porque despacho citatório na execução fiscal já interrompeu a

---

15 Essa é a lição de Silvio Rodrigues: "O que perece, portanto, através da prescrição extintiva, não é o direito. Este pode, como ensina Beviláqua, permanecer por longo tempo inativo, sem perder sua eficácia. O que se extingue é a ação que o defende. Não exercendo por longo tempo o recurso judicial conferido para a defesa de um direito violado, seu titular se conforma com a situação de fato decorrente, e o ordenamento jurídico, ansioso por estabelecer condições de segurança e harmonia na vida social, permite que tal situação se consolide" (RODRIGUES, Silvio. *Direito civil*: parte geral. São Paulo: Saraiva, 2003. v. 1. p. 324-325).

16 Veja-se o interessante comentário de Luiz Guilherme Marinoni e Sérgio Arenhart a respeito da prescrição intercorrente: "Diz-se que a prescrição intercorrente é aquela que se verifica no curso do processo, e não antes da propositura da ação e da instauração do processo, como ocorre com a prescrição clássica. A rigor, não se trata de prescrição, já que a sua incidência no curso do processo impede a sua caracterização como extinção de uma nova pretensão. Trata-se de figura anômala – muito mais parecida com a perempção ou com a preclusão do que coma prescrição –, criada pela doutrina e hoje contemplada por alguns preceitos legais, que faz extinguir o processo por inação da parte" (MARINONI, Luiz Guilherme; ARENHART, Sérgio Cruz. *Curso de processo civil*: execução. São Paulo: Revista dos Tribunais, 2014. v. 3. p. 255).

17 Cf. LOPES, Mauro Luís Rocha. *Processo judicial tributário*. 4. ed. rev., ampl. e atual. Rio de Janeiro: Lumen Juris, 2007. p. 200.

18 REsp 1.201.993. Rel. Min. Herman Benjamin, j. 8.5.2019, publ. 12.12.2019.

19 Veja-se, nesse sentido, o interessante acórdão da Corte Especial do Superior Tribunal de Justiça, na Arguição de Inconstitucionalidade no Agravo nº 1.037.765, de relatoria do então Ministro do STJ Teori Albino Zavascki (AI no Ag 1.037.765. Rel. Min. Teori Albino Zavascki, j. 02.3.2011, publ. 17.10.2011). Essa matéria já era pacificada, à época, no âmbito da União, cf. Parecer PGFN/CRJ nº 2.624/2008. Entretanto, o mesmo não se podia dizer em relação aos diversos estados e municípios.

prescrição ordinária do crédito tributário, na forma do art. 174, parágrafo único, I, do CTN. Durante a tramitação do processo de execução fiscal, portanto, não corre a prescrição ordinária em face daquele executado.[20] A prescrição ordinária, nessa hipótese, somente deveria voltar a correr a partir do último ato do processo que a interrompeu, ou seja, caso a execução fiscal fosse extinta por alguma causa que não afetasse a existência do crédito – um defeito formal na certidão de dívida ativa, por exemplo.

Na visão do Supremo, pois, a prescrição intercorrente cria um momento (a superação do prazo de um ano de suspensão) a partir do qual a relação processual perderia o seu efeito, como se o processo de execução tivesse sido extinto. Como consequência dessa ficção jurídica, daquele momento em diante, o prazo da prescrição ordinária, disposto no art. 174, *caput*, do CTN, voltaria a fluir do seu início, tal qual acontece com qualquer interrupção de prazo – realizada, repita-se, pelo despacho citatório. Ultimado o lustro prescricional, a execução fiscal, aí sim, será realmente extinta, assim como o crédito tributário, este último por força do art. 156, V, do CTN.

Note-se que esse raciocínio concede liberdade de conformação ao legislador ordinário, no que diz respeito à eficácia da relação processual. Esse ponto é importante, dado que o art. 40 da LEF permite, a rigor, vários momentos de suspensão, arquivamento e retomada da execução fiscal, com restabelecimento do *status quo ante*. Assim, por exemplo, o devedor, até então de paradeiro incerto, pode ser localizado; posteriormente, seus bens, inicialmente desconhecidos, podem ser encontrados (ainda que insuficientes para garantir a totalidade da dívida); após o leilão de bens, se ainda restar débito a ser satisfeito, poder-se-á reiniciar uma nova procura de patrimônio; e, assim, sucessivamente. Em cada um desses episódios poderá haver uma nova interrupção da incidência da prescrição intercorrente, tudo, como visto, com base na lei ordinária, cuja constitucionalidade foi declarada pelo Supremo.

O segundo ponto a ser mencionado, nesse contexto, é o fato de que, modernamente, se busca justificar a prescrição intercorrente não na inércia do credor, mas sim em uma preocupação com a segurança jurídica, a razoável duração do processo e, especialmente, com a grande quantidade de execuções fiscais fadadas ao insucesso.[21] Nesse sentido, diz o voto do Ministro Luís Roberto Barroso, "a inércia do credor não é um requisito para a caracterização da prescrição intercorrente", havendo apenas "um meio executivo ineficaz para o atingimento do seu fim, pelo que se aplica um limite temporal para que a demanda não se perenize sem solução".

Essa consternação, externada pelo Supremo, é compartilhada pelo Superior Tribunal de Justiça, como se observa no acórdão proferido no Recurso Especial nº 1.340.553.[22] Esse recurso é o *leading case* dos Temas nºs 566 a 571 dos recursos especiais repetitivos, tendo sido responsável pela fixação de quatro teses principais envolvendo a prescrição intercorrente nas execuções fiscais.[23] Já na ementa desse acórdão afirma-se,

---

[20] No mesmo sentido, LOPES, Mauro Luís Rocha. *Processo judicial tributário*. 4. ed. rev., ampl. e atual. Rio de Janeiro: Lumen Juris, 2007. p. 199.

[21] Para um lúcido panorama a esse respeito, cf. COELHO, Flávia Palmeira de Moura; PEDROSA, Pablo Galas; CAMPOS, Rogério (Coord.). *Microssistema de recuperação do crédito fiscal*: comentários às Leis de Execução Fiscal e Medida Cautelar. São Paulo: Thomson Reuters, 2019. p. 347-350.

[22] REsp 1.340.553. Rel. Min. Mauro Campbell Marques, j. 12.9.2018. *DJe*, 16.10.2018.

[23] Para uma visão crítica dessas teses, com argumentos pertinentes, cf. SOKAL, Guilherme Jales. O que o STJ decidiu sobre a prescrição intercorrente na execução fiscal? Um guia prático (e crítico). *Revista de Processo*, v. 304, p. 271-305, jun. 2020.

categoricamente, que "nenhuma execução fiscal já ajuizada poderá permanecer eternamente nos escaninhos do Poder Judiciário ou da Procuradoria Fazendária encarregada das respectivas dívidas fiscais".

Nessa linha, aliás, as teses firmadas pelo Superior Tribunal de Justiça buscaram imprimir o máximo de celeridade à extinção dos feitos presumivelmente infrutíferos, em consonância com diversas passagens do acórdão do Supremo. Assim, por exemplo, na tese referente ao Tema nº 568, o STJ decidiu que apenas "a efetiva constrição patrimonial e a efetiva citação (ainda que por edital) são aptas a interromper o curso da prescrição intercorrente, não bastando para tal o mero peticionamento em juízo", de maneira coerente com a premissa do Supremo, no sentido de que a prescrição intercorrente não é uma "punição ao credor que não tenha promovido o regular prosseguimento da execução fiscal". Ou seja, há, na visão de ambos os Tribunais, um problema prático: é preciso extinguir as execuções fiscais que, muito provavelmente, não conseguirão alcançar a satisfação do crédito público.

Tendo em mira essa finalidade, de somente extinguir aqueles processos que não estão aptos a satisfazer (ainda que parcialmente) os créditos públicos, é que deverão ser decididas situações que se apresentarão em concreto, não previstas na norma. É o caso, por exemplo, do devedor que resiste, com intuito procrastinatório, a quaisquer pedidos de penhora formulados pela Fazenda Pública, evitando, de todas as formas, a sua concretização. O mesmo se diga do devedor que oculta seus bens, colocando-os em nome de terceiros, muitas vezes com o auxílio de sofisticadas estruturas societárias e utilização de interpostas pessoas. Nessas hipóteses, descobertos os bens antes de decretada a prescrição intercorrente, esta deverá ser afastada, sob pena de se admitir a sua distorção, em conflito com os princípios da boa-fé processual (art. 5º do CPC) e da cooperação (art. 6º do CPC), bem como com a própria interpretação teleológica da norma.

É interessante realçar, como terceiro e último ponto, que a demora decorrente do mecanismo judiciário permanece, indiscutivelmente, como causa apta a afastar a prescrição intercorrente. Nesse sentido, o voto do Ministro Luís Roberto Barroso ressaltou que "a prescrição intercorrente não incide nas situações em que a demora para o regular prosseguimento do feito executivo seja imputável *exclusivamente* aos órgãos julgadores", já que isso seria "uma verdadeira penalidade contra o credor e um benefício ao mau pagador". Na mesma linha foi o aditamento ao voto do ministro relator do Recurso Especial nº 1.340.553, ao destacar que a prescrição intercorrente deve ser decretada quando os pedidos da Fazenda Pública forem infrutíferos, "salvo se o Poder Judiciário excepcionalmente reconhecer a sua culpa (aplicação direta ou analógica da Súmula n. 106/STJ)".[24]

Feitos esses comentários, passa-se, agora, à parte final do presente trabalho: identificar qual é a transformação que a execução fiscal deverá experimentar, para tentar superar a crise de procedimento que a prescrição intercorrente busca combater e, com isso, quiçá, até mesmo acabar com a própria prescrição intercorrente.

---

[24] A Súmula nº 106 do STJ diz o seguinte: "Proposta a ação no prazo fixado para o seu exercício, a demora na citação, por motivos inerentes ao mecanismo da Justiça, não justifica o acolhimento da arguição de prescrição ou decadência".

4 O fim da prescrição intercorrente na execução fiscal

Goste-se ou não, fica claro que a visão do Supremo – compartilhada, ao menos, pelo STJ – é a de que a execução fiscal, da forma como ela existe hoje, é uma ferramenta mal utilizada, que drena recursos humanos e financeiros do Poder Público, sem apresentar o retorno desejado à sociedade. Essa visão possui amparo estatístico: o último relatório *Justiça em Números 2024*, elaborado pelo CNJ, revela que as execuções fiscais representam cerca de 31% (trinta e um por cento) dos casos e 59% (cinquenta e nove por cento) das execuções pendentes no Poder Judiciário, com uma taxa de congestionamento de 87,80% (oitenta e sete vírgula oitenta por cento).

Para além de extinguir as demandas presumivelmente condenadas ao fracasso, o Poder Judiciário também tem demonstrado resistência em processar execuções fiscais cujo custo, para a máquina judiciária, seria superior ao benefício pretendido.[25] Um exemplo disso foi o recente julgamento, pelo Supremo, do Recurso Extraordinário nº 1.355.208, representativo do Tema nº 1.184 da Repercussão Geral.[26] Na tese firmada nesse recurso, declarou-se "legítima a extinção de execução fiscal de baixo valor, pela ausência de interesse em agir, tendo em vista o princípio constitucional da eficiência administrativa", sendo certo que o próprio ajuizamento da execução fiscal dependeria, em regra, da adoção de tentativa de conciliação ou de solução administrativa prévia, bem como do protesto do título.[27]

Essa mudança de paradigma já foi incorporada por alguns órgãos da Advocacia Pública. Não é segredo para ninguém que a Procuradoria Geral da Fazenda Nacional, com base no art. 20-C da Lei nº 10.522/2002, incluído pela Lei nº 13.606/2018, tem realizado pesquisas prévias a respeito do paradeiro do devedor e de seus bens, antes do ajuizamento de execuções fiscais abaixo de determinado valor. Por sua vez, a transação tributária, após a edição da Lei nº 13.988/2020, tem ganhado espaço na arrecadação da União e, por conseguinte, gerado a extinção de elevadas quantias em créditos tributários.[28] Essa, no entanto, é uma realidade ainda distante da grande maioria dos demais entes federativos.[29]

---

[25] Como explica o Ministro Luiz Fux: "O indivíduo ajuíza uma ação sempre que o seu proveito pessoal líquido esperado for positivo, ao passo que, para a sociedade, não é suficiente analisar apenas o proveito para o autor, sendo necessário perquirir sobre os ganhos sociais correspondentes à movimentação da máquina judiciária e aos outros custos associados à litigância. O litigante, portanto, geralmente ignora: (i) o impacto da prestação jurisdicional na mudança de comportamento das pessoas (seja com relação à obediência de determinações regulatórias, cumprimento de contratos, adoção de precauções eficientes etc.); e (ii) os custos suportados pelo adversário e pelo Estado com o uso do Judiciário" (FUX, Luiz; BODART, Bruno. *Processo civil & análise econômica*. Rio de Janeiro: Forense, 2019. p. 35). Esse problema torna-se ainda mais preocupante quando é o próprio Estado que propõe a ação, na qual se cobra valor que, presumidamente, não cobriria, sequer, o custo do processamento do feito.

[26] RE 1.355.208. Rel. Min. Carmen Lúcia, j. 19.12.2023, publ. 2.4.2024.

[27] O Conselho Nacional de Justiça, com o intuito de implementar essa decisão, editou a Resolução nº 547/2024. No julgamento dos embargos de declaração (cujo acórdão está pendente de publicação, no momento em que este artigo está sendo escrito), o Tribunal esclareceu que a tese firmada no Tema nº 1.184 aplica-se exclusivamente às execuções fiscais de baixo valor, como, aliás, não poderia deixar de ser.

[28] Segundo o estudo *PGFN em Números 2023*, divulgado pela Procuradoria Geral da Fazenda Nacional, a transação tributária permitiu a arrecadação de R$404,3 bilhões, desde o seu início até o final do ano de 2022. Sobre o tema, cf. RODRIGUES, Marco Antonio; PEPE, Rafael Gaia. Ela, a transação, vista por nós, os advogados públicos. *Jota*, 9 maio 2020. Disponível em: https://www.jota.info/opiniao-e-analise/colunas-acervo/tribuna-da-advocacia-publica/ela-a-transacao-fiscal-vista-por-nos-os-advogados-publicos-09052020. Acesso em: 28 jun. 2024.

[29] Nesse sentido, CARNEIRO, Julia Silva Araújo. O futuro da execução fiscal à luz do novo marco da prescrição intercorrente. *Jota*, 7 dez. 2018. Disponível em: https://www.jota.info/opiniao-e-analise/colunas/pauta-fiscal/o-futuro-da-execucao-fiscal-a-luz-do-novo-marco-da-prescricao-intercorrente-07122018. Acesso em: 28 jun. 2024.

A solução para os problemas da cobrança dos créditos fiscais, portanto, reside no incremento da atividade administrativa. É preciso adotar mecanismos realmente eficazes de cobrança, como o protesto e a inscrição em cadastros restritivos de crédito, cuja constitucionalidade já foi declarada pelo Supremo, também sob a relatoria do Ministro Luís Roberto Barroso.[30] O ingresso em juízo deverá ser precedido de uma análise criteriosa de custo-benefício, com base na probabilidade de recuperação do crédito, classificando-se os devedores em *ratings*, por meio de ferramentas de *big data*. Para além disso, deve-se franquear ao devedor, a todo tempo, a oportunidade de se regularizar, primando-se pela solução consensual. Em suma: o fim da execução fiscal ineficaz é, ele próprio, o fim da prescrição intercorrente na execução fiscal.

Conclusão

Ao longo deste artigo, fica claro que, apesar da nomenclatura, a prescrição ordinária não se confunde com a prescrição intercorrente. Enquanto a prescrição ordinária volta-se contra o credor inerte, a atual formatação da prescrição intercorrente na execução fiscal está inserida em um contexto que busca reservar a infraestrutura judiciária somente para os processos que efetivamente tenham a perspectiva de produzir o resultado almejado, evitando-se uma espécie de "tragédia dos comuns".[31] A declaração de constitucionalidade do art. 40 da LEF teve como tônica, sobretudo, esse elemento teleológico, firmando, inclusive, premissas teóricas alinhadas às teses dos Temas nºs 566 a 571 dos recursos especiais repetitivos.

Desse modo, para além da questão da constitucionalidade do art. 40 da LEF, é importante, para a prática jurídica, definir os parâmetros jurídicos para a decretação da prescrição intercorrente. Assim, é necessário divisar os efeitos produzidos sobre a relação processual, pela prescrição intercorrente; compreender que a utilidade do processo passou a ser o critério para a decretação desta última; e perceber que, ainda hoje, a má-fé e a morosidade da máquina judiciária não podem servir de escudo para o devedor inadimplente.

Por fim, é fundamental reconhecer que o futuro da execução fiscal não está no Poder Judiciário, mas sim no Poder Executivo – mais especificamente, nos órgãos da Advocacia Pública. O uso inteligente dos mecanismos administrativos de cobrança, dentro dos parâmetros legais, como forma de pressão dirigida aos devedores, é a melhor saída (senão a única). Vale lembrar, inclusive, que, para as dívidas de pequeno valor, está em trâmite, no Senado Federal, um projeto de uma nova Lei de Execução Fiscal, no qual se admite até mesmo o processamento de uma execução fiscal "extrajudicial".[32] Assim, é urgente preparar a Advocacia Pública para essa nova realidade.

---

[30] Cf. ADI 5.135. Rel. Min. Luís Roberto Barroso, julg. 9.11.2016, publ. 7.2.2018; e ADI 5.925, Red. para o acórdão Min. Luís Roberto Barroso, julg. 9.12.2020, publ. 5.4.2021.

[31] O termo é utilizado para retratar o Poder Judiciário, como um bem comum, quando usado de maneira descontrolada: "Quanto mais pessoas usarem o Judiciário, mais congestionado ele se tornará e menos útil será para os usuários em geral, uma vez que sua capacidade de fornecer serviços públicos adjudicatórios será prejudicada. O problema é se concentrar no acesso ao sistema (Judiciário) quando o foco deveria ser colocado na possibilidade de usar e gozar de seus frutos (direitos), que são – em grande medida – o que as pessoas realmente querem" (GICO JR., Ivo Teixeira. *Análise econômica do processo civil*. São Paulo: Foco, 2020. p. 227).

[32] Projeto de Lei nº 2.488/2022 (Disponível em: https://www25.senado.leg.br/web/atividade/materias/-/materia/154742. Acesso em: 28 jun. 2024).

Para encerrar, convém sempre lembrar das lições do mestre José Carlos Barbosa Moreira: "o processo existe para a sociedade, e não a sociedade para o processo".[33] A meta final da política pública relacionada às execuções fiscais deve ser a racionalização da cobrança. Que a prescrição intercorrente sirva, pois, como pontapé inicial, e não como ponto final.

Referências

AMARO, Luciano. *Direito tributário brasileiro*. 12. ed. rev. e atual. São Paulo: Saraiva, 2006.

BARROSO, Luís Roberto. *Interpretação e aplicação da Constituição*: fundamentos de uma dogmática constitucional transformadora. 6. ed. rev., atual e ampl. São Paulo: Saraiva, 2004.

CARNEIRO, Julia Silva Araújo. O futuro da execução fiscal à luz do novo marco da prescrição intercorrente. *Jota*, 7 dez. 2018. Disponível em: https://www.jota.info/opiniao-e-analise/colunas/pauta-fiscal/o-futuro-da-execucao-fiscal-a-luz-do-novo-marco-da-prescricao-intercorrente-07122018. Acesso em: 28 jun. 2024.

COELHO, Flávia Palmeira de Moura; PEDROSA, Pablo Galas; CAMPOS, Rogério (Coord.). *Microssistema de recuperação do crédito fiscal*: comentários às Leis de Execução Fiscal e Medida Cautelar. São Paulo: Thomson Reuters, 2019.

FUX, Luiz; BODART, Bruno. *Processo civil & análise econômica*. Rio de Janeiro: Forense, 2019.

GICO JR., Ivo Teixeira. *Análise econômica do processo civil*. São Paulo: Foco, 2020.

LOPES, Mauro Luís Rocha. *Processo judicial tributário*. 4. ed. rev., ampl. e atual. Rio de Janeiro: Lumen Juris, 2007.

MARINONI, Luiz Guilherme; ARENHART, Sérgio Cruz. *Curso de processo civil*: execução. São Paulo: Revista dos Tribunais, 2014. v. 3.

MOREIRA, José Carlos Barbosa. O juiz e a cultura da transgressão. *Revista do Ministério Público do Rio de Janeiro*, n. 11, 2000.

RODRIGUES, Marco Antonio; PEPE, Rafael Gaia. Ela, a transação, vista por nós, os advogados públicos. *Jota*, 9 maio 2020. Disponível em: https://www.jota.info/opiniao-e-analise/colunas-acervo/tribuna-da-advocacia-publica/ela-a-transacao-fiscal-vista-por-nos-os-advogados-publicos-09052020. Acesso em: 28 jun. 2024.

RODRIGUES, Silvio. *Direito civil*: parte geral. São Paulo: Saraiva, 2003. v. 1.

SOKAL, Guilherme Jales. O que o STJ decidiu sobre a prescrição intercorrente na execução fiscal? Um guia prático (e crítico). *Revista de Processo*, v. 304, p. 271-305, jun. 2020.

SUPERIOR TRIBUNAL DE JUSTIÇA. AI no Ag 1.037.765. Rel. Min. Teori Albino Zavascki, j. 02.03.2011, publ. 17.10.2011.

SUPERIOR TRIBUNAL DE JUSTIÇA. EREsp 97.328. Rel. Min. Adhemar Maciel, j. 12.08.1998. DJ, 15.05.2000.

SUPERIOR TRIBUNAL DE JUSTIÇA. REsp 1.201.993. Rel. Min. Herman Benjamin, j. 08.05.2019, publ. 12.12.2019.

SUPERIOR TRIBUNAL DE JUSTIÇA. REsp 1.336.026. Rel. Min. Og Fernandes, j. 28.06.2017, publ. 30.06.2017.

SUPERIOR TRIBUNAL DE JUSTIÇA. REsp 1.340.553. Rel. Min. Mauro Campbell Marques, j. 12.09.2018. *DJe*, 16.10.2018.

SUPERIOR TRIBUNAL DE JUSTIÇA. REsp 1.604.412. Rel. Min. Marco Aurélio Bellizze, j. 27.06.2018. *DJe*, 22.08.2018.

SUPREMO TRIBUNAL FEDERAL. ADI 5.135. Rel. Min. Luís Roberto Barroso, julg. 09.11.2016, publ. 07.02.2018.

---

33 MOREIRA, José Carlos Barbosa. O juiz e a cultura da transgressão. *Revista do Ministério Público do Rio de Janeiro*, n. 11, 2000. p. 168.

SUPREMO TRIBUNAL FEDERAL. ADI 5.925, Red. para o acórdão Min. Luís Roberto Barroso, julg. 09.12.2020, publ. 05.04.2021.

SUPREMO TRIBUNAL FEDERAL. ADIs 3.105 e 3.128. Rel. p/ o acórdão Min. Cezar Peluso, j. 18.08.2004, publ. 18.02.2005.

SUPREMO TRIBUNAL FEDERAL. RE 1.355.208. Rel. Min. Cármen Lúcia, j. 19.12.2023, publ. 02.04.2024.

SUPREMO TRIBUNAL FEDERAL. RE 441.767-AgR. Rel. Min. Eros Grau, j. 29.03.2005, publ. 22.04.2005.

SUPREMO TRIBUNAL FEDERAL. RE 636.562-RG. Rel. Min. Joaquim Barbosa, j. 21.04.2011, publ. 01.12.2011.

SUPREMO TRIBUNAL FEDERAL. RE n. 636.562. Rel. Min. Luís Roberto Barroso, j. 22.02.2023, publ. 06.03.2023.

TRIBUNAL REGIONAL FEDERAL DA 4ª REGIÃO. Apelação Cível n. 0002522-19.1999.4.04.7200. Rel. Des. Álvaro Eduardo Junqueira, j. 03.11.2010.

TRIBUNAL REGIONAL FEDERAL DA 4ª REGIÃO. ArgInc 0004671-46.2003.4.04.7200. Rel. Des. Luciane Amaral Corrêa Münch, j. 27.08.2010.

Informação bibliográfica deste texto, conforme a NBR 6023:2018 da Associação Brasileira de Normas Técnicas (ABNT):

PEPE, Rafael Gaia Edais. Comentários sobre o julgamento do Recurso Extraordinário nº 636.562 (Tema nº 390 da Repercussão Geral) e sobre a prescrição intercorrente na execução fiscal. *In*: PAULA, Fernanda de; PENCAK, Nina (coord.). *Tributação, liberdade e igualdade*: as contribuições do Ministro Luís Roberto Barroso. Belo Horizonte: Fórum, 2025. p. 1023-1035. ISBN 978-65-5518-952-0.

A INAPLICABILIDADE DAS REGRAS DA ZONA FRANCA DE MANAUS AO SETOR DE PETRÓLEO E GÁS

RICARDO LODI RIBEIRO

RAYSSA ARAÚJO DE PALHARES EUGENIO

1 Introdução

A atuação do Ministro Luís Roberto Barroso no Supremo Tribunal Federal tem contribuído na constituição de importante legado ao direito tributário, do que é exemplo o seu voto condutor no julgamento da Ação Direta de Inconstitucionalidade nº 7.239/DF, julgada no Plenário Virtual em sessão encerrada no dia 8.3.2024. A referida ação foi ajuizada pelo Partido Cidadania Nacional com o objetivo de que fosse declarada a inconstitucionalidade formal e material do art. 8º da Lei nº 14.183/2021, norma que alterou a redação dos arts. 3º, 4º e 37 do Decreto-Lei nº 288/1967, e, subsidiariamente, a declaração de inconstitucionalidade do art. 10, inc. II da Lei nº 14.183/2021, por supostamente violar o art. 150, inc. III, alíneas "b" e "c" da Constituição Federal de 1988.

A tese apresentada pelo autor da ação sustentava que os incentivos fiscais destinados à Zona Franca de Manaus ("ZFM") foram elevados ao *status* constitucional pelo art. 40 do ADCT, revestindo-se de imunidade tributária, e, portanto, o art. 8º da Lei nº 14.183/2021 teria violado formalmente a Constituição ao tentar reduzir os benefícios disponíveis para a ZFM, contrariando os arts. 40, 92 e 92-A do ADCT. Além disso, suscitou o autor também a inconstitucionalidade material do art. 8º da indigitada lei federal, pois estaria o dispositivo reduzindo os benefícios fiscais concedidos à ZFM, em ofensa ao princípio da redução das desigualdades regionais (arts. 1º, I; 3º, II e III; 43, §2º, III; 151, I; 165, §7º e art. 170, I e VII, todos da CRFB/88), bem como aos princípios da segurança jurídica, confiança legítima e moralidade administrativa (arts. 5º, XXXVI e 37, *caput*, ambos da CRFB/88).

As razões trazidas pela parte autora se basearam no entendimento de que o art. 8º da Lei nº 14.183/2021 teria promovido alterações indevidas no Decreto-Lei nº 288/1967, descaracterizando a Zona Franca de Manaus, ao explicitar em seu comando que os bens do setor de combustíveis, lubrificantes e petróleo não integram o conjunto de segmentos que fazem jus aos benefícios fiscais previstos para a área de livre comércio, muito embora tal previsão já constasse no Decreto-Lei nº 288, em seu art. 37, desde 1967.

Em seu voto condutor, como relator, o Ministro Luís Roberto Barroso considerou que o regime da Zona Franca de Manaus se traduz em um conjunto de benefícios e incentivos fiscais que tem como objetivo a preservação do desenvolvimento da região. Nesse contexto argumentativo, o art. 40 do ADCT não se confunde com uma imunidade tributária, mas constitui norma que garante a manutenção das características de área de livre comércio, de exportação e importação, bem como dos incentivos fiscais previstos na época da promulgação da Constituição. Deste modo, não pode o legislador reduzir o patamar mínimo do tratamento favorecido nos termos estabelecidos pelo Decreto-Lei nº 288/1967 que restou constitucionalizado. Ainda, segundo o posicionamento do Ministro Luís Roberto Barroso, a norma impugnada não inovou o ordenamento jurídico, só explicitando as exceções originalmente fixadas pelo Decreto-Lei nº 288/1967.

No julgamento da ADI no Plenário Virtual do STF, o voto do relator foi acompanhado pelos Ministros Gilmar Mendes, Cármen Lúcia, Edson Fachin, Alexandre de Moraes, André Mendonça, Cristiano Zanin e Flávio Dino. Votaram vencidos os Ministros Dias Toffoli, Luiz Fux e Nunes Marques, que consideravam ter a norma impugnada violado a Constituição.

Em razão da decisão, foi estabelecida a seguinte tese: "É constitucional o dispositivo de lei federal que tão somente explicita a extensão dos benefícios fiscais concedidos à Zona Franca de Manaus pelo Decreto-Lei nº 288/1967, em sua redação original".

Vale destacar a grande importância dessa decisão para o setor de petróleo e gás, notadamente no que se refere à livre concorrência, que vinha sendo comprometida por uma série de liminares concedidas para empresas localizadas na Zona Franca de Manaus e que, em função dessas decisões, passaram a controlar uma parcela maior do mercado.

2 Da constitucionalidade formal do art. 8º da Lei nº 14.183/2021

Dentre os argumentos suscitados pelo autor da ADI nº 7.239, está a alegação de inconstitucionalidade formal do art. 8º da Lei nº 14.183/2021, pois o dispositivo teria "reduzido o elenco dos benefícios" previstos para a Zona Franca de Manaus, ao realizar alterações nos arts. 3º, 4º e 37 do Decreto-Lei nº 288/1967, em afronta ao estipulado nos arts. 40, 92 e 92-A do ADCT, na medida em que as referidas mudanças tornaram evidente que as atividades relacionadas ao setor do petróleo e seus derivados não estão abarcadas pelos incentivos fiscais concedidos à referida área de livre comércio.

Além disso, defendeu o autor da ação que tais benefícios fiscais, em virtude do art. 40 do ADCT, teriam alçado estatura constitucional, passando a adquirir natureza de verdadeira imunidade tributária.

Todavia, tais argumentos não mereceram acolhida na tese vencedora delineada pelo Ministro Luís Roberto Barroso, pelas razões a seguir expostas.

Em primeiro lugar, vale destacar que o referido dispositivo não conferiu qualquer imunidade ou isenção à Zona Franca de Manaus, mas tão somente a manteve na ordem constitucional que era inaugurada, recepcionando a área de livre comércio criada pelo Decreto nº 288/1967. Quando, pois, a Constituição garante a manutenção da Zona Franca de Manaus e o faz com suas características de área livre (de comércio, de exportação e importação, e de incentivos fiscais), a expressão é significativa, posto que o que se isola como núcleo é *área livre*.[1] Nessa toada, o que caracteriza a Zona Franca de Manaus é seu regime aduaneiro atípico demarcado espacialmente, e o que o art. 40 do ADCT constitucionalizou foi um regime fiscal favorecido.

Quando a Constituição Federal de 1988 estabelece que determinadas pessoas, bens, patrimônio, situações ou matérias não podem ser tributadas, temos uma imunidade, de modo que o constituinte, para indicar os elementos objetivos e subjetivos que não podem ser onerados por meio da tributação, utilizou expressões linguísticas específicas, como "é vedado", "é proibido", "são isentos", "não incide" e similares. Assim, as imunidades, são tidas como normas que estabelecem a impossibilidade de tributação sobre certas situações, e formam, juntamente com as normas de competência, o conjunto de regras que demarcam o âmbito de atuação das pessoas políticas.[2]

Ou, na dicção de Ricardo Lodi Ribeiro:[3] "A imunidade é a não incidência constitucionalmente qualificada, a partir de uma exceção à regra de competência tributária deferida aos entes federativos pela Constituição Federal, tendo por base os direitos fundamentais".

Não é do que se trata o art. 40 do ADCT, que dispõe:

> Art. 40. *É mantida a Zona Franca de Manaus*, com suas características de *área de livre comércio*, de exportação e importação, *e de incentivos fiscais*, pelo prazo de vinte e cinco anos, a partir da promulgação da Constituição.
> Parágrafo único. Somente por lei federal, podem ser modificados os critérios que disciplinaram ou venham a disciplinar a aprovação dos projetos na Zona Franca de Manaus. (Grifos nossos)

Da leitura do artigo, depreende-se que o objetivo do constituinte era a manutenção, e não a criação da Zona Franca de Manaus, que se deu no momento da edição da Lei nº 3.173/1957, e institucionalizada juridicamente a partir da edição do Decreto-Lei nº 288/1967 – e por isso mesmo, não é possível, seja pela leitura e interpretação do dispositivo isolado, seja pela adoção de uma interpretação sistemática da Constituição, afirmar que a Magna Carta atribuiu imunidade tributária à ZFM, quanto mais afirmar que a mudança legislativa realizada pelo art. 8º da Lei nº 14.183/2021, aperfeiçoando a redação dos arts. 3º, 4º e 37 do Decreto-Lei nº 288/1967, reduziu o elenco dos benefícios previstos para a Zona Franca de Manaus, infringindo o art. 40 do ADCT, uma vez que o dispositivo sequer cria ou discorre sobre quais são os setores contemplados pelos incentivos fiscais previstos no decreto-lei.

A própria previsão do parágrafo único do art. 40 do ADCT de que a Zona Franca de Manaus, quanto aos critérios que disciplinam os projetos contemplados, será regulada por lei federal afasta a conclusão de que se trate de uma imunidade, pois, como é por demais sabido, o art. 146, II da Constituição Federal exige que a lei complementar

---

1 FERRAZ JÚNIOR, Tercio Sampaio. Zona Franca de Manaus. *In*: SCHOUERI, Luís Eduardo (Coord.). *Direito tributário*: homenagem a Alcides Jorge Costa. São Paulo: Quartier Latin, 2003. v. II. p. 1098.

2 CHIESA, Clélio. Imunidade. *In*: CAMPILONGO, Celso Fernandes; GONZAGA, Alvaro de Azevedo; FREIRE, André Luiz (Coord.). *Enciclopédia jurídica da PUC-SP*. 1. ed. São Paulo: Pontifícia Universidade Católica de São Paulo, 2017. Tomo: Direito Tributário. p. 4. Disponível em: https://enciclopediajuridica.pucsp.br/verbete/280/edicao-1/imunidade.

3 RIBEIRO, Ricardo Lodi. *Limitações constitucionais ao poder de tributar*. Rio de Janeiro: Lumen Juris, 2010. p. 181.

regule as limitações constitucionais ao poder de tributar, o que engloba as imunidades. Como se depreende da simples leitura do referido dispositivo constitucional, a exigência é de lei federal, e não de lei complementar, o que corrobora a conclusão acima de que não se trata de uma imunidade.

O que se verifica na referida zona, como medida destinada a atrair e incentivar o desenvolvimento regional, é a concessão de benefícios fiscais, os quais se manifestam a partir da outorga de isenção ou redução de determinados tributos, de créditos presumidos, diferimento, redução da base de cálculo, suspensão, alíquotas especiais ou zero etc. Ou seja, o que se constitucionalizou de modo temporário foi a decisão política de manter a Zona Franca de Manaus, nos termos da lei ordinária, tomando-se por base a lei ordinária existente na data da promulgação da Constituição.

Mas isso não significa que a legislação ordinária, na delimitação dos benefícios fiscais contemplados, seja imutável por obra do legislador infraconstitucional. O que não se poderia fazer, sob pena de esvaziar o dispositivo constitucional, seria modificar tão profundamente os contornos normativos que a Zona Franca de Manaus, na prática, deixasse de existir, como assinalado pela firme jurisprudência do Supremo Tribunal Federal nas ADIs nºs 310, 2.348 e 4.254.

É nesse sentido a manifestação do Ministro Luís Roberto Barroso em seu voto condutor:

> Quanto ao regime da Zona Franca de Manaus, esta Corte, em reiteradas oportunidades, sustentou que, em atenção ao art. 40 do ADCT c/c arts. 92 e 92-A do ADCT, garante-se, ao menos, a preservação das suas caraterísticas "*de área livre de comércio, de exportação e importação, e de incentivos fiscais*", existentes à época da promulgação da Constituição. Nessa linha de argumentação, pode-se sustentar que houve a recepção constitucional dos incentivos fiscais atinentes à região da Zona Franca de Manaus, com vigência até o referido marco temporal. Tais incentivos constituem, portanto, o patamar mínimo do tratamento favorecido a ser garantido à região, sem desconsiderar a eventual incorporação de novas benesses fiscais à área, decorrentes da dinâmica do fenômeno econômico tributário a ser captada pelo legislador.

No entanto, a mudança acarretada pela Lei nº 14.183/2021 teve o intuito tão somente de aperfeiçoar a redação do Decreto-Lei nº 288/1967, quanto à exclusão das atividades relacionadas à produção, distribuição e comercialização de petróleo e seus derivados, restrição esta realizada pelo legislador desde a década de 60, e recepcionada pela ordem constitucional de 1988. Ou seja, não houve qualquer redução ou eliminação dos favores fiscais previstos no decreto-lei para o referido setor, uma vez que eles nunca existiram.

Vale cotejar a redação original do art. 37 do DL nº 288/1967 com a nova, presentemente impugnada.

Redação original:

> Art. 37. As disposições contidas no presente Decreto-lei não se aplicam ao estabelecido na legislação atual sôbre a importação, exportação e tributação de lubrificantes e combustíveis líquidos e gasosos de petróleo.

Redação dada pela Lei nº 14.183, de 2021:

> Art. 37. As disposições deste Decreto-Lei não serão aplicadas às exportações ou reexportações, às importações e às operações realizadas dentro do território nacional, inclusive as ocorridas exclusivamente dentro da Zona Franca de Manaus, com petróleo, lubrificantes e combustíveis líquidos e gasosos derivados de petróleo por empresa localizada na Zona Franca de Manaus.

Pela comparação dos dois textos, fica evidenciado que a exclusão do regime fiscal em relação às operações internas e externas com petróleo e os seus derivados está presente nas duas redações, já que a mais antiga usa genericamente as expressões "importação, exportação e tributação", enquanto a nova é mais precisa, falando de "exportações ou reexportações, às importações e às operações realizadas dentro do território nacional, inclusive as ocorridas exclusivamente dentro da Zona Franca de Manaus". A alteração não modificou a substância, mas conferiu maior grau de clareza ao texto, afastando qualquer sombra de dúvida que vinha alimentando controvérsias em sede de decisões de primeiro grau.

Assim, a nova legislação em nada descaracterizou a Zona Franca de Manaus, estando o art. 8º da Lei nº 14.183/2021, em plena consonância com a jurisprudência do Supremo Tribunal Federal, consagrada nas ADIs nºs 310, 2.348 e 4.254, que considerou constitucionalizados pelo art. 40 do ADCT os contornos da referida área de livre comércio então vigentes por ocasião da promulgação da Constituição de 1988.

A inaplicabilidade do regime da ZFM ao setor de petróleo e gás na redação original do Decreto-Lei nº 288/1967 não passou desapercebida da lente atenta do voto do relator:

> Partindo-se dessa premissa, para avaliar se houve violação formal e material do alcance do art. 40 do ADCT pelos dispositivos da Lei nº 14.183/21, ora questionados, no que tange à garantia de manutenção da disciplina dos incentivos contidos no Decreto-Lei nº 288/1967, impõe-se indagar se os bens do setor de combustíveis, lubrificantes e petróleo se encontravam ou não abrigados no campo dos incentivos fiscais do citado diploma normativo de base tutelado pela Constituição Federal de 1988.
>
> A resposta é negativa. Inexiste ofensa constitucional, de ordem formal ou material, promovida pelo art. 8º da Lei nº 14.183/2021 ao princípio da intangibilidade provisória da Zona Franca de Manaus, nos termos fixados pelos artigos 40, 92 e 92-A do ADCT, ou mesmo ao tratamento favorecido deferido à região para promoção do desenvolvimento e redução das desigualdades regionais. A redação originária do Decreto-Lei nº 288/1967 deixou expresso que suas disposições não se aplicam à importação, exportação e tributação de lubrificantes e combustíveis líquidos e gasosos de petróleo.

Outrossim, o próprio constituinte, no parágrafo único do art. 40 do ADCT, preservou um largo espaço de conformação para o legislador ordinário na definição dos contornos do instituto, a fim de moldá-lo às exigências das gerações futuras. Há de se considerar, também, que a ZFM não foi eleita pelo legislador constituinte como cláusula pétrea (art. 60, §4º da CRFB/88), que lhe conferisse uma inalterabilidade quanto aos benefícios fiscais e insuscetível a qualquer mudança. Aliás, cumpre observar que até mesmo as cláusulas pétreas admitem um espaço de deliberação legislativa, desde que preservado o seu núcleo.

Além disso, ao tratar de controvérsia também relacionada à Zona Franca de Manaus, o STF, na ADI nº 2.399/AM, em que se discutia se as leis nº 8.387/1991 e nº 10.176/2001 teriam violado o art. 40 do ADCT, por terem supostamente "reduzido" os benefícios fiscais previstos para a área de livre comércio aos bens de informática, trouxe importante consideração por meio do voto do Ministro Alexandre de Moraes, que esclareceu:

> Não há, portanto, subsunção da norma originalmente veiculada pelo art. 40 do ADCT, sucessivamente alterada pelos arts. 92 e 92-A do mesmo ADCT, ao conceito de cláusula pétrea, cujo elenco está estampado pelo art. 60, §4º e seus incisos, da Constituição Federal. [...] No que diz respeito à constitucionalidade da Lei 10.176/2001, também não vislumbro ofensa ao art. 40 do ADCT. Primeiro porque, como visto, o dispositivo constitucional não possui conteúdo imutável, não se enquadrando como uma cláusula pétrea, a tornar intangível os incentivos fiscais previstos para a ZFM.

Ainda, nessa linha argumentativa, vale transcrever a ementa da ADI supracitada:

> Ação direta de inconstitucionalidade. Perda parcial de objeto. Direito tributário. Leis nºs 8.387/91 e 10.176/01. Política nacional sobre bens de informática. Alegada violação do art. 40 do ADCT. Zona Franca de Manaus. Inexistência de ofensa a esse dispositivo. Bens que não estavam sujeitos ao DL nº 288/67 quando do advento da Constituição Cidadã. 1. A jurisprudência da Corte é pacífica quanto à prejudicialidade da ação direta de inconstitucionalidade por perda superveniente de objeto quando sobrevém a revogação ou a substancial alteração da norma questionada. Precedentes. 2. O Tribunal Pleno, na ADI nº 4.254, Rel. Min. Cármen Lúcia, fixou orientação de que a eficácia do art. 40 do ADCT "depende da manutenção dos favores fiscais previstos no Decreto-Lei nº 288/1967, sob pena de descaracterizar-se a Zona Franca de Manaus". 3. As Leis nºs 8.387/91 e 10.176/01, que versaram sobre bens de informática, considerando-se o contexto nacional, não violaram o citado dispositivo, na medida em que, quando do advento da Constituição Cidadã, tais bens não estavam sujeitos ao Decreto-lei nº 288/67, mas sim à Lei de informática (Lei nº 7.232/84), a qual havia disposto sobre a Política Nacional de Informática. 4. Ação direta de inconstitucionalidade julgada prejudicada quanto ao art. 11 da Lei nº 10.176/01 e ao art. 2º, §3º, da Lei nº 8.387/91 e improcedente quanto aos demais dispositivos questionados.[4]

Da referida decisão, duas conclusões podem ser transportadas para o caso sob análise:

i) o que não é admitido pela Suprema Corte é a diminuição dos benefícios previstos para a ZFM, os quais devem ser mantidos sob pena de a descaracterizar, e assim ofender o art. 40 do ADCT, que constitucionalizou a permanência da referida zona de livre comércio;
ii) que se na ADI nº 2.399/AM o STF entendeu que os bens de informática, ao tempo da promulgação da Magna Carta, não estavam abarcados pelo Decreto-Lei nº 288/1967, mas sujeitos à legislação específica, a saber, a Lei nº 7.232/84, e por tal razão não haveria qualquer afronta à disposição constitucional, quanto mais em relação às operações com petróleo, lubrificantes e combustíveis

---

[4] STF. *ADI 2399*. Rel. Min. Marco Aurélio. Relator p/ Acórdão Min. Dias Toffoli. Tribunal Pleno, julgado em 14.02.2022, publicado em 15.03.2022.

líquidos e gasosos derivados do petróleo, que já eram excluídos, segundo a clara dicção do art. 37 do decreto-lei, o que não abre espaço para qualquer dúvida acerca da vontade do legislador de não conceder benefícios fiscais para o referido setor.

Logo, é acertado o posicionamento de Tércio Sampaio Ferraz Júnior[5] ao afirmar que:

> parece-me importante ressaltar que seria uma interpretação equivocada do art. 40 do ADCT, vê-lo como norma que 'constitucionaliza' todas as normas que veiculam incentivos para ZFM [...] O art. 40 do ADCT, enfim, garante a manutenção da ZFM como um sistema de *zona franca* (área livre), cujo núcleo característico (estrutura do sistema) é dado pela ficção da extraterritorialidade. Comércio, exportação e importação, incentivos fiscais e objetivos de desenvolvimento regional são *elementos* do sistema, que é, já pela legislação que o criou já pelo parágrafo único do art. 40 do ADCT, um sistema *aberto*. Ou seja, o constituinte não congelou os elementos do sistema, apenas garantiu por tempo certo sua estrutura.

Portanto, o art. 8º da Lei nº 14.183/2021 não trouxe qualquer inovação ou redução dos benefícios fiscais previstos para a Zona Franca de Manaus, mas apenas recrudesceu o comando já previsto no art. 37 do Decreto-Lei nº 288/1967, esclarecendo os limites do instituto, em relação a petróleo, lubrificantes e combustíveis líquidos e gasosos derivados de petróleo.

Por essas razões, é louvável o posicionamento do Supremo Tribunal Federal na ADI nº 7.239 de não acolher o argumento de inconstitucionalidade formal do art. 8º da Lei nº 14.183/2021.

3 Da constitucionalidade material do art. 8º da Lei nº 14.183/2021

Ainda, alegou o Partido Cidadania, em sua inicial, que o art. 8º da Lei nº 14.183/2021 seria materialmente inconstitucional, violando os arts. 1º, I; 3º, II e III; art. 5º, XXXVI; 37, *caput*; 43, §2º, III; 151, I; 165, §7º e art. 170, I e VII, da Constituição Federal de 1988, em desrespeito ao objetivo constitucional de superação das desigualdades regionais, pois o dispositivo infraconstitucional estaria revogando do escopo dos benefícios fiscais previstos para a Zona Franca de Manaus, bem como atentando contra os princípios da segurança jurídica, confiança legítima e moralidade administrativa.

Ao contrário do que afirmou a parte autora, em relação ao tema da segurança jurídica, o art. 8º da Lei nº 14.183/2021, ao dar nova redação aos arts. 3º, 4º e 37 do Decreto-Lei nº 288/1967, embora não inovando no ordenamento jurídico, acabou por promover elevado valor axiológico àquela norma, na medida em que proliferaram liminares concedidas a empresas localizadas na região da ZFM, afastando a incidência tributária, enquanto outras empresas do mesmo setor continuavam sendo tributadas, o que configurava um cenário de flagrante afronta aos princípios da isonomia e da livre concorrência.

---

5 FERRAZ JÚNIOR, Tercio Sampaio. Zona Franca de Manaus. *In*: SCHOUERI, Luís Eduardo (Coord.). *Direito tributário*: homenagem a Alcides Jorge Costa. São Paulo: Quartier Latin, 2003. v. II. p. 1106.

Luís Eduardo Schoueri,[6] em seu livro *Direito tributário*, ao tratar do tema da progressividade e incentivos fiscais, faz um relevante apontamento:

> Assim como a desigualdade da tributação exige da doutrina cuidadosa análise, culminando na concretização do princípio da igualdade também sob o ponto de vista das normas tributárias indutoras (sejam de incentivos fiscais, sejam de agravamento da tributação), faz-se necessária uma justificativa especial para o tratamento desigual.

No caso em questão, a violação da isonomia ocorre quando alguns dos concorrentes de um mesmo mercado são beneficiados em detrimento de outros, o que acaba também por agredir o princípio da livre concorrência, que não só se traduz em norma orientadora da ordem constitucional econômica, segundo o art. 170, IV, CF, mas, como corolário da livre-iniciativa, representa valor fundamental da atividade econômica e da República Federativa do Brasil, *ex-vi* do *caput* no art. 170 e do art. 1º, IV, da Carta Magna.

O Ex-Ministro Eros Roberto Grau, em sede doutrinária,[7] ao comentar o princípio da livre-iniciativa, confere-lhe um duplo sentido:

> Inúmeros sentidos, de toda a sorte, podem ser divisados no princípio, em sua dupla face, ou seja, enquanto liberdade de comércio e indústria e enquanto liberdade de concorrência. A este critério classificatório acoplando-se outro, que leva à distinção entre a liberdade pública e liberdade privada, poderemos ter equacionado o seguinte quadro de exposição de tais sentidos:
>
> a) liberdade de comércio e indústria (não ingerência do Estado no domínio econômico):
>
> a.1) faculdade de criar e explorar uma atividade econômica a título privado – liberdade pública;
>
> a.2) não sujeição a qualquer restrição estatal senão em virtude de lei – liberdade pública; liberdade de concorrência;
>
> b.1) faculdade de conquistar a clientela desde que não através de concorrência desleal – liberdade privada;
>
> b.2) proibição de formas de atuação que deteriorem a concorrência – liberdade privada;
>
> *b.3) neutralidade do Estado diante do fenômeno concorrencial, em igualdade de condições dos concorrentes – liberdade pública.* (Grifos nossos)

Portanto, conforme a lição acima, o princípio da livre concorrência, corolário de um dos fundamentos da República, exige que o Estado atribua um tratamento idêntico a todos os agentes econômicos, princípio ao qual estão vinculados não só os Poderes Executivo e Legislativo, como também o Poder Judiciário.

No caso em análise, não havia qualquer justificativa para que fosse concedido um tratamento diferenciado às empresas do setor do petróleo e seus derivados localizadas na Zona Franca de Manaus para que deixassem, por força de decisões liminares, de pagar seus tributos em detrimento das demais empresas do setor. Como já frisado, tal atividade já era excluída pelo Decreto-Lei nº 288/1967, do rol dos segmentos contemplados pelos benefícios fiscais previstos para a ZFM. Assim, a nova lei se dirige contra

6 SCHOUERI, Luís Eduardo. *Direito tributário*. 9. ed. São Paulo: Saraiva, 2019. p. 413.

7 GRAU, Eros Roberto. *A ordem econômica na Constituição de 1988* (interpretação e crítica). 2. ed. São Paulo: Revista dos Tribunais, 1992. p. 224.

a manutenção de decisões que afastaram a incidência tributária para essas empresas, violando frontalmente os princípios da igualdade e da livre concorrência.

Em resumo, à medida que um ou alguns dos agentes econômicos de determinado segmento obtêm do Estado, seja por meio de uma lei ou de uma decisão judicial, um benefício que não alcança os outros agentes daquele ramo, resta violado o princípio da livre concorrência.

Nessa toada, vale reconhecer a existência de uma série de empresas que, ancoradas em decisão judicial, por estarem situadas na Zona Franca de Manaus, mesmo sem fazer jus aos benefícios fiscais, vinham adquirindo os referidos produtos junto a fornecedores estrangeiros, sem o pagamento da contribuição para o PIS/Pasep e Cofins.

Em um setor de alta carga tributária e baixa margem de lucro, tal quadro leva ao desequilíbrio do mercado e a violação à livre concorrência, pois, em um mesmo mercado, há empresas que estão liberadas de parcela da carga tributária incidente sobre suas operações, enquanto as demais são obrigadas a suportar a integralidade do peso fiscal.

Além disso, tal benefício indevido é usufruído em detrimento não apenas do Estado, mas principalmente de todos os outros contribuintes que atuam no mesmo setor econômico e que, por não terem tais decisões, provavelmente acabarão por ser submetidos, caso ingressem com pedido no Judiciário, a sentenças harmonizadas com o disposto no Decreto-Lei nº 288/1967, no sentido da legitimidade da tributação das operações com petróleo, lubrificantes e combustíveis líquidos e gasosos derivados de petróleo.

Nesse sentido, a fim de que as empresas possam competir de forma justa, precisam de igualdade de condições, e, para tanto, os tributos devem incidir de forma equânime em relação aos agentes econômicos em disputa nos mercados, uma vez que as exações também compõem o preço dos produtos. Esse quadro pode fazer com que, por razões meramente aleatórias, dado o acaso na livre distribuição dos processos por varas ou turmas, uma empresa se torne mais competitiva que a outra. Não foi por outra razão, ou seja, para evitar o tratamento desigual em um setor tão sensível ao impacto da tributação nos preços, que o legislador de 1967 já havia excluído o setor do petróleo e derivados dos efeitos da Zona Franca de Manaus.

No que tange ao argumento suscitado na inicial, de que o art. 8º da Lei nº 14.183/2021 estaria servindo de obstáculo à superação das desigualdades regionais, vale ressaltar, uma vez mais, a doutrina de Tércio Sampaio Ferraz Júnior:[8]

> Na verdade, para justificar a garantia de manutenção da ZFM, o princípio da redução das desigualdades regionais nem tem a importância que, parece, lhes estão atribuindo, nem o alcance específico a ele imposto. Em nome desse princípio qualquer desigualdade regional merece proteção principiológica, sejam as crônicas desigualdades que assolam o Nordeste brasileiro, sejam as que, mais localizadamente, se descobrem em regiões menos extensas, mas não menos desigualadas em termos de desenvolvimento, como o Alto do Paranapanema, o sertão baiano, o norte mineiro etc.
>
> Assim, se a garantia da manutenção da ZFM tivesse por supedâneo fundamental aquele princípio, por mais desiguais que fossem o desenvolvimento ou as condições de desenvolvimento daquela área, não haveria explicação nem mesmo razoável para o privilégio

[8] FERRAZ JÚNIOR, Tercio Sampaio. Zona Franca de Manaus. *In*: SCHOUERI, Luís Eduardo (Coord.). *Direito tributário*: homenagem a Alcides Jorge Costa. São Paulo: Quartier Latin, 2003. v. II. p. 1096-1097.

em confronto com regiões tanto ou até mais necessitadas do território brasileiro. Ou seja, ao garantir por prazo certo a manutenção da ZFM, o constituinte não estava aplicando o princípio referido nem procurando, com ele, uma harmonia normativa – o que seria supérfluo –mas terá tido, seguramente, outros objetivos institucionais.
Isso tem, desde logo, uma consequência importante a assinalar: o confronto de incentivos regionais versus incentivos setoriais não pode ser analisado como um tema constitucional, sob pena de, em nome do princípio da redução das desigualdades regionais, inviabilizarem-se, de plano, quaisquer incentivos setoriais que direta ou indiretamente repercutam em regiões subdesenvolvidas do país, nos termos do art. 174, §1º da Constituição Federal, que, como se verá, prevê a compatibilização entre planos nacionais e regionais de desenvolvimento e, em consequência, entre incentivos setoriais e regionais.

Ainda discorrendo acerca dos incentivos setoriais, Tércio Sampaio Ferraz Júnior aduz que estes se traduzem em benefícios fiscais estabelecidos com base no princípio da necessidade, de forma que o que é levado em conta para sua concessão é a capacidade de desempenho econômico negativa do próprio sujeito da obrigação. Sob essa perspectiva, o Estado intervêm no domínio econômico a fim de fomentar uma atividade financeiramente relevante, e por conta da necessidade (*e quando se fala em necessidade, o autor refere-se à dificuldade do setor de ter plena capacidade competitiva*), o benefício fiscal que a empresa que desenvolve a atividade recebe não é considerado como quebra da isonomia, de modo que àquele é outorgado primariamente em favor da atividade do próprio contribuinte e, secundariamente, em favor do desenvolvimento econômico da comunidade em que atua.

Veja-se que o Estado brasileiro, ao instituir a ZFM sob a égide da Constituição de 1967, por meio do Decreto-Lei nº 288/1967, optou por excluir, do conjunto de incentivos previstos na referida área de livre comércio, as operações com combustíveis e derivados, escolha mantida pela nova ordem constitucional inaugurada em 1988. Portanto, desde o século passado até o presente, não foi compreendido o referido setor sob o viés da necessidade, tal como preceitua Tércio Sampaio Ferraz Júnior, mas sim que aquele não pode adentrar no rol das atividades beneficiárias de incentivos fiscais, sob risco de causar relevante desequilíbrio concorrencial, o que foi prevenido pela redação do art. 8º da Lei nº 14.183/2021.

Por outro lado, o Partido Cidadania requereu um aditamento à inicial, arguindo a violação pelo art. 37 do Decreto-Lei nº 288/1967 aos arts. 4º, parágrafo único e 5º, §§2º e 3º da CRFB/88 – *e por isso deveria ser declarada sua inconstitucionalidade por arrastamento* – que preconizam a meta de integração econômica internacional do Estado brasileiro, ao buscar prestigiar o princípio do tratamento nacional, cabem ser tecidas algumas considerações.

Embora o aditamento tenha sido apresentado à destempo, quando as informações já haviam sido colhidas das autoridades e entidades que oficiam no procedimento, como reconhecido pelo relator, não tendo, por isso, chegado a ser considerado, vale destacar a impropriedade dos argumentos que fundamentam o pedido aditado.

Em primeiro lugar, tal princípio encontra-se insculpido no art. 3º do acordo do GATT, do qual o Brasil é signatário, sendo realizada a sua incorporação ao ordenamento jurídico pela Lei nº 313/1948. Seu objetivo é que os países signatários se comprometam a não realizar discriminação em relação aos produtos importados depois de seu ingresso ao mercado doméstico. Desse modo, ao adentrar o território nacional, deve ser dispensado igual tratamento ao produto interno que seja similar. Todavia, existem alguns requisitos a serem preenchidos a fim de permitir que seja invocado o princípio do tratamento nacional, como destaca Carolina de Paiva:[9]

> A invocação do tratamento nacional somente é permitida em relação ao produto importado proveniente de país signatário do GATT que encontre discriminação tarifária em relação a um similar nacional. *Não viola o comando principiológico o benefício concedido a um produto interno não extensível ao importado que não lhe seja similar. Para que um produto importado tenha o mesmo tratamento que o nacional, é preciso que seja proveniente de país signatário do GATT, que haja um produto correspondente interno e que tal produto esteja sob o regime de isenção.*
>
> [...] Assim, *o princípio do tratamento nacional deve ser interpretado no sentido de se evitar que os produtos internos tenham privilégios em relação aos produtos importados quando apresentarem as mesmas características.* Os requisitos para a aplicação do tratamento nacional, quais sejam, importação de produto de países signatários do GATT, similaridade entre o produto nacional, devem ser cumpridos conjuntamente. (Grifos nossos)

Assim, não estão aqui presentes os requisitos essenciais para que seja possível alegar a ofensa suscitada, visto que o setor de combustíveis e seus derivados não está contemplado, seja pela redação anterior do Decreto nº 288/1967, seja pela atual redação conferia pela Lei nº 14.183/2021, ao conjunto de benefícios fiscais previstos para a Zona Franca de Manaus. Ao contrário. Foi uma escolha do legislador não os outorgar ao referido setor, dadas as peculiaridades que lhes são próprias.

O Superior Tribunal de Justiça, no julgamento do Recurso Especial nº 2.020.209/AM, ao apreciar questão relacionada à incidência tributária de PIS/Cofins-Importação sobre a importação de mercadorias destinadas a ZFM, entendeu não haver no caso qualquer ofensa ao princípio do tratamento nacional. Nesse sentido, cumpre transcrever importantes apontamentos realizados pelo Ministro Francisco Falcão, em seu voto:

> A Zona Franca de Manaus, prevista no Decreto-Lei n. 288/1967, constitui-se como uma área de livre comércio de importação e exportação e de incentivos fiscais especiais. Com o advento da Constituição Federal de 1.988, o art. 40 do ADCT dispôs sobre a manutenção da Zona Franca de Manaus com suas características de área livre de comércio. Contudo, o dispositivo não discrimina quais seriam os incentivos fiscais aplicáveis à região, cabendo à legislação infraconstitucional a regulamentação da matéria.
>
> Acerca dos critérios tributários para fins de benefícios fiscais na Zona Franca de Manaus, especificamente sobre a importação de mercadoria do estrangeiro, o Decreto – Lei n. 288/1967 assim dispõe:
>
> Art. 3º A entrada de mercadorias estrangeiras na Zona Franca, destinadas a seu consumo interno, industrialização em qualquer grau, inclusive beneficiamento, agropecuária, pesca, instalação e operação de indústrias e serviços de qualquer natureza e a estocagem para reexportação, será isenta dos impostos de importação, e sobre produtos industrializados.
>
> Como visto, o Decreto-Lei n. 288/1967 estipula isenção ao imposto de importação e ao imposto sobre produtos industrializados incidentes na entrada de mercadorias estrangeiras na Zona Franca de Manaus. Trata-se de previsão específica, que evidentemente não alcança todo e qualquer tributo incidente na importação de mercadoria estrangeira

[9] MACHADO, Carolina de Paiva Queiroz. O princípio do tratamento nacional e a edição da súmula 71 do Superior Tribunal de Justiça. Um estudo de caso: importação de bacalhau de países signatários do GATT. *Revista do Mestrado em Direito da Universidade Católica de Brasília*, Brasília, v. 3, 1. ed., p. 85-87, 2009. Disponível em: https://portalrevistas.ucb.br/index.php/rvmd/article/view/2569.

> destinada à área de livre comércio. Em outras palavras, o art. 3º do Decreto-Lei n. 288/1967 não isenta o importador sediado na Zona Franca de Manaus do pagamento do PIS e da COFINS importação.
>
> O Decreto-Lei n. 288/1967 também confere, em seu art. 4º, tratamento tributário diferenciado à destinação de mercadoria de origem nacional para consumo ou industrialização na Zona Franca de Manaus, nos seguintes termos:
>
> Art. 4º A exportação de mercadorias de origem nacional para consumo ou industrialização na Zona Franca de Manaus, ou reexportação para o estrangeiro, será para todos os efeitos fiscais, constantes da legislação em vigor, equivalente a uma exportação brasileira para o estrangeiro.
>
> O dispositivo acima transcrito refere-se à equiparação da entrada de mercadoria nacional na Zona Franca de Manaus como se fosse uma exportação ao estrangeiro, beneficiando a operação com os mesmos incentivos fiscais concedidos às exportações promovidas pelo Brasil a outros países.
>
> Nota-se que o Decreto-Lei n. 288/1967 é bastante claro com relação aos benefícios fiscais instituídos, os quais não abrangem a isenção às citadas contribuições na importação, que são devidas pelos importadores de mercadorias destinadas à Zona Franca de Manaus.
>
> [...] Aliás, qualquer interpretação dos arts. 3º e 4º do Decreto-Lei n. 288/1967, com o intuito de alargar a isenção a tributos outros e a situações distintas, configurará ofensa ao art. 111, II, do Código Tributário Nacional. (STJ. REsp nº 2.020.209/AM. Rel. Min. Francisco Falcão, Segunda Turma, julgamento em 13.12.2022, publicação em 14.12.2022)

Ora, se o STJ, a partir da interpretação do Decreto nº 288/1967, compreendeu que não estava configurada qualquer violação ao princípio do tratamento nacional, entendendo que deveria incidir a contribuição do PIS/Cofins-Importação, por não estar tal exação abarcada pela dicção do art. 3º, que isenta as mercadorias estrangeiras apenas dos impostos incidentes sobre a importação e produtos industrializados, com menor razão deve ser acatada a argumentação de violação ao referido princípio e ao acordo do GATT, se a atividade envolvendo o petróleo e seus derivados sequer está inclusa no rol dos segmentos beneficiários dos incentivos fiscais concedidos a Zona Franca de Manaus.

Portanto, também não procede a alegação objeto da petição de aditamento da inicial.

4 A segurança jurídica e o art. 8º da Lei nº 14.183/2021

Afirmou a parte autora que excluir as empresas de combustíveis do regime previsto para a Zona Franca de Manaus se traduziria em violação da segurança jurídica, por se tratar de um benefício fiscal condicionado e por prazo certo que teria sido revogado pela nova lei. No entanto, nunca houve a previsão de tal benefício, como já demonstrado exaustivamente. Assim, não só não há o que se falar em imunidade, como já abordado no tópico que trata da inconstitucionalidade formal, como tampouco possa se cogitar em revogação de isenção condicionada e por prazo certo.

Como leciona Clélio Chiesa,[10] "as isenções condicionadas são aquelas que não alcançam todos os contribuintes sujeitos à determinada hipótese de tributação, mas

[10] CHIESA, Clélio. Isenção. *In*: CAMPILONGO, Celso Fernandes; GONZAGA, Alvaro de Azevedo; FREIRE, André Luiz (Coord.). *Enciclopédia jurídica da PUC-SP*. 1. ed. São Paulo: Pontifícia Universidade Católica de São Paulo, 2017. Tomo: Direito Tributário. p. 7. Disponível em: https://enciclopediajuridica.pucsp.br/verbete/290/edicao-1/isenção.

somente aos que preencherem os requisitos estabelecidos na lei isentiva". Dessa maneira, para que o contribuinte possa requerer a isenção é necessário (i) haver previsão legal expressa conferindo o direito, bem como (ii) deve aquele comprovar que preenche os requisitos exigidos pela lei, situação que inexiste para as empresas do setor do petróleo e de seus derivados localizadas na ZFM.

De fato, o princípio da segurança jurídica é um dos pilares do nosso ordenamento jurídico, e tem sua eficácia revelada não só por meio de institutos como a coisa julgada, o direito adquirido e o ato jurídico perfeito, em uma acepção individual. Em um cenário em que as despesas estatais são custeadas por receitas públicas, em especial os tributos, que por sua vez hão de ser, no Estado capitalista, inexoravelmente suportados pela sociedade, a questão passa a ser quem vai pagar, e quanto cada um vai pagar. Assim, a concessão de um benefício fiscal para determinado grupo de contribuintes vai representar um aumento de ônus para aqueles que não foram beneficiados pela medida, pois, se a despesa pública não é diminuída pela desoneração fiscal, o Estado vai ter que escolher entre dois caminhos: buscar o aumento de receita em outro segmento, ou frustrar prestações estatais que provavelmente terão como beneficiárias outras pessoas.

Por outro lado, como o peso dos tributos tem uma imensa significação no preço dos bens e serviços oferecidos na economia, o que no setor de combustíveis é ainda mais sensível, o afastamento do pagamento de uma exação em relação a um integrante de determinado setor econômico, ainda que por meio de decisão judicial, terá como consequência a redução significativa do seu preço em detrimento dos seus concorrentes, que certamente perderão parcelas significativas de mercado ou até mesmo desaparecerão. Exsurge daí a dimensão plural da segurança jurídica, como observado por Ricardo Lodi Ribeiro:[11]

> Na verdade, a lei fiscal apresenta uma natural ambivalência encontrada nos efeitos colaterais que uma medida positiva para determinados contribuintes representará ao direito de outros.
>
> Por essa razão, a segurança jurídica do contribuinte ganha uma dimensão plural baseada na aferição da adequação dos critérios legislativos à justiça fiscal e à repartição dos riscos e custos sociais, posto que, para que a liberdade seja abrangente, deve superar sua dimensão individual e ser capaz de atender aos agentes coletivos. Em consequência, isonomia e capacidade contributiva não mais se contrapõem à legalidade, que deixou de monopolizar as limitações ao poder de tributar, devendo assegurar o cumprimento da divisão dos encargos fiscais pelo critério legal definido com base na razão comunicativa e na teoria da argumentação, mediante a participação decisiva da opinião pública e dos meios de comunicação, em ambiente marcado pelo pluralismo político.

Na dimensão plural da segurança jurídica, que se articula com a isonomia, repousa a livre concorrência, ao buscar promover um ambiente de igualdade entre os agentes econômicos, sendo o aspecto tributário de fundamental importância, pois a tributação deve incidir de maneira equânime para todos os agentes do mercado.

Nesse sentido, não há o que se falar em afronta à segurança jurídica pela lei impugnada, pois o Decreto-Lei nº 288/1967 jamais concedeu qualquer benefício fiscal,

---

11 RIBEIRO, Ricardo Lodi. *Segurança jurídica do contribuinte* – Legalidade, não-surpresa e proteção à confiança. 2. ed. Rio de Janeiro: Lumen Juris, 2023. p. 65-66.

manifestado por meio de isenção condicionada, para as operações com petróleo ou combustíveis, de modo que não há qualquer violação à segurança jurídica a ser tutelada, e, por conseguinte, não é possível afirmar que a Lei nº 14.183/2021 descaracterizou a Zona Franca de Manaus por meio da revogação de incentivos fiscais.

Em verdade, a manutenção de decisões para empresas de combustíveis situadas na ZFM, as isentando do recolhimento de tributos, é que configura flagrante lesão ao princípio constitucional da isonomia. Não há possibilidade de se pretender estender os efeitos da isenção a pessoas não contempladas na lei. Não podem os prejudicados, ou seja, os não contemplados por determinada isenção, ingressar em juízo e pretender estender os efeitos da lei para beneficiá-los, pois o Judiciário teria que legislar, o que não é permitido por força do princípio da separação de poderes.[12]

Nesse sentido, já se manifestou o STF:

> Ementa: CONSTITUCIONAL. TRIBUTÁRIO. IMPOSTO DE IMPORTAÇÃO. PNEUS. BENEFÍCIO FISCAL. REDUÇÃO DE 40% DO VALOR DEVIDO NAS OPERAÇÕES REALIZADAS POR MONTADORAS. PEDIDO DE EXTENSÃO A EMPRESA DA ÁREA DE REPOSIÇÃO DE PNEUMÁTICOS POR QUEBRA DA ISONOMIA. IMPOSSIBILIDADE. LEI FEDERAL 10.182/2001. CONSTITUIÇÃO FEDERAL (ARTS. 37 E 150, II). CÓDIGO TRIBUTÁRIO NACIONAL (ART. 111). *Sob o pretexto de tornar efetivo o princípio da isonomia tributária, não pode o Poder Judiciário estender benefício fiscal sem que haja previsão legal específica.* No caso em exame, a eventual conclusão pela inconstitucionalidade do critério que se entende indevidamente restritivo conduziria à inaplicabilidade integral do benefício fiscal. A extensão do benefício àqueles que não foram expressamente contemplados não poderia ser utilizada para restaurar a igualdade de condições tida por desequilibrada. Precedentes. Recurso extraordinário provido. (Grifos nossos) (STF. RE nº 405.579. Rel. Min. Joaquim Barbosa, Tribunal Pleno, julgado em 1º.12.2010. *DJe*-149, publicado em 4.8.2011)

Logo, o que em verdade há na Zona Franca de Manaus é um regime especial, que não se subordina ao cumprimento de condições onerosas pelo contribuinte, sendo a aferição de projetos pelo Suframa uma forma de verificação da presença dos requisitos legais necessários à fruição dos benefícios fiscais, notadamente no que se refere à subordinação ao aspecto espacial da área de livre comércio. Por fim, repise-se que não houve qualquer alteração substancial ou revogação do quadro de benefícios, uma vez que a Lei nº 14.183/2021 não inovou no ordenamento jurídico, mas apenas esclareceu o conteúdo da norma anterior.

5 Da inaplicabilidade do art. 150, inc. III, "b", da Constituição Federal

Subsidiariamente, o Partido Cidadania requereu a declaração de inconstitucionalidade do art. 10, inc. II, da Lei nº 14.183/2021, sob o argumento de inobservância aos princípios da anterioridade anual e nonagesimal, insculpidos no art. 150, III, alíneas "b" e "c" da CRFB/88, o que também não merece prosperar.

---

[12] CHIESA, Clélio. Isenção. *In*: CAMPILONGO, Celso Fernandes; GONZAGA, Alvaro de Azevedo; FREIRE, André Luiz (Coord.). *Enciclopédia jurídica da PUC-SP*. 1. ed. São Paulo: Pontifícia Universidade Católica de São Paulo, 2017. Tomo: Direito Tributário. p. 13. Disponível em: https://enciclopediajuridica.pucsp.br/verbete/290/edicao-1/isenção.

Como já demonstrado de forma reiterada, não há qualquer inconstitucionalidade nos artigos da Lei nº 14.183/2021, que apenas esclareceu os contornos da norma anterior, a qual não ensejava qualquer regra de não incidência para as operações com combustíveis e lubrificantes líquidos ou gasosos derivados do petróleo.

Não é possível arguir que a lei instituiu ou majorou tributo, seja direta ou indiretamente. Nessa toada, acerca da anterioridade anual, esta não pode ser invocada, pois vige no ordenamento jurídico, desde 1967, o art. 37 do Decreto-Lei nº 288, que afirma não ser aplicáveis as disposições contidas na norma às empresas contribuintes do setor, sendo de conhecimento destas o dever de pagar os tributos incidentes nas operações relacionadas às suas atividades.

Igualmente, não se sustenta a alegação de que o art. 10, II, da Lei nº 14.183/2021 violaria a anterioridade nonagesimal, pois não há majoração indireta, ou seja, a revogação de quaisquer benefícios fiscais. Os incentivos previstos para a Zona Franca de Manaus permanecem em sua integridade. Como se viu, a alteração promovida pela lei federal foi apenas recrudescer a intenção do legislador federal desde a edição do Decreto-Lei nº 288/1967. Por estes motivos não foi acolhido o pedido subsidiário de subordinação da legislação impugnada às normas constitucionais relativas à anterioridade.

6 Conclusão

Com a decisão do STF na ADI nº 7.239, liderada pelo Ministro Luís Roberto Barroso, estabeleceu-se a certeza jurídica de que as regras aplicáveis à Zona Franca de Manaus não são aplicáveis ao setor de petróleo e gás por obra do próprio legislador do Decreto-Lei nº 288/1967, que instituiu o regime constitucionalizado pelo art. 40 do ADCT. Nesse contexto, a Lei nº 14.183/2021 não produziu alteração substancial desse quadro. A consequência jurídica esperada da referida decisão é a revogação e/ou reforma das decisões judiciais que concediam a intributabilidade das empresas do setor de petróleo e gás localizadas na Zona Franca de Manaus, restabelecendo-se o respeito aos princípios da isonomia e da livre concorrência.

Referências

CHIESA, Clélio. Imunidade. *In*: CAMPILONGO, Celso Fernandes; GONZAGA, Alvaro de Azevedo; FREIRE, André Luiz (Coord.). *Enciclopédia jurídica da PUC-SP*. 1. ed. São Paulo: Pontifícia Universidade Católica de São Paulo, 2017. Tomo: Direito Tributário. Disponível em: https://enciclopediajuridica.pucsp.br/verbete/280/edicao-1/imunidade.

CHIESA, Clélio. Isenção. *In*: CAMPILONGO, Celso Fernandes; GONZAGA, Alvaro de Azevedo; FREIRE, André Luiz (Coord.). *Enciclopédia jurídica da PUC-SP*. 1. ed. São Paulo: Pontifícia Universidade Católica de São Paulo, 2017. Tomo: Direito Tributário. Disponível em: https://enciclopediajuridica.pucsp.br/verbete/290/edicao-1/isenção.

FERRAZ JÚNIOR, Tercio Sampaio. Zona Franca de Manaus. *In*: SCHOUERI, Luís Eduardo (Coord.). *Direito tributário*: homenagem a Alcides Jorge Costa. São Paulo: Quartier Latin, 2003. v. II.

GRAU, Eros Roberto. *A ordem econômica na Constituição de 1988* (interpretação e crítica). 2. ed. São Paulo: Revista dos Tribunais, 1992.

MACHADO, Carolina de Paiva Queiroz. O princípio do tratamento nacional e a edição da súmula 71 do Superior Tribunal de Justiça. Um estudo de caso: importação de bacalhau de países signatários do GATT. *Revista do Mestrado em Direito da Universidade Católica de Brasília*, Brasília, v. 3, 1. ed., p. 85-87, 2009. Disponível em: https://portalrevistas.ucb.br/index.php/rvmd/article/view/2569.

RIBEIRO, Ricardo Lodi. *Limitações constitucionais ao poder de tributar*. Rio de Janeiro: Lumen Juris, 2010.

RIBEIRO, Ricardo Lodi. *Segurança jurídica do contribuinte* – Legalidade, não-surpresa e proteção à confiança. 2. ed. Rio de Janeiro: Lumen Juris, 2023.

SCHOUERI, Luís Eduardo. *Direito tributário*. 9. ed. São Paulo: Saraiva, 2019.

STF. *ADI 2399*. Rel. Min. Marco Aurélio. Relator p/ Acórdão Min. Dias Toffoli. Tribunal Pleno, julgado em 14.02.2022, publicado em 15.03.2022.

Informação bibliográfica deste texto, conforme a NBR 6023:2018 da Associação Brasileira de Normas Técnicas (ABNT):

RIBEIRO, Ricardo Lodi; EUGENIO, Rayssa Araújo de Palhares. A inaplicabilidade das regras da Zona Franca de Manaus ao setor de petróleo e gás. *In*: PAULA, Fernanda de; PENCAK, Nina (coord.). *Tributação, liberdade e igualdade*: as contribuições do Ministro Luís Roberto Barroso. Belo Horizonte: Fórum, 2025. p. 1037-1052. ISBN 978-65-5518-952-0.

ICMS-ST – MERCADORIAS DADAS EM BONIFICAÇÃO PELO *CONTRIBUINTE-SUBSTITUTO* – INCLUSÃO DO IMPOSTO INCIDENTE, NA BASE DE CÁLCULO DO *ICMS-PRÓPRIO* – QUESTÕES CONEXAS

ROQUE ANTONIO CARRAZZA

O ponto de partida do intérprete há que ser sempre os princípios constitucionais, que são o conjunto de normas que espelham a ideologia da Constituição, seus postulados básicos e seus fins. Dito de forma sumária, os princípios constitucionais são as normas eleitas pelo constituinte como fundamentos ou qualificações essenciais da ordem jurídica que institui.

(Luís Roberto Barroso)

1 Introdução

I É com muita honra que participo destes *Estudos em homenagem ao Ministro Luís Roberto Barroso*, que conheci no começo da década de 1980, quando veio fazer o Curso de Mestrado em Direito Constitucional, na *PUC-SP*. Era um jovem com sorriso nos olhos, que logo impressionou a todos, entre os quais o saudoso Professor Geraldo Ataliba e a mim, seu assistente, por sua verve e seu precoce saber jurídico. Naqueles idos, já deixava antever o condor adestrando as asas, preparando-se para alçar voo às mais altas cordilheiras do direito.

E isso de fato aconteceu. Advogado brilhante, professor titular da prestigiosa Faculdade de Direito da Universidade do Estado do Rio de Janeiro, explorou o direito constitucional e, com verdadeira felicidade, acrescentou-lhe incomum valor. Agora, ministro-presidente do Supremo Tribunal Federal, continua a se destacar por suas decisões e escritos, marcados pela serenidade, pela sabedoria e pela coragem cívica.

II Inspirado por esse jurista, que já figura no rol dos maiores pensadores brasileiros de todos os tempos, sustentarei, neste artigo, que age de acordo com o bom direito o contribuinte-substituto que, ao vender suas mercadorias, inclui, na base de cálculo do *ICMS-próprio*, o valor do *ICMS-ST* incidente sobre os produtos dados em bonificação ao contribuinte-substituído.

III Não ignoro que, no entender de alguns Fiscos estaduais, o *ICMS-ST* incidente sobre as mercadorias dadas em bonificação agrega-se ao valor das operações de venda. Por não ser cobrado do adquirente, tipifica um desconto incondicional concedido pela vendedora, devendo, pois, ser da base de cálculo do *ICMS-próprio*.

IV Para demonstrar o desconchavo da tese fazendária, tecerei, num primeiro momento, algumas considerações sobre o perfil constitucional do *ICMS-operações mercantis* e sua *base de cálculo possível*.

Ato contínuo, com apoio nas premissas assentadas, cuidarei do assunto central.

2 O perfil constitucional do *ICMS-operações mercantis* e sua *base de cálculo possível*

I A regra-matriz do *ICMS-operações mercantis*, gênero do qual são espécies o *ICMS-próprio*[1] e o *ICMS-ST* (*ICMS-substituição tributária*), encontra-se nas seguintes partes do art. 155, II, da Constituição Federal: "Compete aos Estados e ao Distrito Federal instituir impostos sobre [...] operações relativas à circulação de mercadorias [...] ainda que as operações se iniciem no exterior".

A propósito, *mercadoria* é o bem móvel sujeito à mercancia ou, se preferirmos, é o bem móvel objeto da atividade mercantil, que obedece, por isso mesmo, ao *regime jurídico comercial*.

Pois bem. Este *ICMS* incide sobre a *realização* de operações relativas à circulação de mercadorias.

Ia Encareço que tal circulação só pode ser *jurídica* (e, não, meramente *física*), fenômeno que pressupõe a transferência (de uma pessoa a outra) da titularidade de uma mercadoria. Sem tal mudança de titularidade, não há falar em tributação por meio de *ICMS*. A ideia, abonada pela melhor doutrina (Souto Maior Borges, Geraldo Ataliba, Paulo de Barros Carvalho, Cléber Giardino etc.), encontrou boa acústica no próprio Supremo Tribunal Federal.[2]

Ib Deveras, somente quando há transferência da titularidade das mercadorias (o domínio ou a posse indireta, como exteriorização da propriedade) é que o *fato imponível* do *ICMS* se verifica. Do contrário, ocorre, apenas, sua saída física. Juridicamente falando, é o mesmo que tivessem sido levadas do depósito para a vitrina do estabelecimento comercial. Nenhum jurista cogitaria, na hipótese, de ocorrência de operação mercantil, apta a ensejar a cobrança da exação em pauta.

Ic Em suma, o dever de pagar *ICMS* somente nasce com a mudança da titularidade do domínio ou da posse ostentatória da propriedade (posse autônoma, despida de título de domínio hábil) da mercadoria.

---

1 Por *ICMS-próprio* referimo-nos à técnica convencional de tributação do *ICMS-operações mercantis*.

2 V. *Revista Trimestral de Jurisprudência*, n. 64, p. 538.

II Permito-me acrescentar que, para que um ato jurídico configure uma *operação mercantil*, rendendo ensejo à tributação por meio de *ICMS*, é mister que: *a)* seja regido pelo direito comercial; *b)* tenha sido praticado num contexto de atividades empresariais; *c)* tenha por finalidade – pelo menos em linha de princípio –[3] o lucro; e *d)* tenha por objeto uma mercadoria.

III Em face do exposto, fica fácil concluir, pois, que o *ICMS* ora em estudo tem por *hipótese de incidência possível* a operação jurídica que, praticada por comerciante, industrial ou produtor, acarreta circulação de mercadorias, isto é, transmissão de sua titularidade.

Em mais preciso dizer, a materialidade (o núcleo) da *hipótese de incidência* do *ICMS* é – porque assim o exige a Carta Magna – o ato de realizar operações (negócios jurídicos)[4] mercantis.

Mas, qual é a *base de cálculo possível* do *ICMS-operações mercantis*?

IV Como é de curial sabença, *base de cálculo* é a *unidade de medida*, apontada na lei, que traduz, numa *expressão numérica*, a hipótese de incidência tributária. É justamente sobre essa *expressão numérica* que será aplicada a alíquota, o que permitirá apurar o exato montante de tributo a recolher (*quantum debeatur*).[5]

IVa Para total garantia do contribuinte de que está sendo tributado nos termos da Constituição, exige-se uma *correlação lógica* entre a *base de cálculo* e a *hipótese de incidência* do tributo. Por quê? Porque a base de cálculo é índice seguro para a identificação do aspecto material da *hipótese de incidência*, que confirma, afirma ou infirma (caso em que o tributo se torna inexigível, por falta de *coerência interna* na norma jurídica que o instituiu).

IVb Não por outro motivo, a hipótese de incidência e a base de cálculo do tributo devem interatuar. Em outras palavras, uma há de encontrar respaldo e confirmação na outra – como, de resto, bem o percebeu Misabel Derzi; *verbis*: "Quando um tributo está posto em lei, tecnicamente correta, a base de cálculo determina o retorno ao fato descrito na hipótese de incidência. Portanto, o fato medido na base de cálculo deverá ser o mesmo posto na hipótese".[6]

Incumbe, pois, à base de cálculo especificar, em termos matemáticos, a hipótese de incidência do tributo. Assim, se esta for – como no caso em estudo – "vender mercadoria", sua base de cálculo somente poderá ser o "valor da venda realizada". O que fugir disso não medirá de modo adequado o *fato tributário* e, no momento da apuração do *quantum debeatur*, fará com que o contribuinte pague além da conta, vulnerando-lhe, desse modo, o *direito de propriedade*.

---

3 A operação mercantil não precisa necessariamente gerar lucro a quem a realiza. Assim, esse episódio não se descaracteriza se, por exemplo, razões negociais levarem a uma venda *a preço de custo* ou, até, *com prejuízo*.

4 Para Miguel Reale, "negócio jurídico é aquela espécie de ato que, além de se originar de um ato de vontade, implica a declaração expressa da vontade, instauradora de uma relação entre dois ou mais sujeitos, tendo em vista um objeto protegido pelo ordenamento jurídico" (REALE, Miguel. *Lições preliminares de direito*. 5. ed. São Paulo: Saraiva, 1978. p. 135). No mesmo sentido, Paulo Dourado de Gusmão ensina que negócio jurídico "[...] é a declaração expressa de vontade destinada a produzir efeitos jurídicos de natureza patrimonial, como os contratos" (GUSMÃO, Paulo Dourado de. *Introdução ao estudo do direito*. 13. ed. Rio de Janeiro: Forense, 1988. p. 334).

5 Tal a lição de Geraldo Ataliba, para quem a base de cálculo é a "perspectiva dimensível do aspecto material da hipótese de incidência que a lei qualifica, com a finalidade de fixar critério para a determinação, em cada obrigação tributária concreta, do 'quantum debeatur'" (ATALIBA, Geraldo. *Hipótese de incidência tributária*. 5. ed. 3. tir. São Paulo: Malheiros, 1992. p. 97).

6 DERZI, Misabel. Notas de atualização. *In*: BALEEIRO, Aliomar. *Direito tributário brasileiro*. 11. ed. 10. tir. Rio de Janeiro: Forense, 2006. p. 65.

V Foi o que corretamente fez o art. 13, I, da Lei Complementar nº 87/1996 (*Lei Kandir*), que estipulou que a base de cálculo do *ICMS-operações mercantis* é o valor da saída da mercadoria, decorrente da operação jurídica que lhe transferiu a titularidade.[7]

VI O quadro não se altera quando o *ICMS-operações mercantis* é recolhido no regime da substituição tributária, prevista no art. 150, §7º, da Constituição Federal; *verbis*:

> Art. 150. [...]
> §7º A lei poderá atribuir a sujeito passivo de obrigação tributária a condição de responsável pelo pagamento de imposto ou contribuição, cujo fato gerador deva ocorrer posteriormente, assegurada a imediata e preferencial restituição da quantia paga, caso não se realize o fato gerador presumido.

Sem embargo de nossa opinião acerca da inconstitucionalidade deste dispositivo,[8] inserido em nossa Carta Magna, pela Emenda Constitucional nº 3/1993, o fato é que o Supremo Tribunal Federal acabou por convalidá-lo, pelo menos no que tange ao *ICMS*,[9] razão pela qual nos absteremos de entrar na discussão, que, diga-se de passagem, foge aos objetivos do presente artigo.

VIa Deixando de lado outros *considerandos*, que não vêm para aqui, o fato é que a substituição tributária *para frente* é adotada no *ICMS* por razões de *praticidade*. Deveras, a *praticidade* (ou *princípio da praticabilidade*, que os alemães tão bem estudaram)[10] recomenda que se evitem execuções muito complicadas das leis, sobretudo quando devem ser aplicadas *em massa* (é o caso das leis que tratam dos *tributos sem lançamento*, impropriamente chamados de *tributos que aceitam lançamento por homologação*).[11] Um dado, no entanto, é incontroverso: em nome da praticidade não se podem romper os princípios constitucionais tributários, entre os quais se inscreve o *da não cumulatividade*.

Com efeito, na substituição tributária para frente, o *ICMS* é integralmente recolhido, vale dizer, não só na parte relativa à operação mercantil feita com o primeiro comprador (*v.g.*, a fábrica de doces), mas, também, nas relativas a todas as operações futuras (*v.g.*, com o distribuidor, o supermercado e o consumidor final). Respalda este entendimento, o próprio §7º, do art. 150, da Constituição Federal, quando alude ao "fato gerador que deva ocorrer posteriormente". Logo, força é convir que o recolhimento do

---

7 Essa diretriz foi seguida pelas leis ordinárias dos estados-membros e do Distrito Federal.

8 A respeito escrevi: "[S]e não ocorreram os pressupostos necessários ao surgimento da própria obrigação tributária – e, portanto, não se pode falar, ainda, em tributo –, por muito maior razão (argumento 'a fortiori') não se há de cogitar da substituição de sujeito passivo que ainda nem existe. Eis aqui um limite lógico: somente se pode substituir sujeito passivo que já exista. Se ainda não surgiu a obrigação tributária, ele não existe e, deste modo, presumi-lo afronta os postulados constitucionais" (CARRAZZA, Roque Antonio. *ICMS*. 19. ed. São Paulo: JusPodivm; Malheiros, 2022. p. 351). Meu raciocínio completo é encontrável nas páginas 350 a 388 desta obra.

9 No julgamento, ocorrido em 2.8.1999, do RE nº 213.396-5-SP (Pleno, Rel. Min. Ilmar Galvão) ficou decidida, por maioria de votos (vencidos os Ministros Carlos Velloso, Marco Aurélio e Sepúlveda Pertence), a constitucionalidade do regime de substituição tributária *para frente*, no *ICMS*. Mesmo assim, continuo convencido, *data venia*, de que este regime, ainda que possa atender a "necessidades de política tributária" (conforme consta do voto vencedor), desatende ao *Estatuto do Contribuinte*.

10 Para aprofundamento do assunto, v., de COSTA, Regina Helena. *Praticabilidade e justiça tributária*: exequibilidade da Lei Tributária e Direitos do Contribuinte. São Paulo: Malheiros, 2007.

11 A praticidade possibilita o cumprimento simplificado das leis que, com suas *abstrações generalizantes*, garantem a potencialidade arrecadatória das pessoas políticas, ao mesmo tempo em que permitem que os contribuintes atendam aos seus deveres sem custos econômicos adicionais, nem desnecessárias perdas de tempo.

imposto pago em razão das operações e prestações anteriores – a real e as presumidas – gera o correspondente direito ao crédito.[12]

VIb Ademais, as razões de praticidade que levaram à adoção do regime da substituição tributária *para frente* no *ICMS* não têm primazia sobre a *segurança* e a *certeza da tributação*, postulados constitucionais que exigem que os contribuintes recolham, a título de tributo, exatamente o que devem; nunca, mais. Do contrário, haverá, da parte da pessoa política tributante, *enriquecimento sem causa*, que a teoria geral do direito repele e o senso comum inadmite.

V Acrescento que a substituição tributária *para frente*, no *ICMS*, deve: *a)* ser veiculada por lei ordinária, nos termos dos arts. 150, §7º e 155, §2º, XII, "a" e "b", ambos da Constituição Federal; e 6º, da Lei Complementar nº 87/1996, tudo em harmonia com os princípios *da legalidade* e da *tipicidade da tributação; b)* assegurar a imediata e preferencial restituição da quantia paga, caso não se realize o *fato gerador presumido*; e, *c)* adotar o regime jurídico aplicável à tributação do substituído.

Va Importante observar, ainda, que a substituição tributária não altera a natureza jurídica do *ICMS-operações mercantis*, que permanece sendo um imposto plurifásico, incidente sobre negócios jurídicos praticados com mercadorias.

Na realidade, a distinção entre o *ICMS-próprio* e o *ICMS-ST* repousa simplesmente na forma de arrecadação; não, no núcleo (na consistência jurídica) do tributo.

Vb Noutro passo, a substituição tributária é mera técnica de arrecadação, visando a conferir maior eficiência à fiscalização. Em consequência, não pode implicar, para os contribuintes que participam da cadeia de circulação de mercadorias, nem aumento da carga econômica do *ICMS* nem acúmulo de créditos.

Nessa esteira, o total arrecadado a título de *ICMS*, mesmo quando este for submetido ao regime da substituição tributária para frente (*ICMS-ST*), é o valor que seria devido na operação praticada com o consumidor final (cujo montante é antecipado pelo substituto tributário).

VI É fundamental também ter presente que a substituição tributária *para frente* no *ICMS-operações mercantis* não lhe altera a base de cálculo.

O assunto é tratado no art. 8º, da Lei Complementar nº 87/1996, editado com base art. 155, §2º, XII, "b", da Constituição Federal. Embora sua redação não seja das mais técnicas, ela, devidamente interpretada, estabelece que a base de cálculo do *ICMS-ST* deve ser, na seguinte ordem: *1ª)* o valor, único ou máximo, fixado pelo órgão público competente, da operação mercantil ao consumidor final (§2º); *2ª)* o preço de venda ao consumidor final, sugerido pelo fabricante ou importador (§3º); *3ª)* o valor da operação mercantil realizada pelo substituto ou pelo substituído, acrescido de encargos (frete, seguro etc.) e da *margem de valor agregado* (inc. II, "a", "b" e "c", e §§2º e 3º); *e*, alternativamente ao critério anterior, *4ª)* o preço da mercadoria, usualmente praticado no mercado, nas operações jurídicas com o consumidor final, ou seja, a *pauta fiscal* (§6º).[13]

---

[12] Razão assiste, pois, a Christine Mendonça, quando observa: "Como na substituição para frente há tributação das etapas posteriores ditas 'substituídas', há a realização do descrito na hipótese do débito do Fisco escritural do ICMS, devendo, portanto, ser previsto o nascimento do débito do Fisco escritural" (MENDONÇA, Christine. *A não-cumulatividade do ICMS*. São Paulo: Quartier Latin, 2005. p. 248).

[13] É vedado à Administração Fazendária usar de critérios híbridos (combinados), para chegar ao *quantum debeatur* do *ICMS-ST*. Em outros termos, ela não está, de modo algum, facultada a mesclar os aludidos critérios, ainda que com o propósito de aumentar a arrecadação. Assim, por exemplo, não lhe é dado intercambiar a *margem de valor agregado* e a *pauta fiscal*.

Como se vê, a base de cálculo do *ICMS-ST* deve, preferencialmente, ser *o valor da operação* realizada pelo *substituto tributário* (cf. art. 8º, II, da LC nº 87/1996).

Estendido este pano de fundo, passo a enfocar o assunto central.

3 O montante do *ICMS-ST* incidente sobre as mercadorias dadas em bonificação, incluído na base de cálculo do *ICMS-próprio*, não é *desconto incondicional*

3.1 Introito

I Para bem desenvolver o assunto central, é preciso, antes de tudo, cuidar da questão terminológica. Afinal, muitas vezes, as palavras revelam-se equívocas (polissêmicas), de modo que, para serem corretamente compreendidas, devem passar por aquilo que os linguistas chamam de *processo de elucidação*.[14]

Além disso, as palavras são meros rótulos que utilizamos para designar as coisas que nos cercam. Absolutamente não lhes alteram a essência, como, diga-se de passo, já sabiam os antigos jurisconsultos romanos, que nos legaram o milenar brocardo *verba non mutant substantia rei*.

Ia Sempre a respeito, Henry Bérgson[15] compara as palavras a prisões, dentro das quais se comprimem ideias em constante mutação. Assim, cabe ao intérprete invadir essas prisões, quebrar-lhes a estrutura gráfica e desvendar-lhes o sentido em que são utilizadas.

Afinal, como preleciona John Hospers,[16] qualquer palavra é conveniente, na medida em que nos colocamos de acordo sobre seu significado e a empregamos de maneira adequada.

Some-se a isso a circunstância de que, em direito, as realidades são reveladas pelo *regime jurídico*[17] a que estão submetidas e, não, pela designação que recebem.[18]

Ib Logo, é imprescindível explicitar em que sentido a palavra "condição" foi empregada no art. 13, §1º, II, "a", da Lei Complementar nº 87/1996, que prescreve:

> Art. 13. [...].
>
> §1º Integra a base de cálculo do imposto, inclusive nas hipóteses dos incisos V, IX e X do "caput" deste artigo: [...]
>
> II - o valor correspondente a:
>
> a) seguros, juros e demais importâncias pagas, recebidas ou debitadas, bem como descontos concedidos sob *condição*; [...].[19]

---

[14] A univocidade das palavras é um imperativo metodológico inafastável, motivo pelo qual, na linguagem científica, faz-se imprescindível indicar o sentido em que estão sendo empregadas.

[15] BÉRGSON, Henry. A consciência e a vida. *In*: BÉRGSON, Henry. *Os Pensadores*. Tradução de de Franklin Leopoldo e Silva. 2. ed. São Paulo Abril Cultural, 1979. p. 70.

[16] HOSPERS, John. *Introducción al análisis filosófico*. Buenos Aires: Abeledo Perrot, 1966. t. I. p. 35. Para Hospers, as palavras manifestam, tão somente, o convencionado pela linguagem comum ou científica, não estando ligadas, pois, a exclusivas essências conceituais, determinadas como verdadeiras e únicas.

[17] *Regime jurídico* é o conjunto de princípios e normas que incidem sobre determinado objeto de direito, moldando-lhe as feições.

[18] Corretíssima, a respeito, a lição de Pontes de Miranda; *verbis*: "Na exposição científica do Direito não podemos deixar que a terminologia perturbe o sistema jurídico ou a visão dele" (PONTES DE MIRANDA. *Tratado de direito privado*. Rio de Janeiro: Borsói, 1958. v. 22. p. 13).

[19] Grifos nossos.

Com efeito, a palavra *condição* é equívoca, já que, isoladamente considerada, tanto pode significar "requisito de um dado negócio jurídico" (sentido vulgar),[20] como "cláusula que subordina os efeitos de um negócio jurídico, a um evento futuro e incerto" (sentido jurídico).

Ic Ora, tenho para mim que, na mencionada alínea "a", é neste último sentido que a palavra "condição" deve ser entendida.

Reforça meu pensamento a jurisprudência pacífica do *STJ* (*v.g.*, REsp nº 783.184, Rel. Min. Teori Zavascki, 1ª Turma. *DJ*, 12.6.2006), de acordo com a qual não podem ser incluídos na base de cálculo do *ICMS* os abatimentos concedidos nas operações mercantis, que não se condicionam a eventos futuros e incertos.

II Realmente, constitui prática corriqueira uma sociedade empresária, para alavancar seus negócios, oferecer, a seus revendedores, bonificações em mercadorias.

Tais bonificações, como é de compreensão intuitiva, consistem na entrega gratuita de mercadorias adicionais ao revendedor que lhe adquire determinado volume (a chamada "dúzia de treze").

Apesar de a vendedora não cobrar de sua revendedora o valor das mercadorias dadas em bonificação, incide, sobre sua saída, o *ICMS-ST*.

Portanto, embora a nota fiscal correspondente contemple os montantes relativos *(i)* às mercadorias vendidas (com o *ICMS-próprio* e o *ICMS-ST* daí incidente), bem como, *(ii)* às mercadorias dadas em bonificação (também com o *ICMS-próprio* e o *ICMS-ST* daí incidente), o revendedor arca, apenas, com os valores das mercadorias adquiridas e os impostos incidentes na operação de venda.

Nada obstante o valor total da operação contemple tanto a venda, quanto a bonificação, o revendedor paga *ICMS*, exclusivamente, pela operação de venda.

A vendedora inclui, portanto, na base de cálculo do *ICMS-próprio*, além dos valores das mercadorias vendidas e das dadas em bonificação, o *ICMS-ST* incidente sobre ambas as operações.

Pois bem, várias Fazendas Públicas estaduais, entendendo que os custos dos impostos das mercadorias dadas em bonificação, não sendo repassados aos revendedores, são descontos incondicionais, autuam as empresas vendedoras, por os haverem incluído na base de cálculo do *ICMS-próprio*. Invocam, para isso, o disposto no já citado art. 13, §1º, II, "a", da Lei Complementar nº 87/1996.

Essa alínea "a", porém, não se presta a respaldar a pretensão dos Fiscos, já que não transforma em "descontos incondicionais" a circunstância de o valor do *ICMS-ST* incidente sobre as mercadorias bonificadas deixar de ser repassado aos revendedores.

Como é fácil perceber, o problema jurídico em tela se soluciona com a simples demonstração de que tais montantes não constituem "descontos incondicionais".

III Movido por tal propósito, começo por afirmar que a legislação tributária não estabelece o que se deve entender por *condição*, assunto do qual se ocupa o direito privado. É nele, portanto, que se deve buscar esse conceito, para aplicá-lo ao assunto em análise.

---

[20] É nesse sentido que se fala em "condição de validade" (antecedente necessário, para que um evento ocorra) ou em "condição de capacidade".

Sendo mais específico, quando o art. 13, §1º, II, "a", *in fine*, da Lei Complementar nº 87/1996, aludiu à *condição*, encampou conceito que estava desenhado no Código Civil.

A ninguém deve causar estranheza que assim seja, pois, como leciona Gian Antonio Micheli, catedrático da Faculdade de Direito da Universidade de Roma, o direito tributário é um *direito de superposição* e, como tal, capta conceitos e assimila institutos que lhe são fornecidos pelo direito privado.[21]

Logo, *condição*, para fins de tributação por meio de *ICMS*, é o que a lei civil assim considerava, quando da edição da *Lei Kandir*, ou seja, em 13.9.1996.

IV Pois bem, na época, ainda vigorava o Código Civil de 1916, que, em seu art. 114, estipulava; *verbis*: "Art. 114. Considera-se condição a cláusula que subordina o efeito do ato jurídico a evento futuro e incerto".

Ainda o mesmo diploma, agora em seu art. 117, era peremptório ao estatuir; *verbis*: "Art. 117. Não se considera condição a cláusula que não derive exclusivamente da vontade das partes, mas decorra necessariamente da natureza do direito a que acede".

Essa, de resto, é a noção que ressai do art. 121, do atual Código Civil, que se limitou a aperfeiçoar, com outras palavras, o que constava nos precitados artigos do Código Civil de 1916.

Sinto-me confortável, portanto, para proclamar que, no direito privado, "condição" é o evento futuro e incerto, idôneo a alterar a eficácia de um ato ou fato jurídico.

V Invocável, a respeito, a clássica lição de De Plácido e Silva; *verbis*:

> "Condição". [...] na terminologia jurídica, possui o sentido de cláusula ou disposição, que se insere em um contrato, para que dela dependa a execução de um ato futuro ou dela dependa a eficácia de um ato jurídico.
>
> Evidencia-se, pois, a declaração acessória, fundada em um acontecimento futuro e incerto, de que dependerá a eficácia de um ato jurídico, indicativo da declaração principal. [...]
>
> E, aí, está a verdadeira acepção da condição – evento futuro e incerto de que se faz depender o cumprimento de uma obrigação ou de uma disposição.[22]

Va Segue na mesma trilha o direito anglo-saxão, como ressai do seguinte excerto do famoso *Black's Law Dictionary*: "Condição. n.1. Um evento futuro e incerto do qual depende a existência ou extensão de uma obrigação ou responsabilidade".[23]

Vb De seu turno, a doutrina francesa, bem representada por Robert Pothier, comunga da mesma opinião. Deveras, para este jurista, "uma condição é a hipótese de um sucesso futuro e incerto, que pode ocorrer ou não, sobre o qual a obrigação depende".[24]

Vc Também o civilista lusitano Pedro Pais de Vasconcellos, baseado na *teoria dos contratos*, considera *condição* a cláusula negocial que promove "a sujeição da eficácia do negócio ou de parte dele a um facto futuro e incerto".[25]

---

21 MICHELI, Gian Antonio. *Corso di diritto tributario*. 1. ed. Turim: UTET, [s.d.].

22 DE PLÁCIDO E SILVA. *Vocabulário jurídico*. Rio de Janeiro: Forense, 1991. Edição Universitária. v. I-II. p. 494.

23 GARNER, Bryan A. (Ed.). *Black's Law Dictionary*. 8. ed. Eagan (MN): Thomson West, 2004. p. 885 (traduzi do original).

24 POTHIER, Robert. *A treatise on the Law of obligations, or contracts*. Tradução do francês para o inglês por William David Evans, Robert H. Small. Philadelphia: Minor Street, 1839. v. 1. p. 86, item 1999.

25 VASCONCELOS, Pedro Pais de. *Teoria geral do direito civil*. Coimbra: Almedina, 2007. p. 606.

Vd Por igual modo, Andreas von Tuhr, ao se debruçar sobre o art. 158, do Código Civil alemão, assevera; *verbis*: "O negócio está sob condição quando, segundo a vontade das partes, sua eficácia depende de que se produza ou não um acontecimento futuro e incerto".[26]

Ve Dignas de menção, igualmente, as observações de Washington de Barros Monteiro; *verbis*:

> Considera-se condição a cláusula que subordina o efeito do ato jurídico a evento futuro e incerto (Cod. Civil, art. 121). Dessa disposição legal decorrem os elementos conceituais da referida modalidade: a) diz respeito a um acontecimento futuro. Fato passado, ou até mesmo presente, ainda que ignorado, não constitui condição, porquanto, em verdade, nada deixa em suspenso; b) esse acontecimento futuro há de ser incerto, podendo verificar-se, ou não. Se o evento fatalmente vai verificar-se, não há condição, mas termo.[27]

Vf Vicente Ráo compartilha do mesmo ponto de vista; *verbis*: "Em sentido próprio, chama-se condição a modalidade voluntária dos atos jurídicos que lhes subordina o começo ou o fim dos respectivos efeitos à verificação, ou não verificação, de um evento futuro e incerto".[28]

Vg Anoto, por oportuno, que essas noções doutrinárias de há muito se encontram positivadas em nosso direito: antes, nos arts. 114 e 117, do Código Civil de 1916; atualmente, no art. 121, do Código Civil de 2002.

VI Como se vê, tanto a melhor doutrina, nacional e estrangeira, quanto o próprio Código Civil brasileiro são unânimes em proclamar que *condição* é espécie de cláusula contratual que sujeita a eficácia de determinado negócio jurídico à realização de evento *futuro* e *incerto*. De revés, inexiste condição, quando tal eficácia independe da ocorrência de qualquer evento futuro e incerto.

VIa É importante assinalar, ainda, que a condição pode ser *suspensiva* ou *resolutiva*, conforme, com sua superveniência, os efeitos do negócio jurídico se façam sentir ou desapareçam. Exemplificando para melhor esclarecer, haverá *(i) condição suspensiva* caso "A" assuma contratualmente a obrigação de doar um automóvel a "B", se este ingressar na Faculdade "X" e, *(ii) condição resolutiva*, se "A" se comprometer contratualmente a pagar as mensalidades escolares de "B", enquanto este for aprovado em todos os exames do curso.

VIb Portanto, pode-se dar por correto que a *condição* mencionada no art. 13, §1º, II, "a", *in fine*, da Lei Complementar nº 87/1996, é a cláusula contratual que, derivando exclusivamente da vontade das partes, subordina o efeito do negócio jurídico a um evento futuro e incerto.

VIc Desse modo, o *ICMS* só incide sobre os descontos (abatimentos concedidos ao comprador da mercadoria ou ao fruidor do serviço) se decorrerem da existência (*condição suspensiva*) ou inexistência (*condição resolutiva*) de um ato ou fato futuro e incerto.

---

[26] TUHR, Andreas von. *Derecho civil*. Teoria general del derecho civil alemán. Los Hechos Jurídicos. Tradução de Tito Ravá. Buenos Aires: Depalma, 1947. v. II-III. p. 304 (traduzi do espanhol).

[27] MONTEIRO, Washington de Barros. *Curso de direito civil*: direitos das obrigações: 1ª parte. São Paulo: Saraiva, 1988. p. 236 (atualizei a referência ao artigo do Código Civil que trata do assunto).

[28] RÁO, Vicente. *Ato jurídico*. 3. ed. São Paulo: Saraiva, 1981. p. 290.

Aqui chegado, é o caso, então, de perquirir: em que consiste, afinal, um evento futuro e incerto?

VII *Evento* é tudo quanto pode ou não acontecer. Daí que, para se concretizar a condição, os efeitos do negócio jurídico celebrado entre as partes devem depender da ocorrência de um ato ou fato, que pode, ou não, ocorrer.

Positivamente não é o que se dá quando a empresa-vendedora paga o *ICMS* incidente sobre as mercadorias que dá em bonificação aos seus revendedores.

VIII Adianto que a ausência de repasse de tais montantes aos revendedores não constitui sequer "desconto", porquanto não faz sentido que a vendedora cobre dos seus revendedores os impostos que incidiram sobre mercadorias que ela não lhes vendeu, mas – repita-se – lhes deu como *bonificação*.

Realmente, a remessa de mercadorias em bonificação, longe de ser um abatimento no seu preço, é uma vantagem que o vendedor concede ao comprador, entregando-lhe uma quantidade maior de produtos do que a estipulada pelas partes. Assim, o valor das bonificações deve ser incluído na base de cálculo do *ICMS* a cargo do vendedor.

VIIIa Note-se que a Receita Federal do Brasil, ao cuidar da questão (embora sob a óptica da *Cofins*), entendeu, na Solução de Consulta Cosit nº 202/2021, que:

> Bonificações em mercadorias entregues gratuitamente, a título de mera liberalidade, sem vinculação a operação de venda, configuram descontos condicionais, são consideradas receitas de doação para a pessoa jurídica recebedora dos produtos (donatária), incidindo a Cofins apurada pela sistemática cumulativa sobre o valor de mercado desses bens.

VIIIb Em suma, como não há duvidar, as bonificações em mercadorias não são descontos incondicionais e, nessa medida, seu valor deve compor a base de cálculo do *ICMS-próprio*.

É o que explicitarei em seguida.

3.2 A natureza jurídica do ICMS-ST incidente sobre as mercadorias dadas em bonificação

I Como penso haver demonstrado *omni modo*, um desconto é incondicional quando, sem necessidade da verificação de eventos futuros e incertos, o vendedor, o prestador, o cessionário etc., reduz os montantes que cobra de terceiro.

Noutro giro verbal, desconto incondicional é uma redução do valor monetário cobrado de terceiro, pelo vendedor, prestador, cessionário etc., independentemente da implementação de condições (eventos futuros e incertos), vale dizer, de episódios que venham a ocorrer após a emissão da fatura (ou da nota fiscal), correspondente ao contrato firmado entre as partes.

Essa noção rima, em tudo e por tudo, com disposto nos precitados arts. 114 e 117, do Código Civil de 1916, e no art. 121, do atual Código Civil. Para ambos os diplomas normativos, *condição* é a cláusula que, derivando exclusivamente da vontade das partes, subordina o efeito do negócio jurídico a um evento futuro e incerto.

Ia Nem se diga que a definição legal *supra* não vale para o direito tributário. Com efeito – nunca é demais repetir –, este ramo jurídico busca, no direito privado, os dados e formas de que se utiliza para fazer nascer os tributos ou estabelecer os critérios para sua quantificação (propriedade, mercadoria, compra e venda, transmissão de direitos imobiliários, condição etc.).

Ib Tal assertiva está em sintonia com o disposto nos arts. 109 e 110, do Código Tributário Nacional; *verbis*:

> Art. 109. Os princípios gerais de direito privado utilizam-se para pesquisa da definição, do conteúdo e do alcance de seus institutos, conceitos e formas, mas não para definição dos respectivos efeitos tributários.
>
> Art. 110. A lei tributária não pode alterar a definição, o conteúdo e o alcance de institutos, conceitos e formas de direito privado, utilizados, expressa ou implicitamente, pela Constituição Federal, pelas Constituições dos Estados, ou pelas Leis Orgânicas do Distrito Federal ou dos Municípios, para definir ou limitar competências tributárias.

Ic Calham bem as seguintes ponderações de Misabel Derzi; *verbis*:

> Quando a Constituição usa um conceito, um instituto ou forma do Direito Privado, o nome empregado denota certo objeto, segundo a conotação que ele tem na ciência jurídica particular, da qual se origina. A conotação completa que advém da ciência do Direito Privado é condição prévia de inteligibilidade e univocidade do discurso constitucional. E se a Constituição se utiliza nesse sentido, extraído de certo ramo jurídico, para assegurar a discriminação e delimitação de competência, enfim o pacto federativo, não é dado ao legislador infraconstitucional alterá-lo. Permitir ao intérprete ou ao legislador ordinário que alterasse o sentido e alcance desses institutos e conceitos constitucionalmente empregados seria permitir que firmasse sem licença da Constituição, novo pacto federativo, nova discriminação de competência. Sendo assim, o art. 110 do CTN determina a cristalização da denotação e da conotação jurídica daqueles institutos, conceitos e formas, vedando-se ao legislador tributário a alteração de sentido que é própria do Direito Privado.[29]

Id Da mesma maneira, os conceitos que a legislação tributária encampa sem ressalvas[30] do direito privado não podem ser alterados ao talante do aplicador.

Do contrário, a própria rigidez do sistema tributário restaria seriamente comprometida, quando não anulada. Bastaria, para isso, que o aplicador retrabalhasse os conceitos de direito privado, empregados pela legislação para limitar e demarcar a atuação do Fisco.

II O quanto acaba de ser escrito vale para o conceito "descontos incondicionais", como, de resto, já decidiu o Supremo Tribunal Federal; *verbis*:

> Sob a óptica jurídico-contábil, os descontos incondicionais são parcelas redutoras dos preços de compra e venda, outorgados independentemente de evento posterior, devendo figurar no corpo da nota fiscal emitida. Esse tipo de abatimento, também conhecido como

---

[29] DERZI, Misabel. Notas de atualização. *In*: BALEEIRO, Aliomar. *Direito tributário brasileiro*. 11. ed. 10. tir. Rio de Janeiro: Forense, 2006. p. 492.

[30] Para efeitos tributários, a menos que haja disposição legislativa diversa, prevalecem "a definição, o conteúdo e alcance de institutos, conceitos e formas de direito privado".

"desconto comercial", normalmente utilizado para atrair clientela, repercute necessariamente no preço final praticado, ou seja, no "valor da operação". Uma vez concedido, o valor correspondente não será pago pelo adquirente do produto, não fazendo parte do preço praticado em definitivo.[31]

III Aplicando, ao assunto central, a *ratio decidendi* do *STF*, tem-se que a falta de transferência do ônus econômico dos tributos, que incidem sobre as mercadorias cedidas em bonificação, absolutamente não constitui parcela redutora do preço de compra e venda, outorgada independentemente de evento posterior. Bem por isso, *não pode* ser havida por desconto incondicional.

A bem da verdade, inexiste, na legislação de regência do *ICMS*, qualquer dispositivo que obrigue o contribuinte a excluir, da base de cálculo dessa exação, os encargos tributários decorrentes de operações de bonificação quando essa despesa não for repassada ao adquirente.

IV Aliás, não se pode olvidar que a transferência de mercadorias dadas em bonificação deve incluir os tributos sobre ela incidentes, que nunca são cobrados dos adquirentes.

Tais ônus *integram inseparavelmente* (*inhaerere ad ossa*) a operação principal – bonificação em mercadorias – a que se relacionam, devendo a eles se aplicar, pois, a milenar regra jurídica *acessorium sequitur suum principale*. Em suma, não podem receber tratamento tributário em separado.

IVa Corrobora esse entendimento o art. 139, do Código Tributário Nacional; *verbis*: "Art. 139. O crédito tributário decorre da obrigação principal e tem a mesma natureza desta".

IVb Desse modo, sempre mais se confirma que, se o valor das mercadorias dadas em bonificação deve ser incluído na base de cálculo do *ICMS-próprio*, também deve compô-la o *ICMS-ST* incidente na operação jurídica.

V Dito de outro modo, falece razão às Fazendas Públicas estaduais quando sustentam que *(i)* o valor das mercadorias dadas em bonificação deve compor a base de cálculo do *ICMS-próprio* e *(ii)* o montante de *ICMS-ST* incidente sobre a operação deve ser excluído da base de cálculo do mesmo *ICMS-próprio*.

Ora, de duas uma: ou o valor das mercadorias dadas em bonificação e o respectivo imposto integra a base de cálculo do *ICMS-próprio*, ou não a integra. Não há alternativa possível, já que, como a lógica nos ensina, *tertium non datur*.[32] De fato, *existir* e *não existir* não são a mesma coisa, mas coisas que se opõem.

VI Nesse ponto de nosso raciocínio, é o caso de trazermos à colação os celebérrimos ensinamentos de Carlos Maximiliano; *verbis*: "Deve o direito ser interpretado

---

[31] RE 567.935/SC, Rel. Min. Marco Aurélio, Pleno, j. 4.9.2014, v.u. *DJe*, 4.11.2014 (grifos nossos).

[32] Inaplicável, à ciência do direito, a polêmica hipótese do "Gato de Schrödinger", assim denominada porque concebida pelo físico austríaco Erwin Schrödinger, em 1935 (dois anos depois de esse brilhante cientista haver ganhado o Prêmio Nobel de Física), para demonstrar o comportamento de partículas subatômicas. Em resumo, na situação por ele proposta (e impossível de ser reproduzida na prática), um gato seria preso em uma caixa fechada, ficando à mercê de partículas radioativas. Se elas circulassem pela caixa, o gato morreria; caso contrário, permaneceria vivo. Ocorre que, de acordo com as regras da física quântica, um mínimo de interferência (como uma fonte de luz, para se observar o fenômeno) faria entrarem em colapso as realidades paralelas, prejudicando o experimento. Por isso, segundo Schrödinger, nesse ambiente intacto, o gato deve ser considerado, simultaneamente, vivo e morto, o que é, mais do que contraditório, impossível.

inteligentemente, *não de modo que a ordem legal envolva um* absurdo, *prescreva inconveniências, vá ter a conclusões inconsistentes ou impossíveis*".[33]

VIa Assim, por levar a uma conclusão juridicamente inconsistente, *há que ser afastado de plano* o entendimento de que o imposto incidente sobre a operação com mercadorias dadas em bonificação, por não ser cobrado dos revendedores, tem a natureza jurídica de *desconto incondicional*, que não deve compor a base de cálculo do *ICMS-próprio* da empresa vendedora.

VIb Destarte, sustentar *(i)* que o montante relativo às mercadorias dadas em bonificação deve integrar a base de cálculo do *ICMS-próprio* e, ao mesmo tempo, *(ii)* que o valor do tributo incidente sobre tal operação dela deve ser excluído (porque seria um *desconto incondicional*) atenta contra o próprio bom senso, que sempre deve ser considerado, na solução de impasses, antinomias e litígios.

VII A bem da verdade, tal ausência de cobrança nem mesmo pode ser considerada *desconto*, uma vez que, ao contrário do alegado pelo Fisco estadual, o *ICMS* incidente sobre as operações com mercadorias dadas em bonificação *nunca* é agregado ao valor das operações de venda e, portanto, *não* pode ser exigido do adquirente.

Deveras, o *ICMS* incidente sobre as operações com mercadorias dadas em bonificação dela faz parte e é ônus da empresa-vendedora. Por não integrar o *preço* das mercadorias vendidas, a circunstância de não ser cobrado dos adquirentes não o reduz.

Apenas pode ser havido por *desconto*, o que efetivamente acarreta uma vantagem financeira ao adquirente, vale dizer, que diminui o preço que ele paga pelas mercadorias.

Esse não é absolutamente o caso do *ICMS* incidente sobre as operações com as mercadorias bonificadas, que, não custa repetir, jamais é cobrado dos adquirentes. Fazê-lo implica "extrativismo fiscal", compreendido como a dinâmica pela qual o Estado retira, valendo-se de uma tributação atrabiliária, as riquezas da sociedade.

4 Conclusões

Tudo posto e considerado, pode-se concluir que:

I *condição* é espécie de cláusula contratual que sujeita a eficácia de determinado negócio jurídico à realização de evento *futuro* e *incerto*;

Ia inexiste condição, quando tal eficácia independe da ocorrência de qualquer evento futuro e incerto;

Ib a *condição* mencionada no art. 13, §1º, II, "a", *in fine*, da Lei Complementar nº 87/1996, é a cláusula contratual que, derivando exclusivamente da vontade das partes, subordina o efeito do negócio jurídico a um evento futuro e incerto;

Ic o *ICMS* somente incidirá sobre os descontos (abatimentos concedidos ao comprador da mercadoria ou ao fruidor do serviço) se decorrerem da existência (*condição suspensiva*) ou inexistência (*condição resolutiva*) de um ato ou fato futuro e incerto;

II conforme dispõe o art. 13, §1º, II, "a", *in fine*, da Lei Complementar nº 87/1996, *desconto incondicional* é uma redução do valor monetário cobrado de terceiro, pelo vendedor, prestador, cessionário etc., independentemente da implementação de condições (eventos futuros e incertos), vale dizer, de episódios que venham a ocorrer após a emissão da fatura (ou da nota fiscal), correspondente ao contrato firmado entre as partes;

---

[33] MAXIMILIANO, Carlos. *Hermenêutica e aplicação do direito*. 9. ed. Rio de Janeiro: Forense, 1980. p. 166 (grifos no original).

III inexiste, na legislação de regência do *ICMS*, qualquer dispositivo que obrigue o contribuinte-substituto a excluir, da base de cálculo dessa exação, o *ICMS-ST* decorrente de operações de bonificação;

IIIa a transferência de mercadorias dadas em bonificação deve incluir o *ICMS-ST* sobre elas incidente, que *nunca* é cobrado de quem as adquire;

IIIb tal ônus *integra inseparavelmente* (*inhaerere ad ossa*) a operação principal – bonificação em mercadorias – a que se relaciona, devendo, a ele se aplicar, pois, a milenar regra jurídica *acessorium sequitur suum principale*;

IIIc milita nesse sentido o disposto no art. 139, do Código Tributário Nacional, que estabelece: "Art. 139. O crédito tributário decorre da obrigação principal e tem a mesma natureza desta";

IIId na medida em que o valor das mercadorias dadas em bonificação deve ser incluído na base de cálculo do *ICMS* a cargo do contribuinte-substituto, segue-se que também a deve integrar o *ICMS-ST* incidente na operação; e,

IV em suma, age de acordo com o bom direito o *contribuinte-substituto* que, ao vender suas mercadorias, inclui, na base de cálculo do *ICMS-próprio*, o valor do *ICMS-ST* incidente sobre os produtos dados em bonificação ao *contribuinte-substituído*.

Referências

ATALIBA, Geraldo. *Hipótese de incidência tributária*. 5. ed. 3. tir. São Paulo: Malheiros, 1992.

BÉRGSON, Henry. A consciência e a vida. *In*: BÉRGSON, Henry. *Os Pensadores*. Tradução de de Franklin Leopoldo e Silva. 2. ed. São Paulo Abril Cultural, 1979.

CARRAZZA, Roque Antonio. *Curso de direito constitucional tributário*. 35. ed. São Paulo: JusPodivm; Malheiros, 2024.

CARRAZZA, Roque Antonio. *ICMS*. 20. ed. São Paulo: JusPodivm; Malheiros, 2024.

COSTA, Regina Helena. *Praticabilidade e justiça tributária*: exequibilidade da Lei Tributária e Direitos do Contribuinte. São Paulo: Malheiros, 2007.

DERZI, Misabel. Notas de atualização. *In*: BALEEIRO, Aliomar. *Direito tributário brasileiro*. 11. ed. 10. tir. Rio de Janeiro: Forense, 2006.

GARNER, Bryan A. (Ed.). *Black's Law Dictionary*. 8. ed. Eagan (MN): Thomson West, 2004.

GUSMÃO, Paulo Dourado de. *Introdução ao estudo do direito*. 13. ed. Rio de Janeiro: Forense, 1988.

HOSPERS, John. *Introdución al análisis filosófico*. Buenos Aires: Abeledo Perrot, 1966. t. I.

MAXIMILIANO, Carlos. *Hermenêutica e aplicação do direito*. 9. ed. Rio de Janeiro: Forense, 1980.

MENDONÇA, Christine. *A não-cumulatividade do ICMS*. São Paulo: Quartier Latin, 2005.

MICHELI, Gian Antonio. *Corso di diritto tributario*. 1. ed. Turim: UTET, [s.d.].

MONTEIRO, Washington de Barros. *Curso de direito civil*: direitos das obrigações: 1ª parte. São Paulo: Saraiva, 1988.

PONTES DE MIRANDA. *Tratado de direito privado*. Rio de Janeiro: Borsói, 1958. v. 22.

POTHIER, Robert. *A treatise on the Law of obligations, or contracts*. Tradução do francês para o inglês por William David Evans, Robert H. Small. Philadelphia: Minor Street, 1839. v. 1.

RÁO, Vicente. *Ato jurídico*. 3. ed. São Paulo: Saraiva, 1981.

REALE, Miguel. *Lições preliminares de direito*. 5. ed. São Paulo: Saraiva, 1978.

TUHR, Andreas von. *Derecho civil*. Teoria general del derecho civil alemán. Los Hechos Jurídicos. Tradução de Tito Ravá. Buenos Aires: Depalma, 1947. v. II-III.

VASCONCELOS, Pedro Pais de. *Teoria geral do direito civil*. Coimbra: Almedina, 2007.

Informação bibliográfica deste texto, conforme a NBR 6023:2018 da Associação Brasileira de Normas Técnicas (ABNT):

CARRAZZA, Roque Antonio. *ICMS-ST* – Mercadorias dadas em bonificação pelo *contribuinte-substituto* – Inclusão do imposto incidente, na base de cálculo do *ICMS-Próprio* – Questões conexas. *In*: PAULA, Fernanda de; PENCAK, Nina (coord.). *Tributação, liberdade e igualdade*: as contribuições do Ministro Luís Roberto Barroso. Belo Horizonte: Fórum, 2025. p. 1053-1067. ISBN 978-65-5518-952-0.

O AFASTAMENTO DA CONTRIBUIÇÃO PREVIDENCIÁRIA SOBRE O SALÁRIO-MATERNIDADE: DA VEDAÇÃO À UTILIZAÇÃO DA TRIBUTAÇÃO COMO INSTRUMENTO AMPLIFICADOR DA DESIGUALDADE DE GÊNERO

TARSILA RIBEIRO MARQUES FERNANDES

NAYANNI ENELLY VIEIRA JORGE

1 Introdução

Além de assegurar a existência de mecanismos necessários à democratização do sistema político, a Constituição Federal de 1988 consagrou a salvaguarda de direitos sociais, alçados ao patamar de direitos fundamentais, que visam assegurar o acesso à saúde, à moradia, à educação, ao lazer, ao trabalho, à maternidade e outros.[1]

Nesse sentido, para além da função arrecadatória, o sistema tributário brasileiro foi igualmente concebido como "arma de reforma social",[2] um mecanismo voltado a assegurar a manutenção do Estado social e do Estado democrático de direito, por meio da consecução de objetivos extrafiscais. Sob essa perspectiva, a partir da arrecadação de recursos, a tributação seria um instrumento necessário à redistribuição da riqueza, à redução de desigualdades sociais e à realização de direitos fundamentais.

No âmbito formal, ao delimitar a matriz constitucional do sistema tributário nacional, o constituinte originário preocupou-se em estabelecer tanto diretrizes positivas, que buscam orientar a legislação infraconstitucional a implementar uma tributação justa, quanto diretrizes negativas, voltadas à demarcação de competências tributárias.[3]

---

[1] GODOI, Marciano S. de. Tributação e orçamento nos 25 anos da Constituição de 1988. *Revista de Informação Legislativa*, Brasília, v. 200, p. 137-151, 2013.

[2] BALEEIRO, Aliomar. *Uma introdução à ciência das finanças*. 17. ed. Rio de Janeiro: Forense, 2010. p. 65; 231.

[3] COSTA, Regina Helena. *Curso de direito tributário*: Constituição e Código Tributário Nacional. 12. ed. São Paulo: SaraivaJur, 2021. *E-book*. (1 recurso online). ISBN 9786553623309. Disponível em: https://integrada.minhabiblioteca.com.br/books/9786553623309. Acesso em: 22 maio 2023.

A densidade e o grau de detalhamento do sistema tributário brasileiro na Constituição Federal podem ser constatados pelo desempenho da atuação do Supremo Tribunal Federal: atualmente, a matéria tributária é a segunda mais recorrente nos julgamentos da Corte, ocupando 25% dos 1.309 temas afetados à sistemática da Repercussão Geral até o momento.[4]

Embora a Constituição Federal de 1988 tenha sido criada com o objetivo de usar a tributação e o orçamento público como ferramentas de justiça social, garantindo que os custos dos direitos sejam compartilhados por toda a sociedade, não são raras as ocasiões em que a incidência tributária pode ser responsável por aprofundar desigualdades econômicas, sociais e de gênero.

Os reflexos da adoção de determinadas medidas tributárias na desigualdade de gênero perpassam a necessidade de observância do princípio da igualdade, da capacidade contributiva, além da constatação de que o sistema tributário pode afetar homens e mulheres de forma diferente.[5] Essa discussão pode ser traduzida na divisão desigual de tarefas domésticas, no cômputo para aposentadoria, no desequilíbrio dos gastos com mercadorias, na carga tributária excessiva sobre produtos femininos e, no que importa ao presente trabalho, na adoção de políticas fiscais que dificultam o acesso da mulher ao mercado do trabalho.

Cientes do fato que a Constituição Federal de 1988 foi a primeira Constituição brasileira a prever de maneira expressa a igualdade entre homens e mulheres, é natural que não existam normas que explicitamente promovam essa discriminação. Entretanto, sob o argumento de que determinada norma é neutra do ponto de vista de gênero, é possível encontrar vieses discriminatórios implícitos,[6] os quais são igualmente vedados pelo ordenamento jurídico brasileiro.

A partir da premissa de que a tributação não pode ser um instrumento ampliador da desigualdade de gênero, o presente artigo propõe-se a examinar os fundamentos determinantes adotados pelo Supremo Tribunal Federal para declarar a inconstitucionalidade da incidência da contribuição previdenciária patronal sobre o salário-maternidade, no julgamento do RE nº 576.967/PR (Tema nº 72 da Repercussão Geral),[7] sob a relatoria do Ministro Luís Roberto Barroso.

Ainda, pretende-se analisar a dicotomia que envolve a discussão, tendo em vista que, de um lado, exsurge o dever fundamental de pagar tributos, especialmente sob a perspectiva de financiamento da seguridade social, e, de outro, o direito à maternidade, à licença-gestante e à proteção ao trabalho da mulher. O trabalho também abordará as dimensões das funções contramajoritária e representativa da Suprema Corte Tribunal no julgamento do Tema nº 72 da Repercussão Geral, temas caros ao Ministro Luís Roberto Barroso.

---

[4] Dados extraídos do portal do Supremo Tribunal Federal (Disponível em: https://transparencia.stf.jus.br/extensions/repercussao_geral/repercussao_geral.html. Acesso em: 7 jul. 2024).

[5] PISCITELLI, Tathiane; SOARES, Gabriela Marília Natividade. Notas sobre o II Congresso Internacional de Tributação e Gênero: Políticas Fiscais e Sustentabilidade para a Igualdade de Gênero e Raça. *Revista Direito Tributário Atual*, n. 56, p. 816-832, 2024. DOI: 10.46801/2595-6280.56.36.2024.2539. Disponível em: https://revista.ibdt.org.br/index.php/RDTA/article/view/2539. Acesso em: 9 jul. 2024.

[6] STOTSKY, Janet G. Gender Bias in Tax Systems. *IMF Working Paper*, n. 96/99, Sept. 1996. Disponível em: https://ssrn.com/abstract=882995. Acesso em: 9 jul. 2024.

[7] BRASIL. Supremo Tribunal Federal. RE nº 576.767/DF. Rel. Roberto Barroso, Tribunal Pleno, julgado em 5.8.2020. *DJ*, 20.10.2020.

2 A tributação do salário-maternidade como elemento indutor da desigualdade de gênero

Dados da Moody's Analytics, divulgados em março de 2023, revelam que a redução da desigualdade de gênero possui impacto direito na prosperidade econômica global, repercutindo positivamente na economia mundial em mais de 7 trilhões de dólares.[8]

O desenvolvimento econômico e sustentável de sociedades capitalistas, como nações, está diretamente relacionado à redução das desigualdades econômicas e sociais, nas quais se incluem, invariavelmente, a desigualdade de gênero. Nesse sentido, os objetivos 5 e 10 da Agenda de Desenvolvimento Sustentável da Organização das Nações Unidas possuem estreita relação com tema objeto do presente artigo, vez que se tratam, respectivamente, de alcançar a igualdade de gênero e de reduzir a desigualdade dentro dos países e entre eles.

A redução das desigualdades de gênero foi o ponto de partida utilizado pelo Plenário do Supremo Tribunal Federal, a partir do voto do Ministro Luís Roberto Barroso, para, por maioria, declarar incidentalmente a inconstitucionalidade do §2º do art. 28 da Lei nº 8.212/1991, bem como a parte final do §9º, alínea "a", do mesmo dispositivo, os quais até então sustentavam que o salário-maternidade compunha o salário de contribuição para fins de incidência da contribuição previdenciária.

O salário-maternidade consiste em uma prestação custeada pela Previdência Social à segurada, durante os 120 de afastamento do trabalho, em decorrência da licença-maternidade para assistência ao recém-nascido. A sistemática do salário-maternidade envolve o adiantamento dos valores do benefício diretamente da empresa à segurada, de maneira que tais valores serão objeto de compensação junto à Receita Federal do Brasil no momento de recolhimento das contribuições incidentes sobre a folha de salários. Dessa maneira, na situação em que a empregada se encontra nos primeiros meses de maternidade em razão de nascimento de filho, aborto não criminoso, adoção ou guarda judicial para fins de adoção de criança, além de adiantar o salário-maternidade, o qual é compensado posteriormente, as empresas deveriam recolher a contribuição patronal de 20% sobre esse benefício previdenciário.

Na ocasião do julgamento do RE nº 576.967/PR (Tema nº 72 da Repercussão Geral), três foram os fundamentos determinantes adotados pelo STF para declaração da inconstitucionalidade da incidência da contribuição previdenciária patronal sobre o salário-maternidade.

O primeiro fundamento diz respeito à natureza jurídica do salário-maternidade, alçado ao patamar de benefício previdenciário pela própria legislação federal. Nesse ponto, assinalaram os ministros do STF que, além de constar expressamente essa determinação, o caráter de benefício previdenciário do salário-maternidade seria refletido na acepção de que também a segurada desempregada que mantenha vínculo com a Previdência Social possui direito ao benefício, nos termos dos arts. 15, 71-B, inc. III, e art. 73 da Lei nº 8.212/1991.

---

8 CLOSE the Gender Gap to Unlock Productivity Gains. *Moody's Analytics,* March 2023. Disponível em: https://www.moodysanalytics.com/-/media/article/2023/close-thegender-gap-to-unlock-productivity-gains.pdf. Acesso em: 22 maio 2023.

O segundo fundamento determinante para o afastamento da contribuição previdenciária sobre o salário-maternidade tem origem em vícios formais de inconstitucionalidade do §9º, alínea "a" e §2º do art. 28 da Lei nº 8.212/1991. Nos termos do art. 195, inc. I, "a" da Constituição Federal, combinado com o art. 22, inc. I, e art. 28 da Lei nº 8.212/1991, apenas devem ser computados na base de cálculo da contribuição previdenciária as contraprestações de valor econômico que identifiquem, cumulativamente, (i) habitualidade do pagamento, (ii) retribuição ao trabalho prestado, e (iii) possibilidade de incorporação nos proventos da aposentadoria.

Disso decorre que o salário-maternidade não poderia ser incluído na composição da base de cálculo da contribuição previdenciária. Isso porque inexiste habitualidade no pagamento do salário-maternidade, tendo em vista a existência de limitações físicas e biológicas para que as mulheres engravidem de forma recorrente ou periódica. Noutro aspecto, não seria sequer possível falar em remuneração de trabalho prestado, já que o salário-maternidade não é pago em razão da existência de um contrato de trabalho, o qual fica suspenso ou interrompido durante os 120 dias de afastamento da mulher.

Há, ainda, um ponto importante a corroborar a existência de vícios formais de estruturação dessa tributação: ao afirmar expressamente que o salário-maternidade compõe o salário de contribuição, o legislador ordinário criou uma nova fonte de custeio à Previdência Social, alheia às materialidades previstas no art. 195, inc. I, da Constituição Federal, o que apenas poderia ter ocorrido por meio da edição de lei complementar, sob pena de violação ao art. 154, inc. I, da CF/1988.

O terceiro fundamento adotado pelo Ministro Luís Roberto Barroso para declaração da inconstitucionalidade da contribuição previdenciária a cargo do empregador sobre o salário-maternidade se relaciona diretamente à tributação como instrumento propulsor da discriminação entre homens e mulheres e à violação ao princípio da isonomia.

Nesse ponto, o afastamento da tributação seria necessário para a viabilização da desoneração da mão de obra feminina, em comparação à masculina, o que acaba por restringir o acesso das mulheres ao mercado de trabalho. A esse respeito, asseverou o Ministro Luís Roberto Barroso:

> [...] admitir uma incidência tributária que recai somente sobre a contratação de funcionárias mulheres e mães é tornar sua condição biológica, por si só, um fator de desequiparação de tratamento em relação aos homens, desestimulando a maternidade ou, ao menos, incutindo culpa, questionamentos, reflexões e medos em grande parcela da população, pelo simples fato de ter nascido mulher.[9]

Ainda, considerou o Ministro Luís Roberto Barroso que a solidariedade da Previdência Social impõe que os encargos tributários e previdenciários sejam repartidos por toda a sociedade, situação que retiraria o ônus da empresa de arcar com força de trabalho mais custosa e neutralizaria o desestímulo de contratação de mulheres exclusivamente por razões biológicas.

Para além da tese fixada, o racional consolidado nos autos do RE nº 576.967/PR (Tema nº 72 da Repercussão Geral) não invalida, portanto, a máxima de que, por meio

---

[9] BRASIL. Supremo Tribunal Federal. RE nº 576.767/DF. Rel. Roberto Barroso, Tribunal Pleno, julgado em 5.8.2020. *DJ*, 20.10.2020.

da cobrança de tributos, o Estado social e democrático de direito poderá realizar os objetivos sociais inscritos na Constituição Federal.[10]

Não obstante a tese fixada nos autos do Tema nº 72 da Repercussão Geral se limite à cota patronal da contribuição previdenciária, o STF ainda terá que se debruçar sobre a discussão que envolve a incidência da contribuição previdenciária a cargo da empregada sobre o salário-maternidade pago pela Previdência Social. A repercussão geral da matéria foi reconhecida nos autos do RE nº 1.455.643/SC (Tema nº 1.274 da Repercussão Geral).

O salário-maternidade custeado pela empregada e pelo empregador, porém, possuem fundamentos constitucionais diversos. A contribuição previdenciária do empregador recai sobre a folha de salários e encontra respaldo no art. 195, inc. I, alínea "a", da CF. Por outro lado, a contribuição custeada pela empregada é fundamentada no art. 195, inc. II, da CF, e recai sobre o salário de contribuição, cuja base de cálculo é delimitada pelo legislador infraconstitucional, restringindo a sua incidência sobre a aposentadoria e pensão do RGPS, em razão de expressa restrição constitucional.

O tema salário-maternidade retornou ao Plenário do STF em 2024. Nos autos da ADI nº 2.111 e da ADI nº 2.110, os ministros declararam o direito das trabalhadoras autônomas ao recebimento do salário-maternidade sem a observância da exigência legal de carência para percepção do benefício, caso tenham contribuído ao menos uma vez ao INSS. Naquelas ações, considerou-se que a imposição do prazo de 10 meses de carência para a concessão do salário-maternidade violaria o princípio da isonomia, na medida em que relevaria, na verdade, a presunção do legislador ordinário de que as contribuintes individuais agiriam de má-fé para usufruir do benefício. Ainda, assegurou-se o direito das contribuintes individuais de receberem o mesmo tratamento dispensado às seguradas empregadas, em homenagem ao direito da mulher de acessar o mercado de trabalho.

Especificamente nos autos das ADIs nºs 2.111 e 2.110,[11] o STF evidenciou que a proteção à maternidade ultrapassa a sua classificação ou modalidade de inserção no mercado de trabalho (isto é, se vinculada exclusivamente à contribuinte individual ou não).

Tanto no julgamento das ADIs nºs 2.111 e 2.110 quanto na fixação da tese do Tema nº 72 da Repercussão Geral, restou evidente a preocupação da Corte em proteger a maternidade e o mercado de trabalho da mulher. Isso porque o salário-maternidade e, por consequência, os custos envolvidos com esse benefício tornam mais onerosa a contratação da mulher, gerando discriminação de gênero e assimetrias entre os avanços de homens e mulheres nos ambientes de trabalho. A incidência de uma carga tributária adicional incidente sobre a mão de obra feminina significa mais um empecilho na busca das mulheres por condições, cargos e salários igualitários.

Ao afastar a incidência da contribuição previdenciária sobre o salário-maternidade, o Supremo Tribunal Federal consagrou a utilização da tributação como um instrumento para reduzir a desigualdade de gênero, asseverando que, muito embora a Previdência Social demande a arrecadação de recursos econômicos para financiá-la, esse

---

[10] VALADÃO, Marcos Aurélio Pereira; ZIEMBOWICZ, Rodrigo Luís. Revisitando o dever fundamental de pagar tributos sob a perspectiva da sociedade dos direitos. *Nomos: Revista do Programa de Pós-Graduação em Direito da UFC*, Fortaleza, v. 38, n. 2, p. 549-561, jul./dez. 2018.

[11] BRASIL. Supremo Tribunal Federal. ADI 2110. Rel. Nunes Marques, Tribunal Pleno, julgado em 21.3.2024. *DJe*, 23.5.2024.

ônus deve ser compartilhado por toda a sociedade, sob pena de violação dos direitos fundamentais das mulheres.

3 Os papéis do Supremo Tribunal Federal a partir da interpretação constitucional do Ministro Luís Roberto Barroso

Não obstante os aspectos técnicos que respaldaram o reconhecimento da inconstitucionalidade formal da incidência da contribuição previdenciária, fato é que a necessidade de se minimizar os efeitos decorrentes da carga tributária, assegurar-se parâmetros mínimos de igualdade de gênero e de acesso da mulher ao mercado de trabalho foram argumentos protagonistas para a fixação da tese do Tema nº 72 da Repercussão Geral.

Em consonância com o entendimento exposto pelo Ministro Luís Roberto Barroso, a atuação da Corte Suprema para resguardar anseios inerentes às demandas sociais é uma possibilidade garantida por sua função representativa. De acordo com esse raciocínio, a função representativa oportuniza a atuação do STF para "(i) atender demandas sociais que não foram satisfeitas a tempo e a hora pelo Poder Legislativo, (ii) bem como para integrar (completar) a ordem jurídica em situações de omissão inconstitucional do legislador".[12] Logo, seria a função representativa que possibilitaria à Suprema Corte um papel quase intervencionista, em razão da existência de uma omissão do legislador para implementar políticas públicas ou medidas legislativas necessárias à garantia de determinados direitos.

É importante considerar que, de acordo com o Ministro Luís Roberto Barroso, a função representativa da Suprema Corte considera, primeiro, que a clássica segregação entre os Poderes Executivo, Judiciário e Legislativo já não seria suficiente para traduzir as complexidades e o funcionamento da dinâmica constitucional hoje existente.[13] Nesse contexto, perderia força a acepção de que o Poder Legislativo, por excelência, traduziria o sentimento da maioria por meio da expressão da vontade majoritária, situação que invariavelmente conduziria a um cenário de crise de legitimidade, representatividade e funcionalidade da representação política.[14]

Isso não significa, porém, que caberia ao Poder Judiciário ultrapassar os limites insculpidos pelo legislador: defende o Ministro Luís Roberto Barroso que o julgador apenas pode intervir no espaço do legislador quando constatada omissão deste último, a partir de decisões fundamentadas, revestidas de *legitimação discursiva*.[15]

---

12 BARROSO, Luís Roberto. Contramajoritário, representativo e iluminista: os papéis dos tribunais constitucionais nas democracias contemporânea/Countermajoritarian, Representative, and Enlightened: The roles of constitutional tribunals in contemporary democracies. *Revista Direito e Práxis*, v. 9, n. 4, p. 2171-2228, 2018. Disponível em: https://www.e-publicacoes.uerj.br/revistaceaju/article/view/30806. Acesso em: 7 jul. 2024.

13 BARROSO, Luís Roberto. Contramajoritário, representativo e iluminista: os papéis dos tribunais constitucionais nas democracias contemporânea/Countermajoritarian, Representative, and Enlightened: The roles of constitutional tribunals in contemporary democracies. *Revista Direito e Práxis*, v. 9, n. 4, p. 2171-2228, 2018. Disponível em: https://www.e-publicacoes.uerj.br/revistaceaju/article/view/30806. Acesso em: 7 jul. 2024.

14 BARROSO, Luís Roberto. Contramajoritário, representativo e iluminista: os papéis dos tribunais constitucionais nas democracias contemporânea/Countermajoritarian, Representative, and Enlightened: The roles of constitutional tribunals in contemporary democracies. *Revista Direito e Práxis*, v. 9, n. 4, p. 2171-2228, 2018. Disponível em: https://www.e-publicacoes.uerj.br/revistaceaju/article/view/30806. Acesso em: 7 jul. 2024.

15 BARROSO, Luís Roberto. A razão sem voto: o Supremo Tribunal Federal e o governo da maioria. *In*: VILHENA, Oscar Vieira; GLEZER, Rubens. *A razão e o voto*: diálogos constitucionais com Luís Roberto Barroso. Rio de Janeiro: FGV, 2017. p. 25-77.

A função da Corte Suprema ainda se desdobraria em sua dimensão contramajoritária, quando destinada a invalidar os atos normativos editados pelos poderes Legislativo e Executivo, os quais seriam, por excelência, os representantes democráticos da vontade da maioria.

Parte da doutrina reconhece tão somente o alcance contramajoritário das decisões do Supremo Tribunal Federal, rechaçando a possibilidade de que a Corte persiga demandas sociais e anseios políticos que "não foram satisfeitos a tempo e a hora pelo Congresso Nacional".[16] A crítica a essa possibilidade repousa especialmente nos perigos da judicialização da política e no ativismo judicial, os quais ensejariam, em último alcance, a avocação da competência de outros poderes e a possibilidade de criação de direito não previsto em lei, colocando em risco a própria democracia.

O Ministro Luís Roberto Barroso defende, ainda, a função iluminista da Corte Suprema, traduzida na possibilidade de promover avanços sociais por meio da razão, movimentando a sociedade para o progresso. De acordo com a teoria constitucionalista defendida pelo ministro, a função iluminista ganharia corpo na ausência da vontade majoritária da sociedade, em razão da omissão do Poder Legislativo (função representativa) e na ausência de violação positiva do legislador a direitos individuais ou às regras do jogo democrático (função contramajoritária).[17]

Nesse aspecto, ao exercer o seu poder representativo para responder a demandas sociais neutralizadas pelo Congresso Nacional, o STF, no limite da sua jurisdição constitucional, delimitaria uma interpretação da Constituição Federal que seria coerente com a interpretação moral dos princípios envolvidos, motivado pela convicção de que o Tribunal não pode ser omisso nas situações centralizadas em direitos fundamentais ou em interesse social relevante.[18]

A partir dessas teorias, o afastamento da incidência da contribuição previdenciária transpareceria a função contramajoritária da Suprema Corte, na medida em que resultou na declaração de inconstitucionalidade de dispositivos de lei federal editada pelo Congresso Nacional, no exercício da sua representação democrática.

No âmbito da função representativa, o afastamento da tributação do salário-maternidade, por sua vez, não se equipara à instituição de política pública ou à supressão de instâncias políticas. Por um lado, sequer foi necessário que a Suprema Corte reconstruísse o sentido da Constituição Federal a partir de uma versão pragmática da sua linguagem, como já ocorrido em outros casos emblemáticos, considerados "casos difíceis".

Isso porque a Constituição Federal de 1988 expressamente assegura a proteção à maternidade (art. 6º e art. 201, inc. I), à licença à gestante sem prejuízo do emprego e do salário (art. 7º, inc. XVIII), à proteção do mercado de trabalho da mulher (art. 7º, inc. XX).

Nesse sentido, ainda que não se adote a teoria defendida pelo Ministro Luís Roberto Barroso, fato é que o Supremo Tribunal Federal é o guardião da Constituição Federal brasileira. Assim, tem a relevante função de defender os direitos fundamentais

---

[16] BARROSO, Luís Roberto. Grandes transformações do direito contemporâneo e o pensamento de Robert Alexy. *Fórum Administrativo – FA*, Belo Horizonte, ano 17, n. 200, p. 9-17, out. 2017.

[17] BARROSO, Luís Roberto. Contramajoritário, representativo e iluminista: os papéis das supremas cortes e tribunais constitucionais nas democracias contemporâneas. *Revista Interdisciplinar de Direito*, v. 16, n. 1, p. 217-266, 2018.

[18] BARROSO, Luís Roberto. Grandes transformações do direito contemporâneo e o pensamento de Robert Alexy. *Fórum Administrativo – FA*, Belo Horizonte, ano 17, n. 200, p. 9-17, out. 2017.

nela previstos, além de direcionar a sua atuação à concretização dos objetivos fundamentais da República Federativa do Brasil, em especial, à construção de uma sociedade livre, justa e solidária e à promoção o bem de todos, sem preconceitos de origem, raça, sexo, cor, idade e quaisquer outras formas de discriminação.

Desse modo, é sobremodo relevante destacar o papel da Corte Suprema na concretização de medida que facilite, ou menos não dificulte, o ingresso das mulheres no mercado de trabalho e ajude a trilhar um caminho possível para a redução da desigualdade de gênero.

Conforme pontuado por Lana Borges, ao comentar esse paradigmático julgamento, "[o] Supremo Tribunal Federal iniciou um processo de mudança de compreensão, de perspectiva. No entanto, o panorama evolutivo precisa ser continuado e o processo transformador é de responsabilidade coletiva".[19]

Ao retirar a carga tributária devida pelo empregador sobre o salário-maternidade, o STF atuou na salvaguarda de direitos fundamentais, retirando vieses implícitos que dificultavam o ingresso e permanência da mulher no mercado de trabalho.

4 Conclusão

Em um período de transição política, o sistema tributário nacional insculpido na Constituição Federal de 1988 foi estruturado como meio para redução das desigualdades sociais, em conjunto com a utilização do orçamento público. Dessa maneira, o Constituinte originário se orientou em conceber a tributação como um mecanismo necessário para a redução da desigualdade social econômica, e para a garantia do Estado social e do Estado democrático de direito.

Não obstante os direitos sociais e fundamentais reclamarem medidas de custeio, alcançadas por meio de políticas fiscais que assegurem ou potencializem os níveis de arrecadação, fato é que, em algumas situações, em vez de reduzir desigualdades, a tributação pode ser um elemento propulsor de abismos sociais, econômicos e de gênero.

Ao declarar a inconstitucionalidade da incidência da contribuição previdenciária sobre o salário-maternidade, o STF utilizou-se de três fundamentos determinantes. O primeiro fundamento está relacionado à natureza jurídica do salário-maternidade, considerado um benefício previdenciário pela legislação federal. O segundo fundamento se baseia em vícios formais de inconstitucionalidade, pois o salário-maternidade não atende aos critérios de habitualidade, contraprestação ao trabalho prestado e possibilidade de incorporação aos proventos da aposentadoria, que são requisitos para a inclusão na base de cálculo da contribuição previdenciária. O terceiro fundamento se relaciona à discriminação de gênero e à violação ao princípio da isonomia, tendo em vista que a tributação sobre o salário-maternidade é um fator de desigualdade de tratamento entre homens e mulheres no mercado de trabalho, tornando mais onerosa e menos atrativa a contratação de mulheres.

A declaração de inconstitucionalidade da incidência da contribuição previdenciária sobre o salário-maternidade não contradiz a importância da arrecadação tributária para custear direitos sociais e fundamentais, concretizando-se os preceitos

---

[19] BORGES, Lana. *Tributação e gênero*: políticas públicas de extrafiscalidade e a luta pela igualdade. Belo Horizonte: Fórum, 2023. p. 174.

constitucionais circunscritos na Constituição Federal de 1988. Ademais, o racional consolidado no julgamento do *leading case* esclarece que a tributação não pode ser um instrumento que aprofunda a desigualdade social, na qual se inclui, invariavelmente, a desigualdade de gênero.

À luz dessa perspectiva, os ministros do Supremo Tribunal Federal assinalaram, no julgamento do Tema nº 72 da Repercussão Geral, nos termos do voto do Ministro Luís Roberto Barroso, que os custos relacionados a essa arrecadação tributária devem ser repartidos por toda a sociedade, em atenção à característica solidária da Previdência Social, sob pena de violação aos direitos fundamentais das mulheres.

É possível afirmar que o Supremo Tribunal Federal, ao afastar a tributação do empregador sobre o salário-maternidade, atuou como verdadeiro guardião da Constituição e dos direitos fundamentais nela previstos, eliminando vieses de gênero implícitos que dificultavam a entrada e a permanência das mulheres no mercado de trabalho.

Referências

ALLAIN, João Paulo Fernandes de Souza *et al*. Uma análise crítica das funções contramajoritária, representativa e iluminista do Supremo Tribunal Federal (STF) à luz da doutrina da efetividade. *Revista Direitos Fundamentais & Democracia*, v. 27, n. 3, p. 124-153, 2022.

BALEEIRO, Aliomar. *Uma introdução à ciência das finanças*. 17. ed. Rio de Janeiro: Forense, 2010.

BARROSO, Luís Roberto. Contramajoritário, representativo e iluminista: os papéis dos tribunais constitucionais nas democracias contemporânea/Countermajoritarian, Representative, and Enlightened: The roles of constitutional tribunals in contemporary democracies. *Revista Direito e Práxis*, v. 9, n. 4, p. 2171-2228, 2018. Disponível em: https://www.e-publicacoes.uerj.br/revistaceaju/article/view/30806. Acesso em: 7 jul. 2024.

BARROSO, Luís Roberto. Grandes transformações do direito contemporâneo e o pensamento de Robert Alexy. *Fórum Administrativo – FA*, Belo Horizonte, ano 17, n. 200, p. 9-17, out. 2017.

BORGES, Lana. *Tributação e gênero*: políticas públicas de extrafiscalidade e a luta pela igualdade. Belo Horizonte: Fórum, 2023.

BRASIL. Supremo Tribunal Federal. *Corte aberta (dados estatísticos)*. Disponível em: https://transparencia.stf.jus.br/extensions/repercussao_geral/repercussao_geral.html. Acesso em: 7 jul. 2024.

BRASIL. Supremo Tribunal Federal. RE nº 576.767/DF. Rel. Roberto Barroso, Tribunal Pleno, julgado em 5.8.2020. *DJ*, 20.10.2020.

CLOSE the Gender Gap to Unlock Productivity Gains. *Moody's Analytics*, March 2023. Disponível em: https://www.moodysanalytics.com/-/media/article/2023/close-thegender-gap-to-unlock-productivity-gains.pdf. Acesso em: 22 maio 2023.

COSTA, Regina Helena. *Curso de direito tributário*: Constituição e Código Tributário Nacional. 12. ed. São Paulo: SaraivaJur, 2021. *E-book*. (1 recurso online). ISBN 9786553623309. Disponível em: https://integrada.minhabiblioteca.com.br/books/9786553623309. Acesso em: 22 maio 2023.

GODOI, Marciano S. de. Tributação e orçamento nos 25 anos da Constituição de 1988. *Revista de Informação Legislativa*, Brasília, v. 200, p. 137-151, 2013.

PISCITELLI, Tathiane; SOARES, Gabriela Marília Natividade. Notas sobre o II Congresso Internacional de Tributação e Gênero: Políticas Fiscais e Sustentabilidade para a Igualdade de Gênero e Raça. *Revista Direito Tributário Atual*, n. 56, p. 816-832, 2024. DOI: 10.46801/2595-6280.56.36.2024.2539. Disponível em: https://revista.ibdt.org.br/index.php/RDTA/article/view/2539. Acesso em: 9 jul. 2024.

STOTSKY, Janet G. Gender Bias in Tax Systems. *IMF Working Paper*, n. 96/99, Sept. 1996. Disponível em: https://ssrn.com/abstract=882995. Acesso em: 9 jul. 2024.

VALADÃO, Marcos Aurélio Pereira; ZIEMBOWICZ, Rodrigo Luís. Revisitando o dever fundamental de pagar tributos sob a perspectiva da sociedade dos direitos. *Nomos: Revista do Programa de Pós-Graduação em Direito da UFC*, Fortaleza, v. 38, n. 2, p. 549-561, jul./dez. 2018.

Informação bibliográfica deste texto, conforme a NBR 6023:2018 da Associação Brasileira de Normas Técnicas (ABNT):

FERNANDES, Tarsila Ribeiro Marques; JORGE, Nayanni Enelly Vieira. O afastamento da contribuição previdenciária sobre o salário-maternidade: da vedação à utilização da tributação como instrumento amplificador da desigualdade de gênero. *In*: PAULA, Fernanda de; PENCAK, Nina (coord.). *Tributação, liberdade e igualdade*: as contribuições do Ministro Luís Roberto Barroso. Belo Horizonte: Fórum, 2025. p. 1069-1078. ISBN 978-65-5518-952-0.

TRIBUTAÇÃO E GÊNERO NO SUPREMO TRIBUNAL FEDERAL: CONTRIBUIÇÕES DO MINISTRO LUÍS ROBERTO BARROSO

TATHIANE PISCITELLI

GABRIELA MARÍLIA NATIVIDADE SOARES

Introdução

A prevalência do debate tributário no Supremo Tribunal Federal é dado inconteste: na última década, foram mais de 17 mil decisões colegiadas sobre a matéria.[1] A relevância dos efeitos ocasionados pela construção jurisprudencial no âmbito tributário reforça o peso do papel do Poder Judiciário de, em seus julgamentos, atuar como uma instância de realização das prerrogativas enunciadas pela Constituição que integram o núcleo duro das formas de tributação no Brasil. É primordial, nesse sentido, que os direitos e garantias fundamentais efetivamente conformem e condicionem a interpretação e aplicação dos institutos do direito tributário, a fim de que os valores constitucionais sejam observados não apenas internamente, como também sejam irradiados para todos ramos do direito.[2]

No âmbito da busca pela igualdade de gênero, observa-se o potencial de o sistema tributário assumir papel ou de protagonista benéfico ou de ator prejudicial a essa agenda. Em outras palavras, tanto pode atuar como fator determinante na acentuação de disparidades socioeconômicas, na medida em que promove discriminações com base em condições naturais ou não trata homens e mulheres de forma equitativa; quanto contribuir para a reversão desse cenário nos casos de construções interpretativas ou formulações de políticas tributárias que sejam voltadas à promoção da equiparação da posição ocupada por homens e mulheres na sociedade, conforme as diretrizes do sistema tributário positivado no texto constitucional.

---

1 SUPREMO TRIBUNAL FEDERAL (STF). *Corte Aberta*: Painel de Decisões. Disponível em: https://transparencia.stf.jus.br/extensions/decisoes/decisoes.html. Acesso em: 29 jul. 2024.

2 BARBOSA, Marcus Vinicius. *Constitucionalização do direito tributário e o Supremo Tribunal Federal: aportes doutrinários e jurisprudenciais para um direito tributário renovado*. Disponível em: https://www.emerj.tjrj.jus.br/revistaemerj_online/edicoes/revista_v21_n3/tomo2/revista_v21_n3_tomo2_394.pdf. Acesso em: 4 jun. 2024.

A Suprema Corte brasileira, atualmente, já tem reconhecido tais nuances que envolvem a tributação. Essa postura deriva da contribuição de ministros como Luís Roberto Barroso, que tem se posicionado de forma contundente na incorporação da perspectiva de gênero no julgamento de causas tributárias. A sua atuação na Ação Direta de Inconstitucionalidade nº 5.422, julgada em junho de 2022, e no Recurso Extraordinário nº 576.967, julgado em agosto de 2020, é exemplar dessa tendência e, por essa razão, será objeto de análise no presente artigo. O objetivo geral é ilustrar como as premissas de julgamentos sensíveis a gênero podem ser incorporadas a causas tributárias.

Para tanto, este texto adotará o seguinte percurso: a primeira seção apresentará, em linhas gerais, os conceitos de discriminação de gênero implícita e explícita, com base no pensamento de Janet Stotsky, que inaugurou o debate sobre o tema, para conectar tais ideias com a recomendação do Conselho Nacional de Justiça relacionada às considerações dos impactos sobre a desigualdade de gênero nos julgamentos judiciais; a segunda seção se concentrará na análise dos julgados mencionados, de modo a apresentar os fundamentos e conexões com a igualdade de gênero que sustentaram as decisões, como forma de avaliar em que medida podem ser vistas como paradigmas do julgamento sensível a gênero em matéria tributária; a terceira seção conclui o artigo e sumariza os impactos da contribuição do Ministro Barroso ao tema.

1 Discriminações no direito tributário e as linhas gerais do Protocolo para Julgamento com Perspectiva de Gênero

Em 1996, Janet Stotsky publicou artigo[3] que inaugurou o debate mais estruturado sobre tributação e gênero, ao identificar a possibilidade de existência de discriminações de gênero implícitas e explícitas nos sistemas tributários. Para a autora, haverá discriminação explícita se a legislação tributária estabelecer tratamento formalmente desigual entre homens e mulheres; já a discriminação implícita, mais difícil de ser verificada, decorre da conjuntura econômica e social que, contingencialmente, resulta em tratamento tributário desigual – não se trata, pois, de ofensa à igualdade formal, mas sim à igualdade material.

A contribuição de Stotsky segue ainda hoje relevante na agenda relacionada à identificação de vieses de gênero nos sistemas tributários. Em 2021, em pesquisa[4] com 43 países, a OCDE avaliou a existência de discriminações explícitas e implícitas nas jurisdições selecionadas, justamente a partir do referencial teórico de Stotsky. Segundo o documento, o Brasil situa-se entre os 23 países em que foram identificados possíveis preconceitos implícitos nos sistemas tributários. Os vieses constatados relacionam-se com as diferenças nos padrões de consumo dos produtos sujeitos à tributação, que tendem a afetar de forma diferente homens e mulheres.

Apesar desse cenário, de acordo com o levantamento, o Brasil está entre as 17 jurisdições nas quais não foram desenvolvidas políticas/medidas tributárias ou reformas

---

3 STOTSKY, Janet. Gender bias in tax systems. *International Monetary Fund, Working Papers*, Washington, v. 96, n. 99, 1996. Disponível em: https://www.elibrary.imf.org/view/journals/001/1996/099/article-A001-en.xml. Acesso em: 29 jul. 2024.

4 OECD. *Tax Policy and Gender Equality*. 2022. Disponível em: https://www.oecd-ilibrary.org/docserver/b8177aea-en.pdf?expires=1722273144&id=id&accname=guest&checksum=01401F3607C3FD95387651C73755D2B0. Acesso em: 29 jul. 2024.

implementadas com vistas à reversão desse cenário e promoção da equidade de gênero.[5] Encontra-se, ainda, entre os 31 países em que não há nenhum tipo de orientação sobre como considerar/testar o viés implícito no *design* de políticas tributárias.

Veja-se que a diferenciação desses dois tipos de discriminação é fundamental para estabelecer o alcance necessário da política tributária que se ocupa de combater a desigualdade de gênero: no caso das discriminações implícitas, as modificações devem ser estruturais e voltadas a políticas afirmativas concretas. Em última análise, o tema passa pela ressignificação do princípio da isonomia em matéria tributária, para considerar elementos que extrapolam a dimensão meramente formal, contemplada pela discriminação explícita, e, assim, inserir elementos de igualdade material nessa mesma análise, a partir do reconhecimento da discriminação implícita.

O Protocolo para Julgamento com Perspectiva de Gênero, criado pelo Conselho Nacional de Justiça (CNJ), em 2021, tem relação direta com o tema. Trata-se de recomendação que reconhece a existência de discriminações implícitas no âmbito do Poder Judiciário, seus impactos nos julgamentos, e, consequentemente, na vida das mulheres. Além disso, insere-se no contexto de medida de reparação imposta ao Brasil após o julgamento do caso *Márcia Barbosa de Souza e outros v. Brasil* pela Corte Interamericana de Direitos Humanos, no qual o país foi condenado pela discriminação de gênero constatada no curso da investigação e do processo penal.

Segundo o CNJ, o principal objetivo do Protocolo é criar uma cultura jurídica emancipatória e de reconhecimento de direitos de todas as mulheres e meninas. Nesse sentido, entende-se que apenas a partir de uma análise jurídica com perspectiva de gênero será possível garantir que os processos sejam regidos por imparcialidade e equidade, sendo "voltados à anulação de discriminações, preconceitos e avaliações baseadas em estereótipos existentes na sociedade".[6]

Trata-se de importante avanço no enfrentamento das violências de gênero, na medida em que parte do reconhecimento da existência de hierarquias estruturais entre homens e mulheres, que produzem desigualdades, perpetuam assimetrias de poder entre os gêneros e, dessa forma, moldam as relações interpessoais, os desenhos institucionais e o direito.[7] A divisão sexual do trabalho é um exemplo abordado, reconhecida como, simultaneamente, um produto e um instrumento de reprodução de desigualdades, que reserva aos homens o trabalho produtivo e às mulheres o trabalho reprodutivo, em geral desvalorizado e invisibilizado.

O texto destaca, ainda, as consequências negativas produzidas por essas bases ideológicas patriarcais e por sua internalização, a exemplo da tendência de romantização

---

5 Sendo a pesquisa de 2021, ela não considerou as mudanças recentemente promovidas pela Emenda Constitucional nº 132/2023, que incluiu questões de gênero na avaliação dos gastos tributários e, ainda, a possibilidade de se atribuir alíquota zero na tributação do consumo de produtos de higiene menstrual. Sobre o tema, confira-se: MENEZES, Luiza Machado de O. Memória, afeto e esperança: nossa história de luta pela inclusão da perspectiva de gênero na reforma tributária (Emenda Constitucional n. 132/2023). *Revista Direito Tributário Atual*, n. 56, p. 731-751, 2024. DOI: 10.46801/2595-6280.56.32.2024.2535. Disponível em: https://revista.ibdt.org.br/index.php/RDTA/article/view/2535. Acesso em: 29 jul. 2024.

6 CONSELHO NACIONAL DE JUSTIÇA. *Protocolo para julgamento com perspectiva de gênero*. 2021. p. 95. Disponível em: https://www.cnj.jus.br/wp-content/uploads/2021/10/protocolo-para-julgamento-com-perspectiva-de-genero-cnj-24-03-2022.pdf. Acesso em: 7 jul. 2024.

7 CONSELHO NACIONAL DE JUSTIÇA. *Protocolo para julgamento com perspectiva de gênero*. 2021. p. 21. Disponível em: https://www.cnj.jus.br/wp-content/uploads/2021/10/protocolo-para-julgamento-com-perspectiva-de-genero-cnj-24-03-2022.pdf. Acesso em: 7 jul. 2024.

do cuidado pelas mulheres; a atribuição de determinadas ocupações como sendo tipicamente femininas; a distribuição desigual da carga do trabalho doméstico entre os sexos e entre mulheres de diferentes grupos sociais; a desigualdade de oportunidades e de salários no mercado de trabalho.[8]

O Protocolo também leva em consideração os diferentes marcadores sociais que orientam a operação das desigualdades de gênero na sociedade – raça, classe, escolaridade, origem, etnia, deficiência, idade, identidade de gênero e sexualidade –, em uma perspectiva interseccional, incorporada pela Convenção sobre a Eliminação de todas as Formas de Discriminação contra as Mulheres (Cedaw)[9] e fortemente defendida, no Brasil, por Lélia Gonzalez.

Como ressalta a antropóloga, os marcadores raça e gênero, quando combinados, produzem efeitos particulares e em proporções extremas: ser negra e mulher no Brasil é "ser objeto de tripla discriminação, uma vez que os estereótipos gerados pelo racismo e pelo sexismo a colocam no nível mais alto de opressão".[10] O reconhecimento da existência de uma multiplicidade de opressões, que se realizam em diferentes graus e formas sobre as pessoas, impõe a necessidade de formulação de respostas adequadas para cada realidade.

O texto do Protocolo, partindo das considerações supracitadas, estabelece como premissa para um julgamento comprometido com a igualdade de gênero a atenção à dimensão cultural da construção dos sujeitos de direito e seus potenciais efeitos negativos. Recomenda-se, nessa ótica, que magistradas e magistrados se atentem ao impacto dos marcadores sociais na vida de diferentes mulheres, questionando-se sobre o papel exercido por determinadas características socialmente construídas em interpretações nos processos que as envolvem e sobre o potencial de perpetuação dessas características por uma decisão judicial.

A fim de viabilizar a aplicação da perspectiva de gênero nos julgamentos e reverter estigmas reproduzidos no Judiciário, o Protocolo estabelece um guia para magistradas e magistrados, dado em um passo a passo para "refletir sobre o direito em contexto, tentando pensar sobre como desigualdades estruturais podem afetar a construção de seus conceitos, categorias e princípios e sua aplicação".[11]

Em cada fase processual, recomenda-se a reflexão sobre determinadas questões-guia, como: "é possível que desigualdades estruturais tenham algum papel relevante nessa controvérsia?"; "existem circunstâncias especiais que devem ser observadas para que a justiça seja um espaço igualitário para mulheres?"; "a parte envolvida precisa de proteção? Se sim, o que seria protetivo nesse caso?"; "a instrução processual está reproduzindo violências de gênero institucionais?"; "minhas experiências pessoais

---

[8] CONSELHO NACIONAL DE JUSTIÇA. *Protocolo para julgamento com perspectiva de gênero*. 2021. p. 26. Disponível em: https://www.cnj.jus.br/wp-content/uploads/2021/10/protocolo-para-julgamento-com-perspectiva-de-genero-cnj-24-03-2022.pdf. Acesso em: 7 jul. 2024.

[9] CONSELHO NACIONAL DE JUSTIÇA. *Protocolo para julgamento com perspectiva de gênero*. 2021. p. 22. Disponível em: https://www.cnj.jus.br/wp-content/uploads/2021/10/protocolo-para-julgamento-com-perspectiva-de-genero-cnj-24-03-2022.pdf. Acesso em: 7 jul. 2024.

[10] GONZALEZ, Lélia. *Por um feminismo afro-latino-americano*: ensaios, intervenções e diálogos. Rio de Janeiro: Zahar, 2020. p. 50.

[11] CONSELHO NACIONAL DE JUSTIÇA. *Protocolo para julgamento com perspectiva de gênero*. 2021. p. 54. Disponível em: https://www.cnj.jus.br/wp-content/uploads/2021/10/protocolo-para-julgamento-com-perspectiva-de-genero-cnj-24-03-2022.pdf. Acesso em: 7 jul. 2024.

podem estar influenciando a apreciação dos fatos?". Dessa forma, objetiva-se facilitar a sua adesão à perspectiva de gênero em cada etapa da análise dos magistrados.

Além disso, o Protocolo reconhece o papel de juízes e juízas como principais protetores dos direitos humanos. Ressalta a importância, nesse âmbito, da realização do controle de convencionalidade para harmonizar a aplicação do ordenamento jurídico com sistemas internacionais de proteção dos direitos humanos, garantindo a primazia da dignidade humana e o aprimoramento constante do Judiciário brasileiro. Estabelece, ainda, medidas como a promoção de cursos de formação inicial e continuada que incluam, obrigatoriamente, conteúdos relativos a direitos humanos, gênero, raça e etnia.

A adoção das medidas como as estabelecidas pelo Protocolo por magistrados e magistradas representa um primeiro passo promissor em termos de políticas de gênero e raça, em um cenário em que ainda persiste a desigualdade de poder entre homens e mulheres em diferentes instâncias. Evidências disso têm sido observadas na realidade, pela existência de decisões judiciais proferidas no sentido de promover a igualdade de gênero em diversos âmbitos.

A questão é saber como tais orientações se relacionam com o direito tributário. A análise das normas tributárias, no geral, realiza-se a partir de parâmetros formais, cuja construção independe de elementos supostamente externos a elas, como a dimensão de justiça material relacionada com a aplicação específica do comando ou mesmo os valores mais gerais que as suportam, como a realização da justiça distributiva.[12] Tal pensamento conduz a uma disciplina tributária menos suscetível a considerações de igualdade material para além das hipóteses expressamente enunciadas na Constituição.[13] Justamente por isso, a aplicação do Protocolo a matérias tributárias é tão desafiadora: deve-se abandonar a rigidez da igualdade meramente formal, para indagar acerca das condições e contexto nos quais a norma incide. A busca deve estar focada nas potenciais discriminações implícitas resultantes das normas tributárias e, assim, na expansão do conteúdo do princípio da isonomia em matéria tributária.

De nossa percepção, o Ministro Luís Roberto Barroso, no âmbito do Supremo Tribunal Federal, tem sido um importante expoente da incorporação da perspectiva de gênero nos julgamentos tributários justamente por trazer para o centro da disputa questões de isonomia que não são frequentemente suscitadas no direito tributário. A próxima seção tratará do tema com mais detalhes.

2 Tributação e gênero no Supremo Tribunal Federal e a vinculação dos casos à realização da isonomia em matéria tributária

Questões que envolvem a desigualdade de gênero têm ascendido ao Supremo Tribunal Federal de modo cada vez mais frequente. No âmbito da maternidade, por exemplo, a Corte já promoveu avanços importantes ao reconhecer garantias às mulheres durante a gestação e lactação, como o direito ao intervalo especial de quinze minutos

---

12 Exemplar dessa concepção rígida de direito tributário, que desconsidera elementos "extrajurídicos" na construção da norma tributária é Alfredo Augusto Becker, em: BECKER, Alfredo Augusto. *Teoria geral do direito tributário*. São Paulo: Lejus, 1998. Para uma crítica quanto a essa concepção, confira-se: PISCITELLI, Tathiane dos Santos. *Argumentando pelas consequências no direito tributário*. São Paulo: Noeses, 2011.

13 Nessa direção: INFANTI, Anthony C. Tax ~~Equity~~. *In*: INFANTI, Anthony C.; CRAWFORD, Bridget J. *Critical tax theory* – An introduction. New York: Cambridge University Press, 2009.

antes da jornada extraordinária (RE nº 658.312); a inexistência de interferência da gravidez na estabilidade prevista no art. 10, II, do Ato das Disposições Constitucionais Transitórias (RE nº 629.053); o direito à remarcação de teste de aptidão física em concurso para as mulheres que estiverem grávidas (RE nº 1.058.333);[14] e, por fim, o direito à substituição da prisão preventiva por domiciliar de gestantes, lactantes e mães de crianças de até 12 anos ou de pessoas com deficiência (HC nº 143641).

Tal tendência não se resume, apenas, a matérias trabalhistas ou penais. No direito tributário, o mesmo movimento pode ser constatado: a Ação Direta de Inconstitucionalidade nº 5.422 e o Recurso Extraordinário nº 576.967 inserem-se entre os julgados que refletem uma atuação garantista da Suprema Corte brasileira, voltada a reconhecer o impacto das normas tributárias no cenário de disparidades de gênero e a atuar proativamente na busca pela efetivação dos direitos das mulheres. Em ambos os casos, a atuação do Ministro Luís Roberto Barroso foi fundamental.

2.1 Ação Direta de Inconstitucionalidade nº 5.422

A Ação Direta de Inconstitucionalidade nº 5.422 foi ajuizada pelo Instituto Brasileiro de Direito de Família (IBDFAM) em face de normas do regulamento do imposto de renda, com o objetivo de declarar a inconstitucionalidade da incidência do imposto de renda sobre os valores recebidos em dinheiro a título de pensão alimentícia.

Em poucas palavras, o debate situava-se em torno da redação do art. 46 do Regulamento do Imposto de Renda (Decreto nº 9.580/2018), que estabelece a inclusão de tais valores na base de cálculo do imposto de renda por quem recebe a pensão, ao passo em que o art. 72 do mesmo diploma permite a dedução, para fins de redução da base de cálculo do imposto de renda, dos valores pagos a tal título. A questão de gênero é transversal ao caso, na medida em que, como regra, são as mulheres, em sua enorme maioria, as recebedoras e gestoras dos valores de pensão alimentícia para o sustento dos filhos e, assim, oneradas com o encargo tributário.

No julgamento da ADI, o Ministro Luís Roberto Barroso realizou, em seu voto, análise sob perspectiva de gênero, reconhecendo que o caso envolvia viés de discriminação decorrente de fatores que extrapolam a regra de tributação em si –,[15] o que configura, sob o referencial de Stotsky, discriminação implícita de gênero. Barroso partiu da premissa de que, não obstante a igualdade formal entre homens e mulheres enquanto componentes do núcleo familiar tenha sido reconhecida na Constituição Federal, com a Emenda Constitucional nº 64/2010, e no Código Civil de 2002, que retiraram a centralidade da figura do homem na sociedade conjugal e seu monopólio do poder familiar, as desigualdades entre homens e mulheres persistem no contexto tributário em análise.

Evidência clara desse ponto é o fato de que, embora a guarda compartilhada de filhos em caso de divórcio seja a regra no Brasil, na prática, a responsabilidade pelas necessidades básicas da prole tende a recair sobre a mulher, que costuma ser a principal responsável por realizar os serviços domésticos e garantir a alimentação, saúde e bem-estar dos filhos. Trata-se de trabalho não remunerado socialmente construído

[14] Julgados mencionados pelo Ministro Luís Roberto Barroso, no julgamento do RE nº 576.967.

[15] PISCITELLI, Tathiane. Tributação, desigualdade de gênero e as pensões alimentícias. *Valor Econômico*, 2021. Disponível em: https://valor.globo.com/legislacao/fio-da-meada/post/2021/03/tributacao-desigualdade-de-genero-e-as-pensoes-alimenticias.ghtml. Acesso em: 3 jun. 2024.

a partir de estigmas de gênero, que têm reservado às mulheres o lugar de trabalho doméstico e de cuidado dos membros da família. Mulheres e meninas, especialmente as hipossuficientes, dedicam, gratuitamente, a maior parte de suas vidas a essa função – de acordo com relatório da Oxfam, mundialmente, a dedicação totaliza 12,5 bilhões de horas todos os dias.[16]

A esse cenário se soma a profunda disparidade salarial entre homens e mulheres, especialmente as negras, perpetrada no Brasil. Se comparados os ganhos entre mulheres negras e homens brancos, estes últimos recebem salários 55,6% maiores. O mesmo se observa entre mulheres negras e brancas: a renda de mulheres negras equivale a 58,6% a de mulheres brancas;[17] e entre mulheres brancas e homens negros há, igualmente, desigualdade – essas ganham cerca de 26% mais do que homens negros.[18]

Essa desigualdade é refletida na constatação de níveis de pobreza mais altos em arranjos familiares liderados por mulheres negras: sete em cada dez mães pardas solo com filhos abaixo de 14 anos estão abaixo da linha de pobreza, conforme relatório do IBGE.[19] Os dados indicam um aumento expressivo na situação de pobreza nos arranjos em que a família é composta por só um dos responsáveis e filho(s) de até 14 anos: de 32,9%, a taxa de pobreza passa para 61%, com 93% desses domicílios sendo comandados por mulheres. Em famílias compostas por mulheres negras sem cônjuge, a taxa de pobreza é de 69,5%, enquanto é de 48,2% no caso de lares comandados por mulheres brancas.

É importante destacar, independentemente do debate em torno da tributação das pensões alimentícias, que as mulheres já sofrem, atualmente, com ônus tributários desproporcionais decorrentes da alta regressividade do sistema tributário brasileiro e das alíquotas incidentes sobre produtos ligados à fisiologia feminina e ao cuidado – como absorventes, anticoncepcionais, dispositivos intrauterinos, talcos e pomadas, fraldas infantis e geriátricas –, significativamente mais altas se comparadas a produtos não essenciais voltados ao uso masculino ou tradicionalmente menos utilizados por mulheres.[20]

Em seu voto, Barroso defendeu que a tributação incidente sobre os valores recebidos a título de pensão alimentícia representa afronta à isonomia e à dignidade, por impor uma penalização à mulher, que, em grande parte das vezes, tende a ocupar a posição de insuficiência em relação ao homem. Além disso, expôs que a incidência seria incompatível com o art. 153, inc. III, da Constituição e com o art. 43 do Código Tributário Nacional, já que alimentos não configuram renda nem acréscimo patrimonial,

---

[16] TEMPO de cuidar: o trabalho de cuidado não remunerado e mal pago e a crise global da desigualdade. *Oxfam Brasil*, 2020. Disponível em: https://www.oxfam.org.br/publicacao/tempo-de-cuidar-o-trabalho-de-cuidado-nao-remunerado-e-mal-pago-e-a-crise-global-da-desigualdade/. Acesso em: 3 abr. 2024.

[17] INSTITUTO BRASILEIRO DE GEOGRAFIA E ESTATÍSTICA (IBGE). *Desigualdades sociais por cor ou raça no Brasil*. Rio de Janeiro: IBGE, 2019. Disponível em: https://biblioteca.ibge.gov.br/visualizacao/livros/liv101972_informativo.pdf. Acesso em: 29 jul. 2024.

[18] INSTITUTO BRASILEIRO DE GEOGRAFIA E ESTATÍSTICA (IBGE). *Desigualdades sociais por cor ou raça no Brasil*. Rio de Janeiro: IBGE, 2019. Disponível em: https://biblioteca.ibge.gov.br/visualizacao/livros/liv101972_informativo.pdf. Acesso em: 29 jul. 2024.

[19] PISCITELLI, Tathiane; SOARES, Gabriela Marília Natividade. Notas sobre o II Congresso Internacional de Tributação e Gênero: Políticas Fiscais e Sustentabilidade para a Igualdade de Gênero e Raça. *Revista Direito Tributário Atual*, n. 56, p. 816-832, 2024. Disponível em: https://revista.ibdt.org.br/index.php/RDTA/article/view/2539. Acesso em: 8 jul. 2024.

[20] Sobre o tema: MENEZES, Luiza Machado de Oliveira. *Tributação e desigualdades de gênero e raça*: como o sistema tributário discrimina as mulheres na tributação sobre os produtos ligados ao cuidado e à fisiologia feminina. Belo Horizonte: Letramento, 2023.

mas verba destinada a garantir o acesso ao mínimo existencial. Os valores provenientes das pensões, em suas palavras, constituem "verba de subsistência", destinada a assegurar a manutenção da dignidade humana, com base na solidariedade, e a satisfazer um direito social – o direito à alimentação, enunciado no art. 6º da Constituição Federal.

À luz desse cenário, o ministro concluiu pela inconstitucionalidade da incidência do imposto de renda sobre pensão alimentícia, por constituir regra discriminatória, que impõe um ônus desproporcional às mulheres. Em suas palavras, "a tributação não pode ser um fator que aprofunde as desigualdades de gênero, colocando as mulheres em situação social e econômica pior do que a dos homens".

Dessa forma, mesmo sem que tenham sido feitas menções explícitas ao Protocolo elaborado pelo CNJ, a inclusão da análise de gênero nos pontos levantados pelo ministro foi bem-sucedida e se coaduna com a essência das orientações implementadas pelo Protocolo, na medida em que se possibilitou a superação de interpretação meramente formal da norma tributária e a ponderação dos efeitos práticos de sua aplicação sobre população brasileira – e, em especial, sobre as mulheres.

2.2 Recurso Extraordinário nº 576.967

No julgamento do RE nº 576.967, cujo relator foi o Ministro Barroso, o Supremo Tribunal Federal reconheceu a inconstitucionalidade da incidência de contribuição previdenciária patronal sobre o salário-maternidade. No centro do debate estava a determinação da natureza jurídica da verba, se laboral ou previdenciária.

Sobre tema, Barroso encabeçou a defesa do argumento que permeou a tese vencedora no sentido da impossibilidade de qualificação do salário-maternidade como "contraprestação pelo trabalho ou de retribuição paga diretamente pelo empregador ao empregado em razão do contrato de trabalho", não se adequando ao conceito de folha de salários, nem configuração de ganhos habituais da empregada, uma vez que há limitações biológicas para que a mulher engravide e usufrua de licença-maternidade com habitualidade. Tal racional, por si só, já seria suficiente para afastar a incidência da contribuição. Porém, além disso, argumentou que a incidência de contribuição previdenciária sobre o salário-maternidade importaria em inobservância do disposto no art. 195, §4º, da Constituição. Isso porque, segundo o texto constitucional, a instituição de outras fontes destinadas a garantir a manutenção ou expansão da seguridade social pressupõe a edição de lei complementar.

Ao lado dos argumentos relacionados à natureza jurídica da verba, Barroso fundamentou a inconstitucionalidade da tributação na ofensa ao princípio da isonomia, à luz do fato de eventual ônus tributário sobre o salário-maternidade ter o potencial de produzir tratamentos diferenciados com base em critérios biológicos. Para ele, "admitir uma incidência tributária que recai somente sobre a contratação de funcionárias mulheres e mães é tornar sua condição biológica, por si só, um fator de desequiparação de tratamento em relação aos homens". Destacou, sob essa ótica, que a medida, além de colocar homens e mulheres em posição de desigualdade, teria o efeito de desestimular a maternidade, "ou, ao menos, incutindo culpa, questionamentos, reflexões e medos em grande parcela da população, pelo simples fato de ter nascido mulher", à medida que cria o efeito de a penalizar.

A tributação, portanto, seria motor para a desigualdade de gênero, pois tornaria a contratação de mulheres mais onerosa, da perspectiva tributária – afinal, apenas mulheres engravidam e, assim, seriam elas as potenciais causadoras desse ônus adicional às empresas. Tratar-se-ia, como se vê, de ofensa direta ao princípio da isonomia, com evidente penalização sobre o gênero feminino. Nas palavras do ministro, "impõe-se gravame terrível sobre o gênero feminino, discriminado na contratação, bem como sobre a própria maternidade, o que fere os direitos das mulheres". Assim, e considerando-se o princípio da solidariedade, os encargos tributários e previdenciários advindos dessa condição deveriam "ser repartidos por toda a sociedade", afastando-se qualquer fator de discriminação do gênero feminino.

Ainda que a decisão tenha gerado debate em torno do impacto financeiro para o orçamento público,[21] trata-se de custo a ser arcado para a efetivação de equidade de gênero. Se se pretende, efetivamente, concretizar os princípios enunciados pela Constituição Federal, valores como esses devem ser internalizados nas instituições e considerados no orçamento público, principal instrumento da atividade financeira do Estado. Isso porque, mais do que restrito a aspectos meramente fiscais, o orçamento atua como peça central para manutenção do Estado democrático de direito, sobretudo no que tange ao estabelecimento de metas, diretrizes e objetivos a serem alcançados e à efetivação de direitos e liberdades fundamentais. Não faria sentido, pois, permitir a perpetuação de desigualdade de gênero pela via tributária apenas para atender à demanda financeira contingencial e contida no tempo.

Conforme destaca Diane Elson, o comprometimento com a equidade de gênero envolve, necessariamente, o alinhamento entre essa pauta e as políticas adotadas pelos governos para arrecadar e empregar recursos. Um orçamento sensível a gênero, nesse sentido, deve considerar as implicações e os impactos para o gênero feminino na análise dos aspectos relativos à arrecadação e ao uso dos recursos públicos,[22] a fim de atingir os objetivos de tornar equitativa a posição ocupada pelas mulheres na sociedade, corrigindo desigualdades estruturais que reproduzem dinâmicas de poder entre o gênero feminino e masculino. As mudanças no sistema fiscal, nesse sentido, fazem parte dos pontos a serem observados em análises orçamentárias de gênero, que devem se orientar pelo "padrão de desigualdade de gênero, das prioridades da mulher e das políticas governamentais em relação à desigualdade no país em questão".[23]

Cumpre recordar que, a despeito de a decisão em análise ter sido proferida antes da edição do Protocolo para Julgamento com Perspectiva de Gênero, já àquela altura o ministro adotava em seus posicionamentos análises sobre o papel exercido por desigualdades estruturais e estereótipos de gênero na controvérsia em debate. Além disso, evidenciava-se preocupação sobre quais elementos deveriam ser considerados na decisão para que o exercício da tributação não fosse mais um empecilho para o atingimento da desigualdade de gênero.

Justamente por isso, o RE nº 576.967 representou um novo horizonte a ser vislumbrado em termos de justiça fiscal e social, em cenário em que o Poder Judiciário

---

21 BRASIL. Ministério da Economia. Secretaria do Tesouro Nacional. *Projeto de Lei de Diretrizes Orçamentárias para 2020*: Anexo II – Relação de Informações Complementares ao Projeto de Lei Orçamentária de 2020. Brasília, 2020. Disponível em: https://sisweb.tesouro.gov.br/apex/f?p=2501:9::::9:P9_ID_PUBLICACAO:31478. Acesso em: 10 jul. 2024.

22 ELSON, Diane. *Iniciativas orçamentárias sensíveis à questão de gênero*: dimensões chave e exemplos práticos. Disponível em: https://revista.enap.gov.br/index.php/RSP/article/view/223/228. Acesso em: 1º abr. 2024.

23 ELSON, Diane. *Iniciativas orçamentárias sensíveis à questão de gênero*: dimensões chave e exemplos práticos. p. 162. Disponível em: https://revista.enap.gov.br/index.php/RSP/article/view/223/228. Acesso em: 1º abr. 2024.

ainda hoje caminha a passos lentos.[24] O avanço se dá, sobretudo, no sentido de afastar óbices tributários para a contratação formal de mulheres, especialmente porque a função reprodutiva socialmente atribuída a elas já é obstáculo suficiente para a conquista de espaços de liderança.

Os dados do Censo de 2010, mencionado pelo relator, corroboram essa afirmação: não obstante ocupem cerca de 58% das universidades no Brasil, as mulheres representam apenas 2% dos cargos de presidência das 250 maiores empresas brasileiras. Além disso, segundo pesquisa da Escola de Direito de São Paulo da Fundação Getúlio Vargas, também citada por Barroso, 48% das 800 empresas analisadas ainda não têm nenhuma mulher no conselho de administração e 66,5% das empresas não apresentam sequer uma mulher em posição de diretoria executiva. O número de mulheres no conselho de administração mais diretoria executiva, em dez anos, subiu apenas um ponto percentual: passou de 7,8% em 2003 para 8,8% em 2013.[25]

Conforme Barroso destaca, a maternidade já constitui, por si só, um dificultador para a contratação de mulheres, de modo que o Estado não pode impor ônus adicionais que dificultem ainda mais a conquista desse espaço por elas. A tributação do salário-maternidade, nesse sentido, implica violação ao art. 7º, inc. XX, da Constituição Federal, que impõe a proteção de mães e mulheres no mercado mediante a elaboração de incentivos específicos.

Ademais, a tributação do salário-maternidade representa, ainda, incongruência com a própria natureza do benefício, voltado à proteção da maternidade sem prejuízo do emprego e do salário, a fim de incentivar o reconhecimento da função social da maternidade e a mudança de sua percepção como um ônus no campo profissional. Conforme ressaltou Barroso, a licença à gestante insere-se entre os direitos das trabalhadoras relacionados à maternidade, reconhecida como direito social no art. 6º da Constituição Federal.

A decisão da Corte, nessa ótica, deu-se no sentido de eliminar mais um obstáculo, dentre tantos outros, para a proteção do mercado de trabalho da mulher e para a conquista de igualdade de gênero no ambiente laboral. Dessa forma, deu-se passo relevante na busca da igualdade material entre homens e mulheres, com a potencial expansão da interpretação do princípio da isonomia em matéria tributária.

3 Conclusão: a pavimentação da perspectiva de gênero em casos tributários

Os casos acima analisados revelam a importância das contribuições do Ministro Luís Roberto Barroso para uma possível reinterpretação do princípio da isonomia no direito tributário, também à luz da incorporação do Protocolo para Julgamento Sensível a Gênero nessa seara. Ainda que o protocolo, em si, não tenha sido fundamento para as decisões, trazer as questões de gênero para o centro do debate tributário representa, justamente, o racional por detrás do protocolo e a incorporação direta de seus ditames.

---

24 PISCITELLI, Tathiane. *Tributação e gênero*: STF dá o primeiro passo. Disponível em: http://www.taxaccounting.com.br/noticias/ver.asp?not_id=29052. Acesso em: 8 jul. 2024.

25 SILVEIRA, Alexandre Di Miceli da; DONAGGIO, Angela Rita Franco; SICA, Lígia Paula Pires Pinto; RAMOS, Luciana. *Women's Participation in Senior Management Positions*: Gender Social Relations, Law and Corporate Governance. October 10, 2014. Disponível em: https://ssrn.com/abstract=2508929. Acesso em: 29 jul. 2024.

Em seus votos, o ministro deu centralidade a questões de isonomia tributária e à identificação de discriminações implícitas nas normas tributárias, reconhecendo a necessidade de construção de uma hermenêutica de gênero no direito que elimine os fatores de desigualdade e construa pontes para a afirmação do princípio da não discriminação.[26] Dessa forma, desafiando a interpretação meramente formalista das normas tributárias, o que se constata é a promoção de reflexões críticas sobre os marcadores sociais que permeiam a aplicação do direito. Nessa abordagem, Barroso enfatizou a importância de se efetivar, por meio da tributação, direitos fundamentais consagrados na Constituição de 1988, a partir da redução das desigualdades sociais e da promoção da isonomia tributária.

A adoção de uma perspectiva de gênero interseccional pelo Poder Judiciário brasileiro representa passo importante na busca por uma Justiça mais equitativa, que leve em consideração a complexidade das desigualdades que afetam mulheres em diferentes dimensões, como classe, escolaridade, origem, raça e sexualidade. É imprescindível que o Poder Judiciário continue a avançar nesse caminho, garantindo que as normas tributárias sejam interpretadas e aplicadas de maneira a efetivar os direitos de todos os cidadãos e cidadãs.

Referências

BARBOSA, Marcus Vinicius. *Constitucionalização do direito tributário e o Supremo Tribunal Federal: aportes doutrinários e jurisprudenciais para um direito tributário renovado.* Disponível em: https://www.emerj.tjrj.jus.br/revistaemerj_online/edicoes/revista_v21_n3/tomo2/revista_v21_n3_tomo2_394.pdf. Acesso em: 4 jun. 2024.

BECKER, Alfredo Augusto. *Teoria geral do direito tributário.* São Paulo: Lejus, 1998.

BRASIL. Ministério da Economia. Secretaria do Tesouro Nacional. *Projeto de Lei de Diretrizes Orçamentárias para 2020*: Anexo II – Relação de Informações Complementares ao Projeto de Lei Orçamentária de 2020. Brasília, 2020. Disponível em: https://sisweb.tesouro.gov.br/apex/f?p=2501:9::::9:P9_ID_PUBLICACAO:31478. Acesso em: 10 jul. 2024.

CÂMARA, Andalessia Lana Borges. *Tributação e gênero*: políticas públicas de extrafiscalidade e a luta pela igualdade. Dissertação (Mestrado em Direito e Políticas Públicas) – Faculdade de Ciências Jurídicas e Sociais, Centro Universitário de Brasília, Brasília, 2022. Disponível em: https://repositorio.uniceub.br/jspui/bitstream/prefix/17360/1/62100047.pdf. Acesso em: 29 jul. 2024.

CONSELHO NACIONAL DE JUSTIÇA. *Protocolo para julgamento com perspectiva de gênero.* 2021. Disponível em: https://www.cnj.jus.br/wp-content/uploads/2021/10/protocolo-para-julgamento-com-perspectiva-de-genero-cnj-24-03-2022.pdf. Acesso em: 7 jul. 2024.

ELSON, Diane. *Iniciativas orçamentárias sensíveis à questão de gênero*: dimensões chave e exemplos práticos. Disponível em: https://revista.enap.gov.br/index.php/RSP/article/view/223/228. Acesso em: 1º abr. 2024.

GONZALEZ, Lélia. *Por um feminismo afro-latino-americano*: ensaios, intervenções e diálogos. Rio de Janeiro: Zahar, 2020.

INFANTI, Anthony C. Tax ~~Equity~~. *In*: INFANTI, Anthony C.; CRAWFORD, Bridget J. *Critical tax theory* – An introduction. New York: Cambridge University Press, 2009.

INSTITUTO BRASILEIRO DE GEOGRAFIA E ESTATÍSTICA (IBGE). *Desigualdades sociais por cor ou raça no Brasil.* Rio de Janeiro: IBGE, 2019. Disponível em: https://biblioteca.ibge.gov.br/visualizacao/livros/liv101972_informativo.pdf. Acesso em: 29 jul. 2024.

---

[26] PISCITELLI, Tathiane; SOARES, Gabriela Marília Natividade. Notas sobre o II Congresso Internacional de Tributação e Gênero: Políticas Fiscais e Sustentabilidade para a Igualdade de Gênero e Raça. *Revista Direito Tributário Atual*, n. 56, p. 816-832, 2024. Disponível em: https://revista.ibdt.org.br/index.php/RDTA/article/view/2539. Acesso em: 8 jul. 2024.

MENEZES, Luiza Machado de O. Memória, afeto e esperança: nossa história de luta pela inclusão da perspectiva de gênero na reforma tributária (Emenda Constitucional n. 132/2023). *Revista Direito Tributário Atual*, n. 56, p. 731-751, 2024. DOI: 10.46801/2595-6280.56.32.2024.2535. Disponível em: https://revista.ibdt.org.br/index.php/RDTA/article/view/2535. Acesso em: 29 jul. 2024.

MENEZES, Luiza Machado de Oliveira. *Tributação e desigualdades de gênero e raça*: como o sistema tributário discrimina as mulheres na tributação sobre os produtos ligados ao cuidado e à fisiologia feminina. Belo Horizonte: Letramento, 2023.

NOVO, Carla Mendes; LONGO, Larissa Luzia. RE 576.967/PR: Inconstitucionalidade da tributação do salário-maternidade pela contribuição previdenciária patronal. *In*: SCAFF, Fernando Facury, TORRES, Heleno Taveira, DERZI, Misabel Abreu Machado, BATISTA, Onofre Alves. *Supremos acertos*: avanços doutrinários a partir da jurisprudência do STF. Belo Horizonte: Caso do Direito, 2022.

OECD. *Tax Policy and Gender Equality*. 2022. Disponível em: https://www.oecd-ilibrary.org/docserver/b8177aea-en.pdf?expires=1722273144&id=id&accname=guest&checksum=01401F3607C3FD95387651C73755D2B0. Acesso em: 29 jul. 2024.

PISCITELLI, Tathiane dos Santos. *Argumentando pelas consequências no direito tributário*. São Paulo: Noeses, 2011.

PISCITELLI, Tathiane. *Tributação e gênero*: STF dá o primeiro passo. Disponível em: http://www.taxaccounting.com.br/noticias/ver.asp?not_id=29052. Acesso em: 8 jul. 2024.

PISCITELLI, Tathiane. Tributação, desigualdade de gênero e as pensões alimentícias. *Valor Econômico*, 2021. Disponível em: https://valor.globo.com/legislacao/fio-da-meada/post/2021/03/tributacao-desigualdade-de-genero-e-as-pensoes-alimenticias.ghtml. Acesso em: 3 jun. 2024.

PISCITELLI, Tathiane; SOARES, Gabriela Marília Natividade. Notas sobre o II Congresso Internacional de Tributação e Gênero: Políticas Fiscais e Sustentabilidade para a Igualdade de Gênero e Raça. *Revista Direito Tributário Atual*, n. 56, p. 816-832, 2024. Disponível em: https://revista.ibdt.org.br/index.php/RDTA/article/view/2539. Acesso em: 8 jul. 2024.

SILVEIRA, Alexandre Di Miceli da; DONAGGIO, Angela Rita Franco; SICA, Lígia Paula Pires Pinto; RAMOS, Luciana. *Women's Participation in Senior Management Positions*: Gender Social Relations, Law and Corporate Governance. October 10, 2014. Disponível em: https://ssrn.com/abstract=2508929. Acesso em: 29 jul. 2024.

STOTSKY, Janet. Gender bias in tax systems. *International Monetary Fund, Working Papers*, Washington, v. 96, n. 99, 1996. Disponível em: https://www.elibrary.imf.org/view/journals/001/1996/099/article-A001-en.xml. Acesso em: 29 jul. 2024.

SUPREMO TRIBUNAL FEDERAL (STF). *Corte Aberta*: Painel de Decisões. Disponível em: https://transparencia.stf.jus.br/extensions/decisoes/decisoes.html. Acesso em: 29 jul. 2024.

TEMPO de cuidar: o trabalho de cuidado não remunerado e mal pago e a crise global da desigualdade. *Oxfam Brasil*, 2020. Disponível em: https://www.oxfam.org.br/publicacao/tempo-de-cuidar-o-trabalho-de-cuidado-nao-remunerado-e-mal-pago-e-a-crise-global-da-desigualdade/. Acesso em: 3 abr. 2024.

Informação bibliográfica deste texto, conforme a NBR 6023:2018 da Associação Brasileira de Normas Técnicas (ABNT):

PISCITELLI, Tathiane; SOARES, Gabriela Marília Natividade. Tributação e gênero no Supremo Tribunal Federal: contribuições do Ministro Luís Roberto Barroso. *In*: PAULA, Fernanda de; PENCAK, Nina (coord.). *Tributação, liberdade e igualdade*: as contribuições do Ministro Luís Roberto Barroso. Belo Horizonte: Fórum, 2025. p. 1079-1090. ISBN 978-65-5518-952-0.

OBSERVÂNCIA DO ART. 113 DO ADCT PARA CONCESSÃO DE BENEFÍCIOS FISCAIS DE ICMS

VANESSA HUCKLEBERRY PORTELLA SIQUEIRA

1 Enfoque da problemática

Inúmeros são os privilégios concedidos na vertente da receita pública. Esses privilégios são genericamente apelidados de renúncias de receita, gastos tributários ou despesas virtuais.[1] As renúncias de receita são mecanismos financeiros empregados na vertente da receita pública, como isenções, anistias, remissões e, até mesmo, moratórias.

Carlos Valder do Nascimento explicita que a expressão "renúncia de receita" exprime a desistência do direito sobre determinado tributo, por abandono ou desistência expressa do ente federado competente para sua instituição.[2]

Uma renúncia de receita nada mais é do que uma abertura de mão. E ante o fato de as renúncias produzirem o mesmo resultado econômico produzido pelo gasto, a doutrina norte-americana convencionou alcunhá-las de *gastos tributários*, razão por que o controle a recair sobre a concessão de benefícios fiscais deve ser bastante rígido, um controle similar àquele que se abate sobre a despesa pública.

O alcance do termo "renúncia de fiscal" deita origem na expressão de língua inglesa *tax expenditure*, expressão esta forjada entre os anos de 1960 e 1970 pelo norte-americano Stanley S. Surrey para "designar os efeitos econômicos no orçamento público de certas previsões tributárias especiais".[3]

Segundo Celso de Barros Correia Neto, na língua portuguesa, nada obstante a tradução correta para a expressão *tax expenditure* seja *gasto tributário* ou *despesa fiscal*, a doutrina jurídica brasileira prefere traduzi-la por *renúncia de receita (tributária)* e *renúncia*

---

1 TORRES, Ricardo Lobo. *O orçamento na Constituição*. Tratado de direito constitucional financeiro e tributário. 2. ed. Rio de Janeiro: Renovar, 2000. v. V. p. 261.

2 MARTINS, Ives Gandra da Silva; NASCIMENTO, Carlos Valder do (Org.). *Comentários à Lei de Responsabilidade Fiscal*. São Paulo: Saraiva, 2021. p. 137.

3 CORREIA NETO, Celso de Barros. *O avesso do tributo*. 2. ed. São Paulo: Almedina, 2016. p. 145.

fiscal,[4] tendo sido tais expressões expressamente adotadas pelo texto constitucional vigente, nos arts. 70[5] e 153, §4º, inc. III,[6] respectivamente.

Além dos privilégios concedidos na vertente da receita, há aqueles que operam na vertente da despesa pública, entre os quais figuram as subvenções econômicas e sociais,[7] os subsídios[8] e as restituições de tributo a título de incentivo.

Como se vê, de um lado do espectro, estão os privilégios concedidos na vertente da receita pública, as renúncias de receita, por meio das quais o Estado, por intermédio de lei, abre mão de arrecadar; do outro, os privilégios operantes na vertente da despesa pública, que implicam a transferência de recursos, também mediante lei, a pessoas físicas ou jurídicas de direito público ou privado, com ou sem contrapartida.

Curioso, no entanto, que alguns insistam em categorizar os subsídios como renúncias de receita, malgrado com estas tecnicamente não se confundam, muito embora apresentem correspondência acaso analisados sob a sua acepção financeira. De feito, os subsídios se assemelham às renúncias de receita, mesmo porque também são privilégios, só que empregados na vertente da despesa. A confusão se dá ante o fato de a concessão de subsídios desafiar o preenchimento dos mesmos requisitos e condições aos quais devem respeito as renúncias de receita, razão por que aparecem listados não apenas no rol dos §§6ºs dos arts. 150 e 165 da Constituição da República, como também no rol do §1º do art. 14 da Lei Complementar nº 101/2000. Nada obstante, apesar de os subsídios serem enquadrados como privilégios, está-se diante de privilégios financeiros, isto é, de privilégios concedidos na vertente da despesa.

O benefício ou incentivo será fiscal quando a legislação alterar a regra-matriz de incidência tributária e tiver o condão de interferir na arrecadação das receitas tributárias, estabelecendo vantagens tributárias a favor do sujeito ou da atividade beneficiada. Já o benefício ou incentivo de índole financeira restará caracterizado pelo seu emprego diretamente na despesa pública, com vistas ao fomento de atividades desenvolvidas por particulares afetas ao interesse público, por meio de ações ou omissões privadas, como os subsídios, as restituições de tributo a título de incentivo, as subvenções, entre outros.

2 As renúncias de receita sob o espectro da Lei de Responsabilidade Fiscal e da Constituição da República

A Lei Complementar nº 101, de 4.5.2000, a denominada Lei de Responsabilidade Fiscal (LRF), estabelece "normas de finanças públicas voltadas para a responsabilidade na gestão fiscal e dá outras providências".

---

4 CORREIA NETO, Celso de Barros. *O avesso do tributo*. 2. ed. São Paulo: Almedina, 2016. p. 153.

5 Art. 70 da CRFB: "A fiscalização contábil, financeira, orçamentária, operacional e patrimonial da União e das entidades da administração direta e indireta, quanto à legalidade, legitimidade, economicidade, aplicação das subvenções e renúncia de receitas, será exercida pelo Congresso Nacional, mediante controle externo, e pelo sistema de controle interno de cada Poder".

6 Art. 153 da CRFB: "Compete à União instituir impostos sobre: [...] §4º O imposto previsto no inciso VI do caput. [...] III - será fiscalizado e cobrado pelos Municípios que assim optarem, na forma da lei, desde que não implique redução do imposto ou qualquer outra forma de renúncia fiscal".

7 Incentivos financeiros desvinculados de qualquer tributo e utilizados com certa discricionariedade pelo Poder Público (arts. 12, §3º, e 16 da Lei nº 4.320/1964 c/c o art. 26 da LC nº 101/2000).

8 Transferências de recursos do Estado para particulares, independentemente do fornecimento de bens ou serviços, e condicionada a determinada performance econômica do beneficiário (art. 14 da LC nº 101/2000).

Em atendimento a esse desiderato, a LRF estabelece parâmetros relativos ao gasto público, visando à prevenção de riscos e a correção de desvios financeiro-orçamentários que porventura possam comprometer o equilíbrio das contas públicas.

Nessa toada, a preocupação do legislador em imprimir eficiência à máquina administrativa recaiu tanto sobre a arrecadação de tributos quanto sobre o gerenciamento das receitas daí decorrentes.

À guisa de ilustração, recorremos à inteligência do art. 12 da Lei Complementar nº 101/2000, nos termos do qual

> as previsões de receita observarão as normas técnicas e legais e considerarão os efeitos das alterações na legislação, da variação do índice de preços, do crescimento econômico ou de qualquer outro fator relevante e serão acompanhadas de demonstrativo de sua evolução nos últimos três anos, da projeção para os dois seguintes àquele a que se referirem, e da metodologia de cálculo e premissas utilizadas.

Mais: de acordo com o seu §1º, eventual "reestimativa de receita por parte do Poder Legislativo só será admitida se comprovado erro ou omissão de ordem técnica ou legal". Em termos distintos, a previsão há de ser real, e não meramente formal, não havendo lugar para erros ou meros descuidos.

Exemplo outro vem estampado no art. 13 da Lei Complementar nº 101/2000, ao estabelecer que, até trinta dias depois da publicação do orçamento, as receitas previstas serão desdobradas pelo Poder Executivo, em metas bimestrais de arrecadação, "em separado, quando cabível, das medidas de combate à evasão e à sonegação, da quantidade e valores de ações ajuizadas para cobrança da dívida ativa, bem como da evolução dos créditos tributários passíveis de cobrança administrativa". Do comando embutido no dispositivo, infere-se que o Poder Executivo deverá anunciar as medidas que adotará com o fito de combater a evasão e a sonegação fiscais, com vistas a apressar o ingresso da receita, não sem envidar esforços dirigidos ao seu incremento.

A mesma preocupação parece refletir-se na dicção do art. 11, nos termos do qual "constituem requisitos essenciais da responsabilidade na gestão fiscal a instituição, previsão e efetiva arrecadação de todos os tributos da competência constitucional do ente da Federação".

E bem assim no art. 14 da Lei Complementar nº 101/2000, que consubstancia os requisitos legais inerentes à concessão de renúncias de receita.

Da leitura do *caput* do art. 14, dessume-se que a acepção financeira da expressão "renúncia de receita" contempla todos os mecanismos fiscais nos quais se possam converter os itens da despesa pública, amalgamados, pois, nas subvenções, nos subsídios e, até mesmo, nas restituições de tributo a título de incentivo.[9] Confira-se:

> Art. 14. A concessão ou ampliação de incentivo ou benefício de natureza tributária *da qual decorra renúncia de receita* deverá estar acompanhada de estimativa do impacto orçamentário-financeiro no exercício em que deva iniciar sua vigência e nos dois seguintes, atender ao disposto na lei de diretrizes orçamentárias e a pelo menos uma das seguintes condições: [...]

---

[9] TORRES, Ricardo Lobo. *O orçamento na Constituição*. Tratado de direito constitucional financeiro e tributário. 2. ed. Rio de Janeiro: Renovar, 2000. v. V. p. 334-335.

> §1º A renúncia compreende anistia, remissão, subsídio, crédito presumido, concessão de isenção em caráter não geral, alteração de alíquota ou modificação de base de cálculo que implique redução discriminada de tributos ou contribuições, *e outros benefícios que correspondam a tratamento diferenciado*. (Grifos nossos)

Ainda que Celso de Barros Correia Neto sustente, sem embargo, que a regra do art. 14 não se aplica aos chamados *incentivos financeiros* –[10] porquanto não têm natureza tributária –, não seria prudente perfilharmos esse posicionamento, mormente porque dotado de preciosismo passível de frustrar as reais intenções do legislador.

A argumentação ora esboçada nos permite emergir a uma conclusão prévia: qualquer interpretação que empreste caráter taxativo à listagem do §1º do art. 14 da LRF, a par de frustrar as reais intenções do legislador complementar – abrindo caminho a que uma política indiscriminada de renúncias de receita, subsídios e subvenções impulsione a dilapidação do patrimônio público –, estaria a ferir de morte a Constituição da República. Em suma, estreme de dúvidas que qualquer benefício que implique diminuição da receita reclamará a correlata estimativa do impacto orçamentário-financeiro.

Conquanto não possam ser confundidas as renúncias de receitas com os privilégios operantes na vertente da despesa pública, é de se reconhecer uma similitude entre os institutos. A uma, porque ambos remanescem enquadrados na categoria *benefícios* e, nesta qualidade, implicarão perdas para o Poder Público. A duas, porque as renúncias de receita produzem os mesmos resultados econômicos produzidos pelo gasto público, do que se lhes infere, a rigor, o mesmo efeito matemático.

Nesse sentido, tal como nos alerta Marcus Abraham, não poderíamos nos furtar de rememorar que a LRF, lastreada pelos ideais de transparência e de controle fiscal, sabiamente atribui às renúncias de receita igual importância a que dá às despesas públicas, vislumbrando o mesmo efeito matemático entre a renúncia e um gasto, uma vez que o montante financeiro cujo ingresso era considerado no orçamento, por força da renúncia fiscal, acaba por desfalcar as disponibilidades do ente respectivo.[11]

Do mesmo modo, em respeito ao comando plasmado no art. 14[12] da Lei Complementar nº 101/2000, e primando pela legalidade da concessão, essencial que a proposta se faça acompanhar do estudo de impacto orçamentário-financeiro imanente à renúncia fiscal pretendida, não apenas no exercício em que deva iniciar-se a sua vigência, mas também nos dois seguintes, devendo respeito, ainda, aos ditames da Lei de Diretrizes Orçamentárias.

De parte isso, imperioso o atendimento a uma das condições estampadas nos incisos do aludido dispositivo, mais precisamente: (i) a demonstração pelo proponente

---

[10] CORREIA NETO, Celso de Barros. *O avesso do tributo*. 2. ed. São Paulo: Almedina, 2016. p. 237.

[11] ABRAHAM, Marcus. *Lei de Responsabilidade Fiscal comentada*. 2. ed. Rio de Janeiro: Forense, 2017. p. 148.

[12] "Art. 14. A concessão ou ampliação de incentivo ou benefício de natureza tributária da qual decorra renúncia de receita deverá estar acompanhada de estimativa do impacto orçamentário-financeiro no exercício em que deva iniciar sua vigência e nos dois seguintes, atender ao disposto na lei de diretrizes orçamentárias e a pelo menos uma das seguintes condições: (Vide Medida Provisória nº 2.159, de 2001) (Vide Lei nº 10.276, de 2001) (Vide ADI 6.357) I - demonstração pelo proponente de que a renúncia foi considerada na estimativa de receita da lei orçamentária, na forma do art. 12, e de que não afetará as metas de resultados fiscais previstas no anexo próprio da lei de diretrizes orçamentárias; II - estar acompanhada de medidas de compensação, no período mencionado no caput, por meio do aumento de receita, proveniente da elevação de alíquotas, ampliação da base de cálculo, majoração ou criação de tributo ou contribuição".

de que a renúncia foi considerada na estimativa de receita da Lei Orçamentária Anual, na forma do art. 12 da LRF, bem como a comprovação de que a renúncia não afetará as metas de resultados fiscais previstas no Anexo de Metas Fiscais, peça integrante da Lei de Diretrizes Orçamentárias; ou (ii) esteja, no período mencionado no *caput* do art. 14 da LRF, acompanhada de medidas de compensação, tanto pela via do aumento de receita quanto por meio da elevação de alíquotas e da ampliação da base de cálculo, majoração ou criação de tributo ou contribuição.

Indubitável que o legislador complementar, ao conceber a regra agasalhada no art. 14, objetivou qualificar o debate acerca dos gastos tributários indiretos, agregando duas condições ao processo legislativo afeto à concessão de renúncias de receita, quais sejam: (i) uma condição básica, primariamente exigível, atinente ao cômputo da renúncia na estimativa da Lei Orçamentária; e (ii) uma condição alternativa, secundariamente acionável, mediante a efetivação de medidas de compensação, por meio da elevação de alíquotas, da expansão da base de cálculo ou da instituição de tributo.

A concessão ou ampliação de incentivo depende de demonstrativo do impacto orçamentário-financeiro, conforme se depreende de norma expressamente prevista em inúmeras Leis de Diretrizes Orçamentárias. A aludida norma – que, repise-se, costuma figurar nas Diretrizes Orçamentárias – dispõe no sentido de que a lei ou a medida provisória que conceda ou amplie incentivo ou benefício de natureza tributária só será aprovada acaso atendidas as exigências do art. 14 da LRF. E mais: não é incomum, outrossim, que as LDOs cometam ao Poder Executivo a incumbência de elaborar demonstrativo que deverá ficar disponibilizado até 15 dias após o encaminhamento do Projeto de Lei Orçamentária Anual.

Dessarte, de modo a que possa materializar-se uma renúncia de receita, afigura-se essencial a demonstração de que aquela renúncia fora tomada em conta na estimativa de receita da LOA, nos termos do art. 12 da LRF. E não é só: a renúncia de receita, além de não poder afetar as metas de resultados fiscais previstas no anexo da LDO, deve se fazer acompanhar de medidas de compensação – caso não tenha sido acomodada no Projeto de LOA –, no período estatuído no *caput* do citado art. 14. É a LRF dando um basta à improvisação, impedindo que as renúncias de receita obstaculizem o cumprimento das prioridades arroladas na LDO.

Da regra consubstanciada no inc. I do art. 14 da Lei Complementar nº 101/2000, depreende-se que o debate sobre as renúncias de receita e os seus consectários impactos fiscais deve ser antecipado para a discussão do processo orçamentário (LDO e LOA), sendo correto intuirmos que um projeto de lei que aumente ou institua um gasto tributário indireto, deflagrado antes do processo orçamentário, terá a sua neutralidade resguardada no caso de o Poder Executivo vir a demonstrar que instruiu tanto o Projeto de LDO como o Projeto de LOA com os dados necessários à demonstração de que a renúncia foi levada em consideração nas estimativas neles constantes.

Noutro giro, a norma embutida no inc. II do art. 14 da Lei Complementar nº 101/2000 determina que a renúncia seja compensada por medidas que façam frente ao impacto decorrente do privilégio ora proposto, na eventualidade de não ter sido adotada a providência propugnada pelo inc. I do mesmo dispositivo.

Corroborando o raciocínio aqui esposado, a Constituição da República, atenta aos princípios do equilíbrio orçamentário e da transparência, recomenda que o orçamento organize as entradas e as despesas com transparência e fidelidade. Com efeito, o §6º do seu art. 150 preconiza que

> qualquer subsídio ou isenção, redução de base de cálculo, concessão de crédito presumido, anistia ou remissão, relativos a impostos, taxas ou contribuições, só poderá ser concedido mediante lei específica, federal, estadual ou municipal, que regule exclusivamente as matérias acima enumeradas ou o correspondente tributo ou contribuição.

Semelhante exigência visa obstaculizar que benefícios sejam aprovados no bojo de leis cujo objeto concerna a assuntos outros, passando, por isso mesmo, despercebidos pela maioria legislativa.

Não por outra razão, a Constituição da República, nomeadamente no §6º do art. 165, de igual forma privilegiando a transparência e o equilíbrio, estabelece que "o projeto de lei orçamentária será acompanhado de demonstrativo regionalizado do efeito, sobre as receitas e despesas, decorrente de isenções, anistias, remissões, subsídios e benefícios de natureza financeira, tributária e creditícia".

Trata-se de mandamento atrelado à viabilidade da concessão de renúncias de receita, ocasião na qual serão sopesados os bônus e os ônus decorrentes do benefício, revelando-se primordial, neste particular, que o desfalque derivado da benesse possa ser, sem maiores abalos, comportado pela tríade orçamentária, não havendo mais dúvidas acerca da real necessidade de sua previsão na Lei Orçamentária Anual, circunstância que torna mais dificultosa a manipulação política dos incentivos por meio de sua exclusão do orçamento.

De se destacar, ainda, que a doutrina e a jurisprudência enxergam os comandos embutidos nestes dispositivos – arts. 150, §6º, e 165, §6º – como requisitos imanentes à concessão de renúncias de receita.

Não bastasse isso, a Emenda Constitucional nº 95/2016,[13] por meio do art. 113 do ADCT,[14] estabeleceu requisito adicional para a validade formal de leis que criem despesa ou concedam benefícios fiscais, requisito este que, por expressar medida indispensável ao equilíbrio da atividade financeira do Estado, dirige-se a todos os níveis federativos, nos termos do acórdão proferido no bojo da ADI nº 5.816/RO.[15]

Importante não perdermos de vista que a preocupação intrínseca ao cumprimento do disposto nos indigitados dispositivos mostra-se fundamental ao reconhecimento da constitucionalidade do benefício, mormente à luz dos comandos neles embutidos, fundamento que lastreou e robusteceu o entendimento do Supremo Tribunal Federal a respeito da inconstitucionalidade da concessão de benefícios desprovidos do correlato estudo de impacto orçamentário-financeiro. Hodiernamente, ante o novel preceito constitucional, a ausência de estimativa de impacto orçamentário-financeiro avulta como vício de inconstitucionalidade insuscetível de convalidação, e não como causa de arquivamento da proposição.

---

[13] A Lei Complementar nº 200/2023 inaugurou o novo regime para as contas da União, o denominado Arcabouço Fiscal, regime este que substituiu o teto de gastos públicos criado pela Emenda Constitucional nº 95/2016.

[14] "Art. 113. A proposição legislativa que crie ou altere despesa obrigatória ou renúncia de receita deverá ser acompanhada da estimativa do seu impacto orçamentário e financeiro. (Incluído pela Emenda Constitucional nº 95, de 2016)".

[15] BRASIL. Supremo Tribunal Federal. ADI 5.816. Plenário. Rel. Min. Alexandre de Moraes. *DJe*, 26.11.2019. Disponível em: http://portal.stf.jus.br. Acesso em: jun. 2024.

À guisa de ilustração, não custa citar a ADI nº 5.902/AM,[16] de cujo objeto extrai-se o questionamento da constitucionalidade da Lei Complementar nº 160/2017, ocasião em que a falta de estimativa de impacto financeiro-orçamentário é alçada à justificativa para o reconhecimento da inconstitucionalidade do seu art. 4º, que, por sua vez, afasta as restrições decorrentes da aplicação do art. 14 da Lei Complementar nº 101/2000 que possam comprometer a implementação das disposições daquela lei quanto aos benefícios fiscais em matéria de ICMS.

Ademais, não poderíamos prescindir de mencionar a ADI nº 6.303/RR,[17] donde restou consignado que semelhante "requisito visa a permitir que o legislador, como poder vocacionado para a instituição de benefícios fiscais, compreenda a extensão financeira de sua opção política", oportunidade na qual foi fixada a tese segundo a qual é "[...] inconstitucional lei estadual que concede benefício fiscal sem a prévia estimativa de impacto orçamentário e financeiro exigida pelo art. 113 do ADCT".[18]

Ocorre que o Governo Luís Inácio Lula da Silva, eleito no final de 2022, imprimindo concretude ao comando embutido no inc. VIII do art. 163 da Constituição da República, enveredou pela instituição de um novo regime fiscal da União – o denominado arcabouço fiscal –, imbuído do propósito de integrar as regras fiscais vigentes, substituindo o teto de gastos e aprimorando a Lei de Responsabilidade Fiscal. A novel roupagem fiscal guarda por objeto impedir que as despesas públicas cresçam mais do que as receitas, limitando o crescimento dos gastos públicos a, no máximo, 70% do crescimento real das receitas arrecadadas.

Pois bem, diante da superveniência do novo arcabouço fiscal – em substituição ao teto de gastos inaugurado pela Emenda Constitucional nº 95/2016 –, dúvidas se abateram sobre a validade da norma estampada no art. 113 do ADCT, a qual teria sido revogada com a revogação do antigo teto de gastos da União.

Em que pese a especulação em torno da validade do art. 113 do ADCT, deve ser descartada a interpretação no sentido de que teria se quedado revogada a exigência de apresentação da estimativa do impacto orçamentário-financeiro, sobretudo porque tal norma adviera em meio a um arquétipo fático no bojo do qual se recobria de rigor absoluto o controle da despesa pública, tempo em que o Brasil experimentou um aumento consistente nos gastos correntes, cujas consequências colocaram a sustentabilidade fiscal em risco. Nos últimos anos, o impacto desse constante aumento nas despesas foi agravado não só pela queda nas receitas – consectária de uma recessão profunda – como pelo aumento das despesas fiscais.[19]

---

[16] BRASIL. Supremo Tribunal Federal. ADI 5.902. Plenário. Rel. Min. Marco Aurélio. Disponível em: http://portal.stf.jus.br. Acesso em: jun. 2024.

[17] BRASIL. Supremo Tribunal Federal. ADI 6.303. Plenário. Rel. Min. Luís Roberto Barroso. *DJe*, 18.03.2022. Disponível em: http://portal.stf.jus.br. Acesso em: jun. 2024.

[18] "A atenção ao ponto ora explicitado reveste-se de caráter de indispensabilidade, porquanto, além de suscitar eventual declaração de inconstitucionalidade da norma, ressai como causa ensejadora do reconhecimento de ato de improbidade administrativa, nos termos do artigo 10, inciso VII, da Lei nº 8.429/1992, Lei de Improbidade Administrativa – LIA, nos termos do qual *constitui ato de improbidade administrativa que causa lesão ao erário qualquer ação ou omissão dolosa, que enseje, efetiva e comprovadamente, perda patrimonial, desvio, apropriação, malbaratamento ou dilapidação dos bens ou haveres das entidades referidas no art. 1º desta Lei* [...] *conceder benefício administrativo ou fiscal sem a observância das formalidades legais ou regulamentares aplicáveis à espécie*" (grifos nossos).

[19] BANCO MUNDIAL. *A fair adjustment*: efficiency and equity of public spending in Brazil: v. 1 – overview. Washington, D.C., nov. 2017. p. 9. Disponível em: http://documents.worldbank.org/curated/en/643471520429223428/Volume-1-Overview. Acesso em: nov. 2021.

Inclusive, o Supremo Tribunal Federal, ao julgar a ADI nº 5.816/RO,[20] emprestou amplo alcance à norma agasalhada no art. 113 do ADCT, explicitando que encarna providência indispensável à materialização do equilíbrio orçamentário.

Fato é que a interpretação conjunta das normas acima aludidas permite-nos abraçar a conclusão de que tais mandamentos guardam por escopo evitar improvisos por meio dos quais determinados grupos políticos logrem beneficiar os seus apaniguados pela via de favores embutidos em leis absolutamente desbordantes da temática financeira. E tudo isso à custa do desconhecimento da maioria.

3 A dificuldade em se efetivar o comando embutido no art. 14 nas ocasiões em que a renúncia de receita provier de projeto de iniciativa parlamentar

Como se viu, o legislador complementar, ao talhar a regra hospedada no art. 14, objetivou conferir a devida importância aos gastos tributários indiretos, agregando duas condições ao processo legislativo afeto à concessão de renúncias de receita.

Nada obstante, ao tempo em que a LRF foi promulgada, a jurisprudência do Supremo Tribunal Federal se inclinava a encampar a posição de que a iniciativa das leis concessivas de renúncias de receita era privativa do Chefe do Executivo, do que se depreende a dificuldade em se concretizar o comando embutido no art. 14 nas ocasiões em que a renúncia advier de projeto de iniciativa parlamentar, mesmo porque, não sendo a LOA uma lei de iniciativa parlamentar, torna-se difícil o cumprimento da primeira condição.

Passados alguns anos, o Supremo Tribunal Federal, no julgamento do ARE nº 743.480,[21] de relatoria do Ministro Gilmar Mendes (Tema nº 682) – colocou uma pá de cal sobre a questão, firmando a seguinte tese: "inexiste, na Constituição Federal de 1988, reserva de iniciativa para leis de natureza tributária, inclusive para as que concedem renúncia fiscal".

Assim é que, de acordo com o entendimento já pacificado no âmbito do Supremo, é de iniciativa concorrente o projeto de lei que trate de matéria tributária, ainda que exista proposta com o intuito de concessão de benefício fiscal, nos exatos termos do *decisum* proferido na ADI nº 2.464/AP.[22]

Todavia, tal como asseveramos, teremos um problema quando a proposta de renúncia provier do Poder Legislativo. Nesse caso, a que poder competiria a apresentar a estimativa de impacto orçamentário-financeiro? O mesmo se questiona relativamente à indicação da medida de compensação.

De se atentar que seria desarrazoado aprovar uma renúncia sem que a estimativa de impacto se mostre minimamente fidedigna ou sem que a medida compensatória tenha lastro.

---

[20] BRASIL. Supremo Tribunal Federal. ADI 5.816. Plenário. Rel. Min. Alexandre de Moraes. *DJe*, 26.11.2019. Disponível em: http://portal.stf.jus.br. Acesso em: jun. 2024.

[21] BRASIL. Supremo Tribunal Federal. ARE 743.480. Plenário. Rel. Min. Gilmar Mendes. *DJe*, 19.11.2013. Disponível em: http://portal.stf.jus.br. Acesso em: jun. 2024.

[22] BRASIL. Supremo Tribunal Federal. ADI 2.464. Plenário. Rel. Min. Ellen Gracie. *DJe*, 25.5.2007. Disponível em: http://portal.stf.jus.br. Acesso em: jun. 2024.

Eis a intermitente queda de braço entre os Poderes Legislativo e Executivo. Não é difícil imaginarmos – e a própria realidade nos brinda com exemplos em profusão – a aprovação de uma renúncia de receita inviável, uma renúncia em que a estimativa de impacto a subsidiá-la se mostra fragilíssima, uma renúncia que conta com uma medida compensatória só existente no papel.

Ao quedarmo-nos defronte à proposta de renúncia apresentada pelo Poder Executivo, parece-nos óbvia a constatação de que este poder deverá providenciar o demonstrativo de impacto. Entretanto, quando provinda do Poder Legislativo a proposta, cremos que o Poder Executivo, em atendimento à solicitação do Poder Legislativo, haverá de fornecer os dados inerentes à verificação da viabilidade da renúncia.

Sem embargo, na circunstância de se revelarem necessárias medidas compensatórias que anulem o efeito da renúncia no resultado primário, tais medidas deverão vir expressamente indicadas na *exposição de motivos* ou na *justificativa* que embasar a proposta legislativa – seja ela de iniciativa do Executivo, seja de iniciativa do Legislativo –, vedada, no entanto, a alusão à lei já aprovada ou a outras proposições legislativas que se encontrem em tramitação.

Não nos parece coerente que, derivando a proposta de renúncia de proposição apresentada pelo Poder Legislativo, deva o Poder Executivo indicar as medidas de compensação que farão frente ao impacto oriundo de privilégio em relação ao qual não está dando causa.

Aliás, essa é exatamente a ilação que se pode extrair da última Lei de Diretrizes Orçamentárias da União – Lei nº 14.791/2023, a cujas disposições fazemos alusão por simetria. Aludimos à LDO da União pelo tão só fato de ainda não ter sido implementado o comando embutido no inc. I do §9º do art. 165 da Carta de 1988, que propugna pela edição de uma lei complementar nacional que verse sobre o exercício financeiro, a vigência, os prazos, a elaboração e a organização das leis orçamentárias.[23]

Nesse sentido, até que seja ultimada a votação do Projeto de Lei Complementar nº 295/2016, os Chefes do Executivo de todos os entes políticos se nortearão pelas normas consubstanciadas na Lei nº 4.320/1964 e na Lei Complementar nº 101/2000. Além disso, não poderíamos nos eximir de observar que as Leis de Diretrizes Orçamentárias da União vêm, ano a ano, suprindo essa inaceitável omissão legislativa, de modo que não seria exagerado afirmar que 90% das disposições hospedadas nas LDOs concernem a normas de caráter geral, tarefa que a Constituição da República relegou ao disciplinamento por lei complementar. A inconstitucionalidade é flagrante e vem se repetindo aos nossos olhos a cada ano.

[23] Essa é uma outra problemática em relação à qual deveríamos prestar atenção. O Brasil, a despeito do comando embutido no inc. I do §9º do art. 165 da Carta de 1988, não dispõe de uma lei complementar estruturadora do Sistema Orçamentário. Os esforços do Congresso Nacional em direção à implementação do comando constitucional não são tão alvissareiros, relevando destacar a existência de Projeto de Lei Complementar (PLP) de vagaroso trâmite – cuja iniciativa atribui-se ao, à época, Senador Tasso Jereissati –, ao qual se amalgamou o projeto do ex-Senador Renato Casagrande. Não custa aclarar que, após a aprovação, os projetos, então unificados, culminarão na edição do que inicialmente se apelidou de Lei de Responsabilidade Orçamentária (LRO), tendo recebido, porém, a alcunha final de Nova Lei das Finanças Públicas. Sendo assim, a NLFP revogará a vetusta Lei nº 4.320/1964, imprimindo, vez por todas, concretude ao comando inserido no §9º do art. 165 da Lei Maior. Trata-se do PLP nº 295/2016, cujos termos darão corpo, enfim, à determinação constitucional.

Por esta singela razão, recorremos à dicção, neste particular, do art. 132 da LDO da União,[24] de cujos termos – em texto que se repete anualmente –, extraímos cinco ilações:

i) o proponente é o responsável pela elaboração e pela apresentação do demonstrativo do impacto orçamentário-financeiro, de modo que, quando solicitado pelo Poder Legislativo, o Poder Executivo fornecerá, no âmbito de suas competências, no prazo máximo de sessenta dias, os subsídios técnicos relacionados ao cálculo do impacto orçamentário e financeiro associado à proposição legislativa;

ii) a estimativa do impacto orçamentário-financeiro deverá constar na *exposição de motivos*, na hipótese de a proposição ser de autoria do Poder Executivo, ou no *documento que acompanha a proposição legislativa*, caso tenha origem no Poder Legislativo;

iii) caso o demonstrativo apresente redução de receita ou aumento de despesas, a proposição, quando concernir à redução de receita, deverá cumprir um dos seguintes requisitos: a) demonstração pelo proponente de que a redução foi considerada na estimativa de receita da LOA; b) fazer-se acompanhar de medida compensatória que anule o efeito da redução de receita no resultado primário, por meio de aumento de receita corrente ou de redução de despesa;

iv) caso a renúncia de receita se baseie no comando do inc. II do art. 14 da LRF, somente produzirá efeitos a partir do momento em que a regra de compensação se concretizar, de sorte que a lei que a instituiu permanecerá

---

[24] "Art. 132. As proposições legislativas, de que tratam o art. 59 da Constituição, as suas emendas e os atos infralegais que importem renúncia de receitas ou criação ou aumento de despesas obrigatórias de caráter continuado, nos termos dos art. 14 e art. 17 da Lei Complementar nº 101, de 2000 – Lei de Responsabilidade Fiscal, deverão ser instruídos com demonstrativo do impacto orçamentário-financeiro no exercício em que devam entrar em vigor e nos dois exercícios subsequentes e atender ao disposto neste artigo. §1º O proponente é o responsável pela elaboração e apresentação do demonstrativo a que se refere o caput, o qual deverá conter memória de cálculo com grau de detalhamento suficiente para evidenciar as premissas e a consistência das estimativas. §2º A estimativa do impacto orçamentário-financeiro, elaborada com fundamento no demonstrativo de que trata o caput, deverá constar da exposição de motivos ou de documento equivalente que acompanhar a proposição legislativa. §3º O atendimento ao disposto nos incisos I e II do art. 14 da Lei Complementar nº 101, de 2000 – Lei de Responsabilidade Fiscal, dependerá, para proposições legislativas e atos infralegais provenientes do Poder Executivo federal, de declaração formal: I - da Secretaria Especial da Receita Federal do Brasil, para as receitas administradas por essa Secretaria; ou II - do órgão responsável pela gestão da receita objeto da proposta, nos demais casos. §4º Para fins de atendimento ao disposto nos art. 14 e art. 17 da Lei Complementar nº 101, de 2000 – Lei de Responsabilidade Fiscal, as medidas para compensar a renúncia de receita ou o aumento de despesa obrigatória de caráter continuado devem integrar a proposição legislativa ou o ato infralegal, com indicação expressa no texto, na exposição de motivos ou no documento que os fundamentarem, hipótese em que será: I - vedada a referência a outras proposições legislativas em tramitação; e II - permitida a referência à lei ou a ato infralegal publicados no mesmo exercício financeiro, que registrem de forma expressa, precisa e específica, ainda que na exposição de motivos ou no documento que os tenham fundamentado, os casos em que seus efeitos poderão ser considerados para fins de compensar a redução de receita ou o aumento de despesa. §5º Ficam dispensadas das medidas de compensação as hipóteses de aumento de despesas previstas no §1º do art. 24 da Lei Complementar nº 101, de 2000 – Lei de Responsabilidade Fiscal. §6º Quando solicitados por presidente de órgão colegiado do Poder Legislativo, os órgãos dos Poderes Executivo, Legislativo e Judiciário, do Ministério Público da União e da Defensoria Pública da União fornecerão, no âmbito de suas competências, no prazo máximo de sessenta dias, os subsídios técnicos relacionados ao cálculo do impacto orçamentário e financeiro associado à proposição legislativa, para fins da elaboração do demonstrativo a que se refere o caput. §7º Para fins de cumprimento do disposto no inciso I do caput do art. 14 da Lei Complementar nº 101, de 2000 – Lei de Responsabilidade Fiscal, as proposições legislativas em tramitação que importem ou autorizem renúncia de receita poderão ter seus efeitos considerados na estimativa de receita do Projeto da Lei Orçamentária e da respectiva Lei. §8º O disposto no caput aplica-se às proposições legislativas e aos atos infralegais que: I - contenham remissão a futura legislação, parcelamento de despesa ou postergação do impacto orçamentário-financeiro; II - estejam em tramitação no Congresso Nacional; ou III - estejam em fase de sanção".

válida, nada obstante desprovida de efeitos, nos termos preconizados pelo §2º do art. 14 da Lei Complementar nº 101/2000;

v) a renúncia de receita concedida com lastro no inc. I do art. 14 revelar-se-á apta à produção de efeitos, desde que o impacto dela decorrente tenha sido computado – e absorvido – na estimativa da LOA.

Considerando tudo o quanto expusemos, a interpretação a ser emprestada ao comando embutido no inc. II do art. 14 da LRF é a que aponta no sentido de que as medidas compensatórias deverão vir expressamente indicadas, pelo proponente, na *exposição de motivos* ou na *justificativa* embasadora da proposta legislativa – seja ela de iniciativa do Executivo, seja de iniciativa do Legislativo –, nos moldes tais como dispõe o art. 132 da Lei nº 14.791/2023, última Lei de Diretrizes Orçamentárias da União.

Isso porque, conforme explicitamos, não nos parece coerente que, derivando a renúncia de proposição apresentada pelo Poder Legislativo, deva o Poder Executivo indicar, em *exposição de motivos* inerente a projeto que não é de sua autoria, as medidas de compensação que farão frente ao impacto oriundo de privilégio em relação ao qual não está dando causa.

Imperioso, por fim, repisarmos que a renúncia de receita esteada na letra do inc. II do art. 14 da LRF tão somente produzirá efeitos a partir do momento em que a regra de compensação começar a viger, de sorte que a lei que a instituiu permanecerá válida, nada obstante desprovida de efeitos, nos moldes preconizados pelo §2º do mesmo artigo.

4 As especificidades imanentes ao ICMS

No que se refere ao ICMS, a concessão de benefícios ou incentivos fiscais reveste-se de certas peculiaridades, nos moldes do que dispõe ao art. 155, §2º, XII, "g", combinado com o art. 150, §6º, ambos da Constituição da República.

Nesse passo, tendo a Constituição relegado à lei complementar o disciplinamento da forma por meio da qual, mediante deliberação dos estados e do Distrito Federal, isenções, incentivos e benefícios fiscais serão concedidos e revogados, a Lei Complementar nº 24/1975 se desincumbe desta tarefa, prescrevendo o seu art. 1º que as isenções atinentes ao ICMS serão concedidas ou revogadas nos termos de convênios celebrados e ratificados pelos estados e pelo Distrito Federal.

Em termos de concessão de benefícios ou incentivos fiscais referentes ao ICMS, os estados e o Distrito Federal, conquanto não estejam eximidos do cumprimento do §6º do art. 150 da Constituição, deverão firmar convênios no âmbito do Conselho Nacional de Política Fazendária – Confaz, os quais, por seu turno, dependerão de ratificação, a ser materializada por decreto do Chefe do Poder Executivo de cada um dos estados.

Os Convênios ICMS constituem uma sorte de ato normativo exarado pelo Confaz, cujos objetivos principais[25] vêm assinalados no art. 1º do Convênio ICMS nº 133/1997, quais sejam: i) promover ações necessárias à elaboração de políticas e harmonização de procedimentos e normas inerentes ao exercício da competência tributária dos estados e do Distrito Federal; e ii) colaborar com o Conselho Monetário Nacional (CMN) na

[25] Outras competências remanescem amalgamadas no corpo do art. 60 do Decreto federal nº 11.344/2023, última disposição sobre a estrutura do Ministério da Fazenda, órgão ao qual o Confaz está tecnicamente vinculado.

fixação da política de dívida pública interna e externa dos estados e do Distrito Federal e na orientação às instituições financeiras públicas estaduais.

Com o advento da Lei Complementar nº 24/1975, criou-se o Confaz, que precede, portanto, a promulgação da Constituição da República de 1988, encarnando a função de um genuíno *hub* de celebração de instrumentos voltados à uniformização de tratamentos tributários e à concessão de benefícios fiscais relativos a tributos incidentes sobre o consumo – notadamente o Imposto sobre Circulação de Mercadorias (antigo ICM) –, em prol de uma relação intrafederativa mais harmoniosa.

De fácil percepção que o Confaz remanesce imbuído da função de deliberar, com a participação de conselheiros representantes de cada unidade federativa, a respeito das matérias que lhes são afetas.

Conforme asseveramos alhures, a Constituição da República de 1988, em seu art. 155, §2º, inc. XII, alínea "g", relegou à lei complementar o disciplinamento da forma por meio da qual, mediante deliberação dos estados e do Distrito Federal, isenções, incentivos e benefícios fiscais serão concedidos e revogados. Nesse sentido, repise-se, a Lei Complementar nº 24/1975, em seu art. 1º, estabelece que as isenções atinentes ao ICMS serão concedidas ou revogadas nos termos de convênios celebrados e ratificados pelos estados e pelo Distrito Federal, *in verbis*:

> Art. 1º As isenções do imposto sobre operações relativas à circulação de mercadorias serão concedidas ou revogadas nos termos de convênios celebrados e ratificados pelos Estados e pelo Distrito Federal, segundo esta Lei.
>
> Parágrafo único. O disposto neste artigo também se aplica:
>
> I - à redução da base de cálculo;
>
> II - à devolução total ou parcial, direta ou indireta, condicionada ou não, do tributo, ao contribuinte, a responsável ou a terceiros;
>
> III - à concessão de créditos presumidos;
>
> IV - à quaisquer outros incentivos ou favores fiscais ou financeiro-fiscais, concedidos com base no Imposto de Circulação de Mercadorias, dos quais resulte redução ou eliminação, direta ou indireta, do respectivo ônus;
>
> V - às prorrogações e às extensões das isenções vigentes nesta data.

Tendo em vista a evidente deslegalização operada pela Lei Complementar nº 24/1975, os Convênios ICMS têm o seu processo de produção normativa vinculado não apenas às normas nela plasmadas como às consubstanciadas no Convênio ICMS nº 133/1997.

Os Convênios ICMS são celebrados em observância à convergência de requisitos específicos, tais quais: i) reunião entre representantes de todos os estados e do Distrito Federal, sob a presidência de representantes do Governo Federal, com quórum de aprovação (art. 2º, *caput* e §1º, da Lei Complementar nº 24/1975); ii) decisão unânime dos representantes dos entes subnacionais para a aprovação de um convênio (art. 2º, §2º, da Lei Complementar nº 24/1975); iii) publicação do resultado da reunião na imprensa oficial federal (art. 2º, §3º, da Lei Complementar nº 24/1975); iv) ratificação expressa ou tácita por todos os entes subnacionais, inclusive aqueles que não tenham comparecido à reunião (art. 4º da Lei Complementar nº 24/1975); e v) publicação relativa à ratificação ou à rejeição na imprensa oficial federal (art. 5º da Lei Complementar nº 24/1975).

Conforme preleciona o art. 8º da Lei Complementar nº 24/1975, a inobservância dos seus dispositivos implica, cumulativamente, a nulidade do ato, a ineficácia do crédito fiscal atribuído ao estabelecimento recebedor da mercadoria, a exigibilidade do imposto não pago ou devolvido e a ineficácia da lei ou ato concessor da remissão do débito correspondente.

O ato normativo de um Convênio ICMS parece amoldar-se à hipótese dos atos administrativos complexos. A esse respeito, Matheus Carvalho[26] explicita que:

> O ato complexo, por sua vez, é formado pela soma de vontades de órgãos públicos independentes, em mesmo nível hierárquico, de forma que tenham a mesma força, não se podendo imaginar a dependência de uma em relação à outra. Neste caso, os atos que formarão o ato complexo serão expedidos por órgãos públicos diferentes, não havendo subordinação entre eles.

De feito, os Convênios ICMS são verdadeiros atos administrativos complexos, à medida que necessitam de ratificação subnacional, relevando frisar que a sua não ratificação importa na frustração dos efeitos de que se vê imbuído o próprio convênio. Não se está a tratar de simples ratificação opinativa ou de mera formalidade habilitante, mas, sim, de ato essencial à deflagração dos efeitos do convênio.

Considerada a competência para a edição de atos normativos primários, cuja validade jurídica se extrai diretamente de normas constitucionais, observa-se que o Confaz poderá criar ou revogar benefícios fiscais, antepondo-se a Lei Complementar nº 24/1975 como um instrumento que elege o *modus operandi* de como estes benefícios fiscais serão instituídos ou extintos do ordenamento. Esta é a opinião de Roque Antonio Carrazza:[27]

> Ao *regular a forma como, mediante deliberação dos Estados e do Distrito Federal, isenções, incentivos e benefícios fiscais serão concedidos e revogados,* a lei complementar deve limitar-se a estabelecer a forma e a oportunidade – nunca o conteúdo – dos convênios interestaduais e distritais em matéria de ICMS. Já versamos o assunto quando tratamos das isenções de ICMS. Insistimos, porém, que esta lei complementar é de feitio adjetivo, determinando o *modus faciendi*, isto é, a operatividade técnica dos convênios. Não poderá, no entanto, suprimir o controle das Casas Legislativas dos Estados e do Distrito Federal.

Afirmamos que os Convênios ICMS são atos normativos primários porquanto têm a capacidade de inovar no ordenamento jurídico sem a intervenção do Poder Legislativo, o que é autorizado diretamente pela Constituição da República, que relegou à lei complementar o estabelecimento do *iter* procedimental a ser seguido por ocasião da concessão e revogação de isenções, incentivos e benefícios fiscais afetos ao ICMS.

Assevere-se que, nas ocasiões em que os Convênios ICMS versarem sobre matérias outras, o Confaz não está a exercer a competência que lhe fora constitucionalmente conferida; mas, sim, exercendo o poder normativo ínsito à Administração Pública, posto que vinculado ao Ministério da Fazenda. Nas tratativas inerentes a outras matérias, mesmo que o Convênio ICMS tenha por objeto assunto alheio a benefícios fiscais relacionados ao ICMS, o rito de inserção da norma no *corpus iuris* será aquele indicado na

---

[26] CARVALHO, Matheus. *Manual de direito administrativo*. 5. ed. Salvador: JusPodivm, 2018. p. 288.

[27] CARRAZZA, Roque Antonio. *ICMS*. 18 ed. São Paulo: Malheiros, 2020. p. 576.

Lei Complementar nº 24/1975, mesmo porque não há outro rito aplicável à aprovação de Convênios ICMS que versem sobre outras matérias.

Imperioso atentarmos a esta diferenciação, mormente ante a circunstância de que nem todo Convênio ICMS detém a capacidade de inovar no ordenamento jurídico, em substituição aos Legislativos dos estados-membros e do Distrito Federal, ou mesmo à própria Constituição da República e à Lei Complementar nº 24/1975, cujos teores são absolutamente expressos no que tange à delimitação da competência do Confaz à instituição ou revogação de benefícios por meio destes convênios. Ao exercer o poder normativo ínsito à Administração Pública, o Confaz exara atos normativos secundários, os quais, por sua vez, não possuem o condão de inovar no ordenamento jurídico, destinando-se tão somente à regulamentação de normas de estatura jurídica superior.

Consoante delimitação agasalhada na Lei Complementar nº 24/1975 e no Convênio ICMS nº 133/1997 – Capítulo II e III (arts. 6º a 37) –, os Convênios ICMS submetem-se a um extenso processo de produção normativa, porém muito bem definido.

Tomando-se por base o *iter* procedimental afeto à edição de convênios, inicia-se a fase de sua ratificação expressa por cada um dos estados-membros e pelo Distrito Federal, sob pena de ratificação tácita, do que decorreria a obrigatória observância de todos os entes aos seus termos, consoante se extrai do art. 4º da Lei Complementar nº 24/1975 e do art. 36 do Convênio ICMS nº 133/1997.

Delineadas essas considerações, tem-se que as leis que concedem benefícios/incentivos fiscais ou financeiros afetos ao ICMS – enquadrando-se, pois, no conceito de renúncia de receita agasalhado no §1º do art. 14 da LRF – estariam maculadas com o vício de inconstitucionalidade na eventualidade de não lograrem respeitar a regra de unanimidade das deliberações do Confaz, ao que se somam (i) os requisitos hospedados nos §§6ºs dos arts. 150 e 165 da Constituição da República, bem como (ii) a exigência de prévia estimativa de impacto orçamentário-financeiro, consoante a determinação plasmada no art. 113 do ADCT.

Tomados em conta os apontamentos neste artigo lançados, não seria demasiado emergirmos à conclusão no sentido de que o comando embutido no art. 113 do ADCT empresta nova dimensão ao controle de constitucionalidade dos benefícios/incentivos fiscais ou financeiros no Brasil, dotando a tramitação parlamentar de instrumentos que apontem para o equilíbrio das contas públicas, não sem privilegiar a transparência, a racionalidade na gestão dos recursos públicos e o planejamento fiscal no campo do processo político decisório.

Referências

ABRAHAM, Marcus. *Lei de Responsabilidade Fiscal comentada*. 2. ed. Rio de Janeiro: Forense, 2017.

BANCO MUNDIAL. *A fair adjustment*: efficiency and equity of public spending in Brazil: v. 1 – overview. Washington, D.C., nov. 2017. Disponível em: http://documents.worldbank.org/curated/en/643471520429223428/Volume-1-Overview. Acesso em: nov. 2021.

BRASIL. Supremo Tribunal Federal. ADI 2.464. Plenário. Rel. Min. Ellen Gracie. *DJe*, 25.5.2007. Disponível em: http://portal.stf.jus.br. Acesso em: jun. 2024.

BRASIL. Supremo Tribunal Federal. ADI 5.816. Plenário. Rel. Min. Alexandre de Moraes. *DJe*, 26.11.2019. Disponível em: http://portal.stf.jus.br. Acesso em: jun. 2024.

BRASIL. Supremo Tribunal Federal. ADI 5.902. Plenário. Rel. Min. Marco Aurélio. Disponível em: http://portal.stf.jus.br. Acesso em: jun. 2024.

BRASIL. Supremo Tribunal Federal. ADI 6.303. Plenário. Rel. Min. Luís Roberto Barroso. *DJe*, 18.03.2022. Disponível em: http://portal.stf.jus.br. Acesso em: jun. 2024.

BRASIL. Supremo Tribunal Federal. ARE 743.480. Plenário. Rel. Min. Gilmar Mendes. *DJe*, 19.11.2013. Disponível em: http://portal.stf.jus.br. Acesso em: jun. 2024.

CARRAZZA, Roque Antonio. *ICMS*. 18 ed. São Paulo: Malheiros, 2020.

CARVALHO, Matheus. *Manual de direito administrativo*. 5. ed. Salvador: JusPodivm, 2018.

CORREIA NETO, Celso de Barros. *O avesso do tributo*. 2. ed. São Paulo: Almedina, 2016.

MARTINS, Ives Gandra da Silva; NASCIMENTO, Carlos Valder do (Org.). *Comentários à Lei de Responsabilidade Fiscal*. São Paulo: Saraiva, 2021.

TORRES, Ricardo Lobo. *O orçamento na Constituição*. Tratado de direito constitucional financeiro e tributário. 2. ed. Rio de Janeiro: Renovar, 2000. v. V.

TORRES, Ricardo Lobo. *O orçamento na Constituição*. Tratado de direito constitucional financeiro e tributário. 3. ed. Rio de Janeiro: Renovar, 2008. v. V.

Informação bibliográfica deste texto, conforme a NBR 6023:2018 da Associação Brasileira de Normas Técnicas (ABNT):

SIQUEIRA, Vanessa Huckleberry Portella. Observância do art. 113 do ADCT para concessão de benefícios fiscais de ICMS. *In*: PAULA, Fernanda de; PENCAK, Nina (coord.). *Tributação, liberdade e igualdade*: as contribuições do Ministro Luís Roberto Barroso. Belo Horizonte: Fórum, 2025. p. 1091-1105. ISBN 978-65-5518-952-0.

Ademar Borges
Advogado e professor de Direito Constitucional do IDP. Doutor em Direito Público pela Universidade do Estado do Rio de Janeiro – UERJ. Mestre em Direito Constitucional pela Universidade Federal Fluminense – UFF. Foi *Visiting Scholar* do Boston College. Integra a Clínica de Direitos Fundamentais da UERJ.

Afrânio Vilela
Ministro do Superior Tribunal de Justiça desde 22.11.2023, assumiu a Presidência da 2ª Turma em 15.1.2024. Graduado em Direito, pela Universidade Federal de Uberlândia – UFU, com especialização em Direito Processual Civil, em 1985, e pós-graduação *lato sensu* em Gestão Judiciária, pela Universidade de Brasília – UnB, em 2016. Possui inúmeras publicações jurídicas e artigos científicos, participação em congressos nacionais e internacionais e comissões de concursos e bancas.

Agostinho do Nascimento Netto
Doutor em Finanças Públicas, Tributação e Desenvolvimento pela Universidade do Estado do Rio de Janeiro (UERJ). Mestre em Direito, Estado e Constituição pela Universidade de Brasília (UnB). Graduado pela Universidade Federal Fluminense (UFF). Ex-Procurador da Fazenda Nacional. Advogado.

André Mendes Moreira
Professor Associado de Direito Tributário da USP. Livre-Docente e Doutor em Direito Tributário pela USP. Diretor da ABRADT. Conselheiro da ABDF. Advogado e Parecerista.

André Ramos Tavares
Ministro do Tribunal Superior Eleitoral. Professor Titular da Faculdade de Direito do Largo São Francisco – USP. Professor Permanente dos Programas de Doutorado e Mestrado em Direito da PUC-SP. Coordenador dos Programas de Mestrado e Doutorado em Direito da Faculdade Autônoma de Direito – FADISP.

Anelize Lenzi Ruas de Almeida
Mestre em Política Pública pela Universidade de Oxford/Reino Unido. Pós-Graduada em Administração Pública pela FGV. Procuradora-Geral da Fazenda Nacional. Membro do Conselho de Administração do Banco do Brasil.

Ariane Costa Guimarães
Doutora e Mestre em Direito e Políticas Públicas no UniCEUB. *Visiting Researcher* em Georgetown. Professora de Direito Tributário. Autora de artigos e livros. Sócia de Mattos Filho Advogados. Cofundadora de Elas Pedem Vista. Membro da Comissão de Direito Tributário da OAB Nacional. Presidente da Comissão de Tribunais Superiores da OAB-DF na gestão 2025.

Arthur Maia Queiroz
Mestrando em Direito Tributário pela UFMG. Advogado tributarista.

Benedito Gonçalves
Formado em Ciências Jurídicas e Sociais pela Faculdade Nacional de Direito, da Universidade Federal do Rio de Janeiro (UFRJ). Especialista em Direito Processual Civil. Mestre em Direito. Ministro do Superior Tribunal de Justiça (STJ). Diretor-Geral da Escola Nacional de Formação e Aperfeiçoamento de Magistrados (Enfam).

Bernardo Motta Moreira
Doutor e Mestre em Direito pela UFMG. Conselheiro do Conselho de Contribuintes de Minas Gerais e do Conselho Administrativo de Recursos Tributários de Belo Horizonte. Ex-Conselheiro Titular da Terceira Seção do CARF. Professor do IBMEC-BH. Consultor jurídico-legislativo efetivo da ALMG. Coordenador do Núcleo de Estudos e Pesquisa da Escola do Legislativo. Advogado.

Betina Treiger Grupenmacher
Advogada. Mestre em Direito Tributário pela PUC-SP. Doutora em Direito Tributário pela Universidade Federal do Paraná. Professora Titular de Direito Tributário na Universidade Federal do Paraná. Professora dos cursos de especialização e mestrado em Direito Tributário do IBET. Coordenadora do IBET em Curitiba/PR.

Breno Ferreira Martins Vasconcelos
Sócio do Escritório Mannrich e Vasconcelos Advogados. Graduado em Direito e Mestre em Direito Tributário pela PUC-SP. LL.M em Direito Tributário pela Università degli Studi di Bologna, em Bolonha, Itália. Doutor em Direito e Desenvolvimento pela FGV Direito SP. Pesquisador do Núcleo de Pesquisas em Tributação do Insper e do Núcleo de Estudos Fiscais da FGV. Professor da graduação do Insper.

Bruno Giordano Paiva Lima
Analista judiciário do Supremo Tribunal Federal, lotado na Assessoria de Análise de Recursos da Presidência. Bacharel em Direito pelo UniCEUB e em Administração pela UnB. Pós-Graduado em Ordem Jurídica e Ministério Público pela Fundação Escola Superior do Ministério Público do Distrito Federal e Territórios. Mestrando em Direito pela UnB.

Camile Sabino Bezerra Corrêa
Bacharel em Ciência Política pela Universidade de Brasília. Bacharel em Direito pelo Centro Universitário Unieuro. Pós-Graduada em Contratos e Responsabilidade Civil pelo Instituto de Desenvolvimento e Pesquisa – IDP. Especialização em Governo e Direito na Universidad Autonoma de Madrid. Especialização em Administração Pública na École Nationale D'administration – L'ÉNA, em Paris. Assessora de Gabinete do Ministro Benedito Gonçalves.

Carla Mendes Novo
Sócia do Escritório Mannrich e Vasconcelos Advogados. Graduada em Direito pela PUC-SP. Especialista em Direito Tributário pelo IBDT, em Direito Processual Civil pelo COGEAE-PUC-SP e em Gestão Tributária pela USP/Esalq. Pesquisadora do Núcleo de Tributação do Insper e do Núcleo de Estudos Fiscais da FGV. Professora da pós-graduação *lato sensu* do Insper.

Celso de Barros Correia Neto
Doutor em Direito pela Universidade de São Paulo. Diretor-Geral da Câmara dos Deputados. Advogado e professor do Instituto Brasileiro de Ensino, Desenvolvimento e Pesquisa (IDP).

Claudio Xavier Seefelder Filho
Visiting Scholar na Boston College Law School. Doutorando em Direito e Economia na Faculdade de Direito da Universidade de Lisboa, Portugal. Mestre em Direito Tributário e Desenvolvimento Econômico pelo Instituto Brasileiro de Ensino, Desenvolvimento e Pesquisa (IDP). Professor de

Direito Constitucional, Direito Tributário, Direito Financeiro e Direito Processual Civil. Autor de diversos livros e artigos. Procurador da Fazenda Nacional com atuação perante o Supremo Tribunal Federal. claudio.seefelder@gmail.com.

Cleucio Santos Nunes
Doutor em Direito do Estado, Constituição e Justiça pela UnB. Mestre em Direito Ambiental pela Universidade Católica de Santos. Especialista em Direito Tributário pela PUC-SP. Professor do Programa de *Stricto Sensu* em Direito da Universidade Católica de Brasília – UCB. Professor da Graduação em Direito do Centro Universitário de Brasília – Ceub. Ex-Conselheiro do CARF. Advogado.

Cristiane Romano Farhat Ferraz
Graduada em Direito pela Pontifícia Universidade Católica de São Paulo (PUC-SP). Advogada.

Cristiano Zanin
Ministro do Supremo Tribunal Federal.

Daniel Sarmento
Advogado e Professor Titular de Direito Constitucional da Universidade do Estado do Rio de Janeiro – UERJ. Doutor e Mestre em Direito Público pela UERJ. Foi *Visiting Scholar* da Yale Law School. Coordena a Clínica de Direitos Fundamentais da UERJ.

Eduardo Maneira
Professor Titular de Direito Tributário da Faculdade Nacional de Direito da Universidade Federal do Rio de Janeiro (FND/UFRJ). Sócio fundador do Maneira Advogados.

Edvaldo Brito
Professor Emérito da Universidade Federal da Bahia – UFBA, em cuja Faculdade de Direito leciona no PPGD. Professor Emérito da Universidade Presbiteriana Mackenzie (São Paulo). Livre-Docente e Doutor pela Universidade de São Paulo (USP), em cuja Faculdade de Direito foi aprovado Professor Titular em dois concursos: Legislação Tributária e Direito Civil. Mestre em Direito Econômico pela UFBA.

Élida Graziane Pinto
Livre-Docente em Direito Financeiro pela Universidade de São Paulo (USP). Doutora em Direito Administrativo pela Universidade Federal de Minas Gerais (UFMG). Procuradora do Ministério Público de Contas do Estado de São Paulo. Professora da Fundação Getúlio Vargas (FGV-SP).

Fábio Zambitte Ibrahim
Doutor em Direito Público pela UERJ. Mestre em Direito pela PUC-SP. Membro fundador da Academia Brasileira de Direito da Seguridade Social. Professor Associado de Direito Tributário e Financeiro da Universidade do Estado do Rio de Janeiro – UERJ.

Felipe Melo Amaro
Mestre em Direito Tributário pela Universidade de São Paulo. Bacharel em Direito pela Universidade de São Paulo. Procurador da Fazenda Nacional em atuação como Assessor de Ministro do Supremo Tribunal Federal.

Fernando Facury Scaff
Professor Titular de Direito Financeiro da Universidade de São Paulo. Advogado sócio de Silveira, Athias, Soriano de Mello, Bentes, Lobato & Scaff – Advogados.

Filipe Silvestre Lacerda Bastos
Mestre em Finanças Públicas, Tributação e Desenvolvimento pela Universidade do Estado do Rio de Janeiro (UERJ). Pós-Graduado em Direito Tributário pela Fundação Getúlio Vargas (FGV). Procurador do Município do Rio de Janeiro.

Gabriela Marília Natividade Soares
Graduanda em Direito pela Universidade de São Paulo. Estagiária do Núcleo de Direito Tributário do Mestrado Profissional da Escola de Direito de São Paulo da Fundação Getulio Vargas. Pesquisadora do PET Sociologia Jurídica da FDUSP.

Guilherme Mendes Resende
Assessor Especial da Presidência do STF. Professor do mestrado de Economia do IDP. Entre 2016 e 2023, foi economista-chefe do Conselho Administrativo de Defesa Econômica (Cade). PhD em Economia pela London School of Economics and Political Science (LSE). Mestre em Economia pela UFMG. Graduado em Economia, Direito e Administração de Empresas. Pesquisador concursado do Instituto de Pesquisa Econômica Aplicada (Ipea) desde 2004.

Gustavo da Gama Vital de Oliveira
Professor Associado de Direito Financeiro e Direito Tributário da UERJ. Mestre e Doutor em Direito Público pela UERJ. Procurador do Município do Rio de Janeiro. Sócio de Renault Advogados.

Gustavo Lopes Ferreira
Advogado. Mestre em Direito Tributário pelo IBET. Mestrando em Filosofia do Direito pela PUC-SP. Doutorando em Direito Tributário pela USP. Especialista em Direito Tributário pela PUC-Cogeae e pelo Insper. Professor de Seminário do Curso de Especialização do IBET/SP.

Halley Henares Neto
Advogado em São Paulo. Graduado pela PUC-SP; extensão universitária em Direito Tributário pelo CEEU e em fusões e aquisições pela FGV/SP. Autor de diversos trabalhos publicados em livros e revistas especializadas. Membro do Conselho Superior de Direito da Fecomércio. Presidente da Associação Brasileira de Advocacia Tributária – ABAT.

Heleno Taveira Torres
Professor Titular de Direito Financeiro. Livre-Docente de Direito Tributário. Chefe do Departamento de Direito Econômico, Financeiro e Tributário da Faculdade de Direito da Universidade de São Paulo – USP. Foi Presidente da Associação Brasileira de Direito Financeiro – ABDF e Vice-Presidente da International Fiscal Association – IFA. Advogado.

Hugo de Brito Machado Segundo
Advogado. Livre-Docente em Direito Tributário pela Faculdade de Direito da USP. Professor Associado da Faculdade de Direito da Universidade Federal do Ceará. Professor do Centro Universitário Christus. Membro do ICET – Instituto Cearense de Estudos Tributários e do IBDT – Instituto Brasileiro de Direito Tributário. *Visiting Scholar* da Wirtschaftsuniversität, Viena, Áustria (2012/2013 – 2015/2016 – 2018).

Isabela Almeida do Amaral
Professora Substituta de Direito Constitucional, Direito Administrativo e Direito Ambiental da Faculdade Nacional de Direito (Universidade Federal do Rio de Janeiro). Doutoranda e Mestre em Direito Público pela Universidade do Estado do Rio de Janeiro. Assessora Parlamentar na Assembleia Legislativa do Estado do Rio de Janeiro. Advogada.

Isabela Leão Monteiro
Mestre em Finanças, Tributação e Desenvolvimento na Universidade do Estado do Rio de Janeiro. LL.M em Direito Tributário pela Fundação Getúlio Vargas/RJ. Graduada pela Universidade Federal de Minas Gerais. Procuradora do Estado do Rio de Janeiro. Ex-Assessora de Ministro do Supremo Tribunal Federal.

Janaina Santos Castro
Mestranda em Direito Constitucional pela Universidade de Brasília (UNB). Pós-Graduada em Direito Tributário pelo Instituto Brasileiro de Estudos Tributários (IBET). Graduada em Direito pelo Instituto de Educação Superior de Brasília (IESB). Advogada.

João Gabriel Madeira Pontes
Advogado. Doutorando e Mestre em Direito Público pela Universidade do Estado do Rio de Janeiro – UERJ. Integra a Clínica de Direitos Fundamentais da UERJ.

João Henrique Chauffaille Grognet
Mestre em Direito Fiscal (Universidade de Lisboa). Especialista em Administração Pública (FGV/RJ). Procurador da Fazenda Nacional. Procurador-Geral Adjunto de Gestão da Dívida Ativa da União e do FGTS. Representante da PGFN na Comissão de Juristas STF/Senado para Reforma do Processo Tributário. Membro da Comissão de Sistematização do Programa de Assessoramento Técnico da Reforma Tributária do Ministério da Fazenda (PAT-RTC).

João Paulo Melo do Nascimento
Procurador do Estado do Rio de Janeiro e Advogado. Procurador-Assistente da Procuradoria Tributária. Representante da Fazenda junto ao Conselho de Contribuintes do Estado do RJ. Mestre em Finanças Públicas, Tributação e Desenvolvimento (UERJ). Formação Executiva em Regulação pela London School of Economics. Formação Executiva em Política Tributária Comparada e Regulação pela Harvard Kennedy School. Autor do livro *Ativismo judicial no Sistema Tributário Nacional* (Lumen Juris, 2018).

José Antonio Dias Toffoli
Ministro do Supremo Tribunal Federal.

Júlia Silva Araújo Carneiro
Mestre em Direito Tributário pela FGV/SP. *Master of Laws* (LL.M.) pela New York University School of Law. Procuradora do Estado do Rio de Janeiro. Advogada.

Lana Borges
Mestre em Direito e Políticas Públicas pelo Centro Universitário de Brasília (UniCEUB). Pós-Graduada em Processo Civil pela mesma instituição. Procuradora da Fazenda Nacional desde 2008, com atuação no STJ e no STF. Atualmente, é Procuradora-Geral Adjunta de Representação Judicial. Foi coordenadora da atuação da PGFN no STJ, TST e TNU e de Estratégias Judiciais da Fazenda Nacional. Atuou também como assessora no STF e na PGR.

Lorena de Fátima Sousa Araújo Narcizo
Procuradora da Fazenda Nacional desde 2016. Atualmente ocupa o cargo de Consultora Jurídica Adjunta do Ministério da Cultura. Mestre em Direito, Justiça e Desenvolvimento pelo IDP/SP.

Lucas Bevilacqua
Doutor e Mestre em Direito Tributário (USP). Professor do Mestrado em Direito e Políticas Públicas (PPGDP/UFG). Colíder da rede de pesquisa do Observatório da Macrolitigância Fiscal (IDP, UFG e PUCRS). Procurador do Estado de Goiás cedido como Assessor de Ministro (STF).

Lucilene Rodrigues Santos
Chefe do Gabinete do Ministro Dias Toffoli. Especialista em Direito Tributário pela PUC/Cogeae. Mestre em Direito Empresarial pela Uninove.

Luís Eduardo Schoueri
Professor Titular de Direito Tributário da Faculdade de Direito da USP. Vice-Presidente do IBDT. Sócio-Fundador de Lacaz Martins, Pereira Neto, Gurevich & Schoueri Advogados.

Luis Felipe Salomão
Ministro do Superior Tribunal de Justiça. Foi Promotor de Justiça, Juiz de Direito e Desembargador. É professor emérito da Escola da Magistratura do Rio de Janeiro e da Escola Paulista da Magistratura. Doutor *honoris causa* em Ciências Sociais e Humanas pela Universidade Candido Mendes. Presidente da Comissão de Juristas do Senado Federal que atualiza o Código Civil, e da Comissão de Juristas que reformou a Lei de Arbitragem e criou o Marco Legal da Mediação. Coordenador do Centro de Pesquisa FGV-Justiça. Presidente do Conselho Editorial da Revista Justiça & Cidadania.

Luiz Antonio Bettiol
Advogado. Bacharel em Direito pela Universidade de Brasília – UnB. Sócio integrante da Advocacia Bettiol.

Luiz Edson Fachin
Ministro do Supremo Tribunal Federal (STF). Doutor e Mestre em Direito e Relações Sociais pela Pontifícia Universidade Católica de São Paulo (PUC-SP). *Alma mater* Universidade Federal do Paraná (UFPR). Professor do Mestrado e Doutorado (UniCEUB).

Luiz Fux
Ministro do Supremo Tribunal Federal (STF). Ex-Presidente do Tribunal Superior Eleitoral (TSE). Professor Titular de Direito Processual Civil da Universidade do Estado do Rio de Janeiro (UERJ). Doutor e Livre-Docente em Direito Processual Civil pela Universidade do Estado do Rio de Janeiro (UERJ). Membro da Academia Brasileira de Letras Jurídicas. Membro da Academia Brasileira de Filosofia.

Manoel Tavares de Menezes Netto
Doutorando em Direito Constitucional (IDP/DF). Mestre em Administração Pública (FGV/RJ). Vice-Presidente e *Head of Litigation* da Siguler Guff & Co. Advogado. Ex-Procurador da Fazenda Nacional. Membro do Comitê de Apoio Técnico da Comissão de Juristas STF/Senado para Reforma do Processo Tributário. Membro da Comissão de Sistematização do Programa de Assessoramento Técnico da Reforma Tributária do Ministério da Fazenda (PAT-RTC).

Marcelo Reinecken de Araújo
LLM pela London School of Economics and Political Science (LSE). Bacharel em Direito pela Universidade de Brasília (UnB). Advogado.

Marciano Seabra de Godoi
Doutor em Direito Financeiro e Tributário (Universidade Complutense de Madri). Mestre em Direito Tributário (UFMG). Pós-Doutor (bolsa Capes) pela Universidade Autônoma de Madri, onde foi Professor Visitante. Professor da PUC Minas nos cursos de graduação em Direito e Economia e mestrado/doutorado em Direito. Vice-Presidente do Instituto de Estudos Fiscais. Advogado.

Marco Antonio Ferreira Macedo
Doutor em Direito Público (UERJ). Mestre em Ciências Jurídicas (PUC-Rio). Professor Associado IV de Direito Financeiro e Tributário da Universidade Federal Fluminense (UFF). Procurador do Município do Rio de Janeiro. Vice-Presidente do Conselho de Contribuintes do Município do Rio de Janeiro. Advogado.

Marcos Bueno Brandão da Penha
Doutor e Mestre em Finanças Públicas, Tributação e Desenvolvimento pela Faculdade de Direito da Universidade do Estado do Rio de Janeiro – UERJ. Mestre em Direito (LL.M.) pela New York University School of Law – NYU. Advogado e Procurador do Estado do Rio de Janeiro.

Marcus Abraham
Desembargador Federal no TRF-2. Professor Titular de Direito Financeiro e Tributário da UERJ. Pós-Doutor em Direito pela UFRJ. Pós-Doutor em Direito pela Universidade de Lisboa. Doutor em Direito Público pela UERJ. Mestre em Direito Tributário pela Ucam. Pesquisador da FGV Justiça.

Marcus Lívio Gomes
Associate Research Fellow na University of London (Institute of Advanced Legal Studies). Professor Titular de Direito Tributário da Faculdade de Direito da Universidade Estadual do Rio de Janeiro, Brasil. Mestre e Doutor em Direito Tributário pela Universidade Complutense de Madrid, Espanha. Advogado Tributarista. Juiz Federal aposentado do Tribunal Regional Federal da 2ª Região. Ex-Auditor Fiscal da Receita Federal do Brasil e de Minas Gerais.

Marcus Vinicius Barbosa
Procurador do Estado do Rio de Janeiro. Advogado. Ex-Assessor de Ministro do Supremo Tribunal Federal. Mestre e Doutorando em Direito pela UERJ. *Master of Laws* pela Columbia Law School (Nova Iorque), com honras. *Executive Education in Public Policy* pela Harvard Kennedy School of Government.

Maria Angélica dos Santos
Doutora em Direito pela UFMG. Professora Adjunta de Direito da UFV/Florestal.

Maria Raphaela Dadona Matthiesen
Sócia do Escritório Mannrich e Vasconcelos Advogados. Graduada em Direito pela PUC-SP. Especialista em Direito Tributário pela FGV Direito SP. Mestra em Direito e Desenvolvimento pela FGV Direito SP, beneficiária da bolsa Mario Henrique Simonsen de Ensino e Pesquisa. Pesquisadora do Núcleo de Tributação do Insper e do Núcleo de Estudos Fiscais da FGV. Professora da pós-graduação *lato sensu* do Insper.

Mario Augusto Carboni
Doutor em Direito Tributário pela Universidade de São Paulo (USP). Mestre em Direito do Trabalho e Seguridade Social pela USP. Pós-Graduado em Direito Público (UnB), em Direito Processual Civil (IDP) e em Administração Pública (FGV). Assessor Especial da Presidência do STF (atual). Procurador da Fazenda Nacional. Procurador-Geral Adjunto da Fazenda Nacional (2020-2023). Docente no IDP e na Escola Superior do Ministério Público do Distrito Federal e Territórios.

Matheus Soares Leite
Doutor em Finanças Públicas, Tributação e Desenvolvimento pela Universidade do Estado do Rio de Janeiro (UERJ). Conselheiro da 2ª Seção do Conselho Administrativo de Recursos Fiscais (CARF).

Maurício Pereira Faro
Advogado no Rio de Janeiro e em Brasília. Ex-Conselheiro Titular da Primeira Seção do CARF. Mestre em Direito pela Universidade Gama Filho. Professor dos cursos de pós-graduação do Ibet, Ucam, PUC-RJ e FGV-RJ. Presidente da Comissão Especial de Assuntos Tributários da OAB/RJ.

Misabel Abreu Machado Derzi
Professora Titular de Direito Tributário e Financeiro da UFMG e Professora Emérita da UFMG. Ex-Procuradora-Geral do Estado de Minas Gerais e do Município de Belo Horizonte. Advogada. Conselheira Federal da OAB.

Natália Faria de Souza
Doutoranda em Finanças Públicas, Tributação e Desenvolvimento pela UERJ. Mestre em Direito e Políticas Públicas pela Unirio. Procuradora do Estado do Rio de Janeiro.

Nayanni Enelly Vieira Jorge
Advogada. Mestre em Direito pelo Instituto Brasileiro de Ensino, Desenvolvimento e Pesquisa (IDP). Integrante do Grupo de Pesquisa Reforma Tributária e Jurisdição Constitucional (IDP). Especialista em Direito Tributário pelo IDP. Graduada em Direito pela Universidade de Brasília (UnB).

Nélia Carolina Silva Dias
Mestre em Direito pela PUC Minas. Professora e advogada.

Onofre Alves Batista Júnior
Professor de Direito Público do quadro permanente da Graduação, Mestrado e Doutorado da Faculdade de Direito da UFMG. Pós-Doutor em Democracia e Direitos Humanos pela Universidade de Coimbra. Doutor em Direito pela UFMG. Mestre em Ciências Jurídico-Políticas pela Universidade de Lisboa. Ex-Advogado Geral do Estado de Minas Gerais. Advogado, conferencista e parecerista.

Patrick Vasconcelos da Silva
Assessor no Supremo Tribunal Federal. Procurador do Município do Rio de Janeiro. Mestre em Direito, Finanças, Tributação e Desenvolvimento pela Universidade do Estado do Rio de Janeiro (UERJ).

Paulo Arthur Cavalcante Koury
Fez estágio pós-doutoral no Max Planck Institut für Steuerrecht und Öffentliche Finanzen. Doutor e Mestre em Direito Tributário pela USP. LLM pela University of Cambridge. Professor nos cursos de especialização da Fipecafi, do IBET, do IBDT e da PUC. Advogado.

Paulo Ayres Barreto
Professor Associado de Direito Tributário da Universidade de São Paulo – USP. Advogado.

Paulo de Barros Carvalho
Professor Emérito e Titular da PUC-SP e da USP. Presidente do Instituto Brasileiro de Estudos Tributários (IBET). Membro Titular da Cadeira nº 14 da Academia Brasileira de Filosofia. Advogado.

Paulo Mendes
Doutor e Mestre em Direito pela UFRGS. Pós-Doutorado em Direito pela UFBA. Pós-Doutorado em Direito pela Universidade de Salamanca (em curso). Professor na Graduação, Pós-Graduação, Mestrado e Doutorado do IDP – Brasília. Professor Visitante na Pontifícia Universidade Católica do Peru. Líder do Grupo de Pesquisa Novos Rumos do Direito Processual (CNPq). Procurador da Fazenda Nacional com atuação no Supremo Tribunal Federal.

Pedro Henrique Ramos Sales
Analista Judiciário do STF. Ex-Assessor de Ministro STF. Ex-Assessor parlamentar no Senado Federal. Secretário de Estado da Infraestrutura (GO). Especialista em Direito Tributário pelo IBET. Mestre em Direito Constitucional pelo IDP.

Pedro Júlio Sales D'Araújo
Doutor em Direito Econômico, Financeiro e Tributário pela Faculdade de Direito da Universidade de São Paulo (USP). Mestre pela Faculdade de Direito da Universidade de Brasília (UnB). Especialista em Direito Tributário pela FGV-SP. Ex-Assessor de Ministros do Supremo Tribunal Federal. Pesquisador visitante bolsista na Westfälische Wilhelms-Universität Münster (Alemanha). Professor e Advogado.

Rafael Gaia Edais Pepe
Mestre em Direito Processual pela Universidade do Estado do Rio de Janeiro. *Master of Laws* pela Columbia Law School. Procurador do Estado do Rio de Janeiro. Advogado.

Raquel de Andrade Vieira Alves
Doutora em Direito Econômico, Financeiro e Tributário pela Faculdade de Direito da Universidade de São Paulo. Mestre em Finanças Públicas, Tributação e Desenvolvimento pela Universidade do Estado do Rio de Janeiro (UERJ). Ex-Assessora de Ministro do Supremo Tribunal Federal. Autora dos livros *O papel do Senado no federalismo fiscal brasileiro e a crise de representação dos Estados* (2025) e *Federalismo fiscal brasileiro e as contribuições* (2017). Professora e advogada.

Rayssa Araújo de Palhares Eugenio
Pós-Graduanda em Reforma Tributária pela FBT. Pós-Graduada no MBA em Gestão Tributária da USP. Sócia de Ricardo Lodi Advogados.

Renata Andréa Joner Parry
Mestre em Direito, Estado, Tributação e Desenvolvimento pela Universidade Católica de Brasília (UCB). Pós-Graduada em Direito Tributário e Finanças Públicas pelo Instituto Brasiliense de Direito Público (IDP). Pós-Graduada em Direito Processual Civil pelo Instituto Brasiliense de Direito Público (IDP). Bacharel em Direito pelo Centro Universitário de Brasília (Uniceub). Advogada.

Renildo Roberto dos Santos
Assessor da Presidência do STF. Especialista em Direito Tributário.

Ricardo Lodi Ribeiro
Professor Associado de Direito Financeiro da UERJ. Sócio de Ricardo Lodi Advogados.

Roque Antonio Carrazza
Professor Emérito da Pontifícia Universidade Católica de São Paulo (PUC-SP) e Titular da Cadeira de Direito Tributário da sua Faculdade de Direito. Advogado e Consultor Jurídico. Mestre, Doutor e Livre-Docente em Direito Tributário pela PUC-SP. Ex-Presidente da Academia Paulista de Direito.

Tarsila Ribeiro Marques Fernandes
Doutora em Direito pela Radboud University em Nijmegen (Holanda). Mestre em Direito Tributário pela Universidade Católica de Brasília. Professora do Doutorado, Mestrado Profissional e da Especialização do Instituto Brasileiro de Ensino, Desenvolvimento e Pesquisa (IDP). Procuradora Federal. Assessora de Ministro do Supremo Tribunal Federal. Coordenadora do Grupo de Pesquisa Reforma Tributária e Jurisdição Constitucional do IDP. Currículo lattes: http://lattes.cnpq.br/5703844981053007. Orcid: https://orcid.org/0009-0003-6951-9951. *E-mail*: tarsila.fernandes@idp.edu.br.

Tathiane Piscitelli
Doutora e Mestre em Direito pela Universidade de São Paulo. Professora associada da Escola de Direito de São Paulo da Fundação Getulio Vargas. Advogada.

Teodoro Silva Santos
Doutor, Mestre e Especialista em Direito Constitucional pela Universidade de Fortaleza (Unifor). Pós-Doutor em Ciências Jurídicas Penais pela Universidade do Minho (UMinho). Professor da Unifor nas disciplinas de Direito Processual Penal II (Graduação) e Direito Processual Penal III (Pós-Graduação *lato sensu*). Ministro do Superior Tribunal de Justiça.

Tiago Conde Teixeira
Doutor em Direito Tributário. Mestre em Direito Constitucional pela Universidade de Coimbra. Professor de Direito Tributário do IDP e IBMEC. Procurador-Adjunto Tributário do Conselho Federal da OAB (CFOAB). Conselheiro da OAB/DF. Copresidente da Associação Brasileira de Direito Tributário (ABRADT). Advogado.

Valter de Souza Lobato
Mestre e Doutor em Direito Tributário pela UFMG. Sócio do escritório Sacha Calmon Misabel Derzi Consultores e Advogados. Professor de Direito Tributário dos cursos de Direito e Ciências do Estado da UFMG. Coordenador da Liga Acadêmica de Direito Financeiro e Tributário (LAFT) da UFMG. Presidente Honorário da ABRADT. Advogado.

Vanessa Huckleberry Portella Siqueira
Procuradora do Estado do Rio de Janeiro – PGE-RJ. Doutora em Finanças Públicas – UERJ. Mestre em Direito e Economia – UGF. Professora da Universidade Federal do Rio de Janeiro – UFRJ. Professora da Escola da Magistratura do Estado Rio de Janeiro – EMERJ. Professora da Pós-Graduação em Advocacia Pública – UERJ. Professora da Pós-Graduação em Direito Tributário – UFF. Professora da Pós-Graduação em Advocacia Pública – UERJ/PGE-RJ.

Vívian Cintra Athanazio Leal
Especialista em Direito Processual Civil pelo Instituto Brasileiro de Ensino, Desenvolvimento e Pesquisa (IDP). Bacharel em Direito pela Universidade de Brasília (UnB). Ex-Assessora de Ministros do Superior Tribunal de Justiça e do Supremo Tribunal Federal. Advogada.

FSC
www.fsc.org
MISTO
Papel | Apoiando uma gestão florestal responsável
FSC® C092828

2023
CARBON NEUTRAL
SAVE cerrado

Esta obra foi composta em fonte Palatino Linotype, corpo 10
e impressa em papel Offset 63g (miolo) e Supremo 250g (capa)
pela Formato Artes Gráficas.